Praktiker-Handbuch Lohnsteuer 2015

Einkommensteuergesetz
Lohnsteuer-Durchführungsverordnung
Lohnsteuer-Richtlinien
Rechtsprechung · Anlagen

Im Anhang u. a.
Altersteilzeitgesetz · Arbeitnehmerüberlassungsgesetz · Bundeskindergeldgesetz
Bundesumzugskostengesetz · Fünftes Vermögensbildungsgesetz
Gesetz zur Verbesserung der betrieblichen Altersversorgung · Sozialversicherungsentgeltverordnung
Solidaritätszuschlaggesetz 1995 · Steuerdaten-Übermittlungsverordnung
Teilzeit- und Befristungsgesetz · Wohnungsbau-Prämiengesetz

Stichwortverzeichnis

Bearbeitet von
Ltd. Ministerialrat Hermann Brandenberg
Regierungsdirektor Walter Niemann
Oberamtsrat Heinz-Willi Schaffhausen

Stand: 1. März 2015

31. Auflage

Das Werk einschließlich aller seiner Teile ist urheberrechtlich geschützt. Jede Verwertung außerhalb der engen Grenzen des Urheberrechtsgesetzes ist ohne vorherige schriftliche Einwilligung des Verlages unzulässig und strafbar. Dies gilt insbesondere für Vervielfältigungen, Übersetzungen, Mikroverfilmungen und die Einspeicherung und Verbreitung in elektronischen Systemen. Es wird darauf hingewiesen, dass im Werk verwendete Markennamen und Produktbezeichnungen dem marken-, kennzeichen- oder urheberrechtlichen Schutz unterliegen.

© 2015 IDW Verlag GmbH, Tersteegenstraße 14, 40474 Düsseldorf
Die IDW Verlag GmbH ist ein Unternehmen des Instituts der Wirtschaftsprüfer in Deutschland e.V. (IDW).

Satz: Merlin Digital GmbH, Essen
Druck und Verarbeitung: B.o.s.s Medien GmbH, Goch
PN 51900/0/0   KN 11550

Die Angaben in diesem Werk wurden sorgfältig erstellt und entsprechen dem Wissensstand bei Redaktionsschluss. Da Hinweise und Fakten jedoch dem Wandel der Rechtsprechung und der Gesetzgebung unterliegen, kann für die Richtigkeit und Vollständigkeit der Angaben in diesem Werk keine Haftung übernommen werden. Gleichfalls werden die in diesem Werk abgedruckten Texte und Abbildungen einer üblichen Kontrolle unterzogen; das Auftreten von Druckfehlern kann jedoch gleichwohl nicht völlig ausgeschlossen werden, so dass für aufgrund von Druckfehlern fehlerhafte Texte und Abbildungen ebenfalls keine Haftung übernommen werden kann.

ISBN 978-3-8021-1997-2

Bibliografische Information der Deutschen Bibliothek
Die Deutsche Bibliothek verzeichnet diese Publikation in der Deutschen Nationalbibliografie; detaillierte bibliografische Daten sind im Internet über http://www.d-nb.de abrufbar.

www.idw-verlag.de

Vorwort

Der Lohnsteuerband 2014 wird in seiner 30. Auflage im einheitlichen Verlagskonzept für die Veranlagungsbände vorgelegt. Dem Hauptteil (EStG, LStR, LStH 2014 u. a.) folgen **Anlagen** und **Anhang**. Den **Anlagen** sind alle **Verwaltungsregelungen** zugeordnet, die thematisch zu den Vorschriften des EStG gehören, z. B. in den Richtlinien zitierte BMF-Schreiben. Sie sind dem Leitparagraphen des EStG zugeordnet und ggf. numerisch sortiert, z. B.: § 001-01 für erste Anlage zu § 1 EStG. In den **Anhang** sind alle **übrigen Materialien** aufgenommen, also Verordnungen, Nebengesetze, weitere Verwaltungsregelungen. Der **Hauptteil** ist wie bisher zusammengestellt: Gesetzestext und ihm zugeordnet Durchführungsverordnung, die Lohnsteuer-Richtlinien und die amtlichen Hinweise zu den Lohnsteuer-Richtlinien, nach Bedarf die in diesen zitierten Abschnitte der EStR, und Rechtsprechung. Änderungen gegenüber dem Vorjahr sind durch **Randstriche** gekennzeichnet.

Auf den Seiten 1 bis 185 ist das **Einkommensteuergesetz** unter Berücksichtigung der Änderungen (Stand: 18.12.2013) geschlossen abgedruckt. In dieser Fassung gilt es grundsätzlich ab **2015**; Abweichungen sind angemerkt. Die für den **Lohnsteuerabzug 2015** maßgebende Fassung des Einkommensteuergesetzes ist im anschließenden Teil abgedruckt. Den einzelnen **Paragraphen** sind die entsprechenden **Abschnitte der LStR** mit den **LStH** (amtliche Lohnsteuerhinweise) und die einschlägige **Rechtsprechung** des Bundesfinanzhofs und Bundesverfassungsgerichts zugeordnet. Die **Rechtsprechung** wird als **Rechtsprechungsauswahl** nachgewiesen, hier mit den Leitsätzen des BFH bei im Bundessteuerblatt veröffentlichten Urteilen. Die Urteile sind in **zeitlicher Reihenfolge absteigend** sortiert, beginnend mit den jeweils jüngsten Entscheidungen. Im anschließenden Teil „**Schwebende Verfahren**" wird auf einschlägige anhängige Verfahren beim Bundesfinanzhof und Bundesverfassungsgericht hingewiesen. Sie sind nach den Endziffern der Aktenzeichen gegliedert, so dass die neuesten Revisionen am Anfang stehen. Die einschlägigen BMF-Schreiben sind berücksichtigt. Daneben enthalten die amtlichen Lohnsteuerhinweise (**LStH**) die aktuelle Weisungslage für die Finanzverwaltung mit dem Ziel der Vollständigkeit. Für Arbeitgeber und Berater sollte die Weisungslage der Finanzverwaltung gerade im Bereich Lohnsteuer einfach und vollständig zugänglich sein. Nach dem Hauptteil folgen die **Anlagen** (Verwaltungsregelungen zum EStG) und **Anhang** (Verordnungen, weitere Anweisungen und Nebengesetze).

Das ausführliche **Stichwortverzeichnis** soll die Benutzung erleichtern. Es verweist nicht auf Seitenzahlen, sondern auf **Fundstellen** und **Dokumentenangaben**, z. B. EStG § 8 (2) 9 für § 8 Absatz 2 Satz 9 EStG, LStR 8.1 (2) für R 8.1 Absatz 2 LStR, LStH für die Hinweise zu den LStR.

Zu den Gesetzesänderungen 2014:

Hervorzuheben ist zunächst das Gesetz zur Änderung und Vereinfachung der Unternehmensbesteuerung und des Reisekostenrechts vom 20.2.2013. Es enthält eine gesetzliche Definition der ersten Tätigkeitsstätte sowie Änderungen zu Verpflegungsmehraufwendungen, zur doppelten Haushaltsführung und Bewertung von Mahlzeiten. Die Änderungen treten zum 1.1.2014 in Kraft. Das Gesetz zum Abbau der kalten Progression vom 20.2.2013 beschränkt sich auf eine Anhebung des Grundfreibetrages auf das verfassungsrechtliche gebotene Existenzminimum: Für das Jahr 2013 beträgt er 8.130 €, ab 2014 erhöht er sich auf 8.154 €. Das Gesetz zur Stärkung des Ehrenamtes sieht eine Erhöhung der Übungsleiterpauschale von 2.100 auf 2.400 € und der Ehrenamtspauschale von 500 auf 720 € vor.

Mit einjähriger Verzögerung erfolgte die Einführung des elektronischen Lohnsteuerabzugsverfahrens im Kalenderjahr 2013. Danach haben Arbeitgeber die Möglichkeit, die Daten, die bisher auf der Vorderseite der Lohnsteuerkarte standen, elektronisch abzurufen. Unter dem Namen „ELStAM" („Elektronische Lohnsteuerabzugsmerkmale") werden künftig alle Daten für den Lohnsteuerabzug zwischen Finanzämtern, Unternehmen und Arbeitnehmern digital übermittelt. Der Termin für den erstmaligen Abruf der ELStAM durch die Arbeitgeber und damit der Starttermin für das ELStAM-Verfahren wurde auf den 01.11.2012 mit Wirkung zum 1.1.2013 festgelegt. Die gesetzliche Grundlage hierfür ist im Amtshilferichtlinie-Umsetzungsgesetz vom 26. Juni 2013, BStBl. I S. 801 in § 52b EStG geschaffen worden.

Auf das (jährlich aktualisierte) BMF-Schreiben zur „**Eindämmung der Normenflut**" vom 24.3.2014 – IV A 2 – 02000/13/10002 DOK: 2014/0205033 betreffend BMF-Schreiben, die bis zum 1.4.2011 ergangen sind, wird hingewiesen. Die Positivliste (Anlage 1 dieses Schreibens) enthält die BMF-Schreiben, die noch auf nach dem 31.12.2012 verwirklichte Steuertatbestände anzuwenden sind. Anlage 2 dieses Schreibens führt die nicht mehr in der aktuellen Positivliste enthaltenen BMF-Schreiben auf. Alle lohnsteuerlich relevanten BMF-Schreiben der Positivliste sind im Lohnsteuerband (und den LStH 2014) angesprochen. Das Schreiben kann auch von den Internetseiten des Bundesministeriums der Finanzen (http://www.bundesfinanzministerium.de) unter der Rubrik Wirtschaft und Verwaltung – Steuern – Veröffentlichungen zu Steuerarten – Organisation/Automation abgerufen werden.

Zahlenmäßige Änderungen sind auch aus der beigefügten **Übersicht 2015** ersichtlich (**Anhang 59**). Die Auswahl und Bearbeitung des Materials lag in den Händen der Herren Leitender Ministerialrat Hermann Brandenberg, Regierungsdirektor Walter Niermann und Oberamtsrat Heinz-Willi Schaffhausen. Für Anregungen und Wünsche zum Inhalt sowie zur Ausgestaltung sind wir jederzeit dankbar.

Düsseldorf, April 2014

Die Bearbeiter
IDW Verlag GmbH

Inhaltsverzeichnis

	Seite
Vorwort	V
Inhaltsverzeichnis	VII
Abkürzungsverzeichnis	XXIII
Einkommensteuergesetz	1
EStG Anlage 1 (zu § 4d Absatz 1 EStG) Tabelle für die Errechnung des Deckungskapitals für lebenslänglich laufende Leistungen von Unterstützungskassen	163
EStG Anlage 1a (zu § 13b EStG) Ermittlung des Gewinns aus Land- und Forstwirtschaft nach Durchschnittssätzen	164
EStG Anlage 2 (zu § 43b EStG) Gesellschaften im Sinne der Richtlinie 90/435/EWG	165
EStG Anlage 3 (zu § 50g EStG)	168

(I. Steuerpflicht)

EStG § 1	Steuerpflicht	171

LStR 2011

Einführung	171

(II. Einkommen)

EStG § 1a	(Steuerpflicht Sondervorschriften)	176
EStG § 2	Umfang der Besteuerung, Begriffsbestimmungen	178
EStG § 2a	Negative Einkünfte mit Bezug zu Drittstaaten	180
EStG § 3	(Steuerfreie Einnahmen)	182

LStR

R 3.2	Leistungen nach dem Dritten Buch Sozialgesetzbuch (§ 3 Nummer 2 EStG)	196
R 3.4	Überlassung von Dienstkleidung und andere Leistungen an bestimmte Angehörige des öffentlichen Dienstes (§ 3 Nummer 4 EStG)	196
R 3.6	Gesetzliche Bezüge der Wehr- und Zivildienstbeschädigten, Kriegsbeschädigten, ihrer Hinterbliebenen und der ihnen gleichgestellten Personen (§ 3 Nummer 6 EStG)	197
R 3.11	Beihilfen und Unterstützungen, die wegen Hilfsbedürftigkeit gewährt werden (§ 3 Nummer 11 EStG)	198
R 3.12	Aufwandsentschädigungen aus öffentlichen Kassen (§ 3 Nummer 12 Satz 2 EStG)	200
R 3.13	Reisekostenvergütungen, Umzugskostenvergütungen und Trennungsgelder aus öffentlichen Kassen (§ 3 Nummer 13 EStG)	203
R 3.16	**Steuerfreie Leistungen für** Reisekosten, Umzugskosten und Mehraufwendungen bei doppelter Haushaltsführung außerhalb des öffentlichen Dienstes (§ 3 Nummer 16 EStG)	204
R 3.26	Steuerbefreiung für nebenberufliche Tätigkeiten (§ 3 Nummer 26 EStG)	204
R 3.28	Leistungen nach dem Altersteilzeitgesetz (§ 3 Nummer 28 EStG)	207
R 3.30	Werkzeuggeld (§ 3 Nummer 30 EStG)	209
R 3.31	Überlassung typischer Berufskleidung (§ 3 Nummer 31 EStG)	209
R 3.32	Sammelbeförderung von Arbeitnehmern zwischen Wohnung und Arbeitsstätte (§ 3 Nummer 32 EStG)	210
R 3.33	Unterbringung und Betreuung von nicht schulpflichtigen Kindern (§ 3 Nummer 33 EStG)	210
R 3.45	Betriebliche Personalcomputer und Telekommunikationsgeräte (§ 3 Nummer 45 EStG)	211
R 3.50	Durchlaufende Gelder, Auslagenersatz (§ 3 Nummer 50 EStG)	212
R 3.58	Zuschüsse und Zinsvorteile aus öffentlichen Haushalten (§ 3 Nummer 58 EStG)	213
R 3.59	Steuerfreie Mietvorteile (§ 3 Nummer 59 EStG)	213
R 3.62	Zukunftssicherungsleistungen (§ 3 Nummer 62 EStG, § 2 Absatz 2 Nummer 3 LStDV)	214

R 3.64	Kaufkraftausgleich (§ 3 Nummer 64 EStG)	218
R 3.65	Insolvenzsicherung (§ 3 Nummer 65 EStG)	219
EStG § 3a	(weggefallen)	227
EStG § 3b	Steuerfreiheit von Zuschlägen für Sonntags-, Feiertags- oder Nachtarbeit	227
LStR		
R 3b.	Steuerfreiheit der Zuschläge für Sonntags-, Feiertags- oder Nachtarbeit (§ 3b EStG)	227
EStG § 3c	Anteilige Abzüge	235
EStG § 4	Gewinnbegriff im Allgemeinen	237
EStG § 4a	Gewinnermittlungszeitraum, Wirtschaftsjahr	247
EStG § 4b	Direktversicherung	247
EStG § 4c	Zuwendungen an Pensionskassen	247
EStG § 4d	Zuwendungen an Unterstützungskassen	248
EStG § 4e	Beiträge an Pensionsfonds	250
EStG § 4f	(weggefallen)	251
EStG § 4g	Bildung eines Ausgleichspostens bei Entnahme nach § 4 Absatz 1 Satz 3	251
EStG § 4h	Betriebsausgabenabzug für Zinsaufwendungen (Zinsschranke)	252
EStG § 5	Gewinn bei Kaufleuten und bei bestimmten anderen Gewerbetreibenden	254
EStG § 5a	Gewinnermittlung bei Handelsschiffen im internationalen Verkehr	256
EStG § 5b	Elektronische Übermittlung von Bilanzen sowie Gewinn- und Verlustrechnungen	257
EStG § 6	Bewertung	258
EStG § 6a	Pensionsrückstellung	265
EStG § 6b	Übertragung stiller Reserven bei der Veräußerung bestimmter Anlagegüter	266
EStG § 6c	Übertragung stiller Reserven bei der Veräußerung bestimmter Anlagegüter bei der Ermittlung des Gewinns nach § 4 Absatz 3 oder nach Durchschnittssätzen	269
EStG § 6d	Euroumrechnungsrücklage	269
EStG § 7	Absetzung für Abnutzung oder Substanzverringerung	269
EStG § 7a	Gemeinsame Vorschriften für erhöhte Absetzungen und Sonderabschreibungen	272
EStG § 7b	(weggefallen)	273
EStG § 7c	(weggefallen)	273
EStG § 7d	(weggefallen)	273
EStG § 7e	(weggefallen)	273
EStG § 7f	(weggefallen)	273
EStG § 7g	Investitionsabzugsbeträge und Sonderabschreibungen zur Förderung kleiner und mittlerer Betriebe	273
EStG § 7h	Erhöhte Absetzungen bei Gebäuden in Sanierungsgebieten und städtebaulichen Entwicklungsbereichen	275
EStG § 7i	Erhöhte Absetzungen bei Baudenkmalen	275
EStG § 7k	(weggefallen)	276
EStG § 8	Einnahmen	277

LStR
R 8.1 Bewertung der Sachbezüge (§ 8 Absatz 2 EStG) 278
R 8.2 Bezug von Waren und Dienstleistungen (§ 8 Absatz 3 EStG) 296

EStG § 9 Werbungskosten 314
LStR
R 9.1 Werbungskosten 317
R 9.2 Aufwendungen für die Aus- und Fortbildung 322
R 9.3 Ausgaben im Zusammenhang mit Berufsverbänden 324
R 9.4 Reisekosten 325
R 9.5 Fahrtkosten als Reisekosten 325
R 9.6 Verpflegungsmehraufwendungen als Reisekosten 327
R 9.7 Übernachtungskosten 329
R 9.8 Reisenebenkosten 330
R 9.9 Umzugskosten 331
R 9.10 Aufwendungen für Wege zwischen Wohnung und **regelmäßiger** Arbeitsstätte 333
R 9.11 Mehraufwendungen bei doppelter Haushaltsführung 337
R 9.12 Arbeitsmittel 343
R 9.13 Werbungskosten bei Heimarbeiten 345

EStG § 9a Pauschbeträge für Werbungskosten 371
EStR 2012
R 9a. Pauschbeträge für Werbungskosten 371

EStG § 9b (Umsatzsteuerrechtlicher Vorsteuerabzug) 372

EStG § 9c (weggefallen) 372

EStG § 10 (Sonderausgaben) 373
EStR 2008
R 10.1 Sonderausgaben (Allgemeines) 379
R 10.2 Unterhaltsleistungen an den geschiedenen oder dauernd getrennt lebenden Ehegatten . 380
R 10.3 Renten und dauernde Lasten, **Versorgungsleistungen** 380
R 10.4 Vorsorgeaufwendungen (Allgemeines) – unbesetzt –. 380
R 10.5 Versicherungsbeiträge 380
R 10.6 Nachversteuerung von Versicherungsbeiträgen 380
R 10.7 Kirchensteuern und Kirchenbeiträge 380
R 10.8 **Kinderbetreuungskosten** – unbesetzt –. 381
R 10.9 Aufwendungen für die Berufsausbildung 381
R 10.10 Schulgeld – unbesetzt –. 381

EStG § 10a Zusätzliche Altersvorsorge 389
EStG § 10b Steuerbegünstigte Zwecke 392
EStG § 10c Sonderausgaben-Pauschbetrag 395
EStG § 10d Verlustabzug 395
EStG § 10e Steuerbegünstigung der zu eigenen Wohnzwecken genutzten Wohnung im eigenen Haus 397
EStG § 10f Steuerbegünstigung für zu eigenen Wohnzwecken genutzte Baudenkmale und Gebäude in Sanierungsgebieten und städtebaulichen Entwicklungsbereichen . 397
EStG § 10g Steuerbegünstigung für schutzwürdige Kulturgüter, die weder zur Einkunftserzielung noch zu eigenen Wohnzwecken genutzt werden 398

EStG § 10h	Steuerbegünstigung der unentgeltlich zu Wohnzwecken überlassenen Wohnung im eigenen Haus	399
EStG § 10i	Vorkostenabzug bei einer nach dem Eigenheimzulagengesetz begünstigten Wohnung	399
EStG § 11	(Vereinnahmung und Verausgabung)	400
EStG § 11a	Sonderbehandlung von Erhaltungsaufwand bei Gebäuden in Sanierungsgebieten und städtebaulichen Entwicklungsbereichen	406
EStG § 11b	Sonderbehandlung von Erhaltungsaufwand bei Baudenkmalen	406
EStG § 12	(Nicht abzugsfähige Ausgaben)	407
EStG § 13	Einkünfte aus Land- und Forstwirtschaft	413
EStG § 13a	Ermittlung des Gewinns aus Land- und Forstwirtschaft nach Durchschnittssätzen	414
EStG § 14	Veräußerung des Betriebs	417
EStG § 14a	Vergünstigungen bei der Veräußerung bestimmter land- und forstwirtschaftlicher Betriebe	417
EStG § 15	Einkünfte aus Gewerbebetrieb	419
EStG § 15a	Verluste bei beschränkter Haftung	420
EStG § 15b	Verluste im Zusammenhang mit Steuerstundungsmodellen	422
EStG § 16	Veräußerung des Betriebs	423
EStG § 17	Veräußerung von Anteilen an Kapitalgesellschaften	425
EStG § 18	(Selbständige Arbeit)	427
EStG § 19	(Nichtselbständige Arbeit)	429
LStDV		
§ 1	*Arbeitnehmer, Arbeitgeber*	432
§ 2	*Arbeitslohn*	432
LStR		
H 19.0	Arbeitnehmer	433
EStR 2012		
R 4.8	Rechtsverhältnisse zwischen Angehörigen	436
LStR		
R 19.1	Arbeitgeber	436
R 19.2	Nebentätigkeit und Aushilfstätigkeit	437
R 19.3	Arbeitslohn	439
R 19.4	Vermittlungsprovisionen	445
R 19.5	Zuwendungen bei Betriebsveranstaltungen	446
R 19.6	Aufmerksamkeiten	449
R 19.7	Berufliche Fort- oder Weiterbildungsleistungen des Arbeitgebers	450
R 19.8	Versorgungsbezüge	451
R 19.9	Zahlung von Arbeitslohn an die Erben oder Hinterbliebenen eines verstorbenen Arbeitnehmers	453
EStG § 19a	*Überlassung von Vermögensbeteiligungen an Arbeitnehmer (weggefallen)*	475
LStR		
R 19a.	Steuerbegünstigte Überlassung von Vermögensbeteiligungen	475
EStG § 20	(Kapitalvermögen)	481
EStG § 21	(Vermietung und Verpachtung)	489

EStG § 22	Arten der sonstigen Einkünfte	491
EStG § 22a	Rentenbezugsmitteilungen an die zentrale Stelle	502
EStG § 23	Private Veräußerungsgeschäfte	507
EStG § 24	(Gemeinsame Vorschriften)	509
EStG § 24a	Altersentlastungsbetrag	511
EStR 2012		
R 24a.	Altersentlastungsbetrag	512
EStG § 24b	Entlastungsbetrag für Alleinerziehende	513

(III. Veranlagung)

EStG § 25	Veranlagungszeitraum, Steuererklärungspflicht	515
EStG § 26	Veranlagung von Ehegatten	516
EStG § 26a	Einzelveranlagung von Ehegatten	518
EStG § 26b	Zusammenveranlagung von Ehegatten	519
EStG § 26c	(weggefallen)	520
EStG § 27	(weggefallen)	520
EStG § 28	Besteuerung bei fortgesetzter Gütergemeinschaft	520
EStG §§ 29 und 30 (weggefallen)		520

(IV. Tarif)

EStG § 31	Familienleistungsausgleich	521
EStR 2012		
R 31	Familienleistungsausgleich	521
EStG § 32	Kinder, Freibeträge für Kinder	525
EStR 2012		
R 32.1	Im ersten Grad mit dem Steuerpflichtigen verwandte Kinder – unbesetzt –	527
R 32.2	Pflegekinder	527
R 32.3	Allgemeines zur Berücksichtigung von Kindern	527
R 32.4	Kinder, die Arbeit suchen – unbesetzt –	528
R 32.5	Kinder, die für einen Beruf ausgebildet werden	528
R 32.6	Kinder, die sich in einer Übergangszeit befinden – unbesetzt –	528
R 32.7	Kinder, die mangels Ausbildungsplatz ihre Berufsausbildung nicht beginnen oder fortsetzen können	528
R 32.8	Kinder, die ein freiwilliges soziales oder ökologisches Jahr oder freiwillige Dienste leisten – unbesetzt –	528
R 32.9	Kinder, die wegen körperlicher, geistiger oder seelischer Behinderung außerstande sind, sich selbst zu unterhalten	528
R 32.10	Einkünfte und Bezüge des Kindes	528
R 32.11	Verlängerungstatbestände bei Arbeit suchenden Kindern und Kindern in Berufsausbildung	528
R 32.12	Höhe der Freibeträge für Kinder in Sonderfällen	528
R 32.13	Übertragung der Freibeträge für Kinder	529
EStG § 32a	Einkommensteuertarif	540
EStG § 32b	Progressionsvorbehalt	544
EStR 2012		
R 32b.	Progressionsvorbehalt	546

| EStG § 32c (weggefallen)... 550
| EStG § 32d Gesonderter Steuertarif für Einkünfte aus Kapitalvermögen............... 550
EStR 2012
R 32d. Gesonderter Tarif für Einkünfte aus Kapitalvermögen........................... 552
EStG § 33 Außergewöhnliche Belastungen... 553
EStR 2012
R 33.1 Außergewöhnliche Belastungen allgemeiner Art............................... 553
R 33.2 Aufwendungen für existentiell notwendige Gegenstände......................... 554
R 33.3 Aufwendungen wegen Pflegebedürftigkeit **und erheblich eingeschränkter Alltagskompetenz**... 554
R 33.4 Aufwendungen wegen Krankheit, Behinderung und Tod......................... 555
EStG § 33a Außergewöhnliche Belastungen in besonderen Fällen...................... 567
EStR 2012
R 33a.1 Aufwendungen für den Unterhalt und eine etwaige Berufsausbildung............... 568
R 33a.2 Freibetrag zur Abgeltung des Sonderbedarfs eines sich in Berufsausbildung befindenden, auswärtig untergebrachten, volljährigen Kindes............................. 569
R 33a.3 Zeitanteilige Ermäßigung nach § 33a Absatz 4 EStG........................... 569
EStG § 33b **Pauschbeträge für behinderte Menschen, Hinterbliebene und Pflegepersonen** 575
EStDV
§ 65 *Nachweis der Voraussetzungen für die Inanspruchnahme der Pauschbeträge des § 33b des Gesetzes*.. 576
EStR 2008
R 33b. Pauschbeträge für behinderte Menschen, Hinterbliebene und Pflegepersonen........ 577
EStG § 34 **Außerordentliche Einkünfte**... 580
EStR 2012
R 34.4 Anwendung des § 34 Absatz 1 EStG auf Einkünfte aus der Vergütung für eine mehrjährige Tätigkeit (§ 34 Absatz 2 Nummer 4 EStG).............................. 581
EStG § 34a Begünstigung der nicht entnommenen Gewinne........................... 588
EStG § 34b Steuersätze bei Einkünften aus außerordentlichen Holznutzungen........... 590

(V. Steuerermäßigungen)

EStG § 34c (Steuerermäßigung bei ausländischen Einkünften)........................ 591
EStG § 34d Ausländische Einkünfte... 593
| EStG § 34e (weggefallen)... 594
EStG § 34f (Steuerermäßigung für Steuerpflichtige mit Kindern bei Inanspruchnahme erhöhter Absetzungen für Wohngebäude oder der Steuerbegünstigungen für eigengenutztes Wohneigentum)... 594
EStG § 34g (Steuerermäßigung bei Zuwendungen an politische Parteien und an unabhängige Wählervereinigungen).. 595
EStG § 35 (Steuerermäßigung bei Einkünften aus Gewerbebetrieb).................... 596
EStG § 35a Steuerermäßigung bei Aufwendungen für haushaltsnahe Beschäftigungsverhältnisse, haushaltsnahe Dienstleistungen und Handwerkerleistungen........ 597
EStG § 35b Steuerermäßigung bei Belastung mit Erbschaftsteuer...................... 599

(VI. Steuererhebung)

EStG § 36 Entstehung und Tilgung der Einkommensteuer........................... 600
EStG § 37 Einkommensteuer-Vorauszahlung....................................... 602

EStG § 37a	Pauschalierung der Einkommensteuer durch Dritte	604
EStG § 37b	Pauschalierung der Einkommensteuer bei Sachzuwendungen	604
EStG § 38	Erhebung der Lohnsteuer	608

LStR

R 38.1	Steuerabzug vom Arbeitslohn	607
R 38.2	Zufluss von Arbeitslohn	607
R 38.3	Einbehaltungspflicht des Arbeitgebers	610
R 38.4	Lohnzahlung durch Dritte	611
R 38.5	Lohnsteuerabzug durch Dritte	611
EStG § 38a	Höhe der Lohnsteuer	617
EStG § 38b	Lohnsteuerklassen, Zahl der Kinderfreibeträge	619

EStR 2012

R 26.	Voraussetzungen für die Anwendung des § 26 EStG	620
EStG § 39	Lohnsteuerabzugsmerkmale	622

LStR

R 39.1	– unbesetzt –	623
R 39.2	Änderungen und Ergänzungen der Lohnsteuerkarte	624
R 39.3	Bescheinigung für den Lohnsteuerabzug	624
R 39.4	Lohnsteuerabzug bei beschränkter Einkommensteuerpflicht	624
EStG § 39a	Freibetrag und Hinzurechnungsbetrag	627

LStR

R 39a.1	Verfahren bei der Eintragung eines Freibetrags oder eines Hinzurechnungsbetrags auf der Lohnsteuerkarte	629
R 39a.2	Freibetrag wegen negativer Einkünfte	631
R 39a.3	Freibeträge bei Ehegatten	631
EStG § 39b	Einbehaltung der Lohnsteuer	634

LStR

R 39b.1	Aufbewahrung der Lohnsteuerkarte	636
R 39b.2	Laufender Arbeitslohn und sonstige Bezüge	636
R 39b.3	Freibeträge für Versorgungsbezüge	637
R 39b.4	Altersentlastungsbetrag **beim Lohnsteuerabzug**	637
R 39b.5	Einbehaltung der Lohnsteuer vom laufenden Arbeitslohn	637
R 39b.6	Einbehaltung der Lohnsteuer von sonstigen Bezügen	636
R 39b.7	– unbesetzt –	642
R 39b.8	Permanenter Lohnsteuer-Jahresausgleich	642
R 39b.9	Besteuerung des Nettolohns	643
R 39b.10	Anwendung von Doppelbesteuerungsabkommen	644
EStG § 39c	Einbehaltung der Lohnsteuer ohne Lohnsteuerabzugsmerkmale	647

LStR

R 39c.	Nichtvorlage der Lohnsteuerkarte	647
EStG § 39d	(weggefallen)	649
EStG § 39e	Verfahren zur Bildung und Anwendung der elektronischen Lohnsteuerabzugsmerkmale	649
EStG § 39f	Faktorverfahren anstelle Steuerklassenkombination III/V	653
EStG § 40	Pauschalierung der Lohnsteuer in besonderen Fällen	654

LStR
R 40.1 Bemessung der Lohnsteuer nach besonderen Pauschsteuersätzen (§ 40 Absatz 1 EStG) ... 655
R 40.2 Bemessung der Lohnsteuer nach einem festen Pauschsteuersatz (§ 40 Absatz 2 EStG) . 657
EStG § 40a Pauschalierung der Lohnsteuer für Teilzeitbeschäftigte und geringfügige Beschäftigte ... 662
LStR
R 40a.1 Kurzfristige Beschäftigte und Aushilfskräfte in der Land- und Forstwirtschaft ... 663
R 40a.2 Geringfügig entlohnte Beschäftigte ... 665
EStG § 40b Pauschalierung der Lohnsteuer bei bestimmten Zukunftssicherungsleistungen 668
LStR
R 40b.1 Pauschalierung der Lohnsteuer bei Beiträgen zu Direktversicherungen und Zuwendungen an Pensionskassen für Versorgungszusagen, die vor dem 1.1.2005 erteilt wurden.. 668
R 40b.2 Pauschalierung der Lohnsteuer bei Beiträgen zu einer Gruppenunfallversicherung 675
EStG § 41 Aufzeichnungspflichten beim Lohnsteuerabzug ... 678
LStDV
§ 4 Lohnkonto ... 678
§ 5 Besondere Aufzeichnungs- und Mitteilungspflichten im Rahmen der betrieblichen Altersversorgung ... 680
LStR
R 41.1 Aufzeichnungserleichterungen, Aufzeichnung der Religionsgemeinschaft ... 681
R 41.2 Aufzeichnung des Großbuchstaben U ... 681
R 41.3 Betriebsstätte ... 681
EStG § 41a Anmeldung und Abführung der Lohnsteuer ... 685
LStR
R 41a.1 Lohnsteuer-Anmeldung ... 686
R 41a.2 Abführung der Lohnsteuer ... 687
EStG § 41b Abschluss des Lohnsteuerabzugs ... 691
LStR
R 41b. Abschluss des Lohnsteuerabzugs ... 692
EStG § 41c Änderung des Lohnsteuerabzugs ... 694
LStR
R 41c.1 Änderung des Lohnsteuerabzugs ... 694
R 41c.2 Anzeigepflichten des Arbeitgebers ... 696
R 41c.3 Nachforderung von Lohnsteuer ... 696
EStG §§ 42 und 42a (weggefallen) ... 699
EStG § 42b Lohnsteuer-Jahresausgleich durch den Arbeitgeber ... 700
LStR
R 42b. Durchführung des Lohnsteuer-Jahresausgleichs durch den Arbeitgeber ... 701
EStG § 42c (weggefallen) ... 701
EStG § 42d Haftung des Arbeitgebers und Haftung bei Arbeitnehmerüberlassung ... 702
LStR
R 42d.1 Inanspruchnahme des Arbeitgebers ... 703
R 42d.2 Haftung bei Arbeitnehmerüberlassung ... 709
R 42d.3 Haftung bei Lohnsteuerabzug durch einen Dritten ... 711
EStG § 42e Anrufungsauskunft ... 716

LStR
R 42e. Anrufungsauskunft 716

EStG § 42f Lohnsteuer-Außenprüfung 719
LStR
R 42f. Lohnsteuer-Außenprüfung 719

EStG § 42g Lohnsteuer-Nachschau 721
EStG § 43 Kapitalerträge mit Steuerabzug 722
EStG § 43a Bemessung der Kapitalertragsteuer 725
EStG § 43b Bemessung der Kapitalertragsteuer bei bestimmten Gesellschaften 726
EStG § 44 Entrichtung der Kapitalertragsteuer 727
EStG § 44a Abstandnahme vom Steuerabzug 730
EStG § 44b Erstattung der Kapitalertragsteuer 734
EStG § 45 Ausschluss der Erstattung von Kapitalertragsteuer 735
EStG § 45a Anmeldung und Bescheinigung der Kapitalertragsteuer 735
EStG § 45b Erstattung von Kapitalertragsteuer auf Grund von Sammelanträgen 736
EStG § 45c (weggefallen) 736
EStG § 45d Mitteilungen an das Bundeszentralamt für Steuern 736
EStG § 45e Ermächtigung für Zinsinformationsverordnung 737
EStG § 46 Veranlagung bei Bezug von Einkünften aus nichtselbständiger Arbeit 738
EStG § 47 (weggefallen) 741

(VII. Steuerabzug bei Bauleistungen)

EStG § 48 Steuerabzug 741
EStG § 48a Verfahren 742
EStG § 48b Freistellungsbescheinigung 742
EStG § 48c Anrechnung 743
EStG § 48d Besonderheiten im Fall von Doppelbesteuerungsabkommen 743

(VIII. Besteuerung beschränkt Steuerpflichtiger)

EStG § 49 Beschränkt steuerpflichtige Einkünfte 744
EStG § 50 Sondervorschriften für beschränkt Steuerpflichtige 749
EStG § 50a Steuerabzug bei beschränkt Steuerpflichtigen 751

(IX. Sonstige Vorschriften, Bußgeld-, Ermächtigungs- und Schlussvorschriften)

EStG § 50b Prüfungsrecht 755
EStG § 50c (weggefallen) 755
EStG § 50d Besonderheiten im Fall von Doppelbesteuerungsabkommen und der §§ 43b und 50g 755
EStG § 50e Bußgeldvorschriften; Nichtverfolgung von Steuerstraftaten bei geringfügiger Beschäftigung in Privathaushalten 760
EStG § 50f Bußgeldvorschriften 760
EStG § 50g Entlastung vom Steuerabzug bei Zahlungen von Zinsen und Lizenzgebühren zwischen verbundenen Unternehmen verschiedener Mitgliedstaaten der Europäischen Union 760

EStG § 50h	Bestätigung für Zwecke der Entlastung von Quellensteuern in einem anderen Mitgliedstaat der Europäischen Union oder der Schweizerischen Eidgenossenschaft	763
EStG § 50i	Besteuerung bestimmter Einkünfte und Anwendung von Doppelbesteuerungsabkommen	763
EStG § 51	Ermächtigungen	764
EStG § 51a	Festsetzung und Erhebung von Zuschlagsteuern	765
EStG § 52	Anwendungsvorschriften	768
EStG § 52a	(weggefallen)	769
EStG § 52b	Übergangsregelungen bis zur Anwendung der elektronischen Lohnsteuerabzugsmerkmale; ab 1.1.2013: (weggefallen)	769
EStG § 53	Sondervorschrift zur Steuerfreistellung des Existenzminimums eines Kindes in den Veranlagungszeiträumen 1983 bis 1995	772
EStG § 54	(weggefallen)	772
EStG § 55	Schlussvorschriften (Sondervorschriften für die Gewinnermittlung nach § 4 oder nach Durchschnittssätzen bei vor dem 1. Juli 1970 angeschafftem Grund und Boden)	772
EStG § 56	Sondervorschriften für Steuerpflichtige in dem in Artikel 3 des Einigungsvertrages genannten Gebiet	774
EStG § 57	Besondere Anwendungsregeln aus Anlass der Herstellung der Einheit Deutschlands	774
EStG § 58	Weitere Anwendung von Rechtsvorschriften, die vor Herstellung der Einheit Deutschlands in dem in Artikel 3 des Einigungsvertrages genannten Gebiet gegolten haben	775
EStG §§ 59 bis 61 (weggefallen)		775

(X. Kindergeld)

EStG § 62	Anspruchsberechtigte	776
EStG § 63	Kinder	783
EStG § 64	Zusammentreffen mehrerer Ansprüche	787
EStG § 65	Andere Leistungen für Kinder	792
EStG § 66	Höhe des Kindergeldes, Zahlungszeitraum	794
EStG § 67	Antrag	795
EStG § 68	Besondere Mitwirkungspflichten	796
EStG § 69	Überprüfung des Fortbestehens von Anspruchsvoraussetzungen durch Meldedaten-Übermittlung	796
EStG § 70	Festsetzung und Zahlung des Kindergeldes	797
EStG § 71	(weggefallen)	798
EStG § 72	Festsetzung und Zahlung des Kindergeldes an Angehörige des öffentlichen Dienstes	799
EStG § 73	(weggefallen)	800
EStG § 74	Zahlung des Kindergeldes in Sonderfällen	800
EStG § 75	Aufrechnung	804
EStG § 76	Pfändung	804

EStG § 76a	(weggefallen)	805
EStG § 77	Erstattung von Kosten im Vorverfahren	805
EStG § 78	Übergangsregelungen	805

(XI. Altersvorsorgezulage)

EStG § 79	Zulageberechtigte	806
EStG § 80	Anbieter	806
EStG § 81	Zentrale Stelle	806
EStG § 81a	Zuständige Stelle	806
EStG § 82	Altersvorsorgebeiträge	807
EStG § 83	Altersvorsorgezulage	808
EStG § 84	Grundzulage	808
EStG § 85	Kinderzulage	809
EStG § 86	Mindesteigenbeitrag	809
EStG § 87	Zusammentreffen mehrerer Verträge	810
EStG § 88	Entstehung des Anspruchs auf Zulage	810
EStG § 89	Antrag	810
EStG § 90	Verfahren	811
EStG § 91	Datenerhebung und Datenabgleich	812
EStG § 92	Bescheinigung	813
EStG § 92a	Verwendung für eine selbst genutzte Wohnung	813
EStG § 92b	Verfahren bei Verwendung für eine selbst genutzte Wohnung	817
EStG § 93	Schädliche Verwendung	818
EStG § 94	Verfahren bei schädlicher Verwendung	819
EStG § 95	Sonderfälle der Rückzahlung	820
EStG § 96	Anwendung der Abgabenordnung, allgemeine Vorschriften	820
EStG § 97	Übertragbarkeit	821
EStG § 98	Rechtsweg	821
EStG § 99	Ermächtigung	821

Anlagen

Anlage	Inhalt	Seite
§ 001–01:	BMF-Schreiben vom 4.10.2011 betr. Berücksichtigung ausländischer Verhältnisse; **Ländergruppeneinteilung** ab 1.1.2012	823
§ 003–02:	BMF-Schreiben vom 25.11.2008 und 14.10.2009 betr. **Anwendungsschreiben zu § 3 Nummer 26a EStG**	826
§ 003–03:	BMF-Schreiben vom 19.1.2015 betr. Steuerbefreiung des Kaufkraftausgleichs (§ 3 Nummer 64 EStG); Gesamtübersicht der **Kaufkraftzuschläge** zum 1.1.2015	829
§ 003–04:	BMF-Schreiben vom 12.4.2006 betr. Steuerliche Behandlung des von Organen der **EU** gezahlten **Tagegeldes** für in ihrem Bereich verwendete **Beamte**	834
§ 003–05:	BMF-Schreiben vom 22.5.2013 betr. Gewährung von Zusatzleistungen und Zulässigkeit von Gehaltsumwandlungen: Anwendung der BFH-Urteile vom 19. September 2012 – VI R 54/11 und VI R 55/11	836

Anlage	Inhalt	Seite
§ 003–06:	BMF-Schreiben vom 26.10.2006 betr. **Übertragung** von Versorgungsverpflichtungen und Versorgungsanwartschaften **auf Pensionsfonds**; Anwendung der Regelungen in § 4d Absatz 3 EStG und § 4e Absatz 3 EStG i.V.m. § 3 Nummer 66 EStG	837
§ 003–07:	BMF-Schreiben vom 8.12.2009 betr. Behandlung der Überlassung von **Vermögensbeteiligungen ab 2009** (§ 3 Nummer 39, § 19a EStG).	839
§ 003–08:	BMF-Schreiben vom 25.11.2011 betr. Steuerliche Behandlung von **Finanzierungsanteilen der Arbeitnehmer zur betrieblichen Altersversorgung im öffentlichen Dienst**; Umsetzung des BFH-Urteils vom 9. Dezember 2010 – VI R 57/08 – (BStBl. 2011 II S. 978)	843
§ 004–02:	BMF-Schreiben vom 14.10.1996 betr. Ertragsteuerliche Behandlung von **Incentive-Reisen**.	845
§ 004–03:	BMF-Schreiben vom 2. 3. 2011 betr. Einkommensteuerliche Behandlung der Aufwendungen für ein **häusliches Arbeitszimmer** nach § 4 Absatz 5 Satz 1 Nummer 6b, § 9 Absatz 5 und § 10 Absatz 1 Nummer 7 EStG; Neuregelung durch das Jahressteuergesetz 2010 vom 8. Dezember 2010 (BGBl. I S. 1768, BStBl. I S. 1394)	847
§ 008–01:	BMF-Schreiben vom 20.1.2015 betr. Steuerliche Behandlung der **Rabatte, die Arbeitnehmern von dritter Seite** eingeräumt werden	854
§ 008–02:	BMF-Schreiben vom 16.12.2014 betr. Lohnsteuerliche Behandlung von unentgeltlichen oder verbilligten **Mahlzeiten** der Arbeitnehmer **ab** Kalenderjahr **2015**	855
§ 008–03:	**Sachbezugswerte** Luftfahrtunternehmen, Seeschifffahrt	856
§ 008–04:	BMF-Schreiben vom 1.10.2008 betr. Steuerliche Behandlungen von **Arbeitgeberdarlehen**.	859
§ 008–05:	BMF-Schreiben vom 27. 9. 2011 betr. Kein Zufluss durch **Einbehaltung von Tagegeldern** – Bewertung der unentgeltlichen Gemeinschaftsverpflegung mit dem **Sachbezugswert**; BFH-Urteil vom 24. März 2011 – VI R 11/10 – (BStBl. 2011 II S. 829)	863
§ 008–06:	BMF-Schreiben vom 28.5.1996 betr. Steuerliche Behandlung der **Überlassung** eines betrieblichen **Kraftfahrzeugs** an Arbeitnehmer	864
§ 008–07:	**Merkblatt** für den **Arbeitgeber** zu den Rechtsänderungen beim Steuerabzug vom Arbeitslohn ab 1. Januar **1996** und zur Auszahlung des Kindergeldes ab 1. Januar 1996 (Auszug)	867
§ 008–08:	BMF-Schreiben vom 18.12.2009 betr. Ermittlung des geldwerten Vorteils beim **Erwerb von Kraftfahrzeugen** vom Arbeitgeber in der Automobilbranche (§ 8 Absatz 3 EStG)	871
§ 008–09:	BMF-Schreiben vom 28.3.2007 betr. Verhältnis von § 8 Absatz 2 und Absatz 3 EStG bei der **Bewertung von Sachbezügen**; Anwendung des BFH-Urteils vom 5.9.2006 – VI R 41/02 – (BStBl. 2007 II S. 309)	872
§ 008–10:	BMF-Schreiben vom 2.3.1990 betr. Einkommensteuerliche Behandlung der **Zinsen** auf Einlagen der **Arbeitnehmer** von Kreditinstituten.	874
§ 008–11:	BMF-Schreiben vom 28.3.1994 betr. Lohnsteuerliche Behandlung ersparter **Abschlussgebühren** bei Abschluss eines **Bausparvertrages**	875
§ 008–12:	BMF-Schreiben vom 1. 4. 2011 betr. Lohnsteuerliche Behandlung der **Überlassung eines betrieblichen Kraftfahrzeugs** für Fahrten zwischen Wohnung und regelmäßiger Arbeitsstätte (§ 8 Absatz 2 Satz 3 EStG); **Anwendung der Urteile des BFH** vom 22. September 2010 – VI R 54/09 – (BStBl. II 2011 S. 354), – VI R 55/09 – (BStBl. II 2011 S. 358) und – VI R 57/09 – (BStBl. II 2011 S. 359)	876
§ 008–13:	BMF-Schreiben vom 19.4.2013 betr. Lohnsteuerliche Behandlung vom Arbeitnehmer selbst getragener Aufwendungen bei der Überlassung eines betrieblichen Kraftfahrzeugs (§ 8 Absatz 2 Satz 2 ff. EStG); Anwendung von R 8.1 Absatz 9 Nummer 1 Satz 5 LStR 2011 und R 8.1 Absatz 9 Nummer 4 LStR 2011	879

Anlage	Inhalt	Seite
§ 008–14:	BMF-Schreiben vom 3.4.2012 zur privaten Kfz-Nutzung durch den Gesellschafter-Geschäftsführer einer Kapitalgesellschaft; Urteile des Bundesfinanzhofs vom 23. Januar 2008 – I R 8/06 – (BStBl. 2012 II S. 260), vom 23. April 2009 – VI R 81/06 – (BStBl. 2012 II S. 262) und vom 11. Februar 2010 – VI R 43/09 – (BStBl. 2012 II S. 266)	882
§ 008–15:	Gleichlautende Ländererlasse vom 23.11.2012 zur steuerlichen Behandlung von (Elektro-)Fahrrädern	883
§ 008–16:	BMF-Schreiben vom 5.6.2014 betr. Nutzung eines betrieblichen Kraftfahrzeugs für private Fahrten, Fahrten zwischen Wohnung und Betriebsstätte/erster Tätigkeitsstätte und Familienheimfahrten; Nutzung von Elektro- und Hybridelektrofahrzeugen	884
§ 008–17:	BMF-Schreiben vom 15.7.2014 betr. Geldwerter Vorteil für die Gestellung eines Kraftfahrzeugs mit Fahrer; BFH-Urteil vom 15. Mai 2013 VI R 44/11 – (BStBl. 2014 II Seite 589)	888
§ 009–01:	BMF-Schreiben vom 31.3.1992 betr. **Dienstreise-Kaskoversicherung** des Arbeitgebers für Kraftfahrzeuge des Arbeitnehmers und **steuerfreier Fahrtkostenersatz;** hier: BFH-Urteil vom 27. Juni 1991 – VI R 3/87 –	890
§ 009–02:	BMF-Schreiben vom 19.12.2014 betr. Steuerliche Behandlung von Reisekosten und Reisekostenvergütungen bei betrieblich und beruflich veranlassten **Auslandsreisen ab 1. Januar 2015**	891
§ 009–03:	BMF-Schreiben vom 28.10.2009 betr. Einkommen-(lohn-)steuerliche Behandlung von freiwilligen **Unfallversicherungen**	900
§ 009–04:	BMF-Schreiben vom 6.10.2014 betr. Steuerliche Anerkennung von **Umzugskosten** nach R 9.9 Absatz 2 LStR; Änderung der maßgebenden Beträge für umzugsbegingte Unterrichtskosten und sonstige Umzugsauslagen ab 1.3.2014 und 1.3.2015	904
§ 009–05:	BMF-Schreiben vom 6.7.2010 betr. Steuerliche Beurteilung **gemischter Aufwendungen;** Beschluss des Großen Senats des BFH vom 21. September 2009 – GrS 1/06 – (BStBl. 2010 II S. 672)	905
§ 009–06:	BMF-Schreiben vom 24.10.2014 betr. Reform des steuerlichen Reisekostenrechts ab 1.1.2014	909
§ 009–07:	BMF-Schreiben vom 3.1.2013 betr. **Entfernungspauschalen;** Steuervereinfachungsgesetz vom 1.11.2011 (BGBl. I S. 2131)	943
§ 009–11:	BMF-Schreiben vom 4.12.2012 zu Übernachtungspauschalen bei LKW-Fahrern, die in der Schlafkabine ihres LKW übernachten; vereinfachter Nachweis von Reisenebenkosten; BFH-Urteil vom 28. März 2012 – VI R 48/11 – (BStBl. 2012 II S. 926)	951
§ 010–01:	BMF-Schreiben vom 13.9.2010 betr. Einkommensteuerrechtliche Behandlung von **Vorsorgeaufwendungen und Altersbezügen**	952
§ 010–02:	BMF-Schreiben vom 22.9.2010 betr. Neuregelung der einkommensteuerlichen Behandlung von **Berufsausbildungskosten** gemäß § 10 Absatz 1 Nummer 7, § 12 Nummer 5 EStG in der Fassung des Gesetzes zur Änderung der Abgabenordnung und weiterer Gesetze vom 21. Juli 2004 (BGBl. I S. 1753, BStBl. I 2005 S. 343) **ab 2004**	1008
§ 010–03:	BMF-Schreiben vom 5.7.2011 betr. **Aufteilung** der an **ausländische Sozialversicherungsträger** geleisteten **Globalbeiträge** zur Berücksichtigung der Vorsorgeaufwendungen im Rahmen des Sonderausgabenabzugs	1013
§ 010a–01:	BMF-Schreiben vom 31.3.2010 betr. Steuerliche Förderung der privaten **Altersvorsorge** und betrieblichen Altersvorsorgung – Auszug bAV –	1014
§ 019–01:	BMF-Schreiben vom 14.9.1994 betr. Steuerliche Behandlung unentgeltlicher oder **verbilligter Reisen** bei **Mitarbeitern von Reisebüros** und Reiseveranstaltern	1049

XIX

Anlage	Inhalt	Seite
§ 019–02:	BMF-Schreiben vom 30.6.1997 betr. Lohnsteuerliche Behandlung der Aufwendungen des Arbeitgebers für sicherheitsgefährdete Arbeitnehmer; **Sicherheitsmaßnahmen**	1051
§ 019–04:	BMF-Schreiben vom 5.10.1990 betr. **Steuerabzug** vom Arbeitslohn **bei** unbeschränkt einkommensteuer-(lohnsteuer-)pflichtigen **Künstlern** und verwandten Berufen	1053
§ 019–06:	BMF-Schreiben vom 13.12.2005 betr. **Vermietung** eines **Büroraums** an den Arbeitgeber	1060
§ 019–09:	BMF-Schreiben vom 23.5.2012 zur lohnsteuerlichen Behandlung der Familienpflegezeit	1062
§ 019–10:	BMF-Schreiben vom 13.4.2012 zur lohnsteuerlichen Behandlung der Übernahme von Studiengebühren für ein berufsbegleitendes Studium durch den Arbeitgeber	1064
§ 024b–01:	BMF-Schreiben vom 29.10.2004 betr. **Entlastungsbetrag für Alleinerziehende** (§ 24b EStG); Anwendungsschreiben	1067
§ 032b–01:	BMF-Schreiben vom 22. 2. 2011 betr. Bekanntgabe des Zeitpunkts der erstmaligen **Übermittlung** der dem **Progressionsvorbehalt unterliegenden Leistungen** an die Finanzverwaltung gemäß § 32b Absatz 3 Einkommensteuergesetz (EStG) i. V. m. § 52 Absatz 43a Satz 4 EStG	1070
§ 032b–02:	BMF-Schreiben vom 16. 7. 2013 betr. Datenübermittlung der dem Progressionsvorbehalt unterliegenden Leistungen nach § 32b Absatz 3 EStG; Rückwirkende Verrechnung zwischen Trägern der Sozialleistungen	1071
§ 034–01:	BMF-Schreiben vom 24.5.2004 und vom 17.1.2011 betr. Zweifelsfragen im Zusammenhang mit der ertragsteuerlichen Behandlung von **Entlassungsentschädigungen**	1072
§ 034c–01:	BMF-Schreiben vom 31.10.1983 betr. Steuerliche Behandlung von Arbeitnehmereinkünften bei Auslandstätigkeiten **(Auslandstätigkeitserlass)**	1079
§ 035a–01:	BMF-Schreiben vom 15.2.2010 betr. **Anwendungsschreiben** zu § **35a** EStG	1081
§ 037b–01:	Gleich lautende Erlasse der obersten Finanzbehörden der Länder vom 28.12.2006 betr. **Kirchensteuer bei Pauschalierung** der Einkommensteuer **nach § 37b EStG**	1108
§ 037b–02:	BMF-Schreiben vom 29.4.2008 betr. Pauschalierung der Eikommensteuer bei Sachzuwendungen nach § 37b EStG	1110
§ 038–01:	BMF-Schreiben vom 27.1.2004 betr. **Einführungsschreiben Lohnsteuer** zum Steueränderungsgesetz 2003 und Haushaltsbegleitgesetz 2004	1114
§ 038–02:	BMF-Schreiben vom 17.6.2009 betr. Lohn-/einkommensteuerliche Behandlung sowie Voraussetzungen für die steuerliche Anerkennung von **Zeitwertkonten-Modellen**	1120
§ 038–03:	BMF-Schreiben vom 12.5.2014 betr. Verdeckte Einlage in eine Kapitalgesellschaft und Zufluss von Gehaltsbestandteilen bei einem Gesellschafter-Geschäftsführer einer Kapitalgesellschaft; Urteile des Bundesfinanzhofs vom 3.2.2011 – VI R 4/10 – (BStBl. 2014 II S. 493) und – VI R 66/09 – (BStBl. 2014 II S. 491) sowie vom 15.5.2013 – VI R 24/12 – (BStBl. 2014 II S. 495)	1125
§ 038b–01:	Merkblatt und Tabellen zur **Steuerklassenwahl 2015**	1126
§ 039b–01:	Fundstellennachweis der **Programmablaufpläne, Prüftabellen 2013**; BMF-Schreiben vom 26.11.2014	1132
§ 039b–02:	BMF-Schreiben vom 19.1.2015 betr. Stand der Doppelbesteuerungsabkommen und der Doppelbesteuerungsverhandlungen am 1. Januar 2015 **(DBA-Übersicht)**	1135
§ 039b–03:	BMF-Schreiben vom 12.11.2014 betr. Steuerliche Behandlung des **Arbeitslohns** nach den **Doppelbesteuerungsabkommen**	1145
§ 039b–04:	BMF-Schreiben vom 10.1.1994 betr. Besteuerung von **Gastlehrkräften** nach den Doppelbesteuerungsabkommen (DBA)	1191

Anlage	Inhalt	Seite
§ 039b–05:	BMF-Schreiben vom 22.10.2010 betr. **Vorsorgepauschale ab 2010** (§ 39b Absatz 2 Satz 5 Nummer 3 und Absatz 4 EStG)	1193
§ 039d–01:	BMF-Schreiben vom 31.7.2002 und vom 28.3.2013 betr. Besteuerung der Einkünfte aus nichtselbständiger Arbeit bei **beschränkt einkommensteuerpflichtigen Künstlern**	1199
§ 039e–01:	BMF-Schreiben vom 6.12.2011 betr. Elektronische Lohnsteuerabzugsmerkmale **(ELStAM); Lohnsteuerabzug** im Kalenderjahr 2012, Einführung des Verfahrens der elektronischen Lohnsteuerabzugsmerkmale ab dem 1. Januar 2013 .	1202
§ 040–01:	BMF-Schreiben vom 10.1.2000 betr. Gesetz zur Neuregelung der **geringfügigen Beschäftigungsverhältnisse** und **Steuerentlastungsgesetz 1999/2000/2002** ..	1220
§ 040–02:	Gleich lautende Erlasse der obersten Finanzbehörden der Länder vom 23.10.2012 betr. **Kirchensteuer bei Pauschalierung der Lohnsteuer**.......	1222
§ 040–03:	BMF-Schreiben vom 22.8.2005 und vom 11.7.2006 betr. Ertragsteuerliche Behandlung von Aufwendungen für **VIP-Logen in Sportstätten** und Anwendung der Vereinfachungsregelungen auf **ähnliche Sachverhalte**	1225
§ 041a–01:	BMF-Schreiben vom 29.8.2014 betr. Bekanntmachung des **Musters** für die **Lohnsteuer-Anmeldung 2015**	1229
§ 041a–05:	BMF-Schreiben vom 29.11.2004 betr. Verpflichtung zur Abgabe von Umsatzsteuer-Voranmeldungen und **Lohnsteuer-Anmeldungen auf elektronischem Weg** (§ 18 Absatz 1Satz 1 UStG und § 41a Absatz 1 EStG) ab 1. Januar 2005..	1233
§ 041b–01:	BMF-Schreiben vom 15.9.2014 betr. Ausstellung von elektronischen Lohnsteuerbescheinigungen 2015; Bekanntmachung des Musters für den Ausdruck der **elektronischen Lohnsteuerbescheinigung 2013**; Ausstellung von Besonderen Lohnsteuerbescheinigungen durch den Arbeitgeber ohne maschinelle Lohnabrechnung für das Kalenderjahr 2015.............................	1234
§ 042e–02:	BMF-Schreiben vom 15.9.2014 betr. Bekanntmachung des Musters für den Ausdruck der elektronischen Lohnsteuerbescheinigung 2015	1242
§ 042e–01:	BMF-Schreiben vom 18.2.2011 betr. **Anrufungsauskunft als** feststellender **Verwaltungsakt**; Anwendung der BFH-Urteile vom 30. April 2009 – VI R 54/07 – (BStBl. II 2010 S. 996) und vom 2. September 2010 – VI R 3/09 – (BStBl. II 2011 S. 233)...	1244
§ 042f–01:	BMF-Schreiben vom 29.6.2011 betr. Empfehlung zur Anwendung eines einheitlichen Standarddatensatzes als Schnittstelle für die Lohnsteuer-Außenprüfung; **Digitale LohnSchnittstelle (DLS)**.............................	1245
§ 042f–02:	BMF-Schreiben vom 16.7.2001 betr. Grundsätze zum **Datenzugriff** und zur Prüfbarkeit digitaler Unterlagen (GDPdU)	1246
§ 042g–01:	BMF-Schreiben vom 16.10.2014 betr. Lohnsteuer-Nachschau.............	1250

Anhang

Anhang	Inhalt	Seite
Anhang 1:	Lohnsteuer-Durchführungsverordnung 1990 **(LStDV)**...................	1253
Anhang 2:	Einkommensteuer-Durchführungsverordnung 2000 **(EStDV 2000)** (Auszug)..	1257
Anhang 3:	**Sozialversicherungsentgeltverordnung (SvEV)**........................	1264
Anhang 6:	**Solidaritätszuschlaggesetz 1995**	1267
Anhang 7:	BMF-Schreiben vom 20.9.1994 betr. **Merkblatt** zum **Solidaritätszuschlag** im Lohnsteuer-Abzugsverfahren **ab 1995**	1271
Anhang 8:	Gesetz zur Verbesserung der **betrieblichen Altersversorgung (BetrAVG)** (Auszug)..	1273
Anhang 9:	Arbeitnehmerüberlassungsgesetz **(AÜG)**	1290
Anhang 10:	**Altersvorsorge-Durchführungsverordnung (AltvDV)**	1302

Anhang	Inhalt	Seite
Anhang 11:	Altersteilzeitgesetz	1310
Anhang 12:	Gesetz über Teilzeitarbeit und befristete Arbeitsverträge (**Teilzeit- und Befristungsgesetz** – TzBfG)	1318
Anhang 15:	Gesetz über die Umzugskostenvergütung für die Bundesbeamten, Richter im Bundesdienst und Soldaten (Bundesumzugskostengesetz – **BUKG**)	1324
Anhang 16:	Verordnung über die Umzugskostenvergütung bei Auslandsumzügen (Auslandsumzugskostenverordnung – **AUV**)	1332
Anhang 19:	Bundeskindergeldgesetz (**BKGG**)	1346
Anhang 23:	Fünftes Gesetz zur Förderung der Vermögensbildung der Arbeitnehmer (Fünftes Vermögensbildungsgesetz – **5. VermBG**)	1355
Anhang 24:	Verordnung zur Durchführung des Fünften Vermögensbildungsgesetzes (**VermBDV 1994**)	1368
Anhang 25:	BMF-Schreiben vom 23.7.2014 betr. **Anwendung des Fünften Vermögensbildungsgesetzes**	1374
Anhang 26:	BMF-Schreiben vom 23.7.2014 betr. Bekanntmachung des Vordruckmusters Bescheinigung der **2014** angelegten **vermögenswirksamen Leistungen**	1395
Anhang 28:	Wohnungsbau-Prämiengesetz (**WoPG 1996**)	1397
Anhang 29:	Verordnung zur Durchführung des Wohnungsbau-Prämiengesetzes (**WoPDV 1996**)	1403
Anhang 30:	Wohnungsbau-Prämienrichtlinien 2002 – **WoPR 2002** –	1409
Anhang 31:	BMF-Schreiben vom 20.10.2014 betr. Bekanntmachung der Vordruckmuster für den **Antrag** auf **Wohnungsbauprämie** für **2014**	1420
Anhang 35:	Verordnung über die elektronische Übermittlung von für das Besteuerungsverfahren erforderlichen Daten (Steuerdaten-Übermittlungsverordnung – **StDÜV**)	1426
Anhang 35a:	BMF-Schreiben vom 16.11.2011 betr. StDÜV und Steuerdaten-Abrufverordnung (StDAV) – mit Übersichten Zugänge Stand 1.1.2012 –	1428
Anhang 36:	Steuerberatungsgesetz (**StBerG**) (Auszug)	1432
Anhang 37:	Verordnung zur Durchführung der Vorschriften über die Lohnsteuerhilfevereine (**DVLStHV**)	1440
Anhang 39:	Gleich lautende Ländererlasse vom 15.1.2010 betr. Umfang der **Beratungsbefugnis** der **Lohnsteuerhilfevereine**	1445
Anhang 44:	Betriebsprüfungsordnung – **BpO 2000** – (Auszug)	1453
Anhang 45:	BMF-Schreiben vom 20.7.2001 betr. **Hinweise** auf die wesentlichen Rechte und Mitwirkungspflichten des Steuerpflichtigen bei der **Außenprüfung** (§ 5 Absatz 2 Satz 2 BpO 2000)	1435
Anhang 48:	Fundstellennachweis der **Kirchensteuern**	1455
Anhang 51:	Sozialversicherungs-Rechengrößenverordnung 2015 (Auszug)	1459
Anhang 55:	BMF-Schreiben vom 16.5.2011 betr. **Vorläufige Steuerfestsetzung** im Hinblick auf anhängige Musterverfahren (§ 165 Absatz 1 AO); Ruhenlassen von außergerichtlichen Rechtsbehelfsverfahren (§ 363 Absatz 2 AO); Aussetzung der Vollziehung (§ 361 AO, § 69 Absatz 2 FGO)	1460
Anhang 56:	Erbschaftsteuer-Richtlinien 2011 (**ErbStR 2011**) (Auszug)	1464
Anhang 59:	Übersicht über Zahlen zur Lohnsteuer 2013	1465
Anhang 60:	BMF-Schreiben vom 3.12.2014 betr. Vorsorgeaufwendungen, **Aufteilung eines einheitlichen Sozialversicherungsbeitrags**; Anpassung der Aufteilungsmaßstäbe für den Veranlagungszeitraum **2015**	1467

Stichwortverzeichnis 1469

Abkürzungsverzeichnis

a. a. O.	=	am angegebenen Ort
Abs.	=	Absatz
AEAO	=	Anwendungserlass zur Abgabenordnung
a. F.	=	alter Fassung
AFG	=	Arbeitsförderungsgesetz
AGS	=	Amtlicher Gemeindeschlüssel
Anh.	=	Anhang
AktG	=	Aktiengesetz
AltTZG	=	Altersteilzeitgesetz
Anl.	=	Anlage
AO	=	Abgabenordnung
Art.	=	Artikel
AStG	=	Außensteuergesetz
AÜG	=	Arbeitnehmerüberlassungsgesetz
AUV	=	Auslandsumzugskostenverordnung
AVG	=	Angestelltenversicherungsgesetz
AvMG	=	Altersvermögensgesetz
BAföG	=	Bundesausbildungsförderungsgesetz
BBesG	=	Bundesbesoldungsgesetz
BBG	=	Bundesbeamtengesetz
BeamtVG	=	Beamtenversorgungsgesetz
BerlinFG	=	Berlinförderungsgesetz
betr.	=	betreffend
BetrAVG	=	Betriebsrentengesetz
BFH	=	Bundesfinanzhof
BFHE	=	Entscheidungen des Bundesfinanzhofs
BFGEntlG	=	Gesetz zur Entlastung des Bundesfinanzhofs
BFH/NV	=	Sammlung amtlich nicht veröffentlichter Entscheidungen des Bundesfinanzhofs
BGB	=	Bürgerliches Gesetzbuch
BGBl.	=	Bundesgesetzblatt
BGH	=	Bundesgerichtshof
BKGG	=	Bundeskindergeldgesetz
BMF	=	Bundesministerium der Finanzen
BRD	=	Bundesrepublik Deutschland
BRKG	=	Bundesreisekostengesetz
BSG	=	Bundessozialgericht
BSGE	=	Entscheidungen des Bundessozialgerichts
BStBl.	=	Bundessteuerblatt
BuchO-ADV	=	Buchungsordnung für die Finanzämter bei Einsatz autom. Datenverarbeitungsanlagen
BUKG	=	Bundesumzugskostengesetz
BVerfG	=	Bundesverfassungsgericht
BVG	=	Bundesversorgungsgesetz
BWGöG	=	Gesetz zur Regelung der Wiedergutmachung nationalsozialistischen Unrechts
DBA	=	Doppelbesteuerungsabkommen
EFG	=	Entscheidungen der Finanzgerichte
EG-Staaten	=	Mitgliedstaaten der Europäischen Gemeinschaften
einschl.	=	einschließlich
EStDV	=	Einkommensteuer-Durchführungsverordnung
EStG	=	Einkommensteuergesetz
EStR	=	Einkommensteuer-Richtlinien
FA	=	Finanzamt
FELEG	=	Gesetz zur Förderung der Einstellung der landwirtschaftlichen Erwerbstätigkeit

ff.	=	(fort)folgende
FG	=	Finanzgericht
FGO	=	Finanzgerichtsordnung
G	=	Gesetz
G 131	=	Gesetz zu Artikel 131 GG
GenG	=	Genossenschaftsgesetz
GewStG	=	Gewerbesteuergesetz
GG	=	Grundgesetz
ggf.	=	gegebenenfalls
GKV	=	gesetzliche Krankenversicherung
GmbH	=	Gesellschaft mit beschränkter Haftung
GMBl	=	Gemeinsames Ministerialblatt
GrS	=	Großer Senat
GVBl.	=	Gesetz- und Verordnungsblatt
H ...	=	Hinweis zu EStR/LStR
HFR	=	Höchstrichterliche Finanzrechtsprechung
HGB	=	Handelsgesetzbuch
i. d. F.	=	in der Fassung
i. H. v.	=	in Höhe von
i. S. d.	=	im Sinne des (der)
i. V. m.	=	in Verbindung mit
KG	=	Kommanditgesellschaft
Kj.	=	Kalenderjahr
KStDV	=	Körperschaftsteuer-Durchführungsverordnung
KStG	=	Körperschaftsteuergesetz
KVBVO	=	Krankenversicherungsbeitragsanteil-Ermittlungsverordnung
KWG	=	Kreditwesengesetz
LSt	=	Lohnsteuer
LStDV	=	Lohnsteuer-Durchführungsverordnung
LStH	=	Lohnsteuer-Hinweise
LStJA	=	Lohnsteuer-Jahresausgleich
LStR	=	Lohnsteuer-Richtlinien
MinBlFin	=	Ministerialblatt des Bundesminister der Finanzen
NJW	=	Neue Juristische Wochenschrift
Nr.	=	Nummer
nv.	=	nicht amtlich veröffentlicht
NW	=	Nordrhein-Westfalen
OFD	=	Oberfinanzdirektion
PKV	=	private Krankenversicherung
R, Rl	=	Richtlinien
RFH	=	Reichsfinanzhof
RStBl	=	Reichssteuerblatt
RVO	=	Reichsversicherungsordnung
Rz.	=	Randziffer
S., s.	=	Seite, siehe
SachBezV	=	Sachbezugsverordnung
SGB	=	Sozialgesetzbuch
StPfl.	=	Steuerpflichtige(r)
SVG	=	Soldatenversorgungsgesetz

SvEV	=	Sozialversicherungsentgeltverordnung
USG	=	Unterhaltssicherungsgesetz
VermBDV	=	Verordnung zur Durchführung des Fünften Vermögensbildungsgesetzes
VermBG	=	Vermögensbildungsgesetz
V(O)	=	Verordnung
VVG	=	Versicherungsvertragsgesetz
VZ	=	Veranlagungszeitraum
Wj.	=	Wirtschaftsjahr
WoPDV	=	Verordnung zum WoPG
WoPG	=	Wohnungsbau-Prämiengesetz
WoPR	=	Richtlinien zum WoPG
z. B.	=	zum Beispiel
ZDG	=	Zivildienstgesetz

EStG

1) Der auf den folgenden Seiten abgedruckte Wortlaut beruht auf der Bekanntmachung der Neufassung des EStG vom 8. Oktober 2009 (BGBl. I S. 3366) in der ab 1. September 2009 geltenden Fassung nebst der Berichtigung der Bekanntmachung der Neufassung vom 8. Dezember 2009 (BGBl. I S. 3862). Folgende Änderungen wurden berücksichtigt:
   1. Artikel 1 des Gesetzes vom 22. Dezember 2009 (BGBl. I S. 3950),
   2. Artikel 1 des Gesetzes vom 8. April 2010 (BGBl. I S. 386),
   3. Artikel 1 des Jahressteuergesetzes 2010 (JStG 2010) vom 8. Dezember 2010 (BGBl. I S. 1768),
   4. Artikel 8 des Restrukturierungsgesetzes vom 9. Dezember 2010 (BGBl. I S. 1900),
   5. Artikel 1 des Gesetzes vom 5. April 2011 (BGBl. I S. 554),
   6. Artikel 7 des Gesetzes vom 22. Juni /BGBl. I S. 1126),
   7. Artikel 1 des Steuervereinfachungsgesetzes vom 1. November 2011 (BGBl. I S. 2131),
   8. Artikel 2 des Betreibungsrichtlinienumsetzungsgesetzes vom 7. Dezember 2011 (BGBl. I S. 2592),
   9. Artikel 20 des Gesetzes zur Verbesserung der Eingliederungschancen am Arbeitsmarkt vom 20. Dezember 2011 (BGBl. I S. 2854),
   10. Art. 13 des Gesetzes zur Neuordnung der Organisation der landwirtschaftlichen Sozialversicherung (LSV-Neuordnungsgesetz LSV-NOG),
   11. Gesetz zur Änderung des Gemeindefinanzreformgesetzes und von steuerlichen Vorschriften (GemFinRefG/StRÄndG) vom 8. Mai 2012 (BGBl. I S. 1030),
   12. Art. 1 des Gesetzes zur Änderung und Vereinfachung der Unternehmerbesteuerung und des steuerlichen Reisekostenrechts vom 20. Februar 2013 (BGBl. I S. 285),
   13. Gesetz zum Abbau der kalten Progression vom 20. Februar 2013 (BGBl. I S. 283), und
   14. Art. 2 des Gesetzes zur Stärkung des Ehrenamtes (Ehrenamtsstärkungsgesetz), vom 21. März 2013 (BGBl. I S. 556; BStBl. I S. 339),
   15. Art. 2 des Gesetzes zur Fortentwicklung des Meldewesen (MeldfortG) vom 3. Mai 2013 (BGBl. I S. 1084),
   16. Gesetz zur Verbesserung der steuerlichen Förderung der privaten Altersvorsorge (Altersvorsorge – Verbesserungsgesetz – AltVerbG) vom 24. Juni 2013 (BStBl. I S. 790),
   17. Art. 2 des Gesetzes zur Umsetzung der Amtshilferichtlinie sowie zur Änderung steuerlicher Vorschriften (Amtshilferichtlinie – Umsetzungsgesetz – AmtshilfeRLUmsG) vom 26. Juni 2013 (BGBl. I S. 1809; BStBl. I S. 801),
   18. Gesetz zur Änderung des Einkommensteuergesetzes in Umsetzung der Entscheidung des Bundesverfassungsgerichtes vom 7. Mai 2013, vom 15. Juli 2013 (BGBl. I S. 2397; BStBl. I S. 898),
   19. Art. 11 des Gesetzes zur Anpassung des Investmentsteuergesetzes und anderes Gesetz an das AIFM – Umsetzungsgesetz (AIFM – Steuer-Anpassungsgesetz – AIFM – StAnPG) vom 18. Dezember 2013 (BGBl. I S. 4318; BStBl. 2014 S. 2),
   20. Gesetz zur Anpassung steuerlicher Regelungen an die Rechtsprechung des Bundesverfassungsgerichts vom 18. Juli 2014 (BGBl. I 2014 S. 1042),
   21. Gesetz zur Anpassung des nationalen Steuerrechts an den Beitritt Kroatiens zur EU und zur Änderung weiterer steuerlicher Vorschriften (KroatienAnpG) vom 25. Juli 2014,
   22. Gesetz zur Änderung des Gesetzes zur Fortentwicklung des Meldewesens (MeldFortGÄndG) vom 20. November 2014 (BGBl. I 2014 S. 1738),
   23. Gesetz zur Änderung des Freizügigkeitsgesetzes/EU und weiterer Vorschriften (FreizügG/EU2004uaÄndG 2014) vom 2. Dezember 2014 (BGBl. I 2014 S. 1922),
   24. Gesetz zur Anpassung der Abgabenordnung an den Zollkodex der Union und zur Änderung weiterer steuerlicher Vorschriften vom 22. Dezember 2014 (BGBl. I 2014 S. 2417).

2) Nach § 52 Abs. 1 EStG gilt die nachstehende Fassung, soweit in den Absätzen **2 bis 50** nichts anderes bestimmt ist, erstmals für den Veranlagungszeitraum 2015. Beim Steuerabzug vom Arbeitslohn gilt Satz 1 mit der Maßgabe, dass diese Fassung erstmals auf den laufenden Arbeitslohn anzuwenden ist, der für einen nach dem 31. Dezember 2014 endenden Lohnzahlungszeitraum gezahlt wird, und auf sonstige Bezüge, die nach dem 31. Dezember 2014 zufließen.

Einkommensteuergesetz (EStG)

(Neueste Fassung – Stand: 22.12.2014)[1]

I. Steuerpflicht

§ 1
Steuerpflicht

(1) ¹Natürliche Personen, die im Inland einen Wohnsitz oder ihren gewöhnlichen Aufenthalt haben, sind unbeschränkt einkommensteuerpflichtig. ²Zum Inland im Sinne dieses Gesetzes gehört auch der der Bundesrepublik Deutschland zustehende Anteil

1. am Festlandsockel, soweit dort Naturschätze des Meeresgrundes und des Meeresuntergrundes erforscht oder ausgebeutet werden, und
2. an der ausschließlichen Wirtschaftszone, soweit dort Energieerzeugungsanlagen errichtet oder betrieben werden, die erneuerbare Energien nutzen.

(2) ¹Unbeschränkt einkommensteuerpflichtig sind auch deutsche Staatsangehörige, die

1. im Inland weder einen Wohnsitz noch ihren gewöhnlichen Aufenthalt haben und
2. zu einer inländischen juristischen Person des öffentlichen Rechts in einem Dienstverhältnis stehen und dafür Arbeitslohn aus einer inländischen öffentlichen Kasse beziehen,

sowie zu ihrem Haushalt gehörende Angehörige, die die deutsche Staatsangehörigkeit besitzen oder keine Einkünfte oder nur Einkünfte beziehen, die ausschließlich im Inland einkommensteuerpflichtig sind. ²Dies gilt nur für natürliche Personen, die in dem Staat, in dem sie ihren Wohnsitz oder ihren gewöhnlichen Aufenthalt haben, lediglich in einem der beschränkten Einkommensteuerpflicht ähnlichen Umfang zu einer Steuer vom Einkommen herangezogen werden.

(3) ¹Auf Antrag werden auch natürliche Personen als unbeschränkt einkommensteuerpflichtig behandelt, die im Inland weder einen Wohnsitz noch ihren gewöhnlichen Aufenthalt haben, soweit sie inländische Einkünfte im Sinne des § 49 haben. ²Dies gilt nur, wenn ihre Einkünfte im Kalenderjahr mindestens zu 90 Prozent der deutschen Einkommensteuer unterliegen oder die nicht der deutschen Einkommensteuer unterliegenden Einkünfte den Grundfreibetrag nach § 32a Abs. 1 Satz 2 Nr. 1 nicht übersteigen; dieser Betrag ist zu kürzen, soweit es nach den Verhältnissen im Wohnsitzstaat des Steuerpflichtigen notwendig und angemessen ist. ³Inländische Einkünfte, die nach einem Abkommen zur Vermeidung der Doppelbesteuerung nur der Höhe nach beschränkt besteuert werden dürfen, gelten hierbei als nicht der deutschen Einkommensteuer unterliegend. ⁴Unberücksichtigt bleiben bei der Ermittlung der Einkünfte nach Satz 2 nicht der deutschen Einkommensteuer unterliegende Einkünfte, die im Ausland nicht besteuert werden, soweit vergleichbare Einkünfte im Inland steuerfrei sind.

⁵Weitere Voraussetzung ist, dass die Höhe der nicht der deutschen Einkommensteuer unterliegenden Einkünfte durch eine Bescheinigung der zuständigen ausländischen Steuerbehörde nachgewiesen wird. ⁶Der Steuerabzug nach § 50a ist ungeachtet der Sätze 1 bis 4 vorzunehmen.

(4) Natürliche Personen, die im Inland weder einen Wohnsitz noch ihren gewöhnlichen Aufenthalt haben, sind vorbehaltlich der Absätze 2 und 3 und des § 1a beschränkt einkommensteuerpflichtig, wenn sie inländische Einkünfte im Sinne des § 49 haben.

§ 1a

(1) ¹Für Staatsangehörige eines Mitgliedstaates der Europäischen Union oder eines Staates, auf den das Abkommen über den Europäischen Wirtschaftsraum anwendbar ist, die nach § 1 Abs. 1 unbeschränkt einkommensteuerpflichtig sind oder die nach § 1 Abs. 3 als unbeschränkt einkommensteuerpflichtig zu behandeln sind, gilt bei Anwendung von § 10 Abs. 1a und § 26 Abs. 1 Satz 1 Folgendes:

1. ¹Aufwendungen im Sinne des § 10 Absatz 1a sind auch dann als Sonderausgaben abziehbar, wenn der Empfänger der Leistung oder Zahlung nicht unbeschränkt einkommensteuerpflichtig ist. ²Voraussetzung ist, dass

   a) der Empfänger seinen Wohnsitz oder gewöhnlichen Aufenthalt im Hoheitsgebiet eines anderen Mitgliedstaates der Europäischen Union oder eines Staates hat, auf den das Abkommen über den Europäischen Wirtschaftsraum Anwendung findet und

   b) die Besteuerung der nach § 10 Absatz 1a zu berücksichtigenden Leistung oder Zahlung beim Empfänger durch eine Bescheinigung der zuständigen ausländischen Steuerbehörde nachgewiesen wird;

2. ¹der nicht dauernd getrennt lebende Ehegatte ohne Wohnsitz oder gewöhnlichen Aufenthalt im Inland wird auf Antrag für die Anwendung des § 26 Abs. 1 Satz 1 als unbeschränkt einkommensteuerpflichtig behandelt. ²Nummer 1 Satz 2 gilt entsprechend. ³Bei Anwendung des § 1 Abs. 3 Satz 2 ist auf die Einkünfte beider Ehegatten abzustellen und der Grundfreibetrag nach § 32a Abs. 1 Satz 2 Nr. 1 zu verdoppeln.

(2) Für unbeschränkt einkommensteuerpflichtige Personen im Sinne des § 1 Abs. 2, die die Voraussetzungen des § 1 Abs. 3 Satz 2 bis 5 erfüllen, und für unbeschränkt einkommensteuerpflichtige Personen im Sinne des § 1 Abs. 3, die die Voraussetzungen des § 1 Abs. 2 Satz 1 Nr. 1 und 2 erfüllen und an einem ausländischen Dienstort tätig sind, gilt die Regelung des Absatzes 1 Nr. 2 entsprechend mit der Maßgabe, dass auf Wohnsitz oder gewöhnlichen Aufenthalt im Staat des ausländischen Dienstortes abzustellen ist.

---

1) Siehe Seite XXVI.

II. Einkommen
1. Sachliche Voraussetzungen für die Besteuerung

§ 2
Umfang der Besteuerung, Begriffsbestimmungen

(1) ¹Der Einkommensteuer unterliegen
1. Einkünfte aus Land- und Forstwirtschaft,
2. Einkünfte aus Gewerbebetrieb,
3. Einkünfte aus selbständiger Arbeit,
4. Einkünfte aus nichtselbständiger Arbeit,
5. Einkünfte aus Kapitalvermögen,
6. Einkünfte aus Vermietung und Verpachtung,
7. sonstige Einkünfte im Sinne des § 22,

die der Steuerpflichtige während seiner unbeschränkten Einkommensteuerpflicht oder als inländische Einkünfte während seiner beschränkten Einkommensteuerpflicht erzielt. ²Zu welcher Einkunftsart die Einkünfte im einzelnen Fall gehören, bestimmt sich nach den §§ 13 bis 24.

(2) ¹Einkünfte sind
1. bei Land- und Forstwirtschaft, Gewerbebetrieb und selbständiger Arbeit der Gewinn (§§ 4 bis 7k und 13a),
2. bei den anderen Einkunftsarten der Überschuss der Einnahmen über die Werbungskosten (§§ 8 bis 9a).

²Bei Einkünften aus Kapitalvermögen tritt § 20 Abs. 9 vorbehaltlich der Regelung in § 32d Abs. 2 an die Stelle der §§ 9 und 9a.

(3) Die Summe der Einkünfte, vermindert um den Altersentlastungsbetrag, den Entlastungsbetrag für Alleinerziehende und den Abzug nach § 13 Abs. 3, ist der Gesamtbetrag der Einkünfte.

(4) Der Gesamtbetrag der Einkünfte, vermindert um die Sonderausgaben und die außergewöhnlichen Belastungen, ist das Einkommen.

(5) ¹Das Einkommen, vermindert um die Freibeträge nach § 32 Abs. 6 und um die sonstigen vom Einkommen abzuziehenden Beträge, ist das zu versteuernde Einkommen; dieses bildet die Bemessungsgrundlage für die tarifliche Einkommensteuer. ²Knüpfen andere Gesetze an den Begriff des zu versteuernden Einkommens an, ist für deren Zweck das Einkommen in allen Fällen des § 32 um die Freibeträge nach § 32 Abs. 6 zu vermindern.

(5a) ¹Knüpfen außersteuerliche Rechtsnormen an die in den vorstehenden Absätzen definierten Begriffe (Einkünfte, Summe der Einkünfte, Gesamtbetrag der Einkünfte, Einkommen, zu versteuerndes Einkommen) an, erhöhen sich für deren Zwecke diese Größen um die nach § 32d Abs. 1 und nach § 43 Abs. 5 zu besteuernden Beträge sowie um die nach § 3 Nr. 40 steuerfreien Beträge und mindern sich um die nach § 3c Abs. 2 nicht abziehbaren Beträge. ²Knüpfen außersteuerliche Rechtsnormen an die in den Absätzen 1 bis 3 genannten Begriffe (Einkünfte, Summe der Einkünfte, Gesamtbetrag der Einkünfte) an, mindern sich für deren Zwecke diese Größen um die nach § 10 Absatz 1 Nummer 5 abziehbaren Kinderbetreuungskosten.

(5b) Soweit Rechtsnormen dieses Gesetzes an die in den vorstehenden Absätzen definierten Begriffe (Einkünfte, Summe der Einkünfte, Gesamtbetrag der Einkünfte, Einkommen, zu versteuerndes Einkommen) anknüpfen, sind Kapitalerträge nach § 32d Abs. 1 und § 43 Abs. 5 nicht einzubeziehen.

(6) ¹Die tarifliche Einkommensteuer, vermindert um die anzurechnenden ausländischen Steuern und die Steuerermäßigungen, vermehrt um die Steuer nach § 32d Absatz 3 und 4, die Steuer nach § 34c Absatz 5 und den Zuschlag nach § 3 Absatz 4 Satz 2 des Forstschäden-Ausgleichsgesetzes in der Fassung der Bekanntmachung vom 26. August 1985 (BGBl. I S. 1756), das zuletzt durch Artikel 18 des Gesetzes vom 19. Dezember 2008 (BGBl. I S. 2794) geändert worden ist, in der jeweils geltenden Fassung, ist die festzusetzende Einkommensteuer. ²Wurde der Gesamtbetrag der Einkünfte in den Fällen des § 10a Abs. 2 um Sonderausgaben nach § 10a Abs. 1 gemindert, ist für die Ermittlung der festzusetzenden Einkommensteuer der Anspruch auf Zulage nach Abschnitt XI der tariflichen Einkommensteuer hinzuzurechnen; bei der Ermittlung der dem Steuerpflichtigen zustehenden Zulage bleibt die Erhöhung der Grundzulage nach § 84 Satz 2 außer Betracht. ³Wird das Einkommen in den Fällen des § 31 um die Freibeträge nach § 32 Abs. 6 gemindert, ist der Anspruch auf Kindergeld nach Abschnitt X der tariflichen Einkommensteuer hinzuzurechnen.

(7) ¹Die Einkommensteuer ist eine Jahressteuer. ²Die Grundlagen für ihre Festsetzung sind jeweils für ein Kalenderjahr zu ermitteln. ³Besteht während eines Kalenderjahrs sowohl unbeschränkte als auch beschränkte Einkommensteuerpflicht, so sind die während der beschränkten Einkommensteuerpflicht erzielten inländischen Einkünfte in eine Veranlagung zur unbeschränkten Einkommensteuerpflicht einzubeziehen.

(8) Die Regelung dieses Gesetzes für Ehegatten und Ehen sind auch auf Lebenspartner und Lebenspartnerschaften anzuwenden.

§ 2a
Negative Einkünfte mit Bezug zu Drittstaaten

(1) ¹Negative Einkünfte
1. aus einer in einem Drittstaat belegenen land- und forstwirtschaftlichen Betriebsstätte,
2. aus einer in einem Drittstaat belegenen gewerblichen Betriebsstätte,
3. a) aus dem Ansatz des niedrigeren Teilwerts eines zu einem Betriebsvermögen gehörenden Anteils an einer Drittstaaten-Körperschaft oder
   b) aus der Veräußerung oder Entnahme eines zu einem Betriebsvermögen gehörenden Anteils an einer Drittstaaten-Körperschaft oder aus der Auflösung oder Herabsetzung des Kapitals einer Drittstaaten-Körperschaft,
4. in den Fällen des § 17 bei einem Anteil an einer Drittstaaten-Kapitalgesellschaft,
5. aus der Beteiligung an einem Handelsgewerbe als stiller Gesellschafter und aus partiarischen Darlehen, wenn der Schuldner Wohnsitz, Sitz oder Geschäftsleitung in einem Drittstaat hat,

6. a) aus der Vermietung oder der Verpachtung von unbeweglichem Vermögen oder von Sachinbegriffen, wenn diese in einem Drittstaat belegen sind, oder

b) aus der entgeltlichen Überlassung von Schiffen, sofern der Überlassende nicht nachweist, dass diese ausschließlich oder fast ausschließlich in einem anderen Staat als einem Drittstaat eingesetzt worden sind, es sei denn, es handelt sich um Handelsschiffe, die

aa) von einem Vercharterer ausgerüstet überlassen, oder

bb) an in einem anderen als in einem Drittstaat ansässige Ausrüster, die die Voraussetzungen des § 510 Abs. 1 HGB erfüllen, überlassen, oder

cc) insgesamt nur vorübergehend an in einem Drittstaat ansässige Ausrüster, die die Voraussetzungen des § 510 Abs. 1 HGB erfüllen, überlassen

worden sind, oder

c) aus dem Ansatz des niedrigeren Teilwerts oder der Übertragung eines zu einem Betriebsvermögen gehörenden Wirtschaftsguts im Sinne der Buchstaben a und b,

7. a) aus dem Ansatz des niedrigeren Teilwerts, der Veräußerung oder Entnahme eines zu einem Betriebsvermögen gehörenden Anteils an

b) aus der Auflösung oder Herabsetzung des Kapitals

c) in den Fällen des § 17 bei einem Anteil an

einer Körperschaft mit Sitz oder Geschäftsleitung in einem anderen Staat als einem Drittstaat, soweit die negativen Einkünfte auf einen der in den Nummern 1 bis 6 genannten Tatbestände zurückzuführen sind,

dürfen nur mit positiven Einkünften der jeweils selben Art und mit Ausnahme der Fälle der Nummer 6 Buchstabe b aus demselben Staat, in den Fällen der Nummer 7 auf Grund von Tatbeständen der jeweils selben Art aus demselben Staat, ausgeglichen werden; sie dürfen auch nicht nach § 10d abgezogen werden. ²Den negativen Einkünften sind Gewinnminderungen gleichgestellt. ³Soweit die negativen Einkünfte nicht nach Satz 1 ausgeglichen werden können, mindern sie die positiven Einkünfte der jeweils selben Art, die der Steuerpflichtige in den folgenden Veranlagungszeiträumen aus demselben Staat, in den Fällen der Nummer 7 auf Grund von Tatbeständen der jeweils selben Art aus demselben Staat, erzielt. ⁴Die Minderung ist nur insoweit zulässig, als die negativen Einkünfte in den vorangegangenen Veranlagungszeiträumen nicht berücksichtigt werden konnten (verbleibende negative Einkünfte). ⁵Die am Schluss eines Veranlagungszeitraums verbleibenden negativen Einkünfte sind gesondert festzustellen; § 10d Abs. 4 gilt sinngemäß.

(2) ¹Absatz 1 Satz 1 Nr. 2 ist nicht anzuwenden, wenn der Steuerpflichtige nachweist, dass die negativen Einkünfte aus einer gewerblichen Betriebsstätte in einem Drittstaat stammen, die ausschließlich oder fast ausschließlich die Herstellung oder Lieferung von Waren, außer Waffen, die Gewinnung von Bodenschätzen sowie die Bewirkung gewerblicher Leistungen zum Gegenstand hat, soweit diese nicht in der Errichtung oder dem Betrieb von Anlagen, die dem Fremdenverkehr dienen, oder in der Vermietung oder der Verpachtung von Wirtschaftsgütern einschließlich der Überlassung von Rechten, Plänen, Mustern, Verfahren, Erfahrungen und Kenntnissen bestehen; das unmittelbare Halten einer Beteiligung von mindestens einem Viertel am Nennkapital einer Kapitalgesellschaft, die ausschließlich oder fast ausschließlich die vorgenannten Tätigkeiten zum Gegenstand hat, sowie die mit dem Halten der Beteiligung in Zusammenhang stehende Finanzierung gilt als Bewirkung gewerblicher Leistungen, wenn die Kapitalgesellschaft weder ihre Geschäftsleitung noch ihren Sitz im Inland hat. ²Absatz 1 Satz 1 Nr. 3 und 4 ist nicht anzuwenden, wenn der Steuerpflichtige nachweist, dass die in Satz 1 genannten Voraussetzungen bei der Körperschaft entweder seit ihrer Gründung oder während der letzten fünf Jahre vor und in dem Veranlagungszeitraum vorgelegen haben, in dem die negativen Einkünfte bezogen werden.

(2a) ¹Bei der Anwendung der Absätze 1 und 2 sind

1. als Drittstaaten die Staaten anzusehen, die nicht Mitgliedstaaten der Europäischen Union sind;

2. Drittstaaten-Körperschaften und Drittstaaten-Kapitalgesellschaften solche, die weder ihre Geschäftsleitung noch ihren Sitz in einem Mitgliedstaat der Europäischen Union haben.

²Bei Anwendung des Satzes 1 sind den Mitgliedstaaten der Europäischen Union die Staaten gleichgestellt, auf die das Abkommen über den Europäischen Wirtschaftsraum anwendbar ist, sofern zwischen der Bundesrepublik Deutschland und dem anderen Staat auf Grund der Amtshilferichtlinie gemäß § 2 Absatz 2 des EU-Amtshilfegesetzes oder einer vergleichbaren zwei- oder mehrseitigen Vereinbarung Auskünfte erteilt werden, die erforderlich sind, um die Besteuerung durchzuführen.

2. Steuerfreie Einnahmen

§ 3
Steuerfrei sind

1. a) Leistungen aus einer Krankenversicherung, aus einer Pflegeversicherung und aus der gesetzlichen Unfallversicherung,

b) Sachleistungen und Kinderzuschüsse aus den gesetzlichen Rentenversicherungen einschließlich der Sachleistungen nach dem Gesetz über die Alterssicherung der Landwirte,

c) Übergangsgeld nach dem Sechsten Buch Sozialgesetzbuch und Geldleistungen nach den §§ 10, 36 bis 39 des Gesetzes über die Alterssicherung der Landwirte,

d) das Mutterschaftsgeld nach dem Mutterschutzgesetz, der Reichsversicherungsordnung und dem Gesetz über die Krankenversicherung der Landwirte, die Sonderunterstützung für im Familienhaushalt beschäftigte Frauen, der Zuschuss zum

Mutterschaftsgeld nach dem Mutterschutzgesetz sowie der Zuschuss bei Beschäftigungsverboten für die Zeit vor oder nach einer Entbindung sowie für den Entbindungstag während einer Elternzeit nach beamtenrechtlichen Vorschriften;

2. a) das Arbeitslosengeld, das Teilarbeitslosengeld, das Kurzarbeitergeld, der Zuschuss zum Arbeitsentgelt, das Übergangsgeld, der Gründungszuschuss nach dem Dritten Buch Sozialgesetzbuch sowie die übrigen Leistungen nach dem Dritten Buch Sozialgesetzbuch und den entsprechenden Programmen des Bundes und der Länder, soweit sie Arbeitnehmern oder Arbeitsuchenden oder zur Förderung der Aus- oder Weiterbildung oder Existenzgründung der Empfänger gewährt werden,

b) das Insolvenzgeld, Leistungen auf Grund der in § 169 und § 175 Absatz 2 des Dritten Buches Sozialgesetzbuch genannten Ansprüche sowie Zahlungen des Arbeitgebers an einen Sozialleistungsträger auf Grund des gesetzlichen Forderungsübergangs nach § 115 Absatz 1 des Zehnten Buches Sozialgesetzbuch, wenn ein Insolvenzereignis nach § 165 Absatz 1 Satz 2 auch in Verbindung mit Satz 3 des Dritten Buches Sozialgesetzbuch vorliegt,

c) die Arbeitslosenbeihilfe nach dem Soldatenversorgungsgesetz,

d) Leistungen zur Sicherung des Lebensunterhalts und zur Eingliederung in Arbeit nach dem Zweiten Buch Sozialgesetzbuch,

e) mit den in den Nummern 1 bis 2 Buchstabe d genannten Leistungen vergleichbare Leistungen ausländischer Rechtsträger, die ihren Sitz in einem Mitgliedstaat der Europäischen Union, in einem Staat, auf den das Abkommen über den Europäischen Wirtschaftsraum Anwendung findet oder in der Schweiz haben;

3. a) Rentenabfindungen nach § 107 des Sechsten Buches Sozialgesetzbuch, nach § 21 des Beamtenversorgungsgesetzes oder entsprechendem Landesrecht und nach § 43 des Soldatenversorgungsgesetzes in Verbindung mit § 21 des Beamtenversorgungsgesetzes,

b) Beitragserstattungen an den Versicherten nach den §§ 210 und 286d des Sechsten Buches Sozialgesetzbuch sowie nach den §§ 204, 205 und 207 des Sechsten Buches Sozialgesetzbuch, Beitragserstattungen nach den §§ 75 und 117 des Gesetzes über die Alterssicherung der Landwirte und nach § 26 des Vierten Buches Sozialgesetzbuch,

c) Leistungen aus berufsständischen Versorgungseinrichtungen, die den Leistungen nach den Buchstaben a und b entsprechen,

d) Kapitalabfindungen und Ausgleichszahlungen nach § 48 des Beamtenversorgungsgesetzes oder entsprechendem Landesrecht und nach den §§ 28 bis 35 und 38 des Soldatenversorgungsgesetzes;

4. bei Angehörigen der Bundeswehr, der Bundespolizei, der Zollverwaltung, der Bereitschaftspolizei der Länder, der Vollzugspolizei und der Berufsfeuerwehr der Länder und Gemeinden und bei Vollzugsbeamten der Kriminalpolizei des Bundes, der Länder und Gemeinden

   a) der Geldwert der ihnen aus Dienstbeständen überlassenen Dienstkleidung,

   b) Einkleidungsbeihilfen und Abnutzungsentschädigungen für die Dienstkleidung der zum Tragen oder Bereithalten von Dienstkleidung Verpflichteten und für dienstlich notwendige Kleidungsstücke der Vollzugsbeamten der Kriminalpolizei sowie der Angehörigen der Zollverwaltung,

   c) im Einsatz gewährte Verpflegung oder Verpflegungszuschüsse,

   d) der Geldwert der auf Grund gesetzlicher Vorschriften gewährten Heilfürsorge;

5. a) die Geld- und Sachbezüge, die Wehrpflichtige während des Wehrdienstes nach § 4 des Wehrpflichtgesetzes erhalten,

   b) die Geld- und Sachbezüge, die Zivildienstleistende nach § 35 des Zivildienstgesetzes erhalten,

   c) der nach § 2 Absatz 1 des Wehrsoldgesetzes an Soldaten im Sinne des § 1 Absatz 1 des Wehrsoldgesetzes gezahlte Wehrsold,

   d) die an Reservistinnen und Reservisten der Bundeswehr im Sinne des § 1 des Reservistinnen- und Reservistengesetzes nach dem Wehrsoldgesetz gezahlten Bezüge,

   e) die Heilfürsorge, die Soldaten nach § 6 des Wehrsoldgesetzes und Zivildienstleistende nach § 35 des Zivildienstgesetzes erhalten,

   f) das an Personen, die einen in § 32 Absatz 4 Satz 1 Nummer 2 Buchstabe d genannten Freiwilligendienst leisten, gezahlte Taschengeld oder eine vergleichbare Geldleistung;

6. [1]Bezüge, die auf Grund gesetzlicher Vorschriften aus öffentlichen Mitteln versorgungshalber an Wehrdienstbeschädigte, im Freiwilligen Wehrdienst Beschädigte, Zivildienstbeschädigte und im Bundesfreiwilligendienst Beschädigte oder ihre Hinterbliebenen, Kriegsbeschädigte, Kriegshinterbliebene und ihnen gleichgestellte Personen gezahlt werden, soweit es sich nicht um Bezüge handelt, die auf Grund der Dienstzeit gewährt werden. [2]Gleichgestellte im Sinne des Satzes 1 sind auch Personen, die Anspruch auf Leistungen nach dem Bundesversorgungsgesetz oder auf Unfallfürsorgeleistungen nach dem Soldatenversorgungsgesetz, Beamtenversorgungsgesetz oder vergleichbarem Landesrecht haben;

7. Ausgleichsleistungen nach dem Lastenausgleichsgesetz, Leistungen nach dem Flüchtlingshilfegesetz, dem Bundesvertriebenengesetz, dem Reparationsschädengesetz, dem Vertriebenenzuwendungsgesetz, dem NS-Ver-

folgtenentschädigungsgesetz sowie Leistungen nach dem Entschädigungsgesetz und nach dem Ausgleichsleistungsgesetz, soweit sie nicht Kapitalerträge im Sinne des § 20 Abs. 1 Nr. 7 und Abs. 2 sind;

8. Geldrenten, Kapitalentschädigungen und Leistungen im Heilverfahren, die auf Grund gesetzlicher Vorschriften zur Wiedergutmachung nationalsozialistischen Unrechts gewährt werden. ²Die Steuerpflicht von Bezügen aus einem aus Wiedergutmachungsgründen neu begründeten oder wieder begründeten Dienstverhältnis sowie von Bezügen aus einem früheren Dienstverhältnis, die aus Wiedergutmachungsgründen neu gewährt oder wieder gewährt werden, bleibt unberührt;

8a. Renten wegen Alters und Renten wegen verminderter Erwerbsfähigkeit aus der gesetzlichen Rentenversicherung, die an Verfolgte im Sinne des § 1 des Bundesentschädigungsgesetzes gezahlt werden, wenn rentenrechtliche Zeiten auf Grund der Verfolgung in der Rente enthalten sind. ²Renten wegen Todes aus der gesetzlichen Rentenversicherung, wenn der verstorbene Versicherte Verfolgter im Sinne des § 1 des Bundesentschädigungsgesetzes war und wenn rentenrechtliche Zeiten auf Grund der Verfolgung in dieser Rente enthalten sind;

9. Erstattungen nach § 23 Abs. 2 Satz 1 Nr. 3 und 4 sowie nach § 39 Abs. 4 Satz 2 des Achten Buches Sozialgesetzbuch;

10. Einnahmen einer Gastfamilie für die Aufnahme eines behinderten oder von Behinderung bedrohten Menschen nach § 2 Abs. 1 des Neunten Buches Sozialgesetzbuch zur Pflege, Betreuung, Unterbringung und Verpflegung, die auf Leistungen eines Leistungsträgers nach dem Sozialgesetzbuch beruhen.²Für Einnahmen im Sinne des Satzes 1, die nicht auf Leistungen eines Leistungsträgers nach dem Sozialgesetzbuch beruhen, gilt Entsprechendes bis zur Höhe der Leistungen nach dem Zwölften Buch Sozialgesetzbuch. ³Überschreiten die auf Grund der in Satz 1 bezeichneten Tätigkeit bezogenen Einnahmen der Gastfamilie den steuerfreien Betrag, dürfen die mit der Tätigkeit in unmittelbarem wirtschaftlichen Zusammenhang stehenden Ausgaben abweichend von § 3c nur insoweit als Betriebsausgaben abgezogen werden, als sie den Betrag der steuerfreien Einnahmen übersteigen;

11. Bezüge aus öffentlichen Mitteln oder aus Mitteln einer öffentlichen Stiftung, die wegen Hilfsbedürftigkeit oder als Beihilfe zu dem Zweck bewilligt werden, die Erziehung oder Ausbildung, die Wissenschaft oder Kunst unmittelbar zu fördern. ²Darunter fallen nicht Kinderzuschläge und Kinderbeihilfen, die auf Grund der Besoldungsgesetze, besonderer Tarife oder ähnlicher Vorschriften gewährt werden. ³Voraussetzung für die Steuerfreiheit ist, dass der Empfänger mit den Bezügen nicht zu einer bestimmten wissenschaftlichen oder künstlerischen Gegenleistung oder zu einer bestimmten Arbeitnehmertätigkeit verpflichtet wird. ⁴Den Bezügen aus öffentlichen Mitteln wegen Hilfsbedürftigkeit gleichgestellt sind Beitragsermäßigungen und Prämienrückzahlungen eines Trägers der gesetzlichen Krankenversicherung für nicht in Anspruch genommene Beihilfeleistungen;

12. aus einer Bundeskasse oder Landeskasse gezahlte Bezüge, die zum einen

 a) in einem Bundesgesetz oder Landesgesetz,

 b) auf Grundlage einer bundesgesetzlichen oder landesgesetzlichen Ermächtigung beruhenden Bestimmung oder

 c) von der Bundesregierung oder einer Landesregierung

 als Aufwandsentschädigung festgesetzt sind und die zum anderen jeweils auch als Aufwandsentschädigung im Haushaltsplan ausgewiesen werden. ²Das Gleiche gilt für andere Bezüge, die als Aufwandsentschädigung aus öffentlichen Kassen an öffentliche Dienste leistende Personen gezahlt werden, soweit nicht festgestellt wird, dass sie für Verdienstausfall oder Zeitverlust gewährt werden oder den Aufwand, der dem Empfänger erwächst, offenbar übersteigen;

13. die aus öffentlichen Kassen gezahlten Reisekostenvergütungen, Umzugskostenvergütungen und Trennungsgelder. ²Die als Reisekostenvergütungen gezahlten Vergütungen für Verpflegung sind nur insoweit steuerfrei, als sie die Pauschbeträge nach § 9 Absatz 4a nicht übersteigen; Trennungsgelder sind nur insoweit steuerfrei, als sie die nach § 9 Absatz 1 Satz 3 Nummer 5 und Absatz 4a abziehbaren Aufwendungen nicht übersteigen;

14. Zuschüsse eines Trägers der gesetzlichen Rentenversicherung zu den Aufwendungen eines Rentners für seine Krankenversicherung und von dem gesetzlichen Rentenversicherungsträger getragene Anteile (§ 249a des Fünften Buches Sozialgesetzbuch) an den Beiträgen für die gesetzliche Krankenversicherung;

15. (weggefallen)

16. die Vergütungen, die Arbeitnehmer außerhalb des öffentlichen Dienstes von ihrem Arbeitgeber zur Erstattung von Reisekosten, Umzugskosten oder Mehraufwendungen bei doppelter Haushaltsführung erhalten, soweit sie die nach § 9 als Werbungskosten abziehbaren Aufwendungen nicht übersteigen;

17. Zuschüsse zum Beitrag nach § 32 des Gesetzes über die Alterssicherung der Landwirte;

18. das Aufgeld für ein an die Bank für Vertriebene und Geschädigte (Lastenausgleichsbank) zugunsten des Ausgleichsfonds (§ 5 des Lastenausgleichsgesetzes) gegebenes Darlehen, wenn das Darlehen nach § 7f des Gesetzes in der Fassung der Bekanntmachung vom 15. September 1953 (BGBl. I S. 1355) im Jahr der Hingabe als Betriebsausgabe abzugsfähig war;

19. (weggefallen)

20. die aus öffentlichen Mitteln des Bundespräsidenten aus sittlichen oder sozialen Gründen gewährten Zuwendungen an besonders verdiente Personen oder ihre Hinterbliebenen;
21. (weggefallen)
22. (weggefallen)
23. die Leistungen nach dem Häftlingshilfegesetz, dem Strafrechtlichen Rehabilitierungsgesetz, dem Verwaltungsrechtlichen Rehabilitierungsgesetz und dem Beruflichen Rehabilitierungsgesetz;
24. Leistungen, die auf Grund des Bundeskindergeldgesetzes gewährt werden;
25. Entschädigungen nach dem Infektionsschutzgesetz vom 20. Juli 2000 (BGBl. I S. 1045);
26. Einnahmen aus nebenberuflichen Tätigkeiten als Übungsleiter, Ausbilder, Erzieher, Betreuer oder vergleichbaren nebenberuflichen Tätigkeiten, aus nebenberuflichen künstlerischen Tätigkeiten oder der nebenberuflichen Pflege alter, kranker oder behinderter Menschen im Dienst oder im Auftrag einer juristischen Person des öffentlichen Rechts, die in einem Mitgliedstaat der Europäischen Union oder in einem Staat belegen ist, auf den das Abkommen über den Europäischen Wirtschaftsraum Anwendung findet, oder einer unter § 5 Abs. 1 Nr. 9 des Körperschaftsteuergesetzes fallenden Einrichtung zur Förderung gemeinnütziger, mildtätiger und kirchlicher Zwecke (§§ 52 bis 54 der Abgabenordnung) bis zur Höhe von insgesamt 2400 Euro im Jahr. [2]Überschreiten die Einnahmen für die in Satz 1 bezeichneten Tätigkeiten den steuerfreien Betrag, dürfen die mit den nebenberuflichen Tätigkeiten in unmittelbarem wirtschaftlichen Zusammenhang stehenden Ausgaben abweichend von § 3c nur insoweit als Betriebsausgaben oder Werbungskosten abgezogen werden, als sie den Betrag der steuerfreien Einnahmen übersteigen;
26a. [1]Einnahmen aus nebenberuflichen Tätigkeiten im Dienst oder Auftrag einer juristischen Person des öffentlichen Rechts, die in einem Mitgliedstaat der Europäischen Union oder in einem Staat belegen ist, auf den das Abkommen über den Europäischen Wirtschaftsraum Anwendung findet, oder einer unter § 5 Abs. 1 Nr. 9 des Körperschaftsteuergesetzes fallenden Einrichtung zur Förderung gemeinnütziger, mildtätiger und kirchlicher Zwecke (§§ 52 bis 54 der Abgabenordnung) bis zur Höhe von insgesamt 720 Euro im Jahr. [2]Die Steuerbefreiung ist ausgeschlossen, wenn für die Einnahmen aus der Tätigkeit – ganz oder teilweise – eine Steuerbefreiung nach § 3 Nr. 12, 26 oder 26b gewährt wird. [3]Überschreiten die Einnahmen für die in Satz 1 bezeichneten Tätigkeiten den steuerfreien Betrag, dürfen die mit den nebenberuflichen Tätigkeiten in unmittelbarem wirtschaftlichen Zusammenhang stehenden Ausgaben abweichend von § 3c nur insoweit als Betriebsausgaben oder Werbungskosten abgezogen werden, als sie den Betrag der steuerfreien Einnahmen übersteigen;
26b. Aufwandsentschädigungen nach § 1835a des Bürgerlichen Gesetzbuchs, soweit sie zusammen mit den steuerfreien Einnahmen im Sinne der Nummer 26 den Freibetrag nach Nummer 26 Satz 1 nicht überschreiten. [2]Nummer 26 Satz 2 gilt entsprechend;
27. der Grundbetrag der Produktionsaufgaberente und das Ausgleichsgeld nach dem Gesetz zur Förderung der Einstellung der landwirtschaftlichen Erwerbstätigkeit bis zum Höchstbetrag von 18 407 Euro;
28. die Aufstockungsbeträge im Sinne des § 3 Abs. 1 Nr. 1 Buchstabe a sowie die Beiträge und Aufwendungen im Sinne des § 3 Abs. 1 Nr. 1 Buchstabe b und des § 4 Abs. 2 des Altersteilzeitgesetzes, die Zuschläge, die versicherungsfrei Beschäftigte im Sinne des § 27 Abs. 1 Nr. 1 bis 3 des Dritten Buches Sozialgesetzbuch zur Aufstockung der Bezüge bei Altersteilzeit nach beamtenrechtlichen Vorschriften oder Grundsätzen erhalten sowie die Zahlungen des Arbeitgebers zur Übernahme der Beiträge im Sinne des § 187a des Sechsten Buches Sozialgesetzbuch, soweit sie 50 Prozent der Beiträge nicht übersteigen;
29. das Gehalt und die Bezüge,
   a) die die diplomatischen Vertreter ausländischer Staaten, die ihnen zugewiesenen Beamten und die in ihren Diensten stehenden Personen erhalten. [2]Dies gilt nicht für deutsche Staatsangehörige oder für im Inland ständig ansässige Personen;
   b) der Berufskonsuln, der Konsulatsangehörigen und ihres Personals, soweit sie Angehörige des Entsendestaats sind. [2]Dies gilt nicht für Personen, die im Inland ständig ansässig sind oder außerhalb ihres Amtes oder Dienstes einen Beruf, ein Gewerbe oder eine andere gewinnbringende Tätigkeit ausüben;
30. Entschädigungen für die betriebliche Benutzung von Werkzeugen eines Arbeitnehmers (Werkzeuggeld), soweit sie die entsprechenden Aufwendungen des Arbeitnehmers nicht offensichtlich übersteigen;
31. die typische Berufskleidung, die der Arbeitgeber seinem Arbeitnehmer unentgeltlich oder verbilligt überlässt; dasselbe gilt für eine Barablösung eines nicht nur einzelvertraglichen Anspruchs auf Gestellung von typischer Berufskleidung, wenn die Barablösung betrieblich veranlasst ist und die entsprechenden Aufwendungen des Arbeitnehmers nicht offensichtlich übersteigt;
32. die unentgeltliche oder verbilligte Sammelbeförderung eines Arbeitnehmers zwischen Wohnung und erster Tätigkeitsstätte sowie bei Fahrten nach § 9 Absatz 1 Satz 3 Nummer 4a Satz 3 mit einem vom Arbeitgeber gestellten Beförderungsmittel, soweit die Sammelbeförderung für den betrieblichen Einsatz des Arbeitnehmers notwendig ist;

33. zusätzlich zum ohnehin geschuldeten Arbeitslohn erbrachte Leistungen des Arbeitgebers zur Unterbringung und Betreuung von nicht schulpflichtigen Kindern der Arbeitnehmer in Kindergärten oder vergleichbaren Einrichtungen;
34. zusätzlich zum ohnehin geschuldeten Arbeitslohn erbrachte Leistungen des Arbeitgebers zur Verbesserung des allgemeinen Gesundheitszustands und der betrieblichen Gesundheitsförderung, die hinsichtlich Qualität, Zweckbindung und Zielgerichtetheit den Anforderungen der §§ 20 und 20a des Fünften Buches Sozialgesetzbuch genügen, soweit sie 500 Euro im Kalenderjahr nicht übersteigen;
34a. zusätzlich zum ohnehin geschuldeten Arbeitslohn erbrachte Leistungen des Arbeitgebers

    a) an ein Dienstleistungsunternehmen, das den Arbeitnehmer hinsichtlich der Betreuung von Kindern oder pflegebedürftigen Angehörigen berät oder hierfür Betreuungspersonen vermittelt sowie
    b) zur kurzfristigen Betreuung von Kindern im Sinne des § 32 Absatz 1, die das 14. Lebensjahr noch nicht vollendet haben oder die wegen einer vor Vollendung des 25. Lebensjahres eingetretenen körperlichen, geistigen oder seelischen Behinderung außerstande sind, sich selbst zu unterhalten oder pflegebedürftigen Angehörigen des Arbeitnehmers, wenn die Betreuung aus zwingenden und beruflich veranlassten Gründen notwendig ist, auch wenn sie im privaten Haushalt des Arbeitnehmers stattfindet, soweit die Leistungen 600 Euro im Kalenderjahr nicht übersteigen;
35. die Einnahmen der bei der Deutsche Post AG, Deutsche Postbank AG oder Deutsche Telekom AG beschäftigten Beamten, soweit die Einnahmen ohne Neuordnung des Postwesens und der Telekommunikation nach den Nummern 11 bis 13 und 64 steuerfrei wären;
36. Einnahmen für Leistungen zur Grundpflege oder hauswirtschaftlichen Versorgung bis zur Höhe des Pflegegeldes nach § 37 des Elften Buches Sozialgesetzbuch, wenn diese Leistungen von Angehörigen des Pflegebedürftigen oder von anderen Personen, die damit eine sittliche Pflicht im Sinne des § 33 Abs. 2 gegenüber dem Pflegebedürftigen erfüllen, erbracht werden. ²Entsprechendes gilt, wenn der Pflegebedürftige Pflegegeld aus privaten Versicherungsverträgen nach den Vorgaben des Elften Buches Sozialgesetzbuch oder eine Pauschalbeihilfe nach Beihilfevorschriften für häusliche Pflege erhält;
37. (weggefallen)
38. Sachprämien, die der Steuerpflichtige für die persönliche Inanspruchnahme von Dienstleistungen von Unternehmen unentgeltlich erhält, die diese zum Zwecke der Kundenbindung im allgemeinen Geschäftsverkehr in einem jedermann zugänglichen planmäßigen Verfahren gewähren, soweit der Wert der Prämien 1 080 Euro im Kalenderjahr nicht übersteigt;
39. ¹der Vorteil des Arbeitnehmers im Rahmen eines gegenwärtigen Dienstverhältnisses aus der unentgeltlichen oder verbilligten Überlassung von Vermögensbeteiligungen im Sinne des § 2 Abs. 1 Nr. 1 Buchstabe a, b und f bis l und Abs. 2 bis 5 des Fünften Vermögensbildungsgesetzes in der Fassung der Bekanntmachung vom 4. März 1994 (BGBl. I S. 406), zuletzt geändert durch Artikel 2 des Gesetzes vom 7. März 2009 (BGBl. I S. 451), in der jeweils geltenden Fassung, am Unternehmen des Arbeitgebers, soweit der Vorteil insgesamt 360 Euro im Kalenderjahr nicht übersteigt. ²Voraussetzung für die Steuerfreiheit ist, dass die Beteiligung mindestens allen Arbeitnehmern offensteht, die im Zeitpunkt der Bekanntgabe des Angebots ein Jahr oder länger ununterbrochen in einem gegenwärtigen Dienstverhältnis zum Unternehmen stehen. ³Als Unternehmen des Arbeitgebers im Sinne des Satzes 1 gilt auch ein Unternehmen im Sinne des § 18 des Aktiengesetzes. ⁴Als Wert der Vermögensbeteiligung ist der gemeine Wert anzusetzen;
40. 40 Prozent

    a) der Betriebsvermögensmehrungen oder Einnahmen aus der Veräußerung oder der Entnahme von Anteilen an Körperschaften, Personenvereinigungen und Vermögensmassen, deren Leistungen beim Empfänger zu Einnahmen im Sinne des § 20 Abs. 1 Nr. 1 und 9 gehören oder an einer Organgesellschaft im Sinne des § 14 oder 17 des Körperschaftsteuergesetzes oder aus deren Auflösung oder Herabsetzung von deren Nennkapital oder aus dem Ansatz eines solchen Wirtschaftsguts mit dem Wert, der sich nach § 6 Abs. 1 Nr. 2 Satz 3 ergibt, soweit sie zu den Einkünften aus Land- und Forstwirtschaft, aus Gewerbebetrieb oder aus selbständiger Arbeit gehören. ²Dies gilt nicht, soweit der Ansatz des niedrigeren Teilwerts in vollem Umfang zu einer Gewinnminderung geführt hat und soweit diese Gewinnminderung nicht durch Ansatz eines Werts, der sich nach § 6 Abs. 1 Nr. 2 Satz 3 ergibt, ausgeglichen worden ist. ³Satz 1 gilt außer für Betriebsvermögensmehrungen aus dem Ansatz mit dem Wert, der sich nach § 6 Abs. 1 Nr. 2 Satz 3 ergibt, ebenfalls nicht, soweit Abzüge nach § 6b oder ähnliche Abzüge voll steuerwirksam vorgenommen worden sind,
    b) des Veräußerungspreises im Sinne des § 16 Abs. 2, soweit er auf die Veräußerung von Anteilen an Körperschaften, Personenvereinigungen und Vermögensmassen entfällt, deren Leistungen beim Empfänger zu Einnahmen im Sinne des § 20 Abs. 1 Nr. 1 und 9 gehören oder an einer Organgesellschaft im Sinne des § 14 oder 17 des Körperschaftsteuergesetzes. ²Satz 1 ist in den Fällen des § 16 Abs. 3 entsprechend anzu-

wenden. ³Buchstabe a Satz 3 gilt entsprechend,

c) des Veräußerungspreises oder des gemeinen Werts im Sinne des § 17 Abs. 2. ²Satz 1 ist in den Fällen des § 17 Abs. 4 entsprechend anzuwenden,

d) der Bezüge im Sinne des § 20 Abs. 1 Nr. 1 und der Einnahmen im Sinne des § 20 Abs. 1 Nr. 9. ²Dies gilt nur, soweit sie das Einkommen der leistenden Körperschaft nicht gemindert haben. ³Satz 1 Buchstabe d gilt Satz 2 gilt nicht, soweit eine verdeckte Gewinnausschüttung das Einkommen einer dem Steuerpflichtigen nahe stehenden Person erhöht hat und § 32a des Körperschaftsteuergesetzes auf die Veranlagung dieser nahe stehenden Person keine Anwendung findet,

e) der Bezüge im Sinne des § 20 Abs. 1 Nr. 2,

f) der besonderen Entgelte oder Vorteile im Sinne des § 20 Abs. 3, die neben den in § 20 Abs. 1 Nr. 1 und Abs. 2 Satz 1 Nr. 2 Buchstabe a bezeichneten Einnahmen oder an deren Stelle gewährt werden,

g) des Gewinns aus der Veräußerung von Dividendenscheinen und sonstigen Ansprüchen im Sinne des § 20 Abs. 2 Satz 1 Nr. 2 Buchstabe a,

h) des Gewinns aus der Abtretung von Dividendenansprüchen oder sonstigen Ansprüchen im Sinne des § 20 Abs. 2 Satz 1 Nr. 2 Buchstabe a in Verbindung mit § 20 Abs. 2 Satz 2,

i) der Bezüge im Sinne des § 22 Nr. 1 Satz 2, soweit diese von einer nicht von der Körperschaftsteuer befreiten Körperschaft, Personenvereinigung oder Vermögensmasse stammen.

²Dies gilt für Satz 1 Buchstabe d bis h nur in Verbindung mit § 20 Abs. 8. ³Satz 1 Buchstabe a, b und d bis h ist nicht anzuwenden für Anteile, die bei Kreditinstituten und Finanzdienstleistungsinstituten nach § 1a des Kreditwesengesetzes in Verbindung mit den Artikeln 102 bis 106 der Verordnung (EU) Nr. 575/2013 des Europäischen Parlaments und des Rates vom 26. Juni 2013 über Aufsichtsanforderungen an Kreditinstitute und Wertpapierfirmen und zur Änderung der Verordnung (EU) Nr. 646/2012 (ABl. L 176 vom 27.6.2013, S. 1) oder unmittelbar nach den Artikeln 102 bis 106 der Verordnung (EU) Nr. 575/2013 dem Handelsbuch zuzurechnen sind; Gleiches gilt für Anteile, die von Finanzunternehmen im Sinne des Gesetzes über das Kreditwesen mit dem Ziel der kurzfristigen Erzielung eines Eigenhandelserfolges erworben werden. ⁴Satz 3 zweiter Halbsatz gilt auch für Kreditinstitute, Finanzdienstleistungsinstitute und Finanzunternehmen mit Sitz in einem anderen Mitgliedstaat der Europäischen Union oder in einem anderen Vertragsstaat des EWR-Abkommens.

40a. 40 Prozent der Vergütungen im Sinne des § 18 Abs. 1 Nr. 4;

41. a) Gewinnausschüttungen, soweit für das Kalenderjahr oder Wirtschaftsjahr, in dem sie bezogen werden, oder für die vorangegangenen sieben Kalenderjahre oder Wirtschaftsjahre aus einer Beteiligung an derselben ausländischen Gesellschaft Hinzurechnungsbeträge (§ 10 Abs. 2 des Außensteuergesetzes) der Einkommensteuer unterlegen haben, § 11 Abs. 1 und 2 des Außensteuergesetzes in der Fassung des Artikels 12 des Gesetzes vom 21. Dezember 1993 (BGBl. I S. 2310) nicht anzuwenden war und der Steuerpflichtige dies nachweist; § 3c Abs. 2 gilt entsprechend;

b) Gewinne aus der Veräußerung eines Anteils an einer ausländischen Kapitalgesellschaft sowie aus deren Auflösung oder Herabsetzung ihres Kapitals, soweit für das Kalenderjahr oder Wirtschaftsjahr, in dem sie bezogen werden, oder für die vorangegangenen sieben Kalenderjahre oder Wirtschaftsjahre aus einer Beteiligung an derselben ausländischen Gesellschaft Hinzurechnungsbeträge (§ 10 Abs. 2 des Außensteuergesetzes) der Einkommensteuer unterlegen haben, § 11 Abs. 1 und 2 des Außensteuergesetzes in der Fassung des Artikels 12 des Gesetzes vom 21. Dezember 1993 (BGBl. I S. 2310) nicht anzuwenden war, der Steuerpflichtige dies nachweist und der Hinzurechnungsbetrag ihm nicht als Gewinnanteil zugeflossen ist.

²Die Prüfung, ob Hinzurechnungsbeträge der Einkommensteuer unterlegen haben, erfolgt im Rahmen der gesonderten Feststellung nach § 18 des Außensteuergesetzes.

42. die Zuwendungen, die auf Grund des Fulbright-Abkommens gezahlt werden;

43. der Ehrensold für Künstler sowie Zuwendungen aus Mitteln der Deutschen Künstlerhilfe, wenn es sich um Bezüge aus öffentlichen Mitteln handelt, die wegen der Bedürftigkeit des Künstlers gezahlt werden;

44. Stipendien, die aus öffentlichen Mitteln oder von zwischenstaatlichen oder überstaatlichen Einrichtungen, denen die Bundesrepublik Deutschland als Mitglied angehört, zur Förderung der Forschung oder zur Förderung der wissenschaftlichen oder künstlerischen Ausbildung oder Fortbildung gewährt werden. ²Das Gleiche gilt für Stipendien, die zu den in Satz 1 bezeichneten Zwecken von einer Einrichtung, die von einer Körperschaft des öffentlichen Rechts errichtet ist oder verwaltet wird, oder von einer Körperschaft, Personenvereinigung oder Vermögensmasse im Sinne des § 5 Abs. 1 Nr. 9 des Körperschaftsteuergesetzes gegeben werden. ³Voraussetzung für die Steuerfreiheit ist, dass

a) die Stipendien einen für die Erfüllung der Forschungsaufgabe oder für die Bestreitung des Lebensunterhalts und die De-

EStG

ckung des Ausbildungsbedarfs erforderlichen Betrag nicht übersteigen und nach den von dem Geber erlassenen Richtlinien vergeben werden,

b) der Empfänger im Zusammenhang mit dem Stipendium nicht zu einer bestimmten wissenschaftlichen oder künstlerischen Gegenleistung oder zu einer bestimmten Arbeitnehmertätigkeit verpflichtet ist;

45. die Vorteile des Arbeitnehmers aus der privaten Nutzung von betrieblichen Datenverarbeitungsgeräten und Telekommunikationsgeräten sowie deren Zubehör, aus zur privaten Nutzung überlassenen System- und Anwendungsprogrammen, die der Arbeitgeber auch in seinem Betrieb einsetzt, und aus den im Zusammenhang mit diesen Zuwendungen erbrachten Dienstleistungen. ²Satz 1 entsprechend für Steuerpflichtige, denen die Vorteile im Rahmen einer Tätigkeit zugewendet werden, für die sie eine Aufwandsentschädigung im Sinne des § 3 Nummer 12 erhalten;

46. (weggefallen)

47. Leistungen nach § 14a Abs. 4 und § 14b des Arbeitsplatzschutzgesetzes;

48. Leistungen nach dem Unterhaltssicherungsgesetz, soweit sie nicht nach dessen § 15 Abs. 1 Satz 2 steuerpflichtig sind;

49. (weggefallen)

50. die Beträge, die der Arbeitnehmer vom Arbeitgeber erhält, um sie für ihn auszugeben (durchlaufende Gelder), und die Beträge, durch die Auslagen des Arbeitnehmers für den Arbeitgeber ersetzt werden (Auslagenersatz);

51. Trinkgelder, die anlässlich einer Arbeitsleistung dem Arbeitnehmer von Dritten freiwillig und ohne dass ein Rechtsanspruch auf sie besteht, zusätzlich zu dem Betrag gegeben werden, der für diese Arbeitsleistung zu zahlen ist;

52. (weggefallen);

53. die Übertragung von Wertguthaben nach § 7f Abs. 1 Satz 1 Nr. 2 des Vierten Buches Sozialgesetzbuch auf die Deutsche Rentenversicherung Bund. ²Die Leistungen aus dem Wertguthaben durch die Deutsche Rentenversicherung Bund gehören zu den Einkünften aus nichtselbständiger Arbeit im Sinne des § 19. ³Von ihnen ist Lohnsteuer einzubehalten;

54. Zinsen aus Entschädigungsansprüchen für deutsche Auslandsbonds im Sinne der §§ 52 bis 54 des Bereinigungsgesetzes für deutsche Auslandsbonds in der im Bundesgesetzblatt Teil III, Gliederungsnummer 4139-2, veröffentlichten bereinigten Fassung, soweit sich die Entschädigungsansprüche gegen den Bund oder die Länder richten. ²Das Gleiche gilt für die Zinsen aus Schuldverschreibungen und Schuldbuchforderungen, die nach den §§ 9, 10 und 14 des Gesetzes zur näheren Regelung der Entschädigungsansprüche für Auslandsbonds in der im Bundesgesetzblatt Teil III, Gliederungsnummer 4139-3, veröffentlichten bereinigten Fassung vom Bund oder von den Ländern für Entschädigungsansprüche erteilt oder eingetragen werden;

55. der in den Fällen des § 4 Abs. 2 Nr. 2 und Abs. 3 des Betriebsrentengesetzes vom 19. Dezember 1974 (BGBl. I S. 3610), das zuletzt durch Artikel 8 des Gesetzes vom 5. Juli 2004 (BGBl. I S. 1427) geändert worden ist, in der jeweils geltenden Fassung geleistete Übertragungswert nach § 4 Abs. 5 des Betriebsrentengesetzes, wenn die betriebliche Altersversorgung beim ehemaligen und neuen Arbeitgeber über einen Pensionsfonds, eine Pensionskasse oder ein Unternehmen der Lebensversicherung durchgeführt wird. ²Satz 1 gilt auch, wenn der Übertragungswert vom ehemaligen Arbeitgeber oder von einer Unterstützungskasse an den neuen Arbeitgeber oder eine andere Unterstützungskasse geleistet wird. ³Die Leistungen des neuen Arbeitgebers, der Unterstützungskasse, des Pensionsfonds, der Pensionskasse oder des Unternehmens der Lebensversicherung auf Grund des Betrages nach Satz 1 und 2 gehören zu den Einkünften, zu denen die Leistungen gehören würden, wenn die Übertragung nach § 4 Abs. 2 Nr. 2 und Abs. 3 des Betriebsrentengesetzes nicht stattgefunden hätte;

55a. die nach § 10 des Versorgungsausgleichsgesetzes vom 3. April 2009 (BGBl. I S. 700) in der jeweils geltenden Fassung (interne Teilung) durchgeführte Übertragung von Anrechten für die ausgleichsberechtigte Person zu Lasten von Anrechten der ausgleichspflichtigen Person. ²Die Leistungen aus diesen Anrechten gehören bei der ausgleichsberechtigten Person zu den Einkünften, zu denen die Leistungen bei der ausgleichspflichtigen Person gehören würden, wenn die interne Teilung nicht stattgefunden hätte;

55b. der nach § 14 des Versorgungsausgleichsgesetzes (externe Teilung) geleistete Ausgleichswert zur Begründung von Anrechten für die ausgleichsberechtigte Person zu Lasten von Anrechten der ausgleichspflichtigen Person, soweit Leistungen aus diesen Anrechten zu steuerpflichtigen Einkünften nach den §§ 19, 20 und 22 führen würden. ²Satz 1 gilt nicht, soweit Leistungen, die auf dem begründeten Anrecht beruhen, bei der ausgleichsberechtigten Person zu Einkünften nach § 20 Abs. 1 Nr. 6 oder § 22 Nr. 1 Satz 3 Buchstabe a Doppelbuchstabe bb führen würden. ³Der Versorgungsträger der ausgleichspflichtigen Person hat den Versorgungsträger der ausgleichsberechtigten Person über die für die Besteuerung der Leistungen erforderlichen Grundlagen zu informieren. ⁴Dies gilt nicht, wenn der Versorgungsträger der ausgleichsberechtigten Person die Grundlagen bereits kennt oder aus den bei ihm vorhandenen Daten feststellen kann und dieser Umstand dem Versorgungsträger der ausgleichspflichtigen Person mitgeteilt worden ist;

55c. Übertragungen von Altersvorsorgevermögen im Sinne des § 92 auf einen anderen auf den Namen des Steuerpflichtigen lautenden Altersvorsorgevertrag (§ 1 Absatz 1 Satz 1 Nummer 10 Buchstabe b des Altersvorsorgeverträge-Zertifizierungsgesetzes), soweit die Leistungen zu steuerpflichtigen Einkünften nach § 22 Nummer 5 führen würden. ²Dies gilt entsprechend

a) wenn Anwartschaften der betrieblichen Altersversorgung abgefunden werden, soweit das Altersvorsorgevermögen zugunsten eines auf den Namen des Steuerpflichtigen lautenden Altersvorsorgevertrages geleistet wird,

b) wenn im Fall des Todes des Steuerpflichtigen das Altersvorsorgevermögen auf einen auf den Namen des Ehegatten lautenden Altersvorsorgevertrag übertragen wird, wenn die Ehegatten im Zeitpunkt des Todes des Zulageberechtigten nicht dauernd getrennt gelebt haben (§ 26 Absatz 1) und ihren Wohnsitz oder gewöhnlichen Aufenthalt in einem Mitgliedstaat der Europäischen Union oder einem Staat hatten, auf den das Abkommen über den Europäischen Wirtschaftsraum anwendbar ist;

55d. Übertragungen von Anrechten aus einem nach § 5a Altersvorsorgeverträge-Zertifizierungsgesetz zertifizierten Vertrag auf einen anderen auf den Namen des Steuerpflichtigen lautenden nach § 5a Altersvorsorgeverträge-Zertifizierungsgesetz zertifizierten Vertrag;

55e. die auf Grund eines Abkommens mit einer zwischen- oder überstaatlichen Einrichtung übertragenen Werte von Anrechten auf Altersversorgung, soweit diese zur Begründung von Anrechten auf Altersversorgung bei einer zwischen- oder überstaatlichen Einrichtung dienen. ²Die Leistungen auf Grund des Betrags nach Satz 1 gehören zu den Einkünften, zu denen die Leistungen gehören, die die übernehmende Versorgungseinrichtung im Übrigen erbringt;

56. Zuwendungen des Arbeitgebers nach § 19 Abs. 1 Satz 1 Nr. 3 Satz 1 aus dem ersten Dienstverhältnis an eine Pensionskasse zum Aufbau einer nicht kapitalgedeckten betrieblichen Altersversorgung, bei der eine Auszahlung der zugesagten Alters-, Invaliditäts- oder Hinterbliebenenversorgung in Form einer Rente oder eines Auszahlungsplans (§ 1 Abs. 1 Satz 1 Nr. 4 des Altersvorsorgeverträge-Zertifizierungsgesetzes) vorgesehen ist, soweit diese Zuwendungen im Kalenderjahr 1 Prozent der Beitragsbemessungsgrenze in der allgemeinen Rentenversicherung nicht übersteigen. ²Der in Satz 1 genannte Höchstbetrag erhöht sich ab 1. Januar 2014 auf 2 Prozent, ab 1. Januar 2020 auf 3 Prozent und ab 1. Januar 2025 auf 4 Prozent der Beitragsbemessungsgrenze in der allgemeinen Rentenversicherung. ³Die Beträge nach den Sätzen 1 und 2 sind jeweils um die nach § 3 Nr. 63 Satz 1, 3 oder Satz 4 steuerfreien Beträge zu mindern;

57. die Beträge, die die Künstlersozialkasse zugunsten des nach dem Künstlersozialversicherungsgesetz Versicherten aus dem Aufkommen von Künstlersozialabgabe und Bundeszuschuss an einen Träger der Sozialversicherung oder an den Versicherten zahlt;

58. das Wohngeld nach dem Wohngeldgesetz, die sonstigen Leistungen aus öffentlichen Haushalten oder Zweckvermögen zur Senkung der Miete oder Belastung im Sinne des § 11 Abs. 2 Nr. 4 des Wohngeldgesetzes sowie öffentliche Zuschüsse zur Deckung laufender Aufwendungen und Zinsvorteile bei Darlehen, die aus öffentlichen Haushalten gewährt werden, für eine zu eigenen Wohnzwecken genutzte Wohnung im eigenen Haus oder eine zu eigenen Wohnzwecken genutzte Eigentumswohnung, soweit die Zuschüsse und Zinsvorteile die Vorteile aus einer entsprechenden Förderung mit öffentlichen Mitteln nach dem Zweiten Wohnungsbaugesetz, dem Wohnraumförderungsgesetz oder einem Landesgesetz zur Wohnraumförderung nicht überschreiten, der Zuschuss für die Wohneigentumsbildung in innerstädtischen Altbauquartieren nach den Regelungen zum Stadtumbau Ost in den Verwaltungsvereinbarungen über die Gewährung von Finanzhilfen des Bundes an die Länder nach Artikel 104a Abs. 4 des Grundgesetzes zur Förderung städtebaulicher Maßnahmen;

59. die Zusatzförderung nach § 88e des Zweiten Wohnungsbaugesetzes und nach § 51f des Wohnungsbaugesetzes für das Saarland und Geldleistungen, die ein Mieter zum Zwecke der Wohnkostenentlastung nach dem Wohnraumförderungsgesetz oder einem Landesgesetz zur Wohnraumförderung, erhält, soweit die Einkünfte dem Mieter zuzurechnen sind, und die Vorteile aus einer mietweisen Wohnungsüberlassung im Zusammenhang mit einem Arbeitsverhältnis, soweit sie die Vorteile aus einer entsprechenden Förderung nach dem zweiten Wohnungsbaugesetz, nach dem Wohnraumförderungsgesetz oder einem Landesgesetz zur Wohnraumförderung nicht überschreiten.

60. Leistungen aus öffentlichen Mitteln an Arbeitnehmer des Steinkohlen-, Pechkohlen- und Erzbergbaues, des Braunkohlentiefbaues und der Eisen- und Stahlindustrie aus Anlass von Stilllegungs-, Einschränkungs-, Umstellungs- oder Rationalisierungsmaßnahmen;

61. Leistungen nach § 4 Abs. 1 Nr. 2, § 7 Abs. 3, §§ 9, 10 Abs. 1, §§ 13, 15 des Entwicklungshelfer-Gesetzes;

62. Ausgaben des Arbeitgebers für die Zukunftssicherung des Arbeitnehmers, soweit der Arbeitgeber dazu nach sozialversicherungsrechtlichen oder anderen gesetzlichen Vorschriften oder nach einer auf gesetzlicher Ermächtigung beruhenden Bestimmung verpflichtet ist und es sich nicht um Zuwendungen oder Beiträge des Arbeitgebers nach den Nummern 56 und 63 handelt. ²Den Ausgaben des Arbeitgebers für die Zukunftssicherung, die auf Grund gesetzlicher Verpflichtung geleistet werden, werden gleichgestellt Zuschüsse des Arbeitgebers zu den Aufwendungen des Arbeitnehmers

a) für eine Lebensversicherung,

b) für die freiwillige Versicherung in der gesetzlichen Rentenversicherung,

c) für eine öffentlich-rechtliche Versicherungs- oder Versorgungseinrichtung seiner Berufsgruppe,

wenn der Arbeitnehmer von der Versicherungspflicht in der gesetzlichen Rentenversicherung befreit worden ist. ³Die Zuschüsse sind nur insoweit steuerfrei, als sie insgesamt bei Befreiung von der Versicherungspflicht in der allgemeinen Rentenversicherung die Hälfte und bei Befreiung von der Versicherungspflicht in der knappschaftlichen Rentenversicherung zwei Drittel der Gesamtaufwendungen des Arbeitnehmers nicht übersteigen und nicht höher sind als der Betrag, der als Arbeitgeberanteil bei Versicherungspflicht in der allgemeinen Rentenversicherung oder in der knappschaftlichen Rentenversicherung zu zahlen wäre. ⁴Die Sätze 2 und 3 gelten sinngemäß für Beiträge des Arbeitgebers zu einer Pensionskasse, wenn der Arbeitnehmer bei diesem Arbeitgeber nicht im Inland beschäftigt ist und der Arbeitgeber keine Beiträge zur gesetzlichen Rentenversicherung im Inland leistet; Beiträge des Arbeitgebers zu einer Rentenversicherung auf Grund gesetzlicher Verpflichtung sind anzurechnen;

63. Beiträge des Arbeitgebers aus dem ersten Dienstverhältnis an einen Pensionsfonds, eine Pensionskasse oder für eine Direktversicherung zum Aufbau einer kapitalgedeckten betrieblichen Altersversorgung, bei der eine Auszahlung der zugesagten Alters-, Invaliditäts- oder Hinterbliebenenversorgungsleistungen in Form einer Rente oder eines Auszahlungsplans (§ 1 Abs. 1 Satz 1 Nr. 4 des Altersvorsorgeverträge-Zertifizierungsgesetzes vom 26. Juni 2001 (BGBl. I S. 1310, 1322), das zuletzt durch Artikel 7 des Gesetzes vom 5. Juli 2004 (BGBl. I S. 1427) geändert worden ist, in der jeweils geltenden Fassung vorgesehen ist, soweit die Beiträge im Kalenderjahr 4 Prozent der Beitragsbemessungsgrenze in der allgemeinen Rentenversicherung nicht übersteigen. ²Dies gilt nicht, soweit der Arbeitnehmer nach § 1a Abs. 3 des Betriebsrentengesetzes verlangt hat, dass die Voraussetzungen für eine Förderung nach § 10a oder Abschnitt XI erfüllt werden. ³Der Höchstbetrag nach Satz 1 erhöht sich um 1 800 Euro, wenn die Beiträge im Sinne des Satzes 1 auf Grund einer Versorgungszusage geleistet werden, die nach dem 31. Dezember 2004 erteilt wurde. ⁴Aus Anlass der Beendigung des Dienstverhältnisses geleistete Beiträge im Sinne des Satzes 1 sind steuerfrei, soweit sie 1 800 Euro vervielfältigt mit der Anzahl der Kalenderjahre, in denen das Dienstverhältnis des Arbeitnehmers zu dem Arbeitgeber bestanden hat, nicht übersteigen; der vervielfältigte Betrag vermindert sich um die nach den Sätzen 1 und 3 steuerfreien Beiträge, die der Arbeitgeber in dem Kalenderjahr, in dem das Dienstverhältnis beendet wird, und in den sechs vorangegangenen Kalenderjahren erbracht hat; Kalenderjahre vor 2005 sind dabei jeweils nicht zu berücksichtigen;

64. ¹bei Arbeitnehmern, die zu einer inländischen juristischen Person des öffentlichen Rechts in einem Dienstverhältnis stehen und dafür Arbeitslohn aus einer inländischen öffentlichen Kasse beziehen, die Bezüge für eine Tätigkeit im Ausland insoweit, als sie den Arbeitslohn übersteigen, der dem Arbeitnehmer bei einer gleichwertigen Tätigkeit am Ort der zahlenden öffentlichen Kasse zustehen würde. ²Satz 1 gilt auch, wenn das Dienstverhältnis zu einer anderen Person besteht, die den Arbeitslohn entsprechend den im Sinne des Satzes 1 geltenden Vorschriften ermittelt, der Arbeitslohn aus einer öffentlichen Kasse gezahlt wird und ganz oder im Wesentlichen aus öffentlichen Mitteln aufgebracht wird. ³Bei anderen für einen begrenzten Zeitraum in das Ausland entsandten Arbeitnehmern, die dort einen Wohnsitz oder gewöhnlichen Aufenthalt haben, ist der ihnen von einem inländischen Arbeitgeber gewährte Kaufkraftausgleich steuerfrei, soweit er den für vergleichbare Auslandsdienstbezüge nach § 55 des Bundesbesoldungsgesetzes zulässigen Betrag nicht übersteigt;

65. a) Beiträge des Trägers der Insolvenzsicherung (§ 14 des Betriebsrentengesetzes) zugunsten eines Versorgungsberechtigten und seiner Hinterbliebenen an eine Pensionskasse oder ein Unternehmen der Lebensversicherung zur Ablösung von Verpflichtungen, die der Träger der Insolvenzsicherung im Sicherungsfall gegenüber dem Versorgungsberechtigten und seinen Hinterbliebenen hat,

b) Leistungen zur Übernahme von Versorgungsleistungen oder unverfallbaren Versorgungsanwartschaften durch eine Pensionskasse oder ein Unternehmen der Lebensversicherung in den in § 4 Abs. 4 des Betriebsrentengesetzes bezeichneten Fällen und

c) der Erwerb von Ansprüchen durch den Arbeitnehmer gegenüber einem Dritten im Fall der Eröffnung des Insolvenzverfahrens oder in den Fällen des § 7 Abs. 1 Satz 4 des Betriebsrentengesetzes, soweit der Dritte neben dem Arbeitgeber für die Erfüllung von Ansprüchen auf Grund bestehender Versorgungsverpflichtungen oder Versorgungsanwartschaften gegenüber dem Arbeitnehmer und dessen Hinterbliebenen einsteht; dies gilt entsprechend, wenn der Dritte für Wertguthaben aus einer Vereinbarung über die Altersteilzeit nach dem Altersteilzeitgesetz vom 23. Juli 1996 (BGBl. I S. 1078), zuletzt geändert durch Artikel 234 der Verordnung vom 31. Oktober 2006 (BGBl. I S. 2407), in der jeweils geltenden Fassung oder auf Grund von Wertguthaben aus einem Arbeitszeitkonto in den im ersten Halbsatz genannten Fällen für den Arbeitgeber einsteht.

²In den Fällen nach Buchstabe a, b und c gehören die Leistungen der Pensionskasse, des Unternehmens der Lebensversicherung oder des Dritten zu den Einkünften, zu denen jene Leistungen gehören würden, die ohne Eintritt eines Falles nach Buchstabe a, b und c zu erbringen wären. ³Soweit sie zu den Einkünften aus nichtselbständiger Arbeit im Sinne des § 19 gehören, ist von ihnen Lohnsteuer einzubehalten. ⁴Für die Erhebung der Lohnsteuer gelten die Pensionskasse, das Unternehmen der Lebensversicherung oder der Dritte als Arbeitgeber und der Leistungsempfänger als Arbeitnehmer;

66. Leistungen eines Arbeitgebers oder einer Unterstützungskasse an einen Pensionsfonds zur Übernahme bestehender Versorgungsverpflichtungen oder Versorgungsanwartschaften durch den Pensionsfonds, wenn ein Antrag nach § 4d Abs. 3 oder § 4e Abs. 3 gestellt worden ist;

67. a) das Erziehungsgeld nach dem Bundeserziehungsgeldgesetz und vergleichbare Leistungen der Länder,
    b) das Elterngeld nach dem Bundeselterngeld- und Elternzeitgesetz und vergleichbare Leistungen der Länder,
    c) Leistungen für Kindererziehung an Mütter der Geburtsjahrgänge vor 1921 nach den §§ 294 bis 299 des Sechsten Buches Sozialgesetzbuch sowie
    d) Zuschläge, die nach den §§ 50a bis 50e des Beamtenversorgungsgesetzes oder nach den §§ 70 bis 74 des Soldatenversorgungsgesetzes oder nach vergleichbaren Regelungen der Länder für ein vor dem 1. Januar 2015 geborenes Kind oder für eine vor dem 1. Januar 2015 begonnene Zeit der Pflege einer pflegebedürftigen Person zu gewähren sind; im Falle des Zusammentreffens von Zeiten für mehrere Kinder nach § 50b des Beamtenversorgungsgesetzes oder § 71 des Soldatenversorgungsgesetzes oder nach vergleichbaren Regelungen der Länder gilt dies, wenn eines der Kinder vor dem 1. Januar 2015 geboren ist;

68. die Hilfen nach dem Gesetz über die Hilfe für durch Anti-D-Immunprophylaxe mit dem Hepatitis-C-Virus infizierte Personen vom 2. August 2000 (BGBl. I S. 1270);

69. die von der Stiftung „Humanitäre Hilfe für durch Blutprodukte HIV-infizierten Personen" nach dem HIV-Hilfegesetz vom 24. Juli 1995 (BGBl. I S. 972) gewährten Leistungen;

70. die Hälfte
    a) der Betriebsvermögensmehrungen oder Einnahmen aus der Veräußerung von Grund und Boden und Gebäuden, die am 1. Januar 2007 mindestens fünf Jahre zum Anlagevermögen eines inländischen Betriebsvermögens des Steuerpflichtigen gehören, wenn diese auf Grund eines nach dem 31. Dezember 2006 und vor dem 1. Januar 2010 rechtswirksam abgeschlossenen obligatorischen Vertrages an eine REIT-Aktiengesellschaft oder einen Vor-REIT veräußert werden,
    b) der Betriebsvermögensmehrungen, die auf Grund der Eintragung eines Steuerpflichtigen in das Handelsregister als REIT-Aktiengesellschaft im Sinne des REIT-Gesetzes vom 28. Mai 2007 (BGBl. I S. 914) durch Anwendung des § 13 Abs. 1 und 3 Satz 1 des Körperschaftsteuergesetzes auf Grund und Boden und Gebäude entstehen, wenn diese Wirtschaftsgüter vor dem 1. Januar 2005 angeschafft oder hergestellt wurden, und die Schlussbilanz im Sinne des § 13 Abs. 1 und 3 des Körperschaftsteuergesetzes auf einen Zeitpunkt vor dem 1. Januar 2010 aufzustellen ist.

²Satz 1 ist nicht anzuwenden,
a) wenn der Steuerpflichtige den Betrieb veräußert oder aufgibt und der Veräußerungsgewinn nach § 34 besteuert wird,
b) soweit der Steuerpflichtige von den Regelungen der §§ 6b und 6c Gebrauch macht,
c) soweit der Ansatz des niedrigeren Teilwerts in vollem Umfang zu einer Gewinnminderung geführt hat und soweit diese Gewinnminderung nicht durch den Ansatz eines Werts, der sich nach § 6 Abs. 1 Nr. 1 Satz 4 ergibt, ausgeglichen worden ist,
d) wenn im Falle des Satzes 1 Buchstabe a der Buchwert zuzüglich der Veräußerungskosten den Veräußerungserlös oder im Falle des Satzes 1 Buchstabe b der Buchwert den Teilwert übersteigt. ²Ermittelt der Steuerpflichtige den Gewinn nach § 4 Abs. 3, treten an die Stelle des Buchwerts die Anschaffungs- oder Herstellungskosten verringert um die vorgenommenen Absetzungen für Abnutzung oder Substanzverringerung,
e) soweit vom Steuerpflichtigen in der Vergangenheit Abzüge bei den Anschaffungs- oder Herstellungskosten von Wirtschaftsgütern im Sinne des Satzes 1 nach § 6b oder ähnliche Abzüge voll steuerwirksam vorgenommen worden sind,
f) wenn es sich um eine Übertragung im Zusammenhang mit Rechtsvorgängen handelt, die dem Umwandlungssteuergesetz unterliegen und die Übertragung zu einem Wert unterhalb des gemeinen Werts erfolgt.

³Die Steuerbefreiung entfällt rückwirkend, wenn
a) innerhalb eines Zeitraums von vier Jahren seit dem Vertragsschluss im Sinne des Satzes 1 Buchstabe a der Erwerber oder innerhalb eines Zeitraums von vier Jahren nach dem Stichtag der Schlussbilanz im Sinne des Satzes 1 Buchstabe b die REIT-Aktiengesellschaft den Grund und Boden oder das Gebäude veräußert,

EStG

b) der Vor-REIT oder ein anderer Vor-REIT als sein Gesamtrechtsnachfolger den Status als Vor-REIT gemäß § 10 Absatz 3 Satz 1 des REIT-Gesetzes verliert,

c) die REIT-Aktiengesellschaft innerhalb eines Zeitraums von vier Jahren seit dem Vertragsschluss im Sinne des Satzes 1 Buchstabe a oder nach dem Stichtag der Schlussbilanz im Sinne des Satzes 1 Buchstabe b in keinem Veranlagungszeitraum die Voraussetzungen für die Steuerbefreiung erfüllt,

d) die Steuerbefreiung der REIT-Aktiengesellschaft innerhalb eines Zeitraums von vier Jahren seit dem Vertragsschluss im Sinne des Satzes 1 Buchstabe a oder nach dem Stichtag der Schlussbilanz im Sinne des Satzes 1 Buchstabe b endet,

e) das Bundeszentralamt für Steuern dem Erwerber im Sinne des Satzes 1 Buchstabe a den Status als Vor-REIT im Sinne des § 2 Satz 4 des REIT-Gesetzes vom 28. Mai 2007 (BGBl. I S. 914) bestandskräftig aberkannt hat.

^{4}Die Steuerbefreiung entfällt auch rückwirkend, wenn die Wirtschaftsgüter im Sinne des Satzes 1 Buchstabe a vom Erwerber an den Veräußerer oder eine ihm nahe stehende Person im Sinne des § 1 Abs. 2 des Außensteuergesetzes überlassen werden und der Veräußerer oder eine ihm nahe stehende Person im Sinne des § 1 Abs. 2 des Außensteuergesetzes nach Ablauf einer Frist von zwei Jahren seit Eintragung des Erwerbers als REIT-Aktiengesellschaft in das Handelsregister an dieser mittelbar oder unmittelbar zu mehr als 50 Prozent beteiligt ist. ^{5}Der Grundstückserwerber haftet für die sich aus dem rückwirkenden Wegfall der Steuerbefreiung ergebenden Steuern;

71. die aus einer öffentlichen Kasse gezahlten Zuschüsse für den Erwerb eines Anteils an einer Kapitalgesellschaft in Höhe von 20 Prozent der Anschaffungskosten, höchstens jedoch 50 000 Euro. ^{2}Voraussetzung ist, dass

a) der Anteil an der Kapitalgesellschaft länger als drei Jahre gehalten wird,

b) die Kapitalgesellschaft, deren Anteile erworben werden,

   aa) nicht älter ist als zehn Jahre, wobei das Datum der Eintragung der Gesellschaft in das Handelsregister maßgeblich ist,

   bb) weniger als 50 Mitarbeiter (Vollzeitäquivalente) hat,

   cc) einen Jahresumsatz oder eine Jahresbilanzsumme von höchstens 10 Millionen Euro hat und

   dd) nicht börsennotiert ist und keinen Börsengang vorbereitet,

c) der Zuschussempfänger das 18. Lebensjahr vollendet hat oder eine GmbH ist, deren Anteilseigner das 18. Lebensjahr vollendet haben und

d) für den Erwerb des Anteils kein Fremdkapital eingesetzt wird.

§ 3a
(weggefallen)

§ 3b
Steuerfreiheit von Zuschlägen für Sonntags-, Feiertags- oder Nachtarbeit

(1) Steuerfrei sind Zuschläge, die für tatsächlich geleistete Sonntags-, Feiertags- oder Nachtarbeit neben dem Grundlohn gezahlt werden, soweit sie

1. für Nachtarbeit 25 Prozent,

2. vorbehaltlich der Nummern 3 und 4 für Sonntagsarbeit 50 Prozent,

3. vorbehaltlich der Nummer 4 für Arbeit am 31. Dezember ab 14 Uhr und an den gesetzlichen Feiertagen 125 Prozent,

4. für Arbeit am 24. Dezember ab 14 Uhr, am 25. und 26. Dezember sowie am 1. Mai 150 Prozent

des Grundlohns nicht übersteigen.

(2) ^{1}Grundlohn ist der laufende Arbeitslohn, der dem Arbeitnehmer bei der für ihn maßgebenden regelmäßigen Arbeitszeit für den jeweiligen Lohnzahlungszeitraum zusteht; er ist in einen Stundenlohn umzurechnen und mit höchstens 50 Euro anzusetzen. ^{2}Nachtarbeit ist die Arbeit in der Zeit von 20 Uhr bis 6 Uhr. ^{3}Sonntagsarbeit und Feiertagsarbeit ist die Arbeit in der Zeit von 0 Uhr bis 24 Uhr des jeweiligen Tages. ^{4}Die gesetzlichen Feiertage werden durch die am Ort der Arbeitsstätte geltenden Vorschriften bestimmt.

(3) Wenn die Nachtarbeit vor 0 Uhr aufgenommen wird, gilt abweichend von den Absätzen 1 und 2 Folgendes:

1. Für Nachtarbeit in der Zeit von 0 Uhr bis 4 Uhr erhöht sich der Zuschlagssatz auf 40 Prozent,

2. als Sonntagsarbeit und Feiertagsarbeit gilt auch die Arbeit in der Zeit von 0 Uhr bis 4 Uhr des auf den Sonntag oder Feiertag folgenden Tages.

§ 3c
Anteilige Abzüge

(1) Ausgaben dürfen, soweit sie mit steuerfreien Einnahmen in unmittelbarem wirtschaftlichen Zusammenhang stehen, nicht als Betriebsausgaben oder Werbungskosten abgezogen werden; Absatz 2 bleibt unberührt.

(2) ^{1}Betriebsvermögensminderungen, Betriebsausgaben, Veräußerungskosten oder Werbungskosten, die mit den dem § 3 Nr. 40 zugrunde liegenden Betriebsvermögensmehrungen oder Einnahmen oder mit Vergütungen nach § 3 Nr. 40a in wirtschaftlichem Zusammenhang stehen, dürfen unabhängig davon, in welchem Veranlagungszeitraum die Betriebsvermögensmehrungen oder Einnahmen anfallen, bei der Ermittlung der Einkünfte nur zu 60 Prozent abgezogen werden; Entsprechendes gilt, wenn bei der Ermittlung der Einkünfte der Wert des Betriebsvermögens oder des Anteils am Betriebsvermögen oder die Anschaffungs- oder Herstellungskosten oder der an deren Stelle tretende Wert

mindernd zu berücksichtigen sind. ²Satz 1 ist auch für Betriebsvermögensminderungen oder Betriebsausgaben im Zusammenhang mit einer Darlehensforderung oder aus der Inanspruchnahme von Sicherheiten anzuwenden, die für ein Darlehen hingegeben wurden, wenn das Darlehen oder die Sicherheit von einem Steuerpflichtigen gewährt wird, der zu mehr als einem Viertel unmittelbar oder mittelbar am Grund- oder Stammkapital der Körperschaft, der das Darlehen gewährt wurde, beteiligt ist oder war. ³Satz 2 ist insoweit nicht anzuwenden, als nachgewiesen wird, dass auch ein fremder Dritter das Darlehen bei sonst gleichen Umständen gewährt oder noch nicht zurückgefordert hätte; dabei sind nur die eigenen Sicherungsmittel der Körperschaft zu berücksichtigen. ⁴Die Sätze 2 und 3 gelten entsprechend für Forderungen aus Rechtshandlungen, die einer Darlehensgewährung wirtschaftlich vergleichbar sind. ⁵Gewinne aus dem Ansatz des nach § 6 Absatz 1 Nummer 2 Satz 3 maßgeblichen Werts bleiben bei der Ermittlung der Einkünfte außer Ansatz, soweit auf die vorangegangene Teilwertabschreibung Satz 2 angewendet worden ist. ⁶Satz 1 ist außerdem ungeachtet eines wirtschaftlichen Zusammenhangs mit den dem § 3 Nummer 40 zugrunde liegenden Betriebsvermögensmehrungen oder Einnahmen oder mit Vergütungen nach § 3 Nummer 40a auch auf Betriebsvermögensminderungen, Betriebsausgaben oder Veräußerungskosten eines Gesellschafters einer Körperschaft anzuwenden, soweit diese mit einer im Gesellschaftsverhältnis veranlassten unentgeltlichen Überlassung von Wirtschaftsgütern an diese Körperschaft oder bei einer teilentgeltlichen Überlassung von Wirtschaftsgütern mit dem unentgeltlichen Teil in Zusammenhang stehen und der Steuerpflichtige zu mehr als einem Viertel unmittelbar oder mittelbar am Grund- oder Stammkapital dieser Körperschaft beteiligt ist oder war. ⁷Für die Anwendung des Satzes 1 ist die Absicht zur Erzielung von Betriebsvermögensmehrungen oder Einnahmen im Sinne des § 3 Nummer 40 oder von Vergütungen im Sinne des § 3 Nummer 40a ausreichend. ⁸Satz 1 gilt auch für Wertminderungen des Anteils an einer Organgesellschaft, die nicht auf Gewinnausschüttungen zurückzuführen sind. ⁹§ 8b Abs. 10 des Körperschaftsteuergesetzes gilt sinngemäß.

(3) Betriebsvermögensminderungen, Betriebsausgaben oder Veräußerungskosten, die mit den Betriebsvermögensmehrungen oder Einnahmen im Sinne des § 3 Nr. 70 in wirtschaftlichem Zusammenhang stehen, dürfen unabhängig davon, in welchem Veranlagungszeitraum die Betriebsvermögensmehrungen oder Einnahmen anfallen, nur zur Hälfte abgezogen werden.

3. Gewinn

§ 4
Gewinnbegriff im Allgemeinen

(1) ¹Gewinn ist der Unterschiedsbetrag zwischen dem Betriebsvermögen am Schluss des Wirtschaftsjahrs und dem Betriebsvermögen am Schluss des vorangegangenen Wirtschaftsjahrs, vermehrt um den Wert der Entnahmen und vermindert um den Wert der Einlagen. ²Entnahmen sind alle Wirtschaftsgüter (Barentnahmen, Waren, Erzeugnisse, Nutzungen und Leistungen), die der Steuerpflichtige dem Betrieb für sich, für seinen Haushalt oder für andere betriebsfremde Zwecke im Laufe des Wirtschaftsjahrs entnommen hat. ³Einer Entnahme für betriebsfremde Zwecke steht der Ausschluss oder die Beschränkung des Besteuerungsrechts der Bundesrepublik Deutschland hinsichtlich des Gewinns aus der Veräußerung oder der Nutzung eines Wirtschaftsguts gleich. ⁴Ein Ausschluss oder eine Beschränkung des Besteuerungsrechts hinsichtlich des Gewinns aus der Veräußerung eines Wirtschaftsguts liegt insbesondere vor, wenn ein bisher einer inländischen Betriebsstätte des Steuerpflichtigen zuzuordnendes Wirtschaftsgut einer ausländischen Betriebsstätte zuzuordnen ist. ⁵Satz 3 gilt nicht für Anteile an einer Europäischen Gesellschaft oder Europäischen Genossenschaft in den Fällen

1. einer Sitzverlegung der Europäischen Gesellschaft nach Artikel 8 der Verordnung (EG) Nr. 2157/2001 des Rates vom 8. Oktober 2001 über das Statut der Europäischen Gesellschaft (SE) (ABl. EG Nr. L 294 S. 1), zuletzt geändert durch die Verordnung (EG) Nr. 885/ 2004 des Rates vom 26. April 2004 (ABl. EU Nr. L 168 S. 1), und

2. einer Sitzverlegung der Europäischen Genossenschaft nach Artikel 7 der Verordnung (EG) Nr. 1435/2003 des Rates vom 22. Juli 2003 über das Statut der Europäischen Genossenschaft (SCE) (ABl. EU Nr. L 207 S. 1).

⁶Ein Wirtschaftsgut wird nicht dadurch entnommen, dass der Steuerpflichtige zur Gewinnermittlung nach § 13a übergeht. ⁷Eine Änderung der Nutzung eines Wirtschaftsguts, die nach Satz 1 keine Entnahme ist, ist auch bei Gewinnermittlung nach § 13a keine Entnahme. ⁸Einlagen sind alle Wirtschaftsgüter (Bareinzahlungen und sonstige Wirtschaftsgüter), die der Steuerpflichtige dem Betrieb im Laufe des Wirtschaftsjahrs zugeführt hat; einer Einlage steht die Begründung des Besteuerungsrechts der Bundesrepublik Deutschland hinsichtlich des Gewinns aus der Veräußerung eines Wirtschaftsguts gleich. ⁹Bei der Ermittlung des Gewinns sind die Vorschriften über die Betriebsausgaben, über die Bewertung und über die Absetzung für Abnutzung oder Substanzverringerung zu befolgen.

(2) ¹Der Steuerpflichtige darf die Vermögensübersicht (Bilanz) auch nach ihrer Einreichung beim Finanzamt ändern, soweit sie den Grundsätzen ordnungsmäßiger Buchführung unter Befolgung der Vorschriften dieses Gesetzes nicht entspricht; diese Änderung ist nicht zulässig, wenn die Vermögensübersicht (Bilanz) einer Steuerfestsetzung zugrunde liegt, die nicht mehr aufgehoben oder geändert werden kann. ²Darüber hinaus ist eine Änderung der Vermögensübersicht (Bilanz) nur zulässig, wenn sie in einem zeitlichen und sachlichen Zusammenhang mit einer Änderung nach Satz 1 steht und soweit die Auswirkung der Änderung nach Satz 1 auf den Gewinn reicht.

(3) ¹Steuerpflichtige, die nicht auf Grund gesetzlicher Vorschriften verpflichtet sind, Bücher zu führen und regelmäßig Abschlüsse zu machen, und die

EStG

auch keine Bücher führen und keine Abschlüsse machen, können als Gewinn den Überschuss der Betriebseinnahmen über die Betriebsausgaben ansetzen. ²Hierbei scheiden Betriebseinnahmen und Betriebsausgaben aus, die im Namen und für Rechnung eines anderen vereinnahmt und verausgabt werden (durchlaufende Posten). ³Die Vorschriften über die Bewertungsfreiheit für geringwertige Wirtschaftsgüter (§ 6 Abs. 2), die Bildung eines Sammelpostens (§ 6 Abs. 2a) und über die Absetzung für Abnutzung oder Substanzverringerung sind zu befolgen. ⁴Die Anschaffungs- oder Herstellungskosten für nicht abnutzbare Wirtschaftsgüter des Anlagevermögens, für Anteile an Kapitalgesellschaften, für Wertpapiere und vergleichbare nicht verbriefte Forderungen und Rechte, für Grund und Boden sowie Gebäude des Umlaufvermögens sind erst im Zeitpunkt des Zuflusses des Veräußerungserlöses oder bei Entnahme im Zeitpunkt der Entnahme als Betriebsausgaben zu berücksichtigen. ⁵Die Wirtschaftsgüter des Anlagevermögens und Wirtschaftsgüter des Umlaufvermögens im Sinne des Satzes 4 sind unter Angabe des Tages der Anschaffung oder Herstellung und der Anschaffungs- oder Herstellungskosten oder des an deren Stelle getretenen Werts in besondere, laufend zu führende Verzeichnisse aufzunehmen.

(4) Betriebsausgaben sind die Aufwendungen, die durch den Betrieb veranlasst sind.

(4a) ¹Schuldzinsen sind nach Maßgabe der Sätze 2 bis 4 nicht abziehbar, wenn Überentnahmen getätigt worden sind. ²Eine Überentnahme ist der Betrag, um den die Entnahmen die Summe des Gewinns und der Einlagen des Wirtschaftsjahrs übersteigen. ³Die nicht abziehbaren Schuldzinsen werden typisiert mit sechs Prozent der Überentnahme des Wirtschaftsjahrs zuzüglich der Überentnahmen vorangegangener Wirtschaftsjahre und abzüglich der Beträge, um die in vorangegangenen Wirschaftsjahren der Gewinn und die Einlagen die Entnahmen überstiegen haben (Unterentnahmen), ermittelt; bei der Ermittlung der Überentnahme ist vom Gewinn ohne Berücksichtigung der nach Maßgabe dieses Absatzes nicht abziehbaren Schuldzinsen auszugehen. ⁴Der sich dabei ergebende Betrag, höchstens jedoch der um 2 050 Euro verminderte Betrag der im Wirtschaftsjahr angefallenen Schuldzinsen, ist dem Gewinn hinzuzurechnen. ⁵Der Abzug von Schuldzinsen für Darlehen zur Finanzierung von Anschaffungs- oder Herstellungskosten von Wirtschaftsgütern des Anlagevermögens bleibt unberührt. ⁶Die Sätze 1 bis 5 sind bei Gewinnermittlung nach § 4 Abs. 3 sinngemäß anzuwenden; hierzu sind Entnahmen und Einlagen gesondert aufzuzeichnen.

(5) ¹Die folgenden Betriebsausgaben dürfen den Gewinn nicht mindern:

1. ¹Aufwendungen für Geschenke an Personen, die nicht Arbeitnehmer des Steuerpflichtigen sind. ²Satz 1 gilt nicht, wenn die Anschaffungs- oder Herstellungskosten der dem Empfänger im Wirtschaftsjahr zugewendeten Gegenstände insgesamt 35 Euro nicht übersteigen;

2. ¹Aufwendungen für die Bewirtung von Personen aus geschäftlichem Anlass, soweit sie 70 Prozent der Aufwendungen übersteigen, die nach der allgemeinen Verkehrsauffassung als angemessen anzusehen und deren Höhe und betriebliche Veranlassung nachgewiesen sind. ²Zum Nachweis der Höhe und der betrieblichen Veranlassung der Aufwendungen hat der Steuerpflichtige schriftlich die folgenden Angaben zu machen: Ort, Tag, Teilnehmer und Anlass der Bewirtung sowie Höhe der Aufwendungen. ³Hat die Bewirtung in einer Gaststätte stattgefunden, so genügen Angaben zu dem Anlass und den Teilnehmern der Bewirtung; die Rechnung über die Bewirtung ist beizufügen;

3. Aufwendungen für Einrichtungen des Steuerpflichtigen, soweit sie der Bewirtung, Beherbergung oder Unterhaltung von Personen, die nicht Arbeitnehmer des Steuerpflichtigen sind, dienen (Gästehäuser) und sich außerhalb des Orts eines Betriebs des Steuerpflichtigen befinden;

4. Aufwendungen für Jagd oder Fischerei, für Segeljachten oder Motorjachten sowie für ähnliche Zwecke und für die hiermit zusammenhängenden Bewirtungen;

5. ¹Mehraufwendungen für die Verpflegung des Steuerpflichtigen. ²Wird der Steuerpflichtige vorübergehend von seiner Wohnung und dem Mittelpunkt seiner dauerhaft angelegten betrieblichen Tätigkeit entfernt betrieblich tätig, sind die Mehraufwendungen für Verpflegung nach Maßgabe des § 9 Absatz 4a abziehbar;

6. Aufwendungen für die Wege des Steuerpflichtigen zwischen Wohnung und Betriebsstätte und für Familienheimfahrten, soweit in den folgenden Sätzen nichts anderes bestimmt ist. ²Zur Abgeltung dieser Aufwendung ist § 9 Absatz 1 Satz 3 Nummer 4 Satz 2 bis 6 und Nummer 5 Satz 5 bis 7 und Absatz 2 entsprechend anzuwenden. ³Bei der Nutzung eines Kraftfahrzeugs dürfen die Aufwendungen in Höhe des positiven Unterschiedsbetrags zwischen 0,03 Prozent des inländischen Listenpreises im Sinne des § 6 Absatz 1 Nummer 4 Satz 2 des Kraftfahrzeugs im Zeitpunkt der Erstzulassung je Kalendermonat für jeden Entfernungskilometer und dem sich nach § 9 Absatz 1 Satz 3 Nummer 4 Satz 2 bis 6 oder Absatz 2 ergebenden Betrag sowie Aufwendungen für Familienheimfahrten in Höhe des positiven Unterschiedsbetrags zwischen 0,002 Prozent des inländischen Listenpreises im Sinne des § 6 Absatz 1 Nummer 4 Satz 2 für jeden Entfernungskilometer und dem sich nach § 9 Absatz 1 Satz 3 Nummer 5 Satz 5 bis 7 oder Absatz 2 ergebenden Betrag den Gewinn nicht mindern; ermittelt der Steuerpflichtige die private Nutzung des Kraftfahrzeugs nach § 6 Absatz 1 Nummer 4 Satz 1 oder Satz 3, treten an die Stelle des mit 0,03 oder 0,002 Prozent des inländischen Listenpreises ermittelten Betrags für Fahrten zwischen Wohnung und Betriebsstätte und für Familienheimfahrten die auf diese Fahrten entfallenden tatsächlichen Aufwendungen; § 6 Absatz 1 Nr. 4 Satz 3 zweiter Halbsatz gilt sinngemäß;

6a. die Mehraufwendungen für eine betrieblich veranlasste doppelte Haushaltsführung, soweit sie die nach § 9 Absatz 1 Satz 3 Nummer 5 Satz 1 bis 4 abziehbaren Beträge und die Mehraufwendungen für betrieblich veranlasste Übernachtungen, soweit sie die nach § 9 Absatz 1 Satz 3 Nummer 5 a abziehbaren Beträge übersteigen;

6b. ¹Aufwendungen für ein häusliches Arbeitszimmer sowie die Kosten der Ausstattung. ²Dies gilt nicht, wenn für die betriebliche oder berufliche Tätigkeit kein anderer Arbeitsplatz zur Verfügung steht. ³In diesem Fall wird die Höhe der abziehbaren Aufwendungen auf 1 250 Euro begrenzt; die Beschränkung der Höhe nach gilt nicht, wenn das Arbeitszimmer den Mittelpunkt der gesamten betrieblichen und beruflichen Betätigung bildet;

7. andere als die in den Nummern 1 bis 6 und 6b bezeichneten Aufwendungen, die die Lebensführung des Steuerpflichtigen oder anderer Personen berühren, soweit sie nach allgemeiner Verkehrsauffassung als unangemessen anzusehen sind;

8. ¹von einem Gericht oder einer Behörde im Geltungsbereich dieses Gesetzes oder von Organen der Europäische Union festgesetzte Geldbußen, Ordnungsgelder und Verwarnungsgelder. ²Dasselbe gilt für Leistungen zur Erfüllung von Auflagen oder Weisungen, die in einem berufsgerichtlichen Verfahren erteilt werden, soweit die Auflagen oder Weisungen nicht lediglich der Wiedergutmachung des durch die Tat verursachten Schadens dienen. ³Die Rückzahlung von Ausgaben im Sinne der Sätze 1 und 2 darf den Gewinn nicht erhöhen. ⁴Das Abzugsverbot für Geldbußen gilt nicht, soweit der wirtschaftliche Vorteil, der durch den Gesetzesverstoß erlangt wurde, abgeschöpft worden ist, wenn die Steuern vom Einkommen und Ertrag, die auf den wirtschaftlichen Vorteil entfallen, nicht abgezogen worden sind; Satz 3 ist insoweit nicht anzuwenden;

8a. Zinsen auf hinterzogene Steuern nach § 235 der Abgabenordnung;

9. Ausgleichszahlungen, die in den Fällen der §§ 14 und 17 des Körperschaftsteuergesetzes an außenstehende Anteilseigner geleistet werden;

10. ¹die Zuwendung von Vorteilen sowie damit zusammenhängende Aufwendungen, wenn die Zuwendung der Vorteile eine rechtswidrige Handlung darstellt, die den Tatbestand eines Strafgesetzes oder eines Gesetzes verwirklicht, das die Ahndung mit einer Geldbuße zulässt. ²Gerichte, Staatsanwaltschaften oder Verwaltungsbehörden haben Tatsachen, die sie dienstlich erfahren und die den Verdacht einer Tat im Sinne des Satzes 1 begründen, der Finanzbehörde für Zwecke des Besteuerungsverfahrens und zur Verfolgung von Steuerstraftaten und Steuerordnungswidrigkeiten mitzuteilen. ³Die Finanzbehörde teilt Tatsachen, die den Verdacht einer Straftat oder einer Ordnungswidrigkeit im Sinne des Satzes 1 begründen, der Staatsanwaltschaft oder der Verwaltungsbehörde mit. ⁴Diese unterrichten die Finanzbehörde von dem Ausgang des Verfahrens und der zugrundeliegenden Tatsachen;

11. Aufwendungen, die mit unmittelbaren oder mittelbaren Zuwendungen von nicht einlagefähigen Vorteilen an natürliche oder juristische Personen oder Personengesellschaften zur Verwendung in Betrieben in tatsächlichem oder wirtschaftlichem Zusammenhang stehen, deren Gewinn nach § 5a Abs. 1 ermittelt wird;

12. Zuschläge nach § 162 Abs. 4 der Abgabenordnung.

13. Jahresbeiträge nach § 12 Abs. 2 des Restrukturierungsfondsgesetzes.

²Das Abzugsverbot gilt nicht, soweit die in den Nummern 2 bis 4 bezeichneten Zwecke Gegenstand einer mit Gewinnabsicht ausgeübten Betätigung des Steuerpflichtigen sind. ³§ 12 Nr. 1 bleibt unberührt.

(5a) (weggefallen)

(5b) Die Gewerbesteuer und die darauf entfallenden Nebenleistungen sind keine Betriebsausgaben.

(6) Aufwendungen zur Förderung staatspolitischer Zwecke (§ 10b Abs. 2) sind keine Betriebsausgaben.

(7) ¹Aufwendungen im Sinne des Absatzes 5 Satz 1 Nr. 1 bis 4, 6b und 7 sind einzeln und getrennt von den sonstigen Betriebsausgaben aufzuzeichnen. ²Soweit diese Aufwendungen nicht bereits nach Absatz 5 vom Abzug ausgeschlossen sind, dürfen sie bei der Gewinnermittlung nur berücksichtigt werden, wenn sie nach Satz 1 besonders aufgezeichnet sind.

(8) Für Erhaltungsaufwand bei Gebäuden in Sanierungsgebieten und städtebaulichen Entwicklungsbereichen sowie bei Baudenkmalen gelten die §§ 11a und 11b entsprechend.

(9) ¹Aufwendungen des Steuerpflichtigen für seine Berufsausbildung oder für sein Studium sind nur dann Betriebsausgaben, wenn der Steuerpflichtige zuvor bereits eine Erstausbildung (Berufsausbildung oder Studium) abgeschlossen hat. ²§ 9 Absatz 6 Satz 2 bis 5 gilt entsprechend.

§ 4a
Gewinnermittlungszeitraum,
Wirtschaftsjahr

(1) ¹Bei Land- und Forstwirten und bei Gewerbetreibenden ist der Gewinn nach dem Wirtschaftsjahr zu ermitteln. ²Wirtschaftsjahr ist

1. bei Land- und Forstwirten der Zeitraum vom 1. Juli bis zum 30. Juni. ²Durch Rechtsverordnung kann für einzelne Gruppen von Land- und Forstwirten ein anderer Zeitraum bestimmt werden, wenn das aus wirtschaftlichen Gründen erforderlich ist;

2. bei Gewerbetreibenden, deren Firma im Handelsregister eingetragen ist, der Zeitraum, für den sie regelmäßig Abschlüsse machen. ²Die Umstellung des Wirtschaftsjahrs auf einen vom Kalenderjahr abweichenden Zeitraum ist steuerlich nur wirksam, wenn sie im Einvernehmen mit dem Finanzamt vorgenommen wird;

3. bei anderen Gewerbetreibenden das Kalenderjahr. ²Sind sie gleichzeitig buchführende Land- und Forstwirte, so können sie mit Zustimmung des Finanzamts den nach Nummer 1 maßgebenden Zeitraum als Wirtschaftsjahr für den Gewerbebetrieb bestimmen, wenn sie für den

Gewerbebetrieb Bücher führen und für diesen Zeitraum regelmäßig Abschlüsse machen.

(2) Bei Land- und Forstwirten und bei Gewerbetreibenden, deren Wirtschaftsjahr vom Kalenderjahr abweicht, ist der Gewinn aus Land- und Forstwirtschaft oder aus Gewerbebetrieb bei der Ermittlung des Einkommens in folgender Weise zu berücksichtigen:

1. ¹Bei Land- und Forstwirten ist der Gewinn des Wirtschaftsjahrs auf das Kalenderjahr, in dem das Wirtschaftsjahr beginnt, und auf das Kalenderjahr, in dem das Wirtschaftsjahr endet, entsprechend dem zeitlichen Anteil aufzuteilen. ²Bei der Aufteilung sind Veräußerungsgewinne im Sinne des § 14 auszuscheiden und dem Gewinn des Kalenderjahrs hinzuzurechnen, in dem sie entstanden sind;
2. bei Gewerbetreibenden gilt der Gewinn des Wirtschaftsjahrs als in dem Kalenderjahr bezogen, in dem das Wirtschaftsjahr endet.

§ 4b
Direktversicherung

¹Der Versicherungsanspruch aus einer Direktversicherung, die von einem Steuerpflichtigen aus betrieblichem Anlass abgeschlossen wird, ist dem Betriebsvermögen des Steuerpflichtigen nicht zuzurechnen, soweit am Schluss des Wirtschaftsjahrs hinsichtlich der Leistungen des Versicherers die Person, auf deren Leben die Lebensversicherung abgeschlossen ist, oder ihre Hinterbliebenen bezugsberechtigt sind. ²Das gilt auch, wenn der Steuerpflichtige die Ansprüche aus dem Versicherungsvertrag abgetreten oder beliehen hat, sofern er sich der bezugsberechtigten Person gegenüber schriftlich verpflichtet, sie bei Eintritt des Versicherungsfalls so zu stellen, als ob die Abtretung oder Beleihung nicht erfolgt wäre.

§ 4c
Zuwendungen an Pensionskassen

(1) ¹Zuwendungen an eine Pensionskasse dürfen von dem Unternehmen, das die Zuwendungen leistet (Trägerunternehmen), als Betriebsausgaben abgezogen werden, soweit sie auf einer in der Satzung oder im Geschäftsplan der Kasse festgelegten Verpflichtung oder auf einer Anordnung der Versicherungsaufsichtsbehörde beruhen oder der Abdeckung von Fehlbeträgen bei der Kasse dienen. ²Soweit die allgemeinen Versicherungsbedingungen und die fachlichen Geschäftsunterlagen im Sinne des § 5 Abs. 3 Nr. 2 Halbsatz 2 des Versicherungsaufsichtsgesetzes nicht zum Geschäftsplan gehören, gelten diese als Teil des Geschäftsplans.

(2) Zuwendungen im Sinne des Absatzes 1 dürfen als Betriebsausgaben nicht abgezogen werden, soweit die Leistungen der Kasse, wenn sie vom Trägerunternehmen unmittelbar erbracht würden, bei diesem nicht betrieblich veranlasst wären.

§ 4d
Zuwendungen an Unterstützungskassen

(1) ¹Zuwendungen an eine Unterstützungskasse dürfen von dem Unternehmen, das die Zuwendungen leistet (Trägerunternehmen), als Betriebsausgaben abgezogen werden, soweit die Leistungen der Kasse, wenn sie vom Trägerunternehmen unmittelbar erbracht würden, bei diesem betrieblich veranlasst wären und sie die folgenden Beträge nicht übersteigen:

1. ¹bei Unterstützungskassen, die lebenslänglich laufende Leistungen gewähren:
   a) das Deckungskapital für die laufenden Leistungen nach dem Gesetz als Anlage 1 beigefügten Tabelle. ²Leistungsempfänger ist jeder ehemalige Arbeitnehmer des Trägerunternehmens, der von der Unterstützungskasse Leistungen erhält; soweit die Kasse Hinterbliebenenversorgung gewährt, ist Leistungsempfänger der Hinterbliebene eines ehemaligen Arbeitnehmers des Trägerunternehmens, der von der Kasse Leistungen erhält. ³Dem ehemaligen Arbeitnehmer stehen andere Personen gleich, denen Leistungen der Alters-, Invaliditäts- oder Hinterbliebenenversorgung aus Anlass ihrer ehemaligen Tätigkeit für das Trägerunternehmen zugesagt worden sind;
   b) in jedem Wirtschaftsjahr für jeden Leistungsanwärter,
      aa) wenn die Kasse nur Invaliditätsversorgung oder nur Hinterbliebenenversorgung gewährt, jeweils 6 Prozent,
      bb) wenn die Kasse Altersversorgung mit oder ohne Einschluss von Invaliditätsversorgung oder Hinterbliebenenversorgung gewährt, 25 Prozent

   der jährlichen Versorgungsleistungen, die der Leistungsanwärter oder, wenn nur Hinterbliebenenversorgung gewährt wird, dessen Hinterbliebene nach den Verhältnissen am Schluss des Wirtschaftsjahrs der Zuwendung im letzten Zeitpunkt der Anwartschaft, spätestens zum Zeitpunkt des Erreichens der Regelaltersgrenze der gesetzlichen Rentenversicherung erhalten können. ²Leistungsanwärter ist jeder Arbeitnehmer oder ehemalige Arbeitnehmer des Trägerunternehmens, der von der Unterstützungskasse schriftlich zugesagte Leistungen erhalten kann und am Schluss des Wirtschaftsjahrs, in dem die Zuwendung erfolgt, das 27. Lebensjahr vollendet hat; soweit die Kasse nur Hinterbliebenenversorgung gewährt, gilt als Leistungsanwärter jeder Arbeitnehmer oder ehemalige Arbeitnehmer des Trägerunternehmens, der am Schluss des Wirtschaftsjahrs, in dem die Zuwendung erfolgt, das 27. Lebensjahr vollendet hat und dessen Hinterbliebene die Hinterbliebenenversorgung erhalten können. ³Das Trägerunternehmen kann bei der Berechnung nach Satz 1 statt des dort maßgebenden Betrags den Durchschnittsbetrag der von der Kasse im Wirtschaftsjahr an Leistungsempfänger im Sinne des Buchstabens a Satz 2 gewährten Leistungen zugrunde legen. ⁴In diesem Fall sind Leistungsanwärter im Sinne des Satzes 2 nur die Arbeitnehmer oder ehemaligen Arbeitnehmer des Trägerunternehmens, die am Schluss des Wirtschaftsjahrs,

in dem die Zuwendung erfolgt, das 50. Lebensjahr vollendet haben. ⁵Dem Arbeitnehmer oder ehemaligen Arbeitnehmer als Leistungsanwärter stehen andere Personen gleich, denen schriftlich Leistungen der Alters-, Invaliditäts- oder Hinterbliebenenversorgung aus Anlass ihrer Tätigkeit für das Trägerunternehmen zugesagt worden sind;

c) den Betrag des Beitrags, den die Kasse an einen Versicherer zahlt, soweit sie sich die Mittel für ihre Versorgungsleistungen, die der Leistungsanwärter oder Leistungsempfänger nach den Verhältnissen am Schluss des Wirtschaftsjahrs der Zuwendung erhalten kann, durch Abschluss einer Versicherung verschafft. ²Bei Versicherungen für einen Leistungsanwärter ist der Abzug des Beitrags nur zulässig, wenn der Leistungsanwärter die in Buchstabe b Satz 2 und 5 genannten Voraussetzungen erfüllt, die Versicherung für die Dauer bis zu dem Zeitpunkt abgeschlossen ist, für den erstmals Leistungen der Altersversorgung vorgesehen sind, mindestens jedoch bis zu dem Zeitpunkt, an dem der Leistungsanwärter das 55. Lebensjahr vollendet hat, und während dieser Zeit jährlich Beiträge gezahlt werden, die der Höhe nach gleichbleiben oder steigen. ³Das gleiche gilt für Leistungsanwärter, die das 27. Lebensjahr noch nicht vollendet haben, für Leistungen der Invaliditäts- oder Hinterbliebenenversorgung, für Leistungen der Altersversorgung unter der Voraussetzung, dass die Leistungsanwartschaft bereits unverfallbar ist. ⁴Ein Abzug ist ausgeschlossen, wenn die Ansprüche aus der Versicherung der Sicherung eines Darlehens dienen. ⁵Liegen die Voraussetzungen der Sätze 3 und 4 vor, sind die Zuwendungen nach den Buchstaben a und b in dem Verhältnis zu vermindern, in dem die Leistungen der Kasse durch die Versicherung gedeckt sind;

d) den Betrag, den die Kasse einem Leistungsanwärter im Sinne des Buchstabens b Satz 2 und 5 vor Eintritt des Versorgungsfalls als Abfindung für künftige Versorgungsleistungen gewährt, den Übertragungswert nach § 4 Abs. 5 des Betriebsrentengesetzes oder den Betrag, den sie an einen anderen Versorgungsträger zahlt, der eine ihr obliegende Versorgungsverpflichtung übernommen hat.

²Zuwendungen dürfen nicht als Betriebsausgaben abgezogen werden, wenn das Vermögen der Kasse ohne Berücksichtigung künftiger Versorgungsleistungen am Schluss des Wirtschaftsjahrs das zulässige Kassenvermögen übersteigt. ³Bei der Ermittlung des Vermögens der Kasse ist am Schluss des Wirtschaftsjahres vorhandener Grundbesitz mit 200 Prozent der Einheitswerte anzusetzen, die zu dem Feststellungszeitpunkt maßgebend sind, der dem Schluss des Wirtschaftsjahres folgt; Ansprüche aus einer Versicherung sind mit dem Wert des geschäftsplanmäßigen Deckungskapitals zuzüglich der Guthaben aus Beitragsrückerstattung am Schluss des Wirtschaftsjahrs anzusetzen, und das übrige Vermögen ist mit dem gemeinen Wert am Schluss des Wirtschaftsjahrs zu bewerten. ⁴Zulässiges Kassenvermögen ist die Summe aus dem Deckungskapital für alle am Schluss des Wirtschaftsjahrs laufenden Leistungen nach der dem Gesetz als Anlage 1 beigefügten Tabelle für Leistungsempfänger im Sinne des Satzes 1 Buchstabe a und dem Achtfachen der nach Satz 1 Buchstabe b abzugsfähigen Zuwendungen. ⁵Soweit sich die Kasse die Mittel für ihre Leistungen durch Abschluss einer Versicherung verschafft, ist, wenn die Voraussetzungen für den Abzug des Beitrags nach Satz 1 Buchstabe c erfüllt sind, zulässiges Kassenvermögen der Wert des geschäftsplanmäßigen Deckungskapitals aus der Versicherung am Schluss des Wirtschaftsjahrs; in diesem Fall ist das zulässige Kassenvermögen nach Satz 4 in dem Verhältnis zu vermindern, in dem die Leistungen der Kasse durch die Versicherung gedeckt sind. ⁶Soweit die Berechnung des Deckungskapitals nicht zum Geschäftsplan gehört, tritt an die Stelle des geschäftsplanmäßigen Deckungskapitals der nach § 176 Abs. 3 des Gesetzes über den Versicherungsvertrag berechnete Zeitwert, beim zulässigen Kassenvermögen ohne Berücksichtigung des Guthabens aus Beitragsrückerstattung. ⁷Gewährt eine Unterstützungskasse an Stelle von lebenslänglich laufenden Leistungen eine einmalige Kapitalleistung, so gelten 10 Prozent der Kapitalleistung als Jahresbetrag einer lebenslänglich laufenden Leistung;

2. ¹bei Kassen, die keine lebenslänglich laufenden Leistungen gewähren, für jedes Wirtschaftsjahr 0,2 Prozent der Lohn- und Gehaltssumme des Trägerunternehmens, mindestens jedoch den Betrag von der Kasse in einem Wirtschaftsjahr erbrachten Leistungen, soweit dieser Betrag höher ist als die in den vorangegangenen fünf Wirtschaftsjahren vorgenommenen Zuwendungen abzüglich der in dem gleichen Zeitraum erbrachten Leistungen. ²Diese Zuwendungen dürfen nicht als Betriebsausgaben abgezogen werden, wenn das Vermögen der Kasse am Schluss des Wirtschaftsjahrs das zulässige Kassenvermögen übersteigt. ³Als zulässiges Kassenvermögen kann 1 Prozent der durchschnittlichen Lohn- und Gehaltssumme der letzten drei Jahre angesetzt werden. ⁴Hat die Kasse bereits 10 Wirtschaftsjahre bestanden, darf das zulässige Kassenvermögen zusätzlich die Summe der in den letzten 10 Wirtschaftsjahren gewährten Leistungen nicht übersteigen. ⁵Für die Bewertung des Vermögens der Kasse gilt Nummer 1 Satz 3 entsprechend. ⁶Bei der Berechnung der Lohn- und Gehaltssumme des Trägerunternehmens sind Löhne und Gehälter von Personen, die von der Kasse keine nicht lebenslänglich laufenden Leistungen erhalten können, auszuscheiden.

²Gewährt eine Kasse lebenslänglich laufende und nicht lebenslänglich laufende Leistungen, so gilt Satz 1 Nr. 1 und 2 nebeneinander. ³Leistet ein Trägerunternehmen Zuwendungen an mehrere Unter-

§ 4g
Bildung eines Ausgleichspostens bei Entnahme nach § 4 Abs. 1 Satz 3

(1) ¹Ein unbeschränkt Steuerpflichtiger kann in Höhe des Unterschiedsbetrags zwischen dem Buchwert und dem nach § 6 Abs. 1 Nr. 4 Satz 1 zweiter Halbsatz anzusetzenden Wert eines Wirtschaftsguts des Anlagevermögens auf Antrag einen Ausgleichsposten bilden, soweit das Wirtschaftsgut infolge seiner Zuordnung zu einer Betriebsstätte desselben Steuerpflichtigen in einem anderen Mitgliedstaat der Europäischen Union gemäß § 4 Abs. 1 Satz 3 als entnommen gilt. ²Der Ausgleichsposten ist für jedes Wirtschaftsgut getrennt auszuweisen. ³Das Antragsrecht kann für jedes Wirtschaftsjahr nur einheitlich für sämtliche Wirtschaftsgüter ausgeübt werden. ⁴Der Antrag ist unwiderruflich. ⁵Die Vorschriften des Umwandlungssteuergesetzes bleiben unberührt.

(2) ¹Der Ausgleichsposten ist im Wirtschaftsjahr der Bildung und in den vier folgenden Wirtschaftsjahren zu jeweils einem Fünftel gewinnerhöhend aufzulösen. ²Er ist in vollem Umfang gewinnerhöhend aufzulösen,

1. wenn das als entnommen geltende Wirtschaftsgut aus dem Betriebsvermögen des Steuerpflichtigen ausscheidet,
2. wenn das als entnommen geltende Wirtschaftsgut aus der Besteuerungshoheit der Mitgliedstaaten der Europäischen Union ausscheidet oder
3. wenn die stillen Reserven des als entnommen geltenden Wirtschaftsguts im Ausland aufgedeckt werden oder in entsprechender Anwendung der Vorschriften des deutschen Steuerrechts hätten aufgedeckt werden müssen.

(3) ¹Wird die Zuordnung eines Wirtschaftsguts zu einer anderen Betriebsstätte des Steuerpflichtigen in einem anderen Mitgliedstaat der Europäischen Union im Sinne des Absatzes 1 innerhalb der tatsächlichen Nutzungsdauer, spätestens jedoch vor Ablauf von fünf Jahren nach Änderung der Zuordnung, aufgehoben, ist der für dieses Wirtschaftsgut gebildete Ausgleichsposten ohne Auswirkungen auf den Gewinn aufzulösen und das Wirtschaftsgut mit den fortgeführten Anschaffungskosten, erhöht um zwischenzeitlich gewinnerhöhend berücksichtigte Auflösungsbeträge im Sinne der Absätze 2 und 5 Satz 2 und dem Unterschiedsbetrag zwischen dem Rückführungswert und dem Buchwert im Zeitpunkt der Rückführung, höchstens jedoch mit dem gemeinen Wert, anzusetzen. ²Die Aufhebung der geänderten Zuordnung ist ein Ereignis im Sinne des § 175 Abs. 1 Nr. 2 der Abgabenordnung.

(4) ¹Die Absätze 1 bis 4 finden entsprechende Anwendung bei der Ermittlung des Überschusses der Betriebseinnahmen über die Betriebsausgaben gemäß § 4 Abs. 3. ²Wirtschaftsgüter, für die ein Ausgleichsposten nach Absatz 1 gebildet worden ist, sind in ein laufend zu führendes Verzeichnis aufzunehmen. ³Der Steuerpflichtige hat darüber hinaus Aufzeichnungen zu führen, aus denen die Bildung und Auflösung der Ausgleichsposten hervorgeht. ⁴Die Aufzeichnungen nach den Sätzen 2 und 3 sind der Steuererklärung beizufügen.

(5) ¹Der Steuerpflichtige ist verpflichtet, der zuständigen Finanzbehörde die Entnahme oder ein Ereignis im Sinne des Absatzes 2 unverzüglich anzuzeigen. ²Kommt der Steuerpflichtige dieser Anzeigepflicht, seinen Aufzeichnungspflichten nach Absatz 4 oder seinen sonstigen Mitwirkungspflichten im Sinne des § 90 der Abgabenordnung nicht nach, ist der Ausgleichsposten dieses Wirtschaftsguts gewinnerhöhend aufzulösen.

§ 4h
Betriebsausgabenabzug für Zinsaufwendungen (Zinsschranke)

(1) ¹Zinsaufwendungen eines Betriebs sind abziehbar in Höhe des Zinsertrags, darüber hinaus nur bis zur Höhe des verrechenbaren EBITDA. ²Das verrechenbare EBITDA ist 30 Prozent des um die Zinsaufwendungen und um die nach § 6 Absatz 2 Satz 1 abzuziehenden, nach § 6 Absatz 2a Satz 2 gewinnmindernd aufzulösenden und nach § 7 abgesetzten Beträge erhöhten und um die Zinserträge verminderten maßgeblichen Gewinns. ³Soweit das verrechenbare EBITDA die um die Zinserträge geminderten Zinsaufwendungen des Betriebs übersteigt, ist es in die folgenden fünf Wirtschaftsjahre vorzutragen (EBITDA-Vortrag); ein EBITDA-Vortrag entsteht in Wirtschaftsjahren, in denen Absatz 2 die Anwendung von Absatz 1 Satz 1 ausschließt. ⁴Zinsaufwendungen, die nach Satz 1 nicht abgezogen werden können, sind bis zur Höhe der EBITDA-Vorträge aus vorangegangenen Wirtschaftsjahren abziehbar und mindern die EBITDA-Vorträge in ihrer zeitlichen Reihenfolge. ⁵Danach verbleibende nicht abziehbare Zinsaufwendungen sind in die folgenden Wirtschaftsjahre vorzutragen (Zinsvortrag). ⁶Sie erhöhen die Zinsaufwendungen dieser Wirtschaftsjahre, nicht aber den maßgeblichen Gewinn.

(2) ¹Absatz 1 Satz 1 ist nicht anzuwenden, wenn

a) der Betrag der Zinsaufwendungen, soweit er den Betrag der Zinserträge übersteigt, weniger als drei Millionen Euro beträgt,
b) der Betrieb nicht oder nur anteilmäßig zu einem Konzern gehört oder
c) der Betrieb zu einem Konzern gehört und seine Eigenkapitalquote am Schluss des vorangegangenen Abschlussstichtages gleich hoch oder höher ist als die des Konzerns (Eigenkapitalvergleich). ²Ein Unterschreiten der Eigenkapitalquote des Konzerns um bis zu zwei Prozentpunkte ist unschädlich.

³Eigenkapitalquote ist das Verhältnis des Eigenkapitals zur Bilanzsumme; sie bemisst sich nach dem Konzernabschluss, der den Betrieb umfasst, und ist für den Betrieb auf der Grundlage des Jahresabschlusses oder Einzelabschlusses zu ermitteln. ⁴Wahlrechte sind im Konzernabschluss und im Jahresabschluss oder Einzelabschluss einheitlich auszuüben; bei gesellschaftsrechtlichen Kündigungsrechten ist insoweit mindestens das Eigenkapital anzusetzen, das sich nach Vorschriften des Handelsgesetzbuchs ergeben würde. ⁵Bei der Ermittlung der Eigenkapitalquote des Betriebs ist das Eigenkapital um einen im Konzernabschluss enthaltenen Fir-

stützungskassen, so sind diese Kassen bei der Anwendung der Nummern 1 und 2 als Einheit zu behandeln.

(2) ¹Zuwendungen im Sinne des Absatzes 1 sind von dem Trägerunternehmen in dem Wirtschaftsjahr als Betriebsausgaben abzuziehen, in dem sie geleistet werden. ²Zuwendungen, die bis zum Ablauf eines Monats nach Aufstellung oder Feststellung der Bilanz des Trägerunternehmens für den Schluss eines Wirtschaftsjahrs geleistet werden, können von dem Trägerunternehmen noch für das abgelaufene Wirtschaftsjahr durch eine Rückstellung gewinnmindernd berücksichtigt werden. ³Übersteigen die in einem Wirtschaftsjahr geleisteten Zuwendungen die nach Absatz 1 abzugsfähigen Beträge, so können die übersteigenden Beträge im Wege der Rechnungsabgrenzung auf die folgenden drei Wirtschaftsjahre vorgetragen und im Rahmen der für diese Wirtschaftsjahre abzugsfähigen Beträge als Betriebsausgaben behandelt werden. ⁴§ 5 Abs. 1 Satz 2 ist nicht anzuwenden.

(3) ¹Abweichend von Absatz 1 Satz 1 Nr. 1 Satz 1 Buchstabe d und Absatz 2 können auf Antrag die insgesamt erforderlichen Zuwendungen an die Unterstützungskasse für den Betrag, den die Kasse an einen Pensionsfonds zahlt, der eine ihr obliegende Versorgungsverpflichtung ganz oder teilweise übernommen hat, nicht im Wirtschaftsjahr der Zuwendung, sondern erst in den dem Wirtschaftsjahr der Zuwendung folgenden zehn Wirtschaftsjahren gleichmäßig verteilt als Betriebsausgaben abgezogen werden. ²Der Antrag ist unwiderruflich; der jeweilige Rechtsnachfolger ist an den Antrag gebunden.

§ 4e
Beiträge an Pensionsfonds

(1) Beiträge an einen Pensionsfonds im Sinne des § 112 des Versicherungsaufsichtsgesetzes dürfen von dem Unternehmen, das die Beiträge leistet (Trägerunternehmen), als Betriebsausgaben abgezogen werden, soweit sie auf einer festgelegten Verpflichtung beruhen oder der Abdeckung von Fehlbeträgen bei dem Fonds dienen.

(2) Beiträge im Sinne des Absatzes 1 dürfen als Betriebsausgaben nicht abgezogen werden, soweit die Leistungen des Fonds, wenn sie vom Trägerunternehmen unmittelbar erbracht würden, bei diesem nicht betrieblich veranlasst wären.

(3) ¹Der Steuerpflichtige kann auf Antrag die insgesamt erforderlichen Leistungen an einen Pensionsfonds zur teilweisen oder vollständigen Übernahme einer bestehenden Versorgungsverpflichtung oder Versorgungsanwartschaft durch den Pensionsfonds erst in den dem Wirtschaftsjahr der Übertragung folgenden zehn Wirtschaftsjahren gleichmäßig verteilt als Betriebsausgaben abziehen. ²Der Antrag ist unwiderruflich; der jeweilige Rechtsnachfolger ist an den Antrag gebunden. ³Ist eine Pensionsrückstellung nach § 6a gewinnerhöhend aufzulösen, ist Satz 1 mit der Maßgabe anzuwenden, dass die Leistungen an den Pensionsfonds im Wirtschaftsjahr der Übertragung in Höhe der aufgelösten Rückstellung als Betriebsausgaben abgezogen werden können; der die aufgelöste Rückstellung übersteigende Betrag ist in den dem Wirtschaftsjahr der Übertragung folgenden zehn Wirtschaftsjahren gleichmäßig verteilt als Betriebsausgaben abzuziehen. ⁴Satz 3 gilt entsprechend, wenn es im Zuge der Leistungen des Arbeitgebers an den Pensionsfonds zu Vermögensübertragungen einer Unterstützungskasse an den Arbeitgeber kommt.

§ 4f¹⁾
Verpflichtungsübernahmen, Schuldbeitritte und Erfüllungsübernahmen

(1) ¹Werden Verpflichtungen übertragen, die beim ursprünglich Verpflichteten Ansatzverboten, Beschränkungen oder Bewertungsvorbehalten unterlegen haben, ist der sich aus diesem Vorgang ergebende Aufwand im Wirtschaftsjahr der Schuldübernahme und den nachfolgenden 14 Jahren gleichmäßig verteilt als Betriebsausgabe abziehbar. ²Ist auf Grund der Übertragung einer Verpflichtung ein Passivposten gewinnerhöhend aufzulösen, ist Satz 1 mit der Maßgabe anzuwenden, dass der sich ergebende Aufwand im Wirtschaftsjahr der Schuldübernahme in Höhe des aufgelösten Passivpostens als Betriebsausgabe abzuziehen ist; der den aufgelösten Passivposten übersteigende Betrag ist in dem Wirtschaftsjahr der Schuldübernahme und den nachfolgenden 14 Wirtschaftsjahren gleichmäßig verteilt als Betriebsausgabe abzuziehen. ³Eine Verteilung des sich ergebenden Aufwands unterbleibt, wenn die Schuldübernahme im Rahmen einer Veräußerung oder Aufgabe des ganzen Betriebes oder des gesamten Mitunternehmeranteils im Sinne der §§ 14, 16 Absatz i, 3 und 3a sowie des § 18 Absatz 3 erfolgt; dies gilt auch, wenn ein Arbeitnehmer unter Mitnahme seiner erworbenen Pensionsansprüche zu einem neuen Arbeitgeber wechselt oder wenn der Betrieb am Schluss des vorangehenden Wirtschaftsjahres die Größenmerkmale des § 7g Absatz 1 Satz 2 Nummer 1 Buchstabe a bis c nicht überschreitet. ⁴Erfolgt die Schuldübernahme in dem Fall einer Teilbetriebsveräußerung oder -aufgabe im Sinne der §§ 14, 16 Absatz 1, 3 und 3a sowie des § 18 Absatz 3, ist ein Veräußerungs- oder Aufgabeverlust um den Aufwand im Sinne des Satzes 1 zu vermindern, soweit dieser den Verlust begründet oder erhöht hat. ⁵Entsprechendes gilt für den einen aufgelösten Passivposten übersteigenden Betrag im Sinne des Satzes 2. ⁶Für den hinzugerechneten Aufwand gelten Satz 2 zweiter Halbsatz und Satz 3 entsprechend. ⁷Der jeweilige Rechtsnachfolger des ursprünglichen Verpflichteten ist an die Aufwandsverteilung nach den Sätzen 1 bis 6 gebunden.

(2) Wurde für Verpflichtungen im Sinne des Absatzes 1 ein Schuldbeitritt oder eine Erfüllungsübernahme mit ganzer oder teilweiser Schuldfreistellung vereinbart, gilt für die vom Freistellungsberechtigten an den Freistellungsverpflichteten erbrachten Leistungen Absatz 1 Satz 1, 2 und 7 entsprechend.

---

1) Zur zeitlichen Anwendung vgl. § 52 Abs. 8 EStG.

menwert, soweit er auf den Betrieb entfällt, und um die Hälfte von Sonderposten mit Rücklagenanteil (§ 273 des Handelsgesetzbuchs) zu erhöhen sowie um das Eigenkapital, das keine Stimmrechte vermittelt – mit Ausnahme von Vorzugsaktien –, die Anteile an anderen Konzerngesellschaften und um Einlagen der letzten sechs Monate vor dem maßgeblichen Abschlussstichtag, soweit ihnen Entnahmen oder Ausschüttungen innerhalb der ersten sechs Monate nach dem maßgeblichen Abschlussstichtag gegenüberstehen, zu kürzen. [6]Die Bilanzsumme ist um Kapitalforderungen zu kürzen, die nicht im Konzernabschluss ausgewiesen sind und denen Verbindlichkeiten im Sinne des Absatzes 3 in mindestens gleicher Höhe gegenüberstehen. [7]Sonderbetriebsvermögen ist dem Betrieb der Mitunternehmerschaft zuzuordnen, soweit es im Konzernvermögen enthalten ist.

[8]Die für den Eigenkapitalvergleich maßgeblichen Abschlüsse sind einheitlich nach den International Financial Reporting Standards (IFRS) zu erstellen. [9]Hiervon abweichend können Abschlüsse nach dem Handelsrecht eines Mitgliedstaats der Europäischen Union verwendet werden, wenn kein Konzernabschluss nach den IFRS zu erstellen und offen zu legen ist und für keines der letzten fünf Wirtschaftsjahre ein Konzernabschluss nach den IFRS erstellt wurde; nach den Generally Accepted Accounting Principles der Vereinigten Staaten von Amerika (US-GAAP) aufzustellende und offen zu legende Abschlüsse sind zu verwenden, wenn kein Konzernabschluss nach den IFRS oder dem Handelsrecht eines Mitgliedstaats der Europäischen Union zu erstellen und offen zu legen ist. [10]Der Konzernabschluss muss den Anforderungen an die handelsrechtliche Konzernrechnungslegung genügen oder die Voraussetzungen erfüllen, unter denen ein Abschluss nach den §§ 291 und 292 des Handelsgesetzbuchs befreiende Wirkung hätte. [11]Wurde der Jahresabschluss oder Einzelabschluss nicht nach denselben Rechnungslegungsstandards wie der Konzernabschluss aufgestellt, ist die Eigenkapitalquote des Betriebs in einer Überleitungsrechnung nach den für den Konzernabschluss geltenden Rechnungslegungsstandards zu ermitteln. [12]Die Überleitungsrechnung ist einer prüferischen Durchsicht zu unterziehen. [13]Auf Verlangen der Finanzbehörde ist der Abschluss oder die Überleitungsrechnung des Betriebs durch einen Abschlussprüfer zu prüfen, der die Voraussetzungen des § 319 des Handelsgesetzbuchs erfüllt.

[14]Ist ein dem Eigenkapitalvergleich zugrunde gelegter Abschluss unrichtig und führt der zutreffende Abschluss zu einer Erhöhung der nach Absatz 1 nicht abziehbaren Zinsaufwendungen, ist ein Zuschlag entsprechend § 162 Abs. 4 Satz 1 und 2 der Abgabenordnung festzusetzen. [15]Bemessungsgrundlage für den Zuschlag sind die nach Absatz 1 nicht abziehbaren Zinsaufwendungen. [16]§ 162 Abs. 4 Satz 4 bis 6 der Abgabenordnung gilt sinngemäß.

[2]Ist eine Gesellschaft, bei der der Gesellschafter als Mitunternehmer anzusehen ist, unmittelbar oder mittelbar einer Körperschaft nachgeordnet, gilt für die Gesellschaft § 8a Abs. 2 und 3 des Körperschaftsteuergesetzes entsprechend.

(3) [1]Maßgeblicher Gewinn ist der nach den Vorschriften dieses Gesetzes mit Ausnahme des Absatzes 1 ermittelte steuerpflichtige Gewinn. [2]Zinsaufwendungen und Vergütungen für Fremdkapital, die den maßgeblichen Gewinn gemindert haben. [3]Zinserträge sind Erträge aus Kapitalforderungen jeder Art, die den maßgeblichen Gewinn erhöht haben. [4]Die Auf- und Abzinsung unverzinslicher oder niedrig verzinslicher Verbindlichkeiten oder Kapitalforderungen führen ebenfalls zu Zinserträgen oder Zinsaufwendungen. [5]Ein Betrieb gehört zu einem Konzern, wenn er nach dem für die Anwendung des Absatzes 2 Satz 1 Buchstabe c zugrunde gelegten Rechnungslegungsstandard mit einem oder mehreren anderen Betrieben konsolidiert wird oder werden könnte. [6]Ein Betrieb gehört für Zwecke des Absatzes 2 auch zu einem Konzern, wenn seine Finanz- und Geschäftspolitik mit einem oder mehreren anderen Betrieben einheitlich bestimmt werden kann.

(4) [1]Der EBITDA-Vortrag und der Zinsvortrag sind gesondert festzustellen. [2]Zuständig ist das für die gesonderte Feststellung des Gewinns und Verlusts der Gesellschaft zuständige Finanzamt, im Übrigen das für die Besteuerung zuständige Finanzamt. [3]§ 10d Abs. 4 gilt sinngemäß. [4]Feststellungsbescheide sind zu erlassen, aufzuheben oder zu ändern, soweit sich die nach Satz 1 festzustellenden Beträge ändern.

(5) [1]Bei Aufgabe oder Übertragung des Betriebs gehen ein nicht verbrauchter EBITDA-Vortrag und ein nicht verbrauchter Zinsvortrag unter. [2]Scheidet ein Mitunternehmer aus einer Gesellschaft aus, gehen der EBITDA-Vortrag und der Zinsvortrag anteilig mit der Quote unter, mit der der ausgeschiedene Gesellschafter an der Gesellschaft beteiligt war. [3]§ 8c des Körperschaftsteuergesetzes ist auf den Zinsvortrag einer Gesellschaft entsprechend anzuwenden, soweit an dieser unmittelbar oder mittelbar eine Körperschaft als Mitunternehmer beteiligt ist.

§ 5
Gewinn bei Kaufleuten und bei bestimmten anderen Gewerbetreibenden

(1) [1]Bei Gewerbetreibenden, die auf Grund gesetzlicher Vorschriften verpflichtet sind, Bücher zu führen und regelmäßig Abschlüsse zu machen oder die ohne eine solche Verpflichtung Bücher führen und regelmäßig Abschlüsse machen, ist für den Schluss des Wirtschaftsjahres das Betriebsvermögen anzusetzen (§ 4 Abs. 1 Satz 1), das nach den handelsrechtlichen Grundsätzen ordnungsmäßiger Buchführung auszuweisen ist, es sei denn, im Rahmen der Ausübung eines steuerlichen Wahlrechts wird oder wurde ein anderer Ansatz gewählt. [2]Voraussetzung für die Ausübung steuerlicher Wahlrechte ist, dass die Wirtschaftsgüter, die nicht mit dem handelsrechtlich maßgeblichen Wert in der steuerlichen Gewinnermittlung ausgewiesen werden, in besondere, laufend zu führende Verzeichnisse aufgenommen werden. [3]In den Verzeichnissen sind der Tag der Anschaffung oder Herstellung, die Anschaffungs- oder Herstellungskosten, die Vorschrift

des ausgeübten steuerlichen Wahlrechts und die vorgenommenen Abschreibungen nachzuweisen.

(1a) ¹Posten der Aktivseite dürfen nicht mit Posten der Passivseite verrechnet werden. ²Die Ergebnisse der in der handelsrechtlichen Rechnungslegung zur Absicherung finanzwirtschaftlicher Risiken gebildeten Bewertungseinheiten sind auch für die steuerliche Gewinnermittlung maßgeblich.

(2) Für immaterielle Wirtschaftsgüter des Anlagevermögens ist ein Aktivposten nur anzusetzen, wenn sie entgeltlich erworben wurden.

(2a) Für Verpflichtungen, die nur zu erfüllen sind, soweit künftig Einnahmen oder Gewinne anfallen, sind Verbindlichkeiten oder Rückstellungen erst anzusetzen, wenn die Einnahmen oder Gewinne angefallen sind.

(3) ¹Rückstellungen wegen Verletzung fremder Patent-, Urheber- oder ähnlicher Schutzrechte dürfen erst gebildet werden, wenn

1. der Rechtsinhaber Ansprüche wegen der Rechtsverletzung geltend gemacht hat oder
2. mit einer Inanspruchnahme wegen der Rechtsverletzung ernsthaft zu rechnen ist.

²Eine nach Satz 1 Nr. 2 gebildete Rückstellung ist spätestens in der Bilanz des dritten auf ihre erstmalige Bildung folgenden Wirtschaftsjahrs gewinnerhöhend aufzulösen, wenn Ansprüche nicht geltend gemacht worden sind.

(4) Rückstellungen für die Verpflichtung zu einer Zuwendung anläßlich eines Dienstjubiläums dürfen nur gebildet werden, wenn das Dienstverhältnis mindestens zehn Jahre bestanden hat, das Dienstjubiläum das Bestehen eines Dienstverhältnisses von mindestens fünfzehn Jahren voraussetzt, die Zusage schriftlich erteilt ist und soweit der Zuwendungsberechtigte seine Anwartschaft nach dem 31. Dezember 1992 erwirbt.

(4a) ¹Rückstellungen für drohende Verluste aus schwebenden Geschäften dürfen nicht gebildet werden. ²Das gilt nicht für Ergebnisse nach Absatz 1a Satz 2.

(4b) ¹Rückstellungen für Aufwendungen, die in künftigen Wirtschaftsjahren als Anschaffungs- oder Herstellungskosten eines Wirtschaftsguts zu aktivieren sind, dürfen nicht gebildet werden. ²Rückstellungen für die Verpflichtung zur schadlosen Verwertung radioaktiver Reststoffe sowie ausgebauter oder abgebauter radioaktiver Anlagenteile dürfen nicht gebildet werden, soweit Aufwendungen im Zusammenhang mit der Bearbeitung oder Verarbeitung von Kernbrennstoffen stehen, die aus der Aufarbeitung bestrahlter Kernbrennstoffe gewonnen worden sind und keine radioaktiven Abfälle darstellen.

(5) ¹Als Rechnungsabgrenzungsposten sind nur anzusetzen

1. auf der Aktivseite Ausgaben vor dem Abschlussstichtag, soweit sie Aufwand für eine bestimmte Zeit nach diesem Tag darstellen;

2. auf der Passivseite Einnahmen vor dem Abschlussstichtag, soweit sie Ertrag für eine bestimmte Zeit nach diesem Tag darstellen.

²Auf der Aktivseite sind ferner anzusetzen

1. als Aufwand berücksichtigte Zölle und Verbrauchsteuern, soweit sie auf am Abschlussstichtag auszuweisende Wirtschaftsgüter des Vorratsvermögens entfallen,
2. als Aufwand berücksichtigte Umsatzsteuer auf am Abschlussstichtag auszuweisende Anzahlungen.

(6) Die Vorschriften über die Entnahmen und die Einlagen, über die Zulässigkeit der Bilanzänderung, über die Betriebsausgaben, über die Bewertung und über die Absetzung für Abnutzung oder Substanzverringerung sind zu befolgen.

(7)¹⁾ ¹Übernommene Verpflichtungen, die beim ursprünglich Verpflichteten Ansatzverboten, Beschränkungen oder Bewertungsvorbehalten unterlegen haben, sind zu den auf die Übernahme folgenden Abschlussstichtagen bei dem Übernehmer und dessen Rechtsnachfolger so zu bilanzieren, wie sie beim ursprünglich Verpflichteten ohne Übernahme zu bilanzieren wären. ²Dies gilt in Fällen des Schuldbeitritts oder der Erfüllungsübernahme mit vollständiger oder teilweiser Schuldfreistellung für die sich aus diesem Rechtsgeschäft ergebenden Verpflichtungen sinngemäß. ³Satz 1 ist für den Erwerb eines Mitunternehmeranteils entsprechend anzuwenden. ⁴Wird eine Pensionsverpflichtung unter gleichzeitiger Übernahme von Vermögenswerten gegenüber einem Arbeitnehmer übernommen, der bisher in einem Unternehmen tätig war, ist Satz 1 mit der Maßgabe anzuwenden, dass bei der Ermittlung des Teilwertes der Verpflichtung der Jahresbetrag nach § 6a Absatz 3 Satz 2 Nummer 1 so zu bemessen ist, dass zu Beginn des Wirtschaftsjahres der Übernahme der Barwert der Jahresbeträge zusammen mit den übernommenen Vermögenswerten gleich dem Barwert der künftigen Pensionsleistungen ist; dabei darf sich kein negativer Jahresbetrag ergeben. ⁵Für einen Gewinn, der sich aus der Anwendung der Sätze 1 bis 3 ergibt, kann jeweils in Höhe von vierzehn Fünfzehntel eine gewinnmindernde Rücklage gebildet werden, die in den folgenden 14 Wirtschaftsjahren jeweils mit mindestens einem Vierzehntel gewinnerhöhend aufzulösen ist (Auflösungszeitraum). ⁶Besteht eine Verpflichtung, für die eine Rücklage gebildet wurde, bereits vor Ablauf des maßgebenden Auflösungszeitraums nicht mehr, ist die insoweit verbleibende Rücklage erhöhend aufzulösen.

§ 5a
Gewinnermittlung bei Handelsschiffen im internationalen Verkehr

(1) ¹An Stelle der Ermittlung des Gewinns nach § 4 Abs. 1 oder § 5 ist bei einem Gewerbebetrieb mit Geschäftsleitung im Inland der Gewinn, soweit er auf den Betrieb von Handelsschiffen im internationalen Verkehr entfällt, auf unwiderruflichen Antrag des Steuerpflichtigen nach der in seinem Betrieb geführten Tonnage zu ermitteln, wenn die Beree-

---

1) Zur zeitlichen Anwendung vgl. § 52 Abs. 9 EStG.

derung dieser Handelsschiffe im Inland durchgeführt wird. ²Der im Wirtschaftsjahr erzielte Gewinn beträgt pro Tag des Betriebs für jedes im internationalen Verkehr betriebene Handelsschiff für jeweils volle 100 Nettotonnen (Nettoraumzahl)

0,92 Euro bei einer Tonnage bis zu 1 000 Nettotonnen,

0,69 Euro für die 1 000 Nettotonnen übersteigende Tonnage bis zu 10 000 Nettotonnen,

0,46 Euro für die 10 000 Nettotonnen übersteigende Tonnage bis zu 25 000 Nettotonnen,

0,23 Euro für die 25 000 Nettotonnen übersteigende Tonnage.

(2) ¹Handelsschiffe werden im internationalen Verkehr betrieben, wenn eigene oder gecharterte Seeschiffe, die im Wirtschaftsjahr überwiegend in einem inländischen Seeschiffsregister eingetragen sind, in diesem Wirtschaftsjahr überwiegend zur Beförderung von Personen oder Gütern im Verkehr mit oder zwischen ausländischen Häfen, innerhalb eines ausländischen Hafens oder zwischen einem ausländischen Hafen und der Hohen See eingesetzt werden. ²Zum Betrieb von Handelsschiffen im internationalen Verkehr gehören auch ihre Vercharterung, wenn sie vom Vercharterer ausgerüstet worden sind, und die unmittelbar mit ihrem Einsatz oder ihrer Vercharterung zusammenhängenden Neben- und Hilfsgeschäfte einschließlich der Veräußerung der Handelsschiffe und der unmittelbar ihrem Betrieb dienenden Wirtschaftsgüter. ³Der Einsatz und die Vercharterung von gecharterten Handelsschiffen gilt nur dann als Betrieb von Handelsschiffen im internationalen Verkehr, wenn gleichzeitig eigene oder ausgerüstete Handelsschiffe im internationalen Verkehr betrieben werden. ⁴Sind gecharterte Handelsschiffe nicht in einem inländischen Seeschiffsregister eingetragen, gilt Satz 3 unter der weiteren Voraussetzung, dass im Wirtschaftsjahr die Nettotonnage der gecharterten Handelsschiffe das Dreifache der nach den Sätzen 1 und 2 im internationalen Verkehr betriebenen Nettotonnage nicht übersteigt; für die Berechnung der Nettotonnage sind jeweils die Nettotonnen pro Schiff mit der Anzahl der Betriebstage nach Absatz 1 zu vervielfältigen. ⁵Dem Betrieb von Handelsschiffen im internationalen Verkehr ist gleichgestellt, wenn Seeschiffe, die im Wirtschaftsjahr überwiegend in einem inländischen Seeschiffsregister eingetragen sind, in diesem Wirtschaftsjahr überwiegend außerhalb der deutschen Hoheitsgewässer zum Schleppen, Bergen oder zur Aufsuchung von Bodenschätzen eingesetzt werden; die Sätze 2 bis 4 sind sinngemäß anzuwenden.

(3) ¹Der Antrag auf Anwendung der Gewinnermittlung nach Absatz 1 ist im Wirtschaftsjahr der Anschaffung oder Herstellung des Handelsschiffs (Indienststellung) mit Wirkung ab Beginn dieses Wirtschaftsjahres zu stellen. ²Vor Indienststellung des Handelsschiffs durch den Betrieb von Handelsschiffen im internationalen Verkehr erwirtschaftete Gewinne sind in diesem Fall nicht zu besteuern; Verluste sind weder ausgleichsfähig noch verrechenbar. ³Bereits erlassene Steuerbescheide sind insoweit zu ändern. ⁴Das gilt auch dann, wenn der Steuerbescheid unanfechtbar geworden ist; die Festsetzungsfrist endet insoweit nicht, bevor die Festsetzungsfrist für den Veranlagungszeitraum abgelaufen ist, in dem der Gewinn erstmals nach Absatz 1 ermittelt wird. ⁵Wird der Antrag auf Anwendung der Gewinnermittlung nach Absatz 1 nicht nach Satz 1 im Wirtschaftsjahr der Anschaffung oder Herstellung des Handelsschiffs (Indienststellung) gestellt, kann er erstmals in dem Wirtschaftsjahr gestellt werden, das jeweils nach Ablauf eines Zeitraumes von zehn Jahren, vom Beginn des Jahres der Indienststellung gerechnet, endet. ⁶Die Sätze 2 bis 4 sind insoweit nicht anwendbar. ⁷Der Steuerpflichtige ist an die Gewinnermittlung nach Absatz 1 vom Beginn des Wirtschaftsjahres an, in dem er den Antrag stellt, zehn Jahre gebunden. ⁸Nach Ablauf dieses Zeitraumes kann er den Antrag mit Wirkung für den Beginn jedes folgenden Wirtschaftsjahres bis zum Ende des Jahres unwiderruflich zurücknehmen. ⁹An die Gewinnermittlung nach allgemeinen Vorschriften ist der Steuerpflichtige ab dem Beginn des Wirtschaftsjahres, in dem er den Antrag zurücknimmt, zehn Jahre gebunden.

(4) ¹Zum Schluss des Wirtschaftsjahres, das der erstmaligen Anwendung des Absatzes 1 vorangeht (Übergangsjahr), ist für jedes Wirtschaftsgut, das unmittelbar dem Betrieb von Handelsschiffen im internationalen Verkehr dient, der Unterschiedsbetrag zwischen Buchwert und Teilwert in ein besonderes Verzeichnis aufzunehmen. ²Der Unterschiedsbetrag ist gesondert und bei Gesellschaften im Sinne des § 15 Abs. 1 Satz 1 Nr. 2 einheitlich festzustellen. ³Der Unterschiedsbetrag nach Satz 1 ist dem Gewinn hinzuzurechnen:

1. in den dem letzten Jahr der Anwendung des Absatzes 1 folgenden fünf Wirtschaftsjahren jeweils in Höhe von mindestens einem Fünftel,

2. in dem Jahr, in dem das Wirtschafsgut aus dem Betriebsvermögen ausscheidet oder in dem es nicht mehr unmittelbar dem Betrieb von Handelsschiffen im internationalen Verkehr dient,

3. in dem Jahr des Ausscheidens eines Gesellschafters hinsichtlich des auf ihn entfallenden Anteils.

⁴Die Sätze 1 bis 3 sind entsprechend anzuwenden, wenn der Steuerpflichtige Wirtschaftsgüter des Betriebsvermögens dem Betrieb von Handelsschiffen im internationalen Verkehr zuführt.

(4a) ¹Bei Gesellschaften im Sinne des § 15 Abs. 1 Satz 1 Nr. 2 tritt für die Zwecke dieser Vorschrift an die Stelle des Steuerpflichtigen die Gesellschaft. ²Der nach Absatz 1 ermittelte Gewinn ist den Gesellschaftern entsprechend ihrem Anteil am Gesellschaftsvermögen zuzurechnen. ³Vergütungen im Sinne des § 15 Abs. 1 Satz 1 Nr. 2 und Satz 2 sind hinzuzurechnen.

(5) ¹Gewinne nach Absatz 1 umfassen auch Einkünfte nach § 16. ²Die §§ 34, 34c Abs. 1 bis 3 und § 35 sind nicht anzuwenden. ³Rücklagen nach den §§ 6b und 6d sind beim Übergang zur Gewinnermittlung nach Absatz 1 dem Gewinn im Erstjahr hinzuzurechnen; bis zum Übergang in Anspruch genommene Investitionsabzugsbeträge nach § 7g Abs. 1 sind nach Maßgabe des § 7g Abs. 3 rückgängig zu machen. ⁴Für die Anwendung des § 15a ist der nach

§ 4 Abs. 1 oder § 5 ermittelte Gewinn zugrunde zu legen.

(6) In der Bilanz zum Schluss des Wirtschaftsjahres, in dem Absatz 1 letztmalig angewendet wird, ist für jedes Wirtschaftsgut, das unmittelbar dem Betrieb von Handelsschiffen im internationalen Verkehr dient, der Teilwert anzusetzen.

§ 5b
Elektronische Übermittlung von Bilanzen sowie Gewinn- und Verlustrechnungen

(1) ¹Wird der Gewinn nach § 4 Abs. 1, § 5 oder § 5a ermittelt, so ist der Inhalt der Bilanz sowie der Gewinn- und Verlustrechnung nach amtlich vorgeschriebenem Datensatz durch Datenfernübertragung zu übermitteln. ²Enthält die Bilanz Ansätze oder Beträge, die den steuerlichen Vorschriften nicht entsprechen, so sind diese Ansätze oder Beträge durch Zusätze oder Anmerkungen den steuerlichen Vorschriften anzupassen und nach amtlich vorgeschriebenem Datensatz durch Datenfernübertragung zu übermitteln. ³Der Steuerpflichtige kann auch eine den steuerlichen Vorschriften entsprechende Bilanz nach amtlich vorgeschriebenem Datensatz durch Datenfernübertragung übermitteln. ⁴§ 150 Abs. 7 der Abgabenordnung gilt entsprechend. ⁵Im Fall der Eröffnung des Betriebs sind die Sätze 1 bis 4 für den Inhalt der Eröffnungsbilanz entsprechend anzuwenden.

(2) ¹Auf Antrag kann die Finanzbehörde zur Vermeidung unbilliger Härten auf eine elektronische Übermittlung verzichten. ²§ 150 Abs. 8 der Abgabenordnung gilt entsprechend.

§ 6
Bewertung

(1) Für die Bewertung der einzelnen Wirtschaftsgüter, die nach § 4 Abs. 1 oder nach § 5 als Betriebsvermögen anzusetzen sind, gilt das Folgende:

1. ¹Wirtschaftsgüter des Anlagevermögens, die der Abnutzung unterliegen, sind mit den Anschaffungs- oder Herstellungskosten oder dem an deren Stelle tretenden Wert, vermindert um die Absetzungen für Abnutzung, erhöhte Absetzungen, Sonderabschreibungen, Abzüge nach § 6b und ähnliche Abzüge, anzusetzen. ²Ist der Teilwert aufgrund einer voraussichtlich dauernden Wertminderung niedriger, so kann dieser angesetzt werden. ³Teilwert ist der Betrag, den ein Erwerber des ganzen Betriebs im Rahmen des Gesamtkaufpreises für das einzelne Wirtschaftsgut ansetzen würde; dabei ist davon auszugehen, dass der Erwerber den Betrieb fortführt. ⁴Wirtschaftsgüter, die bereits am Schluss des vorangegangenen Wirtschaftsjahrs zum Anlagevermögen des Steuerpflichtigen gehört haben, sind in den folgenden Wirtschaftsjahren gemäß Satz 1 anzusetzen, es sei denn, der Steuerpflichtige weist nach, dass ein niedrigerer Teilwert nach Satz 2 angesetzt werden kann.

1a. ¹Zu den Herstellungskosten eines Gebäudes gehören auch Aufwendungen für Instandsetzungs- und Modernisierungsmaßnahmen, die innerhalb von drei Jahren nach der Anschaffung des Gebäudes durchgeführt werden, wenn die Aufwendungen ohne die Umsatzsteuer 15 Prozent der Anschaffungskosten des Gebäudes übersteigen (anschaffungsnahe Herstellungskosten). ²Zu diesen Aufwendungen gehören nicht die Aufwendungen für Erweiterungen im Sinne des § 255 Abs. 2 Satz 1 des Handelsgesetzbuchs sowie Aufwendungen für Erhaltungsarbeiten, die jährlich üblicherweise anfallen.

2. ¹Andere als die in Nummer 1 bezeichneten Wirtschaftsgüter des Betriebs (Grund und Boden, Beteiligungen, Umlaufvermögen) sind mit den Anschaffungs- oder Herstellungskosten oder dem an deren Stelle tretenden Wert, vermindert um Abzüge nach § 6b und ähnliche Abzüge, anzusetzen. ²Ist der Teilwert (Nummer 1 Satz 3) aufgrund einer voraussichtlich dauernden Wertminderung niedriger, so kann dieser angesetzt werden. ³Nummer 1 Satz 4 gilt entsprechend.

2a. ¹Steuerpflichtige, die den Gewinn nach § 5 ermitteln, können für den Wertansatz gleichartiger Wirtschaftsgüter des Vorratsvermögens unterstellen, dass die zuletzt angeschafften oder hergestellten Wirtschaftsgüter zuerst verbraucht oder veräußert worden sind, soweit dies den handelsrechtlichen Grundsätzen ordnungsmäßiger Buchführung entspricht. ²Der Vorratsbestand am Schluss des Wirtschaftsjahres, das der erstmaligen Anwendung der Bewertung nach Satz 1 vorangeht, gilt mit seinem Bilanzansatz als erster Zugang des neuen Wirtschaftsjahres. ³Von der Verbrauchs- oder Veräußerungsfolge nach Satz 1 kann in den folgenden Wirtschaftsjahren nur mit Zustimmung des Finanzamts abgewichen werden.

2b. ¹Steuerpflichtige, die in den Anwendungsbereich des § 340 des Handelsgesetzbuchs fallen, haben die zu Handelszwecken erworbenen Finanzinstrumente, die nicht in einer Bewertungseinheit im Sinn des § 5 Abs. 1a Satz 2 abgebildet werden, mit dem beizulegenden Zeitwert abzüglich eines Risikoabschlages (§ 340e Abs. 3 des Handelsgesetzbuchs) zu bewerten. ²Nummer 2 Satz 2 ist nicht anzuwenden.

3. ¹Verbindlichkeiten sind unter sinngemäßer Anwendung der Vorschriften der Nummer 2 anzusetzen und mit einem Zinssatz von 5,5 Prozent abzuzinsen. ²Ausgenommen von der Abzinsung sind Verbindlichkeiten, deren Laufzeit am Bilanzstichtag weniger als 12 Monate beträgt, und Verbindlichkeiten, die verzinslich sind oder auf einer Anzahlung oder Vorausleistung beruhen.

3a. Rückstellungen sind höchstens insbesondere unter Berücksichtigung folgender Grundsätze anzusetzen:

a) bei Rückstellungen für gleichartige Verpflichtungen ist auf der Grundlage der Erfahrungen in der Vergangenheit aus der Abwicklung solcher Verpflichtungen die Wahrscheinlichkeit zu berücksichtigen, dass der Steuerpflichtige nur zu einem Teil der Summe dieser Verpflichtungen in Anspruch genommen wird;

b) Rückstellungen für Sachleistungsverpflichtungen sind mit den Einzelkosten und den angemessenen Teilen der notwendigen Gemeinkosten zu bewerten;

c) künftige Vorteile, die mit der Erfüllung der Verpflichtung voraussichtlich verbunden sein werden, sind, soweit sie nicht als Forderungen zu aktivieren sind, bei ihrer Bewertung wertmindernd zu berücksichtigen;

d) ¹Rückstellungen für Verpflichtungen, für deren Entstehen im wirtschaftlichen Sinne der laufende Betrieb ursächlich ist, sind zeitanteilig in gleichen Raten anzusammeln. ²Rückstellungen für gesetzliche Verpflichtungen zur Rücknahme und Verwertung von Erzeugnissen, die vor Inkrafttreten entsprechender gesetzlicher Verpflichtungen in Verkehr gebracht worden sind, sind zeitanteilig in gleichen Raten bis zum Beginn der jeweiligen Erfüllung anzusammeln; Buchstabe e ist insoweit nicht anzuwenden. ³Rückstellungen für die Verpflichtung, ein Kernkraftwerk stillzulegen, sind ab dem Zeitpunkt der erstmaligen Nutzung bis zum Zeitpunkt, in dem mit der Stilllegung begonnen werden muss, zeitanteilig in gleichen Raten anzusammeln; steht der Zeitpunkt der Stilllegung nicht fest, beträgt der Zeitraum für die Ansammlung 25 Jahre;

e) ¹Rückstellungen für Verpflichtungen sind mit einem Zinssatz von 5,5 Prozent abzuzinsen; Nummer 3 Satz 2 ist entsprechend anzuwenden. ²Für die Abzinsung von Rückstellungen für Sachleistungsverpflichtungen ist der Zeitraum bis zum Beginn der Erfüllung maßgebend. ³Für die Abzinsung von Rückstellungen für die Verpflichtung, ein Kernkraftwerk stillzulegen, ist der sich aus Buchstabe d Satz 3 ergebende Zeitraum maßgebend; und

f) Bei der Bewertung sind die Wertverhältnisse am Bilanzstichtag maßgebend; künftige Preis- und Kostensteigerungen dürfen nicht berücksichtigt werden.

4. ¹Entnahmen des Steuerpflichtigen für sich, für seinen Haushalt oder für andere betriebsfremde Zwecke sind mit dem Teilwert anzusetzen; in den Fällen des § 4 Abs. 1 Satz 3 ist die Entnahme mit dem gemeinen Wert anzusetzen. ²Die private Nutzung eines Kraftfahrzeugs, das zu mehr als 50 Prozent betrieblich genutzt wird, ist für jeden Kalendermonat mit 1 vom Hundert des inländischen Listenpreises im Zeitpunkt der Erstzulassung zuzüglich der Kosten für Sonderausstattungen einschließlich Umsatzsteuer anzusetzen; bei der privaten Nutzung von Fahrzeugen mit Antrieb ausschließlich durch Elektromotoren, die ganz oder überwiegend aus mechanischen oder elektrochemischen Energiespeichern oder aus emissionsfrei betriebenen Energiewandlern gespeist werden (Elektrofahrzeuge), oder von extern aufladbaren Hybridelektrofahrzeugen, ist der Listenpreis dieser Kraftfahrzeuge um die darin enthaltenen Kosten des Batteriesystems im Zeitpunkt der Erstzulassung des Kraftfahrzeugs wie folgt zu mindern: für bis zum 31. Dezember 2013 angeschaffte Kraftfahrzeuge um 500 Euro pro Kilowattstunde der Batteriekapazität, dieser Betrag mindert sich für in den Folgejahren angeschaffte Kraftfahrzeuge um jährlich 50 Euro pro Kilowattstunde der Batteriekapazität; die Minderung pro Kraftfahrzeug beträgt höchstens 10 000 Euro; dieser Höchstbetrag mindert sich für in den Folgejahren angeschaffte Kraftfahrzeuge um jährlich 500 Euro. ³Die private Nutzung kann abweichend von Satz 2 mit den auf die Privatfahrten entfallenden Aufwendungen angesetzt werden, wenn die für das Kraftfahrzeug insgesamt entstehenden Aufwendungen durch Belege und das Verhältnis der privaten zu den übrigen Fahrten durch ein ordnungsgemäßes Fahrtenbuch nachgewiesen werden; bei der privaten Nutzung von Fahrzeugen mit Antrieb ausschließlich durch Elektromotoren, die ganz oder überwiegend aus mechanischen oder elektrochemischen Energiespeichern oder aus emissionsfrei betriebenen Energiewandlern gespeist werden (Elektrofahrzeuge), oder von extern aufladbaren Hybridelektrofahrzeugen, sind die der Berechnung der Entnahme zugrunde zu legenden insgesamt entstandenen Aufwendungen um die nach Satz 2 in pauschaler Höhe festgelegten Aufwendungen, die auf das Batteriesystem entfallen, zu mindern. ⁴Wird ein Wirtschaftsgut unmittelbar nach seiner Entnahme einer nach § 5 Abs. 1 Nr. 9 des Körperschaftsteuergesetzes von der Körperschaftsteuer befreiten Körperschaft, Personenvereinigung oder Vermögensmasse oder einer juristischen Person des öffentlichen Rechts zur Verwendung für steuerbegünstigte Zwecke im Sinne des § 10b Abs. 1 Satz 1 unentgeltlich überlassen, so kann die Entnahme mit dem Buchwert angesetzt werden. ⁵Satz 4 gilt nicht für die Entnahme von Nutzungen und Leistungen.

5. ¹Einlagen sind mit dem Teilwert für den Zeitpunkt der Zuführung anzusetzen; sie sind jedoch höchstens mit den Anschaffungs- oder Herstellungskosten anzusetzen, wenn das zugeführte Wirtschaftsgut

a) innerhalb der letzten drei Jahre vor dem Zeitpunkt der Zuführung angeschafft oder hergestellt worden ist,

b) ein Anteil an einer Kapitalgesellschaft ist und der Steuerpflichtige an der Gesellschaft im Sinne des § 17 Abs. 1 oder 6 beteiligt ist; § 17 Abs. 2 Satz 5 gilt entsprechend, oder

c) ein Wirtschaftsgut im Sinne des § 20 Abs. 2 ist.

²Ist die Einlage ein abnutzbares Wirtschaftsgut, so sind die Anschaffungs- oder Herstellungskosten um Absetzungen für Abnutzung zu kürzen, die auf den Zeitraum zwischen der Anschaffung oder Herstellung des Wirtschaftsguts und der Einlage entfallen. ³Ist die Einlage ein Wirtschaftsgut, das vor der Zuführung aus einem Betriebsvermögen des Steuerpflichtigen entnommen worden ist, so tritt an die Stelle der

Anschaffungs- oder Herstellungskosten der Wert, mit dem die Entnahme angesetzt worden ist, und an die Stelle des Zeitpunkts der Anschaffung oder Herstellung der Zeitpunkt der Entnahme.

5a. In den Fällen des § 4 Abs. 1 Satz 8 zweiter Halbsatz ist das Wirtschaftsgut mit dem gemeinen Wert anzusetzen.

6. Bei Eröffnung eines Betriebs ist Nummer 5 entsprechend anzuwenden.

7. Bei entgeltlichem Erwerb eines Betriebs sind die Wirtschaftsgüter mit dem Teilwert, höchstens jedoch mit den Anschaffungs- oder Herstellungskosten anzusetzen.

(2) ¹Die Anschaffungs- oder Herstellungskosten oder der nach Absatz 1 Nummer 5 bis 6 an deren Stelle tretende Wert von abnutzbaren beweglichen Wirtschaftsgütern des Anlagevermögens, die einer selbständigen Nutzung fähig sind, können im Wirtschaftsjahr der Anschaffung, Herstellung oder Einlage des Wirtschaftsguts oder der Eröffnung des Betriebs in voller Höhe als Betriebsausgaben abgezogen werden, wenn die Anschaffungs- oder Herstellungskosten, vermindert um einen darin enthaltenen Vorsteuerbetrag (§ 9b Absatz 1), oder der nach Absatz 1 Nummer 5 bis 6 an deren Stelle tretende Wert für das einzelne Wirtschaftsgut 410 Euro nicht übersteigen. ²Ein Wirtschaftsgut ist einer selbständigen Nutzung nicht fähig, wenn es nach seiner betrieblichen Zweckbestimmung nur zusammen mit anderen Wirtschaftsgütern des Anlagevermögens genutzt werden kann und die in den Nutzungszusammenhang eingefügten Wirtschaftsgüter technisch aufeinander abgestimmt sind. ³Das gilt auch, wenn das Wirtschaftsgut aus dem betrieblichen Nutzungszusammenhang gelöst und in einen anderen betrieblichen Nutzungszusammenhang eingefügt werden kann. ⁴Wirtschaftsgüter im Sinne des Satzes 1, deren Wert 150 Euro übersteigt, sind unter Angabe des Tages der Anschaffung, Herstellung oder Einlage des Wirtschaftsguts oder der Eröffnung des Betriebs und der Anschaffungs- oder Herstellungskosten oder des nach Absatz 1 Nummer 5 bis 6 an deren Stelle tretenden Werts in ein besonderes, laufend zu führendes Verzeichnis aufzunehmen. ⁵Das Verzeichnis braucht nicht geführt zu werden, wenn diese Angaben aus der Buchführung ersichtlich sind.

(2a) ¹Abweichend von Absatz 2 Satz 1 kann für die abnutzbaren beweglichen Wirtschaftsgüter des Anlagevermögens, die einer selbständigen Nutzung fähig sind, im Wirtschaftsjahr der Anschaffung, Herstellung oder Einlage- des Wirtschaftsguts oder der Eröffnung des Betriebs ein Sammelposten gebildet werden, wenn die Anschaffungs- oder Herstellungskosten, vermindert um einen darin enthaltenen Vorsteuerbetrag (§ 9b Absatz 1), oder der nach Absatz 1 Nummer 5 bis 6 an deren Stelle tretende Wert für das einzelne Wirtschaftsgut 150 Euro, aber nicht 1 000 Euro übersteigen. ²Der Sammelposten ist im Wirtschaftsjahr der Bildung und den folgenden vier Wirtschaftsjahren mit jeweils einem Fünftel gewinnmindernd aufzulösen. ³Scheidet ein Wirtschaftsgut im Sinne des Satzes 1 aus dem Betriebsvermögen aus, wird der Sammelposten nicht vermindert. ⁴Die Anschaffungs- oder Herstellungskosten oder der nach Absatz 1 Nummer 5 bis 6 an deren Stelle tretende Wert von abnutzbaren beweglichen Wirtschaftsgütern des Anlagevermögens, die einer selbständigen Nutzung fähig sind, können im Wirtschaftsjahr der Anschaffung, Herstellung oder Einlage des Wirtschaftsguts oder der Eröffnung des Betriebs in voller Höhe als Betriebsausgaben abgezogen werden, wenn die Anschaffungs- oder Herstellungskosten, vermindert um einen darin enthaltenen Vorsteuerbetrag (§ 9b Absatz 1), oder der nach Absatz 1 Nummer 5 bis 6 an deren Stelle tretende Wert für das einzelne Wirtschaftsgut 150 Euro nicht übersteigen. ⁵Die Sätze 1 bis 3 sind für alle in einem Wirtschaftsjahr angeschafften, hergestellten oder eingelegten Wirtschaftsgüter einheitlich anzuwenden.

(3) ¹Wird ein Betrieb, ein Teilbetrieb oder der Anteil eines Mitunternehmers an einem Betrieb unentgeltlich übertragen, so sind bei der Ermittlung des Gewinns des bisherigen Betriebsinhabers (Mitunternehmers) die Wirtschaftsgüter mit den Werten anzusetzen, die sich nach den Vorschriften über die Gewinnermittlung ergeben; dies gilt auch bei der unentgeltlichen Aufnahme einer natürlichen Person in ein bestehendes Einzelunternehmen sowie bei der unentgeltlichen Übertragung eines Teils eines Mitunternehmeranteils auf eine natürliche Person. ²Satz 1 ist auch anzuwenden, wenn der bisherige Betriebsinhaber (Mitunternehmer) Wirtschaftsgüter, die weiterhin zum Betriebsvermögen derselben Mitunternehmerschaft gehören, nicht überträgt, sofern der Rechtsnachfolger den übernommenen Mitunternehmeranteil über einen Zeitraum von mindestens fünf Jahren nicht veräußert oder aufgibt. ³Der Rechtsnachfolger ist an diese Werte gebunden.

(4) Wird ein einzelnes Wirtschaftsgut außer in den Fällen der Einlage (§ 4 Abs. 1 Satz 8) unentgeltlich in das Betriebsvermögen eines anderen Steuerpflichtigen übertragen, gilt sein gemeiner Wert für das aufnehmende Betriebsvermögen als Anschaffungskosten.

(5) ¹Wird ein einzelnes Wirtschaftsgut von einem Betriebsvermögen in ein anderes Betriebsvermögen desselben Steuerpflichtigen überführt, ist bei der Überführung der Wert anzusetzen, der sich nach den Vorschriften über die Gewinnermittlung ergibt, sofern die Besteuerung der stillen Reserven sichergestellt ist; § 4 Absatz 1 Satz 4 ist entsprechend anzuwenden. ²Satz 1 gilt auch für die Überführung aus einem eigenen Betriebsvermögen des Steuerpflichtigen in dessen Sonderbetriebsvermögen bei einer Mitunternehmerschaft und umgekehrt sowie für die Überführung zwischen verschiedenen Sonderbetriebsvermögen desselben Steuerpflichtigen bei verschiedenen Mitunternehmerschaften. ³Satz 1 gilt entsprechend, soweit ein Wirtschaftsgut

1. unentgeltlich oder gegen Gewährung oder Minderung von Gesellschaftsrechten aus einem Betriebsvermögen des Mitunternehmers in das Gesamthandsvermögen einer Mitunternehmerschaft und umgekehrt,

2. unentgeltlich oder gegen Gewährung oder Minderung von Gesellschaftsrechten aus dem Sonderbetriebsvermögen eines Mitunternehmers in

das Gesamthandsvermögen derselben Mitunternehmerschaft oder einer anderen Mitunternehmerschaft, an der er beteiligt ist, und umgekehrt oder

3. unentgeltlich zwischen den jeweiligen Sonderbetriebsvermögen verschiedener Mitunternehmer derselben Mitunternehmerschaft

übertragen wird. [4]Wird das nach Satz 3 übertragene Wirtschaftsgut innerhalb einer Sperrfrist veräußert oder entnommen, ist rückwirkend auf den Zeitpunkt der Übertragung der Teilwert anzusetzen, es sei denn, die bis zur Übertragung entstandenen stillen Reserven sind durch Erstellung einer Ergänzungsbilanz dem übertragenden Gesellschafter zugeordnet worden; diese Sperrfrist endet drei Jahre nach Abgabe der Steuererklärung des Übertragenden für den Veranlagungszeitraum, in dem die in Satz 3 bezeichnete Übertragung erfolgt ist. [5]Der Teilwert ist auch anzusetzen, soweit in den Fällen des Satzes 3 der Anteil einer Körperschaft, Personenvereinigung oder Vermögensmasse an dem Wirtschaftsgut unmittelbar oder mittelbar begründet wird oder dieser sich erhöht. [6]Soweit innerhalb von sieben Jahren nach der Übertragung des Wirtschaftsguts nach Satz 3 der Anteil einer Körperschaft, Personenvereinigung oder Vermögensmasse an dem übertragenen Wirtschaftsgut aus einem anderen Grund unmittelbar oder mittelbar begründet wird oder dieser sich erhöht, ist rückwirkend auf den Zeitpunkt der Übertragung ebenfalls der Teilwert anzusetzen.

(6) [1]Wird ein einzelnes Wirtschaftsgut im Wege des Tausches übertragen, bemessen sich die Anschaffungskosten nach dem gemeinen Wert des hingegebenen Wirtschaftsguts. [2]Erfolgt die Übertragung im Wege der verdeckten Einlage, erhöhen sich die Anschaffungskosten der Beteiligung an der Kapitalgesellschaft um den Teilwert des eingelegten Wirtschaftsguts. [3]In den Fällen des Absatzes 1 Nr. 5 Satz 1 Buchstabe a erhöhen sich die Anschaffungskosten im Sinne des Satzes 2 um den Einlagewert des Wirtschaftsguts. [4]Absatz 5 bleibt unberührt.

(7) Im Fall des § 4 Absatz 3 sind

1. bei der Bemessung der Absetzungen für Abnutzung oder Substanzverringerung die sich bei der Anwendung der Absätze 3 bis 6 ergebenden Werte als Anschaffungskosten zugrunde zu legen und
2. die Bewertungsvorschriften des Absatzes 1 Nummer 1a und der Nummern 4 bis 7 entsprechend anzuwenden.

§ 6a
Pensionsrückstellung

(1) Für eine Pensionsverpflichtung darf eine Rückstellung (Pensionsrückstellung) nur gebildet werden, wenn und soweit

1. der Pensionsberechtigte einen Rechtsanspruch auf einmalige oder laufende Pensionsleistungen hat,
2. die Pensionszusage keine Pensionsleistungen in Abhängigkeit von künftigen gewinnabhängigen Bezügen vorsieht und keinen Vorbehalt enthält, dass die Pensionsanwartschaft oder die Pensionsleistung gemindert oder entzogen werden kann, oder ein solcher Vorbehalt sich nur auf Tatbestände erstreckt, bei deren Vorliegen nach allgemeinen Rechtsgrundsätzen unter Beachtung billigen Ermessens eine Minderung oder ein Entzug der Pensionsanwartschaft oder der Pensionsleistung zulässig ist, und
3. die Pensionszusage schriftlich erteilt ist; die Pensionszusage muss eindeutige Angaben zu Art, Form, Voraussetzungen und Höhe der in Aussicht gestellten künftigen Leistungen enthalten.

(2) Eine Pensionsrückstellung darf erstmals gebildet werden

1. vor Eintritt des Versorgungsfalls für das Wirtschaftsjahr, in dem die Pensionszusage erteilt wird, frühestens jedoch für das Wirtschaftsjahr, bis zu dessen Mitte der Pensionsberechtigte das 27. Lebensjahr vollendet oder für das Wirtschaftsjahr, in dessen Verlauf die Pensionsanwartschaft gemäß den Vorschriften des Betriebsrentengesetzes unverfallbar wird,
2. nach Eintritt des Versorgungsfalls für das Wirtschaftsjahr, in dem der Versorgungsfall eintritt.

(3) [1]Eine Pensionsrückstellung darf höchstens mit dem Teilwert der Pensionsverpflichtung angesetzt werden. [2]Als Teilwert einer Pensionsverpflichtung gilt

1. [1]vor Beendigung des Dienstverhältnisses des Pensionsberechtigten der Barwert der künftigen Pensionsleistungen am Schluss des Wirtschaftsjahrs abzüglich des sich auf denselben Zeitpunkt ergebenden Barwertes betragsmäßig gleich bleibender Jahresbeträge, bei einer Entgeltumwandlung im Sinne von § 1 Abs. 2 des Betriebsrentengesetzes mindestens jedoch der Barwert der gemäß den Vorschriften des Betriebsrentengesetzes unverfallbaren künftigen Pensionsleistungen am Schluss des Wirtschaftsjahres. [2]Die Jahresbeträge sind so zu bemessen, dass am Beginn des Wirtschaftsjahres, in dem das Dienstverhältnis begonnen hat, ihr Barwert gleich dem Barwert der künftigen Pensionsleistungen ist; die künftigen Pensionsleistungen sind dabei mit dem Betrag anzusetzen, der sich nach den Verhältnissen am Bilanzstichtag ergibt. [3]Es sind die Jahresbeträge zugrunde zu legen, vom Beginn des Wirtschaftsjahres, in dem das Dienstverhältnis begonnen hat, bis zu dem in der Pensionszusage vorgesehenen Zeitpunkt des Eintritts des Versorgungsfalls rechnungsmäßig aufzubringen sind. [4]Erhöhungen oder Verminderungen der Pensionsleistungen nach dem Schluss des Wirtschaftsjahres, die hinsichtlich des Zeitpunkts ihres Wirksamwerdens oder ihres Umfangs ungewiss sind, sind bei der Berechnung des Barwertes der künftigen Pensionsleistungen und der Jahresbeträge erst zu berücksichtigen, wenn sie eingetreten sind. [5]Wird die Pensionszusage erst nach dem Beginn des Dienstverhältnisses erteilt, so ist die Zwischenzeit für die Berechnung der Jahresbeträge nur insoweit als Wartezeit zu behandeln, als sie in der Pensionszusage als solche bestimmt ist. [6]Hat das Dienstverhältnis schon

vor der Vollendung des 27. Lebensjahrs des Pensionsberechtigten bestanden, so gilt es als zu Beginn des Wirtschaftsjahres begonnen, bis zu dessen Mitte der Pensionsberechtigte das 27. Lebensjahr vollendet; in diesem Fall gilt für davor liegende Wirtschaftsjahre als Teilwert der Barwert der gemäß den Vorschriften des Betriebsrentengesetzes unverfallbaren künftigen Pensionsleistungen am Schluss des Wirtschaftsjahres;

2. nach Beendigung des Dienstverhältnisses des Pensionsberechtigten unter Aufrechterhaltung seiner Pensionsanwartschaft oder nach Eintritt des Versorgungsfalls der Barwert der künftigen Pensionsleistungen am Schluss des Wirtschaftsjahres; Nummer 1 Satz 4 gilt sinngemäß.

[3]Bei der Berechnung des Teilwerts der Pensionsverpflichtung sind ein Rechnungszinsfuß von 6 Prozent und die anerkannten Regeln der Versicherungsmathematik anzuwenden.

(4) [1]Eine Pensionsrückstellung darf in einem Wirtschaftsjahr höchstens um den Unterschied zwischen dem Teilwert der Pensionsverpflichtung am Schluss des Wirtschaftsjahres und am Schluss des vorangegangenen Wirtschaftsjahres erhöht werden. [2]Soweit der Unterschiedsbetrag auf der erstmaligen Anwendung neuer oder geänderter biometrischer Rechnungsgrundlagen beruht, kann er nur auf mindestens drei Wirtschaftsjahre gleichmäßig verteilt der Pensionsrückstellung zugeführt werden; Entsprechendes gilt beim Wechsel auf andere biometrische Rechnungsgrundlagen. [3]In dem Wirtschaftsjahr, in dem mit der Bildung einer Pensionsrückstellung frühestens begonnen werden darf (Erstjahr), darf die Rückstellung bis zur Höhe des Teilwerts der Pensionsverpflichtung am Schluss des Wirtschaftsjahres gebildet werden; diese Rückstellung kann auf das Erstjahr und die beiden folgenden Wirtschaftsjahre gleichmäßig verteilt werden. [4]Erhöht sich in einem Wirtschaftsjahr gegenüber dem vorangegangenen Wirtschaftsjahr der Barwert der künftigen Pensionsleistungen um mehr als 25 Prozent, so kann die für dieses Wirtschaftsjahr zulässige Erhöhung der Pensionsrückstellung auf dieses Wirtschaftsjahr und die beiden folgenden Wirtschaftsjahre gleichmäßig verteilt werden. [5]Am Schluss des Wirtschaftsjahres, in dem das Dienstverhältnis des Pensionsberechtigten unter Aufrechterhaltung seiner Pensionsanwartschaft endet oder der Versorgungsfall eintritt, darf die Pensionsrückstellung stets bis zur Höhe des Teilwerts der Pensionsverpflichtung gebildet werden; die für dieses Wirtschaftsjahr zulässige Erhöhung der Pensionsrückstellung kann auf dieses Wirtschaftsjahr und die beiden folgenden Wirtschaftsjahre gleichmäßig verteilt werden. [6]Satz 2 gilt in den Fällen der Sätze 3 bis 5 entsprechend.

(5) Die Absätze 3 und 4 gelten entsprechend, wenn der Pensionsberechtigte zu dem Pensionsverpflichteten in einem anderen Rechtsverhältnis als einem Dienstverhältnis steht.

§ 6b
Übertragung stiller Reserven bei der Veräußerung bestimmter Anlagegüter

(1) [1]Steuerpflichtige, die

Grund und Boden,

Aufwuchs auf Grund und Boden mit dem dazugehörigen Grund und Boden, wenn der Aufwuchs zu einem land- und forstwirtschaftlichen Betriebsvermögen gehört,

Gebäude oder Binnenschiffe,

veräußern, können im Wirtschaftsjahr der Veräußerung von den Anschaffungs- oder Herstellungskosten der in Satz 2 bezeichneten Wirtschaftsgüter, die im Wirtschaftsjahr der Veräußerung oder im vorangegangenen Wirtschaftsjahr angeschafft oder hergestellt worden sind, einen Betrag bis zur Höhe des bei der Veräußerung entstandenen Gewinns abziehen. [2]Der Abzug ist zulässig bei den Anschaffungs- oder Herstellungskosten von

1. Grund und Boden,

    soweit der Gewinn bei der Veräußerung von Grund und Boden entstanden ist,

2. Aufwuchs auf Grund und Boden mit dem dazugehörigen Grund und Boden, wenn der Aufwuchs zu einem land- und forstwirtschaftlichen Betriebsvermögen gehört,

    soweit der Gewinn bei der Veräußerung von Grund und Boden oder Aufwuchs auf Grund und Boden mit dem dazugehörigen Grund und Boden entstanden ist,

3. Gebäuden,

    soweit der Gewinn bei der Veräußerung von Grund und Boden, von Aufwuchs auf Grund und Boden mit dem dazugehörigen Grund und Boden oder Gebäuden entstanden ist, oder

4. Binnenschiffen,

    soweit der Gewinn bei der Veräußerung von Binnenschiffen entstanden ist.

[3]Der Anschaffung oder Herstellung von Gebäuden steht ihre Erweiterung, ihr Ausbau oder ihr Umbau gleich. [4]Der Abzug ist in diesem Fall nur von dem Aufwand für die Erweiterung, den Ausbau oder den Umbau der Gebäude zulässig.

(2) [1]Gewinn im Sinne des Absatzes 1 Satz 1 ist der Betrag, um den der Veräußerungspreis nach Abzug der Veräußerungskosten den Buchwert übersteigt, mit dem das veräußerte Wirtschaftsgut im Zeitpunkt der Veräußerung anzusetzen gewesen wäre. [2]Buchwert ist der Wert, mit dem ein Wirtschaftsgut nach § 6 anzusetzen ist.

(3) [1]Soweit Steuerpflichtige den Abzug nach Absatz 1 nicht vorgenommen haben, können sie im Wirtschaftsjahr der Veräußerung eine den steuerlichen Gewinn mindernde Rücklage bilden. [2]Bis zur Höhe dieser Rücklage können sie von den Anschaffungs- oder Herstellungskosten der in Absatz 1 Satz 2 bezeichneten Wirtschaftsgüter, die in den folgenden vier Wirtschaftsjahren angeschafft oder hergestellt worden sind, im Wirtschaftsjahr ihrer Anschaffung oder Herstellung einen Betrag unter Berücksichtigung der Einschränkungen des Ab-

satzes 1 Satz 2 bis 4 abziehen. ³Die Frist von vier Jahren verlängert sich bei neu hergestellten Gebäuden auf sechs Jahre, wenn mit ihrer Herstellung vor dem Schluss des vierten auf die Bildung der Rücklage folgenden Wirtschaftsjahres begonnen worden ist. ⁴Die Rücklage ist in Höhe des abgezogenen Betrags gewinnerhöhend aufzulösen. ⁵Ist eine Rücklage am Schluss des vierten auf ihre Bildung folgenden Wirtschaftsjahres noch nicht vorhanden, so ist sie in diesem Zeitpunkt gewinnerhöhend aufzulösen, soweit nicht ein Abzug von den Herstellungskosten von Gebäuden in Betracht kommt, mit deren Herstellung bis zu diesem Zeitpunkt begonnen worden ist; ist die Rücklage am Schluss des sechsten auf ihre Bildung folgenden Wirtschaftsjahres noch vorhanden, so ist sie in diesem Zeitpunkt gewinnerhöhend aufzulösen.

(4) ¹Voraussetzung für die Anwendung der Absätze 1 und 3 ist, dass

1. der Steuerpflichtige den Gewinn nach § 4 Abs. 1 oder § 5 ermittelt,
2. die veräußerten Wirtschaftsgüter im Zeitpunkt der Veräußerung mindestens sechs Jahre ununterbrochen zum Anlagevermögen einer inländischen Betriebsstätte gehört haben,
3. die angeschafften oder hergestellten Wirtschaftsgüter zum Anlagevermögen einer inländischen Betriebsstätte gehören,
4. der bei der Veräußerung entstandene Gewinn bei der Ermittlung des im Inland steuerpflichtigen Gewinns nicht außer Ansatz bleibt und
5. der Abzug nach Absatz 1 und die Bildung und Auflösung der Rücklage nach Absatz 3 in der Buchführung verfolgt werden können.

²Der Abzug nach den Absätzen 1 und 3 ist bei Wirtschaftsgütern, die zu einem land- und forstwirtschaftlichen Betrieb gehören oder der selbständigen Arbeit dienen, nicht zulässig, wenn der Gewinn bei der Veräußerung von Wirtschaftsgütern eines Gewerbebetriebs entstanden ist.

(5) An die Stelle der Anschaffungs- oder Herstellungskosten im Sinne des Absatzes 1 tritt in den Fällen, in denen das Wirtschaftsgut im Wirtschaftsjahr vor der Veräußerung angeschafft oder hergestellt wurde, der Buchwert am Schluss des Wirtschaftsjahres der Anschaffung oder Herstellung.

(6) ¹Ist ein Betrag nach Absatz 1 oder 3 abgezogen worden, so tritt für die Absetzungen für Abnutzung oder Substanzverringerung oder in den Fällen des § 6 Abs. 2 und Abs. 2a im Wirtschaftsjahr des Abzugs der verbleibende Betrag an die Stelle der Anschaffungs- oder Herstellungskosten. ²In den Fällen des § 7 Abs. 4 Satz 1 und Abs. 5 sind die um den Abzugsbetrag nach Absatz 1 oder 3 geminderten Anschaffungs- oder Herstellungskosten maßgebend.

(7) Soweit eine nach Absatz 3 Satz 1 gebildete Rücklage gewinnerhöhend aufgelöst wird, ohne dass ein entsprechender Betrag nach Absatz 3 abgezogen wird, ist Gewinn des Wirtschaftsjahres, in dem die Rücklage aufgelöst wird, für jedes volle Wirtschaftsjahr, in dem die Rücklage bestanden hat, um 6 Prozent des aufgelösten Rücklagenbetrags zu erhöhen.

(8) ¹Werden Wirtschaftsgüter im Sinne des Absatzes 1 zum Zweck der Vorbereitung oder Durchführung von städtebaulichen Sanierungs- oder Entwicklungsmaßnahmen an einen der in Satz 2 bezeichneten Erwerber übertragen, sind die Absätze 1 bis 7 mit der Maßgabe anzuwenden, daß

1. die Fristen des Absatzes 3 Satz 2, 3 und 5 sich jeweils um drei Jahre verlängern und
2. an die Stelle der in Absatz 4 Nr. 2 bezeichneten Frist von sechs Jahren eine Frist von zwei Jahren tritt.

²Erwerber im Sinne des Satzes 1 sind Gebietskörperschaften, Gemeindeverbände, Verbände im Sinne des § 166 Abs. 4 des Baugesetzbuchs, Planungsverbände nach § 205 des Baugesetzbuchs, Sanierungsträger nach § 157 des Baugesetzbuchs, Entwicklungsträger nach § 167 des Baugesetzbuchs sowie Erwerber, die städtebauliche Sanierungsmaßnahmen als Eigentümer selbst durchführen (§ 147 Abs. 2 und § 148 Abs. 1 des Baugesetzbuchs).

(9) Absatz 8 ist nur anzuwenden, wenn die nach Landesrecht zuständige Behörde bescheinigt, dass die Übertragung der Wirtschaftsgüter zum Zweck der Vorbereitung oder Durchführung von städtebaulichen Sanierungs- oder Entwicklungsmaßnahmen an einen der in Absatz 8 Satz 2 bezeichneten Erwerber erfolgt ist.

(10) ¹Steuerpflichtige, die keine Körperschaften, Personenvereinigungen oder Vermögensmassen sind, können Gewinne aus der Veräußerung von Anteilen an Kapitalgesellschaften bis zu einem Betrag von 500 000 Euro auf die im Wirtschaftsjahr der Veräußerung oder in den folgenden zwei Wirtschaftsjahren angeschafften Anteile an Kapitalgesellschaften oder angeschafften oder hergestellten abnutzbaren beweglichen Wirtschaftsgüter oder auf die im Wirtschaftsjahr der Veräußerung oder in den folgenden vier Wirtschaftsjahren angeschafften oder hergestellten Gebäude nach Maßgabe der Sätze 2 bis 11 übertragen. ²Wird der Gewinn im Jahr der Veräußerung auf Gebäude oder abnutzbare bewegliche Wirtschaftsgüter übertragen, so kann ein Betrag bis zur Höhe des bei der Veräußerung entstandenen und nicht nach § 3 Nr. 40 Satz 1 Buchstabe a und b in Verbindung mit § 3c Abs. 2 steuerbefreiten Betrags von den Anschaffungs- oder Herstellungskosten für Gebäude oder abnutzbare bewegliche Wirtschaftsgüter abgezogen werden. ³Wird der Gewinn im Jahr der Veräußerung auf Anteile an Kapitalgesellschaften übertragen, mindern sich die Anschaffungskosten der Anteile an Kapitalgesellschaften in Höhe des Veräußerungsgewinns einschließlich des nach § 3 Nr. 40 Satz 1 Buchstabe a und b in Verbindung mit § 3c Abs. 2 steuerbefreiten Betrages. ⁴Absatz 2, Absatz 4 Satz 1 Nr. 1, 2, 3, 5 und Satz 2 sowie Absatz 5 sind sinngemäß anzuwenden. ⁵Soweit Steuerpflichtige den Abzug nach Sätzen 1 bis 4 nicht vorgenommen haben, können sie eine Rücklage nach Maßgabe des Satzes 1 einschließlich des nach § 3 Nr. 40 Satz 1 Buchstabe a und b in Verbindung mit § 3c Abs. 2 steuerbefreiten Betrages bilden. ⁶Bei der Auflösung der Rücklage gelten die Sätze 2 und 3 sinngemäß. ⁷Im Fall des Satzes 2, ist die Rücklage in gleicher Höhe um den nach § 3 Nr. 40 Satz 1 Buchstabe a und b in Verbindung mit § 3c Abs. 2 steuer-

befreiten Betrag aufzulösen. ⁸Ist eine Rücklage am Schluss des vierten auf ihre Bildung folgenden Wirtschaftsjahrs noch vorhanden, so ist sie in diesem Zeitpunkt gewinnerhöhend aufzulösen. ⁹Soweit der Abzug nach Satz 6 nicht vorgenommen wurde, ist der Gewinn des Wirtschaftsjahrs, in dem die Rücklage aufgelöst wird, für jedes volle Wirtschaftsjahr, in dem die Rücklage bestanden hat, um 6 Prozent des nicht nach § 3 Nr. 40 Satz 1 Buchstabe a und b in Verbindung mit § 3c Abs. 2 steuerbefreiten aufgelösten Rücklagenbetrags zu erhöhen. ¹⁰Für die zum Gesamthandsvermögen von Personengesellschaften oder Gemeinschaften gehörenden Anteile an Kapitalgesellschaften gelten die Sätze 1 bis 9 nur, soweit an den Personengesellschaften und Gemeinschaften keine Körperschaften, Personenvereinigungen oder Vermögensmassen beteiligt sind.

§ 6c
Übertragung stiller Reserven bei der Veräußerung bestimmter Anlagegüter bei der Ermittlung des Gewinns nach § 4 Abs. 3 oder nach Durchschnittssätzen

(1) ¹§ 6b mit Ausnahme des § 6b Abs. 4 Nr. 1 ist entsprechend anzuwenden, wenn der Gewinn nach § 4 Abs. 3 oder die Einkünfte aus Land- und Forstwirtschaft nach Durchschnittssätzen ermittelt werden. ²Soweit nach § 6b Abs. 3 eine Rücklage gebildet werden kann, ist ihre Bildung als Betriebsausgabe (Abzug) und ihre Auflösung als Betriebseinnahme (Zuschlag) zu behandeln; der Zeitraum zwischen Abzug und Zuschlag gilt als Zeitraum, in dem die Rücklage bestanden hat.

(2) ¹Voraussetzung für die Anwendung des Absatzes 1 ist, dass die Wirtschaftsgüter, bei denen ein Abzug von den Anschaffungs- oder Herstellungskosten oder von dem Wert nach § 6b Abs. 5 vorgenommen worden ist, in besondere, laufend zu führende Verzeichnisse aufgenommen werden. ²In den Verzeichnissen sind der Tag der Anschaffung oder Herstellung, die Anschaffungs- oder Herstellungskosten, der Abzug nach § 6b Abs. 1 und 3 in Verbindung mit Absatz 1, die Absetzungen für Abnutzung, die Abschreibungen sowie die Beträge nachzuweisen, die nach § 6b Abs. 3 in Verbindung mit Absatz 1 als Betriebsausgaben (Abzug) oder Betriebseinnahmen (Zuschlag) behandelt worden sind.

§ 6d
Euroumrechnungsrücklage

(1) ¹Ausleihungen, Forderungen und Verbindlichkeiten im Sinne des Artikels 43 des Einführungsgesetzes zum Handelsgesetzbuch, die auf Währungseinheiten der an der europäischen Währungsunion teilnehmenden anderen Mitgliedstaaten oder auf die ECU im Sinne des Artikels 2 der Verordnung (EG) Nr. 1103/97 des Rates vom 17. Juni 1997 (ABl. EGL Nr. 162 S. 1) lauten, sind am Schluss des ersten nach dem 31. Dezember 1998 endenden Wirtschaftsjahres mit dem vom Rat der Europäischen Union gemäß Artikel 109l Abs. 4 Satz 1 des EG-Vertrages unwiderruflich festgelegten Umrechnungskurs umzurechnen und mit dem sich danach ergebenden Wert anzusetzen. ²Der Gewinn, der sich aus diesem jeweiligen Ansatz für das einzelne Wirtschaftsgut ergibt, kann in eine den steuerlichen Gewinn mindernde Rücklage eingestellt werden. ³Die Rücklage ist gewinnerhöhend aufzulösen, soweit das Wirtschaftsgut, aus dessen Bewertung sich der in die Rücklage eingestellte Gewinn ergeben hat, aus dem Betriebsvermögen ausscheidet. ⁴Die Rücklage ist spätestens am Schluss des fünften nach dem 31. Dezember 1998 endenden Wirtschaftsjahres gewinnerhöhend aufzulösen.

(2) ¹In die Euroumrechnungsrücklage gemäß Absatz 1 Satz 2 können auch Erträge eingestellt werden, die sich aus der Aktivierung von Wirtschaftsgütern auf Grund der unwiderruflichen Festlegung der Umrechnungskurse ergeben. ²Absatz 1 Satz 3 gilt entsprechend.

(3) Die Bildung und Auflösung der jeweiligen Rücklage müssen in der Buchführung verfolgt werden können.

§ 7
Absetzung für Abnutzung oder Substanzverringerung

(1) ¹Bei Wirtschaftsgütern, deren Verwendung oder Nutzung durch den Steuerpflichtigen zur Erzielung von Einkünften sich erfahrungsgemäß auf einen Zeitraum von mehr als einem Jahr erstreckt, ist jeweils für ein Jahr der Teil der Anschaffungs- oder Herstellungskosten abzusetzen, der bei gleichmäßiger Verteilung dieser Kosten auf die Gesamtdauer der Verwendung oder Nutzung auf ein Jahr entfällt (Absetzung für Abnutzung in gleichen Jahresbeträgen). ²Die Absetzung bemisst sich hierbei nach der betriebsgewöhnlichen Nutzungsdauer des Wirtschaftsguts. ³Als betriebsgewöhnliche Nutzungsdauer des Geschäfts- oder Firmenwerts eines Gewerbebetriebs oder eines Betriebs der Land- und Forstwirtschaft gilt ein Zeitraum von fünfzehn Jahren. ⁴Im Jahr der Anschaffung oder Herstellung des Wirtschaftsguts vermindert sich für dieses Jahr der Absetzungsbetrag nach Satz 1 um jeweils ein Zwölftel für jeden vollen Monat, der dem Monat der Anschaffung oder Herstellung vorangeht. ⁵Bei Wirtschaftsgütern, die nach einer Verwendung zur Erzielung von Einkünften im Sinne des § 2 Abs. 1 Satz 1 Nummer 4 bis 7 in ein Betriebsvermögen eingelegt worden sind, mindert sich der Einlagewert um die Absetzungen für Abnutzung oder Substanzverringerung, Sonderabschreibungen oder erhöhte Absetzungen, die bis zum Zeitpunkt der Einlage vorgenommen worden sind, höchstens jedoch bis zu den fortgeführten Anschaffungs- oder Herstellungskosten; ist der Einlagewert niedriger als dieser Wert, bemisst sich die weitere Absetzung für Abnutzung vom Einlagewert. ⁶Bei beweglichen Wirtschaftsgütern des Anlagevermögens, bei denen es wirtschaftlich begründet ist, die Absetzung für Abnutzung nach Maßgabe der Leistung des Wirtschaftsguts vorzunehmen, kann der Steuerpflichtige dieses Verfahren statt der Absetzung für Abnutzung in gleichen Jahresbeträgen anwenden, wenn er den auf das einzelne Jahr entfallenden Umfang der Leistung nachweist. ⁷Absetzungen für außergewöhnliche technische oder wirtschaftliche Abnutzung sind zulässig; soweit der Grund hierfür in späteren Wirtschaftsjahren entfällt, ist in den Fällen der

EStG

Gewinnermittlung nach § 4 Abs. 1 oder nach § 5 eine entsprechende Zuschreibung vorzunehmen.

(2) ¹Bei beweglichen Wirtschaftsgütern des Anlagevermögens, die nach dem 31. Dezember 2008 und vor dem 1. Januar 2011 angeschafft oder hergestellt worden sind, kann der Steuerpflichtige statt der Absetzung für Abnutzung in gleichen Jahresbeträgen die Absetzung für Abnutzung in fallenden Jahresbeträgen bemessen. ²Die Absetzung für Abnutzung in fallenden Jahresbeträgen kann nach einem unveränderlichen Prozentsatz vom jeweiligen Buchwert (Restwert) vorgenommen werden; der dabei anzuwendende Prozentsatz darf höchstens das Zweieinhalbfache des bei der Absetzung für Abnutzung in gleichen Jahresbeträgen in Betracht kommenden Prozentsatzes betragen und 25 Prozent nicht übersteigen. ³Absatz 1 Satz 4 und § 7a Abs. 8 gelten entsprechend. ⁴Bei Wirtschaftsgütern, bei denen die Absetzung für Abnutzung in fallenden Jahresbeträgen bemessen wird, sind Absetzungen für außergewöhnliche technische oder wirtschaftliche Abnutzung nicht zulässig.

(3) ¹Der Übergang von der Absetzung für Abnutzung in fallenden Jahresbeträgen zur Absetzung für Abnutzung in gleichen Jahresbeträgen ist zulässig. ²In diesem Fall bemisst sich die Absetzung für Abnutzung vom Zeitpunkt des Übergangs an nach dem dann noch vorhandenen Restwert und der Restnutzungsdauer des einzelnen Wirtschaftsguts. ³Der Übergang von der Absetzung für Abnutzung in gleichen Jahresbeträgen zur Absetzung für Abnutzung in fallenden Jahresbeträgen ist nicht zulässig.

(4) ¹Bei Gebäuden sind abweichend von Absatz 1 als Absetzung für Abnutzung die folgenden Beträge bis zur vollen Absetzung abzuziehen:
1. bei Gebäuden, soweit sie zu einem Betriebsvermögen gehören und nicht Wohnzwecken dienen und für die der Bauantrag nach dem 31. März 1985 gestellt worden ist, jährlich 3 Prozent,
2. bei Gebäuden, soweit sie die Voraussetzungen der Nummer 1 nicht erfüllen und die
   a) nach dem 31. Dezember 1924 fertiggestellt worden sind, jährlich 2 Prozent,
   b) vor dem 1. Januar 1925 fertiggestellt worden sind, jährlich 2,5 Prozent

der Anschaffungs- oder Herstellungskosten; Absatz 1 Satz 5 gilt entsprechend. ²Beträgt die tatsächliche Nutzungsdauer eines Gebäudes in den Fällen des Satzes 1 Nr. 1 weniger als 33 Jahre, in den Fällen des Satzes 1 Nr. 2 Buchstabe a weniger als 50 Jahre, in den Fällen des Satzes 1 Nr. 2 Buchstabe b weniger als 40 Jahre, so können an Stelle der Absetzungen nach Satz 1 die der tatsächlichen Nutzungsdauer entsprechenden Absetzungen für Abnutzung vorgenommen werden. ³Absatz 1 letzter Satz bleibt unberührt. ⁴Bei Gebäuden im Sinne der Nummer 2 rechtfertigt die für Gebäude im Sinne der Nummer 1 geltende Regelung weder die Anwendung des Absatzes 1 letzter Satz noch den Ansatz des niedrigeren Teilwerts (§ 6 Abs. 1 Nr. 1 Satz 2).

(5) ¹Bei Gebäuden, die in einem Mitgliedstaat der Europäischen Union oder einem anderen Staat belegen sind, auf den das Abkommen über den Europäischen Wirtschaftsraum (EWR-Abkommen) angewendet wird, und die vom Steuerpflichtigen hergestellt oder bis zum Ende des Jahres der Fertigstellung angeschafft worden sind, können abweichend von Absatz 4 als Absetzung für Abnutzung die folgenden Beträge abgezogen werden:
1. bei Gebäuden im Sinne des Absatzes 4 Satz 1 Nr. 1, die vom Steuerpflichtigen auf Grund eines vor dem 1. Januar 1994 gestellten Bauantrags hergestellt oder auf Grund eines vor diesem Zeitpunkt rechtswirksam abgeschlossenen obligatorischen Vertrags angeschafft worden sind,
   – im Jahr der Fertigstellung und in den folgenden drei Jahren jeweils 10 Prozent,
   – in den darauffolgenden drei Jahren jeweils 5 Prozent,
   – in den darauf folgenden 18 Jahren jeweils 2,5 Prozent,
2. bei Gebäuden im Sinne des Absatzes 4 Satz 1 Nr. 2, die vom Steuerpflichtigen auf Grund eines vor dem 1. Januar 1995 gestellten Bauantrags hergestellt oder auf Grund eines vor diesem Zeitpunkt rechtswirksam abgeschlossenen obligatorischen Vertrags angeschafft worden sind
   – im Jahr der Fertigstellung und in den folgenden sieben Jahren jeweils 5 Prozent,
   – in den darauf folgenden sechs Jahren jeweils 2,5 Prozent,
   – in den darauf folgenden 36 Jahren jeweils 1,25 Prozent,
3. bei Gebäuden im Sinne des Absatzes 4 Satz 1 Nr. 2, soweit sie Wohnzwecken dienen, die vom Steuerpflichtigen
   a) auf Grund eines nach dem 28. Februar 1989 und vor dem 1. Januar 1996 gestellten Bauantrags hergestellt oder nach dem 28. Februar 1989 auf Grund eines nach dem 28. Februar 1989 und vor dem 1. Januar 1996 rechtswirksam abgeschlossenen obligatorischen Vertrags angeschafft worden sind,
      – im Jahr der Fertigstellung und in den folgenden drei Jahren jeweils 7 Prozent,
      – in den darauffolgenden sechs Jahren jeweils 5 Prozent,
      – in den darauffolgenden sechs Jahren jeweils 2 Prozent,
      – in den darauffolgenden 24 Jahren jeweils 1,25 Prozent,
   b) auf Grund eines nach dem 31. Dezember 1995 und vor dem 1. Januar 2004 gestellten Bauantrags hergestellt oder auf Grund eines nach dem 31. Dezember 1995 und vor dem 1. Januar 2004 rechtswirksam abgeschlossenen obligatorischen Vertrags angeschafft worden sind,
      – im Jahr der Fertigstellung und in den folgenden 7 Jahren jeweils 5 Prozent,
      – in den darauf folgenden 6 Jahren jeweils 2,5 Prozent,
      – in den darauf folgenden 36 Jahren jeweils 1,25 Prozent

c) auf Grund eines nach dem 31. Dezember 2003 und vor dem 1. Januar 2006 gestellten Bauantrags hergestellt oder auf Grund eines nach dem 31. Dezember 2003 und vor dem 1. Januar 2006 rechtswirksam abgeschlossenen obligatorischen Vertrags angeschafft worden sind,
– im Jahr der Fertigstellung und in den folgenden 9 Jahren jeweils 4 Prozent,
– in den darauf folgenden 8 Jahren jeweils 2,5 Prozent,
– in den darauf folgenden 32 Jahren jeweils 1,25 Prozent.

der Anschaffungs- oder Herstellungskosten. ²Im Fall der Anschaffung kann Satz 1 nur angewendet werden, wenn der Hersteller für das veräußerte Gebäude weder Absetzungen für Abnutzung nach Satz 1 vorgenommen noch erhöhte Absetzungen oder Sonderabschreibungen in Anspruch genommen hat. ³Absatz 1 Satz 4 gilt nicht.

(5a) Die Absätze 4 und 5 sind auf Gebäudeteile, die selbständige unbewegliche Wirtschaftsgüter sind, sowie auf Eigentumswohnungen und auf im Teileigentum stehende Räume entsprechend anzuwenden.

(6) Bei Bergbauunternehmen, Steinbrüchen und anderen Betrieben, die einen Verbrauch der Substanz mit sich bringen, ist Absatz 1 entsprechend anzuwenden; dabei sind Absetzungen nach Maßgabe des Substanzverzehrs zulässig (Absetzung für Substanzverringerung).

§ 7a
Gemeinsame Vorschriften für erhöhte Absetzungen und Sonderabschreibungen

(1) ¹Werden in dem Zeitraum, in dem bei einem Wirtschaftsgut erhöhte Absetzungen oder Sonderabschreibungen in Anspruch genommen werden können (Begünstigungszeitraum), nachträgliche Herstellungskosten aufgewendet, so bemessen sich vom Jahr der Entstehung der nachträglichen Herstellungskosten an bis zum Ende des Begünstigungszeitraums die Absetzungen für Abnutzung, erhöhten Absetzungen und Sonderabschreibungen nach den um die nachträglichen Herstellungskosten erhöhten Anschaffungs- oder Herstellungskosten. ²Entsprechendes gilt für nachträgliche Anschaffungskosten. ³Werden im Begünstigungszeitraum die Anschaffungs- oder Herstellungskosten eines Wirtschaftsguts nachträglich gemindert, so bemessen sich vom Jahr der Minderung an bis zum Ende des Begünstigungszeitraums die Absetzungen für Abnutzung, erhöhten Absetzungen und Sonderabschreibungen nach den geminderten Anschaffungs- oder Herstellungskosten.

(2) ¹Können bei einem Wirtschaftsgut erhöhte Absetzungen oder Sonderabschreibungen bereits für Anzahlungen auf Anschaffungskosten oder für Teilherstellungskosten in Anspruch genommen werden, so sind die Vorschriften über erhöhte Absetzungen und Sonderabschreibungen mit der Maßgabe anzuwenden, dass an die Stelle der Anschaffungs- oder Herstellungskosten die Anzahlungen auf Anschaffungskosten oder die Teilherstellungskosten und an die Stelle des Jahres der Anschaffung oder Herstellung das Jahr der Anzahlung oder Teilherstellung treten. ²Nach Anschaffung oder Herstellung des Wirtschaftsguts sind erhöhte Absetzungen oder Sonderabschreibungen nur zulässig, soweit sie nicht bereits für Anzahlungen auf Anschaffungskosten oder für Teilherstellungskosten in Anspruch genommen worden sind. ³Anzahlungen auf Anschaffungskosten sind im Zeitpunkt der tatsächlichen Zahlung aufgewendet. ⁴Werden Anzahlungen auf Anschaffungskosten durch Hingabe eines Wechsels geleistet, so sind sie in dem Zeitpunkt aufgewendet, in dem dem Lieferanten durch Diskontierung oder Einlösung des Wechsels das Geld tatsächlich zufließt. ⁵Entsprechendes gilt, wenn an Stelle von Geld ein Scheck hingegeben wird.

(3) Bei Wirtschaftsgütern, bei denen erhöhte Absetzungen in Anspruch genommen werden, müssen in jedem Jahr des Begünstigungszeitraums mindestens Absetzungen in Höhe der Absetzungen für Abnutzung nach § 7 Abs. 1 oder 4 berücksichtigt werden.

(4) Bei Wirtschaftsgütern, bei denen Sonderabschreibungen in Anspruch genommen werden, sind die Absetzungen für Abnutzung nach § 7 Abs. 1 oder 4 vorzunehmen.

(5) Liegen bei einem Wirtschaftsgut die Voraussetzungen für die Inanspruchnahme von erhöhten Absetzungen oder Sonderabschreibungen auf Grund mehrerer Vorschriften vor, so dürfen erhöhte Absetzungen oder Sonderabschreibungen nur auf Grund einer dieser Vorschriften in Anspruch genommen werden.

(6) Erhöhte Absetzungen oder Sonderabschreibungen sind bei der Prüfung, ob die in § 141 Abs. 1 Nr. 4 und 5 der Abgabenordnung bezeichneten Buchführungsgrenzen überschritten sind, nicht zu berücksichtigen.

(7) ¹Ist ein Wirtschaftsgut mehreren Beteiligten zuzurechnen und sind die Voraussetzungen für erhöhte Absetzungen oder Sonderabschreibungen nur bei einzelnen Beteiligten erfüllt, so dürfen die erhöhten Absetzungen und Sonderabschreibungen nur anteilig für diese Beteiligten vorgenommen werden. ²Die erhöhten Absetzungen oder Sonderabschreibungen dürfen von den Beteiligten, bei denen die Voraussetzungen dafür erfüllt sind, nur einheitlich vorgenommen werden.

(8) ¹Erhöhte Absetzungen oder Sonderabschreibungen sind bei Wirtschaftsgütern, die zu einem Betriebsvermögen gehören, nur zulässig, wenn sie in ein besonderes, laufend zu führendes Verzeichnis aufgenommen werden, das den Tag der Anschaffung oder Herstellung, die Anschaffungs- oder Herstellungskosten, die betriebsgewöhnliche Nutzungsdauer und die Höhe der jährlichen Absetzungen für Abnutzung, erhöhten Absetzungen und Sonderabschreibungen enthält. ²Das Verzeichnis braucht nicht geführt zu werden, wenn diese Angaben aus der Buchführung ersichtlich sind.

(9) Sind für ein Wirtschaftsgut Sonderabschreibungen vorgenommen worden, so bemessen sich nach Ablauf des maßgebenden Begünstigungszeitraums die Absetzungen für Abnutzung bei Ge-

bäuden und bei Wirtschaftsgütern im Sinne des § 7 Abs. 5a nach dem Restwert und dem nach § 7 Abs. 4 unter Berücksichtigung der Restnutzungsdauer maßgebenden Prozentsatz, bei anderen Wirtschaftsgütern nach dem Restwert und der Restnutzungsdauer.

§ 7b
Erhöhte Absetzungen für Einfamilienhäuser, Zweifamilienhäuser und Eigentumswohnungen
(weggefallen)

§ 7c
Erhöhte Absetzungen für Baumaßnahmen an Gebäuden zur Schaffung neuer Mietwohnungen
(weggefallen)

§ 7d
Erhöhte Absetzungen für Wirtschaftsgüter, die dem Umweltschutz dienen
(weggefallen)

§ 7e
(weggefallen)

§ 7f
Bewertungsfreiheit für abnutzbare Wirtschaftsgüter des Anlagevermögens privater Krankenhäuser
(weggefallen)

§ 7g
Investitionsabzugsbeträge und Sonderabschreibungen zur Förderung kleiner und mittlerer Betriebe

(1) ¹Steuerpflichtige können für die künftige Anschaffung oder Herstellung eines abnutzbaren beweglichen Wirtschaftsguts des Anlagevermögens bis zu 40 Prozent der voraussichtlichen Anschaffungs- oder Herstellungskosten gewinnmindernd abziehen (Investitionsabzugsbetrag). ²Der Investitionsabzugsbetrag kann nur in Anspruch genommen werden, wenn

1. ¹⁾ der Betrieb am Schluss des Wirtschaftsjahres, in dem der Abzug vorgenommen wird, die folgenden Größenmerkmale nicht überschreitet:
   a) bei Gewerbebetrieben oder der selbständigen Arbeit dienenden Betrieben, die ihren Gewinn nach § 4 Abs. 1 oder § 5 ermitteln, ein Betriebsvermögen von 235 000 Euro;
   b) bei Betrieben der Land- und Forstwirtschaft einen Wirtschaftswert oder einen Ersatzwirtschaftswert von 125 000 Euro oder
   c) bei Betrieben im Sinne der Buchstaben a und b, die ihren Gewinn nach § 4 Abs. 3 ermitteln, ohne Berücksichtigung des Investitionsabzugsbetrages einen Gewinn von 100 000 Euro;
2. der Steuerpflichtige beabsichtigt, das begünstigte Wirtschaftsgut voraussichtlich
   a) in den dem Wirtschaftsjahr des Abzugs folgenden drei Wirtschaftsjahren anzuschaffen oder herzustellen;
   b) mindestens bis zum Ende des dem Wirtschaftsjahr der Anschaffung oder Herstellung folgenden Wirtschaftsjahres in einer inländischen Betriebsstätte des Betriebs ausschließlich oder fast ausschließlich betrieblich zu nutzen und
3. der Steuerpflichtige das begünstigte Wirtschaftsgut in den beim Finanzamt einzureichenden Unterlagen seiner Funktion nach benennt und die Höhe der voraussichtlichen Anschaffungs- oder Herstellungskosten angibt.

³Abzugsbeträge können auch dann in Anspruch genommen werden, wenn dadurch ein Verlust entsteht oder sich erhöht. ⁴Die Summe der Beträge, die im Wirtschaftsjahr des Abzugs und in den drei vorangegangenen Wirtschaftsjahren nach Satz 1 insgesamt abgezogen und nicht nach Absatz 2 hinzugerechnet oder nach Absatz 3 oder 4 rückgängig gemacht wurden, darf je Betrieb 200 000 Euro nicht übersteigen.

(2) ¹Im Wirtschaftsjahr der Anschaffung oder Herstellung des begünstigten Wirtschaftsguts ist der für dieses Wirtschaftsgut in Anspruch genommene Investitionsabzugsbetrag in Höhe von 40 Prozent der Anschaffungs- oder Herstellungskosten gewinnerhöhend hinzuzurechnen; die Hinzurechnung darf den nach Satz 1 abgezogenen Betrag nicht übersteigen. ²Die Anschaffungs- oder Herstellungskosten des Wirtschaftsguts können in dem in Satz 1 genannten Wirtschaftsjahr um bis zu 40 Prozent, höchstens jedoch um die Hinzurechnung nach Satz 1, gewinnmindernd herabgesetzt werden; die Bemessungsgrundlage für die Absetzungen für Abnutzung, erhöhten Absetzungen und Sonderabschreibungen sowie die Anschaffungs- oder Herstellungskosten im Sinne von § 6 Abs. 2 und 2a verringern sich entsprechend.

(3) ¹Soweit der Investitionsabzugsbetrag nicht bis zum Ende des dritten auf das Wirtschaftsjahr des Abzugs folgenden Wirtschaftsjahres nach Absatz 2 hinzugerechnet wurde, ist der Abzug nach Absatz 1 rückgängig zu machen. ²Wurde der Gewinn des maßgebenden Wirtschaftsjahres bereits einer Steuerfestsetzung oder einer gesonderten Feststellung zugrunde gelegt, ist der entsprechende Steuer- oder Feststellungsbescheid insoweit zu ändern. ³Das gilt auch dann, wenn der Steuer- oder Feststellungsbescheid bestandskräftig geworden ist; die Festsetzungsfrist endet insoweit nicht, bevor die Festsetzungsfrist für den Veranlagungszeitraum abgelaufen ist, in dem das dritte auf das Wirtschaftsjahr des Abzugs folgende Wirtschaftsjahr endet. ⁴§ 233a Absatz 2a der Abgabenordnung ist nicht anzuwenden.

(4) ¹Wird in den Fällen des Absatzes 2 das Wirtschaftsgut nicht bis zum Ende des dem Wirtschaftsjahr der Anschaffung oder Herstellung folgenden Wirtschaftsjahres in einer inländischen Betriebsstätte des Betriebs ausschließlich oder fast ausschließlich betrieblich genutzt, sind der Abzug nach Absatz 1 sowie die Herabsetzung der Anschaffungs- oder Herstellungskosten, die Verringerung der Bemessungsgrundlage und die Hinzurechnung nach Absatz 2 rückgängig zu machen. ²Wurden die Ge-

---
1) Hinweis auf § 52 Abs. 16.

winne der maßgebenden Wirtschaftsjahre bereits Steuerfestsetzungen oder gesonderten Feststellungen zugrunde gelegt, sind die entsprechenden Steuer- oder Feststellungsbescheide insoweit zu ändern. ³Das gilt auch dann, wenn die Steuer- oder Feststellungsbescheide bestandskräftig geworden sind; die Festsetzungsfristen enden insoweit nicht, bevor die Festsetzungsfrist für den Veranlagungszeitraum abgelaufen ist, in dem die Voraussetzungen des Absatzes 1 Satz 2 Nr. 2 Buchstabe b erstmals nicht mehr vorliegen. ⁴§ 233a Abs. 2a der Abgabenordnung ist nicht anzuwenden.

(5) Bei abnutzbaren beweglichen Wirtschaftsgütern des Anlagevermögens können unter den Voraussetzungen des Absatzes 6 im Jahr der Anschaffung oder Herstellung und in den vier folgenden Jahren neben den Absetzungen für Abnutzung nach § 7 Abs. 1 oder Abs. 2 Sonderabschreibungen bis zu insgesamt 20 Prozent der Anschaffungs- oder Herstellungskosten in Anspruch genommen werden.

(6) Die Sonderabschreibungen nach Absatz 5 können nur in Anspruch genommen werden, wenn

1. der Betrieb zum Schluss des Wirtschaftsjahres, das der Anschaffung oder Herstellung vorangeht, die Größenmerkmale des Absatzes 1 Satz 2 Nr. 1 nicht überschreitet, und

2. das Wirtschaftsgut im Jahr der Anschaffung oder Herstellung und im darauf folgenden Wirtschaftsjahr in einer inländischen Betriebsstätte des Betriebs des Steuerpflichtigen ausschließlich oder fast ausschließlich betrieblich genutzt wird; Absatz 4 gilt entsprechend.

(7) Bei Personengesellschaften und Gemeinschaften sind die Absätze 1 bis 6 mit der Maßgabe anzuwenden, dass an die Stelle des Steuerpflichtigen die Gesellschaft oder die Gemeinschaft tritt.

§ 7h
Erhöhte Absetzungen bei Gebäuden in Sanierungsgebieten und städtebaulichen Entwicklungsbereichen

(1) ¹Bei einem im Inland belegenen Gebäude in einem förmlich festgelegten Sanierungsgebiet oder städtebaulichen Entwicklungsbereich kann der Steuerpflichtige abweichend von § 7 Abs. 4 und 5 im Jahr der Herstellung und in den folgenden sieben Jahren jeweils bis zu 9 Prozent und in den folgenden vier Jahren jeweils bis zu 7 Prozent der Herstellungskosten für Modernisierungs- und Instandsetzungsmaßnahmen im Sinne des § 177 des Baugesetzbuchs absetzen. ²Satz 1 ist entsprechend anzuwenden auf Herstellungskosten für Maßnahmen, die der Erhaltung, Erneuerung und funktionsgerechten Verwendung eines Gebäudes im Sinne des Satzes 1 dienen, das wegen seiner geschichtlichen, künstlerischen oder städtebaulichen Bedeutung erhalten bleiben soll, und zu deren Durchführung sich der Eigentümer neben bestimmten Modernisierungsmaßnahmen gegenüber der Gemeinde verpflichtet hat. ³Der Steuerpflichtige kann die erhöhten Absetzungen im Jahr des Abschlusses der Maßnahme und in den folgenden elf Jahren auch für Anschaffungskosten in Anspruch nehmen, die auf Maßnahmen im Sinne der Sätze 1 und 2 entfallen, soweit diese nach dem rechtswirksamen Abschluss eines obligatorischen Erwerbsvertrags oder eines gleichstehenden Rechtsakts durchgeführt worden sind. ⁴Die erhöhten Absetzungen können nur in Anspruch genommen werden, soweit die Herstellungs- oder Anschaffungskosten durch Zuschüsse aus Sanierungs- oder Entwicklungsförderungsmitteln nicht gedeckt sind. ⁵Nach Ablauf des Begünstigungszeitraums ist ein Restwert den Herstellungs- oder Anschaffungskosten des Gebäudes oder dem an deren Stelle tretenden Wert hinzuzurechnen; die weiteren Absetzungen für Abnutzung sind einheitlich für das gesamte Gebäude nach dem sich hiernach ergebenden Betrag und dem für das Gebäude maßgebenden Prozentsatz zu bemessen.

(2) ¹Der Steuerpflichtige kann die erhöhten Absetzungen nur in Anspruch nehmen, wenn er durch eine Bescheinigung der zuständigen Gemeindebehörde die Voraussetzungen des Absatzes 1 für das Gebäude und die Maßnahmen nachweist. ²Sind ihm Zuschüsse aus Sanierungs- oder Entwicklungsförderungsmitteln gewährt worden, so hat die Bescheinigung auch deren Höhe zu enthalten; werden ihm solche Zuschüsse nach Ausstellung der Bescheinigung gewährt, so ist diese entsprechend zu ändern.

(3) Die Absätze 1 und 2 sind auf Gebäudeteile, die selbständige unbewegliche Wirtschaftsgüter sind, sowie auf Eigentumswohnungen und auf im Teileigentum stehende Räume entsprechend anzuwenden.

§ 7i
Erhöhte Absetzungen bei Baudenkmalen

(1) ¹Bei einem im Inland belegenen Gebäude, das nach den jeweiligen landesrechtlichen Vorschriften ein Baudenkmal ist, kann der Steuerpflichtige abweichend von § 7 Abs. 4 und 5 im Jahr der Herstellung und in den folgenden sieben Jahren jeweils bis zu 9 Prozent und in den folgenden vier Jahren jeweils bis zu 7 Prozent der Herstellungskosten für Baumaßnahmen, die nach Art und Umfang zur Erhaltung des Gebäudes als Baudenkmal oder zu seiner sinnvollen Nutzung erforderlich sind, absetzen. ²Eine sinnvolle Nutzung ist nur anzunehmen, wenn das Gebäude in der Weise genutzt wird, dass die Erhaltung der schützenswerten Substanz des Gebäudes auf die Dauer gewährleistet ist. ³Bei einem im Inland belegenen Gebäudeteil, das nach den jeweiligen landesrechtlichen Vorschriften ein Baudenkmal ist, sind die Sätze 1 und 2 entsprechend anzuwenden. ⁴Bei einem im Inland belegenen Gebäude oder Gebäudeteil, das für sich allein nicht die Voraussetzungen für ein Baudenkmal erfüllt, aber Teil einer Gebäudegruppe oder Gesamtanlage ist, die nach den jeweiligen landesrechtlichen Vorschriften als Einheit geschützt ist, kann der Steuerpflichtige die erhöhten Absetzungen von den Herstellungskosten für Baumaßnahmen vornehmen, die nach Art und Umfang zur Erhaltung des schützenswerten äußeren Erscheinungsbildes der Gebäudegruppe oder Gesamtanlage erforderlich sind. ⁵Der Steuerpflichtige kann die erhöhten Absetzungen im Jahr des Abschlusses der Baumaßnahme und in den folgenden elf Jahren auch für Anschaffungskosten in Anspruch nehmen, die auf Baumaßnahmen im Sinne der Sätze 1 bis 4 entfallen, soweit diese nach dem rechtswirksamen Abschluss eines obligatorischen Erwerbsvertrages oder eines gleich-

stehenden Rechtsakts durchgeführt worden sind. ⁶Die Baumaßnahmen müssen in Abstimmung mit der in Absatz 2 bezeichneten Stelle durchgeführt worden sein. ⁷Die erhöhten Absetzungen können nur in Anspruch genommen werden, soweit die Herstellungs- oder Anschaffungskosten nicht durch Zuschüsse aus öffentlichen Kassen gedeckt sind. ⁸§ 7h Abs. 1 Satz 5 ist entsprechend anzuwenden.

(2) ¹Der Steuerpflichtige kann die erhöhten Absetzungen nur in Anspruch nehmen, wenn er durch eine Bescheinigung der nach Landesrecht zuständigen oder von der Landesregierung bestimmten Stelle die Voraussetzungen des Absatzes 1 für das Gebäude oder Gebäudeteil und für die Erforderlichkeit der Aufwendungen nachweist. ²Hat eine der für Denkmalschutz oder Denkmalpflege zuständigen Behörden ihm Zuschüsse gewährt, so hat die Bescheinigung auch deren Höhe zu enthalten; werden ihm solche Zuschüsse nach Ausstellung der Bescheinigung gewährt, so ist diese entsprechend zu ändern.

(3) § 7h Abs. 3 ist entsprechend anzuwenden.

§ 7k
Erhöhte Absetzungen
für Wohnungen mit Sozialbindung

(weggefallen)

4. Überschuss der Einnahmen über die Werbungskosten

§ 8
Einnahmen

(1) Einnahmen sind alle Güter, die in Geld oder Geldeswert bestehen und dem Steuerpflichtigen im Rahmen einer der Einkunftsarten des § 2 Abs. 1 Satz 1 Nr. 4 bis 7 zufließen.

(2) ¹Einnahmen, die nicht in Geld bestehen (Wohnung, Kost, Waren, Dienstleistungen und sonstige Sachbezüge), sind mit den um übliche Preisnachlässe geminderten üblichen Endpreisen am Abgabeort anzusetzen. ²Für die private Nutzung eines betrieblichen Kraftfahrzeugs zu privaten Fahrten gilt § 6 Abs. 1 Nr. 4 Satz 2 entsprechend. ³Kann das Kraftfahrzeug auch für Fahrten zwischen Wohnung und erster Tätigkeitsstätte sowie Fahrten nach § 9 Absatz 1 Satz 3 Nummer 4a Satz 3 genutzt werden, erhöht sich der Wert in Satz 2 für jeden Kalendermonat um 0,03 Prozent des Listenpreises im Sinne des § 6 Abs. 1 Nr. 4 Satz 2 für jeden Kilometer der Entfernung zwischen Wohnung und erster Tätigkeitsstätte sowie Fahrten nach § 9 Absatz 1 Satz 3 Nummer 4a Satz 3. ⁴Der Wert nach den Sätzen 2 und 3 kann mit dem auf die private Nutzung und die Nutzung zu Fahrten zwischen Wohnung und erster Tätigkeitsstätte sowie Fahrten nach § 9 Absatz 1 Satz 3 Nummer 4a Satz 3 entfallenden Teil der gesamten Kraftfahrzeugaufwendungen angesetzt werden, wenn die durch das Kraftfahrzeug insgesamt entstehenden Aufwendungen durch Belege und das Verhältnis der privaten Fahrten und der Fahrten zwischen Wohnung und erster Tätigkeitsstätte sowie Fahrten nach § 9 Absatz 1 Satz 3 Nummer 4a Satz 3 zu den übrigen Fahrten durch ein ordnungsgemäßes Fahrtenbuch nachgewiesen werden; § 6 Absatz 1 Nummer 4 Satz 3 zweiter Halbsatz gilt entsprechend. ⁵Die Nutzung des Kraftfahrzeugs zu einer Familienheimfahrt im Rahmen einer doppelten Haushaltsführung ist mit 0,002 Prozent des Listenpreises im Sinne des § 6 Abs. 1 Nr. 4 Satz 2 für jeden Kilometer der Entfernung zwischen dem Ort des eigenen Hausstandes und dem Beschäftigungsort anzusetzen; dies gilt nicht, wenn für diese Fahrt ein Abzug von Werbungskosten nach § 9 Abs. 1 Satz 3 Nummer 5 Satz 5 und 6 in Betracht käme; Satz 4 ist sinngemäß anzuwenden. ⁶Bei Arbeitnehmern, für deren Sachbezüge durch Rechtsverordnung nach § 17 Abs. 1 Satz 1 Nr. 4 des Vierten Buches Sozialgesetzbuch Werte bestimmt worden sind, sind diese Werte maßgebend. ⁷Die Werte nach Satz 6 sind auch bei Steuerpflichtigen anzusetzen, die nicht der gesetzlichen Rentenversicherungspflicht unterliegen. ⁸Wird dem Arbeitnehmer während einer beruflichen Tätigkeit außerhalb seiner Wohnung und ersten Tätigkeitsstätte oder im Rahmen einer beruflich veranlassten doppelten Haushaltsführung vom Arbeitgeber oder auf dessen Veranlassung von einem Dritten eine Mahlzeit zur Verfügung gestellt, ist diese Mahlzeit mit dem Wert nach Satz 6 (maßgebender amtlicher Sachbezugswert nach der Sozialversicherungsentgeltverordnung) anzusetzen, wenn der Preis für die Mahlzeit 60 Euro nicht übersteigt. ⁹Der Ansatz einer nach Satz 8 bewerteten Mahlzeit unterbleibt, wenn beim Arbeitnehmer für ihm entstehende Mehraufwendungen für Verpflegung ein Werbungskostenabzug nach § 9 Absatz 4a Satz 1 bis 7 in Betracht käme. ¹⁰Die oberste Finanzbehörde eines Landes kann mit Zustimmung des Bundesministeriums der Finanzen für weitere Sachbezüge der Arbeitnehmer Durchschnittswerte festsetzen. ¹¹Sachbezüge, die nach Satz 1 zu bewerten sind, bleiben außer Ansatz, wenn die sich nach Anrechnung der vom Steuerpflichtigen gezahlten Entgelte ergebenden Vorteile insgesamt 44 Euro im Kalendermonat nicht übersteigen.

(3) ¹Erhält ein Arbeitnehmer auf Grund seines Dienstverhältnisses Waren oder Dienstleistungen, die vom Arbeitgeber nicht überwiegend für den Bedarf seiner Arbeitnehmer hergestellt, vertrieben oder erbracht werden und deren Bezug nicht nach § 40 pauschal versteuert wird, so gelten als deren Werte abweichend von Absatz 2 die um vier Prozent geminderten Endpreise, zu denen der Arbeitgeber oder der dem Abgabeort nächstansässige Abnehmer die Waren oder Dienstleistungen fremden Letztverbrauchern im allgemeinen Geschäftsverkehr anbietet. ²Die sich nach Abzug der vom Arbeitnehmer gezahlten Entgelte ergebenden Vorteile sind steuerfrei, soweit sie aus dem Dienstverhältnis insgesamt 1 080 Euro im Kalenderjahr nicht übersteigen.

§ 9
Werbungskosten

(1) ¹Werbungskosten sind Aufwendungen zur Erwerbung, Sicherung und Erhaltung der Einnahmen. ²Sie sind bei der Einkunftsart abzuziehen, bei der sie erwachsen sind. ³Werbungskosten sind auch

1. ¹Schuldzinsen und auf besonderen Verpflichtungsgründen beruhende Renten und dauernde Lasten, soweit sie mit einer Einkunftsart in wirtschaftlichem Zusammenhang stehen. ²Bei Leibrenten kann nur der Anteil abgezogen werden,

der sich nach § 22 Nr. 1 Satz 3 Buchstabe a Doppelbuchstabe bb ergibt;

2. Steuern vom Grundbesitz, sonstige öffentliche Abgaben und Versicherungsbeiträge, soweit solche Ausgaben sich auf Gebäude oder auf Gegenstände beziehen, die dem Steuerpflichtigen zur Einnahmeerzielung dienen;

3. Beiträge zu Berufsständen und sonstigen Berufsverbänden, deren Zweck nicht auf einen wirtschaftlichen Geschäftsbetrieb gerichtet ist;

4. ¹Aufwendungen des Arbeitnehmers für die Wege zwischen Wohnung und erster Tätigkeitsstätte im Sinne des Absatzes 4. ²Zur Abgeltung dieser Aufwendungen ist für jeden Arbeitstag, an dem der Arbeitnehmer die erste Tätigkeitsstätte aufsucht, eine Entfernungspauschale für jeden vollen Kilometer der Entfernung zwischen Wohnung und erster Tätigkeitsstätte von 0,30 Euro anzusetzen, höchstens jedoch 4 500 Euro im Kalenderjahr; ein höherer Betrag als 4 500 Euro ist anzusetzen, soweit der Arbeitnehmer einen eigenen oder ihm zur Nutzung überlassenen Kraftwagen benutzt. ³Die Entfernungspauschale gilt nicht für Flugstrecken und Strecken mit steuerfreier Sammelbeförderung nach § 3 Nummer 32. ⁴Für die Bestimmung der Entfernung ist die kürzeste Straßenverbindung zwischen Wohnung und erster Tätigkeitsstätte maßgebend; eine andere als die kürzeste Straßenverbindung kann zugrunde gelegt werden, wenn diese offensichtlich verkehrsgünstiger ist und vom Arbeitnehmer regelmäßig für die Wege zwischen Wohnung und erster Tätigkeitsstätte benutzt wird. ⁵Nach § 8 Absatz 2 Satz 11 oder Absatz 3 steuerfreie Sachbezüge für Fahrten zwischen Wohnung und erster Tätigkeitsstätte mindern den nach Satz 2 abziehbaren Betrag; ist der Arbeitgeber selbst der Verkehrsträger, ist der Preis anzusetzen, den ein dritter Arbeitgeber an den Verkehrsträger zu entrichten hätte. ⁶Hat ein Arbeitnehmer mehrere Wohnungen, so sind die Wege von einer Wohnung, die nicht der ersten Tätigkeitsstätte am nächsten liegt, nur zu berücksichtigen, wenn sie den Mittelpunkt der Lebensinteressen des Arbeitnehmers bildet und nicht nur gelegentlich aufgesucht wird.

4a. ¹Aufwendungen des Arbeitnehmers für beruflich veranlasste Fahrten, die nicht Fahrten zwischen Wohnung und erster Tätigkeitsstätte im Sinne des Absatzes 4 sowie keine Familienheimfahrten sind. ²Anstelle der tatsächlichen Aufwendungen, die dem Arbeitnehmer durch die persönliche Benutzung eines Beförderungsmittels entstehen, können die Fahrtkosten mit den pauschalen Kilometersätzen angesetzt werden, die für das jeweils benutzte Beförderungsmittel (Fahrzeug) als höchste Wegstreckenentschädigung nach dem Bundesreisekostengesetz festgesetzt sind. ³Hat ein Arbeitnehmer keine erste Tätigkeitsstätte (§ 9 Absatz 4) und hat er nach den dienst- oder arbeitsrechtlichen Festlegungen sowie den diese ausfüllenden Absprachen und Weisungen zur Aufnahme seiner beruflichen Tätigkeit dauerhaft denselben Ort oder dasselbe weiträumige Tätigkeitsgebiet typischerweise arbeitstäglich aufzusuchen, gilt Absatz 1 Satz 3 Nummer 4 und Absatz 2 für die Fahrten von der Wohnung zu diesem Ort oder dem zur Wohnung nächstgelegenen Zugang zum Tätigkeitsgebiet entsprechend. ⁴Für die Fahrten innerhalb des weiträumigen Tätigkeitsgebietes gelten die Sätze 1 und 2 entsprechend;

5. ¹notwendige Mehraufwendungen, die einem Arbeitnehmer wegen einer beruflich veranlassten doppelten Haushaltsführung entstehen. ²Eine doppelte Haushaltsführung liegt nur vor, wenn der Arbeitnehmer außerhalb des Ortes seiner ersten Tätigkeitsstätte einen eigenen Hausstand unterhält und auch am Ort der ersten Tätigkeitsstätte wohnt. ³Das Vorliegen eines eigenen Hausstands setzt das Innehaben einer Wohnung sowie eine finanzielle Beteiligung an den Kosten der Lebensführung voraus. ⁴Als Unterkunftskosten für eine doppelte Haushaltsführung können im Inland die tatsächlichen Aufwendungen für die Nutzung der Unterkunft angesetzt werden, höchstens 1 000 Euro im Monat. ⁵Aufwendungen für die Wege vom Ort der ersten Tätigkeitsstätte zum Ort des eigenen Hausstandes und zurück (Familienheimfahrt) können jeweils nur für eine Familienheimfahrt wöchentlich abgezogen werden. ⁶Zur Abgeltung der Aufwendungen für eine Familienheimfahrt ist eine Entfernungspauschale von 0,30 Euro für jeden vollen Kilometer der Entfernung zwischen dem Ort des eigenen Hausstandes und dem Ort der ersten Tätigkeitsstätte anzusetzen. ⁷Nummer 4 Satz 3 bis 5 ist entsprechend anzuwenden. ⁸Aufwendungen für Familienheimfahrten mit einem dem Steuerpflichtigen im Rahmen einer Einkunftsart überlassenen Kraftfahrzeug werden nicht berücksichtigt.

5a. ¹notwendige Mehraufwendungen eines Arbeitnehmers für beruflich veranlasste Übernachtungen an einer Tätigkeitsstätte, die nicht erste Tätigkeitsstätte ist. ²Übernachtungskosten sind die tatsächlichen Aufwendungen für die persönliche Inanspruchnahme einer Unterkunft zur Übernachtung. ³Soweit höhere Übernachtungskosten anfallen, weil der Arbeitnehmer eine Unterkunft gemeinsam mit Personen nutzt, die in keinem Dienstverhältnis zum selben Arbeitgeber stehen, sind nur diejenigen Aufwendungen anzusetzen, die bei alleiniger Nutzung durch den Arbeitnehmer angefallen wären. ⁴Nach Ablauf von 48 Monaten einer längerfristigen beruflichen Tätigkeit an derselben Tätigkeitsstätte, die nicht erste Tätigkeitsstätte ist, können Unterkunftskosten nur noch bis zur Höhe des Betrags nach Nummer 5 angesetzt werden. ⁵Eine Unterbrechung dieser beruflichen Tätigkeit an derselben Tätigkeitsstätte führt zu einem Neubeginn, wenn die Unterbrechung mindestens sechs Monate dauert.

6. ¹Aufwendungen für Arbeitsmittel, zum Beispiel für Werkzeuge und typische Berufskleidung. ²Nummer 7 bleibt unberührt;

7. ¹Absetzungen für Abnutzung und für Substanzverringerung und erhöhte Absetzungen. ²§ 6 Absatz 2 Satz 1 bis 3 ist in Fällen der Anschaffung oder Herstellung von Wirtschaftsgütern entsprechend anzuwenden.

(2) ¹Durch die Entfernungspauschalen sind sämtliche Aufwendungen abgegolten, die durch die Wege

zwischen Wohnung und erster Tätigkeitsstätte im Sinne des Absatz 4 und durch die Familienheimfahrten veranlasst sind. ²Aufwendungen für die Benutzung öffentlicher Verkehrsmittel können angesetzt werden, soweit sie den im Kalenderjahr insgesamt als Entfernungspauschale abziehbaren Betrag übersteigen. ³Behinderte Menschen,

1. deren Grad der Behinderung mindestens 70 beträgt,
2. deren Grad der Behinderung weniger als 70, aber mindestens 50 beträgt und die in ihrer Bewegungsfähigkeit im Straßenverkehr erheblich beeinträchtigt sind,

können an Stelle der Entfernungspauschalen die tatsächlichen Aufwendungen für die Wege zwischen Wohnung und erster Tätigkeitsstätte und für die Familienheimfahrten ansetzen. ⁴Die Voraussetzungen der Nummern 1 und 2 sind durch amtliche Unterlagen nachzuweisen.

(3) Absatz 1 Satz 3 Nummer 4 bis 5a sowie die Absätze 2 und 4a gelten bei den Einkunftsarten im Sinne des § 2 Abs. 1 Satz 1 Nr. 5 bis 7 entsprechend.

(4) ¹Erste Tätigkeitsstätte ist die ortsfeste betriebliche Einrichtung des Arbeitgebers, eines verbundenen Unternehmens (§ 15 des Aktiengesetzes) oder eines vom Arbeitgeber bestimmten Dritten, der der Arbeitnehmer dauerhaft zugeordnet ist. ²Die Zuordnung im Sinne des Satzes 1 wird durch die dienst- oder arbeitsrechtlichen Festlegungen sowie die diese ausfüllenden Absprachen und Weisungen bestimmt. ³Von einer dauerhaften Zuordnung ist insbesondere auszugehen, wenn der Arbeitnehmer unbefristet, für die Dauer des Dienstverhältnisses oder über einen Zeitraum von 48 Monaten hinaus an einer solchen Tätigkeitsstätte tätig werden soll. ⁴Fehlt eine solche dienst- oder arbeitsrechtliche Festlegung auf eine Tätigkeitsstätte oder ist sie nicht eindeutig, ist erste Tätigkeitsstätte die betriebliche Einrichtung, an der der Arbeitnehmer dauerhaft

1. typischerweise arbeitstäglich tätig werden soll oder
2. je Arbeitswoche zwei volle Arbeitstage oder mindestens ein Drittel seiner vereinbarten regelmäßigen Arbeitszeit tätig werden soll.

⁵Je Dienstverhältnis hat der Arbeitnehmer höchstens eine erste Tätigkeitsstätte. ⁶Liegen die Voraussetzungen der Sätze 1 bis 4 für mehrere Tätigkeitsstätten vor, ist diejenige Tätigkeitsstätte erste Tätigkeitsstätte, die der Arbeitgeber bestimmt. ⁷Fehlt es an dieser Bestimmung oder ist sie nicht eindeutig, ist die der Wohnung örtlich am nächsten liegende Tätigkeitsstätte die erste Tätigkeitsstätte. ⁸Als erste Tätigkeitsstätte gilt auch eine Bildungseinrichtung, die außerhalb eines Dienstverhältnisses zum Zwecke eines Vollzeitstudiums oder einer vollzeitigen Bildungsmaßnahme aufgesucht wird; die Regelungen für Arbeitnehmer nach Absatz 1 Satz 3 Nummer 4 und 5 sowie Absatz 4a sind entsprechend anzuwenden.

(4a) ¹Mehraufwendungen des Arbeitnehmers für die Verpflegung sind nur nach Maßgabe der folgenden Sätze als Werbungskosten abziehbar. ²Wird der Arbeitnehmer außerhalb seiner Wohnung und ersten Tätigkeitsstätte beruflich tätig (auswärtige berufliche Tätigkeit), ist zur Abgeltung der ihm tatsächlich entstandenen, beruflich veranlassten Mehraufwendungen eine Verpflegungspauschale anzusetzen. ³Diese beträgt

1. 24 Euro für jeden Kalendertag, an dem der Arbeitnehmer 24 Stunden von seiner Wohnung und ersten Tätigkeitsstätte abwesend ist,
2. jeweils 12 Euro für den An- und Abreisetag, wenn der Arbeitnehmer an diesem, einem anschließenden oder vorhergehenden Tag außerhalb seiner Wohnung übernachtet,
3. 12 Euro für den Kalendertag, an dem der Arbeitnehmer ohne Übernachtung außerhalb seiner Wohnung mehr als 8 Stunden von seiner Wohnung und der ersten Tätigkeitsstätte abwesend ist; beginnt die auswärtige berufliche Tätigkeit an einem Kalendertag und endet am nachfolgenden Kalendertag ohne Übernachtung, werden 12 Euro für den Kalendertag gewährt, an dem der Arbeitnehmer den überwiegenden Teil der insgesamt mehr als 8 Stunden von seiner Wohnung und der ersten Tätigkeitsstätte abwesend ist.

⁴Hat der Arbeitnehmer keine erste Tätigkeitsstätte, gelten die Sätze 2 und 3 entsprechend; Wohnung im Sinne der Sätze 2 und 3 ist der Hausstand, der den Mittelpunkt der Lebensinteressen des Arbeitnehmers bildet sowie eine Unterkunft am Ort der ersten Tätigkeitsstätte im Rahmen der doppelten Haushaltsführung. ⁵Bei einer Tätigkeit im Ausland treten an die Stelle der Pauschbeträge nach Satz 3 länderweise unterschiedliche Pauschbeträge, die für die Fälle der Nummer 1 mit 120 sowie der Nummern 2 und 3 mit 80 Prozent der Auslandstagegelder nach dem Bundesreisekostengesetz vom Bundesministerium der Finanzen im Einvernehmen mit den obersten Finanzbehörden der Länder aufgerundet auf volle Euro festgesetzt werden; dabei bestimmt sich der Pauschbetrag nach dem Ort, den der Arbeitnehmer vor 24 Uhr Ortszeit zuletzt erreicht, oder, wenn dieser Ort im Inland liegt, nach dem letzten Tätigkeitsort im Ausland. ⁶Der Abzug der Verpflegungspauschalen ist auf die ersten drei Monate einer längerfristigen beruflichen Tätigkeit an derselben Tätigkeitsstätte beschränkt. ⁷Eine Unterbrechung der beruflichen Tätigkeit an derselben Tätigkeitsstätte führt zu einem Neubeginn, wenn sie mindestens vier Wochen dauert. ⁸Wird dem Arbeitnehmer anlässlich oder während einer Tätigkeit außerhalb seiner ersten Tätigkeitsstätte vom Arbeitgeber oder auf dessen Veranlassung von einem Dritten eine Mahlzeit zur Verfügung gestellt, sind die nach den Sätzen 3 und 5 ermittelten Verpflegungspauschalen zu kürzen:

1. für Frühstück um 20 Prozent,
2. für Mittag- und Abendessen um jeweils 40 Prozent,

der nach Satz 3 Nummer 1 gegebenenfalls in Verbindung mit Satz 5 maßgebenden Verpflegungspauschale für einen vollen Kalendertag; die Kürzung darf die ermittelte Verpflegungspauschale nicht übersteigen. ⁹Satz 8 gilt auch, wenn Reisekostenvergütungen wegen der zur Verfügung gestellten

Mahlzeiten einbehalten oder gekürzt werden oder die Mahlzeiten nach § 40 Absatz 2 Satz 1 Nummer 1a pauschal besteuert werden. ¹⁰Hat der Arbeitnehmer für die Mahlzeit ein Entgelt gezahlt, mindert dieser Betrag den Kürzungsbetrag nach Satz 8. ¹¹Erhält der Arbeitnehmer steuerfreie Erstattungen für Verpflegung, ist ein Werbungskostenabzug insoweit ausgeschlossen. ¹²Die Verpflegungspauschalen nach den Sätzen 3 und 5, die Dreimonatsfrist nach den Sätzen 6 und 7 sowie die Kürzungsregelungen nach den Sätzen 8 bis 10 gelten entsprechend auch für den Abzug von Mehraufwendungen für Verpflegung, die bei einer beruflich veranlassten doppelten Haushaltsführung entstehen, soweit der Arbeitnehmer vom eigenen Hausstand im Sinne des § 9 Absatz 1 Satz 3 Nummer 5 abwesend ist; dabei ist für jeden Kalendertag innerhalb der Dreimonatsfrist, an dem gleichzeitig eine Tätigkeit im Sinne des Satzes 2 oder des Satzes 4 ausgeübt wird, nur der jeweils höchste in Betracht kommende Pauschbetrag abziehbar. ¹³Die Dauer einer Tätigkeit im Sinne des Satzes 2 an dem Tätigkeitsort, an dem die doppelte Haushaltsführung begründet wurde, ist auf die Dreimonatsfrist anzurechnen, wenn sie ihr unmittelbar vorausgegangen ist.

(5) ¹§ 4 Abs. 5 Satz 1 Nr. 1 bis 4, 6b bis 8a, 10, 12 und Abs. 6 gilt sinngemäß. ²§ 6 Abs. 1 Nr. 1a gilt entsprechend.

(6) ¹Aufwendungen des Steuerpflichtigen für seine Berufsausbildung oder für sein Studium sind nur dann Werbungskosten, wenn der Steuerpflichtige zuvor bereits eine Erstausbildung (Berufsausbildung oder Studium) abgeschlossen hat oder wenn die Berufsausbildung oder das Studium im Rahmen eines Dienstverhältnisses stattfindet. ²Eine Berufsausbildung als Erstausbildung nach Satz 1 liegt vor, wenn eine geordnete Ausbildung mit einer Mindestdauer von 12 Monaten bei vollzeitiger Ausbildung und mit einer Abschlussprüfung durchgeführt wird. ³Eine geordnete Ausbildung liegt vor, wenn sie auf der Grundlage von Rechts- oder Verwaltungsvorschriften oder internen Vorschriften eines Bildungsträgers durchgeführt wird. ⁴Ist eine Abschlussprüfung nach dem Ausbildungsplan nicht vorgesehen, gilt die Ausbildung mit der tatsächlichen planmäßigen Beendigung als abgeschlossen. ⁵Eine Berufsausbildung als Erstausbildung hat auch abgeschlossen, wer die Abschlussprüfung einer durch Rechts- oder Verwaltungsvorschriften geregelten Berufsausbildung mit einer Mindestdauer von 12 Monaten bestanden hat, ohne dass er zuvor die entsprechende Berufsausbildung durchlaufen hat.

§ 9a
Pauschbeträge für Werbungskosten

¹Für Werbungskosten sind bei der Ermittlung der Einkünfte die folgenden Pauschbeträge abzuziehen, wenn nicht höhere Werbungskosten nachgewiesen werden:

1. a) von den Einnahmen aus nichtselbstständiger Arbeit vorbehaltlich Buchstabe b:

    ein Arbeitnehmer-Pauschbetrag von 1 000 Euro;

   b) von den Einnahmen aus nichtselbstständiger Arbeit, soweit es sich um Versorgungsbezüge im Sinne des § 19 Abs. 2 handelt:

    ein Pauschbetrag von 102 Euro;

2. (weggefallen)

3. von den Einnahmen im Sinne des § 22 Nr. 1, 1a und 5: ein Pauschbetrag von insgesamt 102 Euro.

²Der Pauschbetrag nach Satz 1 Nr. 1 Buchstabe a darf nur bis zur Höhe der um den Versorgungsfreibetrag einschließlich des Zuschlags zum Versorgungsfreibetrag (§ 19 Abs. 2) geminderten Einnahmen, die Pauschbeträge nach Satz 1 Nr. 1 Buchstabe a und Nr. 3 dürfen nur bis zur Höhe der Einnahmen abgezogen werden.

4a. Umsatzsteuerrechtlicher Vorsteuerabzug

§ 9b

(1) Der Vorsteuerbetrag nach § 15 des Umsatzsteuergesetzes gehört, soweit er bei der Umsatzsteuer abgezogen werden kann, nicht zu den Anschaffungs- oder Herstellungskosten des Wirtschaftsguts, auf dessen Anschaffung oder Herstellung er entfällt.

(2) ¹Wird der Vorsteuerabzug nach § 15a des Umsatzsteuergesetzes berichtigt, so sind die Mehrbeträge als Betriebseinnahmen oder Einnahmen zu behandeln, wenn sie im Rahmen einer der Einkunftsarten des § 2 Absatz 1 Satz 1 bezogen werden; die Minderbeträge sind als Betriebsausgaben oder Werdbungskosten zu behandeln, wenn sie durch den Betrieb veranlasst sind oder der Erwerbung, Sicherung und Erhaltung von Einnahmen dienen. ²Die Anschaffungs- oder Herstellungskosten bleiben in den Fällen des Satzes 1 unberührt.

§ 9c
Kinderbetreuungskosten
(aufgehoben)

5. Sonderausgaben

§ 10

(1) Sonderausgaben sind die folgenden Aufwendungen, wenn sie weder Betriebsausgaben noch Werbungskosten sind oder wie Betriebsausgaben oder Werbungskosten behandelt werden:

1. (weggefallen)

2. a) Beiträge zu den gesetzlichen Rentenversicherungen oder zur landwirtschaftlichen Alterskasse sowie zu berufsständischen Versorgungseinrichtungen, die den gesetzlichen Rentenversicherungen vergleichbare Leistungen erbringen;

   b) Beiträge des Steuerpflichtigen

      aa) zum Aufbau einer eigenen kapitalgedeckten Altersversorgung, wenn der Vertrag nur die Zahlung einer monatlichen, auf das Leben des Steuerpflichtigen bezogenen lebenslangen Leibrente nicht vor Vollendung des 62. Lebensjahres oder zusätzlich die ergänzende Absicherung des Eintritts der Berufsunfähigkeit (Berufsunfähigkeitsrente), der verminderten Erwerbsfähigkeit (Erwerbsminderungsrente) oder von Hinterbliebenen (Hinterbliebenenrente) vorsieht. Hinterbliebene in diesem Sinne sind der Ehegatte des Steuerpflichtigen und die Kinder, für die er Anspruch auf Kindergeld oder auf einen Freibetrag nach § 32 Absatz 6 hat. ²Der Anspruch auf Waisenrente darf längstens für den Zeitraum bestehen, in dem der Rentenberechtigte die Voraussetzungen für die Berücksichtigung als Kind im Sinne des § 32 erfüllt;

bb) für seine Absicherung gegen den Eintritt der Berufsunfähigkeit oder der verminderten Erwerbsfähigkeit (Versicherungsfall), wenn der Vertrag nur die Zahlung einer monatlichen, auf das Leben des Steuerpflichtigen bezogenen lebenslangen Leibrente für einen Versicherungsfall vorsieht, der bis zur Vollendung des 67. Lebensjahres eingetreten ist. ²Der Vertrag kann die Beendigung der Rentenzahlung wegen eines medizinisch begründeten Wegfalls der Berufsunfähigkeit oder der verminderten Erwerbsfähigkeit vorsehen. ³Die Höhe der zugesagten Rente kann vom Alter des Steuerpflichtigen bei Eintritt des Versicherungsfalls abhängig gemacht werden, wenn der Steuerpflichtige das 55. Lebensjahr vollendet hat.

²Die Ansprüche nach Buchstaben b dürfen nicht vererblich, nicht übertragbar, nicht beleihbar, nicht veräußerbar und nicht kapitalisierbar sein. ³Anbieter und Steuerpflichtiger können vereinbaren, dass bis zu zwölf Monatsleistungen in einer Auszahlung zusammengefasst werden oder eine Kleinbetragsrente im Sinne von § 93 Absatz 3 Satz 2 abgefunden wird. Bei der Berechnung der Kleinbetragsrente sind alle bei einem Anbieter bestehenden Verträge des Steuerpflichtigen jeweils nach Buchstabe b Doppelbuchstabe aa oder Doppelbuchstabe bb zusammenzurechnen. ⁵Neben den genannten Auszahlungsformen darf kein weiterer Anspruch auf Auszahlungen bestehen. ⁶Zu den Beiträgen nach den Buchstaben a und b ist der nach § 3 Nr. 62 steuerfreie Arbeitgeberanteil zur gesetzlichen Rentenversicherung und ein diesem gleichgestellter steuerfreier Zuschuss des Arbeitgebers hinzuzurechnen. ⁷Beiträge nach § 168 Abs. 1 Nr. 1b oder 1c oder nach § 172 Abs. 3 oder 3a des Sechsten Buches Sozialgesetzbuch werden abweichend von Satz 2 nur auf Antrag des Steuerpflichtigen hinzugerechnet.

3. ¹Beiträge zu
a) Krankenversicherungen, soweit diese zur Erlangung eines durch das Zwölfte Buch Sozialgesetzbuch bestimmten sozialhilfegleichen Versorgungsniveaus erforderlich sind und sofern auf die Leistungen ein Anspruch besteht. ²Für Beiträge zur gesetzlichen Krankenversicherung sind dies die nach dem Dritten Titel des Ersten Abschnitts des Achten Kapitels des Fünften Buches Sozialgesetzbuch oder die nach dem Sechsten Abschnitt des Zweiten Gesetzes über die Krankenversicherung der Landwirte festgesetzten Beiträge. ³Für Beiträge zu einer privaten Krankenversicherung sind dies die Beitragsanteile, die auf Vertragsleistungen entfallen, die, mit Ausnahme der auf das Krankengeld entfallenden Beitragsanteile, in Art, Umfang und Höhe den Leistungen nach dem Dritten Kapitel des Fünften Buches Sozialgesetzbuch vergleichbar sind; § 12 Absatz 1d des Versicherungsaufsichtsgesetzes in der Fassung der Bekanntmachung vom 17. Dezember 1992 (BGBl. 1993 I S. 2), das zuletzt durch Artikel 4 und 6 Absatz 2 des Gesetzes vom 17. Oktober 2008 (BGBl. I S. 1982) geändert worden ist, gilt entsprechend. ⁴Wenn sich aus den Krankenversicherungsbeiträgen nach Satz 2 ein Anspruch auf Krankengeld oder ein Anspruch auf eine Leistung, die anstelle von Krankengeld gewährt wird, ergeben kann, ist der jeweilige Beitrag um 4 Prozent zu vermindern;

b) gesetzlichen Pflegeversicherungen (soziale Pflegeversicherung und private Pflege-Pflichtversicherung).

²Als eigene Beiträge des Steuerpflichtigen werden auch die vom Steuerpflichtigen im Rahmen der Unterhaltsverpflichtung getragenen eigenen Beiträge im Sinne des Buchstaben a oder des Buchstaben b eines Kindes behandelt, für das ein Anspruch auf einen Freibetrag nach § 32 Absatz 6 oder auf Kindergeld besteht. ³Hat der Steuerpflichtige in den Fällen des Absatzes 1a Nummer 1 eigene Beiträge im Sinne des Buchstaben a oder des Buchstaben b zum Erwerb einer Krankenversicherung oder gesetzlichen Pflegeversicherung für einen geschiedenen oder dauernd getrennt lebenden unbeschränkt einkommensteuerpflichtigen Ehegatten geleistet, dann werden diese abweichend von Satz 1 als eigene Beiträge des geschiedenen oder dauernd getrennt lebenden unbeschränkt einkommensteuerpflichtigen Ehegatten behandelt. ⁴Beiträge, die für nach Ablauf des Veranlagungszeitraums beginnende Beitragsjahre geleistet werden und in der Summe das Zweieinhalbfache der auf den Veranlagungszeitraum entfallenden Beiträge überschreiten, sind in dem Veranlagungszeitraum anzusetzen, für den sie geleistet wurden; dies gilt nicht für Beiträge, soweit sie der unbefristeten Beitragsminderung nach Vollendung des 62. Lebensjahrs dienen;

3a. Beiträge zu Kranken- und Pflegeversicherungen, soweit diese nicht nach Nummer 3 zu berücksichtigen sind; Beiträge zu Versicherungen gegen Arbeitslosigkeit, zu Erwerbs- und Berufsunfähigkeitsversicherungen, die nicht unter Nummer 2 Satz 1 Buchstabe b fallen, zu Unfall- und Haftpflichtversicherungen sowie zu Risikoversicherungen, die nur für den Todesfall eine Leistung vorsehen; Beiträge zu Versicherungen im Sinne des § 10 Absatz 1 Nummer 2 Buchstabe b Doppelbuchstabe bb bis dd in der am 31. Dezember 2004 geltenden Fassung, wenn die Laufzeit dieser Versicherungen vor dem 1. Januar 2005 begonnen hat und ein Versicherungsbeitrag bis zum 31. Dezember 2004 entrichtet wurde; § 10 Absatz 1 Nummer 2 Satz 2 bis 6 und Absatz 2 Satz 2 in der am 31. Dezember 2004 geltenden Fassung ist in diesen Fällen weiter anzuwenden;

4. gezahlte Kirchensteuer; dies gilt nicht, soweit die Kirchensteuer als Zuschlag zur Kapitalertragsteuer oder als Zuschlag auf die nach dem gesonderten Tarif des § 32d Absatz 1 ermittelte Einkommensteuer gezahlt wurde;

5. zwei Drittel der Aufwendungen, höchstens 4 000 Euro je Kind, für Dienstleistungen zur Betreuung eines zum Haushalt des Steuerpflichtigen gehörenden Kindes im Sinne des § 32 Absatz 1, welches das 14. Lebensjahr noch nicht vollendet hat oder wegen einer vor Vollendung des 25. Lebensjahres eingetretenen körperlichen, geistigen oder seelischen Behinderung außerstande ist, sich selbst zu unterhalten. ²Dies gilt nicht für Aufwendungen für Unterricht, die Vermittlung besonderer Fähigkeiten sowie für sportliche und andere Freizeitbetätigungen. ³Ist das zu betreuende Kind nicht nach § 1 Absatz 1 oder Absatz 2 unbeschränkt einkommensteuerpflichtig, ist der in Satz 1 genannte Betrag zu kürzen, soweit es nach den Verhältnissen im Wohnsitzstaat des Kindes notwendig und angemessen ist. ⁴Voraussetzung für den Abzug der Aufwendungen nach Satz 1 ist, dass der Steuerpflichtige für die Aufwendungen eine Rechnung erhalten hat und die Zahlung auf das Konto des Erbringers der Leistung erfolgt ist;

6. (weggefallen);

7. ¹Aufwendungen für die eigene Berufsausbildung bis zu 6 000 Euro im Kalenderjahr. ²Bei Ehegatten, die die Voraussetzungen des § 26 Abs. 1 Satz 1 erfüllen, gilt Satz 1 für jeden Ehegatten. ³Zu den Aufwendungen im Sinne des Satzes 1 gehören auch Aufwendungen für eine auswärtige Unterbringung. ⁴§ 4 Abs. 5 Satz 1 Nr. 6b sowie § 9 Abs. 1 Satz 3 Nr. 4 und 5, Absatz 2, Absatz 4 Satz 8 und Absatz 4a sind bei der Ermittlung der Aufwendungen anzuwenden.

8. (weggefallen);

9. 30 Prozent des Entgelts, höchstens 5 000 Euro, das der Steuerpflichtige für ein Kind, für das er Anspruch auf einen Freibetrag nach § 32 Abs. 6 oder auf Kindergeld hat, für dessen Besuch einer Schule in freier Trägerschaft oder einer überwiegend privat finanzierten Schule entrichtet, mit Ausnahme des Entgelts für Beherbergung, Betreuung und Verpflegung. ²Voraussetzung ist, dass die Schule in einem Mitgliedstaat der Europäischen Union oder in einem Staat belegen ist, auf den das Abkommen über den Europäischen Wirtschaftsraum Anwendung findet, und die Schule zu einem von dem zuständigen inländischen Ministerium eines Landes, von der Kultusministerkonferenz der Länder oder von einer inländischen Zeugnisanerkennungsstelle anerkannten oder einem inländischen Abschluss an einer öffentlichen Schule als gleichwertig anerkannten allgemein bildenden oder berufsbildenden Schul-, Jahrgangs- oder Berufsabschluss führt. ³Der Besuch einer anderen Einrichtung, die auf einen Schul-, Jahrgangs- oder Berufsabschluss im Sinne des Satzes 2 ordnungsgemäß vorbereitet, steht einem Schulbesuch im Sinne des Satzes 1 gleich. ⁴Der Besuch einer Deutschen Schule im Ausland steht dem Besuch einer solchen Schule gleich, unabhängig von ihrer Belegenheit. ⁵Der Höchstbetrag nach Satz 1 wird für jedes Kind, bei dem die Voraussetzungen vorliegen, je Elternpaar nur einmal gewährt.

(1a) Sonderausgaben sind auch die folgenden Aufwendungen:

1. ¹Unterhaltsleistungen an den geschiedenen oder dauernd getrennt lebenden unbeschränkt einkommensteuerpflichtigen Ehegatten, wenn der Geber dies mit Zustimmung des Empfängers beantragt, bis zu 13 805 Euro im Kalenderjahr. ²Der Höchstbetrag nach Satz 1 erhöht sich um den Betrag der im jeweiligen Veranlagungszeitraum nach Absatz 1 Nummer 3 für die Absicherung des geschiedenen oder dauernd getrennt lebenden unbeschränkt einkommensteuerpflichtigen Ehegatten aufgewandten Beiträge. ³Der Antrag kann jeweils nur für ein Kalenderjahr gestellt und nicht zurückgenommen werden. ⁴Die Zustimmung ist mit Ausnahme der nach § 894 der Zivilprozessordnung als erteilt geltenden bis auf Widerruf wirksam. ⁵Der Widerruf ist vor Beginn des Kalenderjahres, für das die Zustimmung erstmals nicht gelten soll, gegenüber dem Finanzamt zu erklären. ⁶Die Sätze 1 bis 5 gelten für Fälle der Nichtigkeit oder der Aufhebung der Ehe entsprechend;

2. auf besonderen Verpflichtungsgründen beruhende, lebenslange und wiederkehrende Versorgungsleistungen, die nicht mit Einkünften in wirtschaftlichem Zusammenhang stehen, die bei der Veranlagung außer Betracht bleiben, wenn der Empfänger unbeschränkt einkommensteuerpflichtig ist. Dies gilt nur für

   a) Versorgungsleistungen im Zusammenhang mit der Übertragung eines Mitunternehmeranteils an einer Personengesellschaft, die eine Tätigkeit im Sinne der §§ 13, 15 Absatz 1 Satz 1 Nummer 1 oder des § 18 Absatz 1 ausübt,

   b) Versorgungsleistungen im Zusammenhang mit der Übertragung eines Betriebs oder Teilbetriebs, sowie

   c) Versorgungsleistungen im Zusammenhang mit der Übertragung eines mindestens 50 Prozent betragenden Anteils an einer Gesellschaft mit beschränkter Haftung, wenn der Übergeber als Geschäftsführer tätig war und der Übernehmer diese Tätigkeit nach der Übertragung übernimmt.

²Satz 2 gilt auch für den Teil der Versorgungsleistungen, der auf den Wohnteil eines Betriebs der Land- und Forstwirtschaft entfällt;
3. ¹Ausgleichsleistungen zur Vermeidung eines Versorgungsausgleichs nach § 6 Absatz 1 Satz 2 Nummer 2 und § 23 des Versorgungsausgleichsgesetzes sowie § 1408 Absatz 2 und § 1587 des Bürgerlichen Gesetzbuchs, soweit der Verpflichtete dies mit Zustimmung des Berechtigten beantragt. ²Nummer 1 Satz 3 bis 5 gilt entsprechend;
4. Ausgleichszahlungen im Rahmen des Versorgungsausgleichs nach den §§ 20 bis 22 und 26 des Versorgungsausgleichsgesetzes und nach den §§ 1587f, 1587g und 1587i des Bürgerlichen Gesetzbuchs in der bis zum 31. August 2009 geltenden Fassung sowie nach § 3a des Gesetzes zur Regelung von Härten im Versorgungsausgleich, soweit die ihnen zu Grunde liegenden Einnahmen bei der ausgleichspflichtigen Person der Besteuerung unterliegen, wenn die ausgleichsberechtigte Person unbeschränkt einkommensteuerpflichtig ist.

(2) ¹Voraussetzung für den Abzug der in Absatz 1 Nummern 2, 3 und 3a bezeichneten Beträge (Vorsorgeaufwendungen) ist, dass sie
1. nicht in unmittelbarem wirtschaftlichen Zusammenhang mit steuerfreien Einnahmen stehen; steuerfreie Zuschüsse zu einer Kranken oder Pflegeversicherung stehen insgesamt in unmittelbarem wirtschaftlichen Zusammenhang mit den Vorsorgeaufwendungen im Sinne des Absatzes 1 Nummer 3,
2. geleistet werden an
    a) Versicherungsunternehmen,
        aa) die ihren Sitz oder ihre Geschäftsleitung in einem Mitgliedstaat der Europäischen Union oder einem Vertragsstaat des Abkommens über den Europäischen Wirtschaftsraum haben und das Versicherungsgeschäft im Inland betreiben dürfen, oder
        bb) denen die Erlaubnis zum Geschäftsbetrieb im Inland erteilt ist.
    ¹Darüber hinaus werden Beiträge nur berücksichtigt, wenn es sich um Beträge im Sinne des Absatzes 1 Satz 1 Buchstabe a an eine Einrichtung handelt, die eine anderweitige Absicherung im Krankheitsfall im Sinne des § 5 Absatz 1 Nummer 13 des Fünften Buches Sozialgesetzbuch oder über der Beihilfe oder freien Heilfürsorge vergleichbare Absicherung im Sinne des § 193 Absatz 3 Satz 2 Nummer 2 des Versicherungsvertragsgesetzes gewährt. ²Dies gilt entsprechend, wenn ein Steuerpflichtiger, der weder seinen Wohnsitz noch seinen gewöhnlichen Aufenthalt im Inland hat, mit den Beiträgen einen Versicherungsschutz im Sinne des Absatzes 1 Nummer 3 Satz 1 erwirbt,
    b) berufsständische Versorgungseinrichtungen,
    c) einen Sozialversicherungsträger oder
    d) einen Anbieter im Sinne des § 80.
²Vorsorgeaufwendungen nach Absatz 1 Nummer 2 Buchstabe b werden nur berücksichtigt, wenn
1. die Beiträge zugunsten eines Vertrags geleistet wurden, der nach § 5a des Altersvorsorgeverträge-Zertifizierungsgesetzes zertifiziert ist; wobei die Zertifizierung Grundlagenbescheid im Sinne des § 171 Absatz 10 der Abgabenordnung ist, und
2. der Steuerpflichtige gegenüber dem Anbieter in die Datenübermittlung nach Absatz 2a eingewilligt hat.

³Vorsorgeaufwendungen nach Absatz 1 Nummer 3 werden nur berücksichtigt, wenn der Steuerpflichtige gegenüber dem Versicherungsunternehmen, dem Träger der gesetzlichen Kranken- und Pflegeversicherung, der Künstlersozialkasse oder einer Einrichtung im Sinne des Satzes 1 Nr. 2 Buchstabe a Satz 2 in die Datenübermittlung nach Absatz 2a eingewilligt hat; die Einwilligung gilt für alle sich aus dem Versicherungsverhältnis ergebenden Zahlungsverpflichtungen als erteilt, wenn die Beiträge mit der elektronischen Lohnsteuerbescheinigung (§ 41b Absatz 1 Satz 2) oder der Rentenbezugsmitteilung (§ 22a Absatz 1 Satz 1 Nummer 5) übermittelt werden.

(2a) ¹Der Steuerpflichtige hat in die Datenübermittlung nach Absatz 2 gegenüber der übermittelnden Stelle schriftlich einzuwilligen, spätestens bis zum Ablauf des zweiten Kalenderjahres, das auf das Beitragsjahr (Kalenderjahr, in dem die Beiträge geleistet worden sind) folgt; übermittelnde Stelle ist bei Vorsorgeaufwendungen nach Absatz 1 Nummer 2 Buchstabe b der Anbieter, bei Vorsorgeaufwendungen nach Absatz 1 Nummer 3 das Versicherungsunternehmen, der Träger der gesetzlichen Kranken- und Pflegeversicherung, die Künstlersozialkasse oder eine Einrichtung im Sinne des Absatzes 2 Satz 1 Nr. 2 Buchstabe a Satz 2. ²Die Einwilligung gilt auch für die folgenden Beitragsjahre, es sei denn, der Steuerpflichtige widerruft diese schriftlich gegenüber der übermittelnden Stelle. ³Der Widerruf muss vor Beginn des Beitragsjahres, für das die Einwilligung erstmals nicht mehr gelten soll, der übermittelnden Stelle vorliegen. ⁴Die übermittelnde Stelle hat bei Vorliegen einer Einwilligung
1. nach Absatz 2 Satz 2 Nummer 2 die Höhe der im jeweiligen Beitragsjahr geleisteten Beiträge nach Absatz 1 Nummer 2 Buchstabe b und die Zertifizierungsnummer,
2. nach Absatz 2 Satz 3 die Höhe der im jeweiligen Beitragsjahr geleisteten und erstatteten Beiträge nach Absatz 1 Nummer 3, soweit diese nicht mit der elektronischen Lohnsteuerbescheinigung oder der Rentenbezugsmitteilung zu übermitteln sind,

unter Angabe der Vertrags- oder Versicherungsdaten, des Datums der Einwilligung und der Identifikationsnummer (§ 139b der Abgabenordnung) nach amtlich vorgeschriebenem Datensatz durch Datenfernübertragung an die zentrale Stelle (§ 81) bis zum 28. Februar des dem Beitragsjahr folgenden Kalenderjahres zu übermitteln; sind Versicherungsnehmer und versicherte Person nicht identisch, sind zusätzlich die Identifikationsnummer und das Geburtsdatum des Versicherungsnehmers anzugeben. [5]§ 22a Absatz 2 gilt entsprechend. [6]Wird die Einwilligung nach Ablauf des Beitragsjahres, jedoch innerhalb der in Satz 1 genannten Frist abgegeben, sind die Daten bis zum Ende des folgenden Kalendervierteljahres zu übermitteln. [7]Stellt die übermittelnde Stelle fest, dass

1. die an die zentrale Stelle übermittelten Daten unzutreffend sind oder
2. der zentralen Stelle ein Datensatz übermittelt wurde, obwohl die Voraussetzungen hierfür nicht vorlagen,

ist dies unverzüglich durch Übermittlung eines Datensatzes an die zentrale Stelle zu korrigieren oder zu stornieren. [8]Ein Steuerbescheid ist zu ändern, soweit

1. Daten nach den Sätzen 4, 6 oder Satz 7 vorliegen oder
2. eine Einwilligung in die Datenübermittlung nach Absatz 2 Satz 2 Nummer 2 oder nach Absatz 2 Satz 3 nicht vorliegt

und sich hierdurch eine Änderung der festgesetzten Steuer ergibt. [9]Die übermittelnde Stelle hat den Steuerpflichtigen über die Höhe der nach den Sätzen 4, 6 oder Satz 7 übermittelten Beiträge für das Beitragsjahr zu unterrichten. [10]§ 150 Absatz 6 der Abgabenordnung gilt entsprechend. [11]Das Bundeszentralamt für Steuern kann die bei Vorliegen der Einwilligung nach Absatz 2 Satz 3 zu übermittelnden Daten prüfen; die §§ 193 bis 203 der Abgabenordnung sind sinngemäß anzuwenden. [12]Wer vorsätzlich oder grob fahrlässig eine unzutreffende Höhe der Beiträge im Sinne des Absatzes 1 Nummer 3 übermittelt, haftet für die entgangene Steuer. [13]Diese ist mit 30 Prozent des zu hoch ausgewiesenen Betrags anzusetzen.

(3) [1]Vorsorgeaufwendungen nach Absatz 1 Nummer 2 sind bis zu dem Höchstbetrag zur knappschaftlichen Rentenversicherung, aufgerundet auf einen vollen Betrag in Euro, zu berücksichtigen. [2]Bei zusammenveranlagten Ehegatten verdoppelt sich der Höchstbetrag. [3]Der Höchstbetrag nach Satz 1 oder 2 ist bei Steuerpflichtigen, die

1. Arbeitnehmer sind und die während des ganzen oder eines Teils des Kalenderjahres
   a) in der gesetzlichen Rentenversicherung versicherungsfrei oder auf Antrag des Arbeitgebers von der Versicherungspflicht befreit waren und denen für den Fall ihres Ausscheidens aus der Beschäftigung auf Grund des Beschäftigungsverhältnisses eine lebenslängliche Versorgung oder an deren Stelle eine Abfindung zusteht oder die in der gesetzlichen Rentenversicherung nachzuversichern sind oder
   b) nicht der gesetzlichen Rentenversicherungspflicht unterliegen, eine Berufstätigkeit ausgeübt und im Zusammenhang damit auf Grund vertraglicher Vereinbarungen Anwartschaftsrechte auf eine Altersversorgung erworben haben, oder
2. Einkünfte im Sinne des § 22 Nr. 4 erzielen und die ganz oder teilweise ohne eigene Beitragsleistung einen Anspruch auf Altersversorgung erwerben,

um den Betrag zu kürzen, der, bezogen auf die Einnahmen aus der Tätigkeit, die die Zugehörigkeit zum genannten Personenkreis begründen, dem Gesamtbeitrag (Arbeitgeber- und Arbeitnehmeranteil) zur allgemeinen Rentenversicherung entspricht. [4]Im Kalenderjahr 2013 sind 76 Prozent der nach den Sätzen 1 bis 3 ermittelten Vorsorgeaufwendungen anzusetzen. [5]Der sich danach ergebende Betrag, vermindert um den nach § 3 Nr. 62 steuerfreien Arbeitgeberanteil zur gesetzlichen Rentenversicherung und einen diesem gleichgestellten steuerfreien Zuschuss des Arbeitgebers, ist als Sonderausgabe abziehbar. [6]Der Prozentsatz in Satz 4 erhöht sich in den folgenden Kalenderjahren bis zum Kalenderjahr 2025 um je 2 Prozentpunkte je Kalenderjahr. [7]Beiträge nach § 168 Abs. 1 Nr. 1b oder 1c oder nach § 172 Abs. 3 oder 3a des Sechsten Buches Sozialgesetzbuch vermindern den abziehbaren Betrag nach Satz 5 nur, wenn der Steuerpflichtige die Hinzurechnung dieser Beiträge zu den Vorsorgeaufwendungen nach Absatz 1 Nr. 2 Satz 7 beantragt hat.

(4) [1]Vorsorgeaufwendungen im Sinne des Absatzes 1 Nummer 3 und 3a können je Kalenderjahr insgesamt bis 2 800 Euro abgezogen werden. [2]Der Höchstbetrag beträgt 1 900 Euro bei Steuerpflichtigen, die ganz oder teilweise ohne eigene Aufwendungen einen Anspruch auf vollständige oder teilweise Erstattung oder Übernahme von Krankheitskosten haben oder für deren Krankenversicherung Leistungen im Sinne des § 3 Nummer 9, 14, 57 oder 62 erbracht werden. [3]Bei zusammen veranlagten Ehegatten bestimmt sich der gemeinsame Höchstbetrag aus der Summe der jedem Ehegatten unter den Voraussetzungen von Satz 1 und 2 zustehenden Höstbeträge. [4]Übersteigen die Vorsorgeaufwendungen im Sinne des Absatzes 1 Nummer 3 die nach den Sätzen 1 bis 3 zu berücksichtigenden Vorsorgeaufwendungen, sind diese abzuziehen und ein Abzug von Vorsorgeaufwendungen im Sinne des Absatzes 1 Nummer 3a scheidet aus.

(4a) [1]Ist in den Kalenderjahren 2013 bis 2019 der Abzug der Vorsorgeaufwendungen nach Absatz 1 Nummer 2 Buchstabe a, Absatz 1 Nummer 3 und Nummer 3a in der für das Kalenderjahr 2004 geltenden Fassung des § 10 Abs. 3 mit folgenden Höchstbeträgen für den Vorwegabzug

Kalenderjahr	Vorwegabzug für den Steuerpflichtigen	Vorwegabzug im Falle der Zusammenveranlagung von Ehegatten
2013	2 100	4 200
2014	1 800	3 600
2015	1 500	3 000
2016	1 200	2 400
2017	900	1 800
2018	600	1 200
2019	300	600

zuzüglich des Erhöhungsbetrages nach Satz 3 günstiger, ist der sich danach ergebende Betrag anstelle des Abzugs nach Absatz 3 und 4 anzusetzen. [2]Mindestens ist bei Anwendung des Satzes 1 der Betrag anzusetzen, der sich ergeben würde, wenn zusätzlich noch die Vorsorgeaufwendungen nach Absatz 1 Nr. 2 Buchstabe b in die Günstigerprüfung einbezogen werden würden; der Erhöhungsbetrag nach Satz 3 ist nicht hinzuzurechnen. ³Erhöhungsbetrag sind die Beiträge nach Absatz 1 Nr. 2 Buchstabe b, soweit sie nicht den um die Beiträge nach Absatz 1 Nr. 2 Buchstabe a und den nach § 3 Nummer 62 steuerfreien Arbeitgeberanteil zur gesetzlichen Rentenversicherung und einen diesem gleichgestellten steuerfreien Zuschuss verminderten Höchstbetrag nach Absatz 3 Satz 1 bis 3 überschreiten; Absatz 3 Satz 4 und 6 gilt entsprechende.

(4b) ¹Erhält der Steuerpflichtige für die von ihm für einen anderen Veranlagungszeitraum geleisteten Aufwendungen im Sinne des Satzes 2 einen steuerfreien Zuschuss, ist dieser den erstatteten Aufwendungen gleichzustellen. ²Übersteigen bei den Sonderausgaben nach Absatz 1 Nummer 2 bis 3a die im Veranlagungszeitraum erstatteten Aufwendungen die geleisteten Aufwendungen (Erstattungsüberhang), ist der Erstattungsüberhang mit anderen im Rahmen der jeweiligen Nummer anzusetzenden Aufwendungen zu verrechnen. ³Ein verbleibender Betrag des sich bei den Aufwendungen nach Absatz 1 Nummer 3 und 4 ergebenden Erstattungsüberhangs ist dem Gesamtbetrag der Einkünfte hinzuzurechnen. ⁴Behörden im Sinne des § 6 Absatz 1 der Abgabenordnung und andere öffentliche Stellen, die einem Steuerpflichtigen für die von ihm geleisteten Beiträge im Sinne des Absatzes 1 Nummer 2, 3 und 3a steuerfreie Zuschüsse gewähren oder Vorsorgeaufwendungen im Sinne dieser Vorschrift erstatten (übermittelnde Stelle), haben der zentralen Stelle jährlich die zur Gewährung und Prüfung des Sonderausgabenabzugs nach § 10 erforderlichen Daten nach amtlich vorgeschriebenem Datensatz durch Datenfernübertragung zu übermitteln. Ein Steuerbescheid ist zu ändern, soweit Daten nach Satz 4 vorliegen und sich hierdurch oder durch eine Korrektur oder Stornierung der entsprechenden Daten eine Änderung der festgesetzten Steuer ergibt. § 22a Absatz 2 sowie § 150 Absatz 6 der Abgabenordnung gelten entsprechend.

(5) Durch Rechtsverordnung wird bezogen auf den Versicherungstarif bestimmt, wie der nicht abziehbare Teil der Beiträge zum Erwerb eines Krankenversicherungsschutzes im Sinne des Absatzes 1 Nummer 2 Buchstabe a Satz 3 durch einheitliche prozentuale Abschläge auf die zugunsten des jeweiligen Tarifs gezahlte Prämie zu ermitteln ist, soweit der nicht abziehbare Beitragsteil nicht bereits als gesonderter Tarif oder Tarifbaustein ausgewiesen wird.

(6) ¹Absatz 1 Nummer 2 Buchstabe b Doppelbuchstabe aa ist für Vertragsabschlüsse vor dem 1. Januar 2012 mit der Maßgabe anzuwenden, dass der Vertrag die Zahlung der Leibrente nicht vor der Vollendung des 60. Lebensjahres vorsehen darf. ²Für Verträge im Sinne des Absatzes 1 Nummer 2 Buchstabe b, die vor dem 1. Januar 2011 abgeschlossen wurden, und bei Kranken- und Pflegeversicherungen im Sinne des Absatzes 1 Nummer 3, bei denen das Versicherungsverhältnis vor dem 1. Januar 2011

bestanden hat, ist Absatz 2 Satz 2 Nummer 2 und Satz 3 mit der Maßgabe anzuwenden, dass die erforderliche Einwilligung zur Datenübermittlung als erteilt gilt, wenn

1. die übermittelnde Stelle den Steuerpflichtigen schriftlich darüber informiert, dass sie

    a) von einer Einwilligung ausgeht und

    b) die Daten an die zentrale Stelle übermittelt und

2. der Steuerpflichtige dem nicht innerhalb einer Frist von vier Wochen nach Erhalt der Information nach Nummer 1 schriftlich widerspricht.

§ 10a
Zusätzliche Altersvorsorge

(1) ¹In der inländischen gesetzlichen Rentenversicherung Pflichtversicherte können Altersvorsorgebeiträge (§ 82) zuzüglich der dafür nach Abschnitt XI zustehenden Zulage jährlich bis zu 2 100 Euro als Sonderausgaben abziehen; das Gleiche gilt für

1. Empfänger von inländischer Besoldung nach dem Bundesbesoldungsgesetz oder einem Landesbesoldungsgesetz,

2. Empfänger von Amtsbezügen aus einem inländischen Amtsverhältnis, deren Versorgungsrecht die entsprechende Anwendung des § 69e Abs. 3 und 4 des Beamtenversorgungsgesetzes vorsieht,

3. die nach § 5 Abs. 1 Satz 1 Nr. 2 und 3 des Sechsten Buches Sozialgesetzbuch versicherungsfrei Beschäftigten, die nach § 6 Abs. 1 Satz 1 Nr. 2 oder nach § 230 Abs. 2 Satz des Sechsten Buches Sozialgesetzbuch von der Versicherungspflicht befreiten Beschäftigten, deren Versorgungsrecht die entsprechende Anwendung des § 69e Abs. 3 und 4 des Beamtenversorgungsgesetzes vorsieht,

4. Beamte, Richter, Berufssoldaten und Soldaten auf Zeit, die ohne Besoldung beurlaubt sind, für die Zeit einer Beschäftigung, wenn während der Beurlaubung die Gewährleistung einer Versorgungsanwartschaft unter den Voraussetzungen des § 5 Abs. 1 Satz 1 des Sechsten Buches Sozialgesetzbuch auf diese Beschädigung erstreckt wird, und

5. Steuerpflichtige im Sinne der Nummern 1 bis 4, die beurlaubt sind und deshalb keine Besoldung, Amtsbezüge oder Entgelt erhalten, sofern sie eine Anrechnung von Kindererziehungszeiten nach § 56 des Sechsten Buches Sozialgesetzbuch in Anspruch nehmen könnten, wenn die Versicherungsfreiheit in der inländischen gesetzlichen Rentenversicherung nicht bestehen würde,

wenn sie spätestens bis zum Ablauf des zweiten Kalenderjahres, das dem Beitragsjahr (§ 88) folgt, gegenüber der zuständigen Stelle (§ 81a) schriftlich eingewilligt haben, dass diese der zentralen Stelle (§ 81) jährlich mitteilt, dass der Steuerpflichtige zum begünstigten Personenkreis gehört, dass die zuständige Stelle der zentralen Stelle die für die Ermittlung des Mindesteigenbeitrags (§ 86) und die Gewährung der Kinderzulage (§ 85) erforderlichen Daten übermittelt und die zentrale Stelle diese Daten für das Zulageverfahren verwenden darf. ²Bei der Erteilung der Einwilligung ist der Steuerpflichtige darauf hinzuweisen, dass er die Einwilligung vor Beginn des Kalenderjahres, für das sie erstmals nicht mehr gelten soll, gegenüber der zuständigen Stelle widerrufen kann. ³Versicherungspflichtige nach dem Gesetz über die Alterssicherung der Landwirte stehen Pflichtversicherten gleich; dies gilt auch für Personen die

1. eine Anrechnungszeit nach § 58 Absatz 1 Nummer 3 oder Nummer 6 des Sechsten Buches Sozialgesetzbuches in der gesetzlichen Rentenversicherung erhalten und
2. unmittelbar vor einer Anrechnungszeit nach § 58 Absatz 1 Nummer 3 oder Nummer 6 des Sechsten Buches Sozialgesetzbuch einer der im ersten Halbsatz, in Satz 1 oder Satz 4 genannten begünstigten Personengruppe angehörten.

⁴Die Sätze 1 und 2 gelten entsprechend für Steuerpflichtige, die nicht zum begünstigten Personenkreis nach Satz 1 oder 3 gehören und eine Rente wegen voller Erwerbsminderung oder Erwerbsunfähigkeit oder eine Versorgung wegen Dienstunfähigkeit aus einem der in Satz 1 oder 3 genannten Alterssicherungssysteme beziehen, wenn unmittelbar vor dem Bezug der entsprechenden Leistungen der Leistungsbezieher einer der in Satz 1 oder 3 genannten begünstigten Personengruppen angehörte; dies gilt nicht, wenn der Steuerpflichtige das 67. Lebensjahr vollendet hat. ⁵Bei der Ermittlung der dem Steuerpflichtigen zustehenden Zulage nach Satz 1 bleibt die Erhöhung der Grundzulage nach § 84 Satz 2 außer Betracht.

(1a) ¹Sofern eine Zulagenummer (§ 90 Abs. 1 Satz 2) durch die zentrale Stelle oder eine Versicherungsnummer nach § 147 des Sechsten Buches Sozialgesetzbuch noch nicht vergeben ist, haben die in Absatz 1 Satz 1 Nr. 1 bis 5 genannten Steuerpflichtigen über die zuständige Stelle eine Zulagenummer bei der zentralen Stelle zu beantragen. ²Für Empfänger einer Versorgung im Sinne des Absatzes 1 Satz 4 gilt Satz 1 entsprechend.

(2) ¹Ist der Sonderausgabenabzug nach Absatz 1 für den Steuerpflichtigen günstiger als der Anspruch auf die Zulage nach Abschnitt XI, erhöht sich die unter Berücksichtigung des Sonderausgabenabzugs ermittelte tarifliche Einkommensteuer um den Anspruch auf Zulage. ²In den anderen Fällen scheidet der Sonderausgabenabzug aus. ³Die Günstigerprüfung wird von Amts wegen vorgenommen.

(2a) ¹Der Sonderausgabenabzug setzt voraus, dass der Steuerpflichtige gegenüber dem Anbieter (übermittelnde Stelle) in die Datenübermittlung nach Absatz 5 Satz 1 eingewilligt hat. ²§ 10 Absatz 2a Satz 1 bis Satz 3 gilt entsprechend. ³In den Fällen des Absatzes 3 Satz 2 und 5 ist die Einwilligung nach Satz 1 von beiden Ehegatten abzugeben. ⁴Hat der Zulageberechtigte den Anbieter nach § 89 Abs. 1a bevollmächtigt oder liegt dem Anbieter ein Zulagenantrag nach § 89 Absatz 1 vor, gilt die Einwilligung nach Satz 1 für das jeweilige Beitragsjahr als erteilt.

(3) ¹Der Abzugsbetrag nach Absatz 1 steht im Falle der Veranlagung von Ehegatten nach § 26 Abs. 1 jedem Ehegatten unter den Voraussetzungen des Absatzes 1 gesondert zu. ²Gehört nur ein Ehegatte zu dem nach Absatz 1 begünstigten Personenkreis und ist der andere Ehegatte nach § 79 Satz 2 zulageberechtigt, sind bei dem nach Absatz 1 abzugsberechtigten Ehegatten die von beiden Ehegatten geleisteten Altersvorsorgebeiträge und die dafür zustehenden Zulagen bei der Anwendung der Absätze 1 und 2 zu berücksichtigen. ³Der Höchstbetrag nach Absatz 1 Satz 1 erhöht sich in den Fällen des Satzes 2 um 60 Euro. ⁴Dabei sind die von dem Ehegatten, der zu dem nach Absatz 1 begünstigten Personenkreis gehört, geleisteten Altersvorsorgebeiträge vorrangig zu berücksichtigen, jedoch mindestens 60 Euro der von dem anderen Ehegatten geleisteten Altersvorsorgebeiträge. ⁵Gehören beide Ehegatten zu dem nach Absatz 1 begünstigten Personenkreis und liegt ein Fall der Veranlagung nach § 26 Abs. 1 vor, ist bei der Günstigerprüfung nach Absatz 2 der Anspruch auf Zulage beider Ehegatten anzusetzen.

(4) ¹Im Falle des Absatzes 2 Satz 1 stellt das Finanzamt die über den Zulageanspruch nach Abschnitt XI hinausgehende Steuerermäßigung gesondert fest und teilt diese der zentralen Stelle (§ 81) mit; § 10d Abs. 4 Satz 3 bis 5 gilt entsprechend. ²Sind Altersvorsorgebeiträge zu Gunsten von mehreren Verträgen geleistet worden, erfolgt die Zurechnung im Verhältnis der nach Absatz 1 berücksichtigten Altersvorsorgebeiträge. ³Ehegatten ist der nach Satz 1 festzustellende Betrag auch im Falle der Zusammenveranlagung jeweils getrennt zuzurechnen; die Zurechnung erfolgt im Verhältnis der nach Absatz 1 berücksichtigten Altersvorsorgebeiträge. ⁴Werden Altersvorsorgebeiträge nach Absatz 3 Satz 2 berücksichtigt, die der nach § 79 Satz 2 zulageberechtigte Ehegatte zugunsten eines auf seinen Namen lautenden Vertrages geleistet hat, ist die hierauf entfallende Steuerermäßigung dem Vertrag zuzurechnen, zu dessen Gunsten die Altersvorsorgebeiträge geleistet wurden. ⁵Die Übermittlung an die zentrale Stelle erfolgt unter Angabe der Vertragsnummer und der Identifikationsnummer (§ 139b der Abgabenordnung) sowie der Zulage- oder Versicherungsnummer nach § 147 des Sechsten Buches Sozialgesetzbuch.

(5) ¹Die übermittelnde Stelle hat bei Vorliegen einer Einwilligung nach Absatz 2a die Höhe der im jeweiligen Beitragsjahr zu berücksichtigenden Altersvorsorgebeiträge unter Angabe der Einwilligung nach Absatz 2a, der Identifikationsnummer (§ 139b der Abgabenordnung) sowie der Zulage- oder der Versicherungsnummer nach § 147 des Sechsten Buches Sozialgesetzbuch nach amtlich vorgeschriebenem Datensatz durch Datenfernübertragung an die zentrale Stelle bis zum 28. Februar des dem Beitragsjahr folgenden Kalenderjahres zu übermitteln. ²§ 10 Absatz 2a Satz 6 bis 8 und § 22a Absatz 2 gelten entsprechend. ³Die Übermittlung erfolgt auch dann, wenn im Fall der mittelbaren Zulageberechtigung keine Altersvorsorgebeiträge geleistet worden sind. ⁴Die übrigen Voraussetzungen für den Sonderausgabenabzug nach den Absätzen 1 bis 3 werden im Wege der Datenerhebung und des automatisierten Datenabgleichs nach § 91 überprüft. ⁵Erfolgt eine Datenübermittlung nach Satz 1 und wurde noch keine Zulagenummer (§ 90 Absatz 1 Satz 2) durch die zentrale Stelle oder keine Versicherungsnummer nach

§ 147 des Sechsten Buches Sozialgesetzbuch vergeben, gilt § 90 Absatz 1 Satz 2 und 3 entsprechend.

(6) ¹Für die Anwendung der Absätze 1 bis 5 stehen den in der inländischen gesetzlichen Rentenversicherung Pflichtversicherten nach Absatz 1 Satz 1 die Pflichtmitglieder in einem ausländischen gesetzlichen Alterssicherungssystem gleich, wenn diese Pflichtmitgliedschaft
1. mit einer Pflichtmitgliedschaft in einem inländischen Alterssicherungssystem nach Absatz 1 Satz 1 oder 3 vergleichbar ist und
2. vor dem 1. Januar 2010 begründet wurde.

²Für die Anwendung der Absätze 1 bis 5 stehen den Steuerpflichtigen nach Absatz 1 Satz 4 die Personen gleich,
1. die aus einem ausländischen gesetzlichen Alterssicherungssystem eine Leistung erhalten, die den in Absatz 1 Satz 4 genannten Leistungen vergleichbar ist,
2. die unmittelbar vor dem Bezug der entsprechenden Leistung nach Satz 1 oder Absatz 1 Satz 1 oder 3 begünstigt waren und
3. die noch nicht das 67. Lebensjahr vollendet haben.

³Als Altersvorsorgebeiträge (§ 82) sind bei den in Satz 1 oder 2 genannten Personen nur diejenigen Beiträge zu berücksichtigen, die vom Abzugsberechtigten zugunsten seines vor dem 1. Januar 2010 abgeschlossenen Vertrags geleistet wurden. ⁴Endet die unbeschränkte Steuerpflicht eines Zulageberechtigten im Sinne des Satzes 1 oder 2 durch Aufgabe des inländischen Wohnsitzes oder gewöhnlichen Aufenthalts und wird die Person nicht nach § 1 Absatz 3 als unbeschränkt einkommensteuerpflichtig behandelt, so gelten die §§ 93 und 94 entsprechend; § 95 Absatz 2 und 3 und § 99 Absatz 1 in der am 31. Dezember 2008 geltenden Fassung sind anzuwenden.

§ 10b
Steuerbegünstigte Zwecke

(1) ¹Zuwendungen (Spenden und Mitgliedsbeiträge) zur Förderung steuerbegünstigter Zwecke im Sinne der §§ 52 bis 54 der Abgabenordnung können insgesamt bis zu
1. 20 Prozent des Gesamtbetrags der Einkünfte oder
2. 4 Promille der Summe der gesamten Umsätze und der im Kalenderjahr aufgewendeten Löhne und Gehälter

als Sonderausgaben abgezogen werden. ²Voraussetzung für den Abzug ist, dass diese Zuwendungen
1. an eine juristische Person des öffentlichen Rechts oder an eine öffentliche Dienststelle, die in einem Mitgliedstaat der Europäischen Union oder in einem Staat belegen ist, auf den das Abkommen über den Europäischen Wirtschaftsraum (EWR-Abkommen) Anwendung findet, oder
2. an eine nach § 5 Absatz 1 Nummer 9 des Körperschaftsteuergesetzes steuerbefreite Körperschaft, Personenvereinigung oder Vermögensmasse oder
3. an eine Körperschaft, Personenvereinigung oder Vermögensmasse, die in einem Mitgliedstaat der Europäischen Union oder in einem Staat belegen ist, auf den das Abkommen über den Europäischen Wirtschaftsraum (EWR-Abkommen) Anwendung findet, und die nach § 5 Absatz 1 Nummer 9 des Körperschaftsteuergesetzes in Verbindung mit § 5 Absatz 2 Nummer 2 zweiter Halbsatz des Körperschaftsteuergesetzes steuerbefreit wäre, wenn sie inländische Einkünfte erzielen würde,

geleistet werden. ³Für nicht im Inland ansässige Zuwendungsempfänger nach Satz 2 ist weitere Voraussetzung, dass durch diese Staaten Amtshilfe und Unterstützung bei der Beitreibung geleistet werden. ⁴Amtshilfe ist der Auskunftsaustausch im Sinne der oder entsprechend der Amtshilferichtlinie gemäß § 2 Absatz 2 des EU-Amtshilfegesetzes. ⁵Beitreibung ist die gegenseitige Unterstützung bei der Beitreibung von Forderungen im Sinne oder entsprechend der Beitreibungsrichtlinie einschließlich der in diesem Zusammenhang anzuwendenden Durchführungsbestimmungen in den für den jeweiligen Veranlagungszeitraum geltenden Fassungen oder eines entsprechenden Nachfolgerechtsaktes. ⁶Werden die steuerbegünstigten Zwecke des Zuwendungsempfängers im Sinne von Satz 2 Nummer 1 nur im Ausland verwirklicht, ist für den Sonderausgabenabzug Voraussetzung, dass natürliche Personen, die ihren Wohnsitz oder ihren gewöhnlichen Aufenthalt im Geltungsbereich dieses Gesetzes haben, gefördert werden oder dass die Tätigkeit dieses Zuwendungsempfängers neben der Verwirklichung der steuerbegünstigten Zwecke auch zum Ansehen der Bundesrepublik Deutschland beitragen kann. ⁷Abziehbar sind auch Mitgliedsbeiträge an Körperschaften, die Kunst und Kultur gemäß § 52 Absatz 2 Satz 1 Nummer 5 der Abgabenordnung fördern, soweit es sich nicht um Mitgliedsbeiträge nach Satz 8 Nummer 2 handelt, auch wenn den Mitgliedern Vergünstigungen gewährt werden. ⁸Nicht abziehbar sind Mitgliedsbeiträge an Körperschaften, die
1. den Sport (§ 52 Abs. 2 Satz 1 Nr. 21 der Abgabenordnung),
2. kulturelle Betätigungen, die in erster Linie der Freizeitgestaltung dienen,
3. die Heimatpflege und Heimatkunde (§ 52 Abs. 2 Satz 1 Nr. 22 der Abgabenordnung) oder
4. Zwecke im Sinne des § 52 Abs. 2 Satz 1 Nr. 23 der Abgabenordnung

fördern. ⁹Abziehbare Zuwendungen, die die Höchstbeträge nach Satz 1 überschreiten oder die den um die Beträge nach § 10 Abs. 3 und 4, § 10c und § 10d verminderten Gesamtbetrag der Einkünfte übersteigen, sind im Rahmen der Höchstbeträge in den folgenden Veranlagungszeiträumen als Sonderausgaben abzuziehen. ¹⁰§ 10d Abs. 4 gilt entsprechend.

(1a) ¹Spenden zur Förderung steuerbegünstigter Zwecke im Sinne der §§ 52 bis 54 der Abgabenordnung in das zu erhaltende Vermögen (Vermögensstock) einer Stiftung, welche die Voraussetzungen des Absatzes 1 Satz 2 bis 6 erfüllt, können auf Antrag des Steuerpflichtigen im Veranlagungszeitraum der Zuwendung und in den folgenden neun

Veranlagungszeiträumen bis zu einem Gesamtbetrag von 1 Million Euro bei Ehegatten, die nach den §§ 26, 26b zusammen veranlagt werden, bis zu einem Gesamtbetrag von 2 Millionen Euro zusätzlich zu den Höchstbeträgen nach Absatz 1 Satz 1 abgezogen werden. ²Nicht abzugsfähig nach Satz 1 sind Spenden in das verbrauchbare Vermögen einer Stiftung. ³Der besondere Abzugsbetrag nach Satz 1 bezieht sich auf den gesamten Zehnjahreszeitraum und kann der Höhe nach innerhalb dieses Zeitraums nur einmal in Anspruch genommen werden. ⁴§ 10d Abs. 4 gilt entsprechend.

(2) ¹Zuwendungen an politische Parteien im Sinne des § 2 des Parteiengesetzes sind bis zur Höhe von insgesamt 1 650 Euro und im Fall der Zusammenveranlagung von Ehegatten bis zur Höhe von insgesamt 3 300 Euro im Kalenderjahr abzugsfähig. ²Sie können nur insoweit als Sonderausgaben abgezogen werden, als für sie nicht eine Steuerermäßigung nach § 34g gewährt worden ist.

(3) ¹Als Zuwendung im Sinne dieser Vorschrift gilt auch die Zuwendung von Wirtschaftsgütern mit Ausnahme von Nutzungen und Leistungen. ²Ist das Wirtschaftsgut unmittelbar vor seiner Zuwendung einem Betriebsvermögen entnommen worden, so bemisst sich die Zuwendungshöhe nach dem Wert, der bei der Entnahme angesetzt wurde und nach der Umsatzsteuer, die auf die Entnahme entfällt. ³Ansonsten bestimmt sich die Höhe der Zuwendung nach dem gemeinen Wert des zugewendeten Wirtschaftsguts, wenn dessen Veräußerung im Zeitpunkt der Zuwendung keinen Besteuerungstatbestand erfüllen würde. ⁴In allen übrigen Fällen dürfen bei der Ermittlung der Zuwendungshöhe die fortgeführten Anschaffungs- oder Herstellungskosten nur überschritten werden, soweit eine Gewinnrealisierung stattgefunden hat. ⁵Aufwendungen zugunsten einer Körperschaft, die zum Empfang steuerlich abziehbarer Zuwendungen berechtigt ist, können nur abgezogen werden, wenn ein Anspruch auf die Erstattung der Aufwendungen durch Vertrag oder Satzung eingeräumt und auf die Erstattung verzichtet worden ist. ⁶Der Anspruch darf nicht unter der Bedingung des Verzichts eingeräumt worden sein.

(4) ¹Der Steuerpflichtige darf auf die Richtigkeit der Bestätigung über Spenden und Mitgliedsbeiträge vertrauen, es sei denn, dass er die Bestätigung durch unlautere Mittel oder falsche Angaben erwirkt hat oder dass ihm die Unrichtigkeit der Bestätigung bekannt oder infolge grober Fahrlässigkeit nicht bekannt war. ²Wer vorsätzlich oder grob fahrlässig eine unrichtige Bestätigung ausstellt oder veranlasst, dass Zuwendungen nicht zu den in der Bestätigung angegebenen steuerbegünstigten Zwecken verwendet werden, haftet für die entgangene Steuer. ³Diese ist mit 30 vom Hundert des zugewendeten Betrags anzusetzen. ⁴In den Fällen des Satzes 2 zweite Alternative (Veranlasserhaftung) ist vorrangig der Zuwendungsempfänger in Anspruch zu nehmen; die in diesen Fällen für den Zuwendungsempfänger handelnden natürlichen Personen sind nur in Anspruch zu nehmen, wenn die entgangene Steuer nicht nach § 47 der Abgabenordnung erloschen ist und Vollstreckungsmaßnahmen gegen den Zuwendungsempfänger nicht erfolgreich sind. ⁵Die Festsetzungsfrist für Haftungsansprüche nach Satz 2 läuft nicht ab, solange die Festsetzungsfrist für von dem Empfänger der Zuwendung geschuldete Körperschaftsteuer für den Veranlagungszeitraum nicht abgelaufen ist, in dem die unrichtige Bestätigung ausgestellt worden ist oder veranlasst wurde, dass die Zuwendung nicht zu den in der Bestätigung angegebenen steuerbegünstigten Zwecken verwendet worden ist; § 191 Abs. 5 der Abgabenordnung ist nicht anzuwenden.

§ 10c
Sonderausgaben-Pauschbetrag

¹Für Sonderausgaben nach den § 10 Absatz 1 Nummer 1, 1a, 1b, 4, 5, 7 und 9 sowie Absatz 1a und nach § 10b wird ein Pauschbetrag von 36 Euro abgezogen (Sonderausgaben-Pauschbetrag), wenn der Steuerpflichtige nicht höhere Aufwendungen nachweist. ²Im Falle der Zusammenveranlagung von Ehegatten verdoppelt sich der Sonderausgaben-Pauschbetrag.

§ 10d
Verlustabzug

(1) ¹Negative Einkünfte, die bei der Ermittlung des Gesamtbetrags der Einkünfte nicht ausgeglichen werden, sind bis zu einem Betrag von 1 000 000 Euro, bei Ehegatten, die nach den §§ 26, 26b zusammenveranlagt werden, bis zu einem Betrag von 2 000 000 Euro vom Gesamtbetrag der Einkünfte des unmittelbar vorangegangenen Veranlagungszeitraums vorrangig vor Sonderausgaben, außergewöhnlichen Belastungen und sonstigen Abzugsbeträgen abzuziehen (Verlustrücktrag). ²Dabei wird der Gesamtbetrag der Einkünfte des unmittelbar vorangegangenen Veranlagungszeitraums um die Begünstigungsbeträge nach § 34a Abs. 3 Satz 1 gemindert. ³Ist für den unmittelbar vorangegangenen Veranlagungszeitraum bereits ein Steuerbescheid erlassen worden, so ist er insoweit zu ändern, als der Verlustrücktrag zu gewähren oder zu berichtigen ist. ⁴Das gilt auch dann, wenn der Steuerbescheid unanfechtbar geworden ist; die Festsetzungsfrist endet insoweit nicht, bevor die Festsetzungsfrist für den Veranlagungszeitraum abgelaufen ist, in dem die negativen Einkünfte nicht ausgeglichen werden. ⁵Auf Antrag des Steuerpflichtigen ist ganz oder teilweise von der Anwendung des Satzes 1 abzusehen. ⁶Im Antrag ist die Höhe des Verlustrücktrags anzugeben.

(2) ¹Nicht ausgeglichene negative Einkünfte, die nicht nach Absatz 1 abgezogen worden sind, sind in den folgenden Veranlagungszeiträumen bis zu einem Gesamtbetrag der Einkünfte von 1 Million Euro unbeschränkt, darüber hinaus bis zu 60 Prozent des 1 Million Euro übersteigenden Gesamtbetrags der Einkünfte vorrangig vor Sonderausgaben, außergewöhnlichen Belastungen und sonstigen Abzugsbeträgen abzuziehen (Verlustvortrag). ²Bei Ehegatten, die nach §§ 26, 26b zusammenveranlagt werden, tritt an die Stelle des Betrags von 1 Million Euro ein Betrag von 2 Millionen Euro. ³Der Abzug ist nur insoweit zulässig, als die Verluste nicht nach Absatz 1 abgezogen worden sind und in den vorangegangenen Veranlagungszeiträumen nicht nach Satz 1 und 2 abgezogen werden konnten.

(3) (weggefallen)

(4) ¹Der am Schluss eines Veranlagungszeitraums verbleibende Verlustvortrag ist gesondert festzustellen. ²Verbleibender Verlustvortrag sind die bei der Ermittlung des Gesamtbetrags der Einkünfte nicht ausgeglichenen negativen Einkünfte, vermindert um die nach Absatz 1 abgezogenen und die nach Absatz 2 abziehbaren Beträge und vermehrt um den auf den Schluss des vorangegangenen Veranlagungszeitraums festgestellten verbleibenden Verlustvortrag. ³Zuständig für die Feststellung ist das für die Besteuerung zuständige Finanzamt. ⁴Bei der Feststellung des verbleibenden Verlustvortrags sind die Besteuerungsgrundlagen so zu berücksichtigen, wie sie den Steuerfestsetzungen des Veranlagungszeitraums, auf dessen Schluss der verbleibende Verlustvortrag festgestellt wird, und des Veranlagungszeitraums, in dem ein Verlustrücktrag vorgenommen werden kann, zu Grunde gelegt worden sind; § 171 Absatz 10, § 175 Absatz 1 Satz 1 Nummer 1 und § 351 Absatz 2 der Abgabenordnung sowie § 42 der Finanzgerichtsordnung gelten entsprechend. ⁵Die Besteuerungsgrundlagen dürfen bei der Feststellung nur insoweit abweichend von Satz 4 berücksichtigt werden, wie die Aufhebung, Änderung oder Berichtigung der Steuerbescheide ausschließlich mangels Auswirkung auf die Höhe der festzusetzenden Steuer unterbleibt. ⁶Die Feststellungsfrist endet nicht, bevor die Festsetzungsfrist für den Veranlagungszeitraum abgelaufen ist, auf dessen Schluss der verbleibende Verlustvortrag gesondert festzustellen ist; § 181 Abs. 5 der Abgabenordnung ist nur anzuwenden, wenn die zuständige Finanzbehörde die Feststellung des Verlustvortrags pflicht pflichtwidrig unterlassen hat.

§ 10e
Steuerbegünstigung der zu eigenen Wohnzwecken genutzten Wohnung im eigenen Haus

(1) ¹Der Steuerpflichtige kann von den Herstellungskosten einer Wohnung in einem im Inland belegenen eigenen Haus oder einer im Inland belegenen eigenen Eigentumswohnung zuzüglich der Hälfte der Anschaffungskosten für den dazugehörenden Grund und Boden (Bemessungsgrundlage) im Jahr der Fertigstellung und in den drei folgenden Jahren jeweils bis zu 6 Prozent, höchstens jeweils 10 124 Euro, und in den vier darauffolgenden Jahren jeweils bis zu 5 vom Hundert, höchstens jeweils 8 437 Euro wie Sonderausgaben abziehen. ²Voraussetzung ist, dass der Steuerpflichtige die Wohnung hergestellt und in dem jeweiligen Jahr des Zeitraums nach Satz 1 (Abzugszeitraum) zu eigenen Wohnzwecken genutzt hat und die Wohnung keine Ferienwohnung oder Wochenendwohnung ist. ³Eine Nutzung zu eigenen Wohnzwecken liegt auch vor, wenn Teile einer zu eigenen Wohnzwecken genutzten Wohnung unentgeltlich zu Wohnzwecken überlassen werden. ⁴Hat der Steuerpflichtige die Wohnung angeschafft, so sind die Sätze 1 bis 3 mit der Maßgabe anzuwenden, dass an die Stelle des Jahres der Fertigstellung das Jahr der Anschaffung und an die Stelle der Herstellungskosten die Anschaffungskosten treten; hat der Steuerpflichtige die Wohnung nicht bis zum Ende des zweiten auf das Jahr der Fertigstellung folgenden Jahres angeschafft, kann er von der Bemessungsgrundlage im Jahr der Anschaffung und in den drei folgenden Jahren höchstens jeweils 4 602 Euro und in den vier darauf folgenden Jahren höchstens jeweils 3 835 Euro abziehen. ⁵§ 6b Abs. 6 gilt sinngemäß. ⁶Bei einem Anteil an der zu eigenen Wohnzwecken genutzten Wohnung kann der Steuerpflichtige den entsprechenden Teil der Abzugsbeträge nach Satz 1 wie Sonderausgaben abziehen. ⁷Werden Teile der Wohnung nicht zu eigenen Wohnzwecken genutzt, ist die Bemessungsgrundlage um den auf den nicht zu eigenen Wohnzwecken entfallenden Teil zu kürzen. Satz 4 ist nicht anzuwenden, wenn der Steuerpflichtige die Wohnung oder einen Anteil daran von seinem Ehegatten anschafft und bei den Ehegatten die Voraussetzungen des § 26 Abs. 1 vorliegen.

(2) Absatz 1 gilt entsprechend für Herstellungskosten zu eigenen Wohnzwecken genutzter Ausbauten und Erweiterungen an einer im Inland belegenen, zu eigenen Wohnzwecken genutzten Wohnung.

(3) ¹Der Steuerpflichtige kann die Abzugsbeträge nach den Absätzen 1 und 2, die er in einem Jahr des Abzugszeitraums nicht ausgenutzt hat, bis zum Ende des Abzugszeitraums abziehen. ²Nachträgliche Herstellungskosten oder Anschaffungskosten, die bis zum Ende des Abzugszeitraums entstehen, können vom Jahr ihrer Entstehung an für die Veranlagungszeiträume, in denen der Steuerpflichtige Abzugsbeträge nach den Absätzen 1 und 2 hätte abziehen können, so behandelt werden, als wären sie zu Beginn des Abzugszeitraums entstanden.

(4) ¹Die Abzugsbeträge nach den Absätzen 1 und 2 kann der Steuerpflichtige nur für eine Wohnung oder für einen Ausbau oder eine Erweiterung abziehen. ²Ehegatten, bei denen die Voraussetzungen des § 26 Abs. 1 vorliegen, können die Abzugsbeträge nach den Absätzen 1 und 2 für insgesamt zwei der in Satz 1 bezeichneten Objekte abziehen, jedoch nicht gleichzeitig für zwei in räumlichem Zusammenhang belegene Objekte, wenn bei den Ehegatten im Zeitpunkt der Herstellung oder Anschaffung der Objekte die Voraussetzungen des § 26 Abs. 1 vorliegen. ³Den Abzugsbeträgen stehen die erhöhten Absetzungen nach § 7b in der jeweiligen Fassung ab Inkrafttreten des Gesetzes vom 16. Juni 1964 (BGBl. I S. 353) und nach § 15 Abs. 1 bis 4 des Berlinförderungsgesetzes in der jeweiligen Fassung ab Inkrafttreten des Gesetzes vom 11. Juli 1977 (BGBl. I S. 1213) gleich. ⁴Nutzt der Steuerpflichtige die Wohnung im eigenen Haus oder die Eigentumswohnung (Erstobjekt) nicht bis zum Ablauf des Abzugszeitraums zu eigenen Wohnzwecken und kann er deshalb die Abzugsbeträge nach den Absätzen 1 und 2 nicht mehr in Anspruch nehmen, so kann er die Abzugsbeträge nach Absatz 1 bei einer weiteren Wohnung im Sinne des Absatzes 1 Satz 1 (Folgeobjekt) in Anspruch nehmen, wenn er das Folgeobjekt innerhalb von zwei und vor drei Jahren nach Ablauf des Veranlagungszeitraums, in dem er das Erstobjekt letztmals zu eigenen Wohnzwecken genutzt hat, anschafft oder herstellt; Entsprechendes gilt bei einem Ausbau oder einer Erweiterung einer Wohnung. ⁵Im Fall des Satzes 4 ist der Abzugszeitraum für das Folgeobjekt um die Anzahl der Veranlagungszeiträume zu kürzen, in denen der Steuerpflichtige für das Erstobjekt die Abzugs-

beträge nach den Absätzen 1 und 2 hätte abziehen können; hat der Steuerpflichtige das Folgeobjekt in einem Veranlagungszeitraum, in dem er das Erstobjekt noch zu eigenen Wohnzwecken genutzt hat, hergestellt oder angeschafft oder ausgebaut oder erweitert, so beginnt der Abzugszeitraum für das Folgeobjekt mit Ablauf des Veranlagungszeitraums, in dem der Steuerpflichtige das Erstobjekt letztmals zu eigenen Wohnzwecken genutzt hat. ⁶Für das Folgeobjekt sind die Prozentsätze der vom Erstobjekt verbliebenen Jahre maßgebend. ⁷Dem Erstobjekt im Sinne des Satzes 4 steht ein Erstobjekt im Sinne des § 7b Abs. 5 Satz 4 sowie des § 15 Abs. 1 und des § 15b Abs. 1 des Berlinförderungsgesetzes gleich. ⁸Ist für den Steuerpflichtigen Objektverbrauch nach den Sätzen 1 bis 3 eingetreten, kann er die Abzugsbeträge nach den Absätzen 1 und 2 für ein weiteres, in dem in Artikel 3 des Einigungsvertrages genannten Gebiet belegenes Objekt abziehen, wenn der Steuerpflichtige oder dessen Ehegatte, bei denen die Voraussetzungen des § 26 Abs. 1 vorliegen, in dem in Artikel 3 des Einigungsvertrages genannten Gebiet zugezogen ist und

1. seinen ausschließlichen Wohnsitz in diesem Gebiet zu Beginn des Veranlagungszeitraums hat oder ihn im Laufe des Veranlagungszeitraums begründet oder
2. bei mehrfachem Wohnsitz einen Wohnsitz in diesem Gebiet hat und sich dort überwiegend aufhält.

⁹Voraussetzung für die Anwendung des Satzes 8 ist, dass die Wohnung im eigenen Haus oder die Eigentumswohnung vor dem 1. Januar 1995 hergestellt oder angeschafft oder der Ausbau oder die Erweiterung vor diesem Zeitpunkt fertiggestellt worden ist. ¹⁰Die Sätze 2 und 4 bis 6 sind für im Satz 8 bezeichnete Objekte sinngemäß anzuwenden.

(5) ¹Sind mehrere Steuerpflichtige Eigentümer einer zu eigenen Wohnzwecken genutzten Wohnung, so ist Absatz 4 mit der Maßgabe anzuwenden, dass der Anteil des Steuerpflichtigen an der Wohnung einer Wohnung gleichsteht; Entsprechendes gilt bei dem Ausbau oder bei der Erweiterung einer zu eigenen Wohnzwecken genutzten Wohnung. ²Satz 1 ist nicht anzuwenden, wenn Eigentümer der Wohnung der Steuerpflichtige und sein Ehegatte sind und bei den Ehegatten die Voraussetzungen des § 26 Abs. 1 vorliegen. ³Erwirbt im Fall des Satzes 2 ein Ehegatte infolge Erbfalls einen Miteigentumsanteil an der Wohnung hinzu, so kann er die auf diesen Anteil entfallenden Abzugsbeträge nach den Absätzen 1 und 2 weiter in der bisherigen Höhe abziehen; Entsprechendes gilt, wenn im Fall des Satzes 2 während des Abzugszeitraums die Voraussetzungen des § 26 Abs. 1 wegfallen und ein Ehegatte den Anteil des anderen Ehegatten an der Wohnung erwirbt.

(5a) ¹Die Abzugsbeträge nach den Absätzen 1 und 2 können nur für die Veranlagungszeiträume in Anspruch genommen werden, in denen der Gesamtbetrag der Einkünfte 61 355 Euro, bei nach § 26b zusammenveranlagten Ehegatten 122 710 Euro nicht übersteigt. ²Eine Nachholung von Abzugsbeträgen nach Absatz 3 Satz 1 ist nur für Veranlagungszeiträume möglich, in denen die in Satz 1 genannten Voraussetzungen vorgelegen haben; Entsprechendes gilt für nachträgliche Herstellungskosten oder Anschaffungskosten im Sinne des Absatzes 3 Satz 2.

(6) ¹Aufwendungen des Steuerpflichtigen, die bis zum Beginn der erstmaligen Nutzung einer Wohnung im Sinne des Absatzes 1 zu eigenen Wohnzwecken entstehen, unmittelbar mit der Herstellung oder Anschaffung des Gebäudes oder der Eigentumswohnung oder der Anschaffung des dazugehörenden Grund und Bodens zusammenhängen, nicht zu den Herstellungskosten oder Anschaffungskosten der Wohnung oder zu den Anschaffungskosten des Grund und Bodens gehören und die im Fall der Vermietung oder Verpachtung der Wohnung als Werbungskosten abgezogen werden könnten, können wie Sonderausgaben abgezogen werden. ²Wird eine Wohnung bis zum Beginn der erstmaligen Nutzung zu eigenen Wohnzwecken vermietet oder zu eigenen beruflichen oder eigenen betrieblichen Zwecken genutzt und sind die Aufwendungen Werbungskosten oder Betriebsausgaben, können sie nicht wie Sonderausgaben abgezogen werden. ³Aufwendungen nach Satz 1, die Erhaltungsaufwand sind und im Zusammenhang mit der Anschaffung des Gebäudes oder der Eigentumswohnung stehen, können insgesamt nur bis zu 15 Prozent der Anschaffungskosten des Gebäudes oder der Eigentumswohnung, höchstens bis zu 15 Prozent von 76 694 Euro, abgezogen werden. ⁴Die Sätze 1 und 2 gelten entsprechend bei Ausbauten und Erweiterungen an einer zu Wohnzwecken genutzten Wohnung.

(6a) ¹Nimmt der Steuerpflichtige Abzugsbeträge für ein Objekt nach den Absätzen 1 oder 2 in Anspruch oder ist er aufgrund des Absatzes 5a zur Inanspruchnahme von Abzugsbeträgen für ein solches Objekt nicht berechtigt, so kann er die mit diesem Objekt in wirtschaftlichem Zusammenhang stehenden Schuldzinsen, die für die Zeit der Nutzung zu eigenen Wohnzwecken entstehen, im Jahr der Herstellung oder Anschaffung und in den beiden folgenden Kalenderjahren bis zur Höhe von jeweils 12 000 Deutsche Mark wie Sonderausgaben abziehen, wenn er das Objekt vor dem 1. Januar 1995 fertiggestellt oder vor diesem Zeitpunkt bis zum Ende des Jahres der Fertigstellung angeschafft hat. ²Soweit der Schuldzinsenabzug nach Satz 1 nicht in vollem Umfang im Jahr der Herstellung oder Anschaffung in Anspruch genommen werden kann, kann er in dem dritten auf das Jahr der Herstellung oder Anschaffung folgenden Kalenderjahr nachgeholt werden. ³Absatz 1 Satz 6 gilt sinngemäß.

(7) ¹Sind mehrere Steuerpflichtige Eigentümer einer zu eigenen Wohnzwecken genutzten Wohnung, so können die Abzugsbeträge nach den Absätzen 1 und 2 und die Aufwendungen nach den Absätzen 6 und 6a gesondert und einheitlich festgestellt werden. ²Die für die gesonderte Feststellung von Einkünften nach § 180 Abs. 1 Nr. 2 Buchstabe a der Abgabenordnung geltenden Vorschriften sind entsprechend anzuwenden.

§ 10f
Steuerbegünstigung für zu eigenen Wohnzwecken genutzte Baudenkmale und Gebäude in Sanierungsgebieten und städtebaulichen Entwicklungsbereichen

(1) [1]Der Steuerpflichtige kann Aufwendungen an einem eigenen Gebäude im Kalenderjahr des Abschlusses der Baumaßnahme und in den neun folgenden Kalenderjahren jeweils bis zu 9 Prozent wie Sonderausgaben abziehen, wenn die Voraussetzungen des § 7h oder des § 7i vorliegen. [2]Dies gilt nur, soweit er das Gebäude in dem jeweiligen Kalenderjahr zu eigenen Wohnzwecken nutzt und die Aufwendungen nicht in die Bemessungsgrundlage nach § 10e oder dem Eigenheimzulagengesetz einbezogen hat. [3]Für Zeiträume, für die der Steuerpflichtige erhöhte Absetzungen von Aufwendungen nach § 7h oder § 7i abgezogen hat, kann er für diese Aufwendungen keine Abzugsbeträge nach Satz 1 in Anspruch nehmen. [4]Eine Nutzung zu eigenen Wohnzwecken liegt auch vor, wenn Teile einer zu eigenen Wohnzwecken genutzten Wohnung unentgeltlich zu Wohnzwecken überlassen werden.

(2) [1]Der Steuerpflichtige kann Erhaltungsaufwand, der an einem eigenen Gebäude entsteht und nicht zu den Betriebsausgaben oder Werbungskosten gehört, im Kalenderjahr des Abschlusses der Maßnahme und in den neun folgenden Kalenderjahren jeweils bis zu 9 Prozent wie Sonderausgaben abziehen, wenn die Voraussetzungen des § 11a Abs. 1 in Verbindung mit § 7h Abs. 2 oder des § 11b Satz 1 oder 2 in Verbindung mit § 7i Abs. 1 Satz 2 und Abs. 2 vorliegen. [2]Dies gilt nur, soweit der Steuerpflichtige das Gebäude in dem jeweiligen Kalenderjahr zu eigenen Wohnzwecken nutzt und diese Aufwendungen nicht nach § 10e Abs. 6 oder § 10i abgezogen hat. [3]Soweit der Steuerpflichtige das Gebäude während des Verteilungszeitraums zur Einkunftserzielung nutzt, ist der noch nicht berücksichtigte Teil des Erhaltungsaufwands im Jahr des Übergangs zur Einkunftserzielung wie Sonderausgaben abzuziehen. [4]Absatz 1 Satz 4 ist entsprechend anzuwenden.

(3) [1]Die Abzugsbeträge nach den Absätzen 1 und 2 kann der Steuerpflichtige nur bei einem Gebäude in Anspruch nehmen. [2]Ehegatten, bei denen die Voraussetzungen des § 26 Abs. 1 vorliegen, können die Abzugsbeträge nach den Absätzen 1 und 2 bei insgesamt zwei Gebäuden abziehen. [3]Gebäuden im Sinne der Absätze 1 und 2 stehen Gebäude gleich, für die Abzugsbeträge nach § 52 Abs. 21 Satz 6 in Verbindung mit § 51 Abs. 1 Nr. 2 Buchstabe x oder Buchstabe y des Einkommensteuergesetzes 1987 in der Fassung der Bekanntmachung vom 27. Februar 1987 (BGBl. I S. 657) in Anspruch genommen worden sind; Entsprechendes gilt für Abzugsbeträge nach § 52 Abs. 21 Satz 7.

(4) [1]Sind mehrere Steuerpflichtige Eigentümer eines Gebäudes, so ist Absatz 3 mit der Maßgabe anzuwenden, dass der Anteil des Steuerpflichtigen an einem solchen Gebäude dem Gebäude gleichsteht. [2]Erwirbt ein Miteigentümer, der für seinen Anteil bereits Abzugsbeträge nach Absatz 1 oder Absatz 2 abgezogen hat, einen Anteil an demselben Gebäude hinzu, kann er für danach von ihm durchgeführte Maßnahmen im Sinne der Absätze 1 oder 2 auch die Abzugsbeträge nach den Absätzen 1 und 2 in Anspruch nehmen, die auf den hinzuerworbenen Anteil entfallen. [3]§ 10e Abs. 5 Satz 2 und 3 sowie Abs. 7 ist sinngemäß anzuwenden.

(5) Die Absätze 1 bis 4 sind auf Gebäudeteile, die selbständige unbewegliche Wirtschaftsgüter sind, und auf Eigentumswohnungen entsprechend anzuwenden.

§ 10g
Steuerbegünstigung für schutzwürdige Kulturgüter, die weder zur Einkunftserzielung noch zu eigenen Wohnzwecken genutzt werden

(1) [1]Der Steuerpflichtige kann Aufwendungen für Herstellungs- und Erhaltungsmaßnahmen an eigenen schutzwürdigen Kulturgütern im Inland, soweit sie öffentliche oder private Zuwendungen und etwaige aus diesen Kulturgütern erzielte Einnahmen übersteigen, im Kalenderjahr des Abschlusses der Maßnahme und in den neun folgenden Kalenderjahren jeweils bis zu 9 Prozent wie Sonderausgaben abziehen. [2]Kulturgüter im Sinne des Satzes 1 sind

1. Gebäude oder Gebäudeteile, die nach den jeweiligen landesrechtlichen Vorschriften ein Baudenkmal sind,
2. Gebäude oder Gebäudeteile, die für sich allein nicht die Voraussetzungen für ein Baudenkmal erfüllen, aber Teil einer nach den jeweiligen landesrechtlichen Vorschriften als Einheit geschützten Gebäudegruppe oder Gesamtanlage sind,
3. gärtnerische, bauliche und sonstige Anlagen, die keine Gebäude oder Gebäudeteile und nach den jeweiligen landesrechtlichen Vorschriften unter Schutz gestellt sind,
4. Mobiliar, Kunstgegenstände, Kunstsammlungen, wissenschaftliche Sammlungen, Bibliotheken oder Archive, die sich seit mindestens 20 Jahren im Besitz der Familie des Steuerpflichtigen befinden oder in das Verzeichnis national wertvollen Kulturgutes oder das Verzeichnis national wertvoller Archive eingetragen sind und deren Erhaltung wegen ihrer Bedeutung für Kunst, Geschichte oder Wissenschaft im öffentlichen Interesse liegt,

wenn sie in einem den Verhältnissen entsprechenden Umfang der wissenschaftlichen Forschung oder der Öffentlichkeit zugänglich gemacht werden, es sei denn, dem Zugang stehen zwingende Gründe des Denkmal- oder Archivschutzes entgegen. [3]Die Maßnahmen müssen nach Maßgabe der geltenden Bestimmungen der Denkmal- und Archivpflege erforderlich und in Abstimmung mit der in Absatz 3 genannten Stelle durchgeführt worden sein; bei Aufwendungen für Herstellungs- und Erhaltungsmaßnahmen an Kulturgütern im Sinne des Satzes 2 Nr. 1 und 2 ist § 7i Abs. 1 Satz 1 bis 4 sinngemäß anzuwenden.

(2) [1]Die Abzugsbeträge nach Absatz 1 Satz 1 kann der Steuerpflichtige nur in Anspruch nehmen, soweit er die schutzwürdigen Kulturgüter im jeweiligen Kalenderjahr weder zur Erzielung von Einkünften im Sinne des § 2 noch Gebäude oder Gebäudeteile zu eigenen Wohnzwecken nutzt und die Aufwendungen nicht nach § 10e Abs. 6, § 10h Satz 3 oder § 10i abgezogen hat. [2]Für Zeiträume, für die der Steuer-

pflichtige von Aufwendungen Absetzungen für Abnutzung, erhöhte Absetzungen, Sonderabschreibungen oder Beträge nach § 10e Abs. 1 bis 5, den §§ 10f, 10h, 15b des Berlinförderungsgesetzes oder § 7 des Fördergebietsgesetzes abgezogen hat, kann er für diese Aufwendungen keine Abzugsbeträge nach Absatz 1 Satz 1 in Anspruch nehmen; Entsprechendes gilt, wenn der Steuerpflichtige für Aufwendungen die Eigenheimzulage nach dem Eigenheimzulagengesetz in Anspruch genommen hat. ³Soweit die Kulturgüter während des Zeitraums nach Absatz 1 Satz 1 zur Einkunftserzielung genutzt werden, ist der noch nicht berücksichtigte Teil der Aufwendungen, die auf Erhaltungsarbeiten entfallen, im Jahr des Übergangs zur Einkunftserzielung wie Sonderausgaben abzuziehen.

(3) ¹Der Steuerpflichtige kann den Abzug vornehmen, wenn er durch eine Bescheinigung der nach Landesrecht zuständigen oder von der Landesregierung bestimmten Stelle die Voraussetzungen des Absatzes 1 für das Kulturgut und für die Erforderlichkeit der Aufwendungen nachweist. ²Hat eine der für Denkmal- oder Archivpflege zuständigen Behörden ihm Zuschüsse gewährt, so hat die Bescheinigung auch deren Höhe zu enthalten; werden ihm solche Zuschüsse nach Ausstellung der Bescheinigung gewährt, so ist diese entsprechend zu ändern.

(4) ¹Die Absätze 1 bis 3 sind auf Gebäudeteile, die selbständige unbewegliche Wirtschaftsgüter sind, sowie auf Eigentumswohnungen und im Teileigentum stehende Räume entsprechend anzuwenden. ²§ 10e Abs. 7 gilt sinngemäß.

§ 10h
Steuerbegünstigung der unentgeltlich zu Wohnzwecken überlassenen Wohnung im eigenen Haus

¹Der Steuerpflichtige kann von den Aufwendungen, die ihm durch Baumaßnahmen zur Herstellung einer Wohnung entstanden sind, im Jahr der Fertigstellung und in den drei folgenden Jahren jeweils bis zu 6 Prozent, höchstens jeweils 10 124 Euro, und in den vier darauffolgenden Jahren jeweils bis zu 5 Prozent, höchstens jeweils 8 437 Euro wie Sonderausgaben abziehen. ²Voraussetzung ist, dass

1. der Steuerpflichtige nach dem 30. September 1991 den Bauantrag gestellt oder mit der Herstellung begonnen hat,
2. die Baumaßnahmen an einem Gebäude im Inland durchgeführt worden sind, in dem der Steuerpflichtige im jeweiligen Jahr des Zeitraums nach Satz 1 eine eigene Wohnung zu eigenen Wohnzwecken nutzt,
3. die Wohnung keine Ferienwohnung oder Wochenendwohnung ist,
4. der Steuerpflichtige die Wohnung insgesamt im jeweiligen Jahr des Zeitraums nach Satz 1 voll unentgeltlich an einen Angehörigen im Sinne des § 15 Abs. 1 Nr. 3 und 4 der Abgabenordnung auf Dauer zu Wohnzwecken überlassen hat und
5. der Steuerpflichtige die Aufwendungen nicht in die Bemessungsgrundlage nach §§ 10e, 10f Abs. 1, 10g, 52 Abs. 21 Satz 6 oder nach § 7 des Fördergebietsgesetzes einbezogen hat.

³§ 10e Abs. 1 Satz 5 und 6, Abs. 3, 5a, 6 und 7 gilt sinngemäß.

§ 10i
Vorkostenabzug bei einer nach dem Eigenheimzulagengesetz begünstigten Wohnung

(1) ¹Der Steuerpflichtige kann nachstehende Vorkosten wie Sonderausgaben abziehen:

1. eine Pauschale von 1 790 Euro im Jahr der Fertigstellung oder Anschaffung, wenn er für die Wohnung im Jahr der Herstellung oder Anschaffung oder in einem der zwei folgenden Jahre eine Eigenheimzulage nach dem Eigenheimzulagengesetz in Anspruch nimmt, und
2. Erhaltungsaufwendungen bis zu 11 504 Euro, die
   a) bis zum Beginn der erstmaligen Nutzung einer Wohnung zu eigenen Wohnzwecken entstanden sind oder
   b) bis zum Ablauf des auf das Jahr der Anschaffung folgenden Kalenderjahres entstanden sind, wenn der Steuerpflichtige eine von ihm bisher als Mieter genutzte Wohnung anschafft.

²Die Erhaltungsaufwendungen nach Satz 1 Nr. 2 müssen unmittelbar mit der Herstellung oder Anschaffung des Gebäudes oder der Eigentumswohnung zusammenhängen, dürfen nicht zu den Herstellungskosten oder Anschaffungskosten der Wohnung oder zu den Anschaffungskosten des Grund und Bodens gehören und müßten im Fall der Vermietung und Verpachtung der Wohnung als Werbungskosten abgezogen werden können. ³Wird eine Wohnung bis zum Beginn der erstmaligen Nutzung zu eigenen Wohnzwecken vermietet oder zu eigenen beruflichen oder eigenen betrieblichen Zwecken genutzt und sind die Erhaltungsaufwendungen Werbungskosten oder Betriebsausgaben, können sie nicht wie Sonderausgaben abgezogen werden. ⁴Bei einem Anteil an der zu eigenen Wohnzwecken genutzten Wohnung kann der Steuerpflichtige den entsprechenden Teil der Abzugsbeträge nach Satz 1 wie Sonderausgaben abziehen. ⁵Die vorstehenden Sätze gelten entsprechend bei Ausbauten und Erweiterungen an einer zu eigenen Wohnzwecken genutzten Wohnung.

(2) ¹Sind mehrere Steuerpflichtige Eigentümer einer zu eigenen Wohnzwecken genutzten Wohnung, können die Aufwendungen nach Absatz 1 gesondert und einheitlich festgestellt werden. ²Die für die gesonderte Feststellung von Einkünften nach § 180 Abs. 1 Nr. 2 Buchstabe a der Abgabenordnung geltenden Vorschriften sind entsprechend anzuwenden.

6. Vereinnahmung und Verausgabung

§ 11

(1) ¹Einnahmen sind innerhalb des Kalenderjahrs bezogen, in dem sie dem Steuerpflichtigen zugeflossen sind. ²Regelmäßig wiederkehrende Einnahmen, die dem Steuerpflichtigen kurze Zeit vor Beginn oder kurze Zeit nach Beendigung des Kalenderjahrs, zu dem sie wirtschaftlich gehören, zugeflossen sind, gelten als in diesem Kalenderjahr bezogen. ³Der Steuerpflichtige kann Einnahmen, die auf einer Nutzungsüberlassung im Sinne des Ab-

satzes 2 Satz 3 beruhen, insgesamt auf den Zeitraum gleichmäßig verteilen, für den die Vorauszahlung geleistet wird. ⁴Für Einnahmen aus nichtselbständiger Arbeit gilt § 38a Abs. 1 Satz 2 und 3 und § 40 Abs. 3 Satz 2. ⁵Die Vorschriften über die Gewinnermittlung (§ 4 Abs. 1, § 5) bleiben unberührt.

(2) ¹Ausgaben sind für das Kalenderjahr abzusetzen, in dem sie geleistet worden sind. ²Für regelmäßig wiederkehrende Ausgaben gilt Absatz 1 Satz 2 entsprechend. ³Werden Ausgaben für eine Nutzungsüberlassung von mehr als fünf Jahren im Voraus geleistet, sind sie insgesamt auf den Zeitraum gleichmäßig zu verteilen, für den die Vorauszahlung geleistet wird. ⁴Satz 3 ist auf ein Damnum oder Disagio nicht anzuwenden, soweit dieses marktüblich ist. ⁵§ 42 der Abgabenordnung bleibt unberührt. ⁶Die Vorschriften über die Gewinnermittlung (§ 4 Abs. 1, § 5) bleiben unberührt.

§ 11a
Sonderbehandlung von Erhaltungsaufwand bei Gebäuden in Sanierungsgebieten und städtebaulichen Entwicklungsbereichen

(1) ¹Der Steuerpflichtige kann durch Zuschüsse aus Sanierungs- oder Entwicklungsförderungsmitteln nicht gedeckten Erhaltungsaufwand für Maßnahmen im Sinne des § 177 des Baugesetzbuchs an einem im Inland belegenen Gebäude in einem förmlich festgelegten Sanierungsgebiet oder städtebaulichen Entwicklungsbereich auf zwei bis fünf Jahre gleichmäßig verteilen. ²Satz 1 ist entsprechend anzuwenden auf durch Zuschüsse aus Sanierungs- oder Entwicklungsförderungsmitteln nicht gedeckten Erhaltungsaufwand für Maßnahmen, die der Erhaltung, Erneuerung und funktionsgerechten Verwendung eines Gebäudes im Sinne des Satzes 1 dienen, das wegen seiner geschichtlichen, künstlerischen oder städtebaulichen Bedeutung erhalten bleiben soll, und zu deren Durchführung sich der Eigentümer neben bestimmten Modernisierungsmaßnahmen gegenüber der Gemeinde verpflichtet hat.

(2) ¹Wird das Gebäude während des Verteilungszeitraums veräußert, ist der noch nicht berücksichtigte Teil des Erhaltungsaufwands im Jahr der Veräußerung als Betriebsausgaben oder Werbungskosten abzusetzen. ²Das Gleiche gilt, wenn ein nicht zu einem Betriebsvermögen gehörendes Gebäude in ein Betriebsvermögen eingebracht oder wenn ein Gebäude aus dem Betriebsvermögen entnommen oder wenn ein Gebäude nicht mehr zur Einkunftserzielung genutzt wird.

(3) Steht das Gebäude im Eigentum mehrerer Personen, ist der in Absatz 1 bezeichnete Erhaltungsaufwand von allen Eigentümern auf den gleichen Zeitraum zu verteilen.

(4) § 7h Abs. 2 und 3 ist entsprechend anzuwenden.

§ 11b
Sonderbehandlung von Erhaltungsaufwand bei Baudenkmalen

¹Der Steuerpflichtige kann durch Zuschüsse aus öffentlichen Kassen nicht gedeckten Erhaltungsaufwand für ein im Inland belegenes Gebäude oder Gebäudeteil, das nach den jeweiligen landesrechtlichen Vorschriften ein Baudenkmal ist, auf zwei bis fünf Jahre gleichmäßig verteilen, soweit die Aufwendungen nach Art und Umfang zur Erhaltung des Gebäudes oder Gebäudeteils als Baudenkmal oder zu seiner sinnvollen Nutzung erforderlich und die Maßnahmen in Abstimmung mit der in § 7i Abs. 2 bezeichneten Stelle vorgenommen worden sind. ²Durch Zuschüsse aus öffentlichen Kassen nicht gedecktes Erhaltungsaufwand für ein im Inland belegenes Gebäude oder Gebäudeteil, das für sich allein nicht die Voraussetzungen für ein Baudenkmal erfüllt, aber Teil einer Gebäudegruppe oder Gesamtanlage ist, die nach den jeweiligen landesrechtlichen Vorschriften als Einheit geschützt ist, kann der Steuerpflichtige auf zwei bis fünf Jahre gleichmäßig verteilen, soweit die Aufwendungen nach Art und Umfang zur Erhaltung des schützenswerten äußeren Erscheinungsbildes der Gebäudegruppe oder Gesamtanlage erforderlich und die Maßnahmen in Abstimmung mit der in § 7i Abs. 2 bezeichneten Stelle vorgenommen worden sind. ³§ 7h Abs. 3 und § 7i Abs. 1 Satz 2 und Abs. 2 sowie § 11a Abs. 2 und 3 sind entsprechend anzuwenden.

7. Nicht abzugsfähige Ausgaben

§ 12

Soweit in § 10 Absatz 1 Nummer 2 bis 5, 7 und 9 sowie Absatz 1a Nr. 1, den §§ 10a, 10b und den §§ 33 bis 33b nichts anderes bestimmt ist, dürfen weder bei den einzelnen Einkunftsarten noch vom Gesamtbetrag der Einkünfte abgezogen werden

1. die für den Haushalt des Steuerpflichtigen und für den Unterhalt seiner Familienangehörigen aufgewendeten Beträge. ²Dazu gehören auch die Aufwendungen für die Lebensführung, die die wirtschaftliche oder gesellschaftliche Stellung des Steuerpflichtigen mit sich bringt, auch wenn sie zur Förderung des Berufs oder der Tätigkeit des Steuerpflichtigen erfolgen;

2. freiwillige Zuwendungen, Zuwendungen auf Grund einer freiwillig begründeten Rechtspflicht und Zuwendungen an eine gegenüber dem Steuerpflichtigen oder seinem Ehegatten gesetzlich unterhaltsberechtigte Person oder deren Ehegatten, auch wenn diese Zuwendungen auf einer besonderen Vereinbarung beruhen;

3. die Steuern vom Einkommen und sonstige Personensteuern sowie die Umsatzsteuer für Umsätze, die Entnahmen sind, und die Vorsteuerbeträge auf Aufwendungen, für die das Abzugsverbot der Nummer 1 oder des § 4 Abs. 5 Satz 1 Nr. 1 bis 5, 7 oder Abs. 7 gilt; das gilt auch für die auf diese Steuern entfallenden Nebenleistungen;

4. in einem Strafverfahren festgesetzte Geldstrafen, sonstige Rechtsfolgen vermögensrechtlicher Art, bei denen der Strafcharakter überwiegt, und Leistungen zur Erfüllung von Auflagen oder Weisungen, soweit die Auflagen oder Weisungen nicht lediglich der Wiedergutmachung des durch die Tat verursachten Schadens dienen.

8. Die einzelnen Einkunftsarten
a) Land- und Forstwirtschaft
(§ 2 Abs. 1 Satz 1 Nr. 1)

§ 13
Einkünfte aus Land- und Forstwirtschaft

(1) Einkünfte aus Land- und Forstwirtschaft sind

1. ¹Einkünfte aus dem Betrieb von Landwirtschaft, Forstwirtschaft, Weinbau, Gartenbau und aus allen Betrieben, die Pflanzen und Pflanzenteile mit Hilfe der Naturkräfte gewinnen. ²Zu diesen Einkünften gehören auch die Einkünfte aus der Tierzucht und Tierhaltung, wenn im Wirtschaftsjahr

   für die ersten 20 Hektar
   nicht mehr als 10 Vieheinheiten,

   für die nächsten 10 Hektar
   nicht mehr als 7 Vieheinheiten,

   für die nächsten 20 Hektar
   nicht mehr als 6 Vieheinheiten

   für die nächsten 50 Hektar
   nicht mehr als 3 Vieheinheiten

   und für die weitere Fläche
   nicht mehr als 1,5 Vieheinheiten

   je Hektar der vom Inhaber des Betriebs regelmäßig landwirtschaftlich genutzten Fläche erzeugt oder gehalten werden. ³Die Tierbestände sind nach dem Futterbedarf in Vieheinheiten umzurechnen. ⁴§ 51 Abs. 2 bis 5 des Bewertungsgesetzes ist anzuwenden. ⁵Die Einkünfte aus Tierzucht und Tierhaltung einer Gesellschaft, bei der die Gesellschafter als Unternehmer (Mitunternehmer) anzusehen sind, gehören zu den Einkünften im Sinne des Satzes 1, wenn die Voraussetzungen des § 51a des Bewertungsgesetzes erfüllt sind und andere Einkünfte der Gesellschafter aus dieser Gesellschaft zu den Einkünften aus Land- und Forstwirtschaft gehören;

2. Einkünfte aus sonstiger land- und forstwirtschaftlicher Nutzung (§ 62 des Bewertungsgesetzes);

3. Einkünfte aus Jagd, wenn diese mit dem Betrieb einer Landwirtschaft oder einer Forstwirtschaft im Zusammenhang steht;

4. Einkünfte von Hauberg-, Wald-, Forst- und Laubgenossenschaften und ähnlichen Realgemeinden im Sinne des § 3 Abs. 2 des Körperschaftsteuergesetzes.

(2) Zu den Einkünften im Sinne des Absatzes 1 gehören auch

1. ¹Einkünfte aus einem land- und forstwirtschaftlichen Nebenbetrieb. ²Als Nebenbetrieb gilt ein Betrieb, der dem land- und forstwirtschaftlichen Hauptbetrieb zu dienen bestimmt ist;

2. der Nutzungswert der Wohnung des Steuerpflichtigen, wenn die Wohnung die bei Betrieben gleicher Art übliche Größe nicht überschreitet und das Gebäude oder der Gebäudeteil nach den jeweiligen landesrechtlichen Vorschriften ein Baudenkmal ist.

3. die Produktionsaufgaberente nach dem Gesetz zur Förderung der Einstellung der landwirtschaftlichen Erwerbstätigkeit.

(3) ¹Die Einkünfte aus Land- und Forstwirtschaft werden bei der Ermittlung des Gesamtbetrags der Einkünfte nur berücksichtigt, soweit sie den Betrag von 900 Euro übersteigen. ²Satz 1 ist nur anzuwenden, wenn die Summe der Einkünfte 30 700 Euro nicht übersteigt. ³Im Falle der Zusammenveranlagung von Ehegatten verdoppeln sich die Beträge der Sätze 1 und 2.

(4) ¹Absatz 2 Nr. 2 findet nur Anwendung, sofern im Veranlagungszeitraum 1986 bei einem Steuerpflichtigen für die von ihm zu eigenen Wohnzwecken oder zu Wohnzwecken des Altenteilers genutzte Wohnung die Voraussetzungen für die Anwendung des § 13 Abs. 2 Nr. 2 des Einkommensteuergesetzes in der Fassung der Bekanntmachung vom 16. April 1997 (BGBl. I S. 821) vorlagen. ²Der Steuerpflichtige kann für einen Veranlagungszeitraum nach dem Veranlagungszeitraum 1998 unwiderruflich beantragen, dass Absatz 2 Nr. 2 ab diesem Veranlagungszeitraum nicht mehr angewendet wird. ³§ 52 Abs. 21 Satz 4 und 6 des Einkommensteuergesetzes in der Fassung der Bekanntmachung vom 16. April 1997 (BGBl. I S. 821) ist entsprechend anzuwenden. ⁴Im Fall des Satzes 2 gelten die Wohnung des Steuerpflichtigen und die Altenteilerwohnung sowie der dazugehörende Grund und Boden zu dem Zeitpunkt als entnommen, bis zu dem Absatz 2 Nr. 2 letztmals angewendet wird. ⁵Der Entnahmegewinn bleibt außer Ansatz. ⁶Werden

1. die Wohnung und der dazugehörende Grund und Boden entnommen oder veräußert, bevor sie nach Satz 4 als entnommen gelten, oder

2. eine vor dem 1. Januar 1987 einem Dritten entgeltlich zur Nutzung überlassene Wohnung und der dazugehörende Grund und Boden für eigene Wohnzwecke oder für Wohnzwecke eines Altenteilers entnommen,

bleibt der Entnahme- oder Veräußerungsgewinn ebenfalls außer Ansatz; Nummer 2 ist nur anzuwenden, soweit nicht Wohnungen vorhanden sind, die Wohnzwecken des Eigentümers des Betriebs oder Wohnzwecken eines Altenteilers dienen und die unter Satz 4 oder unter Nummer 1 fallen.

(5) Wird Grund und Boden dadurch entnommen, dass auf diesem Grund und Boden die Wohnung des Steuerpflichtigen oder eine Altenteilerwohnung errichtet wird, bleibt der Entnahmegewinn außer Ansatz; der Steuerpflichtige kann die Regelung nur für eine zu eigenen Wohnzwecken genutzte Wohnung und für eine Altenteilerwohnung in Anspruch nehmen.

(6) ¹Werden einzelne Wirtschaftsgüter eines land- und forstwirtschaftlichen Betriebs auf einen der gemeinschaftlichen Tierhaltung dienenden Betrieb im Sinne des § 34 Abs. 6a des Bewertungsgesetzes einer Erwerbs- und Wirtschaftsgenossenschaft oder eines Vereins gegen Gewährung von Mitgliedsrechten übertragen, so ist die auf den dabei entstehenden Gewinn entfallende Einkommensteuer auf Antrag in jährlichen Teilbeträgen zu entrichten. ²Der einzelne Teilbetrag muss mindestens ein Fünftel dieser Steuer betragen.

(7) § 15 Abs. 1 Satz 1 Nr. 2, Abs. 1a, Abs. 2 Satz 2 und 3, §§ 15a und 15b sind entsprechend anzuwenden.

§ 13a
Ermittlung des Gewinns aus Land- und Forstwirtschaft nach Durchschnittssätzen[1)]

(1) ¹Der Gewinn eines Betriebs der Land- und Forstwirtschaft ist nach den Absätzen 3 bis 7 zu ermitteln, wenn
1. der Steuerpflichtige nicht auf Grund gesetzlicher Vorschriften verpflichtet ist, für den Betrieb Bücher zu führen und regelmäßig Abschlüsse zu machen und
2. in diesem Betrieb am 15. Mai innerhalb des Wirtschaftsjahres Flächen der landwirtschaftlichen Nutzung (§ 160 Absatz 2 Satz 1 Nummer 1 Buchstabe a des Bewettungsgesetzes) selbst bewirtschaftet werden und diese Flächen 20 Hektar ohne Sondernutzungen nicht überschreiten und
3. die Tierbestände insgesamt 50 Vieheinheiten (§ 13 Absatz 1 Nummer 1) nicht übersteigen und
4. die selbst bewirtschafteten Flächen der forstwirtschaftlichen Nutzung (§ 160 Absatz 2 Satz 1 Nummer 1 Buchstabe b des Bewertungsgesetzes) 50 Hektar nicht überschreiten und
5. die selbst bewirtschafteten Flächen der Sondernutzungen (Absatz 6) die in Anlage 1a Nummer 2 Spalte 2 genannten Grenzen nicht überschreiten.

²Satz 1 ist auch anzuwenden, wenn nur Sondernutzungen bewirtschaftet werden und die in Anlage 1a Nummer 2 Spalte 2 genannten Grenzen nicht überschritten werden. ³Die Sätze 1 und 2 gelten nicht, wenn der Betrieb im laufenden Wirtschaftsjahr im Ganzen zur Bewirtschaftung als Eigentümer, Miteigentümer, Nutzungsberechtigter oder durch Umwandlung übergegangen ist und der Gewinn bisher nach § 4 Absatz 1 oder 3 ermittelt wurde. ⁴Der Gewinn ist letztmalig für das Wirtschaftsjahr nach Durchschnittssätzen zu ermitteln, das nach Bekanntgabe der Mitteilung endet, durch die die Finanzbehörde auf den Beginn der Buchführungspflicht (§ 141 Absatz 2 der Abgabenordnung) oder auf den Wegfall einer anderen Voraussetzung des Satzes 1 hingewiesen hat. ⁵Der Gewinn ist erneut nach Durchschnittssätzen zu ermitteln, wenn die Voraussetzungen des Satzes 1 wieder vorliegen und ein Antrag nach Absatz 2 nicht gestellt wird.

(2) ¹Auf Antrag des Steuerpflichtigen ist für einen Betrieb im Sinne des Absatzes 1 der Gewinn für vier aufeinander folgende Wirtschaftsjahre nicht nach den Absätzen 3 bis 7 zu ermitteln. ²Wird der Gewinn eines dieser Wirtschaftsjahre nach Absatz 1 des Steuerpflichtigen nicht nach § 4 Absatz 1 oder 3 ermittelt, ist der Gewinn für den gesamten Zeitraum von vier Wirtschaftsjahren nach den Absätzen 3 bis 7 zu ermitteln. ³Der Antrag ist bis zur Abgabe der Steuererklärung, jedoch spätestens zwölf Monate nach Ablauf des ersten Wirtschaftsjahres, auf das er sich bezieht, schriftlich zu stellen. ⁴Er kann innerhalb dieser Frist zurückgenommen werden.

(3) ¹Durchschnittssatzgewinn ist die Summe aus
1. dem Gewinn der landwirtschaftlichen Nutzung,
2. dem Gewinn der forstwirtschaftlichen Nutzung,
3. dem Gewinn der Sondernutzungen,
4. den Sondergewinnen,
5. den Einnahmen aus Vermietung und Verpachtung von Wirtschaftsgütern des land- und forstwirtschaftlichen Betriebsvermögens,
6. den Einnahmen aus Kapitalvermögen, soweit sie zu den Einkünften aus Land- und Forstwirtschaft gehören (§ 20 Absatz 8).

²Die Vorschriften von § 4 Absatz 4a, § 6 Absatz 2 und 2a sowie zum Investitionsabzugsbetrag und zu Sonderabschreibungen finden keine Anwendung. ³Bei abnutzbaren Wirtschaftsgütern des Anlagevermögens gilt die Absetzung für Abnutzung in gleichen Jahresbeträgen nach § 7 Absatz 1 Satz 1 bis 5 als in Anspruch genommen. ⁴Die Gewinnermittlung ist nach amtlich vorgeschriebenem Datensatz durch Datenfernübertragung spätestens mit der Steuererklärung zu übermitteln. ⁵Auf Antrag kann die Finanzbehörde zur Vermeidung unbilliger Härten auf eine elektronische Übermittlung verzichten; in diesem Fall ist der Steuererklärung eine Gewinnermittlung nach amtlich vorgeschriebenem Vordruck beizufügen. ⁶§ 150 Absatz 7 und 8 der Abgabenordnung gilt entsprechend.

(4) ¹Der Gewinn aus der landwirtschaftlichen Nutzung ist die nach den Grundsätzen des § 4 Absatz 1 ermittelte Summe aus dem Grundbetrag für die selbst bewirtschafteten Flächen und den Zuschlägen für Tierzucht und Tierhaltung. ²Als Grundbetrag je Hektar der landwirtschaftlichen Nutzung (§ 160 Absatz 2 Satz 1 Nummer 1 Buchstabe a des Bewertungsgesetzes) ist der sich aus Anlage 1a ergebende Betrag vervielfältigt mit der selbst bewirtschafteten Fläche anzusetzen. ³Als Zuschlag für Tierzucht und Tierhaltung ist im Wirtschaftsjahr je Vieheinheit der sich aus Anlage 1a jeweils ergebende Betrag vervielfältigt mit den Vieheinheiten anzusetzen.

(5) Der Gewinn aus der forstwirtschaftlichen Nutzung (§ 160 Absatz 2 Satz 1 Nummer 1 Buchstabe b des Bewertungsgesetzes) ist nach § 51 der Einkommensteuer-Durchführungsverordnung zu ermitteln.

(6) ¹Als Sondernutzungen gelten die in § 160 Absatz 2 Satz 1 Nummer 1 Buchstabe c bis e des Bewertungsgesetzes in Verbindung mit Anlage 1a Nummer 2 genannten Nutzungen. ²Bei Sondernutzungen, die in Anlage 1a Nummer 2 Spalte 3 genannten Grenzen überschreiten, ist ein Gewinn von 1 000 Euro je Sondernutzung anzusetzen. ³Für die in Anlage 1a Nummer 2 nicht genannten Sondernutzungen ist der Gewinn nach § 4 Absatz 3 zu ermitteln.

(7) ¹Nach § 4 Absatz 3 zu ermittelnde Sondergewinne sind
1. Gewinne
   a) aus der Veräußerung oder Entnahme von Grund und Boden und dem dazugehörigen Aufwuchs, den Gebäuden, den immateriellen Wirtschaftsgütern und den Beteiligungen; § 55 ist anzuwenden;
   b) aus der Veräußerung oder Entnahme der übrigen Wirtschaftsgüter des Anlagevermögens und von Tieren, wenn der Veräuße-

---
[1)] Zur zeitlichen Anwendung vgl. § 52 Absatz 22a.

rungspreis oder der an dessen Stelle tretende Wert für das jeweilige Wirtschaftsgut mehr als 15 000 Euro betragen hat;

c) aus Entschädigungen, die gewährt worden sind für den Verlust, den Untergang oder die Wertminderung der in den Buchstaben a und b genannten Wirtschaftsgüter;

d) aus der Auflösung von Rücklagen;

2. Betriebseinnahmen oder Betriebsausgaben nach § 9b Absatz 2;
3. Einnahmen aus dem Grunde nach gewerblichen Tätigkeiten, die dem Bereich der Land- und Forstwirtschaft zugerechnet werden, abzüglich der pauschalen Betriebsausgaben nach Anlage 1a Nummer 3;
4. Rückvergütungen nach § 22 des Körperschaftsteuergesetzes aus Hilfs- und Nebengeschäften.

²Die Anschaffungs- oder Herstellungskosten bei Wirtschaftsgütern des abnutzbaren Anlagevermögens mindern sich für die Dauer der Durchschnittssatzgewinnermittlung mit dem Ansatz der Gewinne nach den Absätzen 4 bis 6 um die Absetzung für Abnutzung in gleichen Jahresbeträgen. ³Die Wirtschaftsgüter im Sinne des Satzes 1 Nummer 1 Buchstabe a sind unter Angabe des Tages der Anschaffung oder Herstellung und der Anschaffungs- oder Herstellungskosten oder des an deren Stelle getretenen Werts in besondere, laufend zu führende Verzeichnisse aufzunehmen. Absatz 3 Satz 4 bis 6 gilt entsprechend.

(8) Das Bundesministerium der Finanzen wird ermächtigt, durch Rechtsverordnung mit Zustimmung des Bundesrates die Anlage 1a dadurch zu ändern, dass es die darin aufgeführten Werte turnusmäßig an die Ergebnisse der Erhebungen nach § 2 des Landwit1schaftsgesetzes und im Übrigen an Erhebungen der Finanzverwaltung anpassen kann.

§ 14
Veräußerung des Betriebs

¹Zu den Einkünften aus Land- und Forstwirtschaft gehören auch Gewinne, die bei der Veräußerung eines land- oder forstwirtschaftlichen Betriebs oder Teilbetriebs oder eines Anteils an einem land- und forstwirtschaftlichen Betriebsvermögen erzielt werden. ²§ 16 gilt entsprechend mit der Maßgabe, dass der Freibetrag nach § 16 Abs. 4 nicht zu gewähren ist, wenn der Freibetrag nach § 14a Abs. 1 gewährt wird.

§ 14a
Vergünstigungen bei der Veräußerung bestimmter land- und forstwirtschaftlicher Betriebe

(1) ¹Veräußert ein Steuerpflichtiger nach dem 30. Juni 1970 und vor dem 1. Januar 2001 seinen land- und forstwirtschaftlichen Betrieb im Ganzen, so wird auf Antrag der Veräußerungsgewinn (§ 16 Abs. 2) nur insoweit zur Einkommensteuer herangezogen, als er den Betrag von 150 000 Deutsche Mark übersteigt, wenn

1. der für den Zeitpunkt der Veräußerung maßgebende Wirtschaftswert (§ 46 des Bewertungsgesetzes) des Betriebs 40 000 Deutsche Mark nicht übersteigt,
2. die Einkünfte des Steuerpflichtigen im Sinne des § 2 Abs. 1 Satz 1 Nr. 2 bis 7 in den dem Veranlagungszeitraum der Veräußerung vorangegangenen beiden Veranlagungszeiträumen jeweils den Betrag von 35 000 Deutsche Mark nicht überstiegen haben. ²Bei Ehegatten, die nicht dauernd getrennt leben, gilt Satz 1 mit der Maßgabe, dass die Einkünfte beider Ehegatten zusammen jeweils 70 000 Deutsche Mark nicht überstiegen haben.

²Ist im Zeitpunkt der Veräußerung ein nach Nummer 1 maßgebender Wirtschaftswert nicht festgestellt oder sind bis zu diesem Zeitpunkt die Voraussetzungen für eine Wertfortschreibung erfüllt, so ist der Wert maßgebend, der sich für den Zeitpunkt der Veräußerung als Wirtschaftswert ergeben würde.

(2) ¹Der Anwendung des Absatzes 1 und des § 34 Abs. 1 steht nicht entgegen, wenn die zum land- und forstwirtschaftlichen Vermögen gehörenden Gebäude mit dem dazugehörigen Grund und Boden nicht mitveräußert werden. ²In diesem Fall gelten die Gebäude mit dem dazugehörigen Grund und Boden als entnommen. ³Der Freibetrag kommt dann in Betracht, wenn zum Betrieb ein forstwirtschaftlicher Teilbetrieb gehört und dieser nicht mitveräußert, sondern als eigenständiger Betrieb vom Steuerpflichtigen fortgeführt wird. ⁴In diesem Falle ermäßigt sich der Freibetrag auf den Teil, der dem Verhältnis des tatsächlich entstandenen Veräußerungsgewinns zu dem bei einer Veräußerung des ganzen land- und forstwirtschaftlichen Betriebs erzielbaren Veräußerungsgewinn entspricht.

(3) ¹Als Veräußerung gilt auch die Aufgabe des Betriebs, wenn

1. die Voraussetzungen des Absatzes 1 erfüllt sind und
2. der Steuerpflichtige seinen land- und forstwirtschaftlichen Betrieb zum Zwecke der Strukturverbesserung abgegeben hat und dies durch eine Bescheinigung der nach Landesrecht zuständigen Stelle nachweist.

²§ 16 Abs. 3 Satz 4 und 5 gilt entsprechend.

(4) ¹Veräußert oder entnimmt ein Steuerpflichtiger nach dem 31. Dezember 1979 und vor dem 1. Januar 2006 Teile des zu einem land- und forstwirtschaftlichen Betrieb gehörenden Grund und Bodens, so wird der bei der Veräußerung oder der Entnahme entstehende Gewinn auf Antrag nur insoweit zur Einkommensteuer herangezogen, als er den Betrag von 61 800 Euro übersteigt. ²Satz 1 ist nur anzuwenden, wenn

1. der Veräußerungspreis nach Abzug der Veräußerungskosten oder der Grund und Boden innerhalb von 12 Monaten nach der Veräußerung oder Entnahme in sachlichem Zusammenhang mit der Hoferbfolge oder Hofübernahme zur Abfindung weichender Erben verwendet wird und
2. das Einkommen des Steuerpflichtigen ohne Berücksichtigung des Gewinns aus der Veräußerung oder Entnahme und des Freibetrags in dem dem Veranlagungszeitraum der Veräße-

rung oder Entnahme vorangegangenen Veranlagungszeitraum den Betrag von 18 000 Euro nicht überstiegen hat; bei Ehegatten, die nach den §§ 26, 26b zusammen veranlagt werden, erhöht sich der Betrag von 18 000 Euro auf 36 000 Euro. ³Übersteigt das Einkommen den Betrag von 18 000 Euro, so vermindert sich der Betrag von 61 800 Euro nach Satz 1 für jede angefangenen 250 Euro des übersteigenden Einkommens um 10 300 Euro; bei Ehegatten, die nach den §§ 26, 26b zusammen veranlagt werden und deren Einkommen den Betrag von 36 000 Euro übersteigt, vermindert sich der Betrag von 61 800 Euro nach Satz 1 für jede angefangenen 500 Euro des übersteigenden Einkommens um 10 300 Euro. ⁴Werden mehrere weichende Erben abgefunden, so kann der Freibetrag mehrmals, jedoch insgesamt nur einmal je weichender Erbe geltend gemacht werden, auch wenn die Abfindung in mehreren Schritten oder durch mehrere Inhaber des Betriebs vorgenommen wird. ⁵Weichender Erbe ist, wer gesetzlicher Erbe eines Inhabers eines land- und forstwirtschaftlichen Betriebs ist oder bei gesetzlicher Erbfolge wäre, aber nicht zur Übernahme des Betriebs berufen ist; eine Stellung als Mitunternehmer des Betriebs bis zur Auseinandersetzung steht einer Behandlung als weichender Erbe nicht entgegen, wenn sich die Erben innerhalb von zwei Jahren nach dem Erbfall auseinandersetzen. ⁶Ist ein zur Übernahme des Betriebs berufener Miterbe noch minderjährig, beginnt die Frist von zwei Jahren mit Eintritt der Volljährigkeit.

(5) ¹Veräußert ein Steuerpflichtiger nach dem 31. Dezember 1985 und vor dem 1. Januar 2001 Teile des zu einem land- und forstwirtschaftlichen Betrieb gehörenden Grund und Bodens, so wird der bei der Veräußerung entstehende Gewinn auf Antrag nur insoweit zur Einkommensteuer herangezogen, als er den Betrag von 90 000 Deutsche Mark übersteigt, wenn

1. der Steuerpflichtige den Veräußerungspreis nach Abzug der Veräußerungskosten zur Tilgung von Schulden verwendet, die zu dem land- und forstwirtschaftlichen Betrieb gehören und vor dem 1. Juli 1985 bestanden haben, und
2. die Voraussetzungen des Absatzes 4 Satz 2 Nr. 2 erfüllt sind.

²Übersteigt das Einkommen den Betrag von 35 000 Deutsche Mark, so vermindert sich der Betrag von 90 000 Deutsche Mark nach Satz 1 für jede angefangenen 500 Deutsche Mark des übersteigenden Einkommens um 15 000 Deutsche Mark; bei Ehegatten, die nach den §§ 26, 26b zusammen veranlagt werden und bei denen das Einkommen den Betrag von 70 000 Deutsche Mark übersteigt, vermindert sich der Betrag von 90 000 Deutsche Mark nach Satz 1 für jede angefangenen 1000 Deutsche Mark des übersteigenden Einkommens um 15 000 Deutsche Mark. ³Der Freibetrag von höchstens 90 000 Deutsche Mark wird für alle Veräußerungen im Sinne des Satzes 1 insgesamt nur einmal gewährt.

(6) Verwendet der Steuerpflichtige den Veräußerungspreis oder entnimmt er den Grund und Boden nur zum Teil zu den in den Absätzen 4 und 5 angegebenen Zwecken, so ist nur der entsprechende Teil des Gewinns aus der Veräußerung oder Entnahme steuerfrei.

(7) Auf die Freibeträge nach Absatz 4 in dieser Fassung sind die Freibeträge, die nach Absatz 4 in den vor dem 1. Januar 1986 geltenden Fassungen gewährt worden sind, anzurechnen.

b) Gewerbebetrieb
(§ 2 Abs. 1 Satz 1 Nr. 2)

§ 15
Einkünfte aus Gewerbebetrieb

(1) ¹Einkünfte aus Gewerbebetrieb sind
1. Einkünfte aus gewerblichen Unternehmen. ²Dazu gehören auch Einkünfte aus gewerblicher Bodenbewirtschaftung, z. B. aus Bergbauunternehmen und aus Betrieben zur Gewinnung von Torf, Steinen und Erden, soweit sie nicht land- oder forstwirtschaftliche Nebenbetriebe sind;
2. die Gewinnanteile der Gesellschafter einer Offenen Handelsgesellschaft, einer Kommanditgesellschaft und einer anderen Gesellschaft, bei der der Gesellschafter als Unternehmer (Mitunternehmer) des Betriebs anzusehen ist, und die Vergütungen, die der Gesellschafter von der Gesellschaft für seine Tätigkeit im Dienst der Gesellschaft oder für die Hingabe von Darlehen oder für die Überlassung von Wirtschaftsgütern bezogen hat. ²Der mittelbar über eine oder mehrere Personengesellschaften beteiligte Gesellschafter steht dem unmittelbar beteiligten Gesellschafter gleich; er ist als Mitunternehmer des Betriebs der Gesellschaft anzusehen, an der er mittelbar beteiligt ist, wenn er und die Personengesellschaften, die seine Beteiligung vermitteln, jeweils als Mitunternehmer der Betriebe der Personengesellschaften anzusehen sind, an denen sie unmittelbar beteiligt sind;
3. die Gewinnanteile der persönlich haftenden Gesellschafter einer Kommanditgesellschaft auf Aktien, soweit sie nicht auf Anteile am Grundkapital entfallen, und die Vergütungen, die der persönlich haftende Gesellschafter von der Gesellschaft für seine Tätigkeit im Dienst der Gesellschaft oder für die Hingabe von Darlehen oder für die Überlassung von Wirtschaftsgütern bezogen hat.

²Satz 1 Nr. 2 und 3 gilt auch für Vergütungen, die als nachträgliche Einkünfte (§ 24 Nr. 2) bezogen werden. ³§ 13 Abs. 5 gilt entsprechend, sofern das Grundstück im Veranlagungszeitraum 1986 zu einem gewerblichen Betriebsvermögen gehört hat.

(1a) ¹In den Fällen des § 4 Abs. 1 Satz 5 ist der Gewinn aus einer späteren Veräußerung der Anteile ungeachtet der Bestimmungen eines Abkommens zur Vermeidung der Doppelbesteuerung in der gleichen Art und Weise zu besteuern, wie die Veräußerung dieser Anteile an der Europäischen Gesellschaft oder Europäischen Genossenschaft zu besteuern gewesen wäre, wenn keine Sitzverlegung stattgefunden hätte. ²Dies gilt auch, wenn später die Anteile verdeckt in eine Kapitalgesellschaft eingelegt werden, die Europäische Gesellschaft oder Europäische Genossenschaft aufgelöst wird oder wenn ihr Kapital herabgesetzt und zurückgezahlt wird oder wenn Beträge aus dem steuerlichen Einlagenkonto im Sinne des § 27 des Körperschaftsteuergesetzes ausgeschüttet oder zurückgezahlt werden.

(2) ¹Eine selbständige nachhaltige Betätigung, die mit der Absicht, Gewinn zu erzielen, unternommen wird und sich als Beteiligung am allgemeinen wirtschaftlichen Verkehr darstellt, ist Gewerbebetrieb, wenn die Betätigung weder als Ausübung von Land- und Forstwirtschaft noch als Ausübung eines freien Berufs noch als eine andere selbständige Arbeit anzusehen ist. ²Eine durch die Betätigung verursachte Minderung der Steuern vom Einkommen ist kein Gewinn im Sinne des Satzes 1. ³Ein Gewerbebetrieb liegt, wenn die sonstigen Voraussetzungen im Übrigen gegeben sind, auch dann vor, wenn die Gewinnerzielungsabsicht nur ein Nebenzweck ist.

(3) Als Gewerbebetrieb gilt in vollem Umfang die mit Einkünfteerzielungsabsicht unternommene Tätigkeit

1. einer Offenen Handelsgesellschaft, einer Kommanditgesellschaft oder einer anderen Personengesellschaft, wenn die Gesellschaft auch eine Tätigkeit im Sinne des Absatzes 1 Nr. 1 ausübt oder gewerbliche Einkünfte im Sinne des Absatzes 1 Satz 1 Nr. 2 bezieht.
2. einer Personengesellschaft, die keine Tätigkeit im Sinne des Absatzes 1 Nr. 1 ausübt und bei der ausschließlich eine oder mehrere Kapitalgesellschaften persönlich haftende Gesellschafter sind und nur diese oder Personen, die nicht Gesellschafter sind, zur Geschäftsführung befugt sind (gewerblich geprägte Personengesellschaft). ²Ist eine gewerblich geprägte Personengesellschaft als persönlich haftender Gesellschafter an einer anderen Personengesellschaft beteiligt, so steht für die Beurteilung, ob die Tätigkeit dieser Personengesellschaft als Gewerbebetrieb gilt, die gewerblich geprägte Personengesellschaft einer Kapitalgesellschaft gleich.

(4) ¹Verluste aus gewerblicher Tierzucht oder gewerblicher Tierhaltung dürfen weder mit anderen Einkünften aus Gewerbebetrieb noch mit Einkünften aus anderen Einkunftsarten ausgeglichen werden; sie dürfen auch nicht nach § 10d abgezogen werden. ²Die Verluste mindern jedoch nach Maßgabe des § 10d die Gewinne, die der Steuerpflichtige in dem unmittelbar vorangegangenen und in den folgenden Wirtschaftsjahren aus gewerblicher Tierzucht oder gewerblicher Tierhaltung erzielt hat oder erzielt; § 10d Absatz 4 gilt entsprechend. ³Die Sätze 1 und 2 gelten entsprechend für Verluste aus Termingeschäften, durch die der Steuerpflichtige einen Differenzausgleich oder einen durch den Wert einer veränderlichen Bezugsgröße bestimmten Geldbetrag oder Vorteil erlangt. ⁴Satz 3 gilt nicht für die Geschäfte, die zum gewöhnlichen Geschäftsbetrieb bei Kreditinstituten, Finanzdienstleistungsinstituten und Finanzunternehmen im Sinne des Gesetzes über das Kreditwesen gehören oder die der Absicherung von Geschäften des gewöhnlichen Geschäftsbetriebs dienen. ⁵Satz 4 gilt nicht, wenn es sich um Geschäfte handelt, die der Absicherung von Aktiengeschäften dienen, bei denen der Veräußerungsgewinn nach § 3 Nr. 40 Satz 1 Buchstabe a und b in Verbindung mit § 3c Abs. 2 teilweise steuerfrei ist, oder die nach § 8b Abs. 2 des Körperschaftsteuergesetzes bei der Ermittlung des Einkommens außer Ansatz bleiben. ⁶Verluste aus stillen Gesellschaften, Unterbeteiligungen oder sonstigen Innengesellschaften an Kapitalgesellschaften, bei denen der Gesellschafter oder Beteiligte als Mitunternehmer anzusehen ist, dürfen weder mit Einkünften aus Gewerbebetrieb noch aus anderen Einkunftsarten ausgeglichen werden; sie dürfen auch nicht nach § 10d abgezogen werden. ⁷Die Verluste mindern jedoch nach Maßgabe des § 10d die Gewinne, die der Gesellschafter oder Beteiligte in dem unmittelbar vorangegangenen Wirtschaftsjahr oder in den folgenden Wirtschaftsjahren aus derselben stillen Gesellschaft, Unterbeteiligung oder sonstigen Innengesellschaft bezieht; § 10d Absatz 4 gilt entsprechend. ⁸Satz 6 und 7 gelten nicht, soweit der Verlust auf eine natürliche Person als unmittelbar oder mittelbar beteiligter Mitunternehmer entfällt.

§ 15a
Verluste bei beschränkter Haftung

(1) ¹Der einem Kommanditisten zuzurechnende Anteil am Verlust der Kommanditgesellschaft darf weder mit anderen Einkünften aus Gewerbebetrieb noch mit Einkünften aus anderen Einkunftsarten ausgeglichen werden, soweit ein negatives Kapitalkonto des Kommanditisten entsteht oder sich erhöht; er darf insoweit auch nicht nach § 10d abgezogen werden. ²Haftet der Kommanditist am Bilanzstichtag den Gläubigern der Gesellschaft auf Grund des § 171 Abs. 1 des Handelsgesetzbuchs, so können abweichend von Satz 1 Verluste des Kommanditisten bis zur Höhe des Betrags, um den die im Handelsregister eingetragene Einlage des Kommanditisten seine geleistete Einlage übersteigt, auch ausgeglichen oder abgezogen werden, soweit durch den Verlust ein negatives Kapitalkonto entsteht oder sich erhöht. ³Satz 2 ist nur anzuwenden, wenn derjenige, dem der Anteil zuzurechnen ist, im Handelsregister eingetragen ist, das Bestehen der Haftung nachgewiesen wird und eine Vermögensminderung auf Grund der Haftung nicht durch Vertrag ausgeschlossen oder nach Art und Weise des Geschäftsbetriebs unwahrscheinlich ist.

(1a) ¹Nachträgliche Einlagen führen weder zu einer nachträglichen Ausgleichs- oder Abzugsfähigkeit eines vorhandenen verrechenbaren Verlustes noch zu einer Ausgleichs- oder Abzugsfähigkeit des dem Kommanditisten zuzurechnenden Anteils am Verlust eines zukünftigen Wirtschaftsjahres, soweit durch den Verlust ein negatives Kapitalkonto des Kommanditisten entsteht oder sich erhöht. ²Nachträgliche Einlagen im Sinne des Satzes 1 sind Einlagen, die nach Ablauf eines Wirtschaftsjahres geleistet werden, in dem ein nicht ausgleichs- oder abzugsfähiger Verlust im Sinne des Absatzes 1 entstanden oder ein Gewinn im Sinne des Absatzes 3 Satz 1 zugerechnet worden ist.

(2) ¹Soweit der Verlust nach den Absätzen 1 und 1a nicht ausgeglichen oder abgezogen werden darf, mindert er die Gewinne, die dem Kommanditisten in späteren Wirtschaftsjahren aus seiner Beteiligung an der Kommanditgesellschaft zuzurechnen sind. ²Der verrechenbare Verlust, der nach Abzug von einem Veräußerungs- oder Aufgabegewinn verbleibt, ist im

Zeitpunkt der Veräußerung oder Aufgabe des gesamten Mitunternehmeranteils oder der Betriebsveräußerung oder -aufgabe bis zur Höhe der nachträglichen Einlagen im Sinne des Absatzes 1a ausgleichs- oder abzugsfähig.

(3) ¹Soweit ein negatives Kapitalkonto des Kommanditisten durch Entnahmen entsteht oder sich erhöht (Einlageminderung) und soweit nicht auf Grund der Entnahmen eine nach Absatz 1 Satz 2 zu berücksichtigende Haftung besteht oder entsteht, ist dem Kommanditisten der Betrag der Einlageminderung als Gewinn zuzurechnen. ²Der nach Satz 1 zuzurechnende Betrag darf den Betrag der Anteile am Verlust der Kommanditgesellschaft nicht übersteigen, der im Wirtschaftsjahr der Einlageminderung und in den zehn vorangegangenen Wirtschaftsjahren ausgleichs- oder abzugsfähig gewesen ist. ³Wird der Haftungsbetrag im Sinne des Absatzes 1 Satz 2 gemindert (Haftungsminderung) und sind im Wirtschaftsjahr der Haftungsminderung und in den zehn vorangegangenen Wirtschaftsjahren Verluste nach Absatz 1 Satz 2 ausgleichs- oder abzugsfähig gewesen, so ist dem Kommanditisten der Betrag der Haftungsminderung, vermindert um auf Grund der Haftung tatsächlich geleistete Beträge, als Gewinn zuzurechnen; Satz 2 gilt sinngemäß. ⁴Die nach den Sätzen 1 bis 3 zuzurechnenden Beträge mindern die Gewinne, die dem Kommanditisten im Wirtschaftsjahr der Zurechnung oder in späteren Wirtschaftsjahren aus seiner Beteiligung an der Kommanditgesellschaft zuzurechnen sind.

(4) ¹Der nach Absatz 1 nicht ausgleichs- oder abzugsfähige Verlust eines Kommanditisten, vermindert um die nach Absatz 2 abzuziehenden und vermehrt um die nach Absatz 3 hinzuzurechnenden Beträge (verrechenbarer Verlust), ist jährlich gesondert festzustellen. ²Dabei ist von dem verrechenbaren Verlust des vorangegangenen Wirtschaftsjahrs auszugehen. ³Zuständig für den Erlass des Feststellungsbescheids ist das für die gesonderte Feststellung des Gewinns und Verlustes der Gesellschaft zuständige Finanzamt. ⁴Der Feststellungsbescheid kann nur insoweit angegriffen werden, als der verrechenbare Verlust gegenüber dem verrechenbaren Verlust des vorangegangenen Wirtschaftsjahrs sich verändert hat. ⁵Die gesonderten Feststellungen nach Satz 1 können mit der gesonderten und einheitlichen Feststellung der einkommensteuerpflichtigen und körperschaftsteuerpflichtigen Einkünfte verbunden werden. ⁶In diesen Fällen sind die gesonderten Feststellungen des verrechenbaren Verlustes einheitlich durchzuführen.

(5) Absatz 1 Satz 1, Absatz 1a, 2 und 3 Satz 1, 2 und 4 sowie Absatz 4 gelten sinngemäß für andere Unternehmer, soweit deren Haftung der eines Kommanditisten vergleichbar ist, insbesondere für

1. stille Gesellschafter einer stillen Gesellschaft im Sinne des § 230 des Handelsgesetzbuchs, bei der der stille Gesellschafter als Unternehmer (Mitunternehmer) anzusehen ist,
2. Gesellschafter einer Gesellschaft im Sinne des Bürgerlichen Gesetzbuchs, bei der der Gesellschafter als Unternehmer (Mitunternehmer) anzusehen ist, soweit die Inanspruchnahme des Gesellschafters für Schulden in Zusammenhang mit dem Betrieb durch Vertrag ausgeschlossen oder nach Art und Weise des Geschäftsbetriebs unwahrscheinlich ist,
3. Gesellschafter einer ausländischen Personengesellschaft, bei der der Gesellschafter als Unternehmer (Mitunternehmer) anzusehen ist, soweit die Haftung des Gesellschafters für Schulden in Zusammenhang mit dem Betrieb der eines Kommanditisten oder eines stillen Gesellschafters entspricht oder soweit die Inanspruchnahme des Gesellschafters für Schulden in Zusammenhang mit dem Betrieb durch Vertrag ausgeschlossen oder nach Art und Weise des Geschäftsbetriebs unwahrscheinlich ist,
4. Unternehmer, soweit Verbindlichkeiten nur in Abhängigkeit von Erlösen oder Gewinnen aus der Nutzung, Veräußerung oder sonstigen Verwertung von Wirtschaftsgütern zu tilgen sind,
5. Mitreeder einer Reederei im Sinne des § 489 des Handelsgesetzbuches, bei der der Mitreeder als Unternehmer (Mitunternehmer) anzusehen ist, wenn die persönliche Haftung des Mitreeders für die Verbindlichkeiten der Reederei ganz oder teilweise ausgeschlossen oder soweit die Inanspruchnahme des Mitreeders für Verbindlichkeiten der Reederei nach Art und Weise des Geschäftsbetriebs unwahrscheinlich ist.

§ 15b
Verluste im Zusammenhang mit Steuerstundungsmodellen

(1) ¹Verluste im Zusammenhang mit einem Steuerstundungsmodell dürfen weder mit Einkünften aus Gewerbebetrieb noch mit Einkünften aus anderen Einkunftsarten ausgeglichen werden; sie dürfen auch nicht nach § 10d abgezogen werden. ²Die Verluste mindern jedoch die Einkünfte, die der Steuerpflichtige in den folgenden Wirtschaftsjahren aus derselben Einkunftsquelle erzielt. ³§ 15a ist insoweit nicht anzuwenden.

(2) ¹Ein Steuerstundungsmodell im Sinne des Absatzes 1 liegt vor, wenn auf Grund einer modellhaften Gestaltung steuerliche Vorteile in Form negativer Einkünfte erzielt werden sollen. ²Dies ist der Fall, wenn dem Steuerpflichtigen auf Grund eines vorgefertigten Konzepts die Möglichkeit geboten werden soll, zumindest in der Anfangsphase der Investition Verluste mit übrigen Einkünften zu verrechnen. ³Dabei ist es ohne Belang, auf welchen Vorschriften die negativen Einkünfte beruhen.

(3) Absatz 1 ist nur anzuwenden, wenn innerhalb der Anfangsphase das Verhältnis der Summe der prognostizierten Verluste zur Höhe des gezeichneten und nach dem Konzept auch aufzubringenden Kapitals oder bei Einzelinvestoren des eingesetzten Eigenkapitals 10 Prozent übersteigt.

(3a) Unabhängig von den Voraussetzungen nach den Absätzen 2 und 3 liegt ein Steuerstundungsmodell im Sinne des Absatzes 1 insbesondere vor, wenn ein Verlust aus Gewerbebetrieb entsteht oder sich erhöht, indem ein Steuerpflichtiger, der nicht auf Grund gesetzlicher Vorschriften verpflichtet ist, Bücher zu führen und regelmäßig Abschlüsse zu machen, auf Grund des Erwerbs von Wirtschaftsgütern des Umlaufvermögens sofort abziehbare Betriebsausgaben tätigt, wenn deren Übereignung ohne körperliche Übergabe durch Besitzkonstitut nach § 930 des Bürgerlichen Gesetzbuchs oder durch Abtretung des Herausgabeanspruchs nach § 931 des Bürgerlichen Gesetzbuchs erfolgt.

(4) ¹Der nach Absatz 1 nicht ausgleichsfähige Verlust ist jährlich gesondert festzustellen. ²Dabei ist von dem verrechenbaren Verlust des Vorjahres auszugehen. ³Der Feststellungsbescheid kann nur insoweit angegriffen werden, als der verrechenbare Verlust gegenüber dem verrechenbaren Verlust des Vorjahres sich verändert hat. ⁴Handelt es sich bei dem Steuerstundungsmodell um eine Gesellschaft oder Gemeinschaft im Sinne des § 180 Abs. 1 Nr. 2 Buchstabe a der Abgabenordnung, ist das für die gesonderte und einheitliche Feststellung der einkommensteuerpflichtigen und körperschaftsteuerpflichtigen Einkünfte aus dem Steuerstundungsmodell zuständige Finanzamt für den Erlass des Feststellungsbescheids nach Satz 1 zuständig; anderenfalls ist das Betriebsfinanzamt (§ 18 Abs. 1 Nr. 2 der Abgabenordnung) zuständig. ⁵Handelt es sich bei dem Steuerstundungsmodell um eine Gesellschaft oder Gemeinschaft im Sinne des § 180 Abs. 1 Nr. 2 Buchstabe a der Abgabenordnung, können die gesonderten Feststellungen nach Satz 1 mit der gesonderten und einheitlichen Feststellung der einkommensteuerpflichtigen und körperschaftsteuerpflichtigen Einkünfte aus dem Steuerstundungsmodell verbunden werden; in diesen Fällen sind die gesonderten Feststellungen nach Satz 1 einheitlich durchzuführen.

§ 16
Veräußerung des Betriebs

(1) ¹Zu den Einkünften aus Gewerbebetrieb gehören auch Gewinne, die erzielt werden bei der Veräußerung

1. des ganzen Gewerbebetriebs oder eines Teilbetriebs. ²Als Teilbetrieb gilt auch die das gesamte Nennkapital umfassende Beteiligung an einer Kapitalgesellschaft; im Fall der Auflösung der Kapitalgesellschaft ist § 17 Abs. 4 Satz 3 sinngemäß anzuwenden;
2. des gesamten Anteils eines Gesellschafters, der als Unternehmer (Mitunternehmer) des Betriebs anzusehen ist (§ 15 Abs. 1 Satz 1 Nr. 2);
3. des gesamten Anteils eines persönlich haftenden Gesellschafters einer Kommanditgesellschaft auf Aktien (§ 15 Abs. 1 Satz 1 Nr. 3).

²Gewinne, die bei der Veräußerung eines Teils eines Anteils in Sinne von Satz 1 Nr. 2 oder 3 erzielt werden, sind laufende Gewinne.

(2) ¹Veräußerungsgewinn im Sinne des Absatzes 1 ist der Betrag, um den der Veräußerungspreis nach Abzug der Veräußerungskosten den Wert des Betriebsvermögens (Absatz 1 Satz 1 Nr. 1) oder den Wert des Anteils am Betriebsvermögen (Absatz 1 Satz 1 Nr. 2 und 3) übersteigt. ²Der Wert des Betriebsvermögens oder des Anteils ist für den Zeitpunkt der Veräußerung nach § 4 Abs. 1 oder nach § 5 zu ermitteln. ³Soweit auf der Seite des Veräußerers und auf der Seite des Erwerbers dieselben Personen Unternehmer oder Mitunternehmer sind, gilt der Gewinn insoweit jedoch als laufender Gewinn.

(3) ¹Als Veräußerung gilt auch die Aufgabe des Gewerbebetriebs sowie eines Anteils im Sinne des Absatzes 1 Satz 1 Nr. 2 oder 3. ²Werden im Zuge der Realteilung einer Mitunternehmerschaft Teilbetriebe, Mitunternehmeranteile oder einzelne Wirtschaftsgüter in das jeweilige Betriebsvermögen der einzelnen Mitunternehmer übertragen, so sind bei der Ermittlung des Gewinns der Mitunternehmerschaft die Wirtschaftsgüter mit den Werten anzusetzen, die sich nach den Vorschriften über die Gewinnermittlung ergeben, sofern die Besteuerung der stillen Reserven sichergestellt ist; der übernehmende Mitunternehmer ist an diese Werte gebunden; § 4 Absatz 1 Satz 4 ist entsprechend anzuwenden. ³Dagegen ist für den jeweiligen Übertragungsvorgang rückwirkend der gemeine Wert anzusetzen, soweit bei einer Realteilung, bei der einzelne Wirtschaftsgüter übertragen worden sind, zum Buchwert übertragener Grund und Boden, übertragene Gebäude oder andere übertragene wesentliche Betriebsgrundlagen innerhalb einer Sperrfrist nach der Übertragung veräußert oder entnommen werden; diese Sperrfrist endet drei Jahre nach Abgabe der Steuererklärung der Mitunternehmerschaft für den Veranlagungszeitraum der Realteilung. ⁴Satz 2 ist bei einer Realteilung, bei der einzelne Wirtschaftsgüter übertragen werden, nicht anzuwenden, soweit die Wirtschaftsgüter unmittelbar oder mittelbar auf eine Körperschaft, Personenvereinigung oder Vermögensmasse übertragen werden; in diesem Fall ist bei der Übertragung der gemeine Wert anzusetzen. ⁵Soweit einzelnen dem Betrieb gewidmete Wirtschaftsgüter im Rahmen der Aufgabe des Betriebs veräußert werden und soweit auf der Seite des Veräußerers und auf der Seite des Erwerbers dieselben Personen Unternehmer oder Mitunternehmer sind, gilt der Gewinn aus der Aufgabe des Gewerbebetriebs als laufender Gewinn. ⁶Werden die einzelnen dem Betrieb gewidmeten Wirtschaftsgüter im Rahmen der Aufgabe des Betriebs veräußert, so sind die Veräußerungspreise anzusetzen. ⁷Werden die Wirtschaftsgüter nicht veräußert, so ist der gemeine Wert im Zeitpunkt der Aufgabe anzusetzen. ⁸Bei Aufgabe eines Gewerbebetriebs, an dem mehrere Personen beteiligt waren, ist für jeden einzelnen Beteiligten der gemeine Wert der Wirtschaftsgüter anzusetzen, die er bei der Auseinandersetzung erhalten hat.

(3a) Einer Aufgabe des Gewerbebetriebs steht der Ausschluss oder die Beschränkung des Besteuerungsrechts der Bundesrepublik Deutschland hinsichtlich des Gewinns aus der Veräußerung sämtlicher Wirtschaftsgüter des Betriebs oder eines Teilbetriebs gleich; § 4 Absatz 1 Satz 4 gilt entsprechend.

(3b) ¹In den Fällen der Betriebsunterbrechung und der Betriebsverpachtung im Ganzen gilt ein Gewerbebetrieb sowie ein Anteil im Sinne des Absatzes 1 Satz 1 Nummer 2 oder Nummer 3 nicht als aufgegeben, bis

1. der Steuerpflichtige die Aufgabe im Sinne des Absatzes 3 Satz 1 ausdrücklich gegenüber dem Finanzamt erklärt oder
2. dem Finanzamt Tatsachen bekannt werden, aus denen sich ergibt, dass die Voraussetzungen für

eine Aufgabe im Sinne des Absatzes 3 Satz 1 erfüllt sind. ²Die Aufgabe des Gewerbebetriebs oder Anteils im Sinne des Absatzes 1 Satz 1 Nummer 2 oder Nummer 3 ist in den Fällen des Satzes 1 Nummer 1 rückwirkend für den vom Steuerpflichtigen gewählten Zeitpunkt anzuerkennen, wenn die Aufgabeerklärung spätestens drei Monate nach diesem Zeitpunkt abgegeben wird. ³Wird die Aufgabeerklärung nicht spätestens drei Monate nach dem vom Steuerpflichtigen gewählten Zeitpunkt abgegeben, gilt der Gewerbebetrieb oder Anteil im Sinne des Absatzes 1 Satz 1 Nummer 2 oder Nummer 3 erst in dem Zeitpunkt als aufgegeben, in dem die Aufgabeerklärung beim Finanzamt eingeht.

(4) ¹Hat der Steuerpflichtige das 55. Lebensjahr vollendet oder ist er im sozialversicherungsrechtlichen Sinne dauernd berufsunfähig, so wird der Veräußerungsgewinn auf Antrag zur Einkommensteuer nur herangezogen, soweit er 45 000 Euro übersteigt. ²Der Freibetrag ist dem Steuerpflichtigen nur einmal zu gewähren. ³Er ermäßigt sich um den Betrag, um den der Veräußerungsgewinn 136 000 Euro übersteigt.

(5) Werden bei einer Realteilung, bei der Teilbetriebe auf einzelne Mitunternehmer übertragen werden, Anteile an einer Körperschaft, Personenvereinigung oder Vermögensmasse unmittelbar oder mittelbar von einem nicht von § 8b Abs. 2 des Körperschaftsteuergesetzes begünstigten Steuerpflichtigen auf einen von § 8b Abs. 2 des Körperschaftsteuergesetzes begünstigten Mitunternehmer übertragen, ist abweichend von Absatz 3 Satz 2 rückwirkend auf den Zeitpunkt der Realteilung der gemeine Wert anzusetzen, wenn der übernehmende Mitunternehmer die Anteile innerhalb eines Zeitraums von sieben Jahren nach der Realteilung unmittelbar oder mittelbar durch einen Vorgang nach § 22 Abs. 1 Satz 6 Nr. 1 bis 5 des Umwandlungssteuergesetzes weiter überträgt; § 22 Abs. 2 Satz 3 des Umwandlungssteuergesetzes gilt entsprechend.

§ 17
Veräußerung von Anteilen an Kapitalgesellschaften

(1) ¹Zu den Einkünften aus Gewerbebetrieb gehört auch der Gewinn aus der Veräußerung von Anteilen an einer Kapitalgesellschaft, wenn der Veräußerer innerhalb der letzten fünf Jahre am Kapital der Gesellschaft unmittelbar oder mittelbar zu mindestens 1 Prozent beteiligt war. ²Die verdeckte Einlage von Anteilen an einer Kapitalgesellschaft in eine Kapitalgesellschaft steht der Veräußerung der Anteile gleich. ³Anteile an einer Kapitalgesellschaft sind Aktien, Anteile an einer Gesellschaft mit beschränkter Haftung, Genussscheine oder ähnliche Beteiligungen und Anwartschaften auf solche Beteiligungen. ⁴Hat der Veräußerer den veräußerten Anteil innerhalb der letzten fünf Jahre vor der Veräußerung unentgeltlich erworben, so gilt Satz 1 entsprechend, wenn der Veräußerer zwar nicht selbst, aber der Rechtsvorgänger oder, sofern der Anteil nacheinander unentgeltlich übertragen worden ist, einer der Rechtsvorgänger innerhalb der letzten fünf Jahre im Sinne von Satz 1 beteiligt war.

(2) ¹Veräußerungsgewinn im Sinne des Absatzes 1 ist der Betrag, um den der Veräußerungspreis nach Abzug der Veräußerungskosten die Anschaffungskosten übersteigt. ²In den Fällen des Absatzes 1 Satz 2 tritt an die Stelle des Veräußerungspreises der Anteile ihr gemeiner Wert. ³Weist der Veräußerer nach, dass ihm die Anteile bereits im Zeitpunkt der Begründung der unbeschränkten Steuerpflicht nach § 1 Abs. 1 zuzurechnen waren und dass der bis zu diesem Zeitpunkt entstandene Vermögenszuwachs auf Grund gesetzlicher Bestimmungen des Wegzugsstaats im Wegzugsstaat einer der Steuer nach § 6 des Außensteuergesetzes vergleichbaren Steuer unterlegen hat, tritt an die Stelle der Anschaffungskosten der Wert, den der Wegzugsstaat bei der Berechnung der Steuer nach § 6 des Außensteuergesetzes vergleichbaren Steuer angesetzt hat, höchstens jedoch der gemeine Wert. ⁴Satz 3 ist in den Fällen des § 6 Abs. 3 des Außensteuergesetzes nicht anzuwenden. ⁵Hat der Veräußerer den veräußerten Anteil unentgeltlich erworben, so sind als Anschaffungskosten des Anteils die Anschaffungskosten des Rechtsvorgängers maßgebend, der den Anteil zuletzt entgeltlich erworben hat. ⁶Ein Veräußerungsverlust ist nicht zu berücksichtigen, soweit er auf Anteile entfällt,

a) die der Steuerpflichtige innerhalb der letzten fünf Jahre unentgeltlich erworben hatte. ²Dies gilt nicht, soweit der Rechtsvorgänger anstelle des Steuerpflichtigen den Veräußerungsverlust hätte geltend machen können;

b) die entgeltlich erworben worden sind und nicht innerhalb der gesamten letzten fünf Jahre zu einer Beteiligung des Steuerpflichtigen im Sinne von Abs. 1 Satz 1 gehört haben. ²Dies gilt nicht für innerhalb der letzten fünf Jahre erworbene Anteile, deren Erwerb zur Begründung einer Beteiligung des Steuerpflichtigen im Sinne von Abs. 1 Satz 1 geführt hat oder nach Begründung der Beteiligung im Sinne von Abs. 1 Satz 1 erworben worden sind.

(3) ¹Der Veräußerungsgewinn wird zur Einkommensteuer nur herangezogen, soweit er den Teil von 9 060 Euro übersteigt, der dem veräußerten Anteil an der Kapitalgesellschaft entspricht. ²Der Freibetrag ermäßigt sich um den Betrag, um den der Veräußerungsgewinn den Teil von 36 100 Euro übersteigt, der dem veräußerten Anteil an der Kapitalgesellschaft entspricht.

(4) ¹Als Veräußerung im Sinne des Absatzes 1 gilt auch die Auflösung einer Kapitalgesellschaft, die Kapitalherabsetzung, wenn das Kapital zurückgezahlt wird, und die Ausschüttung oder Zurückzahlung von Beträgen aus dem steuerlichen Einlagenkonto im Sinne des § 27 des Körperschaftsteuergesetzes. ²In diesen Fällen ist als Veräußerungspreis der gemeine Wert des dem Steuer-pflichtigen zugeteilten oder zurückgezahlten Vermögens der Kapitalgesellschaft anzusehen. ³Satz 1 gilt nicht, soweit die Bezüge nach § 20 Abs. 1 Nr. 1 oder Nr. 2 zu den Einnahmen aus Kapitalvermögen gehören.

(5) ¹Die Beschränkung oder der Ausschluss des Besteuerungsrechts der Bundesrepublik Deutschland hinsichtlich des Gewinns aus der Veräußerung der Anteile an einer Kapitalgesellschaft im Fall der

Verlegung des Sitzes oder des Orts der Geschäftsleitung der Kapitalgesellschaft in einen anderen Staat stehen der Veräußerung der Anteile zum gemeinen Wert gleich. ²Dies gilt nicht in den Fällen der Sitzverlegung einer Europäischen Gesellschaft nach Artikel 8 der Verordnung (EG) Nr. 2157/2001 und der Sitzverlegung einer anderen Kapitalgesellschaft in einen anderen Mitgliedstaat der Europäischen Union. ³In diesen Fällen ist der Gewinn aus einer späteren Veräußerung der Anteile ungeachtet der Bestimmungen eines Abkommens zur Vermeidung der Doppelbesteuerung in der gleichen Art und Weise zu besteuern, wie die Veräußerung dieser Anteile zu besteuern gewesen wäre, wenn keine Sitzverlegung stattgefunden hätte. ⁴§ 15 Abs. 1 a Satz 2 ist entsprechend anzuwenden.

(6) Als Anteile im Sinne des Absatzes 1 Satz 1 gelten auch Anteile an Kapitalgesellschaften, an denen der Veräußerer innerhalb der letzten fünf Jahre am Kapital der Gesellschaft nicht unmittelbar oder mittelbar zu mindestens 1 Prozent beteiligt war, wenn

1. die Anteile auf Grund eines Einbringungsvorgangs im Sinne des Umwandlungssteuergesetzes, bei dem nicht der gemeine Wert zum Ansatz kam, erworben wurden und
2. zum Einbringungszeitpunkt für die eingebrachten Anteile die Voraussetzungen von Absatz 1 Satz 1 erfüllt waren oder die Anteile auf einer Sacheinlage im Sinne von § 20 Abs 1 des Umwandlungssteuergesetzes vom 7. Dezember 2006 (BGBl. I S. 2782, 2791) in der jeweils geltenden Fassung beruhen.

(7) Als Anteile im Sinne des Absatzes 1 Satz 1 gelten auch Anteile an einer Genossenschaft einschließlich der Europäischen Genossenschaft.

c) Selbständige Arbeit
(§ 2 Abs. 1 Satz 1 Nr. 3)

§ 18

(1) Einkünfte aus selbständiger Arbeit sind

1. ¹Einkünfte aus freiberuflicher Tätigkeit. ²Zu der freiberuflichen Tätigkeit gehören die selbständig ausgeübte wissenschaftliche, künstlerische, schriftstellerische, unterrichtende oder erzieherische Tätigkeit, die selbständige Berufstätigkeit der Ärzte, Zahnärzte, Tierärzte, Rechtsanwälte, Notare, Patentanwälte, Vermessungsingenieure, Ingenieure, Architekten, Handelschemiker, Wirtschaftsprüfer, Steuerberater, beratenden Volks- und Betriebswirte, vereidigten Buchprüfer, Steuerbevollmächtigten, Heilpraktiker, Dentisten, Krankengymnasten, Journalisten, Bildberichterstatter, Dolmetscher, Übersetzer, Lotsen und ähnlicher Berufe. ³Ein Angehöriger eines freien Berufs im Sinne der Sätze 1 und 2 ist auch dann freiberuflich tätig, wenn er sich der Mithilfe fachlich vorgebildeter Arbeitskräfte bedient; Voraussetzung ist, dass er auf Grund eigener Fachkenntnisse leitend und eigenverantwortlich tätig wird. ⁴Eine Vertretung im Fall vorübergehender Verhinderung steht der Annahme einer leitenden und eigenverantwortlichen Tätigkeit nicht entgegen.
2. Einkünfte der Einnehmer einer staatlichen Lotterie, wenn sie nicht Einkünfte aus Gewerbebetrieb sind;
3. Einkünfte aus sonstiger selbständiger Arbeit, z. B. Vergütungen für die Vollstreckung von Testamenten, für Vermögensverwaltung und für die Tätigkeit als Aufsichtsratsmitglied;
4. Einkünfte, die ein Beteiligter an einer vermögensverwaltenden Gesellschaft oder Gemeinschaft, deren Zweck im Erwerb, Halten und in der Veräußerung von Anteilen an Kapitalgesellschaften besteht, als Vergütung für Leistungen zur Förderung des Gesellschafts- oder Gemeinschaftszwecks erzielt, wenn der Anspruch auf die Vergütung unter der Voraussetzung eingeräumt worden ist, dass die Gesellschafter oder Gemeinschafter ihr eingezahltes Kapital vollständig zurückerhalten haben; § 15 Abs. 3 ist nicht anzuwenden.

(2) Einkünfte nach Absatz 1 sind auch dann steuerpflichtig, wenn es sich nur um eine vorübergehende Tätigkeit handelt.

(3) ¹Zu den Einkünften aus selbständiger Arbeit gehört auch der Gewinn, der bei der Veräußerung des Vermögens oder eines selbständigen Teils des Vermögens oder eines Anteils am Vermögen erzielt wird, das der selbständigen Arbeit dient. ²§ 16 Abs. 1 Satz 1 Nr. 1 und 2 und Abs. 1 Satz 2 sowie Abs. 2 bis 4 gilt entsprechend.

(4) ¹§ 13 Abs. 5 gilt entsprechend, sofern das Grundstück im Veranlagungszeitraum 1986 zu einem der selbständigen Arbeit dienenden Betriebsvermögen gehört hat. ²§ 15 Abs. 1 Satz 1 Nr. 2, Abs. 1a, Abs. 2 Satz 2 und 3, §§ 15a und 15b sind entsprechend anzuwenden.

d) Nichtselbständige Arbeit
(§ 2 Abs. 1 Satz 1 Nr. 4)

§ 19

(1) ¹Zu den Einkünften aus nichtselbständiger Arbeit gehören

1. Gehälter, Löhne, Gratifikationen, Tantiemen und andere Bezüge und Vorteile für eine Beschäftigung im öffentlichen oder privaten Dienst;
1a. ¹Zuwendungen des Arbeitgebers an seinen Arbeitnehmer und dessen Begleitpersonen anlässlich von Veranstaltungen auf betrieblicher Ebene mit gesellschaftlichem Charakter (Betriebsveranstaltung). Zuwendungen im Sinne des Satzes 1 sind alle Aufwendungen des Arbeitgebers einschließlich Umsatzsteuer unabhängig davon, ob sie einzelnen Arbeitnehmern individuell zurechenbar sind oder ob es sich um einen rechnerischen Anteil an den Kosten der Betriebsveranstaltung handelt, die der Arbeitgeber gegenüber Dritten für den äußeren Rahmen der Betriebsveranstaltung aufwendet. ²Soweit solche Zuwendungen den Betrag von 110 Euro je Betriebsveranstaltung und teilnehmenden Arbeitnehmer nicht übersteigen, gehören sie nicht zu den Einkünften aus nichtselbständiger Arbeit, wenn die Teilnahme an der Betriebsveranstaltung allen Angehörigen

des Betriebs oder eines Betriebsteils offensteht. ³Satz 3 gilt für bis zu zwei Betriebsveranstaltungen jährlich. ⁴Die Zuwendungen im Sinne des Satzes 1 sind abweichend von § 8 Absatz 2 mit den anteilig auf den Arbeitnehmer und dessen Begleitpersonen entfallenden Aufwendungen des Arbeitgebers im Sinne des Satzes 2 anzusetzen;

2. Wartegelder, Ruhegelder, Witwen- und Waisengelder und andere Bezüge und Vorteile aus früheren Dienstleistungen, auch soweit sie von Arbeitgebern ausgleichspflichtiger Personen an ausgleichsberechtigte Personen infolge einer nach § 10 oder § 14 des Versorgungsausgleichsgesetzes durchgeführten Teilung geleistet werden;

3. laufende Beiträge und laufende Zuwendungen des Arbeitgebers aus einem bestehenden Dienstverhältnis an einen Pensionsfonds, eine Pensionskasse oder für eine Direktversicherung für eine betriebliche Altersversorgung. ²Zu den Einkünften aus nichtselbständiger Arbeit gehören auch Sonderzahlungen, die der Arbeitgeber neben den laufenden Beiträgen und Zuwendungen an eine solche Versorgungseinrichtung leistet, mit Ausnahme der Zahlungen des Arbeitgebers

   a) zur erstmaligen Bereitstellung der Kapitalausstattung zur Erfüllung der Solvabilitätsvorschriften nach den §§ 53c und 114 des Versicherungsaufsichtsgesetzes,

   b) zur Wiederherstellung einer angemessenen Kapitalausstattung nach unvorhersehbaren Verlusten oder zur Finanzierung der Verstärkung der Rechnungsgrundlagen auf Grund einer unvorhersehbaren und nicht nur vorübergehenden Änderung der Verhältnisse, wobei die Sonderzahlungen nicht zu einer Absenkung des laufenden Beitrags führen oder durch die Absenkung des laufenden Beitrags Sonderzahlungen ausgelöst werden dürfen,

   c) in der Rentenbezugszeit nach § 112 Absatz 1a des Versicherungsaufsichtsgesetzes oder

   d) in Form von Sanierungsgeldern;

Sonderzahlungen des Arbeitgebers sind insbesondere Zahlungen an eine Pensionskasse anlässlich

   a) seines Ausscheidens aus einer nicht im Wege der Kapitaldeckung finanzierten betrieblichen Altersversorgung oder

   b) des Wechsels von einer nicht im Wege der Kapitaldeckung zu einer anderen nicht im Wege der Kapitaldeckung finanzierten betrieblichen Altersversorgung.

³Von Sonderzahlungen im Sinne des Satzes 2 zweiter Halbsatz Buchstabe b ist bei laufenden und wiederkehrenden Zahlungen entsprechend dem periodischen Bedarf nur auszugehen, soweit die Bemessung der Zahlungsverpflichtungen des Arbeitgebers in das Versorgungssystem nach dem Wechsel die Bemessung der Zahlungsverpflichtung zum Zeitpunkt des Wechsels übersteigt. ⁴Sanierungsgelder sind Sonderzahlungen des Arbeitgebers an eine Pensionskasse anlässlich der Systemumstellung einer nicht im Wege der Kapitaldeckung finanzierten betrieblichen Altersversorgung auf der Finanzierungs- oder Leistungsseite, die der Finanzierung der zum Zeitpunkt der Umstellung bestehenden Versorgungsverpflichtungen oder Versorgungsanwartschaften dienen; bei laufenden und wiederkehrenden Zahlungen entsprechend dem periodischen Bedarf ist nur von Sanierungsgeldern auszugehen, soweit die Bemessung der Zahlungsverpflichtungen des Arbeitgebers in das Versorgungssystem nach der Systemumstellung die Bemessung der Zahlungsverpflichtung zum Zeitpunkt der Systemumstellung übersteigt.

²Es ist gleichgültig, ob es sich um laufende oder um einmalige Bezüge handelt und ob ein Rechtsanspruch auf sie besteht.

(2) ¹Von Versorgungsbezügen bleiben ein nach einem Prozentsatz ermittelter, auf einen Höchstbetrag begrenzter Betrag (Versorgungsfreibetrag) und ein Zuschlag zum Versorgungsfreibetrag steuerfrei. ²Versorgungsbezüge sind:

1. das Ruhegehalt, Witwen- oder Waisengeld, der Unterhaltsbeitrag oder ein gleichartiger Bezug

   a) auf Grund beamtenrechtlicher oder entsprechender gesetzlicher Vorschriften,

   b) nach beamtenrechtlichen Grundsätzen von Körperschaften, Anstalten oder Stiftungen des öffentlichen Rechts oder öffentlich-rechtlichen Verbänden von Körperschaften oder

2. in anderen Fällen Bezüge und Vorteile aus früheren Dienstleistungen wegen Erreichens einer Altersgrenze, verminderter Erwerbsfähigkeit oder Hinterbliebenenbezüge; Bezüge wegen Erreichens einer Altersgrenze gelten erst dann als Versorgungsbezüge, wenn der Steuerpflichtige das 63. Lebensjahr oder, wenn er schwerbehindert ist, das 60. Lebensjahr vollendet hat.

³Der maßgebende Prozentsatz, der Höchstbetrag des Versorgungsfreibetrags und der Zuschlag zum Versorgungsfreibetrag sind der nachstehenden Tabelle zu entnehmen:

Jahr des Versorgungsbeginns	Versorgungsfreibetrag		Zuschlag zum Versorgungsfreibetrag in Euro
	in % der Versorgungsbezüge	Höchstbetrag in Euro	
bis 2005	40,0	3 000	900
ab 2006	38,4	2 880	864
2007	36,8	2 760	828
2008	35,2	2 640	792
2009	33,6	2 520	756
2010	32,0	2 400	720
2011	30,4	2 280	684
2012	28,8	2 160	648
2013	27,2	2 040	612

Jahr des Versorgungsbeginns	Versorgungsfreibetrag		Zuschlag zum Versorgungsfreibetrag in Euro
	in % der Versorgungsbezüge	Höchstbetrag in Euro	
2014	25,6	1 920	576
2015	24,0	1 800	540
2016	22,4	1 680	504
2017	20,8	1 560	468
2018	19,2	1 440	432
2019	17,6	1 320	396
2020	16,0	1 200	360
2021	15,2	1 140	342
2022	14,4	1 080	324
2023	13,6	1 020	306
2024	12,8	960	288
2025	12,0	900	270
2026	11,2	840	252
2027	10,4	780	234
2028	9,6	720	216
2029	8,8	660	198
2030	8,0	600	180
2031	7,2	540	162
2032	6,4	480	144
2033	5,6	420	126
2034	4,8	360	108
2035	4,0	300	90
2036	3,2	240	72
2037	2,4	180	54
2038	1,6	120	36
2039	0,8	60	18
2040	0,0	0	0

[4]Bemessungsgrundlage für den Versorgungsfreibetrag ist
a) bei Versorgungsbeginn vor 2005
   das Zwölffache des Versorgungsbezugs für Januar 2005,
b) bei Versorgungsbeginn ab 2005
   das Zwölffache des Versorgungsbezugs für den ersten vollen Monat,

jeweils zuzüglich voraussichtlicher Sonderzahlungen im Kalenderjahr, auf die zu diesem Zeitpunkt ein Rechtsanspruch besteht. [5]Der Zuschlag zum Versorgungsfreibetrag darf nur bis zur Höhe der um den Versorgungsfreibetrag geminderten Bemessungsgrundlage berücksichtigt werden. [6]Bei mehreren Versorgungsbezügen mit unterschiedlichem Bezugsbeginn bestimmen sich der insgesamt berücksichtigungsfähige Höchstbetrag des Versorgungsfreibetrags und der Zuschlag zum Versorgungsfreibetrag nach dem Jahr des Beginns des ersten Versorgungsbezugs. [7]Folgt ein Hinterbliebenenbezug einem Versorgungsbezug, bestimmen sich der Prozentsatz, der Höchstbetrag des Versorgungsfreibetrags und der Zuschlag zum Versorgungsfreibetrag für den Hinterbliebenenbezug nach dem Jahr des Beginns des Versorgungsbezugs. [8]Der nach den Sätzen 3 bis 7 berechnete Versorgungsfreibetrag und Zuschlag zum Versorgungsfreibetrag gelten für die gesamte Laufzeit des Versorgungsbezugs. [9]Regelmäßige Anpassungen des Versorgungsbezugs führen nicht zu einer Neuberechnung. [10]Abweichend hiervon sind der Versorgungsfreibetrag und der Zuschlag zum Versorgungsfreibetrag neu zu berechnen, wenn sich der Versorgungsbezug wegen Anwendung von Anrechnungs-, Ruhens-, Erhöhungs- oder Kürzungsregelungen erhöht oder vermindert. [11]In diesen Fällen sind die Sätze 3 bis 7 mit dem geänderten Versorgungsbezug als Bemessungsgrundlage im Sinne des Satzes 4 anzuwenden; im Kalenderjahr der Änderung sind der höchste Versorgungsfreibetrag und Zuschlag zum Versorgungsfreibetrag maßgebend. [12]Für jeden vollen Kalendermonat, für den keine Versorgungsbezüge gezahlt werden, ermäßigen sich der Versorgungsfreibetrag und der Zuschlag zum Versorgungsfreibetrag in diesem Kalenderjahr um je ein Zwölftel.

§ 19a
Überlassung von Vermögensbeteiligungen an Arbeitnehmer

(weggefallen)

e) Kapitalvermögen
(§ 2 Abs. 1 Satz 1 Nr. 5)

§ 20

(1) Zu den Einkünften aus Kapitalvermögen gehören

1. [1]Gewinnanteile (Dividenden), Ausbeuten und sonstige Bezüge aus Aktien, Genussrechten, mit denen das Recht am Gewinn und Liquidationserlös einer Kapitalgesellschaft verbunden ist, aus Anteilen an Gesellschaften mit beschränkter Haftung, an Erwerbs- und Wirtschaftsgenossenschaften sowie an bergbautreibenden Vereinigungen, die die Rechte einer juristischen Person haben. [2]Zu den sonstigen Bezügen gehören auch verdeckte Gewinnausschüttungen. [3]Die Bezüge gehören nicht zu den Einnahmen, soweit sie aus Ausschüttungen einer Körperschaft stammen, für die Beträge aus dem steuerlichen Einlagekonto im Sinne des § 27 des Körperschaftsteuergesetzes als verwendet gelten. [4]Als sonstige Bezüge gelten auch Einnahmen, die an Stelle der Bezüge im Sinne des Satzes 1 von einem anderen als dem Anteilseigner nach Absatz 5 bezogen werden, wenn die Aktien mit Dividendenberechtigung erworben, aber ohne Dividendenanspruch geliefert werden;

2. [1]Bezüge, die nach der Auflösung einer steuerpflichtigen Körperschaft oder Personenvereinigung im Sinne der Nummer 1 anfallen und die nicht in der Rückzahlung von Nennkapital bestehen; Nummer 1 Satz 3 gilt entsprechend. [2]Gleiches gilt für Bezüge, die auf Grund einer Kapitalherabsetzung oder nach der Auflösung einer unbeschränkt steuerpflichtigen Körperschaft oder Personenvereinigung im Sinne der Nummer 1 anfallen und die als Gewinnaus-

schüttung im Sinne des § 28 Abs. 2 Satz 2 und 4 des Körperschaftsteuergesetzes gelten;
3. (weggefallen);
4. ¹Einnahmen aus der Beteiligung an einem Handelsgewerbe als stiller Gesellschafter und aus partiarischen Darlehen, es sei denn, dass der Gesellschafter oder Darlehnsgeber als Mitunternehmer anzusehen ist. ²Auf Anteile des stillen Gesellschafters am Verlust des Betriebs sind § 15 Abs. 4 Satz 6 bis 8 und § 15a sinngemäß anzuwenden.
5. ¹Zinsen aus Hypotheken und Grundschulden und Renten aus Rentenschulden. ²Bei Tilgungshypotheken und Tilgungsgrundschulden ist nur der Teil der Zahlungen anzusetzen, der als Zins auf den jeweiligen Kapitalrest entfällt;
6. der Unterschiedsbetrag zwischen der Versicherungsleistung und der Summe der auf sie entrichteten Beiträge (Erträge) im Erlebensfall oder bei Rückkauf des Vertrags bei Rentenversicherungen mit Kapitalwahlrecht, soweit nicht die lebenslange Rentenzahlung gewählt und erbracht wird, und bei Kapitalversicherungen mit Sparanteil, wenn der Vertrag nach dem 31. Dezember 2004 abgeschlossen worden ist. ²Wird die Versicherungsleistung nach Vollendung des 60. Lebensjahres des Steuerpflichtigen und nach Ablauf von zwölf Jahren seit dem Vertragsabschluss ausgezahlt, ist die Hälfte des Unterschiedsbetrags anzusetzen. ³Bei entgeltlichem Erwerb des Anspruchs auf die Versicherungsleistung treten die Anschaffungskosten an die Stelle der vor dem Erwerb entrichteten Beiträge. ⁴Die Sätze 1 bis 3 sind auf Erträge aus fondsgebundenen Lebensversicherungen, auf Erträge im Erlebensfall bei Rentenversicherungen ohne Kapitalwahlrecht, soweit keine lebenslange Rentenzahlung vereinbart und erbracht wird, und auf Erträge bei Rückkauf des Vertrages bei Rentenversicherungen ohne Kapitalwahlrecht entsprechend anzuwenden. ⁵Ist in einem Versicherungsvertrag eine gesonderte Verwaltung von speziell für diesen Vertrag zusammengestellten Kapitalanlagen vereinbart, die nicht auf öffentlich vertriebene Investmentfondsanteile oder Anlagen, die die Entwicklung eines veröffentlichten Indexes abbilden, beschränkt ist, und kann der wirtschaftliche Berechtigte unmittelbar oder mittelbar über die Veräußerung der Vermögensgegenstände und die Wiederanlage der Erlöse bestimmen (vermögensverwaltender Versicherungsvertrag), sind die dem Versicherungsunternehmen zufließenden Erträge dem wirtschaftlich Berechtigten aus dem Versicherungsvertrag zuzurechnen; Sätze 1 bis 4 sind nicht anzuwenden. ⁶Satz 2 ist nicht anzuwenden, wenn
   a) in einem Kapitallebensversicherungsvertrag mit vereinbarter laufender Beitragszahlung in mindestens gleichbleibender Höhe bis zum Zeitpunkt des Erlebensfalls die vereinbarte Leistung bei Eintritt des versicherten Risikos weniger als 50 Prozent der Summe der für die gesamte Vertragsdauer zu zahlenden Beiträge beträgt und
   b) bei einem Kapitallebensversicherungsvertrag die vereinbarte Leistung bei Eintritt des versicherten Risikos das Deckungskapital oder den Zeitwert der Versicherung spätestens fünf Jahre nach Vertragsabschluss nicht um mindestens 10 Prozent des Deckungskapitals, des Zeitwerts oder der Summe der gezahlten Beiträge übersteigt.
   ²Dieser Prozentsatz darf bis zum Ende der Vertragslaufzeit in jährlich gleichen Schritten auf Null sinken. ³Hat der Steuerpflichtige Ansprüche aus einem von einer anderen Person abgeschlossenen Vertrag entgeltlich erworben, gehört zu den Einkünften aus Kapitalvermögen auch der Unterschiedsbetrag zwischen der Versicherungsleistung bei Eintritt eines versicherten Risikos und den Aufwendungen für den Erwerb und Erhalt des Versicherungsanspruches; insoweit findet Satz 2 keine Anwendung. ⁴Satz 7 gilt nicht, wenn die versicherte Person den Versicherungsanspruch von einem Dritten erwirbt oder aus anderen Rechtsverhältnissen entstandene Abfindungs- und Ausgleichsansprüche arbeitsrechtlicher, erbrechtlicher oder familienrechtlicher Art durch Übertragung von Ansprüchen aus Versicherungsverträgen erfüllt werden;
7. ¹Erträge aus sonstigen Kapitalforderungen jeder Art, wenn die Rückzahlung des Kapitalvermögens oder ein Entgelt für die Überlassung des Kapitalvermögens zur Nutzung zugesagt oder geleistet worden ist, auch wenn die Höhe der Rückzahlung oder des Entgelts von einem ungewissen Ereignis abhängt. ²Dies gilt unabhängig von der Bezeichnung und der zivilrechtlichen Ausgestaltung der Kapitalanlage. ³Erstattungszinsen im Sinne des § 233a der Abgabenordnung sind Erträge im Sinne des Satzes 1;
8. Diskontbeträge von Wechseln und Anweisungen einschließlich der Schatzwechsel;
9. ¹Einnahmen aus Leistungen einer nicht von der Körperschaftsteuer befreiten Körperschaft, Personenvereinigung oder Vermögensmasse in Sinne des § 1 Abs. 1 Nr. 3 bis 5 des Körperschaftsteuergesetzes, die Gewinnausschüttungen im Sinne der Nummer 1 wirtschaftlich vergleichbar sind, soweit sie nicht bereits zu den Einnahmen im Sinne der Nummer 1 gehören; Nummer 1 Satz 2, 3 und Nummer 2 gelten, entsprechend. ²Satz 1 ist auf Leistungen von vergleichbaren Körperschaften, Personenvereinigungen oder Vermögensmassen, die weder Sitz noch Geschäftsleitung im Inland haben, entsprechend anzuwenden;
10. a) Leistungen eines nicht von der Körperschaftsteuer befreiten Betriebs gewerblicher Art im Sinne des § 4 des Körperschaftsteuergesetzes mit eigener Rechtspersönlichkeit, die zu mit Gewinnausschüttungen im Sinne der Nummer 1 Satz 1 wirtschaftlich vergleichbaren Einnahmen führen;

Nummer 1 Satz 2, 3 und Nummer 2 gelten, entsprechend;

b) ¹der nicht den Rücklagen zugeführte Gewinn und verdeckte Gewinnausschüttungen eines nicht von der Körperschaftsteuer befreiten Betriebs gewerblicher Art im Sinne des § 4 des Körperschaftsteuergesetzes ohne eigene Rechtspersönlichkeit, der den Gewinn durch Betriebsvermögensvergleich ermittelt oder Umsätze einschließlich der steuerfreien Umsätze, ausgenommen die Umsätze nach § 4 Nr. 8 bis 10 des Umsatzsteuergesetzes, von mehr als 350 000 Euro im Kalenderjahr oder einen Gewinn von mehr als 30 000 Euro im Wirtschaftsjahr hat, sowie der Gewinn im Sinne des § 22 Abs. 4 des Umwandlungssteuergesetzes. ²Die Auflösung der Rücklagen zu Zwecken außerhalb des Betriebs gewerblicher Art führt zu einem Gewinn im Sinne des Satzes 1, in Fällen der Einbringung nach dem Achten Teil des Umwandlungssteuergesetzes gelten die Rücklagen als aufgelöst. ³Bei dem Geschäft der Veranstaltung von Werbesendungen der inländischen öffentlich-rechtlichen Rundfunkanstalten gelten drei Viertel des Einkommens im Sinne des § 8 Abs. 1 Satz 3 des Körperschaftsteuergesetzes als Gewinn im Sinne des Satzes 1. ⁴Die Sätze 1 und 2 sind bei wirtschaftlichen Geschäftsbetrieben der von der Körperschaftsteuer befreiten Körperschaften, Personenvereinigungen oder Vermögensmassen entsprechend anzuwenden. ⁵Nummer 1 Satz 3 gilt entsprechend. ⁶Satz 1 in der am 12. Dezember 2006 geltenden Fassung ist für Anteile, die einbringungsgeboren im Sinne des § 21 des Umwandlungssteuergesetzes in der am 12. Dezember 2006 geltenden Fassung sind, weiter anzuwenden;

11. Stillhalterprämien, die für die Einräumung von Optionen vereinnahmt werden; schließt der Stillhalter ein Glattstellungsgeschäft ab, mindern sich die Einnahmen aus dem Stillhalterprämien um die im Glattstellungsgeschäft gezahlten Prämien.

(2) ¹Zu den Einkünften aus Kapitalvermögen gehören auch

1. der Gewinn aus der Veräußerung von Anteilen an einer Körperschaft im Sinne des Absatzes 1 Nr. 1. ²Anteile an einer Körperschaft sind auch Genussrechte im Sinne des Absatzes 1 Nr. 1, den Anteilen im Sinne des Absatzes 1 Nr. 1 ähnliche Beteiligungen und Anwartschaften auf Anteile im Sinne des Absatzes 1 Nr. 1;

2. der Gewinn aus der Veräußerung

a) von Dividendenscheinen und sonstigen Ansprüchen durch den Inhaber des Stammrechts, wenn die dazugehörigen Aktien oder sonstigen Anteile nicht mitveräußert werden. ²Soweit eine Besteuerung nach Satz 1 erfolgt ist, tritt diese insoweit an die Stelle der Besteuerung nach Absatz 1;

b) von Zinsscheinen und Zinsforderungen durch den Inhaber oder ehemaligen Inhaber der Schuldverschreibung, wenn die dazugehörigen Schuldverschreibungen nicht mitveräußert werden. ²Entsprechendes gilt für die Einlösung von Zinsscheinen und Zinsforderungen durch den ehemaligen Inhaber der Schuldverschreibung.

²Satz 1 gilt sinngemäß für die Einnahmen aus der Abtretung von Dividenden- oder Zinsansprüchen oder sonstigen Ansprüchen im Sinne des Satzes 1, wenn die dazugehörigen Anteilsrechte oder Schuldverschreibungen nicht in einzelnen Wertpapieren verbrieft sind. ³Satz 2 gilt auch für die Abtretung von Zinsansprüchen aus Schuldbuchforderungen, die in ein öffentliches Schuldbuch eingetragen sind;

3. der Gewinn

a) bei Termingeschäften, durch die der Steuerpflichtige einen Differenzausgleich oder einen durch den Wert einer veränderlichen Bezugsgröße bestimmten Geldbetrag oder Vorteil erlangt;

b) aus der Veräußerung eines als Termingeschäft ausgestalteten Finanzinstruments;

4. der Gewinn aus der Veräußerung von Wirtschaftsgütern, die Erträge im Sinne des Absatzes 1 Nr. 4 erzielen;

5. der Gewinn aus der Übertragung von Rechten im Sinne des Absatzes 1 Nr. 5;

6. der Gewinn aus der Veräußerung von Ansprüchen auf eine Versicherungsleistung im Sinne des Absatzes 1 Nr. 6. ²Das Versicherungsunternehmen hat nach Kenntniserlangung von einer Veräußerung unverzüglich Mitteilung an das für den Steuerpflichtigen zuständige Finanzamt zu machen und auf Verlangen des Steuerpflichtigen eine Bescheinigung über die Höhe der entrichteten Beiträge im Zeitpunkt der Veräußerung zu erteilen;

7. der Gewinn aus der Veräußerung von sonstigen Kapitalforderungen jeder Art im Sinne des Absatzes 1 Nr. 7;

8. der Gewinn aus der Übertragung oder Aufgabe einer die Einnahmen im Sinne des Absatzes 1 Nr. 9 vermittelnden Rechtsposition.

⁴Als Veräußerung im Sinne des Satzes 1 gilt auch die Einlösung, Rückzahlung, Abtretung oder verdeckte Einlage in eine Kapitalgesellschaft; in den Fällen von Satz 1 Nr. 4 gilt auch die Vereinnahmung eines Auseinandersetzungsguthabens als Veräußerung. ⁵Die Anschaffung oder Veräußerung einer unmittelbaren oder mittelbaren Beteiligung an einer Personengesellschaft gilt als Anschaffung oder Veräußerung der anteiligen Wirtschaftsgüter.

(3) Zu den Einkünften aus Kapitalvermögen gehören auch besondere Entgelte oder Vorteile, die neben den in den Absätzen 1 und 2 bezeichneten Einnahmen oder an deren Stelle gewährt werden.

(3a) ¹Korrekturen im Sinne des § 43a Absatz 3 Satz 7 sind erst zu dem dort genannten Zeitpunkt zu berücksichtigen. ²Weist der Steuerpflichtige durch eine Bescheinigung der auszahlenden Stelle nach, dass sie die Korrektur nicht vorgenommen hat und auch nicht vornehmen wird, kann der Steuerpflichtige die Korrektur nach § 32d Absatz 4 und 6 geltend machen.

(4) ¹Gewinn im Sinne des Absatzes 2 ist der Unterschied zwischen den Einnahmen aus der Veräußerung nach Abzug der Aufwendungen, die im unmittelbaren sachlichen Zusammenhang mit dem Veräußerungsgeschäft stehen, und den Anschaffungskosten; bei nicht in Euro getätigten Geschäften sind die Einnahmen im Zeitpunkt der Veräußerung und die Anschaffungskosten im Zeitpunkt der Anschaffung in Euro umzurechnen. ²In den Fällen der verdeckten Einlage tritt an die Stelle der Einnahmen aus der Veräußerung der Wirtschaftsgüter ihr gemeiner Wert; der Gewinn ist für das Kalenderjahr der verdeckten Einlage anzusetzen. ³Ist ein Wirtschaftsgut im Sinne des Absatzes 2 in das Privatvermögen durch Entnahme oder Betriebsaufgabe überführt worden, tritt an die Stelle der Anschaffungskosten der nach § 6 Abs. 1 Nr. 4 oder § 16 Abs. 3 angesetzte Wert. ⁴In den Fällen des Absatzes 2 Satz 1 Nr. 6 gelten die entrichteten Beiträge im Sinne des Absatzes 1 Nr. 6 Satz 1 als Anschaffungskosten; ist ein entgeltlicher Erwerb vorausgegangen, gelten auch die nach dem Erwerb entrichteten Beiträge als Anschaffungskosten. ⁵Gewinn bei einem Termingeschäft ist der Differenzausgleich oder der durch den Wert einer veränderlichen Bezugsgröße bestimmte Geldbetrag oder Vorteil abzüglich der Aufwendungen, die im unmittelbaren sachlichen Zusammenhang mit dem Termingeschäft stehen. ⁶Bei unentgeltlichem Erwerb sind dem Einzelrechtsnachfolger für Zwecke dieser Vorschrift die Anschaffung, die Überführung des Wirtschaftsguts in das Privatvermögen, der Erwerb eines Rechts aus Termingeschäften oder die Beiträge im Sinne des Absatzes 1 Nr. 6 Satz 1 durch den Rechtsvorgänger zuzurechnen. ⁷Bei vertretbaren Wertpapieren, die einem Verwahrer zur Sammelverwahrung im Sinne des § 5 des Depotgesetzes in der Fassung der Bekanntmachung vom 11. Januar 1995 (BGBl. I S. 34), das zuletzt durch Artikel 4 des Gesetzes vom 5. April 2004 (BGBl. I S. 502) geändert worden ist, in der jeweils geltenden Fassung anvertraut worden sind, ist zu unterstellen, dass die zuerst angeschafften Wertpapiere zuerst veräußert wurden.

(4a) ¹Werden Anteile an einer Körperschaft, Vermögensmasse oder Personenvereinigung gegen Anteile an einer anderen Körperschaft, Vermögensmasse oder Personenvereinigung getauscht und wird der Tausch auf Grund gesellschaftsrechtlicher Maßnahmen vollzogen, die von den beteiligten Unternehmen ausgehen, treten abweichend von Absatz 2 Satz 1 und den §§ 13 und 21 des Umwandlungssteuergesetzes die übernommenen Anteile steuerlich an die Stelle der bisherigen Anteile, wenn das Recht der Bundesrepublik Deutschland hinsichtlich der Besteuerung des Gewinns aus der Veräußerung der erhaltenen Anteile nicht ausgeschlossen ist oder beschränkt ist oder die Mitgliedstaaten der Europäischen Union bei einer Verschmelzung Artikel 8 der Richtlinie 90/434/EWG anzuwenden haben; in diesem Fall ist der Gewinn aus einer späteren Veräußerung der erworbenen Anteile ungeachtet der Bestimmungen eines Abkommens zur Vermeidung der Doppelbesteuerung in der gleichen Art und Weise zu besteuern, wie die Veräußerung der Anteile an der übertragenden Körperschaft zu besteuern wäre, und § 15 Abs. 1a Satz 2 entsprechend anzuwenden. ²Erhält der Steuerpflichtige in den Fällen des Satzes 1 zusätzlich zu den Anteilen eine Gegenleistung, gilt diese als Ertrag im Sinne des Absatzes 1 Nr. 1. ³Besitzt bei sonstigen Kapitalforderungen im Sinne des Absatzes 1 Nr. 7 der Inhaber das Recht, bei Fälligkeit anstelle der Zahlung eines Geldbetrags vom Emittenten die Lieferung von Wertpapieren zu verlangen oder besitzt der Emittent das Recht, bei Fälligkeit dem Inhaber anstelle der Zahlung eines Geldbetrags Wertpapiere anzudienen und macht der Inhaber der Forderung oder der Emittent von diesem Recht Gebrauch, ist abweichend von Absatz 4 Satz 1 das Entgelt für den Erwerb der Forderung als Veräußerungspreis der Forderung und als Anschaffungskosten der erhaltenen Wertpapiere anzusetzen; Satz 2 gilt entsprechend. ⁴Werden Bezugsrechte veräußert oder ausgeübt, die nach § 186 des Aktiengesetzes, § 55 des Gesetzes betreffend die Gesellschaften mit beschränkter Haftung oder eines vergleichbaren ausländischen Rechts einen Anspruch auf Abschluss eines Zeichnungsvertrags begründen, wird der Teil der Anschaffungskosten der Altanteile, der auf das Bezugsrecht entfällt, bei der Ermittlung des Gewinns nach Absatz 4 Satz 1 mit 0 Euro angesetzt. ⁵Werden einem Steuerpflichtigen Anteile im Sinne des Absatzes 2 Satz 1 Nr. 1 zugeteilt, ohne dass dieser eine gesonderte Gegenleistung zu entrichten hat, werden der Ertrag und die Anschaffungskosten dieser Anteile mit 0 Euro angesetzt, wenn die Voraussetzungen der Sätze 3 und 4 nicht vorliegen und die Ermittlung der Höhe des Kapitalertrags nicht möglich ist. ⁶Soweit sich auf die steuerliche Wirksamkeit einer Kapitalmaßnahme im Sinne der vorstehenden Sätze 1 bis 5 ankommt, ist auf den Zeitpunkt der Einbuchung in das Depot des Steuerpflichtigen abzustellen. ⁷Geht Vermögen einer Körperschaft durch Abspaltung auf andere Körperschaften über, gelten abweichend von Satz 5 und § 15 des Umwandlungssteuergesetzes die Sätze 1 und 2 entsprechend.

(5) ¹Einkünfte aus Kapitalvermögen im Sinne des Absatzes 1 Nr. 1 und 2 erzielt der Anteilseigner. ²Anteilseigner ist derjenige, dem nach § 39 der Abgabenordnung die Anteile an dem Kapitalvermögen im Sinne des Absatzes 1 Nr. 1 im Zeitpunkt des Gewinnverteilungsbeschlusses zuzurechnen sind. ³Sind einem Nießbraucher oder Pfandgläubiger die Einnahmen im Sinne des Absatzes 1 Nr. 1 oder 2 zuzurechnen, gilt er als Anteilseigner.

(6) ¹Verluste aus Kapitalvermögen dürfen nicht mit Einkünften aus anderen Einkunftsarten ausgeglichen werden; sie dürfen auch nicht nach § 10d abgezogen werden. ²Die Verluste mindern jedoch die Einkünfte, die der Steuerpflichtige in den folgenden Veranlagungszeiträumen aus Kapitalvermögen erzielt. ³§ 10d Abs. 4 ist sinngemäß anzuwenden. ⁴Verluste aus Kapitalvermögen im Sinne des Absatzes 2 Satz 1 Nr. 1 Satz 1, die aus der Veräußerung von Aktien entstehen, dürfen nur mit Gewinnen aus Kapitalvermögen im Sinne des Absatzes 2 Satz 1 Nr. 1 Satz 1, die aus der Veräußerung von Aktien entstehen, ausgeglichen werden; die Sätze 2 und 3 gelten

sinngemäß. ⁵Verluste aus Kapitalvermögen, die der Kapitalertragsteuer unterliegen, dürfen nur verrechnet werden oder mindern die Einkünfte, die der Steuerpflichtige in den folgenden Veranlagungszeiträumen aus Kapitalvermögen erzielt, wenn eine Bescheinigung im Sinne des § 43a Abs. 3 Satz 4 vorliegt.

(7) ¹§ 15b ist sinngemäß anzuwenden. ²Ein vorgefertigtes Konzept im Sinne des § 15b Abs. 2 Satz 2 liegt auch vor, wenn die positiven Einkünfte nicht der tariflichen Einkommensteuer unterliegen.

(8) ¹Soweit Einkünfte der in den Absätzen 1, 2 und 3 bezeichneten Art zu den Einkünften aus Land- und Forstwirtschaft, aus Gewerbebetrieb, aus selbständiger Arbeit oder aus Vermietung und Verpachtung gehören, sind sie diesen Einkünften zuzurechnen. ²Absatz 4a findet insoweit keine Anwendung.

(9) ¹Bei der Ermittlung der Einkünfte aus Kapitalvermögen ist als Werbungskosten ein Betrag von 801 Euro abzuziehen (Sparer-Pauschbetrag); der Abzug der tatsächlichen Werbungskosten ist ausgeschlossen. ²Ehegatten, die zusammen veranlagt werden, wird ein gemeinsamer Sparer-Pauschbetrag von 1 602 Euro gewährt. ³Der gemeinsame Sparer-Pauschbetrag ist bei der Einkunftsermittlung bei jedem Ehegatten je zur Hälfte abzuziehen; sind die Kapitalerträge eines Ehegatten niedriger als 801 Euro, so ist der anteilige Sparer-Pauschbetrag insoweit, als er die Kapitalerträge dieses Ehegatten übersteigt, bei dem anderen Ehegatten abzuziehen. ⁴Der Sparer-Pauschbetrag und der gemeinsame Sparer-Pauschbetrag dürfen nicht höher sein als die nach Maßgabe des Absatzes 6 verrechneten Kapitalerträge.

f) Vermietung und Verpachtung
(§ 2 Abs. 1 Satz 1 Nr. 6)

§ 21

(1) ¹Einkünfte aus Vermietung und Verpachtung sind
1. Einkünfte aus Vermietung und Verpachtung von unbeweglichem Vermögen, insbesondere von Grundstücken, Gebäuden, Gebäudeteilen, Schiffen, die in ein Schiffsregister eingetragen sind, und Rechten, die den Vorschriften des bürgerlichen Rechts über Grundstücke unterliegen (z. B. Erbbaurecht, Mineralgewinnungsrecht);
2. Einkünfte aus Vermietung und Verpachtung von Sachinbegriffen, insbesondere von beweglichem Betriebsvermögen;
3. Einkünfte aus zeitlich begrenzter Überlassung von Rechten, insbesondere von schriftstellerischen, künstlerischen und gewerblichen Urheberrechten, von gewerblichen Erfahrungen und von Gerechtigkeiten und Gefällen;
4. Einkünfte aus der Veräußerung von Miet- und Pachtzinsforderungen, auch dann, wenn die Einkünfte im Veräußerungspreis von Grundstücken enthalten sind und die Miet- oder Pachtzinsen sich auf einen Zeitraum beziehen, in dem der Veräußerer noch Besitzer war.

²§§ 15a und 15b sind sinngemäß anzuwenden.

(2) ¹Beträgt das Entgelt für die Überlassung einer Wohnung zu Wohnzwecken weniger als 66 Prozent der ortsüblichen Marktmiete, so ist die Nutzungsüberlassung in einen entgeltlichen und einen unentgeltlichen Teil aufzuteilen. ²Beträgt das Entgelt bei auf Dauer angelegter Wohnungsvermietung mindestens 66 Prozent der ortsüblichen Miete, gilt die Wohnungsvermietung als entgeltlich.

(3) Einkünfte der in den Absätzen 1 und 2 bezeichneten Art sind Einkünften aus anderen Einkunftsarten zuzurechnen, soweit sie zu diesen gehören.

g) Sonstige Einkünfte
(§ 2 Abs. 1 Satz 1 Nr. 7)

§ 22
Arten der sonstigen Einkünfte

Sonstige Einkünfte sind

1. ¹Einkünfte aus wiederkehrenden Bezügen, soweit sie nicht zu den in § 2 Abs. 1 Nr. 1 bis 6 bezeichneten Einkunftsarten gehören; § 15b ist sinngemäß anzuwenden. ²Werden die Bezüge freiwillig oder auf Grund einer freiwillig begründeten Rechtspflicht oder einer gesetzlich unterhaltsberechtigten Person gewährt, so sind sie nicht dem Empfänger zuzurechnen; dem Empfänger sind dagegen zuzurechnen
   a) Bezüge, die von einer Körperschaft, Personenvereinigung oder Vermögensmasse außerhalb der Erfüllung steuerbegünstigter Zwecke im Sinne der §§ 52 bis 54 der Abgabenordnung gewährt werden, und
   b) Bezüge im Sinne des § 1 der Verordnung über die Steuerbegünstigung von Stiftungen, die an die Stelle von Familienfideikommissen getreten sind, in der im Bundesgesetzblatt Teil III, Gliederungsnummer 611-4-3, veröffentlichten bereinigten Fassung.

   ³Zu den in Satz 1 bezeichneten Einkünften gehören auch
   a) Leibrenten und andere Leistungen,
      aa) die aus den gesetzlichen Rentenversicherungen, der landwirtschaftlichen Alterskasse, den berufsständischen Versorgungseinrichtungen und aus Rentenversicherungen im Sinne des § 10 Abs. 1 Nr. 2 Buchstabe b erbracht werden, soweit sie jeweils der Besteuerung unterliegen. ²Bemessungsgrundlage für den der Besteuerung unterliegenden Anteil ist der Jahresbetrag der Renten. ³Der der Besteuerung unterliegende Anteil ist nach dem Jahr des Rentenbeginns und dem in diesem Jahr maßgebenden Prozentsatz aus der nachstehenden Tabelle zu entnehmen:

Jahr des Rentenbeginns	Besteuerungsanteil in %
Bis 2005	50
ab 2006	52
2007	54

Jahr des Renten- beginns	Besteuerungs- anteil in %
2008	56
2009	58
2010	60
2011	62
2012	64
2013	66
2014	68
2015	70
2016	72
2017	74
2018	76
2019	78
2020	80
2021	81
2022	82
2023	83
2024	84
2025	85
2026	86
2027	87
2028	88
2029	89
2030	90
2031	91
2032	92
2033	93
2034	94
2035	95
2036	96
2037	97
2038	98
2039	99
2040	100

⁴Der Unterschiedsbetrag zwischen dem Jahresbetrag der Rente und dem der Besteuerung unterliegenden Anteil der Rente ist der steuerfreie Teil der Rente. ⁵Dieser gilt ab dem Jahr, das dem Jahr des Rentenbeginns folgt, für die gesamte Laufzeit des Rentenbezugs. ⁶Abweichend hiervon ist der steuerfreie Teil der Rente bei einer Veränderung des Jahresbetrags der Rente in dem Verhältnis anzupassen, in dem der veränderte Jahresbetrag der Rente zum Jahresbetrag der Rente steht, der der Ermittlung des steuerfreien Teils der Rente zugrunde liegt. ⁷Regelmäßige Anpassungen des Jahresbetrags der Rente führen nicht zu einer Neuberechnung und bleiben bei einer Neuberechnung außer Betracht. ⁸Folgen nach dem 31. Dezember 2004 Renten aus derselben Versicherung einander nach, gilt für die spätere Rente Satz 3 mit der Maßgabe, dass sich der Prozentsatz nach dem Jahr richtet, das sich ergibt, wenn die Laufzeit der vorhergehenden Renten von dem Jahr des Beginns der späteren Rente abgezogen wird; der Vomhundertsatz kann jedoch nicht niedriger bemessen werden als der für das Jahr 2005;

bb) die nicht solche im Sinne des Doppelbuchstaben aa sind und bei denen in den einzelnen Bezügen Einkünfte aus Erträgen des Rentenrechts enthalten sind. ²Dies gilt auf Antrag auch für Leibrenten und andere Leistungen, soweit diese auf bis zum 31. Dezember 2004 geleisteten Beiträgen beruhen, welche oberhalb des Betrags des Höchstbeitrags zur gesetzlichen Rentenversicherung gezahlt wurden; der Steuerpflichtige muss nachweisen, dass der Betrag des Höchstbeitrags mindestens zehn Jahre überschritten wurde; soweit hiervon im Versorgungsausgleich übertragene Rentenanwartschaften betroffen sind, gilt § 4 Abs. 1 und 2 des Versorgungsausgleichsgesetzes entsprechend. ³Als Ertrag des Rentenrechts gilt für die gesamte Dauer des Rentenbezugs der Unterschiedsbetrag zwischen dem Jahresbetrag der Rente und dem Betrag, der sich bei gleichmäßiger Verteilung des Kapitalwerts der Rente auf ihre voraussichtliche Laufzeit ergibt; dabei ist der Kapitalwert nach dieser Laufzeit zu berechnen. ⁷Der Ertrag des Rentenrechts (Ertragsanteil) ist aus der nachstehenden Tabelle zu entnehmen:

Bei Beginn der Rente vollendetes Lebensjahr des Rentenberech- tigten	Ertragsanteil in %
0 bis 1	59
2 bis 3	58
4 bis 5	57
6 bis 8	56
9 bis 10	55
11 bis 12	54
13 bis 14	53
15 bis 16	52
17 bis 18	51
19 bis 20	50
21 bis 22	49
23 bis 24	48
25 bis 26	47
27	46
28 bis 29	45
30 bis 31	44
32	43
33 bis 34	42

Bei Beginn der Rente vollendetes Lebensjahr des Rentenberechtigten	Ertragsanteil in %
35	41
36 bis 37	40
38	39
39 bis 40	38
41	37
42	36
43 bis 44	35
45	34
46 bis 47	33
48	32
49	31
50	30
51 bis 52	29
53	28
54	27
55 bis 56	26
57	25
58	24
59	23
60 bis 61	22
62	21
63	20
64	19
65 bis 66	18
67	17
68	16
69 bis 70	15
71	14
72 bis 73	13
74	12
75	11
76 bis 77	10
78 bis 79	9
80	8
81 bis 82	7
83 bis 84	6
85 bis 87	5
88 bis 91	4
92 bis 93	3
94 bis 96	2
ab 97	1

[4]Die Ermittlung des Ertrags aus Leibrenten, die vor dem 1. Januar 1955 zu laufen begonnen haben, und aus Renten, deren Dauer von der Lebenszeit mehrerer Personen oder einer anderen Person als des Rentenberechtigten abhängt, sowie aus Leibrenten, die auf eine bestimmte Zeit beschränkt sind, wird durch eine Rechtsverordnung bestimmt;

b) Einkünfte aus Zuschüssen und sonstigen Vorteilen, die als wiederkehrende Bezüge gewährt werden;

1a. Einkünfte aus Leistungen und Zahlungen nach § 10 Absatz 1a, soweit für diese die Voraussetzungen für den Sonderausgabenabzug beim Leistungs- oder Zahlungsverpflichteten nach § 10 Absatz 1a erfüllt sind;

2. Einkünfte aus privaten Veräußerungsgeschäften im Sinne des § 23;

3. [1]Einkünfte aus Leistungen, soweit sie weder zu anderen Einkunftsarten (§ 2 Abs. 1 Nr. 1 bis 6) noch zu den Einkünften im Sinne der Nummern 1, 1a, 2 oder 4 gehören, z. B. Einkünfte aus gelegentlichen Vermittlungen und aus der Vermietung beweglicher Gegenstände. [2]Solche Einkünfte sind nicht einkommensteuerpflichtig, wenn sie weniger als 256 Euro im Kalenderjahr betragen haben. [3]Übersteigen die Werbungskosten die Einnahmen, so darf der übersteigende Betrag bei Ermittlung des Einkommens nicht ausgeglichen werden; er darf auch nicht nach § 10d abgezogen werden. [4]Die Verluste mindern jedoch nach Maßgabe des § 10d die Einkünfte, die der Steuerpflichtige in dem unmittelbar vorangegangenen Veranlagungszeitraum oder in den folgenden Veranlagungszeiträumen aus Leistungen im Sinne des Satzes 1 erzielt hat oder erzielt; § 10d Abs. 4 gilt entsprechend;

4. [1]Entschädigungen, Amtszulagen, Zuschüsse zu Kranken- und Pflegeversicherungsbeiträgen, Übergangsgelder, Überbrückungsgelder, Sterbegelder, Versorgungsabfindungen, Versorgungsbezüge, die auf Grund des Abgeordnetengesetzes oder des Europaabgeordnetengesetzes sowie vergleichbare Bezüge, die auf Grund der entsprechenden Gesetze der Länder gezahlt werden, und die Entschädigungen, das Übergangsgeld, das Ruhegehalt und die Hinterbliebenenversorgung, die auf Grund des Abgeordnetenstatuts des Europäischen Parlaments von der Europäischen Union gezahlt werden. [2]Werden zur Abgeltung des durch das Mandat veranlassten Aufwandes Aufwandsentschädigungen gezahlt, so dürfen die durch das Mandat veranlassten Aufwendungen nicht als Werbungskosten abgezogen werden. [3]Wahlkampfkosten zur Erlangung eines Mandats im Bundestag, im Europäischen Parlament oder im Parlament eines Landes dürfen nicht als Werbungskosten abgezogen werden. [4]Es gelten entsprechend

a) für Nachversicherungsbeiträge auf Grund gesetzlicher Verpflichtung nach den Abgeordnetengesetzen im Sinne des Satzes 1 und für Zuschüsse zu Kranken- und Pflegeversicherungsbeiträgen § 3 Nr. 62,

b) für Versorgungsbezüge § 19 Abs. 2 nur bezüglich des Versorgungsfreibetrags; beim Zusammentreffen mit Versorgungsbezügen im Sinne des § 19 Abs. 2 Satz 2 bleibt jedoch insgesamt höchstens ein Betrag in Höhe des Versorgungsfreibetrags nach § 19 Abs. 2 Satz 3 im Veranlagungszeitraum steuerfrei,

c) für das Übergangsgeld, das in einer Summe gezahlt wird, und für die Versorgungsabfindung § 34 Abs. 1,

d) für die Gemeinschaftssteuer, die auf die Entschädigungen, das Übergangsgeld, das Ruhegehalt und die Hinterbliebenenversorgung auf Grund des Abgeordnetenstatuts des Europäischen Parlaments von der Europäischen Union erhoben wird, § 34c Abs. 1; dabei sind die im ersten Halbsatz genannten Einkünfte für die entsprechende Anwendung des § 34c Abs. 1 wie ausländische Einkünfte und die Gemeinschaftssteuer wie eine der deutschen Einkommensteuer entsprechende ausländische Steuer zu behandeln;

5. Leistungen aus Altersvorsorgeverträgen, Pensionsfonds, Pensionskassen und Direktversicherungen. ²Soweit die Leistungen nicht auf Beiträgen, auf die § 3 Nr. 63, § 10a oder Abschnitt XI angewendet wurde, nicht auf Zulagen im Sinne des Abschnitts XI, nicht auf Leistungen im Sinne das § 92a Abs. 2 Satz 4 Nr. 1 und des § 92a Abs. 3 Satz 9 Nr. 2, nicht auf steuerfreien Leistungen nach § 3 Nr. 66 und nicht auf Ansprüchen beruhen, die durch steuerfreie Zuwendungen nach § 3 Nr. 56 oder die durch die nach § 3 Nr. 55b Satz 1 oder § 3 Nummer 55c steuerfreie Leistung aus einem neu begründeten Anrecht erworben wurden,

a) ist bei lebenslangen Renten sowie bei Berufsunfähigkeits-, Erwerbsminderungs- und Hinterbliebenenrenten Nummer 1 Satz 3 Buchstabe a entsprechend anzuwenden,

b) ist bei Leistungen aus Versicherungsverträgen, Pensionsfonds, Pensionskassen und Direktversicherungen, die nicht solche nach Buchstabe a sind, § 20 Abs. 1 Nr. 6 in der jeweils für den Vertrag geltenden Fassung entsprechend anzuwenden,

c) unterliegt bei anderen Leistungen der Unterschiedsbetrag zwischen der Leistung und der Summe der auf sie entrichteten Beiträge der Besteuerung; § 20 Abs. 1 Nr. 6 Satz 2 gilt entsprechend.

³In den Fällen des § 93 Abs. 1 Satz 1 und 2 gilt das ausgezahlte geförderte Altersvorsorgevermögen nach Abzug der Zulagen im Sinne des Abschnitts XI als Leistung im Sinne des Satzes 2. ⁴Als Leistung im Sinne des Satzes 1 gilt auch der Verminderungsbetrag nach § 92a Abs. 2 Satz 5 und der Auflösungsbetrag nach § 92a Abs. 3 Satz 5. ⁵Der Auflösungsbetrag nach § 92a Abs. 2 Satz 6 wird zu 70 Prozent als Leistung nach Satz 1 erfasst. ⁶Tritt nach dem Beginn der Auszahlungsphase zu Lebzeiten des Zulageberechtigten der Fall des § 92a Abs. 3 Satz 1 ein, dann ist

a) innerhalb eines Zeitraums bis zum zehnten Jahr nach dem Beginn der Auszahlungsphase das Eineinhalbfache,

b) innerhalb eines Zeitraums zwischen dem zehnten und 20. Jahr nach dem Beginn der Auszahlungsphase das Einfache

des nach Satz 5 noch nicht erfassten Auflösungsbetrags als Leistung nach Satz 1 zu erfassen; § 92a Abs. 3 Satz 9 gilt entsprechend mit der Maßgabe, dass als noch nicht zurückgeführter Betrag im Wohnförderkonto der noch nicht erfasste Auflösungsbetrag gilt. ⁷Bei erstmaligem Bezug von Leistungen, in den Fällen des § 93 Abs. 1 sowie bei Änderung der im Kalenderjahr auszuzahlenden Leistung hat der Anbieter (§ 80) nach Ablauf des Kalenderjahres dem Steuerpflichtigen nach amtlich vorgeschriebenem Muster den Betrag der im abgelaufenen Kalenderjahr zugeflossenen Leistungen im Sinne der Sätze 1 bis 3 je gesondert mitzuteilen. ⁸Werden dem Steuerpflichtigen Abschluss- und Vertriebskosten eines Altersvorsorgevertrages erstattet, gilt der Erstattungsbetrag als Leistung im Sinne des Satzes 1. ⁹In den Fällen des § 3 Nummer 55a richtet sich die Zuordnung zu Satz 1 oder Satz 2 bei der ausgleichsberechtigten Person danach, wie eine nur auf die Ehezeit bezogene Zuordnung der sich aus dem übertragenen Anrecht ergebenden Leistung zu Satz 1 oder Satz 2 bei der ausgleichspflichtigen Person im Zeitpunkt der Übertragung ohne die Teilung vorzunehmen gewesen wäre. ¹⁰Dies gilt sinngemäß in den Fällen des § 3 Nummer 55 und 55e. ¹¹Wird eine Versorgungsverpflichtung nach § 3 Nummer 66 auf einen Pensionsfonds übertragen und hat der Steuerpflichtige bereits vor dieser Übertragung Leistungen auf Grund dieser Versorgungsverpflichtung erhalten, so sind insoweit auf die Leistungen aus dem Pensionsfonds im Sinne des Satzes 1 die Beträge nach § 9a Satz 1 Nummer 1 und § 19 Absatz 2 entsprechend anzuwenden; § 9a Satz 1 Nummer 3 ist nicht anzuwenden. ¹²Wird auf Grund einer internen Teilung nach § 10 des Versorgungsausgleichsgesetzes oder einer externen Teilung nach § 14 des Versorgungsausgleichsgesetzes ein Anrecht zugunsten der ausgleichsberechtigten Person begründet, so gilt dieser Vertrag insoweit zu dem gleichen Zeitpunkt als abgeschlossen wie der Vertrag der ausgleichspflichtigen Person, wenn die aus dem Vertrag der ausgleichspflichtigen Person ausgezahlten Leistungen zu einer Besteuerung nach Satz 2 führen.

§ 22a
Rentenbezugsmitteilungen an die zentrale Stelle

(1) ¹Die Träger der gesetzlichen Rentenversicherung, die landwirtschaftliche Alterskasse, die berufsständischen Versorgungseinrichtungen, die Pensionskassen, die Pensionsfonds, die Versicherungsunternehmen, die Unternehmen, die Verträge im Sinne des § 10 Abs. 1 Nr. 2 Buchstabe b anbieten, und die Anbieter im Sinne des § 80 (Mitteilungspflichtige) haben der zentralen Stelle (§ 81) bis zum 1. März des Jahres, das auf das Jahr folgt, in dem eine Leibrente oder andere Leistung nach § 22 Nr. 1 Satz 3 Buchstabe a und § 22 Nr. 5 Satz 1 bis 3 einem Leistungsempfänger zugeflossen ist, unter Beachtung der im

Bundessteuerblatt veröffentlichten Auslegungsvorschriften der Finanzverwaltung folgende Daten zu übermitteln (Rentenbezugsmitteilung):

1. ¹Identifikationsnummer (§ 139b der Abgabenordnung), Familienname, Vorname und Geburtsdatum des Leistungsempfängers. ²Ist dem Mitteilungspflichtigen eine ausländische Anschrift des Leistungsempfängers bekannt, ist diese anzugeben. ³In diesen Fällen ist auch die Staatsangehörigkeit des Leistungsempfängers, soweit bekannt, mitzuteilen;
2. je gesondert den Betrag der Leibrenten und anderen Leistungen im Sinne des § 22 Nr. 1 Satz 3 Buchstabe a Doppelbuchstabe aa, bb Satz 4 und Doppelbuchstabe bb Satz 5 in Verbindung mit § 55 Abs. 2 der Einkommensteuer-Durchführungsverordnung sowie im Sinne des § 22 Nr. 5 Satz 1 bis 3. ²Der im Betrag der Rente enthaltene Teil, der ausschließlich auf einer Anpassung der Rente beruht, ist gesondert mitzuteilen;
3. Zeitpunkt des Beginns und des Endes des jeweiligen Leistungsbezugs; folgen nach dem 31. Dezember 2004 Renten aus derselben Versicherung einander nach, ist auch die Laufzeit der vorhergehenden Renten mitzuteilen;
4. Bezeichnung und Anschrift des Mitteilungspflichtigen;
5. die Beiträge im Sinne des § 10 Absatz 1 Nummer 3 Buchstabe a Satz 1 und 2 und Buchstabe b, soweit diese vom Mitteilungspflichtigen an die Träger der gesetzlichen Kranken- und Pflegeversicherung abgeführt werden;
6. die dem Leistungsempfänger zustehenden Beitragszuschüsse nach § 106 des Sechsten Buches Sozialgesetzbuch;
7. ab dem 1. Januar 2017 ein gesondertes Merkmal für Verträge, auf denen gefördertes Altersvorsorgevermögen gebildet wurde; die zentrale Stelle ist in diesen Fällen berechtigt, die Daten dieser Rentenbezugsmitteilung im Zulagekonto zu speichern und zu verarbeiten.

²Die Datenübermittlung nach amtlich vorgeschriebenen Datensatz hat durch Datenfernübertragung zu erfolgen. ³Im Übrigen ist § 150 Abs. 6 der Abgabenordnung entsprechend anzuwenden.

(2) ¹Der Leistungsempfänger hat dem Mitteilungspflichtigen seine Identifikationsnummer mitzuteilen. ²Teilt der Leistungsempfänger die Identifikationsnummer dem Mitteilungspflichtigen trotz Aufforderung nicht mit, übermittelt das Bundeszentralamt für Steuern dem Mitteilungspflichtigen auf dessen Anfrage die Identifikationsnummer des Leistungsempfängers; weitere Daten dürfen nicht übermittelt werden. ³In der Anfrage dürfen nur die in § 139b Abs. 3 der Abgabenordnung genannten Daten des Leistungsempfängers angegeben werden, soweit sie dem Mitteilungspflichtigen bekannt sind. ⁴Die Anfrage des Mitteilungspflichtigen und die Antwort des Bundeszentralamtes für Steuern sind über die zentrale Stelle zu übermitteln. ⁵Die zentrale Stelle führt eine ausschließlich automatisierte Prüfung der ihr übermittelten Daten daraufhin durch, ob sie vollständig und schlüssig sind und ob das vorgeschriebene Datenformat verwendet worden ist. ⁶Sie speichert die Daten des Leistungsempfängers nur für Zwecke dieser Prüfung bis zur Übermittlung an das Bundeszentralamt für Steuern oder an den Mitteilungspflichtigen. ⁷Die Daten sind für die Übermittlung zwischen der zentralen Stelle und dem Bundeszentralamt für Steuern zu verschlüsseln. ⁸Für die Anfrage gilt Absatz 1 Satz 2 und 3 entsprechend. ⁹Der Mitteilungspflichtige darf die Identifikationsnummer nur verwenden, soweit dies für die Erfüllung der Mitteilungspflicht nach Absatz 1 Satz 1 erforderlich ist.

(3) Der Mitteilungspflichtige hat den Leistungsempfänger jeweils darüber zu unterrichten, dass die Leistung der zentralen Stelle mitgeteilt wird.

(4) ¹Die zentrale Stelle (§ 81) kann bei den Mitteilungspflichtigen ermitteln, ob sie ihre Pflichten nach Absatz 1 erfüllt haben. ²Die §§ 193 bis 203 der Abgabenordnung gelten sinngemäß. ³Auf Verlangen der zentralen Stelle haben die Mitteilungspflichtigen ihre Unterlagen, soweit sie im Ausland geführt und aufbewahrt werden, verfügbar zu machen.

(5) ¹Wird eine Rentenbezugsmitteilung innerhalb der in Absatz 1 Satz 1 genannten Frist übermittelt, so ist für jeden angefangenen Monat, in dem die Rentenbezugsmitteilung noch aussteht, ein Betrag in Höhe von 10 Euro für jede ausstehende Rentenbezugsmitteilung an die zentrale Stelle zu entrichten (Verspätungsgeld). ²Die Erhebung erfolgt durch die zentrale Stelle im Rahmen ihrer Prüfung nach Absatz 4. ³Von der Erhebung ist abzusehen, soweit die Fristüberschreitung auf Gründen beruht, die der Mitteilungspflichtige nicht zu vertreten hat. ⁴Das Handeln eines gesetzlichen Vertreters oder eines Erfüllungsgehilfen steht dem eigenen Handeln gleich. ⁵Das von einem Mitteilungspflichtigen zu entrichtende Verspätungsgeld darf 50 000 Euro für alle für einen Veranlagungszeitraum zu übermittelnden Rentenbezugsmitteilungen nicht übersteigen.

§ 23
Private Veräußerungsgeschäfte

(1) ¹Private Veräußerungsgeschäfte (§ 22 Nr. 2) sind

1. Veräußerungsgeschäfte bei Grundstücken und Rechten, die den Vorschriften des bürgerlichen Rechts über Grundstücke unterliegen (z. B. Erbbaurecht, Mineralgewinnungsrecht), bei denen der Zeitraum zwischen Anschaffung und Veräußerung nicht mehr als zehn Jahre beträgt. ²Gebäude und Außenanlagen sind einzubeziehen, soweit sie innerhalb dieses Zeitraums errichtet, ausgebaut oder erweitert werden; dies gilt entsprechend für Gebäudeteile, die selbständige unbewegliche Wirtschaftsgüter sind, sowie für Eigentumswohnungen und im Teileigentum stehende Räume. ³Ausgenommen sind Wirtschaftsgüter, die im Zeitraum zwischen Anschaffung oder Fertigstellung und Veräußerung ausschließlich zu eigenen Wohnzwecken oder im Jahr der Veräußerung und in den beiden vorangegangenen Jahren zu eigenen Wohnzwecken genutzt wurden;
2. Veräußerungsgeschäfte bei anderen Wirtschaftsgütern, bei denen der Zeitraum zwischen Anschaffung und Veräußerung nicht mehr als

ein Jahr beträgt. ²Ausgenommen sind Veräußerungen von Gegenständen des täglichen Gebrauchs. ³Bei Anschaffung und Veräußerung mehrerer gleichartiger Fremdwährungsbeträge ist zu unterstellen, dass die zuerst angeschafften Beträge zuerst veräußert wurden. ⁴Bei Wirtschaftsgütern im Sinne von Satz 1, aus deren Nutzung als Einkunftsquelle zumindest in einem Kalenderjahr Einkünfte erzielt werden, erhöht sich der Zeitraum auf zehn Jahre.

²Als Anschaffung gilt auch die Überführung eines Wirtschaftsguts in das Privatvermögen des Steuerpflichtigen durch Entnahme oder Betriebsaufgabe. ³Bei unentgeltlichem Erwerb ist dem Einzelrechtsnachfolger für Zwecke dieser Vorschrift die Anschaffung oder die Überführung des Wirtschaftsguts in das Privatvermögen durch den Rechtsvorgänger zuzurechnen. ⁴Die Anschaffung oder Veräußerung einer unmittelbaren oder mittelbaren Beteiligung an einer Personengesellschaft gilt als Anschaffung oder Veräußerung der anteiligen Wirtschaftsgüter. ⁵Als Veräußerung im Sinne des Satzes 1 Nr. 1 gilt auch

1. die Einlage eines Wirtschaftsguts in das Betriebsvermögen, wenn die Veräußerung aus dem Betriebsvermögen innerhalb eines Zeitraums von zehn Jahren seit Anschaffung des Wirtschaftsguts erfolgt, und
2. die verdeckte Einlage in eine Kapitalgesellschaft.

(2) Einkünfte aus privaten Veräußerungsgeschäften der in Absatz 1 bezeichneten Art sind den Einkünften aus anderen Einkunftsarten zuzurechnen, soweit sie zu diesen gehören.

(3) ¹Gewinn oder Verlust aus Veräußerungsgeschäften nach Absatz 1 ist der Unterschied zwischen Veräußerungspreis einerseits und den Anschaffungs- oder Herstellungskosten und den Werbungskosten andererseits. ²In den Fällen des Absatzes 1 Satz 5 Nr. 1 tritt an die Stelle des Veräußerungspreises der für den Zeitpunkt der Einlage nach § 6 Abs. 1 Nr. 5 angesetzte Wert, in den Fällen des Absatzes 1 Satz 5 Nr. 2 der gemeine Wert. ³In den Fällen des Absatzes 1 Satz 2 tritt an die Stelle der Anschaffungs- oder Herstellungskosten der nach § 6 Abs. 1 Nr. 4 oder § 16 Abs. 3 angesetzte Wert. ⁴Die Anschaffungs- oder Herstellungskosten mindern sich um Absetzungen für Abnutzung, erhöhte Absetzungen und Sonderabschreibungen, soweit sie bei der Ermittlung der Einkünfte im Sinne des § 2 Abs. 1 Satz 1 Nr. 4 bis 7 abgezogen worden sind. ⁵Gewinne bleiben steuerfrei, wenn der aus den privaten Veräußerungsgeschäften erzielte Gesamtgewinn im Kalenderjahr weniger als 600 Euro betragen hat. ⁶In den Fällen des Absatzes 1 Satz 5 Nr. 1 sind Gewinne oder Verluste für das Kalenderjahr, in dem der Preis für die Veräußerung aus dem Betriebsvermögen zugeflossen ist, in den Fällen des Absatzes 1 Satz 5 Nr. 2 für das Kalenderjahr der verdeckten Einlage anzusetzen. ⁷Verluste dürfen nur bis zur Höhe des Gewinns, den der Steuerpflichtige im gleichen Kalenderjahr aus privaten Veräußerungsgeschäften erzielt hat, ausgeglichen werden; sie dürfen nicht nach § 10d abgezogen werden. ⁸Die Verluste mindern jedoch nach Maßgabe des § 10d die Einkünfte, die der Steuerpflichtige in dem unmittelbar vorangegangenen Veranlagungszeitraum oder in den folgenden Veranlagungszeiträumen aus privaten Veräußerungsgeschäften nach Absatz 1 erzielt hat oder erzielt; § 10d Abs. 4 gilt entsprechend.

h) Gemeinsame Vorschriften

§ 24

Zu den Einkünften im Sinne des § 2 Abs. 1 gehören auch

1. Entschädigungen, die gewährt worden sind
   a) als Ersatz für entgangene oder entgehende Einnahmen oder
   b) für die Aufgabe oder Nichtausübung einer Tätigkeit, für die Aufgabe einer Gewinnbeteiligung oder einer Anwartschaft auf eine solche;
   c) als Ausgleichszahlungen an Handelsvertreter nach § 89b des Handelsgesetzbuchs;
2. Einkünfte aus einer ehemaligen Tätigkeit im Sinne des § 2 Abs. 1 Nr. 1 bis 4 oder aus einem früheren Rechtsverhältnis im Sinne des § 2 Abs. 1 Nr. 5 bis 7, und zwar auch dann, wenn sie dem Steuerpflichtigen als Rechtsnachfolger zufließen;
3. Nutzungsvergütungen für die Inanspruchnahme von Grundstücken für öffentliche Zwecke sowie Zinsen auf solche Nutzungsvergütungen und auf Entschädigungen, die mit der Inanspruchnahme von Grundstücken für öffentliche Zwecke zusammenhängen.

§ 24a
Altersentlastungsbetrag

¹Der Altersentlastungsbetrag ist bis zu einem Höchstbetrag im Kalenderjahr ein nach einem Prozentsatz ermittelter Betrag des Arbeitslohns und der positiven Summe der Einkünfte, die nicht solche aus nichtselbstständiger Arbeit sind. ²Bei der Bemessung des Betrags bleiben außer Betracht:

1. Versorgungsbezüge im Sinne des § 19 Abs. 2;
2. Einkünfte aus Leibrenten im Sinne des § 22 Nr. 1 Satz 3 Buchstabe a;
3. Einkünfte im Sinne des § 22 Nr. 4 Satz 4 Buchstabe b;
4. Einkünfte im Sinne des § 22 Nr. 5 Satz 1, soweit § 22 Nr. 5 Satz 11 anzuwenden ist;
5. Einkünfte im Sinne des § 22 Nr. 5 Satz 2 Buchstabe a.

³Der Altersentlastungsbetrag wird einem Steuerpflichtigen gewährt, der vor dem Beginn des Kalenderjahres, in dem er sein Einkommen bezogen hat, das 64. Lebensjahr vollendet hatte. ⁴Im Fall der Zusammenveranlagung von Ehegatten zur Einkommensteuer sind die Sätze 1 bis 3 für jeden Ehegatten gesondert anzuwenden. ⁵Der maßgebende Prozentsatz und der Höchstbetrag des Altersentlastungsbetrags sind der nachstehenden Tabelle zu entnehmen:

EStG

Das auf die Vollendung des 64. Lebensjahres folgende Kalenderjahr	Altersentlastungsbetrag	
	in % der Einkünfte	Höchstbetrag in Euro
2005	40,0	1 900
2006	38,4	1 824
2007	36,8	1 748
2008	35,2	1 672
2009	33,6	1 596
2010	32,0	1 520
2011	30,4	1 444
2012	28,8	1 368
2013	27,2	1 292
2014	25,6	1 216
2015	24,0	1 140
2016	22,4	1 064
2017	20,8	988
2018	19,2	912
2019	17,6	836
2020	16,0	760
2021	15,2	722
2022	14,4	684
2023	13,6	646
2024	12,8	608
2025	12,0	570
2026	11,2	532
2027	10,4	494
2028	9,6	456
2029	8,8	418
2030	8,0	380
2031	7,2	342
2032	6,4	304
2033	5,6	266
2034	4,8	228
2035	4,0	190
2036	3,2	152
2037	2,4	114
2038	1,6	76
2039	0,8	38
2040	0,0	0

§ 24b
Entlastungsbetrag für Alleinerziehende

(1) [1]Allein stehende Steuerpflichtige können einen Entlastungsbetrag in Höhe von 1 308 Euro im Kalenderjahr von der Summe der Einkünfte abziehen, wenn zu ihrem Haushalt mindestens ein Kind gehört, für das ihnen ein Freibetrag nach § 32 Abs. 6 oder Kindergeld zusteht. [2]Die Zugehörigkeit zum Haushalt ist anzunehmen, wenn das Kind in der Wohnung des allein stehenden Steuerpflichtigen gemeldet ist. [3]Ist das Kind bei mehreren Steuerpflichtigen gemeldet, steht der Entlastungsbetrag nach Satz 1 demjenigen Alleinstehenden zu, der die Voraussetzungen auf Auszahlung des Kindergeldes nach § 64 Abs. 2 Satz 1 erfüllt oder erfüllen würde in Fällen, in denen nur ein Anspruch auf einen Freibetrag nach § 32 Abs. 6 besteht.

(2) [1]Allein stehend im Sinne des Absatzes 1 sind Steuerpflichtige, die nicht die Voraussetzungen für die Anwendung des Splitting-Verfahrens (§ 26 Abs. 1) erfüllen oder verwitwet sind und keine Haushaltsgemeinschaft mit einer anderen volljährigen Person bilden, es sei denn, für diese steht ihnen ein Freibetrag nach § 32 Abs. 6 oder Kindergeld zu oder es handelt sich um ein Kind im Sinne des § 63 Abs. 1 Satz 1, das einen Dienst nach § 32 Abs. 5 Satz 1 Nr. 1 und 2 leistet oder eine Tätigkeit nach § 32 Abs. 5 Satz 1 Nr. 3 ausübt. [2]Ist die andere Person mit Haupt- oder Nebenwohnsitz in der Wohnung des Steuerpflichtigen gemeldet, wird vermutet, dass sie mit dem Steuerpflichtigen gemeinsam wirtschaftet (Haushaltsgemeinschaft). [3]Diese Vermutung ist widerlegbar, es sei denn, der Steuerpflichtige und die andere Person leben in einer eheähnlichen oder lebenspartnerschaftsähnlichen Gemeinschaft.

(3) Für jeden vollen Kalendermonat, in dem die Voraussetzungen des Absatzes 1 nicht vorgelegen haben, ermäßigt sich der Entlastungsbetrag um ein Zwölftel.

III. Veranlagung

§ 25
Veranlagungszeitraum, Steuererklärungspflicht

(1) Die Einkommensteuer wird nach Ablauf des Kalenderjahrs (Veranlagungszeitraum) nach dem Einkommen veranlagt, das der Steuerpflichtige in diesem Veranlagungszeitraum bezogen hat, soweit nicht nach § 43 Abs. 5 und § 46 eine Veranlagung unterbleibt.

(2) (weggefallen)

(3) [1]Die steuerpflichtige Person hat für den Veranlagungszeitraum eine eigenhändig unterschriebene Einkommensteuererklärung abzugeben. [2]Wählen Ehegatten die Zusammenveranlagung (§ 26b), haben sie eine gemeinsame Steuererklärung abzugeben, die von beiden eigenhändig zu unterschreiben ist.

(4) [1]Die Erklärung nach Absatz 3 ist nach amtlich vorgeschriebenem Datensatz durch Datenfernübertragung zu übermitteln, wenn Einkünfte nach § 2 Abs. 1 Satz 1 Nr. 1 bis 3 erzielt werden und es sich nicht um einen der Veranlagungsfälle gemäß § 46 Abs. 2 Nr. 2 bis 8 handelt. [2]Auf Antrag kann die Finanzbehörde zur Vermeidung unbilliger Härten auf eine Übermittlung durch Datenfernübertragung verzichten.

§ 26
Veranlagung von Ehegatten

(1) [1]Ehegatten können zwischen der Einzelveranlagung (§ 26a) und der Zusammenveranlagung (§ 26b) wählen, wenn

1. beide unbeschränkt einkommensteuerpflichtig im Sinne des § 1 Absatz 1 oder 2 oder des § 1a sind,

2. sie nicht dauernd getrennt leben und

3. bei ihnen die Voraussetzungen aus den Nummern 1 und 2 zu Beginn des Veranlagungs-

zeitraums vorgelegen haben oder im Laufe des Veranlagungszeitraums eingetreten sind. ²Hat ein Ehegatte in dem Veranlagungszeitraum, in dem seine zuvor bestehende Ehe aufgelöst worden ist, eine neue Ehe geschlossen und liegen bei ihm und dem neuen Ehegatten die Voraussetzungen des Satzes 1 vor, bleibt die zuvor bestehende Ehe für die Anwendung des Satzes 1 unberücksichtigt.

(2) ¹Ehegatten werden einzeln veranlagt, wenn einer der Ehegatten die Einzelveranlagung wählt. ²Ehegatten werden zusammen veranlagt, wenn beide Ehegatten die Zusammenveranlagung wählen. ³Die Wahl wird für den betreffenden Veranlagungszeitraum durch Angabe in der Steuererklärung getroffen. ⁴Die Wahl der Veranlagungsart innerhalb eines Veranlagungszeitraums kann nach Eintritt der Unanfechtbarkeit des Steuerbescheids nur noch geändert werden, wenn

1. ein Steuerbescheid, der die Ehegatten betrifft, aufgehoben, geändert oder berichtigt wird und
2. die Änderung der Wahl der Veranlagungsart der zuständigen Finanzbehörde bis zum Eintritt der Unanfechtbarkeit des Änderungs- oder Berichtigungsbescheids schriftlich oder elektronisch mitgeteilt oder zur Niederschrift erklärt worden ist und
3. der Unterschiedsbetrag aus der Differenz der festgesetzten Einkommensteuer entsprechend der bisher gewählten Veranlagungsart und der festzusetzenden Einkommensteuer, die sich bei einer geänderten Ausübung der Wahl der Veranlagungsarten ergeben würde, positiv ist. ²Die Einkommensteuer der einzeln veranlagten Ehegatten ist hierbei zusammenzurechnen.

(3) Wird von dem Wahlrecht nach Absatz 2 nicht oder nicht wirksam Gebrauch gemacht, so ist eine Zusammenveranlagung durchzuführen.

§ 26a
Einzelveranlagung von Ehegatten

(1) ¹Bei der Einzelveranlagung von Ehegatten sind jedem Ehegatten die von ihm bezogenen Einkünfte zuzurechnen. ²Einkünfte eines Ehegatten sind nicht allein deshalb zum Teil dem anderen Ehegatten zuzurechnen, weil dieser bei der Erzielung der Einkünfte mitgewirkt hat.

(2) ¹Sonderausgaben, außergewöhnliche Belastungen und die Steuerermäßigung nach § 35a werden demjenigen Ehegatten zugerechnet, der die Aufwendungen wirtschaftlich getragen hat. ²Auf übereinstimmenden Antrag der Ehegatten werden sie jeweils zur Hälfte abgezogen. ³Der Antrag des Ehegatten, der die Aufwendungen wirtschaftlich getragen hat, ist in begründeten Einzelfällen ausreichend. ⁴§ 26 Absatz 2 Satz 3 gilt entsprechend.

(3) Die Anwendung des § 10d für den Fall des Übergangs von der Einzelveranlagung zur Zusammenveranlagung und von der Zusammenveranlagung zur Einzelveranlagung zwischen zwei Veranlagungszeiträumen, wenn bei beiden Ehegatten nicht ausgeglichene Verluste vorliegen, wird durch Rechtsverordnung der Bundesregierung mit Zustimmung des Bundesrates geregelt.

§ 26b
Zusammenveranlagung von Ehegatten

Bei der Zusammenveranlagung von Ehegatten werden die Einkünfte, die die Ehegatten erzielt haben, zusammengerechnet, den Ehegatten gemeinsam zugerechnet und, soweit nichts anderes vorgeschrieben ist, die Ehegatten sodann gemeinsam als Steuerpflichtiger behandelt.

§ 26c¹⁾
Besondere Veranlagung für den
Veranlagungszeitraum der Eheschließung

(1) ¹Bei besonderer Veranlagung für den Veranlagungszeitraum der Eheschließung werden Ehegatten so behandelt, als ob sie diese Ehe nicht geschlossen hätten. ²§ 12 Nummer 2 bleibt unberührt. ³§ 26a Absatz 1 gilt sinngemäß.

(2) Bei der besonderen Veranlagung ist das Verfahren nach § 32a Absatz 5 anzuwenden, wenn der zu veranlagende Ehegatte zu Beginn des Veranlagungszeitraums verwitwet war und bei ihm die Voraussetzungen des § 32a Absatz 6 Nummer 1 vorgelegen hatten.

§ 27
(weggefallen)

§ 28
Besteuerung bei fortgesetzter Gütergemeinschaft

Bei fortgesetzter Gütergemeinschaft gelten Einkünfte, die in das Gesamtgut fallen, als Einkünfte des überlebenden Ehegatten, wenn dieser unbeschränkt steuerpflichtig ist.

§§ 29 und 30
(weggefallen)

IV. Tarif

§ 31
Familienleistungsausgleich

¹Die steuerliche Freistellung eines Einkommensbetrags in Höhe des Existenzminimums eines Kindes einschließlich der Bedarfe für Betreuung und Erziehung oder Ausbildung wird im gesamten Veranlagungszeitraum entweder durch die Freibeträge nach § 32 Abs. 6 oder durch Kindergeld nach Abschnitt X bewirkt. ²Soweit das Kindergeld dafür nicht erforderlich ist, dient es der Förderung der Familie. ³Im laufenden Kalenderjahr wird Kindergeld als Steuervergütung monatlich gezahlt. ⁴Bewirkt der Anspruch auf Kindergeld für den gesamten Veranlagungszeitraum die nach Satz 1 gebotene steuerliche Freistellung nicht vollständig und werden deshalb bei der Veranlagung zur Einkommensteuer die Freibeträge nach § 32 Abs. 6 vom Einkommen abgezogen, erhöht sich die unter Abzug dieser Freibeträge ermittelte tarifliche Einkommensteuer um den Anspruch auf Kindergeld für den gesamten Veranlagungszeitraum; bei nicht zusammenveranlagten Eltern wird der Kindergeldanspruch im Umfang des Kinderfreibetrags angesetzt. ⁵Satz 4 gilt

---

1) § 26c ist letztmals für den Verangungszeitraum 2012 anzuwenden.

entsprechend für mit dem Kindergeld vergleichbare Leistungen nach § 65. ⁶Besteht nach ausländischem Recht Anspruch auf Leistungen für Kinder, wird dieser insoweit nicht berücksichtigt, als er das inländische Kindergeld übersteigt.

§ 32
Kinder, Freibeträge für Kinder

(1) Kinder sind
1. im ersten Grad mit dem Steuerpflichtigen verwandte Kinder,
2. Pflegekinder (Personen, mit denen der Steuerpflichtige durch ein familienähnliches, auf längere Dauer berechnetes Band verbunden ist, sofern er sie nicht zu Erwerbszwecken in seinen Haushalt aufgenommen hat und das Obhuts- und Pflegeverhältnis zu den Eltern nicht mehr besteht).

(2) ¹Besteht bei einem angenommenen Kind das Kindschaftsverhältnis zu den leiblichen Eltern weiter, ist es vorrangig als angenommenes Kind zu berücksichtigen. ²Ist ein im ersten Grad mit dem Steuerpflichtigen verwandtes Kind zugleich ein Pflegekind, ist es vorrangig als Pflegekind zu berücksichtigen.

(3) Ein Kind wird in dem Kalendermonat, in dem es lebend geboren wurde, und in jedem folgenden Kalendermonat, zu dessen Beginn es das 18. Lebensjahr noch nicht vollendet hat, berücksichtigt.

(4) ¹Ein Kind, das das 18. Lebensjahr vollendet hat, wird berücksichtigt, wenn es
1. noch nicht das 21. Lebensjahr vollendet hat, nicht in einem Beschäftigungsverhältnis steht und bei einer Agentur für Arbeit im Inland als Arbeitsuchender gemeldet ist oder
2. noch nicht das 25. Lebensjahr vollendet hat und
   a) für einen Beruf ausgebildet wird oder
   b) sich in einer Übergangszeit von höchstens vier Monaten befindet, die zwischen zwei Ausbildungsabschnitten oder zwischen einem Ausbildungsabschnitt und der Ableistung des gesetzlichen Wehr- oder Zivildienstes, einer vom Wehr- oder Zivildienst befreienden Tätigkeit als Entwicklungshelfer oder als Dienstleistender im Ausland nach § 14b des Zivildienstgesetzes oder der Ableistung des freiwilligen Wehrdienstes nach § 58b des Soldatengesetzes oder der Ableistung eines freiwilligen Dienstes im Sinne des Buchstaben d liegt, oder
   c) eine Berufsausbildung mangels Ausbildungsplatzes nicht beginnen oder fortsetzen kann oder
   d) ein freiwilliges soziales Jahr oder ein freiwilliges ökologisches Jahr im Sinne des Jugendfreiwilligendienstegesetzes oder einen Freiwilligendienst im Sinne der Verordnung (EU) Nr. 1288/2013 des Europäischen Parlaments und des Rates vom 11. Dezember 2013 zur Einrichtung von „Erasmus+", dem Programm der Union für allgemeine und berufliche Bildung, Jugend und Sport, und zur Aufhebung der Beschlüsse Nr. 1719/2006/EG, Nr. 1720/2006/EG und Nr. 1298/2008/EG (ABl. L 347 vom 20.12.2013, S. 50) oder einen anderen Dienst im Ausland im Sinne von § 5 des Bundesfreiwilligendienstgesetzes oder einen entwicklungspolitischen Freiwilligendienst „weltwärts" im Sinne der Richtlinie des Bundesministeriums für wirtschaftliche Zusammenarbeit und Entwicklung vom 1. August 2007 (BAnz. 2008 S. 1297) oder einen Freiwilligendienst aller Generationen im Sinne von § 2 Absatz 1a des Siebten Buches Sozialgesetzbuch oder einen Internationalen Jugendfreiwilligendienst im Sinne der Richtlinie des Bundesministeriums für Familie, Senioren, Frauen und Jugend vom 20. Dezember 2010 (GMBl S. 1778) oder einen Bundesfreiwilligendienst im Sinne des Bundesfreiwilligendienstgesetzes leistet oder
3. wegen körperlicher, geistiger oder seelischer Behinderung außerstande ist, sich selbst zu unterhalten; Voraussetzung ist, dass die Behinderung vor Vollendung des 25. Lebensjahres eingetreten ist.

²Nach Abschluss einer erstmaligen Berufsausbildung oder eines Erststudiums wird ein Kind in den Fällen des Satzes 1 Nummer 2 nur berücksichtigt, wenn das Kind keiner Erwerbstätigkeit nachgeht. ³Eine Erwerbstätigkeit mit bis zu 20 Stunden regelmäßiger wöchentlicher Arbeitszeit, ein Ausbildungsdienstverhältnis oder ein geringfügiges Beschäftigungsverhältnis im Sinne der §§ 8 und 8a des Vierten Buches Sozialgesetzbuch sind unschädlich.

(5) ¹In den Fällen des Absatzes 4 Satz 1 Nr. 1 oder Nr. 2 Buchstabe a und b wird ein Kind, das
1. den gesetzlichen Grundwehrdienst oder Zivildienst geleistet hat, oder
2. sich an Stelle des gesetzlichen Grundwehrdienstes freiwillig für die Dauer von nicht mehr als drei Jahren zum Wehrdienst verpflichtet hat, oder
3. eine vom gesetzlichen Grundwehrdienst oder Zivildienst befreiende Tätigkeit als Entwicklungshelfer im Sinne des § 1 Abs. 1 des Entwicklungshelfer-Gesetzes ausgeübt hat,

für einen der Dauer dieser Dienste oder der Tätigkeit entsprechenden Zeitraum, höchstens für die Dauer des inländischen gesetzlichen Grundwehrdienstes oder bei anerkannten Kriegsdienstverweigerern für die Dauer des inländischen gesetzlichen Zivildienstes über das 21. oder 25. Lebensjahr hinaus berücksichtigt. ²Wird der gesetzliche Grundwehrdienst oder Zivildienst in einem Mitgliedstaat der Europäischen Union oder einem Staat, auf den das Abkommen über den Europäischen Wirtschaftsraum Anwendung findet, geleistet, so ist die Dauer dieses Dienstes maßgebend. ³Absatz 4 Satz 2 und 3 gilt entsprechend.

(6) ¹Bei der Veranlagung zur Einkommensteuer wird für jedes zu berücksichtigende Kind des Steuerpflichtigen ein Freibetrag von 2 184 Euro für das sächliche Existenzminimum des Kindes (Kinderfreibetrag) sowie ein Freibetrag von 1 320 Euro für den Betreuungs- und Erziehungs- oder Ausbildungsbedarf des Kindes vom Einkommen abgezogen. ²Bei

Ehegatten, die nach den §§ 26, 26b zusammen zur Einkommensteuer veranlagt werden, verdoppeln sich die Beträge nach Satz 1, wenn das Kind zu beiden Ehegatten in einem Kindschaftsverhältnis steht. ³Die Beträge nach Satz 2 stehen dem Steuerpflichtigen auch dann zu, wenn

1. der andere Elternteil verstorben oder nicht unbeschränkt einkommensteuerpflichtig ist oder
2. der Steuerpflichtige allein das Kind angenommen hat oder das Kind nur zu ihm in einem Pflegekindschaftsverhältnis steht.

⁴Für ein nicht nach § 1 Abs. 1 oder 2 unbeschränkt einkommensteuerpflichtiges Kind können die Beträge nach den Sätzen 1 bis 3 nur abgezogen werden, soweit sie nach den Verhältnissen seines Wohnsitzstaates notwendig und angemessen sind. ⁵Für jeden Kalendermonat, in dem die Voraussetzungen für einen Freibetrag nach den Sätzen 1 bis 4 nicht vorliegen, ermäßigen sich die dort genannten Beträge um ein Zwölftel. ⁶Abweichend von Satz 1 wird bei einem unbeschränkt einkommensteuerpflichtigen Elternpaar, bei dem die Voraussetzungen des § 26 Absatz 1 Satz 1 nicht vorliegen, auf Antrag eines Elternteils der dem anderen Elternteil zustehende Kinderfreibetrag auf ihn übertragen, wenn er, nicht jedoch der andere Elternteil, seiner Unterhaltspflicht gegenüber dem Kind für das Kalenderjahr im Wesentlichen nachkommt oder der andere Elternteil mangels Leistungsfähigkeit nicht unterhaltspflichtig ist. ⁷Eine Übertragung nach Satz 6 scheidet für Zeiträume aus, für die Unterhaltsleistungen nach dem Unterhaltsvorschussgesetz gezahlt werden. ⁸Bei minderjährigen Kindern wird der dem Elternteil, in dessen Wohnung das Kind nicht gemeldet ist, zustehende Freibetrag für den Betreuungs- und Erziehungs- oder Ausbildungsbedarf auf Antrag des anderen Elternteils auf diesen übertragen, wenn bei dem Elternpaar die Voraussetzungen des § 26 Absatz 1 Satz 1 nicht vorliegen. ⁹Eine Übertragung nach Satz 8 scheidet aus, wenn der Übertragung widersprochen wird, weil der Elternteil, bei dem das Kind nicht gemeldet ist, Kinderbetreuungskosten trägt oder das Kind regelmäßig in einem nicht unwesentlichen Umfang betreut. ¹⁰Die den Eltern nach den Sätzen 1 bis 9 zustehenden Freibeträge können auf Antrag auch auf einen Stiefelternteil oder Großelternteil übertragen werden, wenn dieser das Kind in seinem Haushalt aufgenommen hat oder dieser einer Unterhaltspflicht gegenüber dem Kind unterliegt. ¹¹Die Übertragung nach Satz 10 kann auch mit Zustimmung des berechtigten Elternteils erfolgen, die nur für künftige Kalenderjahre widerrufen werden kann.

§ 32a
Einkommensteuertarif

(1) ¹Die tarifliche Einkommensteuer in den Veranlagungszeiträumen ab 2014 bemisst sich nach dem zu versteuernden Einkommen. ²Sie beträgt vorbehaltlich der §§ 32b, 32d, 34, 34a, 34b und 34c jeweils in Euro für zu versteuernde Einkommen

1. bis 8 354 Euro (Grundfreibetrag): 0;
2. von 8 355 Euro bis 13 469 Euro: $(974{,}58 \cdot y + 1\,400) \cdot y$;
3. von 13 470 Euro bis 52 881 Euro: $(228{,}74 \cdot z + 2\,397) \cdot z + 971$;
4. von 52 882 Euro bis 250 730 Euro: $0{,}42 \cdot x - 8\,239$;
5. von 250 731 Euro an: $0{,}45 \cdot x - 15\,761$.

³„y" ist ein Zehntausendstel des den Grundfreibetrag übersteigenden Teils des auf einen vollen Euro-Betrag abgerundeten zu versteuernden Einkommens. ⁴„z" ist ein Zehntausendstel des 13 469 Euro übersteigenden Teils des auf einen vollen Euro-Betrag abgerundeten zu versteuernden Einkommens. ⁵„x" ist das auf einen vollen Euro-Betrag abgerundete zu versteuernde Einkommen. ⁶Der sich ergebende Steuerbetrag ist auf den nächsten vollen Euro-Betrag abzurunden.

(2) (weggefallen)

(3) (weggefallen)

(4) (weggefallen)

(5) Bei Ehegatten, die nach den §§ 26, 26b zusammen zur Einkommensteuer veranlagt werden, beträgt die tarifliche Einkommensteuer vorbehaltlich der §§ 32b, 32d, 34, 34a, 34b und 34c das Zweifache des Steuerbetrags, der sich für die Hälfte ihres gemeinsam zu versteuernden Einkommens nach Absatz 1 ergibt (Splitting-Verfahren).

(6) ¹Das Verfahren nach Absatz 5 ist auch anzuwenden zur Berechnung der tariflichen Einkommensteuer für das zu versteuernde Einkommen

1. bei einem verwitweten Steuerpflichtigen für den Veranlagungszeitraum, der dem Kalenderjahr folgt, in dem der Ehegatte verstorben ist, wenn der Steuerpflichtige und sein verstorbener Ehegatte im Zeitpunkt seines Todes die Voraussetzungen des § 26 Abs. 1 Satz 1 erfüllt haben,
2. bei einem Steuerpflichtigen, dessen Ehe in dem Kalenderjahr, in dem er sein Einkommen bezogen hat, aufgelöst worden ist, wenn in diesem Kalenderjahr
   a) der Steuerpflichtige und sein bisheriger Ehegatte die Voraussetzungen des § 26 Abs. 1 Satz 1 erfüllt haben,
   b) der bisherige Ehegatte wieder geheiratet hat und
   c) der bisherige Ehegatte und dessen neuer Ehegatte ebenfalls die Voraussetzungen des § 26 Abs. 1 Satz 1 erfüllen.

²Voraussetzung für die Anwendung des Satzes 1 ist, dass der Steuerpflichtige nicht nach den §§ 26, 26a einzeln zur Einkommensteuer veranlagt wird.

§ 32b
Progressionsvorbehalt

(1) ¹Hat ein zeitweise oder während des gesamten Veranlagungszeitraums unbeschränkt Steuerpflichtiger oder ein beschränkt Steuerpflichtiger, auf den § 50 Abs. 2 Satz 2 Nr. 4 Anwendung findet,

1. a) Arbeitslosengeld, Teilarbeitslosengeld, Zuschüsse zum Arbeitsentgelt, Kurzarbeitergeld, Insolvenzgeld, Übergangsgeld nach dem Dritten Buch Sozialgesetzbuch; Insolvenzgeld, das nach § 170 Absatz 1 des Drit-

ten Buches Sozialgesetzbuch einem Dritten zusteht, ist dem Arbeitnehmer zuzurechnen,

b) Krankengeld, Mutterschaftsgeld, Verletztengeld, Übergangsgeld oder vergleichbare Lohnersatzleistungen nach dem Fünften, Sechsten oder Siebten Buch Sozialgesetzbuch, der Reichsversicherungsordnung, dem Gesetz über die Krankenversicherung der Landwirte oder dem Zweiten Gesetz über die Krankenversicherung der Landwirte,

c) Mutterschaftsgeld, Zuschuss zum Mutterschaftsgeld, die Sonderunterstützung nach dem Mutterschutzgesetz sowie den Zuschuss bei Beschäftigungsverboten für die Zeit vor oder nach einer Entbindung sowie für den Entbindungstag während einer Elternzeit nach beamtenrechtlichen Vorschriften,

d) Arbeitslosenbeihilfe nach dem Soldatenversorgungsgesetz,

e) Entschädigungen für Verdienstausfall nach dem Infektionsschutzgesetz vom 20. Juli 2000 (BGBl. I S. 1045),

f) Versorgungskrankengeld oder Übergangsgeld nach dem Bundesversorgungsgesetz,

g) nach § 3 Nr. 28 steuerfreie Aufstockungsbeträge oder Zuschläge,

h) Verdienstausfallentschädigung nach dem Unterhaltssicherungsgesetz,

i) (weggefallen)

j) Elterngeld nach dem Bundeselterngeld- und Elternzeitgesetz,

k) nach § 3 Nummer 2 Buchstabe e steuerfreie Leistungen, wenn vergleichbare Leistungen inländischer öffentlicher Kassen nach den Buchstaben a bis j dem Progressionsvorbehalt unterfallen, oder

2. ausländische Einkünfte, die im Veranlagungszeitraum nicht der deutschen Einkommensteuer unterlegen haben; dies gilt nur für Fälle der zeitweisen unbeschränkten Steuerpflicht einschließlich der in § 2 Abs. 7 Satz 3 geregelten Fälle, ausgenommen sind Einkünfte, die nach einem sonstigen zwischenstaatlichen Übereinkommen im Sinne der Nummer 4 steuerfrei sind und die nach diesem Übereinkommen nicht unter dem Vorbehalt der Einbeziehung bei der Berechnung der Einkommensteuer stehen,

3. Einkünfte, die nach einem Abkommen zur Vermeidung der Doppelbesteuerung steuerfrei sind,

4. Einkünfte, die nach einem sonstigen zwischenstaatlichen Übereinkommen unter dem Vorbehalt der Einbeziehung bei der Berechnung der Einkommensteuer steuerfrei sind,

5. Einkünfte, die bei Anwendung von § 1 Abs. 3 oder § 1 a oder § 50 Abs. 2 Satz 2 Nr. 4 im Veranlagungszeitraum bei der Ermittlung des zu versteuernden Einkommens unberücksichtigt bleiben, weil sie nicht der deutschen Einkommensteuer oder einem Steuerabzug unterliegen; ausgenommen sind Einkünfte, die nach einem sonstigen zwischenstaatlichen Übereinkommen im Sinne der Nummer 4 steuerfrei sind und die nach diesem Übereinkommen nicht unter dem Vorbehalt der Einbeziehung bei der Berechnung der Einkommensteuer stehen,

bezogen, so ist auf das nach § 32a Abs. 1 zu versteuernde Einkommen ein besonderer Steuersatz anzuwenden. ²Satz 1 Nr. 3 gilt nicht für Einkünfte

1. aus einer anderen als in einem Drittstaat belegenen land- und forstwirtschaftlichen Betriebsstätte,

2. aus einer anderen als in einem Drittstaat belegenen gewerblichen Betriebsstätte, die nicht die Voraussetzungen des § 2a Abs. 2 Satz 1 erfüllt,

3. aus der Vermietung oder der Verpachtung von unbeweglichem Vermögen oder von Sachinbegriffen, wenn diese in einem anderen Staat als in einem Drittstaat belegen sind, oder

4. aus der entgeltlichen Überlassung von Schiffen, sofern diese ausschließlich oder fast ausschließlich in einem anderen als einem Drittstaat eingesetzt worden sind, es sei denn, es handelt sich um Handelsschiffe, die

 a) von einem Vercharterer ausgerüstet überlassen oder

 b) an in einem anderen als in einem Drittstaat ansässige Ausrüster, die die Voraussetzungen des § 510 Abs. 1 des Handelsgesetzbuchs erfüllen, überlassen oder

 c) insgesamt nur vorübergehend an in einem Drittstaat ansässige Ausrüster, die die Voraussetzungen des § 510 Abs. 1 des Handelsgesetzbuchs erfüllen, überlassen

worden sind, oder

5. aus dem Ansatz des niedrigeren Teilwerts oder der Übertragung eines zu einem Betriebsvermögen gehörenden Wirtschaftsguts im Sinne der Nummern 3 und 4.

³§ 2a Abs. 2a und § 15b sind sinngemäß anzuwenden.

(1a) Als unmittelbar von einem unbeschränkt Steuerpflichtigen bezogene ausländischen Einkünfte im Sinne des Absatzes 1 Nr. 3 gelten auch die ausländischen Einkünfte, die eine Organgesellschaft im Sinne des § 14 oder § 17 des Körperschaftsteuergesetzes bezogen hat und die nach einem Abkommen zur Vermeidung der Doppelbesteuerung steuerfrei sind, in dem Verhältnis, in dem dem unbeschränkt Steuerpflichtigen das Einkommen der Organgesellschaft bezogen auf das gesamte Einkommen der Organgesellschaft im Veranlagungszeitraum zugerechnet wird.

(2) ¹Der besondere Steuersatz nach Absatz 1 ist der Steuersatz, der sich ergibt, wenn bei der Berechnung der Einkommensteuer das nach § 32a Abs. 1 zu versteuernde Einkommen vermehrt oder vermindert wird um

1. im Fall des Absatzes 1 Nr. 1 die Summe der Leistungen nach Abzug des Arbeitnehmer-Pauschbetrags (§ 9a Satz 1 Nr. 1), soweit er nicht bei der Ermittlung der Einkünfte aus nichtselbständiger Arbeit abziehbar ist;

2. im Fall des Absatzes 1 Nr. 2 bis 5 die dort bezeichneten Einkünfte, wobei die darin enthaltenen außerordentlichen Einkünfte mit einem Fünftel zu berücksichtigen sind. ²Bei der Er-

mittlung der Einkünfte im Fall des Absatzes 1 Nr. 2 bis 5

a) ist der Arbeitnehmer-Pauschbetrag (§ 9a Satz 1 Nr. 1 Buchstabe a) abzuziehen, soweit er nicht bei der Ermittlung der Einkünfte aus nichtselbständiger Arbeit abziehbar ist;

b) sind Werbungskosten nur insoweit abzuziehen, als sie zusammen mit den bei der Ermittlung der Einkünfte aus nichtselbständiger Arbeit abziehbaren Werbungskosten den Arbeitnehmer-Pauschbetrag (§ 9a Satz 1 Nr. 1 Buchstabe a) übersteigen.

c) sind bei Gewinnermittlung nach § 4 Absatz 3 die Anschaffungs- oder Herstellungskosten für Wirtschaftsgüter des Umlaufvermögens im Zeitpunkt des Zuflusses des Veräußerungserlöses oder bei Entnahme im Zeitpunkt der Entnahme als Betriebsausgaben zu berücksichtigen. § 4 Absatz 3 Satz 5 gilt entsprechend.

(3) ¹Die Träger der Sozialleistungen im Sinne des Absatzes 1 Nr. 1 haben die Daten über die im Kalenderjahr gewährten Leistungen sowie die Dauer des Leistungszeitraums für jeden Empfänger bis zum 28. Februar des Folgejahres nach amtlich vorgeschriebenem Datensatz durch amtlich bestimmte Datenfernübertragung zu übermitteln, soweit die Leistungen nicht auf der Lohnsteuerbescheinigung (§ 41b Abs. 1 Satz 2 Nr. 5) auszuweisen sind; § 41b Abs. 2 und § 22a Abs. 2 gelten entsprechend. ²Der Empfänger der Leistungen ist entsprechend zu informieren und auf die steuerliche Behandlung dieser Leistungen und seine Steuererklärungspflicht hinzuweisen. ³In den Fällen des § 170 Abs. 1 des Dritten Buches Sozialgesetzbuch ist Empfänger des an Dritte ausgezahlten Insolvenzgeldes der Arbeitnehmer, der seinen Arbeitsentgeltanspruch übertragen hat.

(4) (weggefallen)

§ 32c
Tarifbegrenzung bei Gewinneinkünften

(weggefallen)

§ 32d
Gesonderter Steuertarif für Einkünfte aus Kapitalvermögen

(1) ¹Die Einkommensteuer für Einkünfte aus Kapitalvermögen, die nicht unter § 20 Abs. 8 fallen, beträgt 25 Prozent. ²Die Steuer nach Satz 1 vermindert sich um die nach Maßgabe des Absatzes 5 anrechenbaren ausländischen Steuern. ³Im Fall der Kirchensteuerpflicht ermäßigt sich die Steuer nach den Sätzen 1 und 2 um 25 Prozent der auf die Kapitalerträge entfallenden Kirchensteuer. ⁴Die Einkommensteuer beträgt damit $\frac{e - 4q}{4 + k}$.

⁵Dabei sind „e" die nach den Vorschriften des § 20 ermittelten Einkünfte, „q" die nach Maßgabe des Absatzes 5 anrechenbare ausländische Steuer und „k" der für die Kirchensteuer erhebende Religionsgesellschaft (Religionsgemeinschaft) geltende Kirchensteuersatz.

(2) ¹Absatz 1 gilt nicht

1. für Kapitalerträge im Sinne des § 20 Abs. 1 Nr. 4 und 7 sowie Abs. 2 Satz 1 Nr. 4 und 7,

    a) wenn Gläubiger und Schuldner einander nahe stehende Personen sind, soweit die den Kapitalerträgen entsprechenden Aufwendungen beim Schuldner Betriebsausgaben oder Werbungskosten im Zusammenhang mit Einkünften sind, die der inländischen Besteuerung unterliegen und § 20 Absatz 9 Satz 1 zweiter Halbsatz keine Anwendung findet,

    b) wenn sie von einer Kapitalgesellschaft oder Genossenschaft an einen Anteilseigner gezahlt werden, der zu mindestens 10 Prozent an der Gesellschaft oder Genossenschaft beteiligt ist. ²Dies gilt auch, wenn der Gläubiger der Kapitalerträge eine dem Anteilseigner nahe stehende Person ist, oder

    c) soweit ein Dritter die Kapitalerträge schuldet und diese Kapitalanlage im Zusammenhang mit einer Kapitalüberlassung an einen Betrieb des Gläubigers steht. ³Dies gilt entsprechend, wenn Kapital überlassen wird

    aa) an eine dem Gläubiger der Kapitalerträge nahestehende Person oder

    bb) an eine Personengesellschaft, bei der der Gläubiger der Kapitalerträge oder eine diesem nahestehende Person als Mitunternehmer beteiligt ist oder

    cc) an eine Kapitalgesellschaft oder Genossenschaft, an der der Gläubiger der Kapitalerträge oder eine diesem nahestehende Person zu mindestens 10 Prozent beteiligt ist,

    sofern der Dritte auf den Gläubiger oder eine diesem nahestehende Person zurückgreifen kann. ⁴Ein Zusammenhang ist anzunehmen, wenn die Kapitalanlage und die Kapitalüberlassung auf einem einheitlichen Plan beruhen. ⁵Hiervon ist insbesondere dann auszugehen, wenn die Kapitalüberlassung in engem zeitlichen Zusammenhang mit einer Kapitalanlage steht oder die jeweiligen Zinsvereinbarungen miteinander verknüpft sind. ⁶Von einem Zusammenhang ist jedoch nicht auszugehen, wenn die Zinsvereinbarungen marktüblich sind oder die Anwendung des Absatzes 1 beim Steuerpflichtigen zu keinem Belastungsvorteil führt. ⁷Die Sätze 1 bis 5 gelten sinngemäß, wenn das überlassene Kapital vom Gläubiger der Kapitalerträge für die Erzielung von Einkünften im Sinne des § 2 Abs. 1 Satz Nr. 4, 6 und 7 eingesetzt wird.

    ²Insoweit findet § 20 Abs. 6 und 9 keine Anwendung;

2. für Kapitalerträge im Sinne des § 20 Abs. 1 Nr. 6 Satz 2. ²Insoweit findet § 20 Abs. 6 keine Anwendung;

3. auf Antrag für Kapitalerträge im Sinne des § 20 Abs. 1 Nr. 1 und 2 aus einer Beteiligung an einer Kapitalgesellschaft, wenn der Steuerpflichtige im Veranlagungszeitraum, für den der Antrag

erstmals gestellt wird, unmittelbar oder mittelbar

a) zu mindestens 25 Prozent an der Kapitalgesellschaft beteiligt ist oder

b) zu mindestens 1 Prozent an der Kapitalgesellschaft beteiligt und beruflich für diese tätig ist.

²Insoweit finden § 3 Nr. 40 Satz 2 und § 20 Abs. 6 und 9 keine Anwendung. ³Der Antrag gilt für die jeweilige Beteiligung erstmals für den Veranlagungszeitraum, für den er gestellt worden ist. ⁴Er ist spätestens zusammen mit der Einkommensteuererklärung für den jeweiligen Veranlagungszeitraum zu stellen und gilt, solange er nicht widerrufen wird, auch für die folgenden vier Veranlagungszeiträume, ohne dass die Antragsvoraussetzungen erneut zu belegen sind. ⁵Die Widerrufserklärung muss dem Finanzamt spätestens mit der Steuererklärung für den Veranlagungszeitraum zugehen, für den die Sätze 1 bis 4 erstmals nicht mehr angewandt werden sollen. ⁶Nach einem Widerruf ist ein erneuter Antrag des Steuerpflichtigen für diese Beteiligung an der Kapitalgesellschaft nicht mehr zulässig;

4. für Bezüge im Sinne des § 20 Absatz 1 Nummer 1 und für Einnahmen im Sinne des § 20 Absatz 1 Nummer 9, soweit sie das Einkommen der leistenden Körperschaft gemindert haben; dies gilt nicht, soweit eine verdeckte Gewinnausschüttung das Einkommen einer dem Steuerpflichtigen nahe stehenden Person erhöht hat und § 32a des Körperschaftsteuergesetzes auf die Veranlagung dieser nahe stehenden Person keine Anwendung findet.

(3) ¹Steuerpflichtige Kapitalerträge, die nicht der Kapitalertragsteuer unterlegen haben, hat der Steuerpflichtige in seiner Einkommensteuererklärung anzugeben. ²Für diese Kapitalerträge erhöht sich die tarifliche Einkommensteuer um den nach Absatz 1 ermittelten Betrag.

(4) Der Steuerpflichtige kann mit der Einkommensteuererklärung für Kapitalerträge, die der Kapitalertragsteuer unterlegen haben, eine Steuerfestsetzung entsprechend Absatz 3 Satz 2 insbesondere in Fällen eines nicht vollständig ausgeschöpften Sparer-Pauschbetrags, einer Anwendung der Ersatzbemessungsgrundlage nach § 43a Abs. 2 Satz 7, eines noch nicht im Rahmen des § 43a Abs. 3 berücksichtigten Verlusts, eines Verlustvortrags nach § 20 Abs. 6 und noch nicht berücksichtigter ausländischer Steuern, zur Überprüfung des Steuereinbehalts dem Grund oder der Höhe nach oder zur Anwendung von Absatz 1 Satz 3 beantragen.

(5) ¹In den Fällen der Absätze 3 und 4 ist bei unbeschränkt Steuerpflichtigen, die mit ausländischen Kapitalerträgen in dem Staat, aus dem die Kapitalerträge stammen, zu einer der deutschen Einkommensteuer entsprechenden Steuer herangezogen werden, die auf ausländische Kapitalerträge festgesetzte und gezahlte und um einen entstandenen Ermäßigungsanspruch gekürzte ausländische Steuer, jedoch höchstens 25 Prozent ausländische Steuer auf den einzelnen Kapitalertrag, auf die deutsche Steuer anzurechnen. ²Soweit in einem Abkommen zur Vermeidung der Doppelbesteuerung die Anrechnung einer ausländischen Steuer einschließlich einer als gezahlt geltenden Steuer auf die deutsche Steuer vorgesehen ist, gilt Satz 1 entsprechend. ³Die ausländischen Steuern sind nur bis zur Höhe der auf die im jeweiligen Veranlagungszeitraum bezogenen Kapitalerträge im Sinne des Satzes 1 entfallenden deutschen Steuer anzurechnen.

(6) ¹Auf Antrag des Steuerpflichtigen werden anstelle der Anwendung der Absätze 1, 3 und 4 die nach § 20 ermittelten Kapitaleinkünfte den Einkünften im Sinne des § 2 hinzugerechnet und der tariflichen Einkommensteuer unterworfen, wenn dies zu einer niedrigeren Einkommensteuer einschließlich Zuschlagsteuern führt (Günstigerprüfung). ²Absatz 5 ist mit der Maßgabe anzuwenden, dass die nach dieser Vorschrift ermittelten ausländischen Steuern auf die zusätzliche tarifliche Einkommensteuer anzurechnen sind, die auf die hinzugerechneten Kapitaleinkünfte entfällt. ³Der Antrag kann für den jeweiligen Veranlagungszeitraum nur einheitlich für sämtliche Kapitalerträge gestellt werden. ⁴Bei zusammenveranlagten Ehegatten kann der Antrag nur für sämtliche Kapitalerträge beider Ehegatten gestellt werden.

§ 33
Außergewöhnliche Belastungen

(1) Erwachsen einem Steuerpflichtigen zwangsläufig größere Aufwendungen als der überwiegenden Mehrzahl der Steuerpflichtigen gleicher Einkommensverhältnisse, gleicher Vermögensverhältnisse und gleichen Familienstands (außergewöhnliche Belastung), so wird auf Antrag die Einkommensteuer dadurch ermäßigt, dass der Teil der Aufwendungen, der dem Steuerpflichtigen zumutbare Belastung (Absatz 3) übersteigt, vom Gesamtbetrag der Einkünfte abgezogen wird.

(2) ¹Aufwendungen erwachsen dem Steuerpflichtigen zwangsläufig, wenn er sich ihnen aus rechtlichen, tatsächlichen oder sittlichen Gründen nicht entziehen kann und soweit die Aufwendungen den Umständen nach notwendig sind und einen angemessenen Betrag nicht übersteigen. ²Aufwendungen, die zu den Betriebsausgaben, Werbungskosten oder Sonderausgaben gehören, bleiben dabei außer Betracht; das gilt für Aufwendungen im Sinne des § 10 Abs. 1 Nr. 7 und 9 nur insoweit, als sie als Sonderausgaben abgezogen werden können. ³Aufwendungen, die durch Diätverpflegung entstehen, können nicht als außergewöhnliche Belastung berücksichtigt werden. ⁴Aufwendungen für die Führung eines Rechtsstreits (Prozesskosten) sind vom Abzug ausgeschlossen, es sei denn, es handelt sich um Aufwendungen, ohne die der Steuerpflichtige Gefahr liefe, seine Existenzgrundlage zu verlieren und seine lebensnotwendigen Bedürfnisse in dem üblichen Rahmen nicht mehr befriedigen zu können.

(3) ¹Die zumutbare Belastung beträgt

bei einem Gesamtbetrag der Einkünfte	bis 15 340 EUR	über 15 340 EUR bis 51 130 EUR	über 51 130 EUR
1. bei Steuerpflichtigen, die keine Kinder haben und bei denen die Einkommensteuer			
a) nach 32a Abs. 1	5	6	7
b) nach § 32a Abs. 5 oder 6 (Splitting-Verfahren zu berechnen ist;	4	5	6
2. bei Steuerpflichtigen mit			
a) einem Kind oder zwei Kindern,	2	3	4
b) drei oder mehr Kindern	1	1	2
	Prozent des Gesamtbetrags der Einkünfte.		

²Als Kinder des Steuerpflichtigen zählen die, für die er Anspruch auf einen Freibetrag nach § 32 Abs. 6 oder auf Kindergeld hat.

(4) Die Bundesregierung wird ermächtigt, durch Rechtsverordnung mit Zustimmung des Bundesrates die Einzelheiten des Nachweises von Aufwendungen nach Absatz 1 zu bestimmen.

§ 33a
Außergewöhnliche Belastung in besonderen Fällen

(1) ¹Erwachsen einem Steuerpflichtigen Aufwendungen für den Unterhalt und eine etwaige Berufsausbildung einer dem Steuerpflichtigen oder seinem Ehegatten gegenüber gesetzlich unterhaltsberechtigten Person, so wird auf Antrag die Einkommensteuer dadurch ermäßigt, dass die Aufwendungen bis zu 8 354 Euro im Kalenderjahr vom Gesamtbetrag der Einkünfte abgezogen werden. ²Der Höchstbetrag nach Satz 1 erhöht sich um den Betrag der im jeweiligen Veranlagungszeitraum nach § 10 Absatz 1 Nummer 3 für die Absicherung der unterhaltsberechtigten Person aufgewandten Beiträge; dies gilt nicht für Kranken- und Pflegeversicherungsbeiträge, die bereits nach § 10 Absatz 1 Nummer 3 Satz 1 anzusetzen sind. ³Der gesetzlich unterhaltsberechtigten Person gleichgestellt ist eine Person, wenn bei ihr zum Unterhalt bestimmte inländische öffentliche Mittel mit Rücksicht auf die Unterhaltsleistungen des Steuerpflichtigen gekürzt werden. ⁴Voraussetzung ist, dass weder der Steuerpflichtige noch eine andere Person Anspruch auf einen Freibetrag nach § 32 Abs. 6 oder auf Kindergeld für die unterhaltene Person hat und die unterhaltene Person kein oder nur ein geringes Vermögen besitzt; ein angemessenes Hausgrundstück im Sinne von § 90 Absatz 2 Nummer 8 des Zwölften Buches Sozialgesetzbuch bleibt unberücksichtigt. ⁵Hat die unterhaltene Person andere Einkünfte oder Bezüge, so vermindert sich die Summe der nach Satz 1 und Satz 2 ermittelten Beträge um den Betrag, um den diese Einkünfte und Bezüge den Betrag von 624 Euro im Kalenderjahr übersteigen, sowie um die von der unterhaltenen Person als Ausbildungshilfe aus öffentlichen Mitteln oder von Förderungseinrichtungen, die hierfür öffentliche Mittel erhalten, bezogenen Zuschüsse; zu den Bezügen gehören auch steuerfreie Gewinne nach den §§ 14, 16 Absatz 4, § 17 Absatz 3 und § 18 Absatz 3, die nach § 19 Absatz 2 steuerfrei bleibenden Einkünfte sowie Sonderabschreibungen und erhöhte Absetzungen, soweit sie die höchstmöglichen Absetzungen für Abnutzung nach § 7 übersteigen. ⁶Ist die unterhaltene Person nicht unbeschränkt einkommensteuerpflichtig, so können die Aufwendungen nur abgezogen werden, soweit sie nach den Verhältnissen des Wohnsitzstaats der unterhaltenen Person notwendig und angemessen sind, höchstens jedoch der Betrag, der sich nach den Sätzen 1 bis 5 ergibt; ob der Steuerpflichtige zum Unterhalt gesetzlich verpflichtet ist, ist nach inländischen Maßstäben zu beurteilen. ⁷Werden die Aufwendungen für eine unterhaltene Person von mehreren Steuerpflichtigen getragen, so wird bei jedem der Teil des sich hiernach ergebenden Betrags abgezogen, der seinem Anteil am Gesamtbetrag der Leistungen entspricht. ⁸Nicht auf Euro lautende Beträge sind entsprechend dem für Ende September des Jahres vor dem Veranlagungszeitraum von der Europäischen Zentralbank bekannt gegebenen Referenzkurs umzurechnen. ⁹Voraussetzung für den Abzug der Aufwendungen ist die Angabe der erteilten Identifikationsnummer (§ 139b der Abgabenordnung) der unterhaltenen Person in der Steuererklärung des Unterhaltsleistenden, wenn die unterhaltene Person der unbeschränkten oder beschränkten Steuerpflicht unterliegt. ¹⁰Die unterhaltene Person ist für diese Zwecke verpflichtet, dem Unterhaltsleistenden ihre erteilte Identifikationsnummer (§ 139b der Abgabenordnung) mitzuteilen. Kommt die unterhaltene Person dieser Verpflichtung nicht nach, ist der Unterhaltsleistende berechtigt, bei der für ihn zuständigen Finanzbehörde die Identifikationsnummer der unterhaltenen Person zu erfragen.

(2) ¹Zur Abgeltung des Sonderbedarfs eines sich in Berufsausbildung befindenden, auswärtig untergebrachten, volljährigen Kindes, für das Anspruch auf einen Freibetrag nach § 32 Abs. 6 oder Kindergeld besteht, kann der Steuerpflichtige einen Freibetrag in Höhe von 924 Euro je Kalenderjahr vom Gesamtbetrag der Einkünfte abziehen. ²Für ein nicht unbeschränkt einkommensteuerpflichtiges Kind mindert sich der vorstehende Betrag nach Maßgabe des Absatzes 1 Satz 6. ³Erfüllen mehrere Steuerpflichtige für dasselbe Kind die Voraussetzungen nach Satz 1, so kann der Freibetrag insgesamt nur einmal abgezogen werden. ⁴Jedem Elternteil steht grundsätzlich die Hälfte des Abzugsbetrags nach den Sätzen 1 und 2 zu. ⁵Auf gemeinsamen Antrag der Eltern ist eine andere Aufteilung möglich.

(3) ¹Für jeden vollen Kalendermonat, in dem die in den Absätzen 1 und 2 bezeichneten Voraussetzungen nicht vorgelegen haben, ermäßigen sich die dort bezeichneten Beträge um je ein Zwölftel. ²Eigene Einkünfte und Bezüge der nach Absatz 1 unterhaltenen Person, die auf diese Kalendermonate entfallen, vermindern den nach Satz 1 ermäßigten Höchstbetrag

nicht. ³Als Ausbildungshilfe bezogene Zuschüsse der nach Absatz 1 unterhaltenen Person mindern nur den zeitanteiligen Höchstbetrag der Kalendermonate, für die sie bestimmt sind.

(4) In den Fällen der Absätze 1 und 2 kann wegen der in diesen Vorschriften bezeichneten Aufwendungen der Steuerpflichtige eine Steuerermäßigung nach § 33 nicht in Anspruch nehmen.

§ 33b
Pauschbeträge für behinderte Menschen, Hinterbliebene und Pflegepersonen

(1) ¹Wegen der Aufwendungen für die Hilfe bei den gewöhnlichen und regelmäßig wiederkehrenden Verrichtungen des täglichen Lebens, für die Pflege sowie für einen erhöhten Wäschebedarf können behinderte Menschen unter den Voraussetzungen des Absatzes 2 anstelle einer Steuerermäßigung nach § 33 einen Pauschbetrag nach Absatz 3 geltend machen (Behinderten-Pauschbetrag). ²Das Wahlrecht kann für die genannten Aufwendungen im jeweiligen Veranlagungszeitraum nur einheitlich ausgeübt werden.

(2) Die Pauschbeträge erhalten
1. behinderte Menschen, deren Grad der Behinderung auf mindestens 50 festgestellt ist;
2. behinderte Menschen, deren Grad der Behinderung auf weniger als 50, aber mindestens auf 25 festgestellt ist, wenn
    a) dem behinderten Menschen wegen seiner Behinderung nach gesetzlichen Vorschriften Renten oder andere laufende Bezüge zustehen, und zwar auch dann, wenn das Recht auf die Bezüge ruht oder der Anspruch auf die Bezüge durch Zahlung eines Kapitals abgefunden worden ist, oder
    b) die Behinderung zu einer dauernden Einbuße der körperlichen Beweglichkeit geführt hat oder auf einer typischen Berufskrankheit beruht.

(3) ¹Die Höhe des Pauschbetrags richtet sich nach dem dauernden Grad der Behinderung. ²Als Pauschbeträge werden gewährt bei einem Grad der Behinderung

von 25 und	30	310 Euro
von 35 und	40	430 Euro
von 45 und	50	570 Euro
von 55 und	60	720 Euro
von 65 und	70	890 Euro
von 75 und	80	1 060 Euro
von 85 und	90	1 230 Euro
von 95 und	100	1 420 Euro.

³Für behinderte Menschen, die hilflos im Sinne des Absatzes 6 sind, und für Blinde erhöht sich der Pauschbetrag auf 3 700 Euro.

(4) ¹Personen, denen laufende Hinterbliebenenbezüge bewilligt worden sind, erhalten auf Antrag einen Pauschbetrag von 370 Euro (Hinterbliebenen-Pauschbetrag), wenn die Hinterbliebenenbezüge geleistet werden
1. nach dem Bundesversorgungsgesetz oder einem anderen Gesetz, das die Vorschriften des Bundesversorgungsgesetzes über Hinterbliebenenbezüge für entsprechend anwendbar erklärt, oder
2. nach den Vorschriften über die gesetzliche Unfallversicherung oder
3. nach den beamtenrechtlichen Vorschriften an Hinterbliebene eines an den Folgen eines Dienstunfalls verstorbenen Beamten oder
4. nach den Vorschriften des Bundesentschädigungsgesetzes über die Entschädigung für Schäden an Leben, Körper oder Gesundheit.

²Der Pauschbetrag wird auch dann gewährt, wenn das Recht auf die Bezüge ruht oder der Anspruch auf die Bezüge durch Zahlung eines Kapitals abgefunden worden ist.

(5) ¹Steht der Behinderten-Pauschbetrag oder der Hinterbliebenen-Pauschbetrag einem Kind zu, für das der Steuerpflichtige Anspruch auf einen Freibetrag nach § 32 Abs. 6 auf oder Kindergeld hat, so wird der Pauschbetrag auf Antrag auf den Steuerpflichtigen übertragen, wenn ihn das Kind nicht in Anspruch nimmt. ²Dabei ist der Pauschbetrag grundsätzlich auf beide Elternteile je zur Hälfte aufzuteilen, es sei denn, der Kinderfreibetrag wurde auf den anderen Elternteil übertragen. ³Auf gemeinsamen Antrag der Eltern ist eine andere Aufteilung möglich. ⁴In diesen Fällen besteht für Aufwendungen, für die der Behinderten-Pauschbetrag gilt, kein Anspruch auf eine Steuerermäßigung nach § 33.

(6) ¹Wegen der außergewöhnlichen Belastungen, die einem Steuerpflichtigen durch die Pflege einer Person erwachsen, die nicht nur vorübergehend hilflos ist, kann er an Stelle einer Steuerermäßigung nach § 33 einen Pauschbetrag von 924 Euro im Kalenderjahr geltend machen (Pflegepauschbetrag), wenn er dafür keine Einnahmen erhält. ²Zu diesen Einnahmen zählt unabhängig von der Verwendung nicht das von den Eltern eines behinderten Kindes für dieses Kind empfangene Pflegegeld. ³Hilflos im Sinne des Satzes 1 ist eine Person, wenn sie für eine Reihe von häufig und regelmäßig wiederkehrenden Verrichtungen zur Sicherung ihrer persönlichen Existenz im Ablauf eines jeden Tages fremder Hilfe dauernd bedarf. ⁴Diese Voraussetzungen sind auch erfüllt, wenn die Hilfe in Form einer Überwachung oder einer Anleitung zu den in Satz 3 genannten Verrichtungen erforderlich ist oder wenn die Hilfe zwar nicht dauernd geleistet werden muss, jedoch eine ständige Bereitschaft zur Hilfeleistung erforderlich ist. ⁵Voraussetzung ist, dass der Steuerpflichtige die Pflege entweder in seiner Wohnung oder in der Wohnung des Pflegebedürftigen persönlich durchführt und diese Wohnung in einem Mitgliedstaat der Europäischen Union oder in einem Staat belegen ist, auf den das Abkommen über den Europäischen Wirtschaftsraum anzuwenden ist. ⁶Wird ein Pflegebedürftiger von mehreren Steuerpflichtigen im Veranlagungszeitraum gepflegt, wird der Pauschbetrag nach der Zahl der Pflegepersonen, bei denen die Voraussetzungen der Sätze 1 bis 5 vorliegen, geteilt.

(7) Die Bundesregierung wird ermächtigt, durch Rechtsverordnung mit Zustimmung des Bundesrates zu bestimmen, wie nachzuweisen ist, dass die Vo-

raussetzungen für die Inanspruchnahme der Pauschbeträge vorliegen.

§ 33c
(weggefallen)

§ 34
Außerordentliche Einkünfte

(1) ¹Sind in dem zu versteuernden Einkommen außerordentliche Einkünfte enthalten, so ist die auf alle im Veranlagungszeitraum bezogenen außerordentlichen Einkünfte entfallende Einkommensteuer nach den Sätzen 2 bis 4 zu berechnen. ²Die für die außerordentlichen Einkünfte anzusetzende Einkommensteuer beträgt das Fünffache des Unterschiedsbetrags zwischen der Einkommensteuer für das um diese Einkünfte verminderte zu versteuernde Einkommen (verbleibendes zu versteuerndes Einkommen) und der Einkommensteuer für das verbleibende zu versteuernde Einkommen zuzüglich eines Fünftels dieser Einkünfte. ³Ist das verbleibende zu versteuernde Einkommen negativ und das zu versteuernde Einkommen positiv, so beträgt die Einkommensteuer das Fünffache der auf ein Fünftel des zu versteuernden Einkommens entfallenden Einkommensteuer. ⁴Die Sätze 1 bis 3 gelten nicht für außerordentliche Einkünfte im Sinne des Abs. 2 Nr. 1, wenn der Steuerpflichtige auf diese Einkünfte ganz oder teilweise § 6b oder § 6c anwendet.

(2) Als außerordentliche Einkünfte kommen nur in Betracht:
1. Veräußerungsgewinne im Sinne der §§ 14, 14a Abs. 1, der §§ 16 und 18 Abs. 3 mit Ausnahme des steuerpflichtigen Teils der Veräußerungsgewinne, die nach § 3 Nr. 40 Buchstabe b in Verbindung mit § 3c Abs. 2 teilweise steuerbefreit sind;
2. Entschädigungen im Sinne des § 24 Nr. 1;
3. Nutzungsvergütungen und Zinsen im Sinne des § 24 Nr. 3, soweit sie für einen Zeitraum von mehr als drei Jahren nachgezahlt werden;
4. Vergütungen für mehrjährige Tätigkeiten; mehrjährig ist eine Tätigkeit, soweit sie sich über mindestens zwei Veranlagungszeiträume erstreckt und einen Zeitraum von mehr als zwölf Monaten umfasst.

(3) ¹Sind in dem zu versteuernden Einkommen außerordentliche Einkünfte im Sinne des Absatzes 2 Nr. 1 enthalten, so kann auf Antrag abweichend von Absatz 1 die auf den Teil dieser außerordentlichen Einkünfte, der den Betrag von insgesamt 5 Millionen Euro nicht übersteigt, entfallende Einkommensteuer nach einem ermäßigten Steuersatz bemessen werden, wenn der Steuerpflichtige das 55. Lebensjahr vollendet hat oder wenn er im sozialversicherungsrechtlichen Sinne dauernd berufsunfähig ist. ²Der ermäßigte Steuersatz beträgt 56 Prozent des durchschnittlichen Steuersatzes, der sich ergäbe, wenn die tarifliche Einkommensteuer nach dem gesamten zu versteuernden Einkommen zuzüglich den dem Progressionsvorbehalt unterliegenden Einkünfte zu bemessen wäre, mindestens jedoch 14 Prozent. ³Auf das um die in Satz 1 genannten Einkünfte verminderte zu versteuernde Einkommen (verbleibendes zu versteuerndes Einkommen) sind vorbehaltlich des Absatzes 1 die allgemeinen Tarifvorschriften anzuwenden. ⁴Die Ermäßigung nach den Sätzen 1 bis 3 kann der Steuerpflichtige nur einmal im Leben in Anspruch nehmen. ⁵Erzielt der Steuerpflichtige in einem Veranlagungszeitraum mehr als einen Veräußerungs- oder Aufgabengewinn im Sinne des Satzes 1, kann er die Ermäßigung nach den Sätzen 1 bis 3 nur für einen Veräußerungs- oder Aufgabegewinn beantragen. ⁶Absatz 1 Satz 4 ist entsprechend anzuwenden.

§ 34a
Begünstigung der nicht entnommenen Gewinne

(1) ¹Sind in dem zu versteuernden Einkommen nicht entnommene Gewinne aus Land- und Forstwirtschaft, Gewerbebetrieb oder selbständiger Arbeit (§ 2 Abs. 1 Satz 1 Nr. 1 bis 3) im Sinne des Absatzes 2 enthalten, ist die Einkommensteuer für diese Gewinne auf Antrag des Steuerpflichtigen ganz oder teilweise mit einem Steuersatz von 28,25 Prozent zu berechnen; dies gilt nicht, soweit für die Gewinne der Freibetrag nach § 16 Abs. 4 oder die Steuerermäßigung nach § 34 Abs. 3 in Anspruch genommen wird oder es sich um Gewinne im Sinne des § 18 Abs. 1 Nr. 4 handelt. ²Der Antrag nach Satz 1 ist für jeden Betrieb oder Mitunternehmeranteil für jeden Veranlagungszeitraum gesondert bei dem für die Einkommensbesteuerung zuständigen Finanzamt zu stellen. ³Bei Mitunternehmeranteilen kann der Steuerpflichtige den Antrag nur stellen, wenn sein Anteil am nach § 4 Abs. 1 Satz 1 oder § 5 ermittelten Gewinn mehr als 10 Prozent beträgt oder 10 000 Euro übersteigt. ⁴Der Antrag kann bis zur Unanfechtbarkeit des Einkommensteuerbescheids für den nächsten Veranlagungszeitraum vom Steuerpflichtigen ganz oder teilweise zurückgenommen werden, der Einkommensteuerbescheid ist entsprechend zu ändern. ⁵Die Festsetzungsfrist endet insoweit nicht, bevor die Festsetzungsfrist für den nächsten Veranlagungszeitraum abgelaufen ist.

(2) Der nicht entnommene Gewinn des Betriebs oder Mitunternehmeranteils ist der nach § 4 Abs. 1 Satz 1 oder § 5 ermittelte Gewinn vermindert um den positiven Saldo der Entnahmen und Einlagen des Wirtschaftsjahres.

(3) ¹Der Begünstigungsbetrag ist der im Veranlagungszeitraum nach Absatz 1 Satz 1 auf Antrag begünstigte Gewinn. ²Der Begünstigungsbetrag des Veranlagungszeitraums, vermindert um die darauf entfallende Steuerbelastung nach Absatz 1 und den darauf entfallenden Solidaritätszuschlag, vermehrt um den nachversteuerungspflichtigen Betrag des Vorjahres und den auf diesen Betrieb oder Mitunternehmeranteil nach Absatz 5 übertragenen nachversteuerungspflichtigen Betrag, vermindert um den Nachversteuerungsbetrag im Sinne des Absatzes 4 und den auf einen anderen Betrieb oder Mitunternehmeranteil nach Absatz 5 übertragenen nachversteuerungspflichtigen Betrag, ist der nachversteuerungspflichtige Betrag des Betriebs oder Mitunternehmeranteils zum Ende des Veranlagungszeitraums. ³Dieser ist für jeden Betrieb oder Mitunternehmeranteil jährlich gesondert festzustellen.

(4) ¹Übersteigt der positive Saldo der Entnahmen und Einlagen des Wirtschaftsjahres bei einem Be-

trieb oder Mitunternehmeranteil den nach § 4 Abs. 1 Satz 1 oder § 5 ermittelten Gewinn (Nachversteuerungsbetrag), ist vorbehaltlich Absatz 5 eine Nachversteuerung durchzuführen, soweit zum Ende des vorangegangenen Veranlagungszeitraums ein nachversteuerungspflichtiger Betrag nach Absatz 3 festgestellt wurde. ²Die Einkommensteuer auf den Nachversteuerungsbetrag beträgt 25 Prozent. ³Der Nachversteuerungsbetrag ist um die Beträge, die für die Erbschaftsteuer (Schenkungsteuer) anlässlich der Übertragung des Betriebs oder Mitunternehmeranteils entnommen wurden, zu vermindern.

(5) ¹Die Übertragung oder Überführung eines Wirtschaftsguts nach § 6 Abs. 5 Satz 1 bis 3 führt unter den Voraussetzungen des Absatzes 4 zur Nachversteuerung. ²Eine Nachversteuerung findet nicht statt, wenn der Steuerpflichtige beantragt, den nachversteuerungspflichtigen Betrag in Höhe des Buchwerts des übertragenen oder überführten Wirtschaftsguts, höchstens jedoch in Höhe des Nachversteuerungsbetrags, den die Übertragung oder Überführung des Wirtschaftsguts ausgelöst hätte, auf den anderen Betrieb oder Mitunternehmeranteil zu übertragen.

(6) ¹Eine Nachversteuerung des nachversteuerungspflichtigen Betrags nach Absatz 4 ist durchzuführen

1. in den Fällen der Betriebsveräußerung oder -aufgabe im Sinne der §§ 14, 16 Abs. 1 und 3 sowie des § 18 Abs. 3,
2. in den Fällen der Einbringung eines Betriebs oder Mitunternehmeranteils in eine Kapitalgesellschaft oder eine Genossenschaft sowie in den Fällen des Formwechsels einer Personengesellschaft in eine Kapitalgesellschaft oder Genossenschaft,
3. wenn der Gewinn nicht mehr nach § 4 Abs. 1 Satz 1 oder § 5 ermittelt wird oder
4. wenn der Steuerpflichtige dies beantragt.

²In den Fällen der Nummern 1 und 2 ist die nach Absatz 4 geschuldete Einkommensteuer auf Antrag des Steuerpflichtigen oder seines Rechtsnachfolgers in regelmäßigen Teilbeträgen für einen Zeitraum von höchstens zehn Jahren seit Eintritt der ersten Fälligkeit zinslos zu stunden, wenn ihre alsbaldige Einziehung mit erheblichen Härten für den Steuerpflichtigen verbunden wäre.

(7) ¹In den Fällen der unentgeltlichen Übertragung eines Betriebs oder Mitunternehmeranteils nach § 6 Abs. 3 hat der Rechtsnachfolger den nachversteuerungspflichtigen Betrag fortzuführen. ²In den Fällen der Einbringung eines Betriebs oder Mitunternehmeranteils zu Buchwerten nach § 24 des Umwandlungssteuergesetzes geht der für den eingebrachten Betrieb oder Mitunternehmeranteil festgestellte nachversteuerungspflichtige Betrag auf den neuen Mitunternehmeranteil über.

(8) Negative Einkünfte dürfen nicht mit ermäßigt besteuerten Gewinnen im Sinne von Absatz 1 Satz 1 ausgeglichen werden; sie dürfen insoweit auch nicht nach § 10d abgezogen werden.

(9) ¹Zuständig für den Erlass der Feststellungsbescheide über den nachversteuerungspflichtigen Betrag ist das für die Einkommensbesteuerung zuständige Finanzamt. ²Die Feststellungsbescheide können nur insoweit angegriffen werden, als sich der nachversteuerungspflichtige Betrag gegenüber dem nachversteuerungspflichtigen Betrag des Vorjahres verändert hat. ³Die gesonderten Feststellungen nach Satz 1 können mit dem Einkommensteuerbescheid verbunden werden.

(10) ¹Sind Einkünfte aus Land- und Forstwirtschaft, Gewerbebetrieb oder selbständiger Arbeit nach § 180 Abs. 1 Nr. 2 Buchstabe a oder b der Abgabenordnung gesondert festzustellen, können auch die Höhe der Entnahmen und Einlagen sowie weitere für die Tarifermittlung nach den Absätzen 1 bis 7 erforderliche Besteuerungsgrundlagen gesondert festgestellt werden. ²Zuständig für die gesonderten Feststellungen nach Satz 1 ist das Finanzamt, dass für die gesonderte Feststellung nach § 180 Abs. 1 Nr. 2 der Abgabenordnung zuständig ist. ³Die gesonderten Feststellungen nach Satz 1 können mit der Feststellung nach § 180 Abs. 1 Nr. 2 der Abgabenordnung verbunden werden. ⁴Die Feststellungsfrist für die gesonderte Feststellung nach Satz 1 endet nicht vor Ablauf der Feststellungsfrist für die Feststellung nach § 180 Abs. 1 Nr. 2 der Abgabenordnung.

(11) ¹Der Bescheid über die gesonderte Feststellung des nachversteuerungspflichtigen Betrags ist zu erlassen, aufzuheben oder zu ändern, soweit der Steuerpflichtige einen Antrag nach Absatz 1 stellt oder diesen ganz oder teilweise zurücknimmt und sich die Besteuerungsgrundlagen im Einkommensteuerbescheid ändern. ²Dies gilt entsprechend, wenn der Erlass, die Aufhebung oder Änderung des Einkommensteuerbescheids mangels steuerlicher Auswirkung unterbleibt. ³Die Feststellungsfrist endet nicht, bevor die Festsetzungsfrist für den Veranlagungszeitraum abgelaufen ist, auf dessen Schluss der nachversteuerungspflichtige Betrag des Betriebs oder Mitunternehmeranteils gesondert festzustellen ist.

§ 34b
Steuersätze bei Einkünften aus außerordentlichen Holznutzungen

(1) ¹Außerordentliche Holznutzungen sind

1. Holznutzungen, die aus volks- oder staatswirtschaftlichen Gründen erfolgt sind. ²Sie liegen nur insoweit vor, als sie durch gesetzlichen oder behördlichen Zwang veranlasst sind;
2. Holznutzungen infolge höherer Gewalt (Kalamitätsnutzungen). ²Sie sind durch Eis-, Schnee-, Windbruch oder Windwurf, Erdbeben, Bergrutsch, Insektenfraß, Brand oder durch Naturereignisse mit vergleichbaren Folgen verursacht. ³Hierzu gehören nicht die Schäden, die in der Forstwirtschaft regelmäßig entstehen.

(2) ¹Zur Ermittlung der Einkünfte aus außerordentlichen Holznutzungen sind von den Einnahmen sämtlicher Holznutzungen die damit in sachlichem Zusammenhang stehenden Betriebsausgaben abzuziehen. ²Das nach Satz 1 ermittelte Ergebnis ist auf die ordentlichen und außerordentlichen Holznutzungsarten aufzuteilen, in dem die außerordentlichen Holznutzungen zur gesamten Holznutzung ins Verhältnis gesetzt wird. ³Bei einer

Gewinnermittlung durch Betriebsvermögensvergleich sind die im Wirtschaftsjahr veräußerten Holzmengen maßgebend. ⁴Bei einer Gewinnermittlung nach den Grundsätzen des § 4 Absatz 3 ist von den Holzmengen auszugehen, die den im Wirtschaftsjahr zugeflossenen Einnahmen zugrunde liegen. ⁵Die Sätze 1 bis 4 gelten für entnommenes Holz entsprechend.

(3) Die Einkommensteuer bemisst sich für die Einkünfte aus außerordentlichen Holznutzungen im Sinne des Absatzes 1

1. nach der Hälfte des durchschnittlichen Steuersatzes, der sich ergäbe, wenn die tarifliche Einkommensteuer nach dem gesamten zu versteuernden Einkommen zuzüglich der dem Progressionsvorbehalt unterliegenden Einkünfte zu bemessen wäre
2. nach dem halben Steuersatz der Nummer 1, soweit sie den Nutzungssatz (§ 68 der Einkommensteuer-Durchführungsverordnung) übersteigen.

(4) Einkünfte aus außerordentlichen Holznutzungen sind nur anzuerkennen, wenn

1. das im Wirtschaftsjahr veräußerte oder entnommene Holz mengenmäßig getrennt nach ordentlichen und außerordentlichen Holznutzungen nachgewiesen wird und
2. Schäden infolge höherer Gewalt unverzüglich nach Feststellung des Schadensfalls der zuständigen Finanzbehörde mitgeteilt und nach der Aufarbeitung mengenmäßig nachgewiesen werden.

(5) Die Bundesregierung wird ermächtigt, durch Rechtsverordnung mit Zustimmung des Bundesrates

1. die Steuersätze abweichend von Absatz 3 für ein Wirtschaftsjahr aus sachlichen Billigkeitsgründen zu regeln,
2. die Anwendung des § 4a des Forstschäden-Ausgleichsgesetzes für ein Wirtschaftsjahr aus sachlichen Billigkeitsgründen zu regeln,

wenn besondere Schadensereignisse nach Absatz 1 Nummer 2 vorliegen und eine Einschlagsbeschränkung (§ 1 Absatz 1 des Forstschäden-Ausgleichsgesetzes) nicht angeordnet wurde.

V. Steuerermäßigungen
1. Steuerermäßigung bei ausländischen Einkünften

§ 34c

(1) ¹Bei unbeschränkt Steuerpflichtigen, die mit ausländischen Einkünften in dem Staat, aus dem die Einkünfte stammen, zu einer der deutschen Einkommensteuer entsprechenden Steuer herangezogen werden, ist die festgesetzte und gezahlte und um einen entstandenen Ermäßigungsanspruch gekürzte ausländische Steuer auf die deutsche Einkommensteuer anzurechnen, die auf die Einkünfte aus diesem Staat entfällt; das gilt nicht für Einkünfte aus Kapitalvermögen, auf die § 32d Abs. 1 und 3 bis 6 anzuwenden ist. ²Die auf die ausländischen Einkünfte nach Satz 1 erster Halbsatz entfallende deutsche Einkommensteuer ist in der Weise zu ermitteln, dass der sich bei der Veranlagung des zu versteuernden Einkommens, einschließlich der ausländischen Einkünfte, nach den §§ 32a, 32b, 34, 34a und 34b ergebende durchschnittliche Steuersatz auf die ausländischen Einkünfte anzuwenden ist. ³Bei der Ermittlung des zu versteuernden Einkommens und der ausländischen Einkünfte sind die Einkünfte nach Satz 1 zweiter Halbsatz nicht zu berücksichtigen; bei der Ermittlung der ausländischen Einkünfte sind die ausländischen Einkünfte nicht zu berücksichtigen, die in dem Staat, aus dem sie stammen, nach dessen Recht nicht besteuert werden. ⁴Gehören ausländische Einkünfte der in § 34d Nr. 3, 4, 6, 7 und 8 Buchstabe c genannten Art zum Gewinn eines inländischen Betriebes, sind bei ihrer Ermittlung Betriebsausgaben und Betriebsvermögensminderungen abzuziehen, die mit den diesen Einkünften zugrunde liegenden Einnahmen in wirtschaftlichem Zusammenhang stehen. ⁵Die ausländischen Steuern sind nur insoweit anzurechnen, als sie auf die im Veranlagungszeitraum bezogenen Einkünfte entfallen.

(2) Statt der Anrechnung (Absatz 1) ist die ausländische Steuer auf Antrag bei der Ermittlung der Einkünfte abzuziehen, soweit sie auf ausländische Einkünfte entfällt, die nicht steuerfrei sind.

(3) Bei unbeschränkt Steuerpflichtigen, bei denen eine ausländische Steuer vom Einkommen nach Absatz 1 nicht angerechnet werden kann, weil die Steuer nicht der deutschen Einkommensteuer entspricht oder nicht in dem Staat erhoben wird, aus dem die Einkünfte stammen, oder weil keine ausländischen Einkünfte vorliegen, ist die festgesetzte und gezahlte und um einen entstandenen Ermäßigungsanspruch gekürzte ausländische Steuer bei der Ermittlung der Einkünfte abzuziehen, soweit sie auf Einkünfte entfällt, die der deutschen Einkommensteuer unterliegen.

(4) (weggefallen)

(5) Die obersten Finanzbehörden der Länder oder die von ihnen beauftragten Finanzbehörden können mit Zustimmung des Bundesministeriums der Finanzen die auf ausländische Einkünfte entfallende deutsche Einkommensteuer ganz oder zum Teil erlassen oder in einem Pauschbetrag festsetzen, wenn es aus volkswirtschaftlichen Gründen zweckmäßig ist oder die Anwendung des Absatzes 1 besonders schwierig ist.

(6) ¹Die Absätze 1 bis 3 sind vorbehaltlich der Sätze 2 bis 6 nicht anzuwenden, wenn die Einkünfte aus einem ausländischen Staat stammen, mit dem ein Abkommen zur Vermeidung der Doppelbesteuerung besteht. ²Soweit in einem Abkommen zur Vermeidung der Doppelbesteuerung die Anrechnung einer ausländischen Steuer auf die deutsche Einkommensteuer vorgesehen ist, sind Absatz 1 Satz 2 bis 5 und Absatz 2 entsprechend auf die nach dem Abkommen anzurechnende ausländische Steuer anzuwenden; das gilt nicht für Einkünfte, auf die § 32d Abs. 1 und 3 bis 6 anzuwenden ist; bei nach dem Abkommen als gezahlt geltenden ausländischen Steuerbeträgen sind Absatz 1 Satz 3 und Absatz 2 nicht anzuwenden. ³Absatz 1 Satz 3 gilt auch dann entsprechend, wenn die Einkünfte in dem ausländischen Staat nach dem Abkommen zur Vermeidung

der Doppelbesteuerung mit diesem Staat nicht besteuert werden können. ⁴Bezieht sich ein Abkommen zur Vermeidung der Doppelbesteuerung nicht auf eine Steuer vom Einkommen dieses Staates, so sind die Absätze 1 und 2 entsprechend anzuwenden. ⁵Absatz 3 ist anzuwenden, wenn der Staat, mit dem ein Abkommen zur Vermeidung der Doppelbesteuerung besteht, Einkünfte besteuert, die nicht aus diesem Staat stammen, es sei denn, die Besteuerung hat ihre Ursache in einer Gestaltung, für die wirtschaftliche oder sonst beachtliche Gründe fehlen, oder das Abkommen gestattet dem Staat die Besteuerung dieser Einkünfte. ⁶In den Fällen des § 50d Abs. 9 sind die Absätze 1 bis 3 und Satz 6 entsprechend anzuwenden.

(7) Durch Rechtsverordnung können Vorschriften erlassen werden über

1. die Anrechnung ausländischer Steuern, wenn die ausländischen Einkünfte aus mehreren fremden Staaten stammen,
2. den Nachweis über die Höhe der festgesetzten und gezahlten ausländischen Steuern,
3. die Berücksichtigung ausländischer Steuern, die nachträglich erhoben oder zurückgezahlt werden.

§ 34d
Ausländische Einkünfte

Ausländische Einkünfte im Sinne des § 34c Abs. 1 bis 5 sind

1. Einkünfte aus einer in einem ausländischen Staat betriebenen Land- und Forstwirtschaft (§§ 13 und 14) und Einkünfte der in den Nummern 3, 4, 6, 7 und 8 Buchstabe c genannten Art, soweit sie zu den Einkünften aus Land- und Forstwirtschaft gehören;
2. Einkünfte aus Gewerbebetrieb (§§ 15 und 16),
    a) die durch eine in einem ausländischen Staat belegene Betriebsstätte oder durch einen in einem ausländischen Staat tätigen ständigen Vertreter erzielt werden, und Einkünfte der in den Nummern 3, 4, 6, 7 und 8 Buchstabe c genannten Art, soweit sie zu den Einkünften aus Gewerbebetrieb gehören,
    b) die aus Bürgschafts- und Avalprovisionen erzielt werden, wenn der Schuldner Wohnsitz, Geschäftsleitung oder Sitz in einem ausländischen Staat hat, oder
    c) die durch den Betrieb eigener oder gecharterter Seeschiffe oder Luftfahrzeuge aus Beförderungen zwischen ausländischen oder von ausländischen zu inländischen Häfen erzielt werden, einschließlich der Einkünfte aus anderen mit solchen Beförderungen zusammenhängenden, sich auf das Ausland erstreckenden Beförderungsleistungen;
3. Einkünfte aus selbständiger Arbeit (§ 18), die in einem ausländischen Staat ausgeübt oder verwertet wird oder worden ist, und Einkünfte der in den Nummern 4, 6, 7 und 8 Buchstabe c genannten Art, soweit sie zu den Einkünften aus selbständiger Arbeit gehören;
4. Einkünfte aus der Veräußerung von
    a) Wirtschaftsgütern, die zum Anlagevermögen eines Betriebs gehören, wenn die Wirtschaftsgüter in einem ausländischen Staat belegen sind,
    b) Anteilen an Kapitalgesellschaften, wenn die Gesellschaft Geschäftsleitung oder Sitz in einem ausländischen Staat hat;
5. ¹Einkünfte aus nichtselbständiger Arbeit (§ 19), die in einem ausländischen Staat ausgeübt oder, ohne im Inland ausgeübt zu werden oder worden zu sein, in einem ausländischen Staat verwertet wird oder worden ist, und Einkünfte, die von ausländischen öffentlichen Kassen mit Rücksicht auf ein gegenwärtiges oder früheres Dienstverhältnis gewährt werden. ²Einkünfte, die von inländischen öffentlichen Kassen einschließlich der Kassen der Deutschen Bundesbahn und der Deutschen Bundesbank mit Rücksicht auf ein gegenwärtiges oder früheres Dienstverhältnis gewährt werden, gelten auch dann als inländische Einkünfte, wenn die Tätigkeit in einem ausländischen Staat ausgeübt wird oder worden ist;
6. Einkünfte aus Kapitalvermögen (§ 20), wenn der Schuldner Wohnsitz, Geschäftsleitung oder Sitz in einem ausländischen Staat hat oder das Kapitalvermögen durch ausländischen Grundbesitz gesichert ist;
7. Einkünfte aus Vermietung und Verpachtung (§ 21), soweit das unbewegliche Vermögen oder die Sachinbegriffe in einem ausländischen Staat belegen oder die Rechte zur Nutzung in einem ausländischen Staat überlassen worden sind;
8. sonstige Einkünfte im Sinne des § 22, wenn
    a) der zur Leistung der wiederkehrenden Bezüge Verpflichtete Wohnsitz, Geschäftsleitung oder Sitz in einem ausländischen Staat hat,
    b) bei privaten Veräußerungsgeschäften die veräußerten Wirtschaftsgüter in einem ausländischen Staat belegen sind,
    c) bei Einkünften aus Leistungen einschließlich der Einkünfte aus Leistungen im Sinne des § 49 Abs. 1 Nr. 9 der zur Vergütung der Leistung Verpflichtete Wohnsitz, Geschäftsleitung oder Sitz in einem ausländischen Staat hat.

2. Steuerermäßigung bei Einkünften aus Land- und Forstwirtschaft

§ 34e
(aufgehoben)

2a. Steuerermäßigung für Steuerpflichtige mit Kindern bei Inanspruchnahme erhöhter Absetzungen für Wohngebäude oder der Steuerbegünstigungen für eigengenutztes Wohneigentum

§ 34f

(1) ¹Bei Steuerpflichtigen, die erhöhte Absetzungen nach § 7b oder nach § 15 des Berlinförderungsgesetzes in Anspruch nehmen, ermäßigt sich die tarifliche Einkommensteuer, vermindert um die sonstigen Steuerermäßigungen mit Ausnahme der

§§ 34g und 35, auf Antrag um je 600 Deutsche Mark für das zweite und jedes weitere Kind des Steuerpflichtigen oder seines Ehegatten. ²Voraussetzung ist,

1. dass der Steuerpflichtige das Objekt, bei einem Zweifamilienhaus mindestens eine Wohnung, zu eigenen Wohnzwecken nutzt oder wegen des Wechsels des Arbeitsortes nicht zu eigenen Wohnzwecken nutzen kann und
2. dass es sich einschließlich des ersten Kindes um Kinder im Sinne des § 32 Abs. 1 bis 5 oder 6 Satz 7 handelt, die zum Haushalt des Steuerpflichtigen gehören oder in dem für die erhöhten Absetzungen maßgebenden Begünstigungszeitraum gehört haben, wenn diese Zugehörigkeit auf Dauer angelegt ist oder war.

(2) ¹Bei Steuerpflichtigen, die die Steuerbegünstigung nach § 10e Abs. 1 bis 5 oder nach § 15b des Berlinförderungsgesetzes in Anspruch nehmen, ermäßigt sich die tarifliche Einkommensteuer, vermindert um die sonstigen Steuerermäßigungen mit Ausnahme des § 34g, auf Antrag um je 512 Euro für jedes Kind des Steuerpflichtigen oder seines Ehegatten im Sinne des § 32 Abs. 1 bis 5 oder 6 Satz 7. ²Voraussetzung ist, dass das Kind zum Haushalt des Steuerpflichtigen gehört oder in dem für die Steuerbegünstigung maßgebenden Zeitraum gehört hat, wenn diese Zugehörigkeit auf Dauer angelegt ist oder war.

(3) ¹Bei Steuerpflichtigen, die die Steuerbegünstigung nach § 10e Abs. 1, 2, 4 oder 5 in Anspruch nehmen, ermäßigt sich die tarifliche Einkommensteuer, vermindert um die sonstigen Steuerermäßigungen auf Antrag um je 512 Euro für jedes Kind des Steuerpflichtigen oder seines Ehegatten im Sinne des § 32 Abs. 1 bis 5 oder 6 Satz 7. ²Voraussetzung ist, dass das Kind zum Haushalt des Steuerpflichtigen gehört oder in dem für die Steuerbegünstigung maßgebenden Zeitraum gehört hat, wenn diese Zugehörigkeit auf Dauer angelegt ist oder war. ³Soweit sich der Betrag der Steuerermäßigung nach Satz 1 bei der Ermittlung der festzusetzenden Einkommensteuer nicht steuerentlastend auswirkt, ist er von der tariflichen Einkommensteuer der zwei vorangegangenen Veranlagungszeiträume abzuziehen. ⁴Steuerermäßigungen, die nach den Sätzen 1 und 3 nicht berücksichtigt werden können, können bis zum Ende des Abzugszeitraums im Sinne des § 10e und in den zwei folgenden Veranlagungszeiträumen abgezogen werden. ⁵Ist für einen Veranlagungszeitraum bereits ein Steuerbescheid erlassen worden, so ist er insoweit zu ändern, als die Steuerermäßigung nach den Sätzen 3 und 4 zu gewähren oder zu berichtigen ist; die Verjährungsfristen enden insoweit nicht, bevor die Verjährungsfrist für den Veranlagungszeitraum abgelaufen ist, für den die Steuerermäßigung nach Satz 1 beantragt worden ist.

(4) ¹Die Steuerermäßigungen nach den Absätzen 2 oder 3 kann der Steuerpflichtige insgesamt nur bis zur Höhe der Bemessungsgrundlage der Abzugsbeträge nach § 10e Abs. 1 oder 2 in Anspruch nehmen. ²Die Steuerermäßigung nach den Absätzen 1, 2 und 3 Satz 1 kann der Steuerpflichtige im Kalenderjahr nur für ein Objekt in Anspruch nehmen.

2b. Steuerermäßigung bei Zuwendungen an politische Parteien und an unabhängige Wählervereinigungen

§ 34g

¹Die tarifliche Einkommensteuer, vermindert um die sonstigen Steuerermäßigungen mit Ausnahme des § 34f Abs. 3, ermäßigt sich bei Zuwendungen an

1. politische Parteien im Sinne des § 2 des Parteiengesetzes und
2. Vereine ohne Parteicharakter, wenn
   a) der Zweck des Vereins ausschließlich darauf gerichtet ist, durch Teilnahme mit eigenen Wahlvorschlägen an Wahlen auf Bundes-, Landes- oder Kommunalebene bei der politischen Willensbildung mitzuwirken, und
   b) der Verein auf Bundes-, Landes- oder Kommunalebene bei der jeweils letzten Wahl wenigstens ein Mandat errungen oder der zuständigen Wahlbehörde oder dem zuständigen Wahlorgan angezeigt hat, dass er mit eigenen Wahlvorschlägen auf Bundes-, Landes- oder Kommunalebene an der jeweils nächsten Wahl teilnehmen will.

²Nimmt der Verein an der jeweils nächsten Wahl nicht teil, wird die Ermäßigung nur für die bis zum Wahltag an ihn geleisteten Beiträge und Spenden gewährt. ³Die Ermäßigung für Beiträge und Spenden an den Verein wird erst wieder gewährt, wenn er sich mit eigenen Wahlvorschlägen an einer Wahl beteiligt hat. ⁴Die Ermäßigung wird in diesem Fall nur für Beiträge und Spenden gewährt, die nach Beginn des Jahres, in dem die Wahl stattfindet, geleistet werden.

²Die Ermäßigung beträgt 50 Prozent der Ausgaben, höchstens jeweils 825 Euro für Ausgaben nach den Nummern 1 und 2, im Falle der Zusammenveranlagung von Ehegatten höchstens jeweils 1 650 Euro. ³§ 10b Abs. 3 und 4 gilt entsprechend.

3. Steuerermäßigung bei Einkünften aus Gewerbebetrieben

§ 35

(1) ¹Die tarifliche Einkommensteuer, vermindert um die sonstigen Steuerermäßigungen mit Ausnahme der §§ 34f, 34g und 35a, ermäßigt sich, soweit sie anteilig auf im zu versteuernden Einkommen enthaltene gewerbliche Einkünfte entfällt (Ermäßigungshöchstbetrag),

1. bei Einkünften aus gewerblichen Unternehmen im Sinne des § 15 Abs. 1 Satz 1 Nr. 1

   um das 3,8fache des jeweils für den dem Veranlagungszeitraum entsprechenden Erhebungszeitraum nach § 14 des Gewerbesteuergesetzes für das Unternehmen festgesetzten Steuermessbetrags (Gewerbesteuer-Messbetrag); Absatz 3 Satz 5 ist entsprechend anzuwenden;

2. bei Einkünften aus Gewerbebetrieb als Mitunternehmer im Sinne des § 15 Abs. 1 Satz 1 Nr. 2 oder als persönlich haftender Gesellschafter einer Kommanditgesellschaft auf Aktien im Sinne des § 15 Abs. 1 Satz 1 Nr. 3

um das 3,8fache des jeweils für den dem Veranlagungszeitraum entsprechenden Erhebungszeitraum festgesetzten anteiligen Gewerbesteuer-Messbetrags. ²Der Ermäßigungshöchstbetrag ist wie folgt zu ermitteln:

$$\frac{\text{Summe der positiven gewerblichen Einkünfte}}{\text{Summe aller positiven Einkünfte}} \cdot \text{geminderte tarifliche Steuer}$$

³Gewerbliche Einkünfte im Sinne der Sätze 1 und 2 sind die der Gewerbesteuer unterliegenden Gewinne und Gewinnanteile, soweit sie nicht nach anderen Vorschriften von der Steuerermäßigung nach § 35 ausgenommen sind. ⁴Geminderte tarifliche Steuer ist die tarifliche Steuer nach Abzug von Beträgen auf Grund der Anwendung zwischenstaatlicher Abkommen und nach Anrechnung der ausländischen Steuern nach § 32d Absatz 6 Satz 2, § 34c Absatz 1 und 6 dieses Gesetzes und § 12 des Außensteuergesetzes. ⁵Der Abzug des Steuerermäßigungsbetrags ist auf die tatsächlich zu zahlende Gewerbesteuer beschränkt.

(2) ¹Bei Mitunternehmerschaften im Sinne des § 15 Abs. 1 Satz 1 Nr. 2 und 3 oder bei Kommanditgesellschaften auf Aktien im Sinne des § 15 Abs. 1 Satz 1 Nr. 3 ist der Betrag des Gewerbesteuer-Messbetrags, die tatsächlich zu zahlende Gewerbesteuer und der auf die einzelnen Mitunternehmer oder auf die persönlich haftenden Gesellschafter entfallende Anteil gesondert und einheitlich festzustellen. ²Der Anteil eines Mitunternehmers am Gewerbesteuer-Messbetrag richtet sich nach seinem Anteil am Gewinn der Mitunternehmerschaft nach Maßgabe des allgemeinen Gewinnverteilungsschlüssels; Vorabgewinnanteile sind nicht zu berücksichtigen. ³Wenn auf Grund der Bestimmungen in einem Abkommen zur Vermeidung der Doppelbesteuerung bei der Festsetzung des Gewerbesteuer-Messbetrags für eine Mitunternehmerschaft nur der auf einen Teil der Mitunternehmer entfallende anteilige Gewerbeertrag berücksichtigt wird, ist der Gewerbesteuer-Messbetrag nach Maßgabe des allgemeinen Gewinnverteilungsschlüssels in voller Höhe auf diese Mitunternehmer entsprechend ihrer Anteile am Gewerbeertrag der Mitunternehmerschaft aufzuteilen. ⁴Der anteilige Gewerbesteuer-Messbetrag ist als Prozentsatz mit zwei Nachkommastellen gerundet zu ermitteln. ⁵Bei der Festsetzung nach Satz 1 sind anteilige Gewerbesteuer-Messbeträge, die aus einer Beteiligung an einer Mitunternehmerschaft stammen, einzubeziehen.

(3) ¹Zuständig für die gesonderte Feststellung nach Absatz 2 ist das für die gesonderte Feststellung der Einkünfte zuständige Finanzamt. ²Für die Ermittlung der Steuerermäßigung nach Absatz 1 sind die Festsetzung des Gewerbesteuer-Messbetrags, die Feststellung des Anteils an dem festzusetzenden Gewerbesteuer-Messbetrag nach Absatz 2 Satz 1 und die Festsetzung der Gewerbesteuer Grundlagenbescheide. ³Für die Ermittlung des anteiligen Gewerbesteuer-Messbetrags nach Absatz 2 sind die Festsetzung des Gewerbesteuer-Messbetrags und die Festsetzung des anteiligen Gewerbesteuer-Messbetrags aus der Beteiligung an einer Mitunternehmerschaft Grundlagenbescheide.

(4) Für die Aufteilung und die Feststellung der tatsächlich zu zahlenden Gewerbesteuer bei Mitunternehmerschaften im Sinne des § 15 Abs. 1 Satz 1 Nr. 2 und bei Kommanditgesellschaften auf Aktien im Sinne des § 15 Abs. 1 Satz 1 Nr. 3 gelten die Absätze 2 und 3 entsprechend.

4. Steuerermäßigung bei Aufwendungen für haushaltsnahe Beschäftigungsverhältnisse, haushaltsnahe Dienstleistungen und Handwerkerleistungen

§ 35a

(1) Für haushaltsnahe Beschäftigungsverhältnisse, bei denen es sich um eine geringfügige Beschäftigung im Sinne des § 8a des Vierten Buches Sozialgesetzbuch handelt, ermäßigt sich die tarifliche Einkommensteuer, vermindert um die sonstigen Steuerermäßigungen, auf Antrag um 20 Prozent, höchstens 510 Euro, der Aufwendungen des Steuerpflichtigen.

(2) ¹Für andere als in Absatz 1 aufgeführte haushaltsnahe Beschäftigungsverhältnisse oder für die Inanspruchnahme von haushaltsnahen Dienstleistungen, die nicht Dienstleistungen nach Absatz 3 sind, ermäßigt sich die tarifliche Einkommensteuer, vermindert um die sonstigen Steuerermäßigungen, auf Antrag um 20 Prozent, höchstens 4 000 Euro, der Aufwendungen des Steuerpflichtigen. ²Die Steuerermäßigung kann auch in Anspruch genommen werden für die Inanspruchnahme von Pflege- und Betreuungsleistungen sowie für Aufwendungen, die einem Steuerpflichtigen wegen der Unterbringung in einem Heim oder zur dauernden Pflege erwachsen, soweit darin Kosten für Dienstleistungen enthalten sind, die mit denen einer Hilfe im Haushalt vergleichbar sind.

(3) ¹Für die Inanspruchnahme von Handwerkerleistungen für Renovierungs-, Erhaltungs- und Modernisierungsmaßnahmen, ermäßigt sich die tarifliche Einkommensteuer, vermindert um die sonstigen Steuerermäßigungen, auf Antrag um 20 Prozent, der Aufwendungen des Steuerpflichtigen, höchstens jedoch um 1 200 Euro. ²Dies gilt nicht für öffentlich geförderte Maßnahmen, für die zinsverbilligte Darlehen oder steuerfreie Zuschüsse in Anspruch genommen werden.

(4) ¹Die Steuerermäßigung nach den Absätzen 1 bis 3 kann nur in Anspruch genommen werden, wenn das Beschäftigungsverhältnis, die Dienstleistung oder die Handwerkerleistung in einem in der Europäischen Union oder dem Europäischen Wirtschaftsraum liegenden Haushalt des Steuerpflichtigen oder – bei Pflege- und Betreuungsleistungen – der gepflegten oder betreuten Person ausgeübt oder erbracht wird. ²In den Fällen des Absatzes 2 Satz 2 zweiter Halbsatz ist Voraussetzung, dass das Heim oder der Ort der dauernden Pflege in der Europäischen Union oder dem Europäischen Wirtschaftsraum liegt.

(5) ¹Die Steuerermäßigungen nach den Absätzen 1 bis 3 können nur in Anspruch genommen werden, soweit die Aufwendungen nicht Betriebsausgaben oder Werbungskosten darstellen und soweit sie nicht

als Sonderausgaben oder als außergewöhnliche Belastung berücksichtigt worden sind; für Aufwendungen, die dem Grunde nach unter § 10 Absatz 1 Nummer 5 fallen, ist eine Inanspruchnahme ebenfalls ausgeschlossen. ²Der Abzug von der tariflichen Einkommensteuer nach den Absätzen 2 und 3 gilt nur für Arbeitskosten. ³Voraussetzung für die Inanspruchnahme der Steuerermäßigung für haushaltsnahe Dienstleistungen nach Absatz 2 oder für Handwerkerleistungen nach Absatz 3 ist, dass der Steuerpflichtige für die Aufwendungen eine Rechnung erhalten hat und die Zahlung auf das Konto des Erbringers der Leistung erfolgt ist. ⁴Leben zwei Alleinstehende in einem Haushalt zusammen, können sie die Höchstbeträge nach den Absätzen 1 bis 3 insgesamt jeweils nur einmal in Anspruch nehmen.

5. Steuerermäßigung bei Belastung mit Erbschaftsteuer

§ 35b
Steuerermäßigung bei Belastung mit Erbschaftsteuer

¹Sind bei der Ermittlung des Einkommens Einkünfte berücksichtigt worden, die im Veranlagungszeitraum oder in den vorangegangenen vier Veranlagungszeiträumen als Erwerb von Todes wegen der Erbschaftsteuer unterlegen haben, so wird auf Antrag die um sonstige Steuerermäßigungen gekürzte tarifliche Einkommensteuer, die auf diese Einkünfte entfällt, um den in Satz 2 bestimmten Prozentsatz ermäßigt. ²Der Prozentsatz bestimmt sich nach dem Verhältnis, in dem die festgesetzte Erbschaftsteuer zu dem Betrag steht, der sich ergibt, wenn dem steuerpflichtigen Erwerb (§ 10 Abs. 1 des Erbschaftsteuer- und Schenkungsteuergesetzes) die Freibeträge nach den §§ 16 und 17 und der steuerfreie Betrag nach § 5 des Erbschaftsteuer- und Schenkungsteuergesetzes hinzugerechnet werden.

VI. Steuererhebung
1. Erhebung der Einkommensteuer

§ 36
Entstehung und Tilgung der Einkommensteuer

(1) Die Einkommensteuer entsteht, soweit in diesem Gesetz nichts anderes bestimmt ist, mit Ablauf des Veranlagungszeitraums.

(2) ¹Auf die Einkommensteuer werden angerechnet:
1. die für den Veranlagungszeitraum entrichteten Einkommensteuer-Vorauszahlungen (§ 37);
2. die durch Steuerabzug erhobene Einkommensteuer, soweit sie auf die bei der Veranlagung erfassten Einkünfte oder auf nach § 3 Nr. 40 dieses Gesetzes oder nach § 8b Abs. 1 und 6 Satz 2 des Körperschaftsteuergesetzes bei der Ermittlung des Einkommens außer Ansatz bleibenden Bezüge entfällt und nicht die Erstattung beantragt oder durchgeführt worden ist. ²Die durch Steuerabzug erhobene Einkommensteuer wird nicht angerechnet, wenn die in § 45a Abs. 2 oder 3 bezeichnete Bescheinigung nicht vorgelegt worden ist. ³In den Fällen des § 8b Abs. 6 Satz 2 des Körperschaftsteuergesetzes ist es für die Anrechnung ausreichend, wenn die Bescheinigung nach § 45a Abs. 2 und 3 vorgelegt wird, die dem Gläubiger der Kapitalerträge ausgestellt worden ist.

(3) ¹Die Steuerbeträge nach Absatz 2 Nr. 2 sind jeweils auf volle Euro aufzurunden. ²Bei den durch Steuerabzug erhobenen Steuern ist die Summe der Beträge einer einzelnen Abzugsteuer aufzurunden.

(4) ¹Wenn sich nach der Abrechnung ein Überschuss zuungunsten des Steuerpflichtigen ergibt, hat der Steuerpflichtige (Steuerschuldner) diesen Betrag, soweit er ein fällig gewordenen, aber nicht entrichteten Einkommensteuer-Vorauszahlungen entspricht, sofort, im Übrigen innerhalb eines Monats nach Bekanntgabe des Steuerbescheids zu entrichten (Abschlusszahlung). ²Wenn sich nach der Abrechnung ein Überschuss zugunsten des Steuerpflichtigen ergibt, wird dieser dem Steuerpflichtigen nach Bekanntgabe des Steuerbescheids ausgezahlt. ³Bei Ehegatten, die nach den §§ 26, 26b zusammen zur Einkommensteuer veranlagt worden sind, wirkt die Auszahlung an einen Ehegatten auch für und gegen den anderen Ehegatten.

(5) ¹In den Fällen des § 16 Absatz 3a kann auf Antrag des Steuerpflichtigen die festgesetzte Steuer, die auf den Aufgabegewinn und der durch den Wechsel der Gewinnermittlungsart erzielten Gewinn entfällt, in fünf gleichen Jahresraten entrichtet werden, wenn die Wirtschaftsgüter einem Betriebsvermögen des Steuerpflichtigen in einem anderen Mitgliedstaat der Europäischen Union oder des Europäischen Wirtschaftsraums zuzuordnen sind, sofern durch diese Staaten Amtshilfe entsprechend oder im Sinne der Amtshilferichtlinie gemäß § 2 Absatz 2 des EU-Amtshilfegesetzes und gegenseitige Unterstützung bei der Beitreibung im Sinne der Beitreibungsrichtlinie einschließlich der in diesem Zusammenhang anzuwendenden Durchführungsbestimmungen in den für den jeweiligen Veranlagungszeitraum geltenden Fassungen oder eines entsprechenden Nachfolgerechtsakts geleistet werden. ²Die erste Jahresrate ist innerhalb eines Monats nach Bekanntgabe des Steuerbescheids zu entrichten; die übrigen Jahresraten sind jeweils am 31. Mai der Folgejahre fällig. ³Die Jahresraten sind nicht zu verzinsen. ⁴Wird der Betrieb oder Teilbetrieb während dieses Zeitraums eingestellt, veräußert oder in andere als die in Satz 1 genannten Staaten verlegt, wird die noch nicht entrichtete Steuer innerhalb eines Monats nach diesem Zeitpunkt fällig; Satz 2 bleibt unberührt. ⁵Ändert sich die festgesetzte Steuer, sind die Jahresraten entsprechend anzupassen.

§ 37
Einkommensteuer-Vorauszahlung

(1) ¹Der Steuerpflichtige hat am 10. März, 10. Juni, 10. September und 10. Dezember Vorauszahlungen auf die Einkommensteuer zu entrichten, die er für den laufenden Veranlagungszeitraum voraussichtlich schulden wird. ²Die Einkommensteuer-Vorauszahlung entsteht jeweils mit Beginn des Kalendervierteljahrs, in dem die Vorauszahlungen zu entrichten sind, oder, wenn die Steuerpflicht erst im Laufe des Kalendervierteljahrs begründet wird, mit Begründung der Steuerpflicht.

(2) (weggefallen)

(3) ¹Das Finanzamt setzt die Vorauszahlungen durch Vorauszahlungsbescheid fest. ²Die Vorauszahlungen bemessen sich grundsätzlich nach der Einkommensteuer, die sich nach Anrechnung der Steuerabzugsbeträge (§ 36 Abs. 2 Nr. 2) bei der letzten Veranlagung ergeben hat. ³Das Finanzamt kann bis zum Ablauf des auf den Veranlagungszeitraum folgenden 15. Kalendermonats die Vorauszahlungen an die Einkommensteuer anpassen, die sich für den Veranlagungszeitraum voraussichtlich ergeben wird; dieser Zeitraum verlängert sich auf 23 Monate, wenn die Einkünfte aus Land- und Forstwirtschaft bei der erstmaligen Steuerfestsetzung die anderen Einkünfte voraussichtlich überwiegen werden. ⁴Bei der Anwendung der Sätze 2 und 3 bleiben Aufwendungen im Sinne des § 10 Abs. 1 Nummer 4, 5, 7 und 9 sowie Absatz 1a, der §§ 10b und 33 sowie die abziehbaren Beträge nach § 33a, wenn die Aufwendungen und abziehbaren Beträge insgesamt 600 Euro nicht übersteigen, außer Ansatz. ⁵Die Steuerermäßigung nach § 34a bleibt außer Ansatz. ⁶Bei der Anwendung der Sätze 2 und 3 bleibt der Sonderausgabenabzug nach § 10a Abs. 1 außer Ansatz. ⁷Außer Ansatz bleiben bis zur Anschaffung oder Fertigstellung der Objekte im Sinne des § 10e Abs. 1 und 2 und § 10h auch die Aufwendungen, die nach § 10e Abs. 6 und § 10h Satz 3 wie Sonderausgaben abgezogen werden; Entsprechendes gilt auch für Aufwendungen, die nach § 10i für nach dem Eigenheimzulagengesetz begünstigte Objekte wie Sonderausgaben abgezogen werden. ⁸Negative Einkünfte aus der Vermietung oder Verpachtung eines Gebäudes im Sinne des § 21 Abs. 1 Satz 1 Nr. 1 werden bei der Festsetzung der Vorauszahlungen nur für Kalenderjahre berücksichtigt, die nach der Anschaffung oder Fertigstellung dieses Gebäudes beginnen. ⁹Wird ein Gebäude vor dem Kalenderjahr seiner Fertigstellung angeschafft, tritt an die Stelle der Anschaffung die Fertigstellung. ¹⁰Satz 8 gilt nicht für negative Einkünfte aus der Vermietung oder Verpachtung eines Gebäudes, soweit erhöhte Absetzungen nach den §§ 14a, 14c oder 14d des Berlinförderungsgesetzes oder Sonderabschreibungen nach § 4 des Fördergebietsgesetzes in Anspruch genommen werden. ¹¹Satz 8 gilt nicht für negative Einkünfte aus der Vermietung oder Verpachtung eines anderen Vermögensgegenstandes im Sinne des § 21 Abs. 1 Satz 1 Nr. 1 bis 3 entsprechend mit der Maßgabe, dass an die Stelle der Anschaffung oder Fertigstellung die Aufnahme der Nutzung durch den Steuerpflichtigen tritt. ¹²In den Fällen des § 31, in denen die gebotene steuerliche Freistellung eines Einkommensbetrags in Höhe des Existenzminimums eines Kindes durch das Kindergeld nicht in vollem Umfang bewirkt wird, bleiben bei der Anwendung der Sätze 2 und 3 Freibeträge nach § 32 Abs. 6 und zu verrechnendes Kindergeld außer Ansatz.

(4) ¹Bei einer nachträglichen Erhöhung der Vorauszahlungen ist die letzte Vorauszahlung für den Veranlagungszeitraum anzupassen. ²Der Erhöhungsbetrag ist innerhalb eines Monats nach Bekanntgabe des Vorauszahlungsbescheids zu entrichten.

(5) ¹Vorauszahlungen sind nur festzusetzen, wenn sie mindestens 400 Euro im Kalenderjahr und mindestens 100 Euro für einen Vorauszahlungszeitpunkt betragen. ²Festgesetzte Vorauszahlungen sind nur zu erhöhen, wenn sich der Erhöhungsbetrag im Fall des Absatzes 3 Satz 2 bis 5 für einen Vorauszahlungszeitpunkt auf mindestens 100 Euro, im Fall des Absatzes 4 auf mindestens 5 000 Euro beläuft.

(6) ¹Absatz 3 ist, soweit die erforderlichen Daten nach § 10 Absatz 2 Satz 3 noch nicht nach § 10 Absatz 2a übermittelt wurden, mit der Maßgabe anzuwenden, dass

1. als Beiträge im Sinne des § 10 Absatz 1 Nummer 3 Buchstabe a die für den letzten Veranlagungszeitraum geleisteten

    a) Beiträge zugunsten einer privaten Krankenversicherung vermindert um 20 Prozent oder

    b) Beiträge zur gesetzlichen Krankenversicherung vermindert um 4 Prozent,

2. als Beiträge im Sinne des § 10 Absatz 1 Nummer 3 Buchstabe b die bei der letzten Veranlagung berücksichtigten Beiträge zugunsten einer gesetzlichen Pflegeversicherung

anzusetzen sind; mindestens jedoch 1 500 Euro. ²Bei zusammen veranlagten Ehegatten ist der in Satz 1 genannte Betrag von 1 500 Euro zu verdoppeln.

§ 37a
Pauschalierung der Einkommensteuer durch Dritte

(1) ¹Das Finanzamt kann auf Antrag zulassen, dass das Unternehmen, das Sachprämien im Sinne des § 3 Nr. 38 gewährt, die Einkommensteuer für den Teil der Prämien, der nicht steuerfrei ist, pauschal erhebt. ²Bemessungsgrundlage der pauschalen Einkommensteuer ist der gesamte Wert der Prämien, die den im Inland ansässigen Steuerpflichtigen zufließen. ³Der Pauschsteuersatz beträgt 2,25 Prozent.

(2) ¹Auf die pauschale Einkommensteuer ist § 40 Abs. 3 sinngemäß anzuwenden. ²Das Unternehmen hat die Prämienempfänger von der Steuerübernahme zu unterrichten.

(3) ¹Über den Antrag entscheidet das Betriebsstättenfinanzamt des Unternehmens (§ 41a Abs. 1 Satz 1 Nr. 1). ²Hat das Unternehmen mehrere Betriebsstättenfinanzämter, so ist das Finanzamt der Betriebsstätte zuständig, in der die für die pauschale Besteuerung maßgebenden Prämien ermittelt werden. ³Die Genehmigung zur Pauschalierung wird mit Wirkung für die Zukunft erteilt und kann zeitlich befristet werden; sie erstreckt sich auf alle im Geltungszeitraum ausgeschütteten Prämien.

(4) Die pauschale Einkommensteuer gilt als Lohnsteuer und ist von dem Unternehmen in der Lohnsteuer-Anmeldung der Betriebsstätte im Sinne des Absatzes 3 anzumelden und spätestens am zehnten Tag nach Ablauf des für die Betriebsstätte maßgebenden Lohnsteuer-Anmeldungszeitraums an das Betriebsstättenfinanzamt abzuführen.

§ 37b
Pauschalierung der Einkommensteuer bei Sachzuwendungen

(1) ¹Steuerpflichtige können die Einkommensteuer einheitlich für alle innerhalb eines Wirtschaftsjahres gewährten

1. betrieblich veranlassten Zuwendungen, die zusätzlich zur ohnehin vereinbarten Leistung oder Gegenleistung erbracht werden, und
2. Geschenke im Sinne des § 4 Abs. 5 Satz 1 Nr. 1,

die nicht in Geld bestehen, mit einem Pauschsteuersatz von 30 Prozent erheben. ²Bemessungsgrundlage der pauschalen Einkommensteuer sind die Aufwendungen des Steuerpflichtigen einschließlich Umsatzsteuer; bei Zuwendungen an Arbeitnehmer verbundener Unternehmen ist Bemessungsgrund-lage mindestens der sich nach § 8 Abs. 3 Satz 1 ergebende Wert. ³Die Pauschalierung ist ausgeschlossen,
1. soweit die Aufwendungen je Empfänger und Wirtschaftsjahr oder
2. wenn die Aufwendungen für die einzelne Zuwendung

den Betrag von 10 000 Euro übersteigen.

(2) ¹Absatz 1 gilt auch für betrieblich veranlasste Zuwendungen an Arbeitnehmer des Steuerpflichtigen, soweit sie nicht in Geld bestehen und zusätzlich zum ohnehin geschuldeten Arbeitslohn erbracht werden. ²In den Fällen des § 8 Abs. 2 Satz 2 bis 10, Abs. 3, § 40 Abs. 2 sowie in Fällen, in denen Vermögensbeteiligungen überlassen werden, ist Absatz 1 nicht anzuwenden; Entsprechendes gilt, soweit die Zuwendungen nach § 40 Abs. 1 pauschaliert worden sind. ³§ 37a Abs. 1 bleibt unberührt.

(3) ¹Die pauschal besteuerten Sachzuwendungen bleiben bei der Ermittlung der Einkünfte des Empfängers außer Ansatz. ²Auf die pauschale Einkommensteuer ist § 40 Abs. 3 sinngemäß anzuwenden. ³Der Steuerpflichtige hat den Empfänger von der Steuerübernahme zu unterrichten.

(4) ¹Die pauschale Einkommensteuer gilt als Lohnsteuer und ist von dem die Sachzuwendung gewährenden Steuerpflichtigen in der Lohnsteuer-Anmeldung der Betriebsstätte nach § 41 Abs. 2 anzumelden und spätestens am zehnten Tag nach Ablauf des für die Betriebsstätte maßgebenden Lohnsteuer-Anmeldungszeitraums an das Betriebsstättenfinanzamt abzuführen. ²Hat der Steuerpflichtige mehrere Betriebsstätten im Sinne des Satzes 1, so ist das Finanzamt der Betriebsstätte zuständig, in der die für die pauschale Besteuerung maßgebenden Sachbezüge ermittelt werden.

2. Steuerabzug vom Arbeitslohn (Lohnsteuer)

§ 38
Erhebung der Lohnsteuer

(1) ¹Bei Einkünften aus nichtselbständiger Arbeit wird die Einkommensteuer durch Abzug vom Arbeitslohn erhoben (Lohnsteuer), soweit der Arbeitslohn von einem Arbeitgeber gezahlt wird, der
1. im Inland einen Wohnsitz, seinen gewöhnlichen Aufenthalt, seine Geschäftsleitung, seinen Sitz, eine Betriebsstätte oder einen ständigen Vertreter im Sinne der §§ 8 bis 13 der Abgabenordnung hat (inländischer Arbeitgeber) oder
2. einem Dritten (Entleiher) Arbeitnehmer gewerbsmäßig zur Arbeitsleistung im Inland überlässt, ohne inländischer Arbeitgeber zu sein (ausländischer Verleiher).

²Inländischer Arbeitgeber im Sinne des Satzes 1 ist in den Fällen der Arbeitnehmerentsendung auch das in Deutschland ansässige aufnehmende Unternehmen, das den Arbeitslohn für die ihm geleistete Arbeit wirtschaftlich trägt; Voraussetzung hierfür ist nicht, dass das Unternehmen dem Arbeitnehmer den Arbeitslohn im eigenen Namen und für eigene Rechnung auszahlt. ³Der Lohnsteuer unterliegt auch der im Rahmen des Dienstverhältnisses von einem Dritten gewährte Arbeitslohn, wenn der Arbeitgeber weiß oder erkennen kann, dass derartige Vergütungen erbracht werden; dies ist insbesondere anzunehmen, wenn Arbeitgeber und Dritter verbundene Unternehmen im Sinne von § 15 des Aktiengesetzes sind.

(2) ¹Der Arbeitnehmer ist Schuldner der Lohnsteuer. ²Die Lohnsteuer entsteht in dem Zeitpunkt, in dem der Arbeitslohn dem Arbeitnehmer zufließt.

(3) ¹Der Arbeitgeber hat die Lohnsteuer für Rechnung des Arbeitnehmers bei jeder Lohnzahlung vom Arbeitslohn einzubehalten. ²Bei juristischen Personen des öffentlichen Rechts, die die öffentliche Kasse, die den Arbeitslohn zahlt, die Pflichten des Arbeitgebers. ³In den Fällen der nach § 7f Abs. 1 Satz 1 Nr. 2 des Vierten Buches Sozialgesetzbuch an die Deutsche Rentenversicherung Bund übertragenen Wertguthaben hat die Deutsche Rentenversicherung Bund bei Inanspruchnahme der Wertguthabens die Pflichten des Arbeitgebers.

(3a) ¹Soweit sich aus einem Dienstverhältnis oder einem früheren Dienstverhältnis tarifvertragliche Ansprüche des Arbeitnehmers auf Arbeitslohn unmittelbar gegen einen Dritten mit Wohnsitz, Geschäftsleitung oder Sitz im Inland richten und von diesem durch die Zahlung von Geld erfüllt werden, hat der Dritte die Pflichten des Arbeitgebers. ²In anderen Fällen kann das Finanzamt zulassen, dass ein Dritter mit Wohnsitz, Geschäftsleitung oder Sitz im Inland die Pflichten des Arbeitgebers im eigenen Namen erfüllt. ³Voraussetzung ist, dass der Dritte

1. sich hierzu gegenüber dem Arbeitgeber verpflichtet hat,
2. den Lohn auszahlt oder er nur Arbeitgeberpflichten für von ihm vermittelte Arbeitnehmer übernimmt und
3. die Steuererhebung nicht beeinträchtigt wird.

⁴Die Zustimmung erteilt das Betriebsstättenfinanzamt des Dritten auf dessen Antrag im Einvernehmen mit dem Betriebsstättenfinanzamt des Arbeitgebers; sie darf mit Nebenbestimmungen versehen werden, die die ordnungsgemäße Steuererhebung sicherstellen und die Überprüfung des Lohnsteuerabzugs nach § 42f erleichtern sollen. ⁵Die Zustimmung kann mit Wirkung für die Zukunft widerrufen werden. ⁶In den Fällen der Sätze 1 und 2 sind die das Lohnsteuerverfahren betreffenden Vorschriften mit der Maßgabe anzuwenden, dass an die Stelle des Arbeitgebers der Dritte tritt; der Arbeitgeber ist von seinen Pflichten befreit, soweit der Dritte diese Pflichten erfüllt hat. ⁷Erfüllt der Dritte die Pflichten des Arbeitgebers, kann er den Arbeitslohn, der einem Arbeitnehmer in demselben Lohnabrechnungszeitraum aus mehreren Dienstverhältnissen zufließt, für

die Lohnsteuerermittlung und in der Lohnsteuerbescheinigung zusammenrechnen.

(4) ¹Wenn der vom Arbeitgeber geschuldete Barlohn zur Deckung der Lohnsteuer nicht ausreicht, hat der Arbeitnehmer dem Arbeitgeber den Fehlbetrag zur Verfügung zu stellen oder der Arbeitgeber einen entsprechenden Teil der anderen Bezüge des Arbeitnehmers zurückzubehalten. ²Soweit der Arbeitnehmer seiner Verpflichtung nicht nachkommt und der Arbeitgeber den Fehlbetrag nicht durch Zurückbehaltung von anderen Bezügen des Arbeitnehmers aufbringen kann, hat der Arbeitgeber dies dem Betriebsstättenfinanzamt (§ 41a Abs. 1 Satz 1 Nr. 1) anzuzeigen. ³Der Arbeitnehmer hat dem Arbeitgeber die von einem Dritten gewährten Bezüge (Absatz 1 Satz 3) am Ende des jeweiligen Lohnzahlungszeitraums anzugeben; wenn der Arbeitnehmer keine Angabe oder eine erkennbar unrichtige Angabe macht, hat der Arbeitgeber dies dem Betriebsstättenfinanzamt anzuzeigen. ⁴Das Finanzamt hat die zuwenig erhobene Lohnsteuer vom Arbeitnehmer nachzufordern.

§ 38a
Höhe der Lohnsteuer

(1) ¹Die Jahreslohnsteuer bemisst sich nach dem Arbeitslohn, den der Arbeitnehmer im Kalenderjahr bezieht (Jahresarbeitslohn). ²Laufender Arbeitslohn gilt in dem Kalenderjahr als bezogen, in dem der Lohnzahlungszeitraum endet; in den Fällen des § 39b Abs. 5 Satz 1 tritt der Lohnabrechnungszeitraum an die Stelle des Lohnzahlungszeitraums. ³Arbeitslohn, der nicht als laufender Arbeitslohn gezahlt wird (sonstige Bezüge), wird in dem Kalenderjahr bezogen, in dem er dem Arbeitnehmer zufließt.

(2) Die Jahreslohnsteuer wird nach dem Jahresarbeitslohn so bemessen, dass sie der Einkommensteuer entspricht, die der Arbeitnehmer schuldet, wenn er ausschließlich Einkünfte aus nichtselbständiger Arbeit erzielt.

(3) ¹Vom laufenden Arbeitslohn wird die Lohnsteuer jeweils mit dem auf den Lohnzahlungszeitraum fallenden Teilbetrag der Jahreslohnsteuer erhoben, die sich bei Umrechnung des laufenden Arbeitslohns auf einen Jahresarbeitslohn ergibt. ²Von sonstigen Bezügen wird die Lohnsteuer mit dem Betrag erhoben, der zusammen mit der Lohnsteuer für den laufenden Arbeitslohn des Kalenderjahrs und für etwa im Kalenderjahr bereits gezahlte sonstige Bezüge die voraussichtliche Jahreslohnsteuer ergibt.

(4) Bei der Ermittlung der Lohnsteuer werden die Besteuerungsgrundlagen des Einzelfalls durch die Einreihung der Arbeitnehmer in Steuerklassen (§ 38b), Feststellung von Freibeträgen und Hinzurechnungsbeträgen (§ 39a) sowie Bereitstellung von elektronischen Lohnsteuerabzugsmerkmalen (§ 39e) oder Ausstellung von entsprechenden Bescheinigungen für den Lohnsteuerabzug (§ 39 Absatz 3 und § 39e Absatz 7 und 8) berücksichtigt.

§ 38b
Lohnsteuerklassen,
Zahl der Kinderfreibeträge

(1) ¹Für die Durchführung des Lohnsteuerabzugs werden Arbeitnehmer in Steuerklassen eingereiht. ²Dabei gilt Folgendes:

1. In die Steuerklasse I gehören Arbeitnehmer, die
   a) unbeschränkt einkommensteuerpflichtig sind und
      aa) ledig sind,
      bb) verheiratet, verwitwet oder geschieden sind und bei denen die Voraussetzungen für die Steuerklasse III oder IV nicht erfüllt sind; oder
   b) beschränkt einkommensteuerpflichtig sind;

2. in die Steuerklasse II gehören die unter Nummer 1 Buchstabe a bezeichneten Arbeitnehmer, wenn bei ihnen der Entlastungsbetrag für Alleinerziehende (§ 24b) zu berücksichtigen ist;

3. in die Steuerklasse III gehören Arbeitnehmer,
   a) die verheiratet sind, wenn beide Ehegatten unbeschränkt einkommensteuerpflichtig sind und nicht dauernd getrennt leben und
      aa) der Ehegatte des Arbeitnehmers keinen Arbeitslohn bezieht oder
      bb) der Ehegatte des Arbeitnehmers auf Antrag beider Ehegatten in die Steuerklasse V eingereiht wird,
   b) die verwitwet sind, wenn sie und ihr verstorbener Ehegatte im Zeitpunkt seines Todes unbeschränkt einkommensteuerpflichtig waren und in diesem Zeitpunkt nicht dauernd getrennt gelebt haben, für das Kalenderjahr, das dem Kalenderjahr folgt, in dem der Ehegatte verstorben ist,
   c) deren Ehe aufgelöst worden ist, wenn
      aa) im Kalenderjahr der Auflösung der Ehe beide Ehegatten unbeschränkt einkommensteuerpflichtig waren und nicht dauernd getrennt gelebt haben und
      bb) der andere Ehegatte wieder geheiratet hat, von seinem neuen Ehegatten nicht dauernd getrennt lebt und er und sein neuer Ehegatte unbeschränkt einkommensteuerpflichtig sind,
   für das Kalenderjahr, in dem die Ehe aufgelöst worden ist;

4. in die Steuerklasse IV gehören Arbeitnehmer, die verheiratet sind, wenn beide Ehegatten unbeschränkt einkommensteuerpflichtig sind und nicht dauernd getrennt leben und der Ehegatte des Arbeitnehmers ebenfalls Arbeitslohn bezieht;

5. in die Steuerklasse V gehören die unter Nummer 4 bezeichneten Arbeitnehmer, wenn der Ehegatte des Arbeitnehmers auf Antrag beider Ehegatten in die Steuerklasse III eingereiht wird;

6. die Steuerklasse VI gilt bei Arbeitnehmern, die nebeneinander von mehreren Arbeitgebern Arbeitslohn beziehen, für die Einbehaltung der

EStG

Lohnsteuer vom Arbeitslohn aus dem zweiten und einem weiteren Dienstverhältnis sowie in den Fällen des § 39c. ³Als unbeschränkt einkommensteuerpflichtig im Sinne der Nummern 3 und 4 gelten nur Personen, die die Voraussetzungen des § 1 Abs. 1 oder 2 oder des § 1a erfüllen.

(2) ¹Für ein minderjähriges und nach § 1 Absatz 1 unbeschränkt einkommensteuerpflichtiges Kind im Sinne des § 32 Absatz 1 Nummer 1 und Absatz 3 werden bei der Anwendung der Steuerklassen I bis IV die Kinderfreibeträge als Lohnsteuerabzugsmerkmal nach § 39 Absatz 1 wie folgt berücksichtigt:

1. mit Zähler 0,5, wenn der Arbeitnehmer der Kinderfreibetrag nach § 32 Absatz 6 Satz 1 zusteht, oder
2. mit Zähler 1, wenn dem Arbeitnehmer der Kinderfreibetrag zusteht, weil
   a) die Voraussetzungen des § 32 Absatz 6 Satz 2 vorliegen oder
   b) der andere Elternteil vor dem Beginn des Kalenderjahres verstorben ist oder
   c) der Arbeitnehmer allein das Kind angenommen hat.

²Soweit dem Arbeitnehmer Kinderfreibeträge nach § 32 Absatz 1 bis 6 zustehen, die nicht nach Satz 1 berücksichtigt werden, ist die Zahl der Kinderfreibeträge auf Antrag vorbehaltlich des § 39a Absatz 1 Nummer 6 zu Grunde zu legen. ³In den Fällen des Satzes 2 können die Kinderfreibeträge für mehrere Jahre gelten, wenn nach den tatsächlichen Verhältnissen zu erwarten ist, dass die Voraussetzungen bestehen bleiben. ⁴Bei Anwendung der Steuerklassen III und IV sind auch Kinder des Ehegatten bei der Zahl der Kinderfreibeträge zu berücksichtigen. ⁵Der Antrag kann nur nach amtlich vorgeschriebenem Vordruck gestellt werden.

(3) ¹Auf Antrag des Arbeitnehmers kann abweichend von Absatz 1 oder 2 eine für ihn ungünstigere Steuerklasse oder geringere Zahl der Kinderfreibeträge als Lohnsteuerabzugsmerkmal gebildet werden. ²Dieser Antrag ist nach amtlich vorgeschriebenem Vordruck zu stellen und vom Arbeitnehmer eigenhändig zu unterschreiben.

§ 39
Lohnsteuerabzugsmerkmale

(1) ¹Für die Durchführung des Lohnsteuerabzugs werden auf Veranlassung des Arbeitnehmers Lohnsteuerabzugsmerkmale gebildet (§ 39a Absatz 1 und 4, § 39e Absatz 1 in Verbindung mit § 39e Absatz 4 Satz 1 und nach § 39e Absatz 8). ²Soweit Lohnsteuerabzugsmerkmale nicht nach § 39e Absatz 1 Satz 1 automatisiert gebildet werden oder davon abweichend zu bilden sind, ist das Finanzamt für die Bildung der Lohnsteuerabzugsmerkmale nach den §§ 38b und 39a und die Bestimmung ihrer Geltungsdauer zuständig. ³Für die Bildung der Lohnsteuerabzugsmerkmale sind die von den Meldebehörden nach § 39e Absatz 2 Satz 2 mitgeteilten Daten vorbehaltlich einer nach Satz 2 abweichenden Bildung durch das Finanzamt bindend. ⁴Die Bildung der Lohnsteuerabzugsmerkmale ist eine gesonderte Feststellung von Besteuerungsgrundlagen im Sinne des § 179 Absatz 1 der Abgabenordnung, die unter dem Vorbehalt der Nachprüfung steht. ⁵Die Bildung und die Änderung der Lohnsteuerabzugsmerkmale sind dem Arbeitnehmer bekannt zu geben. ⁶Die Bekanntgabe richtet sich nach § 119 Absatz 2 der Abgabenordnung und § 39e Absatz 6. ⁷Der Bekanntgabe braucht keine Belehrung über den zulässigen Rechtsbehelf beigefügt zu werden. ⁸Ein schriftlicher Bescheid mit einer Belehrung über den zulässigen Rechtsbehelf ist jedoch zu erteilen, wenn einem Antrag des Arbeitnehmers auf Bildung oder Änderung der Lohnsteuerabzugsmerkmale nicht oder nicht in vollem Umfang entsprochen wird oder der Arbeitnehmer die Erteilung eines Bescheids beantragt. ⁹Vorbehaltlich des Absatzes 5 ist § 153 Absatz 2 der Abgabenordnung nicht anzuwenden.

(2) ¹Für die Bildung und die Änderung der Lohnsteuerabzugsmerkmale nach Absatz 1 Satz 2 des nach § 1 Absatz 1 unbeschränkt einkommensteuerpflichtigen Arbeitnehmers ist das Wohnsitzfinanzamt im Sinne des § 19 Absatz 1 Satz 1 und 2 der Abgabenordnung und in den Fällen des Absatzes 4 Nummer 5 das Betriebsstättenfinanzamt nach § 41a Absatz 1 Satz 1 Nummer 1 zuständig. ²Ist der Arbeitnehmer nach § 1 Absatz 2 unbeschränkt einkommensteuerpflichtig, nach § 1 Absatz 3 als unbeschränkt einkommensteuerpflichtig zu behandeln oder beschränkt einkommensteuerpflichtig, ist das Betriebsstättenfinanzamt für die Bildung und Änderung der Lohnsteuerabzugsmerkmale zu-ständig. ³Ist der nach § 1 Absatz 3 als unbeschränkt einkommensteuerpflichtig zu behandelnde Arbeitnehmer gleichzeitig bei mehreren inländischen Arbeitgebern tätig, ist für die Bildung der weiteren Lohnsteuerabzugsmerkmale das Betriebsstättenfinanzamt zuständig, das erstmals Lohnsteuerabzugsmerkmale gebildet hat. ⁴Bei Ehegatten, die beide Arbeitslohn von inländischen Arbeitgebern beziehen, ist das Betriebsstättenfinanzamt des älteren Ehegatten zuständig.

(3) ¹Wurde einem Arbeitnehmer in den Fällen des Absatzes 2 Satz 2 keine Identifikationsnummer zugeteilt, hat ihm das Betriebsstättenfinanzamt auf seinen Antrag hin eine Bescheinigung für den Lohnsteuerabzug auszustellen. ²In diesem Fall tritt an die Stelle der Identifikationsnummer das vom Finanzamt gebildete lohnsteuerliche Ordnungsmerkmal nach § 41b Absatz 2 Satz 1 und 2. ³Die Bescheinigung der Steuerklasse I kann auch der Arbeitgeber beantragen, wenn dieser den Antrag nach Satz 1 im Namen des Arbeitnehmers stellt. ⁴Diese Bescheinigung ist als Beleg zum Lohnkonto zu nehmen und während des Dienstverhältnisses, längstens bis zum Ablauf des jeweiligen Kalenderjahres, aufzubewahren.

(4) ¹Lohnsteuerabzugsmerkmale sind

1. Steuerklasse (§ 38b Absatz 1) und Faktor (§ 39f),
2. Zahl der Kinderfreibeträge bei den Steuerklassen I bis IV (§ 38b Absatz 2),
3. Freibetrag und Hinzurechnungsbetrag (§ 39a),
4. Höhe der Beiträge für eine private Krankenversicherung und für eine private Pflege-Pflichtversicherung (§ 39b Absatz 2 Satz 5 Nummer 3

Buchstabe d) für die Dauer von zwölf Monaten, wenn der Arbeitnehmer dies beantragt,

5. Mitteilung, dass der von einem Arbeitgeber gezahlte Arbeitslohn nach einem Abkommen zur Vermeidung der Doppelbesteuerung von der Lohnsteuer freizustellen ist, wenn der Arbeitnehmer oder der Arbeitgeber dies beantragt.

(5) ¹Treten bei einem Arbeitnehmer die Voraussetzungen für eine für ihn ungünstigere Steuerklasse oder geringere Zahl der Kinderfreibeträge ein, ist der Arbeitnehmer verpflichtet, dem Finanzamt dies mitzuteilen und die Steuerklasse und die Zahl der Kinderfreibeträge umgehend ändern zu lassen. ²Dies gilt insbesondere, wenn die Voraussetzungen für die Berücksichtigung des Entlastungsbetrags für Alleinerziehende, für die die Steuerklasse II zur Anwendung kommt, entfallen. ³Eine Mitteilung ist nicht erforderlich, wenn die Abweichung einen Sachverhalt betrifft, der zu einer Änderung der Daten führt, die nach § 39e Absatz 2 Satz 2 von den Meldebehörden zu übermitteln sind. ⁴Kommt der Arbeitnehmer seiner Verpflichtung nicht nach, ändert das Finanzamt die Steuerklasse und die Zahl der Kinderfreibeträge von Amts wegen. ⁵Unterbleibt die Änderung der Lohnsteuerabzugsmerkmale, hat das Finanzamt zu wenig erhobene Lohnsteuer vom Arbeitnehmer nachzufordern, wenn diese 10 Euro übersteigt.

(6) ¹Ändern sich die Voraussetzungen für die Steuerklasse oder für die Zahl der Kinderfreibeträge zu Gunsten des Arbeitnehmers, kann dieser beim Finanzamt die Änderung der Lohnsteuerabzugsmerkmale beantragen. ²Die Änderung ist mit Wirkung von dem ersten Tag des Monats an vorzunehmen, in dem erstmals die Voraussetzungen für die Änderung vorlagen. ³Ehegatten, die beide in einem Dienstverhältnis stehen, können einmalig im Laufe des Kalenderjahres beim Finanzamt die Änderung der Steuerklassen beantragen. ⁴Dies gilt unabhängig von der automatisierten Bildung der Steuerklassen nach § 39e Absatz 3 Satz 3 sowie einer von den Ehegatten gewünschten Änderung dieser automatisierten Bildung. ⁵Das Finanzamt hat eine Änderung nach Satz 3 mit Wirkung vom Beginn des Kalendermonats vorzunehmen, der auf die Antragstellung folgt. ⁶Für eine Berücksichtigung der Änderung im laufenden Kalenderjahr ist der Antrag nach Satz 1 oder 3 spätestens bis zum 30. November zu stellen.

(7) ¹Wird ein unbeschränkt einkommensteuerpflichtiger Arbeitnehmer beschränkt einkommensteuerpflichtig, hat er dies dem Finanzamt unverzüglich mitzuteilen. ²Das Finanzamt hat die Lohnsteuerabzugsmerkmale vom Zeitpunkt des Eintritts der beschränkten Einkommensteuerpflicht an zu ändern. ³Absatz 1 Satz 5 bis 8 gilt entsprechend. ⁴Unterbleibt die Mitteilung, hat das Finanzamt zu wenig erhobene Lohnsteuer vom Arbeitnehmer nachzufordern, wenn diese 10 Euro übersteigt.

(8) ¹Der Arbeitgeber darf die Lohnsteuerabzugsmerkmale nur für die Einbehaltung der Lohn- und Kirchensteuer verwenden. ²Er darf sie ohne Zustimmung des Arbeitnehmers nur offenbaren, soweit dies gesetzlich zugelassen ist.

(9) ¹Ordnungswidrig handelt, wer vorsätzlich oder leichtfertig entgegen Absatz 8 ein Lohnsteuerabzugsmerkmal verwendet. ²Die Ordnungswidrigkeit kann mit einer Geldbuße bis zu zehntausend Euro geahndet werden.

§ 39a
Freibetrag und Hinzurechnungsbetrag

(1) Auf Antrag des unbeschränkt einkommensteuerpflichtigen Arbeitnehmers ermittelt das Finanzamt die Höhe eines vom Arbeitslohn insgesamt abzuziehenden Freibetrags aus der Summe der folgenden Beträge:

1. Werbungskosten, die bei den Einkünften aus nichtselbständiger Arbeit anfallen, soweit sie den Arbeitnehmer-Pauschbetrag (§ 9a Satz 1 Nr. 1 Buchstabe a) oder bei Versorgungsbezügen den Pauschbetrag (§ 9a Satz 1 Nr. 1 Buchstabe b) übersteigen,

2. Sonderausgaben im Sinne des § 10 Abs. 1 Nummer 4, 5, 7 und 9 sowie Absatz 1a und des § 10b, soweit sie den Sonderausgaben-Pauschbetrag von 36 Euro übersteigen,

3. der Betrag, der nach den §§ 33, 33a und 33b Abs. 6 wegen außergewöhnlicher Belastungen zu gewähren ist,

4. die Pauschbeträge für behinderte Menschen und Hinterbliebene (§ 33b Abs. 1 bis 5),

5. die folgenden Beträge, wie sie nach § 37 Abs. 3 bei der Festsetzung von Einkommensteuer-Vorauszahlungen zu berücksichtigen sind:
   a) die Beträge, die nach § 10d Abs. 2, §§ 10e, 10f, 10g, 10h, 10i, nach § 15b des Berlinförderungsgesetzes oder nach § 7 des Fördergebietsgesetzes abgezogen werden können,
   b) die negative Summe der Einkünfte im Sinne des § 2 Abs. 1 Satz 1 Nr. 1 bis 3, 6 und 7 und der negativen Einkünfte im Sinne des § 2 Abs. 1 Satz 1 Nr. 5,
   c) das Vierfache der Steuerermäßigung nach den §§ 34f und 35a,

6. die Freibeträge nach § 32 Abs. 6 für jedes Kind im Sinne des § 32 Abs. 1 bis 4, für das kein Anspruch auf Kindergeld besteht. ²Soweit für diese Kinder Kinderfreibeträge nach § 38b Absatz 2 berücksichtigt worden sind, ist die Zahl der Kinderfreibeträge entsprechend zu vermindern. ³Der Arbeitnehmer ist verpflichtet, den nach Satz 1 ermittelten Freibetrag ändern zu lassen, wenn für das Kind ein Kinderfreibetrag nach § 38b Absatz 2 berücksichtigt wird,

7. ein Betrag für ein zweites oder ein weiteres Dienstverhältnis insgesamt bis zur Höhe des auf volle Euro abgerundeten zu versteuernden Jahresbetrags nach § 39b Absatz 2 Satz 5, bis zu dem nach Steuerklasse des Arbeitnehmers, die für den Lohnsteuerabzug vom Arbeitslohn aus dem ersten Dienstverhältnis anzuwenden ist, Lohnsteuer nicht zu erheben ist. ²Voraussetzung ist, dass
   a) der Jahresarbeitslohn aus dem ersten Dienstverhältnis geringer ist als der nach Satz 1 maßgebende Eingangsbetrag und

b) in Höhe des Betrags für ein zweites oder ein weiteres Dienstverhältnis zugleich für das erste Dienstverhältnis ein Betrag ermittelt wird, der dem Arbeitslohn hinzuzurechnen ist (Hinzurechnungsbetrag).

³Soll für das erste Dienstverhältnis auch ein Freibetrag nach den Nummern 1 bis 6 und 8 ermittelt werden, ist nur der diesen Freibetrag übersteigende Betrag als Hinzurechnungsbetrag zu berücksichtigen. ⁴Ist der Freibetrag höher als der Hinzurechnungsbetrag, ist nur der den Hinzurechnungsbetrag übersteigende Freibetrag zu berücksichtigen.

8. der Entlastungsbetrag für Alleinerziehende (§ 24b) bei Verwitweten, die nicht in Steuerklasse II gehören.

²Der insgesamt abzuziehende Freibetrag und der Hinzurechnungsbetrag gelten mit Ausnahme von Satz 1 Nummer 4 und vorbehaltlich der Sätze 3 bis 5 für die gesamte Dauer eines Kalenderjahres. Die Summe der nach Satz 1 Nummer 1 bis 3 sowie 5 bis 8 ermittelten Beträge wird längstens für einen Zeitraum von zwei Kalenderjahren ab Beginn des Kalenderjahres, für das der Freibetrag erstmals gilt, berücksichtigt. ²Der Arbeitnehmer kann eine Änderung des Freibetrags innerhalb dieses Zeitraums beantragen, wenn sich die Verhältnisse zu seinen Gunsten ändern. ³Ändern sich die Verhältnisse zu seinen Ungunsten, ist er verpflichtet, dies dem Finanzamt umgehend anzuzeigen.

(2) ¹Der Antrag nach Absatz 1 ist nach amtlich vorgeschriebenem Vordruck zu stellen und vom Arbeitnehmer eigenhändig zu unterschreiben. ²Die Frist für die Antragstellung beginnt am 1. Oktober des Vorjahres, für das der Freibetrag gelten soll. ³Sie endet am 30. November des Kalenderjahres, in dem der Freibetrag gilt. ⁴Der Antrag ist hinsichtlich eines Freibetrags aus der Summe der nach Satz 1 Nummer 1 bis 3 und 8 in Betracht kommenden Aufwendungen und Beträge unzulässig, wenn die Aufwendungen im Sinne des § 9, soweit sie den Arbeitnehmer-Pauschbetrag übersteigen, die Aufwendungen im Sinne § 10 Abs. 1 Nr. 4, 5, 7 und 9 sowie Absatz 1a, der §§ 10b und 33 sowie die abziehbaren Beträge nach den §§ 24b, 33a und 33b Abs. 6 insgesamt 600 Euro nicht übersteigen. ⁵Das Finanzamt kann auf nähere Angaben des Arbeitnehmers verzichten, wenn er

1. höchstens den Freibetrag beantragt, der für das vorangegangene Kalenderjahr ermittelt wurde, und
2. versichert, dass sich die maßgebenden Verhältnisse nicht wesentlich geändert haben.

⁶Das Finanzamt hat den Freibetrag durch Aufteilung in Monatsfreibeträge, falls erforderlich in Wochen- und Tagesfreibeträge, jeweils auf die der Antragsstellung folgenden Monate des Kalenderjahres gleichmäßig zu verteilen. ⁷Abweichend hiervon darf ein Freibetrag, der im Monat Januar eines Kalenderjahres beantragt wird, mit Wirkung vom 1. Januar dieses Kalenderjahres an berücksichtigt werden. ⁸Ist der Arbeitnehmer beschränkt einkommensteuerpflichtig, hat das Finanzamt den nach Absatz 4 ermittelten Freibetrag durch Aufteilung in Monatsfreibeträge, falls erforderlich in Wochen und Tagesbeiträge, jeweils auf die voraussichtliche Dauer des Dienstverhältnisses im Kalenderjahr gleichmäßig zu verteilen. ⁹Die Sätze 5 bis 8 gelten für den Hinzurechnungsbetrag nach Absatz 1 Satz 1 Nummer 7 entsprechend.

(3) ¹Für Ehegatten, die beide unbeschränkt einkommensteuerpflichtig sind und nicht dauernd getrennt leben, ist jeweils die Summe der nach Absatz 1 Satz 1 Nr. 2 bis 5 und 8 in Betracht kommenden Beträge gemeinsam zu ermitteln; der in Absatz 1 Satz 1 Nr. 2 genannte Betrag ist zu verdoppeln. ²Für die Anwendung des Absatzes 2 Satz 4 ist die Summe der für beide Ehegatten in Betracht kommenden Aufwendungen im Sinne des § 9, soweit sie jeweils den Arbeitnehmer-Pauschbetrag übersteigen und der Aufwendungen im Sinne des § 10 Absatz 1 Nummer 4, 5, 7 und 9 sowie Absatz 1a, der §§ 10b und 33 und 33b Absatz 6 maßgebend. ³Die nach Satz 1 ermittelte Summe ist je zur Hälfte auf die Ehegatten aufzuteilen, wenn für jeden Ehegatten Lohnsteuerabzugsmerkmale gebildet werden und die Ehegatten keine andere Aufteilung beantragen. ⁴Für eine andere Aufteilung gilt Absatz 1 Satz 2 entsprechend. ⁵Für einen Arbeitnehmer, dessen Ehe in dem Kalenderjahr, für das der Freibetrag gilt, aufgelöst worden ist und dessen bisheriger Ehegatte in demselben Kalenderjahr wieder geheiratet hat, sind die nach Absatz 1 in Betracht kommenden Beträge ausschließlich auf Grund der in seiner Person erfüllten Voraussetzungen zu ermitteln. ⁶Satz 1 zweiter Halbsatz ist auch anzuwenden, wenn die tarifliche Einkommensteuer nach § 32a Absatz 6 zu ermitteln ist.

(4) ¹Für einen beschränkt einkommensteuerpflichtigen Arbeitnehmer, für den § 50 Absatz 1 Satz 4 anzuwenden ist, ermittelt das Finanzamt auf Antrag einen Freibetrag, der vom Arbeitslohn insgesamt abzuziehen ist, aus der Summe der folgenden Beträge:

1. Werbungskosten, die bei den Einkünften aus nichtselbständiger Arbeit anfallen, soweit sie den Arbeitnehmer-Pauschbetrag (§ 9a Satz 1 Nummer 1 Buchstabe a) oder bei Versorgungsbezügen den Pauschbetrag (§ 9a Satz 1 Nummer 1 Buchstabe b) übersteigen,
2. Sonderausgaben im Sinne des § 10b, soweit sie den Sonderausgaben-Pauschbetrag (§ 10c) übersteigen, und wie Sonderausgaben abziehbaren Beträge nach § 10e oder § 10i, jedoch erst nach Fertigstellung oder Anschaffung des begünstigten Objekts oder nach Fertigstellung der begünstigten Maßnahme,
3. den Freibetrag oder den Hinzurechnungsbetrag nach Absatz 1 Satz 1 Nummer 7.

²Der Antrag kann nur nach amtlich vorgeschriebenem Vordruck bis zum Ablauf des Kalenderjahres gestellt werden, für das die Lohnsteuerabzugsmerkmale gelten.

(5) Ist zuwenig Lohnsteuer erhoben worden, weil ein Freibetrag unzutreffend als Lohnsteuerabzugsmerkmal ermittelt worden ist, hat das Finanzamt den Fehlbetrag vom Arbeitnehmer nachzufordern, wenn er 10 Euro übersteigt.

§ 39b
Einbehaltung der Lohnsteuer

(1) Bei unbeschränkt und beschränkt einkommensteuerpflichtigen Arbeitnehmern hat der Arbeitgeber den Lohnsteuerabzug nach Maßgabe der Absätze 2 bis 6 durchzuführen.

(2) ¹Für die Einbehaltung der Lohnsteuer vom laufenden Arbeitslohn hat der Arbeitgeber die Höhe des laufenden Arbeitslohns im Lohnzahlungszeitraum festzustellen und auf einen Jahresarbeitslohn hochzurechnen. ²Der Arbeitslohn eines monatlichen Lohnzahlungszeitraums ist mit zwölf, der Arbeitslohn eines wöchentlichen Lohnzahlungszeitraums mit 360/7 und der Arbeitslohn eines täglichen Lohnzahlungszeitraums mit 360 zu vervielfältigen. ³Von dem hochgerechneten Jahresarbeitslohn sind ein etwaiger Versorgungsfreibetrag (§ 19 Abs. 2) und Altersentlastungsbetrag (§ 24a) abzuziehen. ⁴Außerdem ist der hochgerechnete Jahresarbeitslohn um einen etwaigen als Lohnsteuerabzugsmerkmal für den Lohnzahlungszeitraum mitgeteilten Freibetrag (§ 39a Absatz 1) oder Hinzurechnungsbetrag (§ 39a Absatz 1 Satz 1 Nummer 7), vervielfältigt unter sinngemäßer Anwendung von Satz 2, zu vermindern oder zu erhöhen. ⁵Der so verminderte oder erhöhte hochgerechnete Jahresarbeitslohn, vermindert um

1. den Arbeitnehmer-Pauschbetrag (§ 9a Satz 1 Nr. 1 Buchstabe a) oder bei Versorgungsbezügen den Pauschbetrag (§ 9a Satz 1 Nr. 1 Buchstabe b) und den Zuschlag zum Versorgungsfreibetrag (§ 19 Abs. 2) in den Steuerklassen I bis V,
2. den Sonderausgaben-Pauschbetrag (§ 10c Satz 1) in den Steuerklassen I bis V,
3. eine Vorsorgepauschale aus den Teilbeträgen
   a) für die Rentenversicherung bei Arbeitnehmern, die in der gesetzlichen Rentenversicherung pflichtversichert oder von der gesetzlichen Rentenversicherung nach § 6 Absatz 1 Nummer 1 des Sechsten Buches Sozialgesetzbuch befreit sind, in den Steuerklassen I bis VI in Höhe des Betrags, der bezogen auf den Arbeitslohn 50 Prozent des Beitrags in der allgemeinen Rentenversicherung unter Berücksichtigung der jeweiligen Beitragsbemessungsgrenzen entspricht,
   b) für die Krankenversicherung bei Arbeitnehmern, die in der gesetzlichen Krankenversicherung versichert sind, in den Steuerklassen I bis VI in Höhe des Betrags, der bezogen auf den Arbeitslohn unter Berücksichtigung der Beitragsbemessungsgrenze, den ermäßigten Beitragssatz (§ 243 des Fünften Buches Sozialgesetzbuch) und den Zusatzbeitragssatz der Krankenkasse (§ 242 des Fünften Buches Sozialgesetzbuch) dem Arbeitnehmeranteil eines pflichtversicherten Arbeitnehmers entspricht,
   c) für die Pflegeversicherung bei Arbeitnehmern, die in der sozialen Pflegeversicherung versichert sind, in den Steuerklassen I bis VI in Höhe des Betrags, der bezogen auf den Arbeitslohn unter Berücksichtigung der Beitragsbemessungsgrenze und den bundeseinheitlichen Beitragssatz dem Arbeitnehmeranteil eines pflichtversicherten Arbeitnehmers entspricht, erhöht um den Beitragszuschlag des Arbeitnehmers nach § 55 Absatz 3 des Elften Buches Sozialgesetzbuch, wenn die Voraussetzungen dafür vorliegen,
   d) für die Krankenversicherung und für die private Pflege-Pflichtversicherung bei Arbeitnehmern, die nicht unter Buchstabe b und c fallen, in den Steuerklassen I bis V in Höhe der dem Arbeitgeber mitgeteilten Beiträge im Sinne des § 10 Absatz 1 Nummer 3, etwaig vervielfältigt unter sinngemäßer Anwendung von Satz 2 auf einen Jahresbetrag, vermindert um den Betrag, der bezogen auf den Arbeitslohn unter Berücksichtigung der Beitragsbemessungsgrenze und den ermäßigten Beitragssatz in der gesetzlichen Krankenversicherung sowie den bundeseinheitlichen Beitragssatz in der sozialen Pflegeversicherung dem Arbeitgeberanteil für einen pflichtversicherten Arbeitnehmer entspricht, wenn der Arbeitgeber gesetzlich verpflichtet ist, Zuschüsse zu den Kranken- und Pflegeversicherungsbeiträgen des Arbeitnehmers zu leisten;

⁶Entschädigungen im Sinne des § 24 Nummer 1 sind bei Anwendung der Buchstaben a bis c nicht zu berücksichtigen; mindestens ist für die Summe der Teilbeträge nach den Buchstaben b und c oder für den Teilbetrag nach Buchstabe d ein Betrag in Höhe von 12 Prozent des Arbeitslohns, höchstens 1 900 Euro in den Steuerklassen I, II, IV, V, VI und höchstens 3 000 Euro in der Steuerklasse III anzusetzen,

4. den Entlastungsbetrag für Alleinerziehende (§ 24b) in der Steuerklasse II,

ergibt den zu versteuernden Jahresbetrag. ⁶Für den zu versteuernden Jahresbetrag ist die Jahreslohnsteuer in den Steuerklassen I, II und IV nach § 32a Abs. 1 sowie in der Steuerklasse III nach § 32a Abs. 5 zu berechnen. ⁷In den Steuerklassen V und VI ist die Jahreslohnsteuer zu berechnen, die sich aus dem Zweifachen des Unterschiedsbetrags zwischen dem Steuerbetrag für das Eineinviertelfache und dem Steuerbetrag für das Dreiviertelfache des zu versteuernden Jahresbetrags nach § 32a Abs. 1 ergibt; die Jahreslohnsteuer beträgt jedoch mindestens 14 Prozent des Jahresbetrags, für den 9 763 Euro übersteigenden Teil des Jahresbetrags höchstens 42 Prozent und für den 26 441 Euro übersteigenden Teil des zu versteuernden Jahresbetrags jeweils 42 Prozent sowie für den 200 584 Euro übersteigenden Teil des zu versteuernden Jahresbetrags jeweils 45 Prozent. ⁸Für die Lohnsteuerberechnung ist die als Lohnsteuerabzugsmerkmal mitgeteilte Steuerklasse maßgebend. ⁹Die monatliche Lohnsteuer ist 1/12, die wöchentliche Lohnsteuer sind 7/360 und die tägliche Lohnsteuer ist 1/360 bei Jahreslohnsteuer. ¹⁰Bruchteile eines Cents, die sich bei der Berechnung nach den Sätzen 2 und 9 ergeben, bleiben jeweils außer Ansatz. ¹¹Die auf den Lohnzahlungszeitraum entfallende Lohnsteuer ist vom Arbeitslohn einzubehalten. ¹²Das Betriebsstättenfinanzamt kann allgemein oder auf Antrag zulassen, dass die Lohnsteuer unter den Voraussetzungen des § 42b Abs. 1 nach dem voraussichtlichen Jahresarbeitslohn ermittelt wird, wenn gewährleistet ist, dass die zutreffende Jahreslohnsteuer (§ 38a Abs. 2) nicht unterschritten wird.

(3) ¹Für die Einbehaltung der Lohnsteuer von einem sonstigen Bezug hat der Arbeitgeber den voraussichtlichen Jahresarbeitslohn ohne den sonstigen Bezug festzustellen. ²Hat der Arbeitnehmer Lohnsteuerbescheinigungen aus früheren Dienstverhältnissen des Kalenderjahres nicht vorgelegt, so ist bei der Ermittlung des voraussichtlichen Jahresarbeitslohns der Arbeitslohn für Beschäftigungszeiten bei früheren Arbeitgebern mit dem Betrag anzusetzen, der sich ergibt, wenn der laufende Arbeitslohn im Monat der Zahlung des sonstigen Bezugs entsprechend der Beschäftigungsdauer bei früheren Arbeitgebern hochgerechnet wird. ³Der voraussichtliche Jahresarbeitslohn ist um den Versorgungsfreibetrag (§ 19 Abs. 2) und den Altersentlastungsbetrag (§ 24a), wenn die Voraussetzungen für den Abzug dieser Beträge jeweils erfüllt sind, sowie um einen etwaigen als Lohnsteuerabzugsmerkmal mitgeteilten Jahresfreibetrag zu vermindern und um einen etwaigen Jahreshinzurechnungsbetrag zu erhöhen. ⁴Für die so ermittelten Jahresarbeitslohn (maßgebender Jahresarbeitslohn) ist die Lohnsteuer nach Maßgabe des Absatzes 2 Satz 5 bis 7 zu ermitteln. ⁵Außerdem ist die Jahreslohnsteuer für den maßgebenden Jahresarbeitslohn unter Einbeziehung des sonstigen Bezugs zu ermitteln. ⁶Dabei ist der sonstige Bezug um den Versorgungsfreibetrag und den Altersentlastungsbetrag zu vermindern, wenn die Voraussetzungen für den Abzug dieser Beträge jeweils erfüllt sind und soweit sie nicht bei der Steuerberechnung für den maßgebenden Jahresarbeitslohn berücksichtigt worden sind. ⁷Für die Lohnsteuerberechnung ist die als Lohnsteuerabzugsmerkmal mitgeteilte Steuerklasse maßgebend. ⁸Der Unterschiedsbetrag zwischen den ermittelten Jahreslohnsteuerbeträgen ist die Lohnsteuer, die vom sonstigen Bezug einzubehalten ist. ⁹Die Lohnsteuer ist bei einem sonstigen Bezug im Sinne des § 34 Abs. 1 und 2 Nr. 2 und 4 in der Weise zu ermäßigen, dass der sonstige Bezug bei der Anwendung des Satzes 5 mit einem Fünftel anzusetzen ist und der Unterschiedsbetrag im Sinne des Satzes 8 zu verfünffachen ist; § 34 Abs. 1 Satz 3 ist sinngemäß anzuwenden. ¹⁰Ein sonstiger Bezug im Sinne des § 34 Absatz 1 und 2 Nummer 4 ist bei der Anwendung des Satzes 4 in die Bemessungsgrundlage für die Vorsorgepauschale nach Absatz 2 Satz 5 Nummer 3 einzubeziehen.

(4) In den Kalenderjahren 2010 bis 2024 ist Absatz 2 Satz 5 Nummer 3 Buchstabe a mit der Maßgabe anzuwenden, dass im Kalenderjahr 2010 der ermittelte Betrag auf 40 Prozent begrenzt ist und dieser Prozentsatz in jedem folgenden Kalenderjahr um je 4 Prozentpunkte erhöht wird.

(5) ¹Wenn der Arbeitgeber für den Lohnzahlungszeitraum lediglich Abschlagszahlungen leistet und eine Lohnabrechnung für einen längeren Zeitraum (Lohnabrechnungszeitraum) vornimmt, kann er den Lohnabrechnungszeitraum als Lohnzahlungszeitraum behandeln und die Lohnsteuer abweichend von § 38 Abs. 3 bei der Lohnabrechnung einbehalten. ²Satz 1 gilt nicht, wenn der Lohnabrechnungszeitraum fünf Wochen übersteigt oder die Lohnabrechnung nicht innerhalb von drei Wochen nach dessen Ablauf erfolgt. ³Das Betriebsstättenfinanzamt kann anordnen, dass die Lohnsteuer von den Abschlagszahlungen einzubehalten ist, wenn die Erhebung der Lohnsteuer sonst nicht gesichert erscheint. ⁴Wenn wegen einer besonderen Entlohnungsart weder ein Lohnzahlungszeitraum noch ein Lohnabrechnungszeitraum festgestellt werden kann, gilt als Lohnzahlungszeitraum die Summe der tatsächlichen Arbeitstage oder Arbeitswochen.

(6) ¹Das Bundesministerium der Finanzen hat im Einvernehmen mit den obersten Finanzbehörden der Länder auf der Grundlage der Absätze 2 und 3 einen Programmablaufplan für die maschinelle Berechnung der Lohnsteuer aufzustellen und bekannt zu machen. ²Im Programmablaufplan kann von den Regelungen in den Absätzen 2 und 3 abgewichen werden, wenn sich das Ergebnis der maschinellen Berechnung der Lohnsteuer an das Ergebnis einer Veranlagung zur Einkommensteuer anlehnt.

§ 39c
Einbehaltung der Lohnsteuer
ohne Lohnsteuerabzugsmerkmale

(1) ¹Solange der Arbeitnehmer dem Arbeitgeber zum Zweck des Abrufs der elektronischen Lohnsteuerabzugsmerkmale (§ 39e Absatz 4 Satz 1) die ihm zugeteilte Identifikationsnummer sowie den Tag der Geburt schuldhaft nicht mitteilt oder das Bundeszentralamt für Steuern die Mitteilung elektronischer Lohnsteuerabzugsmerkmale ablehnt, hat der Arbeitgeber die Lohnsteuer nach Steuerklasse VI zu ermitteln. ²Kann der Arbeitgeber die elektronischen Lohnsteuerabzugsmerkmale wegen technischer Störungen nicht abrufen oder hat der Arbeitnehmer die fehlende Mitteilung der ihm zuzuteilenden Identifikationsnummer nicht zu vertreten, hat der Arbeitgeber für die Lohnsteuerberechnung die voraussichtlichen Lohnsteuerabzugsmerkmale im Sinne des § 38b längstens für die Dauer von drei Kalendermonaten zu Grunde zu legen. ³Hat nach Ablauf der drei Kalendermonate der Arbeitnehmer die Identifikationsnummer sowie den Tag der Geburt nicht mitgeteilt, ist rückwirkend Satz 1 anzuwenden. ⁴Sobald dem Arbeitgeber in den Fällen des Satzes 2 die elektronischen Lohnsteuerabzugsmerkmale vorliegen, sind die Lohnsteuerermittlungen für die vorangegangenen Monate zu überprüfen und, falls erforderlich, zu ändern. ⁵Die zu wenig oder zu viel einbehaltene Lohnsteuer ist jeweils bei der nächsten Lohnabrechnung auszugleichen.

(2) ¹Ist ein Antrag nach § 39 Absatz 3 Satz 1 oder § 39e Absatz 8 nicht gestellt, hat der Arbeitgeber die Lohnsteuer nach Steuerklasse VI zu ermitteln. ²Legt der Arbeitnehmer binnen sechs Wochen nach Eintritt in das Dienstverhältnis oder nach Beginn des Kalenderjahres eine Bescheinigung für den Lohnsteuerabzug vor, ist Absatz 1 Satz 4 und 5 sinngemäß anzuwenden.

(3) ¹In den Fällen des § 38 Absatz 3a Satz 1 kann der Dritte die Lohnsteuer für einen sonstigen Bezug mit 20 Prozent unabhängig von den Lohnsteuerabzugsmerkmalen des Arbeitnehmers ermitteln, wenn der maßgebende Jahresarbeitslohn nach § 39b Absatz 3 zuzüglich des sonstigen Bezugs 10 000 Euro

nicht übersteigt. ²Bei der Feststellung des maßgebenden Jahresarbeitslohns sind nur die Lohnzahlungen des Dritten zu berücksichtigen.

§ 39d
(weggefallen)

§ 39e
Verfahren zur Bildung und Anwendung der elektronischen Lohnsteuerabzugsmerkmale

(1) ¹Das Bundeszentralamt für Steuern bildet für jeden Arbeitnehmer grundsätzlich automatisiert die Steuerklasse und für die bei den Steuerklassen I bis IV zu berücksichtigenden Kinder die Zahl der Kinderfreibeträge nach § 38b Absatz 2 Satz 1 als Lohnsteuerabzugsmerkmale (§ 39 Absatz 4 Satz 1 Nummer 1 und 2); für Änderungen gilt § 39 Absatz 2 entsprechend. ²Soweit das Finanzamt Lohnsteuerabzugsmerkmale nach § 39 bildet, teilt es sie dem Bundeszentralamt für Steuern zum Zweck der Bereitstellung für den automatisierten Abruf durch den Arbeitgeber mit. ³Lohnsteuerabzugsmerkmale sind frühestens bereitzustellen mit Wirkung von Beginn des Kalenderjahres an, für das sie anzuwenden sind, jedoch nicht für einen Zeitpunkt vor Beginn des Dienstverhältnisses.

(2) Das Bundeszentralamt für Steuern speichert zum Zweck der Bereitstellung automatisiert abrufbarer Lohnsteuerabzugsmerkmale für den Arbeitgeber die Lohnsteuerabzugsmerkmale unter Angabe der Identifikationsnummer sowie für jeden Steuerpflichtigen folgende Daten zu den in § 139b Absatz 3 der Abgabenordnung genannten Daten hinzu:

1. rechtliche Zugehörigkeit zu einer steuererhebenden Religionsgemeinschaft sowie Datum des Eintritts und Austritts,
2. melderechtlichen Familienstand sowie den Tag der Begründung des Auflösung des Familienstands und bei Verheirateten die Identifikationsnummer des Ehegatten,
3. Kinder mit ihrer Identifikationsnummer.

²Die nach Landesrecht für das Meldewesen zuständigen Behörden (Meldebehörden) haben dem Bundeszentralamt für Steuern unter Angabe der Identifikationsnummer und des Tages der Geburt die in Satz 1 Nummer 1 bis 3 bezeichneten Daten und deren Änderungen im Melderegister mitzuteilen. ³In den Fällen des Satzes 1 Nummer 3 besteht die Mitteilungspflicht nur, wenn das Kind mit Hauptwohnsitz oder alleinigem Wohnsitz im Zuständigkeitsbereich der Meldebehörde gemeldet ist und solange das Kind das 18. Lebensjahr noch nicht vollendet hat. ⁴Sofern die Identifikationsnummer noch nicht zugeteilt wurde, teilt die Meldebehörde die Daten unter Angabe des Vorläufigen Bearbeitungsmerkmals nach § 139b Absatz 6 Satz 2 der Abgabenordnung mit. ⁵Für die Datenübermittlung gilt § 6 Absatz 2a der Zweiten Bundesmeldedatenübermittlungsverordnung vom 31. Juli 1995 (BGBl. I S. 1011), die zuletzt durch Artikel 1 der Verordnung vom 11. März 2011 (BGBl. I S. 325) geändert worden ist, in der jeweils geltenden Fassung entsprechend.

(3) ¹Das Bundeszentralamt für Steuern hält die Identifikationsnummer, den Tag der Geburt, Merkmale für den Kirchensteuerabzug und die Lohnsteuerabzugsmerkmale des Arbeitnehmers nach § 39 Absatz 4 zum unentgeltlichen automatisierten Abruf durch den Arbeitgeber nach amtlich vorgeschriebenem Datensatz bereit (elektronische Lohnsteuerabzugsmerkmale). ²Bezieht ein Arbeitnehmer nebeneinander von mehreren Arbeitgebern Arbeitslohn, sind für jedes weitere Dienstverhältnis elektronische Lohnsteuerabzugsmerkmale zu bilden. ³Haben Arbeitnehmer im Laufe des Kalenderjahres geheiratet, gilt für die automatisierte Bildung der Steuerklassen Folgendes:

1. Steuerklasse III ist zu bilden, wenn die Voraussetzungen des § 38b Absatz 1 Satz 2 Nummer 3 Buchstabe a Doppelbuchstabe aa vorliegen;
2. für beide Ehegatten ist Steuerklasse IV zu bilden, wenn die Voraussetzungen des § 38b Absatz 1 Satz 2 Nummer 4 vorliegen.

⁴Das Bundeszentralamt für Steuern führt die elektronischen Lohnsteuerabzugsmerkmale des Arbeitnehmers zum Zweck ihrer Bereitstellung nach Satz 1 mit der Wirtschafts-Identifikationsnummer (§ 139c der Abgabenordnung) des Arbeitgebers zusammen.

(4) ¹Der Arbeitnehmer hat jedem seiner Arbeitgeber bei Eintritt in das Dienstverhältnis zum Zweck des Abrufs der Lohnsteuerabzugsmerkmale mitzuteilen,

1. wie die Identifikationsnummer sowie der Tag der Geburt lauten,
2. ob es sich um das erste oder ein weiteres Dienstverhältnis handelt (§ 38b Absatz 1 Satz 2 Nummer 6) und
3. ob und in welcher Höhe ein nach § 39a Absatz 1 Satz 1 Nummer 7 festgestellter Freibetrag abgerufen werden soll.

²Der Arbeitgeber hat bei Beginn des Dienstverhältnisses die elektronischen Lohnsteuerabzugsmerkmale für den Arbeitnehmer beim Bundeszentralamt für Steuern durch Datenfernübertragung abzurufen und sie in das Lohnkonto für den Arbeitnehmer zu übernehmen. ³Für den Abruf der elektronischen Lohnsteuerabzugsmerkmale hat sich der Arbeitgeber zu authentifizieren und seine Wirtschafts-Identifikationsnummer, die Daten des Arbeitnehmers nach Satz 1 Nummer 1 und 2, den Tag des Beginns des Dienstverhältnisses und etwaige Angaben nach Satz 1 Nummer 3 mitzuteilen. ⁴Zur Plausibilitätsprüfung der Identifikationsnummer hält das Bundeszentralamt für Steuern für den Arbeitgeber entsprechende Regeln bereit. ⁵Der Arbeitgeber hat den Tag der Beendigung des Dienstverhältnisses unverzüglich dem Bundeszentralamt für Steuern durch Datenfernübertragung mitzuteilen. ⁶Beauftragt der Arbeitgeber einen Dritten mit der Durchführung des Lohnsteuerabzugs, hat sich der Dritte für den Datenabruf zu authentifizieren und zusätzlich seine Wirtschafts-Identifikationsnummer mitzuteilen. ⁷Für die Verwendung der elektronischen Lohnsteuerabzugsmerkmale gelten die Schutzvorschriften des § 39 Absatz 8 und 9 sinngemäß.

(5) ¹Die abgerufenen elektronischen Lohnsteuerabzugsmerkmale sind vom Arbeitgeber für die

Durchführung des Lohnsteuerabzugs des Arbeitnehmers anzuwenden, bis

1. ihm das Bundeszentralamt für Steuern geänderte elektronische Lohnsteuerabzugsmerkmale zum Abruf bereitstellt oder
2. der Arbeitgeber dem Bundeszentralamt für Steuern die Beendigung des Dienstverhältnisses mitteilt.

²Sie sind in der üblichen Lohnabrechnung anzugeben. ³Der Arbeitgeber ist verpflichtet, die vom Bundeszentralamt für Steuern bereitgestellten Mitteilungen und elektronischen Lohnsteuerabzugsmerkmale monatlich anzufragen und abzurufen.

(6) ¹Gegenüber dem Arbeitgeber gelten die Lohnsteuerabzugsmerkmale (§ 39 Absatz 4) mit dem Abruf der elektronischen Lohnsteuerabzugsmerkmale als bekannt gegeben. ²Einer Rechtsbehelfsbelehrung bedarf es nicht. ³Die elektronischen Lohnsteuerabzugsmerkmale gelten gegenüber dem Arbeitnehmer als bekannt gegeben, sobald der Arbeitgeber dem Arbeitnehmer den Ausdruck der Lohnabrechnung mit den nach Absatz 5 Satz 2 darin ausgewiesenen elektronischen Lohnsteuerabzugsmerkmalen ausgehändigt oder elektronisch bereitgestellt hat. ⁴Die elektronischen Lohnsteuerabzugsmerkmale sind dem Steuerpflichtigen auf Antrag vom zuständigen Finanzamt mitzuteilen oder elektronisch bereitzustellen. ⁵Wird dem Arbeitnehmer bekannt, dass die elektronischen Lohnsteuerabzugsmerkmale zu seinen Gunsten von den nach § 39 zu bildenden Lohnsteuerabzugsmerkmalen abweichen, ist er verpflichtet, dies dem Finanzamt unverzüglich mitzuteilen. ⁶Der Steuerpflichtige kann beim zuständigen Finanzamt

1. den Arbeitgeber benennen, der zum Abruf von elektronischen Lohnsteuerabzugsmerkmalen berechtigt ist (Positivliste) oder nicht berechtigt ist (Negativliste). ²Hierfür hat der Arbeitgeber dem Arbeitnehmer seine Wirtschafts-Identifikationsnummer mitzuteilen. ³Für die Verwendung der Wirtschafts-Identifikationsnummer gelten die Schutzvorschriften des § 39 Absatz 8 und 9 sinngemäß; oder
2. die Bildung oder die Bereitstellung der elektronischen Lohnsteuerabzugsmerkmale allgemein sperren oder allgemein freischalten lassen.

⁷Macht der Steuerpflichtige von seinem Recht nach Satz 6 Gebrauch, hat er die Positivliste, die Negativliste, die allgemeine Sperrung oder die allgemeine Freischaltung in einem bereitgestellten elektronischen Verfahren oder nach amtlich vorgeschriebenem Vordruck dem Finanzamt zu übermitteln. ⁸Werden wegen einer Sperrung nach Satz 6 einem Arbeitgeber, der Daten abrufen möchte, keine elektronischen Lohnsteuerabzugsmerkmale bereitgestellt, wird dem Arbeitgeber die Sperrung mitgeteilt und dieser hat die Lohnsteuer nach Steuerklasse VI zu ermitteln.

(7) ¹Auf Antrag des Arbeitgebers kann das Betriebsstättenfinanzamt zur Vermeidung unbilliger Härten zulassen, dass er nicht am Abrufverfahren teilnimmt. ²Dem Antrag eines Arbeitgebers ohne maschinelle Lohnabrechnung, der ausschließlich Arbeitnehmer im Rahmen einer geringfügigen Beschäftigung in seinem Privathaushalt im Sinne des § 8a des Vierten Buches Sozialgesetzbuch beschäftigt, ist stattzugeben. ³Der Arbeitgeber hat dem Antrag unter Angabe seiner Wirtschafts-Identifikationsnummer ein Verzeichnis der beschäftigten Arbeitnehmer mit Angabe der jeweiligen Identifikationsnummer und des Tages der Geburt des Arbeitnehmers beizufügen. ⁴Der Antrag ist nach amtlich vorgeschriebenem Vordruck jährlich zu stellen und vom Arbeitgeber zu unterschreiben. ⁵Das Betriebsstättenfinanzamt übermittelt dem Arbeitgeber für die Durchführung des Lohnsteuerabzugs für ein Kalenderjahr eine arbeitgeberbezogene Bescheinigung mit den Lohnsteuerabzugsmerkmalen des Arbeitnehmers (Bescheinigung für den Lohnsteuerabzug) sowie etwaige Änderungen. ⁶Diese Bescheinigung sowie die Änderungsmitteilungen sind als Belege zum Lohnkonto zu nehmen und bis zum Ablauf des Kalenderjahres aufzubewahren. ⁷Absatz 5 Satz 1 und 2 sowie Absatz 6 Satz 3 gelten entsprechend. ⁸Der Arbeitgeber hat den Tag der Beendigung des Dienstverhältnisses unverzüglich dem Betriebsstättenfinanzamt mitzuteilen.

(8) ¹Ist einem nach § 1 Absatz 1 unbeschränkt einkommensteuerpflichtigen Arbeitnehmer keine Identifikationsnummer zugeteilt, hat das Wohnsitzfinanzamt auf Antrag eine Bescheinigung für den Lohnsteuerabzug für die Dauer eines Kalenderjahres auszustellen. ²Diese Bescheinigung tritt die Verpflichtung und Berechtigung des Arbeitgebers zum Abruf der elektronischen Lohnsteuerabzugsmerkmale (Absätze 4 und 6). ³In diesem Fall tritt an die Stelle der Identifikationsnummer das lohnsteuerliche Ordnungsmerkmal nach § 41b Absatz 2 Satz 1 und 2. ⁴Für die Durchführung des Lohnsteuerabzugs hat der Arbeitnehmer seinem Arbeitgeber vor Beginn des Kalenderjahres oder bei Eintritt in das Dienstverhältnis die nach Satz 1 ausgestellte Bescheinigung für den Lohnsteuerabzug vorzulegen. ⁵§ 39c Absatz 1 Satz 2 bis 5 ist sinngemäß anzuwenden. ⁶Der Arbeitgeber hat die Bescheinigung für den Lohnsteuerabzug entgegenzunehmen und während des Dienstverhältnisses, längstens bis zum Ablauf des jeweiligen Kalenderjahres, aufzubewahren.

(9) Ist die Wirtschafts-Identifikationsnummer noch nicht oder nicht vollständig eingeführt, tritt an ihre Stelle die Steuernummer der Betriebsstätte oder des Teils des Betriebs des Arbeitgebers, in dem der für den Lohnsteuerabzug maßgebende Arbeitslohn des Arbeitnehmers ermittelt wird (§ 41 Absatz 2).

(10) Die beim Bundeszentralamt für Steuern nach Absatz 2 Satz 1 gespeicherten Daten können auch zur Prüfung und Durchführung der Einkommensbesteuerung (§ 2) des Steuerpflichtigen für Veranlagungszeiträume ab 2005 verwendet werden.

§ 39f
Faktorverfahren anstelle Steuerklassenkombination III/V

(1) ¹Bei Ehegatten, die in die Steuerklasse IV gehören (§ 38b Absatz 1 Satz 2 Nummer 4), hat das Finanzamt auf Antrag beider Ehegatten nach § 39a anstelle der Steuerklassenkombination III/V (§ 38b Absatz 1 Satz 2 Nr. 5) als Lohnsteuerabzugsmerkmal jeweils die Steuerklasse IV in Verbindung mit einem Faktor zur Ermittlung der Lohnsteuer zu bilden,

wenn der Faktor kleiner als 1 ist. ²Der Faktor ist Y : X und vom Finanzamt mit drei Nachkommastellen ohne Rundung zu berechnen. ³„Y" ist die voraussichtliche Einkommensteuer für beide Ehegatten nach dem Splittingverfahren (§ 32a Abs. 5) unter Berücksichtigung der in § 39b Abs. 2 genannten Abzugsbeträge. ⁴„X" ist die Summe der voraussichtlichen Lohnsteuer bei Anwendung der Steuerklasse IV für jeden Ehegatten. ⁵In die Bemessungsgrundlage für Y werden jeweils neben den Jahresarbeitslöhnen der ersten Dienstverhältnisse zusätzlich nur Beträge einbezogen, die nach § 39a Abs. 1 Satz 1 Nummer 1 bis 6 als Freibetrag ermittelt und als Lohnsteuerabzugsmerkmal gebildet werden könnten; Freibeträge werden neben dem Faktor nicht als Lohnsteuerabzugsmerkmal gebildet. ⁶In den Fällen des § 39a Absatz 1 Satz 1 Nummer 7 sind bei der Ermittlung von Y und X die Hinzurechnungsbeträge zu berücksichtigen; die Hinzurechnungsbeträge sind zusätzlich als Lohnsteuerabzugsmerkmal für das erste Dienstverhältnis zu bilden. ⁷Arbeitslöhne aus zweiten und weiteren Dienstverhältnissen (Steuerklasse VI) sind im Faktorverfahren nicht zu berücksichtigen.

(2) Für die Einbehaltung der Lohnsteuer vom Arbeitslohn hat der Arbeitgeber Steuerklasse IV und den Faktor anzuwenden.

(3) ¹§ 39 Absatz 6 Satz 3 und 5 gilt sinngemäß. ²§ 39a ist anzuwenden mit der Maßgabe, dass ein Antrag nach amtlich vorgeschriebenem Vordruck (§ 39a Abs. 2) nur erforderlich ist, wenn bei der Faktorermittlung zugleich Beträge nach § 39a Abs. 1 Satz 1 Nr. 1 bis 6 berücksichtigt werden sollen.

(4) Das Faktorverfahren ist im Programmablaufplan für die maschinelle Berechnung der Lohnsteuer (§ 39b Abs. 6) zu berücksichtigen.

§ 40
Pauschalierung der Lohnsteuer in besonderen Fällen

(1) ¹Das Betriebsstättenfinanzamt (§ 41a Abs. 1 Satz 1 Nr. 1) kann auf Antrag des Arbeitgebers zulassen, dass die Lohnsteuer mit einem unter Berücksichtigung der Vorschriften des § 38a zu ermittelnden Pauschsteuersatz erhoben wird, soweit

1. von dem Arbeitgeber sonstige Bezüge in einer größeren Zahl von Fällen gewährt werden oder
2. in einer größeren Zahl von Fällen Lohnsteuer nachzuerheben ist, weil der Arbeitgeber die Lohnsteuer nicht vorschriftsmäßig einbehalten hat.

²Bei der Ermittlung des Pauschsteuersatzes ist zu berücksichtigen, dass die in Absatz 3 vorgeschriebene Übernahme der pauschalen Lohnsteuer durch den Arbeitgeber für den Arbeitnehmer eine in Geldeswert bestehende Einnahme im Sinne des § 8 Abs. 1 darstellt (Nettosteuersatz). ³Die Pauschalierung ist in den Fällen der Nummer 1 ausgeschlossen, soweit der Arbeitgeber einem Arbeitnehmer sonstige Bezüge von mehr als 1 000 Euro im Kalenderjahr gewährt. ⁴Der Arbeitgeber hat dem Antrag eine Berechnung beizufügen, aus der sich der durchschnittliche Steuersatz unter Zugrundelegung der durchschnittlichen Jahresarbeitslöhne und der durchschnittlichen Jahreslohnsteuer in jeder Steuerklasse für diejenigen Arbeitnehmer ergibt, denen die Bezüge gewährt werden sollen oder gewährt worden sind.

(2) ¹Abweichend von Absatz 1 kann der Arbeitgeber die Lohnsteuer mit einem Pauschsteuersatz von 25 Prozent erheben, soweit er

1. arbeitstäglich Mahlzeiten im Betrieb an die Arbeitnehmer unentgeltlich oder verbilligt abgibt oder Barzuschüsse an ein anderes Unternehmen leistet, das arbeitstäglich Mahlzeiten an die Arbeitnehmer unentgeltlich oder verbilligt abgibt. ²Voraussetzung ist, dass die Mahlzeiten nicht als Lohnbestandteile vereinbart sind,
1a. oder auf seine Veranlassung ein Dritter den Arbeitnehmern anlässlich einer beruflichen Tätigkeit außerhalb seiner Wohnung und ersten Tätigkeitsstätte Mahlzeiten zur Verfügung stellt, die nach § 8 Absatz 2 Satz 8 und 9 mit dem Sachbezugswert anzusetzen sind,
2. Arbeitslohn aus Anlass von Betriebsveranstaltungen zahlt,
3. Erholungsbeihilfen gewährt, wenn diese zusammen mit Erholungsbeihilfen, die in demselben Kalenderjahr früher gewährt worden sind, 156 Euro für den Arbeitnehmer, 104 Euro für dessen Ehegatten und 52 Euro für jedes Kind nicht übersteigen und der Arbeitgeber sicherstellt, dass die Beihilfen zu Erholungszwecken verwendet werden,
4. Vergütungen für Verpflegungsmehraufwendungen anlässlich einer Tätigkeit im Sinne des § 9 Absatz 4a Satz 2 oder Satz 4 zahlt, soweit die Vergütungen die nach § 9 Absatz 4a Satz 3, 5 und 6 zustehenden Pauschalen um nicht mehr als 100 Prozent übersteigen,
5. den Arbeitnehmern zusätzlich zum ohnehin geschuldeten Arbeitslohn unentgeltlich oder verbilligt Datenverarbeitungsgeräte übereignet; das gilt auch für Zubehör und Internetzugang. ²Das Gleiche gilt für Zuschüsse des Arbeitgebers, die zusätzlich zum ohnehin geschuldeten Arbeitslohn zu den Aufwendungen des Arbeitnehmers für die Internetnutzung gezahlt werden.

²Der Arbeitgeber kann die Lohnsteuer mit einem Pauschsteuersatz von 15 Prozent für Sachbezüge in Form der unentgeltlichen oder verbilligten Beförderung eines Arbeitnehmers zwischen Wohnung und erster Tätigkeitsstätte sowie Fahrten nach § 9 Absatz 1 Satz 3 Nummer 4a Satz 3 und für zusätzlich zum ohnehin geschuldeten Arbeitslohn geleistete Zuschüsse zu den Aufwendungen des Arbeitnehmers für Fahrten zwischen Wohnung und erster Tätigkeitsstätte sowie Fahrten nach § 9 Abs. 1 Satz 3 Nummer 4a Satz 3 erheben, soweit diese Bezüge den Betrag nicht übersteigen, den der Arbeitnehmer nach § 9 Abs. 1 Satz 3 Nummer 4 und Abs. 2 als Werbungskosten geltend machen könnte, wenn die Bezüge nicht pauschal besteuert würden. ³Die nach Satz 2 pauschal besteuerten Bezüge mindern die nach § 9 Abs. 1 Satz 3 Nummer 4 und Abs. 2 abziehbaren Werbungskosten; sie bleiben bei der Anwendung des § 40a Abs. 1 bis 4 außer Ansatz.

(3) ¹Der Arbeitgeber hat die pauschale Lohnsteuer zu übernehmen. ²Er ist Schuldner der pauschalen Lohnsteuer; auf den Arbeitnehmer abgewälzte pau-

schale Lohnsteuer gilt als zugeflossener Arbeitslohn und mindert nicht die Bemessungsgrundlage. ³Der pauschal besteuerte Arbeitslohn und die pauschale Lohnsteuer bleiben bei einer Veranlagung zur Einkommensteuer und beim Lohnsteuer-Jahresausgleich außer Ansatz. ⁴Die pauschale Lohnsteuer ist weder auf die Einkommensteuer noch auf die Jahreslohnsteuer anzurechnen.

§ 40a
Pauschalierung der Lohnsteuer für Teilzeitbeschäftigte und geringfügig Beschäftigte

(1) ¹Der Arbeitgeber kann unter Verzicht auf den Abruf von elektronischen Lohnsteuerabzugsmerkmalen (§ 39e Absatz 4 Satz 2) oder die Vorlage einer Bescheinigung für den Lohnsteuerabzug (§ 39 Absatz 3 oder § 39e Absatz 7 oder Absatz 8) bei Arbeitnehmern, die nur kurzfristig beschäftigt werden, die Lohnsteuer mit einem Pauschsteuersatz von 25 Prozent des Arbeitslohns erheben. ²Eine kurzfristige Beschäftigung liegt vor, wenn der Arbeitnehmer bei dem Arbeitgeber gelegentlich, nicht regelmäßig wiederkehrend beschäftigt wird, die Dauer der Beschäftigung 18 zusammenhängende Arbeitstage nicht übersteigt und

1. der Arbeitslohn während der Beschäftigungsdauer 62 Euro durchschnittlich je Arbeitstag nicht übersteigt oder
2. die Beschäftigung zu einem unvorhersehbaren Zeitpunkt sofort erforderlich wird.

(2) Der Arbeitgeber kann unter Verzicht auf den Abruf von elektronischen Lohnsteuerabzugsmerkmalen (§ 39e Absatz 4 Satz 2) oder die Vorlage einer Bescheinigung für den Lohnsteuerabzug (§ 39 Absatz 3 oder § 39e Absatz 7 oder Absatz 8) die Lohnsteuer einschließlich Solidaritätszuschlag und Kirchensteuern (einheitliche Pauschsteuer) für das Arbeitsentgelt aus geringfügigen Beschäftigungen im Sinne des § 8 Abs. 1 Nr. 1 oder des § 8a des Vierten Buches Sozialgesetzbuch, für das er Beiträge nach § 168 Abs. 1 Nr. 1b oder 1c (geringfügig versicherungspflichtig Beschäftigte) oder nach § 172 Abs. 3 oder 3a (versicherungsfrei oder von der Versicherungspflicht befreite geringfügig Beschäftigte) oder nach § 276a Absatz 1 (versicherungsfrei geringfügig Beschäftigte) des Sechsten Buches Sozialgesetzbuch zu entrichten hat, mit einem einheitlichen Pauschsteuersatz in Höhe von insgesamt 2 Prozent des Arbeitsentgelts erheben.

(2a) Hat der Arbeitgeber in den Fällen des Absatzes 2 keine Beiträge nach § 168 Abs. 1 Nr. 1b oder 1c oder nach § 172 Abs. 3 oder 3a oder nach § 276a Abs. 1 des Sechsten Buches Sozialgesetzbuch zu entrichten, kann er unter Verzicht auf den Abruf von elektronischen Lohnsteuerabzugsmerkmalen (§ 39e Absatz 4 Satz 2) oder die Vorlage einer Bescheinigung für den Lohnsteuerabzug (§ 39 Absatz 3 oder § 39e Absatz 7 oder Absatz 8) die Lohnsteuer mit einem Pauschsteuersatz in Höhe von 20 Prozent des Arbeitsentgelts erheben.

(3) ¹Abweichend von den Absätzen 1 und 2a kann der Arbeitgeber unter Verzicht auf den Abruf von elektronischen Lohnsteuerabzugsmerkmalen (§ 39e Absatz 4 Satz 2) oder die Vorlage einer Bescheinigung für den Lohnsteuerabzug (§ 39 Absatz 3 oder § 39e Absatz 7 oder Absatz 8) bei Aushilfskräften, die in Betrieben der Land- und Forstwirtschaft im Sinne des § 13 Abs. 1 Nr. 1 bis 4 ausschließlich mit typisch land- oder forstwirtschaftlichen Arbeiten beschäftigt werden, die Lohnsteuer mit einem Pauschsteuersatz von 5 Prozent des Arbeitslohns erheben. ²Aushilfskräfte im Sinne dieser Vorschrift sind Personen, die für die Ausführung und für die Dauer von Arbeiten, die nicht ganzjährig anfallen, beschäftigt werden; eine Beschäftigung mit anderen land- und forstwirtschaftlichen Arbeiten ist unschädlich, wenn deren Dauer 25 Prozent der Gesamtbeschäftigungsdauer nicht überschreitet. ³Aushilfskräfte sind nicht Arbeitnehmer, die zu den land- und forstwirtschaftlichen Fachkräften gehören oder die der Arbeitgeber mehr als 180 Tage im Kalenderjahr beschäftigt.

(4) Die Pauschalierungen nach den Absätzen 1 und 3 sind unzulässig

1. bei Arbeitnehmern, deren Arbeitslohn während der Beschäftigungsdauer durchschnittlich je Arbeitsstunde 12 Euro übersteigt,
2. bei Arbeitnehmern, die für eine andere Beschäftigung von demselben Arbeitgeber Arbeitslohn beziehen, der nach den § 39b oder § 39c dem Lohnsteuerabzug unterworfen wird.

(5) Auf die Pauschalierungen nach den Absätzen 1 bis 3 ist § 40 Abs. 3 anzuwenden.

(6) ¹Für die Erhebung der einheitlichen Pauschsteuer nach Absatz 2 ist die Deutsche Rentenversicherung Knappschaft – Bahn – See zuständig. ²Die Regelungen zum Steuerabzug vom Arbeitslohn sind entsprechend anzuwenden. ³Für die Anmeldung, Abführung und Vollstreckung der einheitlichen Pauschsteuer sowie die Erhebung eines Säumniszuschlags und das Mahnverfahren für die einheitliche Pauschsteuer gelten dabei die Regelungen für die Beiträge nach § 168 Abs. 1 Nr. 1b oder 1c oder nach § 172 Abs. 3 oder 3a oder nach § 276a Abs. 1 des Sechsten Buches Sozialgesetzbuch. ⁴Die Deutsche Rentenversicherung Knappschaft – Bahn – See hat die einheitliche Pauschsteuer auf die erhebungsberechtigten Körperschaften aufzuteilen; dabei entfallen aus Vereinfachungsgründen 90 Prozent der einheitlichen Pauschsteuer auf die Lohnsteuer, 5 Prozent auf den Solidaritätszuschlag und 5 Prozent auf die Kirchensteuern. ⁵Die erhebungsberechtigten Kirchen haben sich auf eine Aufteilung des Kirchensteueranteils zu verständigen und diesen der Deutschen Rentenversicherung Knappschaft – Bahn – See mitzuteilen. ⁶Die Deutsche Rentenversicherung Knappschaft – Bahn – See ist berechtigt, die einheitliche Pauschsteuer nach Absatz 2 zusammen mit den Sozialversicherungsbeiträgen beim Arbeitgeber einzuziehen.

§ 40b
Pauschalierung der Lohnsteuer bei bestimmten Zukunftsicherungsleistungen

(1) Der Arbeitgeber kann die Lohnsteuer von den Zuwendungen zum Aufbau einer nicht kapitalgedeckten betrieblichen Altersversorgung an eine Pensionskasse mit einem Pauschsteuersatz von 20 vom Hundert der Zuwendungen erheben.

(2) ¹Absatz 1 gilt nicht, soweit die zu besteuernden Zuwendungen des Arbeitgebers für den Arbeitnehmer 1 752 Euro im Kalenderjahr übersteigen oder nicht aus seinem ersten Dienstverhältnis bezogen werden. ²Sind mehrere Arbeitnehmer gemeinsam in der Pensionskasse versichert, so gilt als Zuwendung für den einzelnen Arbeitnehmer der Teilbetrag, der sich bei einer Aufteilung der gesamten Zuwendungen durch die Zahl der begünstigten Arbeitnehmer ergibt, wenn dieser Teilbetrag 1 752 Euro nicht übersteigt; hierbei sind Arbeitnehmer, für die Zuwendungen von mehr als 2 148 Euro im Kalenderjahr geleistet werden, nicht einzubeziehen. ³Für Zuwendungen, die der Arbeitgeber für den Arbeitnehmer aus Anlass der Beendigung des Dienstverhältnisses erbracht hat, vervielfältigt sich der Betrag von 1 752 Euro mit der Anzahl der Kalenderjahre, in denen das Dienstverhältnis des Arbeitnehmers zu dem Arbeitgeber bestanden hat; in diesem Fall ist Satz 2 nicht anzuwenden. ⁴Der vervielfältigte Betrag vermindert sich um die nach Absatz 1 pauschal besteuerten Zuwendungen, die der Arbeitgeber in dem Kalenderjahr, in dem das Dienstverhältnis beendet wird, und in den sechs vorangegangenen Kalenderjahren erbracht hat.

(3) Von den Beiträgen für eine Unfallversicherung des Arbeitnehmers kann der Arbeitgeber die Lohnsteuer mit einem Pauschsteuersatz von 20 Prozent der Beiträge erheben, wenn mehrere Arbeitnehmer gemeinsam in einem Unfallversicherungsvertrag versichert sind und der Teilbetrag, der sich bei einer Aufteilung der gesamten Beiträge nach Abzug der Versicherungsteuer durch die Zahl der begünstigten Arbeitnehmer ergibt, 62 Euro im Kalenderjahr nicht übersteigt.

(4) In den Fällen des § 19 Abs. 1 Satz 1 Nr. 3 Satz 2 hat der Arbeitgeber die Lohnsteuer mit einem Pauschsteuersatz in Höhe von 15 Prozent der Sonderzahlungen zu erheben.

(5) ¹§ 40 Abs. 3 ist anzuwenden. ²Die Anwendung des § 40 Abs. 1 Satz 1 Nr. 1 auf Bezüge im Sinne des Absatzes 1, des Absatzes 3 und des Absatzes 4 ist ausgeschlossen.

§ 41
Aufzeichnungspflichten beim Lohnsteuerabzug

(1) ¹Der Arbeitgeber hat am Ort der Betriebsstätte (Absatz 2) für jeden Arbeitnehmer und jedes Kalenderjahr ein Lohnkonto zu führen. ²In das Lohnkonto sind die nach § 39e Absatz 4 Satz 2 und Absatz 5 Satz 3 abgerufenen elektronischen Lohnsteuerabzugsmerkmale sowie die für den Lohnsteuerabzug erforderlichen Merkmale aus der vom Finanzamt ausgestellten Bescheinigung für den Lohnsteuerabzug (§ 39 Absatz 3 oder § 39e Absatz 7 oder Absatz 8) zu übernehmen. ³Bei jeder Lohnzahlung für das Kalenderjahr, für das das Lohnkonto gilt, sind im Lohnkonto die Art und Höhe des gezahlten Arbeitslohns einschließlich der steuerfreien Bezüge sowie die einbehaltene oder übernommene Lohnsteuer einzutragen; an die Stelle der Lohnzahlung tritt in den Fällen des § 39b Abs. 5 Satz 1 die Lohnabrechnung. ⁴Ferner sind das Kurzarbeitergeld, das Schlechtwettergeld, das Winterausfallgeld, der Zuschuss zum Mutterschaftsgeld nach dem Mutterschutzgesetz, der Zuschuss bei Beschäftigungsverboten für die Zeit vor oder nach einer Entbindung sowie für den Entbindungstag während einer Elternzeit nach beamtenrechtlichen Vorschriften, die Entschädigungen für Verdienstausfall nach dem Infektionsschutzgesetz vom 20. Juli 2000 (BGBl. I S. 1045), sowie die nach § 3 Nr. 28 steuerfreien Aufstockungsbeträge oder Zuschläge einzutragen. ⁵Ist während der Dauer des Dienstverhältnisses in anderen Fällen als in denen des Satzes 5 der Anspruch auf Arbeitslohn für mindestens fünf aufeinander folgende Arbeitstage im Wesentlichen weggefallen, so ist dies jeweils durch Eintragung des Großbuchstabens U zu vermerken. ⁶Hat der Arbeitgeber die Lohnsteuer von einem sonstigen Bezug im ersten Dienstverhältnis berechnet und ist dabei der Arbeitslohn aus früheren Dienstverhältnissen des Kalenderjahres außer Betracht geblieben, so ist dies durch Eintragung des Großbuchstabens S zu vermerken. ⁷Die Bundesregierung wird ermächtigt, durch Rechtsverordnung mit Zustimmung des Bundesrates vorzuschreiben, welche Einzelangaben im Lohnkonto aufzuzeichnen sind. ⁸Dabei können für Arbeitnehmer mit geringem Arbeitslohn und für die Fälle der §§ 40 bis 40b Aufzeichnungserleichterungen sowie für steuerfreie Bezüge Aufzeichnungen außerhalb des Lohnkontos zugelassen werden. ⁹Die Lohnkonten sind bis zum Ablauf des sechsten Kalenderjahrs, das auf die zuletzt eingetragene Lohnzahlung folgt, aufzubewahren.

(2) ¹Betriebsstätte ist der Betrieb oder Teil des Betriebs des Arbeitgebers, in dem der für die Durchführung des Lohnsteuerabzugs maßgebende Arbeitslohn ermittelt wird. ²Wird der maßgebende Arbeitslohn nicht in dem Betrieb oder einem Teil des Betriebs des Arbeitgebers oder nicht im Inland ermittelt, so gilt als Betriebsstätte der Mittelpunkt der geschäftlichen Leitung des Arbeitgebers im Inland; im Fall des § 38 Abs. 1 Satz 1 Nr. 2 gilt als Betriebsstätte der Ort im Inland, an dem die Arbeitsleistung ganz oder vorwiegend stattfindet. ³Als Betriebsstätte gilt auch der inländische Heimathafen deutscher Handelsschiffe, wenn die Reederei im Inland keine Niederlassung hat.

§ 41a
Anmeldung und Abführung der Lohnsteuer

(1) ¹Der Arbeitgeber hat spätestens am zehnten Tag nach Ablauf eines jeden Lohnsteuer-Anmeldungszeitraums

1. dem Finanzamt, in dessen Bezirk sich die Betriebsstätte (§ 41 Abs. 2) befindet (Betriebsstättenfinanzamt), eine Steuererklärung einzureichen, in der er die Summen der im Lohnsteuer-Anmeldungszeitraum einzubehaltenden und zu übernehmenden Lohnsteuer angibt (Lohnsteuer-Anmeldung),

2. die im Lohnsteuer-Anmeldungszeitraum insgesamt einbehaltene und übernommene Lohnsteuer an das Betriebsstättenfinanzamt abzuführen.

²Die Lohnsteuer-Anmeldung ist nach amtlich vorgeschriebenem Datensatz durch Datenfernübertragung nach Maßgabe der Steuerdaten-Übermittlungsverordnung zu übermitteln. ³Auf Antrag kann das Finanzamt zur Vermeidung unbilliger Härten

EStG

auf eine elektronische Übermittlung verzichten; in diesem Fall ist die Lohnsteuer-Anmeldung nach amtlich vorgeschriebenem Vordruck abzugeben und vom Arbeitgeber oder von einer zu seiner Vertretung berechtigten Person zu unterschreiben. ⁴Der Arbeitgeber wird von der Verpflichtung zur Abgabe weiterer Lohnsteuer-Anmeldungen befreit, wenn er Arbeitnehmer, für die er Lohnsteuer einzubehalten oder zu übernehmen hat, nicht mehr beschäftigt und das dem Finanzamt mitteilt.

(2) ¹Lohnsteuer-Anmeldungszeitraum ist grundsätzlich der Kalendermonat. ²Lohnsteuer-Anmeldungszeitraum ist das Kalendervierteljahr, wenn die abzuführende Lohnsteuer für das vorangegangene Kalenderjahr mehr als 1 080 Euro, aber nicht mehr als 4 000 Euro betragen hat; Lohnsteuer-Anmeldungszeitraum ist das Kalenderjahr, wenn die abzuführende Lohnsteuer für das vorangegangene Kalenderjahr nicht mehr als 1 080 Euro betragen hat. ³Hat die Betriebsstätte nicht während des ganzen vorangegangenen Kalenderjahrs bestanden, so ist die für das vorangegangene Kalenderjahr abzuführende Lohnsteuer für die Feststellung des Lohnsteuer-Anmeldungszeitraums auf einen Jahresbetrag umzurechnen. ⁴Wenn die Betriebsstätte im vorangegangenen Kalenderjahr noch nicht bestanden hat, ist die auf einen Jahresbetrag umgerechnete für den ersten vollen Kalendermonat nach der Eröffnung der Betriebsstätte abzuführende Lohnsteuer maßgebend.

(3) ¹Die oberste Finanzbehörde des Landes kann bestimmen, dass die Lohnsteuer nicht dem Betriebsstättenfinanzamt, sondern einer anderen öffentlichen Kasse anzumelden und an diese abzuführen ist; die Kasse erhält insoweit die Stellung einer Landesfinanzbehörde. ²Das Betriebsstättenfinanzamt oder die zuständige andere öffentliche Kasse können anordnen, dass die Lohnsteuer abweichend von dem nach Absatz 1 maßgebenden Zeitpunkt anzumelden und abzuführen ist, wenn die Abführung der Lohnsteuer nicht gesichert erscheint.

(4) ¹Arbeitgeber, die eigene oder gecharterte Handelsschiffe betreiben, dürfen vom Gesamtbetrag der anzumeldenden und abzuführenden Lohnsteuer einen Betrag von 40 Prozent der Lohnsteuer der auf solchen Schiffen in einem zusammenhängenden Arbeitsverhältnis von mehr als 183 Tagen beschäftigten Besatzungsmitgliedern abziehen und einbehalten. ²Die Handelsschiffe müssen in einem inländischen Seeschiffsregister eingetragen sein, die deutsche Flagge führen und zur Beförderung von Personen oder Gütern im Verkehr mit oder zwischen ausländischen Häfen, innerhalb eines ausländischen Hafens oder zwischen einem ausländischen Hafen und der Hohen See betrieben werden. ³Die Sätze 1 und 2 sind entsprechend anzuwenden, wenn Seeschiffe im Wirtschaftsjahr überwiegend außerhalb der deutschen Hoheitsgewässer zum Schleppen, Bergen oder zur Aufsuchung von Bodenschätzen oder zur Vermessung von Energielagerstätten unter dem Meeresboden eingesetzt werden. ⁴Ist für den Lohnsteuerabzug die Lohnsteuer nach der Steuerklasse V oder VI zu ermitteln, so bemisst sich der Betrag nach Satz 1 nach der Lohnsteuer der Steuerklasse I.

§ 41b
Abschluss des Lohnsteuerabzugs

(1) ¹Bei Beendigung eines Dienstverhältnisses oder am Ende des Kalenderjahres hat der Arbeitgeber das Lohnkonto des Arbeitnehmers abzuschließen. ²Auf Grund der Eintragungen im Lohnkonto hat der Arbeitgeber spätestens bis zum 28. Februar des Folgejahres nach amtlich vorgeschriebenem Datensatz auf elektronischem Weg nach Maßgabe der Steuerdaten-Übermittlungsverordnung vom 28. Januar 2003 (BGBl. I S. 139), zuletzt geändert durch Artikel 1 der Verordnung vom 26. Juni 2007 (BGBl. I S. 1185), in der jeweils geltenden Fassung, insbesondere folgende Angaben zu übermitteln (elektronische Lohnsteuerbescheinigung):

1. Name, Vorname, Tag der Geburt und Anschrift des Arbeitnehmers, die abgerufenen elektronischen Lohnsteuerabzugsmerkmale oder die auf der entsprechenden Bescheinigung für den Lohnsteuerabzug eingetragenen Lohnsteuerabzugsmerkmale, die Bezeichnung und die Nummer des Finanzamts, an das die Lohnsteuer abgeführt worden ist, sowie die Steuernummer des Arbeitgebers,
2. die Dauer des Dienstverhältnisses während des Kalenderjahres sowie die Anzahl der nach § 41 Abs. 1 Satz 6 vermerkten Großbuchstaben U,
3. die Art und Höhe des gezahlten Arbeitslohns sowie den nach § 41 Abs. 1 Satz 6 vermerkten Großbuchstaben S,
4. die einbehaltene Lohnsteuer, den Solidaritätszuschlag und die Kirchensteuer,
5. das Kurzarbeitergeld, das Schlechtwettergeld, das Winterausfallgeld, den Zuschuss zum Mutterschaftsgeld nach dem Mutterschutzgesetz, die Entschädigungen für Verdienstausfall nach dem Infektionsschutzgesetz vom 20. Juli 2000 (BGBl. I S. 1045), zuletzt geändert durch Artikel 11 § 3 des Gesetzes vom 6. August 2002 (BGBl. I S. 3082), in der jeweils geltenden Fassung, sowie die nach § 3 Nr. 28 steuerfreien Aufstockungsbeträge oder Zuschläge,
6. die auf die Entfernungspauschale anzurechnenden steuerfreien Arbeitgeberleistungen für Fahrten zwischen Wohnung und erster Tätigkeitsstätte sowie Fahrten nach § 9 Absatz 1 Satz 3 Nummer 4a Satz 3,
7. die pauschal besteuerten Arbeitgeberleistungen für Fahrten zwischen Wohnung und erster Tätigkeitsstätte sowie Fahrten nach § 9 Absatz 1 Satz 3 Nummer 4a Satz 3,
8. für die dem Arbeitnehmer zur Verfügung gestellten Mahlzeiten nach § 8 Absatz 2 Satz 8 den Großbuchstaben M,
9. für die steuerfreie Sammelbeförderung nach § 3 Nr. 32 den Großbuchstaben F,
10. die nach § 3 Nr. 13 und 16 steuerfrei gezahlten Verpflegungszuschüsse und Vergütungen bei doppelter Haushaltsführung,
11. Beiträge zu den gesetzlichen Rentenversicherungen und an berufsständische Versorgungseinrichtungen, getrennt nach Arbeitgeber- und Arbeitnehmeranteil,

12. die nach § 3 Nr. 62 gezahlten Zuschüsse zur Kranken- und Pflegeversicherung,
13. die Beiträge des Arbeitnehmers zur gesetzlichen Krankenversicherung und zur sozialen Pflegeversicherung,
14. die Beiträge des Arbeitnehmers zur Arbeitslosenversicherung,
15. den nach § 39b Absatz 2 Satz 5 Nummer 3 Buchstabe d berücksichtigten Teilbetrag der Vorsorgepauschale.

³Der Arbeitgeber hat dem Arbeitnehmer einen nach amtlich vorgeschriebenem Muster gefertigten Ausdruck der elektronischen Lohnsteuerbescheinigung mit Angabe der Identifikationsnummer (§ 139b der Abgabenordnung) oder des lohnsteuerlichen Ordnungsmerkmals (Absatz 2) auszuhändigen oder elektronisch bereitzustellen. ⁴Soweit der Arbeitgeber nicht zur elektronischen Übermittlung nach Absatz 1 Satz 2 verpflichtet ist, hat er nach Ablauf des Kalenderjahres oder wenn das Dienstverhältnis vor Ablauf des Kalenderjahres beendet wird, eine Lohnsteuerbescheinigung nach amtlich vorgeschriebenem Muster auszustellen. ⁵Er hat dem Arbeitnehmer diese Bescheinigung auszuhändigen. ⁶Nicht ausgehändigte Bescheinigungen für den Lohnsteuerabzug mit Lohnsteuerbescheinigungen hat der Arbeitgeber dem Betriebsstättenfinanzamt einzureichen.

(2) ¹Ist dem Arbeitgeber die Identifikationsnummer (§ 139b der Abgabenordnung) des Arbeitnehmers nicht bekannt, hat er für die Datenübermittlung nach Absatz 1 Satz 2 aus dem Namen, Vornamen und Geburtsdatum des Arbeitnehmers ein Ordnungsmerkmal nach amtlich festgelegter Regel für den Arbeitnehmer zu bilden und das Ordnungsmerkmal zu verwenden. ²Er darf das lohnsteuerliche Ordnungsmerkmal nur für die Zuordnung der elektronischen Lohnsteuerbescheinigung oder sonstiger für das Besteuerungsverfahren erforderlicher Daten zu einem bestimmten Steuerpflichtigen und für Zwecke des Besteuerungsverfahrens erheben, bilden, verarbeiten oder verwenden.

(2a) ¹Ordnungswidrig handelt, wer vorsätzlich oder leichtfertig entgegen Absatz 2 Satz 2 das Ordnungsmerkmal verwendet. ²Die Ordnungswidrigkeit kann mit einer Geldbuße bis zu zehntausend Euro geahndet werden.

(3) ¹Arbeitgeber ohne maschinelle Lohnabrechnung, der ausschließlich Arbeitnehmer im Rahmen einer geringfügigen Beschäftigung in seinem Privathaushalt im Sinne des § 8a des Vierten Buches Sozialgesetzbuch beschäftigt und keine elektronische Lohnsteuerbescheinigung erteilt, hat an Stelle der elektronischen Lohnsteuerbescheinigung eine entsprechende Lohnsteuerbescheinigung nach amtlich vorgeschriebenem Muster auszustellen. ²Der Arbeitgeber hat dem Arbeitnehmer die Lohnsteuerbescheinigung auszuhändigen. ³In den übrigen Fällen hat der Arbeitgeber die Lohnsteuerbescheinigung dem Betriebsstättenfinanzamt einzureichen.

(4) Die Absätze 1 bis 3 gelten nicht für Arbeitnehmer, soweit sie Arbeitslohn bezogen haben, der nach den §§ 40 bis 40b pauschal besteuert worden ist.

§ 41c
Änderung des Lohnsteuerabzugs

(1) ¹Der Arbeitgeber ist berechtigt, bei der jeweils nächstfolgenden Lohnzahlung bisher erhobene Lohnsteuer zu erstatten oder noch nicht erhobene Lohnsteuer nachträglich einzubehalten,
1. wenn ihm elektronische Lohnsteuerabzugsmerkmale zum Abruf zur Verfügung gestellt werden oder ihm der Arbeitnehmer eine Bescheinigung für den Lohnsteuerabzug mit Eintragungen vorlegt, die auf einen Zeitpunkt vor Abruf der Lohnsteuerabzugsmerkmale oder vor Vorlage der Bescheinigung für den Lohnsteuerabzug zurückwirken, oder
2. wenn er erkennt, dass er die Lohnsteuer bisher nicht vorschriftsmäßig einbehalten hat; dies gilt auch bei rückwirkender Gesetzesänderung.

²In den Fällen des Satzes 1 Nummer 2 ist der Arbeitgeber jedoch verpflichtet, wenn ihm dies wirtschaftlich zumutbar ist.

(2) ¹Die zu erstattende Lohnsteuer ist dem Betrag zu entnehmen, den der Arbeitgeber für seine Arbeitnehmer insgesamt an Lohnsteuer einbehalten oder übernommen hat. ²Wenn die zu erstattende Lohnsteuer aus dem Betrag nicht gedeckt werden kann, der insgesamt an Lohnsteuer einzubehalten oder zu übernehmen ist, wird der Fehlbetrag dem Arbeitgeber auf Antrag vom Betriebsstättenfinanzamt ersetzt.

(3) ¹Nach Ablauf des Kalenderjahres oder, wenn das Dienstverhältnis vor Ablauf des Kalenderjahres endet, nach Beendigung des Dienstverhältnisses, ist die Änderung des Lohnsteuerabzugs nur bis zur Übermittlung oder Ausschreibung der Lohnsteuerbescheinigung zulässig. ²Bei Änderung des Lohnsteuerabzugs nach Ablauf des Kalenderjahres ist die nachträglich einzubehaltende Lohnsteuer nach dem Jahresarbeitslohn zu ermitteln. ³Eine Erstattung von Lohnsteuer ist nach Ablauf des Kalenderjahres nur im Wege des Lohnsteuer-Jahresausgleichs nach § 42b zulässig. ⁴Eine Minderung der einzubehaltenden und zu übernehmenden Lohnsteuer (§ 41a Absatz 1 Satz 1 Nummer 1) nach § 164 Absatz 2 Satz 1 der Abgabenordnung ist nach der Übermittlung oder Ausschreibung der Lohnsteuerbescheinigung nur dann zulässig, wenn sich der Arbeitnehmer ohne vertraglichen Anspruch und gegen den Willen des Arbeitgebers Beträge verschafft hat, für die Lohnsteuer einbehalten wurde. ⁵In diesem Fall hat der Arbeitgeber die bereits übermittelte oder ausgestellte Lohnsteuerbescheinigung zu berichtigen und sie als geändert gekennzeichnet an die Finanzverwaltung zu übermitteln; § 41b Absatz 2 gilt entsprechend. ⁶Der Arbeitgeber hat seinen Antrag zu begründen und die Lohnsteuer-Anmeldung (§ 41a Absatz 1 Satz 1) zu berichtigen.

(4) ¹Der Arbeitgeber hat die Fälle, in denen er die Lohnsteuer nach Absatz 1 nicht nachträglich einbehält oder die Lohnsteuer nicht nachträglich einbehalten kann, weil
1. der Arbeitnehmer vom Arbeitgeber Arbeitslohn nicht mehr bezieht oder

2. der Arbeitgeber nach Ablauf des Kalenderjahres bereits die Lohnsteuerbescheinigung übermittelt oder ausgeschrieben hat,

dem Betriebsstättenfinanzamt unverzüglich anzuzeigen. ²Das Finanzamt hat die zu wenig erhobene Lohnsteuer vom Arbeitnehmer nachzufordern, wenn der nachzufordernde Betrag 10 Euro übersteigt. ³§ 42d bleibt unberührt.

§§ 42 und 42a
(weggefallen)

§ 42b
Lohnsteuer-Jahresausgleich durch den Arbeitgeber

(1) ¹Der Arbeitgeber ist berechtigt, seinen unbeschränkt einkommensteuerpflichtigen Arbeitnehmern, die während des abgelaufenen Kalenderjahres (Ausgleichsjahr) ständig in einem zu ihm bestehenden Dienstverhältnis gestanden haben, die für das Ausgleichsjahr einbehaltene Lohnsteuer insoweit zu erstatten, als sie die auf den Jahresarbeitslohn entfallende Jahreslohnsteuer übersteigt (Lohnsteuer-Jahresausgleich). ²Er ist zur Durchführung des Lohnsteuer-Jahresausgleichs verpflichtet, wenn er am 31. Dezember des Ausgleichsjahres mindestens zehn Arbeitnehmer beschäftigt. ³Der Arbeitgeber darf den Lohnsteuer-Jahresausgleich nicht durchführen, wenn

1. der Arbeitnehmer es beantragt oder
2. der Arbeitnehmer für das Ausgleichsjahr oder für einen Teil des Ausgleichsjahres nach den Steuerklassen V oder VI zu besteuern war oder
3. der Arbeitnehmer für einen Teil des Ausgleichsjahres nach den Steuerklassen II, III oder IV zu besteuern war oder
3a. bei der Lohnsteuerberechnung ein Freibetrag oder Hinzurechnungsbetrag zu berücksichtigen war oder
3b. das Faktorverfahren angewandt wurde oder
4. der Arbeitnehmer im Ausgleichsjahr Kurzarbeitergeld, Schlechtwettergeld, Winterausfallgeld, Zuschuss zum Mutterschaftsgeld nach dem Mutterschutzgesetz, Zuschuss bei Beschäftigungsverboten für die Zeit vor oder nach einer Entbindung sowie für den Entbindungstag während einer Elternzeit nach beamtenrechtlichen Vorschriften, Entschädigungen für Verdienstausfall nach dem Infektionsschutzgesetz vom 20. Juli 2000 (BGBl. I S. 1045), oder nach § 3 Nr. 28 steuerfreie Aufstockungsbeträge oder Zuschläge bezogen hat oder
4a. die Anzahl der im Lohnkonto oder in der Lohnsteuerbescheinigung eingetragenen Großbuchstaben U mindestens eins beträgt oder
5. für den Arbeitnehmer im Ausgleichsjahr im Rahmen der Vorsorgepauschale jeweils nur zeitweise Beträge nach § 39b Absatz 2 Satz 5 Nummer 3 Buchstabe a bis d oder der Beitragszuschlag nach § 39b Absatz 2 Satz 5 Nummer 3 Buchstabe c berücksichtigt wurden oder sich im Ausgleichsjahr der Zusatzbeitragssatz (§ 39b Absatz 2 Satz 5 Nummer 3 Buchstabe b) geändert hat oder
6. der Arbeitnehmer im Ausgleichsjahr ausländische Einkünfte aus nichtselbständiger Arbeit bezogen hat, die nach einem Abkommen zur Vermeidung der Doppelbesteuerung oder unter Progressionsvorbehalt nach § 34c Abs. 5 von der Lohnsteuer freigestellt waren.

(2) ¹Für den Lohnsteuer-Jahresausgleich hat der Arbeitgeber den Jahresarbeitslohn aus dem zu ihm bestehenden Dienstverhältnis festzustellen. ²Dabei bleiben Bezüge im Sinne des § 34 Abs. 1 und Abs. 2 Nr. 2 und 4 außer Ansatz, wenn der Arbeitnehmer nicht jeweils die Einbeziehung in den Lohnsteuer-Jahresausgleich beantragt. ³Vom Jahresarbeitslohn sind der etwa in Betracht kommende Versorgungsfreibetrag und Zuschlag zum Versorgungsfreibetrag und der etwa in Betracht kommende Altersentlastungsbetrag abzuziehen. ⁴Für den so geminderten Jahresarbeitslohn ist die Jahreslohnsteuer nach § 39b Absatz 2 Satz 6 und 7 zu ermitteln nach Maßgabe der Steuerklasse, die für den letzten Lohnzahlungszeitraum des Ausgleichsjahres als elektronisches Lohnsteuerabzugsmerkmal abgerufen oder auf der Bescheinigung für den Lohnsteuerabzug oder etwaigen Mitteilungen über Änderungen zuletzt eingetragen wurde. ⁵Den Betrag, um den sich hiernach ergebende Jahreslohnsteuer die Lohnsteuer unterschreitet, die von dem zugrunde gelegten Jahresarbeitslohn insgesamt erhoben worden ist, hat der Arbeitgeber dem Arbeitnehmer zu erstatten. ⁶Bei der Ermittlung der insgesamt erhobenen Lohnsteuer ist die Lohnsteuer auszuscheiden, die von den nach Satz 2 außer Ansatz gebliebenen Bezügen einbehalten worden ist.

(3) ¹Der Arbeitgeber darf den Lohnsteuer-Jahresausgleich frühestens bei der Lohnabrechnung für den letzten im Ausgleichsjahr endenden Lohnzahlungszeitraum, spätestens bei der Lohnabrechnung für den letzten Lohnzahlungszeitraum, der im Monat März des dem Ausgleichsjahr folgenden Kalenderjahres endet, durchführen. ²Die zu erstattende Lohnsteuer ist dem Betrag zu entnehmen, den der Arbeitgeber für seine Arbeitnehmer für den Lohnzahlungszeitraum insgesamt an Lohnsteuer erhoben hat. ³§ 41c Abs. 2 Satz 2 ist anzuwenden.

(4) ¹Im Lohnkonto für das Ausgleichsjahr ist die im Lohnsteuer-Jahresausgleich erstattete Lohnsteuer gesondert einzutragen. ²In der Lohnsteuerbescheinigung für das Ausgleichsjahr ist der sich nach Verrechnung der erhobenen Lohnsteuer mit der erstatteten Lohnsteuer ergebende Betrag als erhobene Lohnsteuer einzutragen.

§ 42c
(weggefallen)

§ 42d
Haftung des Arbeitgebers und Haftung bei Arbeitnehmerüberlassung

(1) Der Arbeitgeber haftet

1. für die Lohnsteuer, die er einzubehalten und abzuführen hat,
2. für die Lohnsteuer, die er beim Lohnsteuer-Jahresausgleich zu Unrecht erstattet hat,

3. für die Einkommensteuer (Lohnsteuer), die auf Grund fehlerhafter Angaben im Lohnkonto oder in der Lohnsteuerbescheinigung verkürzt wird,
4. für die Lohnsteuer, die in den Fällen des § 38 Abs. 3a der Dritte zu übernehmen hat.

(2) Der Arbeitgeber haftet nicht, soweit Lohnsteuer nach § 39 Abs. 5 oder § 39a Abs. 5 nachzufordern ist und in den vom Arbeitgeber angezeigten Fällen des § 38 Abs. 4 Satz 2 und 3 und des § 41c Abs. 4.

(3) [1]Soweit die Haftung des Arbeitgebers reicht, sind der Arbeitgeber und der Arbeitnehmer Gesamtschuldner. [2]Das Betriebsstättenfinanzamt kann die Steuerschuld oder Haftungsschuld nach pflichtgemäßem Ermessen gegenüber jedem Gesamtschuldner geltend machen. [3]Der Arbeitgeber kann auch dann in Anspruch genommen werden, wenn der Arbeitnehmer zur Einkommensteuer veranlagt wird. [4]Der Arbeitnehmer kann im Rahmen der Gesamtschuldnerschaft nur in Anspruch genommen werden,
1. wenn der Arbeitgeber die Lohnsteuer nicht vorschriftsmäßig vom Arbeitslohn einbehalten hat,
2. wenn der Arbeitnehmer weiß, dass der Arbeitgeber die einbehaltene Lohnsteuer nicht vorschriftsmäßig angemeldet hat. [2]Dies gilt nicht, wenn der Arbeitnehmer den Sachverhalt dem Finanzamt unverzüglich mitgeteilt hat.

(4) [1]Für die Inanspruchnahme des Arbeitgebers bedarf es keines Haftungsbescheids und keines Leistungsgebots, soweit der Arbeitgeber
1. die einzubehaltende Lohnsteuer angemeldet hat oder
2. nach Abschluss einer Lohnsteuer-Außenprüfung seine Zahlungsverpflichtung schriftlich anerkennt.

[2]Satz 1 gilt entsprechend für die Nachforderung zu übernehmender pauschaler Lohnsteuer.

(5) Von der Geltendmachung der Steuernachforderung oder Haftungsforderung ist abzusehen, wenn diese insgesamt 10 Euro nicht übersteigt.

(6) [1]Soweit einem Dritten (Entleiher) Arbeitnehmer im Sinne des § 1 Absatz 1 Satz 1 des Arbeitnehmerüberlassungsgesetzes in der Fassung der Bekanntmachung vom 3. Februar 1995 (BGBl. I S. 158), das zuletzt durch Artikel 26 des Gesetzes vom 20. Dezember 2011 (BGBl. I S. 2854) geändert worden ist zur Arbeitsleistung überlassen werden, haftet er mit Ausnahme der Fälle, in denen eine Arbeitnehmerüberlassung nach § 1 Abs. 3 des Arbeitnehmerüberlassungsgesetzes vorliegt, neben dem Arbeitgeber. [2]Der Entleiher haftet nicht, wenn der Überlassung eine Erlaubnis nach § 1 des Arbeitnehmerüberlassungsgesetzes in der jeweils geltenden Fassung zugrunde liegt und soweit er nachweist, dass er den nach § 51 Abs. 1 Nr. 2 Buchstabe d vorgesehenen Mitwirkungspflichten nachgekommen ist. [3]Der Entleiher haftet ferner nicht, wenn er über das Vorliegen einer Arbeitnehmerüberlassung ohne Verschulden irrte. [4]Die Haftung beschränkt sich auf die Lohnsteuer für die Zeit, für die ihm der Arbeitnehmer überlassen worden ist. [5]Soweit die Haftung des Entleihers reicht, sind der Arbeitgeber, der Entleiher und der Arbeitnehmer Gesamtschuldner. [6]Der Entleiher darf auf Zahlung nur in Anspruch genommen werden, soweit die Vollstreckung in das inländische bewegliche Vermögen des Arbeitgebers fehlgeschlagen ist oder keinen Erfolg verspricht; § 219 Satz 2 der Abgabenordnung ist entsprechend anzuwenden. [7]Ist durch die Umstände der Arbeitnehmerüberlassung die Lohnsteuer schwer zu ermitteln, so ist die Haftungsschuld mit 15 Prozent des zwischen Verleiher und Entleiher vereinbarten Entgelts ohne Umsatzsteuer anzunehmen, solange der Entleiher nicht glaubhaft macht, dass die Lohnsteuer, für die er haftet, niedriger ist. [8]Die Absätze 1 bis 5 sind entsprechend anzuwenden. [9]Die Zuständigkeit des Finanzamts richtet sich nach dem Ort der Betriebsstätte des Verleihers.

(7) Soweit der Entleiher Arbeitgeber ist, haftet der Verleiher wie ein Entleiher nach Absatz 6.

(8) [1]Das Finanzamt kann hinsichtlich der Lohnsteuer der Leiharbeitnehmer anordnen, dass der Entleiher einen bestimmten Teil des mit dem Verleiher vereinbarten Entgelts einzubehalten und abzuführen hat, wenn dies zur Sicherung des Steueranspruchs notwendig ist; Absatz 6 Satz 4 ist anzuwenden. [2]Der Verwaltungsakt kann auch mündlich erlassen werden. [3]Die Höhe des einzubehaltenden und abzuführenden Teils des Entgelts bedarf keiner Begründung, wenn der in Absatz 6 Satz 7 genannte Prozentsatz nicht überschritten wird.

(9) [1]Der Arbeitgeber haftet auch dann, wenn ein Dritter nach § 38 Abs. 3a dessen Pflichten trägt. [2]In diesen Fällen haftet der Dritte neben dem Arbeitgeber. [3]Soweit die Haftung des Dritten reicht, sind der Arbeitgeber, der Dritte und der Arbeitnehmer Gesamtschuldner. [4]Absatz 3 Satz 2 bis 4 ist anzuwenden; Absatz 4 gilt auch für die Inanspruchnahme des Dritten. [5]Im Fall des § 38 Abs. 3a Satz 2 beschränkt sich die Haftung des Dritten auf die Lohnsteuer, die für die Zeit zu erheben ist, für die er sich gegenüber dem Arbeitgeber zur Vornahme des Lohnsteuerabzugs verpflichtet hat; der maßgebende Zeitraum endet nicht, bevor der Dritte seinem Betriebsstättenfinanzamt die Beendigung seiner Verpflichtung gegenüber dem Arbeitgeber angezeigt hat. [6]In den Fällen des § 38 Abs. 3a Satz 7 ist als Haftungsschuld der Betrag zu ermitteln, um den die Lohnsteuer, die für den gesamten Arbeitslohn des Lohnzahlungszeitraums zu berechnen und einzubehalten ist, die insgesamt tatsächlich einbehaltene Lohnsteuer übersteigt. [7]Betrifft die Haftungsschuld mehrere Arbeitgeber, so ist sie bei fehlerhafter Lohnsteuerberechnung nach dem Verhältnis der Arbeitslöhne und für nachträglich zu erfassende Arbeitslohnbeträge nach dem Verhältnis dieser Beträge auf die Arbeitgeber aufzuteilen. [8]In den Fällen des § 38 Abs. 3a ist das Betriebsstättenfinanzamt des Dritten für die Geltendmachung der Steuer- oder Haftungsschuld zuständig.

§ 42e
Anrufungsauskunft

[1]Das Betriebsstättenfinanzamt hat auf Anfrage eines Beteiligten darüber Auskunft zu geben, ob und inwieweit im einzelnen Fall die Vorschriften über die Lohnsteuer anzuwenden sind. [2]Sind für einen Arbeitgeber mehrere Betriebsstättenfinanzämter zu-

ständig, so erteilt das Finanzamt die Auskunft, in dessen Bezirk sich die Geschäftsleitung (§ 10 der Abgabenordnung) des Arbeitgebers im Inland befindet. ³Ist dieses Finanzamt kein Betriebsstättenfinanzamt, so ist das Finanzamt zuständig, in dessen Bezirk sich die Betriebsstätte mit den meisten Arbeitnehmern befindet. ⁴In den Fällen der Sätze 2 und 3 hat der Arbeitgeber sämtliche Betriebsstättenfinanzämter, das Finanzamt der Geschäftsleitung und erforderlichenfalls die Betriebsstätte mit den meisten Arbeitnehmern anzugeben sowie zu erklären, für welche Betriebsstätten die Auskunft von Bedeutung ist.

§ 42f
Lohnsteuer-Außenprüfung

(1) Für die Außenprüfung der Einbehaltung oder Übernahme und Abführung der Lohnsteuer ist das Betriebsstättenfinanzamt zuständig.

(2) ¹Für die Mitwirkungspflicht des Arbeitgebers bei der Außenprüfung gilt § 200 der Abgabenordnung. ²Darüber hinaus haben die Arbeitnehmer des Arbeitgebers dem mit der Prüfung Beauftragten jede gewünschte Auskunft über Art und Höhe ihrer Einnahmen zu geben und auf Verlangen die etwa in ihrem Besitz befindlichen Bescheinigungen für den Lohnsteuerabzug sowie die Belege über bereits entrichtete Lohnsteuer vorzulegen. ³Dies gilt auch für Personen, bei denen es streitig ist, ob sie Arbeitnehmer des Arbeitgebers sind oder waren.

(3) ¹In den Fällen des § 38 Abs. 3a ist für die Außenprüfung das Betriebsstättenfinanzamt des Dritten zuständig; § 195 Satz 2 der Abgabenordnung bleibt unberührt. ²Die Außenprüfung ist auch beim Arbeitgeber zulässig; dessen Mitwirkungspflichten bleiben neben den Pflichten des Dritten bestehen.

(4) Auf Verlangen des Arbeitgebers können die Außenprüfung und die Prüfungen durch die Träger der Rentenversicherung (§ 28p des Vierten Buches Sozialgesetzbuch) zur gleichen Zeit durchgeführt werden.

§ 42g
Lohnsteuer-Nachschau

(1) Die Lohnsteuer-Nachschau dient der Sicherstellung einer ordnungsgemäßen Einbehaltung und Abführung der Lohnsteuer. Sie ist ein besonderes Verfahren zur zeitnahen Aufklärung steuererheblicher Sachverhalte.

(2) ¹Eine Lohnsteuer-Nachschau findet während der üblichen Geschäfts- und Arbeitszeiten statt. ²Dazu können die mit der Nachschau Beauftragten ohne vorherige Ankündigung und außerhalb einer Lohnsteuer-Außenprüfung Grundstücke und Räume von Personen, die eine gewerbliche oder berufliche Tätigkeit ausüben, betreten. ³Wohnräume dürfen gegen den Willen des Inhabers nur zur Verhütung dringender Gefahren für die öffentliche Sicherheit und Ordnung betreten werden.

(3) ¹Die von der Lohnsteuer-Nachschau betroffenen Personen haben dem mit der Nachschau Beauftragten auf Verlangen Lohn- und Gehaltsunterlagen, Aufzeichnungen, Bücher, Geschäftspapiere und andere Urkunden über die der Lohnsteuer-Nachschau unter liegenden Sachverhalte vorzulegen und Auskünfte zu erteilen, soweit dies zur Feststellung einer steuerlichen Erheblichkeit zweckdienlich ist. ²§ 42f Absatz 2 Satz 2 und 3 gilt sinngemäß.

(4) ¹Wenn die bei der Lohnsteuer-Nachschau getroffenen Feststellungen hierzu Anlass geben, kann ohne vorherige Prüfungsanordnung (§ 196 der Abgabenordnung) zu einer Lohnsteuer-Außenprüfung nach § 42f übergegangen werden. ²Auf den Übergang zur Außenprüfung wird schriftlich hingewiesen.

(5) Werden anlässlich einer Lohnsteuer-Nachschau Verhältnisse festgestellt, die für die Festsetzung und Erhebung anderer Steuern erheblich sein können, so ist die Auswertung der Feststellungen insoweit zulässig, als ihre Kenntnis für die Besteuerung der in Absatz 2 genannten Personen oder anderer Personen von Bedeutung sein kann.

3. Steuerabzug vom Kapitalertrag (Kapitalertragsteuer)

§ 43
Kapitalerträge mit Steuerabzug

(1) ¹Bei den folgenden inländischen und in den Fällen der Nummern 6, 7 Buchstabe a und Nummern 8 bis 12 sowie Satz 2 auch ausländischen Kapitalerträgen wird die Einkommensteuer durch Abzug vom Kapitalertrag (Kapitalertragsteuer) erhoben:

1. Kapitalerträgen im Sinne des § 20 Absatz 1 Nummer 1, soweit diese nicht nachfolgend in Nummer 1a gesondert genannt sind, und Kapitalerträgen im Sinne des § 20 Absatz 1 Nummer 2.

1a. Kapitalerträgen im Sinne des § 20 Absatz 1 Nummer 1 aus Aktien und Genussscheinen, die entweder gemäß § 5 des Depotgesetzes zur Sammelverwahrung durch eine Wertpapiersammelbank zugelassen sind und dieser zur Sammelverwahrung im Inland anvertraut wurden, bei denen eine Sonderverwahrung gemäß § 2 Satz 1 des Depotgesetzes erfolgt oder bei denen die Erträge gegen Aushändigung der Dividendenscheine oder sonstigen Erträgnisscheine ausgezahlt oder gutgeschrieben werden;

2. ¹Zinsen aus Teilschuldverschreibungen, bei denen neben der festen Verzinsung ein Recht auf Umtausch in Gesellschaftsanteile (Wandelanleihen) oder eine Zusatzverzinsung, die sich nach der Höhe der Gewinnausschüttungen des Schuldners richtet (Gewinnobligationen), eingeräumt ist, und Zinsen aus Genussrechten, die nicht in § 20 Abs. 1 Nr. 1 genannt sind. ²Zu den Gewinnobligationen gehören nicht solche Teilschuldverschreibungen, bei denen der Zinsfuß nur vorübergehend herabgesetzt und gleichzeitig eine von dem jeweiligen Gewinnergebnis des Unternehmens abhängige Zusatzverzinsung bis zu Höhe des ursprünglichen Zinsfußes festgelegt worden ist. ³Zu den Kapitalerträgen im Sinne des Satzes 1 gehören nicht die Bundesbankgenussrechte im Sinne des § 3 Abs. 1 des Gesetzes über die Liquidation der Deutschen Reichsbank und der Deutschen Golddiskontbank in der im Bundesgesetzblatt Teil III, Glie-

derungsnummer 7620-6, veröffentlichten bereinigten Fassung, das zuletzt durch das Gesetz vom 17. Dezember 1975 (BGBl. I S. 3123) geändert worden ist. ⁴Beim Steuerabzug auf Kapitalerträge sind die für den Steuerabzug nach Nummer 1a geltenden Vorschriften entsprechend anzuwenden, wenn

   a) die Teilschuldverschreibungen und Genussrechte gemäß § 5 des Depotgesetzes zur Sammelverwahrung durch eine Wertpapiersammelbank zugelassen sind und dieser zur Sammelverwahrung im Inland anvertraut wurden,

   b) die Teilschuldverschreibungen und Genussrechte gemäß § 2 Satz 1 des Depotgesetzes gesondert aufbewahrt werden oder

   c) die Erträge der Teilschuldverschreibungen und Genussrechte gegen Aushändigung der Ertragnisscheine ausgezahlt oder gutgeschrieben werden;

3. Kapitalerträgen im Sinne des § 20 Abs. 1 Nr. 4;
4. ¹Kapitalerträgen im Sinne des § 20 Abs. 1 Nr. 6 Satz 1 bis 6; § 20 Abs. 1 Nr. 6 Satz 2 und 3 in der am 1. Januar 2008 anzuwendenden Fassung bleiben für Zwecke der Kapitalertragsteuer unberücksichtigt. ²Der Steuerabzug vom Kapitalertrag ist in den Fällen des § 20 Abs. 1 Nr. 6 Satz 4 in der am 31. Dezember 2004 geltenden Fassung nur vorzunehmen, wenn das Versicherungsunternehmen auf Grund einer Mitteilung des Finanzamts weiß oder infolge der Verletzung eigener Anzeigeverpflichtungen nicht weiß, dass die Kapitalerträge nach dieser Vorschrift zu den Einkünften aus Kapitalvermögen gehören;
5. (weggefallen)
6. ausländischen Kapitalerträgen im Sinne der Nummern 1 und 1a;
7. ¹Kapitalerträgen im Sinne des § 20 Abs. 1 Nr. 7 außer bei Kapitalerträgen im Sinne der Nummer 2, wenn

   a) es sich um Zinsen aus Anleihen und Forderungen handelt, die in ein öffentliches Schuldbuch oder in ein ausländisches Register eingetragen oder über die Sammelurkunden im Sinne des § 9a des Depotgesetzes oder Teilschuldverschreibungen ausgegeben sind;

   b) der Schuldner der nicht in Buchstabe a genannten Kapitalerträge ein inländisches Kreditinstitut oder ein inländisches Finanzdienstleistungsinstitut im Sinne des Gesetzes über das Kreditwesen ist. ²Kreditinstitut in diesem Sinne ist auch die Kreditanstalt für Wiederaufbau, eine Bausparkasse, ein Versicherungsunternehmen für Erträge aus Kapitalanlagen, die mit Einlagegeschäften bei Kreditinstituten vergleichbar sind, die Deutsche Postbank AG, die Deutsche Bundesbank bei Geschäften mit jedermann einschließlich ihrer Betriebsangehörigen im Sinne der §§ 22 und 25 des Gesetzes über die Deutsche Bundesbank und eine inländische Zweigstelle oder Zweigniederlassung eines ausländischen Unternehmens im Sinne der §§ 53 und 53b des Gesetzes über das Kreditwesen, nicht aber eine ausländische Zweigstelle eines inländischen Kreditinstituts oder eines inländischen Finanzdienstleistungsinstituts. ³Die inländische Zweigstelle oder Zweigniederlassung gilt an Stelle des ausländischen Unternehmens als Schuldner der Kapitalerträge.

7a. Kapitalerträgen im Sinne des § 20 Abs. 1 Nr. 9;
7b. Kapitalerträgen im Sinne des § 20 Abs. 1 Nr. 10 Buchstabe a;
7c. Kapitalerträgen im Sinne des § 20 Abs. 1 Nr. 10 Buchstabe b;
8. Kapitalerträgen im Sinne des § 20 Abs. 1 Nr. 11;
9. Kapitalerträgen im Sinne des § 20 Abs. 2 Satz 1 Nr. 1 Satz 1 und 2;
10. Kapitalerträgen im Sinne des § 20 Abs. 2 Satz 1 Nr. 2 Buchstabe b und Nr. 7;
11. Kapitalerträgen im Sinne des § 20 Abs. 2 Satz 1 Nr. 3;
12. Kapitalerträgen im Sinne des § 20Abs. 2 Satz 1 Nr. 8.

²Dem Steuerabzug unterliegen auch Kapitalerträge im Sinne des § 20 Abs. 3, die neben den in den Nummern 1 bis 12 bezeichneten Kapitalerträgen oder an deren Stelle gewährt werden. ³Der Steuerabzug ist ungeachtet des § 3 Nr. 40 und des § 8b des Körperschaftsteuergesetzes vorzunehmen. ⁴Für Zwecke des Kapitalertragsteuerabzugs gilt die Übertragung eines von einer auszahlenden Stelle verwahrten oder verwalteten Wirtschaftsguts im Sinne des § 20 Abs. 2 auf einen anderen Gläubiger als Veräußerung des Wirtschaftsguts. ⁵Satz 4 gilt nicht, wenn der Steuerpflichtige der auszahlenden Stelle unter Benennung der in Satz 6 Nummer 4 bis 6 bezeichneten Daten mitteilt, dass es sich um eine unentgeltliche Übertragung handelt. ⁶Die auszahlende Stelle hat in den Fällen des Satzes 5 folgende Daten dem für sie zuständigen Betriebsstättenfinanzamt bis zum 31. Mai des jeweiligen Folgejahres nach amtlich vorgeschriebenem Datensatz auf elektronischem Weg nach Maßgabe der Steuerdaten-Übermittlungsverordnung in der jeweils geltenden Fassung mitzuteilen:

1. Bezeichnung der auszahlenden Stelle,
2. das zuständige Betriebsstättenfinanzamt,
3. das übertragene Wirtschaftsgut, den Übertragungszeitpunkt, den Wert zum Übertragungszeitpunkt und die Anschaffungskosten des Wirtschaftsguts,
4. Name, Geburtsdatum, Anschrift und Identifikationsnummer des Übertragenden,
5. Name, Geburtsdatum, Anschrift und Identifikationsnummer des Empfängers sowie die Bezeichnung des Kreditinstituts, der Nummer des Depots, des Kontos oder des Schuldbuchkontos,
6. soweit bekannt, das persönliche Verhältnis (Verwandtschaftsverhältnis, Ehe, Lebenspartnerschaft) zwischen Übertragendem und Empfänger.

(1a) (weggefallen)

(2) ¹Der Steuerabzug ist außer in den Fällen des Absatzes 1 Satz 1 Nr. 1a und 7c nicht vorzunehmen, wenn Gläubiger und Schuldner der Kapitalerträge (Schuldner) oder die auszahlende Stelle im Zeitpunkt des Zufließens dieselbe Person sind. ²Der Steuerabzug ist außerdem nicht vorzunehmen, wenn in den Fällen des Absatzes 1 Satz 1 Nr. 6, 7 und 8 bis 12 Gläubiger der Kapitalerträge ein inländisches Kreditinstitut oder inländisches Finanzdienstleistungsinstitut nach Absatz 1 Satz 1 Nr. 7 Buchstabe b oder eine inländische Kapitalverwaltungsgesellschaft ist. ³Bei Kapitalerträgen im Sinne des Absatzes 1 Satz 1 Nr. 6 und 8 bis 12 ist ebenfalls kein Steuerabzug vorzunehmen, wenn

1. eine unbeschränkt steuerpflichtige Körperschaft, Personenvereinigung oder Vermögensmasse, die nicht unter Satz 2 oder § 44a Abs. 4 Satz 1 fällt, Gläubigerin der Kapitalerträge ist, oder

2. die Kapitalerträge Betriebseinnahmen eines inländischen Betriebs sind und der Gläubiger der Kapitalerträge dies gegenüber der auszahlenden Stelle nach amtlich vorgeschriebenem Muster erklärt; dies gilt entsprechend für Kapitalerträge aus Options- und Termingeschäften im Sinne des Absatzes 1 Satz 1 Nr. 8 und 11, wenn sie zu den Einkünften aus Vermietung und Verpachtung gehören.

⁴Im Fall des § 1 Abs. 1 Nr. 4 und 5 des Körperschaftsteuergesetzes ist Satz 3 Nr. 1 nur anzuwenden, wenn die Körperschaft, Personenvereinigung oder Vermögensmasse durch eine Bescheinigung des für sie zuständigen Finanzamts ihre Zugehörigkeit zu dieser Gruppe von Steuerpflichtigen nachweist. ⁵Die Bescheinigung ist unter dem Vorbehalt des Widerrufs auszustellen. ⁶Die Fälle des Satzes 3 Nr. 2 hat die auszahlende Stelle gesondert aufzuzeichnen und die Erklärung der Zugehörigkeit der Kapitalerträge zu den Betriebseinnahmen oder zu den Einnahmen aus Vermietung und Verpachtung sechs Jahre aufzubewahren; die Frist beginnt mit dem Schluss des Kalenderjahres, in dem die Freistellung letztmalig berücksichtigt wird. ⁷Die auszahlende Stelle hat in den Fällen des Satzes 3 Nr. 2 daneben die Konto- oder Depotbezeichnung oder sonstige Kennzeichnung des Geschäftsvorgangs, Vor- und Zunamen des Gläubigers sowie die Identifikationsnummer nach § 139b der Abgabenordnung bzw. bei Personenmehrheit den Firmennamen und die zugehörige Steuernummer nach amtlich vorgeschriebenem Datensatz zu speichern und durch Datenfernübertragung zu übermitteln. ⁸Das Bundesministerium der Finanzen wird den Empfänger der Datenlieferungen sowie den Zeitpunkt der erstmaligen Übermittlung durch ein im Bundessteuerblatt zu veröffentlichendes Schreiben mitteilen.

(3) ¹Kapitalerträge im Sinne des Absatzes 1 Satz 1 Nr. 1 Satz 1 sowie Nr. 1a bis 4 sind inländische, wenn der Schuldner Wohnsitz, Geschäftsleitung oder Sitz im Inland hat; Kapitalerträge im Sinne des Absatzes 1 Satz 1 Nr. 4 sind auch dann inländische, wenn der Schuldner eine Niederlassung im Sinne des § 106, § 110a oder § 110d des Versicherungsaufsichtsgesetzes im Inland hat. ²Kapitalerträge im Sinne des Absatzes 1 Satz 1 Nr. 1 Satz 2 sind inländische, wenn der Schuldner der veräußerten Ansprüche die Voraussetzungen des Satzes 1 erfüllt. ³Kapitalerträge im Sinne des § 20 Abs. 1 Nr. 1 Satz 4 sind inländische, wenn der Emittent der Aktien Geschäftsleitung oder Sitz im Inland hat. ⁴Kapitalerträge im Sinne des Absatzes 1 Satz 1 Nr. 6 sind ausländische, wenn weder die Voraussetzungen nach Satz 1 noch nach Satz 2 vorliegen.

(4) Der Steuerabzug ist auch dann vorzunehmen, wenn die Kapitalerträge beim Gläubiger zu den Einkünften aus Land- und Forstwirtschaft, aus Gewerbebetrieb, aus selbständiger Arbeit oder aus Vermietung und Verpachtung gehören.

(5) ¹Für Kapitalerträge im Sinne des § 20, soweit sie der Kapitalertragsteuer unterlegen haben, ist die Einkommensteuer mit dem Steuerabzug abgegolten; die Abgeltungswirkung des Steuerabzugs tritt nicht ein, wenn der Gläubiger nach § 44 Absatz 1 und 9 und Absatz 5 in Anspruch genommen werden kann. ²Dies gilt nicht in Fällen des § 32d Abs. 2 und für Kapitalerträge, die zu den Einkünften aus Land- und Forstwirtschaft, aus Gewerbebetrieb, aus selbständiger Arbeit oder aus Vermietung und Verpachtung gehören. ³Auf Antrag des Gläubigers werden Kapitalerträge im Sinne des Satzes 1 in die besondere Besteuerung von Kapitalerträgen nach § 32d einbezogen. ⁴Eine vorläufige Festsetzung der Einkommensteuer im Sinne des § 165 Absatz 1 Satz 2 Nummer 2 bis 4 der Abgabenordnung umfasst auch Einkünfte im Sinne des Satzes 1, für die der Antrag nach Satz 3 nicht gestellt worden ist.

§ 43a
Bemessung der Kapitalertragsteuer

(1) ¹Die Kapitalertragsteuer beträgt

1. in den Fällen des § 43 Abs. 1 Satz 1 Nr. 1 bis 4, 6 bis 7a und 8 bis 12 sowie Satz 2:

25 Prozent des Kapitalertrags;

2. in den Fällen des § 43 Abs. 1 Satz 1 Nr. 7b und 7c:

15 Prozent des Kapitalertrags.

²Im Fall einer Kirchensteuerpflicht ermäßigt sich die Kapitalertragsteuer um 25 Prozent der auf die Kapitalerträge entfallenden Kirchensteuer. ³§ 32d Abs. 1 Satz 4 und 5 gilt entsprechend.

(2) ¹Dem Steuerabzug unterliegen die vollen Kapitalerträge ohne jeden Abzug. ²In den Fällen des § 43 Abs. 1 Satz 1 Nr. 9 bis 12 bemisst sich der Steuerabzug nach § 20 Abs. 4 und 4a, wenn die Wirtschaftsgüter von der die Kapitalerträge auszahlenden Stelle erworben oder veräußert und seitdem verwahrt oder verwaltet worden sind. ³Überträgt der Steuerpflichtige die Wirtschaftsgüter auf ein anderes Depot, hat die abgebende inländische auszahlende Stelle der übernehmenden inländischen auszahlenden Stelle die Anschaffungsdaten mitzuteilen. ⁴Satz 3 gilt in den Fällen des § 43 Abs. 1 Satz 5 entsprechend. ⁵Handelt es sich bei der abgebenden auszahlenden Stelle um ein Kreditinstitut oder Finanzdienstleistungsinstitut mit Sitz in einem anderen Mitgliedstaat der Europäischen Union oder einem anderen Vertragsstaat des EWR-Abkommens vom 3. Januar 1994 (ABl. EG Nr. L 1 S. 3) in der jeweils geltenden Fassung oder in einem anderen Vertragsstaat nach Artikel 17 Abs. 2 Ziffer i der Richt-

linie 2003/48/EG vom 3. Juni 2003 im Bereich der Besteuerung von Zinserträgen (ABl. EU Nr. L 157 S. 38), kann der Steuerpflichtige den Nachweis nur durch eine Bescheinigung des ausländischen Instituts führen; dies gilt entsprechend für eine in diesem Gebiet belegene Zweigstelle eines inländischen Kreditinstituts oder Finanzdienstleistungsinstituts. [6]In allen anderen Fällen ist ein Nachweis der Anschaffungsdaten nicht zulässig. [7]Sind die Anschaffungsdaten nicht nachgewiesen, bemisst sich der Steuerabzug nach 30 Prozent der Einnahmen aus der Veräußerung oder Einlösung der Wirtschaftsgüter. [8]In den Fällen des § 43 Abs. 1 Satz 4 gelten für den Börsenpreis zum Zeitpunkt der Übertragung zuzüglich Stückzinsen als Einnahmen aus der Veräußerung und die mit dem Depotübertrag verbundenen Kosten als Veräußerungskosten im Sinne des § 20 Abs. 4 Satz 1. [9]Zur Ermittlung des Börsenpreises ist der niedrigste am Vortag der Übertragung im regulierten Markt notierte Kurs anzusetzen; liegt am Vortag eine Notierung nicht vor, so werden die Wirtschaftsgüter mit dem letzten innerhalb von 30 Tagen vor dem Übertragungstag im regulierten Markt notierten Kurs angesetzt; Entsprechendes gilt für Wertpapiere, die im Inland in den Freiverkehr einbezogen sind oder in einem anderen Staat des Europäischen Wirtschaftsraums zum Handel an einem geregelten Markt im Sinne des Artikels 1 Nr. 13 der Richtlinie 93/22/EWG des Rates vom 10. Mai 1993 über Wertpapierdienstleistungen (ABl. EG Nr. L 141 S. 27) zugelassen sind. [10]Liegt ein Börsenpreis nicht vor, bemisst sich der Steuer nach 30 Prozent der Anschaffungskosten. [11]Die übernehmende auszahlende Stelle hat als Anschaffungskosten den von der abgegebenden Stelle angesetzten Börsenpreis anzusetzen und die bei der Übertragung angesetzten Stückzinsen nach Absatz 3 zu berücksichtigen. [12]Satz 9 gilt entsprechend. [13]Liegt ein Börsenpreis nicht vor, bemisst sich der Steuerabzug nach 30 Prozent der Einnahmen aus der Veräußerung oder Einlösung der Wirtschaftsgüter. [14]Hat die auszahlende Stelle die Wirtschaftsgüter vor dem 1. Januar 1994 erworben oder veräußert und seitdem verwahrt oder verwaltet, kann sie den Steuerabzug nach 30 Prozent der Einnahmen aus der Veräußerung oder Einlösung der Wertpapiere und Kapitalforderungen bemessen. [15]Abweichend von den Sätzen 2 bis 14 bemisst sich der Steuerabzug bei Kapitalerträgen aus nicht für einen marktmäßigen Handel bestimmten schuldbuchfähigen Wertpapieren des Bundes und der Länder oder bei Kapitalerträgen im Sinne des § 43 Abs. 1 Satz 1 Nr. 7 Buchstabe b aus nicht in Inhaber- oder Orderschuldverschreibungen verbrieften Kapitalforderungen nach dem vollen Kapitalertrag ohne jeden Abzug.

(3) [1]Die auszahlende Stelle hat ausländische Steuern auf Kapitalerträge nach Maßgabe des § 32d Abs. 5 zu berücksichtigen. [2]Sie hat unter Berücksichtigung des § 20 Abs. 6 Satz 4 im Kalenderjahr negative Kapitalerträge einschließlich gezahlter Stückzinsen bis zur Höhe der positiven Kapitalerträge auszugleichen; liegt ein gemeinsamer Freistellungsauftrag im Sinne des § 44a Abs. 2 Satz 1 Nr. 1 in Verbindung mit § 20 Abs. 9 Satz 2 vor, erfolgt ein gemeinsamer Ausgleich. [3]Der nicht ausgeglichene Verlust ist auf das nächste Kalenderjahr zu übertragen. [4]Auf Verlangen des Gläubigers der Kapitalerträge hat sie über die Höhe eines nicht ausgeglichenen Verlustes eine Bescheinigung nach amtlich vorgeschriebenem Muster zu erteilen; der Verlustübertrag entfällt in diesem Fall. [5]Der unwiderrufliche Antrag auf Erteilung der Bescheinigung muss bis zum 15. Dezember des laufenden Jahres der auszahlenden Stelle zugehen. [6]Überträgt der Gläubiger der Kapitalerträge seine im Depot befindlichen Wirtschaftsgüter vollständig auf ein anderes Depot, hat die abgebende auszahlende Stelle der übernehmenden auszahlenden Stelle auf Verlangen des Gläubigers der Kapitalerträge die Höhe des nicht ausgeglichenen Verlusts mitzuteilen; eine Bescheinigung nach Satz 4 darf in diesem Fall nicht erteilt werden. [7]Erfährt die auszahlende Stelle nach Ablauf des Kalenderjahres von der Veränderung einer Bemessungsgrundlage oder einer zu erhebenden Kapitalertragsteuer, hat sie die entsprechende Korrektur erst zum Zeitpunkt ihrer Kenntnisnahme vorzunehmen; § 44 Absatz 5 bleibt unberührt. [8]Die vorstehenden Sätze gelten nicht in den Fällen des § 20 Abs. 8 und des § 44 Abs. 1 Satz 4 Nr. 1 Buchstabe a Doppelbuchstabe bb sowie bei Körperschaften, Personenvereinigungen oder Vermögensmassen.

(4) [1]Die Absätze 2 und 3 gelten entsprechend für die das Bundesschuldbuch führende Stelle oder eine Landesschuldenverwaltung als auszahlende Stelle. [2]Werden die Wertpapiere oder Forderungen von einem Kreditinstitut oder einem Finanzdienstleistungsinstitut mit der Maßgabe der Verwahrung und Verwaltung durch die das Bundesschuldbuch führende Stelle oder eine Landesschuldenverwaltung erworben, hat das Kreditinstitut oder das Finanzdienstleistungsinstitut der das Bundesschuldbuch führenden Stelle oder einer Landesschuldenverwaltung zusammen mit dem in das Schuldbuch einzutragenden Wertpapieren und Forderungen den Erwerbszeitpunkt und die Anschaffungsdaten sowie in Fällen des Absatzes 2 den Erwerbspreis der für einen marktmäßigen Handel bestimmten schuldbuchfähigen Wertpapiere des Bundes oder der Länder und außerdem mitzuteilen, dass es diese Wertpapiere und Forderungen erworben oder veräußert und seitdem verwahrt oder verwaltet hat.

§ 43b
Bemessung der Kapitalertragsteuer bei bestimmten Gesellschaften

(1) [1]Auf Antrag wird die Kapitalertragsteuer für Kapitalerträge im Sinne des § 20 Abs. 1 Nr. 1, die einer Muttergesellschaft, die weder ihren Sitz noch ihre Geschäftsleitung im Inland hat, oder einer in einem anderen Mitgliedstaat der Europäischen Union gelegenen Betriebsstätte dieser Muttergesellschaft, aus Ausschüttungen einer Tochtergesellschaft zufließen, nicht erhoben. [2]Satz 1 gilt auch für Ausschüttungen einer Tochtergesellschaft, die einer in einem anderen Mitgliedstaat der Europäischen Union gelegenen Betriebsstätte einer unbeschränkt steuerpflichtigen Muttergesellschaft zufließen. [3]Ein Zufluss an die Betriebsstätte liegt nur vor, wenn die Beteiligung an der Tochtergesellschaft tatsächlich zu dem Betriebsvermögen der Betriebsstätte gehört. [4]Die Sätze 1 bis 3 gelten nicht für Kapitalerträge im

Sinne des § 20 Abs. 1 Nr. 1, die anlässlich der Liquidation oder Umwandlung einer Tochtergesellschaft zufließen.

(2) ¹Muttergesellschaft im Sinne des Absatzes 1 ist jede Gesellschaft, die die in der Anlage 2[1)] zu diesem Gesetz bezeichneten Voraussetzungen erfüllt und nach Artikel 3 Absatz 1 Buchstabe a der Richtlinie 2011/96/EU des Rates vom 30. November 2011 über das gemeinsame Steuersystem der Mutter und Tochtergesellschaften verschiedener Mitgliedstaaten (ABl. L 345 vom 29.12.2011, S. 8), die zuletzt durch die Richtlinie 2013/13/EU (ABl. L 141 vom 28.5.2013, S. 30) geändert worden ist, zum Zeitpunkt der Entstehung der Kapitalertragsteuer gemäß § 44 Absatz 1 Satz 2 nachweislich mindestens zu 10 Prozent unmittelbar am Kapital der Tochtergesellschaft (Mindestbeteiligung) beteiligt ist. ²Ist die Mindestbeteiligung zu diesem Zeitpunkt nicht erfüllt, ist der Zeitpunkt des Gewinnverteilungsbeschlusses maßgeblich. ³Tochtergesellschaft im Sinne des Absatzes 1 sowie des Satzes 1 ist jede unbeschränkt steuerpflichtige Gesellschaft, die die in der Anlage 2 zu diesem Gesetz und in Artikel 3 Abs. 1 Buchstabe b der Richtlinie 2011/96 EU bezeichneten Voraussetzungen erfüllt. ⁴Weitere Voraussetzung ist, dass die Beteiligung nachweislich ununterbrochen zwölf Monate besteht. ⁵Wird dieser Beteiligungszeitraum nach dem Zeitpunkt der Entstehung der Kapitalertragsteuer gemäß § 44 Abs. 1 Satz 2 vollendet, ist die einbehaltene und abgeführte Kapitalertragsteuer nach § 50d Abs. 1 zu erstatten; das Freistellungsverfahren nach § 50d Abs. 2 ist ausgeschlossen.

(2a) Betriebsstätte im Sinne der Absätze 1 und 2 ist eine feste Geschäftseinrichtung in einem anderen Mitgliedstaat der Europäischen Union, durch die die Tätigkeit der Muttergesellschaft ganz oder teilweise ausgeübt wird, wenn das Besteuerungsrecht für die Gewinne dieser Geschäftseinrichtung nach dem jeweils geltenden Abkommen zur Vermeidung der Doppelbesteuerung dem Staat, in dem sie gelegen ist, zugewiesen wird und diese Gewinne in diesem Staat der Besteuerung unterliegen.

(3) (weggefallen)

(4) (weggefallen)

§ 44
Entrichtung der Kapitalertragsteuer

(1) ¹Schuldner der Kapitalertragsteuer ist in den Fällen des § 43 Abs. 1 Satz 1 Nr. 1 bis 7b und 8 bis 12 sowie Satz 2 der Gläubiger der Kapitalerträge. ²Die Kapitalertragsteuer entsteht in dem Zeitpunkt, in dem die Kapitalerträge dem Gläubiger zufließen. ³In diesem Zeitpunkt haben in den Fällen des § 43 Absatz 1 Satz 1 Nummer 1, 2 bis 4 sowie 7a und 7b der Schuldner der Kapitalerträge, jedoch in den Fällen des § 43 Absatz 1 Satz 1 Nummer 1 Satz 2 die für den Verkäufer der Wertpapiere den Verkaufsauftrag ausführende Stelle im Sinne des Satzes 4 Nummer 1, und in den Fällen des § 43 Abs. 1 Satz 1 Nummer 1a, 6, 7 und 8 bis 12 sowie Satz 2 die die Kapitalerträge auszahlende Stelle den Steuerabzug für Rechnung des Gläubigers der Kapitalerträge vorzunehmen. ⁴Die die Kapitalerträge auszahlende Stelle ist

1. in den Fällen des § 43 Abs. 1 Satz 1 Nr. 6, 7 Buchstabe a und Nr. 8 bis 12 sowie Satz 2

   a) das inländische Kreditinstitut oder das inländische Finanzdienstleistungsinstitut im Sinne des § 43 Abs. 1 Satz 1 Nr. 7 Buchstabe b, das inländische Wertpapierhandelsunternehmen oder die inländische Wertpapierhandelsbank

      aa) das die Teilschuldverschreibungen, die Anteile an einer Sammelschuldbuchforderung, die Wertrechte, die Zinsscheine oder sonstigen Wirtschaftsgüter verwahrt oder verwaltet oder deren Veräußerung durchführt und die Kapitalerträge auszahlt oder gutschreibt oder in den Fällen des § 43 Abs. 1 Satz 1 Nummer 8 und 11 die Kapitalerträge auszahlt oder gutschreibt

      bb) das die Kapitalerträge gegen Aushändigung der Zinsscheine oder der Teilschuldverschreibungen einem anderen als einem ausländischen Kreditinstitut oder einem ausländischen Finanzdienstleistungsinstitut auszahlt oder gutschreibt;

   b) der Schuldner der Kapitalerträge in den Fällen des § 43 Abs. 1 Satz 1 Nr. 7 Buchstabe a und Nr. 10 unter den Voraussetzungen des Buchstabens a, wenn kein inländisches Kreditinstitut oder kein inländisches Finanzdienstleistungsinstitut die die Kapitalerträge auszahlende Stelle ist;

2. in den Fällen des § 43 Abs. 1 Satz 1 Nr. 7 Buchstabe b das inländische Kreditinstitut oder das inländische Finanzdienstleistungsinstitut, das die Kapitalerträge als Schuldner auszahlt oder gutschreibt;

3. In den Fällen des § 43 Absatz 1 Satz 1 Nummer 1a

   a) das inländische Kredit- oder Finanzdienstleistungsinstitut im Sinne des § 43 Absatz 1 Satz 1 Nummer 7 Buchstabe b, das inländische Wertpapierhandelsunternehmen oder die inländische Wertpapierhandelsbank welche die Anteile verwahrt oder verwaltet und die Kapitalerträge auszahlt oder gutschreibt oder die Kapitalerträge gegen Aushändigung der Dividendenscheine auszahlt oder gutschreibt oder die Kapitalerträge an eine ausländische Stelle auszahlt,

   b) die Wertpapiersammelbank, der die Anteile zur Sammelverwahrung anvertraut wurden, wenn sie die Kapitalerträge an eine ausländische Stelle auszahlt,

   c) der Schuldner der Kapitalerträge, soweit die Wertpapiersammelbank, der die Anteile zur Sammelverwahrung anvertraut wurden, keine Dividendenregulierung vornimmt; die Wertpapiersammetbank hat dem Schuldner

---

1) Anlage 2 abgedruckt am Ende des Gesetzes.

der Kapitalerträge den Umfang der Bestände ohne Dividendenregulierung mitzuteilen. ⁵Die innerhalb eines Kalendermonats einbehaltene Steuer ist jeweils bis zum zehnten des folgenden Monats an das Finanzamt abzuführen, das für die Besteuerung

1. des Schuldners der Kapitalerträge,
2. der den Verkaufsauftrag ausführenden Stelle oder
3. der die Kapitalerträge auszahlenden Stelle

nach dem Einkommen zuständig ist; bei Kapitalerträgen im Sinne des § 43 Abs. 1 Satz 1 Nr. 1 ist die einbehaltene Steuer in dem Zeitpunkt abzuführen, in dem die Kapitalerträge dem Gläubiger zufließen. ⁶Dabei ist die Kapitalertragsteuer, die zu demselben Zeitpunkt abzuführen ist, jeweils auf den nächsten vollen Euro-Betrag abzurunden. ⁷Wenn Kapitalerträge ganz oder teilweise nicht in Geld bestehen (§ 8 Abs. 2) und der in Geld geleistete Kapitalertrag nicht zur Deckung der Kapitalertragsteuer ausreicht, hat der Gläubiger der Kapitalerträge dem zum Steuerabzug Verpflichteten den Fehlbetrag zur Verfügung zu stellen. ⁸Soweit der Gläubiger seiner Verpflichtung nicht nachkommt, hat der zum Steuerabzug Verpflichtete dies dem für ihn zuständigen Betriebsstättenfinanzamt anzuzeigen. ⁹Das Finanzamt hat die zu wenig erhobene Kapitalertragsteuer vom Gläubiger der Kapitalerträge nachzufordern.

(1a) ¹Werden inländische Aktien über eine ausländische Stelle mit Dividendenberechtigung erworben, aber ohne Dividendenanspruch geliefert und leitet die ausländische Stelle auf die Erträge im Sinne des § 20 Absatz 1 Nummer 1 Satz 4 einen einbehaltenen Steuerbetrag im Sinne des § 43a Absatz 1 Satz 1 Nummer 1 an eine inländische Wertpapiersammelbank weiter, ist diese zur Abführung der einbehaltenen Steuer verpflichtet. ²Bei Kapitalerträgen im Sinne des § 43 Absatz 1 Satz 1 Nummer 1 und 2 gilt Satz 1 entsprechend.

(2) ¹Gewinnanteile (Dividenden) und andere Kapitalerträge im Sinne des § 43 Abs. 1 Satz 1 Nr. 1, deren Ausschüttung von einer Körperschaft beschlossen wird, fließen dem Gläubiger der Kapitalerträge an dem Tag zu (Absatz 1), der im Beschluss als Tag der Auszahlung bestimmt worden ist. ²Ist die Ausschüttung nur festgesetzt, ohne dass über den Zeitpunkt der Auszahlung ein Beschluss gefasst worden ist, so gilt als Zeitpunkt des Zufließens der Tag nach der Beschlussfassung. ³Für Kapitalerträge im Sinne des § 20 Abs. 1 Nr. 1 Satz 4 gelten diese Zuflusszeitpunkte entsprechend.

(3) ¹Ist bei Einnahmen aus der Beteiligung an einem Handelsgewerbe als stiller Gesellschafter in dem Beteiligungsvertrag über den Zeitpunkt der Ausschüttung keine Vereinbarung getroffen, so gilt der Kapitalertrag am Tag nach der Aufstellung der Bilanz oder einer sonstigen Feststellung des Gewinnanteils des stillen Gesellschafters, spätestens jedoch sechs Monate nach Ablauf des Wirtschaftsjahres, für das der Kapitalertrag ausgeschüttet oder gutgeschrieben werden soll, als zugeflossen. ²Bei Zinsen aus partiarischen Darlehen gilt Satz 1 entsprechend.

(4) Haben Gläubiger und Schuldner der Kapitalerträge vor dem Zufließen ausdrücklich Stundung des Kapitalertrags vereinbart, weil der Schuldner vorübergehend zur Zahlung nicht in der Lage ist, so ist der Steuerabzug erst mit Ablauf der Stundungsfrist vorzunehmen.

(5) ¹Die Schuldner der Kapitalerträge, die den Verkaufsauftrag ausführende Stelle oder die die Kapitalerträge auszahlenden Stellen haften für die Kapitalertragsteuer, die sie einzubehalten und abzuführen haben, es sei denn, sie weisen nach, dass sie die ihnen auferlegten Pflichten weder vorsätzlich noch grob fahrlässig verletzt haben. ²Der Gläubiger der Kapitalerträge wird nur in Anspruch genommen,

1. wenn der Schuldner, die den Verkaufsauftrag ausführende Stelle oder die die Kapitalerträge auszahlende Stelle die Kapitalerträge nicht vorschriftsmäßig gekürzt hat,
2. wenn der Gläubiger weiß, dass der Schuldner oder die die Kapitalerträge auszahlende Stelle die einbehaltene Kapitalertragsteuer nicht vorschriftsmäßig abgeführt hat, und dies dem Finanzamt nicht unverzüglich mitteilt oder
3. wenn das die Kapitalerträge auszahlende inländische Kreditinstitut oder das inländische Finanzdienstleistungsinstitut die Kapitalerträge zu Unrecht ohne Abzug der Kapitalertragsteuer ausgezahlt hat.

³Für die Inanspruchnahme des Schuldners der Kapitalerträge, der den Verkaufsauftrag ausführenden Stelle und der die Kapitalerträge auszahlenden Stelle bedarf es keines Haftungsbescheids, soweit der Schuldner, die den Verkaufsauftrag ausführende Stelle oder die die Kapitalerträge auszahlende Stelle die einbehaltene Kapitalertragsteuer richtig angemeldet hat oder soweit sie ihre Zahlungsverpflichtungen gegenüber dem Finanzamt oder dem Prüfungsbeamten des Finanzamts schriftlich anerkennen.

(6) ¹In den Fällen des § 43 Abs. 1 Satz 1 Nr. 7c gilt die juristische Person des öffentlichen Rechts und die von der Körperschaftsteuer befreite Körperschaft, Personenvereinigung oder Vermögensmasse als Gläubiger und der Betrieb gewerblicher Art und der wirtschaftliche Geschäftsbetrieb als Schuldner der Kapitalerträge. ²Die Kapitalertragsteuer entsteht, auch soweit sie auf verdeckte Gewinnausschüttungen entfällt, die im abgelaufenen Wirtschaftsjahr vorgenommen wurden, im Zeitpunkt der Bilanzerstellung; sie entsteht spätestens acht Monate nach Ablauf des Wirtschaftsjahres; in den Fällen des § 20 Abs. 1 Nr. 10 Buchstabe b Satz 2 am Tag nach der Beschlussfassung über die Verwendung und in den Fällen des § 22 Abs. 4 des Umwandlungssteuergesetzes am Tag nach der Veräußerung. ³Die Kapitalertragsteuer entsteht in den Fällen des § 20 Abs. 1 Nr. 10 Buchstabe b Satz 3 zum Ende des Wirtschaftsjahres. ⁴Die Absätze 1 bis 4 und 5 Satz 2 sind entsprechend anzuwenden. ⁵Der Schuldner der Kapitalerträge haftet für die Kapitalertragsteuer, soweit sie auf verdeckte Gewinnausschüttungen und auf Veräußerungen im Sinne des § 22 Abs. 4 des Umwandlungssteuergesetzes entfällt.

(7) ¹In den Fällen des § 14 Abs. 3 des Körperschaftsteuergesetzes entsteht die Kapitalertragsteuer

in dem Zeitpunkt der Feststellung der Handelsbilanz der Organgesellschaft; sie entsteht spätestens acht Monate nach Ablauf des Wirtschaftsjahrs der Organgesellschaft. ²Die entstandene Kapitalertragsteuer ist an dem auf den Entstehungszeitpunkt nachfolgenden Werktag an das Finanzamt abzuführen, dass für die Besteuerung der Organgesellschaft nach dem Einkommen zuständig ist. ³Im Übrigen sind die Absätze 1 bis 4 entsprechend anzuwenden.

§ 44a
Abstandnahme vom Steuerabzug

(1) ¹Soweit die Kapitalerträge zusammen mit den Kapitalerträgen, für die die Kapitalertragsteuer nach § 44b zu erstatten ist oder nach Absatz 10 kein Steuerabzug vorzunehmen ist, den Sparer-Pauschbetrag nach § 20 Absatz 9 nicht übersteigen, ist ein Steuerabzug nicht vorzunehmen bei Kapitalerträgen im Sinne des

1. § 43 Absatz 1 Satz 1 Nummer 1 und 2 aus Genussrechten oder
2. § 43 Absatz 1 Satz 1 Nummer 1 und 2 aus Anteilen, die von einer Kapitalgesellschaft ihren Arbeitnehmern überlassen worden sind und von ihr, einem von der Kapitalgesellschaft bestellten Treuhänder, einem inländischen Kreditinstitut oder einer inländischen Zweigniederlassung einer der in § 53b Absatz 1 oder 7 des Kreditwesengesetzes genannten Unternehmen verwahrt werden, und
3. § 43 Absatz 1 Satz 1 Nummer 3 bis 7 und 8 bis 12 sowie Satz 2, die einem unbeschränkt einkommensteuerpflichtigen Gläubiger zufließen.

²Den Arbeitnehmern im Sinne des Satzes 1 stehen Arbeitnehmer eines mit der Kapitalgesellschaft verbundenen Unternehmens nach § 15 des Aktiengesetzes sowie frühere Arbeitnehmer der Kapitalgesellschaft oder eines mit ihr verbundenen Unternehmens gleich. ³Den von der Kapitalgesellschaft überlassenen Anteilen stehen Aktien gleich, die Arbeitnehmern bei einer Kapitalerhöhung auf Grund ihres Bezugsrechts aus den von der Kapitalgesellschaft überlassenen Aktien zugeteilt worden sind oder den Arbeitnehmern auf Grund einer Kapitalerhöhung aus Gesellschaftsmitteln gehören. ³Bei Kapitalerträgen im Sinne des § 43 Absatz 1 Satz 1 Nummer 1, 2 bis 7 und 8 bis 12 sowie Satz 2, die einem unbeschränkt einkommensteuerpflichtigen Gläubiger zufließen, ist der Steuerabzug nicht vorzunehmen, wenn anzunehmen ist, dass auch für Fälle der Günstigerprüfung nach § 32d Absatz 6 keine Steuer entsteht.

(2) ¹Voraussetzung für die Abstandnahme vom Steuerabzug nach Absatz 1 ist, dass dem nach § 44 Abs. 1 zum Steuerabzug Verpflichteten in den Fällen

1. des Absatzes 1 Satz 1 ein Freistellungsauftrag des Gläubigers der Kapitalerträge nach amtlich vorgeschriebenem Muster oder
2. des Absatzes 1 Satz 4 eine Nichtveranlagungs-Bescheinigung des für den Gläubiger zuständigen Wohnsitzfinanzamts

vorliegt. ²In den Fällen des Satzes 1 Nr. 2 ist die Bescheinigung unter dem Vorbehalt des Widerrufs auszustellen. ³Ihre Geltungsdauer darf höchstens drei Jahre betragen und muss am Schluss eines Kalenderjahrs enden. ⁴Fordert das Finanzamt die Bescheinigung zurück oder erkennt der Gläubiger, dass die Voraussetzungen für ihre Erteilung weggefallen sind, so hat er dem Finanzamt die Bescheinigung zurückzugeben.

(2a) ¹Ein Freistellungsauftrag kann nur erteilt werden, wenn der Gläubiger der Kapitalerträge seine Identifikationsnummer (§ 139b der Abgabenordnung) und bei gemeinsamen Freistellungsaufträgen auch die Identifikationsnummer des Ehegatten mitteilt. ²Ein Freistellungsauftrag ist ab dem 1. Januar 2016 unwirksam, wenn der Meldestelle im Sinne des § 45d Absatz 1 Satz 1 keine Identifikationsnummer des Gläubigers der Kapitalerträge und bei gemeinsamen Freistellungsaufträgen auch keine des Ehegatten vorliegen. ³Sofern der Meldestelle im Sinne des § 45d Absatz 1 Satz 1 die Identifikationsnummer nicht bereits bekannt ist, kann sie diese beim Bundeszentralamt für Steuern abfragen. ⁴In der Anfrage dürfen nur die in § 139b Absatz 3 der Abgabenordnung genannten Daten des Gläubigers und bei gemeinsamen Freistellungsaufträgen die des Ehegatten angegeben werden, soweit sie der Meldestelle bekannt sind. ⁵Die Anfrage hat nach amtlich vorgeschriebenem Datensatz durch Datenfernübertragung zu erfolgen. ⁶Im Übrigen ist § 150 Absatz 6 der Abgabenordnung entsprechend anzuwenden. ⁷Das Bundeszentralamt für Steuern teilt der Meldestelle die Identifikationsnummer mit, sofern die übermittelten Daten mit den nach § 139b Absatz 3 der Abgabenordnung beim Bundeszentralamt für Steuern gespeicherten Daten übereinstimmen. ⁸Die Meldestelle darf die Identifikationsnummer nur verwenden, soweit dies zur Erfüllung von steuerlichen Pflichten erforderlich ist.

(3) Der nach § 44 Abs. 1 zum Steuerabzug Verpflichtete hat in seinen Unterlagen das Finanzamt, das die Bescheinigung erteilt hat, den Tag der Ausstellung der Bescheinigung und die in der Bescheinigung angegebene Steuer- und Listennummer zu vermerken sowie die Freistellungsaufträge aufzubewahren.

(4) ¹Ist der Gläubiger

1. eine von der Körperschaftsteuer befreite inländische Körperschaft, Personenvereinigung oder Vermögensmasse oder
2. eine inländische juristische Person des öffentlichen Rechts,

so ist der Steuerabzug bei Kapitalerträgen im Sinne des § 43 Abs. 1 Satz 1 Nr. 4, 6, 7 und 8 bis 12 sowie Satz 2 nicht vorzunehmen. ²Dies gilt auch, wenn es sich bei den Kapitalerträgen um Bezüge im Sinne des § 20 Abs. 1 Nr. 1 und 2 handelt, die der Gläubiger von einer nicht von der Körperschaftsteuer befreiten Körperschaft bezieht. ³Voraussetzung ist, dass der Gläubiger dem Schuldner oder dem die Kapitalerträge auszahlenden inländischen Kreditinstitut oder inländischen Finanzdienstleistungsinstitut durch eine Bescheinigung des für seine Geschäftsleitung oder seinen Sitz zuständigen Finanzamts nachweist, dass er eine Körperschaft, Personenvereinigung oder Vermögensmasse im Sinne des Satzes 1 Nr. 1 oder 2 ist. ⁴Absatz 2 Satz 2 bis 4 und Abs. 3 gelten entsprechend. ⁵Die in Satz 3 bezeichnete Bescheinigung wird nicht erteilt, wenn die Kapitalerträge in den Fällen des Satzes 1 Nr. 1 in einem wirtschaftlichen Geschäftsbetrieb anfallen, für den die Befreiung von der Körperschaftsteuer ausgeschlossen ist, oder wenn sie in den Fällen des Satzes 1 Nr. 2 in einem nicht von der Körperschaftsteuer befreiten Betrieb gewerblicher Art anfallen. ⁶Ein Steuerabzug ist auch nicht vorzunehmen bei Kapitalerträgen im Sinne des § 49 Absatz 1 Nummer 5 Buchstabe c und d, die einem Anleger zufließen, der eine nach den Rechtsvorschriften eines Mitgliedstaates der Europäischen Union oder des Europäischen Wirtschaftsraums gegründete Gesellschaft im Sinne des Artikels 54 des Vertrags über die Arbeitsweise der Europäischen Union oder des Artikels 34 des Abkommens über den Europäischen Wirtschaftsraum mit Sitz und Ort der Geschäftsleitung innerhalb des Hoheitsgebietes eines dieser Staaten ist, und der einer Körperschaft im Sinne des § 5 Absatz 1 Nummer 3 des Körperschaftsteuergesetzes vergleichbar ist; soweit es sich um eine nach den Rechtsvorschriften eines Mitgliedstaates des Europäischen Wirtschaftsraums gegründete Gesellschaft oder eine Gesellschaft mit Ort und Geschäftsleitung in diesem Staat handelt, ist zusätzlich Voraussetzung, dass mit diesem Staat ein Amtshilfeabkommen besteht.

(4a) ¹Absatz 4 ist entsprechend auf Personengesellschaften im Sinne des § 212 Absatz 1 des Fünften Buches Sozialgesetzbuch anzuwenden. ²Dabei tritt die Personengesellschaft an die Stelle des Gläubigers der Kapitalerträge.

(4b) ¹Werden Kapitalerträge im Sinne des § 43 Absatz 1 Nummer 1 von einer Genossenschaft an ihre Mitglieder gezahlt, hat sie den Steuerabzug nicht vorzunehmen, wenn ihr für das jeweilige Mitglied

1. eine Nichtveranlagungs-Bescheinigung nach Absatz 2 Satz 1 Nummer 2,
2. eine Bescheinigung nach Absatz 5 Satz 4,
3. eine Bescheinigung nach Absatz 7 Satz 4 oder
4. eine Bescheinigung nach Absatz 8 Satz 3 vorliegt; in diesen Fällen ist ein Steuereinbehalt in Höhe von drei Fünfteln vorzunehmen.

²Eine Genossenschaft hat keinen Steuerabzug vorzunehmen, wenn ihr ein Freistellungsauftrag erteilt wurde, der auch Kapitalerträge im Sinne des Satzes 1 erfasst, soweit die Kapitalerträge zusammen mit den Kapitalerträgen, für die nach Absatz 1 kein Steuerabzug vorzunehmen ist oder für die die Kapitalertragsteuer nach § 44b zu erstatten ist, den mit dem Freistellungsauftrag beantragten Freibetrag nicht übersteigen. ³Dies gilt auch, wenn die Genossenschaft einen Verlustausgleich nach § 43a Absatz 3 Satz 2 unter Einbeziehung von Kapitalerträgen im Sinne des Satzes 1 durchgeführt hat.

(5) ¹Bei Kapitalerträgen im Sinne des § 43 Abs. 1 Satz 1 Nr. 1, 2, 6, 7 und 8 bis 12 sowie Satz 2, die einem unbeschränkt oder beschränkt einkommensteuerpflichtigen Gläubiger zufließen, ist der Steuerabzug nicht vorzunehmen, wenn die Kapitalerträge Betriebseinnahmen des Gläubigers sind und die Kapitalertragsteuer bei ihm auf Grund der Art seiner Geschäfte auf Dauer höher wäre als die gesamte festzusetzende Einkommensteuer oder Körperschaftsteuer. ²Ist der Gläubiger ein Lebens- oder Krankenversicherungsunternehmen als Organgesellschaft, ist für die Anwendung des Satzes 1 eine bestehende Organschaft im Sinne des § 14 des Körperschaftsteuergesetzes nicht zu berücksichtigen, wenn die beim Organträger anzurechnende Kapitalertragsteuer, einschließlich der Kapitalertragsteuer des Lebens- oder Krankenversicherungsunternehmens, die auf Grund von § 19 Abs. 5 des Körperschaftsteuergesetzes anzurechnen wäre, höher wäre, als die gesamte festzusetzende Körperschaftsteuer. ³Für die Prüfung der Voraussetzung des Satzes 2 ist auf die Verhältnisse der dem Antrag auf Erteilung einer Bescheinigung im Sinne des Satzes 4 vorangehenden drei Veranlagungszeiträume abzustellen. ⁴Die Voraussetzung des Satzes 1 ist durch eine Bescheinigung des für den Gläubiger zuständigen Finanzamts nachzuweisen. ⁵Die Bescheinigung ist unter dem Vorbehalt des Widerrufs auszustellen. ⁶Die Voraussetzung des Satzes 2 ist gegenüber dem für den Gläubiger zuständigen Finanzamt durch eine Bescheinigung des für den Organträger zuständigen Finanzamts nachzuweisen.

(6) ¹Voraussetzung für die Abstandnahme vom Steuerabzug nach den Absätzen 1, 4 und 5 bei Kapitalerträgen im Sinne des § 43 Abs. 1 Satz 1 Nr. 6, 7 und 8 bis 12 sowie Satz 2 ist, dass den Teilschuldverschreibungen, die Anteile an der Sammelschuldbuchforderung, die Wertrechte, die Einlagen und Guthaben oder sonstigen Wirtschaftsgüter im Zeitpunkt des Zufließens der Einnahmen unter dem Namen des Gläubigers der Kapitalerträge bei der die Kapitalerträge auszahlenden Stelle verwahrt oder verwaltet werden. ²Ist dies nicht der Fall, ist die Bescheinigung nach § 45a Abs. 2 durch einen entsprechenden Hinweis zu kennzeichnen. ³Wird bei einem inländischen Kredit- oder Finanzdienstleistungsinstitut im Sinne des § 43 Absatz 1 Satz 1 Nummer 7 Buchstabe b ein Konto oder Depot für eine gemäß § 5 Absatz 1 Nummer 9 des Körperschaftsteuergesetzes befreite Stiftung im Sinne des § 1 Absatz 1 Nummer 5 des Körperschaftsteuergesetzes auf den Namen eines anderen Berechtigten geführt und ist das Konto oder Depot durch einen Zusatz zur Bezeichnung eindeutig sowohl vom übrigen Vermögen des anderen Berechtigten zu unterscheiden als auch steuerlich der Stiftung zuzuordnen, so gilt es für die Anwendung des Absatzes 4, des Absatzes 5, des Absatzes 10 Satz 1 Nummer 3 und des § 44b Absatz 6 in Verbindung mit Absatz 7 als im Namen der Stiftung geführt.

(7) ¹Ist der Gläubiger eine inländische

1. Körperschaft, Personenvereinigung oder Vermögensmasse im Sinne des § 5 Abs. 1 Nr. 9 des Körperschaftsteuergesetzes oder
2. Stiftung des öffentlichen Rechts, die ausschließlich und unmittelbar gemeinnützigen oder mildtätigen Zwecken dient, oder
3. juristische Person des öffentlichen Rechts, die ausschließlich und unmittelbar kirchlichen Zwecken dient,

so ist der Steuerabzug bei Kapitalerträgen im Sinne des § 43 Abs. 1 Satz 1 Nr. 1, 2, 3 und 7a bis 7c nicht vorzunehmen. ²Voraussetzung für die Anwendung des Satzes 1 ist, dass der Gläubiger durch eine Bescheinigung des für seine Geschäftsleitung oder seinen Sitz zuständigen Finanzamts nachweist, dass er eine Körperschaft, Personenvereinigung oder Vermögensmasse nach Satz 1 ist. ³Absatz 4 gilt entsprechend.

(8) ¹Ist der Gläubiger
1. eine nach § 5 Abs. 1 mit Ausnahme der Nummer 9 des Körperschaftsteuergesetzes oder nach anderen Gesetzen von der Körperschaftsteuer befreite Körperschaft, Personenvereinigung oder Vermögensmasse oder
2. eine inländische juristische Person des öffentlichen Rechts, die nicht in Absatz 7 bezeichnet ist,

so ist der Steuerabzug bei Kapitalerträgen im Sinne des § 43 Absatz 1 Satz 1 Nummer 1, 2, 3 und 7a nur in Höhe von drei Fünfteln vorzunehmen. ²Voraussetzung für die Anwendung des Satzes 1 ist, dass der Gläubiger durch eine Bescheinigung des für seine Geschäftsleitung oder seinen Sitz zuständigen Finanzamts nachweist, dass er eine Körperschaft, Personenvereinigung oder Vermögensmasse im Sinne des Satzes 1 ist. ³Absatz 4 gilt entsprechend.

(8a) ¹Absatz 8 ist entsprechend auf Personengesellschaften im Sinne des § 212 Absatz 1 des Fünften Buches Sozialgesetzbuch anzuwenden. ²Dabei tritt die Personengesellschaft an die Stelle des Gläubigers der Kapitalerträge.

(9) ¹Ist der Gläubiger der Kapitalerträge im Sinne des § 43 Abs. 1 eine beschränkt steuerpflichtige Körperschaft im Sinne des § 2 Nr. 1 des Körperschaftsteuergesetzes, so werden zwei Fünftel der einbehaltenen und abgeführten Kapitalertragsteuer erstattet. ²§ 50d Abs. 1 Satz 3 bis 12, Abs. 3 und 4 ist entsprechend anzuwenden. ³Der Anspruch auf eine weitergehende Freistellung und Erstattung nach § 50d Abs. 1 in Verbindung mit § 43b oder § 50g oder nach einem Abkommen zur Vermeidung der Doppelbesteuerung bleibt unberührt. ⁴Verfahren nach den vorstehenden Sätzen und nach § 50d Abs. 1 soll das Bundeszentralamt für Steuern verbinden.

(10) ¹Werden Kapitalerträge im Sinne des § 43 Absatz 1 Satz 1 Nummer 1 a gezahlt, hat die auszahlende Stelle keinen Steuerabzug vorzunehmen, wenn
1. der auszahlenden Stelle eine Nichtveranlagungs-Bescheinigung nach Absatz 2 Satz 1 Nummer 2 für den Gläubiger vorgelegt wird,
2. der auszahlenden Stelle eine Bescheinigung nach Absatz 5 für den Gläubiger vorgelegt wird,
3. der auszahlenden Stelle eine Bescheinigung nach Absatz 7 Satz 2 für den Gläubiger vorgelegt wird oder
4. der auszahlenden Stelle eine Bescheinigung nach Absatz 8 Satz 2 für den Gläubiger vorgelegt wird; in diesen Fällen ist ein Steuereinbehalt in Höhe von drei Fünfteln vorzunehmen.

²Wird der auszahlenden Stelle ein Freistellungsauftrag erteilt, der auch Kapitalerträge im Sinne des Satzes 1 erfasst, oder führt diese einen Verlustausgleich nach § 43a Absatz 3 Satz 2 unter Einbeziehung von Kapitalerträgen im Sinne des Satzes 1 durch, so hat sie den Steuerabzug nicht vorzunehmen, soweit die Kapitalerträge zusammen mit den Kapitalerträgen, für die nach Absatz 1 kein Steuerabzug vorzunehmen ist oder die Kapitalertragsteuer nach § 44b zu erstatten ist, den mit dem Freistellungsauftrag beantragten Freistellungsbetrag nicht übersteigen. ³Absatz 6 ist entsprechend anzuwenden. ⁴Werden Kapitalerträge im Sinne des § 43 Absatz 1 Satz 1 Nummer 1a von einer auszahlenden Stelle im Sinne des § 44 Absatz 1 Satz 4 Nummer 3 an eine ausländische Stelle ausgezahlt, hat diese auszahlende Stelle über den von ihr vor der Zahlung in das Ausland von diesen Kapitalerträgen vorgenommenen Steuerabzug der letzten inländischen auszahlenden Stelle in der Wertpapierverwahrkette, welche die Kapitalerträge auszahlt oder gutschreibt, auf deren Antrag eine Sammel-Steuerbescheinigung für die Summe der eigenen und der für Kunden verwahrten Aktien nach amtlich vorgeschriebenem Muster auszustellen. ⁵Der Antrag darf nur für Aktien gestellt werden, die mit Dividendenberechtigung erworben und mit Dividendenanspruch geliefert wurden. ⁶Wird eine solche Sammel-Steuerbescheinigung beantragt, ist die Ausstellung von Einzel-Steuerbescheinigungen oder die Weiterleitung eines Antrags auf Ausstellung einer Einzel-Steuerbescheinigung über den Steuerabzug von denselben Kapitalerträgen ausgeschlossen; die Sammel-Steuerbescheinigung ist als solche zu kennzeichnen. ⁷Auf die ihr ausgestellte Sammel-Steuerbescheinigung wendet die letzte inländische auszahlende Stelle § 44b Absatz 6 mit der Maßgabe an, dass sie von den ihr nach dieser Vorschrift eingeräumten Möglichkeiten Gebrauch zu machen hat.

§ 44b
Erstattung der Kapitalertragsteuer

(1) (weggefallen)
(2) (weggefallen)
(3) (weggefallen)
(4) (weggefallen)

(5) ¹Ist Kapitalertragsteuer einbehalten oder abgeführt worden, obwohl eine Verpflichtung hierzu nicht bestand, oder hat der Gläubiger dem nach § 44 Absatz 1 zum Steuerabzug Verpflichteten die Bescheinigung nach § 43 Absatz 2 Satz 4, den Freistellungsauftrag, die Nichtveranlagungs-Bescheinigung oder die Bescheinigungen nach § 44a Absatz 4 oder 5 erst zu einem Zeitpunkt vorgelegt, zu dem die Kapitalertragsteuer bereits abgeführt war, oder ist nach diesem Zeitpunkt erst die Erklärung nach § 43 Absatz 2 Satz 3 Nummer 2 abgegeben, ist auf Antrag des nach § 44 Absatz 1 zum Steuerabzug Verpflichteten die Steueranmeldung (§ 45a Absatz 1) insoweit zu ändern; stattdessen kann der zum Steuerabzug Verpflichtete bei der folgenden Steueranmeldung die abzuführende Kapitalertragsteuer entsprechend kürzen. ²Erstattungsberechtigt ist der Antragsteller. ³Solange noch keine Steuerbescheinigung nach § 45a erteilt ist, hat der zum Steuerabzug Verpflichtete das Verfahren nach Satz 1 zu betreiben. ⁴Die vorstehenden Sätze sind in den Fällen des Absatzes 6 nicht anzuwenden.

(6) ¹Werden Kapitalerträge im Sinne des § 43 Absatz 1 Satz 1 Nummer 1 und 2 durch ein inländisches

Kredit- oder Finanzdienstleistungsinstitut im Sinne des § 43 Absatz 1 Satz 1 Nummer 7 Buchstabe b, das die Wertpapiere, Wertrechte oder sonstigen Wirtschaftsgüter unter dem Namen des Gläubigers verwahrt oder verwaltet, als Schuldner der Kapitalerträge oder für Rechnung des Schuldners gezahlt, kann das Kredit- oder Finanzdienstleistungsinstitut die einbehaltene und abgeführte Kapitalertragsteuer dem Gläubiger der Kapitalerträge bis zur Ausstellung einer Steuerbescheinigung, längstens bis zum 31. März des auf den Zufluss der Kapitalerträge folgenden Kalenderjahres, unter den folgenden Voraussetzungen erstatten:

1. dem Kredit- oder Finanzdienstleistungsinstitut wird eine Nichtveranlagungs-Bescheinigung nach § 44a Absatz 2 Satz 1 Nummer 2 für den Gläubiger vorgelegt,
2. dem Kredit- oder Finanzdienstleistungsinstitut wird eine Bescheinigung nach § 44a Absatz 5 für den Gläubiger vorgelegt,
3. dem Kredit- oder Finanzdienstleistungsinstitut wird eine Bescheinigung nach § 44a Absatz 7 Satz 2 für den Gläubiger vorgelegt und eine Abstandnahme war nicht möglich oder
4. dem Kredit- oder Finanzdienstleistungsinstitut wird eine Bescheinigung nach § 44a Absatz 8 Satz 2 für den Gläubiger vorgelegt und die teilweise Abstandnahme war nicht möglich; in diesen Fällen darf die Kapitalertragsteuer nur in Höhe von zwei Fünfteln erstattet werden.

[2]Das erstattende Kredit- oder Finanzdienstleistungsinstitut haftet in sinngemäßer Anwendung des § 44 Absatz 5 für zu Unrecht vorgenommene Erstattungen; für die Zahlungsaufforderung gilt § 219 Satz 2 der Abgabenordnung entsprechend. [3]Das Kredit- oder Finanzdienstleistungsinstitut hat die Summe der Erstattungsbeträge in der Steueranmeldung gesondert anzugeben und von der von ihm abzuführenden Kapitalertragsteuer abzusetzen. [4]Wird dem Kredit- oder Finanzdienstleistungsinstitut ein Freistellungsauftrag erteilt, der auch Kapitalerträge im Sinne des Satzes 1 erfasst, oder führt das Institut einen Verlustausgleich nach § 43a Absatz 3 Satz 2 unter Einbeziehung von Kapitalerträgen im Sinne des Satzes 1 aus, so hat es bis zur Ausstellung der Steuerbescheinigung, längstens bis zum 31. März des auf den Zufluss der Kapitalerträge folgenden Kalenderjahres, die einbehaltene und abgeführte Kapitalertragsteuer auf diese Kapitalerträge zu erstatten; Satz 2 ist entsprechend anzuwenden.

(7) [1]Eine Gesamthandsgemeinschaft kann für ihre Mitglieder im Sinne des § 44a Absatz 7 oder Absatz 8 eine Erstattung der Kapitalertragsteuer bei dem für die gesonderte Feststellung ihrer Einkünfte zuständigen Finanzamt beantragen. [2]Die Erstattung ist unter den Voraussetzungen des § 44a Absatz 4, 7 oder Absatz 8 und in dem dort bestimmten Umlang zu gewähren.

§ 44c
(weggefallen)

§ 45
Ausschluss der Erstattung von Kapitalertragsteuer

[1]In den Fällen, in denen die Dividende an einen anderen als an den Anteilseigner ausgezahlt wird, ist die Erstattung von Kapitalertragsteuer an den Zahlungsempfänger ausgeschlossen. [2]Satz 1 gilt nicht für den Erwerber eines Dividendenscheins oder sonstigen Anspruchs in den Fällen des § 20 Abs. 2 Satz 1 Nr. 2 Buchstabe a Satz 2. [3]In den Fällen des § 20 Abs. 2 Satz 1 Nr. 2 Buchstabe b ist die Erstattung von Kapitalertragsteuer an den Erwerber von Zinsscheinen nach § 37 Abs. 2 der Abgabenordnung ausgeschlossen.

§ 45a
Anmeldung und Bescheinigung der Kapitalertragsteuer

(1) [1]Die Anmeldung der einbehaltenen Kapitalertragsteuer ist dem Finanzamt innerhalb der in § 44 Abs. 1 oder Abs. 7 bestimmten Frist nach amtlich vorgeschriebenem Vordruck auf elektronischem Weg nach Maßgabe der Steuerdaten-Übermittlungsverordnung zu übermitteln; die auszahlende Stelle hat die Kapitalertragsteuer auf die Erträge im Sinne des § 43 Absatz 1 Satz 1 Nummer 1a jeweils gesondert für das Land, in dem sich der Ort der Geschäftsleitung des Schuldners der Kapitalerträge befindet, anzugeben. [2]Satz 1 gilt entsprechend, wenn ein Steuerabzug nicht oder nicht in voller Höhe vorzunehmen ist. [3]Der Grund für die Nichtabführung ist anzugeben. [4]Auf Antrag kann das Finanzamt zur Vermeidung unbilliger Härten auf eine elektronische Übermittlung verzichten; in diesem Fall ist die Kapitalertragsteuer-Anmeldung von dem Schuldner, der den Verkaufsauftrag ausführenden Stelle, der auszahlenden Stelle oder einer vertretungsberechtigten Person zu unterschreiben.

(2) [1]Folgende Stellen sind verpflichtet, dem Gläubiger der Kapitalerträge auf Verlangen eine Bescheinigung nach amtlich vorgeschriebenem Muster auszustellen, die die nach § 32d erforderlichen Angaben enthält; bei Vorliegen der Voraussetzungen des

1. § 43 Absatz 1 Satz 1 Nummer 1, 2 bis 4, 7a und 7b der Schuldner der Kapitalerträge,
2. § 43 Absatz 1 Salz 1 Nummer 1a, 6, 7 und 8 bis 12 sowie Satz 2 die die Kapitalerträge auszahlende Stelle vorbehaltlich des Absatzes 3 und
3. § 44 Absatz 1a die zur Abführung der Steuer verpflichtete Stelle.

[2]Die Bescheinigung braucht nicht unterschrieben zu werden, wenn sie in einem maschinellen Verfahren ausgedruckt worden ist und den Aussteller erkennen lässt. [3]§ 44a Abs. 6 gilt sinngemäß; über die zu kennzeichnenden Bescheinigungen haben die genannten Institute und Unternehmen Aufzeichnungen zu führen. [4]Diese müssen einen Hinweis auf den Buchungsbeleg über die Auszahlung an den Empfänger der Bescheinigung enthalten.

(3) [1]Werden Kapitalerträge für Rechnung des Schuldners durch ein inländisches Kreditinstitut oder ein inländisches Finanzdienstleistungsinstitut gezahlt, so hat an Stelle des Schuldners das Kreditinstitut oder das Finanzdienstleistungsinstitut die

Bescheinigung zu erteilen, sofern nicht die Voraussetzungen des Absatzes 2 Satz 1 erfüllt sind. ²Satz 1 gilt in den Fällen des § 20 Abs. 1 Nr. 1 Satz 4 entsprechend; der Emittent der Aktien gilt insoweit als Schuldner der Kapitalerträge.

(4) ¹Eine Bescheinigung nach Absatz 2 oder 3 ist auch zu erteilen, wenn in Vertretung des Gläubigers ein Antrag auf Erstattung der Kapitalertragsteuer nach § 44b gestellt worden ist oder gestellt wird. ²Satz 1 gilt entsprechend, wenn nach § 44a Abs. 8 Satz 1 der Steuerabzug nicht in voller Höhe vorgenommen worden ist.

(5) ¹Eine Ersatzbescheinigung darf nur ausgestellt werden, wenn die Urschrift nach den Angaben des Gläubigers abhanden gekommen oder vernichtet ist. ²Die Ersatzbescheinigung muss als solche gekennzeichnet sein. ³Über die Ausstellung von Ersatzbescheinigungen hat der Aussteller Aufzeichnungen zu führen.

(6) ¹Eine Bescheinigung, die den Absätzen 2 bis 5 nicht entspricht, hat der Aussteller zurückzufordern und durch eine berichtigte Bescheinigung zu ersetzen. ²Die berichtigte Bescheinigung ist als solche zu kennzeichnen. ³Wird die zurückgeforderte Bescheinigung nicht innerhalb eines Monats nach Zusendung der berichtigten Bescheinigung an den Aussteller zurückgegeben, hat der Aussteller das nach seinen Unterlagen für den Empfänger zuständige Finanzamt schriftlich zu benachrichtigen.

(7) ¹Der Aussteller einer Bescheinigung, die den Absätzen 2 bis 5 nicht entspricht, haftet für die auf Grund der Bescheinigung verkürzten Steuern oder zu Unrecht gewährten Steuervorteile. ²Ist die Bescheinigung nach Absatz 3 durch ein inländisches Kreditinstitut oder ein inländisches Finanzdienstleistungsinstitut auszustellen, so haftet der Schuldner auch, wenn er zum Zweck der Bescheinigung unrichtige Angaben macht. ³Der Aussteller haftet nicht

1. in den Fällen des Satzes 2,
2. wenn er die ihm nach Absatz 6 obliegenden Verpflichtungen erfüllt hat.

§ 45b
(weggefallen)

§ 45c
(weggefallen)

§ 45d
Mitteilungen an das Bundeszentralamt für Steuern

(1) ¹Wer nach § 44 Abs. 1 dieses Gesetzes und § 7 des Investmentsteuergesetzes zum Steuerabzug verpflichtet ist (Meldestelle), hat dem Bundeszentralamt für Steuern bis zum 1. März des Jahres, das auf das Jahr folgt, in dem die Kapitalerträge den Gläubigern zufließen, folgende Daten zu übermitteln:

1. Vor- und Zuname, Identifikationsnummer (§ 139b der Abgabenordnung) sowie das Geburtsdatum des Gläubigers der Kapitalerträge; bei einem gemeinsamen Freistellungsauftrag sind die Daten beider Ehegatten zu übermitteln,
2. Anschrift des Gläubigers der Kapitalerträge,
3. bei den Kapitalerträgen, für die ein Freistellungsauftrag erteilt worden ist,
   a) die Kapitalerträge, bei denen vom Steuerabzug Abstand genommen worden ist oder bei denen auf Grund des Freistellungsauftrags gemäß § 44b Absatz 6 Satz 4 dieses Gesetzes oder gemäß § 7 Absatz 5 Satz 1 des Investmentsteuergesetzes Kapitalertragsteuer erstattet wurde,
   b) die Kapitalerträge, bei denen die Erstattung von Kapitalertragsteuer beim Bundeszentralamt für Steuern beantragt worden ist,
4. die Kapitalerträge, bei denen auf Grund einer Nichtveranlagungs-Bescheinigung einer natürlichen Person nach § 44a Absatz 2 Satz 1 Nummer 2 vom Steuerabzug Abstand genommen oder eine Erstattung vorgenommen wurde,
5. Name und Anschrift der Meldestelle.

²Die Daten sind nach amtlich vorgeschriebenem Datensatz durch Datenfernübertragung zu übermitteln; im Übrigen ist § 150 Absatz 6 der Abgabenordnung entsprechend anzuwenden.

(2) ¹Das Bundeszentralamt für Steuern darf den Sozialleistungsträgern die Daten nach Absatz 1 mitteilen, soweit dies zur Überprüfung des bei der Sozialleistung zu berücksichtigenden Einkommens oder Vermögens erforderlich ist oder der Betroffene zustimmt. ²Für Zwecke des Satzes 1 ist das Bundeszentralamt für Steuern berechtigt, die ihm von den Sozialleistungsträgern übermittelten Daten mit den vorhandenen Daten nach Absatz 1 im Wege des automatisierten Datenabgleichs zu überprüfen und das Ergebnis den Sozialleistungsträgern mitzuteilen.

(3) ¹Ein inländischer Versicherungsvermittler im Sinne des § 59 Abs. 1 des Versicherungsvertragsgesetzes hat bis zum 30. März des Folgejahres das Zustandekommen eines Vertrages im Sinne des § 20 Abs. 1 Nr. 6 zwischen einer im Inland ansässigen Person und einem Versicherungsunternehmen mit Sitz und Geschäftsleitung im Ausland gegenüber dem Bundeszentralamt für Steuern mitzuteilen; dies gilt nicht, wenn das Versicherungsunternehmen eine Niederlassung im Inland hat oder das Versicherungsunternehmen dem Bundeszentralamt für Steuern bis zu diesem Zeitpunkt das Zustandekommen eines Vertrages angezeigt und den Versicherungsvermittler hierüber in Kenntnis gesetzt hat. ²Folgende Daten sind zu übermitteln:

1. Vor- und Zuname sowie Geburtsdatum, Anschrift und Identifikationsnummer des Versicherungsnehmers,
2. Name und Anschrift des Versicherungsunternehmens sowie Vertragsnummer oder sonstige Kennzeichnung des Vertrages,
3. Name und Anschrift des Versicherungsvermittlers, wenn die Mitteilung nicht vom Versicherungsunternehmen übernommen wurde,
4. Laufzeit und garantierte Versicherungssumme oder Beitragssumme für die gesamte Laufzeit,
5. Angabe, ob es sich um einen konventionellen, einen fondsgebundenen oder einen vermögensverwaltenden Versicherungsvertrag handelt.

³Daten sind nach amtlich vorgeschriebenem Datensatz durch Datenfernübertragung zu übermitteln; im Übrigen ist § 150 Absatz 6 der Abgabenordnung entsprechend anzuwenden.

§ 45e
Ermächtigung für Zinsinformationsverordnung

¹Die Bundesregierung wird ermächtigt, durch Rechtsverordnung mit Zustimmung des Bundesrates die Richtlinie 2003/48/EG des Rates vom 3. Juni 2003 (ABl. EU Nr. L 157 S. 38) in der jeweils geltenden Fassung im Bereich der Besteuerung von Zinserträgen umzusetzen. ²§ 45d Abs. 1 Satz 2 und Abs. 2 ist entsprechend anzuwenden.

4. Veranlagung von Steuerpflichtigen mit steuerabzugspflichtigen Einkünften

§ 46
Veranlagung bei Bezug von Einkünften aus nichtselbständiger Arbeit

(1) (weggefallen)

(2) ¹Besteht das Einkommen ganz oder teilweise aus Einkünften aus nichtselbständiger Arbeit, von denen ein Steuerabzug vorgenommen worden ist, so wird eine Veranlagung nur durchgeführt,

1. wenn die positive Summe der einkommensteuerpflichtigen Einkünfte, die nicht dem Steuerabzug vom Arbeitslohn zu unterwerfen waren, vermindert um die darauf entfallenden Beträge nach § 13 Abs. 3 und § 24a, oder die positive Summe der Einkünfte und Leistungen, die dem Progressionsvorbehalt unterliegen, jeweils mehr als 410 Euro beträgt;

2. wenn der Steuerpflichtige nebeneinander von mehreren Arbeitgebern Arbeitslohn bezogen hat; das gilt nicht, soweit nach § 38 Abs. 3a Satz 7 Arbeitslohn von mehreren Arbeitgebern für den Lohnsteuerabzug zusammengerechnet worden ist;

3. wenn bei einem Steuerpflichtigen die Summe der beim Steuerabzug vom Arbeitslohn nach § 39b Absatz 2 Satz 5 Nummer 3 Buchstabe b bis d berücksichtigten Teilbeträge der Vorsorgepauschale größer ist als die abziehbaren Vorsorgeaufwendungen nach § 10 Absatz 1 Nummer 3 und Nummer 3a in Verbindung mit Absatz 4 und der im Kalenderjahr insgesamt erzielte Arbeitslohn 10 700 Euro übersteigt, oder bei Ehegatten, die die Voraussetzungen des § 26 Absatz 1 erfüllen, der im Kalenderjahr von den Ehegatten insgesamt erzielte Arbeitslohn 20 200 Euro übersteigt;

3a. wenn von Ehegatten, die nach den §§ 26, 26b zusammen zur Einkommensteuer zu veranlagen sind, beide Arbeitslohn bezogen haben und einer für den Veranlagungszeitraum oder einen Teil davon nach der Steuerklasse V oder VI besteuert oder bei Steuerklasse IV der Faktor (§ 39f) eingetragen worden ist;

4. wenn für einen Steuerpflichtigen ein Freibetrag im Sinne des § 39a Absatz 1 Satz 1 Nummer 1 bis 3, 5 oder Nummer 6 ermittelt worden ist und der im Kalenderjahr insgesamt erzielte Arbeitslohn 10 700 Euro übersteigt oder bei Ehegatten, die die Voraussetzungen des § 26 Absatz 1 erfüllen, der im Kalenderjahr von den Ehegatten insgesamt erzielte Arbeitslohn 20 200 Euro übersteigt; dasselbe gilt für einen Steuerpflichtigen, der zum Personenkreis des § 1 Absatz 2 gehört oder für einen beschränkt einkommensteuerpflichtigen Arbeitnehmer, wenn diese Eintragungen auf einer Bescheinigung für den Lohnsteuerabzug nach § 39 Absatz 3 Satz 1 erfolgt sind;

4a. wenn bei einem Elternpaar, bei dem die Voraussetzungen des § 26 Abs. 1 Satz 1 nicht vorliegen,

   a) (weggefallen)

   b) (weggefallen)

   c) (weggefallen)

   d) im Fall des § 33a Abs. 2 Satz 5 das Elternpaar gemeinsam eine Aufteilung des Abzugsbetrags in einem anderen Verhältnis als je zur Hälfte beantragt oder

   e) im Fall des § 33b Abs. 5 Satz 3 das Elternpaar gemeinsam eine Aufteilung des Pauschbetrags für behinderte Menschen oder des Pauschbetrags für Hinterbliebene in einem anderen Verhältnis als je zur Hälfte beantragt.

²Die Veranlagungspflicht besteht für jeden Elternteil, der Einkünfte aus nichtselbständiger Arbeit bezogen hat;

5. wenn bei einem Steuerpflichtigen die Lohnsteuer für einen sonstigen Bezug im Sinne des § 34 Abs. 1 und 2 Nr. 2 und 4 nach § 39b Abs. 3 Satz 9 oder für einen sonstigen Bezug nach § 39c Abs. 5 ermittelt wurde;

5a. wenn der Arbeitgeber die Lohnsteuer von einem sonstigen Bezug berechnet hat und dabei der Arbeitslohn aus früheren Dienstverhältnissen des Kalenderjahres außer Betracht geblieben ist (§ 39b Abs. 3 Satz 2, § 41 Abs. 1 Satz 6, Großbuchstabe S);

6. wenn die Ehe des Arbeitnehmers im Veranlagungszeitraum durch Tod, Scheidung oder Aufhebung aufgelöst worden ist und er oder sein Ehegatte der aufgelösten Ehe im Veranlagungszeitraum wieder geheiratet hat;

7. wenn

   a) für einen unbeschränkt Steuerpflichtigen im Sinne des § 1 Absatz 1 bei der Bildung der Lohnsteuerabzugsmerkmale (§ 39) ein Ehegatte im Sinne des § 1a Absatz 1 Nummer 2 berücksichtigt worden ist oder

   b) für einen Steuerpflichtigen, der zum Personenkreis des § 1 Absatz 3 oder des § 1a gehört, Lohnsteuerabzugsmerkmale nach § 39 Absatz 2 gebildet worden sind; das nach § 39 Absatz 2 Satz 2 bis 4 zuständige Betriebsstättenfinanzamt ist dann auch für die Veranlagung zuständig;

8. wenn die Veranlagung beantragt wird, insbesondere zur Anrechnung von Lohnsteuer auf die Einkommensteuer. ²Der Antrag ist durch Abgabe einer Einkommensteuererklärung zu stellen.

(3) ¹In den Fällen des Absatzes 2 ist ein Betrag in Höhe der einkommensteuerpflichtigen Einkünfte, von denen der Steuerabzug vom Arbeitslohn nicht vorgenommen worden ist und die nicht nach § 32d Absatz 6 der tariflichen Einkommensteuer unterworfen wurden, vom Einkommen abzuziehen, wenn diese Einkünfte insgesamt nicht mehr als 410 Euro betragen. ²Der Betrag nach Satz 1 vermindert sich um den Altersentlastungsbetrag, soweit dieser den unter Verwendung des nach § 24a Satz 5 maßgebenden Prozentsatzes zu ermittelnden Anteil des Arbeitslohns mit Ausnahme der Versorgungsbezüge im Sinne des § 19 Abs. 2 übersteigt, und um den nach § 13 Abs. 3 zu berücksichtigenden Betrag.

(4) ¹Kommt nach Absatz 2 eine Veranlagung zur Einkommensteuer nicht in Betracht, so gilt die Einkommensteuer, die auf die Einkünfte aus nichtselbständiger Arbeit entfällt, für den Steuerpflichtigen durch den Lohnsteuerabzug als abgegolten, soweit er nicht für zuwenig erhobene Lohnsteuer in Anspruch genommen werden kann. ²§ 42b bleibt unberührt.

(5) Durch Rechtsverordnung kann in den Fällen des Absatzes 2 Nr. 1, in denen die einkommensteuerpflichtigen Einkünfte, von denen der Steuerabzug vom Arbeitslohn nicht vorgenommen worden ist und die nicht nach § 32d Absatz 6 der tariflichen Einkommensteuer unterworfen wurden, den Betrag von 410 Euro übersteigen, die Besteuerung so gemildert werden, dass auf die volle Besteuerung dieser Einkünfte stufenweise übergeleitet wird.

§ 47
(weggefallen)

VII. Steuerabzug bei Bauleistungen

§ 48
Steuerabzug

(1) ¹Erbringt jemand im Inland eine Bauleistung (Leistender) an einen Unternehmer im Sinne des § 2 des Umsatzsteuergesetzes oder an eine juristische Person des öffentlichen Rechts (Leistungsempfänger), ist der Leistungsempfänger verpflichtet, von der Gegenleistung einen Steuerabzug in Höhe von 15 Prozent für Rechnung des Leistenden vorzunehmen. ²Vermietet der Leistungsempfänger Wohnungen, so ist Satz 1 nicht auf Bauleistungen für diese Wohnungen anzuwenden, wenn er nicht mehr als zwei Wohnungen vermietet. ³Bauleistungen sind alle Leistungen, die der Herstellung, Instandsetzung, Instandhaltung, Änderung oder Beseitigung von Bauwerken dienen. ⁴Als Leistender gilt auch derjenige, der über eine Leistung abrechnet, ohne sie erbracht zu haben.

(2) ¹Der Steuerabzug muss nicht vorgenommen werden, wenn der Leistende dem Leistungsempfänger eine im Zeitpunkt der Gegenleistung gültige Freistellungsbescheinigung nach § 48b Abs. 1 Satz 1 vorlegt oder die Gegenleistung im laufenden Kalenderjahr den folgenden Betrag voraussichtlich nicht übersteigen wird:
1. 15 000 Euro, wenn der Leistungsempfänger ausschließlich steuerfreie Umsätze nach § 4 Nr. 12 Satz 1 des Umsatzsteuergesetzes ausführt,
2. 5 000 Euro in den übrigen Fällen.

²Für die Ermittlung des Betrags sind die für denselben Leistungsempfänger erbrachten und voraussichtlich zu erbringenden Bauleistungen zusammenzurechnen.

(3) Gegenleistung im Sinne des Absatzes 1 ist das Entgelt zuzüglich Umsatzsteuer.

(4) Wenn der Leistungsempfänger den Steuerabzugsbetrag angemeldet und abgeführt hat,
1. ist § 160 Abs. 1 Satz 1 der Abgabenordnung nicht anzuwenden,
2. sind § 42d Abs. 6 und 8 und § 50a Abs. 7 nicht anzuwenden.

§ 48a
Verfahren

(1) ¹Der Leistungsempfänger hat bis zum 10. Tag nach Ablauf des Monats, in dem die Gegenleistung im Sinne des § 48 erbracht wird, eine Anmeldung nach amtlich vorgeschriebenem Vordruck abzugeben, in der er den Steuerabzug für den Anmeldungszeitraum selbst zu berechnen hat. ²Der Abzugsbetrag ist am 10. Tag nach Ablauf des Anmeldungszeitraums fällig und an das für den Leistenden zuständige Finanzamt für Rechnung des Leistenden abzuführen. ³Die Anmeldung des Abzugsbetrages steht einer Steueranmeldung gleich.

(2) Der Leistungsempfänger hat mit dem Leistenden unter Angabe
1. des Namens und der Anschrift des Leistenden,
2. des Rechnungsbetrages, des Rechnungsdatums und des Zahlungstags,
3. der Höhe des Steuerabzugs und
4. des Finanzamts, bei dem der Abzugsbetrag angemeldet worden ist,

über den Steuerabzug abzurechnen.

(3) ¹Der Leistungsempfänger haftet für einen nicht oder zu niedrig abgeführten Abzugsbetrag. ²Der Leistungsempfänger haftet nicht, wenn ihm im Zeitpunkt der Gegenleistung eine Freistellungsbescheinigung (§ 48b) vorgelegen hat, auf deren Rechtmäßigkeit er vertrauen konnte. ³Er darf insbesondere dann nicht auf eine Freistellungsbescheinigung vertrauen, wenn diese durch unlautere Mittel oder durch falsche Angaben erwirkt wurde und ihm dies bekannt oder infolge grober Fahrlässigkeit nicht bekannt war. ⁴Den Haftungsbescheid erlässt das für den Leistenden zuständige Finanzamt.

(4) § 50b gilt entsprechend.

§ 48b
Freistellungsbescheinigung

(1) ¹Auf Antrag des Leistenden hat das für ihn zuständige Finanzamt, wenn der zu sichernde Steueranspruch nicht gefährdet erscheint und ein inländischer Empfangsbevollmächtigter bestellt ist, eine Bescheinigung nach amtlich vorgeschriebenem Vordruck zu erteilen, in der dem Leistungsempfänger von der Pflicht zum Steuerabzug befreit. ²Eine Gefährdung kommt insbesondere dann in Betracht, wenn der Leistende
1. Anzeigepflichten nach § 138 der Abgabenordnung nicht erfüllt,

2. seiner Auskunfts- und Mitwirkungspflicht nach § 90 der Abgabenordnung nicht nachkommt,
3. den Nachweis der steuerlichen Ansässigkeit durch Bescheinigung der zuständigen ausländischen Steuerbehörde nicht erbringt.

(2) Eine Bescheinigung soll erteilt werden, wenn der Leistende glaubhaft macht, dass keine zu sichernden Steueransprüche bestehen.

(3) In der Bescheinigung sind anzugeben:
1. Name, Anschrift und Steuernummer des Leistenden,
2. Geltungsdauer der Bescheinigung,
3. Umfang der Freistellung sowie der Leistungsempfänger, wenn sie nur für bestimmte Bauleistungen gilt,
4. das ausstellende Finanzamt.

(4) Wird eine Freistellungsbescheinigung aufgehoben, die nur für bestimmte Bauleistungen gilt, ist dies den betroffenen Leistungsempfängern mitzuteilen.

(5) Wenn eine Freistellungsbescheinigung vorliegt, gilt § 48 Abs. 4 entsprechend.

(6) [1]Das Bundeszentralamt für Steuern erteilt dem Leistungsempfänger im Sinne des § 48 Abs. 1 Satz 1 im Wege einer elektronischen Abfrage Auskunft über die beim Bundeszentralamt für Steuern gespeicherten Freistellungsbescheinigungen. [2]Mit dem Antrag auf die Erteilung einer Freistellungsbescheinigung stimmt der Antragsteller zu, dass seine Daten nach § 48b Abs. 3 beim Bundeszentralamt für Steuern gespeichert werden und dass über die gespeicherten Daten an die Leistungsempfänger Auskunft gegeben wird.

§ 48c
Anrechnung

(1) [1]Soweit der Abzugsbetrag einbehalten und angemeldet worden ist, wird er auf vom Leistenden zu entrichtende Steuern nacheinander wie folgt angerechnet:
1. die nach § 41a Abs. 1 einbehaltene und angemeldete Lohnsteuer,
2. die Vorauszahlungen auf die Einkommen- oder Körperschaftsteuer,
3. die Einkommen- oder Körperschaftsteuer des Besteuerungs- oder Veranlagungszeitraums, in dem die Leistung erbracht worden ist, und
4. die vom Leistenden im Sinne der §§ 48, 48a anzumeldenden und abzuführenden Abzugsbeträge.

[2]Die Anrechnung nach Satz 1 Nummer 2 kann nur für Vorauszahlungszeiträume innerhalb des Besteuerungs- oder Veranlagungszeitraums erfolgen, in dem die Leistung erbracht worden ist. [3]Die Anrechnung nach Satz 1 Nummer 2 darf nicht zu einer Erstattung führen.

(2) [1]Auf Antrag des Leistenden erstattet das nach § 20a Abs. 1 der Abgabenordnung zuständige Finanzamt den Abzugsbetrag. [2]Die Erstattung setzt voraus, dass der Leistende nicht zur Abgabe von Lohnsteueranmeldungen verpflichtet ist und eine Veranlagung zur Einkommen- oder Körperschaftsteuer nicht in Betracht kommt oder der Leistende glaubhaft macht, dass im Veranlagungszeitraum keine zu sichernden Steueransprüche entstehen werden. [3]Der Antrag ist nach amtlich vorgeschriebenen Muster bis zum Ablauf des zweiten Kalenderjahres zu stellen, das auf das Jahr folgt, in dem der Abzugsbetrag angemeldet worden ist; weitergehende Fristen nach einem Abkommen zur Vermeidung der Doppelbesteuerung bleiben unberührt.

(3) Das Finanzamt kann die Anrechnung ablehnen, soweit der angemeldete Abzugsbetrag nicht abgeführt worden ist und Anlass zu der Annahme besteht, dass ein Missbrauch vorliegt.

§ 48d
Besonderheiten im Fall von Doppelbesteuerungsabkommen

(1) [1]Können Einkünfte, die dem Steuerabzug nach § 48 unterliegen, nach einem Abkommen zur Vermeidung der Doppelbesteuerung nicht besteuert werden, so sind die Vorschriften über die Einbehaltung, Abführung und Anmeldung der Steuer durch den Schuldner der Gegenleistung ungeachtet des Abkommens anzuwenden. [2]Unberührt bleibt der Anspruch des Gläubigers der Gegenleistung auf Erstattung der einbehaltenen und abgeführten Steuer. [3]Der Anspruch ist durch Antrag nach § 48c Absatz 2 geltend zu machen. [4]Der Gläubiger der Gegenleistung hat durch eine Bestätigung der für ihn zuständigen Steuerbehörde des anderen Staates nachzuweisen, dass er dort ansässig ist. [5]§ 48b gilt entsprechend. [6]Der Leistungsempfänger kann sich im Haftungsverfahren nicht auf die Rechte des Gläubigers aus dem Abkommen berufen.

(2) Unbeschadet des § 5 Abs. 1 Nr. 2 des Finanzverwaltungsgesetzes liegt die Zuständigkeit für Entlastungsmaßnahmen nach Absatz 1 bei dem nach 20a der Abgabenordnung zuständigen Finanzamt.

VIII. Besteuerung beschränkt Steuerpflichtiger

§ 49
Beschränkt steuerpflichtige Einkünfte

(1) Inländische Einkünfte im Sinne der beschränkten Einkommensteuerpflicht (§ 1 Abs. 4) sind
1. Einkünfte aus einer im Inland betriebenen Land- und Forstwirtschaft (§§ 13, 14);
2. [1]Einkünfte aus Gewerbebetrieb (§§ 15 bis 17)
   a) für den im Inland eine Betriebsstätte unterhalten wird oder ein ständiger Vertreter bestellt ist,
   b) die durch den Betrieb eigener oder gecharterter Seeschiffe oder Luftfahrzeuge aus Beförderungen zwischen inländischen und von inländischen zu ausländischen Häfen erzielt werden, einschließlich der Einkünfte aus anderen mit solchen Beförderungen zusammenhängenden, sich auf das Inland erstreckenden Beförderungsleistungen,
   c) die von einem Unternehmen im Rahmen einer internationalen Betriebsgemeinschaft oder eines Pool-Abkommens, bei denen ein Unternehmen mit Sitz oder Geschäfts-

leitung im Inland die Beförderung durchführt, aus Beförderungen und Beförderungsleistungen nach Buchstabe b erzielt werden,

d) die, soweit sie nicht zu den Einkünften im Sinne der Nummern 3 und 4 gehören, durch im Inland ausgeübte oder verwertete künstlerische, sportliche, artistische, unterhaltende oder ähnliche Darbietungen erzielt werden, einschließlich der Einkünfte aus anderen mit diesen Leistungen zusammenhängenden Leistungen, unabhängig davon, wem die Einnahmen zufließen,

e) die unter den Voraussetzungen des § 17 erzielt werden, wenn es sich um Anteile an einer Kapitalgesellschaft handelt,

    aa) die ihren Sitz oder ihre Geschäftsleitung im Inland hat oder

    bb) bei deren Erwerb auf Grund eines Antrags nach § 13 Abs. 2 oder § 21 Abs. 2 Satz 3 Nr. 2 des Umwandlungssteuergesetzes nicht der gemeine Wert der eingebrachten Anteile angesetzt worden ist oder auf die § 17 Abs. 5 Satz 2 anzuwenden war,

f) die, soweit sie nicht zu den Einkünften im Sinne des Buchstaben a gehören, durch

    aa) Vermietung und Verpachtung oder

    bb) Veräußerung

von inländischem unbeweglichem Vermögen, von Sachinbegriffen oder Rechten, die im Inland belegen oder in ein inländisches öffentliches Buch oder Register eingetragen sind oder deren Verwertung in einer inländischen Betriebsstätte oder anderen Einrichtung erfolgt, erzielt werden. ³Als Einkünfte aus Gewerbebetrieb gelten auch die Einkünfte aus Tätigkeiten im Sinne dieses Buchstabens, die von einer Körperschaft im Sinne des § 2 Nr. 1 des Körperschaftsteuergesetzes erzielt werden, die mit einer Kapitalgesellschaft oder sonstigen juristischen Person im Sinne des § 1 Abs. 1 Nr. 1 bis 3 des Körperschaftsteuergesetzes vergleichbar ist oder

g) die aus der Verschaffung der Gelegenheit erzielt werden, einen Berufssportler als solchen im Inland vertraglich zu verpflichten; dies gilt nur, wenn die Gesamteinnahmen 10 000 Euro übersteigen;

3. Einkünfte aus selbständiger Arbeit (§ 18), die im Inland ausgeübt oder verwertet wird oder worden ist oder für die im Inland eine feste Einrichtung oder eine Betriebsstätte unterhalten wird;

4. Einkünfte aus nichtselbständiger Arbeit (§ 19), die

a) im Inland ausgeübt oder verwertet wird oder worden ist,

b) aus inländischen öffentlichen Kassen einschließlich der Kassen des Bundeseisenbahnvermögens und der Deutschen Bundesbank mit Rücksicht auf ein gegenwärtiges oder früheres Dienstverhältnis gewährt werden, ohne dass ein Zahlungsanspruch gegenüber der inländischen öffentlichen Kasse bestehen muss,

c) als Vergütung für eine Tätigkeit als Geschäftsführer, Prokurist oder Vorstandsmitglied einer Gesellschaft mit Geschäftsleitung im Inland bezogen werden,

d) als Entschädigung im Sinne des § 24 Nr. 1 für die Auflösung eines Dienstverhältnisses gezahlt werden, soweit die für die zuvor ausgeübte Tätigkeit bezogenen Einkünfte der inländischen Besteuerung unterlegen haben,

e) an Bord eines im internationalen Luftverkehr eingesetzten Luftfahrzeugs ausgeübt wird, das von einem Unternehmen mit Geschäftsleitung im Inland betrieben wird;

5. Einkünfte aus Kapitalvermögen im Sinne des

a) § 20 Abs. 1 Nr. 1 mit Ausnahme der Erträge aus Investmentanteilen im Sinne des § 2 des Investmentsteuergesetzes, Nr. 2, 4, 6 und 9, wenn der Schuldner Wohnsitz, Geschäftsleitung oder Sitz im Inland hat oder wenn es sich um Fälle des § 44 Abs. 1 Satz 4 Nr. 1 Buchstabe a Doppelbuchstabe bb dieses Gesetzes handelt; dies gilt auch für Erträge aus Wandelanleihen und Gewinnobligationen,

b) § 20 Abs. 1 Nr. 1 in Verbindung mit den §§ 2 und 7 des Investmentsteuergesetzes

    aa) bei Erträgen im Sinne des § 7 Abs. 3 des Investmentsteuergesetzes,

    bb) bei Erträgen im Sinne des § 7 Abs. 1, 2 und 4 des Investmentsteuergesetzes, wenn es sich um Fälle des § 44 Abs. 1 Satz 4 Nr. 1 Buchstabe a Doppelbuchstabe bb dieses Gesetzes handelt,

c) § 20 Abs. 1 Nr. 5 und 7, wenn

    aa) das Kapitalvermögen durch inländischen Grundbesitz, durch inländische Rechte, die den Vorschriften des bürgerlichen Rechts über Grundstücke unterliegen, oder durch Schiffe, die in ein inländisches Schiffsregister eingetragen sind, unmittelbar oder mittelbar gesichert ist. ²Ausgenommen sind Zinsen aus Anleihen und Forderungen, die in ein öffentliches Schuldbuch eingetragen oder über die Sammelurkunden im Sinne des § 9a des Depotgesetzes oder Teilschuldverschreibungen ausgegeben sind, oder

    bb) das Kapitalvermögen aus Genussrechten besteht, die nicht in § 20 Abs. 1 Nr. 1 genannt sind,

d) § 43 Abs. 1 Satz 1 Nr. 7 Buchstabe a, Nr. 9 und 10 sowie Satz 2, wenn sie von einem Schuldner oder von einem inländischen Kreditinstitut oder einem inländischen Finanzdienstleistungsinstitut im Sinne des § 43 Abs. 1 Satz 1 Nr. 7 Buchstabe b einem anderen als einem ausländischen Kreditinstitut oder einem ausländischen Finanzdienstleistungsinstitut

aa) gegen Aushändigung der Zinsscheine ausgezahlt oder gutgeschrieben werden und die Teilschuldverschreibungen nicht von dem Schuldner, dem inländischen Kreditinstitut oder dem inländischen Finanzdienstleistungsinstitut verwahrt werden oder

bb) gegen Übergabe der Wertpapiere ausgezahlt oder gutgeschrieben werden und diese vom Kreditinstitut weder verwahrt noch verwaltet werden.

²§ 20 Abs. 3 gilt entsprechend;

6. Einkünfte aus Vermietung und Verpachtung (§ 21), soweit sie nicht zu den Einkünften im Sinne der Nummern 1 bis 5 gehören, wenn das unbewegliche Vermögen, die Sachinbegriffe oder Rechte im Inland belegen oder in ein inländisches öffentliches Buch oder Register eingetragen sind oder in einer inländischen Betriebsstätte oder in einer anderen Einrichtung verwertet werden;

7. sonstige Einkünfte im Sinne des § 22 Nr. 1 Satz 3 Buchstabe a, die von den inländischen gesetzlichen Rentenversicherungsträgern, der inländischen landwirtschaftlichen Alterskasse, den inländischen berufsständischen Versorgungseinrichtungen, den inländischen Versicherungsunternehmen oder sonstigen inländischen Zahlstellen gewährt werden; dies gilt entsprechend für Leibrenten und andere Leistungen ausländischer Zahlstellen, wenn die Beiträge, die den Leistungen zugrunde liegen, nach § 10 Absatz 1 Nummer 2 ganz oder teilweise bei der Ermittlung der Sonderausgaben berücksichtigt wurden;

8. sonstige Einkünfte im Sinne des § 22 Nr. 2, soweit es sich um private Veräußerungsgeschäfte handelt, mit

a) inländischen Grundstücken oder

b) inländischen Rechten, die den Vorschriften des bürgerlichen Rechts über Grundstücke unterliegen;

8a. sonstige Einkünfte im Sinne des § 22 Nr. 4;

9. sonstige Einkünfte im Sinne des § 22 Nr. 3, auch wenn sie bei Anwendung dieser Vorschrift einer anderen Einkunftsart zuzurechnen wären, soweit es sich um Einkünfte aus inländischen unterhaltenden Darbietungen, aus der Nutzung beweglicher Sachen im Inland oder aus der Überlassung der Nutzung oder des Rechts auf Nutzung von gewerblichen, technischen, wissenschaftlichen und ähnlichen Erfahrungen, Kenntnissen und Fertigkeiten, zum Beispiel Plänen, Mustern und Verfahren, handelt, die im Inland genutzt werden oder worden sind; dies gilt nicht, soweit es sich um steuerpflichtige Einkünfte im Sinne der Nummern 1 bis 8 handelt;

10. sonstige Einkünfte im Sinne des § 22 Nummer 5; dies gilt auch für Leistungen ausländischer Zahlstellen, soweit die Leistungen bei einem unbeschränkt Steuerpflichtigen zu Einkünften nach § 22 Nummer 5 Satz 1 führen würden oder wenn die Beiträge, die den Leistungen zugrunde liegen, nach § 10 Absatz 1 Nummer 2 ganz oder teilweise bei der Ermittlung der Sonderausgaben berücksichtigt wurden.

(2) Im Ausland gegebene Besteuerungsmerkmale bleiben außer Betracht, soweit bei ihrer Berücksichtigung inländische Einkünfte im Sinne des Absatzes 1 nicht angenommen werden könnten.

(3) ¹Bei Schifffahrt- und Luftfahrtunternehmen sind die Einkünfte im Sinne des Absatzes 1 Nr. 2 Buchstabe b mit 5 Prozent der für diese Beförderungsleistungen vereinbarten Entgelte anzusetzen. ²Dies gilt auch, wenn solche Einkünfte durch eine inländische Betriebsstätte oder einen inländischen ständigen Vertreter erzielt werden (Absatz 1 Nr. 2 Buchstabe a). ³Das gilt nicht in den Fällen des Absatzes 1 Nr. 2 Buchstabe c oder soweit das deutsche Besteuerungsrecht nach einem Abkommen zur Vermeidung der Doppelbesteuerung ohne Begrenzung des Steuersatzes aufrechterhalten bleibt.

(4) ¹Abweichend von Absatz 1 Nr. 2 sind Einkünfte steuerfrei, die ein beschränkt Steuerpflichtiger mit Wohnsitz oder gewöhnlichem Aufenthalt in einem ausländischen Staat durch den Betrieb eigener oder gecharterter Schiffe oder Luftfahrzeuge aus einem Unternehmen bezieht, dessen Geschäftsleitung sich in dem ausländischen Staat befindet. ²Voraussetzung für die Steuerbefreiung ist, dass dieser ausländische Staat Steuerpflichtigen mit Wohnsitz oder gewöhnlichem Aufenthalt im Geltungsbereich dieses Gesetzes eine entsprechende Steuerbefreiung für derartige Einkünfte gewährt und dass das Bundesministerium für Verkehr, Bau und Stadtentwicklung die Steuerbefreiung nach Satz 1 für verkehrspolitisch unbedenklich erklärt hat.

§ 50
Sondervorschriften für beschränkt Steuerpflichtige

(1) ¹Beschränkt Steuerpflichtige dürfen Betriebsausgaben (§ 4 Abs. 4 bis 8) oder Werbungskosten (§ 9) nur insoweit abziehen, als sie mit inländischen Einkünften in wirtschaftlichem Zusammenhang stehen. ²§ 32a Abs. 1 ist mit der Maßgabe anzuwenden, dass das zu versteuernde Einkommen um den Grundfreibetrag des § 32a Abs. 1 Satz 2 Nr. 1 erhöht wird; bei der Einkünften nach § 49 Absatz 1 Nummer 4 nur in Höhe des diese Einkünfte abzüglich der nach Satz 4 abzuziehenden Aufwendungen übersteigenden Teils des Grundfreibetrags. ³Die §§ 10, 10a, 10c, 16 Abs. 4, die §§ 24b, 32, 32a Abs. 6, die 33, 33a, 33b und 35a sind nicht anzuwenden. ⁴Hiervon abweichend sind bei Arbeitnehmern, die Einkünfte aus nichtselbständiger Arbeit im Sinne des § 49 Absatz 1 Nummer 4 beziehen, § 10 Absatz 1 Nummer 2 Buchstabe a, Nummer 3 und Absatz 3 sowie § 10c anzuwenden, soweit die Aufwendungen auf die Zeit entfallen, in der Einkünfte im Sinne des § 49 Absatz 1 Nummer 4 erzielt wurden und die Einkünfte im Sinne des § 49 Absatz 1 Nummer 4 nicht übersteigen. ⁵Die Jahres- und Monatsbeträge der Pauschalen nach § 9a Satz 1 Nr. 1 und § 10c ermäßigen sich zeitanteilig, wenn Einkünfte im Sinne des § 49 Abs. 1 Nr. 4 nicht während eines vollen Kalenderjahres oder Kalendermonats zugeflossen sind.

EStG

(2) ¹Die Einkommensteuer für Einkünfte, die dem Steuerabzug vom Arbeitslohn oder vom Kapitalertrag oder dem Steuerabzug auf Grund des § 50a unterliegen, gilt bei beschränkt Steuerpflichtigen durch den Steuerabzug als abgegolten. ²Satz 1 gilt nicht
1. für Einkünfte eines inländischen Betriebs;
2. wenn nachträglich festgestellt wird, dass die Voraussetzungen der unbeschränkten Einkommensteuerpflicht im Sinne des § 1 Abs. 2 oder Abs. 3 oder des § 1a nicht vorgelegen haben; § 39 Abs. 7 ist sinngemäß anzuwenden;
3. in Fällen des § 2 Abs. 7 Satz 3;
4. für Einkünfte aus nichtselbständiger Arbeit im Sinne des § 49 Abs. 1 Nr. 4,
   a) wenn als Lohnsteuerabzugsmerkmal ein Freibetrag nach § 39a Absatz 4 gebildet worden ist oder
   b) wenn die Veranlagung zur Einkommensteuer beantragt wird (§ 46 Abs. 2 Nr. 8);
5. für Einkünfte im Sinne des § 50a Abs. 1 Nr. 1, 2 und 4, wenn die Veranlagung zur Einkommensteuer beantragt wird.

³In den Fällen des Satzes 2 Nr. 4 erfolgt die Veranlagung durchs das Betriebsstättenfinanzamt, das nach § 39 Absatz 2 Satz 2 oder Satz 4 für die Bildung und die Änderung der Lohnsteuerabzugsmerkmale zuständig ist. ⁴Bei mehreren Betriebsstättenfinanzämtern ist das Betriebsstättenfinanzamt zuständig, in dessen Bezirk der Arbeitnehmer zuletzt beschäftigt war. ⁵Bei Arbeitnehmern mit Steuerklasse VI ist das Betriebsstättenfinanzamt zuständig, in dessen Bezirk der Arbeitnehmer zuletzt unter Anwendung der Steuerklasse I beschäftigt war. ⁶Hat der Arbeitgeber für den Arbeitnehmer keine elektronischen Lohnsteuerabzugsmerkmale (§ 39e Absatz 4 Satz 2) abgerufen und wurde keine Bescheinigung für den Lohnsteuerabzug nach § 39 Absatz 3 Satz 1 oder § 39e Absatz 7 Satz 5 ausgestellt, ist das Betriebsstättenfinanzamt zuständig, in dessen Bezirk der Arbeitnehmer zuletzt beschäftigt war. ⁷Satz 2 Nr. 4 Buchstabe b und Nr. 5 gilt nur für Staatsangehörige eines Mitgliedstaats der Europäischen Union oder eines anderen Staates, auf den das Abkommen über den Europäischen Wirtschaftsraum Anwendung findet, die im Hoheitsgebiet eines dieser Staaten ihren Wohnsitz oder gewöhnlichen Aufenthalt haben.

(3) § 34c Abs. 1 bis 3 ist bei Einkünften aus Land- und Forstwirtschaft, Gewerbebetrieb oder selbständiger Arbeit, für die im Inland ein Betrieb unterhalten wird, entsprechend anzuwenden, soweit darin nicht Einkünfte aus einem ausländischen Staat enthalten sind, mit denen der beschränkt Steuerpflichtige dort in einem der unbeschränkten Steuerpflicht ähnlichen Umfang zu einer Steuer vom Einkommen herangezogen wird.

(4) Die obersten Finanzbehörden der Länder oder die von ihnen beauftragten Finanzbehörden können mit Zustimmung des Bundesministeriums der Finanzen die Einkommensteuer bei beschränkt Steuerpflichtigen ganz oder zum Teil erlassen oder in einem Pauschbetrag festsetzen, wenn dies im besonderen öffentlichen Interesse liegt; ein besonderes öffentliches Interesse besteht insbesondere
1. an der inländischen Veranstaltung international bedeutsamer kultureller und sportlicher Ereignisse, um deren Ausrichtung ein internationaler Wettbewerb stattfindet, oder
2. am inländischen Auftritt einer ausländischen Kulturvereinigung, wenn ihr Auftritt wesentlich aus öffentlichen Mitteln gefördert wird.

§ 50a
Steuerabzug bei beschränkt Steuerpflichtigen

(1) Die Einkommensteuer wird bei beschränkt Steuerpflichtigen im Wege des Steuerabzugs erhoben
1. bei Einkünften, die durch im Inland ausgeübte künstlerische, sportliche, artistische, unterhaltende oder ähnliche Darbietungen erzielt werden, einschließlich der Einkünfte aus anderen mit diesen Leistungen zusammenhängenden Leistungen, unabhängig davon, wem die Einkünfte zufließen (§ 49 Abs. 1 Nr. 2 bis 4 und 9), es sei denn, es handelt sich um Einkünfte aus nichtselbständiger Arbeit, die bereits dem Steuerabzug vom Arbeitslohn nach § 38 Abs. 1 Satz 1 Nr. 1 unterliegen,
2. bei Einkünften aus der inländischen Verwertung von Darbietungen im Sinne der Nummer 1 (§ 49 Abs. 1 Nr. 2 bis 4 und 6),
3. bei Einkünften, die aus Vergütungen für die Überlassung der Nutzung oder des Rechts auf Nutzung von Rechten, insbesondere von Urheberrechten und gewerblichen Schutzrechten, von gewerblichen, technischen, wissenschaftlichen und ähnlichen Erfahrungen, Kenntnissen und Fertigkeiten, zum Beispiel Plänen, Mustern und Verfahren, herrühren, sowie den Einkünften, die aus der Verschaffung der Gelegenheit erzielt werden, einen Berufssportler über einen begrenzten Zeitraum vertraglich zu verpflichten (§ 49 Abs. 1 Nr. 2, 3, 6 und 9),
4. bei Einkünften, die Mitgliedern des Aufsichtsrats, Verwaltungsrats, Grubenvorstands oder anderen mit der Überwachung der Geschäftsführung von Körperschaften, Personenvereinigungen und Vermögensmassen im Sinne des § 1 des Körperschaftsteuergesetzes beauftragten Personen sowie von anderen inländischen Personenvereinigungen des privaten und öffentlichen Rechts, bei denen die Gesellschafter nicht als Unternehmer (Mitunternehmer) anzusehen sind, für die Überwachung der Geschäftsführung gewährt werden (§ 49 Abs. 1 Nr. 3).

(2) ¹Der Steuerabzug beträgt 15 Prozent, in den Fällen des Absatzes 1 Nr. 4 beträgt er 30 Prozent der gesamten Einnahmen. ²Vom Schuldner der Vergütung ersetzte oder übernommene Reisekosten gehören nur insoweit zu den Einnahmen, als die Fahrt- und Übernachtungsauslagen die tatsächlichen Kosten und die Vergütungen für Verpflegungsmehraufwand die Pauschbeträge nach § 4 Abs. 5 Satz 1 Nr. 5 übersteigen. ³Bei Einkünften im Sinne des Absatzes 1 Nr. 1 wird ein Steuerabzug nicht erhoben, wenn die Einnahmen je Darbietung 250 Euro nicht übersteigen.

(3) ¹Der Schuldner der Vergütung kann von den Einnahmen in den Fällen des Absatzes 1 Nr. 1, 2 und 4 mit ihnen in unmittelbarem wirtschaftlichem Zusammenhang stehende Betriebsausgaben oder Werbungskosten abziehen, die ihm ein beschränkt Steuerpflichtiger in einer für das Bundeszentralamt für Steuern nachprüfbaren Form nachgewiesen hat oder die vom Schuldner der Vergütung übernommen worden sind. ²Das gilt nur, wenn der beschränkt Steuerpflichtige Staatsangehöriger eines Mitgliedstaats der Europäischen Union oder eines anderen Staates ist, auf den das Abkommen über den Europäischen Wirtschaftsraum Anwendung findet, und im Hoheitsgebiet eines dieser Staaten seinen Wohnsitz oder gewöhnlichen Aufenthalt hat. ³Es gilt entsprechend bei einer beschränkt steuerpflichtigen Körperschaft, Personenvereinigung oder Vermögensmasse im Sinne des § 32 Abs. 4 des Körperschaftsteuergesetzes. ⁴In diesen Fällen beträgt der Steuerabzug von den nach Abzug der Betriebsausgaben oder Werbungskosten verbleibenden Einnahmen (Nettoeinnahmen), wenn

1. Gläubiger der Vergütung eine natürliche Person ist, 30 Prozent,
2. Gläubiger der Vergütung eine Körperschaft, Personenvereinigung oder Vermögensmasse ist, 15 Prozent.

(4) ¹Hat der Gläubiger einer Vergütung seinerseits Steuern für Rechnung eines anderen beschränkt steuerpflichtigen Gläubigers einzubehalten (zweite Stufe), kann er von Steuerabzug absehen, wenn seine Einnahmen bereits dem Steuerabzug nach Absatz 2 unterlegen haben. ²Wenn der Schuldner der Vergütung auf zweiter Stufe Betriebsausgaben oder Werbungskosten nach Absatz 3 geltend macht, die Veranlagung nach § 50 Abs. 2 Satz 2 Nr. 5 beantragt oder die Erstattung der Abzugsteuer nach § 50d Abs. 1 oder einer anderen Vorschrift beantragt, hat er die sich nach Absatz 2 oder Absatz 3 ergebende Steuer zu diesem Zeitpunkt zu entrichten; Absatz 5 gilt entsprechend.

(5) ¹Die Steuer entsteht in dem Zeitpunkt, in dem die Vergütung dem Gläubiger zufließt. ²In diesem Zeitpunkt hat der Schuldner der Vergütung den Steuerabzug für Rechnung des Gläubigers (Steuerschuldner) vorzunehmen. ³Er hat die innerhalb eines Kalendervierteljahres einbehaltene Steuer jeweils bis zum zehnten des dem Kalendervierteljahr folgenden Monats an das Bundeszentralamt für Steuern abzuführen. ⁴Der Schuldner der Vergütung haftet für die Einbehaltung und Abführung der Steuer. ⁵Der Steuerschuldner kann in Anspruch genommen werden, wenn der Schuldner der Vergütung den Steuerabzug nicht vorschriftsmäßig vorgenommen hat. ⁶Der Schuldner der Vergütung ist verpflichtet, dem Gläubiger auf Verlangen die folgenden Angaben nach amtlich vorgeschriebenem Muster zu bescheinigen:

1. den Namen und die Anschrift des Gläubigers,
2. die Art der Tätigkeit und Höhe der Vergütung in Euro
3. den Zahlungstag,
4. den Betrag der einbehaltenen und abgeführten Steuer nach Absatz 2 oder Absatz 3.

(6) Die Bundesregierung kann durch Rechtsverordnung mit Zustimmung des Bundesrates bestimmen, dass bei Vergütungen für die Nutzung oder das Recht auf Nutzung von Urheberrechten (Absatz 1 Nr. 3), die nicht unmittelbar an den Gläubiger, sondern an einen Beauftragten geleistet werden, anstelle des Schuldners der Vergütung der Beauftragte die Steuer einzubehalten und abzuführen hat und für die Einbehaltung und Abführung haftet.

(7) ¹Das Finanzamt des Vergütungsgläubigers kann anordnen, dass der Schuldner der Vergütung für Rechnung des Gläubigers (Steuerschuldner) die Einkommensteuer von beschränkt steuerpflichtigen Einkünften, soweit diese nicht bereits dem Steuerabzug unterliegen, im Wege des Steuerabzugs einzubehalten und abzuführen hat, wenn dies zur Sicherung des Steueranspruchs zweckmäßig ist. ²Der Steuerabzug beträgt 25 Prozent der gesamten Einnahmen, bei Körperschaften, Personenvereinigungen oder Vermögensmassen 15 Prozent der gesamten Einnahmen; das Finanzamt kann die Höhe des Steuerabzugs hiervon abweichend an die voraussichtlich geschuldete Steuer anpassen. ³Absatz 5 gilt entsprechend mit der Maßgabe, dass die Steuer bei dem Finanzamt anzumelden und abzuführen ist, das den Steuerabzug angeordnet hat; das Finanzamt kann anordnen, dass die innerhalb eines Monats einbehaltene Steuer jeweils bis zum zehnten des Folgemonats anzumelden und abzuführen ist. ⁴§ 50 Abs. 2 Satz 1 ist nicht anzuwenden.

IX. Sonstige Vorschriften, Bußgeld-, Ermächtigungs- und Schlussvorschriften

§ 50b
Prüfungsrecht

¹Die Finanzbehörden sind berechtigt, Verhältnisse, die für die Anrechnung oder Vergütung von Körperschaftsteuer, für die Anrechnung oder Erstattung von Kapitalertragsteuer, für die Nichtvornahme des Steuerabzugs, für die Ausstellung der Jahresbescheinigung nach § 24c oder für die Mitteilungen an das Bundeszentralamt für Steuern nach § 45e von Bedeutung sind oder der Aufklärung bedürfen, bei den am Verfahren Beteiligten zu prüfen. ²Die §§ 193 bis 203 der Abgabenordnung gelten sinngemäß.

§ 50c
Wertminderung von Anteilen durch Gewinnausschüttungen

(weggefallen)

§ 50d
Besonderheiten im Fall von Doppelbesteuerungsabkommen und der §§ 43b und 50g

(1) ¹Können Einkünfte, die dem Steuerabzug vom Kapitalertrag oder dem Steuerabzug auf Grund des § 50a unterliegen, nach den §§ 43b, 50g oder nach einem Abkommen zur Vermeidung der Doppelbesteuerung nicht oder nur nach einem niedrigeren Steuersatz besteuert werden, so sind die Vorschriften über die Einbehaltung, Abführung und Anmeldung der Steuer ungeachtet der §§ 43b und 50g und des Abkommens anzuwenden. ²Unberührt bleibt der

Anspruch des Gläubigers der Kapitalerträge oder Vergütungen auf völlige oder teilweise Erstattung der einbehaltenen und abgeführten oder der auf Grund Haftungsbescheid oder Nachforderungsbescheid entrichteten Steuer. ³Die Erstattung erfolgt auf Antrag des Gläubigers der Kapitalerträge oder Vergütungen auf der Grundlage eines Freistellungsbescheids; der Antrag ist nach amtlich vorgeschriebenem Vordruck bei dem Bundeszentralamt für Steuern zu stellen. ⁴Dem Vordruck ist in den Fällen des § 43 Absatz 1 Satz 1 Nummer 1a eine Bescheinigung nach § 45a Absatz 2 beizufügen. ⁵Der zu erstattende Betrag wird nach Bekanntgabe der Freistellungsbescheids ausgezahlt. ⁶Hat der Gläubiger der Vergütungen im Sinne des § 50a nach § 50a Abs. 5 Steuern für Rechnung beschränkt steuerpflichtiger Gläubiger einzubehalten, kann die Auszahlung des Erstattungsanspruchs davon abhängig gemacht werden, dass er die Zahlung der von ihm einzubehaltenden Steuer nachweist, hierfür Sicherheit leistet oder unwiderruflich die Zustimmung zur Verrechnung seines Erstattungsanspruchs mit seiner Steuerzahlungsschuld erklärt. ⁷Das Bundeszentralamt für Steuern kann zulassen, dass Anträge auf maschinell verwertbaren Datenträgern gestellt werden. ⁸Der Antragsteller hat in den Fällen des § 43 Absatz 1 Satz 1 Nummer 1a zu versichern, dass ihm eine Bescheinigung im Sinne des § 45a Absatz 2 vorliegt oder, soweit er selbst die Kapitalerträge als auszahlende Stelle dem Steuerabzug unterworfen hat, nicht ausgestellt wurde; er hat die Bescheinigung zehn Jahre nach Antragstellung aufzubewahren. ⁹Die Frist für den Antrag auf Erstattung beträgt vier Jahre nach Ablauf des Kalenderjahres, in dem die Kapitalerträge oder Vergütungen bezogen worden sind. ¹⁰Die Frist nach Satz 9 endet nicht vor Ablauf von sechs Monaten nach dem Zeitpunkt der Entrichtung der Steuer. ¹¹Ist der Gläubiger der Kapitalerträge oder Vergütungen eine Person, der die Kapitalerträge oder Vergütungen nach diesem Gesetz oder nach dem Steuerrecht des anderen Vertragsstaats nicht zugerechnet werden, steht der Anspruch auf völlige oder teilweise Erstattung des Steuerabzugs vom Kapitalertrag oder § 50a auf Grund eines Abkommens zur Vermeidung der Doppelbesteuerung nur der Person zu, der die Kapitalerträge oder Vergütungen nach den Steuergesetzen des anderen Vertragsstaats als Einkünfte oder Gewinne einer ansässigen Person zugerechnet werden. ¹²Für die Erstattung der Kapitalertragsteuer gilt § 45 entsprechend. ¹³Der Schuldner der Kapitalerträge oder Vergütungen kann sich vorbehaltlich des Absatzes 2 nicht auf die Rechte des Gläubigers aus dem Abkommen berufen.

(1a) ¹Der nach Absatz 1 in Verbindung mit § 50g zu erstattende Betrag ist zu verzinsen. ²Der Zinslauf beginnt zwölf Monate nach Ablauf des Monats, in dem der Antrag auf Erstattung und alle für die Entscheidung erforderlichen Nachweise vorliegen, frühestens am Tag der Entrichtung der Steuer durch den Schuldner der Kapitalerträge oder Vergütungen. ³Er endet mit Ablauf des Tages, an dem der Freistellungsbescheid wirksam wird. ⁴Wird der Freistellungsbescheid aufgehoben, geändert oder nach § 129 der Abgabenordnung berichtigt, ist eine bisherige Zinsfestsetzung zu ändern. ⁵§ 233a Abs. 5 der Abgabenordnung gilt sinngemäß. ⁶Für die Höhe und Berechnung der Zinsen gilt § 238 der Abgabenordnung. ⁷Auf die Festsetzung der Zinsen ist § 239 der Abgabenordnung sinngemäß anzuwenden. ⁸Die Vorschriften dieses Absatzes sind nicht anzuwenden, wenn der Steuerabzug keine abgeltende Wirkung hat (§ 50 Abs. 2).

(2) ¹In den Fällen der §§ 43b, 50a Abs. 1, § 50g kann der Schuldner der Kapitalerträge oder Vergütungen den Steuerabzug nach Maßgabe von § 43b oder § 50g oder des Abkommens unterlassen oder nach einem niedrigeren Steuersatz vornehmen, wenn das Bundeszentralamt für Steuern dem Gläubiger auf Grund eines von ihm nach amtlich vorgeschriebenem Vordruck gestellten Antrags bescheinigt, dass die Voraussetzungen dafür vorliegen (Freistellung im Steuerabzugsverfahren); dies gilt auch bei Kapitalerträgen, die einer nach einem Abkommen zur Vermeidung der Doppelbesteuerung im anderen Vertragsstaat ansässigen Kapitalgesellschaft, die am Nennkapital einer unbeschränkt steuerpflichtigen Kapitalgesellschaft im Sinne des § 1 Abs. 1 Nr. 1 des Körperschaftsteuergesetzes zu mindestens einem Zehntel unmittelbar beteiligt ist und in dem Staat ihrer Ansässigkeit den Steuern vom Einkommen oder Gewinn unterliegt, ohne davon befreit zu sein, von der unbeschränkt steuerpflichtigen Kapitalgesellschaft zufließen. ²Die Freistellung kann unter dem Vorbehalt des Widerrufs erteilt und von Auflagen oder Bedingungen abhängig gemacht werden. ³Sie kann in den Fällen des § 50a Abs. 1 von der Bedingung abhängig gemacht werden, dass die Erfüllung der Verpflichtungen nach § 50a Abs. 5 nachgewiesen werden, soweit die Vergütungen an andere beschränkt Steuerpflichtige weitergeleitet werden. ⁴Die Geltungsdauer der Bescheinigung nach Satz 1 beginnt frühestens an dem Tag, an dem der Antrag beim Bundeszentralamt für Steuern eingeht; sie beträgt mindestens ein Jahr und darf drei Jahre nicht überschreiten; der Gläubiger der Kapitalerträge oder der Vergütungen ist verpflichtet, den Wegfall der Voraussetzungen für die Freistellung unverzüglich dem Bundeszentralamt für Steuern mitzuteilen. ⁵Voraussetzung für die Abstandnahme vom Steuerabzug ist, dass dem Schuldner der Kapitalerträge oder Vergütungen die Bescheinigung nach Satz 1 vorliegt. ⁶Über den Antrag ist innerhalb von drei Monaten zu entscheiden. ⁷Die Frist beginnt mit der Vorlage aller für die Entscheidung erforderlichen Nachweise. ⁸Bestehende Anmeldeverpflichtungen bleiben unberührt.

(3) ¹Eine ausländische Gesellschaft hat keinen Anspruch auf völlige oder teilweise Entlastung nach Absatz 1 oder Absatz 2, soweit Personen an ihr beteiligt sind, denen die Erstattung oder Freistellung nicht zustände, wenn sie die Einkünfte unmittelbar erzielten, und die von der ausländischen Gesellschaft im betreffenden Wirtschaftsjahr erzielten Bruttoerträge nicht aus eigener Wirtschaftstätigkeit stammen, sowie

1. in Bezug auf diese Erträge für die Einschaltung der ausländischen Gesellschaft wirtschaftliche oder sonst beachtliche Gründe fehlen oder

2. die ausländische Gesellschaft nicht mit einem für ihren Geschäftszweck angemessen eingerichte-

ten Geschäftsbetrieb am allgemeinen wirtschaftlichen Verkehr teilnimmt. ²Maßgebend sind ausschließlich die Verhältnisse der ausländischen Gesellschaft; organisatorische, wirtschaftliche oder sonst beachtliche Merkmale der Unternehmen, die der ausländischen Gesellschaft nahe stehen (§ 1 Abs. 2 des Außensteuergesetzes), bleiben außer Betracht. ³An einer eigenen Wirtschaftstätigkeit fehlt es, soweit die ausländische Gesellschaft ihre Bruttoerträge aus der Verwaltung von Wirtschaftsgütern erzielt oder ihre wesentlichen Geschäftstätigkeiten auf Dritte überträgt. ⁴Die Feststellungslast für das Vorliegen wirtschaftlicher oder sonst beachtlicher Gründe im Sinne von Satz 1 Nummer 1 sowie des Geschäftsbetriebs im Sinne von Satz 1 Nummer 2 obliegt der ausländischen Gesellschaft. ⁵Die Sätze 1 bis 3 sind nicht anzuwenden, wenn mit der Hauptgattung der Aktien der ausländischen Gesellschaft ein wesentlicher und regelmäßiger Handel an einer anerkannten Börse stattfindet oder für die ausländische Gesellschaft die Vorschriften des Investmentsteuergesetzes gelten.

(4) ¹Der Gläubiger der Kapitalerträge oder Vergütungen im Sinne des § 50a hat nach amtlich vorgeschriebenem Vordruck durch eine Bestätigung der für ihn zuständigen Steuerbehörde des anderen Staates nachzuweisen, dass er dort ansässig ist oder die Voraussetzungen des § 50g Abs. 3 Nr. 5 Buchstabe c erfüllt sind. ²Das Bundesministerium der Finanzen kann im Einvernehmen mit den obersten Finanzbehörden der Länder erleichterte Verfahren oder vereinfachte Nachweise zulassen.

(5) ¹Abweichend von Absatz 2 kann das Bundeszentralamt für Steuern in den Fällen des § 50a Abs. 1 Nr. 3 den Schuldner der Vergütung auf Antrag allgemein ermächtigen, den Steuerabzug zu unterlassen oder nach einem niedrigeren Steuersatz vorzunehmen (Kontrollmeldeverfahren). ²Die Ermächtigung kann in Fällen geringer steuerlicher Bedeutung erteilt und mit Auflagen verbunden werden. ³Einer Bestätigung nach Absatz 4 Satz 1 bedarf es im Kontrollmeldeverfahren nicht. ⁴Inhalt der Auflage kann die Angabe des Namens, des Wohnortes oder des Ortes des Sitzes oder der Geschäftsleitung des Schuldners und des Gläubigers, der Art der Vergütung, des Bruttobetrags und des Zeitpunkts der Zahlungen sowie des einbehaltenen Steuerbetrags sein. ⁵Mit dem Antrag auf Teilnahme am Kontrollmeldeverfahren gilt die Zustimmung des Gläubigers und des Schuldners zur Weiterleitung der Angaben des Schuldners an den Wohnsitz- oder Sitzstaat des Gläubigers als erteilt. ⁶Die Ermächtigung ist als Beleg aufzubewahren. ⁷Absatz 2 Satz 8 gilt entsprechend.

(6) Soweit Absatz 2 nicht anwendbar ist, gilt Absatz 5 auch für Kapitalerträge im Sinne des § 43 Abs. 1 Satz 1 Nr. 1 und 4, wenn sich im Zeitpunkt der Zahlung des Kapitalertrags der Anspruch auf Besteuerung nach einem niedrigeren Steuersatz ohne nähere Ermittlung feststellen lässt.

(7) Werden Einkünfte im Sinne des § 49 Abs. 1 Nr. 4 aus einer Kasse einer juristischen Person des öffentlichen Rechts im Sinne der Vorschrift eines Abkommens zur Vermeidung der Doppelbesteuerung über den öffentlichen Dienst gewährt, so ist diese Vorschrift bei Bestehen eines Dienstverhältnisses mit einer anderen Person in der Weise auszulegen, dass die Vergütungen für der erstgenannten Person geleistete Dienste gezahlt werden, wenn sie ganz oder im Wesentlichen aus öffentlichen Mitteln aufgebracht werden.

(8) ¹Sind Einkünfte eines unbeschränkt Steuerpflichtigen aus nichtselbständiger Arbeit (§ 19) nach einem Abkommen zur Vermeidung der Doppelbesteuerung von der Bemessungsgrundlage der deutschen Steuer auszunehmen, wird die Freistellung bei der Veranlagung ungeachtet des Abkommens nur gewährt, soweit der Steuerpflichtige nachweist, nachdem die Staat, dem nach dem Abkommen das Besteuerungsrecht zusteht, auf dieses Besteuerungsrecht verzichtet hat oder dass die in diesem Staat auf die Einkünfte festgesetzten Steuern entrichtet wurden. ²Wird ein solcher Nachweis erst geführt, nachdem die Einkünfte in eine Veranlagung zur Einkommensteuer einbezogen wurden, ist der Steuerbescheid insoweit zu ändern. ³§ 175 Abs. 1 Satz 2 der Abgabenordnung ist entsprechend anzuwenden.

(9) ¹Sind Einkünfte eines unbeschränkt Steuerpflichtigen nach einem Abkommen zur Vermeidung der Doppelbesteuerung von der Bemessungsgrundlage der deutschen Steuer auszunehmen, so wird die Freistellung der Einkünfte ungeachtet des Abkommens nicht gewährt, wenn

1. der andere Staat die Bestimmungen des Abkommens so anwendet, dass die Einkünfte in diesem Staat von der Besteuerung auszunehmen sind oder nur zu einem durch das Abkommen begrenzten Steuersatz besteuert werden können, oder

2. die Einkünfte in dem anderen Staat nur deshalb nicht steuerpflichtig sind, weil sie von einer Person bezogen werden, die in diesem Staat nicht auf Grund ihres Wohnsitzes, ständigen Aufenthalts, des Ortes ihrer Geschäftsleitung, des Sitzes oder eines ähnlichen Merkmals unbeschränkt steuerpflichtig ist.

²Nummer 2 gilt nicht für Dividenden, die nach einem Abkommen zur Vermeidung der Doppelbesteuerung von der Bemessungsgrundlage der deutschen Steuer auszunehmen sind, es sei denn, die Dividenden sind bei der Ermittlung des Gewinns der ausschüttenden Gesellschaft abgezogen worden. ³Bestimmungen eines Abkommens zur Vermeidung der Doppelbesteuerung, sowie Absatz 8 und § 20 Abs. 2 des Außensteuergesetzes bleiben unberührt, soweit sie jeweils die Freistellung von Einkünften in einem weitergehenden Umfang einschränken.

(10) ¹Sind auf eine Vergütung im Sinne des § 15 Absatz 1 Satz 1 Nummer 2 Satz 1 zweiter Halbsatz und Nummer 3 zweiter Halbsatz die Vorschriften eines Abkommens zur Vermeidung der Doppelbesteuerung anzuwenden und enthält das Abkommen keine solche Vergütungen betreffende ausdrückliche Regelung, gilt die Vergütung für Zwecke der Anwendung des Abkommens zur Vermeidung der Doppelbesteuerung ausschließlich als Teil des Unternehmensgewinns des vergütungsberechtigten Gesellschafters. ²Satz 1 gilt auch für die durch das Sonderbetriebsvermögen veranlassten Erträge und

Aufwendungen. ³Die Vergütung des Gesellschafters ist ungeachtet der Vorschriften eines Abkommens zur Vermeidung der Doppelbesteuerung über die Zuordnung von Vermögenswerten zu einer Betriebsstätte derjenigen Betriebsstätte der Gesellschaft zuzurechnen, der die Aufwand für die der Vergütung zugrunde liegende Leistung zuzuordnen ist; die in Satz 2 genannten Erträge und Aufwendungen sind der Betriebsstätte zuzurechnen, der die Vergütung zuzuordnen ist. ⁴Die Sätze 1 bis 3 gelten auch in den Fällen des § 15 Absatz 1 Satz 1 Nummer 2 Satz 2 sowie in den Fällen des § 15 Absatz 1 Satz 2 entsprechend. ⁵Sind Einkünfte im Sinne der Sätze 1 bis 4 einer Person zuzurechnen, die nach einem Abkommen zur Vermeidung der Doppelbesteuerung als im anderen Staat ansässig gilt, und weist der Steuerpflichtige nach, dass der andere Staat die Einkünfte besteuert, ist die in diesem Staat nachweislich auf diese Einkünfte festgesetzte und gezahlte und um einen entstandenen Ermäßigungsanspruch gekürzte, der deutschen Einkommensteuer entsprechende, anteilige ausländische Steuer bis zur Höhe der anteilig auf diese Einkünfte entfallenden deutschen Einkommensteuer anzurechnen. ⁶Satz 5 gilt nicht, wenn das Abkommen zur Vermeidung der Doppelbesteuerung eine ausdrückliche Regelung für solche Einkünfte enthält. Die Sätze 1 bis 6

1. sind nicht auf Gesellschaften im Sinne des § 15 Absatz 3 Nummer 2 anzuwenden;
2. gelten entsprechend, wenn die Einkünfte zu den Einkünften aus selbständiger Arbeit im Sinne des § 18 gehören; dabei tritt der Artikel über die selbständige Arbeit an die Stelle des Artikels über die Unternehmenseinkünfte, wenn das Abkommen zur Vermeidung der Doppelbesteuerung einen solchen Artikel enthält.

⁷Absatz 9 Satz 1 Nummer 1 bleibt unberührt.

(11) ¹Sind Dividenden beim Zahlungsempfänger nach einem Abkommen zur Vermeidung der Doppelbesteuerung von der Bemessungsgrundlage der deutschen Steuer auszunehmen, wird die Freistellung ungeachtet des Abkommens nur insoweit gewährt, als die Dividenden nach deutschem Steuerrecht nicht einer anderen Person zuzurechnen sind. ²Soweit die Dividenden nach deutschem Steuerrecht einer anderen Person zuzurechnen sind, werden sie bei dieser Person freigestellt, wenn sie bei ihr als Zahlungsempfänger nach Maßgabe des Abkommens freigestellt würden.

§ 50e
Bußgeldvorschriften; Nichtverfolgung von Steuerstraftaten bei geringfügiger Beschäftigung in Privathaushalten

(1) ¹Ordnungswidrig handelt, wer vorsätzlich oder leichtfertig entgegen § 45d Abs. 1 Satz 1, § 45d Abs. 3 Satz 1, der nach § 45e erlassenen Rechtsverordnung oder den unmittelbar geltenden Verträgen mit den in Artikel 17 der Richtlinie 2003/48/EG genannten Staaten und Gebieten eine Mitteilung nicht, nicht richtig, nicht vollständig oder nicht rechtzeitig abgibt. ²Die Ordnungswidrigkeit kann mit einer Geldbuße bis zu fünftausend Euro geahndet werden.

(1a) Verwaltungsbehörde im Sinne des § 36 Absatz 1 Nummer 1 des Gesetzes über Ordnungswidrigkeiten ist in den Fällen des Absatzes 1 Satz 1 das Bundeszentralamt für Steuern.

(2) ¹Liegen die Voraussetzungen des § 40a Abs. 2 vor, werden Steuerstraftaten (§§ 369 bis 376 der Abgabenordnung) als solche nicht verfolgt, wenn der Arbeitgeber in den Fällen des § 8a des Vierten Buches Sozialgesetzbuch entgegen § 41a Abs. 1 Nr. 1, auch in Verbindung mit Abs. 2 und 3 und § 51a, und § 40a Abs. 6 Satz 3 dieses Gesetzes in Verbindung mit § 28a Abs. 7 Satz 1 des Vierten Buches Sozialgesetzbuch für das Arbeitsentgelt die Lohnsteuer-Anmeldung und die Anmeldung der einheitlichen Pauschsteuer nicht oder nicht rechtzeitig durchführt und dadurch Steuern verkürzt oder für sich oder einen anderen nicht gerechtfertigte Steuervorteile erlangt. ³Die Freistellung von der Verfolgung nach Satz 1 gilt auch für den Arbeitnehmer einer in Satz 1 genannten Beschäftigung, der die Finanzbehörde pflichtwidrig über steuerlich erhebliche Tatsachen aus dieser Beschäftigung in Unkenntnis lässt. ³Die Bußgeldvorschriften der §§ 377 bis 384 der Abgabenordnung bleiben mit der Maßgabe anwendbar, dass § 378 der Abgabenordnung auch bei vorsätzlichem Handeln anwendbar ist.

§ 50f
Bußgeldvorschriften

(1) Ordnungswidrig handelt, wer vorsätzlich oder leichtfertig

1. entgegen § 22a Absatz 1 Satz 1 und 2 dort genannte Daten nicht, nicht richtig, nicht vollständig oder nicht rechtzeitig übermittelt oder eine Mitteilung nicht, nicht richtig, nicht vollständig oder nicht rechtzeitig macht oder
2. entgegen § 22a Absatz 2 Satz 9 die Identifikationsnummer für andere als die dort genannten Zwecke verwendet.

(2) Die Ordnungswidrigkeit kann in den Fällen des Absatzes 1 Nummer 1 mit einer Geldbuße bis zu fünfzigtausend Euro und in den übrigen Fällen mit einer Geldbuße bis zu zehntausend Euro geahndet werden.

(3) Verwaltungsbehörde im Sinne des § 36 Absatz 1 Nummer 1 des Gesetzes über Ordnungswidrigkeiten ist die zentrale Stelle nach § 81.

§ 50g
Entlastung vom Steuerabzug bei Zahlungen von Zinsen und Lizenzgebühren zwischen verbundenen Unternehmen verschiedener Mitgliedstaaten der Europäischen Union

(1) ¹Auf Antrag werden die Kapitalertragsteuer für Zinsen und die Steuer auf Grund des § 50a für Lizenzgebühren, die von einem Unternehmen der Bundesrepublik Deutschland oder einer dort gelegenen Betriebsstätte eines Unternehmens eines anderen Mitgliedstaates der Europäischen Union als Schuldner an ein Unternehmen eines anderen Mitgliedstaates der Europäischen Union, oder an eine in einem anderen Mitgliedstaat der Europäischen Union gelegene Betriebsstätte eines Unternehmens eines Mitgliedstaates der Europäischen Union als Gläubiger gezahlt werden, nicht erhoben. ²Erfolgt

die Besteuerung durch Veranlagung, werden die Zinsen und Lizenzgebühren bei der Ermittlung der Einkünfte nicht erfasst. ³Voraussetzung für die Anwendung der Sätze 1 und 2 ist, dass der Gläubiger der Zinsen oder Lizenzgebühren ein mit dem Schuldner verbundenes Unternehmen oder dessen Betriebsstätte ist. ⁴Die Sätze 1 bis 3 sind nicht anzuwenden, wenn die Zinsen oder Lizenzgebühren an eine Betriebsstätte eines Unternehmens eines Mitgliedstaates der Europäischen Union als Gläubiger gezahlt werden, die in einem Staat außerhalb der Europäischen Union oder im Inland gelegen ist und in der die Tätigkeit des Unternehmens ganz oder teilweise ausgeübt wird.

(2) Absatz 1 ist nicht anzuwenden auf die Zahlung von
1. Zinsen,
   a) die nach deutschem Recht als Gewinnausschüttung behandelt werden (§ 20 Abs. 1 Nr. 1 Satz 2) oder
   b) die auf Forderungen beruhen, die einen Anspruch auf Beteiligung am Gewinn des Schuldners begründen;
2. Zinsen oder Lizenzgebühren, die den Betrag übersteigen, den der Schuldner und der Gläubiger ohne besondere Beziehungen, die zwischen den beiden oder einem von ihnen und einem Dritten auf Grund von Absatz 3 Nr. 5 Buchstabe b bestehen, vereinbart hätten.

(3) Für die Anwendung der Absätze 1 und 2 gelten die folgenden Begriffsbestimmungen und Beschränkungen:
1. Der Gläubiger muss der Nutzungsberechtigte sein. ²Nutzungsberechtiger ist
   a) ein Unternehmen, wenn es die Einkünfte im Sinne von § 2 Abs. 1 erzielt;
   b) eine Betriebsstätte, wenn
      aa) die Forderung, das Recht oder der Gebrauch von Informationen, auf Grund derer/dessen Zahlungen von Zinsen oder Lizenzgebühren geleistet werden, tatsächlich zu der Betriebsstätte gehört und
      bb) die Zahlungen der Zinsen oder Lizenzgebühren Einkünfte darstellen, auf Grund derer die Gewinne der Betriebsstätte in dem Mitgliedstaat der Europäischen Union, in dem sie gelegen ist, zu einer der in Nummer 5 Satz 1 Buchstabe a Doppelbuchstabe cc genannten Steuern beziehungsweise im Fall Belgiens dem „impôt des non-résidents/belasting der nietverblijfhouders" beziehungsweise im Fall Spaniens dem „Impuesto sobre la Renta de no Residentes" oder zu einer mit diesen Steuern identischen oder weitgehend ähnlichen Steuer herangezogen werden, die nach dem jeweiligen Zeitpunkt des Inkrafttretens der Richtlinie 2003/49/EG des Rates vom 3. Juni 2003 über eine gemeinsame Steuerregelung für Zahlungen von Zinsen und Lizenzgebühren zwischen verbundenen Unternehmen verschiedener Mitgliedstaaten (ABl. L 157 vom 26.6.2003, S. 49), die zuletzt durch die Richtlinie 2013/13/EU (ABl. L 141 vom 28.5.2013, S. 30) geändert worden ist, anstelle der bestehenden Steuern oder ergänzend zu ihnen eingeführt wird.
2. Eine Betriebsstätte gilt nur dann als Schuldner der Zinsen oder Lizenzgebühren, wenn die Zahlung bei der Ermittlung des Gewinns der Betriebsstätte eine steuerlich abzugsfähige Betriebsausgabe ist.
3. Gilt eine Betriebsstätte eines Unternehmens eines Mitgliedstaates der Europäischen Union als Schuldner oder Gläubiger von Zinsen oder Lizenzgebühren, so wird kein anderer Teil des Unternehmens als Schuldner oder Gläubiger der Zinsen oder Lizenzgebühren angesehen.
4. Im Sinne des Absatzes 1 sind
   a) „Zinsen" Einkünfte aus Forderungen jeder Art, auch wenn die Forderungen durch Pfandrechte an Grundstücken gesichert sind, insbesondere Einkünfte aus öffentlichen Anleihen und aus Obligationen einschließlich der damit verbundenen Aufgelder und der Gewinne aus Losanleihen; Zuschläge für verspätete Zahlung und die Rückzahlung von Kapital gelten nicht als Zinsen;
   b) „Lizenzgebühren" Vergütungen jeder Art, die für die Nutzung oder für das Recht auf Nutzung von Urheberrechten an literarischen, künstlerischen oder wissenschaftlichen Werken, einschließlich kinematografischer Filme und Software, von Patenten, Marken, Mustern oder Modellen, Plänen, geheimen Formeln oder Verfahren oder für die Mitteilung gewerblicher, kaufmännischer oder wissenschaftlicher Erfahrungen gezahlt werden; Zahlungen für die Nutzung oder das Recht auf Nutzung gewerblicher, kaufmännischer oder wissenschaftlicher Ausrüstungen gelten als Lizenzgebühren.
5. Die Ausdrücke „Unternehmen eines Mitgliedstaates der Europäischen Union", „verbundenes Unternehmen" und „Betriebsstätte" bedeuten:
   a) „Unternehmen eines Mitgliedstaates der Europäischen Union" jedes Unternehmen, das
      aa) eine der in Anlage 3 Nr. 1[1]) zu diesem Gesetz aufgeführten Rechtsformen aufweist und
      bb) nach dem Steuerrecht eines Mitgliedstaates in diesem Mitgliedstaat ansässig ist und nicht nach einem zwischen dem betreffenden Staat und einem Staat außerhalb der Europäischen Union geschlossenen Abkommen zur Vermeidung der Doppelbesteuerung von Ein-

---

1) Anlage 3 Nr. 1 abgedruckt am Ende des Gesetzes.

künften für steuerliche Zwecke als außerhalb der Gemeinschaft ansässig gilt und

cc) einer der in Anlage 3 Nr. 2[1)] zu diesem Gesetz aufgeführten Steuern unterliegt und nicht von ihr befreit ist. Entsprechendes gilt für eine mit diesen Steuern identische oder weitgehend ähnliche Steuer, die nach dem jeweiligen Zeitpunkt des Inkrafttretens der Richtlinie 2003/49/EG des Rates vom 3. Juni 2003 (ABl. L 157 vom 26.6.2003, S. 49), zuletzt geändert durch die Richtlinie 2013/13/EU (ABl. L 141 vom 28.5.2013, S. 30) anstelle der bestehenden Steuern oder ergänzend zu ihnen eingeführt wird.

²Ein Unternehmen ist im Sinne von Doppelbuchstabe bb in einem Mitgliedstaat der Europäischen Union ansässig, wenn es der unbeschränkten Steuerpflicht im Inland oder einer vergleichbaren Besteuerung in einem anderen Mitgliedstaat der Europäischen Union nach dessen Rechtsvorschriften unterliegt.

b) ¹„Verbundenes Unternehmen" jedes Unternehmen, das dadurch mit eine zweiten Unternehmen verbunden ist, dass

aa) das erste Unternehmen unmittelbar mindestens zu 25 Prozent an dem Kapital des zweiten Unternehmens beteiligt ist oder

bb) das zweite Unternehmen unmittelbar mindestens zu 25 Prozent an dem Kapital des ersten Unternehmens beteiligt ist oder

cc) ein drittes Unternehmen unmittelbar mindestens zu 25 Prozent an dem Kapital des ersten Unternehmens und dem Kapital des zweiten Unternehmens beteiligt ist.

²Die Beteiligungen dürfen nur zwischen Unternehmen bestehen, die in einem Mitgliedstaat der Europäischen Union ansässig sind.

c) „Betriebsstätte" eine feste Geschäftseinrichtung in einem Mitgliedstaat der Europäischen Union, in der die Tätigkeit eines Unternehmens eines anderen Mitgliedstaats der Europäischen Union ganz oder teilweise ausgeübt wird.

6. (weggefallen)

(4) ¹Die Entlastung nach Absatz 1 ist zu versagen oder zu entziehen, wenn der hauptsächliche Beweggrund oder einer der hauptsächlichen Beweggründe für Geschäftsvorfälle die Steuervermeidung oder der Missbrauch sind. ²§ 50d Abs. 3 bleibt unberührt.

(5) Entlastungen von der Kapitalertragsteuer für Zinsen und der Steuer auf Grund des § 50a nach einem Abkommen zur Vermeidung der Doppelbesteuerung, die weiter gehen als die nach Absatz 1 gewährten, werden durch Absatz 1 nicht eingeschränkt.

(6) ¹Ist im Fall des Absatzes 1 Satz 1 eines der Unternehmen ein Unternehmen der Schweizerischen Eidgenossenschaft oder ist eine in der Schweizerischen Eidgenossenschaft gelegene Betriebsstätte eines Unternehmens eines anderen Mitgliedstaats der Europäischen Union Gläubiger der Zinsen oder Lizenzgebühren, gelten die Absätze 1 bis 5 entsprechend mit der Maßgabe, dass die Schweizerische Eidgenossenschaft insoweit einem Mitgliedstaat der Europäischen Union gleichgestellt ist. ²Absatz 3 Nr. 5 Buchstabe a gilt entsprechend mit der Maßgabe, dass ein Unternehmen der Schweizerischen Eidgenossenschaft jedes Unternehmen ist, das

1. eine der folgenden Rechtsformen aufweist:
   – Aktiengesellschaft/société anonyme/società anonima;
   – Gesellschaft mit beschränkter Haftung/société à responsabilité limitée/ società a responsabilità limitata;
   – Kommanditaktiengesellschaft/société en commandite par actions/società in accomandita per azioni, und

2. nach dem Steuerrecht der Schweizerischen Eidgenossenschaft dort ansässig ist und nicht nach einem zwischen der Schweizerischen Eidgenossenschaft und einem Staat außerhalb der Europäischen Union geschlossenen Abkommen zur Vermeidung der Doppelbesteuerung von Einkünften für steuerliche Zwecke als außerhalb der Gemeinschaft oder der Schweizerischen Eidgenossenschaft ansässig gilt, und

3. unbeschränkt der schweizerischen Körperschaftsteuer unterliegt, ohne von ihr befreit zu sein.

§ 50h
Bestätigung für Zwecke der Entlastung von Quellensteuern in einem anderen Mitgliedstaat der Europäischen Union oder der Schweizerischen Eidgenossenschaft

Auf Antrag hat das Finanzamt, das für die Besteuerung eines Unternehmens der Bundesrepublik Deutschland oder einer dort gelegenen Betriebsstätte eines Unternehmens eines anderen Mitgliedstaats der Europäischen Union im Sinne des § 50g Abs. 3 Nr. 5 oder eines Unternehmens der Schweizerischen Eidgenossenschaft im Sinne des § 50g Abs. 6 Satz 2 zuständig ist, für die Entlastung von der Quellensteuer dieses Staats auf Zinsen oder Lizenzgebühren im Sinne des § 50g zu bescheinigen, dass das empfangende Unternehmen steuerlich im Inland ansässig ist oder die Betriebsstätte im Inland gelegen ist.

§ 50i
Besteuerung bestimmter Einkünfte und Anwendung von Doppelbesteuerungsabkommen

(1) ¹Sind Wirtschaftsgüter des Betriebsvermögens oder sind Anteile im Sinne des § 17 vor dem 29. Juni 2013 in das Betriebsvermögen einer Personengesellschaft im Sinne des § 15 Absatz 3 übertragen oder überführt worden, und ist eine Besteuerung der stillen Reserven im Zeitpunkt der Übertragung oder

---

1) Anlage 3 Nr. 2 abgedruckt am Ende des Gesetzes.

Überführung unterblieben, so ist der Gewinn, den ein Steuerpflichtiger, der im Sinne eines Abkommens zur Vermeidung der Doppelbesteuerung im anderen Vertragsstaat ansässig ist, aus der späteren Veräußerung oder Entnahme dieser Wirtschaftsgüter oder Anteile erzielt, ungeachtet entgegenstehender Bestimmungen des Abkommens zur Vermeidung der Doppelbesteuerung zu versteuern. ²Als Übertragung oder Überführung von Anteilen im Sinne des § 17 in das Betriebsvermögen einer Personengesellschaft gilt auch die Gewährung neuer Anteile an eine Personengesellschaft, die bisher auch eine Tätigkeit im Sinne des § 15 Absatz 1 Satz 1 Nummer 1 ausgeübt hat oder gewerbliche Einkünfte im Sinne des 15 Absatz 1 Satz 1 Nummer 2 bezogen hat, im Rahmen der Einbringung eines Betriebs oder Teilbetriebs oder eines Mitunternehmeranteils dieser Personengesellschaft in eine Körperschaft nach § 20 des Umwandlungssteuergesetzes, wenn der Einbringungszeitpunkt vor dem 29. Juni 2013 liegt und die Personengesellschaft nach der Einbringung als Personengesellschaft im Sinne des § 15 Absatz 3 fortbesteht. ³Auch die laufenden Einkünfte aus der Beteiligung an der Personengesellschaft, auf die die in Satz 1 genannten Wirtschaftsgüter oder Anteile übertragen oder überführt oder der im Sinne des Satzes 2 neue Anteile gewährt wurden, sind ungeachtet entgegenstehender Bestimmungen des Abkommens zur Vermeidung der Doppelbesteuerung zu versteuern. ⁴Die Sätze 1 und 3 gelten sinngemäß, wenn Wirtschaftsgüter vor dem 29. Juni 2013 Betriebsvermögen eines Einzelunternehmens oder einer Personengesellschaft geworden sind, die deswegen Einkünfte aus Gewerbebetrieb erzielen, weil der Steuerpflichtige sowohl im überlassenden Betrieb als auch im nutzenden Betrieb allein oder zusammen mit anderen Gesellschaftern einen einheitlichen geschäftlichen Betätigungswillen durchsetzen kann und dem nutzenden Betrieb eine wesentliche Betriebsgrundlage zur Nutzung überlässt.

(2) ¹Im Rahmen von Umwandlungen und Einbringungen im Sinne des § 1 des Umwandlungssteuergesetzes sind Sachgesamtheiten, die Wirtschaftsgüter und Anteile im Sinne des Absatzes 1 enthalten, abweichend von den Bestimmungen des Umwandlungssteuergesetzes, stets mit dem gemeinen Wert anzusetzen. ²Ungeachtet des § 6 Absatz 3 und 5 gilt Satz 1 für die Überführung oder Übertragung

1. der Wirtschaftsgüter und Anteile im Sinne des Absatzes 1 aus dem Gesamthandsvermögen der Personengesellschaft im Sinne des Absatzes 1 oder aus dem Sonderbetriebsvermögen eines Mitunternehmers dieser Personengesellschaft oder
2. eines Mitunternehmeranteils an dieser Personengesellschaft

entsprechend. ³Werden die Wirtschaftsgüter oder Anteile im Sinne des Absatzes 1 von der Personengesellschaft für eine Betätigung im Sinne des § 15 Absatz 2 genutzt (Strukturwandel), gilt Satz 1 entsprechend. ⁴Absatz 1 Satz 4 bleibt unberührt.

§ 51
Ermächtigungen

(1) Die Bundesregierung wird ermächtigt, mit Zustimmung des Bundesrates

1. zur Durchführung dieses Gesetzes Rechtsverordnungen zu erlassen, soweit dies zur Wahrung der Gleichmäßigkeit bei der Besteuerung, zur Beseitigung von Unbilligkeiten in Härtefällen, zur Steuerfreistellung des Existenzminimums oder zur Vereinfachung des Besteuerungsverfahrens erforderlich ist, und zwar:

    a) über die Abgrenzung der Steuerpflicht, die Beschränkung der Steuererklärungspflicht auf die Fälle, in denen eine Veranlagung in Betracht kommt, über die den Einkommensteuererklärungen beizufügenden Unterlagen und über die Beistandspflichten Dritter,

    b) über die Ermittlung der Einkünfte und die Feststellung des Einkommens einschließlich der abzugsfähigen Beträge,

    c) über die Höhe von besonderen Betriebsausgaben-Pauschbeträgen für Gruppen von Betrieben, bei denen hinsichtlich der Besteuerungsgrundlagen annähernd gleiche Verhältnisse vorliegen, wenn der Steuerpflichtige Einkünfte aus Gewerbebetrieb (§ 15) oder selbständiger Arbeit (§ 18) erzielt, in Höhe eines Prozentsatzes der Umsätze im Sinne des § 1 Abs. 1 Nr. 1 des Umsatzsteuergesetzes; Umsätze aus der Veräußerung von Wirtschaftsgütern des Anlagevermögens sind nicht zu berücksichtigen. ²Einen besonderen Betriebsausgaben-Pauschbetrag dürfen nur Steuerpflichtige in Anspruch nehmen, die ihren Gewinn durch Einnahme-Überschussrechnung nach § 4 Abs. 3 ermitteln. ³Bei der Festlegung der Höhe des besonderen Betriebsausgaben-Pauschbetrags ist der Zuordnung der Betriebe entsprechend der Klassifikation der Wirtschaftszweige, Fassung für Steuerstatistiken, Rechnung zu tragen. ⁴Bei der Ermittlung der besonderen Betriebsausgaben-Pauschbeträge sind alle Betriebsausgaben mit Ausnahme der an das Finanzamt gezahlten Umsatzsteuer zu berücksichtigen. ⁵Bei der Veräußerung oder Entnahme von Wirtschaftsgütern des Anlagevermögens sind die Anschaffungs- oder Herstellungskosten, vermindert um die Absetzungen für Abnutzung nach § 7 Abs. 1 oder 4 sowie die Veräußerungskosten neben dem besonderen Betriebsausgaben-Pauschbetrag abzugsfähig. ⁶Der Steuerpflichtige kann im folgenden Veranlagungszeitraum zur Ermittlung der tatsächlichen Betriebsausgaben übergehen. ⁷Wechselt der Steuerpflichtige zur Ermittlung der tatsächlichen Betriebsausgaben, sind die abnutzbaren Wirtschaftsgüter des Anlagevermögens mit ihren Anschaffungs- oder Herstellungskosten, vermindert um die Absetzungen für Abnutzung nach § 7 Abs. 1 oder 4, in ein laufend zu führendes Verzeichnis aufzunehmen. ⁸§ 4 Abs. 3 Satz 5 bleibt unberührt. ⁹Nach dem Wechsel zur

Ermittlung der tatsächlichen Betriebsausgaben ist eine erneute Inanspruchnahme des besonderen Betriebsausgaben-Pauschbetrags erst nach Ablauf der folgenden vier Veranlagungszeiträume zulässig; die §§ 140 und 141 der Abgabenordnung bleiben unberührt;

d) über die Veranlagung, die Anwendung der Tarifvorschriften und die Regelung der Steuerentrichtung einschließlich der Steuerabzüge,

e) über die Besteuerung der beschränkt Steuerpflichtigen einschließlich eines Steuerabzugs,

f) in Fällen, in denen ein Sachverhalt zu ermitteln und steuerrechtlich zu beurteilen ist, der sich auf Vorgänge außerhalb des Geltungsbereichs dieses Gesetzes bezieht, und außerhalb des Geltungsbereichs dieses Gesetzes ansässige Beteiligte oder andere Personen nicht bei Vorgängen innerhalb des Geltungsbereichs dieses Gesetzes zur Mitwirkung bei der Ermittlung des Sachverhalts herangezogen werden können, zu bestimmen,

   aa) in welchem Umfang Aufwendungen im Sinne des § 4 Absatz 4 oder des § 9 den Gewinn oder den Überschuss der Einnahmen über die Werbungskosten nur unter Erfüllung besonderer Mitwirkungs- und Nachweispflichten mindern dürfen. Die besonderen Mitwirkungs- und Nachweispflichten können sich erstrecken auf

      aaa) die Angemessenheit der zwischen nahestehenden Personen im Sinne des § 1 Absatz 2 des Außensteuergesetzes in ihren Geschäftsbeziehungen vereinbarten Bedingungen,

      bbb) die Angemessenheit der Gewinnabgrenzung zwischen unselbständigen Unternehmensteilen,

      ccc) die Pflicht zur Einhaltung von für nahestehende Personen geltenden Dokumentations- und Nachweispflichten auch bei Geschäftsbeziehungen zwischen nicht nahestehenden Personen,

      ddd) die Bevollmächtigung der Finanzbehörde durch den Steuerpflichtigen, in seinem Namen mögliche Auskunftsansprüche gegenüber den von der Finanzbehörde benannten Kreditinstituten außergerichtlich und gerichtlich geltend zu machen;

   bb) dass eine ausländische Gesellschaft ungeachtet des § 50d Absatz 3 nur dann einen Anspruch auf völlige oder teilweise Entlastung vom Steuerabzug nach § 50d Absatz 1 und 2 oder § 44a Absatz 9 hat, soweit sie die Ansässigkeit der an ihr unmittelbar oder mittelbar beteiligten natürlichen Personen, deren Anteil unmittelbar oder mittelbar 10 Prozent übersteigt, darlegt und nachweisen kann;

   cc) dass § 2 Absatz 5b Satz 1, § 32d Absatz 1 und § 43 Absatz 5 in Bezug auf Einkünfte im Sinne des § 20 Absatz 1 Nummer 1 und die steuerfreien Einnahmen nach § 3 Nummer 40 Satz 1 und 2 nur dann anzuwenden sind, wenn die Finanzbehörde bevollmächtigt wird, im Namen des Steuerpflichtigen mögliche Auskunftsansprüche gegenüber den von der Finanzbehörde benannten Kreditinstituten außergerichtlich und gerichtlich geltend zu machen;

Die besonderen Nachweis- und Mitwirkungspflichten aufgrund dieses Buchstabens gelten nicht, wenn die außerhalb des Geltungsbereichs dieses Gesetzes ansässigen Beteiligten oder andere Personen in einem Staat oder Gebiet ansässig sind, mit dem ein Abkommen besteht, das die Erteilung von Auskünften entsprechend Artikel 26 des Musterabkommens der OECD zur Vermeidung der Doppelbesteuerung auf dem Gebiet der Steuern vom Einkommen und vom Vermögen in der Fassung von 2005 vorsieht oder der Staat oder das Gebiet Auskünfte in einem vergleichbaren Umfang erteilt oder die Bereitschaft zu einer entsprechenden Auskunftserteilung besteht;

2. Vorschriften durch Rechtsverordnung zu erlassen

a) über die sich aus der Aufhebung oder Änderung von Vorschriften dieses Gesetzes ergebenden Rechtsfolgen, soweit dies zur Wahrung der Gleichmäßigkeit bei der Besteuerung oder zur Beseitigung von Unbilligkeiten in Härtefällen erforderlich ist;

b) (weggefallen)

c) über den Nachweis von Zuwendungen im Sinne des § 10b einschließlich erleichterter Nachweisanforderungen;

d) ¹über Verfahren, die in den Fällen des § 38 Abs. 1 Satz 1 Nr. 2 den Steueranspruch der Bundesrepublik Deutschland sichern oder die sicherstellen, dass bei Befreiungen im Ausland ansässiger Leiharbeitnehmer von der Steuer der Bundesrepublik Deutschland auf Grund von Abkommen zur Vermeidung der Doppelbesteuerung die ordnungsgemäße Besteuerung im Ausland gewährleistet ist. ²Hierzu kann nach Maßgabe zwischenstaatlicher Regelungen bestimmt werden, dass

   aa) der Entleiher in dem hierzu notwendigen Umfang an derartigen Verfahren mitwirkt,

   bb) er sich im Haftungsverfahren nicht auf die Freistellungsbestimmungen des Abkommens berufen kann, wenn er seine Mitwirkungspflichten verletzt;

e) bis m) (weggefallen);

n) ¹über Sonderabschreibungen

aa) im Tiefbaubetrieb des Steinkohlen-, Pechkohlen-, Braunkohlen- und Erzbergbaues bei Wirtschaftsgütern des Anlagevermögens unter Tage und bei bestimmten mit dem Grubenbetrieb unter Tage in unmittelbarem Zusammenhang stehenden, der Förderung, Seilfahrt, Wasserhaltung und Wetterführung sowie der Aufbereitung des Minerals dienenden Wirtschaftsgütern des Anlagevermögens über Tage, soweit die Wirtschaftsgüter

für die Errichtung von neuen Förderschachtanlagen, auch in Form von Anschlussschachtanlagen,

für die Errichtung neuer Schächte sowie die Erweiterung des Grubengebäudes und den durch Wasserzuflüsse aus stillliegenden Anlagen bedingten Ausbau der Wasserhaltung bestehender Schachtanlagen,

für Rationalisierungsmaßnahmen in der Hauptschacht-, Blindschacht-, Strecken- und Abbauförderung, im Streckenvortrieb, in der Gewinnung, Versatzwirtschaft, Seilfahrt, Wetterführung und Wasserhaltung sowie in der Aufbereitung,

für die Zusammenfassung von mehreren Förderschachtanlagen zu einer einheitlichen Förderschachtanlage und

für den Wiederaufschluss stillliegender Grubenfelder und Feldesteile,

bb) im Tagebaubetrieb des Braunkohlen- und Erzbergbaues bei bestimmten Wirtschaftsgütern des beweglichen Anlagevermögens (Grubenaufschluss, Entwässerungsanlagen, Großgeräte sowie Einrichtungen des Grubenrettungswesens und der Ersten Hilfe und im Erzbergbau auch Aufbereitungsanlagen), die

für die Erschließung neuer Tagebaue, auch in Form von Anschlusstagebauen,

für Rationalisierungsmaßnahmen bei laufenden Tagebauen,

beim Übergang zum Tieftagebau für die Freilegung und Gewinnung der Lagerstätte und

für die Wiederinbetriebnahme stillgelegter Tagebaue

von Steuerpflichtigen, die den Gewinn nach § 5 ermitteln, vor dem 1. Januar 1990 angeschafft oder hergestellt werden. ²Die Sonderabschreibungen können bereits für Anzahlungen auf Anschaffungskosten und für Teilherstellungskosten zugelassen werden. ³Hat der Steuerpflichtige vor dem 1. Januar 1990 die Wirtschaftsgüter bestellt oder mit ihrer Herstellung begonnen, so können die Sonderabschreibungen auch für nach dem 31. Dezember 1989 und vor dem 1. Januar 1991 angeschaffte oder hergestellte Wirtschaftsgüter sowie für vor dem 1. Januar 1991 geleistete Anzahlungen auf Anschaffungskosten und entstandene Teilherstellungskosten in Anspruch genommen werden. ⁴Voraussetzung für die Inanspruchnahme der Sonderabschreibungen ist, dass die Förderungswürdigkeit der bezeichneten Vorhaben von der obersten Landesbehörde für Wirtschaft im Einvernehmen mit dem Bundesministerium für Wirtschaft und Technologie bescheinigt worden ist. ⁵Die Sonderabschreibungen können im Wirtschaftsjahr der Anschaffung oder Herstellung und in den vier folgenden Wirtschaftsjahren in Anspruch genommen werden, und zwar

bei beweglichen Wirtschaftsgütern des Anlagevermögens

bis zu insgesamt 50 Prozent,

bei unbeweglichen Wirtschaftsgütern des Anlagevermögens

bis zu insgesamt 30 Prozent

der Anschaffungs- oder Herstellungskosten. ⁶Bei den begünstigten Vorhaben im Tagebaubetrieb des Braunkohlen- und Erzbergbaues kann außerdem zugelassen werden, dass die vor dem 1. Januar 1991 aufgewendeten Kosten für den Vorraum bis zu 50 Prozent als sofort abzugsfähige Betriebsausgaben behandelt werden;

o) (weggefallen);

p) ¹über die Bemessung der Absetzungen für Abnutzung oder Substanzverringerung bei nicht zu einem Betriebsvermögen gehörenden Wirtschaftsgütern, die vor dem 21. Juni 1948 angeschafft oder hergestellt oder die unentgeltlich erworben sind. ²Hierbei kann bestimmt werden, dass die Absetzungen für Abnutzung oder Substanzverringerung nicht nach den Anschaffungs- oder Herstellungskosten, sondern nach Hilfswerten (am 21. Juni 1948 maßgebender Einheitswert, Anschaffungs- oder Herstellungskosten des Rechtsvorgängers abzüglich der von ihm vorgenommenen Absetzungen, fiktive Anschaffungskosten an einem noch zu bestimmenden Stichtag) zu bemessen sind. ³Zur Vermeidung von Härten kann zugelassen werden, dass an Stelle der Absetzungen für Abnutzung, die nach dem am 21. Juni 1948 maßgebenden Einheitswert zu bemessen sind, der Betrag abgezogen wird, der für das Wirtschaftsgut im Veranlagungszeitraum 1947 als Absetzung für Abnutzung geltend gemacht werden konnte. ⁴Für das Land Berlin tritt in den Sätzen 1 bis 3 an die Stelle des 21. Juni 1948 jeweils der 1. April 1949;

q) ¹über erhöhte Absetzungen bei Herstellungskosten

aa) für Maßnahmen, die für den Anschluss eines im Inland belegenen Gebäudes an eine Fernwärmeversorgung einschließlich der Anbindung an das Heizsystem erforderlich sind, wenn die Fernwärmeversorgung überwiegend aus Anlagen der Kraft-Wärme-Kopplung, zur Verbrennung von Müll oder zur Verwertung von Abwärme gespeist wird,

bb) für den Einbau von Wärmepumpenanlagen, Solaranlagen und Anlagen zur Wärmerückgewinnung in einem im Inland belegenen Gebäude einschließlich der Anbindung an das Heizsystem,

cc) für die Errichtung von Windkraftanlagen, wenn die mit diesen Anlagen erzeugte Energie überwiegend entweder unmittelbar oder durch Verrechnung mit Elektrizitätsbezügen des Steuerpflichtigen von einem Elektrizitätsversorgungsunternehmen zur Versorgung eines im Inland belegenen Gebäudes des Steuerpflichtigen verwendet wird, einschließlich der Anbindung an das Versorgungssystem des Gebäudes,

dd) für die Errichtung von Anlagen zur Gewinnung von Gas, das aus pflanzlichen oder tierischen Abfallstoffen durch Gärung unter Sauerstoffabschluss entsteht, wenn dieses Gas zur Beheizung eines im Inland belegenen Gebäudes des Steuerpflichtigen oder zur Warmwasserbereitung in einem solchen Gebäude des Steuerpflichtigen verwendet wird, einschließlich der Anbindung an das Versorgungssystem des Gebäudes,

ee) für den Einbau einer Warmwasseranlage zur Versorgung von mehr als einer Zapfstelle und einer zentralen Heizungsanlage oder bei einer zentralen Heizungs- und Warmwasseranlage für den Einbau eines Heizkessels, eines Brenners, einer zentralen Steuerungseinrichtung, einer Wärmeabgabeeinrichtung und eine Änderung der Abgasanlage in einem im Inland belegenen Gebäude oder in einer im Inland belegenen Eigentumswohnung, wenn mit dem Einbau nicht vor Ablauf von zehn Jahren seit Fertigstellung dieses Gebäudes begonnen worden ist und der Einbau nach dem 30. Juni 1985 fertiggestellt worden ist; Entsprechendes gilt bei Anschaffungskosten für neue Einzelöfen, wenn keine Zentralheizung vorhanden ist.

²Voraussetzung für die Gewährung der erhöhten Absetzungen ist, dass die Maßnahmen vor dem 1. Januar 1992 fertiggestellt worden sind; in den Fällen des Satzes 1 Doppelbuchstabe aa müssen die Gebäude vor dem 1. Juli 1983 fertiggestellt worden sein, es sei denn, dass der Anschluss nicht schon im Zusammenhang mit der Errichtung des Gebäudes möglich war. ³Die erhöhten Absetzungen dürfen jährlich 10 Prozent der Aufwendungen nicht übersteigen. ⁴Sie dürfen nicht gewährt werden, wenn für dieselbe Maßnahme eine Investitionszulage in Anspruch genommen wird. ⁵Sind die Aufwendungen Erhaltungsaufwand und entstehen sie bei einer zu eigenen Wohnzwecken genutzten Wohnung im eigenen Haus, für die der Nutzungswert nicht mehr besteuert wird, und liegen in den Fällen des Satzes 1 Doppelbuchstabe aa die Voraussetzungen des Satzes 2 zweiter Halbsatz vor, so kann der Abzug dieser Aufwendungen wie Sonderausgaben mit gleichmäßiger Verteilung auf das Kalenderjahr, in dem die Arbeiten abgeschlossen worden sind, und die neun folgenden Kalenderjahre zugelassen werden, wenn die Maßnahme vor dem 1. Januar 1992 abgeschlossen worden ist;

r) ¹nach denen Steuerpflichtige größere Aufwendungen

aa) für die Erhaltung von nicht zu einem Betriebsvermögen gehörenden Gebäuden, die überwiegend Wohnzwecken dienen,

bb) zur Erhaltung eines Gebäudes in einem förmlich festgelegten Sanierungsgebiet oder städtebaulichen Entwicklungsbereich, die für Maßnahmen im Sinne des § 177 des Baugesetzbuchs sowie für bestimmte Maßnahmen, die der Erhaltung, Erneuerung und funktionsgerechten Verwendung eines Gebäudes dienen, das wegen seiner geschichtlichen, künstlerischen oder städtebaulichen Bedeutung erhalten bleiben soll, und zu deren Durchführung sich der Eigentümer neben bestimmten Modernisierungsmaßnahmen gegenüber der Gemeinde verpflichtet hat, aufgewendet worden sind,

cc) zur Erhaltung von Gebäuden, die nach den jeweiligen landesrechtlichen Vorschriften Baudenkmale sind, soweit die Aufwendungen nach Art und Umfang zur Erhaltung des Gebäudes als Baudenkmal und zu seiner sinnvollen Nutzung erforderlich sind,

auf zwei bis fünf Jahre gleichmäßig verteilen können. ²In den Fällen der Doppelbuchstaben bb und cc ist Voraussetzung, dass der Erhaltungsaufwand vor dem 1. Januar 1990 entstanden ist. ³In den Fällen von Doppelbuchstabe cc sind die Denkmaleigenschaft des Gebäudes und die Voraussetzung, dass die Aufwendungen nach Art und Umfang zur Erhaltung des Gebäudes als Baudenkmal und zu seiner sinnvollen Nutzung erforderlich sind, durch eine Bescheinigung der nach Landesrecht zuständigen oder von der Landesregierung bestimmten Stelle nachzuweisen;

s) ¹nach denen bei Anschaffung oder Herstellung von abnutzbaren beweglichen und bei Herstellung von abnutzbaren unbeweglichen Wirtschaftsgütern des Anlagevermögens auf Antrag ein Abzug von der Einkommensteuer für den Veranlagungszeitraum der Anschaffung oder Herstellung bis zur Höhe von 7,5 Prozent der Anschaffungs- oder Herstellungskosten dieser Wirtschaftsgüter vorgenommen werden kann, wenn eine Störung des gesamtwirtschaftlichen Gleichgewichts eingetreten ist oder sich abzeichnet, die eine nachhaltige Verringerung der Umsätze oder der Beschäftigung zur Folge hatte oder erwarten lässt, insbesondere bei einem erheblichen Rückgang der Nachfrage nach Investitionsgütern oder Bauleistungen. ²Bei der Bemessung des von der Einkommensteuer abzugsfähigen Betrags dürfen nur berücksichtigt werden

aa) die Anschaffungs- oder Herstellungskosten von beweglichen Wirtschaftsgütern, die innerhalb eines jeweils festzusetzenden Zeitraums, der ein Jahr nicht übersteigen darf (Begünstigungszeitraum), angeschafft oder hergestellt werden,

bb) ¹die Anschaffungs- oder Herstellungskosten von beweglichen Wirtschaftsgütern, die innerhalb des Begünstigungszeitraums bestellt und angezahlt werden oder mit deren Herstellung innerhalb des Begünstigungszeitraums begonnen wird, wenn sie innerhalb eines Jahres, bei Schiffen innerhalb zweier Jahre nach Ablauf des Begünstigungszeitraums geliefert oder fertig gestellt werden. ²Soweit bewegliche Wirtschaftsgüter im Sinne des Satzes 1 mit Ausnahme von Schiffen nach Ablauf eines Jahres, aber vor Ablauf zweier Jahre nach dem Ende des Begünstigungszeitraums geliefert oder fertiggestellt werden, dürfen bei Bemessung des Abzugs von der Einkommensteuer die bis zum Ablauf eines Jahres nach dem Ende des Begünstigungszeitraums aufgewendeten Anzahlungen und Teilherstellungskosten berücksichtigt werden,

cc) die Herstellungskosten von Gebäuden, bei denen innerhalb des Begünstigungszeitraums der Antrag auf Baugenehmigung gestellt wird, wenn sie bis zum Ablauf von zwei Jahren nach dem Ende des Begünstigungszeitraums fertiggestellt werden;

dabei scheiden geringwertige Wirtschaftsgüter im Sinne des § 6 Abs. 2 und Wirtschaftsgüter, die in gebrauchtem Zustand erworben werden, aus. ³Von der Begünstigung können außerdem Wirtschaftsgüter ausgeschlossen werden, für die Sonderabschreibungen, erhöhte Absetzungen oder die Investitionszulage nach § 19 des Berlinförderungsgesetzes in Anspruch genommen werden. ⁴In den Fällen des Satzes 2 Doppelbuchstabe bb und cc können bei Bemessung des von der Einkommensteuer abzugsfähigen Betrags bereits die im Begünstigungszeitraum, im Fall des Satzes 2 Doppelbuchstabe bb Satz 2 auch die bis zum Ablauf eines Jahres nach dem Ende des Begünstigungszeitraums aufgewendeten Anzahlungen und Teilherstellungskosten berücksichtigt werden; der Abzug von der Einkommensteuer kann insoweit schon für den Veranlagungszeitraum vorgenommen werden, in dem die Anzahlungen oder Teilherstellungskosten aufgewendet worden sind. ⁵Übersteigt der von der Einkommensteuer abzugsfähige Betrag die für den Veranlagungszeitraum der Anschaffung oder Herstellung geschuldete Einkommensteuer, so kann der übersteigende Betrag von der Einkommensteuer für den darauffolgenden Veranlagungszeitraum abgezogen werden. ⁶Entsprechendes gilt, wenn in den Fällen des Satzes 2 Doppelbuchstabe bb und cc der Abzug von der Einkommensteuer bereits für Anzahlungen oder Teilherstellungskosten geltend gemacht wird. ⁷Der Abzug von der Einkommensteuer darf jedoch die für den Veranlagungszeitraum der Anschaffung oder Herstellung und den folgenden Veranlagungszeitraum insgesamt zu entrichtende Einkommensteuer nicht übersteigen. ⁸In den Fällen des Satzes 2 Doppelbuchstabe bb Satz 2 gilt dies mit der Massgabe, dass an die Stelle des Veranlagungszeitraums der Anschaffung oder Herstellung der Veranlagungszeitraum tritt, in dem zuletzt Anzahlungen oder Teilherstellungskosten aufgewendet worden sind. ⁹Werden begünstigte Wirtschaftsgüter von Gesellschaften im Sinne des § 15 Abs. 1 Satz 1 Nr. 2 und 3 angeschafft oder hergestellt, so ist der abzugsfähige Betrag nach dem Verhältnis der Gewinnanteile einschließlich der Vergütungen aufzuteilen. ¹⁰Die Anschaffungs- oder Herstellungskosten der Wirtschaftsgüter, die bei Bemessung des von der Einkommensteuer abzugsfähigen Betrags berücksichtigt worden sind, werden durch den Abzug von der Einkommensteuer nicht gemindert. ¹¹Rechtsverordnungen auf Grund dieser Ermächtigung bedürfen der Zustimmung des Bundestages. ¹²Die Zustimmung gilt als erteilt, wenn der Bundestag nicht binnen vier Wochen nach Eingang der Vorlage der Bundesregierung die Zustimmung verweigert hat;

t) (weggefallen);

u) ¹über Sonderabschreibungen bei abnutzbaren Wirtschaftsgütern des Anlagevermögens, die der Forschung oder Entwicklung dienen und nach dem 18. Mai 1983 und vor dem 1. Januar 1990 angeschafft oder hergestellt werden. ²Voraussetzung für die Inanspruchnahme der Sonderabschreibungen ist, dass die beweglichen Wirtschaftsgüter ausschließlich und die unbeweglichen Wirtschaftsgüter zu mehr als 33 1/3 Prozent der Forschung oder Entwicklung dienen. ³Die Sonderabschreibungen können auch für Ausbauten und Erweiterungen an bestehenden Gebäuden, Gebäudeteilen, Eigentumswohnungen oder im Teileigentum stehenden Räumen zugelassen werden, wenn die ausgebauten oder neu hergestellten Gebäudeteile zu mehr als 33 1/3 Prozent der Forschung oder Entwicklung dienen. ⁴Die Wirtschaftsgüter dienen der Forschung oder Entwicklung, wenn sie verwendet werden

aa) zur Gewinnung von neuen wissenschaftlichen oder technischen Erkenntnissen und Erfahrungen allgemeiner Art (Grundlagenforschung) oder

bb) zur Neuentwicklung von Erzeugnissen oder Herstellungsverfahren oder

cc) zur Weiterentwicklung von Erzeugnissen oder Herstellungsverfahren, soweit wesentliche Änderungen dieser Erzeugnisse oder Verfahren entwickelt werden.

⁵Die Sonderabschreibungen können im Wirtschaftsjahr der Anschaffung oder Herstellung und in den vier folgenden Wirtschaftsjahren in Anspruch genommen werden, und zwar

aa) bei beweglichen Wirtschaftsgütern des Anlagevermögens bis zu insgesamt 40 Prozent,

bb) bei unbeweglichen Wirtschaftsgütern des Anlagevermögens, die zu mehr als 66 2/3 Prozent der Forschung oder Entwicklung dienen,

bis zu insgesamt 15 Prozent,

die nicht zu mehr als 66 2/3 Prozent, aber zu mehr als 33 1/3 Prozent der Forschung oder Entwicklung dienen,

bis zu insgesamt 10 Prozent,

cc) bei Ausbauten und Erweiterungen an bestehenden Gebäuden, Gebäudeteilen, Eigentumswohnungen oder im Teileigentum stehenden Räumen, wenn die ausgebauten oder neu hergestellten Gebäudeteile

zu mehr als 66 2/3 Prozent der Forschung oder Entwicklung dienen,

bis zu insgesamt 15 Prozent,

zu nicht mehr als 66 2/3 Prozent, aber zu mehr als 33 1/3 Prozent der Forschung oder Entwicklung dienen,

bis zu insgesamt 10 Prozent

der Anschaffungs- oder Herstellungskosten. ⁶Sie können bereits für Anzahlungen auf Anschaffungskosten und für Teilherstellungskosten zugelassen werden. ⁷Die Sonderabschreibungen sind nur unter der Bedingung zuzulassen, dass die Wirtschaftsgüter und die ausgebauten oder neu hergestellten Gebäudeteile mindestens drei Jahre nach ihrer Anschaffung oder Herstellung in dem erforderlichen Umfang der Forschung oder Entwicklung in einer inländischen Betriebsstätte des Steuerpflichtigen dienen;

v) (weggefallen);

w) ¹über Sonderabschreibungen bei Handelsschiffen, die aufgrund eines vor dem 25. April 1996 abgeschlossenen Schiffbauvertrags hergestellt, in einem inländischen Seeschiffsregister eingetragen und vor dem 1. Januar 1999 von Steuerpflichtigen angeschafft oder hergestellt worden sind, die den Gewinn nach § 5 ermitteln. ²Im Fall der Anschaffung eines Handelsschiffes ist weitere Voraussetzung, dass das Schiff vor dem 1. Januar 1996 in ungebrauchtem Zustand vom Hersteller oder nach dem 31. Dezember 1995 auf Grund eines vor dem 25. April 1996 abgeschlossenen Kaufvertrags bis zum Ablauf des vierten auf das Jahr der Fertigstellung folgenden Jahres erworben worden ist. ³Bei Steuerpflichtigen, die in eine Gesellschaft im Sinne von § 15 Abs. 1 Satz 1 Nr. 2 und Abs. 3 nach Abschluss des Schiffbauvertrags (Unterzeichnung des Hauptvertrags) eingetreten sind, dürfen Sonderabschreibungen nur zugelassen werden, wenn sie der Gesellschaft vor dem 1. Januar 1999 beitreten. ⁴Die Sonderabschreibungen können im Wirtschaftsjahr der Anschaffung oder Herstellung und in den vier folgenden Wirtschaftsjahren bis zu insgesamt 40 Prozent der Anschaffungs- oder Herstellungskosten in Anspruch genommen werden. ⁵Sie können bereits für Anzahlungen auf Anschaffungskosten und für Teilherstellungskosten zugelassen werden. ⁶Die Sonderabschreibungen sind nur unter der Bedingung zuzulassen, dass die Handelsschiffe innerhalb eines Zeitraums von acht Jahren nach ihrer Anschaffung oder Herstellung nicht veräußert werden; für Anteile an einem Handelsschiff gilt dies entsprechend. ⁷Die Sätze 1 bis 6 gelten für Schiffe, die der Seefischerei dienen, entsprechend. ⁸Für Luftfahrzeuge, die vom Steuerpflichtigen hergestellt oder in ungebrauchtem Zustand vom Hersteller erworben worden sind und die zur gewerbsmäßigen Beförderung von Personen oder Sachen im internationalen Luftverkehr oder zur Verwendung zu sonstigen gewerblichen Zwecken im Ausland bestimmt sind, gelten die Sätze 1 bis 4 und 6 mit der Maßgabe entsprechend, dass an die Stelle der Eintragung in ein inländisches Seeschiffsregister die Eintragung in die deutsche Luftfahrzeugrolle, an die Stelle des Höchstsatzes von 40 Prozent ein Höchstsatz von 30 Prozent und bei der Vorschrift des Satzes 6 an die Stelle des Zeitraums von acht Jahren ein Zeitraum von sechs Jahren treten;

x) ¹über erhöhte Absetzungen bei Herstellungskosten für Modernisierungs- und Instandsetzungsmaßnahmen im Sinne des § 177 des Baugesetzbuchs sowie für bestimmte Maßnahmen, die der Erhaltung, Erneuerung und funktionsgerechten Verwendung eines Gebäudes dienen, das wegen seiner geschichtlichen, künstlerischen oder städtebaulichen Bedeutung erhalten bleiben soll, und zu deren Durchführung sich der Eigentümer neben bestimmten Modernisierungsmaßnahmen gegenüber der Gemeinde verpflichtet hat, die für Gebäude in einem förmlich festgelegten Sanierungsgebiet oder städtebaulichen Entwicklungsbereich aufgewendet worden sind; Voraussetzung ist, dass die Maßnahmen vor dem 1. Januar 1991 abgeschlossen worden sind. ²Die erhöhten Absetzungen dürfen jährlich 10 Prozent der Aufwendungen nicht übersteigen;

y) ¹über erhöhte Absetzungen für Herstellungskosten an Gebäuden, die nach den jeweiligen landesrechtlichen Vorschriften Baudenkmale sind, soweit die Aufwendungen nach Art und Umfang zur Erhaltung des Gebäudes als Baudenkmal und zu seiner sinnvollen Nutzung erforderlich sind; Voraussetzung ist, dass die Maßnahmen vor dem 1. Januar 1991 abgeschlossen worden sind. ²Die Denkmaleigenschaft des Gebäudes und die Voraussetzung, dass die Aufwendungen nach Art und Umfang zur Erhaltung des Gebäudes als Baudenkmal und zu seiner sinnvollen Nutzung erforderlich sind, sind durch eine Bescheinigung der nach Landesrecht zuständigen oder von der Landesregierung bestimmten Stelle nachzuweisen. ³Die erhöhten Absetzungen dürfen jährlich 10 Prozent der Aufwendungen nicht übersteigen;

3. die in § 4a Abs. 1 Satz 2 Nr. 1, § 10 Abs. 5, § 22 Nr. 1 Satz 3 Buchstabe a, § 26a Abs. 3, § 34c Abs. 7, § 46 Abs. 5 und § 50a Abs. 6 vorgesehenen Rechtsverordnungen zu erlassen.

(2) ¹Die Bundesregierung wird ermächtigt, durch Rechtsverordnung Vorschriften zu erlassen, nach denen die Inanspruchnahme von Sonderabschreibungen und erhöhten Absetzungen sowie die Bemessung der Absetzung für Abnutzung in fallenden Jahresbeträgen ganz oder teilweise ausgeschlossen werden können, wenn eine Störung des gesamtwirtschaftlichen Gleichgewichts eingetreten ist oder sich abzeichnet, die erhebliche Preissteigerungen mit sich gebracht hat oder erwarten lässt, insbesondere, wenn die Inlandsnachfrage nach Investitionsgütern oder Bauleistungen das Angebot wesentlich übersteigt. ²Die Inanspruchnahme von Sonderabschreibungen und erhöhten Absetzungen sowie die Bemessung der Absetzung für Abnutzung in fallenden Jahresbeträgen darf nur ausgeschlossen werden

1. ¹für bewegliche Wirtschaftsgüter, die innerhalb eines jeweils festzusetzenden Zeitraums, der frühestens mit dem Tage beginnt, an dem die Bundesregierung ihren Beschluss über die Verordnung bekanntgibt, und der ein Jahr nicht übersteigen darf, angeschafft oder hergestellt werden. ²Für bewegliche Wirtschaftsgüter, die vor Beginn dieses Zeitraums bestellt und angezahlt worden sind oder mit deren Herstellung vor Beginn dieses Zeitraums angefangen worden ist, darf jedoch die Inanspruchnahme von Sonderabschreibungen und erhöhten Absetzungen sowie die Bemessung der Absetzung für Abnutzung in fallenden Jahresbeträgen nicht ausgeschlossen werden;

2. ¹für bewegliche Wirtschaftsgüter und für Gebäude, die in dem in Nummer 1 bezeichneten Zeitraum bestellt werden oder mit deren Herstellung in diesem Zeitraum begonnen wird. ²Als Beginn der Herstellung gilt bei Gebäuden der Zeitpunkt, in dem der Antrag auf Baugenehmigung gestellt wird.

³Rechtsverordnungen auf Grund dieser Ermächtigung bedürfen der Zustimmung des Bundestages und des Bundesrates. ⁴Die Zustimmung gilt als erteilt, wenn der Bundesrat nicht binnen drei Wochen, der Bundestag nicht binnen vier Wochen nach Eingang der Vorlage der Bundesregierung die Zustimmung verweigert hat.

(3) ¹Die Bundesregierung wird ermächtigt, durch Rechtsverordnung mit Zustimmung des Bundesrates Vorschriften zu erlassen, nach denen die Einkommensteuer einschließlich des Steuerabzugs vom Arbeitslohn, des Steuerabzugs vom Kapitalertrag und des Steuerabzugs bei beschränkt Steuerpflichtigen

1. ¹um höchstens 10 Prozent herabgesetzt werden kann. ²Der Zeitraum, für den die Herabsetzung gilt, darf ein Jahr nicht übersteigen; er soll sich mit dem Kalenderjahr decken. ³Voraussetzung ist, dass eine Störung des gesamtwirtschaftlichen Gleichgewichts eingetreten ist oder sich abzeichnet, die eine nachhaltige Verringerung der Umsätze oder der Beschäftigung zur Folge hatte oder erwarten lässt, insbesondere bei einem erheblichen Rückgang der Nachfrage nach Investitionsgütern und Bauleistungen oder Verbrauchsgütern;

2. ¹um höchstens 10 Prozent erhöht werden kann. ²Der Zeitraum, für den die Erhöhung gilt, darf ein Jahr nicht übersteigen; er soll sich mit dem Kalenderjahr decken. ³Voraussetzung ist, dass eine Störung des gesamtwirtschaftlichen Gleichgewichts eingetreten ist oder sich abzeichnet, die erhebliche Preissteigerungen mit sich gebracht hat oder erwarten lässt, insbesondere, wenn die Nachfrage nach Investitionsgütern und Bauleistungen oder Verbrauchsgütern das Angebot wesentlich übersteigt.

²Rechtsverordnungen auf Grund dieser Ermächtigung bedürfen der Zustimmung des Bundestages.

(4) Das Bundesministerium der Finanzen wird ermächtigt,

1. im Einvernehmen mit den obersten Finanzbehörden der Länder die Vordrucke für

   a) (weggefallen)
   b) die Erklärungen zur Einkommensbesteuerung,
   c) die Anträge nach § 38b Absatz 2, nach § 39a Absatz 2, in dessen Vordrucke der Antrag nach § 39f einzubeziehen ist, die Anträge nach § 39a Absatz 4 sowie die Anträge zu den elektronischen Lohnsteuerabzugsmerkmalen (§ 38b Absatz 3 und § 39e Absatz 6 Satz 7),
   d) die Lohnsteueranmeldung (§ 41a Abs. 1),

e) die Anmeldung der Kapitalertragsteuer (§ 45a Abs. 1) und den Freistellungsauftrag nach § 44a Abs. 2 Satz 1 Nr. 1,

f) die Anmeldung des Abzugsbetrags (§ 48a),

g) die Erteilung der Freistellungsbescheinigung (§ 48b),

h) die Anmeldung der Abzugsteuer (§ 50a),

i) die Entlastung von der Kapitalertragsteuer und vom Steuerabzug nach § 50a auf Grund von Abkommen zur Vermeidung der Doppelbesteuerung

und die Muster der Bescheinigungen für den Lohnsteuerabzug nach § 39 Absatz 3 Satz 1 und § 39e Absatz 7 Satz 5, des Ausdrucks der elektronischen Lohnsteuerbescheinigung (§ 41b Absatz 1), das Muster der Lohnsteuerbescheinigung nach § 41 b Absatz 3 Satz 1, der Anträge auf Erteilung einer Bescheinigung für den Lohnsteuerabzug nach § 39 Absatz 3 Satz 1 und § 39e Absatz 7 Satz 1 sowie der in § 45a Absatz 2 und 3 und § 50a Absatz 5 Satz 6 vorgesehenen Bescheinigungen zu bestimmen;

1a. Im Einvernehmen mit den obersten Finanzbehörden der Länder auf der Basis der §§ 32a und 39b einen Programmablaufplan für die Herstellung von Lohnsteuertabellen zur manuellen Berechnung der Lohnsteuer aufzustellen und bekannt zu machen. ²Der Lohnstufenabstand beträgt bei den Jahrestabellen 36. ³Die in den Tabellenstufen auszuweisende Lohnsteuer ist aus der Obergrenze der Tabellenstufen zu berechnen und muss an der Obergrenze mit der maschinell berechneten Lohnsteuer übereinstimmen. ⁴Die Monats-, Wochen- und Tagestabellen sind aus den Jahrestabellen abzuleiten;

1b. im Einvernehmen mit den obersten Finanzbehörden der Länder den Mindestumfang der nach § 5b elektronisch zu übermittelnden Bilanz und Gewinn- und Verlustrechnung zu bestimmen;

1c. durch Rechtsverordnung zur Durchführung dieses Gesetzes mit Zustimmung des Bundesrates Vorschriften über einen von dem vorgesehenen erstmaligen Anwendungszeitpunkt gemäß § 52 Abs. 15a in der Fassung des Artikels 1 des Gesetzes vom 20. Dezember 2008 (BGBl. I S. 2850) abweichenden späteren Anwendungszeitpunkt zu erlassen, wenn bis zum 31. Dezember 2010 erkennbar ist, dass die technischen oder organisatorischen Voraussetzungen für eine Umsetzung der in § 5b Abs. 1 in der Fassung des Artikels 1 des Gesetzes vom 20. Dezember 2008 (BGBl. I S. 2850) vorgesehenen Verpflichtung nicht ausreichen;

2. den Wortlaut dieses Gesetzes und der zu diesem Gesetz erlassenen Rechtsverordnungen in der jeweils geltenden Fassung satzweise numeriert mit neuem Datum und in neuer Paragraphenfolge bekanntzumachen und dabei Unstimmigkeiten im Wortlaut zu beseitigen.

§ 51a
Festsetzung und Erhebung von Zuschlagsteuern

(1) Auf die Festsetzung und Erhebung von Steuern, die nach der Einkommensteuer bemessen werden (Zuschlagsteuern), sind die Vorschriften dieses Gesetzes entsprechend anzuwenden.

(2) ¹Bemessungsgrundlage ist die Einkommensteuer, die abweichend von § 2 Abs. 6 unter Berücksichtigung von Freibeträgen nach § 32 Abs. 6 in allen Fällen des § 32 festzusetzen wäre. ²Zur Ermittlung der Einkommensteuer im Sinne des Satzes 1 ist das zu versteuernde Einkommen um die nach § 3 Nr. 40 steuerfreien Beträge zu erhöhen und um die nach § 3c Abs. 2 nicht abziehbaren Beträge zu mindern. ³§ 35 ist bei der Ermittlung der festzusetzenden Einkommensteuer nach Satz 1 nicht anzuwenden.

(2a) ¹Vorbehaltlich des § 40a Abs. 2 in der Fassung des Gesetzes vom 23. Dezember 2002 (BGBl. I S. 4621) ist beim Steuerabzug vom Arbeitslohn Bemessungsgrundlage die Lohnsteuer; beim Steuerabzug vom laufenden Arbeitslohn und beim Jahresausgleich ist die Lohnsteuer maßgebend, die sich ergibt, wenn der nach § 39b Abs. 2 Satz 5 zu versteuernde Jahresbetrag für die Steuerklassen I, II und III um den Kinderfreibetrag von 4 368 Euro sowie den Freibetrag für den Betreuungs- und Erziehungs- oder Ausbildungsbedarf von 2 640 Euro und für die Steuerklasse IV um den Kinderfreibetrag von 2 184 Euro sowie den Freibetrag für den Betreuungs- und Erziehungs- oder Ausbildungsbedarf von 1 320 Euro für jedes Kind vermindert wird, für das eine Kürzung der Freibeträge für Kinder nach § 32 Abs. 6 Satz 4 nicht in Betracht kommt. ²Bei der Anwendung des § 39b für die Ermittlung der Zuschlagsteuern ist die als Lohnsteuerabzugsmerkmal gebildete Zahl der Kinderfreibeträge maßgebend. ³Bei Anwendung des § 39f ist beim Steuerabzug vom laufenden Arbeitslohn die Lohnsteuer maßgebend, die sich bei Anwendung des nach § 39f Abs. 1 ermittelten Faktors auf den nach den Sätzen 1 und 2 ermittelten Betrag ergibt.

(2b) Wird die Einkommensteuer nach § 43 Abs. 1 durch Abzug vom Kapitalertrag (Kapitalertragsteuer) erhoben, wird die darauf entfallende Kirchensteuer nach dem Kirchensteuersatz der Religionsgemeinschaft, der der Kirchensteuerpflichtige angehört, als Zuschlag zur Kapitalertragsteuer erhoben.

(2c) ¹Der zur Vornahme des Steuerabzugs vom Kapitalertrag Verpflichtete (Kirchensteuerabzugsverpflichteter) hat die auf die Kapitalertragsteuer nach Absatz 2b entfallende Kirchensteuer nach folgenden Maßgaben einzubehalten:

1. Das Bundeszentralamt für Steuern speichert unabhängig von und zusätzlich zu den in § 139b Absatz 3 der Abgabenordnung genannten und nach § 39e gespeicherten Daten des Steuerpflichtigen den Kirchensteuersatz der steuererhebenden Religionsgemeinschaft des Kirchensteuerpflichtigen sowie die ortsbezogenen Daten, mit deren Hilfe der Kirchensteuerpflichtige seiner Religionsgemeinschaft zugeordnet werden kann. ²Die Daten werden als automatisiert abrufbares Merkmal für den Kirchensteuerabzug bereitgestellt;

2. sofern dem Kirchensteuerabzugsverpflichteten die Identifikationsnummer des Schuldners der Kapitalertragsteuer nicht bereits bekannt ist, kann er sie beim Bundeszentralamt für Steuern anfragen. ²In der Anfrage dürfen nur die in § 139b Absatz 3 der Abgabenordnung genannten Daten des Schuldners der Kapitalertragsteuer angegeben werden, soweit sie dem Kirchensteuerabzugsverpflichteten bekannt sind. ³Die Anfrage hat nach amtlich vorgeschriebenem Datensatz durch Datenfernübertragung zu erfolgen. ⁴Im Übrigen ist die Steuerdaten-Übermittlungsverordnung entsprechend anzuwenden. ⁵Das Bundeszentralamt für Steuern teilt dem Kirchensteuerabzugsverpflichteten die Identifikationsnummer mit, sofern die übermittelten Daten mit den nach § 139b Absatz 3 der Abgabenordnung beim Bundeszentralamt für Steuern gespeicherten Daten übereinstimmen;

3. der Kirchensteuerabzugsverpflichtete hat unter Angabe der Identifikationsnummer und des Geburtsdatums des Schuldners der Kapitalertragsteuer einmal jährlich im Zeitraum vom 1. September bis 31. Oktober beim Bundeszentralamt für Steuern anzufragen, ob der Schuldner der Kapitalertragsteuer am 31. August des betreffenden Jahres (Stichtag) kirchensteuerpflichtig ist (Regelabfrage). ²Für Kapitalerträge im Sinne des § 43 Absatz 1 Nummer 4 aus Versicherungsverträgen hat der Kirchensteuerabzugsverpflichtete eine auf den Zuflusszeitpunkt der Kapitalerträge bezogene Abfrage (Anlassabfrage) an das Bundeszentralamt für Steuern zu richten. ³Im Übrigen kann der Kirchensteuerabzugsverpflichtete eine Anlassabfrage bei Begründung einer Geschäftsbeziehung oder auf Veranlassung des Kunden an das Bundeszentralamt für Steuern richten. ⁴Auf die Anfrage hin teilt das Bundeszentralamt für Steuern dem Kirchensteuerabzugsverpflichteten die rechtliche Zugehörigkeit zu einer steuererhebenden Religionsgemeinschaft und den für die Religionsgemeinschaft geltenden Kirchensteuersatz zum Zeitpunkt der Anfrage als automatisiert abrufbares Merkmal nach Nummer 1 mit. ⁵Rechtzeitig vor Regel- oder Anlassabfrage ist der Schuldner der Kapitalertragsteuer vom Kirchensteuerabzugsverpflichteten auf die bevorstehende Datenabfrage sowie das gegenüber dem Bundeszentralamt für Steuern bestehende Widerspruchsrecht, das sich auf die Übermittlung von Daten zur Religionszugehörigkeit bezieht (Absatz 2e Satz 1), schriftlich oder in anderer geeigneter Form hinzuweisen. ⁶Anträge auf das Setzen der Sperrvermerke, die im aktuellen Kalenderjahr für eine Regelabfrage berücksichtigt werden sollen, müssen bis zum 30. Juni beim Bundeszentralamt für Steuern eingegangen sein. Alle übrigen Sperrvermerke können nur berücksichtigt werden, wenn sie spätestens zwei Monate vor der Abfrage des Kirchensteuerabzugsverpflichteten eingegangen sind. Dies gilt für den Widerruf entsprechend. ⁷Der Hinweis hat individuell zu erfolgen. ⁸Gehört der Schuldner der Kapitalertragsteuer keiner steuererhebenden Religionsgemeinschaft an oder hat er dem Abruf von Daten zur Religionszugehörigkeit widersprochen (Sperrvermerk), so teilt das Bundeszentralamt für Steuern dem Kirchensteuerabzugsverpflichteten zur Religionszugehörigkeit einen neutralen Wert (Nullwert) mit. ⁹Der Kirchensteuerabzugsverpflichtete hat die vorhandenen Daten zur Religionszugehörigkeit unverzüglich zu löschen, wenn ein Nullwert übermittelt wurde;

4. im Falle einer am Stichtag oder im Zuflusszeitpunkt bestehenden Kirchensteuerpflicht hat der Kirchensteuerabzugsverpflichtete den Kirchensteuerabzug für die steuererhebende Religionsgemeinschaft durchzuführen und den Kirchensteuerbetrag an das für ihn zuständige Finanzamt abzuführen. ² § 45a Absatz 1 gilt entsprechend; in der Steueranmeldung sind die nach Satz 1 einbehaltenen Kirchensteuerbeträge für jede steuererhebende Religionsgemeinschaft jeweils als Summe anzumelden. ³Die auf Grund der Regelabfrage vom Bundeszentralamt für Steuern bestätigte Kirchensteuerpflicht hat der Kirchensteuerabzugsverpflichtete dem Kirchensteuerabzug des auf den Stichtag folgenden Kalenderjahres zu Grunde zu legen. ⁴Das Ergebnis einer Anlassabfrage wirkt anlassbezogen.

²Die Daten gemäß Nummer 3 sind nach amtlich vorgeschriebenem Datensatz durch Datenfernübertragung zu übermitteln. ³Die Verbindung der Anfrage nach Nummer 2 mit der Anfrage nach Nummer 3 zu einer Anfrage ist zulässig. ⁴Auf Antrag kann das Bundeszentralamt für Steuern zur Vermeidung unbilliger Härten auf eine elektronische Übermittlung verzichten. ⁵§ 44 Absatz 5 ist mit der Maßgabe anzuwenden, dass der Haftungsbescheid von dem für den Kirchensteuerabzugsverpflichteten zuständigen Finanzamt erlassen wird. ⁶§ 45a Absatz 2 ist mit der Maßgabe anzuwenden, dass die steuererhebende Religionsgemeinschaft angegeben wird. ⁷Sind an den Kapitalerträgen ausschließlich Ehegatten beteiligt, wird der Anteil an der Kapitalertragsteuer hälftig ermittelt. ⁸Der Kirchensteuerabzugsverpflichtete darf die von ihm für die Durchführung des Kirchensteuerabzugs erhobenen Daten ausschließlich für diesen Zweck verwenden. ⁹Er hat organisatorisch dafür Sorge zu tragen, dass ein Zugriff auf diese Daten für andere Zwecke gesperrt ist. ¹⁰Für andere Zwecke dürfen der Kirchensteuerabzugsverpflichtete und die beteiligte Finanzbehörde die Daten nur verwenden, soweit der Kirchensteuerpflichtige zustimmt oder dies gesetzlich zugelassen ist.

(2d) ¹Wird die nach Absatz 2b zu erhebende Kirchensteuer nicht nach Absatz 2c als Kirchensteuerabzug vom Kirchensteuerabzugsverpflichteten einbehalten, wird nach Ablauf des Kalenderjahres nach dem Kapitalertragsteuerbetrag veranlagt, der sich ergibt, wenn die Steuer auf Kapitalerträge nach § 32d Abs. 1 Satz 4 und 5 errechnet wird; wenn Kirchensteuer auf Kapitalerträge als Kirchensteuerabzug nach Absatz 2c erhoben wurde, wird eine Veranlagung auf Antrag des Steuerpflichtigen durchgeführt. ²Der Abzugsverpflichtete hat dem Kirchensteuerpflichtigen auf dessen Verlangen hin eine Bescheinigung über die einbehaltene Kapitalertragsteuer zu erteilen. ³Der Kirchensteuerpflichtige hat die erhobene Kapitalertragsteuer zu erklären und die Bescheinigung nach Satz 2 oder nach § 45a Abs. 2 oder 3 vorzulegen.

(2e) ¹Der Schuldner der Kapitalertragsteuer kann unter Angabe seiner Identifikationsnummer nach amtlich vorgeschriebenem Vordruck schriftlich beim Bundeszentralamt für Steuern beantragen, dass der automatisierte Datenabruf seiner rechtlichen Zugehörigkeit zu einer steuererhebenden Religionsgemeinschaft bis auf schriftlichen Widerruf unterbleibt (Sperrvermerk). ²Das Bundeszentralamt für Steuern kann für die Abgabe der Erklärungen nach Satz 1 ein anderes sicheres Verfahren zur Verfügung stellen. ³Der Sperrvermerk verpflichtet den Kirchensteuerpflichtigen für jeden Veranlagungszeitraum, in dem Kapitalertragsteuer einbehalten worden ist, zur Abgabe einer Steuererklärung zum Zwecke der Veranlagung nach Absatz 2d Satz 1. ⁴Das Bundeszentralamt für Steuern übermittelt für jeden Veranlagungszeitraum, in dem der Sperrvermerk abgerufen worden ist, an das Wohnsitzfinanzamt Name und Anschrift des Kirchensteuerabzugsverpflichteten, an den im Fall des Absatzes 2c Nummer 3 auf Grund des Sperrvermerks ein Nullwert im Sinne des Absatzes 2c Satz 1 Nummer 3 Satz 6 mitgeteilt worden ist. ⁵Das Wohnsitzfinanzamt fordert den Kirchensteuerpflichtigen zur Abgabe einer Steuererklärung nach § 149 Absatz 1 Satz 1 und 2 der Abgabenordnung auf.

(3) Ist die Einkommensteuer für Einkünfte, die dem Steuerabzug unterliegen, durch den Steuerabzug abgegolten oder werden solche Einkünfte bei der Veranlagung zur Einkommensteuer oder beim Lohnsteuer-Jahresausgleich nicht erfasst, gilt dies für die Zuschlagsteuer entsprechend.

(4) ¹Die Vorauszahlungen auf Zuschlagsteuern sind gleichzeitig mit den festgesetzten Vorauszahlungen auf die Einkommensteuer zu entrichten; § 37 Abs. 5 ist nicht anzuwenden. ²Solange ein Bescheid über die Vorauszahlungen auf Zuschlagsteuern nicht erteilt worden ist, sind die Vorauszahlungen ohne besondere Aufforderung nach Maßgabe der für die Zuschlagsteuern geltenden Vorschriften zu entrichten. ³§ 240 Abs. 1 Satz 3 der Abgabenordnung ist insoweit nicht anzuwenden; § 254 Abs. 2 der Abgabenordnung gilt insoweit sinngemäß.

(5) ¹Mit einem Rechtsbehelf gegen die Zuschlagsteuer kann weder die Bemessungsgrundlage noch die Höhe des zu versteuernden Einkommens angegriffen werden. ²Wird die Bemessungsgrundlage geändert, ändert sich die Zuschlagsteuer entsprechend.

(6) Die Absätze 1 bis 5 gelten für die Kirchensteuern nach Maßgabe landesrechtlicher Vorschriften.

§ 52
Anwendungsvorschriften

(1) ¹Diese Fassung des Gesetzes ist, soweit in den folgenden Absätzen nichts anderes bestimmt ist, erstmals für den Veranlagungszeitraum 2015 anzuwenden. ²Beim Steuerabzug vom Arbeitslohn gilt Satz 1 mit der Maßgabe, dass diese Fassung erstmals auf den laufenden Arbeitslohn anzuwenden ist, der für einen nach dem 31. Dezember 2014 endenden Lohnzahlungszeitraum gezahlt wird, und auf sonstige Bezüge, die nach dem 31. Dezember 2014 zufließen. ³Beim Steuerabzug vom Kapitalertrag gilt Satz 1 mit der Maßgabe, dass diese Fassung des Gesetzes erstmals auf Kapitalerträge anzuwenden ist, die dem Gläubiger nach dem 31. Dezember 2014 zufließen.

(2) ¹§ 2a Absatz 1 Satz 1 Nummer 6 Buchstabe b in der am 1. Januar 2000 geltenden Fassung ist erstmals auf negative Einkünfte eines Steuerpflichtigen anzuwenden, die er aus einer entgeltlichen Überlassung von Schiffen auf Grund eines nach dem 31. Dezember 1999 rechtswirksam abgeschlossenen obligatorischen Vertrags oder gleichstehenden Rechtsakts erzielt. ²Für negative Einkünfte im Sinne des § 2a Absatz 1 und 2 in der am 24. Dezember 2008 geltenden Fassung, die vor dem 25. Dezember 2008 nach § 2a Absatz 1 Satz 5 bestandskräftig gesondert festgestellt wurden, ist § 2a Absatz 1 Satz 3 bis 5 in der am 24. Dezember 2008 geltenden Fassung weiter anzuwenden. ³§ 2a Absatz 3 Satz 3, 5 und 6 in der am 29. April 1997 geltenden Fassung ist für Veranlagungszeiträume ab 1999 weiter anzuwenden, soweit sich ein positiver Betrag im Sinne des § 2a Absatz 3 Satz 3 in der am 29. April 1997 geltenden Fassung ergibt oder soweit eine in einem ausländischen Staat belegene Betriebsstätte im Sinne des § 2a Absatz 4 in der Fassung des § 52 Absatz 3 Satz 8 in der am 30. Juli 2014 geltenden Fassung in eine Kapitalgesellschaft umgewandelt, übertragen oder aufgegeben wird. ⁴Insoweit ist in § 2a Absatz 3 Satz 5 letzter Halbsatz in der am 29. April 1997 geltenden Fassung die Angabe „§ 10d Absatz 3" durch die Angabe „§ 10d Absatz 4" zu ersetzen.

(3) § 2b in der Fassung der Bekanntmachung vom 19. Oktober 2002 (BGBl. I S. 4210; 2003 I S. 179) ist weiterhin für Einkünfte aus einer Einkunftsquelle im Sinne des § 2b anzuwenden, die der Steuerpflichtige nach dem 4. März 1999 und vor dem 11. November 2005 rechtswirksam erworben oder begründet hat.

(4) ¹§ 3 Nummer 5 in der am 30. Juni 2013 geltenden Fassung ist vorbehaltlich des Satzes 2 erstmals für den Veranlagungszeitraum 2013 anzuwenden. ²§ 3 Nummer 5 in der am 29. Juni 2013 geltenden Fassung ist weiterhin anzuwenden für freiwillig Wehrdienst Leistende, die das Dienstverhältnis vor dem 1. Januar 2014 begonnen haben. ³§ 3 Nummer 10 in der am 31. Dezember 2005 geltenden Fassung ist weiter anzuwenden für ausgezahlte Übergangsbeihilfen an Soldatinnen auf Zeit und Soldaten auf Zeit, wenn das Dienstverhältnis vor dem 1. Januar 2006 begründet worden ist. ⁴Auf fortlaufende Leistungen nach dem Gesetz über die Heimkehrerstiftung vom 21. Dezember 1992 (BGBl. I S. 2094, 2101), das zuletzt durch Artikel 1 des Gesetzes vom 10. Dezember 2007 (BGBl. I S. 2830) geändert worden ist, in der jeweils geltenden Fassung ist § 3 Nummer 19 in der am 31. Dezember 2010 geltenden Fassung weiter anzuwenden. ⁵§ 3 Nummer 40 ist erstmals anzuwenden für

1. Gewinnausschüttungen, auf die bei der ausschüttenden Körperschaft der nach Artikel 3 des Gesetzes vom 23. Oktober 2000 (BGBl. I S. 1433) aufgehobene Vierte Teil des Körperschaft-

steuergesetzes nicht mehr anzuwenden ist; für die übrigen in § 3 Nummer 40 genannten Erträge im Sinne des § 20 gilt Entsprechendes;

2. Erträge im Sinne des § 3 Nummer 40 Satz 1 Buchstabe a, b, c und j nach Ablauf des ersten Wirtschaftsjahres der Gesellschaft, an der die Anteile bestehen, für das das Körperschaftsteuergesetz in der Fassung des Artikels 3 des Gesetzes vom 23. Oktober 2000 (BGBl. I S. 1433) erstmals anzuwenden ist.

⁶§ 3 Nummer 40 Satz 3 und 4 in der am 12. Dezember 2006 geltenden Fassung ist für Anteile, die einbringungsgeboren im Sinne des § 21 des Umwandlungssteuergesetzes in der am 12. Dezember 2006 geltenden Fassung sind, weiter anzuwenden. ⁷Bei vom Kalenderjahr abweichenden Wirtschaftsjahren ist § 3 Nummer 40 Buchstabe d Satz 2 in der am 30. Juni 2013 geltenden Fassung erstmals für den Veranlagungszeitraum anzuwenden, in dem das Wirtschaftsjahr endet, das nach dem 31. Dezember 2013 begonnen hat. ⁸§ 3 Nummer 40a in der am 6. August 2004 geltenden Fassung ist auf Vergütungen im Sinne des § 18 Absatz 1 Nummer 4 anzuwenden, wenn die vermögensverwaltende Gesellschaft oder Gemeinschaft nach dem 31. März 2002 und vor dem 1. Januar 2009 gegründet worden ist oder soweit die Vergütungen in Zusammenhang mit der Veräußerung von Anteilen an Kapitalgesellschaften stehen, die nach dem 7. November 2003 und vor dem 1. Januar 2009 erworben worden sind. ⁹§ 3 Nummer 40a in der am 19. August 2008 geltenden Fassung ist erstmals auf Vergütungen im Sinne des § 18 Absatz 1 Nummer 4 anzuwenden, wenn die vermögensverwaltende Gesellschaft oder Gemeinschaft nach dem 31. Dezember 2008 gegründet worden ist. ¹⁰§ 3 Nummer 63 ist bei Beiträgen für eine Direktversicherung nicht anzuwenden, wenn die entsprechende Versorgungszusage vor dem 1. Januar 2005 erteilt wurde und der Arbeitnehmer gegenüber dem Arbeitgeber für diese Beiträge auf die Anwendung des § 3 Nummer 63 verzichtet hat. ¹¹Der Verzicht gilt für die Dauer des Dienstverhältnisses; er ist bis zum 30. Juni 2005 oder bei einem späteren Arbeitgeberwechsel bis zur ersten Beitragsleistung zu erklären. ¹²§ 3 Nummer 63 Satz 3 und 4 ist nicht anzuwenden, wenn § 40b Absatz 1 und 2 in der am 31. Dezember 2004 geltenden Fassung angewendet wird. ¹³§ 3 Nummer 71 in der am 31. Dezember 2014 geltenden Fassung ist erstmals für den Veranlagungszeitraum 2013 anzuwenden.

(5) ¹§ 3c Absatz 2 Satz 3 und 4 in der am 12. Dezember 2006 geltenden Fassung ist für Anteile, die einbringungsgeboren im Sinne des § 21 des Umwandlungssteuergesetzes in der am 12. Dezember 2006 geltenden Fassung sind, weiter anzuwenden. ²§ 3c Absatz 2 in der am 31. Dezember 2014 geltenden Fassung ist erstmals für Wirtschaftsjahre anzuwenden, die nach dem 31. Dezember 2014 beginnen.

(6) ¹§ 4 Absatz 1 Satz 4 in der Fassung des Artikels 1 des Gesetzes vom 8. Dezember 2010 (BGBl. I S. 1768) gilt in allen Fällen, in denen § 4 Absatz 1 Satz 3 anzuwenden ist. ²§ 4 Absatz 3 Satz 4 ist nicht anzuwenden, soweit die Anschaffungs- oder Herstellungskosten vor dem 1. Januar 1971 als Betriebsausgaben abgesetzt worden sind. ³§ 4 Absatz 3 Satz 4 und 5 in der Fassung des Artikels 1 des Gesetzes vom 28. April 2006 (BGBl. I S. 1095) ist erstmals für Wirtschaftsgüter anzuwenden, die nach dem 5. Mai 2006 angeschafft, hergestellt oder in das Betriebsvermögen eingelegt werden. ⁴Die Anschaffungs- oder Herstellungskosten für nicht abnutzbare Wirtschaftsgüter des Anlagevermögens, die vor dem 5. Mai 2006 angeschafft, hergestellt oder in das Betriebsvermögen eingelegt wurden, sind erst im Zeitpunkt des Zuflusses des Veräußerungserlöses oder im Zeitpunkt der Entnahme als Betriebsausgaben zu berücksichtigen. ⁵§ 4 Absatz 4a in der Fassung des Gesetzes vom 22. Dezember 1999 (BGBl. I S. 2601) ist erstmals für das Wirtschaftsjahr anzuwenden, das nach dem 31. Dezember 1998 endet. ⁶Über- und Unterentnahmen vorangegangener Wirtschaftsjahre bleiben unberücksichtigt. ⁷Bei vor dem 1. Januar 1999 eröffneten Betrieben sind im Fall der Betriebsaufgabe bei der Überführung von Wirtschaftsgütern aus dem Betriebsvermögen in das Privatvermögen die Buchwerte nicht als Entnahme anzusetzen; im Fall der Betriebsveräußerung ist nur der Veräußerungsgewinn als Entnahme anzusetzen. ⁸§ 4 Absatz 5 Satz 1 Nummer 5 in der Fassung des Artikels 1 des Gesetzes vom 20. Februar 2013 (BGBl. I S. 285) ist erstmals ab dem 1. Januar 2014 anzuwenden. ⁹§ 4 Absatz 5 Satz 1 Nummer 6a in der Fassung des Artikels 1 des Gesetzes vom 20. Februar 2013 (BGBl. I S. 285) ist erstmals ab dem 1. Januar 2014 anzuwenden.

(7) § 4d Absatz 1 Satz 1 Nummer 1 Satz 1 in der Fassung des Artikels 5 Nummer 1 des Gesetzes vom 10. Dezember 2007 (BGBl. I S. 2838) ist erstmals bei nach dem 31. Dezember 2008 zugesagten Leistungen der betrieblichen Altersversorgung anzuwenden.

(8) § 4f in der Fassung des Gesetzes vom 18. Dezember 2013 (BGBl. I S. 4318) ist erstmals für Wirtschaftsjahre anzuwenden, die nach dem 28. November 2013 enden.

(9) ¹§ 5 Absatz 7 in der Fassung des Gesetzes vom 18. Dezember 2013 (BGBl. I S. 4318) ist erstmals für Wirtschaftsjahre anzuwenden, die nach dem 28. November 2013 enden. ²Auf Antrag kann § 5 Absatz 7 auch für frühere Wirtschaftsjahre angewendet werden. ³Bei Schuldübertragungen, Schuldbeitritten und Erfüllungsübernahmen, die vor dem 14. Dezember 2011 vereinbart wurden, ist § 5 Absatz 7 Satz 5 mit der Maßgabe anzuwenden, dass für einen Gewinn, der sich aus der Anwendung von § 5 Absatz 7 Satz 1 bis 3 ergibt, jeweils in Höhe von 19 Zwanzigsteln eine gewinnmindernde Rücklage gebildet werden kann, die in den folgenden 19 Wirtschaftsjahren jeweils mit mindestens einem Neunzehntel gewinnerhöhend aufzulösen ist.

(10) ¹§ 5a Absatz 3 in der Fassung des Artikels 9 des Gesetzes vom 29. Dezember 2003 (BGBl. I S. 3076) ist erstmals für das Wirtschaftsjahr anzuwenden, das nach dem 31. Dezember 2005 endet. ²§ 5a Absatz 3 Satz 1 in der am 31. Dezember 2003 geltenden Fassung ist weiterhin anzuwenden, wenn der Steuerpflichtige im Fall der Anschaffung das Handelsschiff auf Grund eines vor dem 1. Januar 2006 rechtswirksam abgeschlossenen schuldrechtlichen Vertrags oder gleichgestellten Rechtsakts an-

geschafft oder im Fall der Herstellung mit der Herstellung des Handelsschiffs vor dem 1. Januar 2006 begonnen hat in Fällen des Satzes 2 muss der Antrag auf Anwendung des § 5a Absatz 1 spätestens bis zum Ablauf des Wirtschaftsjahres gestellt werden, das vor dem 1. Januar 2008 endet. ³Soweit Ansparabschreibungen im Sinne des § 7g Absatz 3 in der am 17. August 2007 geltenden Fassung zum Zeitpunkt des Übergangs zur Gewinnermittlung nach § 5a Absatz 1 noch nicht gewinnerhöhend aufgelöst worden sind, ist § 5a Absatz 5 Satz 3 in der am 17. August 2007 geltenden Fassung weiter anzuwenden.

(11) § 5b in der Fassung des Artikels 1 des Gesetzes vom 20. Dezember 2008 (BGBl. I S. 2850) ist erstmals für Wirtschaftsjahre anzuwenden, die nach dem 31. Dezember 2010 beginnen.

(12) ¹§ 6 Absatz 1 Nummer 4 Satz 2 und 3 in der am 30. Juni 2013 geltenden Fassung ist für Fahrzeuge mit Antrieb ausschließlich durch Elektromotoren, die ganz oder überwiegend aus mechanischen oder elektrochemischen Energiespeichern oder aus emissionsfrei betriebenen Energiewandlern gespeist werden (Elektrofahrzeuge), oder für extern aufladbare Hybridelektrofahrzeuge anzuwenden, die vor dem 1. Januar 2023 angeschafft werden. ²§ 6 Absatz 5 Satz 1 zweiter Halbsatz in der am 14. Dezember 2010 geltenden Fassung gilt in allen Fällen, in denen § 4 Absatz 1 Satz 3 anzuwenden ist.

(13) ¹§ 6a Absatz 2 Nummer 1 erste Alternative und Absatz 3 Satz 2 Nummer 1 Satz 6 erster Halbsatz in der am 1. Januar 2001 geltenden Fassung ist bei Pensionsverpflichtungen gegenüber Berechtigten anzuwenden, denen der Pensionsverpflichtete erstmals eine Pensionszusage nach dem 31. Dezember 2000 erteilt hat; § 6a Absatz 2 Nummer 1 zweite Alternative sowie § 6a Absatz 3 Satz 2 Nummer 1 Satz 1 und § 6a Absatz 3 Satz 2 Nummer 1 Satz 6 zweiter Halbsatz sind bei Pensionsverpflichtungen anzuwenden, die auf einer nach dem 31. Dezember 2000 vereinbarten Entgeltumwandlung im Sinne von § 1 Absatz 2 des Betriebsrentengesetzes beruhen. ²§ 6a Absatz 2 Nummer 1 und Absatz 3 Satz 2 Nummer 1 Satz 6 in der am 1. September 2009 geltenden Fassung ist erstmals bei nach dem 31. Dezember 2008 erteilten Pensionszusagen anzuwenden.

(14) § 6b Absatz 10 Satz 11 in der am 12. Dezember 2006 geltenden Fassung ist für Anteile, die einbringungsgeboren im Sinne des § 21 des Umwandlungssteuergesetzes in der am 12. Dezember 2006 geltenden Fassung sind, weiter anzuwenden.

(15) ¹Bei Wirtschaftsgütern, die vor dem 1. Januar 2001 angeschafft oder hergestellt worden sind, ist § 7 Absatz 2 Satz 2 in der Fassung des Gesetzes vom 22. Dezember 1999 (BGBl. I S. 2601) weiter anzuwenden. ²Bei Gebäuden, soweit sie zu einem Betriebsvermögen gehören und nicht Wohnzwecken dienen, ist § 7 Absatz 4 Satz 1 und 2 in der am 31. Dezember 2000 geltenden Fassung weiter anzuwenden, wenn der Steuerpflichtige im Fall der Herstellung vor dem 1. Januar 2001 mit der Herstellung des Gebäudes begonnen hat oder im Fall der Anschaffung das Objekt auf Grund eines vor dem 1. Januar 2001 rechtswirksam abgeschlossenen obligatorischen Vertrags oder gleichstehenden Rechtsakts angeschafft hat. ³Als Beginn der Herstellung gilt bei Gebäuden, für die eine Baugenehmigung erforderlich ist, der Zeitpunkt, in dem der Bauantrag gestellt wird; bei baugenehmigungsfreien Gebäuden, für die Bauunterlagen einzureichen sind, der Zeitpunkt, in dem die Bauunterlagen eingereicht werden.

(16) ¹In Wirtschaftsjahren, die nach dem 31. Dezember 2008 und vor dem 1. Januar 2011 enden, ist § 7g Absatz 1 Satz 2 Nummer 1 mit der Maßgabe anzuwenden, dass bei Gewerbebetrieben oder der selbständigen Arbeit dienenden Betrieben, die ihren Gewinn nach § 4 Absatz 1 oder § 5 ermitteln, ein Betriebsvermögen von 335 000 Euro, bei Betrieben der Land- und Forstwirtschaft ein Wirtschaftswert oder Ersatzwirtschaftswert von 175 000 Euro und bei Betrieben, die ihren Gewinn nach § 4 Absatz 3 ermitteln, ohne Berücksichtigung von Investitionsabzugsbeträgen ein Gewinn von 200 000 Euro nicht überschritten wird. ²Bei Wirtschaftsgütern, die nach dem 31. Dezember 2008 und vor dem 1. Januar 2011 angeschafft oder hergestellt worden sind, ist § 7g Absatz 6 Nummer 1 mit der Maßgabe anzuwenden, dass der Betrieb zum Schluss des Wirtschaftsjahres, das der Anschaffung oder Herstellung vorangeht, die Größenmerkmale des Satzes 1 nicht überschreitet.

(17) § 9b Absatz 2 in der Fassung des Artikels 11 des Gesetzes vom 18. Dezember 2013 (BGBl. I S. 4318) ist auf Mehr- und Minderbeträge infolge von Änderungen der Verhältnisse im Sinne von § 15a des Umsatzsteuergesetzes anzuwenden, die nach dem 28. November 2013 eingetreten sind.

(18) ¹§ 10 Absatz 1 Nummer 2 in der am 1. Januar 2015 geltenden Fassung ist auf alle Versorgungsleistungen anzuwenden, die auf Vermögensübertragungen beruhen, die nach dem 31. Dezember 2007 vereinbart worden sind. ²Für Versorgungsleistungen, die auf Vermögensübertragungen beruhen, die vor dem 1. Januar 2008 vereinbart worden sind, gilt dies nur, wenn das übertragene Vermögen nur deshalb einen ausreichenden Ertrag bringt, weil ersparte Aufwendungen, mit Ausnahme des Nutzungsvorteils eines vom Vermögensübernehmer zu eigenen Zwecken genutzten Grundstücks, zu den Erträgen des Vermögens gerechnet werden. ³§ 10 Absatz 1 Nummer 5 in der am 1. Januar 2012 geltenden Fassung gilt auch für Kinder, die wegen einer vor dem 1. Januar 2007 in der Zeit ab Vollendung des 25. Lebensjahres und vor Vollendung des 27. Lebensjahres eingetretenen körperlichen, geistigen oder seelischen Behinderung außerstande sind, sich selbst zu unterhalten. ⁴§ 10 Absatz 4b Satz 4 bis 6 in der am 30. Juni 2013 geltenden Fassung ist erstmals für die Übermittlung der Daten des Veranlagungszeitraums 2016 anzuwenden. ⁵§ 10 Absatz 5 in der am 31. Dezember 2009 geltenden Fassung ist auf Beiträge zu Versicherungen im Sinne des § 10 Absatz 1 Nummer 2 Buchstabe b Doppelbuchstabe bb bis dd in der am 31. Dezember 2004 geltenden Fassung weiterhin anzuwenden, wenn die Laufzeit dieser Versicherungen vor dem 1. Januar 2005 begonnen hat und ein Versicherungsbeitrag bis zum 31. Dezember 2004 entrichtet wurde.

(19) ¹Für nach dem 31. Dezember 1986 und vor dem 1. Januar 1991 hergestellte oder angeschaffte Wohnungen im eigenen Haus oder Eigentumswoh-

nungen sowie in diesem Zeitraum fertiggestellte Ausbauten oder Erweiterungen ist § 10e in der am 30. Dezember 1989 geltenden Fassung weiter anzuwenden. ²Für nach dem 31. Dezember 1990 hergestellte oder angeschaffte Wohnungen im eigenen Haus oder Eigentumswohnungen sowie in diesem Zeitraum fertiggestellte Ausbauten oder Erweiterungen ist § 10e in der am 28. Juni 1991 geltenden Fassung weiter anzuwenden. ³Abweichend von Satz 2 ist § 10e Absatz 1 bis 5 und 6 bis 7 in der am 28. Juni 1991 geltenden Fassung erstmals für den Veranlagungszeitraum 1991 bei Objekten im Sinne des § 1 Oe Absatz 1 und 2 anzuwenden, wenn im Fall der Herstellung der Steuerpflichtige nach dem 30. September 1991 den Bauantrag gestellt oder mit der Herstellung des Objekts begonnen hat oder im Fall der Anschaffung der Steuerpflichtige das Objekt nach dem 30. September 1991 auf Grund eines nach diesem Zeitpunkt rechtswirksam abgeschlossenen obligatorischen Vertrags oder gleichstehenden Rechtsakts angeschafft hat oder mit der Herstellung des Objekts nach dem 30. September 1991 begonnen worden ist. ⁴§ 10e Absatz 5a ist erstmals bei den in § 10e Absatz 1 und 2 bezeichneten Objekten anzuwenden, wenn im Fall der Herstellung der Steuerpflichtige den Bauantrag nach dem 31. Dezember 1991 gestellt oder, falls ein solcher nicht erforderlich ist, mit der Herstellung nach diesem Zeitpunkt begonnen hat, oder im Fall der Anschaffung der Steuerpflichtige das Objekt auf Grund eines nach dem 31. Dezember 1991 rechtswirksam abgeschlossenen obligatorischen Vertrags oder gleichstehenden Rechtsakts angeschafft hat.§ 10e Absatz 1 Satz 4 in der am 27. Juni 1993 geltenden Fassung und § 10e Absatz 6 Satz 3 in der am 30. Dezember 1993 geltenden Fassung sind erstmals anzuwenden, wenn der Steuerpflichtige das Objekt auf Grund eines nach dem 31. Dezember 1993 rechtswirksam abgeschlossenen obligatorischen Vertrags oder gleichstehenden Rechtsakts angeschafft hat. ⁵§ 10e ist letztmals anzuwenden, wenn der Steuerpflichtige mit der Herstellung vor dem 1. Januar 1996 mit der Herstellung des Objekts begonnen hat oder im Fall der Anschaffung das Objekt auf Grund eines vor dem 1. Januar 1996 rechtswirksam abgeschlossenen obligatorischen Vertrags oder gleichstehenden Rechtsakts angeschafft hat. ⁶Als Beginn der Herstellung gilt bei Objekten, für die eine Baugenehmigung erforderlich ist, der Zeitpunkt, in dem der Bauantrag gestellt wird; bei baugenehmigungsfreien Objekten, für die Bauunterlagen einzureichen sind, gilt als Beginn der Herstellung der Zeitpunkt, in dem die Bauunterlagen eingereicht werden.

(20) ¹§ 10h ist letztmals anzuwenden, wenn der Steuerpflichtige vor dem 1. Januar 1996 mit der Herstellung begonnen hat. ²Als Beginn der Herstellung gilt bei Baumaßnahmen, für die eine Baugenehmigung erforderlich ist, der Zeitpunkt, in dem der Bauantrag gestellt wird; bei baugenehmigungsfreien Baumaßnahmen, für die Bauunterlagen einzureichen sind, gilt als Beginn der Herstellung der Zeitpunkt, in dem die Bauunterlagen eingereicht werden.

(21) ¹§ 10i in der am 1. Januar 1996 geltenden Fassung ist letztmals anzuwenden, wenn der Steuerpflichtige im Fall der Herstellung vor dem 1. Januar 1999 mit der Herstellung des Objekts begonnen hat oder im Fall der Anschaffung das Objekt auf Grund eines vor dem 1. Januar 1999 rechtswirksam abgeschlossenen obligatorischen Rechtsakts angeschafft hat. ²Als Beginn der Herstellung gilt bei Objekten, für die eine Baugenehmigung erforderlich ist, der Zeitpunkt, in dem der Bauantrag gestellt wird; bei baugenehmigungsfreien Objekten, für die Bauunterlagen einzureichen sind, gilt als Beginn der Herstellung der Zeitpunkt, in dem die Bauunterlagen eingereicht werden.

(22) Für die Anwendung des§ 13 Absatz 7 in der am 31. Dezember 2005 geltenden Fassung gilt Absatz 25 entsprechend.

(22a) ¹§ 13a in der am 31. Dezember 2014 geltenden Fassung ist letztmals für das Wirtschaftsjahr anzuwenden, das vor dem 31. Dezember 2015 endet. ²§ 13a in der am 1. Januar 2015 geltenden Fassung ist erstmals für das Wirtschaftsjahr anzuwenden, das nach dem 30. Dezember 2015 endet. ³Die Bindungsfrist auf Grund des § 13a Absatz 2 Satz 1 in der am 31. Dezember 2014 geltenden Fassung bleibt bestehen.

(23) § 15 Absatz 4 Satz 2 und 7 in der am 30. Juni 2013 geltenden Fassung ist in allen Fällen anzuwenden, in denen am 30. Juni 2013 die Feststellungsfrist noch nicht abgelaufen ist.

(24) ¹§ 15a ist nicht auf Verluste anzuwenden, soweit sie

1. durch Sonderabschreibungen nach § 82f der Einkommensteuer-Durchführungsverordnung,

2. durch Absetzungen für Abnutzung in fallenden Jahresbeträgen nach § 7 Absatz 2 von den Herstellungskosten oder von den Anschaffungskosten von in ungebrauchtem Zustand vom Hersteller erworbenen Seeschiffen, die in einem inländischen Seeschiffsregister eingetragen sind,

entstehen; Nummer 1 gilt nur bei Schiffen, deren Anschaffungs- oder Herstellungskosten zu mindestens 30 Prozent durch Mittel finanziert werden, die weder unmittelbar noch mittelbar in wirtschaftlichem Zusammenhang mit der Aufnahme von Krediten durch den Gewerbebetrieb stehen, zu dessen Betriebsvermögen das Schiff gehört. ²§ 15a ist in diesen Fällen erstmals anzuwenden auf Verluste, die in nach dem 31. Dezember 1999 beginnenden Wirtschaftsjahren entstehen, wenn der Schiffbauvertrag vor dem 25. April 1996 abgeschlossen worden ist und der Gesellschafter der Gesellschaft vor dem 1. Januar 1999 beigetreten ist; soweit Verluste, die in den Betrieb der Gesellschaft entstehen und nach Satz 1 oder nach § 15a Absatz 1 Satz 1 ausgleichsfähig oder abzugsfähig sind, zusammen das Einenviertelfache der insgesamt geleisteten Einlage übersteigen, ist § 15a zur Verluste anzuwenden, die in nach dem 31. Dezember 1994 beginnenden Wirtschaftsjahren entstehen. ³Scheidet ein Kommanditist oder ein anderer Mitunternehmer, dessen Haftung der eines Kommanditisten vergleichbar ist und dessen Kapitalkonto in der Steuerbilanz der Gesellschaft auf Grund von ausgleichs oder abzugsfähigen Verlusten negativ geworden ist, aus der Gesellschaft aus oder wird in einem solchen Fall die Gesellschaft aufgelöst, so gilt der Betrag, den der Mitunternehmer nicht

EStG

ausgleichen muss, als Veräußerungsgewinn im Sinne des § 16. In Höhe der nach Satz 3 als Gewinn zuzurechnenden Beträge sind bei den anderen Mitunternehmern unter Berücksichtigung der für die Zurechnung von Verlusten geltenden Grundsätze Verlustanteile anzusetzen. [4]Bei der Anwendung des § 15a Absatz 3 sind nur Verluste zu berücksichtigen, auf die § 15a Absatz 1 anzuwenden ist.

(25) [1]§ 15b in der Fassung des Artikels 1 des Oesetzes vom 22. Dezember 2005 (BGBl. I S. 3683) ist nur auf Verluste der dort bezeichneten Steuerstundungsmodelle anzuwenden, denen der Steuerpflichtige nach dem 10. November 2005 beigetreten ist oder für die nach dem 10. November 2005 mit dem Außenvertrieb begonnen wurde. [2]Der Außenvertrieb beginnt in dem Zeitpunkt, in dem die Voraussetzungen für die Veräußerung der konkret bestimmbaren Fondsanteile erfüllt sind und die Gesellschaft selbst oder über ein Vertriebsunternehmen mit Außenwirkung an den Markt herangetreten ist. [3]Dem Beginn des Außenvertriebs stehen der Beschluss von Kapitalerhöhungen und die Reinvestition von Erlösen in neue Projekte gleich Besteht das Steuerstundungsmodell nicht im Erwerb eines Anteils an einem geschlossenen Fonds, ist § 15b in der Fassung des Artikels 1 des Gesetzes vom 22. Dezember 2005 (BGBl. I S. 3683) anzuwenden, wenn die Investition nach dem 10. November 2005 rechtsverbindlich getätigt wurde. [4]§ 15b Absatz 3a ist erstmals auf Verluste der dort bezeichneten Steuerstundungsmodelle anzuwenden, bei denen Wirtschaftsgüter des Umlaufvermögens nach dem 28. November 2013 angeschafft, hergestellt oder in das Betriebsvermögen eingelegt werden.

(26) Für die Anwendung des § 18 Absatz 4 Satz 2 in der Fassung des Artikels 1 des Gesetzes vom 22. Dezember 2005 (BGBl. I S. 3683) gilt Absatz 25 entsprechend.

(26a) § 19 Absatz 1 Satz 1 Nummer 3 Satz 2 und 3 in der am 31. Dezember 2014 geltenden Fassung gilt für alle Zahlungen des Arbeitgebers nach dem 30. Dezember 2014.

(27) § 19a in der am 31. Dezember 2008 geltenden Fassung ist weiter anzuwenden, wenn

1. die Vermögensbeteiligung vor dem 1. April 2009 überlassen wird oder
2. auf Grund einer am 31. März 2009 bestehenden Vereinbarung ein Anspruch auf die unentgeltliche oder verbilligte Überlassung einer Vermögensbeteiligung besteht sowie die Vermögensbeteiligung vor dem 1. Januar 2016 überlassen wird

und der Arbeitgeber bei demselben Arbeitnehmer im Kalenderjahr nicht § 3 Nummer 39 anzuwenden hat.

(28) [1]Für die Anwendung des§ 20 Absatz 1 Nummer 4 Satz 2 in der am 31. Dezember 2005 geltenden Fassung gilt Absatz 25 entsprechend. [2]Für die Anwendung von § 20 Absatz 1 Nummer 4 Satz 2 und Absatz 2b in der am 1. Januar 2007 geltenden Fassung gilt Absatz 25 entsprechend.§ 20 Absatz 1 Nummer 6 in der Fassung des Gesetzes vom 7. September 1990 (BGBl. I S. 1898) ist erstmals auf nach dem 31. Dezember 1974 zugeflossene Zinsen aus Versicherungsverträgen anzuwenden, die nach dem 31. Dezember 1973 abgeschlossen worden sind. [3]§ 20 Absatz 1 Nummer 6 in der Fassung des Gesetzes vom 20. Dezember 1996 (BGBl. I S. 2049) ist erstmals auf Zinsen aus Versicherungsverträgen anzuwenden, bei denen die Ansprüche nach dem 31. Dezember 1996 entgeltlich erworben worden sind. [4]Für Kapitalerträge aus Versicherungsverträgen, die vor dem 1. Januar 2005 abgeschlossen worden sind, ist § 20 Absatz 1 Nummer 6 in der am 31. Dezember 2004 geltenden Fassung mit der Maßgabe weiterhin anzuwenden, dass in Satz 3 die Wörter „§ 10 Absatz 1 Nummer 2 Buchstabe b Satz 5" durch die Wörter „§ 10 Absatz 1 Nummer 2 Buchstabe b Satz 6" ersetzt werden. [5]§ 20 Absatz 1 Nummer 6 Satz 3 in der Fassung des Artikels 1 des Gesetzes vom 13. Dezember 2006 (BGBl. I S. 2878) ist erstmals anzuwenden auf Versicherungsleistungen im Erlebensfall bei Versicherungsverträgen, die nach dem 31. Dezember 2006 abgeschlossen werden, und auf Versicherungsleistungen bei Rückkauf eines Vertrages nach dem 31. Dezember 2006. § 20 Absatz 1 Nummer 6 Satz 2 ist für Vertragsabschlüsse nach dem 31. Dezember 2011 mit der Maßgabe anzuwenden, dass die Versicherungsleistung nach Vollendung des 62. Lebensjahres des Steuerpflichtigen ausgezahlt wird. [6]§ 20 Absatz 1 Nummer 6 Satz 6 in der Fassung des Artikels 1 des Gesetzes vom 19. Dezember 2008 (BGBl. I S. 2794) ist für alle Versicherungsverträge anzuwenden, die nach dem 31. März 2009 abgeschlossen werden oder bei denen die erstmalige Beitragsleistung nach dem 31. März 2009 erfolgt. [7]Wird auf Grund einer internen Teilung nach § 10 des Versorgungsausgleichsgesetzes oder einer externen Teilung nach § 14 des Versorgungsausgleichsgesetzes ein Anrecht in Form eines Versicherungsvertrags zugunsten der ausgleichsberechtigten Person begründet, so gilt dieser Vertrag insoweit zu dem gleichen Zeitpunkt als abgeschlossen wie derjenige der ausgleichspflichtigen Person. [8]§ 20 Absatz 1 Nummer 6 Satz 7 und 8 ist auf Versicherungsleistungen anzuwenden, die auf Grund eines nach dem 31. Dezember 2014 eingetretenen Versicherungsfalles ausgezahlt werden. [9]§ 20 Absatz 2 Satz 1 Nummer 1 in der am 18. August 2007 geltenden Fassung ist erstmals auf Gewinne aus der Veräußerung von Anteilen anzuwenden, die nach dem 31. Dezember 2008 erworben wurden. [10]§ 20 Absatz 2 Satz 1 Nummer 3 in der am 18. August 2007 geltenden Fassung ist erstmals auf Gewinne aus Termingeschäften anzuwenden, bei denen der Rechtserwerb nach dem 31. Dezember 2008 stattgefunden hat. [11]§ 20 Absatz 2 Satz 1 Nummer 4, 5 und 8 in der am 18. August 2007 geltenden Fassung ist erstmals auf Gewinne anzuwenden, bei denen die zugrunde liegenden Wirtschaftsgüter, Rechte oder Rechtspositionen nach dem 31. Dezember 2008 erworben oder geschaffen wurden. [12]§ 20 Absatz 2 Satz 1 Nummer 6 in der am 18. August 2007 geltenden Fassung ist erstmals auf die Veräußerung von Ansprüchen nach dem 31. Dezember 2008 anzuwenden, bei denen der Versicherungsvertrag nach dem 31. Dezember 2004 abgeschlossen wurde; dies gilt auch für Versicherungsverträge, die vor dem 1. Januar 2005 abgeschlossen wurden, sofern bei einem Rückkauf zum Veräußerungszeitpunkt die Erträge nach § 20 Absatz 1

Nummer 6 in der am 31. Dezember 2004 geltenden Fassung steuerpflichtig wären. [13]§ 20 Absatz 2 Satz 1 Nummer 7 in der Fassung des Artikels 1 des Gesetzes vom 14. August 2007 (BGBl. I S. 1912) ist erstmals auf nach dem 31. Dezember 2008 zufließende Kapitalerträge aus der Veräußerung sonstiger Kapitalforderungen anzuwenden. [14]Für Kapitalerträge aus Kapitalforderungen, die zum Zeitpunkt des vor dem 1. Januar 2009 erfolgten Erwerbs zwar Kapitalforderungen im Sinne des § 20 Absatz 1 Nummer 7 in der am 31. Dezember 2008 anzuwendenden Fassung, aber nicht Kapitalforderungen im Sinne des § 20 Absatz 2 Satz 1 Nummer 4 in der am 31. Dezember 2008 anzuwendenden Fassung sind, ist § 20 Absatz 2 Satz 1 Nummer 7 nicht anzuwenden; für die bei der Veräußerung in Rechnung gestellten Stückzinsen ist Satz 15 anzuwenden· Kapitalforderungen im Sinne des § 20 Absatz 2 Satz 1 Nummer 4 in der am 31. Dezember 2008 anzuwendenden Fassung liegen auch vor, wenn die Rückzahlung nur teilweise garantiert ist oder wenn eine Trennung zwischen Ertrags- und Vermögensebene möglich erscheint. [15]Bei Kapitalforderungen, die zwar nicht die Voraussetzungen von § 20 Absatz 1 Nummer 7 in der am 31. Dezember 2008 geltenden Fassung, aber die Voraussetzungen von § 20 Absatz 1 Nummer 7 in der am 18. August 2007 geltenden Fassung erfüllen, ist § 20 Absatz 2 Satz 1 Nummer 7 in Verbindung mit § 20 Absatz 1 Nummer 7 vorbehaltlich der Regelung in Absatz 31 Satz 2 und 3 auf alle nach dem 30. Juni 2009 zufließenden Kapitalerträge anzuwenden, es sei denn, die Kapitalforderung wurde vor dem 15. März 2007 angeschafft. [16]§ 20 Absatz 4a Satz 3 in der Fassung des Artikels 1 des Gesetzes vom 8. Dezember 2010 (BGBl. I S. 1768) ist erstmals für Wertpapiere anzuwenden, die nach dem 31. Dezember 2009 geliefert wurden, sofern die Lieferung § 20 Absatz 4 anzuwenden ist.

(29) Für die Anwendung des § 21 Absatz 1 Satz 2 in der am 31. Dezember 2005 geltenden Fassung gilt Absatz 25 entsprechend.

(30) Für die Anwendung des § 22 Nummer 1 Satz 1 zweiter Halbsatz in der am 31. Dezember 2005 geltenden Fassung gilt Absatz 25 entsprechend.

(31) [1]§ 23 Absatz 1 Satz 1 Nummer 2 in der am 18. August 2007 geltenden Fassung ist erstmals auf Veräußerungsgeschäfte anzuwenden, bei denen die Wirtschaftsgüter nach dem 31. Dezember 2008 auf Grund eines nach diesem Zeitpunkt rechtswirksam abgeschlossenen obligatorischen Vertrags oder gleichstehenden Rechtsakts angeschafft wurden; § 23 Absatz 1 Satz 1 Nummer 2 Satz 2 in der am 14. Dezember 2010 geltenden Fassung ist erstmals auf Veräußerungsgeschäfte anzuwenden, bei denen die Gegenstände des täglichen Gebrauchs auf Grund eines nach dem 13. Dezember 2010 rechtskräftig abgeschlossenen Vertrags oder gleichstehenden Rechtsakts angeschafft wurden. [2]§ 23 Absatz 1 Satz 1 Nummer 2 in der am 1. Januar 1999 geltenden Fassung ist letztmals auf Veräußerungsgeschäfte anzuwenden, bei denen die Wirtschaftsgüter vor dem 1. Januar 2009 erworben wurden. [3]§ 23 Absatz 1 Satz 1 Nummer 4 ist auf Termingeschäfte anzuwenden, bei denen der Erwerb des Rechts auf einen Differenzausgleich, Geldbetrag oder Vorteil nach dem 31. Dezember 1998 und vor dem 1. Januar 2009 erfolgt. [4]§ 23 Absatz 3 Satz 4 in der am 1. Januar 2000 geltenden Fassung ist auf Veräußerungsgeschäfte anzuwenden, bei denen der Steuerpflichtige das Wirtschaftsgut nach dem 31. Juli 1995 und vor dem 1. Januar 2009 angeschafft oder nach dem 31. Dezember 1998 und vor dem 1. Januar 2009 fertiggestellt hat; § 23 Absatz 3 Satz 4 in der am 1. Januar 2009 geltenden Fassung ist auf Veräußerungsgeschäfte anzuwenden, bei denen der Steuerpflichtige das Wirtschaftsgut nach dem 31. Dezember 2008 angeschafft oder fertiggestellt hat. [5]§ 23 Absatz 1 Satz 2 und 3 sowie Absatz 3 Satz 3 in der am 12. Dezember 2006 geltenden Fassung sind für Anteile, die einbringungsgeboren im Sinne des § 21 des Umwandlungssteuergesetzes in der am 12. Dezember 2006 geltenden Fassung sind, weiter anzuwenden.

(32) [1]§ 32 Absatz 4 Satz 1 Nummer 3 in der Fassung des Gesetzes vom 19. Juli 2006 (BGBl. I S. 1652) ist erstmals für Kinder anzuwenden, die im Veranlagungszeitraum 2007 wegen einer vor Vollendung des 25. Lebensjahres eingetretenen körperlichen, geistigen oder seelischen Behinderung außerstande sind, sich selbst zu unterhalten; für Kinder, die wegen einer vor dem 1. Januar 2007 in der Zeit ab der Vollendung des 25. Lebensjahres und vor Vollendung des 27. Lebensjahres eingetretenen körperlichen, geistigen oder seelischen Behinderung außerstande sind, sich selbst zu unterhalten, ist § 32 Absatz 4 Satz 1 Nummer 3 weiterhin in der bis zum 31. Dezember 2006 geltenden Fassung anzuwenden. [2]§ 32 Absatz 5 ist nur noch anzuwenden, wenn das Kind den Dienst oder die Tätigkeit vor dem 1. Juli 2011 angetreten hat. [3]Für die nach § 10 Absatz 1 Nummer 2 Buchstabe b und den §§ 10a, 82 begünstigten Verträge, die vor dem 1. Januar 2007 abgeschlossen wurden, gelten für das Vorliegen einer begünstigten Hinterbliebenenversorgung die Altersgrenzen des § 32 in der am 31. Dezember 2006 geltenden Fassung. [4]Dies gilt entsprechend für die Anwendung des § 93 Absatz 1 Satz 3 Buchstabe b.

(33) [1]§ 32b Absatz 2 Satz 1 Nummer 2 Satz 2 Buchstabe c ist erstmals auf Wirtschaftsgüter des Umlaufvermögens anzuwenden, die nach dem 28. Februar 2013 angeschafft, hergestellt oder in das Betriebsvermögen eingelegt werden. [2]§ 32b Absatz 1 Satz 3 in der Fassung des Artikels 11 des Gesetzes vom 18. Dezember 2013 (BGBl. I S. 4318) ist in allen offenen Fällen anzuwenden.

(34) § 34a in der Fassung des Artikels 1 des Gesetzes vorn 19. Dezember 2008 (BGBl. I S. 2794) ist erstmals für den Veranlagungszeitraum 2008 anzuwenden.

(34a) Für Veranlagungszeiträume bis einschließlich 2014 ist § 34c Absatz 1 Satz 2 in der bis zum 31. Dezember 2014 geltenden Fassung in allen Fällen, in denen die Einkommensteuer noch nicht bestandskräftig festgesetzt ist, mit der Maßgabe anzuwenden, dass an die Stelle der Wörter „Summe der Einkünfte" die Wörter „Summe der Einkünfte abzüglich des Altersentlastungsbetrages (§ 24a), des Entlastungsbetrages für Alleinerziehende (§ 24b), der Sonderausgaben (§§ 10, 10a, 10b, 10c), der außergewöhnlichen Belastungen (§§ 33 bis 33b), der berücksichtigten Freibeträge für Kinder (§§ 31, 32

Absatz 6) und des Grundfreibetrages (§ 32a Absatz 1 Satz 2 Nummer 1) treten.

(35) ¹§ 34f Absatz 3 und 4 Satz 2 in der Fassung des Gesetzes vom 25. Februar 1992 (BGBl. I S. 297) ist erstmals anzuwenden bei Inanspruchnahme der Steuerbegünstigung nach § 10e Absatz 1 bis 5 in der Fassung des Gesetzes vom 25. Februar 1992 (BGBl. I S. 297). ²§ 34f Absatz 4 Satz 1 ist erstmals anzuwenden bei Inanspruchnahme der Steuerbegünstigung nach § 10e Absatz 1 bis 5 oder nach § 15b des Berlinförderungsgesetzes für nach dem 31. Dezember 1991 hergestellte oder angeschaffte Objekte.

(36) ¹Das Bundesministerium der Finanzen kann im Einvernehmen mit den obersten Finanzbehörden der Länder in einem Schreiben mitteilen, wann die in § 39 Absatz 4 Nummer 4 und 5 genannten Lohnsteuerabzugsmerkmale erstmals abgerufen werden können (§ 39e Absatz 3 Satz 1). ²Dieses Schreiben ist im Bundessteuerblatt zu veröffentlichen.

(37) ¹Das Bundesministerium der Finanzen kann im Einvernehmen mit den obersten Finanzbehörden der Länder in einem Schreiben mitteilen, ab wann die Regelungen in § 39a Absatz 1 Satz 3 bis 5 erstrnals anzuwenden sind. ²Dieses Schreiben ist im Bundessteuerblatt zu veröffentlichen.

(38) § 40a Absatz 2, 2a und 6 in der am 31. Juli 2014 geltenden Fassung ist erstmals ab dem Kalenderjahr 2013 anzuwenden.

(39) Haben Arbeitnehmer im Laufe des Kalenderjahres geheiratet, wird längstens bis zum Ablauf des Kalenderjahres 2017 abweichend von § 39e Absatz 3 Satz 3 für jeden Ehegatten automatisiert der Steuerklasse IV gebildet, wenn die Voraussetzungen des § 38b Absatz 1 Satz 2 Nummer 3 oder Nummer 4 vorliegen.

(40) ¹§ 40b Absatz 1 und 2 in der arn 31. Dezember 2004 geltenden Fassung ist weiter anzuwenden auf Beiträge für eine Direktversicherung des Arbeitnehmers und Zuwendungen an eine Pensionskasse, die auf Grund einer Versorgungszusage geleistet werden, die vor dem 1. Januar 2005 erteilt wurde. ²Sofern die Beiträge für eine Direktversicherung die Voraussetzungen des § 3 Nummer 63 erfüllen, gilt dies nur, wenn der Arbeitnehmer nach Absatz 4 gegenüber dem Arbeitgeber für diese Beiträge auf die Anwendung des § 3 Nummer 63 verzichtet hat.

(41) Bei der Veräußerung oder Einlösung von Wertpapieren und Kapitalforderungen, die von der das Bundesschuldbuch führenden Stelle oder einer Landesschuldenverwaltung verwahrt oder verwaltet werden können, bemisst sich der Steuerabzug nach den bis zum 31. Dezember 1993 geltenden Vorschriften, wenn die Wertpapier- und Kapitalforderungen vor dem 1. Januar 1994 emittiert worden sind; dies gilt nicht für besonders in Rechnung gestellte Stückzinsen.

(42) § 43 Absatz 1 Satz 1 Nummer 7 Buchstabe b Satz 2 in der Fassung des Artikels 1 des Gesetzes vom 13. Dezember 2006 (BGBl. I S. 2878) ist erstmals auf Verträge anzuwenden, die nach dem 31. Dezember 2006 abgeschlossen werden.

(43) ¹Ist ein Freistellungsauftrag im Sinne des § 44a vor dem 1. Januar 2007 unter Beachtung des § 20 Absatz 4 in der bis dahin geltenden Fassung erteilt worden, darf der nach § 44 Absatz 1 zum Steuerabzug Verpflichtete den angegebenen Freistellungsbetrag nur zu 56,37 Prozent berücksichtigen. ²Sind in dem Freistellungsauftrag der gesamte Sparer-Freibetrag nach § 20 Absatz 4 in der Fassung des Artikels 1 des Gesetzes vom 19. Juli 2006 (BGBl. I S. 1652) und der gesamte Werbungskosten-Pauschbetrag nach § 9a Satz 1 Nummer 2 in der Fassung des Artikels 1 des Gesetzes vom 19. Juli 2006 (BGBl. I S. 1652) angegeben, ist der Werbungskosten-Pauschbetrag in voller Höhe zu berücksichtigen.

(44) § 44 Absatz 6 Satz 2 und 5 in der am 12. Dezember 2006 geltenden Fassung ist für Anteile, die einbringungsgeboren im Sinne des § 21 des Umwandlungssteuergesetzes in der am 12. Dezember 2006 geltenden Fassung sind, weiter anzuwenden.

(45) § 45d Absatz 1 in der am 14. Dezember 2010 geltenden Fassung ist erstmals für Kapitalerträge anzuwenden, die ab dem 1. Januar 2013 zufließen; eine Übermittlung der Identifikationsnummer hat für Kapitalerträge, die vor dem 1. Januar 2016 zufließen, nur zu erfolgen, wenn die Identifikationsnummer der Meldestelle vorliegt.

(46) Der Zeitpunkt der erstmaligen Anwendung des § 50 Absatz 2 in der am 18. August 2009 geltenden Fassung wird durch eine Rechtsverordnung der Bundesregierung bestimmt, die der Zustimmung des Bundesrates bedarf; dieser Zeitpunkt darf nicht vor dem 31. Dezember 2011 liegen.

(47) ¹Der Zeitpunkt der erstmaligen Anwendung des § 50a Absatz 3 und 5 in der am 18. August 2009 geltenden Fassung wird durch eine Rechtsverordnung der Bundesregierung bestimmt, die der Zustimmung des Bundesrates bedarf; dieser Zeitpunkt darf nicht vor dem 31. Dezember 2011 liegen. ²§ 50a Absatz 7 in der am 31. Juli 2014 geltenden Fassung ist erstmals auf Vergütungen anzuwenden, für die der Steuerabzug nach dem 31. Dezember 2014 angeordnet worden ist.

(48) ¹§ 50i Absatz 1 Satz 1 und 2 ist auf die Veräußerung oder Entnahme von Wirtschaftsgütern oder Anteilen anzuwenden, die nach dem 29. Juni 2013 stattfindet. ²Hinsichtlich der laufenden Einkünfte aus der Beteiligung an der Personengesellschaft ist die Vorschrift in allen Fällen anzuwenden, in denen die Einkommensteuer noch nicht bestandskräftig festgesetzt worden ist. ³§ 50i Absatz 1 Satz 4 in der am 30. Juli 2014 geltenden Fassung ist erstmals auf die Veräußerung oder Entnahme von Wirtschaftsgütern oder Anteilen anzuwenden, die nach dem 31. Dezember 2013 stattfindet. ⁴§ 50i Absatz 2 Satz 1 gilt für Umwandlungen und Einbringungen, bei denen der Umwandlungsbeschluss nach dem 31. Dezember 2013 erfolgt ist oder der Einbringungsvertrag nach dem 31. Dezember 2013, geschlossen worden ist. ⁵§ 50i Absatz 2 Satz 2 gilt für Übertragungen und Überführungen und § 50i Absatz 2 Satz 3 für einen Strukturwandel nach dem 31. Dezember 2013.

(49) § 51a Absatz 2c und 2e in der am 30. Juni 2013 geltenden Fassung ist erstmals auf nach dem 31. Dezember 2014 zufließende Kapitalerträge anzuwenden.

(49a) ¹Die §§ 62, 63 und 67 in der am 9. Dezember 2014 geltenden Fassung sind für Kindergeldfestsetzungen anzuwenden, die Zeiträume betreffen, die nach dem 31. Dezember 2015 beginnen. ²Die §§ 62, 63 und 67 in der am 9. Dezember 2014 geltenden Fassung sind auch für Kindergeldfestsetzungen anzuwenden, die Zeiträume betreffen, die vor dem 1. Januar 2016 liegen, der Antrag auf Kindergeld aber erst nach dem 31. Dezember 2015 gestellt wird.

(50) § 70 Absatz 4 in der am 31. Dezember 2011 geltenden Fassung ist weiter für Kindergeldfestsetzungen anzuwenden, die Zeiträume betreffen, die vor dem 1. Januar 2012 enden.

§ 52a
Anwendungsvorschriften zur Einführung einer Abgeltungsteuer auf Kapitalerträge und Veräußerungsgewinne

(aufgehoben)

§ 52b
Übergangsregelungen bis zur Anwendung der elektronischen Lohnsteuerabzugsmerkmale

(1) ¹Die Lohnsteuerkarte 2010 und die Bescheinigung für den Lohnsteuerabzug (Absatz 3) gelten mit den eingetragenen Lohnsteuerabzugsmerkmalen auch für den Steuerabzug vom Arbeitslohn ab dem 1. Januar 2011 bis zur erstmaligen Anwendung der elektronischen Lohnsteuerabzugsmerkmale durch den Arbeitgeber (Übergangszeitraum). ²Voraussetzung ist, dass dem Arbeitgeber entweder die Lohnsteuerkarte 2010 oder die Bescheinigung für den Lohnsteuerabzug vorliegt. In diesem Übergangszeitraum hat der Arbeitgeber die Lohnsteuerkarte 2010 und die Bescheinigung für den Lohnsteuerabzug

1. während des Dienstverhältnisses aufzubewahren, er darf sie nicht vernichten;
2. dem Arbeitnehmer zur Vorlage beim Finanzamt vorübergehend zu überlassen sowie
3. nach Beendigung des Dienstverhältnisses innerhalb einer angemessenen Frist herauszugeben.

²Nach Ablauf des auf den Einführungszeitraum (Absatz 5 Satz 2) folgenden Kalenderjahres darf der Arbeitgeber die Lohnsteuerkarte 2010 und die Bescheinigung für den Lohnsteuerabzug vernichten. ³Ist auf der Lohnsteuerkarte 2010 eine Lohnsteuerbescheinigung erteilt und ist die Lohnsteuerkarte an den Arbeitnehmer herausgegeben worden, kann der Arbeitgeber bei fortbestehendem Dienstverhältnis die Lohnsteuerabzugsmerkmale der Lohnsteuerkarte 2010 im Übergangszeitraum weiter anwenden, wenn der Arbeitnehmer schriftlich erklärt, dass die Lohnsteuerabzugsmerkmale der Lohnsteuerkarte 2010 weiterhin zutreffend sind.

(2) ¹Für Eintragungen auf der Lohnsteuerkarte 2010 und in der Bescheinigung für den Lohnsteuerabzug im Übergangszeitraum ist das Finanzamt zuständig. ²Der Arbeitnehmer ist verpflichtet, die Eintragung der Steuerklasse und der Zahl der Kinderfreibeträge auf der Lohnsteuerkarte 2010 und in der Bescheinigung für den Lohnsteuerabzug umgehend durch das Finanzamt ändern zu lassen, wenn die Eintragung von den Verhältnissen zu Beginn des jeweiligen Kalenderjahres im Übergangszeitraum zu seinen Gunsten abweicht. ³Diese Verpflichtung gilt auch in den Fällen, in denen die Steuerklasse II-bescheinigt ist und die Voraussetzungen für die Berücksichtigung des Entlastungsbetrags für Alleinerziehende (§ 24b) im Laufe des Kalenderjahres entfallen. ⁴Kommt der Arbeitnehmer seiner Verpflichtung nicht nach, so hat das Finanzamt die Eintragung von Amts wegen zu ändern; der Arbeitnehmer hat die Lohnsteuerkarte 2010 und die Bescheinigung für den Lohnsteuerabzug dem Finanzamt auf Verlangen vorzulegen.

(3) Hat die Gemeinde für den Arbeitnehmer keine Lohnsteuerkarte für das Kalenderjahr 2010 ausgestellt oder ist die Lohnsteuerkarte 2010 verloren gegangen, unbrauchbar geworden oder zerstört worden, hat das Finanzamt im Übergangszeitraum auf Antrag des Arbeitnehmers eine Bescheinigung für den Lohnsteuerabzug nach amtlich vorgeschriebenem Muster (Bescheinigung für den Lohnsteuerabzug) auszustellen. Diese Bescheinigung tritt an die Stelle der Lohnsteuerkarte 2010.

(4) ¹Beginnt ein nach § 1 Absatz 1 unbeschränkt einkommensteuerpflichtiger lediger Arbeitnehmer im Übergangszeitraum ein Ausbildungsdienstverhältnis als erstes Dienstverhältnis, kann der Arbeitgeber auf die Vorlage einer Bescheinigung für den Lohnsteuerabzug verzichten. In diesem Fall hat der Arbeitgeber die Lohnsteuer nach der Steuerklasse I zu ermitteln; der Arbeitnehmer hat dem Arbeitgeber seine Identifikationsnummer sowie den Tag der Geburt und die rechtliche Zugehörigkeit zu einer steuererhebenden Religionsgemeinschaft mitzuteilen und schriftlich zu bestätigen, dass es sich um das erste Dienstverhältnis handelt. ²Der Arbeitgeber hat die Erklärung des Arbeitnehmers bis zum Ablauf des Kalenderjahres als Beleg zum Lohnkonto aufzubewahren.

(5) ¹Das Bundesministerium der Finanzen hat im Einvernehmen mit den obersten Finanzbehörden der Länder den Zeitpunkt der erstmaligen Anwendung der ELStAM für die Durchführung des Lohnsteuerabzugs ab dem Kalenderjahr 2013 oder einen späteren Anwendungszeitpunkt sowie den Zeitpunkt des erstmaligen Abrufs der ELStAM durch den Arbeitgeber (Starttermin) in einem Schreiben zu bestimmen, das im Bundessteuerblatt zu veröffentlichen ist. ²Darin ist für die Einführung des Verfahrens der elektronischen Lohnsteuerabzugsmerkmale ein Zeitraum zu bestimmen (Einführungszeitraum). ³Der Arbeitgeber oder sein Vertreter (§ 39e Absatz 4 Satz 6) hat im Einführungszeitraum die ELStAM für die auf den Abrufzeitpunkt folgende nächste Lohnabrechnung anzuwenden. ⁴Für den Abruf der ELStAM hat sich der Arbeitgeber oder sein Vertreter zu authentifizieren und die Steuernummer der Betriebsstätte oder des Teils des Betriebs des Arbeitgebers, in dem der für die Durchführung des Lohnsteuerabzugs maßgebende Arbeitslohn des Arbeitnehmers ermittelt wird (§ 41 Absatz 2), die Identifikationsnummer und den Tag der Geburt des Arbeitnehmers sowie, ob es sich um das erste oder ein weiteres Dienstverhältnis handelt, mitzuteilen. ⁵Er hat ein erstes Dienstverhältnis mitzuteilen, wenn auf der Lohnsteuerkarte 2010 oder der Bescheinigung für den Lohnsteuerabzug eine der

Steuerklassen I bis V (§ 38b Absatz 1 Satz 2 Nummer 1 bis 5) eingetragen ist oder wenn die Lohnsteuerabzugsmerkmale nach Absatz 4 gebildet worden sind. [6]Ein weiteres Dienstverhältnis (§ 38b Absatz 1 Satz 2 Nummer 6) ist mitzuteilen, wenn die Voraussetzungen des Satzes 5 nicht vorliegen. [7]Der Arbeitgeber hat die ELStAM in das Lohnkonto zu übernehmen und gemäß der übermittelten zeitlichen Gültigkeitsangabe anzuwenden.

(5a) [1]Nachdem der Arbeitgeber die ELStAM für die Durchführung des Lohnsteuerabzugs angewandt hat, sind die Übergangsregelungen in Absatz 1 Satz 1 und in den Absätzen 2 bis 5 nicht mehr anzuwenden. [2]Die Lohnsteuerabzugsmerkmale der vorliegenden Lohnsteuerkarte 2010 und der Bescheinigung für den Lohnsteuerabzug gelten nicht mehr. [3]Wenn die nach § 39e Absatz 1 Satz 1 gebildeten Lohnsteuerabzugsmerkmale den tatsächlichen Verhältnissen des Arbeitnehmers nicht entsprechen, hat das Finanzamt auf dessen Antrag eine besondere Bescheinigung für den Lohnsteuerabzug (Besondere Bescheinigung für den Lohnsteuerabzug) mit den Lohnsteuerabzugsmerkmalen des Arbeitnehmers auszustellen sowie etwaige Änderungen einzutragen (§ 39 Absatz 1 Satz 2) und die Abrufberechtigung des Arbeitgebers auszusetzen. [4]Die Gültigkeit dieser Bescheinigung ist auf längstens zwei Kalenderjahre zu begrenzen. [5]§ 39e Absatz 5 Satz 1 und Absatz 7 Satz 6 gilt entsprechend. Die Lohnsteuerabzugsmerkmale der Besonderen Bescheinigung für den Lohnsteuerabzug sind für die Durchführung des Lohnsteuerabzugs nur dann für den Arbeitgeber maßgebend, wenn ihm gleichzeitig die Lohnsteuerkarte 2010 vorliegt oder unter den Voraussetzungen des Absatzes 1 Satz 5 vorgelegen hat oder eine Bescheinigung für den Lohnsteuerabzug für das erste Dienstverhältnis des Arbeitnehmers vorliegt. [6]Abweichend von Absatz 5 Satz 3 und 7 kann der Arbeitgeber nach dem erstmaligen Abruf der ELStAM die Lohnsteuer im Einführungszeitraum längstens für die Dauer von sechs Kalendermonaten weiter nach den Lohnsteuerabzugsmerkmalen der Lohnsteuerkarte 2010, der Bescheinigung für den Lohnsteuerabzug oder den nach Absatz 4 maßgebenden Lohnsteuerabzugsmerkmalen erheben, wenn der Arbeitnehmer zustimmt. [7]Dies gilt auch, wenn der Arbeitgeber die ELStAM im Einführungszeitraum erstmals angewandt hat.

(6) bis (8) (weggefallen)

(9) Ist der unbeschränkt einkommensteuerpflichtige Arbeitnehmer seinen Verpflichtungen nach Absatz 2 Satz 2 und 3 nicht nachgekommen und kommt eine Veranlagung zur Einkommensteuer nach § 46 Absatz 2 Nummer 1 bis 7 nicht in Betracht, kann das Finanzamt den Arbeitnehmer zur Abgabe einer Einkommensteuererklärung auffordern und eine Veranlagung zur Einkommensteuer durchführen.

§ 53
Sondervorschriften zur Steuerfreistellung des Existenzminimums eines Kindes in den Veranlagungszeiträumen 1983 bis 1995

[1]In den Veranlagungszeiträumen 1983 bis 1995 sind in Fällen, in denen die Einkommensteuer noch nicht formell bestandskräftig oder hinsichtlich der Höhe der Kinderfreibeträge vorläufig festgesetzt ist, für jedes bei der Festsetzung berücksichtigte Kind folgende Beträge als Existenzminimum des Kindes steuerfrei zu belassen:

1983	3 732 Deutsche Mark,
1984	3 864 Deutsche Mark,
1985	3 924 Deutsche Mark,
1986	4 296 Deutsche Mark,
1987	4 416 Deutsche Mark,
1988	4 572 Deutsche Mark,
1989	4 752 Deutsche Mark,
1990	5 076 Deutsche Mark,
1991	5 388 Deutsche Mark,
1992	5 676 Deutsche Mark,
1993	5 940 Deutsche Mark,
1994	6 096 Deutsche Mark,
1995	6 168 Deutsche Mark.

[2]Im übrigen ist § 32 in der für den jeweiligen Veranlagungszeitraum geltenden Fassung anzuwenden. [3]Für die Prüfung, ob die nach Satz 1 und 2 gebotene Steuerfreistellung bereits erfolgt ist, ist das dem Steuerpflichtigen im jeweiligen Veranlagungszeitraum zustehende Kindergeld mit dem auf das bisherige zu versteuernde Einkommen des Steuerpflichtigen in demselben Veranlagungszeitraum anzuwendenden Grenzsteuersatz in einen Freibetrag umzurechnen; dies gilt auch dann, wenn das Kindergeld dem Steuerpflichtigen im Wege eines zivilrechtlichen Ausgleichs zusteht. [4]Die Umrechnung des zustehenden Kindergeldes ist entsprechend dem Umfang der bisher abgezogenen Kinderfreibeträge vorzunehmen. [5]Bei einem unbeschränkt einkommensteuerpflichtigen Elternpaar, bei dem die Voraussetzungen des § 26 Abs. 1 Satz 1 nicht vorliegen, ist eine Änderung der bisherigen Inanspruchnahme des Kinderfreibetrags unzulässig. [6]Erreicht die Summe aus dem bei der bisherigen Einkommensteuerfestsetzung abgezogenen Kinderfreibetrag und dem nach Satz 3 und 4 berechneten Freibetrag nicht den nach Satz 1 und 2 für den jeweiligen Veranlagungszeitraum maßgeblichen Betrag, ist der Unterschiedsbetrag vom bisherigen zu versteuernden Einkommen abzuziehen und die Einkommensteuer neu festzusetzen. [7]Im Zweifel hat der Steuerpflichtige die Voraussetzungen durch Vorlage entsprechender Unterlagen nachzuweisen.

§ 54
(weggefallen)

§ 55
Schlußvorschriften
(Sondervorschriften für die Gewinnermittlung nach § 4 oder nach Durchschnittssätzen bei vor dem 1. Juli 1970 angeschafftem Grund und Boden)

(1) [1]Bei Steuerpflichtigen, deren Gewinn für das Wirtschaftsjahr, in das der 30. Juni 1970 fällt, nicht nach § 5 zu ermitteln ist, gilt bei Grund und Boden, der mit Ablauf des 30. Juni 1970 zu ihrem Anlagevermögen gehört hat, als Anschaffungs- oder Herstellungskosten (§ 4 Abs. 3 Satz 4 und § 6 Abs. 1 Nr. 2 Satz 1) das Zweifache des nach den Absätzen 2 bis 4 zu ermittelnden Ausgangsbetrags. [2]Zum Grund und Boden im Sinne des Satzes 1 gehören nicht die mit ihm in Zusammenhang stehenden Wirtschaftsgüter und Nutzungsbefugnisse.

(2) ¹Bei der Ermittlung des Ausgangsbetrags des zum land- und forstwirtschaftlichen Vermögen (§ 33 Abs. 1 Satz 1 des Bewertungsgesetzes in der Fassung der Bekanntmachung vom 10. Dezember 1965 – BGBl. I S. 1861 –, zuletzt geändert durch das Bewertungsänderungsgesetz 1971 vom 27. Juli 1971 – BGBl. I S. 1157) gehörenden Grund und Bodens ist seine Zuordnung zu den Nutzungen und Wirtschaftsgütern (§ 34 Abs. 2 des Bewertungsgesetzes) am 1. Juli 1970 maßgebend; dabei sind die Hof- und Gebäudeflächen sowie die Hausgärten im Sinne des § 40 Abs. 3 des Bewertungsgesetzes nicht in die einzelne Nutzung einzubeziehen. ²Es sind anzusetzen:

1. ¹bei Flächen, die nach dem Bodenschätzungsgesetz vom 20. Dezember 2007 (BGBl. I S. 3150, 3176) in der jeweils geltenden Fassung zu schätzen sind, für jedes katastermäßig abgegrenzte Flurstück der Betrag in Deutsche Mark, der sich ergibt, wenn die für das Flurstück am 1. Juli 1970 im amtlichen Verzeichnis nach § 2 Abs. 2 der Grundbuchordnung (Liegenschaftskataster) ausgewiesene Ertragsmesszahl vervierfacht wird. ²Abweichend von Satz 1 sind für Flächen der Nutzungsteile
   a) Hopfen, Spargel, Gemüsebau und Obstbau 2,05 Euro je Quadratmeter,
   b) Blumen- und Zierpflanzenbau sowie Baumschulen 2,56 Euro je Quadratmeter

   anzusetzen, wenn der Steuerpflichtige dem Finanzamt gegenüber bis zum 30. Juni 1972 eine Erklärung über die Größe, Lage und Nutzung der betreffenden Flächen abgibt,
2. für Flächen der forstwirtschaftlichen Nutzung je Quadratmeter 0,51 Euro,
3. für Flächen der weinbaulichen Nutzung der Betrag, der sich unter Berücksichtigung der maßgebenden Lagenvergleichszahl (Vergleichszahl der einzelnen Weinbaulage, § 39 Abs. 1 Satz 3 und § 57 des Bewertungsgesetzes), die für ausbauende Betriebsweise mit Fassweinerzeugung anzusetzen ist, aus der nachstehenden Tabelle ergibt:

Lagenvergleichszahl	Ausgangsbetrag je Quadratmeter in Euro
bis 20	1,28
21 bis 30	1,79
31 bis 40	2,56
41 bis 50	3,58
51 bis 60	4,09
61 bis 70	4,60
71 bis 100	5,11
über 100	6,39

4. für Flächen der sonstigen land- und forstwirtschaftlichen Nutzung, auf die Nummer 1 keine Anwendung findet, je Quadratmeter 0,51 Euro,
5. für Hofflächen, Gebäudeflächen und Hausgärten im Sinne des § 40 Abs. 3 des Bewertungsgesetzes je Quadratmeter 2,56 Euro,
6. für Flächen des Geringstlandes je Quadratmeter 0,13 Euro,
7. für Flächen des Abbaulandes je Quadratmeter 0,26 Euro,
8. für Flächen des Unlandes je Quadratmeter 0,05 Euro.

(3) ¹Lag am 1. Juli 1970 kein Liegenschaftskataster vor, in dem Ertragsmesszahlen ausgewiesen sind, so ist der Ausgangsbetrag in sinngemäßer Anwendung des Absatzes 2 Satz 2 Nr. 1 Satz 1 auf der Grundlage der durchschnittlichen Ertragsmesszahl der landwirtschaftlichen Nutzung eines Betriebs zu ermitteln, die die Grundlage für die Hauptfeststellung des Einheitswerts auf den 1. Januar 1964 bildet. ²Absatz 2 Satz 2 Nr. 1 Satz 2 bleibt unberührt.

(4) Bei nicht zum land- und forstwirtschaftlichen Vermögen gehörenden Grund und Boden ist als Ausgangsbetrag anzusetzen:

1. ¹Für unbebaute Grundstücke der auf den 1. Januar 1964 festgestellte Einheitswert. ²Wird auf den 1. Januar 1964 kein Einheitswert festgestellt oder hat sich der Bestand des Grundstücks nach dem 1. Januar 1964 und vor dem 1. Juli 1970 verändert, so ist der Wert maßgebend, der sich ergeben würde, wenn das Grundstück nach seinem Bestand vom 1. Juli 1970 und nach den Wertverhältnissen vom 1. Januar 1964 zu bewerten wäre;
2. für bebaute Grundstücke der Wert, der sich nach Nummer 1 ergeben würde, wenn das Grundstück unbebaut wäre.

(5) ¹Weist der Steuerpflichtige nach, dass der Teilwert für Grund und Boden im Sinne des Absatzes 1 am 1. Juli 1970 höher ist als das Zweifache des Ausgangsbetrags, so ist auf Antrag des Steuerpflichtigen der Teilwert als Anschaffungs- oder Herstellungskosten anzusetzen. ²Der Antrag ist bis zum 31. Dezember 1975 bei dem Finanzamt zu stellen, das für die Ermittlung des Gewinns aus dem Betrieb zuständig ist. ³Der Teilwert ist gesondert festzustellen. ⁴Vor dem 1. Januar 1974 braucht diese Feststellung nur zu erfolgen, wenn ein berechtigtes Interesse des Steuerpflichtigen gegeben ist. ⁵Die Vorschriften der Abgabenordnung und der Finanzgerichtsordnung über die gesonderte Feststellung von Besteuerungsgrundlagen gelten entsprechend.

(6) ¹Verluste, die bei der Veräußerung oder Entnahme von Grund und Boden im Sinne des Absatzes 1 entstehen, dürfen bei der Ermittlung des Gewinns in Höhe des Betrags nicht berücksichtigt werden, um den der ausschließlich auf den Grund und Boden entfallende Veräußerungspreis oder der an dessen Stelle tretende Wert nach Abzug der Veräußerungskosten unter dem Zweifachen des Ausgangsbetrags liegt. ²Entsprechendes gilt bei Anwendung des § 6 Abs. 1 Nr. 2 Satz 2.

(7) Grund und Boden, der nach § 4 Abs. 1 Satz 5 des Einkommensteuergesetzes 1969 nicht anzusetzen war, ist wie eine Einlage zu behandeln; er ist dabei mit dem nach Absatz 1 oder 5 maßgebenden Wert anzusetzen.

§ 56
Sondervorschriften für Steuerpflichtige in dem in Artikel 3 des Einigungsvertrages genannten Gebiet

Bei Steuerpflichtigen, die am 31. Dezember 1990 einen Wohnsitz oder ihren gewöhnlichen Aufenthalt in dem in Artikel 3 des Einigungsvertrages genannten Gebiet und im Jahre 1990 keinen Wohnsitz oder gewöhnlichen Aufenthalt im bisherigen Geltungsbereich dieses Gesetzes hatten, gilt Folgendes:
1. § 7 Abs. 5 ist auf Gebäude anzuwenden, die in dem in Artikel 3 des Einigungsvertrages genannten Gebiet nach dem 31. Dezember 1990 angeschafft oder hergestellt worden sind.
2. (weggefallen)

§ 57
Besondere Anwendungsregeln aus Anlass der Herstellung der Einheit Deutschlands

(1) Die §§ 7c, 7f, 7g, 7k und 10e dieses Gesetzes, die §§ 76, 78, 82a und 82f der Einkommensteuer-Durchführungsverordnung sowie die §§ 7 und 12 Abs. 3 des Schutzbaugesetzes sind auf Tatbestände anzuwenden, die in dem in Artikel 3 des Einigungsvertrages genannten Gebiet nach dem 31. Dezember 1990 verwirklicht worden sind.

(2) Die §§ 7b und 7d dieses Gesetzes sowie die §§ 81, 82d, 82g und 82i der Einkommensteuer-Durchführungsverordnung sind nicht auf Tatbestände anzuwenden, die in dem in Artikel 3 des Einigungsvertrages genannten Gebiet verwirklicht worden sind.

(3) Bei der Anwendung des § 7g Abs. 2 Nr. 1 und des § 14a Abs. 1 ist in dem in Artikel 3 des Einigungsvertrages genannten Gebiet anstatt vom maßgebenden Einheitswert des Betriebs der Land- und Forstwirtschaft und den darin ausgewiesenen Werten vom Ersatzwirtschaftswert nach § 125 des Bewertungsgesetzes auszugehen.

(4) ¹§ 10d Abs. 1 ist mit der Maßgabe anzuwenden, dass der Sonderausgabenabzug erstmals von dem für die zweite Hälfte des Veranlagungszeitraums 1990 ermittelten Gesamtbetrag der Einkünfte vorzunehmen ist. ²§ 10d Abs. 2 und 3 ist auch für Verluste anzuwenden, die in dem in Artikel 3 des Einigungsvertrages genannten Gebiet im Veranlagungszeitraum 1990 entstanden sind.

(5) § 22 Nr. 4 ist auf vergleichbare Bezüge anzuwenden, die auf Grund des Gesetzes über Rechtsverhältnisse der Abgeordneten der Volkskammer der Deutschen Demokratischen Republik vom 31. Mai 1990 (GBl. I Nr. 30 S. 274) gezahlt worden sind.

(6) § 34f Abs. 3 Satz 3 ist erstmals auf die in dem in Artikel 3 des Einigungsvertrags genannten Gebiet für die zweite Hälfte des Veranlagungszeitraums 1990 festgesetzte Einkommensteuer anzuwenden.

§ 58
Weitere Anwendung von Rechtsvorschriften, die vor Herstellung der Einheit Deutschlands in dem in Artikel 3 des Einigungsvertrages genannten Gebiet gegolten haben

(1) Die Vorschriften über Sonderabschreibungen nach § 3 Abs. 1 des Steueränderungsgesetzes vom 6. März 1990 (GBl. I Nr. 17 S. 136) in Verbindung mit § 7 der Durchführungsbestimmung zum Gesetz zur Änderung der Rechtsvorschriften über die Einkommen-, Körperschaft- und Vermögensteuer – Steueränderungsgesetz – vom 16. März 1990 (GBl. I Nr. 21 S. 195) sind auf Wirtschaftsgüter weiter anzuwenden, die nach dem 31. Dezember 1989 und vor dem 1. Januar 1991 in dem in Artikel 3 des Einigungsvertrages genannten Gebiet angeschafft oder hergestellt worden sind.

(2) ¹Rücklagen nach § 3 Abs. 2 des Steueränderungsgesetzes vom 6. März 1990 (GBl. I Nr. 17 S. 136) in Verbindung mit § 8 der Durchführungsbestimmung zum Gesetz zur Änderung der Rechtsvorschriften über die Einkommen-, Körperschaft- und Vermögensteuer – Steueränderungsgesetz – vom 16. März 1990 (GBl. I Nr. 21 S. 195) dürfen, soweit sie zum 31. Dezember 1990 zulässigerweise gebildet worden sind, auch nach diesem Zeitpunkt fortgeführt werden. ²Sie sind spätestens im Veranlagungszeitraum 1995 gewinn- oder sonst einkünfteerhöhend aufzulösen. ³Sind vor dieser Auflösung begünstigte Wirtschaftsgüter angeschafft oder hergestellt worden, sind die in die Rücklage eingestellten Beträge von den Anschaffungs- oder Herstellungskosten abzuziehen; die Rücklage ist in Höhe des abgezogenen Betrags im Veranlagungszeitraum der Anschaffung oder Herstellung gewinn- oder sonst einkünfteerhöhend aufzulösen.

(3) Die Vorschrift über den Steuerabzugsbetrag nach § 9 Abs. 1 der Durchführungsbestimmung zum Gesetz zur Änderung der Rechtsvorschriften über die Einkommen-, Körperschaft- und Vermögensteuer – Steueränderungsgesetz – vom 16. März 1990 (GBl. I Nr. 21 S. 195) ist für Steuerpflichtige weiter anzuwenden, die vor dem 1. Januar 1991 in dem in Artikel 3 des Einigungsvertrages genannten Gebiet eine Betriebsstätte begründet haben, wenn sie von dem Tag der Begründung der Betriebsstätte an zwei Jahre lang die Tätigkeit ausüben, die Gegenstand der Betriebsstätte ist.

§§ 59 bis 61
(weggefallen)

X. Kindergeld

§ 62
Anspruchsberechtigte

(1) ¹Für Kinder im Sinne des § 63 hat Anspruch auf Kindergeld nach diesem Gesetz, wer
1. im Inland einen Wohnsitz oder seinen gewöhnlichen Aufenthalt hat oder
2. ohne Wohnsitz oder gewöhnlichen Aufenthalt im Inland
   a) nach § 1 Abs. 2 unbeschränkt einkommensteuerpflichtig ist oder
   b) nach § 1 Abs. 3 als unbeschränkt einkommensteuerpflichtig behandelt wird.

²Voraussetzung für den Anspruch nach Satz 1 ist, dass der Berechtigte durch die an ihn vergebene Identifikationsnummer (§ 139b der Abgabenordnung) identifiziert wird. ³Die nachträgliche Vergabe der Identifikationsnummer wirkt auf Monate zu-

rück, in denen die Voraussetzungen des Satzes 1 vorliegen.[1)]

(2) Ein nicht freizügigkeitsberechtigter Ausländer erhält Kindergeld nur, wenn er
1. eine Niederlassungserlaubnis besitzt,
2. eine Aufenthaltserlaubnis besitzt, die zur Ausübung einer Erwerbstätigkeit berechtigt oder berechtigt hat, es sei denn, die Aufenthaltserlaubnis wurde
    a) nach § 16 oder § 17 des Aufenthaltsgesetzes erteilt,
    b) nach § 18 Abs. 2 des Aufenthaltsgesetzes erteilt und die Zustimmung der Bundesagentur für Arbeit darf nach der Beschäftigungsverordnung nur für einen bestimmten Höchstzeitraum erteilt werden,
    c) nach § 23 Abs. 1 des Aufenthaltsgesetzes wegen eines Krieges in seinem Heimatland oder nach den §§ 23a, 24, 25 Abs. 3 bis 5 des Aufenthaltsgesetzes erteilt
   oder
3. eine in Nummer 2 Buchstabe c genannte Aufenthaltserlaubnis besitzt und
    a) sich seit mindestens drei Jahren rechtmäßig, gestattet oder geduldet im Bundesgebiet aufhält und
    b) im Bundesgebiet berechtigt erwerbstätig ist, laufende Geldleistungen nach dem Dritten Buch Sozialgesetzbuch bezieht oder Elternzeit in Anspruch nimmt.

§ 63
Kinder

(1) [1]Als Kinder werden berücksichtigt
1. Kinder im Sinne des § 32 Abs. 1,
2. vom Berechtigten in seinen Haushalt aufgenommene Kinder seines Ehegatten,
3. vom Berechtigten in seinen Haushalt aufgenommene Enkel.

[2]§ 32 Abs. 3 bis 5 gilt entsprechend. [3]Voraussetzung für die Berücksichtigung ist die Identifizierung des Kindes durch die an dieses Kind vergebene Identifikationsnummer (§ 139b der Abgabenordnung). [4]Ist das Kind nicht nach einem Steuergesetz steuerpflichtig (§ 139a Absatz 2 der Abgabenordnung), ist es in anderer geeigneter Weise zu identifizieren. [5]Die nachträgliche Identifizierung oder nachträgliche Vergabe der Identifikationsnummer wirkt auf Monate zurück, in denen die Voraussetzungen der Sätze 1 bis 4 vorliegen.[2)] [6]Kinder, die weder einen Wohnsitz noch ihren gewöhnlichen Aufenthalt im Inland, in einem Mitgliedstaat der Europäischen Union oder in einem Staat, auf den das Abkommen über den Europäischen Wirtschaftsraum Anwendung findet, haben, werden nicht berücksichtigt, es sei denn, sie leben im Haushalt eines Berechtigten im Sinne des § 62 Abs. 1 Satz 1 Nr. 2 Buchstabe a. [7]Kinder im Sinne von § 2 Abs. 4 Satz 2 des Bundeskindergeldgesetzes werden nicht berücksichtigt.

(2) Die Bundesregierung wird ermächtigt, durch Rechtsverordnung, die nicht der Zustimmung des Bundesrates bedarf, zu bestimmen, dass einem Berechtigten, der im Inland erwerbstätig ist oder sonst seine hauptsächlichen Einkünfte erzielt, für seine in Absatz 1 Satz 3 erster Halbsatz bezeichneten Kinder Kindergeld ganz oder teilweise zu leisten ist, soweit dies mit Rücksicht auf die durchschnittlichen Lebenshaltungskosten für Kinder in deren Wohnsitzstaat und auf die dort gewährten dem Kindergeld vergleichbaren Leistungen geboten ist.

§ 64
Zusammentreffen mehrerer Ansprüche

(1) Für jedes Kind wird nur einem Berechtigten Kindergeld gezahlt.

(2) [1]Bei mehreren Berechtigten wird das Kindergeld demjenigen gezahlt, der das Kind in seinen Haushalt aufgenommen hat. [2]Ist ein Kind in den gemeinsamen Haushalt von Eltern, einem Elternteil und dessen Ehegatten, Pflegeeltern oder Großeltern aufgenommen worden, so bestimmen diese untereinander den Berechtigten. [3]Wird eine Bestimmung nicht getroffen, so bestimmt das Familiengericht auf Antrag den Berechtigten. [4]Den Antrag kann stellen, wer ein berechtigtes Interesse an der Zahlung des Kindergeldes hat. [5]Lebt ein Kind im gemeinsamen Haushalt von Eltern und Großeltern, so wird das Kindergeld vorrangig einem Elternteil gezahlt; es wird an einen Großelternteil gezahlt, wenn der Elternteil gegenüber der zuständigen Stelle auf seinen Vorrang schriftlich verzichtet hat.

(3) [1]Ist das Kind nicht in den Haushalt eines Berechtigten aufgenommen, so erhält das Kindergeld derjenige, der dem Kind eine Unterhaltsrente zahlt. [2]Zahlen mehrere Berechtigte dem Kind Unterhaltsrenten, so erhält das Kindergeld derjenige, der dem Kind die höchste Unterhaltsrente zahlt. [3]Werden gleich hohe Unterhaltsrenten gezahlt oder zahlt keiner der Berechtigten dem Kind Unterhalt, so bestimmen die Berechtigten untereinander, wer das Kindergeld erhalten soll. [4]Wird eine Bestimmung nicht getroffen, so gilt Absatz 2 Satz 3 und 4 entsprechend.

§ 65
Andere Leistungen für Kinder

(1) [1]Kindergeld wird nicht für ein Kind gezahlt, für das eine der folgenden Leistungen zu zahlen ist oder bei entsprechender Antragstellung zu zahlen wäre:
1. Kinderzulagen aus der gesetzlichen Unfallversicherung oder Kinderzuschüsse aus den gesetzlichen Rentenversicherungen,
2. Leistungen für Kinder, die im Ausland gewährt werden und dem Kindergeld oder einer der unter Nummer 1 genannten Leistungen vergleichbar sind,
3. Leistungen für Kinder, die von einer zwischen- oder überstaatlichen Einrichtung gewährt werden und dem Kindergeld vergleichbar sind.

[2]Soweit es für die Anwendung von Vorschriften dieses Gesetzes auf den Erhalt von Kindergeld an-

---

1) Zeitliche Geltung: § 52 Absatz 49a.
2) Zeitliche Geltung: § 52 Absatz 49a.

kommt, stehen die Leistungen nach Satz 1 dem Kindergeld gleich. ³Steht ein Berechtigter in einem Versicherungspflichtverhältnis zur Bundesagentur für Arbeit nach § 24 des Dritten Buches Sozialgesetzbuch oder ist er versicherungsfrei nach § 28 Absatz 1 Nr. 1 des Dritten Buches Sozialgesetzbuch oder steht er im Inland in einem öffentlich-rechtlichen Dienst- oder Amtsverhältnis, so wird sein Anspruch auf Kindergeld für ein Kind nicht nach Satz 1 Nr. 3 mit Rücksicht darauf ausgeschlossen, dass sein Ehegatte als Beamter, Ruhestandsbeamter oder sonstiger Bediensteter der Europäischen Union für das Kind Anspruch auf Kinderzulage hat.

(2) Ist in den Fällen des Absatzes 1 Satz 1 Nr. 1 der Bruttobetrag der anderen Leistung niedriger als das Kindergeld nach § 66, wird Kindergeld in Höhe des Unterschiedsbetrages gezahlt, wenn er mindestens 5 Euro beträgt.

§ 66
Höhe des Kindergeldes, Zahlungszeitraum

(1) ¹Das Kindergeld beträgt monatlich für erste und zweite Kinder jeweils 184 Euro, für dritte Kinder 190 Euro und für das vierte und jedes weitere Kind jeweils 215 Euro. ²Darüber hinaus wird für jedes Kind, für das im Kalenderjahr 2009 mindestens für einen Kalendermonat ein Anspruch auf Kindergeld besteht, für das Kalenderjahr 2009 ein Einmalbetrag in Höhe von 100 Euro gezahlt.

(2) Das Kindergeld wird monatlich vom Beginn des Monats an gezahlt, in dem die Anspruchsvoraussetzungen erfüllt sind, bis zum Ende des Monats, in dem die Anspruchsvoraussetzungen wegfallen.

§ 67
Antrag

¹Das Kindergeld ist bei der zuständigen Familienkasse schriftlich zu beantragen. ²Den Antrag kann außer dem Berechtigten auch stellen, wer ein berechtigtes Interesse an der Leistung des Kindergeldes hat. ³In Fällen des Satzes 2 ist § 62 Absatz 1 Satz 2 bis 3 anzuwenden. ⁴Der Berechtigte ist zu diesem Zweck verpflichtet, demjenigen, der ein berechtigtes Interesse an der Leistung des Kindergeldes hat, seine an ihn vergebene Identifikationsnummer (§ 139b der Abgabenordnung) mitzuteilen. ⁵Kommt der Berechtigte dieser Verpflichtung nicht nach, teilt die zuständige Familienkasse demjenigen, der ein berechtigtes Interesse an der Leistung des Kindergeldes hat, auf seine Anfrage die Identifikationsnummer des Berechtigten mit.

§ 68
Besondere Mitwirkungspflichten

(1) ¹Wer Kindergeld beantragt oder erhält, hat Änderungen in den Verhältnissen, die für die Leistung erheblich sind oder über die im Zusammenhang mit der Leistung Erklärungen abgegeben worden sind, unverzüglich der zuständigen Familienkasse mitzuteilen. ²Ein Kind, das das 18. Lebensjahr vollendet hat, ist auf Verlangen der Familienkasse verpflichtet, an der Aufklärung des für die Kindergeldzahlung maßgebenden Sachverhalts mitzuwirken; § 101 der Abgabenordnung findet insoweit keine Anwendung.

(2) (weggefallen)

(3) Auf Antrag des Berechtigten erteilt die das Kindergeld auszahlende Stelle eine Bescheinigung über das für das Kalenderjahr ausgezahlte Kindergeld.

(4) Die Familienkassen dürfen den die Bezüge im öffentlichen Dienst anweisenden Stellen Auskunft über den für die jeweilige Kindergeldzahlung maßgebenden Sachverhalt erteilen.

§ 69
Überprüfung des Fortbestehens von Anspruchsvoraussetzungen durch Meldedaten-Übermittlung

Die Meldebehörden übermitteln in regelmäßigen Abständen den Familienkassen nach Maßgabe einer auf Grund des § 56 Absatz 1 Nummer 2 des Bundesmeldegesetzes zu erlassenden Rechtsverordnung die in § 34 Absatz 1 und 2 des Bundesmeldegesetzes¹⁾ genannten Daten aller Einwohner, zu deren Person im Melderegister Daten von minderjährigen Kindern gespeichert sind, und dieser Kinder, soweit die Daten nach ihrer Art für die Prüfung der Rechtmäßigkeit des Bezuges von Kindergeld geeignet sind.

§ 70
Festsetzung und Zahlung des Kindergeldes

(1) ¹Das Kindergeld nach § 62 wird von den Familienkassen durch Bescheid festgesetzt und ausgezahlt.

(2) ¹Soweit in den Verhältnissen, die für den Anspruch auf Kindergeld erheblich sind, Änderungen eintreten, ist die Festsetzung des Kindergeldes mit Wirkung vom Zeitpunkt der Änderung der Verhältnisse aufzuheben oder zu ändern. ²Ist die Änderung einer Kindergeldfestsetzung nur wegen einer Anhebung der in § 66 Abs. 1 genannten Kindergeldbeträge erforderlich, kann von der Erteilung eines schriftlichen Änderungsbescheides abgesehen werden.

(3) ¹Materielle Fehler der letzten Festsetzung können durch Aufhebung oder Änderung der Festsetzung mit Wirkung ab dem auf die Bekanntgabe der Aufhebung oder Änderung der Festsetzung folgenden Monat beseitigt werden. ²Bei der Aufhebung oder Änderung der Festsetzung nach Satz 1 ist § 176 der Abgabenordnung entsprechend anzuwenden; dies gilt nicht für Monate, die nach der Verkündung der maßgeblichen Entscheidung eines obersten Bundesgerichts beginnen.

§ 71
(weggefallen)

§ 72
Festsetzung und Zahlung des Kindergeldes an Angehörige des öffentlichen Dienstes

(1) ¹Steht Personen, die

---

1) Geltung: Ab 1. Mai 2015 (Absatz 4 des Gesetzes zur Fortentwicklung des Meldewesens (MeldeFortG) vom 3. Mai 2013 BGBl. I S. 1084.

1. in einem öffentlich-rechtlichen Dienst-, Amts- oder Ausbildungsverhältnis stehen, mit Ausnahme der Ehrenbeamten, oder
2. Versorgungsbezüge nach beamten- oder soldatenrechtlichen Vorschriften oder Grundsätzen erhalten oder
3. Arbeitnehmer des Bundes, eines Landes, einer Gemeinde, eines Gemeindeverbandes oder einer sonstigen Körperschaft, einer Anstalt oder einer Stiftung des öffentlichen Rechts sind, einschließlich der zu ihrer Berufsausbildung Beschäftigten,

Kindergeld nach Maßgabe dieses Gesetzes zu, wird es von den Körperschaften, Anstalten oder Stiftungen des öffentlichen Rechts festgesetzt und ausgezahlt. ²Die genannten juristischen Personen sind insoweit Familienkasse.

(2) Der Deutschen Post AG, der Deutschen Postbank AG und der Deutschen Telekom AG obliegt die Durchführung dieses Gesetzes für ihre jeweiligen Beamten und Versorgungsempfänger in Anwendung des Absatzes 1.

(3) Absatz 1 gilt nicht für Personen, die ihre Bezüge oder Arbeitsentgelt
1. von einem Dienstherrn oder Arbeitgeber im Bereich der Religionsgesellschaften des öffentlichen Rechts oder
2. von einem Spitzenverband der Freien Wohlfahrtspflege, einem diesem unmittelbar oder mittelbar angeschlossenen Mitgliedsverband oder einer einem solchen Verband angeschlossenen Einrichtung oder Anstalt

erhalten.

(4) Die Absätze 1 und 2 gelten nicht für Personen, die voraussichtlich nicht länger als sechs Monate in den Kreis der in Absatz 1 Satz 1 Nr. 1 bis 3 und Absatz 2 Bezeichneten eintreten.

(5) Obliegt mehreren Rechtsträgern die Zahlung von Bezügen oder Arbeitsentgelt (Absatz 1 Satz 1) gegenüber einem Berechtigten, so ist für die Durchführung dieses Gesetzes zuständig:
1. bei Zusammentreffen von Versorgungsbezügen mit anderen Bezügen oder Arbeitsentgelt der Rechtsträger, dem die Zahlung der anderen Bezüge oder des Arbeitsentgelts obliegt;
2. bei Zusammentreffen mehrerer Versorgungsbezüge der Rechtsträger, dem die Zahlung der neuen Versorgungsbezüge im Sinne der beamtenrechtlichen Ruhensvorschriften obliegt;
3. bei Zusammentreffen von Arbeitsentgelt (Absatz 1 Satz 1 Nr. 3) mit Bezügen aus einem der in Absatz 1 Satz 1 Nr. 1 bezeichneten Rechtsverhältnisse der Rechtsträger, dem die Zahlung dieser Bezüge obliegt;
4. bei Zusammentreffen mehrerer Arbeitsentgelte (Absatz 1 Satz 1 Nr. 3) der Rechtsträger, dem die Zahlung des höheren Arbeitsentgelts obliegt oder – falls die Arbeitsentgelte gleich hoch sind – der Rechtsträger, zu dem das zuerst begründete Arbeitsverhältnis besteht.

(6) ¹Scheidet ein Berechtigter im Laufe eines Monats aus dem Kreis der in Absatz 1 Satz 1 Nr. 1 bis 3 Bezeichneten aus oder tritt er im Laufe eines Monats in diesen Kreis ein, so wird das Kindergeld für diesen Monat von der Stelle gezahlt, die bis zum Ausscheiden oder Eintritt des Berechtigten zuständig war. ²Dies gilt nicht, soweit die Zahlung von Kindergeld für ein Kind in Betracht kommt, das erst nach dem Ausscheiden oder Eintritt bei dem Berechtigten nach § 63 zu berücksichtigen ist. ³Ist in einem Fall des Satzes 1 das Kindergeld bereits für einen folgenden Monat gezahlt worden, so muss der für diesen Monat Berechtigte die Zahlung gegen sich gelten lassen.

(7) ¹In den Abrechnungen der Bezüge und des Arbeitsentgelts ist das Kindergeld gesondert auszuweisen, wenn es zusammen mit den Bezügen oder dem Arbeitsentgelt ausgezahlt wird. ²Der Rechtsträger hat die Summe des von ihm für alle Berechtigten ausgezahlten Kindergeldes dem Betrag, den er insgesamt an Lohnsteuer einbehalten hat, zu entnehmen und bei der nächsten Lohnsteuer-Anmeldung gesondert abzusetzen. ³Übersteigt das insgesamt ausgezahlte Kindergeld den Betrag, der insgesamt an Lohnsteuer abzuführen ist, so wird der übersteigende Betrag dem Rechtsträger auf Antrag von dem Finanzamt, an das die Lohnsteuer abzuführen ist, aus den Einnahmen der Lohnsteuer ersetzt.

(8) ¹Abweichend von Absatz 1 Satz 1 werden Kindergeldansprüche aufgrund über- oder zwischenstaatlicher Rechtsvorschriften durch die Familienkassen der Bundesagentur für Arbeit festgesetzt und ausgezahlt. ²Dies gilt auch für Fälle, in denen Kindergeldansprüche sowohl nach Maßgabe dieses Gesetzes als auch auf Grund über- oder zwischenstaatlicher Rechtsvorschriften bestehen.

§ 73
(weggefallen)

§ 74
Zahlung des Kindergeldes in Sonderfällen

(1) ¹Das für ein Kind festgesetzte Kindergeld nach § 66 Abs. 1 kann an das Kind ausgezahlt werden, wenn der Kindergeldberechtigte ihm gegenüber seiner gesetzlichen Unterhaltspflicht nicht nachkommt. ²Kindergeld kann an Kinder, die bei der Festsetzung des Kindergeldes berücksichtigt werden, bis zur Höhe des Betrages, der sich bei entsprechender Anwendung des § 76 ergibt, ausgezahlt werden. ³Dies gilt auch, wenn der Kindergeldberechtigte mangels Leistungsfähigkeit nicht unterhaltspflichtig ist oder nur Unterhalt in Höhe eines Betrages zu leisten braucht, der geringer ist als das für die Auszahlung in Betracht kommende Kindergeld. ⁴Die Auszahlung kann auch an die Person oder Stelle erfolgen, die dem Kind Unterhalt gewährt.

(2) Für Erstattungsansprüche der Träger von Sozialleistungen gegen die Familienkasse gelten die §§ 102 bis 109 und 111 bis 113 des Zehnten Buches Sozialgesetzbuch entsprechend.

§ 75
Aufrechnung

(1) Mit Ansprüchen auf Erstattung von Kindergeld kann die Familienkasse gegen Ansprüche auf Kindergeld bis zu deren Hälfte aufrechnen, wenn der

Leistungsberechtigte nicht nachweist, dass er dadurch hilfebedürftig im Sinne der Vorschriften des Zwölften Buches Sozialgesetzbuch über die Hilfe zum Lebensunterhalt oder im Sinne der Vorschriften des Zweiten Buches Sozialgesetzbuch über die Leistungen zur Sicherung des Lebensunterhalts wird.

(2) Absatz 1 gilt für die Aufrechnung eines Anspruchs auf Erstattung von Kindergeld gegen einen späteren Kindergeldanspruch eines mit dem Erstattungspflichtigen in Haushaltsgemeinschaft lebenden Berechtigten entsprechend, soweit es sich um laufendes Kindergeld für ein Kind handelt, das bei beiden berücksichtigt werden kann oder konnte.

§ 76
Pfändung

¹Der Anspruch auf Kindergeld kann nur wegen gesetzlicher Unterhaltsansprüche eines Kindes, das bei der Festsetzung des Kindergeldes berücksichtigt wird, gepfändet werden. ²Für die Höhe des pfändbaren Betrages gilt:

1. ¹Gehört das unterhaltsberechtigte Kind zum Kreis der Kinder, für die dem Leistungsberechtigten Kindergeld gezahlt wird, so ist eine Pfändung bis zu dem Betrag möglich, der bei gleichmäßiger Verteilung des Kindergeldes auf jedes dieser Kinder entfällt. ²Ist das Kindergeld durch die Berücksichtigung eines weiteren Kindes erhöht, für das einer dritten Person Kindergeld oder dieser oder dem Leistungsberechtigten eine andere Geldleistung für Kinder zusteht, so bleibt der Erhöhungsbetrag bei der Bestimmung des pfändbaren Betrages des Kindergeldes nach Satz 1 außer Betracht.
2. Der Erhöhungsbetrag nach Nummer 1 Satz 2 ist zugunsten jedes bei der Festsetzung des Kindergeldes berücksichtigten unterhaltsberechtigten Kindes zu dem Anteil pfändbar, der sich bei gleichmäßiger Verteilung auf alle Kinder, die bei der Festsetzung des Kindergeldes zu Gunsten des Leistungsberechtigten berücksichtigt werden, ergibt.

§ 76a
Kontenpfändung und Pfändung von Bargeld

(1) ¹Wird Kindergeld auf das Konto des Berechtigten oder in den Fällen des § 74 Abs. 1 Satz 1 bis 3 bzw. § 76 auf das Konto des Kindes bei einem Geldinstitut überwiesen, ist die Forderung, die durch die Gutschrift entsteht, für die Dauer von sieben Tagen seit der Gutschrift der Überweisung unpfändbar. ²Eine Pfändung des Guthabens gilt als mit der Maßgabe ausgesprochen, dass sie das Guthaben in Höhe der in Satz 1 bezeichneten Forderung während der sieben Tage nicht erfasst.

(2) ¹Das Geldinstitut ist dem Schuldner innerhalb der sieben Tage zur Leistung aus dem nach Absatz 1 Satz 2 von der Pfändung nicht erfassten Guthaben nur soweit verpflichtet, als der Schuldner nachweist oder als dem Geldinstitut sonst bekannt ist, dass das Guthaben von der Pfändung nicht erfasst ist. ²Soweit das Geldinstitut hiernach geleistet hat, gilt Absatz 1 Satz 2 nicht.

(3) ¹Leistung, die das Geldinstitut innerhalb der sieben Tage aus dem nach Absatz 1 Satz 2 von der Pfändung nicht erfassten Guthaben an den Gläubiger bewirkt, ist dem Schuldner gegenüber unwirksam. ²Das gilt auch für eine Hinterlegung.

(4) Bei Empfängern laufender Kindergeldleistungen sind die in Absatz 1 genannten Forderungen nach Ablauf von sieben Tagen seit der Gutschrift sowie Bargeld insoweit nicht der Pfändung unterworfen, als ihr Betrag dem unpfändbaren Teil der Leistungen für die Zeit von der Pfändung bis zum nächsten Zahlungstermin entspricht.

§ 77
Erstattung von Kosten im Vorverfahren

(1) ¹Soweit der Einspruch gegen die Kindergeldfestsetzung erfolgreich ist, hat die Familienkasse demjenigen, der den Einspruch erhoben hat, die zur zweckentsprechenden Rechtsverfolgung oder Rechtsverteidigung notwendigen Aufwendungen zu erstatten. ²Dies gilt auch, wenn der Einspruch nur deshalb keinen Erfolg hat, weil die Verletzung einer Verfahrens- oder Formvorschrift nach § 126 der Abgabenordnung unbeachtlich ist. ³Aufwendungen, die durch das Verschulden eines Erstattungsberechtigten entstanden sind, hat dieser selbst zu tragen; das Verschulden eines Vertreters ist dem Vertretenen zuzurechnen.

(2) Die Gebühren und Auslagen eines Bevollmächtigten oder Beistandes, der nach den Vorschriften des Steuerberatungsgesetzes zur geschäftsmäßigen Hilfeleistung in Steuersachen befugt ist, sind erstattungsfähig, wenn dessen Zuziehung notwendig war.

(3) ¹Die Familienkasse setzt auf Antrag den Betrag der zu erstattenden Aufwendungen fest. ²Die Kostenentscheidung bestimmt auch, ob die Zuziehung eines Bevollmächtigten oder Beistandes im Sinne des Absatzes 2 notwendig war.

§ 78
Übergangsregelungen

(1) bis (4) (weggefallen)

(5) ¹Abweichend von § 64 Abs. 2 und 3 steht Berechtigten, die für Dezember 1990 für ihre Kinder Kindergeld in dem in Artikel 3 des Einigungsvertrages genannten Gebiet bezogen haben, das Kindergeld für diese Kinder auch für die folgende Zeit zu, solange sie ihren Wohnsitz oder gewöhnlichen Aufenthalt in diesem Gebiet beibehalten und die Kinder die Voraussetzungen ihrer Berücksichtigung weiterhin erfüllen. ²§ 64 Abs. 2 und 3 ist auch sonst erst für die Zeit vom Beginn des Monats an anzuwenden, in dem ein hierauf gerichteter Antrag bei der zuständigen Stelle eingegangen ist; der hiernach Berechtigte muss die nach Satz 1 geleisteten Zahlungen gegen sich gelten lassen.

XI. Altersvorsorgezulage

§ 79
Zulageberechtigte

¹Die in § 10a Absatz 1 genannten Personen haben Anspruch auf eine Altersvorsorgezulage (Zulage). ²Ist nur ein Ehegatte nach Satz 1 begünstigt, so ist auch der andere Ehegatte zulageberechtigt, wenn

1. beide Ehegatten nicht dauernd getrennt leben (§ 26 Absatz 1),
2. beide Ehegatten ihren Wohnsitz oder gewöhnlichen Aufenthalt in einem Mitgliedstaat der Europäischen Union oder einem Staat haben, auf den das Abkommen über den Europäischen Wirtschaftsraum anwendbar ist,
3. ein auf den Namen des anderen Ehegatten laufender Altersvorsorgevertrag besteht,
4. der andere Ehegatte zugunsten des Altersvorsorgevertrags nach Nummer 3 im jeweiligen Beitragsjahr mindestens 60 Euro geleistet hat und
5. die Auszahlungsphase des Altersvorsorgevertrags nach Nummer 3 noch nicht begonnen hat.

³Satz 1 gilt entsprechend für die in § 10a Absatz 6 Satz 1 und 2 genannten Personen, sofern sie unbeschränkt steuerpflichtig sind oder für das Beitragsjahr nach § 1 Absatz 3 als unbeschränkt steuerpflichtig behandelt werden.

§ 80
Anbieter

Anbieter im Sinne dieses Gesetzes sind Anbieter von Altersvorsorgeverträgen gemäß § 1 Abs. 2 des Altersvorsorgeverträge-Zertifizierungsgesetzes sowie die in § 82 Abs. 2 genannten Versorgungseinrichtungen.

§ 81
Zentrale Stelle

Zentrale Stelle im Sinne dieses Gesetzes ist die Deutsche Rentenversicherung Bund.

§ 81a
Zuständige Stelle

¹Zuständige Stelle ist bei einem

1. Empfänger von Besoldung nach dem Bundesbesoldungsgesetz oder einem Landesbesoldungsgesetz die die Besoldung anordnende Stelle,
2. Empfänger von Amtsbezügen im Sinne des § 10a Abs. 1 Satz 1 Nr. 2 die die Amtsbezüge anordnende Stelle,
3. versicherungsfrei Beschäftigten sowie bei einem von der Versicherungspflicht befreiten Beschäftigten im Sinne des § 10a Abs. 1 Satz 1 Nr. 3 der die Versorgung gewährleistende Arbeitgeber der rentenversicherungsfreien Beschäftigung,
4. Beamten, Richter, Berufssoldaten und Soldaten auf Zeit im Sinne des § 10a Abs. 1 Satz 1 Nr. 4 der zur Zahlung des Arbeitsentgelts verpflichtete Arbeitgeber und
5. Empfänger einer Versorgung im Sinne des § 10a Abs. 1 Satz 4 die die Versorgung anordnende Stelle.

²Für die in § 10a Abs. 1 Satz 1 Nr. 5 genannten Steuerpflichtigen gilt Satz 1 entsprechend.

§ 82
Altersvorsorgebeiträge

(1) ¹Geförderte Altersvorsorgebeiträge sind im Rahmen des in § 10a Absatz 1 Satz 1 genannten Höchstbetrages
1. Beiträge,
2. Tilgungsleistungen,

die der Zulageberechtigte (§ 79) bis zum Beginn der Auszahlungsphase zugunsten eines auf seinen Namen lautenden Vertrags leistet, der nach § 5 des Altersvorsorgeverträge-Zertifizierungsgesetzes zertifiziert ist (Altersvorsorgevertrag). ²Die Zertifizierung ist Grundlagenbescheid im Sinne des § 171 Abs. 10 der Abgabenordnung. ³Als Tilgungsleistungen gelten auch Beiträge, die vom Zulageberechtigten zugunsten eines auf seinen Namen lautenden Altersvorsorgevertrags im Sinne des § 1 Abs. 1a Satz 1 Nr. 3 des Altersvorsorgeverträge-Zertifizierungsgesetzes erbracht wurden und die zur Tilgung eines im Rahmen des Altersvorsorgevertrags abgeschlossenen Darlehens abgetreten wurden. ⁴Im Fall der Übertragung von gefördertem Altersvorsorgevermögen nach § 1 Abs. 1 Satz 1 Nr. 10 Buchstabe b des Altersvorsorgeverträge-Zertifizierungsgesetzes in einen Altersvorsorgevertrag im Sinne des § 1 Abs. 1a Satz 1 Nr. 3 des Altersvorsorgeverträge-Zertifizierungsgesetzes gelten die Beiträge nach Satz 1 Nr. 1 ab dem Zeitpunkt der Übertragung als Tilgungsleistungen nach Satz 3; eine erneute Förderung nach § 10a oder Abschnitt XI erfolgt insoweit nicht. ⁵Tilgungsleistungen nach den Sätzen 1 und 3 werden nur berücksichtigt, wenn das zugrunde liegende Darlehen für eine nach dem 31. Dezember 2007 vorgenommene wohnungswirtschaftliche Verwendung im Sinne des § 92a Abs. 1 Satz 1 eingesetzt wurde. ⁶Bei einer Aufgabe der Selbstnutzung nach § 92a Absatz 3 Satz 1 gelten im Beitragsjahr der Aufgabe der Selbstnutzung auch die nach der Aufgabe der Selbstnutzung geleisteten Beiträge oder Tilgungsleistungen als Altersvorsorgebeiträge nach Satz 1. ⁷Bei einer Reinvestition nach § 92a Absatz 3 Satz 9 Nummer 1 gelten im Beitragsjahr der Reinvestition auch die davor geleisteten Beiträge oder Tilgungsleistungen als Altersvorsorgebeiträge nach Satz 1. ⁸Bei einem beruflich bedingten Umzug nach § 92a Absatz 4 gelten

1. im Beitragsjahr des Wegzugs auch die nach dem Wegzug und
2. im Beitragsjahr des Wiedereinzugs auch die vor dem Wiedereinzug

geleisteten Beiträge und Tilgungsleistungen als Altersvorsorgebeiträge nach Satz 1.

(2) ¹Zu den Altersvorsorgebeiträgen gehören auch
a) die aus dem individuell versteuerten Arbeitslohn des Arbeitnehmers geleisteten Beiträge an einen Pensionsfonds, eine Pensionskasse oder eine Direktversicherung zum Ausbau einer kapitalgedeckten betrieblichen Altersversorgung und
b) Beiträge des Arbeitnehmers und die ausgeschiedenen Arbeitnehmers, die dieser im Fall der zunächst durch Entgeltumwandlung (§ 1a des Betriebsrentengesetzes) finanzierten und nach § 3 Nr. 63 oder § 10a und diesem Abschnitt geförderten kapitalgedeckten betrieblichen Altersversorgung nach Maßgabe des § 1a Abs. 4 und § 1b Abs. 5 Satz 1 Nr. 2 des Betriebsrentengesetzes selbst erbringt,

wenn eine Auszahlung der zugesagten Altersversorgungsleistung in Form einer Rente oder eines Auszahlungsplans (§ 1 Abs. 1 Satz 1 Nr. 4 des Altersvorsorgeverträge-Zertifizierungsgesetzes) vorgesehen ist. ²Die §§ 3 und 4 des Betriebsrentengesetzes stehen dem vorbehaltlich des § 93 nicht entgegen.

(3) Zu den Altersvorsorgebeiträgen gehören auch die Beitragsanteile, die zur Absicherung der verminderten Erwerbsfähigkeit des Zulageberechtigten und zur Hinterbliebenenversorgung verwendet werden, wenn in der Leistungsphase die Auszahlung in Form einer Rente erfolgt.

(4) Nicht zu den Altersvorsorgebeiträgen zählen
1. Aufwendungen, die vermögenswirksame Leistungen nach dem Fünften Vermögensbildungsgesetz in der jeweils geltenden Fassung darstellen,
2. prämienbegünstigte Aufwendungen nach dem Wohnungsbau-Prämiengesetz in der Fassung der Bekanntmachung vom 30. Oktober 1997 (BGBl. I S. 2678), zuletzt geändert durch Artikel 5 des Gesetzes vom 29. Dezember 2003 (BGBl. I S. 3076), in der jeweils geltenden Fassung,
3. Aufwendungen, die im Rahmen des § 10 als Sonderausgaben geltend gemacht werden,
4. Zahlungen nach § 92a Abs. 2 Satz 4 Nr. 1 und Abs. 3 Satz 9 Nr. 2, oder
5. Übertragungen im Sinne des § 3 Nummer 55 bis 55c.

(5) ¹Der Zulageberechtigte kann für ein abgelaufenes Beitragsjahr bis zum Beitragsjahr 2011 Altersvorsorgebeiträge auf einen auf seinen Namen lautenden Altersvorsorgevertrag leisten, wenn
1. der Anbieter des Altersvorsorgevertrags davon Kenntnis erhält, in welcher Höhe und für welches Beitragsjahr die Altersvorsorgebeiträge berücksichtigt werden sollen,
2. in dem Beitragsjahr, für das die Altersvorsorgebeiträge berücksichtigt werden sollen, ein Altersvorsorgevertrag bestanden hat,
3. im fristgerechten Antrag auf Zulage für dieses Beitragsjahr eine Zulageberechtigung nach § 79 Satz 2 angegeben wurde, aber tatsächlich eine Zulageberechtigung nach § 79 Satz 1 vorliegt,
4. die Zahlung der Altersvorsorgebeiträge für abgelaufene Beitragsjahre bis zum Ablauf von zwei Jahren nach Erteilung der Bescheinigung nach § 92, mit der zuletzt Ermittlungsergebnisse für dieses Beitragsjahr bescheinigt wurden, längstens jedoch bis zum Beginn der Auszahlungsphase des Altersvorsorgevertrages erfolgt und
5. der Zulageberechtigte vom Anbieter in hervorgehobener Weise darüber informiert wurde oder dem Anbieter seine Kenntnis darüber versichert, dass die Leistungen aus diesen Altersvorsorgebeiträgen der vollen nachgelagerten Besteuerung nach § 22 Nummer 5 Satz 1 unterliegen.

²Wurden die Altersvorsorgebeiträge dem Altersvorsorgevertrag gutgeschrieben und sind die Voraussetzungen nach Satz 1 erfüllt, so hat der Anbieter der zentralen Stelle (§ 81) die entsprechenden Daten nach § 89 Absatz 2 Satz 1 für das zurückliegende Beitragsjahr nach einem mit der zentralen Stelle abgestimmten Verfahren mitzuteilen. ³Die Beträge nach Satz 1 gelten für die Ermittlung der zu zahlenden Altersvorsorgezulage nach § 83 als Altersvorsorgebeiträge für das Beitragsjahr, für das sie gezahlt wurden. ⁴Für die Anwendung des § 10a Absatz 1 Satz 1 sowie bei der Ermittlung der dem Steuerpflichtigen zustehenden Zulage im Rahmen des § 2 Absatz 6 und des § 10a sind die nach Satz 1 gezahlten Altersvorsorgebeiträge weder für das Beitragsjahr nach Satz 1 Nummer 2 noch für das Beitragsjahr der Zahlung zu berücksichtigen.

§ 83
Altersvorsorgezulage

In Abhängigkeit von den geleisteten Altersvorsorgebeiträgen wird eine Zulage gezahlt, die sich aus einer Grundzulage (§ 84) und einer Kinderzulage (§ 85) zusammensetzt.

§ 84
Grundzulage

¹Jeder Zulageberechtigte erhält eine Grundzulage; diese beträgt jährlich 154 Euro. ²Für Zulageberechtigte nach § 79 Satz 1, die zu Beginn des Beitragsjahres (§ 88) das 25. Lebensjahr noch nicht vollendet haben, erhöht sich die Grundzulage nach Satz 1 um einmalig 200 Euro. ³Die Erhöhung nach Satz 2 ist für das erste nach dem 31. Dezember 2007 beginnende Beitragsjahr zu gewähren, für das eine Altersvorsorgezulage beantragt wird.

§ 85
Kinderzulage

(1) ¹Die Kinderzulage beträgt für jedes Kind, für das dem Zulageberechtigten Kindergeld ausgezahlt wird, jährlich 185 Euro. ²Für ein nach dem 31. Dezember 2007 geborenes Kind erhöht sich die Kinderzulage nach Satz 1 auf 300 Euro. ³Der Anspruch auf Kinderzulage entfällt in den Veranlagungszeitraum, für den das Kindergeld insgesamt zurückgefordert wird. ⁴Erhalten mehrere Zulageberechtigte für dasselbe Kind Kindergeld, steht die Kinderzulage demjenigen zu, dem für den ersten Anspruchszeitraum (§ 66 Abs. 2) im Kalenderjahr Kindergeld ausgezahlt worden ist.

(2) ¹Bei Eltern, die miteinander verheiratet sind, nicht dauernd getrennt leben (§ 26 Absatz 1) und ihren Wohnsitz oder gewöhnlichen Aufenthalt in einem Mitgliedstaat der Europäischen Union oder einem Staat haben, auf den das Abkommen über den Europäischen Wirtschaftsraum (EWR-Abkommen) anwendbar ist, wird die Kinderzulage der Mutter zugeordnet, auf Antrag beider Eltern dem Vater. ²Bei Eltern, die miteinander eine Lebenspartnerschaft führen, nicht dauernd getrennt leben (§ 26 Absatz 1) und ihren Wohnsitz oder gewöhnlichen Aufenthalt in einem Mitgliedstaat der Europäischen Union oder einem Staat haben, auf den das EWR-Abkommen anwendbar ist, ist die Kinderzulage dem Lebenspartner zuzuordnen, dem das Kindergeld ausgezahlt wird, auf Antrag beider Eltern dem anderen Lebenspartner. ³Der Antrag kann für ein abgelaufenes Beitragsjahr nicht zurückgenommen werden.

§ 86
Mindesteigenbeitrag

(1) ¹Die Zulage nach den §§ 84 und 85 wird gekürzt, wenn der Zulageberechtigte nicht den Mindesteigenbeitrag leistet. ²Dieser beträgt jährlich

4 Prozent der Summe der in dem dem Kalenderjahr vorangegangenen Kalenderjahr

1. erzielten beitragspflichtigen Einnahmen im Sinne des Sechsten Buches Sozialgesetzbuch,
2. bezogenen Besoldung und Amtsbezüge,
3. in den Fällen des § 10a Abs. 1 Satz 1 Nr. 3 und 4 erzielten Einnahmen, die beitragspflichtig wären, wenn die Versicherungsfreiheit in der gesetzlichen Rentenversicherung nicht bestehen würde und
4. bezogenen Rente wegen voller Erwerbsminderung oder Erwerbsunfähigkeit oder bezogenen Versorgungsbezüge wegen Dienstunfähigkeit in den Fällen des § 10a Abs. 1 Satz 4,

jedoch nicht mehr als des in § 10a Absatz 1 Satz 1 genannten Höchstbetrag, vermindert um die Zulage nach den §§ 84 und 85; gehört der Ehegatte zum Personenkreis nach § 79 Satz 2, berechnet sich der Mindesteigenbeitrag des nach § 79 Satz 1 Begünstigten unter Berücksichtigung der den Ehegatten insgesamt zustehenden Zulagen. ³Auslandsbezogene Bestandteile nach den §§ 52 ff. des Bundesbesoldungsgesetzes oder entsprechenden Regelungen eines Landesbesoldungsgesetzes bleiben unberücksichtigt. ⁴Als Sockelbetrag sind ab dem Jahr 2005 jährlich 60 Euro zu leisten. ⁵Ist der Sockelbetrag höher als der Mindesteigenbeitrag nach Satz 2, so ist der Sockelbetrag als Mindesteigenbeitrag zu leisten. ⁶Die Kürzung der Zulage ermittelt sich nach dem Verhältnis der Altersvorsorgebeiträge zum Mindesteigenbeitrag.

(2) ¹Ein nach § 79 Satz 2 begünstigter Ehegatte hat Anspruch auf eine ungekürzte Zulage, wenn der zum begünstigten Personenkreis nach § 79 Satz 1 gehörende Ehegatte seinen geförderten Mindesteigenbeitrag unter Berücksichtigung der den Ehegatten insgesamt zustehenden Zulagen erbracht hat. ²Werden bei einer in der gesetzlichen Rentenversicherung pflichtversicherten Person beitragspflichtige Einnahmen zugrunde gelegt, die höher sind als das tatsächlich erzielte Entgelt oder die Entgeltersatzleistung, ist das tatsächlich erzielte Entgelt oder der Zahlbetrag der Entgeltersatzleistung für die Berechnung des Mindesteigenbeitrags zu berücksichtigen. ³Für die nicht erwerbsmäßig ausgeübte Pflegetätigkeit einer nach § 3 Satz 1 Nummer 1a des Sechsten Buches Sozialgesetzbuch rentenversicherungspflichtigen Person ist für die Berechnung des Mindesteigenbeitrags ein tatsächlich erzieltes Entgelt von 0 Euro zu berücksichtigen.

(3) ¹Für Versicherungspflichtige nach dem Gesetz über die Alterssicherung der Landwirte ist Absatz 1 mit der Maßgabe anzuwenden, dass auch die Einkünfte aus Land- und Forstwirtschaft im Sinne des § 13 des zweiten dem Beitragsjahr vorangegangenen Veranlagungszeitraums als beitragspflichtige Einnahmen des vorangegangenen Kalenderjahres gelten. ²Negative Einkünfte im Sinne des Satzes 1 bleiben unberücksichtigt, wenn weitere nach Absatz 1 oder Absatz 2 zu berücksichtigende Einnahmen erzielt werden.

(4) Wird nach Ablauf des Beitragsjahres festgestellt, dass die Voraussetzungen für die Gewährung einer Kinderzulage nicht vorgelegen haben, ändert sich dadurch die Berechnung des Mindesteigenbeitrags für dieses Beitragsjahr nicht.

(5) Bei den in § 10a Absatz 6 Satz 1 und 2 genannten Personen ist der Summe nach Absatz 1 Satz 2 die Summe folgender Einnahmen und Leistungen aus dem Kalenderjahr vorangegangenen Kalenderjahr hinzuzurechnen:

1. die erzielten Einnahmen aus der Tätigkeit, die die Zugehörigkeit zum Personenkreis des § 10a Absatz 6 Satz 1 begründet, und
2. die bezogenen Leistungen im Sinne des § 10a Absatz 6 Satz 2 Nummer 1.

§ 87
Zusammentreffen mehrerer Verträge

(1) ¹Zahlt der nach § 79 Satz 1 Zulageberechtigte Altersvorsorgebeiträge zugunsten mehrerer Verträge, so wird die Zulage nur für zwei dieser Verträge gewährt. ²Der insgesamt nach § 86 zu leistende Mindesteigenbeitrag muss zugunsten dieser Verträge geleistet worden sein. ³Die Zulage ist entsprechend dem Verhältnis der auf diese Verträge geleisteten Beiträge zu verteilen.

(2) ¹Der nach § 79 Satz 2 Zulageberechtigte kann die Zulage für das jeweilige Beitragsjahr nicht auf mehrere Altersvorsorgeverträge verteilen. ²Es ist nur der Altersvorsorgevertrag begünstigt, für den zuerst die Zulage beantragt wird.

§ 88
Entstehung des Anspruchs auf Zulage

Der Anspruch auf die Zulage entsteht mit Ablauf des Kalenderjahres, in dem die Altersvorsorgebeiträge geleistet worden sind (Beitragsjahr).

§ 89
Antrag

(1) ¹Der Zulageberechtigte hat den Antrag auf Zulage nach amtlich vorgeschriebenem Vordruck bis zum Ablauf des zweiten Kalenderjahres, das auf das Beitragsjahr (§ 88) folgt, bei dem Anbieter seines Vertrages einzureichen. ²Hat der Zulageberechtigte im Beitragsjahr Altersvorsorgebeiträge für mehrere Verträge gezahlt, so hat er mit dem Zulageantrag zu bestimmen, auf welche Verträge die Zulage überwiesen werden soll. ³Beantragt der Zulageberechtigte die Zulage für mehr als zwei Verträge, so wird die Zulage nur für die zwei Verträge mit den höchsten Altersvorsorgebeiträgen gewährt. ⁴Sofern eine Zulagenummer (§ 90 Abs. 1 Satz 2) durch die zentrale Stelle (§ 81) oder eine Versicherungsnummer nach § 147 des Sechsten Buches Sozialgesetzbuch für den nach § 79 Satz 2 berechtigten Ehegatten noch nicht vergeben ist, hat dieser über seinen Anbieter eine Zulagenummer bei der zentralen Stelle zu beantragen. ⁵Der Antragsteller ist verpflichtet, dem Anbieter unverzüglich eine Änderung der Verhältnisse mitzuteilen, die zu einer Minderung oder zum Wegfall des Zulageanspruchs führt.

(1a) ¹Der Zulageberechtigte kann den Anbieter seines Vertrages schriftlich bevollmächtigen, für ihn abweichend von Absatz 1 die Zulage für jedes Beitragsjahr zu beantragen. ²Absatz 1 Satz 5 gilt mit Ausnahme der Mitteilung geänderter beitragspflichtiger Einnahmen entsprechend. ³Ein Widerruf der

Vollmacht ist bis zum Ablauf des Beitragsjahres, für das der Anbieter keinen Antrag auf Zulage stellen soll, gegenüber dem Anbieter zu erklären.

(2) ¹Der Anbieter ist verpflichtet,

a) die Vertragsdaten,

b) die Versicherungsnummer nach § 147 des Sechsten Buches Sozialgesetzbuch, die Zulagenummer des Zulageberechtigten und dessen Ehegatten oder einen Antrag auf Vergabe einer Zulagenummer eines nach § 79 Satz 2 berechtigten Ehegatten,

c) die vom Zulageberechtigten mitgeteilten Angaben zur Ermittlung des Mindesteigenbeitrags (§ 86),

d) die für die Gewährung der Kinderzulage erforderlichen Daten,

e) die Höhe der geleisteten Altersvorsorgebeiträge und

f) das Vorliegen einer nach Absatz 1a erteilten Vollmacht

als die für die Ermittlung und Überprüfung des Zulageanspruchs und Durchführung des Zulageverfahrens erforderlichen Daten zu erfassen. ²Er hat die Daten der bei ihm im Laufe eines Kalendervierteljahres eingegangenen Anträge bis zum Ende des folgenden Monats nach amtlich vorgeschriebenem Datensatz durch amtlich bestimmte Datenfernübertragung an die zentrale Stelle zu übermitteln. ³Dies gilt auch im Fall des Absatzes 1 Satz 5.

(3) ¹Ist der Anbieter nach Absatz 1a Satz 1 bevollmächtigt worden, hat er der zentralen Stelle die nach Absatz 2 Satz 1 erforderlichen Angaben für jedes Kalenderjahr bis zum Ablauf des auf das Beitragsjahr folgenden Kalenderjahres zu übermitteln. ²Liegt die Bevollmächtigung erst nach dem im Satz 1 genannten Meldetermin vor, hat der Anbieter die Angaben bis zum Endes des folgenden Kalendervierteljahres nach der Bevollmächtigung, spätestens jedoch bis zum Ablauf der in Absatz 1 Satz 1 genannten Antragsfrist, zu übermitteln. ³Absatz 2 Satz 2 und 3 gilt sinngemäß.

§ 90
Verfahren

(1) ¹Die zentrale Stelle ermittelt auf Grund der von ihr erhobenen oder der ihr übermittelten Daten, ob und in welcher Höhe ein Zulageanspruch besteht. ²Soweit der zuständige Träger der Rentenversicherung keine Versicherungsnummer vergeben hat, vergibt die zentrale Stelle zur Erfüllung der ihr nach diesem Abschnitt zugewiesenen Aufgaben eine Zulagenummer. ³Die zentrale Stelle teilt im Falle eines Antrags nach § 10a Abs. 1a der zuständigen Stelle, im Falle eines Antrags nach § 89 Abs. 1 Satz 4 dem Anbieter die Zulagenummer mit; von dort wird sie an den Antragsteller weitergeleitet.

(2) ¹Die zentrale Stelle veranlasst die Auszahlung an den Anbieter zugunsten des Zulageberechtigten durch die zuständige Kasse. ²Ein gesonderter Zulagenbescheid ergeht vorbehaltlich des Absatzes 4 nicht. ³Der Anbieter hat die erhaltenen Zulagen unverzüglich den begünstigten Verträgen gutzuschreiben. ⁴Zulagen, die nach Beginn der Auszahlungsphase für das Altersvorsorgevermögen von der zentralen Stelle an den Anbieter überwiesen werden, können vom Anbieter an den Anleger ausgezahlt werden. ⁵Besteht kein Zulageanspruch, so teilt die zentrale Stelle dies dem Anbieter durch Datensatz mit. ⁶Die zentrale Stelle teilt dem Anbieter die Altersvorsorgebeiträge im Sinne des § 82, auf die § 10a oder dieser Abschnitt angewendet wurde, durch Datensatz mit.

(3) ¹Erkennt die zentrale Stelle nachträglich, dass der Zulageanspruch ganz oder teilweise nicht besteht oder weggefallen ist, so hat sie zu Unrecht gutgeschriebene oder ausgezahlte Zulagen zurückzufordern und dies dem Anbieter durch Datensatz mitzuteilen. ²Bei bestehendem Vertragsverhältnis hat der Anbieter das Konto zu belasten. ³Die im Kalendervierteljahr mitgeteilten Rückforderungsbeträge hat er bis zum zehnten Tag des dem Kalendervierteljahr folgenden Monats in einem Betrag bei der zentralen Stelle anzumelden und an diese abzuführen. ⁴Die Anmeldung nach Satz 3 ist nach amtlich vorgeschriebenem Vordruck abzugeben. ⁵Sie gilt als Steueranmeldung im Sinne der Abgabenordnung.

(4) ¹Eine Festsetzung der Zulage erfolgt nur auf besonderen Antrag des Zulageberechtigten. ²Der Antrag ist schriftlich innerhalb eines Jahres vom Antragsteller an den Anbieter zu richten; die Frist beginnt mit der Erteilung der Bescheinigung nach § 92, die die Ermittlungsergebnisse für das Beitragsjahr enthält, für das eine Festsetzung der Zulage erfolgen soll. ³Der Anbieter leitet den Antrag der zentralen Stelle zur Festsetzung zu. ⁴Er hat dem Antrag eine Stellungnahme und die zur Festsetzung erforderlichen Unterlagen beizufügen. ⁵Die zentrale Stelle teilt die Festsetzung auch dem Anbieter mit. ⁶Im Übrigen gilt Absatz 3 entsprechend.

§ 90a
Anmeldeverfahren

(weggefallen)

§ 91
Datenerhebung und Datenabgleich

(1) ¹Für die Berechnung und Überprüfung der Zulage sowie die Überprüfung des Vorliegens der Voraussetzungen des Sonderausgabenabzugs nach § 10a übermitteln die Träger der gesetzlichen Rentenversicherung, die landwirtschaftliche Alterskasse, die Bundesagentur für Arbeit, die Meldebehörden, die Familienkassen und die Finanzämter der zentralen Stelle auf Anforderung die bei ihnen vorhandenen Daten nach § 89 Abs. 2 durch Datenfernübertragung; für Zwecke der Berechnung des Mindesteigenbeitrags für ein Beitragsjahr darf die zentrale Stelle bei den Trägern der gesetzlichen Rentenversicherung und der landwirtschaftlichen Alterskasse die bei ihnen vorhandenen Daten zu den beitragspflichtigen Einnahmen sowie in den Fällen des § 10a Abs. 1 Satz 4 zur Höhe der bezogenen Rente wegen voller Erwerbsminderung oder Erwerbsunfähigkeit erheben, sofern diese nicht vom Anbieter nach § 89 übermittelt worden sind. ²Für Zwecke der Überprüfung nach Satz 1 darf die zentrale Stelle die ihr übermittelten Daten mit den ihr nach § 89 Abs. 2 übermittelten Daten automatisiert abgleichen. ³Führt die Überprüfung zu einer Änderung der ermittelten oder festgesetzten Zulage, ist

dies dem Anbieter mitzuteilen. ⁴Ergibt die Überprüfung eine Abweichung von dem in der Steuerfestsetzung berücksichtigten Sonderausgabenabzug nach § 10a oder der gesonderten Feststellung nach § 10a Abs. 4, ist dies dem Finanzamt mitzuteilen; die Steuerfestsetzung oder die gesonderte Feststellung ist insoweit zu ändern.

(2) ¹Die zuständige Stelle hat der zentralen Stelle die Daten nach § 10a Abs. 1 Satz 1 zweiter Halbsatz bis zum 31. März des dem Beitragsjahr folgenden Kalenderjahres durch Datenfernübertragung zu übermitteln. ²Liegt die Einwilligung nach § 10a Abs. 1 Satz 1 zweiter Halbsatz erst nach dem in Satz 1 genannten Meldetermin vor, hat die zuständige Stelle die Daten spätestens bis zum Ende des folgenden Kalendervierteljahres nach Erteilung der Einwilligung nach Maßgabe von Satz 1 zu übermitteln.

§ 92
Bescheinigung

¹Der Anbieter hat dem Zulageberechtigten jährlich eine Bescheinigung nach amtlich vorgeschriebenem Muster zu erteilen über

1. die Höhe der im abgelaufenen Beitragsjahr geleisteten Altersvorsorgebeiträge (Beiträge und Tilgungsleistungen),
2. die im abgelaufenen Beitragsjahr getroffenen, aufgehobenen oder geänderten Ermittlungsergebnisse (§ 90),
3. die Summe der bis zum Ende des abgelaufenen Beitragsjahres dem Vertrag gutgeschriebenen Zulagen,
4. die Summe der bis zum Ende des abgelaufenen Beitragsjahres geleisteten Altersvorsorgebeiträge (Beiträge und Tilgungsleistungen),
5. den Stand des Altersvorsorgevermögens,
6. den Stand des Wohnförderkontos (§ 92a Abs. 2 Satz 1), sofern er diesen von der zentralen Stelle mitgeteilt bekommen hat, und
7. die Bestätigung der durch den Anbieter erfolgten Datenübermittlung an die zentrale Stelle im Fall des § 10a Abs. 5 Satz 1.

²Einer jährlichen Bescheinigung bedarf es nicht, wenn zu Satz 1 Nummer 1, 2, 6 und 7 keine Angaben erforderlich sind und zu Satz 1 Nummer 3 bis 5 keine Änderungen gegenüber der zuletzt erteilten Bescheinigung ergeben. ³Liegen die Voraussetzungen des Satzes 2 nur hinsichtlich der Angabe nach Satz 1 Nummer 6 nicht vor und wurde die Geschäftsbeziehung im Hinblick auf den jeweiligen Altersvorsorgevertrag zwischen Zulageberechtigtem und Anbieter beendet, weil

1. das angesparte Kapital vollständig aus dem Altersvorsorgevertrag entnommen wurde oder
2. das gewährte Darlehen vollständig getilgt wurde,

bedarf es keiner jährlichen Bescheinigung, wenn der Anbieter dem Zulageberechtigten in einer Bescheinigung im Sinne dieser Vorschrift Folgendes mitteilt: „Das Wohnförderkonto erhöht sich bis zum Beginn der Auszahlungsphase jährlich um 2 Prozent, solange Sie keine Zahlungen zur Minderung des Wohnförderkontos leisten." ⁴Der Anbieter kann dem Zulageberechtigten mit dessen Einverständnis die Bescheinigung auch elektronisch bereitstellen.

§ 92a
Verwendung für eine selbst genutzte Wohnung

(1) ¹Der Zulageberechtigte kann das in einem Altersvorsorgevertrag gebildete und nach § 10a oder nach diesem Abschnitt geförderte Kapital in vollem Umfang oder, wenn das verbleibende geförderte Restkapital mindestens 3 000 Euro beträgt, teilweise wie folgt verwenden (Altersvorsorge-Eigenheimbetrag):

1. bis zum Beginn der Auszahlungsphase unmittelbar für die Anschaffung oder Herstellung einer Wohnung oder zur Tilgung eines zu diesem Zweck aufgenommenen Darlehens, wenn das dafür entnommene Kapital mindestens 3 000 Euro beträgt, oder
2. bis zum Beginn der Auszahlungsphase unmittelbar für den Erwerb von Pflicht-Geschäftsanteilen an einer eingetragenen Genossenschaft für die Selbstnutzung einer Genossenschaftswohnung oder zur Tilgung eines zu diesem Zweck aufgenommenen Darlehens, wenn das dafür entnommene Kapital mindestens 3 000 Euro beträgt, oder
3. bis zum Beginn der Auszahlungsphase unmittelbar für die Finanzierung eines Umbaus einer Wohnung, wenn
   a) das dafür entnommene Kapital
      aa) mindestens 6 000 Euro beträgt und für einen innerhalb eines Zeitraums von drei Jahren nach der Anschaffung oder Herstellung der Wohnung vorgenommenen Umbau verwendet wirrt Ader.
      bb) mindestens 20 000 Euro beträgt,
   b) das dafür entnommene Kapital zu mindestens 50 Prozent auf Maßnahmen entfällt, die die Vorgaben der DIN 18040 Teil 2, Ausgabe September 2011, soweit baustrukturell möglich, erfüllen, und der verbleibende Teil der Kosten der Reduzierung von Barrieren in oder an der Wohnung dient; die zweckgerechte Verwendung ist durch einen Sachverständigen zu bestätigen; und
   c) der Zulageberechtigte oder ein Mitnutzer der Wohnung für die Umbaukosten weder eine Förderung durch Zuschüsse noch eine Steuermäßigung nach § 35a in Anspruch nimmt oder nehmen wird noch die Berücksichtigung als außergewöhnliche Belastung nach § 33 beantragt hat oder beantragen wird und dies schriftlich bestätigt. ²Diese Bestätigung ist bei der Antragstellung nach § 92b Absatz 1 Satz 1 gegenüber der zentralen Stelle abzugeben. Bei der Inanspruchnahme eines Darlehens im Rahmen eines Altersvorsorgevertrags nach § 1 Absatz 1a des Altersvorsorgeverträge-Zertifizierungsgesetzes hat der Zulageberechtigte die Bestätigung gegenüber seinem Anbieter abzugeben.

²Die DIN 18040 ist im Beuth-Verlag GmbH, Berlin und Köln, erschienen und beim Deutschen Patent- und Markenamt in München archivmäßig gesichert niedergelegt. ³Die technischen Mindestanforderungen für die Reduzierung von Barrieren in oder an der Wohnung nach Satz 1 Nummer 3 Buchstabe b werden durch das Bundesministerium für Verkehr, Bau und Stadtentwicklung im Einvernehmen mit dem Bundesministerium der Finanzen festgelegt und im Bundesbaublatt veröffentlicht. Sachverständige im Sinne dieser Vorschrift sind nach Landesrecht Bauvorlageberechtigte sowie nach § 91 Absatz 1 Nummer 8 der Handwerksordnung öffentlich bestellte und vereidigte Sachverständige, die für ein Sachgebiet bestellt sind, das die Barrierefreiheit und Barrierereduzierung in Wohngebäuden umfasst, und die eine besondere Sachkunde oder ergänzende Fortbildung auf diesem Gebiet nachweisen. Eine nach Satz 1 begünstigte Wohnung ist

1. eine Wohnung in einem eigenen Haus oder
2. eine eigene Eigentumswohnung oder
3. eine Genossenschaftswohnung einer eingetragenen Genossenschaft,

wenn diese Wohnung in einem Mitgliedstaat der Europäischen Union oder in einem Staat, auf den das Abkommen über den Europäischen Wirtschaftsraum (EWR-Abkommen) anwendbar ist, belegen ist und die Hauptwohnung oder den Mittelpunkt der Lebensinteressen des Zulageberechtigten darstellt. ³Einer Wohnung im Sinne des Satzes 5 steht ein eigentumsähnliches oder lebenslanges Dauerwohnrecht nach § 33 des Wohnungseigentumsgesetzes gleich, soweit Vereinbarungen nach § 39 des Wohnungseigentumsgesetzes getroffen werden. ⁴Bei der Ermittlung des Restkapitals nach Satz 1 ist auf den Stand des geförderten Altersvorsorgevermögens zum Ablauf des Tages abzustellen, an dem die zentrale Stelle den Bescheid nach § 92b ausgestellt hat. ⁵Der Altersvorsorge-Eigenheimbetrag gilt als Leistung aus einem Altersvorsorgevertrag, die dem Zulageberechtigten im Zeitpunkt der Auszahlung zufließt.

(2) ¹Der Altersvorsorge-Eigenheimbetrag, die Tilgungsleistungen im Sinne des § 82 Absatz 1 Satz 1 Nummer 2 und die hierfür gewährten Zulagen sind durch die zentrale Stelle in Bezug auf den zugrunde liegenden Altersvorsorgevertrag gesondert zu erfassen (Wohnförderkonto); die zentrale Stelle teilt für jeden Altersvorsorgevertrag, für den sie ein Wohnförderkonto führt (Altersvorsorgevertrag mit Wohnförderkonto), dem Anbieter jährlich den Stand des Wohnförderkontos nach amtlich vorgeschriebenem Datensatz durch Datenfernübertragung mit. ²Beiträge, die nach § 82 Absatz 1 Satz 3 wie Tilgungsleistungen behandelt wurden, sind im Zeitpunkt der unmittelbaren Darlehenstilgung einschließlich der zur Tilgung eingesetzten Zulagen und Erträge in das Wohnförderkonto aufzunehmen; zur Tilgung eingesetzte ungeförderte Beiträge einschließlich der darauf entfallenden Erträge fließen dem Zulageberechtigten in diesem Zeitpunkt zu. ³Nach Ablauf eines Beitragsjahres, letztmals für das Beitragsjahr des Beginns der Auszahlungsphase, ist der sich aus dem Wohnförderkonto ergebende Gesamtbetrag um 2 Prozent zu erhöhen. ⁴Das Wohnförderkonto ist zu vermindern um

1. Zahlungen des Zulageberechtigten auf einen auf seinen Namen lautenden zertifizierten Altersvorsorgevertrag nach § 1 Absatz 1 des Altersvorsorgeverträge-Zertifizierungsgesetzes bis zum Beginn der Auszahlungsphase zur Minderung der in das Wohnförderkonto eingestellten Beträge; der Anbieter, bei dem die Einzahlung erfolgt, hat der zentralen Stelle nach amtlich vorgeschriebenem Datensatz durch Datenfernübertragung mitzuteilen; erfolgt die Einzahlung nicht auf den Altersvorsorgevertrag mit Wohnförderkonto, hat der Zulageberechtigte dem Anbieter, bei dem die Einzahlung erfolgt, die Vertragsdaten des Altersvorsorgevertrags mit Wohnförderkonto mitzuteilen; diese hat der Anbieter der zentralen Stelle zusätzlich mitzuteilen;

2. den Verminderungsbetrag nach Satz 5.

⁵Verminderungsbetrag ist der sich mit Ablauf des Kalenderjahres des Beginns der Auszahlungsphase ergebende Stand des Wohnförderkontos dividiert durch die Anzahl der Jahre bis zur Vollendung des 85. Lebensjahres des Zulageberechtigten; als Beginn der Auszahlungsphase gilt der vom Zulageberechtigten und Anbieter vereinbarte Zeitpunkt, der zwischen der Vollendung des 60. Lebensjahres und des 68. Lebensjahres des Zulageberechtigten liegen muss; ist ein Auszahlungszeitpunkt nicht vereinbart, so gilt die Vollendung des 67. Lebensjahres als Beginn der Auszahlungsphase. ⁶Anstelle einer Verminderung nach Satz 5 kann der Zulageberechtigte jederzeit in der Auszahlungsphase von der zentralen Stelle die Auflösung des Wohnförderkontos verlangen (Auflösungsbetrag). ⁷Der Anbieter hat im Zeitpunkt der unmittelbaren Darlehenstilgung die Beträge nach Satz 2 erster Halbsatz und der Anbieter eines Altersvorsorgevertrags mit Wohnförderkonto hat zu Beginn der Auszahlungsphase den Zeitpunkt des Beginns der Auszahlungsphase der zentralen Stelle nach amtlich vorgeschriebenem Datensatz durch Datenfernübertragung mitzuteilen. ⁸Wird gefördertes Altersvorsorgevermögen nach § 93 Absatz 2 Satz 1 von einem Anbieter auf einen anderen auf den Namen des Zulageberechtigten lautenden Altersvorsorgevertrag vollständig übertragen und hat die zentrale Stelle für den bisherigen Altersvorsorgevertrag ein Wohnförderkonto geführt, so schließt sie das Wohnförderkonto des bisherigen Vertrags und führt es zu dem neuen Altersvorsorgevertrag fort. ⁹Erfolgt eine Zahlung nach Satz 4 Nummer 1 oder nach Absatz 3 Satz 9 Nummer 2 auf einen anderen Altersvorsorgevertrag als auf den Altersvorsorgevertrag mit Wohnförderkonto, schließt die zentrale Stelle das Wohnförderkonto des bisherigen Vertrags und führt es ab dem Zeitpunkt der Einzahlung für den Altersvorsorgevertrag fort, auf den die Einzahlung erfolgt ist. ¹⁰Die zentrale Stelle teilt die Schließung des Wohnförderkontos dem Anbieter des bisherigen Altersvorsorgevertrags mit Wohnförderkonto mit.

(2a) ¹Geht im Rahmen der Regelung von Scheidungsfolgen der Eigentumsanteil des Zulageberechtigten an der Wohnung im Sinne des Absatzes 1

Satz 5 ganz oder teilweise auf den anderen Ehegatten über, geht das Wohnförderkonto in Höhe des Anteils, der dem Verhältnis des übergegangenen Eigentumsanteils zum verbleibenden Eigentumsanteil entspricht, mit allen Rechten und Pflichten auf den anderen Ehegatten über; dabei ist auf das Lebensalter des anderen Ehegatten abzustellen. ²Hat der andere Ehegatte das Lebensalter für den vertraglich vereinbarten Beginn der Auszahlungsphase oder, soweit kein Beginn der Auszahlungsphase vereinbart wurde, das 67. Lebensjahr im Zeitpunkt des Übergangs des Wohnförderkontos bereits überschritten, so gilt als Beginn der Auszahlungsphase der Zeitpunkt des Übergangs des Wohnförderkontos. ³Der Zulageberechtigte hat den Übergang des Eigentumsanteils der zentralen Stelle nachzuweisen. ⁴Dazu hat er die für die Anlage eines Wohnförderkontos erforderlichen Daten des anderen Ehegatten mitzuteilen. ⁵Die Sätze 1 bis 4 gelten entsprechend für Ehegatten, die im Zeitpunkt des Todes des Zulageberechtigten

1. nicht dauernd getrennt gelebt haben (§ 26 Absatz 1) und
2. ihren Wohnsitz oder gewöhnlichen Aufenthalt in einem Mitgliedstaat der Europäischen Union oder einem Staat hatten, auf den das Abkommen über den Europäischen Wirtschaftsraum anwendbar ist.

(3) ¹Nutzt der Zulageberechtigte die Wohnung im Sinne des Absatzes 1 Satz 5, für die ein Altersvorsorge-Eigenheimbetrag verwendet oder für die eine Tilgungsförderung im Sinne des § 82 Absatz 1 in Anspruch genommen worden ist, nicht nur vorübergehend nicht mehr zu eigenen Wohnzwecken, hat er dies dem Anbieter, in der Auszahlungsphase der zentralen Stelle, unter Angabe des Zeitpunkts der Aufgabe der Selbstnutzung mitzuteilen. ²Eine Aufgabe der Selbstnutzung liegt auch vor, soweit der Zulageberechtigte das Eigentum an der Wohnung aufgibt. ³Die Mitteilungspflicht gilt entsprechend für den Rechtsnachfolger der begünstigten Wohnung, wenn der Zulageberechtigte stirbt. ⁴Die Anzeigepflicht entfällt, wenn das Wohnförderkonto vollständig zurückgeführt worden ist, es sei denn, es liegt ein Fall des § 22 Nummer 5 Satz 6 vor. ⁵Im Fall des Satzes 1 gelten die im Wohnförderkonto erfassten Beträge als Leistungen aus einem Altersvorsorgevertrag, die dem Zulageberechtigten nach letztmaliger Erhöhung des Wohnförderkontos nach Absatz 2 Satz 3 zum Ende des Veranlagungszeitraums, in dem die Selbstnutzung aufgegeben wurde, zufließen; das Wohnförderkonto ist aufzulösen (Auflösungsbetrag). ⁶Verstirbt der Zulageberechtigte, ist der Auflösungsbetrag ihm noch zuzurechnen. ⁷Der Anbieter hat der zentralen Stelle den Zeitpunkt der Aufgabe nach amtlich vorgeschriebenem Datensatz durch Datenfernübertragung mitzuteilen. ⁸Wurde im Fall des Satzes 1 eine Tilgungsförderung nach § 82 Absatz 1 Satz 3 in Anspruch genommen und erfolgte keine Einstellung in das Wohnförderkonto nach Absatz 2 Satz 2, sind die Beiträge, die nach § 82 Absatz 1 Satz 3 wie Tilgungsleistungen behandelt wurden, sowie die darauf entfallenden Zulagen und Erträge in ein Wohnförderkonto aufzunehmen und anschließend die weiteren Regelungen dieses Absatzes anzuwenden; Absatz 2 Satz 2 zweiter Halbsatz und Satz 7 gilt entsprechend. ⁹Die Sätze 5 bis 7 sowie § 20 sind nicht anzuwenden, wenn

1. der Zulageberechtigte einen Betrag in Höhe des noch nicht zurückgeführten Betrags im Wohnförderkonto innerhalb von zwei Jahren vor dem Veranlagungszeitraum und von fünf Jahren nach Ablauf des Veranlagungszeitraums, in dem er die Wohnung letztmals zu eigenen Wohnzwecken genutzt hat, für eine weitere Wohnung im Sinne des Absatzes 1 Satz 5 verwendet,
2. der Zulageberechtigte einen Betrag in Höhe des noch nicht zurückgeführten Betrags im Wohnförderkonto innerhalb eines Jahres nach Ablauf des Veranlagungszeitraums, in dem er die Wohnung letztmals zu eigenen Wohnzwecken genutzt hat, für einen auf seinen Namen lautenden zertifizierten Altersvorsorgevertrag zahlt; Absatz 2 Satz 4 Nummer 1 ist entsprechend anzuwenden.
3. die Ehewohnung auf Grund einer richterlichen Entscheidung nach § 1361b des Bürgerlichen Gesetzbuchs oder nach der Verordnung über die Behandlung der Ehewohnung und des Hausrats dem anderen Ehegatten zugewiesen wird oder
4. der Zulageberechtigte krankheits- oder pflegebedingt die Wohnung nicht mehr bewohnt, sofern er Eigentümer dieser Wohnung bleibt, sie ihm weiterhin zur Selbstnutzung zur Verfügung steht und sie nicht von Dritten, mit Ausnahme seines Ehegatten, genutzt wird.

¹⁰Der Zulageberechtigte hat dem Anbieter, in der Auszahlungsphase der zentralen Stelle, die Reinvestitionsabsicht und den Zeitpunkt der Reinvestition im Rahmen der Mitteilung nach Satz 1 oder die Aufgabe der Reinvestitionsabsicht mitzuteilen; in den Fällen des Absatzes 2a und des Satzes 9 Nummer 3 gelten die Sätze 1 bis 9 entsprechend für den anderen, geschiedenen oder überlebenden Ehegatten, wenn er die Wohnung nicht nur vorübergehend nicht mehr zu eigenen Wohnzwecken nutzt. ¹¹Satz 5 ist mit der Maßgabe anzuwenden, dass der Eingang der Mitteilung der aufgegebenen Reinvestitionsabsicht, spätestens jedoch der 1. Januar

1. des sechsten Jahres nach dem Jahr der Aufgabe der Selbstnutzung bei einer Reinvestitionsabsicht nach Satz 9 Nummer 1 oder
2. des zweiten Jahres nach dem Jahr der Aufgabe der Selbstnutzung bei einer Reinvestitionsabsicht nach Satz 9 Nummer 2 als Zeitpunkt der Aufgabe gilt.

(4) ¹Absatz 3 sowie § 20 sind auf Antrag des Steuerpflichtigen nicht anzuwenden, wenn er

1. die Wohnung im Sinne des Absatzes 1 Satz 5 auf Grund eines beruflich bedingten Umzugs für die Dauer der beruflich bedingten Abwesenheit nicht selbst nutzt; wird während dieser Zeit mit einer anderen Person ein Nutzungsrecht für diese Wohnung vereinbart, ist diese Vereinbarung von vorneherein entsprechend zu befristen,
2. beabsichtigt, die Selbstnutzung wieder aufzunehmen und
3. die Selbstnutzung spätestens mit der Vollendung seines 67. Lebensjahres aufnimmt.

²Der Steuerpflichtige hat den Antrag bei der zentralen Stelle zu stellen und dabei die notwendigen Nachweise zu erbringen. ³Die zentrale Stelle erteilt dem Steuerpflichtigen einen Bescheid über die Bewilligung des Antrags und informiert den Anbieter des Altersvorsorgevertrags mit Wohnförderkonto des Zulageberechtigten über die Bewilligung, eine Wiederaufnahme der Selbstnutzung nach einem beruflich bedingten Umzug und den Wegfall der Voraussetzungen nach diesem Absatz; die Information hat nach amtlich vorgeschriebenem Datensatz durch Datenfernübertragung zu erfolgen. ⁴Entfällt eine der in Satz 1 genannten Voraussetzungen, ist Absatz 3 mit der Maßgabe anzuwenden, dass bei einem Wegfall der Voraussetzung nach Satz 1 Nr. 1 als Zeitpunkt der Aufgabe der Zeitpunkt des Wegfalls der Voraussetzung und bei einem Wegfall der Voraussetzung nach Satz 1 Nr. 2 oder Nr. 3 der Eingang der Mitteilung des Steuerpflichtigen nach Absatz 3 als Zeitpunkt der Aufgabe gilt, spätestens jedoch die Vollendung des 67. Lebensjahres des Steuerpflichtigen.

§ 92b
Verfahren bei Verwendung für eine selbst genutzte Wohnung

(1) ¹Der Zulageberechtigte hat die Verwendung des Kapitals nach § 92a Absatz 1 Satz 1 spätestens zehn Monate vor dem Beginn der Auszahlungsphase des Alters Vorsorgevertrags im Sinne des § 1 Absatz 1 Nummer 2 des Altersvorsorgeverträge-Zertifizierungsgesetzes bei der zentralen Stelle zu beantragen und dabei die notwendigen Nachweise zu erbringen. ²Er hat zu bestimmen, aus welchen Altersvorsorgeverträgen der Altersvorsorge-Eigenheimbetrag ausgezahlt werden soll. ³Die zentrale Stelle teilt den Zulageberechtigten durch Bescheid und den Anbietern der in Satz 2 genannten Altersvorsorgeverträge nach amtlich vorgeschriebenem Datensatz durch Datenfernübertragung mit, bis zu welcher Höhe eine wohnungswirtschaftliche Verwendung im Sinne des § 92a Absatz 1 Satz 1 vorliegen kann.

(2) ¹Die Anbieter der in Absatz 1 Satz 2 genannten Altersvorsorgeverträge dürfen den Altersvorsorge-Eigenheimbetrag auszahlen, sobald sie die Mitteilung nach Absatz 1 Satz 3 erhalten haben. ²Sie haben der zentralen Stelle nach amtlich vorgeschriebenem Datensatz durch Datenfernübertragung Folgendes anzuzeigen:

1. den Auszahlungszeitpunkt und den Auszahlungsbetrag,
2. die Summe der bis zum Auszahlungszeitpunkt dem Altersvorsorgevertrag gutgeschriebenen Zulagen,
3. die Summe der bis zum Auszahlungszeitpunkt geleisteten Altersvorsorgebeiträge und
4. den Stand des geförderten Altersvorsorgevermögens im Zeitpunkt der Auszahlung.

(3) ¹Die zentrale Stelle stellt zu Beginn der Auszahlungsphase und in den Fällen des § 92a Absatz 2a und 3 Satz 5 den Stand des Wohnförderkontos, soweit für die Besteuerung erforderlich, den Verminderungsbetrag und den Auflösungsbetrag von Amts wegen gesondert fest. ²Die zentrale Stelle teilt die Feststellung dem Zulageberechtigten, in den Fällen des § 92a Absatz 2a Satz 1 auch dem anderen Ehegatten durch Bescheid und dem Anbieter nach amtlich vorgeschriebenem Datensatz durch Datenfernübertragung mit. ³Der Anbieter hat auf Anforderung der zentralen Stelle die zur Feststellung erforderlichen Unterlagen vorzulegen. ⁴Auf Antrag des Zulageberechtigten stellt die zentrale Stelle den Stand des Wohnförderkontos gesondert fest. ⁵§ 90 Abs. 4 Satz 2 bis 5 gilt entsprechend.

§ 93
Schädliche Verwendung

(1) ¹Wird gefördertes Altersvorsorgevermögen nicht unter den in § 1 Abs. 1 Satz 1 Nr. 4 und 10 Buchstabe c des Altersvorsorgeverträge-Zertifizierungsgesetzes oder § 1 Abs. 1 Satz 1 Nr. 4, 5 und 10 Buchstabe c des Altersvorsorgeverträge-Zertifizierungsgesetzes in der bis zum 31. Dezember 2004 geltenden Fassung genannten Voraussetzungen an den Zulageberechtigten ausgezahlt (schädliche Verwendung), sind die auf das ausgezahlte geförderte Altersvorsorgevermögen entfallenden Zulagen und die nach § 10a Abs. 4 gesondert festgestellten Beträge (Rückzahlungsbetrag) zurückzuzahlen. ²Dies gilt auch bei einer Auszahlung nach Beginn der Auszahlungsphase (§ 1 Abs. 1 Satz 1 Nr. 2 des Altersvorsorgeverträge-Zertifizierungsgesetzes) und bei Auszahlungen im Falle des Todes des Zulageberechtigten. ³Hat der Zulageberechtigte Zahlungen im Sinne des § 92a Abs. 2 Satz 4 Nr. 1 oder § 92a Abs. 3 Satz 9 Nr. 2 geleistet, dann handelt es sich bei dem hierauf beruhenden Altersvorsorgevermögen im Sinne des Satzes 1; der Rückzahlungsbetrag bestimmt sich insoweit nach der für die in das Wohnförderkonto eingestellten Beträge gewährten Förderung. ⁴Eine Rückzahlungsverpflichtung besteht nicht für den Teil der Zulagen und der Steuermäßigung,

a) der auf nach § 1 Abs. 1 Satz 1 Nr. 2 des Altersvorsorgeverträge-Zertifizierungsgesetzes angespartes gefördertes Altersvorsorgevermögen entfällt, wenn es in Form einer Hinterbliebenenrente an die dort genannten Hinterbliebenen ausgezahlt wird; dies gilt auch für Leistungen im Sinne des § 82 Abs. 3 an Hinterbliebene des Steuerpflichtigen;

b) der den Beitragsanteilen zuzuordnen ist, die für die zusätzliche Absicherung der verminderten Erwerbsfähigkeit und eine zusätzliche Hinterbliebenenabsicherung ohne Kapitalbildung verwendet worden sind;

c) der auf gefördertes Altersvorsorgevermögen entfällt, das im Falle des Todes des Zulageberechtigten auf einen auf den Namen des Ehegatten lautenden Altersvorsorgevertrag übertragen wird, wenn die Ehegatten im Zeitpunkt des Todes des Zulageberechtigten nicht dauernd getrennt gelebt haben (§ 26 Absatz 1) und ihren Wohnsitz oder gewöhnlichen Aufenthalt in einem Mitgliedstaat der Europäischen Union oder einem Staat hatten, auf den das Abkommen über den Europäischen Wirtschaftsraum (EWR-Abkommen) anwendbar ist;

d) der auf den Altersvorsorge-Eigenheimbetrag entfällt.

(1a) ¹Eine schädliche Verwendung liegt nicht vor, wenn gefördertes Altersvorsorgevermögen auf Grund einer internen Teilung nach § 10 des Versorgungsausgleichsgesetzes oder auf Grund einer externen Teilung nach § 14 des Versorgungsausgleichsgesetzes auf einen zertifizierten Altersvorsorgevertrag oder eine nach § 82 Abs. 2 begünstigte betriebliche Altersversorgung übertragen wird; die auf das übertragene Anrecht entfallende steuerliche Förderung geht mit allen Rechten und Pflichten auf die ausgleichsberechtigte Person über. ²Eine schädliche Verwendung liegt ebenfalls nicht vor, wenn gefördertes Altersvorsorgevermögen auf Grund einer externen Teilung nach § 14 des Versorgungsausgleichsgesetzes auf die Versorgungsausgleichskasse oder die gesetzliche Rentenversicherung übertragen wird; die Rechte und Pflichten der ausgleichspflichtigen Person aus der steuerlichen Förderung des übertragenen Anteils entfallen. ³In den Fällen der Sätze 1 und 2 teilt die zentrale Stelle der ausgleichspflichtigen Person die Höhe der auf die Ehezeit im Sinne des § 3 Absatz 1 des Versorgungsausgleichsgesetzes oder die Lebenspartnerschaftszeit im Sinne des § 20 Absatz 2 des Lebenspartnerschaftsgesetzes entfallenden gesondert festgestellten Beträge nach § 10a Absatz 4 und die ermittelten Zulagen mit. ⁴Die entsprechenden Beträge sind monatsweise zuzuordnen. ⁵Die zentrale Stelle teilt die geänderte Zuordnung der gesondert festgestellten Beträge nach § 10a Absatz 4 sowie der ermittelten Zulagen der ausgleichspflichtigen und in den Fällen des Satzes 1 auch der ausgleichsberechtigten Person durch Feststellungsbescheid mit. ⁶Nach Eintritt der Unanfechtbarkeit dieses Feststellungsbescheids informiert die zentrale Stelle den Anbieter durch einen Datensatz über die geänderte Zuordnung.

(2) ¹Die Übertragung von gefördertem Altersvorsorgevermögen auf einen anderen auf den Namen des Zulageberechtigten lautenden Altersvorsorgevertrag (§ 1 Abs. 1 Satz 1 Nr. 10 Buchstabe b des Altersvorsorgeverträge-Zertifizierungsgesetzes) stellt keine schädliche Verwendung dar. ²Dies gilt sinngemäß in den Fällen des § 4 Abs. 2 und 3 des Betriebsrentengesetzes, wenn das geförderte Altersvorsorgevermögen auf eine der in § 82 Abs. 2 Buchstabe a genannten Einrichtungen der betrieblichen Altersversorgung zum Aufbau einer kapitalgedeckten betrieblichen Altersversorgung übertragen und eine lebenslange Altersversorgung im Sinne des § 1 Abs. 1 Satz 1 Nr. 4 des Altersvorsorgeverträge-Zertifizierungsgesetzes oder des § 1 Abs. 1 Satz 1 Nr. 4 und 5 des Altersvorsorgeverträge-Zertifizierungsgesetzes in der bis zum 31. Dezember 2004 geltenden Fassung vorgesehen wird. ³In den übrigen Fällen der Abfindung von Anwartschaften der betrieblichen Altersversorgung gilt dies, soweit das geförderte Altersvorsorgevermögen zu Gunsten eines auf den Namen des Zulageberechtigten lautenden Altersvorsorgevertrages geleistet wird.

(3) ¹Auszahlungen zur Abfindung einer Kleinbetragsrente zu Beginn der Auszahlungsphase gelten nicht als schädliche Verwendung. ²Eine Kleinbetragsrente ist eine Rente, die bei gleichmäßiger Verrentung des gesamten zu Beginn der Auszahlungsphase zur Verfügung stehenden Kapitals eine monatliche Rente ergibt, die 1 Prozent der monatlichen Bezugsgröße nach § 18 des Vierten Buches Sozialgesetzbuch nicht übersteigt. ³Bei der Berechnung dieses Betrags sind alle bei einem Anbieter bestehenden Verträge des Zulageberechtigten insgesamt zu berücksichtigen, auf die nach diesem Abschnitt geförderte Altersvorsorgebeiträge geleistet wurden.

(4) ¹Wird bei einem einheitlichen Vertrag nach § 1 Absatz 1a Satz 1 'Nummer 2 zweiter Halbsatz des Altersvorsorgeverträge-Zertifizierungsgesetzes das. Darlehen nicht wohnungswirtschaftlich im Sinne des § 92a Absatz 1 Satz 1 verwendet, liegt zum Zeitpunkt der Darlehensauszahlung eine schädliche Verwendung des geförderten Altersvorsorgevermögens vor, es sei denn, das geförderte Altersvorsorgevermögen wird innerhalb eines Jahres nach Ablauf des Veranlagungszeitraums, in dem das Darlehen ausgezahlt wurde, auf einen anderen zertifizierten Altersvorsorgevertrag übertragen, der auf den Namen des Zulageberechtigten lautet. ²Der Zulageberechtigte hat dem Anbieter die Absicht zur Kapitalübertragung, den Zeitpunkt der Kapitalübertragung bis zum Zeitpunkt der Darlehenauszahlung und die Aufgabe der Absicht zur Kapitalübertragung mitzuteilen. ³Wird die Absicht zur Kapitalübertragung aufgegeben, tritt die schädliche Verwendung zu dem Zeitpunkt ein, zu dem die Mitteilung des Zulageberechtigten hierzu beim Anbieter eingeht, spätestens aber am 1. Januar des zweiten Jahres nach dem Jahr, in dem das Darlehen ausgezahlt wurde.

§ 94
Verfahren bei schädlicher Verwendung

(1) ¹In den Fällen des § 93 Abs. 1 hat der Anbieter der zentralen Stelle vor der Auszahlung des geförderten Altersvorsorgevermögens die schädliche Verwendung nach amtlich vorgeschriebenem Datensatz durch amtlich bestimmte Datenfernübertragung anzuzeigen. ²Die zentrale Stelle ermittelt den Rückzahlungsbetrag und teilt diesen dem Anbieter durch Datensatz mit. ³Der Anbieter hat den Rückzahlungsbetrag einzubehalten, mit der nächsten Anmeldung nach § 90 Abs. 3 anzumelden und an die zentrale Stelle abzuführen. ⁴Der Anbieter hat die einbehaltenen und abgeführten Beträge der zentralen Stelle nach amtlich vorgeschriebenem Datensatz durch amtlich bestimmte Datenfernübertragung mitzuteilen und diese Beträge dem Zulageberechtigten zu bescheinigen. ⁵In den Fällen des § 93 Abs. 3 gilt Satz 1 entsprechend.

(2) ¹Eine Festsetzung des Rückzahlungsbetrags erfolgt durch die zentrale Stelle auf besonderen Antrag des Zulageberechtigten oder sofern die Rückzahlung nach Absatz 1 ganz oder teilweise nicht möglich oder nicht erfolgt ist. ²§ 90 Abs. 4 Satz 2 bis 6 gilt entsprechend; § 90 Absatz 4 Satz 5 gilt nicht, wenn die Geschäftsbeziehung im Hinblick auf den jeweiligen Altersvorsorgevertrag zwischen dem Zulageberechtigten und dem Anbieter beendet wurde. ³Im Rückforderungsbescheid sind auf den Rückzahlungsbetrag die vom Anbieter bereits einbehaltenen und abgeführten Beträge nach Maßgabe der Bescheinigung nach Absatz 1 Satz 4 anzurechnen. ⁴Der Zulageberechtigte hat den verbleibenden Rückzahlungsbetrag innerhalb eines Monats nach Bekanntgabe des Rückforderungsbescheids an die zuständige Kasse zu entrichten. ⁵Die Frist für die

Festsetzung des Rückzahlungsbetrags beträgt vier Jahre und beginnt mit Ablauf des Kalenderjahres, in dem die Auszahlung im Sinne des § 93 Abs. 1 erfolgt ist.

§ 95
Sonderfälle der Rückzahlung

(1) Die §§ 93 und 94 gelten entsprechend, wenn

1. sich der Wohnsitz oder gewöhnliche Aufenthalt des Zulageberechtigten außerhalb der Mitgliedstaaten der Europäischen Union und der Staaten befindet, auf die das Abkommen über den Europäischen Wirtschaftsraum (EWR-Abkommen) anwendbar ist, oder wenn der Zulageberechtigte ungeachtet eines Wohnsitzes oder gewöhnlichen Aufenthaltes in einem dieser Staaten nach einem Abkommen zur Vermeidung der Doppelbesteuerung mit einem dritten Staat als außerhalb des Hoheitsgebiets dieser Staaten ansässig gilt und
2. entweder keine Zulageberechtigung besteht oder der Vertrag in der Auszahlungsphase ist.

(2) ¹Auf Antrag des Zulageberechtigten ist der Rückzahlungsbetrag im Sinne des § 93 Abs. 1 Satz 1 zunächst bis zum Beginn der Auszahlung zu stunden. ²Die Stundung ist zu verlängern, wenn der Rückzahlungsbetrag mit mindestens 15 Prozent der Leistungen aus dem Vertrag getilgt wird. ³Die Stundung endet, wenn das geförderte Altersvorsorgevermögen nicht unter den in § 1 Abs. 1 Satz 1 Nr. 4 des Altersvorsorgeverträge-Zertifizierungsgesetzes genannten Voraussetzungen an den Zulageberechtigten ausgezahlt wird. ⁴Der Stundungsantrag ist über den Anbieter an die zentrale Stelle zu richten. ⁵Die zentrale Stelle teilt ihre Entscheidung auch dem Anbieter mit.

(3) Wurde der Rückzahlungsbetrag nach Absatz 2 gestundet und

1. verlegt der ehemals Zulageberechtigte seinen ausschließlichen Wohnsitz oder gewöhnlichen Aufenthalt in einen Mitgliedstaat der Europäischen Union oder einen Staat, auf den das Abkommen über den Europäischen Wirtschaftsraum (EWR-Abkommen) anwendbar ist, oder
2. wird der ehemals Zulageberechtigte erneut zulageberechtigt,

sind der Rückzahlungsbetrag und die bereits entstandenen Stundungszinsen von der zentralen Stelle zu erlassen.

§ 96
Anwendung der Abgabenordnung, allgemeine Vorschriften

(1) ¹Auf die Zulagen und die Rückzahlungsbeträge sind die für Steuervergütungen geltenden Vorschriften der Abgabenordnung entsprechend anzuwenden. ²Dies gilt nicht für § 163 der Abgabenordnung.

(2) ¹Der Anbieter haftet als Gesamtschuldner neben dem Zulageempfänger für die Zulagen und die nach § 10a Abs. 4 gesondert festgestellten Beträge, die wegen seiner vorsätzlichen oder grob fahrlässigen Pflichtverletzung zu Unrecht gezahlt, nicht einbehalten oder nicht zurückgezahlt worden sind. ²Für die Inanspruchnahme des Anbieters ist die zentrale Stelle zuständig.

(3) Die zentrale Stelle hat auf Anfrage des Anbieters Auskunft über die Anwendung des Abschnitts XI zu geben.

(4) ¹Die zentrale Stelle kann beim Anbieter ermitteln, ob er seine Pflichten erfüllt hat. ²Die §§ 193 bis 203 der Abgabenordnung gelten sinngemäß. ³Auf Verlangen der zentralen Stelle hat der Anbieter ihr Unterlagen, soweit sie im Ausland geführt und aufbewahrt werden, verfügbar zu machen.

(5) Der Anbieter erhält vom Bund oder den Ländern keinen Ersatz für die ihm aus diesem Verfahren entstehenden Kosten.

(6) ¹Der Anbieter darf die im Zulageverfahren bekannt gewordenen Verhältnisse der Beteiligten nur für dieses Verfahren verwerten. ²Er darf sie ohne Zustimmung der Beteiligten nur offenbaren, soweit dies gesetzlich zugelassen ist.

(7) ¹Für die Zulage gelten die Strafvorschriften des § 370 Abs. 1 bis 4, der §§ 371, 375 Abs. 1 und des § 376 sowie die Bußgeldvorschriften der §§ 378, 379 Abs. 1 und 4 und der §§ 383 und 384 der Abgabenordnung entsprechend. ²Für das Strafverfahren wegen einer Straftat nach Satz 1 sowie der Begünstigung einer Person, die eine solche Tat begangen hat, gelten die §§ 385 bis 408, für das Bußgeldverfahren wegen einer Ordnungswidrigkeit nach Satz 1 die §§ 409 bis 412 der Abgabenordnung entsprechend.

§ 97
Übertragbarkeit

¹Das nach § 10a oder Abschnitt XI geförderte Altersvorsorgevermögen einschließlich seiner Erträge, die geförderten laufenden Altersvorsorgebeiträge und der Anspruch auf die Zulage sind nicht übertragbar. ²§ 93 Abs. 1a und § 4 des Betriebsrentengesetzes bleiben unberührt.

§ 98
Rechtsweg

In öffentlich-rechtlichen Streitigkeiten über die aufgrund des Abschnitts XI ergehenden Verwaltungsakte ist der Finanzrechtsweg gegeben.

§ 99
Ermächtigung

(1) Das Bundesministerium der Finanzen wird ermächtigt, die Vordrucke für die Anträge nach § 89 für die Anmeldung nach § 90 Abs. 3 und für die in den §§ 92 und 94 Abs. 1 Satz 4 vorgesehenen Bescheinigungen und im Einvernehmen mit den obersten Finanzbehörden der Länder den Vordruck für die nach § 22 Nummer 5 Satz 7 vorgesehene Bescheinigung und den Inhalt und Aufbau der für die Durchführung des Zulageverfahrens zu übermittelnden Datensätze zu bestimmen.

(2) ¹Das Bundesministerium der Finanzen wird ermächtigt, im Einvernehmen mit dem Bundesministerium für Arbeit und Soziales und dem Bundesministerium des Innern durch Rechtsverordnung mit Zustimmung des Bundesrates Vorschriften zur Durchführung dieses Gesetzes über das Verfahren

für die Ermittlung, Festsetzung, Auszahlung, Rückzahlung und Rückforderung der Zulage sowie die Rückzahlung und Rückforderung der nach § 10a Abs. 4 festgestellten Beträge zu erlassen. ²Hierzu gehören insbesondere

1. Vorschriften über Aufzeichnungs-, Aufbewahrungs-, Bescheinigungs- und Anzeigepflichten des Anbieters,

2. Grundsätze des vorgesehenen Datenaustausches zwischen den Anbietern, der zentralen Stelle, den Trägern der gesetzlichen Rentenversicherung, der Bundesagentur für Arbeit, den Meldebehörden, den Familienkassen, den zuständigen Stellen und den Finanzämtern und

3. Vorschriften über Mitteilungspflichten, die für die Erteilung der Bescheinigungen nach § 22 Nr. 5 Satz 7 und § 92 erforderlich sind.

EStG

Anlage 1 (zu § 4d Absatz 1)

Tabelle für die Errechung des Deckungskapitals für lebenslänglich laufende Leistungen von Unterstützungskassen

Erreichtes Alter des Leistungsempfängers (Jahre)	Die Jahresbeiträge der laufenden Leistungen sind zu vervielfachen bei Leistungen	
	an männliche Leistungsempfänger mit	an weibliche Leistungsempfänger mit
1	2	3
bis 26	11	17
27 bis 29	12	17
30	13	17
31 bis 35	13	16
36 bis 39	14	16
40 bis 46	14	15
47 und 48	14	14
49 bis 52	13	14
53 bis 56	13	13
57 und 58	13	12
59 und 60	12	12
61 bis 63	12	11
64	11	11
65 bis 67	11	10
68 bis 71	10	9
72 bis 74	9	8
75 bis 77	8	7
78	8	6
79 bis 81	7	6
82 bis 84	6	5
85 bis 87	5	4
88	4	4
89 und 90	4	3
91 bis 93	3	3
94	3	2
95 und älter	2	2

Anlage 1a (zu § 13b)
Ermittlung des Gewinns aus Land- und Forstwirtschaft nach Durchschnittssätzen

Für ein Wirtschaftsjahr betragen

1. der Grundbetrag und die Zuschläge für Tierzucht und Tierhaltung der landwirtschaftlichen Nutzung (§ 13a Absatz 4):

Gewinn pro Hektar selbst bewirtschafteter Fläche	350 EUR
bei Tierbeständen für die ersten 25 Vieheinheiten	0 EUR/Vieheinheit
bei Tierbeständen für alle weiteren Vieheinheiten	300 EUR/Vieheinheit

Angefangene Hektar und Vieheinheiten sind anteilig zu berücksichtigen.

2. die Grenzen und Gewinne der Sondemutzungen (§ 13a Absatz 6):

Nutzung	Grenze	Grenze
1	2	3
Weinbauliche Nutzung	0,66 ha	0,16 ha
Nutzungsteil Obstbau	1,37 ha	0,34 ha
Nutzungsteil Gemüsebau Freilandgemüse Unterglas Gemüse	0,67 ha 0,06 ha	0,17 ha 0,015 ha
Nutzungsteil Blumen/Zierpflanzenbau Freiland Zierpflanzen Unterglas Zierpflanzen	0,23 ha 0,04 ha	0,05 ha 0,01 ha
Nutzungsteil Baumschulen	0,15 ha	0,04 ha
Sondernutzung Spargel	0,42 ha	0,1 ha
Sondernutzung Hopfen	0,78 ha	0,19 ha
Binnenfischerei	2 000 kg Jahresfang	500 kg Jahresfang
Teichwirtschaft	1,6 ha	0,4 ha
Fischzucht	0,2 ha	0,05 ha
Imkerei	70 Völker	30 Völker
Wanderschäfereien	120 Mutterschafe	30 Mutterschafe
Weihnachtsbaumkulturen	0,4 ha	0,1 ha

2. in den Fällen des § 13a Absatz 7 Satz 1 Nummer 3 die Betriebsausgaben 60 Prozent der Betriebseinnahmen.

EStG

Anlage 2 (zu § 43b)

Gesellschaften im Sinne der Richtlinie 2011/96/EU

Gesellschaft im Sinne der genannten Richtlinie ist jede Gesellschaft, die

1. eine der aufgeführten Formen aufweist:

   a) eine Gesellschaft, die gemäß der Verordnung (EG) Nr. 2157/2001 des Rates vom 8. Oktober 2001 über das Statut der Europäischen Gesellschaft (SE) und der Richtlinie 2001/86/EG des Rates vom 8. Oktober 2001 zur Ergänzung des Statuts der Europäischen Gesellschaft hinsichtlich der Beteiligung der Arbeitnehmer gegründet wurde, sowie eine Genossenschaft, die gemäß der Verordnung (EG) Nr. 1435/2003 des Rates vom 22. Juli 2003 über das Statut der Europäischen Genossenschaft (SCE) und gemäß der Richtlinie 2003/72/EG des Rates vom 22. Juli 2003 zur Ergänzung des Statuts der Europäischen Genossenschaft hinsichtlich der Beteiligung der Arbeitnehmer gegründet wurde,

   b) Gesellschaften belgischen Rechts mit der Bezeichnung „société anonyme"/„naamloze vennootschap", „société en commandite par actions"/„commanditaire vennootschap op aandelen", „société privée à responsabilité limitée"/„besloten vennootschap met beperkte aansprakelijkheid", „société coopérative à responsabilité limitée"/„coöperatieve vennootschap met beperkte aansprakelijkheid", „société coopérative à responsabilité illimitée"/„coöperatieve vennootschap met onbeperkte aansprakelijkheid", „société en nom collectif"/„vennootschap onder firma" oder „société en commandite simple"/„gewone commanditaire vennootschap", öffentliche Unternehmen, die eine der genannten Rechtsformen angenommen haben, und andere nach belgischem Recht gegründete Gesellschaften, die der belgischen Körperschaftsteuer unterliegen,

   c) Gesellschaften bulgarischen Rechts mit der Bezeichnung „събирателно дружество", „командитно дружество", „дружество с ограничена отговорност", „акционерно дружество", „командитно дружество с акции", „неперсонифицирано дружество", „кооперации", „кооперативни съюзи" oder „държавни предприятия", die nach bulgarischem Recht gegründet wurden und gewerbliche Tätigkeiten ausüben,

   d) Gesellschaften tschechischen Rechts mit der Bezeichnung „akciová společnost" oder „společnost s ručením omezeným",

   e) Gesellschaften dänischen Rechts mit der Bezeichnung „aktieselskab" oder „anpartsselskab" und weitere nach dem Körperschaftsteuergesetz steuerpflichtige Gesellschaften, soweit ihr steuerbarer Gewinn nach den allgemeinen steuerrechtlichen Bestimmungen für die „aktieselskaber" ermittelt und besteuert wird,

   f) Gesellschaften deutschen Rechts mit der Bezeichnung „Aktiengesellschaft", „Kommanditgesellschaft auf Aktien", „Gesellschaft mit beschränkter Haftung", „Versicherungsverein auf Gegenseitigkeit", „Erwerbs- und Wirtschaftsgenossenschaft" oder „Betrieb gewerblicher Art von juristischen Personen des öffentlichen Rechts" und andere nach deutschem Recht gegründete Gesellschaften, die der deutschen Körperschaftsteuer unterliegen,

   g) Gesellschaften estnischen Rechts mit der Bezeichnung „täisühing", „usaldusühing", „osaühing", „aktsiaselts" oder „tulundusühistu",

   h) nach irischem Recht gegründete oder eingetragene Gesellschaften, gemäß dem Industrial and Provident Societies Act eingetragene Körperschaften, gemäß dem Building Societies Act gegründete „building societies" und „trustee savings banks" im Sinne des Trustee Savings Banks Act von 1989,

   i) Gesellschaften griechischen Rechts mit der Bezeichnung „ανώνυμη εταιρεία" oder „εταιρεία περιωρισμένης ευθύνης (Ε.Π.Ε.)" und andere nach griechischem Recht gegründete Gesellschaften, die der griechischen Körperschaftsteuer unterliegen,

   j) Gesellschaften spanischen Rechts mit der Bezeichnung „sociedad anónima", „sociedad comanditaria por acciones" oder „sociedad de responsabilidad limitada" und die öffentlich-rechtlichen Körperschaften, deren Tätigkeit unter das Privatrecht fällt sowie andere nach spanischem Recht gegründete Körperschaften, die der spanischen Körperschaftsteuer („impuesto sobre sociedades") unterliegen,

   k) Gesellschaften französischen Rechts mit der Bezeichnung „société anonyme", „société en commandite par actions", „société à responsabilité limitée", „sociétés par actions simplifiées", „sociétés d'assurances mutuelles", „caisses d'épargne et de prévoyance", „sociétés civiles", die automatisch der Körperschaftsteuer unterliegen, „coopératives", „unions de coopératives", die öffentlichen Industrie- und Handelsbetriebe, die öffentlichen Industrie- und Handelsunternehmen und andere nach französischem Recht gegründete Gesellschaften, die der französischen Körperschaftsteuer unterliegen,

   l) Gesellschaften kroatischen Rechts mit der Bezeichnung „dioničko društvo" oder „društvo s ograničenom odgovornošću" und andere nach kroatischem Recht gegründete Gesellschaften, die der kroatischen Gewinnsteuer unterliegen,

   m) Gesellschaften italienischen Rechts mit der Bezeichnung „società per azioni", „società in accomandita per azioni", „società a responsabilità limitata", „società cooperative" oder „società di mutua assicurazione" sowie öffentliche und private Körperschaften, deren Tätigkeit ganz oder überwiegend handelsgewerblicher Art ist,

n) Gesellschaften zyprischen Rechts mit der Bezeichnung „εταιρείες" im Sinne der Einkommensteuergesetze,

o) Gesellschaften lettischen Rechts mit der Bezeichnung „akciju sabiedrība" oder „sabiedrība ar ierobežotu atbildību",

p) Gesellschaften litauischen Rechts,

q) Gesellschaften luxemburgischen Rechts mit der Bezeichnung „société anonyme", „société en commandite par actions", „société à responsabilité limitée", „société coopérative", „société coopérative organisée comme une société anonyme", „association d'assurances mutuelles", „association d'épargne-pension" oder „entreprise de nature commerciale, industrielle ou minière de l'Etat, des communes, des syndicats de communes, des établissements publics et des autres personnes morales de droit public" sowie andere nach luxemburgischem Recht gegründete Gesellschaften, die der luxemburgischen Körperschaftsteuer unterliegen,

r) Gesellschaften ungarischen Rechts mit der Bezeichnung: „közkereseti társaság", „betéti társaság", „közös vállalat", „korlátolt felelősségű társaság", „részvénytársaság", „egyesülés" oder „szövetkezet",

s) Gesellschaften maltesischen Rechts mit der Bezeichnung: „Kumpaniji ta' Responsabilita' Limitata" oder „Soċjetajiet en commandite li l-kapital tagħhom maqsum f'azzjonijiet",

t) Gesellschaften niederländischen Rechts mit der Bezeichnung „naamloze vennootschap", „besloten vennootschap met beperkte aansprakelijkheid", „open commanditaire vennootschap", „coöperatie", „onderlinge waarborgmaatschappij", „fonds voor gemene rekening", „vereniging op coöperatieve grondslag" oder „vereniging welke op onderlinge grondslag als verzekeraar of keredietinstelling optreedt" und andere nach niederländischem Recht gegründete Gesellschaften, die der niederländischen Körperschaftsteuer unterliegen,

u) Gesellschaften österreichischen Rechts mit der Bezeichnung „Aktiengesellschaft", „Gesellschaft mit beschränkter Haftung", „Versicherungsvereine auf Gegenseitigkeit", „Erwerbs- und Wirtschaftsgenossenschaften", „Betriebe gewerblicher Art von Körperschaften des öffentlichen Rechts" oder „Sparkassen" sowie andere nach österreichischem Recht gegründete Gesellschaften, die der österreichischen Körperschaftsteuer unterliegen,

v) Gesellschaften polnischen Rechts mit der Bezeichnung „spółka akcyjna" oder „spółka z ograniczoną odpowiedzialnością",

w) Gesellschaften portugiesischen Rechts in Form von Handelsgesellschaften oder zivilrechtlichen Handelsgesellschaften sowie Genossenschaften und öffentliche Unternehmen,

x) Gesellschaften rumänischen Rechts mit der Bezeichnung „societăți pe acțiuni", „societăți în comandită pe acțiuni" oder „societăți cu răspundere limitată",

y) Gesellschaften slowenischen Rechts mit der Bezeichnung „delniška družba", „komanditna družba" oder „družba z omejeno odgovornostjo",

z) Gesellschaften slowakischen Rechts mit der Bezeichnung „akciová spoločnosť", „spoločnosť s ručením obmedzeným" oder „komanditná spoločnosť",

aa) Gesellschaften finnischen Rechts mit der Bezeichnung „osakeyhtiö"/„aktiebolag", „osuuskunta"/„andelslag", „säästöpankki"/„sparbank" oder „vakuutusyhtiö"/„försäkringsbolag",

bb) Gesellschaften schwedischen Rechts mit der Bezeichnung „aktiebolag", „försäkringsaktiebolag", „ekonomiska föreningar", „sparbanker", „ömsesidiga försäkringsbolag" oder „försäkringsföreningar",

cc) nach dem Recht des Vereinigten Königreichs gegründete Gesellschaften;

2. nach dem Steuerrecht eines Mitgliedstaates in Bezug auf den steuerlichen Wohnsitz als in diesem Staat ansässig betrachtet wird und auf Grund eines mit einem dritten Staat geschlossenen Doppelbesteuerungsabkommens in Bezug auf den steuerlichen Wohnsitz nicht als außerhalb der Gemeinschaft ansässig betrachtet wird und

3. ohne Wahlmöglichkeit einer der folgenden Steuern oder irgendeiner Steuer, die eine dieser Steuern ersetzt, unterliegt, ohne davon befreit zu sein:

– vennootschapsbelasting/impôt des sociétés in Belgien,
– корпоративен данък in Bulgarien,
– daň z příjmů právnických osob in der Tschechischen Republik,
– selskabsskat in Dänemark,
– Körperschaftsteuer in Deutschland,
– tulumaks in Estland,
– corporation tax in Irland,
– φόρος εισοδήματος νομικών προσώπων κερδοσκοπικού χαρακτήρα in Griechenland,
– impuesto sobre sociedades in Spanien,
– impôt sur les sociétés in Frankreich,
– porez na dobit in Kroatien,
– imposta sul reddito delle persone giuridiche in Italien,
– φόρος εισοδήματος in Zypern,
– uzņēmumu ienākuma nodoklis in Lettland,
– pelno mokestis in Litauen,
– impôt sur le revenu des collectivités in Luxemburg,

EStG

- társasági adó, osztalékadó in Ungarn,
- taxxa fuq l-income in Malta,
- vennootschapsbelasting in den Niederlanden,
- Körperschaftsteuer in Österreich,
- podatek dochodowy od osób prawnych in Polen,
- imposto sobre o rendimento das pessoas colectivas in Portugal, – impozit pe profit in Rumänien,
- davek od dobička pravnih oseb in Slowenien,
- daň z príjmov právnických osôb in der Slowakei,
- yhteisöjen tulovero/inkomstskatten för samfund in Finnland,
- statlig inkomstskatt in Schweden,
- corporation tax im Vereinigten Königreich.

Anlage 3 (zu § 50g)

1. Unternehmen im Sinne von § 50g Absatz 3 Nummer 5 Buchstabe a Doppelbuchstabe aa sind:

   a) Gesellschaften belgischen Rechts mit der Bezeichnung „naamloze vennootschap"/ „société anonyme", „commanditaire vennootschap op aandelen"/„société en commandite par actions" oder „besloten vennootschap met beperkte aansprakelijkheid"/„société privée à responsabilité limitée" sowie öffentlich-rechtliche Körperschaften, deren Tätigkeit unter das Privatrecht fällt;

   b) Gesellschaften dänischen Rechts mit der Bezeichnung „aktieselskab" und „anpartsselskab";

   c) Gesellschaften deutschen Rechts mit der Bezeichnung „Aktiengesellschaft", „Kommanditgesellschaft auf Aktien" oder „Gesellschaft mit beschränkter Haftung";

   d) Gesellschaften griechischen Rechts mit der Bezeichnung „ανώνυμη εταιρία";

   e) Gesellschaften spanischen Rechts mit der Bezeichnung „sociedad anónima", „sociedad comanditaria por acciones" oder „sociedad de responsabilidad limitada" sowie öffentlich-rechtliche Körperschaften, deren Tätigkeit unter das Privatrecht fällt;

   f) Gesellschaften französischen Rechts mit der Bezeichnung „société anonyme", „société en commandite par actions" oder „société a responsabilité limitée" sowie die staatlichen Industrie- und Handelsbetriebe und Unternehmen;

   g) Gesellschaften irischen Rechts mit der Bezeichnung „public companies limited by shares or by guarantee", „private companies limited by shares or by guarantee", gemäß den „Industrial and Provident Societies Acts" eingetragene Einrichtungen oder gemäß den „Building Societies Acts" eingetragene „building societies";

   h) Gesellschaften italienischen Rechts mit der Bezeichnung „società per azioni", „società in accomandita per azioni" oder „società a responsabilità limitata" sowie staatliche und private Industrie- und Handelsunternehmen;

   i) Gesellschaften luxemburgischen Rechts mit der Bezeichnung „société anonyme", „société en commandite par actions" oder „société à responsabilité limitée";

   j) Gesellschaften niederländischen Rechts mit der Bezeichnung „naamloze vennootschap" oder „besloten vennootschap met beperkte aansprakelijkheid";

   k) Gesellschaften österreichischen Rechts mit der Bezeichnung „Aktiengesellschaft" oder „Gesellschaft mit beschränkter Haftung";

   l) Gesellschaften portugiesischen Rechts in Form von Handelsgesellschaften oder zivilrechtlichen Handelsgesellschaften sowie Genossenschaften und öffentliche Unternehmen;

   m) Gesellschaften finnischen Rechts mit der Bezeichnung „osakeyhtiö/aktiebolag", „osuuskunta/andelslag", „säästöpankki/sparbank" oder „vakuutusyhtiö/försäkringsbolag";

   n) Gesellschaften schwedischen Rechts mit der Bezeichnung „aktiebolag" oder „försäkringsaktiebolag";

   o) nach dem Recht des Vereinigten Königreichs gegründete Gesellschaften;

   p) Gesellschaften tschechischen Rechts mit der Bezeichnung „akciová společnost", „společnost s ručením omezeným", „veřejná obchodní společnost", „komanditní společnost" oder „družstvo";

   q) Gesellschaften estnischen Rechts mit der Bezeichnung „täisühing", „usaldusühing", „osaühing", „aktsiaselts" oder „tulundusühistu";

   r) Gesellschaften zyprischen Rechts, die nach dem Gesellschaftsrecht als Gesellschaften bezeichnet werden, Körperschaften des öffentlichen Rechts und sonstige Körperschaften, die als Gesellschaft im Sinne der Einkommensteuergesetze gelten;

   s) Gesellschaften lettischen Rechts mit der Bezeichnung „akciju sabiedrība" oder „sabiedrība ar ierobežotu atbildību";

   t) nach dem Recht Litauens gegründete Gesellschaften;

   u) Gesellschaften ungarischen Rechts mit der Bezeichnung „közkereseti társaság", „betéti társaság", „közös vállalat", „korlátolt felelősségű társaság", „részvénytársaság", „egyesülés", „közhasznú társaság" oder „szövetkezet";

   v) Gesellschaften maltesischen Rechts mit der Bezeichnung „Kumpaniji ta' Responsabilita' Limitata" oder „Soċjetajiet in akkomandita li l-kapital tagħhom maqsum f 'azzjonijiet";

   w) Gesellschaften polnischen Rechts mit der Bezeichnung „spółka akcyjna" oder „spółka z ograniczoną odpowiedzialnością";

   x) Gesellschaften slowenischen Rechts mit der Bezeichnung „delniška družba", „komanditna delniška družba", „komanditna družba", „družba z omejeno odgovornostjo" oder „družba z neomejeno odgovornostjo";

   y) Gesellschaften slowakischen Rechts mit der Bezeichnung „akciová spoločnos", „spoločnos' s ručením obmedzeným", „komanditná spoločnos", „verejná obchodná spoločnos" oder „družstvo";

   aa) Gesellschaften bulgarischen Rechts mit der Bezeichnung „събирателното дружество", „командитното дружество", „дружеството с ограничена отговорност", „акционерното дружество", „командитното дружество с акции", „кооперации", „кооперативни съюзи" oder „държавни предприятия", die nach bulgarischem Recht gegründet wurden und gewerbliche Tätigkeiten ausüben;

bb) Gesellschaften rumänischen Rechts mit der Bezeichnung „societăți pe acțiuni", „societăți în comandită pe acțiuni" oder „societăți cu răspundere limitată";

cc) Gesellschaften kroatischen Rechts mit der Bezeichnung „dioničko društvo" oder „društvo s ograničenom odgovornošću" und andere nach kroatischem Recht gegründete Gesellschaften, die der kroatischen Gewinnsteuer unterliegen.

2. Steuern im Sinne von § 50g Absatz 3 Nummer 5 Buchstabe a Doppelbuchstabe cc sind:
   - impôt des sociétés/vennootschapsbelasting in Belgien,
   - selskabsskat in Dänemark,
   - Körperschaftsteuer in Deutschland,
   - Φόρος εισοδήματος νομικών προσώπων in Griechenland,
   - impuesto sobre sociedades in Spanien,
   - impôt sur les sociétés in Frankreich,
   - corporation tax in Irland,
   - imposta sul reddito delle persone giuridiche in Italien,
   - impôt sur le revenu des collectivités in Luxemburg,
   - vennootschapsbelasting in den Niederlanden,
   - Körperschaftsteuer in Österreich,
   - imposto sobre o rendimento da pessoas colectivas in Portugal,
   - yhteisöjen tulovero/inkomstskatten för samfund in Finnland,
   - statlig inkomstskatt in Schweden,
   - corporation tax im Vereinigten Königreich,
   - Daň z příjmů právnických osob in der Tschechischen Republik,
   - Tulumaks in Estland,
   - φόρος εισοδήματος in Zypern,
   - Uzņēmumu ienākuma nodoklis in Lettland,
   - Pelno mokestis in Litauen,
   - Társasági adó in Ungarn,
   - Taxxa fuq l-income in Malta,
   - Podatek dochodowy od osób prawnych in Polen,
   - Davek od dobička pravnih oseb in Slowenien,
   - Daň z príjmov právnických osôb in der Slowakei,
   - корпоративен данък in Bulgarien,
   - impozit pe profit, impozitul pe veniturile obținute din România de nerezidenți in Rumänien,
   - porez na dobit in Kroatien.

RL Einführung § 1

I. Steuerpflicht

§ 1 Steuerpflicht

(1) ¹Natürliche Personen, die im Inland einen Wohnsitz oder ihren gewöhnlichen Aufenthalt haben, sind unbeschränkt einkommensteuerpflichtig. ²Zum Inland im Sinne dieses Gesetzes gehört auch der der Bundesrepublik Deutschland zustehende Anteil

1. am Festlandsockel, soweit dort Naturschätze des Meeresgrundes und des Meeresuntergrundes erforscht oder ausgebeutet werden, und
2. an der ausschließlichen Wirtschaftszone, soweit dort Energieerzeugungsanlagen errichtet oder betrieben werden, die erneuerbare Energien nutzen.

(2) ¹Unbeschränkt einkommensteuerpflichtig sind auch deutsche Staatsangehörige, die

1. im Inland weder einen Wohnsitz noch ihren gewöhnlichen Aufenthalt haben und
2. zu einer inländischen juristischen Person des öffentlichen Rechts in einem Dienstverhältnis stehen und dafür Arbeitslohn aus einer inländischen öffentlichen Kasse beziehen,

sowie zu ihrem Haushalt gehörende Angehörige, die die deutsche Staatsangehörigkeit besitzen oder keine Einkünfte oder nur Einkünfte beziehen, die ausschließlich im Inland einkommensteuerpflichtig sind. ²Dies gilt nur für natürliche Personen, die in dem Staat, in dem sie ihren Wohnsitz oder ihren gewöhnlichen Aufenthalt haben, lediglich in einem der beschränkten Einkommensteuerpflicht ähnlichen Umfang zu einer Steuer vom Einkommen herangezogen werden.

(3) ¹Auf Antrag werden auch natürliche Personen als unbeschränkt einkommensteuerpflichtig behandelt, die im Inland weder einen Wohnsitz noch ihren gewöhnlichen Aufenthalt haben, soweit sie inländische Einkünfte im Sinne des § 49 haben. ²Dies gilt nur, wenn ihre Einkünfte im Kalenderjahr mindestens zu 90 Prozent der deutschen Einkommensteuer unterliegen oder die nicht der deutschen Einkommensteuer unterliegenden Einkünfte den Grundfreibetrag nach § 32a Absatz 1 Satz 2 Nummer 1 nicht übersteigen; dieser Betrag ist zu kürzen, soweit es nach den Verhältnissen im Wohnsitzstaat des Steuerpflichtigen notwendig und angemessen ist.[1] ³Inländische Einkünfte, die nach einem Abkommen zur Vermeidung der Doppelbesteuerung nur der Höhe nach beschränkt besteuert werden dürfen, gelten hierbei als nicht der deutschen Einkommensteuer unterliegend. ⁴Unberücksichtigt bleiben bei der Ermittlung der Einkünfte nach Satz 2 nicht der deutschen Einkommensteuer unterliegende Einkünfte, die im Ausland nicht besteuert werden, soweit vergleichbare Einkünfte im Inland steuerfrei sind. ⁵Weitere Voraussetzung ist, dass die Höhe der nicht der deutschen Einkommensteuer unterliegenden Einkünfte durch eine Bescheinigung der zuständigen ausländischen Steuerbehörde nachgewiesen wird. ⁶Der Steuerabzug nach § 50a ist ungeachtet der Sätze 1 bis 4 vorzunehmen.

(4) Natürliche Personen, die im Inland weder einen Wohnsitz noch ihren gewöhnlichen Aufenthalt haben, sind vorbehaltlich der Absätze 2 und 3 und des § 1a beschränkt einkommensteuerpflichtig, wenn sie inländische Einkünfte im Sinne des § 49 haben.

LStR 2015

Einführung

(1) Die Lohnsteuer-Richtlinien in der geänderten Fassung (LStR 2015) enthalten im Interesse einer einheitlichen Anwendung des Lohnsteuerrechts durch die Finanzbehörden Erläuterungen der Rechtslage, Weisungen zur Auslegung des Einkommensteuergesetzes und seiner Durchführungsverordnungen sowie Weisungen zur Vermeidung unbilliger Härten und zur Verwaltungsvereinfachung.

(2) ¹Die LStR 2015 sind beim Steuerabzug vom Arbeitslohn für Lohnzahlungszeiträume anzuwenden, die nach dem 31.12.2014 enden, und für sonstige Bezüge, die dem Arbeitnehmer nach dem 31.12.2014 zufließen. ²Sie gelten auch für frühere Zeiträume, soweit sie geänderte Vorschriften des Einkommensteuergesetzes betreffen, die vor dem 1.1.2015 anzuwenden sind. ³Die LStR 2015 sind auch für frühere Jahre anzuwenden, soweit sie lediglich eine Erläuterung der Rechtslage darstellen. ⁴R 19a ist nur bis zum

---

1) Zu § 1 Absatz 3 Satz 2 EStG Ländergruppeneinteilung siehe **Anlage § 001–01**.

§ 1 RL Einführung, Rechtsprechung

31.12.2015 anzuwenden. ⁵Die obersten Finanzbehörden der Länder können mit Zustimmung des Bundesministeriums der Finanzen (BMF) die in den Lohnsteuer-Richtlinien festgelegten Höchst- und Pauschbeträge ändern, wenn eine Anpassung an neue Rechtsvorschriften oder an die wirtschaftliche Entwicklung geboten ist.

(3) Sämtliche Regelungen dieser Richtlinien zu Ehegatten und Ehen gelten entsprechend auch für Lebenspartner und Lebenspartnerschaften.

(4) Anordnungen, die mit den nachstehenden Richtlinien im Widerspruch stehen, sind nicht mehr anzuwenden.

(5) Diesen Richtlinien liegt, soweit im Einzelnen keine andere Fassung angegeben ist, das Einkommensteuergesetz i. d. F. der Bekanntmachung vom 8.10.2009 (BGBl. I S. 3366, S. 3862, BStBl. I S. 1346), zuletzt geändert durch Artikel 1bis 3 des Gesetzes zur Anpassung des nationalen Steuerrechts an den Beitritt Kroatiens zur EU und zur Änderung weiterer steuerlicher Vorschriften vom 25.7.2014 (BGBl. I S. 1266), zu Grunde.

Hinweise

LStH 1 *Erweiterte unbeschränkte Steuerpflicht und unbeschränkte Steuerpflicht auf Antrag*
→ R 1a EStR, H 1a EStH

Rechtsprechungsauswahl

BFH v. 10. 4. 2014 VI R 11/13 (BStBl II S. 804): Auswärtstätigkeit im Ausland – Werbungskostenabzug - Abgrenzung zwischen lediglich „vorübergehender" Entsendung und von Anbeginn dauerhafter Entsendung an den neuen Beschäftigungsort

1. Ein Arbeitnehmer, der zunächst für drei Jahre und anschließend wiederholt befristet von seinem Arbeitgeber ins Ausland entsandt worden ist, begründet dort keine regelmäßige Arbeitsstätte i.S. des § 9 Abs. 1 Satz 3 Nr. 4 EStG, auch wenn er mit dem ausländischen Unternehmen für die Dauer des Entsendungszeitraums einen unbefristeten Arbeitsvertrag abgeschlossen hat.
2. Wird der Arbeitnehmer bei seiner Auswärtstätigkeit von Familienangehörigen begleitet, sind Aufwendungen für Übernachtungen nur anteilig als Werbungskosten nach § 9 Abs. 1 Satz 1 EStG zu berücksichtigen.

Fußn. d. BMF zum 2. Leitsatz: Ab dem Veranlagungszeitraum 2014 gelten neue gesetzliche Regelungen zur Bestimmung der ersten Tätigkeitsstätte und der auswärtigen beruflichen Tätigkeit - § 9 Abs. 4 EStG i.d.F. des Gesetzes zur Änderung und Vereinfachung der Unternehmensbesteuerung und des steuerlichen Reisekostenrechts vom 20. Februar 2013, BGBl. I S. 285, BStBl. I S. 188 –.

BFH v. 13. 11. 2013 I R 38/13 (BFH-Webseite): Standby-Wohnung – Wohnsitz

1. Ein Steuerpflichtiger kann mehrere Wohnsitze haben. Kennzeichen einer Wohnung ist, dass es sich – im Sinne einer bescheidenen Bleibe – um Räume handelt, die zum Bewohnen geeignet sind.
2. Der Begriff des Wohnsitzes setzt ferner voraus, dass der Steuerpflichtige die Wohnung innehat. Danach muss die Wohnung in objektiver Hinsicht dem Steuerpflichtigen jederzeit (wann immer er es wünscht) als Bleibe zur Verfügung stehen und zudem in subjektiver Hinsicht von ihm zu einer entsprechenden Nutzung, d.h. für einen jederzeitigen Wohnaufenthalt bestimmt sein. In dieser zur objektiven Eignung hinzutretenden subjektiven Bestimmung liegt der Unterschied zwischen dem bloßen Aufenthaltnehmen in einer Wohnung und dem Wohnsitz. Diese Anforderungen sind gleichermaßen für im Inland belegene sog. Standby-Wohnungen zu beachten (Anschluss an Senatsurteil vom 10. April 2013 I R 50/12, BFH/NV 2013, 1909).

BFH v. 16. 5. 2013 III R 63/10 (BFH-Webseite): Für die Frage, ob der persönliche Geltungsbereich der Verordnung (EWG) Nr. 1408/71 eröffnet ist, kommt es nicht darauf an, ob der Arbeitnehmer bzw. Selbständige auch die Voraussetzungen erfüllt, die in ihrem Anhang I Teil I Buchst. D aufgeführt sind. Der persönliche Geltungsbereich der VO Nr. 1408/71 wird im Rahmen der allgemeinen Vorschriften des Titels I in Art. 2 der VO Nr. 1408/71 festgelegt.

Die Kindergeldberechtigung nach § 62 Abs. 1 Nr. 2 Buchst. b EStG setzt voraus, dass das Finanzamt den Anspruchsteller aufgrund einer entsprechenden Ausübung seines Antragwahlrechts nach § 1 Abs. 3 EStG als fiktiv unbeschränkt steuerpflichtig behandelt hat. Ergibt sich eine vom Finanzamt vorgenommene Behandlung nach § 1 Abs. 3 EStG nicht unmittelbar aus dem Wortlaut des Steuerbescheids selbst, kommt es darauf an, ob der Anspruchsteller nach den ihm im Laufe des Veranlagungsverfahrens bekannt gewordenen Umständen unter Berücksichtigung von Treu und Glauben und mit Rücksicht auf

Rechtsprechung § 1

die Verkehrssitte den objektiven Inhalt des Bescheids so verstehen konnte, dass seinem Antrag entsprochen wurde.

Hat das Finanzamt dem Antrag des Anspruchstellers auf Behandlung nach § 1 Abs. 3 EStG entsprochen, besteht eine Kindergeldberechtigung nach § 62 Abs. 1 Nr. 2 Buchst. b EStG nur in den Monaten des betreffenden Kalenderjahrs, in denen der Anspruchsteller Einkünfte i.S. des § 49 EStG erzielt hat.

BFH v. 10. 1. 2012 I R 49/11 (BFH-Webseite): Ausnahme von der sog. überdachenden Besteuerung Die durch Art. 4 Abs. 4 Satz 1 DBA-Schweiz geregelte Zuweisung des Besteuerungsrechts zur Bundesrepublik Deutschland greift nicht ein, wenn die natürliche Person in der Schweiz ansässig geworden ist, um hier eine echte unselbständige Arbeit für einen Arbeitgeber auszuüben, an dem sie über das Arbeitsverhältnis hinaus weder unmittelbar noch mittelbar durch Beteiligung oder in anderer Weise wirtschaftlich wesentlich interessiert ist. Die Würdigung des FG, dass eine solche Absicht zur dortigen Arbeitsaufnahme nicht bestanden hat, bindet im Revisionsverfahren nach Maßgabe des § 118 Abs. 2 FGO.

BFH v. 12. 10. 2011 I R 15/11 (BStBl. 2012 II S. 548): Dauer des Aufenthalts nach der 183-Tage-Regelung gemäß Art. 13 Abs. 4 Nr. 1 DBA-Frankreich

Bei der Berechnung der Dauer des Aufenthalts nach der 183-Tage-Regelung gemäß Art. 13 Abs. 4 Nr. 1 DBA-Frankreich sind nur solche Tage zu berücksichtigen, an denen sich der Arbeitnehmer tatsächlich („physisch") im Tätigkeitsstaat aufgehalten hat. Soweit der von der deutschen und der französischen Finanzverwaltung getroffenen Verständigungsvereinbarung vom 16. Februar 2006 (s. BMF-Schreiben vom 3. April 2006, BStBl. I 2006, 304) Abweichendes zu entnehmen sein sollte, bindet dies die Rechtsprechung nicht (Anschluss an die ständige Spruchpraxis des Senats).

BFH v. 12. 1. 2011 I R 49/10 (BStBl. II S. 446): Besteuerungsrecht für Bezüge nach dem sog. Blockmodell im Rahmen der Altersteilzeit – Arbeitgeberzuschüsse zu französischer Krankenversicherung nicht steuerfrei

1. Bezüge, welche ein in Frankreich ansässiger Arbeitnehmer von seinem Arbeitgeber für eine in Deutschland ausgeübte nichtselbständige Arbeit während der Freistellungsphase nach dem sog. Blockmodell im Rahmen der Altersteilzeit erhält, sind keine Ruhegehälter, sondern nachträglicher Arbeitslohn, der als solcher in Deutschland zu versteuern ist.
2. Freiwillige Zuschüsse zu einer Krankenversicherung, die ein inländischer Arbeitgeber an einen Arbeitnehmer für dessen Versicherung in der französischen gesetzlichen Krankversicherung („CPAM") leistet, sind nicht nach § 3 Nr. 62 EStG 2002 steuerfrei (Anschluss an BFH-Urteile vom 18. Mai 2004 VI R 11/01, BFHE 206, 158, BStBl. II 2004, 1014; vom 28. Mai 2009 VI R 27/06, BFHE 225, 377, BStBl. II 2009, 857).

BFH vom 8. 12. 2010 I R 92/09 (BStBl. 2011 II S. 488): Schweizer Altersrente unterfällt nicht dem Kassenstaatsprinzip – Abgrenzung zwischen Leibrente und Ruhegeld – Abkommensautonome Auslegung des Begriffs „Ruhegehalt" – Doppelbesteuerung – Billigkeitsmaßnahme durch Anrechnung von Quellensteuer

Versorgungsleistungen einer Schweizer Pensionskasse an einen vormals im Schweizer öffentlichen Dienst tätigen Arbeitnehmer, die auch auf Beitragsleistungen des Arbeitnehmers beruhen, unterfallen nicht dem Kassenstaatsprinzip des DBA-Schweiz 1971/1992.

BFH vom 17. 11. 2010 I R 76/09 (BStBl. 2012 II S. 276): Nichtrückkehrtage im Sinne der Grenzgängerregelung im DBA-Schweiz 1971/1992 – Zuordnung einer auswärtigen Tätigkeit zu einem bestimmten Beschäftigungsverhältnis – Räumliche Zuordnung von Einkünften aus nichtselbständiger Arbeit

1. Bei der Anwendung der Grenzgängerregelung in Art. 15a DBA-Schweiz 1971/1992 zählen Dienstreisetage mit Übernachtungen im Ansässigkeitsstaat zu den „Nichtrückkehrtagen" (Bestätigung des Senatsurteils vom 11. November 2009 I R 15/09, BFHE 227, 419, BStBl. II 2010, 602).
2. Eintägige Dienstreisen in Drittstaaten führen nicht zu Nichtrückkehrtagen (Bestätigung des Senatsurteils vom 11. November 2009 I R 15/09, BFHE 227, 419, BStBl. II 2010, 602).
3. Der Tag, an dem der Arbeitnehmer von einer mehrtägigen Dienstreise in Drittstaaten an seinen Wohnsitz zurückkehrt, zählt nicht als Nichtrückkehrtag. Ein Nichtrückkehrtag liegt dagegen vor, wenn der Arbeitnehmer an diesem Tag mit der Rückreise beginnt, aber erst am Folgetag an seinen Wohnsitz zurückkehren kann (Bestätigung des Senatsurteils vom 11. November 2009 I R 15/09, BFHE 227, 419, BStBl. II 2010, 602).
4. Ein Tag, an dem der Arbeitnehmer aufgrund einer nichtselbständigen Tätigkeit für einen nicht in der Schweiz ansässigen Arbeitgeber nicht an seinen Wohnsitz zurückkehrt, ist kein Nichtrückkehrtag.

Jedoch kann eine Tätigkeit auch dann „für einen in der Schweiz ansässigen Arbeitgeber" ausgeübt werden, wenn jener Arbeitgeber den Arbeitnehmer zu einer Tochtergesellschaft entsendet und der Arbeitnehmer dort die Interessen des Schweizer Arbeitgebers wahrnehmen soll.

5. Erzielt ein Arbeitnehmer im Rahmen seines Arbeitsverhältnisses mit einem Schweizer Arbeitgeber Einkünfte aus einer in Deutschland oder in einem Drittstaat ausgeübten Tätigkeit, so „stammen" diese Einkünfte nicht i.S. des § 34c Abs. 6 Satz 4 EStG 1997 i.d.F. des StBereinG 1999 aus der Schweiz. Eine auf diese Einkünfte erhobene Schweizer Steuer kann deshalb unter den Voraussetzungen des § 34c Abs. 3 EStG 1997 i.d.F. des StBereinG 1999 bei der Ermittlung der in Deutschland zu besteuernden Einkünfte des Arbeitnehmers abgezogen werden.

BFH v. 8. 11. 2010 I R 106/09 (BFH-Webseite): Kein deutsches Besteuerungsrecht für in die USA gezahlte nachträgliche Sondervergütungen – Einordnung eines Ruhegeldes als Gewinnanteil in Form von Sondervergütungen – Keine Aussetzung des Klageverfahrens gegen den Einkommensteuerbescheid

Die Pension, die der zwischenzeitlich in den USA ansässige ehemalige Geschäftsführer der Komplementär-GmbH einer inländischen KG für seine frühere Geschäftsführertätigkeit bezieht, kann nach Art. 18 Abs. 1 DBA-USA 1989 a.f. unbeschadet des § 15 Abs. 1 Satz 1 Nr. 2 Satz 1 zweiter Halbsatz EStG 1997 nur in den USA besteuert werden. § 50d Abs. 10 i.V.m. § 52 Abs. 59a Satz 8 EStG 2002 i.d.F. des JStG 2009 ändert daran nichts.

BFH v. 19. 10. 2010 I R 109/09 (BStBl. 2011 II S. 443): Keine „überdachende" deutsche Besteuerung bei Wegzug eines Arbeitnehmers in die Schweiz

Ist ein Arbeitnehmer aus Deutschland in die Nähe seiner Arbeitsstelle in der Schweiz verzogen, so eröffnet Art. 4 Abs. 4 DBA-Schweiz 1971/1992 auch dann kein erweitertes Besteuerungsrecht Deutschlands, wenn der Umzug in die Schweiz erst mehrere Jahre nach Aufnahme der dortigen Arbeitstätigkeit erfolgt ist.

BFH v. 30. 9. 2010 III R 39/08 (BStBl. 2011 II S. 11): Inhaltliche Bestimmtheit eines Vorläufigkeitsvermerks nach § 165 Abs. 1 Satz 2 Nr. 3 AO; Voraussetzungen für den Erlass einer Teileinspruchsentscheidung; verfassungsmäßiges Zustandekommen des JStG 2007 (Auszug)

1. ... 7.

8. Das JStG 2007 ist verfassungsmäßig zustande gekommen. Trotz der grundsätzlich vorgesehenen drei Beratungen eines Gesetzentwurfs muss eine vom Gesetzentwurf in erster Beratung abweichende Beschlussempfehlung nicht Gegenstand einer erneuten ersten Beratung sein. Ein Verstoß gegen § 81 Abs. 1 Satz 2 der Geschäftsordnung des Deutschen Bundestags (Frist für die zweite Beratung) führt nicht zur formellen Verfassungswidrigkeit eines Gesetzes.

BFH v. 8. 9. 2010 I R 80/09 (BStBl. 2011 II S. 447): Nachweis der Höhe der nicht der deutschen Steuer unterliegenden Einkünfte

Die nach § 1 Abs. 3 Satz 4 EStG 2002 zum Nachweis der Höhe der nicht der deutschen Steuer unterliegenden Einkünfte erforderliche Bescheinigung der zuständigen ausländischen Steuerbehörde ist auch dann vorzulegen, wenn der Steuerpflichtige angibt, keine derartigen Einkünfte erzielt zu haben (sog. Nullbescheinigung).

BFH v. 11. 11. 2009 I R 15/09 (BStBl. 2010 II S. 602): Nichtrückkehrtage bei Anwendung der Grenzgängerregelung in Art. 15a DBA-Schweiz 1992

1. Bei der Anwendung der Grenzgängerregelung in Art. 15a DBA-Schweiz 1992 zählen Dienstreisetage mit Übernachtungen im Ansässigkeitsstaat zu den Tagen, an denen der Arbeitnehmer aus beruflichen Gründen nicht an seinen Wohnsitz zurückkehrt — Nichtrückkehrtage – (Bestätigung des BMF-Schreibens vom 19. September 1994, BStBl. I 1994, 683 Tz. 13).

2. Eintägige Dienstreisen in Drittstaaten führen nicht zu Nichtrückkehrtagen (Abweichung vom BMF-Schreiben in BStBl. I 1994, 683 Tz. 14).

3. Der Tag, an dem der Arbeitnehmer von einer mehrtägigen Dienstreise in Drittstaaten an seinen Wohnsitz zurückkehrt, zählt nicht als Nichtrückkehrtag. Ein Nichtrückkehrtag liegt dagegen vor, wenn der Arbeitnehmer an diesem Tag mit der Rückreise beginnt, aber erst am Folgetag an seinen Wohnsitz zurückkehrt.

4. Tage, an denen der Arbeitnehmer aufgrund einer anderweitigen selbständigen Tätigkeit nicht an seinen Wohnsitz zurückkehrt, führen nicht zu Nichtrückkehrtagen.

5. Entfällt eine mehrtägige Dienstreise des Arbeitnehmers auf Wochenenden oder Feiertage, so liegen keine Nichtrückkehrtage vor, wenn die Arbeit an diesen Tagen nicht ausdrücklich vereinbart ist und der Arbeitgeber für die an diesen Tagen geleistete Arbeit weder einen anderweitigen Freizeit-

ausgleich noch ein zusätzliches Entgelt gewährt, sondern lediglich die Reisekosten übernimmt (Abweichung vom BMF-Schreiben vom 7. Juli 1997, BStBl. I 1997, 723 Tz. 11). Dies gilt auch für leitende Angestellte, die ihre Tätigkeit zeitlich eigenverantwortlich wahrnehmen und während einer Dienstreise freiwillig am Wochenende arbeiten (Bestätigung des Senatsurteils vom 26. Juli 1995 I R 80/94, BFH/NV 1996, 200).

BFH v. 11. 11. 2009 I R 84/08 (BStBl. 2010 II S. 390): Nichtrückkehrtage bei Anwendung der Grenzgängerregelung in Art. 13 Abs. 5 DBA-Frankreich

1. Bei einer Beschäftigung in der Grenzzone während des ganzen Kalenderjahres geht die Grenzgängereigenschaft nach Art. 13 Abs. 5 DBA-Frankreich nur dann verloren, wenn der Arbeitnehmer an mehr als 45 Arbeitstagen (Nichtrückkehrtagen) entweder nicht zum Wohnsitz zurückkehrt oder ganztägig außerhalb der Grenzzone für seinen Arbeitgeber tätig ist (Bestätigung des BMF-Schreibens vom 3. April 2006, BStBl. I 2006, 304 Tz. B.2).

2. Eintägige Dienstreisen außerhalb der Grenzzone führen zu Nichtrückkehrtagen, wenn der Arbeitnehmer an diesen Tagen nicht zugleich innerhalb der Grenzzone gearbeitet hat; bloße Transferreisen innerhalb der Grenzzone sind insoweit unbeachtlich (Abgrenzung zum Senatsbeschluss vom 25. November 2002 I B 136/02, BFHE 201, 119, BStBl. II 2005, 375). Dies gilt in gleicher Weise für Rückreisetage bei mehrtägigen Dienstreisen außerhalb der Grenzzone.

3. Hinreisetage bei mehrtägigen Dienstreisen außerhalb der Grenzzone zählen nur dann zu den Nichtrückkehrtagen, wenn der Arbeitnehmer nicht vor der Abreise zwischen seinem Wohnsitz und dem Arbeitsort in der Grenzzone gependelt ist.

4. Entfällt eine mehrtägige Dienstreise außerhalb der Grenzzone auf Wochenenden oder Feiertage, so liegen keine Nichtrückkehrtage vor, wenn die Arbeit an diesen Tagen weder vertraglich vereinbart ist noch vom Arbeitnehmer tatsächlich ausgeübt wird (Bestätigung des BMF-Schreibens vom 3. April 2006, BStBl. I 2006, 304 Tz. B.4); die Reisetätigkeit ist insoweit nicht als Arbeitstätigkeit anzusehen.

5. Krankheitstage während einer mehrtägigen Dienstreise führen nicht zu Nichtrückkehrtagen. Ein Nichtrückkehrtag liegt dagegen vor, wenn der Arbeitnehmer während der Dienstreise infolge höherer Gewalt (hier: "Taifunwarnung") daran gehindert ist, seine vertraglich vereinbarte Arbeitsleistung zu erbringen.*)

*) Hinweis auf BMF-Schreiben vom 13. April 2010 IV B 3 – S 1301/10/10003 – / – 2010/0245759 (BStBl. 2010 I S. 353).

BFH v. 11. 11. 2009 I R 83/08 (BStBl. 2010 II S. 781): Freistellung nach Art. 24 Abs. 1 Nr. 1 Satz 1 Buchst. d DBA-Schweiz 1992 erfasst auch die Einkünfte leitender Angestellter von schweizerischen Kapitalgesellschaften aus Tätigkeiten außerhalb der Schweiz

Die Tätigkeit eines in Deutschland ansässigen leitenden Angestellten für eine schweizerische Kapitalgesellschaft, die unter Art. 15 Abs. 4 DBA-Schweiz 1992 fällt, wird auch insoweit i.S. des Art. 24 Abs. 1 Nr. 1 Satz 1 Buchst. d DBA-Schweiz 1992 „in der Schweiz ausgeübt", als sie tatsächlich außerhalb der Schweiz verrichtet wird (Bestätigung des Senatsurteils vom 25. Oktober 2006 I R 81/04, BFHE 215, 237).

BFH v. 2. 9. 2009 I R 111/08 (BStBl. 2010 II S. 387):

1. Art. 15 Abs. 1 DBA-Schweiz 1971 ermöglicht kein deutsches Besteuerungsrecht für eine Abfindungszahlung, die eine zuvor in Deutschland wohnende Person nach ihrem Wegzug in die Schweiz von ihrem bisherigen inländischen Arbeitgeber aus Anlass der Auflösung des Arbeitsverhältnisses erhält (Bestätigung der ständigen Rechtsprechung).

2. Eine Übereinkunft zwischen den deutschen und Schweizer Steuerbehörden (hier: Verständigungsvereinbarung mit der Eidgenössischen Steuerverwaltung zu der Frage des Besteuerungsrechts bei Abfindungen an Arbeitnehmer, bekannt gegeben durch BMF-Schreiben vom 13. Oktober 1992, RIW 1993, 82) nach Maßgabe von Art. 26 Abs. 3 DBA-Schweiz 1971 bindet die Gerichte nicht (ebenfalls Bestätigung der ständigen Rechtsprechung; entgegen BMF-Schreiben vom 20. Mai 1997, BStBl. I 1997, 560).

3. Die Besteuerung der Abfindung nach der sog. überdachenden Besteuerung gemäß Art. 4 Abs. 4 DBA-Schweiz 1971 scheidet aus, wenn der Zuzug der zuvor in Deutschland wohnenden Person in die Schweiz erfolgte, um dort eine unselbständige Tätigkeit auszuüben; daneben bestehende anderweitige Beweggründe für den Zuzug (hier: beabsichtigte Eheschließung mit einer in der Schweiz ansässigen Person und Begründung eines gemeinsamen Hausstands) sind unschädlich.*)

*) Hinweis auf BMF-Schreiben vom 13. April 2010 IV B 3 – S 1301/10/10003 – / – 2010/0245759 (BStBl. 2010 I S. 353).

§§ 1, 1a — Rechtsprechung

BFH v. 2. 9. 2009 I R 90/08 (BStBl. 2010 II S. 394):
1. Art. 15 Abs. 1 DBA-Belgien ermöglicht kein deutsches Besteuerungsrecht für eine Abfindungszahlung, die eine in Belgien ansässige Person von ihrem bisherigen inländischen Arbeitgeber aus Anlass der Kündigung des Arbeitsverhältnisses erhält (Bestätigung der ständigen Rechtsprechung).
2. Eine Übereinkunft zwischen den deutschen und belgischen Steuerbehörden (hier: Verständigungsvereinbarung mit dem belgischen Finanzministerium vom 15. Dezember 2006 über die Zuordnung des Besteuerungsrechts bei Abfindungen an Arbeitnehmer, bekannt gegeben durch BMF-Schreiben vom 10. Januar 2007, BStBl. I 2007, 261) nach Maßgabe von Art. 25 Abs. 3 DBA-Belgien bindet die Gerichte nicht (ebenfalls Bestätigung der ständigen Rechtsprechung).
3. Natürliche Personen, die nach § 1 Abs. 3 EStG 2002 auf Antrag als unbeschränkt steuerpflichtig behandelt werden, unterfallen nicht der sog. Rückfallregelung des § 50d Abs. 9 Satz 1 Nr. 1 EStG 2002 i.d.F. des JStG 2007.

BFH v. 23. 9. 2008 I R 65/07 (BStBl. 2009 II S. 666): Das FA kann auch dann „nachträglich" i.S. von § 50 Abs. 5 Satz 4 Nr. 1 EStG 1997/§ 50 Abs. 5 Satz 2 Nr. 1 EStG 1997 i.d.F. des StSenkG feststellen, dass die Voraussetzungen der unbeschränkten Einkommensteuerpflicht nach § 1 Abs. 3 EStG 1997 nicht vorgelegen haben, wenn es dies bereits bei Erteilung der Bescheinigung hätte bemerken können. Auch bei einer fehlerhaft erteilten Bescheinigung nach § 39c Abs. 4 EStG 1997 kann das FA die zu wenig erhobene Lohnsteuer nachfordern.

BFH v. 27. 8. 2008 I R 10/07 (BStBl. 2009 II S. 94): Muss ein in Deutschland ansässiger Arbeitnehmer über mehrere Tage hinweg ohne Unterbrechung in der Schweiz tätig werden, so ist bei der Anwendung der Grenzgängerregelung in Art. 15a DBA-Schweiz 1971/1992 nicht jeder dieser Tage als ein Tag zu zählen, an dem der Arbeitnehmer aus beruflichen Gründen nicht an seinen Wohnsitz zurückkehrt (Bestätigung des Senatsurteils vom 16. Mai 2001 I R 100/00, BFHE 195, 341, BStBl. II 2001, 633; Abgrenzung zum Senatsurteil vom 15. September 2004 I R 67/03, BFHE 207, 452).

§ 1a (Steuerpflicht Sondervorschriften)

(1) Für Staatsangehörige eines Mitgliedstaates der Europäischen Union oder eines Staates, auf den das Abkommen über den Europäischen Wirtschaftsraum anwendbar ist, die nach § 1 Absatz 1 unbeschränkt einkommensteuerpflichtig sind oder die nach § 1 Absatz 3 als unbeschränkt einkommensteuerpflichtig zu behandeln sind, gilt bei Anwendung von § 10 Absatz 1a und § 26 Absatz 1 Satz 1 Folgendes:

1. ¹Aufwendungen im Sinne des § 10 Absatz 1a sind auch dann als Sonderausgaben abziehbar, wenn der Empfänger der Leistung oder Zahlung nicht unbeschränkt einkommensteuerpflichtig ist. ²Voraussetzung ist, dass

   a) der Empfänger seinen Wohnsitz oder gewöhnlichen Aufenthalt im Hoheitsgebiet eines anderen Mitgliedstaates der Europäischen Union oder eines Staates hat, auf den das Abkommen über den Europäischen Wirtschaftsraum Anwendung findet und

   b) die Besteuerung der nach § 10 Absatz 1a zu berücksichtigenden Leistung oder Zahlung beim Empfänger durch eine Bescheinigung der zuständigen ausländischen Steuerbehörde nachgewiesen wird;

2. der nicht dauernd getrennt lebende Ehegatte ohne Wohnsitz oder gewöhnlichen Aufenthalt im Inland wird auf Antrag für die Anwendung des § 26 Absatz 1 Satz 1 als unbeschränkt einkommensteuerpflichtig behandelt. ²Nummer 1 Satz 2 gilt entsprechend. ³Bei Anwendung des § 1 Absatz 3 Satz 2 ist auf die Einkünfte beider Ehegatten abzustellen und der Grundfreibetrag nach § 32a Absatz 1 Satz 2 Nummer 1 zu verdoppeln.

(2) Für unbeschränkt einkommensteuerpflichtige Personen im Sinne des § 1 Absatz 2, die die Voraussetzungen des § 1 Absatz 3 Satz 2 bis 5 erfüllen, und für unbeschränkt einkommensteuerpflichtige Personen im Sinne des § 1 Absatz 3, die die Voraussetzungen des § 1 Absatz 2 Satz 1 Nummer 1 und 2 erfüllen und an einem ausländischen Dienstort tätig sind, gilt die Regelung des Absatzes 1 Nummer 2 entsprechend mit der Maßgabe, dass auf

Rechtsprechung § 1a

Wohnsitz oder gewöhnlichen Aufenthalt im Staat des ausländischen Dienstortes abzustellen ist.

Rechtsprechungsauswahl

BFH v. 8. 9. 2010 I R 28/10 (BStBl. 2011 II S. 269): Zusammenveranlagung von unbeschränkt einkommensteuerpflichtigen Staatsangehörigen der EU/des EWR mit ihren im EU/EWR-Ausland lebenden Ehegatten

Seit der Neufassung des § 1a Abs. 1 EStG 2002 durch das JStG 2008 können unbeschränkt einkommensteuerpflichtige Staatsangehörige der EU/des EWR die Zusammenveranlagung mit ihrem im EU/EWR-Ausland lebenden Ehegatten auch dann beanspruchen, wenn die gemeinsamen Einkünfte der Ehegatten zu weniger als 90 v.H. der deutschen Einkommensteuer unterliegen oder die ausländischen Einkünfte der Ehegatten den doppelten Grundfreibetrag übersteigen.

BFH v. 20. 8. 2008 I R 78/07 (BStBl. 2009 II S. 708):

1. Die für die personelle Ausweitung der unbeschränkten Steuerpflicht maßgebende Höhe der Einkünfte in § 1 Abs. 3 Satz 2 EStG 2002 ist nach deutschem Recht zu ermitteln, und zwar auch dann, wenn die Einkünfte im ausländischen Wohnsitzstaat zum Teil steuerfrei sind.

2. Überschreiten die im ausländischen Wohnsitzstaat erzielten Einkünfte bei einer Ermittlung nach deutschem Recht die absolute Wesentlichkeitsgrenze des § 1 Abs. 3 Satz 2 i.V.m. § 1a Abs. 1 Nr. 2 Satz 3 EStG 2002, ist eine Zusammenveranlagung zur Einkommensteuer auch dann ausgeschlossen, wenn die ausländischen Einkünfte nach dem Recht des Wohnsitzstaates ermittelt unterhalb der absoluten Wesentlichkeitsgrenze liegen. Dies gilt jedenfalls dann, wenn die steuerpflichtigen Einkünfte im Wohnsitzstaat so hoch sind, dass sie den persönlichen Verhältnissen des Ehegatten Rechnung tragen.

§ 2

II. Einkommen

1. Sachliche Voraussetzungen für die Besteuerung

§ 2 Umfang der Besteuerung, Begriffsbestimmungen

(1) ¹Der Einkommensteuer unterliegen

1. Einkünfte aus Land- und Forstwirtschaft,
2. Einkünfte aus Gewerbebetrieb,
3. Einkünfte aus selbständiger Arbeit,
4. Einkünfte aus nichtselbständiger Arbeit,
5. Einkünfte aus Kapitalvermögen,
6. Einkünfte aus Vermietung und Verpachtung,
7. sonstige Einkünfte im Sinne des § 22,

die der Steuerpflichtige während seiner unbeschränkten Einkommensteuerpflicht oder als inländische Einkünfte während seiner beschränkten Einkommensteuerpflicht erzielt. ²Zu welcher Einkunftsart die Einkünfte im einzelnen Fall gehören, bestimmt sich nach den §§ 13 bis 24.

(2) ¹Einkünfte sind

1. bei Land- und Forstwirtschaft, Gewerbebetrieb und selbständiger Arbeit der Gewinn (§§ 4 bis 7k und 13a),
2. bei den anderen Einkunftsarten der Überschuss der Einnahmen über die Werbungskosten (§§ 8 bis 9 a).

²Bei Einkünften aus Kapitalvermögen tritt § 20 Absatz 9 vorbehaltlich der Regelung in § 32d Absatz 2 an die Stelle der §§ 9 und 9a.

(3) Die Summe der Einkünfte, vermindert um den Altersentlastungsbetrag, den Entlastungsbetrag für Alleinerziehende und den Abzug nach § 13 Absatz 3, ist der Gesamtbetrag der Einkünfte.

(4) Der Gesamtbetrag der Einkünfte, vermindert um die Sonderausgaben und die außergewöhnlichen Belastungen, ist das Einkommen.

(5) ¹Das Einkommen, vermindert um die Freibeträge nach § 32 Absatz 6 und um die sonstigen vom Einkommen abzuziehenden Beträge, ist das zu versteuernde Einkommen; dieses bildet die Bemessungsgrundlage für die tarifliche Einkommensteuer. ²Knüpfen andere Gesetze an den Begriff des zu versteuernden Einkommens an, ist für deren Zweck das Einkommen in allen Fällen des § 32 um die Freibeträge nach § 32 Absatz 6 zu vermindern.

(5a) ¹Knüpfen außersteuerliche Rechtsnormen an die in den vorstehenden Absätzen definierten Begriffe (Einkünfte, Summe der Einkünfte, Gesamtbetrag der Einkünfte, Einkommen, zu versteuerndes Einkommen) an, erhöhen sich für deren Zwecke diese Größen um die nach § 32d Absatz 1 und nach § 43 Absatz 5 zu besteuernden Beträge sowie um die nach § 3 Nummer 40 steuerfreien Beträge und mindern sich um die nach § 3c Absatz 2 nicht abziehbaren Beträge. ²Knüpfen außersteuerliche Rechtsnormen an die in den Absätzen 1 bis 3 genannten Begriffe (Einkünfte, Summe der Einkünfte, Gesamtbetrag der Einkünfte) an, mindern sich für deren Zwecke diese Größen um die nach § 10 Absatz 1 Nummer 5 abziehbaren Kinderbetreuungskosten.

(5b) Soweit Rechtsnormen dieses Gesetzes an die in den vorstehenden Absätzen definierten Begriffe (Einkünfte, Summe der Einkünfte, Gesamtbetrag der Einkünfte, Einkommen, zu versteuerndes Einkommen) anknüpfen, sind Kapitalerträge nach § 32d Absatz 1 und § 43 Absatz 5 nicht einzubeziehen.

(6) ¹Die tarifliche Einkommensteuer, vermindert um die anzurechnenden ausländischen Steuern und die Steuerermäßigungen, vermehrt um die Steuer nach § 32d Absatz 3 und 4, die Steuer nach § 34c Absatz 5 und den Zuschlag nach § 3 Absatz 4 Satz 2 des Forstschäden-

Ausgleichsgesetzes in der Fassung der Bekanntmachung vom 26. August 1985 (BGBl. I S. 1756), das zuletzt durch Artikel 18 des Gesetzes vom 19. Dezember 2008 (BGBl. I S. 2794) geändert worden ist, in der jeweils geltenden Fassung, ist die festzusetzende Einkommensteuer. ²Wurde der Gesamtbetrag der Einkünfte in den Fällen des § 10a Absatz 2 um Sonderausgaben nach § 10a Absatz 1 gemindert, ist für die Ermittlung der festzusetzenden Einkommensteuer der Anspruch auf Zulage nach Abschnitt XI der tariflichen Einkommensteuer hinzuzurechnen; bei der Ermittlung der dem Steuerpflichtigen zustehenden Zulage bleibt die Erhöhung der Grundzulage nach § 84 Satz 2 außer Betracht. ³Wird das Einkommen in den Fällen des § 31 um die Freibeträge nach § 32 Absatz 6 gemindert, ist der Anspruch auf Kindergeld nach Abschnitt X der tariflichen Einkommensteuer hinzuzurechnen.

(7) ¹Die Einkommensteuer ist eine Jahressteuer. ²Die Grundlagen für ihre Festsetzung sind jeweils für ein Kalenderjahr zu ermitteln. ³Besteht während eines Kalenderjahres sowohl unbeschränkte als auch beschränkte Einkommensteuerpflicht, so sind die während der Zeit der beschränkten Einkommensteuerpflicht erzielten inländischen Einkünfte in eine Veranlagung zur unbeschränkten Einkommensteuerpflicht einzubeziehen.

(8) Die Regelung dieses Gesetzes für Ehegatten und Ehen sind auch auf Lebenspartner und Lebenspartnerschaften anzuwenden.

Hinweise

LStH 2   → R 2 EStR, H 2 EStH

Rechtsprechungsauswahl

BFH v. 25. 8. 2009 I R 33/08 (BStBl. 2010 II S. 150): Bei der Berechnung der Lohnsteuer für einen „sonstigen Bezug", der einem (ehemaligen) Arbeitnehmer nach einem Wechsel von der unbeschränkten in die beschränkte Steuerpflicht in diesem Kalenderjahr zufließt, ist der während der Zeit der unbeschränkten Steuerpflicht gezahlte Arbeitslohn im „Jahresarbeitslohn" (§ 39d Abs. 3 Satz 4 i.V.m. § 39b Abs. 3 Satz 7 EStG 2002) zu berücksichtigen.

BFH v. 26. 11. 2008 X R 31/07 (BStBl. 2009 II S. 651): Eine Schadensersatzrente nach § 844 Abs. 2 BGB, die den durch den Tod des Ehegatten eingetretenen materiellen Unterhaltsschaden ausgleicht, unterliegt nicht der Einkommensteuerpflicht nach § 22 Nr. 1 EStG.

BFH v. 4. 9. 2008 IV R 1/07 (BStBl. 2009 II S. 335): Die Ungewissheit i.S. von § 165 AO i.V.m. § 171 Abs. 8 AO, ob ein Steuerpflichtiger mit Einkünfteerzielungsabsicht tätig geworden ist oder ob Liebhaberei vorliegt, ist beseitigt, wenn die für die Beurteilung der Einkünfteerzielungsabsicht maßgeblichen Hilfstatsachen festgestellt werden können und das FA davon positive Kenntnis hat.

BFH v. 28. 8. 2008 VI R 50/06 (BStBl. 2009 II S. 243):
1. Die Einkunftserzielungsabsicht kann auch bei den Einkünften aus nichtselbständiger Arbeit fehlen, so dass von einer einkommensteuerrechtlich unbeachtlichen Liebhaberei auszugehen ist.
2. Beurteilungseinheit für die Überschusserzielungsabsicht bei den Einkünften aus nichtselbständiger Arbeit ist das einzelne Dienstverhältnis. Fiktive weitere Einkünfte aus anderen Beschäftigungsverhältnissen, die sich im Anschluss an das jeweilige Dienstverhältnis ergeben könnten, sind für die Totalüberschussprognose nicht zu berücksichtigen.
3. In die Totalüberschussprognose ist das zu erwartende Ruhegehalt des Steuerpflichtigen und eine etwaige Hinterbliebenenversorgung seines Ehegatten mit den nach der aktuellen Sterbetafel des Statistischen Bundesamts zu bestimmenden und nicht abzuzinsenden Verkehrswerten einer lebenslänglichen Leistung einzubeziehen.

§ 2a

§ 2a Negative Einkünfte mit Bezug zu Drittstaaten

(1) ¹Negative Einkünfte

1. aus einer in einem Drittstaat belegenen land- und forstwirtschaftlichen Betriebsstätte,
2. aus einer in einem Drittstaat belegenen gewerblichen Betriebsstätte,
3. a) aus dem Ansatz des niedrigeren Teilwerts eines zu einem Betriebsvermögen gehörenden Anteils an einer Drittstaaten-Körperschaft oder
    b) aus der Veräußerung oder Entnahme eines zu einem Betriebsvermögen gehörenden Anteils an einer Drittstaaten-Körperschaft oder aus der Auflösung oder Herabsetzung des Kapitals einer Drittstaaten-Körperschaft,
4. in den Fällen des § 17 bei einem Anteil an einer Drittstaaten-Kapitalgesellschaft,
5. aus der Beteiligung an einem Handelsgewerbe als stiller Gesellschafter und aus partiarischen Darlehen, wenn der Schuldner Wohnsitz, Sitz oder Geschäftsleitung in einem Drittstaat hat,
6. a) aus der Vermietung oder der Verpachtung von unbeweglichem Vermögen oder von Sachinbegriffen, wenn diese in einem Drittstaat belegen sind, oder
    b) aus der entgeltlichen Überlassung von Schiffen, sofern der Überlassende nicht nachweist, dass diese ausschließlich oder fast ausschließlich in einem anderen Staat als einem Drittstaat eingesetzt worden sind, es sei denn, es handelt sich um Handelsschiffe, die
        aa) von einem Vercharterer ausgerüstet überlassen oder
        bb) an in einem anderen als in einem Drittstaat ansässige Ausrüster, die die Voraussetzungen des § 510 Absatz 1 HGB erfüllen, überlassen oder
        cc) insgesamt nur vorübergehend an in einem Drittstaat ansässige Ausrüster, die die Voraussetzungen des § 510 Absatz 1 HGB erfüllen, überlassen
    worden sind, oder
    c) aus dem Ansatz des niedrigeren Teilwerts oder der Übertragung eines zu einem Betriebsvermögen gehörenden Wirtschaftsguts im Sinne der Buchstaben a und b,
7. a) aus dem Ansatz des niedrigeren Teilwerts, der Veräußerung oder Entnahme eines zu einem Betriebsvermögen gehörenden Anteils an
    b) aus der Auflösung oder Herabsetzung des Kapitals,
    c) in den Fällen des § 17 bei einem Anteil an

einer Körperschaft mit Sitz oder Geschäftsleitung in einem anderen Staat als einem Drittstaat, soweit die negativen Einkünfte auf einen der in den Nummern 1 bis 6 genannten Tatbestände zurückzuführen sind,

dürfen nur mit positiven Einkünften der jeweils selben Art und, mit Ausnahme der Fälle der Nummer 6 Buchstabe b, aus demselben Staat, in den Fällen der Nummer 7 auf Grund von Tatbeständen der jeweils selben Art aus demselben Staat, ausgeglichen werden; sie dürfen auch nicht nach § 10d abgezogen werden. ²Den negativen Einkünften sind Gewinnminderungen gleichgestellt. ³Soweit die negativen Einkünfte nicht nach Satz 1 ausgeglichen werden können, mindern sie die positiven Einkünfte der jeweils selben Art, die der Steuerpflichtige in den folgenden Veranlagungszeiträumen aus demselben Staat, in den Fällen der Nummer 7 auf Grund von Tatbeständen der jeweils selben Art aus demselben Staat, erzielt. ⁴Die Minderung ist nur insoweit zulässig, als die negativen Einkünfte in den vorangegangenen Veranlagungszeiträumen nicht berücksichtigt werden konnten (verbleibende negative Einkünfte). ⁵Die am Schluss eines Veranlagungszeitraums verbleibenden negativen Einkünfte sind gesondert festzustellen; § 10d Absatz 4 gilt sinngemäß.

(2) ¹Absatz 1 Satz 1 Nummer 2 ist nicht anzuwenden, wenn der Steuerpflichtige nachweist, dass die negativen Einkünfte aus einer gewerblichen Betriebsstätte in einem Drittstaat stammen, die ausschließlich oder fast ausschließlich die Herstellung oder Lieferung von Waren, außer Waffen, die Gewinnung von Bodenschätzen sowie die Bewirkung gewerb-

§ 2a

licher Leistungen zum Gegenstand hat, soweit diese nicht in der Errichtung oder dem Betrieb von Anlagen, die dem Fremdenverkehr dienen, oder in der Vermietung oder der Verpachtung von Wirtschaftsgütern einschließlich der Überlassung von Rechten, Plänen, Mustern, Verfahren, Erfahrungen und Kenntnissen bestehen; das unmittelbare Halten einer Beteiligung von mindestens einem Viertel am Nennkapital einer Kapitalgesellschaft, die ausschließlich oder fast ausschließlich die vorgenannten Tätigkeiten zum Gegenstand hat, sowie die mit dem Halten der Beteiligung in Zusammenhang stehende Finanzierung gilt als Bewirkung gewerblicher Leistungen, wenn die Kapitalgesellschaft weder ihre Geschäftsleitung noch ihren Sitz im Inland hat. ²Absatz 1 Satz 1 Nummer 3 und 4 ist nicht anzuwenden, wenn der Steuerpflichtige nachweist, dass die in Satz 1 genannten Voraussetzungen bei der Körperschaft entweder seit ihrer Gründung oder während der letzten fünf Jahre vor und in dem Veranlagungszeitraum vorgelegen haben, in dem die negativen Einkünfte bezogen werden.

(2a) ¹Bei der Anwendung der Absätze 1 und 2 sind
1. als Drittstaaten die Staaten anzusehen, die nicht Mitgliedstaaten der Europäischen Union sind;
2. Drittstaaten-Körperschaften und Drittstaaten-Kapitalgesellschaften solche, die weder ihre Geschäftsleitung noch ihren Sitz in einem Mitgliedstaat der Europäischen Union haben.

²Bei Anwendung des Satzes 1 sind den Mitgliedstaaten der Europäischen Union die Staaten gleichgestellt, auf die das Abkommen über den Europäischen Wirtschaftsraum anwendbar ist, sofern zwischen der Bundesrepublik Deutschland und dem anderen Staat auf Grund der Amtshilferichtlinie gemäß § 2 Absatz 2 des EU-Amtshilfegesetzes oder einer vergleichbaren zwei- oder mehrseitigen Vereinbarung Auskünfte erteilt werden, die erforderlich sind, um die Besteuerung durchzuführen.

Rechtsprechungsauswahl

BFH v. 12. 1. 2011 I R 35/10 (BStBl. II S. 494): Kein negativer Progressionsvorbehalt für nach § 2a EStG 2002 nicht zu berücksichtigende Auslandsverluste
Nach einem DBA steuerfreie negative ausländische Einkünfte i. S. des § 2a EStG 2002 sind auch nach dem Übergang von der sog. Schattenveranlagung zur sog. Hinzurechnungsmethode nicht im Wege des negativen Progressionsvorbehalts zu berücksichtigen.

BFH v. 29. 1. 2008 I R 85/06 (BStBl. II S. 671): § 2a Abs. 3 Satz 1 i. V. m. Abs. 1 Nr. 2 und Abs. 2 Satz 1 EStG 1990 ermöglicht den Abzug eines Verlustes, der aus einer gewerblichen Betriebsstätte im Ausland stammt und (u. a.) ausschließlich oder fast ausschließlich die Bewirkung gewerblicher Leistungen zum Gegenstand hat, soweit diese nicht in der Errichtung oder dem Betrieb von Anlagen bestehen, die dem Fremdenverkehr dienen. Der Abzugsausschluss von Verlusten aus Fremdenverkehrsleistungen widerspricht der Niederlassungsfreiheit gemäß Art. 52 und Art. 58 EGV, jetzt Art. 43 und Art. 48 EG, und ist deshalb innerhalb der EU nicht anzuwenden (Anschluss an EuGH-Urteil vom 29. März 2007 Rs. C-347/04 „Rewe Zentralfinanz", BStBl. II 2007, 492).*)

*) Hinweis auf BMF-Schreiben vom 4. August 2008 IV B 5 – S 2118-a/07/10012, 2008/0419777 (BStBl. 2008 I S. 837).

§ 3

2. Steuerfreie Einnahmen

§ 3 (Steuerfreie Einnahmen)

Steuerfrei sind

1. a) Leistungen aus einer Krankenversicherung, aus einer Pflegeversicherung und aus der gesetzlichen Unfallversicherung,

   b) Sachleistungen und Kinderzuschüsse aus den gesetzlichen Rentenversicherungen einschließlich der Sachleistungen nach dem Gesetz über die Alterssicherung der Landwirte,

   c) Übergangsgeld nach dem Sechsten Buch Sozialgesetzbuch und Geldleistungen nach den §§ 10, 36 bis 39 des Gesetzes über die Alterssicherung der Landwirte,

   d) das Mutterschaftsgeld nach dem Mutterschutzgesetz, der Reichsversicherungsordnung und dem Gesetz über die Krankenversicherung der Landwirte, die Sonderunterstützung für im Familienhaushalt beschäftigte Frauen, der Zuschuss zum Mutterschaftsgeld nach dem Mutterschutzgesetz sowie der Zuschuss bei Beschäftigungsverboten für die Zeit vor oder nach einer Entbindung sowie für den Entbindungstag während einer Elternzeit nach beamtenrechtlichen Vorschriften;

2. a) das Arbeitslosengeld, das Teilarbeitslosengeld, das Kurzarbeitergeld, der Zuschuss zum Arbeitsentgelt, das Übergangsgeld, der Gründungszuschuss nach dem Dritten Buch Sozialgesetzbuch sowie die übrigen Leistungen nach dem Dritten Buch Sozialgesetzbuch und den entsprechenden Programmen des Bundes und der Länder, soweit sie Arbeitnehmern oder Arbeitsuchenden oder zur Förderung der Aus- oder Weiterbildung oder Existenzgründung der Empfänger gewährt werden,

   b) das Insolvenzgeld, Leistungen auf Grund der in § 169 und § 175 Absatz 2 des Dritten Buches Sozialgesetzbuch genannten Ansprüche sowie Zahlungen des Arbeitgebers an einen Sozialleistungsträger auf Grund des gesetzlichen Forderungsübergangs nach § 115 Absatz 1 des Zehnten Buches Sozialgesetzbuch, wenn ein Insolvenzereignis nach § 165 Absatz 1 Satz 2 auch in Verbindung mit Satz 3 des Dritten Buches Sozialgesetzbuch vorliegt,

   c) die Arbeitslosenbeihilfe nach dem Soldatenversorgungsgesetz,

   d) Leistungen zur Sicherung des Lebensunterhalts und zur Eingliederung in Arbeit nach dem Zweiten Buch Sozialgesetzbuch,

   e) mit den in den Nummern 1 bis 2 Buchstabe d genannten Leistungen vergleichbare Leistungen ausländischer Rechtsträger, die ihren Sitz in einem Mitgliedstaat der Europäischen Union, in einem Staat, auf den das Abkommen über den Europäischen Wirtschaftsraum Anwendung findet oder in der Schweiz haben;

3. a) Rentenabfindungen nach § 107 des Sechsten Buches Sozialgesetzbuch, nach § 21 des Beamtenversorgungsgesetzes oder entsprechendem Landesrecht und nach § 43 des Soldatenversorgungsgesetzes in Verbindung mit § 21 des Beamtenversorgungsgesetzes,

   b) Beitragserstattungen an den Versicherten nach den §§ 210 und 286d des Sechsten Buches Sozialgesetzbuch sowie nach den §§ 204, 205 und 207 des Sechsten Buches Sozialgesetzbuch, Beitragserstattungen nach den §§ 75 und 117 des Gesetzes über die Alterssicherung der Landwirte und nach § 26 des Vierten Buches Sozialgesetzbuch,

   c) Leistungen aus berufsständischen Versorgungseinrichtungen, die den Leistungen nach den Buchstaben a und b entsprechen,

   d) Kapitalabfindungen und Ausgleichszahlungen nach § 48 des Beamtenversorgungsgesetzes oder entsprechendem Landesrecht und nach den §§ 28 bis 35 und 38 des Soldatenversorgungsgesetzes;

§ 3

4. bei Angehörigen der Bundeswehr, der Bundespolizei, der Zollverwaltung, der Bereitschaftspolizei der Länder, der Vollzugspolizei und der Berufsfeuerwehr der Länder und Gemeinden und bei Vollzugsbeamten der Kriminalpolizei des Bundes, der Länder und Gemeinden

    a) der Geldwert der ihnen aus Dienstbeständen überlassenen Dienstkleidung,

    b) Einkleidungsbeihilfen und Abnutzungsentschädigungen für die Dienstkleidung der zum Tragen oder Bereithalten von Dienstkleidung Verpflichteten und für dienstlich notwendige Kleidungsstücke der Vollzugsbeamten der Kriminalpolizei sowie der Angehörigen der Zollverwaltung,

    c) im Einsatz gewährte Verpflegung oder Verpflegungszuschüsse,

    d) der Geldwert der auf Grund gesetzlicher Vorschriften gewährten Heilfürsorge;

5. a) die Geld- und Sachbezüge, die Wehrpflichtige während des Wehrdienstes nach § 4 des Wehrpflichtgesetzes erhalten,

    b) die Geld- und Sachbezüge, die Zivildienstleistende nach § 35 des Zivildienstgesetzes erhalten,

    c) der nach § 2 Absatz 1 des Wehrsoldgesetzes an Soldaten im Sinne des § 1 Absatz 1 des Wehrsoldgesetzes gezahlte Wehrsold,

    d) die an Reservistinnen und Reservisten der Bundeswehr im Sinne des § 1 des Reservistinnen- und Reservistengesetzes nach dem Wehrsoldgesetz gezahlten Bezüge,

    e) die Heilfürsorge, die Soldaten nach § 6 des Wehrsoldgesetzes und Zivildienstleistende nach § 35 des Zivildienstgesetzes erhalten,

    f) das an Personen, die einen in § 32 Absatz 4 Satz 1 Nummer 2 Buchstabe d genannten Freiwilligendienst leisten, gezahlte Taschengeld oder eine vergleichbare Geldleistung;[1)]

6. ¹Bezüge, die auf Grund gesetzlicher Vorschriften aus öffentlichen Mitteln versorgungshalber an Wehrdienstbeschädigte, im Freiwilligen Wehrdienst Beschädigte, Zivildienstbeschädigte und im Bundesfreiwilligendienst Beschädigte oder ihre Hinterbliebenen, Kriegsbeschädigte, Kriegshinterbliebene und ihnen gleichgestellte Personen gezahlt werden, soweit es sich nicht um Bezüge handelt, die auf Grund der Dienstzeit gewährt werden. ²Gleichgestellte im Sinne des Satzes 1 sind auch Personen, die Anspruch auf Leistungen nach dem Bundesversorgungsgesetz oder auf Unfallfürsorgeleistungen nach dem Soldatenversorgungsgesetz, Beamtenversorgungsgesetz oder vergleichbarem Landesrecht haben;

7. Ausgleichsleistungen nach dem Lastenausgleichsgesetz, Leistungen nach dem Flüchtlingshilfegesetz, dem Bundesvertriebenengesetz, dem Reparationsschädengesetz, dem Vertriebenenzuwendungsgesetz, dem NS-Verfolgtenentschädigungsgesetz sowie Leistungen nach dem Entschädigungsgesetz und nach dem Ausgleichsleistungsgesetz, soweit sie nicht Kapitalerträge im Sinne des § 20 Absatz 1 Nummer 7 und Absatz 2 sind;

8. Geldrenten, Kapitalentschädigungen und Leistungen im Heilverfahren, die auf Grund gesetzlicher Vorschriften zur Wiedergutmachung nationalsozialistischen Unrechts gewährt werden. ²Die Steuerpflicht von Bezügen aus einem aus Wiedergutmachungsgründen neu begründeten oder wieder begründeten Dienstverhältnis sowie von Bezügen aus einem früheren Dienstverhältnis, die aus Wiedergutmachungsgründen neu gewährt oder wieder gewährt werden, bleibt unberührt;

---

1) Nummer 5 wurde durch das AmtshilfeRLUmsG neugefasst und ist vorbehaltlich des Satzes 2 erstmals für den VZ 2013 anzuwenden; § 52 Abs. 4 Satz 1 EStG. Nummer 5 in der am 29.6.2013 geltenden Fassung ist weiterhin anzuwenden für freiwillig Wehrdienst Leistende, die das Dienstverhältnis vor dem 1.1.2014 begonnen haben; § 52 Abs. 4 Satz 2. Nummer 5 in der bisherigen Fassung lautet:
„5. die Geld- und Sachbezüge sowie die Heilfürsorge, die Soldaten auf Grund des § 1 Absatz 1 Satz 1 des Wehrsoldgesetzes und Zivildienstleistende auf Grund des § 35 des Zivildienstgesetzes erhalten;"

§ 3

8a. Renten wegen Alters und Renten wegen verminderter Erwerbsfähigkeit aus der gesetzlichen Rentenversicherung, die an Verfolgte im Sinne des § 1 des Bundesentschädigungsgesetzes gezahlt werden, wenn rentenrechtliche Zeiten auf Grund der Verfolgung in der Rente enthalten sind. ²Renten wegen Todes aus der gesetzlichen Rentenversicherung, wenn der verstorbene Versicherte Verfolgter im Sinne des § 1 des Bundesentschädigungsgesetzes war und wenn rentenrechtliche Zeiten auf Grund der Verfolgung in dieser Rente enthalten sind;

9. Erstattungen nach § 23 Absatz 2 Satz 1 Nummer 3 und 4 sowie nach § 39 Absatz 4 Satz 2 des Achten Buches Sozialgesetzbuch; [1)]

10. Einnahmen einer Gastfamilie für die Aufnahme eines behinderten oder von Behinderung bedrohten Menschen nach § 2 Absatz 1 des Neunten Buches Sozialgesetzbuch zur Pflege, Betreuung, Unterbringung und Verpflegung, die auf Leistungen eines Leistungsträgers nach dem Sozialgesetzbuch beruhen. ²Für Einnahmen im Sinne des Satzes 1, die nicht auf Leistungen eines Leistungsträgers nach dem Sozialgesetzbuch beruhen, gilt Entsprechendes bis zur Höhe der Leistungen nach dem Zwölften Buch Sozialgesetzbuch. ³Überschreiten die auf Grund der in Satz 1 bezeichneten Tätigkeit bezogenen Einnahmen der Gastfamilie den steuerfreien Betrag, dürfen die mit der Tätigkeit in unmittelbarem wirtschaftlichen Zusammenhang stehenden Ausgaben abweichend von § 3c nur insoweit als Betriebsausgaben abgezogen werden, als sie den Betrag der steuerfreien Einnahmen übersteigen;

11. [2)] Bezüge aus öffentlichen Mitteln oder aus Mitteln einer öffentlichen Stiftung, die wegen Hilfsbedürftigkeit oder als Beihilfe zu dem Zweck bewilligt werden, die Erziehung oder Ausbildung, die Wissenschaft oder Kunst unmittelbar zu fördern. ²Darunter fallen nicht Kinderzuschläge und Kinderbeihilfen, die auf Grund der Besoldungsgesetze, besonderer Tarife oder ähnlicher Vorschriften gewährt werden. ³Voraussetzung für die Steuerfreiheit ist, daß der Empfänger mit den Bezügen nicht zu einer bestimmten wissenschaftlichen oder künstlerischen Gegenleistung oder zu einer bestimmten Arbeitnehmertätigkeit verpflichtet wird. ⁴Den Bezügen aus öffentlichen Mitteln wegen Hilfsbedürftigkeit gleichgestellt sind Beitragsermäßigungen und Prämienrückzahlungen eines Trägers der gesetzlichen Krankenversicherung für nicht in Anspruch genommene Beihilfeleistungen;

12 aus einer Bundeskasse oder Landeskasse gezahlten Bezüge, die zum einen

    a) in einem Bundesgesetz oder Landesgesetz,

    b) auf Grundlage einer bundesgesetzlichen oder landesgesetzlichen Ermächtigung beruhenden Bestimmung oder

    c) von der Bundesregierung oder einer Landesregierung

als Aufwandsentschädigung festgesetzt sind und die zum anderen jeweils auch als Aufwandsentschädigung im Haushaltsplan ausgewiesen werden. ²Das Gleiche gilt für andere Bezüge, die als Aufwandsentschädigung aus öffentlichen Kassen an öffentliche Dienste leistende Personen gezahlt werden, soweit nicht festgestellt wird, dass sie für Verdienstausfall oder Zeitverlust gewährt werden oder den Aufwand, der dem Empfänger erwächst, offenbar übersteigen;

13. die aus öffentlichen Kassen gezahlten Reisekostenvergütungen und Umzugskostenvergütungen und Trennungsgelder. ²Die als Reisekostenvergütungen gezahlten Vergütungen für Verpflegung sind nur insoweit steuerfrei, als sie die Pauschbeträge nach § 9 Absatz 4a nicht übersteigen; Trennungsgelder sind nur insoweit steuerfrei, als sie

---

1) Zu dieser Fassung von § 3 Nummer 9 Hinweis auf BMF-Schreiben vom 20.5.2009 (BStBl. I S. 642 – Tagespflegepersonen, Betriebsausgabenpauschale –), vom 17.12.2008 (BStBl. 2009 I S. 15) betr. Aktualisierung der BMF-Schreiben vom 20.11.2007 (BStBl. I S. 824) und vom 17.12.2007 (BStBl. 2008 I S. 17), dieses ersetzt durch BMF-Schreiben vom 21.4.2011 (BStBl. I S. 487), soweit § 39 Absatz 4 Satz 2 SGB VIII (Bereitschaftspflege) betroffen ist.

2) Zur einkommensteuerrechtlichen Behandlung der Geldleistungen für Kinder in Vollzeitpflege siehe BMF-Schreiben vom 21.4.2011 (BStBl. I S. 487) und § 3 Nummer 9 EStG.

die nach § 9 Absatz 1 Satz 3 Nummer 5 und Absatz 4a abziehbaren Aufwendungen nicht übersteigen;[1)]

14. Zuschüsse eines Trägers der gesetzlichen Rentenversicherung zu den Aufwendungen eines Rentners für seine Krankenversicherung und von dem gesetzlichen Rentenversicherungsträger getragene Anteile (§ 249a des Fünften Buches Sozialgesetzbuch) an den Beiträgen für die gesetzliche Krankenversicherung;
15. (weggefallen)
16. die Vergütungen, die Arbeitnehmer außerhalb des öffentlichen Dienstes von ihrem Arbeitgeber zur Erstattung von Reisekosten, Umzugskosten oder Mehraufwendungen bei doppelter Haushaltsführung erhalten, soweit sie die nach § 9 als Werbungskosten abziehbaren Aufwendungen nicht übersteigen;[2)]
17. Zuschüsse zum Beitrag nach § 32 des Gesetzes über die Alterssicherung der Landwirte;
18. das Aufgeld für ein an die Bank für Vertriebene und Geschädigte (Lastenausgleichsbank) zugunsten des Ausgleichsfonds (§ 5 Lastenausgleichsgesetz) gegebenes Darlehen, wenn das Darlehen nach § 7f des Gesetzes in der Fassung der Bekanntmachung vom 15. September 1953 (BGBl. I S. 1355) im Jahr der Hingabe als Betriebsausgabe abzugsfähig war;
19. (weggefallen)
20. die aus öffentlichen Mitteln des Bundespräsidenten aus sittlichen oder sozialen Gründen gewährten Zuwendungen an besonders verdiente Personen oder ihre Hinterbliebenen;
21. (weggefallen)
22. (weggefallen)
23. die Leistungen nach dem Häftlingshilfegesetz, dem Strafrechtlichen Rehabilitierungsgesetz, dem Verwaltungsrechtlichen Rehabilitierungsgesetz und dem Beruflichen Rehabilitierungsgesetz;
24. Leistungen, die auf Grund des Bundeskindergeldgesetzes gewährt werden;
25. Entschädigungen nach dem Infektionsschutzgesetz vom 20. Juli 2000 (BGBl. I S. 1045);
26. Einnahmen aus nebenberuflichen Tätigkeiten als Übungsleiter, Ausbilder, Erzieher, Betreuer oder vergleichbaren nebenberuflichen Tätigkeiten, aus nebenberuflichen künstlerischen Tätigkeiten oder der nebenberuflichen Pflege alter, kranker oder behinderter Menschen im Dienst oder im Auftrag einer juristischen Person des öffentlichen Rechts, die in einem Mitgliedstaat der Europäischen Union oder in einem Staat belegen ist, auf den das Abkommen über den Europäischen Wirtschaftsraum Anwendung findet, oder einer unter § 5 Absatz 1 Nummer 9 des Körperschaftsteuergesetzes fallenden Einrichtung zur Förderung gemeinnütziger, mildtätiger und kirchlicher Zwecke (§§ 52 bis 54 der Abgabenordnung) bis zur Höhe von insgesamt 2400 Euro im Jahr.[3)] ²Überschreiten die Einnahmen für die in Satz 1 bezeichneten Tätigkeiten den steuerfreien Betrag, dürfen die mit den nebenberuflichen Tätigkeiten in unmittelbarem wirtschaftlichen Zusammenhang stehenden Ausgaben abweichend von § 3c nur insoweit als Betriebsausgaben oder Werbungskosten abgezogen werden, als sie den Betrag der steuerfreien Einnahmen übersteigen;
26a. Einnahmen aus nebenberuflichen Tätigkeiten im Dienst oder Auftrag einer juristischen Person des öffentlichen Rechts, die in einem Mitgliedstaat der Europäischen

---

1) Diese Fassung tritt am 1. Januar 2014 in Kraft: Art. 6 in Verbindung mit Art. 1 Nummer 1 Buchst. a des Gesetzes zur Änderung und Vereinfachung der Unternehmensbesteuerung und des steuerlichen Reisekostenrechts vom 20. Februar 2013 (BGBl. I S. 285).
2) Diese Fassung tritt am 1. Januar 2014 in Kraft: Art. 6 in Verbindung mit Art. 1 Nummer 1 Buchst. a des Gesetzes zur Änderung und Vereinfachung der Unternehmensbesteuerung und des steuerlichen Reisekostenrechts vom 20. Februar 2013 (BGBl. I S. 285).
3) Von 2100 auf 2400 erhöht durch Art. 2 des Ehrenamtstärkungsgesetz vom 21. März 2013, BStBl. I S. 556.

Union oder in einem Staat belegen ist, auf den das Abkommen über den Europäischen Wirtschaftsraum Anwendung findet, oder einer unter § 5 Absatz 1 Nummer 9 des Körperschaftsteuergesetzes fallenden Einrichtung zur Förderung gemeinnütziger, mildtätiger und kirchlicher Zwecke (§§ 52 bis 54 der Abgabenordnung) bis zur Höhe von insgesamt 720 Euro[1)] im Jahr. ²Die Steuerbefreiung ist ausgeschlossen, wenn für die Einnahmen aus der Tätigkeit – ganz oder teilweise – eine Steuerbefreiung nach § 3 Nummer 12, 26 oder 26b gewährt wird. ³Überschreiten die Einnahmen für die in Satz 1 bezeichneten Tätigkeiten den steuerfreien Betrag, dürfen die mit den nebenberuflichen Tätigkeiten in unmittelbarem wirtschaftlichen Zusammenhang stehenden Ausgaben abweichend von § 3c nur insoweit als Betriebsausgaben oder Werbungskosten abgezogen werden, als sie den Betrag der steuerfreien Einnahmen übersteigen;

26b. Aufwandsentschädigungen nach § 1835a des Bürgerlichen Gesetzbuchs, soweit sie zusammen mit den steuerfreien Einnahmen im Sinne der Nummer 26 den Freibetrag nach Nummer 26 Satz 1 nicht überschreiten. ²Nummer 26 Satz 2 gilt entsprechend;

27. der Grundbetrag der Produktionsaufgaberente und das Ausgleichsgeld nach dem Gesetz zur Förderung der Einstellung der landwirtschaftlichen Erwerbstätigkeit bis zum Höchstbetrag von 18 407 Euro;

28. die Aufstockungsbeträge im Sinne des § 3 Absatz 1 Nummer 1 Buchstabe a sowie die Beiträge und Aufwendungen im Sinne des § 3 Absatz 1 Nummer 1 Buchstabe b und des § 4 Absatz 2 des Altersteilzeitgesetzes, die Zuschläge, die versicherungsfrei Beschäftigte im Sinne des § 27 Absatz 1 Nummer 1 bis 3 des Dritten Buches Sozialgesetzbuch zur Aufstockung der Bezüge bei Altersteilzeit nach beamtenrechtlichen Vorschriften oder Grundsätzen erhalten sowie die Zahlungen des Arbeitgebers zur Übernahme der Beiträge im Sinne des § 187a des Sechsten Buches Sozialgesetzbuch, soweit sie 50 Prozent der Beiträge nicht übersteigen;

29. das Gehalt und die Bezüge

   a) die die diplomatischen Vertreter ausländischer Staaten, die ihnen zugewiesenen Beamten und die in ihren Diensten stehenden Personen erhalten. ²Dies gilt nicht für deutsche Staatsangehörige oder für im Inland ständig ansässige Personen;

   b) der Berufskonsuln, der Konsulatsangehörigen und ihres Personals, soweit sie Angehörige des Entsendestaats sind. ²Dies gilt nicht für Personen, die im Inland ständig ansässig sind oder außerhalb ihres Amtes oder Dienstes einen Beruf, ein Gewerbe oder eine andere gewinnbringende Tätigkeit ausüben;

30. Entschädigungen für die betriebliche Benutzung von Werkzeugen eines Arbeitnehmers (Werkzeuggeld), soweit sie die entsprechenden Aufwendungen des Arbeitnehmers nicht offensichtlich übersteigen;

31. die typische Berufskleidung, die der Arbeitgeber seinem Arbeitnehmer unentgeltlich oder verbilligt überlässt; dasselbe gilt für eine Barablösung eines nicht nur einzelvertraglichen Anspruchs auf Gestellung von typischer Berufskleidung, wenn die Barablösung betrieblich veranlasst ist und die entsprechenden Aufwendungen des Arbeitnehmers nicht offensichtlich übersteigt;

32. die unentgeltliche oder verbilligte Sammelbeförderung eines Arbeitnehmers zwischen Wohnung und erster Tätigkeitsstätte sowie bei Fahrten nach § 9 Absatz 1 Satz 3 Nummer 4a Satz 3 mit einem vom Arbeitgeber gestellten Beförderungsmittel, soweit die Sammelbeförderung für den betrieblichen Einsatz des Arbeitnehmers notwendig ist;

33. zusätzlich zum ohnehin geschuldeten Arbeitslohn erbrachte Leistungen des Arbeitgebers zur Unterbringung und Betreuung von nicht schulpflichtigen Kindern der Arbeitnehmer in Kindergärten oder vergleichbaren Einrichtungen;

---

1) Erhöhung von 500 auf 720 durch Art. 2 des Ehrenamtstärkungsgesetz vom 21. März 2013, BStBl. I S. 556.

§ 3

34. zusätzlich zum ohnehin geschuldeten Arbeitslohn erbrachte Leistungen des Arbeitgebers zur Verbesserung des allgemeinen Gesundheitszustandes und der betrieblichen Gesundheitsförderung, die hinsichtlich Qualität, Zweckbindung und Zielgerichtetheit den Anforderungen der §§ 20 und 20a des Fünften Buches Sozialgesetzbuch genügen, soweit sie 500 Euro im Kalenderjahr nicht übersteigen;

34a. zusätzlich zum ohnehin geschuldeten Arbeitslohn erbrachte Leistungen des Arbeitgebers

   a) an ein Dienstleistungsunternehmen, das den Arbeitnehmer hinsichtlich der Betreuung von Kindern oder pflegebedürftigen Angehörigen berät oder hierfür Betreuungspersonen vermittelt sowie

   b) zur kurzfristigen Betreuung von Kindern im Sinne des § 32 Absatz 1, die das 14. Lebensjahr noch nicht vollendet haben oder die wegen einer vor Vollendung des 25. Lebensjahres eingetretenen körperlichen, geistigen oder seelischen Behinderung außerstande sind, sich selbst zu unterhalten oder pflegebedürftigen Angehörigen des Arbeitnehmers, wenn die Betreuung aus zwingenden und beruflich veranlassten Gründen notwendig ist, auch wenn sie im privaten Haushalt des Arbeitnehmers stattfindet, soweit die Leistungen 600 Euro im Kalenderjahr nicht übersteigen;

35. die Einnahmen der bei der Deutsche Post AG, Deutsche Postbank AG oder Deutsche Telekom AG beschäftigten Beamten, soweit die Einnahmen ohne Neuordnung des Postwesens und der Telekommunikation nach den Nummern 11 bis 13 und 64 steuerfrei wären;

36. Einnahmen für Leistungen zur Grundpflege oder hauswirtschaftlichen Versorgung bis zur Höhe des Pflegegeldes nach § 37 des Elften Buches Sozialgesetzbuch, wenn diese Leistungen von Angehörigen des Pflegebedürftigen oder von anderen Personen, die damit eine sittliche Pflicht im Sinne des § 33 Absatz 2 gegenüber dem Pflegebedürftigen erfüllen, erbracht werden. ²Entsprechendes gilt, wenn der Pflegebedürftige Pflegegeld aus privaten Versicherungsverträgen nach den Vorgaben des Elften Buches Sozialgesetzbuch oder eine Pauschalbeihilfe nach Beihilfevorschriften für häusliche Pflege erhält;

37. (weggefallen)

38. Sachprämien, die der Steuerpflichtige für die persönliche Inanspruchnahme von Dienstleistungen von Unternehmen unentgeltlich erhält, die diese zum Zwecke der Kundenbindung im allgemeinen Geschäftsverkehr in einem jedermann zugänglichen planmäßigen Verfahren gewähren, soweit der Wert der Prämien 1 080 Euro im Kalenderjahr nicht übersteigt;

39. der Vorteil des Arbeitnehmers im Rahmen eines gegenwärtigen Dienstverhältnisses aus der unentgeltlichen oder verbilligten Überlassung von Vermögensbeteiligungen im Sinne des § 2 Absatz 1 Nummer 1 Buchstabe a, b und f bis l und Absatz 2 bis 5 des Fünften Vermögensbildungsgesetzes in der Fassung der Bekanntmachung vom 4. März 1994 (BGBl. I S. 406), zuletzt geändert durch Artikel 2 des Gesetzes vom 7. März 2009 (BGBl. I S. 451), in der jeweils geltenden Fassung, am Unternehmen des Arbeitgebers, soweit der Vorteil insgesamt 360 Euro im Kalenderjahr nicht übersteigt. ²Voraussetzung für die Steuerfreiheit ist, dass die Beteiligung mindestens allen Arbeitnehmern offensteht, die im Zeitpunkt der Bekanntgabe des Angebots ein Jahr oder länger ununterbrochen in einem gegenwärtigen Dienstverhältnis zum Unternehmen stehen. ³Als Unternehmen des Arbeitgebers im Sinne des Satzes 1 gilt auch ein Unternehmen im Sinne des § 18 des Aktiengesetzes. ⁴Als Wert der Vermögensbeteiligung ist der gemeine Wert anzusetzen;

40. 40 Prozent

   a) der Betriebsvermögensmehrungen oder Einnahmen aus der Veräußerung oder der Entnahme von Anteilen an Körperschaften, Personenvereinigungen und Vermögensmassen, deren Leistungen beim Empfänger zu Einnahmen im Sinne des

§ 20 Absatz 1 Nummer 1 und 9 gehören oder an einer Organgesellschaft im Sinne des § 14 oder 17 des Körperschaftsteuergesetzes oder aus deren Auflösung oder Herabsetzung von deren Nennkapital oder aus dem Ansatz eines solchen Wirtschaftsguts mit dem Wert, der sich nach § 6 Absatz 1 Nummer 2 Satz 3 ergibt, soweit sie zu den Einkünften aus Land- und Forstwirtschaft, aus Gewerbebetrieb oder aus selbständiger Arbeit gehören. ²Dies gilt nicht, soweit der Ansatz des niedrigeren Teilwerts in vollem Umfang zu einer Gewinnminderung geführt hat und soweit diese Gewinnminderung nicht durch Ansatz eines Werts, der sich nach § 6 Absatz 1 Nummer 2 Satz 3 ergibt, ausgeglichen worden ist. ³Satz 1 gilt außer für Betriebsvermögensmehrungen aus dem Ansatz mit dem Wert, der sich nach § 6 Absatz 1 Nummer 2 Satz 3 ergibt, ebenfalls nicht, soweit Abzüge nach § 6b oder ähnliche Abzüge voll steuerwirksam vorgenommen worden sind,

b) des Veräußerungspreises im Sinne des § 16 Absatz 2, soweit er auf die Veräußerung von Anteilen an Körperschaften, Personenvereinigungen und Vermögensmassen entfällt, deren Leistungen beim Empfänger zu Einnahmen im Sinne des § 20 Absatz 1 Nummer 1 und 9 gehören oder an einer Organgesellschaft im Sinne des § 14 oder 17 des Körperschaftsteuergesetzes. ²Satz 1 ist in den Fällen des § 16 Absatz 3 entsprechend anzuwenden. ³Buchstabe a Satz 3 gilt entsprechend,

c) des Veräußerungspreises oder des gemeinen Werts im Sinne des § 17 Absatz 2. ²Satz 1 ist in den Fällen des § 17 Absatz 4 entsprechend anzuwenden,

d) der Bezüge im Sinne des § 20 Absatz 1 Nummer 1 und der Einnahmen im Sinne des § 20 Absatz 1 Nummer 9. ²Dies gilt nur, soweit sie das Einkommen der leistenden Körperschaft nicht gemindert haben. ³Satz 1 Buchstabe d Satz 2 gilt nicht, soweit die verdeckte Gewinnausschüttung das Einkommen einer dem Steuerpflichtigen nahe stehenden Person erhöht hat und § 32a des Körperschaftsteuergesetzes auf die Veranlagung dieser nahe stehenden Person keine Anwendung findet,

e) der Bezüge im Sinne des § 20 Absatz 1 Nummer 2,

f) der besonderen Entgelte oder Vorteile im Sinne des § 20 Absatz 3, die neben den in § 20 Absatz 1 Nummer 1 und Absatz 2 Satz 1 Nummer 2 Buchstabe a bezeichneten Einnahmen oder an deren Stelle gewährt werden,

g) des Gewinns aus der Veräußerung von Dividendenscheinen und sonstigen Ansprüchen im Sinne des § 20 Absatz 2 Satz 1 Nummer 2 Buchstabe a,

h) des Gewinns aus der Abtretung von Dividendenansprüchen oder sonstigen Ansprüchen im Sinne des § 20 Absatz 2 Satz 1 Nummer 2 Buchstabe a in Verbindung mit § 20 Absatz 2 Satz 2,

i) der Bezüge im Sinne des § 22 Nummer 1 Satz 2, soweit diese von einer nicht von der Körperschaftsteuer befreiten Körperschaft, Personenvereinigung oder Vermögensmasse stammen.

²Dies gilt für Satz 1 Buchstabe d bis h nur in Verbindung mit § 20 Absatz 8. ³Satz 1 Buchstabe a, b und d bis h ist nicht anzuwenden für Anteile, die bei Kreditinstituten und Finanzdienstleistungsinstituten nach § 1a des Kreditwesengesetzes in Verbindung mit den Artikeln 102 bis 106 der Verordnung (EU) Nr. 575/2013 des Europäischen Parlaments und des Rates vom 26. Juni 2013 über Aufsichtsanforderungen an Kreditinstitute und Wertpapierfirmen und zur Änderung der Verordnung (EU) Nr. 646/2012 (ABl. L 176 vom 27.6.2013, S. 1) oder unmittelbar nach den Artikeln 102 bis 106 der Verordnung (EU) Nr. 575/2013 dem Handelsbuch zuzurechnen sind; Gleiches gilt für Anteile, die von Finanzunternehmen im Sinne des Gesetzes über das Kreditwesen mit dem Ziel der kurzfristigen Erzielung eines Eigenhandelserfolges erworben werden. ⁴Satz 3 zweiter Halbsatz gilt auch für Kreditinstitute, Finanzdienstleistungsinstitute und Finanzunternehmen mit Sitz in einem anderen Mitgliedstaat der Europäischen Union oder in einem anderen Vertragsstaat des EWR-Abkommens;

40a. 40 Prozent der Vergütungen im Sinne des § 18 Absatz 1 Nummer 4;

41. a) Gewinnausschüttungen, soweit für das Kalenderjahr oder Wirtschaftsjahr, in dem sie bezogen werden, oder für die vorangegangenen sieben Kalenderjahre oder Wirtschaftsjahre aus einer Beteiligung an derselben ausländischen Gesellschaft Hinzurechnungsbeträge (§ 10 Absatz 2 des Außensteuergesetzes) der Einkommensteuer unterlegen haben, § 11 Absatz 1 und 2 des Außensteuergesetzes in der Fassung des Artikels 12 des Gesetzes vom 21. Dezember 1993 (BGBl. I S. 2310) nicht anzuwenden war und der Steuerpflichtige dies nachweist; § 3c Absatz 2 gilt entsprechend;

  b) Gewinne aus der Veräußerung eines Anteils an einer ausländischen Kapitalgesellschaft sowie aus deren Auflösung oder Herabsetzung ihres Kapitals, soweit für das Kalenderjahr oder Wirtschaftsjahr, in dem sie bezogen werden, oder für die vorangegangenen sieben Kalenderjahre oder Wirtschaftsjahre aus einer Beteiligung an derselben ausländischen Gesellschaft Hinzurechnungsbeträge (§ 10 Absatz 2 des Außensteuergesetzes) der Einkommensteuer unterlegen haben, § 11 Absatz 1 und 2 des Außensteuergesetzes in der Fassung des Artikels 12 des Gesetzes vom 21. Dezember 1993 (BGBl. I S. 2310) nicht anzuwenden war, der Steuerpflichtige dies nachweist und der Hinzurechnungsbetrag ihm nicht als Gewinnanteil zugeflossen ist.

  ²Die Prüfung, ob Hinzurechnungsbeträge der Einkommensteuer unterlegen haben, erfolgt im Rahmen der gesonderten Feststellung nach § 18 des Außensteuergesetzes;

42. die Zuwendungen, die auf Grund des Fulbright-Abkommens gezahlt werden;

43. der Ehrensold für Künstler sowie Zuwendungen aus Mitteln der Deutschen Künstlerhilfe, wenn es sich um Bezüge aus öffentlichen Mitteln handelt, die wegen der Bedürftigkeit des Künstlers gezahlt werden;

44. Stipendien, die aus öffentlichen Mitteln oder von zwischenstaatlichen oder überstaatlichen Einrichtungen, denen die Bundesrepublik Deutschland als Mitglied angehört, zur Förderung der Forschung oder zur Förderung der wissenschaftlichen oder künstlerischen Ausbildung oder Fortbildung gewährt werden. ²Das Gleiche gilt für Stipendien, die zu den in Satz 1 bezeichneten Zwecken von einer Einrichtung, die von einer Körperschaft des öffentlichen Rechts errichtet ist oder verwaltet wird, oder von einer Körperschaft, Personenvereinigung oder Vermögensmasse im Sinne des § 5 Absatz 1 Nummer 9 des Körperschaftsteuergesetzes gegeben werden. ³Voraussetzung für die Steuerfreiheit ist, dass

  a) die Stipendien einen für die Erfüllung der Forschungsaufgabe oder für die Bestreitung des Lebensunterhalts und die Deckung des Ausbildungsbedarfs erforderlichen Betrag nicht übersteigen und nach den von dem Geber erlassenen Richtlinien vergeben werden,

  b) der Empfänger im Zusammenhang mit dem Stipendium nicht zu einer bestimmten wissenschaftlichen oder künstlerischen Gegenleistung oder zu einer bestimmten Arbeitnehmertätigkeit verpflichtet ist;

45. die Vorteile des Arbeitnehmers aus der privaten Nutzung von betrieblichen Datenverarbeitungsgeräten und Telekommunikationsgeräten sowie deren Zubehör, aus zur privaten Nutzung überlassenen System- und Anwendungsprogrammen, die der Arbeitgeber auch in seinem Betrieb einsetzt, und aus den im Zusammenhang mit diesen Zuwendungen erbrachten Dienstleistungen. ²Satz 1 entsprechend für Steuerpflichtige, denen die Vorteile im Rahmen einer Tätigkeit zugewendet werden, für die sie eine Aufwandsentschädigung im Sinne des § 3 Nummer 12 erhalten;

46. (weggefallen)

47. Leistungen nach § 14 a Absatz 4 und § 14 b des Arbeitsplatzschutzgesetzes;

48. Leistungen nach dem Unterhaltssicherungsgesetz, soweit sie nicht nach dessen § 15 Absatz 1 Satz 2 steuerpflichtig sind;

§ 3

49. (weggefallen)
50. die Beträge, die der Arbeitnehmer vom Arbeitgeber erhält, um sie für ihn auszugeben (durchlaufende Gelder), und die Beträge, durch die Auslagen des Arbeitnehmers für den Arbeitgeber ersetzt werden (Auslagenersatz);
51. Trinkgelder, die anlässlich einer Arbeitsleistung dem Arbeitnehmer von Dritten freiwillig und ohne dass ein Rechtsanspruch auf sie besteht, zusätzlich zu dem Betrag gegeben werden, der für diese Arbeitsleistung zu zahlen ist;
52. (weggefallen)
53. die Übertragung von Wertguthaben nach § 7f Absatz 1 Satz 1 Nummer 2 des Vierten Buches Sozialgesetzbuch auf die Deutsche Rentenversicherung Bund. ²Die Leistungen aus dem Wertguthaben durch die Deutsche Rentenversicherung Bund gehören zu den Einkünften aus nichtselbständiger Arbeit im Sinne des § 19. ³Von ihnen ist Lohnsteuer einzubehalten;
54. Zinsen aus Entschädigungsansprüchen für deutsche Auslandsbonds im Sinne der §§ 52 bis 54 des Bereinigungsgesetzes für deutsche Auslandsbonds in der im Bundesgesetzblatt Teil III, Gliederungsnummer 4139-2, veröffentlichten bereinigten Fassung, soweit diese Entschädigungsansprüche gegen den Bund oder die Länder richten. ²Das Gleiche gilt für die Zinsen aus Schuldverschreibungen und Schuldbuchforderungen, die nach den §§ 9, 10 und 14 des Gesetzes zur näheren Regelung der Entschädigungsansprüche für Auslandsbonds in der im Bundesgesetzblatt Teil III, Gliederungsnummer 4139-3, veröffentlichten bereinigten Fassung vom Bund oder von den Ländern für Entschädigungsansprüche erteilt oder eingetragen werden;
55. der in den Fällen des § 4 Absatz 2 Nummer 2 und Absatz 3 des Betriebsrentengesetzes vom 19. Dezember 1974 (BGBl. I S. 3610), das zuletzt durch Artikel 8 des Gesetzes vom 5. Juli 2004 (BGBl. I S. 1427) geändert worden ist, in der jeweils geltenden Fassung geleistete Übertragungswert nach § 4 Absatz 5 des Betriebsrentengesetzes, wenn die betriebliche Altersversorgung beim ehemaligen und neuen Arbeitgeber über einen Pensionsfonds, eine Pensionskasse oder ein Unternehmen der Lebensversicherung durchgeführt wird. ²Satz 1 gilt auch, wenn der Übertragungswert vom ehemaligen Arbeitgeber oder von einer Unterstützungskasse an den neuen Arbeitgeber oder eine andere Unterstützungskasse geleistet wird. ³Die Leistungen des neuen Arbeitgebers, der Unterstützungskasse, des Pensionsfonds, der Pensionskasse oder des Unternehmens der Lebensversicherung auf Grund des Betrages nach Satz 1 und 2 gehören zu den Einkünften, zu denen die Leistungen gehören würden, wenn die Übertragung nach § 4 Absatz 2 Nummer 2 und Absatz 3 des Betriebsrentengesetzes nicht stattgefunden hätte;
55a. die nach § 10 des Versorgungsausgleichsgesetzes vom 3. April 2009 (BGBl. I S. 700) in der jeweils geltenden Fassung (interne Teilung) durchgeführte Übertragung von Anrechten für die ausgleichsberechtigte Person zu Lasten von Anrechten der ausgleichspflichtigen Person. ²Die Leistungen aus diesen Anrechten gehören bei der ausgleichsberechtigten Person zu den Einkünften, zu denen die Leistungen bei der ausgleichspflichtigen Person gehören würden, wenn die interne Teilung nicht stattgefunden hätte;
55b. der nach § 14 des Versorgungsausgleichsgesetzes (externe Teilung) geleistete Ausgleichswert zur Begründung von Anrechten für die ausgleichsberechtigte Person zu Lasten von Anrechten der ausgleichspflichtigen Person, soweit Leistungen aus diesen Anrechten zu steuerpflichtigen Einkünften nach den §§ 19, 20 und 22 führen würden. ²Satz 1 gilt nicht, soweit Leistungen, die auf dem begründeten Anrecht beruhen, bei der ausgleichsberechtigten Person zu Einkünften nach § 20 Absatz 1 Nummer 6 oder § 22 Nummer 1 Satz 3 Buchstabe a Doppelbuchstabe bb führen würden. ³Der Versorgungsträger der ausgleichspflichtigen Person hat den Versorgungsträger der ausgleichsberechtigten Person über die für die Besteuerung der Leistungen erforderlichen Grundlagen zu informieren. ⁴Dies gilt nicht, wenn der Versorgungsträger der aus-

gleichsberechtigten Person die Grundlagen bereits kennt oder aus den bei ihm vorhandenen Daten feststellen kann und dieser Umstand dem Versorgungsträger der ausgleichspflichtigen Person mitgeteilt worden ist;

55c. Übertragungen von Altersvorsorgevermögen im Sinne des § 92 auf einen anderen auf den Namen des Steuerpflichtigen lautenden Altersvorsorgevertrag (§ 1 Absatz 1 Satz 1 Nummer 10 Buchstabe b des Altersvorsorgeverträge-Zertifizierungsgesetzes), soweit die Leistungen zu steuerpflichtigen Einkünften nach § 22 Nummer 5 führen würden. ²Dies gilt entsprechend

    a) wenn Anwartschaften der betrieblichen Altersversorgung abgefunden werden, soweit das Altersvorsorgevermögen zugunsten eines auf den Namen des Steuerpflichtigen lautenden Altersvorsorgevertrages geleistet wird,

    b) wenn im Fall des Todes des Steuerpflichtigen das Altersvorsorgevermögen auf einen auf den Namen des Ehegatten lautenden Altersvorsorgevertrag übertragen wird, wenn die Ehegatten im Zeitpunkt des Todes des Zulageberechtigten nicht dauernd getrennt gelebt haben (§ 26 Absatz 1) und ihren Wohnsitz oder gewöhnlichen Aufenthalt in einem Mitgliedstaat der Europäischen Union oder einem Staat hatten, auf den das Abkommen über den Europäischen Wirtschaftsraum anwendbar ist;

55d. Übertragungen von Anrechten aus einem nach § 5a Altersvorsorgeverträge-Zertifizierungsgesetz zertifizierten Vertrag auf einen anderen auf den Namen des Steuerpflichtigen lautenden nach § 5a Altersvorsorgeverträge-Zertifizierungsgesetz zertifizierten Vertrag;

55e. die auf Grund eines Abkommens mit einer zwischen- oder überstaatlichen Einrichtung übertragenen Werte von Anrechten auf Altersversorgung, soweit diese zur Begründung von Anrechten auf Altersversorgung bei einer zwischen- oder überstaatlichen Einrichtung dienen. ²Die Leistungen auf Grund des Betrags nach Satz 1 gehören zu den Einkünften, zu denen die Leistungen gehören, die die übernehmende Versorgungseinrichtung im Übrigen erbringt;

56. Zuwendungen des Arbeitgebers nach § 19 Absatz 1 Satz 1 Nummer 3 Satz 1 aus dem ersten Dienstverhältnis an eine Pensionskasse zum Aufbau einer nicht kapitalgedeckten betrieblichen Altersversorgung, bei der eine Auszahlung der zugesagten Alters-, Invaliditäts- oder Hinterbliebenenversorgung in Form einer Rente oder eines Auszahlungsplans (§ 1 Absatz 1 Satz 1 Nummer 4 des Altersvorsorgeverträge-Zertifizierungsgesetzes) vorgesehen ist, soweit diese Zuwendungen im Kalenderjahr 1 Prozent der Beitragsbemessungsgrenze in der allgemeinen Rentenversicherung nicht übersteigen. ²Der in Satz 1 genannte Höchstbetrag erhöht sich ab 1. Januar 2014 auf 2 Prozent, ab 1. Januar 2020 auf 3 Prozent und ab 1. Januar 2025 auf 4 Prozent der Beitragsbemessungsgrenze in der allgemeinen Rentenversicherung. ³Die Beträge nach den Sätzen 1 und 2 sind jeweils um die nach § 3 Nummer 63 Satz 1, 3 oder Satz 4 steuerfreien Beträge zu mindern;

57. die Beträge, die die Künstlersozialkasse zugunsten des nach dem Künstlersozialversicherungsgesetz Versicherten aus dem Aufkommen von Künstlersozialabgabe und Bundeszuschuss an einen Träger der Sozialversicherung oder an den Versicherten zahlt;

58. das Wohngeld nach dem Wohngeldgesetz, die sonstigen Leistungen aus öffentlichen Haushalten oder Zweckvermögen zur Senkung der Miete oder Belastung im Sinne des § 11 Absatz 2 Nummer 4 des Wohngeldgesetzes sowie öffentliche Zuschüsse zur Deckung laufender Aufwendungen und Zinsvorteile bei Darlehen, die aus öffentlichen Haushalten gewährt werden, für eine zu eigenen Wohnzwecken genutzte Wohnung im eigenen Haus oder eine zu eigenen Wohnzwecken genutzte Eigentumswohnung, soweit die Zuschüsse und Zinsvorteile die Vorteile aus einer entsprechenden Förderung mit öffentlichen Mitteln nach dem Zweiten Wohnungsbaugesetz, dem Wohnraumförderungsgesetz oder einem Landesgesetz zur Wohnraumförderung nicht überschreiten, der Zuschuss für die Wohneigentumsbildung in

innerstädtischen Altbauquartieren nach den Regelungen zum Stadtumbau Ost in den Verwaltungsvereinbarungen über die Gewährung von Finanzhilfen des Bundes an die Länder nach Artikel 104a Absatz 4 des Grundgesetzes zur Förderung städtebaulicher Maßnahmen;

59. die Zusatzförderung nach § 88e des Zweiten Wohnungsbaugesetzes und nach § 51f des Wohnungsbaugesetzes für das Saarland und Geldleistungen, die ein Mieter zum Zwecke der Wohnkostenentlastung nach dem Wohnraumförderungsgesetz oder einem Landesgesetz zur Wohnraumförderung erhält, soweit die Einkünfte dem Mieter zuzurechnen sind, und die Vorteile aus einer mietweisen Wohnungsüberlassung im Zusammenhang mit einem Arbeitsverhältnis, soweit sie die Vorteile aus einer entsprechenden Förderung nach dem Zweiten Wohnungsbaugesetz, nach dem Wohnraumförderungsgesetz oder einem Landesgesetz zur Wohnraumförderung nicht überschreiten;

60. Leistungen aus öffentlichen Mitteln an Arbeitnehmer des Steinkohlen-, Pechkohlen- und Erzbergbaues, des Braunkohlentiefbaues und der Eisen- und Stahlindustrie aus Anlass von Stilllegungs-, Einschränkungs-, Umstellungs- oder Rationalisierungsmaßnahmen;

61. Leistungen nach § 4 Absatz 1 Nummer 2, § 7 Absatz 3, §§ 9, 10 Absatz 1, §§ 13, 15 des Entwicklungshelfer-Gesetzes;

62. Ausgaben des Arbeitgebers für die Zukunftssicherung des Arbeitnehmers, soweit der Arbeitgeber dazu nach sozialversicherungsrechtlichen oder anderen gesetzlichen Vorschriften oder nach einer auf gesetzlicher Ermächtigung beruhenden Bestimmung verpflichtet ist, und es sich nicht um Zuwendungen oder Beiträge des Arbeitgebers nach den Nummern 56 und 63 handelt. ²Den Ausgaben des Arbeitgebers für die Zukunftssicherung, die auf Grund gesetzlicher Verpflichtung geleistet werden, werden gleichgestellt Zuschüsse des Arbeitgebers zu den Aufwendungen des Arbeitnehmers

a) für eine Lebensversicherung,

b) für die Versicherung in der gesetzlichen Rentenversicherung,

c) für eine öffentlich-rechtliche Versicherungs- oder Versorgungseinrichtung seiner Berufsgruppe,

wenn der Arbeitnehmer von der Versicherungspflicht in der gesetzlichen Rentenversicherung befreit worden ist. ³Die Zuschüsse sind nur insoweit steuerfrei, als sie insgesamt bei Befreiung von der Versicherungspflicht in der allgemeinen Rentenversicherung die Hälfte und bei Befreiung von der Versicherungspflicht in der knappschaftlichen Rentenversicherung zwei Drittel der Gesamtaufwendungen des Arbeitnehmers nicht übersteigen und nicht höher sind als der Betrag, der als Arbeitgeberanteil bei Versicherungspflicht in der allgemeinen Rentenversicherung oder in der knappschaftlichen Rentenversicherung zu zahlen wäre. ⁴Die Sätze 2 und 3 gelten sinngemäß für Beiträge des Arbeitgebers zu einer Pensionskasse, wenn der Arbeitnehmer bei diesem Arbeitgeber nicht im Inland beschäftigt ist und der Arbeitgeber keine Beiträge zur gesetzlichen Rentenversicherung im Inland leistet; Beiträge des Arbeitgebers zu einer Rentenversicherung auf Grund gesetzlicher Verpflichtung sind anzurechnen;

63. Beiträge des Arbeitgebers aus dem ersten Dienstverhältnis an einen Pensionsfonds, eine Pensionskasse oder für eine Direktversicherung zum Aufbau einer kapitalgedeckten betrieblichen Altersversorgung, bei der eine Auszahlung der zugesagten Alters-, Invaliditäts- oder Hinterbliebenenversorgungsleistungen in Form einer Rente oder eines Auszahlungsplans (§ 1 Absatz 1 Satz 1 Nummer 4 des Altersvorsorgeverträge-Zertifizierungsgesetzes vom 26. Juni 2001 (BGBl. I S. 1310, 1322), das zuletzt durch Artikel 7 des Gesetzes vom 5. Juli 2004 (BGBl. I S. 1427) geändert worden ist, in der jeweils geltenden Fassung) vorgesehen ist, soweit die Beiträge im Kalenderjahr 4 Prozent der Beitragsbemessungsgrenze in der allgemeinen Rentenversicherung nicht übersteigen. ²Dies gilt nicht, soweit der Arbeitnehmer nach § 1a Absatz 3 des Be-

triebsrentengesetzes verlangt hat, dass die Voraussetzungen für eine Förderung nach § 10a oder Abschnitt XI erfüllt werden. ³Der Höchstbetrag nach Satz 1 erhöht sich um 1 800 Euro, wenn die Beiträge im Sinne des Satzes 1 auf Grund einer Versorgungszusage geleistet werden, die nach dem 31. Dezember 2004 erteilt wurde. ⁴Aus Anlass der Beendigung des Dienstverhältnisses geleistete Beiträge im Sinne des Satzes 1 sind steuerfrei, soweit sie 1 800 Euro vervielfältigt mit der Anzahl der Kalenderjahre, in denen das Dienstverhältnis des Arbeitnehmers zu dem Arbeitgeber bestanden hat, nicht übersteigen; der vervielfältigte Betrag vermindert sich um die nach den Sätzen 1 und 3 steuerfreien Beiträge, die der Arbeitgeber in dem Kalenderjahr, in dem das Dienstverhältnis beendet wird, und in den sechs vorangegangenen Kalenderjahren erbracht hat; Kalenderjahre vor 2005 sind dabei jeweils nicht zu berücksichtigen;

64. bei Arbeitnehmern, die zu einer inländischen juristischen Person des öffentlichen Rechts in einem Dienstverhältnis stehen und dafür Arbeitslohn aus einer inländischen öffentlichen Kasse beziehen, die Bezüge für eine Tätigkeit im Ausland insoweit, als sie den Arbeitslohn übersteigen, der dem Arbeitnehmer bei einer gleichwertigen Tätigkeit am Ort der zahlenden öffentlichen Kasse zustehen würde. ²Satz 1 gilt auch, wenn das Dienstverhältnis zu einer anderen Person besteht, die den Arbeitslohn entsprechend den im Sinne des Satzes 1 geltenden Vorschriften ermittelt, der Arbeitslohn aus einer öffentlichen Kasse gezahlt wird und ganz oder im Wesentlichen aus öffentlichen Mitteln aufgebracht wird. ³Bei anderen für einen begrenzten Zeitraum in das Ausland entsandten Arbeitnehmern, die dort einen Wohnsitz oder gewöhnlichen Aufenthalt haben, ist der ihnen von einem inländischen Arbeitgeber gewährte Kaufkraftausgleich steuerfrei, soweit er den für vergleichbare Auslandsdienstbezüge nach § 55 des Bundesbesoldungsgesetzes zulässigen Betrag nicht übersteigt;

65. a) Beiträge des Trägers der Insolvenzsicherung (§ 14 des Betriebsrentengesetzes) zugunsten eines Versorgungsberechtigten und seiner Hinterbliebenen an eine Pensionskasse oder ein Unternehmen der Lebensversicherung zur Ablösung von Verpflichtungen, die der Träger der Insolvenzsicherung im Sicherungsfall gegenüber dem Versorgungsberechtigten und seinen Hinterbliebenen hat,

b) Leistungen zur Übernahme von Versorgungsleistungen oder unverfallbaren Versorgungsanwartschaften durch eine Pensionskasse oder ein Unternehmen der Lebensversicherung in den in § 4 Absatz 4 des Betriebsrentengesetzes bezeichneten Fällen und

c) der Erwerb von Ansprüchen durch den Arbeitnehmer gegenüber einem Dritten im Falle der Eröffnung des Insolvenzverfahrens oder in den Fällen des § 7 Absatz 1 Satz 4 des Betriebsrentengesetzes, soweit der Dritte neben dem Arbeitgeber für die Erfüllung von Ansprüchen auf Grund bestehender Versorgungsverpflichtungen oder Versorgungsanwartschaften gegenüber dem Arbeitnehmer und dessen Hinterbliebenen einsteht; dies gilt entsprechend, wenn der Dritte für Wertguthaben aus einer Vereinbarung über die Altersteilzeit nach dem Altersteilzeitgesetz vom 23. Juli 1996 (BGBl. I S. 1078), zuletzt geändert durch Artikel 234 der Verordnung vom 31. Oktober 2006 (BGBl. I S. 2407), in der jeweils geltenden Fassung oder auf Grund von Wertguthaben aus einem Arbeitszeitkonto in den im ersten Halbsatz genannten Fällen für den Arbeitgeber einsteht.

²In den Fällen nach Buchstabe a, b und c gehören die Leistungen der Pensionskasse, des Unternehmens der Lebensversicherung oder des Dritten zu den Einkünften, zu denen jene Leistungen gehören würden, die ohne Eintritt eines Falles nach Buchstabe a, b und c zu erbringen wären. ³Soweit sie zu den Einkünften aus nichtselbständiger Arbeit im Sinne des § 19 gehören, ist von ihnen Lohnsteuer einzubehalten. ⁴Für die Erhebung der Lohnsteuer gelten die Pensionskasse, das Unternehmen der Lebensversicherung oder der Dritte als Arbeitgeber und der Leistungsempfänger als Arbeitnehmer;

66. Leistungen eines Arbeitgebers oder einer Unterstützungskasse an einen Pensionsfonds zur Übernahme bestehender Versorgungsverpflichtungen oder Versorgungs-

§ 3

anwartschaften durch den Pensionsfonds, wenn ein Antrag nach § 4d Absatz 3 oder § 4e Absatz 3 gestellt worden ist;

67. a) das Erziehungsgeld nach dem Bundeserziehungsgeldgesetz und vergleichbare Leistungen der Länder,

b) das Elterngeld nach dem Bundeselterngeld- und Elternzeitgesetz und vergleichbare Leistungen der Länder,

c) Leistungen für Kindererziehung an Mütter der Geburtsjahrgänge vor 1921 nach den §§ 294 bis 299 des Sechsten Buches Sozialgesetzbuch sowie

d) Zuschläge, die nach den §§ 50a bis 50e des Beamtenversorgungsgesetzes oder nach den §§ 70 bis 74 des Soldatenversorgungsgesetzes oder nach vergleichbaren Regelungen der Länder für ein vor dem 1. Januar 2015 geborenes Kind oder für eine vor dem 1. Januar 2015 begonnene Zeit der Pflege einer pflegebedürftigen Person zu gewähren sind; im Falle des Zusammentreffens von Zeiten für mehrere Kinder nach § 50b des Beamtenversorgungsgesetzes oder § 71 des Soldatenversorgungsgesetzes oder nach vergleichbaren Regelungen der Länder gilt dies, wenn eines der Kinder vor dem 1. Januar 2015 geboren ist;

68. die Hilfen nach dem Gesetz über die Hilfe für durch Anti-D-Immunprophylaxe mit dem Hepatitis-C-Virus infizierte Personen vom 2. August 2000 (BGBl. I S. 1270);

69. die von der Stiftung „Humanitäre Hilfe für durch Blutprodukte HIV-infizierte Personen" nach dem HIV-Hilfegesetz vom 24. Juli 1995 (BGBl. I S. 972) gewährten Leistungen;

70. die Hälfte

a) der Betriebsvermögensmehrungen oder Einnahmen aus der Veräußerung von Grund und Boden und Gebäuden, die am 1. Januar 2007 mindestens fünf Jahre zum Anlagevermögen eines inländischen Betriebsvermögens des Steuerpflichtigen gehören, wenn diese auf Grund eines nach dem 31. Dezember 2006 und vor dem 1. Januar 2010 rechtswirksam abgeschlossenen obligatorischen Vertrages an eine REIT-Aktiengesellschaft oder einen Vor-REIT veräußert werden,

b) der Betriebsvermögensmehrungen, die auf Grund der Eintragung eines Steuerpflichtigen in das Handelsregister als REIT-Aktiengesellschaft im Sinne des REIT-Gesetzes vom 28. Mai 2007 (BGBl. I S. 914) durch Anwendung des § 13 Absatz 1 und 3 Satz 1 des Körperschaftsteuergesetzes auf Grund und Boden und Gebäude entstehen, wenn diese Wirtschaftsgüter vor dem 1. Januar 2005 angeschafft oder hergestellt wurden, und die Schlussbilanz im Sinne des § 13 Absatz 1 und 3 des Körperschaftsteuergesetzes auf einen Zeitpunkt vor dem 1. Januar 2010 aufzustellen ist.

²Satz 1 ist nicht anzuwenden,

a) wenn der Steuerpflichtige den Betrieb veräußert oder aufgibt und der Veräußerungsgewinn nach § 34 besteuert wird,

b) soweit der Steuerpflichtige von den Regelungen der §§ 6b und 6c Gebrauch macht,

c) soweit der Ansatz des niedrigeren Teilwerts in vollem Umfang zu einer Gewinnminderung geführt hat und soweit diese Gewinnminderung nicht durch den Ansatz eines Werts, der sich nach § 6 Absatz 1 Nummer 1 Satz 4 ergibt, ausgeglichen worden ist,

d) wenn im Falle des Satzes 1 Buchstabe a der Buchwert zuzüglich der Veräußerungskosten den Veräußerungserlös oder im Falle des Satzes 1 Buchstabe b der Buchwert den Teilwert übersteigt. ²Ermittelt der Steuerpflichtige den Gewinn nach § 4 Absatz 3, treten an die Stelle des Buchwerts die Anschaffungs- oder Herstellungskosten verringert um die vorgenommenen Absetzungen für Abnutzung oder Substanzverringerung,

e) soweit vom Steuerpflichtigen in der Vergangenheit Abzüge bei den Anschaffungs- oder Herstellungskosten von Wirtschaftsgütern im Sinne des Satzes 1 nach § 6b oder ähnliche Abzüge voll steuerwirksam vorgenommen worden sind,

f) wenn es sich um eine Übertragung im Zusammenhang mit Rechtsvorgängen handelt, die dem Umwandlungssteuergesetz unterliegen und die Übertragung zu einem Wert unterhalb des gemeinen Werts erfolgt.

³Die Steuerbefreiung entfällt rückwirkend, wenn

a) innerhalb eines Zeitraums von vier Jahren seit dem Vertragsschluss im Sinne des Satzes 1 Buchstabe a der Erwerber oder innerhalb eines Zeitraums von vier Jahren nach dem Stichtag der Schlussbilanz im Sinne des Satzes 1 Buchstabe b die REIT-Aktiengesellschaft den Grund und Boden oder das Gebäude veräußert,

b) der Vor-REIT oder ein anderer Vor-REIT als sein Gesamtrechtsnachfolger den Status als Vor-REIT gemäß § 10 Absatz 3 Satz 1 des REIT-Gesetzes verliert,

c) die REIT-Aktiengesellschaft innerhalb eines Zeitraums von vier Jahren seit dem Vertragsschluss im Sinne des Satzes 1 Buchstabe a oder nach dem Stichtag der Schlussbilanz im Sinne des Satzes 1 Buchstabe b in keinem Veranlagungszeitraum die Voraussetzungen für die Steuerbefreiung erfüllt,

d) die Steuerbefreiung der REIT-Aktiengesellschaft innerhalb eines Zeitraums von vier Jahren seit dem Vertragsschluss im Sinne des Satzes 1 Buchstabe a oder nach dem Stichtag der Schlussbilanz im Sinne des Satzes 1 Buchstabe b endet,

e) das Bundeszentralamt für Steuern dem Erwerber im Sinne des Satzes 1 Buchstabe a den Status als Vor-REIT im Sinne des § 2 Satz 4 des REIT-Gesetzes vom 28. Mai 2007 (BGBl. I S. 914) bestandskräftig aberkannt hat.

⁴Die Steuerbefreiung entfällt auch rückwirkend, wenn die Wirtschaftsgüter im Sinne des Satzes 1 Buchstabe a vom Erwerber an den Veräußerer oder eine ihm nahe stehende Person im Sinne des § 1 Absatz 2 des Außensteuergesetzes überlassen werden und der Veräußerer oder eine ihm nahe stehende Person im Sinne des § 1 Absatz 2 des Außensteuergesetzes nach Ablauf einer Frist von zwei Jahren seit Eintragung des Erwerbers als REIT-Aktiengesellschaft in das Handelsregister an dieser mittelbar oder unmittelbar zu mehr als 50 Prozent beteiligt ist. ⁵Der Grundstückserwerber haftet für die sich aus dem rückwirkenden Wegfall der Steuerbefreiung ergebenden Steuern;

71. die aus einer öffentlichen Kasse gezahlten Zuschüsse für den Erwerb eines Anteils an einer Kapitalgesellschaft in Höhe von 20 Prozent der Anschaffungskosten, höchstens jedoch 50 000 Euro. ²Voraussetzung ist, dass

a) der Anteil an der Kapitalgesellschaft länger als drei Jahre gehalten wird,

b) die Kapitalgesellschaft, deren Anteile erworben werden,

aa) nicht älter ist als zehn Jahre, wobei das Datum der Eintragung der Gesellschaft in das Handelsregister maßgeblich ist,

bb) weniger als 50 Mitarbeiter (Vollzeitäquivalente) hat,

cc) einen Jahresumsatz oder eine Jahresbilanzsumme von höchstens 10 Millionen Euro hat und

dd) nicht börsennotiert ist und keinen Börsengang vorbereitet,

c) der Zuschussempfänger das 18. Lebensjahr vollendet hat oder eine GmbH ist, deren Anteilseigner das 18. Lebensjahr vollendet haben und

d) für den Erwerb des Anteils kein Fremdkapital eingesetzt wird.

Hinweise

LStH 3.0 Steuerbefreiung nach anderen Gesetzen und nach Verträgen
→ *R 3.0 EStR, H 3.0 EStH*

Zwischenstaatliche Vereinbarungen
→ *BMF vom 18.3.2013 (BStBl. I S. 404)*

LStR

R 3.2 Leistungen nach dem Dritten Buch Sozialgesetzbuch (§ 3 Nr. 2 EStG)

(1) ¹Steuerfrei sind das Arbeitslosengeld und das Teilarbeitslosengeld nach dem Dritten Buch Sozialgesetzbuch (SGB III). ²Etwaige spätere Zahlungen des Arbeitgebers an die Agentur für Arbeit auf Grund des gesetzlichen Forderungsübergangs (§ 115 SGB X) sind ebenfalls steuerfrei, wenn über das Vermögen des Arbeitgebers das Insolvenzverfahren eröffnet worden ist oder einer der Fälle des § 165 Abs. 1 Satz 2 Nr. 2 oder 3 SGB III vorliegt. ³Hat die Agentur für Arbeit in den Fällen der § 157 Abs. 3 und § 158 Abs. 4 SGB III zunächst Arbeitslosengeld gezahlt und zahlt der Arbeitnehmer dieses auf Grund dieser Vorschriften der Agentur für Arbeit zurück, bleibt die Rückzahlung mit Ausnahme des Progressionsvorbehalts (→ R 32b. EStR) ohne steuerliche Auswirkung (§ 3c EStG); der dem Arbeitnehmer vom Arbeitgeber nachgezahlte Arbeitslohn ist grundsätzlich steuerpflichtig.

(2) Steuerfrei sind außerdem das Insolvenzgeld (§ 165 SGB III) und Leistungen des Insolvenzverwalters oder des ehemaligen Arbeitgebers auf Grund von § 169 Satz 1 SGB III an die Bundesagentur oder Leistungen der Einzugsstelle an die Agentur für Arbeit auf Grund von § 175 Abs. 2 SGB III.

(3) Zu den steuerfreien Leistungen nach dem SGB III gehört auch das Wintergeld, das als Mehraufwands-Wintergeld zur Abgeltung der witterungsbedingten Mehraufwendungen bei Arbeit und als Zuschuss-Wintergeld für jede aus Arbeitszeitguthaben ausgeglichene Ausfallstunde (zur Vermeidung der Inanspruchnahme des Saison-Kurzarbeitergeldes) gezahlt wird (§ 102 SGB III).

(4) Steuerfrei sind auch das Übergangsgeld und der Gründungszuschuss, die behinderten oder von Behinderung bedrohten Menschen nach den §§ 45 bis 52 SGB IX bzw. § 33 Abs. 3 Nr. 5 SGB IX geleistet werden, weil es sich um Leistungen i.S.d. SGB III, SGB VI, SGB VII oder des Bundesversorgungsgesetzes (BVG) handelt.

Hinweise

LStH 3.2 Zahlungen des Arbeitgebers an die Agentur für Arbeit
Leistet der Arbeitgeber aufgrund des gesetzlichen Forderungsübergangs nach § 115 SGB X eine Lohnnachzahlung unmittelbar an die Arbeitsverwaltung, führt dies beim Arbeitnehmer zum Zufluss von Arbeitslohn (→ BFH vom 15.11.2007 – BStBl. 2008 II S. 375). Sind die Voraussetzungen von R 3.2 Abs. 1 Satz 2 nicht erfüllt, d. h. liegt kein Konkurs-, Gesamtvollstreckungs- oder Insolvenzverfahren vor, sind die Zahlungen des Arbeitgebers steuerpflichtiger Arbeitslohn (→ BFH vom 16.3.1993 – BStBl. II S. 507); in diesen Fällen ist R 39b.6 Abs. 3 zu beachten.

LStR

R 3.4 Überlassung von Dienstkleidung und anderen Leistungen an bestimmte Angehörige des öffentlichen Dienstes (§ 3 Nr. 4 EStG)

¹Die Steuerfreiheit nach § 3 Nr. 4 Buchstabe a und b EStG gilt für sämtliche Dienstbekleidungsstücke, die die Angehörigen der genannten Berufsgruppen nach den jeweils maßgebenden Dienstbekleidungsvorschriften zu tragen verpflichtet sind. ²Zu den Angehörigen der Bundeswehr oder der Bundespolizei i. S. d. § 3 Nr. 4 EStG gehören nicht die Zivilbediensteten.

Hinweise

LStH 3.5 Beispiele
Zu den nach § 3 Nr. 5 EStG steuerfreien Geld- und Sachbezügen gehören insbesondere
– *der Wehrsold nach § 2 Abs. 1 WSG;*
– *die unentgeltliche truppenärztliche Versorgung nach § 6 WSG;*
– *Dienstgeld bei Kurzwehrübungen bis zu drei Tagen anstelle des Wehrsolds nach § 8 WSG;*
– *die an Reservisten der Bundeswehr nach dem WSG gezahlten Bezüge einschl. des Zuschlags für Reserveunteroffiziere (§ 8b WSG) und Reserveoffiziere (§ 8h WSG);*

- *das Taschengeld oder vergleichbare Geldleistungen, das Personen gezahlt wird, die einen in § 32 Abs. 4 Satz 1 Nr. 2 Buchstabe d EStG genannten Freiwilligendienst leisten.*

Zu den nach anderen Vorschriften steuerfreien Geld- und Sachbezügen gehören insbesondere
- *der doppelte Wehrsold bei Verwendung im Ausland nach § 2 Abs. 2 WSG (§ 3 Nr. 64 EStG);*
- *die unentgeltliche Verpflegung im Einsatz (§ 3 Nr. 4 Buchstabe c EStG);*
- *die unentgeltliche Unterkunft im Rahmen einer beruflichen Auswärtstätigkeit oder einer doppelten Haushaltsführung (§ 3 Nr. 13 oder Nr. 16 EStG);*
- *die Dienstbekleidung nach § 5 WSG (§ 3 Nr. 4 oder Nr. 31 EStG);*
- *Leistungen nach dem USG (§ 3 Nr. 48 EStG);*
- *der Auslandsverwendungszuschlag nach § 8f WSG (§ 3 Nr. 64 EStG).*

Zu den steuerpflichtigen Geld- und Sachbezügen gehören insbesondere
- *der erhöhte Wehrsold für Soldaten lind Soldatinnen mit besonderer zeitlicher Belastung nach § 2 Abs. 5 WSG;*
- *die unentgeltliche Unterkunft nach § 4 WSG, soweit diese nicht nach § 3 Nr. 13 oder Nr. 16 EStG steuerbefreit ist;*
- *die besondere Zuwendung (Weihnachtsgeld) nach § 7 WSG;*
- *der Leistungszuschlag nach § 8a WSG;*
- *der Wehrdienstzuschlag nach § 8c WSG;*
- *die als Ausgleich für mit bestimmten Verwendungen verbundene Belastung gewährte besondere Vergütung nach § 8g WSG;*
- *das Entlassungsgeld nach § 9 WSG;*
- *die unentgeltliche oder verbilligte Verpflegung und Unterkunft, die Personen erhalten, die einen in § 32 Abs. 4 Satz 1 Nr. 2 Buchstabe d EStG genannten Freiwilligendienst leisten.*

Freiwillig Wehrdienst Leistende

Für freiwillig Wehrdienst Leistende, deren Dienstverhältnis vor dem 1.1.2014 begonnen hat, gilt § 3 Nr. 5 EStG in der am 29.6.2013 geltenden Fassung fort. Danach sind auch die über das Taschengeld hinaus gewährten Geld- und Sachbezüge steuerfrei (§ 52 Abs. 4 Satz 2 EStG).

LStR

R 3.6 Gesetzliche Bezüge der Wehr- und Zivildienstbeschädigten, Kriegsbeschädigten, ihrer Hinterbliebenen und der ihnen gleichgestellten Personen (§ 3 Nr. 6 EStG)

(1) [1]Steuerfreie Bezüge nach § 3 Nr. 6 EStG sind die Leistungen nach dem Bundesversorgungsgesetz ohne Rücksicht darauf, ob sie sich unmittelbar aus diesem oder aus Gesetzen, die es für anwendbar erklären, ergeben, ferner Leistungen nach den § 41 Abs. 2, §§ 63, 63a, 63b, 63e, 63f, 85 und 86 des Soldatenversorgungsgesetzes (SVG) sowie nach § 35 Abs. 5 und nach § 50 des Zivildienstgesetzes (ZDG). [2]Zu den Gesetzen, die das BVG für anwendbar erklären, gehören

1. das SVG (§§ 80, 81b, 81e, 81f des Gesetzes),
2. das ZDG (§§ 47, 47b des Gesetzes),
3. das Häftlingshilfegesetz (§§ 4 und 5 des Gesetzes, § 8 des Gesetzes i. V. m. § 86 BVG),
4. das Gesetz über die Unterhaltsbeihilfe für Angehörige von Kriegsgefangenen (§ 3 des Gesetzes i. V. m. § 86 BVG),
5. das Gesetz über den Bundesgrenzschutz vom 18.8.1972 in der jeweils geltenden Fassung (§ 59 Abs. 1 des Gesetzes i. V. m. dem SVG),
6. das Gesetz zur Regelung der Rechtsverhältnisse der unter Artikel 131 des Grundgesetzes fallenden Personen (§§ 66, 66a des Gesetzes) unter Beachtung der Anwendungsregelung des § 2 Dienstrechtliches Kriegsfolgen-Abschlußgesetz,
7. das Gesetz zur Einführung des BVG im Saarland vom 16.8.1961 (§ 5 Abs. 1 des Gesetzes),
8. das Gesetz über die Entschädigung für Opfer von Gewalttaten (§§ 1, 10a des Gesetzes),
9. das Infektionsschutzgesetz (§ 60 des Gesetzes),
10. das Strafrechtliche Rehabilitierungsgesetz (§§ 21, 22 des Gesetzes),
11. das Verwaltungsrechtliche Rehabilitierungsgesetz (§§ 3, 4 des Gesetzes).

§ 3   RL 3.5, 3.6, 3.11

(2) Zu den nach § 3 Nr. 6 EStG versorgungshalber gezahlten Bezügen, die nicht auf Grund der Dienstzeit gewährt werden, gehören auch

1. Bezüge der Berufssoldaten der früheren Wehrmacht, der Angehörigen des Vollzugsdienstes der Polizei, des früheren Reichswasserschutzes, der Beamten der früheren Schutzpolizei der Länder sowie der früheren Angehörigen der Landespolizei und ihrer Hinterbliebenen,
2. die Unfallfürsorgeleistungen an Beamte auf Grund der §§ 32 bis 35, 38, 40, 41, 43 und 43a des Beamtenversorgungsgesetzes (BeamtVG), Unterhaltsbeiträge nach § 38a BeamtVG oder vergleichbarem Landesrecht, die einmalige Unfallentschädigung und die entsprechende Entschädigung für Hinterbliebene nach § 20 Abs. 4 und 5 des Einsatz-Weiterverwendungsgesetzes,
3. die Dienstbeschädigungsvollrenten und die Dienstbeschädigungsteilrenten nach den Versorgungsordnungen der Nationalen Volksarmee (VSO-NVA), der Volkspolizei, der Feuerwehr und des Strafvollzugs des Ministeriums des Innern (VSO-MdI), der DDR-Zollverwaltung (VSO-Zoll) und des Ministeriums für Staatssicherheit/Amtes für Nationale Sicherheit (VSO-MfS/AfNS) sowie der Dienstbeschädigungsausgleich, der ab dem 1.1.1997 nach dem Gesetz über einen Ausgleich für Dienstbeschädigungen im Beitrittsgebiet vom 11.11.1996 (BGBl. I S. 1676) anstelle der vorbezeichneten Renten gezahlt wird.

Hinweise

LStH 3.6 *Bezüge aus EU-Mitgliedstaaten*

§ 3 Nr. 6 EStG ist auch auf Bezüge von Kriegsbeschädigten und gleichgestellten Personen anzuwenden, die aus öffentlichen Mitteln anderer EU-Mitgliedstaaten gezahlt werden (→ BFH vom 22.1.1997 – BStBl. II S. 358).

Erhöhtes Unfallruhegehalt nach § 37 BeamtVG

ist ein Bezug, der auf Grund der Dienstzeit gewährt wird, und somit nicht nach § 3 Nr. 6 EStG steuerbefreit ist (→ BFH vom 29.5.2008 – BStBl. 2009 II S. 150).

Unterhaltsbeitrag nach § 38 BeamtVG

ist ein Bezug, der „versorgungshalber" gezahlt wird und somit nach § 3 Nr. 6 EStG steuerbefreit ist (→ BFH vom 16.1.1998 – BStBl. II S. 303).

LStR

R 3.11 Beihilfen und Unterstützungen, die wegen Hilfsbedürftigkeit gewährt werden (§ 3 Nr. 11 EStG)

Beihilfen und Unterstützungen aus öffentlichen Mitteln

(1) Steuerfrei sind

1. Beihilfen in Krankheits-, Geburts- oder Todesfällen nach den Beihilfevorschriften des Bundes oder der Länder sowie Unterstützungen in besonderen Notfällen, die aus öffentlichen Kassen gezahlt werden;
2. Beihilfen in Krankheits-, Geburts- oder Todesfällen oder Unterstützungen in besonderen Notfällen an Arbeitnehmer von Körperschaften, Anstalten oder Stiftungen des öffentlichen Rechts auf Grund von Beihilfevorschriften (Beihilfegrundsätzen) oder Unterstützungsvorschriften (Unterstützungsgrundsätzen) des Bundes oder der Länder oder von entsprechenden Regelungen;
3. Beihilfen und Unterstützungen an Arbeitnehmer von Verwaltungen, Unternehmen oder Betrieben, die sich überwiegend in öffentlicher Hand befinden, wenn
    a) die Verwaltungen, Unternehmen oder Betriebe einer staatlichen oder kommunalen Aufsicht und Prüfung der Finanzgebarung bezüglich der Entlohnung und der Gewährung der Beihilfen unterliegen und
    b) die Entlohnung sowie die Gewährung von Beihilfen und Unterstützungen für die betroffenen Arbeitnehmer ausschließlich nach den für Arbeitnehmer des öffentlichen Dienstes geltenden Vorschriften und Vereinbarungen geregelt sind;
4. Beihilfen und Unterstützungen an Arbeitnehmer von Unternehmen, die sich nicht überwiegend in öffentlicher Hand befinden, z.B. staatlich anerkannte Privatschulen, wenn
    a) hinsichtlich der Entlohnung, der Reisekostenvergütungen und der Gewährung von Beihilfen und Unterstützungen nach den Regelungen verfahren wird, die für den öffentlichen Dienst gelten,

RL 3.11 §3

b) die für die Bundesverwaltung oder eine Landesverwaltung maßgeblichen Vorschriften über die Haushalts-, Kassen- und Rechnungsführung und über die Rechnungsprüfung beachtet werden und
c) das Unternehmen der Prüfung durch den Bundesrechnungshof oder einen Landesrechnungshof unterliegt.

Unterstützungen an Arbeitnehmer im privaten Dienst
(2) ¹Unterstützungen, die von privaten Arbeitgebern an einzelne Arbeitnehmer gezahlt werden, sind steuerfrei, wenn die Unterstützungen dem Anlass nach gerechtfertigt sind, z.B. in Krankheits- und Unglücksfällen. ²Voraussetzung für die Steuerfreiheit ist, dass die Unterstützungen
1. aus einer mit eigenen Mitteln des Arbeitgebers geschaffenen, aber von ihm unabhängigen und mit ausreichender Selbständigkeit ausgestatteten Einrichtung gewährt werden. ²Das gilt nicht nur für bürgerlich-rechtlich selbständige Unterstützungskassen, sondern auch für steuerlich selbständige Unterstützungskassen ohne bürgerlich-rechtliche Rechtspersönlichkeit, auf deren Verwaltung der Arbeitgeber keinen maßgebenden Einfluss hat;
2. aus Beträgen gezahlt werden, die der Arbeitgeber dem Betriebsrat oder sonstigen Vertretern der Arbeitnehmer zu dem Zweck überweist, aus diesen Beträgen Unterstützungen an die Arbeitnehmer ohne maßgebenden Einfluss des Arbeitgebers zu gewähren;
3. vom Arbeitgeber selbst erst nach Anhörung des Betriebsrats oder sonstiger Vertreter der Arbeitnehmer gewährt oder nach einheitlichen Grundsätzen bewilligt werden, denen der Betriebsrat oder sonstige Vertreter der Arbeitnehmer zugestimmt haben.

³Die Voraussetzungen des Satzes 2 Nr. 1 bis 3 brauchen nicht vorzuliegen, wenn der Betrieb weniger als fünf Arbeitnehmer beschäftigt. ⁴Die Unterstützungen sind bis zu einem Betrag von 600 Euro je Kalenderjahr steuerfrei. ⁵Der 600 Euro übersteigende Betrag gehört nur dann nicht zum steuerpflichtigen Arbeitslohn, wenn er aus Anlass eines besonderen Notfalls gewährt wird. ⁶Bei der Beurteilung, ob ein solcher Notfall vorliegt, sind auch die Einkommensverhältnisse und der Familienstand des Arbeitnehmers zu berücksichtigen; drohende oder bereits eingetretene Arbeitslosigkeit begründet für sich keinen besonderen Notfall im Sinne dieser Vorschrift. ⁷Steuerfrei sind auch Leistungen des Arbeitgebers zur Aufrechterhaltung und Erfüllung eines Beihilfeanspruchs nach beamtenrechtlichen Vorschriften sowie zum Ausgleich von Beihilfeaufwendungen früherer Arbeitgeber im Falle der Beurlaubung oder Gestellung von Arbeitnehmern oder des Übergangs des öffentlich-rechtlichen Dienstverhältnisses auf den privaten Arbeitgeber, wenn Versicherungsfreiheit in der gesetzlichen Krankenversicherung nach § 6 Abs. 1 Nr. 2 SGB V besteht.

Hinweise

LStH 3.11 Beamte bei Postunternehmen
→ *§ 3 Nr. 35 EStG*

Beihilfen aus öffentlichen Haushalten
Für nicht nach R 3.11 Abs. 1 Nr. 3 oder 4 steuerfreie Beihilfen kann eine Steuerfreiheit in Betracht kommen, soweit die Mittel aus einem öffentlichen Haushalt stammen und über die Gelder nur nach Maßgabe der haushaltsrechtlichen Vorschriften des öffentlichen Rechts verfügt werden kann und ihre Verwendung einer gesetzlich geregelten Kontrolle unterliegt (→ BFH vom 15.11.1983 – BStBl. 1984 II S. 113); ist das Verhältnis der öffentlichen Mittel zu den Gesamtkosten im Zeitpunkt des Lohnsteuerabzugs nicht bekannt, so muss das Verhältnis ggf. geschätzt werden.

Beihilfen von einem Dritten
gehören regelmäßig zum steuerpflichtigen Arbeitslohn, wenn dies durch eine ausreichende Beziehung zwischen dem Arbeitgeber und dem Dritten gerechtfertigt ist (→ BFH vom 27.1.1961 – BStBl. III S. 167).

Erholungsbeihilfen und andere Beihilfen
gehören grundsätzlich zum steuerpflichtigen Arbeitslohn, soweit sie nicht ausnahmsweise als Unterstützungen anzuerkennen sind (→ BFH vom 14.1.1954 – BStBl. III S. 86, vom 4.2.1954 – BStBl. III S. 111, vom 5.7.1957 – BStBl. III S. 279 und vom 18.3.1960 – BStBl. III S. 237).

Öffentliche Kassen
Öffentliche Kassen sind die Kassen der inländischen juristischen Personen des öffentlichen Rechts und solche Kassen, die einer Dienstaufsicht und Prüfung der Finanzgebarung durch die inländische öffentliche Hand unterliegen (BFH vom 7.8.1986 – BStBl. II S. 848). Zu den

öffentlichen Kassen gehören danach neben den Kassen des Bundes, der Länder und der Gemeinden insbesondere auch die Kassen der öffentlich-rechtlichen Religionsgemeinschaften, die Ortskrankenkassen, Landwirtschaftliche Krankenkassen, Innungskrankenkassen und Ersatzkassen sowie die Kassen des Bundeseisenbahnvermögens, der Deutschen Bundesbank, der öffentlich-rechtlichen Rundfunkanstalten, der Berufsgenossenschaften, Gemeindeunfallversicherungsverbände, der Deutschen Rentenversicherungen (Bund, Land, Knappschaft-Bahn-See, Regionalträger) und die Unterstützungskassen der Postunternehmen sowie deren Nachfolgeunternehmen → § 3 Nr. 35 EStG.

Öffentliche Stiftung

→ H 3.11 EStH

Steuerfreiheit nach § 3 Nr. 11 EStG

- Voraussetzung ist eine offene Verausgabung nach Maßgabe der haushaltsrechtlichen Vorschriften und unter gesetzlicher Kontrolle (→ BFH vom 9.4.1975 – BStBl. II S. 577 und vom 15.11.1983 – BStBl. 1984 II S. 113).
- Empfänger einer steuerfreien Beihilfe können nur Personen sein, denen sie im Hinblick auf den Zweck der Leistung bewilligt worden ist (→ BFH vom 19.6.1997 – BStBl. II S. 652).
- Zu den steuerfreien Erziehungs- und Ausbildungsbeihilfen gehören die Leistungen nach dem BAföG sowie die Ausbildungszuschüsse nach § 5 Abs. 4 SVG.
- Zu den steuerfreien Erziehungs- und Ausbildungsbeihilfen gehören nicht die Unterhaltszuschüsse an Beamte im Vorbereitungsdienst – Beamtenanwärter (→ BFH vom 12.8.1983 – BStBl. II S. 718), die zur Sicherstellung von Nachwuchskräften gezahlten Studienbeihilfen und die für die Fertigung einer Habilitationsschrift gewährten Beihilfen (→ BFH vom 4.5.1972 – BStBl. II S. 566).

Stipendien

→ R 3.44 EStR, H 3.44 EStH

LStR

R 3.12 Aufwandsentschädigungen aus öffentlichen Kassen (§ 3 Nr. 12 Satz 2 EStG)

(1) [1]Öffentliche Dienste leisten grundsätzlich alle Personen, die im Dienst einer juristischen Person des öffentlichen Rechts stehen und hoheitliche (einschl. schlichter Hoheitsverwaltung) Aufgaben ausüben, die nicht der Daseinsvorsorge zuzurechnen sind. [2]Keine öffentlichen Dienste im Sinne dieser Vorschrift leisten hingegen Personen, die in der fiskalischen Verwaltung tätig sind.

(2) [1]Voraussetzung für die Anerkennung als steuerfreie Aufwandsentschädigung nach § 3 Nr. 12 Satz 2 EStG ist, dass die gezahlten Beträge dazu bestimmt sind, Aufwendungen abzugelten, die steuerlich als Werbungskosten oder Betriebsausgaben abziehbar wären. [2]Eine steuerfreie Aufwandsentschädigung liegt deshalb insoweit nicht vor, als die Entschädigung für Verdienstausfall oder Zeitverlust oder zur Abgeltung eines Haftungsrisikos gezahlt wird oder dem Empfänger ein abziehbarer Aufwand nicht oder offenbar nicht in Höhe der gewährten Entschädigung erwächst. [3]Das Finanzamt hat das Recht und die Pflicht zu prüfen, ob die als Aufwandsentschädigung gezahlten Beträge tatsächlich zur Bestreitung eines abziehbaren Aufwands erforderlich sind. [4]Dabei ist nicht erforderlich, dass der Steuerpflichtige alle seine dienstlichen Aufwendungen bis ins Kleinste nachweist. [5]Entscheidend ist auch nicht, welche Aufwendungen einem einzelnen Steuerpflichtigen in einem einzelnen Jahr tatsächlich erwachsen sind, sondern ob Personen in gleicher Stellung im Durchschnitt der Jahre abziehbare Aufwendungen etwa in Höhe der Aufwandsentschädigung erwachsen. [6]Eine Nachprüfung ist nur geboten, wenn dazu ein Anlass von einigem Gewicht besteht. [7]Werden im kommunalen Bereich ehrenamtlich tätigen Personen Bezüge unter der Bezeichnung Aufwandsentschädigung gezahlt, sind sie nicht nach § 3 Nr. 12 Satz 2 EStG steuerfrei, soweit sie auch den Aufwand an Zeit und Arbeitsleistung sowie den entgangenen Arbeitsverdienst und das Haftungsrisiko abgelten oder den abziehbaren Aufwand offensichtlich übersteigen.

(3) [1]Zur Erleichterung der Feststellung, inwieweit es sich in den Fällen des § 3 Nr. 12 Satz 2 EStG um eine steuerfreie Aufwandsentschädigung handelt, ist wie folgt zu verfahren:

[2]Sind die Anspruchsberechtigten und der Betrag oder auch ein Höchstbetrag der aus einer öffentlichen Kasse gewährten Aufwandsentschädigung durch Gesetz oder Rechtsverordnung bestimmt, ist die Aufwandsentschädigung

1. bei hauptamtlich tätigen Personen in voller Höhe steuerfrei,

2. bei ehrenamtlich tätigen Personen in Höhe von 1/3 der gewährten Aufwandsentschädigung, mindestens 200 Euro monatlich steuerfrei.

³Sind die Anspruchsberechtigten und der Betrag oder auch ein Höchstbetrag nicht durch Gesetz oder Rechtsverordnung bestimmt, kann bei hauptamtlich und ehrenamtlich tätigen Personen in der Regel ohne weiteren Nachweis ein steuerlich anzuerkennender Aufwand von 200 Euro monatlich angenommen werden. ⁴Ist die Aufwandsentschädigung niedriger als 200 Euro monatlich, bleibt nur der tatsächlich geleistete Betrag steuerfrei. ⁵Bei Personen, die für mehrere Körperschaften des öffentlichen Rechts tätig sind, sind die steuerfreien monatlichen Mindest- und Höchstbeträge auf die Entschädigung zu beziehen, die von der einzelnen öffentlich-rechtlichen Körperschaft an diese Personen gezahlt wird. ⁶Aufwandsentschädigungen für mehrere Tätigkeiten bei einer Körperschaft sind für die Anwendung der Mindest- und Höchstbeträge zusammenzurechnen. ⁷Bei einer gelegentlichen ehrenamtlichen Tätigkeit sind die steuerfreien monatlichen Mindest- und Höchstbeträge nicht auf einen weniger als einen Monat dauernden Zeitraum der ehrenamtlichen Tätigkeit umzurechnen. ⁸Soweit der steuerfreie Monatsbetrag von 200 Euro nicht ausgeschöpft wird, ist eine Übertragung in andere Monate dieser Tätigkeiten im selben Kalenderjahr möglich. ⁹Maßgebend für die Ermittlung der Anzahl der in Betracht kommenden Monate ist die Dauer der ehrenamtlichen Funktion bzw. Ausübung im Kalenderjahr. ¹⁰Die für die Finanzverwaltung zuständige oberste Landesbehörde kann im Benehmen mit dem Bundesministerium der Finanzen und den obersten Finanzbehörden der anderen Länder Anpassungen an die im Lande gegebenen Verhältnisse vornehmen.

(4) ¹Die Empfänger von Aufwandsentschädigungen können dem Finanzamt gegenüber einen höheren steuerlich abziehbaren Aufwand glaubhaft machen; der die Aufwandsentschädigung übersteigende Aufwand ist als Werbungskosten oder Betriebsausgaben abziehbar. ²Wenn einer hauptamtlich tätigen Person neben den Aufwendungen, die durch die Aufwandsentschädigung ersetzt werden sollen, andere beruflich veranlasste Aufwendungen entstehen, sind diese unabhängig von der Aufwandsentschädigung als Werbungskosten; in diesem Fall ist aber Absatz 3 nicht anzuwenden, sondern nach Absatz 2 Satz 3 bis 6 zu verfahren. ³Bei ehrenamtlich tätigen Personen sind alle durch die Tätigkeit veranlassten Aufwendungen als durch die steuerfreie Aufwandsentschädigung ersetzt anzusehen, so dass nur ein die Aufwandsentschädigung übersteigender Aufwand als Werbungskosten oder Betriebsausgaben abziehbar ist.

(5) ¹Von Pauschalentschädigungen, die Gemeinden oder andere juristische Personen des öffentlichen Rechts für eine gelegentliche ehrenamtliche Tätigkeit zahlen, darf ein Betrag bis zu 6 Euro täglich ohne nähere Prüfung als steuerfrei anerkannt werden. ²Bei höheren Pauschalentschädigungen hat das Finanzamt zu prüfen, ob auch ein Aufwand an Zeit und Arbeitsleistung sowie ein entgangener Verdienst abgegolten worden ist. ³Anstelle dieser Regelung kann auch Absatz 3 angewendet werden.

Hinweise

LStH 3.12 *Allgemeines zu § 3 Nr. 12 Satz 2 EStG*

Aufwandsentschädigungen, bei denen die Voraussetzungen des § 3 Nr. 12 Satz 1 EStG nicht vorliegen, sind nach § 3 Nr. 12 Satz 2 EStG nur steuerfrei, wenn sie aus öffentlichen Kassen (→ LStH 3.11) an Personen gezahlt werden, die öffentliche Dienste für einen inländischen Träger öffentlicher Gewalt leisten (→ BFH vom 3.12.1982 – BStBl. 1983 II S. 219). Dabei kann es sich auch um eine Nebentätigkeit handeln. Aufwandsentschädigungen können nicht nur bei Personen steuerfrei sein, die öffentlich-rechtliche (hoheitliche) Dienste leisten, sondern auch bei Personen, die im Rahmen des öffentlichen Dienstes Aufgaben der schlichten Hoheitsverwaltung erfüllen (→ BFH vom 15.3.1968 – BStBl. II S. 437, vom 1.4.1971 – BStBl. II S. 519 und vom 27.2.1976 – BStBl. II S. 418).

Beamte bei Postunternehmen

→ *§ 3 Nr. 35 EStG*

Begriff der Aufwandsentschädigung

- *Zur Abgeltung von Werbungskosten/Betriebsausgaben → BFH vom 9.7.1992 (BStBl. 1993 II S. 50) und vom 29.11.2006 (BStBl. 2007 II S. 308).*
- *Zur Prüfung dieser Voraussetzung durch das Finanzamt → BFH vom 3. 8.1962 (BStBl. III S. 425) und vom 9.6.1989 (BStBl. 1990 II S. 121 und 123).*

Daseinsvorsorge
Beispiel:
Ein kirchlicher Verein erbringt Pflegeleistungen im Rahmen der Nachbarschaftshilfe.

Die den Pflegekräften gewährten Entschädigungen sind nicht nach § 3 Nr. 12 Satz 2 EStG steuerbefreit, da Pflegeleistungen zur Daseinsvorsorge gehören; ggf. kann eine Steuerbefreiung nach § 3 Nr. 26 oder Nr. 26a EStG in Betracht kommen.

Fiskalische Verwaltung

Keine öffentlichen Dienste i.S.d. § 3 Nr. 12 Satz 2 EStG leisten Personen, die in der fiskalischen Verwaltung tätig sind (→ BFH vom 13.8.1971 – BStBl. II S. 818, vom 9.5.1974 – BStBl. II S. 631 und vom 31.1.1975 – BStBl. II S. 563). Dies ist insbesondere dann der Fall, wenn sich die Tätigkeit für die juristische Person des öffentlichen Rechts ausschließlich oder überwiegend auf die Erfüllung von Aufgaben

1. in einem land- oder forstwirtschaftlichen Betrieb einer juristischen Person des öffentlichen Rechts oder
2. in einem **Betrieb gewerblicher Art** einer juristischen Person des öffentlichen Rechts im Sinne des § 1 Abs. 1 Nr. 6 KStG bezieht.

Ob es sich um einen Betrieb gewerblicher Art einer juristischen Person des öffentlichen Rechts handelt, beurteilt sich nach dem Körperschaftsteuerrecht (§ 4 KStG und R 6 KStR). Hierbei kommt es nicht darauf an, ob der Betrieb gewerblicher Art von der Körperschaftsteuer befreit ist. Zu den Betrieben gewerblicher Art in diesem Sinne gehören insbesondere die von einer juristischen Person des öffentlichen Rechts unterhaltenen Betriebe, die der Versorgung der Bevölkerung mit Wasser, Gas, Elektrizität oder Wärme (→ BFH vom 19.1.1990 – BStBl. II S. 679), dem öffentlichen Verkehr oder dem Hafenbetrieb dienen, sowie die in der Rechtsform einer juristischen Person des öffentlichen Rechts betriebenen Sparkassen (→ BFH vom 13.8.1971 – BStBl. II S. 818).

Öffentliche Dienste

Ehrenamtliche Vorstandsmitglieder eines Versorgungswerks leisten öffentliche Dienste i. S. d. § 3 Nr. 12 Satz 2 EStG, wenn sich das Versorgungswerk als juristische Person des öffentlichen Rechts im Rahmen seiner gesetzlichen Aufgabenzuweisungen auf die Gewährleistung der Alters-, Invaliden- und Hinterbliebenenversorgung für seine Zwangsmitglieder beschränkt und dabei die insoweit bestehenden Anlagegrundsätze beachtet (→ BFH vom 27.8.2013 – BStBl. 2014 II S. 248).

Öffentliche Kassen

→ LStH 3.11

Steuerlicher Aufwand

Zur Voraussetzung der Abgeltung steuerlich zu berücksichtigender Werbungskosten/Betriebsausgaben → BFH vom 3.8.1962 (BStBl. III S. 425), vom 9.6.1989 (BStBl. 1990 II S. 121 und 123), vom 9.7.1992 (BStBl. 1993 II S. 50) und vom 29.11.2006 (BStBl. 2007 II S. 308).

Übertragung nicht ausgeschöpfter steuerfreier Monatsbeträge (Beispiel)

Für öffentliche Dienste in einem Ehrenamt in der Zeit vom 1. 1. bis 31. 5. werden folgende Aufwandsentschädigungen im Sinne von § 3 Nr. 12 Satz 2 EStG und R 3.12 Abs. 3 Satz 3 LStR gezahlt:

Januar 275 €, Februar 75 €, März 205 €, April 325 €, Mai 225 €; Zeitaufwand wird nicht vergütet. Für den Lohnsteuerabzug können die nicht ausgeschöpften steuerfreien Monatsbeträge i. H. v. 200 € wie folgt mit den steuerpflichtigen Aufwandsentschädigungen der anderen Lohnzahlungszeiträume dieser Tätigkeit verrechnet werden:

	Gezahlte Aufwands-entschädigung	Steuerliche Behandlung nach R 3.12 Abs. 3 Satz 3 LStR		Steuerliche Behandlung bei Übertragung nicht ausgeschöpfter steuerfreier Monatsbeträge	
		Steuerfrei sind:	Steuerpflichtig sind:	Steuerfreier Höchstbetrag:	Steuerpflichtig sind:
Januar	275 €	200 €	75 €	200 €	75 €
Februar	75 €	75 €	0 €	2 x 200 € = 400 €	0 € (275+75–400), Aufrollung des Januar
März	205 €	200 €	5 €	3 x 200 € = 600 €	0 € (275+75+205–600)
April	325 €	200 €	125 €	4 x 200 € = 800 €	80 € (275+75+205+325 –800), Aufrollung des März
Mai	225 €	200 €	25 €	5 x 200 € = 1 000 €	105 € (275+75+205+325+ 225–1 000)
Summe	1 105 €	1 000 €	230 €	5 x 200 € = 1 000 €	105 €

Bei Verrechnung des nicht ausgeschöpften Freibetragsvolumens mit abgelaufenen Lohnzahlungszeiträumen ist im Februar der Lohnsteuereinbehalt für den Monat Januar und im April für den Monat März zu korrigieren.

LStR

R 3.13 Reisekostenvergütungen, Umzugskostenvergütungen und Trennungsgelder aus öffentlichen Kassen (§ 3 Nr. 13 EStG)

(1) [1]Nach § 3 Nr. 13 EStG sind Leistungen (Geld und Sachbezüge) steuerfrei, die als Reisekostenvergütungen, Umzugskostenvergütungen oder Trennungsgelder aus einer öffentlichen Kasse gewährt werden; dies gilt nicht für Mahlzeiten, die dem Arbeitnehmer während einer beruflichen Auswärtstätigkeit oder im Rahmen einer doppelten Haushaltsführung vom Arbeitgeber oder auf dessen Veranlassung von einem Dritten zur Verfügung gestellt werden. [2]Die Steuerfreiheit von Verpflegungszuschüssen ist auf die nach § 9 Abs. 4a EStG maßgebenden Beträge begrenzt; R 3.16 Satz 1 bis 3 ist entsprechend anzuwenden.

(2) [1]Reisekostenvergütungen sind die als solche bezeichneten Leistungen, die dem Grunde und der Höhe nach unmittelbar nach Maßgabe der reisekostenrechtlichen Vorschriften des Bundes oder der Länder gewährt werden. [2]Reisekostenvergütungen liegen auch vor, soweit sie auf Grund von Tarifverträgen oder anderen Vereinbarungen (z. B. öffentlich-rechtliche Satzung) gewährt werden, die den reisekostenrechtlichen Vorschriften des Bundes oder eines Landes dem Grund und der Höhe nach vollumfänglich entsprechen. [3]§ 12 Nr. 1 EStG bleibt unberührt.

(3) [1]Werden bei Reisekostenvergütungen aus öffentlichen Kassen die reisekostenrechtlichen Vorschriften des Bundes oder der Länder nicht oder nur teilweise angewendet, können auf diese Leistungen, die zu § 3 Nr. 16 EStG erlassenen Verwaltungsvorschriften angewendet werden. [2]Im Übrigen kann auch eine Steuerbefreiung nach § 3 Nr. 12, Nr. 26, Nr. 26a oder 26b EStG in Betracht kommen; → R 3.12 und 3.26.

(4) [1]Die Absätze 2 und 3 gelten sinngemäß für Umzugskostenvergütungen und Trennungsgelder nach Maßgabe der umzugskosten- und reisekostenrechtlichen Vorschriften des Bundes und der Länder. [2]Werden anlässlich eines Umzugs für die Umzugstage Verpflegungszuschüsse nach dem Bundesumzugskostengesetz (BUKG) gewährt, sind diese nur im Rahmen der zeitlichen Voraussetzungen des § 9 Abs. 4a EStG steuerfrei. [3]Trennungsgeld, das bei täglicher Rückkehr zum Wohnort gewährt wird, ist nur in den Fällen des § 9 Abs. 1 Satz 3 Nr. 4a Satz 1 EStG steuerfrei. [4]Trennungsgeld, das bei Bezug einer

Unterkunft am Beschäftigungsort gewährt wird, ist regelmäßig nach Maßgabe von § 9 Abs. 1 Satz 3 Nr. 5 und Abs. 4a EStG steuerfrei. [5]R 9.9 Abs. 2 Satz 1 ist entsprechend anzuwenden.

Hinweise

LStH 3.13 Beamte bei Postunternehmen
→ § 3 Nr. 35 EStG

Klimabedingte Kleidung
Der Beitrag zur Beschaffung klimabedingter Kleidung (§ 19 AUV) sowie der Ausstattungsbetrag (§ 21 AUV) sind nicht nach § 3 Nr. 13 Satz 1 EStG steuerfrei (→ BFH vom 27.5.1994 – BStBl. 1995 II S. 17 und vom 12.4.2007 – BStBl. II S. 536).

Mietbeiträge
anstelle eines Trennungsgelds sind nicht nach § 3 Nr. 13 EStG steuerfrei (→ BFH vom 16.7.1971 – BStBl. II S. 772).

Öffentliche Kassen
→ LStH 3.11

Pauschale Reisekostenvergütungen
Nach einer öffentlich-rechtlichen Satzung geleistete pauschale Reisekostenvergütungen können bei Beachtung von R 3.13 Abs. 2 Satz 2 auch ohne Einzelnachweis steuerfrei sein, sofern die Pauschale die tatsächlich entstandenen Reiseaufwendungen nicht ersichtlich übersteigt (→ BFH vom 8.10.2008 – BStBl. 2009 II S. 405).

Prüfung, ob Werbungskosten vorliegen
Es ist nur zu prüfen, ob die ersetzten Aufwendungen vom Grundsatz her Werbungskosten sind (→ BFH vom 12.4.2007 – BStBl. II S. 536). Daher sind z.B. Arbeitgeberleistungen im Zusammenhang mit Incentive-Reisen nicht nach § 3 Nr. 13 EStG steuerfrei (→ R 3.13 Abs. 2 Satz 3), soweit diese dem Arbeitnehmer als geldwerter Vorteil zuzurechnen sind (→ LStH 19.7).

LStR

R 3.16 Steuerfreie Leistungen Reisekosten, Umzugskosten und Mehraufwendungen bei doppelter Haushaltsführung außerhalb des öffentlichen Dienstes (§ 3 Nr. 16 EStG)

[1]Zur Ermittlung der steuerfreien Leistungen (Geld und Sachbezüge) für Reisekosten dürfen die einzelnen Aufwendungsarten zusammengefasst werden; die Leistungen sind steuerfrei, soweit sie die Summe der nach § 9 Abs. 1 Satz 3 Nr. 4a Satz 1, 2 und 4, Nr. 5a und Abs. 4a EStG sowie R 9.8 zulässigen Leistungen nicht übersteigen. [2]Hierbei können mehrere Reisen zusammengefasst abgerechnet werden. [3]Dies gilt sinngemäß für Umzugskosten und für Mehraufwendungen bei einer doppelten Haushaltsführung. [4]Wegen der Höhe der steuerfrei zu belassenden Leistungen für Reisekosten, Umzugskosten und Mehraufwendungen bei einer doppelten Haushaltsführung → § 9 Abs. 1 Satz 3 Nr. 5 EStG und R 9.7 bis 9.9 und 9.11.

Hinweise

LStH 3.16 Gehaltsumwandlung
Vergütungen zur Erstattung von Reisekosten können auch dann steuerfrei sein, wenn sie der Arbeitgeber aus umgewandeltem Arbeitslohn zahlt. Voraussetzung ist, dass Arbeitgeber und Arbeitnehmer die Lohnumwandlung vor der Entstehung des Vergütungsanspruchs vereinbaren (→ BFH vom 27.4.2001 – BStBl. II S. 601).

LStR

R 3.26 Steuerbefreiung für nebenberufliche Tätigkeiten (§ 3 Nr. 26 EStG)
Begünstigte Tätigkeiten

(1) [1]Die Tätigkeiten als Übungsleiter, Ausbilder, Erzieher oder Betreuer haben miteinander gemeinsam, dass sie auf andere Menschen durch persönlichen Kontakt Einfluss nehmen, um auf diese Weise deren

geistige und körperliche Fähigkeiten zu entwickeln und zu fördern. ²Gemeinsames Merkmal der Tätigkeiten ist eine pädagogische Ausrichtung. ³Zu den begünstigten Tätigkeiten gehören z.b. die Tätigkeit eines Sporttrainers, eines Chorleiters oder Orchesterdirigenten, die Lehr- und Vortragstätigkeit im Rahmen der allgemeinen Bildung und Ausbildung, z.B. Kurse und Vorträge an Schulen und Volkshochschulen, Mütterberatung, Erste-Hilfe-Kurse, Schwimm-Unterricht, oder im Rahmen der beruflichen Ausbildung und Fortbildung, nicht dagegen die Ausbildung von Tieren, z.b. von Rennpferden oder Diensthunden. ⁴Die Pflege alter, kranker oder behinderter Menschen umfasst außer der Dauerpflege auch Hilfsdienste bei der häuslichen Betreuung durch ambulante Pflegedienste, z.B. Unterstützung bei der Grund- und Behandlungspflege, bei häuslichen Verrichtungen und Einkäufen, beim Schriftverkehr, bei der Altenhilfe entsprechend § 71 SGB XII, z.B. Hilfe bei der Wohnungs- und Heimplatzbeschaffung, in Fragen der Inanspruchnahme altersgerechter Dienste, und bei Sofortmaßnahmen gegenüber Schwerkranken und Verunglückten, z.B. durch Rettungssanitäter und Ersthelfer. ⁵Eine Tätigkeit, die ihrer Art nach keine übungsleitende, ausbildende, erzieherische, betreuende oder künstlerische Tätigkeit und keine Pflege alter, kranker oder behinderter Menschen ist, ist keine begünstigte Tätigkeit, auch wenn sie die übrigen Voraussetzungen des § 3 Nr. 26 EStG erfüllt, z.B. eine Tätigkeit als Vorstandsmitglied, als Vereinskassierer oder als Gerätewart bei einem Sportverein bzw. als ehrenamtlich tätiger Betreuer (§ 1896 Abs. 1 Satz 1, § 1908i Abs. 1 BGB), Vormund (§ 1773 Abs. 1 Satz 1 BGB) oder Pfleger (§§ 1909 ff., 1915 Abs. 1 Satz 1 BGB); ggf. ist § 3 Nr. 26a bzw. 26b EStG anzuwenden.¹⁾

Nebenberuflichkeit

(2) ¹Eine Tätigkeit wird nebenberuflich ausgeübt, wenn sie – bezogen auf das Kalenderjahr – nicht mehr als ein Drittel der Arbeitszeit eines vergleichbaren Vollzeiterwerbs in Anspruch nimmt. ²Es können deshalb auch solche Personen nebenberuflich tätig sein, die im steuerrechtlichen Sinne keinen Hauptberuf ausüben, z.B. Hausfrauen, Vermieter, Studenten, Rentner oder Arbeitslose. ³Übt ein Steuerpflichtiger mehrere verschiedenartige Tätigkeiten i.S.d. § 3 Nr. 26 EStG aus, ist die Nebenberuflichkeit für jede Tätigkeit getrennt zu beurteilen. ⁴Mehrere gleichartige Tätigkeiten sind zusammenzufassen, wenn sie sich nach der Verkehrsanschauung als Ausübung eines einheitlichen Hauptberufs darstellen, z. B. Unterricht von jeweils weniger als dem dritten Teil des Pensums einer Vollzeitkraft in mehreren Schulen. ⁵Eine Tätigkeit wird nicht nebenberuflich ausgeübt, wenn sie als Teil der Haupttätigkeit anzusehen ist.

Arbeitgeber/Auftraggeber

(3) ¹Der Freibetrag wird nur gewährt, wenn die Tätigkeit im Dienst oder im Auftrag einer der in § 3 Nr. 26 EStG genannten Personen erfolgt. ²Als juristische Personen des öffentlichen Rechts kommen beispielsweise in Betracht Bund, Länder, Gemeinden, Gemeindeverbände, Industrie- und Handelskammern, Handwerkskammern, Rechtsanwaltskammern, Steuerberaterkammern, Wirtschaftsprüferkammern, Ärztekammern, Universitäten oder die Träger der Sozialversicherung. ³Zu den Einrichtungen i.S.d. § 5 Abs. 1 Nr. 9 Körperschaftsteuergesetz (KStG) gehören Körperschaften, Personenvereinigungen, Stiftungen und Vermögensmassen, die nach der Satzung oder dem Stiftungsgeschäft und nach der tatsächlichen Geschäftsführung ausschließlich und unmittelbar gemeinnützige, mildtätige oder kirchliche Zwecke verfolgen. ⁴Nicht zu den begünstigten Einrichtungen gehören beispielsweise Berufsverbände (Arbeitgeberverband, Gewerkschaft) oder Parteien. ⁵Fehlt es an einem begünstigten Auftraggeber / Arbeitgeber, so kann der Freibetrag nicht in Anspruch genommen werden.

Förderung gemeinnütziger, mildtätiger und kirchlicher Zwecke

(4) ¹Die Begriffe der gemeinnützigen, mildtätigen und kirchlichen Zwecke ergeben sich aus den §§ 52 bis 54 der Abgabenordnung (AO). ²Eine Tätigkeit dient auch dann der selbstlosen Förderung begünstigter Zwecke, wenn sie diesen Zwecken nur mittelbar zugute kommt.

(5) ¹Wird die Tätigkeit im Rahmen der Erfüllung der Satzungszwecke einer juristischen Person ausgeübt, die wegen Förderung gemeinnütziger, mildtätiger oder kirchlicher Zwecke steuerbegünstigt ist, ist im Allgemeinen davon auszugehen, dass die Tätigkeit ebenfalls der Förderung dieser steuerbegünstigten Zwecke dient. ²Dies gilt auch dann, wenn die nebenberufliche Tätigkeit in einem sogenannten Zweckbetrieb i.S.d. §§ 65 bis 68 AO ausgeübt wird, z.B. als nebenberuflicher Übungsleiter bei sportlichen Veranstaltungen nach § 67a Abs. 1 AO, als nebenberuflicher Erzieher in einer Einrichtung über Tag und Nacht (Heimerziehung) oder sonstigen betreuten Wohnform nach § 68 Nr. 5 AO. ³Eine Tätigkeit in einem steuerpflichtigen wirtschaftlichen Geschäftsbetrieb einer im Übrigen steuerbegünstigten juristischen Person (§§ 64, 14 AO) erfüllt dagegen das Merkmal der Förderung gemeinnütziger, mildtätiger oder kirchlicher Zwecke nicht.

---

1) Zu § 3 Nr. 26a EStG siehe BMF-Schreiben vom 25.11.2008 (BStBl. I S. 985 – *Anlage § 003-02* –).

§ 3

(6) ¹Der Förderung begünstigter Zwecke kann auch eine Tätigkeit für eine juristische Person des öffentlichen Rechts dienen, z.B. nebenberufliche Lehrtätigkeit an einer Universität, nebenberufliche Ausbildungstätigkeit bei der Feuerwehr, nebenberufliche Fortbildungstätigkeit für eine Anwalts- oder Ärztekammer. ²Dem steht nicht entgegen, dass die Tätigkeit in den Hoheitsbereich der juristischen Person des öffentlichen Rechts fallen kann.

Gemischte Tätigkeiten

(7) ¹Erzielt der Steuerpflichtige Einnahmen, die teils für eine Tätigkeit, die unter § 3 Nr. 26 EStG fällt, und teils für eine andere Tätigkeit gezahlt werden, ist lediglich für den entsprechenden Anteil nach § 3 Nr. 26 EStG der Freibetrag zu gewähren. ²Die Steuerfreiheit von Bezügen nach anderen Vorschriften, z.B. nach § 3 Nr. 12, 13, 16 EStG, bleibt unberührt; wenn auf bestimmte Bezüge sowohl § 3 Nr. 26 EStG als auch andere Steuerbefreiungsvorschriften anwendbar sind, sind die Vorschriften in der Reihenfolge anzuwenden, die für den Steuerpflichtigen am günstigsten ist.

Höchstbetrag

(8) ¹Der Freibetrag nach § 3 Nr. 26 EStG ist ein Jahresbetrag. ²Dieser wird auch dann nur einmal gewährt, wenn mehrere begünstigte Tätigkeiten ausgeübt werden. ³Er ist nicht zeitanteilig aufzuteilen, wenn die begünstigte Tätigkeit lediglich wenige Monate ausgeübt wird.

Werbungskosten- bzw. Betriebsausgabenabzug

(9) ¹Ein Abzug von Werbungskosten bzw. Betriebsausgaben, die mit den steuerfreien Einnahmen nach § 3 Nr. 26 EStG in einem unmittelbaren wirtschaftlichen Zusammenhang stehen, ist nur dann möglich, wenn die Einnahmen aus der Tätigkeit und gleichzeitig auch die jeweiligen Ausgaben den Freibetrag übersteigen. ²In Arbeitnehmerfällen ist in jedem Fall der Arbeitnehmer-Pauschbetrag anzusetzen, soweit er nicht bei anderen Dienstverhältnissen verbraucht ist.

Lohnsteuerverfahren

(10) ¹Beim Lohnsteuerabzug ist eine zeitanteilige Aufteilung des steuerfreien Höchstbetrags nicht erforderlich; das gilt auch dann, wenn feststeht, dass das Dienstverhältnis nicht bis zum Ende des Kalenderjahres besteht. ²Der Arbeitnehmer hat dem Arbeitgeber jedoch schriftlich zu bestätigen, dass die Steuerbefreiung nicht bereits in einem anderen Dienst- oder Auftragsverhältnis berücksichtigt worden ist oder berücksichtigt wird. ³Diese Erklärung ist zum Lohnkonto zu nehmen.

Hinweise

LStH 3.26 *Abgrenzung der Einkunftsart*
→R 19.2, H 19.2

Begrenzung der Steuerbefreiung

Die Steuerfreiheit ist auch bei Einnahmen aus mehreren nebenberuflichen Tätigkeiten, z.B. Tätigkeit für verschiedene gemeinnützige Organisationen, und bei Zufluss von Einnahmen aus einer in mehreren Jahren ausgeübten Tätigkeit i.S.d. § 3 Nr. 26 EStG in einem Jahr auf einen einmaligen Jahresbetrag von 2.400 Euro begrenzt (→ BFH vom 23.6.1988 – BStBl. II S. 890 und vom 15.2.1990 – BStBl. II S. 686).

Juristische Personen des öffentlichen Rechts in EU/EWR-Mitgliedsstaaten

Zahlungen einer französischen Universität für eine nebenberufliche Lehrtätigkeit sind nach § 3 Nr. 26 EStG steuerfrei (→ BFH vom 22.7.2008 – BStBl. 2010 II S. 265)

Künstlerische Tätigkeit

Eine nebenberufliche künstlerische Tätigkeit liegt auch dann vor, wenn sie die eigentliche künstlerische (Haupt-)Tätigkeit nur unterstützt und ergänzt, sofern sie Teil des gesamten künstlerischen Geschehens ist (→ BFH vom 18.4.2007 – BStBl. II S. 702).

Mittelbare Förderung

eines begünstigten Zwecks reicht für eine Steuerfreiheit aus. So dient die Unterrichtung eines geschlossenen Kreises von Pflegeschülern an einem Krankenhaus mittelbar dem Zweck der Gesundheitspflege (→ BFH vom 26. 3.1992 – BStBl. 1993 II S. 20).

Nebenberuflichkeit

– *Selbst bei dienstrechtlicher Verpflichtung zur Übernahme einer Tätigkeit im Nebenamt unter Fortfall von Weisungs- und Kontrollrechten des Arbeitgebers kann Nebenberuflichkeit vorliegen (→ BFH vom 29.1.1987 – BStBl. II S. 783).*

– *Zum zeitlichen Umfang → BFH vom 30.3.1990 (BStBl. II S. 854).*

RL 3.26–3.28 § 3

Prüfer
Die Tätigkeit als Prüfer bei einer Prüfung, die zu Beginn, im Verlaufe oder als Abschluss einer Ausbildung abgenommen wird, ist mit der Tätigkeit eines Ausbilders vergleichbar (→ BFH vom 23.6.1988 – BStBl. II S. 890).

Rundfunkessays
Die Tätigkeit als Verfasser und Vortragender von Rundfunkessays ist nicht nach § 3 Nr. 26 EStG begünstigt (→ BFH vom 17.10.1991 – BStBl. 1992 II S. 176).

Vergebliche Aufwendungen
Aufwendungen für eine Tätigkeit i. S. d. § 3 Nr. 26 EStG sind auch dann als vorweggenommene Betriebsausgaben abzugsfähig, wenn es nicht mehr zur Ausübung der Tätigkeit kommt; das Abzugsverbot des § 3c EStG steht dem nicht entgegen (→ BFH vom 6.7.2005 – BStBl. 2006 II S. 163).

LStH 3.26a Allgemeine Grundsätze
→ BMF vom 21.11.2014 (BStBl. I S. 1581) – **Anlage § 003-02** –

LStR

R 3.28 Leistungen nach dem Altersteilzeitgesetz (§ 3 Nr. 28 EStG)

(1) ¹Aufstockungsbeträge und zusätzliche Beiträge zur gesetzlichen Rentenversicherung i.S.d. § 3 Abs. 1 Nr. 1 sowie Aufwendungen i.S.d. des § 4 Abs. 2 Altersteilzeitgesetz sind steuerfrei, wenn die Voraussetzungen des § 2 Altersteilzeitgesetz, z. B. Vollendung des 55. Lebensjahres, Verringerung der tariflichen regelmäßigen wöchentlichen Arbeitszeit auf die Hälfte, vorliegen. ²Die Vereinbarung über die Arbeitszeitverminderung muss sich zumindest auf die Zeit erstrecken, bis der Arbeitnehmer eine Rente wegen Alters beanspruchen kann. ³Dafür ist nicht erforderlich, dass diese Rente ungemindert ist. ⁴Der frühestmögliche Zeitpunkt, zu dem eine Altersrente in Anspruch genommen werden kann, ist die Vollendung des 60. Lebensjahres. ⁵Die Steuerfreiheit kommt nicht mehr in Betracht mit Ablauf des Kalendermonats, in dem der Arbeitnehmer die Altersteilzeitarbeit beendet oder die für ihn geltende Altersgrenze für die Regelaltersrente erreicht hat (§ 5 Abs. 1 Nr. 1 Altersteilzeitgesetz).

(2) ¹Die Leistungen sind auch dann steuerfrei, wenn der Förderanspruch des Arbeitgebers an die Bundesagentur für Arbeit nach § 5 Abs. 1 Nr. 2 und 3, Abs. 2 bis 4 Altersteilzeitgesetz erlischt, nicht besteht oder ruht, z. B. wenn der frei gewordene Voll- oder Teilarbeitsplatz nicht wieder besetzt wird. ²Die Leistungen sind auch dann steuerfrei, wenn mit der Altersteilzeit erst nach dem 31.12.2009 begonnen wurde und diese nicht durch die Bundesagentur für Arbeit nach § 4 Altersteilzeitgesetz gefördert wird (§ 1 Abs. 3 Satz 2 Altersteilzeitgesetz). ³Durch eine vorzeitige Beendigung der Altersteilzeit (Störfall) ändert sich der Charakter der bis dahin erbrachten Arbeitgeberleistungen nicht, weil das Altersteilzeitgesetz keine Rückzahlung vorsieht. ⁴Die Steuerfreiheit der Aufstockungsbeträge bleibt daher bis zum Eintritt des Störfalls erhalten.

(3) ¹Aufstockungsbeträge und zusätzliche Beiträge zur gesetzlichen Rentenversicherung sind steuerfrei, auch soweit sie über die im Altersteilzeitgesetz genannten Mindestbeträge hinausgehen. ²Dies gilt nur, soweit die Aufstockungsbeträge zusammen mit dem während der Altersteilzeit bezogenen Nettoarbeitslohn monatlich 100 % des maßgebenden Arbeitslohns nicht übersteigen. ³Maßgebend ist bei laufendem Arbeitslohn der Nettoarbeitslohn, den der Arbeitnehmer im jeweiligen Lohnzahlungszeitraum ohne Altersteilzeit üblicherweise erhalten hätte; bei sonstigen Bezügen ist auf den unter Berücksichtigung des nach R 39b.6 Abs. 2 ermittelten voraussichtlichen Jahresnettoarbeitslohn unter Einbeziehung der sonstigen Bezüge bei unterstellten Vollzeitbeschäftigung abzustellen. ⁴Unangemessene Erhöhungen vor oder während der Altersteilzeit sind dabei nicht zu berücksichtigen. ⁵Aufstockungsbeträge, die in Form von Sachbezügen gewährt werden, sind steuerfrei, wenn die Aufstockung betragsmäßig in Geld festgelegt und außerdem vereinbart ist, dass der Arbeitgeber anstelle der Geldleistung Sachbezüge erbringen darf.

Hinweise

LStH 3.28 Begrenzung auf 100 % des Nettoarbeitslohns
Beispiel 1 (laufend gezahlter Aufstockungsbetrag):
Ein Arbeitnehmer mit einem monatlichen Vollzeit-Bruttogehalt in Höhe von 8.750 € nimmt von der Vollendung des 62. bis zur Vollendung des 64. Lebensjahrs Altersteilzeit in Anspruch. Danach scheidet er aus dem Arbeitsverhältnis aus.

§ 3 LStH 3.28

Der Mindestaufstockungsbetrag nach § 3 Abs. 1 Nr. 1 Buchst. a Altersteilzeitgesetz beträgt 875 €. Der Arbeitgeber gewährt eine weitere freiwillige Aufstockung in Höhe von 3.000 € (Aufstockungsbetrag insgesamt 3.875 €). Der steuerfreie Teil des Aufstockungsbetrags ist wie folgt zu ermitteln:

a) Ermittlung des maßgebenden Arbeitslohns

Bruttoarbeitslohn bei fiktiver Vollarbeitszeit	8.750 €
./. gesetzliche Abzüge (Lohnsteuer, Solidaritätszuschlag Kirchensteuer, Sozialversicherungsbeiträge)	3.750 €
= maßgebender Nettoarbeitslohn	5.000 €

b) Vergleichsberechnung

Bruttoarbeitslohn bei Altersteilzeit	4.375 €
./. gesetzliche Abzüge (Lohnsteuer, Solidaritätszuschlag Kirchensteuer, Sozialversicherungsbeiträge)	1.725 €
= Zwischensumme	2.650 €
+ Mindestaufstockungsbetrag	875 €
+ freiwilliger Aufstockungsbetrag	3.000 €
= Nettoarbeitslohn	6.525 €

Durch den freiwilligen Aufstockungsbetrag von 3.000 € ergäbe sich ein Nettoarbeitslohn bei der Altersteilzeit, der den maßgebenden Nettoarbeitslohn um 1.525 € übersteigen würde. Demnach sind steuerfrei:

Mindestaufstockungsbetrag		875 €
+ freiwilliger Aufstockungsbetrag		3.000 €
abzgl.	1.525 €	1.475 €
= steuerfreier Aufstockungsbetrag		2.350 €

c) Abrechnung des Arbeitgebers

Bruttoarbeitslohn bei Altersteilzeit	4.375 €
+ steuerpflichtiger Aufstockungsbetrag	1.525 €
= steuerpflichtiger Arbeitslohn	5.900 €
./. gesetzliche Abzüge (Lohnsteuer, Solidaritätszuschlag Kirchensteuer, Sozialversicherungsbeiträge)	2.300 €
= Zwischensumme	3.600 €
+ steuerfreier Aufstockungsbetrag	2.350 €
= Nettoarbeitslohn	5.950 €

Beispiel 2 (sonstiger Bezug als Aufstockungsbetrag):

Ein Arbeitnehmer hätte bei einer Vollzeitbeschäftigung Anspruch auf ein monatliches Bruttogehalt in Höhe von 4.000 € sowie im März auf einen sonstigen Bezug (Ergebnisbeteiligung) in Höhe von 1.500 € (brutto).

Nach dem Altersteilzeitvertrag werden im März folgende Beträge gezahlt:

– laufendes Bruttogehalt	2.000 €
– laufende steuerfreie Aufstockung (einschließlich freiwilliger Aufstockung des Arbeitgebers)	650 €
– Brutto-Ergebnisbeteiligung (50 % der vergleichbaren Vergütung auf Basis einer Vollzeitbeschäftigung)	750 €
– Aufstockungsleistung auf die Ergebnisbeteiligung	750 €

a) Ermittlung des maßgebenden Arbeitslohns

jährlicher laufender Bruttoarbeitslohn bei fiktiver Vollarbeitszeitbeschäftigung	48.000 €

+ sonstiger Bezug bei fiktiver Vollzeitbeschäftigung	1.500 €
./. gesetzliche jährliche Abzüge (Lohnsteuer, Solidaritätszuschlag, Kirchensteuer, Sozialversicherungsbeiträge)	18.100 €
= maßgebender Jahresnettoarbeitslohn	31.400 €

b) Vergleichsberechnung

jährlich laufender Bruttoarbeitslohn bei Altersteilzeit	24.000 €
+ steuerpflichtiger sonstiger Bezug bei Altersteilzeit	750 €
./. gesetzliche jährliche Abzüge (Lohnsteuer, Solidaritätszuschlag, Kirchensteuer, Sozialversicherungsbeiträge)	6.000 €
= Zwischensumme	18.750 €
+ Aufstockung Ergebnisbeteiligung	750 €
+ steuerfreie Aufstockung (12 x 650)	7.800 €
= Jahresnettoarbeitslohn	27.300 €

Durch die Aufstockung des sonstigen Bezugs wird der maßgebende Jahresnettoarbeitslohn von 31.400 € nicht überschritten. Demnach kann die Aufstockung des sonstigen Bezugs (im Beispiel: Aufstockung der Ergebnisbeteiligung) in Höhe von 750 € insgesamt steuerfrei bleiben.

Progressionsvorbehalt

Die Aufstockungsbeträge unterliegen dem Progressionsvorbehalt (→ § 32b Abs. 1 Nr. 1 Buchstabe g EStG). Zur Aufzeichnung und Bescheinigung → § 41 Abs. 1 und § 41b Abs. 1 Satz 2 Nr. 5 EStG.

LStR

R 3.30 Werkzeuggeld (§ 3 Nr. 30 EStG)
[1]Die Steuerbefreiung beschränkt sich auf die Erstattung der Aufwendungen, die dem Arbeitnehmer durch die betriebliche Benutzung eigener Werkzeuge entstehen. [2]Als Werkzeuge sind allgemein nur Handwerkzeuge anzusehen, die zur leichteren Handhabung, zur Herstellung oder zur Bearbeitung eines Gegenstands verwendet werden; Musikinstrumente und deren Einzelteile gehören ebenso wie Datenverarbeitungsgeräte o.Ä. nicht dazu. [3]Eine betriebliche Benutzung der Werkzeuge liegt auch dann vor, wenn die Werkzeuge im Rahmen des Dienstverhältnisses außerhalb einer Betriebsstätte des Arbeitgebers eingesetzt werden, z.B. auf einer Baustelle. [4]Ohne Einzelnachweis der tatsächlichen Aufwendungen sind pauschale Entschädigungen steuerfrei, soweit sie

1. die regelmäßigen Absetzungen für Abnutzung der Werkzeuge,
2. die üblichen Betriebs-, Instandhaltungs- und Instandsetzungskosten der Werkzeuge sowie
3. die Kosten der Beförderung der Werkzeuge zwischen Wohnung und Einsatzstelle

abgelten. [5]Soweit Entschädigungen für Zeitaufwand des Arbeitnehmers gezahlt werden, z.B. für die ihm obliegende Reinigung und Wartung der Werkzeuge, gehören sie zum steuerpflichtigen Arbeitslohn.

Hinweise

LStH 3.30 Musikinstrumente
sind keine Werkzeuge (→ BFH vom 21.8.1995 – BStBl. II S. 906).

LStR

R 3.31 Überlassung typischer Berufskleidung (§ 3 Nr. 31 EStG)
(1) [1]Steuerfrei ist nach § 3 Nr. 31 erster Halbsatz EStG nicht nur die Gestellung, sondern auch die Übereignung typischer Berufskleidung durch den Arbeitgeber. [2]Erhält der Arbeitnehmer die Berufsbekleidung von seinem Arbeitgeber zusätzlich zum ohnehin geschuldeten Arbeitslohn (→ R 3.33 Abs. 5), ist anzunehmen, dass es sich um typische Berufskleidung handelt, wenn nicht das Gegenteil offensichtlich ist. [3]Zur typischen Berufskleidung gehören Kleidungsstücke, die

§ 3 RL 3.31–3.33

1. als Arbeitsschutzkleidung auf die jeweils ausgeübte Berufstätigkeit zugeschnitten sind oder
2. nach ihrer z. B. uniformartigen Beschaffenheit oder dauerhaft angebrachten Kennzeichnung durch Firmenemblem objektiv eine berufliche Funktion erfüllen,

wenn ihre private Nutzung so gut wie ausgeschlossen ist. [4]Normale Schuhe und Unterwäsche sind z. B. keine typische Berufskleidung.

(2) [1]Die Steuerbefreiung nach § 3 Nr. 31 zweiter Halbsatz EStG beschränkt sich auf die Erstattung der Aufwendungen, die dem Arbeitnehmer durch den beruflichen Einsatz typischer Berufskleidung in den Fällen entstehen, in denen der Arbeitnehmer z. B. nach Unfallverhütungsvorschriften, Tarifvertrag oder Betriebsvereinbarung einen Anspruch auf Gestellung von Arbeitskleidung hat, der aus betrieblichen Gründen durch die Barvergütung abgelöst wird. [2]Die Barablösung einer Verpflichtung zur Gestellung von typischer Berufskleidung ist z. B. betrieblich begründet, wenn die Beschaffung der Kleidungsstücke durch den Arbeitnehmer für den Arbeitgeber vorteilhafter ist. [3]Pauschale Barablösungen sind steuerfrei, soweit sie die regelmäßigen Absetzungen für Abnutzung und die üblichen Instandhaltungs- und Instandsetzungskosten der typischen Berufskleidung abgelten. [4]Aufwendungen für die Reinigung gehören regelmäßig nicht zu den Instandhaltungs- und Instandsetzungskosten der typischen Berufsbekleidung.

Hinweise

LStH 3.31 *Abgrenzung zwischen typischer Berufskleidung und bürgerlicher Kleidung*
→ BFH vom 18.4.1991 (BStBl. II S. 751).

Lodenmantel
ist keine typische Berufskleidung (→ BFH vom 19.1.1996 – BStBl. II S. 202).

LStR

R 3.32 Sammelbeförderung von Arbeitnehmern zwischen Wohnung und Arbeitsstätte (§ 3 Nr. 32 EStG)

Die Notwendigkeit einer Sammelbeförderung ist z. B. in den Fällen anzunehmen, in denen

1. die Beförderung mit öffentlichen Verkehrsmitteln nicht oder nur mit unverhältnismäßig hohem Zeitaufwand durchgeführt werden könnte oder
2. der Arbeitsablauf eine gleichzeitige Arbeitsaufnahme der beförderten Arbeitnehmer erfordert.

Hinweise

LStH 3.32 *Lohnsteuerbescheinigung*

Bei steuerfreier Sammelbeförderung zwischen Wohnung und erster Tätigkeitsstätte sowie bei Fahrten nach § 9 Abs. 1 Satz 3 Nr. 4a Satz 3 EStG ist der Großbuchstabe F anzugeben → BMF-Schreiben zur Ausstellung von Lohnsteuerbescheinigungen ab 2015.
– *Anlage § 041b – 01* –

Sammelbeförderung

Sammelbeförderung i. S. d. § 3 Nr. 32 EStG ist die durch den Arbeitgeber organisierte oder zumindest veranlasste Beförderung mehrerer Arbeitnehmer; sie darf nicht auf dem Entschluss eines Arbeitnehmers beruhen. Das Vorliegen einer Sammelbeförderung bedarf grundsätzlich einer besonderen Rechtsgrundlage. Dies kann ein Tarifvertrag oder eine Betriebsvereinbarung sein (→ BFH vom 29.1.2009 – BStBl. 2010 II S. 1067).

LStR

R 3.33 Unterbringung und Betreuung von nicht schulpflichtigen Kindern (§ 3 Nr. 33 EStG)

(1) [1]Steuerfrei sind zusätzliche Arbeitgeberleistungen (→ Absatz 5) zur Unterbringung, einschließlich Unterkunft und Verpflegung, und Betreuung von nicht schulpflichtigen Kindern des Arbeitnehmers in Kindergärten oder vergleichbaren Einrichtungen. [2]Dies gilt auch, wenn der nicht beim Arbeitgeber beschäftigte Elternteil die Aufwendungen trägt. [3]Leistungen für die Vermittlung einer Unterbringungs- und Betreuungsmöglichkeit durch Dritte sind nicht steuerfrei. [4]Zuwendungen des Arbeitgebers an einen Kindergarten oder vergleichbare Einrichtung, durch die er für die Kinder seiner Arbeitnehmer ein Bele-

gungsrecht ohne Bewerbungsverfahren und Wartezeit erwirbt, sind den Arbeitnehmern nicht als geldwerter Vorteil zuzurechnen.

(2) ¹Es ist gleichgültig, ob die Unterbringung und Betreuung in betrieblichen oder außerbetrieblichen Kindergärten erfolgt. ²Vergleichbare Einrichtungen sind z. B. Schulkindergärten, Kindertagesstätten, Kinderkrippen, Tagesmütter, Wochenmütter und Ganztagspflegestellen. ³Die Einrichtung muss gleichzeitig zur Unterbringung und Betreuung von Kindern geeignet sein. ⁴Die alleinige Betreuung im Haushalt, z. B. durch Kinderpflegerinnen, Hausgehilfinnen oder Familienangehörige, genügt nicht. ⁵Soweit Arbeitgeberleistungen auch den Unterricht eines Kindes ermöglichen, sind sie nicht steuerfrei. ⁶Das Gleiche gilt für Leistungen, die nicht unmittelbar der Betreuung eines Kindes dienen, z. B. die Beförderung zwischen Wohnung und Kindergarten.

(3) ¹Begünstigt sind nur Leistungen zur Unterbringung und Betreuung von nicht schulpflichtigen Kindern. ²Ob ein Kind schulpflichtig ist, richtet sich nach dem jeweiligen landesrechtlichen Schulgesetz. ³Die Schulpflicht ist aus Vereinfachungsgründen nicht zu prüfen bei Kindern, die

1. das 6. Lebensjahr noch nicht vollendet haben oder

2. im laufenden Kalenderjahr das 6. Lebensjahr nach dem 30. Juni vollendet haben, es sei denn, sie sind vorzeitig eingeschult worden, oder

3. im laufenden Kalenderjahr das 6. Lebensjahr vor dem 1. Juli vollendet haben, in den Monaten Januar bis Juli dieses Jahres.

⁴Den nicht schulpflichtigen Kindern stehen schulpflichtige Kinder gleich, solange sie mangels Schulreife vom Schulbesuch zurückgestellt oder noch nicht eingeschult sind.

(4) ¹Sachleistungen an den Arbeitnehmer, die über den nach § 3 Nr. 33 EStG steuerfreien Bereich hinausgehen, sind regelmäßig mit dem Wert nach § 8 Abs. 2 Satz 1 EStG dem Arbeitslohn hinzuzurechnen. ²Barzuwendungen an den Arbeitnehmer sind nur steuerfrei, soweit der Arbeitnehmer dem Arbeitgeber die zweckentsprechende Verwendung nachgewiesen hat. ³Der Arbeitgeber hat die Nachweise im Original als Belege zum Lohnkonto aufzubewahren.

(5) ¹Die Zusätzlichkeitsvoraussetzung erfordert, dass die zweckbestimmte Leistung zu dem Arbeitslohn hinzukommt, den der Arbeitgeber arbeitsrechtlich schuldet. ²Wird eine zweckbestimmte Leistung unter Anrechnung auf den arbeitsrechtlich geschuldeten Arbeitslohn oder durch dessen Umwandlung gewährt, liegt keine zusätzliche Leistung vor. ³Eine zusätzliche Leistung liegt aber dann vor, wenn sie unter Anrechnung auf eine andere freiwillige Sonderzahlung, z. B. freiwillig geleistetes Weihnachtsgeld, erbracht wird. ⁴Unschädlich ist es, wenn der Arbeitgeber verschiedene zweckgebundene Leistungen zur Auswahl anbietet oder die übrigen Arbeitnehmer die freiwillige Sonderzahlung erhalten.

Hinweise

LStH 3.33 Zusätzlichkeitsvoraussetzung
→ *BMF vom 22.5.2013 (BStBl. I S. 728)* – *Anlage § 003-05* –

LStH 3.39 Allgemeine Grundsätze
→ *BMF vom 8.12.2009 (BStBl. I S. 1513)* – *Anlage § 003-07* –

LStR

R 3.45 Betriebliche Personalcomputer und Telekommunikationsgeräte (§ 3 Nr. 45 EStG)

¹Die Privatnutzung betrieblicher Datenverarbeitungsgeräte und Telekommunikationsgeräte durch den Arbeitnehmer ist unabhängig vom Verhältnis der beruflichen zur privaten Nutzung steuerfrei. ²Die Steuerfreiheit umfasst auch die Nutzung von Zubehör und Software. ³Sie ist nicht auf die private Nutzung im Betrieb beschränkt, sondern gilt beispielsweise auch für Mobiltelefone im Auto oder Personalcomputer in der Wohnung des Arbeitnehmers. ⁴Die Steuerfreiheit gilt nur für die Überlassung zur Nutzung durch den Arbeitgeber oder auf Grund des Dienstverhältnisses durch einen Dritten. ⁵In diesen Fällen sind auch die vom Arbeitgeber getragenen Verbindungsentgelte (Grundgebühr und sonstige laufende Kosten) steuerfrei. ⁶Für die Steuerfreiheit kommt es nicht darauf an, ob die Vorteile zusätzlich zum ohnehin geschuldeten Arbeitslohn oder auf Grund einer Vereinbarung mit dem Arbeitgeber über die Herabsetzung von Arbeitslohn erbracht werden.

§ 3 RL 3.45, 3.50

Hinweise

LStH 3.45 Anwendungsbereich

Die auf Arbeitnehmer beschränkte Steuerfreiheit für die Vorteile aus der privaten Nutzung von betrieblichen Personalcomputern und Telekommunikationsgeräten (§ 3 Nr. 45 EStG) verletzt nicht den Gleichheitssatz (→ BFH vom 21.6.2006 – BStBl. II S. 715).

Beispiele für die Anwendung des § 3 Nr. 45 EStG:

– *Betriebliche Datenverarbeitungsgeräte und Telekommunikationsgeräte*

– *Begünstigt sind u. a. Personalcomputer, Laptop, Handy, Smartphone, Tablet, Autotelefon.*

Regelmäßig nicht begünstigt sind Smart TV, Konsole, iPod, MP3-Player, Spielautomat, E-Book-Reader, Gebrauchsgegenstand mit eingebautem Mikrochip, Digitalkamera und digitaler Videocamcorder, weil es sich nicht um betriebliche Geräte des Arbeitgebers handelt. Nicht begünstigt ist auch ein vorinstalliertes Navigationsgerät im Pkw (→ BFH vom 16.2.2005 – BStBl. II S. 563).

– *System- und Anwendungsprogramme*

Begünstigt sind u. a. Betriebssystem, Browser, Virenscanner, Softwareprogramm (z. B. Home-Use-Programme, Volumenlizenzvereinbarung).

Regelmäßig nicht begünstigt sind mangels Einsatz im Betrieb des Arbeitgebers u. a. Computerspiele.

– *Zubehör*

Begünstigt sind u. a. Monitor, Drucker, Beamer, Scanner, Modem, Netzwerkswitch, Router, Hub, Bridge, ISDN-Karte, Sim-Karte, UMTS-Karte, LTE-Karte, Ladegeräte und Transportbehältnisse.

– *Dienstleistung*

Begünstigt ist insbesondere die Installation oder Inbetriebnahme der begünstigten Geräte und Programme i. S. d. § 3 Nr. 45 EStG durch einen IT-Service des Arbeitgebers.

LStR

R 3.50 Durchlaufende Gelder, Auslagenersatz (§ 3 Nr. 50 EStG)

(1) [1]Durchlaufende Gelder oder Auslagenersatz liegen vor, wenn

1. der Arbeitnehmer die Ausgaben für Rechnung des Arbeitgebers macht, wobei es gleichgültig ist, ob das im Namen des Arbeitgebers oder im eigenen Namen geschieht, und

2. über die Ausgaben im Einzelnen abgerechnet wird.

[2]Dabei sind die Ausgaben des Arbeitnehmers bei ihm so zu beurteilen, als hätte der Arbeitgeber sie selbst getätigt. [3]Die Steuerfreiheit der durchlaufenden Gelder oder des Auslagenersatzes nach § 3 Nr. 50 EStG ist hiernach stets dann ausgeschlossen, wenn die Ausgaben durch das Dienstverhältnis des Arbeitnehmers veranlasst sind (→ R 19.3). [4]Durchlaufende Gelder oder Auslagenersatz werden immer zusätzlich gezahlt, da sie ihrem Wesen nach keinen Arbeitslohn darstellen. [5]Sie können daher auch keinen anderen Arbeitslohn ersetzen.

(2) [1]Pauschaler Auslagenersatz führt regelmäßig zu Arbeitslohn. [2]Ausnahmsweise kann pauschaler Auslagenersatz steuerfrei bleiben, wenn er regelmäßig wiederkehrt und der Arbeitnehmer die entstandenen Aufwendungen für einen repräsentativen Zeitraum von drei Monaten im Einzelnen nachweist. [3]Dabei können bei Aufwendungen für Telekommunikation auch die Aufwendungen für das Nutzungsentgelt einer Telefonanlage sowie für die auf den Grundpreis der Anschlüsse entsprechend dem beruflichen Anteil der Verbindungsentgelte an den gesamten Verbindungsentgelten (Telefon und Internet) steuerfrei ersetzt werden. [4]Fallen erfahrungsgemäß beruflich veranlasste Telekommunikationsaufwendungen an, können aus Vereinfachungsgründen ohne Einzelnachweis bis zu 20 % des Rechnungsbetrags, höchstens 20 Euro monatlich steuerfrei ersetzt werden. [5]Zur weiteren Vereinfachung kann der monatliche Durchschnittsbetrag, der sich aus den Rechnungsbeträgen für einen repräsentativen Zeitraum von drei Monaten ergibt, für den pauschalen Auslagenersatz fortgeführt werden. [6]Der pauschale Auslagenersatz bleibt grundsätzlich so lange steuerfrei, bis sich die Verhältnisse wesentlich ändern. [7]Eine wesentliche Änderung der Verhältnisse kann sich insbesondere im Zusammenhang mit einer Änderung der Berufstätigkeit ergeben.

Hinweise

LStH 3.50 Allgemeines
- *Nicht nach § 3 Nr. 50 EStG steuerfrei*
  Ersatz von Werbungskosten
  Ersatz von Kosten der privaten Lebensführung des Arbeitnehmers
- ***Steuerfrei*** ist z.b. der Ersatz von Gebühren für ein geschäftliches Telefongespräch, das der Arbeitnehmer für den Arbeitgeber außerhalb des Betriebs führt.

Ersatz von Reparaturkosten
Ersetzt der Arbeitgeber auf Grund einer tarifvertraglichen Verpflichtung dem als Orchestermusiker beschäftigten Arbeitnehmer die Kosten der Instandsetzung des dem Arbeitnehmer gehörenden Musikinstruments, so handelt es sich dabei um steuerfreien Auslagenersatz (→ BFH vom 28.3.2006 – BStBl. II S. 473).

Garagenmiete
Stellt der Arbeitnehmer den Dienstwagen in einer von ihm angemieteten Garage unter, handelt es sich bei der vom Arbeitgeber erstatteten Garagenmiete um steuerfreien Auslagenersatz (→ BFH vom 7.6.2002 – BStBl. II S. 829).

Pauschaler Auslagenersatz
führt regelmäßig zu Arbeitslohn (→ BFH vom 10.6.1966 – BStBl. III S. 607). Er ist nur dann steuerfrei, wenn der Steuerpflichtige nachweist, dass die Pauschale den tatsächlichen Aufwendungen im Großen und Ganzen entspricht (→ BFH vom 2.10.2003 – BStBl. 2004 II S. 129).

LStH 3.51 Freiwillige Sonderzahlungen
an Arbeitnehmer eines konzernverbundenen Unternehmens sind keine steuerfreien Trinkgelder (→ BFH vom 3.5.2007 – BStBl. II S. 712).

Spielbanktronc
Aus dem Spielbanktronc finanzierte Zahlungen an die Arbeitnehmer der Spielbank sind keine steuerfreien Trinkgelder (→ BFH vom 18.12.2008 – BStBl. 2009 II S. 820).

LStH 3.55 Übertragung der betrieblichen Altersversorgung
→ BMF vom 24.7.2013 (BStBl. I S. 1022), Rz. 323–328   – *Anlage § 010a-01* –

LStH 3.55a Allgemeine Grundsätze
→ BMF vom 24.7.2013 (BStBl. I S. 1022), Rz. 411 ff.   – *Anlage § 010a-01* –
→ BMF vom 19.8.2013 (BStBl. I S. 1087), Rz. 270 ff.   – *Anlage § 010a-01* –

LStH 3.55b Allgemeine Grundsätze
→ BMF vom 24.7.2013 (BStBl. I S. 1022), Rz. 415 ff.   – *Anlage § 010a-01* –
→ BMF vom 19.8.2013 (BStBl. I S. 1087), Rz. 270 ff.   – *Anlage § 010a-01* –

LStH 3.55c *Allgemeine Grundsätze*
→ BMF vom 24.7.2013 (BStBl. I S. 1022), Rz. 145 ff.   – *Anlage § 010a-01* –

LStH 3.56 Allgemeine Grundsätze
→ BMF vom 24.7.2013 (BStBl. I S. 1022), Rz. 340–346   – *Anlage § 010a-01* –

LStR

R 3.58 Zuschüsse und Zinsvorteile aus öffentlichen Haushalten (§ 3 Nr. 58 EStG)

Öffentliche Haushalte im Sinne des § 3 Nr. 58 EStG sind die Haushalte des Bundes, der Länder, der Gemeinden, der Gemeindeverbände, der kommunalen Zweckverbände und der Sozialversicherungsträger.

R 3.59 Steuerfreie Mietvorteile (§ 3 Nr. 59)

[1]Steuerfrei sind Mietvorteile, die im Rahmen eines Dienstverhältnisses gewährt werden und die auf der Förderung nach dem Zweiten Wohnungsbaugesetz, dem Wohnungsbaugesetz für das Saarland, nach

dem Wohnraumförderungsgesetz (WoFG) oder den Landesgesetzen zur Wohnraumförderung beruhen. ²Mietvorteile, die sich aus dem Einsatz von Wohnungsfürsorgemitteln aus öffentlichen Haushalten ergeben, sind ebenfalls steuerfrei. ³Bei einer Wohnung, die ohne Mittel aus öffentlichen Haushalten errichtet worden ist, gilt Folgendes: ⁴Die Mietvorteile im Rahmen eines Dienstverhältnisses sind steuerfrei, wenn die Wohnung im Zeitpunkt ihres Bezugs durch den Arbeitnehmer für eine Förderung mit Mitteln aus öffentlichen Haushalten in Betracht gekommen wäre. ⁵§ 3 Nr. 59 EStG ist deshalb nur auf Wohnungen anwendbar, die im Geltungszeitraum der in Satz 1 genannten Gesetze errichtet worden sind, d.h. auf Baujahrgänge ab 1957. ⁶Es muss nicht geprüft werden, ob der Arbeitnehmer nach seinen Einkommensverhältnissen als Mieter einer geförderten Wohnung in Betracht kommt. ⁷Der Höhe nach ist die Steuerbefreiung auf die Mietvorteile begrenzt, die sich aus der Förderung nach den in Satz 1 genannten Gesetzen ergeben würden. ⁸§ 3 Nr. 59 EStG ist deshalb nicht anwendbar auf Wohnungen, für die der Förderzeitraum abgelaufen ist. ⁹Wenn der Förderzeitraum im Zeitpunkt des Bezugs der Wohnung durch den Arbeitnehmer noch nicht abgelaufen ist, ist ein Mietvorteil bis zur Höhe des Teilbetrags steuerfrei, auf den der Arbeitgeber gegenüber der Vergleichsmiete verzichten müßte, wenn die Errichtung der Wohnung nach den in Satz 1 genannten Gesetzen gefördert worden wäre. ¹⁰Der steuerfreie Teilbetrag verringert sich in dem Maße, in dem der Arbeitgeber nach den Förderregelungen eine höhere Miete verlangen könnte. ¹¹Mit Ablauf der Mietbindungsfrist läuft auch die Steuerbefreiung aus. ¹²Soweit später zulässige Mieterhöhungen z.B. nach Ablauf des Förderzeitraums im Hinblick auf das Dienstverhältnis unterblieben sind, sind sie in den steuerpflichtigen Mietvorteil einzubeziehen.

Hinweise

LStH 3.59 Steuerfreie Mietvorteile im Zusammenhang mit einem Arbeitsverhältnis
R 3.59 Sätze 2 bis 4 LStR sind unabhängig vom BFH-Urteil vom 16.2.2005 (BStBl. II S. 750) weiterhin anzuwenden (→ BMF vom 10.10.2005 – BStBl. I S. 959).

LStR

R 3.62 Zukunftssicherungsleistungen (§ 3 Nr. 62 EStG, § 2 Abs. 2 Nr. 3 LStDV)
Leistungen auf Grund gesetzlicher Verpflichtungen

(1) ¹Zu den nach § 3 Nr. 62 EStG steuerfreien Ausgaben des Arbeitgebers für die Zukunftssicherung des Arbeitnehmers (§ 2 Abs. 2 Nr. 3 Satz 1 und 2 LStDV) gehören insbesondere die Beitragsanteile des Arbeitgebers am Gesamtsozialversicherungsbeitrag (Rentenversicherung, Krankenversicherung, Pflegeversicherung, Arbeitslosenversicherung), Beiträge des Arbeitgebers nach § 172a SGB VI zu einer berufsständischen Versorgungseinrichtung für Arbeitnehmer, die nach § 6 Abs. 1 Satz 1 Nr. 1 SGB VI von der Versicherungspflicht in der gesetzlichen Rentenversicherung befreit sind, und Beiträge des Arbeitgebers nach § 249b SGB V und nach §§ 168 Abs. 1 Nr. 1b oder 1c, 172 Abs. 3 oder 3a, 276a Abs. 1 SGB VI für geringfügig Beschäftigte. ²Dies gilt auch für solche Beitragsanteile, die auf Grund einer nach ausländischen Gesetzen bestehenden Verpflichtung an ausländische Sozialversicherungsträger, die den inländischen Sozialversicherungsträgern vergleichbar sind, geleistet werden. ³Steuerfrei sind nach § 3 Nr. 62 EStG auch vom Arbeitgeber nach § 3 Abs. 3 Satz 3 SvEV übernommene Arbeitnehmeranteile am Gesamtsozialversicherungsbeitrag sowie Krankenversicherungsbeiträge, die der Arbeitgeber nach § 9 der Mutterschutz- und Elternzeitverordnung oder nach entsprechenden Rechtsvorschriften der Länder erstattet. ⁴Zukunftssicherungsleistungen auf Grund einer tarifvertraglichen Verpflichtung sind dagegen nicht nach § 3 Nr. 62 EStG steuerfrei.

(2) Für Ausgaben des Arbeitgebers zur Kranken- und Pflegeversicherung des Arbeitnehmers gilt Folgendes:

1. ¹Die Beitragsteile und Zuschüsse des Arbeitgebers zur gesetzlichen Krankenversicherung und zur sozialen Pflegeversicherung eines gesetzlich krankenversicherungspflichtigen Arbeitnehmers sind steuerfrei, soweit der Arbeitgeber zur Tragung der Beiträge verpflichtet ist (§ 249 SGB V, § 58 SBG XI). ²Der Zusatzbeitrag (§ 242 SGB V) sowie der Beitragszuschlag für Kinderlose i. H. v. 0,25 % (§ 55 Abs. 3 SGB XI) sind vom Arbeitnehmer allein zu tragen und können deshalb vom Arbeitgeber nicht steuerfrei erstattet werden.

2. ¹Zuschüsse des Arbeitgebers zur gesetzlichen Krankenversicherung und zur sozialen Pflegeversicherung oder privaten Pflege-Pflichtversicherung eines nicht gesetzlich krankenversicherungspflichtigen Arbeitnehmers, der in der gesetzlichen Krankenversicherung freiwillig versichert ist, sind nach § 3 Nr. 62 EStG steuerfrei, soweit der Arbeitgeber nach § 257 Abs. 1 SGB V und nach § 61 Abs. 1 SGB XI zur Zuschussleistung verpflichtet ist. ²Soweit bei Beziehern von Kurzarbeitergeld ein

fiktives Arbeitsentgelt maßgebend ist, bleiben die Arbeitgeberzuschüsse in voller Höhe steuerfrei (§ 257 Abs. 1 i. V. m. § 249 Abs. 2 SGB V). ³Übersteigt das Arbeitsentgelt nur auf Grund von einmalig gezahltem Arbeitsentgelt die Beitragsbemessungsgrenze und hat der Arbeitnehmer deshalb für jeden Monat die Höchstbeiträge an die Kranken- und Pflegekasse zu zahlen, sind die Arbeitgeberzuschüsse aus Vereinfachungsgründen entsprechend der Höchstbeiträge steuerfrei. ⁴Dies gilt auch dann, wenn das im Krankheitsfall fortgezahlte Arbeitsentgelt die monatliche Beitragsbemessungsgrenze unterschreitet und der Arbeitnehmer dennoch für die Dauer der Entgeltfortzahlung die Höchstbeiträge an die Kranken- und Pflegekasse zu zahlen hat.

3. ¹Zuschüsse des Arbeitgebers zu den Kranken- und Pflegeversicherungsbeiträgen eines nicht gesetzlich krankenversicherungspflichtigen Arbeitnehmers, der eine private Kranken- und Pflege-Pflichtversicherung abgeschlossen hat, sind ebenfalls nach § 3 Nr. 62 EStG steuerfrei, soweit der Arbeitgeber nach § 257 Abs. 2 SGB V sowie nach § 61 Abs. 2 SGB XI zur Zuschussleistung verpflichtet ist. ²Der Anspruch auf den Arbeitgeberzuschuss an den bei einem privaten Krankenversicherungsunternehmen versicherten Arbeitnehmer setzt voraus, dass der private Krankenversicherungsschutz Leistungen zum Inhalt hat, die ihrer Art nach auch den Leistungen des SGB V entsprechen. ³Die Höhe des Arbeitgeberzuschusses bemisst sich nach § 257 Abs. 2 Satz 2 SGB V. ⁴Eine leistungsbezogene Begrenzung des Zuschusses sieht § 257 Abs. 2 Satz 2 SGB V nicht vor, so dass Beiträge zur privaten Krankenversicherung im Rahmen des § 257 SGB V zuschussfähig sind, auch wenn der Krankenversicherungsvertrag Leistungserweiterungen enthält (§ 11 Abs. 1, § 257 Abs. 2 Satz 1 SGB V). ⁵Die für Zwecke des Sonderausgabenabzugs bestehenden Regelungen der Krankenversicherungsbeitragsanteils-Ermittlungsverordnung (KVBEVO) bilden keine Grundlage für die Bemessung des Arbeitgeberzuschusses. ⁶Nummer 2 Satz 3 und 4 gilt entsprechend. ⁷Für die private Pflege-Pflichtversicherung gilt, dass der Versicherungsschutz Leistungen zum Inhalt haben muss, die nach Art und Umfang den Leistungen der sozialen Pflegeversicherung nach dem SGB XI entsprechen (§ 61 Abs. 2 Satz 1 SGB XI). ⁸Die Höhe des Arbeitgeberzuschusses bemisst sich nach § 61 Abs. 2 Satz 2 SGB XI. ⁹Der Arbeitgeber darf Zuschüsse zu einer privaten Krankenversicherung und zu einer privaten Pflege-Pflichtversicherung des Arbeitnehmers nur dann steuerfrei lassen, wenn der Arbeitnehmer eine Bescheinigung des Versicherungsunternehmens vorlegt, in der bestätigt wird, dass die Voraussetzungen des § 257 Abs. 2a SGB V und des § 61 Abs. 6 SGB XI vorliegen und dass es sich bei den vertraglichen Leistungen um Leistungen i. S. d. SGB V und SGB XI handelt. ¹⁰Die Bescheinigung muss außerdem Angaben über die Höhe des für die vertraglichen Leistungen i. S. d. SGB V und SGB XI zu zahlenden Versicherungsbeitrags enthalten. ¹¹Der Arbeitgeber hat die Bescheinigung als Unterlage zum Lohnkonto aufzubewahren. ¹²Soweit der Arbeitgeber die steuerfreien Zuschüsse unmittelbar an den Arbeitnehmer auszahlt, hat der Arbeitnehmer die zweckentsprechende Verwendung durch eine Bescheinigung des Versicherungsunternehmens über die tatsächlichen Kranken- und Pflege-Pflichtversicherungsbeiträge nach Ablauf eines jeden Kalenderjahres nachzuweisen; der Arbeitgeber hat diese Bescheinigung als Unterlage zum Lohnkonto aufzubewahren. ¹³Diese Bescheinigung kann mit der Bescheinigung nach den Sätzen 9 und 10 verbunden werden.

Den gesetzlichen Pflichtbeiträgen gleichgestellte Zuschüsse

(3) ¹Nach § 3 Nr. 62 Satz 2 EStG sind den Ausgaben des Arbeitgebers für die Zukunftssicherung des Arbeitnehmers, die auf Grund gesetzlicher Verpflichtung geleistet werden, die Zuschüsse des Arbeitgebers gleichgestellt, die zu den Beiträgen des Arbeitnehmers für eine – auch für die mit einer betrieblichen Pensionskasse abgeschlossene Lebensversicherung –, für die freiwillige Versicherung in der gesetzlichen Rentenversicherung oder für eine öffentlich-rechtliche Versicherungs- oder Versorgungseinrichtung der Berufsgruppe geleistet werden, wenn der Arbeitnehmer von der Versicherungspflicht in der gesetzlichen Rentenversicherung nach einer der folgenden Vorschriften auf eigenen Antrag befreit worden ist:

1. § 18 Abs. 3 des Gesetzes über die Erhöhung der Einkommensgrenzen in der Sozialversicherung und der Arbeitslosenversicherung und zur Änderung der Zwölften Verordnung zum Aufbau der Sozialversicherung vom 13.8.1952 (BGBl. I S. 437),

2. Artikel 2 § 1 des Angestelltenversicherungs-Neuregelungsgesetzes vom 23.2.1957 (BGBl. I S. 88, 1074) oder Artikel 2 § 1 des Knappschaftsrentenversicherungs-Neuregelungsgesetzes vom 21.5.1957 (BGBl. I S. 533), jeweils in der bis 30.6.1965 geltenden Fassung,

3. § 7 Abs. 2 des Angestelltenversicherungsgesetzes i.d.F. des Artikels 1 des Angestelltenversicherungs-Neuregelungsgesetzes vom 23.2.1957 (BGBl. I S. 88, 1074),

4. Artikel 2 § 1 des Angestelltenversicherungs-Neuregelungsgesetzes oder Artikel 2 § 1 des Knappschaftsrentenversicherungs-Neuregelungsgesetzes, jeweils i.d.F. des Rentenversicherungs-Änderungsgesetzes vom 9.6.1965 (BGBl. I S. 476),

§ 3   RL 3.62

5. Artikel 2 § 1 des Zweiten Rentenversicherungs-Änderungsgesetzes vom 23.12.1966 (BGBl. I S. 745),
6. Artikel 2 § 1 des Angestelltenversicherungs-Neuregelungsgesetzes oder Artikel 2 § 1 des Knappschaftsrentenversicherungs-Neuregelungsgesetzes, jeweils i.d.F. des Finanzänderungsgesetzes 1967 vom 21.12.1967 (BGBl. I S. 1259),
7. Artikel 2 § 1 Abs. 2 des Angestelltenversicherungs-Neuregelungsgesetzes oder Artikel 2 § 1 Abs. 1 a des Knappschaftsrentenversicherungs-Neuregelungsgesetzes, jeweils i.d.F. des Dritten Rentenversicherungs-Änderungsgesetzes vom 28.7.1969 (BGBl. I S. 956),
8. § 20 des Gesetzes über die Sozialversicherung vom 28.6.1990 (GBl. der Deutschen Demokratischen Republik I Nr. 38 S. 486) i.V.m. § 231a SGB VI i.d.F. des Gesetzes zur Herstellung der Rechtseinheit in der gesetzlichen Renten- und Unfallversicherung (Renten-Überleitungsgesetz – RÜG) vom 25.7.1991 (BGBl. I S. 1606).

²Zuschüsse des Arbeitgebers i.S.d. § 3 Nr. 62 Satz 2 EStG liegen nicht vor, wenn der Arbeitnehmer kraft Gesetzes in der gesetzlichen Rentenversicherung versicherungsfrei ist. ³Den Beiträgen des Arbeitnehmers für eine freiwillige Versicherung in der allgemeinen Rentenversicherung stehen im Übrigen Beiträge für die freiwillige Versicherung in der knappschaftlichen Rentenversicherung oder für die Selbstversicherung/Weiterversicherung in der gesetzlichen Rentenversicherung gleich.

Höhe der steuerfreien Zuschüsse, Nachweis

(4) ¹Die Steuerfreiheit der Zuschüsse beschränkt sich nach § 3 Nr. 62 Satz 3 EStG im Grundsatz auf den Betrag, den der Arbeitgeber als Arbeitgeberanteil zur gesetzlichen Rentenversicherung aufzuwenden hätte, wenn der Arbeitnehmer nicht von der gesetzlichen Versicherungspflicht befreit worden wäre. ²Soweit der Arbeitgeber die steuerfreien Zuschüsse unmittelbar an den Arbeitnehmer auszahlt, hat dieser die zweckentsprechende Verwendung durch eine entsprechende Bescheinigung des Versicherungsträgers bis zum 30. April des folgenden Kalenderjahres nachzuweisen. ³Die Bescheinigung ist als Unterlage zum Lohnkonto aufzubewahren.

Hinweise

LStH 3.62 Ausländische Krankenversicherung

Die nach § 3 Nr. 62 Satz 1 EStG für die Steuerfreiheit vorausgesetzte gesetzliche Verpflichtung zu einer Zukunftssicherungsleistung des Arbeitgebers ergibt sich für einen Arbeitgeberzuschuss zu einer privaten Krankenversicherung aus § 257 Abs. 2a Satz 1 SGB V. § 257 Abs. 2a SGB V findet auch auf Steuerpflichtige Anwendung, die eine Krankenversicherung bei einem Versicherungsunternehmen abgeschlossen haben, das in einem anderen Land der EU seinen Sitz hat und ist vom Steuerpflichtigen nachzuweisen. Die Vorlage der Bescheinigung nach § 257 Abs. 2a SGB V ist nicht konstitutive Voraussetzung der Steuerbefreiung (→ BFH vom 22.7.2008 – BStBl. II S. 894).

Ausländische Versicherungsunternehmen

Zahlungen des Arbeitgebers an ausländische Versicherungsunternehmen sind nicht steuerfrei, wenn sie auf vertraglicher Grundlage entrichtet werden (→ BFH vom 28.5.2009 – BStBl. II S. 857).

Ausländischer Sozialversicherungsträger

– *Arbeitgeberanteile zur ausländischen Sozialversicherung sind nicht steuerfrei, wenn sie auf vertraglicher Grundlage und damit freiwillig entrichtet werden (→ BFH vom 18.5.2004 – BStBl. 2004 II S. 1014).*

– *Zu Zuschüssen zu einer ausländischen gesetzlichen Krankenversicherung → BMF vom 30.1.2014 (BStBl. I S. 210).*

Beitragszuschlag

Der Beitragszuschlag für Kinderlose in der sozialen Pflegeversicherung i. H. v. 0,25 % ist vom Arbeitnehmer allein zu tragen und kann deshalb vom Arbeitgeber nicht steuerfrei erstattet werden (→ § 55 Abs. 3 i. V. m. § 58 Abs. 1 SGB XI).

Entscheidung des Sozialversicherungsträgers

Bei der Frage, ob die Ausgaben des Arbeitgebers für die Zukunftssicherung des Arbeitnehmers auf einer gesetzlichen Verpflichtung beruhen, ist der Entscheidung des zuständigen Sozialversicherungsträgers des Arbeitnehmers zu folgen, wenn sie nicht of-

fensichtlich rechtswidrig ist (→ BFH vom 6.6.2002 – BStBl. 2003 II S. 34 und vom 21.1.2010 – BStBl. II S. 703).

Gegenwärtiger Versicherungsstatus
Für die Steuerfreiheit von Arbeitgeberzuschüssen zu einer Lebensversicherung des Arbeitnehmers ist dessen gegenwärtiger Versicherungsstatus maßgeblich. Die Zuschüsse sind nicht nach § 3 Nr. 62 Satz 2 EStG steuerfrei, wenn der Arbeitnehmer als nunmehr beherrschender Gesellschafter-Geschäftsführer kraft Gesetzes rentenversicherungsfrei geworden ist, auch wenn er sich ursprünglich auf eigenen Antrag von der Rentenversicherungspflicht hatte befreien lassen (→ BFH vom 10.10.2002 – BStBl. II S. 886).

Gesetzliche Verpflichtung
– Beiträge für eine inländische Krankenversicherung der Arbeitnehmer können steuerfrei sein, wenn der Arbeitgeber nach einer zwischenstaatlichen Verwaltungsvereinbarung, die ihrerseits auf einer gesetzlichen Ermächtigung beruht, zur Leistung verpflichtet ist (§ 3 Nr. 62 Satz 1 3. Alternative EStG; → BFH vom 14.4.2011 – BStBl. II S. 767).
– Zuschüsse, die eine AG Vorstandsmitgliedern zur freiwilligen Weiterversicherung in der gesetzlichen Rentenversicherung oder einem Versorgungswerk gewährt, sind nicht nach § 3 Nr. 62 Satz 1 EStG steuerfrei (→ BFH vom 24.9.2013 – BStBl. 2014 II s. 124).

Gesetzlicher Beitragszuschuss des Arbeitgebers in der Pflegeversicherung

Beispiel:
Ein Arbeitgeber zahlt für Juli 2014 einem privat krankenversicherten Arbeitnehmer einen Zuschuss zur privaten Pflegeversicherung in Höhe von 50 % des Gesamtbetrags von 44 €. Die Beitragsbemessungsgrenze 2014 beträgt 48.600 € (mtl. 4.050 €). Der steuerfreie Betrag errechnet sich wie folgt:

a) Die Betriebsstätte befindet sich in Sachsen (Arbeitgeberanteil: 0,525 %)

   1. Begrenzung

   4.050 € x 0,525 % = 21,26 € mtl. Arbeitgeberanteil

   2. Begrenzung

Privater Pflegeversicherungsbeitrag mtl.	44,00 €	
davon 50 %	22,00 €	
Vergleich		
1. Begrenzung	21,26 €	
2. Begrenzung	22,00 €	
damit steuerfreier Zuschuss des Arbeitgebers nach § 3 Nr. 62 EStG		21,26 €
somit steuerpflichtiger Zuschuss des Arbeitgebers		0,74 €

b) Die Betriebsstätte befindet sich im übrigen Bundesgebiet (Arbeitnehmeranteil: 1,025 %, Arbeitgeberanteil: 1,025 %):

   1. Begrenzung

   4.050 € x 1,025 % = 41,51 € mtl. Arbeitgeberanteil

   2. Begrenzung

Privater Pflegeversicherungsbeitrag mtl.	44,00 €	
davon 50 %	22,00 €	
Vergleich		
1. Begrenzung	41,51 €	
2. Begrenzung	22,00 €	
damit steuerfreier Zuschuss des Arbeitgebers nach § 3 Nr. 62 EStG		22,00 €

Rückzahlung von Beitragsanteilen an den Arbeitgeber
Beitragsanteile am Gesamtsozialversicherungsbeitrag, die der Arbeitgeber ohne gesetzliche Verpflichtung übernommen hat, sind kein Arbeitslohn, wenn sie dem Arbeitgeber zurück-

gezahlt worden sind und der Arbeitnehmer keine Versicherungsleistungen erhalten hat
(→ BFH vom 27.3.1992 – BStBl. II S. 663).

Umlagezahlungen
Umlagezahlungen des Arbeitgebers an die VBL sind Arbeitslohn (→ § 19 Abs. 1 Satz 1 Nr. 3 Satz 1 EStG); sie sind nicht nach § 3 Nr. 62 EStG steuerfrei (→ BFH vom 7.5.2009 – BStBl. 2010 II S. 194).

LStH 3.63 Allgemeine Grundsätze

→ BMF vom 24.7.2013 (BStBl. I S. 1022), Rz. 301–320.   – Anlage § 010a-01 –

Beiträge des Arbeitgebers

→ BMF vom 24.7.2013 (BStBl I. S. 1022), Rz. 304–305.   – Anlage § 010a-01 –

Umlagezahlungen

– Zur Abgrenzung gegenüber dem Kapitaldeckungsverfahren → BMF vom 24.7.2013 (BStBl. I S. 1022), Rz. 303, 341–346.   – Anlage § 010a-01 –

– → § 3 Nr. 56 EStG

LStR

R 3.64 Kaufkraftausgleich (§ 3 Nr. 64 EStG)

(1) ¹Wird einem Arbeitnehmer außerhalb des öffentlichen Dienstes von einem inländischen Arbeitgeber ein Kaufkraftausgleich gewährt, bleibt er im Rahmen des Absatzes 2 steuerfrei, wenn der Arbeitnehmer aus dienstlichen Gründen in ein Gebiet außerhalb des Inlands entsandt wird und dort für einen begrenzten Zeitraum einen Wohnsitz im Sinne des § 8 AO oder gewöhnlichen Aufenthalt im Sinne des § 9 AO hat. ²Eine Entsendung für einen begrenzten Zeitraum ist anzunehmen, wenn eine Rückkehr des Arbeitnehmers nach Beendigung der Tätigkeit vorgesehen ist. ³Es ist unerheblich, ob der Arbeitnehmer tatsächlich zurückkehrt oder nicht.

(2) ¹Der Umfang der Steuerfreiheit des Kaufkraftausgleichs bestimmt sich nach den Sätzen des Kaufkraftzuschlags zu den Auslandsdienstbezügen im öffentlichen Dienst. ²Die für die einzelnen Länder in Betracht kommenden Kaufkraftzuschläge werden im Bundessteuerblatt Teil I bekanntgemacht.[1)]

(3) ¹Die Zuschläge beziehen sich jeweils auf den Auslandsdienstort einer Vertretung der Bundesrepublik Deutschland und gelten, sofern nicht im Einzelnen andere Zuschläge festgesetzt sind, jeweils für den gesamten konsularischen Amtsbezirk der Vertretung. ²Die konsularischen Amtsbezirke der Vertretungen ergeben sich vorbehaltlich späterer Änderungen, die im Bundesanzeiger veröffentlicht werden, aus dem Verzeichnis der Vertretungen der Bundesrepublik Deutschland im Ausland.

(4) ¹Die regionale Begrenzung der Zuschlagssätze gilt auch für die Steuerbefreiung nach § 3 Nr. 64 EStG. ²Für ein Land, das von einer Vertretung der Bundesrepublik Deutschland nicht erfasst wird, kann jedoch der Zuschlagssatz angesetzt werden, der für einen vergleichbaren konsularischen Amtsbezirk eines Nachbarlandes festgesetzt worden ist.

(5) ¹Die Zuschlagssätze werden im öffentlichen Dienst auf 60 % der Dienstbezüge, die bei Verwendung im Inland zustehen, und der Auslandsdienstbezüge angewendet. ²Da eine vergleichbare Bemessungsgrundlage außerhalb des öffentlichen Dienstes regelmäßig nicht vorhanden ist, ist der steuerfreie Teil des Kaufkraftausgleichs durch Anwendung eines entsprechenden Abschlagssatzes nach den Gesamtbezügen einschließlich des Kaufkraftausgleichs zu bestimmen. ³Dabei ist es gleichgültig, ob die Bezüge im Inland oder im Ausland ausgezahlt werden. ⁴Der Abschlagssatz errechnet sich nach der Formel:

$$\frac{\text{Zuschlagsatz} \times 600}{1000 + 6 \times \text{Zuschlagsatz}}$$

⁵Ergibt sich durch Anwendung des Abschlagssatzes ein höherer Betrag als der tatsächlich gewährte Kaufkraftausgleich, ist nur der niedrigere Betrag steuerfrei. ⁶Zu den Gesamtbezügen, auf die der Abschlagssatz anzuwenden ist, gehören nicht steuerfreie Reisekostenvergütungen und steuerfreie Vergütungen für Mehraufwendungen bei doppelter Haushaltsführung.

(6) ¹Wird ein Zuschlagssatz rückwirkend erhöht, ist der Arbeitgeber berechtigt, die bereits abgeschlossenen Lohnabrechnungen insoweit wiederaufzurollen und bei der jeweils nächstfolgenden Lohnzahlung die ggf. zuviel einbehaltene Lohnsteuer zu erstatten. ²Dabei ist § 41 c Abs. 2 und 3 EStG anzuwenden. ³Die Herabsetzung eines Zuschlagssatzes ist erstmals bei der Lohnabrechnung des Arbeits-

---

1) Aktuelle Gesamtübersicht siehe **Anlage § 003-03**.

lohns zu berücksichtigen, der für einen nach der Veröffentlichung der Herabsetzung beginnenden Lohnzahlungszeitraum gezahlt wird.

Hinweise

LStH 3.64 *Abschlagssätze*

Zuschlags-satz	Abschlags-satz	Zuschlags-satz	Abschlags-satz	Zuschlags-satz	Abschlags-satz
5	*2,91*	*40*	*19,35*	*75*	*31,03*
10	*5,66*	*45*	*21,26*	*80*	*32,43*
15	*8,26*	*50*	*23,08*	*85*	*33,77*
20	*10,71*	*55*	*24,81*	*90*	*35,06*
25	*13,04*	*60*	*26,47*	*95*	*36,31*
30	*15,25*	*65*	*28,06*	*100*	*37,50*
35	*17,36*	*70*	*29,58*		

EU-Recht

Eine Anwendung des § 3 Nr. 64 EStG auf die dem Kaufkraftausgleich vergleichbare Auslandszahlungen ist aus EU-rechtlichen Gründen nicht erforderlich (EuGH vom 15.9.2011 – BStBl. 2013 II S. 56).

EU-Tagegeld

Das EU-Tagegeld ist Arbeitslohn. Es bleibt jedoch steuerfrei, soweit es auf steuerfreie Auslandsdienstbezüge angerechnet wird (BMF vom 12.4.2006 – BStBl. I S. 340).

– *Anlage § 003-04* –

Wohnungsgestellung

am ausländischen Dienstort → R 8.1 Abs. 6 Satz 10

LStR

R 3.65 Insolvenzsicherung (§ 3 Nr. 65 EStG)

(1) [1]Die Steuerbefreiung gilt für etwaige Beiträge des Trägers der Insolvenzsicherung an eine Pensionskasse oder an ein Lebensversicherungsunternehmen zur Versicherung seiner Verpflichtungen im Sicherungsfall. [2]Sie gilt auch für die Übertragung von Direktzusagen oder für Zusagen, die von einer Unterstützungskasse erbracht werden sollen, wenn die Betriebstätigkeit eingestellt und das Unternehmen liquidiert wird (§ 4 Abs. 4 des Betriebsrentengesetzes – BetrAVG). [3]Im Falle der Liquidation einer Kapitalgesellschaft greift die Steuerbefreiung auch bei der Übertragung von Versorgungszusagen, die an Gesellschafter-Geschäftsführer gegeben worden sind; dies gilt auch dann, wenn es sich um Versorgungszusagen an beherrschende Gesellschafter-Geschäftsführer handelt. [4]Die Sätze 2 und 3 gelten nicht bei einer Betriebsveräußerung, wenn das Unternehmen vom Erwerber fortgeführt wird.

(2) [1]Die Mittel für die Durchführung der Insolvenzsicherung werden auf Grund öffentlich-rechtlicher Verpflichtung durch Beiträge aller Arbeitgeber aufgebracht, die Leistungen der betrieblichen Altersversorgung unmittelbar zugesagt haben oder eine betriebliche Altersversorgung über eine Unterstützungskasse, eine Direktversicherung oder einem Pensionsfonds durchführen (§ 10 BetrAVG)[1]). [2]Die Beiträge an den Träger der Insolvenzsicherung gehören damit als Ausgaben des Arbeitgebers für die Zukunftssicherung des Arbeitnehmers, die auf Grund gesetzlicher Verpflichtung geleistet werden, zu den steuerfreien Einnahmen i.S.d. § 3 Nr. 62 EStG.

(3) [1]Durch die Insolvenzsicherung der betrieblichen Altersversorgung werden nicht neue oder höhere Ansprüche geschaffen, sondern nur bereits vorhandene Ansprüche gegen Insolvenz geschützt. [2]Die in Insolvenzfällen zu erbringenden Versorgungsleistungen des Trägers der Insolvenzsicherung bzw. bei Rückversicherung der Pensionskasse oder des Lebensversicherungsunternehmens behalten deshalb grundsätzlich ihren steuerlichen Charakter, als wäre der Insolvenzfall nicht eingetreten. [3]Das bedeutet z.B, dass Versorgungsleistungen an einen Arbeitnehmer, die auf einer Pensionszusage beruhen oder über eine Unterstützungskasse durchgeführt werden sollten, auch nach Eintritt des Insolvenzfalles und Übernahme der Leistungen durch ein Versicherungsunternehmen zu den Einnahmen aus nichtselbständiger Arbeit gehören.

---

1) Anhang 8.

§ 3 RL 3.65, 3.66, Rechtsprechung

(4) § 3 Nr. 65 Satz 1 Buchstabe c EStG ist in den Fällen der Übertragung oder Umwandlung einer Rückdeckungsversicherung (→ R 40b.1 Abs. 3) nicht anwendbar.

Hinweise

LStH 3.65 Allgemeine Grundsätze
→ *BMF vom 24.7.2013 (BStBl. I S. 1022), Rz. 284 ff.* – *Anlage § 010a-01* –

LStH 3.66 Allgemeines
→ *BMF vom 26.10.2006 (BStBl. I S. 709)* – *Anlage § 003-06* –

Die Steuerfreiheit gilt auch dann, wenn beim übertragenden Unternehmen keine Zuwendungen im Sinne des § 4d Abs. 3 EStG oder Leistungen im Sinne von § 4e Abs. 3 EStG im Zusammenhang mit der Übernahme einer Versorgungsverpflichtung durch einen Pensionsfonds anfallen (→ BMF vom 24.7.2013 BStBl. I S. 1022 unter Berücksichtigung der Änderungen durch BMF-Schreiben vom 13.1.2014 – BStBl. I S. 97), Rz. 322).
– *Anlage § 010a-01* –

Umfang der Steuerfreiheit
Bei einer entgeltlichen Übertragung von Versorgungsanwartschaften aktiver Beschäftigter kommt die Anwendung von § 3 Nr. 66 EStG nur für Zahlungen an den Pensionsfonds in Betracht, die für die bis zum Zeitpunkt der Übertragung bereits erdienten Versorgungsanwartschaften geleistet werden; Zahlungen an den Pensionsfonds für zukünftig noch zu erdienende Anwartschaften sind ausschließlich in dem begrenzten Rahmen des § 3 Nr. 63 EStG lohnsteuerfrei (→BMF vom 26.10.2006 – BStBl. I S. 709). – *Anlage § 003-06* –

Rechtsprechungsauswahl

BFH v. 23. 10. 2013 X R 33/10 (BStBl. 2014 II S. 103): Austrittsleistung einer schweizerischen öffentlich-rechtlichen Pensionskasse ist steuerpflichtig und nicht steuerbefreit

1. Eine Austrittsleistung, die von einer schweizerischen öffentlich-rechtlichen Pensionskasse nach dem 31. Dezember 2004 ausgezahlt wird, ist als „andere Leistung" mit dem Besteuerungsanteil gemäß § 22 Nr. 1 Satz 3 Buchst. a Doppelbuchst. aa EStG zu besteuern.
2. Die erst durch das AltEinkG begründete Steuerpflicht verstößt weder gegen den Vertrauensschutzgrundsatz noch gegen das Rückwirkungsverbot.
3. Die Austrittsleistung kann gemäß § 34 Abs. 1 i.V.m. Abs. 2 Nr. 4 EStG ermäßigt besteuert werden.

BFH v. 24. 9. 2013 VI R 6/11 (BFH-Webseite): Überobligatorisch erbrachte Arbeitgeberbeiträge zu einer schweizerischen Pensionskasse für einen Grenzgänger in die Schweiz

1. Obligatorische Arbeitgeberbeiträge zu einer schweizerischen Pensionskasse sowie Arbeitgeberleistungen auf Grundlage der schweizerischen Alters- und Hinterlassenenversicherung sowie der schweizerischen Invalidenversicherung sind gemäß § 3 Nr. 62 Satz 1 EStG steuerfrei.
2. Überobligatorische Arbeitgeberbeiträge zu einer schweizerischen Pensionskasse sind als Beiträge i. S. des § 3 Nr. 62 Satz 4 1. Halbsatz EStG innerhalb der Grenzen des § 3 Nr. 62 Satz 3 EStG steuerfrei; auf die danach steuerfreien Arbeitgeberleistungen sind die gemäß § 3 Nr. 62 Satz 1 EStG steuerfreien Zukunftssicherungsleistungen des Arbeitgebers anzurechnen.

BFH v. 24. 9. 2013 VI R 8/11 (BStBl. 2014 II S. 124): Zuschüsse zur freiwilligen Rentenversicherung als Arbeitslohn

Zuschüsse, die eine AG Vorstandsmitgliedern zur freiwilligen Weiterversicherung in der gesetzlichen Rentenversicherung oder einem Versorgungswerk gewährt, sind Arbeitslohn. Es handelt sich hierbei um Vorteile, die im überwiegenden Interesse des Arbeitnehmers gewährt werden und sich auch dann nicht lediglich als notwendige Begleiterscheinung betriebsfunktionaler Zielsetzungen darstellen, wenn die Rentenzahlungen auf die betriebliche Altersversorgung angerechnet werden (Abgrenzung zum Senatsurteil vom 5. September 2006 VI R 38/04, BFHE 214, 573, BStBl. II 2007, 181).

BFH v. 27. 8. 2013 VIII R 34/11 (BStBl. 2014 II S. 248): Aufwandsentschädigungen eines Versorgungswerks an ehrenamtliche Vorstandsmitglieder sind nach § 3 Nr. 12 Satz 2 EStG steuerfrei, wenn sich das Versorgungswerk als juristische Person des öffentlichen Rechts im Rahmen seiner gesetzlichen Aufgabenzuweisung auf die Gewährleistung der Alters-, Invaliden- und Hinterbliebenenversorgung für seine Zwangsmitglieder beschränkt und dabei die insoweit bestehenden Anlagegrundsätze beachtet.

Rechtsprechung § 3

BFH v. 13. 6. 2013 VI R 37/11 (BFH-Webseite): Kürzung des Werbungskostenabzugs bei steuerfreiem Aufwendungsersatz – häusliches Arbeitszimmer eines technischen Aufsichtsbeamten einer Berufsgenossenschaft

Steuerfreie Bezüge i.S. des § 3 Nr. 12 Satz 2 EStG sind nur insoweit anzusetzen, als solche Aufwendungen als Erwerbsaufwendungen abziehbar sind.

BFH v. 18. 4. 2013 VI R 29/12 (BStBl. II S. 735): Doppelte Haushaltsführung - aufwandsunabhängige Inanspruchnahme der Entfernungspauschale für Familienheimfahrten – Zurückverweisung der Rechtssache an einen anderen Senat des FG

1. Die Entfernungspauschale für eine wöchentliche Familienheimfahrt im Rahmen einer doppelten Haushaltsführung kann aufwandsunabhängig in Anspruch genommen werden.
2. Steuerfrei geleistete Reisekostenvergütungen und steuerfrei gewährte Freifahrten sind jedoch mindernd auf die Entfernungspauschale anzurechnen.

BFH v. 17. 10. 2012 VIII R 57/09 (BStBl. 2013 II S. 799): Steuerfreiheit nach § 3 Nr. 12 Satz 1 EStG für Aufwandsentschädigungen ehrenamtlicher Betreuer nach § 1835a BGB

1. Betreuer üben eine sonstige vermögensverwaltende Tätigkeit i.s. des § 18 Abs. 1 Nr. 3 EStG aus (Anschluss an BFH-Urteile vom 15. Juni 2010 VIII R 10/09, BFHE 230, 47, BStBl. II 2010, 906; VIII R 14/09, BFHE 230, 54, BStBl. II 2010, 909).
2. Aufwandsentschädigungen ehrenamtlicher Betreuer nach § 1835a BGB sind nach § 3 Nr. 12 Satz 1 EStG steuerfrei.

BFH v. 19. 9. 2012 VI R 55/11 (BStBl. 2013 II S. 398): Zuschüsse zum ohnehin geschuldeten Arbeitslohn

1. Der „ohnehin geschuldete Arbeitslohn" ist der arbeitsrechtlich geschuldete. „Zusätzlich" zum ohnehin geschuldeten Arbeitslohn i.S. des § 40 Abs. 2 Satz 2 EStG werden nur freiwillig geleistete Fahrtkostenzuschüsse erbracht.
2. Die Sicherstellung der Verwendung von Erholungsbeihilfen des Arbeitgebers durch die Arbeitnehmer zu deren Erholungszwecken nach § 40 Abs. 2 Satz 1 Nr. 3 EStG setzt jedenfalls voraus, dass der Arbeitgeber über die Verwendung der Mittel Kenntnis hat.

BFH v. 19. 9. 2012 VI R 54/11 (BStBl. 2013 II S. 395): Zuschüsse zum ohnehin geschuldeten Arbeitslohn

Der „ohnehin geschuldete Arbeitslohn" ist der arbeitsrechtlich geschuldete. „Zusätzlich" zum ohnehin geschuldeten Arbeitslohn i.S. der §§ 3 Nr. 33, 40 Abs. 2 Satz 1 Nr. 5 EStG werden nur freiwillige Arbeitgeberleistungen erbracht. Nur solche schuldet der Arbeitgeber nicht ohnehin.

BFH v. 31. 8. 2011 X R 11/10 (BStBl. 2012 II S. 312): Kinderzuschüsse aus einem Versorgungswerk sind nicht steuerfrei - Bindung an Verwaltungsanweisungen

1. Kinderzuschüsse zu einer Rente, die von einem berufsständischen Versorgungswerk gezahlt werden, sind nach § 22 Nr. 1 Satz 3 Buchst. a Doppelbuchst. aa EStG steuerpflichtig und nicht wie die Kinderzuschüsse aus der gesetzlichen Rentenversicherung gemäß § 3 Nr. 1 Buchst. b EStG steuerfrei.
2. Die unterschiedliche Behandlung der Kinderzuschüsse verstößt nicht gegen das Gleichbehandlungsgebot des Art. 3 GG.

BFH v. 14. 4. 2011 VI R 24/10 (BStBl. II S. 767): Beiträge für eine Gruppenkrankenversicherung als Arbeitslohn

1. Die Beiträge des Arbeitgebers zu einer privaten Gruppenkrankenversicherung sind Arbeitslohn des Arbeitnehmers, wenn dieser einen eigenen unmittelbaren und unentziehbaren Rechtsanspruch gegen den Versicherer erlangt (Anschluss an BFH-Urteil vom 16. April 1999 VI R 66/97, BFHE 188, 338, BStBl. II 2000, 408).
2. Die Gewährung von Krankenversicherungsschutz ist in Höhe der geleisteten Beiträge Sachlohn, wenn der Arbeitnehmer aufgrund des Arbeitsvertrags von seinem Arbeitgeber ausschließlich Versicherungsschutz und nicht auch eine Geldzahlung verlangen kann (Anschluss an BFH-Urteil vom 11. November 2010 VI R 27/09, BFHE 232, 56, BStBl. II 2011, 386).
3. Beiträge für eine Krankenversicherung der Arbeitnehmer können steuerfrei sein, wenn der Arbeitgeber nach einer zwischenstaatlichen Verwaltungsvereinbarung, die ihrerseits auf einer gesetzlichen Ermächtigung beruht, zur Leistung verpflichtet ist (§ 3 Nr. 62 Satz 1 Alt. 3 EStG).

§ 3 Rechtsprechung

BFH v. 12. 1. 2011 I R 49/10 (BStBl. II S. 446): Besteuerungsrecht für Bezüge nach dem sog. Blockmodell im Rahmen der Altersteilzeit – Arbeitgeberzuschüsse zu französischer Krankenversicherung nicht steuerfrei

1. Bezüge, welche ein in Frankreich ansässiger Arbeitnehmer von seinem Arbeitgeber für eine in Deutschland ausgeübte nichtselbständige Arbeit während der Freistellungsphase nach dem sog. Blockmodell im Rahmen der Altersteilzeit erhält, sind keine Ruhegehälter, sondern nachträglicher Arbeitslohn, der als solcher in Deutschland zu versteuern ist.
2. Freiwillige Zuschüsse zu einer Krankenversicherung, die ein inländischer Arbeitgeber an einen Arbeitnehmer für dessen Versicherung in der französischen gesetzlichen Krankversicherung („CPAM") leistet, sind nicht nach § 3 Nr. 62 EStG 2002 steuerfrei (Anschluss an BFH-Urteile vom 18. Mai 2004 VI R 11/01, BFHE 206, 158, BStBl. II 2004, 1014; vom 28. Mai 2009 VI R 27/06, BFHE 225, 377, BStBl. II 2009, 857).

BFH v. 9. 12. 2010 VI R 57/08 (BStBl. 2011 II S. 978): Beiträge des Arbeitgebers i.S. des § 3 Nr. 63 EStG

1. Finanzierungsanteile der Arbeitnehmer, die in dem Gesamtversicherungsbeitrag des Arbeitgebers an eine Pensionskasse enthalten sind, sind als Arbeitgeberbeiträge nach § 3 Nr. 63 EStG steuerfrei.
2. Für die Qualifizierung einer Zahlung als Beitrag des Arbeitgebers i.S. des § 3 Nr. 63 EStG ist die versicherungsvertragliche Außenverpflichtung maßgeblich. Es kommt dagegen nicht darauf an, wer die Versicherungsbeiträge finanziert, d.h. wer durch sie wirtschaftlich belastet wird. *)

*) Hinweis auf BMF-Schreiben vom 25. November 2011 IV C 5 – S 2333/11/10003, 2011/0942959 (BStBl. 2011 I S. 1250). – **Anlage § 003-08** –

BFH v. 15. 9. 2010 X R 33/08 (BStBl. 2011 II S. 637): Steuerfreiheit eines Stipendiums einer gemeinnützigen EU/EWR-Institution – Gemeinschaftsrechtskonforme Auslegung des § 3 Nr. 44 EStG – Kapitalverkehrsfreiheit

Eine in der EU oder dem EWR ansässige gemeinnützige Körperschaft, Personenvereinigung oder Vermögensmasse i.S. des § 5 Abs. 1 Nr. 9 KStG kann unabhängig von einer inländischen Steuerpflicht Stipendien vergeben, die nach § 3 Nr. 44 EStG steuerfrei sind.

BFH v. 20. 7. 2010 IX R 23/09 (BStBl. 2011 II S. 218): Zuzahlungen zum Kurzarbeitergeld – Auflösung eines bestehenden Arbeitsverhältnisses bei Eintritt in neues Arbeitsverhältnis mit externer Beschäftigungsgesellschaft – Anwendungsbereich des § 3 Nr. 9 EStG – Nichtigkeit von Vereinbarungen ziviler Vertragsparteien über die Steuerfreiheit vereinbarter Leistungen

1. Ein bestehendes Arbeitsverhältnis wird i.S. von § 3 Nr. 9 EStG aufgelöst, selbst wenn der Arbeitnehmer mit dessen Aufhebung zugleich in ein neues (befristetes) Arbeitsverhältnis mit einer externen Beschäftigungs-Gesellschaft und Qualifizierungs-Gesellschaft eintritt.
2. Sind monatliche Zahlungen nach der Betriebsvereinbarung (Sozialplan) unter Berücksichtigung der maßgebenden Auslegungsgrundsätze zum Ausgleich der durch Kurzarbeit entstehenden Nachteile und für die Dauer der Kurzarbeit erbracht, stellen die gezahlten Zuschüsse zum Kurzarbeitergeld keine steuerfreie (ratierliche) Abfindung, sondern steuerpflichtigen Arbeitslohn dar.

BFH v. 8. 7. 2010 VI R 24/09 (BStBl. 2011 II S. 288): Kein Anspruch auf Pauschalen für Übernachtungen im Ausland, wenn der Arbeitgeber die Kosten vollständig erstattet

Ein Arbeitnehmer kann bei Übernachtungen im Ausland den Differenzbetrag zwischen den vom Arbeitgeber vollständig erstatteten tatsächlichen Kosten und den höheren Übernachtungspauschalen nach den Lohnsteuer-Richtlinien nicht als Werbungskosten geltend machen.

BFH v. 21. 1. 2010 VI R 52/08 (BStBl. II S. 703): Entscheidungen der Sozialversicherungsträger entfalten im Besteuerungsverfahren Bindungswirkung – Tatbestandswirkung eines Verwaltungsaktes – Arbeitgeberanteil zur Sozialversicherung

Entscheidungen des zuständigen Sozialversicherungsträgers über die Sozialversicherungspflicht eines Arbeitnehmers sind im Besteuerungsverfahren zu beachten, soweit sie nicht offensichtlich rechtswidrig sind (Anschluss an BFH-Urteil vom 6. Juni 2002 VI R 178/97, BFHE 199, 524, BStBl. II 2003, 34).

BFH v. 21. 1. 2010 VI R 51/08 (BStBl. II S. 700): Vorteil aus unentgeltlicher Verpflegung an Bord eines Flusskreuzfahrtschiffes ausnahmsweise kein Arbeitslohn

1. Verpflegt der Arbeitgeber die Besatzungsmitglieder an Bord eines Flusskreuzfahrtschiffes unentgeltlich, so ist der den Arbeitnehmern gewährte Vorteil dann kein Arbeitslohn, wenn das eigen-

Rechtsprechung § 3

betriebliche Interesse des Arbeitgebers an einer Gemeinschaftsverpflegung wegen besonderer betrieblicher Abläufe den Vorteil der Arbeitnehmer bei weitem überwiegt.

2. Bei der Nachforderung von Lohnsteuer dürfen die Beträge nicht zugerechnet werden, die der Arbeitgeber bei einer Auswärtstätigkeit steuerfrei hätte ersetzen dürfen.

3. Die Bewertungsregelung des § 8 Abs. 3 EStG kommt zur Anwendung, wenn aus der Küche eines Flusskreuzfahrtschiffes neben den Passagieren auch die Besatzungsmitglieder verpflegt werden.

BFH v. 11. 11. 2009 IX R 1/09 (BStBl. 2010 II S. 746): Steuerwirksame Gestaltung des Zuflusses einer Abfindung

Arbeitgeber und Arbeitnehmer können den Zeitpunkt des Zuflusses einer Abfindung oder eines Teilbetrags einer solchen beim Arbeitnehmer in der Weise steuerwirksam gestalten, dass sie deren ursprünglich vorgesehene Fälligkeit vor ihrem Eintritt auf einen späteren Zeitpunkt verschieben.

BFH v. 1. 10. 2009 VI R 41/07 (BStBl. 2010 II S. 487): Zuschüsse zum ohnehin geschuldeten Arbeitslohn

1. Der ohnehin geschuldete Arbeitslohn i.s. des § 40 Abs. 2 Satz 2 EStG ist der arbeitsrechtlich geschuldete.

2. Ein Zuschuss zum ohnehin geschuldeten Arbeitslohn i.s. des § 40 Abs. 2 Satz 2 EStG kann auch unter Anrechnung auf andere freiwillige Sonderzahlungen geleistet werden (entgegen R 3.33 Abs. 5 Satz 6 LStR 2009).

BFH v. 28. 5. 2009 VI R 27/06 (BStBl. II S. 857):

1. Zukunftssicherungsleistungen, die ein inländischer Arbeitgeber für einen unbeschränkt steuerpflichtigen schwedischen Arbeitnehmer auf vertraglicher Grundlage an niederländische und schwedische Versicherungsunternehmen entrichtet, sind Arbeitslohn, der nicht nach § 3 Nr. 62 Satz 1 EStG von der Steuer befreit ist.

2. Der Umstand, dass § 3 Nr. 62 EStG Zukunftssicherungsleistungen des Arbeitgebers nur steuerfrei stellt, wenn diese aufgrund einer materiell gesetzlichen Verpflichtung geleistet werden, verstößt nicht gegen EU-Recht. Insoweit liegt weder eine Beschränkung der Arbeitnehmerfreizügigkeit i.S. des Art. 39 EG, noch der Niederlassungsfreiheit i.S. des Art. 43 EG oder der Dienstleistungsfreiheit i.S. des Art. 49 EG vor.

BFH v. 7. 5. 2009 VI R 8/07 (BStBl. 2010 II S. 194):

1. Umlagezahlungen des Arbeitgebers an die VBL, die dem Arbeitnehmer einen unmittelbaren und unentziehbaren Rechtsanspruch gegen die VBL verschaffen, führen im Zeitpunkt ihrer Zahlung zu Arbeitslohn.

2. Für den Arbeitslohncharakter von Zukunftssicherungsleistungen kommt es grundsätzlich nicht darauf an, ob der Versicherungsfall bei dem begünstigten Arbeitnehmer überhaupt eintritt und welche Leistungen dieser letztlich erhält.

3. Als Arbeitslohn anzusehende Umlagezahlungen des Arbeitgebers an die VBL sind weder nach § 3 Nr. 62 EStG noch nach § 3 Nr. 63 EStG steuerfrei.

BFH v. 29. 1. 2009 VI R 56/07 (BStBl. 2010 II S. 1067): Unentgeltliche Überlassung eines Dienstwagens und Sammelbeförderung

1. Die unentgeltliche bzw. verbilligte Überlassung eines Dienstwagens durch den Arbeitgeber an den Arbeitnehmer für dessen Privatnutzung führt zu einer Bereicherung des Arbeitnehmers und damit zum Lohnzufluss.

2. Die Übernahme der Arbeitnehmerbeförderung i.S. des § 3 Nr. 32 EStG bedarf grundsätzlich einer besonderen Rechtsgrundlage. Dies kann ein Tarifvertrag oder eine Betriebsvereinbarung sein.

3. Überlässt der Arbeitgeber einem Arbeitnehmer einen Dienstwagen auch uneingeschränkt für private Zwecke, ist fraglich, ob der Arbeitgeber ein solches Fahrzeug noch zur Beförderung (weiterer) Arbeitnehmer „gestellen" kann.

BFH v. 18. 12. 2008 VI R 49/06 (BStBl. 2009 II S. 820):

1. Aus dem Spielbanktronc finanzierte Zahlungen an die Arbeitnehmer der Spielbank sind keine steuerfreien Trinkgelder i.S. des § 3 Nr. 51 EStG.

2. Der Begriff des Trinkgelds, der auch § 3 Nr. 51 EStG zugrunde liegt, setzt grundsätzlich ein Mindestmaß an persönlicher Beziehung zwischen Trinkgeldgeber und Trinkgeldnehmer voraus.

3. Wenn der Arbeitgeber selbst Gelder tatsächlich und von Rechts wegen an- und einnehmen, verwalten und buchungstechnisch erfassen muss, sind dies keine dem Arbeitnehmer von Dritten gegebenen Trinkgelder i.S. des § 3 Nr. 51 EStG.

BFH v. 8. 10. 2008 VIII R 58/06 (BStBl. 2009 II S. 405): Nach einer öffentlich-rechtlichen Satzung geleistete pauschale Reisekostenvergütungen an politische Mandatsträger (hier: Fraktionsvorsitzende im Kreistag) können auch ohne Einzelnachweis gegenüber dem FA nach § 3 Nr. 13 EStG steuerbefreit sein, sofern die Pauschale die tatsächlich entstandenen Reiseaufwendungen nicht ersichtlich übersteigt.

BFH v. 11. 9. 2008 VI R 13/06 (BStBl. II S. 928): Rügt ein Steuerpflichtiger, der nicht zu den Abgeordneten des Deutschen Bundestages gehört, im finanzgerichtlichen Verfahren eine gleichheitswidrige Begünstigung der Abgeordneten aufgrund der diesen gewährten steuerfreien Kostenpauschale, so kommt eine Vorlage an das Bundesverfassungsgericht zur Überprüfung ihrer Verfassungsmäßigkeit mangels Entscheidungserheblichkeit nicht in Betracht.

BFH v. 27. 8. 2008 I R 81/07 (BStBl. 2009 II S. 632): Eine Entlassungsabfindung für einen in das Ausland verzogenen Arbeitnehmer, die den Verlust künftigen Arbeitsverdienstes abgelten soll und keinen Zusammenhang (z.B. durch die Bemessung an der Dauer der bisher ausgeübten Tätigkeit) zu einer tatsächlich ausgeübten Tätigkeit im Inland aufweist, zählt nicht zu den beschränkt steuerpflichtigen inländischen Einkünften i.S. des § 49 Abs. 1 Nr. 4 EStG 1997 (Rechtslage vor der Änderung des EStG durch das StÄndG 2003 vom 15. Dezember 2003, BGBl. I 2003, 2645, BStBl. I 2003, 710 ab dem Veranlagungszeitraum 2004).

BFH v. 22. 7. 2008 VIII R 101/02 (BStBl. 2010 II S. 265): Steuerfreiheit von Lehrvergütungen einer französischen Universität

Zahlungen einer französischen Universität für einen von einem deutschen Steuerpflichtigen versehenen Lehrauftrag sind im Inland gemäß § 3 Nr. 26 EStG steuerfrei (Anschluss an das EuGH-Urteil vom 18. Dezember 2007 Rs. C-281/06 „Jundt", BFH/NV 2008, Beilage 2, 93).

BFH v. 22. 7. 2008 VI R 51/05 (BStBl. II S. 981): Der Vorsitzende und die Referenten des AStA sind Arbeitnehmer im Sinne des Einkommensteuerrechts. Die an sie gezahlten Aufwandsentschädigungen sind als einkommensteuerpflichtiger Lohn zu behandeln.

BFH v. 22. 7. 2008 VI R 56/05 (BStBl. II S. 894):
1. Die nach § 3 Nr. 62 Satz 1 EStG für die Steuerfreiheit vorausgesetzte gesetzliche Verpflichtung zu einer Zukunftssicherungsleistung des Arbeitgebers ergibt sich für einen Arbeitgeberzuschuss zu einer privaten Krankenversicherung aus § 257 Abs. 2a Satz 1 SGB V.
2. Die Vorlage der Bescheinigung nach § 257 Abs. 2a Satz 3 SGB V ist nicht konstitutive Voraussetzung der Steuerbefreiung.
3. § 257 Abs. 2a SGB V findet auch auf Steuerpflichtige Anwendung, die eine Krankenversicherung bei einem Versicherungsunternehmen abgeschlossen haben, das in einem anderen Land der EU seinen Sitz hat.
4. § 257 Abs. 2a SGB V beschränkt nicht die Dienstleistungsfreiheit i. S. des Art. 49 EGV.

BFH v. 29. 5. 2008 VI R 25/07 (BStBl. 2009 II S. 150): Das erhöhte Unfallruhegehalt nach § 37 BeamtVG wird „auf Grund der Dienstzeit" i.S. von § 3 Nr. 6 EStG gewährt und ist somit nicht nach dieser Vorschrift steuerbefreit.

BFH v. 13. 9. 2007 VI R 16/06 (BStBl. 2008 II S. 394): Beiträge zur Zukunftssicherung des Arbeitnehmers, zu deren Leistung der Arbeitgeber aufgrund einer Allgemeinverbindlicherklärung gemäß § 5 TVG verpflichtet ist, sind steuerfrei (§ 3 Nr. 62 Satz 1 Alternative 3 EStG).*)

*) Fußnote BStBl. II: „Mit dem Altersvermögensgesetz vom 26. Juni 2001 (BGBl. I S. 1310) wurde ab 2002 die Steuerbefreiungsvorschrift des § 3 Nr. 63 in das Einkommensteuergesetz (EStG) eingeführt. Durch das Alterseinkünftegesetz vom 5. Juli 2004 (BGBl. I S. 1427) wurde die einkommensteuerrechtliche Behandlung von Altersvorsorgeaufwendungen und Altersbezügen ab dem Veranlagungszeitraum 2005 grundlegend umgestaltet.

Danach erfolgt bei der Basisversorgung (insbesondere der gesetzlichen Rentenversicherung) eine Steuerfreistellung über § 3 Nr. 62 EStG und ein Sonderausgabenabzug nach § 10 EStG; die späteren Versorgungsleistungen unterliegen der Besteuerung nach § 22 Nr. 1 Satz 3 Buchstabe a Doppelbuchstabe aa EStG. Der Aufbau einer Zusatzversorgung (z. B. über das Zusatzversorgungswerk für Arbeitnehmer in der Land- und Forstwirtschaft – ZLF –) wird dagegen durch andere steuerliche Instrumente (u. a. Steuerfreistellung über § 3 Nr. 63 EStG sowie Förderung über § 10a EStG und Abschnitt XI [Alters-

Rechtsprechung § 3

vorsorgezulage] des EStG) staatlich unterstützt; die späteren Versorgungsleistungen unterliegen der Besteuerung nach § 22 Nr. 5 EStG. Vor diesem Hintergrund sind entsprechende Beiträge an das ZLF ab 2005 steuerfrei nach § 3 Nr. 63 EStG."

BFH v. 30. 8. 2007 IV R 14/06 (BStBl. II S. 942): Arbeitgeberanteile zur Sozialversicherung eines Mitunternehmers, der sozialversicherungsrechtlich als Arbeitnehmer angesehen wird, gehören – unabhängig davon, ob sie dem Mitunternehmer zufließen – zu den Vergütungen, die er von der Gesellschaft für seine Tätigkeit im Dienste der Gesellschaft bezogen hat (Bestätigung der ständigen Rechtsprechung).

BFH v. 3. 5. 2007 VI R 37/05 (BStBl. II S. 712): Freiwillige Sonderzahlungen an Arbeitnehmer eines konzernverbundenen Unternehmens sind keine steuerfreien Trinkgelder i.S. des § 3 Nr. 51 EStG.

BFH v. 18. 4. 2007 XI R 21/06 (BStBl. II S. 702): Eine nebenberufliche künstlerische Tätigkeit kann auch vorliegen, wenn sie die eigentliche künstlerische (Haupt-)Tätigkeit unterstützt und ergänzt, sofern sie Teil des gesamten künstlerischen Geschehens ist.

BFH v. 12. 4. 2007 VI R 53/04 (BStBl. II S. 536):
1. § 3 Nr. 13 Satz 1 EStG ist verfassungskonform dahingehend auszulegen, dass nur Werbungskostenersatz steuerfrei ist (Bestätigung der Rechtsprechung im Urteil vom 27. Mai 1994 VI R 67/92, BFHE 175, 57, BStBl. II 1995, 17).
2. Vergütungen nach § 11 und § 12 AUV sind nicht steuerfrei.

BFH v. 29. 11. 2006 VI R 3/04 (BStBl. 2007 II S. 308):
1. § 3 Nr. 12 Satz 2 EStG ist verfassungskonform dahingehend auszulegen, dass die Erstattung nur solcher Aufwendungen von der Steuer befreit ist, die als Betriebsausgaben oder Werbungskosten abziehbar sind (Bestätigung der Rechtsprechung).
2. Eine vom Arbeitgeber für die berufliche Nutzung von Wohnraum gezahlte Aufwandsentschädigung (§ 17 BBesG) ist nur steuerfrei, wenn die Voraussetzungen für einen Werbungskostenabzug der Aufwendungen für ein häusliches Arbeitszimmer gegeben sind.

BFH v. 21. 6. 2006 XI R 50/05 (BStBl. II S. 715): Die auf Arbeitnehmer beschränkte Steuerfreiheit für die Vorteile aus der privaten Nutzung von betrieblichen Personalcomputern und Telekommunikationsgeräten (§ 3 Nr. 45 EStG) verletzt nicht den Gleichheitssatz.

BFH v. 27. 4. 2006 IV R 41/04 (BStBl. II S. 755):
1. Zuschüsse, die ein in der Rechtsform einer GbR betriebenes Kulturorchester aus öffentlichen Mitteln erhält, sind nicht nach § 3 Nr. 11 EStG steuerfrei, soweit sie dazu bestimmt sind, die Vorabvergütungen der Gesellschafter abzudecken.
2. Soweit die Zuschüsse nach ihrem Zweck der anteiligen Deckung der Betriebsausgaben des Orchesters dienen, sind die abziehbaren Betriebsausgaben nach § 3c (nunmehr Abs. 1) EStG um diesen Betrag zu kürzen.

BFH v. 5. 4. 2006 IX R 109/00 (BStBl. II S. 541):
1. Aufwendungen des Kreditinstituts (Arbeitgeber) für Sicherheitsmaßnahmen am Wohnhaus seines leitenden Angestellten (Vorstandsmitglied) sind bei allenfalls abstrakter berufsbedingter Gefährdung von dessen Leben, Gesundheit und Vermögen, also nicht unerheblichem Eigeninteresse des Vorstandsmitglieds, Arbeitslohn.
2. Kein steuerfreier Auslagenersatz ist gegeben, wenn die Aufwendungen nicht im ganz überwiegenden betrieblichen Interesse des Kreditinstituts liegen und – angesichts der sich ratierlich mindernden Rückzahlungsverpflichtung – nach Ablauf von fünf Jahren zu einer dauerhaften und nicht unerheblichen Bereicherung des Steuerpflichtigen führen.

BFH v. 28. 3. 2006 VI R 24/03 (BStBl. II S. 473): Ersetzt der Arbeitgeber aufgrund einer tarifvertraglichen Verpflichtung dem als Orchestermusiker beschäftigten Arbeitnehmer die Kosten der Instandsetzung des dem Arbeitnehmer gehörenden Musikinstruments, so handelt es sich dabei um steuerfreien Auslagenersatz.

Schwebende Verfahren

BFH VI R 18/13 (BFH-Webseite): Führt die Übertragung des bei einer GmbH zugunsten ihres beherrschenden Gesellschafter-Geschäftsführers entstandenen Versorgungskapitals auf eine von ihm ebenfalls beherrschte GmbH zu einem Zufluss von Arbeitslohn, wenn die Übertragung aufgrund einer Abrede zwischen der das Versorgungskapital übertragenden GmbH und dem Gesellschafter-Geschäftsführer erfolgt? - Falls ja, ist der zugeflossene Arbeitslohn nach § 3 Nr. 55 EStG steuerfrei?

§ 3 Rechtsprechung

BFH VIII R 43/12 (BFH-Webseite): Übersteigt ein Stipendium in Höhe von 2.700 Euro monatlich, das einer Volljuristin im Rahmen ihres Forschungsaufenthalts als Wissenschaftlerin an einem Kolleg gewährt wird, den für die Erfüllung der Forschungsaufgabe oder für die Bestreitung des Lebensunterhalts und die Deckung des Ausbildungsbedarfs erforderlichen Betrag (§ 3 Nr. 44 Satz 3 Buchst. a EStG), so dass die auf der Grundlage des Stipendiums geleisteten Zahlungen in voller Höhe als Gegenleistung für eine selbständig ausgeübte wissenschaftliche Tätigkeit nach § 18 Abs. 1 Nr. 1 EStG steuerpflichtig sind?

BFH VIII R 9/12 (BFH-Webseite): Sind die an eine selbständige Erzieherin ausgezahlten Erziehungsgelder keine steuerfreien Beihilfen i.S. des § 3 Nr. 11 EStG, sondern steuerpflichtige Einnahmen i.S. des § 18 Abs. 1 Nr. 1 Satz 2 EStG, wenn es sich bei den Zahlungen einer Stadt an einen privaten Verein, aus denen dieser die an die Erzieherin im Rahmen eines Jugendhilfeprojekts geleisteten Erziehungsgelder für die Betreuung eines Jugendlichen finanziert, um Pflegesätze für Heimerziehung nach § 34 SGB VIII handelt?

BFH VIII R 40/11 (BFH-Webseite): Leistungen an und aus schweizer Vorsorgeeinrichtungen:
1. Handelt es sich bei den Erträgen, die in einer – auf einem Vorsorgevertrag mit einer schweizer Stiftung basierenden – Austrittsleistung eines aus einem schweizer Unternehmen ausscheidenden Grenzgängers enthalten sind, um steuerpflichtige Einnahmen aus Kapitalvermögen i.S. des § 20 Abs. 1 Nr. 6 Satz 1 EStG 2002 i.d.F. des AltEinkG?
2. Stellen Beiträge des Begünstigten zum Überobligatorium der schweizer Pensionskassen berücksichtigungsfähige Sonderausgaben i.S. des § 10 Abs. 1 Nr. 3 Buchst. b 1. Halbsatz EStG 2002 i.d.F. vom 13.12.2006 dar?
3. Kommt eine Steuerbefreiung gemäß § 3 Nr. 62 EStG für im Überobligatorium bzw. Außerobligatorium geleistete Arbeitgeberbeiträge in Betracht?

BFH VIII R 30/11 (BFH-Webseite): Fallen – die Pauschalen zu § 33 SGB VIII übersteigende – Honorar- und Sachkostenzahlungen, die einer selbständig tätigen Erzieherin im Rahmen der Vollzeitbetreuung eines Kindes auf Grundlage der in Zusammenhang mit einem Betreuungsvertrag mit einem privaten Träger abgeschlossenen Honorar- und Sachkostenvereinbarung gewährt werden, unter die Steuerbefreiung des § 3 Nr. 11 EStG?

BFH VIII R 29/11 (BFH-Webseite): Wie BFH VIII R 30/11.

BFH VIII R 39/10 (BFH-Webseite): Ist die von einer Schweizer Pensionskasse an einen deutschen Grenzgänger ausgezahlte Freizügigkeitsleistung in Gestalt eines Vorbezugs zur Wohneigentumsförderung, soweit sie aus dem überobligatorischen Bereich stammt, hinsichtlich der im Vorbezug enthaltenen Zinsen gemäß § 20 Abs. 1 Nr. 6 EStG 2004 steuerfrei? Vergleichbarkeit des Rechtsverhältnisses mit demjenigen in der deutschen gesetzlichen Rentenversicherung? Handelt es sich bei dem aus dem obligatorischen Bereich geleisteten Vorbezug um eine nach § 3 Nr. 3 EStG 2005 steuerfreie Kapitalabfindung? Höhe der nach § 3 Nr. 62 EStG 2005 steuerfrei zu belassenden Arbeitgeberbeiträge in die Pensionskasse? Abziehbarkeit der Arbeitnehmerbeiträge zur überobligatorischen beruflichen Vorsorge als Sonderausgaben nach § 10 Abs. 2 Satz 1 Nr. 2 Buchst. a EStG 2005?

BFH VIII R 38/10 (BFH-Webseite): Ist die von einer Schweizer Pensionskasse an einen deutschen Grenzgänger anlässlich seiner vorzeitigen Pensionierung aus dem freiwilligen überobligatorischen Bereich erbrachte einmalige Kapitalabfindung als Lebensversicherung zu behandeln und sind die darin enthaltenen Zinsen nach § 20 Abs. 1 Nr. 6 Satz 2 EStG 2004 steuerfrei? Handelt es sich bei der aus dem Obligatorium erfolgten Kapitalabfindung um eine aus der gesetzlichen Rentenversicherung erbrachte Leistung nach § 22 Nr. 1 Satz 3 Buchst. a Doppelbuchst. aa EStG 2005 und ist diese nach § 3 Nr. 3 EStG 2005 steuerfrei?

§ 3a (weggefallen)

§ 3b Steuerfreiheit von Zuschlägen für Sonntags-, Feiertags- oder Nachtarbeit

(1) Steuerfrei sind Zuschläge, die für tatsächlich geleistete Sonntags-, Feiertags- oder Nachtarbeit neben dem Grundlohn gezahlt werden, soweit sie

1. für Nachtarbeit 25 Prozent,
2. vorbehaltlich der Nummern 3 und 4 für Sonntagsarbeit 50 Prozent,
3. vorbehaltlich der Nummer 4 für Arbeit am 31. Dezember ab 14 Uhr und an den gesetzlichen Feiertagen 125 Prozent,
4. für Arbeit am 24. Dezember ab 14 Uhr, am 25. und 26. Dezember sowie am 1. Mai 150 Prozent

des Grundlohns nicht übersteigen.

(2) [1]Grundlohn ist der laufende Arbeitslohn, der dem Arbeitnehmer bei der für ihn maßgebenden regelmäßigen Arbeitszeit für den jeweiligen Lohnzahlungszeitraum zusteht; er ist in einen Stundenlohn umzurechnen und mit höchstens 50 Euro anzusetzen. [2]Nachtarbeit ist die Arbeit in der Zeit von 20 Uhr bis 6 Uhr. [3]Sonntagsarbeit und Feiertagsarbeit ist die Arbeit in der Zeit von 0 Uhr bis 24 Uhr des jeweiligen Tages. [4]Die gesetzlichen Feiertage werden durch die am Ort der Arbeitsstätte geltenden Vorschriften bestimmt.

(3) Wenn die Nachtarbeit vor 0 Uhr aufgenommen wird, gilt abweichend von den Absätzen 1 und 2 Folgendes:

1. Für Nachtarbeit in der Zeit von 0 Uhr bis 4 Uhr erhöht sich der Zuschlagssatz auf 40 Prozent,
2. als Sonntagsarbeit und Feiertagsarbeit gilt auch die Arbeit in der Zeit von 0 Uhr bis 4 Uhr des auf den Sonntag oder Feiertag folgenden Tages.

LStR

R 3b. Steuerfreiheit der Zuschläge für Sonntags-, Feiertags oder Nachtarbeit (§ 3b EStG)

A l l g e m e i n e s

(1) [1]Die Steuerfreiheit setzt voraus, dass neben dem Grundlohn tatsächlich ein Zuschlag für Sonntags-, Feiertags- oder Nachtarbeit gezahlt wird. [2]Ein solcher Zuschlag kann in einem Gesetz, einer Rechtsverordnung, einem Tarifvertrag, einer Betriebsvereinbarung oder einem Einzelarbeitsvertrag geregelt sein. [3]Bei einer Nettolohnvereinbarung ist der Zuschlag nur steuerfrei, wenn er neben dem vereinbarten Nettolohn gezahlt wird. [4]Unschädlich ist es, wenn neben einem Zuschlag für Sonntags-, Feiertags- oder Nachtarbeit, die gleichzeitig Mehrarbeit ist, keine gesonderte Mehrarbeitsvergütung oder ein Grundlohn gezahlt wird, mit dem die Mehrarbeit abgegolten ist. [5]Auf die Bezeichnung der Lohnzuschläge kommt es nicht an. [6]Die Barabgeltung eines Freizeitanspruchs wegen Freizeitüberhangs oder Zuschläge wegen Mehrarbeit oder wegen anderer als durch die Arbeitszeit bedingter Erschwernisse und Zulagen, die lediglich nach bestimmten Zeiträumen bemessen werden, sind keine begünstigten Lohnzuschläge. [7]§ 3b EStG ist auch bei Arbeitnehmern anwendbar, deren Lohn nach § 40a EStG pauschal versteuert wird.

G r u n d l o h n

(2) [1]Grundlohn ist nach § 3b Abs. 2 EStG der auf eine Arbeitsstunde entfallende Anspruch auf laufenden Arbeitslohn, den der Arbeitnehmer für den jeweiligen Lohnzahlungszeitraum auf Grund seiner regelmäßigen Arbeitszeit erwirbt. [2]Im Einzelnen gilt Folgendes:

1. Abgrenzung des Grundlohns
    a) [1]Der Anspruch auf laufenden Arbeitslohn ist nach R 39b.2 vom Anspruch auf sonstige Bezüge abzugrenzen. [2]Soweit Arbeitslohn-Nachzahlungen oder -Vorauszahlungen zum laufenden Arbeitslohn gehören, erhöhen sie den laufenden Arbeitslohn der Lohnzahlungszeiträume, für die sie nach- oder vorausgezahlt werden; § 41c EStG ist anzuwenden.
    b) [1]Ansprüche auf Sachbezüge, Aufwendungszuschüsse und vermögenswirksame Leistungen gehören zum Grundlohn, wenn sie laufender Arbeitslohn sind. [2]Das Gleiche gilt für Ansprüche auf

Zuschläge und Zulagen, die wegen der Besonderheit der Arbeit in der regelmäßigen Arbeitszeit gezahlt werden, z. B. Erschwerniszulagen oder Schichtzuschläge, sowie für Lohnzuschläge für die Arbeit in der nicht durch § 3b EStG begünstigten Zeit. ³Regelmäßige Arbeitszeit ist die für das jeweilige Dienstverhältnis vereinbarte Normalarbeitszeit.

    c) ¹Nicht zum Grundlohn gehören Ansprüche auf Vergütungen für Überstunden (Mehrarbeitsvergütungen), Zuschläge für Sonntags-, Feiertags- oder Nachtarbeit in der nach § 3b EStG begünstigten Zeit, und zwar auch insoweit, als sie wegen Überschreitens der dort genannten Zuschlagssätze steuerpflichtig sind. ²Dies gilt auch für steuerfreie und nach § 40 EStG pauschal besteuerte Bezüge. ³Zum Grundlohn gehören aber die nach § 3 Nr. 56 oder 63 EStG steuerfreien Beiträge des Arbeitgebers, soweit es sich um laufenden Arbeitslohn handelt.

2. Ermittlung des Grundlohnanspruchs für den jeweiligen Lohnzahlungszeitraum

    a) ¹Es ist der für den jeweiligen Lohnzahlungszeitraum vereinbarte Grundlohn i.S.d. Nummer 1 zu ermitteln (Basisgrundlohn). ²Werden die für den Lohnzahlungszeitraum zu zahlenden Lohnzuschläge nach den Verhältnissen eines früheren Lohnzahlungszeitraums bemessen, ist auch der Ermittlung des Basisgrundlohns der frühere Lohnzahlungszeitraum zugrunde zu legen. ³Werden die Zuschläge nach der Arbeitsleistung eines früheren Lohnzahlungszeitraums, aber nach dem Grundlohn des laufenden Lohnzahlungszeitraums bemessen, ist der Basisgrundlohn des laufenden Lohnzahlungszeitraums zugrunde zu legen. ⁴Soweit sich die Lohnvereinbarung auf andere Zeiträume als auf den Lohnzahlungszeitraum bezieht, ist der Basisgrundlohn durch Vervielfältigung des vereinbarten Stundenlohns mit der Stundenzahl der regelmäßigen Arbeitszeit im Lohnzahlungszeitraum zu ermitteln. ⁵Bei einem monatlichen Lohnzahlungszeitraum ergibt sich die Stundenzahl der regelmäßigen Arbeitszeit aus dem 4,35fachen der wöchentlichen Arbeitszeit. ⁶Arbeitszeitausfälle, z. B. durch Urlaub oder Krankheit, bleiben außer Betracht.

    b) ¹Zusätzlich ist der Teil des für den jeweiligen Lohnzahlungszeitraum zustehenden Grundlohns i. S. d. Nummer 1 zu ermitteln, dessen Höhe nicht von im voraus bestimmbaren Verhältnissen abhängt (Grundlohnzusätze), z. B. der nur für einzelne Arbeitsstunden bestehende Anspruch auf Erschwerniszulagen oder Spätarbeitszuschläge oder der von der Zahl der tatsächlichen Arbeitstage abhängende Anspruch auf Fahrtkostenzuschüsse. ²Diese Grundlohnzusätze sind mit den Beträgen anzusetzen, die dem Arbeitnehmer für den jeweiligen Lohnzahlungszeitraum tatsächlich zustehen.

3. Umrechnung des Grundlohnanspruchs

    ¹Basisgrundlohn (Nummer 2 Buchstabe a) und Grundlohnzusätze (Nummer 2 Buchstabe b) sind zusammenzurechnen und durch die Zahl der Stunden der regelmäßigen Arbeitszeit im jeweiligen Lohnzahlungszeitraum zu teilen. ²Bei einem monatlichen Lohnzahlungszeitraum ist der Divisor mit dem 4,35fachen der wöchentlichen Arbeitszeit anzusetzen. ³Das Ergebnis ist der Grundlohn; er ist für die Berechnung des steuerfreien Anteils der Zuschläge für Sonntags-, Feiertags- und Nachtarbeit maßgebend, soweit er die Stundenlohnhöchstgrenze nach § 3b Abs. 2 Satz 1 EStG nicht übersteigt. ⁴Ist keine regelmäßige Arbeitszeit vereinbart, sind der Ermittlung des Grundlohns die im Lohnzahlungszeitraum tatsächlich geleisteten Arbeitsstunden zugrunde zu legen. ⁵Bei Stücklohnempfängern kann die Umrechnung des Stücklohns auf einen Stundenlohn unterbleiben.

4. Wird ein Zuschlag für Sonntags-, Feiertags- oder Nachtarbeit von weniger als einer Stunde gezahlt, ist bei der Ermittlung des steuerfreien Zuschlags für diesen Zeitraum der Grundlohn entsprechend zu kürzen.

5. Bei einer Beschäftigung nach dem Altersteilzeitgesetz ist der Grundlohn nach § 3b Abs. 2 EStG so zu berechnen, als habe eine Vollzeitbeschäftigung bestanden.

Nachtarbeit an Sonntagen und Feiertagen

(3) ¹Wird an Sonntagen und Feiertagen oder in der zu diesen Tagen nach § 3b Abs. 3 Nr. 2 EStG gehörenden Zeit Nachtarbeit geleistet, kann die Steuerbefreiung nach § 3b Abs. 1 Nr. 2 bis 4 EStG neben der Steuerbefreiung nach § 3b Abs. 1 Nr. 1 EStG in Anspruch genommen werden. ²Dabei ist der steuerfreie Zuschlagssatz für Nachtarbeit mit dem steuerfreien Zuschlagssatz für Sonntags- oder Feiertagsarbeit auch dann zusammenzurechnen, wenn nur ein Zuschlag gezahlt wird. ³Zu den gesetzlichen Feiertagen i.S.d. § 3b Abs. 1 Nr. 3 EStG gehören der Oster- und der Pfingstsonntag auch dann, wenn sie in den am Ort der Arbeitsstätte geltenden Vorschriften nicht ausdrücklich als Feiertage genannt werden. ⁴Wenn für die einem Sonn- oder Feiertag folgende oder vorausgehende Nachtarbeit ein Zuschlag für Sonntags- oder Feiertagsarbeit gezahlt wird, ist dieser als Zuschlag für Nachtarbeit zu behandeln.

Feiertagsarbeit an Sonntagen

(4) [1]Ist ein Sonntag zugleich Feiertag, kann ein Zuschlag nur bis zur Höhe des jeweils in Betracht kommenden Feiertagszuschlags steuerfrei gezahlt werden. [2]Das gilt auch dann, wenn nur ein Sonntagszuschlag gezahlt wird.

Zusammentreffen mit Mehrarbeitszuschlägen

(5) [1]Hat der Arbeitnehmer arbeitsrechtlich Anspruch auf Zuschläge für Sonntags-, Feiertags- oder Nachtarbeit und auf Zuschläge für Mehrarbeit und wird Mehrarbeit als Sonntags-, Feiertags- oder Nachtarbeit geleistet, sind folgende Fälle zu unterscheiden:

1. es werden sowohl die in Betracht kommenden Zuschläge für Sonntags-, Feiertags- oder Nachtarbeit als auch für Mehrarbeit gezahlt;
2. es wird nur der in Betracht kommende Zuschlag für Sonntags-, Feiertags- oder Nachtarbeit gezahlt, der ebenso hoch oder höher ist als der Zuschlag für Mehrarbeit;
3. es wird nur der Zuschlag für Mehrarbeit gezahlt;
4. es wird ein einheitlicher Zuschlag (Mischzuschlag) gezahlt, der höher ist als die jeweils in Betracht kommenden Zuschläge, aber niedriger als ihre Summe;
5. es wird ein einheitlicher Zuschlag (Mischzuschlag) gezahlt, der höher ist als die Summe der jeweils in Betracht kommenden Zuschläge.

[2]In den Fällen des Satzes 1 Nr. 1 und 2 ist von den gezahlten Zuschlägen der Betrag als Zuschlag für Sonntags-, Feiertags- oder Nachtarbeit zu behandeln, der dem arbeitsrechtlich jeweils in Betracht kommenden Zuschlag entspricht. [3]Im Falle des Satzes 1 Nr. 3 liegt ein Zuschlag i.S.d. § 3b EStG nicht vor. [4]In den Fällen des Satzes 1 Nr. 4 und 5 ist der Mischzuschlag im Verhältnis der in Betracht kommenden Einzelzuschläge in einen nach § 3b EStG begünstigten Anteil und einen nicht begünstigten Anteil aufzuteilen. [5]Ist für Sonntags-, Feiertags- oder Nachtarbeit kein Zuschlag vereinbart, weil z. B. Pförtner oder Nachtwächter ihre Tätigkeit regelmäßig zu den begünstigten Zeiten verrichten, bleibt von einem für diese Tätigkeiten gezahlten Mehrarbeitszuschlag kein Teilbetrag nach § 3b EStG steuerfrei.

Nachweis der begünstigten Arbeitszeiten

(6) [1]Steuerfrei sind nur Zuschläge, die für tatsächlich geleistete Sonntags-, Feiertags- oder Nachtarbeit gezahlt werden. [2]Zur vereinbarten und vergüteten Arbeitszeit gehörende Waschzeiten, Schichtübergabezeiten und Pausen gelten hingegen als begünstigte Arbeitszeit i.S.d. § 3b EStG, soweit sie in den begünstigten Zeitraum fallen. [3]Die tatsächlich geleistete Sonntags-, Feiertags- oder Nachtarbeit ist grundsätzlich im Einzelfall nachzuweisen. [4]Wird eine einheitliche Vergütung für den Grundlohn und die Zuschläge für Sonntags-, Feiertags- oder Nachtarbeit, ggf. unter Einbeziehung der Mehrarbeit und Überarbeit, gezahlt, weil Sonntags-, Feiertags- oder Nachtarbeit üblicherweise verrichtet wird, und werden deshalb die sonntags, feiertags oder nachts tatsächlich geleisteten Arbeitsstunden nicht aufgezeichnet, bleiben die in der einheitlichen Vergütung enthaltenen Zuschläge für Sonntags-, Feiertags- oder Nachtarbeit grundsätzlich nicht nach § 3b EStG steuerfrei. [5]Zu einem erleichterten Nachweis → Absatz 7. [6]Sind die Einzelaufschreibung und die Einzelbezahlung der geleisteten Sonntags-, Feiertags- oder Nachtarbeit wegen der Besonderheiten der Arbeit und der Lohnzahlungen nicht möglich, darf das Betriebsstättenfinanzamt den Teil der Vergütung, der als steuerfreier Zuschlag für Sonntags-, Feiertags- oder Nachtarbeit anzuerkennen ist, von Fall zu Fall feststellen. [7]Im Interesse einer einheitlichen Behandlung der Arbeitnehmer desselben Berufszweigs darf das Betriebsstättenfinanzamt die Feststellung nur auf Weisung der vorgesetzten Behörde treffen. [8]Die Weisung ist der obersten Landesfinanzbehörde vorbehalten, wenn die für den in Betracht kommenden Berufszweig maßgebende Regelung nicht nur im Bezirk der dem Betriebsstättenfinanzamt zuständigen vorgesetzten Behörde gilt. [9]Eine Feststellung nach Satz 6 kommt für solche Regelungen nicht in Betracht, durch die nicht pauschale Zuschläge festgesetzt, sondern bestimmte Teile eines nach Zeiträumen bemessenen laufenden Arbeitslohns als Zuschläge für Sonntags-, Feiertags- oder Nachtarbeit erklärt werden.

Pauschale Zuschläge

(7) [1]Werden Zuschläge für Sonntags-, Feiertags- oder Nachtarbeit als laufende Pauschale, z. B. Monatspauschale, gezahlt und wird eine Verrechnung mit den Zuschlägen, die für die einzeln nachgewiesenen Zeiten für Sonntags-, Feiertags- oder Nachtarbeit auf Grund von Einzelberechnungen zu zahlen wären, erst später vorgenommen, kann die laufende Pauschale oder ein Teil davon steuerfrei belassen werden, wenn

1. der steuerfreie Betrag nicht nach höheren als den in § 3b EStG genannten Prozentsätzen berechnet wird,
2. der steuerfreie Betrag nach dem durchschnittlichen Grundlohn und der durchschnittlichen im Zeitraum des Kalenderjahres tatsächlich anfallenden Sonntags-, Feiertags- oder Nachtarbeit bemessen wird,

§ 3b — RL 3b

3. die Verrechnung mit den einzeln ermittelten Zuschlägen jeweils vor der Erstellung der Lohnsteuerbescheinigung und somit regelmäßig spätestens zum Ende des Kalenderjahres oder beim Ausscheiden des Arbeitnehmers aus dem Dienstverhältnis erfolgt. [2]Für die Ermittlung der im Einzelnen nachzuweisenden Zuschläge ist auf den jeweiligen Lohnzahlungszeitraum abzustellen. [3]Dabei ist auch der steuerfreie Teil der einzeln ermittelten Zuschläge festzustellen und die infolge der Pauschalierung zuwenig oder zuviel einbehaltene Lohnsteuer auszugleichen,
4. bei der Pauschalzahlung erkennbar ist, welche Zuschläge im Einzelnen – jeweils getrennt nach Zuschlägen für Sonntags-, Feiertags- oder Nachtarbeit – abgegolten sein sollen und nach welchen Prozentsätzen des Grundlohns die Zuschläge bemessen worden sind,
5. die Pauschalzahlung tatsächlich ein Zuschlag ist, der neben dem Grundlohn gezahlt wird; eine aus dem Arbeitslohn rechnerisch ermittelte Pauschalzahlung ist kein Zuschlag.

[2]Ergibt die Einzelfeststellung, dass der dem Arbeitnehmer auf Grund der tatsächlich geleisteten Sonntags-, Feiertags- oder Nachtarbeit zustehende Zuschlag höher ist als die Pauschalzahlung, kann ein höherer Betrag nur steuerfrei sein, wenn und soweit der Zuschlag auch tatsächlich zusätzlich gezahlt wird; eine bloße Kürzung des steuerpflichtigen Arbeitslohns um den übersteigenden Steuerfreibetrag ist nicht zulässig. [3]Diese Regelungen gelten sinngemäß, wenn lediglich die genaue Feststellung des steuerfreien Betrags im Zeitpunkt der Zahlung des Zuschlags schwierig ist und sie erst zu einem späteren Zeitpunkt nachgeholt werden kann.

Zeitversetzte Auszahlung

(8) [1]Die Steuerfreiheit von Zuschlägen für Sonntags-, Feiertags- oder Nachtarbeit bleibt auch bei zeitversetzter Auszahlung grundsätzlich erhalten. [2]Voraussetzung ist jedoch, dass vor der Leistung der begünstigten Arbeit bestimmt wird, dass ein steuerfreier Zuschlag – ggf. teilweise – als Wertguthaben auf ein Arbeitszeitkonto genommen und getrennt ausgewiesen wird. [3]Dies gilt z.B. in Fällen der Altersteilzeit bei Aufteilung in Arbeits- und Freistellungsphase (so genannte Blockmodelle).

Hinweise

LStH 3b Abgrenzung Sonntags-/Feiertagszuschlag – Nachtzuschlag

Beispiel:
Ein Arbeitnehmer beginnt seine Nachtschicht am Sonntag, dem 1. 5. um 22 Uhr und beendet sie am 2. 5. um 7 Uhr.

Für diesen Arbeitnehmer sind Zuschläge zum Grundlohn bis zu folgenden Sätzen steuerfrei:
- *175 % für die Arbeit am 1. 5. in der Zeit von 22 Uhr bis 24 Uhr (25 % für Nachtarbeit und 150 % für Feiertagsarbeit),*
- *190 %. für die Arbeit am 2. 5. in der Zeit von 0 Uhr bis 4 Uhr (40 % für Nachtarbeit und 150 % für Feiertagsarbeit),*
- *25 % für die Arbeit am 2. 5. in der Zeit von 4 Uhr bis 6 Uhr.*

Abgrenzung Spätarbeitszuschlag – andere Lohnzuschläge
Beispiel:
Auf Grund tarifvertraglicher Vereinbarung erhält ein Arbeitnehmer für die Arbeit in der Zeit von 18 bis 22 Uhr einen Spätarbeitszuschlag und für die in der Zeit von 19 bis 21 Uhr verrichteten Arbeiten eine Gefahrenzulage. Der für die Zeit von 20 bis 22 Uhr gezahlte Spätarbeitszuschlag ist ein nach § 3b EStG begünstigter Zuschlag für Nachtarbeit. Die Gefahrenzulage wird nicht für die Arbeit zu einer bestimmten Zeit gezahlt und ist deshalb auch insoweit kein Nachtarbeitszuschlag i.S.d. § 3b EStG, als sie für die Arbeit in der Zeit von 20 bis 21 Uhr gezahlt wird.

Aufteilung von Mischzuschlägen
→ BFH vom 13. 10. 1989 (BStBl. 1991 II S. 8)

Bereitschaftsdienste
- *Ein Zeitzuschlag für ärztliche Bereitschaftsdienste wird auch dann nicht für tatsächlich geleistete Sonntags-, Feiertags- oder Nachtarbeit gezahlt, wenn die Bereitschaftsdienste überwiegend zu diesen Zeiten anfallen. Auch wenn die auf Sonntage, Feiertage und Nachtzeit entfallenden Bereitschaftsdienste festgestellt werden können, ist die Bereitschaftsdienstvergütung deshalb nicht steuerfrei (→ BFH vom 24.11.1989 – BStBl. 1990 II S. 315).*
- *Ist in begünstigten Zeiten des § 3b EStG Bereitschaft angeordnet, sind Zuschläge zur Bereitschaftsdienstvergütung steuerfrei, soweit sie die in § 3b EStG vorgesehenen Prozent-*

sätze, gemessen an der Bereitschaftsdienstvergütung, nicht übersteigen (→ BFH vom 27.8.2002 – BStBl. II S. 883).

Durchschnittlicher Auszahlungsbetrag
Die Vereinbarung eines durchschnittlichen Auszahlungsbetrags pro tatsächlich geleisteter Arbeitsstunde steht der Steuerbefreiung nicht entgegen; der laufende Arbeitslohn kann der Höhe nach schwanken und durch eine Grundlohnergänzung aufgestockt werden (→ BFH vom 17.6.2010 – BStBl. 2011 II S. 43).

Einkünfte aus nichtselbständiger Arbeit
– Die Steuerfreiheit nach § 3b EStG setzt voraus, dass die Zuschläge ohne diese Vorschrift den Einkünften aus nichtselbständiger Arbeit zuzurechnen wären (→ BFH vom 19.3.1997 – BStBl. II S. 577).
– Zahlt eine Kapitalgesellschaft ihrem Gesellschafter-Geschäftsführer zusätzlich zu seinem Festgehalt Vergütungen für Sonntags-, Feiertags- und Nachtarbeit, liegt nur in Ausnahmefällen keine verdeckte Gewinnausschüttung vor (→ BFH vom 14.7.2004 – BStBl. 2005 II S. 307).
– Bezieht ein nicht beherrschender Gesellschafter, der zugleich leitender Angestellter der GmbH ist, neben einem hohen Festgehalt, Sonderzahlungen und einer Gewinntantieme zusätzlich Zuschläge für Sonntags-, Feiertags-, Mehr- und Nachtarbeit, können diese als verdeckte Gewinnausschüttung zu erfassen sein (→ BFH vom 13.12.2006 – BStBl. 2007 II S. 393).

Gefahrenzulage
Es ist von Verfassungs wegen nicht geboten, die Steuerbefreiung für Zuschläge, die für tatsächlich geleistete Sonntags-, Feiertags- oder Nachtarbeit gezahlt werden, auf Gefahrenzulagen und Zulagen im Kampfmittelräumdienst auszudehnen (→ BFH vom 15.9.2011 – BStBl. 2012 II S. 144).

Grundlohn

Beispiel 1:
Ein Arbeitnehmer in einem Drei-Schicht-Betrieb hat eine tarifvertraglich geregelte Arbeitszeit von 38 Stunden wöchentlich und einen monatlichen Lohnzahlungszeitraum. Er hat Anspruch – soweit es den laufenden Arbeitslohn ohne Sonntags-, Feiertags- oder Nachtarbeitszuschläge angeht – auf
– einen Normallohn von 8,50 € für jede im Lohnzahlungszeitraum geleistete Arbeitsstunde,
– einen Schichtzuschlag von 0,25 € je Arbeitsstunde,
– einen Zuschlag für Samstagsarbeit von 0,50 € für jede Samstagsarbeitsstunde,
– einen Spätarbeitszuschlag von 0,85 € für jede Arbeitsstunde zwischen 18.00 Uhr und 20.00 Uhr,
– einen Überstundenzuschlag von 2,50 € je Überstunde,
– eine Gefahrenzulage für unregelmäßig anfallende gefährliche Arbeiten von 1,50 € je Stunde,
– einen steuerpflichtigen, aber nicht pauschal versteuerten Fahrtkostenzuschuß von 3,00 € je Arbeitstag
– eine vermögenswirksame Leistung von 40,00 € monatlich,
– Beiträge des Arbeitgebers zu einer Direktversicherung von 50,00 € monatlich.

Im Juni hat der Arbeitnehmer infolge Urlaubs nur an 10 Tagen insgesamt 80 Stunden gearbeitet. In diesen 80 Stunden sind enthalten:

– Regelmäßige Arbeitsstunden	76
– Überstunden insgesamt	4
– Samstagsstunden insgesamt	12
– Überstunden an Samstagen	2
– Spätarbeitsstunden insgesamt	16
– Überstunden mit Spätarbeit	2
– Stunden mit gefährlichen Arbeiten insgesamt	5
– Überstunden mit gefährlichen Arbeiten	1

Hiernach betragen
a) der Basisgrundlohn

§ 3b

LStH 3b

8,50 € Stundenlohn x 38 Stunden x 4,35	1.405,05 €
0,25 € Schichtzuschlag x 38 Stunden x 4,35	41,33 €
Vermögenswirksame Leistungen	40,00 €
Beiträge zur Direktversicherung	50,00 €
insgesamt	1.536,38 €

b) die Grundlohnzusätze

0,50 € Samstagsarbeitszuschlag x 10 Stunden	5,00 €
0,85 € Spätarbeitszuschlag x 14 Stunden	11,90 €
1,50 € Gefahrenzulage x 4 Stunden	6,00 €
3,00 € Fahrtkostenzuschuss x 10 Arbeitstage	30,00 €
insgesamt	52,90 €

c) der Grundlohn des Lohnzahlungszeitraums insgesamt 1.589,28 €

d) der für die Begrenzung des steuerfreien Anteils der begünstigten Lohnzuschläge maßgebende Grundlohn

$$\frac{1.589,28\ €}{38 \times 4,35} = \qquad 9,61\ €$$

Beispiel 2:

Bei einem Arbeitnehmer mit tarifvertraglich geregelter Arbeitszeit von 37,5 Stunden wöchentlich und einem monatlichen Lohnzahlungszeitraum, dessen Sonntags-, Feiertags- und Nachtarbeitszuschläge sowie nicht im voraus feststehende Bezüge sich nach den Verhältnissen des Vormonats bemessen, betragen für den Lohnzahlungszeitraum März

– der Basisgrundlohn	1.638,64 €
– die Grundlohnzusätze (bemessen nach den Verhältnissen im Monat Februar)	140,36 €
Im Februar betrug der Basisgrundlohn	1.468,08 €.

Für die Ermittlung des steuerfreien Anteils der Zuschläge für Sonntags-, Feiertags- oder Nachtarbeit, die dem Arbeitnehmer auf Grund der im Februar geleisteten Arbeit für den Lohnzahlungszeit-raum März zustehen, ist von einem Grundlohn auszugehen, der sich aus

– dem Basisgrundlohn des Lohnzahlungszeitraums Februar (R 3b Abs. 2 Satz 2 Nr. 2 Buchst. a Satz 2) von	1.468,08 €
– und den Grundlohnzusätzen des Lohnzahlungszeitraums März (bemessen nach den Verhältnissen im Februar)	140,36 €

zusammensetzt.

Der für die Berechnung des steuerfreien Anteils der begünstigten Lohnzuschläge maßgebende Grundlohn beträgt

$$\text{also } \frac{1.468,08\ € + 140,36\ €}{37,5 \times 4,35} = \qquad 9,86\ €.$$

Pauschale Zuschläge

– *Die Steuerbefreiung setzt grundsätzlich Einzelaufstellungen der tatsächlich erbrachten Arbeitsstunden an Sonn- und Feiertagen oder zur Nachtzeit voraus (→ BFH vom 28.11.1990 – BStBl. 1991 II S. 293). Demgegenüber können pauschale Zuschläge dann steuerfrei sein, wenn und soweit sie als bloße Abschlagszahlungen oder Vorschüsse auf später einzeln abzurechnende Zuschläge geleistet werden (→ BFH vom 23.10.1992 – BStBl. 1993 II S. 314).*

– *Pauschale Zuschläge können steuerfrei sein, wenn sie als Abschlagszahlungen oder Vorschüsse für tatsächlich geleistete Sonntags-, Feiertags- oder Nachtarbeit gezahlt werden. Der fehlende Nachweis tatsächlich erbrachter Arbeitsleistungen kann nicht durch eine Modellrechnung ersetzt werden (→ BFH vom 25.5.2005 – BStBl. II S. 725).*

– *Pauschale Zuschläge sind nicht steuerfrei, wenn sie nicht als Abschlagszahlungen oder Vorschüsse auf Zuschläge für tatsächlich geleistete Sonntags-, Feiertags- oder Nachtarbeit* gezahlt werden, sondern Teil einer einheitlichen Tätigkeitsvergütung sind (→ BFH vom 16.12.2010 – BStBl. 2012 II S. 288).

- Pauschale Zuschläge, die der Arbeitgeber ohne Rücksicht auf die Höhe der tatsächlich erbrachten Sonntags-, Feiertags- oder Nachtarbeit an den Arbeitnehmer leistet, sind nur dann nach § 3b EStG begünstigt, wenn sie nach dem übereinstimmenden Willen von Arbeitgeber und Arbeitnehmer als Abschlagszahlungen oder Vorschüsse auf eine spätere Einzelabrechnung gemäß § 41b EStG geleistet werden. Diese Einzelabrechnung zum jährlichen Abschluss des Lohnkontos ist grundsätzlich unverzichtbar. Auf sie kann im Einzelfall nur verzichtet werden, wenn die Arbeitsleistungen fast ausschließlich zur Nachtzeit zu erbringen und die pauschal geleisteten Zuschläge so bemessen sind, dass sie auch unter Einbeziehung von Urlaub und sonstigen Fehlzeiten – aufs Jahr bezogen – die Voraussetzungen der Steuerfreiheit erfüllen (→ BFH vom 8.12.2011 – BStBl. 2012 II S. 291).

Tatsächliche Arbeitsleistung

Soweit Zuschläge gezahlt werden, ohne dass der Arbeitnehmer in der begünstigten Zeit gearbeitet hat, z. B. bei Lohnfortzahlung im Krankheits- oder Urlaubsfall, bei Lohnfortzahlung an von der betrieblichen Tätigkeit freigestellte Betriebsratsmitglieder oder bei der Lohnfortzahlung nach dem Mutterschutzgesetz, sind sie steuerpflichtig (→ BFH vom 3.5.1974 – BStBl. II S. 646 und vom 26.10.1984 – BStBl. 1985 II S. 57 und vom 27.5.2009 – BStBl. II S. 730).

Wechselschichtzuschlag

Zuschläge für Wechselschichtarbeit, die der Arbeitnehmer für seine Wechselschicht regelmäßig und fortlaufend bezieht, sind dem steuerpflichtigen Grundlohn zugehörig; sie sind auch während der durch § 3b EStG begünstigten Nachtzeit nicht steuerbefreit (→ BFH vom 7.7.2005 – BStBl. II S. 888).

Zeitwertkonto

Bei zeitversetzter Auszahlung bleibt die Steuerfreiheit nur für den Zuschlag als solchen erhalten (→ R 3b Abs. 8). Eine darauf beruhende etwaige Verzinsung oder Wertsteigerung ist hingegen nicht steuerfrei (→ BMF vom 17.6.2009 – BStBl. I S. 1286). – **Anlage § 038-02** –

Zuschlag zum Grundlohn

Ein Zuschlag wird nicht neben dem Grundlohn gezahlt, wenn er aus dem arbeitsrechtlich geschuldeten Arbeitslohn rechnerisch ermittelt wird, selbst wenn im Hinblick auf eine ungünstig liegende Arbeitszeit ein höherer Arbeitslohn gezahlt werden sollte (→ BFH vom 28. 11. 1990 – BStBl. 1991 II S. 296); infolgedessen dürfen auch aus einer Umsatzbeteiligung keine Zuschläge abgespalten und nach § 3b EStG steuerfrei gelassen werden.

Rechtsprechungsauswahl

BFH v. 24. 9. 2013 VI R 48/12 (BFH-Webseite): Steuerfreiheit von pauschalen Zuschlägen für Sonntags-, Feiertags- oder Nachtarbeit bei Grenzgängern in die Schweiz – Arbeitnehmerfreizügigkeit – Keine Bindung der Gerichte an norminterpretierende Verwaltungsvorschriften

Die Steuerfreiheit pauschaler Zuschläge für Sonntags-, Feiertags- und Nachtarbeit setzt auch bei einem nichtselbständig arbeitenden Grenzgänger in die Schweiz voraus, dass diese Zuschläge nach dem übereinstimmenden Willen von Arbeitgeber und Arbeitnehmer als Abschlagszahlungen oder Vorschüsse auf eine spätere Einzelabrechnung geleistet werden.

BFH v. 27. 3. 2012 VIII R 27/09 (BFH-Webseite): Sonn- und Feiertagszuschläge eines Gesellschaftergeschäftsführers

Die an einen GmbH-Gesellschaftergeschäftsführer gezahlten Zuschläge für Dienste an Sonn- und Feiertagen sind regelmäßig gesellschaftsrechtlich veranlasst und damit als verdeckte Gewinnausschüttung zu beurteilen.

BFH v. 8. 12. 2011 VI R 18/11 (BStBl. 2012 II S. 291): Keine Steuerfreiheit von pauschal gezahlten Zuschlägen für Sonntagsarbeit, Feiertagsarbeit oder Nachtarbeit – Grundsätzlich kein Verzicht auf Einzelabrechnung

1. Pauschale Zuschläge, die der Arbeitgeber ohne Rücksicht auf die Höhe der tatsächlich erbrachten Sonntagsarbeit, Feiertagsarbeit oder Nachtarbeit an den Arbeitnehmer leistet, sind nur dann nach § 3b EStG begünstigt, wenn sie nach dem übereinstimmenden Willen von Arbeitgeber und Ar-

§ 3b   Rechtsprechung

beitnehmer als Abschlagszahlungen oder Vorschüsse auf eine spätere Einzelabrechnung gemäß § 41b EStG geleistet werden.

2. Diese Einzelabrechnung zum jährlichen Abschluss des Lohnkontos ist grundsätzlich unverzichtbar.

3. Auf sie kann im Einzelfall nur verzichtet werden, wenn die Arbeitsleistungen fast ausschließlich zur Nachtzeit zu erbringen und die pauschal geleisteten Zuschläge so bemessen sind, dass sie auch unter Einbeziehung von Urlaub und sonstigen Fehlzeiten – aufs Jahr bezogen – die Voraussetzungen der Steuerfreiheit erfüllen.

BFH v. 15. 9. 2011 VI R 6/09 (BStBl. 2012 II S. 144): Keine Steuerfreiheit für Gefahrenzulagen – Keine verfassungsrechtlich gebotene Ausdehnung des § 3b EStG auf andere Zulagen

Es ist von Verfassungs wegen nicht geboten, die Steuerbefreiung für Zuschläge, die für tatsächlich geleistete Sonntagsarbeit, Feiertagsarbeit oder Nachtarbeit gezahlt werden, auf Gefahrenzulagen und Zulagen im Kampfmittelräumdienst auszudehnen.

BFH vom 16. 12. 2010 VI R 27/10 (BStBl. 2012 II S. 288): Steuerfreiheit von pauschalen Zuschlägen für Sonntagsarbeit, Feiertagsarbeit oder Nachtarbeit – Grundlohn i.S. des § 3b EStG bei einem Flugkapitän

Pauschale Zuschläge sind nicht nach § 3b EStG steuerfrei, wenn sie nicht als Abschlagszahlungen oder Vorschüsse auf Zuschläge für tatsächlich geleistete Sonntagsarbeit, Feiertagsarbeit oder Nachtarbeit gezahlt werden, sondern Teil einer einheitlichen Tätigkeitsvergütung sind (Abgrenzung zu VI R 16/08).

BFH v. 17. 6. 2010 VI R 50/09 (BStBl. 2011 II S. 43): Steuerfreiheit gemäß § 3b EStG trotz Vereinbarung eines durchschnittlichen Auszahlungsbetrags pro Stunde

1. Die Vereinbarung eines durchschnittlichen Auszahlungsbetrags pro tatsächlich geleisteter Arbeitsstunde steht der Steuerbefreiung nach § 3b EStG nicht entgegen.

2. Der laufende Arbeitslohn (§ 3b Abs. 2 Satz 1 EStG) kann der Höhe nach schwanken.

3. § 3b EStG subventioniert Arbeitnehmer und Arbeitgeber in gleicher Weise.

BFH v. 27. 5. 2009 VI B 69/08 (BStBl. II S. 730):

1. Zuschläge für tatsächlich nicht geleistete Sonntags-, Feiertags- und Nachtarbeit, die in dem nach § 11 MuSchG gezahlten Mutterschutzlohn enthalten sind, sind nicht nach § 3b EStG steuerfrei (Bestätigung der Rechtsprechung).

2. § 3b EStG führt auch nicht mittelbar zu einer Diskriminierung von Frauen und begegnet deshalb keinen verfassungs- oder europarechtlichen Bedenken.

BFH v. 13. 12. 2006 VIII R 31/05 (BStBl. 2007 II S. 393): Bezieht ein nicht beherrschender Gesellschafter, der aber zugleich leitender Angestellter der GmbH ist, neben einem hohen Festgehalt, Sonderzahlungen und einer Gewinntantieme zusätzlich Zuschläge für Sonntags-, Feiertags-, Mehr- und Nachtarbeit, so können diese in Anlehnung an die ständige Rechtsprechung des BFH zur Qualifizierung derartiger Zuschläge an Gesellschafter-Geschäftsführer aufgrund einer Gesamtwürdigung als vGA bei seinen Einkünften aus Kapitalvermögen und nicht als steuerfreie Einnahmen bei den Einkünften aus nichtselbständiger Arbeit zu erfassen sein.

§ 3c Anteilige Abzüge

(1) Ausgaben dürfen, soweit sie mit steuerfreien Einnahmen in unmittelbarem wirtschaftlichen Zusammenhang stehen, nicht als Betriebsausgaben oder Werbungskosten abgezogen werden; Absatz 2 bleibt unberührt.

(2) [1]Betriebsvermögensminderungen, Betriebsausgaben, Veräußerungskosten oder Werbungskosten, die mit den dem § 3 Nummer 40 zugrunde liegenden Betriebsvermögensmehrungen oder Einnahmen oder mit Vergütungen nach § 3 Nummer 40a in wirtschaftlichem Zusammenhang stehen, dürfen unabhängig davon, in welchem Veranlagungszeitraum die Betriebsvermögensmehrungen oder Einnahmen anfallen, bei der Ermittlung der Einkünfte nur zu 60 Prozent abgezogen werden; Entsprechendes gilt, wenn bei der Ermittlung der Einkünfte der Wert des Betriebsvermögens oder des Anteils am Betriebsvermögen oder die Anschaffungs- oder Herstellungskosten oder der an deren Stelle tretende Wert mindernd zu berücksichtigen sind. [2]Satz 1 ist auch für Betriebsvermögensminderungen oder Betriebsausgaben im Zusammenhang mit einer Darlehensforderung oder aus der Inanspruchnahme von Sicherheiten anzuwenden, die für ein Darlehen hingegeben wurden, wenn das Darlehen oder die Sicherheit von einem Steuerpflichtigen gewährt wird, der zu mehr als einem Viertel unmittelbar oder mittelbar am Grund- oder Stammkapital der Körperschaft, der das Darlehen gewährt wurde, beteiligt ist oder war. [3]Satz 2 ist insoweit nicht anzuwenden, als nachgewiesen wird, dass auch ein fremder Dritter das Darlehen bei sonst gleichen Umständen gewährt oder noch nicht zurückgefordert hätte; dabei sind nur die eigenen Sicherungsmittel der Körperschaft zu berücksichtigen. [4]Die Sätze 2 und 3 gelten entsprechend für Forderungen aus Rechtshandlungen, die einer Darlehensgewährung wirtschaftlich vergleichbar sind. [5]Gewinne aus dem Ansatz des nach § 6 Absatz 1 Nummer 2 Satz 3 maßgeblichen Werts bleiben bei der Ermittlung der Einkünfte außer Ansatz, soweit auf die vorangegangene Teilwertabschreibung Satz 2 angewendet worden ist. [6]Satz 1 ist außerdem ungeachtet eines wirtschaftlichen Zusammenhangs mit den dem § 3 Nummer 40 zugrunde liegenden Betriebsvermögensmehrungen oder Einnahmen oder mit Vergütungen nach § 3 Nummer 40a auch auf Betriebsvermögensminderungen, Betriebsausgaben oder Veräußerungskosten eines Gesellschafters einer Körperschaft anzuwenden, soweit diese mit einer im Gesellschaftsverhältnis veranlassten unentgeltlichen Überlassung von Wirtschaftsgütern an diese Körperschaft oder bei einer teilentgeltlichen Überlassung von Wirtschaftsgütern mit dem unentgeltlichen Teil in Zusammenhang stehen und der Steuerpflichtige zu mehr als einem Viertel unmittelbar oder mittelbar am Grund- oder Stammkapital dieser Körperschaft beteiligt ist oder war. [7]Für die Anwendung des Satzes 1 ist die Absicht zur Erzielung von Betriebsvermögensmehrungen oder Einnahmen im Sinne des § 3 Nummer 40 oder von Vergütungen im Sinne des § 3 Nummer 40a ausreichend. [8]Satz 1 gilt auch für Wertminderungen des Anteils an einer Organgesellschaft, die nicht auf Gewinnausschüttungen zurückzuführen sind. [9]§ 8b Absatz 10 des Körperschaftsteuergesetzes gilt sinngemäß.

(3) Betriebsvermögensminderungen, Betriebsausgaben oder Veräußerungskosten, die mit den Betriebsvermögensmehrungen oder Einnahmen im Sinne des § 3 Nummer 70 in wirtschaftlichem Zusammenhang stehen, dürfen unabhängig davon, in welchem Veranlagungszeitraum die Betriebsvermögensmehrungen oder Einnahmen anfallen, nur zur Hälfte abgezogen werden.

Rechtsprechungsauswahl

BFH v. 13. 6. 2013 VI R 37/11 (BFH-Webseite): Kürzung des Werbungskostenabzugs bei steuerfreiem Aufwendungsersatz – häusliches Arbeitszimmer eines technischen Aufsichtsbeamten einer Berufsgenossenschaft

Steuerfreie Bezüge i.S. des § 3 Nr. 12 Satz 2 EStG sind nur insoweit anzusetzen, als solche Aufwendungen als Erwerbsaufwendungen abziehbar sind.

BFH v. 28. 7. 2011 VI R 5/10 (BStBl. 2012 II S. 553): Vorweggenommene Werbungskosten durch Berufsausbildungskosten bei später auch im Ausland ausgeübter Tätigkeit – § 12 Nr. 5 EStG lässt Vorrang des Werbungskostenabzugs unberührt – Systematisches Zusammenwirken der §§ 9 Abs. 1, 10

§ 3c Rechtsprechung

Abs. 1 Nr. 7, 12 EStG – Anforderungen an einen grundlegenden Systemwechsel im Einkommensteuerrecht – Besteuerung nach der wirtschaftlichen Leistungsfähigkeit
1. Aufwendungen einer erstmaligen Berufsausbildung können als vorab entstandene Werbungskosten anzuerkennen sein. § 12 Nr. 5 EStG lässt ebenso wie § 10 Abs. 1 Nr. 7 EStG den Vorrang des Werbungskostenabzugs und Betriebsausgabenabzugs unberührt.
2. Allein die Möglichkeit, dass diese Berufstätigkeit später auch im Ausland ausgeübt werden könnte, begründet noch keinen unmittelbaren wirtschaftlichen Zusammenhang i.S. des § 3c Abs. 1 1. Halbsatz EStG zwischen den Berufsausbildungskosten und später tatsächlich erzielten steuerfreien Auslandseinkünften.

BFH v. 8. 7. 2010 VI R 24/09 (BStBl. 2011 II S. 288): Kein Anspruch auf Pauschalen für Übernachtungen im Ausland, wenn der Arbeitgeber die Kosten vollständig erstattet
Ein Arbeitnehmer kann bei Übernachtungen im Ausland den Differenzbetrag zwischen den vom Arbeitgeber vollständig erstatteten tatsächlichen Kosten und den höheren Übernachtungspauschalen nach den Lohnsteuer-Richtlinien nicht als Werbungskosten geltend machen.

BFH v. 11. 2. 2009 I R 25/08 (BStBl. 2010 II S. 536):
1. Aufwendungen eines Referendars für eine Ausbildungsstation in den USA sind nur im Hinblick auf den Anteil, der auf den hierfür bezogenen inländischen Arbeitslohn entfällt, als Werbungskosten bei den Einkünften aus nichtselbständiger Arbeit zu berücksichtigen, wenn von der Ausbildungsstation eine steuerfreie Tätigkeitsvergütung gezahlt wird (Art. 23 Abs. 2 Satz 1 Buchst. a DBA-USA 1989).
2. Die steuerfreie Tätigkeitsvergütung ist nach Abzug des hierauf entfallenden Anteils der Aufwendungen im Rahmen des Progressionsvorbehalts zu erfassen.

BFH v. 19. 6. 2007 VIII R 69/05 (BStBl. 2008 II S. 551): Das Halbabzugsverbot des § 3c Abs. 2 EStG ist mit dem GG vereinbar.

BFH v. 20. 9. 2006 I R 59/05 (BStBl. 2007 II S. 756):
1. Vorab entstandene Werbungskosten im Zusammenhang mit einer beabsichtigten nichtselbständigen Tätigkeit im Ausland sind nicht in die Bemessungsgrundlage der Einkommensteuer einzubeziehen, wenn die Einkünfte aus der beabsichtigten Tätigkeit nicht der deutschen Besteuerung unterliegen. Sie sind jedoch in einem solchen Fall bei der Bemessung des anzuwendenden Steuersatzes zu berücksichtigen (Progressionsvorbehalt), wenn dies nicht durch ein Doppelbesteuerungsabkommen ausgeschlossen wird (Bestätigung der Senatsurteile vom 6. Oktober 1993 I R 32/93, BFHE 172, 385, BStBl. II 1994, 113; vom 19. Dezember 2001 I R 63/00, BFHE 197, 495, BStBl. II 2003, 302; vom 15. Mai 2002 I R 40/01, BFHE 199, 224, BStBl. II 2002, 660).
2. Die Höhe der dem Progressionsvorbehalt unterliegenden Einkünfte ist nach deutschem Recht zu ermitteln. Dabei sind die dort vorgesehenen Abzugsbeschränkungen zu berücksichtigen. Eine Ausnahme hiervon gilt nur für Beschränkungen, die sich daraus ergeben, dass die betreffenden Einkünfte nicht der deutschen Einkommensteuer unterliegen bzw. abkommensrechtlich steuerbefreit sind.
3. Ein Zusammenhang mit nach deutschem Recht steuerfreien Einnahmen hindert den Werbungskostenabzug auch dann, wenn die betreffenden Aufwendungen mit erst in Zukunft zu erwartenden Einnahmen zusammenhängen.

BFH v. 27. 4. 2006 IV R 41/04 (BStBl. II S. 755):
1. Zuschüsse, die ein in der Rechtsform einer GbR betriebenes Kulturorchester aus öffentlichen Mitteln erhält, sind nicht nach § 3 Nr. 11 EStG steuerfrei, soweit sie dazu bestimmt sind, die Vorabvergütungen der Gesellschafter abzudecken.
2. Soweit die Zuschüsse nach ihrem Zweck der anteiligen Deckung der Betriebsausgaben des Orchesters dienen, sind die abziehbaren Betriebsausgaben nach § 3c (nunmehr Abs. 1) EStG um diesen Betrag zu kürzen.

3. Gewinn

§ 4 Gewinnbegriff im Allgemeinen

(1) ¹Gewinn ist der Unterschiedsbetrag zwischen dem Betriebsvermögen am Schluss des Wirtschaftsjahres und dem Betriebsvermögen am Schluss des vorangegangenen Wirtschaftsjahres, vermehrt um den Wert der Entnahmen und vermindert um den Wert der Einlagen. ²Entnahmen sind alle Wirtschaftsgüter (Barentnahmen, Waren, Erzeugnisse, Nutzungen und Leistungen), die der Steuerpflichtige dem Betrieb für sich, für seinen Haushalt oder für andere betriebsfremde Zwecke im Laufe des Wirtschaftsjahres entnommen hat. ³Einer Entnahme für betriebsfremde Zwecke steht der Ausschluss oder die Beschränkung des Besteuerungsrechts der Bundesrepublik Deutschland hinsichtlich des Gewinns aus der Veräußerung oder der Nutzung eines Wirtschaftsguts gleich. ⁴Ein Ausschluss oder eine Beschränkung des Besteuerungsrechts hinsichtlich des Gewinns aus der Veräußerung eines Wirtschaftsguts liegt insbesondere vor, wenn ein bisher einer inländischen Betriebsstätte des Steuerpflichtigen zuzuordnendes Wirtschaftsgut einer ausländischen Betriebsstätte zuzuordnen ist. ⁵Satz 3 gilt nicht für Anteile an einer Europäischen Gesellschaft oder Europäischen Genossenschaft in den Fällen

1. einer Sitzverlegung der Europäischen Gesellschaft nach Artikel 8 der Verordnung (EG) Nr. 2157/2001 des Rates vom 8. Oktober 2001 über das Statut der Europäischen Gesellschaft (SE) (ABl. EG Nr. L 294 S. 1), zuletzt geändert durch die Verordnung (EG) Nr. 885/2004 des Rates vom 26. April 2004 (ABl. EU Nr. L 168 S. 1), und
2. einer Sitzverlegung der Europäischen Genossenschaft nach Artikel 7 der Verordnung (EG) Nr. 1435/2003 des Rates vom 22. Juli 2003 über das Statut der Europäischen Genossenschaft (SCE) (ABl. EU Nr. L 207 S. 1).

⁶Ein Wirtschaftsgut wird nicht dadurch entnommen, dass der Steuerpflichtige zur Gewinnermittlung nach § 13a übergeht. ⁷Eine Änderung der Nutzung eines Wirtschaftsguts, die bei Gewinnermittlung nach Satz 1 keine Entnahme ist, ist auch bei Gewinnermittlung nach § 13a keine Entnahme. ⁸Einlagen sind alle Wirtschaftsgüter (Bareinzahlungen und sonstige Wirtschaftsgüter), die der Steuerpflichtige dem Betrieb im Laufe des Wirtschaftsjahres zugeführt hat; einer Einlage steht die Begründung des Besteuerungsrechts der Bundesrepublik Deutschland hinsichtlich des Gewinns aus der Veräußerung eines Wirtschaftsguts gleich. ⁹Bei der Ermittlung des Gewinns sind die Vorschriften über die Betriebsausgaben, über die Bewertung und über die Absetzung für Abnutzung oder Substanzverringerung zu befolgen.

(2) ¹Der Steuerpflichtige darf die Vermögensübersicht (Bilanz) auch nach ihrer Einreichung beim Finanzamt ändern, soweit sie den Grundsätzen ordnungsmäßiger Buchführung unter Befolgung der Vorschriften dieses Gesetzes nicht entspricht; diese Änderung ist nicht zulässig, wenn die Vermögensübersicht (Bilanz) einer Steuerfestsetzung zugrunde liegt, die nicht mehr aufgehoben oder geändert werden kann. ²Darüber hinaus ist eine Änderung der Vermögensübersicht (Bilanz) nur zulässig, wenn sie in einem engen zeitlichen und sachlichen Zusammenhang mit einer Änderung nach Satz 1 steht und soweit die Auswirkung der Änderung nach Satz 1 auf den Gewinn reicht.

(3) ¹Steuerpflichtige, die nicht auf Grund gesetzlicher Vorschriften verpflichtet sind, Bücher zu führen und regelmäßig Abschlüsse zu machen, und die auch keine Bücher führen und keine Abschlüsse machen, können als Gewinn den Überschuss der Betriebseinnahmen über die Betriebsausgaben ansetzen. ²Hierbei scheiden Betriebseinnahmen und Betriebsausgaben aus, die im Namen und für Rechnung eines anderen vereinnahmt und verausgabt werden (durchlaufende Posten). ³Die Vorschriften über die Bewertungsfreiheit für geringwertige Wirtschaftsgüter (§ 6 Absatz 2), die Bildung eines Sammelpostens (§ 6 Absatz 2a) und über die Absetzung für Abnutzung oder Substanzverringerung sind zu befolgen. ⁴Die Anschaffungs- oder Herstellungskosten für nicht abnutzbare Wirtschaftsgüter des Anlagevermögens, für Anteile an Kapitalgesellschaften, für Wertpapiere und vergleichbare nicht verbriefte Forderungen und Rechte, für Grund und Boden sowie Gebäude des Umlaufvermögens sind erst im Zeitpunkt des Zuflusses des Veräußerungserlöses oder bei Entnahme im Zeitpunkt der Entnahme als Betriebsausgaben zu berücksichtigen. ⁵Die Wirtschaftsgüter des Anlagevermögens und Wirtschaftsgüter des Umlaufvermögens im Sinne

§ 4

des Satzes 4 sind unter Angabe des Tages der Anschaffung oder Herstellung und der Anschaffungs- oder Herstellungskosten oder des an deren Stelle getretenen Werts in besondere, laufend zu führende Verzeichnisse aufzunehmen.

(4) Betriebsausgaben sind die Aufwendungen, die durch den Betrieb veranlasst sind.

(4a) ¹Schuldzinsen sind nach Maßgabe der Sätze 2 bis 4 nicht abziehbar, wenn Überentnahmen getätigt worden sind. ²Eine Überentnahme ist der Betrag, um den die Entnahmen die Summe des Gewinns und der Einlagen des Wirtschaftsjahres übersteigen. ³Die nicht abziehbaren Schuldzinsen werden typisiert mit 6 Prozent der Überentnahme des Wirtschaftsjahres zuzüglich der Überentnahmen vorangegangener Wirtschaftsjahre und abzüglich der Beträge, um die in den vorangegangenen Wirtschaftsjahren der Gewinn und die Einlagen die Entnahmen überstiegen haben (Unterentnahmen), ermittelt; bei der Ermittlung der Überentnahme ist vom Gewinn ohne Berücksichtigung der nach Maßgabe dieses Absatzes nicht abziehbaren Schuldzinsen auszugehen. ⁴Der sich dabei ergebende Betrag, höchstens jedoch der um 2 050 Euro verminderte Betrag der im Wirtschaftsjahr angefallenen Schuldzinsen, ist dem Gewinn hinzuzurechnen. ⁵Der Abzug von Schuldzinsen für Darlehen zur Finanzierung von Anschaffungs- oder Herstellungskosten von Wirtschaftsgütern des Anlagevermögens bleibt unberührt. ⁶Die Sätze 1 bis 5 sind bei Gewinnermittlung nach § 4 Absatz 3 sinngemäß anzuwenden; hierzu sind Entnahmen und Einlagen gesondert aufzuzeichnen.

(5) ¹Die folgenden Betriebsausgaben dürfen den Gewinn nicht mindern:

1. Aufwendungen für Geschenke an Personen, die nicht Arbeitnehmer des Steuerpflichtigen sind. ²Satz 1 gilt nicht, wenn die Anschaffungs- oder Herstellungskosten der dem Empfänger im Wirtschaftsjahr zugewendeten Gegenstände insgesamt 35 Euro nicht übersteigen;

2. Aufwendungen für die Bewirtung von Personen aus geschäftlichem Anlass, soweit sie 70 Prozent der Aufwendungen übersteigen, die nach der allgemeinen Verkehrsauffassung als angemessen anzusehen und deren Höhe und betriebliche Veranlassung nachgewiesen sind. ²Zum Nachweis der Höhe und der betrieblichen Veranlassung der Aufwendungen hat der Steuerpflichtige schriftlich die folgenden Angaben zu machen: Ort, Tag, Teilnehmer und Anlass der Bewirtung sowie Höhe der Aufwendungen. ³Hat die Bewirtung in einer Gaststätte stattgefunden, so genügen Angaben zu dem Anlass und den Teilnehmern der Bewirtung; die Rechnung über die Bewirtung ist beizufügen;

3. Aufwendungen für Einrichtungen des Steuerpflichtigen, soweit sie der Bewirtung, Beherbergung oder Unterhaltung von Personen, die nicht Arbeitnehmer des Steuerpflichtigen sind, dienen (Gästehäuser) und sich außerhalb des Orts eines Betriebs des Steuerpflichtigen befinden;

4. Aufwendungen für Jagd oder Fischerei, für Segeljachten oder Motorjachten sowie für ähnliche Zwecke und für die hiermit zusammenhängenden Bewirtungen;

5. Mehraufwendungen für die Verpflegung des Steuerpflichtigen. ²Wird der Steuerpflichtige vorübergehend von seiner Wohnung und dem Mittelpunkt seiner dauerhaft angelegten betrieblichen Tätigkeit entfernt betrieblich tätig, sind die Mehraufwendungen für Verpflegung nach Maßgabe des § 9 Absatz 4a abziehbar;

6. Aufwendungen für die Wege des Steuerpflichtigen zwischen Wohnung und Betriebsstätte und für Familienheimfahrten, soweit in den folgenden Sätzen nichts anderes bestimmt ist. ²Zur Abgeltung dieser Aufwendung ist § 9 Absatz 1 Satz 3 Nummer 4 Satz 2 bis 6 und Nummer 5 Satz 5 bis 7 und Absatz 2 entsprechend anwenden. ³Bei der Nutzung eines Kraftfahrzeugs dürfen die Aufwendungen in Höhe des positiven Unterschiedsbetrags zwischen 0,03 Prozent des inländischen Listenpreises im Sinne des § 6 Absatz 1 Nummer 4 Satz 2 des Kraftfahrzeugs im Zeitpunkt der Erstzulassung je Kalendermonat für jeden Entfernungskilometer und dem sich nach § 9 Absatz 1 Satz 3 Nummer 4 Satz 2 bis 6 oder Absatz 2 ergebenden Betrag sowie Aufwendungen für Familienheimfahrten in Höhe des positiven Unterschiedsbetrags zwischen 0,002 Prozent des inländischen Listenpreises im Sinne des § 6 Absatz 1 Nummer 4 Satz 2 für je-

§ 4

den Entfernungskilometer und dem sich nach § 9 Absatz 1 Satz 3 Nummer 5 Satz 5 bis 7 oder Absatz 2 ergebenden Betrag den Gewinn nicht mindern; ermittelt der Steuerpflichtige die private Nutzung des Kraftfahrzeugs nach § 6 Absatz 1 Nummer 4 Satz 1 oder Satz 3, treten an die Stelle des mit 0,03 oder 0,002 Prozent des inländischen Listenpreises ermittelten Betrags für Fahrten zwischen Wohnung und Betriebsstätte und für Familienheimfahrten die auf diese Fahrten entfallenden tatsächlichen Aufwendungen; § 6 Absatz 1 Nr. 4 Satz 3 zweiter Halbsatz gilt sinngemäß;

6a. die Mehraufwendungen für eine betrieblich veranlasste doppelte Haushaltsführung, soweit sie die nach § 9 Absatz 1 Satz 3 Nummer 5 Satz 1 bis 4 abziehbaren Beträge und die Mehraufwendungen für betrieblich veranlasste Übernachtungen, soweit sie die nach § 9 Absatz 1 Satz 3 Nummer 5 a abziehbaren Beträge übersteigen;

6b. Aufwendungen für ein häusliches Arbeitszimmer sowie die Kosten der Ausstattung. [2]Dies gilt nicht, wenn für die betriebliche oder berufliche Tätigkeit kein anderer Arbeitsplatz zur Verfügung steht. [3]In diesem Fall wird die Höhe der abziehbaren Aufwendungen auf 1 250 Euro begrenzt; die Beschränkung der Höhe nach gilt nicht, wenn das Arbeitszimmer den Mittelpunkt der gesamten betrieblichen und beruflichen Betätigung bildet;

7. andere als die in den Nummern 1 bis 6 und 6b bezeichneten Aufwendungen, die die Lebensführung des Steuerpflichtigen oder anderer Personen berühren, soweit sie nach allgemeiner Verkehrsauffassung als unangemessen anzusehen sind;

8. von einem Gericht oder einer Behörde im Geltungsbereich dieses Gesetzes oder von Organen der Europäischen Union festgesetzte Geldbußen, Ordnungsgelder und Verwarnungsgelder. [2]Dasselbe gilt für Leistungen zur Erfüllung von Auflagen oder Weisungen, die in einem berufsgerichtlichen Verfahren erteilt werden, soweit die Auflagen oder Weisungen nicht lediglich der Wiedergutmachung des durch die Tat verursachten Schadens dienen. [3]Die Rückzahlung von Ausgaben im Sinne der Sätze 1 und 2 darf den Gewinn nicht erhöhen. [4]Das Abzugsverbot für Geldbußen gilt nicht, soweit der wirtschaftliche Vorteil, der durch den Gesetzesverstoß erlangt wurde, abgeschöpft worden ist, wenn die Steuern vom Einkommen und Ertrag, die auf den wirtschaftlichen Vorteil entfallen, nicht abgezogen worden sind; Satz 3 ist insoweit nicht anzuwenden;

8a. Zinsen auf hinterzogene Steuern nach § 235 der Abgabenordnung;

9. Ausgleichszahlungen, die in den Fällen der §§ 14 und 17 des Körperschaftsteuergesetzes an außenstehende Anteilseigner geleistet werden;

10. die Zuwendung von Vorteilen sowie damit zusammenhängende Aufwendungen, wenn die Zuwendung der Vorteile eine rechtswidrige Handlung darstellt, die den Tatbestand eines Strafgesetzes oder eines Gesetzes verwirklicht, das die Ahndung mit einer Geldbuße zulässt. [2]Gerichte, Staatsanwaltschaften oder Verwaltungsbehörden haben Tatsachen, die sie dienstlich erfahren und die den Verdacht einer Tat im Sinne des Satzes 1 begründen, der Finanzbehörde für Zwecke des Besteuerungsverfahrens und zur Verfolgung von Steuerstraftaten und Steuerordnungswidrigkeiten mitzuteilen. [3]Die Finanzbehörde teilt Tatsachen, die den Verdacht einer Straftat oder einer Ordnungswidrigkeit im Sinne des Satzes 1 begründen, der Staatsanwaltschaft oder der Verwaltungsbehörde mit. [4]Diese unterrichten die Finanzbehörde von dem Ausgang des Verfahrens und den zugrunde liegenden Tatsachen;

11. Aufwendungen, die mit unmittelbaren oder mittelbaren Zuwendungen von nicht einlagefähigen Vorteilen an natürliche oder juristische Personen oder Personengesellschaften zur Verwendung in Betrieben in tatsächlichem oder wirtschaftlichem Zusammenhang stehen, deren Gewinn nach § 5a Absatz 1 ermittelt wird;

12. Zuschläge nach § 162 Absatz 4 der Abgabenordnung;

13. Jahresbeiträge nach § 12 Abs. 2 des Restrukturierungsfondsgesetzes.

[2]Das Abzugsverbot gilt nicht, soweit die in den Nummern 2 bis 4 bezeichneten Zwecke Gegenstand einer mit Gewinnabsicht ausgeübten Betätigung des Steuerpflichtigen sind. [3]§ 12 Nummer 1 bleibt unberührt.

§ 4 Rechtsprechung

(5a) (weggefallen)

(5b) Die Gewerbesteuer und die darauf entfallenden Nebenleistungen sind keine Betriebsausgaben.

(6) Aufwendungen zur Förderung staatspolitischer Zwecke (§ 10b Absatz 2) sind keine Betriebsausgaben.

(7) ¹Aufwendungen im Sinne des Absatzes 5 Satz 1 Nummer 1 bis 4, 6b und 7 sind einzeln und getrennt von den sonstigen Betriebsausgaben aufzuzeichnen. ²Soweit diese Aufwendungen nicht bereits nach Absatz 5 vom Abzug ausgeschlossen sind, dürfen sie bei der Gewinnermittlung nur berücksichtigt werden, wenn sie nach Satz 1 besonders aufgezeichnet sind.

(8) Für Erhaltungsaufwand bei Gebäuden in Sanierungsgebieten und städtebaulichen Entwicklungsbereichen sowie bei Baudenkmalen gelten die §§ 11a und 11b entsprechend.

(9) ¹Aufwendungen des Steuerpflichtigen für seine Berufsausbildung oder für sein Studium sind nur dann Betriebsausgaben, wenn der Steuerpflichtige zuvor bereits eine Erstausbildung (Berufsausbildung oder Studium) abgeschlossen hat. ²§ 9 Absatz 6 Satz 2 bis 5 gilt entsprechend.

Rechtsprechungsauswahl

BFH v. 16. 7. 2014 X R 49/11 (BFH-Webseite): Häusliches Arbeitszimmer bei mehreren Einkunftsarten - Mittelpunkt der gesamten betrieblichen und beruflichen Betätigung – Teleologische Reduktion von § 4 Abs. 5 Satz 1 Nr. 6b EStG i.d.F. des JStG 2010

1. Bildet das Arbeitszimmer den Mittelpunkt der gesamten betrieblichen und beruflichen Betätigung, so bleibt für den Zeitraum von 2007 bis 2009 der Abzug der Kosten in voller Höhe auch dann möglich, wenn für die Tätigkeit ein anderer Arbeitsplatz zur Verfügung steht (teleologische Reduktion der Rückwirkung).
2. Der Begriff des Tätigkeitsmittelpunkts ist weiterhin nach dem qualitativen Schwerpunkt der gesamten Tätigkeit zu bestimmen (Festhalten an der Rechtsprechung).
3. Das Zusammentreffen mehrerer Einkunftsarten führt nicht zur Vervielfältigung des Abzugsbetrags von 1.250 €.

BFH v. 9. 4. 2014 X R 40/11 (BFH-Webseite): Verpflegungsmehraufwendungen eines Kraftsportlers – Liebhaberei

1. Der physiologisch bedingte Ernährungsmehrbedarf eines Sportlers kann steuerlich nicht berücksichtigt werden.
2. Die Totalgewinnprognose richtet sich nach einkommensteuerlichen Maßstäben.

BFH v. 26. 2. 2014 VI R 40/12 (BStBl. II S. 568): Häusliches Arbeitszimmer bei Telearbeitsplatz

Auch ein Raum, in dem ein Steuerpflichtiger zuhause einen Telearbeitsplatz unterhält, kann dem Typus des häuslichen Arbeitszimmers entsprechen.

BFH v. 26. 2. 2014 VI R 11/12 (BStBl. II S. 674): Kein anderer Arbeitsplatz i.S. des § 4 Abs. 5 Satz 1 Nr. 6b Satz 2 EStG

1. Ein anderer Arbeitsplatz steht erst dann zur Verfügung, wenn der Arbeitgeber dem Arbeitnehmer den Arbeitsplatz tatsächlich zugewiesen hat.
2. Ein Raum ist nicht zur Erledigung büromäßiger Arbeiten geeignet, wenn wegen Sanierungsbedarfs Gesundheitsgefahr besteht.

BFH v. 21.11.2013 IX R 23/12 (BStBl. 2014 II S. 312): Zur Aufteilbarkeit der Kosten für ein häusliches Arbeitszimmer - Vorlage an den Großen Senat

Dem Großen Senat werden gemäß § 11 Abs. 4 FGO folgende Rechtsfragen zur Entscheidung vorgelegt:

1. Setzt der Begriff des häuslichen Arbeitszimmers voraus, dass der jeweilige Raum (nahezu) ausschließlich für betriebliche/berufliche Zwecke genutzt wird?
2. Sind die Aufwendungen für ein häusliches Arbeitszimmer entsprechend den Grundsätzen des Beschlusses des Großen Senats des BFH vom 21. September 2009 GrS 1/06 (BFHE 227, 1, BStBl. II 2010, 672) aufzuteilen?

Rechtsprechung § 4

BFH v. 28. 2. 2013 VI R 58/11 (BStBl. II S. 643): Lohnzahlung Dritter – Werbungskostenhöchstbetrag für häusliches Arbeitszimmer – Verfassungsmäßigkeit

1. Die Zuwendung eines Dritten kann ausnahmsweise Arbeitslohn sein, wenn sie als Entgelt für eine Leistung beurteilt werden kann, die der Arbeitnehmer im Rahmen seines Dienstverhältnisses für seinen Arbeitgeber erbringt, erbracht hat oder erbringen soll.
2. § 4 Abs. 5 Satz 1 Nr. 6b i.V.m. § 52 Abs. 12 Satz 9 EStG i.d.F. des JStG 2010 begegnet keinen verfassungsrechtlichen Bedenken, soweit danach Aufwendungen für ein häusliches Arbeitszimmer in den Fällen, in denen kein anderer Arbeitsplatz zur Verfügung stand, rückwirkend ab dem Veranlagungszeitraum 2007 auf einen Jahresbetrag von 1.250 € begrenzt wurden

BFH v. 28. 2. 2013 III R 94/10 (BStBl. II S. 725): Verpflegungsmehraufwandspauschale für einen Unternehmensberater – Dreimonatsfrist bei einer längerfristigen vorübergehenden Auswärtstätigkeit an derselben Tätigkeitsstätte ist verfassungsgemäß – Keine teleologische Reduktion von § 4 Abs. 5 Satz 1 Nr. 5 Satz 5 EStG – Änderung einer Steuerfestsetzung nach Billigkeitsmaßnahme gemäß § 163 AO

1. Ein selbständiger Unternehmensberater, der über Monate hinweg wöchentlich zwei bis vier Arbeitstage in dem Betrieb eines Kunden auswärts tätig ist, kann Mehraufwendungen für seine Verpflegung nur in den ersten drei Monaten dieser Auswärtstätigkeit geltend machen. Dies gilt auch dann, wenn die Beratungsaufträge kurzfristig immer wieder aufs Neue erteilt werden.
2. Eine Unterbrechung der Tätigkeit, die zum Neubeginn der Dreimonatsfrist führt, liegt grundsätzlich nur dann vor, wenn sie mindestens vier Wochen andauert.

BFH v. 7. 5. 2013 VIII R 51/10 (BStBl. II S. 808): Keine Abziehbarkeit von Aufwendungen für Reisen an ausländische Ferienorte zur Erholung und Anfertigung von Lehrbüchern – Aufwendungen eines Schwerbehinderten für eine Begleitperson bei Reisen als außergewöhnliche Belastung – Übergehen eines Beweisantrags

1. Reist ein Steuerpflichtiger zur Erholung und zur Aktualisierung von Lehrbüchern an ausländische Ferienorte, so ist regelmäßig von einer nicht unwesentlichen privaten Mitveranlassung auszugehen, die bei fehlender Trennbarkeit der Reise in einen beruflichen und einen privaten Teil den Abzug der Aufwendungen als Betriebsausgaben ausschließt (Anschluss an Beschluss des Großen Senats des BFH vom 21. September 2009 GrS 1/06, BFHE 227, 1, BStBl. II 2010, 672).
2. Aufwendungen eines Schwerbehinderten für eine Begleitperson bei Reisen sind nicht als außergewöhnliche Belastung abziehbar, wenn die Begleitperson ein Ehegatte ist, der aus eigenem Interesse an der Reise teilgenommen hat und für den kein durch die Behinderung des anderen Ehegatten veranlasster Mehraufwand angefallen ist.

BFH v. 7. 2. 2013 VIII R 8/10 (BFH-Webseite): Häusliches Arbeitszimmer einer Arbeitsmedizinerin; Verletzung des Anspruchs auf rechtliches Gehör

1. NV: Die Annahme des FG, für das von einer Arbeitsmedizinerin genutzte häusliche Arbeitszimmer greife die Abzugsbeschränkung des § 4 Abs. 5 Satz 1 Nr. 6b Satz 3 EStG, ist nicht nachvollziehbar, wenn in dem Urteil jegliche Feststellungen dazu fehlen, inwieweit unter Berücksichtigung der gesetzlichen Aufgabendefinition des § 3 ASiG Tätigkeiten bei den Auftraggebern vor Ort persönlich zu erfüllen waren und welche konkrete Aufgaben in dem beruflich genutzten Raum zu Hause erbracht werden konnten.
2. NV: Das Gericht verletzt den Anspruch auf rechtliches Gehör, wenn es den entscheidungserheblichen Vortrag der Klägerin, es handele sich um eine Arztpraxis mit Publikumsverkehr und nicht um ein häusliches Arbeitszimmer im Sinne des § 4 Abs. 5 Satz 1 Nr. 6b EStG, nicht zur Kenntnis nimmt.

BFH v. 15. 1. 2013 VIII R 7/10 (BStBl. II S. 374): Aufwendungen für ein häusliches Arbeitszimmer in einem allein genutzten Zweifamilienhaus – Einbindung eines Arbeitsraums in die häusliche Sphäre

Ein häusliches Arbeitszimmer i.S. des § 4 Abs. 5 Satz 1 Nr. 6b EStG liegt auch dann vor, wenn sich die zu Wohnzwecken und die betrieblich genutzten Räume in einem ausschließlich vom Steuerpflichtigen genutzten Zweifamilienhaus befinden und auf dem Weg dazwischen keine der Allgemeinheit zugängliche oder von fremden Dritten benutzte Verkehrsfläche betreten werden muss (Anschluss an BFH-Urteil vom 20. Juni 2012 IX R 56/10, BFH/NV 2012, 1776).

§ 4 Rechtsprechung

BFH v. 19. 6. 2013 VIII R 24/09 (BStBl. II S. 812): Verfassungsmäßigkeit der Erfassung der PKW-Nutzung für Familienheimfahrten von Selbständigen

Der allgemeine Gleichheitssatz gebietet es nicht, entgegen dem Wortlaut des § 4 Abs. 5 Satz 1 Nr. 6 EStG den Vorteil aus der Nutzung eines betrieblichen PKW für Familienheimfahrten im Rahmen einer doppelten Haushaltsführung eines selbständig Tätigen außer Ansatz zu lassen.

BFH v. 21. 8. 2012 VIII R 33/09 (BStBl. 2013 II S. 171): Keine erhöhte Absetzung für außergewöhnliche technische Abnutzung für rechnerisch abgeschriebene Kraftfahrzeuge – keine Bindung an telefonische Auskunft eines Sachbearbeiters – öffentlich-rechtlicher Folgenbeseitigungsanspruch in Bezug auf eine fehlerhafte Auskunft – Rechtsweg für Schadensersatzanspruch wegen Amtspflichtverletzung – Mittelpunkt der beruflichen Tätigkeit eines Richters

1. Erleidet ein nichtselbständig tätiger Steuerpflichtiger mit seinem privaten PKW auf einer Fahrt zwischen Wohnung und Arbeitsstätte einen Unfall und veräußert er das Unfallfahrzeug in nicht repariertem Zustand, bemisst sich der als Werbungskosten abziehbare Betrag nach der Differenz zwischen dem rechnerisch ermittelten fiktiven Buchwert vor dem Unfall und dem Veräußerungserlös.
2. Die telefonische Auskunft einer Sachbearbeiterin löst keine Bindungswirkung gegenüber dem Steuerpflichtigen aus.

BFH v. 9. 8. 2012 VIII R 5/09 (BFH-Webseite): Häusliches Arbeitszimmer – Mittelpunkt der betrieblichen und beruflichen Betätigung

Zum Mittelpunkt der gesamten betrieblichen und beruflichen Tätigkeit i.S. des § 4 Abs. 5 Satz 1 Nr. 6b Satz 2 EStG eines pensionierten Beamten, der eine Kanzlei als Rechtsbeistand in seinem häuslichen Arbeitszimmer, in dem er auch seine schriftstellerische und beratende Tätigkeit ausübte, sich auf Lehr- und Vortragsveranstaltungen vorbereitete sowie darauf bezogene Lehrgangs- und Unterrichtsmaterialien erstellte und aktualisierte und das Arbeitszimmer darüber hinaus zur Fortbildung durch Lektüre abonnierter Fachzeitschriften, zur Aktualisierung von Loseblattsammlungen sowie zur Aufbewahrung und Verwaltung seiner Akten nutzte. Für die Bestimmung der Haupttätigkeit und damit des Mittelpunkts der gesamten Tätigkeit ist das Verhältnis der Einnahmen aus den unterschiedlichen Tätigkeiten ein zulässiges Indiz. Dem zeitlichen (quantitativen) Umfang kommt hierbei im Rahmen einer umfassenden Wertung der Gesamttätigkeit lediglich eine indizielle Bedeutung zu.

BFH v. 20. 6. 2012 VIII R 44/10 (BFH-Webseite): Arbeitszimmer einer Musikerin – Gegenstand des Verfahrens bei Änderung des Verwaltungsakts während des Revisionsverfahrens

1. Ein häusliches Arbeitszimmer muss nicht zwingend mit bürotypischen Einrichtungsgegenständen ausgestattet sein und auch für Bürotätigkeiten genutzt werden.
2. Die Nutzung eines „Übezimmers" zur Lagerung von Noten, Partituren, CDs und musikwissenschaftlicher Literatur kommt der Nutzung eines „typischen" Arbeitszimmers durch Angehörige anderer Berufsgruppen gleich.
3. Nutzt eine Musikerin ihr „Übezimmer" vorwiegend für ihre künstlerischen Vorbereitungen, für das Erarbeiten, Einstudieren und Proben der von ihr ausgesuchten Musikstücke, so erbringt sie eine Vorbereitungshandlung, die eine unverzichtbare Grundlage für die spätere – außerhalb des Übezimmers – auszuübende Tätigkeit darstellt, nämlich das Aufführen der Musik im Rahmen eines Orchesters.
4. Insgesamt unterscheidet sich eine solche Nutzung damit nicht von der Nutzung von Räumen durch Angehörige anderer Berufe, bei denen die häusliche Vorbereitung im Arbeitszimmer geschieht und in der Vorbereitung und im Abfassen von Vorträgen, Vorlesungen oder Schriftsätzen liegt.

BFH v. 20. 6. 2012 IX R 56/10 (BFH-Webseite): Aufwendungen für ein „außerhäusliches" Arbeitszimmer in einem Zweifamilienhaus als Werbungskosten bei den Einkünften aus Vermietung und Verpachtung

1. Die Häuslichkeit beruflich genutzter Räumlichkeiten bestimmt sich danach, ob sie sich unter Berücksichtigung der Umstände des Einzelfalls als dem Wohnbereich und damit der privaten Lebenssphäre des Steuerpflichtigen zugehörig darstellen.
2. Werden in einem Zweifamilienhaus Räumlichkeiten, die nicht zur Privatwohnung des Steuerpflichtigen gehören und die nur über einen straßenseitig gelegenen, auch von anderen Personen genutzten Zugangsbereich erreichbar sind, als Arbeitszimmer genutzt, kann es sich hierbei um ein „außerhäusliches" Arbeitszimmer handeln, das nicht unter die Abzugsbeschränkung des § 4 Abs. 5 Satz 1 Nr. 6b EStG fällt.

Rechtsprechung § 4

BFH v. 18. 4. 2012 X R 57/09 (BStBl. II S. 770): Nachweispflicht für Bewirtungsaufwendungen bei Bewirtungen in einer Gaststätte – Einheitliche Qualifizierung mehrerer Räume als häusliches Arbeitszimmer

1. Für den Fall der Bewirtung in einer Gaststätte ergeben sich die Voraussetzungen zur Erfüllung der Nachweispflicht hinsichtlich der Bewirtungsaufwendungen aus der Vorschrift des § 4 Abs. 5 Satz 1 Nr. 2 Satz 3 EStG, die lex specialis zu § 4 Abs. 5 Satz 1 Nr. 2 Satz 2 EStG ist.
2. Die über Bewirtungen in einer Gaststätte ausgestellten Rechnungen i.s. des § 4 Abs. 5 Satz 1 Nr. 2 Satz 3 EStG müssen, sofern es sich nicht um Rechnungen über Kleinbeträge i.s. der UStDV handelt, den Namen des bewirtenden Steuerpflichtigen enthatten (Anschluss an das BFH-Urteil vom 27. Juni 1990 I R 168/85, BFHE 161, 125, BStBl. II 1990, 903).

BFH v. 8. 12. 2011 VI R 13/11 (BStBl. 2012 II S. 236): Arbeitszimmer eines Richters – Mittelpunkt der gesamten betrieblichen und beruflichen Tätigkeit

Der Mittelpunkt der beruflichen Tätigkeit eines Richters liegt im Gericht und nicht im häuslichen Arbeitszimmer.

BFH v. 16. 11. 2011 X R 18/09 (BStBl. 2012 II S. 129): Pflicht zur Abgabe der Anlage EÜR – keine neue Form der Gewinnermittlung – Unterscheidung zwischen Verwaltungsakt und bloßer Vorbereitungshandlung – Umstellung auf maschinell unterstützte Formen der Veranlagung – Parlamentsvorbehalt im Steuerrecht

1. § 60 Abs. 4 EStDV stellt eine wirksame Rechtsgrundlage für die Pflicht zur Abgabe der Anlage EÜR dar.
2. Wird eine Rechtsverordnung durch den Parlamentsgesetzgeber geändert, braucht das Zitiergebot des Art. 80 Abs. 1 Satz 3 GG nicht befolgt zu werden.
3. Die Aufforderung zur Einreichung der Anlage EÜR ist ein anfechtbarer Verwaltungsakt.
4. Weder durch § 60 Abs. 4 EStDV noch durch die Anlage EÜR wird eine neue Form der Gewinnermittlung eingeführt.
5. Die in § 60 Abs. 4 EStDV enthaltene Pflicht zur Beifügung einer Gewinnermittlung nach amtlich vorgeschriebenem Vordruck ist verhältnismäßig; sie ist insbesondere zur Erreichung der verfolgten Zwecke (Gleichmäßigkeit der Besteuerung, Vereinfachung des Besteuerungsverfahrens) geeignet.

BFH v. 27. 10. 2011 VI R 71/10 (BStBl. 2012 II S. 129): Häusliches Arbeitszimmer als Mittelpunkt der gesamten betrieblichen und beruflichen Tätigkeit

Bei einem Hochschullehrer ist das häusliche Arbeitszimmer grundsätzlich nicht der Mittelpunkt der beruflichen Tätigkeit.

BFH v. 5. 10. 2011 VI R 91/10 (BStBl. 2012 II S. 127): Nutzung eines Büroarbeitsplatzes für Fortbildungsmaßnahmen

1. Steht einem Arbeitnehmer ein Büroarbeitsplatz auch für betrieblich gewünschte Fortbildungsmaßnahmen (hier Sprachkurs) zur Verfügung, schließt dies die steuerliche Berücksichtigung von Kosten für ein zur Fortbildung genutztes häusliches Arbeitszimmer aus.
2. Ob ein „anderer Arbeitsplatz" zur Verfügung steht, hängt nicht davon ab, in welchem Umfang der Arbeitnehmer die ihm am Büroarbeitsplatz zur Verfügung gestellten Arbeitsmittel nutzen darf.

BFH v. 23. 3. 2011 X R 44/09 (BStBl. II S. 884): Verhältnis zwischen Sachaufklärung, Reduzierung des Beweismaßes und Entscheidung nach den Regeln der Feststellungslast – Übernahme der Kosten für private Reisen des Arbeitnehmers als (Lohn-)Aufwand beim Arbeitgeber – Zweifel an Rechtmäßigkeit der Pauschbeträge für Übernachtungskosten

1. Vor einer Entscheidung nach den Regeln der Feststellungslast ist vorrangig regelmäßig der entscheidungserhebliche Sachverhalt aufzuklären oder, soweit dies nicht gelingt, eine Reduzierung des Beweismaßes unter Berücksichtigung von Mitwirkungspflichtverletzungen vorzunehmen.
2. Die Grundsätze über eine Reduzierung des Beweismaßes gelten auch für die Feststellung, ob die tatsächlichen Voraussetzungen für die Anwendung der Korrekturvorschrift des § 173 Abs. 1 Nr. 1 AO erfüllt sind.

BFH v. 9. 3. 2010 VIII R 32/07 (BFH-Webseite): Teilnahme an Auslandsreisen des Ministerpräsidenten als Mitglied einer Wirtschaftsdelegation – Teilnahme am Weltwirtschaftsforum in Davos – Verdeckte Gewinnausschüttung – Beurteilung der privaten oder beruflichen Veranlassung von Auslandsreisen – Keine Bindung des BFH an lückenhafte Tatsachenwürdigung des FG

1. Die bei einer Auslandsreise beabsichtigte Anbahnung von Kontakten zu Politikern und Unternehmern in den besuchten Ländern geht im Sinne einer betrieblichen Veranlassung der Reise zumindest dann über ein bloß allgemeines Interesse an politischen oder wirtschaftspolitischen oder gesellschaftspolitischen Informationen hinaus, wenn nicht auszuschließen ist, dass der Teilnehmer die erwarteten Informationen und Kontakte für seine unternehmerischen Ziele nutzen kann.

2. Bei Delegationsreisen mit hochgestellten Politikern kann aufgrund der Vorauswahl der Teilnehmer durch das zuständige Ministerium im Regelfall davon ausgegangen werden, dass es sich um Repräsentanten von Unternehmen handelt, die international ausgerichtet sind oder dies anstreben.

BFH v. 21. 1. 2010 VI R 2/08 (BStBl. II S. 639): Übernahme von Steuerberatungskosten ist Arbeitslohn

Die Übernahme von Steuerberatungskosten für die Erstellung von Einkommensteuererklärungen der Arbeitnehmer durch den Arbeitgeber führt bei Vorliegen einer Nettolohnvereinbarung zu Arbeitslohn.

BFH v. 23. 9. 2009 IV R 21/08 (BStBl. 2010 II S. 337): Zuordnung der Aufwendungen für ein von Ehegatten betrieblich genutztes häusliches Arbeitszimmer; Objektbegrenzung bei mehreren Nutzern und mehreren Arbeitszimmern

1. Nutzen Ehegatten einen Raum in einem von ihnen bewohnten und in ihrem Miteigentum stehenden Haus, um Dienstleistungen zur Förderung des Gesellschaftszwecks einer zwischen ihnen bestehenden Personengesellschaft zu erbringen, so sind ihnen die auf diesen Raum entfallenden und von ihnen getragenen Aufwendungen (AfA, Schuldzinsen, Energiekosten) nach dem Verhältnis ihrer Miteigentumsanteile zuzuordnen.

2. Nutzen die Ehegatten für diesen Zweck einen Raum in einer von ihnen bewohnten und gemeinsam angemieteten Wohnung, so sind ihnen die anteiligen Mietzinsen und die anteiligen Energiekosten zur Hälfte zuzuordnen.

3. Nutzen Ehegatten gemeinsam ein häusliches Arbeitszimmer, so steht einem Ehegatten, der seine Aufwendungen für das häusliche Arbeitszimmer nach § 4 Abs. 5 Satz 1 Nr. 6b Satz 3 1. Halbsatz EStG 1997 beschränkt abziehen kann, der Höchstbetrag nach dieser Vorschrift nur anteilig zu. Mehrere häusliche Arbeitszimmer, die während eines Veranlagungszeitraums nacheinander in verschiedenen Wohnungen oder Häusern genutzt werden, sind für die Anwendung des § 4 Abs. 5 Satz 1 Nr. 6b Satz 3 1. Halbsatz EStG 1997 als ein Objekt anzusehen (Fortentwicklung des BFH-Urteils vom 20. November 2003 IV R 30/03, BFHE 204, 176, BStBl. II 2004, 775).

BFH v. 21. 9. 2009 GrS 1/06 (BStBl. 2010 II S. 672): Aufteilung der Aufwendungen für eine gemischt veranlasste Reise

1. Aufwendungen für die Hin- und Rückreise bei gemischt beruflich (betrieblich) und privat veranlassten Reisen können grundsätzlich in abziehbare Werbungskosten oder Betriebsausgaben und nicht abziehbare Aufwendungen für die private Lebensführung nach Maßgabe der beruflich und privat veranlassten Zeitanteile der Reise aufgeteilt werden, wenn die beruflich veranlassten Zeitanteile feststehen und nicht von untergeordneter Bedeutung sind.

2. Das unterschiedliche Gewicht der verschiedenen Veranlassungsbeiträge kann es jedoch im Einzelfall erfordern, einen anderen Aufteilungsmaßstab heranzuziehen oder ganz von einer Aufteilung abzusehen.*)

*) Hinweis auf BMF-Schreiben vom 6. Juli 2010 IV C 3 – S 2227/07/10003 :002 – / – 2010/0522213 (BStBl. 2010 I S. 614). – **Anlage § 009-05** –

BFH v. 25. 8. 2009 VI B 69/09 (BStBl. II S. 826): Es ist ernstlich zweifelhaft, ob das ab Veranlagungszeitraum 2007 geltende Abzugsverbot des § 4 Abs. 5 Satz 1 Nr. 6b EStG betreffend Aufwendungen (hier: eines Lehrers, dem kein anderer Arbeitsplatz zur Verfügung steht) für ein häusliches Arbeitszimmer, mit Ausnahme der Fälle, in denen das Arbeitszimmer den Mittelpunkt der gesamten betrieblichen und beruflichen Betätigung bildet, verfassungsgemäß ist.

Anmerkung: Zur Aussetzung der Vollziehung siehe BMF-Schreiben vom 16.5.2011 (BStBl. I S. 464) – **Anhang 55** –.

BFH v. 18. 6. 2009 VI R 61/06 (BStBl. 2010 II S. 564): Der Einsatz eines Arbeitnehmers auf einem Fahrzeug auf dem Betriebsgelände bzw. unter Tage im Bergwerk des Arbeitgebers stellt keine „Fahrtätigkeit" (Auswärtstätigkeit) i.S. des § 4 Abs. 5 Satz 1 Nr. 5 Satz 3 EStG dar.

Rechtsprechung § 4

BFH v. 27. 3. 2009 VIII B 184/08 (BStBl. II S. 850):

1. Aufwendungen eines Steuerpflichtigen für ein häusliches Arbeitszimmer sind nicht deshalb bei den Einkünften aus Kapitalvermögen in voller Höhe abzuziehen, weil der Steuerpflichtige Anlageentscheidungen ausschließlich im Arbeitszimmer trifft.
2. § 4 Abs. 5 Satz 1 Nr. 6b EStG in der bis zum Veranlagungszeitraum 2006 geltenden Fassung ist gemäß § 9 Abs. 5 EStG auf die Einkünfte aus Kapitalvermögen mit der Maßgabe sinngemäß anzuwenden, dass bei der Bestimmung des Mittelpunkts der gesamten betrieblichen oder beruflichen Tätigkeit auf die gesamte der Erzielung von Einkünften dienende Tätigkeit des Steuerpflichtigen abzustellen ist.

BFH v. 26. 3. 2009 VI R 15/07 (BStBl. II S. 598):

1. Ein Raum ist als häusliches Arbeitszimmer von anderen beruflich genutzten Zimmern im häuslichen Bereich abzugrenzen.
2. Räumlichkeiten, die ihrer Ausstattung und Funktion nach nicht einem Büro entsprechen, sind auch dann nicht dem Typus des häuslichen Arbeitszimmers zuzuordnen, wenn sie ihrer Lage nach mit dem Wohnraum des Steuerpflichtigen verbunden und so in dessen häusliche Sphäre eingebunden sind.
3. Ist eine Zuordnung zum Typus des häuslichen Arbeitszimmers nicht möglich, sind die durch die berufliche Nutzung veranlassten Aufwendungen grundsätzlich unbeschränkt als Werbungskosten gemäß § 9 Abs. 1 Satz 1 EStG abziehbar.

BFH v. 2. 9. 2008 X R 25/07 (BStBl. 2010 II S. 550): Der Gewinn aus Losen, die Vertriebsmitarbeiter für die Erzielung bestimmter Umsätze erhalten, ist betrieblich veranlasst.

BFH v. 2. 9. 2008 X R 8/06 (BStBl. 2010 II S. 548):

1. Wird von einer Provision das Entgelt für Lose unmittelbar einbehalten, ist der Erwerb der Lose bereits Teil der Einkommensverwendung. Die Vorteile, die im Rahmen der Einkommensverwendung erworben werden, stehen mit der Einkommenserzielung in keinem steuerlich relevanten Sachzusammenhang.
2. Die Möglichkeit, bereits verdientes Geld im Rahmen einer betrieblichen Losveranstaltung einzusetzen, führt nicht zu Betriebseinnahmen.

BFH v. 19. 6. 2008 VI R 48/07 (BStBl. II S. 870): Der persönliche Anwendungsbereich des § 4 Abs. 5 Satz 1 Nr. 2 EStG i. V. m. § 9 Abs. 5 EStG ist bei einem Arbeitnehmer nur eröffnet, wenn dieser selbst als bewirtende Person auftritt.

BFH v. 10. 6. 2008 VIII R 68/06 (BStBl. II S. 973): Wird in einem steuerlich anzuerkennenden Arbeitsverhältnis zwischen Ehegatten (ggf. auch zwischen einer Personengesellschaft und dem Ehegatten eines Gesellschafters) ein Teil des bis dahin bestehenden angemessenen Lohnanspruchs in einen Direktversicherungsschutz umgewandelt ohne Veränderung des Arbeitsverhältnisses im Übrigen (sog. echte Barlohnumwandlung), sind die Versicherungsbeiträge betrieblich veranlasst und regelmäßig ohne Prüfung einer sog. Überversorgung als Betriebsausgabe zu berücksichtigen (gegen BFH-Urteil vom 16. Mai 1995 XI R 87/93, BFHE 178, 129, BStBl. II 1995, 873 und in Abgrenzung zu Fällen zusätzlich zum bis dahin bestehenden Lohnanspruch geleisteter Versicherungsbeiträge).

BFH v. 10. 6. 2008 VIII R 76/05 (BStBl. II S. 937):

1. Der Steuerpflichtige, der Einnahmen aus nichtselbständiger Arbeit erzielt, hat einen Rechtsanspruch auf den Ansatz des ungekürzten Arbeitnehmer-Pauschbetrages, selbst wenn feststeht, dass keine oder nur geringe Werbungskosten angefallen sind. Bei einem zwingenden gesetzlichen Pauschbetrag verbieten sich Überlegungen, ob im Einzelfall die Besteuerung vereinfacht wird oder nicht.
2. Erzielt ein Steuerpflichtiger – im Streitfall ein als angestellter Assessor und als selbständiger Rechtsanwalt tätiger Jurist – sowohl Einnahmen aus selbständiger als auch aus nichtselbständiger Arbeit, so sind die durch diese Tätigkeiten veranlassten Aufwendungen den jeweiligen Einkunftsarten, gegebenenfalls nach einer im Schätzungswege vorzunehmenden Aufteilung der Aufwendungen, als Werbungskosten oder Betriebsausgaben zuzuordnen. Sind die Werbungskosten niedriger als der Arbeitnehmer-Pauschbetrag, so ist dieser in voller Höhe anzusetzen. Der Steuerpflichtige kann keine beliebige Bestimmung treffen und auf diese Weise neben dem Arbeitnehmer-Pauschbetrag sämtliche nachgewiesenen Aufwendungen als Betriebsausgaben geltend machen.

§ 4 Rechtsprechung

Schwebende Verfahren

BFH VIII R 3/12 (BFH-Webseite):
1. Ist der Maßstab für die Kostenaufteilung eines im Kellergeschoss gelegenen anerkannten häuslichen Arbeitszimmers aus der Wohnfläche einschließlich der Fläche des häuslichen Arbeitszimmers oder aus der Wohn- und Nutzfläche sämtlicher Räume (Haupt- und Nebenräume) des Gebäudes (eingeschossiger, vollunterkellerter Bungalow) zu bilden?
2. Ist das im Kellergeschoss gelegene häusliche Arbeitszimmer als Wohn- oder als Nebenraum anzusehen und welchen Einfluss hat die entsprechende Qualifizierung auf den zu bildenden Aufteilungsmaßstab?

BFH III R 62/11 (BFH-Webseite): Hat das FG zu Recht den Betriebsausgabenabzug für das häusliche Büro des Stpfl. wegen privater Mitbenutzung versagt, weil es sich um den größten Raum einer Zweizimmerwohnung handelt, in dem zudem noch eine Küchenzeile eingebaut ist?
Inwiefern ist eine Aufteilung in einen betrieblichen und privaten Anteil zulässig?

BFH X R 32/11 (BFH-Webseite):
1. Anteilige Berücksichtigung der Aufwendungen für einen als Wohnzimmer/Arbeitszimmer (je 50 %) genutzten Raum als Betriebsausgaben: Ist nach Aufgabe des Aufteilungsverbots und Abzugsverbots durch den Großen Senat des BFH (Beschluss vom 21.09.2009 GrS 1/06, BFHE 227, 1, BStBl. II 2010, 672) auch im „Bereich Arbeitszimmer" eine Aufteilung in einen betrieblichen und einen privaten Anteil zulässig? Revisionszulassung wegen Abweichung vom Urteil des Finanzgerichts Baden-Württemberg vom 2.2.2011 7 K 2005/08.
2. Berücksichtigung der privaten Nutzung eines betrieblichen VW-Transporters nach der 1 %-Regelung oder scheidet diese aus, weil das Fahrzeug für eine Privatnutzung ungeeignet ist?

BFH VIII R 8/11 (BFH-Webseite): Handelt es sich bei einem von drei Arbeits- und Besprechungsräumen, den eine Ingenieur-GbR von einem ihrer Gesellschafter angemietet hat, um ein „häusliches Arbeitszimmer", wenn der im Einfamilienhaus des Gesellschafters gelegene Raum mit Blick auf die im räumlichen Einzugsbereich befindlichen Kunden der GbR in besonderem Maße für deren Besprechungen mit der GbR zur Abwicklung einzelner Projekte angemietet worden ist? Gilt die Abzugsbeschränkung für häusliche Arbeitszimmer trotz einer etwaigen Vergleichbarkeit mit einer Freiberuflerpraxis?

BFH VIII R 34/10 (BFH-Webseite): Handelt es sich bei der Auswärtstätigkeit des als Unternehmensberater tätigen Klägers nicht um eine zur Anwendung der Dreimonatsfrist des § 4 Abs. 5 Satz 1 Nr. 5 Satz 5 EStG führende längerfristige vorübergehende Tätigkeit an derselben Tätigkeitsstätte, weil zwischen dem Kläger und seinem Auftraggeber zu keiner Zeit langfristig wirksame Vereinbarungen über die Dauer der Beratungsleistungen getroffen wurden, sondern für wenige Wochen oder Monate kurzfristig einzelne neue eigenständige Aufträge erteilt wurden? Vereinbarkeit der Dreimonatsfrist mit dem Grundgesetz?

§§ 4a, 4b, 4c

§ 4a Gewinnermittlungszeitraum, Wirtschaftsjahr

(1) ¹Bei Land- und Forstwirten und bei Gewerbetreibenden ist der Gewinn nach dem Wirtschaftsjahr zu ermitteln. ²Wirtschaftsjahr ist

1. bei Land- und Forstwirten der Zeitraum vom 1. Juli bis zum 30. Juni. ²Durch Rechtsverordnung kann für einzelne Gruppen von Land- und Forstwirten ein anderer Zeitraum bestimmt werden, wenn das aus wirtschaftlichen Gründen erforderlich ist;
2. bei Gewerbetreibenden, deren Firma im Handelsregister eingetragen ist, der Zeitraum, für den sie regelmäßig Abschlüsse machen. ²Die Umstellung des Wirtschaftsjahres auf einen vom Kalenderjahr abweichenden Zeitraum ist steuerlich nur wirksam, wenn sie im Einvernehmen mit dem Finanzamt vorgenommen wird;
3. bei anderen Gewerbetreibenden das Kalenderjahr. ²Sind sie gleichzeitig buchführende Land- und Forstwirte, so können sie mit Zustimmung des Finanzamts den nach Nummer 1 maßgebenden Zeitraum als Wirtschaftsjahr für den Gewerbebetrieb bestimmen, wenn sie für den Gewerbebetrieb Bücher führen und für diesen Zeitraum regelmäßig Abschlüsse machen.

(2) Bei Land- und Forstwirten und bei Gewerbetreibenden, deren Wirtschaftsjahr vom Kalenderjahr abweicht, ist der Gewinn aus Land- und Forstwirtschaft oder aus Gewerbebetrieb bei der Ermittlung des Einkommens in folgender Weise zu berücksichtigen:

1. ¹Bei Land- und Forstwirten ist der Gewinn des Wirtschaftsjahres auf das Kalenderjahr, in dem das Wirtschaftsjahr beginnt, und auf das Kalenderjahr, in dem das Wirtschaftsjahr endet, entsprechend dem zeitlichen Anteil aufzuteilen. ²Bei der Aufteilung sind Veräußerungsgewinne im Sinne des § 14 auszuscheiden und dem Gewinn des Kalenderjahres hinzuzurechnen, in dem sie entstanden sind;
2. bei Gewerbetreibenden gilt der Gewinn des Wirtschaftsjahrs als in dem Kalenderjahr bezogen, in dem das Wirtschaftsjahr endet.

§ 4b Direktversicherung

¹Der Versicherungsanspruch aus einer Direktversicherung, die von einem Steuerpflichtigen aus betrieblichem Anlass abgeschlossen wird, ist dem Betriebsvermögen des Steuerpflichtigen nicht zuzurechnen, soweit am Schluss des Wirtschaftsjahres hinsichtlich der Leistungen des Versicherers die Person, auf deren Leben die Lebensversicherung abgeschlossen ist, oder ihre Hinterbliebenen bezugsberechtigt sind. ²Das gilt auch, wenn der Steuerpflichtige die Ansprüche aus dem Versicherungsvertrag abgetreten oder beliehen hat, sofern er sich der bezugsberechtigten Person gegenüber schriftlich verpflichtet, sie bei Eintritt des Versicherungsfalls so zu stellen, als ob die Abtretung oder Beleihung nicht erfolgt wäre.

§ 4c Zuwendungen an Pensionskassen

(1) ¹Zuwendungen an eine Pensionskasse dürfen von dem Unternehmen, das die Zuwendungen leistet (Trägerunternehmen), als Betriebsausgaben abgezogen werden, soweit sie auf einer in der Satzung oder im Geschäftsplan der Kasse festgelegten Verpflichtung oder auf einer Anordnung der Versicherungsaufsichtsbehörde beruhen oder der Abdeckung von Fehlbeträgen bei der Kasse dienen. ²Soweit die allgemeinen Versicherungsbedingungen und die fachlichen Geschäftsunterlagen im Sinne des § 5 Absatz 3 Nummer 2 Halbsatz 2 des Versicherungsaufsichtsgesetzes nicht zum Geschäftsplan gehören, gelten diese als Teil des Geschäftsplans.

(2) Zuwendungen im Sinne des Absatzes 1 dürfen als Betriebsausgaben nicht abgezogen werden, soweit die Leistungen der Kasse, wenn sie vom Trägerunternehmen unmittelbar erbracht würden, bei diesem nicht betrieblich veranlasst wären.

§ 4d

§ 4d Zuwendungen an Unterstützungskassen

(1) ¹Zuwendungen an eine Unterstützungskasse dürfen von dem Unternehmen, das die Zuwendungen leistet (Trägerunternehmen), als Betriebsausgaben abgezogen werden, soweit die Leistungen der Kasse, wenn sie vom Trägerunternehmen unmittelbar erbracht würden, bei diesem betrieblich veranlasst wären, sie die folgenden Beträge nicht übersteigen:

1. bei Unterstützungskassen, die lebenslänglich laufende Leistungen gewähren:

    a) das Deckungskapital für die laufenden Leistungen nach der dem Gesetz als Anlage 1 beigefügten Tabelle. ²Leistungsempfänger ist jeder ehemalige Arbeitnehmer des Trägerunternehmens, der von der Unterstützungskasse Leistungen erhält; soweit die Kasse Hinterbliebenenversorgung gewährt, ist Leistungsempfänger der Hinterbliebene eines ehemaligen Arbeitnehmers des Trägerunternehmens, der von der Kasse Leistungen erhält. ³Dem ehemaligen Arbeitnehmer stehen andere Personen gleich, denen Leistungen der Alters-, Invaliditäts- oder Hinterbliebenenversorgung aus Anlass ihrer ehemaligen Tätigkeit für das Trägerunternehmen zugesagt worden sind;

    b) in jedem Wirtschaftsjahr für jeden Leistungsanwärter,

    aa) wenn die Kasse nur Invaliditätsversorgung oder nur Hinterbliebenenversorgung gewährt, jeweils 6 Prozent,

    bb) wenn die Kasse Altersversorgung mit oder ohne Einschluss von Invaliditätsversorgung oder Hinterbliebenenversorgung gewährt, 25 Prozent

    der jährlichen Versorgungsleistungen, die der Leistungsanwärter oder, wenn nur Hinterbliebenenversorgung gewährt wird, dessen Hinterbliebene nach den Verhältnissen am Schluss des Wirtschaftsjahres der Zuwendung im letzten Zeitpunkt der Anwartschaft, spätestens zum Zeitpunkt des Erreichens der Regelaltersgrenze der gesetzlichen Rentenversicherung erhalten können. ²Leistungsanwärter ist jeder Arbeitnehmer oder ehemalige Arbeitnehmer des Trägerunternehmens, der von der Unterstützungskasse schriftlich zugesagte Leistungen erhalten kann und am Schluss des Wirtschaftsjahres, in dem die Zuwendung erfolgt, das 27. Lebensjahr vollendet hat; soweit die Kasse nur Hinterbliebenenversorgung gewährt, gilt als Leistungsanwärter jeder Arbeitnehmer oder ehemalige Arbeitnehmer des Trägerunternehmens, der am Schluss des Wirtschaftsjahres, in dem die Zuwendung erfolgt, das 27. Lebensjahr vollendet hat und dessen Hinterbliebene die Hinterbliebenenversorgung erhalten können. ³Das Trägerunternehmen kann bei der Berechnung nach Satz 1 statt des dort maßgebenden Betrags den Durchschnittsbetrag der von der Kasse im Wirtschaftsjahr an Leistungsempfänger im Sinne des Buchstabens a Satz 2 gewährten Leistungen zugrunde legen. ⁴In diesem Fall sind Leistungsanwärter im Sinne des Satzes 2 nur die Arbeitnehmer oder ehemaligen Arbeitnehmer des Trägerunternehmens, die am Schluss des Wirtschaftsjahres, in dem die Zuwendung erfolgt, das 50. Lebensjahr vollendet haben. ⁵Dem Arbeitnehmer oder ehemaligen Arbeitnehmer als Leistungsanwärter stehen andere Personen gleich, denen schriftlich Leistungen der Alters-, Invaliditäts- oder Hinterbliebenenversorgung aus Anlass ihrer Tätigkeit für das Trägerunternehmen zugesagt worden sind;

    c) den Betrag des Beitrages, den die Kasse an einen Versicherer zahlt, soweit sie sich die Mittel für ihre Versorgungsleistungen, die die Leistungsanwärter oder Leistungsempfänger nach den Verhältnissen am Schluss des Wirtschaftsjahres der Zuwendung erhalten kann, durch Abschluss einer Versicherung verschafft. ²Bei Versicherungen für einen Leistungsanwärter ist der Abzug des Beitrages nur zulässig, wenn der Leistungsanwärter die in Buchstabe b Sätze 2 und 5 genannten Voraussetzungen erfüllt, die Versicherung für die Dauer bis zu dem Zeitpunkt abgeschlossen ist, für den erstmals Leistungen der Altersversorgung vorgesehen sind, mindestens jedoch bis zu dem Zeitpunkt, an dem der Leistungsanwärter das 55. Lebensjahr vollendet hat, und während dieser Zeit jährlich Beiträge gezahlt werden, die der Höhe nach gleichbleiben oder steigen. ³Das Gleiche gilt für Leistungsanwärter, die das 27. Lebensjahr noch nicht vollendet haben, für Leistungen der Invaliditäts- oder Hinterbliebenenversorgung, für Leistungen der Altersversorgung unter der Voraussetzung, dass die Leistungsanwartschaft bereits unverfallbar ist. ⁴Ein Abzug ist ausgeschlossen, wenn die Ansprüche aus der Versicherung der Sicherung eines Darlehens dienen. ⁵Liegen die Voraussetzungen der Sätze 1 bis 4 vor, sind die Zuwendungen nach den Buchstaben a und b in dem Verhältnis zu vermindern, in dem die Leistungen der Kasse durch die Versicherung gedeckt sind;

d) den Betrag, den die Kasse einem Leistungsanwärter im Sinne des Buchstabens b Satz 2 und 5 vor Eintritt des Versorgungsfalls als Abfindung für künftige Versorgungsleistungen gewährt, den Übertragungwert nach § 4 Absatz 5 des Betriebsrentengesetzes oder den Betrag, den sie an einen anderen Versorgungsträger zahlt, der eine ihr obliegende Versorgungsverpflichtung übernommen hat.

²Zuwendungen dürfen nicht als Betriebsausgaben abgezogen werden, wenn das Vermögen der Kasse ohne Berücksichtigung künftiger Versorgungsleistungen am Schluss des Wirtschaftsjahres das zulässige Kassenvermögen übersteigt. ³Bei der Ermittlung des Vermögens der Kasse ist am Schluss des Wirtschaftsjahres vorhandener Grundbesitz mit 200 Prozent der Einheitswerte anzusetzen, die zu dem Feststellungszeitpunkt maßgebend sind, der dem Schluss des Wirtschaftsjahres folgt; Ansprüche aus einer Versicherung sind mit dem Wert des geschäftsplanmäßigen Deckungskapitals zuzüglich der Guthaben aus Beitragsrückerstattung am Schluss des Wirtschaftsjahres anzusetzen, und das übrige Vermögen ist mit dem gemeinen Wert am Schluss des Wirtschaftsjahres zu bewerten. ⁴Zulässiges Kassenvermögen ist die Summe aus dem Deckungskapital für alle am Schluss des Wirtschaftsjahres laufenden Leistungen nach der dem Gesetz als Anlage 1 beigefügten Tabelle für Leistungsempfänger im Sinne des Satzes 1 Buchstabe a und dem Achtfachen der nach Satz 1 Buchstabe b abzugsfähigen Zuwendungen. ⁵Soweit sich die Kasse die Mittel für ihre Leistungen durch Abschluss einer Versicherung verschafft, ist, wenn die Voraussetzungen für den Abzug des Beitrages nach Satz 1 Buchstabe c erfüllt sind, zulässiges Kassenvermögen der Wert des geschäftsplanmäßigen Deckungskapitals aus der Versicherung am Schluss des Wirtschaftsjahrs; in diesem Fall ist das zulässige Kassenvermögen nach Satz 4 in dem Verhältnis zu vermindern, in dem die Leistungen der Kasse durch die Versicherung gedeckt sind. ⁶Soweit die Berechnung des Deckungskapitals nicht zum Geschäftsplan gehört, tritt an die Stelle des geschäftsplanmäßigen Deckungskapitals der nach § 176 Absatz 3 des Gesetzes über den Versicherungsvertrag berechnete Zeitwert, beim zulässigen Kassenvermögen ohne Berücksichtigung des Guthabens aus Beitragsrückerstattung. ⁷Gewährt eine Unterstützungskasse an Stelle von lebenslänglich laufenden Leistungen eine einmalige Kapitalleistung, so gelten 10 Prozent der Kapitalleistung als Jahresbetrag einer lebenslänglich laufenden Leistung;

2. bei Kassen, die keine lebenslänglich laufenden Leistungen gewähren, für jedes Wirtschaftsjahr 0,2 Prozent der Lohn- und Gehaltssumme des Trägerunternehmens, mindestens jedoch den Betrag der von der Kasse in einem Wirtschaftsjahr erbrachten Leistungen, soweit dieser Betrag höher ist als die in den vorangegangenen fünf Wirtschaftsjahren vorgenommenen Zuwendungen abzüglich der in dem gleichen Zeitraum erbrachten Leistungen. ²Diese Zuwendungen dürfen nicht als Betriebsausgaben abgezogen werden, wenn das Vermögen der Kasse am Schluss des Wirtschaftsjahres das zulässige Kassenvermögen übersteigt. ³Als zulässiges Kassenvermögen kann 1 Prozent der durchschnittlichen Lohn- und Gehaltssumme der letzten drei Jahre angesetzt werden. ⁴Hat die Kasse bereits 10 Wirtschaftsjahre bestanden, darf das zulässige Kassenvermögen zusätzlich die Summe der in den letzten 10 Wirtschaftsjahren gewährten Leistungen nicht übersteigen. ⁵Für die Bewertung des Vermögens der Kasse gilt Nummer 1 Satz 3 entsprechend. ⁶Bei der Berechnung der Lohn- und Gehaltssumme des Trägerunternehmens sind Löhne und Gehälter von Personen, die von der Kasse keine nicht lebenslänglich laufenden Leistungen erhalten können, auszuscheiden.

²Gewährt eine Kasse lebenslänglich laufende und nicht lebenslänglich laufende Leistungen, so gilt Satz 1 Nummer 1 und 2 nebeneinander. ³Leistet ein Trägerunternehmen Zuwen-

§§ 4d, 4e

dungen an mehrere Unterstützungskassen, so sind diese Kassen bei der Anwendung der Nummern 1 und 2 als Einheit zu behandeln.

(2) ¹Zuwendungen im Sinne des Absatzes 1 sind von dem Trägerunternehmen in dem Wirtschaftsjahr als Betriebsausgaben abzuziehen, in dem sie geleistet werden. ²Zuwendungen, die bis zum Ablauf eines Monats nach Aufstellung oder Feststellung der Bilanz des Trägerunternehmens für den Schluss eines Wirtschaftsjahres geleistet werden, können von dem Trägerunternehmen noch für das abgelaufene Wirtschaftsjahr durch eine Rückstellung gewinnmindernd berücksichtigt werden. ³Übersteigen die in einem Wirtschaftsjahr geleisteten Zuwendungen die nach Absatz 1 abzugsfähigen Beträge, so können die übersteigenden Erträge im Wege der Rechnungsabgrenzung auf die folgenden drei Wirtschaftsjahre vorgetragen und im Rahmen der für diese Wirtschaftsjahre abzugsfähigen Beträge als Betriebsausgaben behandelt werden. ⁴§ 5 Absatz 1 Satz 2 ist nicht anzuwenden.

(3) ¹Abweichend von Absatz 1 Satz 1 Nummer 1 Satz 1 Buchstabe d und Absatz 2 können auf Antrag die insgesamt erforderlichen Zuwendungen an die Unterstützungskasse für den Betrag, den die Kasse an einen Pensionsfonds zahlt, der eine ihr obliegende Versorgungsverpflichtung ganz oder teilweise übernommen hat, nicht im Wirtschaftsjahr der Zuwendung, sondern erst in den dem Wirtschaftsjahr der Zuwendung folgenden zehn Wirtschaftsjahren gleichmäßig verteilt als Betriebsausgaben abgezogen werden. ²Der Antrag ist unwiderruflich; der jeweilige Rechtsnachfolger ist an den Antrag gebunden.

§ 4e Beiträge an Pensionsfonds

(1) Beiträge an einen Pensionsfonds im Sinne des § 112 des Versicherungsaufsichtsgesetzes dürfen von dem Unternehmen, das die Beiträge leistet (Trägerunternehmen), als Betriebsausgaben abgezogen werden, soweit sie auf einer festgelegten Verpflichtung beruhen oder der Abdeckung von Fehlbeträgen bei dem Fonds dienen.

(2) Beiträge im Sinne des Absatzes 1 dürfen als Betriebsausgaben nicht abgezogen werden, soweit die Leistungen des Fonds, wenn sie vom Trägerunternehmen unmittelbar erbracht würden, bei diesem nicht betrieblich veranlasst wären.

(3) ¹Der Steuerpflichtige kann auf Antrag die insgesamt erforderlichen Leistungen an einen Pensionsfonds zur teilweisen oder vollständigen Übernahme einer bestehenden Versorgungsverpflichtung oder Versorgungsanwartschaft durch den Pensionsfonds erst in den dem Wirtschaftsjahr der Übertragung folgenden zehn Wirtschaftsjahren gleichmäßig verteilt als Betriebsausgaben abziehen. ²Der Antrag ist unwiderruflich; der jeweilige Rechtsnachfolger ist an den Antrag gebunden. ³Ist eine Pensionsrückstellung nach § 6a gewinnerhöhend aufzulösen, ist Satz 1 mit der Maßgabe anzuwenden, dass die Leistungen an den Pensionsfonds im Wirtschaftsjahr der Übertragung in Höhe der aufgelösten Rückstellung als Betriebsausgaben abgezogen werden können; der die aufgelöste Rückstellung übersteigende Betrag ist in den dem Wirtschaftsjahr der Übertragung folgenden zehn Wirtschaftsjahren gleichmäßig verteilt als Betriebsausgaben abzuziehen. ⁴Satz 3 gilt entsprechend, wenn es im Zuge der Leistungen des Arbeitgebers an den Pensionsfonds zu Vermögensübertragungen einer Unterstützungskasse an den Arbeitgeber kommt.

§§ 4f, 4g

§ 4f Verpflichtungsübernahmen, Schuldbeitritte und Erfüllungsübernahmen

(1) ¹Werden Verpflichtungen übertragen, die beim ursprünglich Verpflichteten Ansatzverboten, Beschränkungen oder Bewertungsvorbehalten unterlegen haben, ist der sich aus diesem Vorgang ergebende Aufwand im Wirtschaftsjahr der Schuldübernahme und den nachfolgenden 14 Jahren gleichmäßig verteilt als Betriebsausgabe abziehbar. ²Ist auf Grund der Übertragung einer Verpflichtung ein Passivposten gewinnerhöhend aufzulösen, ist Satz 1 mit der Maßgabe anzuwenden, dass der sich ergebende Aufwand im Wirtschaftsjahr der Schuldübernahme in Höhe des aufgelösten Passivpostens als Betriebsausgabe abzuziehen ist; der den aufgelösten Passivposten übersteigende Betrag ist in dem Wirtschaftsjahr der Schuldübernahme und den nachfolgenden 14 Wirtschaftsjahren gleichmäßig verteilt als Betriebsausgabe abzuziehen. ³Eine Verteilung des sich ergebenden Aufwands unterbleibt, wenn die Schuldübernahme im Rahmen einer Veräußerung oder Aufgabe des ganzen Betriebes oder des gesamten Mitunternehmeranteils im Sinne der §§ 14, 16 Absatz i, 3 und 3a sowie des § 18 Absatz 3 erfolgt; dies gilt auch, wenn ein Arbeitnehmer unter Mitnahme seiner erworbenen Pensionsansprüche zu einem neuen Arbeitgeber wechselt oder wenn der Betrieb am Schluss des vorangehenden Wirtschaftsjahres die Größenmerkmale des § 7g Absatz 1 Satz 2 Nummer 1 Buchstabe a bis c nicht überschreitet. ⁴Erfolgt die Schuldübernahme in dem Fall einer Teilbetriebsveräußerung oder -aufgabe im Sinne der §§ 14, 16 Absatz 1, 3 und 3a sowie des § 18 Absatz 3, ist ein Veräußerungs- oder Aufgabeverlust um den Aufwand im Sinne des Satzes 1 zu vermindern, soweit dieser den Verlust begründet oder erhöht hat. ⁵Entsprechendes gilt für den einen aufgelösten Passivposten übersteigenden Betrag im Sinne des Satzes 2. ⁶Für den hinzugerechneten Aufwand gelten Satz 2 zweiter Halbsatz und Satz 3 entsprechend. ⁷Der jeweilige Rechtsnachfolger des ursprünglichen Verpflichteten ist an die Aufwandsverteilung nach den Sätzen 1 bis 6 gebunden.

(2) Wurde für Verpflichtungen im Sinne des Absatzes 1 ein Schuldbeitritt oder eine Erfüllungsübernahme mit ganzer oder teilweiser Schuldfreistellung vereinbart, gilt für die vom Freistellungsberechtigten an den Freistellungsverpflichteten erbrachten Leistungen Absatz 1 Satz 1, 2 und 7 entsprechend.

§ 4g Bildung eines Ausgleichspostens bei Entnahme nach § 4 Absatz 1 Satz 3

(1) ¹Ein unbeschränkt Steuerpflichtiger kann in Höhe des Unterschiedsbetrags zwischen dem Buchwert und dem nach § 6 Absatz 1 Nummer 4 Satz 1 zweiter Halbsatz anzusetzenden Wert eines Wirtschaftsguts des Anlagevermögens auf Antrag einen Ausgleichsposten bilden, soweit das Wirtschaftsgut infolge seiner Zuordnung zu einer Betriebsstätte desselben Steuerpflichtigen in einem anderen Mitgliedstaat der Europäischen Union gemäß § 4 Absatz 1 Satz 3 als entnommen gilt. ²Der Ausgleichsposten ist für jedes Wirtschaftsgut getrennt auszuweisen. ³Das Antragsrecht kann für jedes Wirtschaftsjahr nur einheitlich für sämtliche Wirtschaftsgüter ausgeübt werden. ⁴Der Antrag ist unwiderruflich. ⁵Die Vorschriften des Umwandlungssteuergesetzes bleiben unberührt.

(2) ¹Der Ausgleichsposten ist im Wirtschaftsjahr der Bildung und in den vier folgenden Wirtschaftsjahren zu jeweils einem Fünftel gewinnerhöhend aufzulösen. ²Er ist in vollem Umfang gewinnerhöhend aufzulösen,

1. wenn das als entnommen geltende Wirtschaftsgut aus dem Betriebsvermögen des Steuerpflichtigen ausscheidet,
2. wenn das als entnommen geltende Wirtschaftsgut aus der Besteuerungshoheit der Mitgliedstaaten der Europäischen Union ausscheidet oder
3. wenn die stillen Reserven des als entnommen geltenden Wirtschaftsguts im Ausland aufgedeckt werden oder in entsprechender Anwendung der Vorschriften des deutschen Steuerrechts hätten aufgedeckt werden müssen.

(3) ¹Wird die Zuordnung eines Wirtschaftsguts zu einer anderen Betriebsstätte des Steuerpflichtigen in einem anderen Mitgliedstaat der Europäischen Union im Sinne des Absatzes 1

§§ 4g, 4h

innerhalb der tatsächlichen Nutzungsdauer, spätestens jedoch vor Ablauf von fünf Jahren nach Änderung der Zuordnung, aufgehoben, ist der für dieses Wirtschaftsgut gebildete Ausgleichsposten ohne Auswirkungen auf den Gewinn aufzulösen und das Wirtschaftsgut mit den fortgeführten Anschaffungskosten, erhöht um zwischenzeitlich gewinnerhöhend berücksichtigte Auflösungsbeträge im Sinne der Absätze 2 und 5 Satz 2 und um den Unterschiedsbetrag zwischen dem Rückführungswert und dem Buchwert im Zeitpunkt der Rückführung, höchstens jedoch mit dem gemeinen Wert, anzusetzen. ²Die Aufhebung der geänderten Zuordnung ist ein Ereignis im Sinne des § 175 Absatz 1 Nummer 2 der Abgabenordnung.

(4) ¹Die Absätze 1 bis 4 finden entsprechende Anwendung bei der Ermittlung des Überschusses der Betriebseinnahmen über die Betriebsausgaben gemäß § 4 Absatz 3. ²Wirtschaftsgüter, für die ein Ausgleichsposten nach Absatz 1 gebildet worden ist, sind in ein laufend zu führendes Verzeichnis aufzunehmen. ³Der Steuerpflichtige hat darüber hinaus Aufzeichnungen zu führen, aus denen die Bildung und Auflösung der Ausgleichsposten hervorgeht. ⁴Die Aufzeichnungen nach den Sätzen 2 und 3 sind der Steuererklärung beizufügen.

(5) ¹Der Steuerpflichtige ist verpflichtet, der zuständigen Finanzbehörde die Entnahme oder ein Ereignis im Sinne des Absatzes 2 unverzüglich anzuzeigen. ²Kommt der Steuerpflichtige dieser Anzeigepflicht, seinen Aufzeichnungspflichten nach Absatz 4 oder seinen sonstigen Mitwirkungspflichten im Sinne des § 90 der Abgabenordnung nicht nach, ist der Ausgleichsposten dieses Wirtschaftsguts gewinnerhöhend aufzulösen.

§ 4h Betriebsausgabenabzug für Zinsaufwendungen (Zinsschranke)

(1) ¹Zinsaufwendungen eines Betriebs sind abziehbar in Höhe des Zinsertrags, darüber hinaus nur bis zur Höhe des verrechenbaren EBITDA. ²Das verrechenbare EBITDA ist 30 Prozent des um die Zinsaufwendungen und um die nach § 6 Absatz 2 Satz 1 abzuziehenden, nach § 6 Absatz 2a Satz 2 gewinnmindernd aufzulösenden und nach § 7 abgesetzten Beträge erhöhten und um die Zinserträge verminderten maßgeblichen Gewinns. ³Soweit das verrechenbare EBITDA die um die Zinserträge geminderten Zinsaufwendungen des Betriebs übersteigt, ist es in die folgenden fünf Wirtschaftsjahre vorzutragen (EBITDA-Vortrag); ein EBITDA-Vortrag entsteht nicht in Wirtschaftsjahren, in denen Absatz 2 die Anwendung von Absatz 1 Satz 1 ausschließt. ⁴Zinsaufwendungen, die nach Satz 1 nicht abgezogen werden können, sind bis zur Höhe der EBITDA-Vorträge aus vorangegangenen Wirtschaftsjahren abziehbar und mindern die EBITDA-Vorträge in ihrer zeitlichen Reihenfolge. ⁵Danach verbleibende nicht abziehbare Zinsaufwendungen sind in die folgenden Wirtschaftsjahre vorzutragen (Zinsvortrag). ⁶Sie erhöhen die Zinsaufwendungen dieser Wirtschaftsjahre, nicht aber den maßgeblichen Gewinn.

(2) ¹Absatz 1 Satz 1 ist nicht anzuwenden, wenn

a) der Betrag der Zinsaufwendungen, soweit er den Betrag der Zinserträge übersteigt, weniger als drei Millionen Euro beträgt,

b) der Betrieb nicht oder nur anteilmäßig zu einem Konzern gehört oder

c) der Betrieb zu einem Konzern gehört und seine Eigenkapitalquote am Schluss des vorangegangenen Abschlussstichtages gleich hoch oder höher ist als die des Konzerns (Eigenkapitalvergleich). ²Ein Unterschreiten der Eigenkapitalquote des Konzerns um bis zu zwei Prozentpunkte ist unschädlich.

³Eigenkapitalquote ist das Verhältnis des Eigenkapitals zur Bilanzsumme; sie bemisst sich nach dem Konzernabschluss, der den Betrieb umfasst, und ist für den Betrieb auf der Grundlage des Jahresabschlusses oder Einzelabschlusses zu ermitteln. ⁴Wahlrechte sind im Konzernabschluss und im Jahresabschluss oder Einzelabschluss einheitlich auszuüben; bei gesellschaftsrechtlichen Kündigungsrechten ist insoweit mindestens das Eigenkapital anzusetzen, das sich nach den Vorschriften des Handelsgesetzbuchs ergeben würde. ⁵Bei der Ermittlung der Eigenkapitalquote des Betriebs ist das Eigen-

§ 4h

kapital um einen im Konzernabschluss enthaltenen Firmenwert, soweit er auf den Betrieb entfällt, und um die Hälfte von Sonderposten mit Rücklagenanteil (§ 273 des Handelsgesetzbuchs) zu erhöhen sowie um das Eigenkapital, das keine Stimmrechte vermittelt – mit Ausnahme von Vorzugsaktien –, die Anteile an anderen Konzerngesellschaften und um Einlagen der letzten sechs Monate vor dem maßgeblichen Abschlussstichtag, soweit ihnen Entnahmen oder Ausschüttungen innerhalb der ersten sechs Monate nach dem maßgeblichen Abschlussstichtag gegenüberstehen, zu kürzen. ⁶Die Bilanzsumme ist um Kapitalforderungen zu kürzen, die nicht im Konzernabschluss ausgewiesen sind und denen Verbindlichkeiten im Sinne des Absatzes 3 in mindestens gleicher Höhe gegenüberstehen. ⁷Sonderbetriebsvermögen ist dem Betrieb der Mitunternehmerschaft zuzuordnen, soweit es im Konzernvermögen enthalten ist.

⁸Die für den Eigenkapitalvergleich maßgeblichen Abschlüsse sind einheitlich nach den International Financial Reporting Standards (IFRS) zu erstellen. ⁹Hiervon abweichend können Abschlüsse nach dem Handelsrecht eines Mitgliedstaats der Europäischen Union verwendet werden, wenn kein Konzernabschluss nach den IFRS zu erstellen und offen zu legen ist und für keines der letzten fünf Wirtschaftsjahre ein Konzernabschluss nach den IFRS erstellt wurde; nach den Generally Accepted Accounting Principles der Vereinigten Staaten von Amerika (US-GAAP) aufzustellende und offen zu legende Abschlüsse sind zu verwenden, wenn kein Konzernabschluss nach den IFRS oder dem Handelsrecht eines Mitgliedstaats der Europäischen Union zu erstellen und offen zu legen ist. ¹⁰Der Konzernabschluss muss den Anforderungen an die handelsrechtliche Konzernrechnungslegung genügen oder die Voraussetzungen erfüllen, unter denen ein Abschluss nach den §§ 291 und 292 des Handelsgesetzbuchs befreiende Wirkung hätte. ¹¹Wurde der Jahresabschluss oder Einzelabschluss nicht nach denselben Rechnungslegungsstandards wie der Konzernabschluss aufgestellt, ist die Eigenkapitalquote des Betriebs in einer Überleitungsrechnung nach den für den Konzernabschluss geltenden Rechnungslegungsstandards zu ermitteln. ¹²Die Überleitungsrechnung ist einer prüferischen Durchsicht zu unterziehen. ¹³Auf Verlangen der Finanzbehörde ist der Abschluss oder die Überleitungsrechnung des Betriebs durch einen Abschlussprüfer zu prüfen, der die Voraussetzungen des § 319 des Handelsgesetzbuchs erfüllt.

¹⁴Ist ein dem Eigenkapitalvergleich zugrunde gelegter Abschluss unrichtig und führt der zutreffende Abschluss zu einer Erhöhung der nach Absatz 1 nicht abziehbaren Zinsaufwendungen, ist ein Zuschlag entsprechend § 162 Absatz 4 Satz 1 und 2 der Abgabenordnung festzusetzen. ¹⁵Bemessungsgrundlage für den Zuschlag sind die nach Absatz 1 nicht abziehbaren Zinsaufwendungen. ¹⁶§ 162 Absatz 4 Satz 4 bis 6 der Abgabenordnung gilt sinngemäß.

²Ist eine Gesellschaft, bei der der Gesellschafter als Mitunternehmer anzusehen ist, unmittelbar oder mittelbar einer Körperschaft nachgeordnet, gilt für die Gesellschaft § 8a Absatz 2 und 3 des Körperschaftsteuergesetzes entsprechend.

(3) ¹Maßgeblicher Gewinn ist der nach den Vorschriften dieses Gesetzes mit Ausnahme des Absatzes 1 ermittelte steuerpflichtige Gewinn. ²Zinsaufwendungen sind Vergütungen für Fremdkapital, die den maßgeblichen Gewinn gemindert haben. ³Zinserträge sind Erträge aus Kapitalforderungen jeder Art, die den maßgeblichen Gewinn erhöht haben. ⁴Die Auf- und Abzinsung unverzinslicher oder niedrig verzinslicher Verbindlichkeiten oder Kapitalforderungen führen ebenfalls zu Zinserträgen oder Zinsaufwendungen. ⁵Ein Betrieb gehört zu einem Konzern, wenn er nach dem für die Anwendung des Absatzes 2 Satz 1 Buchstabe c zugrunde gelegten Rechnungslegungsstandard mit einem oder mehreren anderen Betrieben konsolidiert wird oder werden könnte. ⁶Ein Betrieb gehört für Zwecke des Absatzes 2 auch zu einem Konzern, wenn seine Finanz- und Geschäftspolitik mit einem oder mehreren anderen Betrieben einheitlich bestimmt werden kann.

(4) ¹Der EBITDA-Vortrag und der Zinsvortrag sind gesondert festzustellen. ²Zuständig ist das für die gesonderte Feststellung des Gewinns und Verlusts der Gesellschaft zuständige Finanzamt, im Übrigen das für die Besteuerung zuständige Finanzamt. ³§ 10d Absatz 4 gilt sinngemäß. ⁴Feststellungsbescheide sind zu erlassen, aufzuheben oder zu ändern, soweit sich die nach Satz 1 festzustellenden Beträge ändern.

(5) ¹Bei Aufgabe oder Übertragung des Betriebs gehen ein nicht verbrauchter EBITDA-Vortrag und ein nicht verbrauchter Zinsvortrag unter. ²Scheidet ein Mitunternehmer aus einer Gesellschaft aus, gehen der EBITDA-Vortrag und der Zinsvortrag anteilig mit der Quote unter, mit der der ausgeschiedene Gesellschafter an der Gesellschaft beteiligt war. ³§ 8c des Körperschaftsteuergesetzes ist auf den Zinsvortrag einer Gesellschaft entsprechend anzuwenden, soweit an dieser unmittelbar oder mittelbar eine Körperschaft als Mitunternehmer beteiligt ist.

§ 5 Gewinn bei Kaufleuten und bei bestimmten anderen Gewerbetreibenden

(1) ¹Bei Gewerbetreibenden, die auf Grund gesetzlicher Vorschriften verpflichtet sind, Bücher zu führen und regelmäßig Abschlüsse zu machen, oder die ohne eine solche Verpflichtung Bücher führen und regelmäßig Abschlüsse machen, ist für den Schluss des Wirtschaftsjahres das Betriebsvermögen anzusetzen (§ 4 Absatz 1 Satz 1), das nach den handelsrechtlichen Grundsätzen ordnungsmäßiger Buchführung auszuweisen ist, es sei denn, im Rahmen der Ausübung eines steuerlichen Wahlrechts wird oder wurde ein anderer Ansatz gewählt. ²Voraussetzung für die Ausübung steuerlicher Wahlrechte ist, dass die Wirtschaftsgüter, die nicht mit dem handelsrechlich maßgeblichen Wert in der steuerlichen Gewinnermittlung ausgewiesen werden, in besondere, laufend zu führende Verzeichnisse aufgenommen werden. ³In den Verzeichnissen sind der Tag der Anschaffung oder Herstellung, die Anschaffungs- oder Herstellungskosten, die Vorschrift des ausgeübten steuerlichen Wahlrechts und die vorgenommenen Abschreibungen nachzuweisen.

(1a) ¹Posten der Aktivseite dürfen nicht mit Posten der Passivseite verrechnet werden. ²Die Ergebnisse der in der handelsrechtlichen Rechnungslegung zur Absicherung finanzwirtschaftlicher Risiken gebildeten Bewertungseinheiten sind auch für die steuerliche Gewinnermittlung maßgeblich.

(2) Für immaterielle Wirtschaftsgüter des Anlagevermögens ist ein Aktivposten nur anzusetzen, wenn sie entgeltlich erworben wurden.

(2a) Für Verpflichtungen, die nur zu erfüllen sind, soweit künftig Einnahmen oder Gewinne anfallen, sind Verbindlichkeiten oder Rückstellungen erst anzusetzen, wenn die Einnahmen oder Gewinne angefallen sind.

(3) ¹Rückstellungen wegen Verletzung fremder Patent-, Urheber- oder ähnlicher Schutzrechte dürfen erst gebildet werden, wenn

1. der Rechtsinhaber Ansprüche wegen der Rechtsverletzung geltend gemacht hat oder
2. mit einer Inanspruchnahme wegen der Rechtsverletzung ernsthaft zu rechnen ist.

²Eine nach Satz 1 Nummer 2 gebildete Rückstellung ist spätestens in der Bilanz des dritten auf ihre erstmalige Bildung folgenden Wirtschaftsjahres gewinnerhöhend aufzulösen, wenn Ansprüche nicht geltend gemacht worden sind.

(4) Rückstellungen für die Verpflichtung zu einer Zuwendung anläßlich eines Dienstjubiläums dürfen nur gebildet werden, wenn das Dienstverhältnis mindestens zehn Jahre bestanden hat, das Dienstjubiläum das Bestehen eines Dienstverhältnisses von mindestens 15 Jahren voraussetzt, die Zusage schriftlich erteilt ist und soweit der Zuwendungsberechtigte seine Anwartschaft nach dem 31. Dezember 1992 erwirbt.

(4a) ¹Rückstellungen für drohende Verluste aus schwebenden Geschäften dürfen nicht gebildet werden. ²Das gilt nicht für Ergebnisse nach Absatz 1a Satz 2.

(4b) ¹Rückstellungen für Aufwendungen, die in künftigen Wirtschaftsjahren als Anschaffungs- oder Herstellungskosten eines Wirtschaftsguts zu aktivieren sind, dürfen nicht gebildet werden. ²Rückstellungen für die Verpflichtung zur schadlosen Verwertung radioaktiver Reststoffe sowie ausgebauter oder abgebauter radioaktiver Anlagenteile dürfen nicht gebildet werden, soweit Aufwendungen im Zusammenhang mit der Bearbeitung oder Verarbeitung von Kernbrennstoffen stehen, die aus der Aufarbeitung bestrahlter Kernbrennstoffe gewonnen worden sind und keine radioaktiven Abfälle darstellen.

§ 5

(5) ¹Als Rechnungsabgrenzungsposten sind nur anzusetzen
1. auf der Aktivseite Ausgaben vor dem Abschlussstichtag, soweit sie Aufwand für eine bestimmte Zeit nach diesem Tag darstellen;
2. auf der Passivseite Einnahmen vor dem Abschlussstichtag, soweit sie Ertrag für eine bestimmte Zeit nach diesem Tag darstellen.

²Auf der Aktivseite sind ferner anzusetzen
1. als Aufwand berücksichtigte Zölle und Verbrauchsteuern, soweit sie auf am Abschlussstichtag auszuweisende Wirtschaftsgüter des Vorratsvermögens entfallen,
2. als Aufwand berücksichtigte Umsatzsteuer auf am Abschlussstichtag auszuweisende Anzahlungen.

(6) Die Vorschriften über die Entnahmen und die Einlagen, über die Zulässigkeit der Bilanzänderung, über die Betriebsausgaben, über die Bewertung und über die Absetzung für Abnutzung oder Substanzverringerung sind zu befolgen.

(7) ¹Übernommene Verpflichtungen, die beim ursprünglich Verpflichteten Ansatzverboten, Beschränkungen oder Bewertungsvorbehalten unterlegen haben, sind zu den auf die Übernahme folgenden Abschlussstichtagen bei dem Übernehmer und dessen Rechtsnachfolger so zu bilanzieren, wie sie beim ursprünglich Verpflichteten ohne Übernahme zu bilanzieren wären. ²Dies gilt in Fällen des Schuldbeitritts oder der Erfüllungsübernahme mit vollständiger oder teilweiser Schuldfreistellung für die sich aus diesem Rechtsgeschäft ergebenden Verpflichtungen sinngemäß. ³Satz 1 ist für den Erwerb eines Mitunternehmeranteils entsprechend anzuwenden. ⁴Wird eine Pensionsverpflichtung unter gleichzeitiger Übernahme von Vermögenswerten gegenüber einem Arbeitnehmer übernommen, der bisher in einem anderen Unternehmen tätig war, ist Satz 1 mit der Maßgabe anzuwenden, dass bei der Ermittlung des Teilwertes der Verpflichtung der Jahresbetrag nach § 6a Absatz 3 Satz 2 Nummer 1 so zu bemessen ist, dass zu Beginn des Wirtschaftsjahres der Übernahme der Barwert der Jahresbeträge zusammen mit den übernommenen Vermögenswerten gleich dem Barwert der künftigen Pensionsleistungen ist; dabei darf sich kein negativer Jahresbetrag ergeben. ⁵Für einen Gewinn, der sich aus der Anwendung der Sätze 1 bis 3 ergibt, kann jeweils in Höhe von vierzehn Fünfzehntel eine gewinnmindernde Rücklage gebildet werden, die in den folgenden 14 Wirtschaftsjahren jeweils mit mindestens einem Vierzehntel gewinnerhöhend aufzulösen ist (Auflösungszeitraum). ⁶Besteht eine Verpflichtung, für die eine Rücklage gebildet wurde, bereits vor Ablauf des maßgebenden Auflösungszeitraums nicht mehr, ist die insoweit verbleibende Rücklage erhöhend aufzulösen.

§ 5a

§ 5a Gewinnermittlung bei Handelsschiffen im internationalen Verkehr

(1) ¹An Stelle der Ermittlung des Gewinns nach § 4 Absatz 1 oder § 5 ist bei einem Gewerbebetrieb mit Geschäftsleitung im Inland der Gewinn, soweit er auf den Betrieb von Handelsschiffen im internationalen Verkehr entfällt, auf unwiderruflichen Antrag des Steuerpflichtigen nach der in seinem Betrieb geführten Tonnage zu ermitteln, wenn die Bereederung dieser Handelsschiffe im Inland durchgeführt wird. ²Der im Wirtschaftsjahr erzielte Gewinn beträgt pro Tag des Betriebs für jedes im internationalen Verkehr betriebene Handelsschiff für jeweils volle 100 Nettotonnen (Nettoraumzahl)

0,92 Euro bei einer Tonnage bis zu 1 000 Nettotonnen,

0,69 Euro für die 1 000 Nettotonnen übersteigende Tonnage bis zu 10 000 Nettotonnen,

0,46 Euro für die 10 000 Nettotonnen übersteigende Tonnage bis zu 25 000 Nettotonnen,

0,23 Euro für die 25 000 Nettotonnen übersteigende Tonnage.

(2) ¹Handelsschiffe werden im internationalen Verkehr betrieben, wenn eigene oder gecharterte Seeschiffe, die im Wirtschaftsjahr überwiegend in einem inländischen Seeschiffsregister eingetragen sind, in diesem Wirtschaftsjahr überwiegend zur Beförderung von Personen oder Gütern im Verkehr mit oder zwischen ausländischen Häfen, innerhalb eines ausländischen Hafens oder zwischen einem ausländischen Hafen und der Hohen See eingesetzt werden. ²Zum Betrieb von Handelsschiffen im internationalen Verkehr gehören auch ihre Vercharterung, wenn sie vom Vercharterer ausgerüstet worden sind, und die unmittelbar mit ihrem Einsatz oder ihrer Vercharterung zusammenhängenden Neben- und Hilfsgeschäfte einschließlich der Veräußerung der Handelsschiffe und der unmittelbar ihrem Betrieb dienenden Wirtschaftsgüter. ³Der Einsatz und die Vercharterung von gecharterten Handelsschiffen gilt nur dann als Betrieb von Handelsschiffen im internationalen Verkehr, wenn gleichzeitig eigene oder ausgerüstete Handelsschiffe im internationalen Verkehr betrieben werden. ⁴Sind gecharterte Handelsschiffe nicht in einem inländischen Seeschiffsregister eingetragen, gilt Satz 3 unter der weiteren Voraussetzung, daß im Wirtschaftsjahr die Nettotonnage der gecharterten Handelsschiffe das Dreifache der nach den Sätzen 1 und 2 im internationalen Verkehr betriebenen Handelsschiffe nicht übersteigt; für die Berechnung der Nettotonnage sind jeweils die Nettotonnen pro Schiff mit der Anzahl der Betriebstage nach Absatz 1 zu vervielfältigen. ⁵Dem Betrieb von Handelsschiffen im internationalen Verkehr ist gleichgestellt, wenn Seeschiffe, die im Wirtschaftsjahr überwiegend in einem inländischen Seeschiffsregister eingetragen sind, in diesem Wirtschaftsjahr überwiegend außerhalb der deutschen Hoheitsgewässer zum Schleppen, Bergen oder zur Aufsuchung von Bodenschätzen eingesetzt werden; die Sätze 2 bis 4 sind sinngemäß anzuwenden.

(3) ¹Der Antrag auf Anwendung der Gewinnermittlung nach Absatz 1 ist im Wirtschaftsjahr der Anschaffung oder Herstellung des Handelsschiffs (Indienststellung) mit Wirkung ab Beginn dieses Wirtschaftsjahres zu stellen. ²Vor Indienststellung des Handelsschiffs durch den Betrieb von Handelsschiffen im internationalen Verkehr erwirtschaftete Gewinne sind in diesem Fall nicht zu besteuern; Verluste sind weder ausgleichsfähig noch verrechenbar. ³Bereits erlassene Steuerbescheide sind insoweit zu ändern. ⁴Das gilt auch dann, wenn der Steuerbescheid unanfechtbar geworden ist; die Festsetzungsfrist endet insoweit nicht, bevor die Festsetzungsfrist für den Veranlagungszeitraum abgelaufen ist, in dem der Gewinn erstmals nach Absatz 1 ermittelt wird. ⁵Wird der Antrag auf Anwendung der Gewinnermittlung nach Absatz 1 nicht nach Satz 1 im Wirtschaftsjahr der Anschaffung oder Herstellung des Handelsschiffs (Indienststellung) gestellt, kann er erstmals in dem Wirtschaftsjahr gestellt werden, das jeweils nach Ablauf eines Zeitraumes von zehn Jahren, vom Beginn des Jahres der Indienststellung gerechnet, endet. ⁶Die Sätze 2 bis 4 sind insoweit nicht anwendbar. ⁷Der Steuerpflichtige ist an die Gewinnermittlung nach Absatz 1 vom Beginn des Wirtschaftsjahres an, in dem er den Antrag stellt, zehn Jahre gebunden. ⁸Nach Ablauf dieses Zeitraumes kann er den Antrag mit Wirkung für den Beginn jedes folgenden Wirtschaftsjahres bis zum Ende des Jahres unwiderruflich zurücknehmen. ⁹An die Gewinnermittlung nach allgemeinen Vorschriften ist der Steuerpflichtige ab dem Beginn des Wirtschaftsjahres, in dem er den Antrag zurücknimmt, zehn Jahre gebunden.

(4) ¹Zum Schluss des Wirtschaftsjahres, das der erstmaligen Anwendung des Absatzes 1 vorangeht (Übergangsjahr), ist für jedes Wirtschaftsgut, das unmittelbar dem Betrieb von Handelsschiffen im internationalen Verkehr dient, der Unterschiedsbetrag zwischen Buchwert und Teilwert in ein besonderes Verzeichnis aufzunehmen. ²Der Unterschiedsbetrag ist gesondert und bei Gesellschaften im Sinne des § 15 Absatz 1 Satz 1 Nummer 2 einheitlich festzustellen. ³Der Unterschiedsbetrag nach Satz 1 ist dem Gewinn hinzuzurechnen:

1. in den dem letzten Jahr der Anwendung des Absatzes 1 folgenden fünf Wirtschaftsjahren jeweils in Höhe von mindestens einem Fünftel,
2. in dem Jahr, in dem das Wirtschaftsgut aus dem Betriebsvermögen ausscheidet oder in dem es nicht mehr unmittelbar dem Betrieb von Handelsschiffen im internationalen Verkehr dient,
3. in dem Jahr des Ausscheidens eines Gesellschafters hinsichtlich des auf ihn entfallenden Anteils.

⁴Die Sätze 1 bis 3 sind entsprechend anzuwenden, wenn der Steuerpflichtige Wirtschaftsgüter des Betriebsvermögens dem Betrieb von Handelsschiffen im internationalen Verkehr zuführt.

(4a) ¹Bei Gesellschaften im Sinne des § 15 Absatz 1 Satz 1 Nummer 2 tritt für die Zwecke dieser Vorschrift an die Stelle des Steuerpflichtigen die Gesellschaft. ²Der nach Absatz 1 ermittelte Gewinn ist den Gesellschaftern entsprechend ihrem Anteil am Gesellschaftsvermögen zuzurechnen. ³Vergütungen im Sinne des § 15 Absatz 1 Satz 1 Nummer 2 und Satz 2 sind hinzuzurechnen.

(5) ¹Gewinne nach Absatz 1 umfassen auch Einkünfte nach § 16. ²§§ 34, 34c Absatz 1 bis 3 und § 35 sind nicht anzuwenden. ³Rücklagen nach den §§ 6b und 6d sind beim Übergang zur Gewinnermittlung nach Absatz 1 dem Gewinn im Erstjahr hinzuzurechnen; bis zum Übergang in Anspruch genommene Investitionsabzugsbeträge nach § 7g Absatz 1 sind nach Maßgabe des § 7g Absatz 3 rückgängig zu machen. ⁴Für die Anwendung des § 15a ist der nach § 4 Absatz 1 oder § 5 ermittelte Gewinn zugrunde zu legen.

(6) In der Bilanz zum Schluss des Wirtschaftsjahres, in dem Absatz 1 letztmalig angewendet wird, ist für jedes Wirtschaftsgut, das unmittelbar dem Betrieb von Handelsschiffen im internationalen Verkehr dient, der Teilwert anzusetzen.

§ 5b Elektronische Übermittlung von Bilanzen sowie Gewinn- und Verlustrechnungen[1]

(1) ¹Wird der Gewinn nach § 4 Absatz 1, § 5 oder § 5a ermittelt, so ist der Inhalt der Bilanz sowie der Gewinn- und Verlustrechnung nach amtlich vorgeschriebenem Datensatz durch Datenfernübertragung zu übermitteln. ²Enthält die Bilanz Ansätze oder Beträge, die den steuerlichen Vorschriften nicht entsprechen, so sind diese Ansätze oder Beträge durch Zusätze oder Anmerkungen den steuerlichen Vorschriften anzupassen und nach amtlich vorgeschriebenem Datensatz durch Datenfernübertragung zu übermitteln. ³Der Steuerpflichtige kann auch eine den steuerlichen Vorschriften entsprechende Bilanz nach amtlich vorgeschriebenem Datensatz durch Datenfernübertragung übermitteln. ⁴§ 150 Absatz 7 der Abgabenordnung gilt entsprechend. ⁵Im Fall der Eröffnung des Betriebs sind die Sätze 1 bis 4 für den Inhalt der Eröffnungsbilanz entsprechend anzuwenden.

(2) ¹Auf Antrag kann die Finanzbehörde zur Vermeidung unbilliger Härten auf eine elektronische Übermittlung verzichten. ²§ 150 Absatz 8 der Abgabenordnung gilt entsprechend.

---

1) Hinweis auf BMF v. 5. 6. 2012 BStBl. I S. 598 und BMF v. 28. 9. 2011 BStBl. I S. 855; ferner BMF v. 13. 6. 2014 BStBl. I 2014 S. 886; BMF v. 14. 11. 2014 BStBl. I 2014 S. 1450 zu den Grundsätzen der ordnungsmäßigen Führung und Aufbewahrung von Büchern (GoBD).

§ 6 Bewertung

(1) Für die Bewertung der einzelnen Wirtschaftsgüter, die nach § 4 Absatz 1 oder nach § 5 als Betriebsvermögen anzusetzen sind, gilt das Folgende:

1. ¹Wirtschaftsgüter des Anlagevermögens, die der Abnutzung unterliegen, sind mit den Anschaffungs- oder Herstellungskosten oder dem an deren Stelle tretenden Wert, vermindert um die Absetzungen für Abnutzung, erhöhte Absetzungen, Sonderabschreibungen, Abzüge nach § 6b und ähnliche Abzüge, anzusetzen. ²Ist der Teilwert auf Grund einer voraussichtlich dauernden Wertminderung niedriger, so kann dieser angesetzt werden. ³Teilwert ist der Betrag, den ein Erwerber des ganzen Betriebs im Rahmen des Gesamtkaufpreises für das einzelne Wirtschaftsgut ansetzen würde; dabei ist davon auszugehen, daß der Erwerber den Betrieb fortführt. ⁴Wirtschaftsgüter, die bereits am Schluss des vorangegangenen Wirtschaftsjahres zum Anlagevermögen des Steuerpflichtigen gehört haben, sind in den folgenden Wirtschaftsjahren gemäß Satz 1 anzusetzen, es sei denn, der Steuerpflichtige weist nach, dass ein niedrigerer Teilwert nach Satz 2 angesetzt werden kann.

1a. ¹Zu den Herstellungskosten eines Gebäudes gehören auch Aufwendungen für Instandsetzungs- und Modernisierungsmaßnahmen, die innerhalb von drei Jahren nach der Anschaffung des Gebäudes durchgeführt werden, wenn die Aufwendungen ohne die Umsatzsteuer 15 Prozent der Anschaffungskosten des Gebäudes übersteigen (anschaffungsnahe Herstellungskosten). ²Zu diesen Aufwendungen gehören nicht die Aufwendungen für Erweiterungen im Sinne des § 255 Absatz 2 Satz 1 des Handelsgesetzbuchs sowie Aufwendungen für Erhaltungsarbeiten, die jährlich üblicherweise anfallen.

2. ¹Andere als die in Nummer 1 bezeichneten Wirtschaftsgüter des Betriebs (Grund und Boden, Beteiligungen, Umlaufvermögen) sind mit den Anschaffungs- oder Herstellungskosten oder dem an deren Stelle tretenden Wert, vermindert um Abzüge nach § 6b und ähnliche Abzüge, anzusetzen. ²Ist der Teilwert (Nummer 1 Satz 3) auf Grund einer voraussichtlich dauernden Wertminderung niedriger, so kann dieser angesetzt werden. ³Nummer 1 Satz 4 gilt entsprechend.

2a. ¹Steuerpflichtige, die den Gewinn nach § 5 ermitteln, können für den Wertansatz gleichartiger Wirtschaftsgüter des Vorratsvermögens unterstellen, daß die zuletzt angeschafften oder hergestellten Wirtschaftsgüter zuerst verbraucht oder veräußert worden sind, soweit dies den handelsrechtlichen Grundsätzen ordnungsmäßiger Buchführung entspricht. ²Der Vorratsbestand am Schluss des Wirtschaftsjahres, das der erstmaligen Anwendung der Bewertung nach Satz 1 vorangeht, gilt mit seinem Bilanzansatz als erster Zugang des neuen Wirtschaftsjahres. ³Von der Verbrauchs- oder Veräußerungsfolge nach Satz 1 kann in den folgenden Wirtschaftsjahren nur mit Zustimmung des Finanzamts abgewichen werden.

2b. ¹Steuerpflichtige, die in den Anwendungsbereich des § 340 des Handelsgesetzbuchs fallen, haben die zu Handelszwecken erworbenen Finanzinstrumente, die nicht in einer Bewertungseinheit im Sinn des § 5 Absatz 1a Satz 2 abgebildet werden, mit dem beizulegenden Zeitwert abzüglich eines Risikoabschlages (§ 340e Absatz 3 des Handelsgesetzbuchs) zu bewerten. ²Nummer 2 Satz 2 ist nicht anzuwenden.

3. ¹Verbindlichkeiten sind unter sinngemäßer Anwendung der Vorschriften der Nummer 2 anzusetzen und mit einem Zinssatz von 5,5 Prozent abzuzinsen. ²Ausgenommen von der Abzinsung sind Verbindlichkeiten, deren Laufzeit am Bilanzstichtag weniger als zwölf Monate beträgt, und Verbindlichkeiten, die verzinslich sind oder auf einer Anzahlung oder Vorausleistung beruhen.

3a. Rückstellungen sind höchstens insbesondere unter Berücksichtigung folgender Grundsätze anzusetzen:

   a) bei Rückstellungen für gleichartige Verpflichtungen ist auf der Grundlage der Erfahrungen in der Vergangenheit aus der Abwicklung solcher Verpflichtungen die

§ 6

Wahrscheinlichkeit zu berücksichtigen, daß der Steuerpflichtige nur zu einem Teil der Summe dieser Verpflichtungen in Anspruch genommen wird;

b) Rückstellungen für Sachleistungsverpflichtungen sind mit den Einzelkosten und den angemessenen Teilen der notwendigen Gemeinkosten zu bewerten;

c) künftige Vorteile, die mit der Erfüllung der Verpflichtung voraussichtlich verbunden sein werden, sind, soweit sie nicht als Forderung zu aktivieren sind, bei ihrer Bewertung wertmindernd zu berücksichtigen;

d) Rückstellungen für Verpflichtungen, für deren Entstehen im wirtschaftlichen Sinne der laufende Betrieb ursächlich ist, sind zeitanteilig in gleichen Raten anzusammeln. ²Rückstellungen für gesetzliche Verpflichtungen zur Rücknahme und Verwertung von Erzeugnissen, die vor Inkrafttreten entsprechender gesetzlicher Verpflichtungen in Verkehr gebracht worden sind, sind zeitanteilig in gleichen Raten bis zum Beginn der jeweiligen Erfüllung anzusammeln; Buchstabe e ist insoweit nicht anzuwenden. ³Rückstellungen für die Verpflichtung, ein Kernkraftwerk stillzulegen, sind ab dem Zeitpunkt der erstmaligen Nutzung bis zum Zeitpunkt, in dem mit der Stilllegung begonnen werden muss, zeitanteilig in gleichen Raten anzusammeln; steht der Zeitpunkt der Stilllegung nicht fest, beträgt der Zeitraum für die Ansammlung 25 Jahre;

e) Rückstellungen für Verpflichtungen sind mit einem Zinssatz von 5,5 Prozent abzuzinsen; Nummer 3 Satz 2 ist entsprechend anzuwenden. ²Für die Abzinsung von Rückstellungen für Sachleistungsverpflichtungen ist der Zeitraum bis zum Beginn der Erfüllung maßgebend. ³Für die Abzinsung von Rückstellungen für die Verpflichtung, ein Kernkraftwerk stillzulegen, ist der sich aus Buchstabe d Satz 3 ergebende Zeitraum maßgebend; und

f) bei der Bewertung sind die Wertverhältnisse am Bilanzstichtag maßgebend; künftige Preis- und Kostensteigerungen dürfen nicht berücksichtigt werden.

4. ¹Entnahmen des Steuerpflichtigen für sich, für seinen Haushalt oder für andere betriebsfremde Zwecke sind mit dem Teilwert anzusetzen; in den Fällen des § 4 Absatz 1 Satz 3 ist die Entnahme mit dem gemeinen Wert anzusetzen. ²Die private Nutzung eines Kraftfahrzeugs, das zu mehr als 50 Prozent betrieblich genutzt wird, ist für jeden Kalendermonat mit 1 Prozent des inländischen Listenpreises im Zeitpunkt der Erstzulassung zuzüglich der Kosten für Sonderausstattungen einschließlich Umsatzsteuer anzusetzen; bei der privaten Nutzung von Fahrzeugen mit Antrieb ausschließlich durch Elektromotoren, die ganz oder überwiegend aus mechanischen oder elektrochemischen Energiespeichern oder aus emissionsfrei betriebenen Energiewandlern gespeist werden (Elektrofahrzeuge), oder von extern aufladbaren Hybridelektrofahrzeugen, ist der Listenpreis dieser Kraftfahrzeuge um die darin enthaltenen Kosten des Batteriesystems im Zeitpunkt der Erstzulassung des Kraftfahrzeugs wie folgt zu mindern: für bis zum 31. Dezember 2013 angeschaffte Kraftfahrzeuge um 500 Euro pro Kilowattstunde der Batteriekapazität, dieser Betrag mindert sich für in den Folgejahren angeschaffte Kraftfahrzeuge um jährlich 50 Euro pro Kilowattstunde der Batteriekapazität; die Minderung pro Kraftfahrzeug beträgt höchstens 10 000 Euro; dieser Höchstbetrag mindert sich für in den Folgejahren angeschaffte Kraftfahrzeuge um jährlich 500 Euro. ³Die private Nutzung kann abweichend von Satz 2 mit den auf die Privatfahrten entfallenden Aufwendungen angesetzt werden, wenn die für das Kraftfahrzeug insgesamt entstehenden Aufwendungen durch Belege und das Verhältnis der privaten zu den übrigen Fahrten durch ein ordnungsgemäßes Fahrtenbuch nachgewiesen werden; bei der privaten Nutzung von Fahrzeugen mit Antrieb ausschließlich durch Elektromotoren, die ganz oder überwiegend aus mechanischen oder elektrochemischen Energiespeichern oder aus emissionsfrei betriebenen Energiewandlern gespeist werden (Elektrofahrzeuge), oder von extern aufladbaren Hybridelektrofahrzeugen, sind die der Berechnung der Entnahme zugrunde zu legenden insgesamt entstandenen Aufwendungen um die nach Satz 2 in pauschaler Höhe festgelegten Aufwendungen, die auf das Batteriesystem entfallen, zu mindern. ⁴Wird ein Wirtschaftsgut

§ 6

unmittelbar nach seiner Entnahme einer nach § 5 Absatz 1 Nummer 9 des Körperschaftsteuergesetzes von der Körperschaftsteuer befreiten Körperschaft, Personenvereinigung oder Vermögensmasse oder einer juristischen Person des öffentlichen Rechts zur Verwendung für steuerbegünstigte Zwecke im Sinne des § 10b Absatz 1 Satz 1 unentgeltlich überlassen, so kann die Entnahme mit dem Buchwert angesetzt werden. ⁵Satz 4 gilt nicht für die Entnahme von Nutzungen und Leistungen.

5. ¹Einlagen sind mit dem Teilwert für den Zeitpunkt der Zuführung anzusetzen; sie sind jedoch höchstens mit den Anschaffungs- oder Herstellungskosten anzusetzen, wenn das zugeführte Wirtschaftsgut

   a) innerhalb der letzten drei Jahre vor dem Zeitpunkt der Zuführung angeschafft oder hergestellt worden ist,

   b) ein Anteil an einer Kapitalgesellschaft ist und der Steuerpflichtige an der Gesellschaft im Sinne des § 17 Absatz 1 oder 6 beteiligt ist; § 17 Absatz 2 Satz 5 gilt entsprechend, oder

   c) ein Wirtschaftsgut im Sinne des § 20 Absatz 2 ist.

   ²Ist die Einlage ein abnutzbares Wirtschaftsgut, so sind die Anschaffungs- oder Herstellungskosten um Absetzungen für Abnutzung zu kürzen, die auf den Zeitraum zwischen der Anschaffung oder Herstellung des Wirtschaftsguts und der Einlage entfallen. ³Ist die Einlage ein Wirtschaftsgut, das vor der Zuführung aus einem Betriebsvermögen des Steuerpflichtigen entnommen worden ist, so tritt an die Stelle der Anschaffungs- oder Herstellungskosten der Wert, mit dem die Entnahme angesetzt worden ist, und an die Stelle des Zeitpunkts der Anschaffung oder Herstellung der Zeitpunkt der Entnahme.

5a. In den Fällen des § 4 Absatz 1 Satz 8 zweiter Halbsatz ist das Wirtschaftsgut mit dem gemeinen Wert anzusetzen.

6. Bei Eröffnung eines Betriebs ist Nummer 5 entsprechend anzuwenden.

7. Bei entgeltlichem Erwerb eines Betriebs sind die Wirtschaftsgüter mit dem Teilwert, höchstens jedoch mit den Anschaffungs- oder Herstellungskosten anzusetzen.

(2) ¹Die Anschaffungs- oder Herstellungskosten oder der nach Absatz 1 Nummer 5 bis 6 an deren Stelle tretende Wert von abnutzbaren beweglichen Wirtschaftsgütern des Anlagevermögens, die einer selbständigen Nutzung fähig sind, können im Wirtschaftsjahr der Anschaffung, Herstellung oder Einlage des Wirtschaftsguts oder der Eröffnung des Betriebs in voller Höhe als Betriebsausgaben abgezogen werden, wenn die Anschaffungs- oder Herstellungskosten, vermindert um einen darin enthaltenen Vorsteuerbetrag (§ 9b Absatz 1), oder der nach Absatz 1 Nummer 5 bis 6 an deren Stelle tretende Wert für das einzelne Wirtschaftsgut 410 Euro nicht übersteigen. ²Ein Wirtschaftsgut ist einer selbständigen Nutzung nicht fähig, wenn es nach seiner betrieblichen Zweckbestimmung nur zusammen mit anderen Wirtschaftsgütern des Anlagevermögens genutzt werden kann und die in den Nutzungszusammenhang eingefügten Wirtschaftsgüter technisch aufeinander abgestimmt sind. ³Das gilt auch, wenn das Wirtschaftsgut aus dem betrieblichen Nutzungszusammenhang gelöst und in einen anderen betrieblichen Nutzungszusammenhang eingefügt werden kann. ⁴Wirtschaftsgüter im Sinne des Satzes 1, deren Wert 150 Euro übersteigt, sind unter Angabe des Tages der Anschaffung, Herstellung oder Einlage des Wirtschaftsguts oder der Eröffnung des Betriebs und der Anschaffungs- oder Herstellungskosten oder des nach Absatz 1 Nummer 5 bis 6 an deren Stelle tretenden Werts in ein besonderes, laufend zu führendes Verzeichnis aufzunehmen. ⁵Das Verzeichnis braucht nicht geführt zu werden, wenn diese Angaben aus der Buchführung ersichtlich sind.

(2a) ¹Abweichend von Absatz 2 Satz 1 kann für die abnutzbaren beweglichen Wirtschaftsgüter des Anlagevermögens, die einer selbständigen Nutzung fähig sind, im Wirtschaftsjahr der Anschaffung, Herstellung oder Einlage des Wirtschaftsguts oder der Eröffnung des Betriebs ein Sammelposten gebildet werden, wenn die Anschaffungs- oder Herstellungskosten, vermindert um einen darin enthaltenen Vorsteuerbetrag (§ 9b Absatz 1), oder der nach Absatz 1 Nummer 5 bis 6 an deren Stelle tretende Wert für das einzelne Wirtschaftsgut

§ 6

150 Euro, aber nicht 1 000 Euro übersteigen. ²Der Sammelposten ist im Wirtschaftsjahr der Bildung und den folgenden vier Wirtschaftsjahren mit jeweils einem Fünftel gewinnmindernd aufzulösen. ³Scheidet ein Wirtschaftsgut im Sinne des Satzes 1 aus dem Betriebsvermögen aus, wird der Sammelposten nicht vermindert. ⁴Die Anschaffungs- oder Herstellungskosten oder der nach Absatz 1 Nummer 5 bis 6 an deren Stelle tretende Wert von abnutzbaren beweglichen Wirtschaftsgütern des Anlagevermögens, die einer selbständigen Nutzung fähig sind, können im Wirtschaftsjahr der Anschaffung, Herstellung oder Einlage des Wirtschaftsguts oder der Eröffnung des Betriebs in voller Höhe als Betriebsausgaben abgezogen werden, wenn die Anschaffungs- oder Herstellungskosten, vermindert um einen darin enthaltenen Vorsteuerbetrag (§ 9b Absatz 1), oder der nach Absatz 1 Nummer 5 bis 6 an deren Stelle tretende Wert für das einzelne Wirtschaftsgut 150 Euro nicht übersteigen. ⁵Die Sätze 1 bis 3 sind für alle in einem Wirtschaftsjahr angeschafften, hergestellten oder eingelegten Wirtschaftsgüter einheitlich anzuwenden.

(3) ¹Wird ein Betrieb, ein Teilbetrieb oder der Anteil eines Mitunternehmers an einem Betrieb unentgeltlich übertragen, so sind bei der Ermittlung des Gewinns des bisherigen Betriebsinhabers (Mitunternehmers) die Wirtschaftsgüter mit den Werten anzusetzen, die sich nach den Vorschriften über die Gewinnermittlung ergeben; dies gilt auch bei der unentgeltlichen Aufnahme einer natürlichen Person in ein bestehendes Einzelunternehmen sowie bei der unentgeltlichen Übertragung eines Teils eines Mitunternehmeranteils auf eine natürliche Person. ²Satz 1 ist auch anzuwenden, wenn der bisherige Betriebsinhaber (Mitunternehmer) Wirtschaftsgüter, die weiterhin zum Betriebsvermögen derselben Mitunternehmerschaft gehören, nicht überträgt, sofern der Rechtsnachfolger den übernommenen Mitunternehmeranteil über einen Zeitraum von mindestens fünf Jahren nicht veräußert oder aufgibt. ³Der Rechtsnachfolger ist an die in Satz 1 genannten Werte gebunden.

(4) Wird ein einzelnes Wirtschaftsgut außer in den Fällen der Einlage (§ 4 Absatz 1 Satz 8) unentgeltlich in das Betriebsvermögen eines anderen Steuerpflichtigen übertragen, gilt sein gemeiner Wert für das aufnehmende Betriebsvermögen als Anschaffungskosten.

(5) ¹Wird ein einzelnes Wirtschaftsgut von einem Betriebsvermögen in ein anderes Betriebsvermögen desselben Steuerpflichtigen überführt, ist bei der Überführung der Wert anzusetzen, der sich nach den Vorschriften über die Gewinnermittlung ergibt, sofern die Besteuerung der stillen Reserven sichergestellt ist; § 4 Absatz 1 Satz 4 ist entsprechend anzuwenden. ²Satz 1 gilt auch für die Überführung aus einem eigenen Betriebsvermögen des Steuerpflichtigen in dessen Sonderbetriebsvermögen bei einer Mitunternehmerschaft und umgekehrt sowie für die Überführung zwischen verschiedenen Sonderbetriebsvermögen desselben Steuerpflichtigen bei verschiedenen Mitunternehmerschaften. ³Satz 1 gilt entsprechend, soweit ein Wirtschaftsgut

1. unentgeltlich oder gegen Gewährung oder Minderung von Gesellschaftsrechten aus einem Betriebsvermögen des Mitunternehmers in das Gesamthandsvermögen einer Mitunternehmerschaft und umgekehrt,

2. unentgeltlich oder gegen Gewährung oder Minderung von Gesellschaftsrechten aus dem Sonderbetriebsvermögen eines Mitunternehmers in das Gesamthandsvermögen derselben Mitunternehmerschaft oder einer anderen Mitunternehmerschaft, an der er beteiligt ist, und umgekehrt oder

3. unentgeltlich zwischen den jeweiligen Sonderbetriebsvermögen verschiedener Mitunternehmer derselben Mitunternehmerschaft

übertragen wird. ⁴Wird das nach Satz 3 übertragene Wirtschaftsgut innerhalb einer Sperrfrist veräußert oder entnommen, ist rückwirkend auf den Zeitpunkt der Übertragung der Teilwert anzusetzen, es sei denn, die bis zur Übertragung entstandenen stillen Reserven sind durch Erstellung einer Ergänzungsbilanz dem übertragenden Gesellschafter zugeordnet worden; diese Sperrfrist endet drei Jahre nach Abgabe der Steuererklärung des Übertragenden für den Veranlagungszeitraum, in dem die in Satz 3 bezeichnete Übertragung erfolgt ist. ⁵Der Teilwert ist auch anzusetzen, soweit in den Fällen des Satzes 3 der Anteil einer Körperschaft, Personenvereinigung oder Vermögensmasse an dem Wirtschaftsgut unmittelbar oder mittelbar begründet wird oder dieser sich erhöht. ⁶Soweit in-

§ 6 Rechtsprechung

nerhalb von sieben Jahren nach der Übertragung des Wirtschaftsguts nach Satz 3 der Anteil einer Körperschaft, Personenvereinigung oder Vermögensmasse an dem übertragenen Wirtschaftsgut aus einem anderen Grund unmittelbar oder mittelbar begründet wird oder dieser sich erhöht, ist rückwirkend auf den Zeitpunkt der Übertragung ebenfalls der Teilwert anzusetzen.[1]

(6) ¹Wird ein einzelnes Wirtschaftsgut im Wege des Tausches übertragen, bemessen sich die Anschaffungskosten nach dem gemeinen Wert des hingegebenen Wirtschaftsguts. ²Erfolgt die Übertragung im Wege der verdeckten Einlage, erhöhen sich die Anschaffungskosten der Beteiligung an der Kapitalgesellschaft um den Teilwert des eingelegten Wirtschaftsguts. ³In den Fällen des Absatzes 1 Nummer 5 Satz 1 Buchstabe a erhöhen sich die Anschaffungskosten im Sinne des Satzes 2 um den Einlagewert des Wirtschaftsguts. ⁴Absatz 5 bleibt unberührt.

(7) Im Fall des § 4 Absatz 3 sind

1. bei der Bemessung der Absetzungen für Abnutzung oder Substanzverringerung die sich bei der Anwendung der Absätze 3 bis 6 ergebenden Werte als Anschaffungskosten zugrunde zu legen und
2. die Bewertungsvorschriften des Absatzes 1 Nummer 1a und der Nummern 4 bis 7 entsprechend anzuwenden.

Rechtsprechungsauswahl

BFH v. 20. 3. 2014 VI R 35/12 (BStBl. II S. 643): Wechsel zur Fahrtenbuchmethode

1. Die Fahrtenbuchmethode bestimmt den Wert der Privatnutzung als Anteil an den gesamten Fahrzeugaufwendungen und an der gesamten Fahrleistung des Fahrzeugs.
2. Die Fahrtenbuchmethode ist nur dann zu Grunde zu legen, wenn der Arbeitnehmer das Fahrtenbuch für den gesamten Veranlagungszeitraum führt, in dem er das Fahrzeug nutzt; ein unterjähriger Wechsel von der 1 %-Regelung zur Fahrtenbuchmethode für dasselbe Fahrzeug ist nicht zulässig.

BFH v. 13. 6. 2013 VI R 17/12 (BStBl. 2014 II S. 340): 1 %-Regelung bei Überlassung mehrerer Kfz – Ermessensfehlerhafte Inhaftungnahme des Arbeitgeber

1. Überlässt der Arbeitgeber dem Arbeitnehmer mehr als ein Kfz auch zur privaten Nutzung, so ist der in der Überlassung des Fahrzeugs zur privaten Nutzung liegende geldwerte Vorteil für jedes Fahrzeug nach der 1 %-Regelung zu berechnen.
2. Die Inhaftungnahme des Arbeitgebers nach § 42d Abs. 3 Satz 2 EStG ist regelmäßig ermessensfehlerhaft, wenn der Arbeitgeber entsprechend einer Billigkeitsregelung der Finanzbehörden Lohnsteuer materiell unzutreffend einbehält.

BFH v. 21. 3. 2013 VI R 26/10 (BFH-Webseite): Anwendungsvoraussetzung der 1 % Regelung – Entkräftung des Anscheinsbeweises

Die unentgeltliche oder verbilligte Überlassung eines Dienstwagens durch den Arbeitgeber an den Arbeitnehmer für dessen Privatnutzung führt unabhängig davon, ob und in welchem Umfang der Arbeitnehmer den betrieblichen PKW tatsächlich privat nutzt, zu einem lohnsteuerlichen Vorteil (Abgrenzung von BFH-Urteil vom 7. November 2006 VI R 19/05, BFHE 215, 256, BStBl. II 2007, 116).

2. NV: Ob der Arbeitnehmer den Beweis des ersten Anscheins, dass dienstliche Fahrzeuge, die zu privaten Zwecken zur Verfügung stehen, auch tatsächlich privat genutzt werden, durch die substantiierte Darlegung eines atypischen Sachverhalts zu entkräften vermag, ist damit für die Besteuerung des Nutzungsvorteils nach § 8 Abs. 2 Satz 2 EStG unerheblich (Änderung der Rechtsprechung).

BFH v. 13. 12. 2012 VI R 51/11(BStBl. 2013 II S. 385): 1 %-Regelung auf Grundlage der Bruttolistenneupreise

Die 1 %-Regelung begegnet insbesondere im Hinblick auf die dem Steuerpflichtigen zur Wahl gestellte Möglichkeit, den vom Arbeitgeber zugewandten Nutzungsvorteil auch nach der so genannten Fahrtenbuchmethode zu ermitteln und zu bewerten, keinen verfassungsrechtlichen Bedenken.

BFH v. 20. 11. 2012 VIII R 31/09 (BFH-Webseite): Keine Anwendung der sog. Ein-Prozent-Regel bei Nutzungsrecht an fremden Kfz mit weniger als 50 % eigenbetrieblicher Nutzung und ohne wirt-

---

1) Zur erstmaligen Anwendung von § 6 Absatz 5 Satz 3 und 4 siehe § 52 Absatz 16a EStG.

Rechtsprechung § 6

schaftliches Eigentum in vor 2006 beginnenden Wirtschaftsjahren – Zuordnung von Nutzungsrechten aus Leasing-Verträgen zum Betriebsvermögen – Zweck und Anwendungsvoraussetzungen von § 6 Abs. 1 Nr. 4 Satz 2 EStG.

Die betriebliche Verwendung eines geleasten Kraftfahrzeugs führt auch in Wirtschaftsjahren, die bis zum 31.12.2005 geendet haben, jedenfalls dann nicht zu einer nach § 6 Abs. 1 Nr. 4 Satz 2 EStG zu bewertenden Nutzungsentnahme, wenn der betriebliche Nutzungsanteil nicht mehr als 50 % beträgt und der Steuerpflichtige nicht wirtschaftlicher Eigentümer des Leasingfahrzeugs ist.

BFH v. 13. 11. 2012 VI R 3/12 (BFH-Webseite): Mindestangaben eines ordnungsgemäßen Fahrtenbuchs

Die Ausgangs- und Endpunkte der jeweiligen Fahrten und die jeweils aufgesuchten Kunden und Geschäftspartner gehören zu den unverzichtbaren Angaben, die im Fahrtenbuch selbst zu machen sind. Die erforderlichen Mindestangaben können nicht durch anderweitige nicht im Fahrtenbuch selbst enthaltene Auflistungen ersetzt werden.

BFH v. 18. 9. 2012 VIII R 28/10 (BStBl. 2013 II S. 120): Begrenzung der 1 %-Regelung auf die Gesamtkosten bei Vermietung von Kfz an Personengesellschaften durch ihre Gesellschafter

Der Wert für die Nutzungsentnahme eines Fahrzeugs aus dem Betriebsvermögen und der Betrag der nicht abziehbaren Betriebsausgaben nach § 4 Abs. 5 Satz 1 Nr. 6 EStG wird nach der Billigkeitsregelung der Finanzverwaltung (BMF-Schreiben vom 21. Januar 2002 IV A 6 – S 2777 – 1/02, BStBl. I 2002, 148) durch die „Gesamtkosten des Kraftfahrzeugs" begrenzt; solche „Gesamtkosten" des Kfz sind bei entgeltlicher Überlassung durch einen Gesellschafter an die Gesellschaft nur deren Aufwendungen für das Fahrzeug, nicht aber die Aufwendungen des Gesellschafters.

BFH v. 1. 3. 2012 VI R 33/10 (BStBl. II S. 505): Mindestanforderungen für ordnungsgemäßes Fahrtenbuch Der Senat hält an seiner mittlerweile ständigen Rechtsprechung (Urteil vom 16. März 2006 VI R 87/04, BFHE 212, 546, BStBl. II 2006 S. 625) fest, dass ein ordnungsgemäßes Fahrtenbuch insbesondere Datum und Ziel der jeweiligen Fahrten ausweisen muss. Dem ist nicht entsprochen, wenn als Fahrtziele jeweils nur Straßennamen angegeben sind und diese Angaben erst mit nachträglich erstellten Auflistungen präzisiert werden.

BFH v. 6. 10. 2011 VI R 56/10 (BStBl. 2012 II S. 362): Keine Anwendung der 1 %-Regelung bei Fahrten zwischen Wohnung und regelmäßiger Arbeitsstätte – Nutzung eines betrieblichen Fahrzeugs – Anscheinsbeweis

1. Die Anwendung der 1 %-Regelung setzt voraus, dass der Arbeitgeber seinem Arbeitnehmer tatsächlich einen Dienstwagen zur privaten Nutzung überlassen hat (Anschluss an Senatsurteil vom 21. April 2010 VI R 46/08, BFHE 229, 228, BStBl. II 2010, 848). Denn der Ansatz eines lohnsteuerrechtlich erheblichen Vorteils rechtfertigt sich nur insoweit, als der Arbeitgeber dem Arbeitnehmer gestattet, den Dienstwagen privat zu nutzen.
2. Allein die Gestattung der Nutzung eines betrieblichen Fahrzeugs für Fahrten zwischen Wohnung und Arbeitsstätte begründet noch keine Überlassung zur privaten Nutzung i.S. des § 8 Abs. 2 Satz 2 EStG.

BFH vom 13. 10. 2010 VI R 12/09 (BStBl. 2011 II S. 361): Private Nutzung von betrieblichen Kraftfahrzeugen – Kein Einbezug von Kosten für Nachrüstung auf Flüssiggasbetrieb in die Bemessungsgrundlage – Keine getrennte Bewertung der Nutzbarkeit – Sonderausstattung – Maßgeblichkeit des Zeitpunktes der Erstzulassung

1. Der nachträgliche Einbau einer Flüssiggasanlage in ein zur Privatnutzung überlassenes Firmenfahrzeug ist nicht als Sonderausstattung in die Bemessungsgrundlage des § 6 Abs. 1 Nr. 4 Satz 2 EStG einzubeziehen.
2. Eine Sonderausstattung im Sinne des Gesetzes liegt nur dann vor, wenn das Fahrzeug bereits werkseitig im Zeitpunkt der Erstzulassung damit ausgestattet ist.
3. Mit dem Betrag, der nach der 1 %-Regelung als Einnahme anzusetzen ist, werden sämtliche geldwerten Vorteile abgegolten, die sich aus der Möglichkeit einer privaten Nutzung des betrieblichen Fahrzeugs ergeben; unselbständige Ausstattungsmerkmale können nicht getrennt bewertet werden.*)

*) R 8.1 Absatz 9 Nummer 1 Satz 6 LStR 2011 ist überholt.

BFH v. 21. 4. 2010 VI R 46/08 (BStBl. II S. 848): Anwendungsvoraussetzung der 1 %-Regelung – beschränkte Reichweite des Anscheinsbeweises

1. Die Anwendung der 1 %-Regelung setzt voraus, dass der Arbeitgeber seinem Arbeitnehmer tatsächlich einen Dienstwagen zur privaten Nutzung überlassen hat.

§ 6 Rechtsprechung

2. Der Anscheinsbeweis streitet dafür, dass der Arbeitnehmer einen ihm vom Arbeitgeber zur privaten Nutzung überlassenen Dienstwagen auch tatsächlich privat nutzt, nicht aber dafür, dass der Arbeitgeber dem Arbeitnehmer den Dienstwagen zur privaten Nutzung überlassen hat.

BFH v. 9. 3. 2010 VIII R 24/08 (BStBl. II S. 903): Nutzungsentnahme, mehrere Fahrzeuge, 1 %-Regelung

Gehören mehrere Kraftfahrzeuge zu einem Betriebsvermögen, ist § 6 Abs. 1 Nr. 4 Satz 2 EStG grundsätzlich auch dann fahrzeugbezogen, also mehrfach anzuwenden, wenn in tatsächlicher Hinsicht feststeht, dass ausschließlich eine Person die Fahrzeuge auch privat genutzt hat (entgegen Tz. 9 Satz 2 des BMF-Schreibens vom 21. Januar 2002 IV A 6 – S 2177 – 1/02, BStBl. I 2002, 148).*)

*) Das BMF-Schreiben vom 28. Mai 1996 IV B 6 – S 2334 – 173/96 (BStBl. 1996 I S. 654 Tz. 2) bleibt unberührt.

BFH v. 11. 2. 2010 VI R 43/09 (BFH-Webseite): Private Fahrzeugnutzung als Arbeitslohn oder vGA

1. Die nachhaltige „vertragswidrige" private Nutzung eines betrieblichen PKW durch den anstellungsvertraglich gebundenen Gesellschafter-Geschäftsführer ist nicht stets als vGA zu beurteilen.
2. Unterbindet die Kapitalgesellschaft die unbefugte Nutzung durch den Gesellschafter-Geschäftsführer nicht, kann dies sowohl durch das Beteiligungsverhältnis als auch durch das Arbeitsverhältnis veranlasst sein. Die Zuordnung (vGA oder Arbeitslohn) bedarf der wertenden Betrachtung im Einzelfall (Anschluss an BFH-Urteil vom 23. April 2009 VI R 81/06, BFHE 225, 33).

BFH v. 3. 2. 2010 IV R 45/07 (BStBl. II S. 689): Nach der 1 %-Regelung ermittelte Entnahme für die private PKW-Nutzung bei Landwirt mit Durchschnittssatz-Besteuerung gemäß § 24 UStG nicht um fiktive Umsatzsteuer zu erhöhen

Die Entnahme eines Landwirts, der die private PKW-Nutzung nach der 1 %-Regelung ermittelt und die Umsatzsteuer pauschaliert, ist nicht um eine fiktive Umsatzsteuer zu erhöhen.

BFH v. 26. 11. 2009 VIII B 190/09 (BFH-Webseite): Investitionsabzugsbetrag, ausschließlich oder fast ausschließlich betriebliche Nutzung

1. Für einen betrieblichen PKW, der auch privat genutzt werden soll, kann die Absicht der ausschließlich oder fast ausschließlich betrieblichen Nutzung des PKW dadurch dargelegt werden, dass der Steuerpflichtige geltend macht, den (ausreichenden) betrieblichen Nutzungsanteil mittels eines Fahrtenbuches zu dokumentieren.
2. Dem steht bei summarischer Prüfung nicht entgegen, dass der Steuerpflichtige für ein im Zeitpunkt der Geltendmachung des Investitionsabzugsbetrages vorhandenes Fahrzeug den privaten Nutzungsanteil unter Anwendung der sog. 1 %-Regelung (§ 6 Abs. 1 Nr. 4 Satz 2 EStG) ermittelt (gegen BMF-Schreiben vom 8. Mai 2009 IV C 6 – S 2139 – b/07/10002, 2009/0294764, BStBl. I 2009, 633 Rn. 47).

BFH v. 10. 4. 2008 VI R 38/06 (BStBl. II S. 768):

1. Die Aufzeichnungen im Fahrtenbuch müssen eine hinreichende Gewähr für ihre Vollständigkeit und Richtigkeit bieten. Kleinere Mängel führen nicht zur Verwerfung des Fahrtenbuchs und Anwendung der 1%-Regelung, wenn die Angaben insgesamt plausibel sind.
2. § 8 Abs. 2 Satz 4 EStG setzt nicht die Einrichtung eines gesonderten Aufwandskontos voraus.

BFH v. 26. 4. 2006 X R 35/05 (BStBl. 2007 II S. 445): Die Nutzung eines betrieblichen Kraftfahrzeugs zur Erzielung von Überschusseinkünften ist durch die Bewertung der privaten Nutzung nach der 1 v.H.-Regelung nicht mit abgegolten. Sie ist vielmehr mit den auf sie entfallenden tatsächlichen Selbstkosten als Entnahme zu erfassen.

§ 6a Pensionsrückstellung

(1) Für eine Pensionsverpflichtung darf eine Rückstellung (Pensionsrückstellung) nur gebildet werden, wenn und soweit

1. der Pensionsberechtigte einen Rechtsanspruch auf einmalige oder laufende Pensionsleistungen hat,
2. die Pensionszusage keine Pensionsleistungen in Abhängigkeit von künftigen gewinnabhängigen Bezügen vorsieht und keinen Vorbehalt enthält, dass die Pensionsanwartschaft oder die Pensionsleistung gemindert oder entzogen werden kann, oder ein solcher Vorbehalt sich nur auf Tatbestände erstreckt, bei deren Vorliegen nach allgemeinen Rechtsgrundsätzen unter Beachtung billigen Ermessens eine Minderung oder ein Entzug der Pensionsanwartschaft oder der Pensionsleistung zulässig ist, und
3. die Pensionszusage schriftlich erteilt ist; die Pensionszusage muss eindeutige Angaben zu Art, Form, Voraussetzungen und Höhe der in Aussicht gestellten künftigen Leistungen enthalten.

(2) Eine Pensionsrückstellung darf erstmals gebildet werden

1. vor Eintritt des Versorgungsfalls für das Wirtschaftsjahr, in dem die Pensionszusage erteilt wird, frühestens jedoch für das Wirtschaftsjahr, bis zu dessen Mitte der Pensionsberechtigte das 27. Lebensjahr vollendet oder für das Wirtschaftsjahr, in dessen Verlauf die Pensionsanwartschaft gemäß den Vorschriften des Betriebsrentengesetzes,[1)]
2. nach Eintritt des Versorgungsfalls für das Wirtschaftsjahr, in dem der Versorgungsfall eintritt.

(3) [1]Eine Pensionsrückstellung darf höchstens mit dem Teilwert der Pensionsverpflichtung angesetzt werden. [2]Als Teilwert einer Pensionsverpflichtung gilt

1. vor Beendigung des Dienstverhältnisses des Pensionsberechtigten der Barwert der künftigen Pensionsleistungen am Schluss des Wirtschaftsjahres abzüglich des sich auf denselben Zeitpunkt ergebenden Barwertes betragsmäßig gleich bleibender Jahresbeträge, bei einer Entgeltumwandlung im Sinne von § 1 Absatz 2 des Betriebsrentengesetzes[2)] mindestens jedoch der Barwert der gemäß den Vorschriften des Gesetzes zur Verbesserung der betrieblichen Altersversorgung unverfallbaren künftigen Pensionsleistungen am Schluss des Wirtschaftsjahres. [2]Die Jahresbeträge sind so zu bemessen, dass am Beginn des Wirtschaftsjahres, in dem das Dienstverhältnis begonnen hat, ihr Barwert gleich dem Barwert der künftigen Pensionsleistungen ist; die künftigen Pensionsleistungen sind dabei mit dem Betrag anzusetzen, der sich nach den Verhältnissen am Bilanzstichtag ergibt. [3]Es sind die Jahresbeträge zugrunde zu legen, die vom Beginn des Wirtschaftsjahres, in dem das Dienstverhältnis begonnen hat, bis zu dem in der Pensionszusage vorgesehenen Zeitpunkt des Eintritts des Versorgungsfalls rechnungsmäßig aufzubringen sind. [4]Erhöhungen oder Verminderungen der Pensionsleistungen nach dem Schluss des Wirtschaftsjahres, die hinsichtlich des Zeitpunkts ihres Wirksamwerdens oder ihres Umfangs ungewiss sind, sind bei der Berechnung des Barwertes der künftigen Pensionsleistungen und der Jahresbeträge erst zu berücksichtigen, wenn sie eingetreten sind. [5]Wird die Pensionszusage erst nach dem Beginn des Dienstverhältnisses erteilt, so ist die Zwischenzeit für die Berechnung der Jahresbeträge nur insoweit als Wartezeit zu behandeln, als sie in der Pensionszusage als solche bestimmt ist. [6]Hat das Dienstverhältnis schon vor der Vollendung des 27. Lebensjahres des Pensionsberechtigten bestanden, so gilt es als zu Beginn des Wirtschaftsjahres begonnen, bis zu dessen Mitte der Pensionsberechtigte das 27. Lebensjahr vollendet; in diesem Fall gilt für davor liegende Wirtschaftsjahre als Teilwert der Barwert der gemäß den Vorschriften des Betriebsrentengesetzes unverfallbaren künftigen Pensionsleistungen am Schluss des Wirtschaftsjahres;

---

1) Zum Betriebsrentengesetz vgl. Anhang 8.
2) Vgl. Anhang 8.

§§ 6a, 6b

2. nach Beendigung des Dienstverhältnisses des Pensionsberechtigten unter Aufrechterhaltung seiner Pensionsanwartschaft oder nach Eintritt des Versorgungsfalls der Barwert der künftigen Pensionsleistungen am Schluss des Wirtschaftsjahres; Nummer 1 Satz 4 gilt sinngemäß.

[3]Bei der Berechnung des Teilwertes der Pensionsverpflichtung sind ein Rechnungszinsfuß von 6 Prozent und die anerkannten Regeln der Versicherungsmathematik anzuwenden.

(4) [1]Eine Pensionsrückstellung darf in einem Wirtschaftsjahr höchstens um den Unterschied zwischen dem Teilwert der Pensionsverpflichtung am Schluss des Wirtschaftsjahres und am Schluss des vorangegangenen Wirtschaftsjahres erhöht werden. [2]Soweit der Unterschiedsbetrag auf der erstmaligen Anwendung neuer oder geänderter biometrischer Rechnungsgrundlagen beruht, kann er nur auf mindestens drei Wirtschaftsjahre gleichmäßig verteilt der Pensionsrückstellung zugeführt werden; Entsprechendes gilt beim Wechsel auf andere biometrische Rechnungsgrundlagen. [3]In dem Wirtschaftsjahr, in dem mit der Bildung einer Pensionsrückstellung frühestens begonnen werden darf (Erstjahr), darf die Rückstellung bis zur Höhe des Teilwertes der Pensionsverpflichtung am Schluss des Wirtschaftsjahres gebildet werden; diese Rückstellung kann auf das Erstjahr und die beiden folgenden Wirtschaftsjahre gleichmäßig verteilt werden. [4]Erhöht sich in einem Wirtschaftsjahr gegenüber dem vorangegangenen Wirtschaftsjahr der Barwert der künftigen Pensionsleistungen um mehr als 25 Prozent, so kann die für dieses Wirtschaftsjahr zulässige Erhöhung der Pensionsrückstellung auf dieses Wirtschaftsjahr und die beiden folgenden Wirtschaftsjahre gleichmäßig verteilt werden. [5]Am Schluss des Wirtschaftsjahres, in dem das Dienstverhältnis des Pensionsberechtigten unter Aufrechterhaltung seiner Pensionsanwartschaft endet oder der Versorgungsfall eintritt, darf die Pensionsrückstellung stets bis zur Höhe des Teilwertes der Pensionsverpflichtung gebildet werden; die für dieses Wirtschaftsjahr zulässige Erhöhung der Pensionsrückstellung kann auf dieses Wirtschaftsjahr und die beiden folgenden Wirtschaftsjahre gleichmäßig verteilt werden. [6]Satz 2 gilt in den Fällen der Sätze 3 bis 5 entsprechend.

(5) Die Absätze 3 und 4 gelten entsprechend, wenn der Pensionsberechtigte zu dem Pensionsverpflichteten in einem anderen Rechtsverhältnis als einem Dienstverhältnis steht.

§ 6b Übertragung stiller Reservern bei der Veräußerung bestimmter Anlagegüter

(1) [1]Steuerpflichtige, die

Grund und Boden,

Aufwuchs auf Grund und Boden pmit dem dazugehörigen Grund und Boden, wenn der Aufwuchs zu einem land- und forstwirtschaftlichen Betriebsvermögen gehört,

Gebäude oder

Binnenschiffe

veräußern, können im Wirtschaftsjahr der Veräußerung von den Anschaffungs- oder Herstellungskosten der in Satz 2 bezeichneten Wirtschaftsgüter, die im Wirtschaftsjahr der Veräußerung oder im vorangegangenen Wirtschaftsjahr angeschafft oder hergestellt worden sind, einen Betrag bis zur Höhe des bei der Veräußerung entstandenen Gewinns abziehen. [2]Der Abzug ist zulässig bei den Anschaffungs- oder Herstellungskosten von

1. Grund und Boden,

    soweit der Gewinn bei der Veräußerung von Grund und Boden entstanden ist,

2. Aufwuchs auf Grund und Boden mit dem dazugehörigen Grund und Boden, wenn der zu einem land- und forstwirtschaftlichen Betriebsvermögen gehört,

    soweit der Gewinn bei der Veräußerung von Grund und Boden oder der Veräußerung von Aufwuchs auf Grund und Boden mit dem dazugehörigen Grund und Boden entstanden ist,

§ 6b

3. Gebäuden,

   soweit der Gewinn bei der Veräußerung von Grund und Boden, von Aufwuchs auf Grund und Boden mit dem dazugehörigen Grund und Boden oder Gebäuden entstanden ist, oder

4. Binnenschiffen,

   soweit der Gewinn bei der Veräußerung von Binnenschiffen entstanden ist.

[3]Der Anschaffung oder Herstellung von Gebäuden steht ihre Erweiterung, ihr Ausbau oder ihr Umbau gleich. [4]Der Abzug ist in diesem Fall nur von dem Aufwand für die Erweiterung, den Ausbau oder den Umbau der Gebäude zulässig.

(2) [1]Gewinn im Sinne des Absatzes 1 Satz 1 ist der Betrag, um den der Veräußerungspreis nach Abzug der Veräußerungskosten den Buchwert übersteigt, mit dem das veräußerte Wirtschaftsgut im Zeitpunkt der Veräußerung anzusetzen gewesen wäre. [2]Buchwert ist der Wert, mit dem ein Wirtschaftsgut nach § 6 anzusetzen ist.

(3) [1]Soweit Steuerpflichtige den Abzug nach Absatz 1 nicht vorgenommen haben, können sie im Wirtschaftsjahr der Veräußerung eine den steuerlichen Gewinn mindernde Rücklage bilden. [2]Bis zur Höhe dieser Rücklage können sie von den Anschaffungs- oder Herstellungskosten der in Absatz 1 Satz 2 bezeichneten Wirtschaftsgüter, die in den folgenden vier Wirtschaftsjahren angeschafft oder hergestellt worden sind, im Wirtschaftsjahr ihrer Anschaffung oder Herstellung einen Betrag unter Berücksichtigung der Einschränkungen des Absatzes 1 Satz 2 bis 4 abziehen. [3]Die Frist von vier Jahren verlängert sich bei neu hergestellten Gebäuden auf sechs Jahre, wenn mit ihrer Herstellung vor dem Schluss des vierten auf die Bildung der Rücklage folgenden Wirtschaftsjahres begonnen worden ist. [4]Die Rücklage ist in Höhe des abgezogenen Betrags gewinnerhöhend aufzulösen. [5]Ist eine Rücklage am Schluss des vierten auf ihre Bildung folgenden Wirtschaftsjahres noch vorhanden, so ist sie in diesem Zeitpunkt gewinnerhöhend aufzulösen, soweit nicht ein Abzug von den Herstellungskosten von Gebäuden in Betracht kommt, mit deren Herstellung bis zu diesem Zeitpunkt begonnen worden ist; ist die Rücklage am Schluss des sechsten auf ihre Bildung folgenden Wirtschaftsjahres noch vorhanden, so ist sie in diesem Zeitpunkt gewinnerhöhend aufzulösen.

(4) [1]Voraussetzung für die Anwendung der Absätze 1 und 3 ist, dass

1. der Steuerpflichtige den Gewinn nach § 4 Absatz 1 oder § 5 ermittelt,
2. die veräußerten Wirtschaftsgüter im Zeitpunkt der Veräußerung mindestens sechs Jahre ununterbrochen zum Anlagevermögen einer inländischen Betriebsstätte gehört haben,
3. die angeschafften oder hergestellten Wirtschaftsgüter zum Anlagevermögen einer inländischen Betriebsstätte gehören,
4. der bei der Veräußerung entstandene Gewinn bei der Ermittlung des im Inland steuerpflichtigen Gewinns nicht außer Ansatz bleibt und
5. der Abzug nach Absatz 1 und die Bildung und Auflösung der Rücklage nach Absatz 3 in der Buchführung verfolgt werden können.

[2]Der Abzug nach den Absätzen 1 und 3 ist bei Wirtschaftsgütern, die zu einem land- und forstwirtschaftlichen Betrieb gehören oder der selbständigen Arbeit dienen, nicht zulässig, wenn der Gewinn bei der Veräußerung von Wirtschaftsgütern eines Gewerbebetriebs entstanden ist.

(5) An die Stelle der Anschaffungs- oder Herstellungskosten im Sinne des Absatzes 1 tritt in den Fällen, in denen das Wirtschaftsgut im Wirtschaftsjahr vor der Veräußerung angeschafft oder hergestellt worden ist, der Buchwert am Schluss des Wirtschaftsjahres der Anschaffung oder Herstellung.

(6) [1]Ist ein Betrag nach Absatz 1 oder 3 abgezogen worden, so tritt für die Absetzungen für Abnutzung oder Substanzverringerung oder in den Fällen des § 6 Absatz 2 und Absatz 2a im Wirtschaftsjahr des Abzugs der verbleibende Betrag an die Stelle der Anschaffungs-

§ 6b

oder Herstellungskosten. ²In den Fällen des § 7 Absatz 4 Satz 1 und Absatz 5 sind die um den Abzugsbetrag nach Absatz 1 oder 3 geminderten Anschaffungs- oder Herstellungskosten maßgebend.

(7) Soweit eine nach Absatz 3 Satz 1 gebildete Rücklage gewinnerhöhend aufgelöst wird, ohne daß ein entsprechender Betrag nach Absatz 3 abgezogen wird, ist der Gewinn des Wirtschaftsjahres, in dem die Rücklage aufgelöst wird, für jedes volle Wirtschaftsjahr, in dem die Rücklage bestanden hat, um 6 Prozent des aufgelösten Rücklagenbetrags zu erhöhen.

(8) ¹Werden Wirtschaftsgüter im Sinne des Absatzes 1 zum Zweck der Vorbereitung oder Durchführung von städtebaulichen Sanierungs- oder Entwicklungsmaßnahmen an einen der in Satz 2 bezeichneten Erwerber übertragen, sind die Absätze 1 bis 7 mit der Maßgabe anzuwenden, dass

1. die Fristen des Absatzes 3 Sätze 2, 3 und 5 sich jeweils um drei Jahre verlängern und
2. an die Stelle der in Absatz 4 Nummer 2 bezeichneten Frist von sechs Jahren eine Frist von zwei Jahren tritt.

²Erwerber im Sinne des Satzes 1 sind Gebietskörperschaften, Gemeindeverbände, Verbände im Sinne des § 166 Absatz 4 des Baugesetzbuchs, Planungsverbände nach § 205 des Baugesetzbuchs, Sanierungsträger nach § 157 des Baugesetzbuchs, Entwicklungsträger nach § 167 des Baugesetzbuchs sowie Erwerber, die städtebauliche Sanierungsmaßnahmen als Eigentümer selbst durchführen (§ 147 Absatz 2 und § 148 Absatz 1 Baugesetzbuch).

(9) Absatz 8 ist nur anzuwenden, wenn die nach Landesrecht zuständige Behörde bescheinigt, dass die Übertragung der Wirtschaftsgüter zum Zweck der Vorbereitung oder Durchführung von städtebaulichen Sanierungs- oder Entwicklungsmaßnahmen an einen der in Absatz 8 Satz 4 bezeichneten Erwerber erfolgt ist.

(10) ¹Steuerpflichtige, die keine Körperschaften, Personenvereinigungen oder Vermögensmassen sind, können Gewinne aus der Veräußerung von Anteilen an Kapitalgesellschaften bis zu einem Betrag von 500 000 Euro auf die im Wirtschaftsjahr der Veräußerung oder in den folgenden zwei Wirtschaftsjahren angeschafften Anteile an Kapitalgesellschaften oder angeschafften oder hergestellten abnutzbaren beweglichen Wirtschaftsgüter oder auf die im Wirtschaftsjahr der Veräußerung oder in den folgenden vier Wirtschaftsjahren angeschafften oder hergestellten Gebäude nach Maßgabe der Sätze 2 bis 11 übertragen. ²Wird der Gewinn im Jahr der Veräußerung auf Gebäude oder abnutzbare bewegliche Wirtschaftsgüter übertragen, so kann ein Betrag bis zur Höhe des bei der Veräußerung entstandenen und nicht nach § 3 Nummer 40 Satz 1 Buchstabe a und b in Verbindung mit § 3c Absatz 2 steuerbefreiten Betrags von den Anschaffungs- oder Herstellungskosten für Gebäude oder abnutzbare bewegliche Wirtschaftsgüter abgezogen werden. ³Wird der Gewinn im Jahr der Veräußerung auf Anteile an Kapitalgesellschaften übertragen, mindern sich die Anschaffungskosten der Anteile an Kapitalgesellschaften in Höhe des Veräußerungsgewinns einschließlich des nach § 3 Nummer 40 Satz 1 Buchstabe a und b in Verbindung mit § 3c Absatz 2 steuerbefreiten Betrages. ⁴Absatz 2, Absatz 4 Satz 1 Nummer 1, 2, 3, 5 und Satz 2 sowie Absatz 5 sind sinngemäß anzuwenden. ⁵Soweit Steuerpflichtige den Abzug nach den Sätzen 1 bis 4 nicht vorgenommen haben, können sie eine Rücklage nach Maßgabe des Satzes 1 einschließlich des nach § 3 Nummer 40 Satz 1 Buchstabe a und b in Verbindung mit § 3c Absatz 2 steuerbefreiten Betrages bilden. ⁶Bei der Auflösung der Rücklage gelten die Sätze 2 und 3 sinngemäß. ⁷Im Fall des Satzes 2 ist die Rücklage in gleicher Höhe um den nach § 3 Nummer 40 Satz 1 Buchstabe a und b in Verbindung mit § 3c Absatz 2 steuerbefreiten Betrag aufzulösen. ⁸Ist eine Rücklage am Schluss des vierten auf ihre Bildung folgenden Wirtschaftsjahres noch vorhanden, so ist sie in diesem Zeitpunkt gewinnerhöhend aufzulösen. ⁹Soweit der Abzug nach Satz 6 nicht vorgenommen wurde, ist der Gewinn des Wirtschaftsjahres, in dem die Rücklage aufgelöst wird, für jedes volle Wirtschaftsjahr, in dem die Rücklage bestanden hat, um 6 Prozent des nicht nach § 3 Nummer 40 Satz 1 Buchstabe a und b in Verbindung mit § 3c Absatz 2 steuerbefreiten aufgelösten Rücklagenbetrags zu erhöhen. ¹⁰Für die zum Gesamthandsvermögen von Personengesellschaften oder Gemeinschaften gehörenden Anteile an Kapitalgesellschaften gelten die Sätze 1 bis 9 nur, soweit an den Per-

sonengesellschaften und Gemeinschaften keine Körperschaften, Personenvereinigungen oder Vermögensmassen beteiligt sind.

§ 6c Übertragung stiller Reserven bei der Veräußerung bestimmter Anlagegüter bei der Ermittlung des Gewinns nach § 4 Absatz 3 oder nach Durchschnittssätzen

(1) ¹§ 6b mit Ausnahme des § 6b Absatz 4 Nummer 1 ist entsprechend anzuwenden, wenn der Gewinn nach § 4 Absatz 3 oder die Einkünfte aus Land- und Forstwirtschaft nach Durchschnittssätzen ermittelt werden. ²Soweit nach § 6b Absatz 3 eine Rücklage gebildet werden kann, ist ihre Bildung als Betriebsausgabe (Abzug) und ihre Auflösung als Betriebseinnahme (Zuschlag) zu behandeln; der Zeitraum zwischen Abzug und Zuschlag gilt als Zeitraum, in dem die Rücklage bestanden hat.

(2) ¹Voraussetzung für die Anwendung des Absatzes 1 ist, dass die Wirtschaftsgüter, bei denen ein Abzug von den Anschaffungs- oder Herstellungskosten oder von dem Wert nach § 6b Absatz 5 vorgenommen worden ist, in besondere, laufend zu führende Verzeichnisse aufgenommen werden. ²In den Verzeichnissen sind der Tag der Anschaffung oder Herstellung, die Anschaffungs- oder Herstellungskosten, der Abzug nach § 6b Absatz 1 und 3 in Verbindung mit Absatz 1, die Absetzungen für Abnutzung, die Abschreibungen sowie die Beträge nachzuweisen, die nach § 6b Absatz 3 in Verbindung mit Absatz 1 als Betriebsausgaben (Abzug) oder Betriebseinnahmen (Zuschlag) behandelt worden sind.

§ 6d Euroumrechnungsrücklage

(1) ¹Ausleihungen, Forderungen und Verbindlichkeiten im Sinne des Artikels 43 des Einführungsgesetzes zum Handelsgesetzbuch, die auf Währungseinheiten der an der europäischen Währungsunion teilnehmenden anderen Mitgliedstaaten oder auf die ECU im Sinne des Artikels 2 der Verordnung (EG) Nr. 1103/97 des Rates vom 17. Juni 1997 (ABl. EG Nr. L 162 S. 1) lauten, sind am Schluss des ersten nach dem 31. Dezember 1998 endenden Wirtschaftsjahres mit dem vom Rat der Europäischen Union gemäß Artikel 109l Absatz 4 Satz 1 des EG-Vertrages unwiderruflich festgelegten Umrechnungskurs umzurechnen und mit dem sich danach ergebenden Wert anzusetzen. ²Der Gewinn, der sich aus diesem jeweiligen Ansatz für das einzelne Wirtschaftsgut ergibt, kann in eine den steuerlichen Gewinn mindernde Rücklage eingestellt werden. ³Die Rücklage ist gewinnerhöhend aufzulösen, soweit das Wirtschaftsgut, aus dessen Bewertung sich der in die Rücklage eingestellte Gewinn ergeben hat, aus dem Betriebsvermögen ausscheidet. ⁴Die Rücklage ist spätestens am Schluss des fünften nach dem 31. Dezember 1998 endenden Wirtschaftsjahres gewinnerhöhend aufzulösen.

(2) ¹In die Euroumrechnungsrücklage gemäß Absatz 1 Satz 2 können auch Erträge eingestellt werden, die sich aus der Aktivierung von Wirtschaftsgütern auf Grund der unwiderruflichen Festlegung der Umrechnungskurse ergeben. ²Absatz 1 Satz 3 gilt entsprechend.

(3) Die Bildung und Auflösung der jeweiligen Rücklage müssen in der Buchführung verfolgt werden können.

§ 7 Absetzung für Abnutzung oder Substanzverringerung

(1) ¹Bei Wirtschaftsgütern, deren Verwendung oder Nutzung durch den Steuerpflichtigen zur Erzielung von Einkünften sich erfahrungsgemäß auf einen Zeitraum von mehr als einem Jahr erstreckt, ist jeweils für ein Jahr der Teil der Anschaffungs- oder Herstellungskosten abzusetzen, der bei gleichmäßiger Verteilung dieser Kosten auf die Gesamtdauer der Verwendung oder Nutzung auf ein Jahr entfällt (Absetzung für Abnutzung in gleichen Jahresbeträgen). ²Die Absetzung bemisst sich hierbei nach der betriebsgewöhnlichen Nutzungsdauer des Wirtschaftsguts. ³Als betriebsgewöhnliche Nutzungsdauer des Geschäfts- oder Firmenwerts eines Gewerbebetriebs oder eines Betriebs der Land- und Forstwirtschaft gilt ein Zeitraum von 15 Jahren. ⁴Im Jahr der Anschaffung oder Herstellung des Wirtschaftsguts vermindert sich für dieses Jahr der Absetzungsbetrag nach Satz 1 um jeweils ein Zwölftel für

§ 7

jeden vollen Monat, der dem Monat der Anschaffung oder Herstellung vorangeht. [5]Bei Wirtschaftsgütern, die nach einer Verwendung zur Erzielung von Einkünften im Sinne des § 2 Absatz 1 Satz 1 Nummer 4 bis 7 in ein Betriebsvermögen eingelegt worden sind, mindert sich der Einlagewert um die Absetzungen für Abnutzung oder Substanzverringerung, Sonderabschreibungen oder erhöhte Absetzungen, die bis zum Zeitpunkt der Einlage vorgenommen worden sind, höchstens jedoch bis zu den fortgeführten Anschaffungs- oder Herstellungskosten; ist der Einlagewert niedriger als dieser Wert, bemisst sich die weitere Absetzung für Abnutzung vom Einlagewert. [6]Bei beweglichen Wirtschaftsgütern des Anlagevermögens, bei denen es wirtschaftlich begründet ist, die Absetzung für Abnutzung nach Maßgabe der Leistung des Wirtschaftsguts vorzunehmen, kann der Steuerpflichtige dieses Verfahren statt der Absetzung für Abnutzung in gleichen Jahresbeträgen anwenden, wenn er den auf das einzelne Jahr entfallenden Umfang der Leistung nachweist. [7]Absetzungen für außergewöhnliche technische oder wirtschaftliche Abnutzung sind zulässig; soweit der Grund hierfür in späteren Wirtschaftsjahren entfällt, ist in den Fällen der Gewinnermittlung nach § 4 Absatz 1 oder nach § 5 eine entsprechende Zuschreibung vorzunehmen.

(2) [1]Bei beweglichen Wirtschaftsgütern des Anlagevermögens, die nach dem 31. Dezember 2008 und vor dem 1. Januar 2011 angeschafft oder hergestellt worden sind, kann der Steuerpflichtige statt der Absetzung für Abnutzung in gleichen Jahresbeträgen die Absetzung für Abnutzung in fallenden Jahresbeträgen bemessen. [2]Die Absetzung für Abnutzung in fallenden Jahresbeträgen kann nach einem unveränderlichen Prozentsatz vom jeweiligen Buchwert (Restwert) vorgenommen werden; der dabei anzuwendende Prozentsatz darf höchstens das Zweieinhalbfache des bei der Absetzung für Abnutzung in gleichen Jahresbeträgen in Betracht kommenden Prozentsatzes betragen und 25 Prozent nicht übersteigen. [3]Absatz 1 Satz 4 und § 7a Absatz 8 gelten entsprechend. [4]Bei Wirtschaftsgütern, bei denen die Absetzung für Abnutzung in fallenden Jahresbeträgen bemessen wird, sind Absetzungen für außergewöhnliche technische oder wirtschaftliche Abnutzung nicht zulässig.

(3) [1]Der Übergang von der Absetzung für Abnutzung in fallenden Jahresbeträgen zur Absetzung für Abnutzung in gleichen Jahresbeträgen ist zulässig. [2]In diesem Fall bemisst sich die Absetzung für Abnutzung vom Zeitpunkt des Übergangs an nach dem dann noch vorhandenen Restwert und der Restnutzungsdauer des einzelnen Wirtschaftsguts. [3]Der Übergang von der Absetzung für Abnutzung in gleichen Jahresbeträgen zur Absetzung für Abnutzung in fallenden Jahresbeträgen ist nicht zulässig.

(4) [1]Bei Gebäuden sind abweichend von Absatz 1 als Absetzung für Abnutzung die folgenden Beträge bis zur vollen Absetzung abzuziehen:

1. bei Gebäuden, soweit sie zu einem Betriebsvermögen gehören und nicht Wohnzwecken dienen und für die der Bauantrag nach dem 31. März 1985 gestellt worden ist, jährlich 3 Prozent,
2. bei Gebäuden, soweit sie die Voraussetzungen der Nummer 1 nicht erfüllen und die

    a) nach dem 31. Dezember 1924 fertig gestellt worden sind, jährlich 2 Prozent,

    b) vor dem 1. Januar 1925 fertig gestellt worden sind, jährlich 2,5 Prozent

der Anschaffungs- oder Herstellungskosten; Absatz 1 Satz 5 gilt entsprechend. [2]Beträgt die tatsächliche Nutzungsdauer eines Gebäudes in den Fällen des Satzes 1 Nummer 1 weniger als 33 Jahre, in den Fällen des Satzes 1 Nummer 2 Buchstabe a weniger als 50 Jahre, in den Fällen des Satzes 1 Nummer 2 Buchstabe b weniger als 40 Jahre, so können an Stelle der Absetzungen nach Satz 1 die der tatsächlichen Nutzungsdauer entsprechenden Absetzungen für Abnutzung vorgenommen werden. [3]Absatz 1 letzter Satz bleibt unberührt. [4]Bei Gebäuden im Sinne der Nummer 2 rechtfertigt die für Gebäude im Sinne der Nummer 1 geltende Regelung weder die Anwendung des Absatzes 1 letzter Satz noch den Ansatz des niedrigeren Teilwerts (§ 6 Absatz 1 Nummer 1 Satz 2).

(5) [1]Bei Gebäuden, die in einem Mitgliedstaat der Europäischen Union oder einem anderen Staat belegen sind, auf den das Abkommen über den Europäischen Wirtschaftsraum (EWR-Abkommen) angewendet wird, und die vom Steuerpflichtigen hergestellt oder bis

§ 7

zum Ende des Jahres der Fertigstellung angeschafft worden sind, können abweichend von Absatz 4 als Absetzung für Abnutzung die folgenden Beträge abgezogen werden:

1. bei Gebäuden im Sinne des Absatzes 4 Satz 1 Nummer 1, die vom Steuerpflichtigen auf Grund eines vor dem 1. Januar 1994 gestellten Bauantrags hergestellt oder auf Grund eines vor diesem Zeitpunkt rechtswirksam abgeschlossenen obligatorischen Vertrags angeschafft worden sind,
   – im Jahr der Fertigstellung und in den folgenden 3 Jahren jeweils 10 Prozent,
   – in den darauf folgenden 3 Jahren jeweils 5 Prozent,
   – in den darauf folgenden 18 Jahren jeweils 2,5 Prozent,
2. bei Gebäuden im Sinne des Absatzes 4 Satz 1 Nummer 2, die vom Steuerpflichtigen auf Grund eines vor dem 1. Januar 1995 gestellten Bauantrags hergestellt oder auf Grund eines vor diesem Zeitpunkt rechtswirksam abgeschlossenen obligatorischen Vertrags angeschafft worden sind,
   – im Jahr der Fertigstellung und in den folgenden 7 Jahren jeweils 5 Prozent,
   – in den darauf folgenden 6 Jahren jeweils 2,5 Prozent,
   – in den darauf folgenden 36 Jahren jeweils 1,25 Prozent,
3. bei Gebäuden im Sinne des Absatzes 4 Satz 1 Nummer 2, soweit sie Wohnzwecken dienen, die vom Steuerpflichtigen
   a) auf Grund eines nach dem 28. Februar 1989 und vor dem 1. Januar 1996 gestellten Bauantrags hergestellt oder nach dem 28. Februar 1989 auf Grund eines nach dem 28. Februar 1989 und vor dem 1. Januar 1996 rechtswirksam abgeschlossenen obligatorischen Vertrags angeschafft worden sind,
      – im Jahr der Fertigstellung und in den folgenden 3 Jahren jeweils 7 Prozent,
      – in den darauf folgenden 6 Jahren jeweils 5 Prozent,
      – in den darauf folgenden 6 Jahren jeweils 2 Prozent,
      – in den darauf folgenden 24 Jahren jeweils 1,25 Prozent,
   b) [1] auf Grund eines nach dem 31. Dezember 1995 und vor dem 1. Januar 2004 gestellten Bauantrags hergestellt oder auf Grund eines nach dem 31. Dezember 1995 und vor dem 1. Januar 2004 rechtswirksam abgeschlossenen obligatorischen Vertrags angeschafft worden sind,
      – im Jahr der Fertigstellung und in den folgenden 7 Jahren jeweils 5 Prozent,
      – in den darauf folgenden 6 Jahren jeweils 2,5 Prozent,
      – in den darauf folgenden 36 Jahren jeweils 1,25 Prozent,
   c) auf Grund eines nach dem 31. Dezember 2003 und vor dem 1. Januar 2006 gestellten Bauantrags hergestellt oder auf Grund eines nach dem 31. Dezember 2003 und vor dem 1. Januar 2006 rechtswirksam abgeschlossenen obligatorischen Vertrags angeschafft worden sind,
      – im Jahr der Fertigstellung und in den folgenden 9 Jahren jeweils 4 Prozent,
      – in den darauf folgenden 8 Jahren jeweils 2,5 Prozent,
      – in den darauf folgenden 32 Jahren jeweils 1,25 Prozent,

der Anschaffungs- oder Herstellungskosten. ²Im Fall der Anschaffung kann Satz 1 nur angewendet werden, wenn der Hersteller für das veräußerte Gebäude weder Absetzungen für Abnutzung nach Satz 1 vorgenommen noch erhöhte Absetzungen oder Sonderabschreibungen in Anspruch genommen hat. ³Absatz 1 Satz 4 gilt nicht.

---
1) Die Änderung in Absatz 5 Satz 1 Nummer 3 Buchstabe b durch das HBeglG 2004 wurde durch das Gesetz zur bestätigenden Regelung verschiedener steuerlicher und verkehrsrechtlicher Vorschriften des Haushaltsbegleitgesetzes 2004 vom 5. 4. 2011 (BGBl. I S. 554, BStBl. I S. 310) bestätigt.

§§ 7, 7a

(5a) Die Absätze 4 und 5 sind auf Gebäudeteile, die selbständige unbewegliche Wirtschaftsgüter sind, sowie auf Eigentumswohnungen und auf im Teileigentum stehende Räume entsprechend anzuwenden.

(6) Bei Bergbauunternehmen, Steinbrüchen und anderen Betrieben, die einen Verbrauch der Substanz mit sich bringen, ist Absatz 1 entsprechend anzuwenden; dabei sind Absetzungen nach Maßgabe des Substanzverzehrs zulässig (Absetzung für Substanzverringerung).

§ 7a Gemeinsame Vorschriften für erhöhte Absetzungen und Sonderabschreibungen

(1) ¹Werden in dem Zeitraum, in dem bei einem Wirtschaftsgut erhöhte Absetzungen oder Sonderabschreibungen in Anspruch genommen werden können (Begünstigungszeitraum), nachträgliche Herstellungskosten aufgewendet, so bemessen sich vom Jahr der Entstehung der nachträglichen Herstellungskosten an bis zum Ende des Begünstigungszeitraums die Absetzungen für Abnutzung, erhöhten Absetzungen und Sonderabschreibungen nach den um die nachträglichen Herstellungskosten erhöhten Anschaffungs- oder Herstellungskosten. ²Entsprechendes gilt für nachträgliche Anschaffungskosten. ³Werden im Begünstigungszeitraum die Anschaffungs- oder Herstellungskosten eines Wirtschaftsguts nachträglich gemindert, so bemessen sich vom Jahr der Minderung an bis zum Ende des Begünstigungszeitraums die Absetzungen für Abnutzung, erhöhten Absetzungen und Sonderabschreibungen nach den geminderten Anschaffungs- oder Herstellungskosten.

(2) ¹Können bei einem Wirtschaftsgut erhöhte Absetzungen oder Sonderabschreibungen bereits für Anzahlungen auf Anschaffungskosten oder für Teilherstellungskosten in Anspruch genommen werden, so sind die Vorschriften über erhöhte Absetzungen und Sonderabschreibungen mit der Maßgabe anzuwenden, dass an die Stelle der Anschaffungs- oder Herstellungskosten die Anzahlungen auf Anschaffungskosten oder die Teilherstellungskosten und an die Stelle des Jahres der Anschaffung oder Herstellung das Jahr der Anzahlung oder Teilherstellung treten. ²Nach Anschaffung oder Herstellung des Wirtschaftsguts sind erhöhte Absetzungen oder Sonderabschreibungen nur zulässig, soweit sie nicht bereits für Anzahlungen auf Anschaffungskosten oder für Teilherstellungskosten in Anspruch genommen worden sind. ³Anzahlungen auf Anschaffungskosten sind im Zeitpunkt der tatsächlichen Zahlung aufgewendet. ⁴Werden Anzahlungen auf Anschaffungskosten durch Hingabe eines Wechsels geleistet, so sind sie in dem Zeitpunkt aufgewendet, in dem dem Lieferanten durch Diskontierung oder Einlösung des Wechsels das Geld tatsächlich zufließt. ⁵Entsprechendes gilt, wenn an Stelle von Geld ein Scheck hingegeben wird.

(3) Bei Wirtschaftsgütern, bei denen erhöhte Absetzungen in Anspruch genommen werden, müssen in jedem Jahr des Begünstigungszeitraums mindestens Absetzungen in Höhe der Absetzungen für Abnutzung nach § 7 Absatz 1 oder 4 berücksichtigt werden.

(4) Bei Wirtschaftsgütern, bei denen Sonderabschreibungen in Anspruch genommen werden, sind die Absetzungen für Abnutzung nach § 7 Absatz 1 oder 4 vorzunehmen.

(5) Liegen bei einem Wirtschaftsgut die Voraussetzungen für die Inanspruchnahme von erhöhten Absetzungen oder Sonderabschreibungen auf Grund mehrerer Vorschriften vor, so dürfen erhöhte Absetzungen oder Sonderabschreibungen nur auf Grund einer dieser Vorschriften in Anspruch genommen werden.

(6) Erhöhte Absetzungen oder Sonderabschreibungen sind bei der Prüfung, ob die in § 141 Absatz 1 Nummer 4 und 5 der Abgabenordnung bezeichneten Buchführungsgrenzen überschritten sind, nicht zu berücksichtigen.

(7) ¹Ist ein Wirtschaftsgut mehreren Beteiligten zuzurechnen und sind die Voraussetzungen für erhöhte Absetzungen oder Sonderabschreibungen nur bei einzelnen Beteiligten erfüllt, so dürfen die erhöhten Absetzungen und Sonderabschreibungen nur anteilig für diese Beteiligten vorgenommen werden. ²Die erhöhten Absetzungen oder Sonderabschreibungen dürfen von den Beteiligten, bei denen die Voraussetzungen dafür erfüllt sind, nur einheitlich vorgenommen werden.

(8) ¹Erhöhte Absetzungen oder Sonderabschreibungen sind bei Wirtschaftsgütern, die zu einem Betriebsvermögen gehören, nur zulässig, wenn sie in ein besonderes, laufend zu führendes Verzeichnis aufgenommen werden, das den Tag der Anschaffung oder Herstellung, die Anschaffungs- oder Herstellungskosten, die betriebsgewöhnliche Nutzungsdauer und die Höhe der jährlichen Absetzungen für Abnutzung, erhöhten Absetzungen und Sonderabschreibungen enthält. ²Das Verzeichnis braucht nicht geführt zu werden, wenn diese Angaben aus der Buchführung ersichtlich sind.

(9) Sind für ein Wirtschaftsgut Sonderabschreibungen vorgenommen worden, so bemessen sich nach Ablauf des maßgebenden Begünstigungszeitraums die Absetzungen für Abnutzung bei Gebäuden und bei Wirtschaftsgütern im Sinne des § 7 Absatz 5a nach dem Restwert und dem nach § 7 Absatz 4 unter Berücksichtigung der Restnutzungsdauer maßgebenden Prozentsatz, bei anderen Wirtschaftsgütern nach dem Restwert und der Restnutzungsdauer.

§ 7b Erhöhte Absetzungen für Einfamilienhäuser, Zweifamilienhäuser und Eigentumswohnungen

(weggefallen)

§ 7c Erhöhte Absetzungen für Baumaßnahmen an Gebäuden zur Schaffung neuer Mietwohnungen

(weggefallen)

§ 7d Erhöhte Absetzungen für Wirtschaftsgüter, die dem Umweltschutz dienen

(weggefallen)

§ 7e (weggefallen)

§ 7f Bewertungsfreiheit für abnutzbare Wirtschaftsgüter des Anlagevermögens privater Krankenhäuser

(weggefallen)

§ 7g Investitionsabzugsbeträge und Sonderabschreibungen zur Förderung kleiner und mittlerer Betriebe

(1) ¹Steuerpflichtige können für die künftige Anschaffung oder Herstellung eines abnutzbaren beweglichen Wirtschaftsguts des Anlagevermögens bis zu 40 Prozent der voraussichtlichen Anschaffungs- oder Herstellungskosten gewinnmindernd abziehen (Investitionsabzugsbetrag). ²Der Investitionsabzugsbetrag kann nur in Anspruch genommen werden, wenn

1. der Betrieb am Schluss des Wirtschaftsjahres, in dem der Abzug vorgenommen wird, die folgenden Größenmerkmale nicht überschreitet:
    a) bei Gewerbebetrieben oder der selbständigen Arbeit dienenden Betrieben, die ihren Gewinn nach § 4 Absatz 1 oder § 5 ermitteln, ein Betriebsvermögen von 235 000 Euro;
    b) bei Betrieben der Land- und Forstwirtschaft einen Wirtschaftswert oder einen Ersatzwirtschaftswert von 125 000 Euro oder
    c) bei Betrieben im Sinne der Buchstaben a und b, die ihren Gewinn nach § 4 Absatz 3 ermitteln, ohne Berücksichtigung des Investitionsabzugsbetrages einen Gewinn von 100 000 Euro;

§ 7g

2. der Steuerpflichtige beabsichtigt, das begünstigte Wirtschaftsgut voraussichtlich

   a) in den dem Wirtschaftsjahr des Abzugs folgenden drei Wirtschaftsjahren anzuschaffen oder herzustellen;

   b) mindestens bis zum Ende des dem Wirtschaftsjahr der Anschaffung oder Herstellung folgenden Wirtschaftsjahres in einer inländischen Betriebsstätte des Betriebs ausschließlich oder fast ausschließlich betrieblich zu nutzen und

3. der Steuerpflichtige das begünstigte Wirtschaftsgut in den beim Finanzamt einzureichenden Unterlagen seiner Funktion nach benennt und die Höhe der voraussichtlichen Anschaffungs- oder Herstellungskosten angibt.

³Abzugsbeträge können auch dann in Anspruch genommen werden, wenn dadurch ein Verlust entsteht oder sich erhöht. ⁴Die Summe der Beträge, die im Wirtschaftsjahr des Abzugs und in den drei vorangegangenen Wirtschaftsjahren nach Satz 1 insgesamt abgezogen und nicht nach Absatz 2 hinzugerechnet oder nach Absatz 3 oder 4 rückgängig gemacht wurden, darf je Betrieb 200 000 Euro nicht übersteigen.

(2) ¹Im Wirtschaftsjahr der Anschaffung oder Herstellung des begünstigten Wirtschaftsguts ist der für dieses Wirtschaftsgut in Anspruch genommene Investitionsabzugsbetrag in Höhe von 40 Prozent der Anschaffungs- oder Herstellungskosten gewinnerhöhend hinzuzurechnen; die Hinzurechnung darf den nach Absatz 1 abgezogenen Betrag nicht übersteigen. ²Die Anschaffungs- oder Herstellungskosten des Wirtschaftsguts können in dem in Satz 1 genannten Wirtschaftsjahr um bis zu 40 Prozent, höchstens jedoch um die Hinzurechnung nach Satz 1, gewinnmindernd herabgesetzt werden; die Bemessungsgrundlage für die Absetzungen für Abnutzung, erhöhten Absetzungen und Sonderabschreibungen sowie die Anschaffungs- oder Herstellungskosten im Sinne von § 6 Absatz 2 und 2a verringern sich entsprechend.

(3) ¹Soweit der Investitionsabzugsbetrag nicht bis zum Ende des dritten auf das Wirtschaftsjahr des Abzugs folgenden Wirtschaftsjahres nach Absatz 2 hinzugerechnet wurde, ist der Abzug nach Absatz 1 rückgängig zu machen. ²Wurde der Gewinn des maßgebenden Wirtschaftsjahres bereits einer Steuerfestsetzung oder einer gesonderten Feststellung zugrunde gelegt, ist der entsprechende Steuer- oder Feststellungsbescheid insoweit zu ändern. ³Das gilt auch dann, wenn der Steuer- oder Feststellungsbescheid bestandskräftig geworden ist; die Festsetzungsfrist endet insoweit nicht, bevor die Festsetzungsfrist für den Veranlagungszeitraum abgelaufen ist, in dem das dritte auf das Wirtschaftsjahr des Abzugs folgende Wirtschaftsjahr endet. ⁴§ 233a Absatz 2a der Abgabenordnung ist nicht anzuwenden.

(4) ¹Wird in den Fällen des Absatzes 2 das Wirtschaftsgut nicht bis zum Ende des dem Wirtschaftsjahr der Anschaffung oder Herstellung folgenden Wirtschaftsjahres in einer inländischen Betriebsstätte des Betriebs ausschließlich oder fast ausschließlich betrieblich genutzt, sind der Abzug nach Absatz 1 sowie die Herabsetzung der Anschaffungs- oder Herstellungskosten, die Verringerung der Bemessungsgrundlage und die Hinzurechnung nach Absatz 2 rückgängig zu machen. ²Wurden die Gewinne der maßgebenden Wirtschaftsjahre bereits Steuerfestsetzungen oder gesonderten Feststellungen zugrunde gelegt, sind die entsprechenden Steuer- oder Feststellungsbescheide insoweit zu ändern. ³Das gilt auch dann, wenn die Steuer- oder Feststellungsbescheide bestandskräftig geworden sind; die Festsetzungsfristen enden insoweit nicht, bevor die Festsetzungsfrist für den Veranlagungszeitraum abgelaufen ist, in dem die Voraussetzungen des Absatzes 1 Satz 2 Nummer 2 Buchstabe b erstmals nicht mehr vorliegen. ⁴§ 233a Absatz 2a der Abgabenordnung ist nicht anzuwenden.

(5) Bei abnutzbaren beweglichen Wirtschaftsgütern des Anlagevermögens können unter den Voraussetzungen des Absatzes 6 im Jahr der Anschaffung oder Herstellung und in den vier folgenden Jahren neben den Absetzungen für Abnutzung nach § 7 Absatz 1 oder Absatz 2 Sonderabschreibungen bis zu insgesamt 20 Prozent der Anschaffungs- oder Herstellungskosten in Anspruch genommen werden.

(6) Die Sonderabschreibungen nach Absatz 5 können nur in Anspruch genommen werden, wenn

1. der Betrieb zum Schluss des Wirtschaftsjahres, das der Anschaffung oder Herstellung vorangeht, die Größenmerkmale des Absatzes 1 Satz 2 Nummer 1 nicht überschreitet, und
2. das Wirtschaftsgut im Jahr der Anschaffung oder Herstellung und im darauf folgenden Wirtschaftsjahr in einer inländischen Betriebsstätte des Betriebs des Steuerpflichtigen ausschließlich oder fast ausschließlich betrieblich genutzt wird; Absatz 4 gilt entsprechend.

(7) Bei Personengesellschaften und Gemeinschaften sind die Absätze 1 bis 6 mit der Maßgabe anzuwenden, dass an die Stelle des Steuerpflichtigen die Gesellschaft oder die Gemeinschaft tritt.

§ 7h Erhöhte Absetzungen bei Gebäuden in Sanierungsgebieten und städtebaulichen Entwicklungsbereichen

(1) ¹Bei einem im Inland belegenen Gebäude in einem förmlich festgelegten Sanierungsgebiet oder städtebaulichen Entwicklungsbereich kann der Steuerpflichtige abweichend von § 7 Absatz 4 und 5 im Jahr der Herstellung und in den folgenden sieben Jahren jeweils bis zu 9 Prozent und in den folgenden vier Jahren jeweils bis zu 7 Prozent der Herstellungskosten für Modernisierungs- und Instandsetzungsmaßnahmen im Sinne des § 177 des Baugesetzbuchs absetzen. ²Satz 1 ist entsprechend anzuwenden auf Herstellungskosten für Maßnahmen, die der Erhaltung, Erneuerung und funktionsgerechten Verwendung eines Gebäudes im Sinne des Satzes 1 dienen, das wegen seiner geschichtlichen, künstlerischen oder städtebaulichen Bedeutung erhalten bleiben soll, und zu deren Durchführung sich der Eigentümer neben bestimmten Modernisierungsmaßnahmen gegenüber der Gemeinde verpflichtet hat. ³Der Steuerpflichtige kann die erhöhten Absetzungen im Jahr des Abschlusses der Maßnahme und in den folgenden elf Jahren auch für Anschaffungskosten in Anspruch nehmen, die auf Maßnahmen im Sinne der Sätze 1 und 2 entfallen, soweit diese nach dem rechtswirksamen Abschluss eines obligatorischen Erwerbsvertrags oder eines gleichstehenden Rechtsakts durchgeführt worden sind. ⁴Die erhöhten Absetzungen können nur in Anspruch genommen werden, soweit die Herstellungs- oder Anschaffungskosten durch Zuschüsse aus Sanierungs- oder Entwicklungsförderungsmitteln nicht gedeckt sind. ⁵Nach Ablauf des Begünstigungszeitraums ist ein Restwert den Herstellungs- oder Anschaffungskosten des Gebäudes oder dem an deren Stelle tretenden Wert hinzuzurechnen; die weiteren Absetzungen für Abnutzung sind einheitlich für das gesamte Gebäude nach dem sich hiernach ergebenden Betrag und dem für das Gebäude maßgebenden Prozentsatz zu bemessen.

(2) ¹Der Steuerpflichtige kann die erhöhten Absetzungen nur in Anspruch nehmen, wenn er durch eine Bescheinigung der zuständigen Gemeindebehörde die Voraussetzungen des Absatzes 1 für das Gebäude und die Maßnahmen nachweist. ²Sind ihm Zuschüsse aus Sanierungs- oder Entwicklungsförderungsmitteln gewährt worden, so hat die Bescheinigung auch deren Höhe zu enthalten; werden ihm solche Zuschüsse nach Ausstellung der Bescheinigung gewährt, so ist diese entsprechend zu ändern.

(3) Die Absätze 1 und 2 sind auf Gebäudeteile, die selbständige Wirtschaftsgüter sind, sowie auf Eigentumswohnungen und auf im Teileigentum stehende Räume entsprechend anzuwenden.

§ 7i Erhöhte Absetzungen bei Baudenkmalen

(1) ¹Bei einem im Inland belegenen Gebäude, das nach den jeweiligen landesrechtlichen Vorschriften ein Baudenkmal ist, kann der Steuerpflichtige abweichend von § 7 Absatz 4 und 5 im Jahr der Herstellung und in den folgenden sieben Jahren jeweils bis zu 9 Prozent und in den folgenden vier Jahren jeweils bis zu 7 Prozent der Herstellungskosten für Baumaßnahmen, die nach Art und Umfang zur Erhaltung des Gebäudes als Baudenkmal oder

§§ 7i, 7k

zu seiner sinnvollen Nutzung erforderlich sind, absetzen. ²Eine sinnvolle Nutzung ist nur anzunehmen, wenn das Gebäude in der Weise genutzt wird, dass die Erhaltung der schützenswerten Substanz des Gebäudes auf die Dauer gewährleistet ist. ³Bei einem im Inland belegenen Gebäudeteil, das nach den jeweiligen landesrechtlichen Vorschriften ein Baudenkmal ist, sind die Sätze 1 und 2 entsprechend anzuwenden. ⁴Bei einem im Inland belegenen Gebäude oder Gebäudeteil, das für sich allein nicht die Voraussetzungen für ein Baudenkmal erfüllt, aber Teil einer Gebäudegruppe oder Gesamtanlage ist, die nach den jeweiligen landesrechtlichen Vorschriften als Einheit geschützt ist, kann der Steuerpflichtige die erhöhten Absetzungen von den Herstellungskosten für Baumaßnahmen vornehmen, die nach Art und Umfang zur Erhaltung des schützenswerten äußeren Erscheinungsbildes der Gesamtanlage oder Gebäudegruppe erforderlich sind. ⁵Der Steuerpflichtige kann die erhöhten Absetzungen im Jahr des Abschlusses der Baumaßnahme und in den folgenden elf Jahren auch für Anschaffungskosten in Anspruch nehmen, die auf Baumaßnahmen im Sinne der Sätze 1 bis 4 entfallen, soweit diese nach dem rechtswirksamen Abschluss eines obligatorischen Erwerbsvertrags oder eines gleichstehenden Rechtsakts durchgeführt worden sind. ⁶Die Baumaßnahmen müssen in Abstimmung mit der in Absatz 2 bezeichneten Stelle durchgeführt worden sein. ⁷Die erhöhten Absetzungen können nur in Anspruch genommen werden, soweit die Herstellungs- oder Anschaffungskosten nicht durch Zuschüsse aus öffentlichen Kassen gedeckt sind. ⁸§ 7h Absatz 1 Satz 5 ist entsprechend anzuwenden.

(2) ¹Der Steuerpflichtige kann die erhöhten Absetzungen nur in Anspruch nehmen, wenn er durch eine Bescheinigung der nach Landesrecht zuständigen oder von der Landesregierung bestimmten Stelle die Voraussetzungen des Absatzes 1 für das Gebäude oder Gebäudeteil und für die Erforderlichkeit der Aufwendungen nachweist. ²Hat eine der für Denkmalschutz oder Denkmalpflege zuständigen Behörden ihm Zuschüsse gewährt, so hat die Bescheinigung auch deren Höhe zu enthalten; werden ihm solche Zuschüsse nach Ausstellung der Bescheinigung gewährt, so ist diese entsprechend zu ändern.

(3) § 7h Absatz 3 ist entsprechend anzuwenden.

§ 7k Erhöhte Absetzungen für Wohnungen mit Sozialbindung

(weggefallen)

§ 8 Einnahmen

4. Überschuss der Einnahmen über die Werbungskosten

(1) Einnahmen sind alle Güter, die in Geld oder Geldeswert bestehen und dem Steuerpflichtigen im Rahmen einer der Einkunftsarten des § 2 Absatz 1 Satz 1 Nummer 4 bis 7 zufließen.

(2)[1] ¹Einnahmen, die nicht in Geld bestehen (Wohnung, Kost, Waren, Dienstleistungen und sonstige Sachbezüge), sind mit den um übliche Preisnachlässe geminderten üblichen Endpreisen am Abgabeort anzusetzen. ²Für die private Nutzung eines betrieblichen Kraftfahrzeugs zu privaten Fahrten gilt § 6 Abs. 1 Nr. 4 Satz 2 entsprechend. ³Kann das Kraftfahrzeug auch für Fahrten zwischen Wohnung und erster Tätigkeitsstätte sowie Fahrten nach § 9 Absatz 1 Satz 3 Nummer 4a Satz 3 genutzt werden, erhöht sich der Wert in Satz 2 für jeden Kalendermonat um 0,03 Prozent des Listenpreises im Sinne des § 6 Abs. 1 Nr. 4 Satz 2 für jeden Kilometer der Entfernung zwischen Wohnung und erster Tätigkeitsstätte sowie Fahrten nach § 9 Absatz 1 Satz 3 Nummer 4a Satz 3. ⁴Der Wert nach den Sätzen 2 und 3 kann mit dem auf die private Nutzung und die Nutzung zu Fahrten zwischen Wohnung und erster Tätigkeitsstätte sowie Fahrten nach § 9 Absatz 1 Satz 3 Nummer 4a Satz 3 entfallenden Teil der gesamten Kraftfahrzeugaufwendungen angesetzt werden, wenn die durch das Kraftfahrzeug insgesamt entstehenden Aufwendungen durch Belege und das Verhältnis der privaten Fahrten und der Fahrten zwischen Wohnung und erster Tätigkeitsstätte sowie Fahrten nach § 9 Absatz 1 Satz 3 Nummer 4a Satz 3 zu den übrigen Fahrten durch ein ordnungsgemäßes Fahrtenbuch nachgewiesen werden; § 6 Absatz 1 Nummer 4 Satz 3 zweiter Halbsatz gilt entsprechend. ⁵Die Nutzung des Kraftfahrzeugs zu einer Familienheimfahrt im Rahmen einer doppelten Haushaltsführung ist mit 0,002 Prozent des Listenpreises im Sinne des § 6 Abs. 1 Nr. 4 Satz 2 für jeden Kilometer der Entfernung zwischen dem Ort des eigenen Hausstandes und dem Beschäftigungsort anzusetzen; dies gilt nicht, wenn für diese Fahrt ein Abzug von Werbungskosten nach § 9 Abs. 1 Satz 3 Nummer 5 Satz 5 und 6 in Betracht käme; Satz 4 ist sinngemäß anzuwenden. ⁶Bei Arbeitnehmern, für deren Sachbezüge durch Rechtsverordnung nach § 17 Abs. 1 Satz 1 Nr. 4 des Vierten Buches Sozialgesetzbuch Werte bestimmt worden sind, sind diese Werte maßgebend. ⁷Die Werte nach Satz 6 sind auch bei Steuerpflichtigen anzusetzen, die nicht der gesetzlichen Rentenversicherungspflicht unterliegen. ⁸Wird dem Arbeitnehmer während einer beruflichen Tätigkeit außerhalb seiner Wohnung und ersten Tätigkeitsstätte oder im Rahmen einer beruflich veranlassten doppelten Haushaltsführung vom Arbeitgeber oder auf dessen Veranlassung von einem Dritten eine Mahlzeit zur Verfügung gestellt, ist diese Mahlzeit mit dem Wert nach Satz 6 (maßgebender amtlicher Sachbezugswert nach der Sozialversicherungsentgeltverordnung) anzusetzen, wenn der Preis für die Mahlzeit 60 Euro nicht übersteigt. ⁹Der Ansatz einer nach Satz 8 bewerteten Mahlzeit unterbleibt, wenn beim Arbeitnehmer für ihm entstehende Mehraufwendungen für Verpflegung ein Werbungskostenabzug nach § 9 Absatz 4a Satz 1 bis 7 in Betracht käme. ¹⁰Die oberste Finanzbehörde eines Landes kann mit Zustimmung des Bundesministeriums der Finanzen für weitere Sachbezüge der Arbeitnehmer Durchschnittswerte festsetzen. ¹¹Sachbezüge, die nach Satz 1 zu bewerten sind, bleiben außer Ansatz, wenn die sich nach Anrechnung der vom Steuerpflichtigen gezahlten Entgelte ergebenden Vorteile insgesamt 44 Euro im Kalendermonat nicht übersteigen.

(3) ¹Erhält ein Arbeitnehmer auf Grund seines Dienstverhältnisses Waren oder Dienstleistungen, die vom Arbeitgeber nicht überwiegend für den Bedarf seiner Arbeitnehmer hergestellt, vertrieben oder erbracht werden und deren Bezug nicht nach § 40 pauschal versteuert wird, so gelten als deren Werte abweichend von Absatz 2 die um 4 Prozent geminderten Endpreise, zu denen der Arbeitgeber oder der dem Abgabeort nächstansässige Abnehmer die Waren oder Dienstleistungen fremden Letztverbrauchern im allgemeinen Geschäftsverkehr anbietet. ²Die sich nach Abzug der vom Arbeitnehmer gezahlten Entgelte

---

1) Diese Fassung tritt am 1. Januar 2014 in Kraft: Art. 6 in Verbindung mit Art. 1 Nummer 3 und 4 des Gesetzes zur Änderung und Vereinfachung der Unternehmensbesteuerung und des steuerlichen Reisekostenrechts vom 20. Februar 2013 (BGBl. I S. 285).

§ 8 RL 8.1

ergebenden Vorteile sind steuerfrei, soweit sie aus dem Dienstverhältnis insgesamt 1 080 Euro im Kalenderjahr nicht übersteigen.[1)]

LStR

R 8.1. Bewertung der Sachbezüge (§ 8 Abs. 2 EStG)

Allgemeines

(1) [1]Fließt dem Arbeitnehmer Arbeitslohn in Form von Sachbezügen zu, sind diese ebenso wie Barlohnzahlungen entweder dem laufenden Arbeitslohn oder den sonstigen Bezügen zuzuordnen (→ R 39b.2). [2]Für die Besteuerung unentgeltlicher Sachbezüge ist deren Geldwert maßgebend. [3]Erhält der Arbeitnehmer die Sachbezüge nicht unentgeltlich, ist der Unterschiedsbetrag zwischen dem Geldwert des Sachbezugs und dem tatsächlichen Entgelt zu versteuern. [4]Der Geldwert ist entweder durch Einzelbewertung zu ermitteln (→ Absatz 2) oder mit einem amtlichen Sachbezugswert anzusetzen (→ Absatz 4). [5]Besondere Bewertungsvorschriften gelten nach § 8 Abs. 3 EStG für den Bezug von Waren oder Dienstleistungen, die vom Arbeitgeber nicht überwiegend für den Bedarf seiner Arbeitnehmer hergestellt, vertrieben oder erbracht werden, soweit diese Sachbezüge nicht nach § 40 EStG pauschal versteuert werden (→ R 8.2), sowie nach § 19a Abs. 2 EStG in der am 31.12.2008 geltenden Fassung (→ R 19a) und § 3 Nr. 39 Satz 4 EStG für den Bezug von Vermögensbeteiligungen. [6]Die Auszahlung von Arbeitslohn in Fremdwährung ist kein Sachbezug.

Einzelbewertung von Sachbezügen

(2) [1]Sachbezüge, für die keine amtlichen Sachbezugswerte (→ Absatz 4) festgesetzt sind und die nicht nach § 8 Abs. 2 Satz 2 bis 5 EStG (→ Absatz 9 und 10) oder § 8 Abs. 3 EStG (→ R 8.2) zu bewerten sind und die nicht nach § 8 Abs. 3 EStG bewertet werden, sind nach § 8 Abs. 2 Satz 1 EStG mit den um übliche Preisnachlässe geminderten üblichen Endpreisen am Abgabeort im Zeitpunkt der Abgabe anzusetzen. [2]Bei einem umfangreichen Warenangebot, von dem fremde Letztverbraucher ausgeschlossen sind, kann der übliche Preis einer Ware auch auf Grund repräsentativer Erhebungen über die relative Preisdifferenz für die Einzelstücke jeder Warengruppe ermittelt werden. [3]Erhält der Arbeitnehmer eine Ware oder Dienstleistung, die nach § 8 Abs. 2 Satz 1 EStG zu bewerten ist, kann sie aus Vereinfachungsgründen mit 96 % des Endpreises (→ R 8.2 Abs. 2) bewertet werden, zu dem sie der Abgebende oder dessen Abnehmer fremden Letztverbrauchern im allgemeinen Geschäftsverkehr anbietet. [4]Satz 3 gilt nicht, wenn als Endpreis der günstigste Preis am Markt angesetzt wird, ein Sachbezug durch eine (zweckgebundene) Geldleistung des Arbeitgebers verwirklicht oder ein Warengutschein mit Betragsangabe hingegeben wird.

Freigrenze nach § 8 Abs. 2 Satz 11 EStG

(3) [1]Bei der Prüfung der Freigrenze bleiben die nach § 8 Abs. 2 Satz 1 EStG zu bewertenden Vorteile, die nach §§ 37b, 40 EStG pauschal versteuert werden, außer Ansatz. [2]Für die Feststellung, ob die Freigrenze des § 8 Abs. 2 Satz 11 EStG überschritten ist, sind die in einem Kalendermonat zufließenden und nach § 8 Abs. 2 Satz 1 EStG zu bewertenden Vorteile – auch soweit hierfür Lohnsteuer nach § 39b Abs. 2 und 3 EStG einbehalten worden ist – zusammenzurechnen. [3]Außer Ansatz bleiben Vorteile, die nach § 8 Abs. 2 Satz 2 bis 10 oder Abs. 3, § 3 Nr. 39 EStG oder nach § 19a EStG a.F. i. V. m. § 52 Abs. 27 EStG zu bewerten sind. [4]Auf Zukunftssicherungsleistungen des Arbeitgebers i.S.d. § 2 Abs. 2 Nr. 3 LStDV, ist die Freigrenze nicht anwendbar. [5]Bei der monatlichen Überlassung einer Monatsmarke oder einer monatlichen Fahrberechtigung für ein Job-Ticket, das für einen längeren Zeitraum gilt, ist die Freigrenze anwendbar.

Amtliche Sachbezugswerte

(4) [1]Amtliche Sachbezugswerte werden durch die SvEV[2)] oder durch Erlasse der obersten Landesfinanzbehörden nach § 8 Abs. 2 Satz 10 EStG festgesetzt. [2]Die amtlichen Sachbezugswerte sind, soweit nicht zulässigerweise § 8 Abs. 3 EStG angewandt wird, ausnahmslos für die Sachbezüge maßgebend, für die sie bestimmt sind. [3]Die amtlichen Sachbezugswerte gelten auch dann, wenn in einem Tarifvertrag, einer Betriebsvereinbarung oder in einem Arbeitsvertrag für Sachbezüge höhere oder niedrigere Werte festgesetzt worden sind. [4]Sie gelten ausnahmsweise auch für Barvergütungen, wenn diese nur gelegentlich oder vorübergehend gezahlt werden, z. B. bei tageweiser auswärtiger Beschäftigung, für die Dauer einer Krankheit oder eines Urlaubs, und wenn mit der Barvergütung nicht mehr als der tatsächliche Wert

---

1) Die Änderung in Absatz 3 Satz 2 durch das HBeglG 2004 wurde durch das Gesetz zur bestätigenden Regelung verschiedener steuerlicher und verkehrsrechtlicher Vorschriften des Haushaltsbegleitgesetzes 2004 vom 5. 4. 2011 (BGBl. I S. 554, BStBl. I S. 310) bestätigt.
2) Anhang 3.

der Sachbezüge abgegolten wird; geht die Barvergütung über den tatsächlichen Wert der Sachbezüge hinaus, so ist die Barvergütung der Besteuerung zugrunde zu legen.

Unterkunft oder Wohnung

(5) ¹Für die Bewertung einer Unterkunft, die keine Wohnung ist (→ Absatz 6 Satz 2 bis 4), ist der amtliche Sachbezugswert nach der SvEV maßgebend soweit nicht zulässigerweise § 8 Abs. 3 EStG angewandt wird. ²Dabei ist der amtliche Sachbezugswert grundsätzlich auch dann anzusetzen, wenn der Arbeitgeber die dem Arbeitnehmer überlassene Unterkunft gemietet und ggf. mit Einrichtungsgegenständen ausgestattet hat. ³Eine Gemeinschaftsunterkunft liegt vor, wenn die Unterkunft beispielsweise durch Gemeinschaftswaschräume oder Gemeinschaftsküchen Wohnheimcharakter hat oder Zugangsbeschränkungen unterworfen ist.

(6) ¹Soweit nicht zulässigerweise § 8 Abs. 3 EStG angewandt wird, ist für die Bewertung einer Wohnung der ortsübliche Mietwert maßgebend. ²Eine Wohnung ist eine in sich geschlossene Einheit von Räumen, in denen ein selbständiger Haushalt geführt werden kann. ³Wesentlich ist, dass eine Wasserversorgung und -entsorgung, zumindest eine einer Küche vergleichbare Kochgelegenheit sowie eine Toilette vorhanden sind. ⁴Danach stellt z. B. ein Einzimmerappartement mit Küchenzeile und WC als Nebenraum eine Wohnung dar, dagegen ist ein Wohnraum bei Mitbenutzung von Bad, Toilette und Küche eine Unterkunft. ⁵Als ortsüblicher Mietwert ist die Miete anzusetzen, die für eine nach Baujahr, Art, Größe, Ausstattung, Beschaffenheit und Lage vergleichbare Wohnung üblich ist (Vergleichsmiete). ⁶In den Fällen, in denen der Arbeitgeber vergleichbare Wohnungen in nicht unerheblichem Umfang an fremde Dritte zu einer niedrigeren als der üblichen Miete vermietet, ist die niedrigere Miete anzusetzen. ⁷Die Vergleichsmiete gilt unabhängig davon, ob die Wohnung z. B. als Werks- und Dienstwohnung im Eigentum des Arbeitgebers oder dem Arbeitgeber auf Grund eines Belegungsrechts zur Verfügung steht oder von ihm angemietet worden ist. ⁸Gesetzliche Mietpreisbeschränkungen sind zu beachten. ⁹Stehen solche einem Mieterhöhungsverlangen entgegen, gilt dies jedoch nur, soweit die maßgebliche Ausgangsmiete den ortsüblichen Mietwert oder die gesetzlich zulässige Höchstmiete nicht unterschritten hat. ¹⁰Überlässt der Arbeitgeber dem Arbeitnehmer im Rahmen einer Auslandstätigkeit eine Wohnung im Ausland, deren ortsübliche Miete 18 % des Arbeitslohns ohne Kaufkraftausgleich übersteigt, ist diese Wohnung mit 18 % des Arbeitslohns ohne Kaufkraftausgleich zuzüglich 10 % der darüber hinausgehenden ortsüblichen Miete zu bewerten.

Kantinenmahlzeiten und Essenmarken

(7) Für die Bewertung von Mahlzeiten, die arbeitstäglich an die Arbeitnehmer abgegeben werden, gilt Folgendes:

1. ¹Mahlzeiten, die durch eine vom Arbeitgeber selbst betriebene Kantine, Gaststätte oder vergleichbare Einrichtung abgegeben werden, sind mit dem maßgebenden amtlichen Sachbezugswert nach der SvEV zu bewerten.¹⁾ ²Alternativ kommt eine Bewertung mit dem Endpreis i. S. d. § 8 Abs. 3 EStG in Betracht, wenn die Mahlzeiten überwiegend nicht für die Arbeitnehmer zubereitet werden.

2. ¹Mahlzeiten, die die Arbeitnehmer in einer nicht vom Arbeitgeber selbst betriebenen Kantine, Gaststätte oder vergleichbaren Einrichtung erhalten, sind vorbehaltlich der Nummer 4 ebenfalls mit dem maßgebenden amtlichen Sachbezugswert zu bewerten, wenn der Arbeitgeber auf Grund vertraglicher Vereinbarung durch Barzuschüsse oder andere Leistungen an die die Mahlzeiten vertreibende Einrichtung, z. B. durch verbilligte Überlassung von Räumen, Energie oder Einrichtungsgegenständen, zur Verbilligung der Mahlzeiten beiträgt. ²Es ist nicht erforderlich, dass die Mahlzeiten im Rahmen eines Reihengeschäfts zunächst an den Arbeitgeber und danach von diesem an die Arbeitnehmer abgegeben werden.

3. In den Fällen der Nummern 1 und 2 ist ein geldwerter Vorteil als Arbeitslohn zu erfassen, wenn und soweit der vom Arbeitnehmer für eine Mahlzeit gezahlte Preis (einschließlich Umsatzsteuer) den maßgebenden amtlichen Sachbezugswert unterschreitet.

4. Bestehen die Leistungen des Arbeitgebers im Falle der Nummer 2 aus Barzuschüssen in Form von Essenmarken (Essensgutscheine, Restaurantschecks), die vom Arbeitgeber an die Arbeitnehmer verteilt und von einer Gaststätte oder vergleichbaren Einrichtung (Annahmestelle) bei der Abgabe einer Mahlzeit in Zahlung genommen werden, gilt Folgendes:

    a) ¹Es ist nicht die Essenmarke mit ihrem Verrechnungswert, sondern vorbehaltlich des Buchstaben b die Mahlzeit mit dem maßgebenden Sachbezugswert zu bewerten, wenn

        aa) tatsächlich eine Mahlzeit abgegeben wird. ²Lebensmittel sind nur dann als Mahlzeit anzuerkennen, wenn sie zum unmittelbaren Verzehr geeignet oder zum Verbrauch während der Essenpausen bestimmt sind,

---

1) Anhang 3 und Anlage § 008-02.

bb) für jede Mahlzeit lediglich eine Essenmarke täglich in Zahlung genommen wird,

cc) der Verrechnungswert der Essenmarke den amtlichen Sachbezugswert einer Mittagsmahlzeit um nicht mehr als 3,10 Euro übersteigt und

dd) die Essenmarke nicht an Arbeitnehmer ausgegeben wird, die eine Auswärtstätigkeit ausüben.[1)]

²Dies gilt auch dann, wenn zwischen dem Arbeitgeber und der Annahmestelle keine unmittelbaren vertraglichen Beziehungen bestehen, weil ein Unternehmen eingeschaltet ist, das die Essenmarken ausgibt. ³Zur Erfüllung der Voraussetzungen nach Doppelbuchstabe bb hat der Arbeitgeber für jeden Arbeitnehmer die Tage der Abwesenheit z. B. infolge von Auswärtstätigkeiten, Urlaub oder Erkrankung festzustellen und die für diese Tage ausgegebenen Essenmarken zurückzufordern oder die Zahl der im Folgemonat auszugebenden Essenmarken um die Zahl der Abwesenheitstage zu vermindern. ⁴Die Pflicht zur Feststellung der Abwesenheitstage und zur Anpassung der Zahl der Essenmarken im Folgemonat entfällt für Arbeitnehmer, die im Kalenderjahr durchschnittlich an nicht mehr als drei Arbeitstagen je Kalendermonat Auswärtstätigkeiten ausüben, wenn keiner dieser Arbeitnehmer im Kalendermonat mehr als 15 Essenmarken erhält.

b) Bestehen die Leistungen des Arbeitgebers ausschließlich in der Hingabe von Essenmarken, ist auch unter den Voraussetzungen des Buchstaben a der Verrechnungswert der Essenmarke als Arbeitslohn anzusetzen, wenn dieser Wert den geldwerten Vorteil nach Nummer 3 unterschreitet.

c) ¹Wird der Arbeitsvertrag dahingehend geändert, dass der Arbeitnehmer anstelle von Barlohn Essenmarken erhält, vermindert sich dadurch der Barlohn in entsprechender Höhe. ²Die Essenmarken sind mit dem Wert anzusetzen, der sich nach den Buchstaben a oder b ergibt. ³Ohne Änderung des Arbeitsvertrags führt der Austausch von Barlohn durch Essenmarken nicht zu einer Herabsetzung des steuerpflichtigen Barlohns. ⁴In diesem Fall ist der Betrag, um den sich der ausgezahlte Barlohn verringert, als Entgelt für die Mahlzeit oder Essenmarke anzusehen und von dem nach Nummer 4 Buchstabe a oder b maßgebenden Wert abzusetzen.

d) ¹Die von Annahmestellen eingelösten Essenmarken brauchen nicht an den Arbeitgeber zurückgegeben und von ihm nicht aufbewahrt zu werden, wenn der Arbeitgeber eine Abrechnung erhält, aus der sich ergibt, wieviel Essenmarken mit welchem Verrechnungswert eingelöst worden sind, und diese aufbewahrt. ²Dasselbe gilt, wenn ein Essenmarkenemittent eingeschaltet ist und der Arbeitgeber von diesem eine entsprechende Abrechnung erhält und aufbewahrt.

5. ¹Wenn der Arbeitgeber unterschiedliche Mahlzeiten zu unterschiedlichen Preisen teilentgeltlich oder unentgeltlich an die Arbeitnehmer abgibt oder Leistungen nach Nummer 2 zur Verbilligung der Mahlzeiten erbringt und die Lohnsteuer nach § 40 Abs. 2 EStG pauschal erhebt, kann der geldwerte Vorteil mit dem Durchschnittswert der Pauschalbesteuerung zugrunde gelegt werden. ²Die Durchschnittsbesteuerung braucht nicht tageweise durchgeführt zu werden, sie darf sich auf den gesamten Lohnzahlungszeitraum erstrecken. ³Bietet der Arbeitgeber bestimmte Mahlzeiten nur einem Teil seiner Arbeitnehmer an, z. B. in einem Vorstandskasino, sind diese Mahlzeiten nicht in die Durchschnittsberechnung einzubeziehen. ⁴Unterhält der Arbeitgeber mehrere Kantinen, ist der Durchschnittswert für jede einzelne Kantine zu ermitteln. ⁵Ist die Ermittlung des Durchschnittswerts wegen der Menge der zu erfassenden Daten besonders aufwendig, kann die Ermittlung des Durchschnittswerts für einen repräsentativen Zeitraum und bei einer Vielzahl von Kantinen für eine repräsentative Auswahl der Kantinen durchgeführt werden.

6. ¹Der Arbeitgeber hat die vom Arbeitnehmer geleistete Zahlung grundsätzlich in nachprüfbarer Form nachzuweisen. ²Der Einzelnachweis der Zahlungen ist nur dann nicht erforderlich,

a) wenn gewährleistet ist, dass

aa) die Zahlung des Arbeitnehmers für eine Mahlzeit den anteiligen amtlichen Sachbezugswert nicht unterschreitet oder

bb) nach Nummer 4 der Wert der Essenmarke als Arbeitslohn zu erfassen ist oder

b) wenn der Arbeitgeber die Durchschnittsberechnung nach Nummer 5 anwendet.

Mahlzeiten aus besonderem Anlass

(8) Für die steuerliche Erfassung und Bewertung von Mahlzeiten, die der Arbeitgeber oder auf dessen Veranlassung ein Dritter aus besonderem Anlass an Arbeitnehmer abgibt, gilt Folgendes:

1. ¹Mahlzeiten, die im ganz überwiegenden betrieblichen Interesse des Arbeitgebers an die Arbeitnehmer abgegeben werden, gehören nicht zum Arbeitslohn. ²Dies gilt für Mahlzeiten im Rahmen

---

1) Vgl. BMF v. 5. 1. 2015, BStBl. I S. 119.

RL 8.1 § 8

herkömmlicher Betriebsveranstaltungen nach Maßgabe der R 19.5, für ein sog. Arbeitsessen i.S.d. R 19.6 Abs. 2 sowie für die Beteiligung von Arbeitnehmern an einer geschäftlich veranlassten Bewirtung i.S.d. § 4 Abs. 5 Satz 1 Nr. 2 EStG.

2. ¹Mahlzeiten, die der Arbeitgeber als Gegenleistung für das Zurverfügungstellen der individuellen Arbeitskraft an seine Arbeitnehmer abgibt, sind mit ihrem tatsächlichen Preis anzusetzen. ²Dies gilt z. B. für eine während einer beruflich veranlassten Auswärtstätigkeif oder doppelten Haushaltsführung gestellte Mahlzeit, deren Preis die 60-Euro-Grenze i. S. d. § 8 Abs. 2 Satz 8 EStG übersteigt. ³Ein vom Arbeitnehmer an den Arbeitgeber oder an den Dritten gezahltes Entgelt ist auf den tatsächlichen Preis anzurechnen. ⁴Wird vom Arbeitgeber oder auf dessen Veranlassung von einem Dritten nur ein Essen, aber kein Getränk gestellt, ist das Entgelt, das der Arbeitnehmer für ein Getränk bei der Mahlzeit zahlt, nicht auf den tatsächlichen Preis der Mahlzeit anzurechnen.

Gestellung von Kraftfahrzeugen

(9) Überlässt der Arbeitgeber oder auf Grund des Dienstverhältnisses ein Dritter dem Arbeitnehmer ein Kraftfahrzeug zur privaten Nutzung, gilt Folgendes:

1. ¹Der Arbeitgeber hat den privaten Nutzungswert mit monatlich 1 % des inländischen Listenpreises des Kraftfahrzeugs anzusetzen. ²Kann das Kraftfahrzeug auch zu Fahrten zwischen Wohnung und erster Tätigkeitsstätte genutzt werden, ist grundsätzlich diese Nutzungsmöglichkeit unabhängig von der Nutzung des Fahrzeugs zu Privatfahrten zusätzlich mit monatlich 0,03 % des inländischen Listenpreises des Kraftfahrzeugs für jeden Kilometer der Entfernung zwischen Wohnung und erster Tätigkeitsstätte zu bewerten und dem Arbeitslohn zuzurechnen. ³Wird das Kraftfahrzeug zu Familienheimfahrten im Rahmen einer doppelten Haushaltsführung genutzt, erhöht sich der Wert nach Satz 1 für jeden Kilometer der Entfernung zwischen dem Beschäftigungsort und dem Ort des eigenen Hausstands um 0,002 % des inländischen Listenpreises für jede Fahrt, für die der Werbungskostenabzug nach § 9 Abs. 1 Satz 3 Nr. 5 Satz 5 EStG ausgeschlossen ist. ⁴Die Monatswerte nach den Sätzen 1 und 2 sind auch dann anzusetzen, wenn das Kraftfahrzeug dem Arbeitnehmer im Kalendermonat nur zeitweise zur Verfügung steht. ⁵Kürzungen der Werte, z. B. wegen einer Beschriftung des Kraftwagens oder wegen eines privaten Zweitwagens oder wegen Übernahme der Treibstoff- oder Garagenkosten durch den Arbeitnehmer, sind nicht zulässig. ⁶Listenpreis i.S.d. Sätze 1 bis 3 ist – auch bei gebraucht erworbenen oder geleasten Fahrzeugen – die auf volle hundert Euro abgerundete unverbindliche Preisempfehlung des Herstellers für das genutzte Kraftfahrzeug im Zeitpunkt seiner Erstzulassung zuzüglich der Kosten für werksseitig im Zeitpunkt der Erstzulassung eingebaute Sonderausstattungen (z. B. Navigationsgeräte, Diebstahlsicherungssysteme) und der Umsatzsteuer; der Wert eines Autotelefons einschließlich Freisprecheinrichtung sowie der Wert eines weiteren Satzes Reifen einschließlich Felgen bleiben außer Ansatz. ⁷Bei einem Kraftwagen, der aus Sicherheitsgründen gepanzert ist, kann der Listenpreis des leistungsschwächeren Fahrzeugs zugrunde gelegt werden, das dem Arbeitnehmer zur Verfügung gestellt würde, wenn seine Sicherheit nicht gefährdet wäre. ⁸Kann das Kraftfahrzeug auch im Rahmen einer anderen Einkunftsart genutzt werden, ist diese Nutzungsmöglichkeit mit dem Nutzungswert nach Satz 1 abgegolten. ⁹Nummer 2 Satz 9 bis 16 gilt entsprechend.

2. ¹Der Arbeitgeber kann den privaten Nutzungswert abweichend von Nummer 1 mit den für das Kraftfahrzeug entstehenden Aufwendungen ansetzen, die auf die nach Nummer 1 zu erfassenden privaten Fahrten entfallen, wenn die Aufwendungen durch Belege und das Verhältnis der privaten zu den übrigen Fahrten durch ein ordnungsgemäßes Fahrtenbuch nachgewiesen werden. ²Dabei sind die dienstlich und privat zurückgelegten Fahrtstrecken gesondert und laufend im Fahrtenbuch nachzuweisen. ³Für dienstliche Fahrten sind grundsätzlich die folgenden Angaben erforderlich:

   a) Datum und Kilometerstand zu Beginn und am Ende jeder einzelnen Auswärtstätigkeit,
   b) Reiseziel und bei Umwegen auch die Reiseroute,
   c) Reisezweck und aufgesuchte Geschäftspartner.

   ⁴Für Privatfahrten genügen jeweils Kilometerangaben; für Fahrten zwischen Wohnung und erster Tätigkeitsstätte genügt jeweils ein kurzer Vermerk im Fahrtenbuch. ⁵Die Führung des Fahrtenbuchs kann nicht auf einen repräsentativen Zeitraum beschränkt werden, selbst wenn die Nutzungsverhältnisse keinen größeren Schwankungen unterliegen. ⁶Anstelle des Fahrtenbuchs kann ein Fahrtenschreiber eingesetzt werden, wenn sich daraus dieselben Erkenntnisse gewinnen lassen. ⁷Der private Nutzungswert ist der Anteil an den Gesamtkosten des Kraftwagens, der dem Verhältnis der Privatfahrten zur Gesamtfahrtstrecke entspricht. ⁸Die insgesamt durch das Kraftfahrzeug entstehenden Aufwendungen i. S. d. § 8 Abs. 2 Satz 4 EStG (Gesamtkosten) sind als Summe der Nettoaufwendungen zuzüglich Umsatzsteuer zu ermitteln; dabei bleiben vom Arbeitnehmer selbst getragene Kosten außer Ansatz. ⁹Zu den Gesamtkosten gehören nur solche Kosten, die dazu bestimmt

sind, unmittelbar dem Halten und dem Betrieb des Kraftfahrzeugs zu dienen und im Zusammenhang mit seiner Nutzung typischerweise entstehen. [10]Absetzungen für Abnutzung sind stets in die Gesamtkosten einzubeziehen; ihnen sind die tatsächlichen Anschaffungs- oder Herstellungskosten einschließlich der Umsatzsteuer zugrunde zu legen. [11]Nicht zu den Gesamtkosten gehören z. B. Beiträge für einen auf den Namen des Arbeitnehmers ausgestellten Schutzbrief, Straßen- oder Tunnelbenutzungsgebühren und Unfallkosten. [12]Verbleiben nach Erstattungen durch Dritte Unfallkosten bis zur Höhe von 1 000 Euro (zuzüglich Umsatzsteuer) je Schaden ist es aber nicht zu beanstanden, wenn diese als Reparaturkosten in die Gesamtkosten einbezogen werden; Satz 15 ist sinngemäß anzuwenden. [13]Ist der Arbeitnehmer gegenüber dem Arbeitgeber wegen Unfallkosten nach allgemeinen zivilrechtlichen Regeln schadensersatzpflichtig (z. B. Privatfahrten, Trunkenheitsfahrten) und verzichtet der Arbeitgeber (z. B. durch arbeitsvertragliche Vereinbarungen) auf diesen Schadensersatz, liegt in Höhe des Verzichts ein gesonderter geldwerter Vorteil vor (§ 8 Abs. 2 Satz 1 EStG). [14]Erstattungen durch Dritte (z. B. Versicherung) sind unabhängig vom Zahlungszeitpunkt zu berücksichtigen, so dass der geldwerte Vorteil regelmäßig in Höhe des vereinbarten Selbstbehalts anzusetzen ist. [15]Hat der Arbeitgeber auf den Abschluss einer Versicherung verzichtet oder eine Versicherung mit einem Selbstbehalt von mehr als 1 000 Euro abgeschlossen, ist aus Vereinfachungsgründen so zu verfahren, als bestünde eine Versicherung mit einem Selbstbehalt in Höhe von 1 000 Euro, wenn es bei bestehender Versicherung zu einer Erstattung gekommen wäre. [16]Liegt keine Schadensersatzpflicht des Arbeitnehmers vor (z. B. Fälle höherer Gewalt, Verursachung des Unfalls durch einen Dritten) oder ereignet sich der Unfall auf einer beruflich veranlassten Fahrt (Auswärtstätigkeit, die wöchentliche Familienheimfahrt bei doppelter Haushaltsführung oder Fahrten zwischen Wohnung und erster Tätigkeitsstätte), liegt vorbehaltlich Satz 13 kein geldwerter Vorteil vor.

3. [1]Der Arbeitgeber muss in Abstimmung mit dem Arbeitnehmer die Anwendung eines der Verfahren nach den Nummern 1 und 2 für jedes Kalenderjahr festlegen; das Verfahren darf bei demselben Kraftfahrzeug während des Kalenderjahres nicht gewechselt werden. [2]Soweit die genaue Erfassung des privaten Nutzungswerts nach Nummer 2 monatlich nicht möglich ist, kann der Erhebung der Lohnsteuer monatlich ein Zwölftel des Vorjahresbetrags zugrunde gelegt werden. [3]Nach Ablauf des Kalenderjahres oder nach Beendigung des Dienstverhältnisses ist der tatsächlich zu versteuernde Nutzungswert zu ermitteln und eine etwaige Lohnsteuerdifferenz nach Maßgabe der §§ 41c, 42b EStG auszugleichen. [4]Bei der Veranlagung zur Einkommensteuer ist der Arbeitnehmer nicht an das für die Erhebung der Lohnsteuer gewählte Verfahren gebunden; Satz 1 2. Halbsatz gilt entsprechend.

4. [1]Zahlt der Arbeitnehmer an den Arbeitgeber oder auf dessen Weisung an einen Dritten zur Erfüllung einer Verpflichtung des Arbeitgebers (abgekürzter Zahlungsweg) für die außerdienstliche Nutzung (Nutzung zu privaten Fahrten, zu Fahrten zwischen Wohnung und erster Tätigkeitsstätte und zu Familienheimfahrten im Rahmen einer doppelten Haushaltsführung) des Kraftfahrzeugs ein Nutzungsentgelt, mindert dies den Nutzungswert. [2]Dabei ist es gleichgültig, ob das Nutzungsentgelt pauschal oder entsprechend der tatsächlichen Nutzung des Kraftfahrzeugs bemessen wird. [3]Zuschüsse des Arbeitnehmers zu den Anschaffungskosten können im Zahlungsjahr ebenfalls auf den privaten Nutzungswert angerechnet werden; in den Fällen der Nummer 2 gilt dies nur, wenn die für die AfA-Ermittlung maßgebenden Anschaffungskosten nicht um die Zuschüsse gemindert worden sind. [4]Nach der Anrechnung im Zahlungsjahr verbleibende Zuschüsse können in den darauf folgenden Kalenderjahren auf den privaten Nutzungswert für das jeweilige Kraftfahrzeug angerechnet werden. [5]Zuschussrückzahlungen sind Arbeitslohn, soweit die Zuschüsse den privaten Nutzungswert gemindert haben.

5. Die Nummern 1 bis 4 gelten bei Fahrten nach § 9 Abs. 1 Satz 3 Nr. 4a Satz 3 EStG entsprechend.

Gestellung eines Kraftfahrzeugs mit Fahrer

(10) [1]Wenn ein Kraftfahrzeug mit Fahrer zur Verfügung gestellt wird, ist der geldwerte Vorteil aus der Fahrergestellung zusätzlich zum Wert nach Absatz 9 Nr. 1 oder 2 als Arbeitslohn zu erfassen. [2]Dieser geldwerte Vorteil bemisst sich grundsätzlich nach dem Endpreis i. S. d. § 8 Abs. 2 Satz 1 EStG einer vergleichbaren von fremden Dritten erbrachten Leistung. [3]Es ist aus Vereinfachungsgründen nicht zu beanstanden, wenn der geldwerte Vorteil abweichend von Satz 2 wie folgt ermittelt wird:

1. [1]Stellt der Arbeitgeber dem Arbeitnehmer für Fahrten zwischen Wohnung und erster Tätigkeitsstätte oder Fahrten nach § 9 Abs. 1 Satz 3 Nr. 4a Satz 3 EStG ein Kraftfahrzeug mit Fahrer zur Verfügung, ist der für diese Fahrten nach Absatz 9 Nr. 1 oder 2 ermittelte Nutzungswert des Kraftfahrzeugs um 50 % zu erhöhen. [2]Für die zweite und jede weitere Familienheimfahrt im Rahmen einer beruflich veranlassten doppelten Haushaltsführung erhöht sich der auf die einzelne Familienheimfahrt entfallende Nutzungswert nur dann um 50 %, wenn für diese Fahrt ein Fahrer in Anspruch genommen worden ist.

RL 8.1 § 8

2. Stellt der Arbeitgeber dem Arbeitnehmer für andere Privatfahrten ein Kraftfahrzeug mit Fahrer zur Verfügung, ist der entsprechende private Nutzungswert des Kraftfahrzeugs wie folgt zu erhöhen:
   a) um 50 %, wenn der Fahrer überwiegend in Anspruch genommen wird,
   b) um 40 %, wenn der Arbeitnehmer das Kraftfahrzeug häufig selbst steuert,
   c) um 25 %, wenn der Arbeitnehmer das Kraftfahrzeug weit überwiegend selbst steuert.
3. Bei Begrenzung des pauschalen Nutzungswertes i. S. d. § 8 Abs. 2 Satz 2, 3 und 5 EStG auf die Gesamtkosten ist der anzusetzende Nutzungswert um 50 % zu erhöhen, wenn das Kraftfahrzeug mit Fahrer zur Verfügung gestellt worden ist.
4. ¹Wenn einem Arbeitnehmer aus Sicherheitsgründen ein sondergeschütztes (gepanzertes) Kraftfahrzeug, das zum Selbststeuern nicht geeignet ist, mit Fahrer zur Verfügung gestellt wird, ist von der steuerlichen Erfassung der Fahrergestellung abzusehen. ²Es ist dabei unerheblich, in welcher Gefährdungsstufe der Arbeitnehmer eingeordnet ist.

Hinweise

LStH 8.1 (1-4) 44-Euro-Freigrenze
– *Vorteile aus der Überlassung eines zinslosen oder zinsverbilligten Arbeitgeberdarlehens sind bei der Zusammenrechnug einzubeziehen (→ BMF vom 1.10.2008 – BStBl. I S. 892, BMF vom ... BStBl. I S. ...).* – **Anlage § 008-04** –
– *Zu den Aufzeichnungserleichterungen für Sachbezüge i.S.d. § 8 Abs. 2 Satz 11 EStG → § 4 Abs. 3 Satz 2 LStDV.*
– *Die 44 €-Freigrenze ist auf Zukunftssicherungsleistungen nicht anwendbar (→ BMF vom 10.10.2013 – BStBl. I S. 1301, BMF vom ... BStBl. I S. ...)* – **Anlage § 008-05** –

Aktienoptionen
→ H 38.2
→ H 9.1

Arbeitgeberdarlehen
→ *BMF vom 1.10.2008 (BStBl. I S. 892), BMF vom ... (BStBl. I S. ...)* – **Anlage § 008-04** –

Ausländische Währung
Lohnzahlungen in einer gängigen ausländischen Währung sind Einnahmen in Geld und kein Sachbezug. Die Freigrenze des § 8 Abs. 2 Satz 11 EStG findet auf sie keine Anwendung (→ BFH vom 27.10.2004 – BStBl. 2005 II S. 135) und vom 11.11.2010 – BStBl. 2011 II S. 383, 386 und 389). Umrechnungsmaßstab ist – soweit vorhanden – der auf den Umrechnungszeitpunkt bezogene Euro-Referenzkurs der Europäischen Zentralbank. Lohnzahlungen sind bei Zufluss des Arbeitslohns anhand der von der Europäischen Zentralbank veröffentlichten monatlichen Durchschnittsreferenzkurse umzurechnen, denen die im BStBl. I veröffentlichten Umsatzsteuer-Umrechnungskurse entsprechen (→ BFH vom 3.12.2009 – BStBl. 2010 II S. 698).

Durchschnittswerte der von Luftfahrtunternehmen gewährten Flüge
→ *gleichlautende Ländererlasse vom 26.9.2012 (BStBl. I S. 940)* – **Anlage § 008-03** –

Fahrrad
Zur Ermittlung des geldwerten Vorteils bei Überlassung von (Elektro-)Fahrrädern → gleich lautende Ländererlasse vom 23.11.2012 (BStBl. I S. 1224). – **Anlage § 008-15** –

Geldleistung oder Sachbezug
– *Sachbezüge i. S. d. § 8 Abs. 2 Satz 1 und 11 EStG sind alle nicht in Geld bestehenden Einnahmen. Ob Barlöhne oder Sachbezüge vorliegen, entscheidet sich nach dem Rechtsgrund des Zuflusses, also auf Grundlage der arbeitsvertraglichen Vereinbarungen danach, was der Arbeitnehmer vom Arbeitgeber beanspruchen kann. Es kommt nicht darauf an, auf welche Art und Weise der Arbeitgeber den Anspruch erfüllt und seinem Arbeitnehmer den zugesagten Vorteil verschafft (→ BFH vom 11.11.2010 – BStBl. 2011 II S. 383, 386 und 389).*
– **Sachbezug ist u.a.**
   – *eine Zahlung des Arbeitgebers an den Arbeitnehmer, die mit der Auflage verbunden ist, den empfangenen Geldbetrag nur in bestimmter Weise zu verwenden,*

- ein dem Arbeitnehmer durch den Arbeitgeber eingeräumtes Recht, bei einer Tankstelle zu tanken,
- ein Gutschein über einen in Euro lautenden Höchstbetrag für Warenbezug.

Ein Sachbezug liegt nicht vor, wenn der Arbeitnehmer anstelle der Sachleistung Barlohn verlangen kann.

- → Warengutscheine
- → Zukunftssicherungsleistungen
- Leistet der Arbeitgeber im Rahmen eines ausgelagerten Optionsmodells zur Vermögensbeteiligung der Arbeitnehmer Zuschüsse an einen Dritten als Entgelt für die Übernahme von Kursrisiken, führt dies bei den Arbeitnehmern zu Sachlohn, wenn die Risikoübernahme des Dritten auf einer vertraglichen Vereinbarung mit dem Arbeitgeber beruht; die Freigrenze des § 8 Abs. 2 Satz 11 EStG ist anwendbar (→ BFH vom 13.9.2007 – BStBl. 2008 II S. 204).
- Die Umwandlung von Barlohn in Sachlohn (Gehaltsumwandlung) setzt voraus, dass der Arbeitnehmer unter Änderung des Anstellungsvertrages auf einen Teil seines Barlohns verzichtet und ihm der Arbeitgeber stattdessen Sachlohn gewährt. Ob ein Anspruch auf Barlohn oder Sachlohn besteht, ist auf den Zeitpunkt bezogen zu entscheiden, zu dem der Arbeitnehmer über seinen Lohnanspruch verfügt (→ BFH vom 6.3.2008 – BStBl. II S. 530).

Geltung der Sachbezugswerte

- Die Sachbezugswerte nach der SvEV gelten nach § 8 Abs. 2 Satz 7 EStG auch für Arbeitnehmer, die nicht der gesetzlichen Rentenversicherungspflicht unterliegen.
- Die Sachbezugswerte gelten nicht, wenn die vorgesehenen Sachbezüge durch Barvergütungen abgegolten werden; in diesen Fällen sind grundsätzlich die Barvergütungen zu versteuern (→ BFH vom 16.3.1962 – BStBl. III S. 284).

Job-Ticket

→ BMF vom 27.1.2004 (BStBl. I S. 173), Tz. II.1   – Anlage § 038-01 –

- Ein geldwerter Vorteil ist nicht anzunehmen, wenn der Arbeitgeber seinen Arbeitnehmern ein Job-Ticket zu dem mit dem Verkehrsträger vereinbarten Preis überlässt. Ein Sachbezug liegt jedoch vor, soweit das Job-Ticket darüber hinaus verbilligt oder unentgeltlich vom Arbeitgeber erhält. § 8 Abs. 2 Satz 11 EStG (44-Euro-Freigrenze) findet Anwendung. Die vorstehenden Sätze gelten auch, wenn der Arbeitgeber dem Arbeitnehmer durch Vereinbarung mit einem Verkehrsbetrieb das Recht zum Erwerb einer vergünstigten Jahresnetzkarte (Job-Ticket) einräumt, soweit sich dies für den Arbeitnehmer als Frucht seiner Arbeit für den Arbeitgeber darstellt (BFH vom 14.11.2012 – BStBl. 2013 II S. 382).
- Beispiel

Üblicher Preis für eine Monatsfahrkarte	100,00 €
Vom Verkehrsträger dem Arbeitgeber eingeräumte Job-Ticketermäßigung 10%	10,00 €
vom Arbeitgeber entrichteter Preis	90,00 €
davon 96% (→ R 8.1 Abs. 2 Satz 3)	86,40 €
abzüglich Zuzahlung des Arbeitnehmers	45,00 €
Vorteil	41,40 €

Unter der Voraussetzung, dass keine weiteren Sachbezüge im Sinne von § 8 Abs. 2 Satz 1 EStG im Monat gewährt werden, die zu einer Überschreitung der 44-Euro-Grenze führen, bleibt der Vorteil von 41,40 € außer Ansatz.

- Gilt das Job-Ticket für einen längeren Zeitraum (z. B. Jahreskarte), fließt der Vorteil insgesamt bei Überlassung des Job-Tickets zu (→ BFH vom 12.4.2007 – BStBl. II S. 719). Zum Zuflusszeitpunkt → LStH 38.2 (Zufluss von Arbeitslohn).

LStH 8.1 § 8

Sachbezugswerte im Bereich der Seeschifffahrt und Fischerei

→ Gleich lautende Erlasse der Länder Bremen, Hamburg, Mecklenburg-Vorpommern, Niedersachsen und Schleswig-Holstein, die im BStBl. I veröffentlicht werden.

– Anlage § 008-03 –

Üblicher Endpreis

– → BFH vom 16.5.2013 – BStBl. 2002 I S. 729, Tz. 3.1). *– Anlage § 008-09 –*

– Beim Erwerb eines Gebrauchtwagens vom Arbeitgeber ist nicht auf den Händlereinkaufspreis abzustellen, sondern auf den Preis, den das Fahrzeug unter Berücksichtigung der vereinbarten Nebenleistungen auf dem Gebrauchtwagenmarkt tatsächlich erzielen würde (Händlerverkaufspreis). Wird zur Bestimmung des üblichen Endpreises eine Schätzung erforderlich, kann sich die Wertermittlung an den im Rechtsverkehr anerkannten Marktübersichten für gebrauchte Pkw orientieren (→ BFH vom 17.6.2005 – BStBl. II S. 795).

– Der Wert einer dem Arbeitnehmer durch den Arbeitgeber zugewandten Reise kann grundsätzlich anhand der Kosten geschätzt werden, die der Arbeitgeber für die Reise aufgewendet hat. Sofern sich ein Beteiligter auf eine abweichende Wertbestimmung beruft, muss er konkret darlegen, dass eine Schätzung des üblichen Endpreises am Abgabeort nach den aufgewandten Kosten dem objektiven Wert der Reise nicht entspricht (→ BFH vom 18.8.2005 – BStBl. 2006 II S. 30).

Wandeldarlehensvertrag

Der geldwerte Vorteil bemisst sich im Falle der Ausübung des Wandlungsrechts aus der Differenz zwischen dem Börsenpreis der Aktien an dem Tag, an dem der Arbeitnehmer die wirtschaftliche Verfügungsmacht über die Aktien erlangt, und den Erwerbsaufwendungen (→ BFH vom 23.6.2005 – BStBl. II S. 770) und vom 20.5.2010 – BStBl. II S. 1069).

Wandelschuldverschreibung

→ H 38.2

Warengutscheine

– Beispiel

Der Arbeitgeber räumt seinem Arbeitnehmer das Recht ein, einmalig zu einem beliebigen Zeitpunkt bei einer Tankstelle auf Kosten des Arbeitgebers gegen Vorlage einer Tankkarte bis zu einem Betrag von 44 € zu tanken. Der Arbeitnehmer tankt im Februar für 46 €; der Betrag wird vom Konto des Arbeitgebers abgebucht.

Unter der Voraussetzung, dass der Arbeitnehmer von seinem Arbeitgeber nicht anstelle der ausgehändigten Tankkarte Barlohn verlangen kann, liegt im Februar ein Sachbezug in Höhe der zugesagten 44 € vor. Er ist steuerfrei nach § 8 Abs. 2 Satz 11 EStG (44-Euro-Freigrenze), wenn dem Arbeitnehmer in diesem Monat keine weiteren Sachbezüge gewährt werden und der Arbeitgeber die übersteigenden 2 € vom Arbeitnehmer einfordert. Ein Abschlag von 4 % (→ R 8.1 Abs. 2 Satz 3) ist nicht vorzunehmen, wenn der Sachbezug durch eine (zweckgebundene) Geldleistung des Arbeitgebers verwirklicht wird oder ein Warengutschein mit Betragsangabe hingegeben wird (→ R 8.1 Abs. 2 Satz 4).

– Zum Zuflusszeitpunkt bei Warengutscheinen → R 38.2 Abs. 3

Zinsersparnisse

→ Arbeitgeberdarlehen

Zukunftssicherungsleistungen

Die 44 €-Freigrenze ist nicht anwendbar → BMF vom 10.10.2013 – BStBl. I S. 1301.

– Anlage § 008-05 –

LStH 8.1 (5-6) Erholungsheim

Wird ein Arbeitnehmer in einem Erholungsheim des Arbeitgebers oder auf Kosten des Arbeitgebers zur Erholung in einem anderen Beherbergungsbetrieb untergebracht oder verpflegt, so ist die Leistung mit dem entsprechenden Pensionspreis eines vergleichbaren Beherbergungsbetriebs am selben Ort zu bewerten; dabei können jedoch Preisabschläge in Betracht kommen, wenn der Arbeitnehmer z.B. nach der Hausordnung

Bedingungen unterworfen wird, die für Hotels und Pensionen allgemein nicht gelten (→ BFH vom 18.3.1960 – BStBl. III S. 237).

Ortsüblicher Mietwert

– Überlässt der Arbeitgeber seinem Arbeitnehmer eine Wohnung zu einem Mietpreis, der innerhalb der Mietpreisspanne des örtlichen Mietspiegels für vergleichbare Wohnungen liegt, scheidet die Annahme eines geldwerten Vorteils regelmäßig aus (→ BFH vom 17.8.2005 – BStBl. 2006 II S. 71 und vom 11.5.2011 – BStBl. II S. 946).

– Überlasst ein Arbeitgeber seinen Arbeitnehmern Wohnungen und werden Nebenkosten (z. T.) nicht erhoben, liegt eine verbilligte Überlassung und damit ein Sachbezug nur vor, soweit die tatsächlich erhobene Miete zusammen mit den tatsächlich abgerechneten Nebenkosten die ortsübliche Miete (Kaltmiete plus umlagefähige Nebenkosten) unterschreitet (→ BFH vom 11.5.2011 – BStBl. II S. 946).

Persönliche Bedürfnisse des Arbeitnehmers

Persönliche Bedürfnisse des Arbeitnehmers, z.B. hinsichtlich der Größe der Wohnung, sind bei der Höhe des Mietwerts nicht zu berücksichtigen (→ BFH vom 8.3.1968 – BStBl. II S. 435 und vom 2.10.1968 – BStBl. 1969 II S. 73).

Steuerfreie Mietvorteile

→ R 3.59

LStH 8.1 (7) **Begriff der Mahlzeit**

Zu den Mahlzeiten gehören alle Speisen und Lebensmittel, die üblicherweise der Ernährung dienen, einschließlich der dazu üblichen Getränke (→ BFH vom 21.3.1975 – BStBl. II S. 486 und vom 7.11.1975 – BStBl. 1976 II S. 50).

Essenmarken

Beispiele zu R 8.1 Abs. 7 Nr. 4 Buchst. b

Beispiel 1:

Ein Arbeitnehmer erhält eine Essenmarke mit einem Wert von 1 €. Die Mahlzeit kostet 2 €.

Preis der Mahlzeit	2,00 €
./. Wert der Essenmarke	1,00 €
Zahlung des Arbeitnehmers	1,00 €
Sachbezugswert der Mahlzeit (2014)	3,00 €
./. Zahlung des Arbeitnehmers	1,00 €
Verbleibender Wert	2,00 €
Anzusetzen ist der niedrigere Wert der Essenmarke	1,00 €

Beispiel 2:

Ein Arbeitnehmer erhält eine Essenmarke mit einem Wert von 4 €. Die Mahlzeit kostet 4 €.

Preis der Mahlzeit	4,00 €
./. Wert der Essensmarke	4,00 €
Zahlung des Arbeitnehmers	0,00 €
Sachbezugswert der Mahlzeit (2014)	3,00 €
./. Zahlung des Arbeitnehmers	0,00 €
Verbleibender Wert	3,00 €
Anzusetzen ist der Sachbezugswert	3,00 €

Essenmarken und Geschäftsumwandlung

– **Änderung des Arbeitsvertrags**

Wird der Arbeitsvertrag dahingehend geändert, dass der Arbeitnehmer anstelle von Barlohn Essenmarken erhält, so vermindert sich dadurch der Barlohn in entsprechender Höhe (→ BFH vom 20.8.1997 – BStBl. II S. 667).

LStH 8.1 §8

Beispiel:
Der Arbeitgeber gibt dem Arbeitnehmer monatlich 15 Essenmarken. Im Arbeitsvertrag ist der Barlohn von 3 500 € im Hinblick auf die Essenmarken um 60 € auf 3 440 € herabgesetzt worden.

a) Beträgt der Verrechnungswert der Essenmarken jeweils 5 €, so ist dem Barlohn von 3 440 € der Wert der Mahlzeit mit dem Sachbezugswert (15 x 3,00 € =) 45,00 € hinzuzurechnen.

b) Beträgt der Verrechnungswert der Essenmarken jeweils 7 €, so ist dem Barlohn von 3 440 € der Verrechnungswert der Essenmarken (15 x 7 € =) 105 € hinzuzurechnen.

– *Keine Änderung des Arbeitsvertrags*

Ohne Änderung des Arbeitsvertrags führt der Austausch von Barlohn durch Essenmarken nicht zu einer Herabsetzung des steuerpflichtigen Barlohns. In diesem Fall ist der Betrag, um den sich der ausgezahlte Barlohn verringert, als Entgelt für die Mahlzeit oder Essenmarke anzusehen und von dem für die Essenmarke maßgebenden Wert abzusetzen.

Beispiel:
Ein Arbeitnehmer mit einem monatlichen Bruttolohn von 3 500 € erhält von seinem Arbeitgeber 15 Essenmarken. Der Arbeitsvertrag bleibt unverändert. Der Arbeitnehmer zahlt für die Essenmarken monatlich 60 €.

a) Auf den Essenmarken ist jeweils ein Verrechnungswert von 7 € ausgewiesen.

Der Verrechnungswert der Essenmarke übersteigt den Sachbezugswert von 3,00 € um mehr als 3,10 €. Die Essenmarken sind deshalb mit ihrem Verrechnungswert anzusetzen:

15 Essenmarken x 7 €	105,00 €
./. Entgelt des Arbeitnehmers	60,00 €
Vorteil	45,00 €

Dieser ist dem bisherigen Arbeitslohn von 3 500 € hinzuzurechnen.

b) Auf den Essenmarken ist jeweils ein Verrechnungswert von 5 € ausgewiesen.

Der Verrechnungswert der Essenmarke übersteigt den Sachbezugswert von 3,00 € um nicht mehr als 3,10 €. Es ist deshalb nicht der Verrechnungswert der Essenmarken, sondern der Wert der erhaltenen Mahlzeiten mit dem Sachbezugswert anzusetzen:

15 Essenmarken x Sachbezugswert 3,00 €	45,00 €
./. Entgelt des Arbeitnehmers	60,00 €
Vorteil	0,00 €

Dem bisherigen Arbeitslohn von 3 500 € ist nichts hinzuzurechnen.

Sachbezugsbewertung

Beispiel zu R 8.1 Abs. 7 Nr. 3

Der Arbeitnehmer zahlt 2 € für ein Mittagessen im Wert von 4 €.

Sachbezugswert der Mahlzeit (2014)	3,00 €
./. Zahlung des Arbeitnehmers	2,00 €
geldwerter Vorteil	1,00 €

Hieraus ergibt sich, dass die steuerliche Erfassung der Mahlzeiten entfällt, wenn gewährleistet ist, dass der Arbeitnehmer für jede Mahlzeit mindestens einen Preis in Höhe des amtlichen Sachbezugswerts zahlt.

LStH 8.1 (8) *Allgemeines*

Zur Behandlung der Mahlzeitengestellung nach der Reform des steuerlichen Reisekostenrechts ab 1.1.2014 → BMF vom 24.10.2014 (BStBl. I S. 1412)

– Anlage § 009-06 –

Individuell zu versteuernde Mahlzeiten

Mit dem tatsächlichen Preis anzusetzen sind Mahlzeiten, die im Rahmen unüblicher Betriebsveranstaltungen (→ BFH vom 6.2.1987 – BStBl. II S. 355) oder regelmäßiger Ge-

schäftsleitungssitzungen (→ BFH vom 4.8.1994 - BStBl. 1995 II S. 59) abgegeben werden.

Reisekostenabrechnungen

→ *BMF vom 24.10.2014 (BStBl. I S. 1412), Rz. 77 Beispiel 50 und Rz. 58 ff.*
– *Anlage § 009-06* –

LStH 8.1 (9-10) 1 %-Regelung

Die 1 %-Regelung ist verfassungsrechtlich nicht zu beanstanden (→ *BFH vom 13.12.2012 – BStBl. 2013 II S. 385*).

→ *Gebrauchtwagen*

Abgrenzung Kostenerstattung – Nutzungsüberlassung

– Erstattet der Arbeitgeber dem Arbeitnehmer für dessen eigenen Pkw sämtliche Kosten, wendet er Barlohn und nicht einen Nutzungsvorteil i.S.d. § 8 Abs. 2 EStG zu (→ *BFH vom 6.11.2001 – BStBl. 2002 II S. 164*).

– Eine nach § 8 Abs. 2 EStG zu bewertende Nutzungsüberlassung liegt vor, wenn der Arbeitnehmer das Kraftfahrzeug auf Veranlassung des Arbeitgebers least, dieser sämtliche Kosten des Kraftfahrzeugs trägt und im Innenverhältnis allein über die Nutzung des Kraftfahrzeugs bestimmt (→ *BFH vom 6.11.2001 – BStBl. 2002 II S. 370*).

Allgemeines

Die Hinweise zu Fahrten zwischen Wohnung und erster Tätigkeitsstätte gelten entsprechend für Fahrten nach § 9 Abs. 1 Satz 1 Nr. 4a Satz 3 EStG von der Wohnung zu einem bestimmten Sammelpunkt oder zu einem weiträumigen Tätigkeitsgebiet (→ *§ 8 Abs. 2 Satz 3 und 4 EStG*).

Anscheinsbeweis

– Die unentgeltliche oder verbilligte Überlassung eines Dienstwagens durch den Arbeitgeber an den Arbeitnehmer für dessen Privatnutzung führt unabhängig davon, ob und in welchem Umfang der Arbeitnehmer das Fahrzeug tatsächlich privat nutzt, zu einem lohnsteuerlichen Vorteil. Ob der Arbeitnehmer den Beweis des ersten Anscheins, dass dienstliche Fahrzeuge, die zu privaten Zwecken zur Verfügung stehen, auch tatsächlich privat genutzt werden, durch die substantiierte Darlegung eines atypischen Sachverhalts zu entkräften vermag, ist für die Besteuerung des Nutzungsvorteils nach § 8 Abs. 2 Satz 2 EStG unerheblich (→ *BFH vom 21.3.2013 – BStBl. II S. 700*).

– → *Nutzungsmöglichkeit*

– → *Nutzungsverbot, unbefugte Privatnutzung*

Aufwendungen bei sicherheitsgeschützten Fahrzeugen

– Wird der Nutzungswert für ein aus Sicherheitsgründen gepanzertes Kraftfahrzeug individuell ermittelt, so kann dabei die AfA nach dem Anschaffungspreis des leistungsschwächeren Fahrzeugs zugrunde gelegt werden, das dem Arbeitnehmer zur Verfügung gestellt würde, wenn seine Sicherheit nicht gefährdet wäre (→ *BMF vom 28.5.1996 – BStBl. I S. 654*). – *Anlage § 008-06* –

– Im Hinblick auf die durch die Panzerung verursachten höheren laufenden Betriebskosten bestehen keine Bedenken, wenn der Nutzungswertermittlung 70 % der tatsächlich festgestellten laufenden Kosten (ohne AfA) zugrunde gelegt werden (→ *BMF vom 28.5.1996 – BStBl. I S. 654*). – *Anlage § 008-06* –

Begrenzung des pauschalen Nutzungswerts

Der pauschale Nutzungswert kann die dem Arbeitgeber für das Fahrzeug insgesamt entstandenen Kosten übersteigen. Wird dies im Einzelfall nachgewiesen, so ist der Nutzungswert höchstens mit dem Betrag der Gesamtkosten des Kraftfahrzeugs anzusetzen, wenn nicht aufgrund des Nachweises der Fahrten durch ein Fahrtenbuch ein geringerer Wertansatz in Betracht kommt (→ *BMF vom 28.5.1996 – BStBl. I S. 654*). Der mit dem Betrag der Gesamtkosten anzusetzende Nutzungswert ist um 50 % zu erhöhen, wenn das Kraftfahrzeug mit Fahrer zur Verfügung gestellt worden ist (→ *R 8.1 Abs. 10 Satz 3 Nr. 3*). – *Anlage § 008-06* –

Dienstliche Fahrten von und zur Wohnung

Ein geldwerter Vorteil ist für Fahrten zwischen Wohnung und erster Tätigkeitsstätte nicht zu erfassen, wenn ein Arbeitnehmer ein Firmenfahrzeug ausschließlich an den Tagen für seine Fahrten zwischen Wohnung und erster Tätigkeitsstätte erhält, an denen es erforderlich werden kann, dass er dienstliche Fahrten von der Wohnung aus antritt, z. B. beim Bereitschaftsdienst in Versorgungsunternehmen (→ BMF vom 28.5.1996 – BStBl. I S. 654). – *Anlage § 008-06* –

Durchschnittswert

Bei der individuellen Nutzungswertermittlung ist die Bildung eines Durchschnittswerts nicht zulässig. (→ Arbeitgeber-Merkblatt vom 1.1.1996 – BStBl. 1995 I S. 719, Tz. 22). – *Anlage § 008-07* –

Einheitliches Verfahren der Nutzungswertermittlung

Wird das Fahrzeug sowohl für Privatfahrten als auch für Fahrten zwischen Wohnung und erster Tätigkeitsstätte überlassen, kann die individuelle Nutzungswertermittlung weder auf Privatfahrten noch auf Fahrten zwischen Wohnung und erster Tätigkeitsstätte beschränkt werden (→ Arbeitgeber-Merkblatt vom 1.1.1996 – BStBl. 1995 I S. 719, Tz. 22, 32).

Elektro- und Hybridelektrofahrzeug

→ BMF vom 5.6.2014 (BStBl. I S. 835) – *Anlage § 008-16* –

Elektronisches Fahrtenbuch

Ein elektronisches Fahrtenbuch ist anzuerkennen, wenn sich daraus dieselben Erkenntnisse wie aus einem manuell geführten Fahrtenbuch gewinnen lassen. Beim Ausdrucken von elektronischen Aufzeichnungen müssen nachträgliche Veränderungen der aufgezeichneten Angaben technisch ausgeschlossen, zumindest aber dokumentiert werden (→ BMF vom 28.5.1996 – BStBl. I S. 654 und BFH vom 16.11.2005 – BStBl. 2006 II S. 410). – *Anlage § 008-06* –

Erleichterungen bei der Führung eines Fahrtenbuchs

Ein Fahrtenbuch soll die Zuordnung von Fahrten zur betrieblichen und beruflichen Sphäre darstellen und ermöglichen. Es muss laufend geführt werden und die berufliche Veranlassung plausibel erscheinen lassen und ggf. eine stichprobenartige Nachprüfung ermöglichen. Auf einzelne in R 8.1 Abs. 9 Nr. 2 geforderte Angaben kann verzichtet werden, soweit wegen der besonderen Umstände im Einzelfall die erforderliche Aussagekraft und Überprüfungsmöglichkeit nicht beeinträchtigt wird. Bei Automatenlieferanten, Kurierdienstfahrten, Handelsvertretern, Kundendienstmonteuren und Pflegedienstmitarbeitern mit täglich wechselnden Auswärtstätigkeiten reicht es z.B. aus, wenn sie angeben, welche Kunden sie an welchem Ort aufsuchen. Angaben über die Reiseroute und zu den Entfernungen zwischen den Stationen einer Auswärtstätigkeit sind nur bei größerer Differenz zwischen direkter Entfernung und tatsächlicher Fahrtstrecke erforderlich. Bei Fahrten eines Taxifahrers im sogenannten Pflichtfahrgebiet ist es in Bezug auf Reisezweck, Reiseziel und aufgesuchtem Geschäftspartner ausreichend, täglich zu Beginn und Ende dieser Fahrten mit der Gesamtheit dieser Fahrten mit dem Kilometerstand anzugeben mit der Angabe „Taxifahrten im Pflichtfahrgebiet" o.ä. Wurden Fahrten durchgeführt, die über dieses Gebiet hinausgehen, kann auf die genaue Angabe des Reiseziels nicht verzichtet werden. Für Fahrlehrer ist es ausreichend in Bezug auf Reisezweck, Reiseziel und aufgesuchtem Geschäftspartner „Lehrfahrten", „Fahrschulfahrten" o.ä. anzugeben (→ BMF vom 18.11.2009 – BStBl. I S. 1326). – *früher schon* **Anlage § 008-06** *unter II.2.* –

Bei sicherheitsgefährdeten Personen, deren Fahrtroute häufig von sicherheitsmäßigen Gesichtspunkten bestimmt wird, kann auf die Angabe der Reiseroute auch bei größeren Differenzen zwischen der direkten Entfernung und der tatsächlichen Fahrtstrecke verzichtet werden (→ BMF vom 28.5.1996 – BStBl. I S. 654). – *Anlage § 008-06* –

Fahrergestellung

→ R 8.1 Abs. 10

→ BMF vom 15.7.2014 (BStBl. I S. 1109) – *Anlage § 008-17* –

Fahrten zwischen Wohnung und erster Tätigkeitsstätte bei individueller Nutzungswertermittlung

Es ist nicht zulässig, die individuelle Nutzungswertermittlung auf Fahrten zwischen Wohnung und erster Tätigkeitsstätte zu beschränken, wenn das Fahrzeug auch zu Privatfahrten genutzt wird (→ *Arbeitgeber-Merkblatt vom 1.1.1996 – BStBl. 1995 I S. 719, Tz. 32*). – *Anlage § 008-07* –

Fahrten zwischen Wohnung und erster Tätigkeitsstätte bei pauschaler Nutzungswertermittlung

- Aus Vereinfachungsgründen ist die Zuschlagsregelung des § 8 Abs. 2 Satz 3 EStG unabhängig von der 1 %-Regelung selbständig anzuwenden, wenn das Kraftfahrzeug ausschließlich für Fahrten zwischen Wohnung und erster Tätigkeitsstätte überlassen wird. Die bestehenden Verwaltungsregelungen zum → *Nutzungsverbot, unbefugte Privatnutzung* sind zu beachten (→ *BMF vom 1.4.2011 – BStBl. I S. 301, Rdnr. 16*). – *Anlage § 008-12* –

- Grundsätzlich ist die Ermittlung des Zuschlags kalendermonatlich mit 0,03 % des Listenpreises für jeden Kilometer der Entfernung zwischen Wohnung und erster Tätigkeitsstätte vorzunehmen. Ein durch Urlaub oder Krankheit bedingter Nutzungsausfall ist im Nutzungswert pauschal berücksichtigt (→ *Arbeitgeber-Merkblatt vom 1.1.1996 – BStBl. 1995 I S. 719, Tz. 28 – Anlage § 008-07 –*). Nur unter den Voraussetzungen des → *BMF vom 1.4.2011 (BStBl. I S. 301)* ist stattdessen eine auf das Kalenderjahr bezogene Einzelbewertung der tatsächlichen Fahrten zwischen Wohnung und erster Tätigkeitsstätte mit 0,002 % des Listenpreises je Entfernungskilometer für höchstens 180 Tage zulässig (zum Lohnsteuerabzugsverfahren → *Rdnr. 8 – 11*, zum Einkommensteuerveranlagungsverfahren → *Rdnr. 14*). – *Anlage § 008-12* –

- Im Lohnsteuerabzugsverfahren muss der Arbeitgeber in Abstimmung mit dem Arbeitnehmer die Anwendung der 0,03 %-Regelung oder der Einzelbewertung für jedes Kalenderjahr einheitlich für alle diesem überlassenen betrieblichen Kraftfahrzeuge festlegen. Die Methode darf während des Kalenderjahres nicht gewechselt werden. Im Einkommensteuerveranlagungsverfahren ist der Arbeitnehmer nicht an die für die Erhebung der Lohnsteuer gewählte Methode gebunden und kann die Methode einheitlich für alle ihm überlassenen betrieblichen Kraftfahrzeuge für das gesamte Kalenderjahr wechseln (→ *BMF vom 1.4.2011 – BStBl. I S. 301, Rdnr. 6*). – *Anlage § 008-12* –

- Dem pauschalen Nutzungswert ist die einfache Entfernung zwischen Wohnung und erster Tätigkeitsstätte zugrunde zu legen; diese ist auf den nächsten vollen Kilometerbetrag abzurunden. Maßgebend ist die kürzeste benutzbare Straßenverbindung. Der pauschale Nutzungswert ist nicht zu erhöhen, wenn der Arbeitnehmer das Kraftfahrzeug an einem Arbeitstag mehrmals zwischen Wohnung und erster Tätigkeitsstätte benutzt (→ *Arbeitgeber-Merkblatt vom 1.1.1996 – BStBl. 1995 I S. 719, Tz. 30*). – *Anlage § 008-07* –

- Fährt der Arbeitnehmer abwechselnd zu verschiedenen Wohnungen, ist bei Anwendung der 0,03 %-Regelung der pauschale Monatswert unter Zugrundelegung der Entfernung zur näher gelegenen Wohnung anzusetzen. Für jede Fahrt von und zu der weiter entfernt liegenden Wohnung ist zusätzlich ein pauschaler Nutzungswert von 0,002 % des inländischen Listenpreises des Kraftfahrzeugs für jeden Kilometer der Entfernung zwischen Wohnung und erster Tätigkeitsstätte dem Arbeitslohn zuzurechnen, soweit sie die Entfernung zur näher gelegenen Wohnung übersteigt (→ *Arbeitgeber-Merkblatt vom 1.1.1996 – BStBl. 1995 I S. 719, Tz. 31*). – *Anlage § 008-07* –

- → *Fahrergestellung*

Fahrzeugpool

- Übersteigt die Zahl der Nutzungsberechtigten die in einem Fahrzeugpool zur Verfügung stehenden Kraftfahrzeuge, so ist bei pauschaler Nutzungswertermittlung für Privatfahrten der geldwerte Vorteil mit 1 % der Listenpreise aller Kraftfahrzeuge zu ermitteln und die Summe entsprechend der Zahl der Nutzungsberechtigten aufzuteilen. Für Fahrten zwischen Wohnung und erster Tätigkeitsstätte ist der geldwerte Vorteil grundsätzlich mit 0,03 % der Listenpreise aller Kraftfahrzeuge zu er-

mitteln und die Summe durch die Zahl der Nutzungsberechtigten zu teilen. Dieser Wert ist beim einzelnen Arbeitnehmer mit der Zahl seiner Entfernungskilometer zu multiplizieren (→ BFH vom 15.5.2002 – BStBl. 2003 II S. 311). Dem einzelnen Nutzungsberechtigten bleibt es unbenommen, zur Einzelbewertung seiner tatsächlichen Fahrten zwischen Wohnung und erster Tätigkeitsstätte überzugehen (→ BMF vom 1.4.2011 – BStBl. I S. 301). – **Anlage § 008-12** –

- → *BFH vom 21.4.2010 (BStBl. II S. 848 und vom 6.10.2011 (BStBl. 2012 II S. 362)*
- → *Nutzungsmöglichkeit*
- → *Nutzungsverbot, unbefugte Privatnutzung*

Garage für den Dienstwagen

Wird ein Dienstwagen in der eigenen oder angemieteten Garage des Arbeitnehmers untergestellt und trägt der Arbeitgeber hierfür die Kosten, so ist bei der 1 %-Regelung kein zusätzlicher geldwerter Vorteil für die Garage anzusetzen (→ BFH vom 7.6.2002 – BStBl. II S. 829).

Gebrauchtwagen

Die 1 %-Regelung auf Grundlage des Bruttolistenneupreises begegnet insbesondere im Hinblick auf die dem Steuerpflichtigen zur Wahl gestellte Möglichkeit, den Nutzungsvorteil auch nach der Fahrtenbuchmethode zu ermitteln und zu bewerten, keinen verfassungsrechtlichen Bedenken (→ BFH vom 13.12.2012 – BStBl. 2013 II S. 385).

Gelegentliche Nutzung

Bei der pauschalen Nutzungswertermittlung ist die private Nutzung mit monatlich 1 % des Listenpreises auch dann anzusetzen, wenn der Arbeitnehmer das ihm überlassene Kraftfahrzeug tatsächlich nur gelegentlich nutzt (→ BMF vom 28.5.1996 – BStBl. I S. 654). – **Anlage § 008-06** –

Die Monatsbeträge brauchen nicht angesetzt zu werden

- *für volle Kalendermonate, in denen dem Arbeitnehmer kein betriebliches Kraftfahrzeug zur Verfügung steht, oder*
- *wenn dem Arbeitnehmer das Kraftfahrzeug aus besonderem Anlass oder zu einem besonderen Zweck nur gelegentlich (von Fall zu Fall) für nicht mehr als fünf Kalendertage im Kalendermonat überlassen wird. In diesem Fall ist die Nutzung zu Privatfahrten und zu Fahrten zwischen Wohnung und erster Tätigkeitsstätte je Fahrtkilometer mit 0,001 % des inländischen Listenpreises des Kraftfahrzeugs zu bewerten (Einzelbewertung). Zum Nachweis der Fahrstrecke müssen die Kilometerstände festgehalten werden.*

Gesamtkosten

- *Bei der Ermittlung des privaten Nutzungswerts nach den für das Kraftfahrzeug insgesamt entstehenden Aufwendungen ist für PKW von einer AfA von 12,5 % der Anschaffungskosten entsprechend einer achtjährigen (Gesamt-)Nutzungsdauer auszugehen (→ BFH vom 29.3.2005 – BStBl. 2006 II S. 368).*
- **Beispiele:**

    Zu den Gesamtkosten (R 8.1 Abs. 9 Nr. 2 Satz 9) gehören z.B. Betriebsstoffkosten, Wartungs- und Reparaturkosten, Kraftfahrzeugsteuer, Halterhaftpflicht- und Fahrzeugversicherungen, Leasing- und Leasingsonderzahlungen (anstelle der Absetzung für Abnutzung), Garagen-/Stellplatzmiete (→ BFH vom 14.9.2005 – BStBl. 2006 II S. 72), Aufwendungen für Anwohnerparkberechtigungen.

    Nicht zu den Gesamtkosten gehören neben den in R 8.1 Abs. 9 Nr. 2 Satz 11 genannten Kosten z.B. Aufwendungen für Insassen- und Unfallversicherungen, Verwarnungs-, Ordnungs- und Bußgelder.

Gesellschafter-Geschäftsführer

- *Zur Abgrenzung zwischen einer verdeckten Gewinnausschüttung und Arbeitslohn bei vertragswidriger Kraftfahrzeugnutzung durch den Gesellschafter-Geschäftsführer einer Kapitalgesellschaft → BMF vom 3.4.2012 (BStBl. I S. 478).* – **Anlage § 008-14** –
- → *Anscheinsbeweis, Nutzungsmöglichkeit, Nutzungsverbot, unbefugte Privatnutzung.*

§ 8

Kraftfahrzeuge
i. S. d. § 8 Abs. 2 EStG sind auch:
- Campingfahrzeuge (→ BFH vom 6.11.2001 – BStBl. 2002 II S. 370),
- Elektrofahrräder, die verkehrsrechtlich als Kraftfahrzeug einzuordnen sind → gleich lautende Ländererlasse vom 23.11.2012 (BStBl. I S. 1224).
  – *Anlage § 008-15* –
- Kombinationskraftwagen (z. B. Geländewagen) ungeachtet ihrer kraftfahrzeugsteuerrechtlichen Einordnung als (gewichtsbesteuerte) „andere Fahrzeuge" (→ BFH vom 13.2.2003 – BStBl. II S. 472); siehe aber auch → Werkstattwagen.

Leerfahrten
Bei der Feststellung der privat und der dienstlich zurückgelegten Fahrtstrecken sind sog. Leerfahrten, die bei der Überlassung eines Kraftfahrzeugs mit Fahrer durch die An- und Abfahrten des Fahrers auftreten können, den dienstlichen Fahrten zuzurechnen (→ BMF vom 28.5.1996 – BStBl. I S. 654). – *Anlage § 008-06* –

Listenpreis
- Für den pauschalen Nutzungswert ist auch bei reimportierten Fahrzeugen der inländische Listenpreis des Kraftfahrzugs im Zeitpunkt seiner Erstzulassung maßgebend. Soweit das reimportierte Fahrzeug mit zusätzlichen Sonderausstattungen versehen ist, die sich im inländischen Listenpreis nicht niedergeschlagen haben, ist der Wert der Sonderausstattung zusätzlich zu berücksichtigen. Soweit das reimportierte Fahrzeug geringer wertig ausgestattet ist, lässt sich der Wert der „Minderausstattung" durch einen Vergleich mit einem adäquaten inländischen Fahrzeug angemessen berücksichtigen (→ BMF vom 28.5.1996 – BStBl. I S. 654).
  – *Anlage § 008-06* –
- Eine in die Bemessungsgrundlage des § 6 Abs. 1 Nr. 4 Satz 2 EStG einzubeziehende Sonderausstattung liegt nur vor, wenn das Fahrzeug bereits werkseitig im Zeitpunkt der Erstzulassung damit ausgestattet ist. Nachträglich eingebaute unselbständige Ausstattungsmerkmale sind durch den pauschalen Nutzungswert abgegolten und können nicht getrennt bewertet werden (→ BFH vom 13.10.2010 – BStBl. 2011 II S. 361).

Navigationsgerät
Bemessungsgrundlage für die Bewertung nach der 1 %-Regelung ist der inländische Bruttolistenpreis einschließlich des darin enthaltenen Aufpreises für ein werkseitig eingebautes Satellitennavigationsgerät (→ BFH vom 16.2.2005 – BStBl. II S. 563).

Nutzung durch mehrere Arbeitnehmer
Wird ein Kraftfahrzeug von mehreren Arbeitnehmern genutzt, so ist bei pauschaler Nutzungswertermittlung für Privatfahrten der geldwerte Vorteil mit 1 % der Listenpreise entsprechend der Zahl der Nutzungsberechtigten aufzuteilen. Für Fahrten zwischen Wohnung und erster Tätigkeitsstätte ist bei jedem Arbeitnehmer der geldwerte Vorteil mit 0,03 % des Listenpreises je Entfernungskilometer zu ermitteln und dieser Wert durch die Zahl der Nutzungsberechtigten zu teilen (→ BFH vom 15.5.2002 – BStBl. 2003 II S. 311). Dem einzelnen Nutzungsberechtigten bleibt es unbenommen, zur Einzelbewertung seiner tatsächlichen Fahrten zwischen Wohnung und erster Tätigkeitsstätte überzugehen (→ BMF vom 1.4.2011 – BStBl. I S. 301).
– *Anlage § 008-12* –

Nutzungsentgelt
- Die zwingend vorgeschriebene Bewertung nach der 1 %-Regelung, sofern nicht von der Möglichkeit, ein Fahrtenbuch zu führen, Gebrauch gemacht wird, kann nicht durch Zahlung eines Nutzungsentgelts vermieden werden, selbst wenn dieses als angemessen anzusehen ist. Das vereinbarungsgemäß gezahlte Nutzungsentgelt ist von dem entsprechend ermittelten privaten Nutzungswert in Abzug zu bringen (→ BFH vom 7.11.2006 – BStBl. 2007 II S. 269).
- Zum Nutzungsentgelt i. S. d. R 8.1 Abs. 9 Nr. 4 und zur lohnsteuerlichen Behandlung vom Arbeitnehmer selbst getragener Aufwendungen bei der Überlassung eines betrieblichen Kraftfahrzeugs → BMF vom 19.4.2013 (BStBl. I S. 513).
– *Anlage § 008-13* –

Nutzungsmöglichkeit
- *Die unentgeltliche oder verbilligte Überlassung eines Dienstwagens durch den Arbeitgeber an den Arbeitnehmer für dessen Privatnutzung führt unabhängig davon, ob und in welchem Umfang der Arbeitnehmer das Fahrzeug tatsächlich privat nutzt, zu einem lohnsteuerlichen Vorteil (→ BFH vom 21.3.2013 – BStBl. II S. 700).*
- *Bei der Beurteilung der Nutzungsmöglichkeit ist unter Berücksichtigung sämtlicher Umstände des Einzelfalls zu entscheiden, ob und welches betriebliche Fahrzeug dem Arbeitnehmer ausdrücklich oder doch zumindest konkludent auch zur privaten Nutzung überlassen ist. Steht nicht fest, dass der Arbeitgeber dem Arbeitnehmer einen Dienstwagen zur privaten Nutzung überlassen hat, kann auch der Beweis des ersten Anscheins diese fehlende Feststellung nicht ersetzen (→ BFH vom 21.3.2013 – BStBl. II S. 918, 1044, und vom 18.4.2013 – BStBl. II S. 920).*

Nutzungsverbot, unbefugte Privatnutzung
- *Es gibt keinen allgemeinen Erfahrungssatz, dass ein Privatnutzungsverbot nur zum Schein ausgesprochen ist oder ein Privatnutzungsverbot generell missachtet wird. Das gilt selbst dann, wenn der Arbeitgeber ein arbeitsvertraglich vereinbartes Nutzungsverbot nicht überwacht (→ BFH vom 21.3.2013 – BStBl. II S. 918, 1044 und vom 18.4.2013 – BStBl. II S. 920).*
- *Die unbefugte Privatnutzung eines betrieblichen Kraftfahrzeugs hat keinen Lohncharakter (→ BFH vom 21.3.2013 – BStBl. II S. 918, 1044 und vom 18.4.2013 – BStBl. II S. – 920). Zum Erlass einer Schadensersatzforderung → H 19.3 LStH.*

Ordnungsgemäßes Fahrtenbuch
- *Ein ordnungsgemäßes Fahrtenbuch muss zeitnah und in geschlossener Form geführt werden und die zu erfassenden Fahrten einschließlich des an ihrem Ende erreichten Gesamtkilometerstands vollständig und in ihrem fortlaufenden Zusammenhang wiedergeben (→ BFH vom 9.11.2005 – BStBl. 2006 II S. 408). Kleinere Mängel führen nicht zur Verwerfung des Fahrtenbuchs, wenn die Angaben insgesamt plausibel sind (→ BFH vom 10.4.2008 – BStBl. II S. 768).*
- *Die erforderlichen Angaben müssen sich dem Fahrtenbuch selbst entnehmen lassen. Ein Verweis auf ergänzende Unterlagen ist nur zulässig, wenn der geschlossene Charakter der Fahrtenbuchaufzeichnungen dadurch nicht beeinträchtigt wird (→ BFH vom 16.3.2006 – BStBl. II S. 625).*
- *Ein ordnungsgemäßes Fahrtenbuch muss insbesondere Datum und hinreichend konkret bestimmt das Ziel der jeweiligen Fahrt ausweisen. Dem ist nicht entsprochen, wenn als Fahrtziele nur Straßennamen angegeben sind und diese Angaben erst mit nachträglich erstellten Aufzeichnungen präzisiert werden (→ BFH vom 1.3.2012 – BStBl. II S. 505).*
- *Mehrere Teilabschnitte einer einheitlichen beruflichen Reise können miteinander zu einer zusammenfassenden Eintragung verbunden werden, wenn die einzelnen aufgesuchten Kunden oder Geschäftspartner im Fahrtenbuch in der zeitlichen Reihenfolge aufgeführt werden (→ BFH vom 16.3.2006 – BStBl. II S. 625).*
- *Der Übergang von der beruflichen zur privaten Nutzung des Fahrzeugs ist im Fahrtenbuch durch Angabe des bei Abschluss der beruflichen Fahrt erreichten Gesamtkilometerstands zu dokumentieren (→ BFH vom 16.3.2006 – BStBl. II S. 625).*
- *Kann der Arbeitnehmer den ihm überlassenen Dienstwagen auch privat nutzen und wird über die Nutzung des Dienstwagens kein ordnungsgemäßes Fahrtenbuch geführt, ist der zu versteuernde geldwerte Vorteil nach der 1 %-Regelung zu bewerten. Eine Schätzung des Privatanteils anhand anderer Aufzeichnungen kommt nicht in Betracht (→ BFH vom 16.11.2005 – BStBl. 2006 II S. 410).*

Park and ride
Setzt der Arbeitnehmer ein ihm überlassenes Kraftfahrzeug bei den Fahrten zwischen Wohnung und erster Tätigkeitsstätte oder bei Familienheimfahrten nur für eine Teilstrecke ein, weil er regelmäßig die andere Teilstrecke mit öffentlichen Verkehrsmitteln zurücklegt, so ist der Ermittlung des pauschalen Nutzungswerts (Zuschlags) die gesamte Entfernung zugrunde zu legen. Es ist nicht zu beanstanden, den Zuschlag auf der Grundlage der Teilstrecke zu ermitteln, die mit dem betrieblichen Kraftfahrzeug tatsächlich zurückgelegt wurde, wenn

- das Kraftfahrzeug vom Arbeitgeber nur für diese Teilstrecke zur Verfügung gestellt worden ist und der Arbeitgeber die Einhaltung seines Verbots überwacht (→ BMF vom 28.5.1996 – BStBl. I S. 654) – *Anlage § 008-06* –
- für die restliche Teilstrecke ein Nachweis über die Benutzung eines anderen Verkehrsmittels erbracht wird, z. B. eine auf den Arbeitnehmer ausgestellte Jahres-Bahnfahrkarte vorgelegt wird (→ BFH vom 4.4.2008 – BStBl. II S. 890, → BMF vom 1.4.2011 – BStBl. I S. 301, Rdnr. 17). – *Anlage § 008-12* –

Sammelpunkt

→ *Allgemeines*

Schätzung des Privatanteils

Kann der Arbeitnehmer den ihm überlassenen Dienstwagen auch privat nutzen und wird über die Nutzung des Dienstwagens kein ordnungsgemäßes Fahrtenbuch geführt, ist der zu versteuernde geldwerte Vorteil nach der 1 %-Regelung zu bewerten. Eine Schätzung des Privatanteils anhand anderer Aufzeichnungen kommt nicht in Betracht (→ BFH vom 16.11.2005 – BStBl. 2006 II S. 410).

Schutzbrief

Übernimmt der Arbeitgeber die Beiträge für einen auf seinen Arbeitnehmer ausgestellten Schutzbrief, liegt darin die Zuwendung eines geldwerten Vorteils, der nicht von der Abgeltungswirkung der 1 %-Regelung erfasst wird (→ BFH vom 14.9.2005 – BStBl. 2006 II S. 72).

Straßenbenutzungsgebühren

Übernimmt der Arbeitgeber die Straßenbenutzungsgebühren für die mit einem Firmenwagen unternommenen Privatfahrten seines Arbeitnehmers, liegt darin die Zuwendung eines geldwerten Vorteils, der nicht von der Abgeltungswirkung der 1 %-Regelung erfasst wird (→ BFH vom 14.9.2005 – BStBl. 2006 II S. 72).

Überlassung eines betrieblichen Kraftfahrzeugs zu Familienheimfahrten

- Überlässt der Arbeitgeber oder auf Grund des Dienstverhältnisses ein Dritter dem Arbeitnehmer ein Kraftfahrzeug unentgeltlich zu wöchentlichen Familienheimfahrten im Rahmen einer beruflich veranlassten doppelten Haushaltsführung, so ist insoweit der Nutzungswert steuerlich nicht zu erfassen (→ § 8 Abs. 2 Satz 5 EStG).
- Wird das Kraftfahrzeug zu mehr als einer Familienheimfahrt wöchentlich genutzt, so ist für jede Familienheimfahrt ein pauschaler Nutzungswert in Höhe von 0,002 % des inländischen Listenpreises des Kraftfahrzeugs für jeden Kilometer der Entfernung zwischen dem Beschäftigungsort und dem Ort des eigenen Hausstands anzusetzen und dem Arbeitslohn zuzurechnen. Anstelle des pauschalen Nutzungswerts kann der Arbeitgeber den Nutzungswert mit den Aufwendungen für das Kraftfahrzeug ansetzen, die auf die zu erfassenden Fahrten entfallen, wenn die für das Kraftfahrzeug insgesamt entstehenden Aufwendungen durch Belege und das Verhältnis der privaten zu den übrigen Fahrten durch ein ordnungsgemäßes Fahrtenbuch nachgewiesen werden (→ Arbeitgeber-Merkblatt vom 1.1.1996 – BStBl. 1995 I S. 719, Tz. 37). – *Anlage § 008-07* –

Überlassung mehrerer Kraftfahrzeuge

- Stehen einem Arbeitnehmer gleichzeitig mehrere Kraftfahrzeuge zur Verfügung, so ist bei der pauschalen Nutzungswertermittlung für jedes Fahrzeug die private Nutzung mit monatlich 1 % des Listenpreises anzusetzen; dem privaten Nutzungswert kann des überwiegend genutzten Kraftfahrzeugs zugrunde gelegt werden, wenn die Nutzung der Fahrzeuge durch andere zur Privatsphäre des Arbeitnehmers gehörende Personen so gut wie ausgeschlossen ist. Dem Nutzungswert für Fahrten zwischen Wohnung und erster Tätigkeitsstätte ist stets der Listenpreis des überwiegend für diese Fahrten benutzten Kraftfahrzeugs zugrunde zu legen (→ BMF vom 28.5.1996 – BStBl. I S. 654), Tz. 2; diese Regelung bleibt von BFH vom 13.6.2013 unberührt → Fußnote 1 im BStBl. 2014 II S. 340). – *Anlage § 008-06* –
- Der Listenpreis des überwiegend genutzten Kraftfahrzeugs ist bei der pauschalen Nutzungswertermittlung auch bei einem Fahrzeugwechsel im Laufe eines Kalendermonats zugrunde zu legen (→ Arbeitgeber-Merkblatt vom 1.1.1996 – BStBl. 1995 I S. 719, Tz. 21). – *Anlage § 008-07* –

- *Bei der individuellen Nutzungswertermittlung muss für jedes Kraftfahrzeug die insgesamt entstehenden Aufwendungen und das Verhältnis der privaten zu den übrigen Fahrten nachgewiesen werden (→ Arbeitgeber-Merkblatt vom 1.1.1996 – BStBl. 1995 I S. 719, Tz. 22).*   *– Anlage § 008-07 –*
- *Stehen einem Arbeitnehmer gleichzeitig mehrere Kraftfahrzeuge zur Verfügung und führt er nur für einzelne Kraftfahrzeuge ein ordnungsgemäßes Fahrtenbuch, so kann er für diese den privaten Nutzungswert individuell ermitteln, während der Nutzungswert für die anderen mit monatlich 1 % des Listenpreises anzusetzen ist (→ BFH vom 3.8.2000 - BStBl. 2001 II S. 332).*

Vereinfachungsregelung
Bei der individuellen Nutzungswertermittlung im Laufe des Kalenderjahres bestehen keine Bedenken, wenn die Privatfahrten je Fahrtkilometer vorläufig mit 0,001 % des inländischen Listenpreises für das Kraftfahrzeug angesetzt werden (→ Arbeitgeber-Merkblatt vom 1.1.1996 – BStBl. 1995 I S. 719, Tz. 24).   *– Anlage § 008-07 –*

Verzicht auf Schadensersatz
Verzichtet der Arbeitgeber gegenüber dem Arbeitnehmer auf Schadensersatz nach einem während einer beruflichen Fahrt alkoholbedingt entstandenen Schaden am auch zur privaten Nutzung überlassenen Firmen-PKW, so ist der dem Arbeitnehmer aus dem Verzicht entstehende Vermögensvorteil nicht durch die 1 %-Regelung abgegolten. Der als Arbeitslohn zu erfassende Verzicht auf Schadensersatz führt nur dann zu einer Steuererhöhung, wenn die Begleichung der Schadensersatzforderung nicht zum Werbungskostenabzug berechtigt. Ein Werbungskostenabzug kommt nicht in Betracht, wenn das auslösende Moment für den Verkehrsunfall die alkoholbedingte Fahruntüchtigkeit war (→ BFH vom 24.5.2007 – BStBl. II S. 766).

Wechsel zur Fahrtenbuchmethode
Ein unterjähriger Wechsel zwischen der 1%-Regelung und der Fahrtenbuchmethode für dasselbe Fahrzeug ist nicht zulässig (→ BFH 20.3.2014 – BStBl. II S. 643).

Weiträumiges Tätigkeitsgebiet
→ *Allgemeines*

Werkstattwagen
- *Die 1 %-Regelung gilt nicht für Fahrzeuge, die auf Grund ihrer objektiven Beschaffenheit und Einrichtung typischerweise so gut wie ausschließlich nur zur Beförderung von Gütern bestimmt sind (→ BFH vom 18.12.2008 – BStBl. 2009 II S. 381).*
- *Ein geldwerter Vorteil für die Fahrten zwischen Wohnung und erster Tätigkeitsstätte ist nur dann nicht zu erfassen, wenn ein Arbeitnehmer ein Firmenfahrzeug ausschließlich an den Tagen für seine Fahrten zwischen Wohnung und erster Tätigkeitsstätte erhält, an denen es erforderlich werden kann, dass er dienstliche Fahrten von der Wohnung aus antritt, z. B. beim Bereitschaftsdienst in Versorgungsunternehmen (→ BMF vom 28.5.1996 – BStBl. I S. 654).*
  – Anlage § 008-06 –

Zuzahlungen des Arbeitnehmers
- **Beispiel zu** *Zuzahlungen des Arbeitnehmers zu den Anschaffungskosten eines ihm auch zur privaten Nutzung überlassenen Kraftfahrzeugs:*

  *Der Arbeitnehmer hat im Jahr **01** zu den Anschaffungskosten eines Firmenwagens einen Zuschuss i. H. v. 10 000 € geleistet. Der geldwerte Vorteil beträgt jährlich 4 000 €. Ab Januar **03** wird ihm ein anderer Firmenwagen überlassen.*

  *Der geldwerte Vorteil i. H. v. 4 000 € wird in den Jahren **01** und **02** um jeweils 4 000 € gemindert. Auf Grund der Überlassung eines anderen Firmenwagens ab **03** kann der verbleibende Zuzahlungsbetrag von 2 000 € nicht auf den geldwerten Vorteil dieses Firmenwagens angerechnet werden.*

  Bei Zuzahlungen des Arbeitnehmers zu Leasingfahrzeugen ist entsprechend zu verfahren.

- *Bei der Fahrtenbuchmethode fließen vom Arbeitnehmer selbst getragene Aufwendungen nicht in die Gesamtkosten ein und erhöhen nicht den individuell zu er-*

mittelnden geldwerten Vorteil. Bei der 1 %-Regelung mindern vom Arbeitnehmer selbst getragene Aufwendungen nicht den pauschal ermittelten geldwerten Vorteil.
 – → Nutzungsentgelt

LStR

R 8.2 Bezug von Waren und Dienstleistungen (§ 8 Abs. 3 EStG)
(1) ¹Die steuerliche Begünstigung bestimmter Sachbezüge der Arbeitnehmer nach § 8 Abs. 3 EStG setzt Folgendes voraus:

1. ¹Die Sachbezüge müssen dem Arbeitnehmer auf Grund seines Dienstverhältnisses zufließen. ²Steht der Arbeitnehmer im Kalenderjahr nacheinander oder nebeneinander in mehreren Dienstverhältnissen, sind die Sachbezüge aus jedem Dienstverhältnis unabhängig voneinander zu beurteilen. ³Auf Sachbezüge, die der Arbeitnehmer nicht unmittelbar vom Arbeitgeber erhält, ist § 8 Abs. 3 EStG grundsätzlich nicht anwendbar.

2. ¹Die Sachbezüge müssen in der Überlassung von Waren oder in Dienstleistungen bestehen. ²Zu den Waren gehören alle Wirtschaftsgüter, die im Wirtschaftsverkehr wie Sachen (§ 90 BGB) behandelt werden, also auch elektrischer Strom und Wärme. ³Als Dienstleistungen kommen alle anderen Leistungen in Betracht, die üblicherweise gegen Entgelt erbracht werden.

3. ¹Auf Rohstoffe, Zutaten und Halbfertigprodukte ist die Begünstigung anwendbar, wenn diese mengenmäßig überwiegend in die Erzeugnisse des Betriebs eingehen. ²Betriebs- und Hilfsstoffe, die mengenmäßig überwiegend nicht an fremde Dritte abgegeben werden, sind nicht begünstigt.

4. Bei jedem einzelnen Sachbezug, für den die Voraussetzungen des § 8 Abs. 3 und des § 40 Abs. 1 oder Abs. 2 Satz 1 Nr. 1, 2 oder 5 Satz 1 EStG gleichzeitig vorliegen, kann zwischen der Pauschalbesteuerung, der Anwendung des § 8 Abs. 3 EStG (mit Bewertungsabschlag und Rabatt-Freibetrag) und der Anwendung des § 8 Abs. 2 EStG (ohne Bewertungsabschlag und Rabatt-Freibetrag) gewählt werden.

²Die Begünstigung gilt sowohl für teilentgeltliche als auch für unentgeltliche Sachbezüge. ³Sie gilt deshalb z. B. für den Haustrunk im Brauereigewerbe, für die Freitabakwaren in der Tabakwarenindustrie und für die Deputate im Bergbau sowie in der Land- und Forstwirtschaft. ⁴Nachträgliche Gutschriften sind als Entgeltminderung zu werten, wenn deren Bedingungen bereits in dem Zeitpunkt feststehen, in dem der Arbeitnehmer die Sachbezüge erhält. ⁵Zuschüsse eines Dritten sind nicht als Verbilligung zu werten, sondern ggf. als Lohnzahlungen durch Dritte zu versteuern.

(2) ¹Der steuerlichen Bewertung des Sachbezugs, der die Voraussetzungen des Absatzes 1 erfüllt, ist grundsätzlich der Endpreis (einschließlich der Umsatzsteuer) zugrunde zu legen, zu dem der Arbeitgeber die konkrete Ware oder Dienstleistung fremden Letztverbrauchern im allgemeinen Geschäftsverkehr am Ende von Vorkaufsverhandlungen durchschnittlich anbietet. ²Bei der Gewährung von Versicherungsschutz sind es die Beiträge, die der Arbeitgeber als Versicherer von fremden Versicherungsnehmern für diesen Versicherungsschutz durchschnittlich verlangt. ³Tritt der Arbeitgeber mit Letztverbrauchern außerhalb des Arbeitnehmerbereichs nicht in Geschäftsbeziehungen, ist grundsätzlich der Endpreis zugrunde zu legen, zu denen der dem Abgabeort des Arbeitgebers nächstansässige Abnehmer die konkrete Ware oder Dienstleistung fremden Letztverbrauchern anbietet. ⁴Dies gilt auch in den Fällen, in denen der Arbeitgeber nur als Kommissionär tätig ist. ⁵R 8.1 Abs. 2 Satz 2 ist sinngemäß anzuwenden. ⁶Für die Preisfeststellung ist grundsätzlich jeweils der Kalendertag maßgebend, an dem die Ware oder Dienstleistung an den Arbeitnehmer abgegeben wird. ⁷Fallen Bestell- und Liefertag auseinander, sind die Verhältnisse am Bestelltag für die Ermittlung des Angebotspreises maßgebend. ⁸Der um 4 % geminderte Endpreis ist der Geldwert des Sachbezugs; als Arbeitslohn ist der Unterschiedsbetrag zwischen diesem Geldwert und dem vom Arbeitnehmer gezahlten Entgelt anzusetzen. ⁹Arbeitslöhne dieser Art aus demselben Dienstverhältnis bleiben steuerfrei, soweit sie insgesamt den Rabatt-Freibetrag nach § 8 Abs. 3 EStG im Kalenderjahr nicht übersteigen.

Hinweise

LStH 8.2 Allgemeines
Die Regelung des § 8 Abs. 3 EStG gilt nicht für
 – *Waren, die der Arbeitgeber überwiegend für seine Arbeitnehmer herstellt, z.B. Kantinenmahlzeiten, oder überwiegend an seine Arbeitnehmer vertreibt und Dienstleistungen, die der Arbeitgeber überwiegend für seine Arbeitnehmer erbringt,*

- Sachbezüge, die nach § 40 Abs. 1 oder Abs. 2 Nr. 1 oder 2 EStG pauschal versteuert werden.

In diesen Fällen ist die Bewertung nach § 8 Abs. 2 EStG vorzunehmen.

Anwendung des Rabatt-Freibetrags

Der Rabatt-Freibetrag findet Anwendung bei
- Waren oder Dienstleistungen, die vom Arbeitgeber hergestellt, vertrieben oder erbracht werden (→ BFH vom 15.1.1993 – BStBl. II S. 356),
- Leistungen des Arbeitgebers, auch wenn sie nicht zu seinem üblichen Geschäftsgegenstand gehören (→ BFH vom 7.2.1997 – BStBl. II S. 363),
- der verbilligten Abgabe von Medikamenten an die Belegschaft eines Krankenhauses, wenn Medikamente dieser Art mindestens im gleichen Umfang an Patienten abgegeben werden (→ BFH vom 27.8.2002 – BStBl. II S. 881 und BStBl. 2003 II S. 95),
- Waren, die ein Arbeitgeber im Auftrag und nach dem Plänen und Vorgaben eines anderen produziert und damit Hersteller dieser Waren ist (→ BFH vom 28.8.2002 – BStBl. 2003 II S. 154 betr. Zeitungsdruck),
- Waren, die ein Arbeitgeber auf eigene Kosten nach seinen Vorgaben und Plänen von einem Dritten produzieren lässt oder zu deren Herstellung er damit vergleichbare sonstige gewichtige Beiträge zur Herstellung der Ware erbringt (→ BFH vom 1.10.2009 – BStBl. 2010 II S. 204),
- verbilligter Überlassung einer Hausmeisterwohnung, wenn der Arbeitgeber Wohnungen zumindest in gleichem Umfang an Dritte vermietet und sich die Hausmeisterwohnung durch ihre Merkmale nicht in einem solchen Maße von anderen Wohnungen unterscheidet, dass sie nur als Hausmeisterwohnung genutzt werden kann (→ BFH vom 16.2.2005 BStBl. II S. 529),
- Überlassung eines zinslosen oder zinsverbilligten Arbeitgeberdarlehens, wenn Darlehen gleicher Art und zu gleichen Konditionen überwiegend an betriebsfremde Dritte vergeben werden (→ BMF vom 1.10.2008 – BStBl. I S. 892, BMF vom ... – BStBl. I S. ...).

                        – *Anlage § 008-04* –

- Mahlzeitengestellung im Rahmen einer Auswärtstätigkeit, wenn aus der Küche eines Flusskreuzfahrtschiffes neben den Passagieren auch die Besatzungsmitglieder verpflegt werden (→ BFH vom 21.1.2010 – BStBl. II S. 700).

Der Rabatt-Freibetrag findet keine Anwendung bei
- Arbeitgeberdarlehen, wenn der Arbeitgeber lediglich verbundenen Unternehmen Darlehen gewährt (→ BFH vom 18.9.2002 – BStBl. 2003 II S. 371),
- Arbeitgeberdarlehen, wenn der Arbeitgeber Darlehen dieser Art nicht an Fremde vergibt (→ BFH vom 9.10.2002 – BStBl. 2003 II S. 373 betr. Arbeitgeberdarlehen einer Landeszentralbank).

Aufteilung eines Sachbezugs

Die Aufteilung eines Sachbezugs zum Zwecke der Lohnsteuerpauschalierung ist nur zulässig, wenn die Pauschalierung der Lohnsteuer beantragt wird und die Pauschalierungsgrenze des § 40 Abs. 1 Satz 3 EStG überschritten wird (→ BMF vom 1.10.2008 – BStBl. I S. 892, Rdnr. 17, BMF vom ... – BStBl. I S. ...).   – *Anlage § 008-04* –

Berechnung des Rabatt-Freibetrags

Beispiel 1:

Ein Möbelhandelsunternehmen überlässt einem Arbeitnehmer eine Schrankwand zu einem Preis von 3.000 €; der durch Preisauszeichnung angegebene Endpreis dieser Schrankwand beträgt 4.500 €.

Zur Ermittlung des Sachbezugswerts ist der Endpreis um 4 % = 180 € zu kürzen, so dass sich nach Anrechnung des vom Arbeitnehmer gezahlten Entgelts ein Arbeitslohn von 1 € ergibt. Dieser Arbeitslohn überschreitet den Rabatt-Freibetrag von 1.080 € um 240 €, so dass dieser Betrag zu versteuern ist.

Würde der Arbeitnehmer im selben Kalenderjahr ein weiteres Möbelstück unter denselben Bedingungen beziehen, so käme der Rabatt-Freibetrag nicht mehr in Betracht; es ergäbe sich dann ein zu versteuernder Betrag von 1.320 € (Unterschiedsbetrag zwischen dem um 4 % = 180 € geminderten Endpreis von 4.500 € und dem Abgabepreis von 3.000 €).

Beispiel 2:

Der Arbeitnehmer eines Reisebüros hat für eine vom Arbeitgeber vermittelte Pauschalreise, die im Katalog des Reiseveranstalters zum Preis von 2.000 € angeboten wird, nur 1.500 € zu zahlen. Vom Preisnachlass entfallen 300 € auf die Reiseleistung des Veranstalters und 200 € auf die Vermittlung des Arbeitgebers, der insoweit keine Vermittlungsprovision erhält.

Die unentgeltliche Vermittlungsleistung ist nach § 8 Abs. 3 EStG mit ihrem um 4 % = 8 € geminderten Endpreis von 200 € zu bewerten, so dass sich ein Arbeitslohn von 192 € ergibt, der im Rahmen des Rabatt-Freibetrags von 1 080 € jährlich steuerfrei ist.

Auf die darüber hinausgehende Verbilligung der Pauschalreise um 300 € ist der Rabatt-Freibetrag nicht anwendbar, weil die Reiseveranstaltung nicht vom Arbeitgeber durchgeführt wird; sie ist deshalb nach § 8 Abs. 2 EStG zu bewerten. Nach R 8.1 Abs. 2 Satz 3 kann der für die Reiseleistung maßgebende Preis mit 1 728 € (96 % von 1 800 €) angesetzt werden, so dass sich ein steuerlicher Preisvorteil von 228 € ergibt.

Dienstleistungen

Die leih- oder mietweise Überlassung von Grundstücken, Wohnungen, möblierten Zimmern oder von Kraftfahrzeugen, Maschinen und anderen beweglichen Sachen sowie die Gewährung von Darlehen sind Dienstleistungen (→ BFH vom 4. 11. 1994 – BStBl. 1995 II S. 338).

Weitere Beispiele für Dienstleistungen sind:

– Beförderungsleistungen,

– Beratung,

– Datenverarbeitung,

– Kontenführung,

– Reiseveranstaltungen,

– Versicherungsschutz,

– Werbung.

Endpreis

– i. S. d. § 8 Abs. 3 EStG ist der am Ende von Verkaufsverhandlungen als letztes Angebot stehende Preis und umfasst deshalb auch die Rabatte (→ BFH vom 26.7.2012 – BStBl. 2013 II S. 400). Zur Anwendung → BMF vom 16.5.2013 (BStBl. I S. 729, Tz. 3.2),
 – Anlage § 008-09 –

– beim Erwerb von Kraftfahrzeugen vom Arbeitgeber in der Automobilbranche → BMF vom 18.12.2009 (BStBl. 2010 I S. 20) unter Berücksichtigung der Änderungen durch → BMF vom 16.5.2013 (BStBl. I S. 729, Rdnr. 8) – Anlage § 008-08 –

– bei Überlassung eines zinslosen oder zinsverbilligten Arbeitgeberdarlehens → BMF vom 1.10.2008 (BStBl. I S. 892, BMF vom ... – BStBl. I S. ...). – Anlage § 008-04 –

Sachbezüge an ehemalige Arbeitnehmer

Sachbezüge, die dem Arbeitnehmer ausschließlich wegen seines früheren oder künftigen Dienstverhältnisses zufließen, können nach § 8 Abs. 3 EStG bewertet werden (→ BFH vom 8.11.1996 – BStBl. 1997 II S. 330).

Sachbezüge von dritter Seite

– Erfassung und Bewertung
 → BMF vom 20.1.2015 (BStBl. I S. 143) – Anlage § 008-01 –

– Einschaltung eines Dritten

Die Einschaltung eines Dritten ist für die Anwendung des § 8 Abs. 3 EStG unschädlich, wenn der Arbeitnehmer eine vom Arbeitgeber hergestellte Ware auf dessen Veranlassung und Rechnung erhält (→ BFH vom 4.6.1993 – BStBl. II S. 687).

Vermittlungsprovision

– Ein Arbeitgeber, der den Abschluss von Versicherungsverträgen vermittelt, kann seinen Arbeitnehmern auch dadurch einen geldwerten Vorteil i.S.d. § 8 Abs. 3 Satz 1 EStG gewähren, dass er im Voraus auf die ihm zustehende Vermittlungsprovision verzichtet, sofern das Versicherungsunternehmen auf Grund dieses Verzichts den fraglichen Arbeitnehmern den Abschluss von Versicherungsverträgen zu günstigeren Tarifen gewährt, als das bei *anderen Versicherungsnehmern der Fall ist (→ BFH vom 30.5.2001 – BStBl. 2002 II S. 230).*

– *Gibt der Arbeitgeber seine Provisionen, die er von Dritten für die Vermittlung von Versicherungsverträgen seiner Arbeitnehmer erhalten hat, an diese weiter, gewährt er Bar- und nicht Sachlohn (→ BFH vom 23.8.2007 – BStBl. 2008 II S. 52).*

Wahlrecht

Liegen die Voraussetzungen des § 8 Abs. 3 EStG vor, kann der geldwerte Vorteil wahlweise nach § 8 Abs. 2 EStG ohne Bewertungsabschlag und ohne Rabattfreibetrag oder mit diesen Abschlägen auf der Grundlage des Endpreises des Arbeitgebers nach § 8 Abs. 3 EStG bewertet werden (→ BFH vom 26.7.2012 – BStBl. 2013 II S. 400 und 402). Dieses Wahlrecht ist sowohl im Lohnsteuerabzugsverfahren als auch im Veranlagungsverfahren anwendbar (→ BMF vom 16.5.2013 – BStBl. I S. 729, Tz. 3.3). – **Anlage § 008-09** –

Waren und Dienstleistungen vom Arbeitgeber

– *Die Waren oder Dienstleistungen müssen vom Arbeitgeber hergestellt, vertrieben oder erbracht werden (→ BFH vom 15.1.1993 – BStBl. II S. 356).*

– *Es ist nicht erforderlich, dass die Leistung des Arbeitgebers zu seinem üblichen Geschäftsgegenstand gehört (→ BFH vom 7.2.1997 – BStBl. II S. 363).*

Rechtsprechungsauswahl

BFH v. 26. 6. 2014 VI R 41/13 (BStBl. 2015 II S. 39): Personalrabatt: Anwendbarkeit des § 8 Abs. 3 EStG auf Fahrvergünstigung der Deutschen Bahn AG für Ruhestandsbeamte

1. Auf Fahrvergünstigungen, die die Deutsche Bahn AG Ruhestandsbeamten des Bundeseisenbahnvermögens gewährt, ist gemäß § 12 Abs. 8 des Deutsche Bahn Gründungsgesetzes der Rabattfreibetrag nach § 8 Abs. 3 EStG entsprechend anwendbar.

2. Der Altersentlastungsbetrag ist nicht auf steuerfreie Einkünfte anwendbar.

BFH v. 6. 2. 2014 VI R 39/13 (BStBl. II S. 641): Geldwerter Vorteil aus der Überlassung eines Dienstwagens – Würdigung der Gesamtumstände des Einzelfalls

1. Über die Frage, ob und welches betriebliche Fahrzeug dem Arbeitnehmer auch zur privaten Nutzung überlassen ist, entscheidet das FG unter Berücksichtigung sämtlicher Umstände des Einzelfalls nach seiner freien, aus dem Gesamtergebnis des Verfahrens gewonnenen Überzeugung.

2. Kommt es nach einer Würdigung des klägerischen Sachvortrags und der Einvernahme von Zeugen zu der Überzeugung, dass der Arbeitnehmer zur privaten Nutzung des PKW befugt sei, ist dies revisionsrechtlich nicht zu beanstanden, wenn sich das Vorbringen des Klägers im Ergebnis darin erschöpft, die Richtigkeit der verstandesmäßig einsichtigen Schlussfolgerungen des FG zu bestreiten.

BFH v. 14. 11. 2013 VI R 25/13 (BFH-Webseite): Anwendungsvoraussetzung der 1 %-Regelung – Reichweite des Anscheinsbeweises bei einem familienangehörigen Arbeitnehmer

1. NV: Über die Frage, ob und welches betriebliche Fahrzeug dem Arbeitnehmer ausdrücklich oder doch zumindest konkludent auch zur privaten Nutzung überlassen ist, entscheidet das FG unter Berücksichtigung sämtlicher Umstände des Einzelfalls nach seiner freien, aus dem Gesamtergebnis des Verfahrens gewonnenen Überzeugung.

2. NV: Steht nicht fest, dass der Arbeitgeber dem Arbeitnehmer einen Dienstwagen zur privaten Nutzung überlassen hat, kann auch der Beweis des ersten Anscheins diese fehlende Feststellung nicht ersetzen.

3. NV: Dies gilt selbst dann, wenn der Arbeitgeber ein arbeitsvertraglich vereinbartes Privatnutzungsverbot nicht überwacht oder es wie bei einem familienangehörigen Arbeitnehmer an einer „Kontrollinstanz" fehlt.

BFH v. 8. 8. 2013 VI R 71/12 (BFH-Webseite): Anwendungsvoraussetzung der 1 %-Regelung – Reichweite des Anscheinsbeweises beim Alleingeschäftsführer einer GmbH - Einzelfallbezogene Beweiswürdigung

1. NV: Über die Frage, ob und welches betriebliche Fahrzeug dem Arbeitnehmer ausdrücklich oder doch zumindest konkludent auch zur privaten Nutzung überlassen ist, entscheidet das FG unter Berücksichtigung sämtlicher Umstände des Einzelfalls nach seiner freien, aus dem Gesamtergebnis des Verfahrens gewonnenen Überzeugung.

§ 8 Rechtsprechung

2. NV: Steht nicht fest, dass der Arbeitgeber dem Arbeitnehmer einen Dienstwagen zur privaten Nutzung überlassen hat, kann auch der Beweis des ersten Anscheins diese fehlende Feststellung nicht ersetzen.
3. NV: Dies gilt auch bei angestellten Geschäftsführern einer GmbH. Auch in einem solchen Fall lässt sich kein allgemeiner Erfahrungssatz des Inhalts feststellen, dass ein Privatnutzungsverbot nur zum Schein ausgesprochen ist oder der (Allein)Geschäftsführer ein Privatnutzungsverbot generell missachtet.

BFH v. 19. 6. 2013 VIII R 24/09 (BStBl. II S. 700): Verfassungsmäßigkeit der Erfassung der PKW-Nutzung für Familienheimfahrten von Selbständigen

Der allgemeine Gleichheitssatz gebietet es nicht, entgegen dem Wortlaut des § 4 Abs. 5 Satz 1 Nr. 6 EStG den Vorteil aus der Nutzung eines betrieblichen PKW für Familienheimfahrten im Rahmen einer doppelten Haushaltsführung eines selbständig Tätigen außer Ansatz zu lassen.

BFH v. 13. 6. 2013 VI R 17/12 (BStBl. 2014 II S. 340): 1 %-Regelung bei Überlassung mehrerer Kfz - Ermessensfehlerhafte Inhaftungnahme des Arbeitgebers

1. Überlässt der Arbeitgeber dem Arbeitnehmer mehr als ein Kfz auch zur privaten Nutzung, so ist der in der Überlassung des Fahrzeugs zur privaten Nutzung liegende geldwerte Vorteil für jedes Fahrzeug nach der 1 %-Regelung zu berechnen.
2. Die Inhaftungnahme des Arbeitgebers nach § 42d Abs. 3 Satz 2 EStG ist regelmäßig ermessensfehlerhaft, wenn der Arbeitgeber entsprechend einer Billigkeitsregelung der Finanzbehörden Lohnsteuer materiell unzutreffend einbehält.

BFH v. 15. 5. 2013 VI R 44/11 (BStBl. 2014 II S. 589): Fahrergestellung als Lohn

Überlässt der Arbeitgeber seinem Arbeitnehmer für Fahrten zwischen Wohnung und Arbeitsstätte einen Fahrer, führt das dem Grunde nach zu einem lohnsteuerrechtlich erheblichen Vorteil. Der Vorteil bemisst sich grundsätzlich nach dem üblichen Endpreis am Abgabeort einer vergleichbaren von fremden Dritten erbrachten Leistung (§ 8 Abs. 2 Satz 1 EStG).

BFH v. 18. 4. 2013 VI R 23/12 (BStBl. II S. 920): Anwendungsvoraussetzung der 1 %-Regelung – Reichweite des Anscheinsbeweises beim Geschäftsführer eines Familienunternehmens

1. Über die Frage, ob und welches betriebliche Fahrzeug dem Arbeitnehmer ausdrücklich oder doch zumindest konkludent auch zur privaten Nutzung überlassen ist, entscheidet das FG unter Berücksichtigung sämtlicher Umstände des Einzelfalls nach seiner freien, aus dem Gesamtergebnis des Verfahrens gewonnenen Überzeugung.
2. Steht nicht fest, dass der Arbeitgeber dem Arbeitnehmer einen Dienstwagen zur privaten Nutzung überlassen hat, kann auch der Beweis des ersten Anscheins diese fehlende Feststellung nicht ersetzen.
3. Dies gilt auch beim angestellten Geschäftsführer eines Familienunternehmens. Auch in einem solchen Fall lässt sich kein allgemeiner Erfahrungssatz des Inhalts feststellen, dass ein Privatnutzungsverbot nur zum Schein ausgesprochen ist oder der (Allein-)Geschäftsführer ein Privatnutzungsverbot generell missachtet.

BFH v. 21. 3. 2013 VI R 42/12 (BStBl. II S. 918): Anwendungsvoraussetzung der 1 %-Regelung – Reichweite des Anscheinsbeweises beim Alleingeschäftsführer einer GmbH – Begriff der regelmäßigen Arbeitsstätte

1. Über die Frage, ob und welches betriebliche Fahrzeug dem Arbeitnehmer ausdrücklich oder doch zumindest konkludent auch zur privaten Nutzung überlassen ist, entscheidet das FG unter Berücksichtigung sämtlicher Umstände des Einzelfalls nach seiner freien, aus dem Gesamtergebnis des Verfahrens gewonnenen Überzeugung.
2. Steht nicht fest, dass der Arbeitgeber dem Arbeitnehmer einen Dienstwagen zur privaten Nutzung überlassen hat, kann auch der Beweis des ersten Anscheins diese fehlende Feststellung nicht ersetzen.
3. Dies gilt auch bei angestellten Geschäftsführern einer GmbH. Auch in einem solchen Fall lässt sich kein allgemeiner Erfahrungssatz des Inhalts feststellen, dass ein Privatnutzungsverbot nur zum Schein ausgesprochen ist oder der (Allein-)Geschäftsführer ein Privatnutzungsverbot generell missachtet.

BFH v. 21. 3. 2013 VI R 49/11 (BFH-Webseite): Anwendungsvoraussetzung der 1 % Regelung – Entkräftung des Anscheinsbeweises

1. NV: Die unentgeltliche oder verbilligte Überlassung eines Dienstwagens durch den Arbeitgeber an den Arbeitnehmer für dessen Privatnutzung führt unabhängig davon, ob und in welchem Umfang der

Rechtsprechung § 8

Arbeitnehmer den betrieblichen PKW tatsächlich privat nutzt, zu einem lohnsteuerlichen Vorteil (Abgrenzung von BFH-Urteil vom 7. November 2006 VI R 19/05, BFHE 215, 256, BStBl. II 2007, 116).

2. NV: Ob der Arbeitnehmer den Beweis des ersten Anscheins, dass dienstliche Fahrzeuge, die zu privaten Zwecken zur Verfügung stehen, auch tatsächlich privat genutzt werden, durch die substantiierte Darlegung eines atypischen Sachverhalts zu entkräften vermag, ist damit für die Besteuerung des Nutzungsvorteils nach § 8 Abs. 2 Satz 2 EStG unerheblich (Änderung der Rechtsprechung).

BFH v. 21. 3. 2013 VI R 46/11 (BStBl. II S. 1044): Anwendungsvoraussetzung der 1 %-Regelung – Reichweite des Anscheinsbeweises beim angestellten Gesellschafter-Geschäftsführer

1. Über die Frage, ob und welches betriebliche Fahrzeug dem Arbeitnehmer auch zur privaten Nutzung überlassen ist, entscheidet das FG unter Berücksichtigung sämtlicher Umstände des Einzelfalls nach seiner freien, aus dem Gesamtergebnis des Verfahrens gewonnenen Überzeugung.

2. Steht nicht fest, dass der Arbeitgeber dem Arbeitnehmer einen Dienstwagen zur privaten Nutzung überlassen hat, kann auch der Beweis des ersten Anscheins diese fehlende Feststellung nicht ersetzen.

3. Dies gilt auch bei angestellten Gesellschafter-Geschäftsführern einer GmbH. Auch in einem solchen Fall lässt sich kein allgemeiner Erfahrungssatz des Inhalts feststellen, dass ein Privatnutzungsverbot nur zum Schein ausgesprochen ist oder der (Allein-)Geschäftsführer ein Privatnutzungsverbot generell missachtet.

4. Nutzt der Gesellschafter-Geschäftsführer den betrieblichen PKW allerdings unbefugt privat, liegt kein Arbeitslohn, sondern eine vGA vor.

BFH v. 21. 3. 2013 VI R 31/10 (BStBl. II S. 700): Anwendungsvoraussetzung der 1 %-Regelung – Entkräftung des Anscheinsbeweises – Übernahme von Beiträgen für die Mitgliedschaft in einem Golfclub als Arbeitslohn

1. Die unentgeltliche oder verbilligte Überlassung eines Dienstwagens durch den Arbeitgeber an den Arbeitnehmer für dessen Privatnutzung führt unabhängig davon, ob und in welchem Umfang der Arbeitnehmer den betrieblichen PKW tatsächlich privat nutzt, zu einem lohnsteuerlichen Vorteil (Abgrenzung vom BFH-Urteil vom 7. November 2006 VI R 19/05, BFHE 215, 256, BStBl. II 2007, 116).

2. Ob der Arbeitnehmer den Beweis des ersten Anscheins, dass dienstliche Fahrzeuge, die zu privaten Zwecken zur Verfügung stehen, auch tatsächlich privat genutzt werden, durch die substantiierte Darlegung eines atypischen Sachverhalts zu entkräften vermag, ist damit für die Besteuerung des Nutzungsvorteils nach § 8 Abs. 2 Satz 2 EStG unerheblich (Änderung der Rechtsprechung).

3. Die Übernahme der Beiträge für die Mitgliedschaft eines angestellten GmbH-Geschäftsführers in einem Golfclub führt zu Arbeitslohn, auch wenn eine solche Mitgliedschaft dem Beruf förderlich ist.

BFH v. 21. 3. 2013 VI R 26/10 (BFH-Webseite): Anwendungsvoraussetzung der 1 % Regelung - Entkräftung des Anscheinsbeweises

1. NV: Die unentgeltliche oder verbilligte Überlassung eines Dienstwagens durch den Arbeitgeber an den Arbeitnehmer für dessen Privatnutzung führt unabhängig davon, ob und in welchem Umfang der Arbeitnehmer den betrieblichen PKW tatsächlich privat nutzt, zu einem lohnsteuerlichen Vorteil (Abgrenzung von BFH-Urteil vom 7. November 2006 VI R 19/05, BFHE 215, 256, BStBl. II 2007, 116).

2. NV: Ob der Arbeitnehmer den Beweis des ersten Anscheins, dass dienstliche Fahrzeuge, die zu privaten Zwecken zur Verfügung stehen, auch tatsächlich privat genutzt werden, durch die substantiierte Darlegung eines atypischen Sachverhalts zu entkräften vermag, ist damit für die Besteuerung des Nutzungsvorteils nach § 8 Abs. 2 Satz 2 EStG unerheblich (Änderung der Rechtsprechung).

BFH v. 28. 2. 2013 VI R 33/11 (BStBl. II S. 629): Werbungskostenabzug für mit Dienstwagen durchgeführte Familienheimfahrten – Korrespondierender Anwendungsbereich von § 9 EStG und § 8 Abs. 2 EStG

1. Aufwendungen für Familienheimfahrten des Arbeitnehmers mit einem vom Arbeitgeber überlassenen Dienstwagen berechtigen nach § 9 Abs. 1 Satz 3 Nr. 5 Satz 6 EStG nicht zum Werbungskostenabzug.

2. Trägt der Arbeitgeber durch Überlassung eines Dienstwagens im Ergebnis die Aufwendungen des Arbeitnehmers für dessen Familienheimfahrten, ist ein Werbungskostenabzug nicht geboten.

§ 8 Rechtsprechung

BFH v. 13. 12. 2012 VI R 51/11 (BStBl. 2013 II S. 385): 1 %-Regelung auf Grundlage der Bruttolistenneupreise

Die 1 %-Regelung begegnet insbesondere im Hinblick auf die dem Steuerpflichtigen zur Wahl gestellte Möglichkeit, den vom Arbeitgeber zugewandten Nutzungsvorteil auch nach der so genannten Fahrtenbuchmethode zu ermitteln und zu bewerten, keinen verfassungsrechtlichen Bedenken.

BFH v. 13. 11. 2012 VI R 3/12 (BFH-Webseite): Mindestangaben eines ordnungsgemäßen Fahrtenbuchs

Die Ausgangs- und Endpunkte der jeweiligen Fahrten und die jeweils aufgesuchten Kunden und Geschäftspartner gehören zu den unverzichtbaren Angaben, die im Fahrtenbuch selbst zu machen sind. Die erforderlichen Mindestangaben können nicht durch anderweitige nicht im Fahrtenbuch selbst enthaltene Auflistungen ersetzt werden.

BFH v. 18. 9. 2012 VI R 90/10 (BStBl. 2013 II S. 289): Zufluss und Bewertung von Aktienoptionsrechten für Arbeitnehmer

1. Der Vorteil aus einem vom Arbeitgeber eingeräumten Aktienoptionsrecht fließt dem Arbeitnehmer zu, wenn der Arbeitnehmer das Recht ausübt oder anderweitig verwertet. Eine solche anderweitige Verwertung liegt insbesondere vor, wenn der Arbeitnehmer das Recht auf einen Dritten überträgt.
2. Der Vorteil bemisst sich nach dem Wert des Rechts im Zeitpunkt der Verfügung darüber.

BFH v. 21. 8. 2012 IX R 55/10 (BFH-Webseite): Zufluss von Pachtzahlungen in Geldeswert

1. Pachtzahlungen, die von der Pächterin einer Fondsimmobilie an die am Immobilienfonds beteiligten Gesellschafter in Form von Hotelgutscheinen („Wertschecks") erbracht werden und die die Gesellschafter zum Bezug von Hoteldienstleistungen der Pächterin berechtigen, sind als Einnahmen in Geldeswert bei den Einkünften aus Vermietung und Verpachtung der Fondsgesellschaft zu erfassen.
2. Der für den Zufluss maßgebliche geldwerte Vorteil besteht in der möglichen Inanspruchnahme der versprochenen Hoteldienstleistungen und fließt erst im Zeitpunkt der Verwertung dieses Rechts zu.

BFH v. 26. 7. 2012 VI R 27/11 (BStBl. 2013 II S. 402): Arbeitnehmerrabatte als Lohnvorteil – Vorteilsbewertung

1. Rabatte, die der Arbeitgeber nicht nur seinen Arbeitnehmern, sondern auch fremden Dritten üblicherweise einräumt, begründen bei Arbeitnehmern keinen steuerpflichtigen Arbeitslohn.
2. Der Arbeitnehmer kann im Rahmen seiner Einkommensteuerveranlagung den geldwerten Vorteil nach § 8 Abs. 2 EStG ohne Bewertungsabschlag und ohne Rabattfreibetrag oder mit diesen Abschlägen auf der Grundlage des Endpreises des Arbeitgebers nach § 8 Abs. 3 EStG bewerten lassen.

BFH v. 26. 7. 2012 VI R 30/09 (BStBl. 2013 II S. 400): Endpreis i.S. des § 8 Abs. 3 EStG

Endpreis i.S. des § 8 Abs. 3 EStG ist der am Ende von Verkaufsverhandlungen als letztes Angebot stehende Preis und umfasst deshalb auch Rabatte.

BFH v. 1. 3. 2012 VI R 33/10 (BStBl. II S. 505): Mindestanforderungen für ordnungsgemäßes Fahrtenbuch Der Senat hält an seiner mittlerweile ständigen Rechtsprechung (Urteil vom 16. März 2006 VI R 87/04, BFHE 212, 546, BStBl. II 2006 S. 625) fest, dass ein ordnungsgemäßes Fahrtenbuch insbesondere Datum und Ziel der jeweiligen Fahrten ausweisen muss. Dem ist nicht entsprochen, wenn als Fahrtziele jeweils nur Straßennamen angegeben sind und diese Angaben erst mit nachträglich erstellten Auflistungen präzisiert werden.

BFH v. 6. 10. 2011 VI R 56/10 (BStBl. 2012 II S. 362): Keine Anwendung der 1 %-Regelung bei Fahrten zwischen Wohnung und regelmäßiger Arbeitsstätte – Nutzung eines betrieblichen Fahrzeugs – Anscheinsbeweis

1. Die Anwendung der 1 %-Regelung setzt voraus, dass der Arbeitgeber seinem Arbeitnehmer tatsächlich einen Dienstwagen zur privaten Nutzung überlassen hat (Anschluss an Senatsurteil vom 21. April 2010 VI R 46/08, BFHE 229, 228, BStBl. II 2010, 848). Denn der Ansatz eines lohnsteuerrechtlich erheblichen Vorteils rechtfertigt sich nur insoweit, als der Arbeitgeber dem Arbeitnehmer gestattet, den Dienstwagen privat zu nutzen.
2. Allein die Gestattung der Nutzung eines betrieblichen Fahrzeugs für Fahrten zwischen Wohnung und Arbeitsstätte begründet noch keine Überlassung zur privaten Nutzung i.S. des § 8 Abs. 2 Satz 2 EStG.

Rechtsprechung § 8

BFH v. 30. 6. 2011 VI R 37/09 (BStBl. II S. 923): Zuflusszeitpunkt verbilligter Arbeitnehmeraktien

1. Dem Arbeitnehmer fließt der geldwerte Vorteil in Form verbilligter Aktien in dem Zeitpunkt zu, in dem er die wirtschaftliche Verfügungsmacht über die Aktien erlangt.
2. Ein solcher Zufluss liegt nicht vor, solange dem Arbeitnehmer eine Verfügung über die Aktien rechtlich unmöglich ist.

BFH v. 19. 6. 2011 XI R 8/09 (BFH-Webseite): Bemessungsgrundlage bei einer verbilligten Lieferung von Zeitungen an Arbeitnehmer − Vorliegen einer Leistung „auf Grund des Dienstverhältnisses" − Belegschaftsrabatt − Bemessung des Umsatzes nach den Selbstkosten − Keine Veröffentlichungspflicht eines Ermächtigungsantrags

Liefert ein Verlag seine Zeitungen verbilligt an seine Arbeitnehmer nach Hause, liegen Lieferungen auf Grund des Dienstverhältnisses i.s. von § 10 Abs. 5 Nr. 2 UStG vor. Diese Umsätze werden nach dem marktüblichen Entgelt (regulärer Abonnementpreis) bemessen, wenn dieses die nach § 10 Abs. 4 Satz 1 Nr. 1 UStG ermittelten Selbstkosten unterschreitet.

BFH v. 9. 6. 2011 VI R 58/09 (BStBl. 2012 II S. 34): Regelmäßige Arbeitsstätte

1. Der Betriebssitz des Arbeitgebers, den der Arbeitnehmer zwar regelmäßig, aber lediglich zu Kontrollzwecken aufsucht, ohne dort seiner eigentlichen beruflichen Tätigkeit nachzugehen, ist nicht die regelmäßige Arbeitsstätte i.s. des § 9 Abs. 1 Satz 3 Nr. 4 EStG.
2. Nutzt der Arbeitnehmer den ihm überlassenen Dienstwagen für Fahrten zum Betriebssitz seines Arbeitgebers, der nicht die regelmäßige Arbeitsstätte ist, so steht ihm dafür die Entfernungspauschale nicht zu. Werbungskosten nach § 9 Abs. 1 Satz 1 EStG kann er nur abziehen, soweit ihm dafür Aufwendungen entstehen.

BFH v. 9. 6. 2011 VI R 36/10 (BStBl. 2012 II S. 36): Auswärtstätigkeit bei Einsatz in verschiedenen Filialen − Regelmäßige Arbeitsstätte bei mehreren Tätigkeitsstatten

Ein Arbeitnehmer, der in verschiedenen Filialen seines Arbeitgebers wechselnd tätig ist, übt eine Auswärtstätigkeit aus, wenn keine der Tätigkeitsstätten eine hinreichend zentrale Bedeutung gegenüber den anderen Tätigkeitsorten hat.

BFH v. 11. 5. 2011 VI R 65/09 (BStBl. II S. 946): Sachbezug durch verbilligte Überlassung von Wohnungen

1. Überlässt ein Arbeitgeber seinen Arbeitnehmern Wohnungen und werden Nebenkosten (z. T.) nicht erhoben, liegt eine verbilligte Überlassung und damit ein Sachbezug nur vor, soweit die tatsächlich erhobene Miete zusammen mit den tatsächlich abgerechneten Nebenkosten die ortsübliche Miete (Kaltmiete plus umlagefähige Nebenkosten) unterschreitet. Dabei ist jeder Mietwert als ortsüblich anzusehen, den der Mietspiegel im Rahmen einer Spanne zwischen mehreren Mietwerten für vergleichbare Wohnungen ausweist (BFH-Urteil vom 17. August 2005 IX R 10/05, BFHE 211, 151, BStBl. II 2006, 71).
2. Bei der Prüfung, ob eine verbilligte Überlassung ihren Rechtsgrund im Arbeitsverhältnis hat, kann ein gewichtiges Indiz sein, in welchem Umfang der Arbeitgeber vergleichbare Wohnungen auch an fremde Dritte zu einem niedrigeren als dem üblichen Mietzins vermietet (vgl. R 31 Abs. 6/R 8.1 Abs. 6 LStR). Es kann jedoch nicht typisierend davon ausgegangen werden, dass bei einem unter 10 % liegenden Anteil an fremdvermieteten Wohnungen ein Veranlassungszusammenhang zum Arbeitsverhältnis besteht.

BFH v. 14. 4. 2011 VI R 24/10 (BStBl. II S. 767): Beiträge für eine Gruppenkrankenversicherung als Arbeitslohn

1. Die Beiträge des Arbeitgebers zu einer privaten Gruppenkrankenversicherung sind Arbeitslohn des Arbeitnehmers, wenn dieser einen eigenen unmittelbaren und unentziehbaren Rechtsanspruch gegen den Versicherer erlangt (Anschluss an BFH-Urteil vom 16. April 1999 VI R 66/97, BFHE 188, 338, BStBl. II 2000, 408).
2. Die Gewährung von Krankenversicherungsschutz ist in Höhe der geleisteten Beiträge Sachlohn, wenn der Arbeitnehmer aufgrund des Arbeitsvertrags von seinem Arbeitgeber ausschließlich Versicherungsschutz und nicht auch eine Geldzahlung verlangen kann (Anschluss an BFH-Urteil vom 11. November 2010 VI R 27/09, BFHE 232, 56, BStBl. II 2011, 386).
3. Beiträge für eine Krankenversicherung der Arbeitnehmer können steuerfrei sein, wenn der Arbeitgeber nach einer zwischenstaatlichen Verwaltungsvereinbarung, die ihrerseits auf einer gesetzlichen Ermächtigung beruht, zur Leistung verpflichtet ist (§ 3 Nr. 62 Satz 1 Alt. 3 EStG).

§ 8 Rechtsprechung

BFH vom 11. 11. 2010 VI R 41/10 (BStBl. 2011 II S. 389): Sachbezug i.S. des § 8 Abs. 2 Satz 9 EStG auch bei Kostenerstattung nicht ausgeschlossen – Unterscheidung zwischen Sachbezügen und Barlohn

1. Sachbezüge sind alle nicht in Geld bestehenden Einnahmen. Ob Barlöhne oder Sachbezüge vorliegen, entscheidet sich nach dem Rechtsgrund des Zuflusses, also danach, was der Arbeitnehmer vom Arbeitgeber beanspruchen kann. Es kommt nicht darauf an, auf welche Art und Weise der Arbeitgeber den Anspruch erfüllt und seinem Arbeitnehmer den zugesagten Vorteil verschafft.
2. Überlässt der Arbeitgeber seinem Arbeitnehmer bei einer beliebigen Tankstelle einlösbare Benzingutscheine, wendet er seinem Arbeitnehmer auch dann eine Sache i.S. des § 8 Abs. 2 Sätze 1 und 9 EStG zu, wenn der Arbeitnehmer auf seine Kosten tankt und sich gegen Vorlage der Benzingutscheine von seinem Arbeitgeber die Kosten erstatten lässt.

BFH vom 11. 11. 2010 VI R 21/09 (BStBl. 2011 II S. 383): Gutschein über in Euro lautenden Höchstbetrag für Warenbezug ist Sachbezug i.S. des § 8 Abs. 2 Satz 9 EStG – Abgrenzung zwischen Barlohn und Sachbezügen

1. Sachbezüge sind alle nicht in Geld bestehenden Einnahmen. Ob Barlöhne oder Sachbezüge vorliegen, entscheidet sich nach dem Rechtsgrund des Zuflusses, also danach, was der Arbeitnehmer vom Arbeitgeber beanspruchen kann. Es kommt nicht darauf an, auf welche Art und Weise der Arbeitgeber den Anspruch erfüllt und seinem Arbeitnehmer den zugesagten Vorteil verschafft.
2. Überlässt der Arbeitgeber seinem Arbeitnehmer einen bei einer größeren Buchhandelskette einlösbaren Gutschein über einen in Euro lautenden Höchstbetrag für den Bezug einer Sache aus deren Warensortiment, so wendet er seinem Arbeitnehmer eine Sache i.S. des § 8 Abs. 2 Sätze 1 und 9 EStG zu.

BFH vom 11. 11. 2010 VI R 27/09 (BStBl. 2011 II S. 386): Sachbezug i.S. des § 8 Abs. 2 Satz 9 EStG jede nicht in Geld bestehende Einnahme – Unterscheidung zwischen Sachbezügen und Barlohn

1. Sachbezüge sind alle nicht in Geld bestehenden Einnahmen. Ob Barlöhne oder Sachbezüge vorliegen, entscheidet sich nach dem Rechtsgrund des Zuflusses, also danach, was der Arbeitnehmer vom Arbeitgeber beanspruchen kann. Es kommt nicht darauf an, auf welche Art und Weise der Arbeitgeber den Anspruch erfüllt und seinem Arbeitnehmer den zugesagten Vorteil verschafft.
2. Sachbezüge i.S. des § 8 Abs. 2 Satz 9 EStG liegen auch dann vor, wenn der Arbeitgeber seine Zahlung an den Arbeitnehmer mit der Auflage verbindet, den empfangenen Geldbetrag nur in einer bestimmten Weise zu verwenden (Änderung der Rechtsprechung gegenüber Senatsurteil vom 27. Oktober 2004 VI R 51/03, BFHE 207, 314, BStBl. II 2005, 137).
3. Räumt der Arbeitgeber seinem Arbeitnehmer das Recht ein, bei einer bestimmten Tankstelle auf seine Kosten tanken zu dürfen, liegt ein Sachbezug i.S. des § 8 Abs. 2 Sätze 1 und 9 EStG vor.

BFH vom 13. 10. 2010 VI R 12/09 (BStBl. 2011 II S. 361): Private Nutzung von betrieblichen Kraftfahrzeugen - Kein Einbezug von Kosten für Nachrüstung auf Flüssiggasbetrieb in die Bemessungsgrundlage – Keine getrennte Bewertung der Nutzbarkeit – Sonderausstattung – Maßgeblichkeit des Zeitpunktes der Erstzulassung

1. Der nachträgliche Einbau einer Flüssiggasanlage in ein zur Privatnutzung überlassenes Firmenfahrzeug ist nicht als Sonderausstattung in die Bemessungsgrundlage des § 6 Abs. 1 Nr. 4 Satz 2 EStG einzubeziehen.
2. Eine Sonderausstattung im Sinne des Gesetzes liegt nur dann vor, wenn das Fahrzeug bereits werkseitig im Zeitpunkt der Erstzulassung damit ausgestattet ist.
3. Mit dem Betrag, der nach der 1 %-Regelung als Einnahme anzusetzen ist, werden sämtliche geldwerten Vorteile abgegolten, die sich aus der Möglichkeit einer privaten Nutzung des betrieblichen Fahrzeugs ergeben; unselbständige Ausstattungsmerkmale können nicht getrennt bewertet werden.*)

*) R 8.1 Absatz 9 Nummer 1 Satz 6 LStR 2011 ist überholt.

BFH v. 22. 9. 2010 VI R 57/09 (BStBl. 2011 II S. 359): § 8 Abs. 2 Satz 3 EStG nur Korrekturposten für abziehbare, aber nicht entstandene Erwerbsaufwendungen – Auslegung des § 8 Abs. 2 EStG

1. Der Senat hält daran fest, dass die Zuschlagsregelung nach § 8 Abs. 2 Satz 3 EStG einen Korrekturposten zum Werbungskostenabzug darstellt und daher nur insoweit zur Anwendung kommt, wie der Arbeitnehmer den Dienstwagen tatsächlich für Fahrten zwischen Wohnung und Arbeitsstätte benutzt hat (Senatsurteile vom 4. April 2008 VI R 85/04, BFHE 221, 11, BStBl. II 2008, 887; VI R 68/05, BFHE 221, 17, BStBl. II 2008, 890).

Rechtsprechung § 8

2. Die Zuschlagsregelung des § 8 Abs. 2 Satz 3 EStG hat nicht die Funktion, eine irgendwie geartete zusätzliche private Nutzung des Dienstwagens zu bewerten. Sie bezweckt lediglich einen Ausgleich für abziehbare, tatsächlich aber nicht entstandene Erwerbsaufwendungen.*)

*) Hinweis auf BMF-Schreiben vom 1. April 2011 IV C 5 – S 2334/08/ 10010, 2011/0250056 (BStBl. I 2011 S. 301). – **Anlage § 008-12** –

BFH v. 22. 9. 2010 VI R 55/09 (BStBl. 2011 II S. 358): Zuschlagsregelung des § 8 Abs. 2 Satz 3 EStG nicht formell verfassungswidrig

Die mit dem Jahressteuergesetz 1996 nach Anrufung des Vermittlungsausschusses auf Grundlage der Beschlussempfehlung dieses Gremiums zu Stande gekommenen einkommensteuerrechtlichen Regelungen über die private Nutzung eines betrieblichen Kraftfahrzeugs überschreiten nicht die von Verfassungs wegen zu beachtenden Grenzen für die Beschlussempfehlungen des Vermittlungsausschusses.*)

*) Hinweis auf BMF-Schreiben vom 1. April 2011 IV C 5 – S 2334/08/ 10010, 2011/0250056 (BStBl. I 2011 S. 301). – **Anlage § 008-12** –

BFH v. 22. 9. 2010 VI R 54/09 (BStBl. 2011 II S. 354): Arbeitgeberseitige Fahrergestellung nicht stets Lohn – Zweck des Zuschlags nach § 8 Abs. 2 Satz 3 EStG – Abgrenzung zwischen Betriebsstätte am Wohnsitz und Wohnung – Beruflich veranlasste Umwegfahrten – Keine Beeinträchtigung der Religionsausübungsfreiheit durch steuerliche Erfassung von Einnahmen kirchlich Angestellter

Der Senat lässt offen, ob an der Rechtsprechung weiterhin festzuhalten ist, dass die arbeitgeberseitige Fahrergestellung für Fahrten zwischen Wohnung und Arbeitsstätte einen lohnsteuerrechtlich erheblichen Vorteil begründet. Nach § 9 Abs. 1 Satz 3 Nr. 4 EStG in der bis einschließlich 2000 geltenden Fassung erhöht eine solche Fahrergestellung jedenfalls nicht die anzusetzenden Lohneinkünfte des betreffenden Arbeitnehmers, weil selbst bei Ansatz eines lohnsteuerrechtlichen Vorteils ein entsprechender Aufwand in gleicher Höhe entgegenstünde.*)

*) Hinweis auf BMF-Schreiben vom 1. April 2011 IV C 5 – S 2334/08/ 10010, 2011/0250056 (BStBl. I 2011 S. 301). – **Anlage § 008-12** –

BFH v. 29. 7. 2010 VI R 30/07 (BStBl. 2011 II S. 68): Der gemeine Wert der Aktien lässt sich nicht stets aus weniger als ein Jahr zurückliegenden und im gewöhnlichen Geschäftsverkehr erfolgten Aktienverkäufen ableiten

Der gemeine Wert nicht börsennotierter Aktien lässt sich nicht i.S. des § 11 Abs. 2 Satz 2 BewG aus Verkäufen ableiten, wenn nach den Veräußerungen aber noch vor dem Bewertungsstichtag weitere objektive Umstände hinzutreten, die dafür sprechen, dass diese Verkäufe nicht mehr den gemeinen Wert der Aktien repräsentieren, und es an objektiven Maßstäben für Zu- und Abschläge fehlt, um von den festgestellten Verkaufspreisen der Aktien auf deren gemeinen Wert zum Bewertungsstichtag schließen zu können.

BFH v. 20. 5. 2010 VI R 12/08 (BStBl. II S. 1069): Geldwerter Vorteil aus der Veräußerung von Wandeldarlehen

1. Der Gewinn aus der Veräußerung eines Wandeldarlehens ist ein geldwerter Vorteil, soweit sich die bis dahin latent bestehende Möglichkeit zum verbilligten Aktienerwerb verwirklicht (Anschluss an BFH-Urteil vom 23. Juni 2005 VI R 10/03, BFHE 209, 559, BStBl. II 2005, 770).

2. Die Zurechnung des geldwerten Vorteils zu einem erst künftigen Dienstverhältnis ist zwar nicht ausgeschlossen, bedarf aber der Feststellung eines eindeutigen Veranlassungszusammenhangs, wenn sich andere Ursachen für die Vorteilsgewährung als Veranlassungsgrund aufdrängen.

BFH v. 20. 5. 2010 VI R 41/09 (BStBl. II S. 1022): Gebührenverzicht zugunsten von Mitarbeitern eines Vertriebspartners kein Arbeitslohn – Voraussetzungen für Überzeugungsbildung i.S. des § 96 Abs. 1 Satz 1 FGO

1. Der Umstand, dass eine Bausparkasse sowohl bei Arbeitnehmern ihrer „Partnerbanken" als auch bei ihren freien Handelsvertretern und deren Arbeitnehmern sowie den Beschäftigten anderer genossenschaftlich organisierter Unternehmen und Kooperationspartner auf die Erhebung von Abschlussgebühren verzichtet, begründet Zweifel daran, ob dieser Gebührenvorteil Arbeitslohn ist.

2. Gelangt das FG aufgrund einer verfahrensfehlerfreien Gesamtwürdigung zu dem Ergebnis, dass Zweifel bestehen, ob Arbeitnehmern im Zusammenhang mit einem geldwerten Vorteil Arbeitslohn zugeflossen ist, ist der BFH nach § 118 Abs. 2 FGO an diese Tatsachenfeststellung gebunden.

§ 8 Rechtsprechung

BFH v. 21. 4. 2010 VI R 46/08 (BStBl. II S. 848): Anwendungsvoraussetzung der 1 %-Regelung – beschränkte Reichweite des Anscheinsbeweises

1. Die Anwendung der 1 %-Regelung setzt voraus, dass der Arbeitgeber seinem Arbeitnehmer tatsächlich einen Dienstwagen zur privaten Nutzung überlassen hat.
2. Der Anscheinsbeweis streitet dafür, dass der Arbeitnehmer einen ihm vom Arbeitgeber zur privaten Nutzung überlassenen Dienstwagen auch tatsächlich privat nutzt, nicht aber dafür, dass der Arbeitgeber dem Arbeitnehmer den Dienstwagen zur privaten Nutzung überlassen hat.

BFH v. 11. 3. 2010 VI R 7/08 (BStBl. II S. 763): Aufteilung in Arbeitslohn und Zuwendung im betrieblichen Eigeninteresse – Übernahme von Kosten für eine Regenerierungskur eines Fluglotsen durch den Arbeitgeber als Arbeitslohn

1. Bei einer einheitlich zu beurteilenden Sachzuwendung an Arbeitnehmer scheidet eine Aufteilung in Arbeitslohn und Zuwendung im betrieblichen Eigeninteresse aus.
2. Die Übernahme von Kurkosten durch den Arbeitgeber ist grundsätzlich als Arbeitslohn zu werten.

BFH v. 9. 3. 2010 VIII R 24/08 (BStBl. II S. 903): Nutzungsentnahme, mehrere Fahrzeuge, 1 %-Regelung

Gehören mehrere Kraftfahrzeuge zu einem Betriebsvermögen, ist § 6 Abs. 1 Nr. 4 Satz 2 EStG grundsätzlich auch dann fahrzeugbezogen, also mehrfach anzuwenden, wenn in tatsächlicher Hinsicht feststeht, dass ausschließlich eine Person die Fahrzeuge auch privat genutzt hat (entgegen Tz. 9 Satz 2 des BMF-Schreibens vom 21. Januar 2002 IV A 6 -S 2177- 1/02, BStBl. I 2002, 148).*)

*) Das BMF-Schreiben vom 28. Mai 1996 IV B 6 – S 2334 – 173/96 (BStBl. 1996 I S. 654 Tz. 2) bleibt unberührt.

BFH v. 11. 2. 2010 VI R 43/09 (BStBl. 2012 II S. 266): Private Fahrzeugnutzung als Arbeitslohn oder vGA

1. Die nachhaltige "vertragswidrige" private Nutzung eines betrieblichen PKW durch den anstellungsvertraglich gebundenen Gesellschafter-Geschäftsführer ist nicht stets als vGA zu beurteilen.
2. Unterbindet die Kapitalgesellschaft die unbefugte Nutzung durch den Gesellschafter-Geschäftsführer nicht, kann dies sowohl durch das Beteiligungsverhältnis als auch durch das Arbeitsverhältnis veranlasst sein. Die Zuordnung (vGA oder Arbeitslohn) bedarf der wertenden Betrachtung im Einzelfall (Anschluss an BFH-Urteil vom 23. April 2009 VI R 81/06, BFHE 225, 33).

BFH v. 21. 1. 2010 VI R 51/08 (BStBl. II S. 700): Vorteil aus unentgeltlicher Verpflegung an Bord eines Flusskreuzfahrtschiffes ausnahmsweise kein Arbeitslohn

1. Verpflegt der Arbeitgeber die Besatzungsmitglieder an Bord eines Flusskreuzfahrtschiffes unentgeltlich, so ist der den Arbeitnehmern gewährte Vorteil dann kein Arbeitslohn, wenn das eigenbetriebliche Interesse des Arbeitgebers an einer Gemeinschaftsverpflegung wegen besonderer betrieblicher Abläufe den Vorteil der Arbeitnehmer bei weitem überwiegt.
2. Bei der Nachforderung von Lohnsteuer dürfen die Beträge nicht zugerechnet werden, die der Arbeitgeber bei einer Auswärtstätigkeit steuerfrei hätte ersetzen dürfen.
3. Die Bewertungsregelung des § 8 Abs. 3 EStG kommt zur Anwendung, wenn aus der Küche eines Flusskreuzfahrtschiffes neben den Passagieren auch die Besatzungsmitglieder verpflegt werden.

BFH v. 3. 12. 2009 VI R 4/08 (BStBl. 2010 II S. 698): Umrechnung von Arbeitslohn in fremder Währung

1. Einkünfte in einer gängigen, frei konvertiblen und im Inland handelbaren ausländischen Währung sind als Einnahmen in Geld zu besteuern. Sie stellen aus sich heraus einen Wert dar, der durch Umrechnung in Euro zu bestimmen ist.
2. Umrechnungsmaßstab ist – soweit vorhanden – der auf den Umrechnungszeitpunkt bezogene Euro-Referenzkurs der Europäischen Zentralbank.
3. Lohnzahlungen sind bei Zufluss des Arbeitslohns anhand der von der Europäischen Zentralbank veröffentlichten monatlichen Durchschnittsreferenzkurse umzurechnen.

BFH v. 1. 10. 2009 VI R 22/07 (BStBl. 2010 II S. 204): Hersteller einer Ware i.S. des § 8 Abs. 3 EStG kann derjenige sein, der den Gegenstand selbst produziert, der ihn auf eigene Kosten nach seinen Vorgaben und Plänen von einem Dritten produzieren lässt oder der damit vergleichbare sonstige gewichtige Beiträge zur Herstellung der Ware erbringt (Fortführung des Senatsurteils vom 28. August 2002 VI R 88/99, BFHE 200, 254, BStBl. II 2003, 154).

Rechtsprechung § 8

BFH v. 9. 7. 2009 VI R 21/08 (BStBl. II S. 822): Die betriebliche Einrichtung eines Kunden des Arbeitgebers ist keine regelmäßige Arbeitsstätte i.S. des § 9 Abs. 1 Satz 3 Nr. 4 EStG. Die Vorschrift kommt demnach auch dann nicht zur Anwendung, wenn ein Arbeitnehmer bei einem Kunden des Arbeitgebers längerfristig eingesetzt ist (Festhalten am Senatsurteil vom 10. Juli 2008 VI R 21/07, BFHE 222, 391, BFH/NV 2008, 1923). (Hinweis: Jetzt auch BStBl. 2009 II S. 818.)

BFH v. 17. 6. 2009 VI R 18/07 (BStBl. 2010 II S. 67): Die unverbindliche Preisempfehlung eines Automobilherstellers ist jedenfalls seit dem Jahr 2003 keine geeignete Grundlage, den lohnsteuerrechtlich erheblichen Vorteil eines Personalrabatts für sog. Jahreswagen zu bewerten.*)

*) Hinweis auf BMF-Schreiben vom 18. 12. 2009 (BStBl. 2010 I S. 20). – **Anlage § 008-08** –

BFH v. 17. 6. 2009 VI R 69/06 (BStBl. 2010 II S. 69): Der Veräußerungsgewinn aus einer Kapitalbeteiligung an einem Unternehmen führt nicht allein deshalb zu Einkünften aus nichtselbständiger Arbeit, weil die Kapitalbeteiligung von einem Arbeitnehmer des Unternehmens gehalten und nur Arbeitnehmern angeboten worden war.

BFH v. 23. 4. 2009 VI R 81/06 (BStBl. 2012 II S. 262):

1. Für die Frage, ob ein Gesellschafter-Geschäftsführer als Arbeitnehmer i.S. von § 1 Abs. 2 Sätze 1 und 2 LStDV zu beurteilen ist, ist nicht entscheidend, in welchem Verhältnis er an der Kapitalgesellschaft beteiligt ist.

2. Allerdings sind Gesellschafter-Geschäftsführer, die mindestens 50 % des Stammkapitals der GmbH innehaben, regelmäßig Selbständige im Sinne des Sozialversicherungsrechts (Anschluss an BFH-Urteil vom 2. Dezember 2005 VI R 16/03, BFH/NV 2006, 544).

3. Ist die private Nutzung eines betrieblichen PKW durch den Gesellschafter-Geschäftsführer im Anstellungsvertrag mit der GmbH ausdrücklich gestattet, kommt der Ansatz einer vGA in Höhe der Vorteilsgewährung nicht in Betracht. Nach übereinstimmender Auffassung des I. Senats und des VI. Senats des BFH liegt in einem solchen Fall immer Sachlohn und keine vGA vor.

4. Dagegen ist eine vertragswidrige private Nutzung eines betrieblichen Fahrzeugs durch einen Gesellschafter-Geschäftsführer nicht stets als Arbeitslohn zu qualifizieren (Senats-Beschluss vom 15. November 2007 VI ER-S 4/07).

5. Bei einer nachhaltigen „vertragswidrigen" privaten Nutzung eines betrieblichen PKW durch den anstellungsvertraglich gebundenen Gesellschafter-Geschäftsführer liegt allerdings der Schluss nahe, dass Nutzungsbeschränkung oder -verbot nicht ernstlich gewollt sind, sondern lediglich „auf dem Papier stehen". Unterbindet die Kapitalgesellschaft die unbefugte Nutzung durch den Gesellschafter-Geschäftsführer nicht, kann dies sowohl durch das Beteiligungsverhältnis als auch durch das Arbeitsverhältnis veranlasst sein. Die Zuordnung (vGA oder Arbeitslohn) bedarf der wertenden Betrachtung im Einzelfall.

BFH v. 23. 4. 2009 VI B 118/08 (BStBl. 2010 II S. 234):

1. Nutzt der Gesellschafter-Geschäftsführer einer GmbH ein Fahrzeug privat auf Grundlage einer im Anstellungsvertrag ausdrücklich zugelassenen Nutzungsgestattung, liegt keine vGA, sondern ein lohnsteuerlich erheblicher Vorteil vor.

2. Eine vertragswidrige private Nutzung eines betrieblichen Fahrzeugs durch einen Gesellschafter-Geschäftsführer ist nicht stets als Arbeitslohn zu qualifizieren (Senatsbeschluss vom 15. November 2007 VI ER-S 4/07).

BFH v. 29. 1. 2009 VI R 56/07 (BStBl. 2010 II S. 1067): Unentgeltliche Überlassung eines Dienstwagens und Sammelbeförderung

1. Die unentgeltliche bzw. verbilligte Überlassung eines Dienstwagens durch den Arbeitgeber an den Arbeitnehmer für dessen Privatnutzung führt zu einer Bereicherung des Arbeitnehmers und damit zum Lohnzufluss.

2. Die Übernahme der Arbeitnehmerbeförderung i.S. des § 3 Nr. 32 EStG bedarf grundsätzlich einer besonderen Rechtsgrundlage. Dies kann ein Tarifvertrag oder eine Betriebsvereinbarung sein.

3. Überlässt der Arbeitgeber einem Arbeitnehmer einen Dienstwagen auch uneingeschränkt für private Zwecke, ist fraglich, ob der Arbeitgeber ein solches Fahrzeug noch zur Beförderung (weiterer) Arbeitnehmer „gestellen" kann.

§ 8 Rechtsprechung

BFH v. 18. 12. 2008 VI R 34/07 (BStBl. 2009 II S. 381):

1. Ein Fahrzeug, das aufgrund seiner objektiven Beschaffenheit und Einrichtung typischerweise so gut wie ausschließlich nur zur Beförderung von Gütern bestimmt ist, unterfällt nicht der Bewertungsregelung des § 8 Abs. 2 Satz 2 EStG (1 %-Regelung).

2. Ob ein Arbeitnehmer ein solches Fahrzeug auch für private Zwecke eingesetzt hat, bedarf der Feststellung im Einzelnen. Die Feststellungslast obliegt dem FA. Dieses kann sich nicht auf den sog. Beweis des ersten Anscheins berufen.

BFH v. 19. 11. 2008 VI R 80/06 (BStBl. 2009 II S. 547):

1. Aufwendungen für Mahlzeiten, die zur Beköstigung der Arbeitnehmer anlässlich einer Auswärtstätigkeit (Fortbildungsveranstaltung) abgegeben werden, sind mit den tatsächlichen Werten und nicht mit den Werten der Sachbezugsverordnung anzusetzen (Bestätigung des BFH-Urteils vom 6. Februar 1987 VI R 24/84, BFHE 149, 172, BStBl. II 1987, 355; gegen R 31 Abs. 6a Nr. 2 bzw. Abs. 8 Nr. 2 LStR).

2. Steuerfreie Bezüge sind in die Prüfung der Freigrenze gemäß § 8 Abs. 2 Satz 9 EStG nicht einzubeziehen.

3. § 3 Nr. 16 EStG kommt auch dann zur Anwendung, wenn der Arbeitgeber nicht einen Geldbetrag, sondern die damit zu erlangende Leistung unmittelbar zuwendet (Bestätigung des BFH-Urteils vom 19. Februar 1993 VI R 42/92, BFHE 170, 560, BStBl. II 1993, 519).*)

*) Hinweis auf BMF-Schreiben vom 13. Juli 2009 IV C 5 – S 2334/08/10013, 2009/0454064 (BStBl. 2009 I S. 771).

BFH v. 2. 9. 2008 X R 25/07 (BStBl. 2010 II S. 550): Der Gewinn aus Losen, die Vertriebsmitarbeiter für die Erzielung bestimmter Umsätze erhalten, ist betrieblich veranlasst.

BFH v. 2. 9. 2008 X R 8/06 (BStBl. 2010 II S. 548):

1. Wird von einer Provision das Entgelt für Lose unmittelbar einbehalten, ist der Erwerb der Lose bereits Teil der Einkommensverwendung. Die Vorteile, die im Rahmen der Einkommensverwendung erworben werden, stehen mit der Einkommenserzielung in keinem steuerlich relevanten Sachzusammenhang.

2. Die Möglichkeit, bereits verdientes Geld im Rahmen einer betrieblichen Losveranstaltung einzusetzen, führt nicht zu Betriebseinnahmen.

BFH v. 28. 8. 2008 VI R 52/07 (BStBl. 2009 II S. 280):

1. Wird dem Arbeitnehmer ein Dienstwagen auch zur privaten Nutzung überlassen, so ist ein Zuschlag nach § 8 Abs. 2 Satz 3 EStG (0,03 %-Regelung) nur vorzunehmen, wenn der Arbeitnehmer den Dienstwagen tatsächlich für die Fahrten zwischen Wohnung und Arbeitsstätte nutzt. Für eine solche Nutzung besteht ein Anscheinsbeweis, der durch die Vorlage einer auf den Arbeitnehmer ausgestellten Jahres-Bahnfahrkarte entkräftet werden kann.

2. Mit der Entkräftung des Anscheinsbeweises ist der Sachverhalt zur Ermittlung des Zuschlags im Hinblick auf Art und Umfang der Nutzung des Dienstwagens umfassend aufzuklären (Anschluss an Senatsurteile vom 4. April 2008 VI R 85/04, BStBl. II 2008, 887, und VI R 68/05, BStBl. II 2008, 890).

Hinweis auf BMF-Schreiben vom 12.3.2009 (BStBl. I S. 500) betr. Anwendung des BFH-Urteils vom 28.8.2008 VI R 52/07: „Das Urteil ist nicht über den entschiedenen Einzelfall hinaus anzuwenden. Die Ausführungen im BMF-Schreiben vom 23. Oktober 2008, BStBl. 2008 I S. 961, gelten entsprechend."

– Anlage § 008-12 –

BFH v. 10. 7. 2008 VI R 21/07 (BStBl. 2009 II S. 818): Die betriebliche Einrichtung eines Kunden des Arbeitgebers ist keine regelmäßige Arbeitsstätte i.S. des § 9 Abs. 1 Satz 3 Nr. 4 EStG a.F. bzw. § 8 Abs. 2 Satz 3 EStG. Die Vorschriften kommen demnach auch dann nicht zur Anwendung, wenn ein Arbeitnehmer bei einem Kunden des Arbeitgebers längerfristig eingesetzt ist.

BFH v. 10. 4. 2008 VI R 38/06 (BStBl. II S. 768):

1. Die Aufzeichnungen im Fahrtenbuch müssen eine hinreichende Gewähr für ihre Vollständigkeit und Richtigkeit bieten. Kleinere Mängel führen nicht zur Verwerfung des Fahrtenbuchs und Anwendung der 1%-Regelung, wenn die Angaben insgesamt plausibel sind.

2. § 8 Abs. 2 Satz 4 EStG setzt nicht die Einrichtung eines gesonderten Aufwandskontos voraus.

Rechtsprechung § 8

BFH v. 4. 4. 2008 VI R 85/04 (BStBl. II S. 887):

1. Sucht ein Außendienstmitarbeiter mindestens einmal wöchentlich den Betriebssitz seines Arbeitgebers auf, so ist der Betriebssitz eine (regelmäßige) Arbeitsstätte i. S. des § 8 Abs. 2 Satz 3 EStG.

2. Der Zuschlag nach § 8 Abs. 2 Satz 3 EStG (0,03 %-Regelung) kommt nur zur Anwendung, wenn der Arbeitnehmer den Dienstwagen tatsächlich für Fahrten zwischen Wohnung und Arbeitsstätte nutzt. Wird dem Arbeitnehmer ein Dienstwagen auch für diese Fahrten überlassen, so besteht ein Anscheinsbeweis für eine entsprechende Nutzung. Die Entkräftung des Anscheinsbeweises ist nicht auf die Fälle beschränkt, in denen dem Arbeitnehmer die Nutzung des Dienstwagens für die Fahrten zwischen Wohnung und Arbeitsstätte arbeitsrechtlich untersagt ist.

3. Wird der Dienstwagen einmal wöchentlich für Fahrten zwischen Wohnung und Arbeitsstätte genutzt, so hängt der Zuschlag nach § 8 Abs. 2 Satz 3 EStG von der Anzahl der tatsächlich durchgeführten Fahrten ab. Zur Ermittlung des Zuschlags ist eine Einzelbewertung der Fahrten mit 0,002 % des Listenpreises i. S. des § 6 Abs. 1 Nr. 4 Satz 2 EStG je Entfernungskilometer vorzunehmen.*)

*) Hinweis auf BMF-Schreiben vom 23. Oktober 2008   IV C 5 – S 2334/08/10010, 2008/0570272 (BStBl. 2008 I S. 961).   – **Anlage § 008-12** –

BFH v. 4. 4. 2008 VI R 68/05 (BStBl. II S. 890):

1. Der nach § 8 Abs. 2 Satz 3 EStG bei Überlassung eines Dienstwagens für Fahrten zwischen Wohnung und (regelmäßiger) Arbeitsstätte an einen Arbeitnehmer anzusetzende Zuschlag bildet einen Korrekturposten zur Entfernungspauschale. Für die Ermittlung des Zuschlags kommt es ebenso wie bei der Entfernungspauschale auf die tatsächlichen Nutzungsverhältnisse an. Wird der Dienstwagen auf dem Weg zwischen Wohnung und Arbeitsstätte nur auf einer Teilstrecke eingesetzt, beschränkt sich der Zuschlag auf diese Teilstrecke.

2. Wird dem Arbeitnehmer ein Dienstwagen auch für Fahrten zwischen Wohnung und Arbeitsstätte überlassen, besteht ein Anscheinsbeweis dafür, dass er den Dienstwagen für die Gesamtstrecke nutzt. Der Anscheinsbeweis ist bereits dann entkräftet, wenn für eine Teilstrecke eine auf den Arbeitnehmer ausgestellte Jahres-Bahnfahrkarte vorgelegt wird.*)

*) Hinweis auf BMF-Schreiben vom 23. Oktober 2008   IV C 5 – S 2334/08/10010, 2008/0570272 (BStBl. 2008 I S. 961).   – **Anlage § 008-12** –

BFH v. 18. 10. 2007 VI R 59/06 (BStBl. 2009 II S. 200): Zuzahlungen zu den Anschaffungskosten eines dem Arbeitnehmer zur privaten Nutzung überlassenen Dienstwagens sind auch dann als Werbungskosten bei den Einnahmen aus nichtselbständiger Arbeit zu berücksichtigen, wenn der Nutzungsvorteil nach der 1 %-Regelung besteuert wird.*)

*) Hinweis auf BMF-Schreiben vom 6. Februar 2009 IV C 5 – S 2334/08/10003, 2009/0046728 (BStBl. I S. 413).

BFH v. 18. 10. 2007 VI R 57/06 (BStBl. 2009 II S. 199): Überlässt ein Arbeitgeber seinem Arbeitnehmer ein Kraftfahrzeug für dessen private Nutzung, können einzelne vom Arbeitnehmer selbst getragene Kraftfahrzeugkosten als Werbungskosten berücksichtigt werden, wenn der Nutzungsvorteil nach der sog. Fahrtenbuchmethode ermittelt wird. Dagegen kommt ein Werbungskostenabzug nicht in Betracht, wenn der Nutzungsvorteil pauschal nach der sog. 1 %-Regelung bemessen wird.

BFH v. 18. 10. 2007 VI R 96/04 (BStBl. 2008 II S. 198): Der nach der sog. 1 %-Regelung gemäß § 40 Abs. 1 EStG pauschaliert besteuerte Vorteil eines vom Arbeitgeber dem Arbeitnehmer zur Privatnutzung überlassenen Dienstwagens ist nicht um die vom Arbeitnehmer selbst getragenen Treibstoffkosten zu mindern. Übernommene individuelle Kosten sind kein Entgelt für die Einräumung der Nutzungsmöglichkeit.

BFH v. 13. 9. 2007 VI R 26/04 (BStBl. 2008 II S. 204): Leistet der Arbeitgeber im Rahmen eines ausgelagerten Optionsmodells zur Vermögensbeteiligung der Arbeitnehmer Zuschüsse an einen Dritten als Entgelt für die Übernahme von Kursrisiken, so führt dies bei den Arbeitnehmern zu Sachlohn, wenn die Risikoübernahme des Dritten auf einer vertraglichen Vereinbarung mit dem Arbeitgeber beruht.

BFH v. 23. 8. 2007 VI R 74/04 (BStBl. II S. 948): Bei der Bemessung der verbilligten Überlassung einer Unterkunft, die als Sachbezug dem Arbeitsentgelt hinzuzurechnen ist, sind die amtlichen Werte der Sachbezugsverordnung in ihrer in den Jahren 1995 bis 1997 jeweils gültigen Fassung im Festsetzungsverfahren zwingend anzusetzen.

BFH v. 23. 8. 2007 VI R 44/05 (BStBl. 2008 II S. 52): Gibt der Arbeitgeber Provisionen, die er von Verbundunternehmen für die Vermittlung von Versicherungsverträgen erhalten hat, in bestimmten Fällen

§ 8 Rechtsprechung

an eigene Arbeitnehmer weiter, gewährt er Bar- und nicht Sachlohn, wenn eine Vermittlungsleistung nur den Verbundunternehmen erbracht wird und auch nur diesen gegenüber Ansprüche bestehen, mit der Folge, dass weitergeleitete Provisionen nicht nach § 8 Abs. 3 EStG zu bewerten sind.

BFH v. 24. 5. 2007 VI R 73/05 (BStBl. II S. 766):
1. Verzichtet der Arbeitgeber gegenüber dem Arbeitnehmer auf Schadensersatz nach einem während einer beruflichen Fahrt alkoholbedingt entstandenen Schaden am auch zur privaten Nutzung überlassenen Firmen-PKW, so ist der dem Arbeitnehmer aus dem Verzicht entstehende Vermögensvorteil nicht durch die 1 v.H.-Regelung abgegolten.
2. Der als Arbeitslohn zu erfassende Verzicht auf Schadensersatz führt nur dann zu einer Steuererhöhung, wenn die Begleichung der Schadensersatzforderung nicht zum Werbungskostenabzug berechtigt. Ein Werbungskostenabzug kommt nicht in Betracht, wenn das auslösende Moment für den Verkehrsunfall die alkoholbedingte Fahruntüchtigkeit war.

BFH v. 12. 4. 2007 VI R 89/04 (BStBl. II S. 719): Überlässt der Arbeitgeber dem Arbeitnehmer eine Jahresnetzkarte, so führt dies zum sofortigen Zufluss von Arbeitslohn, wenn dem Arbeitnehmer mit der Karte ein uneingeschränktes Nutzungsrecht eingeräumt wurde.

BFH v. 7. 11. 2006 VI R 95/04 (BStBl. 2007 II S. 269): Bei der 1 v.H.-Regelung zur Ermittlung der privaten Nutzung eines Firmenfahrzeugs handelt es sich um eine zwingende Bewertungsregelung, die nicht durch die Zahlung eines Nutzungsentgelts vermieden werden kann, selbst wenn dieses als angemessen anzusehen ist. Die vereinbarungsgemäß gezahlten Nutzungsvergütungen sind von den nach § 8 Abs. 2 Sätze 2 und 3 EStG ermittelten Werten in Abzug zu bringen.

BFH v. 7. 11. 2006 VI R 19/05 (BStBl. 2007 II S. 116):
1. Die 1 v.H.-Regelung kommt nicht zur Anwendung, wenn eine Privatnutzung des Firmenfahrzeugs ausscheidet. Allerdings spricht der Beweis des ersten Anscheins für eine private Nutzung.
2. Das Verbot des Arbeitgebers, das Fahrzeug privat zu nutzen, kann ausreichen, den Anscheinsbeweis zu erschüttern, sofern es nicht nur zum Schein ausgesprochen worden ist.
3. Die Würdigung, ob im Einzelfall der Anscheinsbeweis als entkräftet angesehen werden kann, obliegt der Tatsacheninstanz.

BFH v. 4. 5. 2006 VI R 67/03 (BStBl. II S. 914): Verpflichtet sich der Arbeitgeber gegenüber dem Darlehensgeber zur Zahlung von Zinsausgleichszahlungen, ist steuerpflichtiger Arbeitslohn anzunehmen. Für die Anwendung der Verwaltungsanweisung (Abschn. 31 Abs. 8 LStR 1993 bis 1996) ist kein Raum.

BFH v. 4. 5. 2006 VI R 28/05 (BStBl. II S. 781):
1. Gewährt der Arbeitgeber seinem Arbeitnehmer ein Darlehen zu einem marktüblichen Zinssatz, erlangt der Arbeitnehmer keinen lohnsteuerlich zu erfassenden Vorteil.
2. Abschn. 31 Abs. 8 Satz 3 LStR 1999 bindet die Finanzgerichte nicht in ihren Feststellungen, ob der Arbeitnehmer ein Darlehen zu einem marktüblichen Zinssatz erhalten hat.
3. Abschn. 31 Abs. 8 Satz 3 LStR 1999 enthält keine Wertfestsetzung einer obersten Finanzbehörde eines Landes i. S. des § 8 Abs. 2 Satz 8 EStG.

BFH v. 26. 4. 2006 X R 35/05 (BStBl. 2007 II S. 445): Die Nutzung eines betrieblichen Kraftfahrzeugs zur Erzielung von Überschusseinkünften ist durch die Bewertung der privaten Nutzung nach der 1 v.H.-Regelung nicht mit abgegolten. Sie ist vielmehr mit den auf sie entfallenden tatsächlichen Selbstkosten als Entnahme zu erfassen.

BFH v. 11. 4. 2006 VI R 60/02 (BStBl. II S. 691): Die kostenlose oder verbilligte Überlassung von qualitativ und preislich hochwertigen Bekleidungsstücken durch den Arbeitgeber an die Mitglieder seiner Geschäftsleitung stellt steuerpflichtigen Arbeitslohn dar. Der Entlohnungscharakter der Zuwendung kann nicht mit einem überwiegend eigenbetrieblichen Interesse widerlegt werden, weil das Tragen der vom Arbeitgeber hergestellten Kleidungsstücke neben Repräsentationszwecken auch der Werbung dienen würde.

BFH v. 16. 3. 2006 VI R 87/04 (BStBl. II S. 625):
1. Ein ordnungsgemäßes Fahrtenbuch muss grundsätzlich zu den beruflichen Reisen Angaben zum Datum, zum Reiseziel, zum aufgesuchten Kunden oder Geschäftspartner bzw. zum Gegenstand der dienstlichen Verrichtung und zu dem bei Abschluss der Fahrt erreichten Gesamtkilometerstand des Fahrzeugs enthalten.

Rechtsprechung § 8

2. Mehrere Teilabschnitte einer einheitlichen beruflichen Reise können miteinander zu einer zusammenfassenden Eintragung verbunden werden, wenn die einzelnen aufgesuchten Kunden oder Geschäftspartner im Fahrtenbuch in der zeitlichen Reihenfolge aufgeführt werden.
3. Der Übergang von der beruflichen Nutzung zur privaten Nutzung des Fahrzeugs ist im Fahrtenbuch durch Angabe des bei Abschluss der beruflichen Fahrt erreichten Gesamtkilometerstands zu dokumentieren.
4. Die erforderlichen Angaben müssen sich dem Fahrtenbuch selbst entnehmen lassen. Ein Verweis auf ergänzende Unterlagen ist nur zulässig, wenn der geschlossene Charakter der Fahrtenbuchaufzeichnungen dadurch nicht beeinträchtigt wird.

BFH v. 16. 11. 2005 VI R 64/04 (BStBl. 2006 II S. 410):
1. Eine mit Hilfe eines Computerprogramms erzeugte Datei genügt den Anforderungen an ein ordnungsgemäßes Fahrtenbuch nur dann, wenn nachträgliche Veränderungen an den zu einem früheren Zeitpunkt eingegebenen Daten nach der Funktionsweise des verwendeten Programms technisch ausgeschlossen sind oder in ihrer Reichweite in der Datei selbst dokumentiert und offen gelegt werden.
2. Kann der Arbeitnehmer den ihm überlassenen Dienstwagen auch privat nutzen und wird über die Nutzung des Dienstwagens ein ordnungsgemäßes Fahrtenbuch nicht geführt, so ist der zu versteuernde geldwerte Vorteil nach der 1 v.H.-Regelung zu bewerten. Eine Schätzung des Privatanteils anhand anderer Aufzeichnungen kommt nicht in Betracht.

BFH v. 9. 11. 2005 VI R 27/05 (BStBl. 2006 II S. 408): Ein ordnungsgemäßes Fahrtenbuch muss zeitnah und in geschlossener Form geführt werden und die zu erfassenden Fahrten einschließlich des an ihrem Ende erreichten Gesamtkilometerstands vollständig und in ihrem fortlaufenden Zusammenhang wiedergeben.

BFH v. 14. 9. 2005 VI R 37/03 (BStBl. 2006 II S. 72): Übernimmt der Arbeitgeber die Straßenbenutzungsgebühren (Vignetten, Mautgebühren) für die mit einem Firmenwagen unternommenen Privatfahrten seines Arbeitnehmers, liegt darin die Zuwendung eines geldwerten Vorteils, der nicht von der Abgeltungswirkung der 1 v.H.-Regelung erfasst wird.

BFH v. 18. 8. 2005 VI R 32/03 (BStBl. 2006 II S. 30):
1. Eine Aufteilung von Sachzuwendungen an Arbeitnehmer in Arbeitslohn und Zuwendungen im betrieblichen Eigeninteresse ist grundsätzlich möglich, wenn die Zuwendungen bei Würdigung aller Umstände des Einzelfalls gemischt veranlasst sind.
2. Bei gemischt veranlassten Reisen sind für die Aufteilung zunächst die Kostenbestandteile der Reise abzutrennen, die sich leicht und eindeutig dem betriebsfunktionalen Bereich und dem Bereich, der sich als geldwerter Vorteil darstellt, zuordnen lassen. Die danach verbleibenden Kosten sind grundsätzlich im Wege sachgerechter Schätzung (§ 162 AO 1977) aufzuteilen. Als Aufteilungsmaßstab ist dabei in der Regel das Verhältnis der Zeitanteile heranzuziehen, in dem Reise-Bestandteile mit Vorteilscharakter zu den aus betriebsfunktionalen Gründen durchgeführten Reise-Bestandteilen stehen.
3. Der Wert einer dem Arbeitnehmer durch den Arbeitgeber zugewandten Reise kann grundsätzlich anhand der Kosten geschätzt werden, die der Arbeitgeber für die Reise aufgewendet hat. Sofern sich ein Beteiligter auf eine abweichende Wertbestimmung beruft, muss er konkret darlegen, dass eine Schätzung des üblichen Endpreises am Abgabeort nach den aufgewandten Kosten dem objektiven Wert der Reise nicht entspricht.
4. Macht der Arbeitgeber in schwierigen Fällen, in denen ihm bei Anwendung der gebotenen Sorgfalt Zweifel über die Rechtslage kommen müssen, von der Möglichkeit der Anrufungsauskunft (§ 42e EStG) keinen Gebrauch, so ist ein auf dieser Unterlassung beruhender Rechtsirrtum grundsätzlich nicht entschuldbar und steht der Inanspruchnahme des Arbeitgebers im Wege der Haftung nicht entgegen.

BFH v. 17. 8. 2005 IX R 10/05 (BStBl. 2006 II S. 71): Überlässt der Arbeitgeber seinem Arbeitnehmer eine Wohnung zu einem Mietpreis, der innerhalb der Mietpreisspanne des Mietspiegels der Gemeinde liegt, scheidet regelmäßig die Annahme eines geldwerten Vorteils durch verbilligte Wohnraumüberlassung aus.

BFH v. 17. 6. 2005 VI R 84/04 (BStBl. II S. 795):
1. Der Erwerb eines Gebrauchtwagens vom Arbeitgeber führt beim Arbeitnehmer zum Zufluss von Arbeitslohn, wenn der gezahlte Kaufpreis hinter dem nach § 8 Abs. 2 Satz 1 EStG zu bestimmenden

§ 8 Rechtsprechung

Wert des Fahrzeugs zurückbleibt. Für den danach maßgeblichen üblichen Endpreis des Fahrzeugs ist nicht auf den Händlereinkaufspreis abzustellen, sondern auf den Preis, den das Fahrzeug unter Berücksichtigung der vereinbarten Nebenleistungen auf dem Gebrauchtwagenmarkt tatsächlich erzielen würde.

2. Wird zur Bestimmung des üblichen Endpreises eine Schätzung erforderlich, kann sich die Wertermittlung an den im Rechtsverkehr anerkannten Marktübersichten für gebrauchte PKW orientieren. Das Ergebnis dieser Schätzung ist in der Revision nur eingeschränkt überprüfbar.

BFH v. 29. 3. 2005 IX B 174/03 (BStBl. 2006 II S. 368): Im Fall der Überlassung eines betrieblichen PKW an einen Arbeitnehmer zu dessen privater Nutzung richtet sich die im Rahmen des § 8 Abs. 2 Satz 4 EStG (Wert des Sachbezugs) zu ermittelnde AfA nicht notwendig nach den Ansätzen, die der Arbeitgeber bei seiner Gewinnermittlung geltend gemacht hat. Vielmehr ist im Regelfall von einer AfA für PKW von 12,5 v. H. der Anschaffungskosten entsprechend einer achtjährigen Gesamtnutzungsdauer des PKW auszugehen.

BFH v. 16. 2. 2005 VI R 37/04 (BStBl. II S. 563): Bemessungsgrundlage für die Bewertung der Nutzung eines betrieblichen Kfz zu privaten Fahrten nach der 1 v. H.-Regelung ist auch bei Arbeitnehmern der inländische Bruttolistenpreis einschließlich des darin enthaltenen Aufpreises für ein werkseitig eingebautes Satellitennavigationsgerät.

BFH v. 16. 2. 2005 VI R 46/03 (BStBl. II S. 529):
1. Kann eine Hausmeisterwohnung auch an Dritte vermietet werden, kommt der Rabattfreibetrag zum Zuge, wenn der Arbeitgeber zumindest in gleichem Umfang an Dritte vermietet.
2. Ob es für den Ausgangsbetrag der Rabattbesteuerung bei einer verbilligt überlassenen Hausmeisterwohnung gerechtfertigt ist, wegen Zugangseinschränkungen oder sonstigen Nutzungsbeeinträchtigungen Abschläge vorzunehmen, ist Tatfrage.

BFH v. 27. 10. 2004 VI R 51/03 (BStBl. 2005 II S. 137): Auf zweckgebundene Geldleistungen des Arbeitgebers an seine Arbeitnehmer findet die Sachbezugsfreigrenze des § 8 Abs. 2 Satz 9 EStG keine Anwendung.

BFH v. 27. 10. 2004 VI R 29/02 (BStBl. 2005 II S. 135): Lohnzahlungen in einer gängigen ausländischen Währung sind Einnahmen in Geld und kein Sachbezug. Die Freigrenze des § 8 Abs. 2 Satz 9 EStG findet auf sie keine Anwendung.

BFH v. 19. 8. 2004 VI R 33/97 (BStBl. II S. 1076):
1. Nutzt eine Arbeitnehmerin aufgrund eines von einem Dritten unentgeltlich eingeräumten Wohnungsrechts eine Wohnung, stellt der Nutzungsvorteil Arbeitslohn dar, wenn er sich als Ertrag der Arbeit erweist.
2. Anders als bei der Einräumung eines Erbbaurechts fließen in einem solchen Fall die Einnahmen nicht bereits mit der Bestellung, sondern erst laufend mit der Nutzung zu.
3. Die durch Rechtsverordnung nach § 17 Abs. 1 Nr. 3 SGB IV vorgesehenen Durchschnittswerte der SachbezV in der Fassung vor 1996 kamen nur für solche Sachbezüge in Betracht, für die sie nach Ermächtigungsgrundlage und Ziel der Regelung geschaffen waren. Hierzu zählte nicht der Vorteil, eine Wohnung mit außergewöhnlicher Ausstattung nutzen zu dürfen.

BFH v. 26. 6. 2003 VI R 112/98 (BStBl. II S. 886): Eine Bereicherung in Form ersparter Aufwendungen hinsichtlich beiläufig erworbener Kenntnisse und Fertigkeiten (hier: Führerscheinkosten der Klasse 3) im Rahmen einer umfassenden Gesamtausbildung zum Polizeivollzugsdienst kann nur bei Arbeitslohn eines Polizeianwärters führen, sofern das Ausbildungsinteresse des Dienstherrn im Vordergrund steht.

BFH v. 13. 2. 2003 X R 23/01 (BStBl. II S. 472): Kombinationskraftwagen (hier: Geländewagen) sind ungeachtet ihrer kraftfahrzeugsteuerrechtlichen Einordnung als (gewichtsbesteuerte) „andere Fahrzeuge" i. S. von § 8 Nr. 2 KraftStG auch dann Kfz i. S. des § 6 Abs. 1 Nr. 4 Satz 2 EStG (sog. 1-v.-H.-Regelung), wenn sie über ein zulässiges Gesamtgewicht von mehr als 2,8 t verfügen.

BFH v. 26. 11. 2002 VI R 68/01 (BStBl. 2003 II S. 492): Zukunftssicherungsleistungen des Arbeitgebers i. S. des § 40b EStG bleiben auch dann nicht nach § 8 Abs. 2 Satz 9 EStG steuerfrei, wenn sie 50 DM je Arbeitnehmer im Kalendermonat nicht überschreiten und der Arbeitgeber Versicherungsnehmer ist.

BFH v. 26. 11. 2002 VI R 161/01 (BStBl. 2003 II S. 331): Tarifvertraglich vereinbarte Zahlungen des Arbeitgebers an die Zusatzversorgungskasse der Land- und Forstwirtschaft in Höhe von mtl. 10 DM je

Rechtsprechung § 8

Arbeitnehmer sind als Barlohn zu qualifizieren, wenn zwischen dem Arbeitgeber und der Zusatzversorgungskasse keine vertraglichen Beziehungen bestehen. Auf Barlohnzahlungen findet § 8 Abs. 2 Satz 9 EStG keine Anwendung.

BFH v. 9. 10. 2002 VI R 164/01 (BStBl. 2003 II S. 373): Auf den geldwerten Vorteil eines zinsgünstigen Arbeitgeberdarlehens ist der Rabattfreibetrag des § 8 Abs. 3 Satz 2 EStG nicht anwendbar, wenn der Arbeitgeber – eine Landeszentralbank – Darlehen dieser Art nicht an Fremde vergibt.

BFH v. 18. 9. 2002 VI R 134/99 (BStBl. 2003 II S. 371): Auf den geldwerten Vorteil eines zinslosen Arbeitgeberdarlehens kann der Rabattfreibetrag nicht schon deswegen angewendet werden, weil der Arbeitgeber drei verbundenen Unternehmen Darlehen gewährt.

BFH v. 28. 8. 2002 VI R 88/99 (BStBl. 2003 II S. 154): Hersteller einer Ware i. S. des § 8 Abs. 3 EStG kann auch derjenige Arbeitgeber sein, der im Auftrag und nach den Plänen und Vorgaben eines anderen die Ware produziert.

BFH v. 27. 8. 2002 VI R 158/98 (BStBl. 2003 II S. 95): Bezieht ein Krankenhaus neben Medikamenten für den eigenen Bedarf auch solche, die die Beschäftigten bestellen durften, so kommt der Rabattfreibetrag auf die von den Beschäftigen bestellten Medikamente nur zum Zuge, wenn Medikamente dieser Art mindestens im gleichen Umfang an Patienten abgegeben werden.

BFH v. 27. 8. 2002 VI R 63/97 (BStBl. II S. 881): Der Rabattfreibetrag kommt auch bei der verbilligten Abgabe von Medikamenten an die Belegschaft eines Krankenhauses in Betracht.

BFH v. 7. 6. 2002 VI R 53/01 (BStBl. II S. 878): Sind dem Bezirksleiter einer Einzelhandelskette zwischen fünf und acht Filialen fest zugeordnet, die er täglich aufsucht, um dort Arbeiten zu verrichten, die den wesentlichen Inhalt seines Aufgabengebiets betreffen, handelt es sich bei der Fahrt von der Wohnung zu der als erste aufgesuchten Filiale und der Fahrt von der zuletzt aufgesuchten Filiale zur Wohnung jeweils um Fahrten zwischen Wohnung und Arbeitsstätte. Dementsprechend ist nach § 8 Abs. 2 Satz 3 EStG ein geldwerter Vorteil zu erfassen, sofern das dem Bezirksleiter überlassene betriebliche Kfz auch für diese Fahrten genutzt wird.

BFH v. 7. 6. 2002 VI R 145/99 (BStBl. II S. 829):
1. Überlässt der Arbeitnehmer seinem Arbeitgeber eine eigene Garage, in der ein Dienstwagen untergestellt wird, stellt das vom Arbeitgeber gezahlte Nutzungsentgelt regelmäßig keinen Arbeitslohn dar.
2. Stellt der Arbeitnehmer den Dienstwagen in einer von ihm angemieteten Garage unter, handelt es sich bei der vom Arbeitgeber erstatteten Garagenmiete um steuerfreien Auslagenersatz.
3. Wird in diesen Fällen die private Nutzung des Dienstwagens nach der 1 v.H.-Regelung erfasst, so ist kein geldwerter Vorteil für die Überlassung der Garage an den Arbeitnehmer anzusetzen.

BFH v. 15. 5. 2002 VI R 132/00 (BStBl. 2003 II S. 311):
1. Steht ein betriebliches Kfz mehreren Arbeitnehmern zur privaten Nutzung zur Verfügung, beläuft sich der nach § 8 Abs. 2 Satz 2 EStG i. V. m. § 6 Abs. 1 Nr. 4 Satz 2 EStG zu ermittelnde geldwerte Vorteil für jeden Kalendermonat auf insgesamt 1 v. H. des inländischen Listenpreises des Kfz im Zeitpunkt der Erstzulassung zuzüglich der Kosten für Sonderausstattungen einschließlich der Umsatzsteuer.
2. Der nach § 8 Abs. 2 Satz 2 EStG i. V. m. § 6 Abs. 1 Nr. 4 Satz 2 EStG ermittelte Vorteil ist in diesem Fall entsprechend der Zahl der Nutzungsberechtigten aufzuteilen.

Schwebende Verfahren

BFH VIII R 47/13 (BFH-Webseite): Führt die Übertragung von Aktien einer US-amerikanischen Kapitalgesellschaft, die aufgrund einer Unternehmensumgliederung aus dem bisherigen Aktienbestand abgespalten wurden („spin-off"), für den inländischen Kapitalanleger im Streitjahr 2008 zu Einkünften aus Kapitalvermögen durch eine verdeckte Gewinnausschüttung in Form einer Sachzuwendung oder zu einer steuerneutralen Kapitalrückzahlung?

BFH VI R 16/12 (BFH-Webseite): Sind in die Bemessungsgrundlage zur Ermittlung des Freibetrages des § 19a EStG nicht verbilligt überlassene Vermögensbeteiligungen einzubeziehen, liegt eine verbilligte Überlassung einer Vermögensbeteiligung i.S. des § 19a EStG auch dann vor, wenn die Verbilligung in der Draufgabe einer unentgeltlichen, nicht übertragbaren Aktienoption liegt, und sind gemäß § 8 Abs. 2 Satz 9 EStG steuerfrei erlangte Vermögensbeteiligungen in die Bemessungsgrundlage zur Ermittlung des Freibetrages nach § 19a EStG einzubeziehen?

§ 9 Werbungskosten

(1) ¹Werbungskosten sind Aufwendungen zur Erwerbung, Sicherung und Erhaltung der Einnahmen. ²Sie sind bei der Einkunftsart abzuziehen, bei der sie erwachsen sind. ³Werbungskosten sind auch

1. Schuldzinsen und auf besonderen Verpflichtungsgründen beruhende Renten und dauernde Lasten, soweit sie mit einer Einkunftsart in wirtschaftlichem Zusammenhang stehen. ²Bei Leibrenten kann nur der Anteil abgezogen werden, der sich nach § 22 Nummer 1 Satz 3 Buchstabe a Doppelbuchstabe bb ergibt;

2. Steuern vom Grundbesitz, sonstige öffentliche Abgaben und Versicherungsbeiträge, soweit solche Ausgaben sich auf Gebäude oder auf Gegenstände beziehen, die dem Steuerpflichtigen zur Einnahmeerzielung dienen;

3. Beiträge zu Berufsständen und sonstigen Berufsverbänden, deren Zweck nicht auf einen wirtschaftlichen Geschäftsbetrieb gerichtet ist;

4. ¹Aufwendungen des Arbeitnehmers für die Wege zwischen Wohnung und erster Tätigkeitsstätte im Sinne des Absatzes 4. ²Zur Abgeltung dieser Aufwendungen ist für jeden Arbeitstag, an dem der Arbeitnehmer die erste Tätigkeitsstätte aufsucht, eine Entfernungspauschale für jeden vollen Kilometer der Entfernung zwischen Wohnung und erster Tätigkeitsstätte von 0,30 Euro anzusetzen, höchstens jedoch 4 500 Euro im Kalenderjahr; ein höherer Betrag als 4 500 Euro ist anzusetzen, soweit der Arbeitnehmer einen eigenen oder ihm zur Nutzung überlassenen Kraftwagen benutzt. ³Die Entfernungspauschale gilt nicht für Flugstrecken und Strecken mit steuerfreier Sammelbeförderung nach § 3 Nummer 32. ⁴Für die Bestimmung der Entfernung ist die kürzeste Straßenverbindung zwischen Wohnung und erster Tätigkeitsstätte maßgebend; eine andere als die kürzeste Straßenverbindung kann zugrunde gelegt werden, wenn diese offensichtlich verkehrsgünstiger ist und vom Arbeitnehmer regelmäßig für die Wege zwischen Wohnung und erster Tätigkeitsstätte benutzt wird. ⁵Nach § 8 Absatz 2 Satz 11 oder Absatz 3 steuerfreie Sachbezüge für Fahrten zwischen Wohnung und erster Tätigkeitsstätte mindern den nach Satz 2 abziehbaren Betrag; ist der Arbeitgeber selbst der Verkehrsträger, ist der Preis anzusetzen, den ein dritter Arbeitgeber an den Verkehrsträger zu entrichten hätte. ⁶Hat ein Arbeitnehmer mehrere Wohnungen, so sind die Wege von einer Wohnung, die nicht der ersten Tätigkeitsstätte am nächsten liegt, nur zu berücksichtigen, wenn sie den Mittelpunkt der Lebensinteressen des Arbeitnehmers bildet und nicht nur gelegentlich aufgesucht wird.[1)]

4a. ¹Aufwendungen des Arbeitnehmers für beruflich veranlasste Fahrten, die nicht Fahrten zwischen Wohnung und erster Tätigkeitsstätte im Sinne des Absatzes 4 sowie keine Familienheimfahrten sind. ²Anstelle der tatsächlichen Aufwendungen, die dem Arbeitnehmer durch die persönliche Benutzung eines Beförderungsmittels entstehen, können die Fahrtkosten mit den pauschalen Kilometersätzen angesetzt werden, die für das jeweils benutzte Beförderungsmittel (Fahrzeug) als höchste Wegstreckenentschädigung nach dem Bundesreisekostengesetz festgesetzt sind. ³Hat ein Arbeitnehmer keine erste Tätigkeitsstätte (§ 9 Absatz 4) und hat er nach den dienst- oder arbeitsrechtlichen Festlegungen sowie den diese ausfüllenden Absprachen und Weisungen zur Aufnahme seiner beruflichen Tätigkeit dauerhaft denselben Ort oder dasselbe weiträumige Tätigkeitsgebiet typischerweise arbeitstäglich aufzusuchen, gilt Absatz 1 Satz 3 Nummer 4 und Absatz 2 für die Fahrten von der Wohnung zu diesem Ort oder dem zur Wohnung nächstgelegenen Zugang zum Tätigkeitsgebiet entsprechend. ⁴Für die Fahrten innerhalb des weiträumigen Tätigkeitsgebietes gelten die Sätze 1 und 2 entsprechend;[2)]

---

1) Diese Fassung tritt am 1. Januar 2014 in Kraft: Art. 6 in Verbindung mit Art. 1 Nummer 4 des Gesetzes zur Änderung und Vereinfachung der Unternehmensbesteuerung und des steuerlichen Reisekostenrechts vom 20. Februar 2013 (BGBl. I S. 285).

2) Diese Fassung tritt am 1. Januar 2014 in Kraft: Art. 6 in Verbindung mit Art. 1 Nummer 4 des Gesetzes zur Änderung und Vereinfachung der Unternehmensbesteuerung und des steuerlichen Reisekostenrechts vom 20. Februar 2013 (BGBl. I S. 285).

5. ¹notwendige Mehraufwendungen, die einem Arbeitnehmer wegen einer beruflich veranlassten doppelten Haushaltsführung entstehen. ²Eine doppelte Haushaltsführung liegt nur vor, wenn der Arbeitnehmer außerhalb des Ortes seiner ersten Tätigkeitsstätte einen eigenen Hausstand unterhält und auch am Ort der ersten Tätigkeitsstätte wohnt. ³Das Vorliegen eines eigenen Hausstands setzt das Innehaben einer Wohnung sowie eine finanzielle Beteiligung an den Kosten der Lebensführung voraus. ⁴Als Unterkunftskosten für eine doppelte Haushaltsführung können im Inland die tatsächlichen Aufwendungen für die Nutzung der Unterkunft angesetzt werden, höchstens 1 000 Euro im Monat. ⁵Aufwendungen für die Wege vom Ort der ersten Tätigkeitsstätte zum Ort des eigenen Hausstandes und zurück (Familienheimfahrt) können jeweils nur für eine Familienheimfahrt wöchentlich abgezogen werden. ⁶Zur Abgeltung der Aufwendungen für eine Familienheimfahrt ist eine Entfernungspauschale von 0,30 Euro für jeden vollen Kilometer der Entfernung zwischen dem Ort des eigenen Hausstandes und dem Ort der ersten Tätigkeitsstätte anzusetzen. ⁷Nummer 4 Satz 3 bis 5 ist entsprechend anzuwenden. ⁸Aufwendungen für Familienheimfahrten mit einem dem Steuerpflichtigen im Rahmen einer Einkunftsart überlassenen Kraftfahrzeug werden nicht berücksichtigt.¹⁾

5a. ¹notwendige Mehraufwendungen eines Arbeitnehmers für beruflich veranlasste Übernachtungen an einer Tätigkeitsstätte, die nicht erste Tätigkeitsstätte ist. ²Übernachtungskosten sind die tatsächlichen Aufwendungen für die persönliche Inanspruchnahme einer Unterkunft zur Übernachtung. ³Soweit höhere Übernachtungskosten anfallen, weil der Arbeitnehmer eine Unterkunft gemeinsam mit Personen nutzt, die in keinem Dienstverhältnis zum selben Arbeitgeber stehen, sind nur diejenigen Aufwendungen anzusetzen, die bei alleiniger Nutzung durch den Arbeitnehmer angefallen wären. ⁴Nach Ablauf von 48 Monaten einer längerfristigen beruflichen Tätigkeit an derselben Tätigkeitsstätte, die nicht erste Tätigkeitsstätte ist, können Unterkunftskosten nur noch bis zur Höhe des Betrags nach Nummer 5 angesetzt werden. ⁵Eine Unterbrechung dieser beruflichen Tätigkeit an derselben Tätigkeitsstätte führt zu einem Neubeginn, wenn die Unterbrechung mindestens sechs Monate dauert.²⁾

6. Aufwendungen für Arbeitsmittel, zum Beispiel für Werkzeuge und typische Berufskleidung. ²Nummer 7 bleibt unberührt;

7. Absetzungen für Abnutzung und für Substanzverringerung und erhöhte Absetzungen. ²§ 6 Absatz 2 Satz 1 bis 3 ist in Fällen der Anschaffung oder Herstellung von Wirtschaftsgütern entsprechend anzuwenden.

(2) ¹Durch die Entfernungspauschalen sind sämtliche Aufwendungen abgegolten, die durch die Wege zwischen Wohnung und erster Tätigkeitsstätte im Sinne des Absatzes 4 und durch die Familienheimfahrten veranlasst sind. ²Aufwendungen für die Benutzung öffentlicher Verkehrsmittel können angesetzt werden, soweit sie den im Kalenderjahr insgesamt als Entfernungspauschale abziehbaren Betrag übersteigen. ³Behinderte Menschen,

1. deren Grad der Behinderung mindestens 70 beträgt,
2. deren Grad der Behinderung weniger als 70, aber mindestens 50 beträgt und die in ihrer Bewegungsfähigkeit im Straßenverkehr erheblich beeinträchtigt sind,

können an Stelle der Entfernungspauschalen die tatsächlichen Aufwendungen für die Wege zwischen Wohnung und erster Tätigkeitsstätte und für die Familienheimfahrten ansetzen. ⁴Die Voraussetzungen der Nummern 1 und 2 sind durch amtliche Unterlagen nachzuweisen.

(3) Absatz 1 Satz 3 Nummer 4 bis 5a sowie die Absätze 2 und 4a gelten bei den Einkunftsarten im Sinne des § 2 Absatz 1 Satz 1 Nummer 5 bis 7 entsprechend.

---

1) Die Fassung tritt am 1. Januar 2014 in Kraft: Art. 6 in Verbindung mit Art. 1 Nummer 4 des Gesetzes zur Änderung und Vereinfachung der Unternehmensbesteuerung und des steuerlichen Reisekostenrechts vom 20. Februar 2013 (BGBl. I S. 285).

2) Die Fassung tritt am 1. Januar 2014 in Kraft: Art. 6 in Verbindung mit Art. 1 Nummer 4 des Gesetzes zur Änderung und Vereinfachung der Unternehmensbesteuerung und des steuerlichen Reisekostenrechts vom 20. Februar 2013 (BGBl. I S. 285).

§ 9

(4)¹⁾ ¹Erste Tätigkeitsstätte ist die ortsfeste betriebliche Einrichtung des Arbeitgebers, eines verbundenen Unternehmens (§ 15 des Aktiengesetzes) oder eines vom Arbeitgeber bestimmten Dritten, der der Arbeitnehmer dauerhaft zugeordnet ist. ²Die Zuordnung im Sinne des Satzes 1 wird durch die dienst- oder arbeitsrechtlichen Festlegungen sowie die diese ausfüllenden Absprachen und Weisungen bestimmt. ³Von einer dauerhaften Zuordnung ist insbesondere auszugehen, wenn der Arbeitnehmer unbefristet, für die Dauer des Dienstverhältnisses oder über einen Zeitraum von 48 Monaten hinaus an einer solchen Tätigkeitsstätte tätig werden soll. ⁴Fehlt eine solche dienst- oder arbeitsrechtliche Festlegung auf eine Tätigkeitsstätte oder ist sie nicht eindeutig, ist erste Tätigkeitsstätte die betriebliche Einrichtung, an der der Arbeitnehmer dauerhaft

1. typischerweise arbeitstäglich tätig werden soll oder
2. je Arbeitswoche zwei volle Arbeitstage oder mindestens ein Drittel seiner vereinbarten regelmäßigen Arbeitszeit tätig werden soll.

⁵Je Dienstverhältnis hat der Arbeitnehmer höchstens eine erste Tätigkeitsstätte. ⁶Liegen die Voraussetzungen der Sätze 1 bis 4 für mehrere Tätigkeitsstätten vor, ist diejenige Tätigkeitsstätte erste Tätigkeitsstätte, die der Arbeitgeber bestimmt. ⁷Fehlt es an dieser Bestimmung oder ist sie nicht eindeutig, ist die der Wohnung örtlich am nächsten liegende Tätigkeitsstätte die erste Tätigkeitsstätte. ⁸Als erste Tätigkeitsstätte gilt auch eine Bildungseinrichtung, die außerhalb eines Dienstverhältnisses zum Zwecke eines Vollzeitstudiums oder einer vollzeitigen Bildungsmaßnahme aufgesucht wird; die Regelungen für Arbeitnehmer nach Absatz 1 Satz 3 Nummer 4 und 5 sowie Absatz 4a sind entsprechend anzuwenden.

(4a)²⁾ ¹Mehraufwendungen des Arbeitnehmers für die Verpflegung sind nur nach Maßgabe der folgenden Sätze als Werbungskosten abziehbar. ²Wird der Arbeitnehmer außerhalb seiner Wohnung und ersten Tätigkeitsstätte beruflich tätig (auswärtige berufliche Tätigkeit), ist zur Abgeltung der ihm tatsächlich entstandenen, beruflich veranlassten Mehraufwendungen eine Verpflegungspauschale anzusetzen. ³Diese beträgt

1. 24 Euro für jeden Kalendertag, an dem der Arbeitnehmer 24 Stunden von seiner Wohnung und ersten Tätigkeitsstätte abwesend ist,
2. jeweils 12 Euro für den An- und Abreisetag, wenn der Arbeitnehmer an diesem, einem anschließenden oder vorhergehenden Tag außerhalb seiner Wohnung übernachtet,
3. 12 Euro für den Kalendertag, an dem der Arbeitnehmer ohne Übernachtung außerhalb seiner Wohnung mehr als 8 Stunden von seiner Wohnung und der ersten Tätigkeitsstätte abwesend ist; beginnt die auswärtige berufliche Tätigkeit an einem Kalendertag und endet am nachfolgenden Kalendertag ohne Übernachtung, werden 12 Euro für den Kalendertag gewährt, an dem der Arbeitnehmer den überwiegenden Teil der insgesamt mehr als 8 Stunden von seiner Wohnung und der ersten Tätigkeitsstätte abwesend ist.

⁴Hat der Arbeitnehmer keine erste Tätigkeitsstätte, gelten die Sätze 2 und 3 entsprechend; Wohnung im Sinne der Sätze 2 und 3 ist der Hausstand, der den Mittelpunkt der Lebensinteressen des Arbeitnehmers bildet sowie eine Unterkunft am Ort der ersten Tätigkeitsstätte im Rahmen der doppelten Haushaltsführung. ⁵Bei einer Tätigkeit im Ausland treten an die Stelle der Pauschbeträge nach Satz 3 länderweise unterschiedliche Pauschbeträge, die für die Fälle der Nummer 1 mit 120 sowie der Nummern 2 und 3 mit 80 Prozent der Auslandstagegelder nach dem Bundesreisekostengesetz vom Bundesministerium der Finanzen im Einvernehmen mit den obersten Finanzbehörden der Länder aufgerundet auf volle Euro festgesetzt werden; dabei bestimmt sich der Pauschbetrag nach dem Ort, den der Arbeitnehmer vor 24 Uhr Ortszeit zuletzt erreicht, oder, wenn dieser Ort im Inland liegt, nach dem letzten Tätigkeitsort im Ausland. ⁶Der Abzug der Verpflegungspauschalen ist auf

---

1) Die Vorschrift tritt am 1. Januar 2014 in Kraft: Art. 6 in Verbindung mit Art. 1 Nummer 4 des Gesetzes zur Änderung und Vereinfachung der Unternehmensbesteuerung und des steuerlichen Reisekostenrechts vom 20. Februar 2013 (BGBl. I S. 285).
2) Die Vorschrift tritt am 1. Januar 2014 in Kraft: Art. 6 in Verbindung mit Art. 1 Nummer 4 des Gesetzes zur Änderung und Vereinfachung der Unternehmensbesteuerung und des steuerlichen Reisekostenrechts vom 20. Februar 2013 (BGBl. I S. 285).

die ersten drei Monate einer längerfristigen beruflichen Tätigkeit an derselben Tätigkeitsstätte beschränkt. [7]Eine Unterbrechung der beruflichen Tätigkeit an derselben Tätigkeitsstätte führt zu einem Neubeginn, wenn sie mindestens vier Wochen dauert. [8]Wird dem Arbeitnehmer anlässlich oder während einer Tätigkeit außerhalb seiner ersten Tätigkeitsstätte vom Arbeitgeber oder auf dessen Veranlassung von einem Dritten eine Mahlzeit zur Verfügung gestellt, sind die nach den Sätzen 3 und 5 ermittelten Verpflegungspauschalen zu kürzen:

1. für Frühstück um 20 Prozent,
2. für Mittag- und Abendessen um jeweils 40 Prozent,

der nach Satz 3 Nummer 1 gegebenenfalls in Verbindung mit Satz 5 maßgebenden Verpflegungspauschale für einen vollen Kalendertag; die Kürzung darf die ermittelte Verpflegungspauschale nicht übersteigen. [9]Satz 8 gilt auch, wenn Reisekostenvergütungen wegen der zur Verfügung gestellten Mahlzeiten einbehalten oder gekürzt werden oder die Mahlzeiten nach § 40 Absatz 2 Satz 1 Nummer 1a pauschal besteuert werden. [10]Hat der Arbeitnehmer für die Mahlzeit ein Entgelt gezahlt, mindert dieser Betrag den Kürzungsbetrag nach Satz 8. [11]Erhält der Arbeitnehmer steuerfreie Erstattungen für Verpflegung, ist ein Werbungskostenabzug insoweit ausgeschlossen. [12]Die Verpflegungspauschalen nach den Sätzen 3 und 5, die Dreimonatsfrist nach den Sätzen 6 und 7 sowie die Kürzungsregelungen nach den Sätzen 8 bis 10 gelten entsprechend auch für den Abzug von Mehraufwendungen für Verpflegung, die bei einer beruflich veranlassten doppelten Haushaltsführung entstehen, soweit der Arbeitnehmer vom eigenen Hausstand im Sinne des § 9 Absatz 1 Satz 3 Nummer 5 abwesend ist; dabei ist für jeden Kalendertag innerhalb der Dreimonatsfrist, an dem gleichzeitig eine Tätigkeit im Sinne des Satzes 2 oder des Satzes 4 ausgeübt wird, nur der jeweils höchste in Betracht kommende Pauschbetrag abziehbar. [13]Die Dauer einer Tätigkeit im Sinne des Satzes 2 an dem Tätigkeitsort, an dem die doppelte Haushaltsführung begründet wurde, ist auf die Dreimonatsfrist anzurechnen, wenn sie ihr unmittelbar vorausgegangen ist.

(5) [1]§ 4 Absatz 5 Satz 1 Nummer 1 bis 4, 6b bis 8a, 10, 12 und Absatz 6 gilt sinngemäß. [2]§ 6 Absatz 1 Nummer 1a gilt entsprechend.

(6) [1]Aufwendungen des Steuerpflichtigen für seine Berufsausbildung oder für sein Studium sind nur dann Werbungskosten, wenn der Steuerpflichtige zuvor bereits eine Erstausbildung (Berufsausbildung oder Studium) abgeschlossen hat oder wenn die Berufsausbildung oder das Studium im Rahmen eines Dienstverhältnisses stattfindet. [2]Eine Berufsausbildung als Erstausbildung nach Satz 1 liegt vor, wenn eine geordnete Ausbildung mit einer Mindestdauer von 12 Monaten bei vollzeitiger Ausbildung und mit einer Abschlussprüfung durchgeführt wird. [3]Eine geordnete Ausbildung liegt vor, wenn sie auf der Grundlage von Rechts- oder Verwaltungsvorschriften oder internen Vorschriften eines Bildungsträgers durchgeführt wird. [4]Ist eine Abschlussprüfung nach dem Ausbildungsplan nicht vorgesehen, gilt die Ausbildung mit der tatsächlichen planmäßigen Beendigung als abgeschlossen. [5]Eine Berufsausbildung als Erstausbildung hat auch abgeschlossen, wer die Abschlussprüfung einer durch Rechts- oder Verwaltungsvorschriften geregelten Berufsausbildung mit einer Mindestdauer von 12 Monaten bestanden hat, ohne dass er zuvor die entsprechende Berufsausbildung durchlaufen hat.

LStR

R 9.1 Werbungskosten

(1) [1]Zu den Werbungskosten gehören alle Aufwendungen, die durch den Beruf veranlasst sind. [2]Werbungskosten, die die Lebensführung des Arbeitnehmers oder anderer Personen berühren, sind nach § 9 Abs. 5 i.V.m. § 4 Abs. 5 Satz 1 Nr. 7 EStG insoweit nicht abziehbar, als sie nach der allgemeinen Verkehrsauffassung als unangemessen anzusehen sind. [3]Dieses Abzugsverbot betrifft nur seltene Ausnahmefälle; die Werbungskosten müssen erhebliches Gewicht haben und die Grenze der Angemessenheit erheblich überschreiten, wie z. B. Aufwendungen für die Nutzung eines Privatflugzeugs zu einer Auswärtstätigkeit.

§ 9 RL 9.1

(2) ¹Aufwendungen für Ernährung, Kleidung und Wohnung sowie Repräsentationsaufwendungen sind in der Regel Aufwendungen für die Lebensführung i.S.d. § 12 Nr. 1 EStG. ²Besteht bei diesen Aufwendungen ein Zusammenhang mit der beruflichen Tätigkeit des Arbeitnehmers, ist zu prüfen, ob und in welchem Umfang die Aufwendungen beruflich veranlasst sind. ³Hierbei gilt Folgendes:

1. Sind die Aufwendungen so gut wie ausschließlich beruflich veranlasst, z. B. Aufwendungen für typische Berufskleidung (→ R 3.31), sind sie in voller Höhe als Werbungskosten abziehbar.
2. Sind die Aufwendungen nur zum Teil beruflich veranlasst und lässt sich dieser Teil der Aufwendungen nach objektiven Merkmalen leicht und einwandfrei von den Aufwendungen trennen, die ganz oder teilweise der privaten Lebensführung dienen, ist dieser Teil der Aufwendungen als Werbungskosten abziehbar; er kann ggf. geschätzt werden.
3. ¹Ein Abzug der Aufwendungen kommt insgesamt nicht in Betracht, wenn die – für sich gesehen jeweils nicht unbedeutenden – beruflichen und privaten Veranlassungsbeiträge so ineinander greifen, dass eine Trennung nicht möglich und eine Grundlage für die Schätzung nicht erkennbar ist. ²Das ist insbesondere der Fall, wenn es an objektivierbaren Kriterien für eine Aufteilung fehlt.
4. ¹Aufwendungen für die Ernährung gehören grundsätzlich zu den nach § 12 Nr. 1 EStG nicht abziehbaren Aufwendungen für die Lebensführung. ²Das Abzugsverbot nach § 12 Nr. 1 EStG gilt jedoch nicht für Verpflegungsmehraufwendungen, die z. B. als Reisekosten (→ R 9.6) oder wegen einer aus beruflichem Anlass begründeten doppelten Haushaltsführung (→ R 9.11) so gut wie ausschließlich durch die berufliche Tätigkeit veranlasst sind.

(3) Die Annahme von Werbungskosten setzt nicht voraus, dass im selben Kalenderjahr, in dem die Aufwendungen geleistet werden, Arbeitslohn zufließt.

(4) ¹Ansparleistungen für beruflich veranlasste Aufwendungen, z. B. Beiträge an eine Kleiderkasse zur Anschaffung typischer Berufskleidung, sind noch keine Werbungskosten; angesparte Beträge können erst dann abgezogen werden, wenn sie als Werbungskosten verausgabt worden sind. ²Hat ein Arbeitnehmer beruflich veranlasste Aufwendungen dadurch erspart, dass er entsprechende Sachbezüge erhalten hat, steht der Wert der Sachbezüge entsprechenden Aufwendungen gleich; die Sachbezüge sind vorbehaltlich der Abzugsbeschränkungen nach § 9 Abs. 1 Satz 3 Nr. 5, 7 und Abs. 5 EStG mit dem Wert als Werbungskosten abziehbar, mit dem sie als steuerpflichtiger Arbeitslohn erfasst worden sind. ³Steuerfreie Bezüge, auch soweit sie von einem Dritten – z. B. der Agentur für Arbeit – gezahlt werden, schließen entsprechende Werbungskosten aus.

(5) ¹Telekommunikationsaufwendungen sind Werbungskosten, soweit sie beruflich veranlasst sind. ²Weist der Arbeitnehmer den Anteil der beruflich veranlassten Aufwendungen an den Gesamtaufwendungen für einen repräsentativen Zeitraum von drei Monaten im Einzelnen nach, kann dieser berufliche Anteil für den gesamten Veranlagungszeitraum zugrunde gelegt werden. ³Dabei können die Aufwendungen für das Nutzungsentgelt der Telefonanlage sowie für den Grundpreis der Anschlüsse entsprechend dem beruflichen Anteil der Verbindungsentgelte an den gesamten Verbindungsentgelten (Telefon und Internet) abgezogen werden. ⁴Fallen erfahrungsgemäß beruflich veranlasste Telekommunikationsaufwendungen an, können aus Vereinfachungsgründen ohne Einzelnachweis bis zu 20 % des Rechnungsbetrags, jedoch höchstens 20 Euro monatlich als Werbungskosten anerkannt werden. ⁵Zur weiteren Vereinfachung kann der monatliche Durchschnittsbetrag, der sich aus den Rechnungsbeträgen für einen repräsentativen Zeitraum von drei Monaten ergibt, für den gesamten Veranlagungszeitraum zugrunde gelegt werden. ⁶Nach R 3.50 Abs. 2 steuerfrei ersetzte Telekommunikationsaufwendungen mindern den als Werbungskosten abziehbaren Betrag.

Hinweise

LStH 9.1 *Aktienoptionen*

Erhält ein Arbeitnehmer von seinem Arbeitgeber nicht handelbare Aktienoptionsrechte, können die von ihm getragenen Aufwendungen im Zahlungszeitpunkt nicht als Werbungskosten berücksichtigt werden; sie mindern erst im Jahr der Verschaffung der verbilligten Aktien den geldwerten Vorteil. Verfällt das Optionsrecht, sind die Optionskosten im Jahr des Verfalls als vergebliche Werbungskosten abziehbar (→ BFH vom 3.5.2007 – BStBl. II S. 647).

Arbeitsgerichtlicher Vergleich

Es spricht regelmäßig eine Vermutung dafür, dass Aufwendungen für aus dem Arbeitsverhältnis folgende zivil- und arbeitsgerichtliche Streitigkeiten einen den Werbungskostenabzug rechtfertigenden hinreichend konkreten Veranlassungszusammenhang zu den Lohneinkünften aufweisen. Dies gilt grundsätzlich auch, wenn sich Arbeitgeber und Arbeitnehmer über solche streitigen Ansprüche im Rahmen eines arbeitsgerichtlichen Vergleichs einigen (→ BFH vom 9.2.2012 – BStBl. II S. 829).

Aufteilung von Aufwendungen bei mehreren Einkunftsarten

Erzielt ein Arbeitnehmer sowohl Einnahmen aus selbständiger als auch aus nichtselbständiger Arbeit, sind die durch diese Tätigkeiten veranlassten Aufwendungen den jeweiligen Einkunftsarten, ggf. nach einer im Schätzungswege vorzunehmenden Aufteilung der Aufwendungen, als Werbungskosten oder Betriebsausgaben zuzuordnen (→ BFH vom 10.6.2008 – BStBl. II S. 937).

Aufteilungs- und Abzugsverbot

→ Gemischte Aufwendungen

Auslandstätigkeit

Die auf eine Auslandstätigkeit entfallenden Werbungskosten, die nicht eindeutig den steuerfreien oder steuerpflichtigen Bezügen zugeordnet werden können, sind regelmäßig zu dem Teil nicht abziehbar, der dem Verhältnis der steuerfreien Einnahmen zu den Gesamteinnahmen während der Auslandstätigkeit entspricht (→ BFH vom 11.2.1993 – BStBl. II S. 450 und vom 11.2.2009 – BStBl. 2010 II S. 536 – zu Aufwendungen eines Referendars).

Berufliche Veranlassung

Eine berufliche Veranlassung setzt voraus, dass objektiv ein → Zusammenhang mit dem Beruf besteht und in der Regel subjektiv die Aufwendungen zur Förderung des Berufs gemacht werden (→ BFH vom 28.11.1980 – BStBl. 1981 II S. 368).

Berufskrankheit

Aufwendungen zur Wiederherstellung der Gesundheit können dann beruflich veranlasst sein, wenn es sich um eine typische Berufskrankheit handelt oder der Zusammenhang zwischen der Erkrankung und dem Beruf eindeutig feststeht (→ BFH vom 11.7.2013 – BStBl. II S. 815).

Beteiligung am Arbeitgeberunternehmen

Schuldzinsen für Darlehen mit denen Arbeitnehmer den Erwerb von Gesellschaftsanteilen an ihrer Arbeitgeberin finanzieren, um damit die arbeitsvertragliche Voraussetzung für die Erlangung einer höher dotierten Position zu erfüllen, sind regelmäßig nicht bei den Einkünften aus nichtselbständiger Arbeit zu berücksichtigen (→ BFH vom 5.4.2006 – BStBl. II S. 654).

Bewirtungskosten

- *Bewirtungskosten eines Arbeitnehmers anlässlich persönlicher Ereignisse sind grundsätzlich nicht als Werbungskosten abziehbar (→ BFH vom 19.2.1993 – BStBl. II S. 403 und vom 15.7.1994 – BStBl. II S. 896).*

- *Bewirtungskosten, die einem Offizier für einen Empfang aus Anlass der Übergabe der Dienstgeschäfte (Kommandoübergabe) und der Verabschiedung in den Ruhestand entstehen, können als Werbungskosten zu berücksichtigen sein (→ BFH vom 11.1.2007 – BStBl. II S. 317).*

- *Bewirtungskosten eines angestellten Geschäftsführers mit variablen Bezügen anlässlich einer ausschließlich für Betriebsangehörige im eigenen Garten veranstalteten Feier zum 25-jährigen Dienstjubiläum können Werbungskosten sein (→ BFH vom 1.2.2007 – BStBl. II S. 459).*

- *Beruflich veranlasste Bewirtungskosten können ausnahmsweise auch dann vorliegen, wenn der Arbeitnehmer nicht variabel vergütet wird (→ BFH vom 24.5.2007 – BStBl. II S. 721).*

- *Bewirtungskosten sind nur in Höhe von 70 % als Werbungskosten abzugsfähig (→ § 4 Abs. 5 Satz 1 Nr. 2 i. V. m. § 9 Abs. 5 EStG). Diese Abzugsbeschränkung gilt nur, wenn der Arbeitnehmer Bewirtender ist (→ BFH vom 19.6.2008 – BStBl. II S. 870). Sie gilt nicht, wenn der Arbeitnehmer nur Arbeitnehmer des eigenen Arbeitgebers bewirtet (→ BFH vom 19.6.2008 – BStBl. 2009 II S. 11).*

Bürgerliche Kleidung

Aufwendungen für bürgerliche Kleidung sind auch bei außergewöhnlich hohen Aufwendungen nicht als Werbungskosten abziehbar (→ BFH vom 6.7.1989 – BStBl. 1990 II S. 49).

Bürgschaftsverpflichtung

Tilgungskosten aus einer Bürgschaftsverpflichtung durch den Arbeitnehmer einer Gesellschaft können zu Werbungskosten bei den Einkünften aus nichtselbständiger Arbeit führen, wenn eine Gesellschafterstellung zwar vereinbart aber nicht zustande gekommen ist (→ BFH vom 16.11.2011 – BStBl. 2012 II S. 343).

Einbürgerung

Aufwendungen für die Einbürgerung sind nicht als Werbungskosten abziehbar (→ BFH vom 18.5.1984 – BStBl. II S. 588).

Ernährung

Aufwendungen für die Ernährung am Ort der erster Tätigkeitsstätte sind auch dann nicht als Werbungskosten abziehbar, wenn der Arbeitnehmer berufsbedingt arbeitstäglich überdurchschnittlich oder ungewöhnlich lange von seiner Wohnung abwesend ist (→ BFH vom 21.1.1994 – BStBl. II S 418).

Erziehungsurlaub/Elternzeit

Aufwendungen während eines Erziehungsurlaubs/einer Elternzeit können vorab entstandene Werbungskosten sein. Der berufliche Verwendungsbezug ist darzulegen, wenn er sich nicht bereits aus den Umständen von Umschulungs- oder Qualifizierungsmaßnahmen ergibt (→ BFH vom 22.7.2003 – BStBl. 2004 II S. 888).

Familienpflegezeitversicherung

Hat der Arbeitnehmer eine Familienpflegezeitversicherung abgeschlossen und zahlt er die Versicherungsprämie direkt an das Versicherungsunternehmen, liegen bei ihm Werbungskosten vor (→ BMF vom 23.5.2012 – BStBl. I S. 617). – *Anlage § 019-09* –

Geldauflagen

Geldauflagen sind nicht als Werbungskosten abziehbar, soweit die Auflagen nicht der Wiedergutmachung des durch die Tat verursachten Schadens dienen (→ BFH vom 22.7.2008 – BStBl. 2009 II S. 151 und vom 15.1.2009 – BStBl. 2010 II S. 111).

Geldbußen

Geldbußen sind nicht als Werbungskosten abziehbar (→ BFH vom 22.7.2008 – BStBl. 2009 II S. 151).

Gemischte Aufwendungen

Bei gemischt veranlassten Aufwendungen besteht kein generelles Aufteilungs- und Abzugsverbot (→ BFH vom 21.9.2009 – BStBl. 2010 II S. 672); zu den Folgerungen → BMF vom 6.7.2010 (BStBl. I S. 614) → H 9.2 (Auslandsgruppenreise). – *Anlage § 009-05* –

Geschenke

Geschenke eines Arbeitnehmers anlässlich persönlicher Feiern sind nicht als Werbungskosten abziehbar (→ BFH vom 1.7.1994 – BStBl. 1995 II S. 273).

Körperpflege und Kosmetika

Aufwendungen für Körperpflege und Kosmetika sind auch bei außergewöhnlich hohen Aufwendungen nicht als Werbungskosten abziehbar (→ BFH vom 6.7.1989 – BStBl. 1990 II S. 49).

Kontoführungsgebühren

Kontoführungsgebühren sind Werbungskosten, soweit sie durch Gutschriften von Einnahmen aus dem Dienstverhältnis und durch beruflich veranlasste Überweisungen entstehen. Pauschale Kontoführungsgebühren sind ggf. nach dem Verhältnis beruflich und privat veranlasster Kontenbewegungen aufzuteilen (→ BFH vom 9.5.1984 – BStBl. II S. 560).

Kunstgegenstände

Aufwendungen für die Ausschmückung eines Dienstzimmers sind nicht als Werbungskosten abziehbar (→ BFH vom 12.3.1993 – BStBl. II S. 506).

Nachträgliche Werbungskosten

Werbungskosten können auch im Hinblick auf ein früheres Dienstverhältnis entstehen (→ BFH vom 14.10.1960 – BStBl. 1961 III S. 20).

Psychoseminar

Aufwendungen für die Teilnahme an psychologischen Seminaren, die nicht auf den konkreten Beruf zugeschnittene psychologische Kenntnisse vermittelt, sind auch dann nicht als Wer-

bungskosten abziehbar, wenn der Arbeitgeber für die Teilnahme an den Seminaren bezahlten Bildungsurlaub gewährt (→ BFH vom 6.3.1995 – BStBl. II S. 393).

Reinigung von typischer Berufskleidung in privater Waschmaschine
→ LStH 9.12 (Berufskleidung)

Sammelbeförderung
BMF vom 31.10.2013 (BStBl. I S. 1376) — Anlage § 009-07 —

Schulgeld
Schulgeldzahlungen an eine fremdsprachige Schule im Inland sind auch dann nicht als Werbungskosten abziehbar, wenn sich die ausländischen Eltern aus beruflichen Gründen nur vorübergehend im Inland aufhalten (→ BFH vom 23.11.2000 – BStBl. 2001 II S. 132).

Statusfeststellungsverfahren
Aufwendungen im Zusammenhang mit dem Anfrageverfahren nach § 7a SGB IV (sog. Statusfeststellungsverfahren) sind durch das Arbeitsverhältnis veranlasst und deshalb als Werbungskosten bei den Einkünften aus nichtselbständiger Arbeit zu berücksichtigen (→ BFH vom 6.5.2010 – BStBl. II S. 851).

Strafverteidigungskosten
Aufwendungen für die Strafverteidigung können Werbungskosten sein, wenn der Schuldvorwurf durch berufliches Verhalten veranlasst war (→ BFH vom 19.2.1982 – BStBl. II S. 467 und vom 18.10.2007 – BStBl. 2008 II S. 223).

Übernachtung an der regelmäßigen Arbeitsstätte
Die Kosten für gelegentliche Hotelübernachtungen am Ort der ersten Tätigkeitsstätte sind Werbungskosten, wenn sie beruflich veranlasst sind. Für eine Tätigkeit an diesem Ort sind Verpflegungsmehraufwendungen nicht zu berücksichtigen (→ BFH vom 5.8.2004 – BStBl. II S. 1074).

Verlorener Zuschuss eines Gesellschafter-Geschäftsführers
Gewährt der Gesellschafter-Geschäftsführer einer GmbH, an der er nicht nur unwesentlich beteiligt ist, einen verlorenen Zuschuss, ist die Berücksichtigung als Werbungskosten regelmäßig abzulehnen (→ BFH vom 26.11.1993 – BStBl. 1994 II S. 242).

Verlust einer Beteiligung am Unternehmen des Arbeitgebers
– Der Verlust einer Beteiligung an einer GmbH kann selbst dann nicht als Werbungskosten berücksichtigt werden, wenn die Beteiligung am Stammkapital der GmbH Voraussetzung für die Beschäftigung als Arbeitnehmer der GmbH war (→ BFH vom 12.5.1995 – BStBl. II S. 644).
– Der Veräußerungsverlust aus einer Kapitalbeteiligung am Unternehmen des Arbeitgebers führt nur dann zu Werbungskosten, wenn ein erheblicher Veranlassungszusammenhang zum Dienstverhältnis besteht und nicht auf der Nutzung der Beteiligung als Kapitalertragsquelle beruht (→ BFH vom 17.9.2009 – BStBl. 2010 II S. 198).

Verlust einer Darlehensforderung gegen den Arbeitgeber
– Der Verlust einer Darlehensforderung gegen den Arbeitgeber ist als Werbungskosten zu berücksichtigen, wenn der Arbeitnehmer das Risiko, die Forderung zu verlieren, aus beruflichen Gründen bewusst auf sich genommen hat (→ BFH vom 7.5.1993 – BStBl. II S. 663).
– Die berufliche Veranlassung eines Darlehens wird nicht zwingend dadurch ausgeschlossen, dass der Darlehensvertrag mit dem alleinigen Gesellschafter-Geschäftsführer der Arbeitgeberin (GmbH) statt mit der insolvenzbedrohten GmbH geschlossen worden und die Darlehensvaluta an diesen geflossen ist. Maßgeblich sind der berufliche Veranlassungszusammenhang und der damit verbundene konkrete Verwendungszweck des Darlehens (→ BFH vom 7.2.2008 – BStBl. 2010 II S. 48).
– Auch wenn ein Darlehen aus im Gesellschaftsverhältnis liegenden Gründen gewährt wurde, kann der spätere Verzicht darauf durch das zugleich bestehende Arbeitsverhältnis veranlasst sein und dann insoweit zu Werbungskosten bei den Einkünften aus nichtselbständiger Arbeit führen, als die Darlehensforderung noch werthaltig ist (→ BFH vom 25.11.2010 – BStBl. 2012 II S. 24).
– Der Verlust einer aus einer Gehaltsumwandlung entstandenen Darlehensforderung eines Arbeitnehmers gegen seinen Arbeitgeber kann insoweit zu Werbungskosten bei den Ein-

künften aus nichtselbständiger Arbeit führen, als der Arbeitnehmer ansonsten keine Entlohnung für seine Arbeitsleistung erhalten hätte, ohne seinen Arbeitsplatz erheblich zu gefährden. Dabei ist der Umstand, dass ein außenstehender Dritter, insbesondere eine Bank, dem Arbeitgeber kein Darlehen mehr gewährt hätte, lediglich ein Indiz für eine beruflich veranlasste Darlehenshingabe, nicht aber unabdingbare Voraussetzung für den Werbungskostenabzug eines Darlehensverlustes (→ BFH vom 10.4.2014 – BStBl. II S. 850).

Versorgungsausgleich
Ausgleichszahlungen eines Beamten und damit zusammenhängende Schuldzinsen zur Vermeidung einer Kürzung seiner Versorgungsbezüge an den auf den Versorgungsausgleich verzichtenden Ehegatten sind Werbungskosten (→ BFH vom 8.3.2006 – BStBl. II S. 446 und S. 448).

Versorgungszuschlag
Zahlt der Arbeitgeber bei beurlaubten Beamten ohne Bezüge einen Versorgungszuschlag, handelt es sich um steuerpflichtigen Arbeitslohn. In gleicher Höhe liegen beim Arbeitnehmer Werbungskosten vor; dies gilt auch, wenn der Arbeitnehmer den Versorgungszuschlag zahlt (→ BMF vom 22.2.1991 – BStBl. I S. 951).

Vertragsstrafe
Die Zahlung einer in einem Ausbildungsverhältnis begründeten Vertragsstrafe kann zu Werbungskosten führen (→ BFH vom 22.6.2006 – BStBl. 2007 II S. 4).

Videorecorder
Aufwendungen für einen Videorecorder sind – ohne Nachweis der weitaus überwiegenden beruflichen Nutzung – nicht als Werbungskosten abziehbar (→ BFH vom 27.9.1991 – BStBl. 1992 II S. 195).

Vorweggenommene Werbungskosten
Werbungskosten können auch im Hinblick auf ein künftiges Dienstverhältnis entstehen (→ BFH vom 4.8.1961 – BStBl. 1962 III S. 5 und vom 3.11.1961 – BStBl. 1962 III S. 123). Der Berücksichtigung dieser Werbungskosten steht es nicht entgegen, dass der Arbeitnehmer Arbeitslosengeld oder sonstige für seinen Unterhalt bestimmte steuerfreie Leistungen erhält (→ BFH vom 4.3.1977 – BStBl. II S. 507), ggf. kommt ein Verlustabzug nach § 10d EStG in Betracht.

Werbegeschenke
Aufwendungen eines Arbeitnehmers für Werbegeschenke an Kunden seines Arbeitgebers sind Werbungskosten, wenn er sie tätigt, um die Umsätze seines Arbeitgebers und damit seine erfolgsabhängigen Einkünfte zu steigern (→ BFH vom 13.1.1984 – BStBl. II S. 315). Aufwendungen für Werbegeschenke können ausnahmsweise auch dann Werbungskosten sein, wenn der Arbeitnehmer nicht variabel vergütet wird (→ BFH vom 24.5.2007 – BStBl. II S. 721). Die nach § 4 Abs. 5 Satz 1 Nr. 1 EStG maßgebende Wertgrenze von 35 Euro ist zu beachten (§ 9 Abs. 5 EStG).

Werbungskosten bei Insolvenzgeld
Werbungskosten, die auf den Zeitraum entfallen, für den der Arbeitnehmer Insolvenzgeld erhält, sind abziehbar, da kein unmittelbarer wirtschaftlicher Zusammenhang zwischen den Aufwendungen und dem steuerfreien Insolvenzgeld i.S.d. § 3c EStG besteht (→ BFH vom 23.11.2000 – BStBl. 2001 II S. 199).

Zusammenhang mit dem Beruf
Ein Zusammenhang mit dem Beruf ist gegeben, wenn die Aufwendungen in einem wirtschaftlichen Zusammenhang mit der auf Einnahmeerzielung gerichteten Tätigkeit des Arbeitnehmers stehen (→ BFH vom 1.10.1982 – BStBl. 1983 II S. 17).

LStR

R 9.2 Aufwendungen für die Aus- und Fortbildung
[1]Aufwendungen für den erstmaligen Erwerb von Kenntnissen, die zur Aufnahme eines Berufs befähigen, beziehungsweise für ein erstes Studium (Erstausbildung) sind Kosten der Lebensführung und nur als Sonderausgaben im Rahmen von § 10 Abs. 1 Nr. 7 EStG abziehbar. [2]Werbungskosten liegen dagegen vor, wenn die erstmalige Berufsausbildung oder das Erststudium Gegenstand eines Dienstverhältnisses (Ausbildungsdienstverhältnis) ist. [3]Unabhängig davon, ob ein Dienstverhältnis besteht, sind die Auf-

wendungen für die Fortbildung in dem bereits erlernten Beruf und für die Umschulungsmaßnahmen, die einen Berufswechsel vorbereiten, als Werbungskosten abziehbar. ⁴Das gilt auch für die Aufwendungen für ein weiteres Studium, wenn dieses in einem hinreichend konkreten, objektiv feststellbaren Zusammenhang mit späteren steuerpflichtigen Einnahmen aus der angestrebten beruflichen Tätigkeit steht.

Hinweise

LStH 9.2 *Allgemeine Grundsätze*

→ *BMF vom 22.9.2010 (BStBl. I S. 721).* — *Anlage § 010-02* —

Allgemein bildende Schulen

Aufwendungen für den Besuch allgemein bildender Schulen sind regelmäßig keine Werbungskosten (→ BFH vom 22.6.2006 – BStBl. II S. 717).

Ausbildungsdienstverhältnis

Beispiele:

- *Referendariat zur Vorbereitung auf das zweite Staatsexamen (→ BFH vom 10.12.1971 – BStBl. 1972 II S. 251)*
- *Beamtenanwärter (→ BFH vom 21.1.1972 – BStBl. II S. 261)*
- *zum Studium abkommandierte oder beurlaubte Bundeswehroffiziere (→ BFH vom 7.11.1980 – BStBl. 1981 II S. 216 und vom 28.9.1984 – BStBl. 1985 II S. 87)*
- *zur Erlangung der mittleren Reife abkommandierte Zeitsoldaten (→ BFH vom 28.9.1984 – BStBl. 1985 II S. 89)*
- *für ein Promotionsstudium beurlaubte Geistliche (→ BFH vom 7.8.1987 – BStBl. II S. 780)*

Auslandsgruppenreise

- *Aufwendungen für Reisen, die der beruflichen Fortbildung dienen, sind als Werbungskosten abziehbar, wenn sie unmittelbar beruflich veranlasst sind (z. B. das Aufsuchen eines Kunden des Arbeitgebers, das Halten eines Vortrags auf einem Fachkongress oder die Durchführung eines Forschungsauftrags) und die Verfolgung privater Interessen nicht den Schwerpunkt der Reise bildet (→ BFH vom 21.9.2009 – BStBl. 2010 II S. 672).*
- *Ein unmittelbarer beruflicher Anlass liegt nicht vor, wenn der Arbeitnehmer mit der Teilnahme an der Auslandsgruppenreise eine allgemeine Verpflichtung zur beruflichen Fortbildung erfüllt oder die Reise von einem Fachverband angeboten wird (→ BFH vom 19.1.2012 – BStBl. II S. 416); zur Abgrenzung gegenüber der konkreten beruflichen Verpflichtung zur Reiseteilnahme → BFH vom 9.12.2010 (BStBl. 2011 II S. 522). Zur Aufteilung gemischt veranlasster Aufwendungen bei auch beruflicher Veranlassung der Auslandsgruppenreise → H 9.1 (Gemischte Aufwendungen).*

Deutschkurs

Aufwendungen eines in Deutschland lebenden Ausländers für das Erlernen der deutschen Sprache gehören regelmäßig auch dann zu den nicht abziehbaren Kosten der Lebensführung, wenn ausreichende Deutschkenntnisse für einen angestrebten Ausbildungsplatz förderlich sind (→ BFH vom 15.3.2007 – BStBl. II S. 814).

Erstmalige Berufsausbildung

Rettungssanitäter → BFH vom 27.10.2011 (BStBl. 2012 II S. 825)

Erziehungsurlaub/Elternzeit

Aufwendungen während eines Erziehungsurlaubs/einer Elternzeit können vorab entstandene Werbungskosten sein. Der berufliche Verwendungsbezug ist darzulegen, wenn er sich nicht bereits aus den Umständen von Umschulungs- oder Qualifizierungsmaßnahmen ergibt (→ BFH vom 22.7.2003 – BStBl. 2004 II S. 888).

Fortbildung

- *Aufwendungen von Führungskräften für Seminare zur Persönlichkeitsentfaltung können Werbungskosten sein (→ BFH vom 28.8.2008 – BStBl. 2009 II S. 108).*
- *Aufwendungen einer leitenden Redakteurin zur Verbesserung beruflicher Kommunikationsfähigkeit sind Werbungskosten (→ BFH vom 28.8.2008 – BStBl. 2009 II S. 106).*
- *Aufwendungen für den Erwerb des Verkehrsflugzeugführerscheins einschließlich Musterberechtigung können vorab entstandene Werbungskosten sein (→ BFH vom 27.10.2011 – BStBl. 2012 II S. 825 zum Rettungssanitäter). Die Aufwendungen für den Erwerb des Pri-*

§ 9

vatflugzeugführerscheins führen regelmäßig nicht zu Werbungskosten (→ BFH vom 27.5.2003 – BStBl. 2005 II S. 202). Bei einer durchgehenden Ausbildung zum Verkehrsflugzeugführer sind aber auch die Aufwendungen für den Erwerb des Privatflugzeugführerscheins als Werbungskosten abziehbar (→ BFH vom 30.9.2008 – BStBl. 2009 II S. 111).

Fremdsprachenunterricht

– *Der Abzug der Aufwendungen für einen Sprachkurs kann nicht mit der Begründung versagt werden, er habe in einem anderen Mitgliedstaat der Europäischen Union stattgefunden (→ BFH vom 13.6.2002 – BStBl. 2003 II S. 765). Dies gilt auch für Staaten, auf die das Abkommen über den europäischen Wirtschaftsraum Anwendung findet (Island, Liechtenstein, Norwegen), und wegen eines bilateralen Abkommens, das die Dienstleistungsfreiheit festschreibt, auch für die Schweiz (→ BMF vom 26.9.2003 – BStBl. I S. 447).*

– *Ein Sprachkurs kann auch dann beruflich veranlasst sein, wenn er nur Grundkenntnisse oder allgemeine Kenntnisse in einer Fremdsprache vermittelt, diese aber für die berufliche Tätigkeit ausreichen. Die Kursgebühren sind dann als Werbungskosten abziehbar. Der Ort, an dem der Sprachkurs durchgeführt wird, kann ein Indiz für eine private Mitveranlassung sein. Die Reisekosten sind dann grundsätzlich in Werbungskosten und Kosten der privaten Lebensführung aufzuteilen (→ H 9.1 – Gemischte Aufwendungen). Dabei kann auch ein anderer als der zeitliche Aufteilungsmaßstab anzuwenden sein (→ BFH vom 24.2.2011 – BStBl. II S. 796 zum Sprachkurs in Südafrika).*

– *Aufwendungen für eine zur Erteilung von Fremdsprachenunterricht in den eigenen Haushalt aufgenommene Lehrperson sind selbst bei einem konkreten Bezug zur Berufstätigkeit keine Fortbildungskosten (→ BFH vom 8.10.1993 – BStBl. 1994 II S. 114).*

Klassenfahrt

Aufwendungen eines Berufsschülers für eine im Rahmen eines Ausbildungsdienstverhältnisses als verbindliche Schulveranstaltung durchgeführte Klassenfahrt sind in der Regel Werbungskosten (→ BFH vom 7.2.1992 – BStBl. II S. 531).

Ski- und Snowboardkurse

Aufwendungen von Lehrern für Snowboardkurse können als Werbungskosten bei den Einkünften aus nichtselbständiger Arbeit abziehbar sein, wenn ein konkreter Zusammenhang mit der Berufstätigkeit besteht (→ BFH vom 22.6.2006 – BStBl. II S. 782). Zu den Merkmalen der beruflichen Veranlassung → BFH vom 26.8.1988 (BStBl. 1989 II S. 91).

Studienreisen und Fachkongresse

→ R 12.2 EStR, H 12.2 EStH

LStR

R 9.3 Ausgaben im Zusammenhang mit Berufsverbänden

(1) ¹Ausgaben bei Veranstaltungen des Berufsstands, des Berufsverbands, des Fachverbands oder der Gewerkschaft eines Arbeitnehmers, die der Förderung des Allgemeinwissens der Teilnehmer dienen, sind nicht Werbungskosten, sondern Aufwendungen für die Lebensführung. ²Um nicht abziehbare Aufwendungen für die Lebensführung handelt es sich insbesondere stets bei den Aufwendungen, die der Arbeitnehmer aus Anlass von gesellschaftlichen Veranstaltungen der bezeichneten Organisation gemacht hat, und zwar auch dann, wenn die gesellschaftlichen Veranstaltungen im Zusammenhang mit einer rein fachlichen oder beruflichen Tagung oder Sitzung standen.

(2) ¹Bestimmte Veranstaltungen von Berufsständen und Berufsverbänden dienen dem Zweck, die Teilnehmer im Beruf fortzubilden, z. B. Vorlesungen bei Verwaltungsakademien oder Volkshochschulen, Fortbildungslehrgänge, fachwissenschaftliche Lehrgänge, fachliche Vorträge. ²Ausgaben, die dem Teilnehmer bei solchen Veranstaltungen entstehen, können Werbungskosten sein.

Hinweise

LStH 9.3 Ehrenamtliche Tätigkeit

Aufwendungen eines Arbeitnehmers im Zusammenhang mit einer ehrenamtlichen Tätigkeit für seine Gewerkschaft oder seinen Berufsverband können Werbungskosten sein → BFH vom 28.11.1980 – BStBl. 1981 II S. 368 und vom 2.10.1992 – BStBl. 1993 II S. 53).

Mitgliedsbeiträge an einen Interessenverband
Mitgliedsbeiträge an einen Interessenverband sind Werbungskosten, wenn dieser als Berufsverband auch die spezifischen beruflichen Interessen des Arbeitnehmers vertritt. Dies ist nicht nur nach der Satzung, sondern auch nach der tatsächlichen Verbandstätigkeit zu beurteilen (→ BFH vom 13.8.1993 – BStBl. 1994 II S. 33).

Reiseaufwendungen für einen Berufsverband
Reiseaufwendungen eines Arbeitnehmers im Zusammenhang mit einer ehrenamtlichen Tätigkeit für seine Gewerkschaft oder seinen Berufsverband sind keine Werbungskosten, wenn der Schwerpunkt der Reise allgemeintouristischen Zwecken dient (→ BFH vom 25.3.1993 – BStBl. II S. 559).

LStR

R 9.4 Reisekosten
Reisekostenbegriff

(1) ¹Reisekosten sind Fahrtkosten (→ § 9 Abs. 1 Satz 3 Nr. 4a EStG, R 9.5), Verpflegungsmehraufwendungen (→ § 9 Abs. 4a EStG, R 9.6), Übernachtungskosten (→ § 9 Abs. 1 Satz 3 Nr. 5a EStG, R 9.7) und Reisenebenkosten (→ R 9.8), soweit diese durch eine so gut wie ausschließlich beruflich veranlasste Auswärtstätigkeit (→ § 9 Abs. 4a Satz 2 und 4 EStG) des Arbeitnehmers entstehen. ²Eine beruflich veranlasste Auswärtstätigkeit ist auch der Vorstellungsbesuch eines Stellenbewerbers. ³Erledigt der Arbeitnehmer im Zusammenhang mit der beruflich veranlassten Auswärtstätigkeit auch in einem mehr als geringfügigen Umfang private Angelegenheiten, sind die beruflich veranlassten von den privat veranlassten Aufwendungen zu trennen. ⁴Ist das nicht – auch nicht durch Schätzung – möglich, gehören die gesamten Aufwendungen zu den nach § 12 EStG nicht abziehbaren Aufwendungen für die Lebensführung (z. B. Bekleidungskosten oder Aufwendungen für andere allgemeine Reiseausrüstungen). ⁵Die berufliche Veranlassung der Auswärtstätigkeit, die Reisedauer und den Reiseweg hat der Arbeitnehmer aufzuzeichnen und anhand geeigneter Unterlagen, z. B. Fahrtenbuch (→ R 8.1 Abs. 9 Nr. 2 Satz 3), Tankquittungen, Hotelrechnungen, Schriftverkehr, nachzuweisen oder glaubhaft zu machen.

Hinweise

LStH 9.4 Erstattung durch den Arbeitgeber
– *Steuerfrei* → § 3 Nr. 13, 16 EStG, → R 3.13, 3.16
– *Steuerfreie Arbeitgebererstattungen mindern die abziehbaren Werbungskosten auch dann, wenn sie erst im Folgejahr geleistet werden (→ BFH vom 20.9.2006 – BStBl. 2007 II S. 756).*

Erste Tätigkeitsstätte
– *Bestimmung der ersten Tätigkeitsstätte*
  → BMF vom 24.10.2014 (BStBl. I S. 1412), Rz. 5 ff.   – Anlage § 009-06 –
– *Erste Tätigkeitsstätte bei vollzeitigen Bildungsmaßnahmen*
  → BMF vom 24.10.2014 (BStBl. I S. 1412), Rz. 32 ff.   – Anlage § 009-06 –

Seeleute
Bei Seeleuten ist das Schiff keine erste Tätigkeitsstätte (→ BFH vom 19.12.2005 – BStBl. 2006 II S. 378).

Weiträumiges Tätigkeitsgebiet
→ BMF vom 24.10.2014 (BStBl. I S. 1412), Rz. 40 ff.   – Anlage § 009-06 –

LStR

R 9.5 Fahrtkosten als Reisekosten
Allgemeines

(1) ¹Fahrtkosten sind die tatsächlichen Aufwendungen, die dem Arbeitnehmer durch die persönliche Benutzung eines Beförderungsmittels entstehen. ²Bei öffentlichen Verkehrsmitteln ist der entrichtete Fahrpreis einschließlich etwaiger Zuschläge anzusetzen. ³Benutzt der Arbeitnehmer sein Fahrzeug, ist der Teilbetrag der jährlichen Gesamtkosten dieses Fahrzeugs anzusetzen, der dem Anteil der zu berücksichtigenden Fahrten an der Jahresfahrleistung entspricht. ⁴Der Arbeitnehmer kann auf Grund der für

§ 9 RL 9.5

einen Zeitraum von zwölf Monaten ermittelten Gesamtkosten für das von ihm gestellte Fahrzeug einen Kilometersatz errechnen, der so lange angesetzt werden darf, bis sich die Verhältnisse wesentlich ändern, z. B. bis zum Ablauf des Abschreibungszeitraums oder bis zum Eintritt veränderter Leasingbelastungen. ⁵Abweichend von Satz 3 können die Fahrtkosten auch mit den pauschalen Kilometersätzen gemäß § 9 Abs. 1 Satz 3 Nr. 4a Satz 2 EStG angesetzt werden. ⁶Aufwendungen für Fahrten nach § 9 Abs. 1 Satz 3 Nr. 4a Satz 3 EStG gehören nicht zu den Reisekosten.

Erstattung durch den Arbeitgeber
(2) ¹Der Arbeitnehmer hat seinem Arbeitgeber Unterlagen vorzulegen, aus denen die Voraussetzungen für die Steuerfreiheit der Erstattung und, soweit die Fahrtkosten bei Benutzung eines privaten Fahrzeugs nicht mit den pauschalen Kilometersätzen nach Absatz 1 Satz 5 erstattet werden, auch die tatsächlichen Gesamtkosten des Fahrzeugs ersichtlich sein müssen. ²Der Arbeitgeber hat diese Unterlagen als Belege zum Lohnkonto aufzubewahren. ³Wird dem Arbeitnehmer für die Auswärtstätigkeit im Rahmen seines Dienstverhältnisses ein Kraftfahrzeug zur Verfügung gestellt, darf der Arbeitgeber die pauschalen Kilometersätze nicht – auch nicht teilweise – steuerfrei erstatten.

Hinweise

LStH 9.5 *Allgemeines*
- *BMF vom 24.10.2014 (BStBl. I S. 1412), Rz. 35 ff.* – *Anlage § 009-06* –
- *Als Reisekosten können die Aufwendungen für folgende Fahrten angesetzt werden:*
  1. *Fahrten zwischen Wohnung oder erster Tätigkeitsstätte und auswärtiger Tätigkeitsstätte oder Unterkunft i.S.d. Nummer 3 einschließlich sämtlicher Zwischenheimfahrten (→ BFH vom 17.12.1976 – BStBl. 1977 II S. 294 und vom 24.4.1992 – BStBl. II S. 664); zur Abgrenzung dieser Fahrten von den Fahrten zwischen Wohnung und erster Tätigkeitsstätte → LStH 9.10 (Dienstliche Verrichtungen auf der Fahrt, Fahrtkosten),*
  2. *innerhalb desselben Dienstverhältnisses Fahrten zwischen mehreren auswärtigen Tätigkeitsstätten, oder innerhalb eines weiträumigen Tätigkeitsgebietes (§ 9 Abs. 1 Satz 3 Nr. 4a Satz 4 EStG) und*
  3. *Fahrten zwischen einer Unterkunft am Ort der auswärtigen Tätigkeitsstätte oder in ihrem Einzugsbereich und auswärtiger Tätigkeitsstätte (→ BFH vom 17.12.1976 – BStBl. II 1977 S. 294).*
- *Nicht als Reisekosten, sondern mit der Entfernungspauschale sind die Aufwendungen für folgende Fahrten anzusetzen:*
  1. *Fahrten von der Wohnung zu einem bestimmten Sammelpunkt → § 9 Abs. 1 Satz 3 Nr. 4a Satz 3 EStG, → BMF vom 24.10.2014 (BStBl. I S. 1412; Rz. 37 ff.)*
  2. *Fahrten von der Wohnung zu einem weiträumigen Tätigkeitsgebiet → § 9 Abs. 1 Satz 3 Nr. 4a Satz 3 EStG, → BMF vom 24.10.2014 (BStBl. I S. 1412; Rz. 40 ff.).*

Einzelnachweis
- *Zu den Gesamtkosten eines Fahrzeugs gehören die Betriebsstoffkosten, die Wartungs- und Reparaturkosten, die Kosten einer Garage am Wohnort, die Kraftfahrzeugsteuer, die Aufwendungen für die Halterhaftpflicht- und Fahrzeugversicherungen, die Absetzungen für Abnutzung, wobei Zuschüsse nach der Kraftfahrzeughilfe-Verordnung für die Beschaffung eines Kraftfahrzeugs oder den Erwerb einer behinderungsbedingten Zusatzausstattung die Anschaffungskosten mindern (→ BFH vom 14.6.2012 – BStBl. II S. 835), sowie die Zinsen für ein Anschaffungsdarlehen (→ BFH vom 1.10.1982 – BStBl. 1983 II S. 17). Dagegen gehören nicht zu den Gesamtkosten z. B. Aufwendungen infolge von Verkehrsunfällen, Park- und Straßenbenutzungsgebühren, Aufwendungen für Insassen- und Unfallversicherungen sowie Verwarnungs-, Ordnungs- und Bußgelder; diese Aufwendungen sind mit Ausnahme der Verwarnungs-, Ordnungs- und Bußgelder ggf. als Reisenebenkosten abziehbar (→ H 9.8).*
- *Bei einem geleasten Fahrzeug gehört eine Leasingsonderzahlung zu den Gesamtkosten (→ BFH vom 5.5.1994 – BStBl. II S. 643 und vom 15.4.2010 – BStBl. II S. 805).*
- *Den Absetzungen für Abnutzung ist bei Personenkraftwagen und Kombifahrzeugen grundsätzlich eine Nutzungsdauer von 6 Jahren zugrunde zu legen (→ BMF vom 15.12.2000 – BStBl. I S. 1532). Bei einer hohen Fahrleistung kann auch eine kürzere Nutzungsdauer anerkannt werden. Bei Kraftfahrzeugen, die im Zeitpunkt der Anschaffung nicht neu gewesen sind, ist die entsprechende Restnutzungsdauer unter Berücksichtigung*

des Alters, der Beschaffenheit und des voraussichtlichen Einsatzes des Fahrzeugs zu schätzen (→ BMF vom 28.5.1993 – BStBl. I S. 483).

- Ein Teilnachweis der tatsächlichen Gesamtkosten ist möglich. Der nicht nachgewiesene Teil der Kosten kann geschätzt werden. Dabei ist von den für den Steuerpflichtigen ungünstigsten Umständen auszugehen (→ BFH vom 7.4.1992 – BStBl. II S. 854).

Pauschale Kilometersätze *– Anlage § 009-06 –*
- BMF vom 24.10.2014 (BStBl. I S. 1412), Rz. 36
- Neben den pauschalen Kilometersätzen (→ BMF vom 24.10.2014 – BStBl. I S. 1412, Rz. 36) können etwaige außergewöhnliche Kosten angesetzt werden, wenn diese durch Fahrten entstanden sind, für die die Kilometersätze anzusetzen sind. Außergewöhnliche Kosten sind nur die nicht voraussehbaren Aufwendungen für Reparaturen, die nicht auf Verschleiß (→ BFH vom 17.10.1973 – BStBl. 1974 II S. 186) oder die auf Unfallschäden beruhen, und Absetzungen für außergewöhnliche technische Abnutzung und Aufwendungen infolge eines Schadens, der durch den Diebstahl des Fahrzeugs entstanden ist (→ BFH vom 25.5.1992 – BStBl. 1993 II S. 44); dabei sind entsprechende Schadensersatzleistungen auf die Kosten anzurechnen.
- Kosten, die mit dem laufenden Betrieb eines Fahrzeugs zusammenhängen, wie z. B. Aufwendungen für eine Fahrzeug-Vollversicherung, sind keine außergewöhnlichen Kosten (→ BFH vom 21.6.1991 – BStBl. II S. 814 und vom 8.11.1991 – BStBl. 1992 II S. 204). Mit den pauschalen Kilometersätzen ist auch eine Leasingsonderzahlung abgegolten (→ BFH vom 15.4.2010 – BStBl. II S. 805).
- Die pauschalen Kilometersätze sind auch anzusetzen, wenn der Arbeitgeber Beiträge zu einer Dienstreise-Kaskoversicherung aufwendet (→ BMF vom 31.3.1992 – BStBl. I S. 270). Zur Erstattung durch den Arbeitgeber → R 9.5 Abs. 2 Satz 3.

– Anlage § 009-01 –
Werbungskostenabzug und Erstattung durch den Arbeitgeber
- Die als Reisekosten erfassten Fahrtkosten können als Werbungskosten abgezogen werden, soweit sie nicht vom Arbeitgeber steuerfrei erstattet worden sind (§ 3c EStG).
- Die Erstattung der Fahrtkosten durch den Arbeitgeber ist nach § 3 Nr. 16 EStG steuerfrei, soweit höchstens die als Werbungskosten abziehbaren Beträge erstattet werden (→ BFH vom 21.6.1991 – BStBl. II S. 814).
- Bei Sammelbeförderung durch den Arbeitgeber scheidet mangels Aufwands des Arbeitnehmers ein Werbungskostenabzug für diese Fahrten aus (→ BFH vom 11.5.2005 – BStBl. II S. 785).

LStR

R 9.6 Verpflegungsmehraufwendungen als Reisekosten

Allgemeines

(1) ¹Die dem Arbeitnehmer tatsächlich entstandenen, beruflich veranlassten Mehraufwendungen für Verpflegung sind unter den Voraussetzungen des § 9 Abs. 4a EStG mit den dort genannten Pauschbeträgen anzusetzen. ²Der Einzelnachweis von Verpflegungsmehraufwendungen berechtigt nicht zum Abzug höherer Beträge.

Konkurrenzregelung

(2) Soweit für denselben Kalendertag Verpflegungsmehraufwendungen wegen einer Auswärtstätigkeit oder wegen einer doppelten Haushaltsführung (→ R 9.11 Abs. 7) anzuerkennen sind, ist jeweils der höchste Pauschbetrag anzusetzen (→ § 9 Abs. 4a Satz 12 zweiter Halbsatz EStG).

Besonderheiten bei Auswärtstätigkeiten im Ausland

(3) ¹Für den Ansatz von Verpflegungsmehraufwendungen bei Auswärtstätigkeiten im Ausland gelten nach Staaten unterschiedliche Pauschbeträge (Auslandstagegelder)[1], die vom Bundesministerium der Finanzen im Einvernehmen mit den obersten Finanzbehörden der Länder auf der Grundlage der höchsten Auslandstagegelder nach dem Bundesreisekostengesetz bekanntgemacht werden. ²Für die in der Bekanntmachung nicht erfassten Staaten ist der für Luxemburg geltende Pauschbetrag maßgebend; für die in der Bekanntmachung nicht erfassten Übersee- und Außengebiete eines Staates ist der für das

---

1) Anlage § 009-02.

§ 9 RL 9.6

Mutterland geltende Pauschbetrag maßgebend. ³Werden an einem Kalendertag Auswärttätigkeit im In- und Ausland durchgeführt, ist für diesen Tag das entsprechende Auslandstagegeld maßgebend, selbst dann, wenn die überwiegende Zeit im Inland verbracht wird. ⁴Im Übrigen ist beim Ansatz des Auslandstagegeldes folgendes zu beachten:

1. ¹Bei Flugreisen gilt ein Staat in dem Zeitpunkt als erreicht, in dem das Flugzeug dort landet; Zwischenlandungen bleiben unberücksichtigt, es sei denn, dass durch sie Übernachtungen notwendig werden. ²Erstreckt sich eine Flugreise über mehr als zwei Kalendertage, so ist für die Tage, die zwischen dem Tag des Abflugs und dem Tag der Landung liegen, das für Österreich geltende Tagegeld maßgebend.
2. ¹Bei Schiffsreisen ist das für Luxemburg geltende Tagegeld maßgebend. ²Für das Personal auf deutschen Staatsschiffen sowie für das Personal auf Schiffen der Handelsmarine unter deutscher Flagge auf Hoher See gilt das Inlandstagegeld. ³Für die Tage der Einschiffung und Ausschiffung ist das für den Hafenort geltende Tagegeld maßgebend.

Hinweise

LStH 9.6 *Allgemeines*

- → *BMF vom 24.10.2014 (BStBl. I S. 1412), Rz. 46 ff.* – Anlage § 009-06 –

Dreimonatsfrist

- → *BMF vom 24.10.2014 (BStBl. I S. 1412), Rz. 51 ff.* – Anlage § 009-06 –

Erstattung durch den Arbeitgeber

- **steuerfrei** → *§ 3 Nr. 13, 16 EStG*, → *R 3.13, 3.16*

  Die Erstattung der Verpflegungsmehraufwendungen durch den Arbeitgeber ist steuerfrei, soweit keine höheren Beträge erstattet werden, als nach → *§ 9 Abs. 4a EStG,* → *BMF vom 24.10.2014 (BStBl. I S. 1412), Rz. 73 als Reisekosten angesetzt werden dürfen. Eine zusammengefasste Erstattung unterschiedlicher Aufwendungen ist möglich* → *R 3.16 Satz 1. Zur Erstattung im Zusammenhang mit Mahlzeitengestellungen bei Auswärttätigkeit, BMF vom 24.10.2014 (BStBl. I S. 1412), Rz. 73 ff.*

- **pauschale Versteuerung**

  bei Mahlzeitengestellungen → *§ 40 Abs. 2 Satz 1 Nr. 1a EStG und BMF vom 24.10.2014 (BStBl. I S. 1412), Rz. 93 f.*

  bei Vergütungen für Verpflegungsmehraufwendungen

  → *§ 40 Abs. 2 Satz 1 Nr. 4 EStG und BMF vom 24.10.2014 (BStBl. I S. 1412), Rz. 58 ff.*

- **Nachweise**

  Der Arbeitnehmer hat seinem Arbeitgeber Unterlagen vorzulegen, aus denen die Voraussetzungen für den Erstattungsanspruch ersichtlich sein müssen. Der Arbeitgeber hat diese Unterlagen als Belege zum Lohnkonto aufzubewahren (→ BFH vom 6.3.1980 – BStBl. II S. 289).

Mahlzeitengestellung und Verpflegungsmehraufwendungen

- → *BMF vom 24.10.2014 (BStBl. I S. 1412), Rz. 64 ff. und 73 ff.* – Anlage § 009-06 –

Pauschbeträge bei Auslandsreisen

- → *BMF vom 19.12.2014 (BStBl. I S. 1467)* – Anlage § 009-02 –
- → *R 9.6 Abs. 3*

Verpflegungsmehraufwendungen

- *Arbeitnehmer haben bei einer beruflichen Auswärttätigkeit einen Rechtsanspruch darauf, dass die gesetzlichen Pauschbeträge berücksichtigt werden (→ BFH vom 4.4.2006 – BStBl. II S. 567).*
- *Kürzung der Verpflegungspauschalen* → *§ 9 Abs. 4a Satz 8 ff. EStG und BMF vom 24.10.2014 (BStBl. I S. 1412), Rz. 73 ff.* – Anlage § 009-02 –

Werbungskostenabzug bei Reisekostenerstattung durch den Arbeitgeber

Wurden Reisekosten vom Arbeitgeber – ggf. teilweise – erstattet, ist der Werbungskostenabzug insgesamt auf den Betrag beschränkt, um den die Summe der abziehbaren Aufwendungen die steuerfreie Erstattung übersteigt (→ BFH vom 15. 11. 1991 – BStBl. 1992 II S. 367). Dabei ist es gleich, ob die Erstattung des Arbeitgebers nach § 3 Nr. 13, 16 EStG oder nach anderen

Vorschriften steuerfrei geblieben ist, z. B. durch Zehrkostenentschädigungen i.S.d. § 3 Nr. 12 EStG (→ BFH vom 28. 1. 1988 – BStBl. II S. 635).

LStR

R 9.7. Übernachtungskosten
Allgemeines

(1) ¹Übernachtungskosten sind die tatsächlichen Aufwendungen, die dem Arbeitnehmer für die persönliche Inanspruchnahme einer Unterkunft zur Übernachtung entstehen. ²Ist die Unterkunft am auswärtigen Tätigkeitsort die einzige Wohnung/Unterkunft des Arbeitnehmers, liegt kein beruflich veranlasster Mehraufwand i.S. d. § 9 Abs. 1 Satz 3 Nr. 5a EStG vor.

Werbungskostenabzug

(2) Die tatsächlichen Übernachtungskosten können bei einer Auswärtstätigkeit als Reisekosten angesetzt und als Werbungskosten abgezogen werden, soweit sie nicht vom Arbeitgeber nach § 3 Nr. 13 oder 16 EStG steuerfrei ersetzt werden.

Erstattung durch den Arbeitgeber

(3) ¹Für jede Übernachtung im Inland darf der Arbeitgeber ohne Einzelnachweis einen Pauschbetrag von 20 Euro steuerfrei erstatten. ²Bei Übernachtungen im Ausland dürfen die Übernachtungskosten ohne Einzelnachweis der tatsächlichen Aufwendungen mit Pauschbeträgen (Übernachtungsgelder) steuerfrei erstattet werden. ³Die Pauschbeträge werden vom Bundesministerium der Finanzen im Einvernehmen mit den obersten Finanzbehörden der Länder auf der Grundlage der höchsten Auslandsübernachtungsgelder nach dem Bundesreisekostengesetz bekannt gemacht.[1] ⁴Sie richten sich nach dem Ort, der nach R 9.6 Abs. 3 Satz 4 Nummer 1 und 2 maßgebend ist. ⁵Für die in der Bekanntmachung nicht erfassten Länder und Gebiete ist R 9.6 Abs. 3 Satz 2 anzuwenden. ⁶Die Pauschbeträge dürfen nicht steuerfrei erstattet werden, wenn dem Arbeitnehmer die Unterkunft vom Arbeitgeber oder auf Grund seines Dienstverhältnisses von einem Dritten unentgeltlich oder teilweise unentgeltlich zur Verfügung gestellt wurde. ⁷Auch bei Übernachtung in einem Fahrzeug ist die steuerfreie Zahlung der Pauschbeträge nicht zulässig. ⁸Bei Benutzung eines Schlafwagens oder einer Schiffskabine dürfen die Pauschbeträge nur dann steuerfrei gezahlt werden, wenn die Übernachtung in einer anderen Unterkunft begonnen oder beendet worden ist.

Hinweise

LStH 9.7 *Allgemeines*

→ BMF vom 24.10.2014 (BStBl. I S. 1412), Rz. 110 ff. – *Anlage § 009-06* –

Steuerfreiheit der Arbeitgebererstattungen

Die Erstattung der Übernachtungskosten durch den Arbeitgeber ist steuerfrei

- *aus öffentlichen Kassen in voller Höhe* → § 3 Nr. 13 EStG,

- *bei Arbeitgebern außerhalb des öffentlichen Dienstes nach § 3 Nr. 16 EStG bis zur Höhe der tatsächlichen Aufwendungen oder bis zur Höhe der maßgebenden Pauschbeträge (Übernachtung im Inland: 20 Euro, Übernachtung im Ausland: Pauschbeträge* → *BMF vom 19.12.2014, BStBl. I S. 1467).*   – *Anlage § 009-02* –

Übernachtungskosten

- *Die Übernachtungskosten sind für den Werbungskostenabzug grundsätzlich im Einzelnen nachzuweisen. Sie können geschätzt werden, wenn sie dem Grunde nach zweifelsfrei entstanden sind* (→ BFH vom 12.9.2001 – BStBl. II S. 775).

- *Übernachtet ein Kraftfahrer in der Schlafkabine seines LKW, sind die Pauschalen für Übernachtungen nicht anzuwenden. Liegen Einzelnachweise nicht vor, sind die tatsächlichen Aufwendungen zu schätzen* (→ BFH vom 28.3.2012 – BStBl. II S. 926).[2]

---

1) Anlage § 009-02.
2) Zur Anwendung vgl. BMF vom 4.12.2012 (BStBl. I S. 1249). – **Anlage § 009-11** –

§ 9 RL 9.8

LStR

R 9.8 Reisenebenkosten

Allgemeines

(1) Reisenebenkosten werden unter den Voraussetzungen von R 9.4 in tatsächlicher Höhe berücksichtigt und können als Werbungskosten abgezogen werden, soweit sie nicht vom Arbeitgeber steuerfrei erstattet wurden.

Werbungskostenabzug

(2) – unbesetzt –

Steuerfreiheit der Arbeitgebererstattungen

(3) ¹Die Erstattung der Reisenebenkosten durch den Arbeitgeber ist nach § 3 Nr. 16 EStG steuerfrei, soweit sie die tatsächlichen Aufwendungen nicht überschreitet. ²Der Arbeitnehmer hat seinem Arbeitgeber Unterlagen vorzulegen, aus denen die tatsächlichen Aufwendungen ersichtlich sein müssen. ³Der Arbeitgeber hat diese Unterlagen als Belege zum Lohnkonto aufzubewahren.

Hinweise

LStH 9.8 *Allgemeines*

→ *BMF vom 24.10.2014 (BStBl. I S. 1412), Rz. 111 ff.*   *– Anlage § 009-06 –*

Diebstahl

Wertverluste bei einem Diebstahl des für die Reise notwendigen persönlichen Gepäcks sind Reisenebenkosten (→ *BFH vom 30.6.1995 – BStBl. II S. 744*). Dies gilt nicht für den Verlust von → Geld oder → Schmuck.

Geld

Der Verlust einer Geldbörse führt nicht zu Reisenebenkosten (→ *BFH vom 4.7.1986 – BStBl. II S. 771*).

Geldbußen

→ *R 4.13 EStR*

LKW-Fahrer

Zu den Reisenebenkosten bei LKW-Fahrern, die in ihrer Schlafkabine übernachten, → *BMF vom 4.12.2012 (BStBl. I S. 1249).*   *– Anlage § 009-11 –*

Ordnungsgeld

→ *R 4.13 EStR*

Reisegepäckversicherung

Kosten für eine Reisegepäckversicherung, soweit sich der Versicherungsschutz auf eine beruflich bedingte Abwesenheit von einer ersten Tätigkeitsstätte beschränkt, sind Reisenebenkosten; zur Aufteilung der Aufwendungen für eine gemischte Reisegepäckversicherung → *BFH vom 19.2.1993 (BStBl. II S. 519).*

Schaden

Wertverluste auf Grund eines Schadens an mitgeführten Gegenständen, die der Arbeitnehmer auf seiner Reise verwenden musste, sind Reisenebenkosten, wenn der Schaden auf einer reisespezifischen Gefährdung beruht (→ *BFH vom 30.11.1993 – BStBl. 1994 II S. 256*).

Schmuck

Der Verlust von Schmuck führt nicht zu Reisenebenkosten (→ *BFH vom 26.1.1968 – BStBl. II S. 342*).

Telefonkosten

Zu den Reisenebenkosten gehören auch die tatsächlichen Aufwendungen für private Telefongespräche, soweit sie der beruflichen Sphäre zugeordnet werden können (→ *BFH vom 5.7.2012 – BStBl. 2013 II S. 282*).

Unfallversicherung

Beiträge zu Unfallversicherungen sind Reisenebenkosten, soweit sie Berufsunfälle außerhalb einer ersten Tätigkeitsstätte abdecken; wegen der steuerlichen Behandlung von Unfallversicherungen, die das Unfallrisiko sowohl im beruflichen als auch im außerberuflichen Bereich abdecken → *BMF vom 28.10.2009 (BStBl. I S. 1275).*

– Anlage § 009-03 –

Verwarnungsgelder
→ *R 4.13 EStR*

LStR

R 9.9 Umzugskosten

Allgemeines

(1) Kosten, die einem Arbeitnehmer durch einen beruflich veranlassten Wohnungswechsel entstehen, sind Werbungskosten.

Höhe der Umzugskosten

(2) ¹Bei einem beruflich veranlassten Wohnungswechsel können die tatsächlichen Umzugskosten grundsätzlich bis zur Höhe der Beträge als Werbungskosten abgezogen werden, die nach dem BUKG[1)] und der Auslandsumzugskostenverordnung (AUV)[2)] in der jeweils geltenden Fassung als Umzugskostenvergütung höchstens gezahlt werden könnten, mit Ausnahme der Pauschalen nach §§ 19, 21 AUV und der Auslagen (insbesondere Maklergebühren) für die Anschaffung einer eigenen Wohnung (Wohneigentum) nach § 9 Abs. 1 zweiter Halbsatz BUKG; die Pauschbeträge für Verpflegungsmehraufwendungen nach § 9 Abs. 4a EStG sind zu beachten. ²Werden die umzugskostenrechtlich festgelegten Grenzen eingehalten, ist nicht zu prüfen, ob die Umzugskosten Werbungskosten darstellen. ³Werden höhere Umzugskosten im Einzelnen nachgewiesen, ist insgesamt zu prüfen, ob und inwieweit die Aufwendungen Werbungskosten oder nicht abziehbare Kosten der Lebensführung sind, z. B. bei Aufwendungen für die Neuanschaffung von Einrichtungsgegenständen. ⁴Anstelle der in § 10 BUKG pauschal erfassten Umzugskosten können auch die im Einzelfall nachgewiesenen höheren Umzugskosten als Werbungskosten abgezogen werden. ⁵Ein Werbungskostenabzug entfällt, soweit die Umzugskosten vom Arbeitgeber steuerfrei erstattet worden sind (§ 3c EStG).

Erstattung durch den Arbeitgeber

(3) ¹Die Erstattung der Umzugskosten durch den Arbeitgeber ist steuerfrei, soweit keine höheren Beträge erstattet werden, als nach Absatz 2 als Werbungskosten abziehbar wären. ²Der Arbeitnehmer hat seinem Arbeitgeber Unterlagen vorzulegen, aus denen die tatsächlichen Aufwendungen ersichtlich sein müssen. ³Der Arbeitgeber hat diese Unterlagen als Belege zum Lohnkonto aufzubewahren.

Hinweise

LStH 9.9 *Aufgabe der Umzugsabsicht*

Wird vom Arbeitgeber eine vorgesehene Versetzung rückgängig gemacht, sind die dem Arbeitnehmer durch die Aufgabe seiner Umzugsabsicht entstandenen vergeblichen Aufwendungen als Werbungskosten abziehbar (→ BFH vom 24.5.2000 – BStBl. 1987 II S. 584).

Berufliche Veranlassung

Ein Wohnungswechsel ist z. B. beruflich veranlasst,

1. *wenn durch ihn eine → erhebliche Verkürzung der Entfernung zwischen Wohnung und Tätigkeitsstätte eintritt und die verbleibende Wegezeit im Berufsverkehr als normal angesehen werden kann (→ BFH vom 6.11.1986 – BStBl. 1987 II S. 81). Es ist nicht erforderlich, dass der Wohnungswechsel mit einem Wohnortwechsel oder mit einem Arbeitsplatzwechsel verbunden ist,*

2. *wenn er im ganz überwiegenden betrieblichen Interesse des Arbeitgebers durchgeführt wird, insbesondere beim Beziehen oder Räumen einer Dienstwohnung, die aus betrieblichen Gründen bestimmten Arbeitnehmern vorbehalten ist, um z. B. deren jederzeitige Einsatzmöglichkeit zu gewährleisten (→ BFH vom 28.4.1988 – BStBl. II S. 777), oder*

3. *wenn er aus Anlass der erstmaligen Aufnahme einer beruflichen Tätigkeit, des Wechsels des Arbeitgebers oder im Zusammenhang mit einer Versetzung durchgeführt wird oder*

4. *wenn der eigene Hausstand zur Beendigung einer doppelten Haushaltsführung an den Beschäftigungsort verlegt wird (→ BFH vom 21.7.1989 – BStBl. II S. 917).*

Die privaten Motive für die Auswahl der neuen Wohnung sind grundsätzlich unbeachtlich (→ BFH vom 23.3.2001 – BStBl. 2002 II S. 56).

---

1) Anhang 15.
2) Anhang 16.

Doppelte Haushaltsführung
→ R 9.11

Doppelter Mietaufwand
Wegen eines Umzugs geleistete doppelte Mietzahlungen können beruflich veranlasst und deshalb in voller Höhe als Werbungskosten abziehbar sein. Diese Mietaufwendungen können jedoch nur zeitanteilig, und zwar für die neue Familienwohnung ab dem Kündigungs- bis zum Umzugstag und für die bisherige Wohnung ab dem Umzugstag, längstens bis zum Ablauf der Kündigungsfrist des bisherigen Mietverhältnisses, als Werbungskosten abgezogen werden (→ BFH vom 13.7.2011, BStBl 2012 II S. 104).

Eheschließung
Erfolgt ein Umzug aus Anlass einer Eheschließung von getrennten Wohnorten in eine gemeinsame Familienwohnung, so ist die berufliche Veranlassung des Umzugs eines jeden Ehegatten gesondert zu beurteilen (→ BFH vom 23.3.2001 – BStBl. II S. 585). Entsprechendes gilt für Lebenspartnerschaften (→ § 2 Abs. 8 EStG).

Erhebliche Fahrzeitverkürzung
– Eine erhebliche Verkürzung der Entfernung zwischen Wohnung und Tätigkeitsstätte ist anzunehmen, wenn sich die Dauer der täglichen Hin- und Rückfahrt insgesamt wenigstens zeitweise um mindestens eine Stunde ermäßigt (→ BFH vom 22.11.1991 – BStBl. 1992 II S. 494 und vom 16.10.1992 – BStBl. 1993 II S. 610).

– Die Fahrzeitersparnisse beiderseits berufstätiger Ehegatten/Lebenspartner sind weder zusammenzurechnen (→ BFH vom 27.7.1995 – BStBl. II S. 728) noch zu saldieren (→ BFH vom 21.2.2006 – BStBl. II S. 598).

– Steht bei einem Umzug eine arbeitstägliche Fahrzeitersparnis von mindestens einer Stunde fest, sind private Gründe (z. B. Gründung eines gemeinsamen Haushalts aus Anlass einer Eheschließung/Begründung einer Lebenspartnerschaft erhöhter Wohnbedarf wegen Geburt eines Kindes) unbeachtlich (→ BFH vom 23.3.2001 – BStBl. II S. 585 und BStBl. 2002 II S. 56).

Höhe der Umzugskosten
– Zur Höhe der maßgebenden Beträge für umzugsbedingte Unterrichtskosten und sonstige Umzugsauslagen ab 1.3.2014 und 1.3.2015 → BMF vom 6.10.2014 (BStBl. I S. 1342).

– *Anlage § 009-04* –

– Die umzugskostenrechtliche Beschränkung einer Mietausfallentschädigung für den bisherigen Wohnungsvermieter gilt nicht für den Werbungskostenabzug (→ BFH vom 1.12.1993 – BStBl. 1994 II S. 323).

– Nicht als Werbungskosten abziehbar sind die bei einem Grundstückskauf angefallenen Maklergebühren, auch soweit sie auf die Vermittlung einer vergleichbaren Mietwohnung entfallen würden (→ BFH vom 24.5.2000 – BStBl. II S. 586) sowie Aufwendungen für die Anschaffung von klimabedingter Kleidung und Wohnungsausstattung i.S.d. §§ 19 und 21 AUV (→ BFH vom 20.3.1992 – BStBl. 1993 II S. 192, vom 27.5.1994 – BStBl. 1995 II S. 17 und vom 12.4.2007 – BStBl. II S. 536).

– Der Werbungskostenabzug setzt eine Belastung mit Aufwendungen voraus. Das ist bei einem in Anlehnung an § 8 Abs. 3 BUKG ermittelten Mietausfall nicht der Fall. Als entgangene Einnahme erfüllt er nicht den Aufwendungsbegriff (→ BFH vom 19.4.2012 – BStBl. 2013 II S. 699).

– Zur steuerfreien Arbeitgebererstattung → R 9.9 Abs. 3

– Aufwendungen auf Grund der Veräußerung eines Eigenheims anlässlich eines beruflich bedingten Umzugs sind keine Werbungskosten bei den Einkünften aus nichtselbständiger Arbeit (→ BFH vom 24.5.2000 – BStBl. II S. 476).

– Veräußerungsverluste aus dem Verkauf eines Eigenheims einschließlich zwischenzeitlich angefallener Finanzierungskosten anlässlich eines beruflich bedingten Umzugs sind keine Werbungskosten bei den Einkünften aus nichtselbständiger Arbeit (→ BFH vom 24.5.2000 – BStBl. II S. 474).

– Bei einem beruflich veranlassten Umzug sind Aufwendungen für die Ausstattung der neuen Wohnung (z. B. Renovierungsmaterial, Gardinen, Rollos, Lampen, Telefonanschluss, Anschaffung und Installation eines Wasserboilers) nicht als Werbungskosten abziehbar

(→ *BFH vom 17.12.2002 – BStBl. 2003 II S. 314*). *Die Berücksichtigung der Pauschale nach § 10 BUKG bleibt unberührt* → *R 9.9 Abs. 2 Satz 2.*

Rückumzug ins Ausland

Der Rückumzug ins Ausland ist bei einem ausländischen Arbeitnehmer, der unbefristet ins Inland versetzt wurde und dessen Familie mit ins Inland umzog und der bei Erreichen der Altersgrenze ins Heimatland zurückzieht, nicht beruflich veranlasst (→ BFH vom 8.11.1996 – BStBl. 1997 II S. 207); anders bei einer von vornherein befristeten Tätigkeit im Inland (→ BFH vom 4.12.1992 – BStBl. 1993 II S. 722).

Umzug ins Ausland

Umzugskosten im Zusammenhang mit einer beabsichtigten nichtselbständigen Tätigkeit im Ausland sind bei den inländischen Einkünften nicht als Werbungskosten abziehbar, wenn die Einkünfte aus der beabsichtigten Tätigkeit nicht der deutschen Besteuerung unterliegen (→ BFH vom 20.9.2006 – BStBl. 2007 II S. 756). Zum Progressionsvorbehalt → H 32b (Zeitweise unbeschränkte Steuerpflicht) EStH.

Zwischenumzug

Die berufliche Veranlassung eines Umzugs endet regelmäßig mit dem Einzug in die erste Wohnung am neuen Arbeitsort. Die Aufwendungen für die Einlagerung von Möbeln für die Zeit vom Bezug dieser Wohnung bis zur Fertigstellung eines Wohnhauses am oder in der Nähe vom neuen Arbeitsort sind daher keine Werbungskosten (→ BFH vom 21.9.2000 – BStBl. 2001 II S. 70).

LStR

R 9.10 Aufwendungen für Wege zwischen Wohnung und erster Tätigkeitsstätte sowie Fahrten nach § 9 Abs. 1 Satz 3 Nr. 4a Satz 3 EStG

Maßgebliche Wohnung

(1) ¹Als Ausgangspunkt für die Wege kommt jede Wohnung des Arbeitnehmers in Betracht, die er regelmäßig zur Übernachtung nutzt und von der aus er seine erste Tätigkeitsstätte aufsucht. ²Als Wohnung ist z. B. auch ein möbliertes Zimmer, eine Schiffskajüte, ein Gartenhaus, ein auf eine gewisse Dauer abgestellter Wohnwagen oder ein Schlafplatz in einer Massenunterkunft anzusehen. ³Hat ein Arbeitnehmer mehrere Wohnungen, können Wege von und zu der von der erste Tätigkeitsstätte weiter entfernt liegenden Wohnung nach § 9 Abs. 1 Satz 3 Nr. 4 Satz 6 EStG nur dann berücksichtigt werden, wenn sich dort der Mittelpunkt der Lebensinteressen des Arbeitnehmers befindet und sie nicht nur gelegentlich aufgesucht wird. ⁴Der Mittelpunkt der Lebensinteressen befindet sich bei einem verheirateten Arbeitnehmer[1)] regelmäßig am tatsächlichen Wohnort seiner Familie. ⁵Die Wohnung kann aber nur dann ohne nähere Prüfung berücksichtigt werden, wenn sie der Arbeitnehmer mindestens sechsmal im Kalenderjahr aufsucht. ⁶Bei anderen Arbeitnehmern befindet sich der Mittelpunkt der Lebensinteressen an dem Wohnort, zu dem die engeren persönlichen Beziehungen bestehen. ⁷Die persönlichen Beziehungen können ihren Ausdruck besonders in Bindungen an Personen, z. B. Eltern, Verlobte, Freundes- und Bekanntenkreis, finden, aber auch in Vereinszugehörigkeiten und anderen Aktivitäten. ⁸Sucht der Arbeitnehmer diese Wohnung im Durchschnitt mindestens zweimal monatlich auf, ist davon auszugehen, dass sich dort der Mittelpunkt seiner Lebensinteressen befindet. ⁹Die Sätze 4 bis 8 gelten unabhängig davon, ob sich der Lebensmittelpunkt im Inland oder im Ausland befindet.

Fahrten mit einem zur Nutzung überlassenen Kraftfahrzeug

(2) ¹Ein Kraftfahrzeug ist dem Arbeitnehmer zur Nutzung überlassen, wenn es dem Arbeitnehmer vom Arbeitgeber unentgeltlich oder teilentgeltlich überlassen worden ist (→ R 8.1 Abs. 9) oder wenn es der Arbeitnehmer von dritter Seite geliehen, gemietet oder geleast hat. ²Wird ein Kraftfahrzeug von einer anderen Person als dem Arbeitnehmer, dem das Kraftfahrzeug von seinem Arbeitgeber zur Nutzung überlassen ist, für Wege zwischen Wohnung und erste Tätigkeitsstätte benutzt, kann die andere Person die Entfernungspauschale nach § 9 Abs. 1 Satz 3 Nr. 4 EStG geltend machen; Entsprechendes gilt für den Arbeitnehmer, dem das Kraftfahrzeug von seinem Arbeitgeber überlassen worden ist, für Wege zwischen Wohnung und erste Tätigkeitsstätte im Rahmen eines anderen Dienstverhältnisses.

Behinderte Menschen i. S. d. § 9 Abs. 2 Satz 3 EStG

(3) ¹Ohne Einzelnachweis der tatsächlichen Aufwendungen können die Fahrtkosten nach den Regelungen in § 9 Abs. 1 Satz 3 Nr. 4a Satz 2 EStG angesetzt werden. ²Wird ein behinderter Arbeitnehmer

---

1) Bei Lebenspartnern gilt Entsprechendes → § 2 Abs. 8 EStG.

§ 9 RL 9.10

im eigenen oder ihm zur Nutzung überlassenen Kraftfahrzeug arbeitstäglich von einem Dritten, z. B. dem Ehegatten, zu seiner erste Tätigkeitsstätte gefahren und wieder abgeholt, können auch die Kraftfahrzeugkosten, die durch die Ab- und Anfahrten des Fahrers – die so genannten Leerfahrten – entstehen, in tatsächlicher Höhe oder in sinngemäßer Anwendung von § 9 Abs. 1 Nr. 4a Satz 2 EStG als Werbungskosten abgezogen werden. ³Für den Nachweis der Voraussetzungen des § 9 Abs. 2 Satz 3 EStG ist § 65 EStDV entsprechend anzuwenden. ⁴Für die Anerkennung der tatsächlichen Aufwendungen oder der Kilometersätze aus § 9 Abs. 1 Satz 3 Nr. 4a Satz 2 EStG und für die Berücksichtigung von Leerfahrten ist bei rückwirkender Festsetzung oder Änderung des Grads der Behinderung das Gültigkeitsdatum des entsprechenden Nachweises maßgebend.

Sammelpunkt oder weiträumiges Tätigkeitsgebiet i. S. d. § 9 Abs. 1 Satz 3 Nr. 4a Satz 3 EStG

(4) Die Absätze 1 bis 3 gelten bei Fahrten nach § 9 Abs. 1 Satz 3 Nr. 4a Satz 3 EStG entsprechend.

Hinweise

LStH 9.10 *Allgemeine Grundsätze*

→ *BMF vom 31.10.2013 (BStBl. I S. 1376).* – *Anlage § 009-07 –*

Anrechnung von Arbeitgebererstattungen auf die Entfernungspauschale

→ *BMF vom 31.10.2013 (BStBl. I S. 1376), Tz. 1.9* – *Anlage § 009-07 –*

Behinderte Menschen

– → *BMF vom 31.10.2013 (BStBl. I S. 1376), Tz. 3* – *Anlage § 009-07 –*

– *Auch bei Arbeitnehmern mit Behinderung darf grundsätzlich nur eine Hin- und Rückfahrt arbeitstäglich, gegebenenfalls zusätzlich eine Rück- und Hinfahrt als Leerfahrt, berücksichtigt werden (→ BFH vom 2. 4. 1976 – BStBl. II S. 452).*

– *Zur Ermittlung der Absetzungen für Abnutzung sind die Anschaffungskosten um Zuschüsse nach der Kraftfahrzeughilfe-Verordnung zu mindern (→ BFH vom 14.6.2012 – BStBl. II S. 835).*

– *Wird bei einem behinderten Menschen der Grad der Behinderung herabgesetzt und liegen die Voraussetzungen des § 9 Abs. 2 Satz 3 EStG nach der Herabsetzung nicht mehr vor, ist dies ab dem im Bescheid genannten Zeitpunkt zu berücksichtigen. Aufwendungen für Wege zwischen Wohnung und erster Tätigkeitsstätte sowie für Fahrten nach § 9 Abs. 1 Satz 3 Nr. 4a Satz 3 EStG können daher ab diesem Zeitpunkt nicht mehr nach § 9 Abs. 2 Satz 3 EStG bemessen werden (→ BFH vom 11.3.2014 – BStBl. II S. 525).*

Benutzung verschiedener Verkehrsmittel

→ *BMF vom 31.10.2013 (BStBl. I S. 1376), Tz. 1.6* – *Anlage § 009-07 –*

Dienstliche Verrichtungen auf der Fahrt

Eine Fahrt zwischen Wohnung und erster Tätigkeitsstätte liegt auch vor, wenn diese gleichzeitig zu dienstlichen Verrichtungen für den Arbeitgeber genutzt wird, z. B. Abholen der Post, sich dabei aber der Charakter der Fahrt nicht wesentlich ändert und allenfalls ein geringer Umweg erforderlich wird; die erforderliche Umwegstrecke ist als Auswärtstätigkeit zu werten (→ BFH vom 12. 10. 1990 – BStBl. 1991 II S. 134).

Fahrgemeinschaften

→ *BMF vom 31.10.2013 (BStBl. I S. 1376), Tz. 1.5* – *Anlage § 009-07 –*

Fahrtkosten

– ***bei Antritt einer Auswärtstätigkeit von der ersten Tätigkeitsstätte***

Hat der Arbeitnehmer eine erste Tätigkeitsstätte, ist die Entfernungspauschale auch dann anzusetzen, wenn der Arbeitnehmer seine erste Tätigkeitsstätte nur deshalb aufsucht, um von dort eine Auswärtstätigkeit anzutreten oder Aufträge entgegenzunehmen, Bericht zu erstatten oder ähnliche Reisefolgetätigkeiten auszuüben (→ BFH vom 18.1.1991 – BStBl. II S. 408 und vom 2. 2. 1994 – BStBl. II S. 422).

– ***bei einfacher Fahrt***

Wird das Kraftfahrzeug lediglich für eine Hin- oder Rückfahrt benutzt, z. B. wenn sich an die Hinfahrt eine Auswärtstätigkeit anschließt, die an der Wohnung des Arbeitnehmers endet, so ist die Entfernungspauschale nur zur Hälfte anzusetzen (→ BFH vom 26.7.1978

– BStBl. II S. 661). Dasselbe gilt, wenn Hin- und Rückfahrt sich auf unterschiedliche Wohnungen beziehen (→ BFH vom 9. 12. 1988 – BStBl. 1989 II S. 296).

– **bei mehreren ersten Tätigkeitsstätten**
Zum Ansatz der Entfernungspauschale bei mehreren ersten Tätigkeitsstätten in mehreren Dienstverhältnissen (BMF vom 31.10.2013 – BStBl. I S. 1376, Tz. 1.8).

– **bei Nutzung unterschiedlicher Verkehrsmittel**
→ BMF vom 31.10.2013 (BStBl. I S. 1376),Tz. 1.6   – Anlage § 009-07 –

– **zu einem bestimmten Sammelpunkt**
→ § 9 Abs. 1 Satz 3 Nr. 4a Satz 3 EStG und BMF vom 24.10.2014 (BStBl. I S. 1412), Rz. 37 ff.

– **zu einem weiträumigen Tätigkeitsgebiet**
→ § 9 Abs. 1 Satz 3 Nr. 4a Satz 3 EStG und BMF vom 24.10.2014 (BStBl. I S. 1412), Rz. 40 ff.

Leasingsonderzahlung
Durch die Entfernungspauschale wird auch eine Leasingsonderzahlung abgegolten (→ BFH vom 15.4.2010 – BStBl. II S. 805).

Leerfahrten
Wird ein Arbeitnehmer im eigenen Kraftfahrzeug von einem Dritten zu seiner ersten Tätigkeitsstätte gefahren oder wieder abgeholt, so sind die sogenannten Leerfahrten selbst dann nicht zu berücksichtigen, wenn die Fahrten wegen schlechter öffentlicher Verkehrsverhältnisse erforderlich sind (→ BFH vom 7.4.1989 – BStBl. II S. 925).

Mehrere Dienstverhältnisse
→ BMF vom 31.10.2013 (BStBl. I S. 1376),Tz. 1.8   – Anlage § 009-07 –

Mehrere Wege an einem Arbeitstag
– → BMF vom 31.10.2013 (BStBl. I S. 1376),Tz. 1.7   – Anlage § 009-07 –
– Die Abgeltungswirkung der Entfernungspauschale greift auch dann ein, wenn wegen atypischer Dienstzeiten Wege zwischen Wohnung und erster Tätigkeitsstätte zweimal arbeitstäglich erfolgen (→ BFH vom 11.9.2003 – BStBl. II S. 893).

Parkgebühren
→ BMF vom 31.10.2013 (BStBl. I S. 1376),Tz. 1.4   – Anlage § 009-07 –

Park an ride
→ BMF vom 31.10.2013 (BStBl. I S. 1376),Tz. 1.6   – Anlage § 009-07 –

Umwegfahrten
→ Dienstliche Verrichtungen auf der Fahrt
→ Fahrgemeinschaften

Unfallschäden
Neben der Entfernungspauschale können nur Aufwendungen berücksichtigt werden für die Beseitigung von Unfallschäden bei einem Verkehrsunfall
– auf der Fahrt zwischen Wohnung und erster Tätigkeitsstätte (→ BFH vom 23.6.1978 – BStBl. II S. 457 und vom 14.7.1978 – BStBl. II S. 595),
– auf einer Umwegfahrt zum Betanken des Fahrzeugs (→ BFH vom 11.10.1984 – BStBl. 1985 II S. 10),
– unter einschränkenden Voraussetzungen auf einer Leerfahrt des Ehegatten/Lebenspartners zwischen der Wohnung und der Haltestelle eines öffentlichen Verkehrsmittels oder auf der Abholfahrt des Ehegatten/Lebenspartners (→ BFH vom 26.6.1987 – BStBl. II S. 818 und vom 11.2.1993 – BStBl. II S. 518),
– auf einer Umwegstrecke zur Abholung der Mitfahrer einer Fahrgemeinschaft unabhängig von der Gestaltung der Fahrgemeinschaft (→ BFH vom 11.7.1980 – BStBl. II S. 655).

Nicht berücksichtigt werden können die Folgen von Verkehrsunfällen
– auf der Fahrt unter Alkoholeinfluss (→ BFH vom 6.4.1984 – BStBl. II S. 434),
– auf einer Probefahrt (→ BFH vom 23.6.1978 – BStBl. II S. 457),

- *auf einer Fahrt, die nicht von der Wohnung aus angetreten oder an der Wohnung beendet wird (→ BFH vom 25.3.1988 – BStBl. II S. 706),*
- *auf einer Umwegstrecke, wenn diese aus privaten Gründen befahren wird, z. B. zum Einkauf von Lebensmitteln oder um ein Kleinkind unmittelbar vor Arbeitsbeginn in den Hort zu bringen (→ BFH vom 13.3.1996 – BStBl. II S. 375).*

Zu den **berücksichtigungsfähigen Unfallkosten** gehören auch Schadensersatzleistungen, die der Arbeitnehmer unter Verzicht auf die Inanspruchnahme seiner gesetzlichen Haftpflichtversicherung selbst getragen hat.

Nicht berücksichtigungsfähig sind dagegen

- *die in den Folgejahren erhöhten Beiträge für die Haftpflicht- und Fahrzeugversicherung, wenn die Schadensersatzleistungen von dem Versicherungsunternehmen erbracht worden sind (→ BFH vom 11.7.1986 – BStBl. II S. 866),*
- *Finanzierungskosten, und zwar auch dann, wenn die Kreditfinanzierung des Fahrzeugs wegen Verlusts eines anderen Kraftfahrzeugs auf einer Fahrt von der Wohnung zur regelmäßigen Arbeitsstätte erforderlich geworden ist (→ BFH vom 1.10.1982 – BStBl. 1983 II S. 17),*
- *der so genannte merkantile Minderwert eines reparierten und weiterhin benutzten Fahrzeugs (→ BFH vom 31.1.1992 – BStBl. II S. 401).*
- *Reparaturaufwendungen infolge der Falschbetankung eines Kraftfahrzeugs auf der Fahrt zwischen Wohnung und erster Tätigkeitsstätte sowie auf Fahrten nach § 9 Abs. 1 Satz 3 Nr. 4a Satz 3 EStG (→ BFH 20.3.2014 – BStBl. II S. 849).*

Lässt der Arbeitnehmer das unfallbeschädigte Fahrzeug nicht reparieren, kann die Wertminderung durch Absetzungen für außergewöhnliche Abnutzung (§ 7 Abs. 1 letzter Satz i. V. m. § 9 Abs. 1 Satz 3 Nr. 7 EStG) berücksichtigt werden (→ BFH vom 21.8.2012 – BStBl. 2013 II S. 171); Absetzungen sind ausgeschlossen, wenn die gewöhnliche Nutzungsdauer des Fahrzeugs bereits abgelaufen ist (→ BFH vom 21.8.2012 – BStBl. 2013 II S. 171).

→ H 9.12 (Absetzung für Abnutzung).

Soweit die unfallbedingte Wertminderung durch eine Reparatur behoben worden ist, sind nur die tatsächlichen Reparaturkosten zu berücksichtigen (→ BFH vom 27.8.1993 – BStBl. 1994 II S. 235).

Verkehrsgünstigere Strecke

- → BMF vom 31.10.2013 (BStBl. I S. 1376), Tz. 1.4.   – *Anlage § 009-07* –
- *Für die Entfernungspauschale ist die kürzeste Straßenverbindung auch dann maßgeblich, wenn diese mautpflichtig ist oder dem vom Arbeitnehmer verwendeten Verkehrsmittel straßenverkehrsrechtlich nicht benutzt werden darf (→ BFH vom 24.9.2013 – BStBl. 2014 II S. 259).*

Wohnung

- *Ein Hotelzimmer oder eine fremde Wohnung, in denen der Arbeitnehmer nur kurzfristig aus privaten Gründen übernachtet, ist nicht Wohnung i. S. d. § 9 Abs. 1 EStG (→ BFH vom 25.3.1988 – BStBl. II S. 706).*
- *Der Mittelpunkt der Lebensinteressen befindet sich bei einem verheirateten Arbeitnehmer regelmäßig am tatsächlichen Wohnort seiner Familie (→ BFH vom 10.11.1978 – BStBl. 1979 II S. 219 und vom 3.10.1985 – BStBl. 1986 II S. 95).*
- *Aufwendungen für Wege zwischen der erster Tätigkeitsstätte und der Wohnung, die den örtlichen Mittelpunkt der Lebensinteressen des Arbeitnehmers darstellt, sind auch dann als Werbungskosten i.S.d. § 9 Abs. 1 Satz 3 Nr. 4 EStG zu berücksichtigen, wenn die Fahrt an der näher zur ersten Tätigkeitsstätte liegenden Wohnung unterbrochen wird (→ BFH vom 20.12.1991 – BStBl. 1992 II S. 306).*
- *Ob ein Arbeitnehmer seine weiter entfernt liegende Familienwohnung nicht nur gelegentlich aufsucht, ist anhand einer Gesamtwürdigung zu beurteilen. Fünf Fahrten im Kalenderjahr können bei entsprechenden Umständen ausreichend sein (→ BFH vom 26.11.2003 – BStBl. 2004 II S. 233; → R 9.10 Abs. 1 Satz 5).*

LStR

R 9.11 Mehraufwendungen bei doppelter Haushaltsführung

Doppelte Haushaltsführung

(1) ¹Eine doppelte Haushaltsführung liegt nur dann vor, wenn der Arbeitnehmer außerhalb des Ortes, seiner ersten Tätigkeitsstätte einen eigenen Hausstand unterhält und auch am Ort der ersten Tätigkeitsstätte wohnt; die Anzahl der Übernachtungen ist dabei unerheblich. ²Eine doppelte Haushaltsführung liegt nicht vor, solange die auswärtige Beschäftigung als Auswärtstätigkeit anzuerkennen ist.

Berufliche Veranlassung

(2) ¹Das Beziehen einer Zweitwohnung ist regelmäßig bei einem Wechsel des Beschäftigungsorts auf Grund einer Versetzung, des Wechsels oder der erstmaligen Begründung eines Dienstverhältnisses beruflich veranlasst. ²Beziehen beiderseits berufstätige Ehegatten[1]) am gemeinsamen Beschäftigungsort eine gemeinsame Zweitwohnung, liegt ebenfalls eine berufliche Veranlassung vor. ³Auch die Mitnahme des nicht berufstätigen Ehegatten[2]) an den Beschäftigungsort steht der beruflichen Veranlassung einer doppelten Haushaltsführung nicht entgegen. ⁴Bei Zuzug aus dem Ausland kann das Beziehen einer Zweitwohnung auch dann beruflich veranlasst sein, wenn der Arbeitnehmer politisches Asyl beantragt oder erhält. ⁵Eine aus beruflichem Anlass begründete doppelte Haushaltsführung liegt auch dann vor, wenn ein Arbeitnehmer seinen Haupthausstand aus privaten Gründen vom Beschäftigungsort wegverlegt und er darauf in einer Wohnung am Beschäftigungsort einen Zweithaushalt begründet, um von dort seiner Beschäftigung weiter nachgehen zu können. ⁶In den Fällen, in denen bereits zum Zeitpunkt der Wegverlegung des Lebensmittelpunktes vom Beschäftigungsort ein Rückumzug an den Beschäftigungsort geplant ist oder feststeht, handelt es sich hingegen nicht um eine doppelte Haushaltsführung i. S. d. § 9 Abs. 1 Satz 3 Nr. 5 EStG.

Eigener Hausstand

(3) ¹Ein eigener Hausstand setzt eine eingerichtete, den Lebensbedürfnissen entsprechende Wohnung des Arbeitnehmers sowie die finanzielle Beteiligung an den Kosten der Lebensführung (laufende Kosten der Haushaltsführung) voraus. ²In dieser Wohnung muss der Arbeitnehmer einen Haushalt unterhalten, das heißt, er muss die Haushaltsführung bestimmen oder wesentlich mitbestimmen. ³Es ist nicht erforderlich, dass in der Wohnung am Ort des eigenen Hausstands hauswirtschaftliches Leben herrscht, z. B. wenn der Arbeitnehmer seinen nicht berufstätigen Ehegatten an den auswärtigen Beschäftigungsort mitnimmt oder der Arbeitnehmer nicht verheiratet ist. ⁴Die Wohnung muss außerdem der auf Dauer angelegte Mittelpunkt der Lebensinteressen des Arbeitnehmers sein. ⁵Bei größerer Entfernung zwischen dieser Wohnung und der Zweitwohnung, insbesondere bei einer Wohnung im Ausland, reicht bereits eine Heimfahrt im Kalenderjahr aus, um diese als Lebensmittelpunkt anzuerkennen, wenn in der Wohnung auch bei Abwesenheit des Arbeitnehmers hauswirtschaftliches Leben herrscht, an dem sich der Arbeitnehmer sowohl durch persönliche Mitwirkung als auch finanziell maßgeblich beteiligt. ⁶Bei Arbeitnehmern mit einer Wohnung in weit entfernt liegenden Ländern, z. B. Australien, Indien, Japan, Korea, Philippinen, gilt Satz 5 mit der Maßgabe, dass innerhalb von zwei Jahren mindestens eine Heimfahrt unternommen wird.

Ort der Zweitwohnung

(4) Eine Zweitwohnung in der Nähe des Beschäftigungsorts steht einer Zweitwohnung am Beschäftigungsort gleich.

Notwendige Mehraufwendungen

(5) ¹Als notwendige Mehraufwendungen wegen einer doppelten Haushaltsführung kommen in Betracht:
1. die Fahrtkosten aus Anlass der Wohnungswechsel zu Beginn und am Ende der doppelten Haushaltsführung sowie für wöchentliche Heimfahrten an den Ort des eigenen Hausstands (→ Absatz 6) oder Aufwendungen für wöchentliche Familien-Ferngespräche,
2. Verpflegungsmehraufwendungen (→ Absatz 7),
3. Aufwendungen für die Zweitwohnung (→ Absatz 8) und
4. Umzugskosten (→ Absatz 9).

²Führt der Arbeitnehmer mehr als eine Heimfahrt wöchentlich durch, kann er wählen, ob er die nach Satz 1 in Betracht kommenden Mehraufwendungen wegen doppelter Haushaltsführung oder die Fahrtkosten nach R 9.10 geltend machen will. ³Der Arbeitnehmer kann das Wahlrecht bei derselben doppelten Haushaltsführung für jedes Kalenderjahr nur einmal ausüben. ⁴Hat der Arbeitgeber die Zweitwohnung

---

1) Bei Lebenspartnern gilt Entsprechendes → § 2 Abs. 8 EStG.
2) Bei Lebenspartnern gilt Entsprechendes → § 2 Abs. 8 EStG.

unentgeltlich oder teilentgeltlich zur Verfügung gestellt, sind die abziehbaren Fahrtkosten um diesen Sachbezug mit dem nach R 8.1 Abs. 5 und 6 maßgebenden Wert zu kürzen.

Notwendige Fahrtkosten

(6) Als notwendige Fahrtkosten sind anzuerkennen
1. die tatsächlichen Aufwendungen für die Fahrten anlässlich der Wohnungswechsel zu Beginn und am Ende der doppelten Haushaltsführung. ²Für die Ermittlung der Fahrtkosten ist § 9 Abs. 1 Satz 3 Nr. 4a Satz 1 und 2 EStG, R 9.5 Abs. 1 anzuwenden; zusätzlich können etwaige Nebenkosten nach Maßgabe von R 9.8 berücksichtigt werden,
2. die Entfernungspauschale nach § 9 Abs. 1 Satz 3 Nr. 5 Satz 6 EStG für jeweils eine tatsächlich durchgeführte Heimfahrt wöchentlich. ²Aufwendungen für Fahrten mit einem im Rahmen des Dienstverhältnisses zur Nutzung überlassenen Kraftfahrzeug können nicht angesetzt werden (→ Absatz 10 Satz 7 Nr. 1).

Notwendige Verpflegungsaufwendungen

(7) ¹Die dem Arbeitnehmer im Rahmen einer doppelten Haushaltsführung tatsächlich entstandenen, beruflich veranlassten Mehraufwendungen für Verpflegung sind unter den Voraussetzungen des § 9 Abs. 4a Satz 12 und 13 EStG mit den dort genannten Pauschbeträgen anzusetzen. ²Ist der Tätigkeit am Beschäftigungsort eine Auswärtstätigkeit an diesen Beschäftigungsort unmittelbar vorausgegangen, ist deren Dauer auf die Dreimonatsfrist anzurechnen (→ § 9 Abs. 4a Satz 13 EStG). ³Für den Ablauf der Dreimonatsfrist gilt R 9.6 Abs. 4 mit der Maßgabe, dass der Neubeginn der Dreimonatsfrist voraussetzt, dass die bisherige Zweitwohnung nicht beibehalten wurde. ⁴R 9.6 Abs. 2 ist zu beachten. ⁵Verlegt der Arbeitnehmer seinen Lebensmittelpunkt i. S. d. Absatzes 3 aus privaten Gründen (→ Absatz 2 Satz 5) vom Beschäftigungsort weg und begründet in seiner bisherigen Wohnung oder einer anderen Unterkunft am Beschäftigungsort einen Zweithaushalt, um von dort seiner Beschäftigung weiter nachgehen zu können, liegen notwendige Verpflegungsmehraufwendungen nur vor, wenn und soweit der Arbeitnehmer am Beschäftigungsort zuvor nicht bereits drei Monate gewohnt hat; die Dauer eines unmittelbar der Begründung des Zweithaushalts am Beschäftigungsort vorausgegangenen Aufenthalts am Ort des Zweithaushalts ist auf die Dreimonatsfrist anzurechnen.

Notwendige Aufwendungen für die Zweitwohnung

(8) ¹Bei einer doppelten Haushaltsführung im Inland sind die tatsächlichen Kosten für die Zweitwohnung im Rahmen des Höchstbetrags nach § 9 Abs. 1 Satz 3 Nr. 5 Satz 4 EStG anzuerkennen. ²Aufwendungen für eine im Ausland gelegene Zweitwohnung sind zu berücksichtigen, soweit sie notwendig und angemessen sind. ³Steht die Zweitwohnung im Ausland im Eigentum des Arbeitnehmers, sind die Aufwendungen in der Höhe als notwendig anzusehen, in der sie der Arbeitnehmer als Mieter für eine nach Größe, Ausstattung und Lage angemessene Wohnung tragen müsste.

Umzugskosten

(9) ¹Umzugskosten anlässlich der Begründung, Beendigung oder des Wechsels einer doppelten Haushaltsführung sind vorbehaltlich des Satzes 4 Werbungskosten, wenn der Umzug beruflich veranlasst ist. ²Der Nachweis der Umzugskosten i. S. d. § 10 BUKG¹⁾ ist notwendig, weil für sie keine Pauschalierung möglich ist. ³Dasselbe gilt für die sonstigen Umzugsauslagen i. S. d. § 18 AUV bei Beendigung einer doppelten Haushaltsführung durch den Rückumzug eines Arbeitnehmers in das Ausland. ⁴Verlegt der Arbeitnehmer seinen Lebensmittelpunkt i. S. d. Absatzes 3 aus privaten Gründen (→ Absatz 2 Satz 5) vom Beschäftigungsort weg und begründet in seiner bisherigen Wohnung am Beschäftigungsort einen Zweithaushalt, um von dort seiner Beschäftigung weiter nachgehen zu können, sind diese Umzugskosten keine Werbungskosten, sondern Kosten der privaten Lebensführung; Entsprechendes gilt für Umzugskosten, die nach Wegverlegung des Lebensmittelpunktes vom Beschäftigungsort durch die endgültige Aufgabe der Zweitwohnung am Beschäftigungsort entstehen; es sei denn, dass dieser Umzug wie z. B. im Falle eines Arbeitsplatzwechsels ausschließlich beruflich veranlasst ist. ⁵Für Umzugskosten, die nach Wegverlegung des Lebensmittelpunktes vom Beschäftigungsort für den Umzug in eine andere, ausschließlich aus beruflichen Gründen genutzte Zweitwohnung am Beschäftigungsort entstehen, gelten die Sätze 1 bis 3 entsprechend.

Erstattung durch den Arbeitgeber oder Werbungskostenabzug

(10) ¹Die notwendigen Mehraufwendungen nach den Absätzen 5 bis 9 können als Werbungskosten abgezogen werden, soweit sie nicht vom Arbeitgeber nach den folgenden Regelungen steuerfrei erstattet werden. ²Die Erstattung der Mehraufwendungen bei doppelter Haushaltsführung durch den Arbeitgeber ist nach § 3 Nr. 13 oder 16 EStG steuerfrei, soweit keine höheren Beträge erstattet werden, als nach Satz 1

---

1) Anhang 15.

RL 9.11 § 9

als Werbungskosten abgezogen werden können. ³Dabei kann der Arbeitgeber bei Arbeitnehmern in den Steuerklassen III, IV oder V ohne weiteres unterstellen, dass sie einen eigenen Hausstand haben, an denn sie sich finanziell beteiligen. ⁴Bei anderen Arbeitnehmern darf der Arbeitgeber einen eigenen Hausstand nur dann anerkennen, wenn sie schriftlich erklären, dass sie neben einer Zweitwohnung am Beschäftigungsort außerhalb des Beschäftigungsorts einen eigenen Hausstand unterhalten, an denn sie sich auch finanziell beteiligen, und die Richtigkeit dieser Erklärung durch Unterschrift bestätigen. ⁵Diese Erklärung ist als Beleg zum Lohnkonto aufzubewahren. ⁶Das Wahlrecht des Arbeitnehmers nach Absatz 5 hat der Arbeitgeber nicht zu beachten. ⁷Darüber hinaus gilt Folgendes:

1. Hat der Arbeitgeber oder für dessen Rechnung ein Dritter dem Arbeitnehmer einen Kraftwagen zur Durchführung der Heimfahrten unentgeltlich überlassen, kommen ein Werbungskostenabzug und eine Erstattung von Fahrtkosten nicht in Betracht.

2. Verpflegungsmehraufwendungen dürfen nur bis zu den nach Absatz 7 maßgebenden Pauschbeträgen steuerfrei erstattet werden.

3. ¹Die notwendigen Aufwendungen für die Zweitwohnung an einem Beschäftigungsort im Inland dürfen ohne Einzelnachweis für einen Zeitraum von drei Monaten mit einem Pauschbetrag **von** 20 Euro und für die Folgezeit mit einem Pauschbetrag **von** 5 Euro je Übernachtung steuerfrei erstattet werden, wenn dem Arbeitnehmer die Zweitwohnung nicht unentgeltlich oder teilentgeltlich zur Verfügung gestellt worden ist. ²Bei einer Zweitwohnung im Ausland können die notwendigen Aufwendungen ohne Einzelnachweis für einen Zeitraum von drei Monaten mit dem für eine Auswärtstätigkeit geltenden ausländischen Übernachtungspauschbetrag und für die Folgezeit mit 40 % dieses Pauschbetrags steuerfrei erstattet werden.

4. Bei der Erstattung der Mehraufwendungen durch den Arbeitgeber dürfen unter Beachtung von Nummer 1 bis 3 die einzelnen Aufwendungsarten zusammengefasst werden; in diesem Falle ist die Erstattung steuerfrei, soweit sie die Summe der nach Absatz 5 Nr. 1 bis 4 zulässigen Einzelerstattungen nicht übersteigt.

Hinweise

LStH 9.11 (1–4) *Beibehaltung der Wohnung*

– *Ist der doppelte Haushalt beruflich begründet worden, ist es unerheblich, ob in der Folgezeit auch die Beibehaltung beider Wohnungen beruflich veranlasst ist (→ BFH vom 30. 9. 1988 – BStBl. 1989 II S. 103) oder ob der gemeinsame Wohnsitz beiderseits berufstätiger Ehegatten/Lebenspartner über die Jahre gleich bleibt oder verändert wird (→ BFH vom 30.10.2008 – BStBl. 2009 II S. 153).*

– *Nach einer mehrmonatigen Beurlaubung kann in der alten Wohnung am früheren Beschäftigungsort auch erneut eine doppelte Haushaltsführung begründet werden (→ BFH vom 8.7.2010 – BStBl. 2011 II S. 47).*

Berufliche Veranlassung

– *→ R 9.11 Abs. 2 und BMF vom 24.10.2014 (BStBl. I S. 1412), Rz. 101.*

– Anlage § 009-06 –

– *Eine beruflich begründete doppelte Haushaltsführung liegt vor, wenn aus beruflicher Veranlassung in einer Wohnung am Beschäftigungsort ein zweiter (doppelter) Haushalt zum Hausstand des Stpfl. hinzutritt. Der Haushalt in der Wohnung am Beschäftigungsort ist beruflich veranlasst, wenn ihn der Stpfl. nutzt, um seinen Arbeitsplatz von dort aus erreichen zu können (→ BFH vom 5.3.2009 – BStBl. II S. 1012 und 1016).*

– *Eine aus beruflichem Anlass begründete doppelte Haushaltsführung kann auch dann vorliegen, wenn ein Stpfl. seinen Haupthausstand aus privaten Gründen vom Beschäftigungsort wegverlegt und er darauf in einer Wohnung am Beschäftigungsort einen Zweithaushalt begründet, um von dort seiner bisherigen Beschäftigung weiter nachgehen zu können (→ BFH vom 5.3.2009 – BStBl. II S. 1012 und 1016).*

– *Der berufliche Veranlassungszusammenhang einer doppelten Haushaltsführung wird nicht allein dadurch beendet, dass ein Arbeitnehmer seinen Familienhausstand innerhalb desselben Ortes verlegt (→ BFH vom 4.4.2006 – BStBl. II S. 714).*

Beschäftigung am Hauptwohnsitz

Aufwendungen eines Arbeitnehmers für eine Zweitwohnung an einem auswärtigen Beschäftigungsort sind auch dann wegen doppelter Haushaltsführung als Werbungskosten abziehbar, wenn der Arbeitnehmer zugleich am Ort seines Hausstandes beschäftigt ist (→ BFH vom 24.5.2007 – BStBl. II S. 609).

Ehegatten/Lebenspartner

Bei verheirateten Arbeitnehmern kann für jeden Ehegatten eine doppelte Haushaltsführung beruflich veranlasst sein, wenn die Ehegatten außerhalb des Ortes ihres gemeinsamen Hausstands an verschiedenen Orten beschäftigt sind und am jeweiligen Beschäftigungsort eine Zweitwohnung beziehen (→ BFH vom 6. 10. 1994 – BStBl. 1995 II S. 184). Entsprechendes gilt für Lebenspartnerschaften (§ 2 Abs. 8 EStG).

Eheschließung/Begründung einer Lebenspartnerschaft

Eine beruflich veranlasste doppelte Haushaltsführung liegt auch in den Fällen vor, in denen der eigene Hausstand nach der Eheschließung am Beschäftigungsort des ebenfalls berufstätigen Ehegatten begründet (→ BFH vom 6. 9. 1977 – BStBl. 1978 II S. 32, vom 20. 3. 1980 – BStBl. II S. 455 und vom 4.10.1989 – BStBl. 1990 II S. 321) oder wegen der Aufnahme einer Berufstätigkeit des Ehegatten an dessen Beschäftigungsort verlegt und am Beschäftigungsort eine Zweitwohnung des Arbeitnehmers begründet worden ist (→ BFH vom 2. 10. 1987 – BStBl. II S. 852). Entsprechendes gilt für Lebenspartnerschaften (§ 2 Abs. 8 EStG).

Eigener Hausstand

– *Die Wohnung muss grundsätzlich aus eigenem Recht, z. B. als Eigentümer oder als Mieter genutzt werden, wobei auch ein gemeinsames oder abgeleitetes Nutzungsrecht ausreichen kann (→ BFH vom 5.10.1994 – BStBl. 1995 II S. 180 und BMF vom 24.10.2014 (BStBl. I S. 1412, Rz. 100). Ein eigener Hausstand wird auch anerkannt, wenn die Wohnung zwar allein vom Lebensgefährten des Arbeitnehmers angemietet wurde, dieser sich aber mit Duldung seines Lebensgefährten dauerhaft dort aufhält und sich finanziell in einem Umfang an der Haushaltsführung beteiligt, dass daraus auf eine gemeinsame Haushaltsführung geschlossen werden kann (→ BFH vom 12.9.2000 – BStBl. 2001 II S. 29).*

– *Bei einem alleinstehenden Arbeitnehmer ist zu prüfen, ob er einen eigenen Hausstand unterhält oder in einen fremden Haushalt eingegliedert ist; er muss sich an den Kosten auch finanziell beteiligen (→ BMF vom 24.10.2014 (BStBl. I S. 1412, Rz. 100).*

– *Ein eigener Hausstand liegt nicht vor bei Arbeitnehmern, die – wenn auch gegen Kostenbeteiligung – in den Haushalt der Eltern eingegliedert sind oder in der Wohnung der Eltern lediglich ein Zimmer bewohnen (→ BFH vom 5. 10. 1994 – BStBl. 1995 II S. 180).*

– *Ein Vorbehaltsnießbrauch zu Gunsten der Eltern an einem Zweifamilienhaus eines unverheirateten Arbeitnehmers schließt nicht aus, dass dieser dort einen eigenen Hausstand als Voraussetzung für eine doppelte Haushaltsführung unterhält, wenn gesichert ist, dass er die Wohnung nicht nur vorübergehend nutzen kann; bei dieser Prüfung kommt es auf den Fremdvergleich nicht an (→ BFH vom 4.11.2003 – BStBl. 2004 II S. 16).*

– *Unterhält ein unverheirateter Arbeitnehmer am Ort des Lebensmittelpunkts seinen Haupthausstand, so kommt es für das Vorliegen einer doppelten Haushaltsführung nicht darauf an, ob die ihm dort zur ausschließlichen Nutzung zur Verfügung stehenden Räumlichkeiten den bewertungsrechtlichen Anforderungen an eine Wohnung gerecht werden (→ BFH vom 14.10.2004 – BStBl. 2005 II S. 98).*

Nutzung der Zweitwohnung

Es ist unerheblich, wie oft der Arbeitnehmer tatsächlich in der Zweitwohnung übernachtet (→ BFH vom 9. 6. 1988 – BStBl. II S. 990).

Private Veranlassung

→ R 9.11 Abs. 2 Satz 6

LStH 9.11

Zeitlicher Zusammenhang

Es ist gleichgültig, ob die → Zweitwohnung in zeitlichem Zusammenhang mit dem Wechsel des Beschäftigungsorts, nachträglich (→ BFH vom 9. 3. 1979 – BStBl. II S. 520) oder im Rahmen eines Umzugs aus einer privat begründeten → Zweitwohnung (→ BFH vom 26. 8. 1988 – BStBl. 1989 II S. 89) bezogen worden ist.

Zweitwohnung am Beschäftigungsort

– Als Zweitwohnung am Beschäftigungsort kommt jede dem Arbeitnehmer entgeltlich oder unentgeltlich zur Verfügung stehende Unterkunft in Betracht, z. B. auch eine Eigentumswohnung, ein möbliertes Zimmer, ein Hotelzimmer, eine Gemeinschaftsunterkunft (→ BFH vom 3. 10. 1985 – BStBl. 1986 II S. 369) oder bei Soldaten die Unterkunft in der Kaserne (→ BFH vom 20. 12. 1982 – BStBl. 1983 II S. 269).

– Eine Wohnung dient dem Wohnen am Beschäftigungsort, wenn sie dem Arbeitnehmer ungeachtet von Gemeinde- oder Landesgrenzen ermöglicht, seine Arbeitsstätte täglich aufzusuchen (→ BFH vom 19.4.2012 – BStBl. II S. 833).

– → BMF vom 24.10.2014 (BStBl. I S. 1412), Rz. 101. – *Anlage § 009-06* –

LStH 9.11 (5–10) *Drittaufwand*

Der Abzug der Aufwendungen für die Zweitwohnung ist ausgeschlossen, wenn die Aufwendungen auf Grund eines Dauerschuldverhältnisses (z. B. Mietvertrag) von einem Dritten getragen werden (→ BFH vom 13. 3. 1996 – BStBl. II S. 375 und vom 24. 2. 2000 – BStBl. II S. 314).

Eigene Zweitwohnung

Bei einer im Eigentum des Arbeitnehmers stehenden Zweitwohnung gilt Folgendes:

– Zu den Aufwendungen gehören auch die Absetzungen für Abnutzung, Hypothekenzinsen und Reparaturkosten (→ BFH vom 3. 12. 1982 – BStBl. 1983 II S. 467).

– → BMF vom 24.10.2014 (BStBl. I S. 1412), Rz. 103. – *Anlage § 009-06* –

Erstattung durch den Arbeitgeber

– Steuerfrei → § 3 Nr. 13, 16 EStG, R 3.13, 3.16 und BMF vom 24.10.2014 (BStBl. I S. 1412), Rz. 108. – *Anlage § 009-06* –

– Steuerfreie Arbeitgebererstattungen mindern die abziehbaren Werbungskosten auch dann, wenn sie erst im Folgejahr geleistet werden (→ BFH vom 20.9.2006 – BStBl. II S. 756).

Familienheimfahrten

Tritt der den doppelten Haushalt führende Ehegatte die wöchentliche Familienheimfahrt aus privaten Gründen nicht an, sind die Aufwendungen für die stattdessen durchgeführte Besuchsfahrt des anderen Ehegatten zum Beschäftigungsort keine Werbungskosten (→ BFH vom 2.2.2011 – BStBl. II S. 456). Entsprechendes gilt für die Besuchsfahrten des Lebenspartners (§ 2 Abs. 8 EStG).

– Die Entfernungspauschale für eine wöchentliche Familienheimfahrt im Rahmen einer doppelten Haushaltsführung kann aufwandsunabhängig in Anspruch genommen werden. Steuerfrei geleistete Reisekostenvergütungen und steuerfrei gewährte Freifahrten sind jedoch mindernd auf die Entfernungspauschale anzurechnen (→ BFH vom 18.4.2013 – BStBl. II S. 735).

– Aufwendungen für Familienheimfahrten des Arbeitnehmers mit einem vom Arbeitgeber überlassenen Dienstwagen berechtigen nach § 9 Abs. 1 Satz 3 Nr. 5 Satz 8 EStG nicht zum Werbungskostenabzug (→ BFH vom 28.2.2013 – BStBl. II S. 629).

– Wird bei einem behinderten Menschen der Grad der Behinderung herabgesetzt und liegen die Voraussetzungen des § 9 Abs. 2 Satz 3 EStG nach der Herabsetzung nicht mehr vor, ist dies ab dem im Bescheid genannten Zeitpunkt zu berücksichtigen. Aufwendungen für Familienheimfahrten können daher ab diesem Zeitpunkt nicht mehr nach § 9 Abs. 2 Satz 3 EStG bemessen werden (→ BFH vom 11.3.2014 – BStBl. II S. 525).

§ 9

Kostenarten

Zu den einzelnen Kostenarten bei Vorliegen einer doppelten Haushaltsführung
→ BFH vom 4.4.2006 (BStBl. II S. 567).

Pauschbeträge bei doppelter Haushaltsführung im Ausland

→ BMF vom 19.12.2014 (BStBl. 2015 I S. 34); zur Begrenzung auf 40 % → R 9.11
Abs. 10 Satz 7 Nr. 3 Satz 2. – Anlage § 009-02 –

Telefonkosten

Anstelle der Aufwendungen für eine Heimfahrt an den Ort des eigenen Hausstands können die Gebühren für ein Ferngespräch bis zu einer Dauer von 15 Minuten mit Angehörigen, die zum eigenen Hausstand des Arbeitnehmers gehören, berücksichtigt werden (→ BFH vom 18. 3. 1988 – BStBl. II S. 988).

Übernachtungskosten

Die Übernachtungskosten sind für den Werbungskostenabzug grundsätzlich im Einzelnen nachzuweisen. Sie können geschätzt werden, wenn sie dem Grunde nach zweifelsfrei entstanden sind (→ BFH vom 12.9.2001 – BStBl. II S. 775).

Umzugskosten

- → R 9.11 Abs. 9
- Zu den notwendigen Mehraufwendungen einer doppelten Haushaltsführung gehören auch die durch das Beziehen oder die Aufgabe der Zweitwohnung verursachten tatsächlichen Umzugskosten (→ BFH vom 29. 4. 1992 – BStBl. II S. 667).
- → H 9.9 (Doppelter Mietaufwand)

Unfallschäden

→ H 9.10

Unterkunftskosten

- bei doppelter Haushaltsführung im Inland → BMF vom 24.10.2014 (BStBl. I S. 1412), Rz. 102 ff. – Anlage § 009-06 –
- bei doppelter Haushaltsführung im Ausland sind die tatsächlichen Mietkosten anzusetzen, soweit sie nicht überhöht sind (→ BFH vom 16.3.1979 – BStBl. II S. 473). Entsprechendes gilt für die tatsächlich angefallenen Unterkunftskosten im eigenen Haus (→ BFH vom 24.5.2000 – BStBl. II S. 474). Nicht überhöht sind Aufwendungen, die sich für eine Wohnung von 60 qm bei einem ortsüblichen Mietzins je qm für eine nach Lage und Ausstattung durchschnittliche Wohnung (Durchschnittsmietzins) ergeben würden (→ BFH vom 9.8.2007 – BStBl. II S. 820).
- Ein häusliches Arbeitszimmer in der Zweitwohnung am Beschäftigungsort ist bei der Ermittlung der abziehbaren Unterkunftskosten nicht zu berücksichtigen; der Abzug der hierauf entfallenden Aufwendungen richtet sich nach § 4 Abs. 5 Satz 1 Nr. 6b EStG (→ BFH vom 9.8.2007 – BStBl. 2009 II S. 722).
- Die Vorschriften über den Abzug notwendiger Mehraufwendungen wegen einer aus beruflichem Anlass begründeten doppelten Haushaltsführung stehen dem allgemeinen Werbungskostenabzug umzugsbedingt geleisteter Mietzahlungen nicht entgegen (→ BFH vom 13.7.2011, BStBl. 2012 II S. 104); → H 9.9 (Doppelter Mietaufwand).

Verpflegungsmehraufwendungen

- R 9.11 Abs. 7 und BMF vom 24.10.2014 (BStBl. I S. 1412) Rz. 57.
  – Anlage § 009-06 –
- Die Begrenzung des Abzugs von Mehraufwendungen für die Verpflegung auf drei Monate bei einer aus beruflichem Anlass begründeten doppelten Haushaltsführung ist verfassungsgemäß (→ BFH vom 8.7.2010 – BStBl. 2011 II S. 32).

Wahlrecht

Wählt der Arbeitnehmer den Abzug der Fahrtkosten nach R 9.10, so kann er Verpflegungsmehraufwendungen nach R 9.11 Abs. 7 und Aufwendungen für die Zweitwohnung nach R 9.11 Abs. 8 auch dann nicht geltend machen, wenn ihm Fahrtkosten nicht an jedem Arbeitstag entstanden sind, weil er sich in **Rufbereitschaft** zu halten oder mehrere Arbeitsschichten nacheinander abzuleisten hatte (→ BFH vom 2. 10. 1992 – BStBl. 1993 II S. 113).

LStR

R 9.12 Arbeitsmittel

¹Die Anschaffungs- oder Herstellungskosten von Arbeitsmitteln einschließlich der Umsatzsteuer können im Jahr der Anschaffung oder Herstellung in voller Höhe als Werbungskosten abgesetzt werden, wenn sie ausschließlich der Umsatzsteuer für das einzelne Arbeitsmittel die Grenze für geringwertige Wirtschaftsgüter nach § 9 Abs. 1 Satz 3 Nr. 7 Satz 2 EStG nicht übersteigen. ²Höhere Anschaffungs- oder Herstellungskosten sind auf die Kalenderjahre der voraussichtlichen gesamten Nutzungsdauer des Arbeitsmittels zu verteilen und in jedem dieser Jahre anteilig als Werbungskosten zu berücksichtigen. ³Wird ein als Arbeitsmittel genutztes Wirtschaftsgut veräußert, ist ein sich eventuell ergebender Veräußerungserlös bei den Einkünften aus nichtselbständiger Arbeit nicht zu erfassen.

Hinweise

LStH 9.12 Absetzung für Abnutzung

– *Außergewöhnliche technische oder wirtschaftliche Abnutzungen sind zu berücksichtigen (→ BFH vom 29. 4. 1983 – BStBl. II S. 586 – im Zusammenhang mit einem Diebstahl eingetretene Beschädigung an einem als Arbeitsmittel anzusehenden PKW).*

– *Eine technische Abnutzung kann auch dann in Betracht kommen, wenn wirtschaftlich kein Wertverzehr eintritt (→ BFH vom 31. 1. 1986 – BStBl. II S. 355 – als Arbeitsmittel ständig in Gebrauch befindliche Möbelstücke, → BFH vom 26.1.2001 – BStBl. II S. 194 – im Konzertalltag regelmäßig bespielte Meistergeige).*

– *Wird ein Wirtschaftsgut nach einer Nutzung außerhalb der Einkunftsarten als Arbeitsmittel verwendet, so sind die weiteren AfA von den Anschaffungs- oder Herstellungskosten einschließlich Umsatzsteuer nach der voraussichtlichen gesamten Nutzungsdauer des Wirtschaftsguts in gleichen Jahresbeträgen zu bemessen. Der auf den Zeitraum vor der Verwendung als Arbeitsmittel entfallende Teil der Anschaffungs- oder Herstellungskosten des Wirtschaftsguts (fiktive AfA) gilt als abgesetzt (→ BFH vom 14. 2. 1989 – BStBl. II S. 922 und vom 2. 2. 1990 – BStBl. II S. 684). Dies gilt auch für geschenkte Wirtschaftsgüter (→ BFH vom 16. 2. 1990 – BStBl. II S. 883).*

– *Der Betrag, der nach Umwidmung eines erworbenen oder geschenkten Wirtschaftsguts zu einem Arbeitsmittel nach Abzug der fiktiven AfA von den Anschaffungs- oder Herstellungskosten einschließlich Umsatzsteuer verbleibt, kann aus Vereinfachungsgründen im Jahr der erstmaligen Verwendung des Wirtschaftsguts als Arbeitsmittel in voller Höhe als Werbungskosten abgezogen werden, wenn er 410 Euro nicht übersteigt (→ BFH vom 16. 2. 1990 – BStBl. II S. 883).*

– *Die Peripherie-Geräte einer PC-Anlage sind regelmäßig keine geringwertigen Wirtschaftsgüter (→ BFH vom 19.2.2004 – BStBl. II S. 958).*

Angemessenheit

Aufwendungen für ein Arbeitsmittel können auch dann Werbungskosten sein, wenn sie zwar ungewöhnlich hoch, aber bezogen auf die berufliche Stellung und die Höhe der Einnahmen nicht unangemessen sind.

– → *BFH vom 10.3.1978 (BStBl. II S. 459) – Anschaffung eines Flügels durch eine am Gymnasium Musik unterrichtende Lehrerin*

– → *BFH vom 21.10.1988 (BStBl. 1989 II S. 356) – Anschaffung eines Flügels durch eine Musikpädagogin*

Aufteilung der Anschaffungs- oder Herstellungskosten

– *Betreffen Wirtschaftsgüter sowohl den beruflichen als auch den privaten Bereich des Arbeitnehmers, ist eine Aufteilung der Anschaffungs- oder Herstellungskosten in nicht abziehbare Aufwendungen für die Lebensführung und in Werbungskosten nur zulässig, wenn objektive Merkmale und Unterlagen eine zutreffende und leicht nachprüfbare Trennung ermöglichen und wenn außerdem der berufliche Nutzungsanteil nicht von untergeordneter Bedeutung ist (→ BFH vom 19.10.1970 – BStBl. 1971 II S. 17).*

- Die Aufwendungen sind voll abziehbar, wenn die Wirtschaftsgüter ausschließlich oder ganz überwiegend der Berufsausübung dienen.

  → BFH vom 18.2.1977 (BStBl. II S. 464) – Schreibtisch im Wohnraum eines Gymnasiallehrers

  → BFH vom 21.10.1988 (BStBl. 1989 II S. 356) – Flügel einer Musikpädagogin

- Ein privat angeschaffter und in der privaten Wohnung aufgestellter Personalcomputer kann ein Arbeitsmittel sein. Eine private Mitbenutzung ist unschädlich, soweit sie einen Nutzungsanteil von etwa 10 % nicht übersteigt. Die Kosten eines gemischt genutzten PC sind aufzuteilen. § 12 Nr. 1 Satz 2 EStG steht einer solchen Aufteilung nicht entgegen (→ BFH vom 19.2.2004 – BStBl. II S. 958).

Ausstattung eines häuslichen Arbeitszimmers mit Arbeitsmitteln

→ BMF vom 2.3.2011 (BStBl. I S. 195) – Anlage § 004-03 –

Berufskleidung

- Begriff der typischen Berufskleidung

  → R 3.31

- Reinigung von typischer Berufskleidung in privater Waschmaschine

  Werbungskosten sind neben den unmittelbaren Kosten des Waschvorgangs (Wasser- und Energiekosten, Wasch- und Spülmittel) auch die Aufwendungen in Form der Abnutzung sowie Instandhaltung und Wartung der für die Reinigung eingesetzten Waschmaschine. Die Aufwendungen können ggf. geschätzt werden (→ BFH vom 29.6.1993 – BStBl. II S. 837 und 838).

Diensthund

Die Aufwendungen eines Polizei-Hundeführers für den ihm anvertrauten Diensthund sind Werbungskosten (→ BFH vom 30.6.2010 – BStBl. 2011 II S. 45).

Fachbücher und Fachzeitschriften

Bücher und Zeitschriften sind Arbeitsmittel, wenn sichergestellt ist, dass die erworbenen Bücher und Zeitschriften ausschließlich oder ganz überwiegend beruflichen Zwecken dienen.

Die allgemeinen Grundsätze zur steuerlichen Behandlung von Arbeitsmitteln gelten auch, wenn zu entscheiden ist, ob Bücher als Arbeitsmittel eines Lehrers zu würdigen sind. Die Eigenschaft eines Buchs als Arbeitsmittel ist bei einem Lehrer nicht ausschließlich danach zu bestimmen, in welchem Umfang der Inhalt eines Schriftwerks in welcher Häufigkeit Eingang in den abgehaltenen Unterricht gefunden hat. Auch die Verwendung der Literatur zur Unterrichtsvorbereitung oder die Anschaffung von Büchern und Zeitschriften für eine Unterrichtseinheit, die nicht abgehalten worden ist, kann eine ausschließliche oder zumindest weitaus überwiegende berufliche Nutzung der Literatur begründen (→ BFH vom 20.5.2010 – BStBl. 2011 II S. 723).

Medizinische Hilfsmittel

Aufwendungen für die Anschaffung medizinischer Hilfsmittel sind selbst dann nicht als Werbungskosten abziehbar, wenn sie ausschließlich am Arbeitsplatz benutzt werden.

→ BFH vom 23.10.1992 (BStBl. 1993 II S. 193) – Bildschirmbrille

Nachweis der beruflichen Nutzung

Bei der Anschaffung von Gegenständen, die nach der Lebenserfahrung ganz überwiegend zu Zwecken der Lebensführung angeschafft werden, gelten erhöhte Anforderungen an den Nachweis der beruflichen Nutzung.

→ BFH vom 27.9.1991 (BStBl. 1992 II S. 195) – Videorecorder

→ BFH vom 15.1.1993 (BStBl. II S. 348) – Spielecomputer

Transport

Anteilige Aufwendungen für den Transport von Arbeitsmitteln bei einem privat veranlassten Umzug sind nicht als Werbungskosten abziehbar (→ BFH vom 21. 7. 1989 – BStBl. II S. 972).

LStR

R 9.13 Werbungskosten bei Heimarbeitern

(1) Bei Heimarbeitern i.S.d. Heimarbeitsgesetzes können Aufwendungen, die unmittelbar durch die Heimarbeit veranlasst sind, z. B. Miete und Aufwendungen für Heizung und Beleuchtung der Arbeitsräume, Aufwendungen für Arbeitsmittel und Zutaten sowie für den Transport des Materials und der fertiggestellten Waren, als Werbungskosten anerkannt werden, soweit sie die Heimarbeiterzuschläge nach Absatz 2 übersteigen.

(2) ¹Lohnzuschläge, die den Heimarbeitern zur Abgeltung der mit der Heimarbeit verbundenen Aufwendungen neben dem Grundlohn gezahlt werden, sind insgesamt aus Vereinfachungsgründen nach § 3 Nr. 30 und 50 EStG steuerfrei, soweit sie 10 % des Grundlohns nicht übersteigen. ²Die oberste Finanzbehörde eines Landes kann mit Zustimmung des Bundesministeriums der Finanzen den Prozentsatz für bestimmte Gruppen von Heimarbeitern an die tatsächlichen Verhältnisse anpassen.

Hinweise

LStH 9.14 Häusliches Arbeitszimmer

Allgemeine Grundsätze

→ BMF vom 2.3.2011 (BStBl. I S. 195) – **Anlage § 004-03** –

Ausstattung

Aufwendungen für Einrichtungsgegenstände wie z. B. Bücherschränke oder Schreibtische, die zugleich Arbeitsmittel sind, sind nach § 9 Abs. 1 Satz 3 Nr. 6 EStG abziehbar (→ BFH vom 21.11.1997 – BStBl. 1998 II S. 351).

Außerhäusliches Arbeitszimmer

Werden im Dachgeschoss eines Mehrfamilienhauses Räumlichkeiten, die nicht zur Privatwohnung gehören, als Arbeitszimmer genutzt, handelt es sich hierbei im Regelfall um ein außerhäusliches Arbeitszimmer, das nicht unter die Abzugsbeschränkung des § 4 Abs. 5 Satz 1 Nr. 6b EStG fällt. Etwas anderes kann dann gelten, wenn die Räumlichkeiten auf Grund der unmittelbaren räumlichen Nähe mit den privaten Wohnräumen als gemeinsame Wohneinheit verbunden sind (→ BFH vom 18.8.2005 – BStBl. 2006 II S. 428).

Berufliche Nutzung mehrerer Räume

Zur Abgrenzung eines häuslichen Arbeitszimmers zu sonstigen beruflich genutzten Räumen → BFH vom 26.3.2009 (BStBl. II S. 598).

Drittaufwand

Es gilt der Grundsatz, dass – auch bei zusammenveranlagten Ehegatten – nur derjenige Aufwendungen steuerlich abziehen kann, der sie tatsächlich getragen hat. Daraus folgt:

– *Ehegatten, die gemeinsam die Herstellungskosten des von ihnen bewohnten Hauses getragen haben und die darin jeweils einen Raum für eigenbetriebliche Zwecke nutzen, können jeweils die auf diesen Raum entfallenden Herstellungskosten für die Dauer der betrieblichen Nutzung als Betriebsausgaben/Werbungskosten in Form von AfA geltend machen (→ BFH vom 23.8.1999 – BStBl. II S. 774).*

– *Beteiligt sich der Arbeitnehmer an den Anschaffungs- oder Herstellungskosten eines Gebäudes, das seinem Ehepartner gehört und in dem der Arbeitnehmer ein Arbeitszimmer für seine beruflichen Zwecke nutzt, kann er die auf diesen Raum entfallenden eigenen Aufwendungen grundsätzlich als Werbungskosten (AfA) geltend machen. In diesem Fall sind die auf das Arbeitszimmer entfallenden Anschaffungs- oder Herstellungskosten Bemessungsgrundlage der AfA, soweit sie der Kostenbeteiligung des Arbeitnehmers entsprechen (→ BFH vom 23.8.1999 – BStBl. II S. 778).*

– *Erwerben der Arbeitnehmer und sein Ehegatte aus gemeinsamen Mitteln gleichzeitig jeweils einander gleiche Eigentumswohnungen zum Allgemeineigentum und nutzt der Arbeitnehmer in der von den Ehegatten gemeinsam zu Wohnzwecken genutzten Wohnung des Ehegatten ein Arbeitszimmer alleine zu beruflichen Zwecken, kann er die darauf entfallenden Anschaffungskosten grundsätzlich nicht als eigene Werbungskosten (AfA) geltend machen. Die vom Eigentümer-Ehegatten aufgewendeten Anschaffungskosten des Arbeitszimmers sind somit keine Werbungskosten des Arbeitnehmers (keine Anerkennung von Drittaufwand). Abziehbar sind hingegen die durch die Nutzung des Arbeitszimmers verursachten laufenden Aufwendungen (z.B. anteilige Energie- und Reparaturkosten des*

– *Arbeitszimmers), wenn sie entweder vom Arbeitnehmer-Ehegatten absprachegemäß übernommen oder von den Ehegatten gemeinsam getragen werden (etwa von einem gemeinsamen Bankkonto). Nicht abziehbar sind dagegen – ungeachtet der gemeinsamen Kostentragung – die durch das Eigentum bedingten Kosten, wie z. B. Grundsteuer, Schuldzinsen, allgemeine Reparaturkosten (→ BFH vom 23.8.1999 – BStBl. II S. 782).*

– *Allein auf Grund der Tatsache, dass der Arbeitnehmer gemeinsam mit seinem Ehepartner ein Arbeitszimmer in der dem Ehegatten gehörenden Wohnung nutzt, sind ihm die anteiligen Anschaffungs- oder Herstellungskosten des Arbeitszimmers entsprechend seiner Nutzung zur Vornahme von AfA nicht zuzurechnen (→ BFH vom 23.8.1999 – BStBl. II S. 787).*

– *Sind die Ehegatten nicht Eigentümer des Hauses oder der Wohnung, ist der Abzug der Aufwendungen für ein Arbeitszimmer ausgeschlossen, wenn die Aufwendungen auf Grund eines Dauerschuldverhältnisses (z. B. Mietvertrag) vom Ehegatten des Arbeitnehmers getragen werden (→ BFH vom 24.2.2000 – BStBl. II S. 314).*

Ermittlung der abziehbaren Aufwendungen

– *Die Aufwendungen für das häusliche Arbeitszimmer, z. B. anteilige Miete und Heizungskosten sowie die unmittelbaren Kosten der Ausstattung, Reinigung und Renovierung, sind Werbungskosten, bei Mitbenutzung zu Ausbildungszwecken anteilig Sonderausgaben (→ BFH vom 22.6.1990 – BStBl. II S. 901).*

– *Die anteiligen Kosten des Arbeitszimmers sind nach dem Verhältnis der Fläche des Arbeitszimmers zur gesamten Wohnfläche einschließlich des Arbeitszimmers zu ermitteln (→ BFH vom 10.4.1987 – BStBl. II S. 500).*

– *Vergrößert sich die Gesamtwohnfläche durch Erweiterungsbaumaßnahmen, so ergibt sich ein veränderter Aufteilungsmaßstab; sind die Erweiterungsbaumaßnahmen mit Krediten finanziert, so sind die darauf entfallenden Schuldzinsen dem häuslichen Arbeitszimmer selbst dann anteilig zuzuordnen, wenn die Baumaßnahmen das Arbeitszimmer nicht unmittelbar betroffen haben (→ BFH vom 21.8.1995 – BStBl. II S. 729).*

– *Wegen der berücksichtigungsfähigen Kosten dem Grunde und der Höhe nach, wenn das Arbeitszimmer in einem selbstgenutzten Haus oder in einer selbstgenutzten Eigentumswohnung gelegen ist, → BFH vom 18.10.1983 (BStBl. 1984 II S. 112).*

– *Die AfA richtet sich bei einem selbstgenutzten häuslichen Arbeitszimmer im eigenen Einfamilienhaus nach § 7 Abs. 4 Satz 1 Nr. 2 oder Abs. 5 Satz 1 Nr. 2 EStG; eine (höhere) Absetzung nach § 7 Abs. 5 Satz 1 Nr. 3 EStG ist nicht zulässig (→ BFH vom 30.6.1995 – BStBl. II S. 598 und vom 4.8.1995 – BStBl. II S. 727).*

– *Liegt das Arbeitszimmer in einer den Ehegatten gemeinsam gehörenden Wohnung, einem gemeinsamen Einfamilienhaus oder einer gemeinsamen Eigentumswohnung, so sind die auf das Arbeitszimmer anteilig entfallenden Aufwendungen einschließlich AfA grundsätzlich unabhängig vom Miteigentumsanteil des anderen Ehegatten zu berücksichtigen (→ BFH vom 12.2.1988 – BStBl. II S. 764); Entsprechendes gilt für die auf das Arbeitszimmer anteilig entfallenden Schuldzinsen (→ BFH vom 3.4.1987 – BStBl. II S. 623).*

– *Vergütungen an den Ehegatten für die Reinigung des Arbeitszimmers sind keine Werbungskosten (→ BFH vom 27.10.1978 – BStBl. 1979 II S. 80).*

Fortbildungszwecke

Steht einem Arbeitnehmer beim Arbeitgeber ein Büroarbeitsplatz auch für Fortbildungsmaßnahmen zur Verfügung, schließt dies regelmäßig die steuerliche Berücksichtigung von Kosten für ein zu Fortbildungszwecken genutztes häusliches Arbeitszimmer aus (→ BFH vom 5.10.2011 – BStBl. 2012 II S. 127).

Kunstgegenstände

Aufwendungen für Kunstgegenstände, die zur Einrichtung eines häuslichen Arbeitszimmers gehören, sind regelmäßig keine Werbungskosten (→ BFH vom 30.10.1990 – BStBl. 1991 II S. 340 und vom 12.3.1993 – BStBl. II S. 506).

Räumliche Voraussetzungen

– *Zu den Voraussetzungen für die steuerliche Anerkennung gehört, dass das Arbeitszimmer von den privat genutzten Räumen getrennt ist (→ BFH vom 6.12.1991 – BStBl. 1992 II S. 304).*

- Neben dem Arbeitszimmer muss genügend Wohnraum vorhanden sein (→ BFH vom 26.4.1985 – BStBl. II S. 467).
- Ein häusliches Arbeitszimmer ist steuerlich nicht anzuerkennen, wenn das Arbeitszimmer ständig durchquert werden muss, um andere privat genutzte Räume der Wohnung zu erreichen (→ BFH vom 18.10.1983 – BStBl. 1984 II S. 110); die private Mitbenutzung des Arbeitszimmers ist dagegen von untergeordneter Bedeutung, wenn es nur durchquert werden muss, um z. B. das Schlafzimmer zu erreichen (→ BFH vom 19.8.1988 – BStBl. II S. 1000).

Telearbeitsplatz

- Auch ein Raum, in dem ein Arbeitnehmer zuhause einen Telearbeitsplatz unterhält, kann dem Typus des häuslichen Arbeitszimmers entsprechen (→ BFH vom 26.2.2014 – BStBl. II S. 568).
- Wird eine in qualitativer Hinsicht gleichwertige Arbeitsleistung wöchentlich an drei Tagen an einem häuslichen Telearbeitsplatz und an zwei Tagen im Betrieb des Arbeitgebers erbracht, liegt der Mittelpunkt der gesamten beruflichen Betätigung im häuslichen Arbeitszimmer (→ BFH vom 23.5.2006 – BStBl. II S. 600).

Vermietung an den Arbeitgeber

→ BMF vom 13.12.2005 (BStBl. 2006 I S. 4)   – Anlage § 019-06 –

Vorweggenommene Aufwendungen

- Ob die Aufwendungen für das Herrichten eines häuslichen Arbeitszimmers für eine nachfolgende berufliche Tätigkeit als Werbungskosten abziehbar sind, bestimmt sich nach den zu erwartenden Umständen der späteren beruflichen Tätigkeit. Nicht entscheidend ist, ob die beabsichtigte berufliche Nutzung im Jahr des Aufwands bereits begonnen hat (→ BFH vom 23.5.2006 – BStBl. II S. 600).
- Aufwendungen für ein häusliches Arbeitszimmer während einer Erwerbslosigkeit sind nur abziehbar, wenn der Abzug auch bei der späteren beruflichen Tätigkeit möglich wäre (→ BFH vom 2.12.2005 – BStBl. 2006 II S. 329).

Rechtsprechungsauswahl

BFH v. 8. 10. 2014 VI R 7/13 (BFH-Webseite): Doppelte Haushaltsführung: Beginn der Dreimonatsfrist in Wegverlegungsfällen, § 9 Abs. 5 i.V.m. § 4 Abs. 5 Satz 1 Nr. 5 Sätze 5 und 6

1. Verlegt ein Steuerpflichtiger seinen Haupthausstand aus privaten Gründen vom Beschäftigungsort weg und nutzt daraufhin seine bereits vorhandene Wohnung am Beschäftigungsort aus beruflichen Gründen als Zweithaushalt (sog. Wegverlegungsfall), so wird die doppelte Haushaltsführung mit Umwidmung der bisherigen Wohnung des Steuerpflichtigen in einen Zweithaushalt begründet (Bestätigung der Senatsrechtsprechung).
2. Mit dem Zeitpunkt der Umwidmung beginnt in sog. Wegverlegungsfällen die Dreimonatsfrist für die Abzugsfähigkeit von Verpflegungsmehraufwendungen.

BFH v. 17. 7. 2014 VI R 72/13 (BFH-Webseite): Vorlage an das BVerfG: Ausschluss des Werbungskostenabzugs für Berufsausbildungskosten – rückwirkende Geltung der Neuregelung des Abzugs von Berufsausbildungskosten

1. Es wird eine Entscheidung des BVerfG darüber eingeholt, ob § 9 Abs. 6 EStG i.d.F. des BeitrRLUmsG vom 7. Dezember 2011 (BGBl I 2011, 2592) insoweit mit dem GG vereinbar ist, als danach Aufwendungen des Steuerpflichtigen für seine erstmalige Berufsausbildung (hier: zum Berufspiloten) oder für ein Erststudium, das zugleich eine Erstausbildung vermittelt, keine Werbungskosten sind, wenn diese Berufsausbildung oder dieses Erststudium nicht im Rahmen eines Dienstverhältnisses stattfindet und auch keine weiteren einkommensteuerrechtlichen Regelungen bestehen, nach denen die vom Abzugsverbot betroffenen Aufwendungen die einkommensteuerliche Bemessungsgrundlage mindern (Rn. 56) (Rn. 65).
2. Die Anordnung der rückwirkenden Geltung der Neuregelung der einkommensteuerrechtlichen Vorschriften zur Berücksichtigung von Aufwendungen für die eigene Berufsausbildung (§ 9 Abs. 6, § 4 Abs. 9, § 52 Abs. 23d Satz 5, § 52 Abs. 12 Satz 11 EStG i.d.F. des BeitrRLUmsG) verstößt nicht gegen die Prinzipien der Rechtssicherheit und des Vertrauensschutzes.
3. Im Lichte der von Art. 12 GG geschützten Berufswahlfreiheit ist es von Verfassungs wegen nicht zulässig, den Steuerpflichtigen auf Ausbildungsgänge zu verweisen, die keine oder geringere Kosten verursachen, sei es, weil ausbildende Unternehmen aus eigenen Interessen die Ausbildungskosten

übernehmen, sei es, weil die öffentliche Hand entsprechend kostengünstige oder sogar unentgeltliche Bildungseinrichtungen zur Verfügung stellt.
4. Ein Werbungskostenabzug ist selbst dann möglich, wenn der Steuerpflichtige gegenwärtig noch keine Einnahmen erzielt. Solche Aufwendungen sind als vorab entstandene (vorweggenommene) Werbungskosten abziehbar, wenn sie in einem hinreichend konkreten, objektiv feststellbaren Veranlassungszusammenhang mit späteren Einnahmen stehen. Dies gilt nicht nur für Lohneinkünfte, sondern für alle Überschusseinkunftsarten. Bei Gewinneinkünften gilt Entsprechendes; hier sind vorab entstandene Erwerbsaufwendungen als vorweggenommene Betriebsausgaben abziehbar (vgl. BFH-Rechtsprechung).

BFH v. 17. 7. 2014 VI R 2/13 (BFH-Webseite): Vorlage an das BVerfG: Ausschluss des Werbungskostenabzugs für Berufsausbildungskosten – rückwirkende Geltung der Neuregelung des Abzugs von Berufsausbildungskosten

1. Es wird eine Entscheidung des BVerfG darüber eingeholt, ob § 9 Abs. 6 EStG i.d.F. des BeitrRLUmsG vom 7. Dezember 2011 (BGBl I 2011, 2592) insoweit mit dem GG vereinbar ist, als danach Aufwendungen des Steuerpflichtigen für seine erstmalige Berufsausbildung (hier: zum Berufspiloten) oder für ein Erststudium, das zugleich eine Erstausbildung vermittelt, keine Werbungskosten sind, wenn diese Berufsausbildung oder dieses Erststudium nicht im Rahmen eines Dienstverhältnisses stattfindet und auch keine weiteren einkommensteuerrechtlichen Regelungen bestehen, nach denen die vom Abzugsverbot betroffenen Aufwendungen die einkommensteuerliche Bemessungsgrundlage mindern.
2. Die Anordnung der rückwirkenden Geltung der Neuregelung der einkommensteuerrechtlichen Vorschriften zur Berücksichtigung von Aufwendungen für die eigene Berufsausbildung (§ 9 Abs. 6, § 4 Abs. 9, § 52 Abs. 23d Satz 5, § 52 Abs. 12 Satz 11 EStG i.d.F. des BeitrRLUmsG) verstößt nicht gegen die Prinzipien der Rechtssicherheit und des Vertrauensschutzes.
3. Im Lichte der von Art. 12 GG geschützten Berufswahlfreiheit ist es von Verfassungs wegen nicht zulässig, den Steuerpflichtigen auf Ausbildungsgänge zu verweisen, die keine oder geringere Kosten verursachen, sei es, weil ausbildende Unternehmen aus eigenen Interessen die Ausbildungskosten übernehmen, sei es, weil die öffentliche Hand entsprechend kostengünstige oder sogar unentgeltliche Bildungseinrichtungen zur Verfügung stellt.
4. Ein Werbungskostenabzug ist selbst dann möglich, wenn der Steuerpflichtige gegenwärtig noch keine Einnahmen erzielt. Solche Aufwendungen sind als vorab entstandene (vorweggenommene) Werbungskosten abziehbar, wenn sie in einem hinreichend konkreten, objektiv feststellbaren Veranlassungszusammenhang mit späteren Einnahmen stehen. Dies gilt nicht nur für Lohneinkünfte, sondern für alle Überschusseinkunftsarten. Bei Gewinneinkünften gilt Entsprechendes; hier sind vorab entstandene Erwerbsaufwendungen als vorweggenommene Betriebsausgaben abziehbar (vgl. BFH-Rechtsprechung).

BFH v. 17. 7. 2014 VI R 8/12 (BFH-Webseite): Vorlage an das BVerfG: Ausschluss des Werbungskostenabzugs für Berufsausbildungskosten – rückwirkende Geltung der Neuregelung des Abzugs von Berufsausbildungskosten

1. Die Anordnung der rückwirkenden Geltung der Neuregelung der einkommensteuerrechtlichen Vorschriften zur Berücksichtigung von Aufwendungen für die eigene Berufsausbildung (§ 9 Abs. 6, § 4 Abs. 9, § 52 Abs. 23d Satz 5, § 52 Abs. 12 Satz 11 EStG i.d.F. des BeitrRLUmsG) verstößt nicht gegen die Prinzipien der Rechtssicherheit und des Vertrauensschutzes.
2. Im Lichte der von Art. 12 GG geschützten Berufswahlfreiheit ist es von Verfassungs wegen nicht zulässig, den Steuerpflichtigen auf Ausbildungsgänge zu verweisen, die keine oder geringere Kosten verursachen, sei es, weil ausbildende Unternehmen aus eigenen Interessen die Ausbildungskosten übernehmen, sei es, weil die öffentliche Hand entsprechend kostengünstige oder sogar unentgeltliche Bildungseinrichtungen zur Verfügung stellt.
3. Ein Werbungskostenabzug ist selbst dann möglich, wenn der Steuerpflichtige gegenwärtig noch keine Einnahmen erzielt. Solche Aufwendungen sind als vorab entstandene (vorweggenommene) Werbungskosten abziehbar, wenn sie in einem hinreichend konkreten, objektiv feststellbaren Veranlassungszusammenhang mit späteren Einnahmen stehen. Dies gilt nicht nur für Lohneinkünfte, sondern für alle Überschusseinkunftsarten. Bei Gewinneinkünften gilt Entsprechendes; hier sind vorab entstandene Erwerbsaufwendungen als vorweggenommene Betriebsausgaben abziehbar (vgl. BFH-Rechtsprechung).
4. Parallelentscheidungen: BFH-Beschlüsse vom 17.7.2014 VI R 61/11, VI R 38/12, VI R 2/13 und VI R 72/13.

Rechtsprechung § 9

BFH v. 17. 7. 2014 VI R 2/12 (BFH-Webseite): Vorlage an das BVerfG: Ausschluss des Werbungskostenabzugs für Berufsausbildungskosten – rückwirkende Geltung der Neuregelung des Abzugs von Berufsausbildungskosten

1. Die Anordnung der rückwirkenden Geltung der Neuregelung der einkommensteuerrechtlichen Vorschriften zur Berücksichtigung von Aufwendungen für die eigene Berufsausbildung (§ 9 Abs. 6, § 4 Abs. 9, § 52 Abs. 23d Satz 5, § 52 Abs. 12 Satz 11 EStG i.d.F. des BeitrRLUmsG) verstößt nicht gegen die Prinzipien der Rechtssicherheit und des Vertrauensschutzes.
2. Im Lichte der von Art. 12 GG geschützten Berufswahlfreiheit ist es von Verfassungs wegen nicht zulässig, den Steuerpflichtigen auf Ausbildungsgänge zu verweisen, die keine oder geringere Kosten verursachen, sei es, weil ausbildende Unternehmen aus eigenen Interessen die Ausbildungskosten übernehmen, sei es, weil die öffentliche Hand entsprechend kostengünstige oder sogar unentgeltliche Bildungseinrichtungen zur Verfügung stellt.
3. Ein Werbungskostenabzug ist selbst dann möglich, wenn der Steuerpflichtige gegenwärtig noch keine Einnahmen erzielt. Solche Aufwendungen sind als vorab entstandene (vorweggenommene) Werbungskosten abziehbar, wenn sie in einem hinreichend konkreten, objektiv feststellbaren Veranlassungszusammenhang mit späteren Einnahmen stehen. Dies gilt nicht nur für Lohneinkünfte, sondern für alle Überschusseinkunftsarten. Bei Gewinneinkünften gilt Entsprechendes; hier sind vorab entstandene Erwerbsaufwendungen als vorweggenommene Betriebsausgaben abziehbar (vgl. BFH-Rechtsprechung).
4. Parallelentscheidungen: BFH-Beschlüsse vom 17.7.2014 VI R 61/11, VI R 38/12, VI R 2/13 und VI R 72/13.

BFH v. 17. 7. 2014 VI R 61/11 (BFH-Webseite): Vorlage an das BVerfG: Ausschluss des Werbungskostenabzugs für Berufsausbildungskosten – rückwirkende Geltung der Neuregelung des Abzugs von Berufsausbildungskosten)

1. Es wird eine Entscheidung des BVerfG darüber eingeholt, ob § 9 Abs. 6 EStG i.d.F. des BeitrRLUmsG vom 7. Dezember 2011 (BGBl I 2011, 2592) insoweit mit dem GG vereinbar ist, als danach Aufwendungen des Steuerpflichtigen für seine erstmalige Berufsausbildung oder für ein Erststudium, das zugleich eine Erstausbildung vermittelt, keine Werbungskosten sind, wenn diese Berufsausbildung oder dieses Erststudium nicht im Rahmen eines Dienstverhältnisses stattfindet und auch keine weiteren einkommensteuerrechtlichen Regelungen bestehen, nach denen die vom Abzugsverbot betroffenen Aufwendungen die einkommensteuerliche Bemessungsgrundlage mindern.
2. Die Anordnung der rückwirkenden Geltung der Neuregelung der einkommensteuerrechtlichen Vorschriften zur Berücksichtigung von Aufwendungen für die eigene Berufsausbildung (§ 9 Abs. 6, § 4 Abs. 9, § 52 Abs. 23d Satz 5, § 52 Abs. 12 Satz 11 EStG i.d.F. des BeitrRLUmsG) verstößt nicht gegen die Prinzipien der Rechtssicherheit und des Vertrauensschutzes.
3. Eine erstmalige Berufsausbildung oder ein Erststudium i.S. des § 9 Abs. 6 EStG i.d.F. des BeitrRLUmsG, das zugleich eine Erstausbildung vermittelt, liegt nur vor, wenn diese Berufsausbildung auch abgeschlossen ist. Gehört zu dieser Berufsausbildung auch ein formaler Abschluss durch eine Prüfung, ist auch noch diese Teil der Berufsausbildung und erst mit deren Bestehen die Berufsausbildung abgeschlossen.
4. Im Lichte der von Art. 12 GG geschützten Berufswahlfreiheit ist es von Verfassungs wegen nicht zulässig, den Steuerpflichtigen auf Ausbildungsgänge zu verweisen, die keine oder geringere Kosten verursachen, sei es, weil ausbildende Unternehmen aus eigenen Interessen die Ausbildungskosten übernehmen, sei es, weil die öffentliche Hand entsprechend kostengünstige oder sogar unentgeltliche Bildungseinrichtungen zur Verfügung stellt.
5. Ein Werbungskostenabzug ist selbst dann möglich, wenn der Steuerpflichtige gegenwärtig noch keine Einnahmen erzielt. Solche Aufwendungen sind als vorab entstandene (vorweggenommene) Werbungskosten abziehbar, wenn sie in einem hinreichend konkreten, objektiv feststellbaren Veranlassungszusammenhang mit späteren Einnahmen stehen. Dies gilt nicht nur für Lohneinkünfte, sondern für alle Überschusseinkunftsarten. Bei Gewinneinkünften gilt Entsprechendes; hier sind vorab entstandene Erwerbsaufwendungen als vorweggenommene Betriebsausgaben abziehbar (vgl. BFH-Rechtsprechung).

BFH v. 26. 6. 2014 VI R 59/13 (BFH-Webseite): Wohnen am Beschäftigungsort bei doppelter Haushaltsführung

Eine Wohnung dient dem Wohnen am Beschäftigungsort, wenn sie dem Arbeitnehmer ungeachtet von Gemeinde- oder Landesgrenzen ermöglicht, seine Arbeitsstätte täglich aufzusuchen. Die Entscheidung darüber, ob eine solche Wohnung so gelegen ist, dass der Arbeitnehmer in zumutbarer Weise täglich von dort seine Arbeitsstätte aufsuchen kann, obliegt in erster Linie der tatrichterlichen Würdigung durch das Finanzgericht (Anschluss an BFH-Urteil vom 19. April 2012 VI R 59/11, BFHE 237, 449, BStBl. II 2012, 833).

BFH v. 10. 4. 2014 VI R 79/13 (BFH-Webseite): Doppelte Haushaltsführung durch alleinstehenden Arbeitnehmer – Möglichkeit der Nutzung einer abgeschlossenen Wohnung im Elternhaus

Ob ein alleinstehender Arbeitnehmer einen eigenen Hausstand unterhält oder nur in einen fremden eingegliedert ist, entscheidet sich unter Einbeziehung und Gewichtung aller tatsächlichen Verhältnisse im Rahmen einer den Finanzgerichten als Tatsacheninstanz obliegenden Gesamtwürdigung (Anschluss an BFH-Urteil vom 28. März 2012 VI R 87/10, BFHE 236, 553, BStBl. II 2012, 800).

BFH v. 10. 4. 2014 VI R 57/13 (BStBl. II S. 850): Verlust einer Darlehensforderung als Werbungskosten bei den Einkünften aus nichtselbständiger Arbeit

1. Der Verlust einer aus einer Gehaltsumwandlung entstandenen Darlehensforderung eines Arbeitnehmers gegen seinen Arbeitgeber kann insoweit zu Werbungskosten bei den Einkünften aus nichtselbständiger Arbeit führen, als der Arbeitnehmer ansonsten keine Entlohnung für seine Arbeitsleistung erhalten hätte, ohne seinen Arbeitsplatz erheblich zu gefährden.

2. Der Umstand, dass ein außenstehender Dritter, insbesondere eine Bank, dem Arbeitgeber kein Darlehen mehr gewährt hätte, ist lediglich ein Indiz für eine beruflich veranlasste Darlehenshingabe, nicht aber unabdingbare Voraussetzung für den Werbungskostenabzug eines Darlehensverlustes bei den Einkünften aus nichtselbständiger Arbeit.

BFH v. 10. 4. 2014 VI R 11/13 (BStBl. II S. 804): Auswärtstätigkeit im Ausland – Werbungskostenabzug - Abgrenzung zwischen lediglich „vorübergehender" Entsendung und von Anbeginn dauerhafter Entsendung an den neuen Beschäftigungsort

1. Ein Arbeitnehmer, der zunächst für drei Jahre und anschließend wiederholt befristet von seinem Arbeitgeber ins Ausland entsandt worden ist, begründet dort keine regelmäßige Arbeitsstätte i.S. des § 9 Abs. 1 Satz 3 Nr. 4 EStG, auch wenn er mit dem ausländischen Unternehmen für die Dauer des Entsendungszeitraums einen unbefristeten Arbeitsvertrag abgeschlossen hat.

2. Wird der Arbeitnehmer bei seiner Auswärtstätigkeit von Familienangehörigen begleitet, sind Aufwendungen für Übernachtungen nur anteilig als Werbungskosten nach § 9 Abs. 1 Satz 1 EStG zu berücksichtigen.

Fußn. d. BMF zum 2. Leitsatz: Ab dem Veranlagungszeitraum 2014 gelten neue gesetzliche Regelungen zur Bestimmung der ersten Tätigkeitsstätte und der auswärtigen beruflichen Tätigkeit – § 9 Abs. 4 EStG i.d.F. des Gesetzes zur Änderung und Vereinfachung der Unternehmensbesteuerung und des steuerlichen Reisekostenrechts vom 20. Februar 2013, BGBl. I S. 285, BStBl. I S. 188 –.

BFH v. 20. 3. 2014 VI R 29/13 (BStBl. II S. 849): Entfernungspauschale: Abgeltungswirkung der Entfernungspauschale nach § 9 Abs. 1 Satz 3 Nr. 4 Satz 2 und Abs. 2 Satz 1 EStG 2009

Reparaturaufwendungen infolge der Falschbetankung eines PKW auf der Fahrt zwischen Wohnung und Arbeitsstätte sind nicht als Werbungskosten abziehbar.

BFH v. 11. 3. 2014 VI B 95/13 (BStBl. II S. 525): Fortgeltung des Schwerbehindertenausweises – Neufeststellungsverfahren – Nachwirkungszeitraum – besondere Regelungen für behinderte Menschen

1. Wird bei einem schwerbehinderten Menschen der Grad der Behinderung von 80 oder mehr auf weniger als 50 herabgesetzt, ist dies einkommensteuerrechtlich ab dem im Bescheid genannten Zeitpunkt zu berücksichtigen. Aufwendungen für Fahrten zwischen Wohnung und regelmäßiger Arbeitsstätte sowie Familienheimfahrten im Rahmen einer doppelten Haushaltsführung können daher nicht mehr nach § 9 Abs. 2 Satz 3 Nr. 1 EStG bemessen werden. Es bedarf keiner grundsätzlichen Klärung, dass § 116 Abs. 1 SGB IX oder § 38 Abs. 1 SchwbG im Steuerrecht nicht anzuwenden ist.

2. § 9 Abs. 2 Satz 3 Nr. 1 EStG ist keine Schutzvorschrift für Schwerbehinderte i.S. des § 38 Abs. 1 SchwbG bzw. besondere Regelung für schwerbehinderte Menschen i.S. des § 116 Abs. 1 SGB IX.

BFH v. 26. 2. 2014 VI R 54/13 (BFH-Webseite): Regelmäßige Arbeitsstätte einer Kabinenchefin

Eine Kabinenchefin unterhält am Heimatflughafen ihrer Fluglinie auch dann keine regelmäßige Arbeitsstätte, wenn sie diesen arbeitstäglich anfährt.

BFH v. 26.2.2014 VI R 40/12 (BStBl. II S. 568): Häusliches Arbeitszimmer bei Telearbeitsplatz

Auch ein Raum, in dem ein Steuerpflichtiger zuhause einen Telearbeitsplatz unterhält, kann dem Typus des häuslichen Arbeitszimmers entsprechen.

Rechtsprechung § 9

BFH v. 12. 12. 2013 VI R 20/13 (BFH-Webseite): Entfernungspauschale: Maßgebliche Straßenverbindung bei Erhebung von Straßenbenutzungsgebühren

Für die Entfernungspauschale ist die kürzeste Straßenverbindung auch dann maßgeblich, wenn diese mautpflichtig ist.

BFH v. 24. 9. 2013 VI R 20/13 (BStBl. 2014 II S. 259): Entfernungspauschale: Maßgebliche Straßenverbindung bei straßenverkehrsrechtlichen Benutzungsverboten und bei der Erhebung von Straßenbenutzungsgebühren

1. Straßenverbindung zwischen Wohnung und Arbeitsstätte i.S. des § 9 Abs. 1 Satz 3 Nr. 4 Satz 4 EStG ist diejenige Verbindung, die von Kraftfahrzeugen mit bauartbestimmter Höchstgeschwindigkeit von mehr als 60 km/h befahren werden kann.
2. Für die Entfernungspauschale ist die kürzeste Straßenverbindung auch dann maßgeblich, wenn diese mautpflichtig ist oder mit dem vom Arbeitnehmer tatsächlich verwendeten Verkehrsmittel straßenverkehrsrechtlich nicht benutzt werden darf.

BFH v. 24. 9. 2013 VI R 35/11 (BFH-Webseite): Kosten aus Anlass eines Priesterjubiläums als Werbungskosten

1. Dienstjubiläen werden als herausgehobene persönliche Ereignisse regelmäßig als durch die private Sphäre des Arbeitnehmers veranlasst beurteilt. Im Einzelfall kann im Hinblick auf den Anlass der Feier eine andere Beurteilung geboten sein.
2. Die Aufwendungen eines katholischen Priesters für die Feier aus Anlass seines Priesterjubiläums sind privat veranlasst.

BFH v. 8. 8. 2013 VI R 27/12 (BFH-Webseite): Keine regelmäßige Arbeitsstätte bei befristeter Versetzung des Arbeitnehmers an eine andere betriebliche Einrichtung des Arbeitgebers

Ein Arbeitnehmer, der von seinem Arbeitgeber für zwei Jahre befristet an einer anderen betrieblichen Einrichtung als seinem bisherigen Tätigkeitsort eingesetzt wird, begründet dort keine regelmäßige Arbeitsstätte i.S. des § 9 Abs.1 Satz 3 Nr. 4 EStG und keinen Tätigkeitsmittelpunkt i.S. von § 4 Abs. 5 Satz 1 Nr. 5 Satz 2 EStG.

BFH v. 6. 8. 2013 VIII R 33/11 (BFH-Webseite): Kein Betriebsausgabenabzug bei Überlassung eines nicht näher bezeichneten Pkw als Mietentgelt für die Anmietung von Betriebsräumen unter Ehegatten – Anforderungen an ein ordnungsgemäßes Fahrtenbuch – Keine freie Schätzung des Anteils der Privatnutzung

1. Ein Mietvertrag zwischen Eheleuten über Räume für die Ausübung einer freiberuflichen Tätigkeit hält dem Fremdvergleich nicht stand, wenn die als Betriebsausgabe geltend gemachte Miete lediglich in Form einer Überlassung des "jeweiligen" Geschäftswagens zur Nutzung zu leisten ist.
2. Die Anwendung der 1 %- Regelung in § 6 Abs. 1 Nr. 4 Satz 2 EStG kann nur durch ein Fahrtenbuch vermieden werden, das den zu versteuernden Privatanteil an der Gesamtfahrleistung vollständig und richtig ausweist und ermöglicht, den zu versteuernden Anteil an der Gesamtfahrleistung mit vertretbarem Aufwand zu überprüfen (Anschluss u.a. an BFH-Urteil vom 1. März 2012 VI R 33/10, BFHE 236, 497, BStBl. II 2012, 505).
3. Ein Fahrtenbuch muss zeitnah und in geschlossener Form geführt werden; lose handschriftlich geführte Aufzeichnungen können nicht durch nachträgliche Aufzeichnungen abgelichen werden (Anschluss an BFH-Beschluss vom 12. Juli 2011 VI B 12/11, BFH/NV 2011, 1863).

BFH v. 11. 7. 2013 VI R 37/12 (BStBl. II S. 815): Werbungskosten bei beruflich veranlassten Krankheiten

Aufwendungen zur Wiederherstellung der Gesundheit können dann betrieblich oder beruflich veranlasst sein, wenn es sich um eine typische Berufskrankheit handelt oder der Zusammenhang zwischen der Erkrankung und dem Beruf eindeutig feststeht.

BFH v. 5. 6. 2013 VI R 76/13 (BFH-Webseite): Doppelte Haushaltsführung – Mehrgenerationenhaushalt

1. Ein eigener Hausstand wird auch dann unterhalten, wenn der Haupthausstand im Rahmen eines Mehrgenerationenhaushalts (mit den Eltern) geführt wird. Bei älteren, wirtschaftlich selbständigen, berufstätigen Kindern, die mit ihren Eltern oder einem Elternteil in einem gemeinsamen Haushalt leben, ist regelmäßig davon auszugehen, dass sie die Führung des Haushalts maßgeblich mitbestimmen, so dass ihnen dieser Hausstand als „eigener" zugerechnet werden kann.

§ 9 Rechtsprechung

2. Der Übernahme einer besonderen finanziellen Verantwortung für den (gemeinsamen) Hausstand durch die gleichmäßige Beteiligung an den laufenden Haushalts- und Lebenshaltungskosten durch den Steuerpflichtigen bedarf es nicht (Anschluss an BFH-Urteil vom 16. Januar 2013 VI R 46/12, BFHE 240, 241, BStBl. II 2013, 627).

BFH v. 15. 5. 2013 VI R 41/12 (BStBl. II S. 704): Verpflegungsmehraufwand für Leiharbeitnehmer

Auch Leiharbeitnehmern steht Verpflegungsmehraufwand nur in den Grenzen der Dreimonatsfrist nach § 4 Abs. 5 Satz 1 Nr. 5 Satz 5 EStG zu. Insoweit gilt für Leiharbeitnehmer nichts anderes als für andere auswärts tätige Arbeitnehmer.

BFH v. 15. 5. 2013 VI R 18/12 (BStBl. II S. 838): Leiharbeitnehmer regelmäßig auswärts tätig

Die regelmäßige Arbeitsstätte ist insbesondere durch den örtlichen Bezug zum Arbeitgeber gekennzeichnet. Ein Arbeitnehmer ist deshalb grundsätzlich dann auswärts tätig, wenn er außerhalb einer dem Arbeitgeber zuzuordnenden Tätigkeitsstätte (Betriebsstätte) tätig wird, wie dies insbesondere bei Leiharbeitnehmern der Fall ist.

BFH v. 28. 2. 2013 VI R 6/12 (BStBl. 2015 II S. 180): Berufsausbildung i.S. der §§ 9 Abs. 6, 12 Nr. 5 EStG - Werbungskostenabzug bei Ausbildung einer Flugbegleiterin zur Verkehrsflugzeugführerin

Weder die erstmalige Berufsausbildung i.S. des § 12 Nr. 5 EStG noch die i.S. des § 9 Abs. 6 EStG setzen ein Berufsausbildungsverhältnis nach dem Berufsbildungsgesetz oder eine bestimmte Ausbildungsdauer voraus (Fortführung der Senatsrechtsprechung, Urteil vom 27. Oktober 2011 VI R 52/10, BFHE 235, 444, BStBl. II 2012, 825).

BFH v. 28. 2. 2013 VI R 33/11 (BStBl. II S. 629): Werbungskostenabzug für mit Dienstwagen durchgeführte Familienheimfahrten – Korrespondierender Anwendungsbereich von § 9 EStG und § 8 Abs. 2 EStG

1. Aufwendungen für Familienheimfahrten des Arbeitnehmers mit einem vom Arbeitgeber überlassenen Dienstwagen berechtigen nach § 9 Abs. 1 Satz 3 Nr. 5 Satz 6 EStG nicht zum Werbungskostenabzug

2. Trägt der Arbeitgeber durch Überlassung eines Dienstwagens im Ergebnis die Aufwendungen des Arbeitnehmers für dessen Familienheimfahrten, ist ein Werbungskostenabzug nicht geboten.

BFH v. 28. 2. 2013 VI R 58/11 (BStBl. II S. 642): Lohnzahlung Dritter – Werbungskostenhöchstbetrag für häusliches Arbeitszimmer – Verfassungsmäßigkeit

1. Die Zuwendung eines Dritten kann ausnahmsweise Arbeitslohn sein, wenn sie als Entgelt für eine Leistung beurteilt werden kann, die der Arbeitnehmer im Rahmen seines Dienstverhältnisses für seinen Arbeitgeber erbringt, erbracht hat oder erbringen soll.

2. § 4 Abs. 5 Satz 1 Nr. 6b i.V.m. § 52 Abs. 12 Satz 9 EStG i.d.F. des JStG 2010 begegnet keinen verfassungsrechtlichen Bedenken, soweit danach Aufwendungen für ein häusliches Arbeitszimmer in den Fällen, in denen kein anderer Arbeitsplatz zur Verfügung stand, rückwirkend ab dem Veranlagungszeitraum 2007 auf einen Jahresbetrag von 1.250 € begrenzt wurden.

BFH v. 13. 11. 2012 VI R 50/11 (BStBl. 2013 II S. 286): Stellplatz- und Garagenkosten im Rahmen der doppelten Haushaltsführung – Anschaffungskosten der Wohnungseinrichtung

1. Aufwendungen für einen separat angemieteten PKW-Stellplatz können im Rahmen einer doppelten Haushaltsführung als Werbungskosten zu berücksichtigen sein.

2. Die Abgeltungswirkung des § 9 Abs. 1 Satz 3 Nr. 5 Satz 4 EStG und der (allgemeinen) in § 9 Abs. 1 Satz 3 Nr. 4 EStG geregelten Entfernungspauschale stehen dem Werbungskostenabzug insoweit nicht entgegen.

BFH v. 19. 9. 2012 VI R 78/10 (BStBl. 2013 II S. 284): Unterkunftskosten im Rahmen eines Studiums

1. Kosten der Unterkunft eines Studenten am Studienort können als vorab entstandene Werbungskosten nach § 9 Abs. 1 Satz 1 EStG in Abzug gebracht werden, wenn der Studienort nicht der Lebensmittelpunkt des Steuerpflichtigen ist.

2. § 9 Abs. 1 Satz 3 Nr. 5 EStG kommt schon deshalb nicht zur Anwendung, weil eine Hochschule kein Beschäftigungsort im Sinne der Vorschrift ist (Anschluss an Senatsentscheidungen vom 9. Februar 2012 VI R 44/10, BFHE 236, 431, und VI R 42/11, BFHE 236, 439).

3. Ein Student, der seinen Lebensmittelpunkt an den Studienort verlagert hat, ist regelmäßig nicht auswärts untergebracht i.S. des § 10 Abs. 1 Nr. 7 Satz 3 EStG.

Rechtsprechung § 9

BFH v. 21. 8. 2012 VI R 33/09 (BFH-Webseite): Keine erhöhte Absetzung für außergewöhnliche technische Abnutzung für rechnerisch abgeschriebene Kraftfahrzeuge – keine Bindung an telefonische Auskunft eines Sachbearbeiters – öffentlich-rechtlicher Folgenbeseitigungsanspruch in Bezug auf eine fehlerhafte Auskunft – Rechtsweg für Schadensersatzanspruch wegen Amtspflichtverletzung – Mittelpunkt der beruflichen Tätigkeit eines Richters

1. Erleidet ein nichtselbständig tätiger Steuerpflichtiger mit seinem privaten PKW auf einer Fahrt zwischen Wohnung und Arbeitsstätte einen Unfall und veräußert er das Unfallfahrzeug in nicht repariertem Zustand, bemisst sich der als Werbungskosten abziehbare Betrag nach der Differenz zwischen dem rechnerisch ermittelten fiktiven Buchwert vor dem Unfall und dem Veräußerungserlös.

2. Die telefonische Auskunft einer Sachbearbeiterin löst keine Bindungswirkung gegenüber dem Steuerpflichtigen aus.

BFH v. 26. 7. 2012 VI R 10/12 (BStBl. 2013 II S. 208): Doppelte Haushaltsführung – Mehrgenerationenhaushalt

1. Ein eigener Hausstand wird auch dann unterhalten, wenn der Erst- oder Haupthausstand im Rahmen eines Mehrgenerationenhaushalts (mit den Eltern) geführt wird.

2. Der „kleinfamilientypische" Haushalt der Eltern kann sich zu einem wohngemeinschaftsähnlichen, gemeinsamen und mitbestimmten, Mehrgenerationenhaushalt oder gar zum Haushalt des erwachsenen Kindes, in den die Eltern beispielsweise wegen Krankheit oder Pflegebedürftigkeit aufgenommen sind, wandeln.

BFH v. 5. 7. 2012 VI R 50/10 (BFH-Webseite): Kosten für Telefongespräche eines Soldaten der Marine während des Einsatzes auf einem Schiff.

Während einer Auswärtstätigkeit von mindestens einer Woche entstandene Telefongebühren können als Werbungskosten abzugsfähig sein.

BFH v. 14. 6. 2012 VI R 89/10 (BStBl. II S. 835): Minderung der tatsächlichen Aufwendungen für die Wege zwischen Wohnung und Arbeitsstätte durch Zuschüsse nach der Kraftfahrzeughilfe-Verordnung – Anschaffungskostenbegriff des § 255 Abs. 1 HGB im Bereich der Überschusseinkünfte

Bringen Steuerpflichtige mit einer entsprechenden Behinderung für die Wege zwischen Wohnung und Arbeitsstätte anstelle der Entfernungspauschalen die tatsächlichen Aufwendungen für ein Kraftfahrzeug durch individuell ermittelte Kilometersätze in Abzug, sind die nach der Kraftfahrzeughilfe-Verordnung für die Beschaffung des Kraftfahrzeugs sowie für eine behinderungsbedingte Zusatzausstattung erhaltenen Zuschüsse mittels einer Kürzung der AfA-Bemessungsgrundlage zu berücksichtigen.

BFH v. 13. 6. 2012 VI R 47/11 (BFH-Webseite): Regelmäßige Arbeitsstätte bei längerfristigem Einsatz im Betrieb des Kunden – Definition: Reisekosten.

Die betriebliche Einrichtung des Kunden des Arbeitgebers kann unabhängig von der Dauer des Einsatzes nur dann regelmäßige Arbeitsstätte sein, wenn der Arbeitgeber dort über eine eigene Betriebsstätte verfügt.

BFH v. 19. 4. 2012 VI R 59/11 (BStBl. II S. 833): Wohnen am Beschäftigungsort bei doppelter Haushaltsführung.

Eine Wohnung dient dem Wohnen am Beschäftigungsort, wenn sie dem Arbeitnehmer ungeachtet von Gemeinde- oder Landesgrenzen ermöglicht, seine Arbeitsstätte täglich aufzusuchen. Die Entscheidung darüber, ob eine solche Wohnung so gelegen ist, dass der Arbeitnehmer in zumutbarer Weise täglich von dort seine Arbeitsstätte aufsuchen kann, obliegt in erster Linie der tatrichterlichen Würdigung durch das Finanzgericht.

BFH v. 19. 4. 2012 VI R 53/11 (BStBl. II S. 802): „Offensichtlich verkehrsgünstigere" Straßenverbindung und Fährverbindung

1. Im Rahmen der Bestimmung der kürzesten Straßenverbindung nach § 9 Abs. 1 Satz 3 Nr. 4 Satz 4 EStG ist auch eine Fährverbindung einzubeziehen.

2. Besonderheiten einer Fährverbindung wie Wartezeiten, technische Schwierigkeiten oder Auswirkungen der Witterungsbedingungen auf den Fährbetrieb können dazu führen, dass eine andere Straßenverbindung als „offensichtlich verkehrsgünstiger" anzusehen ist als die kürzeste Straßenverbindung.

§ 9 Rechtsprechung

BFH v. 19. 4. 2012 VI R 25/10 (BFH-Webseite): Mietentschädigung gemäß § 8 Abs. 3 BUKG keine Werbungskosten.

Der Werbungskostenabzug setzt eine Belastung mit Aufwendungen voraus. Das ist bei einem in Anlehnung an § 8 Abs. 3 BUKG ermittelten Mietausfall nicht der Fall. Als entgangene Einnahme erfüllt er nicht den Aufwendungsbegriff.

BFH v. 28. 3. 2012 VI R 87/10 (BStBl. II S. 800): Eigener Hausstand bei doppelter Haushaltsführung – Bindung des BFH an die Gesamtwürdigung durch das FG

1. Im Rahmen der doppelten Haushaltsführung ist zwischen dem Unterhalten eines eigenen Haushalts und der Frage, wer die Kosten dafür trägt, zu unterscheiden. Einen eigenen Hausstand kann auch unterhalten, wer die Mittel dazu von einem Dritten erhält.
2. Wird der Haushalt in einer in sich abgeschlossenen Wohnung geführt, die auch nach Größe und Ausstattung ein eigenständiges Wohnen und Wirtschaften gestattet, wird regelmäßig vom Unterhalten eines eigenen Hausstands aus zugehen sein.

BFH v. 28. 3. 2012 VI R 48/11 (BStBl. II S. 926): Übernachtungskosten und regelmäßige Arbeitsstätte bei LKW-Fahrern

1. Übernachtet ein Kraftfahrer in der Schlafkabine seines LKW, sind die Pauschalen für Übernachtungen bei Auslandsdienstreisen nicht anzuwenden. Liegen Einzelnachweise nicht vor, sind die tatsächlichen Aufwendungen zu schätzen.
2. Bei Kraftfahrern im Fernverkehr erfüllen weder der LKW-Wechselplatz noch das Fahrzeug die Merkmale einer regelmäßigen Arbeitsstätte i.S. des § 9 Abs. 1 Satz 3 Nr. 4 EStG.*

* Hinweis auf BMF-Schreiben vom 4. Dezember 2012 IV C 5 – S 2353/12/10009, 2012/1074468 (BStBl. I S. 1249) – **Anlage § 009-11** –

BFH v. 28. 3. 2012 VI R 25/11 (BStBl. II S. 831): Berufliche Veranlassung der doppelten Haushaltsführung Die Lebensführung des Steuerpflichtigen am Beschäftigungsort ist einkommensteuerrechtlich grundsätzlich unerheblich. Die doppelte Haushaltsführung ist deshalb auch dann beruflich veranlasst, wenn der Steuerpflichtige den Zweithaushalt am Beschäftigungsort in einer Wohngemeinschaft einrichtet. Erst wenn sich der Mittelpunkt seiner Lebensinteressen an den Beschäftigungsort verlagert und die Wohnung dort zum Ort der eigentlichen Haushaltsführung wird, entfällt deren berufliche Veranlassung als Wohnung am Beschäftigungsort.

BFH v. 9. 2. 2012 VI R 42/11 (BFH-Webseite): Fahrtkosten im Rahmen einer vollzeitigen Bildungsmaßnahme [1]

1. Eine Bildungseinrichtung ist nicht als regelmäßige Arbeitsstätte anzusehen, auch wenn diese häufig über einen längeren Zeitraum hinweg zum Zwecke eines Vollzeitunterrichts aufgesucht wird (Änderung der Rechtsprechung in BFH-Urteilen vom 10. April 2008 VI R 66/05, BFHE 221, 35, BStBl. II 2008, 825, und vom 22. Juli 2003 VI R 190/97, BFHE 203, 111, BStBl. II 2004, 886).
2. Aufwendungen eines Zeitsoldaten für Fahrten zur Ausbildungsstätte, die im Rahmen einer vollzeitigen Berufsförderungsmaßnahme anfallen, sind deshalb nicht mit der Entfernungspauschale, sondern in tatsächlicher Höhe als Werbungskosten zu berücksichtigen.

BFH v. 9. 2. 2012 VI R 44/10 (BFH-Webseite): Fahrtkosten im Rahmen eines Vollzeitstudiums [2]

1. Eine Hochschule (Universität) ist nicht als regelmäßige Arbeitsstätte anzusehen, auch wenn diese häufig über einen längeren Zeitraum hinweg zum Zwecke eines Vollzeitstudiums aufgesucht wird (Änderung der Rechtsprechung in BFH-Urteilen vom 10. April 2008 VI R 66/05, BFHE 221, 35, BStBl. II 2008, 825, und vom 22. Juli 2003 VI R 190/97, BFHE 203, 111, BStBl. II 2004, 886).
2. Fahrtkosten von Studentinnen und Studenten zur Hochschule (Universität) sind deshalb nicht mit der Entfernungspauschale, sondern in tatsächlicher Höhe als Werbungskosten zu berücksichtigen.

BFH v. 9. 2. 2012 VI R 23/10 (BStBl. II S. 829): Werbungskosten durch Aufwendungen für arbeitsgerichtlichen Vergleich Es spricht regelmäßig eine Vermutung dafür, dass Aufwendungen für aus dem Arbeitsverhältnis folgende zivil- und arbeitsgerichtliche Streitigkeiten einen den Werbungskostenabzug rechtfertigenden hinreichend konkreten Veranlassungszusammenhang zu den Lohneinkünften aufweisen. Dies gilt grundsätzlich auch, wenn sich Arbeitgeber und Arbeitnehmer über solche streitigen Ansprüche im Rahmen eines arbeitsgerichtlichen Vergleichs einigen.

---

1) Ab 1.1.2014 überholt (vgl. § 9 Abs. 4 Satz 8 EStG).
2) Ab 1.1.2014 überholt (vgl. § 9 Abs. 4 Satz 8 EStG).

Rechtsprechung § 9

BFH v. 9. 2. 2012 VI R 22/10 (BStBl. II S. 827): Regelmäßige Arbeitsstätte bei Outsourcing; Sonderfall bei Postnachfolgeunternehmen

1. In „Outsourcing-Fällen" sind Arbeitnehmer mit ihrer Ausgliederung regelmäßig auswärts tätig, vergleichbar mit bei Kunden ihres Arbeitgebers tätigen Arbeitnehmern.
2. Ein „Outsourcing-Fall" liegt regelmäßig nicht vor, wenn ein Postbeamter unter Wahrung seines beamtenrechtlichen Status vorübergehend am bisherigen Tätigkeitsort einem privatrechtlich organisierten Tochterunternehmen der Deutschen Telekom AG zugewiesen wird.

BFH v. 19. 1. 2012 VI R 36/11 (BStBl. II S. 503): Mehraufwendungen für die Verpflegung eines Rettungsassistenten – Tätigkeit als Notarztwagenfahrer als Fahrtätigkeit.

Auch ein Rettungsassistent kann nicht mehrere regelmäßige Arbeitsstätten nebeneinander innehaben (Anschluss an Senatsentscheidungen vom 9. Juni 2011 VI R 36/10, BFHE 234, 160, BStBl. II 2012, 36, und VI R 55/10, BFHE 234, 164, gegen BFH-Urteil vom 14. September 2005 VI R 93/04, BFH/NV 2006, 53).

BFH v. 19. 1. 2012 VI R 32/11 (BFH-Webseite): Regelmäßige Arbeitsstätte bei mehreren Tätigkeitsstätten Ein Arbeitnehmer kann nicht mehr als eine regelmäßige Arbeitsstätte innehaben, auch wenn er fortdauernd und immer wieder verschiedene Betriebsstätten seines Arbeitgebers aufsucht (Anschluss an BFH-Urteile vom 9. Juni 2011 VI R 36/10, BStBl. II 2012, 36; VI R 55/10, BStBl. II 2012, 38).

BFH v. 19. 1. 2012 VI R 23/11 (BStBl. II S. 472): Mehraufwendungen für die Verpflegung für den Fahrer eines Noteinsatzfahrzeugs.

Soweit ein städtischer Feuerwehrmann auch verpflichtet ist, Bereitschaftsdienste als Fahrer eines Noteinsatzfahrzeugs eines nicht städtischen Krankenhauses zu leisten, übt er eine Auswärtstätigkeit aus.

BFH v. 19. 1. 2012 VI R 3/11 (BStBl. II S. 416): Werbungskostenabzug bei Teilnahme an Auslandsgruppenreisen

1. Zur Klärung der beruflichen Veranlassung bei Teilnahme an einer Auslandsgruppenreise sind auch nach der Entscheidung des Großen Senats des BFH vom 21. September 2009 GrS 1/06 (BFHE 227, 1, BStBl. II 2010, 672) die früher entwickelten Abgrenzungsmerkmale (vgl. Beschluss des Großen Senats des BFH vom 27. November 1978 GrS 8/77, BFHE 126, 533, BStBl. II 1979, 213) weiter anzuwenden. Dies gilt auch, wenn der Steuerpflichtige mit der Teilnahme an der Reise eine allgemeine Verpflichtung zur beruflichen Fortbildung erfüllt oder die Reise von einem Fachverband angeboten wird.
2. Die Feststellung und Würdigung der beruflichen bzw. privaten Veranlassungsbeiträge obliegt den Finanzgerichten als Tatsacheninstanz.

BFH v. 8. 12. 2011 VI R 13/11 (BStBl. 2012 II S. 236): Arbeitszimmer eines Richters – Mittelpunkt der gesamten betrieblichen und beruflichen Tätigkeit

Der Mittelpunkt der beruflichen Tätigkeit eines Richters liegt im Gericht und nicht im häuslichen Arbeitszimmer.

BFH v. 16. 11. 2011 VI R 19/11 (BStBl. 2012 II S. 520): „Offensichtlich verkehrsgünstigere" Straßenverbindung zwischen Wohnung und Arbeitsstätte erfordert keine Zeitersparnis von mindestens 20 Minuten – Fehlende Aufteilung des beruflich veranlassten Anteils an Reisekosten bei Besuch einer Computermesse

Ob eine Straßenverbindung aufgrund einer zu erwartenden Zeitersparnis als „offensichtlich verkehrsgünstiger" anzusehen ist, richtet sich nach den Umständen des Einzelfalls. Insbesondere ist nicht in jedem Fall eine Zeitersparnis von mindestens 20 Minuten erforderlich.

BFH v. 16. 11. 2011 VI R 46/10 (BStBl. 2012 II S. 470): Keine Berücksichtigung einer tatsächlich nicht benutzten Verbindung als „offensichtlich verkehrsgünstigere" Straßenverbindung zwischen Wohnung und Arbeitsstätte - Pauschalierung dient der Vereinfachung

1. „Offensichtlich" verkehrsgünstiger i.S. des § 9 Abs. 1 Satz 3 Nr. 4 Satz 4 EStG ist die vom Arbeitnehmer gewählte Straßenverbindung, wenn sich jeder unvoreingenommene, verständige Verkehrsteilnehmer unter den gegebenen Verkehrsverhältnissen für die Benutzung der Strecke entschieden hätte.
2. Zu vergleichen sind die kürzeste und die vom Arbeitnehmer regelmäßig für Fahrten zwischen Wohnung und Arbeitsstätte benutzte längere Straßenverbindung. Weitere mögliche, vom Arbeitnehmer tatsächlich aber nicht benutzte Fahrtstrecken zwischen Wohnung und Arbeitsstätte bleiben dagegen unberücksichtigt.

355

§ 9 Rechtsprechung

BFH v. 16. 11. 2011 VI R 97/10 (BStBl. 2012 II S. 343): Ausgaben zur Tilgung einer Bürgschaftsverpflichtung als Werbungskosten – Vereinbarung der später nicht zustande gekommenen Gesellschafterstellung eines Arbeitnehmers – Zusammenhang mit mehreren Einkunftsarten

Ausgaben zur Tilgung einer Bürgschaftsverpflichtung durch den Arbeitnehmer einer Gesellschaft führen auch dann zu Werbungskosten bei den Einkünften aus nichtselbständiger Arbeit, wenn eine Gesellschafterstellung vereinbart ist.

BFH v. 27. 10. 2011 VI R 71/10 (BStBl. 2012 II S. 234): Häusliches Arbeitszimmer als Mittelpunkt der gesamten betrieblichen und beruflichen Tätigkeit

Bei einem Hochschullehrer ist das häusliche Arbeitszimmer grundsätzlich nicht der Mittelpunkt der beruflichen Tätigkeit.

BFH v. 27. 10. 2011 VI R 52/10 (BStBl. 2012 II S. 825): Ausbildung zum Rettungssanitäter als Berufsausbildung (Aufwendungen für eine erstmalige Berufsausbildung als Verkehrsflugzeugführer)

1. Eine erstmalige Berufsausbildung i.S. von § 12 Nr. 5 EStG setzt weder ein Berufsausbildungsverhältnis nach dem Berufsbildungsgesetz noch eine bestimmte Ausbildungsdauer voraus.
2. Die Ausbildung zum Rettungssanitäter ist eine erstmalige Berufsausbildung.

BFH v. 5. 10. 2011 VI R 91/10 (BStBl. 2012 II S. 127): Nutzung eines Büroarbeitsplatzes für Fortbildungsmaßnahmen

1. Steht einem Arbeitnehmer ein Büroarbeitsplatz auch für betrieblich gewünschte Fortbildungsmaßnahmen (hier Sprachkurs) zur Verfügung, schließt dies die steuerliche Berücksichtigung von Kosten für ein zur Fortbildung genutztes häusliches Arbeitszimmer aus.
2. Ob ein „anderer Arbeitsplatz" zur Verfügung steht, hängt nicht davon ab, in welchem Umfang der Arbeitnehmer die ihm am Büroarbeitsplatz zur Verfügung gestellten Arbeitsmittel nutzen darf.

BFH v. 28. 7. 2011 VI R 38/10 (BStBl. 2012 II S. 561): § 12 Nr. 5 EStG lässt Vorrang des Werbungskostenabzugs unberührt – Systematisches Zusammenwirken der §§ 9 Abs. 1, 10 Abs. 1 Nr. 7, 12 EStG – Anforderungen an einen grundlegenden Systemwechsel im Einkommensteuerrecht – Besteuerung nach der wirtschaftlichen Leistungsfähigkeit

Aufwendungen für eine erstmalige Berufsausbildung können auch unter Geltung des § 12 Nr. 5 EStG als vorab entstandene Werbungskosten anzuerkennen sein. § 12 Nr. 5 EStG lässt ebenso wie § 10 Abs. 1 Nr. 7 EStG den Vorrang des Werbungskostenabzugs bzw. Betriebsausgabenabzugs unberührt.

BFH v. 28. 7. 2011 VI R 7/10 (BStBl. 2012 II S. 557): Werbungskostenabzug für Aufwendungen eines Erststudiums – Systematisches Zusammenwirken der §§ 9 Abs. 1, 10 Abs. 1 Nr. 7, 12 EStG – Anforderungen an einen grundlegenden Systemwechsel im Einkommensteuerrecht – Besteuerung nach der wirtschaftlichen Leistungsfähigkeit

Aufwendungen für ein im Anschluss an das Abitur durchgeführtes Medizinstudium können auch unter Geltung des § 12 Nr. 5 EStG als vorab entstandene Werbungskosten anzuerkennen sein (Fortentwicklung der Rechtsprechung zu Senatsurteil vom 20. Juli 2006 VI R 26/05, BFHE 214, 370, BStBl. II 2006, 764).

BFH v. 28. 7. 2011 VI R 5/10 (BStBl. 2012 II S. 553): Vorweggenommene Werbungskosten durch Berufsausbildungskosten bei später auch im Ausland ausgeübter Tätigkeit – § 12 Nr. 5 EStG lässt Vorrang des Werbungskostenabzugs unberührt – Systematisches Zusammenwirken der §§ 9 Abs. 1, 10 Abs. 1 Nr. 7, 12 EStG – Anforderungen an einen grundlegenden Systemwechsel im Einkommensteuerrecht – Besteuerung nach der wirtschaftlichen Leistungsfähigkeit

1. Aufwendungen einer erstmaligen Berufsausbildung können als vorab entstandene Werbungskosten anzuerkennen sein. § 12 Nr. 5 EStG lässt ebenso wie § 10 Abs. 1 Nr. 7 EStG den Vorrang des Werbungskostenabzugs und Betriebsausgabenabzugs unberührt.
2. Allein die Möglichkeit, dass diese Berufstätigkeit später auch im Ausland ausgeübt werden könnte, begründet noch keinen unmittelbaren wirtschaftlichen Zusammenhang i.S. des § 3c Abs. 1 1. Halbsatz EStG zwischen den Berufsausbildungskosten und später tatsächlich erzielten steuerfreien Auslandseinkünften.

BFH v. 13. 7. 2011 VI R 2/11 (BStBl. 2012 II S. 104): Doppelter Mietaufwand als beruflich veranlasste Umzugskosten – Familienheimfahrten und Verpflegungsmehraufwand als Werbungskosten

1. Wegen eines Umzugs geleistete doppelte Mietzahlungen können beruflich veranlasst und deshalb in voller Höhe als Werbungskosten abziehbar sein.

§ 9 Rechtsprechung

2. Die Zuschlagsregelung des § 8 Abs. 2 Satz 3 EStG hat nicht die Funktion, eine irgendwie geartete zusätzliche private Nutzung des Dienstwagens zu bewerten. Sie bezweckt lediglich einen Ausgleich für abziehbare, tatsächlich aber nicht entstandene Erwerbsaufwendungen.*)

*) Hinweis auf BMF-Schreiben vom 1. April 2011 IV C 5 – S 2334/08/ 10010, 2011/0250056 (BStBl. I 2011 S. 301). – Anlage § 008-12 –

BFH v. 22. 9. 2010 VI R 55/09 (BStBl. 2011 II S. 358): Zuschlagsregelung des § 8 Abs. 2 Satz 3 EStG nicht formell verfassungswidrig

Die mit dem Jahressteuergesetz 1996 nach Anrufung des Vermittlungsausschusses auf Grundlage der Beschlussempfehlungen dieses Gremiums zu Stande gekommenen einkommensteuerrechtlichen Regelungen über die private Nutzung eines betrieblichen Kraftfahrzeugs überschreiten nicht die von Verfassungs wegen zu beachtenden Grenzen für die Beschlussempfehlungen des Vermittlungsausschusses.*)

*) Hinweis auf BMF-Schreiben vom 1. April 2011 IV C 5 – S 2334/08/ 10010, 2011/0250056 (BStBl. I 2011 S. 301). – Anlage § 008-12 –

BFH v. 22. 9. 2010 VI R 54/09 (BStBl. 2011 II S. 354): Arbeitgeberseitige Fahrergestellung nicht stets Lohn – Zweck des Zuschlags nach § 8 Abs. 2 Satz 3 EStG – Abgrenzung zwischen Betriebsstätte am Wohnsitz und Wohnung – Beruflich veranlasste Umwegfahrten – Keine Beeinträchtigung der Religionsausübungsfreiheit durch steuerliche Erfassung von Einnahmen kirchlich Angestellter

Der Senat lässt offen, ob an der Rechtsprechung weiterhin festzuhalten ist, dass die arbeitgeberseitige Fahrergestellung für Fahrten zwischen Wohnung und Arbeitsstätte einen lohnsteuerrechtlich erheblichen Vorteil begründet. Nach § 9 Abs. 1 Satz 3 Nr. 4 EStG in der bis einschließlich 2000 geltenden Fassung erhöht eine solche Fahrergestellung jedenfalls nicht die anzusetzenden Lohneinkünfte des betreffenden Arbeitnehmers, weil selbst bei Ansatz eines lohnsteuerrechtlichen Vorteils ein entsprechender Aufwand in gleicher Höhe entgegenstünde.*)

*) Hinweis auf BMF-Schreiben vom 1. April 2011 IV C 5 – S 2334/08/ 10010, 2011/0250056 (BStBl. I 2011 S. 301). – Anlage § 008-12 –

BFH v. 20. 7. 2010 IX R 49/09 (BStBl. II S. 1038): Einkünfteerzielungsabsicht bei Vermietung von Gewerbeobjekten (Aufwendungen für die Privatpilotenlizenz – CVFR-Berechtigung – grundsätzlich keine Fortbildungskosten/Werbungskosten)

Bei der Vermietung von Gewerbeobjekten ist die Einkünfteerzielungsabsicht stets konkret festzustellen.

BFH v. 8. 7. 2010 VI R 24/09 (BStBl. 2011 II S. 288): Kein Anspruch auf Pauschalen für Übernachtungen im Ausland, wenn der Arbeitgeber die Kosten vollständig erstattet

Ein Arbeitnehmer kann bei Übernachtungen im Ausland den Differenzbetrag zwischen den vom Arbeitgeber vollständig erstatteten tatsächlichen Kosten und den höheren Übernachtungspauschalen nach den Lohnsteuer-Richtlinien nicht als Werbungskosten geltend machen.

BFH v. 8. 7. 2010 VI R 10/08 (BStBl. 2011 II S. 32): Dreimonatsfrist für Verpflegungsmehraufwand bei doppelter Haushaltsführung ist verfassungsgemäß

Die Begrenzung des Abzugs von Mehraufwendungen für die Verpflegung auf drei Monate bei einer aus beruflichem Anlass begründeten doppelten Haushaltsführung ist verfassungsgemäß.

BFH v. 8. 7. 2010 VI R 15/09 (BStBl. 2011 II S. 47): Erneute doppelte Haushaltsführung am früheren Beschäftigungsort bedingt keinen Wohnungswechsel

1. Wurde eine doppelte Haushaltsführung beendet, kann sie am früheren Beschäftigungsort auch in der dazu schon früher genutzten Wohnung erneut begründet werden.
2. Eine doppelte Haushaltsführung ist regelmäßig dann beendet, wenn der Haushalt in der Wohnung am Beschäftigungsort nicht mehr geführt wird.

BVerfG v. 6. 7. 2010 2 BvL 13/09 (BStBl. 2011 II S. 318): § 4 Absatz 5 Satz 1 Nummer 6b des Einkommensteuergesetzes in der seit Inkrafttreten des Steueränderungsgesetzes 2007 vom 19. Juli 2006 (BGBl. I S. 1652) geltenden Fassung ist mit Artikel 3 Absatz 1 des Grundgesetzes unvereinbar, soweit das Abzugsverbot Aufwendungen für ein häusliches Arbeitszimmer auch dann umfasst, wenn für die betriebliche oder berufliche Tätigkeit kein anderer Arbeitsplatz zur Verfügung steht.

BFH v. 30. 6. 2010 VI R 45/09 (BStBl. 2011 II S. 45): Aufwendungen eines Polizei-Hundeführers für den Diensthund sind Werbungskosten

Aufwendungen eines Diensthundeführers für den ihm anvertrauten Diensthund sind keine nicht abziehbaren Aufwendungen der privaten Lebensführung, sondern in vollem Umfang Werbungskosten.

Rechtsprechung § 9

2. Die Vorschriften über den Abzug notwendiger Mehraufwendungen wegen einer aus beruflichem Anlass begründeten doppelten Haushaltsführung stehen dem allgemeinen Werbungskostenabzug umzugsbedingt geleisteter Mietzahlungen nicht entgegen.
3. Diese Mietaufwendungen können jedoch nur zeitanteilig, und zwar für die neue Familienwohnung bis zum Umzugstag und für die bisherige Wohnung ab dem Umzugstag, längstens bis zum Ablauf der Kündigungsfrist des bisherigen Mietverhältnisses, als Werbungskosten abgezogen werden.
4. Der Abzug von Mietaufwendungen als Umzugskosten richtet sich allein nach dem allgemeinen Werbungskostenbegriff und nicht nach den Regelungen des Bundesumzugskostengesetzes.

BFH v. 9. 6. 2011 VI R 58/09 (BStBl. 2012 II S. 34): Regelmäßige Arbeitsstätte
1. Der Betriebssitz des Arbeitgebers, den der Arbeitnehmer zwar regelmäßig, aber lediglich zu Kontrollzwecken aufsucht, ohne dort seiner eigentlichen beruflichen Tätigkeit nachzugehen, ist nicht die regelmäßige Arbeitsstätte i.S. des § 9 Abs. 1 Satz 3 Nr. 4 EStG.
2. Nutzt der Arbeitnehmer den ihm überlassenen Dienstwagen für Fahrten zum Betriebssitz seines Arbeitgebers, der nicht die regelmäßige Arbeitsstätte ist, so steht ihm dafür die Entfernungspauschale nicht zu. Werbungskosten nach § 9 Abs. 1 Satz 1 EStG kann er nur abziehen, soweit ihm dafür Aufwendungen entstehen.

BFH v. 24. 2. 2011 VI R 66/10 (BStBl. 2012 II S. 27): Keine Dreimonatsfrist für den Abzug von Verpflegungspauschalen bei Fahrtätigkeit – Auswärtstätigkeit eines Seemanns
Die Dreimonatsfrist für den Abzug der Verpflegungspauschalen (§ 4 Abs. 5 Satz 1 Nr. 5 Satz 5 EStG) findet bei einer Fahrtätigkeit keine Anwendung (Änderung der Rechtsprechung).

BFH v. 24. 2. 2011 VI R 12/10 (BStBl. II S. 796): Werbungskosten bei einem Sprachkurs im Ausland
1. Auch wenn ein auswärtiger Sprachkurs nur Grundkenntnisse oder allgemeine Kenntnisse in einer Fremdsprache vermittelt, diese aber für die berufliche Tätigkeit ausreichen, kann der Kurs beruflich veranlasst sein und deshalb die Kursgebühr als Werbungskosten abgezogen werden.
2. Die Wahl, einen Sprachkurs auswärts zu besuchen, ist regelmäßig privat mitveranlasst. Bei der deshalb gebotenen Aufteilung der Reisekosten in Werbungskosten und Kosten der privaten Lebensführung kann dann auch ein anderer als der zeitliche Aufteilungsmaßstab angezeigt sein.

BFH v. 2. 2. 2011 VI R 15/10 (BStBl. II S. 456): Umgekehrte Familienheimfahrten im Rahmen der doppelten Haushaltsführung
Tritt der den doppelten Haushalt führende Ehegatte die wöchentliche Familienheimfahrt aus privaten Gründen nicht an, sind die Aufwendungen für die stattdessen durchgeführte Besuchsfahrt des anderen Ehegatten zum Beschäftigungsort keine Werbungskosten.

BFH v. 9. 12. 2010 VI R 42/09 (BStBl. 2011 II S. 552): Werbungskosten eines Pfarrers anlässlich einer Pilgerwallfahrt und Tertiatskursfahrt
1. Begleitet ein Pfarrer Angehörige einer Pfarrei auf ihrer Pilgerwallfahrt nach Rom und übernimmt er dabei deren seelsorgerische Betreuung, sind die entsprechenden Aufwendungen als Werbungskosten bei den Einkünften aus nichtselbständiger Arbeit abziehbar.
2. Nimmt ein Pfarrer an einer sog. Tertiatskursfahrt von Geistlichen nach Jordanien teil, kann der Umstand, dass er zur Teilnahme dienstlich verpflichtet ist, die berufliche Veranlassung maßgeblich indizieren.

BFH vom 25. 11. 2010 VI R 34/08 (BStBl. 2012 II S. 24): Werbungskostenabzug für Verzicht auf Darlehensforderung des Arbeitnehmers gegen Arbeitgeber – Veranlassung durch das Gesellschaftsverhältnis oder durch das Arbeitsverhältnis – Bindung an Tatsachenwürdigung des FG
Auch wenn ein Darlehen aus im Gesellschaftsverhältnis liegenden Gründen gewährt worden war, kann der spätere Verzicht darauf durch das zugleich bestehende Arbeitsverhältnis veranlasst sein und dann insoweit zu Werbungskosten bei den Einkünften aus nichtselbständiger Arbeit führen, als die Darlehensforderung noch werthaltig ist.

BFH v. 22. 9. 2010 VI R 57/09 (BStBl. 2011 II S. 359): § 8 Abs. 2 Satz 3 EStG nur Korrekturposten für abziehbare, aber nicht entstandene Erwerbsaufwendungen – Auslegung des § 8 Abs. 2 EStG
1. Der Senat hält daran fest, dass die Zuschlagsregelung nach § 8 Abs. 2 Satz 3 EStG einen Korrekturposten zum Werbungskostenabzug darstellt und daher nur insoweit zur Anwendung kommt, wie der Arbeitnehmer den Dienstwagen tatsächlich für Fahrten zwischen Wohnung und Arbeitsstätte benutzt hat (Senatsurteile vom 4. April 2008 VI R 85/04, BFHE 221, 11, BStBl. II 2008, 887; VI R 68/05, BFHE 221, 17, BStBl. II 2008, 890).

Rechtsprechung § 9

2. In verfassungskonformer Auslegung steht § 12 Nr. 5 EStG einem Abzug von Aufwendungen als Werbungskosten für ein Erststudium nach abgeschlossener Berufsausbildung nicht entgegen.*)

*) Hinweis auf BMF-Schreiben vom 22. September 2010 IV C 4 – S 2227/07/10002 :002 – / – 2010/ 0416045 (BStBl. 2010 I S. 721). – **Anlage § 010-02** –

BFH v. 18. 6. 2009 VI R 61/06 (BStBl. 2010 II S. 564): Der Einsatz eines Arbeitnehmers auf einem Fahrzeug auf dem Betriebsgelände bzw. unter Tage im Bergwerk des Arbeitgebers stellt keine „Fahrtätigkeit" (Auswärtstätigkeit) i.s. des § 4 Abs. 5 Satz 1 Nr. 5 Satz 3 EStG dar.

BFH v. 5. 5. 2009 VI R 77/06 (BStBl. II S. 729):

1. Steuerpflichtige mit einer entsprechenden Behinderung können für die Wege zwischen Wohnung und Arbeitsstätte anstelle der Entfernungspauschalen die tatsächlichen Aufwendungen in Abzug bringen (§ 9 Abs. 2 Satz 3 EStG).
2. Behinderte haben jedoch nach dem eindeutigen Wortlaut des § 9 Abs. 2 Satz 3 EStG nur die Wahl, die Wegekosten entweder einheitlich nach den Entfernungspauschalen oder einheitlich nach den tatsächlichen Aufwendungen zu bemessen. Eine Kombination von Entfernungspauschale und tatsächlichen Aufwendungen bei der Bemessung der Wegekosten ist mit § 9 Abs. 2 Satz 3 EStG nicht vereinbar.*)

*) Hinweis BStBl. II auf BMF-Schreiben vom 31.8.2009 (BStBl. I S. 891), überholt durch BMF-Schreiben vom 31.10.2013 IV C 5 – S 2351/09/10002 :002, 2013/0981373 (BStBl. I S. 1376). – **Jetzt aktuell: Anlage § 009-07** –

BFH v. 23. 4. 2009 VI R 60/06 (BStBl. 2010 II S. 267): Der Betreuungsfreibetrag in § 32 Abs. 6 Satz 1 EStG 2001 erfasst auch erwerbsbedingten Betreuungsbedarf.

BFH v. 26. 3. 2009 VI R 42/07 (BStBl. II S. 724):

1. Der Umstand, dass der Gesetzgeber Flugstrecken nicht in die Entfernungspauschale einbezogen hat, begegnet keinen verfassungsrechtlichen Bedenken.
2. Mit dem Abzug der tatsächlichen Flugkosten wahrt der Gesetzgeber das objektive Nettoprinzip in besonderer Weise und trägt folgerichtig dem Gebot der Besteuerung nach der finanziellen Leistungsfähigkeit Rechnung.
3. Soweit die Entfernungspauschale als entfernungsabhängige Subvention und damit als Lenkungsnorm wirkt, ist es gleichheitsrechtlich nicht zu beanstanden, wenn der Gesetzgeber aus verkehrs- und umweltpolitischen Motiven Flugstrecken nicht in die Entfernungspauschale einbezogen hat.
4. Mit dem Abzug der tatsächlichen Flugkosten gemäß § 9 Abs. 1 Satz 3 Nr. 5 Satz 5 i.V.m. § 9 Abs. 1 Satz 3 Nr. 4 Satz 3 EStG verstößt der Gesetzgeber nicht wegen eines normativen Vollzugsdefizits gegen den allgemeinen Gleichheitssatz.*)

*) Hinweis BStBl. II auf BMF-Schreiben vom 31.8.2009 (BStBl. I S. 891), überholt durch BMF-Schreiben vom 31.10.2013 IV C 5 – S 2351/09/10002 :002, 2013/0981373 (BStBl. I S. 1376). – **Jetzt aktuell: Anlage § 009-07** –

BFH v. 26. 3. 2009 VI R 15/07 (BStBl. II S. 598):

1. Ein Raum ist als häusliches Arbeitszimmer von anderen beruflich genutzten Zimmern im häuslichen Bereich abzugrenzen.
2. Räumlichkeiten, die ihrer Ausstattung und Funktion nach nicht einem Büro entsprechen, sind auch dann nicht dem Typus des häuslichen Arbeitszimmers zuzuordnen, wenn sie ihrer Lage nach mit dem Wohnraum des Steuerpflichtigen verbunden und so in dessen häusliche Sphäre eingebunden sind.
3. Ist eine Zuordnung zum Typus des häuslichen Arbeitszimmers nicht möglich, sind die durch die berufliche Nutzung veranlassten Aufwendungen grundsätzlich unbeschränkt als Werbungskosten gemäß § 9 Abs. 1 Satz 1 EStG abziehbar.

BFH v. 5. 3. 2009 VI R 23/07 (BStBl. II S. 1016):

1. Eine beruflich begründete doppelte Haushaltsführung liegt vor, wenn aus beruflicher Veranlassung in einer Wohnung am Beschäftigungsort ein zweiter (doppelter) Haushalt zum Hausstand des Steuerpflichtigen hinzutritt. Der Haushalt in der Wohnung am Beschäftigungsort ist beruflich veranlasst, wenn ihn der Steuerpflichtige nutzt, um seinen Arbeitsplatz von dort aus erreichen zu können.
2. Eine aus beruflichem Anlass begründete doppelte Haushaltsführung kann auch dann vorliegen, wenn ein Steuerpflichtiger seinen Haupthausstand aus privaten Gründen vom Beschäftigungsort wegverlegt und er darauf in einer Wohnung am Beschäftigungsort einen Zweithaushalt begründet,

§ 9 Rechtsprechung

um von dort seiner bisherigen Beschäftigung weiter nachgehen zu können (Änderung der Rechtsprechung).*)

*) Hinweis auf BMF-Schreiben vom 10. Dezember 2009 IV C 5 - S 2352/0, 2009/0813056 (BStBl. I S. 1599).

BFH v. 5. 3. 2009 VI R 58/06 (BStBl. II S. 1012):
1. Eine beruflich begründete doppelte Haushaltsführung liegt vor, wenn aus beruflicher Veranlassung in einer Wohnung am Beschäftigungsort ein zweiter (doppelter) Haushalt zum Hausstand des Steuerpflichtigen hinzutritt. Der Haushalt in der Wohnung am Beschäftigungsort ist beruflich veranlasst, wenn ihn der Steuerpflichtige nutzt, um seinen Arbeitsplatz von dort aus erreichen zu können.
2. Eine aus beruflichem Anlass begründete doppelte Haushaltsführung kann auch dann vorliegen, wenn ein Steuerpflichtiger seinen Haupthausstand aus privaten Gründen vom Beschäftigungsort wegverlegt und er darauf in einer Wohnung am Beschäftigungsort einen Zweithaushalt begründet, um von dort seiner bisherigen Beschäftigung weiter nachgehen zu können (Änderung der Rechtsprechung).
3. Es kommt nicht mehr darauf an, ob noch ein enger Zusammenhang zwischen der Wegverlegung des Familienwohnsitzes vom Beschäftigungsort und der Neubegründung des zweiten Haushalts am Beschäftigungsort besteht (Änderung der Rechtsprechung).*)

*) Hinweis auf BMF-Schreiben vom 10. Dezember 2009 IV C 5 – S 2352/0, 2009/0813056 (BStBl. I S. 1599).

BFH v. 26. 2. 2009 VI R 17/07 (BStBl. II S. 421): Die Kosten eines Verfahrens, das ursprünglich die Eintragung eines höheren Freibetrags auf der Lohnsteuerkarte zum Gegenstand hatte und das die Beteiligten nach der Entscheidung des BVerfG vom 9. Dezember 2008 zur Verfassungswidrigkeit von § 9 Abs. 2 Satz 1 und Satz 2 EStG i.d.F. des StÄndG 2007 vom 19. Juli 2006 (BGBl. I 2006, 1652, BStBl. I 2006, 432) in der Hauptsache für erledigt erklärt haben, sind dem FA aufzuerlegen. Dies gilt ungeachtet der Tatsache, dass § 9 Abs. 2 Satz 2 EStG zunächst nur im Wege vorläufiger Steuerfestsetzung ohne die Beschränkung auf „erhöhte" Aufwendungen „ab dem 21. Entfernungskilometer" gilt.

BFH v. 11. 2. 2009 I R 25/08 (BStBl. 2010 II S. 536):
1. Aufwendungen eines Referendars für eine Ausbildungsstation in den USA sind nur im Hinblick auf den Anteil, der auf den hierfür bezogenen inländischen Arbeitslohn entfällt, als Werbungskosten bei den Einkünften aus nichtselbständiger Arbeit zu berücksichtigen, wenn von der Ausbildungsstation eine steuerfreie Tätigkeitsvergütung gezahlt wird (Art. 23 Abs. 2 Satz 1 Buchst. a DBA-USA 1989).
2. Die steuerfreie Tätigkeitsvergütung ist nach Abzug des hierauf entfallenden Anteils der Aufwendungen im Rahmen des Progressionsvorbehalts zu erfassen.

BFH v. 15. 1. 2009 VI R 37/06 (BStBl. 2010 II S. 111):
1. Das Abzugsverbot des § 12 Nr. 4 EStG greift nicht, wenn das Strafgericht dem Steuerpflichtigen zur Wiedergutmachung des durch die Tat verursachten Schadens eine Geldauflage nach § 56b Abs. 2 Satz 1 Nr. 1 StGB erteilt.
2. § 12 Nr. 4 EStG begründet nur für Auflagen und Weisungen ein Abzugsverbot, die als strafähnliche Sanktionen die Aufgabe haben, Genugtuung für das begangene Unrecht zu schaffen.
3. Ausgleichszahlungen an das geschädigte Tatopfer fallen dagegen nicht unter das Abzugsverbot des § 12 Nr. 4 EStG. Solche Zahlungen sind nach den allgemeinen Grundsätzen als Betriebsausgaben oder Werbungskosten abzugsfähig.
4. Der Anwendungsbereich des § 12 Nr. 4 EStG wird nicht dadurch eröffnet, dass die Auflage nach § 56b Abs. 2 Satz 1 Nr. 1 StGB, den durch die Tat verursachten Schaden wieder gut zu machen, zugleich der Genugtuung für das begangene Unrecht dient.

BFH v. 18. 12. 2008 VI R 39/07 (BStBl. 2009 II S. 475):
1. Für die Wege eines Arbeitnehmers zwischen Wohnung und ständig wechselnden Tätigkeitsstätten ist keine Entfernungspauschale nach § 9 Abs. 1 Satz 3 Nr. 4 EStG anzusetzen.
2. Die Fahrtkosten sind unabhängig von der Entfernung (ab dem ersten Kilometer) in tatsächlicher Höhe als Werbungskosten zu berücksichtigen.
3. Die frühere Rechtsprechung zur Anwendung des § 9 Abs. 1 Satz 3 Nr. 4 EStG bei Fahrten zu ständig wechselnden Tätigkeitsstätten im Einzugsbereich (sog. 30-km-Grenze) ist aufgrund geänderter Rechtsprechung des BFH überholt.*)

Rechtsprechung § 9

*) In allen noch offenen Fällen sind R 38 Abs. 3 LStR 2005 und Tz. III des BMF-Schreibens vom 26. Oktober 2005 (BStBl. I S. 960) insoweit nicht mehr anzuwenden.

BFH v. 11. 12. 2008 VI R 9/05 (BFH-Webseite):
1. Erhält ein Arbeitnehmer Leistungen aus einer durch Beiträge seines Arbeitgebers finanzierten Gruppenunfallversicherung, die ihm keinen eigenen unentziehbaren Rechtsanspruch einräumt, so führen im Zeitpunkt der Leistung die bis dahin entrichteten, auf den Versicherungsschutz des Arbeitnehmers entfallenden Beiträge zu Arbeitslohn, begrenzt auf die dem Arbeitnehmer ausgezahlte Versicherungsleistung.
2. Der auf das Risiko beruflicher Unfälle entfallende Anteil der Beiträge führt als Werbungskostenersatz auch zu Werbungskosten des Arbeitnehmers, mit denen der entsprechende steuerpflichtige Arbeitslohn zu saldieren ist.
3. Regelmäßig kann davon ausgegangen werden, dass die Beiträge jeweils hälftig auf das Risiko privater und beruflicher Unfälle entfallen.

BVerfG v. 9. 12. 2008 2 BvL 1/07, 2 BvL 2/07, 2 BvL 1/08, 2 BvL 2/08 (BGBl. I S. 2888): (Entscheidungsformel BVerfG)
1. § 9 Absatz 2 Satz 1 und Satz 2 des Einkommensteuergesetzes in der seit Inkrafttreten des Steueränderungsgesetzes 2007 vom 19. Juli 2006 (Bundesgesetzblatt Teil I Seite 1652) geltenden Fassung ist mit Artikel 3 Absatz 1 des Grundgesetzes unvereinbar.
2. Bis zu einer gesetzlichen Neuregelung ist § 9 Absatz 2 Satz 2 des Einkommensteuergesetzes im Wege vorläufiger Steuerfestsetzung (§ 165 Abgabenordnung) sowie entsprechend im Lohnsteuerverfahren, hinsichtlich der Einkommensteuervorauszahlungen und in sonstigen Verfahren, in denen das zu versteuernde Einkommen zu bestimmen ist, mit der Maßgabe anzuwenden, dass die tatbestandliche Beschränkung auf „erhöhte" Aufwendungen „ab dem 21. Entfernungskilometer" entfällt.

Die vorstehende Entscheidungsformel hat gemäß § 31 Abs. 2 des Bundesverfassungsgerichtsgesetzes Gesetzeskraft.

BFH v. 30. 10. 2008 VI R 10/07 (BStBl. 2009 II S. 153): Bei beiderseits berufstätigen Ehegatten sind die Aufwendungen für eine doppelte Haushaltsführung zeitlich unbeschränkt als Minderung finanzieller Leistungsfähigkeit steuerlich zu berücksichtigen. Die Verlegung des Familienwohnsitzes an den Beschäftigungsort des anderen Ehegatten unter Beibehaltung der ursprünglichen Familienwohnung als Erwerbswohnung ist unerheblich.

BFH v. 30. 9. 2008 VI R 4/07 (BFH-Webseite): Aufwendungen eines Zeitsoldaten für den Erwerb eines Verkehrsflugzeugführerscheins im Rahmen einer Fachausbildung sind vorab entstandene Werbungskosten bei den Einkünften aus nichtselbständiger Arbeit. Dies gilt auch dann, wenn die Schulung die Ausbildung für den Erwerb des Privatflugzeugführerscheins einschließt (Abgrenzung zum BFH-Urteil vom 27. Mai 2003 VI R 85/02, BFHE 207, 393, BStBl. II 2005, 202).

BFH v. 28. 8. 2008 VI R 35/05 (BStBl. 2009 II S. 108):
1. Aufwendungen für Seminare zur Persönlichkeitsentfaltung sind beruflich veranlasst, wenn die Veranstaltungen primär auf die spezifischen Bedürfnisse des vom Steuerpflichtigen ausgeübten Berufs ausgerichtet sind. Indizien für die berufliche Veranlassung sind insbesondere die Lehrinhalte und ihre konkrete Anwendung in der beruflichen Tätigkeit, der Ablauf des Lehrgangs sowie die teilnehmenden Personen.
2. Ein Lehrgang, der sowohl Grundlagenwissen als auch berufsbezogenes Spezialwissen vermittelt, kann beruflich veranlasst sein, wenn der Erwerb des Grundlagenwissens die Vorstufe zum Erwerb des berufsbezogenen Spezialwissens bildet.
3. Der Teilnehmerkreis eines Lehrgangs, der sich mit Anforderungen an Führungskräfte befasst, ist auch dann homogen zusammengesetzt, wenn die Teilnehmer Führungspositionen in verschiedenen Berufsgruppen innehaben.

BFH v. 28. 8. 2008 VI R 44/04 (BStBl. 2009 II S. 106):
1. Die berufliche Veranlassung von Aufwendungen für Kurse zum Neuro-Linguistischen Programmieren (NLP-Kurse) zur Verbesserung der Kommunikationsfähigkeit wird insbesondere dadurch indiziert, dass die Kurse von einem berufsmäßigen Veranstalter durchgeführt werden, ein homogener Teilnehmerkreis vorliegt und der Erwerb der Kenntnisse und Fähigkeiten auf eine anschließende Verwendung in der beruflichen Tätigkeit angelegt ist.

2. Private Anwendungsmöglichkeiten der in den NLP-Kursen vermittelten Lehrinhalte sind unbeachtlich, wenn sie sich als bloße Folge zwangsläufig und untrennbar aus den im beruflichen Interesse gewonnenen Kenntnissen und Fähigkeiten ergeben.
3. Ein homogener Teilnehmerkreis liegt auch dann vor, wenn die Teilnehmer zwar unterschiedlichen Berufsgruppen angehören, aber aufgrund der Art ihrer beruflichen Tätigkeit gleichgerichtete fachliche Interessen haben.

BFH v. 19. 6. 2008 VI R 48/07 (BStBl. II S. 870): Der persönliche Anwendungsbereich des § 4 Abs. 5 Satz 1 Nr. 2 EStG i. V. m. § 9 Abs. 5 EStG ist bei einem Arbeitnehmer nur eröffnet, wenn dieser selbst als bewirtende Person auftritt.

BFH v. 19. 6. 2008 VI R 33/07 (BStBl. 2009 II S. 11): Bewirtet ein leitender Arbeitnehmer mit variablen Bezügen seine Arbeitskollegen, insbesondere ihm unterstellte Mitarbeiter, so unterliegen die Bewirtungsaufwendungen nicht der Abzugsbeschränkung gemäß § 4 Abs. 5 Satz 1 Nr. 2 i.V.m. § 9 Abs. 5 EStG.

BFH v. 10. 6. 2008 VIII R 76/05 (BStBl. II S. 937):
1. Der Steuerpflichtige, der Einnahmen aus nichtselbständiger Arbeit erzielt, hat einen Rechtsanspruch auf den Ansatz des ungekürzten Arbeitnehmer-Pauschbetrages, selbst wenn feststeht, dass keine oder nur geringe Werbungskosten angefallen sind. Bei einem zwingenden gesetzlichen Pauschbetrag verbieten sich Überlegungen, ob im Einzelfall die Besteuerung vereinfacht wird oder nicht.
2. Erzielt ein Steuerpflichtiger – im Streitfall ein als angestellter Assessor und als selbständiger Rechtsanwalt tätiger Jurist – sowohl Einnahmen aus selbständiger als auch aus nichtselbständiger Arbeit, so sind die durch diese Tätigkeiten veranlassten Aufwendungen den jeweiligen Einkunftsarten, gegebenenfalls nach einer im Schätzungswege vorzunehmenden Aufteilung der Aufwendungen, als Werbungskosten oder Betriebsausgaben zuzuordnen. Sind die Werbungskosten niedriger als der Arbeitnehmer-Pauschbetrag, so ist dieser in voller Höhe anzusetzen. Der Steuerpflichtige kann keine beliebige Bestimmung treffen und auf diese Weise neben dem Arbeitnehmer-Pauschbetrag sämtliche nachgewiesenen Aufwendungen als Betriebsausgaben geltend machen.

BFH v. 10. 4. 2008 VI R 66/05 (BStBl. II S. 825): Führt ein vollbeschäftigter Arbeitnehmer eine längerfristige, jedoch vorübergehende berufliche Bildungsmaßnahme durch, so wird der Veranstaltungsort im Allgemeinen nicht zu einer weiteren regelmäßigen Arbeitsstätte i. S. des § 9 Abs. 1 Satz 3 Nr. 4 EStG a. F. Die Fahrtkosten des Arbeitnehmers zu der Bildungseinrichtung sind deshalb nicht mit der Entfernungspauschale, sondern in tatsächlicher Höhe als Werbungskosten zu berücksichtigen.

BFH v. 4. 4. 2008 VI R 85/04 (BStBl. II S. 887):
1. Sucht ein Außendienstmitarbeiter mindestens einmal wöchentlich den Betriebssitz seines Arbeitgebers auf, so ist der Betriebssitz eine (regelmäßige) Arbeitsstätte i. S. des § 8 Abs. 2 Satz 3 EStG.
2. Der Zuschlag nach § 8 Abs. 2 Satz 3 EStG (0,03 %-Regelung) kommt nur zur Anwendung, wenn der Arbeitnehmer den Dienstwagen tatsächlich für Fahrten zwischen Wohnung und Arbeitsstätte nutzt. Wird dem Arbeitnehmer ein Dienstwagen auch für diese Fahrten überlassen, so besteht ein Anscheinsbeweis für eine entsprechende Nutzung. Die Entkräftung des Anscheinsbeweises ist nicht auf die Fälle beschränkt, in denen dem Arbeitnehmer die Nutzung des Dienstwagens für die Fahrten zwischen Wohnung und Arbeitsstätte arbeitsrechtlich untersagt ist.
3. Wird der Dienstwagen einmal wöchentlich für Fahrten zwischen Wohnung und Arbeitsstätte genutzt, so hängt der Zuschlag nach § 8 Abs. 2 Satz 3 EStG von der Anzahl der tatsächlich durchgeführten Fahrten ab. Zur Ermittlung des Zuschlags ist eine Einzelbewertung der Fahrten mit 0,002 % des Listenpreises i. S. des § 6 Abs. 1 Nr. 4 Satz 2 EStG je Entfernungskilometer vorzunehmen.*)

*) Hinweis auf BMF-Schreiben vom 23. Oktober 2008 IV C 5 – S 2334/08/10010, 2008/0570272 (BStBl. 2008 I S. 961). **– Jetzt aktuell: Anlage § 008-12 –**

BFH v. 4. 4. 2008 VI R 68/05 (BStBl. II S. 890):
1. Der nach § 8 Abs. 2 Satz 3 EStG bei Überlassung eines Dienstwagens für Fahrten zwischen Wohnung und (regelmäßiger) Arbeitsstätte an einen Arbeitnehmer anzusetzende Zuschlag bildet einen Korrekturposten zur Entfernungspauschale. Für die Ermittlung des Zuschlags kommt es ebenso wie bei der Entfernungspauschale auf die tatsächlichen Nutzungsverhältnisse an. Wird der Dienstwagen auf dem Weg zwischen Wohnung und Arbeitsstätte nur auf einer Teilstrecke eingesetzt, beschränkt sich der Zuschlag auf diese Teilstrecke.
2. Wird dem Arbeitnehmer ein Dienstwagen auch für Fahrten zwischen Wohnung und Arbeitsstätte überlassen, besteht ein Anscheinsbeweis dafür, dass er den Dienstwagen für die Gesamtstrecke nutzt.

Rechtsprechung § 9

Der Anscheinsbeweis ist bereits dann entkräftet, wenn für eine Teilstrecke eine auf den Arbeitnehmer ausgestellte Jahres-Bahnfahrkarte vorgelegt wird.*)

*) Hinweis auf BMF-Schreiben vom 23. Oktober 2008 IV C 5 – S 2334/08/10010, 2008/0570272 (BStBl. 2008 I S. 961). – **Jetzt aktuell: Anlage § 008-12** –

BFH v. 6. 3. 2008 VI R 6/05 (BStBl. II S. 530): Die Umwandlung von Barlohn in Sachlohn setzt voraus, dass der Arbeitnehmer unter Änderung des Anstellungsvertrages auf einen Teil seines Barlohns verzichtet und ihm der Arbeitgeber stattdessen Sachlohn gewährt. Ob ein Anspruch auf Barlohn oder Sachlohn besteht, ist auf den Zeitpunkt bezogen zu entscheiden, zu dem der Arbeitnehmer über seinen Lohnanspruch verfügt.

BFH v. 7. 2. 2008 VI R 75/06 (BStBl. 2010 II S. 48): Die berufliche Veranlassung eines Darlehens wird nicht zwingend dadurch ausgeschlossen, dass der Darlehensvertrag mit dem alleinigen Gesellschafter-Geschäftsführer der Arbeitgeberin (GmbH) statt mit der insolvenzbedrohten GmbH geschlossen worden und die Darlehensvaluta an diesen geflossen ist. Maßgeblich sind der berufliche Veranlassungszusammenhang und der damit verbundene konkrete Verwendungszweck des Darlehens.

BFH v. 10. 1. 2008 VI R 17/07 (BStBl. II S. 234): Es wird eine Entscheidung des BVerfG darüber eingeholt, ob § 9 Abs. 2 Satz 1 EStG i.d.F. des StÄndG 2007 insoweit mit dem GG vereinbar ist, als danach Aufwendungen des Arbeitnehmers für seine Wege zwischen Wohnung und regelmäßiger Arbeitsstätte keine Werbungskosten sind und keine weiteren einkommensteuerrechtlichen Regelungen bestehen, nach denen die vom Abzugsverbot betroffenen Aufwendungen ansonsten die einkommensteuerliche Bemessungsgrundlage mindern.

Hinweis: Normenkontrollverfahren BVerfG 2 BvL 2/08 – Urteil v. 9.12.2008 (BGBl. I S. 2888).

BFH v. 18. 10. 2007 VI R 57/06 (BStBl. 2009 II S. 199): Überlässt ein Arbeitgeber seinem Arbeitnehmer ein Kraftfahrzeug für dessen private Nutzung, können einzelne vom Arbeitnehmer selbst getragene Kraftfahrzeugkosten als Werbungskosten berücksichtigt werden, wenn der Nutzungsvorteil nach der sog. Fahrtenbuchmethode ermittelt wird. Dagegen kommt ein Werbungskostenabzug nicht in Betracht, wenn der Nutzungsvorteil pauschal nach der sog. 1 %-Regelung bemessen wird.

BFH v. 18. 10. 2007 VI R 96/04 (BStBl. 2008 II S. 198): Der nach der sog. 1 %-Regelung gemäß § 40 Abs. 1 EStG pauschaliert besteuerte Vorteil eines vom Arbeitgeber dem Arbeitnehmer zur Privatnutzung überlassenen Dienstwagens ist nicht um die vom Arbeitnehmer selbst getragenen Treibstoffkosten zu mindern. Übernommene individuelle Kosten sind kein Entgelt für die Einräumung der Nutzungsmöglichkeit.

BFH v. 18. 10. 2007 VI R 42/04 (BStBl. 2008 II S. 223):

1. Strafverteidigungskosten sind Erwerbsaufwendungen, wenn der strafrechtliche Vorwurf, gegen den sich der Steuerpflichtige zur Wehr setzt, durch sein berufliches Verhalten veranlasst war.
2. Auf einer Honorarvereinbarung beruhende Strafverteidigungskosten führen nicht zu einer außergewöhnlichen Belastung, soweit sie nach einem Freispruch des Steuerpflichtigen nicht der Staatskasse zur Last fallen.

BFH v. 9. 8. 2007 VI R 23/05 (BStBl. 2009 II S. 722):

1. Im Rahmen der Mehraufwendungen für doppelte Haushaltsführung sind Kosten für ein in der Wohnung am Beschäftigungsort gelegenes Arbeitszimmer, sofern die Abzugsvoraussetzungen dem Grunde nach gegeben sind, gesondert zu beurteilen und in den gesetzlichen Grenzen zu berücksichtigen.
2. Aufwendungen, die für eine Wohnung am Beschäftigungsort mit einem häuslichen Arbeitszimmer entstehen, sind nur insoweit abziehbar, wie sie nicht auf das Arbeitszimmer entfallen und die durch die Merkmale Wohnfläche und ortsüblicher Durchschnittsmietzins bestimmte Grenze des Notwendigen nicht überschreiten.*)

*) Allgemeine Anwendung des Urteils ergibt sich schon aus H 9.11 (5-10 „Angemessenheit der Unterkunftskosten") LStH 2008 und H 9.11 (5-10 „Angemessenheit der Unterkunftskosten") LStH 2009.

BFH v. 9. 8. 2007 VI R 10/06 (BStBl. II S. 820):

1. Unterhält ein Alleinstehender, der am Beschäftigungsort wohnt, an einem anderen Ort einen eigenen Hausstand, besteht mit zunehmender Dauer besonderer Anlass zu prüfen, wo sich sein Lebensmittelpunkt befindet.

§ 9 Rechtsprechung

2. Unterkunftskosten am Beschäftigungsort sind notwendig i.S. von § 9 Abs. 1 Satz 3 Nr. 5 Satz 1 EStG, wenn sie den Durchschnittsmietzins einer 60 qm-Wohnung am Beschäftigungsort nicht überschreiten.

BFH v. 14. 6. 2007 VI R 60/05 (BStBl. II S. 890): Im Rahmen einer Gesamtwürdigung aller Umstände ist zu klären, ob ein alleinstehender Arbeitnehmer einen eigenen Hausstand unterhält oder in einem fremden Haushalt eingegliedert ist. Dabei ist auch von Bedeutung, ob der Arbeitnehmer die Wohnung entgeltlich oder unentgeltlich nutzt.

BFH v. 24. 5. 2007 VI R 73/05 (BStBl. II S. 766):

1. Verzichtet der Arbeitgeber gegenüber dem Arbeitnehmer auf Schadensersatz nach einem während einer beruflichen Fahrt alkoholbedingt entstandenen Schaden am auch zur privaten Nutzung überlassenen Firmen-PKW, so ist der dem Arbeitnehmer aus dem Verzicht entstehende Vermögensvorteil nicht durch die 1 v.H.-Regelung abgegolten.

2. Der als Arbeitslohn zu erfassende Verzicht auf Schadensersatz führt nur dann zu einer Steuererhöhung, wenn die Begleichung der Schadensersatzforderung nicht zum Werbungskostenabzug berechtigt. Ein Werbungskostenabzug kommt nicht in Betracht, wenn das auslösende Moment für den Verkehrsunfall die alkoholbedingte Fahruntüchtigkeit war.

BFH v. 24. 5. 2007 VI R 78/04 (BStBl. II S. 721): Bei der Würdigung, ob Aufwendungen eines Arbeitnehmers für Bewirtung und Werbegeschenke beruflich veranlasst sind, kann eine variable, vom Erfolg seiner Arbeit abhängige Entlohnung ein gewichtiges Indiz darstellen. Liegt indessen eine derartige Entlohnung nicht vor, so verlieren Aufwendungen nicht ohne Weiteres ihren beruflichen Charakter; der Erwerbsbezug kann sich auch aus anderen Umständen ergeben.

BFH v. 24. 5. 2007 VI R 47/03 (BStBl. II S. 609): Aufwendungen eines Arbeitnehmers für eine Zweitwohnung an einem auswärtigen Beschäftigungsort sind auch dann wegen doppelter Haushaltsführung als Werbungskosten abziehbar, wenn der Arbeitnehmer zugleich am Ort seines Hausstands beschäftigt ist.

BFH v. 3. 5. 2007 VI R 36/05 (BStBl. II S. 647):

1. Räumt ein Arbeitgeber einem Arbeitnehmer Aktienoptionen als Ertrag der Arbeit ein, sind damit zusammenhängende Aufwendungen des Arbeitnehmers erst im Jahr der Verschaffung der verbilligten Aktien zu berücksichtigen (Fortführung der Rechtsprechung im Senatsurteil vom 20. Juni 2001 VI R 105/99, BFHE 195, 395, BStBl. II 2001, 689).

2. Verfällt das Optionsrecht, sind die Optionskosten im Jahr des Verfalls als vergebliche Werbungskosten abziehbar.

BFH v. 29. 3. 2007 IX R 10/06 (BStBl. II S. 645): Wer einen als Darlehen empfangenen Geldbetrag nicht dazu nutzt, Aufwendungen im Zusammenhang mit seiner Vermietungstätigkeit zu begleichen, sondern ihn in einen Cash-Pool einbringt, aus dem heraus er später seine Kosten bestreitet, kann Schuldzinsen aus diesem Darlehen nicht als Werbungskosten von seinen Einnahmen aus Vermietung abziehen.

BFH v. 15. 3. 2007 VI R 14/04 (BStBl. II S. 814): Aufwendungen eines in Deutschland lebenden Ausländers für das Erlernen der deutschen Sprache gehören regelmäßig auch dann zu den nichtabziehbaren Kosten der Lebensführung, wenn ausreichende Deutschkenntnisse für einen angestrebten Ausbildungsplatz förderlich sind.

BFH v. 15. 3. 2007 VI R 31/05 (BStBl. II S. 533):

1. Die Rechtsprechung des BFH, nach der eine doppelte Haushaltsführung auch dann anerkannt werden kann, wenn Personen, die an verschiedenen Orten wohnen und dort arbeiten, nach der Eheschließung eine der beiden Wohnungen zur Familienwohnung machen, ist nicht in jedem Fall auf nicht eheliche Lebensgemeinschaften zu übertragen.

2. Die Gründung eines doppelten Haushalts kann bei nicht verheirateten Personen beruflich veranlasst sein, wenn sie vor der Geburt eines gemeinsamen Kindes an verschiedenen Orten berufstätig sind, dort wohnen und im zeitlichen Zusammenhang mit der Geburt des Kindes eine der beiden Wohnungen zur Familienwohnung machen.

Rechtsprechung § 9

BFH v. 22. 2. 2007 IX R 45/06 (BStBl. 2011 II S. 20): Der Formunwirksamkeit eines unter nahen Angehörigen abgeschlossenen Vertrages kommt eine Indizwirkung gegen dessen steuerrechtliche Anerkennung zu (Anschluss an BFH-Urteil vom 7. Juni 2006 IX R 4/04, BFH/NV 2006, 2162).*)
*) Hinweis auf BMF-Schreiben vom 23. Dezember 2010 IV C 6 – S 2144/07/10004 – / – 2010/0862046 (BStBl. 2011 I S. 37).

BFH v. 1. 2. 2007 VI R 25/03 (BStBl. II S. 459): Bewirtungsaufwendungen eines angestellten Geschäftsführers mit variablen Bezügen anlässlich einer ausschließlich für Betriebsangehörige im eigenen Garten veranstalteten Feier zum 25-jährigen Dienstjubiläum können Werbungskosten sein.

BFH v. 11. 1. 2007 VI R 52/03 (BStBl. II S. 317):
1. Die berufliche Veranlassung von Werbungskosten ist anhand einer Gesamtwürdigung aller Umstände des Einzelfalles festzustellen.
2. Bewirtungsaufwendungen, die einem Offizier für einen Empfang aus Anlass der Übergabe der Dienstgeschäfte (Kommandoübergabe) und der Verabschiedung in den Ruhestand entstehen, können als Werbungskosten zu berücksichtigen sein.

BFH v. 11. 1. 2007 VI R 8/05 (BStBl. II S. 457): Aufwendungen für Fachkongresse können als Werbungskosten bei den Einkünften aus nichtselbständiger Arbeit abziehbar sein, wenn ein konkreter Zusammenhang mit der Berufstätigkeit besteht. Dies ist im Rahmen einer Gesamtwürdigung aller Umstände des Einzelfalls zu bestimmen.

BFH v. 22. 6. 2006 VI R 5/03 (BStBl. 2007 II S. 4): Die Zahlung einer in einem Ausbildungsverhältnis begründeten Vertragsstrafe kann zu Erwerbsaufwendungen (Werbungskosten oder Betriebsausgaben) führen.

BFH v. 22. 6. 2006 VI R 61/02 (BStBl. II S. 782):
1. Aufwendungen von Lehrern für Snowboardkurse können als Werbungskosten bei den Einkünften aus nichtselbständiger Arbeit abziehbar sein, wenn ein konkreter Zusammenhang mit der Berufstätigkeit besteht. Dies ist im Rahmen einer Gesamtwürdigung aller Umstände des Einzelfalls zu bestimmen.
2. Im Rahmen dieser Gesamtwürdigung können die in dem BFH-Urteil vom 26. August 1988 VI R 175/ 85 (BFHE 154, 513, BStBl. II 1989, 91) genannten Merkmale für die berufliche Veranlassung von Aufwendungen für Skilehrgänge Beweisanzeichen (Indizien) für den im Einzelfall maßgeblichen Veranlassungszusammenhang sein.

BFH v. 22. 6. 2006 VI R 5/04 (BStBl. II S. 717): Aufwendungen für den Besuch allgemein bildender Schulen sind regelmäßig keine Werbungskosten.

BFH v. 23.5. 2006 VI R 21/03 (BStBl. II S. 600):
1. Ob und in welchem Umfang die Aufwendungen für das Herrichten eines häuslichen Arbeitszimmers für eine nachfolgende berufliche Tätigkeit als Werbungskosten abziehbar sind, bestimmt sich nach den zu erwartenden Umständen der späteren beruflichen Tätigkeit. Nicht entscheidend ist, ob die beabsichtigte berufliche Nutzung im Jahr des Aufwands bereits begonnen hat.
2. Bei einem Steuerpflichtigen, der eine in qualitativer Hinsicht gleichwertige Arbeitsleistung wöchentlich an drei Tagen an einem häuslichen Telearbeitsplatz und an zwei Tagen im Betrieb seines Arbeitgebers zu erbringen hat, liegt der Mittelpunkt der gesamten beruflichen Betätigung im häuslichen Arbeitszimmer.

BFH v. 5. 4. 2006 IX R 111/00 (BStBl. II S. 654): Schuldzinsen für Darlehen, mit denen Arbeitnehmer den Erwerb von Gesellschaftsanteilen an ihrer Arbeitgeberin finanzieren, um damit die arbeitsvertragliche Voraussetzung für die Erlangung einer höher dotierten Position zu erfüllen, sind regelmäßig Werbungskosten bei den Einkünften aus Kapitalvermögen (Anschluss an BFH-Urteil vom 21. April 1961 VI 158/59 U, BFHE 73, 449, BStBl. III 1961, 431).

BFH v. 4. 4. 2006 VI R 11/02 (BStBl. II S. 714): Der berufliche Veranlassungszusammenhang einer doppelten Haushaltsführung wird nicht allein dadurch beendet, dass ein Steuerpflichtiger seinen Familienhausstand innerhalb desselben Ortes verlegt.

BFH v. 4. 4. 2006 VI R 44/03 (BStBl. II S. 567):
1. Aufgrund der Neuregelung des Verpflegungsmehraufwands ab 1996 hat ein Steuerpflichtiger bei einer beruflichen Auswärtstätigkeit einen Rechtsanspruch darauf, dass die gesetzlichen Pauschbeträge berücksichtigt werden.

§ 9 Rechtsprechung

2. Zu den einzelnen Kostenarten bei Vorliegen einer doppelten Haushaltsführung.

BFH v. 8. 3. 2006 IX R 78/01 (BStBl. II S. 448):

1. Ausgleichszahlungen, die ein zum Versorgungsausgleich verpflichteter Beamter auf Grund einer Vereinbarung gemäß § 1408 Abs. 2 BGB an seinen Ehegatten leistet, um Kürzungen seiner Versorgungsbezüge zu vermeiden, sind sofort als Werbungskosten abziehbar (Ergänzung zum BFH-Urteil vom 8. März 2006 IX R 107/00).

2. Werden die Abfindungszahlungen fremdfinanziert, kann der Beamte die dadurch entstehenden Schuldzinsen als Werbungskosten bei den Einkünften aus nichtselbständiger Arbeit absetzen.

BFH v. 8.3. 2006 IX R 107/00 (BStBl. II S. 446): Ausgleichszahlungen, die ein zum Versorgungsausgleich verpflichteter Ehegatte auf Grund einer Vereinbarung gemäß § 1587o BGB an den anderen Ehegatten leistet, um Kürzungen seiner Versorgungsbezüge (§ 19 Abs. 1 Satz 1 Nr. 2 EStG) zu vermeiden, sind sofort als Werbungskosten abziehbar.

BFH v. 21. 2. 2006 IX R 79/01 (BStBl. II S. 598): Bei der Abgrenzung, ob Umzugskosten eines verheirateten Arbeitnehmers Aufwendungen für die Lebensführung oder deshalb nahezu ausschließlich beruflich veranlasst sind, weil sich die Fahrzeiten zwischen Wohnung und Arbeitsstätte regelmäßig arbeitstäglich um insgesamt mindestens eine Stunde verkürzen, sind die Fahrzeitveränderungen der Ehegatten nicht zu saldieren.

BFH v. 19. 12. 2005 VI R 30/05 (BStBl. 2006 II S. 378): Die Dreimonatsfrist für den Abzug der Verpflegungspauschalen (§ 4 Abs. 5 Satz 1 Nr. 5 Satz 5 EStG) findet auch dann Anwendung, wenn ein Seemann auf einem Hochseeschiff auswärts eingesetzt wird.

BFH v. 2. 12. 2005 VI R 63/03 (BStBl. 2006 II S. 329): Nutzt ein Steuerpflichtiger ein häusliches Arbeitszimmer während einer Phase der Erwerbslosigkeit zur Vorbereitung auf eine künftige Erwerbstätigkeit, so kann er die Aufwendungen für das Arbeitszimmer regelmäßig nur geltend machen, wenn und soweit ihm der Werbungskostenabzug auch unter den zu erwartenden Umständen der späteren beruflichen Tätigkeit zustehen würde.

BFH v. 11. 5. 2005 VI R 40/04 (BStBl. II S. 712): Ein Arbeitnehmer kann für die Wege zwischen Wohnung und Arbeitsstätte die höheren Aufwendungen für die an einzelnen Tagen benutzten öffentlichen Verkehrsmittel auch dann in voller Höhe als Werbungskosten abziehen, wenn er für die übrigen Arbeitstage die Entfernungspauschale geltend macht.

BFH v. 11. 5. 2005 VI R 70/03 (BStBl. II S. 785):

1. Für die Wege eines Arbeitnehmers zwischen Wohnung und ständig wechselnden Tätigkeitsstätten ist die Entfernungspauschale nach § 9 Abs. 1 Satz 3 Nr. 4 EStG nicht anzusetzen.
2. Die Aufwendungen für solche Fahrten sind in der nachgewiesenen oder glaubhaft gemachten Höhe abziehbar.
3. Bei Sammelbeförderung durch den Arbeitgeber scheidet mangels Aufwands des Arbeitnehmers ein Werbungskostenabzug für diese Fahrten aus.*)

*) Hinweis auf BMF-Schreiben v. 26.10.2005 (BStBl. I S. 960).

BFH v. 11. 5. 2005 VI R 7/02 (BStBl. II S. 782):

1. Der Bezug einer Unterkunft an einer vorübergehenden beruflichen Tätigkeitsstätte (Einsatzwechseltätigkeit) begründet keine doppelte Haushaltsführung. Die mit einer solchen Auswärtstätigkeit verbundenen Fahrt- und Übernachtungskosten sind in vollem Umfang als Werbungskosten abziehbar (Änderung der Rechtsprechung).
2. Die Höhe des Verpflegungsmehraufwands richtet sich bei Auswärtstätigkeiten i. S. des § 4 Abs. 5 Satz 1 Nr. 5 Satz 3 EStG nach der Abwesenheit des Arbeitnehmers von seiner Wohnung am Ort des Lebensmittelpunkts. Nicht entscheidend ist die Abwesenheitsdauer von der auswärtigen Unterkunft am Einsatzort. Der Abzug des Verpflegungsmehraufwands ist auf die ersten drei Monate des Einsatzes an derselben Tätigkeitsstätte beschränkt.*)

*) Hinweis auf BMF-Schreiben v. 26.10.2005 (BStBl. I S. 960).

BFH v. 10. 2. 2005 VI B 113/04 (BStBl. 2005 II S. 488):

1. Es ist höchstrichterlich hinreichend geklärt, unter welchen Voraussetzungen ein anderer Arbeitsplatz für die berufliche Tätigkeit eines Steuerpflichtigen zur Verfügung steht.

Rechtsprechung § 9

2. Dabei sind die tatrichterliche Überzeugungsbildung, die Tatsachen- bzw. Sachverhaltswürdigung sowie Schlussfolgerungen des FG in tatsächlicher Art für das Revisionsgericht grundsätzlich bindend.

BFH v. 26. 1. 2005 VI R 71/03 (BStBl. II S. 349):

1. Die Frage, ob Aufwendungen für ein Studium in einem hinreichend konkreten, objektiv feststellbaren Zusammenhang mit künftigen steuerbaren Einnahmen stehen, obliegt in erster Linie der tatrichterlichen Würdigung.

2. Dabei hat der Tatrichter die Bekundungen der Steuerpflichtigen unter Berücksichtigung einerseits der Beweisschwierigkeiten und andererseits der wirtschaftlichen Gegebenheiten zu würdigen.

BFH v. 14. 10. 2004 VI R 82/02 (BStBl. 2005 II S. 98): Unterhält ein unverheirateter Arbeitnehmer am Ort des Lebensmittelpunkts seinen Haupthausstand, so kommt es für das Vorliegen einer doppelten Haushaltsführung nicht darauf an, ob die ihm dort zur ausschließlichen Nutzung zur Verfügung stehenden Räumlichkeiten den bewertungsrechtlichen Anforderungen an eine Wohnung gerecht werden.

BFH v. 6. 10. 2004 VI R 27/01 (BStBl. II S. 1071): Die Kosten einer Gartenerneuerung können anteilig den Kosten des häuslichen Arbeitszimmers zuzurechnen sein, wenn bei einer Reparatur des Gebäudes, zu dem das Arbeitszimmer gehört, Schäden am Garten verursacht worden sind. Zu berücksichtigen sind allerdings nur diejenigen Aufwendungen, die der Wiederherstellung des ursprünglichen Zustands dienen.

BFH v. 16. 9. 2004 VI R 25/02 (BStBl. 2006 II S. 10): Leistet der Arbeitgeber Zahlungen für ein im Haus bzw. in der Wohnung des Arbeitnehmers gelegenes Büro, das der Arbeitnehmer für die Erbringung seiner Arbeitsleistung nutzt, so ist die Unterscheidung zwischen Arbeitslohn einerseits und Einkünften aus Vermietung und Verpachtung andererseits danach vorzunehmen, in wessen vorrangigem Interesse die Nutzung des Büros erfolgt.

*) Hinweis auf BMF-Schreiben vom 13.12.2005 (BStBl. 2006 I S. 4), – Anlage § 019-06 –.

BFH v. 5. 8. 2004 VI R 40/03 (BStBl. II S. 1074):

1. Die Kosten für gelegentliche Hotelübernachtungen am Ort der regelmäßigen Arbeitsstätte sind Werbungskosten, wenn sie beruflich veranlasst sind.

2. Der Heimatflughafen ist regelmäßige Arbeitsstätte einer Flugbegleiterin. Für ihre dortige Tätigkeit – z. B. für Fortbildungsveranstaltungen – sind Verpflegungsmehraufwendungen daher nicht zu berücksichtigen.

BFH v. 27. 7. 2004 VI R 43/03 (BStBl. 2005 II S. 357): Die Dreimonatsfrist des § 4 Abs. 5 Satz 1 Nr. 5 Satz 5 EStG findet auch dann Anwendung, wenn ein Arbeitnehmer im Zuge einer Einsatzwechseltätigkeit längerfristig vorübergehend an derselben Tätigkeitsstätte eingesetzt wird (gegen R 39 Abs. 1 Satz 5 LStR).*)

*) Hinweis auf BMF-Schreiben v. 11.4.2005 (BStBl. I S. 673).

BFH v. 7. 7. 2004 VI R 11/04 (BStBl. II S. 1004): Ein Berufsfeuerwehrmann, der während der Dienstzeit grundsätzlich in der Feuerwache anwesend sein muss, dort stets Arbeiten zu verrichten hat und nach jedem Einsatz dorthin zurückkehrt, übt weder eine Fahr- noch eine Einsatzwechseltätigkeit aus.

BFH v. 18. 5. 2004 VI R 70/98 (BStBl. II S. 962): Erbringt ein Arbeitnehmer seine Arbeitsleistung vorübergehend außerhalb der Wohnung und des dauerhaften Mittelpunkts seiner beruflichen Tätigkeit, so begründet er dort auch nach Ablauf von drei Monaten keine (weitere) Arbeitsstätte i. S. des § 9 Abs. 1 Satz 3 Nr. 4 EStG, wenn sich die auswärtige Tätigkeit im Vergleich zur Arbeit an der (bisherigen) regelmäßigen Tätigkeitsstätte als untergeordnet darstellt (insoweit gegen Abschn. 25 Abs. 3 Satz 2 LStR 1984 und 1987, Abschn. 37 Abs. 3 Satz 2 Nr. 2 Satz 3 LStR 1990).

BFH v. 19. 2. 2004 VI R 135/01 (BStBl. II S. 958):

1. Ein privat angeschaffter und in der privaten Wohnung aufgestellter PC kann ein Arbeitsmittel i. S. des § 9 Abs. 1 Satz 3 Nr. 6 EStG sein. Eine private Mitbenutzung ist unschädlich, soweit sie einen Nutzungsanteil von etwa 10 v. H. nicht übersteigt.

2. Die Kosten eines gemischt genutzten PC sind aufzuteilen. § 12 Nr. 1 Satz 2 EStG steht einer solchen Aufteilung nicht entgegen.

3. Die Peripherie-Geräte einer PC-Anlage sind regelmäßig keine geringwertigen Wirtschaftsgüter i. S. des § 6 Abs. 2 Satz 1 EStG.

§ 9 Rechtsprechung

Schwebende Verfahren

BFH VI R 61/13 (BFH-Webseite): Ist der Abzug von Rechtsverteidigungskosten (Rechtsberatungs- und Prozesskosten einschließlich Nebenkosten) als Folgekosten einer privat motivierten Straftat vom Abzug als (vorweggenommene) Werbungskosten bzw. als außergewöhnliche Belastung ausgeschlossen?

BFH VI R 36/13 (BFH-Webseite): Kann eine psychische oder psychosomatische Krankheit wie „Burn-Out", die zumindest auch durch eine starke emotionale Belastung im Beruf ausgelöst wird, eine zum Abzug der Kosten der Heilung als Werbungskosten berechtigende Berufskrankheit darstellen?

BFH IX R 20/13 (BFH-Webseite): Setzt ein häusliches Arbeitszimmer eine (nahezu) ausschließliche Nutzung zu beruflichen (betrieblichen) Zwecken voraus?

BFH VI R 30/11 (BFH-Webseite): Sind die einem als Personalreserve tätigen Steuerpflichtigen zugeordneten Filialen unabhängig von ihrer Anzahl regelmäßige Arbeitsstätten?

BFH VI R 24/11 (BFH-Webseite): Wird eine ortsfeste dauerhafte betriebliche Einrichtung des Arbeitgebers stets zur regelmäßigen Arbeitsstätte, wenn sie mit einer gewissen Nachhaltigkeit vom Arbeitnehmer aufgesucht wird?

§ 9a Pauschbeträge für Werbungskosten[1]

¹Für Werbungskosten sind bei der Ermittlung der Einkünfte die folgenden Pauschbeträge abzuziehen, wenn nicht höhere Werbungskosten nachgewiesen werden:

1. a) von den Einnahmen aus nichtselbständiger Arbeit vorbehaltlich Buchstabe b:

    ein Arbeitnehmer-Pauschbetrag von 1 000 Euro;[2]

    b) von den Einnahmen aus nichtselbstständiger Arbeit, soweit es sich um Versorgungsbezüge im Sinne des § 19 Absatz 2 handelt:

    ein Pauschbetrag von 102 Euro;

2. (weggefallen)

3. von den Einnahmen im Sinne des § 22 Nummer 1, 1a und 5:

    ein Pauschbetrag von insgesamt 102 Euro.

²Der Pauschbetrag nach Satz 1 Nummer 1 Buchstabe b darf nur bis zur Höhe der um den Versorgungsfreibetrag einschließlich des Zuschlags zum Versorgungsfreibetrag (§ 19 Absatz 2) geminderten Einnahmen, die Pauschbeträge nach Satz 1 Nummer 1 Buchstabe a und Nummer 3 dürfen nur bis zur Höhe der Einnahmen abgezogen werden.

Hinweise

LStH 9a *Allgemeines*

→ *R 9a EStR, H 9a EStH*

Der Arbeitnehmer-Pauschbetrag ist auch dann nicht zu kürzen, wenn feststeht, dass keine oder nur geringe Werbungskosten angefallen sind (→ BFH vom 10.6.2008 – BStBl. II S. 937).

EStR 2012

R 9a. Pauschbeträge für Werbungskosten

Die Pauschbeträge für Werbungskosten sind nicht zu ermäßigen, wenn die unbeschränkte Steuerpflicht lediglich während eines Teils des Kalenderjahres bestanden hat.

Rechtsprechungsauswahl

BFH v. 10. 6. 2008 VIII R 76/05 (BStBl. II S. 937):

1. Der Steuerpflichtige, der Einnahmen aus nichtselbständiger Arbeit erzielt, hat einen Rechtsanspruch auf den Ansatz des ungekürzten Arbeitnehmer-Pauschbetrages, selbst wenn feststeht, dass keine oder nur geringe Werbungskosten angefallen sind. Bei einem zwingenden gesetzlichen Pauschbetrag verbieten sich Überlegungen, ob im Einzelfall die Besteuerung vereinfacht wird oder nicht.

2. Erzielt ein Steuerpflichtiger – im Streitfall ein als angestellter Assessor und als selbständiger Rechtsanwalt tätiger Jurist – sowohl Einnahmen aus selbständiger als auch aus nichtselbständiger Arbeit, so sind die durch diese Tätigkeiten veranlassten Aufwendungen den jeweiligen Einkunftsarten, gegebenenfalls nach einer im Schätzungswege vorzunehmenden Aufteilung der Aufwendungen, als Werbungskosten oder Betriebsausgaben zuzuordnen. Sind die Werbungskosten niedriger als der Arbeitnehmer-Pauschbetrag, so ist dieser in voller Höhe anzusetzen. Der Steuerpflichtige kann keine beliebige Bestimmung treffen und auf diese Weise neben dem Arbeitnehmer-Pauschbetrag sämtliche nachgewiesenen Aufwendungen als Betriebsausgaben geltend machen.

BFH v. 7. 11. 2000 III R 79/97 (BStBl. 2001 II S. 702): Bei der Berechnung des Ausbildungsfreibetrages ist der Werbungskostenpauschbetrag des § 9a Satz 1 Nr. 1 EStG bei der Ermittlung der anzurechnenden Einkünfte des Kindes zeitanteilig auf den Ausbildungszeitraum und die Kürzungsmonate

---

1) Zur Anwendung von § 9a i.d.F. Unternehmensteuerreformgesetz 2008 erstmals ab VZ 2009 siehe § 52a Abs. 6 EStG.

2) § 9a Satz 1 Nummer 1 Buchstabe a geändert durch Steuervereinfachungsgesetz 2011: Erhöhung von 920 Euro auf 1 000 Euro ab VZ 2011 (für Steuerabzugsverfahren Dezember 2011 siehe § 52 Absatz 23e Satz 1 und 2 EStG), Wegfall des Halbsatzes „daneben sind Aufwendungen nach § 9c Absatz 1 und 3 gesondert abzuziehen" ab VZ 2012.

aufzuteilen, wenn sich das Kind nur einige Monate im Kalenderjahr in Berufsausbildung befand, aber während des gesamten Kalenderjahres Arbeitslohn bezogen hat.

BFH v. 29. 10. 1998 XI R 63/97 (BStBl. 1999 II S. 588): Der Arbeitnehmer-Pauschbetrag ist bei der Ermittlung der nach § 34 Abs. 1 und 2 EStG begünstigten außerordentlichen Einkünfte aus nichtselbständiger Tätigkeit nur insoweit abzuziehen, als tariflich voll zu besteuernde Einnahmen dieser Einkunftsart dafür nicht mehr zur Verfügung stehen.

BFH v. 11. 12. 1997 III R 214/94 (BStBl. 1998 II S. 292): Bei der Berechnung der sogenannten Opfergrenze ist der Arbeitnehmerpauschbetrag anzusetzen; das gilt auch dann, wenn der Steuerpflichtige keine Werbungskosten hatte.

BVerfG v. 10. 4. 1997 2 BvL 77/92 (BStBl. II S. 518):
1. Der Gleichheitssatz fordert nicht eine immer mehr individualisierende und spezialisierende Steuergesetzgebung, sondern die Regelung eines allgemein verständlichen und möglichst unausweichlichen Belastungsgrundes. Deshalb darf der Gesetzgeber einen steuererheblichen Vorgang um der materiellen Gleichheit willen im typischen Lebensvorgang erfassen und individuell gestaltbare Besonderheiten unberücksichtigt lassen.
2. Zur Verfassungsmäßigkeit der Aufhebung von Arbeitnehmer- und Weihnachtsfreibetrag.

Anmerkung: Unter II 3. der Gründe vertritt das BVerfG die Auffassung, dass der Arbeitnehmer-Pauschbetrag von 2 000 DM verfassungsgemäß ist.

4a. Umsatzsteuerrechtlicher Vorsteuerabzug

§ 9b (Umsatzsteuerrechtlicher Vorsteuerabzug)

(1) Der Vorsteuerbetrag nach § 15 des Umsatzsteuergesetzes gehört, soweit er bei der Umsatzsteuer abgezogen werden kann, nicht zu den Anschaffungs- oder Herstellungskosten des Wirtschaftsguts, auf dessen Anschaffung oder Herstellung er entfällt.

(2) ¹Wird der Vorsteuerabzug nach § 15a des Umsatzsteuergesetzes berichtigt, so sind die Mehrbeträge als Betriebseinnahme oder Einnahmen zu behandeln, wenn sie im Rahmen einer der Einkunftsarten des § 2 Absatz 1 Satz 1 bezogen werden; die Minderbeträge sind als Betriebsausgaben oder Werdbungskosten zu behandeln, wenn sie durch den Betrieb veranlasst sind oder der Erwerbung, Sicherung und Erhaltung von Einnahmen dienen. ²Die Anschaffungs- oder Herstellungskosten bleiben in den Fällen des Satzes 1 unberührt.

§ 9c (weggefallen)[1]

---

1) Unterabschnitt 4b und § 9c Kinderbetreuungskosten sind ab VZ 2012 aufgehoben (Steuervereinfachungsgesetz 2011). Zur Anwendung von § 9c siehe § 52 Absatz 23f EStG.

§ 10

5. Sonderausgaben

§ 10 (Sonderausgaben)

(1) Sonderausgaben sind die folgenden Aufwendungen, wenn sie weder Betriebsausgaben noch Werbungskosten sind oder wie Betriebsausgaben oder Werbungskosten behandelt werden:

1. (weggefallen)
2. a) Beiträge zu den gesetzlichen Rentenversicherungen oder zur landwirtschaftlichen Alterskasse sowie zu berufsständischen Versorgungseinrichtungen, die den gesetzlichen Rentenversicherungen vergleichbare Leistungen erbringen;[1)]
   b) Beiträge des Steuerpflichtigen

   aa) zum Aufbau einer eigenen kapitalgedeckten Altersversorgung, wenn der Vertrag nur die Zahlung einer monatlichen, auf das Leben des Steuerpflichtigen bezogenen lebenslangen Leibrente nicht vor Vollendung des 62. Lebensjahres oder zusätzlich die ergänzende Absicherung des Eintritts der Berufsunfähigkeit (Berufsunfähigkeitsrente), der verminderten Erwerbsfähigkeit (Erwerbsminderungsrente) oder von Hinterbliebenen (Hinterbliebenenrente) vorsieht. Hinterbliebene in diesem Sinne sind der Ehegatte des Steuerpflichtigen und die Kinder, für die er Anspruch auf Kindergeld oder auf einen Freibetrag nach § 32 Absatz 6 hat. ²Der Anspruch auf Waisenrente darf längstens für den Zeitraum bestehen, in dem der Rentenberechtigte die Voraussetzungen für die Berücksichtigung als Kind im Sinne des § 32 erfüllt;

   bb) für seine Absicherung gegen den Eintritt der Berufsunfähigkeit oder der verminderten Erwerbsfähigkeit (Versicherungsfall), wenn der Vertrag nur die Zahlung einer monatlichen, auf das Leben des Steuerpflichtigen bezogenen lebenslangen Leibrente für einen Versicherungsfall vorsieht, der bis zur Vollendung des 67. Lebensjahres eingetreten ist. ²Der Vertrag kann die Beendigung der Rentenzahlung wegen eines medizinisch begründeten Wegfalls der Berufsunfähigkeit oder der verminderten Erwerbsfähigkeit vorsehen. ³Die Höhe der zugesagten Rente kann vom Alter des Steuerpflichtigen bei Eintritt des Versicherungsfalls abhängig gemacht werden, wenn der Steuerpflichtige das 55. Lebensjahr vollendet hat.

   ²Die Ansprüche nach Buchstaben b dürfen nicht vererblich, nicht übertragbar, nicht beleihbar, nicht veräußerbar und nicht kapitalisierbar sein. ³Anbieter und Steuerpflichtiger können vereinbaren, dass bis zu zwölf Monatsleistungen in einer Auszahlung zusammengefasst werden oder eine Kleinbetragsrente im Sinne von § 93 Absatz 3 Satz 2 abgefunden wird. Bei der Berechnung der Kleinbetragsrente sind alle bei einem Anbieter bestehenden Verträge des Steuerpflichtigen jeweils nach Buchstabe b Doppelbuchstabe aa oder Doppelbuchstabe bb zusammenzurechnen. ⁵Neben den genannten Auszahlungsformen darf kein weiterer Anspruch auf Auszahlung bestehen. ⁶Zu den Beiträgen nach den Buchstaben a und b ist der nach § 3 Nr. 62 steuerfreie Arbeitgeberanteil zur gesetzlichen Rentenversicherung und ein diesem gleichgestellter steuerfreier Zuschuss des Arbeitgebers hinzuzurechnen. ⁷Beiträge nach § 168 Abs. 1 Nr. 1b oder 1c oder nach § 172 Abs. 3 oder 3a des Sechsten Buches Sozialgesetzbuch werden abweichend von Satz 2 nur auf Antrag des Steuerpflichtigen hinzugerechnet.
3. [2)] Beiträge zu
   a) Krankenversicherungen, soweit diese zur Erlangung eines durch das Zwölfte Buch Sozialgesetzbuch bestimmten sozialhilfegleichen Versorgungsniveaus erforderlich sind und sofern auf die Leistungen ein Anspruch besteht. ²Für Beiträge zur gesetzlichen Krankenversicherung sind dies die nach dem Dritten Titel des Ersten Ab-

---

1) Hinweis auf BMF-Schreiben vom 7.2.2007 (BStBl. I S. 262) mit Liste der berufständischen Versorgungseinrichtungen.
2) Zur Aufteilung der an ausländische Sozialversicherungsträger geleisteten Globalbeiträge siehe BMF-Schreiben vom 5.7.2011 (BStBl. I S. 711) – **Anlage § 010-03** –, vom 26.1.2012 (BStBl. I S. 169) und vom 29.10.2012 (BStBl. I S. 1013). – **Anhang 60** –.

§ 10

schnitts des Achten Kapitels des Fünften Buches Sozialgesetzbuch oder die nach dem Sechsten Abschnitt des Zweiten Gesetzes über die Krankenversicherung der Landwirte festgesetzten Beiträge. ³Für Beiträge zu einer privaten Krankenversicherung sind dies die Beitragsanteile, die auf Vertragsleistungen entfallen, die, mit Ausnahme der auf das Krankengeld entfallenden Beitragsanteile, in Art, Umfang und Höhe den Leistungen nach dem Dritten Kapitel des Fünften Buches Sozialgesetzbuch vergleichbar sind; § 12 Absatz 1d des Versicherungsaufsichtsgesetzes in der Fassung der Bekanntmachung vom 17. Dezember 1992 (BGBl. 1993 I S. 2), das zuletzt durch Artikel 4 und 6 Absatz 2 des Gesetzes vom 17. Oktober 2008 (BGBl. I S. 1982) geändert worden ist, gilt entsprechend. ⁴Wenn sich aus den Krankenversicherungsbeiträgen nach Satz 2 ein Anspruch auf Krankengeld oder ein Anspruch auf eine Leistung, die anstelle von Krankengeld gewährt wird, ergeben kann, ist der jeweilige Beitrag um 4 Prozent zu vermindern;

b) gesetzlichen Pflegeversicherungen (soziale Pflegeversicherung und private Pflege-Pflichtversicherung).

²Als eigene Beiträge des Steuerpflichtigen werden auch die vom Steuerpflichtigen im Rahmen der Unterhaltsverpflichtung getragenen eigenen Beiträge im Sinne des Buchstaben a oder des Buchstaben b eines Kindes behandelt, für das ein Anspruch auf einen Freibetrag nach § 32 Absatz 6 oder auf Kindergeld besteht. ³Hat der Steuerpflichtige in den Fällen des Absatzes 1a Nummer 1 eigene Beiträge im Sinne des Buchstaben a oder des Buchstaben b zum Erwerb einer Krankenversicherung oder gesetzlichen Pflegeversicherung für einen geschiedenen oder dauernd getrennt lebenden unbeschränkt einkommensteuerpflichtigen Ehegatten geleistet, dann werden diese abweichend von Satz 1 als eigene Beiträge des geschiedenen oder dauernd getrennt lebenden unbeschränkt einkommensteuerpflichtigen Ehegatten behandelt. ⁴Beiträge, die für nach Ablauf des Veranlagungszeitraums beginnende Beitragsjahre geleistet werden und in der Summe das Zweieinhalbfache der auf den Veranlagungszeitraum entfallenden Beiträge überschreiten, sind in dem Veranlagungszeitraum anzusetzen, für den sie geleistet wurden; dies gilt nicht für Beiträge, soweit sie der unbefristeten Beitragsminderung nach Vollendung des 62. Lebensjahrs dienen;

3a. Beiträge zu Kranken- und Pflegeversicherungen, soweit diese nicht nach Nummer 3 zu berücksichtigen sind; Beiträge zu Versicherungen gegen Arbeitslosigkeit, zu Erwerbs- und Berufsunfähigkeitsversicherungen, die nicht unter Nummer 2 Satz 1 Buchstabe b fallen, zu Unfall- und Haftpflichtversicherungen sowie zu Risikoversicherungen, die nur für den Todesfall eine Leistung vorsehen; Beiträge zu Versicherungen im Sinne des § 10 Absatz 1 Nummer 2 Buchstabe b Doppelbuchstabe bb bis dd in der am 31. Dezember 2004 geltenden Fassung, wenn die Laufzeit dieser Versicherungen vor dem 1. Januar 2005 begonnen hat und ein Versicherungsbeitrag bis zum 31. Dezember 2004 entrichtet wurde; § 10 Absatz 1 Nummer 2 Satz 2 bis 6 und Absatz 2 Satz 2 in der am 31. Dezember 2004 geltenden Fassung ist in diesen Fällen weiter anzuwenden;

4. gezahlte Kirchensteuer; dies gilt nicht, soweit die Kirchensteuer als Zuschlag zur Kapitalertragsteuer oder als Zuschlag auf die nach dem gesonderten Tarif des § 32d Absatz 1 ermittelte Einkommensteuer gezahlt wurde;

5. zwei Drittel der Aufwendungen, höchstens 4 000 Euro je Kind, für Dienstleistungen zur Betreuung eines zum Haushalt des Steuerpflichtigen gehörenden Kindes im Sinne des § 32 Absatz 1, welches das 14. Lebensjahr noch nicht vollendet hat oder wegen einer vor Vollendung des 25. Lebensjahres eingetretenen körperlichen, geistigen oder seelischen Behinderung außerstande ist, sich selbst zu unterhalten. ²Dies gilt nicht für Aufwendungen für Unterricht, die Vermittlung besonderer Fähigkeiten sowie für sportliche und andere Freizeitbetätigungen. ³Ist das zu betreuende Kind nicht nach § 1 Absatz 1 oder Absatz 2 unbeschränkt einkommensteuerpflichtig, ist der in Satz 1 genannte Betrag zu kürzen, soweit es nach den Verhältnissen im Wohnsitzstaat des Kindes notwendig und angemessen ist. ⁴Voraussetzung für den Abzug der Aufwendungen nach Satz 1 ist, dass der Steuerpflichtige für die Aufwendungen eine Rechnung erhalten hat und die Zahlung auf das Konto des Erbringers der Leistung erfolgt ist;

§ 10

6. (weggefallen)

7. Aufwendungen für die eigene Berufsausbildung bis zu 6 000 Euro im Kalenderjahr. ²Bei Ehegatten, die die Voraussetzungen des § 26 Absatz 1 Satz 1 erfüllen, gilt Satz 1 für jeden Ehegatten. ³Zu den Aufwendungen im Sinne des Satzes 1 gehören auch Aufwendungen für eine auswärtige Unterbringung. ⁴§ 4 Abs. 5 Satz 1 Nr. 6b sowie § 9 Abs. 1 Satz 3 Nr. 4 und 5, Absatz 2 Absatz 4 Satz 8 und Absatz 4a sind bei der Ermittlung der Aufwendungen anzuwenden.

8. (weggefallen)

9. 30 Prozent des Entgelts, höchstens 5 000 Euro, das der Steuerpflichtige für ein Kind, für das er Anspruch auf einen Freibetrag nach § 32 Absatz 6 oder auf Kindergeld hat, für dessen Besuch einer Schule in freier Trägerschaft oder einer überwiegend privat finanzierten Schule entrichtet, mit Ausnahme des Entgelts für Beherbergung, Betreuung und Verpflegung. ²Voraussetzung ist, dass die Schule in einem Mitgliedstaat der Europäischen Union oder in einem Staat belegen ist, auf den das Abkommen über den Europäischen Wirtschaftsraum Anwendung findet, und die Schule zu einem von dem zuständigen inländischen Ministerium eines Landes, von der Kultusministerkonferenz der Länder oder von einer inländischen Zeugnisanerkennungsstelle anerkannten oder einem inländischen Abschluss an einer öffentlichen Schule als gleichwertig anerkannten allgemein bildenden oder berufsbildenden Schul-, Jahrgangs- oder Berufsabschluss führt. ³Der Besuch einer anderen Einrichtung, die auf einen Schul-, Jahrgangs- oder Berufsabschluss im Sinne des Satzes 2 ordnungsgemäß vorbereitet, steht einem Schulbesuch im Sinne des Satzes 1 gleich. ⁴Der Besuch einer Deutschen Schule im Ausland steht dem Besuch einer solchen Schule gleich, unabhängig von ihrer Belegenheit. ⁵Der Höchstbetrag nach Satz 1 wird für jedes Kind, bei dem die Voraussetzungen vorliegen, je Elternpaar nur einmal gewährt.

(1a) Sonderausgaben sind auch die folgenden Aufwendungen:

1. ¹Unterhaltsleistungen an den geschiedenen oder dauernd getrennt lebenden unbeschränkt einkommensteuerpflichtigen Ehegatten, wenn der Geber dies mit Zustimmung des Empfängers beantragt, bis zu 13 805 Euro im Kalenderjahr. ²Der Höchstbetrag nach Satz 1 erhöht sich um den Betrag der im jeweiligen Veranlagungszeitraum nach Absatz 1 Nummer 3 für die Absicherung des geschiedenen oder dauernd getrennt lebenden unbeschränkt einkommensteuerpflichtigen Ehegatten aufgewandten Beiträge. ³Der Antrag kann jeweils nur für ein Kalenderjahr gestellt und nicht zurückgenommen werden. ⁴Die Zustimmung ist mit Ausnahme der nach § 894 der Zivilprozessordnung als erteilt geltenden bis auf Widerruf wirksam. ⁵Der Widerruf ist vor Beginn des Kalenderjahres, für das die Zustimmung erstmals nicht gelten soll, gegenüber dem Finanzamt zu erklären. ⁶Die Sätze 1 bis 5 gelten für Fälle der Nichtigkeit oder der Aufhebung der Ehe entsprechend;

2. auf besonderen Verpflichtungsgründen beruhende, lebenslange und wiederkehrende Versorgungsleistungen, die nicht mit Einkünften in wirtschaftlichem Zusammenhang stehen, die bei der Veranlagung außer Betracht bleiben, wenn der Empfänger unbeschränkt einkommensteuerpflichtig ist. Dies gilt nur für

    a) Versorgungsleistungen im Zusammenhang mit der Übertragung eines Mitunternehmeranteils an einer Personengesellschaft, die eine Tätigkeit im Sinne der §§ 13, 15 Absatz 1 Satz 1 Nummer 1 oder des § 18 Absatz 1 ausübt,

    b) Versorgungsleistungen im Zusammenhang mit der Übertragung eines Betriebs oder Teilbetriebs, sowie

    c) Versorgungsleistungen im Zusammenhang mit der Übertragung eines mindestens 50 Prozent betragenden Anteils an einer Gesellschaft mit beschränkter Haftung, wenn der Übergeber als Geschäftsführer tätig war und der Übernehmer diese Tätigkeit nach der Übertragung übernimmt.

    ²Satz 2 gilt auch für den Teil der Versorgungsleistungen, der auf den Wohnteil eines Betriebs der Land- und Forstwirtschaft entfällt;

§ 10

3. ¹Ausgleichsleistungen zur Vermeidung eines Versorgungsausgleichs nach § 6 Absatz 1 Satz 2 Nummer 2 und § 23 des Versorgungsausgleichsgesetzes sowie § 1408 Absatz 2 und § 1587 des Bürgerlichen Gesetzbuchs, soweit der Verpflichtete dies mit Zustimmung des Berechtigten beantragt. ²Nummer 1 Satz 3 bis 5 gilt entsprechend;

4. Ausgleichszahlungen im Rahmen des Versorgungsausgleichs nach den §§ 20 bis 22 und 26 des Versorgungsausgleichsgesetzes und nach den §§ 1587f, 1587g und 1587i des Bürgerlichen Gesetzbuchs in der bis zum 31. August 2009 geltenden Fassung sowie nach § 3a des Gesetzes zur Regelung von Härten im Versorgungsausgleich, soweit die ihnen zu Grunde liegenden Einnahmen bei der ausgleichspflichtigen Person der Besteuerung unterliegen, wenn die ausgleichsberechtigte Person unbeschränkt einkommensteuerpflichtig ist.

(2) ¹Voraussetzung für den Abzug der in Absatz 1 Nummer 2, 3 und 3a bezeichneten Beträge (Vorsorgeaufwendungen) ist, dass sie

1. nicht in unmittelbarem wirtschaftlichen Zusammenhang mit steuerfreien Einnahmen stehen; steuerfreie Zuschüsse zu einer Kranken- oder Pflegeversicherung stehen insgesamt in unmittelbarem wirtschaftlichen Zusammenhang mit den Vorsorgeaufwendungen im Sinne des Absatzes 1 Nummer 3,

2. geleistet werden an

    a) Versicherungsunternehmen,

    aa) die ihren Sitz oder ihre Geschäftsleitung in einem Mitgliedstaat der Europäischen Union oder einem Vertragsstaat des Abkommens über den Europäischen Wirtschaftsraum haben und das Versicherungsgeschäft im Inland betreiben dürfen, oder

    bb) denen die Erlaubnis zum Geschäftsbetrieb im Inland erteilt ist.

    ¹Darüber hinaus werden Beiträge nur berücksichtigt, wenn es sich um Beträge im Sinne des Absatzes 1 Nummer 3 Satz 1 Buchstabe a an eine Einrichtung handelt, die eine anderweitige Absicherung im Krankheitsfall im Sinne des § 5 Absatz 1 Nummer 13 des Fünften Buches Sozialgesetzbuch oder eine der Beihilfe oder freien Heilfürsorge vergleichbare Absicherung im Sinne des § 193 Absatz 3 Satz 2 Nummer 2 des Versicherungsvertragsgesetzes gewährt. ²Dies gilt entsprechend, wenn ein Steuerpflichtiger, der weder seinen Wohnsitz noch seinen gewöhnlichen Aufenthalt im Inland hat, mit den Beiträgen einen Versicherungsschutz im Sinne des Absatzes 1 Nummer 3 Satz 1 erwirbt,

    b) berufsständische Versorgungseinrichtungen,

    c) einen Sozialversicherungsträger oder

    d) einen Anbieter im Sinne des § 80.

²Vorsorgeaufwendungen nach Absatz 1 Nummer 2 Buchstabe b werden nur berücksichtigt, wenn

1. die Beiträge zugunsten eines Vertrags geleistet wurden, der nach § 5a des Altersvorsorgeverträge-Zertifizierungsgesetzes zertifiziert ist, wobei die Zertifizierung Grundlagenbescheid im Sinne des § 171 Absatz 10 der Abgabenordnung ist, und

2. der Steuerpflichtige gegenüber dem Anbieter in die Datenübermittlung nach Absatz 2a eingewilligt hat.

³Vorsorgeaufwendungen nach Absatz 1 Nummer 3 werden nur berücksichtigt, wenn der Steuerpflichtige gegenüber dem Versicherungsunternehmen, dem Träger der gesetzlichen Kranken- und Pflegeversicherung, der Künstlersozialkasse oder einer Einrichtung im Sinne des Satzes 1 Nr. 2 Buchstabe a Satz 2 in die Datenübermittlung nach Absatz 2a eingewilligt hat; die Einwilligung gilt für alle sich aus dem Versicherungsverhältnis ergebenden Zahlungsverpflichtungen als erteilt, wenn die Beiträge mit der elektronischen Lohnsteuerbescheinigung (§ 41b Absatz 1 Satz 2) oder der Rentenbezugsmitteilung (§ 22a Absatz 1 Satz 1 Nummer 5) übermittelt werden.

§ 10

(2a) ¹Der Steuerpflichtige hat in die Datenübermittlung nach Absatz 2 gegenüber der übermittelnden Stelle schriftlich einzuwilligen, spätestens bis zum Ablauf des zweiten Kalenderjahres, das auf das Beitragsjahr (Kalenderjahr, in dem die Beiträge geleistet worden sind) folgt; übermittelnde Stelle ist bei Vorsorgeaufwendungen nach Absatz 1 Nummer 2 Buchstabe b der Anbieter, bei Vorsorgeaufwendungen nach Absatz 1 Nummer 3 das Versicherungsunternehmen, der Träger der gesetzlichen Kranken- und Pflegeversicherung, die Künstlersozialkasse oder eine Einrichtung im Sinne des Absatzes 2 Satz 1 Nr. 2 Buchstabe a Satz 2. ²Die Einwilligung gilt auch für die folgenden Beitragsjahre, es sei denn, der Steuerpflichtige widerruft diese schriftlich gegenüber der übermittelnden Stelle. ³Der Widerruf muss vor Beginn des Beitragsjahres, für das die Einwilligung erstmals nicht mehr gelten soll, der übermittelnden Stelle vorliegen. ⁴Die übermittelnde Stelle hat bei Vorliegen einer Einwilligung

1. nach Absatz 2 Satz 2 Nummer 2 die Höhe der im jeweiligen Beitragsjahr geleisteten Beiträge nach Absatz 1 Nummer 2 Buchstabe b und die Zertifizierungsnummer,

2. nach Absatz 2 Satz 3 die Höhe der im jeweiligen Beitragsjahr geleisteten und erstatteten Beiträge nach Absatz 1 Nummer 3, soweit diese nicht mit der elektronischen Lohnsteuerbescheinigung oder der Rentenbezugsmitteilung zu übermitteln sind,

unter Angabe der Vertrags- oder Versicherungsdaten, des Datums der Einwilligung und Identifikationsnummer (§ 139b der Abgabenordnung) nach amtlich vorgeschriebenem Datensatz¹⁾ durch Datenfernübertragung an die zentrale Stelle (§ 81) bis zum 28. Februar des dem Beitragsjahr folgenden Kalenderjahres zu übermitteln; sind Versicherungsnehmer und versicherte Person nicht identisch, sind zusätzlich die Identifikationsnummer und das Geburtsdatum des Versicherungsnehmers anzugeben. ⁵§ 22a Absatz 2 gilt entsprechend. ⁶Wird die Einwilligung nach Ablauf des Beitragsjahres, jedoch innerhalb der in Satz 1 genannten Frist abgegeben, sind die Daten bis zum Ende des folgenden Kalendervierteljahres zu übermitteln. ⁷Stellt die übermittelnde Stelle fest, dass

1. die an die zentrale Stelle übermittelten Daten unzutreffend sind oder

2. der zentralen Stelle ein Datensatz übermittelt wurde, obwohl die Voraussetzungen hierfür nicht vorlagen,

ist dies unverzüglich durch Übermittlung eines Datensatzes an die zentrale Stelle zu korrigieren oder zu stornieren. ⁸Ein Steuerbescheid ist zu ändern, soweit

1. Daten nach den Sätzen 4, 6 oder Satz 7 vorliegen oder

2. eine Einwilligung in die Datenübermittlung nach Absatz 2 Satz 2 Nummer 2 oder nach Absatz 2 Satz 3 nicht vorliegt

und sich hierdurch eine Änderung der festgesetzten Steuer ergibt. ⁹Die übermittelnde Stelle hat den Steuerpflichtigen über die Höhe der nach den Sätzen 4, 6 oder Satz 7 übermittelten Beiträge für das Beitragsjahr zu unterrichten. ¹⁰§ 150 Absatz 6 der Abgabenordnung gilt entsprechend. ¹¹Das Bundeszentralamt für Steuern kann die bei Vorliegen der Einwilligung nach Absatz 2 Satz 3 zu übermittelnden Daten prüfen; die §§ 193 bis 203 der Abgabenordnung sind sinngemäß anzuwenden. ¹²Wer vorsätzlich oder grob fahrlässig eine unzutreffende Höhe der Beiträge im Sinne des Absatzes 1 Nummer 3 übermittelt, haftet für die entgangene Steuer. ¹³Diese ist mit 30 Prozent des zu hoch ausgewiesenen Betrags anzusetzen.

(3) ¹Vorsorgeaufwendungen nach Absatz 1 Nummer 2 sind bis zu dem Höchstbetrag zur knappschaftlichen Rentenversicherung, aufgerundet auf einen vollen Betrag in Euro, zu berücksichtigen. ²Bei zusammenveranlagten Ehegatten verdoppelt sich der Höchstbetrag. ³Der Höchstbetrag nach Satz 1 oder 2 ist bei Steuerpflichtigen, die

1. Arbeitnehmer sind und die während des ganzen oder eines Teils des Kalenderjahres

---

1) Datensatzbestimmung nach § 10 Absatz 2a Satz 4 EStG siehe BMF-Schreiben vom 11.10.2010 (BStBl. I S. 759), veröffentlicht unter Rubrik Bescheinigungsverfahren auf http://www.bzst.de; Schnittstelle unter http://www.zfa.deutsche-rentenversicherung-bund.de. Zu Ersatzbescheinigung und Vordruckmuster siehe BMF-Schreiben vom 18.8.2011 (BStBl. I S. 788).

§ 10

a) in der gesetzlichen Rentenversicherung versicherungsfrei oder auf Antrag des Arbeitgebers von der Versicherungspflicht befreit waren und denen für den Fall ihres Ausscheidens aus der Beschäftigung auf Grund des Beschäftigungsverhältnisses eine lebenslängliche Versorgung oder an deren Stelle eine Abfindung zusteht oder die in der gesetzlichen Rentenversicherung nachzuversichern sind oder

b) nicht der gesetzlichen Rentenversicherungspflicht unterliegen, eine Berufstätigkeit ausgeübt und im Zusammenhang damit auf Grund vertraglicher Vereinbarungen Anwartschaftsrechte auf eine Altersversorgung erworben haben, oder

2. Einkünfte im Sinne des § 22 Nummer 4 erzielen und die ganz oder teilweise ohne eigene Beitragsleistung einen Anspruch auf Altersversorgung erwerben,

um den Betrag zu kürzen, der, bezogen auf die Einnahmen aus der Tätigkeit, die die Zugehörigkeit zum genannten Personenkreis begründen, dem Gesamtbeitrag (Arbeitgeber- und Arbeitnehmeranteil) zur allgemeinen Rentenversicherung entspricht. ⁴Im Kalenderjahr 2013 sind 76 Prozent der nach den Sätzen 1 bis 3 ermittelten Vorsorgeaufwendungen anzusetzen. ⁵Der sich danach ergebende Betrag, vermindert um den nach § 3 Nummer 62 steuerfreien Arbeitgeberanteil zur gesetzlichen Rentenversicherung und einen diesem gleichgestellten steuerfreien Zuschuss des Arbeitgebers, ist als Sonderausgabe abziehbar. ⁶Der Prozentsatz in Satz 4 erhöht sich in den folgenden Kalenderjahren bis zum Kalenderjahr 2025 um je 2 Prozentpunkte je Kalenderjahr. ⁷Beiträge nach § 168 Absatz 1 Nummer 1b oder 1c oder nach § 172 Absatz 3 oder 3a des Sechsten Buches Sozialgesetzbuch vermindern den abziehbaren Betrag nach Satz 5 nur, wenn der Steuerpflichtige die Hinzurechnung dieser Beiträge zu den Vorsorgeaufwendungen nach Absatz 1 Nummer 2 Satz 7 beantragt hat.

(4) ¹Vorsorgeaufwendungen im Sinne des Absatzes 1 Nummer 3 und 3a können je Kalenderjahr insgesamt bis 2 800 Euro abgezogen werden. ²Der Höchstbetrag beträgt 1 900 Euro bei Steuerpflichtigen, die ganz oder teilweise ohne eigene Aufwendungen einen Anspruch auf vollständige oder teilweise Erstattung oder Übernahme von Krankheitskosten haben oder für deren Krankenversicherung Leistungen im Sinne des § 3 Nummer 9, 14, 57 oder 62 erbracht werden. ³Bei zusammen veranlagten Ehegatten bestimmt sich der gemeinsame Höchstbetrag aus der Summe der jedem Ehegatten unter den Voraussetzungen von Satz 1 und 2 zustehenden Höstbeträge. ⁴Übersteigen die Vorsorgeaufwendungen im Sinne des Absatzes 1 Nummer 3 die nach den Sätzen 1 bis 3 zu berücksichtigenden Vorsorgeaufwendungen, sind diese abzuziehen und ein Abzug von Vorsorgeaufwendungen im Sinne des Absatzes 1 Nummer 3a scheidet aus.

(4a) ¹Ist in den Kalenderjahren 2013 bis 2019 der Abzug der Vorsorgeaufwendungen nach Absatz 1 Nummer 2 Buchstabe a, Absatz 1 Nummer 3 und Nummer 3a in der für das Kalenderjahr 2004 geltenden Fassung des § 10 Absatz 3 mit folgenden Höchstbeträgen für den Vorwegabzug

Kalenderjahr	Vorwegabzug für den Steuerpflichtigen	Vorwegabzug im Falle der Zusammenveranlagung von Ehegatten
2013	2 100	4 200
2014	1 800	3 600
2015	1 500	3 000
2016	1 200	2 400
2017	900	1 800
2018	600	1 200
2019	300	600

zuzüglich des Erhöhungsbetrags nach Satz 3 günstiger, ist der sich danach ergebende Betrag anstelle des Abzugs nach Absatz 3 und 4 anzusetzen. ²Mindestens ist bei Anwendung des Satzes 1 der Betrag anzusetzen, der sich ergeben würde, wenn zusätzlich noch die Vorsorgeaufwendungen nach Absatz 1 Nummer 2 Buchstabe b in die Günstigerprüfung einbezogen werden würden; der Erhöhungsbetrag nach Satz 3 ist nicht hinzuzurechnen. ³Erhöhungsbetrag sind die Beiträge nach Absatz 1 Nummer 2 Buchstabe b, soweit sie nicht den um die Beiträge nach Absatz 1 Nummer 2 Buchstabe a und den nach § 3 Nummer 62 steuerfreien Arbeitgeberanteil zur gesetzlichen Rentenversicherung und einen diesem gleichgestellten steuerfreien Zuschuss verminderten Höchstbetrag nach Absatz 3 Satz 1 bis 3 überschreiten; Absatz 3 Satz 4 und 6 gilt entsprechend.

(4b) ¹Erhält der Steuerpflichtige für die von ihm für einen anderen Veranlagungszeitraum geleisteten Aufwendungen im Sinne des Satzes 2 einen steuerfreien Zuschuss, ist dieser den erstatteten Aufwendungen gleichzustellen. ²Übersteigen bei den Sonderausgaben nach Absatz 1 Nummer 2 bis 3a die im Veranlagungszeitraum erstatteten Aufwendungen die geleisteten Aufwendungen (Erstattungsüberhang), ist der Erstattungsüberhang mit anderen im Rahmen der jeweiligen Nummer anzusetzenden Aufwendungen zu verrechnen. ³Ein verbleibender Betrag des sich bei den Aufwendungen nach Absatz 1 Nummer 3 und 4 ergebenden Erstattungsüberhangs ist dem Gesamtbetrag der Einkünfte hinzuzurechnen. ⁴Behörden im Sinne des § 6 Absatz 1 der Abgabenordnung und andere öffentliche Stellen, die einem Steuerpflichtigen für die von ihm geleisteten Beiträge im Sinne des Absatzes 1 Nummer 2, 3 und 3a steuerfreie Zuschüsse gewähren oder ihm Vorsorgeaufwendungen im Sinne dieser Vorschrift erstatten (übermittelnde Stelle), haben der zentralen Stelle jährlich die zur Gewährung und Prüfung des Sonderausgabenabzugs nach § 10 erforderlichen Daten nach amtlich vorgeschriebenem Datensatz durch Datenfernübertragung zu übermitteln. Ein Steuerbescheid ist zu ändern, soweit Daten nach Satz 4 vorliegen und sich hierdurch oder durch eine Korrektur oder Stornierung der entsprechenden Daten eine Änderung der festgesetzten Steuer ergibt. § 22a Absatz 2 sowie § 150 Absatz 6 der Abgabenordnung gelten entsprechend.

(5) Durch Rechtsverordnung wird bezogen auf den Versicherungstarif bestimmt, wie der nicht abziehbare Teil der Beiträge zum Erwerb eines Krankenversicherungsschutzes im Sinne des Absatzes 1 Nummer 3 Buchstabe a Satz 3 durch einheitliche prozentuale Abschläge auf die zugunsten des jeweiligen Tarifs gezahlte Prämie zu ermitteln ist, soweit der nicht abziehbare Beitragsteil nicht bereits als gesonderter Tarif oder Tarifbaustein ausgewiesen wird.[1)]

(6) ¹Absatz 1 Nummer 2 Buchstabe b Doppelbuchstabe aa ist für Vertragsabschlüsse vor dem 1. Januar 2012 mit der Maßgabe anzuwenden, dass der Vertrag die Zahlung der Leibrente nicht vor der Vollendung des 60. Lebensjahres vorsehen darf. ²Für Verträge im Sinne des Absatzes 1 Nummer 2 Buchstabe b, die vor dem 1. Januar 2011 abgeschlossen wurden, und bei Kranken- und Pflegeversicherungen im Sinne des Absatzes 1 Nummer 3, bei denen das Versicherungsverhältnis vor dem 1. Januar 2011 bestanden hat, ist Absatz 2 Satz 2 Nummer 2 und Satz 3 mit der Maßgabe anzuwenden, dass die erforderliche Einwilligung zur Datenübermittlung als erteilt gilt, wenn

1. die übermittelnde Stelle den Steuerpflichtigen schriftlich darüber informiert, dass sie
    a) von einer Einwilligung ausgeht und
    b) die Daten an die zentrale Stelle übermittelt und
2. der Steuerpflichtige dem nicht innerhalb einer Frist von vier Wochen nach Erhalt der Information nach Nummer 1 schriftlich widerspricht.

Hinweise

LStH 10 Sonderausgaben → *R 10.1 bis 10.11 EStR, H 10.1 bis 10.11 EStH*

EStR 2012

R 10.1 Sonderausgaben (Allgemeines)

Bei Ehegatten, die nach § 26b EStG zusammen zur Einkommensteuer veranlagt werden, kommt es für den Abzug von Sonderausgaben nicht darauf an, ob sie der Ehemann oder die Ehefrau geleistet hat.

---

1) Krankenversicherungsbeitragsanteil-Ermittlungsverordnung (KVBEVO) vom 11.8.2009 (BGBl. I S. 2730, BStBl. I S. 1530).

R 10.2 Unterhaltsleistungen an den geschiedenen oder dauernd getrennt lebenden Ehegatten

(1) Der Antrag nach § 10 Abs. 1 Nr. 1 EStG kann auf einen Teilbetrag der Unterhaltsleistungen beschränkt werden.

(2) ¹Die Zustimmung wirkt auch dann bis auf Widerruf, wenn sie im Rahmen eines Vergleichs erteilt wird. ²Die Zustimmung zum Abzug von Unterhaltsleistungen als Sonderausgaben dem Grunde nach wirkt auch für die Erhöhung des Höchstbetrags nach §10 Abs. 1 Nr. 1 Satz 2 EStG. ³Dies gilt unabhängig davon, wann die Zustimmung erteilt wurde.

(3) Leistet jemand Unterhalt an mehrere Empfänger, so sind die Unterhaltsleistungen an jeden bis zum Höchstbetrag abziehbar.

R 10.3 Versorgungsleistungen

(1) Versorgungsleistungen, die mit steuerbefreiten Einkünften, z.B. auf Grund eines DBA, in wirtschaftlichem Zusammenhang stehen, können nicht als Sonderausgaben abgezogen werden.

(2) ¹Versorgungsleistungen, die freiwillig oder auf Grund einer freiwillig begründeten Rechtspflicht geleistet werden, sind grundsätzlich nicht als Sonderausgaben abziehbar. ²Das gilt auch für Zuwendungen an eine gegenüber dem Steuerpflichtigen oder seinem Ehegatten gesetzlich unterhaltsberechtigte Person oder an deren Ehegatten (§ 12 Nr. 2 EStG).

R 10.3a Vorsorgungsausgleich – unbesetzt –

R 10.4 Vorsorgeaufwendungen (Allgemeines)[1]

¹Nach § 10 Abs. 1 Nr. 3 Satz 2 EStG können eigene Beiträge des Kindes zur Basiskranken- und gesetzlichen Pflegeversicherung im Rahmen des Sonderausgabenabzugs bei den Eltern berücksichtigt werden, wenn diese das Kind, für das sie Anspruch auf einen Freibetrag nach §32 Abs. 6 EStG oder auf Kindergeld haben, durch Unterhaltsleistungen in Form von Bar- und Sachleistungen (z. B. Unterkunft und Verpflegung) unterstützen. ²Ob das Kind über eigene Einkünfte verfügt, ist insoweit ohne Bedeutung. ³Allerdings können die Basiskranken- und gesetzlichen Pflegeversicherungsbeiträge des Kindes insgesamt nur einmal als Vorsorgeaufwendungen berücksichtigt werden. ⁴Entweder erfolgt die Berücksichtigung nach §10 Abs. 1 Nr. 3 Satz 2 EStG bei den Eltern oder nach § 10 Abs. 1 Nr. 3 Satz 1 EStG beim Kind.

R 10.5 Versicherungsbeiträge

¹Wird ein Kraftfahrzeug teils für berufliche und teils für private Zwecke benutzt, kann der Steuerpflichtige den Teil seiner Aufwendungen für die Kfz-Haftpflichtversicherung, der dem Anteil der privaten Nutzung entspricht, im Rahmen des § 10 EStG als Sonderausgaben abziehen. ²Werden Aufwendungen für Wege zwischen Wohnung und Arbeitsstätte oder Familienheimfahrten mit eigenem Kraftfahrzeug in Höhe der Entfernungspauschale nach § 9 Abs. 1 Satz 3 Nr. 4 EStG abgezogen, können die Aufwendungen für die Kfz-Haftpflichtversicherung zur Vereinfachung in voller Höhe als Sonderausgaben anerkannt werden.

R 10.6 Nachversteuerung von Versicherungsbeiträgen

¹Bei einer Nachversteuerung nach § 30 EStDV wird der Steuerbescheid des Kalenderjahrs, in dem die Versicherungsbeiträge für Versicherungen i. S. d. § 10 Abs. 1 Nr. 3 Buchstabe b EStG als Sonderausgabe berücksichtigt worden sind, nicht berichtigt. ²Es ist lediglich festzustellen, welche Steuer für das jeweilige Kalenderjahr festzusetzen gewesen wäre, wenn der Steuerpflichtige die Versicherungsbeiträge nicht geleistet hätte. ³Der Unterschiedsbetrag zwischen dieser Steuer und der seinerzeit festgesetzten Steuer ist als Nachsteuer für das Kalenderjahr zu erheben, in dem das steuerschädliche Ereignis eingetreten ist.

R 10.7 Kirchensteuern und Kirchenbeiträge

(1) ¹Beiträge der Mitglieder von Religionsgemeinschaften (Kirchenbeiträge), die mindestens in einem Land als Körperschaft des öffentlichen Rechts anerkannt sind, aber während des ganzen Kalenderjahrs keine Kirchensteuer erheben, sind aus Billigkeitsgründen wie Kirchensteuern abziehbar. ²Voraussetzung ist, dass der Steuerpflichtige über die geleisteten Beiträge eine Empfangsbestätigung der Religionsgemeinschaft vorlegt. ³Der Abzug ist bis zur Höhe der Kirchensteuer zulässig, die in den betreffenden Land von den als Körperschaften des öffentlichen Rechts anerkannten Religionsgemeinschaften erhoben wird. ⁴Bei unterschiedlichen Kirchensteuersätzen ist der höchste Steuersatz maßgebend. ⁵Die Sätze 1 bis 4 sind nicht anzuwenden, wenn der Steuerpflichtige gleichzeitig als Mitglied einer öffentlich-rechtlichen Religionsgemeinschaft zur Zahlung von Kirchensteuer verpflichtet ist.

---

1) Hinweis auf BMF-Schreiben zu Vorsorgeaufwendungen – *Anlage § 010-01* –.

(2) Kirchenbeiträge, die nach Absatz 1 nicht wie Kirchensteuer als Sonderausgaben abgezogen werden, können im Rahmen des § 10b EStG steuerlich berücksichtigt werden.

R 10.8 Kinderbetreuungskosten – unbesetzt –

R 10.9 Aufwendungen für die Berufsausbildung

(1) ¹Erhält der Steuerpflichtige zur unmittelbaren Förderung seiner Ausbildung steuerfreie Bezüge, mit denen Aufwendungen i. S. d. § 10 Abs. 1 Nr. 7 EStG abgegolten werden, entfällt insoweit der Sonderausgabenabzug. ²Das gilt auch dann, wenn die zweckgebundenen steuerfreien Bezüge erst nach Ablauf des betreffenden Kalenderjahres gezahlt werden. ³Zur Vereinfachung ist eine Kürzung der für den Sonderausgabenabzug in Betracht kommenden Aufwendungen nur dann vorzunehmen, wenn die steuerfreien Bezüge ausschließlich zur Bestreitung der in § 10 Abs. 1 Nr. 7 EStG bezeichneten Aufwendungen bestimmt sind. ⁴Gelten die steuerfreien Bezüge dagegen ausschließlich oder teilweise Aufwendungen für den Lebensunterhalt ab – ausgenommen solche für auswärtige Unterbringung –, z.B. Berufsausbildungsbeihilfen nach § 59 SGB III, Leistungen nach den §§ 12 und 13 BAföG, sind die als Sonderausgaben geltend gemachten Berufsausbildungsaufwendungen nicht zu kürzen.

Nachlaufende Studiengebühren

(2) Staatlich gestundete Studienbeiträge, die erst nach Abschluss des Studiums gezahlt werden (sog. nachlaufende Studiengebühren), sind nach den allgemeinen Grundsätzen des § 11 Abs. 2 EStG im Jahr der Zahlung der gestundeten Beiträge und somit auch nach Abschluss der Berufsausbildung als Sonderausgaben abziehbar.

R 10.10 Schulgeld

Kind als Vertragspartner

(1) ¹Schulgeldzahlupgen eines Stpfl. sind bei diesem auch dann nach § 10 Abs. 1 Nr. 9 EStG abziehbar, wenn dessen unterhaltsberechtigtes Kind selbst Vertragspartner der Schule ist. ²Hat der Stpfl. für das sich in der Ausbildung befindende Kind einen Anspruch auf einen Freibetrag nach § 32 Abs. 6 EStG oder auf Kindergeld, ist davon auszugehen, dass die erforderliche Unterhaltsberechtigung des Kindes besteht.

Schulbesuche im Ausland

(2) ¹Zu den nach § 10 Abs. 1 Nr. 9 EStG abziehbaren Sonderausgaben gehören u. a. Schulgeldzahlungen für den Besuch einer im EU-/EWR-Raum belegenen Bildungsstätte, wenn der Besuch mit dem „International Baccalaureate" (Internationales Abitur) abschließen soll. ²Für die Anerkennung mehrjähriger Auslandsschulbesuche ist die Vorlage einer einmaligen Prognoseentscheidung der im Einzelfall zuständigen Behörde (z. B. Zeugnisanerkennungsstelle) ausreichend.

Rechtsprechungsauswahl

BFH v. 15. 7. 2014 X R 35/12 (BFH-Webseite): Berücksichtigung von Beiträgen für eine „Rürup-Rente" eines Alleingesellschafter-Geschäftsführers mit Anwartschaft auf betriebliche Altersvorsorge in Form einer Direktversicherung

1. Ist zugunsten des Alleingesellschafter-Geschäftsführers einer GmbH eine Direktversicherung von der Kapitalgesellschaft als Versicherungsnehmerin abgeschlossen worden, gehört dieser seit dem Jahr 2008 zum Personenkreis des § 10c Abs. 3 Nr. 2 EStG. Der Höchstbetrag für Beiträge, die der Alleingesellschafter-Geschäftsführer zum Aufbau einer "Rürup-Rente" erbringt, ist deshalb gemäß § 10 Abs. 3 Satz 3 EStG pauschal um den fiktiven Gesamtbeitrag zur allgemeinen Rentenversicherung zu kürzen.
2. Die für die erfassten Fallgruppen gleichermaßen geltende pauschale Kürzung überschreitet die verfassungsrechtlichen Grenzen zulässiger Typisierung auch dann nicht, wenn der Beitrag, den die GmbH für die Altersversorgung des Gesellschafter-Geschäftsführers erbringt, im konkreten Einzelfall deutlich geringer ist als die dadurch hervorgerufene Kürzung des Höchstbetrags für den Abzug anderweitiger Altersvorsorgeaufwendungen.

BFH v. 15. 5. 2013 X R 18/10 (BStBl. 2014 II S. 25): Beiträge zur Versorgungsanstalt der Bezirksschornsteinfegermeister (VdBS) – Verfassungsmäßigkeit der fehlenden Berücksichtigung als Basisvorsorgeaufwendungen

Die Beiträge zur VdBS können weder als Sonderausgaben nach § 10 Abs. 1 Nr. 2 Buchst. a EStG noch nach § 10 Abs. 1 Nr. 2 Buchst. b EStG abgezogen werden.

BFH v. 23. 1. 2013 X R 43/09 (BStBl. II S. 608): Ermäßigter Höchstbetrag bei Leistungen des Arbeitgebers für den Krankenversicherungsschutz des Arbeitnehmer-Ehegatten – Verfassungsmäßigkeit von

§ 10 Rechtsprechung

§ 10 Abs. 4 Sätze 2 und 3 EStG i.d.F. vom 05.07.2004 - Kein Anspruch auf Gleichbehandlung im Unrecht

1. Erbringt der Arbeitgeber Leistungen i.S. des § 3 Nr. 62 EStG auch für den Ehegatten des Arbeitnehmers, so steht dem Ehegatten nur der ermäßigte Höchstbetrag nach § 10 Abs. 4 Satz 2 EStG zu (Rn.9).
2. Dem beihilfeberechtigten Ehegatten eines Beamten steht ebenfalls nur der ermäßigte Höchstbetrag nach § 10 Abs. 4 Satz 2 EStG zu.

BFH v. 17. 10. 2012 VIII R 51/09 (BFH-Webseite): Keine verfassungsrechtlichen Bedenken gegen die Streichung des § 10 Abs. 1 Nr. 6 EStG a.f.
Der Wegfall des Abzugs privater Steuerberatungskosten als Sonderausgaben (§ 10 Abs. 1 Nr. 6 EStG) durch Art. 1 Nr. 3 des Gesetzes zum Einstieg in ein steuerliches Sofortprogramm ist verfassungsmäßig.

BFH v. 19. 9. 2012 VI R 78/10 (BStBl. 2013 II S. 284): Unterkunftskosten im Rahmen eines Studiums
1. Kosten der Unterkunft eines Studenten am Studienort können als vorab entstandene Werbungskosten nach § 9 Abs. 1 Satz 1 EStG in Abzug gebracht werden, wenn der Studienort nicht der Lebensmittelpunkt des Steuerpflichtigen ist.
2. § 9 Abs. 1 Satz 3 Nr. 5 EStG kommt schon deshalb nicht zur Anwendung, weil eine Hochschule kein Beschäftigungsort im Sinne der Vorschrift ist (Anschluss an Senatsentscheidungen vom 9. Februar 2012 VI R 44/10, BFHE 236, 431, und VI R 42/11, BFHE 236, 439).
3. Ein Student, der seinen Lebensmittelpunkt an den Studienort verlagert hat, ist regelmäßig nicht auswärts untergebracht i.S. des § 10 Abs. 1 Nr. 7 Satz 3 EStG.

BFH v. 22. 8. 2012 X R 36/09 (BFH-Webseite): Abzug von Leistungen im Rahmen eines schuldrechtlichen Versorgungsausgleichs (bzw. von schuldrechtlichen Ausgleichszahlungen) – Berechtigtes Interesse i.S. des § 100 Abs. 1 Satz 4 FGO bei Ablehnung eines Eintrags eines Freibetrags auf der Lohnsteuerkarte
1. Ein schuldrechtlicher Versorgungsausgleich kann auch in einem Ehevertrag vereinbart sein.
2. Mit § 10 Abs. 1 Nr. 1b EStG hat der Gesetzgeber eine Regelung getroffen, die auch die schuldrechtliche Teilung einer Rente als möglichen steuerrechtlich relevanten Einkünftetransfer akzeptiert.

BFH v. 18. 7. 2012 X R 41/11 (BStBl. II S. 821): Keine Abziehbarkeit der sog. „Praxisgebühr" als Sonderausgabe Zuzahlungen nach § 28 Abs. 4 SGB V (sog. "Praxisgebühren") sind keine Beiträge zu Krankenversicherungen i.S. des § 10 Abs. 1 Nr. 3 Buchst, a EStG, sondern eine Form der Selbstbeteiligung.

BFH v. 9. 5. 2012 X R 3/11 (BStBl. II S. 585): Kein Abzug des an eine schweizerische Privatschule gezahlten Schulgeldes – Freizügigkeitsabkommen und EWR-Abkommen – Anwendbarkeit von Grundfreiheiten des EG-Rechts im Verhältnis zu Drittstaaten – Prüfungsmaßstab bei Betroffensein mehrerer Grundfreiheiten – § 52 Abs. 24a EStG und das Sonderungsverbot des Art. 7 Abs. 4 GG
1. Schulgeld, das an eine schweizerische Privatschule gezahlt wird, kann nicht als Sonderausgabe abgezogen werden. Hierin liegt keine Verletzung der Kapitalverkehrsfreiheit.
2. Das Freizügigkeitsabkommen zwischen der Europäischen Gemeinschaft und ihren Mitgliedstaaten und der Schweiz vom 21. Juni 1999 (BGBl. II 2001, 811) gewährt keinen Anspruch auf Gleichbehandlung mit Privatschulen, die in der EU oder im EWR belegen sind.

BFH v. 9. 5. 2012 X R 43/10 (BFH-Webseite): Kein Sonderausgabenabzug des an eine schweizerische Privatschule gezahlten Schulgeldes – Freizügigkeitsabkommen und EWR-Abkommen – Anwendbarkeit von Grundfreiheiten des EG-Rechts im Verhältnis zu Drittstaaten – Prüfungsmaßstab bei Betroffensein mehrerer Grundfreiheiten
1. NV: § 10 Abs. 1 Nr. 9 EStG und § 52 Abs. 24a EStG n.F. erfassen kein Schuldgeld, das an eine schweizerische Privatschule gezahlt wird.
2. NV: Es besteht aufgrund des Freizügigkeitsabkommens zwischen der Europäischen Gemeinschaft und ihren Mitgliedstaaten und der Schweiz vom 21. Juni 1999 (BGBl II 2001, 811) kein Anspruch auf Gleichbehandlung mit dem Schulgeld, das an Privatschulen, die in der EU oder im EWR belegen sind, gezahlt wird.

BFH v. 18. 4. 2012 X R 62/09 (BStBl. II S. 721): Steuerrechtliche Berücksichtigung von ausländischen Sozialversicherungsbeiträgen – Nichtabziehbarkeit von obligatorischen Beiträgen an die schweizerische Alters- und Hinterlassenen-versicherung – Vereinbarkeit mit höherrangigem Recht – Unterschiedliche Behandlung von Altersvorsorgeaufwendungen und anderen vorweggenommen Werbungskosten

Rechtsprechung § 10

1. Obligatorische Beiträge an die schweizerische Alters- und Hinterlassenenversicherung können nicht als Sonderausgaben abgezogen werden, wenn sie aus Einkünften stammen, die in Deutschland aufgrund des DBA-Schweiz steuerfrei sind.
2. Der fehlende Sonderausgabenabzug verstößt nicht gegen höherrangiges Recht.
3. Die entsprechenden Beiträge können auch nicht bei der Ermittlung des besonderen Steuersatzes im Rahmen des Progressionsvorbehaltes berücksichtigt werden.

BFH v. 16. 11. 2011 X R 15/09 (BStBl. 2012 II S. 325): Abzug von Beiträgen zur Krankenversicherung und zur Arbeitslosenversicherung; Weitergeltungsanordnung des BVerfG kein Verstoß gegen GG oder EMRK

1. Die durch das BVerfG (Beschluss vom 13. Februar 2008 2 BvL 1/06, BVerfGE 120, 125, unter E.II.2.) mit Wirkung bis zum 31. Dezember 2009 ausgesprochene Anordnung der Weitergeltung der für mit dem GG unvereinbar erklärten Regelungen über die Abziehbarkeit von Beiträgen zur Krankenversicherung ist weder verfassungswidrig noch liegt darin ein Verstoß gegen die EMRK.
2. Es besteht kein verfassungsrechtlicher Anspruch darauf, die Beiträge zur Arbeitslosenversicherung einkommensteuerlich in voller Höhe oder zumindest im Wege eines negativen Progressionsvorbehalts zu berücksichtigen.

BFH v. 9. 11. 2011 X R 24/09 (BStBl. 2012 II S. 321): Abziehbarkeit des an eine niederländische Hochschule (Hogeschool) gezahlten Kolleggeldes

1. Schulgeldzahlungen an eine EU/EWR-Schule sind nach § 10 Abs. 1 Nr. 9 EStG i.d.F. vor Inkrafttreten des JStG 2009 abziehbar, wenn die Schule den Status einer genehmigten Ersatzschule oder einer anerkannten Ergänzungsschule bei Belegenheit im Inland hätte erhalten können.
2. Schulgeldzahlungen an ausländische Hochschulen, Fachhochschulen oder staatliche Schulen erfüllen nicht die Voraussetzungen des § 52 Abs. 24b EStG i.d.F. des JStG 2009.
3. § 10 Abs. 1 Nr. 9 EStG setzt nicht voraus, dass die Eltern selbst Vertragspartner des mit der Privatschule abgeschlossenen Vertrages sind.

BFH v. 27. 10. 2011 VI R 52/10 (BStBl. 2012 II S. 825): Ausbildung zum Rettungssanitäter als Berufsausbildung (Aufwendungen für eine erstmalige Berufsausbildung als Verkehrsflugzeugführer)

1. Eine erstmalige Berufsausbildung i.S. von § 12 Nr. 5 EStG setzt weder ein Berufsausbildungsverhältnis nach dem Berufsbildungsgesetz noch eine bestimmte Ausbildungsdauer voraus.
2. Die Ausbildung zum Rettungssanitäter ist eine erstmalige Berufsausbildung.

BFH v. 19. 10. 2011 X R 48/09 (BStBl. 2012 II S. 200): Schulgeld für nicht anerkannte Ergänzungsschulen vor 2008 nicht als Sonderausgabe abziehbar – Kein Verstoß gegen Verfassungsrecht und unionsrechtliche Grundfreiheiten

1. Schulgeld, das bis zum Veranlagungszeitraum 2007 an eine inländische lediglich angezeigte Ergänzungsschule gezahlt wurde, kann nicht nach § 10 Abs. 1 Nr. 9 EStG i.d.F. vor Inkrafttreten des JStG 2009 als Sonderausgabe abgezogen werden.
2. Die Übergangsregelung des § 52 Abs. 24b EStG i.d.F. des JStG 2009 erfasst keine Schulgeldzahlungen an inländische Privatschulen. Hierin liegt weder ein Verstoß gegen den verfassungsrechtlichen Gleichheitssatz noch gegen die Grundfreiheiten des EG/AEUV.

BFH v. 28. 7. 2011 VI R 38/10 (BStBl. 2012 II S. 561): § 12 Nr. 5 EStG lässt Vorrang des Werbungskostenabzugs unberührt – Systematisches Zusammenwirken der §§ 9 Abs. 1, 10 Abs. 1 Nr. 7, 12 EStG – Anforderungen an einen grundlegenden Systemwechsel im Einkommensteuerrecht – Besteuerung nach der wirtschaftlichen Leistungsfähigkeit

Aufwendungen für eine erstmalige Berufsausbildung können auch unter Geltung des § 12 Nr. 5 EStG als vorab entstandene Werbungskosten anzuerkennen sein. § 12 Nr. 5 EStG lässt ebenso wie § 10 Abs. 1 Nr. 7 EStG den Vorrang des Werbungskostenabzugs bzw. Betriebsausgabenabzugs unberührt.

BFH v. 28. 7. 2011 VI R 7/10 (BStBl. 2012 II S. 557): Werbungskostenabzug für Aufwendungen eines Erststudiums – Systematisches Zusammenwirken der §§ 9 Abs. 1, 10 Abs. 1 Nr. 7, 12 EStG – Anforderungen an einen grundlegenden Systemwechsel im Einkommensteuerrecht – Besteuerung nach der wirtschaftlichen Leistungsfähigkeit

Aufwendungen für ein im Anschluss an das Abitur durchgeführtes Medizinstudium können auch unter Geltung des § 12 Nr. 5 EStG als vorab entstandene Werbungskosten anzuerkennen sein (Fortentwicklung der Rechtsprechung zu Senatsurteil vom 20. Juli 2006 VI R 26/05, BFHE 214, 370, BStBl. II 2006, 764).

§ 10
Rechtsprechung

BFH v. 28. 7. 2011 VI R 5/10 (BStBl. 2012 II S. 553): Vorweggenommene Werbungskosten durch Berufsausbildungskosten bei später auch im Ausland ausgeübter Tätigkeit – § 12 Nr. 5 EStG lässt Vorrang des Werbungskostenabzugs unberührt – Systematisches Zusammenwirken der §§ 9 Abs. 1, 10 Abs. 1 Nr. 7, 12 EStG – Anforderungen an einen grundlegenden Systemwechsel im Einkommensteuerrecht – Besteuerung nach der wirtschaftlichen Leistungsfähigkeit

1. Aufwendungen einer erstmaligen Berufsausbildung können als vorab entstandene Werbungskosten anzuerkennen sein. § 12 Nr. 5 EStG lässt ebenso wie § 10 Abs. 1 Nr. 7 EStG den Vorrang des Werbungskostenabzugs und Betriebsausgabenabzugs unberührt.
2. Allein die Möglichkeit, dass diese Berufstätigkeit später auch im Ausland ausgeübt werden könnte, begründet noch keinen unmittelbaren wirtschaftlichen Zusammenhang i.S. des § 3c Abs. 1 1. Halbsatz EStG zwischen den Berufsausbildungskosten und später tatsächlich erzielten steuerfreien Auslandseinkünften.

BFH v. 18. 1. 2011 X R 63/08 (BStBl. II S. 680): Kein Abzug der nach dem Jahreswert von Renten, anderen wiederkehrenden Nutzungen oder Leistungen erhobenen Erbschaftsteuer als dauernde Last

Die nach dem Jahreswert von Renten, anderen wiederkehrenden Nutzungen oder Leistungen erhobene Erbschaftsteuer (§ 23 ErbStG) ist nicht als dauernde Last (§ 10 Abs. 1 Nr. 1a EStG) abziehbar.

BFH v. 15. 9. 2010 X R 13/09 (BStBl. 2011 II S. 641): Vermögensübergabe gegen Versorgungsleistungen: Notwendigkeit schriftlicher Änderung des Versorgungsvertrags – kein Sonderausgabenabzug nach Wiederaufnahme willkürlich ausgesetzter Zahlungen – Prognose zur Erfüllung der Versorgungsleistungen – Rechtsbindungswillen der Vertragsparteien

1. Änderungen eines Versorgungsvertrags können nur dann steuerlich berücksichtigt werden, wenn sie von den Vertragsparteien schriftlich fixiert worden sind.
2. Werden die auf der Grundlage eines Vermögensübergabevertrags geschuldeten Versorgungsleistungen „willkürlich" ausgesetzt, so dass die Versorgung des Übergebers gefährdet ist, sind die weiteren Zahlungen auch nach Wiederaufnahme der ursprünglich vereinbarten Leistungen nicht als Sonderausgaben abziehbar.

BFH v. 18. 8. 2010 X R 55/09 (BStBl. 2011 II S. 633): Umschichtungen im Rahmen der Vermögensübergabe gegen Versorgungsleistungen in nicht ausreichend ertragbringende Wirtschaftsgüter

Schichtet ein Vermögensübernehmer das überlassene Vermögen in nicht ausreichend ertragbringende Wirtschaftsgüter um, sind die wiederkehrenden Leistungen auch dann nicht als Sonderausgaben abziehbar, wenn die Beteiligten die geschuldeten Versorgungsleistungen an die Erträge der neu erworbenen Vermögensgegenstände anpassen (Anschluss an BFH-Urteil vom 17. März 2010 X R 38/06, BFHE 229, 163 – BStBl. 2011 II S. 622 –).

BFH v. 18. 5. 2010 X R 32/01, X R 33/01 (BStBl. 2011 II S. 675): Übertragung eines mit einem Einfamilienhaus bebauten Grundstücks auf die Ehefrau gegen eine Veräußerungsrente – kein Sonderausgabenabzug des Ertragsanteils – „Endurteil" nach BVerfG-Beschluss vom 22. September 2009 2 BvL 3/02 (BVerfGE 124, 251) – Kein Sparerfreibetrag bei sonstigen Einkünften

1. Werden anlässlich einer auf die Lebenszeit einer Bezugsperson zeitlich gestreckten entgeltlichen privaten Vermögensumschichtung gleichbleibende wiederkehrende Leistungen vereinbart, ist deren Ertragsanteil (Zinsanteil) bei verfassungskonformer Auslegung nicht als Sonderausgabe abziehbar, weil dieser Teil Entgelt für die Überlassung von Kapital (Zins) ist und private Schuldzinsen nicht abgezogen werden dürfen (Fortführung der Senatsurteile vom 27. Februar 1992 X R 136/88, BFHE 167, 375, BStBl. II 1992, 609, und vom 25. November 1992 X R 91/89, BFHE 170, 82, BStBl. II 1996, 666).
2. Wird das gegen Leibrente veräußerte Grundstück zum Teil betrieblich genutzt, ergibt sich der als Betriebsausgaben abziehbare anteilige Zins aus dem Unterschiedsbetrag zwischen den Rentenzahlungen einerseits und dem jährlichen Rückgang des Barwerts der Leibrentenverpflichtung andererseits (Anschluss an das BFH-Urteil vom 25. November 1992 X R 34/89, BFHE 170, 76, BStBl. II 1996, 663).
3. Beim Empfänger unterliegt der Ertragsanteil der Gegenleistungsrente der Besteuerung nach § 22 EStG; der Sparer-Freibetrag (§ 20 Abs. 4 EStG) ist nicht zu berücksichtigen.

BFH v. 4. 2. 2010 X R 58/08 (BStBl. 2011 II S. 579): Anwendung der Öffnungsklausel bei der ab 2005 geltenden Altersrentenbesteuerung

1. Der gesetzlich geforderte Zehnjahreszeitraum der sog. Öffnungsklausel des § 22 Nr. 1 Satz 3 Buchst. a Doppelbuchst. bb Satz 2 EStG begegnet keinen verfassungsrechtlichen Bedenken.

Rechtsprechung § 10

2. Der jeweilige Höchstbeitrag zur gesetzlichen Rentenversicherung ist auch dann maßgeblich, wenn nur für einen Teil des Jahres Beiträge gezahlt worden sind.

3. Zahlungen in eine (befreiende) Lebensversicherung sind bei der Berechnung der geleisteten jährlichen Beiträge nicht zu berücksichtigen, wenn die Lebensversicherung steuerfrei ausgezahlt wurde bzw. werden kann.

BFH v. 4. 2. 2010 X R 10/08 (BStBl. II S. 617): Kein Abzug von nicht einkünftebezogenen Steuerberatungskosten

1. Steuerberatungskosten für die Erstellung der Einkommensteuererklärung mindern weder die Einkünfte noch das Einkommen.

2. Der Gesetzgeber war nicht aus verfassungsrechtlichen Gründen verpflichtet, den Abzug von Steuerberatungskosten zuzulassen. Die Neuregelung (Streichung des § 10 Abs. 1 Nr. 6 EStG a.f.) verletzt weder das objektive noch das subjektive Nettoprinzip; auch der Gleichheitssatz wird nicht verletzt. Ein Abzug ist auch im Hinblick auf die Kompliziertheit des Steuerrechts verfassungsrechtlich nicht geboten.

BFH v. 19. 1. 2010 X R 32/09 (BStBl. 2011 II S. 162): Beerdigungskosten als dauernde Last – Abziehbarkeit von wiederkehrenden Leistungen als dauernde Last im Rahmen der Vermögensübergabe

Hat sich der Vermögensübernehmer gegenüber dem Vermögensübergeber verpflichtet, die Kosten einer standesgemäßen Beerdigung zu tragen, sind die Bestattungskosten dann nicht als dauernde Last i.S. des § 10 Abs. 1 Nr. 1a EStG abziehbar, wenn er Alleinerbe des Vermögensübergebers wird.

BFH v. 19. 1. 2010 X R 17/09 (BStBl. II S. 544): Beerdigungskosten als dauernde Last

Hat sich der Vermögensübernehmer gegenüber den Vermögensübergebern (Eltern) in einem Vermögensübergabevertrag verpflichtet, die Kosten einer standesgemäßen Beerdigung zu tragen, so sind die dadurch nach dem Tod des Letztverstorbenen entstandenen angemessenen Aufwendungen als dauernde Last i.S. von § 10 Abs. 1 Nr. 1a EStG abziehbar, soweit nicht der Vermögensübernehmer, sondern ein Dritter Erbe ist.

BFH v. 9. 12. 2009 X R 28/07 (BStBl. 2010 II S. 348): Beschränkte Abziehbarkeit von Altersvorsorgeaufwendungen verfassungsgemäß; keine Eintragung von Altersvorsorgeaufwendungen i.S. des § 10 Abs. 1 Nr. 2 Buchst. a EStG auf der Lohnsteuerkarte

1. Im zeitlichen Geltungsbereich des Alterseinkünftegesetzes geleistete Beiträge zu den gesetzlichen Rentenversicherungen und zu berufsständischen Versorgungseinrichtungen sind als Sonderausgaben nur beschränkt abziehbar (Bestätigung des Senatsbeschlusses vom 1. Februar 2006 X B 166/05, BFHE 212, 242, BStBl. II 2006, 420). Hiergegen bestehen keine verfassungsrechtlichen Bedenken.

2. Es ist verfassungsrechtlich nicht zu beanstanden, dass Altersvorsorgeaufwendungen i.S. des § 10 Abs. 1 Nr. 2 Buchst. a EStG i.d.F. des Alterseinkünftegesetzes nicht als Freibetrag auf der Lohnsteuerkarte eingetragen werden können.

BFH v. 18. 11. 2009 X R 34/07 (BStBl. 2010 S. 414): Beschränkte Abziehbarkeit von Altersvorsorgeaufwendungen verfassungsgemäß – Verfassungsmäßigkeit des Grundfreibetrags

1. Im zeitlichen Geltungsbereich des Alterseinkünftegesetzes geleistete Beiträge zu den gesetzlichen Rentenversicherungen sind als Sonderausgaben nur beschränkt abziehbar (Bestätigung des Senatsbeschlusses vom 1. Februar 2006 X B 166/05, BFHE 212, 242, BStBl. II 2006, 420). Hiergegen bestehen keine verfassungsrechtlichen Bedenken.

2. Der im Jahr 2005 im Fall der Zusammenveranlagung zu berücksichtigende Grundfreibetrag ist verfassungsrechtlich nicht zu beanstanden.

BFH v. 18. 11. 2009 X R 6/08 (BStBl. 2010 II S. 282): Beschränkte Abziehbarkeit von Altersvorsorgeaufwendungen und von sonstigen Vorsorgeaufwendungen verfassungsgemäß

1. Im zeitlichen Geltungsbereich des Alterseinkünftegesetzes geleistete Beiträge zu den gesetzlichen Rentenversicherungen sind als Sonderausgaben nur beschränkt abziehbar (Bestätigung des Senatsbeschlusses vom 1. Februar 2006 X B 166/05, BFHE 212, 242, BStBl. II 2006, 420). Hiergegen bestehen keine verfassungsrechtlichen Bedenken.

2. Die Regelung über die begrenzte Abziehbarkeit von sonstigen Vorsorgeaufwendungen (§ 10 Abs. 1 Nr. 3, Abs. 4 EStG i.d.F. des Alterseinkünftegesetzes) ist verfassungsrechtlich nicht zu beanstanden.

§ 10
Rechtsprechung

BFH v. 14. 10. 2009 X R 14/08 (BStBl. 2010 II S. 533): Änderung eines Steuerbescheides bei Zusammenveranlagung

1. Allein die Änderung eines Einkommensteuerbescheides wegen eines den Vorwegabzug betreffenden rückwirkenden Ereignisses, das die Verhältnisse nur eines Ehegatten berührt, berechtigt nicht zur Korrektur eines Fehlers, der die steuerlichen Verhältnisse des anderen Ehegatten berührt.
2. Eine Änderung wegen einer nachträglich bekannt gewordenen Tatsache kommt nicht in Betracht, wenn sich die nachträglich bekannt gewordene Tatsache zunächst wegen Zusammenveranlagung nicht ausgewirkt hatte.

BFH v. 6. 10. 2009 VIII R 7/08 (BStBl. 2010 II S. 294): Keine Steuerbarkeit von Zinsen aus Sparanteilen in Beiträgen zu Lebensversicherungen, die weniger als drei Jahre lang der Sicherung von – aus anderen Mitteln zurückgeführten – Policendarlehen dienten

Die Steuerfreiheit nach § 20 Abs. 1 Nr. 6 Sätze 2 und 3 EStG i.V.m. § 10 Abs. 2 Satz 2 Buchst. c EStG i. d. F. des StÄndG 1992 von Zinsen aus den Sparanteilen, die in den Beiträgen zu Versicherungen auf den Erlebens- oder Todesfall enthalten sind, ist ungeachtet der Verwendung der Versicherungen zur Sicherung von Policendarlehen gegeben, wenn diese Darlehen vor Ablauf von drei Jahren aus anderen Mitteln des Steuerpflichtigen zurückgeführt wurden und damit die vertraglich vereinbarten Voraussetzungen für einen Einsatz der Versicherungen zur Tilgung nicht eingetreten sind.

BFH v. 21. 7. 2009 X R 32/07 (BStBl. 2010 II S. 38):

1. Die Verrechnung erstatteter oder zurückgezahlter mit gezahlten Sonderausgaben setzt Gleichartigkeit voraus.
2. Ob die Sonderausgaben gleichartig sind, richtet sich nach deren Sinn und Zweck sowie deren wirtschaftlichen Bedeutung und Auswirkungen für den Steuerpflichtigen. Bei Versicherungsbeiträgen kommt es auf die Funktion der Versicherung und das abgesicherte Risiko an.

BFH v. 24. 6. 2009 X R 57/06 (BStBl. II S. 1000): Die europäischen Grundfreiheiten eines Grenzgängers werden durch den beschränkten Sonderausgabenabzug auch dann nicht verletzt, wenn ein anderer Mitgliedstaat die entsprechenden Altersrenten aufgrund des ihm durch das Doppelbesteuerungsabkommen mit der Bundesrepublik Deutschland zugewiesenen Besteuerungsrechts vollständig der Besteuerung unterwirft.

BFH v. 18. 6. 2009 VI R 14/07 (BStBl. 2010 II S. 816):

1. § 12 Nr. 5 EStG bestimmt in typisierender Weise, dass bei einer erstmaligen Berufsausbildung ein hinreichend veranlasster Zusammenhang mit einer bestimmten Erwerbstätigkeit fehlt. Die Vorschrift enthält jedoch kein Abzugsverbot für erwerbsbedingte Aufwendungen.
2. In verfassungskonformer Auslegung steht § 12 Nr. 5 EStG einem Abzug von Aufwendungen als Werbungskosten für ein Erststudium nach abgeschlossener Berufsausbildung nicht entgegen.*)

*) Hinweis auf BMF-Schreiben vom 22. September 2010 IV C 4 – S 2227/07/10002 :002 – / – 2010/ 0416045 (BStBl. 2010 I S. 721). – Anlage § 010-02 –

BFH v. 26. 11. 2008 X R 15/07 (BStBl. 2009 II S. 710):

1. Mit der Umstellung der Besteuerung der Alterseinkünfte auf die sog. nachgelagerte Besteuerung hat der Gesetzgeber die Grenzen seines weiten Gestaltungsspielraums nicht überschritten.
2. Die Besteuerung der Renteneinkünfte eines vormals Selbständigen im Rahmen der Übergangsregelung des AltEinkG begegnet keinen verfassungsrechtlichen Bedenken, sofern nicht gegen das Verbot der Doppelbesteuerung verstoßen wird.

BFH v. 2. 9. 2008 X R 46/07 (BStBl. 2009 II S. 229): Die Erstattung von Kirchensteuer ist insoweit ein rückwirkendes Ereignis i. S. des § 175 Abs. 1 Satz 1 Nr. 2 AO, als sie die im Jahr der Erstattung gezahlte Kirchensteuer übersteigt (Anschluss an BFH-Urteil vom 7. Juli 2004 XI R 10/04, BFHE 207, 28, BStBl. II 2004, 1058).

BFH v. 17. 7. 2008 X R 62/04 (BStBl. II S. 976):

1. Auch Schulgeld für den Besuch eines englischen Internats kann unter den Voraussetzungen des § 10 Abs. 1 Nr. 9 EStG abziehbar sein.
2. Der Vorrang des Gemeinschaftsrechts gegenüber dem nationalen Recht hat insbesondere zur Folge, dass gemeinschaftsrechtswidrige Vorschriften des nationalen Steuerrechts nicht anzuwenden sind, ohne dass es einer Vorlage an das BVerfG oder den EuGH bedarf (Anwendungsvorrang).

Rechtsprechung § 10

BFH v. 31. 7. 2007 VII R 60/06 (BStBl. 2009 II S. 592):
1. Eine Kapitallebensversicherung ist nicht deshalb unpfändbar, weil dem Versicherungsnehmer nach den Versicherungsbedingungen das Recht eingeräumt ist, statt einer fälligen Kapitalleistung eine Versorgungsrente zu wählen.
2. Darf der Vollstreckungsschuldner wegen des durch die Pfändung bewirkten relativen Verfügungsverbots keine Verfügungen mehr vornehmen, die das Pfandrecht beeinträchtigen, so kann er nach Pfändung der Kapitallebensversicherung Pfändungsschutz nicht mehr durch Ausübung des Rentenwahlrechts herbeiführen. Die Pfändung erfasst auch dieses Wahlrecht.

BFH v. 15. 3. 2007 VI R 14/04 (BStBl. II S. 814): Aufwendungen eines in Deutschland lebenden Ausländers für das Erlernen der deutschen Sprache gehören regelmäßig auch dann zu den nichtabziehbaren Kosten der Lebensführung, wenn ausreichende Deutschkenntnisse für einen angestrebten Ausbildungsplatz förderlich sind.

BFH v. 20. 12. 2006 X R 38/05 (BStBl. 2007 II S. 823): Der Vorwegabzug für Vorsorgeaufwendungen ist auch für Veranlagungszeiträume nach Beendigung des Beschäftigungsverhältnisses zu kürzen, wenn in wirtschaftlichem Zusammenhang mit der früheren Beschäftigung stehender Arbeitslohn nachträglich an den Steuerpflichtigen ausgezahlt wird und der Steuerpflichtige durch arbeitgeberfinanzierte Zukunftssicherungsleistungen oder Altersversorgungsansprüche begünstigt worden war.
(Hinweis auf Verfassungsbeschwerde BVerfG 2 BvR 805/07.)

Schwebende Verfahren

BFH VIII R 40/11 (BFH-Webseite): Leistungen an und aus schweizer Vorsorgeeinrichtungen:
1. Handelt es sich bei den Erträgen, die in einer – auf einem Vorsorgevertrag mit einer schweizer Stiftung basierenden – Austrittsleistung eines aus einem schweizer Unternehmen ausscheidenden Grenzgängers enthalten sind, um steuerpflichtige Einnahmen aus Kapitalvermögen i.S. des § 20 Abs. 1 Nr. 6 Satz 1 EStG 2002 i.d.F. des AltEinkG?
2. Stellen Beiträge des Begünstigten zum Überobligatorium der schweizer Pensionskassen berücksichtigungsfähige Sonderausgaben i.S. des § 10 Abs. 1 Nr. 3 Buchst. b 1. Halbsatz EStG 2002 i.d.F. vom 13.12.2006 dar?
3. Kommt eine Steuerbefreiung gemäß § 3 Nr. 62 EStG für im Überobligatorium bzw. Außerobligatorium geleistete Arbeitgeberbeiträge in Betracht?

BVerfG 2 BvR 323/10 (BFH-Webseite): (Verfassungsbeschwerde) Beschränkte Abziehbarkeit von Altersvorsorgeaufwendungen verfassungsgemäß – Keine Eintragung von Altersvorsorgeaufwendungen i.S. des § 10 Abs. 1 Nr. 2 Buchst. a EStG auf der Lohnsteuerkarte – Endgültige Ausgestaltung der Berücksichtigung der Aufwendungen – Prinzip der intertemporalen Korrespondenz – Rechtscharakter der Altervorsorgeaufwendungen und Zuweisung zu den Sonderausgaben – Ausgleichszahlung für Versorgungsausgleich – Höchstbeträge – Einbeziehung der Arbeitgeberanteile – Finanzierbarkeit der Neuregelung – Fehlende Korrespondenz in der Übergangszeit – Belastung bei Rentenbezug ab 2039 – Verbot der Doppelbesteuerung erst bei Rentenbezug rügbar – Unterschiedliche Behandlung im Vorauszahlungs- und Lohnsteuerabzugsverfahren
Vorgehend: BFH, Urteil vom 9.12.2009 (X R 28/07)

BVerfG 2 BvR 290/10 (BFH-Webseite): (Verfassungsbeschwerde) Verfassungsmäßigkeit der begrenzten Abzugsfähigkeit der Altersvorsorgeaufwendungen – Endgültige Ausgestaltung – Rechtscharakter der Altersvorsorgeaufwendungen – Zuweisung zu den Sonderausgaben – Höchstbeträge – Gleichbehandlung durch Hinzurechnung der Arbeitgeberbeiträge – Finanzierbarkeit der Neuregelung – Fehlende Korrespondenz von Aufwendungen und Einnahmen in der Übergangszeit – Übergangsregelung belastet Rentenbezieher mit erstmaligem Rentenbezug ab 2039 – Rüge der Doppelbesteuerung von Renten kann erst bei Rentenbezug erfolgen – Kein Anspruch aus Art. 19 Abs. 4 GG auf vorverlagerte Prüfung einer doppelten Rentenbesteuerung – Unterschiedliche Entlastung in der Übergangsphase verletzt nicht Art. 3 GG
Vorgehend: BFH, Urteil vom 18.11.2009 (X R 9/07)

BVerfG 2 BvR 289/10 (BFH-Webseite): (Verfassungsbeschwerde) Beschränkte Abziehbarkeit von Altersvorsorgeaufwendungen und von sonstigen Vorsorgeaufwendungen verfassungsgemäß – Endgültige Ausgestaltung der Berücksichtigung der Aufwendungen – Prinzip der intertemporalen Korrespondenz – Rechtscharakter der Altersvorsorgeaufwendungen und Zuweisung zu den Sonderausgaben – Ausgleichszahlung für Versorgungsausgleich – Einbeziehung der Arbeitgeberanteile – Finanzierbarkeit der Neuregelung – Fehlende Korrespondenz in der Übergangszeit – Belastung bei Rentenbezug ab 2039 – Verbot der Doppelbesteuerung erst bei Rentenbezug rügbar – Sachlicher Grund für gekürzten Abzugs-

§ 10

beträge nach § 10 Abs. 4 Satz 2 EStG – Unzureichende Berücksichtigung von Kranken- und Pflegeversicherungsbeiträgen bis 31.12.2009 ist hinzunehmen – Versicherungen, die nicht zwingend zu berücksichtigen sind – Zweck des Arbeitslosengeldes und Krankengeldes

Vorgehend: BFH, Urteil vom 18.11.2009 (X R 6/08)

BVerfG 2 BvR 288/10 (BFH-Webseite): (Verfassungsbeschwerde) Beschränkte Abziehbarkeit von Altersvorsorgeaufwendungen verfassungsgemäß – Verfassungsmäßigkeit des Grundfreibetrags – Endgültige Ausgestaltung der Berücksichtigung der Aufwendungen – Prinzip der intertemporalen Korrespondenz – Rechtscharakter der Altersvorsorgeaufwendungen – Zuweisung zu den Sonderausgaben – Ausgleichszahlung für Versorgungsausgleich – Höchstbeträge – Einbeziehung der Arbeitgeberanteile – Finanzierbarkeit der Neuregelung – Fehlende Korrespondenz in der Übergangszeit – Belastung bei Rentenbezug ab 2039 – Verbot der Doppelbesteuerung erst bei Rentenbezug rügbar – Höchstbetrag für sonstige Vorsorgeaufwendungen bei Mitversicherten – Sozialhilferechtlicher Mindestbedarf als Maßgröße – Orientierung an § 20 Abs. 2 und 3 SGB II – Pauschalierte Berücksichtigung der Wohnkosten im Steuerrecht – Höhe der Mietkosten

Vorgehend: BFH, Urteil vom 18.11.2009 (X R 34/07)

BFH VIII R 39/10 (BFH-Webseite): Ist die von einer Schweizer Pensionskasse an einen deutschen Grenzgänger ausgezahlte Freizügigkeitsleistung in Gestalt eines Vorbezugs zur Wohneigentumsförderung, soweit sie aus dem überobligatorischen Bereich stammt, hinsichtlich der im Vorbezug enthaltenen Zinsen gemäß § 20 Abs. 1 Nr. 6 EStG 2004 steuerfrei? Vergleichbarkeit des Rechtsverhältnisses mit demjenigen in der deutschen gesetzlichen Rentenversicherung? Handelt es sich bei dem aus dem obligatorischen Bereich geleisteten Vorbezug um eine nach § 3 Nr. 3 EStG 2005 steuerfreie Kapitalabfindung? Höhe der nach § 3 Nr. 62 EStG 2005 steuerfrei zu belassenden Arbeitgeberbeiträge in die Pensionskasse? Abziehbarkeit der Arbeitnehmerbeiträge zur überobligatorischen beruflichen Vorsorge als Sonderausgaben nach § 10 Abs. 2 Satz 1 Nr. 2 Buchst. a EStG 2005?

BFH VI R 55/08 (BFH-Webseite): Ist § 39a EStG ergänzend dahingehend auszulegen, dass ein Freibetrag auf der Lohnsteuerkarte für eine Einmalzahlung zum Erhalt einer Rente als Sonderausgabe i. S. des § 10 Abs. 1 Nr. 2 Buchst. b EStG einzutragen ist?

§ 10a

§ 10a Zusätzliche Altersvorsorge

(1) ¹In der inländischen gesetzlichen Rentenversicherung Pflichtversicherte können Altersvorsorgebeiträge (§ 82) zuzüglich der dafür nach Abschnitt XI zustehenden Zulage jährlich bis zu 2 100 Euro als Sonderausgaben abziehen; das Gleiche gilt für

1. Empfänger von inländischer Besoldung nach dem Bundesbesoldungsgesetz oder einem Landesbesoldungsgestz,

2. Empfänger von Amtsbezügen aus einem inländischen Amtsverhältnis, deren Versorgungsrecht die entsprechende Anwendung des § 69e Absatz 3 Satz 1 und Absatz 4 des Beamtenversorgungsgesetzes vorsieht,

3. die nach § 5 Absatz 1 Satz 1 Numme. 2 und 3 des Sechsten Buches Sozialgesetzbuch versicherungsfrei Beschäftigten, die nach § 6 Absatz 1 Satz 1 Nummer 2 oder nach § 230 Absatz 2 Satz 2 des Sechsten Buches Sozialgesetzbuch von der Versicherungspflicht befreiten Beschäftigten, deren Versorgungsrecht die entsprechende Anwendung des § 69e Absatz 3 und 4 des Beamtenversorgungsgesetzes vorsieht,

4. Beamte, Richter, Berufssoldaten und Soldaten auf Zeit, die ohne Besoldung beurlaubt sind, für die Zeit einer Beschäftigung, wenn während der Beurlaubung die Gewährleistung einer Versorgungsanwartschaft unter den Voraussetzungen des § 5 Absatz 1 Satz 1 des Sechsten Buches Sozialgesetzbuch auf diese Beschädigung erstreckt wird, und

5. Steuerpflichtige im Sinne der Nummern 1 bis 4, die beurlaubt sind und deshalb keine Besoldung, Amtsbezüge oder Entgelt erhalten, sofern sie eine Anrechnung von Kindererziehungszeiten nach § 56 des Sechsten Buches Sozialgesetzbuch in Anspruch nehmen könnten, wenn die Versicherungsfreiheit in der inländischen gesetzlichen Rentenversicherung nicht bestehen würde,

wenn sie spätestens bis zum Ablauf des zweiten Kalenderjahres, das auf das Beitragsjahr (§ 88) folgt, gegenüber der zuständigen Stelle (§ 81a) schriftlich eingewilligt haben, dass diese der zentralen Stelle (§ 81) jährlich mitteilt, dass der Steuerpflichtige zum begünstigten Personenkreis gehört, dass die zuständige Stelle der zentralen Stelle die für die Ermittlung des Mindesteigenbeitrags (§ 86) und die Gewährung der Kinderzulage (§ 85) erforderlichen Daten übermittelt und die zentrale Stelle diese Daten für das Zulageverfahren verwenden darf. ²Bei der Erteilung der Einwilligung ist der Steuerpflichtige darauf hinzuweisen, dass er die Einwilligung vor Beginn des Kalenderjahres, für das sie erstmals nicht mehr gelten soll, gegenüber der zuständigen Stelle widerrufen kann. ³Versicherungspflichtige nach dem Gesetz über die Alterssicherung der Landwirte stehen Pflichtversicherten gleich; dies gilt auch für Personen die

1. eine Anrechnungszeit nach § 58 Absatz 1 Nummer 3 oder Nummer 6 des Sechsten Buches Sozialgesetzbuches in der gesetzlichen Rentenversicherung erhalten und

2. unmittelbar vor einer Anrechnungszeit nach § 58 Absatz 1 Nummer 3 oder Nummer 6 des Sechsten Buches Sozialgesetzbuch einer der im ersten Halbsatz, in Satz 1 oder Satz 4 genannten begünstigten Personengruppe angehörten.

⁴Die Sätze 1 und 2 gelten entsprechend für Steuerpflichtige, die nicht zum begünstigten Personenkreis nach Satz 1 oder 3 gehören und eine Rente wegen voller Erwerbsminderung oder Erwerbsunfähigkeit oder eine Versorgung wegen Dienstunfähigkeit aus einem der in Satz 1 oder 3 genannten Alterssicherungssystemen beziehen, wenn unmittelbar vor dem Bezug der entsprechenden Leistungen der Leistungsbezieher einer der in Satz 1 oder 3 genannten begünstigten Personengruppen angehörte; dies gilt nicht, wenn der Steuerpflichtige das 67. Lebensjahr vollendet hat. ⁵Bei der Ermittlung der dem Steuerpflichtigen zustehenden Zulage nach Satz 1 bleibt die Erhöhung der Grundzulage nach § 84 Satz 2 außer Betracht.

(1a) ¹Sofern eine Zulagenummer (§ 90 Absatz 1 Satz 2) durch die zentrale Stelle oder eine Versicherungsnummer nach § 147 des Sechsten Buches Sozialgesetzbuch noch nicht vergeben ist, haben die in Absatz 1 Satz 1 Nummer 1 bis 5 genannten Steuerpflichtigen über die zuständige Stelle eine Zulagenummer bei der zentralen Stelle zu beantragen. ²Für Empfänger einer Versorgung im Sinne des Absatzes 1 Satz 4 gilt Satz 1 entsprechend.

§ 10a

(2) ¹Ist der Sonderausgabenabzug nach Absatz 1 für den Steuerpflichtigen günstiger als der Anspruch auf die Zulage nach Abschnitt XI, erhöht sich die unter Berücksichtigung des Sonderausgabenabzugs ermittelte tarifliche Einkommensteuer um den Anspruch auf Zulage. ²In den anderen Fällen scheidet der Sonderausgabenabzug aus. ³Die Günstigerprüfung wird von Amts wegen vorgenommen.

(2a) ¹Der Sonderausgabenabzug setzt voraus, dass der Steuerpflichtige gegenüber dem Anbieter (übermittelnde Stelle) in die Datenübermittlung nach Absatz 5 Satz 1 eingewilligt hat. ²§ 10 Absatz 2a Satz 1 bis Satz 3 gilt entsprechend. ³In den Fällen des Absatzes 3 Satz 2 und 5 ist die Einwilligung nach Satz 1 von beiden Ehegatten abzugeben. ⁴Hat der Zulageberechtigte den Anbieter nach § 89 Abs. 1a bevollmächtigt oder liegt dem Anbieter ein Zulagenantrag nach § 89 Absatz 1 vor, gilt die Einwilligung nach Satz 1 für das jeweilige Beitragsjahr als erteilt.

(3) ¹Der Abzugsbetrag nach Absatz 1 steht im Falle der Veranlagung von Ehegatten nach § 26 Absatz 1 jedem Ehegatten unter den Voraussetzungen des Absatzes 1 gesondert zu. ²Gehört nur ein Ehegatte zu dem nach Absatz 1 begünstigten Personenkreis und ist der andere Ehegatte nach § 79 Satz 2 zulageberechtigt, sind bei dem nach Absatz 1 abzugsberechtigten Ehegatten die von beiden Ehegatten geleisteten Altersvorsorgebeiträge und die dafür zustehenden Zulagen bei der Anwendung der Absätze 1 und 2 zu berücksichtigen. ³Der Höchstbetrag nach Absatz 1 Satz 1 erhöht sich in den Fällen des Satzes 2 um 60 Euro. ⁴Dabei sind die von dem Ehegatten, der zu dem nach Absatz 1 begünstigten Personenkreis gehört, geleisteten Altersvorsorgebeiträge vorrangig zu berücksichtigen, jedoch mindestens 60 Euro der von dem anderen Ehegatten geleisteten Altersvorsorgebeiträge. ⁵Gehören beide Ehegatten zu dem nach Absatz 1 begünstigten Personenkreis und liegt ein Fall der Veranlagung nach § 26 Absatz 1 vor, ist bei der Günstigerprüfung nach Absatz 2 der Anspruch auf Zulage beider Ehegatten anzusetzen.

(4) ¹Im Falle des Absatzes 2 Satz 1 stellt das Finanzamt die über den Zulageanspruch nach Abschnitt XI hinausgehende Steuerermäßigung gesondert fest und teilt diese der zentralen Stelle (§ 81) mit; § 10d Absatz 4 Satz 3 bis 5 gilt entsprechend. ²Sind Altersvorsorgebeiträge zu Gunsten von mehreren Verträgen geleistet worden, erfolgt die Zurechnung im Verhältnis der nach Absatz 1 berücksichtigten Altersvorsorgebeiträge. ³Ehegatten ist der nach Satz 1 festzustellende Betrag auch im Falle der Zusammenveranlagung jeweils getrennt zuzurechnen; die Zurechnung erfolgt im Verhältnis der nach Absatz 1 berücksichtigten Altersvorsorgebeiträge. ⁴Werden Altersvorsorgebeiträge nach Absatz 3 Satz 2 berücksichtigt, die der nach § 79 Satz 2 zulageberechtigte Ehegatte zugunsten eines auf seinen Namen lautenden Vertrages geleistet hat, ist die hierauf entfallende Steuermäßigung dem Vertrag zuzurechnen, zu dessen Gunsten die Altersvorsorgebeiträge geleistet wurden. ⁵Die Übermittlung an die zentrale Stelle erfolgt unter Angabe der Vertragsnummer und der Identifikationsnummer (§ 139b der Abgabenordnung) sowie der Zulage- oder Versicherungsnummer nach § 147 des Sechsten Buches Sozialgesetzbuch.

(5) ¹Die übermittelnde Stelle hat bei Vorliegen einer Einwilligung nach Absatz 2a die Höhe der im jeweiligen Beitragsjahr zu berücksichtigenden Altersvorsorgebeiträge unter Angabe der Vertragsdaten, des Datums der Einwilligung nach Absatz 2a, der Identifikationsnummer (§ 139b der Abgabenordnung) sowie der Zulage- oder der Versicherungsnummer nach § 147 des Sechsten Buches Sozialgesetzbuch nach amtlich vorgeschriebenem Datensatz durch Datenfernübertragung an die zentrale Stelle bis zum 28. Februar des dem Beitragsjahr folgenden Kalenderjahres zu übermitteln. ²§ 10 Absatz 2a Satz 6 bis 8 und § 22a Absatz 2 gelten entsprechend. ³Die Übermittlung erfolgt auch dann, wenn im Fall der mittelbaren Zulageberechtigung keine Altersvorsorgebeiträge geleistet worden sind. ⁴Die übrigen Voraussetzungen für den Sonderausgabenabzug nach den Absätzen 1 bis 3 werden im Wege der Datenerhebung und des automatisierten Datenabgleichs nach § 91 überprüft. ⁵Erfolgt eine Datenübermittlung nach Satz 1 und wurde noch keine Zulagenummer (§ 90 Absatz 1 Satz 2) durch die zentrale Stelle oder keine Versicherungsnummer nach § 147 des Sechsten Buches Sozialgesetzbuch vergeben, gilt § 90 Absatz 1 Satz 2 und 3 entsprechend.

§ 10a

(6) ¹Für die Anwendung der Absätze 1 bis 5 stehen den in der inländischen gesetzlichen Rentenversicherung Pflichtversicherten nach Absatz 1 Satz 1 die Pflichtmitglieder in einem ausländischen gesetzlichen Alterssicherungssystem gleich, wenn diese Pflichtmitgliedschaft

1. mit einer Pflichtmitgliedschaft in einem inländischen Alterssicherungssystem nach Absatz 1 Satz 1 oder 3 vergleichbar ist und
2. vor dem 1. Januar 2010 begründet wurde.

²Für die Anwendung der Absätze 1 bis 5 stehen den Steuerpflichtigen nach Absatz 1 Satz 4 die Personen gleich,

1. die aus einem ausländischen gesetzlichen Alterssicherungssystem eine Leistung erhalten, die den in Absatz 1 Satz 4 genannten Leistungen vergleichbar ist,
2. die unmittelbar vor dem Bezug der entsprechenden Leistung nach Satz 1 oder Absatz 1 Satz 1 oder 3 begünstigt waren und
3. die noch nicht das 67. Lebensjahr vollendet haben.

³Als Altersvorsorgebeiträge (§ 82) sind bei den in Satz 1 oder 2 genannten Personen nur diejenigen Beiträge zu berücksichtigen, die vom Abzugsberechtigten zugunsten seines vor dem 1. Januar 2010 abgeschlossenen Vertrags geleistet wurden. ⁴Endet die unbeschränkte Steuerpflicht eines Zulageberechtigten im Sinne des Satzes 1 oder 2 durch Aufgabe des inländischen Wohnsitzes oder gewöhnlichen Aufenthalts und wird die Person nicht nach § 1 Absatz 3 als unbeschränkt einkommensteuerpflichtig behandelt, so gelten die §§ 93 und 94 entsprechend; § 95 Absatz 2 und 3 und § 99 Absatz 1 in der am 31. Dezember 2008 geltenden Fassung sind anzuwenden.

§ 10b

§ 10b Steuerbegünstigte Zwecke

(1) ¹Zuwendungen (Spenden und Mitgliedsbeiträge) zur Förderung steuerbegünstigter Zwecke im Sinne der §§ 52 bis 54 der Abgabenordnung können insgesamt bis zu

1. 20 Prozent des Gesamtbetrags der Einkünfte oder
2. 4 Promille der Summe der gesamten Umsätze und der im Kalenderjahr aufgewendeten Löhne und Gehälter

als Sonderausgaben abgezogen werden. ²Voraussetzung für den Abzug ist, dass diese Zuwendungen

1. an eine juristische Person des öffentlichen Rechts oder an eine öffentliche Dienststelle, die in einem Mitgliedstaat der Europäischen Union oder in einem Staat belegen ist, auf den das Abkommen über den Europäischen Wirtschaftsraum (EWR-Abkommen) Anwendung findet, oder
2. an eine nach § 5 Absatz 1 Nummer 9 des Körperschaftsteuergesetzes steuerbefreite Körperschaft, Personenvereinigung oder Vermögensmasse oder
3. an eine Körperschaft, Personenvereinigung oder Vermögensmasse, die in einem Mitgliedstaat der Europäischen Union oder in einem Staat belegen ist, auf den das Abkommen über den Europäischen Wirtschaftsraum (EWR-Abkommen) Anwendung findet, und die nach § 5 Absatz 1 Nummer 9 des Körperschaftsteuergesetzes in Verbindung mit § 5 Absatz 2 Nummer 2 zweiter Halbsatz des Körperschaftsteuergesetzes steuerbefreit wäre, wenn sie inländische Einkünfte erzielen würde,

geleistet werden. ³Für nicht im Inland ansässige Zuwendungsempfänger nach Satz 2 ist weitere Voraussetzung, dass durch diese Staaten Amtshilfe und Unterstützung bei der Beitreibung geleistet werden. ⁴Amtshilfe ist der Auskunftsaustausch im Sinne oder entsprechend der Amtshilferichtlinie gemäß § 2 Absatz 2 des EU-Amtshilfegesetzes. ⁵Beitreibung ist die gegenseitige Unterstützung bei der Beitreibung von Forderungen im Sinne oder entsprechend der Beitreibungsrichtlinie einschließlich der in diesem Zusammenhang anzuwendenden Durchführungsbestimmungen in den für den jeweiligen Veranlagungszeitraum geltenden Fassungen oder eines entsprechenden Nachfolgerechtsaktes. ⁶Werden die steuerbegünstigten Zwecke des Zuwendungsempfängers im Sinne von Satz 2 Nummer 1 nur im Ausland verwirklicht, ist für den Sonderausgabenabzug Voraussetzung, dass natürliche Personen, die ihren Wohnsitz oder ihren gewöhnlichen Aufenthalt im Geltungsbereich dieses Gesetzes haben, gefördert werden oder dass die Tätigkeit dieses Zuwendungsempfängers neben der Verwirklichung der steuerbegünstigten Zwecke auch zum Ansehen der Bundesrepublik Deutschland beitragen kann. ⁷Abziehbar sind auch Mitgliedsbeiträge an Körperschaften, die Kunst und Kultur gemäß § 52 Absatz 2 Satz 1 Nummer 5 der Abgabenordnung fördern, soweit es sich nicht um Mitgliedsbeiträge nach Satz 8 Nummer 2 handelt, auch wenn den Mitgliedern Vergünstigungen gewährt werden. ⁸Nicht abziehbar sind Mitgliedsbeiträge an Körperschaften, die

1. den Sport (§ 52 Absatz 2 Satz 1 Nummer 21 der Abgabenordnung),
2. kulturelle Betätigungen, die in erster Linie der Freizeitgestaltung dienen,
3. die Heimatpflege und Heimatkunde (§ 52 Absatz 2 Satz 1 Nummer 22 der Abgabenordnung) oder
4. Zwecke im Sinne des § 52 Absatz 2 Satz 1 Nummer 23 der Abgabenordnung

fördern. ⁹Abziehbare Zuwendungen, die die Höchstbeträge nach Satz 1 überschreiten oder die den um die Beträge nach § 10 Absatz 3 und 4, § 10c und § 10d verminderten Gesamtbetrag der Einkünfte übersteigen, sind im Rahmen der Höchstbeträge in den folgenden Veranlagungszeiträumen als Sonderausgaben abzuziehen. ¹⁰§ 10d Absatz 4 gilt entsprechend.

(1a) ¹Spenden zur Förderung steuerbegünstigter Zwecke im Sinne der §§ 52 bis 54 der Abgabenordnung in das zu erhaltende Vermögen (Vermögensstock) einer Stiftung, welche die Voraussetzungen des Absatzes 1 Satz 2 bis 6 erfüllt, können auf Antrag des Steuerpflichtigen im Veranlagungszeitraum der Zuwendung und in den folgenden neun Veranlagungszeiträumen bis zu einem Gesamtbetrag von 1 Million Euro, bei Ehegatten, die nach den §§ 26, 26b zusammen veranlagt werden, bis zu einem Gesamtbetrag von 2 Millionen Euro zusätzlich zu den Höchstbeträgen nach Absatz 1 Satz 1 abgezogen werden. ²Nichtabzugsfähig nach Satz 1 sind Spenden in das verbrauchbare Vermögen einer Stiftung. ³Der besondere Abzugsbetrag nach Satz 1 bezieht sich auf den gesamten Zehnjahreszeitraum und kann der Höhe nach innerhalb dieses Zeitraums nur einmal in Anspruch genommen werden. ⁴§ 10d Absatz 4 gilt entsprechend.

(2) ¹Zuwendungen an politische Parteien im Sinne des § 2 des Parteiengesetzes sind bis zur Höhe von insgesamt 1 650 Euro und im Fall der Zusammenveranlagung von Ehegatten bis zur Höhe von insgesamt 3 300 Euro im Kalenderjahr abzugsfähig. ²Sie können nur insoweit als Sonderausgaben abgezogen werden, als für sie nicht eine Steuerermäßigung nach § 34g gewährt worden ist.

(3) ¹Als Zuwendung im Sinne dieser Vorschrift gilt auch die Zuwendung von Wirtschaftsgütern mit Ausnahme von Nutzungen und Leistungen. ²Ist das Wirtschaftsgut unmittelbar vor seiner Zuwendung einem Betriebsvermögen entnommen worden, so bemisst sich die Anwendungshöhe nach dem Wert, der bei der Entnahme angesetzt wurde und nach der Umsatzsteuer, die auf die Entnahme entfällt. ³Ansonsten bestimmt sich die Höhe der Zuwendung nach dem gemeinen Wert des zugewendeten Wirtschaftsguts, wenn dessen Veräußerung im Zeitpunkt der Zuwendung keinen Besteuerungstatbestand erfüllen würde. ⁴In allen übrigen Fällen dürfen bei der Ermittlung der Zuwendungshöhe die fortgeführten Anschaffungs- oder Herstellungskosten nur überschritten werden, soweit eine Gewinnrealisierung stattgefunden hat. ⁵Aufwendungen zugunsten einer Körperschaft, die zum Empfang steuerlich abziehbarer Zuwendungen berechtigt ist, können nur abgezogen werden, wenn ein Anspruch auf die Erstattung der Aufwendungen durch Vertrag oder Satzung eingeräumt und auf die Erstattung verzichtet worden ist. ⁶Der Anspruch darf nicht unter der Bedingung des Verzichts eingeräumt worden sein.

(4) ¹Der Steuerpflichtige darf auf die Richtigkeit der Bestätigung über Spenden und Mitgliedsbeiträge vertrauen, es sei denn, dass er die Bestätigung durch unlautere Mittel oder falsche Angaben erwirkt hat oder dass ihm die Unrichtigkeit der Bestätigung bekannt oder infolge grober Fahrlässigkeit nicht bekannt war. ²Wer vorsätzlich oder grob fahrlässig eine unrichtige Bestätigung ausstellt oder veranlasst, dass Zuwendungen nicht zu den in der Bestätigung angegebenen steuerbegünstigten Zwecken verwendet werden, haftet für die entgangene Steuer. ³Diese ist mit 30 Prozent des zugewendeten Betrags anzusetzen. ⁴In den Fällen des Satzes 2 zweite Alternative (Veranlasserhaftung) ist vorrangig der Zuwendungsempfänger in Anspruch zu nehmen; die in diesen Fällen für den Zuwendungsempfänger handelnden natürlichen Personen sind nur in Anspruch zu nehmen, wenn die entgangene Steuer nicht nach § 47 der Abgabenordnung erloschen ist und Vollstreckungsmaßnahmen gegen den Zuwendungsempfänger nicht erfolgreich sind. ⁵Die Festsetzungsfrist für Haftungsansprüche nach Satz 2 läuft nicht ab, solange die Festsetzungsfrist für von dem Empfänger der Zuwendung geschuldete Körperschaftsteuer für den Veranlagungszeitraum nicht abgelaufen ist, in dem die unrichtige Bestätigung ausgestellt worden ist oder veranlasst wurde, dass die Zuwendung nicht zu den in der Bestätigung angegebenen steuerbegünstigten Zwecken verwendet worden ist; § 191 Absatz 5 der Abgabenordnung ist nicht anzuwenden.

Rechtsprechungsauswahl

BFH v. 19. 7. 2011 X R 32/10 (BFH-Webseite): Kein Spendenabzug aufgrund einer Zuwendungsbestätigung, die zum Zeitpunkt ihrer Ausstellung nicht hätte ausgegeben werden dürfen

1. Eine Zuwendungsbestätigung, die eine Körperschaft zu einem Zeitpunkt ausstellt, zu dem für den am kürzesten zurückliegenden Veranlagungszeitraum kein Freistellungsbescheid, sondern ein Körperschaftsteuerbescheid ergangen ist, kann – vorbehaltlich der Vertrauensschutzregelung des § 10b Abs. 4 Satz 1 EStG – nicht Grundlage für einen Sonderausgabenabzug der Zuwendung beim Zuwendenden sein, weil die Körperschaft zu diesem Zeitpunkt bereits dem Grunde nach nicht zur Ausstellung von Zuwendungsbestätigungen befugt ist

§ 10b — Rechtsprechung

2. Dies gilt auch dann, wenn der Körperschaft später für den Veranlagungszeitraum der Zuwendung ein Freistellungsbescheid erteilt wird. Die Möglichkeit der Körperschaft, ab diesem Zeitpunkt eine neue Zuwendungsbestätigung für die frühere Zuwendung auszustellen, bleibt unberührt.

BFH v. 16. 2. 2011 X R 46/09 (BStBl. II S. 685): Zuwendungen in den Vermögensstock einer durch Erbeinsetzung von Todes wegen errichteten Stiftung keine Sonderausgabe des Erblassers

1. Zuwendungen in den Vermögensstock einer durch Erbeinsetzung von Todes wegen errichteten Stiftung sind keine Sonderausgaben des Erblassers, da sie erst mit dem Tod abfließen.
2. § 84 BGB berührt den Abflusszeitpunkt von Stiftungsgründungsspenden nicht.

EuGH v. 27. 1. 2009 Rs. C-318/07 „Hein Persche" (BStBl. 2010 II S. 440):

1. Macht ein Steuerpflichtiger in einem Mitgliedstaat die steuerliche Abzugsfähigkeit von Spenden an Einrichtungen geltend, die in einem anderen Mitgliedstaat ansässig und dort als gemeinnützig anerkannt sind, fallen solche Spenden auch dann unter die Bestimmungen des EG-Vertrags über den freien Kapitalverkehr, wenn es sich um Sachspenden in Form von Gegenständen des täglichen Gebrauchs handelt.
2. Art. 56 EG steht der Regelung eines Mitgliedstaats entgegen, wonach bei Spenden an als gemeinnützig anerkannte Einrichtungen nur Spenden an im Inland ansässige Einrichtungen von der Steuer abgezogen werden können, ohne jede Möglichkeit für den Spender, nachzuweisen, dass eine Spende an eine Einrichtung, die in einem anderen Mitgliedstaat ansässig ist, die nach dieser Regelung geltenden Voraussetzungen für die Gewährung einer solchen Vergünstigung erfüllt.*)

*) Hinweis auf BMF-Schreiben vom 6. April 2010 IV C 4 – S 2223/07/0005 – / – 2010/0210938 (BStBl. 2010 I S. 386). Hinweis auf BMF-Schreiben vom 16.5.2011 (BStBl. I S. 559) betr. Anwendung des EuGH-Urteils „Persche".

BFH v. 2. 8. 2006 XI R 6/03 (BStBl. 2007 II S. 8): Zuwendungen von Mitgliedern an den eigenen Verein, die – gegebenenfalls im Verbund mit gleichgerichteten Leistungen anderer Vereinsmitglieder – unmittelbar und ursächlich mit einem durch den Verein ermöglichten Vorteil zusammenhängen, sind nicht als Spenden gemäß § 10b EStG steuerlich absetzbar.

BFH v. 5.4.2006 I R 20/05 (BStBl. 2007 II S. 450): Eine sog. Durchlaufspende ist nur dann abziehbar, wenn der Letztempfänger für denjenigen Veranlagungszeitraum, für den die Spende steuerlich berücksichtigt werden soll, wegen Gemeinnützigkeit von der Körperschaftsteuer befreit ist.

§§ 10c, 10d

§ 10c Sonderausgaben-Pauschbetrag

[1]Für Sonderausgaben nach § 10 Absatz 1 Nummer 4, 5, 7 und 9 sowie Absatz 1a und nach § 10b wird ein Pauschbetrag von 36 Euro abgezogen (Sonderausgaben-Pauschbetrag), wenn der Steuerpflichtige nicht höhere Aufwendungen nachweist. [2]Im Falle der Zusammenveranlagung von Ehegatten verdoppelt sich der Sonderausgaben-Pauschbetrag.

§ 10d Verlustabzug

(1) [1]Negative Einkünfte, die bei der Ermittlung des Gesamtbetrags der Einkünfte nicht ausgeglichen werden, sind bis zu einem Betrag von 1 000 000 Euro, bei Ehegatten, die nach den §§ 26, 26b zusammenveranlagt werden, bis zu einem Betrag von 2 000 000 Euro vom Gesamtbetrag der Einkünfte des unmittelbar vorangegangenen Veranlagungszeitraums vorrangig vor Sonderausgaben, außergewöhnlichen Belastungen und sonstigen Abzugsbeträgen abzuziehen (Verlustrücktrag). [2]Dabei wird der Gesamtbetrag der Einkünfte des unmittelbar vorangegangenen Veranlagungszeitraums um die Begünstigungsbeträge nach § 34a Absatz 3 Satz 1 gemindert. [3]Ist für den unmittelbar vorangegangenen Veranlagungszeitraum bereits ein Steuerbescheid erlassen worden, so ist er insoweit zu ändern, als der Verlustrücktrag zu gewähren oder zu berichtigen ist. [4]Das gilt auch dann, wenn der Steuerbescheid unanfechtbar geworden ist; die Festsetzungsfrist endet insoweit nicht, bevor die Festsetzungsfrist für den Veranlagungszeitraum abgelaufen ist, in dem die negativen Einkünfte nicht ausgeglichen werden. [5]Auf Antrag des Steuerpflichtigen ist ganz oder teilweise von der Anwendung des Satzes 1 abzusehen. [6]Im Antrag ist die Höhe des Verlustrücktrags anzugeben.

(2) [1]Nicht ausgeglichene negative Einkünfte, die nicht nach Absatz 1 abgezogen worden sind, sind in den folgenden Veranlagungszeiträumen bis zu einem Gesamtbetrag der Einkünfte von 1 Million Euro unbeschränkt, darüber hinaus bis zu 60 Prozent des 1 Million Euro übersteigenden Gesamtbetrags der Einkünfte vorrangig vor Sonderausgaben, außergewöhnlichen Belastungen und sonstigen Abzugsbeträgen abzuziehen (Verlustvortrag). [2]Bei Ehegatten, die nach §§ 26, 26b zusammenveranlagt werden, tritt an die Stelle des Betrags von 1 Million Euro ein Betrag von 2 Millionen Euro. [3]Der Abzug ist nur insoweit zulässig, als die Verluste nicht nach Absatz 1 abgezogen worden sind und in den vorangegangenen Veranlagungszeiträumen nicht nach Satz 1 und 2 abgezogen werden konnten.

(3) (weggefallen)

(4) [1]Der am Schluss eines Veranlagungszeitraums verbleibende Verlustvortrag ist gesondert festzustellen. [2]Verbleibender Verlustvortrag sind die bei der Ermittlung des Gesamtbetrags der Einkünfte nicht ausgeglichenen negativen Einkünfte, vermindert um die nach Absatz 1 abgezogenen und die nach Absatz 2 abziehbaren Beträge und vermehrt um den auf den Schluss des vorangegangenen Veranlagungszeitraums festgestellten verbleibenden Verlustvortrag. [3]Zuständig für die Feststellung ist das für die Besteuerung zuständige Finanzamt. [4]Bei der Feststellung des verbleibenden Verlustvortrags sind die Besteuerungsgrundlagen so zu berücksichtigen, wie sie den Steuerfestsetzungen des Veranlagungszeitraums, auf dessen Schluss der verbleibende Verlustvortrag festgestellt wird, und des Veranlagungszeitraums, in dem ein Verlustrücktrag vorgenommen werden kann, zu Grunde gelegt worden sind; § 171 Absatz 10, § 175 Absatz 1 Satz 1 Nummer 1 und § 351 Absatz 2 der Abgabenordnung sowie § 42 der Finanzgerichtsordnung gelten entsprechend. [5]Die Besteuerungsgrundlagen dürfen bei der Feststellung nur insoweit abweichend von Satz 4 berücksichtigt werden, wie die Aufhebung, Änderung oder Berichtigung der Steuerbescheide ausschließlich mangels Auswirkung auf die Höhe der festzusetzenden Steuer unterbleibt. [6]Die Feststellungsfrist endet nicht, bevor die Festsetzungsfrist für den Veranlagungszeitraum abgelaufen ist, auf dessen Schluss der verbleibende Verlustvortrag gesondert festzustellen ist; § 181 Absatz 5 der Abgabenordnung ist nur anzuwenden, wenn die zuständige Finanzbehörde die Feststellung des Verlustvortrags pflichtwidrig unterlassen hat.

Rechtsprechungsauswahl

BFH v. 29. 6. 2011 IX R 38/10 (BStBl. II S. 963): Keine gesonderte Feststellung eines Verlustvortrags nach Ablauf der Festsetzungsfrist für die Vortragsjahre

Ein verbleibender Verlustvortrag kann nach Ablauf der Feststellungsfrist nicht mehr gesondert festgestellt werden, wenn der Steuerpflichtige in den bereits festsetzungsverjährten Veranlagungszeiträumen, in die der Verlust nach § 10d Abs. 2 EStG hätte vorgetragen werden müssen, über zur Verlustkompensation ausreichende Gesamtbeträge der Einkünfte verfügt.

BFH v. 25. 5. 2011 IX R 36/10 (BStBl. II S. 807): Zur nach § 10d Abs. 4 Satz 6 EStG einschränkenden Anwendung des § 181 Abs. 5 AO

Geht dem FA eine Feststellungserklärung erst einen Tag vor Eintritt der Feststellungsverjährung zu, kann nicht erwartet werden, dass der Feststellungsbescheid noch – wie dies das Gesetz in § 169 Abs. 1 Satz 3 Nr. 1, § 181 Abs. 5 Satz 3 AO ausdrücklich verlangt – innerhalb der Frist den Bereich der für die Feststellung zuständigen Finanzbehörde verlässt.

BFH v. 24. 2. 2010 IX R 57/09 (BStBl. 2011 II S. 405): Zur Berücksichtigung von Auslandsverlusten

Ein in Österreich im Jahr 2003 erzielter Verlust ist nicht aus europarechtlichen Gründen ohne Durchführung eines Verfahrens nach § 10d Abs. 4 Satz 1 EStG im Rahmen der Einkommensteuerveranlagung für das Jahr 2004 zu berücksichtigen.

BFH v. 27. 1. 2010 IX R 59/08 (BStBl. II S. 1009): Verlustrücktrag aus einem verjährten Verlustentstehungsjahr in ein offenes Rücktragsjahr möglich

Im Verlustentstehungsjahr nicht ausgeglichene Verluste sind in einen vorangegangenen, nicht festsetzungsverjährten Veranlagungszeitraum auch dann zurückzutragen, wenn für das Verlustentstehungsjahr selbst bereits Festsetzungsverjährung eingetreten ist.

BFH v. 14. 7. 2009 IX R 52/08 (BStBl. 2011 II S. 26):
1. Bezugspunkt für eine Änderung der bei der Ermittlung des Gesamtbetrags der Einkünfte nicht ausgeglichenen Verluste ist nicht der Einkommensteuerbescheid, sondern grundsätzlich der Verlustfeststellungsbescheid des Verlustentstehungsjahres (Anschluss an das BFH-Urteil vom 17. September 2008 IX R 70/06, BFHE 223, 50)*).
2. Ist der verbleibende Verlustabzug erstmals gesondert festzustellen, ist der „bei der Ermittlung des Gesamtbetrags der Einkünfte nicht ausgeglichene Verlust" nach den einschlägigen materiell-rechtlichen Regelungen in § 10d EStG zu bestimmen.

*) BStBl. 2009 II S. 897.

BFH v. 17. 9. 2008 IX R 70/06 (BStBl. 2009 II S. 897): Ein verbleibender Verlustvortrag ist auch dann erstmals gemäß § 10d Abs. 4 Satz 1 EStG gesondert festzustellen, wenn der Einkommensteuerbescheid für das Verlustentstehungsjahr zwar bestandskräftig ist, darin aber keine nicht ausgeglichenen negativen Einkünfte berücksichtigt worden sind (Änderung der Rechtsprechung gegenüber BFH-Urteilen vom 9. Dezember 1998 XI R 62/97, BFHE 187, 523, BStBl. II 2000, 3, und vom 9. Mai 2001 XI R 25/99, BFHE 195, 545, BStBl. II 2002, 817).

§ 10e Steuerbegünstigung der zu eigenen Wohnzwecken genutzten Wohnung im eigenen Haus
– bei Herstellung oder Anschaffung vor dem 1. Januar 1996 –
Gesetzestext siehe Seite 50 ff.

§ 10f Steuerbegünstigung für zu eigenen Wohnzwecken genutzte Baudenkmale und Gebäude in Sanierungsgebieten und städtebaulichen Entwicklungsbereichen

(1) ¹Der Steuerpflichtige kann Aufwendungen an einem eigenen Gebäude im Kalenderjahr des Abschlusses der Baumaßnahme und in den neun folgenden Kalenderjahren jeweils bis zu 9 Prozent wie Sonderausgaben abziehen, wenn die Voraussetzungen des § 7h oder des § 7i vorliegen. ²Dies gilt nur, soweit er das Gebäude in dem jeweiligen Kalenderjahr zu eigenen Wohnzwecken nutzt und die Aufwendungen nicht in die Bemessungsgrundlage nach § 10e oder dem Eigenheimzulagengesetz einbezogen hat. ³Für Zeiträume, für die der Steuerpflichtige erhöhte Absetzungen von Aufwendungen nach § 7h oder § 7i abgezogen hat, kann er für diese Aufwendungen keine Abzugsbeträge nach Satz 1 in Anspruch nehmen. ⁴Eine Nutzung zu eigenen Wohnzwecken liegt auch vor, wenn Teile einer zu eigenen Wohnzwecken genutzten Wohnung unentgeltlich zu Wohnzwecken überlassen werden.

(2)[1] ¹Der Steuerpflichtige kann Erhaltungsaufwand, der an einem eigenen Gebäude entsteht und nicht zu den Betriebsausgaben oder Werbungskosten gehört, im Kalenderjahr des Abschlusses der Maßnahme und in den neun folgenden Kalenderjahren jeweils bis zu 9 Prozent wie Sonderausgaben abziehen, wenn die Voraussetzungen des § 11a Absatz 1 in Verbindung mit § 7h Absatz 2 oder des § 11b Satz 1 oder 2 in Verbindung mit § 7i Absatz 1 Satz 2 und Absatz 2 vorliegen. ²Dies gilt nur, soweit der Steuerpflichtige das Gebäude in dem jeweiligen Kalenderjahr zu eigenen Wohnzwecken nutzt und diese Aufwendungen nicht nach §10e Absatz 6 oder § 10i abgezogen hat. ³Soweit der Steuerpflichtige das Gebäude während des Verteilungszeitraums zur Einkunftserzielung nutzt, ist der noch nicht berücksichtigte Teil des Erhaltungsaufwands im Jahr des Übergangs zur Einkunftserzielung wie Sonderausgaben abzuziehen. ⁴Absatz 1 Satz 4 ist entsprechend anzuwenden.

(3) ¹Die Abzugsbeträge nach den Absätzen 1 und 2 kann der Steuerpflichtige nur bei einem Gebäude in Anspruch nehmen. ²Ehegatten, bei denen die Voraussetzungen des § 26 Absatz 1 vorliegen, können die Abzugsbeträge nach den Absätzen 1 und 2 bei insgesamt zwei Gebäuden abziehen. ³Gebäuden im Sinne der Absätze 1 und 2 stehen Gebäude gleich, für die Abzugsbeträge nach § 52 Absatz 21 Satz 6 in Verbindung mit § 51 Absatz 1 Nummer 2 Buchstabe x oder Buchstabe y des Einkommensteuergesetzes 1987 in der Fassung der Bekanntmachung vom 27. Februar 1987 (BGBl. I S. 657) in Anspruch genommen worden sind; Entsprechendes gilt für Abzugsbeträge nach § 52 Absatz 21 Satz 7.

(4) ¹Sind mehrere Steuerpflichtige Eigentümer eines Gebäudes, so ist Absatz 3 mit der Maßgabe anzuwenden, dass der Anteil des Steuerpflichtigen an einem solchen Gebäude dem Gebäude gleichsteht. ²Erwirbt ein Miteigentümer, der für seinen Anteil bereits Abzugsbeträge nach Absatz 1 oder Absatz 2 abgezogen hat, einen Anteil an demselben Gebäude hinzu, kann er für danach von ihm durchgeführte Maßnahmen im Sinne der Absätze 1 oder 2 auch die Abzugsbeträge nach den Absätzen 1 und 2 in Anspruch nehmen, die auf den hinzuerworbenen Anteil entfallen. ³§ 10e Absatz 5 Sätze 2 und 3 sowie Absatz 7 ist sinngemäß anzuwenden.

(5) Die Absätze 1 bis 4 sind auf Gebäudeteile, die selbständige unbewegliche Wirtschaftsgüter sind, und auf Eigentumswohnungen entsprechend anzuwenden.

---

1) Zur Anwendung von § 10f Absatz 2 siehe § 52 Absatz 27 EStG.

§ 10g

§ 10g Steuerbegünstigung für schutzwürdige Kulturgüter, die weder zur Einkunftserzielung noch zu eigenen Wohnzwecken genutzt werden

(1) ¹Der Steuerpflichtige kann Aufwendungen für Herstellungs- und Erhaltungsmaßnahmen an eigenen schutzwürdigen Kulturgütern im Inland, soweit sie öffentliche oder private Zuwendungen oder etwaige aus diesen Kulturgütern erzielte Einnahmen übersteigen, im Kalenderjahr des Abschlusses der Maßnahme und in den neun folgenden Kalenderjahren jeweils bis zu 9 Prozent wie Sonderausgaben abziehen. ²Kulturgüter im Sinne des Satzes 1 sind

1. Gebäude oder Gebäudeteile, die nach den jeweiligen landesrechtlichen Vorschriften ein Baudenkmal sind,
2. Gebäude oder Gebäudeteile, die für sich allein nicht die Voraussetzungen für ein Baudenkmal erfüllen, aber Teil einer nach den jeweiligen landesrechtlichen Vorschriften als Einheit geschützten Gebäudegruppe oder Gesamtanlage sind,
3. gärtnerische, bauliche und sonstige Anlagen, die keine Gebäude oder Gebäudeteile und nach den jeweiligen landesrechtlichen Vorschriften unter Schutz gestellt sind,
4. Mobiliar, Kunstgegenstände, Kunstsammlungen, wissenschaftliche Sammlungen, Bibliotheken oder Archive, die sich seit mindestens 20 Jahren im Besitz der Familie des Steuerpflichtigen befinden oder in das Verzeichnis national wertvollen Kulturgutes oder das Verzeichnis national wertvoller Archive eingetragen sind und deren Erhaltung wegen ihrer Bedeutung für Kunst, Geschichte oder Wissenschaft im öffentlichen Interesse liegt,

wenn sie in einem den Verhältnissen entsprechenden Umfang der wissenschaftlichen Forschung oder der Öffentlichkeit zugänglich gemacht werden, es sei denn, dem Zugang stehen zwingende Gründe des Denkmal- oder Archivschutzes entgegen. ³Die Maßnahmen müssen nach Maßgabe der geltenden Bestimmungen der Denkmal- und Archivpflege erforderlich und in Abstimmung mit der in Absatz 3 genannten Stelle durchgeführt worden sein; bei Aufwendungen für Herstellungs- und Erhaltungsmaßnahmen an Kulturgütern im Sinne des Satzes 2 Nummer 1 und 2 ist § 7i Absatz 1 Sätze 1 bis 4 sinngemäß anzuwenden.

(2) ¹Die Abzugsbeträge nach Absatz 1 Satz 1 kann der Steuerpflichtige nur in Anspruch nehmen, soweit er die schutzwürdigen Kulturgüter im jeweiligen Kalenderjahr weder zur Erzielung von Einkünften im Sinne des § 2 noch Gebäude oder Gebäudeteile zu eigenen Wohnzwecken nutzt und die Aufwendungen nicht nach § 10e Absatz 6, § 10h Satz 3 oder § 10i abgezogen hat. ²Für Zeiträume, für die der Steuerpflichtige von Aufwendungen Absetzungen für Abnutzung, erhöhte Absetzungen, Sonderabschreibungen oder Beträge nach § 10e Absatz 1 bis 5, den §§ 10f, 10h, 15b des Berlinförderungsgesetzes oder § 7 des Fördergebietsgesetzes abgezogen hat, kann er für diese Aufwendungen keine Abzugsbeträge nach Absatz 1 Satz 1 in Anspruch nehmen; Entsprechendes gilt, wenn der Steuerpflichtige für Aufwendungen die Eigenheimzulage nach dem Eigenheimzulagengesetz in Anspruch genommen hat. ³Soweit die Kulturgüter während des Zeitraums nach Absatz 1 Satz 1 zur Einkunftserzielung genutzt werden, ist der noch nicht berücksichtigte Teil der Aufwendungen, die auf Erhaltungsarbeiten entfallen, im Jahr des Übergangs zur Einkunftserzielung wie Sonderausgaben abzuziehen.

(3) ¹Der Steuerpflichtige kann den Abzug vornehmen, wenn er durch eine Bescheinigung der nach Landesrecht zuständigen oder von der Landesregierung bestimmten Stelle die Voraussetzungen des Absatzes 1 für das Kulturgut und für die Erforderlichkeit der Aufwendungen nachweist. ²Hat eine der für Denkmal- oder Archivpflege zuständigen Behörden ihm Zuschüsse gewährt, so hat die Bescheinigung auch deren Höhe zu enthalten; werden ihm solche Zuschüsse nach Ausstellung der Bescheinigung gewährt, so ist diese entsprechend zu ändern.

(4) ¹Die Absätze 1 bis 3 sind auf Gebäudeteile, die selbständige unbewegliche Wirtschaftsgüter sind, sowie auf Eigentumswohnungen und im Teileigentum stehende Räume entsprechend anzuwenden. ²§ 10e Absatz 7 gilt sinngemäß.

§§ 10h, 10i

§ 10h Steuerbegünstigung der unentgeltlich zu Wohnzwecken überlassenen Wohnung im eigenen Haus
Gesetzestext siehe Seite 50.

§ 10i Vorkostenabzug bei einer nach dem Eigenheimzulagengesetz begünstigten Wohnung
Gesetzestext siehe Seite 50.

§ 11

6. Vereinnahmung und Verausgabung

§ 11 (Vereinnahmung und Verausgabung)

(1) ¹Einnahmen sind innerhalb des Kalenderjahres bezogen, in dem sie dem Steuerpflichtigen zugeflossen sind. ²Regelmäßig wiederkehrende Einnahmen, die dem Steuerpflichtigen kurze Zeit vor Beginn oder kurze Zeit nach Beendigung des Kalenderjahres, zu dem sie wirtschaftlich gehören, zugeflossen sind, gelten als in diesem Kalenderjahr bezogen. ³Der Steuerpflichtige kann Einnahmen, die auf einer Nutzungsüberlassung im Sinne des Absatzes 2 Satz 3 beruhen, insgesamt auf den Zeitraum gleichmäßig verteilen, für den die Vorauszahlung geleistet wird.¹⁾ ⁴Für Einnahmen aus nichtselbständiger Arbeit gilt § 38a Absatz 1 Satz 2 und 3 und § 40 Absatz 3 Satz 2. ⁵Die Vorschriften über die Gewinnermittlung (§ 4 Absatz 1, § 5) bleiben unberührt.

(2) ¹Ausgaben sind für das Kalenderjahr abzusetzen, in dem sie geleistet worden sind. ²Für regelmäßig wiederkehrende Ausgaben gilt Absatz 1 Satz 2 entsprechend. ³Werden Ausgaben für eine Nutzungsüberlassung von mehr als fünf Jahren im Voraus geleistet, sind sie insgesamt auf den Zeitraum gleichmäßig zu verteilen, für den die Vorauszahlung geleistet wird.²⁾ ⁴Satz 3 ist auf ein Damnum oder Disagio nicht anzuwenden, soweit dieses marktüblich ist. ⁵§ 42 der Abgabenordnung bleibt unberührt. ⁶Die Vorschriften über die Gewinnermittlung (§ 4 Absatz 1, § 5) bleiben unberührt.

Hinweise

LStH 11 Allgemeines
→ H 11 EStH

Rückzahlung von Arbeitslohn

Arbeitslohnrückzahlungen sind nur dann anzunehmen, wenn der Arbeitnehmer an den Arbeitgeber die Leistungen, die bei ihm als Lohnzahlungen zu qualifizieren waren, zurückzahlt (→ BFH vom 10.8.2010 – BStBl. II S. 1074).

Zurückgezahlter Arbeitslohn ist erst im Zeitpunkt des Abflusses steuermindernd zu berücksichtigen (→ BFH vom 4.5.2006 – BStBl. II S. 830 und 832); das gilt auch dann, wenn sich die Rückzahlung im Folgejahr steuerlich nicht mehr auswirkt (→ BFH vom 7.11.2006 – BStBl. 2007 II S. 315).

Zufluss von Arbeitslohn
→ R 38.2

Rechtsprechungsauswahl

BFH v. 5. 11. 2013 VIII R 20/11 (BStBl. 2014 II S. 275): Arbeitslohn im Zusammenhang mit der Veräußerung von Genussrechten

1. Kann der Arbeitnehmer die von seinem Arbeitgeber erworbenen Genussrechte nur dadurch verwerten, dass er sie nach Ablauf der Laufzeit an diesen veräußert und hängt die Höhe des Rückkaufswerts der Genussrechte davon ab, wie das Anstellungsverhältnis endet, handelt es sich bei dem Überschuss aus dem Rückverkauf der Genussrechte um Einkünfte aus nichtselbständiger Arbeit gemäß § 19 Abs. 1 Satz 1 Nr. 1 i.V.m. § 8 Abs. 1 EStG.
2. Der geldwerte Vorteil fließt dem Arbeitnehmer zu dem Zeitpunkt zu, in dem ihm das Entgelt für die Rücknahme der Genussrechte ausgezahlt wird.

BFH v. 14. 11. 2012 VI R 56/11 (BStBl. 2013 II S. 382): Geldwerter Vorteil beim Erwerb einer vergünstigten Jahresnetzkarte

1. Ein Sachbezug i. S. des § 8 Abs. 2 Satz 1 EStG liegt auch dann vor, wenn der Arbeitgeber dem Arbeitnehmer durch Vereinbarung mit einem Verkehrsbetrieb das Recht zum Erwerb einer vergünstigten Jahresnetzkarte (Jobticket) einräumt, soweit sich dies für den Arbeitnehmer als Frucht seiner Arbeit für den Arbeitgeber darstellt.

---

1) Zur Anwendung von § 11 Absatz 1 Satz 3 siehe § 52 Absatz 30 EStG; zur zeitlichen Anwendung BMF-Schreiben vom 5.4.2005 (BStBl. I S. 617); zur Anwendung auf Damnum und Disagio BMF-Schreiben vom 16.12.2005 (BStBl. I S. 1052).
2) Zur Anwendung von § 11 Absatz 2 Satz 3 siehe § 52 Absatz 30 EStG.

Rechtsprechung § 11

2. Dieser geldwerte Vorteil fließt den Arbeitnehmern mit Ausübung des Bezugsrechts, also dem Erwerb der Jahresnetzkarten, zu.

3. Auf diesem Zeitpunkt ist der Vorteil aus der Verwertung des Bezugsrechts nach § 8 Abs. 2 Satz 1 EStG zu bewerten.

BFH v. 13. 11. 2012 VI R 20/10 (BStBl. 2013 II S. 405): Übertragung von Vorsorgekapital eines Grenzgängers zwischen schweizerischen Versorgungseinrichtungen – Übergang der wirtschaftlichen Verfügungsmacht

1. Wird Vorsorgekapital, das zugunsten eines Grenzgängers bei einer Versorgungseinrichtung durch als Arbeitslohn zu qualifizierende Arbeitgeberbeiträge gebildet wurde, von einer Versorgungseinrichtung auf eine andere Versorgungseinrichtung übertragen, ist diese Übertragung nicht erneut als Arbeitslohn anzusehen.

2. Bei einer derartigen Übertragung kann es hinsichtlich möglicher übriger Einkunftstatbestände am Zufluss fehlen.

BFH v. 18. 9. 2012 VI R 90/10 (BStBl. 2013 II S. 289): Zufluss und Bewertung von Aktienoptionsrechten für Arbeitnehmer

1. Der Vorteil aus einem vom Arbeitgeber eingeräumten Aktienoptionsrecht fließt dem Arbeitnehmer zu, wenn der Arbeitnehmer das Recht ausübt oder anderweitig verwertet. Eine solche anderweitige Verwertung liegt insbesondere vor, wenn der Arbeitnehmer das Recht auf einen Dritten überträgt.

2. Der Vorteil bemisst sich nach dem Wert des Rechts im Zeitpunkt der Verfügung darüber.

BFH v. 21. 8. 2012 IX R 55/10 (BFH-Webseite): Zufluss von Pachtzahlungen in Geldeswert

1. Pachtzahlungen, die von der Pächterin einer Fondsimmobilie an die am Immobilienfonds beteiligten Gesellschafter in Form von Hotelgutscheinen („Wertschecks") erbracht werden und die die Gesellschafter zum Bezug von Hoteldienstleistungen der Pächterin berechtigen, sind als Einnahmen in Geldeswert bei den Einkünften aus Vermietung und Verpachtung der Fondsgesellschaft zu erfassen.

2. Der für den Zufluss maßgebliche geldwerte Vorteil besteht in der möglichen Inanspruchnahme der versprochenen Hoteldienstleistungen und fließt erst im Zeitpunkt der Verwertung dieses Rechts zu.

BFH v. 1. 3. 2012 VI R 4/11 (BStBl. II S. 596): Gegenleistung für die Übertragung eines Arbeitsentgeltanspruchs als Insolvenzgeld – Progressionsvorbehalt – Zuflusszeitpunkt

1. Soweit Insolvenzgeld vorfinanziert wird, das nach § 188 Abs. 1 SGB III einem Dritten zusteht, ist die Gegenleistung für die Übertragung des Arbeitsentgeltanspruchs als Insolvenzgeld i,S. des § 32b Abs. 1 Nr. 1 Buchst, a EStG anzusehen.

2. Die an den Arbeitnehmer gezahlten Entgelte hat dieser i.S. des § 32b Abs. 1 Nr. 1 Buchst, a EStG bezogen, wenn sie ihm nach den Regeln über die Überschusseinkünfte zugeflossen sind.

BFH v. 15. 12. 2011 VI R 26/11 (BStBl. 2012 II S. 415): Vorzeitige Beendigung eines im Blockmodell geführten Altersteilzeitarbeitsverhältnisses – Ausgleichszahlungen für in der Arbeitsphase erbrachte Vorleistungen – Beschwer bei Begehren einer höheren Steuerfestsetzung

1. Wird ein im Blockmodell geführtes Altersteilzeitarbeitsverhältnis vor Ablauf der vertraglich vereinbarten Zeit beendet und erhält der Arbeitnehmer für seine in der Arbeitsphase erbrachten Vorleistungen Ausgleichszahlungen, stellen diese Ausgleichszahlungen Arbeitslohn dar.

2. Solche Ausgleichszahlungen sind sonstige Bezüge i.S. des § 38a Abs. 1 Satz 3 EStG, so dass sie nach dem Zuflussprinzip des § 11 Abs. 1 Satz 1 EStG zu erfassen sind.

BFH v. 30. 6. 2011 VI R 37/09 (BStBl. II S. 923): Zuflusszeitpunkt verbilligter Arbeitnehmeraktien

1. Dem Arbeitnehmer fließt der geldwerte Vorteil in Form verbilligter Aktien in dem Zeitpunkt zu, in dem er die wirtschaftliche Verfügungsmacht über die Aktien erlangt.

2. Ein solcher Zufluss liegt nicht vor, solange dem Arbeitnehmer eine Verfügung über die Aktien rechtlich unmöglich ist.

§ 11 Rechtsprechung

BFH v. 3. 2. 2011 VI R 4/10 (BFH-Webseite): Kein Zufluss von Arbeitslohn bei Gehaltsverzicht ohne wirtschaftlichen Ausgleich – Beherrschender Gesellschafter

Verzichtet ein Gesellschafter-Geschäftsführer gegenüber der Gesellschaft auf bestehende oder künftige Entgeltansprüche, so fließen ihm insoweit keine Einnahmen aus nichtselbständiger Arbeit zu, als er dadurch eine tatsächliche Vermögenseinbuße erleidet.[1]

BFH v. 3. 2. 2011 VI R 66/09 (BFH-Webseite): Fälligkeit einer Tantieme – Zeitpunkt des Zuflusses von Forderungen gegen die Kapitalgesellschaft bei einem alleinigen bzw. beherrschenden Gesellschafter

Der Anspruch auf Tantiemen wird mit Feststellung des Jahresabschlusses fällig, sofern nicht zivilrechtlich wirksam und fremdüblich eine andere Fälligkeit vertraglich vereinbart ist.[2]

BFH v. 7. 12. 2010 IX R 48/07 (BStBl. 2011 II S. 345): Zur Frage der Rückwirkung von § 11 Abs. 2 Satz 3 i. V. m. § 52 Abs. 30 Satz 1 EStG – Einbringung der Neuregelung in den Deutschen Bundestag als maßgeblicher Zeitpunkt für den Vertrauensschutz

Werden im Jahr 2005 aufgrund eines nach dem 15. Dezember 2004 zustande gekommenen Kaufvertrags über ein Wohnungserbbaurecht Erbbauzinsen in einer Summe für die gesamte Laufzeit des Erbbaurechts im Voraus geleistet, so liegt in der Anwendung des § 11 Abs. 2 Satz 3 i.V.m. § 52 Abs. 30 Satz 1 EStG keine Rückwirkung (Abgrenzung zum BFH-Beschluss vom 7. Dezember 2010 IX R 70/07).

BFH v. 7. 12. 2010 IX R 70/07 (BStBl. 2011 II S. 346): Zur verfassungsrechtlich unzulässigen rückwirkenden Anwendung des § 11 Abs. 2 Satz 3 EStG bei im Voraus geleisteten Erbbauzinsen (§ 52 Abs. 30 Satz 1 EStG) – Funktion des § 11 EStG – Erbbauzinsen sind keine Anschaffungskosten – Schutzwürdigkeit des Vertrauens in eine von der Verwaltungspraxis abweichende ständige Rechtsprechung – Verbindlichkeit und Wirkung von Entscheidungen der obersten Bundesgerichte – Intransparenz des Verwaltungshandelns durch Nichtveröffentlichung von BFH-Entscheidungen – Argumentationslast der Verwaltung – Asymmetrische Besteuerung des Erbbaurechts ist systemgerecht

Es wird eine Entscheidung des BVerfG darüber eingeholt, ob § 11 Abs. 2 Satz 3 i.V.m. § 52 Abs. 30 Satz 1 des Einkommensteuergesetzes i.d.F. des Gesetzes zur Umsetzung von EU-Richtlinien in nationales Steuerrecht und zur Änderung weiterer Vorschriften (Richtlinien-Umsetzungsgesetz) vom 9. Dezember 2004 (BGBl. I 2004, 3310) gegen die verfassungsrechtlichen Grundsätze des Vertrauensschutzes verstößt, soweit danach im Voraus gezahlte Erbbauzinsen auch dann auf den Zeitraum zu verteilen sind, für den sie geleistet werden, wenn sie im Jahr 2004, aber noch vor der Einbringung der Neuregelung in den Deutschen Bundestag am 27. Oktober 2004 verbindlich vereinbart und gezahlt wurden.

BFH v. 29. 7. 2010 VI R 30/07 (BStBl. 2011 II S. 68): Der gemeine Wert der Aktien lässt sich nicht stets aus weniger als ein Jahr zurückliegenden und im gewöhnlichen Geschäftsverkehr erfolgten Aktienverkäufen ableiten

Der gemeine Wert nicht börsennotierter Aktien lässt sich nicht i.S. des § 11 Abs. 2 Satz 2 BewG aus Verkäufen ableiten, wenn nach den Veräußerungen aber noch vor dem Bewertungsstichtag weitere objektive Umstände hinzutreten, die dafür sprechen, dass diese Verkäufe nicht mehr den gemeinen Wert der Aktien repräsentieren, und es an objektiven Maßstäben für Zu- und Abschläge fehlt, um von den festgestellten Verkaufspreisen der Aktien auf deren gemeinen Wert zum Bewertungsstichtag schließen zu können.

BFH v. 20. 5. 2010 VI R 12/08 (BStBl. II S. 1069): Geldwerter Vorteil aus der Veräußerung von Wandeldarlehen

1. Der Gewinn aus der Veräußerung eines Wandeldarlehens ist ein geldwerter Vorteil, soweit sich die bis dahin latent bestehende Möglichkeit zum verbilligten Aktienerwerb verwirklicht (Anschluss an BFH-Urteil vom 23. Juni 2005 VI R 10/03, BFHE 209, 559, BStBl. II 2005, 770).

2. Die Zurechnung des geldwerten Vorteils zu einem erst künftigen Dienstverhältnis ist zwar nicht ausgeschlossen, bedarf aber der Feststellung eines eindeutigen Veranlassungszusammenhangs, wenn sich andere Ursachen für die Vorteilsgewährung als Veranlassungsgrund aufdrängen.

---

[1] Die BFH-Urteile vom 3.2.2011 VII R 4/10 und VI R 66/09 sind bisher nicht im BStBl. II veröffentlicht worden und werden damit von der Finanzverwaltung nicht allgemein anwendet.

[2] Die BFH-Urteile vom 3.2.2011 VII R 4/10 und VI R 66/09 sind bisher nicht im BStBl. II veröffentlicht worden und werden damit von der Finanzverwaltung nicht allgemein anwendet.

Rechtsprechung § 11

BFH v. 3. 12. 2009 VI R 4/08 (BStBl. 2010 II S. 698): Umrechnung von Arbeitslohn in fremder Währung

1. Einkünfte in einer gängigen, frei konvertiblen und im Inland handelbaren ausländischen Währung sind als Einnahmen in Geld zu besteuern. Sie stellen aus sich heraus einen Wert dar, der durch Umrechnung in Euro zu bestimmen ist.
2. Umrechnungsmaßstab ist – soweit vorhanden – der auf den Umrechnungszeitpunkt bezogene Euro-Referenzkurs der Europäischen Zentralbank.
3. Lohnzahlungen sind bei Zufluss des Arbeitslohns anhand der von der Europäischen Zentralbank veröffentlichten monatlichen Durchschnittsreferenzkurse umzurechnen.

BFH v. 11. 11. 2009 IX R 1/09 (BStBl. 2010 II S. 746): Steuerwirksame Gestaltung des Zuflusses einer Abfindung

Arbeitgeber und Arbeitnehmer können den Zeitpunkt des Zuflusses einer Abfindung oder eines Teilbetrags einer solchen beim Arbeitnehmer in der Weise steuerwirksam gestalten, dass sie deren ursprünglich vorgesehene Fälligkeit vor ihrem Eintritt auf einen späteren Zeitpunkt verschieben.

BFH v. 20. 11. 2008 VI R 25/05 (BStBl. 2009 II S. 382): Räumt der Arbeitgeber selbst handelbare Optionsrechte ein, gelangt der für den Zufluss von Arbeitslohn maßgebliche Vorteil in Gestalt eines Preisnachlasses auf gewährte Aktien erst aufgrund der Verwertung der Option in das wirtschaftliche Eigentum des Optionsnehmers (Arbeitnehmer).

BFH v. 30. 9. 2008 VI R 67/05 (BStBl. 2009 II S. 282):

1. Bei einem Aktienerwerb fließt dem Arbeitnehmer der geldwerte Vorteil in dem Zeitpunkt zu, in dem der Anspruch auf Verschaffung der wirtschaftlichen Verfügungsmacht über die Aktien erfüllt wird.
2. Dem Zufluss steht es nicht entgegen, wenn der Arbeitnehmer aufgrund einer Sperr- bzw. Haltefrist die Aktien für eine bestimmte Zeit nicht veräußern kann. Der Erwerber ist rechtlich und wirtschaftlich bereits von dem Augenblick an Inhaber der Aktie, in dem sie auf ihn übertragen oder auf seinen Namen im Depot einer Bank hinterlegt wird.
3. Der geldwerte Vorteil fließt dem Arbeitnehmer auch dann mit der Verschaffung der Verfügungsmacht zu, wenn die Aktien unter der auflösenden Bedingung einer Rückzahlungsverpflichtung (§ 158 Abs. 2 BGB) überlassen werden und diese Bedingung eintritt (sog. Istprinzip).

BFH v. 19. 6. 2008 VI R 4/05 (BStBl. II S. 826):

1. Ob eine Zuwendung des Arbeitgebers an den Arbeitnehmer durch das Dienstverhältnis veranlasst ist und zu Einkünften aus nichtselbständiger Arbeit führt oder ob sie aufgrund einer Sonderrechtsbeziehung zwischen Arbeitgeber und Arbeitnehmer einer anderen Einkunftsart oder dem nicht einkommensteuerbaren Bereich zuzurechnen ist, obliegt in erster Linie der tatrichterlichen Würdigung durch das Finanzgericht.
2. Werden einem Arbeitnehmer vom Arbeitgeber oder einem Dritten im Hinblick auf das Dienstverhältnis Aktienankaufs- oder Vorkaufsrechte eingeräumt, fließt dem Arbeitnehmer nicht zum Zeitpunkt der Rechtseinräumung, sondern erst zum Zeitpunkt des entgeltlichen Verzichts hierauf ein geldwerter Vorteil zu (Fortführung der Senatsrechtsprechung in den Senatsurteilen vom 3. Mai 2007 VI R 36/05, BFHE 218, 118, BStBl. II 2007, 647; vom 23. Juni 2005 VI R 124/99, BFHE 209, 549, BStBl. II 2005, 766; vom 23. Juni 2005 VI R 10/03, BFHE 209, 559, BStBl. II 2005, 770).

BFH v. 15. 11. 2007 VI R 66/03 (BStBl. 2008 II S. 375):

1. Leistet der Arbeitgeber aufgrund des gesetzlichen Forderungsübergangs nach § 115 SGB X eine Lohnnachzahlung unmittelbar an die Arbeitsverwaltung, führt dies beim Arbeitnehmer zum Zufluss von Arbeitslohn.
2. Unterliegt der Nachzahlungsbetrag sowohl der Tarifermäßigung des § 34 Abs. 1 EStG als auch dem negativen Progressionsvorbehalt des § 32b EStG, so ist eine integrierte Steuerberechnung nach dem Günstigkeitsprinzip vorzunehmen. Danach sind die Ermäßigungsvorschriften in der Reihenfolge anzuwenden, die zu einer geringeren Steuerbelastung führt, als dies bei ausschließlicher Anwendung des negativen Progressionsvorbehalts der Fall wäre.

BFH v. 1. 8. 2007 XI R 48/05 (BStBl. 2008 II S. 282): Eine für das vorangegangene Kalenderjahr geschuldete und zu Beginn des Folgejahres entrichtete Umsatzsteuer-Vorauszahlung ist als regelmäßig wiederkehrende Ausgabe im vorangegangenen Veranlagungszeitraum abziehbar.

§ 11 Rechtsprechung

BFH v. 3. 5. 2007 VI R 36/05 (BStBl. II S. 647):

1. Räumt ein Arbeitgeber einem Arbeitnehmer Aktienoptionen als Ertrag der Arbeit ein, sind damit zusammenhängende Aufwendungen des Arbeitnehmers erst im Jahr der Verschaffung der verbilligten Aktien zu berücksichtigen (Fortführung der Rechtsprechung im Senatsurteil vom 20. Juni 2001 VI R 105/99, BFHE 195, 395, BStBl II 2001, 689).
2. Verfällt das Optionsrecht, sind die Optionskosten im Jahr des Verfalls als vergebliche Werbungskosten abziehbar.

BFH v. 12. 4. 2007 VI R 89/04 (BStBl. II S. 719): Überlässt der Arbeitgeber dem Arbeitnehmer eine Jahresnetzkarte, so führt dies zum sofortigen Zufluss von Arbeitslohn, wenn dem Arbeitnehmer mit der Karte ein uneingeschränktes Nutzungsrecht eingeräumt wurde.

BFH v. 12. 4. 2007 VI R 6/02 (BStBl. II S. 581):

1. Die Ablösung einer vom Arbeitgeber erteilten Pensionszusage führt beim Arbeitnehmer auch dann zum Zufluss von Arbeitslohn, wenn der Ablösungsbetrag auf Verlangen des Arbeitnehmers zur Übernahme der Pensionsverpflichtung an einen Dritten gezahlt wird.
2. Der Ablösungsbetrag unterliegt als Vergütung für eine mehrjährige Tätigkeit der Tarifermäßigung des § 34 Abs. 3 EStG 1990.

BFH v. 16. 1. 2007 IX R 69/04 (BStBl. 2007 II S. 579): Arbeitnehmeranteile zur Arbeitslosen-, Kranken- und Rentenversicherung (Gesamtsozialversicherung) sind – bei eigenem Rechtsanspruch des Arbeitnehmers gegen die Versorgungseinrichtung – als Arbeitslohn mit ihrer Abführung durch den Arbeitgeber gegenwärtig zugeflossen.

BFH v. 7. 11. 2006 VI R 2/05 (BStBl. 2007 II S. 315): Die Rückzahlung ursprünglich als laufender Arbeitslohn gezahlter Beträge gilt nicht schon in dem Kalenderjahr als abgeflossen, in dem der laufende Arbeitslohn selbst gemäß § 11 Abs. 1 Satz 3 (jetzt Satz 4) EStG i.V.m. § 38a Abs. 1 Satz 2 EStG als bezogen galt. Die Rückzahlung ist erst im Kalenderjahr des tatsächlichen Abflusses einkünftemindernd zu berücksichtigen.

BFH v. 20. 9. 2006 I R 59/05 (BStBl. 2007 II S. 756):

1. Vorab entstandene Werbungskosten im Zusammenhang mit einer beabsichtigten nichtselbständigen Tätigkeit im Ausland sind nicht in die Bemessungsgrundlage der Einkommensteuer einzubeziehen, wenn die Einkünfte aus der beabsichtigten Tätigkeit nicht der deutschen Besteuerung unterliegen. Sie sind jedoch in einem solchen Fall bei der Bemessung des anzuwendenden Steuersatzes zu berücksichtigen (Progressionsvorbehalt), wenn dies nicht durch ein Doppelbesteuerungsabkommen ausgeschlossen wird (Bestätigung der Senatsurteile vom 6. Oktober 1993 I R 32/93, BFHE 172, 385, BStBl. II 1994, 113; vom 19. Dezember 2001 I R 63/00, BFHE 197, 495, BStBl. II 2003, 302; vom 15. Mai 2002 I R 40/01, BFHE 199, 224, BStBl. II 2002, 660).
2. Die Höhe der dem Progressionsvorbehalt unterliegenden Einkünfte ist nach deutschem Recht zu ermitteln. Dabei sind die dort vorgesehenen Abzugsbeschränkungen zu berücksichtigen. Eine Ausnahme hiervon gilt nur für Beschränkungen, die sich daraus ergeben, dass die betreffenden Einkünfte nicht der deutschen Einkommensteuer unterliegen bzw. abkommensrechtlich steuerbefreit sind.
3. Ein Zusammenhang mit nach deutschem Recht steuerfreien Einnahmen hindert den Werbungskostenabzug auch dann, wenn die betreffenden Aufwendungen mit erst in Zukunft zu erwartenden Einnahmen zusammenhängen.

BFH v. 4. 5. 2006 VI R 33/03 (BStBl. II S. 911):

1. Die Rückzahlung einer Abfindung ist auch dann im Abflussjahr zu berücksichtigen, wenn die Abfindung im Zuflussjahr begünstigt besteuert worden ist.
2. Eine Lohnrückzahlung ist regelmäßig kein rückwirkendes Ereignis, das zur Änderung des Einkommensteuerbescheides des Zuflussjahres berechtigt.

BFH v. 4. 5. 2006 VI R 19/03 (BStBl. II S. 832):

1. Durch das Dienstverhältnis veranlasste Leistungen des Arbeitgebers sind auch dann Arbeitslohn, wenn es an einem Rechtsgrund fehlt.
2. Zurückgezahlter Arbeitslohn ist erst im Zeitpunkt des Abflusses steuermindernd zu berücksichtigen.

Rechtsprechung § 11

BFH v. 4. 5. 2006 VI R 17/03 (BStBl. II S. 830):
1. Zum Arbeitslohn gehören auch versehentliche Überweisungen des Arbeitgebers, die dieser zurückfordern kann.
2. Die Rückzahlung von Arbeitslohn ist erst im Zeitpunkt des tatsächlichen Abflusses einkünftemindernd zu berücksichtigen.

Schwebende Verfahren

BVerfG 2 BvL 1/11 (BFH-Webseite): (Normenkontrollverfahren) Zur verfassungsrechtlich unzulässigen rückwirkenden Anwendung des § 11 Abs. 2 Satz 3 EStG bei im Voraus geleisteten Erbbauzinsen (§ 52 Abs. 30 Satz 1 EStG)
Vorgehend: BFH, Entscheidung vom 7.12.2010 (IX R 70/07)

§§ 11a, 11b

§ 11a Sonderbehandlung von Erhaltungsaufwand bei Gebäuden in Sanierungsgebieten und städtebaulichen Entwicklungsbereichen

(1) ¹Der Steuerpflichtige kann durch Zuschüsse aus Sanierungs- oder Entwicklungsförderungsmitteln nicht gedeckten Erhaltungsaufwand für Maßnahmen im Sinne des § 177 des Baugesetzbuchs an einem im Inland belegenen Gebäude in einem förmlich festgelegten Sanierungsgebiet oder städtebaulichen Entwicklungsbereich auf zwei bis fünf Jahre gleichmäßig verteilen. ²Satz 1 ist entsprechend anzuwenden auf durch Zuschüsse aus Sanierungs- oder Entwicklungsförderungsmitteln nicht gedeckten Erhaltungsaufwand für Maßnahmen, die der Erhaltung, Erneuerung und funktionsgerechten Verwendung eines Gebäudes im Sinne des Satzes 1 dienen, das wegen seiner geschichtlichen, künstlerischen oder städtebaulichen Bedeutung erhalten bleiben soll, und zu deren Durchführung sich der Eigentümer neben bestimmten Modernisierungsmaßnahmen gegenüber der Gemeinde verpflichtet hat.

(2) ¹Wird das Gebäude während des Verteilungszeitraums veräußert, so ist der noch nicht berücksichtigte Teil des Erhaltungsaufwands im Jahr der Veräußerung als Betriebsausgaben oder Werbungskosten abzusetzen. ²Das Gleiche gilt, wenn ein nicht zu einem Betriebsvermögen gehörendes Gebäude in ein Betriebsvermögen eingebracht oder wenn ein Gebäude aus dem Betriebsvermögen entnommen oder wenn ein Gebäude nicht mehr zur Einkunftserzielung genutzt wird.

(3) Steht das Gebäude im Eigentum mehrerer Personen, ist der in Absatz 1 bezeichnete Erhaltungsaufwand von allen Eigentümern auf den gleichen Zeitraum zu verteilen.

(4) § 7h Absatz 2 und 3 ist entsprechend anzuwenden.

§ 11b Sonderbehandlung von Erhaltungsaufwand bei Baudenkmalen

¹Der Steuerpflichtige kann durch Zuschüsse aus öffentlichen Kassen nicht gedeckten Erhaltungsaufwand für ein im Inland belegenes Gebäude oder Gebäudeteil, das nach den jeweiligen landesrechtlichen Vorschriften ein Baudenkmal ist, auf zwei bis fünf Jahre gleichmäßig verteilen, soweit die Aufwendungen nach Art und Umfang zur Erhaltung des Gebäudes oder Gebäudeteils als Baudenkmal oder zu seiner sinnvollen Nutzung erforderlich und die Maßnahmen in Abstimmung mit der in § 7i Absatz 2 bezeichneten Stelle vorgenommen worden sind. ²Durch Zuschüsse aus öffentlichen Kassen nicht gedeckten Erhaltungsaufwand für ein im Inland belegenes Gebäude oder Gebäudeteil, das für sich allein nicht die Voraussetzungen für ein Baudenkmal erfüllt, aber Teil einer Gebäudegruppe oder Gesamtanlage ist, die nach den jeweiligen landesrechtlichen Vorschriften als Einheit geschützt ist, kann der Steuerpflichtige auf zwei bis fünf Jahre gleichmäßig verteilen, soweit die Aufwendungen nach Art und Umfang zur Erhaltung des schützenswerten äußeren Erscheinungsbildes der Gebäudegruppe oder Gesamtanlage erforderlich und die Maßnahmen in Abstimmung mit der in § 7i Absatz 2 bezeichneten Stelle vorgenommen worden sind. ³§ 7h Absatz 3 und § 7i Absatz 1 Satz 2 und Absatz 2 sowie § 11a Absatz 2 und 3 sind entsprechend anzuwenden.

7. Nicht abzugsfähige Ausgaben

§ 12 (Nicht abzugsfähige Ausgaben)

Soweit in § 10 Absatz 1 Nummer 2 bis 5, 7 und 9 sowie Absatz 1a Nummer 1, den §§ 10a, 10b und den §§ 33 bis 33b nichts anderes bestimmt ist, dürfen weder bei den einzelnen Einkunftsarten noch vom Gesamtbetrag der Einkünfte abgezogen werden

1. die für den Haushalt des Steuerpflichtigen und für den Unterhalt seiner Familienangehörigen aufgewendeten Beträge. ²Dazu gehören auch die Aufwendungen für die Lebensführung, die die wirtschaftliche oder gesellschaftliche Stellung des Steuerpflichtigen mit sich bringt, auch wenn sie zur Förderung des Berufs oder der Tätigkeit des Steuerpflichtigen erfolgen;

2. freiwillige Zuwendungen, Zuwendungen auf Grund einer freiwillig begründeten Rechtspflicht und Zuwendungen an eine gegenüber dem Steuerpflichtigen oder seinem Ehegatten gesetzlich unterhaltsberechtigte Person oder deren Ehegatten, auch wenn diese Zuwendungen auf einer besonderen Vereinbarung beruhen;

3. die Steuern vom Einkommen und sonstige Personensteuern sowie die Umsatzsteuer für Umsätze, die Entnahmen sind, und die Vorsteuerbeträge auf Aufwendungen, für die das Abzugsverbot der Nummer 1 oder des § 4 Absatz 5 Satz 1 Nummer 1 bis 5, 7 oder Absatz 7 gilt; das gilt auch für die auf diese Steuern entfallenden Nebenleistungen;

4. in einem Strafverfahren festgesetzte Geldstrafen, sonstige Rechtsfolgen vermögensrechtlicher Art, bei denen der Strafcharakter überwiegt, und Leistungen zur Erfüllung von Auflagen oder Weisungen, soweit die Auflagen oder Weisungen nicht lediglich der Wiedergutmachung des durch die Tat verursachten Schadens dienen.

Rechtsprechungsauswahl

BFH v. 17. 7. 2014 VI R 2/12 (BFH-Webseite): Vorlage an das BVerfG: Ausschluss des Werbungskostenabzugs für Berufsausbildungskosten – rückwirkende Geltung der Neuregelung des Abzugs von Berufsausbildungskosten

1. Die Anordnung der rückwirkenden Geltung der Neuregelung der einkommensteuerrechtlichen Vorschriften zur Berücksichtigung von Aufwendungen für die eigene Berufsausbildung (§ 9 Abs. 6, § 4 Abs. 9, § 52 Abs. 23d Satz 5, § 52 Abs. 12 Satz 11 EStG i.d.F. des BeitrRLUmsG) verstößt nicht gegen die Prinzipien der Rechtssicherheit und des Vertrauensschutzes.

2. Im Lichte der von Art. 12 GG geschützten Berufswahlfreiheit ist es von Verfassungs wegen nicht zulässig, den Steuerpflichtigen auf Ausbildungsgänge zu verweisen, die keine oder geringere Kosten verursachen, sei es, weil ausbildende Unternehmen aus eigenen Interessen die Ausbildungskosten übernehmen, sei es, weil die öffentliche Hand entsprechend kostengünstige oder sogar unentgeltliche Bildungseinrichtungen zur Verfügung stellt.

3. Ein Werbungskostenabzug ist selbst dann möglich, wenn der Steuerpflichtige gegenwärtig noch keine Einnahmen erzielt. Solche Aufwendungen sind als vorab entstandene (vorweggenommene) Werbungskosten abziehbar, wenn sie in einem hinreichend konkreten, objektiv feststellbaren Veranlassungszusammenhang mit späteren Einnahmen stehen. Dies gilt nicht nur für Lohneinkünfte, sondern für alle Überschusseinkunftsarten. Bei Gewinneinkünften gilt Entsprechendes; hier sind vorab entstandene Erwerbsaufwendungen als vorweggenommene Betriebsausgaben abziehbar (vgl. BFH-Rechtsprechung).

4. Parallelentscheidungen: BFH-Beschlüsse vom 17.7.2014 VI R 61/11, VI R 38/12, VI R 2/13 und VI R 72/13.

BFH v. 28. 2. 2013 VI R 6/12 (BFH-Webseite): Berufsausbildung i.S. der §§ 9 Abs. 6, 12 Nr. 5 EStG – Werbungskostenabzug bei Ausbildung einer Flugbegleiterin zur Verkehrsflugzeugführerin

Weder die erstmalige Berufsausbildung i.S. des § 12 Nr. 5 EStG noch die i.S. des § 9 Abs. 6 EStG setzen ein Berufsausbildungsverhältnis nach dem Berufsbildungsgesetz oder eine bestimmte Ausbildungsdauer voraus (Fortführung der Senatsrechtsprechung, Urteil vom 27. Oktober 2011 VI R 52/10, BFHE 235, 444, BStBl. II 2012, 825).

§ 12 Rechtsprechung

BFH v. 5. 7. 2012 VI R 50/10 (BStBl. 2013 II S. 282): Kosten für Telefongespräche eines Soldaten der Marine während des Einsatzes auf einem Schiff.

Während einer Auswärtstätigkeit von mindestens einer Woche entstandene Telefongebühren können als Werbungskosten abzugsfähig sein.

BFH v. 9. 2. 2012 VI R 42/11 (BStBl. 2013 II S. 236): Fahrtkosten im Rahmen einer vollzeitigen Bildungsmaßnahme

1. Eine Bildungseinrichtung ist nicht als regelmäßige Arbeitsstätte anzusehen, auch wenn diese häufig über einen längeren Zeitraum hinweg zum Zwecke eines Vollzeitunterrichts aufgesucht wird (Änderung der Rechtsprechung in BFH-Urteilen vom 10. April 2008 VI R 66/05, BFHE 221, 35, BStBl. II 2008, 825, und vom 22. Juli 2003 VI R 190/97, BFHE 203, 111, BStBl. II 2004, 886).

2. Aufwendungen eines Zeitsoldaten für Fahrten zur Ausbildungsstätte, die im Rahmen einer vollzeitigen Berufsförderungsmaßnahme anfallen, sind deshalb nicht mit der Entfernungspauschale, sondern in tatsächlicher Höhe als Werbungskosten zu berücksichtigen.

BFH v. 9. 2. 2012 VI R 44/10 (BStBl. 2013 II S. 234): Fahrtkosten im Rahmen eines Vollzeitstudiums

1. Eine Hochschule (Universität) ist nicht als regelmäßige Arbeitsstätte anzusehen, auch wenn diese häufig über einen längeren Zeitraum hinweg zum Zwecke eines Vollzeitstudiums aufgesucht wird (Änderung der Rechtsprechung in BFH-Urteilen vom 10. April 2008 VI R 66/05, BFHE 221, 35, BStBl. II 2008, 825, und vom 22. Juli 2003 VI R 190/97, BFHE 203, 111, BStBl. II 2004, 886).

2. Fahrtkosten von Studentinnen und Studenten zur Hochschule (Universität) sind deshalb nicht mit der Entfernungspauschale, sondern in tatsächlicher Höhe als Werbungskosten zu berücksichtigen.

BFH v. 9. 2. 2012 VI R 23/10 (BStBl. II S. 829): Werbungskosten durch Aufwendungen für arbeitsgerichtlichen Vergleich.

Es spricht regelmäßig eine Vermutung dafür, dass Aufwendungen für aus dem Arbeitsverhältnis folgende zivil- und arbeitsgerichtliche Streitigkeiten einen den Werbungskostenabzug rechtfertigenden hinreichend konkreten Veranlassungszusammenhang zu den Lohneinkünften aufweisen. Dies gilt grundsätzlich auch, wenn sich Arbeitgeber und Arbeitnehmer über solche streitigen Ansprüche im Rahmen eines arbeitsgerichtlichen Vergleichs einigen.

BFH v. 19. 1. 2012 VI R 3/11 (BStBl. II S. 416): Werbungskostenabzug bei Teilnahme an Auslandsgruppenreisen

1. Zur Klärung der beruflichen Veranlassung bei Teilnahme an einer Auslandsgruppenreise sind auch nach der Entscheidung des Großen Senats des BFH vom 21. September 2009 GrS 1/06 (BFHE 227, 1, BStBl. II 2010, 672) die früher entwickelten Abgrenzungsmerkmale (vgl. Beschluss des Großen Senats des BFH vom 27. November 1978 GrS 8/77, BFHE 126, 533, BStBl. II 1979, 213) weiter anzuwenden. Dies gilt auch, wenn der Steuerpflichtige mit der Teilnahme an der Reise eine allgemeine Verpflichtung zur beruflichen Fortbildung erfüllt oder die Reise von einem Fachverband angeboten wird.

2. Die Feststellung und Würdigung der beruflichen bzw. privaten Veranlassungsbeiträge obliegt den Finanzgerichten als Tatsacheninstanz.

BFH v. 16. 11. 2011 VI R 19/11 (BStBl. 2012 II S. 520): „Offensichtlich verkehrsgünstigere" Straßenverbindung zwischen Wohnung und Arbeitsstätte erfordert keine Zeitersparnis von mindestens 20 Minuten – Fehlende Aufteilung des beruflich veranlassten Anteils an Reisekosten bei Besuch einer Computermesse.

Ob eine Straßenverbindung aufgrund einer zu erwartenden Zeitersparnis als „offensichtlich verkehrsgünstiger" anzusehen ist, richtet sich nach den Umständen des Einzelfalls. Insbesondere ist nicht in jedem Fall eine Zeitersparnis von mindestens 20 Minuten erforderlich.

BFH v. 27. 10. 2011 VI R 52/10 (BStBl. 2012 II S. 825): Ausbildung zum Rettungssanitäter als Berufsausbildung (Aufwendungen für eine erstmalige Berufsausbildung als Verkehrsflugzeugführer)

1. Eine erstmalige Berufsausbildung i.S. von § 12 Nr. 5 EStG setzt weder ein Berufsausbildungsverhältnis nach dem Berufsbildungsgesetz noch eine bestimmte Ausbildungsdauer voraus.

2. Die Ausbildung zum Rettungssanitäter ist eine erstmalige Berufsausbildung.

Rechtsprechung § 12

BFH v. 28. 7. 2011 VI R 38/10 (BStBl. 2012 II S. 561): § 12 Nr. 5 EStG lässt Vorrang des Werbungskostenabzugs unberührt – Systematisches Zusammenwirken der §§ 9 Abs. 1, 10 Abs. 1 Nr. 7, 12 EStG – Anforderungen an einen grundlegenden Systemwechsel im Einkommensteuerrecht – Besteuerung nach der wirtschaftlichen Leistungsfähigkeit

Aufwendungen für eine erstmalige Berufsausbildung können auch unter Geltung des § 12 Nr. 5 EStG als vorab entstandene Werbungskosten anzuerkennen sein. § 12 Nr. 5 EStG lässt ebenso wie § 10 Abs. 1 Nr. 7 EStG den Vorrang des Werbungskostenabzugs bzw. Betriebsausgabenabzugs unberührt.

BFH v. 28. 7. 2011 VI R 7/10 (BStBl. 2012 II S. 557): Werbungskostenabzug für Aufwendungen eines Erststudiums – Systematisches Zusammenwirken der §§ 9 Abs. 1, 10 Abs. 1 Nr. 7, 12 EStG – Anforderungen an einen grundlegenden Systemwechsel im Einkommensteuerrecht – Besteuerung nach der wirtschaftlichen Leistungsfähigkeit

Aufwendungen für ein im Anschluss an das Abitur durchgeführtes Medizinstudium können auch unter Geltung des § 12 Nr. 5 EStG als vorab entstandene Werbungskosten anzuerkennen sein (Fortentwicklung der Rechtsprechung zu Senatsurteil vom 20. Juli 2006 VI R 26/05, BFHE 214, 370, BStBl. II 2006, 764).

BFH v. 28. 7. 2011 VI R 5/10 (BStBl. 2012 II S. 553): Vorweggenommene Werbungskosten durch Berufsausbildungskosten bei später auch im Ausland ausgeübter Tätigkeit – § 12 Nr. 5 EStG lässt Vorrang des Werbungskostenabzugs unberührt – Systematisches Zusammenwirken der §§ 9 Abs. 1, 10 Abs. 1 Nr. 7, 12 EStG – Anforderungen an einen grundlegenden Systemwechsel im Einkommensteuerrecht – Besteuerung nach der wirtschaftlichen Leistungsfähigkeit

1. Aufwendungen einer erstmaligen Berufsausbildung können als vorab entstandene Werbungskosten anzuerkennen sein. § 12 Nr. 5 EStG lässt ebenso wie § 10 Abs. 1 Nr. 7 EStG den Vorrang des Werbungskostenabzugs und Betriebsausgabenabzugs unberührt.
2. Allein die Möglichkeit, dass diese Berufstätigkeit später auch im Ausland ausgeübt werden könnte, begründet noch keinen unmittelbaren wirtschaftlichen Zusammenhang i.S. des § 3c Abs. 1 1. Halbsatz EStG zwischen den Berufsausbildungskosten und später tatsächlich erzielten steuerfreien Auslandseinkünften.

BFH v. 12. 5. 2011 VI R 37/10 (BFH-Webseite): Aufwendungen für den Besuch einer Schule für Hochbegabte als außergewöhnliche Belastungen – Medizinische Indikation – Grundsatz der freien Beweiswürdigung – Belastungsmindernde Anrechnung erhaltener Jugendhilfeleistungen

1. Aufwendungen für den Besuch einer Schule für Hochbegabte können als außergewöhnliche Belastungen abziehbar sein, wenn der Schulbesuch medizinisch angezeigt war.
2. Die erforderlichen Feststellungen hat das FG nach dem Grundsatz der freien Beweiswürdigung zu treffen. An dem Erfordernis einer vorherigen amtsärztlichen oder vertrauensärztlichen Begutachtung zum Nachweis der medizinischen Notwendigkeit einer Maßnahme, die auch zu den nicht abziehbaren Kosten der Lebensführung (§ 12 Nr. 1 EStG) gehören könnte, hält der erkennende Senat nicht länger fest.

BFH v. 7. 12. 2010 VIII R 54/07 (BStBl. 2011 II S. 451): Höhe der nach § 12 Nr. 3 EStG nicht abziehbaren Umsatzsteuer bei Anwendung der 1%-Regelung

1. Die nach § 12 Nr. 3 EStG nicht abziehbare Umsatzsteuer ist bei Anwendung der 1%-Regelung (§ 6 Abs. 1 Nr. 4 Satz 2 EStG) nach umsatzsteuerrechtlichen Maßstäben zu ermitteln.
2. Dabei kommt es nicht auf die tatsächliche festgesetzte Umsatzsteuer an, denn Umsatzsteuerbescheid und Einkommensteuerbescheid stehen mangels entsprechender gesetzlicher Grundlagen nicht im Verhältnis Grundlagenbescheid – Folgebescheid.
3. Die nach § 12 Nr. 3 EStG erforderliche Hinzurechnung der Umsatzsteuer hat auf den Zeitpunkt der Entnahme zu erfolgen (Bestätigung der Rechtsprechung).

BFH v. 30. 6. 2010 VI R 45/09 (BStBl. 2011 II S. 45): Aufwendungen eines Polizei-Hundeführers für den Diensthund sind Werbungskosten

Aufwendungen eines Diensthundeführers für den ihm anvertrauten Diensthund sind keine nicht abziehbaren Aufwendungen der privaten Lebensführung, sondern in vollem Umfang Werbungskosten.

BFH v. 15. 6. 2010 VIII R 33/07 (BStBl. 2011 II S. 503): Abziehbarkeit von Nachzahlungszinsen – Steuerpflicht von Erstattungszinsen*)

1. Zinsen i.S. von § 233a AO, die der Steuerpflichtige an das Finanzamt zahlt (Nachzahlungszinsen), gehören zu den nach § 12 Nr. 3 EStG nicht abziehbaren Ausgaben.

§ 12 Rechtsprechung

2. Zinsen i.S. von § 233a AO, die das Finanzamt an den Steuerpflichtigen zahlt (Erstattungszinsen), unterliegen beim Empfänger nicht der Besteuerung, soweit sie auf Steuern entfallen, die gemäß § 12 Nr. 3 EStG nicht abziehbar sind (Änderung der Rechtsprechung).

*) Durch das Jahressteuergesetz 2010 wurde die Steuerpflicht von Erstattungszinsen in § 20 Absatz 1 Nummer 7 Satz 3 EStG gesetzlich geregelt. Die Regelung ist in allen Fällen anzuwenden, in denen die Steuer noch nicht bestandskräftig festgesetzt ist.

BFH v. 21. 4. 2010 VI R 66/04 (BStBl. II S. 685): Aufteilung von Aufwendungen für eine gemischt veranlasste Fortbildungsveranstaltung

Aufwendungen für die Teilnahme an einem Fortbildungskurs, der mit bestimmten Stundenzahlen auf die Voraussetzungen zur Erlangung der Zusatzbezeichnung „Sportmedizin" angerechnet werden kann, sind zumindest teilweise als Werbungskosten zu berücksichtigen, auch wenn der Lehrgang in nicht unerheblichem Umfang Gelegenheit zur Ausübung verbreiteter Sportarten zulässt (Änderung der Rechtsprechung.*)

*) Hinweis auf BMF-Schreiben vom 6. Juli 2010 IV C 3 – S 2227/07/10003 :002 – / – 2010/0522213 (BStBl. 2010 I S. 614). – **Anlage § 009-05** –

BFH v. 21. 4. 2010 VI R 5/07 (BStBl. II S. 687): Werbungskosten bei Teilnahme an einer Auslandsgruppenreise – Aufwendungen für eine Fortbildungsreise für Englischlehrer nach Dublin – Abgrenzbarkeit beruflicher und privater Veranlassungsbeiträge – Zeitanteile als sachgerechter Aufteilungsmaßstab

1. Zur Klärung der Veranlassungsbeiträge bei Teilnahme an einer Auslandsgruppenreise gelten auch nach der Entscheidung des Großen Senats des BFH vom 21. September 2009 GrS 1/06 die früher von ihm entwickelten Abgrenzungsmerkmale grundsätzlich weiter.
2. Haben nicht nur berufliche Gründe den Steuerpflichtigen bewogen, die Reisekosten zu tragen, ist zu prüfen, ob die beruflichen und privaten Veranlassungsbeiträge voneinander abgrenzbar sind.
3. Im Fall der Abgrenzbarkeit sind die Reisekosten in Werbungskosten und Aufwendungen für die private Lebensführung aufzuteilen. Als sachgerechter Aufteilungsmaßstab kommt vor allem das Verhältnis der beruflich und privat veranlassten Zeitanteile in Betracht.*)

*) Hinweis auf BMF-Schreiben vom 6. Juli 2010 IV C 3 – S 2227/07/10003 :002 – / – 2010/0522213 (BStBl. 2010 I S. 614). – **Anlage § 009-05** –

BFH v. 21. 9. 2009 GrS 1/06 (BStBl. 2010 II S. 672): Aufteilung der Aufwendungen für eine gemischt veranlasste Reise

1. Aufwendungen für die Hin- und Rückreise bei gemischt beruflich (betrieblich) und privat veranlassten Reisen können grundsätzlich in abziehbare Werbungskosten oder Betriebsausgaben und nicht abziehbare Aufwendungen für die private Lebensführung nach Maßgabe der beruflich und privat veranlassten Zeitanteile der Reise aufgeteilt werden, wenn die beruflich veranlassten Zeitanteile feststehen und nicht von untergeordneter Bedeutung sind.
2. Das unterschiedliche Gewicht der verschiedenen Veranlassungsbeiträge kann es jedoch im Einzelfall erfordern, einen anderen Aufteilungsmaßstab heranzuziehen oder ganz von einer Aufteilung abzusehen.*)

*) Hinweis auf BMF-Schreiben vom 6. Juli 2010 IV C 3 – S 2227/07/10003 :002 – / – 2010/0522213 (BStBl. 2010 I S. 614). – **Anlage § 009-05** –

BFH v. 18. 6. 2009 VI R 14/07 (BStBl. 2010 II S. 816):

1. § 12 Nr. 5 EStG bestimmt in typisierender Weise, dass bei einer erstmaligen Berufsausbildung ein hinreichend veranlasster Zusammenhang mit einer bestimmten Erwerbstätigkeit fehlt. Die Vorschrift enthält jedoch kein Abzugsverbot für erwerbsbedingte Aufwendungen.
2. In verfassungskonformer Auslegung steht § 12 Nr. 5 EStG einem Abzug von Aufwendungen als Werbungskosten für ein Erststudium nach abgeschlossener Berufsausbildung nicht entgegen.*)

*) Hinweis auf BMF-Schreiben vom 22. September 2010 IV C 4 – S 2227/07/10002 :002 – / – 2010/0416045 (BStBl. 2010 I S. 721). – **Anlage § 010-02** –

BFH v. 19. 5. 2009 VIII R 6/07 (BStBl. 2010 II S. 168):

1. Eine sogenannte Praxisausfallversicherung, durch die im Falle einer krankheitsbedingten Arbeitsunfähigkeit des Steuerpflichtigen die fortlaufenden Kosten seines Betriebes ersetzt werden, gehört dessen Lebensführungsbereich an. Die Beiträge zu dieser Versicherung stellen daher keine Betriebsausgaben dar, die Versicherungsleistung ist nicht steuerbar.

Rechtsprechung § 12

2. Wird neben dem privaten Risiko der Erkrankung zugleich das betriebliche Risiko der Quarantäne, also der ordnungsbehördlich verfügten Schließung der Praxis versichert, so steht § 12 Nr. 1 EStG dem Abzug der hierauf entfallenden Versicherungsbeiträge als Betriebsausgaben nicht entgegen.

BFH v. 15. 1. 2009 VI R 37/06 (BStBl. 2010 II S. 111):
1. Das Abzugsverbot des § 12 Nr. 4 EStG greift nicht, wenn das Strafgericht dem Steuerpflichtigen zur Wiedergutmachung des durch die Tat verursachten Schadens eine Geldauflage nach § 56b Abs. 2 Satz 1 Nr. 1 StGB erteilt.
2. § 12 Nr. 4 EStG begründet nur für Auflagen und Weisungen ein Abzugsverbot, die als strafähnliche Sanktionen die Aufgabe haben, Genugtuung für das begangene Unrecht zu schaffen.
3. Ausgleichszahlungen an das geschädigte Tatopfer fallen dagegen nicht unter das Abzugsverbot des § 12 Nr. 4 EStG. Solche Zahlungen sind nach den allgemeinen Grundsätzen als Betriebsausgaben oder Werbungskosten abzugsfähig.
4. Der Anwendungsbereich des § 12 Nr. 4 EStG wird nicht dadurch eröffnet, dass die Auflage nach § 56b Abs. 2 Satz 1 Nr. 1 StGB, den durch die Tat verursachten Schaden wieder gut zu machen, zugleich der Genugtuung für das begangene Unrecht dient.

BFH v. 30. 9. 2008 VI R 4/07 (BFH-Webseite): Aufwendungen eines Zeitsoldaten für den Erwerb eines Verkehrsflugzeugführerscheins im Rahmen einer Fachausbildung sind vorab entstandene Werbungskosten bei den Einkünften aus nichtselbständiger Arbeit. Dies gilt auch dann, wenn die Schulung die Ausbildung für den Erwerb des Privatflugzeugführerscheins einschließt (Abgrenzung zum BFH-Urteil vom 27. Mai 2003 VI R 85/02, BFHE 207, 393, BStBl. II 2005, 202).

BFH v. 28. 8. 2008 VI R 35/05 (BStBl. 2009 II S. 108):
1. Aufwendungen für Seminare zur Persönlichkeitsentfaltung sind beruflich veranlasst, wenn die Veranstaltungen primär auf die spezifischen Bedürfnisse des vom Steuerpflichtigen ausgeübten Berufs ausgerichtet sind. Indizien für die berufliche Veranlassung sind insbesondere die Lehrinhalte und ihre konkrete Anwendung in der beruflichen Tätigkeit, der Ablauf des Lehrgangs sowie die teilnehmenden Personen.
2. Ein Lehrgang, der sowohl Grundlagenwissen als auch berufsbezogenes Spezialwissen vermittelt, kann beruflich veranlasst sein, wenn der Erwerb des Grundlagenwissens die Vorstufe zum Erwerb des berufsbezogenen Spezialwissens bildet.
3. Der Teilnehmerkreis eines Lehrgangs, der sich mit Anforderungen an Führungskräfte befasst, ist auch dann homogen zusammengesetzt, wenn die Teilnehmer Führungspositionen in verschiedenen Berufsgruppen innehaben.

BFH v. 28. 8. 2008 VI R 44/04 (BStBl. 2009 II S. 106):
1. Die berufliche Veranlassung von Aufwendungen für Kurse zum Neuro-Linguistischen Programmieren (NLP-Kurse) zur Verbesserung der Kommunikationsfähigkeit wird insbesondere dadurch indiziert, dass die Kurse von einem berufsmäßigen Veranstalter durchgeführt werden, ein homogener Teilnehmerkreis vorliegt und der Erwerb der Kenntnisse und Fähigkeiten auf eine anschließende Verwendung in der beruflichen Tätigkeit angelegt ist.
2. Private Anwendungsmöglichkeiten der in den NLP-Kursen vermittelten Lehrinhalte sind unbeachtlich, wenn sie sich als bloße Folge zwangsläufig und untrennbar aus den im beruflichen Interesse gewonnenen Kenntnissen und Fähigkeiten ergeben.
3. Ein homogener Teilnehmerkreis liegt auch dann vor, wenn die Teilnehmer zwar unterschiedlichen Berufsgruppen angehören, aber aufgrund der Art ihrer beruflichen Tätigkeit gleichgerichtete fachliche Interessen haben.

BFH v. 9. 8. 2007 VI R 10/06 (BStBl. II S. 820):
1. Unterhält ein Alleinstehender, der am Beschäftigungsort wohnt, an einem anderen Ort einen eigenen Hausstand, besteht mit zunehmender Dauer besonderer Anlass zu prüfen, wo sich sein Lebensmittelpunkt befindet.
2. Unterkunftskosten am Beschäftigungsort sind notwendig i.S. von § 9 Abs. 1 Satz 3 Nr. 5 Satz 1 EStG, wenn sie den Durchschnittsmietzins einer 60 qm-Wohnung am Beschäftigungsort nicht überschreiten.

BFH v. 15. 3. 2007 VI R 14/04 (BStBl. II S. 814): Aufwendungen eines in Deutschland lebenden Ausländers für das Erlernen der deutschen Sprache gehören regelmäßig auch dann zu den nichtabzieh-

§ 12 Rechtsprechung

baren Kosten der Lebensführung, wenn ausreichende Deutschkenntnisse für einen angestrebten Ausbildungsplatz förderlich sind.

BFH v. 1. 2. 2007 VI R 25/03 (BStBl. II S. 459): Bewirtungsaufwendungen eines angestellten Geschäftsführers mit variablen Bezügen anlässlich einer ausschließlich für Betriebsangehörige im eigenen Garten veranstalteten Feier zum 25-jährigen Dienstjubiläum können Werbungskosten sein.

BFH v. 11. 1. 2007 VI R 52/03 (BStBl. II S. 317):
1. Die berufliche Veranlassung von Werbungskosten ist anhand einer Gesamtwürdigung aller Umstände des Einzelfalles festzustellen.
2. Bewirtungsaufwendungen, die einem Offizier für einen Empfang aus Anlass der Übergabe der Dienstgeschäfte (Kommandoübergabe) und der Verabschiedung in den Ruhestand entstehen, können als Werbungskosten zu berücksichtigen sein.

BFH v. 11. 1. 2007 VI R 8/05 (BStBl. II S. 457): Aufwendungen für Fachkongresse können als Werbungskosten bei den Einkünften aus nichtselbständiger Arbeit abziehbar sein, wenn ein konkreter Zusammenhang mit der Berufstätigkeit besteht. Dies ist im Rahmen einer Gesamtwürdigung aller Umstände des Einzelfalls zu bestimmen.

Schwebende Verfahren

BFH III R 62/11 (BFH-Webseite): Hat das FG zu Recht den Betriebsausgabenabzug für das häusliche Büro des Stpfl. wegen privater Mitbenutzung versagt, weil es sich um den größten Raum einer Zweizimmerwohnung handelt, in dem zudem noch eine Küchenzeile eingebaut ist?

Inwiefern ist eine Aufteilung in einen betrieblichen und privaten Anteil zulässig?

8. Die einzelnen Einkunftsarten

a) Land- und Forstwirtschaft
(§ 2 Absatz 1 Satz 1 Nummer 1)

§ 13 Einkünfte aus Land- und Forstwirtschaft

(1) Einkünfte aus Land- und Forstwirtschaft sind

1. Einkünfte aus dem Betrieb von Landwirtschaft, Forstwirtschaft, Weinbau, Gartenbau und aus allen Betrieben, die Pflanzen und Pflanzenteile mit Hilfe der Naturkräfte gewinnen. ²Zu diesen Einkünften gehören auch die Einkünfte aus der Tierzucht und Tierhaltung, wenn im Wirtschaftsjahr

für die ersten 20 Hektar	nicht mehr als	10 Vieheinheiten,
für die nächsten 10 Hektar	nicht mehr als	7 Vieheinheiten,
für die nächsten 20 Hektar	nicht mehr als	6 Vieheinheiten,
für die nächsten 50 Hektar	nicht mehr als	3 Vieheinheiten
und für die weitere Fläche	nicht mehr als	1,5 Vieheinheiten

   je Hektar der vom Inhaber des Betriebs regelmäßig landwirtschaftlich genutzten Fläche erzeugt oder gehalten werden. ³Die Tierbestände sind nach dem Futterbedarf in Vieheinheiten umzurechnen. ⁴§ 51 Absatz 2 bis 5 des Bewertungsgesetzes ist anzuwenden. ⁵Die Einkünfte aus Tierzucht und Tierhaltung einer Gesellschaft, bei der die Gesellschafter als Unternehmer (Mitunternehmer) anzusehen sind, gehören zu den Einkünften im Sinne des Satzes 1, wenn die Voraussetzungen des §51a des Bewertungsgesetzes erfüllt sind und andere Einkünfte der Gesellschafter aus dieser Gesellschaft zu den Einkünften aus Land- und Forstwirtschaft gehören;

2. Einkünfte aus sonstiger land- und forstwirtschaftlicher Nutzung (§ 62 Bewertungsgesetz);

3. Einkünfte aus Jagd, wenn diese mit dem Betrieb einer Landwirtschaft oder einer Forstwirtschaft im Zusammenhang steht;

4. Einkünfte von Hauberg-, Wald-, Forst- und Laubgenossenschaften und ähnlichen Realgemeinden im Sinne des § 3 Absatz 2 des Körperschaftsteuergesetzes.

(2) Zu den Einkünften im Sinne des Absatzes 1 gehören auch

1. Einkünfte aus einem land- und forstwirtschaftlichen Nebenbetrieb. ²Als Nebenbetrieb gilt ein Betrieb, der dem land- und forstwirtschaftlichen Hauptbetrieb zu dienen bestimmt ist;

2. der Nutzungswert der Wohnung des Steuerpflichtigen, wenn die Wohnung die bei Betrieben gleicher Art übliche Größe nicht überschreitet und das Gebäude oder der Gebäudeteil nach den jeweiligen landesrechtlichen Vorschriften ein Baudenkmal ist;

3. die Produktionsaufgaberente nach dem Gesetz zur Förderung der Einstellung der landwirtschaftlichen Erwerbstätigkeit.

(3) ¹Die Einkünfte aus Land- und Forstwirtschaft werden bei der Ermittlung des Gesamtbetrags der Einkünfte nur berücksichtigt, soweit sie den Betrag von 900 Euro übersteigen. ²Satz 1 ist nur anzuwenden, wenn die Summe der Einkünfte 30 700 Euro nicht übersteigt. ³Im Fall der Zusammenveranlagung von Ehegatten verdoppeln sich die Beträge der Sätze 1 und 2.

(4) ¹Absatz 2 Nummer 2 findet nur Anwendung, sofern im Veranlagungszeitraum 1986 bei einem Steuerpflichtigen für die von ihm zu eigenen Wohnzwecken oder zu Wohnzwecken des Altenteilers genutzte Wohnung die Voraussetzungen für die Anwendung des § 13 Absatz 2 Nummer 2 des Einkommensteuergesetzes in der Fassung der Bekanntmachung vom 16. April 1997 (BGBl. I S. 821) vorlagen. ²Der Steuerpflichtige kann für einen Veranlagungszeitraum nach dem Veranlagungszeitraum 1998 unwiderruflich beantragen, dass Absatz 2 Nummer 2 ab diesem Veranlagungszeitraum nicht mehr angewendet wird. ³§ 52 Absatz 21 Satz 4 und 6 des Einkommensteuergesetzes in der Fassung der Bekannt-

§§ 13, 13a

machung vom 16. April 1997 (BGBl. I S. 821) ist entsprechend anzuwenden. ⁴Im Fall des Satzes 2 gelten die Wohnung des Steuerpflichtigen und die Altenteilerwohnung sowie der dazugehörende Grund und Boden zu dem Zeitpunkt als entnommen, bis zu dem Absatz 2 Nummer 2 letztmals angewendet wird. ⁵Der Entnahmegewinn bleibt außer Ansatz. ⁶Werden

1. die Wohnung und der dazugehörende Grund und Boden entnommen oder veräußert, bevor sie nach Satz 4 als entnommen gelten, oder
2. eine vor dem 1. Januar 1987 einem Dritten entgeltlich zur Nutzung überlassene Wohnung und der dazugehörende Grund und Boden für eigene Wohnzwecke oder für Wohnzwecke eines Altenteilers entnommen,

bleibt der Entnahme- oder Veräußerungsgewinn ebenfalls außer Ansatz; Nummer 2 ist nur anzuwenden, soweit nicht Wohnungen vorhanden sind, die Wohnzwecken des Eigentümers des Betriebs oder Wohnzwecken eines Altenteilers dienen und die unter Satz 4 oder unter Nummer 1 fallen.

(5) Wird Grund und Boden dadurch entnommen, dass auf diesem Grund und Boden die Wohnung des Steuerpflichtigen oder eine Altenteilerwohnung errichtet wird, bleibt der Entnahmegewinn außer Ansatz; der Steuerpflichtige kann die Regelung nur für eine zu eigenen Wohnzwecken genutzte Wohnung und für eine Altenteilerwohnung in Anspruch nehmen.

(6) ¹Werden einzelne Wirtschaftsgüter eines land- und forstwirtschaftlichen Betriebs auf einen der gemeinschaftlichen Tierhaltung dienenden Betrieb im Sinne des § 34 Absatz 6a des Bewertungsgesetzes einer Erwerbs- und Wirtschaftsgenossenschaft oder eines Vereins gegen Gewährung von Mitgliedsrechten übertragen, so ist die auf den dabei entstehenden Gewinn entfallende Einkommensteuer auf Antrag in jährlichen Teilbeträgen zu entrichten. ²Der einzelne Teilbetrag muß mindestens ein Fünftel dieser Steuer betragen.

(7) § 15 Absatz 1 Satz 1 Nummer 2, Absatz 1a, Absatz 2 Satz 2 und 3, §§ 15a und 15b sind entsprechend anzuwenden.

§ 13a Ermittlung des Gewinns aus Land- und Forstwirtschaft nach Durchschnittssätzen

(1) ¹Der Gewinn eines Betriebs der Land- und Forstwirtschaft ist nach den Absätzen 3 bis 7 zu ermitteln, wenn

1. der Steuerpflichtige nicht auf Grund gesetzlicher Vorschriften verpflichtet ist, für den Betrieb Bücher zu führen und regelmäßig Abschlüsse zu machen und
2. in diesem Betrieb am 15. Mai innerhalb des Wirtschaftsjahres Flächen der landwirtschaftlichen Nutzung (§ 160 Absatz 2 Satz 1 Nummer 1 Buchstabe a des Bewettungsgesetzes) selbst bewirtschaftet werden und diese Flächen 20 Hektar ohne Sondernutzungen nicht überschreiten und
3. die Tierbestände insgesamt 50 Vieheinheiten (§ 13 Absatz 1 Nummer 1) nicht übersteigen und
4. die selbst bewirtschafteten Flächen der forstwirtschaftlichen Nutzung (§ 160 Absatz 2 Satz 1 Nummer 1 Buchstabe b des Bewertungsgesetzes) 50 Hektar nicht überschreiten und
5. die selbst bewirtschafteten Flächen der Sondernutzungen (Absatz 6) die in Anlage 1a Nummer 2 Spalte 2 genannten Grenzen nicht überschreiten.

²Satz 1 ist auch anzuwenden, wenn nur Sondernutzungen bewirtschaftet werden und die in Anlage 1a Nummer 2 Spalte 2 genannten Grenzen nicht überschritten werden. ³Die Sätze 1 und 2 gelten nicht, wenn der Betrieb im laufenden Wirtschaftsjahr im Ganzen zur Bewirtschaftung als Eigentümer, Miteigentümer, Nutzungsberechtigter oder durch Umwandlung übergegangen ist und der Gewinn bisher nach § 4 Absatz 1 oder 3 ermittelt wurde. ⁴Der Gewinn ist letztmalig für das Wirtschaftsjahr nach Durchschnittssätzen zu ermitteln, das

§ 13a

nach Bekanntgabe der Mitteilung endet, durch die die Finanzbehörde auf den Beginn der Buchführungspflicht (§ 141 Absatz 2 der Abgabenordnung) oder auf den Wegfall einer anderen Voraussetzung des Satzes 1 hingewiesen hat. [5]Der Gewinn ist erneut nach Durchschnittssätzen zu ermitteln, wenn die Voraussetzungen des Satzes 1 wieder vorliegen und ein Antrag nach Absatz 2 nicht gestellt wird.

(2) [1]Auf Antrag des Steuerpflichtigen ist für einen Betrieb im Sinne des Absatzes 1 der Gewinn für vier aufeinander folgende Wirtschaftsjahre nicht nach den Absätzen 3 bis 7 zu ermitteln. [2]Wird der Gewinn eines dieser Wirtschaftsjahre durch den Steuerpflichtigen nicht nach § 4 Absatz 1 oder 3 ermittelt, ist der Gewinn für den gesamten Zeitraum von vier Wirtschaftsjahren nach den Absätzen 3 bis 7 zu ermitteln. [3]Der Antrag ist bis zur Abgabe der Steuererklärung, jedoch spätestens zwölf Monate nach Ablauf des ersten Wirtschaftsjahres, auf das er sich bezieht, schriftlich zu stellen. [4]Er kann innerhalb dieser Frist zurückgenommen werden.

(3) [1]Durchschnittssatzgewinn ist die Summe aus

1. dem Gewinn der landwirtschaftlichen Nutzung,
2. dem Gewinn der forstwirtschaftlichen Nutzung,
3. dem Gewinn der Sondernutzungen,
4. den Sondergewinnen,
5. den Einnahmen aus Vermietung und Verpachtung von Wirtschaftsgütern des land- und forstwirtschaftlichen Betriebsvermögens,
6. den Einnahmen aus Kapitalvermögen, soweit sie zu den Einkünften aus Land- und Forstwirtschaft gehören (§ 20 Absatz 8).

[2]Die Vorschriften von § 4 Absatz 4a, § 6 Absatz 2 und 2a sowie zum Investitionsabzugsbetrag und zu Sonderabschreibungen finden keine Anwendung. [3]Bei abnutzbaren Wirtschaftsgütern des Anlagevermögens gilt die Absetzung für Abnutzung in gleichen Jahresbeträgen nach § 7 Absatz 1 Satz 1 bis 5 als in Anspruch genommen. [4]Die Gewinnermittlung ist nach amtlich vorgeschriebenem Datensatz durch Datenfernübertragung spätestens mit der Steuererklärung zu übermitteln. [5]Auf Antrag kann die Finanzbehörde zur Vermeidung unbilliger Härten auf eine elektronische Übermittlung verzichten; in diesem Fall ist der Steuererklärung eine Gewinnermittlung nach amtlich vorgeschriebenem Vordruck beizufügen. [6]§ 150 Absatz 7 und 8 der Abgabenordnung gilt entsprechend.

(4) [1]Der Gewinn aus der landwirtschaftlichen Nutzung ist die nach den Grundsätzen des § 4 Absatz 1 ermittelte Summe aus dem Grundbetrag für die selbst bewirtschafteten Flächen und den Zuschlägen für Tierzucht und Tierhaltung. [2]Als Grundbetrag je Hektar der landwirtschaftlichen Nutzung (§ 160 Absatz 2 Satz 1 Nummer 1 Buchstabe a des Bewertungsgesetzes) ist der sich aus Anlage 1a ergebende Betrag vervielfältigt mit der selbst bewirtschafteten Fläche anzusetzen. [3]Als Zuschlag für Tierzucht und Tierhaltung ist im Wirtschaftsjahr je Vieheinheit der sich aus Anlage 1a jeweils ergebende Betrag vervielfältigt mit den Vieheinheiten anzusetzen.

(5) Der Gewinn aus der forstwirtschaftlichen Nutzung (§ 160 Absatz 2 Satz 1 Nummer 1 Buchstabe b des Bewertungsgesetzes) ist nach § 51 der Einkommensteuer-Durchführungsverordnung zu ermitteln.

(6) [1]Als Sondernutzungen gelten die in § 160 Absatz 2 Satz 1 Nummer 1 Buchstabe c bis e des Bewertungsgesetzes in Verbindung mit Anlage 1a Nummer 2 genannten Nutzungen. [2]Bei Sondernutzungen, die die in Anlage 1a Nummer 2 Spalte 3 genannten Grenzen überschreiten, ist ein Gewinn von 1 000 Euro je Sondernutzung anzusetzen. [3]Für die in Anlage 1a Nummer 2 nicht genannten Sondernutzungen ist der Gewinn nach § 4 Absatz 3 zu ermitteln.

(7) [1]Nach § 4 Absatz 3 zu ermittelnde Sondergewinne sind

1. Gewinne

§ 13a

   a) aus der Veräußerung oder Entnahme von Grund und Boden und dem dazugehörigen Aufwuchs, den Gebäuden, den immateriellen Wirtschaftsgütern und den Beteiligungen; § 55 ist anzuwenden;
   b) aus der Veräußerung oder Entnahme der übrigen Wirtschaftsgüter des Anlagevermögens und von Tieren, wenn der Veräußerungspreis oder der an dessen Stelle tretende Wert für das jeweilige Wirtschaftsgut mehr als 15 000 Euro betragen hat;
   c) aus Entschädigungen, die gewährt worden sind für den Verlust, den Untergang oder die Wertminderung der in den Buchstaben a und b genannten Wirtschaftsgüter;
   d) aus der Auflösung von Rücklagen;
2. Betriebseinnahmen oder Betriebsausgaben nach § 9b Absatz 2;
3. Einnahmen aus dem Grunde nach gewerblichen Tätigkeiten, die dem Bereich der Land- und Forstwirtschaft zugerechnet werden, abzüglich der pauschalen Betriebsausgaben nach Anlage 1a Nummer 3;
4. Rückvergütungen nach § 22 des Körperschaftsteuergesetzes aus Hilfs- und Nebengeschäften.

²Die Anschaffungs- oder Herstellungskosten bei Wirtschaftsgütern des abnutzbaren Anlagevermögens mindern sich für die Dauer der Durchschnittssatzgewinnermittlung mit dem Ansatz der Gewinne nach den Absätzen 4 bis 6 um die Absetzung für Abnutzung in gleichen Jahresbeträgen. ³Die Wirtschaftsgüter im Sinne des Satzes 1 Nummer 1 Buchstabe a sind unter Angabe des Tages der Anschaffung oder Herstellung und der Anschaffungs oder Herstellungskosten oder des an deren Stelle getretenen Werts in besondere, laufend zu führende Verzeichnisse aufzunehmen. Absatz 3 Satz 4 bis 6 gilt entsprechend.

(8) Das Bundesministerium der Finanzen wird ermächtigt, durch Rechtsverordnung mit Zustimmung des Bundesrates die Anlage 1a dadurch zu ändern, dass es die darin aufgeführten Werte turnusmäßig an die Ergebnisse der Erhebungen nach § 2 des Landwit1schaftsgesetzes und im Übrigen an Erhebungen der Finanzverwaltung anpassen kann.

Anlage 1a (zu § 13b)

   Ermittlung des Gewinns aus Land- und Forstwirtschaft nach Durchschnittssätzen

Für ein Wirtschaftsjahr betragen

1. der Grundbetrag und die Zuschläge für Tierzucht und Tierhaltung der landwirtschaftlichen Nutzung (§ 13a Absatz 4):

Gewinn pro Hektar selbst bewirtschafteter Fläche	350 EUR
bei Tierbeständen für die ersten 25 Vieheinheiten	0 EUR/Vieheinheit
bei Tierbeständen für alle weiteren Vieheinheiten	300 EUR/Vieheinheit

Angefangene Hektar und Vieheinheiten sind anteilig zu berücksichtigen.

2. die Grenzen und Gewinne der Sondernutzungen (§ 13a Absatz 6):

Nutzung	Grenze	Grenze
1	2	3
Weinbauliche Nutzung	0,66 ha	0,16 ha
Nutzungsteil Obstbau	1,37 ha	0,34 ha
Nutzungsteil Gemüsebau Freilandgemüse Unterglas Gemüse	0,67 ha 0,06 ha	0,17 ha 0,015 ha
Nutzungsteil Blumen/Zierpflanzenbau Freiland Zierpflanzen Unterglas Zierpflanzen	0,23 ha 0,04 ha	0,05 ha 0,01 ha
Nutzungsteil Baumschulen	0,15 ha	0,04 ha

§§ 13a, 14, 14a

Nutzung	Grenze	Grenze
1	2	3
Sondernutzung Spargel	0,42 ha	0,1 ha
Sondernutzung Hopfen	0,78 ha	0,19 ha
Binnenfischerei	2 000 kg Jahresfang	500 kg Jahresfang
Teichwirtschaft	1,6 ha	0,4 ha
Fischzucht	0,2 ha	0,05 ha
Imkerei	70 Völker	30 Völker
Wanderschäfereien	120 Mutterschafe	30 Mutterschafe
Weihnachtsbaumkulturen	0,4 ha	0,1 ha

2. in den Fällen des § 13a Absatz 7 Satz 1 Nummer 3 die Betriebsausgaben 60 Prozent der Betriebseinnahmen.

§ 14 Veräußerung des Betriebs

¹Zu den Einkünften aus Land- und Forstwirtschaft gehören auch Gewinne, die bei der Veräußerung eines land- oder forstwirtschaftlichen Betriebs oder Teilbetriebs oder eines Anteils an einem land- und forstwirtschaftlichen Betriebsvermögen erzielt werden. ²§ 16 gilt entsprechend mit der Maßgabe, dass der Freibetrag nach § 16 Absatz 4 nicht zu gewähren ist, wenn der Freibetrag nach § 14a Absatz 1 gewährt wird.

§ 14a Vergünstigungen bei der Veräußerung bestimmter land- und forstwirtschaftlicher Betriebe

(1) ¹Veräußert ein Steuerpflichtiger nach dem 30. Juni 1970 und vor dem 1. Januar 2001 seinen land- und forstwirtschaftlichen Betrieb im ganzen, so wird auf Antrag der Veräußerungsgewinn (§ 16 Absatz 2) nur insoweit zur Einkommensteuer herangezogen, als er den Betrag von 150 000 Deutsche Mark übersteigt, wenn

1. der für den Zeitpunkt der Veräußerung maßgebende Wirtschaftswert (§ 46 Bewertungsgesetz) des Betriebs 40 000 Deutsche Mark nicht übersteigt,
2. die Einkünfte des Steuerpflichtigen im Sinne des § 2 Absatz 1 Satz 1 Nummer 2 bis 7 in den dem Veranlagungszeitraum der Veräußerung vorangegangenen beiden Veranlagungszeiträumen jeweils den Betrag von 35 000 Deutsche Mark nicht überstiegen haben. ²Bei Ehegatten, die nicht dauernd getrennt leben, gilt Satz 1 mit der Maßgabe, dass die Einkünfte beider Ehegatten zusammen jeweils 70 000 Deutsche Mark nicht überstiegen haben.

²Ist im Zeitpunkt der Veräußerung ein nach Nummer 1 maßgebender Wirtschaftswert nicht festgestellt oder sind bis zu diesem Zeitpunkt die Voraussetzungen für eine Wertfortschreibung erfüllt, so ist der Wert maßgebend, der sich für den Zeitpunkt der Veräußerung als Wirtschaftswert ergeben würde.

(2) ¹Der Anwendung des Absatzes 1 und des § 34 Absatz 1 steht nicht entgegen, wenn die zum land- und forstwirtschaftlichen Vermögen gehörenden Gebäude mit dem dazugehörigen Grund und Boden nicht mitveräußert werden. ²In diesem Fall gelten die Gebäude mit dem dazugehörigen Grund und Boden als entnommen. ³Der Freibetrag kommt auch dann in Betracht, wenn zum Betrieb ein forstwirtschaftlicher Teilbetrieb gehört und dieser nicht mitveräußert, sondern als eigenständiger Betrieb vom Steuerpflichtigen fortgeführt

§ 14a

wird. ⁴In diesem Falle ermäßigt sich der Freibetrag auf den Teil, der dem Verhältnis des tatsächlich entstandenen Veräußerungsgewinns zu dem bei einer Veräußerung des ganzen land- und forstwirtschaftlichen Betriebs erzielbaren Veräußerungsgewinn entspricht.

(3) ¹Als Veräußerung gilt auch die Aufgabe des Betriebs, wenn
1. die Voraussetzungen des Absatzes 1 erfüllt sind und
2. der Steuerpflichtige seinen land- und forstwirtschaftlichen Betrieb zum Zwecke der Strukturverbesserung abgegeben hat und dies durch eine Bescheinigung der nach Landesrecht zuständigen Stelle nachweist.

²§ 16 Absatz 3 Satz 4 und 5 gilt entsprechend.

(4) ¹Veräußert oder entnimmt ein Steuerpflichtiger nach dem 31. Dezember 1979 und vor dem 1. Januar 2006 Teile des zu einem land- und forstwirtschaftlichen Betrieb gehörenden Grund und Bodens, so wird der bei der Veräußerung oder der Entnahme entstehende Gewinn auf Antrag nur insoweit zur Einkommensteuer herangezogen, als er den Betrag von 61 800 Euro übersteigt. ²Satz 1 ist nur anzuwenden, wenn
1. der Veräußerungspreis nach Abzug der Veräußerungskosten oder der Grund und Boden innerhalb von zwölf Monaten nach der Veräußerung oder Entnahme in sachlichem Zusammenhang mit der Hoferbfolge oder Hofübernahme zur Abfindung weichender Erben verwendet wird und
2. das Einkommen des Steuerpflichtigen ohne Berücksichtigung des Gewinns aus der Veräußerung oder Entnahme und des Freibetrags in dem dem Veranlagungszeitraum der Veräußerung oder Entnahme vorangegangenen Veranlagungszeitraum den Betrag von 18 000 Euro nicht überstiegen hat; bei Ehegatten, die nach den §§ 26, 26b zusammen veranlagt werden, erhöht sich der Betrag von 18 000 Euro auf 36 000 Euro.

³Übersteigt das Einkommen den Betrag von 18 000 Euro, so vermindert sich der Betrag von 61 800 Euro nach Satz 1 je angefangene 250 Euro des übersteigenden Einkommens um 10 300 Euro; bei Ehegatten, die nach den §§ 26, 26b zusammen veranlagt werden und deren Einkommen den Betrag von 36 000 Euro übersteigt, vermindert sich der Betrag von 61 800 Euro nach Satz 1 je angefangene 500 Euro des übersteigenden Einkommens um 10 300 Euro. ⁴Werden mehrere weichende Erben abgefunden, so kann der Freibetrag mehrmals, jedoch insgesamt nur einmal je weichender Erbe geltend gemacht werden, auch wenn die Abfindung in mehreren Schritten oder durch mehrere Inhaber des Betriebs vorgenommen wird. ⁵Weichender Erbe ist, wer gesetzlicher Erbe eines Inhabers eines land- und forstwirtschaftlichen Betriebs ist oder bei gesetzlicher Erbfolge wäre, aber nicht zur Übernahme des Betriebs berufen ist; eine Stellung als Mitunternehmer des Betriebs bis zur Auseinandersetzung steht einer Behandlung als weichender Erbe nicht entgegen, wenn sich die Erben innerhalb von zwei Jahren nach dem Erbfall auseinandersetzen. ⁶Ist ein zur Übernahme des Betriebs berufener Miterbe noch minderjährig, beginnt die Frist von zwei Jahren mit Eintritt der Volljährigkeit.

(5) ¹Veräußert ein Steuerpflichtiger nach dem 31. Dezember 1985 und vor dem 1. Januar 2001 Teile des zu einem land- und forstwirtschaftlichen Betrieb gehörenden Grund und Bodens, so wird der bei der Veräußerung entstehende Gewinn auf Antrag nur insoweit zur Einkommensteuer herangezogen, als er den Betrag von 90 000 Deutsche Mark übersteigt, wenn
1. der Steuerpflichtige den Veräußerungspreis nach Abzug der Veräußerungskosten zur Tilgung von Schulden verwendet, die zu dem land- und forstwirtschaftlichen Betrieb gehören und vor dem 1. Juli 1985 bestanden haben, und
2. die Voraussetzungen des Absatzes 4 Satz 2 Nummer 2 erfüllt sind.

²Übersteigt das Einkommen den Betrag von 35 000 Deutsche Mark, so vermindert sich der Betrag von 90 000 Deutsche Mark nach Satz 1 für jede angefangenen 500 Deutsche Mark des übersteigenden Einkommens um 15 000 Deutsche Mark; bei Ehegatten, die nach den §§ 26, 26b zusammen veranlagt werden und bei denen das Einkommen den Betrag von 70 000 Deutsche Mark übersteigt, vermindert sich der Betrag von 90 000 Deutsche Mark

nach Satz 1 für jede angefangenen 1 000 Deutsche Mark des übersteigenden Einkommens um 15 000 Deutsche Mark. ³Der Freibetrag von höchstens 90 000 DM wird für alle Veräußerungen im Sinne des Satzes 1 insgesamt nur einmal gewährt.

(6) Verwendet der Steuerpflichtige den Veräußerungspreis oder entnimmt er den Grund und Boden nur zum Teil zu den in den Absätzen 4 und 5 angegebenen Zwecken, so ist nur der entsprechende Teil des Gewinns aus der Veräußerung oder Entnahme steuerfrei.

(7) Auf die Freibeträge nach Absatz 4 in dieser Fassung sind die Freibeträge, die nach Absatz 4 in den vor dem 1. Januar 1986 geltenden Fassungen gewährt worden sind, anzurechnen.

b) Gewerbebetrieb
(§ 2 Absatz 1 Satz 1 Nummer 2)

§ 15 Einkünfte aus Gewerbebetrieb

(1) ¹Einkünfte aus Gewerbebetrieb sind

1. Einkünfte aus gewerblichen Unternehmen. ²Dazu gehören auch Einkünfte aus gewerblicher Bodenbewirtschaftung, z.B. aus Bergbauunternehmen und aus Betrieben zur Gewinnung von Torf, Steinen und Erden, soweit sie nicht land- oder forstwirtschaftliche Nebenbetriebe sind;

2. die Gewinnanteile der Gesellschafter einer Offenen Handelsgesellschaft, einer Kommanditgesellschaft und einer anderen Gesellschaft, bei der der Gesellschafter als Unternehmer (Mitunternehmer) des Betriebs anzusehen ist, und die Vergütungen, die der Gesellschafter von der Gesellschaft für seine Tätigkeit im Dienst der Gesellschaft oder für die Hingabe von Darlehen oder für die Überlassung von Wirtschaftsgütern bezogen hat. ²Der mittelbar über eine oder mehrere Personengesellschaften beteiligte Gesellschafter steht dem unmittelbar beteiligten Gesellschafter gleich; er ist als Mitunternehmer des Betriebs der Gesellschaft anzusehen, an der er mittelbar beteiligt ist, wenn er und die Personengesellschaften, die seine Beteiligung vermitteln, jeweils als Mitunternehmer der Betriebe der Personengesellschaften anzusehen sind, an denen sie unmittelbar beteiligt sind;

3. die Gewinnanteile der persönlich haftenden Gesellschafter einer Kommanditgesellschaft auf Aktien, soweit sie nicht auf Anteile am Grundkapital entfallen, und die Vergütungen, die der persönlich haftende Gesellschafter von der Gesellschaft für seine Tätigkeit im Dienst der Gesellschaft oder für die Hingabe von Darlehen oder für die Überlassung von Wirtschaftsgütern bezogen hat.

²Satz 1 Nummer 2 und 3 gilt auch für Vergütungen, die als nachträgliche Einkünfte (§ 24 Nummer 2) bezogen werden. ³§ 13 Absatz 5 gilt entsprechend, sofern das Grundstück im Veranlagungszeitraum 1986 zu einem gewerblichen Betriebsvermögen gehört hat.

(1a) ¹In den Fällen des § 4 Absatz 1 Satz 5 ist der Gewinn aus einer späteren Veräußerung der Anteile ungeachtet der Bestimmungen eines Abkommens zur Vermeidung der Doppelbesteuerung in der gleichen Art und Weise zu besteuern, wie die Veräußerung dieser Anteile an der Europäischen Gesellschaft oder Europäischen Genossenschaft zu besteuern gewesen wäre, wenn keine Sitzverlegung stattgefunden hätte. ²Dies gilt auch, wenn später die Anteile verdeckt in eine Kapitalgesellschaft eingelegt werden, die Europäische Gesellschaft oder Europäische Genossenschaft aufgelöst wird oder wenn ihr Kapital herabgesetzt und zurückgezahlt wird oder wenn Beträge aus dem steuerlichen Einlagekonto im Sinne des § 27 des Körperschaftsteuergesetzes ausgeschüttet oder zurückgezahlt werden.

(2) ¹Eine selbständige nachhaltige Betätigung, die mit der Absicht, Gewinn zu erzielen, unternommen wird und sich als Beteiligung am allgemeinen wirtschaftlichen Verkehr darstellt, ist Gewerbebetrieb, wenn die Betätigung weder als Ausübung von Land- und Forstwirtschaft noch als Ausübung eines freien Berufs noch als eine andere selbständige Arbeit

anzusehen ist. ²Eine durch die Betätigung verursachte Minderung der Steuern vom Einkommen ist kein Gewinn im Sinne des Satzes 1. ³Ein Gewerbebetrieb liegt, wenn seine Voraussetzungen im Übrigen gegeben sind, auch dann vor, wenn die Gewinnerzielungsabsicht nur ein Nebenzweck ist.

(3) Als Gewerbebetrieb gilt in vollem Umfang die mit Einkünfteerzielungsabsicht unternommene Tätigkeit

1. einer Offenen Handelsgesellschaft, einer Kommanditgesellschaft oder einer anderen Personengesellschaft, wenn die Gesellschaft auch eine Tätigkeit im Sinne des Absatzes 1 Satz 1 Nummer 1 ausübt oder gewerbliche Einkünfte im Sinne des Absatzes 1 Satz 1 Nummer 2 bezieht,

2. einer Personengesellschaft, die keine Tätigkeit im Sinne des Absatzes 1 Nummer 1 ausübt und bei der ausschließlich eine oder mehrere Kapitalgesellschaften persönlich haftende Gesellschafter sind und nur diese oder Personen, die nicht Gesellschafter sind, zur Geschäftsführung befugt sind (gewerblich geprägte Personengesellschaft). ²Ist eine gewerblich geprägte Personengesellschaft als persönlich haftender Gesellschafter an einer anderen Personengesellschaft beteiligt, so steht für die Beurteilung, ob die Tätigkeit dieser Personengesellschaft als Gewerbebetrieb gilt, die gewerblich geprägte Personengesellschaft einer Kapitalgesellschaft gleich.

(4) ¹Verluste aus gewerblicher Tierzucht oder gewerblicher Tierhaltung dürfen weder mit anderen Einkünften aus Gewerbebetrieb noch mit Einkünften aus anderen Einkunftsarten ausgeglichen werden; sie dürfen auch nicht nach § 10d abgezogen werden. ²Die Verluste mindern jedoch nach Maßgabe des § 10d die Gewinne, die der Steuerpflichtige in dem unmittelbar vorangegangenen und in den folgenden Wirtschaftsjahren aus gewerblicher Tierzucht oder gewerblicher Tierhaltung erzielt hat oder erzielt; § 10d Absatz 4 gilt entsprechend. ³Die Sätze 1 und 2 gelten entsprechend für Verluste aus Termingeschäften, durch die der Steuerpflichtige einen Differenzausgleich oder einen durch den Wert einer veränderlichen Bezugsgröße bestimmten Geldbetrag oder Vorteil erlangt. ⁴Satz 3 gilt nicht für die Geschäfte, die zum gewöhnlichen Geschäftsbetrieb bei Kreditinstituten, Finanzdienstleistungsinstituten und Finanzunternehmen im Sinne des Gesetzes über das Kreditwesen gehören oder die der Absicherung von Geschäften des gewöhnlichen Geschäftsbetriebs dienen. ⁵Satz 4 gilt nicht, wenn es sich um Geschäfte handelt, die der Absicherung von Aktiengeschäften dienen, bei denen der Veräußerungsgewinn nach § 3 Nummer 40 Satz 1 Buchstabe a und b in Verbindung mit § 3c Absatz 2 teilweise steuerfrei ist, oder die nach § 8b Absatz 2 des Körperschaftsteuergesetzes bei der Ermittlung des Einkommens außer Ansatz bleiben. ⁶Verluste aus stillen Gesellschaften, Unterbeteiligungen oder sonstigen Innengesellschaften an Kapitalgesellschaften, bei denen der Gesellschafter oder Beteiligte als Mitunternehmer anzusehen ist, dürfen weder mit Einkünften aus Gewerbebetrieb noch aus anderen Einkunftsarten ausgeglichen werden; sie dürfen auch nicht nach § 10d abgezogen werden. ⁷Die Verluste mindern jedoch nach Maßgabe des § 10d die Gewinne, die der Gesellschafter oder Beteiligte in dem unmittelbar vorangegangenen Wirtschaftsjahr oder in den folgenden Wirtschaftsjahren aus derselben stillen Gesellschaft, Unterbeteiligung oder sonstigen Innengesellschaft bezieht; § 10d Absatz 4 gilt entsprechend. ⁸Satz 6 und 7 gelten nicht, soweit der Verlust auf eine natürliche Person als unmittelbar oder mittelbar beteiligter Mitunternehmer entfällt.

§ 15a Verluste bei beschränkter Haftung

(1) ¹Der einem Kommanditisten zuzurechnende Anteil am Verlust der Kommanditgesellschaft darf weder mit anderen Einkünften aus Gewerbebetrieb noch mit Einkünften aus anderen Einkunftsarten ausgeglichen werden, soweit ein negatives Kapitalkonto des Kommanditisten entsteht oder sich erhöht; er darf insoweit auch nicht nach § 10d abgezogen werden. ²Haftet der Kommanditist am Bilanzstichtag den Gläubigern der Gesellschaft auf Grund des § 171 Absatz 1 des Handelsgesetzbuchs, so können abweichend von Satz 1 Verluste des Kommanditisten bis zur Höhe des Betrags, um den die im Handelsregister einge-

§ 15a

tragene Einlage des Kommanditisten seine geleistete Einlage übersteigt, auch ausgeglichen oder abgezogen werden, soweit durch den Verlust ein negatives Kapitalkonto entsteht oder sich erhöht. ³Satz 2 ist nur anzuwenden, wenn derjenige, dem der Anteil zuzurechnen ist, im Handelsregister eingetragen ist, das Bestehen der Haftung nachgewiesen wird und eine Vermögensminderung auf Grund der Haftung nicht durch Vertrag ausgeschlossen oder nach Art und Weise des Geschäftsbetriebs unwahrscheinlich ist.

(1a) ¹Nachträgliche Einlagen führen weder zu einer nachträglichen Ausgleichs- oder Abzugsfähigkeit eines vorhandenen verrechenbaren Verlustes noch zu einer Ausgleichs- oder Abzugsfähigkeit des dem Kommanditisten zuzurechnenden Anteils am Verlust eines zukünftigen Wirtschaftsjahres, soweit durch den Verlust ein negatives Kapitalkonto des Kommanditisten entsteht oder sich erhöht. ²Nachträgliche Einlagen im Sinne des Satzes 1 sind Einlagen, die nach Ablauf eines Wirtschaftsjahres geleistet werden, in dem ein nicht ausgleichs- oder abzugsfähiger Verlust im Sinne des Absatzes 1 entstanden oder ein Gewinn im Sinne des Absatzes 3 Satz 1 zugerechnet worden ist.

(2) ¹Soweit der Verlust nach den Absätzen 1 und 1a nicht ausgeglichen oder abgezogen werden darf, mindert er die Gewinne, die dem Kommanditisten in späteren Wirtschaftsjahren aus seiner Beteiligung an der Kommanditgesellschaft zuzurechnen sind. ²Der verrechenbare Verlust, der nach Abzug von einem Veräußerungs- oder Aufgabegewinn verbleibt, ist im Zeitpunkt der Veräußerung oder Aufgabe des gesamten Mitunternehmeranteils oder der Betriebsveräußerung oder -aufgabe bis zur Höhe der nachträglichen Einlagen im Sinne des Absatzes 1a ausgleichs- oder abzugsfähig.

(3) ¹Soweit ein negatives Kapitalkonto des Kommanditisten durch Entnahmen entsteht oder sich erhöht (Einlageminderung) und soweit nicht auf Grund der Entnahmen eine nach Absatz 1 Satz 2 zu berücksichtigende Haftung besteht oder entsteht, ist dem Kommanditisten der Betrag der Einlageminderung als Gewinn zuzurechnen. ²Der nach Satz 1 zuzurechnende Betrag darf den Betrag der Anteile am Verlust der Kommanditgesellschaft nicht übersteigen, der im Wirtschaftsjahr der Einlageminderung und in den zehn vorangegangenen Wirtschaftsjahren ausgleichs- oder abzugsfähig gewesen ist. ³Wird der Haftungsbetrag im Sinne des Absatzes 1 Satz 2 gemindert (Haftungsminderung) und sind im Wirtschaftsjahr der Haftungsminderung und den zehn vorangegangenen Wirtschaftsjahren Verluste nach Absatz 1 Satz 2 ausgleichs- oder abzugsfähig gewesen, so ist dem Kommanditisten der Betrag der Haftungsminderung, vermindert um auf Grund der Haftung tatsächlich geleistete Beträge, als Gewinn zuzurechnen; Satz 2 gilt sinngemäß. ⁴Die nach den Sätzen 1 bis 3 zuzurechnenden Beträge mindern die Gewinne, die dem Kommanditisten im Wirtschaftsjahr der Zurechnung oder in späteren Wirtschaftsjahren aus seiner Beteiligung an der Kommanditgesellschaft zuzurechnen sind.

(4) ¹Der nach Absatz 1 nicht ausgleichs- oder abzugsfähige Verlust eines Kommanditisten, vermindert um die nach Absatz 2 abzuziehenden und vermehrt um die nach Absatz 3 hinzuzurechnenden Beträge (verrechenbarer Verlust), ist jährlich gesondert festzustellen. ²Dabei ist von dem verrechenbaren Verlust des vorangegangenen Wirtschaftsjahres auszugehen. ³Zuständig für den Erlass des Feststellungsbescheids ist das für die gesonderte Feststellung des Gewinns und Verlustes der Gesellschaft zuständige Finanzamt. ⁴Der Feststellungsbescheid kann nur insoweit angegriffen werden, als der verrechenbare Verlust gegenüber dem verrechenbaren Verlust des vorangegangenen Wirtschaftsjahres sich verändert hat. ⁵Die gesonderten Feststellungen nach Satz 1 können mit der gesonderten und einheitlichen Feststellung der einkommensteuerpflichtigen und körperschaftsteuerpflichtigen Einkünfte verbunden werden. ⁶In diesen Fällen sind die gesonderten Feststellungen des verrechenbaren Verlustes einheitlich durchzuführen.

(5) Absatz 1 Satz 1, Absatz 1a, 2 und 3 Satz 1, 2 und 4 sowie Absatz 4 gelten sinngemäß für andere Unternehmer, soweit deren Haftung der eines Kommanditisten vergleichbar ist, insbesondere für

1. stille Gesellschafter einer stillen Gesellschaft im Sinne des § 230 des Handelsgesetzbuchs, bei der der stille Gesellschafter als Unternehmer (Mitunternehmer) anzusehen ist,

2. Gesellschafter einer Gesellschaft im Sinne des Bürgerlichen Gesetzbuchs, bei der der Gesellschafter als Unternehmer (Mitunternehmer) anzusehen ist, soweit die Inanspruchnahme des Gesellschafters für Schulden in Zusammenhang mit dem Betrieb durch Vertrag ausgeschlossen oder nach Art und Weise des Geschäftsbetriebs unwahrscheinlich ist,
3. Gesellschafter einer ausländischen Personengesellschaft, bei der der Gesellschafter als Unternehmer (Mitunternehmer) anzusehen ist, soweit die Haftung des Gesellschafters für Schulden in Zusammenhang mit dem Betrieb der eines Kommanditisten oder eines stillen Gesellschafters entspricht oder soweit die Inanspruchnahme des Gesellschafters für Schulden in Zusammenhang mit dem Betrieb durch Vertrag ausgeschlossen oder nach Art und Weise des Geschäftsbetriebs unwahrscheinlich ist,
4. Unternehmer, soweit Verbindlichkeiten nur in Abhängigkeit von Erlösen oder Gewinnen aus der Nutzung, Veräußerung oder sonstigen Verwertung von Wirtschaftsgütern zu tilgen sind,
5. Mitreeder einer Reederei im Sinne des § 489 des Handelsgesetzbuchs, bei der der Mitreeder als Unternehmer (Mitunternehmer) anzusehen ist, wenn die persönliche Haftung des Mitreeders für die Verbindlichkeiten der Reederei ganz oder teilweise ausgeschlossen oder soweit die Inanspruchnahme des Mitreeders für Verbindlichkeiten der Reederei nach Art und Weise des Geschäftsbetriebs unwahrscheinlich ist.

§ 15b Verluste im Zusammenhang mit Steuerstundungsmodellen

(1) [1]Verluste im Zusammenhang mit einem Steuerstundungsmodell dürfen weder mit Einkünften aus Gewerbebetrieb noch mit Einkünften aus anderen Einkunftsarten ausgeglichen werden; sie dürfen auch nicht nach § 10d abgezogen werden. [2]Die Verluste mindern jedoch die Einkünfte, die der Steuerpflichtige in den folgenden Wirischaftsjahren aus derselben Einkunftsquelle erzielt. [3]§ 15a ist insoweit nicht anzuwenden.

(2) [1]Ein Steuerstundungsmodell im Sinne des Absatzes 1 liegt vor, wenn auf Grund einer modellhaften Gestaltung steuerliche Vorteile in Form negativer Einkünfte erzielt werden sollen. [2]Dies ist der Fall, wenn dem Steuerpflichtigen auf Grund eines vorgefertigten Konzepts die Möglichkeit geboten werden soll, zumindest in der Anfangsphase der Investition Verluste mit übrigen Einkünften zu verrechnen. [3]Dabei ist es ohne Belang, auf welchen Vorschriften die negativen Einkünfte beruhen.

(3) Absatz 1 ist nur anzuwenden, wenn innerhalb der Anfangsphase das Verhältnis der Summe der prognostizierten Verluste zur Höhe des gezeichneten und nach dem Konzept auch aufzubringenden Kapitals oder bei Einzelinvestoren des eingesetzten Eigenkapitals 10 Prozent übersteigt.

(3a) Unabhängig von den Voraussetzungen nach den Absätzen 2 und 3 liegt ein Steuerstundungsmodell im Sinne des Absatzes 1 insbesondere vor, wenn ein Verlust aus Gewerbebetrieb entsteht oder sich erhöht, indem ein Steuerpflichtiger, der nicht auf Grund gesetzlicher Vorschriften verpflichtet ist, Bücher zu führen und regelmäßig Abschlüsse zu machen, auf Grund des Erwerbs von Wirtschaftsgütern des Umlaufvermögens sofort abziehbare Betriebsausgaben tätigt, wenn deren Übereignung ohne körperliche Übergabe durch Besitzkonstitut nach § 930 des Bürgerlichen Gesetzbuchs oder durch Abtretung des Herausgabeanspruchs nach § 931 des Bürgerlichen Gesetzbuchs erfolgt.

(4) [1]Der nach Absatz 1 nicht ausgleichsfähige Verlust ist jährlich gesondert festzustellen. [2]Dabei ist von dem verrechenbaren Verlust des Vorjahres auszugehen. [3]Der Feststellungsbescheid kann nur insoweit angegriffen werden, als der verrechenbare Verlust gegenüber dem verrechenbaren Verlust des Vorjahres sich verändert hat. [4]Handelt es sich bei dem Steuerstundungsmodell um eine Gesellschaft oder Gemeinschaft im Sinne des § 180 Absatz 1 Nummer 2 Buchstabe a der Abgabenordnung, ist das für die gesonderte und einheitliche Feststellung der einkommensteuerpflichtigen und körperschaftsteuerpflichtigen Einkünfte aus dem Steuerstundungsmodell zuständige Finanzamt für den Erlass des Fest-

stellungsbescheids nach Satz 1 zuständig; anderenfalls ist das Betriebsfinanzamt (§ 18 Absatz 1 Nummer 2 der Abgabenordnung) zuständig. ⁵Handelt es sich bei dem Steuerstundungsmodell um eine Gesellschaft oder Gemeinschaft im Sinne des § 180 Absatz 1 Nummer 2 Buchstabe a der Abgabenordnung, können die gesonderten Feststellungen nach Satz 1 mit der gesonderten und einheitlichen Feststellung der einkommensteuerpflichtigen und körperschaftsteuerpflichtigen Einkünfte aus dem Steuerstundungsmodell verbunden werden; in diesen Fällen sind die gesonderten Feststellungen nach Satz 1 einheitlich durchzuführen.

§ 16 Veräußerung des Betriebs

(1) ¹Zu den Einkünften aus Gewerbebetrieb gehören auch Gewinne, die erzielt werden bei der Veräußerung

1. des ganzen Gewerbebetriebs oder eines Teilbetriebs. ²Als Teilbetrieb gilt auch die das gesamte Nennkapital umfassende Beteiligung an einer Kapitalgesellschaft; im Fall der Auflösung der Kapitalgesellschaft ist § 17 Absatz 4 Satz 3 sinngemäß anzuwenden;
2. des gesamten Anteils eines Gesellschafters, der als Unternehmer (Mitunternehmer) des Betriebs anzusehen ist (§ 15 Absatz 1 Satz 1 Nummer 2);
3. des gesamten Anteils eines persönlich haftenden Gesellschafters einer Kommanditgesellschaft auf Aktien (§ 15 Absatz 1 Satz 1 Nummer 3).

²Gewinne, die bei der Veräußerung eines Teils eines Anteils im Sinne von Satz 1 Nummer 2 oder 3 erzielt werden, sind laufende Gewinne.

(2) ¹Veräußerungsgewinn im Sinne des Absatzes 1 ist der Betrag, um den der Veräußerungspreis nach Abzug der Veräußerungskosten den Wert des Betriebsvermögens (Absatz 1 Satz 1 Nummer 1) oder den Wert des Anteils am Betriebsvermögen (Absatz 1 Satz 1 Nummer 2 und 3) übersteigt. ²Der Wert des Betriebsvermögens oder des Anteils ist für den Zeitpunkt der Veräußerung nach § 4 Absatz 1 oder nach § 5 zu ermitteln. ³Soweit auf der Seite des Veräußerers und auf der Seite des Erwerbers dieselben Personen Unternehmer oder Mitunternehmer sind, gilt der Gewinn insoweit jedoch als laufender Gewinn.

(3) ¹Als Veräußerung gilt auch die Aufgabe des Gewerbebetriebs sowie eines Anteils im Sinne des Absatzes 1 Satz 1 Nummer 2 oder 3. ²Werden im Zuge der Realteilung einer Mitunternehmerschaft Teilbetriebe, Mitunternehmeranteile oder einzelne Wirtschaftsgüter in das jeweilige Betriebsvermögen der einzelnen Mitunternehmer übertragen, so sind bei der Ermittlung des Gewinns der Mitunternehmerschaft die Wirtschaftsgüter mit den Werten anzusetzen, die sich nach den Vorschriften über die Gewinnermittlung ergeben, sofern die Besteuerung der stillen Reserven sichergestellt ist; der übernehmende Mitunternehmer ist an diese Werte gebunden; § 4 Absatz 1 Satz 4 ist entsprechend anzuwenden. ³Dagegen ist für den jeweiligen Übertragungsvorgang rückwirkend der gemeine Wert anzusetzen, soweit bei einer Realteilung, bei der einzelne Wirtschaftsgüter übertragen worden sind, zum Buchwert übertragener Grund und Boden, übertragene Gebäude oder andere übertragene wesentliche Betriebsgrundlagen innerhalb einer Sperrfrist nach der Übertragung veräußert oder entnommen werden; diese Sperrfrist endet drei Jahre nach Abgabe der Steuererklärung der Mitunternehmerschaft für den Veranlagungszeitraum der Realteilung. ⁴Satz 2 ist bei einer Realteilung, bei der einzelne Wirtschaftsgüter übertragen werden, nicht anzuwenden, soweit die Wirtschaftsgüter unmittelbar oder mittelbar auf eine Körperschaft, Personenvereinigung oder Vermögensmasse übertragen werden; in diesem Fall ist bei der Übertragung der gemeine Wert anzusetzen. ⁵Soweit einzelne dem Betrieb gewidmete Wirtschaftsgüter im Rahmen der Aufgabe des Betriebs veräußert werden und soweit auf der Seite des Veräußerers und auf der Seite des Erwerbers dieselben Personen Unternehmer oder Mitunternehmer sind, gilt der Gewinn aus der Aufgabe des Gewerbebetriebs als laufender Gewinn. ⁶Werden die einzelnen dem Betrieb gewidmeten Wirtschaftsgüter im Rahmen der Aufgabe des Betriebs veräußert, so sind die Veräußerungspreise anzusetzen. ⁷Werden die Wirtschaftsgüter nicht veräußert, so ist der gemeine Wert im Zeitpunkt der Aufgabe an-

§ 16

zusetzen. [8]Bei Aufgabe eines Gewerbebetriebs, an dem mehrere Personen beteiligt waren, ist für jeden einzelnen Beteiligten der gemeine Wert der Wirtschaftsgüter anzusetzen, die er bei der Auseinandersetzung erhalten hat.

(3a) Einer Aufgabe des Gewerbebetriebs steht der Ausschluss oder die Beschränkung des Besteuerungsrechts der Bundesrepublik Deutschland hinsichtlich des Gewinns aus der Veräußerung sämtlicher Wirtschaftsgüter des Betriebs oder eines Teilbetriebs gleich; § 4 Absatz 1 Satz 4 gilt entsprechend.

(3b) [1]In den Fällen der Betriebsunterbrechung und der Betriebsverpachtung im Ganzen gilt ein Gewerbebetrieb sowie ein Anteil im Sinne des Absatzes 1 Satz 1 Nummer 2 oder Nummer 3 nicht als aufgegeben, bis

1. der Steuerpflichtige die Aufgabe im Sinne des Absatzes 3 Satz 1 ausdrücklich gegenüber dem Finanzamt erklärt oder
2. dem Finanzamt Tatsachen bekannt werden, aus denen sich ergibt, dass die Voraussetzungen für eine Aufgabe im Sinne des Absatzes 3 Satz 1 erfüllt sind.

[2]Die Aufgabe des Gewerbebetriebs oder Anteils im Sinne des Absatzes 1 Satz 1 Nummer 2 oder Nummer 3 ist in den Fällen des Satzes 1 Nummer 1 rückwirkend für den vom Steuerpflichtigen gewählten Zeitpunkt anzuerkennen, wenn die Aufgabeerklärung spätestens drei Monate nach diesem Zeitpunkt abgegeben wird. [3]Wird die Aufgabeerklärung nicht spätestens drei Monate nach dem vom Steuerpflichtigen gewählten Zeitpunkt abgegeben, gilt der Gewerbebetrieb oder Anteil im Sinne des Absatzes 1 Satz 1 Nummer 2 oder Nummer 3 erst in dem Zeitpunkt als aufgegeben, in dem die Aufgabeerklärung beim Finanzamt eingeht.

(4) [1]Hat der Steuerpflichtige das 55. Lebensjahr vollendet oder ist er im sozialversicherungsrechtlichen Sinne dauernd berufsunfähig, so wird der Veräußerungsgewinn auf Antrag zur Einkommensteuer nur herangezogen, soweit er 45 000 Euro übersteigt. [2]Der Freibetrag ist dem Steuerpflichtigen nur einmal zu gewähren. [3]Er ermäßigt sich um den Betrag, um den der Veräußerungsgewinn 136 000 Euro übersteigt.

(5) Werden bei einer Realteilung, bei der Teilbetriebe auf einzelne Mitunternehmer übertragen werden, Anteile an einer Körperschaft, Personenvereinigung oder Vermögensmasse unmittelbar oder mittelbar von einem nicht von § 8b Absatz 2 des Körperschaftsteuergesetzes begünstigten Steuerpflichtigen auf einen von § 8b Absatz 2 des Körperschaftsteuergesetzes begünstigten Mitunternehmer übertragen, ist abweichend von Absatz 3 Satz 2 rückwirkend auf den Zeitpunkt der Realteilung der gemeine Wert anzusetzen, wenn der übernehmende Mitunternehmer die Anteile innerhalb eines Zeitraums von sieben Jahren nach der Realteilung unmittelbar oder mittelbar veräußert oder durch einen Vorgang nach § 22 Absatz 1 Satz 6 Nummer 1 bis 5 des Umwandlungssteuergesetzes weiter überträgt; § 22 Absatz 2 Satz 3 des Umwandlungssteuergesetzes gilt entsprechend.

§ 17

§ 17 Veräußerung von Anteilen an Kapitalgesellschaften

(1) ¹Zu den Einkünften aus Gewerbebetrieb gehört auch der Gewinn aus der Veräußerung von Anteilen an einer Kapitalgesellschaft, wenn der Veräußerer innerhalb der letzten fünf Jahre am Kapital der Gesellschaft unmittelbar oder mittelbar zu mindestens 1 Prozent beteiligt war. ²Die verdeckte Einlage von Anteilen an einer Kapitalgesellschaft in eine Kapitalgesellschaft steht der Veräußerung der Anteile gleich. ³Anteile an einer Kapitalgesellschaft sind Aktien, Anteile an einer Gesellschaft mit beschränkter Haftung, Genussscheine oder ähnliche Beteiligungen und Anwartschaften auf solche Beteiligungen. ⁴Hat der Veräußerer den veräußerten Anteil innerhalb der letzten fünf Jahre vor der Veräußerung unentgeltlich erworben, so gilt Satz 1 entsprechend, wenn der Veräußerer zwar nicht selbst, aber der Rechtsvorgänger oder, sofern der Anteil nacheinander unentgeltlich übertragen worden ist, einer der Rechtsvorgänger innerhalb der letzten fünf Jahre im Sinne von Satz 1 beteiligt war.

(2) ¹Veräußerungsgewinn im Sinne des Absatzes 1 ist der Betrag, um den der Veräußerungspreis nach Abzug der Veräußerungskosten die Anschaffungskosten übersteigt. ²In den Fällen des Absatzes 1 Satz 2 tritt an die Stelle des Veräußerungspreises der Anteile ihr gemeiner Wert. ³Weist der Veräußerer nach, dass ihm die Anteile bereits im Zeitpunkt der Begründung der unbeschränkten Steuerpflicht nach § 1 Absatz 1 zuzurechnen waren und dass der bis zu diesem Zeitpunkt entstandene Vermögenszuwachs auf Grund gesetzlicher Bestimmungen des Wegzugsstaats im Wegzugsstaat einer der Steuer nach § 6 des Außensteuergesetzes vergleichbaren Steuer unterlegen hat, tritt an die Stelle der Anschaffungskosten der Wert, den der Wegzugsstaat bei der Berechnung der der Steuer nach § 6 des Außensteuergesetzes vergleichbaren Steuer angesetzt hat, höchstens jedoch der gemeine Wert. ⁴Satz 3 ist in den Fällen des § 6 Absatz 3 des Außensteuergesetzes nicht anzuwenden. ⁵Hat der Veräußerer den veräußerten Anteil unentgeltlich erworben, so sind als Anschaffungskosten des Anteils die Anschaffungskosten des Rechtsvorgängers maßgebend, der den Anteil zuletzt entgeltlich erworben hat. ⁶Ein Veräußerungsverlust ist nicht zu berücksichtigen, soweit er auf Anteile entfällt,

a) die der Steuerpflichtige innerhalb der letzten fünf Jahre unentgeltlich erworben hatte. ²Dies gilt nicht, soweit der Rechtsvorgänger an Stelle des Steuerpflichtigen den Veräußerungsverlust hätte geltend machen können;

b) die entgeltlich erworben worden sind und nicht innerhalb der gesamten letzten fünf Jahre zu einer Beteiligung des Steuerpflichtigen im Sinne von Absatz 1 Satz 1 gehört haben. ²Dies gilt nicht für innerhalb der letzten fünf Jahre erworbene Anteile, deren Erwerb zur Begründung einer Beteiligung des Steuerpflichtigen im Sinne von Absatz 1 Satz 1 geführt hat oder die nach Begründung der Beteiligung im Sinne von Absatz 1 Satz 1 erworben worden sind.

(3) ¹Der Veräußerungsgewinn wird zur Einkommensteuer nur herangezogen, soweit er den Teil von 9 060 Euro übersteigt, der dem veräußerten Anteil an der Kapitalgesellschaft entspricht. ²Der Freibetrag ermäßigt sich um den Betrag, um den der Veräußerungsgewinn den Teil von 36 100 Euro übersteigt, der dem veräußerten Anteil an der Kapitalgesellschaft entspricht.

(4) ¹Als Veräußerung im Sinne des Absatzes 1 gilt auch die Auflösung einer Kapitalgesellschaft, die Kapitalherabsetzung, wenn das Kapital zurückgezahlt wird, und die Ausschüttung oder Zurückzahlung von Beträgen aus dem steuerlichen Einlagekonto im Sinne des § 27 des Körperschaftsteuergesetzes. ²In diesen Fällen ist als Veräußerungspreis der gemeine Wert des dem Steuerpflichtigen zugeteilten oder zurückgezahlten Vermögens der Kapitalgesellschaft anzusehen. ³Satz 1 gilt nicht, soweit die Bezüge nach § 20 Absatz 1 Nummer 1 oder Nummer 2 zu den Einnahmen aus Kapitalvermögen gehören.

(5) ¹Die Beschränkung oder der Ausschluss des Besteuerungsrechts der Bundesrepublik Deutschland hinsichtlich des Gewinns aus der Veräußerung der Anteile an einer Kapitalgesellschaft im Fall der Verlegung des Sitzes oder des Orts der Geschäftsleitung der Kapitalgesellschaft in einen anderen Staat stehen der Veräußerung der Anteile zum gemeinen Wert gleich. ²Dies gilt nicht in den Fällen der Sitzverlegung einer Europäischen Gesellschaft nach Artikel 8 der Verordnung (EG) Nr. 2157/2001 und der Sitzverlegung einer anderen

§ 17

Kapitalgesellschaft in einen anderen Mitgliedstaat der Europäischen Union. ³In diesen Fällen ist der Gewinn aus einer späteren Veräußerung der Anteile ungeachtet der Bestimmungen eines Abkommens zur Vermeidung der Doppelbesteuerung in der gleichen Art und Weise zu besteuern, wie die Veräußerung dieser Anteile zu besteuern gewesen wäre, wenn keine Sitzverlegung stattgefunden hätte. ⁴§ 15 Absatz 1a Satz 2 ist entsprechend anzuwenden.

(6) Als Anteile im Sinne des Absatzes 1 Satz 1 gelten auch Anteile an Kapitalgesellschaften, an denen der Veräußerer innerhalb der letzten fünf Jahre am Kapital der Gesellschaft nicht unmittelbar oder mittelbar zu mindestens 1 Prozent beteiligt war, wenn

1. die Anteile auf Grund eines Einbringungsvorgangs im Sinne des Umwandlungssteuergesetzes, bei dem nicht der gemeine Wert zum Ansatz kam, erworben wurden und

2. zum Einbringungszeitpunkt für die eingebrachten Anteile die Voraussetzungen von Absatz 1 Satz 1 erfüllt waren oder die Anteile auf einer Sacheinlage im Sinne von § 20 Absatz 1 des Umwandlungssteuergesetzes vom 7. Dezember 2006 (BGBl. I S. 2782, 2791) in der jeweils geltenden Fassung beruhen.

(7) Als Anteile im Sinne des Absatzes 1 Satz 1 gelten auch Anteile an einer Genossenschaft einschließlich der Europäischen Genossenschaft.

Rechtsprechungsauswahl

BFH v. 16. 11. 2011 VI R 97/10 (BStBl. 2012 II S. 343): Ausgaben zur Tilgung einer Bürgschaftsverpflichtung als Werbungskosten – Vereinbarung der später nicht zustande gekommenen Gesellschafterstellung eines Arbeitnehmers – Zusammenhang mit mehreren Einkunftsarten

Ausgaben zur Tilgung einer Bürgschaftsverpflichtung durch den Arbeitnehmer einer Gesellschaft führen auch dann zu Werbungskosten bei den Einkünften aus nichtselbständiger Arbeit, wenn eine Gesellschafterstellung vereinbart ist.

BFH v. 20. 10. 2010 IX R 56/09 (BStBl. 2011 II S. 409): Keine verfassungs- und europarechtlichen Zweifel an der Veräußerungsgewinnbesteuerung nach § 17 EStG im Veranlagungszeitraum 2001

Es ist verfassungsrechtlich und europarechtlich nicht zu beanstanden, wenn der Gesetzgeber einen steuerbaren, im Veranlagungszeitraum 2001 noch nicht dem Halbeinkünfteverfahren unterliegenden Veräußerungsgewinn nach § 17 EStG lediglich nach der Fünftelregelung des § 34 Abs. 1 EStG, nicht aber nach § 34 Abs. 3 EStG begünstigt (Anschluss an BFH-Beschluss vom 1. September 2004 VIII B 64/04, BFH/NV 2004, 1650).

BVerfG v. 7. 7. 2010 2 BvR 748/05, 2 BvR 753/05, 2 BvR 1738/05 (BStBl. 2011 II S. 86): Die Absenkung der Beteiligungsquote bei der Besteuerung privater Veräußerungen von Kapitalanteilen durch § 17 Abs. 1 in Verbindung mit § 52 Abs. 1 Satz 1 EStG in der Fassung des Steuerentlastungsgesetzes 1999/2000/2002 war mit belastenden Folgen einer unechten Rückwirkung verbunden, die zum Teil den Grundsätzen des verfassungsrechtlichen Vertrauensschutzes widersprechen.*)

*) Hinweis auf BMF-Schreiben vom 20. Dezember 2010 IV C 6 – S 2244/10/10001 – / – 2010/1006836 (BStBl. 2011 I S. 16) und vom 21.12.2011 (BStBl. 2012 I S. 42) zur Anwendung der Grundsätze dieser Entscheidung.

c) Selbständige Arbeit
(§ 2 Absatz 1 Satz 1 Nummer 3)

§ 18 (Selbständige Arbeit, § 2 Absatz 1 Satz 1 Nummer 3)

(1) Einkünfte aus selbständiger Arbeit sind

1. [1)] Einkünfte aus freiberuflicher Tätigkeit. ²Zu der freiberuflichen Tätigkeit gehören die selbständig ausgeübte wissenschaftliche, künstlerische, schriftstellerische, unterrichtende oder erzieherische Tätigkeit, die selbständige Berufstätigkeit der Ärzte, Zahnärzte, Tierärzte, Rechtsanwälte, Notare, Patentanwälte, Vermessungsingenieure, Ingenieure, Architekten, Handelschemiker, Wirtschaftsprüfer, Steuerberater, beratenden Volks- und Betriebswirte, vereidigten Buchprüfer, Steuerbevollmächtigten, Heilpraktiker, Dentisten, Krankengymnasten, Journalisten, Bildberichterstatter, Dolmetscher, Übersetzer, Lotsen und ähnlicher Berufe. ³Ein Angehöriger eines freien Berufs im Sinne der Sätze 1 und 2 ist auch dann freiberuflich tätig, wenn er sich der Mithilfe fachlich vorgebildeter Arbeitskräfte bedient; Voraussetzung ist, dass er auf Grund eigener Fachkenntnisse leitend und eigenverantwortlich tätig wird. ⁴Eine Vertretung im Fall vorübergehender Verhinderung steht der Annahme einer leitenden und eigenverantwortlichen Tätigkeit nicht entgegen;
2. Einkünfte der Einnehmer einer staatlichen Lotterie, wenn sie nicht Einkünfte aus Gewerbebetrieb sind;
3. Einkünfte aus sonstiger selbständiger Arbeit, z.B. Vergütungen für die Vollstreckung von Testamenten, für Vermögensverwaltung und für die Tätigkeit als Aufsichtsratsmitglied;
4. Einkünfte, die ein Beteiligter an einer vermögensverwaltenden Gesellschaft oder Gemeinschaft, deren Zweck im Erwerb, Halten und in der Veräußerung von Anteilen an Kapitalgesellschaften besteht, als Vergütung für Leistungen zur Förderung des Gesellschafts- oder Gemeinschaftszwecks erzielt, wenn der Anspruch auf die Vergütung unter der Voraussetzung eingeräumt worden ist, dass die Gesellschafter oder Gemeinschafter ihr eingezahltes Kapital vollständig zurückerhalten haben; § 15 Absatz 3 ist nicht anzuwenden.

(2) Einkünfte nach Absatz 1 sind auch dann steuerpflichtig, wenn es sich nur um eine vorübergehende Tätigkeit handelt.

(3) ¹Zu den Einkünften aus selbständiger Arbeit gehört auch der Gewinn, der bei der Veräußerung des Vermögens oder eines selbständigen Teils des Vermögens oder eines Anteils am Vermögen erzielt wird, das der selbständigen Arbeit dient. ²§ 16 Absatz 1 Satz 1 Nummer 1 und 2 und Absatz 1 Satz 2 sowie Absatz 2 bis 4 gilt entsprechend.

(4) ¹§ 13 Absatz 5 gilt entsprechend, sofern das Grundstück im Veranlagungszeitraum 1986 zu einem der selbständigen Arbeit dienenden Betriebsvermögen gehört hat. ²§ 15 Absatz 1 Satz 1 Nummer 2, Absatz 1a, Absatz 2 Satz 2 und 3, §§ 15a und 15b sind entsprechend anzuwenden.

Rechtsprechungsauswahl

BFH v. 10. 7. 2012 VIII R 48/09 (BFH-Webseite): Rechtsberatungsvertrag – Entschädigung bei arbeitnehmerähnlicher Ausgestaltung.

Schuldet ein Rechtsanwalt seine Leistung trotz Beibehaltung der rechtlichen Selbständigkeit aufgrund eines Beratungsvertrags im Wesentlichen wie ein Arbeitnehmer, so kommt im Zusammenhang mit diesem Vertrag eine Entschädigung i.S. von § 24 Nr. 1 Buchst, a EStG bei ihm nach den Grundsätzen in Betracht, die für Arbeitnehmer gelten.

BFH v. 22. 9. 2009 VIII R 31/07 (BStBl. 2010 II S. 467): Freiberufliche Tätigkeit eines IT-Ingenieurs

Ein als Systemadministrator tätiger Diplom-Ingenieur für technische Informatik kann einen freien Beruf ausüben.

---

1) Zur einkommensteuerrechtlichen Behandlung der Geldleistungen für Kinder in Kindertagespflege siehe BMF-Schreiben vom 17.12.2007 (BStBl. 2008 I S. 17) – Einnahmen aus freiberuflicher Tätigkeit, § 3 Nummer 11 und 26 EStG ist nicht anwendbar –.

BFH v. 22. 9. 2009 VIII R 79/06 (BStBl. 2010 II S. 404): IT-Projektleiter als freier Beruf
Ein Autodidakt, der über Kenntnisse und Fähigkeiten verfügt, die in Breite und Tiefe denen eines Diplom-Informatikers entsprechen, kann als Leiter von IT-Projekten einen ingenieurähnlichen und damit freien Beruf ausüben.

BFH v. 22. 9. 2009 VIII R 63/06 (BStBl. 2010 II S. 466): EDV-Consulting/Software Engineering als freier Beruf
Ein Autodidakt, der über Kenntnisse und Fähigkeiten verfügt, die in Breite und Tiefe denen eines Diplom-Informatikers entsprechen, kann einen ingenieurähnlichen und damit freien Beruf ausüben, wenn er Betriebs- und Datenübertragungssysteme einrichtet und betreut.

BFH v. 14. 6. 2007 VI R 5/06 (BStBl. 2009 II S. 931): Ausländische Fotomodelle, die zur Produktion von Werbefilmen kurzfristig im Inland tätig werden, können selbständig tätig sein.*)

*) Anmerkung BStBl. II: Die verspätete Veröffentlichung im Bundessteuerblatt beruht auf einem Büroversehen.

§ 19

d) Nichtselbständige Arbeit
(§ 2 Absatz 1 Satz 1 Nummer 4)

§ 19 (Nichtselbständige Arbeit, § 2 Abs. 1 Satz 1 Nr. 4)

(1) ¹Zu den Einkünften aus nichtselbständiger Arbeit gehören

1. Gehälter, Löhne, Gratifikationen, Tantiemen und andere Bezüge und Vorteile für eine Beschäftigung im öffentlichen oder privaten Dienst;

1a. ¹Zuwendungen des Arbeitgebers an seinen Arbeitnehmer und dessen Begleitpersonen anlässlich von Veranstaltungen auf betrieblicher Ebene mit gesellschaftlichem Charakter (Betriebsveranstaltung). Zuwendungen im Sinne des Satzes 1 sind alle Aufwendungen des Arbeitgebers einschließlich Umsatzsteuer unabhängig davon, ob sie einzelnen Arbeitnehmern individuell zurechenbar sind oder ob es sich um einen rechnerischen Anteil an den Kosten der Betriebsveranstaltung handelt, die der Arbeitgeber gegenüber Dritten für den äußeren Rahmen der Betriebsveranstaltung aufwendet. ²Soweit solche Zuwendungen den Betrag von 110 Euro je Betriebsveranstaltung und teilnehmenden Arbeitnehmer nicht übersteigen, gehören sie nicht zu den Einkünften aus nichtselbständiger Arbeit, wenn die Teilnahme an der Betriebsveranstaltung allen Angehörigen des Betriebs oder eines Betriebsteils offensteht. ³Satz 3 gilt für bis zu zwei Betriebsveranstaltungen jährlich. ⁴Die Zuwendungen im Sinne des Satzes 1 sind abweichend von § 8 Absatz 2 mit den anteilig auf den Arbeitnehmer und dessen Begleitpersonen entfallenden Aufwendungen des Arbeitgebers im Sinne des Satzes 2 anzusetzen;

2. Wartegelder, Ruhegelder, Witwen- und Waisengelder und andere Bezüge und Vorteile aus früheren Dienstleistungen, auch soweit sie von Arbeitgebern ausgleichspflichtiger Personen an ausgleichsberechtigte Personen infolge einer nach § 10 oder § 14 des Versorgungsausgleichsgesetzes durchgeführten Teilung geleistet werden;

3. laufende Beiträge und laufende Zuwendungen des Arbeitgebers aus einem bestehenden Dienstverhältnis an einen Pensionsfonds, eine Pensionskasse oder für eine Direktversicherung für eine betriebliche Altersversorgung. ²Zu den Einkünften aus nichtselbständiger Arbeit gehören auch Sonderzahlungen, die der Arbeitgeber neben den laufenden Beiträgen und Zuwendungen an eine solche Versorgungseinrichtung leistet, mit Ausnahme der Zahlungen des Arbeitgebers

   a) zur erstmaligen Bereitstellung der Kapitalausstattung zur Erfüllung der Solvabilitätsvorschriften nach den §§ 53c und 114 des Versicherungsaufsichtsgesetzes,

   b) zur Wiederherstellung einer angemessenen Kapitalausstattung nach unvorhersehbaren Verlusten oder zur Finanzierung der Verstärkung der Rechnungsgrundlagen auf Grund einer unvorhersehbaren und nicht nur vorübergehenden Änderung der Verhältnisse, wobei die Sonderzahlungen nicht zu einer Absenkung des laufenden Beitrags führen oder durch die Absenkung des laufenden Beitrags Sonderzahlungen ausgelöst werden dürfen,

   c) in der Rentenbezugszeit nach § 112 Absatz 1a des Versicherungsaufsichtsgesetzes oder

   d) in Form von Sanierungsgeldern;

   Sonderzahlungen des Arbeitgebers sind insbesondere Zahlungen an eine Pensionskasse anlässlich

   a) seines Ausscheidens aus einer nicht im Wege der Kapitaldeckung finanzierten betrieblichen Altersversorgung oder

   b) des Wechsels von einer nicht im Wege der Kapitaldeckung zu einer anderen nicht im Wege der Kapitaldeckung finanzierten betrieblichen Altersversorgung.

   ³Von Sonderzahlungen im Sinne des Satzes 2 zweiter Halbsatz Buchstabe b ist bei laufenden und wiederkehrenden Zahlungen entsprechend dem periodischen Bedarf nur auszugehen, soweit die Bemessung der Zahlungsverpflichtungen des Arbeitgebers in das Versorgungssystem nach dem Wechsel die Bemessung der Zahlungsverpflichtung

§ 19

zum Zeitpunkt des Wechsels übersteigt. ⁴Sanierungsgelder sind Sonderzahlungen des Arbeitgebers an eine Pensionskasse anlässlich der Systemumstellung einer nicht im Wege der Kapitaldeckung finanzierten betrieblichen Altersversorgung auf der Finanzierungs- oder Leistungsseite, die der Finanzierung der zum Zeitpunkt der Umstellung bestehenden Versorgungsverpflichtungen oder Versorgungsanwartschaften dienen; bei laufenden und wiederkehrenden Zahlungen entsprechend dem periodischen Bedarf ist nur von Sanierungsgeldern auszugehen, soweit die Bemessung der Zahlungsverpflichtungen des Arbeitgebers in das Versorgungssystem nach der Systemumstellung die Bemessung der Zahlungsverpflichtung zum Zeitpunkt der Systemumstellung übersteigt.
²Es ist gleichgültig, ob es sich um laufende oder um einmalige Bezüge handelt und ob ein Rechtsanspruch auf sie besteht.

(2) ¹Von Versorgungsbezügen bleiben ein nach einem Prozentsatz ermittelter, auf einen Höchstbetrag begrenzter Betrag (Versorgungsfreibetrag) und ein Zuschlag zum Versorgungsfreibetrag steuerfrei. ²Versorgungsbezüge sind

1. das Ruhegehalt, Witwen- oder Waisengeld, der Unterhaltsbeitrag oder ein gleichartiger Bezug

    a) auf Grund beamtenrechtlicher oder entsprechender gesetzlicher Vorschriften,

    b) nach beamtenrechtlichen Grundsätzen von Körperschaften, Anstalten oder Stiftungen des öffentlichen Rechts oder öffentlich-rechtlichen Verbänden von Körperschaften

    oder

2. in anderen Fällen Bezüge und Vorteile aus früheren Dienstleistungen wegen Erreichens einer Altersgrenze, verminderter Erwerbsfähigkeit oder Hinterbliebenenbezüge; Bezüge wegen Erreichens einer Altersgrenze gelten erst dann als Versorgungsbezüge, wenn der Steuerpflichtige das 63. Lebensjahr oder, wenn er schwerbehindert ist, das 60. Lebensjahr vollendet hat.

³Der maßgebende Prozentsatz, der Höchstbetrag des Versorgungsfreibetrags und der Zuschlag zum Versorgungsfreibetrag sind der nachstehenden Tabelle zu entnehmen:

Jahr des Versorgungsbeginns	Versorgungsfreibetrag		Zuschlag zum Versorgungsfreibetrag in Euro
	in % der Versorgungsbezüge	Höchstbetrag in Euro	
bis 2005	40,0	3 000	900
ab 2006	38,4	2 880	864
2007	36,8	2 760	828
2008	35,2	2 640	792
2009	33,6	2 520	756
2010	32,0	2 400	720
2011	30,4	2 280	684
2012	28,8	2 160	648
2013	27,2	2 040	612
2014	25,6	1 920	576
2015	24,0	1 800	540
2016	22,4	1 680	504
2017	20,8	1 560	468
2018	19,2	1 440	432
2019	17,6	1 320	396
2020	16,0	1 200	360

§ 19

Jahr des Versor-gungsbeginns	Versorgungsfreibetrag		Zuschlag zum Versorgungsfreibetrag in Euro
	in % der Versorgungsbezüge	Höchstbetrag in Euro	
2021	15,2	1 140	342
2022	14,4	1 080	324
2023	13,6	1 020	306
2024	12,8	960	288
2025	12,0	900	270
2026	11,2	840	252
2027	10,4	780	234
2028	9,6	720	216
2029	8,8	660	198
2030	8,0	600	180
2031	7,2	540	162
2032	6,4	480	144
2033	5,6	420	126
2034	4,8	360	108
2035	4,0	300	90
2036	3,2	240	72
2037	2,4	180	54
2038	1,6	120	36
2039	0,8	60	18
2040	0,0	0	0

[4]Bemessungsgrundlage für den Versorgungsfreibetrag ist

a) bei Versorgungsbeginn vor 2005

das Zwölffache des Versorgungsbezugs für Januar 2005,

b) bei Versorgungsbeginn ab 2005

das Zwölffache des Versorgungsbezugs für den ersten vollen Monat,

jeweils zuzüglich voraussichtlicher Sonderzahlungen im Kalenderjahr, auf die zu diesem Zeitpunkt ein Rechtsanspruch besteht. [5]Der Zuschlag zum Versorgungsfreibetrag darf nur bis zur Höhe der um den Versorgungsfreibetrag geminderten Bemessungsgrundlage berücksichtigt werden. [6]Bei mehreren Versorgungsbezügen mit unterschiedlichem Bezugsbeginn bestimmen sich der insgesamt berücksichtigungsfähige Höchstbetrag des Versorgungsfreibetrags und der Zuschlag zum Versorgungsfreibetrag nach dem Jahr des Beginns des ersten Versorgungsbezugs. [7]Folgt ein Hinterbliebenenbezug einem Versorgungsbezug, bestimmen sich der Prozentsatz, der Höchstbetrag des Versorgungsfreibetrags und der Zuschlag zum Versorgungsfreibetrag für den Hinterbliebenenbezug nach dem Jahr des Beginns des Versorgungsbezugs. [8]Der nach den Sätzen 3 bis 7 berechnete Versorgungsfreibetrag und Zuschlag zum Versorgungsfreibetrag gelten für die gesamte Laufzeit des Versorgungsbezugs. [9]Regelmäßige Anpassungen des Versorgungsbezugs führen nicht zu einer Neuberechnung. [10]Abweichend hiervon sind der Versorgungsfreibetrag und der Zuschlag zum Versorgungsfreibetrag neu zu berechnen, wenn sich der Versorgungsbezug wegen Anwendung von Anrechnungs-, Ruhens-, Erhöhungs- oder Kürzungsregelungen erhöht oder vermindert. [11]In diesen Fällen sind die Sätze 3 bis 7 mit dem geänderten Versorgungsbezug als Bemessungsgrundlage im Sinne des Satzes 4 anzuwenden; im Kalenderjahr der Änderung sind der höchste Versorgungsfreibetrag und Zuschlag zum Versorgungsfreibetrag maßgebend. [12]Für jeden vollen Kalendermonat, für den keine Versorgungs-

§ 19 LStDV 1, 2

bezüge gezahlt werden, ermäßigen sich der Versorgungsfreibetrag und der Zuschlag zum Versorgungsfreibetrag in diesem Kalenderjahr um je ein Zwölftel.

LStDV

§ 1 Arbeitnehmer, Arbeitgeber

(1) ¹Arbeitnehmer sind Personen, die in öffentlichem oder privatem Dienst angestellt oder beschäftigt sind oder waren und die aus diesem Dienstverhältnis oder einem früheren Dienstverhältnis Arbeitslohn beziehen. ²Arbeitnehmer sind auch die Rechtsnachfolger dieser Personen, soweit sie Arbeitslohn aus dem früheren Dienstverhältnis ihres Rechtsvorgängers beziehen.

(2) ¹Ein Dienstverhältnis (Absatz 1) liegt vor, wenn der Angestellte (Beschäftigte) dem Arbeitgeber (öffentliche Körperschaft, Unternehmer, Haushaltsvorstand) seine Arbeitskraft schuldet. ²Dies ist der Fall, wenn die tätige Person in der Betätigung ihres geschäftlichen Willens unter der Leitung des Arbeitgebers steht oder im geschäftlichen Organismus des Arbeitgebers dessen Weisungen zu folgen verpflichtet ist.

(3) Arbeitnehmer ist nicht, wer Lieferungen und sonstige Leistungen innerhalb der von ihm selbständig ausgeübten gewerblichen oder beruflichen Tätigkeit im Inland gegen Entgelt ausführt, soweit es sich um die Entgelte für diese Lieferungen und sonstigen Leistungen handelt.

§ 2 Arbeitslohn

(1) ¹Arbeitslohn sind alle Einnahmen, die dem Arbeitnehmer aus dem Dienstverhältnis zufließen. ²Es ist unerheblich, unter welcher Bezeichnung oder in welcher Form die Einnahmen gewährt werden.

(2) Zum Arbeitslohn gehören auch

1. Einnahmen im Hinblick auf ein künftiges Dienstverhältnis;

2. Einnahmen aus einem früheren Dienstverhältnis, unabhängig davon, ob sie dem zunächst Bezugsberechtigten oder seinem Rechtsnachfolger zufließen. ²Bezüge, die ganz oder teilweise auf früheren Beitragsleistungen des Bezugsberechtigten oder seines Rechtsvorgängers beruhen, gehören nicht zum Arbeitslohn, es sei denn, dass die Beitragsleistungen Werbungskosten gewesen sind;

3. Ausgaben, die ein Arbeitgeber leistet, um einen Arbeitnehmer oder diesem nahestehende Personen für den Fall der Krankheit, des Unfalls, der Invalidität, des Alters oder des Todes abzusichern (Zukunftssicherung). ²Voraussetzung ist, dass der Arbeitnehmer der Zukunftssicherung ausdrücklich oder stillschweigend zustimmt. ³Ist bei einer Zukunftssicherung für mehrere Arbeitnehmer oder diesen nahestehende Personen in Form einer Gruppenversicherung oder Pauschalversicherung der für den einzelnen Arbeitnehmer geleistete Teil der Ausgaben nicht in anderer Weise zu ermitteln, so sind die Ausgaben nach der Zahl der gesicherten Arbeitnehmer auf diese aufzuteilen. ⁴Nicht zum Arbeitslohn gehören Ausgaben, die nur dazu dienen, dem Arbeitgeber die Mittel zur Leistung einer dem Arbeitnehmer zugesagten Versorgung zu verschaffen;

4. Entschädigungen, die dem Arbeitnehmer oder seinem Rechtsnachfolger als Ersatz für entgangenen oder entgehenden Arbeitslohn oder für die Aufgabe oder Nichtausübung einer Tätigkeit gewährt werden;

5. besondere Zuwendungen, die auf Grund des Dienstverhältnisses oder eines früheren Dienstverhältnisses gewährt werden, zum Beispiel Zuschüsse im Krankheitsfall;

6. besondere Entlohnungen für Dienste, die über die regelmäßige Arbeitszeit hinaus geleistet werden, wie Entlohnung für Überstunden, Überschichten, Sonntagsarbeit;

7. Lohnzuschläge, die wegen der Besonderheit der Arbeit gewährt werden;

8. Entschädigungen für Nebenämter und Nebenbeschäftigungen im Rahmen eines Dienstverhältnisses.

Hinweise

LStH 19.0 Arbeitnehmer
Allgemeines

Wer Arbeitnehmer ist, ist unter Beachtung der Vorschriften des § 1 LStDV nach dem Gesamtbild der Verhältnisse zu beurteilen. Die arbeitsrechtliche und sozialversicherungsrechtliche Behandlung ist unmaßgeblich (→ BFH vom 2.12.1998 – BStBl. 1999 II S. 534). Wegen der Abgrenzung der für einen Arbeitnehmer typischen fremdbestimmten Tätigkeit von selbständiger Tätigkeit → BFH vom 14.6.1985 (BStBl. II S. 661) und vom 18.1.1991 (BStBl. II S. 409). Danach können für eine Arbeitnehmereigenschaft insbesondere folgende Merkmale sprechen:

- *persönliche Abhängigkeit,*
- *Weisungsgebundenheit hinsichtlich Ort, Zeit und Inhalt der Tätigkeit,*
- *feste Arbeitszeiten,*
- *Ausübung der Tätigkeit gleichbleibend an einem bestimmten Ort,*
- *feste Bezüge,*
- *Urlaubsanspruch,*
- *Anspruch auf sonstige Sozialleistungen,*
- *Fortzahlung der Bezüge im Krankheitsfall,*
- *Überstundenvergütung,*
- *zeitlicher Umfang der Dienstleistungen,*
- *Unselbständigkeit in Organisation und Durchführung der Tätigkeit,*
- *kein Unternehmerrisiko,*
- *keine Unternehmerinitiative,*
- *kein Kapitaleinsatz,*
- *keine Pflicht zur Beschaffung von Arbeitsmitteln,*
- *Notwendigkeit der engen ständigen Zusammenarbeit mit anderen Mitarbeitern,*
- *Eingliederung in den Betrieb,*
- *Schulden der Arbeitskraft und nicht eines Arbeitserfolges,*
- *Ausführung von einfachen Tätigkeiten, bei denen eine Weisungsabhängigkeit die Regel ist.*

Diese Merkmale ergeben sich regelmäßig aus dem der Beschäftigung zugrunde liegenden Vertragsverhältnis, sofern die Vereinbarungen ernsthaft gewollt sind und tatsächlich durchgeführt werden (→ BFH vom 14.12.1978 – BStBl. 1979 II S. 188, vom 20.2.1979 – BStBl. II S. 414 und vom 24.7.1992 – BStBl. 1993 II S. 155). Dabei sind die für oder gegen ein Dienstverhältnis sprechenden Merkmale ihrer Bedeutung entsprechend gegeneinander abzuwägen. Die arbeitsrechtliche Fiktion eines Dienstverhältnisses ist steuerrechtlich nicht maßgebend (→ BFH vom 8.5.2008 – BStBl. II S. 868).

Ehegatten-Arbeitsverhältnis [1]
→ R 4.8 EStR und H 4.8 EStH

Einkunftserzielungsabsicht
Zur Abgrenzung der Einkunftserzielungsabsicht von einer einkommensteuerrechtlich unbeachtlichen Liebhaberei → BFH vom 28.8.2008 (BStBl. 2009 II S. 243).

Eltern-Kind-Arbeitsverhältnis
Zur steuerlichen Anerkennung von Dienstverhältnissen zwischen Eltern und Kindern → BFH vom 9.12.1993 (BStBl. 1994 II S. 298), → R 4.8 Abs. 3 EStR.

Gesellschafter-Geschäftsführer
Ein Gesellschafter-Geschäftsführer einer Kapitalgesellschaft ist nicht allein auf Grund seiner Organstellung Arbeitnehmer. Es ist anhand der allgemeinen Merkmale (→ Allgemeines) zu entscheiden, ob die Geschäftsführungsleistung selbständig oder nichtselbständig erbracht wird (→ BMF vom 31.5.2007 – BStBl. I S. 503 unter Berücksichtigung der Änderungen durch BMF vom 2.5.2011 – BStBl. I S. 490).

---

[1] Die dort aufgeführten Grundsätze gelten bei Lebenspartnern entsprechend (§ 2 Abs. 8 EStG).

§ 19

Mitunternehmer
Zur Frage, unter welchen Voraussetzungen ein Arbeitnehmer Mitunternehmer i.S.d. § 15 Abs. 1 Nr. 2 EStG ist, → H 15.8 Abs. 1 (Verdeckte Mitunternehmerschaft) EStH.

Nichteheliche Lebensgemeinschaft
– → H 4.8 EStH
– Ein hauswirtschaftliches Beschäftigungsverhältnis mit der nichtehelichen Lebensgefährtin kann nicht anerkannt werden, wenn diese zugleich Mutter des gemeinsamen Kindes ist (→ BFH vom 19.5.1999 – BStBl. II S. 764).

Selbständige Arbeit
Zur Abgrenzung einer Tätigkeit als Arbeitnehmer von einer selbständigen Tätigkeit → R 15.1 und 18.1 EStR.

Weisungsgebundenheit
Die in § 1 Abs. 2 LStDV genannte Weisungsgebundenheit kann auf einem besonderen öffentlich-rechtlichen Gewaltverhältnis beruhen, wie z. B. bei Beamten und Richtern, oder Ausfluss des Direktionsrechts sein, mit dem ein Arbeitgeber die Art und Weise, Ort, Zeit und Umfang der zu erbringenden Arbeitsleistung bestimmt. Die Weisungsbefugnis kann eng, aber auch locker sein, wie z. B. bei einem angestellten Chefarzt, der fachlich weitgehend eigenverantwortlich handelt; entscheidend ist, ob die beschäftigte Person einer etwaigen Weisung bei der Art und Weise der Ausführung der geschuldeten Arbeitsleistung zu folgen verpflichtet ist oder ob ein solches Weisungsrecht nicht besteht. Maßgebend ist das Innenverhältnis; die Weisungsgebundenheit muss im Auftreten der beschäftigten Person nach außen nicht erkennbar werden (→ BFH vom 15.7.1987 – BStBl. II S. 746). Die Eingliederung in einen Betrieb kann auch bei einer kurzfristigen Beschäftigung gegeben sein, wie z. B. bei einem Apothekervertreter als Urlaubsvertretung. Sie ist aber eher bei einfachen als bei gehobenen Arbeiten anzunehmen, z. B. bei einem Gelegenheitsarbeiter, der zu bestimmten unter Aufsicht durchzuführenden Arbeiten herangezogen wird. Die vorstehenden Kriterien gelten auch für die Entscheidung, ob ein so genannter Schwarzarbeiter Arbeitnehmer des Auftraggebers ist.

Zuordnung
a) Beispiele für Arbeitnehmereigenschaft
Amateursportler können Arbeitnehmer sein, wenn die für den Trainings- und Spieleinsatz gezahlten Vergütungen nach dem Gesamtbild der Verhältnisse als Arbeitslohn zu beurteilen sind (→ BFH vom 23.10.1992 – BStBl. 1993 II S. 303),

Apothekervertreter; ein selbständiger Apotheker, der als Urlaubsvertreter eines anderen selbständigen Apothekers gegen Entgelt tätig wird, ist Arbeitnehmer (→ BFH 20.2.1979 – BStBl. II S. 414),

Artist ist Arbeitnehmer, wenn er seine Arbeitskraft einem Unternehmer für eine Zeitdauer, die eine Reihe von Veranstaltungen umfasst – also nicht lediglich für einige Stunden eines Abends – ausschließlich zur Verfügung stellt (→ BFH vom 16.3.1951 – BStBl. III S. 97),

AStA-Mitglieder → BFH vom 22.7.2008 (BStBl. II S. 981),

Buchhalter → BFH vom 6.7.1955 (BStBl. III S. 256) und vom 13.2.1980 (BStBl. II S. 303),

Büfettier → BFH vom 31.1.1963 (BStBl. III S. 230),

Chefarzt; ein angestellter Chefarzt, der berechtigt ist, Privatpatienten mit eigenem Liquidationsrecht ambulant zu behandeln und die wahlärztlichen Leistungen im Rahmen seines Dienstverhältnisses erbringt (→ BFH vom 5.10.2005 – BStBl. 2006 II S. 94),

Gelegenheitsarbeiter, die zu bestimmten, unter Aufsicht durchzuführenden Verlade- und Umladearbeiten herangezogen werden, sind auch dann Arbeitnehmer, wenn sie die Tätigkeit nur für wenige Stunden ausüben (→ BFH vom 18.1.1974 – BStBl. II S. 301),

Heimarbeiter → R 15.1 Abs. 2 EStR,

Helfer von Wohlfahrtsverbänden; ehrenamtliche Helfer, die Kinder und Jugendliche auf Ferienreisen betreuen, sind Arbeitnehmer (→ BFH vom 28.2.1975 – BStBl. 1976 II S. 134),

Musiker; nebenberuflich tätige Musiker, die in Gaststätten auftreten, sind nach der allgemeinen Lebenserfahrung Arbeitnehmer des Gastwirts; dies gilt nicht, wenn die Kapelle gegenüber Dritten als selbständige Gesellschaft oder der Kapellenleiter als Arbeitgeber *der Musiker auftritt bzw. der Musiker oder die Kapelle nur gelegentlich spielt (→ BFH vom 10.9.1976 – BStBl. II S. 178),*

Oberarzt; *ein in einer Universitätsklinik angestellter Oberarzt ist hinsichtlich der Mitarbeit in der Privatpraxis des Chefarztes dessen Arbeitnehmer (→ BFH vom 11.11.1971 – BStBl. 1972 II S. 213),*

Reisevertreter *kann auch dann Arbeitnehmer sein, wenn er erfolgsabhängig entlohnt wird und ihm eine gewisse Bewegungsfreiheit eingeräumt ist, die nicht Ausfluss seiner eigenen Machtvollkommenheit ist (→ BFH vom 7.12.1961 – BStBl. 1962 III S. 149); → H 15.1 (Reisevertreter) EStH,*

Sanitätshelfer *des Deutschen Roten Kreuzes sind Arbeitnehmer, wenn die gezahlten Entschädigungen nicht mehr als pauschale Erstattung der Selbstkosten beurteilt werden können, weil sie die durch die ehrenamtliche Tätigkeit veranlassten Aufwendungen der einzelnen Sanitätshelfer regelmäßig nicht nur unwesentlich übersteigen (→ BFH vom 4.8.1994 – BStBl. II S. 944),*

Servicekräfte *in einem Warenhaus → BFH vom 20.11.2008 (BStBl. 2009 II S. 374),*

Stromableser *können auch dann Arbeitnehmer sein, wenn die Vertragsparteien „freie Mitarbeit" vereinbart haben und das Ablesen in Ausnahmefällen auch durch einen zuverlässigen Vertreter erfolgen darf (→ BFH vom 24.7.1992 – BStBl. 1993 II S. 155),*

Telefoninterviewer *→ BFH vom 29.5.2008 (BStBl. II S. 933),*

Vorstandsmitglied einer Aktiengesellschaft *→ BFH vom 11.3.1960 (BStBl. III S. 214),*

Vorstandsmitglied einer Familienstiftung *→ BFH vom 31.1.1975 (BStBl. II S. 358),*

Vorstandsmitglied einer Genossenschaft *→ BFH vom 2.10.1968 (BStBl. II 1969 S. 185).*

b) *Beispiele für fehlende Arbeitnehmereigenschaft*

Arztvertreter *→ BFH vom 10.4.1953 (BStBl. III S. 142),*

Beratungsstellenleiter *eines Lohnsteuerhilfevereins ist kein Arbeitnehmer, wenn er die Tätigkeit als freier Mitarbeiter ausübt (→ BFH vom 10.12.1987 – BStBl. II 1988 S. 273),*

Bezirksstellenleiter *bei Lotto- und Totogesellschaften → BFH vom 14.9.1967 (BStBl. III 1968 S. 193),*

Diakonissen *sind keine Arbeitnehmerinnen des Mutterhauses (→ BFH vom 30.7.1965 – BStBl. III S. 525),*

Fahrlehrer, *die gegen eine tätigkeitsbezogene Vergütung unterrichten, sind in der Regel keine Arbeitnehmer, auch wenn ihnen keine Fahrschulerlaubnis erteilt worden ist (→ BFH vom 17.10.1996 – BStBl. 1997 II S. 188),*

Fotomodell; *ein Berufsfotomodell ist kein Arbeitnehmer, wenn es nur von Fall zu Fall vorübergehend zu Aufnahmen herangezogen wird (→ BFH vom 8.6.1967 – BStBl. III S. 618); Entsprechendes gilt für ausländische Fotomodelle, die zur Produktion von Werbefilmen kurzfristig im Inland tätig werden (→ BFH vom 14.6.2007 – BStBl. 2009 II S. 931),*

Gerichtsreferendar, *der neben der Tätigkeit bei Gericht für einen Rechtsanwalt von Fall zu Fall tätig ist, steht zu dem Anwalt in der Regel nicht in einem Arbeitsverhältnis (→ BFH 22.3.1968 – BStBl. II S. 455),*

Gutachter *→ BFH vom 22.6.1971 (BStBl. II S. 749),*

Hausgewerbetreibender *→ R 15.1 Abs. 2 EStR,*

Hausverwalter, *die für eine Wohnungseigentümergemeinschaft tätig sind, sind keine Arbeitnehmer (→ BFH vom 13.5.1966 – BStBl. III S. 489),*

Knappschaftsarzt *→ BFH vom 3.7.1959 (BStBl. III S. 344),*

Künstler; *zur Frage der Selbständigkeit von Künstlern und verwandten Berufen → BMF vom 5.10.1990 (BStBl. I S. 638),* – **Anlage § 019-04** –

Lehrbeauftragte *→ BFH vom 17.7.1958 (BStBl. III S. 360),*

Lotsen *→ BFH vom 21.5.1987 (BStBl. II S. 625),*

Nebenberufliche Lehrkräfte *sind in der Regel keine Arbeitnehmer (→ BFH vom 4.10.1984 – BStBl. II 1985 S. 51); zur Abgrenzung zwischen nichtselbständiger und selbständiger Arbeit → R 19.2 und LStH 19.2 (Nebenberufliche Lehrtätigkeit),*

Notariatsverweser *→ BFH vom 12.9.1968 (BStBl. II S. 811),*

Rundfunkermittler*,* die im Auftrage einer Rundfunkanstalt Schwarzhörer aufspüren, sind keine Arbeitnehmer, wenn die Höhe ihrer Einnahmen weitgehend von ihrem eigenen Arbeitseinsatz abhängt und sie auch im Übrigen – insbesondere bei Ausfallzeiten – ein Unternehmerrisiko in Gestalt des Entgeltrisikos tragen. Dies gilt unabhängig davon, dass sie nur für einen einzigen Vertragspartner tätig sind (→ BFH vom 2.12.1998 – BStBl. 1999 II S. 534),

Schwarzarbeiter*;* ein Bauhandwerker ist bei nebenberuflicher „Schwarzarbeit" in der Regel kein Arbeitnehmer des Bauherrn (→ BFH vom 21.3.1975 – BStBl. II S. 513),

Tutoren → BFH vom 21.7.1972 (BStBl. II S. 738) und vom 28.2.1978 (BStBl. II S. 387),

Versicherungsvertreter ist selbständig tätig und kein Arbeitnehmer, wenn er ein ins Gewicht fallendes Unternehmerrisiko trägt; die Art seiner Tätigkeit, ob werbende oder verwaltende, ist in der Regel nicht von entscheidender Bedeutung (→ BFH vom 19.2.1959 – BStBl. III S. 425, vom 10.9.1959 – BStBl. III S. 437, vom 3.10.1961 – BStBl. III S. 567 und vom 13.4.1967 – BStBl. III S. 398),

→ R 15.1 Abs. 1 EStR, H 15.1 (Generalagent, Versicherungsvertreter) EStH,

Vertrauensleute einer Buchgemeinschaft; nebenberufliche Vertrauensleute einer Buchgemeinschaft sind keine Arbeitnehmer des Buchclubs (→ BFH vom 11.3.1960 – BStBl. III S. 215),

Werbedamen*,* die von ihren Auftraggebern von Fall zu Fall für jeweils kurzfristige Werbeaktionen beschäftigt werden, können selbständig sein (→ BFH vom 14.6.1985 – BStBl. II S. 661).

EStR 2012

R 4.8 Rechtsverhältnisse zwischen Angehörigen
Arbeitsverhältnisse zwischen Ehegatten

(1) Arbeitsverhältnisse zwischen Ehegatten können steuerrechtlich nur anerkannt werden, wenn sie ernsthaft vereinbart und entsprechend der Vereinbarung tatsächlich durchgeführt werden.

Arbeitsverhältnisse mit Personengesellschaften

(2) [1]Für die einkommensteuerrechtliche Beurteilung des Arbeitsverhältnisses eines Ehegatten mit einer Personengesellschaft, die von dem anderen Ehegatten auf Grund seiner wirtschaftlichen Machtstellung beherrscht wird, z. B. in der Regel bei einer Beteiligung zu mehr als 50 %, gelten die Grundsätze für die steuerliche Anerkennung von Ehegattenarbeitsverhältnissen im Allgemeinen entsprechend. [2]Beherrscht der Mitunternehmer-Ehegatte die Personengesellschaft nicht, kann allgemein davon ausgegangen werden, dass der mitarbeitende Ehegatte in der Gesellschaft die gleiche Stellung wie ein fremder Arbeitnehmer hat und das Arbeitsverhältnis deshalb steuerrechtlich anzuerkennen ist.

Arbeitsverhältnisse zwischen Eltern und Kindern

(3) [1]Für die bürgerlich-rechtliche Wirksamkeit eines Arbeits- oder Ausbildungsvertrages mit einem minderjährigen Kind ist die Bestellung eines Ergänzungspflegers nicht erforderlich. [2]→ Arbeitsverhältnisse mit Kindern unter 15 Jahren verstoßen jedoch im Allgemeinen gegen das → Jugendarbeitsschutzgesetz; sie sind nichtig und können deshalb auch steuerrechtlich nicht anerkannt werden. [3]Die Gewährung freier Wohnung und Verpflegung kann als Teil der Arbeitsvergütung zu behandeln sein, wenn die Leistungen auf arbeitsvertraglichen Vereinbarungen beruhen.

LStR

R 19.1 Arbeitgeber

[1]Neben den in § 1 Abs. 2 LStDV genannten Fällen kommt als Arbeitgeber auch eine natürliche oder juristische Person, ferner eine Personenvereinigung oder Vermögensmasse in Betracht, wenn ihr gegenüber die Arbeitskraft geschuldet wird. [2]Die Nachfolgeunternehmen der Deutschen Bundespost sind Arbeitgeber der bei ihnen Beschäftigten. [3]Arbeitgeber ist auch, wer Arbeitslohn aus einem früheren oder für ein künftiges Dienstverhältnis zahlt. [4]Bei internationaler Arbeitnehmerentsendung ist das in Deutschland ansässige Unternehmen, das den Arbeitslohn für die ihm geleistete Arbeit wirtschaftlich trägt, inländischer Arbeitgeber. [5]Arbeitgeber ist grundsätzlich auch, wer einem Dritten (Entleiher) einen Arbeitnehmer (Leiharbeitnehmer) zur Arbeitsleistung überlässt (Verleiher). [6]Zahlt im Fall unerlaubter Arbeitnehmerüberlassung der Entleiher anstelle des Verleihers den Arbeitslohn an den Arbeitnehmer, ist der Entleiher regelmäßig nicht Dritter, sondern Arbeitgeber im Sinne von § 38 Abs. 1 Satz 1 Nr. 1 EStG

(→ R 42d.2 Abs. 1). ⁷Im Übrigen kommt es nicht darauf an, ob derjenige, dem die Arbeitskraft geschuldet wird, oder ein Dritter Arbeitslohn zahlt (→ R 38.4).

Hinweise

LStH 19.1 Arbeitgeber
- *Eine **GbR** kann Arbeitgeber im lohnsteuerlichen Sinne sein (→ BFH vom 17.2.1995 – BStBl. II S. 390).*
- *Ein **Sportverein** kann Arbeitgeber der von ihm eingesetzten Amateursportler sein (→ BFH vom 23.10.1992 – BStBl. 1993 II S. 303).*
- *Ein **Verein** ist auch dann Arbeitgeber, wenn nach der Satzung des Vereins Abteilungen mit eigenem Vertreter bestehen und diesen eine gewisse Selbständigkeit eingeräumt ist, so genannter Verein im Verein (→ BFH vom 13.3.2003 – BStBl. II S. 556).*
- *Arbeitgeber **kraft gesetzlicher Fiktion** ist für die in § 3 Nr. 65 Satz 2 und 3 EStG bezeichneten Leistungen die sie erbringende Pensionskasse oder das Unternehmen der Lebensversicherung (→ § 3 Nr. 65 Satz 4 EStG) und in den Fällen des § 3 Nr. 53 EStG die Deutsche Rentenversicherung Bund (→ § 38 Abs. 3 Satz 3 EStG).*
- *Arbeitslohn auszahlende **öffentliche Kasse** → § 38 Abs. 3 Satz 2 EStG*
- *Bei Arbeitnehmerentsendung ist das in Deutschland ansässige aufnehmende Unternehmen, das den Arbeitslohn für die ihm geleistete Arbeit wirtschaftlich trägt, Arbeitgeber → § 38 Abs. 1 Satz 2 EStG.*

Kein Arbeitgeber
*Die **Obergesellschaft eines Konzerns** (Organträger) ist auch dann nicht Arbeitgeber der Arbeitnehmer ihrer Tochtergesellschaften, wenn sie diesen Arbeitnehmern Arbeitslohn zahlt (→ BFH vom 21.2.1986 – BStBl. II S. 768).*

LStR

R 19.2 Nebentätigkeit und Aushilfstätigkeit
¹Bei einer nebenberufliche Lehrtätigkeit an einer Schule oder einem Lehrgang mit einem allgemein feststehenden und nicht nur von Fall zu Fall aufgestellten Lehrplan sind die nebenberuflich tätigen Lehrkräfte in der Regel Arbeitnehmer, es sei denn, dass sie in den Schul- oder Lehrgangsbetrieb nicht fest eingegliedert sind. ²Hat die Lehrtätigkeit nur einen geringen Umfang, kann das ein Anhaltspunkt dafür sein, dass eine feste Eingliederung in den Schul- oder Lehrgangsbetrieb nicht vorliegt. ³Ein geringer Umfang in diesem Sinne kann stets angenommen werden, wenn die nebenberuflich tätige Lehrkraft bei der einzelnen Schule oder dem einzelnen Lehrgang in der Woche durchschnittlich nicht mehr als sechs Unterrichtsstunden erteilt. ⁴Auf nebenberuflich tätige Übungsleiter, Ausbilder, Erzieher, Betreuer oder ähnliche Personen sind die Sätze 1 bis 3 sinngemäß anzuwenden.

Hinweise

LStH 19.2 Allgemeines
- *Ob eine Nebentätigkeit oder Aushilfstätigkeit in einem Dienstverhältnis oder selbständig ausgeübt wird, ist nach den allgemeinen Abgrenzungsmerkmalen (§ 1 Abs. 1 und 2 LStDV) zu entscheiden. Dabei ist die Nebentätigkeit oder Aushilfstätigkeit in der Regel für sich allein zu beurteilen. Die Art einer etwaigen Haupttätigkeit ist für die Beurteilung nur wesentlich, wenn beide Tätigkeiten unmittelbar zusammenhängen (→ BFH vom 24.11.1961 – BStBl. 1962 III S. 37).*
- *Zu der Frage, ob eine nebenberufliche oder ehrenamtliche Tätigkeit mit Überschusserzielungsabsicht ausgeübt wird, → BFH vom 23.10.1992 (BStBl. 1993 II S. 303 – Amateurfußballspieler) und vom 4.8.1994 (→ BStBl. II S. 944 – Sanitätshelfer).*
- *Gelegenheitsarbeiter, die zu bestimmten, unter Aufsicht durchzuführenden Arbeiten herangezogen werden, sind auch dann Arbeitnehmer, wenn sie die Tätigkeit nur für einige Stunden ausüben (→ BFH vom 18.1.1974 – BStBl. II S. 301).*
- *Bei nebenberuflich tätigen Musikern, die in Gaststätten auftreten, liegt ein Arbeitsverhältnis zum Gastwirt regelmäßig nicht vor, wenn der einzelne Musiker oder die Kapelle, der er angehört, nur gelegentlich – etwa nur für einen Abend oder an einem Wo-*

chenende – von dem Gastwirt verpflichtet wird. Ein Arbeitsverhältnis zum Gastwirt ist in der Regel auch dann zu verneinen, wenn eine Kapelle selbständig als Gesellschaft oder der Kapellenleiter als Arbeitgeber der Musiker aufgetreten ist (→ BFH vom 10.9.1976 – BStBl. 1977 II S. 178).

Nebenberufliche Lehrtätigkeit

– Bei **Lehrkräften**, die im Hauptberuf eine nichtselbständige Tätigkeit ausüben, liegt eine Lehrtätigkeit im Nebenberuf nur vor, wenn diese Lehrtätigkeit nicht zu den eigentlichen Dienstobliegenheiten des Arbeitnehmers aus dem Hauptberuf gehört. Die Ausübung der Lehrtätigkeit im Nebenberuf ist in der Regel als Ausübung eines freien Berufs anzusehen (→ BFH vom 24.4.1959 – BStBl. III S. 193), es sei denn, dass gewichtige Anhaltspunkte – z. B. Arbeitsvertrag unter Zugrundelegung eines Tarifvertrags, Anspruch auf Urlaubs- und Feiertagsvergütung – für das Vorliegen einer Arbeitnehmertätigkeit sprechen (→ BFH vom 28.4.1972 – BStBl. II S. 617 und vom 4.5.1972 – BStBl. II S. 618).

– Auch bei nur geringem Umfang der Nebentätigkeit sind die **Lehrkräfte** als Arbeitnehmer anzusehen, wenn sie auf Grund eines als Arbeitsvertrag ausgestalteten Vertrags tätig werden oder wenn eine an einer Schule vollbeschäftigte Lehrkraft zusätzliche Unterrichtsstunden an derselben Schule oder an einer Schule gleicher Art erteilt (→ BFH vom 4.12.1975 – BStBl. 1976 II S. 291, 292).

– Die nebenberufliche Lehrtätigkeit von **Handwerksmeistern** an Berufs- und Meisterschulen ist in aller Regel keine nichtselbständige Tätigkeit.

– Bei **Angehörigen der freien Berufe** stellt eine Nebentätigkeit als Lehrbeauftragte an Hochschulen regelmäßig eine selbständige Tätigkeit dar (→ BFH vom 4.10.1984 – BStBl. 1985 II S. 51).

Nebenberufliche Prüfungstätigkeit

Eine Prüfungstätigkeit als Nebentätigkeit ist in der Regel als Ausübung eines freien Berufs anzusehen (→ BFH vom 14.3.1958 – BStBl. III S. 255, vom 2.4.1958 – BStBl. III S. 293 und vom 29.1.1987 – BStBl. II S. 783 wegen nebenamtlicher Prüfungstätigkeit eines Hochschullehrers).

Nebentätigkeit bei demselben Arbeitgeber

Einnahmen aus der Nebentätigkeit eines Arbeitnehmers, die er im Rahmen des Dienstverhältnisses für denselben Arbeitgeber leistet, für den er die Haupttätigkeit ausübt, sind Arbeitslohn, wenn dem Arbeitnehmer aus seinem Dienstverhältnis Nebenpflichten obliegen, die zwar im Arbeitsvertrag nicht ausdrücklich vorgesehen sind, deren Erfüllung der Arbeitgeber aber nach der tatsächlichen Gestaltung des Dienstverhältnisses und nach der Verkehrsauffassung erwarten darf, auch wenn er die zusätzlichen Leistungen besonders vergüten muss (→ BFH vom 25.11.1971 – BStBl. 1972 II S. 212).

Vermittlungsprovisionen

→ R 19.4

Zuordnung in Einzelfällen

– Vergütungen, die **Angestellte eines Notars** für die Übernahme der Auflassungsvollmacht von den Parteien eines beurkundeten Grundstücksgeschäfts erhalten, können Arbeitslohn aus ihrem Dienstverhältnis sein (→ BFH vom 9.12.1954 – BStBl. 1955 III S. 55).

– Die Tätigkeit der bei Universitätskliniken angestellten **Assistenzärzte als Gutachter** ist unselbständig, wenn die Gutachten den Auftraggebern als solche der Universitätsklinik zugehen (→ BFH vom 19.4.1956 – BStBl. III S. 187).

– **Gemeindedirektor**, der auf Grund des Gesetzes betreffend die Oldenburgische Landesbrandkasse vom 6.8.1938 Mitglied der **Schätzungskommission** ist, bezieht aus dieser Tätigkeit keine Einkünfte aus nichtselbständiger Arbeit (→ BFH vom 8.2.1972 – BStBl. II S. 460).

– **Orchestermusiker**, die neben ihrer nichtselbständigen Haupttätigkeit im Orchester gelegentlich für ihren Arbeitgeber eine künstlerische Nebentätigkeit ausüben, können insoweit Einkünfte aus selbständiger Arbeit haben, als die Tätigkeit nicht zu den Nebenpflichten aus dem Dienstvertrag gehört (→ BFH vom 25.11.1971 – BStBl. 1972 II S. 212).

– Übernimmt ein **Richter** ohne Entlastung in seinem Amt zusätzlich die **Leitung einer Arbeitsgemeinschaft** für Rechtsreferendare, so besteht zwischen Haupt- und Nebentätigkeit kein unmittelbarer Zusammenhang. Ob die Nebentätigkeit selbständig ausgeübt wird, ist *deshalb nach dem Rechtsverhältnis zu beurteilen, auf Grund dessen sie ausgeübt wird (→ BFH-Urteil vom 7.2.1980 – BStBl. II S. 321).*

– *Einnahmen, die angestellte Schriftleiter aus freiwilliger schriftstellerischer Nebentätigkeit für ihren Arbeitgeber erzielen, können Einnahmen aus selbständiger Tätigkeit sein (→ BFH vom 3.3.1955 – BStBl. III S. 153).*

– *Prämien, die ein Verlagsunternehmen seinen Zeitungsausträgern für die Werbung neuer Abonnenten gewährt, sind dann kein Arbeitslohn, wenn die Zeitungsausträger weder rechtlich noch faktisch zur Anwerbung neuer Abonnenten verpflichtet sind (→ BFH vom 22.11.1996 – BStBl. 1997 II S. 254).*

– *Das Honorar, das ein (leitender) Angestellter von seinem Arbeitgeber dafür erhält, dass er diesen bei Verhandlungen über den Verkauf des Betriebes beraten hat, gehört zu den Einnahmen aus nichtselbständiger Tätigkeit (→ BFH vom 20.12.2000 – BStBl. 2001 II S. 496).*

LStR

R 19.3 Arbeitslohn

(1) ¹Arbeitslohn ist die Gegenleistung für das Zurverfügungstellen der individuellen Arbeitskraft. ²Zum Arbeitslohn gehören deshalb auch

1. die Lohnzuschläge für Mehrarbeit und Erschwerniszuschläge, wie Hitzezuschläge, Wasserzuschläge, Gefahrenzuschläge, Schmutzzulagen usw.,
2. Entschädigungen, die für nicht gewährten Urlaub gezahlt werden,
3. der auf Grund des § 7 Abs. 5 SVG gezahlte Einarbeitungszuschuss,
4. pauschale Fehlgeldentschädigungen, die Arbeitnehmern im Kassen- und Zähldienst gezahlt werden, soweit sie 16 Euro im Monat übersteigen,
5. Trinkgelder, Bedienungszuschläge und ähnliche Zuwendungen, auf die der Arbeitnehmer einen Rechtsanspruch hat.

(2) Nicht als Gegenleistung für das Zurverfügungstellen der individuellen Arbeitskraft und damit nicht als Arbeitslohn sind u.a. anzusehen

1. der Wert der unentgeltlich zur beruflichen Nutzung überlassenen Arbeitsmittel,
2. die vom Arbeitgeber auf Grund gesetzlicher Verpflichtung nach § 3 Abs. 2 Nr. 1 und Abs. 3 des Gesetzes über die Durchführung von Maßnahmen des Arbeitsschutzes zur Verbesserung der Sicherheit und des Gesundheitsschutzes der Beschäftigten bei der Arbeit (ArbSchG) i. V. m. § 6 der Verordnung über Sicherheit und Gesundheitsschutz bei der Arbeit an Bildschirmgeräten (BildscharbV) sowie der Verordnung zur arbeitsmedizinischen Vorsorge (ArbMedVV) übernommenen angemessenen Kosten für eine spezielle Sehhilfe, wenn auf Grund einer Untersuchung der Augen und des Sehvermögens durch eine fachkundige Person i. S. d. ArbMedVV die spezielle Sehhilfe notwendig ist, um eine ausreichende Sehfähigkeit in den Entfernungsbereichen des Bildschirmarbeitsplatzes zu gewährleisten,
3. übliche Sachleistungen des Arbeitgebers aus Anlass der Diensteinführung, eines Amts- oder Funktionswechsels, eines runden Arbeitnehmerjubiläums (→ R 19.5 Abs. 2 Satz 4 Nr. 3) oder der Verabschiedung eines Arbeitnehmers; betragen die Aufwendungen des Arbeitgebers einschließlich Umsatzsteuer mehr als 110 Euro je teilnehmender Person, sind die Aufwendungen dem Arbeitslohn des Arbeitnehmers hinzuzurechnen; auch Geschenke bis zu einem Gesamtwert von 60 Euro sind in die 110-Euro-Grenze einzubeziehen,
4. übliche Sachleistungen bei einem Empfang anlässlich eines runden Geburtstages eines Arbeitnehmers, wenn es sich unter Berücksichtigung aller Umstände des Einzelfalls um ein Fest des Arbeitgebers (betriebliche Veranstaltung) handelt. ²Die anteiligen Aufwendungen des Arbeitgebers, die auf den Arbeitnehmer selbst, seine Familienangehörigen sowie private Gäste des Arbeitnehmers entfallen, gehören jedoch zum steuerpflichtigen Arbeitslohn, wenn die Aufwendungen des Arbeitgebers mehr als 110 Euro je teilnehmender Person betragen; auch Geschenke bis zu einem Gesamtwert von 60 Euro sind in die 110-Euro-Grenze einzubeziehen,
5. pauschale Zahlungen des Arbeitgebers an ein Dienstleistungsunternehmen, das sich verpflichtet, alle Arbeitnehmer des Auftraggebers kostenlos in persönlichen und sozialen Angelegenheiten zu beraten und zu betreuen, beispielsweise durch die Übernahme der Vermittlung von Betreuungspersonen für Familienangehörige.

§ 19 RL 19.3

(3) ¹Leistungen des Arbeitgebers, mit denen er Werbungskosten des Arbeitnehmers ersetzt, sind nur steuerfrei, soweit dies gesetzlich bestimmt ist. ²Somit sind auch steuerpflichtig
1. Vergütungen des Arbeitgebers zum Ersatz der dem Arbeitnehmer berechneten Kontoführungsgebühren,
2. Vergütungen des Arbeitgebers zum Ersatz der Aufwendungen des Arbeitnehmers für Fahrten zwischen Wohnung und erster Tätigkeitsstätte.

Hinweise

LStH 19.3 Abgrenzung zu anderen Einkunftsarten
- *Abgrenzung des Arbeitslohns von den Einnahmen aus Kapitalvermögen → BFH vom 31.10.1989 (BStBl. 1990 II S. 532).*
- *Zahlungen im Zusammenhang mit einer fehlgeschlagenen Hofübergabe sind kein Arbeitslohn, sondern Einkünfte nach § 22 Nr. 3 EStG (→ BFH vom 8.5.2008 – BStBl. II S. 868).*
- *Zur Abgrenzung von Arbeitslohn und privater Vermögensebene bei einem Gesellschafter-Geschäftsführer → BFH vom 19.6.2008 (BStBl. II S. 826).*
- *Veräußerungsgewinn aus einer Kapitalbeteiligung an einem Unternehmen des Arbeitgebers → BFH vom 17.6.2009 (BStBl. 2010 II S. 69).*
- *Veräußerungsverluste aus einer Kapitalbeteiligung am Unternehmen des Arbeitgebers sind keine negativen Einnahmen bei den Einkünften aus nichtselbständiger Arbeit, wenn es an einem Veranlassungszusammenhang zum Dienstverhältnis mangelt (→ BFH vom 17.9.2009 – BStBl. 2010 II S. 198).*
- *Arbeitslohn im Zusammenhang mit der Veräußerung von GmbH-Anteilen (→ BFH vom 30.6.2011 – BStBl. II S. 948).*
- *Abgrenzung zwischen Arbeitslohn und gewerblichen Einkünften eines Fußballspielers (→ BFH vom 22.2.2012 – BStBl. II S. 511).*
- *Abgrenzung zwischen einer verdeckten Gewinnausschüttung und Arbeitslohn bei vertragswidriger Kraftfahrzeugnutzung durch den Gesellschafter-Geschäftsführer einer Kapitalgesellschaft → BMF vom 3.4.2012 (BStBl. I S. 478).*
- *Abgrenzung des Arbeitslohns von den Einnahmen aus Kapitalvermögen beim Rückverkauf von Genussrechten im Zusammenhang mit der Beendigung des Dienstverhältnisses (→ BFH vom 5.11.2013 – BStBl. 2014 II S. 275).*

Allgemeines zum Arbeitslohnbegriff
Welche Einnahmen zum Arbeitslohn gehören, ist unter Beachtung der Vorschriften des § 19 Abs. 1 EStG und § 2 LStDV sowie der hierzu ergangenen Rechtsprechung zu entscheiden. Danach sind Arbeitslohn grundsätzlich alle Einnahmen in Geld oder Geldeswert, die durch ein individuelles Dienstverhältnis veranlasst sind. Ein Veranlassungszusammenhang zwischen Einnahmen und einem Dienstverhältnis ist anzunehmen, wenn die Einnahmen dem Empfänger nur mit Rücksicht auf das Dienstverhältnis zufließen und sich als Ertrag seiner nichtselbständigen Arbeit darstellen. Die letztgenannte Voraussetzung ist erfüllt, wenn sich die Einnahmen im weitesten Sinne als Gegenleistung für das Zurverfügungstellen der individuellen Arbeitskraft erweisen (→ BFH vom 24.9.2013 – BStBl. 2014 II S. 124). Eine solche Gegenleistung liegt nicht vor, wenn die Vergütungen die mit der Tätigkeit zusammenhängenden Aufwendungen nur unwesentlich übersteigen (→ BFH vom 23.10.1992 – BStBl. 1993 II S. 303). Die Zurechnung des geldwerten Vorteils zu einem erst künftigen Dienstverhältnis ist zwar nicht ausgeschlossen, bedarf aber der Feststellung eines eindeutigen Veranlassungszusammenhangs, wenn sich andere Ursachen für die Vorteilsgewährung als Veranlassungsgrund aufdrängen (→ BFH vom 20.5.2010 – BStBl. II S. 1069).

Ebenfalls keine Gegenleistung sind Vorteile, die sich bei objektiver Würdigung aller Umstände nicht als Entlohnung, sondern lediglich als notwendige Begleiterscheinung betriebsfunktionaler Zielsetzungen erweisen. Ein rechtswidriges Tun ist keine beachtliche Grundlage einer solchen betriebsfunktionalen Zielsetzung (→ BFH vom 14.11.2013 – BStBl. 2014 II S. 278). Vorteile besitzen danach keinen Arbeitslohncharakter, wenn sie im ganz überwiegend eigenbetrieblichen Interesse des Arbeitgebers gewährt werden. Das ist der Fall, wenn sich aus den Begleitumständen wie zum Beispiel Anlass, Art und Höhe des Vorteils, Auswahl der Begünstigten, freie oder nur gebundene Verfügbarkeit, Freiwilligkeit oder Zwang zur

Annahme des Vorteils und seine besondere Geeignetheit für den jeweils verfolgten betrieblichen Zweck ergibt, dass diese Zielsetzung ganz im Vordergrund steht und ein damit einhergehendes eigenes Interesse des Arbeitnehmers, den betreffenden Vorteil zu erlangen, vernachlässigt werden kann (→ *BFH vom 24.9.2013 – BStBl. 2014 II S. 124 und die dort zitierte Rechtsprechung*). Im Ergebnis handelt es sich um Leistungen des Arbeitgebers, die er im ganz überwiegenden betrieblichen Interesse erbringt. Ein ganz überwiegendes betriebliches Interesse muss über das an jeder Lohnzahlung bestehende betriebliche Interesse deutlich hinausgehen (→ *BFH vom 2.2.1990 – BStBl. II S. 472*). Gemeint sind Fälle, z. B. in denen ein Vorteil der Belegschaft als Gesamtheit zugewendet wird oder in denen dem Arbeitnehmer ein Vorteil aufgedrängt wird, ohne dass ihm eine Wahl bei der Annahme des Vorteils bleibt und ohne dass der Vorteil eine Marktgängigkeit besitzt (→ *BFH vom 25.7.1986 – BStBl. II S. 868*).

Beispiele:
Zum Arbeitslohn gehören
- der verbilligte Erwerb von Aktien vom Arbeitgeber (oder einem Dritten), wenn der Vorteil dem Arbeitnehmer oder einem Dritten für die Arbeitsleistung des Arbeitnehmers gewährt wird (→ *BFH vom 7.5.2014 – BStBl. II S. 904*).
- die vom Arbeitgeber übernommenen Beiträge einer angestellten Rechtsanwältin zum deutschen **Anwaltverein** (→ *BFH vom 12.2.2009 – BStBl. II S. 462*),
- **Arbeitnehmeranteile** zur Arbeitslosen-, Kranken-, Pflege- und Rentenversicherung (Gesamtsozialversicherung), wenn der Arbeitnehmer hierdurch einen eigenen Anspruch gegen einen Dritten erwirbt (→ *BFH vom 16.1.2007 – BStBl. II S. 579*).
- die vom Arbeitgeber übernommenen Beiträge zur **Berufshaftpflichtversicherung** von Rechtsanwälten (→ *BFH vom 26.7.2007 – BStBl. II S. 892*),
- der geldwerte Vorteil aus dem verbilligten Erwerb einer Beteiligung, der im Hinblick auf eine spätere Beschäftigung als Geschäftsführer gewährt wird (→ *BFH vom 26.6.2014 – BStBl. II S 864*),
- die vom Arbeitgeber übernommenen Bußgelder, die gegen bei ihm angestellte Fahrer wegen Verstoßes gegen die Lenk- und Ruhezeit verhängt worden sind (→ *BFH vom 14.11.2013 – BStBl. 2014 II S. 278*).
- die unentgeltliche bzw. verbilligte **Überlassung eines Dienstwagens** durch den Arbeitgeber an den Arbeitnehmer für dessen Privatnutzung (→ *BFH vom 29.1.2009 – BStBl. 2010 II S. 1067*),
- die vom Arbeitgeber übernommenen **Geldbußen und Geldauflagen** bei nicht ganz überwiegend eigenbetrieblichem Interesse (→ *BFH vom 22.7.2008 – BStBl. 2009 II S. 151*),
- die vom Arbeitgeber übernommenen Beiträge für die Mitgliedschaft in einem Golfclub (→ *BFH vom 21.3.2013 – BStBl. II S. 700*).
- Beiträge des Arbeitgebers zu einer privaten **Gruppenkrankenversicherung**, wenn dieser einen eigenen unmittelbaren und unentziehbaren Rechtsanspruch gegen den Versicherer erlangt (→ *BFH vom 14.4.2011 – BStBl. II S. 767*),
- die vom Arbeitgeber übernommenen **Kammerbeiträge** für Geschäftsführer von Wirtschaftsprüfungs-/Steuerberatungsgesellschaften (→ *BFH vom 17.1.2008 – BStBl. II S. 378*),
- die kostenlose oder verbilligte Überlassung von qualitativ und preislich **hochwertiger Kleidungsstücke** durch den Arbeitgeber (→ *BFH vom 11.4.2006 – BStBl. II S. 691*), soweit es sich nicht um typische Berufskleidung handelt → *R 3.31 Abs. 1*; zum überwiegend eigenbetrieblichen Interesse bei Überlassung einheitlicher Kleidung → *BFH vom 22.6.2006 (BStBl. II S. 915*),
- monatliche Zahlungen nach einer Betriebsvereinbarung (Sozialplan) zum **Ausgleich der durch Kurzarbeit** entstehenden Nachteile (→ *BFH vom 20.7.2010 – BStBl. 2011 II S. 218*),
- die innerhalb eines Dienstverhältnisses erzielten **Liquidationseinnahmen** eines angestellten Chefarztes aus einem eingeräumten Liquidationsrecht für gesondert berechenbare wahlärztliche Leistungen (→ *BFH vom 5.10.2005 – BStBl. 2006 II S. 94*),
- **Lohnsteuerbeträge**, soweit sie vom Arbeitgeber übernommen werden und kein Fall des § 40 Abs. 3 EStG vorliegt (→ *BFH vom 28.2.1992 – BStBl. II S. 733*). Bei den ohne ent-

sprechende Nettolohnvereinbarung übernommenen Lohnsteuerbeträgen handelt es sich um Arbeitslohn des Kalenderjahres, in dem sie entrichtet worden sind und der Arbeitgeber auf den Ausgleichsanspruch gegen den Arbeitnehmer verzichtet (→ BFH vom 29.10.1993 – BStBl. 1994 II S. 197). Entsprechendes gilt für übernommene Kirchensteuerbeträge sowie für vom Arbeitgeber zu Unrecht angemeldete und an das Finanzamt endgültig abgeführte Lohnsteuerbeträge (→ BFH vom 17.6.2009 – BStBl. 2010 II S. 72),
- vom Arbeitgeber **nachträglich** an das Finanzamt **abgeführte Lohnsteuer** für zunächst als steuerfrei behandelten Arbeitslohn (→ BFH vom 29.11.2000 – BStBl. 2001 II S. 195),
- von einem Dritten verliehene **Preise**, die den Charakter eines leistungsbezogenen Entgelts haben und nicht eine Ehrung der Persönlichkeit des Preisträgers darstellen (→ BFH vom 23.4.2009 – BStBl. II S. 668),
- die vom Arbeitgeber übernommenen Kosten einer **Regenerationskur**; keine Aufteilung einer einheitlich zu beurteilenden Zuwendung (→ BFH vom 11.3.2010 – BStBl. II S. 763),
- geldwerte Vorteile anlässlich von **Reisen** (→ H 19.7),
- Zuschüsse, die eine AG Vorstandsmitgliedern zur freiwilligen Weiterversicherung in der gesetzlichen Rentenversicherung oder einem Versorgungswerk gewährt (→ BFH vom 24.9.2013 – BStBl. 2014 II S. 124),
- Überschüsse aus dem Rückverkauf der vom Arbeitgeber erworbenen Genussrechte, wenn der Arbeitnehmer sie nur an den Arbeitgeber veräußern kann (→ BFH vom 5.11.2013 – BStBl. 2014 II S. 275),
- **Sachbezüge**, soweit sie zu geldwerten Vorteilen des Arbeitnehmers aus seinem Dienstverhältnis führen (→ R 8.1 und 8.2),
- der **Erlass einer Schadensersatzforderung** des Arbeitgebers (→ BFH vom 27.3.1992 – BStBl. II S. 837), siehe auch H 8.1 (9–10) Verzicht auf Schadensersatz,
- Aufwendungen des Arbeitgebers für **Sicherheitsmaßnahmen** bei abstrakter berufsbedingter Gefährdung (→ BFH vom 5.4.2006 – BStBl. II S. 541); → aber BMF vom 30.6.1997 (BStBl. I S. 696), – *Anlage § 019-02* –
- vom Arbeitgeber übernommene **Steuerberatungskosten** (→ BFH vom 21.1.2010 – BStBl. II S. 639),
- **Surrogatleistungen** des Arbeitgebers auf Grund des Wegfalls von Ansprüchen im Rahmen der betrieblichen Altersversorgung (→ BFH vom 7.5.2009 – BStBl. 2010 II S. 130),
- die vom Arbeitgeber übernommenen festen und laufenden Kosten für einen **Telefonanschluss** in der Wohnung des Arbeitnehmers oder für ein **Mobiltelefon**, soweit kein betriebliches Gerät benutzt wird (→ R 3.45), es sich nicht um Auslagenersatz nach R 3.50 handelt und die Telefonkosten nicht zu den Reisenebenkosten (→ R 9.8), Umzugskosten (→ R 9.9) oder Mehraufwendungen wegen doppelter Haushaltsführung (→ R 9.11) gehören,
- die Nutzung vom Arbeitgeber gemieteter **Tennis- und Squashplätzen** (→ BFH vom 27.9.1996 – BStBl. 1997 II S. 146),
- **Umlagezahlungen** des Arbeitgebers an die Versorgungsanstalt des Bundes und der Länder (→ BFH vom 7.5.2090 – BStBl. 2010 II S. 194),
- ggf. Beiträge für eine und Leistungen aus einer **Unfallversicherung** (→ BMF vom 28.10.2009 – BStBl. I S. 1275), – *Anlage § 009-03* –
- Leistungen aus **Unterstützungskassen** (→ BFH vom 28.3.1958 – BStBl. III S. 268), soweit sie nicht nach R 3.11 Abs. 2 steuerfrei sind,
- **Vermittlungsprovisionen** (→ R 19.4),
- die unentgeltliche bzw. verbilligte Verpflegung eines Arbeitnehmers während einer Auswärtstätigkeit (→ BFH vom 24.3.2011 – BStBl. II S. 829) und BMF vom 27.9.2011 (BStBl. I S. 976),
- Ausgleichszahlungen, die der Arbeitnehmer für seine in der Arbeitsphase erbrachten Vorleistungen erhält, wenn ein im Blockmodell geführtes Altersteilzeitarbeitsverhältnis vor Ablauf der vertraglich vereinbarten Zeit beendet wird (→ BFH vom 15.12.2011 – BStBl. 2012 II S. 415).

Nicht zum Arbeitslohn gehören
- **Aufmerksamkeiten** (→ R 19.6),

- **Arbeitnehmeranteile am Gesamtsozialversicherungsbeitrag**, die der Arbeitgeber wegen der gesetzlichen Beitragslastverschiebung nachzuentrichten und zu übernehmen hat (§ 3 Nr. 62 EStG), es sei denn, dass Arbeitgeber und Arbeitnehmer eine Nettolohnvereinbarung getroffen haben oder der Arbeitgeber zwecks Steuer- und Beitragshinterziehung die Unmöglichkeit einer späteren Rückbelastung beim Arbeitnehmer bewusst in Kauf genommen hat (→ BFH vom 29.10.1993 – BStBl. 1994 II S. 194 und vom 13.9.2007 – BStBl. 2008 II S. 58),
- **Beiträge des Bundes** nach § 15 FELEG (→ BFH vom 14.4.2005 – BStBl. II S. 569),
- **Betriebsveranstaltungen** (→ R 19.5),
- **Fort- oder Weiterbildungsleistungen** (→ R 19.7),
- **Gestellung einheitlicher**, während der Arbeitszeit zu tragender bürgerliche Kleidung, wenn das eigenbetriebliche Interesse des Arbeitgebers im Vordergrund steht bzw. kein geldwerter Vorteil des Arbeitnehmers anzunehmen ist (→ BFH vom 22.6.2006 –BStBl. II S. 915); zur Überlassung hochwertiger Kleidung → BFH vom 11.4.2006 (BStBl. II S. 691),
- **Leistungen zur Verbesserung der Arbeitsbedingungen**, z.B. die Bereitstellung von Aufenthalts- und Erholungsräumen sowie von betriebseigenen Dusch- und Badeanlagen; sie werden der Belegschaft als Gesamtheit und damit in überwiegendem betrieblichen Interesse zugewendet (→ BFH vom 25.7.1986 – BStBl. II S. 868),
- **Maßnahmen** des Arbeitgebers zur Vorbeugung spezifisch berufsbedingter Beeinträchtigungen der **Gesundheit**, wenn die Notwendigkeit der Maßnahmen zur Verhinderung krankheitsbedingter Arbeitsausfälle durch Auskünfte des medizinischen Dienstes einer Krankenkasse bzw. Berufsgenossenschaft oder durch Sacherständigengutachten bestätigt wird (→ BFH vom 30.5.2001 – BStBl. II S. 671),
- **Mietzahlungen** des Arbeitgebers für ein im Haus bzw. in der Wohnung des Arbeitnehmers gelegenes Arbeitszimmer, das der Arbeitnehmer für die Erbringung seiner Arbeitsleistung nutzt, wenn die Nutzung des Arbeitszimmers in vorrangigem Interesse des Arbeitgebers erfolgt (→ BMF vom 13.12.2005 – BStBl. 2006 I S. 4), – **Anlage § 019-06** –
- **Nutzungsentgelt** für eine dem Arbeitgeber überlassene eigene Garage, in der ein Dienstwagen untergestellt wird (→ BFH vom 7.6.2002 – BStBl. II S. 829),
- **Rabatte**, die der Arbeitgeber nicht nur seinen Arbeitnehmern, sondern auch fremden Dritten üblicherweise einräumt (→ BFH vom 26.7.2012 - BStBl. 2013 II S. 402),
- **übliche Sachleistungen** des Arbeitgebers anlässlich einer betrieblichen Veranstaltung im Zusammenhang mit einem runden Geburtstag des Arbeitnehmers im Rahmen des R 19.3 Abs. 2 Nr. 4 LStR; zur Abgrenzung einer betrieblichen Veranstaltung von einem privaten Fest des Arbeitnehmers → BFH vom 28.1.2003 (BStBl. II S. 724),
- **Schadensersatzleistungen**, soweit der Arbeitgeber zur Leistung gesetzlich verpflichtet ist oder soweit der Arbeitgeber einen zivilrechtlichen Schadensersatzanspruch des Arbeitnehmers wegen schuldhafter Verletzung arbeitsvertraglicher Fürsorgepflichten erfüllt (→ BFH vom 20.9.1996 – BStBl. 1997 II S. 144),
- **Vergütungen eines Sportvereins an Amateursportler**, wenn die Vergütungen die mit der Tätigkeit zusammenhängenden Aufwendungen nur unwesentlich übersteigen (→ BFH vom 23.10.1992 – BStBl. 1993 II S. 303),
- **Vergütungen für Sanitätshelfer des DRK**, wenn sie als pauschale Erstattung der Selbstkosten beurteilt werden können, weil sie die durch die ehrenamtliche Tätigkeit veranlassten Aufwendungen regelmäßig nur unwesentlich übersteigen (→ BFH vom 4.8.1994 – BStBl. II S. 944),
- vom **Arbeitnehmer veruntreute Beträge** (→ BFH vom 13.11.2012 –BStBl. 2013 II S. 929),
- **Vorsorgeuntersuchungen leitender Angestellter**
→ BFH vom 17.9.1982 (BStBl. 1983 II S. 39),
- **Zuwendungen aus persönlichem Anlass** (→ R 19.6).

Steuerfrei sind
- die Leistungen nach dem **AltTZG** nach § 3 Nr. 28 EStG (→ R 3.28),

- **Aufwandsentschädigungen** nach § 3 Nr. 12 (→ R 3.12) und Einnahmen bis zum Höchstbetrag nach § 3 Nr. 26 und 26a EStG (→ R 3.26),
- durchlaufende Gelder und **Auslagenersatz** nach § 3 Nr. 50 EStG (→ R 3.50),
- **Beihilfen und Unterstützungen**, die wegen Hilfsbedürftigkeit gewährt werden nach § 3 Nr. 11 EStG (→ R 3.11),
- der Wert der unentgeltlich oder verbilligt überlassenen **Berufskleidung** sowie die Barablösung des Anspruchs auf Gestellung typischer Berufskleidung nach § 3 Nr. 31 EStG (→ R 3.31),
- die Erstattung von Mehraufwendungen bei **doppelter Haushaltsführung** nach § 3 Nr. 13 und 16 EStG (→ R 3.13, 3.16 und 9.11),
- die Maßnahmen der **Gesundheitsförderung** bis zum Höchstbetrag nach § 3 Nr. 34 EStG,
- der **Kaufkraftausgleich** nach § 3 Nr. 64 EStG (→ R 3.64),
- Leistungen des Arbeitgebers für die Unterbringung und Betreuung von nicht schulpflichtigen **Kindern** nach § 3 Nr. 33 EStG (→ R 3.33),
- **Nutzungsentgelt** für eine dem Arbeitgeber überlassene eigene Garage, in der ein Dienstwagen untergestellt wird (→ BFH vom 7.6.2002 – BStBl. II S. 829),
- der Ersatz von **Reisekosten** nach § 3 Nr. 13 und 16 EStG (→ R 3.13, 3.16 und 9.4 bis 9.8),
- die betrieblich notwendige **Sammelbeförderung** des Arbeitnehmers nach § 3 Nr. 32 EStG (→ R 3.32),
- **Studienbeihilfen und Stipendien** nach § 3 Nr. 11 und 44 EStG (→ R 4.1 und R 3.44 EStR),
- vom Arbeitgeber nach R 3.50 Abs. 2 ersetzte Aufwendungen für **Telekommunikation**,
- geldwerte Vorteile aus der privaten Nutzung betrieblicher Personalcomputer und **Telekommunikationsgeräte** nach § 3 Nr. 45 EStG (→ R 3.45),
- **Trinkgelder** nach § 3 Nr. 51 EStG,
- der Ersatz von **Umzugskosten** nach § 3 Nr. 13 und 16 EStG (→ R 3.13, 3.16 und 9.9),
- der Ersatz von **Unterkunftskosten** sowie die unentgeltliche oder teilentgeltliche Überlassung einer Unterkunft nach
  § 3 Nr. 13 EStG (→ R 3.13),
  § 3 Nr. 16 EStG (→ R 9.7 und 9.11),
- der Ersatz von **Verpflegungskosten** nach
  § 3 Nr. 4 Buchstabe c (→ R 3.4),
  § 3 Nr. 12 (→ R 3.12),
  § 3 Nr. 13 (→ R 3.13),
  § 3 Nr. 16 (→ R 9.6 und 9.11),
  § 3 Nr. 26 EStG (→ R 3.26),
- **Werkzeuggeld** nach § 3 Nr. 30 EStG (→ R 3.30),
- **Zukunftssicherungsleistungen** des Arbeitgebers auf Grund gesetzlicher Verpflichtung und gleichgestellte Zuschüsse nach § 3 Nr. 62 EStG (→ § 2 Abs. 2 Nr. 3 LStDV und R 3.62),
- **Zuschläge** für Sonntags-, Feiertags- oder Nachtarbeit nach § 3b EStG (→ R 3b).

Familienpflegezeit

Zur lohnsteuerlichen Behandlung der Familienpflegezeit → BMF vom 23.5.2012 (BStBl. I S. 617). *– Anlage § 019-09 –*

Gehaltsverzicht

→ R 3.33 und 38.2

Lohnverwendungsabrede

Arbeitslohn fließt nicht nur dadurch zu, dass der Arbeitgeber den Lohn auszahlt oder überweist, sondern auch dadurch, dass der Arbeitgeber eine mit dem Arbeitnehmer getroffene Lohnverwendungsabrede (eine konstitutive Verwendungsauflage) erfüllt. Keinen Lohn erhält der Arbeitnehmer hingegen dann, wenn der Arbeitnehmer auf Lohn verzichtet und keine Bedingungen an die Verwendung der freigewordenen Mittel knüpft (→ BFH vom 23.9.1998 – BStBl. 1999 II S. 98).

Lohnzahlung durch Dritte

Die Zuwendung eines Dritten kann Arbeitslohn sein, wenn sie als Entgelt für eine Leistung beurteilt werden kann, die der Arbeitnehmer im Rahmen seines Dienstverhältnisses für sei-

RL 19.3, 19.4 § 19

nen Arbeitgeber erbringt, erbracht hat oder erbringen soll (→ *BFH vom 28.2.2013* – *BStBl. II S. 642*). Bei Zuflüssen von dritter Seite können die Einnahmen insbesondere dann Ertrag der nichtselbständigen Arbeit sein, wenn sie

- im Zusammenhang mit einer konkreten nicht dem Dritten, sondern dem Arbeitgeber geschuldeten Arbeitsleistung verschafft werden (→ *BFH vom 11.11.1971* – *BStBl. 1972 II S. 213*),
- auf Grund konkreter Vereinbarungen mit dem Arbeitgeber beruhen (→ *BFH vom 28.3.1958* – *BStBl. III S. 268 und vom 27.1.1961* – *BStBl. III S. 167 zu Leistungen aus einer* **Unterstützungskasse**),
- auf Grund gesellschaftsrechtlicher oder geschäftlicher Beziehungen des Dritten zum Arbeitgeber gewährt werden (→ *BFH vom 21.2.1986* – *BStBl. II S. 768 zur unentgeltlichen oder teilentgeltlichen Überlassung von* **Belegschaftsaktien** *an Mitarbeiter verbundener Unternehmen*),
- dem Empfänger mit Rücksicht auf das Dienstverhältnis zufließen (→ *BFH vom 19.8.2004* – *BStBl. II S. 1076 zur Wohnungsüberlassung*).

Negativer Arbeitslohn

Wird ein fehlgeschlagenes Mitarbeiterbeteiligungsprogramm rückgängig gemacht, indem zuvor vergünstigt erworbene Aktien an den Arbeitgeber zurückgegeben werden, liegen negative Einnahmen bzw. Werbungskosten vor (→ *BFH vom 17.9.2009* – *BStBl. 2010 II S. 299*).

Pensionszusage, Ablösung

Die Ablösung einer vom Arbeitgeber erteilten Pensionszusage führt beim Arbeitnehmer auch dann zum Zufluss von Arbeitslohn, wenn der Ablösungsbetrag auf Verlangen des Arbeitnehmers zur Übernahme der Pensionsverpflichtung an einen Dritten gezahlt wird (→ *BFH vom 12.4.2007* – *BStBl. II S. 581*); zur Übertragung der betrieblichen Altersversorgung → § 3 Nr. 55 und Nr. 66 EStG und BMF vom 24.7.2013 (*BStBl. I S. 1022, Rz. 321 ff.*).

– *Anlage § 010a-01* –

Rabattgewährung durch Dritte

→ BMF vom 20.1.2015 (*BStBl. I S. 143*) – *Anlage § 008-01* –

Rückzahlung von Arbeitslohn

Arbeitslohnrückzahlungen sind nur dann anzunehmen, wenn der Arbeitnehmer an den Arbeitgeber die Leistungen, die bei ihm als Lohnzahlungen zu qualifizieren waren, zurückzahlt. Der Veranlassungszusammenhang zum Arbeitsverhältnis darf aber nicht beendet worden sein (→ *BFH vom 10.8.2010* – *BStBl. II S. 1074 zum fehlgeschlagenen Grundstückserwerb vom Arbeitgeber*).

→ H 11

Zinsen

Soweit die Arbeitnehmer von Kreditinstituten und ihre Angehörigen auf ihre Einlagen beim Arbeitgeber höhere Zinsen erhalten als betriebsfremde Anleger, sind die zusätzlichen Zinsen durch das Dienstverhältnis veranlasst und dem Lohnsteuerabzug zu unterwerfen. Aus Vereinfachungsgründen ist es jedoch nicht zu beanstanden, wenn der Zusatzzins als Einnahmen aus Kapitalvermögen behandelt wird, sofern der dem Arbeitnehmer und seinen Angehörigen eingeräumte Zinssatz nicht mehr als 1 Prozentpunkt über dem Zinssatz liegt, den die kontoführende Stelle des Arbeitgebers betriebsfremden Anlegern im allgemeinen Geschäftsverkehr anbietet (→ *BMF vom 2.3.1990* – *BStBl.I S. 141*). – *Anlage § 008-10* –

Zufluss von Arbeitslohn

→ R 38.2

Zum Lohnsteuerabzug → R 38.4

LStR

R 19.4 Vermittlungsprovisionen

(1) ¹Erhalten Arbeitnehmer von ihren Arbeitgebern Vermittlungsprovisionen, sind diese grundsätzlich Arbeitslohn. ²Das Gleiche gilt für Provisionen, die ein Dritter an den Arbeitgeber zahlt und die dieser an den Arbeitnehmer weiterleitet.

(2) ¹Provisionszahlungen einer Bausparkasse oder eines Versicherungsunternehmens an Arbeitnehmer der Kreditinstitute für Vertragsabschlüsse, die während der Arbeitszeit vermittelt werden, sind als

Lohnzahlungen Dritter dem Lohnsteuerabzug zu unterwerfen. ²Wenn zum Aufgabengebiet des Arbeitnehmers der direkte Kontakt mit dem Kunden des Kreditinstituts gehört, z.B. bei einem Kunden- oder Anlageberater, gilt dies auch für die Provisionen der Vertragsabschlüsse außerhalb der Arbeitszeit.

Hinweise

LStH 19.4 *Lohnsteuerabzug bei Vermittlungsprovisionen von Dritten*
→ *R 38.4*

Provisionen für Vertragsabschlüsse mit dem Arbeitnehmer
- *Preisnachlässe des Arbeitgebers bei Geschäften, die mit dem Arbeitnehmer als Kunden abgeschlossen werden, sind als Preisvorteile nach § 8 Abs. 3 EStG zu erfassen, auch wenn sie als Provisionszahlungen bezeichnet werden (→ BFH vom 22.5.1992 – BStBl. II S. 840).*
- *Provisionszahlungen einer Bausparkasse oder eines Versicherungsunternehmens an Arbeitnehmer der Kreditinstitute bei Vertragsabschlüssen im Verwandtenbereich und für eigene Verträge unterliegen als Rabatte von dritter Seite dem Lohnsteuerabzug 2(→ BMF vom 20.1.2015 – BStBl. I S. ...).*   – *Anlage § 008-01 –*

Provisionen für im Innendienst Beschäftigte

Provisionen, die Versicherungsgesellschaften ihren im Innendienst beschäftigten Arbeitnehmern für die gelegentliche Vermittlung von Versicherungen zahlen, und Provisionen im Bankgewerbe für die Vermittlung von Wertpapiergeschäften sind Arbeitslohn, wenn die Vermittlungstätigkeit im Rahmen des Dienstverhältnisses ausgeübt wird (→ BFH vom 7.10.1954 – BStBl. 1955 III S. 17).

LStR

R 19.5 Zuwendungen bei Betriebsveranstaltungen

Allgemeines

(1) Zuwendungen des Arbeitgebers an die Arbeitnehmer bei Betriebsveranstaltungen gehören als Leistungen im ganz überwiegenden betrieblichen Interesse des Arbeitgebers nicht zum Arbeitslohn, wenn es sich um herkömmliche (übliche) Betriebsveranstaltungen und um bei diesen Veranstaltungen übliche Zuwendungen handelt.

Begriff der Betriebsveranstaltung

(2) ¹Betriebsveranstaltungen sind Veranstaltungen auf betrieblicher Ebene, die gesellschaftlichen Charakter haben und bei denen die Teilnahme allen Betriebsangehörigen offensteht, z.B. Betriebsausflüge, Weihnachtsfeiern, Jubiläumsfeiern. ²Ob die Veranstaltung vom Arbeitgeber, Betriebsrat oder Personalrat durchgeführt wird, ist unerheblich. ³Veranstaltungen, die nur für einen beschränkten Kreis der Arbeitnehmer von Interesse sind, sind Betriebsveranstaltungen, wenn sich die Begrenzung des Teilnehmerkreises nicht als eine Bevorzugung bestimmter Arbeitnehmergruppen darstellt. ⁴Als Betriebsveranstaltungen sind deshalb auch solche Veranstaltungen anzuerkennen, die z.B.

1. jeweils nur für eine Organisationseinheit des Betriebs, z.B. Abteilung, durchgeführt werden, wenn alle Arbeitnehmer dieser Organisationseinheit an der Veranstaltung teilnehmen können,
2. nur für alle im Ruhestand befindlichen früheren Arbeitnehmer des Unternehmens veranstaltet werden (Pensionärstreffen),
3. nur für solche Arbeitnehmer durchgeführt werden, die bereits im Unternehmen ein rundes (10-, 20-, 25-, 30-, 40-, 50-, 60jähriges) Arbeitnehmerjubiläum gefeiert haben oder i.V.m. der Betriebsveranstaltung feiern (Jubilarfeiern). ²Dabei ist es unschädlich, wenn neben den Jubilaren auch ein begrenzter Kreis anderer Arbeitnehmer, wie z.B. die engeren Mitarbeiter des Jubilars, eingeladen wird. ³Der Annahme eines 40-, 50- oder 60-jährigen Arbeitnehmerjubiläums steht nicht entgegen, wenn die Jubilarfeier zu einem Zeitpunkt stattfindet, der höchstens fünf Jahre vor den bezeichneten Jubiläumsdienstzeiten liegt.

⁵Die Ehrung eines einzelnen Jubilars oder eines einzelnen Arbeitnehmers bei dessen Ausscheiden aus dem Betrieb, auch unter Beteiligung weiterer Arbeitnehmer, ist keine Betriebsveranstaltung; zu Sachzuwendungen aus solchen Anlässen → R 19.3 Abs. 2 Nr. 3. ⁶Auch ein sogenanntes Arbeitsessen ist keine Betriebsveranstaltung (→ R 19.6 Abs. 2).

Herkömmlichkeit (Üblichkeit) der Betriebsveranstaltung

(3) ¹Abgrenzungsmerkmale für die Herkömmlichkeit (Üblichkeit) sind Häufigkeit oder besondere Ausgestaltung der Betriebsveranstaltung. ²In Bezug auf die Häufigkeit ist eine Betriebsveranstaltung üblich,

wenn nicht mehr als zwei Veranstaltungen jährlich durchgeführt werden; auf die Dauer der einzelnen Veranstaltung kommt es nicht an. ³Das gilt auch für Veranstaltungen i.S.d. Absatzes 2 Satz 4 Nr. 2 und 3, die gesondert zu werten sind. ⁴Bei mehr als zwei gleichartigen Veranstaltungen kann der Arbeitgeber die beiden Veranstaltungen auswählen, die als übliche Betriebsveranstaltungen durchgeführt werden. ⁵Unschädlich ist, wenn ein Arbeitnehmer an mehr als zwei unterschiedlichen Veranstaltungen teilnimmt, z. B. ein Jubilar, der noch im selben Jahr in den Ruhestand tritt, nimmt an der Jubilarfeier, an einem Pensionärstreffen und an einem Betriebsausflug teil. ⁶Die Teilnahme eines Arbeitnehmers an mehr als zwei gleichartigen Betriebsveranstaltungen ist unschädlich, wenn sie der Erfüllung beruflicher Aufgaben dient, z.B. wenn der Personalchef oder Betriebsratsmitglieder die Veranstaltungen mehrerer Abteilungen besuchen.

Übliche Zuwendungen

(4) ¹Übliche Zuwendungen bei einer Betriebsveranstaltung sind insbesondere

1. Speisen, Getränke, Tabakwaren und Süßigkeiten,
2. die Übernahme von Übernachtungs- und Fahrtkosten, auch wenn die Fahrt als solche schon einen Erlebniswert hat,
3. Eintrittskarten für kulturelle und sportliche Veranstaltungen, wenn sich die Betriebsveranstaltung nicht im Besuch einer kulturellen oder sportlichen Veranstaltung erschöpft,
4. Geschenke (→ Absatz 6 Satz 3). ²Üblich ist auch die nachträgliche Überreichung der Geschenke an solche Arbeitnehmer, die aus betrieblichen oder persönlichen Gründen nicht an der Betriebsveranstaltung teilnehmen konnten, nicht aber eine deswegen gewährte Barzuwendung,
5. Aufwendungen für den äußeren Rahmen, z. B. für Räume, Musik, Kegelbahn, für künstlerische und artistische Darbietungen, wenn die Darbietungen nicht der wesentliche Zweck der Betriebsveranstaltung sind.

²Betragen die Aufwendungen des Arbeitgebers einschließlich Umsatzsteuer für die üblichen Zuwendungen i.S.d. Satzes 1 bis 5 an den einzelnen Arbeitnehmer insgesamt mehr als 110 Euro je Veranstaltung, sind die Aufwendungen dem Arbeitslohn hinzuzurechnen.

(5) Im Übrigen gilt Folgendes:

1. Zuwendungen an den Ehegatten¹⁾ oder einen Angehörigen des Arbeitnehmers, z. B. Kind, Verlobte, sind dem Arbeitnehmer zuzurechnen.
2. Barzuwendungen, die statt der in Absatz 4 Satz 1 Nr. 1 bis 3 genannten Sachzuwendungen gewährt werden, sind diesen gleichgestellt, wenn ihre zweckentsprechende Verwendung sichergestellt ist.

Besteuerung der Zuwendungen

(6) ¹Bei einer nicht herkömmlichen (unüblichen) Betriebsveranstaltung gehören die gesamten Zuwendungen an die Arbeitnehmer, einschließlich der Aufwendungen für den äußeren Rahmen (Absatz 4 Satz 1 Nr. 5), zum Arbeitslohn. ²Für die Erhebung der Lohnsteuer gelten die allgemeinen Vorschriften; § 40 Abs. 2 EStG ist anwendbar. ³Das gilt auch für ihrer Art nach übliche Zuwendungen, bei denen die 110-Euro-Grenze des Absatzes 4 Satz 2 überschritten wird, sowie für nicht übliche Zuwendungen, z. B. Geschenke, deren Gesamtwert 60 Euro übersteigt, oder Zuwendungen an einzelne Arbeitnehmer, aus Anlass – nicht nur bei Gelegenheit – einer Betriebsveranstaltung.

Hinweise

LStH 19.5 Dauer

Aufwendungen des Arbeitgebers führen bei einer zweitägigen Betriebsveranstaltung nicht zu Arbeitslohn, sofern die Freigrenze eingehalten wird (→ BFH vom 16.11.2005 – BStBl. 2006 II S. 439).

Entlohnungsabsicht

– *Zuwendungszweck von Aufwendungen des Arbeitgebers für eine nach Häufigkeit, Dauer und Ausgestaltung übliche Betriebsveranstaltung ist nicht die Entlohnung von Arbeitsleistung, sondern das Gelingen der im ganz überwiegenden betrieblichen Interesse des Arbeitgebers zur Förderung des Betriebsklimas durchgeführten Gemeinschaftsveranstaltung. Von einer Entlohnungsabsicht ist dagegen bei einer unüblichen Betriebsveranstaltung oder bei außergewöhnlichen Zuwendungen aus Anlass herkömmlicher Betriebsveranstaltungen auszugehen (→ BFH vom 22.3.1985 – BStBl. II S. 529, 532).*

---

1) Bei Lebenspartnern gilt Entsprechendes (§ 2 Abs. 8 EStG).

§ 19

- Überschreiten die Zuwendungen anlässlich einer herkömmlichen Betriebsveranstaltung einschließlich der Kosten für den äußeren Rahmen die Freigrenze je teilnehmenden Arbeitnehmer, erlangen sie ein derartiges Eigengewicht, dass sie als steuerpflichtiger Arbeitslohn zu werten sind. Das gilt auch dann, wenn die Freigrenze nur geringfügig oder bei einzelnen Arbeitnehmern nur wegen der Zurechnung von anteiligen Kosten für mitgenommene Angehörige überschritten wird (→ BFH vom 25.5.1992 – BStBl. II S. 655 und vom 16.11.2005 – BStBl. 2006 II S. 442).

Gemischt veranlasste Veranstaltung

- Sachzuwendungen anlässlich einer Reise, die sowohl eine Betriebsveranstaltung als auch eine aus ganz überwiegend eigenbetrieblichen Interessen durchgeführte Betriebsbesichtigung bei einem Hauptkunden des Arbeitgebers umfasst, sind grundsätzlich aufzuteilen. Die Aufwendungen des Arbeitgebers für eine derartige Reise sind insgesamt kein Arbeitslohn, wenn die dem Betriebsveranstaltungsteil zuzurechnenden, anteiligen Kosten die Freigrenze nicht übersteigen. Die dem Betriebsbesichtigungsteil zuzurechnenden, anteiligen Kosten stellen ebenfalls keinen Arbeitslohn dar, wenn die Besichtigung im ganz überwiegend eigenbetrieblichen Interesse durchgeführt wird (→ BFH vom 16.11.2005 – BStBl. 2006 II S. 444).
- Sachzuwendungen an Arbeitnehmer anlässlich einer Veranstaltung, die sowohl Elemente einer Betriebsveranstaltung als auch einer sonstigen betrieblichen Veranstaltung enthält, sind grundsätzlich aufzuteilen. Die Aufwendungen des Arbeitgebers für die Durchführung der gemischt veranlassten Gesamtveranstaltung sind nur dann kein Arbeitslohn, wenn die dem Betriebsveranstaltungsteil zuzurechnenden anteiligen Kosten die für die Zuordnung bei Betriebsveranstaltungen maßgebliche Freigrenze nicht überschreiten (→ BFH vom 30.4.2009 – BStBl. II S. 726).

Geschenke

Geschenke gehören als übliche Zuwendungen nicht zum Arbeitslohn, wenn sie im Rahmen einer Betriebsveranstaltung gegeben werden. Dies ist nicht der Fall, wenn die Veranstaltung nur in der Übergabe der Geschenke besteht (→ BFH vom 9.6.1978 – BStBl. II S. 532).

Häufigkeit

Führt ein Arbeitgeber pro Kalenderjahr mehr als zwei Betriebsveranstaltungen für denselben Kreis von Begünstigten durch, wird ab der dritten Veranstaltung Arbeitslohn zugewendet (→ BFH vom 16.11.2005 – BStBl. 2006 II S. 440).

Pauschalbesteuerung

Die pauschale Erhebung der Lohnsteuer nach § 40 Abs. 2 Satz 1 Nr. 2 EStG kommt nur in Betracht, wenn begrifflich eine Betriebsveranstaltung gegeben ist. Das ist nur der Fall, wenn die Veranstaltung grundsätzlich allen Arbeitnehmern offen steht, die Teilnahme an ihr also keine Privilegierung einzelner Arbeitnehmer darstellt (→ BFH vom 9.3.1990 – BStBl. II S. 711).

Privilegierung

- Incentive-Reisen, die der Arbeitgeber veranstaltet, um bestimmte Arbeitnehmer für besondere Leistungen zu entlohnen und zu weiteren Leistungen zu motivieren, sind keine Betriebsveranstaltungen (→ BFH vom 9.3.1990 – BStBl. II S. 711).
- Eine Betriebsveranstaltung kann auch dann vorliegen, wenn eine gemeinsame Veranstaltung für einzelne Abteilungen eines Unternehmens durchgeführt wird. Voraussetzung hierfür ist, dass die abteilungsübergreifende Veranstaltung allen Arbeitnehmern der einbezogenen Abteilungen offen steht (vertikale Beteiligung) und sich damit die Begrenzung des Teilnehmerkreises nicht als eine Bevorzugung bestimmter Arbeitnehmergruppen innerhalb der Abteilungen darstellt (→ BFH vom 4.8.1994 – BStBl. 1995 II S. 59).
- Eine nur Führungskräften eines Unternehmens vorbehaltene Abendveranstaltung ist mangels Offenheit des Teilnehmerkreises keine Betriebsveranstaltung (→ BFH vom 15.1.2009 – BStBl. II S. 476).

Sachbezugswerte

Bei einer unüblichen Betriebsveranstaltung gewährte Sachzuwendungen sind mit den üblichen Endpreisen am Abgabeort zu bewerten; die Werte der SvEV für Unterkunft und Verpflegung sind nicht anzuwenden (→ BFH vom 6.2.1987 – BStBl. II S. 355).

Theaterkarten

Zu den üblichen Zuwendungen gehört eine vom Arbeitgeber überlassene Theaterkarte, wenn der Theaterbesuch Bestandteil des Gesamtprogramms einer Betriebsveranstaltung ist (→ *BFH vom 21.2.1986 – BStBl. II S. 406*).

Verlosungsgewinne

Gewinne aus einer Verlosung, die gelegentlich einer Betriebsveranstaltung durchgeführt wurde, gehören zum Arbeitslohn, wenn an der Verlosung nicht alle an der Betriebsveranstaltung teilnehmenden Arbeitnehmer beteiligt werden, sondern die Verlosung nur einem bestimmten, herausgehobenen Personenkreis vorbehalten ist (→ *BFH vom 25.11.1993 – BStBl. 1994 II S. 254*).

Zuschuss

Leistet ein Arbeitgeber einen Zuschuss zu einer Betriebsveranstaltung in eine Gemeinschaftskasse der Arbeitnehmer, stellt diese Zuwendung keinen Arbeitslohn dar, wenn der Zuschuss die Freigrenze je Arbeitnehmer nicht überschreitet (→ *BFH vom 16.11.2005 – BStBl. 2006 II S. 437*).

LStR

R 19.6 Aufmerksamkeiten

(1) ¹Sachleistungen des Arbeitgebers, die auch im gesellschaftlichen Verkehr üblicherweise ausgetauscht werden und zu keiner ins Gewicht fallenden Bereicherung der Arbeitnehmer führen, gehören als bloße Aufmerksamkeiten nicht zum Arbeitslohn. ²Aufmerksamkeiten sind Sachzuwendungen bis zu einem Wert von 60 Euro, z. B. Blumen, Genussmittel, ein Buch oder ein Tonträger, die dem Arbeitnehmer oder seinen Angehörigen aus Anlass eines besonderen persönlichen Ereignisses zugewendet werden. ³Geldzuwendungen gehören stets zum Arbeitslohn, auch wenn ihr Wert gering ist.

(2) ¹Als Aufmerksamkeiten gehören auch Getränke und Genussmittel, die der Arbeitgeber den Arbeitnehmern zum Verzehr im Betrieb unentgeltlich oder teilentgeltlich überlässt, nicht zum Arbeitslohn. ²Dasselbe gilt für Speisen, die der Arbeitgeber den Arbeitnehmern anlässlich und während eines außergewöhnlichen Arbeitseinsatzes, z. B. während einer außergewöhnlichen betrieblichen Besprechung oder Sitzung, im ganz überwiegenden betrieblichen Interesse an einer günstigen Gestaltung des Arbeitsablaufs unentgeltlich oder teilentgeltlich überlässt und deren Wert 60 Euro nicht überschreitet.

Hinweise

LStH 19.6 Bewirtung von Arbeitnehmern

– Zur Gewichtung des Arbeitgeberinteresses an der Überlassung von Speisen und Getränken anlässlich und während eines außergewöhnlichen Arbeitseinsatzes (→ *BFH vom 5.5.1994 – BStBl. II S. 771*).

– Ein mit einer gewissen Regelmäßigkeit stattfindendes Arbeitsessen in einer Gaststätte am Sitz des Unternehmens führt bei den teilnehmenden Arbeitnehmern zu einem Zufluss von Arbeitslohn (→ *BFH vom 4.8.1994 – BStBl. 1995 II S. 59*).

– Zur Erfassung und Bewertung von Mahlzeiten, die der Arbeitgeber oder auf dessen Veranlassung ein Dritter aus besonderem Anlass an Arbeitnehmer abgibt (→ *R 8.1 Abs. 8*).

– Die Verpflegung der Besatzungsmitglieder an Bord eines Flusskreuzfahrtschiffes ist dann kein Arbeitslohn, wenn das eigenbetriebliche Interesse des Arbeitgebers an einer Gemeinschaftsverpflegung wegen besonderer betrieblicher Abläufe den Vorteil der Arbeitnehmer bei weitem überwiegt (→ *BFH vom 21.1.2010 – BStBl. II S. 700*).

Gelegenheitsgeschenke

Freiwillige Sonderzuwendungen (z.B. Lehrabschlussprämien) des Arbeitgebers an einzelne Arbeitnehmer, gehören grundsätzlich zum Arbeitslohn, und zwar auch dann, wenn mit ihnen soziale Zwecke verfolgt werden oder wenn sie dem Arbeitnehmer anlässlich besonderer persönlicher Ereignisse zugewendet werden; das gilt sowohl für Geld- als auch für Sachgeschenke (→ *BFH vom 22.3.1985 – BStBl. II S. 641*).

Warengutschein

→ *H 8.1 (1–4) Geldleistung oder Sachbezug* → *R 38.2 Abs. 3 zum Zuflusszeitpunkt*

LStR

R 19.7 Berufliche Fort- oder Weiterbildungsleistungen des Arbeitgebers

(1) ¹Berufliche Fort- oder Weiterbildungsleistungen des Arbeitgebers führen nicht zu Arbeitslohn, wenn diese Bildungsmaßnahmen im ganz überwiegenden betrieblichen Interesse des Arbeitgebers durchgeführt werden. ²Dabei ist es gleichgültig, ob die Bildungsmaßnahmen am Arbeitsplatz, in zentralen betrieblichen Einrichtungen oder in außerbetrieblichen Einrichtungen durchgeführt werden. ³Sätze 1 und 2 gelten auch für Bildungsmaßnahmen fremder Unternehmer, die für Rechnung des Arbeitgebers erbracht werden. ⁴Ist der Arbeitnehmer Rechnungsempfänger, ist dies für ein ganz überwiegend betriebliches Interesse des Arbeitgebers unschädlich, wenn der Arbeitgeber die Übernahme bzw. den Ersatz der Aufwendungen allgemein oder für die besondere Bildungsmaßnahme vor Vertragsabschluss schriftlich zugesagt hat.

(2) ¹Bei einer Bildungsmaßnahme ist ein ganz überwiegendes betriebliches Interesse des Arbeitgebers anzunehmen, wenn sie die Einsatzfähigkeit des Arbeitnehmers im Betrieb des Arbeitgebers erhöhen soll. ²Für die Annahme eines ganz überwiegenden betrieblichen Interesses des Arbeitgebers ist nicht Voraussetzung, dass der Arbeitgeber die Teilnahme an der Bildungsmaßnahme zumindest teilweise auf die Arbeitszeit anrechnet. ³Rechnet er die Teilnahme an der Bildungsmaßnahme zumindest teilweise auf die Arbeitszeit an, ist die Prüfung weiterer Voraussetzungen eines ganz überwiegenden betrieblichen Interesses des Arbeitgebers entbehrlich, es sei denn, es liegen konkrete Anhaltspunkte für den Belohnungscharakter der Maßnahme vor. ⁴Auch sprachliche Bildungsmaßnahmen sind unter den genannten Voraussetzungen dem ganz überwiegenden betrieblichen Interesse zuzuordnen, wenn der Arbeitgeber die Sprachkenntnisse in dem für den Arbeitnehmer vorgesehenen Aufgabengebiet verlangt. ⁵Von einem ganz überwiegenden betrieblichen Interesse ist auch bei dem SGB III entsprechenden Qualifikations- und Trainingsmaßnahmen auszugehen, die der Arbeitgeber oder eine zwischengeschaltete Beschäftigungsgesellschaft im Zusammenhang mit Auflösungsvereinbarungen erbringt. ⁶Bildet sich der Arbeitnehmer nicht im ganz überwiegenden betrieblichen Interesse des Arbeitgebers fort, gehört der nach § 8 Abs. 2 EStG zu ermittelnde Wert der vom Arbeitgeber erbrachten Fort- oder Weiterbildungsleistung zum Arbeitslohn. ⁷Der Arbeitnehmer kann ggf. den Wert einer beruflichen Fort- und Weiterbildung im Rahmen des § 9 Abs. 1 Satz 1 EStG als Werbungskosten (→ R 9.2) oder im Rahmen des § 10 Abs. 1 Nr. 7 EStG als Sonderausgaben geltend machen.

(3) Auch wenn Fort- oder Weiterbildungsleistungen nach den vorstehenden Regelungen nicht zu Arbeitslohn führen, können die Aufwendungen des Arbeitgebers, wie z. B. Reisekosten, die neben den Kosten für die eigentliche Fort- oder Weiterbildung anfallen und die durch die Teilnahme des Arbeitnehmers an der Bildungsveranstaltung veranlasst sind, nach § 3 Nr. 13, 16 EStG (→ R 9.4 bis R 9.8 und R 9.11) zu behandeln sein.

Hinweise

LStH 19.7 Incentive-Reisen

- *Veranstaltet der Arbeitgeber so genannte Incentive-Reisen, um bestimmte Arbeitnehmer für besondere Leistungen zu belohnen und zu weiteren Leistungssteigerungen zu motivieren, erhalten die Arbeitnehmer damit einen steuerpflichtigen geldwerten Vorteil, wenn auf den Reisen ein Besichtigungsprogramm angeboten wird, das einschlägigen Touristikreisen entspricht, und der Erfahrungsaustausch zwischen den Arbeitnehmern demgegenüber zurücktritt (→ BFH vom 9.3.1990 – BStBl. II S. 711).*

- *Ein geldwerter Vorteil entsteht nicht, wenn die Betreuungsaufgaben das Eigeninteresse des Arbeitnehmers an der Teilnahme des touristischen Programms in den Hintergrund treten lassen (→ BFH vom 5.9.2006 – BStBl. 2007 II S. 312).*

- *Selbst wenn ein Arbeitnehmer bei einer von seinem Arbeitgeber veranstalteten so genannten Händler-Incentive-Reise Betreuungsaufgaben hat, ist die Reise Arbeitslohn, wenn der Arbeitnehmer auf der Reise von seinem Ehegatten/Lebenspartner begleitet wird (→ BFH vom 25.3.1993 – BStBl. II S. 639).*

- *Eine Aufteilung von Sachzuwendungen an Arbeitnehmer in Arbeitslohn und Zuwendungen im eigenbetrieblichen Interesse ist grundsätzlich möglich (→ BFH vom 18.8.2005 – BStBl. 2006 II S. 30).*

- → *BMF vom 14.10.1996 (BStBl. I S. 1192)* — *– Anlage § 004-02 –*

Studiengebühren

Zur lohnsteuerlichen Behandlung der Übernahme von Studiengebühren für ein berufsbegleitendes Studium durch den Arbeitgeber → *BMF vom 13.4.2012 (BStBl. I S. 531).*

– *Anlage § 019-10* –

Studienreisen, Fachkongresse

→ *R 12.2 EStR, H 12.2 EStH*

LStR

R 19.8 Versorgungsbezüge

(1) Zu den nach § 19 Abs. 2 EStG steuerbegünstigten Versorgungsbezügen gehören auch:

1. Sterbegeld i.S.d. § 18 Abs. 1, Abs. 2 Nr. 1 und Abs. 3 BeamtVG sowie entsprechende Bezüge im privaten Dienst. ²Nicht zu den steuerbegünstigten Versorgungsbezügen gehören Bezüge, die für den Sterbemonat auf Grund des Arbeitsvertrages als Arbeitsentgelt gezahlt werden; besondere Leistungen an Hinterbliebene, die über das bis zum Erlöschen des Dienstverhältnisses geschuldete Arbeitsentgelt hinaus gewährt werden, sind dagegen Versorgungsbezüge,

2. Übergangsversorgung, die nach dem BAT oder diesen ergänzenden, ändernden oder ersetzenden Tarifverträgen sowie Übergangszahlungen nach § 47 Nr. 3 des Tarifvertrags für den öffentlichen Dienst der Länder (TV-L) an Angestellte im militärischen Flugsicherungsdienst, bei der Bundesanstalt für Flugsicherung im Flugsicherungsdienst, im Justizvollzugsdienst und im kommunalen feuerwehrtechnischen Dienst sowie an Luftfahrzeugführer von Messflugzeugen und an technische Luftfahrzeugführer gezahlt wird, einschließlich des an Hinterbliebene zu zahlenden monatlichen Ausgleichsbetrages und einschließlich des Ausgleichs, der neben der Übergangsversorgung zu zahlen ist, sowie die Übergangsversorgung, die nach § 7 des Tarifvertrags vom 30.11.1991 über einen sozialverträglichen Personalabbau im Bereich des Bundesministeriums der Verteidigung gezahlt wird,

3. die Bezüge der Beamten im einstweiligen Ruhestand,

4. die nach § 47 Abs. 4 Satz 2 des Bundesbeamtengesetzes (BBG) sowie entsprechender Vorschriften der Beamtengesetze der Länder gekürzten Dienstbezüge,

5. die Unterhaltsbeiträge nach den §§ 15 und 26 BeamtVG sowie nach § 69 BeamtVG oder entsprechenden landesrechtlichen Vorschriften,

6. die Versorgungsbezüge der vorhandenen, ehemals unter das G 131 und das Gesetz zur Regelung der Wiedergutmachung nationalsozialistischen Unrechts für Angehörige des öffentlichen Dienstes (BWGöD) fallenden früheren Angehörigen des öffentlichen Dienstes und ihrer Hinterbliebenen nach § 2 Abs. 1 Nr. 1 des Dienstrechtlichen Kriegsfolgen-Abschlussgesetzes (DKfAG) i.V.m. den §§ 69, 69a BeamtVG,

7. die Versorgungsbezüge der politischen Wahlbeamten auf Zeit,

8. das Ruhegehalt und der Ehrensold der ehemaligen Regierungsmitglieder einschließlich der entsprechenden Hinterbliebenenbezüge, nicht dagegen das Übergangsgeld nach § 14 des Bundesministergesetzes sowie entsprechende Leistungen auf Grund von Gesetzen der Länder,

9. – unbesetzt –

10. Verschollenheitsbezüge nach § 29 Abs. 2 BeamtVG sowie entsprechende Leistungen nach den Beamtengesetzen der Länder,

11. Abfindungsrenten nach § 69 BeamtVG oder entsprechenden landesrechtlichen Vorschriften,

12. Unterhaltsbeihilfen nach den §§ 5 und 6 des baden-württembergischen Gesetzes zur einheitlichen Beendigung der politischen Säuberung vom 13.7.1953 (GBl. S. 91),

13. Ehrensold der früheren ehrenamtlichen Bürgermeister und ihrer Hinterbliebenen nach § 6 des baden-württembergischen Gesetzes über die Aufwandsentschädigung der ehrenamtlichen Bürgermeister vom 19.6.1987 (GBl. S. 281),

14. Ehrensold der früheren Bürgermeister und früheren Bezirkstagspräsidenten nach Artikel 59 des bayerischen Gesetzes über kommunale Wahlbeamte und Wahlbeamtinnen,

15. das Ruhegeld der vorhandenen, ehemals unter das G 131 und das BWGöD fallenden früheren Angestellten und Arbeiter der Freien und Hansestadt Hamburg nach § 2 Abs. 1 Nr. 5 DKfAG i. V. m. dem Hamburgischen Zusatzversorgungsgesetz,

§ 19 RL 19.8

16. Ehrensold der früheren ehrenamtlichen Bürgermeister und Kassenverwalter und ihrer Hinterbliebenen nach dem hessischen Gesetz über die Aufwandsentschädigungen und den Ehrensold der ehrenamtlichen Bürgermeister und der ehrenamtlichen Kassenverwalter der Gemeinden vom 7.10.1970 (GVBl. I S. 635),
17. Ehrensold der früheren ehrenamtlichen Bürgermeister, Beigeordneten und Ortsvorsteher nach dem rheinland-pfälzischen Ehrensoldgesetz vom 18.12.1972 (GVBl. S. 376),
18. Ruhegehalt und Versorgungsbezüge, die auf Grund des Artikels 3 der Anlage 1 des Saarvertrags (BGBl. 1956 II S. 1587) an Personen gezahlt werden, die aus Anlass der Rückgliederung des Saarlandes in den Ruhestand versetzt worden sind,
19. die Bezüge der im Saarland nach dem 8.5.1945 berufenen Amtsbürgermeister und Verwaltungsvorsteher, die nach dem Gesetz zur Ergänzung der Gemeindeordnung vom 10.7.1953 (Amtsbl. S. 415) in den Ruhestand versetzt worden sind,
20. Ehrensold der früheren ehrenamtlichen Bürgermeister, Beigeordneten und Amtsvorsteher nach dem saarländischen Gesetz Nr. 987 vom 6.3.1974 (Amtsbl. S. 357),
21. Vorruhestandsleistungen, z. B. i.S.d. Vorruhestandsgesetzes, soweit der Arbeitnehmer im Lohnzahlungszeitraum das 63., bei Schwerbehinderten das 60. Lebensjahr vollendet hat.

(2) Nicht zu den nach § 19 Abs. 2 EStG steuerbegünstigten Versorgungsbezügen gehören insbesondere
1. das Übergangsgeld nach § 47 BeamtVG i. V. m. dessen § 67 Abs. 4 und entsprechende Leistungen auf Grund der Beamtengesetze der Länder sowie das Übergangsgeld nach § 47a BeamtVG,
2. das Übergangsgeld nach § 14 des Bundesministergesetzes und entsprechende Leistungen auf Grund der Gesetze der Länder.

(3) ¹Bezieht ein Versorgungsberechtigter Arbeitslohn aus einem gegenwärtigen Dienstverhältnis und werden deshalb, z. B. nach § 53 BeamtVG, die Versorgungsbezüge gekürzt, sind nur die gekürzten Versorgungsbezüge nach § 19 Abs. 2 EStG steuerbegünstigt; das Gleiche gilt, wenn Versorgungsbezüge nach der Ehescheidung gekürzt werden (§ 57 BeamtVG). ²Nachzahlungen von Versorgungsbezügen an nichtversorgungsberechtigte Erben eines Versorgungsberechtigten sind nicht nach § 19 Abs. 2 EStG begünstigt.

Hinweise

LStH 19.8 *Altersgrenze*

Die in § 19 Abs. 2 Satz 2 Nr. 2 Halbsatz 2 EStG für Versorgungsbezüge im privaten Dienst vorgesehenen Altersgrenzen sind verfassungsgemäß (→ BFH vom 7.2.2013 – BStBl. II S. 576).

Altersteilzeit

Bezüge, die in der Freistellungsphase im Rahmen der Altersteilzeit nach dem sog. Blockmodell erzielt werden, sind keine Versorgungsbezüge (→ BFH vom 21.3.2013 – BStBl. II S. 611).

Beamte – vorzeitiger Ruhestand

Bezüge nach unwiderruflicher Freistellung vom Dienst bis zur Versetzung in den Ruhestand gehören zu den Versorgungsbezügen (→ BFH vom 12.2.2009 – BStBl. II S. 460).

Beihilfen

Die an nichtbeamtete Versorgungsempfänger gezahlten Beihilfen im Krankheitsfall sind bei Erfüllung der altersmäßigen Voraussetzungen Versorgungsbezüge i. S. d. § 19 Abs. 2 Satz 2 Nr. 2 EStG (→ BFH vom 6.2.2013 – BStBl. II S. 572).

Emeritenbezüge entpflichteter Hochschullehrer

Zu den Versorgungsbezügen gehören auch Emeritenbezüge entpflichteter Hochschullehrer (→ BFH vom 19.6.1974 – BStBl. 1975 II S. 23 und vom 5.11.1993 – BStBl. 1994 II S. 238).

Internationale Organisationen

Zu der Frage, welche Zahlungen internationaler Organisationen zu den Versorgungsbezügen gehören → BMF vom 19.8.2013 (BStBl. I S. 1087), Rz. 168.

NATO-Bedienstete

Ruhegehaltsbezüge an ehemalige NATO-Bedienstete sind Versorgungsbezüge (→ BFH vom 22.11.2006 – BStBl. 2007 II S. 402).

Sterbegeld

Das nach den tarifvertraglichen Vorschriften im öffentlichen Dienst gezahlte Sterbegeld ist ein Versorgungsbezug (→ BFH vom 8.2.1974 – BStBl. II S. 303).

Übergangsgeld

Übergangsgeld, das nach den tarifvertraglichen Vorschriften im öffentlichen Dienst gewährt wird, ist ein Versorgungsbezug, wenn es wegen Berufsunfähigkeit oder Erwerbsunfähigkeit oder wegen Erreichens der tariflichen oder der so genannten flexiblen Altersgrenze gezahlt wird; beim Übergangsgeld, das wegen Erreichens einer Altersgrenze gezahlt wird, ist Voraussetzung, dass der Angestellte im Zeitpunkt seines Ausscheidens das 63., bei Schwerbehinderten das 60. Lebensjahr vollendet hat (→ BFH vom 21.8.1974 – BStBl. 1975 II S. 62).

Umfang der Besteuerung

Versorgungsbezüge sind in voller Höhe und nicht nur mit einem niedrigeren Betrag (z. B. Besteuerungsanteil nach § 22 EStG) als Arbeitslohn anzusetzen (→ BFH vom 7.2.2013 – BStBl. II S. 573).

Versorgungsbezüge

→ BMF vom 19.8.2013 (BStBl. I S. 1087), Rz. 168 ff.   – *Anlage § 010-01* –

Versorgungsfreibetrag

Beispiel zur Bemessungsgrundlage des Versorgungsfreibetrags bei Sachbezügen

Ein Arbeitnehmer scheidet zum 31.3. aus dem aktiven Dienst aus und erhält ab dem 1.4. eine Werkspension in Höhe von 300 €. Im April erhält er zusätzlich einen einmaligen Sachbezug in Höhe von 400 €.

Sachbezüge, die ein Arbeitnehmer nach dem Ausscheiden aus dem aktiven Dienst zusammen mit dem Ruhegehalt erhält, gehören zu den Versorgungsbezügen i. S. d. § 19 Abs. 2 Satz 2 EStG. Die Bemessungsgrundlage beträgt:

– laufender Bezug im ersten Versorgungsmonat 300 € x 12 Monate	3.600 €
– Sachbezug	400 €
Bemessungsgrundlage	4.000 €.

LStR

R 19.9 Zahlung von Arbeitslohn an die Erben oder Hinterbliebenen eines verstorbenen Arbeitnehmers

(1) [1]Arbeitslohn, der nach dem Tod des Arbeitnehmers gezahlt wird, darf grundsätzlich unabhängig vom Rechtsgrund der Zahlung nicht mehr nach den steuerlichen Merkmalen des Verstorbenen versteuert werden. [2]Bei laufendem Arbeitslohn, der im Sterbemonat oder für den Sterbemonat gezahlt wird, kann der Steuerabzug aus Vereinfachungsgründen noch nach den steuerlichen Merkmalen des Verstorbenen vorgenommen werden; die Lohnsteuerbescheinigung ist jedoch auch in diesem Falle für den Erben auszustellen und zu übermitteln.

(2) [1]Zahlt der Arbeitgeber den Arbeitslohn an einen Erben oder einen Hinterbliebenen aus, ist der Lohnsteuerabzug vorbehaltlich des Absatzes 1 Satz 2 nur nach dessen Besteuerungsmerkmalen durchzuführen. [2]Die an die übrigen Anspruchsberechtigten weitergegebenen Beträge stellen im Kalenderjahr der Weitergabe negative Einnahmen dar. [3]Handelt es sich dabei um Versorgungsbezüge i.S.d. § 19 Abs. 2 EStG, ist für die Berechnung der negativen Einnahmen zunächst vom Bruttobetrag der an die anderen Anspruchsberechtigten weitergegebenen Beträge auszugehen; dieser Bruttobetrag ist sodann um den Unterschied zwischen den beim Lohnsteuerabzug berücksichtigten Freibeträgen für Versorgungsbezüge und den auf den verbleibenden Anteil des Zahlungsempfängers entfallenden Freibeträgen für Versorgungsbezüge zu kürzen. [4]Die Auseinandersetzungszahlungen sind bei den Empfängern – gegebenenfalls vermindert um die Freibeträge für Versorgungsbezüge (§ 19 Abs. 2 EStG) – als Einkünfte aus nichtselbständiger Arbeit im Rahmen einer Veranlagung zur Einkommensteuer zu erfassen (§ 46 Abs. 2 Nr. 1 EStG).

(3) Für den Steuerabzug durch den Arbeitgeber gilt im Übrigen Folgendes:

1. Beim Arbeitslohn, der noch für die aktive Tätigkeit des verstorbenen Arbeitnehmers gezahlt wird, ist, wie dies bei einer Zahlung an den Arbeitnehmer der Fall gewesen wäre, zwischen laufendem Arbeitslohn, z. B. Lohn für den Sterbemonat oder den Vormonat, und sonstigen Bezügen, z. B. Erfolgsbeteiligung, zu unterscheiden.

§ 19 RL 19.9

2. ¹Der Arbeitslohn für den Sterbemonat stellt, wenn er arbeitsrechtlich für den gesamten Lohnzahlungszeitraum zu zahlen ist, keinen Versorgungsbezug i.S.d. § 19 Abs. 2 EStG dar. ²Besteht dagegen ein Anspruch auf Lohnzahlung nur bis zum Todestag, handelt es sich bei den darüber hinausgehenden Leistungen an die Hinterbliebenen um Versorgungsbezüge. ³Dies gilt entsprechend für den Fall, dass die arbeitsrechtlichen Vereinbarungen für den Sterbemonat lediglich die Zahlung von Hinterbliebenenbezügen vorsehen oder keine vertraglichen Abmachungen über die Arbeitslohnbemessung bei Beendigung des Dienstverhältnisses im Laufe des Lohnzahlungszeitraums bestehen. ⁴Auch in diesen Fällen stellt nur der Teil der Bezüge, der auf die Zeit nach dem Todestag entfällt, einen Versorgungsbezug dar. ⁵In den Fällen des Absatzes 1 Satz 2 sind die Freibeträge für Versorgungsbezüge nicht zu berücksichtigen.

3. ¹Das Sterbegeld ist ein Versorgungsbezug und stellt grundsätzlich einen sonstigen Bezug dar. ²Dies gilt auch für den Fall, dass als Sterbegeld mehrere Monatsgehälter gezahlt werden, weil es sich hierbei dem Grunde nach nur um die ratenweise Zahlung eines Einmalbetrages handelt. ³Die laufende Zahlung von Witwen- oder Hinterbliebenengeldern i.S.d. § 19 Abs. 1 Satz 1 Nr. 2 EStG durch den Arbeitgeber ist demgegenüber regelmäßig als laufender Arbeitslohn (Versorgungsbezug) zu behandeln.

4. ¹Soweit es sich bei den Zahlungen an die Erben oder Hinterbliebenen nicht um Versorgungsbezüge handelt, ist zu prüfen, ob der Altersentlastungsbetrag (§ 24a EStG) zum Ansatz kommt. ²Dabei ist auf das Lebensalter des jeweiligen Zahlungsempfängers abzustellen. ³Absatz 2 ist entsprechend anzuwenden.

5. ¹Soweit Zahlungen an im Ausland wohnhafte Erben oder Hinterbliebene erfolgen, bei denen die Voraussetzungen des § 1 Abs. 2 oder 3, § 1a EStG nicht vorliegen, ist bei beschränkt steuerpflichtigen Arbeitnehmern beim Steuerabzug nach den für Lohnzahlungen geltenden Vorschriften zu verfahren; wegen der Besonderheiten wird auf § 38b Abs. 1 Satz 2 Nr. 1 Buchstabe b, § 39 Abs. 2 und 3, § 39a Abs. 2 und 4, § 39b Abs. 1 und 2, § 39c Abs. 2 EStG hingewiesen. ²Dabei ist jedoch zu beachten, dass auf Grund eines Doppelbesteuerungsabkommens das Besteuerungsrecht dem Ansässigkeitsstaat zustehen kann.

Hinweise

LStH 19.9 *Erben als Arbeitnehmer*

Durch die Zahlung von dem Erblasser zustehenden Arbeitslohn an die Erben oder Hinterbliebenen werden diese steuerlich zu Arbeitnehmern; der Lohnsteuerabzug ist nach den Lohnsteuerabzugsmerkmalen (ggf. Steuerklasse VI) der Erben oder Hinterbliebenen durchzuführen (§ 1 Abs. 1 Satz 2 LStDV).

Weiterleitung von Arbeitslohn an Miterben

Beispiel:

*Nach dem Tod des Arbeitnehmers A ist an die Hinterbliebenen B, C, D und E ein Sterbegeld von 4 000 € zu zahlen. Der Arbeitgeber zahlt den Versorgungsbezug an B im Jahr 2015 aus. Dabei wurde die Lohnsteuer nach den **Lohnsteuerabzugsmerkmalen** des B eingetragenen Merkmalen unter Berücksichtigung der Freibeträge für Versorgungsbezüge von 1 500 € (24,0 % von 4 000 € = 960 € zuzüglich 540 €) erhoben. B gibt im Jahr 2016 je 1/4 des Bruttoversorgungsbezugs an C, D und E weiter (insgesamt 3 000 €).*

Im Jahr 2015 ergeben sich lohnsteuerpflichtige Versorgungsbezüge:

Versorgungsbezüge	4 000 €
./. Versorgungsfreibetrag	960 €
./. Zuschlag zum Versorgungsfreibetrag	540 €
lohnsteuerpflichtige Versorgungsbezüge	2 500 €

Durch die Weitergabe im Jahr 2016 verbleibt B ein Anteil an den Versorgungsbezügen von 1 000 €. Hierauf entfällt ein Versorgungsfreibetrag in Höhe von 240 € (24,0 % vom 1 000 €) zuzüglich eines Zuschlags zum Versorgungsfreibetrag von 540 €, also steuerpflichtige Versorgungsbezüge von 220 €. Bei B sind in 2016 negative Einnahmen in Höhe von 2 280 € (2 500 € ./. 220 €) anzusetzen.

Rechtsprechung § 19

Rechtsprechungsauswahl

BFH v. 21. 10. 2014 VIII R 44/11 (BFH-Webseite): Arbeitslohn im Zusammenhang mit der Verzinsung von Genussrechten

1. Der BFH ist an die revisionsrechtlich nicht zu beanstandende Gesamtwürdigung des FG gebunden, wonach es sich bei der Verzinsung von Genussrechten u.a. deshalb um Einkünfte aus nichtselbständiger Arbeit gemäß § 19 Abs. 1 Satz 1 Nr. 1 i.V.m. § 8 Abs. 1 EStG und nicht um Kapitaleinkünfte gemäß § 20 Abs. 1 Nr. 7 EStG handelt, weil die Höhe der Verzinsung völlig unbestimmt ist und von einem aus Arbeitgeber und einem Vertreter der Arbeitnehmer bestehenden Partnerschaftsausschuss bestimmt wird.
2. Die falsche Bezeichnung der Änderungsvorschrift im Änderungsbescheid führt nicht zur Rechtswidrigkeit des geänderten Bescheids.

BFH v. 26. 6. 2014 VI R 94/13 (BStBl. II S. 864): Verbilligter Erwerb einer Beteiligung als Arbeitslohn – Tatsache i.s. des § 173 AO)

Der geldwerte Vorteil aus dem verbilligten Erwerb einer Beteiligung, der im Hinblick auf eine spätere Beschäftigung als Geschäftsführer gewährt wird, ist als Arbeitslohn zu berücksichtigen.

BFH v. 7. 5. 2014 VI R 73/12 (BStBl. II S. 904): Verbilligter Erwerb von Aktien vom Arbeitgeber als Arbeitslohn

1. Der verbilligte Erwerb von Aktien vom Arbeitgeber (oder einem Dritten) kann zu Einnahmen aus nichtselbständiger Arbeit nach § 19 Abs. 1 Satz 1 Nr. 1 i.V.m. § 8 Abs. 1 EStG führen, wenn der Vorteil dem Arbeitnehmer "für" seine Arbeitsleistung gewährt wird.
2. Ein lohnsteuerbarer Vorteil liegt jedoch nur insoweit vor, als der Arbeitgeber die Aktien tatsächlich verbilligt an den Arbeitnehmer veräußert, mithin der Wert der Aktien den vereinbarten Kaufpreis übersteigt.
3. Ob der Arbeitnehmer das Wirtschaftsgut verbilligt erwirbt oder sich Leistung und Gegenleistung entsprechen, ist grundsätzlich anhand der Wertverhältnisse bei Abschluss des für beide Seiten verbindlichen Veräußerungsgeschäfts zu bestimmen.

BFH v. 10. 4. 2014 VI R 62/11 (BStBl. 2015 II S. 191): Arbeitslohn Dritter; Rabatte beim Abschluss von Versicherungsverträgen

Werden Rabatte beim Abschluss von Versicherungsverträgen sowohl Arbeitnehmern von Geschäftspartnern als auch einem weiteren Personenkreis (Angehörige der gesamten Versicherungsbranche, Arbeitnehmer weiterer Unternehmen) eingeräumt, so liegt hierin kein Arbeitslohn.

BFH v. 14. 11. 2013 VIII R 36/12 (BStBl. 2014 II S. 278): Arbeitslohn: Übernahme von Bußgeldern – Kein eigenbetriebliches Interesse des Arbeitgebers

1. Übernimmt der eine Spedition betreibende Arbeitgeber die Bußgelder, die gegen bei ihm angestellte Fahrer wegen Verstößen gegen die Lenk- und Ruhezeiten verhängt worden sind, handelt es sich dabei um Arbeitslohn.
2. Vorteile haben keinen Arbeitslohncharakter, wenn sie sich bei objektiver Würdigung aller Umstände nicht als Entlohnung, sondern lediglich als notwendige Begleiterscheinung betriebsfunktionaler Zielsetzung erweisen. Das ist der Fall, wenn sie aus ganz überwiegend eigenbetrieblichem Interesse des Arbeitgebers gewährt werden. Ein rechtswidriges Tun ist keine beachtliche Grundlage einer solchen betriebsfunktionalen Zielsetzung.

BFH v. 5. 11. 2013 VIII R 20/11 (BStBl. 2014 II S. 275): Arbeitslohn im Zusammenhang mit der Veräußerung von Genussrechten

1. Kann der Arbeitnehmer die von seinem Arbeitgeber erworbenen Genussrechte nur dadurch verwerten, dass er sie nach Ablauf der Laufzeit an diesen veräußert und hängt die Höhe des Rückkaufswerts der Genussrechte davon ab, wie das Anstellungsverhältnis endet, handelt es sich bei dem Überschuss aus dem Rückverkauf der Genussrechte um Einkünfte aus nichtselbständiger Arbeit gemäß § 19 Abs. 1 Satz 1 Nr. 1 i.V.m. § 8 Abs. 1 EStG.
2. Der geldwerte Vorteil fließt dem Arbeitnehmer zu dem Zeitpunkt zu, in dem ihm das Entgelt für die Rücknahme der Genussrechte ausgezahlt wird.

BFH v. 21. 3. 2013 VI R 5/12 (BStBl. II S. 611): Gleichartiger Bezug i.S. des § 19 Abs. 2 Satz 2 Nr. 1 Buchst. a EStG

1. Gleichartig i.S. des § 19 Abs. 2 Satz 2 Nr. 1 Buchst. a EStG ist ein Bezug, der nach seinem Zuwendungsgrund mit einem Ruhegehalt, Witwen- und Waisengeld oder Unterhaltsbeitrag vergleich-

§ 19 Rechtsprechung

bar ist. Maßstab ist die öffentlich-rechtliche Einordnung durch das insoweit vorgreifliche Dienstrecht.

2. Ein dem Ruhegehalt gleichartiger Bezug setzt voraus, dass er einem Versorgungszweck dient, dem Bezug also die Funktion eines (vorgezogenen) Ruhegehalts zukommt.

3. Einkünfte, die in der Freistellungsphase im Rahmen der Altersteilzeit nach dem sog. Blockmodell erzielt werden, sind regelmäßig keine Versorgungsbezüge.

BFH v. 28. 2. 2013 VI R 58/11 (BStBl. II S. 642): Lohnzahlung Dritter – Werbungskostenhöchstbetrag für häusliches Arbeitszimmer – Verfassungsmäßigkeit

1. Die Zuwendung eines Dritten kann ausnahmsweise Arbeitslohn sein, wenn sie als Entgelt für eine Leistung beurteilt werden kann, die der Arbeitnehmer im Rahmen seines Dienstverhältnisses für seinen Arbeitgeber erbringt, erbracht hat oder erbringen soll.

2. § 4 Abs. 5 Satz 1 Nr. 6b i.V.m. § 52 Abs. 12 Satz 9 EStG i.d.F. des JStG 2010 begegnet keinen verfassungsrechtlichen Bedenken, soweit danach Aufwendungen für ein häusliches Arbeitszimmer in den Fällen, in denen kein anderer Arbeitsplatz zur Verfügung stand, rückwirkend ab dem Veranlagungszeitraum 2007 auf einen Jahresbetrag von 1.250 € begrenzt wurden.

BFH v. 24. 9. 2013 VI R 8/11 (BStBl. 2014 II S. 124): Zuschüsse zur freiwilligen Rentenversicherung als Arbeitslohn

Zuschüsse, die eine AG Vorstandsmitgliedern zur freiwilligen Weiterversicherung in der gesetzlichen Rentenversicherung oder einem Versorgungswerk gewährt, sind Arbeitslohn. Es handelt sich hierbei um Vorteile, die im überwiegenden Interesse des Arbeitnehmers gewährt werden und sich auch dann nicht lediglich als notwendige Begleiterscheinung betriebsfunktionaler Zielsetzungen darstellen, wenn die Rentenzahlungen auf die betriebliche Altersversorgung angerechnet werden (Abgrenzung zum Senatsurteil vom 5. September 2006 VI R 38/04, BFHE 214, 573, BStBl. II 2007, 181).

BFH v. 16. 5. 2013 VI R 7/11 (BStBl. 2015 II S. 189): Zuwendungen aus Anlass einer Betriebsveranstaltung als Arbeitslohn

1. Leistungen eines Arbeitgebers aus Anlass einer Betriebsveranstaltung sind bei Überschreiten einer Freigrenze als Arbeitslohn zu werten. In die Ermittlung, ob die Freigrenze überschritten ist, können die den Arbeitgeber treffenden Gesamtkosten der Veranstaltung einbezogen und zu gleichen Teilen auf die Gäste aufgeteilt werden, sofern die entsprechenden Leistungen Lohncharakter haben und nicht individualisierbar sind (Anschluss an Senatsentscheidung vom 12. Dezember 2012 VI R 79/10, BFHE 240, 44).

2. Aufzuteilen ist der Gesamtbetrag auch auf Familienangehörige der Arbeitnehmer, sofern diese an der Veranstaltung teilgenommen haben (Anschluss an Senatsentscheidung vom 22. März 1985 VI R 82/83, BFHE 143, 550, BStBl. II 1985, 532).

3. Der auf die Familienangehörigen entfallende Aufwand ist den Arbeitnehmern bei der Berechnung, ob die Freigrenze überschritten ist, grundsätzlich nicht zuzurechnen (Abweichung vom Senatsurteil vom 25. Mai 1992 VI R 85/90, BFHE 167, 542, BStBl. II 1992, 655).

BFH v. 13. 6. 2013 VI R 1/11 (BFH-Webseite): Arbeitslohnqualität einer Sonderzahlung des Arbeitgebers zur Verbesserung der Kapitalausstattung einer Zusatzversorgungskasse

Im Rahmen einer betrieblichen Altersversorgung an eine Versorgungseinrichtung erbrachte Sonderzuwendungen des Arbeitgebers sind kein Arbeitslohn, wenn sie zur Verbesserung der Kapitalausstattung der Versorgungseinrichtung geleistet werden und wirtschaftlich nicht an die Stelle regulärer Umlagen treten.

BFH v. 16. 5. 2013 VI R 94/10 (BStBl. 2015 II S. 186): Zuwendungen aus Anlass einer Betriebsveranstaltung als Arbeitslohn

1. Zuwendungen eines Arbeitgebers aus Anlass einer Betriebsveranstaltung sind bei Überschreiten einer Freigrenze als Arbeitslohn zu beurteilen.

2. Der Wert der dem Arbeitnehmer durch den Arbeitgeber zugewandten Leistungen ist nach § 8 Abs. 2 S 1 EStG zu bestimmen. Er kann anhand der Kosten geschätzt werden, die dem Arbeitgeber dafür erwachsen sind. In die Schätzungsgrundlage sind jedoch nur solche Kosten des Arbeitgebers einzubeziehen, die geeignet sind, beim Arbeitnehmer einen geldwerten Vorteil auszulösen. Das sind nur solche Leistungen, die die Teilnehmer unmittelbar konsumieren können.

3. Kosten für die Ausgestaltung der Betriebsveranstaltung – insbesondere Mietkosten und Kosten für die organisatorischen Tätigkeiten eines Eventveranstalters – sind grundsätzlich nicht zu berück-

Rechtsprechung § 19

sichtigen (Abweichung vom Senatsurteil vom 25. Mai 1992 VI R 85/90, BFHE 167, 542, BStBl. II 1992, 655).

BFH v. 7. 2. 2013 VI R 83/10 (BStBl. II S. 573): Verfassungsmäßigkeit der Besteuerung beamtenrechtlicher Versorgungsbezüge

Der allgemeine Gleichheitssatz gebietet es nicht, nach beamtenrechtlichen Vorschriften gewährte Ruhegehälter wie Renten aus der gesetzlichen Sozialversicherung nur mit einem Besteuerungsanteil zu erfassen.

BFH v. 6. 2. 2013 VI R 58/11 (BStBl. II S. 572): Beihilfeleistungen als Versorgungsbezüge

An nichtbeamtete Versorgungsempfänger gezahlte Beihilfen im Krankheitsfall sind Bezüge aus früheren Dienstleistungen i.S. des § 19 Abs. 2 Satz 2 Nr. 2 EStG.

BFH v. 7. 2. 2013 VI R 12/11 (BStBl. II S. 576): Verfassungsmäßigkeit der Besteuerung von Leistungen zur Altersversorgung aufgrund einer Direktzusage

Der allgemeine Gleichheitssatz gebietet es nicht, Leistungen zur Altersversorgung aufgrund einer Direktzusage bereits vor dem Erreichen der in § 19 Abs. 2 Satz 2 Nr. 2 Halbsatz 2 EStG vorgesehenen Altersgrenzen als Versorgungsbezüge anzusehen.

BFH v. 12. 12. 2012 VI R 79/10 (BFH-Webseite): Kosten einer Betriebsveranstaltung als Arbeitslohn – Bedeutung und Wirksamkeit einer Freigrenze – Zulässigkeit typisierender Gesetzesauslegung

1. Kosten eines Arbeitgebers aus Anlass einer Betriebsveranstaltung sind bei Überschreiten einer Freigrenze in vollem Umfang als Arbeitslohn zu werten. Die Freigrenze beträgt auch im Jahr 2007 noch 110 €.
2. Eine Anpassung der Freigrenze an die Geldentwertung ist nicht Aufgabe der Gerichte.
3. In die Ermittlung, ob die Freigrenze überschritten ist, sind die den Arbeitgeber treffenden Gesamtkosten der Veranstaltung einzubeziehen und zu gleichen Teilen sämtlichen teilnehmenden Arbeitnehmern zuzurechnen, sofern die entsprechenden Leistungen Lohncharakter haben und nicht individualisierbar sind.

BFH v. 21. 3. 2013 VI R 31/10 (BStBl. II S. 700): Anwendungsvoraussetzung der 1 %-Regelung – Entkräftung des Anscheinsbeweises – Übernahme von Beiträgen für die Mitgliedschaft in einem Golfclub als Arbeitslohn

1. Die unentgeltliche oder verbilligte Überlassung eines Dienstwagens durch den Arbeitgeber an den Arbeitnehmer für dessen Privatnutzung führt unabhängig davon, ob und in welchem Umfang der Arbeitnehmer den betrieblichen PKW tatsächlich privat nutzt, zu einem lohnsteuerlichen Vorteil (Abgrenzung vom BFH-Urteil vom 7. November 2006 VI R 19/05, BFHE 215, 256, BStBl. II 2007, 116).
2. Ob der Arbeitnehmer den Beweis des ersten Anscheins, dass dienstliche Fahrzeuge, die zu privaten Zwecken zur Verfügung stehen, auch tatsächlich privat genutzt werden, durch die substantiierte Darlegung eines atypischen Sachverhalts zu entkräften vermag, ist damit für die Besteuerung des Nutzungsvorteils nach § 8 Abs. 2 Satz 2 EStG unerheblich (Änderung der Rechtsprechung).
3. Die Übernahme der Beiträge für die Mitgliedschaft eines angestellten GmbH-Geschäftsführers in einem Golfclub führt zu Arbeitslohn, auch wenn eine solche Mitgliedschaft dem Beruf förderlich ist.

BFH v. 13. 11. 2012 VI R 28/11 (BStBl. 2013 II S. 929): Veruntreute Beträge kein Arbeitslohn; Änderung von Steueranmeldungen nach Übermittlung oder Ausschreibung der Lohnsteuerbescheinigung

1. Überweist ein Arbeitnehmer unter eigenmächtiger Überschreitung seiner Befugnisse Beträge, die ihm vertraglich nicht zustehen, auf sein Konto, so liegt darin kein Arbeitslohn i.S. des § 19 EStG.
2. Eine Änderung der Festsetzung der Lohnsteuer-Entrichtungsschuld ist unter den Voraussetzungen des § 164 Abs. 2 Satz 1 AO auch nach Übermittlung oder Ausschreibung der Lohnsteuerbescheinigung (§ 41c Abs. 3 EStG) zulässig.

BFH v. 13. 11. 2012 VI R 20/10 (BStBl. 2013 II S. 405): Übertragung von Vorsorgekapital eines Grenzgängers zwischen schweizerischen Versorgungseinrichtungen – Übergang der wirtschaftlichen Verfügungsmacht

1. Wird Vorsorgekapital, das zugunsten eines Grenzgängers bei einer Versorgungseinrichtung durch als Arbeitslohn zu qualifizierende Arbeitgeberbeiträge gebildet wurde, von einer Versorgungseinrichtung auf eine andere Versorgungseinrichtung übertragen, ist diese Übertragung nicht erneut als Arbeitslohn anzusehen.

2. Bei einer derartigen Übertragung kann es hinsichtlich möglicher übriger Einkunftstatbestände am Zufluss fehlen.

BFH v. 18. 10. 2012 VI R 64/11 (BStBl. 2015 II S. 184): Arbeitslohn von dritter Seite – Verbilligter Bezug von Waren von einem Lieferanten des Arbeitgebers durch Mitarbeiter im Rahmen eines sog. „Mitarbeiter-Vorteilsprogramms"

1. Auch Preisvorteile und Rabatte, die Arbeitnehmer von Dritten erhalten, sind nur dann Lohn, wenn sie sich für den Arbeitnehmer als Frucht seiner Arbeit für den Arbeitgeber darstellen und im Zusammenhang mit dem Dienstverhältnis stehen. Davon kann ausgegangen werden, wenn der Dritte damit anstelle des Arbeitgebers die Arbeitsleistung des Arbeitnehmers entgilt, indem der Arbeitgeber etwa einen ihm zustehenden Vorteil im abgekürzten Weg an seine Mitarbeiter weitergibt.
2. Arbeitslohn liegt in solchen Fällen nicht allein deshalb vor, weil der Arbeitgeber an der Verschaffung der Rabatte mitgewirkt hat; dies gilt erst recht, wenn er von der Rabattgewährung nur Kenntnis hatte oder hätte haben müssen (Abgrenzung gegenüber BMF-Schreiben vom 27. September 1993 IV B 6 – S 2334-152/93, BStBl. I 1993, 814, auf das sich das BMF-Schreiben vom 27. Januar 2004 IV C 5 – S 2000-2/04, BStBl. I 2004, 173 zu der ab dem 1. Januar 2004 gültigen Rechtslage bezieht).

BFH v. 18. 9. 2012 VI R 90/10 (BStBl. 2013 II S. 289): Zufluss und Bewertung von Aktienoptionsrechten für Arbeitnehmer

1. Der Vorteil aus einem vom Arbeitgeber eingeräumten Aktienoptionsrecht fließt dem Arbeitnehmer zu, wenn der Arbeitnehmer das Recht ausübt oder anderweitig verwertet. Eine solche anderweitige Verwertung liegt insbesondere vor, wenn der Arbeitnehmer das Recht auf einen Dritten überträgt.
2. Der Vorteil bemisst sich nach dem Wert des Rechts im Zeitpunkt der Verfügung darüber.

BFH v. 26. 7. 2012 VI R 27/11 (BStBl. 2013 II S. 402): Arbeitnehmerrabatte als Lohnvorteil – Vorteilsbewertung

1. Rabatte, die der Arbeitgeber nicht nur seinen Arbeitnehmern, sondern auch fremden Dritten üblicherweise einräumt, begründen bei Arbeitnehmern keinen steuerpflichtigen Arbeitslohn.
2. Der Arbeitnehmer kann im Rahmen seiner Einkommensteuerveranlagung den geldwerten Vorteil nach § 8 Abs. 2 EStG ohne Bewertungsabschlag und ohne Rabattfreibetrag oder mit diesen Abschlägen auf der Grundlage des Endpreises des Arbeitgebers nach § 8 Abs. 3 EStG bewerten lassen.

BFH v. 5. 7. 2012 VI R 11/11 (BStBl. 2013 II S. 190): Arbeitslohnqualität von Arbeitgeberleistungen nach der Abtretung von Ansprüchen aus einer Rückdeckungsversicherung an den Arbeitnehmer – Anlaufhemmung gegenüber dem Arbeitnehmer durch Anzeige des Arbeitgebers

1. Tritt ein Arbeitgeber Ansprüche aus einer von ihm mit einem Versicherer abgeschlossenen Rückdeckungsversicherung an den Arbeitnehmer ab und leistet der Arbeitgeber im Anschluss hieran Beiträge an den Versicherer, sind diese Ausgaben Arbeitslohn.
2. Durch eine Anzeige des Arbeitgebers nach § 41c Abs. 4 Satz 1 Nr. 2 EStG wird der Anlauf der Festsetzungsfrist für die Lohnsteuer gegenüber dem Arbeitnehmer gemäß § 170 Abs. 2 Satz 1 Nr. 1 AO gehemmt.

BFH v. 24. 4. 2012 IX R 6/10 (BStBl. 2012 II S. 581): „Projektgewinn" als Entgelt für Mitwirken an TV-Sendeformat – Steuerbarkeit des „Big Brother"-Preisgeldes – Anwendungsbereich des § 22 Nr. 3 EStG.

Ein dem Gewinner der Fernsehshow „Big Brother" ausgezahltes Preisgeld („Projektgewinn") ist als sonstige Einkünfte nach § 22 Nr. 3 EStG zu besteuern, wenn die Auskehrung des Preisgeldes nach Maßgabe und Durchführung des entgeltlichen (Teilnahme-)Vertrags als Gegenleistung für sein (aktives wie passives) Verhalten während seines Aufenthaltes im „Big-Brother-Haus" zu beurteilen ist.

BFH v. 22. 2. 2012 X R 14/10 (BStBl. II S. 511): Werbeeinkünfte eines Fußball-Nationalspielers – Merkmale für Arbeitnehmereigenschaft – Abgrenzung zwischen gewerblichen und Arbeitnehmer-Einkünften

1. Ein Fußball-Nationalspieler, dem der DFB Anteile an den durch die zentrale Vermarktung der Fußball-Nationalmannschaft erwirtschafteten Werbeeinnahmen überlässt, erzielt insoweit Einkünfte aus Gewerbebetrieb, wenn er mit Unternehmerrisiko und Unternehmerinitiative handelt.
2. Die nach dem DFB-Musterarbeitsvertrag für Spieler der Fußball-Bundesliga geltende arbeitsrechtliche Pflicht zur Teilnahme an Spielen der Nationalmannschaft umfasst nicht die Teilnahme an Werbeleistungen.

Rechtsprechung   § 19

BFH v. 15. 12. 2011 VI R 26/11 (BStBl. 2012 II S. 415): Vorzeitige Beendigung eines im Blockmodell geführten Altersteilzeitarbeitsverhältnisses – Ausgleichszahlungen für in der Arbeitsphase erbrachte Vorleistungen - Beschwer bei Begehren einer höheren Steuerfestsetzung

1. Wird ein im Blockmodell geführtes Altersteilzeitarbeitsverhältnis vor Ablauf der vertraglich vereinbarten Zeit beendet und erhält der Arbeitnehmer für seine in der Arbeitsphase erbrachten Vorleistungen Ausgleichszahlungen, stellen diese Ausgleichszahlungen Arbeitslohn dar.

2. Solche Ausgleichszahlungen sind sonstige Bezüge i.S. des § 38a Abs. 1 Satz 3 EStG, so dass sie nach dem Zuflussprinzip des § 11 Abs. 1 Satz 1 EStG zu erfassen sind.

BFH v. 30. 6. 2011 VI R 80/10 (BStBl. II S. 948): Arbeitslohn im Zusammenhang mit der Veräußerung von GmbH-Anteilen

1. Vorteile werden „für" eine Beschäftigung gewährt, wenn sie durch das individuelle Dienstverhältnis des Arbeitnehmers veranlasst sind.

2. Das ist der Fall, wenn der Vorteil mit Rücksicht auf das Dienstverhältnis eingeräumt wird und sich die Leistung im weitesten Sinne als Gegenleistung für das Zurverfügungstellen der individuellen Arbeitskraft des Arbeitnehmers erweist; nicht aber wenn der Vorteil Entgelt für die Veräußerung eines Wirtschaftsgutes ist.

3. Ob ein Leistungsaustausch zwischen Arbeitgeber und Arbeitnehmer den Einkünften aus nichtselbständiger Arbeit oder aufgrund einer Sonderrechtsbeziehung einer anderen Einkunftsart oder dem nichtsteuerbaren Bereich zuzurechnen ist, ist nach dem wirtschaftlichen Gehalt des zu beurteilenden Lebenssachverhaltes und nicht nach seiner äußeren Erscheinungsform zu würdigen.

BFH v. 30. 6. 2011 VI R 37/09 (BStBl. II S. 923): Zuflusszeitpunkt verbilligter Arbeitnehmeraktien

1. Dem Arbeitnehmer fließt der geldwerte Vorteil in Form verbilligter Aktien in dem Zeitpunkt zu, in dem er die wirtschaftliche Verfügungsmacht über die Aktien erlangt.

2. Ein solcher Zufluss liegt nicht vor, solange dem Arbeitnehmer eine Verfügung über die Aktien rechtlich unmöglich ist.

BFH v. 11. 5. 2011 VI R 65/09 (BStBl. II S. 946): Sachbezug durch verbilligte Überlassung von Wohnungen

1. Überlässt ein Arbeitgeber seinen Arbeitnehmern Wohnungen und werden Nebenkosten (z. T.) nicht erhoben, liegt eine verbilligte Überlassung und damit ein Sachbezug nur vor, soweit die tatsächlich erhobene Miete zusammen mit den tatsächlich abgerechneten Nebenkosten die ortsübliche Miete (Kaltmiete plus umlagefähige Nebenkosten) unterschreitet. Dabei ist jeder Mietwert als ortsüblich anzusehen, den der Mietspiegel im Rahmen einer Spanne zwischen mehreren Mietwerten für vergleichbare Wohnungen ausweist (BFH-Urteil vom 17. August 2005 IX R 10/05, BFHE 211, 151, BStBl. II 2006, 71).

2. Bei der Prüfung, ob eine verbilligte Überlassung ihren Rechtsgrund im Arbeitsverhältnis hat, kann ein gewichtiges Indiz sein, in welchem Umfang der Arbeitgeber vergleichbare Wohnungen auch an fremde Dritte zu einem niedrigeren als dem üblichen Mietzins vermietet (vgl. R 31 Abs. 6/R 8.1 Abs. 6 LStR). Es kann jedoch nicht typisierend davon ausgegangen werden, dass bei einem unter 10 % liegenden Anteil an fremdvermieteten Wohnungen ein Veranlassungszusammenhang zum Arbeitsverhältnis besteht.

BFH v. 14. 4. 2011 VI R 24/10 (BStBl. II S. 767): Beiträge für eine Gruppenkrankenversicherung als Arbeitslohn

1. Die Beiträge des Arbeitgebers zu einer privaten Gruppenkrankenversicherung sind Arbeitslohn des Arbeitnehmers, wenn dieser einen eigenen unmittelbaren und unentziehbaren Rechtsanspruch gegen den Versicherer erlangt (Anschluss an BFH-Urteil vom 16. April 1999 VI R 66/97, BFHE 188, 338, BStBl. II 2000, 408).

2. Die Gewährung von Krankenversicherungsschutz ist in Höhe der geleisteten Beiträge Sachlohn, wenn der Arbeitnehmer aufgrund des Arbeitsvertrags von seinem Arbeitgeber ausschließlich Versicherungsschutz und nicht auch eine Geldzahlung verlangen kann (Anschluss an BFH-Urteil vom 11. November 2010 VI R 27/09, BFHE 232, 56, BStBl. II 2011, 386).

3. Beiträge für eine Krankenversicherung der Arbeitnehmer können steuerfrei sein, wenn der Arbeitgeber nach einer zwischenstaatlichen Verwaltungsvereinbarung, die ihrerseits auf einer gesetzlichen Ermächtigung beruht, zur Leistung verpflichtet ist (§ 3 Nr. 62 Satz 1 Alt. 3 EStG).

§ 19 Rechtsprechung

BFH v. 3. 2. 2011 VI R 4/10 (BStBl. 2014 II S. 493): Kein Zufluss von Arbeitslohn bei Gehaltsverzicht ohne wirtschaftlichen Ausgleich – Beherrschender Gesellschafter

Verzichtet ein Gesellschafter-Geschäftsführer gegenüber der Gesellschaft auf bestehende oder künftige Entgeltansprüche, so fließen ihm insoweit keine Einnahmen aus nichtselbständiger Arbeit zu, als er dadurch eine tatsächliche Vermögenseinbuße erleidet.[1]

BFH v. 3. 2. 2011 VI R 66/09 (BStBl. 2014 II S. 491): Fälligkeit einer Tantieme – Zeitpunkt des Zuflusses von Forderungen gegen die Kapitalgesellschaft bei einem alleinigen bzw. beherrschenden Gesellschafter

Der Anspruch auf Tantiemen wird mit Feststellung des Jahresabschlusses fällig, sofern nicht zivilrechtlich wirksam und fremdüblich eine andere Fälligkeit vertraglich vereinbart ist.[2]

BFH v. 12. 1. 2011 I R 49/10 (BStBl. II S. 446): Besteuerungsrecht für Bezüge nach dem sog. Blockmodell im Rahmen der Altersteilzeit – Arbeitgeberzuschüsse zu französischer Krankenversicherung nicht steuerfrei

1. Bezüge, welche ein in Frankreich ansässiger Arbeitnehmer von seinem Arbeitgeber für eine in Deutschland ausgeübte nichtselbständige Arbeit während der Freistellungsphase nach dem sog. Blockmodell im Rahmen der Altersteilzeit erhält, sind keine Ruhegehälter, sondern nachträglicher Arbeitslohn, der als solcher in Deutschland zu versteuern ist.

2. Freiwillige Zuschüsse zu einer Krankenversicherung, die ein inländischer Arbeitgeber an einen Arbeitnehmer für dessen Versicherung in der französischen gesetzlichen Krankversicherung („CPAM") leistet, sind nicht nach § 3 Nr. 62 EStG 2002 steuerfrei (Anschluss an BFH-Urteile vom 18. Mai 2004 VI R 11/01, BFHE 206, 158, BStBl. II 2004, 1014; vom 28. Mai 2009 VI R 27/06, BFHE 225, 377, BStBl. II 2009, 857).

BFH vom 8. 12. 2010 I R 92/09 (BFH-Webseite): Schweizer Altersrente unterfällt nicht dem Kassenstaatsprinzip – Abgrenzung zwischen Leibrente und Ruhegeld - Abkommensautonome Auslegung des Begriffs „Ruhegehalt" – Doppelbesteuerung – Billigkeitsmaßnahme durch Anrechnung von Quellensteuer

Versorgungsleistungen einer Schweizer Pensionskasse an einen vormals im Schweizer öffentlichen Dienst tätigen Arbeitnehmer, die auch auf Beitragsleistungen des Arbeitnehmers beruhen, unterfallen nicht dem Kassenstaatsprinzip des DBA-Schweiz 1971/1992.

BFH v. 10. 8. 2010 VI R 1/08 (BStBl. II S. 1074): Arbeitslohnrückzahlung nur bei Rückfluss von Gütern in Geld oder Geldeswert an den Arbeitgeber

1. Wird eine Gehaltsforderung des Arbeitnehmers dadurch erfüllt, dass dieser mit seinem Arbeitgeber einen Kaufvertrag über eine Eigentumswohnung abschließt und der Kaufpreis mit der fälligen Gehaltsforderung verrechnet wird, stellt sich dann jedoch heraus, dass der Kaufvertrag zivilrechtlich mangels Eintragung des Arbeitnehmers im Grundbuch nicht erfüllt wurde, kann die Veräußerung der Eigentumswohnung durch den Arbeitgeber im Wege der Zwangsversteigerung nicht als Arbeitslohnrückzahlung angesehen werden.

2. Arbeitslohnrückzahlungen sind nur dann anzunehmen, wenn der Arbeitnehmer an den Arbeitgeber die Leistungen, die bei ihm als Lohnzahlungen zu qualifizieren waren, zurückzahlt (Anschluss an BFH-Urteil vom 12. November 2009 VI R 20/07, BFHE 227, 435)*). Der Veranlassungszusammenhang zum Arbeitsverhältnis wird durch den Abschluss des Kaufvertrages unterbrochen.

*) BStBl. II 2010, 845 (bei § 40b EStG Rechtsprechung abgedruckt).

BFH v. 20. 7. 2010 IX R 23/09 (BStBl. 2011 II S. 218): Zuzahlungen zum Kurzarbeitergeld – Auflösung eines bestehenden Arbeitsverhältnisses bei Eintritt in neues Arbeitsverhältnis mit externer Beschäftigungsgesellschaft – Anwendungsbereich des § 3 Nr. 9 EStG – Nichtigkeit von Vereinbarungen ziviler Vertragsparteien über die Steuerfreiheit vereinbarter Leistungen

1. Ein bestehendes Arbeitsverhältnis wird i.S. von § 3 Nr. 9 EStG aufgelöst, selbst wenn der Arbeitnehmer mit dessen Aufhebung zugleich in ein neues (befristetes) Arbeitsverhältnis mit einer externen Beschäftigungs-Gesellschaft und Qualifizierungs-Gesellschaft eintritt.

---

1) Die BFH-Urteile vom 3.2.2011 VI R 4/10 und VI R 66/09 werden von der Finanzverwaltung nicht allgemein angewandt (BMF-Schreiben vom 12.5.2014 – IV C 2 – S 2743/12/0001; BStBl. I S. 860). – **Anlage § 038-03** –

2) Die BFH-Urteile vom 3.2.2011 VI R 4/10 und VI R 66/09 werden von der Finanzverwaltung nicht allgemein angewandt (BMF-Schreiben vom 12.5.2014 – IV C 2 – S 2743/12/0001; BStBl. I S. 860). – **Anlage § 038-03** –

Rechtsprechung §19

2. Sind monatliche Zahlungen nach der Betriebsvereinbarung (Sozialplan) unter Berücksichtigung der maßgebenden Auslegungsgrundsätze zum Ausgleich der durch Kurzarbeit entstehenden Nachteile und für die Dauer der Kurzarbeit erbracht, stellen die gezahlten Zuschüsse zum Kurzarbeitergeld keine steuerfreie (ratierliche) Abfindung, sondern steuerpflichtigen Arbeitslohn dar.

BFH v. 20. 5. 2010 VI R 12/08 (BStBl. II S. 1069): Geldwerter Vorteil aus der Veräußerung von Wandeldarlehen

1. Der Gewinn aus der Veräußerung eines Wandeldarlehens ist ein geldwerter Vorteil, soweit sich die bis dahin latent bestehende Möglichkeit zum verbilligten Aktienerwerb verwirklicht (Anschluss an BFH-Urteil vom 23. Juni 2005 VI R 10/03, BFHE 209, 559, BStBl. II 2005, 770).

2. Die Zurechnung des geldwerten Vorteils zu einem erst künftigen Dienstverhältnis ist zwar nicht ausgeschlossen, bedarf aber der Feststellung eines eindeutigen Veranlassungszusammenhangs, wenn sich andere Ursachen für die Vorteilsgewährung als Veranlassungsgrund aufdrängen.

BFH v. 20. 5. 2010 VI R 41/09 (BStBl. II S. 1022): Gebührenverzicht zugunsten von Mitarbeitern eines Vertriebspartners kein Arbeitslohn – Voraussetzungen für Überzeugungsbildung i.S. des § 96 Abs. 1 Satz 1 FGO

1. Der Umstand, dass eine Bausparkasse sowohl bei Arbeitnehmern ihrer „Partnerbanken" als auch bei ihren freien Handelsvertretern und deren Arbeitnehmern sowie den Beschäftigten anderer genossenschaftlich organisierter Unternehmen und Kooperationspartner auf die Erhebung von Abschlussgebühren verzichtet, begründet Zweifel daran, ob dieser Gebührenvorteil Arbeitslohn ist.

2. Gelangt das FG aufgrund einer verfahrensfehlerfreien Gesamtwürdigung zu dem Ergebnis, dass Zweifel bestehen, ob Arbeitnehmern im Zusammenhang mit einem geldwerten Vorteil Arbeitslohn zugeflossen ist, ist der BFH nach § 118 Abs. 2 FGO an diese Tatsachenfeststellung gebunden.

BFH v. 22. 4. 2010 VI R 40/08 (BStBl. II S. 951): Korrektur von Steuerbescheiden – Rechtserheblichkeit neuer Tatsachen

1. Ein Steuerbescheid darf wegen nachträglich bekanntgewordener Tatsachen oder Beweismittel zugunsten des Steuerpflichtigen nicht aufgehoben oder geändert werden, wenn das FA bei ursprünglicher Kenntnis der Tatsachen oder Beweismittel mit an Sicherheit grenzender Wahrscheinlichkeit nicht anders entschieden hätte.

2. Maßgebend für diese Kausalitätsprüfung ist grundsätzlich der Zeitpunkt, in dem die Willensbildung des FA über die Steuerfestsetzung abgeschlossen wird.

3. Wie das FA bei Kenntnis bestimmter Tatsachen und Beweismittel einen Sachverhalt in seinem ursprünglichen Bescheid gewürdigt hätte, ist im Einzelfall aufgrund des Gesetzes, wie es nach der damaligen Rechtsprechung des BFH ausgelegt wurde, und den die FÄ bindenden Verwaltungsanweisungen zu beurteilen.

4. Liegen unmittelbar zu der umstrittenen Rechtslage weder Rechtsprechung des BFH noch bindende Verwaltungsanweisungen vor, so ist aufgrund anderer objektiver Umstände abzuschätzen, wie das FA in Kenntnis des vollständigen Sachverhalts entschieden hätte. Dabei sind das mutmaßliche Verhalten des einzelnen Sachbearbeiters und seine individuellen Rechtskenntnisse ohne Bedeutung.

BFH v. 11. 3. 2010 VI R 7/08 (BStBl. II S. 763): Aufteilung in Arbeitslohn und Zuwendung im betrieblichen Eigeninteresse – Übernahme von Kosten für eine Regenerierungskur eines Fluglotsen durch den Arbeitgeber als Arbeitslohn

1. Bei einer einheitlich zu beurteilenden Sachzuwendung an Arbeitnehmer scheidet eine Aufteilung in Arbeitslohn und Zuwendung im betrieblichen Eigeninteresse aus.

2. Die Übernahme von Kurkosten durch den Arbeitgeber ist grundsätzlich als Arbeitslohn zu werten.

BFH v. 11. 2. 2010 VI R 43/09 (BStBl. 2012 II S. 266): Private Fahrzeugnutzung als Arbeitslohn oder vGA

1. Die nachhaltige „vertragswidrige" private Nutzung eines betrieblichen PKW durch den anstellungsvertraglich gebundenen Gesellschafter-Geschäftsführer ist nicht stets als vGA zu beurteilen.

2. Unterbindet die Kapitalgesellschaft die unbefugte Nutzung durch den Gesellschafter-Geschäftsführer nicht, kann dies sowohl durch das Beteiligungsverhältnis als auch durch das Arbeitsverhältnis veranlasst sein. Die Zuordnung (vGA oder Arbeitslohn) bedarf der wertenden Betrachtung im Einzelfall (Anschluss an BFH-Urteil vom 23. April 2009 VI R 81/06, BFHE 225, 33).

§ 19 Rechtsprechung

BFH v. 27. 1. 2010 IX R 31/09 (BStBl. 2011 II S. 28): Maßstäbe für die Zusammenballung von Einkünften nach § 34 EStG

1. Eine Entschädigung führt zu außerordentlichen Einkünften nach § 34 Abs. 2 EStG, wenn sie zusammengeballt zufließen, weil der Steuerpflichtige infolge der Beendigung des Arbeitsverhältnisses einschließlich der Entschädigung in dem jeweiligen Veranlagungszeitraum insgesamt mehr erhält, als er bei ungestörter Fortsetzung des Arbeitsverhältnisses, also bei normalem Ablauf der Dinge erhalten würde (Bestätigung der ständigen Rechtsprechung).

2. Was der Steuerpflichtige bei normalem Ablauf der Dinge erhalten würde, kann nur aufgrund einer hypothetischen und prognostischen Beurteilung ermittelt werden; dabei ist nicht auf die Verhältnisse des Vorjahres abzustellen, wenn die Einnahmesituation durch außergewöhnliche Ereignisse geprägt ist und sich daraus keine Vorhersagen für den (unterstellten) normalen Verlauf bei Fortsetzung des Arbeitsverhältnisses ableiten lassen.*)

*) Hinweis auf BMF-Schreiben vom 1.11.2013 – IV C 4 – S 2290/13/10002 (BStBl 2013 I S. 1326).

– Anlage § 034-01 –

BFH v. 21. 1. 2010 VI R 52/08 (BStBl. II S. 703): Entscheidungen der Sozialversicherungsträger entfalten im Besteuerungsverfahren Bindungswirkung – Tatbestandswirkung eines Verwaltungsaktes – Arbeitgeberanteil zur Sozialversicherung

Entscheidungen des zuständigen Sozialversicherungsträgers über die Sozialversicherungspflicht eines Arbeitnehmers sind im Besteuerungsverfahren zu beachten, soweit sie nicht offensichtlich rechtswidrig sind (Anschluss an BFH-Urteil vom 6. Juni 2002 VI R 178/97, BFHE 199, 524, BStBl. II 2003, 34).

BFH v. 21. 1. 2010 VI R 51/08 (BStBl. II S. 700): Vorteil aus unentgeltlicher Verpflegung an Bord eines Flusskreuzfahrtschiffes ausnahmsweise kein Arbeitslohn

1. Verpflegt der Arbeitgeber die Besatzungsmitglieder an Bord eines Flusskreuzfahrtschiffes unentgeltlich, so ist der den Arbeitnehmern gewährte Vorteil dann kein Arbeitslohn, wenn das eigenbetriebliche Interesse des Arbeitgebers an einer Gemeinschaftsverpflegung wegen besonderer betrieblicher Abläufe den Vorteil der Arbeitnehmer bei weitem überwiegt.

2. Bei der Nachforderung von Lohnsteuer dürfen die Beträge nicht zugerechnet werden, die der Arbeitgeber bei einer Auswärtstätigkeit steuerfrei hätte ersetzen dürfen.

3. Die Bewertungsregelung des § 8 Abs. 3 EStG kommt zur Anwendung, wenn aus der Küche eines Flusskreuzfahrtschiffes neben den Passagieren auch die Besatzungsmitglieder verpflegt werden.

BFH v. 21. 1. 2010 VI R 2/08 (BStBl. II S. 639): Übernahme von Steuerberatungskosten ist Arbeitslohn

Die Übernahme von Steuerberatungskosten für die Erstellung von Einkommensteuererklärungen der Arbeitnehmer durch den Arbeitgeber führt bei Vorliegen einer Nettolohnvereinbarung zu Arbeitslohn.

BFH v. 3. 12. 2009 VI R 4/08 (BStBl. 2010 II S. 698): Umrechnung von Arbeitslohn in fremder Währung

1. Einkünfte in einer gängigen, frei konvertiblen und im Inland handelbaren ausländischen Währung sind als Einnahmen in Geld zu besteuern. Sie stellen aus sich heraus einen Wert dar, der durch Umrechnung in Euro zu bestimmen ist.

2. Umrechnungsmaßstab ist – soweit vorhanden – der auf den Umrechnungszeitpunkt bezogene Euro-Referenzkurs der Europäischen Zentralbank.

3. Lohnzahlungen sind bei Zufluss des Arbeitslohns anhand der von der Europäischen Zentralbank veröffentlichten monatlichen Durchschnittsreferenzkurse umzurechnen.

BFH v. 21. 10. 2009 I R 70/08 (BStBl. 2012 II S. 493): Lohnsteuererstattungsanspruch bei abkommenswidriger Lohnsteuereinbehaltung

1. Ein Arbeitnehmer kann die Lohnsteuer-Anmeldung des Arbeitgebers – soweit sie ihn betrifft – aus eigenem Recht anfechten. Nach dem Eintritt der formellen Bestandskraft der Lohnsteuer-Anmeldung kann der Arbeitnehmer eine Änderung der Anmeldung (§ 164 Abs. 2 AO) begehren.

2. Wird eine Zahlung des Arbeitgebers zu Unrecht dem Lohnsteuerabzug unterworfen, weil die Besteuerung der Zahlung abkommensrechtlich dem Wohnsitzstaat des Arbeitnehmers zugewiesen ist, hat der Arbeitnehmer einen Erstattungsanspruch in analoger Anwendung des § 50d Abs. 1 Satz 2 EStG 2002, der gegen das Betriebsstätten-Finanzamt des Arbeitgebers zu richten ist (Bestätigung der ständigen Rechtsprechung).

3. Eine Erfindervergütung für eine sog. Diensterfindung (§ 9 ArbnErfG) ist grundsätzlich steuerpflichtiger Arbeitslohn (§ 19 EStG 2002) und unterfällt der beschränkten Steuerpflicht gemäß § 49

Rechtsprechung **§ 19**

Abs. 1 Nr. 4 Buchst. a EStG 2002. Dies gilt auch dann, wenn das Arbeitsverhältnis im Augenblick der Zahlung nicht mehr besteht.

4. Da eine Vergütung gemäß § 9 ArbnErfG regelmäßig nicht als konkrete Gegenleistung für eine Arbeitsleistung anzusehen ist, handelt es sich nicht um ein zusätzliches Entgelt „für" eine (frühere) Tätigkeit i.S. des Art. 15 Abs. 1 OECD-MustAbk, so dass eine Besteuerung nur im Ansässigkeitsstaat des (früheren) Arbeitnehmers erfolgt.

BFH v. 17. 9. 2009 VI R 24/08 (BStBl. 2010 II S. 198):
1. Ein Veräußerungsverlust aus einer Kapitalbeteiligung am Arbeitgeber führt nicht allein deshalb zu Werbungskosten oder negativen Einnahmen bei den Einkünften aus nichtselbständiger Arbeit, weil die Beteiligung wegen der Beendigung des Arbeitsverhältnisses veräußert wurde.
2. Erforderlich ist vielmehr, dass ein solcher Verlust in einem einkommensteuerrechtlich erheblichen Veranlassungszusammenhang zum Arbeitsverhältnis steht und nicht auf der Nutzung der Beteiligung als Kapitalertragsquelle beruht.

BFH v. 17. 9. 2009 VI R 17/08 (BStBl. 2010 II S. 299):
1. Wird ein fehlgeschlagenes Mitarbeiteraktienprogramm rückgängig gemacht, indem zuvor vergünstigt erworbene Aktien an den Arbeitgeber zurückgegeben werden, liegen negative Einnahmen bzw. Werbungskosten vor.
2. Die Höhe des Erwerbsaufwands bemisst sich in einem solchen Fall nach dem ursprünglich gewährten geldwerten Vorteil; zwischenzeitlich eingetretene Wertveränderungen der Aktien sind unbeachtlich.

BFH v. 17. 6. 2009 VI R 46/07 (BStBl. 2010 II S. 72):
1. § 36 Abs. 2 Satz 2 Nr. 2 EStG verknüpft inhaltlich Steuerfestsetzungs- und Steuererhebungsverfahren. Daher kann auch die Anfechtung eines Einkommensteuerbescheids mit dem Ziel der Anrechnung höherer Lohnsteuerabzugsbeträge zulässig sein.
2. Die vom Arbeitgeber zu Unrecht angemeldeten und an das FA abgeführten Lohnsteuerbeträge sind als Arbeitslohn beim Arbeitnehmer jedenfalls dann steuerlich zu erfassen, wenn der Lohnsteuerabzug nach § 41c Abs. 3 EStG nicht mehr geändert werden kann (Abgrenzung zum BFH-Urteil vom 24. November 1961 VI 88/61 U, BFHE 74, 246, BStBl. III 1962, 93).

BFH v. 17. 6. 2009 VI R 18/07 (BStBl. 2010 II S. 67): Die unverbindliche Preisempfehlung eines Automobilherstellers ist jedenfalls seit dem Jahr 2003 keine geeignete Grundlage, den lohnsteuerrechtlich erheblichen Vorteil eines Personalrabatts für sog. Jahreswagen zu bewerten.*)

*) Hinweis auf BMF-Schreiben vom 18. 12. 2009 (BStBl. 2010 I S. 20). – Anlage § 008-08 –

BFH v. 17. 6. 2009 VI R 69/06 (BStBl. 2010 II S. 69): Der Veräußerungsgewinn aus einer Kapitalbeteiligung an einem Unternehmen führt nicht allein deshalb zu Einkünften aus nichtselbständiger Arbeit, weil die Kapitalbeteiligung von einem Arbeitnehmer des Unternehmens gehalten und nur Arbeitnehmern angeboten worden war.

BFH v. 28. 5. 2009 VI R 27/06 (BStBl. II S. 857):
1. Zukunftssicherungsleistungen, die ein inländischer Arbeitgeber für einen unbeschränkt steuerpflichtigen schwedischen Arbeitnehmer auf vertraglicher Grundlage an niederländische und schwedische Versicherungsunternehmen entrichtet, sind Arbeitslohn, der nicht nach § 3 Nr. 62 Satz 1 EStG von der Steuer befreit ist.
2. Der Umstand, dass § 3 Nr. 62 EStG Zukunftssicherungsleistungen des Arbeitgebers nur steuerfrei stellt, wenn diese aufgrund einer materiell gesetzlichen Verpflichtung geleistet werden, verstößt nicht gegen EU-Recht. Insoweit liegt weder eine Beschränkung der Arbeitnehmerfreizügigkeit i.S. des Art. 39 EG, noch der Niederlassungsfreiheit i.S. des Art. 43 EG oder der Dienstleistungsfreiheit i.S. des Art. 49 EG vor.

BFH v. 7. 5. 2009 VI R 37/08 (BStBl. 2010 II S. 135):
1. Fällt ein Arbeitnehmer nach Ausscheiden des Arbeitgebers aus der VBL bei Eintritt des Versicherungsfalles von einem Anspruch auf Versorgungsrente auf einen niedrigeren Anspruch auf Versicherungsrente zurück, so führt dies nicht zur Rückzahlung von Arbeitslohn.
2. Verspricht der Arbeitgeber nach seinem Ausscheiden aus der VBL dem Arbeitnehmer im Wege einer Ruhegeldordnung eine vergleichbare Zusatzversorgung unter Anrechnung von Versicherungs-

leistungen der VBL, so berührt dies nicht die vorgelagerte Besteuerung früherer Umlagezahlungen an die VBL als Arbeitslohn.

BFH v. 7. 5. 2009 VI R 5/08 (BStBl. 2010 II S. 133):
1. Können nach Ausscheiden des Arbeitgebers aus der VBL Versorgungsansprüche vom Arbeitnehmer wegen Nichterfüllung der Wartezeit nicht mehr erdient werden, so führt dies nicht zur Rückzahlung von Arbeitslohn.
2. Verspricht der Arbeitgeber nach seinem Ausscheiden aus der VBL dem Arbeitnehmer im Wege einer Ruhegeldordnung eine vergleichbare Zusatzversorgung, so berührt dies nicht die vorgelagerte Besteuerung früherer Umlagezahlungen an die VBL als Arbeitslohn.

BFH v. 7. 5. 2009 VI R 16/07 (BStBl. 2010 II S. 130): Die Auszahlung eines Versorgungsguthabens, das nach Ausscheiden des Arbeitgebers aus der VBL aufgrund einer Direktzusage des Arbeitgebers zur Sicherung der zugesagten Gesamtversorgung gebildet worden ist, führt neben zuvor lohnversteuerten Umlagezahlungen an die VBL zu Arbeitslohn.

BFH v. 7. 5. 2009 VI R 8/07 (BStBl. 2010 II S. 194):
1. Umlagezahlungen des Arbeitgebers an die VBL, die dem Arbeitnehmer einen unmittelbaren und unentziehbaren Rechtsanspruch gegen die VBL verschaffen, führen im Zeitpunkt ihrer Zahlung zu Arbeitslohn.
2. Für den Arbeitslohncharakter von Zukunftssicherungsleistungen kommt es grundsätzlich nicht darauf an, ob der Versicherungsfall bei dem begünstigten Arbeitnehmer überhaupt eintritt und welche Leistungen dieser letztlich erhält.
3. Als Arbeitslohn anzusehende Umlagezahlungen des Arbeitgebers an die VBL sind weder nach § 3 Nr. 62 EStG noch nach § 3 Nr. 63 EStG steuerfrei.

BFH v. 30. 4. 2009 VI R 55/07 (BStBl. II S. 726):
1. Sachzuwendungen an Arbeitnehmer anlässlich einer Veranstaltung, die sowohl Elemente einer Betriebsveranstaltung als auch einer sonstigen betrieblichen Veranstaltung enthält, sind grundsätzlich aufzuteilen (Anschluss an Senatsentscheidung vom 16. November 2005 VI R 118/01, BFHE 212, 55, BStBl. II 2006, 444).
2. Die Aufwendungen des Arbeitgebers für die Durchführung der gemischt veranlassten Gesamtveranstaltung sind nur dann kein Arbeitslohn, wenn die dem Betriebsveranstaltungsteil zuzurechnenden anteiligen Kosten die für die Zuordnung bei Betriebsveranstaltungen maßgebliche Freigrenze nicht überschreiten.

BFH v. 23. 4. 2009 VI R 81/06 (BStBl. 2012 II S. 262):
1. Für die Frage, ob ein Gesellschafter-Geschäftsführer als Arbeitnehmer i.S. von § 1 Abs. 2 Sätze 1 und 2 LStDV zu beurteilen ist, ist nicht entscheidend, in welchem Verhältnis er an der Kapitalgesellschaft beteiligt ist.
2. Allerdings sind Gesellschafter-Geschäftsführer, die mindestens 50 % des Stammkapitals der GmbH innehaben, regelmäßig Selbständige im Sinne des Sozialversicherungsrechts (Anschluss an BFH-Urteil vom 2. Dezember 2005 VI R 16/03, BFH/NV 2006, 544).
3. Ist die private Nutzung eines betrieblichen PKW durch den Gesellschafter-Geschäftsführer im Anstellungsvertrag mit der GmbH ausdrücklich gestattet, kommt der Ansatz einer vGA in Höhe der Vorteilsgewährung nicht in Betracht. Nach übereinstimmender Auffassung des I. Senats und des VI. Senats des BFH liegt in einem solchen Fall immer Sachlohn und keine vGA vor.
4. Dagegen ist eine vertragswidrige private Nutzung eines betrieblichen Fahrzeugs durch einen Gesellschafter-Geschäftsführer nicht stets als Arbeitslohn zu qualifizieren (Senats-Beschluss vom 15. November 2007 VI ER S 4/07).
5. Bei einer nachhaltigen „vertragswidrigen" privaten Nutzung eines betrieblichen PKW durch den anstellungsvertraglich gebundenen Gesellschafter-Geschäftsführer liegt allerdings der Schluss nahe, dass Nutzungsbeschränkung oder -verbot nicht ernstlich gewollt sind, sondern lediglich „auf dem Papier stehen". Unterbindet die Kapitalgesellschaft die unbefugte Nutzung durch den Gesellschafter-Geschäftsführer nicht, kann dies sowohl durch das Beteiligungsverhältnis als auch durch das Arbeitsverhältnis veranlasst sein. Die Zuordnung (vGA oder Arbeitslohn) bedarf der wertenden Betrachtung im Einzelfall.

Rechtsprechung § 19

BFH v. 23. 4. 2009 VI B 118/08 (BStBl. 2010 II S. 234):
1. Nutzt der Gesellschafter-Geschäftsführer einer GmbH ein Fahrzeug privat auf Grundlage einer im Anstellungsvertrag ausdrücklich zugelassenen Nutzungsgestattung, liegt keine vGA, sondern ein lohnsteuerlich erheblicher Vorteil vor.
2. Eine vertragswidrige private Nutzung eines betrieblichen Fahrzeugs durch einen Gesellschafter-Geschäftsführer ist nicht stets als Arbeitslohn zu qualifizieren (Senatsbeschluss vom 15. November 2007 VI ER – S 4/07).

BFH v. 23. 4. 2009 VI R 39/08 (BStBl. II S. 668): Der einem Arbeitnehmer von einem Dritten verliehene Nachwuchsförderpreis führt zu Arbeitslohn, wenn die Preisverleihung nicht vor allem eine Ehrung der Persönlichkeit des Preisträgers darstellt, sondern wirtschaftlich den Charakter eines leistungsbezogenen Entgelts hat (Anschluss an BFH-Urteil vom 9. Mai 1985 IV R 184/82, BFHE 143, 466, BStBl. II 1985, 427).

BFH v. 12. 2. 2009 VI R 50/07 (BStBl. II S. 460): Ermöglicht der Dienstherr zum Abbau von Personalüberhängen Beamten, die das 58. Lebensjahr vollendet und den Höchstruhegehaltssatz erreicht haben, in Form einer Sonderurlaubsregelung unwiderruflich die Freistellung vom Dienst unter Fortzahlung von 70 % der Besoldung bis zur Versetzung in den Ruhestand (sog. 58er-Regelung), so handelt es sich um einen „gleichartigen Bezug" i.S. des § 19 Abs. 2 Satz 2 Nr. 1 Buchst. a EStG und damit um begünstigte Versorgungsbezüge.

BFH v. 12. 2. 2009 VI R 32/08 (BStBl. II S. 462): Die Übernahme der Beiträge für die Mitgliedschaft einer angestellten Rechtsanwältin im Deutschen Anwaltverein führt zu Arbeitslohn, wenn der Arbeitgeber nicht im überwiegend eigenbetrieblichen Interesse handelt.

BFH v. 29. 1. 2009 VI R 56/07 (BStBl. 2010 II S. 1067): Unentgeltliche Überlassung eines Dienstwagens und Sammelbeförderung
1. Die unentgeltliche bzw. verbilligte Überlassung eines Dienstwagens durch den Arbeitgeber an den Arbeitnehmer für dessen Privatnutzung führt zu einer Bereicherung des Arbeitnehmers und damit zum Lohnzufluss.
2. Die Übernahme der Arbeitnehmerbeförderung i.S. des § 3 Nr. 32 EStG bedarf grundsätzlich einer besonderen Rechtsgrundlage. Dies kann ein Tarifvertrag oder eine Betriebsvereinbarung sein.
3. Überlässt der Arbeitgeber einem Arbeitnehmer einen Dienstwagen auch uneingeschränkt für private Zwecke, ist fraglich, ob der Arbeitgeber ein solches Fahrzeug noch zur Beförderung (weiterer) Arbeitnehmer „gestellen" kann.

BFH v. 15. 1. 2009 VI R 22/06 (BStBl. II S. 476): Eine nur Führungskräften eines Unternehmens vorbehaltene Abendveranstaltung stellt mangels Offenheit des Teilnehmerkreises keine Betriebsveranstaltung i.S. des § 40 Abs. 2 Satz 1 Nr. 2 EStG dar. Die Möglichkeit der Lohnsteuer-Pauschalierung mit einem festen Steuersatz von 25 % scheidet aus.

BFH v. 18. 12. 2008 VI R 34/07 (BStBl. 2009 II S. 381):
1. Ein Fahrzeug, das aufgrund seiner objektiven Beschaffenheit und Einrichtung typischerweise so gut wie ausschließlich nur zur Beförderung von Gütern bestimmt ist, unterfällt nicht der Bewertungsregelung des § 8 Abs. 2 Satz 2 EStG (1 %-Regelung).
2. Ob ein Arbeitnehmer ein solches Fahrzeug auch für private Zwecke eingesetzt hat, bedarf der Feststellung im Einzelnen. Die Feststellungslast obliegt dem FA. Dieses kann sich nicht auf den sog. Beweis des ersten Anscheins berufen.

BFH v. 18. 12. 2008 VI R 49/06 (BStBl. 2009 II S. 820):
1. Aus dem Spielbanktronc finanzierte Zahlungen an die Arbeitnehmer der Spielbank sind keine steuerfreien Trinkgelder i.S. des § 3 Nr. 51 EStG.
2. Der Begriff des Trinkgelds, der auch § 3 Nr. 51 EStG zugrunde liegt, setzt grundsätzlich ein Mindestmaß an persönlicher Beziehung zwischen Trinkgeldgeber und Trinkgeldnehmer voraus.
3. Wenn der Arbeitgeber selbst Gelder tatsächlich und von Rechts wegen an- und einnehmen, verwalten und buchungstechnisch erfassen muss, sind dies keine dem Arbeitnehmer von Dritten gegebenen Trinkgelder i.S. des § 3 Nr. 51 EStG.

BFH v. 11. 12. 2008 VI R 9/05 (BStBl. 2009 II S. 385):
1. Erhält ein Arbeitnehmer Leistungen aus einer durch Beiträge seines Arbeitgebers finanzierten Gruppenunfallversicherung, die ihm keinen eigenen unentziehbaren Rechtsanspruch einräumt, so

führen im Zeitpunkt der Leistung die bis dahin entrichteten, auf den Versicherungsschutz des Arbeitnehmers entfallenden Beiträge zu Arbeitslohn, begrenzt auf die dem Arbeitnehmer ausgezahlte Versicherungsleistung.
2. Der auf das Risiko beruflicher Unfälle entfallende Anteil der Beiträge führt als Werbungskostenersatz auch zu Werbungskosten des Arbeitnehmers, mit denen der entsprechende steuerpflichtige Arbeitslohn zu saldieren ist.
3. Regelmäßig kann davon ausgegangen werden, dass die Beiträge jeweils hälftig auf das Risiko privater und beruflicher Unfälle entfallen.*)

*) Hinweis auf BMF-Schreiben vom 28.10.2009 – IV C 5 – S 2332/09/10004 (BStBl. I S. 1275)

– Anlage § 009-03 –

BFH v. 20. 11. 2008 VI R 4/06 (BStBl. 2009 II S. 374):
1. Ob die von einem Warenproduzenten im Rahmen des Vertriebs in Warenhäusern beschäftigten Servicekräfte als Arbeitnehmer anzusehen sind, ist anhand einer Vielzahl in Betracht kommender Merkmale nach dem Gesamtbild der Verhältnisse zu beurteilen.
2. Die Nachforderung pauschaler Lohnsteuer beim Arbeitgeber setzt voraus, dass der Arbeitgeber der Pauschalierung zustimmt.

BFH v. 20. 11. 2008 VI R 25/05 (BStBl. 2009 II S. 382): Räumt der Arbeitgeber selbst handelbare Optionsrechte ein, gelangt der für den Zufluss von Arbeitslohn maßgebliche Vorteil in Gestalt eines Preisnachlasses auf gewährte Aktien erst aufgrund der Verwertung der Option in das wirtschaftliche Eigentum des Optionsnehmers (Arbeitnehmer).

BFH v. 30. 9. 2008 VI R 67/05 (BStBl. 2009 II S. 282):
1. Bei einem Aktienerwerb fließt dem Arbeitnehmer der geldwerte Vorteil in dem Zeitpunkt zu, in dem der Anspruch auf Verschaffung der wirtschaftlichen Verfügungsmacht über die Aktien erfüllt wird.
2. Dem Zufluss steht es nicht entgegen, wenn der Arbeitnehmer aufgrund einer Sperr- bzw. Haltefrist die Aktien für eine bestimmte Zeit nicht veräußern kann. Der Erwerber ist rechtlich und wirtschaftlich bereits von dem Augenblick an Inhaber der Aktie, in dem sie auf ihn übertragen oder auf seinen Namen im Depot einer Bank hinterlegt wird.
3. Der geldwerte Vorteil fließt dem Arbeitnehmer auch dann mit der Verschaffung der Verfügungsmacht zu, wenn die Aktien unter der auflösenden Bedingung einer Rückzahlungsverpflichtung (§ 158 Abs. 2 BGB) überlassen werden und diese Bedingung eintritt (sog. Istprinzip).

BFH v. 28. 8. 2008 VI R 50/06 (BStBl. 2009 II S. 243):
1. Die Einkunftserzielungsabsicht kann auch bei den Einkünften aus nichtselbständiger Arbeit fehlen, so dass von einer einkommensteuerrechtlich unbeachtlichen Liebhaberei auszugehen ist.
2. Beurteilungseinheit für die Überschusserzielungsabsicht bei den Einkünften aus nichtselbständiger Arbeit ist das einzelne Dienstverhältnis. Fiktive weitere Einkünfte aus anderen Beschäftigungsverhältnissen, die sich im Anschluss an das jeweilige Dienstverhältnis ergeben könnten, sind für die Totalüberschussprognose nicht zu berücksichtigen.
3. In die Totalüberschussprognose ist das zu erwartende Ruhegehalt des Steuerpflichtigen und eine etwaige Hinterbliebenenversorgung seines Ehegatten mit den nach der aktuellen Sterbetafel des Statistischen Bundesamts zu bestimmenden und nicht abzuzinsenden Verkehrswerten einer lebenslänglichen Leistung einzubeziehen.

BFH v. 22. 7. 2008 VI R 51/05 (BStBl. II S. 981): Der Vorsitzende und die Referenten des AStA sind Arbeitnehmer im Sinne des Einkommensteuerrechts. Die an sie gezahlten Aufwandsentschädigungen sind als einkommensteuerpflichtiger Lohn zu behandeln.

BFH v. 22. 7. 2008 VI R 47/06 (BStBl. 2009 II S. 151):
1. Übernimmt ein Arbeitgeber nicht aus ganz überwiegend eigenbetrieblichem Interesse die Zahlung einer Geldbuße und einer Geldauflage, die gegen einen bei ihm beschäftigten Arbeitnehmer wegen Verstößen gegen das Lebensmittelrecht verhängt worden sind, so handelt es sich hierbei um Arbeitslohn.
2. Ein Vorteil wird dann aus ganz überwiegend eigenbetrieblichem Interesse gewährt, wenn im Rahmen einer Gesamtwürdigung aus den Begleitumständen zu schließen ist, dass der jeweils verfolgte betriebliche Zweck im Vordergrund steht (Bestätigung der Rechtsprechung).
3. Geldbußen i.S. von § 17 OWiG können nicht als Werbungskosten abgezogen werden (§ 4 Abs. 5 Satz 1 Nr. 8 Satz 1 EStG i.V.m. § 9 Abs. 5 EStG).

Rechtsprechung § 19

4. Der Werbungskostenabzug von Geldauflagen i.s. des § 153a StPO scheidet nach § 12 Nr. 4 EStG aus, soweit die Auflagen nicht lediglich der Wiedergutmachung des durch die Tat verursachten Schadens dienen.

BFH v. 19. 6. 2008 VI R 4/05 (BStBl. II S. 826):

1. Ob eine Zuwendung des Arbeitgebers an den Arbeitnehmer durch das Dienstverhältnis veranlasst ist und zu Einkünften aus nichtselbständiger Arbeit führt oder ob sie aufgrund einer Sonderrechtsbeziehung zwischen Arbeitgeber und Arbeitnehmer einer anderen Einkunftsart oder dem nicht einkommensteuerbaren Bereich zuzurechnen ist, obliegt in erster Linie der tatrichterlichen Würdigung durch das Finanzgericht.

2. Werden einem Arbeitnehmer vom Arbeitgeber oder einem Dritten im Hinblick auf das Dienstverhältnis Aktienankaufs- oder Vorkaufsrechte eingeräumt, fließt dem Arbeitnehmer nicht zum Zeitpunkt der Rechtseinräumung, sondern erst zum Zeitpunkt des entgeltlichen Verzichts hierauf ein geldwerter Vorteil zu (Fortführung der Senatsrechtsprechung in den Senatsurteilen vom 3. Mai 2007 VI R 36/05, BFHE 218, 118, BStBl. II 2007, 647; vom 23. Juni 2005 VI R 124/99, BFHE 209, 549, BStBl. II 2005, 766; vom 23. Juni 2005 VI R 10/03, BFHE 209, 559, BStBl. II 2005, 770).

BFH v. 29. 5. 2008 VI R 25/07 (BStBl. 2009 II S. 150): Das erhöhte Unfallruhegehalt nach § 37 BeamtVG wird „auf Grund der Dienstzeit" i.S. von § 3 Nr. 6 EStG gewährt und ist somit nicht nach dieser Vorschrift steuerbefreit.

BFH v. 29. 5. 2008 VI R 11/07 (BStBl. II S. 933):

1. Ob Telefoninterviewer als Arbeitnehmer anzusehen sind, ist anhand einer Vielzahl in Betracht kommender Merkmale nach dem Gesamtbild der Verhältnisse zu beurteilen.

2. Ein bei Inanspruchnahme des Arbeitgebers als Lohnsteuer-Haftungsschuldner beachtlicher entschuldbarer Rechtsirrtum des Arbeitgebers liegt regelmäßig nicht vor, wenn dieser die Möglichkeit der Anrufungsauskunft (§ 42e EStG) hat, davon jedoch keinen Gebrauch macht.

3. Auch bei Schätzung der Höhe der Lohnsteuer-Haftungsschuld sind alle Umstände zu berücksichtigen, die für die Schätzung von Bedeutung sind. Ein Verstoß gegen § 162 Abs. 1 Satz 2 AO kann nicht durch pauschale Abschläge auf die Haftungsschuld geheilt werden.

BFH v. 8. 5. 2008 VI R 50/05 (BStBl. II S. 868):

1. Macht ein Steuerpflichtiger nachträglich für geleistete Dienste wegen fehlgeschlagener Vergütungserwartung (Hofübergabe) vor dem Arbeitsgericht mit Erfolg eine Vergütung geltend, begründet dies noch nicht die Feststellung, er sei auch im steuerlichen Sinne von Anfang an als Arbeitnehmer anzusehen.

2. Eine sonstige Leistung i. S. des § 22 Nr. 3 EStG ist jedes Tun, Dulden oder Unterlassen, das Gegenstand eines entgeltlichen Vertrags sein kann und das eine Gegenleistung auslöst (Anschluss an BFH-Urteile vom 21. September 1982 VIII R 73/79, BFHE 137, 251, BStBl. II 1983, 201, und vom 21. September 2004 IX R 13/02, BFHE 207, 284, BStBl. II 2005, 44).

BFH v. 6. 3. 2008 VI R 6/05 (BStBl. II S. 530): Die Umwandlung von Barlohn in Sachlohn setzt voraus, dass der Arbeitnehmer unter Änderung des Anstellungsvertrages auf einen Teil seines Barlohns verzichtet und ihm der Arbeitgeber stattdessen Sachlohn gewährt. Ob ein Anspruch auf Barlohn oder Sachlohn besteht, ist auf den Zeitpunkt bezogen zu entscheiden, zu dem der Arbeitnehmer über seinen Lohnanspruch verfügt.

BFH v. 28. 2. 2008 VI R 62/06 (BStBl. II S. 595): Reicht ein Steuerpflichtiger vor Ablauf der Festsetzungsfrist eine Berichtigungsanzeige i. S. des § 153 Abs. 1 AO bei einem unzuständigen FA ein, so ist die Anzeige zwar erstattet; zur Berechnung der Ablaufhemmung nach § 171 Abs. 9 AO ist jedoch grundsätzlich auf den Eingang beim zuständigen FA abzustellen.

(Anmerkung: Betrifft Überlassung von Aktien/Aktienoptionen der Muttergesellschaft durch Konzernobergesellschaft, Lohnzufluss zum Zeitpunkt der Erfüllung der Ansprüche aus dem Optionsrecht; zur haftungsbefreienden Anzeige des Arbeitgebers nach § 41c Abs. 4, § 42d Abs. 2 EStG.)

BFH v. 7. 2. 2008 VI R 75/06 (BStBl. 2010 II S. 48): Die berufliche Veranlassung eines Darlehens wird nicht zwingend dadurch ausgeschlossen, dass der Darlehensvertrag mit dem alleinigen Gesellschafter-Geschäftsführer der Arbeitgeberin (GmbH) statt mit der insolvenzbedrohten GmbH geschlossen worden und die Darlehensvaluta an diesen geflossen ist. Maßgeblich sind der berufliche Veranlassungszusammenhang und der damit verbundene konkrete Verwendungszweck des Darlehens.

§ 19 Rechtsprechung

BFH v. 17. 1. 2008 VI R 26/06 (BStBl. II S. 378): Obwohl die Anerkennung einer Wirtschaftsprüfungs- und Steuerberatungsgesellschaft voraussetzt, dass die Geschäftsführer Wirtschaftsprüfer bzw. Steuerberater sind, führt die Übernahme der Beiträge zu den Berufskammern durch den Arbeitgeber zu Arbeitslohn. Der Arbeitgeber handelt nicht im überwiegend eigenbetrieblichen Interesse.

BFH v. 18.12.2007 IV R 62/05 (BStBl. 2008 II S. 294):
1. Geldwerte Vorteile aus einem Aktienoptionsprogramm bilden im Regelfall als Anreizlohn eine Vergütung für eine mehrjährige Tätigkeit, wenn die Laufzeit zwischen Einräumung und Ausübung der Optionsrechte mehr als zwölf Monate beträgt und der Arbeitnehmer in dieser Zeit auch bei seinem Arbeitgeber beschäftigt ist (Anschluss an BFH-Urteil vom 19. Dezember 2006 VI R 136/01, BFHE 216, 251, BStBl. II 2007, 456.
2. Als Vergütung für eine mehrjährige Tätigkeit unterliegen die geldwerten Vorteile aus einem Aktienoptionsprogramm der ab 1999 geltenden Tarifermäßigung des § 34 Abs. 1 EStG.

BFH v. 15. 11. 2007 VI R 66/03 (BStBl. 2008 II S. 375):
1. Leistet der Arbeitgeber aufgrund des gesetzlichen Forderungsübergangs nach § 115 SGB X eine Lohnnachzahlung unmittelbar an die Arbeitsverwaltung, führt dies beim Arbeitnehmer zum Zufluss von Arbeitslohn.
2. Unterliegt der Nachzahlungsbetrag sowohl der Tarifermäßigung des § 34 Abs. 1 EStG als auch dem negativen Progressionsvorbehalt des § 32b EStG, so ist eine integrierte Steuerberechnung nach dem Günstigkeitsprinzip vorzunehmen. Danach sind die Ermäßigungsvorschriften in der Reihenfolge anzuwenden, die zu einer geringeren Steuerbelastung führt, als dies bei ausschließlicher Anwendung des negativen Progressionsvorbehalts der Fall wäre.

BFH v. 13. 9. 2007 VI R 54/03 (BStBl. 2008 II S. 58):
1. Bei Nachentrichtung hinterzogener Arbeitnehmeranteile zur Gesamtsozialversicherung führt die Nachzahlung als solche zum Zufluss eines zusätzlichen geldwerten Vorteils (Fortentwicklung der Rechtsprechung).
2. Bei Vereinbarung sog. Schwarzlöhne kommt der Schutzfunktion der Verschiebung der Beitragslast gemäß § 28g SGB IV grundsätzlich kein Vorrang gegenüber dem objektiv bestehenden Zusammenhang der Nachentrichtung der Arbeitnehmeranteile mit dem Arbeitsverhältnis zu.
3. Dem Lohnzufluss steht nicht entgegen, dass der Arbeitgeber beim Arbeitnehmer gemäß § 28g SGB IV keinen Rückgriff mehr nehmen kann.

BFH v. 13. 9. 2007 VI R 26/04 (BStBl. 2008 II S. 204): Leistet der Arbeitgeber im Rahmen eines ausgelagerten Optionsmodells zur Vermögensbeteiligung der Arbeitnehmer Zuschüsse an einen Dritten als Entgelt für die Übernahme von Kursrisiken, so führt dies bei den Arbeitnehmern zu Sachlohn, wenn die Risikoübernahme des Dritten auf einer vertraglichen Vereinbarung mit dem Arbeitgeber beruht.

BFH v. 26. 7. 2007 VI R 64/06 (BStBl. II S. 892): Die Übernahme der Beiträge zur Berufshaftpflichtversicherung einer angestellten Rechtsanwältin durch den Arbeitgeber führt zu Arbeitslohn, weil diese gemäß § 51 BRAO zum Abschluss der Versicherung verpflichtet ist und deshalb ein überwiegend eigenbetriebliches Interesse des Arbeitgebers ausscheidet.

BFH v. 5. 7. 2007 VI R 58/05 (BStBl. II S. 774): Der Verlust des durch eine Direktversicherung eingeräumten Bezugsrechts bei Insolvenz des Arbeitgebers löst keine lohnsteuerrechtlichen Folgen aus. Das folgt aus den Besonderheiten der Insolvenzsicherung gemäß § 7 BetrAVG.

BFH v. 14. 6. 2007 VI R 5/06 (BStBl. 2009 II S. 931): Ausländische Fotomodelle, die zur Produktion von Werbefilmen kurzfristig im Inland tätig werden, können selbständig tätig sein.*)

*) Anmerkung BStBl. II: Die verspätete Veröffentlichung im Bundessteuerblatt beruht auf einem Büroversehen.

BFH v. 24. 5. 2007 VI R 73/05 (BStBl. II S. 766):
1. Verzichtet der Arbeitgeber gegenüber dem Arbeitnehmer auf Schadensersatz nach einem während einer beruflichen Fahrt alkoholbedingt entstandenen Schaden am auch zur privaten Nutzung überlassenen Firmen-PKW, so ist der dem Arbeitnehmer aus dem Verzicht entstehende Vermögensvorteil nicht durch die 1 v.H.-Regelung abgegolten.
2. Der als Arbeitslohn zu erfassende Verzicht auf Schadensersatz führt nur dann zu einer Steuererhöhung, wenn die Begleichung der Schadensersatzforderung nicht zum Werbungskostenabzug be-

Rechtsprechung § 19

rechtigt. Ein Werbungskostenabzug kommt nicht in Betracht, wenn das auslösende Moment für den Verkehrsunfall die alkoholbedingte Fahruntüchtigkeit war.

BFH v. 3. 5. 2007 VI R 37/05 (BStBl. II S. 712): Freiwillige Sonderzahlungen an Arbeitnehmer eines konzernverbundenen Unternehmens sind keine steuerfreien Trinkgelder i.S. des § 3 Nr. 51 EStG.

BFH v. 3. 5. 2007 VI R 36/05 (BStBl. II S. 647):

1. Räumt ein Arbeitgeber einem Arbeitnehmer Aktienoptionen als Ertrag der Arbeit ein, sind damit zusammenhängende Aufwendungen des Arbeitnehmers erst im Jahr der Verschaffung der verbilligten Aktien zu berücksichtigen (Fortführung der Rechtsprechung im Senatsurteil vom 20. Juni 2001 VI R 105/99, BFHE 195, 395, BStBl. II 2001, 689).

2. Verfällt das Optionsrecht, sind die Optionskosten im Jahr des Verfalls als vergebliche Werbungskosten abziehbar.

BFH v. 12. 4. 2007 VI R 89/04 (BStBl. II S. 719): Überlässt der Arbeitgeber dem Arbeitnehmer eine Jahresnetzkarte, so führt dies zum sofortigen Zufluss von Arbeitslohn, wenn dem Arbeitnehmer mit der Karte ein uneingeschränktes Nutzungsrecht eingeräumt wurde.

BFH v. 12. 4. 2007 VI R 6/02 (BStBl. II S. 581):

1. Die Ablösung einer vom Arbeitgeber erteilten Pensionszusage führt beim Arbeitnehmer auch dann zum Zufluss von Arbeitslohn, wenn der Ablösungsbetrag auf Verlangen des Arbeitnehmers zur Übernahme der Pensionsverpflichtung an einen Dritten gezahlt wird.

2. Der Ablösungsbetrag unterliegt als Vergütung für eine mehrjährige Tätigkeit der Tarifermäßigung des § 34 Abs. 3 EStG 1990.

BFH v. 16. 1. 2007 IX R 69/04 (BStBl. 2007 II S. 579): Arbeitnehmeranteile zur Arbeitslosen-, Kranken- und Rentenversicherung (Gesamtsozialversicherung) sind – bei eigenem Rechtsanspruch des Arbeitnehmers gegen die Versorgungseinrichtung – als Arbeitslohn mit ihrer Abführung durch den Arbeitgeber gegenwärtig zugeflossen.

BFH v. 19. 12. 2006 VI R 136/01 (BStBl. 2007 II S. 456):

1. Geldwerte Vorteile aus einem Aktienoptionsprogramm stellen im Regelfall als Anreizlohn eine Vergütung für eine mehrjährige Tätigkeit dar. Abweichend hiervon können Entgelte für frühere Arbeitsleistungen angenommen werden, wenn die Tatumstände ergeben, dass konkrete Arbeitserfolge zusätzlich entlohnt werden sollten.

2. Mehrjährigkeit erfordert, dass zwischen Einräumung und Erfüllung des Optionsrechts mehr als zwölf Monate liegen und der Arbeitnehmer in diesem Zeitraum auch beschäftigt war.

3. Der Tarifermäßigung des § 34 Abs. 3 EStG steht weder entgegen, dass wiederholt Aktienoptionen eingeräumt werden, noch, dass die jeweils gewährte Option nicht in vollem Umfang einheitlich ausgeübt wird.

BFH v. 29. 11. 2006 VI R 3/04 (BStBl. 2007 II S. 308):

1. § 3 Nr. 12 Satz 2 EStG ist verfassungskonform dahingehend auszulegen, dass die Erstattung nur solcher Aufwendungen von der Steuer befreit ist, die als Betriebsausgaben oder Werbungskosten abziehbar sind (Bestätigung der Rechtsprechung).

2. Eine vom Arbeitgeber für die berufliche Nutzung von Wohnraum gezahlte Aufwandsentschädigung (§ 17 SBesG) ist nur steuerfrei, wenn die Voraussetzungen für einen Werbungskostenabzug der Aufwendungen für ein häusliches Arbeitszimmer gegeben sind.

BFH v. 22. 11. 2006 X R 29/05 (BStBl. 2007 II S. 402):

1. Ob die von einer Koordinierten Organisation – hier: der NATO – bezogenen Ruhegehaltszahlungen auf früheren Beitragsleistungen des Steuerpflichtigen beruhen und damit als Leibrente und nicht als Einkünfte aus nichtselbständiger Arbeit zu versteuern sind, bestimmt sich danach, ob der Steuerpflichtige zu ihrer Erlangung eigenes Vermögen einschließlich zugeflossenen Arbeitslohns eingesetzt hat.

2. Behält die Koordinierte Organisation einen Teil vom Arbeitslohn des Steuerpflichtigen ein, um ihn als Arbeitnehmerbeitrag einer Versorgungsrückstellung in ihrem Haushaltsplan zuzuführen, so fließt dem Steuerpflichtigen dadurch kein Arbeitslohn zu.

3. Die Steuerbefreiung für Bezüge und Einkünfte, die den Bediensteten eines NATO-Hauptquartiers in ihrer Eigenschaft als derartige Bedienstete gezahlt werden, findet auf laufende Ruhegehaltszahlungen keine Anwendung.

(Hinweis auf Verfassungsbeschwerde BVerfG 2 BvR 367/07.)

BFH v. 7. 11. 2006 VI R 2/05 (BStBl. 2007 II S. 315): Die Rückzahlung ursprünglich als laufender Arbeitslohn gezahlter Beträge gilt nicht schon in dem Kalenderjahr als abgeflossen, in dem der laufende Arbeitslohn selbst gemäß § 11 Abs. 1 Satz 3 (jetzt Satz 4) EStG i.V.m. § 38a Abs. 1 Satz 2 EStG als bezogen galt. Die Rückzahlung ist erst im Kalenderjahr des tatsächlichen Abflusses einkünftemindernd zu berücksichtigen.

BFH v. 5. 9. 2006 VI R 65/03 (BStBl. 2007 II S. 312): Veranstaltet ein Arbeitgeber sog. Händler-Incentive-Reisen, so führt die Betreuung der Händler durch eigene Arbeitnehmer bei diesen nicht zu geldwerten Vorteilen, wenn die Betreuungsaufgaben das Eigeninteresse der Arbeitnehmer an der Teilnahme des touristischen Programms in den Hintergrund treten lassen.

BFH v. 26. 7. 2006 VI R 49/02 (BStBl. II S. 917): Wiederholungshonorare und Erlösbeteiligungen, die an ausübende Künstler von Hörfunk- oder Fernsehproduktionen als Nutzungsentgelte für die Übertragung originärer urheberrechtlicher Verwertungsrechte gezahlt werden, stellen keinen Arbeitslohn dar.

BFH v. 22. 6. 2006 VI R 21/05 (BStBl. II S. 915): Auch bei der Gestellung einheitlicher, während der Arbeitszeit zu tragender bürgerlicher Kleidungsstücke kann das eigenbetriebliche Interesse des Arbeitgebers im Vordergrund stehen bzw. ein geldwerter Vorteil des Arbeitnehmers zu verneinen sein.

BFH v. 4. 5. 2006 VI R 67/03 (BStBl. II S. 914): Verpflichtet sich der Arbeitgeber gegenüber dem Darlehensgeber zur Zahlung von Zinsausgleichszahlungen, ist steuerpflichtiger Arbeitslohn anzunehmen. Für die Anwendung der Verwaltungsanweisung (Abschn. 31 Abs. 8 LStR 1993 bis 1996) ist kein Raum.

BFH v. 4. 5. 2006 VI R 33/03 (BStBl. II S. 911):
1. Die Rückzahlung einer Abfindung ist auch dann im Abflussjahr zu berücksichtigen, wenn die Abfindung im Zuflussjahr begünstigt besteuert worden ist.
2. Eine Lohnrückzahlung ist regelmäßig kein rückwirkendes Ereignis, das zur Änderung des Einkommensteuerbescheides des Zuflussjahres berechtigt.

BFH v. 4. 5. 2006 VI R 19/03 (BStBl. II S. 832):
1. Durch das Dienstverhältnis veranlasste Leistungen des Arbeitgebers sind auch dann Arbeitslohn, wenn es an einem Rechtsgrund fehlt.
2. Zurückgezahlter Arbeitslohn ist erst im Zeitpunkt des Abflusses steuermindernd zu berücksichtigen.

BFH v. 4. 5. 2006 VI R 17/03 (BStBl. II S. 830):
1. Zum Arbeitslohn gehören auch versehentliche Überweisungen des Arbeitgebers, die dieser zurückfordern kann.
2. Die Rückzahlung von Arbeitslohn ist erst im Zeitpunkt des tatsächlichen Abflusses einkünftemindernd zu berücksichtigen.

BFH v. 11. 4. 2006 VI R 60/02 (BStBl. II S. 691): Die kostenlose oder verbilligte Überlassung von qualitativ und preislich hochwertigen Bekleidungsstücken durch den Arbeitgeber an die Mitglieder seiner Geschäftsleitung stellt steuerpflichtigen Arbeitslohn dar. Der Entlohnungscharakter der Zuwendung kann nicht mit einem überwiegenden eigenbetrieblichen Interesse widerlegt werden, weil das Tragen der vom Arbeitgeber hergestellten Kleidungsstücke neben Repräsentationszwecken auch der Werbung dienen würde.

BFH v. 5. 4. 2006 IX R 109/00 (BStBl. II S. 541):
1. Aufwendungen des Kreditinstituts (Arbeitgeber) für Sicherheitsmaßnahmen am Wohnhaus seines leitenden Angestellten (Vorstandsmitglied) sind bei allenfalls abstrakter berufsbedingter Gefährdung von dessen Leben, Gesundheit und Vermögen, also nicht unerheblichem Eigeninteresse des Vorstandsmitglieds, Arbeitslohn.
2. Kein steuerfreier Auslagenersatz ist gegeben, wenn die Aufwendungen nicht im ganz überwiegenden betrieblichen Interesse des Kreditinstituts liegen und angesichts der sich ratierlich mindernden Rückzahlungsverpflichtung nach Ablauf von fünf Jahren zu einer dauerhaften und nicht unerheblichen Bereicherung des Steuerpflichtigen führen.

Rechtsprechung § 19

BFH v. 28. 3. 2006 VI R 24/03 (BStBl. II S. 473): Ersetzt der Arbeitgeber aufgrund einer tarifvertraglichen Verpflichtung dem als Orchestermusiker beschäftigten Arbeitnehmer die Kosten der Instandsetzung des dem Arbeitnehmer gehörenden Musikinstruments, so handelt es sich dabei um steuerfreien Auslagenersatz.

BFH v. 8. 3. 2006 IX R 78/01 (BStBl. II S. 448):
1. Ausgleichszahlungen, die ein zum Versorgungsausgleich verpflichteter Beamter auf Grund einer Vereinbarung gemäß § 1408 Abs. 2 BGB an seinen Ehegatten leistet, um Kürzungen seiner Versorgungsbezüge zu vermeiden, sind sofort als Werbungskosten abziehbar (Ergänzung zum BFH-Urteil vom 8. März 2006 IX R 107/00).
2. Werden die Abfindungszahlungen fremdfinanziert, kann der Beamte die dadurch entstehenden Schuldzinsen als Werbungskosten bei den Einkünften aus nichtselbständiger Arbeit absetzen.

BFH v. 8.3. 2006 IX R 107/00 (BStBl. II S. 446): Ausgleichszahlungen, die ein zum Versorgungsausgleich verpflichteter Ehegatte auf Grund einer Vereinbarung gemäß § 1587o BGB an den anderen Ehegatten leistet, um Kürzungen seiner Versorgungsbezüge (§ 19 Abs. 1 Satz 1 Nr. 2 EStG) zu vermeiden, sind sofort als Werbungskosten abziehbar.

BFH v. 15. 2. 2006 VI R 92/04 (BStBl. II S. 528): Durch die Zahlung des Gegenwerts beim Ausscheiden eines Arbeitgebers aus der Versorgungsanstalt des Bundes und der Länder fließt den Arbeitnehmern kein Arbeitslohn zu.

*) Hinweis auf BMF-Schreiben vom 30. 5. 2006 (BStBl. I S. 415).

BFH v. 16. 11. 2005 VI R 118/01 (BStBl. 2006 II S. 444):
1. Sachzuwendungen an Arbeitnehmer anlässlich einer zweitägigen Reise, die sowohl eine Betriebsveranstaltung als auch eine aus ganz überwiegend eigenbetrieblichen Interessen durchgeführte Betriebsbesichtigung bei einem Hauptkunden des Arbeitgebers umfasst, sind grundsätzlich aufzuteilen.
2. Die Aufwendungen des Arbeitgebers für eine derartige Reise sind insgesamt kein Arbeitslohn, wenn die dem Betriebsveranstaltungsteil zuzurechnenden, anteiligen Kosten die für Zuwendungen bei Betriebsveranstaltungen maßgebliche Freigrenze nicht übersteigen. Die dem Betriebsbesichtigungsteil zuzurechnenden, anteiligen Kosten stellen ebenfalls keinen Arbeitslohn dar, wenn die Besichtigung im ganz überwiegend eigenbetrieblichen Interesse durchgeführt wird und damit keinen Entlohnungscharakter hat.

BFH v. 16. 11. 2005 VI R 68/00 (BStBl. 2006 II S. 440): Führt ein Arbeitgeber pro Kalenderjahr mehr als zwei Betriebsveranstaltungen für denselben Kreis von Begünstigten durch, so wird ab der dritten Veranstaltung Arbeitslohn zugewendet.

BFH v. 16. 11. 2005 VI R 157/98 (BStBl. 2006 II S. 437): Leistet ein Arbeitgeber einen Zuschuss zu einer zweitägigen Betriebsveranstaltung in eine im Übrigen von den Arbeitnehmern unterhaltene Gemeinschaftskasse, so stellt diese Zuwendung keinen Arbeitslohn dar, wenn der Zuschuss die für die Annahme von Arbeitslohn bei Zuwendungen aus Anlass von Betriebsveranstaltungen maßgebliche Freigrenze nicht überschreitet.

BFH v. 16. 11. 2005 VI R 151/00 (BStBl. 2006 II S. 442): Aufwendungen des Arbeitgebers aus Anlass einer Betriebsveranstaltung erlangen beim Überschreiten einer Freigrenze, die für die Jahre 1996 und 1997 200 DM je teilnehmendem Arbeitnehmer beträgt, ein derartiges Eigengewicht, dass sie in vollem Umfang als steuerpflichtiger Arbeitslohn zu werten sind (Bestätigung der Rechtsprechung).

BFH v. 16. 11. 2005 VI R 151/99 (BStBl. 2006 II S. 439): Aufwendungen des Arbeitgebers führen bei einer zweitägigen Betriebsveranstaltung nicht zu Arbeitslohn, sofern die Freigrenze von 200 DM (110 €) eingehalten wird (Änderung der Rechtsprechung).

BFH v. 5. 10. 2005 VI R 152/01 (BStBl. 2006 II S. 94): Ein angestellter Chefarzt bezieht mit den Einnahmen aus dem ihm eingeräumten Liquidationsrecht für die gesondert berechenbaren wahlärztlichen Leistungen in der Regel Arbeitslohn, wenn die wahlärztlichen Leistungen innerhalb des Dienstverhältnisses erbracht werden.

BFH v. 18. 8. 2005 VI R 32/03 (BStBl. 2006 II S. 30):
1. Eine Aufteilung von Sachzuwendungen an Arbeitnehmer in Arbeitslohn und Zuwendungen im betrieblichen Eigeninteresse ist grundsätzlich möglich, wenn die Zuwendungen bei Würdigung aller Umstände des Einzelfalls gemischt veranlasst sind.

§ 19 Rechtsprechung

2. Bei gemischt veranlassten Reisen sind für die Aufteilung zunächst die Kostenbestandteile der Reise abzutrennen, die sich leicht und eindeutig dem betriebsfunktionalen Bereich und dem Bereich, der sich als geldwerter Vorteil darstellt, zuordnen lassen. Die danach verbleibenden Kosten sind grundsätzlich im Wege sachgerechter Schätzung (§ 162 AO 1977) aufzuteilen. Als Aufteilungsmaßstab ist dabei in der Regel das Verhältnis der Zeitanteile heranzuziehen, in dem Reise-Bestandteile mit Vorteilscharakter zu den aus betriebsfunktionalen Gründen durchgeführten Reise-Bestandteilen stehen.
3. Der Wert einer dem Arbeitnehmer durch den Arbeitgeber zugewandten Reise kann grundsätzlich anhand der Kosten geschätzt werden, die der Arbeitgeber für die Reise aufgewendet hat. Sofern sich ein Beteiligter auf eine abweichende Wertbestimmung beruft, muss er konkret darlegen, dass eine Schätzung des üblichen Endpreises am Abgabeort nach den aufgewandten Kosten dem objektiven Wert der Reise nicht entspricht.
4. Macht der Arbeitgeber in schwierigen Fällen, in denen ihm bei Anwendung der gebotenen Sorgfalt Zweifel über die Rechtslage kommen müssen, von der Möglichkeit der Anrufungsauskunft (§ 42e EStG) keinen Gebrauch, so ist ein auf dieser Unterlassung beruhender Rechtsirrtum grundsätzlich nicht entschuldbar und steht der Inanspruchnahme des Arbeitgebers im Wege der Haftung nicht entgegen.

BFH v. 20. 7. 2005 VI R 165/01 (BStBl. II S. 890):
1. Ein Arbeitnehmer kann die Lohnsteuer-Anmeldung des Arbeitgebers aus eigenem Recht anfechten, soweit sie ihn betrifft (Anschluss an das Urteil des BFH vom 12. Oktober 1995 I R 39/95, BFHE 179, 91, BStBl. II 1996, 87).
2. Behält der Arbeitgeber einen Beitrag vom Arbeitslohn ein und führt ihn einer Versorgungsrückstellung zu, fließt dem Arbeitnehmer (noch) kein Arbeitslohn zu.

BFH v. 23. 6. 2005 VI R 10/03 (BStBl. II S. 770):
1. Gewährt ein Arbeitnehmer dem Arbeitgeber ein Darlehen, das mit einem Wandlungsrecht zum Bezug von Aktien ausgestattet ist, wird ein Zufluss von Arbeitslohn nicht bereits durch die Hingabe des Darlehens begründet.
2. Im Falle der Ausübung des Wandlungsrechts durch den Arbeitnehmer fließt diesem ein geldwerter Vorteil aus dem Bezug von Aktien zu einem unter dem Kurswert liegenden Übernahmepreis grundsätzlich erst dann zu, wenn dem Arbeitnehmer durch Erfüllung des Anspruchs das wirtschaftliche Eigentum an den Aktien verschafft wird.
3. Überträgt der Arbeitnehmer das Darlehen nebst Wandlungsrecht gegen Entgelt auf einen Dritten, fließt dem Arbeitnehmer ein geldwerter Vorteil im Zeitpunkt der Übertragung zu.
4. Der geldwerte Vorteil bemisst sich im Falle der Ausübung des Wandlungsrechts aus der Differenz zwischen dem Börsenpreis der Aktien an dem Tag, an dem der Arbeitnehmer die wirtschaftliche Verfügungsmacht über die Aktien erlangt, und den Erwerbsaufwendungen.

BFH v. 23. 6. 2005 VI R 124/99 (BStBl. II S. 766):
1. Wird einem Arbeitnehmer im Rahmen seines Arbeitsverhältnisses durch Übertragung einer nicht handelbaren Wandelschuldverschreibung ein Anspruch auf die Verschaffung von Aktien eingeräumt, wird ein Zufluss von Arbeitslohn nicht bereits durch die Übertragung der Wandelschuldverschreibung begründet.
2. Im Falle der Ausübung des Wandlungsrechts durch den Arbeitnehmer fließt diesem ein geldwerter Vorteil grundsätzlich erst dann zu, wenn dem Arbeitnehmer durch Erfüllung des Anspruchs das wirtschaftliche Eigentum an den Aktien verschafft wird.

BFH v. 14. 4. 2005 VI R 134/01 (BStBl. II S. 569): Die Beiträge für die gesetzliche Rentenversicherung und Arbeitgeberanteile zur Kranken- und Pflegeversicherung, die der Bund nach § 15 des Gesetzes zur Förderung der Einstellung der landwirtschaftlichen Erwerbstätigkeit (FELEG) trägt, stellen bei den ehemaligen Arbeitnehmern der stillgelegten landwirtschaftlichen Unternehmen keinen Arbeitslohn dar.

BFH v. 16. 9. 2004 VI R 25/02 (BStBl. 2006 II S. 10): Leistet der Arbeitgeber Zahlungen für ein im Haus bzw. in der Wohnung des Arbeitnehmers gelegenes Büro, das der Arbeitnehmer für die Erbringung seiner Arbeitsleistung nutzt, so ist die Unterscheidung zwischen Arbeitslohn einerseits und Einkünften aus Vermietung und Verpachtung andererseits danach vorzunehmen, in wessen vorrangigem Interesse die Nutzung des Büros erfolgt.*)

*) Hinweis auf BMF-Schreiben vom 13.12.2005 (BStBl. 2006 I S. 4).   – Anlage § 019-06 –

Rechtsprechung § 19

BFH v. 19.8.2004 VI R 33/97 (BStBl. II S. 1076):
1. Nutzt eine Arbeitnehmerin aufgrund eines von einem Dritten unentgeltlich eingeräumten Wohnungsrechts eine Wohnung, stellt der Nutzungsvorteil Arbeitslohn dar, wenn er sich als Ertrag der Arbeit erweist.
2. Anders als bei der Einräumung eines Erbbaurechts fließen in einem solchen Fall die Einnahmen nicht bereits mit der Bestellung, sondern erst laufend mit der Nutzung zu.
3. Die durch Rechtsverordnung nach § 17 Abs. 1 Nr. 3 SGB IV vorgesehenen Durchschnittswerte der SachbezV in der Fassung vor 1996 kamen nur für solche Sachbezüge in Betracht, für die sie nach Ermächtigungsgrundlage und Ziel der Regelung geschaffen waren. Hierzu zählte nicht der Vorteil, eine Wohnung mit außergewöhnlicher Ausstattung nutzen zu dürfen.

BFH v. 7. 7. 2004 VI R 29/00 (BStBl. 2005 II S. 367): Übernimmt der Arbeitgeber, der einen Paketzustelldienst betreibt, aus ganz überwiegend eigenbetrieblichem Interesse die Zahlung von Verwarnungsgeldern, die gegen die bei ihm angestellten Fahrer wegen Verletzung des Halteverbots verhängt worden sind, so handelt es sich hierbei nicht um Arbeitslohn.

BFH v. 2. 10. 2003 IV R 4/02 (BStBl. 2004 II S. 129):
1. Leistet der Steuerpflichtige Erziehungshilfe, indem er die betreuten Kinder zeitweise in seinen Haushalt aufnimmt, und erhält er dafür von einem privaten Träger der Kinder- und Jugendhilfe neben einem Gehalt eine pauschale Kostenerstattung, ist diese nur dann als nach § 3 Nr. 50 EStG steuerfreier Auslagenersatz anzusehen, wenn der Steuerpflichtige nachweist, dass die Pauschale den tatsächlichen Aufwendungen im Großen und Ganzen entspricht.

Kann der Nachweis nicht erbracht werden, ist die Pauschale als Bestandteil des Arbeitslohns steuerpflichtig. Die tatsächlichen Aufwendungen des Steuerpflichtigen, die notfalls im Wege der Schätzung zu ermitteln sind, stellen Werbungskosten dar.

2. Wird der Erziehungshelfer nicht als Arbeitnehmer, sondern selbständig tätig, erzielt er mit der Vergütung Einkünfte aus einer freiberuflichen Tätigkeit, wenn die Erziehung der Gesamtheit der Betreuungsleistung das Gepräge gibt. Die tatsächlichen Aufwendungen stellen Betriebsausgaben dar.

BFH v. 26. 6. 2003 VI R 112/98 (BStBl. II S. 886): Eine Bereicherung in Form ersparter Aufwendungen hinsichtlich beiläufig erworbener Kenntnisse und Fertigkeiten (hier: Führerscheinkosten der Klasse 3) im Rahmen einer umfassenden Gesamtausbildung zum Polizeivollzugsdienst muss nicht zu Arbeitslohn eines Polizeianwärters führen, sofern das Ausbildungsinteresse des Dienstherrn im Vordergrund steht.

BFH v. 21. 2. 2003 VI R 74/00 (BStBl. II S. 496): Bei Entschädigungszahlungen der Urlaubs- und Lohnausgleichskasse der Bauwirtschaft für verfallene Urlaubsansprüche handelt es sich um Einkünfte, die nicht dem Steuerabzug vom Arbeitslohn unterliegen und auf die die Härteregelung nach § 46 Abs. 5 EStG anzuwenden ist.

BFH v. 28. 1. 2003 VI R 48/99 (BStBl. II S. 724): Lädt ein Arbeitgeber anlässlich eines Geburtstags eines Arbeitnehmers Geschäftsfreunde, Repräsentanten des öffentlichen Lebens, Vertreter von Verbänden und Berufsorganisationen sowie Mitarbeiter zu einem Empfang ein, ist unter Berücksichtigung aller Umstände des Einzelfalls zu entscheiden, ob es sich um ein Fest des Arbeitgebers (betriebliche Veranstaltung) oder um ein privates Fest des Arbeitnehmers handelt.

BFH v. 7. 6. 2002 VI R 145/99 (BStBl. II S. 829):
1. Überlässt der Arbeitnehmer seinem Arbeitgeber eine eigene Garage, in der ein Dienstwagen untergestellt wird, stellt das vom Arbeitgeber gezahlte Nutzungsentgelt regelmäßig keinen Arbeitslohn dar.
2. Stellt der Arbeitnehmer den Dienstwagen in einer von ihm angemieteten Garage unter, handelt es sich bei der vom Arbeitgeber erstatteten Garagenmiete um steuerfreien Auslagenersatz.
3. Wird in diesen Fällen die private Nutzung des Dienstwagens nach der 1 v.H.-Regelung erfasst, so ist kein geldwerter Vorteil für die Überlassung der Garage an den Arbeitnehmer anzusetzen.

BFH v. 6. 6. 2002 VI R 178/97 (BStBl. 2003 II S. 34):
1. Arbeitgeberanteile zur gesetzlichen Sozialversicherung eines Arbeitnehmers gehören nicht zum Arbeitslohn. § 3 Nr. 62 Satz 1 EStG hat insofern nur deklaratorische Bedeutung.
2. Entscheidungen des zuständigen Sozialversicherungsträgers über die Sozialversicherungspflicht von Beschäftigungsverhältnissen können infolge ihrer Tatbestandswirkung im Besteuerungsverfahren zu beachten sein.

§ 19 Rechtsprechung

BFH v. 6. 3. 2002 XI R 51/00 (BStBl. II S. 516):
1. Erhält ein Arbeitnehmer, der als Spitzenkandidat seiner Partei für eine Parlamentswahl kandidiert hat, für die Auflösung seines Arbeitsverhältnisses eine Abfindung, so ist diese Entschädigung i. S. des § 24 Nr. 1 Buchst. a EStG, wenn sein Arbeitgeber die Auflösung des Arbeitsverhältnisses fordert, weil der Steuerpflichtige ein Regierungsamt übernimmt.
2. Eine Abfindung ist insoweit keine Entschädigung i. S. des § 24 Nr. 1 Buchst. a EStG, als sie einen künftig entstehenden Pensionsanspruch in kapitalisierter Form abgilt.
3. Erhöht der Arbeitgeber im Zuge der Auflösung des Arbeitsverhältnisses die im Arbeitsvertrag für den Fall der Beendigung des Arbeitsverhältnisses zugesagte monatliche Pension, so steht dies der tarifbegünstigten Besteuerung der Einmalabfindung nicht entgegen (Bestätigung der Tz. 6 ff. des BMF-Schreibens vom 18. Dezember 1998 IV A 5 – S 2290 – 18/98, BStBl. I 1998, 1512). (S. **Anlage § 034-01**)

BVerfG v. 6. 3. 2002 2 BvL 17/99 (BStBl. II S. 618): (Leitsätze)
1. Die unterschiedliche Besteuerung der Beamtenpensionen nach § 19 EStG und der Renten aus der gesetzlichen Rentenversicherung nach § 22 Nr. 1 Satz 3 Buchstabe a EStG ist seit dem Jahr 1996 mit dem Gleichheitssatz des Art. 3 Abs. 1 GG unvereinbar (Anschluss an BVerfGE 54, 11; 86, 369).
2. Sollen nichtfiskalische Förderungs- und Lenkungsziele den rechtfertigenden Grund für steuerliche Vergünstigungen bilden, so ist neben einer erkennbaren Entscheidung des Gesetzgebers auch ein Mindestmaß an zweckgerechter Ausgestaltung des Vergünstigungstatbestands erforderlich.
3. Der Gesetzgeber hat im Rahmen der gebotenen Neuregelung die Besteuerung von Vorsorgeaufwendungen für die Alterssicherung und die Besteuerung von Bezügen aus dem Ergebnis der Vorsorgeaufwendungen so aufeinander abzustimmen, dass eine doppelte Besteuerung vermieden wird.

Schwebende Verfahren

BFH VI R 16/12 (BFH-Webseite): Sind in die Bemessungsgrundlage zur Ermittlung des Freibetrages des § 19a EStG nicht verbilligt überlassene Vermögensbeteiligungen einzubeziehen, liegt eine verbilligte Überlassung einer Vermögensbeteiiligung i.S. des § 19a EStG auch dann vor, wenn die Verbilligung in der Draufgabe einer unentgeltlichen, nicht übertragbaren Aktienoption liegt, und sind gemäß § 8 Abs. 2 Satz 9 EStG steuerfrei erlangte Vermögensbeteiligungen in die Bemessungsgrundlage zur Ermittlung des Freibetrages nach § 19a EStG einzubeziehen?

BFH IX R 13/10 (BFH-Webseite): Steuerbarkeit von Entschädigungszahlungen – Führen im Vergleichswege – bedingt durch einen privaten Unfall – erhaltene Entschädigungszahlungen auf den Verdienstausfallschaden und Einkommensausfallschaden zu einer Steuerbarkeit nach § 19 EStG i.V.m. § 24 Nr. 1 a EStG, wobei der Zufluss in mehreren Jahren und Tranchen erfolgte – Erfüllt die fiktive Zuordnung der Entschädigungszahlungen zur Einkunftsart nichtselbständiger Arbeit (der Kläger befand sich zum Unfallzeitpunkt in der Ausbildung) den Tatbestand nach § 2 Abs. 1 EStG – Verstößt die fiktive Zuordnung gegen den Gleichheitsgrundsatz nach Art. 3 GG?

§ 19a Überlassung von Vermögensbeteiligungen an Arbeitnehmer (weggefallen) [1]

LStR
R 19a. Steuerbegünstigte Überlassung von Vermögensbeteiligungen
Soweit § 19a EStG nach der Übergangsregelung in § 52 Abs. 27 EStG weiter anzuwenden ist, gelten die Anweisungen in R 19a LStR 2008 fort.

Hinweise
LStH 19a § 19a EStG in der am 31.12.2008 geltenden Fassung:

„(1) Erhält ein Arbeitnehmer im Rahmen eines gegenwärtigen Dienstverhältnisses unentgeltlich oder verbilligt Sachbezüge in Form von Vermögensbeteiligungen im Sinne des § 2 Abs. 1 Nr. 1 und Abs. 2 bis 5 des Fünften Vermögensbildungsgesetzes in der Fassung des Gesetzes vom 19. Dezember 2000 (BGBl. I S. 1790), so ist der Vorteil steuerfrei, soweit er nicht höher als der halbe Wert der Vermögensbeteiligung (Absatz 2) ist und insgesamt 135 Euro im Kalenderjahr nicht übersteigt.

(2) [1]Als Wert der Vermögensbeteiligung ist der gemeine Wert anzusetzen. [2]Werden einem Arbeitnehmer Vermögensbeteiligungen im Sinne des § 2 Abs. 1 Nr. 1 Buchstabe a, b und f des Fünften Vermögensbildungsgesetzes überlassen, die am Tag der Beschlussfassung über die Überlassung an einer deutschen Börse zum regulierten Markt zugelassen sind, so werden diese mit dem niedrigsten an diesem Tag für sie im regulierten Markt notierten Kurs angesetzt, wenn am Tag der Überlassung nicht mehr als neun Monate seit dem Tag der Beschlussfassung über die Überlassung vergangen sind. [3]Liegt am Tag der Beschlussfassung über die Überlassung eine Notierung nicht vor, so werden diese Vermögensbeteiligungen mit dem letzten innerhalb von 30 Tagen vor diesem Tag im regulierten Markt notierten Kurs angesetzt. [4]Die Sätze 2 und 3 gelten entsprechend für Vermögensbeteiligungen im Sinne des § 2 Abs. 1 Nr. 1 Buchstabe a, b und f des Fünften Vermögensbildungsgesetzes, die im Inland in den Freiverkehr einbezogen sind oder in einem anderen Staat des Europäischen Wirtschaftsraums zum Handel an einem geregelten Markt im Sinne des Artikels 1 Nr. 13 der Richtlinie 93/22/EWG des Rates vom 10. Mai 1993 über Wertpapierdienstleistungen (ABl. EG Nr. L 141 S. 27) zugelassen sind. [5]Sind am Tag der Beschlussfassung über die Überlassung von Vermögensbeteiligungen im Sinne des § 2 Abs. 1 Nr. 1 Buchstabe a, b und f des Fünften Vermögensbildungsgesetzes mehr als neun Monate seit dem Tag der Beschlussfassung über die Überlassung vergangen, so tritt an die Stelle des Tages der Beschlussfassung über die Überlassung im Sinne der Sätze 2 bis 4 der Tag der Überlassung. [6]Der Wert von Vermögensbeteiligungen im Sinne des § 2 Abs. 1 Nr. 1 Buchstabe c des Fünften Vermögensbildungsgesetzes wird mit dem Ausgabepreis am Tag der Überlassung angesetzt. [7]Der Wert von Vermögensbeteiligungen im Sinne des § 2 Abs. 1 Nr. 1 Buchstabe g, i, k und l des Fünften Vermögensbildungsgesetzes wird mit dem Nennbetrag angesetzt, wenn nicht besondere Umstände einen höheren oder niedrigeren Wert begründen."

Anwendungsregelung (§ 52 Abs. 27 EStG):

„§ 19a EStG ist in der am 31.12.2008 geltenden Fassung weiter anzuwenden, wenn
– die Vermögensbeteiligung vor dem 1.4.2009 überlassen wurde oder
– auf Grund einer am 31.3.2009 bestehenden Vereinbarung ein Anspruch auf die unentgeltliche oder verbilligte Überlassung einer Vermögensbeteiligung vor dem 1.1.2016 überlassen wird

und der Arbeitgeber bei demselben Arbeitnehmer im Kalenderjahr nicht § 3 Nr. 39 EStG anzuwenden hat."

R 19a LStR 2008: [2]

„Allgemeines

(1) [1]§19a EStG gilt für unbeschränkt und beschränkt einkommensteuerpflichtige Arbeitnehmer, die in einem gegenwärtigen Dienstverhältnis stehen. [2]Die Überlassung von Vermögensbeteiligungen an frühere Arbeitnehmer des Arbeitgebers ist nur steuerbegünstigt, soweit die unentgeltliche oder verbilligte Vermögensbeteiligung im Rahmen einer Abwick-

---
1) § 19a wurde aufgehoben durch Mitarbeiterkapitalbeteiligungsgesetz vom 7.3.2009 (BGBl. I S. 451, BStBl. I S. 436), zur Weiteranwendung (bis 2015) siehe § 52 Abs. 27 EStG. Text § 19a EStG bei LStH 19a.
2) → § 52 Abs. 27 EStG.

lung des früheren Dienstverhältnisses noch als Arbeitslohn für die tatsächliche Arbeitsleistung überlassen wird.

(2) ¹Voraussetzung für die Steuerbegünstigung ist nicht, dass der Arbeitgeber Rechtsinhaber der zu überlassenden Vermögensbeteiligung ist. ²Die Steuerbegünstigung gilt deshalb auch für den geldwerten Vorteil, der bei Überlassung der Vermögensbeteiligung durch einen Dritten entsteht, wenn die Überlassung durch das gegenwärtige Dienstverhältnis veranlasst ist. ³Eine steuerbegünstigte Überlassung von Vermögensbeteiligungen durch Dritte liegt z. B. vor, wenn der Arbeitnehmer die Vermögensbeteiligung unmittelbar erhält

1. von einem Beauftragten des Arbeitgebers, z. B. einem Kreditinstitut, oder
2. von einem Unternehmen, das mit dem Unternehmen des Arbeitgebers in einem Konzern (§ 18 des Aktiengesetzes – AktG) verbunden ist (Ausgabe von Aktien oder anderen Vermögensbeteiligungen durch eine Konzernobergesellschaft an Arbeitnehmer der Konzernuntergesellschaft oder zwischen anderen Konzerngesellschaften), oder
3. von einem fremden Unternehmen, mit dem der Arbeitgeber entsprechende Vereinbarungen getroffen hat.

⁴Dabei kommt es nicht darauf an, ob der Arbeitgeber in die Überlassung eingeschaltet ist oder ob der Arbeitgeber dem Dritten den Preis der Vermögensbeteiligung oder die durch die Überlassung entstehenden Kosten ganz oder teilweise ersetzt.

(3) ¹Die Steuerbegünstigung gilt nur für den geldwerten Vorteil, den der Arbeitnehmer durch die unentgeltliche oder verbilligte Überlassung der Vermögensbeteiligung erhält. ²Deshalb sind Geldleistungen des Arbeitgebers an den Arbeitnehmer zur Begründung oder zum Erwerb der Vermögensbeteiligung oder für den Arbeitnehmer vereinbarte vermögenswirksame Leistungen i.S.d. VermBG, die zur Begründung oder zum Erwerb der Vermögensbeteiligung angelegt werden, nicht steuerbegünstigt. ³Die Übernahme der mit der Überlassung von Vermögensbeteiligungen verbundenen Nebenkosten durch den Arbeitgeber, z. B. Notariatsgebühren, Eintrittsgelder im Zusammenhang mit Geschäftsguthaben bei einer Genossenschaft und Kosten für Registereintragungen, ist kein Arbeitslohn. ⁴Ebenfalls kein Arbeitslohn sind vom Arbeitgeber übernommene Depotgebühren, die durch die Festlegung der Wertpapiere für die Dauer einer vertraglich vereinbarten Sperrfrist entstehen; dies gilt entsprechend bei der kostenlosen Depotführung durch den Arbeitgeber.

Umwandlung von Arbeitslohn

(4) Für die Steuerfreiheit nach § 19a EStG kommt es nicht darauf an, ob die Vermögensbeteiligungen zusätzlich zum ohnehin geschuldeten Arbeitslohn oder auf Grund einer Vereinbarung mit dem Arbeitnehmer über die Herabsetzung des individuell zu besteuernden Arbeitslohns überlassen werden.

Begriff der Vermögensbeteiligungen

(5) ¹Die Vermögensbeteiligungen, deren Überlassung nach § 19a EStG steuerbegünstigt ist, sind in § 19a Abs. 1 EStG i.V.m. § 2 Abs. 1 Nr. 1 und Abs. 2 bis 5 VermBG abschließend aufgezählt. ²Danach können sowohl Vermögensbeteiligungen am Unternehmen des Arbeitgebers (betriebliche Beteiligungen) als auch Vermögensbeteiligungen an anderen Unternehmen (außerbetriebliche Beteiligungen) steuerbegünstigt überlassen werden.

Wert der Vermögensbeteiligung

(6) Der Wert von Vermögensbeteiligungen i.S.d. § 2 Abs. 1 Nr. 1 und Abs. 2 bis 5 VermBG richtet sich auch dann nach § 19a Abs. 2 EStG, wenn die Steuerbegünstigung des § 19a Abs. 1 EStG nicht in Anspruch genommen wird.

(7) ¹Beschließt ein herrschendes Unternehmen i.S.d. § 18 Abs. 1 AktG die Überlassung von Vermögensbeteiligungen i.S.d. § 2 Abs. 1 Nr. 1 Buchstabe a, b und f i.V.m. Abs. 2 bis 5 VermBG an Arbeitnehmer des Konzerns, gilt dieser Tag als Tag der Beschlussfassung i.S.d. § 19a Abs. 2 Satz 2 EStG; dies gilt auch dann, wenn das abhängige Unternehmen in einem eigenen Beschluss den Überlassungsbeschluss des herrschenden Unternehmens nachvollzieht, ohne die Wertpapiere von diesem zu erwerben. ²Erwirbt das abhängige Unternehmen die Wertpapiere, ist der Tag seiner Beschlussfassung maßgebend.

(8) Als Tag der Überlassung kann vom Tag der Ausbuchung beim Überlassenden oder dessen Erfüllungsgehilfen ausgegangen werden.

(9) ¹Vermögensbeteiligungen i.S.d. § 2 Abs. 1 Nr. 1 Buchstabe a, b und f, Abs. 2 und 4 VermBG, für die am Beschlusstag und innerhalb von 30 Tagen vor dem Beschlusstag ein Kurs weder im amtlichen Handel noch im geregelten Markt oder im Freiverkehr ermittelt worden

ist, sind mit dem gemeinen Wert am Tag der Überlassung anzusetzen; wird an diesem Tag ein Kurs ermittelt, ist dieser der gemeine Wert. ²Liegt bei erstmaliger Börseneinführung von Aktien weder am Beschlusstag noch am Überlassungstag ein Börsenkurs vor, ist der gemeine Wert der neu eingeführten Aktien mit dem für Privatanleger maßgebenden Ausgabekurs anzusetzen, wenn dieser zeitnah mit dem Beschluss- oder Überlassungstag feststeht. ³Der Wert junger Aktien, die noch nicht an der Börse eingeführt, aber schon voll dividendenberechtigt sind, kann aus Vereinfachungsgründen aus dem Kurs der Altaktien am Beschlusstag abgeleitet werden. ⁴Bei jungen Aktien, die noch nicht an der Börse eingeführt und noch nicht voll dividendenberechtigt sind, kann insgesamt ein Abschlag in Höhe von 10 % des Börsenkurses der Altaktien, höchstens von 30 % vom Nominalwert der Aktie, bei Stückaktien vom auf die Aktie entfallenden anteiligen Wert des Grundkapitals gemacht werden. ⁵Der ermittelte Wert gilt für alle jungen Aktien, die dem Arbeitnehmer innerhalb von 9 Monaten nach dem Beschlusstag überlassen werden. ⁶Nach Ablauf von 9 Monaten ist der Kurs der Altaktien am Tag der Überlassung zugrunde zu legen. ⁷Für die Bewertung innerhalb eines Konzerns ist Absatz 7 Satz 1 und 2 anzuwenden.*

Ermittlung des steuerfreien geldwerten Vorteils

(10) Der geldwerte Vorteil ergibt sich aus dem Unterschied zwischen dem Wert der Vermögensbeteiligung (→ Absätze 6 bis 9) und dem Preis, zu dem die Vermögensbeteiligung dem Arbeitnehmer überlassen wird.

(11) ¹Der steuerfreie Höchstbetrag ist auf das Dienstverhältnis bezogen. ²Steht der Arbeitnehmer im Kalenderjahr nacheinander oder nebeneinander in mehreren Dienstverhältnissen, kann der steuerfreie Höchstbetrag in jedem Dienstverhältnis in Anspruch genommen werden."

Abgrenzung zwischen stiller Beteiligung und partiarischem Darlehen

Für die Abgrenzung einer stillen Beteiligung von einem partiarischen Darlehen kommt es darauf an, ob die Vertragspartner einen gemeinsamen Zweck verfolgen (→ BFH vom 21.6.1983 – BStBl. II S. 563). Indiz für die Verfolgung eines gemeinsamen Zwecks kann die ausdrückliche Vereinbarung von Kontrollrechten des Arbeitnehmers sein (→ BFH vom 10.02.1978 – BStBl. II S. 256). Fehlt es an einem gemeinsamen Zweck der Vertragspartner, liegt ein partiarisches Darlehen vor.

Begriff der Vermögensbeteiligungen

→ BMF vom 23.7.2014 (BStBl. I S. 1175) – Anhang 25 –

Darlehensforderung

Darlehensforderungen i.S.d. § 2 Abs. 1 Nr. 1 Buchstabe k des 5. VermBG können in der Regel dann unter dem Nennwert bewertet werden, wenn die Forderung unverzinslich ist (→ R B 12.1 Abs. 1 Nr. 1 ErbStR); eine Bewertung über dem Nennwert ist im Allgemeinen dann gerechtfertigt, wenn die Forderung hochverzinst und von Seiten des Schuldners (Arbeitgebers) für längere Zeit unkündbar ist (→ R B 12.1 Abs. 1 Nr. 2 ErbStR). – Anhang 56 –

Ermittlung des steuerfreien geldwerten Vorteils

Die Steuerfreiheit des geldwerten Vorteils ist der Höhe nach doppelt begrenzt, und zwar auf den halben Wert der Vermögensbeteiligung, höchstens aber auf 135 Euro jährlich (§ 19a Abs. 1 Satz 1 EStG). Daraus folgt, dass der geldwerte Vorteil nur insoweit zum steuerpflichtigen Arbeitslohn gehört, als er die Hälfte des Werts der Vermögensbeteiligung übersteigt. Ist der geldwerte Vorteil höher als 135 Euro im Kalenderjahr, so gehört der 135 Euro übersteigende Teil des geldwerten Vorteils auch dann zum steuerpflichtigen Arbeitslohn, wenn die Hälfte des Werts der Vermögensbeteiligung nicht überschritten wird.

Beispiele zur Ermittlung des steuerfreien geldwerten Vorteils

Eigenleistung des Arbeitnehmers €	Wert der Beteiligung €	steuerfrei €	steuerpflichtig €
0	50	25	25
0	500	135	365
200	400	135	65
50	250	125	75
135	270	135	0
150	300	135	15
250	500	135	115
275	550	135	140

Genussschein

Ein Genussschein ist ein Wertpapier, wenn er ein Genussrecht verbrieft und auf Inhaber, Namen oder an Order lautet.

Gewinnschuldverschreibung

Eine Gewinnschuldverschreibung ist ein Wertpapier, das auf Inhaber, Namen oder an Order lautet und in dem die Leistung einer bestimmten Geldsumme – im Regelfall die Einlösung zum Nennwert – versprochen wird.

Junge Aktien

§ 19a Abs. 2 Satz 2 EStG findet auch dann Anwendung, wenn sich der Überlassungsbeschluss auf junge Aktien bezieht, die erst im Rahmen einer bevorstehenden Kapitalerhöhung ausgegeben werden, sofern die „Altaktie" im Zeitpunkt des Überlassungsbeschlusses an der Börse notiert ist. Der Anwendung des § 19a Abs. 2 Satz 2 EStG steht in diesem Fall nicht der Umstand entgegen, dass die jungen Aktien bei ihrer Überlassung an die Arbeitnehmer bereits an der Börse notiert sind (→ BFH vom 4.4.2001 – BStBl. II S. 677).

Preisnachlass

Überlässt der Arbeitgeber Wertpapiere an seine Arbeitnehmer gegen einen fest und unabänderlich bezifferten Preisnachlass, so bemisst sich der geldwerte Vorteil nach diesem im Überlassungsangebot bezifferten Preisnachlass. § 19a Abs. 2 Satz 2 EStG findet in diesem Fall keine Anwendung (→ BFH vom 4.4.2001 – BStBl. II S. 813).

Tag der Beschlussfassung

Der Arbeitgeber kann einen Beschluss über die Überlassung von Aktien an seine Arbeitnehmer aufheben und durch einen anderen Überlassungsbeschluss ersetzen. In diesem Fall ist der nach § 19a Abs. 2 Satz 2 EStG zu berechnende Vorteil auf den Tag des (Zweit-)Beschlusses zu berechnen, auf dem die Überlassung der Aktien tatsächlich beruht (→ BFH vom 4.4.2001 – BStBl. II S. 677).

Überlassung von Vermögensbeteiligungen ab 2009

→ § 3 Nr. 39 EStG, BMF vom 8.12.2009 (BStBl. I S. 1513) – *Anlage § 003-07* –

→ auch § 19a EStG a. F. i. V. m. § 52 Abs. 27 EStG

Wert der Vermögensbeteiligung

- Veräußerungssperren mindern den Wert der Vermögensbeteiligung nicht (→ BFH vom 7.4.1989 – BStBl. II S. 608 und vom 30.9.2008 – BStBl. 2009 II S. 282).

- Kann der Wert der unentgeltlich oder verbilligt überlassenen Vermögensbeteiligung auch nicht aus tatsächlichen Anteilsverkäufen abgeleitet werden, ist der Wert unter Beachtung des von der Finanzverwaltung herausgegebenen „Leitfadens zur Bewertung von Anteilen an Kapitalgesellschaften" zu ermitteln[1].

- Der gemeine Wert nicht börsennotierter Aktien lässt sich nicht i. S. d. § 11 Abs. 2 Satz 2 BewG aus Verkäufen ableiten, wenn nach den Veräußerungen aber noch vor dem Bewertungsstichtag weitere objektive Umstände hinzutreten, die dafür sprechen, dass diese Verkäufe nicht mehr den gemeinen Wert der Aktien repräsentieren, und es an objektiven Maßstäben für Zu- und Abschläge fehlt, um von den festgestellten Verkaufspreisen der Aktien auf deren gemeinen Wert zum Bewertungsstichtag schließen zu können (→ BFH vom 29.7.2010 – BStBl. 2011 II S. 68).

---

1) http://www.ofd-muenster.de/die_ofd_ms/ Arbeitshilfen__Leitfaeden__Praxishilfen/05_leitfaden_kapital.php

Zuflusszeitpunkt der Vermögensbeteiligung
- Zeitpunkt des Zuflusses ist der Tag der Erfüllung des Anspruchs des Arbeitnehmers auf Verschaffung der wirtschaftlichen Verfügungsmacht über die Vermögensbeteiligung (→ *BFH vom 23.6.2005 – BStBl. II S. 770*).
- Ein solcher Zufluss liegt nicht vor, solange dem Arbeitnehmer eine Verfügung über die Aktien rechtlich unmöglich ist (→ *BFH vom 30.6.2011 – BStBl. II S. 923 zu vinkulierten Namensaktien*). Im Gegensatz dazu stehen Sperr- und Haltefristen einem Zufluss nicht entgegen (*BFH vom 30.9.2008 – BStBl. 2009 II S. 282*).

Rechtsprechungsauswahl

BFH v. 6. 7. 2011 VI R 35/10 (BFH-Webseite): Freigrenze für arbeitgeberseitig überlassene Gratisaktien – Keine Nachteile durch vergünstigende Norm

Die Vergünstigungsvorschrift des § 19a Abs. 8 EStG a.f. schränkt den Anwendungsbereich der Vereinfachungsregelung des § 8 Abs. 2 Satz 9 EStG nicht ein.

BFH v. 29. 7. 2010 VI R 30/07 (BStBl. 2011 II S. 68): Der gemeine Wert der Aktien lässt sich nicht stets aus weniger als ein Jahr zurückliegenden und im gewöhnlichen Geschäftsverkehr erfolgten Aktienverkäufen ableiten

Der gemeine Wert nicht börsennotierter Aktien lässt sich nicht i.S. des § 11 Abs. 2 Satz 2 BewG aus Verkäufen ableiten, wenn nach den Veräußerungen aber noch vor dem Bewertungsstichtag weitere objektive Umstände hinzutreten, die dafür sprechen, dass diese Verkäufe nicht mehr den gemeinen Wert der Aktien repräsentieren, und es an objektiven Maßstäben für Zu- und Abschläge fehlt, um von den festgestellten Verkaufspreisen der Aktien auf deren gemeinen Wert zum Bewertungsstichtag schließen zu können.

BFH v. 17. 9. 2009 VI R 17/08 (BStBl. 2010 II S. 299):
1. Wird ein fehlgeschlagenes Mitarbeiteraktienprogramm rückgängig gemacht, indem zuvor vergünstigt erworbene Aktien an den Arbeitgeber zurückgegeben werden, liegen negative Einnahmen bzw. Werbungskosten vor.
2. Die Höhe des Erwerbsaufwands bemisst sich in einem solchen Fall nach dem ursprünglich gewährten geldwerten Vorteil; zwischenzeitlich eingetretene Wertveränderungen der Aktien sind unbeachtlich.

BFH v. 13. 9. 2007 VI R 26/04 (BStBl. 2008 II S. 204): Leistet der Arbeitgeber im Rahmen eines ausgelagerten Optionsmodells zur Vermögensbeteiligung der Arbeitnehmer Zuschüsse an einen Dritten als Entgelt für die Übernahme von Kursrisiken, so führt dies bei den Arbeitnehmern zu Sachlohn, wenn die Risikoübernahme des Dritten auf einer vertraglichen Vereinbarung mit dem Arbeitgeber beruht.

BFH v. 4. 4. 2001 VI R 96/00 (BStBl. II S. 813): Überlässt der Arbeitgeber Wertpapiere an seine Arbeitnehmer gegen einen fest und unabänderlich bezifferten Preisnachlass, so bemisst sich der geldwerte Vorteil nach diesem im Überlassungsangebot bezifferten Preisnachlass. § 19a Abs. 8 Satz 2 EStG findet in diesem Fall keine Anwendung.

BFH v. 4. 4. 2001 VI R 173/00 (BStBl. II S. 677):
1. Der Arbeitgeber kann einen Beschluss über die verbilligte oder unentgeltliche Überlassung von Aktien an seine Arbeitnehmer aufheben und durch einen anderen Überlassungsbeschluss ersetzen. In diesem Fall ist der nach § 19a Abs. 8 Satz 2 EStG zu berechnende Vorteil auf den Tag des (Zweit-) Beschlusses zu berechnen, auf dem die Überlassung der Aktien tatsächlich beruht.
2. § 19a Abs. 8 Satz 2 EStG findet auch dann Anwendung, wenn sich der Überlassungsbeschluss auf junge Aktien bezieht, die erst im Rahmen einer bevorstehenden Kapitalerhöhung ausgegeben werden, sofern die „Altaktie" im Zeitpunkt des Überlassungsbeschlusses an der Börse notiert ist.
3. Der Anwendung des § 19a Abs. 8 Satz 2 EStG steht in diesem Fall nicht der Umstand entgegen, dass die jungen Aktien bei ihrer Überlassung an die Arbeitnehmer bereits an der Börse notiert sind.

BFH v. 24. 1. 2001 I R 119/98 (BStBl. II S. 512):
1., 3. – 5. Leitsätze siehe bei § 19 EStG.
2. § 19a Abs. 6 Satz 5 EStG 1984 findet nur auf im Inland börsennotierte Aktien und damit nicht auf nicht handelbare Aktienoptionsrechte Anwendung (Bestätigung des BFH-Beschlusses vom 8. August 1991 VI B 109/90, BFHE 165, 101, BStBl. II 1991, 929).

§ 19a

Rechtsprechung

Schwebende Verfahren

BFH VI R 1/02 (BFH-Webseite): Sind in die Bemessungsgrundlage zur Ermittlung des Freibetrages des § 19a EStG nicht verbilligt überlassene Vermögensbeteiligungen einzubeziehen, liegt eine verbilligte Überlassung einer Vermögensbeteiligung i.S. des § 19a EStG auch dann vor, wenn die Verbilligung in der Draufgabe einer unentgeltlichen, nicht übertragbaren Aktienoption liegt, und sind gemäß § 8 Abs. 2 Satz 9 EStG (jetzt: § 8 Abs. 2 Satz 11 EStG) steuerfrei erlangte Vermögensbeteiligungen in die Bemessungsgrundlage zur Ermittlung des Freibetrages nach § 19a EStG einzubeziehen?

e) Kapitalvermögen
(§ 2 Absatz 1 Satz 1 Nummer 5)

§ 20 (Kapitalvermögen, § 2 Absatz 1 Satz 1 Nummer 5)

(1) Zu den Einkünften aus Kapitalvermögen gehören
1. Gewinnanteile (Dividenden), Ausbeuten und sonstige Bezüge aus Aktien, Genussrechten, mit denen das Recht am Gewinn und Liquidationserlös einer Kapitalgesellschaft verbunden ist, aus Anteilen an Gesellschaften mit beschränkter Haftung, an Erwerbs- und Wirtschaftsgenossenschaften sowie an bergbautreibenden Vereinigungen, die die Rechte einer juristischen Person haben. ²Zu den sonstigen Bezügen gehören auch verdeckte Gewinnausschüttungen. ³Die Bezüge gehören nicht zu den Einnahmen, soweit sie aus Ausschüttungen einer Körperschaft stammen, für die Beträge aus dem steuerlichen Einlagekonto im Sinne des § 27 des Körperschaftsteuergesetzes als verwendet gelten. ⁴Als sonstige Bezüge gelten auch Einnahmen, die an Stelle der Bezüge im Sinne des Satzes 1 von einem anderen als dem Anteilseigner nach Absatz 5 bezogen werden, wenn die Aktien mit Dividendenberechtigung erworben, aber ohne Dividendenanspruch geliefert werden;
2. Bezüge, die nach der Auflösung einer Körperschaft oder Personenvereinigung im Sinne der Nummer 1 anfallen und die nicht in der Rückzahlung von Nennkapital bestehen; Nummer 1 Satz 3 gilt entsprechend. ²Gleiches gilt für Bezüge, die auf Grund einer Kapitalherabsetzung oder nach der Auflösung einer unbeschränkt steuerpflichtigen Körperschaft oder Personenvereinigung im Sinne der Nummer 1 anfallen und die als Gewinnausschüttung im Sinne des § 28 Absatz 2 Satz 2 und 4 des Körperschaftsteuergesetzes gelten;
3. (weggefallen)
4. Einnahmen aus der Beteiligung an einem Handelsgewerbe als stiller Gesellschafter und aus partiarischen Darlehen, es sei denn, daß der Gesellschafter oder Darlehnsgeber als Mitunternehmer anzusehen ist. ²Auf Anteile des stillen Gesellschafters am Verlust des Betriebes sind § 15 Absatz 4 Satz 6 bis 8 und § 15a sinngemäß anzuwenden;
5. Zinsen aus Hypotheken und Grundschulden und Renten aus Rentenschulden. ²Bei Tilgungshypotheken und Tilgungsgrundschulden ist nur der Teil der Zahlungen anzusetzen, der als Zins auf den jeweiligen Kapitalrest entfällt;
6. der Unterschiedsbetrag zwischen der Versicherungsleistung und der Summe der auf sie entrichteten Beiträge (Erträge) im Erlebensfall oder bei Rückkauf des Vertrags bei Rentenversicherungen mit Kapitalwahlrecht, soweit nicht die lebenslange Rentenzahlung gewählt und erbracht wird, und bei Kapitalversicherungen mit Sparanteil, wenn der Vertrag nach dem 31. Dezember 2004 abgeschlossen worden ist. ²Wird die Versicherungsleistung nach Vollendung des 60. Lebensjahres des Steuerpflichtigen und nach Ablauf von zwölf Jahren seit dem Vertragsabschluss ausgezahlt, ist die Hälfte des Unterschiedsbetrags anzusetzen. ³Bei entgeltlichem Erwerb des Anspruchs auf die Versicherungsleistung treten die Anschaffungskosten an die Stelle der vor dem Erwerb entrichteten Beiträge. ⁴Die Sätze 1 bis 3 sind auf Erträge aus fondsgebundenen Lebensversicherungen, auf Erträge im Erlebensfall bei Rentenversicherungen ohne Kapitalwahlrecht, soweit keine lebenslange Rentenzahlung vereinbart und erbracht wird, und auf Erträge bei Rückkauf des Vertrages bei Rentenversicherungen ohne Kapitalwahlrecht entsprechend anzuwenden. ⁵Ist in einem Versicherungsvertrag eine gesonderte Verwaltung von speziell für diesen Vertrag zusammengestellten Kapitalanlagen vereinbart, die nicht auf öffentlich vertriebene Investmentfondsanteile oder Anlagen, die die Entwicklung eines veröffentlichten Indexes abbilden, beschränkt ist, und kann der wirtschaftlich Berechtigte unmittelbar oder mittelbar über die Veräußerung der Vermögensgegenstände und die Wiederanlage der Erlöse bestimmen (vermögensverwaltender Versicherungsvertrag), sind die dem Versicherungsunternehmen zufließenden Erträge dem wirtschaftlich Berechtigten aus dem Versicherungsvertrag zuzurechnen; Sätze 1 bis 4 sind nicht anzuwenden. ⁶Satz 2 ist nicht anzuwenden, wenn

a) in einem Kapitallebensversicherungsvertrag mit vereinbarter laufender Beitragszahlung in mindestens gleichbleibender Höhe bis zum Zeitpunkt des Erlebensfalls die vereinbarte Leistung bei Eintritt des versicherten Risikos weniger als 50 Prozent der Summe der für die gesamte Vertragsdauer zu zahlenden Beiträge beträgt und

b) bei einem Kapitallebensversicherungsvertrag die vereinbarte Leistung bei Eintritt des versicherten Risikos das Deckungskapital oder den Zeitwert der Versicherung spätestens fünf Jahre nach Vertragsabschluss nicht um mindestens 10 Prozent des Deckungskapitals, des Zeitwerts oder der Summe der gezahlten Beiträge übersteigt. ²Dieser Prozentsatz darf bis zum Ende der Vertragslaufzeit in jährlich gleichen Schritten auf Null sinken.

⁷Hat der Steuerpflichtige Ansprüche aus einem von einer anderen Person abgeschlossenen Vertrag entgeltlich erworben, gehört zu den Einkünften aus Kapitalvermögen auch der Unterschiedsbetrag zwischen der Versicherungsleistung bei Eintritt eines versicherten Risikos und den Aufwendungen für den Erwerb und Erhalt des Versicherungsanspruches; insoweit findet Satz 2 keine Anwendung. ⁸Satz 7 gilt nicht, wenn die versicherte Person den Versicherungsanspruch von einem Dritten erwirbt oder aus anderen Rechtsverhältnissen entstandene Abfindungs- und Ausgleichsansprüche arbeitsrechtlicher, erbrechtlicher oder familienrechtlicher Art durch Übertragung von Ansprüchen aus Versicherungsverträgen erfüllt werden;

7. Erträge aus sonstigen Kapitalforderungen jeder Art, wenn die Rückzahlung des Kapitalvermögens oder ein Entgelt für die Überlassung des Kapitalvermögens zur Nutzung zugesagt oder geleistet worden ist, auch wenn die Höhe der Rückzahlung oder des Entgelts von einem ungewissen Ereignis abhängt. ²Dies gilt unabhängig von der Bezeichnung und der zivilrechtlichen Ausgestaltung der Kapitalanlage. ²Dies gilt unabhängig von der Bezeichnung und der zivilrechtlichen Ausgestaltung der Kapitalanlage. ³Erstattungszinsen im Sinne des § 233a der Abgabenordnung sind Erträge im Sinne des Satzes 1;

8. Diskontbeträge von Wechseln und Anweisungen einschließlich der Schatzwechsel;

9. Einnahmen aus Leistungen einer nicht von der Körperschaftsteuer befreiten Körperschaft, Personenvereinigung oder Vermögensmasse im Sinne des § 1 Absatz 1 Nummer 3 bis 5 des Körperschaftsteuergesetzes, die Gewinnausschüttungen im Sinne der Nummer 1 wirtschaftlich vergleichbar sind, soweit sie nicht bereits zu den Einnahmen im Sinne der Nummer 1 gehören; Nummer 1 Satz 2, 3 und Nummer 2 gelten entsprechend. ²Satz 1 ist auf Leistungen von vergleichbaren Körperschaften, Personenvereinigungen oder Vermögensmassen, die weder Sitz noch Geschäftsleitung im Inland haben, entsprechend anzuwenden;

10. a) Leistungen eines nicht von der Körperschaftsteuer befreiten Betriebs gewerblicher Art im Sinne des § 4 des Körperschaftsteuergesetzes mit eigener Rechtspersönlichkeit, die zu mit Gewinnausschüttungen im Sinne der Nummer 1 Satz 1 wirtschaftlich vergleichbaren Einnahmen führen; Nummer 1 Satz 2, 3 und Nummer 2 gelten entsprechend;

b) der nicht den Rücklagen zugeführte Gewinn und verdeckte Gewinnausschüttungen eines nicht von der Körperschaftsteuer befreiten Betriebs gewerblicher Art im Sinne des § 4 des Körperschaftsteuergesetzes ohne eigene Rechtspersönlichkeit, der den Gewinn durch Betriebsvermögensvergleich ermittelt oder Umsätze einschließlich der steuerfreien Umsätze, ausgenommen die Umsätze nach § 4 Nummer 8 bis 10 des Umsatzsteuergesetzes, von mehr als 350 000 Euro im Kalenderjahr oder einen Gewinn von mehr als 30 000 Euro im Wirtschaftsjahr hat, sowie der Gewinn im Sinne des § 22 Absatz 4 des Umwandlungssteuergesetzes. ²Die Auflösung der Rücklagen zu Zwecken außerhalb des Betriebs gewerblicher Art führt zu einem Gewinn im Sinne des Satzes 1; in Fällen der Einbringung nach dem Sechsten und des Formwechsels nach dem Achten Teil des Umwandlungssteuergesetzes gelten die Rücklagen als aufgelöst. ³Bei dem Geschäft der Veranstaltung von Werbesendungen der inländischen öffentlich-rechtlichen Rundfunkanstalten gelten drei Viertel

§ 20

des Einkommens im Sinne des § 8 Absatz 1 Satz 3 des Körperschaftsteuergesetzes als Gewinn im Sinne des Satzes 1. ⁴Die Sätze 1 und 2 sind bei wirtschaftlichen Geschäftbetrieben der von der Körperschaftsteuer befreiten Körperschaften, Personenvereinigungen oder Vermögensmassen entsprechend anzuwenden. ⁵Nummer 1 Satz 3 gilt entsprechend. ⁵Nummer 1 Satz 3 gilt entsprechend. ⁶Satz 1 in der am 12. Dezember 2006 geltenden Fassung ist für Anteile, die einbringungsgeboren im Sinne des § 21 des Umwandlungssteuergesetzes in der am 12. Dezember 2006 geltenden Fassung sind, weiter anzuwenden;

11. Stillhalterprämien, die für die Einräumung von Optionen vereinnahmt werden; schließt der Stillhalter ein Glattstellungsgeschäft ab, mindern sich die Einnahmen aus den Stillhalterprämien um die im Glattstellungsgeschäft gezahlten Prämien.

(2) ¹Zu den Einkünften aus Kapitalvermögen gehören auch

1. der Gewinn aus der Veräußerung von Anteilen an einer Körperschaft im Sinne des Absatzes 1 Nummer 1. ²Anteile an einer Körperschaft sind auch Genussrechte im Sinne des Absatzes 1 Nummer 1, den Anteilen im Sinne des Absatzes 1 Nummer 1 ähnliche Beteiligungen und Anwartschaften auf Anteile im Sinne des Absatzes 1 Nummer 1;

2. der Gewinn aus der Veräußerung

    a) von Dividendenscheinen und sonstigen Ansprüchen durch den Inhaber des Stammrechts, wenn die dazugehörigen Aktien oder sonstigen Anteile nicht mitveräußert werden. ²Soweit eine Besteuerung nach Satz 1 erfolgt ist, tritt diese insoweit an die Stelle der Besteuerung nach Absatz 1;

    b) von Zinsscheinen und Zinsforderungen durch den Inhaber oder ehemaligen Inhaber der Schuldverschreibung, wenn die dazugehörigen Schuldverschreibungen nicht mitveräußert werden. ²Entsprechendes gilt für die Einlösung von Zinsscheinen und Zinsforderungen durch den ehemaligen Inhaber der Schuldverschreibung.

    ²Satz 1 gilt sinngemäß für die Einnahmen aus der Abtretung von Dividenden- oder Zinsansprüchen oder sonstigen Ansprüchen im Sinne des Satzes 1, wenn die dazugehörigen Anteilsrechte oder Schuldverschreibungen nicht in einzelnen Wertpapieren verbrieft sind. ³Satz 2 gilt auch bei der Abtretung von Zinsansprüchen aus Schuldbuchforderungen, die in ein öffentliches Schuldbuch eingetragen sind;

3. der Gewinn

    a) bei Termingeschäften, durch die der Steuerpflichtige einen Differenzausgleich oder einen durch den Wert einer veränderlichen Bezugsgröße bestimmten Geldbetrag oder Vorteil erlangt;

    b) aus der Veräußerung eines als Termingeschäft ausgestalteten Finanzinstruments;

4. der Gewinn aus der Veräußerung von Wirtschaftsgütern, die Erträge im Sinne des Absatzes 1 Nummer 4 erzielen;

5. der Gewinn aus der Übertragung von Rechten im Sinne des Absatzes 1 Nummer 5;

6. der Gewinn aus der Veräußerung von Ansprüchen auf eine Versicherungsleistung im Sinne des Absatzes 1 Nummer 6. ²Das Versicherungsunternehmen hat nach Kenntniserlangung von einer Veräußerung unverzüglich Mitteilung an das für den Steuerpflichtigen zuständige Finanzamt zu machen und auf Verlangen des Steuerpflichtigen eine Bescheinigung über die Höhe der entrichteten Beiträge im Zeitpunkt der Veräußerung zu erteilen;

7. der Gewinn aus der Veräußerung von sonstigen Kapitalforderungen jeder Art im Sinne des Absatzes 1 Nummer 7;

8. der Gewinn aus der Übertragung oder Aufgabe einer die Einnahmen im Sinne des Absatzes 1 Nummer 9 vermittelnden Rechtsposition.

²Als Veräußerung im Sinne des Satzes 1 gilt auch die Einlösung, Rückzahlung, Abtretung oder verdeckte Einlage in eine Kapitalgesellschaft; in den Fällen von Satz 1 Nummer 4 gilt auch die Vereinnahmung eines Auseinandersetzungsguthabens als Veräußerung. ³Die An-

§ 20

schaffung oder Veräußerung einer unmittelbaren oder mittelbaren Beteiligung an einer Personengesellschaft gilt als Anschaffung oder Veräußerung der anteiligen Wirtschaftsgüter.

(3) Zu den Einkünften aus Kapitalvermögen gehören auch besondere Entgelte oder Vorteile, die neben den in den Absätzen 1 und 2 bezeichneten Einnahmen oder an deren Stelle gewährt werden.

(3a) ¹Korrekturen im Sinne des § 43a Absatz 3 Satz 7 sind erst zu dem dort genannten Zeitpunkt zu berücksichtigen. ²Weist der Steuerpflichtige durch eine Bescheinigung der auszahlenden Stelle nach, dass sie die Korrektur nicht vorgenommen hat und auch nicht vornehmen wird, kann der Steuerpflichtige die Korrektur nach § 32d Absatz 4 und 6 geltend machen.

(4) ¹Gewinn im Sinne des Absatzes 2 ist der Unterschied zwischen den Einnahmen aus der Veräußerung nach Abzug der Aufwendungen, die im unmittelbaren sachlichen Zusammenhang mit dem Veräußerungsgeschäft stehen, und den Anschaffungskosten; bei nicht in Euro getätigten Geschäften sind die Einnahmen im Zeitpunkt der Veräußerung und die Anschaffungskosten im Zeitpunkt der Anschaffung in Euro umzurechnen. ²In den Fällen der verdeckten Einlage tritt an die Stelle der Einnahmen aus der Veräußerung der Wirtschaftsgüter ihr gemeiner Wert; der Gewinn ist für das Kalenderjahr der verdeckten Einlage anzusetzen. ³Ist ein Wirtschaftsgut im Sinne des Absatzes 2 in das Privatvermögen durch Entnahme oder Betriebsaufgabe überführt worden, tritt an die Stelle der Anschaffungskosten der nach § 6 Absatz 1 Nummer 4 oder § 16 Absatz 3 angesetzte Wert. ⁴In den Fällen des Absatzes 2 Satz 1 Nummer 6 gelten die entrichteten Beiträge im Sinne des Absatzes 1 Nummer 6 Satz 1 als Anschaffungskosten; ist ein entgeltlicher Erwerb vorausgegangen, gelten auch die nach dem Erwerb entrichteten Beiträge als Anschaffungskosten. ⁵Gewinn bei einem Termingeschäft ist der Differenzausgleich oder der durch den Wert einer veränderlichen Bezugsgröße bestimmte Geldbetrag oder Vorteil abzüglich der Aufwendungen, die im unmittelbaren sachlichen Zusammenhang mit dem Termingeschäft stehen. ⁶Bei unentgeltlichem Erwerb sind dem Einzelrechtsnachfolger für Zwecke dieser Vorschrift die Anschaffung, die Überführung des Wirtschaftsguts in das Privatvermögen, der Erwerb eines Rechts aus Termingeschäften oder die Beiträge im Sinne des Absatzes 1 Nummer 6 Satz 1 durch den Rechtsvorgänger zuzurechnen. ⁷Bei vertretbaren Wertpapieren, die einem Verwahrer zur Sammelverwahrung im Sinne des § 5 des Depotgesetzes in der Fassung der Bekanntmachung vom 11. Januar 1995 (BGBl. I S. 34), das zuletzt durch Artikel 4 des Gesetzes vom 5. April 2004 (BGBl. I S. 502) geändert worden ist, in der jeweils geltenden Fassung anvertraut worden sind, ist zu unterstellen, dass die zuerst angeschafften Wertpapiere zuerst veräußert wurden.

(4a) ¹Werden Anteile an einer Körperschaft, Vermögensmasse oder Personenvereinigung gegen Anteile an einer anderen Körperschaft, Vermögensmasse oder Personenvereinigung getauscht und wird der Tausch auf Grund gesellschaftsrechtlicher Maßnahmen vollzogen, die von den beteiligten Unternehmen ausgehen, treten abweichend von Absatz 2 Satz 1 und §§ 13 und 21 des Umwandlungssteuergesetzes die übernommenen Anteile steuerlich an die Stelle der bisherigen Anteile, wenn das Recht der Bundesrepublik Deutschland hinsichtlich der Besteuerung des Gewinns aus der Veräußerung der erhaltenen Anteile nicht ausgeschlossen oder beschränkt ist oder die Mitgliedstaaten der Europäischen Union bei einer Verschmelzung Artikel 8 der Richtlinie 90/434/EWG anzuwenden haben; in diesem Fall ist der Gewinn aus einer späteren Veräußerung der erworbenen Anteile ungeachtet der Bestimmungen eines Abkommens zur Vermeidung der Doppelbesteuerung in der gleichen Art und Weise zu besteuern, wie die Veräußerung der Anteile an der übertragenden Körperschaft zu besteuern wäre, und § 15 Absatz 1a Satz 2 entsprechend anzuwenden. ²Erhält der Steuerpflichtige in den Fällen des Satzes 1 zusätzlich zu den Anteilen eine Gegenleistung, gilt diese als Ertrag im Sinne des Absatzes 1 Nummer 1. ³Besitzt bei sonstigen Kapitalforderungen im Sinne des Absatzes 1 Nummer 7 der Inhaber das Recht, bei Fälligkeit anstelle der Zahlung eines Geldbetrags vom Emittenten die Lieferung von Wertpapieren zu verlangen oder besitzt der Emittent das Recht, bei Fälligkeit dem Inhaber anstelle der Zahlung eines Geldbetrags Wertpapiere anzudienen und macht der Inhaber der Forde-

Rechtsprechung § 20

rung oder der Emittent von diesem Recht Gebrauch, ist abweichend von Absatz 4 Satz 1 das Entgelt für den Erwerb der Forderung als Veräußerungspreis der Forderung und als Anschaffungskosten der erhaltenen Wertpapiere anzusetzen; Satz 2 gilt entsprechend. [4]Werden Bezugsrechte veräußert oder ausgeübt, die nach § 186 des Aktiengesetzes, § 55 des Gesetzes betreffend die Gesellschaften mit beschränkter Haftung oder eines vergleichbaren ausländischen Rechts einen Anspruch auf Abschluss eines Zeichnungsvertrags begründen, wird der Teil der Anschaffungskosten der Altanteile, der auf das Bezugsrecht entfällt, bei der Ermittlung des Gewinns nach Absatz 4 Satz 1 mit 0 Euro angesetzt. [5]Werden einem Steuerpflichtigen Anteile im Sinne des Absatzes 2 Satz 1 Nummer 1 zugeteilt, ohne dass dieser eine gesonderte Gegenleistung zu entrichten hat, werden der Ertrag und die Anschaffungskosten dieser Anteile mit 0 Euro angesetzt, wenn die Voraussetzungen der Sätze 3 und 4 nicht vorliegen und die Ermittlung der Höhe des Kapitalertrags nicht möglich ist. [6]Soweit es auf die steuerliche Wirksamkeit einer Kapitalmaßnahme im Sinne der vorstehenden Sätze 1 bis 5 ankommt, ist auf den Zeitpunkt der Einbuchung in das Depot des Steuerpflichtigen abzustellen. [7]Geht Vermögen einer Körperschaft durch Abspaltung auf andere Körperschaften über, gelten abweichend von Satz 5 und § 15 des Umwandlungssteuergesetzes die Sätze 1 und 2 entsprechend.

(5) [1]Einkünfte aus Kapitalvermögen im Sinne des Absatzes 1 Nummer 1 und 2 erzielt der Anteilseigner. [2]Anteilseigner ist derjenige, dem nach § 39 der Abgabenordnung die Anteile an dem Kapitalvermögen im Sinne des Absatzes 1 Nummer 1 im Zeitpunkt des Gewinnverteilungsbeschlusses zuzurechnen sind. [3]Sind einem Nießbraucher oder Pfandgläubiger die Einnahmen im Sinne des Absatzes 1 Nummer 1 oder 2 zuzurechnen, gilt er als Anteilseigner.

(6) [1]Verluste aus Kapitalvermögen dürfen nicht mit Einkünften aus anderen Einkunftsarten ausgeglichen werden; sie dürfen auch nicht nach § 10d abgezogen werden. [2]Die Verluste mindern jedoch die Einkünfte, die der Steuerpflichtige in den folgenden Veranlagungszeiträumen aus Kapitalvermögen erzielt. [3]§ 10d Absatz 4 ist sinngemäß anzuwenden. [4]Verluste aus Kapitalvermögen im Sinne des Absatzes 2 Satz 1 Nummer 1 Satz 1, die aus der Veräußerung von Aktien entstehen, dürfen nur mit Gewinnen aus Kapitalvermögen im Sinne des Absatzes 2 Satz 1 Nummer 1 Satz 1, die aus der Veräußerung von Aktien entstehen, ausgeglichen werden; die Sätze 2 und 3 gelten sinngemäß. [5]Verluste aus Kapitalvermögen, die der Kapitalertragsteuer unterliegen, dürfen nur verrechnet werden oder mindern die Einkünfte, die der Steuerpflichtige in den folgenden Veranlagungszeiträumen aus Kapitalvermögen erzielt, wenn eine Bescheinigung im Sinne des § 43a Absatz 3 Satz 4 vorliegt.

(7) [1]§ 15b ist sinngemäß anzuwenden. [2]Ein vorgefertigtes Konzept im Sinne des § 15b Absatz 2 Satz 2 liegt auch vor, wenn die positiven Einkünfte nicht der tariflichen Einkommensteuer unterliegen.

(8) [1]Soweit Einkünfte der in den Absätzen 1, 2 und 3 bezeichneten Art zu den Einkünften aus Land- und Forstwirtschaft, aus Gewerbebetrieb, aus selbständiger Arbeit oder aus Vermietung und Verpachtung gehören, sind sie diesen Einkünften zuzurechnen. [2]Absatz 4a findet insoweit keine Anwendung.

(9) [1]Bei der Ermittlung der Einkünfte aus Kapitalvermögen ist als Werbungskosten ein Betrag von 801 Euro abzuziehen (Sparer-Pauschbetrag); der Abzug der tatsächlichen Werbungskosten ist ausgeschlossen. [2]Ehegatten, die zusammen veranlagt werden, wird ein gemeinsamer Sparer-Pauschbetrag von 1 602 Euro gewährt. [3]Der gemeinsame Sparer-Pauschbetrag ist bei der Einkunftsermittlung bei jedem Ehegatten je zur Hälfte abzuziehen; sind die Kapitalerträge eines Ehegatten niedriger als 801 Euro, so ist der anteilige Sparer-Pauschbetrag insoweit, als er die Kapitalerträge dieses Ehegatten übersteigt, bei dem anderen Ehegatten abzuziehen. [4]Der Sparer-Pauschbetrag und der gemeinsame Sparer-Pauschbetrag dürfen nicht höher sein als die nach Maßgabe des Absatzes 6 verrechneten Kapitalerträge.

§ 20 Rechtsprechung

Rechtsprechungsauswahl

BFH v. 21. 10. 2014 VIII R 44/11 (BFH-Webseite): Arbeitslohn im Zusammenhang mit der Verzinsung von Genussrechten

1. Der BFH ist an die revisionsrechtlich nicht zu beanstandende Gesamtwürdigung des FG gebunden, wonach es sich bei der Verzinsung von Genussrechten u.a. deshalb um Einkünfte aus nichtselbständiger Arbeit gemäß § 19 Abs. 1 Satz 1 Nr. 1 i.V.m. § 8 Abs. 1 EStG und nicht um Kapitaleinkünfte gemäß § 20 Abs. 1 Nr. 7 EStG handelt, weil die Höhe der Verzinsung völlig unbestimmt ist und von einem aus Arbeitgeber und einem Vertreter der Arbeitnehmer bestehenden Partnerschaftsausschuss bestimmt wird.

2. Die falsche Bezeichnung der Änderungsvorschrift im Änderungsbescheid führt nicht zur Rechtswidrigkeit des geänderten Bescheids.

BFH v. 24. 5. 2011 VIII R 46/09 (BStBl. II S. 920): Entgeltlicher Erwerb „gebrauchter" Lebensversicherungen

1. Der vom Erwerber einer „gebrauchten" Kapitallebensversicherung gezahlte Kaufpreis stellt Anschaffungskosten i. S. des § 255 Abs. 1 HGB dar.

2. Die bis zum Erwerbszeitpunkt aufgelaufenen außerrechnungsmäßigen und rechnungsmäßigen Zinsen sind weder negative Einnahmen aus Kapitalvermögen noch vorweggenommene Werbungskosten bei den Einkünften aus Kapitalvermögen.

BFH vom 25. 11. 2010 VI R 34/08 (BFH-Webseite): Werbungskostenabzug für Verzicht auf Darlehensforderung des Arbeitnehmers gegen Arbeitgeber – Veranlassung durch das Gesellschaftsverhältnis oder durch das Arbeitsverhältnis – Bindung an Tatsachenwürdigung des FG

Auch wenn ein Darlehen aus im Gesellschaftsverhältnis liegenden Gründen gewährt worden war, kann der spätere Verzicht darauf durch das zugleich bestehende Arbeitsverhältnis veranlasst sein und dann insoweit zu Werbungskosten bei den Einkünften aus nichtselbständiger Arbeit führen, als die Darlehensforderung noch werthaltig ist.

BFH vom 3. 11. 2010 I R 98/09 (BStBl. 2011 II S. 417): Zahlungen einer Familienstiftung an Familienangehörige als Einkünfte aus Kapitalvermögen – Schuldner der Kapitalertragsteuer

1. Können die Leistungsempfänger einer Stiftung unmittelbar oder mittelbar Einfluss auf das Ausschüttungsverhalten der Stiftung nehmen, handelt es sich bei den Leistungen um Einkünfte aus Kapitalvermögen i.S. des § 20 Abs. 1 Nr. 9 EStG 2002 i.d.F. des UntStFG.

2. Kommt ein Steuerpflichtiger seiner gesetzlichen Verpflichtung, Kapitalertragsteuer einzubehalten und an das FA abzuführen, nicht nach, handelt er regelmäßig grob fahrlässig. Das gilt auch bei nicht eindeutiger Rechtslage; eine abweichende Rechtsmeinung ist im Rechtsbehelfsverfahren durchzusetzen.

BFH v. 9. 3. 2010 VIII R 32/07 (BFH-Webseite): Teilnahme an Auslandsreisen des Ministerpräsidenten als Mitglied einer Wirtschaftsdelegation – Teilnahme am Weltwirtschaftsforum in Davos – Verdeckte Gewinnausschüttung – Beurteilung der privaten oder beruflichen Veranlassung von Auslandsreisen – Keine Bindung des BFH an lückenhafte Tatsachenwürdigung des FG

1. Die bei einer Auslandsreise beabsichtigte Anbahnung von Kontakten zu Politikern und Unternehmern in den besuchten Ländern geht im Sinne einer betrieblichen Veranlassung der Reise zumindest dann über ein bloß allgemeines Interesse an politischen oder wirtschaftspolitischen oder gesellschaftspolitischen Informationen hinaus, wenn nicht auszuschließen ist, dass der Teilnehmer die erwarteten Informationen und Kontakte für seine unternehmerischen Ziele nutzen kann.

2. Bei Delegationsreisen mit hochgestellten Politikern kann aufgrund der Vorauswahl der Teilnehmer durch das zuständige Ministerium im Regelfall davon ausgegangen werden, dass es sich um Repräsentanten von Unternehmen handelt, die international ausgerichtet sind oder dies anstreben.

BFH v. 9. 2. 2010 VIII R 43/06 (BStBl. II S. 818): Zahlungen der Eltern an ihr Kind im Gegenzug für dessen Pflichtteilsverzicht sind nicht einkommensteuerbar – Unentgeltlicher Vorgang – Begriff der „Kapitalforderung" i.S. von § 20 Abs. 1 Nr. 7 EStG

Verzichtet ein Kind gegenüber seinen Eltern auf künftige Pflichtteilsansprüche und erhält es dafür im Gegenzug von den Eltern wiederkehrende Zahlungen, so liegt darin kein entgeltlicher Leistungsaustausch und keine Kapitalüberlassung des Kindes an die Eltern, so dass in den wiederkehrenden Zahlungen auch kein einkommensteuerbarer Zinsanteil enthalten ist.

Rechtsprechung § 20

BFH v. 24. 11. 2009 I R 12/09 (BStBl. 2010 II S. 590): Voraussetzungen für steuerlich beachtliches Treuhandverhältnis

Sind Aktien Gegenstand eines „Treuhandvertrags", so sind auf sie entfallende Dividenden nur dann steuerlich dem „Treugeber" zuzurechnen, wenn dieser sowohl nach den mit dem „Treuhänder" getroffenen Absprachen als auch bei deren tatsächlichem Vollzug das Treuhandverhältnis in vollem Umfang beherrscht (Bestätigung der BFH-Rechtsprechung).

BFH v. 28. 10. 2009 VIII R 22/07 (BStBl. 2010 II S. 469): Zurechnung eines Strategieentgelts an einen Vermögensverwalter zu den Anschaffungskosten erworbener Kapitalanlagen

Zahlt ein Steuerpflichtiger, der einem Vermögensverwalter Vermögen zur Anlage auf dem Kapitalmarkt überlässt, ein gesondertes Entgelt für die Auswahl zwischen mehreren Gewinnstrategien des Vermögensverwalters, so ist das Entgelt den Anschaffungskosten für den Erwerb der Kapitalanlagen zuzurechnen.

BFH v. 6. 10. 2009 VIII R 7/08 (BStBl. 2010 II S. 294): Keine Steuerbarkeit von Zinsen aus Sparanteilen in Beiträgen zu Lebensversicherungen, die weniger als drei Jahre lang der Sicherung von – aus anderen Mitteln zurückgeführten – Policendarlehen dienten

Die Steuerfreiheit nach § 20 Abs. 1 Nr. 6 Sätze 2 und 3 EStG i.V.m. § 10 Abs. 2 Satz 2 Buchst. c EStG i. d. F. des StÄndG 1992 von Zinsen aus den Sparanteilen, die in den Beiträgen zu Versicherungen auf den Erlebens- oder Todesfall enthalten sind, ist ungeachtet der Verwendung der Versicherungen zur Sicherung von Policendarlehen gegeben, wenn diese Darlehen vor Ablauf von drei Jahren aus anderen Mitteln des Steuerpflichtigen zurückgeführt wurden und damit die vertraglich vereinbarten Voraussetzungen für einen Einsatz der Versicherungen zur Tilgung nicht eingetreten sind.

BFH v. 23. 4. 2009 VI R 81/06 (BFH-Webseite):

1. Für die Frage, ob ein Gesellschafter-Geschäftsführer als Arbeitnehmer i.S. von § 1 Abs. 2 Sätze 1 und 2 LStDV zu beurteilen ist, ist nicht entscheidend, in welchem Verhältnis er an der Kapitalgesellschaft beteiligt ist.
2. Allerdings sind Gesellschafter-Geschäftsführer, die mindestens 50 % des Stammkapitals der GmbH innehaben, regelmäßig Selbständige im Sinne des Sozialversicherungsrechts (Anschluss an BFH-Urteil vom 2. Dezember 2005 VI R 16/03, BFH/NV 2006, 544).
3. Ist die private Nutzung eines betrieblichen PKW durch den Gesellschafter-Geschäftsführer im Anstellungsvertrag mit der GmbH ausdrücklich gestattet, kommt der Ansatz einer vGA in Höhe der Vorteilsgewährung nicht in Betracht. Nach übereinstimmender Auffassung des I. Senats und des VI. Senats des BFH liegt in einem solchen Fall immer Sachlohn und keine vGA vor.
4. Dagegen ist eine vertragswidrige private Nutzung eines betrieblichen Fahrzeugs durch einen Gesellschafter-Geschäftsführer nicht stets als Arbeitslohn zu qualifizieren (Senats-Beschluss vom 15. November 2007 VI ER-S 4/07).
5. Bei einer nachhaltigen „vertragswidrigen" privaten Nutzung eines betrieblichen PKW durch den anstellungsvertraglich gebundenen Gesellschafter-Geschäftsführer liegt allerdings der Schluss nahe, dass Nutzungsbeschränkung oder -verbot nicht ernstlich gewollt sind, sondern lediglich „auf dem Papier stehen". Unterbindet die Kapitalgesellschaft die unbefugte Nutzung durch den Gesellschafter-Geschäftsführer nicht, kann dies sowohl durch das Beteiligungsverhältnis als auch durch das Arbeitsverhältnis veranlasst sein. Die Zuordnung (vGA oder Arbeitslohn) bedarf der wertenden Betrachtung im Einzelfall.

BFH v. 23. 4. 2009 VI B 118/08 (BStBl. 2010 II S. 234):

1. Nutzt der Gesellschafter-Geschäftsführer einer GmbH ein Fahrzeug privat auf Grundlage einer im Anstellungsvertrag ausdrücklich zugelassenen Nutzungsgestattung, liegt keine vGA, sondern ein lohnsteuerlich erheblicher Vorteil vor.
2. Eine vertragswidrige private Nutzung eines betrieblichen Fahrzeugs durch einen Gesellschafter-Geschäftsführer ist nicht stets als Arbeitslohn zu qualifizieren (Senatsbeschluss vom 15. November 2007 VI ER-S 4/07).

BFH v. 27. 3. 2009 VIII B 184/08 (BStBl. II S. 850):

1. Aufwendungen eines Steuerpflichtigen für ein häusliches Arbeitszimmer sind nicht deshalb bei den Einkünften aus Kapitalvermögen in voller Höhe abzuziehen, weil der Steuerpflichtige Anlageentscheidungen ausschließlich im Arbeitszimmer trifft.
2. § 4 Abs. 5 Satz 1 Nr. 6b EStG in der bis zum Veranlagungszeitraum 2006 geltenden Fassung ist gemäß § 9 Abs. 5 EStG auf die Einkünfte aus Kapitalvermögen mit der Maßgabe sinngemäß anzuwenden, dass bei der Bestimmung des Mittelpunkts der gesamten betrieblichen oder beruflichen

487

Tätigkeit auf die gesamte der Erzielung von Einkünften dienende Tätigkeit des Steuerpflichtigen abzustellen ist.

BFH v. 18. 11. 2008 VIII R 24/07 (BStBl. 2009 II S. 518): Die pauschale Besteuerung von Erträgen aus im Inland nicht registrierten ausländischen Investmentfonds (sog. „schwarzen" Fonds) gemäß § 18 Abs. 3 AuslInvestmG verstößt offensichtlich gegen europäisches Gemeinschaftsrecht (Art. 73b EGV). Einer Vorlage an den EuGH bedarf es insoweit nicht.*)

*) Hinweis auf BMF-Schreiben vom 6. Juli 2009 IV C 1 – S 1980-a/07/0001, 2009/0452215 (BStBl. 2009 I S. 770).

Schwebende Verfahren

BFH VIII R 21/12 (BFH-Webseite): Stellt die Weiterleitung erstatteter Arbeitgeberanteile zur Rentenversicherung durch den Gesellschafter-Geschäftsführer einer GmbH an dessen Ehefrau, für deren Altersversorgung die Arbeitgeberbeiträge irrtümlich gezahlt wurden, eine freigiebige Zuwendung des Arbeitgebers dar, die dem Gesellschafter-Geschäftsführer als verdeckte Gewinnausschüttung i.S. des § 20 Abs. 1 Nr. 1 Satz 2 EStG zuzurechnen ist?

BFH VIII R 40/11 (BFH-Webseite): Leistungen an und aus schweizer Vorsorgeeinrichtungen:
1. Handelt es sich bei den Erträgen, die in einer – auf einem Vorsorgevertrag mit einer schweizer Stiftung basierenden – Austrittsleistung eines aus einem schweizer Unternehmen ausscheidenden Grenzgängers enthalten sind, um steuerpflichtige Einnahmen aus Kapitalvermögen i.S. des § 20 Abs. 1 Nr. 6 Satz 1 EStG 2002 i.d.F. des AltEinkG?
2. Stellen Beiträge des Begünstigten zum Überobligatorium der schweizer Pensionskassen berücksichtigungsfähige Sonderausgaben i.S. des § 10 Abs. 1 Nr. 3 Buchst. b 1. Halbsatz EStG 2002 i.d.F. vom 13.12.2006 dar?
3. Kommt eine Steuerbefreiung gemäß § 3 Nr. 62 EStG für im Überobligatorium bzw. Außerobligatorium geleistete Arbeitgeberbeiträge in Betracht?

BFH VIII R 39/10 (BFH-Webseite): Ist die von einer Schweizer Pensionskasse an einen deutschen Grenzgänger ausgezahlte Freizügigkeitsleistung in Gestalt eines Vorbezugs zur Wohneigentumsförderung, soweit sie aus dem überobligatorischen Bereich stammt, hinsichtlich der im Vorbezug enthaltenen Zinsen gemäß § 20 Abs. 1 Nr. 6 EStG 2004 steuerfrei? Vergleichbarkeit des Rechtsverhältnisses mit demjenigen in der deutschen gesetzlichen Rentenversicherung? Handelt es sich bei dem aus dem obligatorischen Bereich geleisteten Vorbezug um eine nach § 3 Nr. 3 EStG 2005 steuerfreie Kapitalabfindung? Höhe der nach § 3 Nr. 62 EStG 2005 steuerfrei zu belassenden Arbeitgeberbeiträge in die Pensionskasse? Abziehbarkeit der Arbeitnehmerbeiträge zur überobligatorischen beruflichen Vorsorge als Sonderausgaben nach § 10 Abs. 2 Satz 1 Nr. 2 Buchst. a EStG 2005?

BFH VIII R 38/10 (BFH-Webseite): Ist die von einer Schweizer Pensionskasse an einen deutschen Grenzgänger anlässlich seiner vorzeitigen Pensionierung aus dem freiwilligen überobligatorischen Bereich erbrachte einmalige Kapitalabfindung als Lebensversicherung zu behandeln und sind die darin enthaltenen Zinsen nach § 20 Abs. 1 Nr. 6 Satz 2 EStG 2004 steuerfrei? Handelt es sich bei der aus dem Obligatorium erfolgten Kapitalabfindung um eine aus der gesetzlichen Rentenversicherung erbrachte Leistung nach § 22 Nr. 1 Satz 3 Buchst. a Doppelbuchst. aa EStG 2005 und ist diese nach § 3 Nr. 3 EStG 2005 steuerfrei?

Rechtsprechung §21

f) Vermietung und Verpachtung
(§ 2 Absatz 1 Satz 1 Nummer 6)

§ 21 (Vermietung und Verpachtung, § 2 Absatz 1 Satz 1 Nummer 6)

(1) [1]Einkünfte aus Vermietung und Verpachtung sind

1. Einkünfte aus Vermietung und Verpachtung von unbeweglichem Vermögen, insbesondere von Grundstücken, Gebäuden, Gebäudeteilen, Schiffen, die in ein Schiffsregister eingetragen sind, und Rechten, die den Vorschriften des bürgerlichen Rechts über Grundstücke unterliegen (z.B. Erbbaurecht, Mineralgewinnungsrecht);
2. Einkünfte aus Vermietung und Verpachtung von Sachinbegriffen, insbesondere von beweglichem Betriebsvermögen;
3. Einkünfte aus zeitlich begrenzter Überlassung von Rechten, insbesondere von schriftstellerischen, künstlerischen und gewerblichen Urheberrechten, von gewerblichen Erfahrungen und von Gerechtigkeiten und Gefällen;
4. Einkünfte aus der Veräußerung von Miet- und Pachtzinsforderungen, auch dann, wenn die Einkünfte im Veräußerungspreis von Grundstücken enthalten sind und die Miet- oder Pachtzinsen sich auf einen Zeitraum beziehen, in dem der Veräußerer noch Besitzer war.

[2]§§ 15a und 15b sind sinngemäß anzuwenden.

(2) [1]Beträgt das Entgelt für die Überlassung einer Wohnung zu Wohnzwecken weniger als 66 Prozent der ortsüblichen Marktmiete, so ist die Nutzungsüberlassung in einen entgeltlichen und einen unentgeltlichen Teil aufzuteilen. [2]Beträgt das Entgelt bei auf Dauer angelegter Wohnungsvermietung mindestens 66 Prozent der ortsüblichen Miete, gilt die Wohnungsvermietung als entgeltlich.

(3) Einkünfte der in den Absätzen 1 und 2 bezeichneten Art sind Einkünften aus anderen Einkunftsarten zuzurechnen, soweit sie zu diesen gehören.

Rechtsprechungsauswahl

BFH v. 28. 9. 2010 IX R 42/09 (BStBl. 2011 II S. 271): Abziehbarer Aufwand bei abgekürztem Vertragsweg; vGA als Zuwendung

1. Erhaltungsaufwendungen können Werbungskosten des Steuerpflichtigen bei den Einkünften aus Vermietung und Verpachtung sein, wenn sie auf einem von einem Dritten im eigenen Namen, aber im Interesse des Steuerpflichtigen abgeschlossenen Werkvertrag beruhen und der Dritte dem Steuerpflichtigen den Betrag zuwendet (Bestätigung der ständigen Rechtsprechung).
2. Eine solche Zuwendung kann auch in einer vGA zu Gunsten des Steuerpflichtigen liegen.

BFH v. 11. 8. 2010 IX R 3/10 (BStBl. 2011 II S. 166): Einkünfteerzielungsabsicht bei langjähriger Renovierung – Vorab entstandene Werbungskosten

Eine vorangegangene Vermietung von später in einer größeren Wohneinheit aufgegangenen Wohnräumen entfaltet keine Indizwirkung für eine Einkünfteerzielungsabsicht bezogen auf das Gesamtobjekt.

BFH v. 20. 7. 2010 IX R 49/09 (BStBl. II S. 1038): Einkünfteerzielungsabsicht bei Vermietung von Gewerbeobjekten (Aufwendungen für die Privatpilotenlizenz – CVFR-Berechtigung – grundsätzlich keine Fortbildungskosten/Werbungskosten)

Bei der Vermietung von Gewerbeobjekten ist die Einkünfteerzielungsabsicht stets konkret festzustellen.

BFH v. 25. 6. 2009 IX R 54/08 (BStBl. 2010 II S. 124):

1. Zeigt sich aufgrund bislang vergeblicher Vermietungsbemühungen, dass für das Objekt, so wie es baulich gestaltet ist, kein Markt besteht und die Immobilie deshalb nicht vermietbar ist, so muss der Steuerpflichtige – will er seine fortbestehende Vermietungsabsicht belegen – zielgerichtet darauf hinwirken, unter Umständen auch durch bauliche Umgestaltungen einen vermietbaren Zustand des Objekts zu erreichen.
2. Bleibt er untätig und nimmt den Leerstand auch künftig hin, spricht dieses Verhalten gegen den endgültigen Entschluss zu vermieten oder – sollte er bei seinen bisherigen, vergeblichen Vermietungsbemühungen mit Einkünfteerzielungsabsicht gehandelt haben – für deren Aufgabe.

§ 21 Rechtsprechung

BFH v. 25. 2. 2009 IX R 62/07 (BStBl. II S. 459): Dient eine Kapitallebensversicherung der Rückzahlung von Darlehen, die zum Erwerb von Mietgrundstücken aufgenommen worden sind, so sind die Zinsen für ein zur Finanzierung der Versicherungsbeiträge aufgenommenes Darlehen als Werbungskosten bei den Einkünften aus Vermietung und Verpachtung abziehbar.

BFH v. 28. 10. 2008 IX R 1/07 (BStBl. 2009 II S. 848):
1. Wer Aufwendungen für seine zunächst selbst bewohnte, anschließend leer stehende und noch nicht vermietete Wohnung als vorab entstandene Werbungskosten geltend macht, muss seinen endgültigen Entschluss, diese Wohnung zu vermieten, durch ernsthafte und nachhaltige Vermietungsbemühungen belegen.
2. Die Ernsthaftigkeit und Nachhaltigkeit der Vermietungsbemühungen dienen als Belege (Beweisanzeichen) für die Einkünfteerzielungsabsicht, deren Feststellung und Würdigung im Wesentlichen dem FG als Tatsacheninstanz obliegt.

BFH v. 19. 8. 2008 IX R 39/07 (BStBl. 2009 II S. 138): Wird eine Ferienwohnung nicht durchweg im ganzen Jahr an wechselnde Feriengäste vermietet und können ortsübliche Vermietungszeiten nicht festgestellt werden, ist ihr Vermieten mit einer auf Dauer ausgerichteten Vermietungstätigkeit nicht vergleichbar, so dass die Einkünfteerzielungsabsicht durch eine Prognose überprüft werden muss (Fortentwicklung des BFH-Urteils vom 26. Oktober 2004 IX R 57/02, BFHE 208, 151, BStBl. II 2005, 388).

BFH v. 2. 7. 2008 IX B 46/08 (BStBl. II S. 815): Soll nach dem Konzept eines geschlossenen Immobilienfonds in der Rechtsform einer Personengesellschaft die Vermietungstätigkeit des Fonds nur 20 Jahre umfassen, ist sie nicht auf Dauer ausgerichtet und die Einkünfteerzielungsabsicht muss auf beiden Ebenen (auf der Ebene der Personengesellschaft wie auf der Ebene des Gesellschafters) überprüft werden.

BFH v. 15. 1. 2008 IX R 45/07 (BStBl. II S. 572): Erhaltungsaufwendungen sind auch dann Werbungskosten des Steuerpflichtigen bei den Einkünften aus Vermietung und Verpachtung, wenn sie auf einem von einem Dritten im eigenen Namen, aber im Interesse des Steuerpflichtigen abgeschlossenen Werkvertrag beruhen und der Dritte dem Steuerpflichtigen den Betrag zuwendet (Bestätigung des BFH-Urteils vom 15. November 2005 IX R 25/03, BFHE 211, 318, BStBl. II 2006, 623; gegen BMF-Schreiben vom 9. August 2006, BStBl. I 2006, 492).*)

*) Hinweis auf BMF-Schreiben vom 7. Juli 2008 IV C 1 – S 2211/07/10007, 2008/0344679 (BStBl. 2008 I S. 717).

BFH v. 16. 9. 2004 VI R 25/02 (BStBl. 2006 II S. 10): Leistet der Arbeitgeber Zahlungen für ein im Haus bzw. in der Wohnung des Arbeitnehmers gelegenes Büro, das der Arbeitnehmer für die Erbringung seiner Arbeitsleistung nutzt, so ist die Unterscheidung zwischen Arbeitslohn einerseits und Einkünften aus Vermietung und Verpachtung andererseits danach vorzunehmen, in wessen vorrangigem Interesse die Nutzung des Büros erfolgt.*)

*) Hinweis auf BMF-Schreiben vom 13.12.2005 (BStBl. 2006 I S. 4). – **Anlage § 019-06** –

§ 22

g) Sonstige Einkünfte
(§ 2 Absatz 1 Satz 1 Nummer 7)

§ 22 Arten der sonstigen Einkünfte

Sonstige Einkünfte sind

1. Einkünfte aus wiederkehrenden Bezügen, soweit sie nicht zu den in § 2 Absatz 1 Nummer 1 bis 6 bezeichneten Einkunftsarten gehören; § 15b ist sinngemäß anzuwenden. ²Werden die Bezüge freiwillig oder auf Grund einer freiwillig begründeten Rechtspflicht oder einer gesetzlich unterhaltsberechtigten Person gewährt, so sind sie nicht dem Empfänger zuzurechnen; dem Empfänger sind dagegen zuzurechnen

   a) Bezüge, die von einer Körperschaft, Personenvereinigung oder Vermögensmasse außerhalb der Erfüllung steuerbegünstigter Zwecke im Sinne der §§ 52 bis 54 der Abgabenordnung gewährt werden, und

   b) Bezüge im Sinne des § 1 der Verordnung über die Steuerbegünstigung von Stiftungen, die an die Stelle von Familienfideikommissen getreten sind, in der im Bundesgesetzblatt Teil III, Gliederungsnummer 611-4-3, veröffentlichten bereinigten Fassung.

   ³Zu den in Satz 1 bezeichneten Einkünften gehören auch

   a) Leibrenten und andere Leistungen,

      aa) die aus den gesetzlichen Rentenversicherungen, der landwirtschaftlichen Alterskasse, den berufsständischen Versorgungseinrichtungen und aus Rentenversicherungen im Sinne des § 10 Absatz 1 Nummer 2 Buchstabe b erbracht werden, soweit sie jeweils der Besteuerung unterliegen. ²Bemessungsgrundlage für den der Besteuerung unterliegenden Anteil ist der Jahresbetrag der Rente. ³Der der Besteuerung unterliegende Anteil ist nach dem Jahr des Rentenbeginns und dem in diesem Jahr maßgebenden Prozentsatz aus der nachstehenden Tabelle zu entnehmen:

Jahr des Rentenbeginns	Besteuerungsanteil in %
bis 2005	50
ab 2006	52
2007	54
2008	56
2009	58
2010	60
2011	62
2012	64
2013	66
2014	68
2015	70
2016	72
2017	74
2018	76
2019	78
2020	80
2021	81
2022	82
2023	83
2024	84
2025	85

§ 22

Jahr des Rentenbeginns	Besteuerungsanteil in %
2026	86
2027	87
2028	88
2029	89
2030	90
2031	91
2032	92
2033	93
2034	94
2035	95
2036	96
2037	97
2038	98
2039	99
2040	100

[4]Der Unterschiedsbetrag zwischen dem Jahresbetrag der Rente und dem der Besteuerung unterliegenden Anteil der Rente ist der steuerfreie Teil der Rente. [5]Dieser gilt ab dem Jahr, das dem Jahr des Rentenbeginns folgt, für die gesamte Laufzeit des Rentenbezugs. [6]Abweichend hiervon ist der steuerfreie Teil der Rente bei einer Veränderung des Jahresbetrags der Rente in dem Verhältnis anzupassen, in dem der veränderte Jahresbetrag der Rente zum Jahresbetrag der Rente steht, der der Ermittlung des steuerfreien Teils der Rente zugrunde liegt. [7]Regelmäßige Anpassungen des Jahresbetrags der Rente führen nicht zu einer Neuberechnung und bleiben bei einer Neuberechnung außer Betracht. [8]Folgen nach dem 31. Dezember 2004 Renten aus derselben Versicherung einander nach, gilt für die spätere Rente Satz 3 mit der Maßgabe, dass sich der Vomhundertsatz nach dem Jahr richtet, das sich ergibt, wenn die Laufzeit der vergehenden Renten von dem Jahr des Beginns der späteren Rente abgezogen wird; der Prozentsatz kann jedoch nicht niedriger bemessen werden als der für das Jahr 2005;

bb) die nicht solche im Sinne des Doppelbuchstaben aa sind und bei denen in den einzelnen Bezügen Einkünfte aus Erträgen des Rentenrechts enthalten sind. [2]Dies gilt auf Antrag auch für Leibrenten und andere Leistungen, soweit diese auf bis zum 31. Dezember 2004 geleisteten Beiträgen beruhen, welche oberhalb des Betrags des Höchstbetrags zur gesetzlichen Rentenversicherung gezahlt wurden; der Steuerpflichtige muss nachweisen, dass der Betrag des Höchstbeitrags mindestens zehn Jahre überschritten wurde; soweit hiervon im Versorgungsausgleich übertragene Rentenanwartschaften betroffen sind, gilt § 4 Absatz 1 und 2 des Versorgungsausgleichsgesetzes entsprechend. [3]Als Ertrag des Rentenrechts gilt für die gesamte Dauer des Rentenbezugs der Unterschiedsbetrag zwischen dem Jahresbetrag der Rente und dem Betrag, der sich bei gleichmäßiger Verteilung des Kapitalwerts der Rente auf ihre voraussichtliche Laufzeit ergibt; dabei ist der Kapitalwert nach dieser Laufzeit zu berechnen. [4]Der Ertrag des Rentenrechts (Ertragsanteil) ist aus der nachstehenden Tabelle zu entnehmen:

§ 22

Bei Beginn der Rente vollendetes Lebensjahr des Rentenberechtigten	Ertragsanteil in %
0 bis 1	59
2 bis 3	58
4 bis 5	57
6 bis 8	56
9 bis 10	55
11 bis 12	54
13 bis 14	53
15 bis 16	52
17 bis 18	51
19 bis 20	50
21 bis 22	49
23 bis 24	48
25 bis 26	47
27	46
28 bis 29	45
30 bis 31	44
32	43
33 bis 34	42
35	41
36 bis 37	40
38	39
39 bis 40	38
41	37
42	36
43 bis 44	35
45	34
46 bis 47	33
48	32
49	31
50	30
51 bis 52	29
53	28
54	27
55 bis 56	26
57	25
58	24
59	23
60 bis 61	22
62	21
63	20
64	19
65 bis 66	18
67	17
68	16

§ 22

Bei Beginn der Rente vollendetes Lebensjahr des Rentenberechtigten	Ertragsanteil in %
69 bis 70	15
71	14
72 bis 73	13
74	12
75	11
76 bis 77	10
78 bis 79	9
80	8
81 bis 82	7
83 bis 84	6
85 bis 87	5
88 bis 91	4
92 bis 93	3
94 bis 96	2
ab 97	1

⁵Die Ermittlung des Ertrags aus Leibrenten, die vor dem 1. Januar 1955 zu laufen begonnen haben, und aus Renten, deren Dauer von der Lebenszeit mehrerer Personen oder einer anderen Person als der Rentenberechtigten abhängt, sowie aus Leibrenten, die auf eine bestimmte Zeit beschränkt sind, wird durch eine Rechtsverordnung bestimmt;

b) Einkünfte aus Zuschüssen und sonstigen Vorteilen, die als wiederkehrende Bezüge gewährt werden;

1a. Einkünfte aus Leistungen und Zahlungen nach § 10 Absatz 1a, soweit für diese die Voraussetzungen für den Sonderausgabenabzug beim Leistungs- oder Zahlungsverpflichteten nach § 10 Absatz 1a erfüllt sind;

1b. (weggefallen)

1c. (weggefallen)

2. Einkünfte aus privaten Veräußerungsgeschäften im Sinne des § 23;

3. Einkünfte aus Leistungen, soweit sie weder zu anderen Einkunftsarten (§ 2 Absatz 1 Satz 1 Nummer 1 bis 6) noch zu den Einkünften im Sinne der Nummern 1, 1a, 2 oder 4 gehören, z.B. Einkünfte aus gelegentlichen Vermittlungen und aus der Vermietung beweglicher Gegenstände. ²Solche Einkünfte sind nicht einkommensteuerpflichtig, wenn sie weniger als 256 Euro im Kalenderjahr betragen haben. ³Übersteigen die Werbungskosten die Einnahmen, so darf der übersteigende Betrag bei Ermittlung des Einkommens nicht ausgeglichen werden; er darf auch nicht nach § 10d abgezogen werden. ⁴Die Verluste mindern jedoch nach Maßgabe des § 10d die Einkünfte, die der Steuerpflichtige in dem unmittelbar vorangegangenen Veranlagungszeitraum oder in den folgenden Veranlagungszeiträumen aus Leistungen im Sinne des Satzes 1 erzielt hat oder erzielt; § 10d Absatz 4 gilt entsprechend;

4. Entschädigungen, Amtszulagen, Zuschüsse zu Kranken- und Pflegeversicherungsbeiträgen, Übergangsgelder, Überbrückungsgelder, Sterbegelder, Versorgungsabfindungen, Versorgungsbezüge, die auf Grund des Abgeordnetengesetzes oder des Europaabgeordnetengesetzes sowie vergleichbare Bezüge, die auf Grund der entsprechenden Gesetze der Länder gezahlt werden, und die Entschädigungen, das Übergangsgeld, das Ruhegehalt und die Hinterbliebenenversorgung, die auf Grund des Abgeordnetenstatuts des Europäischen Parlaments von der Europäischen Union gezahlt werden. ²Werden zur Abgeltung des durch das Mandat veranlassten Aufwandes Aufwandsentschädigungen gezahlt, so dürfen die durch das Mandat veranlassten Auf-

wendungen nicht als Werbungskosten abgezogen werden. ³Wahlkampfkosten zur Erlangung eines Mandats im Bundestag, im Europäischen Parlament oder im Parlament eines Landes dürfen nicht als Werbungskosten abgezogen werden. ⁴Es gelten entsprechend

a) für Nachversicherungsbeiträge auf Grund gesetzlicher Verpflichtung nach den Abgeordnetengesetzen im Sinne des Satzes 1 und für Zuschüsse zu Kranken- und Pflegeversicherungsbeiträgen § 3 Nummer 62,

b) für Versorgungsbezüge § 19 Absatz 2 nur bezüglich des Versorgungsfreibetrags; beim Zusammentreffen mit Versorgungsbezügen im Sinne des § 19 Absatz 2 Satz 2 bleibt jedoch insgesamt höchstens ein Betrag in Höhe des Versorgungsfreibetrags nach § 19 Absatz 2 Satz 3 im Veranlagungszeitraum steuerfrei,

c) für das Übergangsgeld, das in einer Summe gezahlt wird, und für die Versorgungsabfindung § 34 Absatz 1,

d) für die Gemeinschaftssteuer, die auf die Entschädigungen, das Übergangsgeld, das Ruhegehalt und die Hinterbliebenenversorgung auf Grund des Abgeordnetenstatuts des Europäischen Parlaments von der Europäischen Union erhoben wird, § 34c Absatz 1; dabei sind die im ersten Halbsatz genannten Einkünfte für die entsprechende Anwendung des § 34c Absatz 1 wie ausländische Einkünfte und die Gemeinschaftssteuer wie eine der deutschen Einkommensteuer entsprechende ausländische Steuer zu behandeln;

5. Leistungen aus Altersvorsorgeverträgen, Pensionsfonds, Pensionskassen und Direktversicherungen. ²Soweit die Leistungen nicht auf Beiträgen, auf die § 3 Nummer 63, § 10a oder Abschnitt XI angewendet wurde, nicht auf Zulagen im Sinne des Abschnitts XI, nicht auf Zahlungen im Sinne des § 92a Absatz 2 Satz 4 Nummer 1 und des § 92a Absatz 3 Satz 9 Nummer 2, nicht auf steuerfreien Leistungen nach § 3 Nummer 66 und nicht auf Ansprüchen beruhen, die durch steuerfreie Zuwendungen nach § 3 Nummer 56 oder die durch die nach § 3 Nummer 55b Satz 1 oder § 3 Nummer 55c steuerfreie Leistung aus einem neu begründeten Anrecht erworben wurden,

a) ist bei lebenslangen Renten sowie bei Berufsunfähigkeits-, Erwerbsminderungs- und Hinterbliebenenrenten Nummer 1 Satz 3 Buchstabe a entsprechend anzuwenden,

b) ist bei Leistungen aus Versicherungsverträgen, Pensionsfonds, Pensionskassen und Direktversicherungen, die nicht solche nach Buchstabe a sind, § 20 Absatz 1 Nummer 6 in der jeweils für den Vertrag geltenden Fassung entsprechend anzuwenden,

c) unterliegt bei anderen Leistungen der Unterschiedsbetrag zwischen der Leistung und der Summe der auf sie entrichteten Beiträge der Besteuerung; § 20 Absatz 1 Nummer 6 Satz 2 gilt entsprechend.

³In den Fällen des § 93 Absatz 1 Satz 1 und 2 gilt das ausgezahlte geförderte Altersvorsorgevermögen nach Abzug der Zulagen im Sinne des Abschnitts XI als Leistung im Sinne des Satzes 2. ⁴Als Leistung im Sinne des Satzes 1 gilt auch der Verminderungsbetrag nach § 92a Absatz 2 Satz 5 und der Auflösungsbetrag nach § 92a Absatz 3 Satz 5. ⁵Der Auflösungsbetrag nach § 92a Absatz 2 Satz 6 wird zu 70 Prozent als Leistung nach Satz 1 erfasst. ⁶Tritt nach dem Beginn der Auszahlungsphase zu Lebzeiten des Zulageberechtigten der Fall des § 92a Absatz 3 Satz 1 ein, dann ist

a) innerhalb eines Zeitraums bis zum zehnten Jahr nach dem Beginn der Auszahlungsphase das Eineinhalbfache,

b) innerhalb eines Zeitraums zwischen dem zehnten und 20. Jahr nach dem Beginn der Auszahlungsphase das Einfache

des nach Satz 5 noch nicht erfassten Auflösungsbetrags als Leistung nach Satz 1 zu erfassen; § 92a Absatz 3 Satz 9 gilt entsprechend mit der Maßgabe, dass als noch nicht zurückgeführter Betrag im Wohnförderkonto der noch nicht erfasste Auflösungsbetrag gilt. [7]Bei erstmaligem Bezug von Leistungen, in den Fällen des § 93 Absatz 1 sowie bei Änderung der im Kalenderjahr auszuzahlenden Leistung hat der Anbieter (§ 80) nach Ablauf des Kalenderjahres dem Steuerpflichtigen nach amtlich vorgeschriebenem Muster den Betrag der im abgelaufenen Kalenderjahr zugeflossenen Leistungen im Sinne der Sätze 1 bis 3 je gesondert mitzuteilen. [8]Werden dem Steuerpflichtigen Abschluss- und Vertriebskosten eines Altersvorsorgevertrages erstattet, gilt der Erstattungsbetrag als Leistung im Sinne des Satzes 1. [9]In den Fällen des § 3 Nummer 55a richtet sich die Zuordnung zu Satz 1 oder Satz 2 bei der ausgleichsberechtigten Person danach, wie eine nur auf die Ehezeit bezogene Zuordnung der sich aus dem übertragenen Anrecht ergebenden Leistung zu Satz 1 oder Satz 2 bei der ausgleichspflichtigen Person im Zeitpunkt der Übertragung ohne die Teilung vorzunehmen gewesen wäre. [10]Dies gilt sinngemäß in den Fällen des § 3 Nummer 55 und 55e. [11]Wird eine Versorgungsverpflichtung nach § 3 Nummer 66 auf einen Pensionsfonds übertragen und hat der Steuerpflichtige bereits vor dieser Übertragung Leistungen auf Grund dieser Versorgungsverpflichtung erhalten, so sind insoweit auf die Leistungen aus dem Pensionsfonds im Sinne des Satzes 1 die Beträge nach § 9a Satz 1 Nummer 1 und § 19 Absatz 2 entsprechend anzuwenden; § 9a Satz 1 Nummer 3 ist nicht anzuwenden. [12]Wird auf Grund einer internen Teilung nach § 10 des Versorgungsausgleichsgesetzes oder einer externen Teilung nach § 14 des Versorgungsausgleichsgesetzes ein Anrecht zugunsten der ausgleichsberechtigten Person begründet, so gilt dieser Vertrag insoweit zu dem gleichen Zeitpunkt als abgeschlossen wie der Vertrag der ausgleichspflichtigen Person, wenn die aus dem Vertrag der ausgleichspflichtigen Person ausgezahlten Leistungen zu einer Besteuerung nach Satz 2 führen.

Rechtsprechungsauswahl

BFH v. 19. 8. 2013 X R 35/11 (BStBl. 2014 II S. 557): Erziehungsrenten sind mit dem Besteuerungsanteil zu besteuern – Abgrenzung zu nicht steuerbaren Schadensersatzrenten oder Unterhaltsrenten

1. Erziehungsrenten der gesetzlichen Rentenversicherung sind mit dem Besteuerungsanteil gemäß § 22 Nr. 1 Satz 3 Buchst. a Doppelbuchst. aa EStG der Besteuerung zu unterwerfen. Sie unterscheiden sich von den nicht steuerbaren Schadensersatzrenten oder Unterhaltsrenten gemäß § 844 Abs. 2 BGB, weil sie auf steuerlich abziehbaren Beiträgen in die gesetzliche Rentenversicherung beruhen.
2. Die Einbeziehung der Erziehungsrenten in § 22 Nr. 1 Satz 3 Buchst. a Doppelbuchst. aa EStG durch das AltEinkG ist verfassungsgemäß.

BFH v. 27. 7. 2013 X R 33/10 (BStBl. 2014 II S. 103): Austrittsleistung einer schweizerischen öffentlich-rechtlichen Pensionskasse ist steuerpflichtig und nicht steuerbefreit.

1. Eine Austrittsleistung, die von einer schweizerischen öffentlich-rechtlichen Pensionskasse nach dem 31. Dezember 2004 ausgezahlt wird, ist als „andere Leistung" mit dem Besteuerungsanteil gemäß § 22 Nr. 1 Satz 3 Buchst. a Doppelbuchst. aa EStG zu besteuern.
2. Die erst durch das AltEinkG begründete Steuerpflicht verstößt weder gegen den Vertrauensschutzgrundsatz noch gegen das Rückwirkungsverbot.
3. Die Austrittsleistung kann gemäß § 34 Abs. 1 i.V.m. Abs. 2 Nr. 4 EStG ermäßigt besteuert werden.

BFH v. 24. 4. 2012 IX R 6/10 (BStBl. 2012 II S. 581): „Projektgewinn" als Entgelt für Mitwirken an TV-Sendeformat – Steuerbarkeit des „Big Brother"-Preisgeldes – Anwendungsbereich des § 22 Nr 3 EStG.

Ein dem Gewinner der Fernsehshow „Big Brother" ausgezahltes Preisgeld („Projektgewinn") ist als sonstige Einkünfte nach § 22 Nr. 3 EStG zu besteuern, wenn die Auskehrung des Preisgeldes nach Maßgabe und Durchführung des entgeltlichen (Teilnahme-)Vertrags als Gegenleistung für sein (aktives wie passives) Verhalten während seines Aufenthaltes im „Big-Brother-Haus" zu beurteilen ist.

BFH v. 31. 8. 2011 X R 11/10 (BStBl. 2012 II S. 312): Kinderzuschüsse aus einem Versorgungswerk sind nicht steuerfrei - Bindung an Verwaltungsanweisungen

1. Kinderzuschüsse zu einer Rente, die von einem berufsständischen Versorgungswerk gezahlt werden, sind nach § 22 Nr. 1 Satz 3 Buchst. a Doppelbuchst. aa EStG steuerpflichtig und nicht wie die Kinderzuschüsse aus der gesetzlichen Rentenversicherung gemäß § 3 Nr. 1 Buchst. b EStG steuerfrei.

Rechtsprechung § 22

2. Die unterschiedliche Behandlung der Kinderzuschüsse verstößt nicht gegen das Gleichbehandlungsgebot des Art. 3 GG.

BFH v. 13. 4. 2011 X R 1/10 (BStBl. II S. 915): AltEinkG gilt auch für Rentennachzahlung

1. Eine Rentennachzahlung der gesetzlichen Rentenversicherung, die dem Rentenempfänger nach dem 31. Dezember 2004 zufließt, wird mit dem Besteuerungsanteil gemäß § 22 Nr. 1 Satz 3 Buchst. a Doppelbuchst. aa EStG besteuert, auch wenn sie für einen Zeitraum gezahlt wird, der vor dem Inkrafttreten des AltEinkG liegt.
2. Die Anwendung des AltEinkG auf Nachzahlungen einer Rente, deren Beginn vor 2005 liegt, ist verfassungsgemäß.

BFH v. 13. 4. 2011 X R 54/09 (BStBl. II S. 910): Erwerbsminderungsrenten sind mit dem Besteuerungsanteil zu besteuern

1. Renten der gesetzlichen Rentenversicherung wegen verminderter Erwerbsfähigkeit sind mit dem Besteuerungsanteil gemäß § 22 Nr. 1 Satz 3 Buchst. a Doppelbuchst. aa EStG der Besteuerung zu unterwerfen.
2. Die Einbeziehung der Erwerbsminderungsrenten in diese Vorschrift ist nicht verfassungswidrig.

BFH vom 8. 12. 2010 I R 92/09 (BStBl. 2011 II S. 488): Schweizer Altersrente unterfällt nicht dem Kassenstaatsprinzip – Abgrenzung zwischen Leibrente und Ruhegeld – Abkommensautonome Auslegung des Begriffs „Ruhegehalt" – Doppelbesteuerung – Billigkeitsmaßnahme durch Anrechnung von Quellensteuer

Versorgungsleistungen einer Schweizer Pensionskasse an einen vormals im Schweizer öffentlichen Dienst tätigen Arbeitnehmer, die auch auf Beitragsleistungen des Arbeitnehmers beruhen, unterfallen nicht dem Kassenstaatsprinzip des DBA-Schweiz 1971/1992.

BFH v. 30. 11. 2010 VIII R 58/07 (BStBl. 2011 II S. 491): Unbeachtlichkeit von Währungskursschwankungen bei der Aufnahme und Tilgung von Fremdwährungsdarlehen zur Erzielung von Einkünften aus Kapitalvermögen und aus privaten Veräußerungsgeschäften

1. Währungskursschwankungen im Privatvermögen gehören bis zur Einführung der Abgeltungsteuer zum nichtsteuerbaren Bereich, sofern nicht der Tatbestand eines privaten Veräußerungsgeschäfts erfüllt ist.
2. Dies gilt auch dann, wenn der Steuerpflichtige im Rahmen eines Anlagekonzepts durch häufigen Wechsel zwischen verschiedenen Fremdwährungsdarlehen einen Vorteil in Form von Zinsdifferenzen zu erwirtschaften sucht.
3. Die Aufnahme eines Fremdwährungsdarlehens stellt keine Anschaffung und die Tilgung eines solchen Darlehens stellt keine Veräußerung eines Wirtschaftsguts i. S. von § 23 Abs. 1 Satz 1 Nr. 2 EStG dar. Gleiches gilt für die aufgrund des Darlehens gewährte Valuta in Fremdwährung.

BFH v. 14. 7. 2010 X R 37/08 (BStBl. 2011 II S. 628): Steuerliche Behandlung dänischer Altersrenten im Rahmen des Progressionsvorbehalts – Rechtsvergleichende Qualifizierung ausländischer Einkünfte bei Anwendung des deutschen Steuerrechts – Drei-Schichten-Modell bei Altersvorsorge und Altersbezügen – Prinzip der intertemporalen Korrespondenz – Prüfung der Einhaltung des Verbots der Doppelbesteuerung

1. Dänische Renteneinkünfte aus der DSS und der ATP sind im Rahmen des Progressionsvorbehalts mit dem Besteuerungsanteil zu berücksichtigen.
2. Bei der Anwendung des deutschen Steuerrechts ist stets eine rechtsvergleichende Qualifizierung der ausländischen Einkünfte nach deutschem Recht vorzunehmen. Vergleichbarkeit von Altersrenten ist dann anzunehmen, wenn die ausländische Leistung in ihrem Kerngehalt den gemeinsamen und typischen Merkmalen der inländischen Leistung entspricht.
3. Das Charakteristikum der Renten i.S. des § 22 Nr. 1 Satz 3 Buchst. a Doppelbuchst. aa EStG ist, dass sie der sog. Basisversorgung dienen. Zu den wesentlichen Merkmalen der Basisversorgung gehört, dass die Renten erst bei Erreichen einer bestimmten Altersgrenze bzw. bei Erwerbsunfähigkeit gezahlt werden und als Entgeltersatzleistung der Lebensunterhaltssicherung dienen.

BFH v. 18. 5. 2010 X R 32/01, X R 33/01 (BStBl. 2011 II S. 675): Übertragung eines mit einem Einfamilienhaus bebauten Grundstücks auf die Ehefrau gegen eine Veräußerungsrente – kein Sonderausgabenabzug des Ertragsanteils – „Endurteil" nach BVerfG-Beschluss vom 22. September 2009 2 BvL 3/02 (BVerfGE 124, 251) – Kein Sparerfreibetrag bei sonstigen Einkünften

497

§ 22 Rechtsprechung

1. Werden anlässlich einer auf die Lebenszeit einer Bezugsperson zeitlich gestreckten entgeltlichen privaten Vermögensumschichtung gleichbleibende wiederkehrende Leistungen vereinbart, ist deren Ertragsanteil (Zinsanteil) bei verfassungskonformer Auslegung nicht als Sonderausgabe abziehbar, weil dieser Teil Entgelt für die Überlassung von Kapital (Zins) ist und private Schuldzinsen nicht abgezogen werden dürfen (Fortführung der Senatsurteile vom 27. Februar 1992 X R 136/88, BFHE 167, 375, BStBl. II 1992, 609, und vom 25. November 1992 X R 91/89, BFHE 170, 82, BStBl. II 1996, 666).
2. Wird das gegen Leibrente veräußerte Grundstück zum Teil betrieblich genutzt, ergibt sich der als Betriebsausgaben abziehbare anteilige Zins aus dem Unterschiedsbetrag zwischen den Rentenzahlungen einerseits und dem jährlichen Rückgang des Barwerts der Leibrentenverpflichtung andererseits (Anschluss an das BFH-Urteil vom 25. November 1992 X R 34/89, BFHE 170, 76, BStBl. II 1996, 663).
3. Beim Empfänger unterliegt der Ertragsanteil der Gegenleistungsrente der Besteuerung nach § 22 EStG; der Sparer-Freibetrag (§ 20 Abs. 4 EStG) ist nicht zu berücksichtigen.

BFH v. 18. 5. 2010 X R 29/09 (BStBl. 2011 II S. 591): Sog. Öffnungsklausel nicht für Beamten-Versorgungsanwartschaften – Verfassungsmäßigkeit der Vorschriften zur Besteuerung der Alterseinkünfte durch das Alterseinkünftegesetz

Im Rahmen der sog. Öffnungsklausel können in die Prüfung, welche Beiträge oberhalb des Höchstbetrags zur gesetzlichen Rentenversicherung gezahlt wurden, nur die tatsächlich geleisteten Beiträge einbezogen werden. Versorgungsanwartschaften eines Beamten bleiben unberücksichtigt.

BFH v. 4. 2. 2010 X R 58/08 (BStBl. 2011 II S. 579): Anwendung der Öffnungsklausel bei der ab 2005 geltenden Altersrentenbesteuerung

1. Der gesetzlich geforderte Zehnjahreszeitraum der sog. Öffnungsklausel des § 22 Nr. 1 Satz 3 Buchst. a Doppelbuchst. bb Satz 2 EStG begegnet keinen verfassungsrechtlichen Bedenken.
2. Der jeweilige Höchstbeitrag zur gesetzlichen Rentenversicherung ist auch dann maßgeblich, wenn nur für einen Teil des Jahres Beiträge gezahlt worden sind.
3. Zahlungen in eine (befreiende) Lebensversicherung sind bei der Berechnung der geleisteten jährlichen Beiträge nicht zu berücksichtigen, wenn die Lebensversicherung steuerfrei ausgezahlt wurde bzw. werden kann.

BFH v. 19. 1. 2010 X R 53/08 (BStBl. 2011 II S. 567): Verfassungsmäßigkeit der ab 2005 geltenden Altersrentenbesteuerung; Anwendung der Öffnungsklausel

1. Die gesetzliche Neuregelung der Besteuerung der Altersrenten durch das Alterseinkünftegesetz ist verfassungsmäßig, sofern das Verbot der Doppelbesteuerung eingehalten wird. § 22 Nr. 1 Satz 3 Buchst. a Doppelbuchst. aa EStG verletzt weder das Recht des Steuerpflichtigen auf Gleichbehandlung noch sein Vertrauen auf Beibehaltung der Ertragsanteilsbesteuerung seiner Renteneinkünfte (Bestätigung des Senatsurteils vom 26. November 2008 X R 15/07, BFHE 223, 445, BStBl. II 2009, 710).
2. Bei der Anwendung der Öffnungsklausel des § 22 Nr. 1 Satz 3 Buchst. a Doppelbuchst. bb Satz 2 EStG kommt es darauf an, für welche Jahre der Steuerpflichtige die Beiträge geleistet hat (gegen BMF-Schreiben vom 30. Januar 2008, BStBl. I 2008, 390, Rz 137).

BFH v. 23. 4. 2009 VI R 39/08 (BStBl. II S. 668): Der einem Arbeitnehmer von einem Dritten verliehene Nachwuchsförderpreis führt zu Arbeitslohn, wenn die Preisverleihung nicht vor allem eine Ehrung der Persönlichkeit des Preisträgers darstellt, sondern wirtschaftlich den Charakter eines leistungsbezogenen Entgelts hat (Anschluss an BFH-Urteil vom 9. Mai 1985 IV R 184/82, BFHE 143, 466, BStBl. II 1985, 427).

BFH v. 20. 1. 2009 IX R 34/07 (BStBl. II S. 532):

1. Auch bei ringweiser Vermittlung von Lebensversicherungen unter nahen Angehörigen und wechselseitiger Weitergabe der dafür erhaltenen Provisionen wird eine nach § 22 Nr. 3 EStG steuerbare sonstige Leistung erbracht (Anschluss an das BFH-Urteil vom 27. Juni 2006 IX R 25/05, BFH/NV 2007, 657).
2. Die bei ringweiser Vermittlung als Gegenleistung von der Versicherungsgesellschaft vereinnahmte Provision kann nicht um eben den Betrag der Provision als Werbungskosten gemindert werden, wenn der Vermittler diesen Betrag aufgrund einer Vereinbarung der an der ringweisen Vermittlung beteiligten Personen untereinander zwar an den Versicherungsnehmer weiterleiten muss, er umgekehrt aber einen Auskehrungsanspruch gegenüber demjenigen hat, der den Abschluss seiner Ver-

Rechtsprechung § 22

sicherung vermittelt (Weiterentwicklung des BFH-Urteils vom 27. Juni 2006 IX R 25/05, BFH/NV 2007, 657).

BFH v. 26. 11. 2008 X R 31/07 (BStBl. 2009 II S. 651): Eine Schadensersatzrente nach § 844 Abs. 2 BGB, die den durch den Tod des Ehegatten eingetretenen materiellen Unterhaltsschaden ausgleicht, unterliegt nicht der Einkommensteuerpflicht nach § 22 Nr. 1 EStG.

BFH v. 19. 6. 2008 VI R 4/05 (BStBl. II S. 826):
1. Ob eine Zuwendung des Arbeitgebers an den Arbeitnehmer durch das Dienstverhältnis veranlasst ist und zu Einkünften aus nichtselbständiger Arbeit führt oder ob sie aufgrund einer Sonderrechtsbeziehung zwischen Arbeitgeber und Arbeitnehmer einer anderen Einkunftsart oder dem nicht einkommensteuerbaren Bereich zuzurechnen ist, obliegt in erster Linie der tatrichterlichen Würdigung durch das Finanzgericht.
2. Werden einem Arbeitnehmer vom Arbeitgeber oder einem Dritten im Hinblick auf das Dienstverhältnis Aktienankaufs- oder Vorkaufsrechte eingeräumt, fließt dem Arbeitnehmer nicht zum Zeitpunkt der Rechtseinräumung, sondern erst zum Zeitpunkt des entgeltlichen Verzichts hierauf ein geldwerter Vorteil zu (Fortführung der Senatsrechtsprechung in den Senatsurteilen vom 3. Mai 2007 VI R 36/05, BFHE 218, 118, BStBl. II 2007, 647; vom 23. Juni 2005 VI R 124/99, BFHE 209, 549, BStBl. II 2005, 766; vom 23. Juni 2005 VI R 10/03, BFHE 209, 559, BStBl. II 2005, 770).

BFH v. 8. 5. 2008 VI R 50/05 (BStBl. II S. 868):
1. Macht ein Steuerpflichtiger nachträglich für geleistete Dienste wegen fehlgeschlagener Vergütungserwartung (Hofübergabe) vor dem Arbeitsgericht mit Erfolg eine Vergütung geltend, begründet dies noch nicht die Feststellung, er sei auch im steuerlichen Sinne von Anfang an als Arbeitnehmer anzusehen.
2. Eine sonstige Leistung i. S. des § 22 Nr. 3 EStG ist jedes Tun, Dulden oder Unterlassen, das Gegenstand eines entgeltlichen Vertrags sein kann und das eine Gegenleistung auslöst (Anschluss an BFH-Urteile vom 21. September 1982 VIII R 73/79, BFHE 137, 251, BStBl. II 1983, 201, und vom 21. September 2004 IX R 13/02, BFHE 207, 284, BStBl. II 2005, 44).

BFH v. 28. 11. 2007 IX R 39/06 (BStBl. 2008 II S. 469): Preisgelder für die Teilnahme als Kandidat an einer Fernsehshow sind als sonstige Einkünfte nach § 22 Nr. 3 EStG steuerbar.*)

*) Hinweis auf BMF-Schreiben vom 30. Mai 2008 IV C 3 - S 2257/08/ 10001, 2008/0217070 (BStBl. 2008 I S. 645).

BFH v. 13. 11. 2007 VIII R 36/05 (BStBl. 2008 II S. 292):
1. Von der Bundesversicherungsanstalt für Angestellte im Zusammenhang mit Rentennachzahlungen gezahlte Zinsen gemäß § 44 Abs. 1 SGB 1 unterliegen der Steuerpflicht nach § 20 Abs. 1 Nr. 7 EStG.
2. Dass mit der Zinszahlung Nachteile ausgeglichen werden sollen, die der Berechtigte durch die verspätete Zahlung der Sozialleistungen erleidet, steht dem nicht entgegen.*)

*) Fußnote BStBl. II: „Gilt für VZ vor 2005, ab VZ 2005 ist der Vorrang des § 22 Nr. 1 Satz 3 Buchst. a EStG zu beachten."

BFH v. 22. 11. 2006 X R 29/05 (BStBl. 2007 II S. 402):
1. Ob die von einer Koordinierten Organisation – hier: der NATO – bezogenen Ruhegehaltszahlungen auf früheren Beitragsleistungen des Steuerpflichtigen beruhen und damit als Leibrente und nicht als Einkünfte aus nichtselbständiger Arbeit zu versteuern sind, bestimmt sich danach, ob der Steuerpflichtige zu ihrer Erlangung eigenes Vermögen einschließlich zugeflossenen Arbeitslohns eingesetzt hat.
2. Behält die Koordinierte Organisation einen Teil vom Arbeitslohn des Steuerpflichtigen ein, um ihn als Arbeitnehmerbeitrag einer Versorgungsrückstellung in ihrem Haushaltsplan zuzuführen, so fließt dem Steuerpflichtigen dadurch kein Arbeitslohn zu.
3. Die Steuerbefreiung für Bezüge und Einkünfte, die den Bediensteten eines NATO-Hauptquartiers in ihrer Eigenschaft als derartige Bedienstete gezahlt werden, findet auf laufende Ruhegehaltszahlungen keine Anwendung.

(Hinweis: Mit BVerfG vom 14.10.2010 2 BvR 367/07 wurde die Verfassungsbeschwerde nicht zur Entscheidung angenommen.)

§ 22 Rechtsprechung

Schwebende Verfahren

BVerfG 2 BvR 1961/10 (BFH-Webseite): (Verfassungsbeschwerde) Sog. Öffnungsklausel nicht für Beamten-Versorgungsanwartschaften – Verfassungsmäßigkeit der Vorschriften zur Besteuerung der Alterseinkünfte durch das Alterseinkünftegesetz

Vorgehend: BFH, Urteil vom 18.5.2010 (X R 29/09)

BVerfG 2 BvR 1066/10 (BFH-Webseite): Verfassungsmäßigkeit der Besteuerung der Altersrenten

Vorgehend: BFH, Entscheidung vom 4.2.2010 (X R 52/08)

BVerfG 2 BvR 323/10 (BFH-Webseite): (Verfasssungsbeschwerde) Beschränkte Abziehbarkeit von Altersvorsorgeaufwendungen verfassungsgemäß – Keine Eintragung von Altersvorsorgeaufwendungen i.S. des § 10 Abs. 1 Nr. 2 Buchst. a EStG auf der Lohnsteuerkarte – Endgültige Ausgestaltung der Berücksichtigung der Aufwendungen – Prinzip der intertemporalen Korrespondenz – Rechtscharakter der Altervorsorgeaufwendungen und Zuweisung zu den Sonderausgaben – Ausgleichszahlung für Versorgungsausgleich – Höchstbeträge – Einbeziehung der Arbeitgeberanteile – Finanzierbarkeit der Neuregelung – Fehlende Korrespondenz in der Übergangszeit – Belastung bei Rentenbezug ab 2039 – Verbot der Doppelbesteuerung erst bei Rentenbezug rügbar – Unterschiedliche Behandlung im Vorauszahlungs- und Lohnsteuerabzugsverfahren

Vorgehend: BFH, Urteil vom 9.12.2009 (X R 28/07)

BVerfG 2 BvR 290/10 (BFH-Webseite): (Verfassungsbeschwerde) Verfassungsmäßigkeit der begrenzten Abzugsfähigkeit der Altersvorsorgeaufwendungen – Endgültige Ausgestaltung – Rechtscharakter der Altersvorsorgeaufwendungen – Zuweisung zu den Sonderausgaben – Höchstbeträge – Gleichbehandlung durch Hinzurechnung der Arbeitgeberbeiträge – Finanzierbarkeit der Neuregelung – Fehlende Korrespondenz von Aufwendungen und Einnahmen in der Übergangszeit – Übergangsregelung belastet Rentenbezieher mit erstmaligem Rentenbezug ab 2039 – Rüge der Doppelbesteuerung von Renten kann erst bei Rentenbezug erfolgen – Kein Anspruch aus Art. 19 Abs. 4 GG auf vorverlagerte Prüfung einer doppelten Rentenbesteuerung – Unterschiedliche Entlastung in der Übergangsphase verletzt nicht Art. 3 GG

Vorgehend: BFH, Urteil vom 18.11.2009 (X R 9/07)

BVerfG 2 BvR 289/10 (BFH-Webseite): (Verfassungsbeschwerde) Beschränkte Abziehbarkeit von Altersvorsorgeaufwendungen und von sonstigen Vorsorgeaufwendungen verfassungsgemäß – Endgültige Ausgestaltung der Berücksichtigung der Aufwendungen – Prinzip der intertemporalen Korrespondenz – Rechtscharakter der Alterversorgeaufwendungen und Zuweisung zu den Sonderausgaben – Ausgleichszahlung für Versorgungsausgleich – Einbeziehung der Arbeitgeberanteile – Finanzierbarkeit der Neuregelung – Fehlende Korrespondenz in der Übergangszeit – Belastung bei Rentenbezug ab 2039 – Verbot der Doppelbesteuerung erst bei Rentenbezug rügbar – Sachlicher Grund für gekürzte Abzugsbeträge nach § 10 Abs. 4 Satz 2 EStG – Unzureichende Berücksichtigung von Kranken- und Pflegeversicherungsbeiträgen bis 31.12.2009 ist hinzunehmen – Versicherungen, die nicht zwingend zu berücksichtigen sind – Zweck des Arbeitslosengeldes und Krankengeldes

Vorgehend: BFH, Urteil vom 18.11.2009 (X R 6/08)

BVerfG 2 BvR 288/10 (BFH-Webseite): (Verfassungsbeschwerde) Beschränkte Abziehbarkeit von Altersvorsorgeaufwendungen verfassungsgemäß – Verfassungsmäßigkeit des Grundfreibetrags – Endgültige Ausgestaltung der Berücksichtigung der Aufwendungen – Prinzip der intertemporalen Korrespondenz – Rechtscharakter der Altervorsorgeaufwendungen – Zuweisung zu den Sonderausgaben – Ausgleichszahlung für Versorgungsausgleich – Höchstbeträge – Einbeziehung der Arbeitgeberanteile – Finanzierbarkeit der Neuregelung – Fehlende Korrespondenz in der Übergangszeit – Belastung bei Rentenbezug ab 2039 – Verbot der Doppelbesteuerung erst bei Rentenbezug rügbar – Höchstbetrag für sonstige Vorsorgeaufwendungen bei Mitversicherten – Sozialhilferechtlicher Mindestbedarf als Maßgröße – Orientierung an § 20 Abs. 2 und 3 SGB II – Pauschalierte Berücksichtigung der Wohnkosten im Steuerrecht – Höhe der Mietkosten

Vorgehend: BFH, Urteil vom 18.11.2009 (X R 34/07)

BFH VIII R 39/10 (BFH-Webseite): Ist die von einer Schweizer Pensionskasse an einen deutschen Grenzgänger ausgezahlte Freizügigkeitsleistung in Gestalt eines Vorbezugs zur Wohneigentumsförderung, soweit sie aus dem überobligatorischen Bereich stammt, hinsichtlich der im Vorbezug enthaltenen Zinsen gemäß § 20 Abs. 1 Nr. 6 EStG 2004 steuerfrei? Vergleichbarkeit des Rechtsverhältnisses mit demjenigen in der deutschen gesetzlichen Rentenversicherung? Handelt es sich bei dem aus dem obligatorischen Bereich geleisteten Vorbezug um eine nach § 3 Nr. 3 EStG 2005 steuerfreie Kapital-

Rechtsprechung § 22

abfindung? Höhe der nach § 3 Nr. 62 EStG 2005 steuerfrei zu belassenden Arbeitgeberbeiträge in die Pensionskasse? Abziehbarkeit der Arbeitnehmerbeiträge zur überobligatorischen beruflichen Vorsorge als Sonderausgaben nach § 10 Abs. 2 Satz 1 Nr. 2 Buchst. a EStG 2005?

BFH VIII R 38/10 (BFH-Webseite): Ist die von einer Schweizer Pensionskasse an einen deutschen Grenzgänger anlässlich seiner vorzeitigen Pensionierung aus dem freiwilligen überobligatorischen Bereich erbrachte einmalige Kapitalabfindung als Lebensversicherung zu behandeln und sind die darin enthaltenen Zinsen nach § 20 Abs. 1 Nr. 6 Satz 2 EStG 2004 steuerfrei? Handelt es sich bei der aus dem Obligatorium erfolgten Kapitalabfindung um eine aus der gesetzlichen Rentenversicherung erbrachte Leistung nach § 22 Nr. 1 Satz 3 Buchst. a Doppelbuchst. aa EStG 2005 und ist diese nach § 3 Nr. 3 EStG 2005 steuerfrei?

§ 22a

§ 22a Rentenbezugsmitteilungen an die zentrale Stelle

(1) ¹Die Träger der gesetzlichen Rentenversicherung, die landwirtschaftliche Alterskasse, die berufsständischen Versorgungseinrichtungen, die Pensionskassen, die Pensionsfonds, die Versicherungsunternehmen, die Unternehmen, die Verträge im Sinne des § 10 Absatz 1 Nummer 2 Buchstabe b anbieten, und die Anbieter im Sinne des § 80 (Mitteilungspflichtige) haben der zentralen Stelle (§ 81) bis zum 31. März des Jahres, das auf das Jahr folgt, in dem eine Leibrente oder andere Leistung nach § 22 Nummer 1 Satz 3 Buchstabe a und § 22 Nummer 5 einem Leistungsempfänger zugeflossen ist, unter Beachtung der im Bundessteuerblatt veröffentlichten Auslegungsvorschriften der Finanzverwaltung folgende Daten zu übermitteln (Rentenbezugsmitteilung):

1. Identifikationsnummer (§ 139b der Abgabenordnung), Familienname, Vorname und Geburtsdatum des Leistungsempfängers. ²Ist dem Mitteilungspflichtigen eine ausländische Anschrift des Leistungsempfängers bekannt, ist diese anzugeben. ³In diesen Fällen ist auch die Staatsangehörigkeit des Leistungsempfängers, soweit bekannt, mitzuteilen;

2. je gesondert den Betrag der Leibrenten und anderen Leistungen im Sinne des § 22 Nummer 1 Satz 3 Buchstabe a Doppelbuchstabe aa, bb Satz 4 und Doppelbuchstabe bb Satz 5 in Verbindung mit § 55 Absatz 2 der Einkommensteuer-Durchführungsverordnung sowie im Sinne des § 22 Nummer 5 Satz 1 bis 3. ²Der im Betrag der Rente enthaltene Teil, der ausschließlich auf einer Anpassung der Rente beruht, ist gesondert mitzuteilen;

3. Zeitpunkt des Beginns und des Endes des jeweiligen Leistungsbezugs; folgen nach dem 31. Dezember 2004 Renten aus derselben Versicherung einander nach, ist auch die Laufzeit der vorhergehenden Renten mitzuteilen;

4. Bezeichnung und Anschrift des Mitteilungspflichtigen;

5. die Beiträge im Sinne des § 10 Absatz 1 Nummer 3 Buchstabe a Satz 1 und 2 und Buchstabe b, soweit diese vom Mitteilungspflichtigen an die Träger der gesetzlichen Kranken- und Pflegeversicherung abgeführt werden;

6. die dem Leistungsempfänger zustehenden Beitragszuschüsse nach § 106 des Sechsten Buches Sozialgesetzbuch;

7. ab dem 1. Januar 2017 ein gesondertes Merkmal für Verträge, auf denen gefördertes Altersvorsorgevermögen gebildet wurde; die zentrale Stelle ist in diesen Fällen berechtigt, die Daten dieser Rentenbezugsmitteilung im Zulagekonto zu speichern und zu verarbeiten.

²Die Datenübermittlung hat nach amtlich vorgeschriebenem Datensatz durch Datenfernübertragung zu erfolgen. ³Im Übrigen ist § 150 Absatz 6 der Abgabenordnung entsprechend anzuwenden.

(2) ¹Der Leistungsempfänger hat dem Mitteilungspflichtigen seine Identifikationsnummer mitzuteilen. ²Teilt der Leistungsempfänger die Identifikationsnummer dem Mitteilungspflichtigen trotz Aufforderung nicht mit, übermittelt das Bundeszentralamt für Steuern dem Mitteilungspflichtigen auf dessen Anfrage die Identifikationsnummer des Leistungsempfängers; weitere Daten dürfen nicht übermittelt werden. ³In der Anfrage dürfen nur die in § 139b Absatz 3 der Abgabenordnung genannten Daten des Leistungsempfängers angegeben werden, soweit sie dem Mitteilungspflichtigen bekannt sind. ⁴Die Anfrage des Mitteilungspflichtigen und die Antwort des Bundeszentralamtes für Steuern sind über die zentrale Stelle zu übermitteln. ⁵Die zentrale Stelle führt eine ausschließlich automatisierte Prüfung der ihr übermittelten Daten daraufhin durch, ob sie vollständig und schlüssig sind und ob das vorgeschriebene Datenformat verwendet worden ist. ⁶Sie speichert die Daten des Leistungsempfängers nur für Zwecke dieser Prüfung bis zur Übermittlung an das Bundeszentralamt für Steuern oder an den Mitteilungspflichtigen. ⁷Die Daten sind für die Übermittlung zwischen der zentralen Stelle und dem Bundeszentralamt für Steuern zu verschlüsseln. ⁸Für die Anfrage gilt Absatz 1 Satz 2 und 3 entsprechend. ⁹Der Mitteilungs-

§ 22a

pflichtige darf die Identifikationsnummer nur verwenden, soweit dies für die Erfüllung der Mitteilungspflicht nach Absatz 1 Satz 1 erforderlich ist.

(3) Der Mitteilungspflichtige hat den Leistungsempfänger jeweils darüber zu unterrichten, dass die Leistung der zentralen Stelle mitgeteilt wird.

(4) ¹Die zentrale Stelle (§ 81) kann bei den Mitteilungspflichtigen ermitteln, ob sie ihre Pflichten nach Absatz 1 erfüllt haben. ²Die §§ 193 bis 203 der Abgabenordnung gelten sinngemäß. ³Auf Verlangen der zentralen Stelle haben die Mitteilungspflichtigen ihre Unterlagen, soweit sie im Ausland geführt und aufbewahrt werden, verfügbar zu machen.

(5) ¹Wird eine Rentenbezugsmitteilung innerhalb der in Absatz 1 Satz 1 genannten Frist übermittelt, so ist für jeden angefangenen Monat, in dem die Rentenbezugsmitteilung noch aussteht, ein Betrag in Höhe von 10 Euro für jede ausstehende Rentenbezugsmitteilung an die zentrale Stelle zu entrichten (Verspätungsgeld). ²Die Erhebung erfolgt durch die zentrale Stelle im Rahmen ihrer Prüfung nach Absatz 4. ³Von der Erhebung ist abzusehen, soweit die Fristüberschreitung auf Gründen beruht, die der Mitteilungspflichtige nicht zu vertreten hat. ⁴Das Handeln eines gesetzlichen Vertreters oder eines Erfüllungsgehilfen steht dem eigenen Handeln gleich. ⁵Das von einem Mitteilungspflichtigen zu entrichtende Verspätungsgeld darf 50 000 Euro für alle für einen Veranlagungszeitraum zu übermittelnden Rentenbezugsmitteilungen nicht übersteigen.

Rentenbezugsmitteilungsverfahren nach § 22a EStG

BMF-Schreiben vom 7. Dezember 2011 IV C 3 – S 2257-c/10/10005 :003, 2011/0693211 (BStBl. I S. 1223) – Auszug –

Anlage

Kurzübersicht über die Rechtsgründe der Rentenbezugsmitteilungen

Rechts-grund	Besteuerungsnorm	Beschreibung und Besteuerungsansatz	Fundstelle	Rz. des BMF-Schreibens
01	§ 22 Nummer 1 Satz 3 Buchstabe a Doppelbuchstabe aa EStG	Leibrente aus der Basisversorgung: **Besteuerung des Besteuerungsanteils (Kohorte)** RA 1 = aus gesetzlichen Rentenversicherungen, RA 2 = aus landwirtschaftlichen Alterskassen, RA 3 = aus berufsständischen Versorgungseinrichtungen, RA 4 = Basis-Renten	BMF-Schreiben vom 13.09.2010	135-150
02	§ 22 Nummer 1 Satz 3 Buchstabe a Doppelbuchstabe bb Satz 4 EStG	Leibrenten aus privaten Rentenversicherungen (RA 6): **Besteuerung des Ertragsanteils**	BMF-Schreiben vom 13.09.2010	151-152
03	§ 22 Nummer 1 Satz 3 Buchstabe a Doppelbuchstabe bb Satz 5 EStG i. V. m. § 55 Absatz 2 EStDV	Leibrenten aus privaten Rentenversicherungen mit befristeter Laufzeit (RA 7): **Besteuerung des Ertragsanteils nach § 55 EStDV**	R 22.4 Absatz 4-6 EStH 2009 und BMF-Schreiben vom 13.09.2010	153
04	§ 22 Nummer 5 Satz 1 EStG	Leistungen aus einem Altersvorsorgevertrag, einem Pensionsfonds, einer Pensionskasse (inkl. Versorgungsausgleichskasse) oder aus einer Direktversicherung, die auf gefordertem Kapital beruhen: **volle Besteuerung** (Nummer 1 der LM)	BMF-Schreiben vom 31.03.2010	124,334

§ 22a

Rechts-grund	Besteuerungsnorm	Beschreibung und Besteuerungsansatz	Fundstelle	Rz. des BMF-Schreibens
05	§ 22 Nummer 5 Satz 1 EStG i. V. m. § 52 Absatz 34c EStG (in Rechtsgrund 04 nicht enthalten)	Leistungen aus einem Pensionsfonds, wenn die Versorgungsleistungen aus einer Direkt-zusage/Unterstützungskasse steuerfrei nach § 3 Nummer 66 EStG auf den Pensionsfonds übertragen wurden: **volle Besteuerung, aber Anwendung §§ 9a Satz 1 Nummer 1, 19 Absatz 2 EStG** (Nummer 2 der LM)	BMF-Schreiben vom 31.03.2010	340-341
06	§ 22 Nummer 5 Satz 2 Buchstabe a EStG i. V. m. § 22 Nummer 1 Satz 3 Buchstabe a Doppelbuchstabe aa EStG (ist nicht mit Rechtsgrund 01 zu übermitteln)	Leistungen aus einem Pensionsfonds, einer Pensionskasse (inkl. Versorgungsaus-gleichs-kasse) oder aus einer Direktversicherung (Neuzusage), die auf nicht gefordertem Kapital beruhen, die Voraussetzungen der Basis-Rente sind erfüllt: **Besteuerung des Besteuerungsanteils (Kohorte)** (Nummer 3 der LM)	BMF-Schreiben vom 31.03.2010	332
07	§ 22 Nummer 5 Satz 2 Buchstabe a EStG i. V. m. § 22 Nummer 1 Satz 3 Buchstabe a Doppelbuchstabe bb EStG (ggf. i. V. m. § 55 Absatz 1 Nummer 1 EStDV)	Lebenslange Leibrente aus einem Alters-vorsorgevertrag, einem Pensionsfonds, einer Pensionskasse (inkl. Versorgungsausgleichs-kasse) oder einer Direktversicherung (Alt- oder Neuzusage), die auf nicht gefordertem Kapital beruhen, die Voraussetzungen der Basis-Rente sind nicht erfüllt (bei Neuzusage): **Besteuerung des Ertragsanteils** (Nummer 4 der LM)	BMF-Schreiben vom 31.03.2010	130, 331, 332
08	§ 22 Nummer 5 Satz 2 Buchstabe a EStG i. V. m. § 22 Nummer 1 Satz 3 Buchstabe bb Satz 5 EStG i. V. m. § 55 Absatz 2 EStDV (ggf. i. V. m. § 55 Absatz 1 Nummer 1 EStDV)	Abgekürzte Leibrente aus einem Alters-vorsorgevertrag, einem Pensionsfonds, einer Pensionskasse (inkl. Versorgungsaus-gleichs-kasse) oder einer Direktversicherung (Alt- oder Neuzusage), die auf nicht gefordertem Kapital beruhen, die Voraussetzungen der Basis-Rente sind nicht erfüllt (bei Neuzusage): **Besteuerung des Ertragsanteils nach § 55 Absatz 2 EStDV** (Nummer 5 der LM)	BMF-Schreiben vom 31.03.2010	130, 331, 332
09	unbesetzt			
10	§ 22 Nummer 5 Satz 2 Buchstabe b EStG i. V. m. § 20 Absatz 1 Nummer 6 EStG in der jeweils für den Vertrag geltenden Fassung (ggf. i. V. m. § 52 Absatz 36 Satz 5 EStG)	Andere Leistungen (insbesondere Kapital-auszahlungen) aus einem Altersvorsorgever-trag in Form eines Versicherungsvertrages, einem Pensionsfonds, einer Pensionskasse (inkl. Versorgungsausgleichskasse) oder einer Direktversicherung, die auf nicht gefordertem Kapital beruhen, Altvertrag (vor dem 01.01.2005): **Besteuerung der rechnungsmäßigen und außerrechnungsmäßigen Zinsen;** Neuvertrag (nach dem 31.12.2004): **Besteuerung des Unterschiedsbetrags zwischen der Versicherungsleistung und der auf sie entrichteten Beiträge (bei Auszahlung nach dem 60./62. Lebensjahr und Laufzeit von mindestens 12 Jahren mit der Hälfte dieses Unterschiedsbetrages)** (Nummer 6 der LM)	BMF-Schreiben vom 31.03.2010	131, 333

§ 22a

Rechts-grund	Besteuerungsnorm	Beschreibung und Besteuerungsansatz	Fundstelle	Rz. des BMF-Schreibens
11	§ 22 Nummer 5 Satz 2 Buchstabe e EStG	Auf nicht gefordertem Kapital beruhende Leistungen (z. B. aus einem zertifizierten Bank- oder Investmentfondssparplan), die nicht bereits nach § 22 Nummer 5 Satz 2 Buchstabe a bzw. Buchstabe b EStG erfasst werden: **Besteuerung des Unterschiedsbetrags zwischen den Leistungen und der auf sie entrichteten Beiträge (bei Auszahlung nach dem 60./62. Lebensjahr und Laufzeit von mindestens 12 Jahren mit der Hilfte dieses Unterschiedsbetrags)** (Nummer 7 der LM)	BMF-Sehreiben vom 31.03.2010	132
12a	§ 22 Nummer 5 Satz 3 EStG i. V. m. § 22 Nummer 5 Satz 2 Buchstabe a i. V. m. § 22 Nummer 1 Satz 3 Buchstabe a Doppelbuchstabe bb EStG (ggf. i. V. m. § 55 Absatz 1 Nummer 1 EStDV)	Das ausgezahlte geforderte Altersvorsorgevermögen wurde steuerschädlich i. S. d. § 93 Absatz 1 Satz 1 und 2 EStG verwendet und als lebenslange Leibrente ausgezahlt, die Voraussetzungen der Basis-Rente sind nicht erfüllt: **Die Besteuerung richtet sich nach den Ausführungen zu Rechtsgrund 07** (Nummer 8a der LM)	BMF-Sehreiben vom 31.03.2010	186, 347, 130, 331, 332
12b	§ 22 Nummer 5 Satz 3 EStG i. V. m. § 22 Nummer 5 Satz 2 Buchstabe a i. V. m. § 22 Nummer 1 Satz 3 Buchstabe a Doppelbuchstabe bb EStG i. V. m. § 55 Absatz 2 EStDV (ggf. i. V. m. § 55 Absatz 1 Nummer 1 EStDV)	Das ausgezahlte geforderte Altersvorsorgevermögen wurde steuerschadllch i. S. d. § 93 Absatz 1 Satz 1 und 2 EStG verwendet und als abgekürzte Leibrente ausgezahlt, die Voraussetzungen der Basis-Rente sind nicht erfüllt: **Die Besteuerung richtet sich nach den Ausführungen zu Rechtsgrund 08** (Nummer 8b der LM)	BMF-Schreiben vom 31.03.2010	186, 347, 130, 331, 332
12c	§ 22 Nummer 5 Satz 3 EStG i. V. m. § 22 Nummer 5 Satz 2 Buchstabe b i. V. m. § 20 Absatz 1 Nummer 6 in der jeweils für den Vertrag geltenden Fassung (ggf. i. V. m. § 52 Absatz 36 Satz 5 EStG)	Das ausgezahlte qeforderte Altersvorsorgevermögen wurde steuerschädlich i. S. d. § 93 Absatz 1 Satz 1 und 2 EStG verwendet und als andere Leistung (insbesondere Kapitalauszahlung) aus einem Altersvorsorgevertrag, einem Pensionsfonds, einer Pensionskasse (inkl. Versorgungsausgleichskasse) oder einer Direktversicherung ausgezahlt: **Die Besteuerung richtet sich nach den Ausführungen zu Rechtsgrund 10** (Nummer 8e der LM)	BMF-Sehreiben vom 31.03.2010	186, 347, 131, 333
12d	§ 22 Nummer 5 Satz 3 EStG i. V. m. § 22 Nummer 5 Satz 2 Buchstabe e EStG	Das ausgezahlte geförderte Altersvorsorgevermögen wurde steuerschädlich i. S. d. § 93 Absatz 1 Satz 1 und 2 EStG verwendet und als Leistung (z. B. aus einem zertifizierten Bank- oder Investmentfondssparplan) ausgezahlt, die nicht bereits nach § 22 Nummer 5 Satz 2 Buchstabe a bzw. Buchstabe b EStG erfasst wird: **Die Besteuerung richtet sich nach den Ausfuhrungen zu Rechtsgrund 11** (Nummer 8d der LM)	BMF-Schreiben vom 31.03.2010	186, 132
13	Keine Anwendungsfälle			

§ 22a

Rechts-grund	Besteuerungsnorm	Beschreibung und Besteuerungsansatz	Fundstelle	Rz. des BMF-Schreibens
14	§ 22 Nummer 5 Satz 4 EStG i. V. m. § 92a Absatz 2 Satz 5 EStG	Sukzessiv zu versteuernde Betrage aus dem Wohnforderkonto, Verminderungsbetrag: **Besteuerung des jährlichen Verminderungsbetrags, der sich ergibt, wenn der Gesamtbetrag des Wohnforderkontos zu Beginn der Auszahlungsphase bis zum 85. Lebensjahr gleichmäßig verteilt wird** (Nummer 9 der LM)	BMF-Schreiben vom 31.03.2010	147
15	§ 22 Nummer 5 Satz 4 EStG i. V. m. § 92a Absatz 3 Satz 5 EStG	Das in der Wohnung gebundene geforderte Kapital wurde steuerschadhch verwendet: **Besteuerung des Auflösungsbetrags nach § 92a Absatz 3 Satz 5 EStG in Höhe des Gesamtbetrags des Wohnforderkontos** (Nummer 10 der LM)	BMF-Schreiben vom 31.03.2010	149
16	§ 22 Nummer 5 Satz 5 EStG	Einmalbesteuerung der Beträge aus dem Wohnforderkonto zu Beginn der Auszahlungsphase: **Besteuerung in Hohe von 70 % des Gesamtbetrags des Wohnförderkontos** (zu übermitteln ist der Gesamtbetrag des Wohnforderkontos) (Nummer 11 der LM)	BMF-Schreiben vom 31.03.2010	150
17	§ 22 Nummer 5 Satz 6 EStG	Das in der Wohnung gebundene Kapital wurde in der Auszahlungsphase innerhalb der Frist von 20 Jahren nach der Einmalbesteuerung steuerschädlich verwendet: **Besteuerung des Eineinhalbfachen (innerhalb der ersten zehn Jahre) bzw. des Einfachen (zwischen dem zehnten und dem zwanzigsten Jahr) des noch nicht versteuerten Restbetrags i. H. v. 30 % des Gesamtbetrags des Wohnforderkontos im Zeitpunkt der Einmalbesteuerung** (Nummer 12 der LM)	BMF-Schreiben vom 31.03.2010	151
18	§ 22 Nummer 5 Satz 9 EStG	Provisionserstattungen bei geförderten Altersvorsorgevertraqen: **Besteuerung der erstatteten Abschluss- und Vertriebskosten** (Nummer 13 der LM)	BMF-Schreiben vom 31.03.2010	155

§ 23 Private Veräußerungsgeschäfte

(1) ¹Private Veräußerungsgeschäfte (§ 22 Nummer 2) sind

1. Veräußerungsgeschäfte bei Grundstücken und Rechten, die den Vorschriften des bürgerlichen Rechts über Grundstücke unterliegen (z.B. Erbbaurecht, Mineralgewinnungsrecht), bei denen der Zeitraum zwischen Anschaffung und Veräußerung nicht mehr als zehn Jahre beträgt. ²Gebäude und Außenanlagen sind einzubeziehen, soweit sie innerhalb dieses Zeitraums errichtet, ausgebaut oder erweitert werden; dies gilt entsprechend für Gebäudeteile, die selbständige unbewegliche Wirtschaftsgüter sind, sowie für Eigentumswohnungen und im Teileigentum stehende Räume. ³Ausgenommen sind Wirtschaftsgüter, die im Zeitraum zwischen Anschaffung oder Fertigstellung und Veräußerung ausschließlich zu eigenen Wohnzwecken oder im Jahr der Veräußerung und in den beiden vorangegangenen Jahren zu eigenen Wohnzwecken genutzt wurden;
2. Veräußerungsgeschäfte bei anderen Wirtschaftsgütern, bei denen der Zeitraum zwischen Anschaffung und Veräußerung nicht mehr als ein Jahr beträgt. ²Ausgenommen sind Veräußerungen von Gegenständen des täglichen Gebrauchs. ³Bei Anschaffung und Veräußerung mehrerer gleichartiger Fremdwährungsbeträge ist zu unterstellen, dass die zuerst angeschafften Beträge zuerst veräußert wurden. ⁴Bei Wirtschaftsgütern im Sinne von Satz 1, aus deren Nutzung als Einkunftsquelle zumindest in einem Kalenderjahr Einkünfte erzielt werden, erhöht sich der Zeitraum auf zehn Jahre.

²Als Anschaffung gilt auch die Überführung eines Wirtschaftsguts in das Privatvermögen des Steuerpflichtigen durch Entnahme oder Betriebsaufgabe. ³Bei unentgeltlichem Erwerb ist dem Einzelrechtsnachfolger für Zwecke dieser Vorschrift die Anschaffung oder die Überführung des Wirtschaftsguts in das Privatvermögen durch den Rechtsvorgänger zuzurechnen. ⁴Die Anschaffung oder Veräußerung einer unmittelbaren oder mittelbaren Beteiligung an einer Personengesellschaft gilt als Anschaffung oder Veräußerung der anteiligen Wirtschaftsgüter. ⁵Als Veräußerung im Sinne des Satzes 1 Nummer 1 gilt auch

1. die Einlage eines Wirtschaftsguts in das Betriebsvermögen, wenn die Veräußerung aus dem Betriebsvermögen innerhalb eines Zeitraums von zehn Jahren seit Anschaffung des Wirtschaftsguts erfolgt, und
2. die verdeckte Einlage in eine Kapitalgesellschaft.

(2) Einkünfte aus privaten Veräußerungsgeschäften der in Absatz 1 bezeichneten Art sind den Einkünften aus anderen Einkunftsarten zuzurechnen, soweit sie zu diesen gehören.

(3) ¹Gewinn oder Verlust aus Veräußerungsgeschäften nach Absatz 1 ist der Unterschied zwischen Veräußerungspreis einerseits und den Anschaffungs- oder Herstellungskosten und den Werbungskosten andererseits. ²In den Fällen des Absatzes 1 Satz 5 Nummer 1 tritt an die Stelle des Veräußerungspreises der für den Zeitpunkt der Einlage nach § 6 Absatz 1 Nummer 5 angesetzte Wert, in den Fällen des Absatzes 1 Satz 5 Nummer 2 der gemeine Wert. ³In den Fällen des Absatzes 1 Satz 2 tritt an die Stelle der Anschaffungs- oder Herstellungskosten der nach § 6 Absatz 1 Nummer 4 oder § 16 Absatz 3 angesetzte Wert. ⁴Die Anschaffungs- oder Herstellungskosten mindern sich um Absetzungen für Abnutzung, erhöhte Absetzungen und Sonderabschreibungen, soweit sie bei der Ermittlung der Einkünfte im Sinne des § 2 Absatz 1 Satz 1 Nummer 4 bis 7 abgezogen worden sind. ⁵Gewinne bleiben steuerfrei, wenn der aus den privaten Veräußerungsgeschäften erzielte Gesamtgewinn im Kalenderjahr weniger als 600 Euro betragen hat. ⁶In den Fällen des Absatzes 1 Satz 5 Nummer 1 sind Gewinne oder Verluste für das Kalenderjahr, in dem der Preis für die Veräußerung aus dem Betriebsvermögen zugeflossen ist, in den Fällen des Absatzes 1 Satz 5 Nummer 2 für das Kalenderjahr der verdeckten Einlage anzusetzen. ⁷Verluste dürfen nur bis zur Höhe des Gewinns, den der Steuerpflichtige im gleichen Kalenderjahr aus privaten Veräußerungsgeschäften erzielt hat, ausgeglichen werden; sie dürfen nicht nach § 10d abgezogen werden. ⁸Die Verluste mindern jedoch nach Maßgabe des § 10d die Einkünfte, die der Steuerpflichtige in dem unmittelbar vorangegangenen Veranlagungszeitraum oder in den folgenden Veranlagungszeiträumen aus privaten Veräußerungsgeschäften nach Absatz 1 erzielt hat oder erzielt; § 10d Absatz 4 gilt entsprechend.

§ 23 Rechtsprechung

Rechtsprechungsauswahl

BFH v. 23. 8. 2011 IX R 66/10 (BStBl. 2013 II S. 1002): Privates Veräußerungsgeschäft bei einem Grundstück, wenn dieses zwischenzeitlich im Betriebsvermögen gehalten wird – Einlage in das bzw. Entnahme aus dem Betriebsvermögen keine Veräußerung

1. Wer ein Grundstück innerhalb des maßgebenden Veräußerungszeitraums im Privatvermögen anschafft und aus dem Privatvermögen wieder veräußert, muss die Wertsteigerungen im Privatvermögen seit der Anschaffung versteuern, auch wenn er das Grundstück zeitweise im Betriebsvermögen gehalten hat.
2. Der Gewinn aus dem privaten Veräußerungsgeschäft ist in diesem Fall um den im Betriebsvermögen zu erfassenden Gewinn (als Unterschied zwischen Einlage- und Entnahmewert) zu korrigieren.

BFH v. 29. 6. 2011 IX R 63/10 (BStBl. II S. 873): Teilentgeltlichkeit bei Erwerb durch Vermächtnis

Der Erwerb eines Grundstücks in Erfüllung eines Vermächtnisses ist ein teilentgeltlicher und damit im Rahmen der Besteuerung nach § 23 Abs. 1 Satz 1 Nr. 1, § 22 Nr. 2 EStG aufteilbarer Vorgang, wenn der Vermächtnisnehmer für den Erwerb des vermachten Gegenstandes eine Gegenleistung erbringen muss, deren Wert die vermächtnisweise Zuwendung nicht ausgleicht.

BFH v. 25. 5. 2011 IX R 48/10 (BStBl. II S. 868): Keine steuervergünstigte Veräußerung eines unbebauten Gartengrundstücks

Wird ein unbebautes, bislang als Garten eines benachbarten Wohngrundstücks genutztes Grundstück veräußert, ohne dass der Steuerpflichtige seine Wohnung aufgibt, so ist diese Veräußerung nicht nach § 23 Abs. 1 Satz 1 Nr. 1 Satz 3 EStG privilegiert.

BFH v. 30. 11. 2010 VIII R 58/07 (BStBl. 2011 II S. 491): Unbeachtlichkeit von Währungskursschwankungen bei der Aufnahme und Tilgung von Fremdwährungsdarlehen zur Erzielung von Einkünften aus Kapitalvermögen und aus privaten Veräußerungsgeschäften

1. Währungskursschwankungen im Privatvermögen gehören bis zur Einführung der Abgeltungsteuer zum nichtsteuerbaren Bereich, sofern nicht der Tatbestand eines privaten Veräußerungsgeschäfts erfüllt ist.
2. Dies gilt auch dann, wenn der Steuerpflichtige im Rahmen eines Anlagekonzepts durch häufigen Wechsel zwischen verschiedenen Fremdwährungsdarlehen einen Vorteil in Form von Zinsdifferenzen zu erwirtschaften sucht.
3. Die Aufnahme eines Fremdwährungsdarlehens stellt keine Anschaffung und die Tilgung eines solchen Darlehens stellt keine Veräußerung eines Wirtschaftsguts i. S. von § 23 Abs. 1 Satz 1 Nr. 2 EStG dar. Gleiches gilt für die aufgrund des Darlehens gewährte Valuta in Fremdwährung.

BVerfG v. 7. 7. 2010 2 BvL 14/02, 2 BvL 2/04, 2 BvL 13/05 (BStBl. 2011 II S. 76): § 23 Absatz 1 Satz 1 Nummer 1 in Verbindung mit § 52 Absatz 39 Satz 1 Einkommensteuergesetz in der Fassung des Steuerentlastungsgesetzes 1999/2000/2002 vom 24. März 1999 (BGBl. I S. 402) verstößt gegen die verfassungsrechtlichen Grundsätze des Vertrauensschutzes und ist nichtig, soweit in einem Veräußerungsgewinn Wertsteigerungen steuerlich erfasst werden, die bis zur Verkündung des Steuerentlastungsgesetzes 1999/2000/2002 am 31. März 1999 entstanden sind und nach der zuvor geltenden Rechtslage bis zum Zeitpunkt der Verkündung steuerfrei realisiert worden sind oder steuerfrei hätten realisiert werden können.*)

*) Hinweis auf BMF-Schreiben vom 20. Dezember 2010 IV C 1 – S 2256/07/10001 :006 – / – 2010/1015920 (BStBl. 2011 I S. 14).

Rechtsprechung § 24

h) Gemeinsame Vorschriften

§ 24 (Gemeinsame Vorschriften)

Zu den Einkünften im Sinne des § 2 Absatz 1 gehören auch

1. Entschädigungen, die gewährt worden sind
   a) als Ersatz für entgangene oder entgehende Einnahmen oder
   b) für die Aufgabe oder Nichtausübung einer Tätigkeit, für die Aufgabe einer Gewinnbeteiligung oder einer Anwartschaft auf eine solche;
   c) als Ausgleichszahlungen an Handelsvertreter nach § 89b des Handelsgesetzbuchs;
2. Einkünfte aus einer ehemaligen Tätigkeit im Sinne des § 2 Absatz 1 Nummer 1 bis 4 oder aus einem früheren Rechtsverhältnis im Sinne des § 2 Absatz 1 Nummer 5 bis 7, und zwar auch dann, wenn sie dem Steuerpflichtigen als Rechtsnachfolger zufließen;
3. Nutzungsvergütungen für die Inanspruchnahme von Grundstücken für öffentliche Zwecke sowie Zinsen auf solche Nutzungsvergütungen und auf Entschädigungen, die mit der Inanspruchnahme von Grundstücken für öffentliche Zwecke zusammenhängen.

Rechtsprechungsauswahl

BFH v. 23. 10. 2013 III B 15/13 (BFH-Webseite): Rüge der unzutreffenden Auslegung eines arbeitsgerichtlichen Vergleichs

1. Das FG kann einen arbeitsgerichtlichen Vergleich, in dem eine vom Arbeitgeber wegen einer Diskriminierung nach dem AGG zu leistende Zahlung als Entschädigung bezeichnet wird, dahingehend auslegen, dass damit eine Schadensersatzzahlung nach § 15 Abs. 1 AGG gemeint ist und nicht etwa eine Entschädigung für immateriellen Schaden nach § 15 Abs. 2 AGG.
2. Die Auslegung eines gerichtlichen Vergleichs durch das FG kann in der Revisionsinstanz nur darauf hin überprüft werden, ob die gesetzlichen Auslegungsregeln sowie die Denkgesetze und Erfahrungssätze beachtet wurden.
3. Die Widersprüchlichkeit eines Urteils ist ein Unterfall eines Verstoßes gegen die Denkgesetze und kann damit als Verstoß gegen materielles Recht grundsätzlich nicht mit der Nichtzulassungsbeschwerde gerügt werden.

BFH v. 29. 2. 2012 IX R 28/11 (BStBl. 2012 II S. 569): Abfindung einer Erfindervergütung als steuerbegünstigte Entschädigung – Zwangssituation bei gütlicher Einigung

Gibt der Arbeitnehmer mit seinem Interesse an einer Weiterführung der ursprünglichen Vereinbarung auf Arbeitnehmererfindervergütung im Konflikt mit seinem Arbeitgeber nach und nimmt dessen Abfindungsangebot an, so entspricht es dem Zweck des von der Rechtsprechung entwickelten Merkmals der Zwangssituation, nicht schon wegen dieser gütlichen Einigung in konfligierender Interessenlage einen tatsächlichen Druck in Frage zu stellen.

BFH v. 18. 10. 2011 IX R 58/10 (BStBl. 2012 II S. 286): Ersatz für zurückzuzahlende Einnahmen oder Ausgleich von Ausgaben keine Entschädigung i.S. des § 24 Nr. 1 Buchst. a EStG – Abgeltung des Risikos der Rückzahlung zugeflossener Vorsteuererstattungsbeträge

§ 24 Nr. 1 Buchst. a EStG erfasst Entschädigungen, die „entgangene oder entgehende Einnahmen" ersetzen (Einnahmenersatz), nicht aber solche, die Ausgaben ausgleichen.

BFH v. 25. 8. 2009 IX R 11/09 (BStBl. 2011 II S. 27): Eine die Anwendung von § 34 EStG rechtfertigende Zusammenballung von Einkünften kommt auch dann in Betracht, wenn zu einer Hauptentschädigungsleistung eine in einem anderen Veranlagungszeitraum zufließende minimale Teilleistung hinzukommt.*)

*) Hinweis auf BMF-Schreiben vom 1.11.2013 IV C 4 – S 2290/13/10002 / – 2013/0929313 (BStBl. 2013 I S. 1326). **– Anlage § 034-01 –**

BFH v. 25. 8. 2009 IX R 3/09 (BStBl. 2010 II S. 1030): (Teilabfindung für Arbeitszeitreduzierung als Entschädigung – Zweck des § 34 Abs. 2 EStG)

Zahlt der Arbeitgeber seinem Arbeitnehmer eine Abfindung, weil dieser seine Wochenarbeitszeit aufgrund eines Vertrags zur Änderung des Arbeitsvertrags unbefristet reduziert, so kann darin eine begünstigt zu besteuernde Entschädigung i.S. von § 24 Nr. 1 Buchst. a EStG liegen (Klarstellung der Rechtsprechung).

§ 24 Rechtsprechung

BFH v. 6. 7. 2005 XI R 46/04 (BStBl. 2006 II S. 55): Schadensersatz, der einem Steuerpflichtigen infolge einer schuldhaft verweigerten Wiedereinstellung zufließt, ist eine Entschädigung i. S. des § 24 Nr. 1 Buchst. a EStG, die bei zusammengeballtem Zufluss tarifbegünstigt zu besteuern ist.

Schwebende Verfahren

BFH IX R 13/10 (BFH-Webseite): Steuerbarkeit von Entschädigungszahlungen – Führen im Vergleichswege – bedingt durch einen privaten Unfall – erhaltene Entschädigungszahlungen auf den Verdienstausfallschaden und Einkommensausfallschaden zu einer Steuerbarkeit nach § 19 EStG i.V.m. § 24 Nr. 1 a EStG, wobei der Zufluss in mehreren Jahren und Tranchen erfolgte – Erfüllt die fiktive Zuordnung der Entschädigungszahlungen zur Einkunftsart nichtselbständiger Arbeit (der Kläger befand sich zum Unfallzeitpunkt in der Ausbildung) den Tatbestand nach § 2 Abs. 1 EStG – Verstößt die fiktive Zuordnung gegen den Gleichheitsgrundsatz nach Art. 3 GG?

§ 24a

§ 24a Altersentlastungsbetrag

[1]Der Altersentlastungsbetrag ist bis zu einem Höchstbetrag im Kalenderjahr ein nach einem Prozentsatz ermittelter Betrag des Arbeitslohns und der positiven Summe der Einkünfte, die nicht solche aus nichtselbstständiger Arbeit sind. [2]Bei der Bemessung des Betrags bleiben außer Betracht:
1. Versorgungsbezüge im Sinne des § 19 Absatz 2;
2. Einkünfte aus Leibrenten im Sinne des § 22 Nummer 1 Satz 3 Buchstabe a;
3. Einkünfte im Sinne des § 22 Nummer 4 Satz 4 Buchstabe b;
4. Einkünfte im Sinne des § 22 Nummer 5 Satz 1, soweit § 22 Nummer 5 Satz 11 anzuwenden ist;
5. Einkünfte im Sinne des § 22 Nummer 5 Satz 2 Buchstabe a.

[3]Der Altersentlastungsbetrag wird einem Steuerpflichtigen gewährt, der vor dem Beginn des Kalenderjahres, in dem er sein Einkommen bezogen hat, das 64. Lebensjahr vollendet hatte. [4]Im Fall der Zusammenveranlagung von Ehegatten zur Einkommensteuer sind die Sätze 1 bis 3 für jeden Ehegatten gesondert anzuwenden. [5]Der maßgebende Prozentsatz und der Höchstbetrag des Altersentlastungsbetrags sind der nachstehenden Tabelle zu entnehmen:

Das auf die Vollendung des 64. Lebensjahres folgende Kalenderjahr	Altersentlastungsbetrag	
	in % der Einkünfte	Höchstbetrag in Euro
2005	40,0	1 900
2006	38,4	1 824
2007	36,8	1 748
2008	35,2	1 672
2009	33,6	1 596
2010	32,0	1 520
2011	30,4	1 444
2012	28,8	1 368
2013	27,2	1 292
2014	25,6	1 216
2015	24,0	1 140
2016	22,4	1 064
2017	20,8	988
2018	19,2	912
2019	17,6	836
2020	16,0	760
2021	15,2	722
2022	14,4	684
2023	13,6	646
2024	12,8	608
2025	12,0	570
2026	11,2	532
2027	10,4	494
2028	9,6	456
2029	8,8	418
2030	8,0	380
2031	7,2	342

§ 24a

LStH 24a, EStR 2012 R 24a, Rechtsprechung

Das auf die Vollendung des 64. Lebensjahres folgende Kalenderjahr	Altersentlastungsbetrag	
	in % der Einkünfte	Höchstbetrag in Euro
2032	6,4	304
2033	5,6	266
2034	4,8	228
2035	4,0	190
2036	3,2	152
2037	2,4	114
2038	1,6	76
2039	0,8	38
2040	0,0	0

Hinweise

LStH 24a *Allgemeines*
→ *R 24a EStR, H 24a EStH*

EStR 2012

R 24a. Altersentlastungsbetrag
Allgemeines
(1) [1]Bei der Berechnung des Altersentlastungsbetrags sind Einkünfte aus Land- und Forstwirtschaft nicht um den Freibetrag nach § 13 Abs. 3 EStG zu kürzen. [2]Kapitalerträge, die nach § 32d Abs. 1 und § 43 Abs. 5 EStG dem gesonderten Steuertarif für Einkünfte aus Kapitalvermögen unterliegen, sind in die Berechnung des Altersentlastungsbetrags nicht einzubeziehen. [3]Sind in den Einkünften neben Leibrenten auch andere wiederkehrende Bezüge i. S. d. § 22 Nr. 1 EStG enthalten, ist der Werbungskosten-Pauschbetrag nach § 9a Satz 1 Nr. 3 EStG von den der Besteuerung nach § 22 Nr. 1 Satz 3 EStG unterliegenden Teilen der Leibrenten abzuziehen, soweit er diese nicht übersteigt. [4]Der Altersentlastungsbetrag ist auf den nächsten vollen Euro-Betrag aufzurunden.

Berechnung bei Anwendung anderer Vorschriften
(2) Ist der Altersentlastungsbetrag außer vom Arbeitslohn noch von weiteren Einkünften zu berechnen und muss er für die Anwendung weiterer Vorschriften von bestimmten Beträgen abgezogen werden, ist davon auszugehen, dass er zunächst vom Arbeitslohn berechnet worden ist.

Rechtsprechungsauswahl

BFH v. 20. 6. 2014 VI R 41/13 (BFH-Webseite): Personalrabatt: Anwendbarkeit des § 8 Abs. 3 EStG auf Fahrvergünstigung der Deutschen Bahn AG für Ruhestandsbeamte
1. Auf Fahrvergünstigungen, die die Deutsche Bahn AG Ruhestandsbeamten des Bundeseisenbahnvermögens gewährt, ist gemäß § 12 Abs. 8 des Deutsche Bahn Gründungsgesetzes der Rabattfreibetrag nach § 8 Abs. 3 EStG entsprechend anwendbar.
2. Der Altersentlastungsbetrag ist nicht auf steuerfreie Einkünfte anwendbar.

BFH v. 22. 11. 2012 III R 66/11 (BFH-Webseite): Verlustabzug bei Einkünften aus privaten Veräußerungsgeschäften und Altersentlastungsbetrag
Folgt man der Ansicht, dass nicht ausgeglichene Verluste aus privaten Veräußerungsgeschäften erst vom Gesamtbetrag der Einkünfte abzuziehen und nicht bereits auf der Ebene der Ermittlung der Einkünfte zu berücksichtigen sind, führt dies zwar zunächst zu einer entsprechend höheren Bemessungsgrundlage für den Altersentlastungsbetrag. Der Abzug des Altersentlastungsbetrags wirkt sich dann jedoch auf den zu berücksichtigenden Verlust aus privaten Veräußerungsgeschäften aus und mindert diesen.

BFH v. 17. 11. 2005 III R 83/04 (BStBl. 2006 II S. 511): Bei der Ermittlung der positiven Summe der Einkünfte i. S. des § 24a Satz 1 EStG für die Höhe des Altersentlastungsbetrages sind im Veranlagungszeitraum 1999 die Vorschriften über den Verlustausgleich in § 2 Abs. 3 EStG i. d. F. des StEntlG 1999/ 2000/2002 zu berücksichtigen.

§ 24b Entlastungsbetrag für Alleinerziehende

(1) ¹Allein stehende Steuerpflichtige können einen Entlastungsbetrag in Höhe von 1 308 Euro im Kalenderjahr von der Summe der Einkünfte abziehen, wenn zu ihrem Haushalt mindestens ein Kind gehört, für das ihnen ein Freibetrag nach § 32 Absatz 6 oder Kindergeld zusteht. ²Die Zugehörigkeit zum Haushalt ist anzunehmen, wenn das Kind in der Wohnung des allein stehenden Steuerpflichtigen gemeldet ist. ³Ist das Kind bei mehreren Steuerpflichtigen gemeldet, steht der Entlastungsbetrag nach Satz 1 demjenigen Alleinstehenden zu, der die Voraussetzungen auf Auszahlung des Kindergeldes nach § 64 Absatz 2 Satz 1 erfüllt oder erfüllen würde in Fällen, in denen nur ein Anspruch auf einen Freibetrag nach § 32 Absatz 6 besteht.

(2) ¹Allein stehend im Sinne des Absatzes 1 sind Steuerpflichtige, die nicht die Voraussetzungen für die Anwendung des Splitting-Verfahrens (§ 26 Absatz 1) erfüllen oder verwitwet sind und keine Haushaltsgemeinschaft mit einer anderen volljährigen Person bilden, es sei denn, für diese steht ihnen ein Freibetrag nach § 32 Absatz 6 oder Kindergeld zu oder es handelt sich um ein Kind im Sinne des § 63 Absatz 1 Satz 1, das einen Dienst nach § 32 Absatz 5 Satz 1 Nummer 1 und 2 leistet oder eine Tätigkeit nach § 32 Absatz 5 Satz 1 Nummer 7 ausübt. ²Ist die andere Person mit Haupt- oder Nebenwohnsitz in der Wohnung des Steuerpflichtigen gemeldet, wird vermutet, dass sie mit dem Steuerpflichtigen gemeinsam wirtschaftet (Haushaltsgemeinschaft). ³Diese Vermutung ist widerlegbar, es sei denn, der Steuerpflichtige und die andere Person leben in einer eheähnlichen oder lebenspartnerschaftsähnlichen Gemeinschaft.

(3) Für jeden vollen Kalendermonat, in dem die Voraussetzungen des Absatzes 1 nicht vorgelegen haben, ermäßigt sich der Entlastungsbetrag um ein Zwölftel.

Hinweise

LStH 24b *Allgemeine Grundsätze*
→ BMF vom 29.10.2004 (BStBl. I S. 1042) — *Anlage § 024b-01* —

Rechtsprechungsauswahl

BFH v. 16. 5. 2013 III R 12/12 (BFH-Webseite): Überlassung einer komprimierten „Elster"-Einkommensteuererklärung: Grobes Verschulden des steuerlichen Beraters

1. Den Steuerberater trifft ein grobes Verschulden am nachträglichen Bekanntwerden von Tatsachen, die Voraussetzung für die Gewährung eines Entlastungsbetrags für Alleinerziehende sind, wenn er dem steuerlich unerfahrenen Steuerpflichtigen lediglich eine komprimierte Einkommensteuererklärung zur Prüfung aushändigt, ohne den für die Abgabe einer vollständigen Steuererklärung maßgebenden Sachverhalt zu ermitteln, und dem Steuerpflichtigen damit die Möglichkeit nimmt, die darin enthaltenen Angaben auf Vollständigkeit und Richtigkeit zu prüfen.
2. Dabei kommt es nicht darauf an, dass der Ausdruck der komprimierten Steuererklärung auf die Verwendung des Programms „Elster" zurückzuführen ist.

BFH v. 28. 6. 2012 III R 26/10 (BStBl. II S. 569): Haushaltsgemeinschaft von Vater und volljährigem Sohn, der nicht zu den Kosten der Haushaltsführung beiträgt.
Ein gemeinsames Wirtschaften i.S. von § 24b Abs. 2 Satz 2 EStG kann sowohl darin bestehen, dass die andere volljährige Person zu den Kosten des gemeinsamen Haushalts beiträgt, als auch in einer Entlastung durch tatsächliche Hilfe und Zusammenarbeit.

BFH v. 28. 4. 2010 III R 79/08 (BStBl. 2011 II S. 30): Berechtigung zum Abzug des Entlastungsbetrags für Alleinerziehende bei annähernd gleicher Aufnahme des Kindes in die getrennten Haushalte beider Elternteile

1. Auch wenn mehrere Steuerpflichtige die Voraussetzungen für den Abzug des Entlastungsbetrags für Alleinerziehende erfüllen, kann wegen desselben Kindes für denselben Monat nur einer der Berechtigten den Entlastungsbetrag abziehen.
2. Ist ein Kind annähernd gleichwertig in die beiden Haushalte seiner allein stehenden Eltern aufgenommen, können die Eltern – unabhängig davon, an welchen Berechtigten das Kindergeld aus-

§ 24b

gezahlt wird – untereinander bestimmen, wem der Entlastungsbetrag zustehen soll, es sei denn, einer der Berechtigten hat bei seiner Veranlagung oder durch Vorlage einer Lohnsteuerkarte mit der Steuerklasse II bei seinem Arbeitgeber (§ 38b Satz 2 Nr. 2 EStG) den Entlastungsbetrag bereits in Anspruch genommen.

3. Treffen die Eltern keine Bestimmung über die Zuordnung des Entlastungsbetrags, steht er demjenigen zu, an den das Kindergeld ausgezahlt wird.

BVerfG v. 22. 5. 2009 2 BvR 310/07 (BStBl. II S. 884): Die Gewährung des Entlastungsbetrags nach § 24b EStG nur für Alleinerziehende unter Ausschluss von Steuerpflichtigen, die die Voraussetzungen für eine Ehegattenveranlagung erfüllen, stellt keine Verletzung von Grundrechten dar.

BFH v. 19. 10. 2006 III R 4/05 (BStBl. 2007 II S. 637): Die Nichtbegünstigung zusammenlebender Eltern durch Versagung des Entlastungsbetrages für Alleinerziehende begegnet keinen verfassungsrechtlichen Bedenken.

Schwebende Verfahren

BFH III R 17/14 (BFH-Webseite): Zeitanteiliger Entlastungsbetrag für Alleinerziehende im Jahr der (Wieder-)Heirat bei Wahl der besonderen Veranlagung?

III. Veranlagung

§ 25 Veranlagungszeitraum, Steuererklärungspflicht

(1) Die Einkommensteuer wird nach Ablauf des Kalenderjahres (Veranlagungszeitraum) nach dem Einkommen veranlagt, das der Steuerpflichtige in diesem Veranlagungszeitraum bezogen hat, soweit nicht nach § 43 Absatz 5 und § 46 eine Veranlagung unterbleibt.

(2) (weggefallen)

(3) ¹Die steuerpflichtige Person hat für den Veranlagungszeitraum eine eigenhändig unterschriebene Einkommensteuererklärung abzugeben. ²Wählen Ehegatten die Zusammenveranlagung (§ 26b), haben sie eine gemeinsame Steuererklärung abzugeben, die von beiden eigenhändig zu unterschreiben ist.

(4) ¹Die Erklärung nach Absatz 3 ist nach amtlich vorgeschriebenem Datensatz durch Datenfernübertragung zu übermitteln, wenn Einkünfte nach § 2 Absatz 1 Satz 1 Nummer 1 bis 3 erzielt werden und es sich nicht um einen der Veranlagungsfälle gemäß § 46 Absatz 2 Nummer 2 bis 8 handelt. ²Auf Antrag kann die Finanzbehörde zur Vermeidung unbilliger Härten auf eine Übermittlung durch Datenfernübertragung verzichten.

Rechtsprechungsauswahl

BFH v. 28. 3. 2012 VI R 68/10 (BStBl. II S. 711): Anlaufhemmung bei Abgabe einer die Pflichtveranlagung begründenden Steuererklärung nach dem Ablauf der Festsetzungsfrist.

Die eine Pflichtveranlagung begründende Steuererklärung entfaltet keine anlaufhemmende Wirkung nach § 170 Abs. 2 Satz 1 Nr. 1 AO, wenn diese Steuererklärung erst nach dem Ablauf der Festsetzungsfrist des § 169 Abs. 2 AO abgegeben wird.

BFH v. 10. 4. 2002 VI R 66/98 (BStBl. II S. 455): Kehrt ein ausländischer Arbeitnehmer auf Dauer in sein Heimatland zurück, so kann dessen Einkommensteuer-Erklärung ausnahmsweise durch einen Bevollmächtigten unter Offenlegung des Vertretungsverhältnisses unterzeichnet werden.

§ 26 Veranlagung von Ehegatten

(1) ¹Ehegatten können zwischen der Einzelveranlagung (§ 26a) und der Zusammenveranlagung (§ 26b) wählen, wenn

1. beide unbeschränkt einkommensteuerpflichtig im Sinne des § 1 Absatz 1 oder 2 oder des § 1a sind,
2. sie nicht dauernd getrennt leben und
3. bei ihnen die Voraussetzungen aus den Nummern 1 und 2 zu Beginn des Veranlagungszeitraums vorgelegen haben oder im Laufe des Veranlagungszeitraums eingetreten sind.

²Hat ein Ehegatte in dem Veranlagungszeitraum, in dem seine zuvor bestehende Ehe aufgelöst worden ist, eine neue Ehe geschlossen und liegen bei ihm und dem neuen Ehegatten die Voraussetzungen des Satzes 1 vor, bleibt die zuvor bestehende Ehe für die Anwendung des Satzes 1 unberücksichtigt.

(2) ¹Ehegatten werden einzeln veranlagt, wenn einer der Ehegatten die Einzelveranlagung wählt. ²Ehegatten werden zusammen veranlagt, wenn beide Ehegatten die Zusammenveranlagung wählen. ³Die Wahl wird für den betreffenden Veranlagungszeitraum durch Angabe in der Steuererklärung getroffen. ⁴Die Wahl der Veranlagungsart innerhalb eines Veranlagungszeitraums kann nach Eintritt der Unanfechtbarkeit des Steuerbescheids nur noch geändert werden, wenn

1. ein Steuerbescheid, der die Ehegatten betrifft, aufgehoben, geändert oder berichtigt wird und
2. die Änderung der Wahl der Veranlagungsart der zuständigen Finanzbehörde bis zum Eintritt der Unanfechtbarkeit des Änderungs- oder Berichtigungsbescheids schriftlich oder elektronisch mitgeteilt oder zur Niederschrift erklärt worden ist und
3. der Unterschiedsbetrag aus der Differenz der festgesetzten Einkommensteuer entsprechend der bisher gewählten Veranlagungsart und der festzusetzenden Einkommensteuer, die sich bei einer geänderten Ausübung der Wahl der Veranlagungsarten ergeben würde, positiv ist. ²Die Einkommensteuer der einzeln veranlagten Ehegatten ist hierbei zusammenzurechnen.

(3) Wird von dem Wahlrecht nach Absatz 2 nicht oder nicht wirksam Gebrauch gemacht, so ist eine Zusammenveranlagung durchzuführen.

Rechtsprechungsauswahl

BFH v. 26. 6. 2014 III R 14/05 (BStBl. II S. 829): Keine Zusammenveranlagung für nicht eingetragene Lebenspartner – Steuerliche Ungleichbehandlung von Ehegatten einerseits und zusammenlebenden homosexuellen Paaren andererseits vor Einführung des LPartG nicht zu beanstanden – Berücksichtigung von Unterhaltsleistungen als außergewöhnliche Belastung

Die Partner einer Lebensgemeinschaft können für Jahre, in denen das LPartG noch nicht in Kraft war, keine Zusammenveranlagung wählen.

BVerfG v. 7. 5. 2013 2 BvR 909/06, 2 BvR 1981/06, 2 BvR 288/07 (BGBl I S. 1647): Verfassungswidrigkeit des Ausschlusses eingetragener Lebenspartner vom Ehegattensplitting im Einkommensteuerrecht – Ungleichbehandlung eingetragener Lebenspartnerschaft gegenüber der Ehe im Einkommensteuerrecht ohne sachliche Rechtfertigung - eingetragene Lebenspartnerschaft als Gemeinschaft des Erwerbs und Verbrauchs – Ablehnungsgesuch gegen Richter Landau unzulässig – Fortgeltung der unvereinbaren Vorschriften mit Maßgabe der rückwirkenden Anwendung des Splittingtarifs ab 2001 in noch offenen Verfahren – abweichende Meinung: Lebenspartnerschaft in Jahren 2001 und 2002 noch keine der Ehe vergleichbare Erwerbs- und Verbrauchsgemeinschaft – Reichweite der Typisierungsbefugnis sowie zeitlicher Anpassungsspielraum des Gesetzgebers – ungeklärte verfassungsrechtliche Lage in Jahren 2001 und 2002.

Die Ungleichbehandlung von Verheirateten und eingetragenen Lebenspartnern in den Vorschriften der §§ 26, 26b, 32a Abs. 5 EStG zum Ehegattensplitting ist mit dem allgemeinen Gleichheitssatz des Art. 3 Abs. 1 GG nicht vereinbar.

Rechtsprechung § 26

BFH v. 30. 8. 2012 III R 40/10 (BFH-Webseite): Veranlagungswahlrecht von Ehegatten und Missbrauch von rechtlichen Gestaltungsmöglichkeiten
Die (nachträgliche) Wahl der getrennten Veranlagung ist nicht bereits dann rechtsmissbräuchlich i.s. des § 42 AO, wenn dies bei dem einen Ehegatten zur Erstattung von einbehaltener Lohnsteuer führt, während sich bei dem anderen Ehegatten nach Anrechnung von Vorauszahlungen ergebende Zahllasten nicht mehr beigetrieben werden können.

BFH v. 14. 10. 2009 X R 14/08 (BStBl. 2010 II S 533): Änderung eines Steuerbescheides bei Zusammenveranlagung
1. Allein die Änderung eines Einkommensteuerbescheides wegen eines den Vorwegabzug betreffenden rückwirkenden Ereignisses, das die Verhältnisse nur eines Ehegatten berührt, berechtigt nicht zur Korrektur eines Fehlers, der die steuerlichen Verhältnisse des anderen Ehegatten berührt.
2. Eine Änderung wegen einer nachträglich bekannt gewordenen Tatsache kommt nicht in Betracht, wenn sich die nachträglich bekannt gewordene Tatsache zunächst wegen Zusammenveranlagung nicht ausgewirkt hatte.

BFH v. 21. 6. 2007 III R 59/06 (BStBl. II S. 770): Das Veranlagungswahlrecht steht nach dem Tode eines Ehegatten dessen Erben zu. Das Einverständnis des Erben mit der Zusammenveranlagung kann nur dann nach § 26 Abs. 3 EStG unterstellt werden, wenn er Kenntnis von seiner Erbenstellung und den steuerlichen Vorgängen des Erblassers hat. Bis zur Ermittlung des Erben ist daher getrennt zu veranlagen.

BFH v. 21. 9. 2006 VI R 80/04 (BStBl. 2007 II S. 11): Ist ein Ehegatte gemäß § 25 EStG zur Einkommensteuer zu veranlagen und wird auf seinen Antrag eine getrennte Veranlagung durchgeführt, ist auch der andere Ehegatte gemäß § 26 Abs. 2 Satz 1 EStG zwingend getrennt zu veranlagen. Für die Veranlagung des anderen Ehegatten kommt es in einem solchen Fall auf das Vorliegen der Voraussetzungen des § 46 Abs. 2 Nr. 1 bis Nr. 8 EStG nicht mehr an.

BFH v. 20. 7. 2006 III R 8/04 (BStBl. II S. 883): Es verstößt nicht gegen das aus Art. 3 Abs. 1 GG abgeleitete Gebot der Besteuerung nach der finanziellen Leistungsfähigkeit, dass der Partner einer eingetragenen Lebenspartnerschaft Unterhaltsleistungen an den anderen Partner nur bis zu dem Höchstbetrag des § 33a EStG als außergewöhnliche Belastung abziehen kann.

Schwebende Verfahren

BFH III R 11/05 (BFH-Webseite): Ist das Ehegattensplitting im Wege der verfassungskonformen Auslegung – wegen der durch § 5 LPartG begründeten wechselseitigen Unterhaltsverpflichtung – auf die eingetragene Lebenspartnerschaft anzuwenden?
(Hinweis: Das Verfahren ist ausgesetzt bis zur Entscheidung BVerfG 2 BvR 909/06.)

§ 26a Einzelveranlagung von Ehegatten

(1) ¹Bei der Einzelveranlagung von Ehegatten sind jedem Ehegatten die von ihm bezogenen Einkünfte zuzurechnen. ²Einkünfte eines Ehegatten sind nicht allein deshalb zum Teil dem anderen Ehegatten zuzurechnen, weil dieser bei der Erzielung der Einkünfte mitgewirkt hat.

(2) ¹Sonderausgaben, außergewöhnliche Belastungen und die Steuerermäßigung nach § 35a werden demjenigen Ehegatten zugerechnet, der die Aufwendungen wirtschaftlich getragen hat. ²Auf übereinstimmenden Antrag der Ehegatten werden sie jeweils zur Hälfte abgezogen. ³Der Antrag des Ehegatten, der die Aufwendungen wirtschaftlich getragen hat, ist in begründeten Einzelfällen ausreichend. ⁴§ 26 Absatz 2 Satz 3 gilt entsprechend.

(3) Die Anwendung des § 10d für den Fall des Übergangs von der Einzelveranlagung zur Zusammenveranlagung und von der Zusammenveranlagung zur Einzelveranlagung zwischen zwei Veranlagungszeiträumen, wenn bei beiden Ehegatten nicht ausgeglichene Verluste vorliegen, wird durch Rechtsverordnung der Bundesregierung mit Zustimmung des Bundesrates geregelt.

Rechtsprechungsauswahl

BFH v. 30.8.2012 III R 40/10 (BFH-Webseite): Veranlagungswahlrecht von Ehegatten und Missbrauch von rechtlichen Gestaltungsmöglichkeiten

Die (nachträgliche) Wahl der getrennten Veranlagung ist nicht bereits dann rechtsmissbräuchlich i.S. des § 42 AO, wenn dies bei dem einen Ehegatten zur Erstattung von einbehaltener Lohnsteuer führt, während sich bei dem anderen Ehegatten nach Anrechnung von Vorauszahlungen ergebende Zahllasten nicht mehr beigetrieben werden können.

BFH v. 19. 4. 2012 III R 1/11 (BStBl. II S. 861): Zuordnung des übertragenen Pauschbetrages für behinderte Menschen bei getrennter Veranlagung.

Die Zuordnungsregelung in § 26a Abs. 2 EStG geht anderen Zuordnungsregeln vor. Der einem gemeinsamen Kind zustehende Behinderten-Pauschbetrag, der auf Antrag der Eltern vollständig einem von ihnen übertragen wurde, ist daher bei getrennter Veranlagung bei beiden Elternteilen je zur Hälfte abzuziehen.

BFH v. 26. 3. 2009 VI R 59/08 (BStBl. II S. 808): Es ist verfassungsrechtlich nicht zu beanstanden, dass die zumutbare Belastung bei getrennter Veranlagung von Ehegatten vom Gesamtbetrag der Einkünfte beider Ehegatten berechnet wird.

Schwebende Verfahren

BFH III R 58/10 (BFH-Webseite): Sind beim Wechsel der Veranlagungsart von Zusammenveranlagung zur getrennten Veranlagung Zinsen zur Einkommensteuer nach § 233a Abs. 5 AO oder § 233a Abs. 2a AO festzusetzen bzw. zu ändern? Hat die Rechtsnorm, nach welcher die Veranlagungsform geändert wird, Auswirkungen auf die Verzinsung? (Im Streitfall hatten beide Ehegatten die Änderung der Veranlagungsart beantragt.)

§ 26b Zusammenveranlagung von Ehegatten

Bei der Zusammenveranlagung von Ehegatten werden die Einkünfte, die die Ehegatten erzielt haben, zusammengerechnet, den Ehegatten gemeinsam zugerechnet und, soweit nichts anderes vorgeschrieben ist, die Ehegatten sodann gemeinsam als Steuerpflichtiger behandelt.

Rechtsprechungsauswahl

BFH v. 8. 9. 2010 I R 28/10 (BStBl. 2011 II S. 269): Zusammenveranlagung von unbeschränkt einkommensteuerpflichtigen Staatsangehörigen der EU/des EWR mit ihren im EU/EWR-Ausland lebenden Ehegatten

Seit der Neufassung des § 1a Abs. 1 EStG 2002 durch das JStG 2008 können unbeschränkt einkommensteuerpflichtige Staatsangehörige der EU/des EWR die Zusammenveranlagung mit ihrem im EU/EWR-Ausland lebenden Ehegatten auch dann beanspruchen, wenn die gemeinsamen Einkünfte der Ehegatten zu weniger als 90 v.H. der deutschen Einkommensteuer unterliegen oder die ausländischen Einkünfte der Ehegatten den doppelten Grundfreibetrag übersteigen.

BFH v. 30. 9. 2008 VII R 18/08 (BStBl. 2009 II S. 38): Werden Vorauszahlungen auf die Einkommensteuer zusammen veranlagter Eheleute ohne die ausdrückliche Bestimmung geleistet, dass mit der Zahlung nur die Schuld des Leistenden beglichen werden soll, muss das FA eine Überzahlung beiden Eheleuten zu gleichen Teilen erstatten (Bestätigung der ständigen Rechtsprechung); das gilt auch, wenn über das Vermögen des anderen Ehegatten das Insolvenzverfahren eröffnet war.

BFH v. 20. 8. 2008 I R 78/07 (BStBl. 2009 II S. 708):
1. Die für die personelle Ausweitung der unbeschränkten Steuerpflicht maßgebende Höhe der Einkünfte in § 1 Abs. 3 Satz 2 EStG 2002 ist nach deutschem Recht zu ermitteln, und zwar auch dann, wenn die Einkünfte im ausländischen Wohnsitzstaat zum Teil steuerfrei sind.
2. Überschreiten die im ausländischen Wohnsitzstaat erzielten Einkünfte bei einer Ermittlung nach deutschem Recht die absolute Wesentlichkeitsgrenze des § 1 Abs. 3 Satz 2 i.V.m. § 1a Abs. 1 Nr. 2 Satz 3 EStG 2002, ist eine Zusammenveranlagung zur Einkommensteuer auch dann ausgeschlossen, wenn die ausländischen Einkünfte nach dem Recht des Wohnsitzstaates ermittelt unterhalb der absoluten Wesentlichkeitsgrenze liegen. Dies gilt jedenfalls dann, wenn die steuerpflichtigen Einkünfte im Wohnsitzstaat so hoch sind, dass sie den persönlichen Verhältnissen des Ehegatten Rechnung tragen.

BFH v. 17. 1. 2008 VI R 45/04 (BStBl. II S. 418): Bei zusammen veranlagten Ehegatten, die Gesamtschuldner rückständiger Steuern sind, kann auch der Ehegatte, der Gesamtrechtsnachfolger seines verstorbenen Ehepartners ist, eine Aufteilung der Steuern nach den §§ 268 ff. AO beantragen.

BFH v. 20. 7. 2006 III R 8/04 (BStBl. II S. 883): Es verstößt nicht gegen das aus Art. 3 Abs. 1 GG abgeleitete Gebot der Besteuerung nach der finanziellen Leistungsfähigkeit, dass der Partner einer eingetragenen Lebenspartnerschaft Unterhaltsleistungen an den anderen Partner nur bis zu dem Höchstbetrag des § 33a EStG als außergewöhnliche Belastung abziehen kann.

BFH v. 25. 4. 2006 X R 42/05 (BStBl. 2007 II S. 220): Auch im Falle der Zusammenveranlagung von Ehegatten zur Einkommensteuer ist die Frage, ob Festsetzungsverjährung eingetreten ist, für jeden Ehegatten gesondert zu prüfen.

Schwebende Verfahren

BFH III R 36/10 (BFH-Webseite): Sind die Vorschriften über die Veranlagung von Ehegatten (§§ 26, 26b EStG) analog auf Partner einer eingetragenen Lebenspartnerschaft anzuwenden? Verstößt die Nichteinbeziehung eingetragener Lebenspartnerschaften in die Zusammenveranlagung gegen Art. 3 Abs. 1 GG bzw. werden dadurch europarechtliche Diskriminierungsverbote verletzt?

§ 26c (aufgehoben)

§ 27 (weggefallen)

§ 28 Besteuerung bei fortgesetzter Gütergemeinschaft

Bei fortgesetzter Gütergemeinschaft gelten Einkünfte, die in das Gesamtgut fallen, als Einkünfte des überlebenden Ehegatten, wenn dieser unbeschränkt steuerpflichtig ist.

§§ 29 und 30 (weggefallen)

IV. Tarif

§ 31 Familienleistungsausgleich[1)]

¹Die steuerliche Freistellung eines Einkommensbetrags in Höhe des Existenzminimums eines Kindes einschließlich der Bedarfe für Betreuung und Erziehung oder Ausbildung wird im gesamten Veranlagungszeitraum entweder durch die Freibeträge nach § 32 Absatz 6 oder durch Kindergeld nach Abschnitt X bewirkt. ²Soweit das Kindergeld dafür nicht erforderlich ist, dient es der Förderung der Familie. ³Im laufenden Kalenderjahr wird Kindergeld als Steuervergütung monatlich gezahlt. ⁴Bewirkt der Anspruch auf Kindergeld für den gesamten Veranlagungszeitraum die nach Satz 1 gebotene steuerliche Freistellung nicht vollständig und werden deshalb bei der Veranlagung zur Einkommensteuer die Freibeträge nach § 32 Absatz 6 vom Einkommen abgezogen, erhöht sich die unter Abzug dieser Freibeträge ermittelte tarifliche Einkommensteuer um den Anspruch auf Kindergeld für den gesamten Veranlagungszeitraum; bei nicht zusammenveranlagten Eltern wird der Kindergeldanspruch im Umfang des Kinderfreibetrags angesetzt. ⁵Satz 4 gilt entsprechend für mit dem Kindergeld vergleichbare Leistungen nach § 65. ⁶Besteht nach ausländischem Recht Anspruch auf Leistungen für Kinder, wird dieser insoweit nicht berücksichtigt, als er das inländische Kindergeld übersteigt.

EStR 2012

R 31 Familienleistungsausgleich

(1) – unbesetzt –

Anspruch auf Kindergeld

(2) ¹Bei der Prüfung der Steuerfreistellung ist auf das für den jeweiligen VZ zustehende Kindergeld oder die vergleichbare Leistung abzustellen, unabhängig davon, ob ein Antrag gestellt wurde oder eine Zahlung erfolgt ist. ²Dem Kindergeld vergleichbare Leistungen i. S. d. § 65 Abs. 1 Satz 1 EStG oder Leistungen auf Grund über- oder zwischenstaatlicher Rechtsvorschriften sind wie Ansprüche auf Kindergeld bis zur Höhe der Beträge nach § 66 EStG zu berücksichtigen. ³Auch ein Anspruch auf Kindergeld, dessen Festsetzung aus verfahrensrechtlichen Gründen nicht erfolgt ist, ist zu berücksichtigen.

Zurechnung des Kindergelds/zivilrechtlicher Ausgleich

(3) ¹Der Anspruch auf Kindergeld ist demjenigen zuzurechnen, der für das Kind Anspruch auf einen Kinderfreibetrag nach § 32 Abs. 6 EStG hat, auch wenn das Kindergeld an das Kind selbst oder einen Dritten (z. B. einen Träger von Sozialleistungen) ausgezahlt wird. ²Der Anspruch auf Kindergeld ist grundsätzlich beiden Elternteilen jeweils zur Hälfte zuzurechnen; dies gilt unabhängig davon, ob ein barunterhaltspflichtiger Elternteil Kindergeld über den zivilrechtlichen Ausgleich von seinen Unterhaltszahlungen absetzt oder ein zivilrechtlicher Ausgleich nicht in Anspruch genommen wird. ³In den Fällen des § 32 Abs. 6 Satz 3 EStG und in den Fällen der Übertragung des Kinderfreibetrags (§ 32 Abs. 6 Satz 6, 1. Alternative EStG) ist dem Stpfl. der gesamte Anspruch auf Kindergeld zuzurechnen. ⁴Wird für ein Kind lediglich der Freibetrag für den Betreuungs- und Erziehungs- oder Ausbildungsbedarf übertragen (§ 32 Abs. 6 Satz 6, 2. Alternative EStG), bleibt die Zurechnung des Anspruchs auf Kindergeld hiervon unberührt.

Abstimmung zwischen Finanzämtern und Familienkassen

(4) ¹Kommen die Freibeträge für Kinder zum Abzug, hat das Finanzamt die Veranlagung grundsätzlich unter Berücksichtigung des Anspruchs auf Kindergeld durchzuführen. ²Ergeben sich durch den Vortrag des Stpfl. begründete Zweifel am Bestehen eines Anspruchs auf Kindergeld, ist die Familienkasse zu beteiligen. ³Wird von der Familienkasse bescheinigt, dass ein Anspruch auf Kindergeld besteht, übernimmt das Finanzamt grundsätzlich die Entscheidung der Familienkasse über die Berücksichtigung des Kindes. ⁴Zweifel an der Richtigkeit der Entscheidung der einen Stelle (Finanzamt oder Familienkasse) oder eine abweichende Auffassung sind der Stelle, welche die Entscheidung getroffen hat, mitzuteilen. ⁵Diese teilt der anderen Stelle mit, ob sie den Zweifeln Rechnung trägt bzw. ob sie sich der abweichenden Auffassung anschließt. ⁶Kann im Einzelfall kein Einvernehmen erzielt werden, haben das Finanzamt und die Familienkasse der jeweils vorgesetzten Behörde zu berichten. ⁷Bis zur Klärung der Streitfrage ist die Festsetzung unter dem Vorbehalt der Nachprüfung durchzuführen.

---

1) Zum X. Abschnitt EStG s. §§ 62 bis 78.

§ 31 Rechtsprechung

Rechtsprechungsauswahl

BFH v. 25. 9. 2014 III R 10/14 (BFH-Webseite):

1. Während eines mehrjährigen Auslandsaufenthalts zum Zwecke einer Berufsausbildung behält ein Kind seinen Wohnsitz in der Wohnung der Eltern im Inland im Regelfall nur dann bei, wenn es diese Wohnung zumindest überwiegend in den ausbildungsfreien Zeiten nutzt.
2. Für die Beibehaltung eines Inlandswohnsitzes im Hause der Eltern bei mehrjährigen Auslandsaufenthalten reichen nur kurze, üblicherweise durch die Eltern-Kind-Beziehung begründete Besuche regelmäßig nicht aus. Dies ist bei lediglich kurzzeitigen Aufenthalten - zwei bis drei Wochen pro Jahr – nach der Lebenserfahrung der Fall.
3. Für die Beibehaltung eines Wohnsitzes sind die tatsächlichen Verhältnisse ohne Rücksicht auf subjektive Momente oder Absichten entscheidend.

BFH v. 25. 9. 2014 III R 25/13 (BFH-Webseite): Anträge, die bei einer Familienkasse der Bundesagentur für Arbeit anzubringen sind, können auch bei einer Außenstelle derjenigen Agentur für Arbeit angebracht werden, bei der die Familienkasse eingerichtet ist.

BFH v. 26. 6. 2014 III R 21/13 (BFH-Webseite): Unterlässt es ein Kindergeldberechtigter, der fortlaufend Kindergeld bezieht, der Familienkasse den Wegfall der Anspruchsvoraussetzungen mitzuteilen und begeht er dadurch eine Steuerordnungswidrigkeit, so kann die Festsetzung des Kindergeldes nachträglich aufgehoben werden. Dabei ist der Ablauf der Festsetzungsfrist nach § 171 Abs. 7 AO bis zum Eintritt der Verfolgungsverjährung, die erst mit der letztmals zu Unrecht erlangten Kindergeldzahlung beginnt, gehemmt.

BFH v. 27. 2. 2014 III R 40/13 (BFH-Webseite):

1. Jedem Steuerpflichtigen, der Anspruch auf Kindergeld gemäß § 62 i.V.m § 63 Abs. 1 EStG hat, ist auf Antrag eine Bescheinigung über das für das Kalenderjahr ausgezahlte Kindergeld zu erteilen. Daher kann auch ein sogenannter nachrangig Berechtigter, also ein Berechtigter, dessen Anspruch gegenüber der Anspruchsberechtigung einer anderen Person gemäß § 64 Abs. 2 EStG zurücktritt, die Erteilung einer solchen Bescheinigung verlangen.
2. Das Steuergeheimnis steht der Ausstellung einer Kindergeldbescheinigung für den nachrangig Berechtigten nicht entgegen.

BFH v. 8.8.2013 VI R 76/12 (BStBl. 2014 II S. 36):

1. Ein Kindergeldanspruch wird nach § 63 Abs. 1 Satz 1 Nr. 2 EStG i.V.m. § 2 Abs. 8 EStG i.d.F. des Gesetzes vom 15. Juli 2013 gewährt, wenn ein eingetragener Lebenspartner in seinen Haushalt die Kinder seines eingetragenen Lebenspartners aufnimmt.
2. Die in § 2 Abs. 8 EStG i.d.F. des Gesetzes vom 15. Juli 2013 bestimmte Gleichstellung von Lebenspartnern und Lebenspartnerschaften mit Ehegatten und Ehen ist in allen Fällen anzuwenden, in denen das Kindergeld noch nicht bestandskräftig festgesetzt ist. § 52 Abs. 2a EStG i.d.F. des Gesetzes vom 15. Juli 2013 gilt insoweit entsprechend.

BFH v. 13. 9. 2012 V R 59/10 (BStBl. 2013 II S. 228): Für die Hinzurechnung nach § 31 Satz 4 EStG ist allein entscheidend, ob ein Anspruch auf Kindergeld besteht. Ob Kindergeld tatsächlich gezahlt worden ist, ist ohne Bedeutung

1. § 31 Satz 4 EStG verstößt weder gegen den allgemeinen Gleichheitssatz (Art. 3 Abs. 1 GG) noch werden die Steuerpflichtigen in ihrer allgemeinen Handlungsfreiheit (Art. 2 Abs. 1 GG) beeinträchtigt.
2. Der allgemeine Gleichheitssatz ist schon deshalb nicht verletzt, weil die Steuerpflichtigen die Ungleichbehandlung durch Stellung eines Kindergeldantrags selbst hätten vermeiden können.
3. Die mit der Änderung des § 31 Satz 4 EStG angestrebte Verwaltungsvereinfachung, mit der die Einkommensteuerfestsetzung von Detailfragen der Kindergeldfestsetzung freigehalten werden soll, ist ein nachvollziehbarer sachlicher Grund, auch wenn es im Einzelfall konkret nicht zu einer Verwaltungsvereinfachung führt.
4. Die durch Art. 2 Abs. 1 GG geschützte allgemeine Handlungsfreiheit ist nicht durch die Entscheidung des Gesetzgebers verletzt, die steuerliche Freistellung in Höhe des Existenzminimums eines Kindes einschließlich des Betreuungsbedarfs in der Weise zu regeln, dass im laufenden Jahr Kindergeld als antragsabhängige monatliche Steuervergütung beansprucht werden kann und für den Fall, dass die gebotene steuerliche Freistellung für den gesamten Veranlagungszeitraum nicht bereits vollständig durch den Anspruch auf Kindergeld bewirkt wird, die unter Abzug der Freibeträge nach

Rechtsprechung § 31

§ 32 Abs. 6 EStG ermittelte tarifliche Einkommensteuer um den Anspruch auf Kindergeld für den entsprechenden gesamten Veranlagungszeitraum zu erhöhen.

5. Nach der Neuregelung durch das StÄndG 2003 kann der Steuerpflichtige nicht mehr wählen, ob er auf den Anspruch auf Auszahlung von Kindergeld verzichtet und nur im Rahmen der Einkommensteuerveranlagung Freibeträge nach § 32 Abs. 6 EStG geltend machen will.

6. Die Kombination von Steuervergütung in Form eines Kindergeldanspruchs und der lediglich ergänzenden Berücksichtigung einer dadurch nicht vollständig bewirkten kindbedingten Minderung der Leistungsfähigkeit durch die Freibeträge in § 32 Abs. 6 EStG begegnet keinen verfassungsrechtlichen Bedenken, da der Anspruch auf nicht mehr durch die Antragsfrist von sechs Monaten begrenzt ist, sondern bis zur Grenze der Festsetzungsfrist geltend gemacht werden kann.

7. Angesichts der Gestaltungsfreiheit des Gesetzgebers besteht für diesen keine Verpflichtung zur Einräumung eines Wahlrechts zwischen dem monatlich zu erfüllenden Kindergeldanspruch und der Inanspruchnahme des Kinderfreibetrages nach Ablauf des betreffenden Veranlagungszeitraumes.

BFH v. 28. 6. 2012 III R 86/09 (BStBl. 2013 II S. 855):

1. Ein in Deutschland lebender und Unterhalt zahlender Vater kann bei seiner Veranlagung zur Einkommensteuer (1998 bis 2000) den verdoppelten Kinder- und den verdoppelten Betreuungsfreibetrag abziehen, wenn die in Norwegen lebende Mutter dort für das gemeinsame Kind Kindergeld erhält und die sog. Günstigerprüfung ergibt, dass das Kindergeld die gebotene steuerliche Freistellung des Kindesexistenzminimums nicht in vollem Umfang bewirkt.

2. In diesem Fall ist das norwegische Kindergeld bei der Einkommensteuerveranlagung des Vaters der Einkommensteuer hinzuzurechnen. Dies gilt unabhängig davon, ob das in Norwegen gezahlte Kindergeld die Höhe der zivilrechtlichen Unterhaltspflicht des Vaters gemindert hat.

3. Wird ein Einkommensteuerbescheid, über dessen Rechtmäßigkeit das FG entschieden hat, während des Revisionsverfahrens geändert, ist das Urteil des FG aus verfahrensrechtlichen Gründen aufzuheben. Die vom FG getroffenen tatsächlichen Feststellungen fallen hierdurch jedoch nicht weg (vgl. BFH v. 29.3.2007 IV R 72/02, BStBl. 2008 II S. 420).

4. Für die Günstigerprüfung kommt es nur darauf an, dass eine dem Kindergeld vergleichbare Leistung für das betreffende Kind erbracht wird, unabhängig davon, wer der Empfänger der Leistung ist.

5. Wird nach ausländischem Recht ein gegenüber § 66 EStG niedrigeres Kindergeld gezahlt, dann ist lediglich der niedrigere Zahlbetrag der tariflichen Einkommensteuer hinzuzurechnen.

BFH v. 19. 4. 2012 III R 50/08 (BFH-Webseite): Es besteht keine Rechtsgrundlage dafür, bei der Vergleichsrechnung nach § 31 EStG die für mehrere Kinder zu gewährenden Freibeträge nach § 32 Abs. 6 EStG zusammenzufassen, wenn dies wegen der Besteuerung außerordentlicher Einkünfte nach § 34 Abs.1 EStG (sog. Fünftelregelung) günstiger wäre. Auch in diesem Fall wird die Vergleichsrechnung für jedes Kind einzeln durchgeführt (Anschluss an Senatsurteil vom 28.4.2010 III R 86/07, BStBl. 2011 II S. 259).

1. Die Einzelbetrachtung führt bei Anwendung des § 34 Abs. 1 EStG zu keiner verfassungswidrigen Besteuerung. Der durch § 34 Abs. 1 EStG ausgelöste Anstieg der Steuerprogression verstößt weder gegen den Gleichheitssatz noch gegen das Verbot konfiskatorischer Besteuerung.

2. Die verfassungskonforme Auslegung ist kein Mittel, ein in einzelnen Fällen als unbefriedigend erachtetes – ggf. als verfassungswidrig anzusehendes – Gesetz zu optimieren.

BFH v. 15. 3. 2012 III R 82/09 (BStBl. 2013 II S. 226):

1. Ab dem Veranlagungszeitraum 2004 ist bei der Prüfung der Frage, ob der Abzug der Kinderfreibeträge für den Steuerpflichtigen vorteilhafter ist als das Kindergeld, nicht auf das (tatsächlich) gezahlte Kindergeld, sondern auf den Anspruch auf Kindergeld abzustellen. Das gilt auch dann, wenn ein Kindergeldantrag trotz des materiell-rechtlichen Bestehens des Anspruchs bestandskräftig abgelehnt worden ist.

2. Ein Kindergeld-Ablehnungsbescheid entfaltet für das Besteuerungsverfahren keine Tatbestandswirkung.

3. Die Tatbestandswirkung eines Verwaltungsaktes führt dazu, dass dieser in einem ressortfremden Verwaltungsverfahren als gegeben hinzunehmen und nicht etwa darauf hin zu überprüfen ist, ob er dem materiellen Recht entspricht (vgl. BFH v. 21.1.2010 VI R 52/08, BStBl. II S. 703).

4. Die Familienkassen sind im Verhältnis zu den Finanzämtern keine ressortfremden Behörden.

§ 31 Rechtsprechung

BFH v. 31. 8. 2011 X R 11/10 (BStBl. 2012 II S. 312):
1. Kinderzuschüsse zu einer Rente, die von einem berufsständischen Versorgungswerk gezahlt werden, sind nach § 22 Nr. 1 Satz 3 Buchst. a Doppelbuchst. aa EStG steuerpflichtig und nicht wie die Kinderzuschüsse aus der gesetzlichen Rentenversicherung gemäß § 3 Nr. 1 Buchst. b EStG steuerfrei.
2. Die unterschiedliche Behandlung der Kinderzuschüsse verstößt nicht gegen das Gleichbehandlungsgebot des Art. 3 GG.
3. Der Katalog der Ausschlusstatbestände in § 65 Abs. 1 Satz 1 EStG kann nicht durch analoge Anwendung auf andere kindbezogene Leistungen erweitert werden. Die berufsständischen Kinderzuschüsse können zusätzlich zum steuerrechtlich geregelten Familienleistungsausgleich (Kindergeld oder Freibeträge gemäß (§ 32 Abs. 6 EStG) gewährt werden. Demgegenüber verdrängt der Kinderzuschuss aus der gesetzlichen Rentenversicherung den Kindergeldanspruch und fließt zudem in die Günstigerprüfung des § 31 Satz 4 EStG ein, da es sich um eine mit dem Kindergeld vergleichbare Leistung nach § 65 EStG handelt. Diese unterschiedlichen Rechtsfolgen führen dazu, dass die Bezieher von berufsständischen Kinderzuschüssen im Ergebnis regelmäßig eine bessere Behandlung erfahren, auch wenn die Zuschüsse selbst nicht steuerfrei sind. Eine weitere steuerliche Privilegierung ist gleichheitsrechtlich nicht geboten.
4. Verwaltungsanweisungen können im Allgemeinen weder eine einer Rechtsverordnung vergleichbare Bindung aller Rechtsanwender noch eine Bindung nach dem Grundsatz von Treu und Glauben herbeiführen. Eine von den Gerichten zu beachtende Selbstbindung der Verwaltung besteht lediglich ausnahmsweise in dem Bereich der ihr vom Gesetz eingeräumten Entscheidungsfreiheit, also im Rahmen des Ermessens, der Billigkeit, der Typisierung oder Pauschalierung.

BFH v. 28. 4. 2010 III R 86/07 (BStBl. 2011 II S. 259): Gesonderte Vergleichsrechnung nach § 31 EStG für jedes einzelne Kind – Kein Wahlrecht für Zusammenfassung von Kinderfreibeträgen – Außerordentliche Einkünfte

Die Vergleichsrechnung nach § 31 EStG, bei der geprüft wird, ob das Kindergeld oder der Ansatz der Freibeträge nach § 32 Abs. 6 EStG für den Steuerpflichtigen vorteilhafter ist, wird für jedes Kind einzeln durchgeführt. Dies gilt auch dann, wenn eine Zusammenfassung der Freibeträge für zwei und mehr Kinder wegen der Besteuerung außerordentlicher Einkünfte nach § 34 Abs. 1 EStG (sog. Fünftelregelung) günstiger wäre.

BVerfG v. 13. 10. 2009 2 BvL 3/05 (BGBl. I S. 3785): – Entscheidungsformel –

§ 31 Satz 5 und § 36 Absatz 2 Satz 1 des Einkommensteuergesetzes in der Fassung des Gesetzes zur Familienförderung vom 22. Dezember 1999 (BGBl. I S. 2552) sind mit dem Grundgesetz vereinbar, soweit danach bei Steuerpflichtigen, deren Einkommen gemäß § 31 Satz 4 des Einkommensteuergesetzes um die Freibeträge des § 32 Absatz 6 des Einkommensteuergesetzes gemindert wurde, die tarifliche Einkommensteuer auch in den Fällen um die Hälfte des gezahlten Kindergeldes zu erhöhen ist, in denen eine Anrechnung des Kindergeldes auf den Unterhalt nach § 1612b Absatz 5 des Bürgerlichen Gesetzbuchs in der Fassung des Gesetzes zur Ächtung der Gewalt in der Erziehung und zur Änderung des Kindesunterhaltsrechts vom 2. November 2000 (BGBl. I S. 1479) ganz oder teilweise unterblieben ist.

Die vorstehende Entscheidungsformel hat gemäß § 31 Absatz 2 des Bundesverfassungsgerichtsgesetzes Gesetzeskraft.

Schwebende Verfahren

BFH III R 1/09 (BFH-Webseite): Freistellung des Existenzminimums: Bestehen verfassungsrechtliche Bedenken gegen die steuerliche Freistellung des Existenzminimums eines Ehepaares mit drei Kindern in Ausbildung durch den Grundfreibetrag, die Kinderfreibeträge, und den Betreuungsbedarf in den Jahren 2000 bis 2004? Vorlage an das Bundesverfassungsgericht?

§ 32

§ 32 Kinder, Freibeträge für Kinder

(1)[1] Kinder sind

1. im ersten Grad mit dem Steuerpflichtigen verwandte Kinder,
2. Pflegekinder (Personen, mit denen der Steuerpflichtige durch ein familienähnliches, auf längere Dauer berechnetes Band verbunden ist, sofern er sie nicht zu Erwerbszwecken in seinen Haushalt aufgenommen hat und das Obhuts- und Pflegeverhältnis zu den Eltern nicht mehr besteht).

(2) ¹Besteht bei einem angenommenen Kind das Kindschaftsverhältnis zu den leiblichen Eltern weiter, ist es vorrangig als angenommenes Kind zu berücksichtigen. ²Ist ein im ersten Grad mit dem Steuerpflichtigen verwandtes Kind zugleich ein Pflegekind, ist es vorrangig als Pflegekind zu berücksichtigen.

(3) Ein Kind wird in dem Kalendermonat, in dem es lebend geboren wurde, und in jedem folgenden Kalendermonat, zu dessen Beginn es das 18. Lebensjahr noch nicht vollendet hat, berücksichtigt.

(4) ¹Ein Kind, das das 18. Lebensjahr vollendet hat, wird berücksichtigt, wenn es

1. noch nicht das 21. Lebensjahr vollendet hat, nicht in einem Beschäftigungsverhältnis steht und bei einer Agentur für Arbeit im Inland als Arbeitsuchender gemeldet ist oder
2. noch nicht das 25. Lebensjahr vollendet hat und
   a) für einen Beruf ausgebildet wird oder
   b) sich in einer Übergangszeit von höchstens vier Monaten befindet, die zwischen zwei Ausbildungsabschnitten oder zwischen einem Ausbildungsabschnitt und der Ableistung des gesetzlichen Wehr- oder Zivildienstes, einer vom Wehr- oder Zivildienst befreienden Tätigkeit als Entwicklungshelfer oder als Dienstleistender im Ausland nach § 14b des Zivildienstgesetzes oder der Ableistung des freiwilligen Wehrdienstes nach § 58b des Soldatengesetzes oder der Ableistung eines freiwilligen Dienstes im Sinne des Buchstaben d liegt, oder
   c) eine Berufsausbildung mangels Ausbildungsplatzes nicht beginnen oder fortsetzen kann oder
   d) ein freiwilliges soziales Jahr oder ein freiwilliges ökologisches Jahr im Sinne des Jugendfreiwilligendienstegesetzes oder einen Freiwilligendienst im Sinne der Verordnung (EU) Nr. 1288/2013 des Europäischen Parlaments und des Rates vom 11. Dezember 2013 zur Einrichtung von „Erasmus+", dem Programm der Union für allgemeine und berufliche Bildung, Jugend und Sport, und zur Aufhebung der Beschlüsse Nr. 1719/2006/EG, Nr. 1720/2006/EG und Nr·. 1298/2008/EG (ABl. L 347 vom 20.12.2013, S. 50) oder einen anderen Dienst im Ausland im Sinne von § 5 des Bundesfreiwilligendienstgesetzes oder einen entwicklungspolitischen Freiwilligendienst „weltwärts" im Sinne der Richtlinie des Bundesministeriums für wirtschaftliche Zusammenarbeit und Entwicklung vom 1. August 2007 (BAnz. 2008 S. 1297) oder einen Freiwilligendienst aller Generationen im Sinne von § 2 Absatz 1a des Siebten Buches Sozialgesetzbuch oder einen Internationalen Jugendfreiwilligendienst im Sinne der Richtlinie des Bundesministeriums für Familie, Senioren, Frauen und Jugend vom 20. Dezember 2010 (GMBl S. 1778) oder einen Bundesfreiwilligendienst im Sinne des Bundesfreiwilligendienstgesetzes leistet oder
3. wegen körperlicher, geistiger oder seelischer Behinderung außerstande ist, sich selbst zu unterhalten; Voraussetzung ist, dass die Behinderung vor Vollendung des 25. Lebensjahres eingetreten ist.[2]

²Nach Abschluss einer erstmaligen Berufsausbildung oder eines Erststudiums wird ein Kind in den Fällen des Satzes 1 Nummer 2 nur berücksichtigt, wenn das Kind keiner

---

1) Hinweis auf BMF-Schreiben vom 17.1.2014 (BStBl. I S. 409) betr. Lebenspartner und Freibeträge für Kinder.
2) Hinweis auf BMF-Schreiben vom 22.11.2010 (BStBl. I S. 1346) betr. Steuerliche Berücksichtigung behinderter Kinder; Anwendungsschreiben zu § 32 Absatz 4 Satz 1 Nummer 3 EStG.

§ 32

Erwerbstätigkeit nachgeht. ³Eine Erwerbstätigkeit mit bis zu 20 Stunden regelmäßiger wöchentlicher Arbeitszeit, ein Ausbildungsdienstverhältnis oder ein geringfügiges Beschäftigungsverhältnis im Sinne der §§ 8 und 8a des Vierten Buches Sozialgesetzbuch sind unschädlich.

(5) ¹In den Fällen des Absatzes 4 Satz 1 Nummer 1 oder Nummer 2 Buchstabe a und b wird ein Kind, das

1. den gesetzlichen Grundwehrdienst oder Zivildienst geleistet hat, oder
2. sich an Stelle des gesetzlichen Grundwehrdienstes freiwillig für die Dauer von nicht mehr als drei Jahren zum Wehrdienst verpflichtet hat, oder
3. eine vom gesetzlichen Grundwehrdienst oder Zivildienst befreiende Tätigkeit als Entwicklungshelfer im Sinne des § 1 Absatz 1 des Entwicklungshelfer-Gesetzes ausgeübt hat,

für einen der Dauer dieser Dienste oder der Tätigkeit entsprechenden Zeitraum, höchstens für die Dauer des inländischen gesetzlichen Grundwehrdienstes oder bei anerkannten Kriegsdienstverweigerern für die Dauer des inländischen gesetzlichen Zivildienstes über das 21. oder 25. Lebensjahr hinaus berücksichtigt. ²Wird der gesetzliche Grundwehrdienst oder Zivildienst in einem Mitgliedstaat der Europäischen Union oder einem Staat, auf den das Abkommen über den Europäischen Wirtschaftsraum Anwendung findet, geleistet, so ist die Dauer dieses Dienstes maßgebend. ³Absatz 4 Satz 2 und 3 gilt entsprechend.

(6) ¹Bei der Veranlagung zur Einkommensteuer wird für jedes zu berücksichtigende Kind des Steuerpflichtigen ein Freibetrag von 2 184 Euro für das sächliche Existenzminimum des Kindes (Kinderfreibetrag) sowie ein Freibetrag von 1 320 Euro für den Betreuungs- und Erziehungs- oder Ausbildungsbedarf des Kindes vom Einkommen abgezogen. ²Bei Ehegatten, die nach den §§ 26, 26b zusammen zur Einkommensteuer veranlagt werden, verdoppeln sich die Beträge nach Satz 1, wenn das Kind zu beiden Ehegatten in einem Kindschaftsverhältnis steht. ³Die Beträge nach Satz 2 stehen dem Steuerpflichtigen auch dann zu, wenn

1. der andere Elternteil verstorben oder nicht unbeschränkt einkommensteuerpflichtig ist oder
2. der Steuerpflichtige allein das Kind angenommen hat oder das Kind nur zu ihm in einem Pflegekindschaftsverhältnis steht.

⁴Für ein nicht nach § 1 Absatz 1 oder 2 unbeschränkt einkommensteuerpflichtiges Kind können die Beträge nach den Sätzen 1 bis 3 nur abgezogen werden, soweit sie nach den Verhältnissen seines Wohnsitzstaates notwendig und angemessen sind. ⁵Für jeden Kalendermonat, in dem die Voraussetzungen für einen Freibetrag nach den Sätzen 1 bis 4 nicht vorliegen, ermäßigen sich die dort genannten Beträge um ein Zwölftel. ⁶Abweichend von Satz 1 wird bei einem unbeschränkt einkommensteuerpflichtigen Elternpaar, bei dem die Voraussetzungen des § 26 Absatz 1 Satz 1 nicht vorliegen, auf Antrag eines Elternteils der dem anderen Elternteil zustehende Kinderfreibetrag auf ihn übertragen, wenn er, nicht jedoch der andere Elternteil, seiner Unterhaltspflicht gegenüber dem Kind für das Kalenderjahr im Wesentlichen nachkommt oder der andere Elternteil mangels Leistungsfähigkeit nicht unterhaltspflichtig ist.¹⁾ ⁷Eine Übertragung nach Satz 6 scheidet für Zeiträume aus, für die Unterhaltsleistungen nach dem Unterhaltsvorschussgesetz gezahlt werden. ⁸Bei minderjährigen Kindern wird der dem Elternteil, in dessen Wohnung das Kind nicht gemeldet ist, zustehende Freibetrag für den Betreuungs- und Erziehungs- oder Ausbildungsbedarf auf Antrag des anderen Elternteils auf diesen übertragen, wenn bei dem Elternpaar die Voraussetzungen des § 26 Absatz 1 Satz 1 nicht vorliegen. ⁹Eine Übertragung nach Satz 8 scheidet aus, wenn der Übertragung widersprochen wird, weil der Elternteil, bei dem das Kind nicht gemeldet ist, Kinderbetreuungskosten trägt oder das Kind regelmäßig in einem nicht unwesentlichen Umfang betreut. ¹⁰Die den Eltern nach den Sätzen 1 bis 9 zustehenden Freibeträge können auf Antrag auch auf einen Stiefelternteil oder Großelternteil übertragen werden, wenn dieser das Kind in seinen Haushalt aufgenommen hat oder dieser einer Unterhaltspflicht gegenüber dem Kind unterliegt. ¹¹Die Übertragung nach Satz 10

---

1) Hinweis auf BMF-Schreiben vom 28.6.2013 (BStBl. I S. 845) betr. Übertragung für Kinder.

kann auch mit Zustimmung des berechtigten Elternteils erfolgen, die nur für künftige Kalenderjahre widerrufen werden kann.

Hinweise

LStH 32 Berücksichtigung von Kindern
→ *R 32 EStR, H 32 EStH*

EStR 2012

R 32.1 Im ersten Grad mit dem Steuerpflichtigen verwandte Kinder[1] – unbesetzt –

R 32.2 Pflegekinder

Pflegekindschaftsverhältnis

(1) ¹Ein Pflegekindschaftsverhältnis (§ 32 Abs. 1 Nr. 2 EStG) setzt voraus, dass das Kind im Haushalt der Pflegeeltern sein Zuhause hat und diese zu dem Kind in einer familienähnlichen, auf längere Dauer angelegten Beziehung wie zu einem eigenen Kind stehen, z. B. wenn der Steuerpflichtige ein Kind im Rahmen von Hilfe zur Erziehung in Vollzeitpflege (§§ 27, 33 SGB VIII) oder im Rahmen von Eingliederungshilfe (§ 35a Abs. 2 Nr. 3 SGB VIII) in seinen Haushalt aufnimmt, sofern das Pflegeverhältnis auf Dauer ausgelegt ist. ²Hieran fehlt es, wenn ein Kind von vornherein nur für eine begrenzte Zeit im Haushalt des Steuerpflichtigen Aufnahme findet. ³Kinder, die mit dem Ziel der Annahme vom Steuerpflichtigen in Pflege genommen werden (§ 1744 BGB), sind regelmäßig Pflegekinder. ⁴Zu Erwerbszwecken in den Haushalt aufgenommen sind z. B. Kostkinder. ⁵Hat der Steuerpflichtige mehr als sechs Kinder in seinem Haushalt aufgenommen, spricht eine Vermutung dafür, dass es sich um Kostkinder handelt.

Kein Obhuts- und Pflegeverhältnis zu den leiblichen Eltern

(2) ¹Voraussetzung für ein Pflegekindschaftsverhältnis zum Steuerpflichtigen ist, dass das Obhuts- und Pflegeverhältnis zu den leiblichen Eltern nicht mehr besteht, d.h. die familiären Bindungen zu diesen auf Dauer aufgegeben sind. ²Gelegentliche Besuchskontakte allein stehen dem nicht entgegen.

Altersunterschied

(3) ¹Ein Altersunterschied wie zwischen Eltern und Kindern braucht nicht unbedingt zu bestehen. ²Dies gilt auch, wenn das zu betreuende Geschwister von Kind an wegen Behinderung pflegebedürftig war und das betreuende Geschwister die Stelle der Eltern, z.B. nach deren Tod, einnimmt. ³Ist das zu betreuende Geschwister dagegen erst im Erwachsenenalter pflegebedürftig geworden, so wird im Allgemeinen ein dem Eltern-Kind-Verhältnis ähnliches Pflegeverhältnis nicht mehr begründet werden können.

R 32.3 Allgemeines zur Berücksichtigung von Kindern[2]

¹Ein Kind wird vom Beginn des Monats an, in dem die Anspruchsvoraussetzungen erfüllt sind, berücksichtigt. ²Entsprechend endet die Berücksichtigung mit Ablauf des Monats, in dem die Anspruchsvoraussetzungen wegfallen (Monatsprinzip). ³Für die Frage, ob ein Kind lebend geboren wurde, ist im Zweifel das Personenstandsregister des Standesamtes maßgebend. ⁴Eine Berücksichtigung außerhalb des Zeitraums der unbeschränkten Steuerpflicht der Eltern ist – auch in den Fällen des § 2 Abs. 7 Satz 3 EStG – nicht möglich. ⁵Ein vermisstes Kind ist bis zur Vollendung des 18. Lebensjahres zu berücksichtigen.

---

1) Hinweis auf BMF-Schreiben vom 17.1.2014 (BStBl. I S. 409) betr. Lebenspartner und Freibeträge für Kinder.
2) Hinweis auf Schreiben Bundeszentralamt für Steuern vom 3.9.2013 betr. Berücksichtigung von verheirateten Kindern und Kindern mit eigenen Kindern ab 2012 (BStBl. I S. 1143).

§ 32

R 32.4 Kinder, die Arbeit suchen – unbesetzt –

R 32.5 Kinder, die für einen Beruf ausgebildet werden – unbesetzt –

R 32.6 Kinder, die sich in einer Übergangszeit befinden – unbesetzt –

R 32.7 Kinder, die mangels Ausbildungsplatz ihre Berufsausbildung nicht beginnen oder fortsetzen können

Allgemeines

(1) [1]Grundsätzlich ist jeder Ausbildungswunsch des Kindes anzuerkennen, es sei denn, dass seine Verwirklichung wegen der persönlichen Verhältnisse des Kindes ausgeschlossen erscheint. [2]Dies gilt auch dann, wenn das Kind bereits eine abgeschlossene Ausbildung in einem anderen Beruf besitzt. [3]Das Finanzamt kann verlangen, dass der Steuerpflichtige die ernsthaften Bemühungen des Kindes um einen Ausbildungsplatz durch geeignete Unterlagen nachweist oder zumindest glaubhaft macht.

Ausbildungsplätze

(2) Ausbildungsplätze sind neben betrieblichen und überbetrieblichen insbesondere solche an Fach- und Hochschulen sowie Stellen, an denen eine in der Ausbildungs- oder Prüfungsordnung vorgeschriebene praktische Tätigkeit abzuleisten ist.

→ **Ernsthafte Bemühungen um einen Ausbildungsplatz**

(3) [1]Für die Berücksichtigung eines Kindes ohne Ausbildungsplatz ist Voraussetzung, dass es dem Kind trotz ernsthafter Bemühungen nicht gelungen ist, seine Berufsausbildung zu beginnen oder fortzusetzen. [2]Als Nachweis der ernsthaften Bemühungen kommen z.B. Bescheinigungen der Agentur für Arbeit über die Meldung des Kindes als Bewerber um eine berufliche Ausbildungsstelle, Unterlagen über eine Bewebung bei der Zentralen Vergabestelle von Studienplätzen, Bewerbungsschreiben unmittelbar an Ausbildungsstellen sowie deren Zwischennachricht oder Ablehnung in Betracht.

(4) [1]Die Berücksichtigung eines Kindes ohne Ausbildungsplatz ist ausgeschlossen, wenn es sich wegen Kindesbetreuung nicht um einen Ausbildungsplatz bemüht. [2]Eine Berücksichtigung ist dagegen möglich, wenn das Kind infolge Erkrankung oder wegen eines Beschäftigungsverbots nach den §§ 3 und 6 Mutterschutzgesetz daran gehindert ist, seine Berufsausbildung zu beginnen oder fortzusetzen.

R 32.8 Kinder, die ein freiwilliges soziales oder ökologisches Jahr oder freiwillige Dienste leisten
– unbesetzt –

R 32.9 Kinder, die wegen körperlicher, geistiger oder seelischer Behinderung außerstande sind, sich selbst zu unterhalten[1)]

[1]Als Kinder, die wegen körperlicher, geistiger oder seelischer Behinderung außerstande sind, sich selbst zu unterhalten, kommen insbesondere Kinder in Betracht, deren Schwerbehinderung (§ 2 Abs. 2 SGB IX) festgestellt ist oder die einem schwer behinderten Menschen gleichgestellt sind (§ 2 Abs. 3 SGB IX). [2]Ein Kind, das wegen seiner Behinderung außerstande ist, sich selbst zu unterhalten, kann bei Vorliegen der sonstigen Voraussetzungen über das 25. Lebensjahr hinaus ohne altersmäßige Begrenzung berücksichtigt werden. Eine Berücksichtigung setzt voraus, dass die Behinderung, deretwegen das Kind nicht in der Lage ist, sich selbst zu unterhalten, vor Vollendung des 25. Lebensjahres eingetreten ist.

R 32.10 Erwerbstätigkeit – unbesetzt –

R 32.11 Verlängerungstatbestände bei Arbeit suchenden Kindern und Kindern in Berufsausbildung – unbesetzt –

R 32.12 Höhe der Freibeträge für Kinder in Sonderfällen

Einem Steuerpflichtigen, der die vollen Freibeträge für Kinder erhält, weil der andere Elternteil verstorben ist (§ 32 Abs. 6 Satz 3 EStG), werden Steuerpflichtige in Fällen gleichgestellt, in denen

1. der Wohnsitz oder gewöhnliche Aufenthalt des anderen Elternteils nicht zu ermitteln ist oder

2. der Vater des Kindes amtlich nicht feststellbar ist.

---

1) Hinweis auf BMF-Schreiben vom 22.11.2010 (BStBl. I S. 1346) betr. Steuerliche Berücksichtigung behinderter Kinder; Anwendungsschreiben zu § 32 Absatz 4 Satz 1 Nummer 3 EStG.

R 32.13 Übertragung der Freibeträge für Kinder[1]
Barunterhaltsverpflichtung

(1) ¹Bei dauernd getrennt lebenden oder geschiedenen Ehegatten sowie bei Eltern eines nichtehelichen Kindes ist der Elternteil, in dessen Obhut das Kind sich nicht befindet, grundsätzlich zur Leistung von Barunterhalt verpflichtet. ²Wenn die Höhe nicht durch gerichtliche Entscheidung, Verpflichtungserklärung, Vergleich oder anderweitig durch Vertrag festgelegt ist, können dafür die von den Oberlandesgerichten als Leitlinien aufgestellten Unterhaltstabellen, z. B. "Düsseldorfer Tabelle", einen Anhalt geben.

Der Unterhaltsverpflichtung im Wesentlichen nachkommen

(2) ¹Ein Elternteil kommt seiner Barunterhaltsverpflichtung gegenüber dem Kind im Wesentlichen nach, wenn er sie mindestens zu 75 % erfüllt. ²Der Elternteil, in dessen Obhut das Kind sich befindet, erfüllt seine Unterhaltsverpflichtung in der Regel durch die Pflege und Erziehung des Kindes (§ 1606 Abs. 3 BGB).

Maßgebender Verpflichtungszeitraum

(3) ¹Hat aus Gründen, die in der Person des Kindes liegen, oder wegen des Todes des Elternteiles die Unterhaltsverpflichtung nicht während des ganzen Kalenderjahres bestanden, ist für die Frage, inwieweit sie erfüllt worden ist, nur auf den Verpflichtungszeitraum abzustellen. ²Wird ein Elternteil erst im Laufe des Kalenderjahres zur Unterhaltszahlung verpflichtet, ist für die Prüfung, ob er seiner Barunterhaltsverpflichtung gegenüber dem Kind zu mindestens 75 % nachgekommen ist, nur der Zeitraum zu Grunde zu legen, für den der Elternteil zur Unterhaltsleistung verpflichtet wurde. ³Im Übrigen kommt es nicht darauf an, ob die unbeschränkte Steuerpflicht des Kindes oder der Eltern während des ganzen Kalenderjahres bestanden hat.

Verfahren

(4) ¹Wird die Übertragung des dem anderen Elternteil zustehenden Kinderfreibetrags beantragt, weil dieser seiner Unterhaltsverpflichtung gegenüber dem Kind für das Kalenderjahr nicht im Wesentlichen nachgekommen ist oder mangels Leistungsfähigkeit nicht unterhaltspflichtig ist, muss der Antragsteller die Voraussetzungen dafür darlegen; eine Übertragung des dem anderen Elternteil zustehenden Kinderfreibetrags scheidet für Zeiträume aus, in denen Unterhaltsleistungen nach dem Unterhaltsvorschussgesetz gezahlt worden sind. ²Dem betreuenden Elternteil ist auf Antrag der dem anderen Elternteil, in dessen Wohnung das minderjährige Kind nicht gemeldet ist, zustehende Freibetrag für den Betreuungs- und Erziehungs- oder Ausbildungsbedarf zu übertragen. ³Die Übertragung scheidet aus, wenn der Elternteil, bei dem das Kind nicht gemeldet ist, der Übertragung widerspricht, weil er Kinderbetreuungskosten trägt (z. B., weil er als barunterhaltsverpflichteter Elternteil ganz oder teilweise für einen sich aus Kindergartenbeiträgen ergebenden Mehrbedarf des Kindes aufkommt) oder das Kind regelmäßig in einem nicht unwesentlichen Umfang betreut (z. B., wenn eine außergerichtliche Vereinbarung über einen regelmäßigen Umgang an Wochenenden und in den Ferien vorliegt). ⁴Die Voraussetzungen für die Übertragung sind monatsweise zu prüfen. ⁵In Zweifelsfällen ist dem anderen Elternteil Gelegenheit zu geben, sich zum Sachverhalt zu äußern (§ 91 AO). ⁶In dem Kalenderjahr, in dem das Kind das 18. Lebensjahr vollendet, ist eine Übertragung des Freibetrags für Betreuungs- und Erziehungs- oder Ausbildungsbedarf nur für den Teil des Kalenderjahres möglich, in dem das Kind noch minderjährig ist. ⁷Werden die Freibeträge für Kinder bei einer Veranlagung auf den Steuerpflichtigen übertragen, teilt das Finanzamt dies dem für den anderen Elternteil zuständigen Finanzamt mit. ⁸Ist der andere Elternteil bereits veranlagt, ist die Änderung der Steuerfestsetzung, sofern sie nicht nach § 164 Abs. 2 Satz 1 oder § 165 Abs. 2 AO vorgenommen werden kann, nach § 175 Abs. 1 Satz 1 Nr. 2 AO durchzuführen. ⁹Beantragt der andere Elternteil eine Herabsetzung der gegen ihn festgesetzten Steuer mit der Begründung, die Voraussetzungen für die Übertragung der Freibeträge für Kinder auf den Steuerpflichtigen lägen nicht vor, ist der Steuerpflichtige unter den Voraussetzungen des § 174 Abs. 4 und 5 AO zu dem Verfahren hinzuzuziehen. ¹⁰Obsiegt der andere Elternteil, kommt die Änderung der Steuerfestsetzung beim Steuerpflichtigen nach § 174 Abs. 4 AO in Betracht. ¹¹Dem Finanzamt des Steuerpflichtigen ist zu diesem Zweck die getroffene Entscheidung mitzuteilen.

Rechtsprechungsauswahl

BFH v. 25. 9. 2014 III R 10/14 (BFH-Webseite):

1. Während eines mehrjährigen Auslandsaufenthalts zum Zwecke einer Berufsausbildung behält ein Kind seinen Wohnsitz in der Wohnung der Eltern im Inland im Regelfall nur dann bei, wenn es diese Wohnung zumindest überwiegend in den ausbildungsfreien Zeiten nutzt.

---

[1] Hinweis auf BMF-Schreiben vom 28.6.2013 (BStBl. I S. 845) betr. Übertragung der Freibeträge für Kinder.

§ 32 Rechtsprechung

2. Für die Beibehaltung eines Inlandswohnsitzes im Hause der Eltern bei mehrjährigen Auslandsaufenthalten reichen nur kurze, üblicherweise durch die Eltern-Kind-Beziehung begründete Besuche regelmäßig nicht aus. Dies ist bei lediglich kurzzeitigen Aufenthalten – zwei bis drei Wochen pro Jahr – nach der Lebenserfahrung der Fall.
3. Für die Beibehaltung eines Wohnsitzes sind die tatsächlichen Verhältnisse ohne Rücksicht auf subjektive Momente oder Absichten entscheidend.

BFH v. 3. 7. 2014 III R 37/13 (BFH-Webseite): Nach der ab dem Jahr 2012 geltenden Rechtslage ist ein Unterhaltsanspruch, welcher der nicht verheirateten Tochter des Kindergeldberechtigten gegen den Vater ihres Kindes zusteht (§ 1615l BGB), für die Berücksichtigung nach § 32 Abs. 4 Satz 1 Nr. 1 und Nr. 2 EStG ohne Bedeutung.

BFH v. 3. 7. 2014 III R 53/13 (BFH-Webseite):
1. Die gegen die Aufhebung einer Kindergeldfestsetzung und auf Weitergewährung des Kindergeldes gerichtete Klage ist eine Anfechtungsklage.
2. Es ist verfassungsrechtlich nicht zu beanstanden, dass der freiwillige Wehrdienst nicht in den Katalog der Berücksichtigungstatbestände nach § 32 Abs. 4 Satz 1 Nr. 2 EStG aufgenommen wurde.
3. Abhängig von seiner Ausgestaltung und der Art der Durchführung im Einzelfall kann der freiwillige Wehrdienst eine Maßnahme der Berufsausbildung gemäß § 32 Abs. 4 Satz 1 Nr. 2 Buchst. a EStG darstellen.

BFH v. 3. 7. 2014 III R 52/13 (BFH-Webseite):
1. Setzt ein Kind im Rahmen eines dualen Studiums nach erfolgreichem Abschluss seines studienintegrierten Ausbildungsgangs sein parallel zur Ausbildung betriebenes Bachelorstudium fort, kann auch das Bachelorstudium als Teil einer einheitlichen Erstausbildung i.S.d. § 32 Abs. 4 Satz 2 EStG in der ab 2012 geltenden Fassung zu werten sein.
2. Für die Frage, ob sich die einzelnen Ausbildungsabschnitte als integrative Teile einer einheitlichen Erstausbildung darstellen, kommt es darauf an, ob sie in einem engen sachlichen Zusammenhang (z. B. dieselbe Berufssparte, derselbe fachliche Bereich) zueinander stehen und in einem engen zeitlichen Zusammenhang durchgeführt werden.

BFH v. 8. 5. 2014 III R 41/13 (BStBl. II S. 717): Ein Reserveoffiziersanwärter wird auch dann für einen Beruf ausgebildet, wenn nicht abzusehen ist, ob er einen Antrag auf Verlängerung der Dienstzeit oder die Übernahme als Berufssoldat stellen oder am Ende seiner Dienstzeit aus der Bundeswehr ausscheiden und sodann einen anderen Beruf ergreifen wird.

BFH v. 30.4.2014 XI R 24/13 (BStBl. II S. 1014): Die Behinderung eines Kindes ist für dessen Unfähigkeit zum Selbstunterhalt nicht ursächlich, wenn es sich in Untersuchungs- und anschließender Strafhaft befindet, selbst wenn die Straftat durch die Behinderung gefördert wurde.

BFH v. 10. 4. 2014 III R 19/12 (BStBl. 2015 II S. 29):
1. Hat die Agentur für Arbeit das arbeitsuchende Kind aus der Vermittlung abgemeldet, fehlt es aber an einer wirksamen Bekanntgabe der Einstellungsverfügung nach § 38 Abs. 3 Satz 2 SGB III in der ab 1. Januar 2009 geltenden Fassung (SGB III n.F.), hängt der Fortbestand der Arbeitsuchendmeldung i. S. d. § 32 Abs. 4 Satz 1 Nr. 1 EStG davon ab, ob das arbeitsuchende Kind eine Pflichtverletzung begangen hat, welche die Agentur für Arbeit nach § 38 Abs. 3 Satz 2 SGB III n.F. zur Einstellung der Vermittlung berechtigt hat.
2. Ist in einem solchen Fall die Vermittlung mangels einer beachtlichen Pflichtverletzung des arbeitsuchenden Kindes zu Unrecht eingestellt worden, besteht die Arbeitsuchendmeldung für Zwecke des Kindergeldrechts zeitlich unbefristet – ggf. bis zum Erreichen des 21. Lebensjahres – fort.

BFH v. 17. 10. 2013 III R 22/13 (BStBl. 2014 II S. 257): Die Verheiratung eines Kindes kann dessen Berücksichtigung seit Januar 2012 nicht mehr ausschließen. Da es seitdem auf die Höhe der Einkünfte und Bezüge des Kindes nicht mehr ankommt, ist der sog. Mangelfallrechtsprechung die Grundlage entzogen (gegen DA-FamEStG 2013 Abschn. 31.2.2).
Das Erfordernis einer typischen Unterhaltssituation ist seit dem BFH-Urteil v. 17.6.2010 (III R 34/09, BStBl. II S. 982) vollständig entfallen, und nicht nur für die Fallgruppe der vollzeitbeschäftigten Kinder.

BFH v. 5. 9. 2013 XI R 12/12 (BStBl. 2014 II S. 39): Ein Kind, das den gesetzlichen Grundwehr- oder Zivildienst geleistet hat, ist nach § 32 Abs. 5 Satz 1 Nr. 1 EStG über die Vollendung des 25. Lebensjahrs hinaus für einen der Dauer dieses Dienstes entsprechenden Zeitraum kindergeldrechtlich auch dann zu berücksichtigen, wenn es während der Dienstzeit zugleich für einen Beruf ausgebildet wird i.S. des § 32

Rechtsprechung § 32

Abs. 4 Satz 1 Nr. 2 Buchst. a EStG als Kind berücksichtigt wurde (Abweichung von Abschn. 63.5 Abs. 3 Satz 4 DA-FamEStG).

1. Eine Beschränkung der Verlängerung auf Dienstmonate, in denen kein Kindergeld gewährt wurde, ist dem Gesetzeswortlaut ebenso wenig zu entnehmen wie eine der „Doppelberücksichtigung" von Dienstmonaten entgegenstehende, in Monaten bemessene, maximale Bezugsdauer (vgl. BFH-Urteil vom 20.5.2010, III R 4/10, BStBl. II S. 827).
2. Für die Verlängerung des Kindergeldbezuges ist nach der gesetzgeberischen Konzeption des § 32 Abs. 5 Satz 1 Nr. 1 EStG nicht darauf abzustellen, ob sich durch die Dienstzeit die Ausbildung für einen Beruf tatsächlich verzögert hat. Eine sich daraus ergebende Bevorzugung gegenüber anderen Kindergeldberechtigten, ist verfassungsrechtlich unbedenklich.
3. Der Gesetzgeber darf zur Regelung von Massenerscheinungen – wie hier der Verlängerung des Kindergeldbezuges für Kinder, die den gesetzlichen Grundwehrdienst oder Zivildienst geleistet haben – pauschalieren und typisieren. Dabei hat er sich an dem typischen durchschnittlichen Fall zu orientieren.
4. Die Dienstanweisung zur Durchführung des Familienleistungsausgleichs ist eine norminterpretierende Verwaltungsvorschrift, die die Gerichte nicht bindet.

BFH v. 5. 9. 2013 XI R 7/12 (BStBl. 2014 II S. 37): Wird ein Kind, das das 25. Lebensjahr noch nicht vollendet hat, innerhalb des viermonatigen Übergangszeitraums des § 32 Abs. 4 Satz 1 Nr. 2 Buchst. b EStG zwischen einem Ausbildungsabschnitt und der Ableistung des gesetzlichen Wehrdienstes nicht bereits am ersten, sondern erst an einem späteren Tag des Monats zum gesetzlichen Wehrdienst einberufen, besteht für diesen Monat grundsätzlich ein Anspruch auf Kindergeld (Abweichung von Abschn. 63.3.2.6 Sätze 1 und 2 DA-FamEStG 2009, BStBl. I S. 1030).

1. Zu der für die Verfassungsmäßigkeit des § 32 Abs. 2 Satz 1 EStG herangezogenen „einheitlichen und umfänglichen Besoldung" des Wehrdienstleistenden zählt neben dem Wehrsold auch die unentgeltliche Gemeinschaftsverpflegung und die unentgeltliche Unterkunft.
2. Das Wehrdienstverhältnis beginnt bei Soldaten, die aufgrund des WPflG zum Wehrdienst einberufen werden, erst mit dem Zeitpunkt, der nach Maßgabe des WPflG für den Diensteintritt festgesetzt wurde.
3. Die Dienstanweisung zur Durchführung des Familienleistungsausgleichs ist eine norminterpretierende Verwaltungsvorschrift, die die Gerichte nicht bindet.

BFH v. 13. 6. 2013 III R 58/12 (BStBl. 2014 II S. 834):

1. Ein Kind, das die Suche nach einem Ausbildungsplatz während der Mutterschutzfrist unterbricht, ist in diesem Zeitraum weiterhin zu berücksichtigen. Dies gilt auch dann, wenn es die Bemühungen um einen Ausbildungsplatz nach dem Ende der Mutterschutzfrist nicht fortsetzt.
2. Ein Kind, das während der Elternzeit keinen Ausbildungsplatz sucht, kann - ebenso wie ein Kind, das seine Ausbildung wegen der Elternzeit unterbricht – nicht berücksichtigt werden.

1. Die Unterbrechung der Suche nach einem Ausbildungsplatz während der Mutterschutzfristen ist im Hinblick auf die Berücksichtigung als Kind nicht anders zu behandeln als die mutterschutzbedingte Unterbrechung der Ausbildung.
2. Der Grundsatz von Treu und Glauben steht der Rückforderung zuviel gezahlten Kindergeldes nicht bereits dann entgegen, wenn die Behörde trotz Kenntnis von Umständen, die zum Wegfall des Kindergeldanspruchs führen, zunächst weiterhin Leistungen erbringt. Erforderlich sind vielmehr besondere Umstände, die die Geltendmachung des Rückforderungsanspruchs als illoyale Rechtsausübung erscheinen lassen (vgl. BFH-Urteil v. 14.10.2003, VIII R 56/01, BStBl. 2004 II S. 123).

BFH v. 11. 4. 2013 III R 83/09 (BStBl. 2014 II S. 1010): Die Absenkung der Altersgrenze für die Berücksichtigung von Kindern in der Berufsausbildung, einer Übergangs- oder Wartezeit oder einem Freiwilligendienst durch das StÄndG 2007 war ebenso wie die dazu getroffene Übergangsregelung mit dem GG vereinbar (Bestätigung des Senatsurteils vom 17.6.2010, III R 35/09, BStBl. 2011 II S. 176 nach Nichtannahme der dagegen gerichteten Verfassungsbeschwerde mit Beschluss vom 22.10.2012, 2 BvR 2875/10).

Für die Beurteilung der Verfassungsmäßigkeit der Herabsetzung der Altersgrenze ist unerheblich, ob die sich daraus ergebenden Folgen für die Beamtenbesoldung und Beamtenbeihilfe ebenfalls verfassungsgemäß sind.

§ 32 Rechtsprechung

BFH v. 11. 4. 2013 III R 35/11 (BStBl. II S. 1037):
1. Monatlich wiederkehrende Einkünfte und Bezüge, die im Rahmen der nach § 32 Abs. 4 Satz 1 Nr. 3 EStG durchzuführenden – monatsbezogenen - Vergleichsrechnung nach dem Zuflussprinzip des § 11 EStG zu erfassen sind und dem behinderten Kind kurze Zeit vor Beginn oder kurze Zeit nach Beendigung des Kalendermonats, für den sie bestimmt sind, zufließen, sind in dem bestimmungsgemäßen Monat zu erfassen.
2. Als kurze Zeit gilt ein Zeitraum von bis zu zehn Tagen.

1. Allerdings misst der erkennende Senat hierbei dem Erfordernis, dass die Leistung auch während dieser kurzen Zeit - wie sonst bei § 11 Abs. 1 Satz 2 EStG vorausgesetzt - fällig sein muss, keine Bedeutung bei.
2. Eine im Laufe eines Monats zugeflossene Nachzahlung, die zum Wegfall der Unfähigkeit zum Selbstunterhalt führt, wirkt erst in dem auf den Zuflussmonat folgenden Zeitraum kindergeldschädlich (vgl. BFH-Urteil v. 4.11.2003, VIII R 43/02, BStBl. 2010 II S. 1046).
3. Es dürfte im Ergebnis zutreffend sein, dass die an ein behindertes Kind gezahlten – gemäß § 3 Nr. 2b EStG steuerfreien – „Arbeitslosengeld II"-Zahlungen nach §§ 19 ff. SGB II als Bezüge zu qualifizieren sind (vgl. BFH-Urteil v. 26.11.2003, VIII R 32/02, BStBl. 2004 II, 588; Abschn. 31.2.4.2 Abs. 1 Nr. 5 DA-FamEStG).
4. Es dürfte im Ergebnis ebenfalls zutreffend sein, dass ein Einstiegsgeld nach § 16b SGB II als Bezug zu beurteilen ist (s. auch Abschn. 31.2.4.2 Abs. 1 Nr. 5 DA-FamEStG).

BFH v. 23. 1. 2013 XI R 50/10 (BStBl. II S. 916):
1. Die Durchführung einer Berufsausbildung i.S.v. § 32 Abs. 4 Satz 1 Nr. 2 Buchst. a EStG setzt voraus, dass auf die Ausbildung gerichtete Maßnahmen tatsächlich durchgeführt werden.
2. Eine kindergeldschädliche Unterbrechung der Berufsausbildung ist gegeben, wenn ein später rechtskräftig verurteiltes Kind sich in Haft befindet und sich während dieser Zeit von seinem Studium hat beurlauben lassen.

Nach § 70 Abs. 2 EStG ist bei einer Änderung der für den Anspruch auf Kindergeld erheblichen Verhältnisse die Kindergeldfestsetzung mit Wirkung vom Zeitpunkt der Änderung der Verhältnisse aufzuheben oder zu ändern. Die Familienkasse hat insoweit keinen Ermessensspielraum (vgl. BFH-Entscheidungen vom 18.12.1998, VI B 215/98, BStBl. 1999 II S. 231; vom 25.7.2001, VI R 18/99, BStBl. 2002 II S. 81).

BFH v. 26. 7. 2012 VI R 98/10 (BStBl. 2013 II S. 443): Wird ein Kind nach Ende der Berufsausbildung arbeitslos und teilt es dies im Rahmen des Antrags auf Bezug von Leistungen nach dem SGB II der dafür zuständigen Stelle mit, ist gleichzeitig eine Meldung als Arbeitsuchender i.S.d. § 122 SGB III anzunehmen (Abgrenzung zum Urteil v. 22.9.2011 III R 78/08, BFH-Webseite).

§ 32 Abs. 4 Satz 1 Nr. 1 EStG verlangt nicht zusätzlich eine „ausdrückliche" Meldung als Arbeitsuchende. Es ist Aufgabe der ARGE, die Anzeige der Arbeitslosigkeit der Familienkasse mitzuteilen.

BFH v. 24. 5. 2012 III R 68/11 (BStBl. 2013 II S. 864):
1. Kinder können nach § 32 Abs. 4 Satz 1 Nr. 2 Buchst. d EStG wegen der Teilnahme an einem Freiwilligendienst aller Generationen nur berücksichtigt werden, wenn der Dienst die Voraussetzungen des § 2 Abs. 1a SGB VII erfüllt.
2. Die insoweit erforderliche Vereinbarung zwischen dem Kind und dem Träger des Freiwilligendienstes muss das Schriftformerfordernis erfüllen und die Bezeichnung des Trägers und der Einsatzstelle, die Aufgaben des Freiwilligen, die Angabe des mindestens sechsmonatigen Verpflichtungszeitraums und der wöchentlichen Stundenzahl von mindestens acht Stunden, die Verpflichtung des Trägers zur Sicherstellung des Haftpflicht- und Unfallversicherungsschutzes sowie zur kontinuierlichen Begleitung des Freiwilligen und zu dessen Fort- und Weiterbildung im Umfang von mindestens durchschnittlich 60 Stunden je Jahr enthalten.

BFH v. 10. 5. 2012 VI R 72/11 (BStBl. II S. 895): Ein Soldat auf Zeit, der für seine spätere Verwendung im Mannschaftsdienstgrad unterwiesen wird, befindet sich in einer Berufsausbildung i.S. § 32 Abs. 4 Satz 1 Nr. 2 Buchst. a EStG, solange der Ausbildungscharakter im Vordergrund seiner Tätigkeit steht.

BFH v. 15. 3. 2012 III R 58/08 (BStBl. II S. 743):
1. Sprachaufenthalte im Rahmen eines Au-pair-Verhältnisses sind grundsätzlich nur dann als Berufsausbildung anzusehen, wenn sie von einem durchschnittlich mindestens zehn Wochenstunden um-

fassenden theoretisch-systematischen Sprachunterricht begleitet werden (Bestätigung der Rechtsprechung). Bei weniger als durchschnittlich zehn Wochenstunden können ausnahmsweise einzelne Monate als Berufsausbildung zu werten sein, wenn sie durch intensiven, die Grenze von zehn Wochenstunden deutlich überschreitenden Unterricht geprägt werden (z.b. Blockunterricht oder Lehrgänge).

2. Darüber hinaus können Auslandsaufenthalte im Einzelfall als Berufsausbildung anerkannt werden, wenn der Fremdsprachenunterricht zwar weniger als zehn Wochenstunden umfasst, aber einen über die übliche Vorbereitung und Nachbereitung hinausgehenden zusätzlichen Zeitaufwand erfordert (z. B. fachlich orientierter Sprachunterricht, Vorträge des Kindes in der Fremdsprache).

3. Auslandsaufenthalte, die von einer Ausbildungsordnung oder Prüfungsordnung zwingend vorausgesetzt werden oder der Vorbereitung auf einen für die Zulassung zum Studium oder zu einer anderen Ausbildung erforderlichen Fremdsprachentest dienen (z.b. TOEFL oder IELTS), können unabhängig vom Umfang des Fremdsprachenunterrichts als Berufsausbildung zu qualifizieren sein.

4. Ein Auslandsaufenthalt ohne gründliche Sprachausbildung gehört demgegenüber nicht bereits deshalb zur Berufsausbildung, weil er Erfahrungen und Fähigkeiten vermittelt, die sich allgemein förderlich auf die Aussichten auswirken, für einen Ausbildungsplatz oder eine Beschäftigung ausgewählt zu werden, ohne dafür indessen erforderlich zu sein.

5. Bei der Mitgliedschaft in einer Sportmannschaft oder der Mitarbeit in einer Hilfsorganisation oder der Jugendorganisation einer politischen Partei handelt es sich nicht um eine Berufsausbildung.

6. Ob eine sprachliche Unterweisung durch eine Person ohne Lehrqualifikation (hier: die Gastmutter) als theoretisch-systematischer Fremdsprachenunterricht zu werten ist, hat das FG aufgrund der Umstände des Einzelfalls als Tatsacheninstanz zu entscheiden. Seine Sachverhaltswürdigung bindet den BFH nach § 118 Abs. 2 FGO, wenn sie verfahrensfehlerfrei zustande gekommen ist und nicht gegen allgemeine Erfahrungssätze oder Denkgesetze verstößt (vgl. Literatur).

7. Bei der Prüfung „ESOL Skills for Life" handelt es sich nicht um einen anerkannten Prüfungsabschluss im Sinne des BFH-Urteils v. 9.6.1999 VI R 143/98, BStBl. II S. 710).

BFH v. 15. 3. 2012 III R 29/09 (BStBl. II S. 892):

1. Ein Anspruch auf Kindergeld nach § 32 Abs. 4 Satz 1 Nr. 3 EStG ist nicht allein deshalb zu verneinen, weil das behinderte Kind einer Erwerbstätigkeit nachgeht.

2. Ist das behinderte Kind trotz seiner Erwerbstätigkeit nicht in der Lage, seinen gesamten Lebensbedarf zu bestreiten, hat das FG unter Würdigung der Umstände des einzelnen Falles zu entscheiden, ob die Behinderung für die mangelnde Fähigkeit zum Selbstunterhalt in erheblichem Maße (mit-)ursächlich ist.

3. Die für die Beantwortung der Frage, ob das behinderte Kind überhaupt außerstande ist, sich selbst zu unterhalten, erforderliche Berechnung hat nach dem Monatsprinzip zu erfolgen (vgl. BFH-Rechtsprechung).

4. Benennung von beispielhaften Fallgruppen im Rahmen der Prüfung, ob bei einem behinderten Kind, das trotz einer Erwerbstätigkeit nicht in der Lage ist, sich selbst zu unterhalten, die Behinderung hierfür in erheblichem Maße (mit-)ursächlich ist.

BFH v. 9. 2. 2012 III R 68/10 (BStBl. II S. 686): Die gesetzliche Ausgestaltung der Tatbestände in § 32 Abs. 4 Satz 1 EStG, wonach ein Kind, das nach Beendigung der Schulzeit – unabhängig davon, ob absehbar oder nicht – länger als vier Monate auf den Beginn des gesetzlichen Wehr- oder Zivildienstes wartet, während dieser Übergangszeit nicht berücksichtigt wird, ist weder lückenhaft noch verstößt sie gegen das GG (Anschluss an die Senatsurteile v. 22.12.2011 III R 5/07, BStBl. 2012 II S. 681 und III R 41/07, BStBl. 2012 II S. 681).

1. Nach dem klaren Wortlaut der Vorschrift des § 32 Abs. 4 Satz 1 Nr. 2 Buchst. b EStG kommt bei einem Überschreiten der Übergangszeit auch keine Begünstigung für die ersten vier Monate in Betracht.

2. Das Einholen von Informationen über Studienmöglichkeiten stellt noch kein ernsthaftes Bemühen um einen konkreten Studienplatz dar. Bemühungen, einen Platz als Zivildienstleistender zu erhalten, sind grundsätzlich keine Ausbildungsplatzsuche, weil der Zivildienst im Allgemeinen keine Berufsausbildung darstellt (vgl. BFH-Urteil v. 16.3.2004 VIII R 86/02, BFH-Webseite).

BFH v. 9. 2. 2012 III R 15/09 (BStBl. II. S. 739):

1. Die für die Annahme eines Pflegekindschaftsverhältnisses i.S.v. § 32 Abs. 1 Nr. 2 EStG erforderliche Voraussetzung, dass der Steuerpflichtige mit der Person „durch ein familienähnliches, auf längere

Dauer berechnetes Band verbunden ist", lässt sich bei einer bereits volljährigen Person nur unter engen Voraussetzungen und bei Vorliegen ganz besonderer Umstände begründen.

2. Handelt es sich um eine geistig oder seelisch behinderte Person, muss die Behinderung so schwer sein, dass der geistige Zustand des Behinderten dem typischen Entwicklungsstand einer noch minderjährigen Person entspricht.

3. Die Wohn- und Lebensverhältnisse der behinderten Person müssen den Verhältnissen leiblicher Kinder vergleichbar sein und eine Zugehörigkeit der behinderten Person zur Familie widerspiegeln.

4. Der Steuerpflichtige muss zu der behinderten Person in einem dem Eltern-Kind-Verhältnis vergleichbaren Erziehungsverhältnis stehen, das sich auf eine durch den Steuerpflichtigen gegenüber der behinderten Person eingenommene Autoritätsstellung stützt.

5. Damit die behinderte Person mit dem Steuerpflichtigen durch ein familienähnliches Band „verbunden ist", muss die ideelle Beziehung zwischen den beiden Personen bereits über einen längeren Zeitraum bestanden haben, bevor von einer ideellen Bindung ausgegangen werden kann.

6. Ein „auf längere Dauer berechnetes Band" liegt vor, wenn aus Sicht des Steuerpflichtigen beabsichtigt ist, die bereits entstandene familiäre Bindung auch zukünftig langjährig aufrecht zu erhalten. Insoweit ist eine beabsichtigte Dauer von zwei Jahren in der Regel als ausreichend anzusehen.

Der in § 32 Abs. 1 Nr. 2 EStG enthaltene Klammerzusatz stellt eine Legaldefinition dar, d.h. die hierin enthaltenen Umstände sind echte Tatbestandsvoraussetzungen und nicht nur erläuternde Nebenbestimmungen. Ein familienähnliches Band liegt vor, wenn das Kind wie zur Familie angehörig angesehen und behandelt wird. Dies setzt voraus, dass zwischen dem Steuerpflichtigen und dem Kind ein Aufsichts-, Betreuungs- und Erziehungsverhältnis wie zwischen Eltern und leiblichen Kindern besteht. Das Aufsichts-, Erziehungs- und Betreuungsverhältnis muss seine Grundlage in einer ideellen Dauerbindung finden; dabei ist nicht allein auf die äußeren Lebensumstände, sondern auch darauf abzustellen, ob das Pflegekind in der Familie eine natürliche Einheit von Versorgung, Erziehung und „Heimat" findet - also nicht nur Kostgänger ist, sondern wie zur Familie gehörig angesehen und behandelt wird. Aus der Parallele zum Eltern-Kind-Verhältnis ergibt sich zudem, dass auch zwischen dem Pflegelternteil und dem Pflegekind ein Autoritätsverhältnis bestehen muss, aufgrund dessen sich das Pflegekind der Aufsichts-, Erziehungs- und Betreuungsmacht des Pflegeelternteils unterwirft (Anschluss an BSG-Rechtsprechung).

BFH v. 22. 12. 2011 III R 5/07 (BStBl. 2012 II S. 678): Die gesetzliche Ausgestaltung der Tatbestände in § 32 Abs. 4 Satz 1 EStG, wonach ein Kind, das nach Beendigung der Schulzeit - unabhängig davon, ob absehbar oder nicht - länger als vier Monate auf den Beginn des Zivildienstes wartet, während dieser Übergangszeit nicht berücksichtigt wird, ist weder lückenhaft noch verstößt sie gegen das Grundgesetz.

1. Nach dem klaren Wortlaut der Vorschrift des § 32 Abs. 4 Satz 1 Nr. 2 Buchst. b EStG kommt bei einem Überschreiten der Übergangszeit auch keine Begünstigung für die ersten vier Monate in Betracht (vgl. BFH-Urteil v. 24.8.2004 VIII R 101/03, BFH-Webseite).

2. Die Bemühungen eines Kindes, einen Platz als Zivildienstleistender zu erhalten, stellen grundsätzlich keine Ausbildungsplatzsuche dar, weil der Zivildienst im Allgemeinen keine Berufsausbildung darstellt (vgl. BFH-Urteil v. 16.3.2004 VIII R 86/02, BFH-Webseite).

3. Der Gesetzgeber geht in § 32 Abs. 4 Satz 1 EStG davon aus, dass eine kindesbedingte Minderung der Leistungsfähigkeit der Eltern nur dann besteht, wenn sich das Kind in einer bestimmten Bedürftigkeitslage befindet. Dem entspricht der unterhaltsrechtliche Grundsatz, dass ein volljähriges – nicht in einer bestimmten Bedürftigkeitslage befindliches – Kind für sich selbst verantwortlich ist. Es hat seinen Lebensunterhalt grundsätzlich durch eine eigene Erwerbstätigkeit (Erwerbsobliegenheit) zu sichern (vgl. BGH-Urteil v. 6.12.1984 IVb ZR 53/83).

4. Die für eine Analogie erforderliche „planwidrige Unvollständigkeit des positiven Rechts" ist (nur) dort gegeben, wo das Gesetz, gemessen an seiner eigenen Absicht und der ihm immanenten Teleologie, unvollständig, also ergänzungsbedürftig ist und wo seine Ergänzung nicht etwa einer gesetzlich gewollten Beschränkung auf bestimmte Tatbestände widerspricht. Rechtspolitische Unvollständigkeiten, d.h. Lücken, die nicht dem Gesetzesplan widersprechen, sondern lediglich vom Rechtsanwender als rechtspolitisch unerwünscht empfunden werden, können entsprechend dem Prinzip der Gewaltenteilung hingegen nicht von den Gerichten geschlossen werden. Sie zu schließen, bleibt Aufgabe des Gesetzgebers.

Rechtsprechung § 32

BFH v. 27. 10. 2011 III R 42/07 (BStBl. 2013 II S. 194): Zur Übertragung des Freibetrages für den Betreuungs- und Erziehungs- oder Ausbildungsbedarf

Die Übertragung des Freibetrages für den Betreuungs- und Erziehungs- oder Ausbildungsbedarf auf Antrag des Elternteils, bei dem das Kind gemeldet ist, verstößt nicht gegen das Grundgesetz.

BFH v. 22. 9. 2011 III R 30/08 (BStBl. 2012 II S. 411): Bescheinigung über Zeiten der Ausbildungssuche nach § 58 Abs. 1 Satz 1 Nr. 3a SGB VI als Nachweis für das ernsthafte Bemühen um einen Ausbildungsplatz

1. Einer von der Agentur für Arbeit für den Rentenversicherungsträger erstellten Bescheinigung über Anrechnungszeiten der Ausbildungssuche i.S. des § 58 Abs. 1 Satz 1 Nr. 3a SGB VI kommt als öffentlicher Urkunde (§ 418 ZPO) hinsichtlich des darin vermerkten Tages der Anmeldung des Ausbildungsuchenden bei der Berufsberatung ein besonderer Beweiswert zu, der ggf. aber widerlegt werden kann (§ 418 Abs. 2 ZPO).

2. Werden dem Rentenversicherungsträger mit der Meldung nach § 58 Abs. 1 Satz 1 Nr. 3a SGB VI Zeiten der Ausbildungssuche pauschal bis zum 30. September eines Berichtsjahres bescheinigt, dient die Meldung im Bereich des § 32 Abs. 4 Satz 1 Nr. 2 Buchst. c EStG grundsätzlich nur für drei Monate ab dem Tag der Anmeldung bei der Berufsberatung als Nachweis für das ernsthafte Bemühen des Kindes um einen Ausbildungsplatz.

BFH v. 9. 6. 2011 III R 61/08 (BStBl. 2012 II S. 141): Kindergeld für ein über 27 (bzw. 25) Jahre altes behindertes Kind – Zurückverweisung an das FG

Voraussetzung für die Berücksichtigung eines über 27 (bei Behinderungseintritt nach dem 31. Dezember 2006: 25) Jahre alten behinderten Kindes ist nicht, dass neben der Behinderung auch die dadurch bedingte Unfähigkeit zum Selbstunterhalt bereits vor Vollendung des 27. (bzw. 25.) Lebensjahres vorgelegen hat.

BFH v. 7. 4. 2011 III R 24/08 (BStBl. 2012 II S. 210): Meldung als Arbeitsuchender – Ausländerrechtliche Hindernisse in der Person des Kindes – Begriff des „Arbeitsuchenden" – Zugang zum deutschen Arbeitsmarkt nach ARB 1/80

1. Die Meldung als Arbeitsuchender bei der Agentur für Arbeit (§ 32 Abs. 4 Satz 1 Nr. 1 EStG) setzt im Grundsatz voraus, dass das Kind einen Anspruch auf die von der Agentur nach §§ 35, 36 SGB III geschuldete Vermittlungsleistung hat. Hieran fehlt es jedenfalls dann, wenn das Kind in der Zeit bis zum Inkrafttreten des Zuwanderungsgesetzes aufgrund seines ausländerrechtlichen Status keine Arbeitsgenehmigung erlangen konnte (§ 284 Abs. 5 SGB III a.F.).

2. Kann ein Kind einen Ausbildungsplatz bereits deshalb nicht antreten, weil dem ausländerrechtliche Vorgaben entgegenstehen, scheidet ein Kindergeldanspruch nach § 32 Abs. 4 Satz 1 Nr. 2 Buchst. c EStG aus.

BFH v. 27. 1. 2011 III R 90/07 (BStBl. II S. 543): Änderung einer bestandskräftigen Festsetzung des Solidaritätszuschlags aufgrund nachträglicher Festsetzung und/oder Zahlung von Kindergeld

1. Einwendungen gegen die Berechnung der modifizierten Einkommensteuer nach § 3 Abs. 2 SolZG sind im Rechtsbehelfsverfahren gegen die abgelehnte Änderung der Festsetzung des Solidaritätszuschlags und nicht im Verfahren gegen die abgelehnte Änderung der Einkommensteuerfestsetzung geltend zu machen.

2. Die nachträgliche Festsetzung von Kindergeld führt zu keiner Änderung des bestandskräftig festgesetzten Solidaritätszuschlags nach § 175 Abs. 1 Satz 1 Nr. 1 AO.

3. Die Festsetzung und/oder Zahlung von Kindergeld sind keine Merkmale des Tatbestands von § 3 Abs. 2 SolZG i. V. m. § 32 EStG. Dem nachträglichen Eintreten dieser Umstände kommt daher keine Rückwirkung i. S. des § 175 Abs. 1 Satz 1 Nr. 2 AO für die Festsetzung des Solidaritätszuschlags zu.

BFH v. 25. 11. 2010 III R 111/07 (BStBl. 2011 II S. 281): Verfassungsmäßigkeit des Ausbildungsfreibetrags

Die Frage, ob der Mehrbedarf für ein auswärtig zu Ausbildungszwecken untergebrachtes, volljähriges Kind in ausreichendem Maße steuerlich berücksichtigt wird, ist nicht isoliert am Maßstab des Ausbildungsfreibetrags nach § 33a Abs. 2 EStG zu prüfen. Die Prüfung der Verfassungskonformität ist vielmehr unter Zusammenrechnung der Freibeträge nach § 32 Abs. 6 EStG sowie des Freibetrags nach § 33a Abs. 2 EStG vorzunehmen (Anschluss an das BFH-Urteil vom 17. Dezember 2009 VI R 63/08, BFHE 227, 487, BStBl. II 2010, 341).

§ 32 Rechtsprechung

BFH v. 17. 6. 2010 III R 35/09 (BStBl. 2011 II S. 176): Absenkung der Altersgrenze für die Berücksichtigung von Kindern

Die Absenkung der Altersgrenze für die Berücksichtigung von Kindern in der Berufsausbildung oder einer Übergangs- oder Wartezeit durch das StÄndG 2007 war ebenso wie die dazu getroffene Übergangsregelung mit dem GG vereinbar.

BFH v. 20. 5. 2010 III R 4/10 (BStBl. II S. 827): Verlängerung des Zeitraums für den Bezug von Kindergeld wegen Zivildienstes

Ein Kind, das sich in Berufsausbildung befindet und Zivildienst geleistet hat, wird über die Vollendung des 25. Lebensjahres hinaus berücksichtigt. Der Verlängerungszeitraum entspricht auch dann der Dienstzeit (im Streitfall 10 Monate), wenn im ersten Monat des Dienstes noch Kindergeld bezogen wurde, weil der Dienst nicht am Monatsersten begann.

BFH v. 28. 4. 2010 III R 93/08 (BStBl. II S. 1060): Teilnahme am Schulunterricht zur Erfüllung der Schulpflicht als Berufsausbildung

Zur Berufsausbildung i.S. des § 32 Abs. 4 Satz 1 Nr. 2 Buchst. a EStG gehört auch die Teilnahme am Schulunterricht zur Erfüllung der Schulpflicht. Das gilt auch dann, wenn der Umfang des danach zu besuchenden Unterrichts zehn oder weniger Wochenstunden umfasst.

BFH v. 17. 12. 2009 VI R 64/08 (BStBl. 2010 II S. 343): Keine Opfergrenze, aber Berücksichtigung des Kindesunterhalts bei Unterhalt an Lebensgefährtin

1. Unterhaltsleistungen eines Steuerpflichtigen an seine mit ihm in einer Haushaltsgemeinschaft lebende, mittellose Lebenspartnerin sind ohne Berücksichtigung der sog. Opfergrenze als außergewöhnliche Belastung nach § 33a Abs. 1 EStG abziehbar (Anschluss an BFH-Urteil vom 29. Mai 2008 III R 23/07, BFHE 222, 250, BStBl. II 2009, 363).
2. Gehört der Haushaltsgemeinschaft ein unterhaltsberechtigtes Kind an, sind die für Unterhaltsleistungen zur Verfügung stehenden Mittel um den nach § 32 Abs. 6 Satz 2 EStG bemessenen Mindestunterhaltsbedarf des Kindes zu kürzen.
3. Der Mindestunterhalt ist in Höhe des doppelten Freibetrags für das sächliche Existenzminimum des Kindes anzusetzen. § 1612a Abs. 1 Satz 3 BGB kommt entsprechend zur Anwendung.

BFH v. 17. 12. 2009 VI R 63/08 (BStBl. 2010 II S. 341): Studiengebühren sind keine außergewöhnlichen Belastungen

1. Studiengebühren für den Besuch einer (privaten) Hochschule sind weder nach § 33a Abs. 2 EStG noch nach § 33 EStG als außergewöhnliche Belastung abziehbar.
2. Das Abzugsverbot begegnet keinen verfassungsrechtlichen Bedenken. Vielmehr hat der Gesetzgeber dem Ausbildungsbedarf von Kindern in § 32 Abs. 6 Satz 1 2. Halbsatz EStG und § 33a Abs. 2 EStG – jedenfalls im Streitjahr – ausreichend Rechnung getragen.
3. § 33a Abs. 2 EStG ist eine zusätzliche Ausbildungskomponente im Familienleistungsausgleich. Eine isolierte Betrachtung der Verfassungsmäßigkeit dieser Vorschrift scheidet damit aus.

BFH v. 22. 10. 2009 III R 50/07 (BStBl. 2011 II S. 38): Anspruch auf Kindergeld für ein arbeitsloses, behindertes Kind nur, wenn die Behinderung in erheblichem Umfang mitursächlich für die Arbeitslosigkeit ist oder wenn die von ihm erzielbaren Einkünfte nicht den gesamten Lebensbedarf decken könnten

1. Für ein arbeitsloses, behindertes Kind besteht ein Anspruch auf Kindergeld nach § 32 Abs. 4 Satz 1 Nr. 3 EStG, wenn die Behinderung in erheblichem Umfang mitursächlich dafür ist, dass es keine Arbeit findet und deshalb außerstande ist, seinen Lebensunterhalt zu bestreiten. Die Entscheidung, ob eine erhebliche Mitursächlichkeit gegeben ist, hat das FG unter Würdigung der Umstände des einzelnen Falles zu treffen (Bestätigung des Senatsurteils vom 19. November 2008 III R 105/07, BFHE 223, 365, BFH/NV 2009, 638).
2. Ist keine erhebliche Mitursächlichkeit anzunehmen, besteht ein Anspruch auf Kindergeld auch dann, wenn die Einkünfte, die das Kind aus einer –trotz der Behinderung möglichen– Erwerbstätigkeit erzielen könnte, nicht ausreichen würden, seinen gesamten Lebensbedarf (existenziellen Grundbedarf und behinderungsbedingten Mehrbedarf) zu decken.

BFH v. 23. 4. 2009 VI R 60/06 (BStBl. 2010 II S. 267): Der Betreuungsfreibetrag in § 32 Abs. 6 Satz 1 EStG 2001 erfasst auch erwerbsbedingten Betreuungsbedarf.

Rechtsprechung § 32

BFH v. 2. 4. 2009 III R 85/08 (BStBl. 2010 II S. 298):

1. Die ernsthafte und nachhaltige Vorbereitung auf eine Wiederholungsprüfung gehört auch dann zur Berufsausbildung, wenn das Ausbildungsverhältnis mit dem Lehrbetrieb nach der nicht bestandenen Abschlussprüfung endet und das Kind keine Berufsschule besucht.
2. Nimmt das Kind an der erstmaligen Wiederholungsprüfung teil und besteht diese, ist in der Regel zu unterstellen, dass sich das Kind ernsthaft und nachhaltig auf diese Prüfung vorbereitet hat.

BFH v. 2. 4. 2009 III R 92/06 (BStBl. 2010 II S. 345):

1. Leistet ein als Betreiber einer sonstigen betreuten Wohnform nach § 34 SGB VIII anerkannter Trägerverein einer Pflegeperson Zahlungen für die Erziehung und Unterbringung eines fremden Kindes, so scheidet die Annahme eines Pflegekindschaftsverhältnisses aus, weil das Kind zu Erwerbszwecken in den Haushalt der Pflegeperson aufgenommen worden ist (§ 32 Abs. 1 Nr. 2 EStG).
2. Die sozialrechtliche Einordnung als sonstige betreute Wohnform hat steuerrechtliche Tatbestandswirkung. Es kommt daher nicht darauf an, ob die Unterbringung des Kindes sozialrechtlich als Vollzeitpflege nach § 33 SGB VIII hätte behandelt werden müssen.

BFH v. 18. 3. 2009 III R 26/06 (BStBl. 2010 II S. 296): Die ernsthafte Vorbereitung auf ein Abitur für Nichtschüler ist – zumindest ab dem Monat der Anmeldung zur Prüfung – als Berufsausbildung anzusehen.

BFH v. 18. 3. 2009 III R 33/07 (BStBl. II S. 1010):

1. Kinder, die einen Freiwilligendienst leisten, werden steuerrechtlich nur berücksichtigt, wenn der Dienst die Voraussetzungen des § 32 Abs. 4 Satz 1 Nr. 2 Buchst. d EStG in Verbindung mit der jeweiligen Verweisungsnorm erfüllt. Die Vorschrift ist nicht analog auf andere freiwillige soziale Dienste anwendbar.
2. Dienste i.S. des § 14b ZDG sind Dienste im Ausland, die das friedliche Zusammenleben der Völker fördern, von einem nach § 14b Abs. 3 ZDG anerkannten Träger durchgeführt werden und von einem anerkannten Kriegsdienstverweigerer unentgeltlich anstelle des Zivildienstes geleistet werden. Es verstößt nicht gegen Art. 3 GG, dass andere Kinder, die einen vergleichbaren Friedensdienst im Ausland erbringen, nicht berücksichtigt werden.

BFH v. 19. 11. 2008 III R 105/07 (BStBl. 2010 II S. 1057):

1. Eine Mitursächlichkeit der Behinderung des Kindes für seine mangelnde Fähigkeit zum Selbstunterhalt genügt für den Kindergeldanspruch nach § 32 Abs. 4 Satz 1 Nr. 3 EStG. Aus dem Wortlaut der Vorschrift ergibt sich aber, dass die Mitursächlichkeit erheblich sein muss.
2. Die Entscheidung, ob eine erhebliche Mitursächlichkeit vorliegt, hat das FG im Rahmen einer Gesamtwürdigung aller Umstände des Einzelfalles zu treffen, die vom BFH nur eingeschränkt überprüfbar ist.*)

*) Hinweis auf BMF-Schreiben vom 22. November 2010 IV C 4 – S 2282/07/0006-01 – / – 2010/0912635 (BStBl. 2010 I S. 1346).

BFH v. 25. 9. 2008 III R 91/07 (BStBl. 2010 II S. 47):

1. Der Registrierung des arbeitsuchenden Kindes bzw. der daran anknüpfenden Bescheinigung der Agentur für Arbeit kommt keine (echte) Tatbestandswirkung für den Kindergeldanspruch nach § 32 Abs. 4 Satz 1 Nr. 1 EStG zu.
2. Entscheidend für den Kindergeldanspruch ist vielmehr, ob sich das Kind im konkreten Fall tatsächlich bei der Arbeitsvermittlung als Arbeitsuchender gemeldet hat bzw. diese Meldung alle drei Monate erneuert hat.

BFH v. 19. 6. 2008 III R 68/05 (BStBl. 2009 II S. 1008): Die Meldung eines volljährigen, aber noch nicht 21 Jahre alten Kindes als arbeitsuchend bei der Arbeitsvermittlung der Agentur für Arbeit wirkt nur drei Monate fort. Nach Ablauf dieser Frist muss sich das Kind erneut als Arbeitsuchender melden, da sonst der Kindergeldanspruch entfällt.

BFH v. 19. 6. 2008 III R 66/05 (BStBl. 2009 II S. 1005): Die Meldung eines ausbildungsuchenden volljährigen Kindes bei der Ausbildungsvermittlung des Arbeitsamtes (jetzt: Agentur für Arbeit) dient regelmäßig als Nachweis dafür, dass es sich ernsthaft um einen Ausbildungsplatz bemüht hat. Die Meldung wirkt jedoch nur drei Monate fort. Nach Ablauf dieser Frist muss sich das Kind erneut als Ausbildungsuchender melden, da sonst der Kindergeldanspruch entfällt.

§ 32 Rechtsprechung

BFH v. 31. 8. 2006 III R 71/05 (BStBl. 2010 II S. 1054): Für die Prüfung, ob ein volljähriges blindes Kind i.S. des § 32 Abs. 4 Satz 1 Nr. 3 EStG außerstande ist, sich selbst zu unterhalten, ist bei dem Vergleich seiner Einkünfte und Bezüge mit seinem existentiellen Lebensbedarf (Grundbedarf und behinderungsbedingter Mehrbedarf) das Blindengeld zwar den zur Bestreitung des Lebensunterhalts geeigneten Bezügen zuzuordnen. Jedoch ist es bei der Ermittlung des behinderungsbedingten Mehrbedarfs anstelle des Pauschbetrages für behinderte Menschen nach § 33b Abs. 3 Satz 3 EStG anzusetzen, wenn es der Höhe nach den Pauschbetrag übersteigt. Es ist zu vermuten, dass in Höhe des tatsächlich ausbezahlten Blindengeldes ein behinderungsbedingter Mehraufwand besteht.*)
*) Hinweis auf BMF-Schreiben vom 22. November 2010 IV C 4 – S 2282/07/0006-01 – / – 2010/ 0912635 (BStBl. 2010 I S. 1346).

BFH v. 18. 5. 2006 III R 71/04 (BStBl. 2008 II S. 352): Liegen bei den Eltern eines Kindes die Voraussetzungen für eine Zusammenveranlagung nicht vor, wird allein auf Antrag des Elternteils, bei dem das Kind gemeldet ist, der Betreuungsfreibetrag des anderen Elternteils übertragen. Die Übertragung hängt nicht davon ab, dass der andere Elternteil seine Unterhaltspflicht verletzt oder der Übertragung zugestimmt hat.

Schwebende Verfahren

BVerfG 2 BvR 1397/14 (BFH-Webseite): Verfassungsrechtliche Unbedenklichkeit der Absenkung der Altersgrenze für die Gewährung von Kindergeld vom 27. auf das 25. Lebensjahr – Verletzung des rechtlichen Gehörs bei Erlass eines Gerichtsbescheids – Aussetzung des Verfahrens.

BFH VI R 57/14 (BFH-Webseite): Hat die Definition des Begriffs Behinderung i.S.d. § 32 Abs. 4 Satz 1 Nr. 3 EStG in Anlehnung an die sozialrechtliche Legaldefinition in § 2 Abs. 1 SGB IX (länger als sechs Monate) zu erfolgen oder liegt eine solche Behinderung bereits vor, wenn ein medizinisches Gutachten eine Behinderung für einen Zeitraum von zwölf bzw. acht Tagen bescheinigt?

BFH III R 54/13 (BFH-Webseite): Beginnt die Übergangszeit von vier Monaten nach § 32 Abs. 4 Satz 1 Nr. 2 Buchst. b EStG zwischen einer Berufsausbildung und dem Wehrdienst erst ab dem Monat nach der Vollendung des 18. Lebensjahres des Kindes?

BFH V R 27/14 (BFH-Webseite): Befand sich der volljährige Sohn von März bis Juli 2012 noch in Berufsausbildung, die zum Bezug von Kindergeld berechtigte, wenn er bereits im Januar 2012 die Ausbildung als Elektroniker abgeschlossen hatte und nun den Beruf des Elektro-Ingenieurs anstrebt, das Studium dazu aber erst im August 2012 aufnahm und in der Zwischenzeit ganztägig berufstätig war?

BFH XI R 17/14 (BFH-Webseite): Ist ein mehrjähriges Praktikum auf einem Reiterhof noch als Berufsausbildungsmaßnahme anzusehen? Kann zum Nachweis, dass ein an sog. frühkindlichen Autismus leidendes Kind mit einem festgestellten GdB von 50 bis 80 außerstande ist sich selbst zu unterhalten, auf Forschungsergebnisse verwiesen werden, die beinhalten, dass die berufliche Eingliederung an Autismus leidender Personen erheblich erschwert ist?

BFH VI R 10/14 (BFH-Webseite): Welche Anforderungen sind an den Nachweis der Meldung als Arbeitsuchender bzw. als Ausbildungsplatzsuchender bei einer Agentur für Arbeit zu stellen (zwingend erforderliche Registrierung)?

BFH XI R 1/14 (BFH-Webseite): Ist ein Kind, das nach einem vorgefertigten Plan eine duale Ausbildung in Form eines Hochschulstudiums und Ausbildung zum Fachinformatiker mit IHK-Abschluss sowie anschließender befristeter Teilzeitbeschäftigung mit über 20 Stunden, die auf das berufsbegleitende Studium ausgerichtet ist, durchläuft und den Bachelorabschluss anstrebt, bereits dann kindergeldrechtlich nicht mehr zu berücksichtigen, wenn es die IHK-Prüfung bestanden hat, obwohl das eigentliche Ausbildungsziel (Bachelorabschluss) noch nicht erreicht ist?

BFH III R 54/13 (BFH-Webseite): Beginnt die Übergangszeit von vier Monaten nach § 32 Abs. 1 Satz 1 Nr. 2 Buchst. b EStG zwischen einer Berufsausbildung und dem Wehrdienst erst ab dem Monat nach der Vollendung des 18. Lebensjahres des Kindes?

BFH III R 31/13 (BFH-Webseite): Welche Anforderungen sind an die Feststellung der Ursächlichkeit der Behinderung für die Unfähigkeit zum Selbstunterhalt zu stellen? Inwieweit sind hier ein GdB von 100, das Merkzeichen H im Behindertenausweis sowie die Beurteilung auf der Grundlage fiktiver Erwerbstätigkeit von Bedeutung?

BFH XI R 3/13 (BFH-Webseite): Hat die Feststellung der Schwerbehinderteneigenschaft nach § 2 Abs. 2 SGB IX Bindungswirkung i.S.d. § 171 Abs. 10 AO für den Kindergeldanspruch nach § 32 Abs. 4 Satz 1 Nr. 3 EStG?

Rechtsprechung § 32

BFH XI R 15/12 (BFH-Webseite): Handelt es sich bei dem Erreichen einer der in § 32 Abs. 4 EStG genannten Altersgrenzen um eine Änderung der Verhältnisse i.S.d. § 70 Abs. 2 EStG oder ist ein Kindergeldbescheid, der keine ausdrückliche zeitliche Begrenzung enthält und bei dem verwaltungsintern im Zusammenhang mit der Herabsetzung des Höchstalters von 27 auf 25 Jahre unzutreffend eine Befristung der Zahlung bis zur Vollendung des 27. Lebensjahres verfügt wurde, gemäß § 70 Abs. 3 EStG mit Wirkung ab dem auf die Bekanntgabe des Aufhebungsbescheids folgenden Monat zu korrigieren?

§ 32a Einkommensteuertarif

(1)[1] ¹Die tarifliche Einkommensteuer im Veranlagungszeitraum ab 2014 bemisst sich nach dem zu versteuernden Einkommen. ²Sie beträgt vorbehaltlich der §§ 32b, 32d, 34, 34a, 34b und 34c jeweils in Euro für zu versteuernde Einkommen

1. bis 8 354 Euro (Grundfreibetrag):
   0;
2. von 8 355 Euro bis 13 469 Euro:
   $(974{,}58 \cdot y + 1\,400) \cdot y$;
3. von 13 470 Euro bis 52 881 Euro:
   $(228{,}74 \cdot z + 2\,397) \cdot z + 971$;
4. von 52 882 Euro bis 250 730 Euro:
   $0{,}42 \cdot x - 8\,239$;
5. von 250 731 Euro an:
   $0{,}45 \cdot x - 15\,761$.

³„y" ist ein Zehntausendstel des den Grundfreibetrag übersteigenden Teils des auf einen vollen Euro-Betrag abgerundeten zu versteuernden Einkommens. ⁴„z" ist ein Zehntausendstel des 13 469 Euro übersteigenden Teils des auf einen vollen Euro-Betrag abgerundeten zu versteuernden Einkommens. ⁵„x" ist das auf einen vollen Euro-Betrag abgerundete zu versteuernde Einkommen. ⁶Der sich ergebende Steuerbetrag ist auf den nächsten vollen Euro-Betrag abzurunden.

(2) bis (4) (weggefallen)

(5) Bei Ehegatten, die nach den §§ 26, 26b zusammen zur Einkommensteuer veranlagt werden, beträgt die tarifliche Einkommensteuer vorbehaltlich der §§ 32b, 32d, 34, 34a, 34b und 34c das Zweifache des Steuerbetrags, der sich für die Hälfte ihres gemeinsam zu versteuernden Einkommens nach den Absatz 1 ergibt (Splitting-Verfahren).

(6) ¹Das Verfahren nach Absatz 5 ist auch anzuwenden zur Berechnung der tariflichen Einkommensteuer für das zu versteuernde Einkommen

1. bei einem verwitweten Steuerpflichtigen für den Veranlagungszeitraum, der dem Kalenderjahr folgt, in dem der Ehegatte verstorben ist, wenn der Steuerpflichtige und sein verstorbener Ehegatte im Zeitpunkt seines Todes die Voraussetzungen des § 26 Absatz 1 Satz 1 erfüllt haben;
2. bei einem Steuerpflichtigen, dessen Ehe in dem Kalenderjahr, in dem er sein Einkommen bezogen hat, aufgelöst worden ist, wenn in diesem Kalenderjahr
   a) der Steuerpflichtige und sein bisheriger Ehegatte die Voraussetzungen des § 26 Absatz 1 Satz 1 erfüllt haben,
   b) der bisherige Ehegatte wieder geheiratet hat und
   c) der bisherige Ehegatte und dessen neuer Ehegatte ebenfalls die Voraussetzungen des § 26 Absatz 1 Satz 1 erfüllen.

²Voraussetzung für die Anwendung des Satzes 1 ist, dass der Steuerpflichtige nicht nach den §§ 26, 26a einzeln[2] zur Einkommensteuer veranlagt wird.

Rechtsprechungsauswahl

BVerfG v 7. 5. 2013 2 BvR 909/06, 2 BvR 1981/06, 2 BvR 288/07 (BGBl. I 1647): Die Ungleichbehandlung von Verheirateten und eingetragenen Lebenspartnern in den Vorschriften der §§ 26, 26b, 32a Abs. 5 EStG zum Ehegattensplitting ist mit dem allgemeinen Gleichheitssatz des Art. 3 Abs. 1 GG nicht vereinbar.

---

1) § 32a Absatz 1 in der ab VZ 2014 anzuwendenden Fassung. Zur Fassung 2013 vgl. Gesetz zum Abbau der kalten Progression vom 20.2.2013 BGBl. I S. 283, Art. 1 Nr. 1 Buchst. b.
2) In § 32a Absatz 6 Satz 2 wurde das Wort **„getrennt"** durch das Wort **„einzeln"** ersetzt; erstmals für VZ 2013 anzuwenden.

Rechtsprechung § 32a

1. Art 3 Abs 1 GG verbietet grundsätzlich auch einen gleichheitswidrigen Begünstigungsausschluss. Differenzierungen bedürfen insoweit stets der Rechtfertigung durch Sachgründe, die dem Differenzierungsziel und dem Ausmaß der Ungleichbehandlung angemessen sind. Die verfassungsrechtlichen Anforderungen verschärfen sich, je mehr sich die Differenzierungsmerkmale – wie im Fall der sexuellen Orientierung - denen des Art 3 Abs 3 GG annähern.

2. Das Schutzgebot des Art 6 Abs 1 GG zugunsten der Ehe kann die Ungleichbehandlung von Lebenspartnern nicht rechtfertigen. Zwar darf der Gesetzgeber die Ehe grundsätzlich gegenüber anderen Lebensformen begünstigen. Geht jedoch die Förderung der Ehe mit einer Benachteiligung anderer Lebensformen einher, obgleich diese nach dem geregelten Lebenssachverhalt und den mit der Normierung verfolgten Zielen der Ehe vergleichbar sind – was vorliegend der Fall ist –, so rechtfertigt die bloße Verweisung auf das Schutzgebot der Ehe eine solche Differenzierung nicht.

3. Der Gesetzgeber ist grundsätzlich dazu befugt, im Bereich des Steuerrechts generalisierende und pauschalisierende Regelungen zu treffen, ohne allein schon dadurch gegen den allgemeinen Gleichheitssatz zu verstoßen. Die gesetzlichen Verallgemeinerungen müssen allerdings von einer möglichst breiten, alle betroffenen Gruppen und Regelungsgegenstände einschließenden Beobachtung ausgehen. Bei der typisierenden Gruppenbildung müssen zudem die tatsächlichen Anknüpfungspunkte im Normzweck angelegt sein.

   Die Vorteile der Typisierung müssen schließlich im rechten Verhältnis zu den mit ihr verbundenen Härten stehen; der gesetzgeberische Spielraum ist dabei umso enger, je dichter die verfassungsrechtlichen Vorgaben außerhalb des Art 3 Abs 1 GG sind.

4a. Die zur Prüfung stehenden Vorschriften der §§ 26, 26b, 32a Abs 5 EStG benachteiligen eingetragene Lebenspartner gegenüber Ehegatten durch die Nichtgewährung des Splittingtarifs.

4b. Für diese Ungleichbehandlung fehlt es an hinreichenden Rechtfertigungsgründen.

aa. Das Schutzgebot des Art 6 Abs 1 zugunsten der Ehe allein vermag diese Ungleichbehandlung nicht zu rechtfertigen. Sowohl Ehe als auch eingetragene Lebenspartnerschaft stellen in vergleichbarer Weise verbindlich gefasste Lebensformen dar, die in ihren Grundstrukturen bereits seit der Einführung der Lebenspartnerschaft nur wenige Unterschiede aufweisen. Dies betrifft insbesondere den Grad der rechtlichen Bindung sowie die Einstandspflichten.

bb. Auch der Gesetzeszweck, Ehen als Gemeinschaften des Erwerbs und Verbrauchs unabhängig von der Einkommensverteilung steuerlich gleich zu behandeln, rechtfertigt eine Privilegierung der Ehe gegenüber der eingetragenen Lebenspartnerschaft nicht. Auch die eingetragene Lebenspartnerschaft ist als eine Gemeinschaft des Erwerbs und Verbrauchs ausgestaltet; dies gilt etwa hinsichtlich der wechselseitigen Verpflichtungsbefugnis, der Eigentumsvermutung und der eingeschränkten Verfügungsbefugnis über eigenes Vermögen. Zudem ist mit der Ausgleichsgemeinschaft ein vermögensrechtliches Äquivalent zum eherechtlichen Regelgüterstand vorgesehen.

cc. Die dargelegte Ungleichbehandlung kann auch nicht durch familienpolitische Intentionen gerechtfertigt werden. Obschon die Regelungen zum Splittingverfahren nicht an einen kindbedingten Bedarf von Ehepaaren anknüpfen, kam eine solche Intention bei der Einführung des Splittingverfahrens zum Ausdruck: die mit dem Splittingverfahren bezweckte Gleichbehandlung erweitert den Spielraum der Eheleute, was die Ausgestaltung der Lebensführung und der Aufgabenverteilung innerhalb der Ehe betrifft.

Dieser Gedanke rechtfertigt jedoch keine Schlechterstellung der eingetragenen Lebenspartnerschaft, da das LPartG den Partnern ebenfalls eine solche Gestaltungsfreiheit zuerkennt und von der Gleichwertigkeit von Familienarbeit und Erwerbstätigkeit ausgeht. Auch im Hinblick auf die Erziehung von Kindern sind keine Unterschiede zwischen der Lebenssituation von Ehepartnern und Lebenspartner zu erkennen.

dd. Schließlich kann auch die Typisierungsbefugnis des Gesetzgebers die Ungleichbehandlung nicht rechtfertigen. Da sowohl Ehen als auch eingetragene Lebenspartnerschaften gleichermaßen als Gemeinschaften des Erwerbs und Verbrauchs konstituiert sind, wäre bei einer typisierenden Gruppenbildung vielmehr eine steuerliche Gleichbehandlung geboten.

Auch der Umstand, dass die Vorteile des Splittingverfahrens ihrem Zweck entsprechend typischerweise Verheirateten mit Kindern zugute kommen, rechtfertigt eine Benachteiligung von Lebenspartnern nicht. Insofern kann eine typisierende Beschränkung nicht darauf gestützt werden, dass der Kinderanteil bei eingetragenen Lebenspartner weit unter dem von Ehepaaren liegt; eine Benachteiligung von Lebenspartner im Hinblick auf die Anwendung des Splittingverfahrens ist für Gesetzgeber und Verwaltung ohne größere Schwierigkeiten vermeidbar. Es liefe auf eine mittelbare

Diskriminierung aufgrund der sexuellen Orientierung hinaus, wenn ausgeblendet wird, dass auch in Lebenspartnerschaften Kinder aufwachsen.

5a. Mit Rücksicht darauf, dass der Gesetzgeber verschiedene Möglichkeiten hat, den dargelegten Verfassungsverstoß zu beseitigen, kommt vorliegend nur eine Unvereinbarerklärung in Betracht. Eine Nichtigerklärung würde zudem dem Anliegen der Beschwerdeführer nicht zur Durchsetzung verhelfen.

5b. Der Gesetzgeber hat den festgestellten Verfassungsverstoß rückwirkend zum Zeitpunkt der Einführung des Instituts der Lebenspartnerschaft zu beseitigen. Eine Einschränkung der Rückwirkung ist nicht geboten. Insoweit greifen weder haushaltswirtschaftliche Gründe, noch kommt eine Einschränkung unter dem Gesichtspunkt einer bislang nicht hinreichend geklärten Verfassungsrechtslage in Betracht.

5c. Die für unvereinbar mit der Verfassung erklärten Vorschriften der §§ 26, 26b, 32a Abs 5 EStG bleiben bis zum Inkrafttreten einer - unverzüglich zu treffenden - Neuregelung weiter anwendbar; sie sind jedoch mit der Maßgabe anzuwenden, dass auch eingetragene Lebenspartner bei noch ausstehender Bestandskraft der steuerlichen Veranlagung mit Wirkung ab dem 1.8.2001 unter den für Ehegatten geltenden Voraussetzungen eine Zusammenveranlagung und die Anwendung des Splittingverfahrens beanspruchen können.

6. Die gegen den Richter Di Fabio gerichteten Ablehnungsgesuche bedürfen nach dessen Ausscheiden aus dem Senat keiner Entscheidung; die gegen den Richter Landau gestellten Ablehnungsgesuche sind mangels geeigneter Begründung offensichtlich unzulässig. Für den Ausschlussgrund des § 18 Abs 1 Nr 2 BVerfGG ist nicht ausreichend, wenn sich der betreffende Richter bereits früher in einem anderen Verfahren zu einer entscheidungserheblichen Rechtsfrage geäußert hat.

7. Abweichende Meinung (Richter Landau, Richterin Kessal-Wulf):

7a. Die eingetragene Lebenspartnerschaft war bis zum Inkrafttreten des LPartÜAG im Jahr 2005 nicht als eine der Ehe vergleichbare Gemeinschaft von Erwerb und Verbrauch ausgestaltet.

Die Mehrzahl der für die Gemeinschaft von Erwerb und Verbrauch konstitutiven Merkmale wurden erst mit jenem Gesetz auf die eingetragene Lebenspartnerschaft ausgedehnt.

aa. So sah das Vermögensrecht der eingetragenen Lebenspartnerschaft nicht die Zugewinngemeinschaft als gesetzlichen Regelgüterstand vor. Die Ausgleichsgemeinschaft als deren Äquivalent stellte nicht das gesetzliche Leitbild dar, da sie ausdrücklich vereinbart werden musste. Nach Einführung der Zugewinngemeinschaft als Regelgüterstand bestand bis Ende 2005 die Möglichkeit, der Umwandlung von Ausgleichsgemeinschaften in Zugewinngemeinschaften einseitig zu widersprechen.

bb. Auch der Versorgungsausgleich und die den Versorgungsausgleich flankierenden sozialversicherungsrechtlichen Regelungskomplexe wurden erst im Jahr 2005 auf eingetragene Lebenspartner erstreckt.

cc. In den allein streitgegenständlichen Veranlagungsjahren 2001 und 2002 waren die Lebenspartnerschaften der Beschwerdeführer demnach zwar als Einstands- und Verantwortungsgemeinschaft, nicht aber als Gemeinschaft von Erwerb und Verbrauch ausgestaltet.

7b. Was die Typisierungsbefugnis des Gesetzgebers betrifft, hätte sich der Senat zunächst damit auseinander setzen müssen, ob die durch die §§ 26, 26b, 32a Abs 5 EStG vorgenommene typisierende Privilegierung der Ehe zulässig ist. Insoweit durfte der historische Gesetzgeber davon ausgehen, dass die weit überwiegende Mehrzahl der Ehen auf die Erziehung von Kindern ausgerichtet war; er musste typisierend das Splittingverfahren nicht vom Vorhandensein von Kindern abhängig machen.

Dass auch bei Lebenspartnern Kinder aufwachsen, zwingt nicht zu dem Schluss, dass schon 2001 und 2002 der Gesamtheit der eingetragenen Lebenspartnerschaften typisierend das Splittingverfahren zu eröffnen gewesen wäre. Die Annahme des Senats, dass die steuerlichen Vorteile des Splittingverfahrens auch bei Lebenspartnerschaften typischerweise solchen mit Kindern zugute kämen, ist für diesen Zeitraum nicht belegt. Der Verweis auf das Bestehen von Härtefallgruppen gebietet nicht die Erstreckung der Typisierung auf die gesamte Personengruppe.

7c. Der Senat setzt sich schließlich nicht damit auseinander, dass es dem Gesetzgeber grundsätzlich möglich sein muss, eine umfassende, mit hohem Regelungsaufwand verbundene Reform in mehreren Stufen zu verwirklichen. Erst wenn der Gesetzgeber eine spätere Differenzierung trotz ausreichenden Erfahrungsmaterials unterlässt, geben reformimmanente Unzuträglichkeiten Anlass zu verfassungsrechtlichen Beanstandungen. Der Senat übergeht diesen Einschätzungsspielraum durch seine auf den Zeitpunkt des Inkrafttretens rückwirkende Unvereinbarkeitserklärung.

Rechtsprechung § 32a

Zudem sah sich der Gesetzgeber in den Jahren 2001 und 2002 mit einer offenen Verfassungsrechtslage konfrontiert; auch die obersten Bundesgerichte gingen in der Folgezeit von einer von der Senatsauffassung abweichenden Verfassungsrechtslage aus. Nach bisheriger Rspr ist der Gesetzgeber nicht zu einer rückwirkenden Beseitigung des unvereinbaren Rechtszustandes verpflichtet, wenn die Verfassungsrechtslage nicht hinreichend geklärt war.

BFH v. 28. 4. 2010 VI B 167/09 (BStBl. II S. 747): Zahlungen im Zusammenhang mit dem vorzeitigen Erbausgleich sind keine außergewöhnlichen Belastungen – Fortgeltung des Grundgesetzes – Keine Revisionszulassung wegen behauptetem Verstoß des FG-Urteils gegen die Konvention zum Schutze der Menschenrechte und Grundfreiheiten – Darlegung einer geltend gemachten Verfassungswidrigkeit von § 32a EStG – Schlüssige Rüge eines Verfahrensmangels – Rüge des nicht wirksamen Zustandekommens des EStG wegen behaupteter nicht ordnungsgemäßer Mitwirkung des Parlaments

1. Zahlungen im Zusammenhang mit dem vorzeitigen Erbausgleich des nichtehelichen Kindes nach § 1934d BGB sind unabhängig von den Vermögensverhältnissen des Vaters nicht als außergewöhnliche Belastungen nach § 33 Abs. 1 EStG zu berücksichtigen.
2. Die Frage, ob das Grundgesetz nach Beitritt der neuen Bundesländer außer Kraft getreten sei und es deshalb an Grundlagen für die Verabschiedung von Steuergesetzen und den Erlass von Steuerbescheiden fehle, erlaubt die Zulassung der Revision wegen grundsätzlicher Bedeutung nicht. Diese Rechtsfrage ist nicht klärungsbedürftig, da die Fortgeltung des Grundgesetzes nach dem Beitritt der ehemaligen DDR zur Bundesrepublik Deutschland nicht ernstlich zweifelhaft ist.

BFH v. 18. 11. 2009 X R 34/07 (BStBl. 2010 II S. 414): Beschränkte Abziehbarkeit von Altersvorsorgeaufwendungen verfassungsgemäß – Verfassungsmäßigkeit des Grundfreibetrags

1. Im zeitlichen Geltungsbereich des Alterseinkünftegesetzes geleistete Beiträge zu den gesetzlichen Rentenversicherungen sind als Sonderausgaben nur beschränkt abziehbar (Bestätigung des Senatsbeschlusses vom 1. Februar 2006 X B 166/05, BFHE 212, 242, BStBl. II 2006, 420). Hiergegen bestehen keine verfassungsrechtlichen Bedenken.
2. Der im Jahr 2005 im Fall der Zusammenveranlagung zu berücksichtigende Grundfreibetrag ist verfassungsrechtlich nicht zu beanstanden.

BFH v. 20. 7. 2006 III R 8/04 (BStBl. II S. 883): Es verstößt nicht gegen das aus Art. 3 Abs. 1 GG abgeleitete Gebot der Besteuerung nach der finanziellen Leistungsfähigkeit, dass der Partner einer eingetragenen Lebenspartnerschaft Unterhaltsleistungen an den anderen Partner nur bis zu dem Höchstbetrag des § 33a EStG als außergewöhnliche Belastung abziehen kann.

BFH v. 26. 1. 2006 III R 51/05 (BStBl. II S. 515): Partner einer eingetragenen Lebenspartnerschaft haben keinen Anspruch auf Durchführung einer Zusammenveranlagung zur Einkommensteuer unter Anwendung des Splittingtarifs.

BFH v. 9. 8. 2001 III R 50/00 (BStBl. II S. 778): Es begegnet keinen verfassungsrechtlichen Bedenken, dass wegen der in § 32 Abs. 1 Satz 2 EStG angeordneten vorrangigen Anwendung des Progressionsvorbehalts des § 32b EStG auch ein zu versteuerndes Einkommen unterhalb des Grundfreibetrags der Einkommensteuer unterliegt.

EuGH v. 14. 9. 1999 Rs. C – 391/97 (BStBl. II S. 841): Verweigerung des Splittingtarifs für verheiratete EG-Bürger, die in Deutschland arbeiten und in anderem Mitgliedstaat ansässig sind, verstößt nicht gegen Gemeinschaftsrecht.

Schwebende Verfahren

BVerfG 2 BvL 1/13: Ist § 32a Abs. 1 Satz 2 Nr. 5 EStG i.V.m. § 32c EStG – in der Fassung des Steueränderungsgesetzes 2007 und des Jahressteuergesetzes 2007 – mit Art. 3 Abs. 1 GG insoweit vereinbar, als der Gesetzgeber im Zusammenhang mit der Anhebung des Spitzensteuersatzes von 42 % auf 45 % (§ 32a Abs. 1 Satz 2 Nr. 5 EStG) gleichzeitig eine auf Gewinneinkünfte im Sinne des § 2 Abs. 1 Nr. 1 bis 3 EStG beschränkte Tarifbegrenzung (Entlastungsbetrag nach § 32c EStG) eingeführt hat?

BFH III R 1/09 (BFH-Webseite): Freistellung des Existenzminimums: Bestehen verfassungsrechtliche Bedenken gegen die steuerliche Freistellung des Existenzminimums eines Ehepaares mit drei Kindern in Ausbildung durch den Grundfreibetrag, die Kinderfreibeträge, und den Betreuungsbedarf in den Jahren 2000 bis 2004? Vorlage an das Bundesverfassungsgericht.
(Hinweis: Das Verfahren wurde durch Beschluss v. 20.12.2012 ausgesetzt, bis das BVerfG über dei Verfassungsbeschwerde 2 BvR 288/10 entschieden hat).

§ 32b

§ 32b Progressionsvorbehalt

(1) ¹Hat ein zeitweise oder während des gesamten Veranlagungszeitraumes unbeschränkt Steuerpflichtiger oder ein beschränkt Steuerpflichtiger, auf den § 50 Absatz 2 Satz 2 Nummer 4 Anwendung findet,

1. a) Arbeitslosengeld, Teilarbeitslosengeld, Zuschüsse zum Arbeitsentgelt, Kurzarbeitergeld, Insolvenzgeld, Übergangsgeld nach dem Dritten Buch Sozialgesetzbuch; Insolvenzgeld, das nach § 170 Absatz 1 des Dritten Buches Sozialgesetzbuch einem Dritten zusteht, ist dem Arbeitnehmer zuzurechnen,

    b) Krankengeld, Mutterschaftsgeld, Verletztengeld, Übergangsgeld oder vergleichbare Lohnersatzleistungen nach dem Fünften, Sechsten oder Siebten Buch Sozialgesetzbuch, der Reichsversicherungsordnung, dem Gesetz über die Krankenversicherung der Landwirte oder dem Zweiten Gesetz über die Krankenversicherung der Landwirte,

    c) Mutterschaftsgeld, Zuschuss zum Mutterschaftsgeld, die Sonderunterstützung nach dem Mutterschutzgesetz sowie den Zuschuss bei Beschäftigungsverboten für die Zeit vor oder nach einer Entbindung sowie für den Entbindungstag während einer Elternzeit nach beamtenrechtlichen Vorschriften,

    d) Arbeitslosenbeihilfe nach dem Soldatenversorgungsgesetz,

    e) Entschädigungen für Verdienstausfall nach dem Infektionsschutzgesetz vom 20. Juli 2000 (BGBl. I S. 1045),

    f) Versorgungskrankengeld oder Übergangsgeld nach dem Bundesversorgungsgesetz,

    g) nach § 3 Nummer 28 steuerfreie Aufstockungsbeträge oder Zuschläge,

    h) Verdienstausfallentschädigung nach dem Unterhaltssicherungsgesetz,

    i) (weggefallen)

    j) Elterngeld nach dem Bundeselterngeld- und Elternzeitgesetz;

    k) nach § 3 Nummer 2 Buchstabe e steuerfreie Leistungen, wenn vergleichbare Leistungen inländischer öffentlicher Kassen nach den Buchstaben a bis j dem Progressionsvorbehalt unterfallen, oder

2. ausländische Einkünfte, die im Veranlagungszeitraum nicht der deutschen Einkommensteuer unterlegen haben; dies gilt nur für Fälle der zeitweisen unbeschränkten Steuerpflicht einschließlich der in § 2 Absatz 7 Satz 3 geregelten Fälle; ausgenommen sind Einkünfte, die nach einem sonstigen zwischenstaatlichen Übereinkommen im Sinne der Nummer 4 steuerfrei sind und die nach diesem Übereinkommen nicht unter dem Vorbehalt der Einbeziehung bei der Berechnung der Einkommensteuer stehen,

3. Einkünfte, die nach einem Abkommen zur Vermeidung der Doppelbesteuerung steuerfrei sind,

4. Einkünfte, die nach einem sonstigen zwischenstaatlichen Übereinkommen unter dem Vorbehalt der Einbeziehung bei der Berechnung der Einkommensteuer steuerfrei sind,

5. Einkünfte, die bei Anwendung von § 1 Absatz 3 oder § 1a oder § 50 Absatz 2 Satz 2 Nummer 4 im Veranlagungszeitraum bei der Ermittlung des zu versteuernden Einkommens unberücksichtigt bleiben, weil sie nicht der deutschen Einkommensteuer oder einem Steuerabzug unterliegen; ausgenommen sind Einkünfte, die nach einem sonstigen zwischenstaatlichen Übereinkommen im Sinne der Nummer 4 steuerfrei sind und die nach diesem Übereinkommen nicht unter dem Vorbehalt der Einbeziehung bei der Berechnung der Einkommensteuer stehen,

bezogen, so ist auf das nach § 32a Absatz 1 zu versteuernde Einkommen ein besonderer Steuersatz anzuwenden. ²Satz 1 Nummer 3 gilt nicht für Einkünfte

1. aus einer anderen als in einem Drittstaat belegenen land- und forstwirtschaftlichen Betriebsstätte,

§ 32b

2. aus einer anderen als in einem Drittstaat belegenen gewerblichen Betriebsstätte, die nicht die Voraussetzungen des § 2a Absatz 2 Satz 1 erfüllt,
3. aus der Vermietung oder der Verpachtung von unbeweglichem Vermögen oder von Sachinbegriffen, wenn diese in einem anderen Staat als in einem Drittstaat belegen sind, oder
4. aus der entgeltlichen Überlassung von Schiffen, sofern diese ausschließlich oder fast ausschließlich in einem anderen als in einem Drittstaat eingesetzt worden sind, es sei denn, es handelt sich um Handelsschiffe, die

   a) von einem Vercharterer ausgerüstet überlassen oder

   b) an in einem anderen als in einem Drittstaat ansässige Ausrüster, die die Voraussetzungen des § 510 Absatz 1 des Handelsgesetzbuchs erfüllen, überlassen oder

   c) insgesamt nur vorübergehend an in einem Drittstaat ansässige Ausrüster, die die Voraussetzungen des § 510 Absatz 1 des Handelsgesetzbuchs erfüllen, überlassen

   worden sind, oder

5. aus dem Ansatz des niedrigeren Teilwerts oder der Übertragung eines zu einem Betriebsvermögen gehörenden Wirtschaftsguts im Sinne der Nummern 3 und 4.

³§ 2a Absatz 2a und § 15b sind sinngemäß anzuwenden.

(1a) Als unmittelbar von einem unbeschränkt Steuerpflichtigen bezogene ausländische Einkünfte im Sinne des Absatzes 1 Nummer 3 gelten auch die ausländischen Einkünfte, die eine Organgesellschaft im Sinne des § 14 oder § 17 des Körperschaftsteuergesetzes bezogen hat und die nach einem Abkommen zur Vermeidung der Doppelbesteuerung steuerfrei sind, in dem Verhältnis, in dem dem unbeschränkt Steuerpflichtigen das Einkommen der Organgesellschaft bezogen auf das gesamte Einkommen der Organgesellschaft im Veranlagungszeitraum zugerechnet wird.

(2) ¹Der besondere Steuersatz nach Absatz 1 ist der Steuersatz, der sich ergibt, wenn bei der Berechnung der Einkommensteuer das nach § 32a Absatz 1 zu versteuernde Einkommen vermehrt oder vermindert wird um

1. im Fall des Absatzes 1 Nummer 1 die Summe der Leistungen nach Abzug des Arbeitnehmer-Pauschbetrags (§ 9a Satz 1 Nummer 1), soweit er nicht bei der Ermittlung der Einkünfte aus nichtselbständiger Arbeit abziehbar ist;
2. im Fall des Absatzes 1 Nummer 2 bis 5 die dort bezeichneten Einkünfte, wobei die darin enthaltenen außerordentlichen Einkünfte mit einem Fünftel zu berücksichtigen sind. ²Bei der Ermittlung der Einkünfte im Fall des Absatzes 1 Nummer 2 bis 5

   a) ist der Arbeitnehmer-Pauschbetrag (§ 9a Satz 1 Nummer 1 Buchstabe a) abzuziehen, soweit er nicht bei der Ermittlung der Einkünfte aus nichtselbständiger Arbeit abziehbar ist;

   b) sind Werbungskosten nur insoweit abzuziehen, als sie zusammen mit den bei der Ermittlung der Einkünfte aus nichtselbständiger Arbeit abziehbaren Werbungskosten den Arbeitnehmer-Pauschbetrag (§ 9a Satz 1 Nummer 1 Buchstabe a) übersteigen;

   c) sind bei Gewinnermittlung nach § 4 Absatz 3 die Anschaffungs- oder Herstellungskosten für Wirtschaftsgüter des Umlaufvermögens im Zeitpunkt des Zuflusses des Veräußerungserlöses oder bei Entnahme im Zeitpunkt der Entnahme als Betriebsausgaben zu berücksichtigen. § 4 Absatz 3 Satz 5 gilt entsprechend.

(3) [1)2)] ¹Die Träger der Sozialleistungen im Sinne des Absatzes 1 Nummer 1 haben die Daten über die im Kalenderjahr gewährten Leistungen sowie die Dauer des Leistungszeitraums

---

1) Hinweis auf BMF-Schreiben vom 22.2.2011 (BStBl. I S. 214) betr. Zeitpunkt der erstmaligen Übermittlung der dem Progressionsvorbehalt unterliegenden Leistungen an die Finanzverwaltung gemäß § 32b Abs. 3 EStG. – **Anlage § 032b-01** –

2) Hinweis auf BMF-Schreiben vom 16.7.2013 (BStBl. I S. 922) betr. Datenübermittlung der dem Progressionsvorbehalt unterliegenden Leistungen nach § 32b Abs. 3 EStG; Rückwirkende Verrechnung zwischen Trägern der Sozialleistungen. – **Anlage § 032b-02** –

§ 32b

für jeden Empfänger bis zum 28. Februar des Folgejahres nach amtlich vorgeschriebenem Datensatz durch amtlich bestimmte Datenfernübertragung zu übermitteln, soweit die Leistungen nicht auf der Lohnsteuerbescheinigung (§ 41b Absatz 1 Satz 2 Nummer 5) auszuweisen sind; § 41b Absatz 2 und § 22a Absatz 2 gelten entsprechend. [2]Der Empfänger der Leistungen ist entsprechend zu informieren und auf die steuerliche Behandlung dieser Leistungen und seine Steuererklärungspflicht hinzuweisen. [3]In den Fällen des § 188 (ab 1.4.2012: § 170)[1] Absatz 1 des Dritten Buches Sozialgesetzbuch ist Empfänger des an Dritte ausgezahlten Insolvenzgeldes der Arbeitnehmer, der seinen Arbeitsentgeltanspruch übertragen hat.

Hinweise

LStH 32b *Progressionsvorbehalt* → *R 32b EStR, H 32b EStH*

EStR 2012

R 32b. Progressionsvorbehalt

Allgemeines

(1) [1]Entgelt-, Lohn- oder Einkommensersatzleistungen der gesetzlichen Krankenkassen unterliegen auch insoweit dem Progressionsvorbehalt nach § 32b Abs. 1 Satz 1 Nr. 1 Buchstabe b EStG, als sie freiwillig Versicherten gewährt werden. [2]Beim Übergangsgeld, das behinderten oder von Behinderung bedrohten Menschen nach den §§ 45 bis 52 SGB IX gewährt wird, handelt es sich um steuerfreie Leistungen nach dem SGB III, SGB VI, SGB VII oder dem Bundesversorgungsgesetz, die dem Progressionsvorbehalt unterliegen. [3]Leistungen nach der Berufskrankheitenverordnung sowie das Krankentagegeld aus einer privaten Krankenversicherung und Leistungen zur Sicherung des Lebensunterhalts und zur Eingliederung in Arbeit nach dem SGB II (sog. Arbeitslosengeld II) gehören nicht zu den Lohn- oder Einkommensersatzleistungen, die dem Progressionsvorbehalt unterliegen.

(2) [1]In den Progressionsvorbehalt sind die Entgelt-, Lohn- und Einkommensersatzleistungen mit den Beträgen einzubeziehen, die als Leistungsbeträge nach den einschlägigen Leistungsgesetzen festgestellt werden. [2]Kürzungen dieser Leistungsbeträge, die sich im Falle der Abtretung oder durch den Abzug von Versichertenanteilen an den Beiträgen zur Rentenversicherung, Arbeitslosenversicherung und ggf. zur Kranken- und Pflegeversicherung ergeben, bleiben unberücksichtigt. [3]Der bei der Ermittlung der Einkünfte aus nichtselbständiger Arbeit nicht ausgeschöpfte Arbeitnehmer-Pauschbetrag ist auch von Entgelt-, Lohn- und Einkommensersatzleistungen abzuziehen.

Rückzahlung von Entgelt-, Lohn- oder Einkommensersatzleistungen

(3) [1]Werden die in § 32b Abs. 1 Satz 1 Nr. 1 EStG bezeichneten Entgelt-, Lohn- oder Einkommensersatzleistungen zurückgezahlt, so sind sie von den im selben Kalenderjahr bezogenen Leistungsbeträgen abzusetzen, unabhängig davon, ob die zurückgezahlten Beträge im Kalenderjahr ihres Bezugs dem Progressionsvorbehalt unterlegen haben. [2]Ergibt sich durch die Absetzung ein negativer Betrag, weil die Rückzahlungen höher sind als die im selben Kalenderjahr empfangenen Beträge oder weil den zurückgezahlten keine empfangenen Beträge gegenüberstehen, ist auch der negative Betrag bei der Ermittlung des besonderen Steuersatzes nach § 32b EStG zu berücksichtigen (negativer Progressionsvorbehalt). [3]Aus Vereinfachungsgründen bestehen keine Bedenken, zurückgezahlte Beträge dem Kalenderjahr zuzurechnen, in dem der Rückforderungsbescheid ausgestellt worden ist. [4]Beantragt der Steuerpflichtige, die zurückgezahlten Beträge dem Kalenderjahr zuzurechnen, in dem sie tatsächlich abgeflossen sind, hat der zum Zeitpunkt des tatsächlichen Abflusses anhand von Unterlagen, z. B. Aufhebungs-/Erstattungsbescheide oder Zahlungsbelege, nachzuweisen oder glaubhaft zu machen.

Rückwirkender Wegfall von Entgelt-, Lohn- oder Einkommensersatzleistungen[2]

(4) Fällt wegen der rückwirkenden Zubilligung einer Rente der Anspruch auf Sozialleistungen (z. B. Kranken- oder Arbeitslosengeld) rückwirkend ganz oder teilweise weg, ist dies am Beispiel des Krankengeldes steuerlich wie folgt zu behandeln:

---

1) Inkrafttreten der Änderung in § 32b Absatz 3 Satz 3 ab 1.4.2012 gemäß Artikel 20, 51 Absatz 1 Gesetz vom 20.12.2011 (BGBl. I S. 2854).

2) Hinweis auf BMF-Schreiben vom 22.2.2011 (BStBl. I S. 214) betr. Zeitpunkt der erstmaligen Übermittlung der dem Progressionsvorbehalt unterliegenden Leistungen an die Finanzverwaltung gemäß § 32b Abs. 3 EStG i.V.m. § 52 Abs. 43a Satz 4 EStG.

1. ¹Soweit der Krankenkasse ein Erstattungsanspruch nach § 103 SGB X gegenüber dem Rentenversicherungsträger zusteht, ist das bisher gezahlte Krankengeld als Rentenzahlung anzusehen und nach § 22 Nr. 1 Satz 3 Buchstabe a EStG der Besteuerung zu unterwerfen. ²Das Krankengeld unterliegt insoweit nicht dem Progressionsvorbehalt nach § 32b EStG.

2. ¹Gezahlte und die Rentenleistung übersteigende Krankengeldbeträge i. S. d. § 50 Abs. 1 Satz 2 SGB V sind als Krankengeld nach § 3 Nr. 1 Buchstabe a EStG steuerfrei; § 32b EStG ist anzuwenden. ²Entsprechendes gilt für das Krankengeld, das vom Empfänger infolge rückwirkender Zubilligung einer Rente aus einer ausländischen gesetzlichen Rentenversicherung nach § 50 Abs. 1 Satz 3 SGB V an die Krankenkasse zurückzuzahlen ist.

3. Soweit die nachträgliche Feststellung des Rentenanspruchs auf VZ zurückwirkt, für die Steuerbescheide bereits ergangen sind, sind diese Steuerbescheide nach § 175 Abs. 1 Satz 1 Nr. 2 AO zu ändern.

Fehlende Entgelt-, Lohn- oder Einkommensersatzleistungen

(5) ¹Hat ein Arbeitnehmer trotz Arbeitslosigkeit kein Arbeitslosengeld erhalten, weil ein entsprechender Antrag abgelehnt worden ist, kann dies durch die Vorlage des Ablehnungsbescheids nachgewiesen werden; hat der Arbeitnehmer keinen Antrag gestellt, kann dies durch die Vorlage der vom Arbeitgeber nach § 312 SGB III ausgestellten Arbeitsbescheinigung im Original belegt werden. ²Kann ein Arbeitnehmer weder durch geeignete Unterlagen nachweisen noch in sonstiger Weise glaubhaft machen, dass er keine Entgelt-, Lohn- oder Einkommensersatzleistungen erhalten hat, kann das Finanzamt bei dem für den Arbeitnehmer zuständigen Agentur für Arbeit (§ 327 SGB III) eine Bescheinigung darüber anfordern (Negativbescheinigung).

Rechtsprechungsauswahl

BFH v. 25. 9. 2014 III R 61/12 (BFH-Webseite): Progressionsvorbehalt und Arbeitnehmer-Pauschbetrag

Zur Berechnung des Progressionsvorbehalts sind steuerfreie Leistungen nach § 32b Abs. 1 Satz 1 Nr. 1 Buchst. j EStG –hier: Elterngeld– nicht um den Arbeitnehmer-Pauschbetrag zu vermindern, wenn bei der Ermittlung der Einkünfte aus nichtselbständiger Arbeit den Pauschbetrag übersteigende Werbungskosten abgezogen wurden.

BFH v. 11. 12. 2012 IX R 23/11 (BStBl. 2013 II S. 370): Nebeneinander von Progressionsvorbehalt und Tarifermäßigung

Progressionsvorbehalt nach § 32b EStG und Tarifermäßigung des § 34 Abs. 1 EStG sind mit der Folge nebeneinander anwendbar (sog. integrierte Steuerberechnung), dass sich ein negativer Progressionsvorbehalt im Rahmen der Ermittlung des Steuerbetrags nach § 34 Abs. 1 Satz 3 EStG wegen des niedrigeren Steuersatzes notwendig steuermindernd auswirkt.

BFH v. 1. 3. 2012 VI R 4/11 (BStBl. II S. 596): Gegenleistung für die Übertragung eines Arbeitsentgeltanspruchs als Insolvenzgeld – Progressionsvorbehalt – Zuflusszeitpunkt

1. Soweit Insolvenzgeld vorfinanziert wird, das nach § 188 Abs. 1 SGB III einem Dritten zusteht, ist die Gegenleistung für die Übertragung des Arbeitsentgeltanspruchs als Insolvenzgeld i.S. des § 32b Abs. 1 Nr. 1 Buchst. a EStG anzusehen.

2. Die an den Arbeitnehmer gezahlten Entgelte hat dieser i.S. des § 32b Abs. 1 Nr. 1 Buchst. a EStG bezogen, wenn sie ihm nach den Regeln über die Überschusseinkünfte zugeflossen sind.

BFH v. 16. 11. 2011 X R 15/09 (BStBl. 2012 II S. 325): Abzug von Beiträgen zur Krankenversicherung und zur Arbeitslosenversicherung; Weitergeltungsanordnung des BVerfG kein Verstoß gegen GG oder EMRK

1. Die durch das BVerfG (Beschluss vom 13. Februar 2008 2 BvL 1/06, BVerfGE 120, 125, unter E.II.2.) mit Wirkung bis zum 31. Dezember 2009 ausgesprochene Anordnung der Weitergeltung der für mit dem GG unvereinbar erklärten Regelungen über die Abziehbarkeit von Beiträgen zur Krankenversicherung ist weder verfassungswidrig noch liegt darin ein Verstoß gegen die EMRK.

2. Es besteht kein verfassungsrechtlicher Anspruch darauf, die Beiträge zur Arbeitslosenversicherung einkommensteuerlich in voller Höhe oder zumindest im Wege eines negativen Progressionsvorbehalts zu berücksichtigen.

§ 32b

Rechtsprechung

BFH v. 12. 1. 2011 I R 35/10 (BStBl. II S. 494): Kein negativer Progressionsvorbehalt für nach § 2a EStG 2002 nicht zu berücksichtigende Auslandsverluste

Nach einem DBA steuerfreie negative ausländische Einkünfte i. S. des § 2a EStG 2002 sind auch nach dem Übergang von der sog. Schattenveranlagung zur sog. Hinzurechnungsmethode nicht im Wege des negativen Progressionsvorbehalts zu berücksichtigen.

BFH v. 14. 7. 2010 X R 37/08 (BStBl. 2011 II S. 628): Steuerliche Behandlung dänischer Altersrenten im Rahmen des Progressionsvorbehalts – Rechtsvergleichende Qualifizierung ausländischer Einkünfte bei Anwendung des deutschen Steuerrechts – Drei-Schichten-Modell bei Altersvorsorge und Altersbezügen – Prinzip der intertemporalen Korrespondenz – Prüfung der Einhaltung des Verbots der Doppelbesteuerung

1. Dänische Renteneinkünfte aus der DSS und der ATP sind im Rahmen des Progressionsvorbehalts mit dem Besteuerungsanteil zu berücksichtigen.
2. Bei der Anwendung des deutschen Steuerrechts ist stets eine rechtsvergleichende Qualifizierung der ausländischen Einkünfte nach deutschem Recht vorzunehmen. Vergleichbarkeit von Altersrenten ist dann anzunehmen, wenn die ausländische Leistung in ihrem Kerngehalt den gemeinsamen und typischen Merkmalen der inländischen Leistung entspricht.
3. Das Charakteristikum der Renten i.S. des § 22 Nr. 1 Satz 3 Buchst. a Doppelbuchst. aa EStG ist, dass sie der sog. Basisversorgung dienen. Zu den wesentlichen Merkmalen der Basisversorgung gehört, dass die Renten erst bei Erreichen einer bestimmten Altersgrenze bzw. bei Erwerbsunfähigkeit gezahlt werden und als Entgeltersatzleistung der Lebensunterhaltssicherung dienen.

BFH v. 11. 11. 2009 I R 83/08 (BStBl. 2010 II S. 781): Freistellung nach Art. 24 Abs. 1 Nr. 1 Satz 1 Buchst. d DBA-Schweiz 1992 erfasst auch die Einkünfte leitender Angestellter von schweizerischen Kapitalgesellschaften aus Tätigkeiten außerhalb der Schweiz

Die Tätigkeit eines in Deutschland ansässigen leitenden Angestellten für eine schweizerische Kapitalgesellschaft, die unter Art. 15 Abs. 4 DBA-Schweiz 1992 fällt, wird auch insoweit i.S. des Art. 24 Abs. 1 Nr. 1 Satz 1 Buchst. d DBA-Schweiz 1992 „in der Schweiz ausgeübt", als sie tatsächlich außerhalb der Schweiz verrichtet wird (Bestätigung des Senatsurteils vom 25. Oktober 2006 I R 81/04, BFHE 215, 237).

BFH v. 22. 9. 2009 IX R 93/07 (BStBl. 2010 II S. 1032): Zusammentreffen von außerordentlichen Einkünften und dem Progressionsvorbehalt unterliegenden Einkünften

Hat der Steuerpflichtige neben außerordentlichen Einkünften i.S. von § 34 Abs. 2 EStG auch steuerfreie Einnahmen i.S. von § 32b Abs. 1 EStG bezogen, so sind diese in der Weise in die Berechnung nach § 34 Abs. 1 EStG einzubeziehen, dass sie in voller Höhe dem verbleibenden zu versteuernden Einkommen hinzugerechnet werden (Anschluss an BFH-Urteil vom 17. Januar 2008 VI R 44/07, BFHE 220, 269).

BFH v. 21. 9. 2009 VI B 31/09 (BStBl. 2011 II S. 382):

1. § 32b Abs. 1 Nr. 1 Buchst. j EStG wirft nach seinem eindeutigen Wortlaut, das nach dem Bundeselterngeld- und Elternzeitgesetz (BEEG) gezahlte Elterngeld dem Progressionsvorbehalt zu unterstellen, keine klärungsbedürftigen, die Revisionszulassung rechtfertigenden Fragen auf.
2. Das Elterngeld bezweckt, die durch die erforderliche Kinderbetreuung entgangenen Einkünfte teilweise auszugleichen. Dies gilt auch dann, wenn nur der Sockelbetrag nach § 2 Abs. 5 BEEG geleistet wird.*)

*) Die gegen dieses Urteil eingelegte Verfassungsbeschwerde wurde gemäß §§ 93a, 93b BVerfGG nicht zur Entscheidung angenommen (BVerfG-Beschluss vom 20. 10. 2010 2 BvR 2604/99).

BFH v. 11. 2. 2009 I R 25/08 (BStBl. 2010 II S. 536):

1. Aufwendungen eines Referendars für eine Ausbildungsstation in den USA sind nur im Hinblick auf den Anteil, der auf den hierfür bezogenen inländischen Arbeitslohn entfällt, als Werbungskosten bei den Einkünften aus nichtselbständiger Arbeit zu berücksichtigen, wenn von der Ausbildungsstation eine steuerfreie Tätigkeitsvergütung gezahlt wird (Art. 23 Abs. 2 Satz 1 Buchst. a DBA-USA 1989).
2. Die steuerfreie Tätigkeitsvergütung ist nach Abzug des hierauf entfallenden Anteils der Aufwendungen im Rahmen des Progressionsvorbehalts zu erfassen.

BFH v. 26. 11. 2008 X R 53/06 (BStBl. 2009 II S. 376): Die Einbeziehung des Krankengeldes, das ein freiwillig in einer gesetzlichen Krankenkasse versicherter Steuerpflichtiger erhält, in den Progressionsvorbehalt gemäß § 32b Abs. 1 Nr. 1 Buchst. b EStG ist verfassungsgemäß.

Rechtsprechung § 32b

BFH v. 17. 1. 2008 VI R 44/07 (BStBl. 2011 II S. 21): Steuerberechnung beim Zusammentreffen von Tarifermäßigung und positivem Progressionsvorbehalt
1. Trifft die Tarifermäßigung des § 34 Abs. 1 EStG mit dem (positiven) Progressionsvorbehalt des § 32b EStG zusammen, so ist eine integrierte Steuerberechnung dergestalt vorzunehmen, dass die Progressionseinkünfte bei der Steuerberechnung nach § 34 Abs. 1 EStG steuersatzerhöhend berücksichtigt werden (Abgrenzung zum BFH-Urteil vom 15. November 2007 VI R 66/03)*).
2. Übersteigen die der Tarifermäßigung unterliegenden außerordentlichen Einkünfte das zu versteuernde Einkommen, so richtet sich die Steuerberechnung nach § 34 Abs. 1 Satz 3 EStG. Die Progressionseinkünfte sind hierbei nur insoweit zu berücksichtigen, als sich nach einer Verrechnung mit dem negativen verbleibenden zu versteuernden Einkommen ein positiver Differenzbetrag ergibt (so auch H 34.2 Beispiel 4 EStH 2006).

*) BFHE 219, 313, BStBl. 2008 II S. 375.

BFH v. 15. 11. 2007 VI R 66/03 (BStBl. 2008 II S. 375):
1. Leistet der Arbeitgeber aufgrund des gesetzlichen Forderungsübergangs nach § 115 SGB X eine Lohnnachzahlung unmittelbar an die Arbeitsverwaltung, führt dies beim Arbeitnehmer zum Zufluss von Arbeitslohn.
2. Unterliegt der Nachzahlungsbetrag sowohl der Tarifermäßigung des § 34 Abs. 1 EStG als auch dem negativen Progressionsvorbehalt des § 32b EStG, so ist eine integrierte Steuerberechnung nach dem Günstigkeitsprinzip vorzunehmen. Danach sind die Ermäßigungsvorschriften in der Reihenfolge anzuwenden, die zu einer geringeren Steuerbelastung führt, als dies bei ausschließlicher Anwendung des negativen Progressionsvorbehalts der Fall wäre.

BFH v. 5. 6. 2007 I R 1/06 (BStBl. II S. 810): Wird ein in Deutschland ansässiger Arbeitnehmer in den USA für einen Arbeitgeber tätig, der nach Maßgabe des Art. 4 DBA-USA1989 sowohl in Deutschland als auch in den USA ansässig ist, so ist der auf diese Tätigkeit entfallende Arbeitslohn unter Progressionsvorbehalt von der Einkommensteuer befreit.

Schwebende Verfahren

BFH I R 62/13 (BFH-Webseite): Verstößt die Ermittlung der im Rahmen des Progressionsvorbehalts zu berücksichtigenden steuerfreien Einkünfte einer in Deutschland lebenden und im französischen Staatsdienst tätigen Beamtin nach innerstaatlichem Recht gegen das unionsrechtliche Diskriminierungsverbot und den verfassungsrechtlichen Gleichheitsgrundsatz?

BFH III R 36/13 (BFH-Webseite): Ist § 32b Abs. 1 Nr. 1 Buchstabe b EStG verfassungswidrig wegen Verstoßes gegen das Willkürverbot und das Sozialstaatsprinzip, weil lediglich das von einer gesetzlichen Krankenversicherung bezogene Krankengeld, nicht aber das von einer privaten Krankenversicherung bezogene Krankentagegeld erfasst wird?

BFH I R 27/13 (BFH-Webseite):
1. Ort der ausgeübten Tätigkeit nach dem DBA-Österreich: Wird die für einen inländischen Verlag als Auslandskorrespondentin tätige unbeschränkt steuerpflichtige Klägerin nach Art. 15 Abs. 1 DBA-Österreich auch insoweit in Österreich tätig – und fällt Österreich damit das Besteuerungsrecht zu –, wie sie von ihrem Redaktionsbüro in Österreich aus Dienstreisen in angrenzende Drittländer unternimmt?
2. Sind Unterschiedsbeträge zwischen dem vom Arbeitgeber bescheinigten Arbeitslohn und dem in Österreich im Rahmen der Steuerfestsetzung berücksichtigten Arbeitslohn gemäß § 50d Abs. 8 EStG in die im Inland vorgenommene Veranlagung einzubeziehen?

BFH X R 41/09 (BFH-Webseite):
2. Sind die Beiträge zur Arbeitslosenversicherung über den Sonderausgabenabzug hinaus einem negativen Progressionsvorbehalt zuzuordnen?
(Hinweis: Das Verfahren ruht gemäß Beschluss v. 25.4.2012 bis zur Entscheidung des BVerfG im Verfahren 2 BvR 598/12).

BFH X R 40/09, X R 39/09 und X R 38/09 (BFH-Webseite): Wie X R 41/09.

§§ 32c, 32d

§ 32c Tarifbegrenzung bei Gewinneinkünften

(weggefallen)

§ 32d[1] **Gesonderter Steuertarif für Einkünfte aus Kapitalvermögen**

(1) ¹Die Einkommensteuer für Einkünfte aus Kapitalvermögen, die nicht unter § 20 Absatz 8 fallen, beträgt 25 Prozent. ²Die Steuer nach Satz 1 vermindert sich um die nach Maßgabe des Absatzes 5 anrechenbaren ausländischen Steuern. ³Im Fall der Kirchensteuerpflicht ermäßigt sich die Steuer nach den Sätzen 1 und 2 um 25 Prozent der auf die Kapitalerträge entfallenden Kirchensteuer. ⁴Die Einkommensteuer beträgt damit $\frac{e - 4q}{4 + k}$.

⁵Dabei sind „e" die nach den Vorschriften des § 20 ermittelten Einkünfte, „q" die nach Maßgabe des Absatzes 5 anrechenbare ausländische Steuer und „k" der für die Kirchensteuer erhebende Religionsgesellschaft (Religionsgemeinschaft) geltende Kirchensteuersatz.

(2) Absatz 1 gilt nicht

1. für Kapitalerträge im Sinne des § 20 Absatz 1 Nummer 4 und 7 sowie Absatz 2 Satz 1 Nummer 4 und 7,

   a) wenn Gläubiger und Schuldner einander nahe stehende Personen sind, soweit die den Kapitalerträgen entsprechenden Aufwendungen beim Schuldner Betriebsausgaben oder Werbungskosten im Zusammenhang mit Einkünften sind, die der inländischen Besteuerung unterliegen und § 20 Absatz 9 Satz 1 zweiter Halbsatz keine Anwendung findet,

   b) wenn sie von einer Kapitalgesellschaft oder Genossenschaft an einen Anteilseigner gezahlt werden, der zu mindestens 10 Prozent an der Gesellschaft oder Genossenschaft beteiligt ist. ²Dies gilt auch, wenn der Gläubiger der Kapitalerträge eine dem Anteilseigner nahe stehende Person ist, oder

   c) soweit ein Dritter die Kapitalerträge schuldet und diese Kapitalanlage im Zusammenhang mit einer Kapitalüberlassung an einen Betrieb des Gläubigers steht. ²Dies gilt entsprechend, wenn Kapital überlassen wird

   aa) an eine dem Gläubiger der Kapitalerträge nahestehende Person oder

   bb) an eine Personengesellschaft, bei der der Gläubiger der Kapitalerträge oder eine diesem nahestehende Person als Mitunternehmer beteiligt ist oder

   cc) an eine Kapitalgesellschaft oder Genossenschaft, an der der Gläubiger der Kapitalerträge oder eine diesem nahestehende Person zu mindestens 10 Prozent beteiligt ist,

   sofern der Dritte auf den Gläubiger oder eine diesem nahestehende Person zurückgreifen kann. ³Ein Zusammenhang ist anzunehmen, wenn die Kapitalanlage und die Kapitalüberlassung auf einem einheitlichen Plan beruhen. ⁴Hiervon ist insbesondere dann auszugehen, wenn die Kapitalüberlassung in engem zeitlichen Zusammenhang mit einer Kapitalanlage steht oder die jeweiligen Zinsvereinbarungen miteinander verknüpft sind. ⁵Von einem Zusammenhang ist jedoch nicht auszugehen, wenn die Zinsvereinbarungen marktüblich sind oder die Anwendung des Absatzes 1 beim Steuerpflichtigen zu keinem Belastungsvorteil führt. ⁶Die Sätze 1 bis 5 gelten sinngemäß, wenn das überlassene Kapital vom Gläubiger der Kapitalerträge für die Erzielung von Einkünften im Sinne des § 2 Absatz 1 Satz 1 Nummer 4, 6 und 7 eingesetzt wird.

   ²Insoweit findet § 20 Absatz 6 und 9 keine Anwendung;

---

1) Hinweis auf BMF-Schreiben vom 9.10.2012, Rzn. 132-151 (BStBl. I S. 953) betr. Einzelfragen zur Abgeltungsteuer und vom 9.12.2014 BStBl. 2014 I S. 1608.

§ 32d

2. für Kapitalerträge im Sinne des § 20 Absatz 1 Nummer 6 Satz 2. ²Insoweit findet § 20 Absatz 6 keine Anwendung;

3. auf Antrag für Kapitalerträge im Sinne des § 20 Absatz 1 Nummer 1 und 2 aus einer Beteiligung an einer Kapitalgesellschaft, wenn der Steuerpflichtige im Veranlagungszeitraum, für den der Antrag erstmals gestellt wird, unmittelbar oder mittelbar

    a) zu mindestens 25 Prozent an der Kapitalgesellschaft beteiligt ist oder

    b) zu mindestens 1 Prozent an der Kapitalgesellschaft beteiligt und beruflich für diese tätig ist.

    ²Insoweit finden § 3 Nummer 40 Satz 2 und § 20 Absatz 6 und 9 keine Anwendung. ³Der Antrag gilt für die jeweilige Beteiligung erstmals für den Veranlagungszeitraum, für den er gestellt worden ist. ⁴Er ist spätestens zusammen mit der Einkommensteuererklärung für den jeweiligen Veranlagungszeitraum zu stellen und gilt, solange er nicht widerrufen wird, auch für die folgenden vier Veranlagungszeiträume, ohne dass die Antragsvoraussetzungen erneut zu belegen sind. ⁵Die Widerrufserklärung muss dem Finanzamt spätestens mit der Steuererklärung für den Veranlagungszeitraum zugehen, für den die Sätze 1 bis 4 erstmals nicht mehr angewandt werden sollen. ⁶Nach einem Widerruf ist ein erneuter Antrag des Steuerpflichtigen für diese Beteiligung an der Kapitalgesellschaft nicht mehr zulässig;

4. für Bezüge im Sinne des § 20 Absatz 1 Nummer 1 und für Einnahmen im Sinne des § 20 Absatz 1 Nummer 9, soweit sie das Einkommen der leistenden Körperschaft gemindert haben; dies gilt nicht, soweit eine verdeckte Gewinnausschüttung das Einkommen einer dem Steuerpflichtigen nahe stehenden Person erhöht hat und § 32a des Körperschaftsteuergesetzes auf die Veranlagung dieser nahe stehenden Person keine Anwendung findet.

(3) ¹Steuerpflichtige Kapitalerträge, die nicht der Kapitalertragsteuer unterlegen haben, hat der Steuerpflichtige in seiner Einkommensteuererklärung anzugeben. ²Für diese Kapitalerträge erhöht sich die tarifliche Einkommensteuer um den nach Absatz 1 ermittelten Betrag.

(4) Der Steuerpflichtige kann mit der Einkommensteuererklärung für Kapitalerträge, die der Kapitalertragsteuer unterlegen haben, eine Steuerfestsetzung entsprechend Absatz 3 Satz 2 insbesondere in Fällen eines nicht vollständig ausgeschöpften Sparer-Pauschbetrags, einer Anwendung der Ersatzbemessungsgrundlage nach § 43a Absatz 2 Satz 7, eines noch nicht im Rahmen des § 43a Absatz 3 berücksichtigten Verlusts, eines Verlustvortrags nach § 20 Absatz 6 und noch nicht berücksichtigter ausländischer Steuern, zur Überprüfung des Steuereinbehalts dem Grund oder der Höhe nach oder zur Anwendung von Absatz 1 Satz 3 beantragen.

(5) ¹In den Fällen der Absätze 3 und 4 ist bei unbeschränkt Steuerpflichtigen, die mit ausländischen Kapitalerträgen in dem Staat, aus dem die Kapitalerträge stammen, zu einer der deutschen Einkommensteuer entsprechenden Steuer herangezogen werden, die auf ausländische Kapitalerträge festgesetzte und gezahlte und um einen entstandenen Ermäßigungsanspruch gekürzte ausländische Steuer, jedoch höchstens 25 Prozent ausländische Steuer auf den einzelnen Kapitalertrag, auf die deutsche Steuer anzurechnen. ²Soweit in einem Abkommen zur Vermeidung der Doppelbesteuerung die Anrechnung einer ausländischen Steuer einschließlich einer als gezahlt geltenden Steuer auf die deutsche Steuer vorgesehen ist, gilt Satz 1 entsprechend. ³Die ausländischen Steuern sind nur bis zur Höhe der auf die im jeweiligen Veranlagungszeitraum bezogenen Kapitalerträge im Sinne des Satzes 1 entfallenden deutschen Steuer anzurechnen.

(6) ¹Auf Antrag des Steuerpflichtigen werden anstelle der Anwendung der Absätze 1, 3 und 4 die nach § 20 ermittelten Kapitaleinkünfte den Einkünften im Sinne des § 2 hinzugerechnet und der tariflichen Einkommensteuer unterworfen, wenn dies zu einer niedrigeren Einkommensteuer einschließlich Zuschlagsteuern führt (Günstigerprüfung). ²Absatz 5 ist mit der Maßgabe anzuwenden, dass die nach dieser Vorschrift ermittelten ausländischen Steuern auf die zusätzliche tarifliche Einkommensteuer anzurechnen sind, die

auf die hinzugerechneten Kapitaleinkünfte entfällt. [3]Der Antrag kann für den jeweiligen Veranlagungszeitraum nur einheitlich für sämtliche Kapitalerträge gestellt werden. [4]Bei zusammenveranlagten Ehegatten kann der Antrag nur für sämtliche Kapitalerträge beider Ehegatten gestellt werden.

EStR 2012

R 32d Gesonderter Tarif für Einkünfte aus Kapitalvermögen
Verrechnung von Kapitaleinkünften
(1) Verluste aus Kapitaleinkünften nach § 32d Abs. 1 EStG dürfen nicht mit positiven Erträgen aus Kapitaleinkünften nach § 32d Abs. 2 EStG verrechnet werden.

Nahe stehende Personen
(2) Anders als bei § 32d Abs. 2 Nr. 1 Buchstabe a EStG ist von einem Näheverhältnis i. S. d. § 32d Abs. 2 Nr. 1 Buchstabe b Satz 2 EStG zwischen Personengesellschaft und Gesellschafter nicht schon allein deshalb auszugehen, weil der Gesellschafter einer Kapitalgesellschaft, an der die Personengesellschaft beteiligt ist, ein Darlehen gewährt und dafür Zinszahlungen erhält.

Veranlagungsoption
(3) [1]§ 32d Abs. 2 Nr. 3 Satz 4 EStG dient der Verwaltungsvereinfachung in Form eines erleichterten Nachweises der Tatbestandsvoraussetzungen und ersetzt nicht das Vorliegen einer Beteiligung nach § 32d Abs. 2 Nr. 3 Satz 1 EStG. [2]Sinkt die Beteiligung unter die Grenzen nach § 32d Abs. 2 Nr. 3 Satz 1 Buchstabe a oder b EStG, ist auch innerhalb der Frist des § 32d Abs. 2 Nr. 3 Satz 4 EStG ein Werbungskostenabzug unzulässig.

§ 33 Außergewöhnliche Belastungen

(1) Erwachsen einem Steuerpflichtigen zwangsläufig größere Aufwendungen als der überwiegenden Mehrzahl der Steuerpflichtigen gleicher Einkommensverhältnisse, gleicher Vermögensverhältnisse und gleichen Familienstands (außergewöhnliche Belastung), so wird auf Antrag die Einkommensteuer dadurch ermäßigt, dass der Teil der Aufwendungen, der die dem Steuerpflichtigen zumutbare Belastung (Absatz 3) übersteigt, vom Gesamtbetrag der Einkünfte abgezogen wird.

(2) ¹Aufwendungen erwachsen dem Steuerpflichtigen zwangsläufig, wenn er sich ihnen aus rechtlichen, tatsächlichen oder sittlichen Gründen nicht entziehen kann und soweit die Aufwendungen den Umständen nach notwendig sind und einen angemessenen Betrag nicht übersteigen. ²Aufwendungen, die zu den Betriebsausgaben, Werbungskosten oder Sonderausgaben gehören, bleiben dabei außer Betracht; das gilt für Aufwendungen im Sinne des § 10 Absatz 1 Nummer 7 und 9 nur insoweit, als sie als Sonderausgaben abgezogen werden können. ³Aufwendungen, die durch Diätverpflegung entstehen, können nicht als außergewöhnliche Belastung berücksichtigt werden. ⁴Aufwendungen für die Führung eines Rechtsstreits (Prozesskosten) sind vom Abzug ausgeschlossen, es sei denn, es handelt sich um Aufwendungen, ohne die der Steuerpflichtige Gefahr liefe, seine Existenzgrundlage zu verlieren und seine lebensnotwendigen Bedürfnisse in dem üblichen Rahmen nicht mehr befriedigen zu können.

(3) ¹Die zumutbare Belastung beträgt

bei einem Gesamtbetrag der Einkünfte	bis 15 340 EUR	über 15 340 EUR bis 51 130 EUR	über 51 130 EUR
1. bei Steuerpflichtigen, die keine Kinder haben und bei denen die Einkommensteuer			
a) nach § 32a Absatz 1,	5	6	7
b) nach § 32a Absatz 5 oder 6 (Splitting-Verfahren) zu berechnen ist;	4	5	6
2. bei Steuerpflichtigen mit			
a) einem oder zwei Kindern,	2	3	4
b) drei oder mehr Kindern	1	1	2
	Prozent des Gesamtbetrags der Einkünfte.		

²Als Kinder des Steuerpflichtigen zählen die, für die er Anspruch auf einen Freibetrag nach § 32 Absatz 6 oder auf Kindergeld hat.

(4) Die Bundesregierung wird ermächtigt, durch Rechtsverordnung mit Zustimmung des Bundesrates die Einzelheiten des Nachweises von Aufwendungen nach Absatz 1 zu bestimmen.

Hinweise

LStH 33 *Außergewöhnliche Belastungen allgemeiner Art*
 → R 33 EStR, H 33 EStH

EStR 2012

R 33.1 Außergewöhnliche Belastungen allgemeiner Art

¹§ 33 EStG setzt eine Belastung des Steuerpflichtigen auf Grund außergewöhnlicher und dem Grunde und der Höhe nach zwangsläufiger Aufwendungen voraus. ²Der Steuerpflichtige ist belastet, wenn ein Ereignis in seiner persönlichen Lebenssphäre ihn zu Ausgaben zwingt, die er selbst endgültig zu tragen hat. ³Die Belastung tritt mit der Verausgabung ein. ⁴Zwangsläufigkeit dem Grunde nach wird in der Re-

gel auf Aufwendungen des Steuerpflichtigen für sich selbst oder für Angehörige i.S.d. § 15 AO beschränkt sein. [5]Aufwendungen für andere Personen können diese Voraussetzung nur ausnahmsweise erfüllen (sittliche Pflicht).

R 33.2 Aufwendungen für existentiell notwendige Gegenstände [1)]

Aufwendungen zur Wiederbeschaffung oder Schadensbeseitigung können im Rahmen des Notwendigen und Angemessenen unter folgenden Voraussetzungen als außergewöhnliche Belastung berücksichtigt werden:

1. Sie müssen einen existentiell notwendigen Gegenstand betreffen – dies sind Wohnung, Hausrat und Kleidung, nicht aber z.B. ein Pkw **oder** eine Garage.
2. Der Verlust oder die Beschädigung muss durch ein unabwendbares Ereignis wie Brand, Hochwasser, Kriegseinwirkung, Vertreibung, politische Verfolgung verursacht sein, oder von dem Gegenstand muss eine → Gesundheitsgefährdung ausgehen, die beseitigt werden muss und die nicht auf Verschulden des Steuerpflichtigen oder seines Mieters oder auf einen Baumangel zurückzuführen ist (z. B. bei Schimmelpilzbildung).
3. Dem Steuerpflichtigen müssen tatsächlich finanzielle Aufwendungen entstanden sein; ein bloßer Schadenseintritt reicht zur Annahme von Aufwendungen nicht aus.
4. Die Aufwendungen müssen ihrer Höhe nach notwendig und angemessen sein und werden nur berücksichtigt, soweit sie den Wert des Gegenstandes im Vergleich zu vorher nicht übersteigen.
5. Nur der endgültig verlorene Aufwand kann berücksichtigt werden, d.h. die Aufwendungen sind um einen etwa nach Schadenseintritt noch vorhandenen Restwert zu kürzen.
6. Der Steuerpflichtige muss glaubhaft darlegen, dass er den Schaden nicht verschuldet hat und dass realisierbare Ersatzansprüche gegen Dritte nicht bestehen.
7. Ein Abzug scheidet aus, sofern der Steuerpflichtige zumutbare Schutzmaßnahmen unterlassen oder eine allgemein zugängliche und übliche Versicherungsmöglichkeit nicht wahrgenommen hat.
8. Das schädigende Ereignis darf nicht länger als drei Jahre zurückliegen, bei Baumaßnahmen muss mit der Wiederherstellung oder Schadensbeseitigung innerhalb von drei Jahren nach dem schädigenden Ereignis begonnen worden sein.

R 33.3 Aufwendungen wegen Pflegebedürftigkeit und erheblich eingeschränkter Alltagskompetenz

Voraussetzungen und Nachweis

(1) [1]Zu dem begünstigten Personenkreis zählen pflegebedürftige Personen, bei denen mindestens ein Schweregrad der Pflegebedürftigkeit i. S. d. §§ 14, 15 SGB XI besteht **und Personen, bei denen eine erhebliche Einschränkung der Alltagskompetenz nach § 45a SGB XI festgestellt wurde.** [2]Der Nachweis ist durch eine Bescheinigung (z. B. Leistungsbescheid oder -mitteilung) der sozialen Pflegekasse oder des privaten Versicherungsunternehmens, das die private Pflegeversicherung durchführt, oder nach § 65 Abs. 2 EStDV zu führen. [3]**Pflegekosten von Personen, die nicht zu dem nach Satz 1 begünstigten Personenkreis zählen und ambulant gepflegt werden, können ohne weiteren Nachweis auch dann als außergewöhnliche Belastungen berücksichtigt werden, wenn sie von einem anerkannten Pflegedienst nach § 89 SGB XI gesondert in Rechnung gestellt worden sind.**

Eigene Pflegeaufwendungen

(2) [1]Zu den Aufwendungen infolge Pflegebedürftigkeit **und erheblich eingeschränkter Alltagskompetenz** zählen sowohl Kosten für die Beschäftigung einer ambulanten Pflegekraft und/oder die Inanspruchnahme von Pflegediensten, **von Einrichtungen der Tages- oder Nachtpflege, der Kurzzeitpflege oder von nach Landesrecht anerkannten niedrigschwelligen Betreuungsangeboten** als auch Aufwendungen zur Unterbringung in einem Heim. [2]Wird bei einer Heimunterbringung wegen Pflegebedürftigkeit der private Haushalt aufgelöst, ist die → Haushaltsersparnis mit dem in § 33a Abs. 1 Satz 1 EStG genannten Höchstbetrag der abziehbaren Aufwendungen anzusetzen. [3]Liegen die Voraussetzungen nur während eines Teils des Kalenderjahrs vor, sind die anteiligen Beträge anzusetzen (1/360 pro Tag, 1/12 pro Monat).

(3) – unbesetzt –

---
1) Hinweis auf BMF-Schreiben vom 21.6.2013 (BStBl. I S. 769) betr. steuerliche Maßnahmen zur Unterstützung der Opfer des Hochwassers in Deutschland 2013.

Konkurrenz zu § 33b Abs. 3 EStG

(4) ¹Die Inanspruchnahme eines Pauschbetrages nach § 33b Abs. 3 EStG schließt die Berücksichtigung von Pflegeaufwendungen nach Absatz 2 im Rahmen des § 33 EStG aus. ²Zur Berücksichtigung eigener Aufwendungen der Eltern für ein behindertes Kind → R 33b Abs. 2.

Pflegeaufwendungen für Dritte

(5) Hat der pflegebedürftige Dritte im Hinblick auf sein Alter oder eine etwaige Bedürftigkeit dem Steuerpflichtigen Vermögenswerte zugewendet, z.b. ein Hausgrundstück, kommt ein Abzug der Pflegeaufwendungen nur in der Höhe in Betracht, wie die Aufwendungen den Wert des hingegebenen Vermögens übersteigen.

R 33.4 Aufwendungen wegen Krankheit und Behinderung sowie für Integrationsmaßnahmen

Nachweis

(1) ¹Der Nachweis von Krankheitskosten ist nach § 64 EStDV zu führen. ²Bei Aufwendungen für eine Augen-Laser-Operation ist die Vorlage eines amtsärztlichen Attests nicht erforderlich. ³Bei einer andauernden Erkrankung mit anhaltendem Verbrauch bestimmter Arznei-, Heil- und Hilfsmittel reicht die einmalige Vorlage einer Verordnung. ⁴Wurde die Notwendigkeit einer Sehhilfe in der Vergangenheit durch einen Augenarzt festgestellt, genügt in den Folgejahren die Sehschärfenbestimmung durch einen Augenoptiker. ⁵Als Nachweis der angefallenen Krankheitsaufwendungen kann auch die Vorlage der Erstattungsmitteilung der privaten Krankenversicherung oder der Beihilfebescheid einer Behörde ausreichen. ⁶Diese Erleichterung entbindet den Stpfl. aber nicht von der Verpflichtung, dem Finanzamt die Zwangsläufigkeit, Notwendigkeit und Angemessenheit nicht erstatteter Aufwendungen auf Verlangen nachzuweisen. ⁷Wurde die Notwendigkeit einer Kur offensichtlich im Rahmen der Bewilligung von Zuschüssen oder Beihilfen anerkannt, genügt bei Pflichtversicherten die Bescheinigung der Versicherungsanstalt und bei öffentlich Bediensteten der Beihilfebescheid.

Privatschulbesuch

(2) ¹Ist ein Kind ausschließlich wegen einer Behinderung im Interesse einer angemessenen Berufsausbildung auf den Besuch einer Privatschule (Sonderschule oder allgemeine Schule in privater Trägerschaft) mit individueller Förderung angewiesen, weil eine geeignete öffentliche Schule oder eine den schulgeldfreien Besuch ermöglichende geeignete Privatschule nicht zur Verfügung steht oder nicht in zumutbarer Weise erreichbar ist, ist das Schulgeld dem Grunde nach als außergewöhnliche Belastung nach § 33 EStG – neben einem auf den Steuerpflichtigen übertragbaren Pauschbetrag für behinderte Menschen – zu berücksichtigen. ²Der Nachweis, dass der Besuch der Privatschule erforderlich ist, muss durch eine Bestätigung der zuständigen obersten Landeskulturbehörde oder der von ihr bestimmten Stelle geführt werden.

Kur

(3) ¹Kosten für Kuren im Ausland sind in der Regel nur bis zur Höhe der Aufwendungen anzuerkennen, die in einem dem Heilzweck entsprechenden inländischen Kurort entstehen würden. ²Verpflegungsmehraufwendungen anlässlich einer Kur können nur in tatsächlicher Höhe nach Abzug der Haushaltsersparnis von 1/5 der Aufwendungen berücksichtigt werden.

Aufwendungen behinderter Menschen für Verkehrsmittel

(4) ¹Macht ein gehbehinderter Steuerpflichtiger neben den Aufwendungen für Privatfahrten mit dem eigenen Pkw auch solche für andere Verkehrsmittel (z.B. für Taxis) geltend, ist die als noch angemessen anzusehende jährliche Fahrleistung von 3 000 km (beim GdB von mindestens 80 oder GdB von mindestens 70 und Merkzeichen G) – bzw. von 15 000 km (bei Merkzeichen aG, Bl oder H) – entsprechend zu kürzen. ²Die Aufwendungen für die behindertengerechte Umrüstung eines PKWs können im VZ des Abflusses als außergewöhnliche Belastungen neben den angemessenen Aufwendungen für Fahrten berücksichtigt werden. ³Eine Verteilung auf mehrere VZ ist nicht zulässig.

Behinderungsbedingte Baukosten

(5) ¹Um- oder Neubaukosten eines Hauses oder einer Wohnung können im VZ des Abflusses eine außergewöhnliche Belastung darstellen, soweit die Baumaßnahme durch die Behinderung bedingt ist. ²Eine Verteilung auf mehrere VZ ist nicht zulässig. ³Für den Nachweis der Zwangsläufigkeit der Aufwendungen ist die Vorlage folgender Unterlagen ausreichend:

– der Bescheid eines gesetzlichen Trägers der Sozialversicherung oder der Sozialleistungen über die Bewilligung eines pflege- bzw. behinderungsbedingten Zuschusses (z. B. zur Verbesserung des individuellen Wohnumfeldes nach § 40 Abs. 4 SGB XI) oder

– das Gutachten des Medizinischen Dienstes der Krankenversicherung (MDK), des Sozialmedizinischen Dienstes (SMD) oder der Medicproof Gesellschaft für Medizinische Gutachten mbH.

§ 33 EStR 2012 R 33.4, Rechtsprechung

Aufwendungen für Deutsch- und Integrationskurse

(6) ¹Aufwendungen für den Besuch von Sprachkursen, in denen Deutsch gelehrt wird, sind nicht als außergewöhnliche Belastungen abziehbar. ²Gleiches gilt für Integrationskurse, es sei denn, der Stpfl. weist durch Vorlage einer Bestätigung der Teilnahmeberechtigung nach § 6 Abs. 1 Satz 1 und 3 der Verordnung über die Durchführung von Integrationskursen für Ausländer und Spätaussiedler nach, dass die Teilnahme am Integrationskurs verpflichtend war und damit aus rechtlichen Gründen zwangsläufig erfolgte.

Rechtsprechungsauswahl

BFH v. 17. 7. 2014 VI R 42/13 (BStBl. II S. 931):

1. Mehrkosten für die Anschaffung eines größeren Grundstücks zum Bau eines behindertengerechten Bungalows sind nicht als außergewöhnliche Belastung i.s.d. § 33 EStG zu berücksichtigen.
2. Sie entstehen nicht zwangsläufig. Denn sie sind nicht vornehmlich der Krankheit oder Behinderung geschuldet, sondern in erster Linie Folge des frei gewählten Wohnflächenbedarfs des Steuerpflichtigen.

BFH v. 26. 6. 2014 VI R 51/13 (BStBl. 2015 II S. 9):

1. Wissenschaftlich nicht anerkannt i.S.d. § 64 Abs. 1 Nr. 2 Satz 1 Buchst. f EStDV i.d.F. des StVereinfG 2011 ist eine Behandlungsmethode dann, wenn Qualität und Wirksamkeit nicht dem allgemein anerkannten Stand der medizinischen Erkenntnisse entsprechen.
2. Die Feststellung, ob eine Behandlungsmethode wissenschaftlich nicht anerkannt ist, obliegt dem FG als Tatsacheninstanz.

BFH v. 14. 5. 2014 X R 23/12 (BStBl. II S. 684):

1. Das für die „Zuwendung von Vorteilen sowie damit zusammenhängende Aufwendungen" geltende Abzugsverbot des § 4 Abs. 5 Satz 1 Nr. 10 EStG erfasst nicht nur die Bestechungsgelder als solche, sondern auch die Kosten eines nachfolgenden Strafverfahrens sowie Aufwendungen, die aufgrund einer im Strafurteil ausgesprochenen Verfallsanordnung entstehen.
2. Zur Vermeidung einer verfassungswidrigen Doppelbelastung gilt das Abzugsverbot für verfallene Beträge nicht, bei denen das Strafgericht die Ertragsteuerbelastung bei der Bemessung des Verfallsbetrags nicht mindernd berücksichtigt hat.
3. „Beauftragter" i.S.d. § 299 Abs. 2 StGB kann auch sein, wer nicht rechtlich, sondern nur faktisch Einfluss auf die Entscheidung eines anderen nehmen kann.
4. Kosten der Strafverteidigung, die einem wegen einer vorsätzlichen Tat verurteilten Steuerpflichtigen entstanden sind, sind nicht als außergewöhnliche Belastungen abziehbar (Anschluss an das BFH-Urteile v. 16.4.2013, BStBl. II S. 806).

BFH v. 26. 2. 2014 VI R 27/13 (BStBl. II S. 824):

1. Aufwendungen für eine heileurythmische Behandlung können als außergewöhnliche Belastungen i. S. d. § 33 EStG zu berücksichtigen sein.
2. Die Heileurythmie ist ein Heilmittel i.S.d. §§ 2 und 32 SGB V.
3. Die Zwangsläufigkeit entsprechender Aufwendungen im Krankheitsfall kann durch eine Verordnung eines Arztes oder Heilpraktikers nachgewiesen werden.
4. Ein vor Beginn der Heilmaßnahme ausgestelltes amtsärztliches Gutachten oder eine vorherige ärztliche Bescheinigung eines Medizinischen Dienstes der Krankenversicherung ist nicht erforderlich.

BFH v. 6. 2. 2014 VI R 61/12 (BStBl. II S. 458):

1. Gebrauchsgegenstände des täglichen Lebens i.S.v. § 33 Abs. 1 SGB V sind nur solche technischen Hilfen, die getragen oder mit sich geführt werden können, um sich im jeweiligen Umfeld zu bewegen, zurechtzufinden und die elementaren Grundbedürfnisse des täglichen Lebens zu befriedigen.
2. Ein Treppenlift ist kein Hilfsmittel im Sinne dieser Legaldefinition.
3. Angesichts des insoweit eindeutigen Wortlauts des § 64 Abs. 1 Nr. 2 Satz 1 Buchst e EStDV i.d.F. des StVereinfG 2011 und des abschließenden Charakters der Katalogtatbestände in § 64 Abs. 1 Nr. 2 Satz 1 Buchst. a bis f EStDV i.d.F. des StVereinfG 2011 ist die Zwangsläufigkeit und damit die medizinische Notwendigkeit von Aufwendungen für den Einbau eines solchen Hilfsmittels nicht formalisiert nachzuweisen.

Rechtsprechung § 33

BFH v. 14. 11. 2013 VI R 20/12 (BStBl. 2014 II S. 456): Aufwendungen für die krankheitsbedingte Unterbringung in einem Seniorenwohnstift sind zwangsläufig i.S.d. § 33 EStG. Sie sind nach Maßgabe der für Krankheitskosten geltenden Grundsätze als außergewöhnliche Belastungen zu berücksichtigen, soweit sie nicht außerhalb des Rahmens des Üblichen liegen.

BFH v. 7. 5. 2013 VIII R 51/10 (BStBl. II S. 808):

1. Reist ein Steuerpflichtiger zur Erholung und zur Aktualisierung von Lehrbüchern an ausländische Ferienorte, so ist regelmäßig von einer nicht unwesentlichen privaten Mitveranlassung auszugehen, die bei fehlender Trennbarkeit der Reise in einen beruflichen und einen privaten Teil den Abzug der Aufwendungen als Betriebsausgaben ausschließt (Anschluss an Beschluss des Großen Senats des BFH v. 21.9.2009 GrS 1/06, BStBl. 2010 II S. 672).

2. Aufwendungen eines Schwerbehinderten für eine Begleitperson bei Reisen sind nicht als außergewöhnliche Belastung abziehbar, wenn die Begleitperson ein Ehegatte ist, der aus eigenem Interesse an der Reise teilgenommen hat und für den kein durch die Behinderung des anderen Ehegatten veranlasster Mehraufwand angefallen ist.

1. Ob und inwieweit Aufwendungen für eine Reise in wirtschaftlichem Zusammenhang mit einer Einkunftsart stehen, hängt von den Gründen ab, aus denen der Steuerpflichtige die Reise oder verschiedene Teile einer Reise unternimmt. Die Gründe bilden das „auslösende Moment", das den Steuerpflichtigen bewogen hat, die Reisekosten zu tragen.

2. Ziel des § 33 EStG ist es, zwangsläufige Mehraufwendungen für den existenznotwendigen Grundbedarf zu berücksichtigen, die sich wegen ihrer Außergewöhnlichkeit einer pauschalen Erfassung in allgemeinen Freibeträgen entziehen. Aus dem Anwendungsbereich des § 33 EStG ausgeschlossen sind dagegen die üblichen Aufwendungen der Lebensführung, die in Höhe des Existenzminimums durch den Grundfreibetrag abgegolten sind (BFH v. 29.9.1989 III R 129/86, BStBl. 1990 II S. 418).

3. Krankheitskosten erwachsen – ohne Rücksicht auf die Art und die Ursache der Erkrankung – dem Steuerpflichtigen aus tatsächlichen Gründen zwangsläufig. Sie sind auch dann zwangsläufig, wenn sie im Zusammenhang mit der Heilung oder Linderung einer Krankheit entstehen, unter der ein unterhaltsberechtigter Angehöriger leidet. Dies gilt im Grundsatz auch bei Aufwendungen für Begleitpersonen Schwerbehinderter bei Urlaubsfahrten, insbesondere wenn die behinderten Personen nach ihren Eintragungen im Schwerbehindertenausweis auf dauernde Begleitung angewiesen sind. Voraussetzung für den Abzug von Aufwendungen als außergewöhnliche Belastung im Zusammenhang mit einer Behinderung oder Erkrankung ist aber, dass es sich um einen behinderungs- oder erkrankungsbedingten Mehrbedarf handelt.

4. Ein ordnungsgemäß gestellter Beweisantrag darf unberücksichtigt bleiben, wenn das angebotene Beweismittel für die zu treffende Entscheidung unerreichbar oder untauglich ist, wenn es auf die Beweistatsache unter Berücksichtigung der Rechtsauffassung des FG nicht ankommt oder wenn die Beweistatsache als wahr unterstellt wird.

BFH v. 16. 4. 2013 IX R 5/12 (BStBl. II S. 806): Die einem wegen einer vorsätzlichen Tat verurteilten Steuerpflichtigen entstandenen Kosten seiner Strafverteidigung sind nicht als außergewöhnliche Belastungen abziehbar.

1. Zum Leitsatz: Die neue Rechtsprechung des VI. Senats zum Zivilprozess (Urteil vom 12. Mai 2011 VI R 42/10 (BStBl. II S. 1015) ist schon deshalb nicht auf den Strafprozess übertragbar, weil eine ex ante Prognose im Strafverfahren wegen der für den Strafprozess zentralen Unschuldsvermutung ausscheidet.

2. Strafverteidigungskosten sind nur dann als Betriebsausgaben oder Werbungskosten abziehbar, wenn der strafrechtliche Vorwurf, gegen den sich der Steuerpflichtige zur Wehr setzt, durch sein berufliches Verhalten veranlasst gewesen ist. Dies ist der Fall, wenn die dem Steuerpflichtigen zur Last gelegte Tat in Ausübung der beruflichen Tätigkeit begangen worden ist. Die dem Steuerpflichtigen vorgeworfene Tat muss ausschließlich und unmittelbar aus seiner betrieblichen oder beruflichen Tätigkeit heraus erklärbar sein.

BFH v. 19. 3. 2013 IX R 41/12 (BStBl. II S. 536):

1. Wer die Auflösung einer Grundstücksgemeinschaft durch Verkauf des gemeinschaftlichen, bislang vermieteten Grundstücks im Wege der Teilungsversteigerung beantragt, kann die damit verbundenen Prozess- und Anwaltskosten nicht deshalb als Werbungskosten absetzen, weil er rein hypothetisch die Möglichkeit hat, das Grundstück im Wege der Versteigerung selbst zu erwerben.

§ 33 Rechtsprechung

2. Wer die Auflösung einer Grundstücksgemeinschaft begehrt und – ohne das Scheidungsverfahren und die damit verbundene vermögensmäßige Auseinandersetzung abzuwarten – sogleich einen Antrag auf Teilungsversteigerung stellt, weil ihm eine Gemeinschaft mit dem geschiedenen Ehegatten nicht zumutbar erscheint, kann die dadurch entstandenen Gerichts- und Anwaltskosten nicht als außergewöhnliche Belastung geltend machen.

1. Aufwendungen (Prozess- und Anwaltskosten), die ausschließlich durch die auf einer privaten Motivation beruhende Entscheidung (hier: Auflösung der dem Zweck der Einkünfteerzielung dienende Gemeinschaft aus Gründen der (Un-)Zumutbarkeit) veranlasst sind, können nicht als nachträgliche Werbungskosten berücksichtigt werden.
2. Eheleute sind in ihrer Entscheidung frei, wie sie ihre Verhältnisse untereinander güterrechtlich regeln. Deshalb stellen auch Kosten, die ihnen in Ausübung dieser Dispositionsfreiheit entstehen, keine unvermeidbare Belastung dar, die die steuerliche Freistellung des insoweit aufzuwendenden Einkommens gebietet.
3. Aus der Entscheidung des BFH v. 12.5.2011, VI R 42/10, BStBl. II S. 1015 folgt nicht, sämtliche Kosten von Verfahren, bei dem ein Gericht zu beteiligen ist, als außergewöhnliche Belastung zu qualifizieren.
4. Der Senat musste nicht entscheiden, ob er der Prämisse des VI. Senats zustimmen könnte, wonach sich die Unausweichlichkeit von Prozesskosten daraus ergibt, dass der Steuerpflichtige, um sein Recht durchzusetzen, im Verfassungsstaat des Grundgesetzes den Rechtsweg beschreiten muss.

BFH v. 18. 7. 2012 X R 41/11 (BStBl. II S. 821): Zuzahlungen nach § 28 Abs. 4 SGB V (sog. „Praxisgebühren") sind keine Beiträge zu Krankenversicherungen i.S.d. § 10 Abs. 1 Nr. 3 Buchst. a EStG, sondern eine Form der Selbstbeteiligung.

1. Zu den Beiträgen zu Krankenversicherungen können nur solche Ausgaben gehören, die zumindest im Zusammenhang mit der Erlangung des Versicherungsschutzes stehen und damit – als Vorsorgeaufwendungen – letztlich der Vorsorge dienen.
2. Der erkennende Senat konnte offenlassen, ob die sog. „Praxisgebühren" außergewöhnliche Belastungen in Form von Krankheitskosten darstellen.

BFH v. 19. 4. 2012 VI R 74/10 (BStBl. II S. 577):

1. Dem in § 33 Abs. 4 EStG i.d.F. des StVereinfG 2011 und in § 64 Abs. 1 EStDV i.d.F. des StVereinfG 2011 geregelten Verlangen, die Zwangsläufigkeit von Aufwendungen im Krankheitsfall formalisiert nachzuweisen, ist nach § 84 Abs. 3f EStDV i.d.F. des StVereinfG 2011 auch im Veranlagungszeitraum 2006 Rechnung zu tragen.
2. Weder die in § 33 Abs. 4 EStG i.d.F. des StVereinfG 2011 normierte Verordnungsermächtigung noch der auf ihrer Grundlage ergangene § 64 Abs. 1 EStDV i.d.F. des StVereinfG 2011 begegnet rechtsstaatlichen Bedenken.
3. Die in § 84 Abs. 3f EStDV i.d.F. des StVereinfG 2011 angeordnete rückwirkende Geltung des § 64 EStDV i.d.F. des StVereinfG 2011 ist unter verfassungsrechtlichen Gesichtspunkten ebenfalls nicht zu beanstanden. Sie ist von der Ermächtigung des § 33 Abs. 4 EStG i.d.F. des StVereinfG 2011 gedeckt und deshalb im Hinblick auf Art. 80 Abs. 1 GG verfassungsrechtlich unbedenklich.
4. Eine verfassungsrechtlich unzulässige Rückwirkung (Rückbewirkung von Rechtsfolgen) ist hierbei nicht zu beklagen. Denn der Gesetzgeber ist es unter dem Gesichtspunkt des Vertrauensschutzes nicht verwehrt, eine Rechtslage rückwirkend festzuschreiben, die vor einer Rechtsprechungsänderung einer gefestigten Rechtsprechung und einheitlichen Rechtspraxis entsprach (Anschluss an BVerfG-Beschluss v. 21.7.2010 1 BvL 11/06 u.a., BVerfGE 126, 369).
5. § 33 Abs. 4 EStG i.d.F. des StVereinfG 2011 ist hinreichend bestimmt.
6. Die strenge Formalisierung des Nachweises der Zwangsläufigkeit von Aufwendungen im Krankheitsfall erscheint – jedenfalls im Grundsatz – nicht unverhältnismäßig.
7. Dies gilt unabhängig von der Frage, ob der BFH mit der Änderung seiner Rechtsprechung das bei gleichgebliebener Gesetzeslage schon bisher „richtige Recht" zutreffend erkannt oder die frühere Rechtslage fortentwickelnd neu gestaltet hat.
8. Ob und inwieweit anderes für die Zeit nach dem Ergehen der BFH-Urteile v. 11.11.2010 VI R 16/09, BStBl. 2011 II S. 966 und VI R 17/09, BStBl. 2011 II S. 969 bis zum endgültigen Gesetzesbeschluss am 01.11.2011 bzw. der Verkündung des StVereinfG 2011 am 4.11.2011 oder jedenfalls bis zur entsprechenden Gesetzesinitiative – hier der Prüfbitte des Bundesrates vom 18.3.2011 – gilt, konnte hier dahinstehen.

Rechtsprechung § 33

9. Es widerspricht weder dem Rechtsstaatsprinzip noch dem Gewaltenteilungsgrundsatz, wenn der Gesetzgeber eine Rechtsprechungsänderung korrigiert, die auf der Grundlage der seinerzeit bestehenden Gesetzeslage zwar mit gutem Grund erfolgt ist, deren Ergebnis er aber für nicht sachgerecht hält.

10. Trinkgelder sind nicht zwangsläufig i.S.d. § 33 Abs. 1 EStG, und zwar unabhängig davon, ob die zugrunde liegende Leistung selbst als außergewöhnliche Belastung zu beurteilen ist (vgl. BFH-Urteil v. 30.10.2003 III R 32/01, BStBl. 2004 II S. 270).

BFH v. 29. 3. 2012 VI R 70/10 (BStBl. II S. 572): Aufwendungen zur Sanierung eines mit echtem Hausschwamm befallenen Gebäudes können im Einzelfall ein unabwendbares Ereignis sein, wenn der Befall unentdeckt bleibt, die konkrete Gefahr der Unbewohnbarkeit eines Gebäudes droht und daraus eine aufwendige Sanierung folgt.

1. Voraussetzung für die Abzugsfähigkeit von Kosten zur Wiederherstellung der Bewohnbarkeit eines selbstgenutzten Gebäudes, das durch ein von dem Steuerpflichtigen nicht beeinflussbares außergewöhnliches Ereignis beschädigt wurde, ist u.a., dass der Vermögensgegenstand für den Steuerpflichtigen eine existentiell wichtige Bedeutung hat, keine Anhaltspunkte für ein Verschulden des Steuerpflichtigen erkennbar, realisierbare Ersatzansprüche gegen Dritte nicht gegeben sind und die zerstörten oder beschädigten Vermögensgegenstände in Größe und Ausstattung nicht erheblich über das Notwendige und Übliche hinausgehen.

2. Ein Verschulden des Steuerpflichtigen an dem eingetretenen Vermögensschaden ist jedenfalls nach bisheriger Rechtsprechung des BFH auch bei dem Unterlassen des Abschlusses einer allgemein zugänglichen und üblichen Versicherung anzunehmen.

3. Der Senat konnte dahinstellen lassen, ob für die Abzugsfähigkeit von Aufwendungen für Gegenstände des existenznotwendigen Grundbedarfs an dem Erfordernis einer allgemein zugänglichen und üblichen Versicherungsmöglichkeit stets festzuhalten ist.

BFH v. 29. 3. 2012 VI R 47/10 (BStBl. II S. 570):

1. Die tatsächliche Zwangsläufigkeit von Aufwendungen für Sanierungsarbeiten an Asbestprodukten ist nicht anhand der abstrakten Gefährlichkeit von Asbestfasern zu beurteilen; erforderlich sind zumindest konkret zu befürchtende Gesundheitsgefährdungen.

2. Sind die von einem Gegenstand des existenznotwendigen Bedarfs ausgehenden konkreten Gesundheitsgefährdungen auf einen Dritten zurückzuführen und unterlässt der Steuerpflichtige die Durchsetzung realisierbarer zivilrechtlicher Abwehransprüche, sind die Aufwendungen zur Beseitigung konkreter Gesundheitsgefährdungen nicht abziehbar.

3. Bei der Beseitigung konkreter von einem Gegenstand des existenznotwendigen Bedarfs ausgehender Gesundheitsgefahren ist ein vor Durchführung dieser Maßnahmen erstelltes amtliches technisches Gutachten nicht erforderlich. Gleichwohl hat der Steuerpflichtige nachzuweisen, dass er sich den Aufwendungen aus tatsächlichen Gründen nicht entziehen konnte.

4. Der Senat hält an der differenzierten Betrachtung hinsichtlich der Gefährdung durch Asbestprodukte fest. Bei Sanierungsarbeiten an Asbestprodukten ist die gesundheitsschädliche Freisetzung von Asbestfasern nicht unvermeidlich.

5. Aufwendungen zur Beseitigung konkreter Gesundheitsgefährdungen sind nur dann abziehbar, wenn den Grundstückseigentümer kein Verschulden an der Belastung trifft, die Belastung für ihn zum Zeitpunkt des Grundstückserwerbs nicht erkennbar war und realisierbare Ersatzansprüche gegen Dritte nicht gegeben sind.

6. Aufwendungen zur Beseitigung von Baumängeln sind grundsätzlich nicht als außergewöhnliche Belastung abziehbar. War der Einsatz schadstoffhaltiger Materialien zum Zeitpunkt der Errichtung des Gebäudes erlaubt, liegt jedenfalls für das Jahr der Errichtung des Gebäudes kein Baumangel vor.

7. Etwas anderes ergibt sich nicht aus den durch das Steuervereinfachungsgesetz 2011 vom 1.11.2011 geänderten Anforderungen an den Nachweis außergewöhnlicher Belastungen.

BFH v. 29. 3. 2012 VI R 21/11 (BStBl. II S. 574):

1. Aufwendungen zur Beseitigung unzumutbarer Beeinträchtigungen, die von einem Gegenstand des existenznotwendigen Bedarfs ausgehen, können aus tatsächlichen Gründen zwangsläufig i.S.d. § 33 Abs. 2 EStG entstehen.

2. Die Unzumutbarkeit ist anhand objektiver Kriterien zu bestimmen. Handelt es sich um Geruchsbelästigungen, ist das Überschreiten von objektiv feststellbaren Geruchsschwellen erforderlich.

§ 33 Rechtsprechung

3. Ein die Außergewöhnlichkeit von Aufwendungen ausschließender Baumangel liegt auch dann nicht vor, wenn der Einsatz mittlerweile verbotener schadstoffhaltiger Materialien noch zum Zeitpunkt der Errichtung des Gebäudes erlaubt war und das Gebäude später veräußert wird.
4. Der Umstand, dass ein vor Durchführung der Beseitigungs- bzw. Wiederherstellungsmaßnahmen erstelltes amtliches technisches Gutachten nicht vorliegt, steht dem Abzug der durch unabwendbare Ereignisse veranlassten Aufwendungen nicht entgegen. Gleichwohl hat der Steuerpflichtige nachzuweisen, dass er sich den Aufwendungen aus tatsächlichen Gründen nicht entziehen konnte.
5. Allgemeine Gebrauchsgegenstände des täglichen Lebens i.S.v. § 33 Abs. 1 SGB V (§ 64 Abs. 1 Nr. 2 Satz 1 Buchst. e EStDV i.d.F. des StVereinfG 2011) liegen beim Umbau eines Hauses oder Umgestaltungen des Wohnumfeldes nicht vor.
6. Baumängel sind keineswegs unüblich und nicht mit ungewöhnlichen Ereignissen wie etwa Hochwasserschäden vergleichbar; Aufwendungen zur Beseitigung von Baumängeln sind grundsätzlich nicht als außergewöhnliche Belastungen abziehbar.
7. Aus den durch das Steuervereinfachungsgesetz 2011 vom 1.11.2011 geänderten Anforderungen an den Nachweis außergewöhnlicher Belastungen ergibt sich nichts anderes. Bei der Sanierung von Gebäuden zur Beseitigung von Schadstoffen ist keiner der in § 64 Abs. 1 EStDV aufgezählten Fälle einschlägig. Dies gilt auch dann, wenn der Umstand von Bedeutung ist, dass die Sanierung zugunsten eines Kindes erforderlich gewesen sein könnte, weil die Holzschutzmittel für die Atemwegserkrankung des Kindes ursächlich waren.
8. Gelingt der Nachweis, dass die Sanierungskosten dem Grunde nach als außergewöhnliche Belastungen abzugsfähig sind, wird der Abzug nicht durch einen Gegenwert gehindert. Jedoch wäre ein sich aus der Erneuerung ergebende Vorteil („Neu für Alt") anzurechnen und wertsteigernde Aufwendungen in den Sanierungskosten dürften nicht abgezogen werden.
9. Der Senat braucht nicht zu entscheiden, ob das gesetzlich verankerte formalisierte Nachweisverlangen (Regelungen im StVereinfG 2011) gegen das verfassungsrechtliche Rückwirkungsverbot verstößt.

BFH v. 30. 6. 2011 VI R 14/10 (BStBl. 2012 II S. 876): Aufwendungen für die krankheitsbedingte Unterbringung eines Angehörigen als außergewöhnliche Belastungen – Keine Aufteilung in Unterhaltskosten und Krankheitskosten – Kein Wahlrecht zwischen § 33 EStG oder § 33a EStG – Altersbedingte Heimunterbringung von Angehörigen

1. Aufwendungen, die einem Steuerpflichtigen für die krankheitsbedingte Unterbringung eines Angehörigen in einem Altenpflegeheim entstehen, stellen als Krankheitskosten eine außergewöhnliche Belastung i.S. des § 33 EStG dar. Abziehbar sind neben den Pflegekosten auch die Kosten, die auf die Unterbringung und Verpflegung entfallen, soweit es sich hierbei um gegenüber der normalen Lebensführung entstehende Mehrkosten handelt.
2. Eine Aufteilung derartiger Kosten in Unterhaltskosten i.S. von § 33a EStG und Krankheitskosten i.S. von § 33 EStG kommt nicht in Betracht.
3. Bei Unterhaltsaufwendungen besteht kein Wahlrecht zwischen einem Abzug nach § 33 EStG oder nach § 33a EStG (§ 33a Abs. 5 EStG).

BFH v. 12. 5. 2011 VI R 42/10 (BStBl. II S. 1015): Zivilprozesskosten als außergewöhnliche Belastungen

1. Zivilprozesskosten können Kläger wie Beklagtem unabhängig vom Gegenstand des Prozesses aus rechtlichen Gründen zwangsläufig erwachsen (Änderung der Rechtsprechung).
2. Unausweichlich sind derartige Aufwendungen jedoch nur, wenn die beabsichtigte Rechtsverfolgung oder Rechtsverteidigung hinreichende Aussicht auf Erfolg bietet und nicht mutwillig erscheint.
3. Zivilprozesskosten sind jedoch nur insoweit abziehbar, als sie notwendig sind und einen angemessenen Betrag nicht überschreiten. Etwaige Leistungen aus einer Rechtsschutzversicherung sind im Rahmen der Vorteilsanrechnung zu berücksichtigen.*)

*) Hinweis auf BMF-Schreiben vom 20. Dezember 2011 IV C 4 – S 2284/07/0031 :002, 2011/1025909 – (BStBl. 2011 I S. 1286). Danach ist das Urteil nicht über den entschiedenen Einzelfall hinaus anzuwenden.

BFH v. 12. 5. 2011 VI R 37/10 (BStBl. 2013 II S. 783): Aufwendungen für den Besuch einer Schule für Hochbegabte als außergewöhnliche Belastungen – Medizinische Indikation – Grundsatz der freien Beweiswürdigung – Belastungsmindernde Anrechnung erhaltener Jugendhilfeleistungen

Rechtsprechung § 33

1. Aufwendungen für den Besuch einer Schule für Hochbegabte können als außergewöhnliche Belastungen abziehbar sein, wenn der Schulbesuch medizinisch angezeigt war.
2. Die erforderlichen Feststellungen hat das FG nach dem Grundsatz der freien Beweiswürdigung zu treffen. An dem Erfordernis einer vorherigen amtsärztlichen oder vertrauensärztlichen Begutachtung zum Nachweis der medizinischen Notwendigkeit einer Maßnahme, die auch zu den nicht abziehbaren Kosten der Lebensführung (§ 12 Nr. 1 EStG) gehören könnte, hält der erkennende Senat nicht länger fest.

BFH v. 14. 4. 2011 VI R 8/10 (BStBl. II S. 701): Pflegekosten als außergewöhnliche Belastungen

Aufwendungen wegen Pflegebedürftigkeit sind nur insoweit als außergewöhnliche Belastungen zu berücksichtigen, als die Pflegekosten die Leistungen der Pflegepflichtversicherung und das aus einer ergänzenden Pflegekrankenversicherung bezogene Pflege(tage)geld übersteigen.

BFH v. 24. 2. 2011 VI R 16/10 (BStBl. II S. 1012): Behinderungsbedingte Umbaukosten als außergewöhnliche Belastungen

1. Mehraufwand, der auf einer behindertengerechten Gestaltung des individuellen Wohnumfelds beruht, steht stets so stark unter dem Gebot der sich aus der Situation ergebenden Zwangsläufigkeit, dass die Erlangung eines etwaigen Gegenwerts in Anbetracht der Gesamtumstände regelmäßig in den Hintergrund tritt (Anschluss an BFH-Urteil vom 22. Oktober 2009 VI R 7/09, BFHE 226, 536, BStBl. II 2010, 280; entgegen BFH-Urteil vom 10. Oktober 1996 III R 209/94, BFHE 182, 333, BStBl. II 1997, 491).
2. Es ist insbesondere nicht erforderlich, dass die Behinderung auf einem nicht vorhersehbaren Ereignis beruht und deshalb ein schnelles Handeln des Steuerpflichtigen oder seiner Angehörigen geboten ist. Auch die Frage nach zumutbaren Handlungsalternativen stellt sich in solchen Fällen nicht (Fortentwicklung von BFH-Urteil in BFHE 226, 536, BStBl. II 2010, 280).
3. Gegebenenfalls hat das FG zu der Frage, welche baulichen Maßnahmen durch die Behinderung des Steuerpflichtigen oder eines seiner Angehörigen veranlasst sind, und zur Quantifizierung der darauf entfallenden Kosten ein Sachverständigengutachten einzuholen.

BFH vom 16. 12. 2010 VI R 43/10 (BStBl. 2011 II S. 414): Aufwendungen für heterologe künstliche Befruchtung als außergewöhnliche Belastungen – Organisch bedingte Sterilität eines Ehepartners als Krankheit – Linderung einer Krankheit

Aufwendungen eines Ehepaares für eine heterologe künstliche Befruchtung können als außergewöhnliche Belastungen zu berücksichtigen sein (Änderung der Rechtsprechung im BFH-Urteil vom 18. Mai 1999 III R 46/97, BFHE 188, 566, BStBl. II 1999, 761).

BFH v. 9. 12. 2010 VI R 14/09 (BStBl. 2011 II S. 1011): Kosten behinderungsbedingter Heimunterbringung als außergewöhnliche Belastungen

1. Kosten für die behinderungsbedingte Unterbringung in einer sozial-therapeutischen Einrichtung können außergewöhnliche Belastungen sein.
2. Ist das FG auf Grund eines von einem fachkundigen Arzt erstellten Gutachtens von der Notwendigkeit der Unterbringung überzeugt, bedarf es nicht mehr eines amtsärztlichen Attestes.

BFH v. 11. 11. 2010 VI R 17/09 (BStBl. 2011 II S. 969): Verzicht auf mündliche Verhandlung durch beigetretenes BMF entbehrlich; Verzicht auf amtsärztliches Attest; freie Beweiswürdigung; Lese- und Rechtschreibschwäche; Krankheitskostenanteil bei Internatsaufenthalt

1. Der BFH kann mit Einverständnis der originär Beteiligten auch dann ohne mündliche Verhandlung entscheiden, wenn das dem Verfahren beigetretene BMF auf eine solche nicht verzichtet hat.
2. Der erkennende Senat hält an der bisherigen Rechtsprechung des BFH, wonach Aufwendungen nach § 33 EStG nur abzugsfähig sind, wenn die medizinische Indikation der ihnen zugrundeliegenden Behandlung durch ein amtsärztliches oder vertrauensärztliches Gutachten oder ein Attest eines anderen öffentlich-rechtlichen Trägers nachgewiesen ist, nicht länger fest (Änderung der Rechtsprechung).
3. Die erforderlichen Feststellungen und Würdigungen sind vielmehr vom FG nach dem Grundsatz der freien Beweiswürdigung zu treffen. Dabei wird es mangels medizinischer Sachkunde seiner Verpflichtung zur Sachaufklärung regelmäßig durch die Erhebung eines entsprechenden Sachverständigengutachtens gerecht.
4. Von den Beteiligten vorgelegte Sachverständigengutachten sind im finanzgerichtlichen Verfahren als Privatgutachten zu behandeln und damit lediglich als urkundlich belegter Parteivortrag zu würdigen.

§ 33 Rechtsprechung

5. Der Verzicht auf die Inanspruchnahme von staatlichen Transferleistungen steht dem Abzug von Krankheitskosten als außergewöhnliche Belastungen nach § 33 EStG nicht entgegen.

BFH v. 11. 11. 2010 VI R 16/09 (BStBl. 2011 II S. 966): Verzicht auf mündliche Verhandlung durch beigetretenes BMF entbehrlich – Glaubwürdigkeit einer Unterhaltsbescheinigung – Keine Berücksichtigung einer zumutbaren Belastung bei Unterhaltszahlungen – Revisionsrechtliche Bindung an die finanzrichterliche Überzeugungsbildung – Ausreichende Unterhaltszahlungen für ein Leben in der Türkei – Nachweis einer medizinischen Indikation – Gegenwertslehre im Zusammenhang mit dem Austausch von gesundheitsgefährdenden Gegenständen

1. Der BFH kann mit Einverständnis der originär Beteiligten auch dann ohne mündliche Verhandlung entscheiden, wenn das dem Verfahren beigetretene BMF auf eine solche nicht verzichtet hat.
2. Der Abzug von Unterhaltsaufwendungen an im Ausland lebende Eltern als außergewöhnliche Belastung entfällt trotz entsprechender amtlicher Unterhaltsbescheinigung, wenn die Unterhaltsbedürftigkeit der Eltern nicht glaubhaft ist.
3. Reichen die vom Steuerpflichtigen, der angibt, einziger Unterhaltszahler zu sein, gezahlten Beträge nicht aus, um den gesamten Lebensbedarf der Eltern zu decken, müssen diese noch über andere Einnahmen verfügen, die sie verschwiegen haben. Damit entfällt die Glaubwürdigkeit der Unterhaltsbescheinigungen.
4. Zahlungen, die zum Jahresende geleistet worden sind, dürfen zwar wegen des Prinzips der Abschnittsbesteuerung den Gesamtbetrag der Einkünfte dieses Jahres nur anteilig mindern (Anschluss an BFH-Urteil vom 5. Mai 2010 VI R 40/09, BFHE 230, 123). Sie stehen jedoch im Folgejahr zur Deckung des Lebensbedarfs zur Verfügung.

BFH v. 13. 10. 2010 VI R 38/09 (BStBl. 2011 II S. 1010): Heimkosten als außergewöhnliche Belastung

1. Bei einem durch Krankheit veranlassten Aufenthalt in einem Seniorenheim sind die Kosten für die Unterbringung als außergewöhnliche Belastungen gemäß § 33 Abs. 1 EStG abziehbar.
2. Der Aufenthalt kann auch dann krankheitsbedingt sein, wenn keine zusätzlichen Pflegekosten entstanden sind und kein Merkzeichen „H" oder „Bl" im Schwerbehindertenausweis festgestellt ist (gegen BFH-Urteil vom 18. Dezember 2008 III R 12/07, BFH/NV 2009, 1102).

BFH v. 2. 9. 2010 VI R 11/09 (BStBl. 2011 II S. 119): Aufwendungen für eine immunbiologische Krebsabwehrtherapie als außergewöhnliche Belastung

1. Krankheitskosten, denen es objektiv an der Eignung zur Heilung oder Linderung mangelt, können zwangsläufig erwachsen, wenn der Steuerpflichtige an einer Erkrankung mit einer nur noch begrenzten Lebenserwartung leidet, die nicht mehr auf eine kurative Behandlung anspricht.
2. Dies gilt selbst dann, wenn sich der Steuerpflichtige für eine aus schulmedizinischer oder naturheilkundlicher Sicht nicht anerkannte Heilmethode entscheidet.
3. Ihre Grenze findet die Abzugsfähigkeit von Aufwendungen für Außenseitermethoden nach § 33 EStG allerdings, wenn die Behandlung von einer Person vorgenommen wird, die nicht zur Ausübung der Heilkunde zugelassen ist.

BFH v. 28. 4. 2010 VI B 167/09 (BStBl. II S. 747): Zahlungen im Zusammenhang mit dem vorzeitigen Erbausgleich sind keine außergewöhnlichen Belastungen – Fortgeltung des Grundgesetzes – Keine Revisionszulassung wegen behauptetem Verstoß des FG-Urteils gegen die Konvention zum Schutze der Menschenrechte und Grundfreiheiten – Darlegung einer geltend gemachten Verfassungswidrigkeit von § 32a EStG – Schlüssige Rüge eines Verfahrensmangels – Rüge des nicht wirksamen Zustandekommens des EStG wegen behaupteter nicht ordnungsgemäßer Mitwirkung des Parlaments

1. Zahlungen im Zusammenhang mit dem vorzeitigen Erbausgleich des nichtehelichen Kindes nach § 1934d BGB sind unabhängig von den Vermögensverhältnissen des Vaters nicht als außergewöhnliche Belastungen nach § 33 Abs. 1 EStG zu berücksichtigen.
2. Die Frage, ob das Grundgesetz nach Beitritt der neuen Bundesländer außer Kraft getreten sei und es deshalb an Grundlagen für die Verabschiedung von Steuergesetzen und den Erlass von Steuerbescheiden fehle, erlaubt die Zulassung der Revision wegen grundsätzlicher Bedeutung nicht. Diese Rechtsfrage ist nicht klärungsbedürftig, da die Fortgeltung des Grundgesetzes nach dem Beitritt der ehemaligen DDR zur Bundesrepublik Deutschland nicht ernstlich zweifelhaft ist.

BFH v. 21. 4. 2010 VI R 62/08 (BStBl. II S. 965): Mietzahlungen als außergewöhnliche Belastungen

1. Mietzahlungen, die einen zusätzlichen, weiteren Wohnbedarf abdecken, weil die Wohnung, die den existentiellen, ersten Wohnbedarf abdecken sollte, nicht mehr bewohnbar ist, können außergewöhnliche und aus tatsächlichen Gründen zwangsläufige Aufwendungen sein.

Rechtsprechung § 33

2. Aufwendungen für einen weiteren, zusätzlichen Wohnbedarf können nur für den Zeitraum als außergewöhnliche Belastung anerkannt werden, der erforderlich ist, die dem ersten Wohnbedarf gewidmete Wohnung wieder in einen bewohnbaren Zustand zu versetzen. Ist eine Wiederherstellung der Bewohnbarkeit nicht möglich, so sind die Aufwendungen für den weiteren Wohnbedarf nur bis zu dem Zeitpunkt anzuerkennen, in dem dem Steuerpflichtigen dies bewusst wird.

BFH v. 15. 4. 2010 VI R 51/09 (BStBl. II S. 794): Heimkosten des nicht pflegebedürftigen Ehegatten keine außergewöhnlichen Belastungen – Zwangsläufigkeit i.S. des § 33 Abs. 2 Satz 1 EStG – Keine Zwangsläufigkeit aufgrund ehelicher Gemeinschaft oder sittlicher Verpflichtung – Höhe der Heimunterbringungskosten – Berücksichtigung einer Haushaltsersparnis

1. Aufwendungen des nicht pflegebedürftigen Steuerpflichtigen, der mit seinem pflegebedürftigen Ehegatten in ein Wohnstift übersiedelt, erwachsen nicht zwangsläufig i.s. des § 33 Abs. 2 Satz 1 EStG.
2. Eine Zwangsläufigkeit aus tatsächlichen Gründen ist ausgeschlossen, weil der Umzug in das Pflegeheim auf einer freien Entschließung beruht. Eine tatsächliche Zwangslage i.s. des § 33 Abs. 2 Satz 1 EStG kann aber nur durch ein unausweichliches Ereignis tatsächlicher Art begründet werden, nicht durch eine maßgeblich vom menschlichen Willen beeinflusste Situation.
3. Die Verpflichtung zu ehelicher Gemeinschaft gemäß § 1353 Abs. 1 Satz 2 BGB begründet keine Rechtspflicht des Steuerpflichtigen i.S. des § 33 Abs. 2 Satz 1 EStG, seinen pflegebedürftigen Ehegatten in ein Pflegeheim zu begleiten. Eine unausweichliche sittliche Verpflichtung hierzu besteht ebenfalls nicht.
4. Werden Kosten einer Heimunterbringung dem Grunde nach als außergewöhnliche Belastung (Krankheitskosten) berücksichtigt, sind sie nur insoweit gemäß § 33 Abs. 1 EStG abziehbar, als sie die zumutbare Belastung (§ 33 Abs. 3 EStG) sowie die sog. Haushaltsersparnis übersteigen. Dies gilt selbst dann, wenn durch die Heimunterbringung zusätzliche Kosten der Lebensführung entstanden sind.

BFH v. 11. 2. 2010 VI R 61/08 (BStBl. II S. 621): Zwangsläufigkeit von Aufwendungen für behindertes Kind bei Unzumutbarkeit des Einsatzes eigenen Vermögens – Maßvolle Vermögensbildung zur Altersvorsorge – Keine Anwendung des § 33a Abs. 1 Satz 3 EStG im Rahmen von § 33 EStG – Zusätzlicher Abzug nach § 33 EStG bei Übertragung des Behinderten-Pauschbetrags

1. Unterhaltsaufwendungen sind nur dann zwangsläufig, wenn die unterhaltene Person außerstande ist, sich selbst zu unterhalten. Grundsätzlich ist das volljährige Kind verpflichtet, seinen Vermögensstamm im Rahmen des Zumutbaren zu verwerten, bevor es seine Eltern auf Unterhalt in Anspruch nimmt.
2. Ein schwerbehindertes Kind, das angesichts der Schwere und der Dauer seiner Erkrankung seinen Grundbedarf und behinderungsbedingten Mehrbedarf nicht selbst zu decken in der Lage ist, darf zur Altersvorsorge maßvoll Vermögen bilden (Anschluss an BFH-Urteil vom 30. Oktober 2008 III R 97/06, BFH/NV 2009, 728).
3. Die das eigene Vermögen des Unterhaltsempfängers betreffende Bestimmung des § 33a Abs. 1 Satz 3 EStG kommt im Rahmen des § 33 EStG nicht eigens zur Anwendung.
4. Im Fall der Übertragung des Behinderten-Pauschbetrags kann der Steuerpflichtige Aufwendungen für sein behindertes Kind gemäß § 33 EStG zusätzlich abziehen.

BFH v. 17. 12. 2009 VI R 63/08 (BStBl. 2010 II S. 341): Studiengebühren sind keine außergewöhnlichen Belastungen

1. Studiengebühren für den Besuch einer (privaten) Hochschule sind weder nach § 33a Abs. 2 EStG noch nach § 33 EStG als außergewöhnliche Belastung abziehbar.
2. Das Abzugsverbot begegnet keinen verfassungsrechtlichen Bedenken. Vielmehr hat der Gesetzgeber dem Ausbildungsbedarf von Kindern in § 32 Abs. 6 Satz 1 2. Halbsatz EStG und § 33a Abs. 2 EStG – jedenfalls im Streitjahr – ausreichend Rechnung getragen.
3. § 33a Abs. 2 EStG ist eine zusätzliche Ausbildungskomponente im Familienleistungsausgleich. Eine isolierte Betrachtung der Verfassungsmäßigkeit dieser Vorschrift scheidet damit aus.

BFH v. 3. 12. 2009 VI R 58/07 (BStBl. 2010 II S. 531): Keine Angaben zu außergewöhnlichen Belastungen; grobes Verschulden des steuerlichen Beraters

1. Einem Steuerberater kann ein grobes Verschulden am nachträglichen Bekanntwerden von Zahnbehandlungskosten zur Last fallen, wenn er es unterlässt, seinen Mandanten nach solchen Aufwendungen zu fragen.

§ 33 Rechtsprechung

2. Die Verpflichtung nachzufragen entfällt auch nicht dadurch, dass ein Dritter Angaben und Unterlagen für den Steuerpflichtigen beibringt.

BFH v. 22. 10. 2009 VI R 7/09 (BStBl. 2010 II S. 280): Behinderungsbedingte Umbaumaßnahmen als außergewöhnliche Belastungen

Aufwendungen für den behindertengerechten Umbau eines Hauses können als außergewöhnliche Belastungen abziehbar sein, wenn sie so stark unter dem Gebot der sich aus der Situation ergebenden Zwangsläufigkeit stehen, dass die etwaige Erlangung eines Gegenwertes in Anbetracht der Gesamtumstände des Einzelfalles in den Hintergrund tritt.

BFH v. 26. 3. 2009 VI R 59/08 (BStBl. II S. 808): Es ist verfassungsrechtlich nicht zu beanstanden, dass die zumutbare Belastung bei getrennter Veranlagung von Ehegatten vom Gesamtbetrag der Einkünfte beider Ehegatten berechnet wird.

BFH v. 19. 6. 2008 III R 57/05 (BStBl. 2009 II S. 365):

1. Aufwendungen für den typischen Unterhaltsbedarf - insbesondere Ernährung, Kleidung, Wohnung, Hausrat, Versicherungen - einer dem Steuerpflichtigen gegenüber unterhaltsberechtigten Person können nur nach § 33a Abs. 1 EStG abgezogen werden; Unterhaltsleistungen, mit denen ein besonderer und außergewöhnlicher Bedarf abgedeckt wird – z.B. Krankheits- oder Pflegekosten – dagegen nach § 33 EStG.
2. Die Abgrenzung der typischen von den untypischen Unterhaltsaufwendungen richtet sich nach deren Anlass und Zweckbestimmung, nicht nach deren Zahlungsweise. Die Abfindung der Unterhaltsansprüche des geschiedenen oder getrennt lebenden Ehegatten fällt daher auch dann unter § 33a Abs. 1 EStG, wenn der Steuerpflichtige dazu verpflichtet ist.

BFH v. 18. 10. 2007 VI R 42/04 (BStBl. 2008 II S. 223):

1. Strafverteidigungskosten sind Erwerbsaufwendungen, wenn der strafrechtliche Vorwurf, gegen den sich der Steuerpflichtige zur Wehr setzt, durch sein berufliches Verhalten veranlasst war.
2. Auf einer Honorarvereinbarung beruhende Strafverteidigungskosten führen nicht zu einer außergewöhnlichen Belastung, soweit sie nach einem Freispruch des Steuerpflichtigen nicht der Staatskasse zur Last fallen.

BFH v. 27. 9. 2007 III R 28/05 (BStBl. 2008 II S. 287): Aufwendungen eines Elternteils für Besuche seiner bei dem anderen Elternteil lebenden Kinder sind nicht als außergewöhnliche Belastung abziehbar (Fortführung des Senatsurteils vom 28. März 1996 III R 208/94, BFHE 180, 551, BStBl. II 1997, 54).

BFH v. 21. 6. 2007 III R 48/04 (BStBl. II S. 880):

1. Aufwendungen für Diätverpflegung sind nach dem eindeutigen Wortlaut des § 33 Abs. 2 Satz 3 EStG und der Entstehungsgeschichte der Ausschlussnorm ausnahmslos nicht als außergewöhnliche Belastung abziehbar (Bestätigung der Rechtsprechung). Dies gilt auch für Sonderdiäten, die – wie z. B. bei der Zöliakie (Glutenunverträglichkeit) – eine medikamentöse Behandlung ersetzen.
2. Gegen das gesetzliche Verbot der Berücksichtigung von Aufwendungen für Diätverpflegung bestehen keine verfassungsrechtlichen Bedenken.

BFH v. 10. 5. 2007 III R 47/05 (BStBl. II S. 871): Aufwendungen einer nicht verheirateten empfängnisunfähigen Frau für Maßnahmen zur Sterilitätsbehandlung durch sog. In-vitro-Fertilisation sind als außergewöhnliche Belastung abziehbar, wenn die Maßnahmen in Übereinstimmung mit den Richtlinien der ärztlichen Berufsordnungen vorgenommen werden (Änderung der Rechtsprechung).

BFH v. 10. 5. 2007 III R 39/05 (BStBl. II S. 764): Wer in einem Wohn- und Pflegeheim untergebracht ist, kann die ihm gesondert in Rechnung gestellten Pflegesätze, die das Heim mit dem Sozialhilfeträger für pflegebedürftige Personen der sog. Pflegestufe 0 vereinbart hat, als außergewöhnliche Belastung abziehen.

Schwebende Verfahren

BVerfG 2 BvR 295/14 (BFH-Webseite): Keine Abziehbarkeit von Aufwendungen für Reisen an ausländische Ferienorte zur Erholung und Anfertigung von Lehrbüchern - Aufwendungen eines Schwerbehinderten für eine Begleitperson bei Reisen als außergewöhnliche Belastung.

BFH VI R 93/13 (BFH-Webseite): Sind im Zusammenhang mit einem Erbschaftsverfahren und einem Verfahren wegen der Höhe der Rechtsanwaltsvergütung angefallene Rechtsanwaltskosten als außergewöhnliche Belastung abzugsfähig? – Praktikabilität der Einschätzung der Erfolgsaussichten durch die Finanzverwaltung.

Rechtsprechung § 33

BFH VI R 89/13 (BFH-Webseite): Sind Aufwendungen für ärztlich verordnete Vitamine und andere Mikronährstoffe zur Behandlung einer chronischen Stoffwechselstörung als außergewöhnliche Belastung abzugsfähig bzw. gemäß § 33 Abs. 2 Satz 3 EStG vom Abzug ausgeschlossen?

BFH VI R 85/13 (BFH-Webseite): Sind die Kosten einer medizinisch erforderlichen auswärtigen Unterbringung eines Kindes in einem Heim mit teilweisem Internatscharakter als außergewöhnliche Belastung abzugsfähig und sind diese um eine Haushaltsersparnis zu kürzen?

BFH VI R 83/13 (BFH-Webseite): Sind im Zusammenhang mit einem Prozess wegen mangelhafter Bauleistungen am Eigenheim angefallene Gerichts- und Rechtsanwaltskosten als außergewöhnliche Belastung abzugsfähig?

BFH VI R 78/13 (BFH-Webseite): Sind im Zusammenhang mit einem Arzthaftungsprozess angefallene Gutachterkosten als außergewöhnliche Belastung abzugsfähig? – Praktikabilität der Einschätzung der Erfolgsaussichten durch die Finanzverwaltung.

BFH VI R 70/14 (BFH-Webseite): Sind im Zusammenhang mit einem Zivilprozess wegen Erbschaftsstreitigkeiten angefallene Gerichts- und Rechtsanwaltskosten als außergewöhnliche Belastung abzugsfähig?

BFH VI R 68/14 (BFH-Webseite): Handelt es sich bei der Liposuktion um eine wissenschaftlich anerkannte Methode zur Behandlung eines Lipödems, so dass die entsprechenden Aufwendungen ohne die Nachweiserfordernisse des § 64 Abs. 1 Nr. 2 Satz 1 Buchst. f EStDV als außergewöhnliche Belastung abziehbar sind?

BFH VI R 66/14 (BFH-Webseite): Sind im Zusammenhang mit der Scheidung angefallene Gerichts- und Rechtsanwaltskosten nach Satz 4 des § 33 Abs. 2 EStG, der durch das Amtshilferichtlinie-Umsetzungsgesetz vom 26.6.2013 neu eingefügt wurde und ab dem Veranlagungszeitraum 2013 anzuwenden ist, als außergewöhnliche Belastung abzugsfähig?

BFH VI R 65/14 (BFH-Webseite): Sind im Zusammenhang mit einem Zivilprozess wegen Herabsetzung des nachehelichen Ehegatten- und Kindesunterhalts angefallene Gerichts- und Rechtsanwaltskosten (hier: Abschluss durch Vergleich) als außergewöhnliche Belastung abzugsfähig? - Praktikabilität der Einschätzung der Erfolgsaussichten durch die Finanzverwaltung.

BFH III R 62/13 (BFH-Webseite):
1. Ist die Besteuerung Alleinerziehender nach dem Grundtarif gemäß § 25 EStG anstelle einer Besteuerung nach dem Splittingtarif gemäß §§ 26, 26b EStG als Verstoß gegen das Grundrecht auf Schutz (der Ehe und) der Familie gemäß Art. 6 Abs. 1 GG anzusehen?
2. Ist die Kürzung von Krankheitskosten als außergewöhnliche Belastungen i.S.d. § 33 Abs. 1 EStG um die sog. zumutbaren Belastungen gemäß § 33 Abs. 3 EStG als Verstoß gegen das aus Art. 3 GG abzuleitende Leistungsfähigkeitsprinzip anzusehen?

BFH VI R 60/14 (BFH-Webseite): Sind Aufwendungen für die Reparatur eines PKW-Motors (Laufleistung ca. 76 000 km) im Rahmen der außergewöhnlichen Belastungen – über den Ansatz der Kilometerpauschbeträge hinaus – als behinderungsbedingte Fahrtkosten abzugsfähig?

BFH VI R 52/14 (BFH-Webseite): Sind im Zusammenhang mit einem Bauprozess angefallene Gerichts-, Sachverständigen- und Rechtsanwaltskosten als außergewöhnliche Belastung abzugsfähig?

BFH X R 43/14 (BFH-Webseite): Ist es von Verfassungs wegen geboten, Selbstbehalte bei Krankenversicherungen ohne Kürzung um eine zumutbare Belastung zum Abzug als außergewöhnliche Belastung zuzulassen bzw. als Sonderausgabe zu berücksichtigen?

BFH VI R 42/14 (BFH-Webseite): Sind im Zusammenhang mit einem Zivilprozess wegen Schadensersatz und Schmerzensgeld aufgrund eines mit einem nicht verkehrssicheren Fahrrad erlittenen Verkehrsunfalls angefallene Kosten als außergewöhnliche Belastung i.S.d. § 33 EStG abzugsfähig?

Muss der Nachweis der Zwangsläufigkeit einer nach dem sog. FPZ-KONZEPT analysegestützten Wirbelsäulentherapie gemäß § 64 Abs. 1 Nr. 2 EStDV durch ein/eine vor Einleitung dieser Maßnahme ausgestelltes amtsärztliches Gutachten/ärztliche Bescheinigung eines medizinischen Dienstes erbracht werden?

BFH VI R 34/14 (BFH-Webseite): Sind im Zusammenhang mit Zivilprozessen wegen einer behaupteten Darlehensforderung und eines geltend gemachten Zugewinnausgleichs angefallene Gerichts- und Rechtsanwaltskosten als außergewöhnliche Belastung abzugsfähig?

§ 33 Rechtsprechung

BFH VI R 31/14 (BFH-Webseite): Umfasst die Regelung des § 64 Abs. 1 Nr. 2 Satz 1 Buchst. c EStDV auch die vollstationäre Unterbringung verhaltensauffälliger Jugendlicher in einer Einrichtung der Jugendhilfe? – Ist die rückwirkende Anwendung von § 33 Abs. 4 EStG i.V.m. § 64 EStDV i.d.F. des StVereinfG 2011 im Veranlagungszeitraum 2009 und 2010 mit dem GG vereinbar?

BFH VI R 26/14 (BFH-Webseite): Ist unabhängig von der persönlichen Perspektive des Steuerpflichtigen jeder mit ausreichender Erfolgsaussicht geführte Zivilprozess auch bei Abschluss eines Vergleichs (hier: Scheidungsfolgekosten) als zwangsläufig i.S.d. § 33 EStG anzusehen? – Praktikabilität der Einschätzung der Erfolgsaussichten durch die Finanzverwaltung.

BFH VI R 17/14 (BFH-Webseite): Sind im Zusammenhang mit einem Erbscheinsverfahren angefallene Rechtsanwalts- und Gerichtskosten als außergewöhnliche Belastung abzugsfähig? – Steht der Gegenwert der Erbschaft der Anerkennung der Prozesskosten als außergewöhnliche Belastung entgegen?

BFH VI R 71/13 (BFH-Webseite):
1. Ist es nach dem Grundsatz der Besteuerung nach der Leistungsfähigkeit von Verfassungs wegen geboten, Einkommen, das für Krankheitskosten verwendet wird, die in Zusammenhang mit der Abwehr bzw. Erträglichmachung einer tödlichen Krankheit entstanden sind, von der Besteuerung freizustellen bzw. verstößt die Kürzung der als außergewöhnliche Belastung zu berücksichtigenden Kosten um die zumutbare Belastung gemäß § 33 Abs. 1 und 3 EStG gegen die Verfassung?
2. Ist die in Ermangelung eines Nachweises gemäß § 64 EStDV n.F. erfolgte Versagung des Abzugs von in Zusammenhang mit einer Krebserkrankung entstandenen Krankheitskosten im Streitjahr 2009 rechtmäßig, wenn im Rückwirkungszeitraum des § 64 EStDV n.F. im Vertrauen auf die BFH-Rechtsprechung disponiert wurde und ein von einem Arzt ausgestelltes Privatrezept sowie die schriftliche Bestätigung des Arztes zur medizinischen Notwendigkeit bei einer tödlichen Erkrankung vorliegt?
3. Verstößt die Versagung des Abzugs von Kosten für die Beerdigung der Ehefrau als außergewöhnliche Belastung mit der Begründung, dass die Kosten aus dem Nachlass bestritten werden konnten, gegen das grundgesetzliche Diskriminierungsverbot der Ehe (Art. 6 Abs. 1 GG)?

BFH VIII R 52/13 (BFH-Webseite): Ist es von Verfassungs wegen geboten, Krankheitskosten, die der Abwehr bzw. Erträglichmachung einer tödlichen Krankheit dienen, ohne Kürzung um eine zumutbare Belastung zum Abzug als außergewöhnliche Belastung zuzulassen? Verstößt die rückwirkende Geltung des § 64 EStDV i.d.F. des StVereinfG 2011 beim Kläger gegen schützenswertes Vertrauen und damit gegen Verfassungsrecht?

BFH VI R 33/13 (BFH-Webseite): Verfassungsmäßigkeit der Berücksichtigung der zumutbaren Belastung bei Arzneimittelzuzahlungen und der sog. Praxisgebühr: Sind Krankheitskosten, soweit sie dem sozialhilfegleichen Versorgungsniveau entsprechen, unter Anwendung der Grundsätze des Beschlusses des Bundesverfassungsgerichts vom 13.2.2008 2 BvL 1/06 (BVerfGE 120, 125) ohne Abzug der zumutbaren Belastung als außergewöhnliche Belastungen zu berücksichtigen?

BFH VI R 32/13 (BFH-Webseite): Ist es von Verfassungs wegen geboten, zwangsläufige Krankheitskosten – hilfsweise jedenfalls diejenigen Krankheitskosten, die zur Erlangung eines sozialhilferechtlichen Versorgungsniveaus erforderlich sind – ohne Kürzung um eine zumutbare Belastung zum Abzug als außergewöhnliche Belastung zuzulassen?

BFH VI R 66/12 (BFH-Webseite): Ist unabhängig vom Prozessgegenstand und den Hintergründen des Prozesses jeder mit ausreichender Erfolgsaussicht geführte Zivilprozess als zwangsläufig i.S.d. § 33 EStG anzusehen?

BFH VI R 60/11 (BFH-Webseite): Können Adoptionskosten als außergewöhnliche Belastung berücksichtigt werden? – Gleichstellung mit Fällen einer heterologen Insemination?

§ 33a

§ 33a Außergewöhnliche Belastung in besonderen Fällen

(1) ¹Erwachsen einem Steuerpflichtigen Aufwendungen für den Unterhalt und eine etwaige Berufsausbildung einer dem Steuerpflichtigen oder seinem Ehegatten gegenüber gesetzlich unterhaltsberechtigten Person, so wird auf Antrag die Einkommensteuer dadurch ermäßigt, dass die Aufwendungen bis zu 8 354 Euro im Kalenderjahr vom Gesamtbetrag der Einkünfte abgezogen werden. ²Der Höchstbetrag nach Satz 1 erhöht sich um den Betrag der im jeweiligen Veranlagungszeitraum nach § 10 Absatz 1 Nummer 3 für die Absicherung der unterhaltsberechtigten Person aufgewandten Beiträge; dies gilt nicht für Kranken- und Pflegeversicherungsbeiträge, die bereits nach § 10 Absatz 1 Nummer 3 Satz 1 anzusetzen sind. ³Der gesetzlich unterhaltsberechtigten Person gleichgestellt ist eine Person, wenn bei ihr zum Unterhalt bestimmte inländische öffentliche Mittel mit Rücksicht auf die Unterhaltsleistungen des Steuerpflichtigen gekürzt werden. ⁴Voraussetzung ist, dass weder der Steuerpflichtige noch eine andere Person Anspruch auf einen Freibetrag nach § 32 Absatz 6 oder auf Kindergeld für die unterhaltene Person hat und die unterhaltene Person kein oder nur ein geringes Vermögen besitzt; ein angemessenes Hausgrundstück im Sinne von § 90 Absatz 2 Nummer 8 des Zwölften Buches Sozialgesetzbuch bleibt unberücksichtigt. ⁵Hat die unterhaltene Person andere Einkünfte oder Bezüge, so vermindert sich die Summe der nach Satz 1 und Satz 2 ermittelten Beträge um den Betrag, um den diese Einkünfte und Bezüge den Betrag von 624 Euro im Kalenderjahr übersteigen, sowie um die von der unterhaltenen Person als Ausbildungshilfe aus öffentlichen Mitteln oder von Förderungseinrichtungen, die hierfür öffentliche Mittel erhalten, bezogenen Zuschüsse; zu den Bezügen gehören auch steuerfreie Gewinne nach den §§ 14, 16 Absatz 4, § 17 Absatz 3 und § 18 Absatz 3, die nach § 19 Absatz 2 steuerfrei bleibenden Einkünfte sowie Sonderabschreibungen und erhöhte Absetzungen, soweit sie die höchstmöglichen Absetzungen für Abnutzung nach § 7 übersteigen. ⁶Ist die unterhaltene Person nicht unbeschränkt einkommensteuerpflichtig, so können die Aufwendungen nur abgezogen werden, soweit sie nach den Verhältnissen des Wohnsitzstaats der unterhaltenen Person notwendig und angemessen sind, höchstens jedoch der Betrag, der sich nach den Sätzen 1 bis 5 ergibt; ob der Steuerpflichtige zum Unterhalt gesetzlich verpflichtet ist, ist nach inländischen Maßstäben zu beurteilen. ⁷Werden die Aufwendungen für eine unterhaltene Person von mehreren Steuerpflichtigen getragen, so wird bei jedem der Teil des sich hiernach ergebenden Betrags abgezogen, der seinem Anteil am Gesamtbetrag der Leistungen entspricht. ⁸Nicht auf Euro lautende Beträge sind entsprechend dem für Ende September des Jahres vor dem Veranlagungszeitraum von der Europäischen Zentralbank bekannt gegebenen Referenzkurs umzurechnen. ⁹Voraussetzung für den Abzug der Aufwendungen ist die Angabe der erteilten Identifikationsnummer (§ 139b der Abgabenordnung) der unterhaltenen Person in der Steuererklärung des Unterhaltsleistenden, wenn die unterhaltene Person der unbeschränkten oder beschränkten Steuerpflicht unterliegt. ¹⁰Die unterhaltene Person ist für diese Zwecke verpflichtet, dem Unterhaltsleistenden ihre erteilte Identifikationsnummer (§ 139b der Abgabenordnung) mitzuteilen. Kommt die unterhaltene Person dieser Verpflichtung nicht nach, ist der Unterhaltsleistende berechtigt, bei der für ihn zuständigen Finanzbehörde die Identifikationsnummer der unterhaltenen Person zu erfragen.

(2) ¹Zur Abgeltung des Sonderbedarfs eines sich in Berufsausbildung befindenden, auswärtig untergebrachten, volljährigen Kindes, für das Anspruch auf einen Freibetrag nach § 32 Absatz 6 oder Kindergeld besteht, kann der Steuerpflichtige einen Freibetrag in Höhe von 924 Euro je Kalenderjahr vom Gesamtbetrag der Einkünfte abziehen. ²Für ein nicht unbeschränkt einkommensteuerpflichtiges Kind mindert sich der vorstehende Betrag nach Maßgabe des Absatzes 1 Satz 6. ³Erfüllen mehrere Steuerpflichtige für dasselbe Kind die Voraussetzungen nach Satz 1, so kann der Freibetrag insgesamt nur einmal abgezogen werden. ⁴Jedem Elternteil steht grundsätzlich die Hälfte des Abzugsbetrags nach den Sätzen 1 und 2 zu. ⁵Auf gemeinsamen Antrag der Eltern ist eine andere Aufteilung möglich.

(3) ¹Für jeden vollen Kalendermonat, in dem die in den Absätzen 1 und 2 bezeichneten Voraussetzungen nicht vorgelegen haben, ermäßigen sich die dort bezeichneten Beträge um je ein Zwölftel. ²Eigene Einkünfte und Bezüge der nach Absatz 1 unterhaltenen Person, die auf diese Kalendermonate entfallen, vermindern den nach Satz 1 ermäßigten Höchstbetrag

nicht. ³Als Ausbildungshilfe bezogene Zuschüsse der nach Absatz 1 unterhaltenen Person mindern nur den zeitanteiligen Höchstbetrag der Kalendermonate, für die sie bestimmt sind.

(4) In den Fällen der Absätze 1 und 2 kann wegen der in diesen Vorschriften bezeichneten Aufwendungen der Steuerpflichtige eine Steuerermäßigung nach § 33 nicht in Anspruch nehmen.

Hinweise

LStH 33a *Außergewöhnliche Belastung in besonderen Fällen*
→ *R 33a EStR, H 33a EStH*

EStR 2012

R 33a.1 Aufwendungen für den Unterhalt und eine etwaige Berufsausbildung[1]
Gesetzlich unterhaltsberechtigte Person
(1) ¹Gesetzlich unterhaltsberechtigt sind Personen, denen gegenüber der Steuerpflichtige nach dem BGB oder dem LPartG unterhaltsverpflichtet ist. ²Somit müssen die zivilrechtlichen Voraussetzungen eines Unterhaltsanspruchs vorliegen und die Unterhaltskonkurrenzen beachtet werden. ³Für den Abzug ist dabei die tatsächliche Bedürftigkeit des Unterhaltsempfängers erforderlich (sog. konkrete Betrachtungsweise). ⁴Eine Prüfung, ob im Einzelfall tatsächlich ein Unterhaltsanspruch besteht, ist aus Gründen der Verwaltungsvereinfachung nicht erforderlich, wenn die unterstützte Person unbeschränkt steuerpflichtig sowie dem Grunde nach (potenziell) unterhaltsberechtigt ist, tatsächlich Unterhalt erhält und alle übrigen Voraussetzungen des § 33a Abs. 1 EStG vorliegen; insoweit wird die Bedürftigkeit der unterstützten Person typisierend unterstellt. ⁵Gehört die unterhaltsberechtigte Person zum Haushalt des Steuerpflichtigen, kann regelmäßig davon ausgegangen werden, dass ihm dafür Unterhaltsaufwendungen in Höhe des maßgeblichen Höchstbetrags erwachsen.

Arbeitskraft und Vermögen
(2) ¹Die zu unterhaltende Person muss zunächst ihr eigenes Vermögen, wenn es nicht geringfügig ist, einsetzen und verwerten. ²Hinsichtlich des vorrangigen Einsatzes und Verwertung der eigenen Arbeitskraft ist Absatz 1 Satz 4 entsprechend anzuwenden. ³Als geringfügig kann in der Regel ein Vermögen bis zu einem gemeinen Wert (Verkehrswert) von 15 500 Euro angesehen werden. ⁴Dabei bleiben außer Betracht:
1. Vermögensgegenstände, deren Veräußerung offensichtlich eine Verschleuderung bedeuten würde,
2. Vermögensgegenstände, die einen besonderen persönlichen Wert, z. B. Erinnerungswert, für den Unterhaltsempfänger haben oder zu seinem Hausrat gehören, und ein angemessenes Hausgrundstück im Sinne von § 90 Abs. 2 Nr. 8 SGB XII, wenn der Unterhaltsempfänger das Hausgrundstück allein oder zusammen mit Angehörigen bewohnt, denen es nach seinem Tode weiter als Wohnung dienen soll.

Einkünfte und Bezüge
(3) ¹Einkünfte sind stets in vollem Umfang zu berücksichtigen, also auch soweit sie zur Bestreitung des Unterhalts nicht zur Verfügung stehen oder die Verfügungsbefugnis beschränkt ist. ²Dies gilt auch für Einkünfte, die durch unvermeidbare Versicherungsbeiträge des Kindes gebunden sind. ³Bezüge i. S. v. § 33a Abs. 1 Satz 5 EStG sind alle Einnahmen in Geld oder Geldeswert, die nicht im Rahmen der einkommensteuerrechtlichen Einkunftsermittlung erfasst werden. ⁴Zu diesen Bezügen gehören insbesondere:
1. Kapitalerträge i. S. d. § 32d Abs. 1 EStG ohne Abzug des Sparer-Pauschbetrags nach § 20 Abs. 9 EStG,
2. die nicht der Besteuerung unterliegenden Teile der Leistungen (§ 22 Nr. 1 Satz 3 Buchstabe a Doppelbuchstabe aa EStG) und die Teile von Leibrenten, die den Ertragsanteil nach § 22 Nr. 1 Satz 3 Buchstabe a Doppelbuchstabe bb EStG übersteigen,
3. Einkünfte und Leistungen, soweit sie dem Progressionsvorbehalt unterliegen,

---
[1] Hinweis auf BMF-Schreiben vom 7.6.2010 (BStBl. I S. 582) betr. allgemeine Hinweise zur Berücksichtigung von Unterhaltsaufwendungen nach § 33a Abs. 1 EStG als außergewöhnliche Belastung und vom 7.6.2010 (BStBl. I S. 588) betr. Berücksichtigung von Aufwendungen für den Unterhalt von Personen im Ausland als außergewöhnliche Belastung nach § 33a Abs. 1 EStG.

4. steuerfreie Einnahmen nach § 3 Nr. 1 Buchstabe a, Nr. 2b, 3, 5, 6, 11, 27, 44, 58 und § 3b EStG,
5. die nach § 3 Nr. 40 und 40a EStG steuerfrei bleibenden Beträge abzüglich der damit in Zusammenhang stehenden Aufwendungen i. S. d. § 3c EStG,
6. pauschal besteuerte Bezüge nach § 40a EStG,
7. Unterhaltsleistungen des geschiedenen oder dauernd getrennt lebenden Ehegatten, soweit sie nicht als sonstige Einkünfte i. S. d. § 22 Nr. 1a EStG erfasst sind,
8. Zuschüsse eines Trägers der gesetzlichen Rentenversicherung zu den Aufwendungen eines Rentners für seine Krankenversicherung.

⁵Bei der Feststellung der anzurechnenden Bezüge sind aus Vereinfachungsgründen insgesamt 180 Euro im Kalenderjahr abzuziehen, wenn nicht höhere Aufwendungen, die im Zusammenhang mit dem Zufluss der entsprechenden Einnahmen stehen, nachgewiesen oder glaubhaft gemacht werden. ⁶Ein solcher Zusammenhang ist z. B. bei Kosten eines Rechtsstreits zur Erlangung der Bezüge und bei Kontoführungskosten gegeben.

Opfergrenze, Ländergruppeneinteilung
(4) ¹Die → Opfergrenze ist unabhängig davon zu beachten, ob die unterhaltene Person im Inland oder im Ausland lebt. ²Die nach § 33a Abs. 1 Satz 6 EStG maßgeblichen Beträge sind anhand der → Ländergruppeneinteilung¹⁾ zu ermitteln.

Erhöhung des Höchstbetrages für Unterhaltsleistungen um Beiträge zur Kranken- und Pflegeversicherung
(5) ¹Der Höchstbetrag nach § 33a Abs. 1 Satz 1 EStG erhöht sich um die für die Absicherung der unterhaltsberechtigten Person aufgewandten Beiträge zur Kranken- und Pflegeversicherung nach § 10 Abs. 1 Nr. 3 EStG, wenn für diese beim Unterhaltsleistenden kein Sonderausgabenabzug möglich ist. ²Dabei ist es nicht notwendig, dass die Beiträge tatsächlich von dem Unterhaltsverpflichteten gezahlt oder erstattet wurden. ³Für diese Erhöhung des Höchstbetrages genügt es, wenn der Unterhaltsverpflichtete seiner Unterhaltsverpflichtung nachkommt. ⁴Die Gewährung von Sachunterhalt (z. B. Unterkunft und Verpflegung) ist ausreichend.

R 33a.2 Freibetrag zur Abgeltung des Sonderbedarfs eines sich in Berufsausbildung befindenden, auswärtig untergebrachten, volljährigen Kindes

Allgemeines
(1) ¹Den Freibetrag nach § 33a Abs. 2 EStG kann nur erhalten, wer für das in Berufsausbildung befindliche Kind **einen Anspruch auf** einen Freibetrag nach § 32 Abs. 6 EStG oder Kindergeld **hat**. ²Der Freibetrag nach § 33a Abs. 2 EStG kommt daher für Kinder i.S.d. § 63 Abs. 1 EStG in Betracht.

Auswärtige Unterbringung
(2) ¹Eine auswärtige Unterbringung i. S. d. § 33a Abs. 2 Satz 1 EStG liegt vor, wenn ein Kind außerhalb des Haushalts der Eltern wohnt. ²Dies ist nur anzunehmen, wenn für das Kind außerhalb des Haushalts der Eltern eine Wohnung ständig bereitgehalten und das Kind auch außerhalb des elterlichen Haushalts verpflegt wird. ³Seine Unterbringung muss darauf angelegt sein, die räumliche Selbständigkeit des Kindes während seiner ganzen Ausbildung, z.B. eines Studiums, oder eines bestimmten Ausbildungsabschnitts, z.B. eines Studiensemesters oder -trimesters, zu gewährleisten. ⁴Voraussetzung ist, dass die auswärtige Unterbringung auf eine gewisse Dauer angelegt ist. ⁵Auf die Gründe für die auswärtige Unterbringung kommt es nicht an.

R 33a.3 Zeitanteilige Ermäßigung nach § 33a Abs. 3 EStG

Ansatz bei unterschiedlicher Höhe des Höchstbetrags nach § 33a Abs. 1 EStG oder des Freibetrags nach § 33a Abs. 2 EStG

(1) Ist in einem Kalenderjahr der Höchstbetrag nach § 33a Abs. 1 EStG oder der Freibetrag nach § 33a Abs. 2 EStG in unterschiedlicher Höhe anzusetzen, z. B. bei Anwendung der Ländergruppeneinteilung für einen Teil des Kalenderjahres, wird für den Monat, in dem die geänderten Voraussetzungen eintreten, der jeweils höhere Betrag angesetzt.

Aufteilung der eigenen Einkünfte und Bezüge
(2) ¹Der Jahresbetrag der eigenen Einkünfte und Bezüge ist für die Anwendung des § 33a Abs. 3 Satz 2 EStG wie folgt auf die Zeiten innerhalb und außerhalb des Unterhaltszeitraums aufzuteilen:

1. Einkünfte aus nichtselbständiger Arbeit, sonstige Einkünfte sowie Bezüge nach dem Verhältnis der in den jeweiligen Zeiträumen zugeflossenen Einnahmen; die Grundsätze des § 11 Abs. 1 EStG gelten

---
1) Anlage § 001-01.

§ 33a

entsprechend; Pauschbeträge nach § 9a EStG und die Kostenpauschale nach R 33a.1 Abs. 3 sind hierbei zeitanteilig anzusetzen;

2. andere Einkünfte auf jeden Monat des Kalenderjahres mit einem Zwölftel.

²Der Steuerpflichtige kann jedoch nachweisen, dass eine andere Aufteilung wirtschaftlich gerechtfertigt ist, wie es z.B. der Fall ist, wenn bei Einkünften aus selbständiger Arbeit die Tätigkeit erst im Laufe des Jahres aufgenommen wird oder wenn bei Einkünften aus nichtselbständiger Arbeit im Unterhaltszeitraum höhere Werbungskosten angefallen sind als bei verhältnismäßiger bzw. zeitanteiliger Aufteilung darauf entfallen würden.

Rechtsprechungsauswahl

BFH v. 26. 6. 2014 III R 14/05 (BStBl. II S. 829): Die Partner einer Lebensgemeinschaft können für Jahre, in denen das LPartG noch nicht in Kraft war, keine Zusammenveranlagung wählen (Verfassungsbeschwerde eingelegt, 2 BvR 1910/14).

BFH v. 6. 2. 2014 VI R 34/12 (BStBl. II S. 619):
1. Unterhaltsaufwendungen können nur dann als außergewöhnliche Belastungen berücksichtigt werden, wenn sie in einem angemessenen Verhältnis zum Nettoeinkommen des Leistenden stehen.
2. Zum Nettoeinkommen gehören im Wesentlichen alle steuerpflichtigen Einkünfte und alle steuerfreien Einnahmen.
3. Das Nettoeinkommen ist um den in § 7g EStG geregelten Investitionsabzugsbetrag zu erhöhen.

BFH v. 20. 3. 2013 VI R 9/12 (BFH-Webseite): Der Steuerpflichtige handelt auch dann regelmäßig grob fahrlässig i.S.d. § 173 Abs. 1 Nr. 2 AO, wenn er die dem elektronischen ElsterFormular beigefügten Erläuterungen zur Einkommensteuererklärung unbeachtet lässt. Dies gilt allerdings nur, soweit solche Erläuterungen für einen steuerlichen Laien ausreichend verständlich, klar und eindeutig sind.

1. Zur Begründungsanforderung an eine ungenügende Sachverhaltsaufklärung (§ 76 Abs. 1 Satz 1 FGO).
2. Zur Berücksichtigung des Gesamtergebnis des Verfahrens und eines fehlenden Verstoßes, wenn das FG lediglich eine andere Würdigung als der Beteiligte getroffen hat.
3. Der Streitfall unterscheidet sich von dem des Urteils vom 20.3.2013 VI R 5/11, in dem es um grobes Verschulden im Zusammenhang mit Unterhaltsleistungen an die Mutter des gemeinsamen Sohnes im ElsterFormular 2006 ging.

BFH v. 20. 3. 2013 VI R 5/11 (BFH-Webseite): Allein der Umstand, dass die mit ElsterFormular abgegebene elektronische Einkommensteuererklärung keinen vollständigen Ausdruck der Steuererklärungsformulare liefert, lässt eine ansonsten gegebene grobe Fahrlässigkeit nicht entfallen.

1. Es ist regelmäßig grob fahrlässig, Hinweise und Angaben (hier: betreffend den Unterhalt an die Mutter eines gemeinsamen Kindes im ElsterFormular für 2006) im elektronischen ElsterFormular der Finanzverwaltung unbeachtet zu lassen, sofern sie ausreichend verständlich und klar sind. Es gilt nichts anderes als für Hinweise etc. in Papierform.
2. Der Streitfall unterscheidet sich von dem des Urteils vom 20. März 2013 VI R 9/12 betreffend das ElsterFormular des Veranlagungszeitraums 2008, in dem aufscheinende Hilfstexte die Sachverhalte nur unvollständig erläuterten und den Steuerpflichtigen angesichts unübersichtlicher Vordruckgestaltungen gerade nicht dazu veranlassten, zur Verfügung gestellte weitere Anlagen zu verwenden.

BFH v. 28. 3. 2012 VI R 31/11 (BStBl. II S. 769):
1. Die Berechnung der nach § 33a EStG abziehbaren Unterhaltsleistungen ist bei Selbständigen auf der Grundlage eines Dreijahreszeitraums vorzunehmen.
2. Steuerzahlungen sind von dem hiernach zugrunde zu legenden Einkommen grundsätzlich in dem Jahr abzuziehen, in dem sie gezahlt wurden.

BFH v. 27. 7. 2011 VI R 13/10 (BStBl. II S. 965): Unterhaltszahlungen an die Schwiegermutter bei Getrenntleben – Minderung des Höchstbetrags – Gesetzliche Unterhaltsverpflichtung – Beschränkung der steuerlichen Berücksichtigung von Unterhaltsleistungen an ausländische Familienangehörige

Unterhaltszahlungen an die Schwiegereltern sind während der Ehe, ungeachtet des dauernd Getrenntlebens der Ehegatten, als außergewöhnliche Belastungen nach § 33a Abs. 1 Satz 1 EStG abziehbar.

BFH v. 30. 6. 2011 VI R 14/10 (BStBl. 2012 II S. 876): Aufwendungen für die krankheitsbedingte Unterbringung eines Angehörigen als außergewöhnliche Belastungen – Keine Aufteilung in Unter-

Rechtsprechung § 33a

haltskosten und Krankheitskosten – Kein Wahlrecht zwischen § 33 EStG oder § 33a EStG – Altersbedingte Heimunterbringung von Angehörigen

1. Aufwendungen, die einem Steuerpflichtigen für die krankheitsbedingte Unterbringung eines Angehörigen in einem Altenpflegeheim entstehen, stellen als Krankheitskosten eine außergewöhnliche Belastung i.S. des § 33 EStG dar. Abziehbar sind neben den Pflegekosten auch die Kosten, die auf die Unterbringung und Verpflegung entfallen, soweit es sich hierbei um gegenüber der normalen Lebensführung entstehende Mehrkosten handelt.
2. Eine Aufteilung derartiger Kosten in Unterhaltskosten i.S. von § 33a EStG und Krankheitskosten i.S. von § 33 EStG kommt nicht in Betracht.
3. Bei Unterhaltsaufwendungen besteht kein Wahlrecht zwischen einem Abzug nach § 33 EStG oder nach § 33a EStG (§ 33a Abs. 5 EStG).

BFH v. 25. 11. 2010 III R 111/07 (BStBl. 2011 II S. 281): Verfassungsmäßigkeit des Ausbildungsfreibetrags

Die Frage, ob der Mehrbedarf für ein auswärtig zu Ausbildungszwecken untergebrachtes, volljähriges Kind in ausreichendem Maße steuerlich berücksichtigt wird, ist nicht isoliert am Maßstab des Ausbildungsfreibetrags nach § 33a Abs. 2 EStG zu prüfen. Die Prüfung der Verfassungskonformität ist vielmehr unter Zusammenrechnung der Freibeträge nach § 32 Abs. 6 EStG sowie des Freibetrags nach § 33a Abs. 2 EStG vorzunehmen (Anschluss an das BFH-Urteil vom 17. Dezember 2009 VI R 63/08, BFHE 227, 487, BStBl. II 2010, 341).

BFH v. 25. 11. 2010 VI R 28/10 (BStBl. 2011 II S. 283): Kürzung des Höchstbetrages für Unterhaltsaufwendungen aufgrund der Ländergruppeneinteilung

1. Die Ermittlung der Angemessenheit und Notwendigkeit von Unterhaltsleistungen an Unterhaltsempfänger im Ausland anhand des Pro-Kopf-Einkommens ist nicht zu beanstanden, weil die Lebensverhältnisse eines Staates dadurch realitätsgerecht abgebildet werden.
2. Ein steuerlich unzutreffendes Ergebnis bei der Anwendung der Ländergruppeneinteilung ist nicht zu beklagen, wenn die tatsächlichen Lebenshaltungskosten des Unterhaltsempfängers das Pro-Kopf-Einkommen seines Wohnsitzstaates übersteigen. Denn § 33a Abs. 1 Satz 5 EStG verlangt die Berücksichtigung der durchschnittlichen Lebensverhältnisse eines Staates insgesamt.

BFH v. 11. 11. 2010 VI R 16/09 (BStBl. 2011 II S. 966): Verzicht auf mündliche Verhandlung durch beigetretenes BMF entbehrlich – Glaubwürdigkeit einer Unterhaltsbescheinigung – Keine Berücksichtigung einer zumutbaren Belastung bei Unterhaltszahlungen – Revisionsrechtliche Bindung an die finanzrichterliche Überzeugungsbildung – Ausreichende Unterhaltszahlungen für ein Leben in der Türkei – Nachweis einer medizinischen Indikation – Gegenwertslehre im Zusammenhang mit dem Austausch von gesundheitsgefährdenden Gegenständen

1. Der BFH kann mit Einverständnis der originär Beteiligten auch dann ohne mündliche Verhandlung entscheiden, wenn das dem Verfahren beigetretene BMF auf eine solche nicht verzichtet hat.
2. Der Abzug von Unterhaltsaufwendungen an im Ausland lebende Eltern als außergewöhnliche Belastung entfällt trotz entsprechender amtlicher Unterhaltsbescheinigung, wenn die Unterhaltsbedürftigkeit der Eltern nicht glaubhaft ist.
3. Reichen die vom Steuerpflichtigen, der angibt, einziger Unterhaltszahler zu sein, gezahlten Beträge nicht aus, um den gesamten Lebensbedarf der Eltern zu decken, müssen diese noch über andere Einnahmen verfügen, die sie verschwiegen haben. Damit entfällt die Glaubwürdigkeit der Unterhaltsbescheinigungen.
4. Zahlungen, die zum Jahresende geleistet worden sind, dürfen zwar wegen des Prinzips der Abschnittsbesteuerung den Gesamtbetrag der Einkünfte dieses Jahres nur anteilig mindern (Anschluss an BFH-Urteil vom 5. Mai 2010 VI R 40/09, BFHE 230, 123). Sie stehen jedoch im Folgejahr zur Deckung des Lebensbedarfs zur Verfügung.

BFH v. 30. 6. 2010 VI R 35/09 (BStBl. 2011 II S. 267): Unterhaltszahlungen an Angehörige im Ausland – Bedürftigkeit des Unterhaltsempfängers – Wert des Vermögens einer unterhaltenen Person – Berücksichtigung eines eigengenutzten Wohnhauses – Aufteilung einheitlicher Unterhaltszahlungen

1. Ein eigengenutztes Wohnhaus ist ebenso wie ein Angehörigen überlassenes Wohnhaus als Vermögen des Unterhaltsempfängers mit dem Verkehrswert zu berücksichtigen (entgegen R 33a.1 EStR).
2. Der Wert des Vermögens einer unterhaltenen Person ist in der Regel bis zu einem Wert von 15.500 EUR gering; diese Wertgrenze ist bei Zahlungen ins Ausland entsprechend der sog. Ländergruppeneinteilung an die Verhältnisse des Wohnsitzstaates der unterhaltenen Person anzupassen.

§ 33a

Rechtsprechung

3. Leben mehrere Unterhaltsempfänger zusammen, ist eine Aufteilung einheitlicher Unterhaltszahlungen nur möglich, wenn diese gewissermaßen „aus einem Topf" wirtschaften.

BFH v. 5. 5. 2010 VI R 5/09 (BStBl. 2011 II S. 115): Unterhaltszahlungen an die im Ausland lebende Ehefrau

Bei als außergewöhnliche Belastungen geltend gemachten Unterhaltszahlungen an die im Ausland lebende Ehefrau sind im Rahmen einer bestehenden Ehegemeinschaft weder die Bedürftigkeit noch die sog. Erwerbsobliegenheit der Ehefrau zu prüfen.

BFH v. 5. 5. 2010 VI R 29/09 (BStBl. 2011 II S. 116): Unterhaltszahlungen an im Ausland lebende Angehörige

1. Voraussetzung für die Annahme einer gesetzlichen Unterhaltsberechtigung i.S. des § 33a Abs. 1 EStG ist die Bedürftigkeit des Unterhaltsempfängers i.S. des § 1602 BGB. Nach der sog. konkreten Betrachtungsweise kann die Bedürftigkeit des Unterhaltsempfängers nicht typisierend unterstellt werden (Änderung der Rechtsprechung, BFH-Urteil vom 18. Mai 2006 III R 26/05, BFHE 214, 129, BStBl. II 2007, 108).

2. Die konkrete Betrachtungsweise führt dazu, dass die zivilrechtlichen Voraussetzungen eines Unterhaltsanspruchs (§§ 1601 bis 1603 BGB) vorliegen müssen und die Unterhaltskonkurrenzen (§§ 1606, 1608 BGB) zu beachten sind.

3. Bei landwirtschaftlich tätigen Angehörigen greift die widerlegbare Vermutung, dass diese nicht unterhaltsbedürftig sind, soweit der landwirtschaftliche Betrieb in einem nach den Verhältnissen des Wohnsitzstaates üblichen Umfang und Rahmen betrieben wird (Bestätigung des BFH-Urteils vom 13. März 1987 III R 206/82, BFHE 149, 532, BStBl. II 1987, 599).

BFH v. 5. 5. 2010 VI R 40/09 (BStBl. 2011 II S. 164): Unterhaltszahlungen an im Ausland lebende Angehörige – Verschonungsregelung des § 13a EStG

1. Unterhalten die unterstützten Angehörigen einen landwirtschaftlichen Betrieb in einem nach der Verhältnissen des Wohnsitzstaates üblichen Umfang und Rahmen, so besteht eine widerlegbare Vermutung, dass die dem Haushalt angehörenden Familienmitglieder nicht unterhaltsbedürftig sind (Anschluss an das BFH-Urteil vom 13. März 1987 III R 206/82, BFHE 149, 532, BStBl. II 1987, 599).

2. Die Verschonungsregelung des § 13a EStG ist ungeeignet, Erträge aus im Ausland befindlichen landwirtschaftlichen Betrieben zu verproben.

3. Unterhaltszahlungen können nicht auf Monate vor ihrer Zahlung zurückbezogen werden; der Höchstbetrag nach § 33a Abs. 1 EStG ist daher zeitanteilig zu kürzen, wenn bei laufenden Unterhaltszahlungen die erste Zahlung erst im Laufe des Jahres erfolgt.

BFH v. 11. 2. 2010 VI R 61/08 (BStBl. II S. 621): Zwangsläufigkeit von Aufwendungen für behindertes Kind bei Unzumutbarkeit des Einsatzes eigenen Vermögens – Maßvolle Vermögensbildung zur Altersvorsorge – Keine Anwendung des § 33a Abs. 1 Satz 3 EStG im Rahmen von § 33 EStG – Zusätzlicher Abzug nach § 33 EStG bei Übertragung des Behinderten-Pauschbetrags

1. Unterhaltsaufwendungen sind nur dann zwangsläufig, wenn die unterhaltene Person außerstande ist, sich selbst zu unterhalten. Grundsätzlich ist das volljährige Kind verpflichtet, seinen Vermögensstamm im Rahmen des Zumutbaren zu verwerten, bevor es seine Eltern auf Unterhalt in Anspruch nimmt.

2. Ein schwerbehindertes Kind, das angesichts der Schwere und der Dauer seiner Erkrankung seinen Grundbedarf und behinderungsbedingten Mehrbedarf nicht selbst zu decken in der Lage ist, darf zur Altersvorsorge maßvoll Vermögen bilden (Anschluss an BFH-Urteil vom 30. Oktober 2008 III R 97/06, BFH/NV 2009, 728).

3. Die das eigene Vermögen des Unterhaltsempfängers betreffende Bestimmung des § 33a Abs. 1 Satz 3 EStG kommt im Rahmen des § 33 EStG nicht eigens zur Anwendung.

4. Im Fall der Übertragung des Behinderten-Pauschbetrags kann der Steuerpflichtige Aufwendungen für sein behindertes Kind gemäß § 33 EStG zusätzlich abziehen.

BFH v. 11. 2. 2010 VI R 65/08 (BStBl. II S. 628): Vermögensermittlung beim Unterhaltsempfänger (§ 33a Abs. 1 Satz 3 EStG)

1. Bei Ermittlung des für den Unterhaltshöchstbetrag schädlichen Vermögens sind Verbindlichkeiten und Verwertungshindernisse vom Verkehrswert der aktiven Vermögensgegenstände, der mit dem gemeinen Wert nach dem BewG zu ermitteln ist, in Abzug zu bringen (Nettovermögen).

Rechtsprechung § 33a

2. Die Bodenrichtwerte nach dem BauGB sind für die Ermittlung des Verkehrswertes von Grundvermögen i.S. des § 33a EStG nicht verbindlich.
3. Die Rechtserheblichkeit einer neuen Tatsache (§ 173 AO) entfällt nicht allein wegen einer zuvor unterlassenen Änderung durch das FA hinsichtlich einer anderen Tatsache.

BFH v. 17. 12. 2009 VI R 64/08 (BStBl. 2010 II S. 343): Keine Opfergrenze, aber Berücksichtigung des Kindesunterhalts bei Unterhalt an Lebensgefährtin

1. Unterhaltsleistungen eines Steuerpflichtigen an seine mit ihm in einer Haushaltsgemeinschaft lebende, mittellose Lebenspartnerin sind ohne Berücksichtigung der sog. Opfergrenze als außergewöhnliche Belastung nach § 33a Abs. 1 EStG abziehbar (Anschluss an BFH-Urteil vom 29. Mai 2008 III R 23/07, BFHE 222, 250, BStBl. II 2009, 363).
2. Gehört der Haushaltsgemeinschaft ein unterhaltsberechtigtes Kind an, sind die für Unterhaltsleistungen zur Verfügung stehenden Mittel um den nach § 32 Abs. 6 Satz 2 EStG bemessenen Mindestunterhaltsbedarf des Kindes zu kürzen.
3. Der Mindestunterhalt ist in Höhe des doppelten Freibetrags für das sächliche Existenzminimum des Kindes anzusetzen. § 1612a Abs. 1 Satz 3 BGB kommt entsprechend zur Anwendung.

BFH v. 17. 12. 2009 VI R 63/08 (BStBl. 2010 II S. 341): Studiengebühren sind keine außergewöhnlichen Belastungen

1. Studiengebühren für den Besuch einer (privaten) Hochschule sind weder nach § 33a Abs. 2 EStG noch nach § 33 EStG als außergewöhnliche Belastung abziehbar.
2. Das Abzugsverbot begegnet keinen verfassungsrechtlichen Bedenken. Vielmehr hat der Gesetzgeber dem Ausbildungsbedarf von Kindern in § 32 Abs. 6 Satz 1 2. Halbsatz EStG und § 33a Abs. 2 EStG – jedenfalls im Streitjahr – ausreichend Rechnung getragen.
3. § 33a Abs. 2 EStG ist eine zusätzliche Ausbildungskomponente im Familienleistungsausgleich. Eine isolierte Betrachtung der Verfassungsmäßigkeit dieser Vorschrift scheidet damit aus.

BFH v. 19. 6. 2008 III R 57/05 (BStBl. 2009 II S. 365):

1. Aufwendungen für den typischen Unterhaltsbedarf – insbesondere Ernährung, Kleidung, Wohnung, Hausrat, Versicherungen – einer dem Steuerpflichtigen gegenüber unterhaltsberechtigten Person können nur nach § 33a Abs. 1 EStG abgezogen werden; Unterhaltsleistungen, mit denen ein besonderer und außergewöhnlicher Bedarf abgedeckt wird – z.B. Krankheits- oder Pflegekosten – dagegen nach § 33 EStG.
2. Die Abgrenzung der typischen von den untypischen Unterhaltsaufwendungen richtet sich nach deren Anlass und Zweckbestimmung, nicht nach deren Zahlungsweise. Die Abfindung der Unterhaltsansprüche des geschiedenen oder getrennt lebenden Ehegatten fällt daher auch dann unter § 33a Abs. 1 EStG, wenn der Steuerpflichtige dazu verpflichtet ist.

BFH v. 29. 5. 2008 III R 23/07 (BStBl. 2009 II S. 363): Unterhaltsleistungen eines Steuerpflichtigen an seine mit ihm in einer Haushaltsgemeinschaft lebende, mittellose Lebenspartnerin sind ohne Berücksichtigung der sog. Opfergrenze als außergewöhnliche Belastung nach § 33a Abs. 1 Satz 2 EStG abziehbar (gegen BMF-Schreiben vom 28. März 2003, BStBl. I 2003, 243).

BFH v. 29. 5. 2008 III R 48/05 (BStBl. 2009 II S. 361): Ob die unterhaltsberechtigte Person über ein nicht geringes Vermögen verfügt, bestimmt sich nach dessen Verkehrswert. Der Verkehrswert eines Mietwohngrundstücks wird nicht nur durch einen Nießbrauchsvorbehalt, sondern auch durch ein dinglich gesichertes Veräußerungs- und Belastungsverbot gemindert.

Schwebende Verfahren

BVerfG 2 BvR 1910/14 (BFH-Webseite): Keine Zusammenveranlagung für nicht eingetragene Lebenspartner.

BFH VI R 32/14 (BFH-Webseite): Welche Anforderungen sind an den Nachweis der Unterhaltsbedürftigkeit von im Ausland lebenden Eltern zu stellen? – Dürfen im Streitjahr geleistete Unterhaltszahlungen, auch sofern sie dazu bestimmt sind, den Unterhaltsbedarf des folgenden Jahres zu befriedigen, bei der Besteuerung des Streitjahres berücksichtigt werden?

BFH VI R 5/14 (BFH-Webseite): Erwerbsobliegenheit von Angehörigen im Ausland: Inwieweit sind die Lebensumstände im Ausland hinsichtlich Altersgrenze, Krankheit oder Behinderung heranzuziehen?

BFH VI R 66/13 (BFH-Webseite): Sind bei der Ermittlung der als außergewöhnliche Belastungen zu berücksichtigenden Unterhaltsleistungen die unvermeidbaren Versicherungsbeiträge (Beiträge zur Ar-

§ 33a — Rechtsprechung

beitslosen- und Rentenversicherung und sowie 4 % der Beiträge zur Krankenversicherung) der unterstützten Person im Rahmen der Ermittlung der eigenen Einkünfte nach Änderung des § 33a Abs. 1 EStG durch das Bürgerentlastungsgesetz Krankenversicherung vom 16.7.2009 (BGBl. I S. 1959) und des damit verbundenen Wegfalls des Verweises auf § 32 Abs. 4 Satz 2 EStG a.F. ab dem Streitjahr 2010 nicht mehr zu berücksichtigen?

BFH VI R 45/13 (BFH-Webseite): Kürzung der anrechenbaren Einkünfte und Bezüge der unterhaltenen Person im Streitjahr 2010 um die Pflichtbeiträge zur gesetzlichen Renten- und Arbeitslosenversicherung auch nach Änderung des § 33a Abs. 1 EStG durch das Bürgerentlastungsgesetz Krankenversicherung vom 16.7.2009 (BGBl. I S. 1959)?

BFH VI R 34/12 (BFH-Webseite): Ist ein Investitionsabzugsbetrag bei der Ermittlung der Leistungsfähigkeit, die für die Berechnung der nach § 33a Abs. 1 EStG als außergewöhnliche Belastung abzugsfähigen Unterhaltsaufwendungen maßgeblich ist, zu berücksichtigen?

§ 33b Pauschbeträge für behinderte Menschen, Hinterbliebene und Pflegepersonen

(1) ¹Wegen der Aufwendungen für die Hilfe bei den gewöhnlichen und regelmäßig wiederkehrenden Verrichtungen des täglichen Lebens, für die Pflege sowie für einen erhöhten Wäschebedarf können behinderte Menschen unter den Voraussetzungen des Absatzes 2 anstelle einer Steuerermäßigung nach § 33 einen Pauschbetrag nach Absatz 3 geltend machen (Behinderten-Pauschbetrag). ²Das Wahlrecht kann für die genannten Aufwendungen im jeweiligen Veranlagungszeitraum nur einheitlich ausgeübt werden.

(2) Die Pauschbeträge erhalten

1. behinderte Menschen, deren Grad der Behinderung auf mindestens 50 festgestellt ist;
2. behinderte Menschen, deren Grad der Behinderung auf weniger als 50, aber mindestens auf 25 festgestellt ist, wenn
   a) dem behinderten Menschen wegen seiner Behinderung nach gesetzlichen Vorschriften Renten oder andere laufende Bezüge zustehen, und zwar auch dann, wenn das Recht auf die Bezüge ruht oder der Anspruch auf die Bezüge durch Zahlung eines Kapitals abgefunden worden ist, oder
   b) die Behinderung zu einer dauernden Einbuße der körperlichen Beweglichkeit geführt hat oder auf einer typischen Berufskrankheit beruht.

(3) ¹Die Höhe des Pauschbetrags richtet sich nach dem dauernden Grad der Behinderung. ²Als Pauschbeträge werden gewährt bei einem Grad der Behinderung

von 25 und 30	310 Euro,
von 35 und 40	430 Euro,
von 45 und 50	570 Euro,
von 55 und 60	720 Euro,
von 65 und 70	890 Euro,
von 75 und 80	1 060 Euro,
von 85 und 90	1 230 Euro,
von 95 und 100	1 420 Euro.

³Für behinderte Menschen, die hilflos im Sinne des Absatzes 6 sind, und für Blinde erhöht sich der Pauschbetrag auf 3 700 Euro.

(4) ¹Personen, denen laufende Hinterbliebenenbezüge bewilligt worden sind, erhalten auf Antrag einen Pauschbetrag von 370 Euro (Hinterbliebenen-Pauschbetrag), wenn die Hinterbliebenenbezüge geleistet werden

1. nach dem Bundesversorgungsgesetz oder einem anderen Gesetz, das die Vorschriften des Bundesversorgungsgesetzes über Hinterbliebenenbezüge für entsprechend anwendbar erklärt, oder
2. nach den Vorschriften über die gesetzliche Unfallversicherung oder
3. nach den beamtenrechtlichen Vorschriften an Hinterbliebene eines an den Folgen eines Dienstunfalls verstorbenen Beamten oder
4. nach den Vorschriften des Bundesentschädigungsgesetzes über die Entschädigung für Schäden an Leben, Körper oder Gesundheit.

²Der Pauschbetrag wird auch dann gewährt, wenn das Recht auf die Bezüge ruht oder der Anspruch auf die Bezüge durch Zahlung eines Kapitals abgefunden worden ist.

(5) ¹Steht der Behinderten-Pauschbetrag oder der Hinterbliebenen-Pauschbetrag einem Kind zu, für das der Steuerpflichtige Anspruch auf einen Freibetrag nach § 32 Absatz 6 oder auf Kindergeld hat, so wird der Pauschbetrag auf Antrag auf den Steuerpflichtigen übertragen, wenn ihn das Kind nicht in Anspruch nimmt. ²Dabei ist der Pauschbetrag grundsätzlich auf beide Elternteile je zur Hälfte aufzuteilen, es sei denn, der Kinderfreibetrag wurde auf den anderen Elternteil übertragen. ³Auf gemeinsamen Antrag der Eltern ist eine

§ 33b ESt DV 65

andere Aufteilung möglich. ⁴In diesen Fällen besteht für Aufwendungen, für die der Behinderten-Pauschbetrag gilt, kein Anspruch auf eine Steuerermäßigung nach § 33.[1)]

(6) ¹Wegen der außergewöhnlichen Belastungen, die einem Steuerpflichtigen durch die Pflege einer Person erwachsen, die nicht nur vorübergehend hilflos ist, kann er an Stelle einer Steuerermäßigung nach § 33 einen Pauschbetrag von 924 Euro im Kalenderjahr geltend machen (Pflegepauschbetrag), wenn er dafür keine Einnahmen erhält. ²Zu diesen Einnahmen zählt unabhängig von der Verwendung nicht das von den Eltern eines behinderten Kindes für dieses Kind empfangene Pflegegeld. ³Hilflos im Sinne des Satzes 1 ist eine Person, wenn sie für eine Reihe von häufig und regelmäßig wiederkehrenden Verrichtungen zur Sicherung ihrer persönlichen Existenz im Ablauf eines jeden Tages fremder Hilfe dauernd bedarf. ⁴Diese Voraussetzungen sind auch erfüllt, wenn die Hilfe in Form einer Überwachung oder einer Anleitung zu den in Satz 3 genannten Verrichtungen erforderlich ist oder wenn die Hilfe zwar nicht dauernd geleistet werden muss, jedoch eine ständige Bereitschaft zur Hilfeleistung erforderlich ist. ⁵Voraussetzung ist, dass der Steuerpflichtige die Pflege entweder in seiner Wohnung oder in der Wohnung des Pflegebedürftigen persönlich durchführt und diese Wohnung in einem Mitgliedstaat der Europäischen Union oder in einem Staat belegen ist, auf den das Abkommen über den Europäischen Wirtschaftsraum anzuwenden ist. ⁶Wird ein Pflegebedürftiger von mehreren Steuerpflichtigen im Veranlagungszeitraum gepflegt, wird der Pauschbetrag nach der Zahl der Pflegepersonen, bei denen die Voraussetzungen der Sätze 1 bis 5 vorliegen, geteilt.

(7) Die Bundesregierung wird ermächtigt, durch Rechtsverordnung mit Zustimmung des Bundesrates zu bestimmen, wie nachzuweisen ist, daß die Voraussetzungen für die Inanspruchnahme der Pauschbeträge vorliegen.

EStDV

§ 65 Nachweis der Behinderung

(1) Den Nachweis einer Behinderung hat der Steuerpflichtige zu erbringen:

1. *bei einer Behinderung, deren Grad auf mindestens 50 festgestellt ist, durch Vorlage eines Ausweises nach dem Neunten Buch Sozialgesetzbuch oder eines Bescheides der nach § 69 Absatz 1 des Neunten Buches Sozialgesetzbuch zuständigen Behörde,*

2. *bei einer Behinderung, deren Grad auf weniger als 50, aber mindestens 25 festgestellt ist,*

    a) *durch eine Bescheinigung der nach § 69 Absatz 1 des Neunten Buches Sozialgesetzbuch zuständigen Behörde auf Grund eines Feststellungsbescheids nach § 69 Absatz 1 des Neunten Buches Sozialgesetzbuch, die eine Äußerung darüber enthält, ob die Behinderung zu einer dauernden Einbuße der körperlichen Beweglichkeit geführt hat oder auf einer typischen Berufskrankheit beruht, oder,*

    b) *wenn ihm wegen seiner Behinderung nach den gesetzlichen Vorschriften Renten oder andere laufende Bezüge zustehen, durch den Rentenbescheid oder den die anderen laufenden Bezüge nachweisenden Bescheid.*

(2) ¹Die gesundheitlichen Merkmale „blind" und „hilflos" hat der Steuerpflichtige durch einen Ausweis nach dem Neunten Buch Sozialgesetzbuch, der mit den Merkzeichen „Bl" oder „H" gekennzeichnet ist, oder durch einen Bescheid der nach § 69 Absatz 1 des Neunten Buches Sozialgesetzbuch zuständigen Behörde, der die entsprechenden Feststellungen enthält, nachzuweisen. ²Dem Merkzeichen „H" steht die Einstufung als Schwerstpflegebedürftiger in Pflegestufe III nach dem Elften Buch Sozialgesetzbuch, dem Zwölften Buch Sozialgesetzbuch oder diesen entsprechenden gesetzlichen Bestimmungen gleich; dies ist durch Vorlage des entsprechenden Bescheides nachzuweisen.

(3) Der Steuerpflichtige hat die Unterlagen nach den Absätzen 1 und 2 zusammen mit seiner Steuererklärung oder seinem Antrag auf Lohnsteuerermäßigung der Finanzbehörde vorzulegen.

---

1) Hinweis auf BMF-Schreiben vom 28.6.2013 (BStBl. I S. 845) betr. Aufteilung des Pauschbetrags für behinderte Menschen eines Kindes bei der Übertragung auf die Eltern.

(4) ¹Ist der behinderte Mensch verstorben und kann sein Rechtsnachfolger die Unterlagen nach den Absätzen 1 und 2 nicht vorlegen, so genügt zum Nachweis eine gutachtliche Stellungnahme der nach § 69 Absatz 1 des Neunten Buches Sozialgesetzbuch zuständigen Behörde. ²Diese Stellungnahme hat die Finanzbehörde einzuholen.

Hinweise

LStH 33b Pauschbeträge für behinderte Menschen, Hinterbliebene und Pflegepersonen
→ R 33b EStR, H 33b EStH

EStR 2012

R 33b. Pauschbeträge für behinderte Menschen, Hinterbliebene und Pflegepersonen

(1) ¹Ein Pauschbetrag für behinderte Menschen, der Hinterbliebenen-Pauschbetrag und der Pflege-Pauschbetrag können mehrfach gewährt werden, wenn mehrere Personen die Voraussetzungen erfüllen (z. B. Steuerpflichtiger, Ehegatte, Kind), oder wenn eine Person die Voraussetzungen für verschiedene Pauschbeträge erfüllt. ²Mit dem Pauschbetrag für behinderte Menschen werden die laufenden und typischen Aufwendungen für die Hilfe bei den gewöhnlichen und regelmäßig wiederkehrenden Verrichtungen des täglichen Lebens, für die Pflege sowie für einen erhöhten Wäschebedarf abgegolten. ³Es handelt sich um Aufwendungen, die behinderten Menschen erfahrungsgemäß durch ihre Krankheit bzw. Behinderung entstehen und deren alleinige behinderungsbedingte Veranlassung nur schwer nachzuweisen ist. ⁴Alle übrigen behinderungsbedingten Aufwendungen (z. B. Operationskosten sowie Heilbehandlungen, Kuren, Arznei- und Arztkosten, → Fahrtkosten) können daneben als außergewöhnliche Belastung nach § 33 EStG berücksichtigt werden.

(2) Unabhängig von einer Übertragung des Behinderten-Pauschbetrags nach § 33b Abs. 5 EStG können Eltern ihre eigenen zwangsläufigen Aufwendungen für ein behindertes Kind nach § 33 EStG abziehen.

(3) Eine Übertragung des Pauschbetrages für behinderte Menschen auf die Eltern eines Kindes mit Wohnsitz oder gewöhnlichem Aufenthalt im Ausland ist nur möglich, wenn das Kind als unbeschränkt steuerpflichtig behandelt wird (insbesondere § 1 Abs. 3 Satz 2, 2. Halbsatz EStG ist zu beachten).

(4) Ein Steuerpflichtiger führt die Pflege auch dann noch persönlich durch, wenn er sich zur Unterstützung zeitweise einer ambulanten Pflegekraft bedient.

(5) § 33b Abs. 6 Satz 6 EStG gilt auch, wenn nur ein Steuerpflichtiger den Pflege-Pauschbetrag tatsächlich in Anspruch nimmt.

(6) Der Pflege-Pauschbetrag nach § 33b Abs. 6 EStG kann neben dem nach § 33b Abs. 5 EStG vom Kind auf die Eltern übertragenen Pauschbetrag für behinderte Menschen in Anspruch genommen werden.

(7) Beiträge zur Rentenversicherung, Kranken- und Pflegeversicherung der pflegenden Person, die die Pflegekasse übernimmt, führen nicht zu Einnahmen i. S. d. § 33b Abs. 6 Satz 1 EStG.

(8) ¹Bei Beginn, Änderung oder Wegfall der Behinderung im Laufe eines Kalenderjahres ist stets der Pauschbetrag nach dem höchsten Grad zu gewähren, der im Kalenderjahr festgestellt war. ²Eine Zwölftelung ist nicht vorzunehmen. ³Dies gilt auch für den Hinterbliebenen- und Pflege-Pauschbetrag.

(9) Der Nachweis der Behinderung nach § 65 Abs. 1 Nr. 2 Buchstabe a EStDV gilt als geführt, wenn die dort genannten Bescheinigungen behinderten Menschen nur noch in elektronischer Form übermittelt werden und der Ausdruck einer solchen elektronisch übermittelten Bescheinigung vom Stpfl. vorgelegt wird.

Rechtsprechungsauswahl

BFH v. 5. 6. 2014 VI R 12/12 (BStBl. II S. 970): Nimmt der Steuerpflichtige den Behinderten-Pauschbetrag nach § 33b EStG in Anspruch, so ist eine Steuerermäßigung nach § 35a Abs. 5 Satz 1 EStG ausgeschlossen, soweit die Aufwendungen mit dem Behinderten-Pauschbetrag abgegolten sind.

BFH v. 12. 12. 2012 VI R 101/10 (BFH-Webseite):

1. Das Entstehen des behinderungsbedingten Mehrbedarfs eines volljährigen behinderten Kindes ist dem Grunde und der Höhe nach substantiiert darzulegen und glaubhaft zu machen. Steht ein behinderungsbedingter Mehrbedarf dem Grunde nach zur Überzeugung des Gerichts fest, ist er bei fehlendem Nachweis der Höhe nach zu schätzen (Bestätigung der BFH-Urteile v. 9.2.2012 III R 53/10; v. 24.8.2004 VIII R 50/03, BStBl. 2010 II S. 1052; VIII R 90/03).

§ 33b — Rechtsprechung

2. Werden mit einer Behinderung im Zusammenhang stehende Kosten im Wege der Eingliederungshilfe gemäß §§ 53 ff. SGB XII durch einen Sozialleistungsträger übernommen, ist die gewährte Eingliederungshilfe einerseits als Leistung eines Dritten bei den zur Verfügung stehenden eigenen finanziellen Mitteln und andererseits als im Einzelnen nachgewiesener behinderungsbedingter Mehrbedarf zu berücksichtigen.

Zu den dem behinderten Kind zur Verfügung stehenden eigenen finanziellen Mitteln gehören auch Leistungen Dritter, wie etwa solche im Zusammenhang mit der Unterbringung in einer Werkstatt für behinderte Menschen; auf die Herkunft der Mittel und ihre Zweckbestimmung kommt es in diesem Zusammenhang nicht an. Soweit allerdings ein Sozialleistungsträger für seine Leistungen bei den Eltern Rückgriff nimmt, dürfen solche Leistungen nicht als Bezüge des Kindes angesehen werden.

BFH v. 19. 4. 2012 III R 1/11 (BStBl. II S. 861): Die Zuordnungsregelung in § 26a Abs. 2 EStG geht anderen Zuordnungsregeln vor. Der einem gemeinsamen Kind zustehende Behinderten-Pauschbetrag, der auf Antrag der Eltern vollständig einem von ihnen übertragen wurde, ist daher bei getrennter Veranlagung bei beiden Elternteilen je zur Hälfte abzuziehen.

Es liegen keine verfassungsrechtlichen Bedenken gegen die zwingende Halbteilung des übertragenen Pauschbetrags vor. Die insoweit fehlende Gestaltungsmöglichkeit der getrennt veranlagten Ehegatten gilt zwar nicht für die übrigen außergewöhnlichen Belastungen. Sie betrifft auch nicht Ehegatten, die die Voraussetzungen der Ehegattenveranlagung (§ 26 Abs. 1 Satz 1 EStG) nicht erfüllen. Diese Differenzierung ist aber nicht willkürlich und verstößt auch nicht gegen den allgemeinen Gleichheitssatz (Art. 3 Abs. 1 GG), den in Art. 6 Abs. 1 GG verankerten besonderen Schutz der Familie oder das Rechtsstaatsprinzip (Art. 20 Abs. 3 GG).

BFH v. 9. 2. 2012 III R 53/10 (BStBl. 2014 II S. 391):

1. Bei der Prüfung der Frage, ob ein behindertes Kind mit den ihm zur Verfügung stehenden finanziellen Mitteln seinen gesamten notwendigen Lebensbedarf (Grundbedarf und behinderungsbedingten Mehrbedarf) bestreiten kann, ist die Eingliederungshilfe als Leistung eines Dritten sowohl auf der Mittel- als auch auf der Bedarfsseite anzusetzen. Sie wirkt sich im Ergebnis deshalb nur in Höhe eines als Sachbezug zu erfassenden Verpflegungswerts aus.
2. Im Fall einer teilstationären Unterbringung kann der Behinderten-Pauschbetrag nach § 33b Abs. 3 EStG nicht zusätzlich zu den Leistungen der Eingliederungshilfe als behinderungsbedingter Mehrbedarf angesetzt werden (Bestätigung der BFH-Urteile v. 24.8.2004 VIII R 50/03, BStBl. 2010 II S. 1052, und VIII R 90/03, BFH-Webseite).
3. Bei einem behinderten Kind mit dem Merkzeichen „H" ist es offensichtlich, dass für die Zeit außerhalb der teilstationären Unterbringung ein weiterer behinderungsbedingter und ggf. zu schätzender Mehrbedarf anfällt. Dies gilt nicht nur, wenn das Kind noch im elterlichen Haushalt untergebracht ist, sondern gleichermaßen, wenn es in einem eigenen Haushalt lebt und dort versorgt, betreut und unterstützt wird.

BFH v. 31. 8. 2006 III R 71/05 (BStBl. 2010 II S. 1054): Für die Prüfung, ob ein volljähriges blindes Kind i.S.d. § 32 Abs. 4 Satz 1 Nr. 3 EStG außerstande ist, sich selbst zu unterhalten, ist bei dem Vergleich seiner Einkünfte und Bezüge mit seinem existentiellen Lebensbedarf (Grundbedarf und behinderungsbedingter Mehrbedarf) das Blindengeld zwar den zur Bestreitung des Lebensunterhalts geeigneten Bezügen zuzuordnen. Jedoch ist es bei der Ermittlung des behinderungsbedingten Mehrbedarfs anstelle des Pauschbetrages für behinderte Menschen nach § 33b Abs. 3 Satz 3 EStG anzusetzen, wenn es der Höhe nach den Pauschbetrag übersteigt. Es ist zu vermuten, dass in Höhe des tatsächlich ausbezahlten Blindengeldes ein behinderungsbedingter Mehraufwand besteht.*)

*) Hinweis auf BMF-Schreiben vom 22. November 2010 IV C 4 – S 2282/07/0006-01 – / – 2010/0912635 (BStBl. 2010 I S. 1346).

BFH v. 2. 6. 2005 III R 15/04 (BStBl. II S. 828): Ein Pauschbetrag nach § 33b Abs. 3 EStG für ein behindertes Kind kann nicht nach § 33b Abs. 5 EStG auf einen im Inland unbeschränkt steuerpflichtigen Elternteil übertragen werden, wenn das Kind im Ausland außerhalb eines EU/EWR-Mitgliedstaates seinen Wohnsitz oder gewöhnlichen Aufenthalt hat und im Inland keine eigenen Einkünfte erzielt (Abgrenzung zum BFH-Urteil vom 22. November 1995 I R 6/91, BFHE 180, 33, BStBl. II 1997, 20).

BFH v. 4. 11. 2004 III R 38/02 (BStBl. 2005 II S. 271): Werden die Aufwendungen des Steuerpflichtigen für seine behinderungsbedingte Unterbringung in einem Altenwohnheim als außergewöhnliche Belastung nach § 33 EStG berücksichtigt, steht dem Steuerpflichtigen daneben der Behinderten-Pauschbetrag nach § 33b Abs. 3 Satz 3 EStG nicht zu.

Rechtsprechung § 33b

BFH v. 19. 5. 2004 III R 16/02 (BStBl. 2005 II S. 23): Kfz-Kosten schwer geh- und stehbehinderter Steuerpflichtiger sind nur angemessen i. S. von § 33 Abs. 2 Satz 1 EStG, soweit sie die in der EStR und LStR für die Berücksichtigung von Kfz-Kosten als Betriebsausgaben und Werbungskosten festgesetzten Pauschbeträge nicht übersteigen. Das gilt auch für die Kfz-Aufwendungen, die auf Fahrten entfallen, die zum Besuch von Ärzten oder Behandlungseinrichtungen durchgeführt werden (Fortführung des Senatsurteils vom 18. Dezember 2003 III R 31/03, BFHE 205, 74, BStBl. II 2004, 453; Abweichung von dem Senatsurteil vom 3. Dezember 1998 III R 5/98, BFHE 187, 503, BStBl. II 1999, 227).

BFH v. 24. 8. 2004 VIII R 50/03 (BStBl. 2010 II S. 1052):

1. § 52 Abs. 40 Satz 1 EStG (i. d. F. des StÄndG 2003), wonach die geänderte Fassung des § 32 Abs. 1 Nr. 2 EStG (Pflegekinder) auf alle Fälle anzuwenden ist, in denen die Einkommensteuer noch nicht bestandskräftig festgesetzt ist, ist über seinen Wortlaut hinaus auch auf nicht bestandskräftige Bescheide über Kindergeld anzuwenden.
2. Bei der Ermittlung des notwendigen behinderungsbedingten Mehrbedarfs im Rahmen des § 32 Abs. 4 Satz 1 Nr. 3 EStG ist der Pauschbetrag des § 33b Abs. 3 EStG nicht zusätzlich zu den Leistungen der Eingliederungshilfe und dem Pflegegeld zu berücksichtigen (Änderung der Rechtsprechung in dem BFH-Urteil vom 15. Oktober 1999 VI R 183/97, BFHE 189, 442, BStBl. II 2000, 72).
3. Steht ein notwendiger behinderungsbedingter Mehrbedarf während der Zeit der häuslichen Pflege dem Grunde nach fest, ist die Höhe der Aufwendungen zur Deckung dieses Mehrbedarfs ggf. zu schätzen. Dabei müssen die Hilfeleistungen der Eltern außer Betracht bleiben und die Beträge geschätzt werden, die bei Inanspruchnahme fremder Dienstleister angefallen wären.
4. Bei einer teilstationären Unterbringung eines behinderten Kindes besteht eine tatsächliche Vermutung dahin, dass während der Zeit der häuslichen Pflege ein notwendiger Mehrbedarf mindestens in Höhe des tatsächlich gezahlten Pflegegeldes besteht.*)

*) Hinweis auf BMF-Schreiben vom 22. November 2010 IV C 4 – S 2282/07/0006-01 – / – 2010/ 0912635 (BStBl. 2010 I S. 1346).

BFH v. 20. 2. 2003 III R 9/02 (BStBl. II S. 476): Der Pflegepauschbetrag kann nur gewährt werden, wenn der Steuerpflichtige die Behinderung entsprechend den Vorgaben des § 65 Abs. 2 EStDV belegt.

BFH v. 21. 3. 2002 III R 42/00 (BStBl. II S. 417):

1. Die Gewährung des Pflege-Pauschbetrages wird durch jegliche Art von Einnahmen der Pflegeperson im Zusammenhang mit der Pflege, sei es als – steuerfreie – Pflegevergütung, sei es als Aufwendungsersatz, und unabhängig von deren Höhe ausgeschlossen.
2. Die Weiterleitung des Pflegegeldes an die Pflegeperson ist unschädlich, wenn die Pflegeperson die Mittel lediglich treuhänderisch verwaltet und deren tatsächliche Verwendung für den Pflegebedürftigen nachweist. Typische Unterhaltsaufwendungen dürfen insoweit nicht gegengerechnet werden.

§ 34 Außerordentliche Einkünfte

(1) ¹Sind in dem zu versteuernden Einkommen außerordentliche Einkünfte enthalten, so ist die auf alle im Veranlagungszeitraum bezogenen außerordentlichen Einkünfte entfallende Einkommensteuer nach den Sätzen 2 bis 4 zu berechnen. ²Die für die außerordentlichen Einkünfte anzusetzende Einkommensteuer beträgt das Fünffache des Unterschiedsbetrags zwischen der Einkommensteuer für das um diese Einkünfte verminderte zu versteuernde Einkommen (verbleibendes zu versteuerndes Einkommen) und der Einkommensteuer für das verbleibende zu versteuernde Einkommen zuzüglich eines Fünftels dieser Einkünfte. ³Ist das verbleibende zu versteuernde Einkommen negativ und das zu versteuernde Einkommen positiv, so beträgt die Einkommensteuer das Fünffache der auf ein Fünftel des zu versteuernden Einkommens entfallenden Einkommensteuer. ⁴Die Sätze 1 bis 3 gelten nicht für außerordentliche Einkünfte im Sinne des Absatzes 2 Nummer 1, wenn der Steuerpflichtige auf diese Einkünfte ganz oder teilweise § 6b oder § 6c anwendet.

(2) Als außerordentliche Einkünfte kommen nur in Betracht:

1. Veräußerungsgewinne im Sinne der §§ 14, 14a Absatz 1, der §§ 16, und 18 Absatz 3 mit Ausnahme des steuerpflichtigen Teils der Veräußerungsgewinne, die nach § 3 Nummer 40 Buchstabe b in Verbindung mit § 3c Absatz 2 teilweise steuerbefreit sind;
2. Entschädigungen im Sinne des § 24 Nummer 1;
3. Nutzungsvergütungen und Zinsen im Sinne des § 24 Nummer 3, soweit sie für einen Zeitraum von mehr als drei Jahren nachgezahlt werden;
4. Vergütungen für mehrjährige Tätigkeiten; mehrjährig ist eine Tätigkeit, soweit sie sich über mindestens zwei Veranlagungszeiträume erstreckt und einen Zeitraum von mehr als zwölf Monaten umfasst.

(3) ¹Sind in dem zu versteuernden Einkommen außerordentliche Einkünfte im Sinne des Absatzes 2 Nummer 1 enthalten, so kann auf Antrag abweichend von Absatz 1 die auf den Teil dieser außerordentlichen Einkünfte, der den Betrag von insgesamt 5 Millionen Euro nicht übersteigt, entfallende Einkommensteuer nach einem ermäßigten Steuersatz bemessen werden, wenn der Steuerpflichtige das 55. Lebensjahr vollendet hat oder wenn er im sozialversicherungsrechtlichen Sinne dauernd berufsunfähig ist. ²Der ermäßigte Steuersatz beträgt 56 Prozent des durchschnittlichen Steuersatzes, der sich ergäbe, wenn die tarifliche Einkommensteuer nach dem gesamten zu versteuernden Einkommen zuzüglich der dem Progressionsvorbehalt unterliegenden Einkünfte zu bemessen wäre, mindestens jedoch 14 Prozent. ³Auf das um die in Satz 1 genannten Einkünfte verminderte zu versteuernde Einkommen (verbleibendes zu versteuerndes Einkommen) sind vorbehaltlich des Absatzes 1 die allgemeinen Tarifvorschriften anzuwenden. ⁴Die Ermäßigung nach den Sätzen 1 bis 3 kann der Steuerpflichtige nur einmal im Leben in Anspruch nehmen. ⁵Erzielt der Steuerpflichtige in einem Veranlagungszeitraum mehr als einen Veräußerungs- oder Aufgabegewinn im Sinne des Satzes 1, kann er die Ermäßigung nach den Sätzen 1 bis 3 nur für einen Veräußerungs- oder Aufgabegewinn beantragen. ⁶Absatz 1 Satz 4 ist entsprechend anzuwenden.

Hinweise

LStH 34 *Abzug des Arbeitnehmer-Pauschbetrags*
→ *H 34.1 EStH*

Allgemeines
→ *BMF vom 1.11.2013 (BStBl. I S. 1326)* ¹⁾

Arbeitslohn für mehrere Jahre
→ *H 34.4 EStH*

Arbeitslohn für mehrjährige Tätigkeiten
→ *R 34.4 EStR und H 34.4 EStH*

---

1) Anlage § 034-01.

Entschädigungen
→ *R 34.4 EStR*
Ermittlung der Einkünfte
→ *R 34.4 EStR*
Fünftelungsregelung im Lohnsteuerabzugsverfahren
→ *H 39b.6 (Fünftelungsregelung)*
Jubiläumszuwendungen
→ *H 34.4 EStH*
Tantiemen
→ *H 34.4 EStH*
Verbesserungsvorschläge
→ *H 34.4 EStH*
Versorgungsbezüge, Nachzahlungen von
→ *H 34.4 EStH*

EStR 2012

R 34.4 Anwendung des § 34 Abs. 1 EStG auf Einkünfte aus der Vergütung für eine mehrjährige Tätigkeit (§ 34 Abs. 2 Nr. 4 EStG)

Allgemeines

(1) [1]§ 34 Abs. 2 Nr. 4 i. V. m. Abs. 1 EStG gilt grundsätzlich für alle Einkunftsarten. [2]§ 34 Abs. 1 EStG ist auch auf Nachzahlungen von Ruhegehaltsbezügen und von Renten i. S. d. § 22 Nr. 1 EStG anwendbar, soweit diese nicht für den laufenden VZ geleistet werden. [3]Voraussetzung für die Anwendung ist, dass auf Grund der Einkünfteermittlungsvorschriften eine → Zusammenballung von Einkünften eintritt, die bei Einkünften aus nichtselbständiger Arbeit auf wirtschaftlich vernünftigen Gründen beruht und bei anderen Einkünften nicht dem vertragsgemäßen oder dem typischen Ablauf entspricht.

Einkünfte aus nichtselbständiger Arbeit

(2) Bei Einkünften aus nichtselbständiger Arbeit kommt es nicht darauf an, dass die Vergütung für eine abgrenzbare Sondertätigkeit gezahlt wird, dass auf sie ein Rechtsanspruch besteht oder dass sie eine zwangsläufige Zusammenballung von Einnahmen darstellt.

Ermittlung der Einkünfte

(3) [1]Bei der Ermittlung der dem § 34 Abs. 2 Nr. 4 i. V. m. Abs. 1 EStG unterliegenden Einkünfte gilt R 34.1 Abs. 4 Satz 2. [2]Handelt es sich sowohl bei den laufenden Einnahmen als auch bei den außerordentlichen Bezügen um Versorgungsbezüge i. S. d. § 19 Abs. 2 EStG, können im Kalenderjahr des Zuflusses die Freibeträge für Versorgungsbezüge nach § 19 Abs. 2 EStG nur einmal abgezogen werden; sie sind zunächst bei den nicht nach § 34 EStG begünstigten Einkünften zu berücksichtigen. [3]Nur insoweit nicht verbrauchte Freibeträge für Versorgungsbezüge sind bei den nach § 34 EStG begünstigten Einkünften abzuziehen. [4]Entsprechend ist bei anderen Einkunftsarten mit einem dort im Rahmen der Einkünfteermittlung anzusetzender Freibetrag oder Pauschbetrag abzuziehen ist. [5]Werden außerordentliche Einkünfte aus nichtselbständiger Arbeit neben laufenden Einkünften dieser Art bezogen, ist bei den Einnahmen der Arbeitnehmer-Pauschbetrag oder der Pauschbetrag nach § 9a Satz 1 Nr. 1 Buchstabe b EStG insgesamt nur einmal abzuziehen, wenn insgesamt keine höheren Werbungskosten nachgewiesen werden. [6]In anderen Fällen sind die auf die jeweiligen Einnahmen entfallenden tatsächlichen Werbungskosten bei diesen Einnahmen zu berücksichtigen.

Rechtsprechungsauswahl

BFH v. 25. 9. 2014 III R 5/12 (BFH-Webseite):

1. „Außerordentliche" Einkünfte i.S.d. § 34 Abs. 2 Nr. 4 EStG können u.a. vorliegen, wenn Vergütungen für mehrjährige Tätigkeiten aufgrund einer vorangegangenen rechtlichen Auseinandersetzung atypisch zusammengeballt zufließen.

2. Diese Voraussetzungen können auch bei Steuerpflichtigen gegeben sein, die Einkünfte aus Gewerbebetrieb beziehen und diese durch Betriebsvermögensvergleich ermitteln.

3. Eine Anschlussrevision ist nur zulässig, wenn der Anschlussrevisionskläger durch das Urteil des FG beschwert ist. Legt der Kläger die Anschlussrevision ein, ist das Vorliegen der Beschwer bei Strei-

§ 34 Rechtsprechung

tigkeiten über die Rechtmäßigkeit eines Einkommensteuerbescheids nach der Differenz zwischen begehrter und festgesetzter Steuer zu beurteilen.

BFH v. 3. 4. 2014 IV R 12/10 (BStBl. II S. 1000):
1. Die Anwendung der §§ 16, 34 EStG setzt voraus, dass im Veräußerungszeitpunkt schon ein funktionsfähiger (Teil-)Betrieb gegeben ist.
2. Die Tarifbegünstigung eines Veräußerungsgewinns setzt nicht voraus, dass der Steuerpflichtige jegliche (originär oder fiktiv) gewerbliche Tätigkeit einstellt. Erforderlich ist lediglich, dass er die in dem veräußerten Betrieb bislang ausgeübte Tätigkeit einstellt und die diesbezüglich wesentlichen Betriebsgrundlagen veräußert.
3. Verbleiben nach der Veräußerung des Schiffs im Gesellschaftsvermögen der Einschiffsgesellschaft keine wesentlichen Betriebsgrundlagen, zu denen auch immaterielle Wirtschaftsgüter wie besondere Geschäftsbeziehungen oder ein originärer Geschäftswert gehören, und gibt es auch keine objektiven Anhaltspunkte dafür, dass die Gesellschaft nach Veräußerung des Schiffs den Erwerb eines anderen Schiffs beabsichtigt, die bisherige Tätigkeit also nicht (endgültig) eingestellt hat, so steht allein der Umstand, dass die Gesellschaft nicht unmittelbar nach Übergabe des Schiffs an den Erwerber aufgelöst und liquidiert wird, der Tarifbegünstigung des Aufgabe- bzw. Veräußerungsgewinns nicht entgegen.
4. Beabsichtigt die Einschiffsgesellschaft bei Abschluss des Bauvertrags noch den Betrieb des Schiffs, gibt sie die Eigenbetriebsabsicht jedoch später auf und veräußert das Schiff bzw. die Rechte aus dem Bauvertrag noch vor Indienststellung des Schiffs, so ist anhand der Umstände des Einzelfalls zu ermitteln, ob sie damit übergangslos von der (noch) nicht gewerbesteuerbaren Vorbereitungen – in die Abwicklungsphase tritt, oder ob – und ggf. durch welche weiteren Maßnahmen – sie eine andere werbende Tätigkeit beginnt und damit der Gewerbesteuer unterliegt.

BFH v. 25. 2. 2014 X R 10/12 (BStBl. II S. 668):
1. „Vergütung" i.S.d. § 34 Abs. 2 Nr. 4 EStG kann jeder Vorteil von wirtschaftlichem Wert sein, den der Steuerpflichtige im Rahmen der jeweiligen Einkunftsart erzielt.
2. Die gebotene Einschränkung des weiten Tatbestands des § 34 Abs. 2 Nr. 4 EStG wird dadurch bewirkt, dass die begünstigten Einkünfte „außerordentliche" sein müssen, wozu auch gehört, dass die Vergütung für mehrjährige Tätigkeiten eine entsprechende Progressionswirkung typischerweise erwarten lässt. Das Vorliegen dieser Voraussetzungen ist auch bei Steuerpflichtigen, die Einkünfte aus Gewerbebetrieb beziehen und diese durch Betriebsvermögensvergleich ermitteln, nicht von vornherein ausgeschlossen.
3. Der Ertrag aufgrund der geballten Nachaktivierung von Umsatzsteuer-Erstattungsansprüchen für sechs Jahre, die darauf beruhen, dass der EuGH die gesamte Tätigkeit des Steuerpflichtigen für umsatzsteuerfrei hält, ist bei einem bilanzierenden Gewerbetreibenden als tarifbegünstigte Vergütung für mehrjährige Tätigkeiten anzusehen.
4. Forderungen, die am maßgebenden Bilanzstichtag vom jeweiligen Schuldner noch bestritten werden, dürfen nicht aktiviert werden.

BFH v. 12. 11. 2013 VIII R 36/10 (BStBl. 2014 II S. 168):
1. Erstattungszinsen nach § 233a AO sind steuerbare Einnahmen aus Kapitalvermögen.
2. Die Regelung in § 20 Abs. 1 Nr. 7 Satz 3 EStG i.d.F. des JStG 2010 verstößt – auch im Hinblick auf ihre rückwirkende Geltung – nicht gegen Verfassungsrecht.
3. Erstattungszinsen sind keine außerordentlichen Einkünfte i.S.v. § 34 EStG.
4. Die Ausdehnung der steuerlichen Privilegierung nach § 34 Abs. 2 Nr. 4 EStG auf andere Einkunftsarten als die nach § 19 EStG setzt voraus, dass eine Zusammenballung von Einkünften eingetreten ist, die nicht dem vertragsgemäßen oder dem typischen Ablauf entspricht (vgl. R 34.4 Abs. 1 EStR).
5. Der (Literatur-)Ansicht, dass § 34 Abs. 2 Nr. 4 EStG auch auf Kapitaleinkünfte angewendet werden kann, ist jedenfalls für Zinsen i.S. des § 233a AO nicht zu folgen.

BFH v. 23. 10. 2013 X R 3/12 (BStBl. 2014 II S. 58):
1. Kapitalleistungen, die von berufsständischen Versorgungseinrichtungen nach dem 31.12.2004 gezahlt werden, sind als „andere Leistungen" mit dem Besteuerungsanteil gemäß § 22 Nr. 1 Satz 3 Buchst. a Doppelbuchst. aa EStG zu besteuern.
2. Die durch das AltEinkG begründete Steuerpflicht von Kapitalleistungen verstößt weder gegen den Gleichheitssatz noch gegen das Rückwirkungsverbot.

Rechtsprechung § 34

3. Die Kapitalleistungen berufsständischer Versorgungseinrichtungen können gemäß § 34 Abs. 1 i.V.m. Abs. 2 Nr. 4 EStG ermäßigt besteuert werden.

1. Der Wortlaut des § 22 Nr. 1 Satz 3 Buchst. a Doppelbuchst. aa EStG ist so auszulegen, dass eine Besteuerung als „andere Leistung" nicht zugleich das Vorliegen wiederkehrender Bezüge i.S. des § 22 Nr. 1 Satz 1 EStG erfordert.
2. Die berufsständische Versorgung ist von der auf einem freiwilligen Entschluss beruhenden sog. Rürup-Rente des § 10 Abs. 1 Nr. 2 Buchstabe b EStG zu unterscheiden, da berufsständische Versorgungseinrichtungen nach der Legaldefinition in § 6 Abs. 1 Nr. 1 SGB VI öffentlich-rechtliche Versicherungs- oder Versorgungseinrichtungen einer Berufsgruppe sind, in der die Mitgliedschaft durch Gesetz angeordnet ist.
3. Die unterschiedlichen Anforderungen in § 10 und § 22 EStG in Bezug auf die berufsständischen Versorgungswerke beruhen nicht auf einem Versehen des Gesetzgebers, sondern sind die konsequente Umsetzung der Kohortenlösung der Übergangsregelung, nach der ab 2005 alle Leistungen mit dem gesetzlich vorgegebenen Besteuerungsanteil zu besteuern sind.
4. Seit der Ersetzung des Begriffs „Entlohnung" durch den der „Vergütung" gilt § 34 Abs. 2 Nr. 4 EStG auch für Einkünfte gemäß § 22 Nr. 1 EStG.
5. Da die mehrjährige Tätigkeit i.S. des § 34 Abs. 2 Nr. 4 EStG jedes sich über mindestens zwei Veranlagungszeiträume erstreckende, der Erzielung von Einkünften i.S.des § 2 Abs. 1 Nr. 1 bis 7 EStG dienende Verhalten ist, muss bei den Einkünften gemäß § 22 Nr. 1 Satz 3 Buchst. a Doppelbuchst. aa EStG auf die Beitragszahlungen in die Einrichtungen der Basisversorgung (u.a. gesetzliche Rentenversicherungen, berufsständische Versorgungseinrichtungen) abgestellt werden.
6. Außerordentliche Einkünfte liegen grundsätzlich nur dann vor, wenn die zu begünstigenden Einkünfte in einem einzigen Veranlagungszeitraum zu erfassen sind und durch die Zusammenballung von Einkünften erhöhte steuerliche Belastungen entstehen.
7. Anmerkung zu Randnummer 17 hinsichtlich des Umfangs der Änderung des Einkommensteuerbescheids 2009 durch den Urteilstenor: ermäßigte Besteuerung der Kapitalzahlung in Höhe von 350.642,34 € gemäß § 34 Abs. 1 i.V.m. Abs. 2 Nr. 4 EStG.
8. Teilweise Parallelentscheidung: BFH-Urteil v. 23.10.2013 X R 21/12
9. Teilweise Parallelentscheidung: BFH-Urteil v. 23.10.2013 X R 11/12

BFH v. 23. 10. 2013 X R 33/10 (BStBl. 2014 II S. 103):

1. Eine Austrittsleistung, die von einer schweizerischen öffentlich-rechtlichen Pensionskasse nach dem 31.12.2004 ausgezahlt wird, ist als „andere Leistung" mit dem Besteuerungsanteil gemäß § 22 Nr. 1 Satz 3 Buchst. a Doppelbuchst. aa EStG zu besteuern.
2. Die erst durch das AltEinkG begründete Steuerpflicht verstößt weder gegen den Vertrauensschutzgrundsatz noch gegen das Rückwirkungsverbot.
3. Die Austrittsleistung kann gemäß § 34 Abs. 1 i.V.m. Abs. 2 Nr. 4 EStG ermäßigt besteuert werden.

1. Die Versorgungsleistungen einer Schweizer Pensionskasse an einen vormals im Schweizer öffentlichen Dienst tätigen Arbeitnehmer, die auch auf Beitragsleistungen des Arbeitnehmers beruhen, unterfallen weder dem Kassenstaatsprinzip mit einer Zuweisung des Besteuerungsrechts an den Kassenstaat Schweiz gemäß Art. 19 Abs. 1 des Abkommens zwischen der Bundesrepublik Deutschland und der Schweizerischen Eidgenossenschaft zur Vermeidung der Doppelbesteuerung auf dem Gebiete der Steuern vom Einkommen und vom Vermögen noch sind sie abkommensrechtlich als Ruhegehalt gemäß Art. 18 DBA-Schweiz anzusehen.
2. Die Leistungen der Pensionskasse des Basler Staatspersonals (PKBS) sind als Leistungen einer gesetzlichen Rentenversicherung anzusehen.
3. Die Austrittsleistung ist keine mit einer Kapitalabfindung der deutschen gesetzlichen Rentenversicherung i.S. des § 3 Nr. 3 EStG vergleichbare Leistung.
4. Die Austrittsleistung kann gemäß § 34 Abs. 1 i.V.m. Abs. 2 Nr. 4 EStG ermäßigt besteuert werden, weil sie eine Vergütung für mehrjährige Tätigkeiten darstellt. § 34 Abs. 2 Nr. 4 EStG gilt seit der Ersetzung des Begriffs „Entlohnung" durch den der „Vergütung" auch für Einkünfte gemäß § 22 Nr. 1 EStG.

BFH v. 1. 8. 2013 IV R 18/11 (BStBl. II S. 910): Besteht die Geschäftstätigkeit eines Unternehmens darin, ein Wirtschaftsgut (hier: Flugzeug) zu kaufen, dieses für eine beschränkte und hinter der Nutzungsdauer zurückbleibende Zeit zu vermieten und anschließend wieder zu verkaufen, und kann der aufgrund des Geschäftskonzepts insgesamt erwartete Gewinn nicht allein aus dem Entgelt für die Nutzungsüberlassung, sondern nur unter Einbeziehung des Erlöses aus dem Verkauf des Wirtschaftsguts erzielt werden, ist der Verkauf als Teilakt der laufenden Geschäftstätigkeit anzusehen. Der Gewinn aus dem Verkauf des Wirtschaftsguts kann in einem solchen Fall nicht Bestandteil eines tarifbegünstigten Aufgabegewinns sein.

1. Es kommt nicht darauf an, ob bei Beginn der Geschäftstätigkeit die Umstände ihrer späteren Beendigung schon in jedem Detail verbindlich feststehen und ob die Erzielung eines Gewinns aus dem gesamten Geschäft gesichert ist. Die Verklammerung der einzelnen Teilakte der geschäftlichen Betätigung zu einer einheitlichen unternehmerischen Tätigkeit folgt aus dem Umstand, dass für die Erzielung des Gewinns die Einbeziehung des Verkaufserlöses unverzichtbar ist.

2. Teilweise Parallelentscheidung: BFH-Urteil vom 1.8.2013 IV R 19/11.

BFH v. 30. 1. 2013 III R 84/11 (BFH-Webseite): Die Vereinnahmung eines berufsüblichen Honorars für die Bearbeitung eines mehrjährigen Mandats führt bei einem Rechtsanwalt nicht zu außerordentlichen Einkünften i.S.d. § 34 Abs. 2 Nr. 4 EStG.

1. In Folge der Häufigkeit und Regelmäßigkeit, mit der mehrjährige Aufträge von Freiberuflern typischerweise angenommen, abgewickelt und abgerechnet werden, gehen Vergütungen – auch ohne Vorschusszahlungen – für mehrjährige Tätigkeiten kontinuierlich in die Gewinnermittlung der jeweiligen Veranlagungszeiträume ein und sorgen schon hierdurch, jedenfalls bei halbwegs stabiler Auftragslage, für die von § 34 EStG bezweckte Tarifglättung. Bei instabiler Auftragslage oder überhaupt bei wechselhaftem unternehmerischen Erfolg in einzelnen Jahren sind die daraus resultierenden Steuersatzunterschiede von den betroffenen Steuerpflichtigen hinzunehmen. § 34 EStG dient nicht dazu, die nachteiligen Folgen temporal schwankender Einkünfte generell auszugleichen.

2. Die Anwendung der Tarifermäßigung des § 34 Abs. 2 Nr. 4 EStG im Bereich der Einkünfte aus selbständiger Arbeit ist auf besondere Tätigkeiten beschränkt, die von der üblichen Tätigkeit eines Freiberuflers abgrenzbar sein müssen.

3. Honorareinnahmen eines Rechtsanwalts sind nicht deshalb „außerordentlich" oder atypisch, weil der Auftraggeber finanziell nicht oder kaum in der Lage ist, Vorschusszahlungen zu leisten.

4. Verfassungsbeschwerde eingelegt (Az. beim BVerfG: 2 BvR 971/13).

BFH v. 11. 12. 2012 IX R 23/11 (BStBl. 2013 II S. 370): Progressionsvorbehalt nach § 32b EStG und Tarifermäßigung des § 34 Abs. 1 EStG sind mit der Folge nebeneinander anwendbar (sog. integrierte Steuerberechnung), dass sich ein negativer Progressionsvorbehalt im Rahmen der Ermittlung des Steuerbetrags nach § 34 Abs. 1 Satz 3 EStG wegen des niedrigeren Steuersatzes notwendig steuermindernd auswirkt.

Die sog. integrierte Steuerberechnung trägt auch dem Günstigkeitsprinzip Rechnung.

BFH v. 29. 2. 2012 IX R 28/11 (BStBl II S. 569): Abfindung einer Erfindervergütung als steuerbegünstigte Entschädigung – Zwangssituation bei gütlicher Einigung.

Gibt der Arbeitnehmer mit seinem Interesse an einer Weiterführung der ursprünglichen Vereinbarung auf Arbeitnehmererfindervergütung im Konflikt mit seinem Arbeitgeber nach und nimmt dessen Abfindungsangebot an, so entspricht es dem Zweck des von der Rechtsprechung entwickelten Merkmals der Zwangssituation, nicht schon wegen dieser gütlichen Einigung in konfligierender Interessenlage einen tatsächlichen Druck in Frage zu stellen.

BFH v. 18. 10. 2011 IX R 58/10 (BStBl. 2012 II S. 286): Ersatz für zurückzuzahlende Einnahmen oder Ausgleich von Ausgaben keine Entschädigung i.S. des § 24 Nr. 1 Buchst. a EStG – Abgeltung des Risikos der Rückzahlung zugeflossener Vorsteuererstattungsbeträge

§ 24 Nr. 1 Buchst. a EStG erfasst Entschädigungen, die „entgangene oder entgehende Einnahmen" ersetzen (Einnahmenersatz), nicht aber solche, die Ausgaben ausgleichen.

BFH v. 26. 1. 2011 IX R 81/06 (BStBl. 2012 II S. 658): Rückwirkende Herabsetzung des Höchstbetrags gemäß § 34 Abs. 1 EStG 1990

Die Anwendung des durch das Gesetz zur Fortsetzung der Unternehmenssteuerreform mit Wirkung zum 1. August 1997 von 30 Mio. DM auf 15 Mio. DM herabgesetzten Höchstbetrags für außerordentliche Einkünfte auf eine Anteilsveräußerung im August 1997 verletzt nicht in unzulässiger Weise Vertrauensschutzinteressen des Veräußerers.

Rechtsprechung § 34

BFH v. 26. 1. 2011 IX R 20/10 (BStBl. 2012 II S. 659): Außerordentliche Einkünfte aus Entschädigungen

Zu außerordentlichen Einkünften führen nur solche Entschädigungen, deren zusammengeballter Zufluss zu einer Ausnahmesituation in der Progressionsbelastung des einzelnen Steuerpflichtigen führt.

BFH v. 20. 10. 2010 IX R 56/09 (BStBl. 2011 II S. 409): Keine verfassungsrechtlichen und europarechtlichen Zweifel an der Veräußerungsgewinnbesteuerung nach § 17 EStG im Veranlagungszeitraum 2001 – § 34 Abs. 3 EStG als Sozialzwecknorm

Es ist verfassungsrechtlich und europarechtlich nicht zu beanstanden, wenn der Gesetzgeber einen steuerbaren, im Veranlagungszeitraum 2001 noch nicht dem Halbeinkünfteverfahren unterliegenden Veräußerungsgewinn nach § 17 EStG lediglich nach der Fünftelregelung des § 34 Abs. 1 EStG, nicht aber nach § 34 Abs. 3 EStG begünstigt (Anschluss an BFH-Beschluss vom 1. September 2004 VIII B 64/04, BFH/NV 2004, 1650).

BFH v. 14. 7. 2010 X R 61/08 (BStBl. II S. 1011): Vorrangige Verrechnung des Freibetrags nach § 16 Abs. 4 EStG mit nicht tarifbegünstigten Veräußerungsgewinnen – Grundsatz der Meistbegünstigung – Ablehnung der Auffassung der Finanzverwaltung

Erzielt der Steuerpflichtige einen Veräußerungsgewinn i.S. des § 16 Abs. 1 EStG, der sowohl dem Halbeinkünfteverfahren unterliegende als auch in voller Höhe zu besteuernde Gewinne enthält, wird der Freibetrag gemäß § 16 Abs. 4 EStG für Zwecke der Ermittlung der nach § 34 Abs. 1 und 3 EStG tarifermäßigt zu besteuernden Gewinne vorrangig mit dem Veräußerungsgewinn verrechnet, auf den das Halbeinkünfteverfahren anzuwenden ist.

BFH v. 27. 1. 2010 IX R 31/09 (BStBl. 2011 II S. 28): Maßstäbe für die Zusammenballung von Einkünften nach § 34 EStG

1. Eine Entschädigung führt zu außerordentlichen Einkünften nach § 34 Abs. 2 EStG, wenn sie zusammengeballt zufließen, weil der Steuerpflichtige infolge der Beendigung des Arbeitsverhältnisses einschließlich der Entschädigung in dem jeweiligen Veranlagungszeitraum insgesamt mehr erhält, als er bei ungestörter Fortsetzung des Arbeitsverhältnisses, also bei normalem Ablauf der Dinge erhalten würde (Bestätigung der ständigen Rechtsprechung).

2. Was der Steuerpflichtige bei normalem Ablauf der Dinge erhalten würde, kann nur aufgrund einer hypothetischen und prognostischen Beurteilung ermittelt werden; dabei ist nicht auf die Verhältnisse des Vorjahres abzustellen, wenn die Einnahmesituation durch außergewöhnliche Ereignisse geprägt ist und sich daraus keine Vorhersagen für den (unterstellten) normalen Verlauf bei Fortsetzung des Arbeitsverhältnisses ableiten lassen.

BFH v. 22. 9. 2009 IX R 93/07 (BStBl. 2010 II S. 1032): Zusammentreffen von außerordentlichen Einkünften und dem Progressionsvorbehalt unterliegenden Einkünften

Hat der Steuerpflichtige neben außerordentlichen Einkünften i.S. von § 34 Abs. 2 EStG auch steuerfreie Einnahmen i.S. von § 32b Abs. 1 EStG bezogen, so sind diese in der Weise in die Berechnung nach § 34 Abs. 1 EStG einzubeziehen, dass sie in voller Höhe dem verbleibenden zu versteuernden Einkommen hinzugerechnet werden (Anschluss an BFH-Urteil vom 17. Januar 2008 VI R 44/07, BFHE 220, 269).

BFH v. 2. 9. 2009 I R 111/08 (BStBl. 2010 II S. 387):

1. Art. 15 Abs. 1 DBA-Schweiz 1971 ermöglicht kein deutsches Besteuerungsrecht für eine Abfindungszahlung, die eine zuvor in Deutschland wohnende Person nach ihrem Wegzug in die Schweiz von ihrem bisherigen inländischen Arbeitgeber aus Anlass der Auflösung des Arbeitsverhältnisses erhält (Bestätigung der ständigen Rechtsprechung).

2. Eine Übereinkunft zwischen den deutschen und Schweizer Steuerbehörden (hier: Verständigungsvereinbarung mit der Eidgenössischen Steuerverwaltung zur Frage des Besteuerungsrechts bei Abfindungen an Arbeitnehmer, bekannt gegeben durch BMF-Schreiben vom 13. Oktober 1992, RIW 1993, 82) nach Maßgabe von Art. 26 Abs. 3 DBA-Schweiz 1971 bindet die Gerichte nicht (ebenfalls Bestätigung der ständigen Rechtsprechung; entgegen BMF-Schreiben vom 20. Mai 1997, BStBl. I 1997, 560).

3. Die Besteuerung der Abfindung nach der sog. überdachenden Besteuerung gemäß Art. 4 Abs. 4 DBA-Schweiz 1971 scheidet aus, wenn der Zuzug der zuvor in Deutschland wohnenden Person in die Schweiz erfolgte, um dort eine unselbständige Tätigkeit auszuüben; daneben bestehende anderweitige Beweggründe für den Zuzug (hier: beabsichtigte Eheschließung mit einer in der Schweiz ansässigen Person und Begründung eines gemeinsamen Hausstands) sind unschädlich.

§ 34 Rechtsprechung

BFH v. 2. 9. 2009 I R 90/08 (BStBl. 2010 II S. 394):
1. Art. 15 Abs. 1 DBA-Belgien ermöglicht kein deutsches Besteuerungsrecht für eine Abfindungszahlung, die eine in Belgien ansässige Person von ihrem bisherigen inländischen Arbeitgeber aus Anlass der Kündigung des Arbeitsverhältnisses erhält (Bestätigung der ständigen Rechtsprechung).
2. Eine Übereinkunft zwischen den deutschen und belgischen Steuerbehörden (hier: Verständigungsvereinbarung mit dem belgischen Finanzministerium vom 15. Dezember 2006 über die Zuordnung des Besteuerungsrechts bei Abfindungen an Arbeitnehmer, bekannt gegeben durch BMF-Schreiben vom 10. Januar 2007, BStBl. I 2007, 261) nach Maßgabe von Art. 25 Abs. 3 DBA-Belgien bindet die Gerichte nicht (ebenfalls Bestätigung der ständigen Rechtsprechung).
3. Natürliche Personen, die nach § 1 Abs. 3 EStG 2002 auf Antrag als unbeschränkt steuerpflichtig behandelt werden, unterfallen nicht der sog. Rückfallregelung des § 50d Abs. 9 Satz 1 Nr. 1 EStG 2002 i.d.F. des JStG 2007.

BFH v. 25. 8. 2009 IX R 3/09 (BStBl. 2010 II S. 1030): (Teilabfindung für Arbeitszeitreduzierung als Entschädigung – Zweck des § 34 Abs. 2 EStG)

Zahlt der Arbeitgeber seinem Arbeitnehmer eine Abfindung, weil dieser seine Wochenarbeitszeit aufgrund eines Vertrags zur Änderung des Arbeitsvertrags unbefristet reduziert, so kann darin eine begünstigt zu besteuernde Entschädigung i.S. von § 24 Nr. 1 Buchst. a EStG liegen (Klarstellung der Rechtsprechung).

BFH v. 25. 8. 2009 IX R 11/09 (BStBl. 2011 II S. 27): Eine die Anwendung von § 34 EStG rechtfertigende Zusammenballung von Einkünften kommt auch dann in Betracht, wenn zu einer Hauptentschädigungsleistung eine in einem anderen Veranlagungszeitraum zufließende minimale Teilleistung hinzukommt.*)

*) Hinweis auf BMF-Schreiben vom 1.11.2013 IV C 4 – S 2290/13/10002, 2013/0929313 (BStBl. I S. 1326). – **Anlage § 034-01** –

BFH v. 1. 7. 2009 I R 81/08 (BStBl. 2011 II S. 379):
1. Es ist nicht sachlich unbillig, wenn eine Kirchensteuer auch insoweit erhoben wird, als sie auf der Berücksichtigung von Veräußerungsgewinnen und Übergangsgewinnen beruht.
2. Ist die Bestimmung der Besteuerungsgrundlagen für die Kirchensteuer den Kirchengemeinden übertragen, so ist die einzelne Kirchengemeinde insoweit nicht an die von anderen Kirchengemeinden getroffenen Regelungen gebunden.

BFH v. 17. 1. 2008 VI R 44/07 (BStBl. 2011 II S. 21): Steuerberechnung beim Zusammentreffen von Tarifermäßigung und positivem Progressionsvorbehalt
1. Trifft die Tarifermäßigung des § 34 Abs. 1 EStG mit dem (positiven) Progressionsvorbehalt des § 32b EStG zusammen, so ist eine integrierte Steuerberechnung dergestalt vorzunehmen, dass die Progressionseinkünfte bei der Steuerberechnung nach § 34 Abs. 1 EStG steuersatzerhöhend berücksichtigt werden (Abgrenzung zum BFH-Urteil vom 15. November 2007 VI R 66/03)*).
2. Übersteigen die der Tarifermäßigung unterliegenden außerordentlichen Einkünfte das zu versteuernde Einkommen, so richtet sich die Steuerberechnung nach § 34 Abs. 1 Satz 3 EStG. Die Progressionseinkünfte sind hierbei nur insoweit zu berücksichtigen, als sich nach einer Verrechnung mit dem negativen verbleibenden zu versteuernden Einkommen ein positiver Differenzbetrag ergibt (so auch H 34.2 Beispiel 4 EStH 2006).

*) BFHE 219, 313, BStBl. 2008 II S. 375.

BFH v. 18.12.2007 IV R 62/05 (BStBl. 2008 II S. 294):
1. Geldwerte Vorteile aus einem Aktienoptionsprogramm bilden im Regelfall als Anreizlohn eine Vergütung für eine mehrjährige Tätigkeit, wenn die Laufzeit zwischen Einräumung und Ausübung der Optionsrechte mehr als zwölf Monate beträgt und der Arbeitnehmer in dieser Zeit auch bei seinem Arbeitgeber beschäftigt ist (Anschluss an BFH-Urteil vom 19. Dezember 2006 VI R 136/01, BFHE 216, 251, BStBl. II 2007, 456).
2. Als Vergütung für eine mehrjährige Tätigkeit unterliegen die geldwerten Vorteile aus einem Aktienoptionsprogramm der ab 1999 geltenden Tarifermäßigung des § 34 Abs. 1 EStG.

BFH v. 12. 4. 2007 VI R 6/02 (BStBl. II S. 581):
1. Die Ablösung einer vom Arbeitgeber erteilten Pensionszusage führt beim Arbeitnehmer auch dann zum Zufluss von Arbeitslohn, wenn der Ablösungsbetrag auf Verlangen des Arbeitnehmers zur Übernahme der Pensionsverpflichtung an einen Dritten gezahlt wird.

Rechtsprechung § 34

2. Der Ablösungsbetrag unterliegt als Vergütung für eine mehrjährige Tätigkeit der Tarifermäßigung des § 34 Abs. 3 EStG 1990.

Schwebende Verfahren

BVerfG 2 BvR 143/14 (BFH-Webseite): Steuerpflicht von Kapitalleistungen berufsständischer Versorgungswerke.

BFH IX R 46/14 (BFH-Webseite): Begehren auf ermäßigte Besteuerung einer Abfindung in Höhe der Hauptleistung von 104.800 € - Vorliegen einer Zusammenballung von Einkünften, wenn eine Entschädigung in zwei Veranlagungsjahren zufließt (VZ 2010: 10.200 €; VZ 2011 104.800 €)? Ist die in 2010 vollbesteuerte Teilleistung in Höhe von 10.200 € in diesem konkreten Fall noch als geringfügig und damit als unschädlich zu betrachten?
Ist die durch das BMF-Schreiben v. 1.11.2013, BStBl. I S. 1326, dort Rz. 8, einschränkende Größe (Teilleistung darf max. 5 % der Hauptleistung betragen) mit dem Gesetzeszweck des § 34 EStG vereinbar?

BFH X R 30 /14 (BFH-Webseite): Hat der Kläger im Streitjahr 2010 Einkünfte aus einer (erst im Jahre 2011 nach erhobenem Widerspruch nachgezahlten und dann mit bezogenen Lohnersatzleistungen verrechneten) Erwerbsminderungsrente zu versteuern und in welcher Höhe unterliegen diese Lohnersatzleistungen (Krankengeld) dem Progressionsvorbehalt? Ist die Rentennachzahlung unter Anwendung des § 34 Abs. 2 Nr. 4 EStG erst im Jahr des Zuflusses zu versteuern?

BFH IX R 29/14 (BFH-Webseite): Anwendung des § 34 EStG, wenn es ohne Zutun des Arbeitnehmers im Insolvenzfall des Arbeitgebers zu einer Abweichung in der Auszahlung der Abfindung kommt (statt der mit dem Arbeitgeber vereinbarten Einmalauszahlung erfolgte die Auszahlung durch den Insolvenzverwalter in drei Raten über mehrere Jahre verteilt)?

BVerfG 2 BvR 971/13: Abgrenzung zwischen den berufsüblichen und den außerordentlichen Einkünften eines Rechtsanwalts

BFH VI R 44/13 (BFH-Webseite): Ist bei Überschreiten der 12-Monatsgrenze des § 34 Abs. 2 Nr. 4 EStG i.d.F. des JStG 2007 stets von einer Vergütung für eine mehrjährige Tätigkeit auszugehen oder liegen außerordentliche Einkünfte i.S.d. § 34 EStG nur dann vor, wenn außergewöhnliche Ereignisse zu den fraglichen zusammengeballten Zahlungen geführt haben?

BFH X R 12/13 (BFH-Webseite): Vertraglich vereinbarte Abschlagszahlung an einen Handelsvertreter, die – unter Absenkung der Provisionssätze – auf den späteren Ausgleichsanspruch nach § 89b HGB angerechnet wird, als nach § 34 EStG tarifbegünstigte Entschädigung?

§ 34a

§ 34a Begünstigung der nicht entnommenen Gewinne

(1) ¹Sind in dem zu versteuernden Einkommen nicht entnommene Gewinne aus Land- und Forstwirtschaft, Gewerbebetrieb oder selbständiger Arbeit (§ 2 Absatz 1 Satz 1 Nummer 1 bis 3) im Sinne des Absatzes 2 enthalten, ist die Einkommensteuer für diese Gewinne auf Antrag des Steuerpflichtigen ganz oder teilweise mit einem Steuersatz von 28,25 Prozent zu berechnen; dies gilt nicht, soweit für die Gewinne der Freibetrag nach § 16 Absatz 4 oder die Steuerermäßigung nach § 34 Absatz 3 in Anspruch genommen wird oder es sich um Gewinne im Sinne des § 18 Absatz 1 Nummer 4 handelt. ²Der Antrag nach Satz 1 ist für jeden Betrieb oder Mitunternehmeranteil für jeden Veranlagungszeitraum gesondert bei dem für die Einkommensbesteuerung zuständigen Finanzamt zu stellen. ³Bei Mitunternehmeranteilen kann der Steuerpflichtige den Antrag nur stellen, wenn sein Anteil am nach § 4 Absatz 1 Satz 1 oder § 5 ermittelten Gewinn mehr als 10 Prozent beträgt oder 10 000 Euro übersteigt. ⁴Der Antrag kann bis zur Unanfechtbarkeit des Einkommensteuerbescheids für den nächsten Veranlagungszeitraum vom Steuerpflichtigen ganz oder teilweise zurückgenommen werden; der Einkommensteuerbescheid ist entsprechend zu ändern. ⁵Die Festsetzungsfrist endet insoweit nicht, bevor die Festsetzungsfrist für den nächsten Veranlagungszeitraum abgelaufen ist.

(2) Der nicht entnommene Gewinn des Betriebs oder Mitunternehmeranteils ist der nach § 4 Absatz 1 Satz 1 oder § 5 ermittelte Gewinn vermindert um den positiven Saldo der Entnahmen und Einlagen des Wirtschaftsjahres.

(3) ¹Der Begünstigungsbetrag ist der im Veranlagungszeitraum nach Absatz 1 Satz 1 auf Antrag begünstigte Gewinn. ²Der Begünstigungsbetrag des Veranlagungszeitraums, vermindert um die darauf entfallende Steuerbelastung nach Absatz 1 und den darauf entfallenden Solidaritätszuschlag, vermehrt um den nachversteuerungspflichtigen Betrag des Vorjahres und den auf diesen Betrieb oder Mitunternehmeranteil nach Absatz 5 übertragenen nachversteuerungspflichtigen Betrag, vermindert um den Nachversteuerungsbetrag im Sinne des Absatzes 4 und den auf einen anderen Betrieb oder Mitunternehmeranteil nach Absatz 5 übertragenen nachversteuerungspflichtigen Betrag, ist der nachversteuerungspflichtige Betrag des Betriebs oder Mitunternehmeranteils zum Ende des Veranlagungszeitraums. ³Dieser ist für jeden Betrieb oder Mitunternehmeranteil jährlich gesondert festzustellen.

(4) ¹Übersteigt der positive Saldo der Entnahmen und Einlagen des Wirtschaftsjahres bei einem Betrieb oder Mitunternehmeranteil den nach § 4 Absatz 1 Satz 1 oder § 5 ermittelten Gewinn (Nachversteuerungsbetrag), ist vorbehaltlich Absatz 5 eine Nachversteuerung durchzuführen, soweit zum Ende des vorangegangenen Veranlagungszeitraums ein nachversteuerungspflichtiger Betrag nach Absatz 3 festgestellt wurde. ²Die Einkommensteuer auf den Nachversteuerungsbetrag beträgt 25 Prozent. ³Der Nachversteuerungsbetrag ist um die Beträge, die für die Erbschaftsteuer (Schenkungsteuer) anlässlich der Übertragung des Betriebs oder Mitunternehmeranteils entnommen wurden, zu vermindern.

(5) ¹Die Übertragung oder Überführung eines Wirtschaftsguts nach § 6 Absatz 5 Satz 1 bis 3 führt unter den Voraussetzungen des Absatzes 4 zur Nachversteuerung. ²Eine Nachversteuerung findet nicht statt, wenn der Steuerpflichtige beantragt, den nachversteuerungspflichtigen Betrag in Höhe des Buchwerts des übertragenen oder überführten Wirtschaftsguts, höchstens jedoch in Höhe des Nachversteuerungsbetrags, den die Übertragung oder Überführung des Wirtschaftsguts ausgelöst hätte, auf den anderen Betrieb oder Mitunternehmeranteil zu übertragen.

(6) ¹Eine Nachversteuerung des nachversteuerungspflichtigen Betrags nach Absatz 4 ist durchzuführen

1. in den Fällen der Betriebsveräußerung oder -aufgabe im Sinne der §§ 14, 16 Absatz 1 und 3 sowie des § 18 Absatz 3,

2. in den Fällen der Einbringung eines Betriebs oder Mitunternehmeranteils in eine Kapitalgesellschaft oder eine Genossenschaft sowie in den Fällen des Formwechsels einer Personengesellschaft in eine Kapitalgesellschaft oder Genossenschaft,

§ 34a

3. wenn der Gewinn nicht mehr nach § 4 Absatz 1 Satz 1 oder § 5 ermittelt wird oder
4. wenn der Steuerpflichtige dies beantragt.

²In den Fällen der Nummern 1 und 2 ist die nach Absatz 4 geschuldete Einkommensteuer auf Antrag des Steuerpflichtigen oder seines Rechtsnachfolgers in regelmäßigen Teilbeträgen für einen Zeitraum von höchstens zehn Jahren seit Eintritt der ersten Fälligkeit zinslos zu stunden, wenn ihre alsbaldige Einziehung mit erheblichen Härten für den Steuerpflichtigen verbunden wäre.

(7) ¹In den Fällen der unentgeltlichen Übertragung eines Betriebs oder Mitunternehmeranteils nach § 6 Absatz 3 hat der Rechtsnachfolger den nachversteuerungspflichtigen Betrag fortzuführen. ²In den Fällen der Einbringung eines Betriebs oder Mitunternehmeranteils zu Buchwerten nach § 24 des Umwandlungssteuergesetzes geht der für den eingebrachten Betrieb oder Mitunternehmeranteil festgestellte nachversteuerungspflichtige Betrag auf den neuen Mitunternehmeranteil über.

(8) Negative Einkünfte dürfen nicht mit ermäßigt besteuerten Gewinnen im Sinne von Absatz 1 Satz 1 ausgeglichen werden; sie dürfen insoweit auch nicht nach § 10d abgezogen werden.

(9) ¹Zuständig für den Erlass der Feststellungsbescheide über den nachversteuerungspflichtigen Betrag ist das für die Einkommensbesteuerung zuständige Finanzamt. ²Die Feststellungsbescheide können nur insoweit angegriffen werden, als sich der nachversteuerungspflichtige Betrag gegenüber dem nachversteuerungspflichtigen Betrag des Vorjahres verändert hat. ³Die gesonderten Feststellungen nach Satz 1 können mit dem Einkommensteuerbescheid verbunden werden.

(10) ¹Sind Einkünfte aus Land- und Forstwirtschaft, Gewerbebetrieb oder selbständiger Arbeit nach § 180 Absatz 1 Nummer 2 Buchstabe a oder b der Abgabenordnung gesondert festzustellen, können auch die Höhe der Entnahmen und Einlagen sowie weitere für die Tarifermittlung nach den Absätzen 1 bis 7 erforderliche Besteuerungsgrundlagen gesondert festgestellt werden. ²Zuständig für die gesonderten Feststellungen nach Satz 1 ist das Finanzamt, das für die gesonderte Feststellung nach § 180 Absatz 1 Nummer 2 der Abgabenordnung zuständig ist. ³Die gesonderten Feststellungen nach Satz 1 können mit der Feststellung nach § 180 Absatz 1 Nummer 2 der Abgabenordnung verbunden werden. ⁴Die Feststellungsfrist für die gesonderte Feststellung nach Satz 1 endet nicht vor Ablauf der Feststellungsfrist für die Feststellung nach § 180 Absatz 1 Nummer 2 der Abgabenordnung.

(11) ¹Der Bescheid über die gesonderte Feststellung des nachversteuerungspflichtigen Betrags ist zu erlassen, aufzuheben oder zu ändern, soweit der Steuerpflichtige einen Antrag nach Absatz 1 stellt oder diesen ganz oder teilweise zurücknimmt und sich die Besteuerungsgrundlagen im Einkommensteuerbescheid ändern. ²Dies gilt entsprechend, wenn der Erlass, die Aufhebung oder Änderung des Einkommensteuerbescheids mangels steuerlicher Auswirkung unterbleibt. ³Die Feststellungsfrist endet nicht, bevor die Festsetzungsfrist für den Veran-lagungszeitraum abgelaufen ist, auf dessen Schluss der nachversteuerungspflichtige Betrag des Betriebs oder Mitunternehmeranteils gesondert festzustellen ist.

§ 34b

§ 34b Steuersätze bei Einkünften aus außerordentlichen Holznutzungen

(1) Außerordentliche Holznutzungen sind

1. Holznutzungen, die aus volks- oder staatswirtschaftlichen Gründen erfolgt sind. ²Sie liegen nur insoweit vor, als sie durch gesetzlichen oder behördlichen Zwang veranlasst sind;
2. Holznutzungen infolge höherer Gewalt (Kalamitätsnutzungen). ²Sie sind durch Eis-, Schnee-, Windbruch oder Windwurf, Erdbeben, Bergrutsch, Insektenfraß, Brand oder durch Naturereignisse mit vergleichbaren Folgen verursacht. ³Hierzu gehören nicht die Schäden, die in der Forstwirtschaft regelmäßig entstehen.

(2) ¹Zur Ermittlung der Einkünfte aus außerordentlichen Holznutzungen sind von den Einnahmen sämtlicher Holznutzungen die damit in sachlichem Zusammenhang stehenden Betriebsausgaben abzuziehen. ²Das nach Satz 1 ermittelte Ergebnis ist auf die ordentlichen und außerordentlichen Holznutzungsarten aufzuteilen, in dem die außerordentlichen Holznutzungen zur gesamten Holznutzung ins Verhältnis gesetzt wird. ³Bei einer Gewinnermittlung durch Betriebsvermögensvergleich sind die im Wirtschaftsjahr veräußerten Holzmengen maßgebend. ⁴Bei einer Gewinnermittlung nach den Grundsätzen des § 4 Absatz 3 ist von den Holzmengen auszugehen, die den im Wirtschaftsjahr zugeflossenen Einnahmen zugrunde liegen. ⁵Die Sätze 1 bis 4 gelten für entnommenes Holz entsprechend.

(3) Die Einkommensteuer bemisst sich für die Einkünfte aus außerordentlichen Holznutzungen im Sinne des Absatzes 1

1. nach der Hälfte des durchschnittlichen Steuersatzes, der sich ergäbe, wenn die tarifliche Einkommensteuer nach dem gesamten zu versteuernden Einkommen zuzüglich der dem Progressionsvorbehalt unterliegenden Einkünfte zu bemessen wäre;
2. nach dem halben Steuersatz der Nummer 1, soweit sie den Nutzungssatz (§ 68 der Einkommensteuer-Durchführungsverordnung) übersteigen.

(4) Einkünfte aus außerordentlichen Holznutzungen sind nur anzuerkennen, wenn

1. das im Wirtschaftsjahr veräußerte oder entnommene Holz mengenmäßig getrennt nach ordentlichen und außerordentlichen Holznutzungen nachgewiesen wird und
2. Schäden infolge höherer Gewalt unverzüglich nach Feststellung des Schadensfalls der zuständigen Finanzbehörde mitgeteilt und nach der Aufarbeitung mengenmäßig nachgewiesen werden.

(5) Die Bundesregierung wird ermächtigt, durch Rechtsverordnung mit Zustimmung des Bundesrates

1. die Steuersätze abweichend von Absatz 3 für ein Wirtschaftsjahr aus sachlichen Billigkeitsgründen zu regeln,
2. die Anwendung des § 4a des Forstschäden-Ausgleichsgesetzes für ein Wirtschaftsjahr aus sachlichen Billigkeitsgründen zu regeln,

wenn besondere Schadensereignisse nach Absatz 1 Nummer 2 vorliegen und eine Einschlagsbeschränkung (§ 1 Absatz 1 des Forstschäden-Ausgleichsgesetzes) nicht angeordnet wurde.

§ 34c

V. Steuerermäßigungen

1. Steuerermäßigung bei ausländischen Einkünften

§ 34c (Steuerermäßigung bei ausländischen Einkünften)

(1) ¹Bei unbeschränkt Steuerpflichtigen, die mit ausländischen Einkünften in dem Staat, aus dem die Einkünfte stammen, zu einer der deutschen Einkommensteuer entsprechenden Steuer herangezogen werden, ist die festgesetzte und gezahlte und um einen entstandenen Ermäßigungsanspruch gekürzte ausländische Steuer auf die deutsche Einkommensteuer anzurechnen, die auf die Einkünfte aus diesem Staat entfällt; das gilt nicht für Einkünfte aus Kapitalvermögen, auf die § 32d Absatz 1 und 3 bis 6 anzuwenden ist. ²Die auf die ausländischen Einkünfte nach Satz 1 erster Halbsatz entfallende deutsche Einkommensteuer ist in der Weise zu ermitteln, dass der sich bei der Veranlagung des zu versteuernden Einkommens, einschließlich der ausländischen Einkünfte, nach den §§ 32a, 32b, 34, 34a und 34b ergebende durchschnittliche Steuersatz auf die ausländischen Einkünfte anzuwenden ist. ³Bei der Ermittlung des zu versteuernden Einkommens und der ausländischen Einkünfte sind die Einkünfte nach Satz 1 zweiter Halbsatz nicht zu berücksichtigen; bei der Ermittlung der ausländischen Einkünfte sind die ausländischen Einkünfte nicht zu berücksichtigen, die in dem Staat, aus dem sie stammen, nach dessen Recht nicht besteuert werden. ⁴Gehören ausländische Einkünfte der in § 34d Nummer 3, 4, 6, 7 und 8 Buchstabe c genannten Art zum Gewinn eines inländischen Betriebes, sind bei ihrer Ermittlung Betriebsausgaben und Betriebsvermögensminderungen abzuziehen, die mit den diesen Einkünften zugrunde liegenden Einnahmen in wirtschaftlichem Zusammenhang stehen. ⁵Die ausländischen Steuern sind nur insoweit anzurechnen, als sie auf die im Veranlagungszeitraum bezogenen Einkünfte entfallen.

(2) Statt der Anrechnung (Absatz 1) ist die ausländische Steuer auf Antrag bei der Ermittlung der Einkünfte abzuziehen, soweit sie auf ausländische Einkünfte entfällt, die nicht steuerfrei sind.

(3) Bei unbeschränkt Steuerpflichtigen, bei denen eine ausländische Steuer vom Einkommen nach Absatz 1 nicht angerechnet werden kann, weil die Steuer nicht der deutschen Einkommensteuer entspricht oder nicht in dem Staat erhoben wird, aus dem die Einkünfte stammen, oder weil keine ausländischen Einkünfte vorliegen, ist die festgesetzte und gezahlte und um einen entstandenen Ermäßigungsanspruch gekürzte ausländische Steuer bei der Ermittlung der Einkünfte abzuziehen, soweit sie auf Einkünfte entfällt, die der deutschen Einkommensteuer unterliegen.

(4) (weggefallen)

(5) Die obersten Finanzbehörden der Länder oder die von ihnen beauftragten Finanzbehörden können mit Zustimmung des Bundesministeriums der Finanzen die auf ausländische Einkünfte entfallende deutsche Einkommensteuer ganz oder zum Teil erlassen oder in einem Pauschbetrag festsetzen, wenn es aus volkswirtschaftlichen Gründen zweckmäßig ist oder die Anwendung des Absatzes 1 besonders schwierig ist.

(6) ¹Die Absätze 1 bis 3 sind vorbehaltlich der Sätze 2 bis 6 nicht anzuwenden, wenn die Einkünfte aus einem ausländischen Staat stammen, mit dem ein Abkommen zur Vermeidung der Doppelbesteuerung besteht. ²Soweit in einem Abkommen zur Vermeidung der Doppelbesteuerung die Anrechnung einer ausländischen Steuer auf die deutsche Einkommensteuer vorgesehen ist, sind Absatz 1 Satz 2 bis 5 und Absatz 2 entsprechend auf die nach dem Abkommen anzurechnende ausländische Steuer anzuwenden; das gilt nicht für Einkünfte, auf die § 32d Absatz 1 und 3 bis 6 anzuwenden ist; bei nach dem Abkommen als gezahlt geltenden ausländischen Steuerbeträgen sind Absatz 1 Satz 3 und Absatz 2 nicht anzuwenden. ³Absatz 1 Satz 3 gilt auch dann entsprechend, wenn die Einkünfte in dem ausländischen Staat nach dem Abkommen zur Vermeidung der Doppelbesteuerung mit diesem Staat nicht besteuert werden können. ⁴Bezieht sich ein Abkommen zur Vermeidung der Doppelbesteuerung nicht auf eine Steuer vom Einkommen dieses Staates, so sind die Absätze 1 und 2 entsprechend anzuwenden. ⁵In den Fällen des § 50d Absatz 9 sind die Ab-

§ 34c — Rechtsprechung

sätze 1 bis 3 und Satz 6 entsprechend anzuwenden. ⁶Absatz 3 ist anzuwenden, wenn der Staat, mit dem ein Abkommen zur Vermeidung der Doppelbesteuerung besteht, Einkünfte besteuert, die nicht aus diesem Staat stammen, es sei denn, die Besteuerung hat ihre Ursache in einer Gestaltung, für die wirtschaftliche oder sonst beachtliche Gründe fehlen, oder das Abkommen gestattet dem Staat die Besteuerung dieser Einkünfte.

(7) Durch Rechtsverordnung können Vorschriften erlassen werden über

1. die Anrechnung ausländischer Steuern, wenn die ausländischen Einkünfte aus mehreren fremden Staaten stammen,
2. den Nachweis über die Höhe der festgesetzten und gezahlten ausländischen Steuern,
3. die Berücksichtigung ausländischer Steuern, die nachträglich erhoben oder zurückgezahlt werden.

Rechtsprechungsauswahl

BFH v. 9. 2. 2011 I R 71/10 (BStBl. II S. 500): Vorabentscheidungsersuchen an den EuGH: Höchstbetragsberechnung gemäß § 34c Abs. 1 Satz 2 EStG 2002 gemeinschaftsrechtswidrig?

Dem EuGH wird die folgende Rechtsfrage zur Vorabentscheidung vorgelegt:

Steht Art. 56 EG der Regelung eines Mitgliedstaates entgegen, nach welcher – in Einklang mit zwischenstaatlichen Abkommen zur Vermeidung einer Doppelbesteuerung – bei unbeschränkt Steuerpflichtigen, die mit ausländischen Einkünften in dem Staat, aus dem die Einkünfte stammen, zu einer der inländischen Einkommensteuer entsprechenden Steuer herangezogen werden, die ausländische Steuer auf die inländische Einkommensteuer, die auf die Einkünfte aus diesem Staat entfällt, in der Weise angerechnet wird, dass die sich bei der Veranlagung des zu versteuernden Einkommens – einschließlich der ausländischen Einkünfte – ergebende inländische Einkommensteuer im Verhältnis dieser ausländischen Einkünfte zur Summe der Einkünfte – und damit unter Nichtberücksichtigung von Sonderausgaben und außergewöhnlichen Belastungen als Kosten der persönlichen Lebensführung sowie der personen- und familienbezogenen Umstände – aufgeteilt wird?

§ 34d

§ 34d Ausländische Einkünfte

Ausländische Einkünfte im Sinne des § 34c Absatz 1 bis 5 sind

1. Einkünfte aus einer in einem ausländischen Staat betriebenen Land- und Forstwirtschaft (§§ 13 und 14) und Einkünfte der in den Nummern 3, 4, 6, 7 und 8 Buchstabe c genannten Art, soweit sie zu den Einkünften aus Land- und Forstwirtschaft gehören;
2. Einkünfte aus Gewerbebetrieb (§§ 15 und 16),
    a) die durch eine in einem ausländischen Staat belegene Betriebsstätte oder durch einen in einem ausländischen Staat tätigen ständigen Vertreter erzielt werden, und Einkünfte der in den Nummern 3, 4, 6, 7 und 8 Buchstabe c genannten Art, soweit sie zu den Einkünften aus Gewerbebetrieb gehören,
    b) die aus Bürgschafts- und Avalprovisionen erzielt werden, wenn der Schuldner Wohnsitz, Geschäftsleitung oder Sitz in einem ausländischen Staat hat, oder
    c) die durch den Betrieb eigener oder gecharterter Seeschiffe oder Luftfahrzeuge aus Beförderungen zwischen ausländischen oder von ausländischen zu inländischen Häfen erzielt werden, einschließlich der Einkünfte aus anderen mit solchen Beförderungen zusammenhängenden, sich auf das Ausland erstreckenden Beförderungsleistungen;
3. Einkünfte aus selbständiger Arbeit (§ 18), die in einem ausländischen Staat ausgeübt oder verwertet wird oder worden ist, und Einkünfte der in den Nummern 4, 6, 7 und 8 Buchstabe c genannten Art, soweit sie zu den Einkünften aus selbständiger Arbeit gehören;
4. Einkünfte aus der Veräußerung von
    a) Wirtschaftsgütern, die zum Anlagevermögen eines Betriebs gehören, wenn die Wirtschaftsgüter in einem ausländischen Staat belegen sind,
    b) Anteilen an Kapitalgesellschaften, wenn die Gesellschaft Geschäftsleitung oder Sitz in einem ausländischen Staat hat;
5. Einkünfte aus nichtselbständiger Arbeit (§ 19), die in einem ausländischen Staat ausgeübt oder, ohne im Inland ausgeübt zu werden oder worden zu sein, in einem ausländischen Staat verwertet wird oder worden ist, und Einkünfte, die von ausländischen öffentlichen Kassen mit Rücksicht auf ein gegenwärtiges oder früheres Dienstverhältnis gewährt werden. ²Einkünfte, die von inländischen öffentlichen Kassen einschließlich der Kassen der Deutschen Bundesbahn und der Deutschen Bundesbank mit Rücksicht auf ein gegenwärtiges oder früheres Dienstverhältnis gewährt werden, gelten auch dann als inländische Einkünfte, wenn die Tätigkeit in einem ausländischen Staat ausgeübt wird oder worden ist;
6. Einkünfte aus Kapitalvermögen (§ 20), wenn der Schuldner Wohnsitz, Geschäftsleitung oder Sitz in einem ausländischen Staat hat oder das Kapitalvermögen durch ausländischen Grundbesitz gesichert ist;
7. Einkünfte aus Vermietung und Verpachtung (§ 21), soweit das unbewegliche Vermögen oder die Sachinbegriffe in einem ausländischen Staat belegen oder die Rechte zur Nutzung in einem ausländischen Staat überlassen worden sind;
8. sonstige Einkünfte im Sinne des § 22, wenn
    a) der zur Leistung der wiederkehrenden Bezüge Verpflichtete Wohnsitz, Geschäftsleitung oder Sitz in einem ausländischen Staat hat,
    b) bei privaten Veräußerungsgeschäften die veräußerten Wirtschaftsgüter in einem ausländischen Staat belegen sind,
    c) bei Einkünften aus Leistungen einschließlich der Einkünfte aus Leistungen im Sinne des § 49 Absatz 1 Nummer 9 der zur Vergütung der Leistung Verpflichtete Wohnsitz, Geschäftsleitung oder Sitz in einem ausländischen Staat hat.

§§ 34e, 34f

2. Steuerermäßigung bei Einkünften aus Land- und Forstwirtschaft

§ 34e (weggefallen)

2a. Steuerermäßigung für Steuerpflichtige mit Kindern bei Inanspruchnahme erhöhter Absetzungen für Wohngebäude oder der Steuerbegünstigungen für eigengenutztes Wohneigentum

§ 34f (Steuerermäßigung für Steuerpflichtige mit Kindern bei Inanspruchnahme erhöhter Absetzungen für Wohngebäude oder der Steuerbegünstigungen für eigengenutztes Wohneigentum)

(1) ¹Bei Steuerpflichtigen, die erhöhte Absetzungen nach § 7b oder nach § 15 des Berlinförderungsgesetzes in Anspruch nehmen, ermäßigt sich die tarifliche Einkommensteuer, vermindert um die sonstigen Steuerermäßigungen mit Ausnahme der §§ 34g und 35, auf Antrag um je 600 Deutsche Mark für das zweite und jedes weitere Kind des Steuerpflichtigen oder seines Ehegatten. ²Voraussetzung ist,

1. dass der Steuerpflichtige das Objekt, bei einem Zweifamilienhaus mindestens eine Wohnung, zu eigenen Wohnzwecken nutzt oder wegen des Wechsels des Arbeitsortes nicht zu eigenen Wohnzwecken nutzen kann und
2. dass es sich einschließlich des ersten Kindes um Kinder im Sinne des § 32 Absatz 1 bis 5 oder 6 Satz 7 handelt, die zum Haushalt des Steuerpflichtigen gehören oder in dem für die erhöhten Absetzungen maßgebenden Begünstigungszeitraum gehört haben, wenn diese Zugehörigkeit auf Dauer angelegt ist oder war.

(2) ¹Bei Steuerpflichtigen, die die Steuerbegünstigung nach § 10e Absatz 1 bis 5 oder nach § 15b des Berlinförderungsgesetzes in Anspruch nehmen, ermäßigt sich die tarifliche Einkommensteuer, vermindert um die sonstigen Steuerermäßigungen mit Ausnahme des § 34g, auf Antrag um je 512 Euro für jedes Kind des Steuerpflichtigen oder seines Ehegatten im Sinne des § 32 Absatz 1 bis 5 oder 6 Satz 7. ²Voraussetzung ist, dass das Kind zum Haushalt des Steuerpflichtigen gehört oder in dem für die Steuerbegünstigung maßgebenden Zeitraum gehört hat, wenn diese Zugehörigkeit auf Dauer angelegt ist oder war.

(3) ¹Bei Steuerpflichtigen, die die Steuerbegünstigung nach § 10e Absatz 1, 2, 4 und 5 in Anspruch nehmen, ermäßigt sich die tarifliche Einkommensteuer, vermindert um die sonstigen Steuerermäßigungen, auf Antrag um je 512 Euro für jedes Kind des Steuerpflichtigen oder seines Ehegatten im Sinne des § 32 Absatz 1 bis 5 oder 6 Satz 7. ²Voraussetzung ist, dass das Kind zum Haushalt des Steuerpflichtigen gehört oder in dem für die Steuerbegünstigung maßgebenden Zeitraum gehört hat, wenn diese Zugehörigkeit auf Dauer angelegt ist oder war. ³Soweit sich der Betrag der Steuerermäßigung nach Satz 1 bei der Ermittlung der festzusetzenden Einkommensteuer nicht steuerentlastend auswirkt, ist er von der tariflichen Einkommensteuer der zwei vorangegangenen Veranlagungszeiträume abzuziehen. ⁴Steuerermäßigungen, die nach den Sätzen 1 und 3 nicht berücksichtigt werden können, können bis zum Ende des Abzugszeitraums im Sinne des § 10e und in den zwei folgenden Veranlagungszeiträumen abgezogen werden. ⁵Ist für einen Veranlagungszeitraum bereits ein Steuerbescheid erlassen worden, so ist er insoweit zu ändern, als die Steuerermäßigung nach den Sätzen 3 und 4 zu gewähren oder zu berichtigen ist; die Verjährungsfristen enden insoweit nicht, bevor die Verjährungsfrist für den Veranlagungszeitraum abgelaufen ist, für den die Steuerermäßigung nach Satz 1 beantragt worden ist.

(4) ¹Die Steuerermäßigungen nach den Absätzen 2 oder 3 kann der Steuerpflichtige insgesamt nur bis zur Höhe der Bemessungsgrundlage der Abzugsbeträge nach § 10e Absatz 1 oder 2 in Anspruch nehmen. ²Die Steuerermäßigung nach den Absätzen 1, 2 und 3 Satz 1 kann der Steuerpflichtige im Kalenderjahr nur für ein Objekt in Anspruch nehmen.

Rechtsprechungsauswahl
BFH v. 30. 1. 2008 X R 1/07 (BStBl. II S. 520): Die Steuerermäßigung des § 34f Abs. 3 EStG (Baukindergeld) ist vor der Steuerermäßigung bei Aufwendungen für haushaltsnahe Beschäftigungsverhältnisse des § 35a EStG zu berücksichtigen.

2b. Steuerermäßigung bei Zuwendungen an politische Parteien und an unabhängige Wählervereinigungen

§ 34g (Steuerermäßigung bei Zuwendungen an politische Parteien und an unabhängige Wählervereinigungen)

¹Die tarifliche Einkommensteuer, vermindert um die sonstigen Steuerermäßigungen mit Ausnahme des § 34f Absatz 3, ermäßigt sich bei Zuwendungen an

1. politische Parteien im Sinne des § 2 des Parteiengesetzes und
2. Vereine ohne Parteicharakter, wenn

    a) der Zweck des Vereins ausschließlich darauf gerichtet ist, durch Teilnahme mit eigenen Wahlvorschlägen an Wahlen auf Bundes-, Landes- oder Kommunalebene bei der politischen Willensbildung mitzuwirken, und

    b) der Verein auf Bundes-, Landes- oder Kommunalebene bei der jeweils letzten Wahl wenigstens ein Mandat errungen oder der zuständigen Wahlbehörde oder dem zuständigen Wahlorgan angezeigt hat, dass er mit eigenen Wahlvorschlägen auf Bundes-, Landes- oder Kommunalebene an der jeweils nächsten Wahl teilnehmen will.

²Nimmt der Verein an der jeweils nächsten Wahl nicht teil, wird die Ermäßigung nur für die bis zum Wahltag an ihn geleisteten Beiträge und Spenden gewährt. ³Die Ermäßigung für Beiträge und Spenden an den Verein wird erst wieder gewährt, wenn er sich mit eigenen Wahlvorschlägen an einer Wahl beteiligt hat. ⁴Die Ermäßigung wird in diesem Falle nur für Beiträge und Spenden gewährt, die nach Beginn des Jahres, in dem die Wahl stattfindet, geleistet werden.

²Die Ermäßigung beträgt 50 Prozent der Ausgaben, höchstens jeweils 825 Euro für Ausgaben nach den Nummern 1 und 2, im Fall der Zusammenveranlagung von Ehegatten höchstens jeweils 1 650 Euro. ³§ 10b Absatz 3 und 4 gilt entsprechend.

Hinweise

LStH 34g Zuwendungen an politische Parteien
→ *H 34g EStH*

§ 35

3. Steuerermäßigung bei Einkünften aus Gewerbebetrieb

§ 35 (Steuerermäßigung bei Einkünften aus Gewerbebetrieb)

(1) ¹Die tarifliche Einkommensteuer, vermindert um die sonstigen Steuerermäßigungen mit Ausnahme der §§ 34f, 34g und 35a, ermäßigt sich, soweit sie anteilig auf im zu versteuernden Einkommen enthaltene gewerbliche Einkünfte entfällt (Ermäßigungshöchstbetrag),

1. bei Einkünften aus gewerblichen Unternehmen im Sinne des § 15 Absatz 1 Satz 1 Nummer 1

   um das 3,8-fache des jeweils für den dem Veranlagungszeitraum entsprechenden Erhebungszeitraum nach § 14 des Gewerbesteuergesetzes für das Unternehmen festgesetzten Steuermessbetrags (Gewerbesteuer-Messbetrag); Absatz 3 Satz 5 ist entsprechend anzuwenden;

2. bei Einkünften aus Gewerbebetrieb als Mitunternehmer im Sinne des § 15 Absatz 1 Satz 1 Nummer 2 oder als persönlich haftender Gesellschafter einer Kommanditgesellschaft auf Aktien im Sinne des § 15 Absatz 1 Satz 1 Nummer 3

   um das 3,8-fache des jeweils für den dem Veranlagungszeitraum entsprechenden Erhebungszeitraum festgesetzten anteiligen Gewerbesteuer-Messbetrags.

²Der Ermäßigungshöchstbetrag ist wie folgt zu ermitteln:

$$\frac{\text{Summe der positiven gewerblichen Einkünfte}}{\text{Summe aller positiven Einkünfte}} \cdot \text{geminderte tarifliche Steuer.}$$

³Gewerbliche Einkünfte im Sinne der Sätze 1 und 2 sind die der Gewerbesteuer unterliegenden Gewinne und Gewinnanteile, soweit sie nicht nach anderen Vorschriften von der Steuerermäßigung nach § 35 ausgenommen sind. ⁴Geminderte tarifliche Steuer ist die tarifliche Steuer nach Abzug von Beträgen auf Grund der Anwendung zwischenstaatlicher Abkommen und nach Anrechnung der ausländischen Steuern nach § 34d Absatz 6 Satz 2, § 34c Absatz 1 und 6 dieses Gesetzes und § 12 des Außensteuergesetzes. ⁵Der Abzug des Steuerermäßigungsbetrags ist auf die tatsächlich zu zahlende Gewerbesteuer beschränkt.

(2) ¹Bei Mitunternehmerschaften im Sinne des § 15 Absatz 1 Satz 1 Nummer 2 oder bei Kommanditgesellschaften auf Aktien im Sinne des § 15 Absatz 1 Satz 1 Nummer 3 ist der Betrag des Gewerbesteuer-Messbetrags, die tatsächlich zu zahlende Gewerbesteuer und der auf die einzelnen Mitunternehmer oder auf die persönlich haftenden Gesellschafter entfallende Anteil gesondert und einheitlich festzustellen. ²Der Anteil eines Mitunternehmers am Gewerbesteuer-Messbetrag richtet sich nach seinem Anteil am Gewinn der Mitunternehmerschaft nach Maßgabe des allgemeinen Gewinnverteilungsschlüssels; Vorabgewinnanteile sind nicht zu berücksichtigen. ³Wenn auf Grund der Bestimmungen in einem Abkommen zur Vermeidung der Doppelbesteuerung bei der Festsetzung des Gewerbesteuer-Messbetrags für eine Mitunternehmerschaft nur der auf einen Teil der Mitunternehmer entfallende anteilige Gewerbeertrag berücksichtigt wird, ist der Gewerbesteuer-Messbetrag nach Maßgabe des allgemeinen Gewinnverteilungsschlüssels in voller Höhe auf diese Mitunternehmer entsprechend ihrer Anteile am Gewerbeertrag der Mitunternehmerschaft aufzuteilen. ⁴Der anteilige Gewerbesteuer-Messbetrag ist als Prozentsatz mit zwei Nachkommastellen gerundet zu ermitteln. ⁵Bei der Feststellung nach Satz 1 sind anteilige Gewerbesteuer-Messbeträge, die aus einer Beteiligung an einer Mitunternehmerschaft stammen, einzubeziehen.

(3) ¹Zuständig für die gesonderte Feststellung nach Absatz 2 ist das für die gesonderte Feststellung der Einkünfte zuständige Finanzamt. ²Für die Ermittlung der Steuerermäßigung nach Absatz 1 sind die Festsetzung des Gewerbesteuer-Messbetrags, die Feststellung des Anteils an dem festzusetzenden Gewerbesteuer-Messbetrag nach Absatz 2 Satz 1 und die Festsetzung der Gewerbesteuer Grundlagenbescheide. ³Für die Ermittlung des anteiligen Gewerbesteuer-Messbetrags nach Absatz 2 sind die Festsetzung des Gewerbesteuer-Messbetrags und die Festsetzung des anteiligen Gewerbesteuer-Messbetrags aus der Beteiligung an einer Mitunternehmerschaft Grundlagenbescheide.

§§ 35, 35a

(4) Für die Aufteilung und die Feststellung der tatsächlich zu zahlenden Gewerbesteuer bei Mitunternehmerschaften im Sinne des § 15 Absatz 1 Satz 1 Nummer 2 und bei Kommanditgesellschaften auf Aktien im Sinne des § 15 Absatz 1 Satz 1 Nummer 3 gelten die Absätze 2 und 3 entsprechend.

4. Steuerermäßigung bei Aufwendungen für haushaltsnahe Beschäftigungensverhältnisse und für die Inanspruchnahme haushaltsnaher Dienstleistungen

§ 35a[1] Steuerermäßigung bei Aufwendungen für haushaltsnahe Beschäftigungensverhältnisse, haushaltsnahe Dienstleistungen und Handwerkerleistungen

(1) Für haushaltsnahe Beschäftigungsverhältnisse, bei denen es sich um eine geringfügige Beschäftigung im Sinne des § 8a des Vierten Buches Sozialgesetzbuch handelt, ermäßigt sich die tarifliche Einkommensteuer, vermindert um die sonstigen Steuerermäßigungen, auf Antrag um 20 Prozent, höchstens 510 Euro, der Aufwendungen des Steuerpflichtigen.

(2) ¹Für andere als in Absatz 1 aufgeführte haushaltsnahe Beschäftigungsverhältnisse oder für die Inanspruchnahme von haushaltsnahen Dienstleistungen, die nicht Dienstleistungen nach Absatz 3 sind, ermäßigt sich die tarifliche Einkommensteuer, vermindert um die sonstigen Steuerermäßigungen, auf Antrag um 20 Prozent, höchstens 4 000 Euro, der Aufwendungen des Steuerpflichtigen. ²Die Steuerermäßigung kann auch in Anspruch genommen werden für die Inanspruchnahme von Pflege- und Betreuungsleistungen sowie für Aufwendungen, die einem Steuerpflichtigen wegen der Unterbringung in einem Heim oder zur dauernden Pflege erwachsen, soweit darin Kosten für Dienstleistungen enthalten sind, die mit denen einer Hilfe im Haushalt vergleichbar sind.

(3) ¹Für die Inanspruchnahme von Handwerkerleistungen für Renovierungs-, Erhaltungs- und Modernisierungsmaßnahmen ermäßigt sich die tarifliche Einkommensteuer, vermindert um die sonstigen Steuerermäßigungen, auf Antrag um 20 Prozent der Aufwendungen des Steuerpflichtigen, höchstens jedoch um 1 200 Euro. ²Dies gilt nicht für öffentlich geförderte Maßnahmen, für die zinsverbilligte Darlehen oder steuerfreie Zuschüsse in Anspruch genommen werden.

(4) ¹Die Steuerermäßigung nach den Absätzen 1 bis 3 kann nur in Anspruch genommen werden, wenn das Beschäftigungsverhältnis, die Dienstleistung oder die Handwerkerleistung in einem in der Europäischen Union oder dem Europäischen Wirtschaftsraum liegenden Haushalt des Steuerpflichtigen oder – bei Pflege- und Betreuungsleistungen – der gepflegten oder betreuten Person ausgeübt oder erbracht wird. ²In den Fällen des Absatzes 2 Satz 2 zweiter Halbsatz ist Voraussetzung, dass das Heim oder der Ort der dauernden Pflege in der Europäischen Union oder dem Europäischen Wirtschaftsraum liegt.

(5) ¹Die Steuerermäßigungen nach den Absätzen 1 bis 3 können nur in Anspruch genommen werden, soweit die Aufwendungen nicht Betriebsausgaben oder Werbungskosten darstellen und soweit sie nicht als Sonderausgaben oder außergewöhnliche Belastung berücksichtigt worden sind; für Aufwendungen, die dem Grunde nach unter § 10 Absatz 1 Nummer 5 fallen, ist eine Inanspruchnahme ebenfalls ausgeschlossen. ²Der Abzug von der tariflichen Einkommensteuer nach den Absätzen 2 und 3 gilt nur für Arbeitskosten. ³Voraussetzung für die Inanspruchnahme der Steuerermäßigung für haushaltsnahe Dienstleistungen nach Absatz 2 oder für Handwerkerleistungen nach Absatz 3 ist, dass der Steuerpflichtige für die Aufwendungen eine Rechnung erhalten hat und die Zahlung auf das Konto des Erbringers der Leistung erfolgt ist. ⁴Leben zwei Alleinstehende in einem Haushalt zusammen, können sie die Höchstbeträge nach den Absätzen 1 bis 3 insgesamt jeweils nur einmal in Anspruch nehmen.

Hinweise

LStH 35a *Allgemeine Grundsätze*
→ H 35a EStH

---

1) Hinweis auf Anwendungsschreiben zu § 35a EStG – Anlage § 035a-01 –.

Rechtsprechungsauswahl

BFH v. 5. 6. 2014 VI R 12/12 (BFH-Webseite): Steuerermäßigung nach § 35a EStG bei Inanspruchnahme des Behinderten-Pauschbetrags

Nimmt der Steuerpflichtige den Behinderten-Pauschbetrag nach § 33b EStG in Anspruch, so ist eine Steuerermäßigung nach § 35a Abs. 5 Satz 1 EStG ausgeschlossen, soweit die Aufwendungen mit dem Behinderten-Pauschbetrag abgegolten sind.

BFH v. 20. 3. 2014 VI R 56/12 (BStBl. II S. 882): Aufwendungen für einen Hausanschluss als steuerbegünstigte Handwerkerleistung

1. Auch die Inanspruchnahme von Handwerkerleistungen, die jenseits der Grundstücksgrenze auf fremdem, beispielsweise öffentlichem Grund erbracht werden, kann als Handwerkerleistung nach § 35a Abs. 2 Satz 2 EStGbegünstigt sein (entgegen BMF-Schreiben vom 10. Januar 2014 IV C 4-S 2296-b/07/0003:004, 2014/0023765, BStBl. I 2014, 75).

2. Es muss sich dabei allerdings um Tätigkeiten handeln, die in unmittelbarem räumlichen Zusammenhang zum Haushalt durchgeführt werden und dem Haushalt dienen. Hiervon ist insbesondere auszugehen, wenn der Haushalt des Steuerpflichtigen an das öffentliche Versorgungsnetz angeschlossen wird.

BFH v. 20. 3. 2014 VI R 55/12 (BStBl. II S. 880): Winterdienst auf öffentlichen Gehwegen als haushaltsnahe Dienstleistung

1. Auch die Inanspruchnahme von Diensten, die jenseits der Grundstücksgrenze auf fremdem, beispielsweise öffentlichem Grund geleistet werden, kann als haushaltsnahe Dienstleistung nach § 35a Abs. 2 Satz 1 EStG begünstigt sein (entgegen BMF-Schreiben vom 10. Januar 2014 IV C 4-S 2296-b/07/0003:004, 2014/0023765, BStBl. I 2014, 75).

2. Es muss sich dabei allerdings um Tätigkeiten handeln, die ansonsten üblicherweise von Familienmitgliedern erbracht und in unmittelbarem räumlichen Zusammenhang zum Haushalt durchgeführt werden und dem Haushalt dienen. Hiervon ist insbesondere auszugehen, wenn der Steuerpflichtige als Eigentümer oder Mieter zur Reinigung und Schneeräumung von öffentlichen Straßen und (Geh) Wegen verpflichtet ist.

BFH v. 18. 10. 2012 VI R 65/10 (BStBl. 2013 II S. 82): Die durch das WachstumsStG geregelte Verdoppelung des Höchstbetrags für Handwerkerleistungen ist erstmals bei Aufwendungen anzuwenden, die im Veranlagungszeitraum 2009 geleistet und deren zugrunde liegende Leistungen nach dem 31. Dezember 2008 erbracht worden sind.

1. Aus dem Umstand, dass nach Art. 4 Abs. 3 WachstumsStG die Verdoppelung des Höchstbetrags bereits am Tage nach der Verkündung des Gesetzes in Kraft tritt, also am 30.12.2008, folgt nicht, dass der erhöhte Höchstbetrag auch schon vor dem 30.12.2008 erbrachte Leistungen anzuwenden wäre.

2. Die zum 1.1.2009 in Kraft getretene Regelung (Art. 4 Abs. 1 WachstumsStG) stellt insoweit zwar eine rückwirkende Rechtsänderung dar, weil hierdurch die – zunächst einschränkungslose – Anwendung des erhöhten Förderbetrags am Tag nach der Verkündung des Gesetzes (30.12.2008) zwei Tage später zusätzlich davon abhängig gemacht wird, dass die Leistungen im Jahr 2009 erbracht und bezahlt wurden. Diese Rückwirkung ist indessen von Verfassungs wegen unbedenklich.

3. Auf die Frage, ob es sich um ein Redaktionsversehen des Gesetzgebers bei der Neuregelung der Vorschrift handelt, kam es danach nicht mehr an.

BFH v. 5. 7. 2012 VI R 18/10 (BStBl. 2013 II S. 14): Leistet der Mieter einer Dienstwohnung an den Vermieter pauschale Zahlungen für die Durchführung von Schönheitsreparaturen, so handelt es sich hierbei nicht um Aufwendungen für Handwerkerleistungen i.S.d. § 35a Abs. 2 EStG, wenn die Zahlungen unabhängig davon erfolgen, ob und ggf. in welcher Höhe der Vermieter tatsächlich Reparaturen an der Wohnung des Mieters in Auftrag gibt.

Vorliegend erfüllt der Vermieter eine ihm aufgrund des Mietverhältnisses obliegende Verpflichtung zur Durchführung von Schönheitsreparaturen, indem er Handwerkerleistungen in Anspruch nimmt und diese aus in sein Vermögen übergegangenen Mitteln bezahlt (Abgrenzung zu anderen Sachverhalten).

BFH v. 13. 7. 2011 VI R 61/10 (BStBl. 2012 II S. 232): Erd- und Pflanzarbeiten im Garten als Handwerkerleistung

1. Die Steuerermäßigung für Handwerkerleistungen nach § 35a Abs. 2 Satz 2 EStG kann auch für Erd- und Pflanzarbeiten im Garten eines selbstbewohnten Hauses zu gewähren sein.

Rechtsprechung §§ 35a, 35b

2. Insoweit ist ohne Belang, ob der Garten neu angelegt oder ein naturbelassener Garten umgestaltet wird.

BFH v. 29. 7. 2010 VI R 60/09 (BFH-Webseite): Steuerermäßigung für Handwerkerleistungen – Auslegung des Begriffs „inländischer Haushalt" – Keine Verdoppelung der Steuerermäßigung des § 35a Abs. 2 Satz 2 EStG bei Ehegatten

Auch im Fall der Zusammenveranlagung von Ehegatten nach § 26b EStG ist die Steuerermäßigung des § 35a Abs. 2 Satz 2 EStG bei mehreren von den Ehepartnern tatsächlich genutzten Wohnungen auf den Höchstbetrag von 600 EUR begrenzt.

BFH v. 6. 5. 2010 VI R 4/09 (BStBl. 2011 II S. 909): Abgrenzung haushaltsnahe Dienstleistung zu Handwerkerleistung – Keine Unterscheidung nach einfachen und qualifizierten Handwerkerleistungen ab dem Veranlagungszeitraum 2006

Bei Maler- und Tapezierarbeiten an Innenwänden und Decken handelt es sich nicht um hauswirtschaftliche Tätigkeiten, die als haushaltsnahe Dienstleistungen i.S. des § 35a Abs. 2 Satz 1 EStG i.d.F. des FördWachsG begünstigt sind, sondern um handwerkliche Tätigkeiten, welche die Steuerbegünstigung für Handwerkerleistungen nach § 35a Abs. 2 Satz 2 EStG i.d.F. des FördWachsG vermitteln.

BFH v. 29. 1. 2009 VI R 28/08 (BStBl. 2010 II S. 166): Aus der Rechnung i.S. des § 35a Abs. 2 Satz 3 EStG müssen sich der Erbringer der haushaltsnahen Dienstleistung als Rechnungsaussteller, der Empfänger dieser Dienstleistung, die Art, der Zeitpunkt und der Inhalt der Dienstleistung sowie die dafür vom Steuerpflichtigen jeweils geschuldeten Entgelte ergeben.*)

*) Hinweis auf BMF-Schreiben vom 10.1.2014 (BStBl. I S. 75).   – **Anlage § 035a-01** –

BFH v. 29. 1. 2009 VI R 44/08 (BStBl. II S. 411): Entsteht bei einem Steuerpflichtigen infolge der Inanspruchnahme der Steuerermäßigung nach § 35a EStG ein sog. Anrechnungsüberhang, kann der Steuerpflichtige weder die Festsetzung einer negativen Einkommensteuer in Höhe dieses Anrechnungsüberhangs noch die Feststellung einer rück- oder vortragsfähigen Steuerermäßigung beanspruchen.

BFH v. 20. 11. 2008 VI R 14/08 (BStBl. 2009 II S. 307): Die Barzahlung einer Rechnung aus der Inanspruchnahme von Handwerkerleistungen für Renovierungs-, Erhaltungs- und Modernisierungsmaßnahmen ohne bankmäßige Dokumentation des Zahlungsvorgangs schließt die entsprechenden Aufwendungen von der Steuerermäßigung nach § 35a Abs. 2 Satz 2 EStG in seiner im Veranlagungszeitraum 2006 geltenden Fassung aus.

BFH v. 30. 1. 2008 X R 1/07 (BStBl. II S. 520): Die Steuerermäßigung des § 34f Abs. 3 EStG (Baukindergeld) ist vor der Steuerermäßigung bei Aufwendungen für haushaltsnahe Beschäftigungsverhältnisse des § 35a EStG zu berücksichtigen.

BFH v. 1. 2. 2007 VI R 77/05 (BStBl. II S. 760):
1. Haushaltsnahe Dienstleistungen i. S. des § 35a Abs. 2 Satz 1 EStG sind Tätigkeiten, die gewöhnlich durch Mitglieder des privaten Haushalts oder entsprechend Beschäftigte erledigt werden. Keine haushaltsnahen Dienstleistungen sind solche, die zwar im Haushalt des Steuerpflichtigen ausgeübt werden, aber keinen Bezug zur Hauswirtschaft haben.
2. Die Renovierung einer Hausfassade ist keine haushaltsnahe Dienstleistung; als Handwerkerleistung führt sie bis einschließlich VZ 2005 nicht zu einer Steuerermäßigung nach § 35a Abs. 2 Satz 1 EStG.

5. Steuerermäßigung bei Belastung mit Erbschaftsteuer

§ 35b Steuerermäßigung bei Belastung mit Erbschaftsteuer

¹Sind bei der Ermittlung des Einkommens Einkünfte berücksichtigt worden, die im Veranlagungszeitraum oder in den vorangegangenen vier Veranlagungszeiträumen als Erwerb von Todes wegen der Erbschaftsteuer unterlegen haben, so wird auf Antrag die um sonstige Steuerermäßigungen gekürzte tarifliche Einkommensteuer, die auf diese Einkünfte entfällt, um den in Satz 2 bestimmten Prozentsatz ermäßigt. ²Der Prozentsatz bestimmt sich nach dem Verhältnis, in dem die festgesetzte Erbschaftsteuer zu dem Betrag steht, der sich ergibt, wenn dem steuerpflichtigen Erwerb (§ 10 Absatz 1 des Erbschaftsteuer- und Schenkungsteuergesetzes) die Freibeträge nach den §§ 16 und 17 und der steuerfreie Betrag nach § 5 des Erbschaftsteuer- und Schenkungsteuergesetzes hinzugerechnet werden.

VI. Steuererhebung

1. Erhebung der Einkommensteuer

§ 36 Entstehung und Tilgung der Einkommensteuer

(1) Die Einkommensteuer entsteht, soweit in diesem Gesetz nichts anderes bestimmt ist, mit Ablauf des Veranlagungszeitraums.

(2) Auf die Einkommensteuer werden angerechnet:

1. die für den Veranlagungszeitraum entrichteten Einkommensteuer-Vorauszahlungen (§ 37);
2. die durch Steuerabzug erhobene Einkommensteuer, soweit sie auf die bei der Veranlagung erfassten Einkünfte oder auf die nach § 3 Nummer 40 dieses Gesetzes oder nach § 8b Absatz 1 und 6 Satz 2 des Körperschaftsteuergesetzes bei der Ermittlung des Einkommens außer Ansatz bleibenden Bezüge entfällt und nicht die Erstattung beantragt oder durchgeführt worden ist. ²Die durch Steuerabzug erhobene Einkommensteuer wird nicht angerechnet, wenn die in § 45a Absatz 2 oder 3 bezeichnete Bescheinigung nicht vorgelegt worden ist. ³In den Fällen des § 8b Absatz 6 Satz 2 des Körperschaftsteuergesetzes ist es für die Anrechnung ausreichend, wenn die Bescheinigung nach § 45a Absatz 2 und 3 vorgelegt wird, die dem Gläubiger der Kapitalerträge ausgestellt worden ist.

(3) ¹Die Steuerbeträge nach Absatz 2 Nummer 2 sind auf volle Euro aufzurunden. ²Bei den durch Steuerabzug erhobenen Steuern ist jeweils die Summe der Beträge einer einzelnen Abzugsteuer aufzurunden.

(4) ¹Wenn sich nach der Abrechnung ein Überschuss zuungunsten des Steuerpflichtigen ergibt, hat der Steuerpflichtige (Steuerschuldner) diesen Betrag, soweit er den fällig gewordenen, aber nicht entrichteten Einkommensteuer-Vorauszahlungen entspricht, sofort, im Übrigen innerhalb eines Monats nach Bekanntgabe des Steuerbescheids zu entrichten (Abschlußzahlung). ²Wenn sich nach der Abrechnung ein Überschuss zugunsten des Steuerpflichtigen ergibt, wird dieser dem Steuerpflichtigen nach Bekanntgabe des Steuerbescheids ausgezahlt. ³Bei Ehegatten, die nach den §§ 26, 26b zusammen zur Einkommensteuer veranlagt worden sind, wirkt die Auszahlung an einen Ehegatten auch für und gegen den anderen Ehegatten.

(5) ¹In den Fällen des § 16 Absatz 3a kann auf Antrag des Steuerpflichtigen die festgesetzte Steuer, die auf den Aufgabegewinn und den durch den Wechsel der Gewinnermittlungsart erzielten Gewinn entfällt, in fünf gleichen Jahresraten entrichtet werden, wenn die Wirtschaftsgüter einem Betriebsvermögen des Steuerpflichtigen in einem anderen Mitgliedstaat der Europäischen Union oder des Europäischen Wirtschaftsraums zuzuordnen sind, sofern durch diese Staaten Amtshilfe entsprechend oder im Sinne der Amtshilferichtlinie gemäß § 2 Absatz 2 des EU-Amtshilfegesetzes und gegenseitige Unterstützung bei der Beitreibung im Sinne der Beitreibungsrichtlinie einschließlich der in diesem Zusammenhang anzuwendenden Durchführungsbestimmungen in den für den jeweiligen Veranlagungszeitraum geltenden Fassungen oder eines entsprechenden Nachfolgerechtsakts geleistet werden. ²Die erste Jahresrate ist innerhalb eines Monats nach Bekanntgabe des Steuerbescheids zu entrichten; die übrigen Jahresraten sind jeweils am 31. Mai der Folgejahre fällig. ³Die Jahresraten sind nicht zu verzinsen. ⁴Wird der Betrieb oder Teilbetrieb während dieses Zeitraums eingestellt, veräußert oder in andere als die in Satz 1 genannten Staaten verlegt, wird die noch nicht entrichtete Steuer innerhalb eines Monats nach diesem Zeitpunkt fällig; Satz 2 bleibt unberührt. ⁵Ändert sich die festgesetzte Steuer, sind die Jahresraten entsprechend anzupassen.

Rechtsprechungsauswahl

BFH v. 22. 3. 2011 VII R 42/10 (BStBl. II S. 607): Anrechnung der Vorauszahlungen eines Ehegatten auf die Steuerschulden beider Ehegatten vor Auszahlung eines verbleibenden Überschusses

Rechtsprechung § 36

Vorauszahlungen eines Ehegatten aufgrund eines an beide Ehegatten gerichteten Vorauszahlungsbescheides dienen letztlich der Tilgung der zu erwartenden Steuerschulden beider Ehegatten, unabhängig davon, ob die Eheleute später zusammen oder getrennt veranlagt werden. Sie sind deshalb zunächst auf die festgesetzten Steuern beider Ehegatten anzurechnen. Ein verbleibender Rest ist nach Kopfteilen an die Ehegatten auszukehren (Fortentwicklung der Rechtsprechung).

BFH v. 16. 2. 2011 X R 21/10 (BStBl. II S. 671): Kleinbetragsverordnung 2002 auch zulasten des Steuerpflichtigen anwendbar

Die KleinbetragsVO in der ab dem Jahr 2002 geltenden Fassung ist auch insoweit durch § 156 Abs. 1 AO gedeckt, als danach nicht nur Änderungen zulasten des Steuerpflichtigen, sondern gleichermaßen Änderungen, die an sich zugunsten des Steuerpflichtigen vorzunehmen wären, unterbleiben, wenn die Abweichungen zu den bisherigen Festsetzungen oder Feststellungen bestimmte Bagatellgrenzen nicht erreichen.

BVerfG v. 13. 10. 2009 2 BvL 3/05 (BGBl. I S. 3785): – Entscheidungsformel –

§ 31 Satz 5 und § 36 Absatz 2 Satz 1 des Einkommensteuergesetzes in der Fassung des Gesetzes zur Familienförderung vom 22. Dezember 1999 (BGBl. I S. 2552) sind mit dem Grundgesetz vereinbar, soweit danach bei Steuerpflichtigen, deren Einkommen gemäß § 31 Satz 4 des Einkommensteuergesetzes um die Freibeträge des § 32 Absatz 6 des Einkommensteuergesetzes gemindert wurde, die tarifliche Einkommensteuer auch in den Fällen um die Hälfte des gezahlten Kindergeldes zu erhöhen ist, in denen eine Anrechnung des Kindergeldes auf den Unterhalt nach § 1612b Absatz 5 des Bürgerlichen Gesetzbuchs in der Fassung des Gesetzes zur Ächtung der Gewalt in der Erziehung und zur Änderung des Kindesunterhaltsrechts vom 2. November 2000 (BGBl. I S. 1479) ganz oder teilweise unterblieben ist.

Die vorstehende Entscheidungsformel hat gemäß § 31 Absatz 2 des Bundesverfassungsgerichtsgesetzes Gesetzeskraft.

BFH v. 17. 6. 2009 VI R 46/07 (BStBl. 2010 II S. 72):

1. § 36 Abs. 2 Satz 2 Nr. 2 EStG verknüpft inhaltlich Steuerfestsetzungs- und Steuererhebungsverfahren. Daher kann auch die Anfechtung eines Einkommensteuerbescheids mit dem Ziel der Anrechnung höherer Lohnsteuerabzugsbeträge zulässig sein.
2. Die vom Arbeitgeber zu Unrecht angemeldeten und an das FA abgeführten Lohnsteuerbeträge sind als Arbeitslohn beim Arbeitnehmer jedenfalls dann steuerlich zu erfassen, wenn der Lohnsteuerabzug nach § 41c Abs. 3 EStG nicht mehr geändert werden kann (Abgrenzung zum BFH-Urteil vom 24. November 1961 VI 88/61 U, BFHE 74, 246, BStBl. III 1962, 93).

BFH v. 9. 12. 2008 VII R 43/07 (BStBl. 2009 II S. 344):

1. Ein rechtswidriger begünstigender Verwaltungsakt kann nach § 130 Abs. 2 AO nur dann zurückgenommen werden, wenn bei seinem Erlass von einem tatsächlich nicht gegebenen Sachverhalt ausgegangen oder das im Zeitpunkt seines Erlasses geltende Recht unrichtig angewandt worden ist; eine nachträgliche Änderung der Sach- oder Rechtslage hingegen macht einen ursprünglich rechtmäßigen Verwaltungsakt grundsätzlich nicht i.S. des § 130 AO rechtswidrig, es sei denn, es läge ein Fall steuerrechtlicher Rückwirkung vor.
2. Zur Frage, ob eine Verfügung über die Anrechnung der durch Steuerabzug erhobenen Einkommensteuer Geltung nur im Hinblick auf das Steuerschuldverhältnis beansprucht, wie es im Zeitpunkt des Erlasses der Verfügung („Stichtag") besteht, also stillschweigend unter einer auflösenden Bedingung dergestalt steht, dass bei einer Änderung des Steuerbescheids erneut über die Anrechnung zu entscheiden ist.
3. Eine „nachträglich eingetretene Tatsache" i.S. des § 131 Abs. 2 Satz 1 Nr. 3 AO kann auch die steuerrechtliche Beurteilung eines Sachverhalts in einem anderen Bescheid sein, der Bindungswirkung für den zu widerrufenden Bescheid hat.
4. Wird ein Einkommensteuerbescheid geändert, weil die in ihm erfassten Lohnzahlungen wegen Festsetzungsverjährung nicht erfasst werden dürfen, kann die mit dem Einkommensteuerbescheid verbundene Anrechnungsverfügung, welche die auf den Lohn entrichtete Lohnsteuer angerechnet hatte, widerrufen werden.

Schwebende Verfahren

BFH VII R 20/11 (BFH-Webseite): Ist ein Ehegatte bezüglich überzahlter Einkommensteuer allein erstattungsberechtigt, wenn er die nach dem Grundtarif ermittelten Einkommensteuer-Vorauszahlungen aufgrund eines allein an ihn gerichteten Vorauszahlungsbescheides geleistet hat?

§ 37 Einkommensteuer-Vorauszahlung

(1) ¹Der Steuerpflichtige hat am 10. März, 10. Juni, 10. September und 10. Dezember Vorauszahlungen auf die Einkommensteuer zu entrichten, die er für den laufenden Veranlagungszeitraum voraussichtlich schulden wird. ²Die Einkommensteuer-Vorauszahlung entsteht jeweils mit Beginn des Kalendervierteljahrs, in dem die Vorauszahlungen zu entrichten sind, oder, wenn die Steuerpflicht erst im Laufe des Kalendervierteljahrs begründet wird, mit Begründung der Steuerpflicht.

(2) (weggefallen)

(3) ¹Das Finanzamt setzt die Vorauszahlungen durch Vorauszahlungsbescheid fest. ²Die Vorauszahlungen bemessen sich grundsätzlich nach der Einkommensteuer, die sich nach Anrechnung der Steuerabzugsbeträge (§ 36 Absatz 2 Nummer 2) bei der letzten Veranlagung ergeben hat. ³Das Finanzamt kann bis zum Ablauf des auf den Veranlagungszeitraum folgenden 15. Kalendermonats die Vorauszahlungen an die Einkommensteuer anpassen, die sich für den Veranlagungszeitraum voraussichtlich ergeben wird; dieser Zeitraum verlängert sich auf 23 Monate, wenn die Einkünfte aus Land- und Forstwirtschaft bei der erstmaligen Steuerfestsetzung die anderen Einkünfte voraussichtlich überwiegen werden. ⁴Bei der Anwendung der Sätze 2 und 3 bleiben Aufwendungen im Sinne des § 10 Absatz 1 Nummer 4, 5, 7 und 9 sowie Absatz 1a, der §§ 10b und 33 sowie die abziehbaren Beträge nach § 33a, wenn die Aufwendungen und abziehbaren Beträge insgesamt 600 Euro nicht übersteigen, außer Ansatz. ⁵Die Steuerermäßigung nach § 34a bleibt außer Ansatz. ⁶Bei der Anwendung der Sätze 2 und 3 bleibt der Sonderausgabenabzug nach § 10a Absatz 1 außer Ansatz. ⁷Außer Ansatz bleiben bis zur Anschaffung oder Fertigstellung der Objekte im Sinne des § 10e Absatz 1 und 2 und § 10h auch die Aufwendungen, die nach § 10e Absatz 6 und § 10h Satz 3 wie Sonderausgaben abgezogen werden; Entsprechendes gilt auch für Aufwendungen, die nach § 10i für nach dem Eigenheimzulagengesetz begünstigte Objekte wie Sonderausgaben abgezogen werden. ⁸Negative Einkünfte aus der Vermietung oder Verpachtung eines Gebäudes im Sinne des § 21 Absatz 1 Satz 1 Nummer 1 werden bei der Festsetzung der Vorauszahlungen nur für Kalenderjahre berücksichtigt, die nach der Anschaffung oder Fertigstellung dieses Gebäudes beginnen. ⁹Wird ein Gebäude vor dem Kalenderjahr seiner Fertigstellung angeschafft, tritt an die Stelle der Anschaffung die Fertigstellung. ¹⁰Satz 8 gilt nicht für negative Einkünfte aus der Vermietung oder Verpachtung eines Gebäudes, für das erhöhte Absetzungen nach den §§ 14a, 14c oder 14d des Berlinförderungsgesetzes oder Sonderabschreibungen nach § 4 des Fördergebietsgesetzes in Anspruch genommen werden. ¹¹Satz 8 gilt für negative Einkünfte aus der Vermietung oder Verpachtung eines anderen Vermögensgegenstandes im Sinne des § 21 Absatz 1 Satz 1 Nummer 1 bis 3 entsprechend mit der Maßgabe, dass an die Stelle der Anschaffung oder Fertigstellung die Aufnahme der Nutzung durch den Steuerpflichtigen tritt. ¹²In den Fällen des § 31, in denen die gebotene steuerliche Freistellung eines Einkommensbetrags in Höhe des Existenzminimums eines Kindes durch das Kindergeld nicht in vollem Umfang bewirkt wird, bleiben bei der Anwendung der Sätze 2 und 3 Freibeträge nach § 32 Absatz 6 und zu verrechnendes Kindergeld außer Ansatz.

(4) ¹Bei einer nachträglichen Erhöhung der Vorauszahlungen ist die letzte Vorauszahlung für den Veranlagungszeitraum anzupassen. ²Der Erhöhungsbetrag ist innerhalb eines Monats nach Bekanntgabe des Vorauszahlungsbescheids zu entrichten.

(5) ¹Vorauszahlungen sind nur festzusetzen, wenn sie mindestens 400 Euro im Kalenderjahr und mindestens 100 Euro für einen Vorauszahlungszeitpunkt betragen. ²Festgesetzte Vorauszahlungen sind nur zu erhöhen, wenn sich der Erhöhungsbetrag im Fall des Absatzes 3 Satz 2 bis 5 für einen Vorauszahlungszeitpunkt auf mindestens 100 Euro, im Fall des Absatzes 4 auf mindestens 5 000 Euro beläuft.

(6) ¹Absatz 3 ist, soweit die erforderlichen Daten nach § 10 Absatz 2 Satz 3 noch nicht nach § 10 Absatz 2a übermittelt wurden, mit der Maßgabe anzuwenden, dass

1. als Beiträge im Sinne des § 10 Absatz 1 Nummer 3 Buchstabe a die für den letzten Veranlagungszeitraum geleisteten

Rechtsprechung § 37

  a) Beiträge zugunsten einer privaten Krankenversicherung vermindert um 20 Prozent oder

  b) Beiträge zur gesetzlichen Krankenversicherung vermindert um 4 Prozent,

2. als Beiträge im Sinne des § 10 Absatz 1 Nummer 3 Buchstabe b die bei der letzten Veranlagung berücksichtigten Beiträge zugunsten einer gesetzlichen Pflegeversicherung

anzusetzen sind; mindestens jedoch 1 500 Euro. ²Bei zusammen veranlagten Ehegatten ist der in Satz 1 genannte Betrag von 1 500 Euro zu verdoppeln.

Rechtsprechungsauswahl

BFH v. 22. 11. 2011 VIII R 11/09 (BStBl. 2012 II S. 329): Einkommensteuer-Vorauszahlungen – gleichmäßige Verteilung – Fortsetzungsfeststellungsinteresse

1. Vorauszahlungen auf die Einkommensteuer sind grundsätzlich in vier gleich großen Teilbeträgen zu leisten. Eine Ausnahme hiervon kommt insbesondere nicht in Betracht, soweit der Steuerpflichtige geltend macht, der Gewinn des laufenden Veranlagungszeitraums entstehe nicht gleichmäßig.
2. Das geltende Vorauszahlungssystem ist verfassungsgemäß.

BFH v. 22. 3. 2011 VII R 42/10 (BStBl. II S. 607): Anrechnung der Vorauszahlungen eines Ehegatten auf die Steuerschulden beider Ehegatten vor Auszahlung eines verbleibenden Überschusses

Vorauszahlungen eines Ehegatten aufgrund eines an beide Ehegatten gerichteten Vorauszahlungsbescheides dienen letztlich der Tilgung der zu erwartenden Steuerschulden beider Ehegatten, unabhängig davon, ob die Eheleute später zusammen oder getrennt veranlagt werden. Sie sind deshalb zunächst auf die festgesetzten Steuern beider Ehegatten anzurechnen. Ein verbleibender Rest ist nach Kopfteilen an die Ehegatten auszukehren (Fortentwicklung der Rechtsprechung).

BFH v. 30. 9. 2008 VII R 18/08 (BStBl. 2009 II S. 38): Werden Vorauszahlungen auf die Einkommensteuer zusammen veranlagter Eheleute ohne die ausdrückliche Bestimmung geleistet, dass mit der Zahlung nur die Schuld des Leistenden beglichen werden soll, muss das FA eine Überzahlung beiden Eheleuten zu gleichen Teilen erstatten (Bestätigung der ständigen Rechtsprechung); das gilt auch, wenn über das Vermögen des anderen Ehegatten das Insolvenzverfahren eröffnet war.

BFH v. 20. 12. 2004 VI R 182/97 (BStBl. 2005 II S. 358): Die Festsetzung von Einkommensteuer-Vorauszahlungen ist auch dann zulässig, wenn der Steuerpflichtige ausschließlich Einkünfte aus nichtselbstständiger Arbeit erzielt, die dem Lohnsteuerabzug unterliegen.

§§ 37a, 37b

§ 37a Pauschalierung der Einkommensteuer durch Dritte

(1) ¹Das Finanzamt kann auf Antrag zulassen, dass das Unternehmen, das Sachprämien im Sinne des § 3 Nummer 38 gewährt, die Einkommensteuer für den Teil der Prämien, der nicht steuerfrei ist, pauschal erhebt. ²Bemessungsgrundlage der pauschalen Einkommensteuer ist der gesamte Wert der Prämien, die den im Inland ansässigen Steuerpflichtigen zufließen. ³Der Pauschsteuersatz beträgt 2,25 Prozent.

(2) ¹Auf die pauschale Einkommensteuer ist § 40 Absatz 3 sinngemäß anzuwenden. ²Das Unternehmen hat die Prämienempfänger von der Steuerübernahme zu unterrichten.

(3) ¹Über den Antrag entscheidet das Betriebsstättenfinanzamt des Unternehmens (§ 41a Absatz 1 Nummer 1). ²Hat das Unternehmen mehrere Betriebsstättenfinanzämter, so ist das Finanzamt der Betriebsstätte zuständig, in der die für die pauschale Besteuerung maßgebenden Prämien ermittelt werden. ³Die Genehmigung zur Pauschalierung wird mit Wirkung für die Zukunft erteilt und kann zeitlich befristet werden; sie erstreckt sich auf alle im Geltungszeitraum ausgeschütteten Prämien.

(4) Die pauschale Einkommensteuer gilt als Lohnsteuer und ist von dem Unternehmen in der Lohnsteuer-Anmeldung der Betriebsstätte im Sinne des Absatzes 3 anzumelden und spätestens am zehnten Tag nach Ablauf des für die Betriebsstätte maßgebenden Lohnsteuer-Anmeldungszeitraums an das Betriebsstättenfinanzamt abzuführen.

§ 37b Pauschalierung der Einkommensteuer bei Sachzuwendungen

(1) ¹Steuerpflichtige können die Einkommensteuer einheitlich für alle innerhalb eines Wirtschaftsjahres gewährten

1. betrieblich veranlassten Zuwendungen, die zusätzlich zur ohnehin vereinbarten Leistung oder Gegenleistung erbracht werden, und
2. Geschenke im Sinne des § 4 Absatz 5 Satz 1 Nummer 1,

die nicht in Geld bestehen, mit einem Pauschsteuersatz von 30 Prozent erheben. ²Bemessungsgrundlage der pauschalen Einkommensteuer sind die Aufwendungen des Steuerpflichtigen einschließlich Umsatzsteuer; bei Zuwendungen an Arbeitnehmer verbundener Unternehmen ist Bemessungsgrundlage mindestens der sich nach § 8 Absatz 3 Satz 1 ergebende Wert. ³Die Pauschalierung ist ausgeschlossen,

1. soweit die Aufwendungen je Empfänger und Wirtschaftsjahr oder
2. wenn die Aufwendungen für die einzelne Zuwendung

den Betrag von 10 000 Euro übersteigen.

(2) ¹Absatz 1 gilt auch für betrieblich veranlasste Zuwendungen an Arbeitnehmer des Steuerpflichtigen, soweit sie nicht in Geld bestehen und zusätzlich zum ohnehin geschuldeten Arbeitslohn erbracht werden. ²In den Fällen des § 8 Absatz 2 Satz 2 bis 8, Absatz 3, § 40 Absatz 2 sowie in Fällen, in denen Vermögensbeteiligungen überlassen werden, ist Absatz 1 nicht anzuwenden; Entsprechendes gilt, soweit die Zuwendungen nach § 40 Absatz 1 pauschaliert worden sind. ³§ 37a Absatz 1 bleibt unberührt.

(3) ¹Die pauschal besteuerten Sachzuwendungen bleiben bei der Ermittlung der Einkünfte des Empfängers außer Ansatz. ²Auf die pauschale Einkommensteuer ist § 40 Absatz 3 sinngemäß anzuwenden. ³Der Steuerpflichtige hat den Empfänger von der Steuerübernahme zu unterrichten.

(4) ¹Die pauschale Einkommensteuer gilt als Lohnsteuer und ist von dem die Sachzuwendung gewährenden Steuerpflichtigen in der Lohnsteuer-Anmeldung der Betriebsstätte nach § 41 Absatz 2 anzumelden und spätestens am zehnten Tag nach Ablauf des für die Betriebsstätte maßgebenden Lohnsteuer-Anmeldungszeitraums an das Betriebsstättenfinanzamt abzuführen. ²Hat der Steuerpflichtige mehrere Betriebsstätten im Sinne des Satzes 1, so ist das Finanzamt der Betriebsstätte zuständig, in der die für die pauschale Besteuerung maßgebenden Sachbezüge ermittelt werden.

LStH 37b, Rechtsprechung § 37b

Hinweise

LStH 37b Sachzuwendungen an Arbeitnehmer

→ BMF vom 29.4.2008 (BStBl. I S. 566) —Anlage § 037b-02 –

→ BMF vom ... (BStBl. I S. ...)

Zur Pauschalierung der Kirchensteuer

→ Gleich lautende Erlasse der obersten Finanzbehörden der Länder vom 28.12.2006 (BStBl. 2007 I S. 76). —Anlage § 037b-01 –

Rechtsprechungsauswahl

BFH v. 12. 12. 2013 VI R 47/12 (BFH-Webseite): Steuerpauschalierung für betrieblich veranlasste Zuwendungen; Beiladung nach § 174 Abs. 5 AO

1. Betrieblich veranlasste Zuwendungen i.S. des § 37b Abs. 1 Satz 1 Nr. 1 und § 37b Abs. 2 EStG sind nur solche Zuwendungen, die durch einen Betrieb des Steuerpflichtigen veranlasst sind.
2. Der Antrag auf Beiladung mehrerer tausend Steuerpflichtiger nach § 174 Abs. 5 Satz 2 AO ist unsubstantiiert und damit unbeachtlich, wenn das FA die Dritten dem FG nicht hinreichend konkret benennt. In diesem Fall kann die grundsätzlich zulässige Beiladung unterbleiben.

BFH v. 16. 10. 2013 VI R 57/11 (BFH-Webseite): Keine Lohnsteuerpauschalierung für nicht steuerpflichtige Zuwendungen

1. § 37b EStG erfasst nur solche betrieblich veranlassten Zuwendungen, die beim Empfänger dem Grunde nach zu einkommensteuerbaren und einkommensteuerpflichtigen Einkünften führen.
2. § 37b EStG begründet keine weitere eigenständige Einkunftsart, sondern stellt lediglich eine besondere pauschalierende Erhebungsform der Einkommensteuer zur Wahl.

BFH v. 16. 10. 2013 VI R 52/11 (BFH-Webseite): Lohnsteuerpauschalierung für Geschenke – Anwendungsbereich von § 37b EStG

1. § 37b Abs. 1 Satz 1 Nr. 2 EStG erfasst die Einkommensteuer, die durch Geschenke i.S. des § 4 Abs. 5 Satz 1 Nr. 1 EStG entsteht, wenn und soweit der Empfänger dieser Geschenke dadurch Einkünfte i.S. des § 2 Abs. 1 Satz 1 i.V.m. §§ 13 bis 24 EStG erzielt.
2. § 37b Abs. 1 Satz 1 Nr. 2 EStG bezieht sich auf alle Geschenke i.S. des § 4 Abs. 5 Satz 1 Nr. 1 EStG unabhängig davon, ob ihr Wert 35 € überschreitet.

BFH v. 16.10.2013 VI R 78/12 (BFH-Webseite): Keine Lohnsteuerpauschalierung für nicht steuerpflichtige Zuwendungen an Arbeitnehmer – Eigenbetriebliches Interesse des Arbeitgebers bei Kundenbetreuung durch Außendienstmitarbeiter auf einem Regattabegleitschiff.

1. § 37b Abs. 2 EStG erfasst die betrieblich veranlassten, nicht in Geld bestehenden Zuwendungen an Arbeitnehmer, soweit die Zuwendungen grundsätzlich einkommensteuerbar und einkommensteuerpflichtig sind und zum ohnehin geschuldeten Arbeitslohn erbracht werden.
2. § 37b Abs. 1 i.V.m. § 37b Abs. 2 EStG erweitert nicht den einkommensteuerrechtlichen Lohnbegriff, sondern stellt lediglich eine besondere pauschalierende Erhebungsform der Einkommensteuer zur Wahl.

Schwebende Verfahren

BFH IV R 13/14 (BFH-Webseite): Kann der Zuwendende die von ihm übernommene pauschale Lohnsteuer nach § 37b EStG auf Aufwendungen für Geschenke i.S. des § 4 Abs. 5 Satz 1 Nr. 1 EStG als Betriebsausgabe abziehen?

2. Steuerabzug vom Arbeitslohn (Lohnsteuer)
§ 38 Erhebung der Lohnsteuer

(1) ¹Bei Einkünften aus nichtselbständiger Arbeit wird die Einkommensteuer durch Abzug vom Arbeitslohn erhoben (Lohnsteuer), soweit der Arbeitslohn von einem Arbeitgeber gezahlt wird, der

1. im Inland einen Wohnsitz, seinen gewöhnlichen Aufenthalt, seine Geschäftsleitung, seinen Sitz, eine Betriebsstätte oder einen ständigen Vertreter im Sinne der §§ 8 bis 13 der Abgabenordnung hat (inländischer Arbeitgeber) oder
2. einem Dritten (Entleiher) Arbeitnehmer gewerbsmäßig zur Arbeitsleistung im Inland überlässt, ohne inländischer Arbeitgeber zu sein (ausländischer Verleiher).

²Inländischer Arbeitgeber im Sinne des Satzes 1 ist in den Fällen der Arbeitnehmerentsendung auch das in Deutschland ansässige aufnehmende Unternehmen, das den Arbeitslohn für die ihm geleistete Arbeit wirtschaftlich trägt; Voraussetzung hierfür ist nicht, dass das Unternehmen dem Arbeitnehmer den Arbeitslohn im eigenen Namen und für eigene Rechnung auszahlt. ³Der Lohnsteuer unterliegt auch der im Rahmen des Dienstverhältnisses von einem Dritten gewährte Arbeitslohn, wenn der Arbeitgeber weiß oder erkennen kann, dass derartige Vergütungen erbracht werden; dies ist insbesondere anzunehmen, wenn Arbeitgeber und Dritter verbundene Unternehmen im Sinne von § 15 des Aktiengesetzes sind.

(2) ¹Der Arbeitnehmer ist Schuldner der Lohnsteuer. ²Die Lohnsteuer entsteht in dem Zeitpunkt, in dem der Arbeitslohn dem Arbeitnehmer zufließt.

(3) ¹Der Arbeitgeber hat die Lohnsteuer für Rechnung des Arbeitnehmers bei jeder Lohnzahlung vom Arbeitslohn einzubehalten. ²Bei juristischen Personen des öffentlichen Rechts hat die öffentliche Kasse, die den Arbeitslohn zahlt, die Pflichten des Arbeitgebers. ³In den Fällen der nach § 7f Absatz 1 Satz 1 Nummer 2 des Vierten Buches Sozialgesetzbuch an die Deutsche Rentenversicherung Bund übertragenen Wertguthaben hat die Deutsche Rentenversicherung Bund bei Inanspruchnahme des Wertguthabens die Pflichten des Arbeitgebers.

(3a) ¹Soweit sich aus einem Dienstverhältnis oder einem früheren Dienstverhältnis tarifvertragliche Ansprüche des Arbeitnehmers auf Arbeitslohn unmittelbar gegen einen Dritten mit Wohnsitz, Geschäftsleitung oder Sitz im Inland richten und von diesem durch die Zahlung von Geld erfüllt werden, hat der Dritte die Pflichten des Arbeitgebers. ²In anderen Fällen kann das Finanzamt zulassen, dass ein Dritter mit Wohnsitz, Geschäftsleitung oder Sitz im Inland die Pflichten des Arbeitgebers im eigenen Namen erfüllt. ³Voraussetzung ist, dass der Dritte

1. sich hierzu gegenüber dem Arbeitgeber verpflichtet hat,
2. den Lohn auszahlt oder er nur Arbeitgeberpflichten für von ihm vermittelte Arbeitnehmer übernimmt und
3. die Steuererhebung nicht beeinträchtigt wird.

⁴Die Zustimmung erteilt das Betriebsstättenfinanzamt des Dritten auf dessen Antrag im Einvernehmen mit dem Betriebsstättenfinanzamt des Arbeitgebers; sie darf mit Nebenbestimmungen versehen werden, die die ordnungsgemäße Steuererhebung sicherstellen und die Überprüfung des Lohnsteuerabzugs nach § 42f erleichtern sollen. ⁵Die Zustimmung kann mit Wirkung für die Zukunft widerrufen werden. ⁶In den Fällen der Sätze 1 und 2 sind die das Lohnsteuerverfahren betreffenden Vorschriften mit der Maßgabe anzuwenden, dass an die Stelle des Arbeitgebers der Dritte tritt; der Arbeitgeber ist von seinen Pflichten befreit, soweit der Dritte diese Pflichten erfüllt hat. ⁷Erfüllt der Dritte die Pflichten des Arbeitgebers, kann er den Arbeitslohn, der einem Arbeitnehmer in demselben Lohnabrechnungszeitraum aus mehreren Dienstverhältnissen zufließt, für die Lohnsteuerermittlung und in der Lohnsteuerbescheinigung zusammenrechnen.

(4) ¹Wenn der vom Arbeitgeber geschuldete Barlohn zur Deckung der Lohnsteuer nicht ausreicht, hat der Arbeitnehmer dem Arbeitgeber den Fehlbetrag zur Verfügung zu stellen

oder der Arbeitgeber einen entsprechenden Teil der anderen Bezüge des Arbeitnehmers zurückzubehalten. ²Soweit der Arbeitnehmer seiner Verpflichtung nicht nachkommt und der Arbeitgeber den Fehlbetrag nicht durch Zurückbehaltung von anderen Bezügen des Arbeitnehmers aufbringen kann, hat der Arbeitgeber dies dem Betriebsstättenfinanzamt (§ 41a Absatz 1 Satz 1 Nummer 1) anzuzeigen. ³Der Arbeitnehmer hat dem Arbeitgeber die von einem Dritten gewährten Bezüge (Absatz 1 Satz 3) am Ende des jeweiligen Lohnzahlungszeitraums anzugeben; wenn der Arbeitnehmer keine Angabe oder eine erkennbar unrichtige Angabe macht, hat der Arbeitgeber dies dem Betriebsstättenfinanzamt anzuzeigen. ⁴Das Finanzamt hat die zuwenig erhobene Lohnsteuer vom Arbeitnehmer nachzufordern.

LStR

R 38.1 Steuerabzug vom Arbeitslohn [1)]

¹Der Lohnsteuer unterliegt grundsätzlich jeder von einem inländischen Arbeitgeber oder ausländischen Verleiher gezahlte Arbeitslohn (→ R 38.3). ²Es ist gleichgültig, ob es sich um laufende oder einmalige Bezüge handelt und in welcher Form sie gewährt werden. ³Der Arbeitgeber hat Lohnsteuer unabhängig davon einzubehalten, ob der Arbeitnehmer zur Einkommensteuer veranlagt wird oder nicht. ⁴Bei laufendem Arbeitslohn kommt es für die Beurteilung, ob Lohnsteuer einzubehalten ist, allein auf die Verhältnisse des jeweiligen Lohnzahlungszeitraums an; eine Ausnahme gilt, wenn der so genannte permanente Lohnsteuer-Jahresausgleich nach § 39b Abs. 2 Satz 12 EStG durchgeführt wird (→ R 39b.8).

Hinweise

LStH 38.1 Lohnsteuerabzug

— *Keine Befreiung durch Stundung oder Aussetzung der Vollziehung*

   Der Arbeitgeber kann von seiner Verpflichtung zur Einbehaltung der Lohnsteuer nicht – auch nicht durch Stundung oder Aussetzung der Vollziehung – befreit werden (→ BFH vom 8.2.1957 – BStBl. III S. 329).

— *Keine Prüfung, ob Jahreslohnsteuer voraussichtlich anfällt*

   Der Arbeitgeber hat die Frage, ob Jahreslohnsteuer voraussichtlich anfällt, nicht zu prüfen (→ BFH vom 24.11.1961 – BStBl. 1962 III S. 37).

— *Unzutreffender Steuerabzug*

   Ein unzutreffender Lohnsteuerabzug kann durch Einwendungen gegen die Lohnsteuerbescheinigung nicht berichtigt werden (→ BFH vom 13.12.2007 – BStBl. 2008 II S. 434).

— *Verhältnis Einbehaltungspflicht/Anzeigeverpflichtung*

   Die Anzeige des Arbeitgebers nach § 38 Abs. 4 Satz 2 EStG ersetzt die Erfüllung der Einbehaltungspflichten. Bei unterlassener Anzeige hat der Arbeitgeber die Lohnsteuer mit den Haftungsfolgen nicht ordnungsgemäß einbehalten (→ BFH vom 9.10.2002 – BStBl. II S. 884).

LStR

R 38.2 Zufluss von Arbeitslohn

(1) ¹Der Lohnsteuerabzug setzt den Zufluss von Arbeitslohn voraus. ²Hat der Arbeitgeber eine mit dem Arbeitnehmer getroffene Lohnverwendungsabrede erfüllt, ist Arbeitslohn zugeflossen.

(2) Die besondere Regelung für die zeitliche Zuordnung des – zugeflossenen – Arbeitslohns (§ 11 Abs. 1 Satz 4 i.V.m. § 38a Abs. 1 Satz 2 und 3 EStG) bleibt unberührt.

(3) ¹Der Zufluss des Arbeitslohns erfolgt bei einem Gutschein, der bei einem Dritten einzulösen ist, mit Hingabe des Gutscheins, weil der Arbeitnehmer zu diesem Zeitpunkt einen Rechtsanspruch gegenüber dem Dritten erhält. ²Ist der Gutschein beim Arbeitgeber einzulösen, fließt Arbeitslohn erst bei Einlösung des Gutscheins zu.

---

1) Zur Arbeitslohnspende Hinweis auf BMF-Schreiben vom 21.6.2013 (BStBl. I S. 769) betr. Hochwasserkatastrophe in Deutschland im Juni 2013 und vom 17.6.2014 (BStBl. I S. 889) betr. Steuerliche Maßnahme zur Unterstützung der Opfer des Hochwassers auf dem Balkan (Bosnien-Herzegowina, Kroatien und Serbien).

Hinweise

LStH 38.2 Aktienoptionen

- Bei nicht handelbaren Aktienoptionsrechten liegt weder bei Einräumung noch im Zeitpunkt der erstmaligen Ausübbarkeit ein Zufluss von Arbeitslohn vor (→ BFH vom 20.6.2001 – BStBl. II S. 689).
- Auch bei handelbaren Optionsrechten fließt ein geldwerter Vorteil grundsätzlich erst zu, wenn die Aktien unentgeltlich oder verbilligt in das wirtschaftliche Eigentum des Arbeitnehmers gelangen (→ BFH vom 20.11.2008 – BStBl. 2009 II S. 382).
- Bei einem entgeltlichen Verzicht auf ein Aktienankaufs- oder Vorkaufsrecht fließt ein geldwerter Vorteil nicht zum Zeitpunkt der Rechtseinräumung, sondern erst zum Zeitpunkt des entgeltlichen Verzichts zu (→ BFH vom 19.6.2008 – BStBl. II S. 826).
- Ein geldwerter Vorteil fließt nicht zu, solange dem Arbeitnehmer eine Verfügung über die im Rahmen eines Aktienoptionsplans erhaltenen Aktien rechtlich unmöglich ist (→ BFH vom 30.6.2011 – BStBl. II S. 923 zu vinkulierten Namensaktien). Im Gegensatz dazu stehen Sperr- und Haltefristen einem Zufluss nicht entgegen (→ BFH vom 30.9.2008 – BStBl. 2009 II S. 282).
- Der Vorteil aus einem vom Arbeitgeber eingeräumten Aktienoptionsrecht fließt dem Arbeitnehmer zu, wenn er das Recht ausübt oder anderweitig verwertet. Eine solche Verwertung liegt insbesondere vor, wenn der Arbeitnehmer das Recht auf einen Dritten überträgt. Der Vorteil bemisst sich nach dem Wert des Rechts im Zeitpunkt der Verfügung darüber (→ BFH vom 18.9.2012 – BStBl. 2013 II S. 289).

Arbeitnehmerfinanzierte betriebliche Altersversorgung

→ BMF vom 24.7.2013 (BStBl. I S. 1022), Rz. 284 ff.   – Anlage § 010a-01 –

Einräumung eines Wohnungsrechts

Die Einräumung eines dinglichen Wohnungsrechts führt zu einem laufenden monatlichen Zufluss von Arbeitslohn (→ BFH vom 19.8.2004 – BStBl. II S. 1076).

Gesellschafter-Geschäftsführer

Zum Zufluss von Gehaltsbestandteilen bei Nichtauszahlung (→ BMF vom 12.5.2014– BStBl. I S. 860)   – Anlage § 038-03 –

Kein Zufluss von Arbeitslohn

Arbeitslohn fließt nicht zu bei

- Verzicht des Arbeitnehmers auf Arbeitslohnanspruch, wenn er nicht mit einer Verwendungsauflage hinsichtlich der freiwerdenden Mittel verbunden ist (→ BFH vom 30.7.1993 – BStBl. II S. 884);
- Verzicht des Arbeitnehmers auf Arbeitslohnanspruch zugunsten von Beitragsleistungen des Arbeitgebers an eine Versorgungseinrichtung, die dem Arbeitnehmer keine Rechtsansprüche auf Versorgungsleistungen gewährt (→ BFH vom 27.5.1993 – BStBl. 1994 II S. 246);
- Gutschriften beim Arbeitgeber zugunsten des Arbeitnehmers auf Grund eines Gewinnbeteiligungs- und Vermögensbildungsmodells, wenn der Arbeitnehmer über die gutgeschriebenen Beträge wirtschaftlich nicht verfügen kann (→ BFH vom 14.5.1982 – BStBl. II S. 469);
- Verpflichtung des Arbeitgebers im Rahmen eines arbeitsgerichtlichen Vergleichs zu einer Spendenzahlung, ohne dass der Arbeitnehmer auf die Person des Spendenempfängers Einfluss nehmen kann; diese Vereinbarung enthält noch keine zu Einkünften aus nichtselbständiger Arbeit führende Lohnverwendungsabrede (→ BFH vom 23.9.1998 – BStBl. 1999 II S. 98);
- Einräumung eines Anspruchs gegen den Arbeitgeber, sondern grundsätzlich erst durch dessen Erfüllung. Das gilt auch für den Fall, dass der Anspruch – wie ein solcher auf die spätere Verschaffung einer Aktie zu einem bestimmten Preis (Aktienoptionsrecht) – lediglich die Chance eines zukünftigen Vorteils beinhaltet (→ BFH vom 24.1.2001 – BStBl. II S. 509 und 512). Das gilt grundsätzlich auch bei handelbaren Optionsrechten (→ BFH vom 20.11.2008 – BStBl. 2009 II S. 382);
- Einbehalt eines Betrags vom Arbeitslohn durch den Arbeitgeber und Zuführung zu einer Versorgungsrückstellung (→ BFH vom 20.7.2005 – BStBl. II S. 890).

– rechtlicher Unmöglichkeit der Verfügung des Arbeitnehmers über Aktien (→ BFH vom 30.6.2011 – BStBl. II S. 923 zu vinkulierten Namensaktien); im Gegensatz dazu stehen Sperr- und Haltefristen einem Zufluss nicht entgegen (→ BFH vom 30.9.2008 – BStBl. 2009 II S. 282).

Verschiebung der Fälligkeit

Arbeitgeber und Arbeitnehmer können den Zeitpunkt des Zuflusses einer Abfindung oder eines Teilbetrags einer solchen beim Arbeitnehmer in der Weise steuerwirksam gestalten, dass sie deren ursprünglich vorgesehene Fälligkeit vor ihrem Eintritt auf einen späteren Zeitpunkt verschieben (→ BFH vom 11.11.2009 – BStBl. 2010 II S. 746).

Wandelschuldverschreibung

– Wird im Rahmen eines Arbeitsverhältnisses durch Übertragung einer nicht handelbaren Wandelschuldverschreibung ein Anspruch auf die Verschaffung von Aktien eingeräumt, liegt ein Zufluss von Arbeitslohn nicht bereits durch die Übertragung der Wandelschuldverschreibung vor. Bei Ausübung des Wandlungsrechts fließt ein geldwerter Vorteil erst dann zu, wenn durch Erfüllung des Anspruchs das wirtschaftliche Eigentum an den Aktien verschafft wird. Geldwerter Vorteil ist die Differenz zwischen dem Börsenpreis der Aktien und den Erwerbsaufwendungen (→ BFH vom 23.6.2005 – BStBl. II S. 766).

– Bei Verkauf eines Darlehens, das mit einem Wandlungsrecht zum Bezug von Aktien ausgestattet ist, fließt der geldwerte Vorteil im Zeitpunkt des Verkaufs zu (→ BFH vom 23.6.2005 – BStBl. II S. 770).

Zeitwertkonten

→ BMF vom 17.6.2009 (BStBl. I S. 1286) – Anlage § 038-02 –

Zufluss von Arbeitslohn

Arbeitslohn fließt zu bei

– wirtschaftlicher Verfügungsmacht des Arbeitnehmers über den Arbeitslohn (→ BFH vom 30.4.1974 – BStBl. II S. 541); dies gilt auch bei Zahlungen ohne Rechtsgrund (→ BFH vom 4.5.2006 – BStBl. II S. 832) sowie versehentlicher Überweisung, die der Arbeitgeber zurückfordern kann (→ BFH vom 4.5.2006 – BStBl. II S. 830); zur Rückzahlung von Arbeitslohn → H 11;

– Zahlung, Verrechnung oder Gutschrift (→ BFH vom 10.12.1985 – BStBl. 1986 II S. 342);

– Entgegennahme eines Schecks oder Verrechnungsschecks, wenn die bezogene Bank im Fall der sofortigen Vorlage den Scheckbetrag auszahlen oder gutschreiben würde und der sofortigen Vorlage keine zivilrechtlichen Abreden entgegenstehen (→ BFH vom 30.10.1980 – BStBl. 1981 II S. 305);

– Einlösung oder Diskontierung eines zahlungshalber hingegebenen Wechsels (→ BFH vom 5.5.1971 – BStBl. II S. 624);

– Verzicht des Arbeitgebers auf eine ihm zustehende Schadenersatzforderung gegenüber dem Arbeitnehmer in dem Zeitpunkt, in dem der Arbeitgeber zu erkennen gibt, dass er keinen Rückgriff nehmen wird (→ BFH vom 29.3.1992 – BStBl. II S. 837);

– Beitragsleistung des Arbeitgebers für eine Direktversicherung seines Arbeitnehmers in dem Zeitpunkt, in dem er seiner Bank einen entsprechenden Überweisungsauftrag erteilt (→ BFH vom 7.7.2005 – BStBl. II S. 726);

– Überlassung einer Jahresnetzkarte mit eingeschränktem Nutzungsrecht in voller Höhe im Zeitpunkt der Überlassung (→ BFH vom 12.4.2007 – BStBl. II S. 719) oder im Zeitpunkt der Ausübung des Bezugsrechts durch Erwerb der Jahresnetzkarte (→ BFH vom 14.11.2012 – BStBl. 2013 II S. 382);

– Ausgleichszahlungen, die der Arbeitnehmer für seine in der Arbeitsphase erbrachten Vorleistungen erhält, wenn ein im Blockmodell geführtes Altersteilzeitarbeitsverhältnis vor Ablauf der vertraglich vereinbarten Zeit beendet wird (→ BFH vom 15.12.2011 – BStBl. 2012 II S. 415);

– → Wandelschuldverschreibung.

§ 38 RL 38.3

LStR

R 38.3 Einbehaltungspflicht des Arbeitgebers

(1) ¹Zur Einbehaltung der Lohnsteuer vom Arbeitslohn ist jeder inländische Arbeitgeber verpflichtet. ²Für die Einbehaltung der Lohnsteuer seiner Leiharbeitnehmer hat der ausländische Verleiher nach § 38 Abs. 1 Satz 1 Nr. 2 EStG auch dann die gleichen Pflichten wie ein inländischer Arbeitgeber zu erfüllen, wenn er selbst nicht inländischer Arbeitgeber ist.

(2) Neben den im § 12 Satz 2 AO aufgeführten Einrichtungen sind Betriebsstätten auch Landungsbrücken (Anlegestellen von Schifffahrtsgesellschaften), Kontore und sonstige Geschäftseinrichtungen, die dem Unternehmer oder Mitunternehmer oder seinem ständigen Vertreter, z. B. einem Prokuristen, zur Ausübung des Gewerbes dienen.

(3) ¹Ständiger Vertreter nach § 13 AO kann hiernach z. B. auch eine Person sein, die eine Filiale leitet oder die Aufsicht über einen Bautrupp ausübt. ²Ständiger Vertreter ist jedoch z. B. nicht ein einzelner Monteur, der von Fall zu Fall Montagearbeiten im Inland ausführt.

(4) ¹Bei Bauausführungen oder Montagen ausländischer Arbeitgeber im Inland, die länger als sechs Monate (→ § 12 Satz 2 Nr. 8 AO) dauern, ist der ausländische Arbeitgeber zugleich als inländischer Arbeitgeber i.S.d. § 38 Abs. 1 Satz 1 Nr. 1 EStG anzusehen, gleichgültig ob die Bauausführung oder Montage nach dem Doppelbesteuerungsabkommen eine Betriebsstätte begründet. ²Begründet die Bauausführung oder Montage nach dem anzuwendenden Doppelbesteuerungsabkommen keine Betriebsstätte, sind die Arbeitslöhne, die an die im Inland eingesetzten ausländischen Arbeitnehmer gezahlt werden, in der Regel von der Lohnsteuer freizustellen, wenn sie sich höchstens an 183 Tagen im Kalenderjahr, bei bestimmten Doppelbesteuerungsabkommen in einem Zwölfmonatszeitraum im Inland aufhalten.

(5) ¹In den Fällen der Arbeitnehmerentsendung ist inländischer Arbeitgeber auch das in Deutschland ansässige Unternehmen, das den Arbeitslohn für die ihm geleistete Arbeit wirtschaftlich trägt. ²Hiervon ist insbesondere dann auszugehen, wenn die von dem anderen Unternehmen gezahlte Arbeitsvergütung dem deutschen Unternehmen weiterbelastet wird. ³Die Erfüllung der Arbeitgeberpflichten setzt nicht voraus, dass das inländische Unternehmen den Arbeitslohn im eigenen Namen und für eigene Rechnung auszahlt. ⁴Die Lohnsteuer entsteht bereits im Zeitpunkt der Arbeitslohnzahlung an den Arbeitnehmer, wenn das inländische Unternehmen auf Grund der Vereinbarung mit dem ausländischen Unternehmen mit einer Weiterbelastung rechnen kann; in diesem Zeitpunkt ist die Lohnsteuer vom inländischen Unternehmen zu erheben.

Hinweise

LStH 38.3 *Arbeitgeberbegriff*

- → *R 19.1, H 19.1*

- *Wirtschaftlicher Arbeitgeber bei Arbeitnehmerentsendung zwischen international verbundenen Unternehmen* → *BMF vom 14.9.2006 (BStBl. I S. 532), Tz. 4.3.3 und vom 12.11.2014 (BStBl. I S. 1467), Tz. 4.3.3* — *Anlage § 039b-03* —

  Inländischer Arbeitgeber

- *Auch ein im Ausland ansässiger Arbeitgeber, der im Inland eine Betriebsstätte oder einen ständigen Vertreter hat, ist nach § 38 Abs. 1 Satz 1 Nr. 1 EStG inländischer Arbeitgeber (→ BFH vom 5.10.1977 – BStBl. 1978 II S. 205).*

- *Bei Arbeitnehmerentsendung ist das in Deutschland ansässige aufnehmende Unternehmen, das den Arbeitslohn für die ihm geleistete Arbeit wirtschaftlich trägt, Arbeitgeber* → *§ 38 Abs. 1 Satz 2 EStG.*

  Leiharbeitnehmer

- *Nach den neueren Abkommen zur Vermeidung der Doppelbesteuerung (z.B. DBA Frankreich, Italien, Schweden) ist die 183-Tage-Klausel auf Leiharbeitnehmer nicht anwendbar (→ BMF vom 14.9.2006 – BStBl. I S. 532, Tz. 4.3.4 und vom 12.11.2014 – BStBl. I S. 1467, Tz. 4.3.4).* — *Anlage § 039b-03* —

  Zuständiges Finanzamt

  für ausländische Verleiher → *H 41.3*

LStR

R 38.4 Lohnzahlung durch Dritte

Unechte Lohnzahlung durch Dritte

(1) ¹Eine unechte Lohnzahlung eines Dritten ist dann anzunehmen, wenn der Dritte lediglich als Leistungsmittler fungiert. ²Das ist z. B. der Fall, wenn der Dritte im Auftrag des Arbeitgebers leistet oder die Stellung einer Kasse des Arbeitgebers innehat. ³Der den Dritten als Leistungsmittler einsetzende Arbeitgeber bleibt der den Arbeitslohn Zahlende und ist daher zum Lohnsteuerabzug verpflichtet (§ 38 Abs. 1 Satz 1 EStG).

Echte Lohnzahlung durch Dritte

(2) ¹Eine echte Lohnzahlung eines Dritten liegt dann vor, wenn dem Arbeitnehmer Vorteile von einem Dritten eingeräumt werden, die ein Entgelt für eine Leistung sind, die der Arbeitnehmer im Rahmen seines Dienstverhältnisses für den Arbeitgeber erbringt; hierzu gehören z. B. geldwerte Vorteile, die der Leiharbeitnehmer auf Grund des Zugangs zu Gemeinschaftseinrichtungen oder -diensten des Entleihers erhält (§ 13b AÜG). ²In diesen Fällen hat der Arbeitgeber die Lohnsteuer einzubehalten und die damit verbundenen sonstigen Pflichten zu erfüllen, wenn er weiß oder erkennen kann, dass derartige Vergütungen erbracht werden (§ 38 Abs. 1 Satz 3 EStG). ³Die dem Arbeitgeber bei der Lohnzahlung durch Dritte auferlegte Lohnsteuerabzugspflicht erfordert, dass dieser seine Arbeitnehmer auf ihre gesetzliche Verpflichtung (§ 38 Abs. 4 Satz 3 EStG) hinweist, ihm am Ende des jeweiligen Lohnzahlungszeitraums die von einem Dritten gewährten Bezüge anzugeben. ⁴Kommt der Arbeitnehmer seiner Angabepflicht nicht nach und kann der Arbeitgeber bei der gebotenen Sorgfalt aus seiner Mitwirkung an der Lohnzahlung des Dritten oder aus der Unternehmensverbundenheit mit dem Dritten erkennen, dass der Arbeitnehmer zu Unrecht keine Angaben macht oder seine Angaben unzutreffend sind, hat der Arbeitgeber die ihm bekannten Tatsachen zur Lohnzahlung von dritter Seite dem Betriebsstättenfinanzamt anzuzeigen (§ 38 Abs. 4 Satz 3 zweiter Halbsatz EStG). ⁵Die Anzeige hat unverzüglich zu erfolgen.

Hinweise

LStH 38.4 Abgrenzung zwischen echter und unechter Lohnzahlung durch Dritte

R 38.4 und BFH vom 30.5.2001 (BStBl. 2002 II S. 230)

Lohnsteuerabzug

Der Arbeitgeber ist insbesondere dann zum Lohnsteuerabzug verpflichtet (unechte Lohnzahlung durch Dritte → R 38.4 Abs. 1), wenn

– er in irgendeiner Form tatsächlich oder rechtlich in die Arbeitslohnzahlung eingeschaltet ist (→ BFH vom 13.3.1974 – BStBl. II S. 411),

– ein Dritter in der praktischen Auswirkung nur die Stellung einer zahlenden Kasse hat, z. B. selbständige Kasse zur Zahlung von Unterstützungsleistungen (→ BFH vom 28.3.1958 – BStBl. III S. 268) oder von Erholungsbeihilfen (→ BFH vom 27.1.1961 – BStBl. III S. 167).

Metergelder im Möbeltransportgewerbe

unterliegen in voller Höhe dem Lohnsteuerabzug, wenn auf sie ein Rechtsanspruch besteht (→ BFH vom 9.3.1965 – BStBl. III S. 426).

Rabatte von dritter Seite

Bei einer Mitwirkung des Arbeitgebers an der Rabattgewährung von dritter Seite (→ BMF vom 20.1.2015 – BStBl. I S. 143) ist der Arbeitgeber zum Lohnsteuerabzug verpflichtet. In anderen Fällen ist zu prüfen, ob der Arbeitgeber weiß oder erkennen kann, dass derartige Vorteile gewährt werden (§ 38 Abs. 1 Satz 3 EStG). *– Anlage § 008-01 –*

Unerlaubte Arbeitnehmerüberlassung

→ R 19.1 Satz 6

LStR

R 38.5 Lohnsteuerabzug durch Dritte

¹Die Übertragung der Arbeitgeberpflichten nach § 38 Abs. 3a Satz 2 ff. EStG auf einen Dritten kann vom Finanzamt auf schriftlichen Antrag zugelassen werden. ²Die Zustimmung kann nur erteilt werden, wenn der Dritte für den gesamten Arbeitslohn des Arbeitnehmers die Lohnsteuerabzugsverpflichtung übernimmt.

§ 38 Rechtsprechung

Rechtsprechungsauswahl

BFH v. 20. 3. 2014 VI R 43/13 (BStBl. II S. 592):
1. Eine Haftung des Arbeitgebers in Fällen des § 38 Abs. 3a EStG kommt nach § 42d Abs. 9 Satz 4 EStG i.V.m. § 42d Abs. 3 Satz 4 Nr. 1 EStG nur in Betracht, wenn der Dritte die Lohnsteuer für den Arbeitgeber nicht vorschriftsmäßig vom Arbeitslohn einbehalten hat.
2. An einem derartigen Fehlverhalten fehlt es, wenn beim Lohnsteuerabzug entsprechend einer Lohnsteueranrufungsauskunft oder in Übereinstimmung mit den Vorgaben der zuständigen Finanzbehörden der Länder oder des Bundes verfahren wird.

BFH v. 14. 11. 2012 VI R 56/11 (BStBl. 2013 II S. 382): Geldwerter Vorteil beim Erwerb einer vergünstigten Jahresnetzkarte (Jobticket)
1. Ein Sachbezug i.S. des § 8 Abs. 2 Satz 1 EStG liegt auch dann vor, wenn der Arbeitgeber dem Arbeitnehmer durch Vereinbarung mit einem Verkehrsbetrieb das Recht zum Erwerb einer vergünstigten Jahresnetzkarte (Jobticket) einräumt, soweit sich dies für den Arbeitnehmer als Frucht seiner Arbeit für den Arbeitgeber darstellt.
2. Dieser geldwerte Vorteil fließt den Arbeitnehmern mit Ausübung des Bezugsrechts, also dem Erwerb der Jahresnetzkarten, zu.
3. Auf diesen Zeitpunkt ist der Vorteil aus der Verwertung des Bezugsrechts nach § 8 Abs. 2 Satz 1 EStG zu bewerten.

BFH v. 18. 9. 2012 VI R 56/11 (BStBl. 2013 II S. 289): Zufluss und Bewertung von Aktienoptionsrechten für Arbeitnehmer
1. Der Vorteil aus einem vom Arbeitgeber eingeräumten Aktienoptionsrecht fließt dem Arbeitnehmer zu, wenn der Arbeitnehmer das Recht ausübt oder anderweitig verwertet. Eine solche anderweitige Verwertung liegt insbesondere vor, wenn der Arbeitnehmer das Recht auf einen Dritten überträgt.
2. Der Vorteil bemisst sich nach dem Wert des Rechts im Zeitpunkt der Verfügung darüber.

BFH v. 13. 7. 2011 VI R 84/10 (BStBl. II S. 986): Lohnsteuerprivileg des Arbeitgebers in der Schifffahrt – Verweildauer von 183 Tagen auf einem Schiff desselben Arbeitgebers – Bestimmung des „Arbeitgebers" und der an einem Heuerverhältnis Beteiligten
1. Arbeitgeber i.S. des § 41a Abs. 4 EStG ist der zum Lohnsteuereinbehalt nach § 38 Abs. 3 EStG Verpflichtete. Dies ist regelmäßig der Vertragspartner des Arbeitnehmers aus dem Dienstvertrag.
2. § 41a Abs. 4 EStG setzt voraus, dass die Arbeitnehmer zusammenhängend 183 Tage auf eigenen oder gecharterten Schiffen des Arbeitgebers tätig sind. Einsatzzeiten auf Schiffen Dritter bleiben hierbei unberücksichtigt.

BFH v. 30. 6. 2011 VI R 37/09 (BStBl. II S. 923): Zuflusszeitpunkt verbilligter Arbeitnehmeraktien
1. Dem Arbeitnehmer fließt der geldwerte Vorteil in Form verbilligter Aktien in dem Zeitpunkt zu, in dem er die wirtschaftliche Verfügungsmacht über die Aktien erlangt.
2. Ein solcher Zufluss liegt nicht vor, solange dem Arbeitnehmer eine Verfügung über die Aktien rechtlich unmöglich ist.

BFH v. 24. 2. 2011 VI R 21/10 (BStBl. II S. 520): Einkommensteuer für Lohneinkünfte nach Insolvenzeröffnung keine (vorrangig zu befriedigende) Masseverbindlichkeit
Gelangt pfändbarer Arbeitslohn des Insolvenzschuldners als Neuerwerb zur Insolvenzmasse, liegt allein darin keine Verwaltung der Insolvenzmasse in anderer Weise i. S. des § 55 Abs. 1 Nr. 1 InsO, so dass die auf die Lohneinkünfte zu zahlende Einkommensteuer keine vorrangig zu befriedigende Masseverbindlichkeit ist.

BFH v. 3. 2. 2011 VI R 4/10 (BStBl. 2014 II S. 493): Kein Zufluss von Arbeitslohn bei Gehaltsverzicht ohne wirtschaftlichen Ausgleich – Beherrschender Gesellschafter
Verzichtet ein Gesellschafter-Geschäftsführer gegenüber der Gesellschaft auf bestehende oder künftige Entgeltansprüche, so fließen ihm insoweit keine Einnahmen aus nichtselbständiger Arbeit zu, als er dadurch eine tatsächliche Vermögenseinbuße erleidet.

BFH v. 3. 2. 2011 VI R 66/09 (BStBl. 2014 II S. 491): Fälligkeit einer Tantieme – Zeitpunkt des Zuflusses von Forderungen gegen die Kapitalgesellschaft bei einem alleinigen bzw. beherrschenden Gesellschafter
Der Anspruch auf Tantiemen wird mit Feststellung des Jahresabschlusses fällig, sofern nicht zivilrechtlich wirksam und fremdüblich eine andere Fälligkeit vertraglich vereinbart ist.

Rechtsprechung § 38

BFH v. 20. 5. 2010 VI R 41/09 (BStBl. II S. 1022): Gebührenverzicht zugunsten von Mitarbeitern eines Vertriebspartners kein Arbeitslohn – Voraussetzungen für Überzeugungsbildung i.S. des § 96 Abs. 1 Satz 1 FGO

1. Der Umstand, dass eine Bausparkasse sowohl bei Arbeitnehmern ihrer „Partnerbanken" als auch bei ihren freien Handelsvertretern und deren Arbeitnehmern sowie den Beschäftigten anderer genossenschaftlich organisierter Unternehmen und Kooperationspartner auf die Erhebung von Abschlussgebühren verzichtet, begründet Zweifel daran, ob dieser Gebührenvorteil Arbeitslohn ist.
2. Gelangt das FG aufgrund einer verfahrensfehlerfreien Gesamtwürdigung zu dem Ergebnis, dass Zweifel bestehen, ob Arbeitnehmern im Zusammenhang mit einem geldwerten Vorteil Arbeitslohn zugeflossen ist, ist der BFH nach § 118 Abs. 2 FGO an diese Tatsachenfeststellung gebunden.

BFH v. 21. 1. 2010 VI R 52/08 (BStBl. II S. 703): Entscheidungen der Sozialversicherungsträger entfalten im Besteuerungsverfahren Bindungswirkung – Tatbestandswirkung eines Verwaltungsaktes – Arbeitgeberanteil zur Sozialversicherung

Entscheidungen der zuständigen Sozialversicherungsträger über die Sozialversicherungspflicht eines Arbeitnehmers sind im Besteuerungsverfahren zu beachten, soweit sie nicht offensichtlich rechtswidrig sind (Anschluss an BFH-Urteil vom 6. Juni 2002 VI R 178/97, BFHE 199, 524, BStBl. II 2003, 34).

BFH v. 11. 11. 2009 IX R 1/09 (BStBl. 2010 II S. 746): Steuerwirksame Gestaltung des Zuflusses einer Abfindung

Arbeitgeber und Arbeitnehmer können den Zeitpunkt des Zuflusses einer Abfindung oder eines Teilbetrags einer solchen beim Arbeitnehmer in der Weise steuerwirksam gestalten, dass sie deren ursprünglich vorgesehene Fälligkeit vor ihrem Eintritt auf einen späteren Zeitpunkt verschieben.

BFH v. 11. 11. 2009 I R 15/09 (BStBl. 2010 II S. 602): Nichtrückkehrtage bei Anwendung der Grenzgängerregelung in Art. 15a DBA-Schweiz 1992

1. Bei der Anwendung der Grenzgängerregelung in Art. 15a DBA-Schweiz 1992 zählen Dienstreisetage mit Übernachtungen im Ansässigkeitsstaat zu den Tagen, an denen der Arbeitnehmer aus beruflichen Gründen nicht an seinen Wohnsitz zurückkehrt – Nichtrückkehrtage – (Bestätigung des BMF-Schreibens vom 19. September 1994, BStBl. I 1994, 683 Tz. 13).
2. Eintägige Dienstreisen in Drittstaaten führen nicht zu Nichtrückkehrtagen (Abweichung vom BMF-Schreiben in BStBl. I 1994, 683 Tz. 14).
3. Der Tag, an dem der Arbeitnehmer von einer mehrtägigen Dienstreise in Drittstaaten an seinen Wohnsitz zurückkehrt, zählt nicht als Nichtrückkehrtag. Ein Nichtrückkehrtag liegt dagegen vor, wenn der Arbeitnehmer an diesem Tag mit der Rückreise beginnt, aber erst am Folgetag an seinen Wohnsitz zurückkehrt.
4. Tage, an denen der Arbeitnehmer aufgrund einer anderweitigen selbständigen Tätigkeit nicht an seinen Wohnsitz zurückkehrt, führen nicht zu Nichtrückkehrtagen.
5. Entfällt eine mehrtägige Dienstreise des Arbeitnehmers auf Wochenenden oder Feiertage, so liegen keine Nichtrückkehrtage vor, wenn die Arbeit an diesen Tagen nicht ausdrücklich vereinbart ist und der Arbeitgeber für die an diesen Tagen geleistete Arbeit weder einen anderweitigen Freizeitausgleich noch ein zusätzliches Entgelt gewährt, sondern lediglich die Reisekosten übernimmt (Abweichung vom BMF-Schreiben vom 7. Juli 1997, BStBl. I 1997, 723 Tz. 11). Dies gilt auch für leitende Angestellte, die ihre Tätigkeit zeitlich eigenverantwortlich wahrnehmen und während einer Dienstreise freiwillig am Wochenende arbeiten (Bestätigung des Senatsurteils vom 26. Juli 1995 I R 80/94, BFH/NV 1996, 200).

BFH v. 11. 11. 2009 I R 84/08 (BStBl. 2010 II S. 390): Nichtrückkehrtage bei Anwendung der Grenzgängerregelung in Art. 13 Abs. 5 DBA-Frankreich

1. Bei einer Beschäftigung in der Grenzzone während des ganzen Kalenderjahres geht die Grenzgängereigenschaft nach Art. 13 Abs. 5 DBA-Frankreich nur dann verloren, wenn der Arbeitnehmer an mehr als 45 Arbeitstagen (Nichtrückkehrtagen) entweder nicht zum Wohnsitz zurückkehrt oder ganztägig außerhalb der Grenzzone für seinen Arbeitgeber tätig ist (Bestätigung des BMF-Schreibens vom 3. April 2006, BStBl. I 2006, 304 Tz. B.2).
2. Eintägige Dienstreisen außerhalb der Grenzzone führen zu Nichtrückkehrtagen, wenn der Arbeitnehmer an diesen Tagen nicht zugleich innerhalb der Grenzzone gearbeitet hat; bloße Transferreisen innerhalb der Grenzzone sind insoweit unbeachtlich (Abgrenzung zum Senatsbeschluss vom 25. November 2002 I B 136/02, BFHE 201, 119, BStBl. II 2005, 375). Dies gilt in gleicher Weise für Rückreisetage bei mehrtägigen Dienstreisen außerhalb der Grenzzone.

3. Hinreisetage bei mehrtägigen Dienstreisen außerhalb der Grenzzone zählen nur dann zu den Nichtrückkehrtagen, wenn der Arbeitnehmer nicht vor der Abreise zwischen seinem Wohnsitz und dem Arbeitsort in der Grenzzone gependelt ist.
4. Entfällt eine mehrtägige Dienstreise außerhalb der Grenzzone auf Wochenenden oder Feiertage, so liegen keine Nichtrückkehrtage vor, wenn die Arbeit an diesen Tagen weder vertraglich vereinbart ist noch vom Arbeitnehmer tatsächlich ausgeübt wird (Bestätigung des BMF-Schreibens vom 3. April 2006, BStBl. I 2006, 304 Tz. B.4); die Reisetätigkeit ist insoweit nicht als Arbeitstätigkeit anzusehen.
5. Krankheitstage während einer mehrtägigen Dienstreise führen nicht zu Nichtrückkehrtagen. Ein Nichtrückkehrtag liegt dagegen vor, wenn der Arbeitnehmer während der Dienstreise infolge höherer Gewalt (hier: „Taifunwarnung") daran gehindert ist, seine vertraglich vereinbarte Arbeitsleistung zu erbringen.*)

*) Hinweis auf BMF-Schreiben vom 13. April 2010 IV B 3 – S 1301/10/10003 – / – 2010/0245759 (BStBl. 2010 I S. 353).

BFH v. 20. 11. 2008 VI R 25/05 (BStBl. 2009 II S. 382): Räumt der Arbeitgeber selbst handelbare Optionsrechte ein, gelangt der für den Zufluss von Arbeitslohn maßgebliche Vorteil in Gestalt eines Preisnachlasses auf gewährte Aktien erst aufgrund der Verwertung der Option in das wirtschaftliche Eigentum des Optionsnehmers (Arbeitnehmer).

BFH v. 11. 11. 2008 VII R 19/08 (BStBl. 2009 II S. 342):
1. Die erforderliche Kausalität zwischen der Pflichtverletzung und dem mit der Haftung geltend gemachten Schaden richtet sich wegen des Schadensersatzcharakters der Haftung nach § 69 AO wie bei zivilrechtlichen Schadensersatzansprüchen nach der Adäquanztheorie.
2. Die erfolgreiche Insolvenzanfechtung einer erst nach Fälligkeit abgeführten Lohnsteuer unterbricht den Kausalverlauf zwischen Pflichtverletzung und Schadenseintritt jedenfalls dann nicht, wenn der Fälligkeitszeitpunkt vor dem Beginn der Anfechtungsfrist lag.
3. Die Pflicht zur Begleichung der Steuerschuld der GmbH im Zeitpunkt ihrer Fälligkeit ist dem Geschäftsführer nach § 34 Abs. 1 AO, § 41a EStG nicht allein zur Vermeidung eines durch eine verspätete Zahlung eintretenden Zinsausfalls auferlegt, sondern soll auch die Erfüllung der Steuerschuld nach den rechtlichen und wirtschaftlichen Gegebenheiten zum Zeitpunkt ihrer Fälligkeit sicherstellen.
4. Der Zurechnungszusammenhang zwischen einer pflichtwidrig verspäteten Lohnsteuerzahlung und dem eingetretenen Schaden (Steuerausfall) ergibt sich daraus, dass dieser Schaden vom Schutzzweck der verletzten Pflicht zur fristgemäßen Lohnsteuerabführung erfasst wird.

BFH v. 22. 7. 2008 VI R 51/05 (BStBl. II S. 981): Der Vorsitzende und die Referenten des AStA sind Arbeitnehmer im Sinne des Einkommensteuerrechts. Die an sie gezahlten Aufwandsentschädigungen sind als einkommensteuerpflichtiger Lohn zu behandeln.

BFH v. 19. 6. 2008 VI R 4/05 (BStBl. II S. 826):
1. Ob eine Zuwendung des Arbeitgebers an den Arbeitnehmer durch das Dienstverhältnis veranlasst ist und zu Einkünften aus nichtselbständiger Arbeit führt oder ob sie aufgrund einer Sonderrechtsbeziehung zwischen Arbeitgeber und Arbeitnehmer einer anderen Einkunftsart oder dem nicht einkommensteuerbaren Bereich zuzurechnen ist, obliegt in erster Linie der tatrichterlichen Würdigung durch das Finanzgericht.
2. Werden einem Arbeitnehmer vom Arbeitgeber oder einem Dritten im Hinblick auf das Dienstverhältnis Aktienankaufs- oder Vorkaufsrechte eingeräumt, fließt dem Arbeitnehmer nicht zum Zeitpunkt der Rechtseinräumung, sondern erst zum Zeitpunkt des entgeltlichen Verzichts hierauf ein geldwerter Vorteil zu (Fortführung der Senatsrechtsprechung in den Senatsurteilen vom 3. Mai 2007 VI R 36/05, BFHE 218, 118, BStBl. II 2007, 647; vom 23. Juni 2005 VI R 124/99, BFHE 209, 549, BStBl. II 2005, 766; vom 23. Juni 2005 VI R 10/03, BFHE 209, 559, BStBl. II 2005, 770).

BFH v. 13. 9. 2007 VI R 54/03 (BStBl. 2008 II S. 58):
1. Bei Nachentrichtung hinterzogener Arbeitnehmeranteile zur Gesamtsozialversicherung führt die Nachzahlung als solche zum Zufluss eines zusätzlichen geldwerten Vorteils (Fortentwicklung der Rechtsprechung).
2. Bei Vereinbarung sog. Schwarzlöhne kommt der Schutzfunktion der Verschiebung der Beitragslast gemäß § 28g SGB IV grundsätzlich kein Vorrang gegenüber dem objektiv bestehenden Zusammenhang der Nachentrichtung der Arbeitnehmeranteile mit dem Arbeitsverhältnis zu.

Rechtsprechung § 38

3. Dem Lohnzufluss steht nicht entgegen, dass der Arbeitgeber beim Arbeitnehmer gemäß § 28g SGB IV keinen Rückgriff mehr nehmen kann.

BFH v. 10. 5. 2006 IX R 82/98 (BStBl. II S. 669): Eine Konzerntochtergesellschaft ist nach der bis einschließlich 2003 geltenden Gesetzeslage nicht verpflichtet, für den verbilligten Wareneinkauf ihrer Arbeitnehmer in einem von einer Schwestergesellschaft betriebenen Belegschafts-Verkaufsladen Lohnsteuer einzubehalten.

BFH v. 4. 4. 2006 VI R 11/03 (BStBl. II S. 668): Verpflichtet sich die Muttergesellschaft gegenüber Arbeitnehmern einer Tochtergesellschaft zur Gewährung von Aktienoptionen und sonstigen Vorteilen, handelt sie in Erfüllung dieser Verpflichtung nicht als bloße Leistungsmittlerin.

BFH 22. 11. 2005 VII R 21/05 (BStBl. 2006 II S. 397): Auch bei Zahlungen, die ein Gesellschafter-Geschäftsführer auf die von der GmbH geschuldeten Löhne aus seinem eigenen Vermögen ohne unmittelbare Berührung der Vermögenssphäre der Gesellschaft und ohne dieser gegenüber dazu verpflichtet zu sein selbst erbringt, hat er dafür zu sorgen, dass die Lohnsteuer einbehalten und an das FA abgeführt wird.

BFH v. 5. 10. 2005 VI R 152/01 (BStBl. 2006 II S. 94): Ein angestellter Chefarzt bezieht mit den Einnahmen aus dem ihm eingeräumten Liquidationsrecht für die gesondert berechenbaren wahlärztlichen Leistungen in der Regel Arbeitslohn, wenn die wahlärztlichen Leistungen innerhalb des Dienstverhältnisses erbracht werden.

BFH v. 20. 7. 2005 VI R 165/01 (BStBl. II S. 890): Behält der Arbeitgeber einen Beitrag vom Arbeitslohn ein und führt ihn einer Versorgungsrückstellung zu, fließt dem Arbeitnehmer (noch) kein Arbeitslohn zu.

BFH v. 20. 12. 2004 VI R 182/97 (BStBl. 2005 II S. 358): Die Festsetzung von Einkommensteuer-Vorauszahlungen ist auch dann zulässig, wenn der Steuerpflichtige ausschließlich Einkünfte aus nichtselbstständiger Arbeit erzielt, die dem Lohnsteuerabzug unterliegen.

BFH v. 19. 2. 2004 VI R 122/00 (BStBl. II S. 620): Eine GmbH ist nicht Arbeitgeberin ihrer von einer Obergesellschaft entlohnten Geschäftsführer, wenn diese vorübergehend entsandt sind und nur im Rahmen ihres mit der Obergesellschaft abgeschlossenen Anstellungsvertrages tätig werden.
(Anmerkung: Ab 1.1.2004 abweichende Rechtslage.)

BFH v. 13. 3. 2003 VII R 46/02 (BStBl. II S. 556):

1. Der Vorsitzende eines eingetragenen Vereins ist als gesetzlicher Vertreter dieser juristischen Person verpflichtet, deren steuerliche Pflichten zu erfüllen.
2. Arbeitgeber ist, wer die Schuldnerposition in dem die Rechtsgrundlage der Arbeitslohnzahlung bildenden Rechtsverhältnis inne hat. Ein Sportverein, der mit Spielern Arbeitsverträge abschließt und diesbezügliche Lohnsteueranmeldungen abgibt, ist folglich auch dann zur Einbehaltung und Abführung von Lohnsteuer verpflichtet, wenn nach der Satzung des Vereins Abteilungen mit eigenem Vertreter bestehen und diesen eine gewisse Selbständigkeit eingeräumt ist.
3. Die für das Verhältnis mehrerer Geschäftsführer entwickelten Grundsätze für die Möglichkeit einer Begrenzung der Verantwortlichkeit des gesetzlichen Vertreters einer juristischen Person durch eine Verteilung der Aufgaben innerhalb derselben gelten auch für die Übertragung steuerlicher Pflichten einer juristischen Person (hier: eines Vereins) auf deren Abteilungen.

BFH v. 21. 2. 2003 VI R 74/00 (BStBl. II S. 496): Bei Entschädigungszahlungen der Urlaubs- und Lohnausgleichskasse der Bauwirtschaft für verfallene Urlaubsansprüche handelt es sich um Einkünfte, die nicht dem Steuerabzug vom Arbeitslohn unterliegen und auf die die Härteregelung nach § 46 Abs. 5 EStG anzuwenden ist.

BFH v. 9. 10. 2002 VI R 112/99 (BStBl. II S. 884): Die Anzeige des Arbeitgebers nach § 38 Abs. 4 Satz 2 EStG ersetzt die Erfüllung der Einbehaltungspflichten. Bei unterlassener Anzeige hat der Arbeitgeber die Lohnsteuer mit den Haftungsfolgen (§ 42d Abs. 1 Nr. 1 EStG) nicht ordnungsgemäß einbehalten.

BFH v. 4. 9. 2002 I R 21/01 (BStBl. 2003 II S. 306):

1. Ein ausländischer Arbeitnehmerverleiher und nicht der inländische Entleiher ist aus abkommenrechtlicher Sicht jedenfalls dann regelmäßig Arbeitgeber des beschäftigten Leiharbeitnehmers, wenn dieser lediglich 2 1/2 Wochen für den Entleiher tätig ist, sich seine Vergütung im Grundsatz unabhängig von der tatsächlich erbrachten Arbeitszeit beim Entleiher berechnet und kein Anhalts-

§ 38 Rechtsprechung

punkt für eine missbräuchliche Einschaltung des Arbeitnehmerverleihers besteht (Abweichung vom BMF-Schreiben vom 5. Januar 1994, BStBl. I 1994, 11 unter 4.).

2. Ein ausländischer Arbeitnehmerverleiher kann anders als ein inländischer Arbeitgeber keine Bescheinigung über die Freistellung von der Lohnsteuer auf gezahlten Arbeitslohn gemäß § 39b Abs. 6 EStG beanspruchen (Abweichung vom Senatsurteil vom 12. Juni 1997 I R 72/96, BFHE 183, 30, BStBl. II 1997, 660).

3. Wegen dieser unterschiedlichen verfahrensrechtlichen Behandlung wird dem EuGH die Frage zur Vorabentscheidung vorgelegt:

Widerspricht es Art. 49 EG-Vertrag, wenn zwar der inländische Arbeitgeber, nicht aber der ausländische Verleiher von Arbeitnehmern von der Verpflichtung zum Abzug der Lohnsteuer entbunden wird, weil der gezahlte Arbeitslohn nach einem Abkommen zur Vermeidung der Doppelbesteuerung von der Lohnsteuer freizustellen ist?

Schwebende Verfahren

BVerfG 2 BvL 7/14 und 8/14 (BFH-Webseite): Ist § 40b Abs. 4, Abs. 5 Satz 1 EStG i.d.F. des JStG 2007 vom 13. Dezember 2006 (BGBl. I 2006 S. 2878, BStBl. I 2007 S. 28), Letzterer i.V.m. § 40 Abs. 3 Satz 1 EStG, insoweit mit Art. 3 Abs. 1 GG unvereinbar, als danach der Arbeitgeber auf Sonderzahlungen i.S.d. § 19 Abs. 1 Satz 1 Nr. 3 Satz 2 EStG i.d.F. des JStG 2007 zwangsweise pauschale Lohnsteuer zu zahlen hat, durch die er selbst definitiv belastet wird?

§ 38a Höhe der Lohnsteuer

(1) ¹Die Jahreslohnsteuer bemisst sich nach dem Arbeitslohn, den der Arbeitnehmer im Kalenderjahr bezieht (Jahresarbeitslohn). ²Laufender Arbeitslohn gilt in dem Kalenderjahr als bezogen, in dem der Lohnzahlungszeitraum endet; in den Fällen des § 39b Absatz 5 Satz 1 tritt der Lohnabrechnungszeitraum an die Stelle des Lohnzahlungszeitraums. ³Arbeitslohn, der nicht als laufender Arbeitslohn gezahlt wird (sonstige Bezüge), wird in dem Kalenderjahr bezogen, in dem er dem Arbeitnehmer zufließt.

(2) Die Jahreslohnsteuer wird nach dem Jahresarbeitslohn so bemessen, dass sie der Einkommensteuer entspricht, die der Arbeitnehmer schuldet, wenn er ausschließlich Einkünfte aus nichtselbständiger Arbeit erzielt.

(3) ¹Vom laufenden Arbeitslohn wird die Lohnsteuer jeweils mit dem auf den Lohnzahlungszeitraum fallenden Teilbetrag der Jahreslohnsteuer erhoben, die sich bei Umrechnung des laufenden Arbeitslohns auf einen Jahresarbeitslohn ergibt. ²Von sonstigen Bezügen wird die Lohnsteuer mit dem Betrag erhoben, der zusammen mit der Lohnsteuer für den laufenden Arbeitslohn des Kalenderjahres und für etwa im Kalenderjahr bereits gezahlte sonstige Bezüge die voraussichtliche Jahreslohnsteuer ergibt.

(4) Bei der Ermittlung der Lohnsteuer werden die Besteuerungsgrundlagen des Einzelfalls durch die Einreihung der Arbeitnehmer in Steuerklassen (§ 38b), Feststellung von Freibeträgen und Hinzurechnungsbeträgen (§ 39a) sowie Bereitstellung von elektronischen Lohnsteuerabzugsmerkmalen (§ 39e) oder Ausstellung von entsprechenden Bescheinigungen für den Lohnsteuerabzug (§ 39 Absatz 3 und § 39e Absatz 7 und 8) berücksichtigt.

Rechtsprechungsauswahl

BFH v. 15. 5. 2013 VI R 24/12 (BStBl. 2014 II S. 495): Zufluss von Urlaubsgeld und Weihnachtsgeld als Arbeitslohn bei einvernehmlicher Aufhebung einer entsprechenden Zusage

Wird die arbeitsvertragliche Zusage von Weihnachts- und Urlaubsgeld vor dem Zeitpunkt der Entstehung dieser Sonderzuwendungen einvernehmlich aufgehoben, kann dem Arbeitnehmer weder Arbeitslohn über die Grundsätze des Zuflusses von Einnahmen bei einem beherrschenden Gesellschafter zufließen noch kann der Arbeitnehmer insoweit eine zuflussbegründende verdeckte Einlage bewirken.

BFH v. 1. 3. 2012 VI R 4/11 (BStBl. II S. 596):

1. Soweit Insolvenzgeld vorfinanziert wird, das nach § 188 Abs. 1 SGB III einem Dritten zusteht, ist die Gegenleistung für die Übertragung des Arbeitsentgeltanspruchs als Insolvenzgeld i.S.d. § 32b Abs. 1 Nr. 1 Buchst. a EStG anzusehen.
2. Die an den Arbeitnehmer gezahlten Entgelte hat dieser i.S.d. § 32b Abs. 1 Nr. 1 Buchst. a EStG bezogen, wenn sie ihm nach den Regeln über die Überschusseinkünfte zugeflossen sind.
3. Zum Vorgang der „Vorfinanzierung des Insolvenzgeldes" bzw. der „Vorfinanzierung des Insolvenzgeldanspruchs" (vgl. Literatur).
4. Aus § 32b Abs. 4 Satz 3 EStG i.d.F. des StÄndG 2003 ergibt sich nichts anderes. Diese verfahrensrechtliche Regelung trifft keine Aussage zum Zuflusszeitpunkt, sondern setzt den Zufluss i.S.d § 11 EStG vielmehr voraus.
5. Auf § 32b Abs. 1 Nr. 1 Buchst. a EStG finden §§ 11 Abs. 1 Satz 4, 38a Abs. 1 Satz 2 EStG weder unmittelbare noch analoge Anwendung.
6. Die Auszahlung des einem Dritten zustehenden Insolvenzgeldanspruchs an den Dritten bewirkt keinen gleichzeitigen Zufluss von Insolvenzgeld beim Arbeitnehmer.

BFH v. 15. 12. 2011 VI R 26/11 (BStBl. 2012 II S. 415): Vorzeitige Beendigung eines im Blockmodell geführten Altersteilzeitarbeitsverhältnisses – Ausgleichszahlungen für in der Arbeitsphase erbrachte Vorleistungen – Beschwer bei Begehren einer höheren Steuerfestsetzung

1. Wird ein im Blockmodell geführtes Altersteilzeitarbeitsverhältnis vor Ablauf der vertraglich vereinbarten Zeit beendet und erhält der Arbeitnehmer für seine in der Arbeitsphase erbrachten Vorleistungen Ausgleichszahlungen, stellen diese Ausgleichszahlungen Arbeitslohn dar.
2. Solche Ausgleichszahlungen sind sonstige Bezüge i.S. des § 38a Abs. 1 Satz 3 EStG, so dass sie nach dem Zuflussprinzip des § 11 Abs. 1 Satz 1 EStG zu erfassen sind.

§ 38a
Rechtsprechung

BFH v. 3. 2. 2011 VI R 66/09 (BStBl. 2014 II S. 491): Der Anspruch auf Tantiemen wird mit Feststellung des Jahresabschlusses fällig, sofern nicht zivilrechtlich wirksam und fremdüblich eine andere Fälligkeit vertraglich vereinbart ist.

1. Der Zufluss tritt mit der Erlangung der wirtschaftlichen Verfügungsmacht ein. Das ist in der Regel der Zeitpunkt des Eintritts des Leistungserfolgs oder der Möglichkeit, den Leistungserfolg herbeizuführen (vgl. BFH-Urteil v. 10.12.1985 VIII R 15/83, BStBl. 1986 II S. 342).
2. Dem alleinigen oder jedenfalls beherrschenden Gesellschafter fließt eine eindeutige und unbestrittene Forderung gegen „seine" Kapitalgesellschaft bereits mit deren Fälligkeit zu (vgl. BFH-Rechtsprechung v. 8.5.2007 VIII 13/06, BFH-Webseite und vom 15.6.2004 VI B 220/00, BFH-Webseite). Allerdings werden von dieser Zuflussfiktion nur Gehaltsbeträge und sonstige Vergütungen erfasst, die die Kapitalgesellschaft den sie beherrschenden Gesellschaftern schuldet und die sich bei der Ermittlung des Einkommens der Kapitalgesellschaft ausgewirkt haben (vgl. BFH-Urteil v. 11.2.1965 IV 213/64 U, BStBl. 1965 III S. 407).
3. Die zivilrechtlichen Regelungen in einem Anstellungsvertrag zwischen einem beherrschenden Gesellschafter-Geschäftsführer und „seiner" Kapitalgesellschaft sind grundsätzlich auch im Steuerrecht beachtlich (vgl. BFH-Urteil v. 17.11.1998 VIII R 24/98, BStBl. II S. 223).
4. Eine gesellschaftsrechtliche Veranlassung ist u.a. dann anzunehmen, wenn die Tantiemevereinbarung zwar für die Gesellschaft günstig ist, aber ein fremder Geschäftspartner in seinem eigenen Interesse die Vereinbarung nicht getroffen hätte (vgl. BFH-Urteile v. 17.5.1995 I R 147/93, BStBl. 1996 II S. 204 und v. 20.10.2004 I R 4/04, BFH-Webseite).

BFH v. 20. 11. 2008 VI R 25/05 (BStBl. 2009 II S. 382): Räumt der Arbeitgeber selbst handelbare Optionsrechte ein, gelangt der für den Zufluss von Arbeitslohn maßgebliche Vorteil in Gestalt eines Preisnachlasses auf gewährte Aktien erst aufgrund der Verwertung der Option in das wirtschaftliche Eigentum des Optionsnehmers (Arbeitnehmer).

BFH v. 30. 9. 2008 VI R 67/05 (BStBl. 2009 II S. 282):

1. Bei einem Aktienerwerb fließt dem Arbeitnehmer der geldwerte Vorteil in dem Zeitpunkt zu, in dem der Anspruch auf Verschaffung der wirtschaftlichen Verfügungsmacht über die Aktien erfüllt wird.
2. Dem Zufluss steht es nicht entgegen, wenn der Arbeitnehmer aufgrund einer Sperr- bzw. Haltefrist die Aktien für eine bestimmte Zeit nicht veräußern kann. Der Erwerber ist rechtlich und wirtschaftlich bereits von dem Augenblick an Inhaber der Aktie, in dem sie auf ihn übertragen oder auf seinen Namen im Depot einer Bank hinterlegt wird.
3. Der geldwerte Vorteil fließt dem Arbeitnehmer auch dann mit der Verschaffung der Verfügungsmacht zu, wenn die Aktien unter der auflösenden Bedingung einer Rückzahlungsverpflichtung (§ 158 Abs. 2 BGB) überlassen werden und diese Bedingung eintritt (sog. Istprinzip).

BFH v. 15. 11. 2007 VI R 66/03 (BStBl. 2008 II S. 375):

1. Leistet der Arbeitgeber aufgrund des gesetzlichen Forderungsübergangs nach § 115 SGB X eine Lohnnachzahlung unmittelbar an die Arbeitsverwaltung, führt dies beim Arbeitnehmer zum Zufluss von Arbeitslohn.
2. Unterliegt der Nachzahlungsbetrag sowohl der Tarifermäßigung des § 34 Abs. 1 EStG als auch dem negativen Progressionsvorbehalt des § 32b EStG, so ist eine integrierte Steuerberechnung nach dem Günstigkeitsprinzip vorzunehmen. Danach sind die Ermäßigungsvorschriften in der Reihenfolge anzuwenden, die zu einer geringeren Steuerbelastung führt, als dies bei ausschließlicher Anwendung des negativen Progressionsvorbehalts der Fall wäre.

§ 38b

§ 38b Lohnsteuerklassen, Zahl der Kinderfreibeträge[1)]

(1) ¹Für die Durchführung des Lohnsteuerabzugs werden Arbeitnehmer in Steuerklassen eingereiht. ²Dabei gilt Folgendes:

1. In die Steuerklasse I gehören Arbeitnehmer, die
    a) unbeschränkt einkommensteuerpflichtig und
        aa) ledig sind,
        bb) verheiratet, verwitwet oder geschieden sind und bei denen die Voraussetzungen für die Steuerklasse III oder IV nicht erfüllt sind; oder
    b) beschränkt einkommensteuerpflichtig sind;
2. in die Steuerklasse II gehören die unter Nummer 1 Buchstabe a bezeichneten Arbeitnehmer, wenn bei ihnen der Entlastungsbetrag für Alleinerziehende (§ 24b) zu berücksichtigen ist;
3. in die Steuerklasse III gehören Arbeitnehmer,
    a) die verheiratet sind, wenn beide Ehegatten unbeschränkt einkommensteuerpflichtig sind und nicht dauernd getrennt leben und
        aa) der Ehegatte des Arbeitnehmers keinen Arbeitslohn bezieht oder
        bb) der Ehegatte des Arbeitnehmers auf Antrag beider Ehegatten in die Steuerklasse V eingereiht wird,
    b) die verwitwet sind, wenn sie und ihr verstorbener Ehegatte im Zeitpunkt seines Todes unbeschränkt einkommensteuerpflichtig waren und in diesem Zeitpunkt nicht dauernd getrennt gelebt haben, für das Kalenderjahr, das dem Kalenderjahr folgt, in dem der Ehegatte verstorben ist,
    c) deren Ehe aufgelöst worden ist, wenn
        aa) im Kalenderjahr der Auflösung der Ehe beide Ehegatten unbeschränkt einkommensteuerpflichtig waren und nicht dauernd getrennt gelebt haben und
        bb) der andere Ehegatte wieder geheiratet hat, von seinem neuen Ehegatten nicht dauernd getrennt lebt und er und sein neuer Ehegatte unbeschränkt einkommensteuerpflichtig sind,
        für das Kalenderjahr, in dem die Ehe aufgelöst worden ist;
4. in die Steuerklasse IV gehören Arbeitnehmer, die verheiratet sind, wenn beide Ehegatten unbeschränkt einkommensteuerpflichtig sind und nicht dauernd getrennt leben und der Ehegatte des Arbeitnehmers ebenfalls Arbeitslohn bezieht;
5. in die Steuerklasse V gehören die unter Nummer 4 bezeichneten Arbeitnehmer, wenn der Ehegatte des Arbeitnehmers auf Antrag beider Ehegatten in die Steuerklasse III eingereiht wird;
6. die Steuerklasse VI gilt bei Arbeitnehmern, die nebeneinander von mehreren Arbeitgebern Arbeitslohn beziehen, für die Einbehaltung der Lohnsteuer vom Arbeitslohn aus dem zweiten und einem weiteren Dienstverhältnis sowie in den Fällen des § 39c.

³Als unbeschränkt einkommensteuerpflichtig im Sinne der Nummern 3 und 4 gelten nur Personen, die die Voraussetzungen des § 1 Absatz 1 oder 2 oder des § 1a erfüllen.

(2) ¹Für ein minderjähriges und nach § 1 Absatz 1 unbeschränkt einkommensteuerpflichtiges Kind im Sinne des § 32 Absatz 1 Nummer 1 und Absatz 3 werden bei der Anwendung der Steuerklassen I bis IV die Kinderfreibeträge als Lohnsteuerabzugsmerkmal nach § 39 Absatz 1 wie folgt berücksichtigt:

1. mit Zähler 0,5, wenn der Arbeitnehmer der Kinderfreibetrag nach § 32 Absatz 6 Satz 1 zusteht, oder
2. mit Zähler 1, wenn dem Arbeitnehmer der Kinderfreibetrag zusteht, weil

---
[1)] Zur Steuerklassenwahl bei Arbeitnehmer-Ehegatten siehe Anlage § 038b-01.

a) die Voraussetzungen des § 32 Absatz 6 Satz 2 vorliegen oder
b) der andere Elternteil vor dem Beginn des Kalenderjahres verstorben ist oder
c) der Arbeitnehmer allein das Kind angenommen hat.

²Soweit dem Arbeitnehmer Kinderfreibeträge nach § 32 Absatz 1 bis 6 zustehen, die nicht nach Satz 1 berücksichtigt werden, ist die Zahl der Kinderfreibeträge auf Antrag vorbehaltlich des § 39a Absatz 1 Nummer 6 zu Grunde zu legen. ³In den Fällen des Satzes 2 können die Kinderfreibeträge für mehrere Jahre gelten, wenn nach den tatsächlichen Verhältnissen zu erwarten ist, dass die Voraussetzungen bestehen bleiben. ⁴Bei Anwendung der Steuerklassen III und IV sind auch Kinder des Ehegatten bei der Zahl der Kinderfreibeträge zu berücksichtigen. ⁵Der Antrag kann nur nach amtlich vorgeschriebenem Vordruck gestellt werden.

(3) ¹Auf Antrag des Arbeitnehmers kann abweichend von Absatz 1 oder 2 eine für ihn ungünstigere Steuerklasse oder geringere Zahl der Kinderfreibeträge als Lohnsteuerabzugsmerkmal gebildet werden. ²Dieser Antrag ist nach amtlich vorgeschriebenem Vordruck zu stellen und vom Arbeitnehmer eigenhändig zu unterschreiben.

Hinweise

LStH 38b *Familienstand*
→ *R 26 EStR, H 26 EStH*
Lebenspartner
→ *§ 2 Abs. 8 EStG*
Steuerklasse in EU/EWR-Fällen

Ein Arbeitnehmer, der als Staatsangehöriger eines Mitgliedstaats der Europäischen Union (EU) oder der Staaten Island, Liechtenstein oder Norwegen (EWR) nach § 1 Abs. 1 EStG unbeschränkt einkommensteuerpflichtig ist, ist auf Antrag in die Steuerklasse III einzuordnen, wenn der Ehegatte des Arbeitnehmers in einem EU/EWR-Mitgliedstaat oder in der Schweiz lebt (→ § 1a Abs. 1 Nr. 2 EStG). Es ist nicht erforderlich, dass der Ehegatte ebenfalls Staatsangehöriger eines EU/EWR-Mitgliedstaates ist. Auf die prozentuale oder absolute Höhe der nicht der deutschen Einkommensteuer unterliegenden Einkünfte beider Ehegatten kommt es nicht an.

Die Einreihung in die Steuerklasse III führt zur Veranlagungspflicht nach § 46 Abs. 2 Nr. 7 Buchstabe a EStG.

Ein allein stehender Arbeitnehmer, der Staatsangehöriger eines EU/EWR-Mitgliedstaates ist und nach § 1 Abs. 1 EStG unbeschränkt einkommensteuerpflichtig ist, ist in die Steuerklasse II einzureihen, wenn ihm der Entlastungsbetrag für Alleinerziehende zusteht.

Für die Änderung der Steuerklasse ist das Wohnsitzfinanzamt des im Inland lebenden Arbeitnehmers zuständig (→ BMF vom 29.9.1995 – BStBl. I S. 429, Tz. 1.1 unter Berücksichtigung der zwischenzeitlich eingetretenen Rechtsänderungen).

EStR 2012

R 26. **Voraussetzungen für die Anwendung des § 26 EStG**
Nicht dauernd getrennt lebend

(1) ¹Bei der Frage, ob Ehegatten als dauernd getrennt lebend anzusehen sind, wird einer auf Dauer herbeigeführten räumlichen Trennung regelmäßig eine besondere Bedeutung zukommen. ²Die eheliche Lebens- und Wirtschaftsgemeinschaft ist jedoch im Allgemeinen nicht aufgehoben, wenn die Ehegatten nur vorübergehend räumlich getrennt leben, z.B. bei einem beruflich bedingten Auslandsaufenthalt eines der Ehegatten. ³Sogar in Fällen, in denen die Ehegatten infolge zwingender äußerer Umstände für eine nicht absehbare Zeit räumlich voneinander getrennt leben müssen, z. B. infolge Krankheit oder Verbüßung einer Freiheitsstrafe, kann die eheliche Lebens- und Wirtschaftsgemeinschaft noch weiterbestehen, wenn die Ehegatten die erkennbare Absicht haben, die eheliche Verbindung in dem noch möglichen Rahmen aufrechtzuerhalten und nach dem Wegfall der Hindernisse die volle eheliche Gemeinschaft wiederherzustellen. ⁴Ehegatten, von denen einer vermisst ist, sind im Allgemeinen nicht als dauernd getrennt lebend anzusehen.

Zurechnung gemeinsamer Einkünfte
(2) Gemeinsame Einkünfte der Ehegatten, z. B. aus einer Gesamthandsgesellschaft oder Gesamthandsgemeinschaft sind jedem Ehegattten, falls keine andere Aufteilung in Betracht kommt, zur Hälfte zuzurechnen.

(3) Für den VZ 2012 ist R 26 EStR 2008 weiter anzuwenden.

Rechtsprechungsauswahl

BFH v. 28. 4. 2010 III R 79/08 (BStBl. 2011 II S. 30): Berechtigung zum Abzug des Entlastungsbetrags für Alleinerziehende bei annähernd gleicher Aufnahme des Kindes in die getrennten Haushalte beider Elternteile

1. Auch wenn mehrere Steuerpflichtige die Voraussetzungen für den Abzug des Entlastungsbetrags für Alleinerziehende erfüllen, kann wegen desselben Kindes für denselben Monat nur einer der Berechtigten den Entlastungsbetrag abziehen.
2. Ist ein Kind annähernd gleichwertig in die beiden Haushalte seiner allein stehenden Eltern aufgenommen, können die Eltern – unabhängig davon, an welchen Berechtigten das Kindergeld ausgezahlt wird – untereinander bestimmen, wem der Entlastungsbetrag zustehen soll, es sei denn, einer der Berechtigten hat bei seiner Veranlagung oder durch Vorlage einer Lohnsteuerkarte mit der Steuerklasse II bei seinem Arbeitgeber (§ 38b Satz 2 Nr. 2 EStG) den Entlastungsbetrag bereits in Anspruch genommen.
3. Treffen die Eltern keine Bestimmung über die Zuordnung des Entlastungsbetrags, steht er demjenigen zu, an den das Kindergeld ausgezahlt wird.

§ 39 Lohnsteuerabzugsmerkmale

(1) ¹Für die Durchführung des Lohnsteuerabzugs werden auf Veranlassung des Arbeitnehmers Lohnsteuerabzugsmerkmale gebildet (§ 39a Absatz 1 und 4, § 39e Absatz 1 in Verbindung mit § 39e Absatz 4 Satz 1 und nach § 39e Absatz 8). ²Soweit Lohnsteuerabzugsmerkmale nicht nach § 39e Absatz 1 Satz 1 automatisiert gebildet werden oder davon abweichend zu bilden sind, ist das Finanzamt für die Bildung der Lohnsteuerabzugsmerkmale nach den §§ 38b und 39a und die Bestimmung ihrer Geltungsdauer zuständig. ³Für die Bildung der Lohnsteuerabzugsmerkmale sind die von den Meldebehörden nach § 39e Absatz 2 Satz 2 mitgeteilten Daten vorbehaltlich einer nach Satz 2 abweichenden Bildung durch das Finanzamt bindend. ⁴Die Bildung der Lohnsteuerabzugsmerkmale ist eine gesonderte Feststellung von Besteuerungsgrundlagen im Sinne des § 179 Absatz 1 der Abgabenordnung, die unter dem Vorbehalt der Nachprüfung steht. ⁵Die Bildung und die Änderung der Lohnsteuerabzugsmerkmale sind dem Arbeitnehmer bekannt zu geben. ⁶Die Bekanntgabe richtet sich nach § 119 Absatz 2 der Abgabenordnung und § 39e Absatz 6. ⁷Der Bekanntgabe braucht keine Belehrung über den zulässigen Rechtsbehelf beigefügt zu werden. ⁸Ein schriftlicher Bescheid mit einer Belehrung über den zulässigen Rechtsbehelf ist jedoch zu erteilen, wenn einem Antrag des Arbeitnehmers auf Bildung oder Änderung der Lohnsteuerabzugsmerkmale nicht oder nicht in vollem Umfang entsprochen wird oder der Arbeitnehmer die Erteilung eines Bescheids beantragt. ⁹Vorbehaltlich des Absatzes 5 ist § 153 Absatz 2 der Abgabenordnung nicht anzuwenden.

(2) ¹Für die Bildung und die Änderung der Lohnsteuerabzugsmerkmale nach Absatz 1 Satz 2 des nach § 1 Absatz 1 unbeschränkt einkommensteuerpflichtigen Arbeitnehmers ist das Wohnsitzfinanzamt im Sinne des § 19 Absatz 1 Satz 1 und 2 der Abgabenordnung und in den Fällen des Absatzes 4 Nummer 5 das Betriebsstättenfinanzamt nach § 41a Absatz 1 Satz 1 Nummer 1 zuständig. ²Ist der Arbeitnehmer nach § 1 Absatz 2 unbeschränkt einkommensteuerpflichtig, nach § 1 Absatz 3 als unbeschränkt einkommensteuerpflichtig zu behandeln oder beschränkt einkommensteuerpflichtig, ist das Betriebsstättenfinanzamt für die Bildung und die Änderung der Lohnsteuerabzugsmerkmale zuständig. ³Ist der nach § 1 Absatz 3 als unbeschränkt einkommensteuerpflichtig zu behandelnde Arbeitnehmer gleichzeitig bei mehreren inländischen Arbeitgebern tätig, ist für die Bildung der weiteren Lohnsteuerabzugsmerkmale das Betriebsstättenfinanzamt zuständig, das erstmals Lohnsteuerabzugsmerkmale gebildet hat. ⁴Bei Ehegatten, die beide Arbeitslohn von inländischen Arbeitgebern beziehen, ist das Betriebsstättenfinanzamt des älteren Ehegatten zuständig.

(3) ¹Wurde einem Arbeitnehmer in den Fällen des Absatzes 2 Satz 2 keine Identifikationsnummer zugeteilt, hat ihm das Betriebsstättenfinanzamt auf seinen Antrag hin eine Bescheinigung für den Lohnsteuerabzug auszustellen. ²In diesem Fall tritt an die Stelle der Identifikationsnummer das vom Finanzamt gebildete lohnsteuerliche Ordnungsmerkmal nach § 41b Absatz 2 Satz 1 und 2. ³Die Bescheinigung der Steuerklasse I kann auch der Arbeitgeber beantragen, wenn dieser den Antrag nach Satz 1 im Namen des Arbeitnehmers stellt. ⁴Diese Bescheinigung ist als Beleg zum Lohnkonto zu nehmen und während des Dienstverhältnisses, längstens bis zum Ablauf des jeweiligen Kalenderjahres, aufzubewahren.

(4) Lohnsteuerabzugsmerkmale sind

1. Steuerklasse (§ 38b Absatz 1) und Faktor (§ 39f),

2. Zahl der Kinderfreibeträge bei den Steuerklassen I bis IV (§ 38b Absatz 2),

3. Freibetrag und Hinzurechnungsbetrag (§ 39a),

4. Höhe der Beiträge für eine private Krankenversicherung und für eine private Pflege-Pflichtversicherung (§ 39b Absatz 2 Satz 5 Nummer 3 Buchstabe d) für die Dauer von zwölf Monaten, wenn der Arbeitnehmer dies beantragt,

5. Mitteilung, dass der von einem Arbeitgeber gezahlte Arbeitslohn nach einem Abkommen zur Vermeidung der Doppelbesteuerung von der Lohnsteuer freizustellen ist, wenn der Arbeitnehmer oder der Arbeitgeber dies beantragt.

RL 39.1 § 39

(5) ¹Treten bei einem Arbeitnehmer die Voraussetzungen für eine für ihn ungünstigere Steuerklasse oder geringere Zahl der Kinderfreibeträge ein, ist der Arbeitnehmer verpflichtet, dem Finanzamt dies mitzuteilen und die Steuerklasse und die Zahl der Kinderfreibeträge umgehend ändern zu lassen. ²Dies gilt insbesondere, wenn die Voraussetzungen für die Berücksichtigung des Entlastungsbetrags für Alleinerziehende, für die die Steuerklasse II zur Anwendung kommt, entfallen. ³Eine Mitteilung ist nicht erforderlich, wenn die Abweichung einen Sachverhalt betrifft, der zu einer Änderung der Daten führt, die nach § 39e Absatz 2 Satz 2 von den Meldebehörden zu übermitteln sind. ⁴Kommt der Arbeitnehmer seiner Verpflichtung nicht nach, ändert das Finanzamt die Steuerklasse und die Zahl der Kinderfreibeträge von Amts wegen. ⁵Unterbleibt die Änderung der Lohnsteuerabzugsmerkmale, hat das Finanzamt zu wenig erhobene Lohnsteuer vom Arbeitnehmer nachzufordern, wenn diese 10 Euro übersteigt.

(6) ¹Ändern sich die Voraussetzungen für die Steuerklasse oder für die Zahl der Kinderfreibeträge zu Gunsten des Arbeitnehmers, kann dieser beim Finanzamt die Änderung der Lohnsteuerabzugsmerkmale beantragen. ²Die Änderung ist mit Wirkung von dem ersten Tag des Monats an vorzunehmen, in dem erstmals die Voraussetzungen für die Änderung vorlagen. ³Ehegatten, die beide in einem Dienstverhältnis stehen, können einmalig im Laufe des Kalenderjahres beim Finanzamt die Änderung der Steuerklassen beantragen. ⁴Dies gilt unabhängig von der automatisierten Bildung der Steuerklassen nach § 39e Absatz 3 Satz 3 sowie einer von den Ehegatten gewünschten Änderung dieser automatisierten Bildung. ⁵Das Finanzamt hat eine Änderung nach Satz 3 mit Wirkung vom Beginn des Kalendermonats vorzunehmen, der auf die Antragstellung folgt. ⁶Für eine Berücksichtigung der Änderung im laufenden Kalenderjahr ist der Antrag nach Satz 1 oder 3 spätestens bis zum 30. November zu stellen.

(7) ¹Wird ein unbeschränkt einkommensteuerpflichtiger Arbeitnehmer beschränkt einkommensteuerpflichtig, hat er dies dem Finanzamt unverzüglich mitzuteilen. ²Das Finanzamt hat die Lohnsteuerabzugsmerkmale vom Zeitpunkt des Eintritts der beschränkten Einkommensteuerpflicht an zu ändern. ³Absatz 1 Satz 5 bis 8 gilt entsprechend. ⁴Unterbleibt die Mitteilung, hat das Finanzamt zu wenig erhobene Lohnsteuer vom Arbeitnehmer nachzufordern, wenn diese 10 Euro übersteigt.

(8) ¹Der Arbeitgeber darf die Lohnsteuerabzugsmerkmale nur für die Einbehaltung der Lohn- und Kirchensteuer verwenden. ²Er darf sie ohne Zustimmung des Arbeitnehmers nur offenbaren, soweit dies gesetzlich zugelassen ist.

(9) ¹Ordnungswidrig handelt, wer vorsätzlich oder leichtfertig entgegen Absatz 8 ein Lohnsteuerabzugsmerkmal verwendet. ²Die Ordnungswidrigkeit kann mit einer Geldbuße bis zu zehntausend Euro geahndet werden.

LStR

R 39.1 – unbesetzt –

Hinweise

LStH 39.1 Allgemeines

Lohnsteuerabzug ab dem Kalenderjahr 2013 im Verfahren der elektronischen Lohnsteuerabzugsmerkmale → BMF vom 7.8.2013 (BStBl. I S. 951) unter Berücksichtigung der Änderung durch BMF vom 23.10.2014 (BStBl. I S. 1411) – *Anlage § 039c-01* –

Bescheinigung der Religionsgemeinschaft

– *Die Bescheinigung der Religionsgemeinschaft ist verfassungsgemäß (→ BVerfG vom 25.5.2001 – 1 BvR 2253/00). Dies gilt auch für die Eintragung „– –", aus der sich ergibt, dass der Steuerpflichtige keiner kirchensteuererhebungsberechtigten Religionsgemeinschaft angehört (→ BVerfG vom 30.9.2002 – 1 BvR 1744/02).*

– *Beispiele*

| Konfessionszugehörigkeit | | Eintragung im Feld |
Arbeitnehmer	Ehegatte	Kirchensteuerabzug
ev	rk	ev rk
ev	ev	ev
rk	– –	rk
– –	ev	– –
– –	– –	– –

LStR

R 39.2 Änderungen und Ergänzungen der Lohnsteuerabzugsmerkmale

(1) ¹Wird die Ehe eines Arbeitnehmers durch Scheidung oder Aufhebung aufgelöst oder haben die Ehegatten die dauernde Trennung herbeigeführt, dürfen die gebildeten Steuerklassen im laufenden Kalenderjahr nicht geändert werden; es kommt nur ein Steuerklassenwechsel nach Absatz 2 in Betracht. ²Das gilt nicht, wenn bei einer durch Scheidung oder Aufhebung aufgelösten Ehe der andere Ehegatte im selben Kalenderjahr wieder geheiratet hat, von seinem neuen Ehegatten nicht dauernd getrennt lebt und er und sein neuer Ehegatte unbeschränkt einkommensteuerpflichtig sind; in diesen Fällen ist die beim nicht wieder verheirateten Ehegatten gebildete Steuerklasse auf Antrag in Steuerklasse III zu ändern, wenn die Voraussetzungen des § 38b Satz 2 Nr. 3 Buchstabe c Doppelbuchstabe aa EStG erfüllt sind.

S t e u e r k l a s s e n w e c h s e l   – **Steuerklassenwahl Anlage § 038b-01** –

(2) ¹Bei Ehegatten, die beide Arbeitslohn beziehen, sind auf gemeinsamen Antrag der Ehegatten die gebildeten Steuerklassen wie folgt zu ändern:
1. Ist bei beiden Ehegatten die Steuerklasse IV gebildet worden, kann diese bei einem Ehegatten in Steuerklasse III und beim anderen Ehegatten in Steuerklasse V geändert werden.
2. Ist bei einem Ehegatten die Steuerklasse III und beim anderen Ehegatten die Steuerklasse V gebildet worden, können diese bei beiden Ehegatten in Steuerklasse IV geändert werden.
3. Ist bei einem Ehegatten die Steuerklasse 11 1 und beim anderen Ehegatten die Steuerklasse V gebildet worden, kann die Steuerklasse 11 1 des einen Ehegatten in Steuerklasse V und die Steuerklasse V des anderen Ehegatten in Steuerklasse 11 1 geändert werden.

²In einem Kalenderjahr kann jeweils nur ein Antrag gestellt werden. ³Neben dem in § 39 Abs. 6 Satz 4 EStG geregelten Fall ist ein weiterer Antrag möglich, wenn ein Ehegatte keinen steuerpflichtigen Arbeitslohn mehr bezieht oder verstorben ist, wenn sich die Ehegatten auf Dauer getrennt haben oder wenn ein Dienstverhältnis wieder aufgenommen wird, z. B. nach einer Arbeitslosigkeit oder einer Elternzeit.

Z a h l d e r K i n d e r f r e i b e t r ä g e i n d e n F ä l l e n d e s § 3 2 Abs. 6 Satz 4 EStG

(3) Bei der Zahl der Kinderfreibeträge sind ermäßigte Kinderfreibeträge für nicht unbeschränkt einkommensteuerpflichtige Kinder nicht zu berücksichtigen.

R 39.3 Bescheinigung für den Lohnsteuerabzug

¹Ein Antrag nach § 39 Abs. 3 Satz 1 oder § 39e Abs. 8 Satz 1 EStG ist bis zum 31.12. des Kalenderjahres zu stellen, für das die Bescheinigung für den Lohnsteuerabzug gilt. ²Die Bescheinigung der Steuerklasse I kann auch der Arbeitgeber beantragen, wenn dieser den Antrag nach § 39 Abs. 3 Satz 1 EStG im Namen des Arbeitnehmers stellt (§ 39 Abs. 3 Satz 3 EStG). ³Bezieht ein Arbeitnehmer gleichzeitig Arbeitslohn aus mehreren gegenwärtigen oder früheren Dienstverhältnissen, mit dem er der beschränkten Einkommensteuerpflicht unterliegt, hat das Finanzamt in der Bescheinigung für das zweite und jedes weitere Dienstverhältnis zu vermerken, dass die Steuerklasse VI anzuwenden ist. ⁴Bei Nichtvorlage der Bescheinigung hat der Arbeitgeber den Lohnsteuerabzug nach Maßgabe des § 39c Abs. 1 und 2 EStG vorzunehmen.

R 39.4 Lohnsteuerabzug bei beschränkter Einkommensteuerpflicht

F r e i b e t r a g o d e r H i n z u r e c h n u n g s b e t r a g b e i b e s c h r ä n k t e r E i n k o m m e n s t e u e r p f l i c h t

(1) ¹Nach § 39a Abs. 2 Satz 8 i. V. m. Abs. 4 EStG ist ein vom Arbeitnehmer zu beantragender Freibetrag oder Hinzurechnungsbetrag durch Aufteilung in Monatsbeträge, erforderlichenfalls in Wochen- und Tagesbeträge, jeweils auf die voraussichtliche Dauer des Dienstverhältnisses im Kalenderjahr gleichmäßig zu verteilen. ²Dabei sind ggf. auch die im Kalenderjahr bereits abgelaufenen Zeiträume desselben Dienstverhältnisses einzubeziehen, es sei denn, der Arbeitnehmer beantragt die Verteilung des Betrags auf die restliche Dauer des Dienstverhältnisses. ³Bei beschränkt einkommensteuerpflichtigen Arbeit-

nehmern, bei denen § 50 Abs. 1 Satz 4 EStG anzuwenden ist, sind Werbungskosten und Sonderausgaben insoweit einzutragen, als sie die zeitanteiligen Pauschbeträge (→ § 50 Abs. 1 Satz 5 EStG) übersteigen.

Ausübung oder Verwertung (§ 49 Abs. 1 Nr. 4 Buchstabe a EStG)

(2) ¹Die nichtselbständige Arbeit wird im Inland ausgeübt, wenn der Arbeitnehmer im Geltungsbereich des EStG persönlich tätig wird. ²Sie wird im Inland verwertet, wenn der Arbeitnehmer das Ergebnis einer außerhalb des Geltungsbereichs des EStG ausgeübten Tätigkeit im Inland seinem Arbeitgeber zuführt. ³Zu der im Inland ausgeübten oder verwerteten nichtselbständigen Arbeit gehört nicht die nichtselbständige Arbeit, die auf einem deutschen Schiff während seines Aufenthalts in einem ausländischen Küstenmeer, in einem ausländischen Hafen von Arbeitnehmern ausgeübt wird, die weder einen Wohnsitz noch ihren gewöhnlichen Aufenthalt im Inland haben. ⁴Unerheblich ist, ob der Arbeitslohn zu Lasten eines inländischen Arbeitgebers gezahlt wird. ⁵Arbeitgeber i. S. d. Satzes 2 ist die Stelle im Inland, z. B. eine Betriebsstätte oder der inländische Vertreter eines inländischen Arbeitgebers, die unbeschadet des formalen Vertragsverhältnisses zu einem möglichen ausländischen Arbeitgeber die wesentlichen Rechte und Pflichten eines Arbeitgebers tatsächlich wahrnimmt; inländischer Arbeitgeber ist auch ein inländisches Unternehmen bezüglich der Arbeitnehmer, die bei rechtlich unselbständigen Betriebsstätten, Filialen oder Außenstellen im Ausland beschäftigt sind.

Befreiung von der beschränkten Einkommensteuerpflicht

(3) Einkünfte aus der Verwertung einer außerhalb des Geltungsbereichs des EStG ausgeübten nichtselbständigen Arbeit bleiben bei der Besteuerung außer Ansatz,

1. wenn zwischen der Bundesrepublik Deutschland und dem Wohnsitzstaat ein Doppelbesteuerungsabkommen besteht und nach R 39b.10 der Lohnsteuerabzug unterbleiben darf oder

2. in anderen Fällen, wenn nachgewiesen oder glaubhaft gemacht wird, dass von diesen Einkünften in dem Staat, in dem die Tätigkeit ausgeübt worden ist, eine der deutschen Einkommensteuer entsprechende Steuer tatsächlich erhoben wird. Auf diesen Nachweis ist zu verzichten bei Arbeitnehmern, bei denen die Voraussetzungen des Auslandstätigkeitserlasses vorliegen.

Künstler, Berufssportler, unterhaltend und ähnlich darbietende Personen sowie Artisten

(4) ¹Bezüge von beschränkt einkommensteuerpflichtigen Berufssportlern, darbietenden Künstlern (z. B. Musikern), werkschaffenden Künstlern (z. B. Schriftstellern, Journalisten und Bildberichterstattern), anderen unterhaltenden oder ähnlich Darbietenden sowie Artisten unterliegen dem Lohnsteuerabzug, wenn sie zu den Einkünften aus nichtselbständiger Arbeit gehören und von einem inländischen Arbeitgeber i. S. d. § 38 Abs. 1 Satz 1 Nr. 1 EStG gezahlt werden. ²Von den Vergütungen der Berufssportler, darbietenden Künstler, Artisten und unterhaltend oder ähnlich darbietenden Personen (§ 50a Abs. 1 Nr. 1 EStG) wird die Einkommensteuer nach Maßgabe der §§ 50a, 50d EStG erhoben, wenn diese nicht von einem inländischen Arbeitgeber gezahlt werden.

Hinweise

LStH 39.4 *Arbeitnehmer mit Wohnsitz*

– *in Belgien*

→ *Grenzgängerregelung nach dem Zusatzabkommen zum DBA Belgien (BGBl. 2003 II S. 1615)*

→ *Zur Verständigungsvereinbarung zum Besteuerungsrecht von Arbeitnehmer-Abfindungen → BMF vom 10.1.2007 (BStBl. I S. 261)*

– *in Frankreich*

→ *Zur Verständigungsvereinbarung zur 183-Tage-Regelung und zur Anwendung der Grenzgängerregelung → BMF vom 3.4.2006 (BStBl. I S. 304)*

– *in Großbritannien und Nordirland*

→ *Zur Verständigungsvereinbarung über die Zuordnung des Besteuerungsrechts von Abfindungen → BMF vom 2.12.2011 (BStBl. I S. 1221)*

– *in Luxemburg*

→ *Verständigungsvereinbarung betreffend die Besteuerung von Abfindungszahlungen, Abfindungen und EntschädigunAbfindungszahlungen, Abfindungen und Entschädigungen in Folge einer Kündigung und/oder eines Sozialplans sowie Arbeitslosengeld → BMF vom 19.9.2011 (BStBl. I S. 852)*

§ 39 RL 39.4, Rechtsprechung

→ *Verständigungsvereinbarung betreffend der Besteuerung von Berufskraftfahrern; Erweiterung der Verständigungsvereinbarung auf Lokomotivführer und Begleitpersonal* → *BMF vom 19.9.2011 (BStBl. I S. 849)*

– in den Niederlanden

→ *Zur Verständigungsvereinbarung zum Besteuerungsrecht von Arbeit _nehmer-Abfindungen* → *BMF vom 29.10.2007 (BStBl. I S. 756)*

– in Österreich

→ *Zur Konsultationsvereinbarung zum Besteuerungsrecht von Arbeitnehmer-Abfindungen* → *BMF vom 26.8.2010 (BStBl. I S. 645)*

– in der Schweiz

→ *Artikel 3 des Zustimmungsgesetzes vom 30.9.1993 (BStBl. I S. 927)*

→ *Einführungsschreiben zur Neuregelung der Grenzgängerbesteuerung vom 19.9.1994 (BStBl. I S 683) unter Berücksichtigung der Änderungen durch BMF vom 18.12.2014 (BStBl. 2015 I S. 22).*

→ *BMF vom 7.7.1997 (BStBl. I S. 723) unter Berücksichtigung der Änderungen durch BMF vom 30.9.2008 (BStBl. I S. 935)*

→ *Zur Konsultationsvereinbarung zum Besteuerungsrecht von Arbeitnehmer-Abfindungen* → *BMF vom 25.3.2010 (BStBl. I S. 268)*

→ *Zur Verständigungsvereinbarung zur Behandlung von Arbeitnehmern im internationalen Transportgewerbe* → *BMF vom 29.6.2011 (BStBl. I S. 621)*

→ *Zur Verständigungsvereinbarung zur Behandlung über die Besteuerung von fliegendem Personal* → *BMF vom 23.7.2012 (BStBl. I S. 863)*

Auslandstätigkeitserlass

→ *BMF vom 31.10.1983 (BStBl. I S. 470)* – Anlage § 034c-01 –

Entschädigung

→ *BMF vom 12.11.2014 (BStBl. I S. 1467), Tz. 5.5.4* – Anlage § 039b-03 –

Künstler

→ *BMF vom 31.7.2002 (BStBl. I S. 707) unter Berücksichtigung der Änderungen durch BMF vom 28.3.2013 (BStBl. I S. 443).* – Anlage § 019-04 –

Öffentliche Kassen

→ *LStH 3.11*

Verwertungstatbestand

– → *BFH vom 12.11.1986 (BStBl. 1987 II S. 377, 379, 381, 383)*

– Beispiel:

Ein lediger Wissenschaftler wird im Rahmen eines Forschungsvorhabens in Südamerika tätig. Seinen inländischen Wohnsitz hat er aufgegeben. Er übergibt entsprechend den getroffenen Vereinbarungen seinem inländischen Arbeitgeber einen Forschungsbericht. Der Arbeitgeber sieht von einer kommerziellen Auswertung der Forschungsergebnisse ab.

Der Wissenschaftler ist mit den Bezügen, die er für die Forschungstätigkeit von seinem Arbeitgeber erhält, beschränkt einkommensteuerpflichtig nach § 1 Abs. 4 i. V. m. § 49 Abs. 1 Nr. 4 Buchstabe a EStG; sie unterliegen deshalb dem Lohnsteuerabzug.

Rechtsprechungsauswahl

BVerfG v. 25. 5. 2001 1 BvR R 2253/00 (HFR 2001 S. 907): Die gesetzlich vorgesehene Eintragung der Religionszugehörigkeit auf der Lohnsteuerkarte verletzt keine Grundrechte von Arbeitnehmern; dies gilt auch dann, wenn ersichtlich wird, dass der Arbeitnehmer keiner kirchensteuererhebungsberechtigten Religionsgemeinschaft angehört. (Verfassungsbeschwerde wurde nicht zur Entscheidung genommen.)

§ 39a

§ 39a Freibetrag und Hinzurechnungsbetrag

(1) ¹Auf Antrag des unbeschränkt einkommensteuerpflichtigen Arbeitnehmers ermittelt das Finanzamt die Höhe eines vom Arbeitslohn insgesamt abzuziehenden Freibetrags aus der Summe der folgenden Beträge:

1. Werbungskosten, die bei den Einkünften aus nichtselbständiger Arbeit anfallen, soweit sie den Arbeitnehmer-Pauschbetrag (§ 9a Satz 1 Nummer 1 Buchstabe a) oder bei Versorgungsbezügen den Pauschbetrag (§ 9a Satz 1 Nummer 1 Buchstabe b) übersteigen,
2. Sonderausgaben im Sinne des § 10 Absatz 1 Nummer 4, 5, 7 und 9 sowie Absatz 1a, und des § 10b, soweit sie den Sonderausgaben-Pauschbetrag von 36 Euro übersteigen,
3. der Betrag, der nach den §§ 33, 33a und 33b Absatz 6 wegen außergewöhnlicher Belastungen zu gewähren ist,
4. die Pauschbeträge für behinderte Menschen und Hinterbliebene (§ 33b Absatz 1 bis 5),
5. die folgenden Beträge, wie sie nach § 37 Absatz 3 bei der Festsetzung von Einkommensteuer-Vorauszahlungen zu berücksichtigen sind:
   a) die Beträge, die nach § 10d Absatz 2, §§ 10e, 10f, 10g, 10h, 10i, nach § 15b des Berlinförderungsgesetzes oder nach § 7 des Fördergebietsgesetzes abgezogen werden können,
   b) die negative Summe der Einkünfte im Sinne des § 2 Absatz 1 Satz 1 Nummer 1 bis 3, 6 und 7 und der negativen Einkünfte im Sinne des § 2 Absatz 1 Satz 1 Nr. 5,
   c) das Vierfache der Steuerermäßigung nach den §§ 34f und 35a,
6. die Freibeträge nach § 32 Absatz 6 für jedes Kind im Sinne des § 32 Absatz 1 bis 4, für das kein Anspruch auf Kindergeld besteht. ²Soweit für diese Kinder Kinderfreibeträge nach § 38b Absatz 2 berücksichtigt worden sind, ist die Zahl der Kinderfreibeträge entsprechend zu vermindern. ³Der Arbeitnehmer ist verpflichtet, den nach Satz 1 ermittelten Freibetrag ändern zu lassen, wenn für das Kind ein Kinderfreibetrag nach § 38b Absatz 2 berücksichtigt wird,
7. ein Betrag für ein zweites oder ein weiteres Dienstverhältnis insgesamt bis zur Höhe des auf volle Euro abgerundeten zu versteuernden Jahresbetrags nach § 39b Absatz 2 Satz 5, bis zu dem nach der Steuerklasse des Arbeitnehmers, die für den Lohnsteuerabzug vom Arbeitslohn aus dem ersten Dienstverhältnis anzuwenden ist, Lohnsteuer nicht zu erheben ist. ²Voraussetzung ist, dass
   a) der Jahresarbeitslohn aus dem ersten Dienstverhältnis geringer ist als der nach Satz 1 maßgebende Eingangsbetrag und
   b) in Höhe des Betrags für ein zweites oder ein weiteres Dienstverhältnis zugleich für das erste Dienstverhältnis ein Betrag ermittelt wird, der dem Arbeitslohn hinzuzurechnen ist (Hinzurechnungsbetrag).
   ³Soll für das erste Dienstverhältnis auch ein Freibetrag nach den Nummern 1 bis 6 und 8 ermittelt werden, ist nur der diesen Freibetrag übersteigende Betrag als Hinzurechnungsbetrag zu berücksichtigen. ⁴Ist der Freibetrag höher als der Hinzurechnungsbetrag, ist nur der den Hinzurechnungsbetrag übersteigende Freibetrag zu berücksichtigen,
8. der Entlastungsbetrag für Alleinerziehende (§ 24b) bei Verwitweten, die nicht in Steuerklasse II gehören.

²Der insgesamt abzuziehende Freibetrag und der Hinzurechnungsbetrag gelten mit Ausnahme von Satz 1 Nummer 4 und vorbehaltlich der Sätze 3 bis 5 für die gesamte Dauer eines Kalenderjahres. ³Die Summe der nach Satz 1 Nummer 1 bis 3 sowie 5 bis 8 ermittelten Beträge wird längstens für einen Zeitraum von zwei Kalenderjahren ab Beginn des Kalenderjahres, für das der Freibetrag erstmals gilt, berücksichtigt. ⁴Der Arbeitnehmer kann eine Änderung des Freibetrags innerhalb dieses Zeitraums beantragen, wenn sich die Ver-

§ 39a

hältnisse zu seinen Gunsten ändern. ⁵Ändern sich die Verhältnisse zu seinen Ungunsten, ist er verpflichtet, dies dem Finanzamt umgehend anzuzeigen.

(2) ¹Der Antrag nach Absatz 1 ist nach amtlich vorgeschriebenem Vordruck zu stellen und vom Arbeitnehmer eigenhändig zu unterschreiben. ²Die Frist für die Antragstellung beginnt am 1. Oktober des Vorjahres, für das der Freibetrag gelten soll. ³Sie endet am 30. November des Kalenderjahres, in dem der Freibetrag gilt. ⁴Der Antrag ist hinsichtlich eines Freibetrags aus der Summe der nach Absatz 1 Satz 1 Nummer 1 bis 3 und 8 in Betracht kommenden Aufwendungen und Beträge unzulässig, wenn die Aufwendungen im Sinne des § 9, soweit sie den Arbeitnehmer-Pauschbetrag übersteigen, die Aufwendungen im Sinne des § 10 Absatz 1 Nummer 4, 5, 7 und 9 sowie Absatz 1a, der §§ 10b und 33 sowie die abziehbaren Beträge nach den §§ 24b, 33a und 33b Absatz 6 insgesamt 600 Euro nicht übersteigen. ⁵Das Finanzamt kann auf nähere Angaben des Arbeitnehmers verzichten, wenn er

1. höchstens den Freibetrag beantragt, der für das vorangegangene Kalenderjahr ermittelt wurde, und
2. versichert, dass sich die maßgebenden Verhältnisse nicht wesentlich geändert haben.

⁶Das Finanzamt hat den Freibetrag durch Aufteilung in Monatsfreibeträge, falls erforderlich in Wochen- und Tagesfreibeträge, jeweils auf die der Antragstellung folgenden Monate des Kalenderjahres gleichmäßig zu verteilen. ⁷Abweichend hiervon darf ein Freibetrag, der im Monat Januar eines Kalenderjahres beantragt wird, mit Wirkung vom 1. Januar dieses Kalenderjahres an berücksichtigt werden. ⁸Ist der Arbeitnehmer beschränkt einkommensteuerpflichtig, hat das Finanzamt den nach Absatz 4 ermittelten Freibetrag durch Aufteilung in Monatsfreibeträge, falls erforderlich in Wochen- und Tagesbeträge, jeweils auf die voraussichtliche Dauer des Dienstverhältnisses im Kalenderjahr gleichmäßig zu verteilen. ⁹Die Sätze 5 bis 8 gelten für den Hinzurechnungsbetrag nach Absatz 1 Satz 1 Nummer 7 entsprechend.

(3) ¹Für Ehegatten, die beide unbeschränkt einkommensteuerpflichtig sind und nicht dauernd getrennt leben, ist jeweils die Summe der nach Absatz 1 Satz 1 Nummer 2 bis 5 und 8 in Betracht kommenden Beträge gemeinsam zu ermitteln; der in Absatz 1 Satz 1 Nummer 2 genannte Betrag ist zu verdoppeln. ²Für die Anwendung des Absatzes 2 Satz 4 ist die Summe der für beide Ehegatten in Betracht kommenden Aufwendungen im Sinne des § 9, soweit sie jeweils den Arbeitnehmer-Pauschbetrag übersteigen, und der Aufwendungen im Sinne des § 10 Absatz 1 Nummer 4, 5, 7 und 9 sowie Absatz 1a, der §§ 10b und 33 sowie der abziehbaren Beträge nach den §§ 24b, 33a und 33b Absatz 6 maßgebend. ³Die nach Satz 1 ermittelte Summe ist je zur Hälfte auf die Ehegatten aufzuteilen, wenn für jeden Ehegatten Lohnsteuerabzugsmerkmale gebildet werden und die Ehegatten keine andere Aufteilung beantragen. ⁴Für eine andere Aufteilung gilt Absatz 1 Satz 2 entsprechend. ⁵Für einen Arbeitnehmer, dessen Ehe in dem Kalenderjahr, für das der Freibetrag gilt, aufgelöst worden ist und dessen bisherige Ehegatte in demselben Kalenderjahr wieder geheiratet hat, sind die nach Absatz 1 in Betracht kommenden Beträge ausschließlich auf Grund der in seiner Person erfüllten Voraussetzungen zu ermitteln. ⁶Satz 1 zweiter Halbsatz ist auch anzuwenden, wenn die tarifliche Einkommensteuer nach § 32a Absatz 6 zu ermitteln ist.

(4) ¹Für einen beschränkt einkommensteuerpflichtigen Arbeitnehmer, für den § 50 Absatz 1 Satz 4 anzuwenden ist, ermittelt das Finanzamt auf Antrag einen Freibetrag, der vom Arbeitslohn insgesamt abzuziehen ist, aus der Summe der folgenden Beträge:

1. Werbungskosten, die bei den Einkünften aus nichtselbständiger Arbeit anfallen, soweit sie den Arbeitnehmer-Pauschbetrag (§ 9a Satz 1 Nummer 1 Buchstabe a) oder bei Versorgungsbezügen den Pauschbetrag (§ 9a Satz 1 Nummer 1 Buchstabe b) übersteigen,
2. Sonderausgaben im Sinne des § 10b, soweit sie den Sonderausgaben-Pauschbetrag (§ 10c) übersteigen, und die wie Sonderausgaben abziehbaren Beträge nach § 10e oder § 10i, jedoch erst nach Fertigstellung oder Anschaffung des begünstigten Objekts oder nach Fertigstellung der begünstigten Maßnahme,
3. den Freibetrag oder den Hinzurechnungsbetrag nach Absatz 1 Satz 1 Nummer 7.

²Der Antrag kann nur nach amtlich vorgeschriebenem Vordruck bis zum Ablauf des Kalenderjahres gestellt werden, für das die Lohnsteuerabzugsmerkmale gelten.

(5) Ist zuwenig Lohnsteuer erhoben worden, weil ein Freibetrag unzutreffend als Lohnsteuerabzugsmerkmal ermittelt worden ist, hat das Finanzamt den Fehlbetrag vom Arbeitnehmer nachzufordern, wenn er 10 Euro übersteigt.

LStR

R 39a.1 Verfahren bei Bildung eines Freibetrags oder eines Hinzurechnungsbetrags auf der Lohnsteuerkarte

Allgemeines

(1) Soweit die Gewährung eines Freibetrags wegen der Aufwendungen für ein Kind davon abhängt, dass der Arbeitnehmer für dieses Kind einen Anspruch auf einen Freibetrag nach § 32 Abs. 6 EStG oder auf Kindergeld erhält, ist diese Voraussetzung auch erfüllt, wenn dem Arbeitnehmer im Lohnsteuer-Abzugsverfahren ein Kinderfreibetrag zusteht, er aber auf die an sich mögliche Bildung einer Kinderfreibetragszahl für dieses Kind verzichtet hat oder Anspruch auf einen ermäßigten Freibetrag nach § 32 Abs. 6 EStG besteht.

Antragsgrenze

(2) Für die Feststellung, ob die Antragsgrenze nach § 39a Abs. 2 Satz 4 EStG überschritten wird, gilt Folgendes:
1. Soweit für Werbungskosten bestimmte Beträge gelten, z. B. für Verpflegungsmehraufwendungen und pauschale Kilometersätze bei Auswärtstätigkeit, für Wege zwischen Wohnung und erster Tätigkeitsstätte (→ § 9 EStG), sind diese maßgebend.
2. ¹Bei Sonderausgaben i. S. d. § 10 Abs. 1 Nr. 1a, 1b und 4 EStG sind die tatsächlichen Aufwendungen anzusetzen, auch wenn diese Aufwendungen geringer sind als der Pauschbetrag. ²Für Sonderausgaben i. S. d. § 10 Abs. 1 Nr. 1, 5, 7 und 9 EStG sind höchstens die nach diesen Vorschriften berücksichtigungsfähigen Aufwendungen anzusetzen.
3. Zuwendungen an politische Parteien sind als Sonderausgaben auch zu berücksichtigen, soweit eine Steuerermäßigung nach § 34g Satz 1 Nr. 1 EStG in Betracht kommt, nicht hingegen Zuwendungen an Vereine i.S.d. § 34g Satz 1 Nr. 2 EStG.
4. Bei außergewöhnlichen Belastungen nach § 33 EStG ist von den dem Grunde und der Höhe nach anzuerkennenden Aufwendungen auszugehen; bei außergewöhnlicher Belastung nach § 33a und § 33b Abs. 6 EStG sind dagegen nicht die Aufwendungen, sondern die wegen dieser Aufwendungen abziehbaren Beträge maßgebend.
5. Vorsorgeaufwendungen (§ 10 Abs. 1 Nr. 2, 3 und 3a EStG) bleiben in jedem Fall außer Betracht, auch soweit sie die Vorsorgepauschale (§ 39b Abs. 2 Satz 5 Nr. 3 EStG) übersteigen.
6. ¹Bei Anträgen von Ehegatten, die beide unbeschränkt einkommensteuerpflichtig sind und nicht dauernd getrennt leben, ist die Summe der für beide Ehegatten in Betracht kommenden Aufwendungen und abziehbaren Beträge zugrunde zu legen. ²Die Antragsgrenze ist bei Ehegatten nicht zu verdoppeln.
7. Ist für beschränkt antragsfähige Aufwendungen bereits ein Freibetrag gebildet worden, ist bei einer Änderung dieses Freibetrags die Antragsgrenze nicht erneut zu prüfen.

(3) Die Antragsgrenze gilt nicht, soweit es sich um die Bildung eines Freibetrags für die in § 39a Abs. 1 Satz 1 Nr. 4 bis 7 EStG bezeichneten Beträge handelt.

(4) ¹Wird die Antragsgrenze überschritten oder sind Beträge i.S.d. Absatzes 3 zu berücksichtigen, hat das Finanzamt den Jahresfreibetrag festzustellen. ²Bei der Berechnung des Jahresfreibetrags sind Werbungskosten nur zu berücksichtigen, soweit sie den maßgebenden Pauschbetrag für Werbungskosten nach § 9a Satz 1 Nr. 1 EStG übersteigen, Sonderausgaben mit Ausnahme der Vorsorgeaufwendungen nur anzusetzen, soweit sie den Sonderausgaben-Pauschbetrag (§ 10c EStG) übersteigen, und außergewöhnliche Belastungen (§ 33 EStG) nur einzubeziehen, soweit sie die zumutbare Belastung (→ Absatz 5) übersteigen. ³Zuwendungen an politische Parteien sind auch zu berücksichtigen, soweit eine Steuerermäßigung nach § 34g Satz 1 Nr. 1 EStG in Betracht kommt, nicht hingegen Zuwendungen an Vereine i.S.d. § 34g Satz 1 Nr. 2 EStG.

Freibetrag wegen außergewöhnlicher Belastung

(5) ¹Die zumutbare Belastung ist vom voraussichtlichen Jahresarbeitslohn des Arbeitnehmers und ggf. seines von ihm nicht dauernd getrennt lebenden, unbeschränkt einkommensteuerpflichtigen Ehegatten

§ 39a

RL 39a.1

gekürzt um den Altersentlastungsbetrag (§ 24a EStG), die Freibeträge für Versorgungsbezüge (§ 19 Abs. 2 EStG) und die Werbungskosten (§§ 9, 9a und 9c EStG) zu berechnen. ²Steuerfreie Einnahmen sowie alle Bezüge, für die die Lohnsteuer mit einem Pauschsteuersatz nach den §§ 37a, 37b, 40 bis 40b EStG erhoben wird, und etwaige weitere Einkünfte des Arbeitnehmers und seines Ehegatten bleiben außer Ansatz. ³Bei der Anwendung der Tabelle in § 33 Abs. 3 EStG zählen als Kinder des Steuerpflichtigen die Kinder, für die er einen Anspruch auf einen Freibetrag nach § 32 Abs. 6 EStG oder auf Kindergeld erhält. ⁴Bei der zumutbaren Belastung sind auch Kinder zu berücksichtigen, für die der Arbeitnehmer auf die Bildung einer Kinderfreibetragszahl verzichtet hat oder Anspruch auf einen ermäßigten Freibetrag nach § 32 Abs. 6 EStG besteht. ⁵Ist im Kalenderjahr eine unterschiedliche Zahl von Kindern zu berücksichtigen, ist von der höheren Zahl auszugehen.

Freibetrag und Hinzurechnungsbetrag nach § 39a Abs. 1 Nr. 7 EStG

(6) ¹Arbeitnehmer mit mehr als einem Dienstverhältnis, deren Arbeitslohn aus dem ersten Dienstverhältnis niedriger ist als der Betrag, bis zu dem nach der Steuerklasse des ersten Dienstverhältnisses keine Lohnsteuer zu erheben ist, können die Übertragung bis zur Höhe dieses Betrags als Freibetrag im zweiten Dienstverhältnis mit der Steuerklasse VI beantragen. ²Dabei kann der Arbeitnehmer den zu übertragenden Betrag selbst bestimmen. ³Eine Verteilung auf mehrere weiterere Dienstverhältnisse des Arbeitnehmers ist zulässig. ⁴Für das erste Dienstverhältnis wird in diesen Fällen ein Hinzurechnungsbetrag in Höhe der abgerufenen Freibeträge nach den Sätzen 1 bis 3 gebildet oder ggf. mit einem Freibetrag nach § 39a Abs. 1 Satz 1 Nr. 1 bis 6 und 8 EStG verrechnet.

Umrechnung des Jahresfreibetrags oder des Jahreshinzurechnungsbetrags

(7) ¹Für die Umrechnung des Jahresfreibetrags in einen Freibetrag für monatliche Lohnzahlung ist der Jahresfreibetrag durch die Zahl der in Betracht kommenden Kalendermonate zu teilen. ²Der Wochenfreibetrag ist mit ⁷/₃₀ und der Tagesfreibetrag mit ¹/₃₀ des Monatsbetrags anzusetzen. ³Der sich hiernach ergebende Monatsbetrag ist auf den nächsten vollen Euro-Betrag, der Wochenbetrag auf den nächsten durch 10 teilbaren Centbetrag und der Tagesbetrag auf den nächsten durch 5 teilbaren Centbetrag aufzurunden. ⁴Die Sätze 1 bis 3 gelten für die Umrechnung des Jahreshinzurechnungsbetrags entsprechend.

Änderung eines gebildeten Freibetrags oder Hinzurechnungsbetrags

(8) ¹Ist bereits ein Jahresfreibetrag gebildet worden und beantragt der Arbeitnehmer im Laufe des Kalenderjahres die Berücksichtigung weiterer Aufwendungen oder abziehbarer Beträge, wird der Jahresfreibetrag unter Berücksichtigung der gesamten Aufwendungen und abziehbaren Beträge des Kalenderjahres neu festgestellt; für die Berechnung des Monatsfreibetrags, Wochenfreibetrags usw. ist der Freibetrag um den Teil des bisherigen Freibetrags zu kürzen, der für den Zeitraum bis zur Wirksamkeit des neuen Freibetrags zu berücksichtigen war. ²Der verbleibende Betrag ist auf die Zeit vom Beginn des auf die Antragstellung folgenden Kalendermonats bis zum Schluss des Kalenderjahres gleichmäßig zu verteilen. ³Die Sätze 1 und 2 gelten für den Hinzurechnungsbetrag entsprechend.

Hinweise

LStH 39a.1 Allgemeines

Lohnsteuerabzug ab dem Kalenderjahr 2013 im Verfahren der elektronischen Lohnsteuerabzugsmerkmale → BMF vom 7.8.2013 (BStBl. I S. 951) unter Berücksichtigung der Änderung durch BMF vom 23.10.2014 (BStBl. I S. 1411)   *– Anlage § 039c-01 –*

Beispiele

- ***Umrechnung des Jahresfreibetrags***

  Ein monatlich entlohnter Arbeitnehmer beantragt am 2. 5. die Berücksichtigung eines Freibetrags. Es wird vom Finanzamt ein Freibetrag von 1 555 € festgestellt, der auf die Monate Juni bis Dezember (7 Monate) zu verteilen ist. Außer dem Jahresfreibetrag von 1 555 € ist ab 1. 6. ein Monatsfreibetrag von 223 € zu berücksichtigen.

- ***Erhöhung eines berücksichtigten Freibetrags***

  Ein monatlich entlohnter Arbeitnehmer, für den mit Wirkung vom 1.1. an ein Freibetrag von 2 400 € (monatlich 200 €) berücksichtigt worden ist, macht am 10. 3. weitere berücksichtigungsfähige Aufwendungen von 963 € geltend. Es ergibt sich ein neuer Jahresfreibetrag von (2 400 € + 963 € =) 3 363 €. Für die Berechnung des neuen Monatsfreibetrags ab April ist der Jahresfreibetrag um die bei der Lohnsteuerberechnung bisher zu berücksichtigenden Monatsfreibeträge Januar bis März von (3 x 200 € =) 600 € zu kürzen. Der verbleibende Betrag von (3 363 € ./. 600 € =) 2 763 € ist auf die Monate April bis Dezember zu verteilen, so dass ab 1. 4. ein Monatsfreibetrag von 307 € zu berücksichtigen ist. Für die abgelaufenen Lohnzahlungszeiträume Januar bis März bleibt der Monatsfreibetrag von 200 € unverändert.

– **Herabsetzung eines Freibetrags**
  Ein monatlich entlohnter Arbeitnehmer, für den mit Wirkung vom 1. 1. an ein Freibetrag von 4 800 € (monatlich 400 €) berücksichtigt worden ist, teilt dem Finanzamt am 10. 3. mit, dass sich die berücksichtigungsfähigen Aufwendungen um 975 € vermindern. Es ergibt sich ein neuer Jahresfreibetrag von (4 800 € ./. 975 € =) 3 825 €. Für die Berechnung des neuen Monatsfreibetrags ab April ist der Jahresfreibetrag um die bei der Lohnsteuerberechnung bisher zu berücksichtigenden Monatsfreibeträge Januar bis März von (3 x 400 € =) 1 200 € zu kürzen. Der verbleibende Betrag von (3 825 € ./. 1 200 € =) 2 625 € ist auf die Monate April bis Dezember zu verteilen, so dass ab 1. 4. ein Monatsfreibetrag von 292 € zu berücksichtigen ist. Für die abgelaufenen Lohnzahlungszeiträume Januar bis März bleibt der Monatsfreibetrag von 400 € unverändert.

Freibetrag wegen haushaltsnaher Beschäftigungsverhältnisse und haushaltsnaher Dienstleistungen
→ *BMF vom 10.1.2014 (BStBl. I S. 75)* — *Anlage § O35a-01* —
Freibetrag wegen negativer Einkünfte
→ *R 39a.2*

LStR

R 39a.2 Freibetrag wegen negativer Einkünfte

[1]In die Ermittlung eines Freibetrags wegen negativer Einkünfte sind sämtliche Einkünfte aus Land- und Forstwirtschaft, Gewerbebetrieb, selbständiger Arbeit, Vermietung und Verpachtung und die sonstigen Einkünfte einzubeziehen, die der Arbeitnehmer und sein von ihm nicht dauernd getrennt lebender unbeschränkt einkommensteuerpflichtiger Ehegatte voraussichtlich erzielen werden; negative Einkünfte aus Kapitalvermögen werden nur berücksichtigt, wenn sie nicht unter das Verlustausgleichsverbot des § 20 Abs. 6 Satz 2 EStG fallen (→ § 32d Abs. 2 EStG). [2]Das bedeutet, dass sich der Betrag der negativen Einkünfte des Arbeitnehmers z. B. um die positiven Einkünfte des Ehegatten vermindert. [3]Außer Betracht bleiben stets die Einkünfte aus nichtselbständiger Arbeit und positive Einkünfte aus Kapitalvermögen.

Hinweise

LStH 39a.2 Vermietung und Verpachtung
Negative Einkünfte aus Vermietung und Verpachtung eines Gebäudes können grundsätzlich erstmals für das Kalenderjahr berücksichtigt werden, das auf das Kalenderjahr der Fertigstellung oder der Anschaffung des Gebäudes folgt (§ 39a Abs. 1 Nr. 5 i.V.m. § 37 Abs. 3 EStG). Das Objekt ist angeschafft, wenn der Kaufvertrag abgeschlossen worden ist und Besitz, Nutzungen, Lasten und Gefahr auf den Erwerber übergegangen sind. Das Objekt ist fertiggestellt, wenn es nach Abschluss der wesentlichen Bauarbeiten bewohnbar ist; die Bauabnahme ist nicht erforderlich (→ H 7.4 (Fertigstellung) EStH). Wird ein Objekt vor der Fertigstellung angeschafft, ist der Zeitpunkt der Fertigstellung maßgebend.

LStR

R 39a.3 Freibeträge bei Ehegatten

Werbungskosten

(1) [1]Werbungskosten werden für jeden Ehegatten gesondert ermittelt. [2]Von den für den einzelnen Ehegatten ermittelten Werbungskosten ist jeweils der maßgebende Pauschbetrag für Werbungskosten nach § 9a Satz 1 Nr. 1 EStG abzuziehen.

Sonderausgaben

(2) [1]Sonderausgaben i.S.d. § 10 Abs. 1 Nr. 1, 1a, 1b, 4, 5, 7 und 9 EStG und des § 10b EStG sind bei Ehegatten, die beide unbeschränkt einkommensteuerpflichtig sind und nicht dauernd getrennt leben, einheitlich zu ermitteln. [2]Hiervon ist der Sonderausgaben-Pauschbetrag für Ehegatten abzuziehen.

Außergewöhnliche Belastungen

(3) Bei Ehegatten, die beide unbeschränkt einkommensteuerpflichtig sind und nicht dauernd getrennt leben, genügt es für die Anwendung der §§ 33, 33a und 33b Abs. 6 EStG (außergewöhnliche Belastun-

§ 39a
RL 39a.3, Rechtsprechung

gen), dass die Voraussetzungen für die Eintragung eines Freibetrags in der Person eines Ehegatten erfüllt sind.

Behinderten-Pauschbetrag

(4) ¹Für die Gewährung eines Behinderten-Pauschbetrags nach § 33b EStG ist es bei Ehegatten, die beide unbeschränkt einkommensteuerpflichtig sind und nicht dauernd getrennt leben, unerheblich, wer von ihnen die Voraussetzungen erfüllt. ²Liegen bei beiden Ehegatten die Voraussetzungen für die Gewährung eines Behinderten-Pauschbetrags vor, ist für jeden Ehegatten der in Betracht kommende Pauschbetrag zu gewähren; dies gilt auch, wenn nur einer von ihnen Arbeitnehmer ist.

Aufteilung des Freibetrags

(5) ¹Bei Ehegatten, die beide unbeschränkt einkommensteuerpflichtig sind und nicht dauernd getrennt leben, ist der Freibetrag grundsätzlich je zur Hälfte aufzuteilen, wenn für jeden Ehegatten eine Lohnsteuerkarte ausgestellt worden ist; auf Antrag der Ehegatten ist aber eine andere Aufteilung vorzunehmen (§ 39a Abs. 3 Satz 3 EStG). ²Eine Ausnahme gilt für einen Freibetrag wegen erhöhter Werbungskosten; dieser darf bei dem Ehegatten berücksichtigt werden, dem die Werbungskosten entstanden sind. ³Pauschbeträge für behinderte Menschen und Hinterbliebene dürfen abweichend von Satz 1 bei demjenigen als Freibetrag bebildet werden, der die Voraussetzungen für den Pauschbetrag erfüllt. ⁴Der Freibetrag bei Ehegatten ist vor der Berücksichtigung des Hinzurechnungsbetrags nach § 39a Abs. 1 Satz 1 Nr. 7 EStG aufzuteilen; der Hinzurechnungsbetrag selbst darf nicht aufgeteilt werden.

Hinweise

LStH 39a.3 Pauschbeträge für behinderte Kinder
  Wegen der Übertragung der Pauschbeträge für behinderte Kinder auf deren Eltern → R 33b EStR, H 33b EStH.

Rechtsprechungsauswahl

BFH v. 9. 12. 2009 X R 28/07 (BStBl. 2010 II S. 348): Beschränkte Abziehbarkeit von Altersvorsorgeaufwendungen verfassungsgemäß; keine Eintragung von Altersvorsorgeaufwendungen i.S. des § 10 Abs. 1 Nr. 2 Buchst. a EStG auf der Lohnsteuerkarte

1. Im zeitlichen Geltungsbereich des Alterseinkünftegesetzes geleistete Beiträge zu den gesetzlichen Rentenversicherungen und zu berufsständischen Versorgungseinrichtungen sind als Sonderausgaben nur beschränkt abziehbar (Bestätigung des Senatsbeschlusses vom 1. Februar 2006 X B 166/05, BFHE 212, 242, BStBl. II 2006, 420). Hiergegen bestehen keine verfassungsrechtlichen Bedenken.
2. Es ist verfassungsrechtlich nicht zu beanstanden, dass Altersvorsorgeaufwendungen i.S. des § 10 Abs. 1 Nr. 2 Buchst. a EStG i.d.F. des Alterseinkünftegesetzes nicht als Freibetrag auf der Lohnsteuerkarte eingetragen werden können.

BFH v. 26. 2. 2009 VI R 17/07 (BStBl. II S. 421): Die Kosten eines Verfahrens, das ursprünglich die Eintragung eines höheren Freibetrags auf der Lohnsteuerkarte zum Gegenstand hatte und das die Beteiligten nach der Entscheidung des BVerfG vom 9. Dezember 2008 zur Verfassungswidrigkeit von § 9 Abs. 2 Satz 1 und Satz 2 EStG i.d.F. des StÄndG 2007 vom 19. Juli 2006 (BGBl. I 2006, 1652, BStBl. I 2006, 432) in der Hauptsache für erledigt erklärt haben, sind dem FA aufzuerlegen. Dies gilt ungeachtet der Tatsache, dass § 9 Abs. 2 Satz 2 EStG zunächst nur im Wege vorläufiger Steuerfestsetzung ohne die Beschränkung auf "erhöhte" Aufwendungen „ab dem 21. Entfernungskilometer" gilt.

BFH v. 23. 8. 2007 VI B 42/07 (BStBl. II S. 799):

1. Es ist ernstlich zweifelhaft, ob das ab 2007 geltende Abzugsverbot des § 9 Abs. 2 EStG betreffend Aufwendungen für Wege zwischen Wohnung und Arbeitsstätte verfassungsgemäß ist.
2. Ein Beitritt des Bundesministeriums der Finanzen zu einem vor dem Bundesfinanzhof anhängigen Beschwerdeverfahren ist jedenfalls dann unzulässig, wenn es sich um eine Sache wegen Aussetzung der Vollziehung handelt.

Hinweis: Zur Aussetzung der Vollziehung BMF-Schreiben vom 4.10.2007 (BStBl. I S. 722).

BFH v. 21. 11. 1997 VI R 93/95 (BStBl. 1998 II S. 208):

1. § 39a Abs. 1 Nr. 5 EStG i. d. F. des StMBG kann nicht entgegen seinem Wortlaut dahin ausgelegt werden, daß bei den Einkünften aus Kapitalvermögen die Werbungskosten oder ein bestimmter Prozentsatz davon als Freibetrag auf der Lohnsteuerkarte einzutragen sind.

Rechtsprechung § 39a

2. Es ist verfassungsrechtlich hinzunehmen, daß Werbungskosten und Steuerabzugsbeträge nach § 43 EStG bei Einkommensteuer-Vorauszahlern gemäß § 37 Abs. 3 Satz 2 EStG zu berücksichtigen sind, während Steuerabzugsbeträge und solche Werbungskosten bei den Einkünften aus Kapitalvermögen, die niedriger sind als die Einnahmen, bei der Ermittlung des Freibetrags nach § 39a Abs. 1 EStG i. d. F. des StMBG nicht einzubeziehen sind (Aufgabe der Rechtsprechung in dem Beschluß vom 27. Juni 1995 VI R 93/93, BFH/NV 1995, 1058).

Schwebende Verfahren

BFH VI R 55/08 (BFH-Webseite): Ist § 39a EStG ergänzend dahingehend auszulegen, dass ein Freibetrag auf der Lohnsteuerkarte für eine Einmalzahlung zum Erhalt einer Rente als Sonderausgabe i. S. des § 10 Abs. 1 Nr. 2 Buchst. b EStG einzutragen ist?

§ 39b

§ 39b Einbehaltung der Lohnsteuer

(1) Bei unbeschränkt und beschränkt einkommensteuerpflichtigen Arbeitnehmern hat der Arbeitgeber den Lohnsteuerabzug nach Maßgabe der Absätze 2 bis 6 durchzuführen.

(2) ¹Für die Einbehaltung der Lohnsteuer vom laufenden Arbeitslohn hat der Arbeitgeber die Höhe des laufenden Arbeitslohns im Lohnzahlungszeitraum festzustellen und auf einen Jahresarbeitslohn hochzurechnen. ²Der Arbeitslohn eines monatlichen Lohnzahlungszeitraums ist mit zwölf, der Arbeitslohn eines wöchentlichen Lohnzahlungszeitraums mit 360/7 und der Arbeitslohn eines täglichen Lohnzahlungszeitraums mit 360 zu vervielfältigen. ³Von dem hochgerechneten Jahresarbeitslohn sind ein etwaiger Versorgungsfreibetrag (§ 19 Absatz 2) und Altersentlastungsbetrag (§ 24a) abzuziehen. ⁴Außerdem ist der hochgerechnete Jahresarbeitslohn um einen etwaigen als Lohnsteuerabzugsmerkmal für den Lohnzahlungszeitraum mitgeteilten Freibetrag (§ 39a Absatz 1) oder Hinzurechnungsbetrag (§ 39a Absatz 1 Satz 1 Nummer 7), vervielfältigt unter sinngemäßer Anwendung von Satz 2, zu vermindern oder zu erhöhen. ⁵Der so verminderte oder erhöhte hochgerechnete Jahresarbeitslohn, vermindert um

1. den Arbeitnehmer-Pauschbetrag (§ 9a Satz 1 Nummer 1 Buchstabe a) oder bei Versorgungsbezügen den Pauschbetrag (§ 9a Satz 1 Nummer 1 Buchstabe b) und den Zuschlag zum Versorgungsfreibetrag (§ 19 Absatz 2) in den Steuerklassen I bis V,

2. den Sonderausgaben-Pauschbetrag (§ 10c Satz 1) in den Steuerklassen I bis V,

3. eine Vorsorgepauschale aus den Teilbeträgen

   a) für die Rentenversicherung bei Arbeitnehmern, die in der gesetzlichen Rentenversicherung pflichtversichert oder von der gesetzlichen Rentenversicherung nach § 6 Absatz 1 Nummer 1 des Sechsten Buches Sozialgesetzbuch befreit sind, in den Steuerklassen I bis VI in Höhe des Betrags, der bezogen auf den Arbeitslohn 50 Prozent des Beitrags in der allgemeinen Rentenversicherung unter Berücksichtigung der jeweiligen Beitragsbemessungsgrenzen entspricht,

   b) für die Krankenversicherung bei Arbeitnehmern, die in der gesetzlichen Krankenversicherung versichert sind, in den Steuerklassen I bis VI in Höhe des Betrags, der bezogen auf den Arbeitslohn unter Berücksichtigung der Beitragsbemessungsgrenze, den ermäßigten Beitragssatz (§ 243 des Fünften Buches Sozialgesetzbuch) und den Zusatzbeitragssatz der Krankenkasse (§ 242 des Fünften Buches Sozialgesetzbuch) dem Arbeitnehmeranteil eines pflichtversicherten Arbeitnehmers entspricht,

   c) für die Pflegeversicherung bei Arbeitnehmern, die in der sozialen Pflegeversicherung versichert sind, in den Steuerklassen I bis VI in Höhe des Betrags, der bezogen auf den Arbeitslohn unter Berücksichtigung der Beitragsbemessungsgrenze und den bundeseinheitlichen Beitragssatz dem Arbeitnehmeranteil eines pflichtversicherten Arbeitnehmers entspricht, erhöht um den Beitragszuschlag des Arbeitnehmers nach § 55 Absatz 3 des Elften Buches Sozialgesetzbuch, wenn die Voraussetzungen dafür vorliegen,

   d) für die Krankenversicherung und für die private Pflege-Pflichtversicherung bei Arbeitnehmern, die nicht unter Buchstabe b und c fallen, in den Steuerklassen I bis V in Höhe der dem Arbeitgeber mitgeteilten Beiträge im Sinne des § 10 Absatz 1 Nummer 3, etwaig vervielfältigt unter sinngemäßer Anwendung von Satz 2 auf einen Jahresbetrag, vermindert um den Betrag, der bezogen auf den Arbeitslohn unter Berücksichtigung der Beitragsbemessungsgrenze und den ermäßigten Beitragssatz in der gesetzlichen Krankenversicherung sowie den bundeseinheitlichen Beitragssatz in der sozialen Pflegeversicherung dem Arbeitgeberanteil für einen pflichtversicherten Arbeitnehmer entspricht, wenn der Arbeitgeber gesetzlich verpflichtet ist, Zuschüsse zu den Kranken- und Pflegeversicherungsbeiträgen des Arbeitnehmers zu leisten;

   Entschädigungen im Sinne des § 24 Nummer 1 sind bei Anwendung der Buchstaben a bis c nicht zu berücksichtigen; mindestens ist für die Summe der Teilbeträge nach den Buchstaben b und c oder für den Teilbetrag nach Buchstabe d ein Betrag in Höhe von 12

§ 39b

Prozent des Arbeitslohns, höchstens 1 900 Euro in den Steuerklassen I, II, IV, V, VI und höchstens 3 000 Euro in der Steuerklasse III anzusetzen,

4. den Entlastungsbetrag für Alleinerziehende (§ 24b) in der Steuerklasse II,

ergibt den zu versteuernden Jahresbetrag. [6]Für den zu versteuernden Jahresbetrag ist die Jahreslohnsteuer in den Steuerklassen I, II und IV nach § 32a Absatz 1 sowie in der Steuerklasse III nach § 32a Absatz 5 zu berechnen. [7]In den Steuerklassen V und VI ist die Jahreslohnsteuer zu berechnen, die sich aus dem Zweifachen des Unterschiedsbetrags zwischen dem Steuerbetrag für das Eineinviertelfache und dem Steuerbetrag für das Dreiviertelfache des zu versteuernden Jahresbetrags nach § 32a Absatz 1 ergibt; die Jahreslohnsteuer beträgt jedoch mindestens 14 Prozent des Jahresbetrags, für den 9 763[1]) Euro übersteigenden Teil des Jahresbetrags höchstens 42 Prozent und für den 26 441 Euro übersteigenden Teil des zu versteuernden Jahresbetrags jeweils 42 Prozent sowie für den 200 584 Euro übersteigenden Teil des zu versteuernden Jahresbetrags jeweils 45 Prozent. [8]Für die Lohnsteuerberechnung ist die als Lohnsteuerabzugsmerkmal mitgeteilte Steuerklasse maßgebend. [9]Die monatliche Lohnsteuer ist 1/12, die wöchentliche Lohnsteuer sind 7/360 und die tägliche Lohnsteuer ist 1/360 der Jahreslohnsteuer. [10]Bruchteile eines Cents, die sich bei der Berechnung nach den Sätzen 2 und 9 ergeben, bleiben jeweils außer Ansatz. [11]Die auf den Lohnzahlungszeitraum entfallende Lohnsteuer ist vom Arbeitslohn einzubehalten. [12]Das Betriebsstättenfinanzamt kann allgemein oder auf Antrag zulassen, dass die Lohnsteuer unter den Voraussetzungen des § 42b Absatz 1 nach dem voraussichtlichen Jahresarbeitslohn ermittelt wird, wenn gewährleistet ist, dass die zutreffende Jahreslohnsteuer (§ 38a Absatz 2) nicht unterschritten wird.

(3) [1]Für die Einbehaltung der Lohnsteuer von einem sonstigen Bezug hat der Arbeitgeber den voraussichtlichen Jahresarbeitslohn ohne den sonstigen Bezug festzustellen. [2]Hat der Arbeitnehmer Lohnsteuerbescheinigungen aus früheren Dienstverhältnissen des Kalenderjahres nicht vorgelegt, so ist bei der Ermittlung des voraussichtlichen Jahresarbeitslohns der Arbeitslohn für Beschäftigungszeiten bei früheren Arbeitgebern mit dem Betrag anzusetzen, der sich ergibt, wenn der laufende Arbeitslohn im Monat der Zahlung des sonstigen Bezugs entsprechend der Beschäftigungsdauer bei früheren Arbeitgebern hochgerechnet wird. [3]Der voraussichtliche Jahresarbeitslohn ist um den Versorgungsfreibetrag (§ 19 Absatz 2) und den Altersentlastungsbetrag (§ 24a), wenn die Voraussetzungen für den Abzug dieser Beträge jeweils erfüllt sind, sowie um einen etwaigen als Lohnsteuerabzugsmerkmal mitgeteilten Jahresfreibetrag zu vermindern und um einen etwaigen Jahreshinzurechnungsbetrag zu erhöhen. [4]Für den so ermittelten Jahresarbeitslohn (maßgebender Jahresarbeitslohn) ist die Lohnsteuer nach Maßgabe des Absatzes 2 Satz 5 bis 7 zu ermitteln. [5]Außerdem ist die Jahreslohnsteuer für den maßgebenden Jahresarbeitslohn unter Einbeziehung des sonstigen Bezugs zu ermitteln. [6]Dabei ist der sonstige Bezug um den Versorgungsfreibetrag und den Altersentlastungsbetrag zu vermindern, wenn die Voraussetzungen für den Abzug dieser Beträge jeweils erfüllt sind und soweit sie nicht bei der Steuerberechnung für den maßgebenden Jahresarbeitslohn berücksichtigt worden sind. [7]Für die Lohnsteuerberechnung ist die als Lohnsteuerabzugsmerkmal mitgeteilte eingetragene Steuerklasse maßgebend. [8]Der Unterschiedsbetrag zwischen den ermittelten Jahreslohnsteuerbeträgen ist die Lohnsteuer, die vom sonstigen Bezug einzubehalten ist. [9]Die Lohnsteuer ist bei einem sonstigen Bezug im Sinne des § 34 Absatz 1 und 2 Nummer 2 und 4 in der Weise zu ermäßigen, dass der sonstige Bezug bei der Anwendung des Satzes 5 mit einem Fünftel anzusetzen und der Unterschiedsbetrag im Sinne des Satzes 8 zu verfünffachen ist; § 34 Absatz 1 Satz 3 ist sinngemäß anzuwenden. [10]Ein sonstiger Bezug im Sinne des § 34 Absatz 1 und 2 Nummer 4 ist bei der Anwendung des Satzes 4 in die Bemessungsgrundlage für die Vorsorgepauschale nach Absatz 2 Satz 5 Nummer 3 einzubeziehen.

(4) In den Kalenderjahren 2010 bis 2024 ist Absatz 2 Satz 5 Nummer 3 Buchstabe a mit der Maßgabe anzuwenden, dass im Kalenderjahr 2010 der ermittelte Betrag auf 40 Prozent

---

1) Für VZ 2013: 9 550 Euro, vgl. Art. 1 Nr. 1a Gesetz zum Abbau der kalten Progression vom 20.2.2013 BGBl. I S. 283.

§ 39b

begrenzt und dieser Prozentsatz in jedem folgenden Kalenderjahr um je 4 Prozentpunkte erhöht wird.

(5) ¹Wenn der Arbeitgeber für den Lohnzahlungszeitraum lediglich Abschlagszahlungen leistet und eine Lohnabrechnung für einen längeren Zeitraum (Lohnabrechnungszeitraum) vornimmt, kann er den Lohnabrechnungszeitraum als Lohnzahlungszeitraum behandeln und die Lohnsteuer abweichend von § 38 Absatz 3 bei der Lohnabrechnung einbehalten. ²Satz 1 gilt nicht, wenn der Lohnabrechnungszeitraum fünf Wochen übersteigt oder die Lohnabrechnung nicht innerhalb von drei Wochen nach dessen Ablauf erfolgt. ³Das Betriebsstättenfinanzamt kann anordnen, dass die Lohnsteuer von den Abschlagszahlungen einzubehalten ist, wenn die Erhebung der Lohnsteuer sonst nicht gesichert erscheint. ⁴Wenn wegen einer besonderen Entlohnungsart weder ein Lohnzahlungszeitraum noch ein Lohnabrechnungszeitraum festgestellt werden kann, gilt als Lohnzahlungszeitraum die Summe der tatsächlichen Arbeitstage oder Arbeitswochen.

(6) ¹Das Bundesministerium der Finanzen hat im Einvernehmen mit den obersten Finanzbehörden der Länder auf der Grundlage der Absätze 2 und 3 einen Programmablaufplan für die maschinelle Berechnung der Lohnsteuer aufzustellen und bekannt zu machen.[1]) ²Im Programmablaufplan kann von den Regelungen in den Absätzen 2 und 3 abgewichen werden, wenn sich das Ergebnis der maschinellen Berechnung der Lohnsteuer an das Ergebnis einer Veranlagung zur Einkommensteuer anlehnt.

Hinweise

LStH 39b.1 *Aufbewahrung der Lohnsteuerkarte*
Die dem Arbeitgeber vorliegenden Lohnsteuerkarten 2010, Bescheinigungen für den Lohnsteuerabzug und sonstige ELStAM-Papierbescheinigungen müssen während der ELStAM-Einführungsphase aufbewahrt und bei Beendigung des Dienstverhältnisses an den Arbeitnehmer herausgegeben werden. Die o. g. Papierbescheinigungen dürfen erst nach Ablauf des Kalenderjahres 2014 vernichtet werden → *BMF vom 25.7.2013 (BStBl. I S. 943), Tz. III.9.*

LStR

R 39b.2 Laufender Arbeitslohn und sonstige Bezüge
(1) Laufender Arbeitslohn ist der Arbeitslohn, der dem Arbeitnehmer regelmäßig fortlaufend zufließt, insbesondere:

1. Monatsgehälter,
2. Wochen- und Tagelöhne,
3. Mehrarbeitsvergütungen,
4. Zuschläge und Zulagen,
5. geldwerte Vorteile aus der ständigen Überlassung von Dienstwagen zur privaten Nutzung,
6. Nachzahlungen und Vorauszahlungen, wenn sich diese ausschließlich auf Lohnzahlungszeiträume beziehen, die im Kalenderjahr der Zahlung enden,
7. Arbeitslohn für Lohnzahlungszeiträume des abgelaufenen Kalenderjahres, der innerhalb der ersten drei Wochen des nachfolgenden Kalenderjahres zufließt.

(2) ¹Ein sonstiger Bezug ist der Arbeitslohn, der nicht als laufender Arbeitslohn gezahlt wird. ²Zu den sonstigen Bezügen gehören insbesondere einmalige Arbeitslohnzahlungen, die neben dem laufenden Arbeitslohn gezahlt werden, z. B.:

1. dreizehnte und vierzehnte Monatsgehälter,
2. einmalige Abfindungen und Entschädigungen,
3. Gratifikationen und Tantiemen, die nicht fortlaufend gezahlt werden,
4. Jubiläumszuwendungen,

---
1) Fundstellennachweis der Programmablaufpläne gemäß § 39b Absatz 8 EStG in **Anlage § 039b-01**.

5. Urlaubsgelder, die nicht fortlaufend gezahlt werden, und Entschädigungen zur Abgeltung nicht genommenen Urlaubs,
6. Vergütungen für Erfindungen,
7. Weihnachtszuwendungen,
8. Nachzahlungen und Vorauszahlungen, wenn sich der Gesamtbetrag oder ein Teilbetrag der Nachzahlung oder Vorauszahlung auf Lohnzahlungszeiträume bezieht, die in einem anderen Jahr als dem der Zahlung enden, oder, wenn Arbeitslohn für Lohnzahlungszeiträume des abgelaufenen Kalenderjahres später als drei Wochen nach Ablauf dieses Jahres zufließt.
9. Ausgleichszahlungen für die in der Arbeitsphase erbrachten Vorleistungen auf Grund eines Altersteilzeitverhältnisses im Blockmodell, das vor Ablauf der vereinbarten Zeit beendet wird,
10. Zahlungen innerhalb eines Kalenderjahres als viertel- oder halbjährliche Teilbeträge.

R 39b.3 Freibetrag für Versorgungsbezüge

(1) ¹Werden Versorgungsbezüge als sonstige Bezüge gezahlt, ist § 39b Abs. 3 EStG anzuwenden. ²Danach dürfen die Freibeträge für Versorgungsbezüge von dem sonstigen Bezug nur abgezogen werden, soweit sie bei der Feststellung des maßgebenden Jahresarbeitslohns nicht verbraucht sind. ³Werden laufende Versorgungsbezüge erstmals gezahlt, nachdem im selben Kalenderjahr bereits Versorgungsbezüge als sonstige Bezüge gewährt worden sind, darf der Arbeitgeber die maßgebenden Freibeträge für Versorgungsbezüge bei den laufenden Bezügen nur berücksichtigen, soweit sie sich bei den sonstigen Bezügen nicht ausgewirkt haben. ⁴Von Arbeitslohn, von dem die Lohnsteuer nach §§ 40 bis 40b EStG mit Pauschsteuersätzen erhoben wird, dürfen die Freibeträge für Versorgungsbezüge nicht abgezogen werden.

(2) Durch die Regelungen des Absatzes 2 wird die steuerliche Behandlung der Versorgungsbezüge beim Lohnsteuer-Jahresausgleich durch den Arbeitgeber oder bei einer Veranlagung zur Einkommensteuer nicht berührt.

R 39b.4. Altersentlastungsbetrag beim Lohnsteuerabzug

(1) Der Altersentlastungsbetrag ist auch bei beschränkt einkommensteuerpflichtigen Arbeitnehmern abzuziehen (→ § 50 Abs. 1 Satz 3 EStG).

(2) ¹Wird Arbeitslohn als sonstiger Bezug gezahlt, ist § 39b Abs. 3 EStG anzuwenden. ²Danach darf der Altersentlastungsbetrag von dem sonstigen Bezug nur abgezogen werden, soweit er bei der Feststellung des maßgebenden Jahresarbeitslohns nicht verbraucht ist. ³Wird laufender Arbeitslohn erstmals gezahlt, nachdem im selben Kalenderjahr ein Altersentlastungsbetrag bereits bei sonstigen Bezügen berücksichtigt worden ist, darf der Arbeitgeber den maßgebenden steuerfreien Höchstbetrag bei den laufenden Bezügen nur berücksichtigen, soweit er sich bei den sonstigen Bezügen nicht ausgewirkt hat. ⁴Von Arbeitslohn, von dem die Lohnsteuer nach §§ 40 bis 40b EStG mit Pauschsteuersätzen erhoben wird, darf der Altersentlastungsbetrag nicht abgezogen werden.

(3) Durch die Regelungen der Absätze 1 und 2 wird die steuerliche Behandlung des Altersentlastungsbetrags beim Lohnsteuer-Jahresausgleich durch den Arbeitgeber oder bei einer Veranlagung zur Einkommensteuer nicht berührt.

R 39b.5. Einbehaltung der Lohnsteuer vom laufenden Arbeitslohn

Allgemeines

(1) ¹Der Arbeitgeber hat die Lohnsteuer grundsätzlich bei jeder Zahlung vom Arbeitslohn einzubehalten (→ § 38 Abs. 3 EStG). ²Reichen die dem Arbeitgeber zur Verfügung stehenden Mittel zur Zahlung des vollen vereinbarten Arbeitslohns nicht aus, hat er die Lohnsteuer von dem tatsächlich zur Auszahlung gelangenden niedrigeren Betrag zu berechnen und einzubehalten. ³Der Lohnsteuerermittlung sind jeweils die Lohnsteuerabzugsmerkmale (→ 39 EStG) zugrunde zu legen, die für den Tag gelten, an dem der Lohnzahlungszeitraum endet; dies gilt auch bei einem Wechsel des ersten Arbeitgebers (Hauptarbeitgeber) im Laufe des Lohnzahlungszeitraums. Für Lohnzahlungen vor Ende des betreffenden Lohnzahlungszeitraums sind zunächst die zu diesem Zeitpunkt bereitgestellten Lohnsteuerabzugsmerkmale (§ 39e Abs. 5 EStG) zugrunde zu legen. Werden nach einer solchen Lohnzahlung Lohnsteuerabzugsmerkmale bekannt, die auf den Lohnzahlungszeitraum zurückwirken, ist § 41c Abs. 1 Satz 1 Nr. 1 EStG anzuwenden.

Lohnzahlungszeitraum

(2) ¹Der Zeitraum, für den jeweils der laufende Arbeitslohn gezahlt wird, ist der Lohnzahlungszeitraum. ²Ist ein solcher Zeitraum nicht feststellbar, tritt an seine Stelle die Summe der tatsächlichen Arbeitstage oder der tatsächlichen Arbeitswochen (→ § 39b Abs. 5 Satz 4 EStG). ³Solange das Dienstverhältnis

§ 39b RL 39b.5

fortbesteht, sind auch solche in den Lohnzahlungszeitraum fallende Arbeitstage mitzuzählen, für die der Arbeitnehmer keinen steuerpflichtigen Arbeitslohn bezogen hat.

(3) ¹Wird der Arbeitslohn für einen Lohnzahlungszeitraum gezahlt, für den der steuerfreie Betrag oder der Hinzurechnungsbetrag den Lohnsteuerabzugsmerkmalen nicht unmittelbar entnommen werden kann, hat der Arbeitgeber für diesen Lohnzahlungszeitraum den zu berücksichtigenden Betrag selbst zu berechnen. ²Er hat dabei von dem für den monatlichen Lohnzahlungszeitraum geltenden – also aufgerundeten – steuerfreien Betrag auszugehen.

Nachzahlungen, Vorauszahlungen

(4) ¹Stellen Nachzahlungen oder Vorauszahlungen laufenden Arbeitslohn dar (→ R 39b.2 Abs. 1), ist die Nachzahlung oder Vorauszahlung für die Berechnung der Lohnsteuer den Lohnzahlungszeiträumen zuzurechnen, für die sie geleistet werden. ²Es bestehen jedoch keine Bedenken, diese Nachzahlungen und Vorauszahlungen als sonstige Bezüge nach R 39b.6 zu behandeln, wenn nicht der Arbeitnehmer die Besteuerung nach Satz 1 verlangt; die Pauschalierung nach § 40 Abs. 1 Satz 1 Nr. 1 EStG ist nicht zulässig.

Abschlagszahlungen

(5) ¹Zahlt der Arbeitgeber den Arbeitslohn für den üblichen Lohnzahlungszeitraum nur in ungefährer Höhe (Abschlagszahlung) und nimmt er eine genaue Lohnabrechnung für einen längeren Zeitraum vor, braucht er nach § 39b Abs. 5 EStG die Lohnsteuer erst bei der Lohnabrechnung einzubehalten, wenn der Lohnabrechnungszeitraum fünf Wochen nicht übersteigt und die Lohnabrechnung innerhalb von drei Wochen nach Ablauf des Lohnabrechnungszeitraums erfolgt. ²Die Lohnabrechnung gilt als abgeschlossen, wenn die Zahlungsbelege den Bereich des Arbeitgebers verlassen haben; auf den zeitlichen Zufluss der Zahlung beim Arbeitnehmer kommt es nicht an. ³Wird die Lohnabrechnung für den letzten Abrechnungszeitraum des abgelaufenen Kalenderjahres erst im nachfolgenden Kalenderjahr, aber noch innerhalb der Dreiwochenfrist vorgenommen, handelt es sich um Arbeitslohn und einbehaltene Lohnsteuer dieses Lohnabrechnungszeitraums; der Arbeitslohn und die Lohnsteuer sind deshalb im Lohnkonto und in den Lohnsteuerbelegen des abgelaufenen Kalenderjahres zu erfassen. ⁴Die einbehaltene Lohnsteuer ist aber für die Anmeldung und Abführung als Lohnsteuer des Kalendermonats bzw. Kalendervierteljahres zu erfassen, in dem die Abrechnung tatsächlich vorgenommen wird.

Hinweise

LStH 39b.5 Abschlagszahlungen

Beispiele zum Zeitpunkt der Lohnsteuereinbehaltung:

A. *Ein Arbeitgeber mit monatlichen Abrechnungszeiträumen leistet jeweils am 20. eines Monats eine Abschlagszahlung. Die Lohnabrechnung wird am 10. des folgenden Monats mit der Auszahlung von Spitzenbeträgen vorgenommen.*

Der Arbeitgeber ist berechtigt, auf eine Lohnsteuereinbehaltung bei der Abschlagszahlung zu verzichten und die Lohnsteuer erst bei der Schlussabrechnung einzubehalten.

B. *Ein Arbeitgeber mit monatlichen Abrechnungszeiträumen leistet jeweils am 28. für den laufenden Monat eine Abschlagszahlung und nimmt die Lohnabrechnung am 28. des folgenden Monats vor.*

Die Lohnsteuer ist bereits von der Abschlagszahlung einzubehalten, da die Abrechnung nicht innerhalb von drei Wochen nach Ablauf des Lohnabrechnungszeitraums erfolgt.

C. *Auf den Arbeitslohn für Dezember werden Abschlagszahlungen geleistet. Die Lohnabrechnung erfolgt am 15. 1.*

Die dann einzubehaltende Lohnsteuer ist spätestens am 10. 2. als Lohnsteuer des Monats Januar anzumelden und abzuführen. Sie gehört gleichwohl zum Arbeitslohn des abgelaufenen Kalenderjahrs und ist in die Lohnsteuerbescheinigung für das abgelaufene Kalenderjahr aufzunehmen.

Nachzahlungen

Beispiel zur Berechnung der Lohnsteuer:

Ein Arbeitnehmer mit einem laufenden Bruttoarbeitslohn von 2 000 € monatlich erhält im September eine Nachzahlung von 400 € für die Monate Januar bis August.

Von dem Monatslohn von 2 000 € ist nach der maßgebenden Steuerklasse eine Lohnsteuer von 100 € einzubehalten. Von dem um die anteilige Nachzahlung erhöhten Monatslohn von

2 050 € ist eine Lohnsteuer von 115 € einzubehalten. Auf die anteilige monatliche Nachzahlung von 50 € entfällt mithin eine Lohnsteuer von 15 €. Dieser Betrag, vervielfacht mit der Zahl der in Betracht kommenden Monate, ergibt dann die Lohnsteuer für die Nachzahlung (15 € x 8 =) 120 €.

LStR

R 39b.6 Einbehaltung der Lohnsteuer von sonstigen Bezügen

Allgemeines

(1) ¹Von einem sonstigen Bezug ist die Lohnsteuer stets in dem Zeitpunkt einzubehalten, in dem er zufließt. ²Der Lohnsteuerermittlung sind die Lohnsteuerabzugsmerkmale zugrunde zu legen, die zum Ende des Kalendermonats des Zuflusses gelten. ³Der maßgebende Arbeitslohn (§ 39b Abs. 3 EStG) kann nach Abzug eines Freibetrags auch negativ sein.

Voraussichtlicher Jahresarbeitslohn

(2) ¹Zur Ermittlung der von einem sonstigen Bezug einzubehaltenden Lohnsteuer ist jeweils der voraussichtliche Jahresarbeitslohn des Kalenderjahres zugrunde zu legen, in dem der sonstige Bezug dem Arbeitnehmer zufließt. ²Dabei sind der laufende Arbeitslohn, der für die im Kalenderjahr bereits abgelaufenen Lohnzahlungszeiträume zugeflossen ist, und die in diesem Kalenderjahr bereits gezahlten sonstigen Bezüge mit dem laufenden Arbeitslohn zusammenzurechnen, der sich voraussichtlich für die Restzeit des Kalenderjahres ergibt. ³Statt dessen kann der voraussichtlich für die Restzeit des Kalenderjahres zu zahlende laufende Arbeitslohn durch Umrechnung des bisher zugeflossenen laufenden Arbeitslohns ermittelt werden. ⁴Künftige sonstige Bezüge, deren Zahlung bis zum Ablauf des Kalenderjahres zu erwarten ist, sind nicht zu erfassen.

Sonstige Bezüge nach Ende des Dienstverhältnisses

(3) ¹Werden sonstige Bezüge gezahlt, nachdem der Arbeitnehmer aus dem Dienstverhältnis ausgeschieden ist, sind der Lohnsteuerermittlung die Lohnsteuerabzugsmerkmale zugrunde zu legen, die zum Ende des Kalendermonats des Zuflusses gelten. ²Der voraussichtliche Jahresarbeitslohn ist dann auf der Grundlage der Angaben des Arbeitnehmers zu ermitteln. ³Macht der Arbeitnehmer keine Angaben, ist der beim bisherigen Arbeitgeber zugeflossene Arbeitslohn auf einen Jahresbetrag hochzurechnen. ⁴Eine Hochrechnung ist nicht erforderlich, wenn mit dem Zufließen von weiterem Arbeitslohn im Laufe des Kalenderjahres, z. B. wegen Alters oder Erwerbsunfähigkeit, nicht zu rechnen ist.

Zusammentreffen regulär und ermäßigt besteuerter sonstiger Bezüge

(4) Trifft ein sonstiger Bezug im Sinne von § 39b Abs. 3 Satz 1 bis 7 EStG mit einem sonstigen Bezug i.S.d. § 39b Abs. 3 Satz 9 EStG zusammen, ist zunächst die Lohnsteuer für den sonstigen Bezug i.S.d. § 39b Abs. 3 Satz 1 bis 7 EStG und danach die Lohnsteuer für den anderen sonstigen Bezug zu ermitteln.

Regulär zu besteuernde Entschädigungen

(5) ¹Liegen bei einer Entschädigung im Sinne des § 24 Nr. 1 EStG die Voraussetzungen für die Steuerermäßigung nach § 34 EStG nicht vor, ist die Entschädigung als regulär zu besteuernder sonstiger Bezug zu behandeln. ²Es ist aus Vereinfachungsgründen nicht zu beanstanden, wenn dieser sonstige Bezug bei der Anwendung des § 39b Abs. 2 Satz 5 Nr. 3 Buchstabe a bis c EStG berücksichtigt wird.

Hinweise

LStH 39b.6 Beispiele:

A. Berechnung des voraussichtlichen Jahresarbeitslohnes

Ein Arbeitgeber X zahlt im September einen sonstigen Bezug von 1.200 € an einen Arbeitnehmer. Der Arbeitnehmer hat seinem Arbeitgeber zwei Ausdrucke der elektronischen Lohnsteuerbescheinigungen seiner vorigen Arbeitgeber vorgelegt:

a) Dienstverhältnis beim Arbeitgeber A vom 1.1. bis 31.3., Arbeitslohn   8.400 €

b) Dienstverhältnis beim Arbeitgeber B vom 1.5. bis 30.6., Arbeitslohn   4.200 €

Der Arbeitnehmer war im April arbeitslos. Beim Arbeitgeber X steht der Arbeitnehmer seit dem 1.7. in einem Dienstverhältnis; er hat für die Monate Juli und August ein Monatsgehalt von 2.400 € bezogen, außerdem erhielt er am 20.8. einen sonstigen Bezug von 500 €. Vom ersten September an erhält er ein Monatsgehalt von 2.800 € zuzüglich eines weiteren halben (13.) Monatsgehalts am 1.12.

§ 39b

LStH 39b.6

Der vom Arbeitgeber im September zu ermittelnde voraussichtliche Jahresarbeitslohn (ohne den sonstigen Bezug, für den die Lohnsteuer ermittelt werden soll) beträgt hiernach:

Arbeitslohn 1.1. bis 30.6. (8.400 € + 4.200 €)	12.600 €
Arbeitslohn 1.7. bis 31.8. (2 x 2.400 € + 500 €)	5.300 €
Arbeitslohn 1.9. bis 31.12. (voraussichtlich 4 x 2 800 €)	11.200 €
	29.100 €

Das halbe 13. Monatsgehalt ist ein zukünftiger sonstiger Bezug und bleibt daher außer Betracht.

Abwandlung 1:

Legt der Arbeitnehmer seinem Arbeitgeber X zwar den Nachweis über seine Arbeitslosigkeit im April, nicht aber die Ausdrucke der elektronischen Lohnsteuerbescheinigungen der Arbeitgeber A und B vor, ergibt sich folgender voraussichtliche Jahresarbeitslohn:

Arbeitslohn 1.1. bis 30.6. (5 x 2.800 €)	14.000 €
Arbeitslohn 1.7. bis 31.8. (2 x 2.400 € + 500 €)	5.300 €
Arbeitslohn 1.9. bis 31.12. (voraussichtlich 4 x 2.800 €)	11.200 €
	30.500 €

Abwandlung 2:

Ist dem Arbeitgeber X nicht bekannt, dass der Arbeitnehmer im April arbeitslos war, ist der Arbeitslohn für die Monate Januar bis Juni mit 6 x 2.800 € = 16.800 € zu berücksichtigen.

B. Berechnung des voraussichtlichen Jahresarbeitslohns bei Versorgungsbezügen i. V. m. einem sonstigen Bezug

Ein Arbeitgeber zahlt im April einem 65jährigen Arbeitnehmer einen sonstigen Bezug (Umsatzprovision für das vorangegangene Kalenderjahr) in Höhe von 5.000 €. Der Arbeitnehmer ist am 28.2.2015 in den Ruhestand getreten. Der Arbeitslohn betrug bis dahin monatlich 2.300 €. Seit dem 1.3.2015 erhält der Arbeitnehmer neben dem Altersruhegeld aus der gesetzlichen Rentenversicherung Versorgungsbezüge i.S.d. § 19 Abs. 2 EStG von monatlich 900 €. Außerdem hat das Finanzamt einen Jahresfreibetrag von 750 € festsetzt.

Der maßgebende Jahresarbeitslohn, der zu versteuernde Teil des sonstigen Bezugs und die einzubehaltende Lohnsteuer sind wie folgt zu ermitteln:

I.	Neben dem Arbeitslohn für die Zeit vom 1.1. bis 28.2. von (2 x 2.300 € =)	4.600 €
	gehören zum voraussichtlichen Jahresarbeitslohn die Versorgungsbezüge vom 1.3. an mit monatlich 900 €; voraussichtlich werden gezahlt (10 x 900 €)	9.000 €
	Der voraussichtliche Jahresarbeitslohn beträgt somit	13.600 €.

II. Vom voraussichtlichen Jahresarbeitslohn sind folgende Beträge abzuziehen (→ § 39b Abs. 3 S. 3 EStG):

a) der zeitanteilige Versorgungsfreibetrag und der Zuschlag zum Versorgungsfreibetrag, unabhängig von der Höhe der bisher berücksichtigten Freibeträge für Versorgungsbezüge) (24,0 % von 10.800 €[1] = 2.592,00 € höchstens 1.800 € zuzüglich 540 € = 2.340 €, davon 10/12)	1.950,00 €
b) der Altersentlastungsbetrag unabhängig von der Höhe des bisher berücksichtigten Betrags (24,0 % von 4.600 € = 1.104,00 € höchstens 1.140 €)	1.104,00 €
c) vom Finanzamt festgesetzter Freibetrag von jährlich	750 €
Gesamtabzugsbetrag somit	3.804,00 €.

---

1) Maßgebend ist der erste Versorgungsbezug (900 €) x 12 Monate → § 19 Abs. 2 Satz 4 EStG.

III. Der maßgebende Jahresarbeitslohn beträgt somit (13.600 € ./. 3.804,00 €) — **9.796,00 €.**

IV. Von dem sonstigen Bezug in Höhe von — **5.000 €**
ist der Altersentlastungsbetrag in Höhe von 24,0 %, höchstens jedoch der Betrag, um den der Jahreshöchstbetrag von 1.140 € den bei Ermittlung des maßgebenden Jahresarbeitslohns abgezogenen Betrag überschreitet, abzuziehen (24,0 % von 5.000 € = 1.200 €, höchstens 1.140 € abzüglich 1.104,00 € =) — **36,00 €**
Der zu versteuernde Teil des sonstigen Bezugs beträgt somit — **4.964,00 €.**

V. Der maßgebende Jahresarbeitslohn einschließlich des sonstigen Bezugs beträgt somit (9.796,00 € + 4.964,00 €) — **14.760,00 €.**

C. Berechnung der Lohnsteuer beim gleichzeitigen Zufluss eines regulär und eines ermäßigt besteuerten sonstigen Bezugs

Ein Arbeitgeber zahlt seinem Arbeitnehmer, dessen Jahresarbeitslohn 40.000 € beträgt, im Dezember einen sonstigen Bezug (Weihnachtsgeld) in Höhe von 3.000 € und daneben eine Jubiläumszuwendung von 2.500 €, von dem die Lohnsteuer nach § 39b Abs. 3 Satz 9 i.V.m. § 34 EStG einzubehalten ist.

Die Lohnsteuer ist wie folgt zu ermitteln:

		darauf entfallende Lohnsteuer		
Jahresarbeitslohn	40.000 €	9.000 €		
zzgl. Weihnachtsgeld	3.000 €			
	43.000 €	10.000 €	= LSt auf das Weihnachtsgeld	1.000 €
zzgl. 1/5 der Jubiläumszuwendung	500 €			
=	43.500 €	10.150 €	= LSt auf 1/5 der Jubiläumszuwendung = 150 € x 5	750 €
			LSt auf beide sonstigen Bezüge =	**1.750 €**

D. Berechnung der Lohnsteuer bei einem ermäßigt besteuerten sonstigen Bezug im Zusammenspiel mit einem Freibetrag

Ein Arbeitgeber zahlt seinem ledigen Arbeitnehmer, dessen Jahresarbeitslohn 78.000 € beträgt, im Dezember eine steuerpflichtige Abfindung von 62.000 €, von der die Lohnsteuer nach § 39b Abs. 3 Satz 9 i. V. m. § 34 EStG einzubehalten ist. Das Finanzamt hat einen Freibetrag (Verlust V+V) i. H. v. 80.000 € festgesetzt.

Die Lohnsteuer ist wie folgt zu ermitteln:

Jahresarbeitslohn	78.000 €
abzüglich Freibetrag	80.000 €
	./. 2.000 €
zuzüglich Abfindung	62.000 €
Zwischensumme	60.000 €
Davon 1/5	12.000 €
darauf entfallende Lohnsteuer	200 €
Lohnsteuer auf die Abfindung (5 x 200 €)	**1.000 €**

Fünftelungsregelung

– → BMF vom 1.11.2013 (BStBl. I S. 1326) — *– Anlage § 034-01 –*

§ 39b

- Die Fünftelungsregelung ist nicht anzuwenden, wenn sie zu einer höheren Steuer führt als die Besteuerung als nicht begünstigter sonstiger Bezug (→ BMF vom 10.1.2000 – BStBl. I S. 138). – *Anlage § 040-01* –
- Bei Jubiläumszuwendungen kann der Arbeitgeber im Lohnsteuerabzugsverfahren eine Zusammenballung unterstellen, wenn die Zuwendung an einen Arbeitnehmer gezahlt wird, der voraussichtlich bis Ende des Kalenderjahres nicht aus dem Dienstverhältnis ausscheidet (→ BMF vom 10.1.2000 – BStBl. I S. 138). – *Anlage § 040-01* –
- Bei Aktienoptionsprogrammen kann die Fünftelungsregelung angewendet werden, wenn die Laufzeit zwischen Einräumung und Ausübung der Optionsrechte mehr als 12 Monate beträgt und der Arbeitnehmer in dieser Zeit auch bei seinem Arbeitgeber beschäftigt ist. Dies gilt auch dann, wenn dem Arbeitnehmer wiederholt Aktienoptionen eingeräumt worden sind und die jeweilige Option nicht in vollem Umfang in einem Kalenderjahr ausgeübt worden ist (→ BFH vom 18.12.2007– BStBl. 2008 II S. 294).

Vergütung für eine mehrjährige Tätigkeit
→ R 34.4 EStR, H 34.4 EStH

Wechsel der Art der Steuerpflicht
Bei der Berechnung der Lohnsteuer für einen sonstigen Bezug, der einem (ehemaligen) Arbeitnehmer nach einem Wechsel von der unbeschränkten in die beschränkte Steuerpflicht in diesem Kalenderjahr zufließt, ist der während der Zeit der unbeschränkten Steuerpflicht gezahlte Arbeitslohn im Jahresarbeitslohn zu berücksichtigen (→ BFH vom 25.8.2009 – BStBl. 2010 II S. 150).

LStR

R 39b.7 – unbesetzt –

Hinweise

LStH 39b.7 Ermittlung der Vorsorgepauschale im Lohnsteuerabzugsverfahren → BMF vom 26.11.2013 (BStBl. I S. 1532) – *Anlage § 039b-05* –

LStR

R 39b.8 Permanenter Lohnsteuer-Jahresausgleich

[1]Nach § 39b Abs. 2 Satz 12 EStG darf das Betriebsstättenfinanzamt zulassen, dass die Lohnsteuer nach dem voraussichtlichen Jahresarbeitslohn ermittelt wird (so genannter permanenter Lohnsteuer-Jahresausgleich). [2]Voraussetzung für den permanenten Lohnsteuer-Jahresausgleich ist, dass

1. der Arbeitnehmer unbeschränkt einkommensteuerpflichtig ist,
2. der Arbeitnehmer seit Beginn des Kalenderjahres ständig in einem Dienstverhältnis gestanden hat,
3. die zutreffende Jahreslohnsteuer (→ § 38 a Abs. 2 EStG) nicht unterschritten wird,
4. bei der Lohnsteuerberechnung kein Freibetrag oder Hinzurechnungsbetrag zu berücksichtigen war,
5. das Faktorverfahren nicht angewandt wurde,
6. der Arbeitnehmer kein Kurzarbeitergeld einschl. Saison-Kurzarbeitergeld, keinen Zuschuss zum Mutterschaftsgeld nach dem Mutterschutzgesetz oder § 3 der Mutterschutz- und Elternzeitverordnung oder einer entsprechenden Landesregelung, keine Entschädigung für Verdienstausfall nach dem Infektionsschutzgesetz, keine Aufstockungsbeträge nach dem AltTZG und keine Zuschläge auf Grund § 6 Abs. 2 des Bundesbesoldungsgesetzes (BBesG) bezogen hat,
7. im Lohnkonto oder in der Lohnsteuerbescheinigung kein Großbuchstabe U eingetragen ist,
8. im Kalenderjahr im Rahmen der Vorsorgepauschale jeweils nicht nur zeitweise Beträge nach § 39b Abs. 2 Satz 5 Nr. 3 Buchstabe a bis d EStG oder der Beitragszuschlag nach § 39b Abs. 2 Satz 5 Nr. 3 Buchstabe c EStG berücksichtigt wurden und – bezogen auf den Teilbetrag der Vorsorgepauschale für die Rentenversicherung – der Arbeitnehmer innerhalb des Kalenderjahres durchgängig zum Anwendungsbereich nur einer Beitragsbemessungsgrenze (West oder Ost) gehörte und – bezogen auf den Teilbetrag der Vorsorgepauschale für die Rentenversicherung oder die gesetzliche Kranken- und soziale Pflegeversicherung – innerhalb des Kalenderjahres durchgängig ein Beitragssatz anzuwenden war,

9. der Arbeitnehmer keinen Arbeitslohn bezogen hat, der nach einem Doppelbesteuerungsabkommen oder nach dem Auslandstätigkeitserlass von der deutschen Lohnsteuer freigestellt ist.

³Auf die Steuerklasse des Arbeitnehmers kommt es nicht an. ⁴Sind die in Satz 2 bezeichneten Voraussetzungen erfüllt, gilt die Genehmigung des Betriebsstättenfinanzamts grundsätzlich als erteilt, wenn sie nicht im Einzelfall widerrufen wird. ⁵Die besondere Lohnsteuerermittlung nach dem voraussichtlichen Jahresarbeitslohn beschränkt sich im Übrigen auf den laufenden Arbeitslohn; für die Lohnsteuerermittlung von sonstigen Bezügen sind stets § 39b Abs. 3 EStG und R 39b.6 anzuwenden. ⁶Zur Anwendung des besonderen Verfahrens ist nach Ablauf eines jeden Lohnzahlungszeitraums oder – in den Fällen des § 39b Abs. 5 EStG – Lohnabrechnungszeitraums der laufende Arbeitslohn der abgelaufenen Lohnzahlungs- oder Lohnabrechnungszeiträume auf einen Jahresbetrag hochzurechnen, z. B. der laufende Arbeitslohn für die Monate Januar bis April x 3. ⁷Von dem Jahresbetrag sind die Freibeträge für Versorgungsbezüge (→ § 19 Abs. 2 EStG) und der Altersentlastungsbetrag (→ § 24 a EStG) abzuziehen, wenn die Voraussetzungen für den Abzug jeweils erfüllt sind. ⁸Für den verbleibenden Jahreslohn ist die Jahreslohnsteuer zu ermitteln. ⁹Dabei ist die für den Lohnzahlungszeitraum geltende Steuerklasse maßgebend. ¹⁰Sodann ist der Teilbetrag der Jahreslohnsteuer zu ermitteln, der auf die abgelaufenen Lohnzahlungs- oder Lohnabrechnungszeiträume entfällt. ¹¹Von diesem Steuerbetrag ist die Lohnsteuer abzuziehen, die von dem laufenden Arbeitslohn der abgelaufenen Lohnzahlungs- oder Lohnabrechnungszeiträume bereits erhoben worden ist; der Restbetrag ist die Lohnsteuer, die für den zuletzt abgelaufenen Lohnzahlungs- oder Lohnabrechnungszeitraum zu erheben ist. ¹²In den Fällen, in denen die maßgebende Steuerklasse während des Kalenderjahres gewechselt hat, ist anstelle der Lohnsteuer, die vom laufenden Arbeitslohn der abgelaufenen Lohnzahlungs- oder Lohnabrechnungszeiträume erhoben worden ist, die Lohnsteuer abzuziehen, die nach der zuletzt maßgebenden Steuerklasse vom laufenden Arbeitslohn bis zum vorletzten abgelaufenen Lohnzahlungs- oder Lohnabrechnungszeitraum zu erheben gewesen wäre.

R 39b.9 Besteuerung des Nettolohns

(1) ¹Will der Arbeitgeber auf Grund einer Nettolohnvereinbarung die auf den Arbeitslohn entfallende Lohnsteuer, den Solidaritätszuschlag, die Kirchensteuer und den Arbeitnehmeranteil am Gesamtsozialversicherungsbeitrag selbst tragen, sind die von ihm übernommenen Abzugsbeträge Teile des Arbeitslohns, die dem Nettolohn zur Steuerermittlung hinzugerechnet werden müssen. ²Die Lohnsteuer ist aus dem Bruttoarbeitslohn zu berechnen, der nach Minderung um die übernommenen Abzugsbeträge den Nettobetrag ergibt. ³Dies gilt sinngemäß, wenn der Arbeitgeber nicht alle Abzugsbeträge übernehmen will. ⁴Ein beim Lohnsteuerabzug zu berücksichtigender Freibetrag, die Freibeträge für Versorgungsbezüge, der Altersentlastungsbetrag und ein Hinzurechnungsbetrag sind beim Bruttoarbeitslohn zu berücksichtigen. ⁵Führen mehrere Bruttoarbeitslöhne zum gewünschten Nettolohn, kann der niedrigste Bruttoarbeitslohn zugrunde gelegt werden.

(2) ¹Sonstige Bezüge, die netto gezahlt werden, z. B. Nettogratifikationen, sind nach § 39b Abs. 3 EStG zu besteuern. ²R 39b.6 ist mit der Maßgabe anzuwenden, dass bei der Ermittlung des maßgebenden Jahresarbeitslohns der voraussichtliche Jahresarbeitslohn und frühere, netto gezahlte sonstige Bezüge mit den entsprechenden Bruttobeträgen nach Absatz 1 anzusetzen sind. ³Diese Bruttobeträge sind auch bei späterer Zahlung sonstiger Bezüge im selben Kalenderjahr bei der Ermittlung des maßgebenden Jahresarbeitslohns zugrunde zu legen.

(3) ¹Bei der manuellen Berechnung der Lohnsteuer anhand von Lohnsteuertabellen wird eine Nettolohnvereinbarung mit steuerlicher Wirkung nur anerkannt, wenn sich gegenüber der maschinellen Lohnsteuerberechnung keine Abweichungen ergeben. ²Geringfügige Abweichungen auf Grund des Lohnstufenabstands (§ 51 Abs. 4 Nr. 1a EStG) sind hier jedoch unbeachtlich.

(4) Im Lohnkonto und in den Lohnsteuerbescheinigungen sind die nach den Absätzen 1 und 2 ermittelten Bruttoarbeitslöhne anzugeben.

Hinweise

LStH 39b.9 *Anerkennung einer Nettolohnvereinbarung*

> *Eine Nettolohnvereinbarung mit steuerlicher Wirkung kann nur bei einwandfreier Gestaltung anerkannt werden (→ BFH vom 18.1.1957 – BStBl. III S.116, vom 18.5.1972 – BStBl. II S. 816, vom 12.12.1979 – BStBl. 1980 II S. 257 und vom 28.2.1992 – BStBl. II S. 733).*

Finanzrechtsweg bei Nettolohnvereinbarung

Bei einer Nettolohnvereinbarung ist für Streitigkeiten über die Höhe des in der Lohnsteuerbescheinigung auszuweisenden Bruttoarbeitslohns der Finanzrechtsweg nicht gegeben. Ein unzutreffender Lohnsteuerabzug kann durch Einwendungen gegen die Lohnsteuerbescheinigung nicht berichtigt werden (→ *BFH vom 13.12.2007 – BStBl. 2008 II S. 434*).

Steuerschuldner bei Nettolohnvereinbarung

bleibt der Arbeitnehmer (→ *BFH vom 19.12.1960 – BStBl. 1961 III S. 170*).

LStR

R 39b.10 Anwendung von Doppelbesteuerungsabkommen [1)]

[1]Ist die Steuerbefreiung nach einem Doppelbesteuerungsabkommen antragsunabhängig, hat das Betriebsstättenfinanzamt gleichwohl auf Antrag eine Freistellungsbescheinigung zu erteilen. [2]Das Finanzamt hat in der Bescheinigung den Zeitraum anzugeben, für den sie gilt. [3]Dieser Zeitraum darf grundsätzlich 3 Jahre nicht überschreiten und soll mit Ablauf eines Kalenderjahres enden. [4]Die Bescheinigung ist vom Arbeitgeber als Beleg zum Lohnkonto aufzubewahren. [5]Der Verzicht auf den Lohnsteuerabzug schließt die Berücksichtigung des Progressionsvorbehalts (→ § 32 b EStG) bei einer Veranlagung des Arbeitnehmers zur Einkommensteuer nicht aus. [6]Die Nachweispflicht nach § 50d Abs. 8 EStG betrifft nicht das Lohnsteuerabzugsverfahren.

---

1) Hinweis auf BMF-Schreiben vom 12.11.2014 (BStBl. I S. 1467) betr. steuerliche Behandlung des Arbeitslohns nach dem Doppelbesteuerungsabkommen, Hinweis auf BMF-Schreiben vom 19.1.2015 (BStBl. I S. 128) betr. Stand der Doppelbesteuerungsabkommen und anderer Abkommen im Steuerbereich sowie Abkommensverhandlungen am 1. Januar 2015. BMF-Schreiben vom 10.1.1994 (BStBl. I S. 14) zur Besteuerung von Gastlehrkräften nach dem Doppelbesteuerungsabkommen (DBA), BMF-Schreiben vom 12.4.2006 (BStBl. I S. 340) zur steuerlichen Behandlung des von Organen der EU gezahlten Tagegeldes für in ihrem Bereich verwendete Beamte, BMF-Schreiben vom 16.3.2001 (BStBl. I S. 204) zur Umstellung der DM-Beiträge in den Doppelbesteuerungsabkommen auf den Euro, BMF-Schreiben vom 21.7.2005 (BStBl. I S. 821) = Merkblatt zur Steuerfreistellung ausländischer Einkünfte gemäß § 50d Abs. 8 EStG, BMF-Schreiben vom 3.4.2006 (BStBl. I S. 304) zur Verständigungsvereinbarung zum DBA-Frankreich zur 183-Tage-Regelung (Artikel 13 Abs. 4) und zur Anwendung der Grenzgängerregelung (Art. 13 Abs. 5). Die Verständigungsvereinbarung ist zwischenzeitlich durch eine Verordnung in verbindliches deutsches Recht umgesetzt worden (BStBl. 2011 I S. 104). BMF-Schreiben vom 10.1.2007 (BStBl. I S. 261) zur Verständigungsvereinbarung zum DBA-Belgien über die Zuordnung des Besteuerungsrechts bei Abführungen an Arbeitnehmer. Die Verständigungsvereinbarung ist zwischenzeitlich durch eine Verordnung in verbindliches deutsches Recht umgesetzt worden (BStBl. 2011 I S. 103). Hinweis auf BMF-Schreiben vom 19.9.2011 (BStBl. I S. 849) betr. Steuerliche Behandlung von Berufskraftfahrern, Lokomotivführern und Begleitpersonal nach dem deutsch-luxemburgischen Doppelbesteuerungsabkommen. Die Verständigungsvereinbarung ist zwischenzeitlich durch eine Verordnung in verbindliches deutsches Recht umgesetzt worden (BStBl. 2012 I S. 693). Verständigungsvereinbarung zur Zuordnung des Besteuerungsrechts bei Abfindungen an Arbeitnehmer, DBA Niederlande, s. BMF-Schreiben vom 29.10. 2007 (BStBl. I S. 756). Die Verständigungsvereinbarung ist zwischenzeitlich durch eine Verordnung in verbindliches deutsches Recht umgesetzt worden (BStBl. 2011 I S. 142). Zur Besteuerung von Grenzpendlern nach Luxemburg, Verständigungsvereinbarung s. BMF-Schreiben vom 14.6.2011 (BStBl. I S. 576). Die Verständigungsvereinbarung ist zwischenzeitlich durch eine Verordnung in verbindliches deutsches Recht umgesetzt worden (BStBl. 2011 I S. 693). Zur Behandlung von Arbeitnehmern im internationalen Transportgewerbe, Verständigungsvereinbarung Schweiz s. BMF-Schreiben vom 29.6.2011 (BStBl. I S. 621), BMF-Schreiben vom 5.12.2012 (BStBl. I S. 1248) zur Besteuerung von in Deutschland ansässigen Flugpersonal britischer und irischer Fluggesellschaften, BMF-Schreiben vom 25.3.2010 (BStBl. I S. 268) zur Konsultationsvereinbarung zum DBA-Schweiz betreffend Abfindungen. Die Verständigungsvereinbarung ist zwischenzeitlich durch eine Verordnung in verbindliches deutsches Recht umgesetzt worden (BStBl. 2011 I S. 146). BMF-Schreiben vom 26.8.2010 (BStBl. I S. 645) zur Konsultationsvereinbarung zum DBA-Österreich betreffend Abfindungen. Die Verständigungsvereinbarung ist zwischenzeitlich durch eine Verordnung in verbindliches deutsches Recht umgesetzt worden (BStBl. 2011 I S. 144). Zur Verständigungsvereinbarung DBA-LUX betreffend die Besteuerung von Abfindungen s. BMF-Schreiben vom 19.9.2011 (BStBl. I S. 852). Die Verständigungsvereinbarung ist zwischenzeitlich durch eine Verordnung in verbindliches deutsches Recht umgesetzt worden (BStBl. 2011 I S. 693). Zur Verständigungsvereinbarung DBA-GB über die Zuordnung des Besteuerungsrechts von Abfindungen s. BMF-Schreiben vom 2.12.2011 (BStBl. I S. 1221). Die Verständigungsvereinbarung ist zwischenzeitlich durch eine Verordnung in verbindliches deutsches Recht umgesetzt worden (BStBl. 2011 I S. 862). BMF-Schreiben vom 22.1.2014 (BStBl. I S. 171) zum Stand der Doppelbesteuerungsabkommen und anderer Abkommen im Steuerbereich sowie der Abkommensverhandlungen am 1. Januar 2014.

Hinweise

LStH 39b.10 Antragsabhängige Steuerbefreiung nach DBA
Der Lohnsteuerabzug darf nur dann unterbleiben, wenn das Betriebsstättenfinanzamt bescheinigt, dass der Arbeitslohn nicht der deutschen Lohnsteuer unterliegt (→ BFH vom 10.5.1989 – BStBl. II S. 755).

Anwendung der 183-Tage-Klausel
→ BMF vom 12.11.2014 (BStBl. I S. 1467) — – Anlage § 039b-03 –

Doppelbesteuerungsabkommen
Stand 1.1.2015; BMF vom 19.1.2015 (BStBl. I S. 128) — – Anlage § 039b-02 –

EU-Tagegeld
→ BMF vom 12.4.2006 (BStBl. I S. 340) — – Anlage § 003-04 –

Gastlehrkräfte
→ BMF vom 10.1.1994 (BStBl. I S. 14) — – Anlage § 039b-04 –

Organe einer Kapitalgesellschaft
→ BMF vom 12.11.2014 (BStBl. I S. 1467) — – Anlage § 039b-03 –

Rückfallklausel
Die Rückfallklausel nach § 50d Abs. 8 EStG gilt nicht für das Lohnsteuerabzugsverfahren und die Fälle des Auslandstätigkeitserlasses (→ BMF vom 21.7.2005 – BStBl. I S. 821).

Steuerabzugsrecht trotz DBA
Nach Art. 29 Abs. 1 DBA-USA wird das deutsche Recht zur Vornahme des Lohnsteuerabzugs nach innerstaatlichem Recht nicht berührt. Gemäß Art. 29 Abs. 2 DBA-USA ist die im Abzugsweg erhobene Steuer auf Antrag zu erstatten (→ H 41c.1 Erstattungsantrag), soweit das DBA-USA ihre Erhebung einschränkt. Daher kann der Arbeitgeber ohne eine Freistellungsbescheinigung des Betriebsstättenfinanzamts nicht vom Steuereinbehalt absehen. Das gilt entsprechend für alle anderen DBA, die vergleichbare Regelungen enthalten (→ BMF vom 25.6.2012 – BStBl. I S. 692).

Rechtsprechungsauswahl

BFH v. 15. 12. 2011 VI R 26/11 (BStBl. 2012 II S. 415):
1. Wird ein im Blockmodell geführtes Altersteilzeitarbeitsverhältnis vor Ablauf der vertraglich vereinbarten Zeit beendet und erhält der Arbeitnehmer für seine in der Arbeitsphase erbrachten Vorleistungen Ausgleichszahlungen, stellen diese Ausgleichszahlungen Arbeitslohn dar.
2. Solche Ausgleichszahlungen sind sonstige Bezüge i.S.d. § 38a Abs. 1 Satz 3 EStG, so dass sie nach dem Zuflussprinzip des § 11 Abs. 1 Satz 1 EStG zu erfassen sind.
3. Die Regelung des § 39b Abs. 5 Satz 2 EStG stellt sich nur für laufenden Arbeitslohn i.S.d. § 38a Abs. 1 Satz 2 EStG, aber nicht bei sonstigen Bezügen.
4. Begehrt ein Steuerpflichtiger in der Revision eine höhere Einkommensteuer als im angefochtenen Bescheid festgesetzt ist, weil er sich dadurch Vorteile für spätere Jahre verspricht, ist er von seinem Standpunkt aus durch die niedrigere Steuerfestsetzung im angefochtenen Bescheid beschwert (vgl. BFH-Urteil v. 7.4.1976 I R 24/75, BStBl. II S. 501).

BFH v. 25. 8. 2009 I R 33/08 (BStBl. 2010 II S. 150): Bei der Berechnung der Lohnsteuer für einen „sonstigen Bezug", der einem (ehemaligen) Arbeitnehmer nach einem Wechsel von der unbeschränkten in die beschränkte Steuerpflicht in diesem Kalenderjahr zufließt, ist der während der Zeit der unbeschränkten Steuerpflicht gezahlte Arbeitslohn im „Jahresarbeitslohn" (§ 39d Abs. 3 Satz 4 i.V.m. § 39b Abs. 3 Satz 7 EStG 2002) zu berücksichtigen.

BFH v. 30. 7. 2009 VI R 29/06 (BStBl. 2010 II S. 148):
1. Maßgeblich für den Lohnsteuereinbehalt vom laufenden Arbeitslohn bei einer Nettolohnvereinbarung ist der Arbeitslohn, der vermindert um die übernommenen Lohnabzüge den arbeitsvertraglich vereinbarten Nettobetrag ergibt. Damit ist die steuerliche Ausgangsgröße des Lohnsteuerabzugs auch im Fall der Nettolohnabrede ein Bruttobetrag.
2. Ein Einkommensteuererstattungsanspruch, den der Arbeitnehmer im Rahmen einer Nettolohnvereinbarung seinem Arbeitgeber abgetreten hat, ist deshalb im Rahmen des Lohnsteuereinbehalts nur

§ 39b

durch einen Abzug vom laufenden (Brutto)Arbeitslohn und nicht durch eine Verminderung des laufenden Nettolohns zu berücksichtigen.
3. Eine Hochrechnung der Steuererstattung auf einen fiktiven Bruttobetrag ist nicht möglich.

BFH v. 13. 12. 2007 VI R 57/04 (BStBl. 2008 II S. 434):
1. Ist nach einer Nettolohnvereinbarung streitig, in welcher Höhe Bruttoarbeitslohn in der Lohnsteuerbescheinigung hätte berücksichtigt werden müssen, ist der Finanzrechtsweg nicht gegeben.
2. Nach der Übermittlung der Lohnsteuerbescheinigung kann der Arbeitnehmer eine Berichtigung der Lohnsteuerbescheinigung nicht mehr verlangen.
3. Ein unzutreffender Lohnsteuerabzug kann mit Einwendungen gegen die Lohnsteuerbescheinigung nicht mehr rückgängig gemacht werden.

Schwebende Verfahren

BFH VI R 1/14 (BFH-Webseite): Führen bei einer Nettolohnvereinbarung durch den Arbeitgeber getragene Einkommensteuernachzahlungen zu einer Erhöhung der laufenden Bruttoarbeitslohns oder des Nettolohns?

§ 39c Einbehaltung der Lohnsteuer ohne Lohnsteuerabzugsmerkmale

(1) ¹Solange der Arbeitnehmer dem Arbeitgeber zum Zweck des Abrufs der elektronischen Lohnsteuerabzugsmerkmale (§ 39e Absatz 4 Satz 1) die ihm zugeteilte Identifikationsnummer sowie den Tag der Geburt schuldhaft nicht mitteilt oder das Bundeszentralamt für Steuern die Mitteilung elektronischer Lohnsteuerabzugsmerkmale ablehnt, hat der Arbeitgeber die Lohnsteuer nach Steuerklasse VI zu ermitteln. ²Kann der Arbeitgeber die elektronischen Lohnsteuerabzugsmerkmale wegen technischer Störungen nicht abrufen oder hat der Arbeitnehmer die fehlende Mitteilung der ihm zuzuteilenden Identifikationsnummer nicht zu vertreten, hat der Arbeitgeber für die Lohnsteuerberechnung die voraussichtlichen Lohnsteuerabzugsmerkmale im Sinne des § 38b längstens für die Dauer von drei Kalendermonaten zu Grunde zu legen. ³Hat nach Ablauf der drei Kalendermonate der Arbeitnehmer die Identifikationsnummer sowie den Tag der Geburt nicht mitgeteilt, ist rückwirkend Satz 1 anzuwenden. ⁴Sobald dem Arbeitgeber in den Fällen des Satzes 2 die elektronischen Lohnsteuerabzugsmerkmale vorliegen, sind die Lohnsteuerermittlungen für die vorangegangenen Monate zu überprüfen und, falls erforderlich, zu ändern. ⁵Die zu wenig oder zu viel einbehaltene Lohnsteuer ist jeweils bei der nächsten Lohnabrechnung auszugleichen.

(2) ¹Ist ein Antrag nach § 39 Absatz 3 Satz 1 oder § 39e Absatz 8 nicht gestellt, hat der Arbeitgeber die Lohnsteuer nach Steuerklasse VI zu ermitteln. ²Legt der Arbeitnehmer binnen sechs Wochen nach Eintritt in das Dienstverhältnis oder nach Beginn des Kalenderjahres eine Bescheinigung für den Lohnsteuerabzug vor, ist Absatz 1 Satz 4 und 5 sinngemäß anzuwenden.

(3) ¹In den Fällen des § 38 Absatz 3a Satz 1 kann der Dritte die Lohnsteuer für einen sonstigen Bezug mit 20 Prozent unabhängig von den Lohnsteuerabzugsmerkmalen des Arbeitnehmers ermitteln, wenn der maßgebende Jahresarbeitslohn nach § 39b Absatz 3 zuzüglich des sonstigen Bezugs 10 000 Euro nicht übersteigt. ²Bei der Feststellung des maßgebenden Jahresarbeitslohns sind nur die Lohnzahlungen des Dritten zu berücksichtigen.

LStR

R 39c. Lohnsteuerabzug durch Dritte ohne Lohnsteuerabzugsmerkmale

¹Ist ein Dritter zum Lohnsteuerabzug verpflichtet, weil er tarifvertragliche Ansprüche eines Arbeitnehmers eines anderen Arbeitgebers unmittelbar zu erfüllen hat (§ 38 Abs. 3a Satz 1 EStG), kann der Dritte die Lohnsteuer für einen sonstigen Bezug unter den Voraussetzungen des § 39c Abs. 3 EStG mit 20 % unabhängig von den für den Arbeitnehmer geltenden Lohnsteuerabzugsmerkmalen ermitteln. ²Es handelt sich dabei nicht um eine pauschale Lohnsteuer i.S.d. §§ 40 ff EStG. ³Schuldner der Lohnsteuer bleibt im Falle des § 39c Abs. 3 EStG der Arbeitnehmer. ⁴Der versteuerte Arbeitslohn ist im Rahmen einer Einkommensteuerveranlagung des Arbeitnehmers zu erfassen und die pauschal erhobene Lohnsteuer auf die Einkommensteuerschuld anzurechnen. ⁵Der Dritte hat daher dem Arbeitnehmer eine besondere Lohnsteuerbescheinigung auszustellen und die einbehaltene Lohnsteuer zu bescheinigen (§ 41b EStG).

Hinweise

LStH 39c *Fehlerhafte Bescheinigung*

→ H 41c.3 *(Einzelfälle)*

Grenzpendler

Ein Arbeitnehmer, der im Inland keinen Wohnsitz oder gewöhnlichen Aufenthalt hat, wird auf Antrag nach § 1 Abs. 3 EStG als unbeschränkt einkommensteuerpflichtig behandelt, wenn seine Einkünfte **zu mindestens 90 %** *der deutschen Einkommensteuer unterliegen oder die nicht der deutschen Einkommensteuer unterliegenden Einkünfte* **höchstens 8.354 Euro**[1] *betragen.*

---

[1] Die Ländergruppeneinteilung ist zu beachten, wonach eine Verringerung der Beträge in Betracht kommen kann → BMF vom 18.11.2013 (BStBl. I S. 1462).

§ 39c

Ein Grenzpendler, der als Staatsangehöriger eines EU/EWR-Mitgliedstaates nach § 1 Abs. 3 EStG als unbeschränkt einkommensteuerpflichtig behandelt wird, ist auf Antrag in die **Steuerklasse III** *einzuordnen, wenn der Ehegatte des Arbeitnehmers in einem EU/EWR-Mitgliedstaat oder in der Schweiz lebt (→ § 1a Abs. 1 Nr. 2 EStG). Es ist nicht erforderlich, dass der Ehegatte ebenfalls Staatsangehöriger eines EU/EWR-Mitgliedstaates ist. Voraussetzung ist jedoch, dass die Einkünfte beider Ehegatten zu mindestens 90 % der deutschen Einkommensteuer unterliegen oder ihre nicht der deutschen Einkommensteuer unterliegenden Einkünfte höchstens 16.708 Euro[1] betragen. Die Steuerklasse ist in der Bescheinigung[2] vom Betriebsstättenfinanzamt anzugeben.*

Bei Grenzpendlern i.S.d. § 1 Abs. 3 EStG, die nicht Staatsangehörige eines EU/EWR-Mitgliedstaates sind, kann der Ehegatte steuerlich nicht berücksichtigt werden. Für diese Arbeitnehmer ist in der zu erteilenden Bescheinigung die **Steuerklasse I** *oder für das zweite oder jedes weitere Dienstverhältnis die Steuerklasse VI anzugeben; in den Fällen des § 32a Abs. 6 EStG (= Witwensplitting) Steuerklasse III.*

Die nicht der deutschen Einkommensteuer unterliegenden Einkünfte sind jeweils durch eine **Bescheinigung** *der zuständigen ausländischen Steuerbehörde nachzuweisen.*

Die Erteilung der Bescheinigung[3] führt zur **Veranlagungspflicht** *nach § 46 Abs. 2 Nr. 7 Buchstabe b EStG.*

Für Arbeitnehmer, die im Ausland ansässig sind und nicht die Voraussetzungen des § 1 Abs. 2 oder § 1 Abs. 3 EStG erfüllen, ist weiterhin das **Bescheinigungsverfahren**[4] *anzuwenden.*

(→ BMF vom 29.9.1995 – BStBl. I S. 429, Tz. 1.1 unter Berücksichtigung der zwischenzeitlich eingetretenen Rechtsänderungen)

Lohnsteuer-Ermäßigungsverfahren

Im Lohnsteuer-Ermäßigungsverfahren kann auf die Bestätigung der ausländischen Steuerbehörde in der Anlage Grenzpendler EU/EWR bzw. Anlage Grenzpendler außerhalb EU/EWR verzichtet werden, wenn für einen der beiden vorangegangenen Veranlagungszeiträume bereits eine von der ausländischen Steuerbehörde bestätigte Anlage vorliegt und sich die Verhältnisse nach Angaben des Steuerpflichtigen nicht geändert haben (→ BMF vom 25.11.1999 – BStBl. I S. 990).

Öffentlicher Dienst

Bei Angehörigen des öffentlichen Dienstes i.S.d. § 1 Abs. 2 Satz 1 Nr. 1 und 2 EStG ohne diplomatischen oder konsularischen Status, die nach § 1 Abs. 3 EStG auf Antrag als unbeschränkt einkommensteuerpflichtig behandelt werden und an einem ausländischen Dienstort tätig sind, sind die unter dem Stichwort → Grenzpendler genannten Regelungen zur Eintragung der Steuerklasse III auf Antrag entsprechend anzuwenden (→ § 1a Abs. 2 EStG). Dabei muss auf den Wohnsitz, den gewöhnlichen Aufenthalt, die Wohnung oder den Haushalt im Staat des ausländischen Dienstortes abgestellt werden. Danach kann auch bei außerhalb von EU/EWR-Mitgliedstaaten tätigen Beamten weiterhin die Steuerklasse III in Betracht kommen. Dagegen erfüllen ein pensionierter Angehöriger des öffentlichen Dienstes und ein im Inland tätiger Angehöriger des öffentlichen Dienstes, die ihren Wohnsitz außerhalb eines EU/EWR-Mitgliedstaates oder in der Schweiz haben, nicht die Voraussetzungen des § 1a Abs. 2 EStG. Sie können aber ggf. als Grenzpendler in die Steuerklasse III eingeordnet werden, wenn der Ehegatte in einem EU/EWR-Mitgliedstaat oder in der Schweiz lebt (→ BMF vom 29.9.1995 – BStBl. I S. 429, Tz. 1.4 unter Berücksichtigung der zwischenzeitlich eingetretenen Rechtsänderungen).

Rechtsprechungsauswahl

BFH v. 23. 9. 2008 I R 65/07 (BStBl. 2009 II S. 666): Das FA kann auch dann „nachträglich" i.S. von § 50 Abs. 5 Satz 4 Nr. 1 EStG 1997/§ 50 Abs. 5 Satz 2 Nr. 1 EStG 1997 i.d.F. des StSenkG feststellen, dass die Voraussetzungen der unbeschränkten Einkommensteuerpflicht nach § 1 Abs. 3 EStG 1997 nicht vorgelegen haben, wenn es dies bereits bei Erteilung der Bescheinigung hätte bemerken können. Auch

---

1) Die Ländergruppeneinteilung ist zu beachten, wonach eine Verringerung der Beträge in Betracht kommen kann → BMF vom 18.11.2013 (BStBl. I S. 1462).
2) Zur Erteilung von Bescheinigungen für diesen Personenkreis → § 39 Absatz 3 EStG.
3) Zur Erteilung von Bescheinigungen für diesen Personenkreis → § 39 Absatz 3 EStG.
4) Zur Erteilung von Bescheinigungen für diesen Personenkreis → § 39 Absatz 3 EStG.

bei einer fehlerhaft erteilten Bescheinigung nach § 39c Abs. 4 EStG 1997 kann das FA die zu wenig erhobene Lohnsteuer nachfordern.

BFH v. 12. 1. 2001 VI R 102/98 (BStBl. 2003 II S. 151): Führt der Arbeitgeber entgegen § 39c Abs. 1 Satz 1 i.V.m. § 39d Abs. 3 Satz 4 EStG den Lohnsteuerabzug trotz Nichtvorliegen der Bescheinigung gemäß § 39d Abs. 1 Satz 3 EStG nicht nach der Steuerklasse VI, sondern nach der Steuerklasse I durch, kann der Arbeitgeber auch nach Ablauf des Kalenderjahres, für das die Bescheinigung nach § 39d Abs. 1 Satz 3 EStG gilt, grundsätzlich nach § 42d Abs. 1 Nr. 1 EStG in Haftung genommen werden.

§ 39d (weggefallen)[1]

§ 39e Verfahren zur Bildung und Anwendung der elektronischen Lohnsteuerabzugsmerkmale

(1) ¹Das Bundeszentralamt für Steuern bildet für jeden Arbeitnehmer grundsätzlich automatisiert die Steuerklasse und für die bei den Steuerklassen I bis IV zu berücksichtigenden Kinder die Zahl der Kinderfreibeträge nach § 38b Absatz 2 Satz 1 als Lohnsteuerabzugsmerkmale (§ 39 Absatz 4 Satz 1 Nummer 1 und 2); für Änderungen gilt § 39 Absatz 2 entsprechend. ²Soweit das Finanzamt Lohnsteuerabzugsmerkmale nach § 39 bildet, teilt es sie dem Bundeszentralamt für Steuern zum Zweck der Bereitstellung für den automatisierten Abruf durch den Arbeitgeber mit. ³Lohnsteuerabzugsmerkmale sind frühestens bereitzustellen mit Wirkung von Beginn des Kalenderjahres an, für das sie anzuwenden sind, jedoch nicht für einen Zeitpunkt vor Beginn des Dienstverhältnisses.

(2) ¹Das Bundeszentralamt für Steuern speichert zum Zweck der Bereitstellung automatisiert abrufbarer Lohnsteuerabzugsmerkmale für den Arbeitgeber die Lohnsteuerabzugsmerkmale unter Angabe der Identifikationsnummer sowie für jeden Steuerpflichtigen folgende Daten zu den in § 139b Absatz 3 der Abgabenordnung genannten Daten hinzu:

1. rechtliche Zugehörigkeit zu einer steuererhebenden Religionsgemeinschaft sowie Datum des Eintritts und Austritts,
2. melderechtlichen Familienstand sowie den Tag der Begründung oder Auflösung des Familienstands und bei Verheirateten die Identifikationsnummer des Ehegatten,
3. Kinder mit ihrer Identifikationsnummer.

²Die nach Landesrecht für das Meldewesen zuständigen Behörden (Meldebehörden) haben dem Bundeszentralamt für Steuern unter Angabe der Identifikationsnummer und des Tages der Geburt die in Satz 1 Nummer 1 bis 3 bezeichneten Daten und deren Änderungen im Melderegister mitzuteilen. ³In den Fällen des Satzes 1 Nummer 3 besteht die Mitteilungspflicht nur, wenn das Kind mit Hauptwohnsitz oder alleinigem Wohnsitz im Zuständigkeitsbereich der Meldebehörde gemeldet ist und solange das Kind das 18. Lebensjahr noch nicht vollendet hat. ⁴Sofern die Identifikationsnummer noch nicht zugeteilt wurde, teilt die Meldebehörde die Daten unter Angabe des Vorläufigen Bearbeitungsmerkmals nach § 139b Absatz 6 Satz 2 der Abgabenordnung mit. ⁵Für die Datenübermittlung gilt § 6 Absatz 2a der Zweiten Bundesmeldedatenübermittlungsverordnung vom 31. Juli 1995 (BGBl. I S. 1011), die zuletzt durch Artikel 1 der Verordnung vom 11. März 2011 (BGBl. I S. 325) geändert worden ist, in der jeweils geltenden Fassung entsprechend.

(3) ¹Das Bundeszentralamt für Steuern hält die Identifikationsnummer, den Tag der Geburt, Merkmale für den Kirchensteuerabzug und die Lohnsteuerabzugsmerkmale des Arbeitnehmers nach § 39 Absatz 4 zum unentgeltlichen automatisierten Abruf durch den Arbeitgeber nach amtlich vorgeschriebenem Datensatz bereit (elektronische Lohnsteuerabzugsmerkmale). ²Bezieht ein Arbeitnehmer nebeneinander von mehreren Arbeitgebern

---

[1] § 39d wurde durch das Beitragsrichtlinie-Umsetzungsgesetz vom 7.12.2011 (BGBl. I S. 2592) ab 1.1.2012 aufgehoben.

§ 39e

Arbeitslohn, sind für jedes weitere Dienstverhältnis elektronische Lohnsteuerabzugsmerkmale zu bilden. ³Haben Arbeitnehmer im Laufe des Kalenderjahres geheiratet, gilt für die automatisierte Bildung der Steuerklassen Folgendes:

1. Steuerklasse III ist zu bilden, wenn die Voraussetzungen des § 38b Absatz 1 Satz 2 Nummer 3 Buchstabe a Doppelbuchstabe aa vorliegen;

2. für beide Ehegatten ist Steuerklasse IV zu bilden, wenn die Voraussetzungen des § 38b Absatz 1 Satz 2 Nummer 4 vorliegen.

⁴Das Bundeszentralamt für Steuern führt die elektronischen Lohnsteuerabzugsmerkmale des Arbeitnehmers zum Zweck ihrer Bereitstellung nach Satz 1 mit der Wirtschafts-Identifikationsnummer (§ 139c der Abgabenordnung) des Arbeitgebers zusammen.

(4) ¹Der Arbeitnehmer hat jedem seiner Arbeitgeber bei Eintritt in das Dienstverhältnis zum Zweck des Abrufs der Lohnsteuerabzugsmerkmale mitzuteilen,

1. wie die Identifikationsnummer sowie der Tag der Geburt lauten,

2. ob es sich um das erste oder ein weiteres Dienstverhältnis handelt (§ 38b Absatz 1 Satz 2 Nummer 6) und

3. ob und in welcher Höhe ein nach § 39a Absatz 1 Satz 1 Nummer 7 festgestellter Freibetrag abgerufen werden soll.

²Der Arbeitgeber hat bei Beginn des Dienstverhältnisses die elektronischen Lohnsteuerabzugsmerkmale für den Arbeitnehmer beim Bundeszentralamt für Steuern durch Datenfernübertragung abzurufen und sie in das Lohnkonto für den Arbeitnehmer zu übernehmen. ³Für den Abruf der elektronischen Lohnsteuerabzugsmerkmale hat sich der Arbeitgeber zu authentifizieren und seine Wirtschafts-Identifikationsnummer, die Daten des Arbeitnehmers nach Satz 1 Nummer 1 und 2, den Tag des Beginns des Dienstverhältnisses und etwaige Angaben nach Satz 1 Nummer 3 mitzuteilen. ⁴Zur Plausibilitätsprüfung der Identifikationsnummer hält das Bundeszentralamt für Steuern für den Arbeitgeber entsprechende Regeln bereit. ⁵Der Arbeitgeber hat den Tag der Beendigung des Dienstverhältnisses unverzüglich dem Bundeszentralamt für Steuern durch Datenfernübertragung mitzuteilen. ⁶Beauftragt der Arbeitgeber einen Dritten mit der Durchführung des Lohnsteuerabzugs, hat sich der Dritte für den Datenabruf zu authentifizieren und zusätzlich seine Wirtschafts-Identifikationsnummer mitzuteilen. ⁷Für die Verwendung der elektronischen Lohnsteuerabzugsmerkmale gelten die Schutzvorschriften des § 39 Absatz 8 und 9 sinngemäß.

(5) ¹Die abgerufenen elektronischen Lohnsteuerabzugsmerkmale sind vom Arbeitgeber für die Durchführung des Lohnsteuerabzugs des Arbeitnehmers anzuwenden, bis

1. ihm das Bundeszentralamt für Steuern geänderte elektronische Lohnsteuerabzugsmerkmale zum Abruf bereitstellt oder

2. der Arbeitgeber dem Bundeszentralamt für Steuern die Beendigung des Dienstverhältnisses mitteilt.

²Sie sind in der üblichen Lohnabrechnung anzugeben. ³Der Arbeitgeber ist verpflichtet, die vom Bundeszentralamt für Steuern bereitgestellten Mitteilungen und elektronischen Lohnsteuerabzugsmerkmale monatlich anzufragen und abzurufen.

(6) ¹Gegenüber dem Arbeitgeber gelten die Lohnsteuerabzugsmerkmale (§ 39 Absatz 4) mit dem Abruf der elektronischen Lohnsteuerabzugsmerkmale als bekannt gegeben. ²Einer Rechtsbehelfsbelehrung bedarf es nicht. ³Die Lohnsteuerabzugsmerkmale gelten gegenüber dem Arbeitnehmer als bekannt gegeben, sobald der Arbeitgeber dem Arbeitnehmer den Ausdruck der Lohnabrechnung mit den nach Absatz 5 Satz 2 darin ausgewiesenen elektronischen Lohnsteuerabzugsmerkmalen ausgehändigt oder elektronisch bereitgestellt hat. ⁴Die elektronischen Lohnsteuerabzugsmerkmale sind dem Steuerpflichtigen auf Antrag vom zuständigen Finanzamt mitzuteilen oder elektronisch bereitzustellen. ⁵Wird dem Arbeitnehmer bekannt, dass die elektronischen Lohnsteuerabzugsmerkmale zu seinen Gunsten von den nach § 39 zu bildenden Lohnsteuerabzugsmerkmalen abweichen, ist er

§ 39e

verpflichtet, dies dem Finanzamt unverzüglich mitzuteilen. ⁶Der Steuerpflichtige kann beim zuständigen Finanzamt

1. den Arbeitgeber benennen, der zum Abruf von elektronischen Lohnsteuerabzugsmerkmalen berechtigt ist (Positivliste) oder nicht berechtigt ist (Negativliste). ²Hierfür hat der Arbeitgeber dem Arbeitnehmer seine Wirtschafts-Identifikationsnummer mitzuteilen. ³Für die Verwendung der Wirtschafts-Identifikationsnummer gelten die Schutzvorschriften des § 39 Absatz 8 und 9 sinngemäß; oder
2. die Bildung oder die Bereitstellung der elektronischen Lohnsteuerabzugsmerkmale allgemein sperren oder allgemein freischalten lassen.

⁷Macht der Steuerpflichtige von seinem Recht nach Satz 6 Gebrauch, hat er die Positivliste, die Negativliste, die allgemeine Sperrung oder die allgemeine Freischaltung in einem bereitgestellten elektronischen Verfahren oder nach amtlich vorgeschriebenem Vordruck dem Finanzamt zu übermitteln. ⁸Werden wegen einer Sperrung nach Satz 6 einem Arbeitgeber, der Daten abrufen möchte, keine elektronischen Lohnsteuerabzugsmerkmale bereitgestellt, wird dem Arbeitgeber die Sperrung mitgeteilt und dieser hat die Lohnsteuer nach Steuerklasse VI zu ermitteln.

(7) ¹Auf Antrag des Arbeitgebers kann das Betriebsstättenfinanzamt zur Vermeidung unbilliger Härten zulassen, dass er nicht am Abrufverfahren teilnimmt. ²Dem Antrag eines Arbeitgebers ohne maschinelle Lohnabrechnung, der ausschließlich Arbeitnehmer im Rahmen einer geringfügigen Beschäftigung in seinem Privathaushalt im Sinne des § 8a des Vierten Buches Sozialgesetzbuch beschäftigt, ist stattzugeben. ³Der Arbeitgeber hat dem Antrag unter Angabe seiner Wirtschafts-Identifikationsnummer ein Verzeichnis der beschäftigten Arbeitnehmer mit Angabe der jeweiligen Identifikationsnummer und des Tages der Geburt des Arbeitnehmers beizufügen. ⁴Der Antrag ist nach amtlich vorgeschriebenem Vordruck jährlich zu stellen und vom Arbeitgeber zu unterschreiben. ⁵Das Betriebsstättenfinanzamt übermittelt dem Arbeitgeber für die Durchführung des Lohnsteuerabzugs für ein Kalenderjahr eine arbeitgeberbezogene Bescheinigung mit den Lohnsteuerabzugsmerkmalen des Arbeitnehmers (Bescheinigung für den Lohnsteuerabzug) sowie etwaige Änderungen. ⁶Diese Bescheinigung sowie die Änderungsmitteilungen sind als Belege zum Lohnkonto zu nehmen und bis zum Ablauf des Kalenderjahres aufzubewahren. ⁷Absatz 5 Satz 1 und 2 sowie Absatz 6 Satz 3 gelten entsprechend. ⁸Der Arbeitgeber hat den Tag der Beendigung des Dienstverhältnisses unverzüglich dem Betriebsstättenfinanzamt mitzuteilen.

(8) ¹Ist einem nach § 1 Absatz 1 unbeschränkt einkommensteuerpflichtigen Arbeitnehmer keine Identifikationsnummer zugeteilt, hat das Wohnsitzfinanzamt auf Antrag eine Bescheinigung für den Lohnsteuerabzug für die Dauer eines Kalenderjahres auszustellen. ²Diese Bescheinigung ersetzt die Verpflichtung und Berechtigung des Arbeitgebers zum Abruf der elektronischen Lohnsteuerabzugsmerkmale (Absätze 4 und 6). ³In diesem Fall tritt an die Stelle der Identifikationsnummer das lohnsteuerliche Ordnungsmerkmal nach § 41b Absatz 2 Satz 1 und 2. ⁴Für die Durchführung des Lohnsteuerabzugs hat der Arbeitnehmer seinem Arbeitgeber vor Beginn des Kalenderjahres oder bei Eintritt in das Dienstverhältnis die nach Satz 1 ausgestellte Bescheinigung für den Lohnsteuerabzug vorzulegen. ⁵§ 39c Absatz 1 Satz 2 bis 5 ist sinngemäß anzuwenden. ⁶Der Arbeitgeber hat die Bescheinigung für den Lohnsteuerabzug entgegenzunehmen und während des Dienstverhältnisses, längstens bis zum Ablauf des jeweiligen Kalenderjahres, aufzubewahren.

(9) Ist die Wirtschafts-Identifikationsnummer noch nicht oder nicht vollständig eingeführt, tritt an ihre Stelle die Steuernummer der Betriebsstätte oder des Teils des Betriebs des Arbeitgebers, in dem der für den Lohnsteuerabzug maßgebende Arbeitslohn des Arbeitnehmers ermittelt wird (§ 41 Absatz 2).

(10) Die beim Bundeszentralamt für Steuern nach Absatz 2 Satz 1 gespeicherten Daten können auch zur Prüfung und Durchführung der Einkommensbesteuerung (§ 2) des Steuerpflichtigen für Veranlagungszeiträume ab 2005 verwendet werden.

§ 39e

Hinweise

LStH 39e Allgemeines
Lohnsteuerabzug ab dem Kalenderjahr 2013 im Verfahren der elektronischen Lohnsteuerabzugsmerkmale → *BMF vom 7.8.2013 (BStBl. I S. 951)* unter Berücksichtigung der Änderung durch → *BMF vom 23.10.2014 (BStBl. I S. 1411)* – *Anlage § 039e-01* –

Antragsfrist
→ *R 39.3 Satz 1*

Rechtsprechungsauswahl

BFH v. 18. 1. 2012 II R 49/10 (BStBl. II S. 168): Zuteilung der Identifikationsnummer und dazu erfolgte Datenspeicherung mit Grundgesetz vereinbar – Zuteilung der Identifikationsnummer kein Verwaltungsakt – Steuerpflichtiger nach § 139a Abs. 2 AO - Pflichtangaben zur Religionszugehörigkeit auf Lohnsteuerkarte

Die Zuteilung der Identifikationsnummer und die dazu erfolgte Datenspeicherung sind mit dem Recht auf informationelle Selbstbestimmung und sonstigem Verfassungsrecht vereinbar.

§ 39f

§ 39f Faktorverfahren anstelle Steuerklassenkombination III/V [1)]

(1) ¹Bei Ehegatten, die in die Steuerklasse IV gehören (§ 38b Absatz 1 Satz 2 Nummer 4), hat das Finanzamt auf Antrag beider Ehegatten nach § 39a anstelle der Steuerklassenkombination III/V (§ 38b Absatz 1 Satz 2 Nummer 5) als Lohnsteuerabzugsmerkmal jeweils die Steuerklasse IV in Verbindung mit einem Faktor zur Ermittlung der Lohnsteuer zu bilden, wenn der Faktor kleiner als 1 ist. ²Der Faktor ist Y : X und vom Finanzamt mit drei Nachkommastellen ohne Rundung zu berechnen. ³„Y" ist die voraussichtliche Einkommensteuer für beide Ehegatten nach dem Splittingverfahren (§ 32a Absatz 5) unter Berücksichtigung der in § 39b Absatz 2 genannten Abzugsbeträge. ⁴„X" ist die Summe der voraussichtlichen Lohnsteuer bei Anwendung der Steuerklasse IV für jeden Ehegatten. ⁵In die Bemessungsgrundlage für Y werden jeweils neben den Jahresarbeitslöhnen der ersten Dienstverhältnisse zusätzlich nur Beträge einbezogen, die nach § 39a Absatz 1 Satz 1 Nummer 1 bis 6 als Freibetrag ermittelt und als Lohnsteuerabzugsmerkmal gebildet werden könnten; Freibeträge werden neben dem Faktor nicht als Lohnsteuerabzugsmerkmal gebildet. ⁶In den Fällen des § 39a Absatz 1 Satz 1 Nummer 7 sind bei der Ermittlung von Y und X die Hinzurechnungsbeträge zu berücksichtigen; die Hinzurechnungsbeträge sind zusätzlich als Lohnsteuerabzugsmerkmal für das erste Dienstverhältnis zu bilden. ⁷Arbeitslöhne aus zweiten und weiteren Dienstverhältnissen (Steuerklasse VI) sind im Faktorverfahren nicht zu berücksichtigen.

(2) Für die Einbehaltung der Lohnsteuer vom Arbeitslohn hat der Arbeitgeber Steuerklasse IV und den Faktor anzuwenden.

(3) ¹§ 39 Absatz 6 Satz 3 und 5 gilt sinngemäß. ²§ 39a ist anzuwenden mit der Maßgabe, dass ein Antrag nach amtlich vorgeschriebenem Vordruck (§ 39a Absatz 2) nur erforderlich ist, wenn bei der Faktorermittlung zugleich Beträge nach § 39a Absatz 1 Satz 1 Nummer 1 bis 6 berücksichtigt werden sollen.

(4) Das Faktorverfahren ist im Programmablaufplan für die maschinelle Berechnung der Lohnsteuer (§ 39b Absatz 6) zu berücksichtigen.

---

1) Zur Steuerklassenwahl bei Arbeitnehmerehegatten siehe Anlage § 038b-01.

§ 40

§ 40 Pauschalierung der Lohnsteuer in besonderen Fällen

(1) ¹Das Betriebsstättenfinanzamt (§ 41a Absatz 1 Satz 1 Nummer 1) kann auf Antrag des Arbeitgebers zulassen, dass die Lohnsteuer mit einem unter Berücksichtigung der Vorschriften des § 38a zu ermittelnden Pauschsteuersatz erhoben wird, soweit

1. von dem Arbeitgeber sonstige Bezüge in einer größeren Zahl von Fällen gewährt werden oder
2. in einer größeren Zahl von Fällen Lohnsteuer nachzuerheben ist, weil der Arbeitgeber die Lohnsteuer nicht vorschriftsmäßig einbehalten hat.

²Bei der Ermittlung des Pauschsteuersatzes ist zu berücksichtigen, dass die in Absatz 3 vorgeschriebene Übernahme der pauschalen Lohnsteuer durch den Arbeitgeber für den Arbeitnehmer eine in Geldeswert bestehende Einnahme im Sinne des § 8 Absatz 1 darstellt (Nettosteuersatz). ³Die Pauschalierung ist in den Fällen des Satzes 1 Nummer 1 ausgeschlossen, soweit der Arbeitgeber einem Arbeitnehmer sonstige Bezüge von mehr als 1 000 Euro im Kalenderjahr gewährt. ⁴Der Arbeitgeber hat dem Antrag eine Berechnung beizufügen, aus der sich der durchschnittliche Steuersatz unter Zugrundelegung der durchschnittlichen Jahresarbeitslöhne und der durchschnittlichen Jahreslohnsteuer in jeder Steuerklasse für diejenigen Arbeitnehmer ergibt, denen die Bezüge gewährt werden sollen oder gewährt worden sind.

(2) ¹Abweichend von Absatz 1 kann der Arbeitgeber die Lohnsteuer mit einem Pauschsteuersatz von 25 Prozent erheben, soweit er

1. arbeitstäglich Mahlzeiten im Betrieb an die Arbeitnehmer unentgeltlich oder verbilligt abgibt oder Barzuschüsse an ein anderes Unternehmen leistet, das arbeitstäglich Mahlzeiten an die Arbeitnehmer unentgeltlich oder verbilligt abgibt. ²Voraussetzung ist, dass die Mahlzeiten nicht als Lohnbestandteile vereinbart sind,
2. Arbeitslohn aus Anlass von Betriebsveranstaltungen zahlt,
3. Erholungsbeihilfen gewährt, wenn diese zusammen mit Erholungsbeihilfen, die in demselben Kalenderjahr früher gewährt worden sind, 156 Euro für den Arbeitnehmer, 104 Euro für dessen Ehegatten und 52 Euro für jedes Kind nicht übersteigen und der Arbeitgeber sicherstellt, dass die Beihilfen zu Erholungszwecken verwendet werden,
4. Vergütungen für Verpflegungsmehraufwendungen anlässlich einer Tätigkeit im Sinne des § 9 Absatz 4a Satz 2 oder Satz 4 zahlt, soweit die Vergütungen die nach § 9 Absatz 4a Satz 3, 5 und 6 zustehenden Pauschalen um nicht mehr als 100 Prozent übersteigen,
5. den Arbeitnehmern zusätzlich zum ohnehin geschuldeten Arbeitslohn unentgeltlich oder verbilligt Datenverarbeitungsgeräte übereignet; das gilt auch für Zubehör und Internetzugang. ²Das Gleiche gilt für Zuschüsse des Arbeitgebers, die zusätzlich zum ohnehin geschuldeten Arbeitslohn zu den Aufwendungen des Arbeitnehmers für die Internetnutzung gezahlt werden.

²Der Arbeitgeber kann die Lohnsteuer mit einem Pauschsteuersatz von 15 Prozent für Sachbezüge in Form der unentgeltlichen oder verbilligten Beförderung eines Arbeitnehmers zwischen Wohnung und erster Tätigkeitsstätte sowie Fahrten nach § 9 Absatz 1 Satz 3 Nummer 4a Satz 3 und für zusätzlich zum ohnehin geschuldeten Arbeitslohn geleistete Zuschüsse zu den Aufwendungen des Arbeitnehmers für Fahrten zwischen Wohnung und Arbeitsstätte erheben, soweit diese Bezüge den Betrag nicht übersteigen, den der Arbeitnehmer nach § 9 Absatz 1 Satz 3 Nummer 4 und Absatz 2 als Werbungskosten geltend machen könnte, wenn die Bezüge nicht pauschal besteuert würden. ³Die nach Satz 2 pauschal besteuerten Bezüge mindern die nach § 9 Absatz 1 Satz 3 Nummer 4 und Absatz 2 abziehbaren Werbungskosten; sie bleiben bei der Anwendung des § 40a Absatz 1 bis 4 außer Ansatz.

(3) ¹Der Arbeitgeber hat die pauschale Lohnsteuer zu übernehmen. ²Er ist Schuldner der pauschalen Lohnsteuer; auf den Arbeitnehmer abgewälzte pauschale Lohnsteuer gilt als zugeflossener Arbeitslohn und mindert nicht die Bemessungsgrundlage. ³Der pauschal besteuerte Arbeitslohn und die pauschale Lohnsteuer bleiben bei einer Veranlagung zur Ein-

kommensteuer und beim Lohnsteuer-Jahresausgleich außer Ansatz. ⁴Die pauschale Lohnsteuer ist weder auf die Einkommensteuer noch auf die Jahreslohnsteuer anzurechnen.

LStR

R 40.1 Bemessung der Lohnsteuer nach besonderen Pauschsteuersätzen (§ 40 Abs. 1 EStG)

Größere Zahl von Fällen

(1) ¹Eine größere Zahl von Fällen ist ohne weitere Prüfung anzunehmen, wenn gleichzeitig mindestens 20 Arbeitnehmer in die Pauschalbesteuerung einbezogen werden. ²Wird ein Antrag auf Lohnsteuerpauschalierung für weniger als 20 Arbeitnehmer gestellt, kann unter Berücksichtigung der besonderen Verhältnisse des Arbeitgebers und der mit der Pauschalbesteuerung angestrebten Vereinfachung eine größere Zahl von Fällen auch bei weniger als 20 Arbeitnehmern angenommen werden.

Beachtung der Pauschalierungsgrenze

(2) ¹Der Arbeitgeber hat anhand der Aufzeichnungen im Lohnkonto (→ § 4 Abs. 2 Nr. 8 Satz 1 LStDV) vor jedem Pauschalierungsantrag zu prüfen, ob die Summe aus den im laufenden Kalenderjahr bereits gezahlten sonstigen Bezügen, für die die Lohnsteuer mit einem besonderen Steuersatz erhoben worden ist, und dem sonstigen Bezug, der nunmehr die an einzelnen Arbeitnehmer gezahlt werden soll, die Pauschalierungsgrenze nach § 40 Abs. 1 Satz 3 EStG übersteigt. ²Wird die Pauschalierungsgrenze durch den sonstigen Bezug überschritten, ist der übersteigende Teil nach § 39b Abs. 3 EStG zu besteuern. ³Hat der Arbeitgeber die Pauschalierungsgrenze mehrfach nicht beachtet, sind Anträge auf Lohnsteuerpauschalierung nach § 40 Abs. 1 Satz 1 Nr. 2 EStG nicht zu genehmigen.

Berechnung des durchschnittlichen Steuersatzes

(3) ¹Die Verpflichtung, den durchschnittlichen Steuersatz zu errechnen, kann der Arbeitgeber dadurch erfüllen, dass er

1. den Durchschnittsbetrag der pauschal zu versteuernden Bezüge,

2. die Zahl der betroffenen Arbeitnehmer nach Steuerklassen getrennt in folgenden drei Gruppen:

   a) Arbeitnehmer in den Steuerklassen I, II und IV,

   b) Arbeitnehmer in der Steuerklasse III und

   c) Arbeitnehmer in den Steuerklassen V und VI sowie

3. die Summe der Jahresarbeitslöhne der betroffenen Arbeitnehmer, gemindert um die nach § 39b Abs. 3 Satz 3 EStG abziehbaren Freibeträge und den Entlastungsbetrag für Alleinerziehende bei der Steuerklasse II, erhöht um den Hinzurechnungsbetrag,

ermittelt. ²Hierbei kann aus Vereinfachungsgründen davon ausgegangen werden, dass die betroffenen Arbeitnehmer in allen Zweigen der Sozialversicherung versichert sind und keinen Beitragszuschlag für Kinderlose (§ 55 Abs. 3 SGB XI) leisten; die individuellen Verhältnisse auf Grund des Faktorverfahrens nach § 39f EStG bleiben unberücksichtigt. ³Außerdem kann für die Ermittlungen nach Satz 1 Nr. 2 und 3 eine repräsentative Auswahl der betroffenen Arbeitnehmer zugrunde gelegt werden. ⁴Zur Festsetzung eines Pauschsteuersatzes für das laufende Kalenderjahr können für die Ermittlung nach Satz 1 Nr. 3 auch die Verhältnisse des Vorjahres zugrunde gelegt werden. ⁵Aus dem nach Satz 1 Nr. 3 ermittelten Betrag hat der Arbeitgeber den durchschnittlichen Jahresarbeitslohn der erfassten Arbeitnehmer zu berechnen. ⁶Für jede der in Satz 1 Nr. 2 bezeichneten Gruppen hat der Arbeitgeber sodann den Steuerbetrag zu ermitteln, dem der Durchschnittsbetrag der pauschal zu versteuernden Bezüge unterliegt, wenn er dem durchschnittlichen Jahresarbeitslohn hinzugerechnet wird. ⁷Dabei ist für die Gruppe nach Satz 1 Nr. 2 Buchstabe a die Steuerklasse I, für die Gruppe nach Satz 1 Nr. 2 Buchstabe b die Steuerklasse III und für die Gruppe nach Satz 1 Nr. 2 Buchstabe c die Steuerklasse V maßgebend; der Durchschnittsbetrag der pauschal zu besteuernden Bezüge ist auf den nächsten durch 216 ohne Rest teilbaren Euro-Betrag aufzurunden. ⁸Durch Multiplikation der Steuerbeträge mit der Zahl der in der entsprechenden Gruppe erfassten Arbeitnehmer und Division der sich hiernach ergebenden Summe der Steuerbeträge durch die Gesamtzahl der Arbeitnehmer und den Durchschnittsbetrag der pauschal zu besteuernden Bezüge ist hiernach die durchschnittliche Steuerbelastung zu berechnen, der die pauschal zu besteuernden Bezüge unterliegen. ⁹Das Finanzamt hat den Pauschsteuersatz nach dieser Steuerbelastung so zu berechnen, dass unter Berücksichtigung der Übernahme der pauschalen Lohnsteuer durch den Arbeitgeber insgesamt nicht zu wenig Lohnsteuer erhoben wird. ¹⁰Die Prozentsätze der durchschnittlichen Steuerbelastung und des Pauschsteuersatzes sind mit einer Dezimalstelle anzusetzen, die nachfolgenden Dezimalstellen sind fortzulassen.

Hinweise

LStH 40.1 Berechnung des durchschnittlichen Steuersatzes

Die in R 40.1 Abs. 3 dargestellte Berechnung des durchschnittlichen Steuersatzes ist nicht zu beanstanden (→ BFH vom 11.3.1988 – BStBl. II S. 726). Kinderfreibeträge sind nicht zu berücksichtigen (→ BFH vom 26.7.2007 – BStBl. II S. 844).

Beispiel:

1. Der Arbeitgeber ermittelt für rentenversicherungspflichtige Arbeitnehmer
   a) den durchschnittlichen Betrag der pauschal zu besteuernden Bezüge mit 550 €,
   b) die Zahl der betroffenen Arbeitnehmer
      – in den Steuerklassen I, II und IV mit 20,
      – in der Steuerklasse III mit 12 und
      – in den Steuerklassen V und VI mit 3,
   c) die Summe der Jahresarbeitslöhne der betroffenen Arbeitnehmer nach Abzug aller Freibeträge mit 610 190 €; dies ergibt einen durchschnittlichen Jahresarbeitslohn von (610 910 € : 35 =) 17 434 €.
2. Die Erhöhung des durchschnittlichen Jahresarbeitslohns um den auf 648 € aufgerundeten Durchschnittsbetrag (→ R 40.1 Abs. 3 Satz 7 zweiter Halbsatz) der pauschal zu besteuernden Bezüge ergibt für diesen Betrag folgende Jahreslohnsteuerbeträge:
   – in der Steuerklasse I = 160 €,
   – in der Steuerklasse III = 80 €,
   – in der Steuerklasse V = 180 €.
3. Die durchschnittliche Steuerbelastung der pauschal zu besteuernden Bezüge ist hiernach wie folgt zu berechnen:
$$\frac{20 \times 160 + 12 \times 80 + 3 \times 180}{35 \times 648} = 20{,}7\,\%.$$
4. Der Pauschsteuersatz beträgt demnach
$$\frac{100 \times 20{,}7\%}{100 - 20{,}7\%} = 26{,}1\,\%.$$

Bindung des Arbeitgebers an den Pauschalierungsbescheid

Der Arbeitgeber ist an seinen rechtswirksam gestellten Antrag auf Pauschalierung der Lohnsteuer gebunden, sobald der Lohnsteuer-Pauschalierungsbescheid wirksam wird (→BFH vom 5.3.1993 – BStBl. II S. 692).

Bindung des Finanzamts an den Pauschalierungsbescheid

Wird auf den Einspruch des Arbeitgebers ein gegen ihn ergangener Lohnsteuer-Pauschalierungsbescheid aufgehoben, so kann der dort berücksichtigte Arbeitslohn bei der Veranlagung des Arbeitnehmers erfasst werden (→ BFH vom 18.1.1991 – BStBl. II S. 309).

Bindung des Finanzamts an eine Anrufungsauskunft

Hat der Arbeitgeber eine Anrufungsauskunft eingeholt und ist er danach verfahren, ist das Betriebsstättenfinanzamt im Lohnsteuer-Abzugsverfahren daran gebunden. Eine Nacherhebung der Lohnsteuer ist auch dann nicht zulässig, wenn der Arbeitgeber nach einer Lohnsteuer-Außenprüfung einer Pauschalierung nach § 40 Abs. 1 Satz 1 Nr. 2 EStG zugestimmt hat (→ BFH vom 16.11.2005 – BStBl. 2006 II S. 210).

Entstehung der pauschalen Lohnsteuer

In den Fällen des § 40 Abs. 1 Satz 1 Nr. 2 EStG ist der geldwerte Vorteil aus der Steuerübernahme des Arbeitgebers nicht nach den Verhältnissen im Zeitpunkt der Steuernachforderung zu versteuern. Vielmehr muss der für die pauschalierten Löhne nach den Verhältnissen der jeweiligen Zuflussjahre errechnete Bruttosteuersatz (→ Beispiel Nr. 1 bis 3) jeweils auf den Nettosteuersatz (→ Beispiel Nr. 4) der Jahre hochgerechnet werden, in denen die pauschalierten Löhne zugeflossen sind und in denen die pauschale Lohnsteuer entsteht (→ BFH vom 6.5.1994 – BStBl. II S. 715).

Kirchensteuer bei Pauschalierung der Lohnsteuer

→ Gleich lautende Ländererlasse vom 23.10.2012 (BStBl. I S. 1083)   – *Anlage § 040-02* –

Pauschalierungsantrag

Derjenige, der für den Arbeitgeber im Rahmen der Lohnsteuer-Außenprüfung auftritt, ist in der Regel dazu befugt, einen Antrag auf Lohnsteuer-Pauschalierung zu stellen (→ BFH vom 10.10.2002 – BStBl. 2003 II S. 156).

Pauschalierungsbescheid

Die pauschalen Steuerbeträge sind im Pauschalierungsbescheid auf die einzelnen Jahre aufzuteilen (→ BFH vom 18.7.1985 – BStBl. 1986 II S. 152).

Pauschalierungsvoraussetzungen

Die pauschalierte Lohnsteuer darf nur für solche Einkünfte aus nichtselbstständiger Arbeit erhoben werden, die dem Lohnsteuerabzug unterliegen, wenn der Arbeitgeber keinen Pauschalierungsantrag gestellt hätte (→ BFH vom 10.5.2006 – BStBl. II S. 669).

Wirkung einer fehlerhaften Pauschalbesteuerung

Eine fehlerhafte Pauschalbesteuerung ist für die Veranlagung zur Einkommensteuer nicht bindend (→ BFH vom 10.6.1988 – BStBl. II S. 981).

LStR

R 40.2 Bemessung der Lohnsteuer nach einem festen Pauschsteuersatz (§ 40 Abs. 2 EStG)

Allgemeines

(1) ¹Die Lohnsteuer kann mit einem Pauschsteuersatz von 25 % erhoben werden

1. nach § 40 Abs. 2 Satz 1 Nr. 1 EStG für den Unterschiedsbetrag zwischen dem amtlichen Sachbezugswert und dem niedrigeren Entgelt, das der Arbeitnehmer für die Mahlzeiten entrichtet (→ R 8.1 Abs. 7 Nr. 1 bis 3); ggf. ist der nach R 8.1 Abs. 7 Nr. 5 ermittelte Durchschnittswert der Besteuerung zugrunde zu legen. ²Bei der Ausgabe von Essenmarken ist die Pauschalversteuerung nur zulässig, wenn die Mahlzeit mit dem maßgebenden Sachbezugswert zu bewerten ist (→ R 8.1 Abs. 7 Nr. 4 Buchstabe a) oder der Verrechnungswert der Essenmarke nach R 8.1 Abs. 7 Nr. 4 Buchstabe b anzusetzen ist;

1a. nach § 40 Abs. 2 Satz 1 Nr. 1a EStG für Mahlzeiten, die der Arbeitgeber oder auf seine Veranlassung ein Dritter den Arbeitnehmern bei einer Auswärtstätigkeit zur Verfügung stellt, wenn die Mahlzeit mit dem Sachbezugswert anzusetzen ist, z. B., weil die Abwesenheit von mehr als 8 Stunden nicht erreicht oder nicht dokumentiert wird (eintägige Auswärtstätigkeit) oder der Dreimonatszeitraum abgelaufen ist,·

2. nach § 40 Abs. 2 Satz 1 Nr. 2 EStG für Zuwendungen bei Betriebsveranstaltungen, wenn die Betriebsveranstaltung oder die Zuwendung nicht üblich ist (→ R 19.7);

3. nach § 40 Abs. 2 Satz 1 Nr. 3 EStG für Erholungsbeihilfen, soweit sie nicht ausnahmsweise als steuerfreie Unterstützungen anzusehen sind und wenn sie nicht die in § 40 Abs. 2 Satz 1 Nr. 3 EStG genannten Grenzen übersteigen;

4. nach § 40 Abs. 2 Satz 1 Nr. 4 EStG für Vergütungen für Verpflegungsmehraufwendungen, die anlässlich einer Auswärtstätigkeit mit einer Abwesenheitsdauer von mehr als 8 Stunden oder für den An- und Abreisetag einer mehrtägigen Auswärtstätigkeit mit Übernachtung gezahlt werden, soweit die Vergütungen die in § 9 Abs. 4a Satz 3 bis 6 EStG bezeichneten ungekürzten Pauschbeträge um nicht mehr als 100 % übersteigen; die Pauschalversteuerung gilt nicht für die Erstattung von Verpflegungsmehraufwendungen wegen einer doppelten Haushaltsführung;

5. nach § 40 Abs. 2 Satz 1 Nr. 5 EStG für zusätzlich zum ohnehin geschuldeten Arbeitslohn unentgeltlich oder verbilligt übereignete Datenverarbeitungsgeräte, Zubehör und Internetzugang sowie für zusätzlich zum ohnehin geschuldeten Arbeitslohn gezahlte Zuschüsse des Arbeitgebers zu den Aufwendungen des Arbeitnehmers für die Internetnutzung.

Verhältnis zur Pauschalierung nach § 40 Abs. 1 Satz 1 Nr. 1

(2) Die nach § 40 Abs. 2 EStG pauschal besteuerten sonstigen Bezüge werden nicht auf die Pauschalierungsgrenze (→ R 40.1 Abs. 2) angerechnet.

Erholungsbeihilfen

(3) ¹Bei der Feststellung, ob die im Kalenderjahr gewährten Erholungsbeihilfen zusammen mit früher gewährten Erholungsbeihilfen die in § 40 Abs. 2 Satz 1 Nr. 3 EStG bezeichneten Beträge übersteigen, ist von der Höhe der Zuwendungen im Einzelfall auszugehen. ²Die Jahreshöchstbeträge für den Arbeit-

nehmer, seinen Ehegatten[1)] und seine Kinder sind jeweils gesondert zu betrachten. ³Die Erholungsbeihilfen müssen für die Erholung dieser Personen bestimmt sein und verwendet werden. ⁴Davon kann in der Regel ausgegangen werden, wenn die Erholungsbeihilfe im zeitlichen Zusammenhang mit einem Urlaub des Arbeitnehmers gewährt wird. ⁵Übersteigen die Erholungsbeihilfen im Einzelfall den maßgebenden Jahreshöchstbetrag, ist auf sie insgesamt entweder § 39b Abs. 3 EStG mit Ausnahme des Satzes 9 oder § 40 Abs. 1 Satz 1 Nr. 1 EStG anzuwenden.

Reisekosten

(4) ¹Die Pauschalversteuerung mit einem Pauschsteuersatz von 25 % nach § 40 Abs. 2 Satz 1 Nr. 4 EStG ist auf einen Vergütungsbetrag bis zur Summe der ungekürzten Verpflegungspauschalen nach § 9 Abs. 4a Satz 3 bis 6 EStG begrenzt. ²Für den darüber hinausgehenden Vergütungsbetrag kann weiterhin eine Pauschalversteuerung mit einem besonderen Pauschsteuersatz nach § 40 Abs. 1 Satz 1 Nr. 1 EStG in Betracht kommen. ³Zur Ermittlung des steuerfreien Vergütungsbetrags dürfen die einzelnen Aufwendungsarten zusammengefasst werden (→ R 3.16 Satz 1). ⁴Aus Vereinfachungsgründen bestehen auch keine Bedenken, den Betrag, der den steuerfreien Vergütungsbetrag übersteigt, einheitlich als Vergütung für Verpflegungsmehraufwendungen zu behandeln, die in den Grenzen des § 40 Abs. 2 Satz 1 Nr. 4 EStG mit 25 % pauschal versteuert werden kann.

Personalcomputer und Internet

(5) ¹Die Pauschalierung nach § 40 Abs. 2 Satz 1 Nr. 5 Satz 1 EStG kommt bei Sachzuwendungen des Arbeitgebers in Betracht. ²Hierzu rechnet die Übereignung von Hardware einschließlich technischem Zubehör und Software als Erstausstattung oder als Ergänzung, Aktualisierung und Austausch vorhandener Bestandteile. ³Die Pauschalierung ist auch möglich, wenn der Arbeitgeber ausschließlich technisches Zubehör oder Software übereignet. ⁴Telekommunikationsgeräte, die nicht Zubehör eines Datenverarbeitungsgerätes sind oder nicht für die Internetnutzung verwendet werden können, sind von der Pauschalierung ausgeschlossen. ⁵Hat der Arbeitnehmer einen Internetzugang, sind die Barzuschüsse des Arbeitgebers für die Internetnutzung des Arbeitnehmers nach § 40 Abs. 2 Satz 1 Nr. 5 Satz 2 EStG pauschalierungsfähig. ⁶Zu den Aufwendungen für die Internetnutzung in diesem Sinne gehören sowohl die laufenden Kosten (z. B. Grundgebühr für den Internetzugang, laufende Gebühren für die Internetnutzung, Flatrate), als auch die Kosten der Einrichtung des Internetzugangs (z. B. Anschluss, Modem, Personalcomputer). ⁷Aus Vereinfachungsgründen kann der Arbeitgeber den vom Arbeitnehmer erklärten Betrag für die laufende Internetnutzung (Gebühren) pauschal versteuern, soweit dieser 50 Euro im Monat nicht übersteigt. ⁸Der Arbeitgeber hat diese Erklärung als Beleg zum Lohnkonto aufzubewahren. ⁹Bei höheren Zuschüssen zur Internetnutzung und zur Änderung der Verhältnisse gilt R 3.50 Abs. 2 sinngemäß. ¹⁰Soweit die pauschal besteuerten Bezüge auf Werbungskosten entfallen, ist der Werbungskostenabzug grundsätzlich ausgeschlossen. ¹¹Zu Gunsten des Arbeitnehmers sind die pauschal besteuerten Zuschüsse zunächst auf den privat veranlassten Teil der Aufwendungen anzurechnen. ¹²Aus Vereinfachungsgründen unterbleibt zu Gunsten des Arbeitnehmers eine Anrechnung auf seine Werbungskosten bei Zuschüssen bis zu 50 Euro im Monat.

Fahrten zwischen Wohnung und erster Tätigkeitsstätte

(6) ¹Die Lohnsteuer kann nach § 40 Abs. 2 Satz 2 EStG mit einem Pauschsteuersatz von 15 % erhoben werden. ²Maßgeblich für die Hohe des pauschalierbaren Betrages sind die tatsächlichen Aufwendungen des Arbeitnehmers für die Fahrten zwischen Wohnung und erster Tatigkeitsstätte oder Fahrten nach § 9 Abs. 1 Satz 3 Nr. 4a Satz 3 EStG, jedoch höchstens der Betrag, den der Arbeitnehmer nach § 9 Abs. 1 Satz 3 Nr. 4, Abs. 2 EStG als Werbungskosten geltend machen könnte.

Hinweise

LStH 40.2 *Abwälzung der pauschalen Lohnsteuer*
- *bei bestimmten Zukunftssicherungsleistungen* → *H 40b.1 (Abwälzung der pauschalen Lohnsteuer)*
- *bei Fahrtkosten* (→ *BMF vom 10.1.2000 – BStBl. I S. 138)* – *Anlage § 040-01* –
    Beispiel:
    Ein Arbeitnehmer hat Anspruch auf einen Zuschuss zu seinen Pkw-Kosten für Fahrten zwischen Wohnung und erster Tätigkeitsstätte in Höhe des gesetzlichen Entfernungspauschale, so dass sich für den Lohnabrechnungszeitraum ein Fahrtkostenzuschuss von insgesamt 210 € ergibt. Arbeitgeber und Arbeitnehmer haben vereinbart, dass diese Ar-

---

1) Die Regelungen zu Ehegatten gelten auch für Lebenspartner (§ 2 Abs. 8 EStG).

beitgeberleistung pauschal besteuert werden und der Arbeitnehmer die pauschale Lohnsteuer tragen soll.

Bemessungsgrundlage für die Anwendung des gesetzlichen Pauschsteuersatzes von 15 % ist der Bruttobetrag von 210 €.

Als pauschal besteuerte Arbeitgeberleistung ist der Betrag von 210 € zu bescheinigen. Dieser Betrag mindert den nach § 9 Abs. 1 Satz 3 Nr. 4 EStG als Werbungskosten abziehbaren Betrag von 210 € auf 0 €.

– *bei Teilzeitbeschäftigten* → *H 40a.1 (Abwälzung der pauschalen Lohnsteuer)*

Bescheinigungspflicht für Fahrgeldzuschüsse

→ *§ 41b Abs. 1 Satz 2 Nr. 7 EStG*

Betriebsveranstaltung

– *Eine nur Führungskräften eines Unternehmens vorbehaltene Abendveranstaltung ist mangels Offenheit des Teilnehmerkreises keine Betriebsveranstaltung i. S. d. § 40 Abs. 2 Satz 1 Nr. 2 EStG (BFH vom 15.1.2009 – BStBl. II S. 476).*

– *Im Rahmen einer Betriebsveranstaltung an alle Arbeitnehmer überreichte Goldmünzen unterliegen nicht der Pauschalierungsmöglichkeit des § 40 Abs. 2 Satz 1 Nr. 2 EStG (→ BFH vom 7.11.2006 – BStBl. 2007 II S. 128).*

– *Während einer Betriebsveranstaltung überreichte Geldgeschenke, die kein zweckgebundenes Zehrgeld sind, können nicht nach § 40 Abs. 2 EStG pauschal besteuert werden (→ BFH vom 7.2.1997 – BStBl. II S. 365).*

Erholungsbeihilfen

→ *LStH 3.11 (Erholungsbeihilfen und andere Beihilfen)*

Fahrten zwischen Wohnung und erster Tätigkeitsstätte

→ *BMF vom 1.4.2011 BStBl. I S. 301* – *Anlage § 008-12 –*

Fahrtkostenzuschüsse

– *als zusätzlich erbrachte Leistung* → *R 3.33 Abs. 5, BMF vom 22.5.2013 (BStBl. I S. 728)*

– *können auch bei Anrechnung auf andere freiwillige Sonderzahlungen pauschal versteuert werden (→ BFH vom 1.10.2009 – BStBl. 2010 II S. 487)*

– *sind auch bei Teilzeitbeschäftigten i.S.d. § 40a EStG unter Beachtung der Abzugsbeschränkung bei der Entfernungspauschale nach § 40 Abs. 2 Satz 2 EStG pauschalierbar. Die pauschal besteuerten Beförderungsleistungen und Fahrtkostenzuschüsse sind in die Prüfung der Arbeitslohngrenzen des § 40a EStG nicht einzubeziehen(→ § 40 Abs. 2 Satz 3 EStG).*

– *Zur Pauschalbesteuerung von Fahrtkostenzuschüssen* → *BMF vom 31.10.2013 (BStBl. I S. 1376).* – *Anlage § 009-07 –*

Fehlerhafte Pauschalversteuerung

→ *H 40a.1 (Fehlerhafte Pauschalversteuerung)*

Gestellung von Kraftfahrzeugen

– *Die Vereinfachungsregelung von 15 Arbeitstagen monatlich gilt nicht bei der Einzelbewertung einer Kraftfahrzeuggestellung nach der sog. 0,002 %-Methode* → *BMF vom 1.4.2011 (BStBl. I S. 301), Rdnr. 13.* – *Anlage § 008-12 –*

– *Zur Pauschalbesteuerung bei der Gestellung von Kraftfahrzeugen* → *BMF vom 31.10.2013 (BStBl. I S. 1376).* – *Anlage § 009-07 –*

Kirchensteuer bei Pauschalierung der Lohnsteuer

→ *Gleich lautende Ländererlasse vom 23.10.2012 (BStBl. I S. 1083)* – *Anlage § 040-02 –*

Pauschalversteuerung von Reisekosten

→ *BMF vom 24.10.2014 (BStBl. I S. 1412) Rz. 58 ff.*

Beispiel:

Ein Arbeitnehmer erhält wegen einer Auswärtstätigkeit von Montag 11 Uhr bis Mittwoch 20 Uhr mit kostenloser Übernachtung mit Frühstück eines Geschäftsfreundes lediglich pauschalen Fahrtkostenersatz von 250 €, dem eine Fahrstrecke mit eigenem Pkw von 500 km zugrunde liegt.

§ 40

LStH 40.2, Rechtsprechung

Steuerfrei sind
- *eine Fahrtkostenvergütung von (500 x 0,30 € =)*   *150,00 €*
- *Verpflegungspauschalen von*
  (12 € + 19,20 € [246 ./. 4,80 €] + 7,20 € [12 € ./. 4,80 €]   *38,40 €*
insgesamt   *188,40 €.*

Der Mehrbetrag von (250 € ./. 188,40 € =) 61,60 € kann mit einem Teilbetrag von 48 € pauschal mit 25 % versteuert werden. Bei einer Angabe in der Lohnsteuerbescheinigung sind 38,40 € einzutragen (→ § 41b Abs. 1 Satz 2 Nr. 10 EStG).

Rechtsprechungsauswahl

BFH v. 14. 11. 2013 VI R 50/12 (BFH-Webseite): Sonderzahlungen des Arbeitgebers anlässlich seines Ausscheidens aus der Versorgungsanstalt des Bundes und der Länder - Pauschale Lohnsteuer auf Gegenwertzahlungen – Inhaltsgleich mit BFH-Urteil vom 14.11.2013 VI R 49/12

Es wird die Entscheidung des BVerfG darüber eingeholt, ob § 40b Abs. 4, Abs. 5 Satz 1 EStG i.d.F. des JStG 2007 vom 13. Dezember 2006 (BGBl I 2006, 2878, BStBl. I 2007, 28), Letzterer i.V.m. § 40 Abs. 3 Satz 1 EStG, insoweit mit Art. 3 Abs. 1 GG unvereinbar ist, als danach der Arbeitgeber auf Sonderzahlungen i.S. des § 19 Abs. 1 Satz 1 Nr. 3 Satz 2 EStG i.d.F. des JStG 2007 zwangsweise pauschale Lohnsteuer zu zahlen hat, durch die er selbst definitiv belastet wird.

BFH v. 19. 9. 2012 VI R 55/11 (BStBl. 2013 II S. 398): Zuschüsse zum ohnehin geschuldeten Arbeitslohn – Erholungsbeihilfen – Mindestmaß an Vergewisserung über den Verwendungszweck

1. Der „ohnehin geschuldete Arbeitslohn" ist der arbeitsrechtlich geschuldete. „Zusätzlich" zum ohnehin geschuldeten Arbeitslohn i.S. des § 40 Abs. 2 Satz 2 EStG werden nur freiwillig geleistete Fahrtkostenzuschüsse erbracht.
2. Die Sicherstellung der Verwendung von Erholungsbeihilfen des Arbeitgebers durch die Arbeitnehmer zu deren Erholungszwecken nach § 40 Abs. 2 Satz 1 Nr. 3 EStG setzt jedenfalls voraus, dass der Arbeitgeber über die Verwendung der Mittel Kenntnis hat.

BFH v. 1. 10. 2009 VI R 41/07 (BStBl. 2010 II S. 487): Zuschüsse zum ohnehin geschuldeten Arbeitslohn

1. Der ohnehin geschuldete Arbeitslohn i.S. des § 40 Abs. 2 Satz 2 EStG ist der arbeitsrechtlich geschuldete.
2. Ein Zuschuss zum ohnehin geschuldeten Arbeitslohn i.S. des § 40 Abs. 2 Satz 2 EStG kann auch unter Anrechnung auf andere freiwillige Sonderzahlungen geleistet werden (entgegen R 3.33 Abs. 5 Satz 6 LStR 2009).

BFH v. 30. 4. 2009 VI R 55/07 (BStBl. II S. 726):

1. Sachzuwendungen an Arbeitnehmer anlässlich einer Veranstaltung, die sowohl Elemente einer Betriebsveranstaltung als auch einer sonstigen betrieblichen Veranstaltung enthält, sind grundsätzlich aufzuteilen (Anschluss an Senatsentscheidung vom 16. November 2005 VI R 118/01, BFHE 212, 55, BStBl. II 2006, 444).
2. Die Aufwendungen des Arbeitgebers für die Durchführung der gemischt veranlassten Gesamtveranstaltung sind nur dann kein Arbeitslohn, wenn die dem Betriebsveranstaltungsteil zuzurechnenden anteiligen Kosten die für die Zuordnung bei Betriebsveranstaltungen maßgebliche Freigrenze nicht überschreiten.

BFH v. 15. 1. 2009 VI R 22/06 (BStBl. II S. 476): Eine nur Führungskräften eines Unternehmens vorbehaltene Abendveranstaltung stellt mangels Offenheit des Teilnehmerkreises keine Betriebsveranstaltung i.S. des § 40 Abs. 2 Satz 1 Nr. 2 EStG dar. Die Möglichkeit der Lohnsteuer-Pauschalierung mit einem festen Steuersatz von 25 % scheidet aus.

BFH v. 20. 11. 2008 VI R 4/06 (BStBl. 2009 II S. 374):

1. Ob die von einem Warenproduzenten im Rahmen des Vertriebs in Warenhäusern beschäftigten Servicekräfte als Arbeitnehmer anzusehen sind, ist anhand einer Vielzahl in Betracht kommender Merkmale nach dem Gesamtbild der Verhältnisse zu beurteilen.
2. Die Nachforderung pauschaler Lohnsteuer beim Arbeitgeber setzt voraus, dass der Arbeitgeber der Pauschalierung zustimmt.

Rechtsprechung § 40

BFH v. 18. 10. 2007 VI R 96/04 (BStBl. 2008 II S. 198): Der nach der sog. 1 %-Regelung gemäß § 40 Abs. 1 EStG pauschaliert besteuerte Vorteil eines vom Arbeitgeber dem Arbeitnehmer zur Privatnutzung überlassenen Dienstwagens ist nicht um die vom Arbeitnehmer selbst getragenen Treibstoffkosten zu mindern. Übernommene individuelle Kosten sind kein Entgelt für die Einräumung der Nutzungsmöglichkeit.

BFH v. 26.7.2007 VI R 48/03 (BStBl. II S. 844): Bei der Ermittlung des Pauschsteuersatzes für die pauschale Lohnsteuer nach § 40 Abs. 1 EStG werden die auf den Lohnsteuerkarten der Arbeitnehmer eingetragenen Kinderfreibeträge nicht berücksichtigt.

BFH v. 7. 11. 2006 VI R 58/04 (BStBl. 2007 II S. 128): Im Rahmen einer Betriebsveranstaltung an alle Arbeitnehmer überreichte Goldmünzen unterliegen nicht der Pauschalierungsmöglichkeit des § 40 Abs. 2 Satz 1 Nr. 2 EStG.

BFH v. 16. 11. 2005 VI R 68/00 (BStBl. 2006 II S. 440): Führt ein Arbeitgeber pro Kalenderjahr mehr als zwei Betriebsveranstaltungen für denselben Kreis von Begünstigten durch, so wird ab der dritten Veranstaltung Arbeitslohn zugewendet.

BFH v. 16. 11. 2005 VI R 23/02 (BStBl. 2006 II S. 210): Hat der Arbeitgeber eine Anrufungsauskunft eingeholt und ist er danach verfahren, ist das Betriebsstätten-FA im Lohnsteuer-Abzugsverfahren daran gebunden. Eine Nacherhebung der Lohnsteuer ist auch dann nicht zulässig, wenn der Arbeitgeber nach einer Lohnsteuer-Außenprüfung einer Pauschalierung nach § 40 Abs. 1 Satz 1 Nr. 2 EStG zugestimmt hat.

BFH v. 10. 10. 2002 VI R 13/01 (BStBl. 2003 II S. 156): Derjenige, der für den Arbeitgeber im Rahmen der Lohnsteuer-Außenprüfung auftritt, ist in der Regel nach den Grundsätzen der Anscheinsvollmacht dazu befugt, einen Antrag auf Lohnsteuerpauschalierung zu stellen.

BFH v. 1. 3. 2002 VI R 171/98 (BStBl. II S. 440): Wird Lohnsteuer mit einem Pauschsteuersatz erhoben, ist die pauschale Lohnsteuer Bemessungsgrundlage für den Solidaritätszuschlag.

BFH v. 7. 2. 2002 VI R 80/00 (BStBl. II S. 438): Ein nach § 40 Abs. 1 Satz 1 Nr. 2 EStG ergangener Lohnsteuer-Pauschalierungsbescheid ist nicht deshalb nichtig, weil der Arbeitgeber keinen Pauschalierungsantrag gestellt hat.

BFH v. 7. 2. 1997 VI R 3/96 (BStBl. II S. 365): Während einer Betriebsveranstaltung (Weihnachtsfeier) überreichte Geldgeschenke, die kein zweckgebundenes Zehrgeld sind, unterliegen nicht der Pauschalierungsmöglichkeit des § 40 Abs. 2 Satz 1 Nr. 2 EStG.

§ 40a

§ 40a Pauschalierung der Lohnsteuer für Teilzeitbeschäftigte und geringfügig Beschäftigte

(1) ¹Der Arbeitgeber kann unter Verzicht auf den Abruf von elektronischen Lohnsteuerabzugsmerkmalen (§ 39e Absatz 4 Satz 2) oder die Vorlage einer Bescheinigung für den Lohnsteuerabzug (§ 39 Absatz 3 oder § 39e Absatz 7 oder Absatz 8) bei Arbeitnehmern, die nur kurzfristig beschäftigt werden, die Lohnsteuer mit einem Pauschsteuersatz von 25 Prozent des Arbeitslohns erheben. ²Eine kurzfristige Beschäftigung liegt vor, wenn der Arbeitnehmer bei dem Arbeitgeber gelegentlich, nicht regelmäßig wiederkehrend beschäftigt wird, die Dauer der Beschäftigung 18 zusammenhängende Arbeitstage nicht übersteigt und

1. der Arbeitslohn während der Beschäftigungsdauer 62 Euro durchschnittlich je Arbeitstag nicht übersteigt oder
2. die Beschäftigung zu einem unvorhersehbaren Zeitpunkt sofort erforderlich wird.

(2) Der Arbeitgeber kann unter Verzicht auf den Abruf von elektronischen Lohnsteuerabzugsmerkmalen (§ 39e Absatz 4 Satz 2) oder die Vorlage einer Bescheinigung für den Lohnsteuerabzug (§ 39 Absatz 3 oder § 39e Absatz 7 oder Absatz 8) die Lohnsteuer einschließlich Solidaritätszuschlag und Kirchensteuern (einheitliche Pauschsteuer) für das Arbeitsentgelt aus geringfügigen Beschäftigungen im Sinne des § 8 Absatz 1 Nummer 1 oder des § 8a des Vierten Buches Sozialgesetzbuch, für das er Beiträge nach § 168 Absatz 1 Nummer 1b oder 1c (geringfügig versicherungspflichtig Beschäftigte) oder nach § 172 Absatz 3 oder 3a (versicherungsfrei oder von der Versicherungspflicht befreite geringfügig Beschäftigte) oder nach § 276a Absatz 1 (versicherungsfrei geringfügig Beschäftigte) des Sechsten Buches Sozialgesetzbuch zu entrichten hat, mit einem einheitlichen Pauschsteuersatz in Höhe von insgesamt 2 Prozent des Arbeitsentgelts erheben.

(2a) Hat der Arbeitgeber in den Fällen des Absatzes 2 keine Beiträge nach § 168 Absatz 1 Nummer 1b oder 1c oder nach § 172 Absatz 3 oder 3a oder nach § 276a Abs. 1 des Sechsten Buches Sozialgesetzbuch zu entrichten, kann er unter Verzicht auf den Abruf von elektronischen Lohnsteuerabzugsmerkmalen (§ 39e Absatz 4 Satz 2) oder die Vorlage einer Bescheinigung für den Lohnsteuerabzug (§ 39 Absatz 3 oder § 39e Absatz 7 oder Absatz 8) die Lohnsteuer mit einem Pauschsteuersatz in Höhe von 20 Prozent des Arbeitsentgelts erheben.

(3) ¹Abweichend von den Absätzen 1 und 2a kann der Arbeitgeber unter Verzicht auf den Abruf von elektronischen Lohnsteuerabzugsmerkmalen (§ 39e Absatz 4 Satz 2) oder die Vorlage einer Bescheinigung für den Lohnsteuerabzug (§ 39 Absatz 3 oder § 39e Absatz 7 oder Absatz 8) bei Aushilfskräften, die in Betrieben der Land- und Forstwirtschaft im Sinne des § 13 Absatz 1 Nummer 1 bis 4 ausschließlich mit typisch land- oder forstwirtschaftlichen Arbeiten beschäftigt werden, die Lohnsteuer mit einem Pauschsteuersatz von 5 Prozent des Arbeitslohns erheben. ²Aushilfskräfte im Sinne dieser Vorschrift sind Personen, die für die Ausführung und für die Dauer von Arbeiten, die nicht ganzjährig anfallen, beschäftigt werden; eine Beschäftigung mit anderen land- und forstwirtschaftlichen Arbeiten ist unschädlich, wenn deren Dauer 25 Prozent der Gesamtbeschäftigungsdauer nicht überschreitet. ³Aushilfskräfte sind nicht Arbeitnehmer, die zu den land- und forstwirtschaftlichen Fachkräften gehören oder die der Arbeitgeber mehr als 180 Tage im Kalenderjahr beschäftigt.

(4) Die Pauschalierungen nach den Absätzen 1 und 3 sind unzulässig

1. bei Arbeitnehmern, deren Arbeitslohn während der Beschäftigungsdauer durchschnittlich je Arbeitsstunde 12 Euro übersteigt,
2. bei Arbeitnehmern, die für eine andere Beschäftigung von demselben Arbeitgeber Arbeitslohn beziehen, der nach § 39b oder § 39c dem Lohnsteuerabzug unterworfen wird.

(5) Auf die Pauschalierungen nach den Absätzen 1 bis 3 ist § 40 Absatz 3 anzuwenden.

(6) ¹Für die Erhebung der einheitlichen Pauschsteuer nach Absatz 2 ist die Deutsche Rentenversicherung Knappschaft-Bahn-See zuständig. ²Die Regelungen zum Steuerabzug vom Arbeitslohn sind entsprechend anzuwenden. ³Für die Anmeldung, Abführung und Vollstreckung der einheitlichen Pauschsteuer sowie die Erhebung eines Säumniszuschlags und das Mahnverfahren für die einheitliche Pauschsteuer gelten dabei die Regelungen für die

§ 40a

Beiträge nach § 168 Absatz 1 Nummer 1b oder 1c oder nach § 172 Absatz 3 oder 3a oder nach § 276a Abs. 1 des Sechsten Buches Sozialgesetzbuch. ⁴Die Deutsche Rentenversicherung Knappschaft-Bahn-See hat die einheitliche Pauschsteuer auf die erhebungsberechtigten Körperschaften aufzuteilen; dabei entfallen aus Vereinfachungsgründen 90 Prozent der einheitlichen Pauschsteuer auf die Lohnsteuer, 5 Prozent auf den Solidaritätszuschlag und 5 Prozent auf die Kirchensteuern. ⁵Die erhebungsberechtigten Kirchen haben sich auf eine Aufteilung des Kirchensteueranteils zu verständigen und diesen der Deutschen Rentenversicherung Knappschaft-Bahn-See mitzuteilen. ⁶Die Deutsche Rentenversicherung Knappschaft-Bahn-See ist berechtigt, die einheitliche Pauschsteuer nach Absatz 2 zusammen mit den Sozialversicherungsbeiträgen beim Arbeitgeber einzuziehen.

LStR

R 40a.1 Kurzfristig Beschäftigte und Aushilfskräfte in der Land- und Forstwirtschaft

Allgemeines

(1) ¹Die Pauschalierung der Lohnsteuer nach § 40a Abs. 1 und 3 EStG ist sowohl für unbeschränkt als auch für beschränkt einkommensteuerpflichtige Aushilfskräfte zulässig. ²Bei der Prüfung der Voraussetzungen für die Pauschalierung ist von den Merkmalen auszugehen, die sich für das einzelne Dienstverhältnis ergeben. ³Es ist nicht zu prüfen, ob die Aushilfskraft noch in einem Dienstverhältnis zu einem anderen Arbeitgeber steht. ⁴Der Arbeitgeber darf die Pauschalbesteuerung nachholen, solange keine Lohnsteuerbescheinigung ausgeschrieben ist, eine Lohnsteuer-Anmeldung noch berichtigt werden kann und noch keine Festsetzungsverjährung eingetreten ist. ⁵Der Arbeitnehmer kann Aufwendungen, die mit dem pauschal besteuerten Arbeitslohn zusammenhängen, nicht als Werbungskosten abziehen.

Gelegentliche Beschäftigung

(2) ¹Als gelegentliche, nicht regelmäßig wiederkehrende Beschäftigung ist eine ohne feste Wiederholungsabsicht ausgeübte Tätigkeit anzusehen. ²Tatsächlich kann es zu Wiederholungen der Tätigkeit kommen. ³Entscheidend ist, dass die erneute Tätigkeit nicht von vornherein vereinbart worden ist. ⁴Es kommt dann nicht darauf an, wie oft die Aushilfskräfte tatsächlich im Laufe des Jahres tätig werden. ⁵Ob sozialversicherungsrechtlich eine kurzfristige Beschäftigung vorliegt oder nicht, ist für die Pauschalierung nach § 40a Abs. 1 EStG ohne Bedeutung.

Unvorhersehbarer Zeitpunkt

(3) ¹§ 40a Abs. 1 Satz 2 Nr. 2 EStG setzt voraus, dass das Dienstverhältnis dem Ersatz einer ausgefallenen oder dem akuten Bedarf einer zusätzlichen Arbeitskraft dient. ²Die Beschäftigung von Aushilfskräften, deren Einsatzzeitpunkt längere Zeit vorher feststeht, z. B. bei Volksfesten oder Messen, kann grundsätzlich nicht als unvorhersehbar und sofort erforderlich angesehen werden; eine andere Beurteilung ist aber z. B. hinsichtlich solcher Aushilfskräfte möglich, deren Einstellung entgegen dem vorhersehbaren Bedarf an Arbeitskräften notwendig geworden ist.

Bemessungsgrundlage für die pauschale Lohnsteuer

(4) ¹Zur Bemessungsgrundlage der pauschalen Lohnsteuer gehören alle Einnahmen, die dem Arbeitnehmer aus der Aushilfsbeschäftigung zufließen (→ § 2 LStDV). ²Steuerfreie Einnahmen bleiben außer Betracht. ³Der Arbeitslohn darf für die Ermittlung der pauschalen Lohnsteuer nicht um den Altersentlastungsbetrag (§ 24a EStG) gekürzt werden.

Pauschalierungsgrenzen

(5) ¹Bei der Prüfung der Pauschalierungsgrenzen des § 40a Abs. 1 und 3 EStG ist Absatz 4 entsprechend anzuwenden. ²Pauschal besteuerte Bezüge mit Ausnahme des § 40a Abs. 2 Satz 2 EStG sind bei der Prüfung der Pauschalierungsgrenzen zu berücksichtigen. ³Zur Beschäftigungsdauer gehören auch solche Zeiträume, in denen der Arbeitslohn wegen Urlaubs, Krankheit oder gesetzlicher Feiertage fortgezahlt wird.

Aushilfskräfte in der Land- und Forstwirtschaft

(6) ¹Eine Pauschalierung der Lohnsteuer nach § 40a Abs. 3 EStG für Aushilfskräfte in der Land- und Forstwirtschaft ist nur zulässig, wenn die Aushilfskräfte in einem Betrieb i.S.d. § 13 Abs. 1 EStG beschäftigt werden. ²Für Aushilfskräfte, die in einem Gewerbebetrieb i.S.d. § 15 EStG tätig sind, kommt die Pauschalierung nach § 40a Abs. 3 EStG selbst dann nicht in Betracht, wenn sie mit typisch land- und forstwirtschaftlichen Arbeiten beschäftigt werden; eine Pauschalierung der Lohnsteuer ist grundsätzlich zulässig, wenn ein Betrieb, der Land- und Forstwirtschaft betreibt, nur wegen seiner Rechtsform oder der Abfärbetheorie (§ 15 Abs. 3 Nr. 1 EStG) als Gewerbebetrieb gilt. ³Werden die Aushilfskräfte zwar in

§ 40a RL 40a.1

einem land- und forstwirtschaftlichen Betrieb i.S.d. § 13 Abs. 1 EStG beschäftigt, üben sie aber keine typische land- und forstwirtschaftliche Tätigkeit aus, z.B. Blumenbinder, Verkäufer, oder sind sie abwechselnd mit typisch land- und forstwirtschaftlichen und anderen Arbeiten betraut, z.B. auch im Gewerbebetrieb oder Nebenbetrieb desselben Arbeitgebers tätig, ist eine Pauschalierung der Lohnsteuer nach § 40a Abs. 3 EStG nicht zulässig.

Hinweise

LStH 40a.1 *Abwälzung der pauschalen Lohnsteuer*

→ BMF vom 10.1.2000 (BStBl. I S. 138) – Anlage § 040-01 –

Arbeitstag

Als Arbeitstag i.S.d. § 40a Abs. 1 Satz 2 Nr. 1 EStG ist grundsätzlich der Kalendertag zu verstehen. Arbeitstag kann jedoch auch eine auf zwei Kalendertage fallende Nachtschicht sein (→ BFH vom 28.1.1994 – BStBl. II S. 421).

Arbeitsstunde

Arbeitsstunde i.S.d § 40a Abs. 4 Nr. 1 EStG ist die Zeitstunde. Wird der Arbeitslohn für kürzere Zeiteinheiten gezahlt, z.B. für 45 Minuten, ist der Lohn zur Prüfung der Pauschalierungsgrenze nach § 40a Abs. 4 Nr. 1 EStG entsprechend umzurechnen (→ BFH vom 10.8.1990 – BStBl. II S. 1092).

Aufzeichnungspflichten

– → § 4 Abs. 2 Nr. 8 vorletzter Satz LStDV
– Als Beschäftigungsdauer ist jeweils die Zahl der tatsächlichen Arbeitsstunden (= 60 Minuten) in dem jeweiligen Lohnzahlungs- oder Lohnabrechnungszeitraum aufzuzeichnen (→ BFH vom 10.9.1976 – BStBl. 1977 II S. 17).
– Bei fehlenden oder fehlerhaften Aufzeichnungen ist die Lohnsteuerpauschalierung zulässig, wenn die Pauschalierungsvoraussetzungen auf andere Weise, z.B. durch Arbeitsnachweise, Zeitkontrollen, Zeugenaussagen, nachgewiesen oder glaubhaft gemacht werden (→ BFH vom 12.6.1986 – BStBl. II S. 681).

Fehlerhafte Pauschalversteuerung

– Eine fehlerhafte Pauschalbesteuerung ist für die Veranlagung zur Einkommensteuer nicht bindend (→ BFH vom 10.6.1988 – BStBl. II S. 981).

Kirchensteuer bei Pauschalierung der Lohnsteuer

→ Gleich lautende Ländererlasse vom 23.10.2012 (BStBl. I S. 1083) – Anlage § 040-02 –

Land- und Forstwirtschaft

– Abgrenzung Gewerbebetrieb – Betrieb der Land- und Forstwirtschaft → R 15.5 EStR
– Die Pauschalierung nach § 40a Abs. 3 EStG ist zulässig, wenn ein Betrieb, der Land- und Forstwirtschaft betreibt, ausschließlich wegen seiner Rechtsform als Gewerbebetrieb gilt (→ BFH vom 5.9.1980 – BStBl. 1981 II S. 76). Entsprechendes gilt, wenn der Betrieb nur wegen § 15 Abs. 3 Nr. 1 EStG (Abfärbetheorie) als Gewerbebetrieb anzusehen ist (→ BFH vom 14.9.2005 – BStBl. II S. 92).
– Die Pauschalierung der Lohnsteuer nach § 40a Abs. 3 EStG ist nicht zulässig, wenn der Betrieb infolge erheblichen Zukaufs fremder Erzeugnisse aus dem Tätigkeitsbereich des § 13 Abs. 1 EStG ausgeschieden und einheitlich als Gewerbebetrieb zu beurteilen ist. Etwas anderes gilt auch nicht für Neben- oder Teilbetriebe, die für sich allein die Merkmale eines land- und forstwirtschaftlichen Betriebs erfüllen (→ BFH vom 3.8.1990 – BStBl. II S. 1002).

Land- und forstwirtschaftliche Arbeiten

Das Schälen von Spargel durch Aushilfskräfte eines landwirtschaftlichen Betriebs zählt nicht zu den typisch land- und forstwirtschaftlichen Arbeiten i. S. d. § 40a Abs. 3 Satz 1 EStG (→ BFH vom 8.5.2008 – BStBl. 2009 II S. 40).

Land- und forstwirtschaftliche Fachkraft

– Ein Arbeitnehmer, der die Fertigkeiten für eine land- oder forstwirtschaftliche Tätigkeit im Rahmen einer Berufsausbildung erlernt hat, gehört zu den Fachkräften, ohne dass es darauf ankommt, ob die durchgeführten Arbeiten den Einsatz einer Fachkraft erfordern (→ BFH vom 25.10.2005 – BStBl. 2006 II S. 208).

- *Hat ein Arbeitnehmer die erforderlichen Fertigkeiten nicht im Rahmen einer Berufsausbildung erworben, gehört er nur dann zu den land- und forstwirtschaftlichen Fachkräften, wenn er anstelle einer Fachkraft eingesetzt ist (→ BFH vom 25.10.2005 – BStBl. 2006 II S. 208).*
- *Ein Arbeitnehmer ist anstelle einer land- und forstwirtschaftlichen Fachkraft eingesetzt, wenn mehr als 25 % der zu beurteilenden Tätigkeit Fachkraft-Kenntnisse erfordern (→ BFH vom 25.10.2005 – BStBl. 2006 II S. 208).*
- *Traktorführer sind jedenfalls dann als Fachkräfte und nicht als Aushilfskräfte zu beurteilen, wenn sie den Traktor als Zugfahrzeug mit landwirtschaftlichen Maschinen führen (→ BFH vom 25.10.2005 – BStBl. 2006 II S. 204).*

Land- und forstwirtschaftliche Saisonarbeiten

- *Land- und forstwirtschaftliche Arbeiten fallen nicht ganzjährig an, wenn sie wegen der Abhängigkeit vom Lebensrhythmus der produzierten Pflanzen oder Tiere einen erkennbaren Abschluss in sich tragen. Dementsprechend können darunter auch Arbeiten fallen, die im Zusammenhang mit der Viehhaltung stehen (→ BFH vom 25.10.2005 – BStBl. 2006 II S. 206).*
- *Wenn die Tätigkeit des Ausmistens nicht laufend, sondern nur im Zusammenhang mit dem einmal jährlich erfolgenden Vieh-Austrieb auf die Weide möglich ist, handelt es sich um eine nicht ganzjährig anfallende Arbeit. Unschädlich ist, dass ähnliche Tätigkeiten bei anderen Bewirtschaftungsformen ganzjährig anfallen können (→ BFH vom 25.10.2005 – BStBl. 2006 II S. 206).*
- *Reinigungsarbeiten, die ihrer Art nach während des ganzen Jahres anfallen (hier: Reinigung der Güllekanäle und Herausnahme der Güllespalten), sind nicht vom Lebensrhythmus der produzierten Pflanzen oder Tiere abhängig und sind daher keine saisonbedingten Arbeiten (→ BFH vom 25.10.2005 – BStBl. 2006 II S. 204).*
- *Die Unschädlichkeitsgrenze von 25 % der Gesamtbeschäftigungsdauer bezieht sich auf ganzjährig anfallende land- und forstwirtschaftliche Arbeiten. Für andere land- und forstwirtschaftliche Arbeiten gilt sie nicht (→ BFH vom 25.10.2005 – BStBl. 2006 II S. 206).*

Nachforderung pauschaler Lohnsteuer

Die Nachforderung pauschaler Lohnsteuer beim Arbeitgeber setzt voraus, dass dieser der Pauschalierung zustimmt (→ BFH vom 20.11.2008 – BStBl. 2009 II S. 374).

Nebenbeschäftigung für denselben Arbeitgeber

Übt der Arbeitnehmer für denselben Arbeitgeber neben seiner Haupttätigkeit eine Nebentätigkeit mit den Merkmalen einer kurzfristigen Beschäftigung oder Aushilfskraft aus, ist die Pauschalierung der Lohnsteuer nach § 40a Abs. 1 und 3 EStG ausgeschlossen (→ § 40a Abs. 4 Nr. 2 EStG).

Ruhegehalt neben kurzfristiger Beschäftigung

In einer kurzfristigen Beschäftigung kann die Lohnsteuer auch dann pauschaliert werden, wenn der Arbeitnehmer vom selben Arbeitgeber ein betriebliches Ruhegeld bezieht, das dem normalen Lohnsteuerabzug unterliegt (→ BFH vom 27.7.1990 – BStBl. II S. 931).

LStR

R 40a.2 Geringfügig entlohnte Beschäftigte

[1]Die Erhebung der einheitlichen Pauschsteuer nach § 40a Abs. 2 EStG knüpft allein an die sozialversicherungsrechtliche Beurteilung als geringfügige Beschäftigung an und kann daher nur dann erfolgen, wenn der Arbeitgeber einen pauschalen Beitrag zur gesetzlichen Rentenversicherung von 15 % bzw. 5 % (geringfügig Beschäftigte im Privathaushalt) zu entrichten hat. [2]Die Pauschalierung der Lohnsteuer nach § 40a Abs. 2a EStG kommt in Betracht, wenn der Arbeitgeber für einen geringfügig Beschäftigten nach § 8 Abs. 1 Nr. 1, § 8a SGB IV keinen pauschalen Beitrag zur gesetzlichen Rentenversicherung zu entrichten hat (z. B. auf Grund der Zusammenrechnung mehrerer geringfügiger Beschäftigungsverhältnisse). [3]Bemessungsgrundlage für die einheitliche Pauschsteuer (§40a Abs. 2 EStG) und den Pauschsteuersatz nach § 40a Abs. 2a EStG ist das sozialversicherungsrechtliche Arbeitsentgelt, unabhängig davon, ob es steuerpflichtiger oder steuerfreier Arbeitslohn ist. [4]Für Lohnbestandteile, die nicht zum sozialversicherungsrechtlichen Arbeitsentgelt gehören, ist die Lohnsteuerpauschalierung

§ 40a — LStH 40a.2, Rechtsprechung

nach § 40a Abs. 2 und 2a EStG nicht zulässig; sie unterliegen der Lohnsteuererhebung nach den allgemeinen Regelungen.

Hinweise

LStH 40a.2 Wechsel zwischen Pauschalversteuerung und Regelbesteuerung

- Es ist nicht zulässig, im Laufe eines Kalenderjahres zwischen der Regelbesteuerung und der Pauschalbesteuerung zu wechseln, wenn dadurch allein die Ausnutzung der mit Einkünften aus nichtselbständiger Arbeit verbundenen Frei- und Pauschbeträge erreicht werden soll (→ BFH vom 20.12.1991 – BStBl. 1992 II S. 695).

- Ein Arbeitgeber ist weder unter dem Gesichtspunkt des Rechtsmissbrauchs noch durch die Zielrichtung des § 40a EStG gehindert, nach Ablauf des Kalenderjahres die Pauschalversteuerung des Arbeitslohnes für die in seinem Betrieb angestellte Ehefrau rückgängig zu machen und zur Regelbesteuerung überzugehen (→ BFH vom 26.11.2003 – BStBl. 2004 II S. 195).

Rechtsprechungsauswahl

BFH v. 29. 5. 2008 VI R 57/05 (BStBl. 2009 II S. 147):

1. Ob ein nach § 3 Nr. 39 EStG steuerfreies Arbeitsentgelt aus einer geringfügigen Beschäftigung erzielt wird, beurteilt sich ausschließlich nach sozialversicherungsrechtlichen Maßstäben. Die Geringfügigkeitsgrenze ist auch unter Einbeziehung tariflich geschuldeter, aber tatsächlich nicht ausgezahlter Löhne zu bestimmen (sozialversicherungsrechtliches „Entstehungsprinzip").

2. Der Einkommensteuer unterliegt auch bei einer geringfügigen Beschäftigung nur der tatsächlich zugeflossene Arbeitslohn („Zuflussprinzip").

BFH v. 8. 5. 2008 VI R 76/04 (BStBl. 2009 II S. 40): Das Schälen von Spargel durch Aushilfskräfte eines landwirtschaftlichen Betriebs zählt nicht zu den typisch landwirtschaftlichen und forstwirtschaftlichen Arbeiten i.S. des § 40a Abs. 3 Satz 1 EStG.

BFH v. 25. 10. 2005 VI R 60/03 (BStBl. 2006 II S. 206):

1. Land- und forstwirtschaftliche Arbeiten fallen nach § 40a Abs. 3 Satz 2 Halbsatz 1 EStG nicht ganzjährig an, wenn sie wegen der Abhängigkeit vom Lebensrhythmus der produzierten Pflanzen oder Tiere einen erkennbaren Abschluss in sich tragen. Dementsprechend können darunter auch Arbeiten fallen, die im Zusammenhang mit der Viehhaltung stehen.

2. Wenn die Tätigkeit des Ausmistens nicht laufend, sondern nur im Zusammenhang mit dem einmal jährlich erfolgenden Vieh-Austrieb auf die Weide möglich ist, handelt es sich um eine nicht ganzjährig anfallende Arbeit. Unschädlich ist, dass ähnliche Tätigkeiten bei anderen Bewirtschaftungsformen ganzjährig anfallen können.

3. Die Unschädlichkeitsgrenze von 25 v. H. der Gesamtbeschäftigungsdauer in § 40a Abs. 3 Satz 2 Halbsatz 2 EStG bezieht sich auf ganzjährig anfallende land- und forstwirtschaftliche Arbeiten. Für andere land- und forstwirtschaftliche Arbeiten gilt sie nicht.

BFH v. 25. 10. 2005 VI R 59/03 (BStBl. 2006 II S. 204):

1. Traktorführer sind jedenfalls dann als Fachkräfte i. S. des § 40a Abs. 3 Satz 3 EStG und nicht als Aushilfskräfte zu beurteilen, wenn Sie den Traktor als Zugfahrzeug mit landwirtschaftlichen Maschinen führen.

2. Reinigungsarbeiten, die ihrer Art nach während des ganzen Jahres anfallen (hier: Reinigung der Güllekanäle und Herausnahme der Güllespalten), sind nicht vom Lebensrhythmus der produzierten Pflanzen oder Tiere abhängig und sind daher keine saisonbedingten Arbeiten.

BFH v. 25. 10. 2005 VI R 77/02 (BStBl. 2006 II S. 208):

1. Ein Arbeitnehmer, der die Fertigkeiten für eine land- oder forstwirtschaftliche Tätigkeit im Rahmen einer Berufsausbildung erlernt hat, gehört zu den Fachkräften, ohne dass es darauf ankommt, ob die durchgeführten Arbeiten den Einsatz einer Fachkraft erfordern.

2. Hat ein Arbeitnehmer die erforderlichen Fertigkeiten nicht im Rahmen einer Berufsausbildung erworben, gehört er nur dann zu den land- und forstwirtschaftlichen Fachkräften, wenn er anstelle einer Fachkraft eingesetzt ist.

Rechtsprechung § 40a

3. Ein Arbeitnehmer ist anstelle einer land- und forstwirtschaftlichen Fachkraft eingesetzt, wenn mehr als 25 v.H. der zu beurteilenden Tätigkeit Fachkraft-Kenntnisse erfordern.

BFH v. 14. 9. 2005 VI R 89/98 (BStBl. 2006 II S. 92): Die Pauschalierung der Lohnsteuer für Aushilfskräfte in Betrieben der Land- und Forstwirtschaft nach § 40a Abs. 3 EStG ist auch dann zulässig, wenn der Betrieb einer Personengesellschaft, die Land- und Forstwirtschaft i. S. des § 13 Abs. 1 Nr. 1 bis 4 EStG betreibt, nur wegen § 15 Abs. 3 Nr. 1 EStG (Abfärbetheorie) als Gewerbebetrieb gilt.

BFH v. 26. 11. 2003 VI R 10/99 (BStBl. 2004 II S. 195): Ein Arbeitgeber ist weder unter dem Gesichtspunkt des Rechtsmissbrauchs noch durch die Zielrichtung des § 40a EStG gehindert, nach Ablauf des Kalenderjahres die Pauschalversteuerung des Arbeitslohnes für die in seinem Betrieb angestellte Ehefrau rückgängig zu machen und zur Lohn-Regelbesteuerung überzugehen.

§ 40b

§ 40b Pauschalierung der Lohnsteuer bei bestimmten Zukunftsicherungsleistungen

(1) Der Arbeitgeber kann die Lohnsteuer von den Zuwendungen zum Aufbau einer nicht kapitalgedeckten betrieblichen Altersversorgung an eine Pensionskasse mit einem Pauschsteuersatz von 20 Prozent der Zuwendungen erheben.

(2) [1]Absatz 1 gilt nicht, soweit die zu besteuernden Zuwendungen des Arbeitgebers für den Arbeitnehmer 1 752 Euro im Kalenderjahr übersteigen oder nicht aus seinem ersten Dienstverhältnis bezogen werden. [2]Sind mehrere Arbeitnehmer gemeinsam in der Pensionskasse versichert, so gilt als Zuwendung für den einzelnen Arbeitnehmer der Teilbetrag, der sich bei einer Aufteilung der gesamten Zuwendungen durch die Zahl der begünstigten Arbeitnehmer ergibt, wenn dieser Teilbetrag 1 752 Euro nicht übersteigt; hierbei sind Arbeitnehmer, für die Zuwendungen von mehr als 2 148 Euro im Kalenderjahr geleistet werden, nicht einzubeziehen. [3]Für Zuwendungen, die der Arbeitgeber für den Arbeitnehmer aus Anlass der Beendigung des Dienstverhältnisses erbracht hat, vervielfältigt sich der Betrag von 1 752 Euro mit der Anzahl der Kalenderjahre, in denen das Dienstverhältnis des Arbeitnehmers zu dem Arbeitgeber bestanden hat; in diesem Fall ist Satz 2 nicht anzuwenden. [4]Der vervielfältigte Betrag vermindert sich um die nach Absatz 1 pauschal besteuerten Zuwendungen, die der Arbeitgeber in dem Kalenderjahr, in dem das Dienstverhältnis beendet wird, und in den sechs vorangegangenen Kalenderjahren erbracht hat.

(3) Von den Beiträgen für eine Unfallversicherung des Arbeitnehmers kann der Arbeitgeber die Lohnsteuer mit einem Pauschsteuersatz von 20 Prozent der Beiträge erheben, wenn mehrere Arbeitnehmer gemeinsam in einem Unfallversicherungsvertrag versichert sind und der Teilbetrag, der sich bei einer Aufteilung der gesamten Beiträge nach Abzug der Versicherungsteuer durch die Zahl der begünstigten Arbeitnehmer ergibt, 62 Euro im Kalenderjahr nicht übersteigt.

(4) In den Fällen des § 19 Absatz 1 Satz 1 Nummer 3 Satz 2 hat der Arbeitgeber die Lohnsteuer mit einem Pauschsteuersatz in Höhe von 15 Prozent der Sonderzahlungen zu erheben.

(5) [1]§ 40 Absatz 3 ist anzuwenden. [2]Die Anwendung des § 40 Absatz 1 Satz 1 Nummer 1 auf Bezüge im Sinne des Absatzes 1, des Absatzes 3 und des Absatzes 4 ist ausgeschlossen.

LStR

R 40b.1 Pauschalierung der Lohnsteuer bei Beiträgen zu Direktversicherungen und Zuwendungen an Pensionskassen für Versorgungszusagen, die vor dem 1. 1. 2005 erteilt wurden

Direktversicherung

(1) [1]Eine Direktversicherung ist eine Lebensversicherung auf das Leben des Arbeitnehmers, die durch den Arbeitgeber bei einem inländischen oder ausländischen Versicherungsunternehmen abgeschlossen worden ist und bei der der Arbeitnehmer oder seine Hinterbliebenen hinsichtlich der Versorgungsleistungen des Versicherers ganz oder teilweise bezugsberechtigt sind (→ § 1b Abs. 2 Satz 1 BetrAVG)[1]. [2]Dasselbe gilt für eine Lebensversicherung auf das Leben des Arbeitnehmers, die nach Abschluss durch den Arbeitnehmer vom Arbeitgeber übernommen worden ist. [3]Der Abschluss einer Lebensversicherung durch eine mit dem Arbeitgeber verbundene Konzerngesellschaft schließt die Anerkennung als Direktversicherung nicht aus, wenn der Anspruch auf die Versicherungsleistungen durch das Dienstverhältnis veranlasst ist und der Arbeitgeber die Beitragslast trägt. [4]Als Versorgungsleistungen können Leistungen der Alters-, Invaliditäts- oder Hinterbliebenenversorgung in Betracht kommen.

(2) [1]Es ist grundsätzlich gleichgültig, ob es sich um Kapitalversicherungen einschließlich Risikoversicherungen, um Rentenversicherungen oder fondsgebundene Lebensversicherungen handelt. [2]Kapitallebensversicherungen mit steigender Todesfallleistung sind als Direktversicherung anzuerkennen, wenn zu Beginn der Versicherung eine Todesfallleistung von mindestens 10 % der Kapitalleistung im Erlebensfall vereinbart und der Versicherungsvertrag vor dem 1.8.1994 abgeschlossen worden ist. [3]Bei einer nach dem 31.7.1994 abgeschlossenen Kapitallebensversicherung ist Voraussetzung für die Anerkennung, dass die Todesfallleistung über die gesamte Versicherungsdauer mindestens 50 % der für den Erlebensfall vereinbarten Kapitalleistung beträgt. [4]Eine nach dem 31.12.1996 abgeschlossene Kapitallebensversicherung ist als Direktversicherung anzuerkennen, wenn die Todesfallleistung während der

---

1) Anhang 8.

Durchschnittsberechnung aus. ²Das gilt z. B. auch dann, wenn mehrere Direktversicherungsverträge bestehen und die Beitragsanteile für den einzelnen Arbeitnehmer insgesamt 2 148 Euro übersteigen. ³Die Erhebung der Lohnsteuer auf diese Leistungen richtet sich nach Absatz 8 Satz 2.

2. ¹Die Leistungen für die übrigen Arbeitnehmer sind zusammenzurechnen und durch die Zahl der Arbeitnehmer zu teilen, für die sie erbracht worden sind. ²Bei einem konzernumfassenden gemeinsamen Direktversicherungsvertrag ist der Durchschnittsbetrag durch Aufteilung der Beitragszahlungen des Arbeitgebers auf die Zahl seiner begünstigten Arbeitnehmer festzustellen; es ist nicht zulässig, den Durchschnittsbetrag durch Aufteilung des Konzernbeitrags auf alle Arbeitnehmer des Konzerns zu ermitteln.

   a) ¹Übersteigt der so ermittelte Durchschnittsbetrag nicht 1 752 Euro, ist dieser für jeden Arbeitnehmer der Pauschalbesteuerung zugrunde zu legen. ²Werden für den einzelnen Arbeitnehmer noch weitere pauschal besteuerbare Leistungen erbracht, dürfen aber insgesamt nur 1 752 Euro pauschal besteuert werden; im Übrigen gilt Absatz 8 Satz 2.

   b) ¹Übersteigt der Durchschnittsbetrag 1 752 Euro, kommt er als Bemessungsgrundlage für die Pauschalbesteuerung nicht in Betracht. ²Der Pauschalbesteuerung sind die tatsächlichen Leistungen zugrunde zu legen, soweit sie für den einzelnen Arbeitnehmer 1 752 Euro nicht übersteigen; im Übrigen gilt Absatz 8 Satz 2.

3. ¹Ist ein Arbeitnehmer

   a) in mehreren Direktversicherungsverträgen gemeinsam mit anderen Arbeitnehmern,

   b) in mehreren Pensionskassen oder

   c) in Direktversicherungsverträgen gemeinsam mit anderen Arbeitnehmern und in Pensionskassen

   versichert, ist jeweils der Durchschnittsbetrag aus der Summe der Beiträge für mehrere Direktversicherungen, aus der Summe der Zuwendungen an mehrere Pensionskassen oder aus der Summe der Beiträge zu Direktversicherungen und der Zuwendungen an Pensionskassen zu ermitteln. ²In diese gemeinsame Durchschnittsbildung dürfen jedoch solche Verträge nicht einbezogen werden, bei denen wegen der 2 148-Euro-Grenze (→ Nummer 1) nur noch ein Arbeitnehmer übrig bleibt; in diesen Fällen liegt eine gemeinsame Versicherung, die in die Durchschnittsberechnung einzubeziehen ist, nicht vor.

(10) Werden die pauschal besteuerbaren Leistungen nicht in einem Jahresbetrag erbracht, gilt Folgendes:

1. Die Einbeziehung der auf den einzelnen Arbeitnehmer entfallenden Leistungen in die Durchschnittsberechnung nach § 40b Abs. 2 Satz 2 EStG entfällt von dem Zeitpunkt an, in dem sich ergibt, dass die Leistungen für diesen Arbeitnehmer voraussichtlich insgesamt 2 148 Euro im Kalenderjahr übersteigen werden.

2. Die Lohnsteuerpauschalierung auf der Grundlage des Durchschnittsbetrags entfällt von dem Zeitpunkt an, in dem sich ergibt, dass der Durchschnittsbetrag voraussichtlich 1 752 Euro im Kalenderjahr übersteigen wird.

3. ¹Die Pauschalierungsgrenze von 1 752 Euro ist jeweils insoweit zu vermindern, als sie bei der Pauschalbesteuerung von früheren Leistungen im selben Kalenderjahr bereits ausgeschöpft worden ist. ²Werden die Leistungen laufend erbracht, darf die Pauschalierungsgrenze mit dem auf den jeweiligen Lohnzahlungszeitraum entfallenden Anteil berücksichtigt werden.

Vervielfältigungsregelung

(11) ¹Die Vervielfältigung der Pauschalierungsgrenze nach § 40b Abs. 2 Satz 3 EStG steht in Zusammenhang mit der Beendigung des Dienstverhältnisses; ein solcher Zusammenhang ist insbesondere dann zu vermuten, wenn der Direktversicherungsbeitrag innerhalb von 3 Monaten vor dem Auflösungszeitpunkt geleistet wird. ²Die Vervielfältigungsregelung gilt auch bei der Umwandlung von Arbeitslohn (→ Absatz 5); nach Auflösung des Dienstverhältnisses kann sie ohne zeitliche Beschränkung angewendet werden, wenn die Umwandlung spätestens bis zum Zeitpunkt der Auflösung des Dienstverhältnisses vereinbart wird. ³Die Gründe, aus denen das Dienstverhältnis beendet wird, sind für die Vervielfältigung der Pauschalierungsgrenze unerheblich. ⁴Die Vervielfältigungsregelung kann daher auch in den Fällen angewendet werden, in denen ein Arbeitnehmer wegen Erreichens der Altersgrenze aus dem Dienstverhältnis ausscheidet. ⁵Auf die vervielfältigte Pauschalierungsgrenze sind die für den einzelnen Arbeitnehmer in dem Kalenderjahr, in dem das Dienstverhältnis beendet wird, und in den sechs vorangegangenen Kalenderjahren tatsächlich entrichteten Beiträge und Zuwendungen anzurechnen, die nach § 40b Abs. 1 EStG pauschal besteuert wurden. ⁶Dazu gehören auch die 1 752 Euro übersteigenden personenbezogenen Beiträge, wenn sie nach § 40b Abs. 2 Satz 2 EStG in die Bemessungsgrundlage für die Pauschsteuer einbezogen worden sind. ⁷Ist bei Pauschalzuweisungen ein

§ 40b

RL 40b.1

personenbezogener Beitrag nicht feststellbar, ist als tatsächlicher Beitrag für den einzelnen Arbeitnehmer der Durchschnittsbetrag aus der Pauschalzuweisung anzunehmen.

Rückzahlung pauschal besteuerarer Leistungen

(12) – unbesetzt –

(13) ¹Eine Arbeitslohnrückzahlung (negative Einnahme) ist anzunehmen, wenn der Arbeitnehmer sein Bezugsrecht aus einer Direktversicherung (z. B. bei vorzeitigem Ausscheiden aus dem Dienstverhältnis) ganz oder teilweise ersatzlos verliert und das Versicherungsunternehmen als Arbeitslohn versteuerte Beiträge an den Arbeitgeber zurückzahlt. ²Zahlungen des Arbeitnehmers zum Wiedererwerb des verlorenen Bezugsrechts sind der Vermögenssphäre zuzurechnen; sie stellen keine Arbeitslohnrückzahlung dar.

(14) ¹Sind nach Absatz 13 Arbeitslohnrückzahlungen aus pauschal versteuerten Beitragsleistungen anzunehmen, mindern sie die gleichzeitig (im selben Kalenderjahr) anfallenden pauschal besteuerbaren Beitragsleistungen des Arbeitgebers. ²Übersteigen in einem Kalenderjahr die Arbeitslohnrückzahlungen betragsmäßig die Beitragsleistungen des Arbeitgebers, ist eine Minderung der Beitragsleistungen im selben Kalenderjahr nur bis auf Null möglich. ³Eine Minderung von Beitragsleistungen des Arbeitgebers aus den Vorjahren ist nicht möglich. ⁴Der Arbeitnehmer kann negative Einnahmen aus pauschal versteuerten Beitragsleistungen nicht geltend machen.

(15) ¹Wenn Arbeitslohnrückzahlungen nach Absatz 13 aus teilweise individuell und teilweise pauschal versteuerten Beitragsleistungen herrühren, ist der Betrag entsprechend aufzuteilen. ²Dabei kann aus Vereinfachungsgründen das Verhältnis zugrunde gelegt werden, das sich nach den Beitragsleistungen in den vorangegangenen fünf Kalenderjahren ergibt. ³Maßgebend sind die tatsächlichen Beitragsleistungen; § 40b Abs. 2 Satz 2 EStG ist nicht anzuwenden. ⁴Die lohnsteuerliche Berücksichtigung der dem Arbeitnehmer zuzurechnenden Arbeitslohnzahlung richtet sich nach folgenden Grundsätzen:

1. Besteht im Zeitpunkt der Arbeitslohnrückzahlung noch das Dienstverhältnis zu dem Arbeitgeber, der die Versicherungsbeiträge geleistet hat, kann der Arbeitgeber die Arbeitslohnrückzahlung mit dem Arbeitslohn des Kalenderjahres der Rückzahlung verrechnen und den so verminderten Arbeitslohn der Lohnsteuer unterwerfen.

2. ¹Soweit der Arbeitgeber von der vorstehenden Möglichkeit nicht Gebrauch macht oder machen kann, kann der Arbeitnehmer die Arbeitslohnrückzahlung wie Werbungskosten – ohne Anrechnung des maßgebenden Pauschbetrags für Werbungskosten nach § 9a Satz 1 Nr. 1 EStG – als Freibetrag (→ § 39a EStG) bilden lassen oder bei der Veranlagung zur Einkommensteuer geltend machen. ²Erzielt der Arbeitnehmer durch die Arbeitslohnrückzahlung bei seinen Einkünften aus nichtselbständiger Arbeit einen Verlust, kann er diesen mit Einkünften aus anderen Einkunftsarten ausgleichen oder unter den Voraussetzungen des § 10d EStG den Verlustabzug beanspruchen.

(16) Die Absätze 13 bis 15 gelten für Zuwendungen an Pensionskassen sinngemäß.

Hinweise

***LStH 40b.1** § 40b Abs. 1 und Abs. 2 in der am 31.12.2004 geltenden Fassung:*
Zur Anwendungsregelung → § 52 Abs. 40 EStG

(1) ¹Der Arbeitgeber kann die Lohnsteuer von den Beiträgen für eine Direktversicherung des Arbeitnehmers und von den Zuwendungen an eine Pensionskasse mit einem Pauschsteuersatz von 20 vom Hundert der Beiträge und Zuwendungen erheben. ²Die pauschale Erhebung der Lohnsteuer von Beiträgen für eine Direktversicherung ist nur zulässig, wenn die Versicherung nicht auf den Erlebensfall eines früheren als des 60. Lebensjahres abgeschlossen und eine vorzeitige Kündigung des Versicherungsvertrages durch den Arbeitnehmer ausgeschlossen worden ist.

(2) ¹Absatz 1 gilt nicht, soweit die zu besteuernden Beiträge und Zuwendungen des Arbeitgebers für den Arbeitnehmer 1.752 Euro im Kalenderjahr übersteigen oder nicht aus seinem ersten Dienstverhältnis bezogen werden. ²Sind mehrere Arbeitnehmer gemeinsam in einem Direktversicherungsvertrag oder in einer Pensionskasse versichert, so gilt als Beitrag oder Zuwendung für den einzelnen Arbeitnehmer der Teilbetrag, der sich bei einer Aufteilung der gesamten Beiträge oder der gesamten Zuwendungen durch die Zahl der begünstigten Arbeitnehmer ergibt, wenn dieser Teilbetrag 1.752 Euro nicht übersteigt; hierbei sind Arbeitnehmer, für die Beiträge und Zuwendungen von mehr als 2.148 Euro im Kalenderjahr geleistet werden, nicht einzubeziehen. ³Für Beiträge und Zuwendungen, die der Arbeitgeber für den Arbeitnehmer aus Anlass der Beendigung des Dienstverhältnisses erbracht hat, vervielfältigt sich der Betrag von 1.752 Euro mit der Anzahl der Kalenderjahre,

in denen das Dienstverhältnis des Arbeitnehmers zu dem Arbeitgeber bestanden hat; in diesem Fall ist Satz 2 nicht anzuwenden. ⁴Der vervielfältigte Betrag vermindert sich um die nach Absatz 1 pauschal besteuerten Beiträge und Zuwendungen, die der Arbeitgeber in dem Kalenderjahr, in dem das Dienstverhältnis beendet wird, und in den sechs vorangegangenen Kalenderjahren erbracht hat.

44-Euro-Freigrenze

Die 44 €-Freigrenze ist auf Zukunftsversicherungsleistungen nicht anwendbar (→ BMF vom 10.10.2013 (BStBl. I S. 1301). – Anlage § 008-05 –

Abwälzung der pauschalen Lohnsteuer

→ BMF vom 10.1.2000 (BStBl. I S. 138) – Anlage § 040-01 –

Beispiel:

Der Arbeitnehmer erhält eine Sonderzuwendung von 2.500 €. Er vereinbart mit dem Arbeitgeber, dass hiervon 1.752 € für eine vor 2005 abgeschlossene Direktversicherungsbeitrag verwendet werden, die eine Kapitalauszahlung vorsieht. Der Direktversicherungsbeitrag soll pauschal versteuert werden. Der Arbeitnehmer trägt die pauschale Lohnsteuer.

Sonderzuwendung	2.500 €
abzüglich Direktversicherungsbeitrag	1.752 €
nach den Lohnsteuerabzugsmerkmalen als sonstiger Bezug zu besteuern	748 €
Bemessungsgrundlage für die pauschale Lohnsteuer	1.752 €

Allgemeines

– Der Lohnsteuerpauschalierung unterliegen nur die Arbeitgeberleistungen i.S.d. § 40b EStG zugunsten von Arbeitnehmern oder früheren Arbeitnehmern und deren Hinterbliebenen (→ BFH vom 7.7.1972 – BStBl. II S. 890).

– Die Pauschalierung der Lohnsteuer nach § 40b EStG ist auch dann zulässig, wenn die Zukunftssicherungsleistung erst nach Ausscheiden des Arbeitnehmers aus dem Betrieb erbracht wird und er bereits in einem neuen Dienstverhältnis steht (→ BFH vom 18.12.1987 – BStBl. 1988 II S. 554).

– Pauschalbesteuerungsfähig sind jedoch nur Zukunftssicherungsleistungen, die der Arbeitgeber auf Grund ausschließlich eigener rechtlicher Verpflichtung erbringt (→ BFH vom 29.4.1991 – BStBl. II S. 647).

– Die Pauschalierung der Lohnsteuer nach § 40b EStG ist ausgeschlossen, wenn der Arbeitgeber für den Ehegatten eines verstorbenen früheren Arbeitnehmers eine Lebensversicherung abschließt oder wenn bei einer Versicherung das typische Todesfallwagnis und – bereits bei Vertragsabschluss – das Rentenwagnis ausgeschlossen worden sind. Hier liegt begrifflich keine Direktversicherung i.S.d. § 40b EStG vor (→ BFH vom 9.11.1990 – BStBl. 1991 II S. 189).

– Die Pauschalierung setzt allgemein voraus, dass die Zukunftssicherungsleistungen aus einem ersten Dienstverhältnis bezogen werden. Sie ist demnach bei Arbeitnehmern nicht anwendbar, bei denen der Lohnsteuerabzug nach der Steuerklasse VI vorgenommen wird (→ BFH vom 12.8.1996 – BStBl. 1997 II S. 143). Bei pauschal besteuerten Teilzeitarbeitsverhältnissen (→ § 40a EStG) ist die Pauschalierung zulässig, wenn es sich dabei um das erste Dienstverhältnis handelt (→ BFH vom 8.12.1989 – BStBl. 1990 II S. 398).

– Für Zukunftssicherungsleistungen i.S.d. § 40b EStG kann die Lohnsteuerpauschalierung nach § 40 Abs. 1 Satz 1 Nr. 1 EStG nicht vorgenommen werden, selbst wenn sie als sonstige Bezüge gewährt werden (§ 40b Abs. 5 Satz 2 EStG).

– Zum Zeitpunkt der Beitragsleistung des Arbeitgebers für eine Direktversicherung → H 38.2 (Zufluss von Arbeitslohn).

– Die Pauschalierung setzt voraus, dass es sich bei den Beiträgen um Arbeitslohn handelt, der den Arbeitnehmern im Zeitpunkt der Abführung durch den Arbeitgeber an die Versorgungseinrichtung zufließt (→ BFH vom 12.4.2007 – BStBl. II S. 619).

Arbeitnehmerfinanzierte betriebliche Altersversorgung

→ BFH vom 24.7.2013 (BStBl. I S. 1022), Rz. 284 ff. – Anlage 010a-01 –

§ 40b

Ausscheiden des Arbeitgebers aus der VBL

Das Ausscheiden des Arbeitgebers aus der VBL und die damit verbundenen Folgen für die Zusatzversorgung des Arbeitnehmers führen nicht zur Rückzahlung von Arbeitslohn und damit weder zu negativem Arbeitslohn noch zu Werbungskosten bei den Einkünften aus nichtselbständiger Arbeit (→ BFH vom 7.5.2009 – BStBl. 2010 II S. 133 und S. 135).

Barlohnkürzung

Beispiel:

Der Anspruch auf das 13. Monatsgehalt entsteht gemäß Tarifvertrag zeitanteilig nach den vollen Monaten der Beschäftigung im Kalenderjahr und ist am 1.12. fällig. Die Barlohnkürzung vom 13. Monatsgehalt zu Gunsten eines Direktversicherungsbeitrags wird im November des laufenden Kalenderjahres vereinbart.

Der Barlohn kann vor Fälligkeit, also bis spätestens 30.11., auch um den Teil des 13. Monatsgehalts, der auf bereits abgelaufene Monate entfällt, steuerlich wirksam gekürzt werden. Auf den Zeitpunkt der Entstehung kommt es nicht an (→ R 40b.1 Abs. 5).

Beendigung einer betrieblichen Altersversorgung

→ BMF vom 24.7.2013 (BStBl. I S. 1022), Rz. 390   *– Anlage § 010a-01 –*

Dienstverhältnis zwischen Ehegatten [1]

Zur Anerkennung von Zukunftssicherungsleistungen bei Dienstverhältnissen zwischen Ehegatten → H 6a (9) EStH.

Durchschnittsberechnung nach § 40b Abs. 2 Satz 2 EStG:

- „Eigenbeiträge" des Arbeitnehmers, die aus versteuertem Arbeitslohn stammen, sind in die Durchschnittsberechnung nicht einzubeziehen (→ BFH vom 12.4.2007 – BStBl. II S. 619).
- Beiträge zu Direktversicherungen können nur dann in die Durchschnittsberechnung einbezogen werden, wenn ein gemeinsamer Versicherungsvertrag vorliegt. Direktversicherungen, die nach einem Wechsel des Arbeitgebers beim neuen Arbeitgeber als Einzelversicherungen fortgeführt werden, erfüllen diese Voraussetzung nicht (→ BFH vom 11.3.2010 – BStBl. 2011 II S. 183).
- *Beispiel:*

  Es werden ganzjährig laufend monatliche Zuwendungen an eine Pensionskasse (Altverträge mit Kapitalauszahlung)

b) für 2 Arbeitnehmer je 175 € =	500 €	
b) für 20 Arbeitnehmer je 175 € =	3.500 €	
c) für 20 Arbeitnehmer je 125 € =	2.500 €	
insgesamt	6.500 € geleistet.	

  Die Leistungen für die Arbeitnehmer zu a) betragen jeweils mehr als 2 148 € jährlich; sie sind daher in eine Durchschnittsberechnung nicht einzubeziehen. Die Leistungen für die Arbeitnehmer zu b) und c) übersteigen jährlich jeweils nicht 2 148 €; es ist daher der Durchschnittsbetrag festzustellen. Der Durchschnittsbetrag beträgt 150 € monatlich; er übersteigt hiernach 1 752 € jährlich und kommt deshalb als Bemessungsgrundlage nicht in Betracht. Der Pauschalbesteuerung sind also in allen Fällen die tatsächlichen Leistungen zugrunde zu legen. Der Arbeitgeber kann dabei

in den Fällen zu a)	im 1. bis 7. Monat je 250 € und im 8. Monat noch 2 € oder monatlich je 146 €,
in den Fällen zu b)	im 1. bis 10. Monat je 175 € und im 11. Monat noch 2 € oder monatlich je 146 €,
in den Fällen zu c)	monatlich je 125 €

  pauschal versteuern.

Kirchensteuer bei Pauschalierung der Lohnsteuer

→ Gleich lautende Ländererlasse vom 23.10.2012 (BStBl. I S. 1083)   *– Anlage § 040-02 –*

---

[1] Die dort aufgeführten Grundsätze gelten bei Lebenspartnern entsprechend (§ 2 Abs. 8 EStG).

Mindesttodesfallschutz
→ *R 40b.1 Abs. 2*
→ *BMF vom 22.8.2002 (BStBl. I S. 827), Rdnr. 23 – 30*
Rückdeckungsversicherung
– → *R 40b.1 Abs. 3 LStR*
– *Verzichtet der frühere Arbeitnehmer auf seine Rechte aus einer Versorgungszusage des Arbeitgebers, tritt im Gegenzug der Arbeitgeber sämtliche Rechte aus der zur Absicherung der Versorgungszusage abgeschlossenen Rückdeckungsversicherung an den vom Arbeitnehmer nunmehr getrennt lebenden Ehegatten/Lebenspartner ab und zahlt die Versicherung daraufhin das angesammelte Kapital an den Ehegatten/Lebenspartner aus, beinhaltet dies einen den früheren Arbeitnehmer bereichernden Lohnzufluss (→ BFH vom 9.10.2002 – BStBl. II S. 884).*

– *Tritt ein Arbeitgeber Ansprüche aus einer von ihm mit einem Versicherer abgeschlossenen Rückdeckungsversicherung an den Arbeitnehmer ab und leistet der Arbeitgeber im Anschluss hieran Beiträge an den Versicherer, sind diese Ausgaben Arbeitslohn (→ BFH vom 5.7.2012 – BStBl. 2013 II S. 190).*

Rückzahlung von Arbeitslohn
– *Der Verlust des durch eine Direktversicherung eingeräumten Bezugsrechts bei Insolvenz des Arbeitgebers führt wegen des Ersatzanspruchs nicht zu einer Arbeitslohnrückzahlung (→ BFH vom 5.7.2007 – BStBl. II S. 774).*
– → *R 40b.1 Abs. 13 ff. und* → *Ausscheiden des Arbeitgebers aus der VBL*

Verhältnis von § 3 Nr. 63 EStG und § 40b EStG
→ *BMF vom 24.7.2013 (BStBl. I S. 1022), Rz. 349 ff.* – *Anlage § 010a-01* –

Vervielfältigungsregelung
Die Beendigung des Dienstverhältnisses i. S. d. § 40b Abs. 2 Satz 3 1. Halbsatz EStG ist die nach bürgerlichem (Arbeits-)Recht wirksame Beendigung. Ein Dienstverhältnis kann daher auch dann beendet sein, wenn der Arbeitnehmer und sein bisheriger Arbeitgeber im Anschluss an das bisherige Dienstverhältnis ein neues vereinbaren, sofern es sich nicht als Fortsetzung des bisherigen erweist. Es liegt keine solche Beendigung vor, wenn das neue Dienstverhältnis mit demselben Arbeitgeber in Bezug auf den Arbeitsbereich, die Entlohnung und die sozialen Besitzstände im Wesentlichen dem bisherigen Dienstverhältnis entspricht (→ BFH vom 30.10.2008 – BStBl. 2009 II S. 162).

Wahlrecht
→ *BMF vom 24.7.2013 (BStBl. I S. 1022), Rz. 359–362* – *Anlage § 010a-01* –

Wirkung einer fehlerhaften Pauschalbesteuerung
Eine fehlerhafte Pauschalbesteuerung ist für die Veranlagung zur Einkommensteuer nicht bindend (→ BFH vom 10.6.1988 – BStBl. II S. 981).

Zukunftssicherungsleistungen i. S. d. § 40b EStG n.F.
→ *BMF vom 24.7.2013 (BStBl. I S. 1022), Rz. 347–348* – *Anlage § 010a-01* –

LStR

R 40b.2 Pauschalierung der Lohnsteuer bei Beiträgen zu einer Gruppenunfallversicherung

[1]Die Lohnsteuerpauschalierung nach §40b Abs. 3 EStG ist nicht zulässig, wenn der steuerpflichtige Durchschnittsbeitrag – ohne Versicherungsteuer – 62 Euro jährlich übersteigt; in diesem Falle ist der steuerpflichtige Durchschnittsbeitrag dem normalen Lohnsteuerabzug zu unterwerfen. [2]Bei konzernumfassenden Gruppenunfallversicherungen ist der Durchschnittsbeitrag festzustellen, der sich bei Aufteilung der Beitragszahlungen des Arbeitgebers auf die Zahl seiner begünstigten Arbeitnehmer ergibt; es ist nicht zulässig, den Durchschnittsbeitrag durch Aufteilung des Konzernbeitrags auf alle Arbeitnehmer des Konzerns zu ermitteln. [3]Ein gemeinsamer Unfallversicherungsvertrag i.S.d. § 40b Abs. 3 EStG liegt außer bei einer Gruppenversicherung auch dann vor, wenn in einem Rahmenvertrag mit einem oder mehreren Versicherern sowohl die versicherten Personen als auch die versicherten Wagnisse bezeichnet werden und die Einzelheiten in Zusatzvereinbarungen geregelt sind. [4]Ein Rahmenvertrag, der z. B. nur den Beitragseinzug und die Beitragsabrechnung regelt, stellt keinen gemeinsamen Unfallversicherungsvertrag dar.

§ 40b

RL 40b.2, Rechtsprechung

Hinweise

LStH 40b.2 Allgemeine Grundsätze
Zur Ermittlung des steuerpflichtigen Beitrags für Unfallversicherungen, die das Unfallrisiko sowohl im beruflichen als auch im außerberuflichen Bereich abdecken → BMF vom 28.10.2009 (BStBl. I S. 1275). — *Anlage § 009-03* —

Rechtsprechungsauswahl

BFH v. 14.11.2013 VI R 50/12 (BFH-Webseite): Sonderzahlungen des Arbeitgebers anlässlich seines Ausscheidens aus der Versorgungsanstalt des Bundes und der Länder – Pauschale Lohnsteuer auf Gegenwertzahlungen

Es wird die Entscheidung des BVerfG darüber eingeholt, ob § 40b Abs. 4, Abs. 5 Satz 1 EStG i.d.F. des JStG 2007 vom 13. Dezember 2006 (BGBl I 2006, 2878, BStBl. I 2007, 28), Letzterer i.V.m. § 40 Abs. 3 Satz 1 EStG, insoweit mit Art. 3 Abs. 1 GG unvereinbar ist, als danach der Arbeitgeber auf Sonderzahlungen i.S. des § 19 Abs. 1 Satz 1 Nr. 3 Satz 2 EStG i.d.F. des JStG 2007 zwangsweise pauschale Lohnsteuer zu zahlen hat, durch die er selbst definitiv belastet wird.

BFH v. 13.6.2013 VI R 1/11 (BFH-Webseite): Arbeitslohnqualität einer Sonderzahlung des Arbeitgebers zur Verbesserung der Kapitalausstattung einer Zusatzversorgungskasse

Im Rahmen einer betrieblichen Altersversorgung an eine Versorgungseinrichtung erbrachte Sonderzuwendungen des Arbeitgebers sind kein Arbeitslohn, wenn sie zur Verbesserung der Kapitalausstattung der Versorgungseinrichtung geleistet werden und wirtschaftlich nicht an die Stelle regulärer Umlagen treten.

BFH v. 11. 3. 2010 VI R 9/08 (BStBl. 2011 II S. 183): Beiträge für eine Direktversicherung – Durchschnittsberechnung nach § 40b Abs. 2 Satz 2 EStG – Erfordernis einer gemeinsamen Versicherung – Kein Verstoß gegen den Gleichheitsgrundsatz – Auslegung von Steuergesetzen gegen den Wortlaut

Beiträge zu Direktversicherungen können nur dann in die Durchschnittsberechnung nach § 40b Abs. 2 Satz 2 EStG einbezogen werden, wenn ein gemeinsamer Versicherungsvertrag vorliegt. Direktversicherungen, die nach einem Wechsel des Arbeitgebers beim neuen Arbeitgeber als Einzelversicherungen fortgeführt werden, erfüllen diese Voraussetzung nicht.

BFH v. 12. 11. 2009 VI R 20/07 (BStBl. 2010 II S. 845): Gewinnausschüttungen einer Versorgungskasse sind keine Arbeitslohnrückzahlungen

1. Arbeitslohnrückzahlungen setzen voraus, dass Güter in Geld oder Geldeswert beim Arbeitnehmer abfließen.
2. Schüttet eine Versorgungskasse an ihren Träger, den Arbeitgeber, Gewinne aus, wird damit kein Arbeitslohn zurückgezahlt. Gewinnausschüttungen einer Versorgungskasse können daher weder pauschal besteuerbare Beitragsleistungen des Arbeitgebers mindern noch einen Anspruch auf Lohnsteuererstattung begründen (entgegen Abschn. 129 Abs. 14, 16 LStR 1999).*)

*) Hinweis auf BMF-Schreiben vom 28. September 2010 IV C 5 – S 2373/10/10001 – / – 2010/0727227 (BStBl 2010 I S. 760). Danach gilt zur zeitlichen Anwendung des BFH-Urteils Folgendes: „Für alle bis zum 31. Dezember 2010 beim Arbeitgeber zugeflossenen Gewinnausschüttungen einer betrieblichen Versorgungseinrichtung ist es nicht zu beanstanden, wenn weiter nach den Grundsätzen von R 40b.1 Absatz 12 ff. LStR 2008 verfahren wird."

BFH v. 7. 5. 2009 VI R 37/08 (BStBl. 2010 II S. 135):

1. Fällt ein Arbeitnehmer nach Ausscheiden des Arbeitgebers aus der VBL bei Eintritt des Versicherungsfalles von einem Anspruch auf Versorgungsrente auf einen niedrigeren Anspruch auf Versicherungsrente zurück, so führt dies nicht zur Rückzahlung von Arbeitslohn.
2. Verspricht der Arbeitgeber nach seinem Ausscheiden aus der VBL dem Arbeitnehmer im Wege einer Ruhegeldordnung eine vergleichbare Zusatzversorgung unter Anrechnung von Versicherungsleistungen der VBL, so berührt dies nicht die vorgelagerte Besteuerung früherer Umlagezahlungen an die VBL als Arbeitslohn.

BFH v. 7. 5. 2009 VI R 5/08 (BStBl. 2010 II S. 133):

1. Können nach Ausscheiden des Arbeitgebers aus der VBL Versorgungsansprüche vom Arbeitnehmer wegen Nichterfüllung der Wartezeit nicht mehr erdient werden, so führt dies nicht zur Rückzahlung von Arbeitslohn.

Rechtsprechung § 40b

2. Verspricht der Arbeitgeber nach seinem Ausscheiden aus der VBL dem Arbeitnehmer im Wege einer Ruhegeldordnung eine vergleichbare Zusatzversorgung, so berührt dies nicht die vorgelagerte Besteuerung früherer Umlagezahlungen an die VBL als Arbeitslohn.

BFH v. 30. 10. 2008 VI R 53/05 (BStBl. 2009 II S. 162): Die Beendigung des Dienstverhältnisses i.S. des § 40b Abs. 2 Satz 3 1. Halbsatz EStG ist die nach bürgerlichem (Arbeits-)Recht wirksame Beendigung. Ein Dienstverhältnis kann daher auch dann beendet sein, wenn der Arbeitnehmer und sein bisheriger Arbeitgeber im Anschluss an das bisherige Dienstverhältnis ein neues vereinbaren, sofern es sich nicht als Fortsetzung des bisherigen erweist. Es liegt keine solche Beendigung vor, wenn das neue Dienstverhältnis mit demselben Arbeitgeber in Bezug auf den Arbeitsbereich, die Entlohnung und die sozialen Besitzstände im Wesentlichen dem bisherigen Dienstverhältnis entspricht.

BFH v. 5. 7. 2007 VI R 58/05 (BStBl. II S. 774): Der Verlust des durch eine Direktversicherung eingeräumten Bezugsrechts bei Insolvenz des Arbeitgebers löst keine lohnsteuerrechtlichen Folgen aus. Das folgt aus den Besonderheiten der Insolvenzsicherung gemäß § 7 BetrAVG.

BFH v. 12. 4. 2007 VI R 55/05 (BStBl. II S. 619):
1. Beiträge für eine Direktversicherung des Arbeitnehmers i.S. des § 40b EStG i.d.F. bis 2004 sind nur solche Leistungen des Arbeitgebers, die als Arbeitslohn zu qualifizieren sind.
2. Sind für Arbeitnehmer Gesamtprämien in Höhe von jeweils mehr als 4 200 DM im Kalenderjahr zu leisten, sind diese Arbeitnehmer dennoch in die Durchschnittsberechnung der Pauschalierungsgrenze gemäß § 40b Abs. 2 Satz 2 EStG einzubeziehen, wenn der als Arbeitslohn zu qualifizierende Anteil diesen Betrag nicht übersteigt.

BFH v. 15. 2. 2006 VI R 92/04 (BStBl. 2006 II S. 528): Durch die Zahlung des Gegenwerts beim Ausscheiden eines Arbeitgebers aus der Versorgungsanstalt des Bundes und der Länder fließt den Arbeitnehmern kein Arbeitslohn zu.*)
*) Hinweis auf BMF-Schreiben vom 30.5.2006 (BStBl. I S. 415).

BFH v. 14. 9. 2005 VI R 32/04 (BStBl. 2006 II S. 500): Leistet der Arbeitgeber im Zusammenhang mit der Schließung des Umlagesystems Sonderzahlungen an eine Zusatzversorgungskasse, fließt den Arbeitnehmern kein Arbeitslohn zu.*)
*) Hinweis auf BMF-Schreiben vom 30.5.2006 (BStBl. I S. 415).

BFH v. 14. 9. 2005 VI R 148/98 (BStBl. 2006 II S. 532): Leistet der Arbeitgeber beim Wechsel zu einer anderen umlagefinanzierten Zusatzversorgungskasse Sonderzahlungen, fließt den Arbeitnehmern kein Arbeitslohn zu.*)
*) Hinweis auf BMF-Schreiben vom 30.5.2006 (BStBl. I S. 415).

BFH v. 7. 7. 2005 IX R 7/05 (BStBl. II S. 726): Der Arbeitgeber leistet einen Beitrag für eine Direktversicherung seines Arbeitnehmers grundsätzlich in dem Zeitpunkt, in dem er seiner Bank einen entsprechenden Überweisungsauftrag erteilt.

BFH v. 26. 11. 2002 VI R 68/01 (BStBl. 2003 II S. 492): Zukunftssicherungsleistungen des Arbeitgebers i. S. des § 40b EStG bleiben auch dann nicht nach § 8 Abs. 2 Satz 9 EStG steuerfrei, wenn sie 50 DM je Arbeitnehmer im Kalendermonat nicht überschreiten und der Arbeitgeber Versicherungsnehmer ist.

BFH v. 26. 11. 2002 VI R 161/01 (BStBl. 2003 II S. 331): Tarifvertraglich vereinbarte Zahlungen des Arbeitgebers an die Zusatzversorgungskasse der Land- und Forstwirtschaft in Höhe von mtl. 10 DM je Arbeitnehmer sind als Barlohn zu qualifizieren, wenn zwischen dem Arbeitgeber und der Zusatzversorgungskasse keine vertraglichen Beziehungen bestehen. Auf Barlohnzahlungen findet § 8 Abs. 2 Satz 9 EStG keine Anwendung.

BFH v. 12. 9. 2001 VI R 154/99 (BStBl. 2002 II S. 22): Zur Frage, ob Zuwendungen des Trägerunternehmens an eine Pensionskasse zur Bildung der gesetzlich vorgeschriebenen Solvabilitätsspanne als Arbeitslohn der aktiven oder ehemaligen Arbeitnehmer zu qualifizieren sind.

BFH v. 30. 5. 2001 VI R 159/99 (BStBl. II S. 815): Der Zuschuss, den der Bund an die Bahnversicherungsanstalt Abteilung B leistet (Bundeszuschuss), ist nicht bei den dort zusatzversicherten Arbeitnehmern des Bundeseisenbahnvermögens anteilig als Arbeitslohn zu erfassen.

§ 41 Aufzeichnungspflichten beim Lohnsteuerabzug

(1) ¹Der Arbeitgeber hat am Ort der Betriebsstätte (Absatz 2) für jeden Arbeitnehmer und jedes Kalenderjahr ein Lohnkonto zu führen. ²In das Lohnkonto sind die nach § 39e Absatz 4 Satz 2 und Absatz 5 Satz 3 abgerufenen elektronischen Lohnsteuerabzugsmerkmale sowie die für den Lohnsteuerabzug erforderlichen Merkmale aus der vom Finanzamt ausgestellten Bescheinigung für den Lohnsteuerabzug (§ 39 Absatz 3 oder § 39e Absatz 7 oder Absatz 8) zu übernehmen. ³Bei jeder Lohnzahlung für das Kalenderjahr, für das das Lohnkonto gilt, sind im Lohnkonto die Art und Höhe des gezahlten Arbeitslohns einschließlich der steuerfreien Bezüge sowie die einbehaltene oder übernommene Lohnsteuer einzutragen; an die Stelle der Lohnzahlung tritt in den Fällen des § 39b Absatz 5 Satz 1 die Lohnabrechnung. ⁴Ferner sind das Kurzarbeitergeld, das Schlechtwettergeld, das Winterausfallgeld, der Zuschuss zum Mutterschaftsgeld nach dem Mutterschutzgesetz, der Zuschuss bei Beschäftigungsverboten für die Zeit vor oder nach einer Entbindung sowie für den Entbindungstag während einer Elternzeit nach beamtenrechtlichen Vorschriften, die Entschädigungen für Verdienstausfall nach dem Infektionsschutzgesetz vom 20. Juli 2000 (BGBl. I S. 1045) sowie die nach § 3 Nummer 28 steuerfreien Aufstockungsbeträge oder Zuschläge einzutragen. ⁵Ist während der Dauer des Dienstverhältnisses in anderen Fällen als in denen des Satzes 4 der Anspruch auf Arbeitslohn für mindestens fünf aufeinander folgende Arbeitstage im wesentlichen weggefallen, so ist dies jeweils durch Eintragung des Großbuchstabens U zu vermerken. ⁶Hat der Arbeitgeber die Lohnsteuer von einem sonstigen Bezug im ersten Dienstverhältnis berechnet und ist dabei der Arbeitslohn aus früheren Dienstverhältnissen des Kalenderjahres außer Betracht geblieben, so ist dies durch Eintragung des Großbuchstabens S zu vermerken. ⁷Die Bundesregierung wird ermächtigt, durch Rechtsverordnung mit Zustimmung des Bundesrates vorzuschreiben, welche Einzelangaben im Lohnkonto aufzuzeichnen sind. ⁸Dabei können für Arbeitnehmer mit geringem Arbeitslohn und für die Fälle der §§ 40 bis 40b Aufzeichnungserleichterungen sowie für steuerfreie Bezüge Aufzeichnungen außerhalb des Lohnkontos zugelassen werden. ⁹Die Lohnkonten sind bis zum Ablauf des sechsten Kalenderjahres, das auf die zuletzt eingetragene Lohnzahlung folgt, aufzubewahren.

(2) ¹Betriebsstätte ist der Betrieb oder Teil des Betriebs des Arbeitgebers, in dem der für die Durchführung des Lohnsteuerabzugs maßgebende Arbeitslohn ermittelt wird. ²Wird der maßgebende Arbeitslohn nicht in dem Betrieb oder einem Teil des Betriebs des Arbeitgebers oder nicht im Inland ermittelt, so gilt als Betriebsstätte der Mittelpunkt der geschäftlichen Leitung des Arbeitgebers im Inland; im Fall des § 38 Absatz 1 Satz 1 Nummer 2 gilt als Betriebsstätte der Ort im Inland, an dem die Arbeitsleistung ganz oder vorwiegend stattfindet. ³Als Betriebsstätte gilt auch der inländische Heimathafen deutscher Handelsschiffe, wenn die Reederei im Inland keine Niederlassung hat.

LStDV

§ 4 Lohnkonto

(1) Der Arbeitgeber hat im Lohnkonto des Arbeitnehmers Folgendes aufzuzeichnen:

1. *den Vornamen, den Familiennamen, den Tag der Geburt, den Wohnort, die Wohnung sowie die in einer vom Finanzamt ausgestellten Bescheinigung für den Lohnsteuerabzug eingetragenen allgemeinen Besteuerungsmerkmale. ²Ändern sich im Laufe des Jahres die in einer Bescheinigung für den Lohnsteuerabzug eingetragenen allgemeinen Besteuerungsmerkmale, so ist auch der Zeitpunkt anzugeben, von dem an die Änderungen gelten;*

2. *den Jahresfreibetrag oder den Jahreshinzurechnungsbetrag sowie den Monatsbetrag, Wochenbetrag oder Tagesbetrag, der in einer vom Finanzamt ausgestellten Bescheinigung für den Lohnsteuerabzug eingetragen ist, und den Zeitraum, für den die Eintragungen gelten;*

3. *bei einem Arbeitnehmer, der dem Arbeitgeber eine Bescheinigung nach § 39b Abs. 6 des Einkommensteuergesetzes in der am 31. Dezember 2010 geltenden Fassung (Freistellungsbescheinigung) vorgelegt hat, einen Hinweis darauf, dass eine Bescheinigung vorliegt, den Zeitraum, für den die*

Lohnsteuerbefreiung gilt, das Finanzamt, das die Bescheinigung ausgestellt hat, und den Tag der Ausstellung;

4. in den Fällen des § 19 Abs. 2 des Einkommensteuergesetzes die für die zutreffende Berechnung des Versorgungsfreibetrags und des Zuschlags zum Versorgungsfreibetrag erforderlichen Angaben.

(2) Bei jeder Lohnabrechnung ist im Lohnkonto Folgendes aufzuzeichnen:

1. der Tag der Lohnzahlung und der Lohnzahlungszeitraum;

2. in den Fällen des § 41 Absatz 1 Satz 5 des Einkommensteuergesetzes jeweils der Großbuchstabe U;

3. der Arbeitslohn, getrennt nach Barlohn und Sachbezügen, und die davon einbehaltene Lohnsteuer. ²Dabei sind die Sachbezüge einzeln zu bezeichnen und – unter Angabe des Abgabetags oder bei laufenden Sachbezügen des Abgabezeitraums, des Abgabeorts und des Entgelts – mit dem nach § 8 Abs. 2 oder 3 des Einkommensteuergesetzes maßgebenden und um das Entgelt geminderten Wert zu erfassen. ³Sachbezüge im Sinne des § 8 Abs. 3 des Einkommensteuergesetzes und Versorgungsbezüge sind jeweils als solche kenntlich zu machen und ohne Kürzung um Freibeträge nach § 8 Abs. 3 oder § 19 Abs. 2 des Einkommensteuergesetzes einzutragen. ⁴Trägt der Arbeitgeber im Falle der Nettolohnzahlung die auf den Arbeitslohn entfallende Steuer selbst, ist in jedem Fall der Bruttoarbeitslohn einzutragen, die nach den Nummern 4 bis 8 gesondert aufzuzeichnenden Beträge sind nicht mitzuzählen;

4. steuerfreie Bezüge mit Ausnahme der Vorteile im Sinne des § 3 Nr. 45 des Einkommensteuergesetzes und der Trinkgelder. ²Das Betriebsstättenfinanzamt kann zulassen, dass auch andere nach § 3 des Einkommensteuergesetzes steuerfreie Bezüge nicht angegeben werden, wenn es sich um Fälle von geringer Bedeutung handelt oder wenn die Möglichkeit zur Nachprüfung in anderer Weise sichergestellt ist;

5. Bezüge, die nach einem Abkommen zur Vermeidung der Doppelbesteuerung oder unter Progressionsvorbehalt nach § 34c Abs. 5 des Einkommensteuergesetzes von der Lohnsteuer freigestellt sind;

6. außerordentliche Einkünfte im Sinne des § 34 Abs. 1 und 2 Nr. 2 und 4 des Einkommensteuergesetzes und die davon nach § 39b Abs. 3 Satz 9 des Einkommensteuergesetzes einbehaltene Lohnsteuer;

7. (weggefallen)

8. Bezüge, die nach den §§ 40 bis 40b des Einkommensteuergesetzes pauschal besteuert worden sind, und die darauf entfallende Lohnsteuer. ²Lassen sich in den Fällen des § 40 Absatz 1 Satz 1 Nummer 2 und Absatz 2 des Einkommensteuergesetzes die auf den einzelnen Arbeitnehmer entfallenden Beträge nicht ohne weiteres ermitteln, so sind sie in einem Sammelkonto anzuschreiben. ³Das Sammelkonto muss die folgenden Angaben enthalten: Tag der Zahlung, Zahl der bedachten Arbeitnehmer, Summe der insgesamt gezahlten Bezüge, Höhe der Lohnsteuer sowie Hinweise auf die als Belege zum Sammelkonto aufzubewahrenden Unterlagen, insbesondere Zahlungsnachweise, Bestätigung des Finanzamts über die Zulassung der Lohnsteuerpauschalierung. ⁴In den Fällen des § 40a des Einkommensteuergesetzes genügt es, wenn der Arbeitgeber Aufzeichnungen führt, aus denen sich für die einzelnen Arbeitnehmer Name und Anschrift, Dauer der Beschäftigung, Tag der Zahlung, Höhe des Arbeitslohns und in den Fällen des § 40a Abs. 3 des Einkommensteuergesetzes auch die Art der Beschäftigung ergeben. ⁵Sind in den Fällen der Sätze 3 und 4 Bezüge nicht mit dem ermäßigten Kirchensteuersatz besteuert worden, so ist zusätzlich der fehlende Kirchensteuerabzug aufzuzeichnen und auf die als Beleg aufzubewahrende Unterlage hinzuweisen, aus der hervorgeht, dass der Arbeitnehmer keiner Religionsgemeinschaft angehört, für die die Kirchensteuer von den Finanzbehörden erhoben wird.

(3) ¹Das Betriebsstättenfinanzamt kann bei Arbeitgebern, die für die Lohnabrechnung ein maschinelles Verfahren anwenden, Ausnahmen von den Vorschriften des Absatzes 1 und 2 zulassen, wenn die Möglichkeit zur Nachprüfung in anderer Weise sichergestellt ist. ²Das Betriebsstättenfinanzamt soll zulassen, dass Sachbezüge im Sinne des § 8 Abs. 2 Satz 11 und Abs. 3 des Einkommensteuergesetzes für solche Arbeitnehmer nicht aufzuzeichnen sind, für die durch betriebliche Regelungen und entsprechende

§ 41 LStDV 4, 5

Überwachungsmaßnahmen gewährleistet ist, daß die in § 8 Abs. 2 Satz 9 oder Abs. 3 des Einkommensteuergesetzes genannten Beträge nicht überschritten werden.

(4) ¹*In den Fällen des § 38 Abs. 3a des Einkommensteuergesetzes ist ein Lohnkonto vom Dritten zu führen.* ²*In den Fällen des § 38 Abs. 3a Satz 2 ist der Arbeitgeber anzugeben und auch der Arbeitslohn einzutragen, der nicht vom Dritten, sondern vom Arbeitgeber selbst gezahlt wird.* ³*In den Fällen des § 38 Abs. 3a Satz 7 ist der Arbeitslohn für jedes Dienstverhältnis gesondert aufzuzeichnen.*

§ 5 Besondere Aufzeichnungs- und Mitteilungspflichten im Rahmen der betrieblichen Altersversorgung

(1) Der Arbeitgeber hat bei Durchführung einer kapitalgedeckten betrieblichen Altersversorgung über einen Pensionsfonds, eine Pensionskasse oder eine Direktversicherung ergänzend zu den in § 4 Abs. 2 Nr. 4 und 8 angeführten Aufzeichnungspflichten gesondert je Versorgungszusage und Arbeitnehmer Folgendes aufzuzeichnen:

1. *bei Inanspruchnahme der Steuerbefreiung nach § 3 Nr. 63 Satz 3 des Einkommensteuergesetzes den Zeitpunkt der Erteilung, den Zeitpunkt der Übertragung nach dem „Abkommen zur Übertragung von Direktversicherungen oder Versicherungen in eine Pensionskasse bei Arbeitgeberwechsel" oder nach vergleichbaren Regelungen zur Übertragung von Versicherungen in Pensionskassen oder Pensionsfonds, bei der Änderung einer vor dem 1. Januar 2005 erteilten Versorgungszusage alle Änderungen der Zusage nach dem 31. Dezember 2004;*

2. *bei Anwendung des § 40b des Einkommensteuergesetz in der am 31. Dezember 2004 geltenden Fassung den Inhalt der am 31. Dezember 2004 bestehenden Versorgungszusagen, sowie im Fall des § 52 Abs. 4 Satz 10 des Einkommensteuergesetzes die erforderliche Verzichtserklärung und bei der Übernahme einer Versorgungszusage nach § 4 Abs. 2 Nr. 1 des Betriebsrentengesetzes vom 19. Dezember 1974 (BGBl. I S. 3610), das zuletzt durch Artikel 2 des Gesetzes vom 29. August 2005 (BGBl. I S. 2546) geändert worden ist, in der jeweils geltenden Fassung oder bei einer Übertragung nach dem „Abkommen zur Übertragung von Direktversicherungen oder Versicherungen in eine Pensionskasse bei Arbeitgeberwechsel" oder nach vergleichbaren Regelungen zur Übertragung von Versicherungen in Pensionskassen oder Pensionsfonds im Falle einer vor dem 1. Januar 2005 erteilten Versorgungszusage zusätzlich die Erklärung des ehemaligen Arbeitgebers, dass diese Versorgungszusage vor dem 1. Januar 2005 erteilt und dass diese bis zur Übernahme nicht als Versorgungszusage im Sinne des § 3 Nr. 63 Satz 3 des Einkommensteuergesetzes behandelt wurde.*

(2) ¹*Der Arbeitgeber hat der Versorgungseinrichtung (Pensionsfonds, Pensionskasse, Direktversicherung), die für ihn die betriebliche Altersversorgung durchführt, spätestens zwei Monate nach Ablauf des Kalenderjahres oder nach Beendigung des Dienstverhältnisses im Laufe des Kalenderjahres gesondert je Versorgungszusage die für den einzelnen Arbeitnehmer geleisteten und*

1. *nach § 3 Nr. 56 und 63 des Einkommensteuergesetzes steuerfrei belassenen,*

2. *nach § 40b des Einkommensteuergesetzes in der am 31. Dezember 2004 geltenden Fassung pauschal besteuerten oder*

3. *individuell besteuerten*

Beiträge mitzuteilen. ²*Ferner hat der Arbeitgeber oder die Unterstützungskasse die nach § 3 Nr. 66 des Einkommensteuergesetzes steuerfrei belassenen Leistungen mitzuteilen.* ³*Die Mitteilungspflicht des Arbeitgebers oder der Unterstützungskasse kann durch einen Auftragnehmer wahrgenommen werden.*

(3) ¹*Eine Mitteilung nach Absatz 2 kann unterbleiben, wenn die Versorgungseinrichtung die steuerliche Behandlung der für den einzelnen Arbeitnehmer im Kalenderjahr geleisteten Beiträge bereits kennt oder aus den bei ihr vorhandenen Daten feststellen kann, und dieser Umstand dem Arbeitgeber mitgeteilt worden ist.* ²*Unterbleibt die Mitteilung des Arbeitgebers, ohne dass ihm eine entsprechende Mitteilung der Versorgungseinrichtung vorliegt, so hat die Versorgungseinrichtung davon auszugehen, dass es sich insgesamt bis zu den in § 3 Nr. 56 oder 63 des Einkommensteuergesetzes genannten Höchstbeträgen um steuerbegünstigte Beiträge handelt, die in der Auszahlungsphase als Leistungen im Sinne von § 22 Nr. 5 Satz 1 des Einkommensteuergesetzes zu besteuern sind.*

LStR

R 41.1 Aufzeichnungserleichterungen, Aufzeichnung der Religionsgemeinschaft

(1) ¹Die nach § 40 Abs. 1 Satz 1 Nr. 1 und § 40b EStG pauschal besteuerten Bezüge und die darauf entfallende pauschale Lohnsteuer sind grundsätzlich in dem für jeden Arbeitnehmer zu führenden Lohnkonto aufzuzeichnen. ²Soweit die Lohnsteuerpauschalierung nach § 40b EStG auf der Grundlage des Durchschnittsbetrags durchgeführt wird (→ § 40b Abs. 2 Satz 2 EStG), ist dieser aufzuzeichnen.

(2) ¹Das Betriebsstättenfinanzamt kann nach § 4 Abs. 3 Satz 1 LStDV Ausnahmen von der Aufzeichnung im Lohnkonto zulassen, wenn die Möglichkeit zur Nachprüfung in anderer Weise sichergestellt ist. ²Die Möglichkeit zur Nachprüfung ist in den bezeichneten Fällen nur dann gegeben, wenn die Zahlung der Bezüge und die Art ihrer Aufzeichnung im Lohnkonto vermerkt werden.

(3) ¹Das Finanzamt hat Anträgen auf Befreiung von der Aufzeichnungspflicht nach § 4 Abs. 3 Satz 2 LStDV im Allgemeinen zu entsprechen, wenn es im Hinblick auf die betrieblichen Verhältnisse nach der Lebenserfahrung so gut wie ausgeschlossen ist, dass der Rabattfreibetrag (→ § 8 Abs. 3 EStG) oder die Freigrenze nach § 8 Abs. 2 Satz 11 EStG im Einzelfall überschritten wird. ²Zusätzlicher Überwachungsmaßnahmen durch den Arbeitgeber bedarf es in diesen Fällen nicht.

(4) ¹Der Arbeitgeber hat die Religionsgemeinschaft im Lohnkonto aufzuzeichnen (§ 4 Abs. 1 Nr. 1 LStDV). ²Erhebt der Arbeitgeber von pauschal besteuerten Bezügen (§§ 37b, 40, 40a Abs. 1, 2a und 3, § 40b EStG) keine Kirchensteuer, weil der Arbeitnehmer keiner Religionsgemeinschaft angehört, für die die Kirchensteuer von den Finanzbehörden erhoben wird, hat er die Unterlage hierüber als Beleg zu den nach § 4 Abs. 2 Nr. 8 Satz 3 und 4 LStDV zu führenden Unterlagen zu nehmen (§ 4 Abs. 2 Nr. 8 Satz 5 LStDV). ³In den Fällen des § 37b EStG und des § 40a Abs. 1, 2a und 3 EStG kann der Arbeitgeber auch eine Erklärung zur Religionszugehörigkeit nach amtlichem Muster als Beleg verwenden. – *Anlage § 040-02 –*

R 41.2 Aufzeichnung des Großbuchstaben U

¹Der Anspruch auf Arbeitslohn ist im Wesentlichen weggefallen, wenn z. B. lediglich vermögenswirksame Leistungen oder Krankengeldzuschüsse gezahlt werden, oder wenn während unbezahlter Fehlzeiten (z. B. Elternzeit) eine Beschäftigung mit reduzierter Arbeitszeit aufgenommen wird. ²Der Großbuchstabe U ist je Unterbrechung einmal im Lohnkonto einzutragen. ³Wird Kurzarbeitergeld einschl. Saison-Kurzarbeitergeld, der Zuschuss zum Mutterschaftsgeld nach dem Mutterschutzgesetz, der Zuschuss nach § 3 der Mutterschutz- und Elternzeitverordnung oder einer entsprechenden Landesregelung, die Entschädigung für Verdienstausfall nach dem Infektionsschutzgesetz oder werden Aufstockungsbeträge nach dem AltTZG gezahlt, ist kein Großbuchstabe U in das Lohnkonto einzutragen.

R 41.3 Betriebsstätte

¹Die lohnsteuerliche Betriebsstätte ist der im Inland gelegene Betrieb oder Betriebsteil des Arbeitgebers, an dem der Arbeitslohn insgesamt ermittelt wird, d.h. wo die einzelnen Lohnbestandteile oder bei maschineller Lohnabrechnung die Eingabewerte zu dem für die Durchführung des Lohnsteuerabzugs maßgebenden Arbeitslohn zusammengefasst werden. ²Es kommt nicht darauf an, wo einzelne Lohnbestandteile ermittelt, die Berechnung der Lohnsteuer vorgenommen wird und die für den Lohnsteuerabzug maßgebenden Unterlagen aufbewahrt werden. ³Bei einem ausländischen Arbeitgeber mit Wohnsitz und Geschäftsleitung im Ausland, der im Inland einen ständigen Vertreter (§ 13 AO) hat, aber keine Betriebsstätte unterhält, gilt als Mittelpunkt der geschäftlichen Leitung der Wohnsitz oder der gewöhnliche Aufenthalt des ständigen Vertreters. ⁴Ein selbstständiges Dienstleistungsunternehmen, das für einen Arbeitgeber tätig wird, kann nicht als Betriebsstätte dieses Arbeitgebers angesehen werden. ⁵Bei einer Arbeitnehmerüberlassung (→ R 42d.2) kann nach § 41 Abs. 2 Satz 2 EStG eine abweichende lohnsteuerliche Betriebsstätte in Betracht kommen. ⁶Erlangt ein Finanzamt von Umständen Kenntnis, die auf eine Zentralisierung oder Verlegung von lohnsteuerlichen Betriebsstätten in seinem Zuständigkeitsbereich hindeuten, hat es vor einer Äußerung gegenüber dem Arbeitgeber die anderen betroffenen Finanzämter unverzüglich hierüber zu unterrichten und sich mit ihnen abzustimmen.

§ 41 RL 41.3

Hinweise

LStH 41.3 *Zuständige Finanzämter für ausländische Bauunternehmer*

Für ausländische Bauunternehmer sind die in der Umsatzsteuerzuständigkeitsverordnung genannten Finanzämter für die Verwaltung der Lohnsteuer zuständig (→ BMF vom 27.12.2002 – BStBl. I S. 1399, Tz. 100).

Ansässigkeitsstaat	Finanzamt	Adresse
Belgien	Trier	Hubert-Neuerburg-Str. 1 54290 Trier
Bulgarien	Neuwied	Augustasstr. 54 56564 Neuwied
Dänemark	Flensburg	Duburger Str. 58-64 24939 Flensburg
Estland	Rostock	Möllner Str. 13 18109 Rostock
Finnland	Bremen-Mitte	Rudolf-Hilferding-Platz 1 28195 Bremen
Frankreich	Offenburg	Zeller Straße 1 – 3 77654 Offenburg
Großbritannien (einschließlich Nordirland)	Hannover-Nord	Vahrenwalder Str. 206 30165 Hannover
Griechenland	Neukölln	Thiemannstraße 1 12059 Berlin
Irland	Hamburg-Nord	Borsteler Chaussee 45 22453 Hamburg
Italien	München	Finanzamt München Abteilung Körperschaften 80275 München
Kroatien	Kassel II-Hofgeismar	Altmarkt 1 34125 Kassel
Lettland	Bremen-Mitte	Rudolf-Hilferding-Platz 1 28195 Bremen
Liechtenstein	Konstanz	Byk-Gulden-Str. 2a 78467 Konstanz
Litauen	Mühlhausen	Martinistr. 22 99974 Mühlhausen
Luxemburg	Saarbrücken	Am Stadtgraben 2-4 66111 Saarbrücken
Mazedonien	Neukölln	Thiemannstraße 1 12059 Berlin
Niederlande	Kleve	Emmericher Str. 182 47533 Kleve
Norwegen	Bremen-Mitte	Rudolf-Hilferding-Platz 1 28195 Bremen
Österreich	München	Finanzamt München Abteilung Körperschaften 80275 München
Polen	Oranienburg (Nach- bzw. Firmenname A bis M)	Heinrich-Grüber-Platz 3 16515 Oranienburg
	Cottbus (Nach- bzw. Firmenname N bis Z)	Vom-Stein-Straße 29 03050 Cottbus
Portugal	Kassel II-Hofgeismar	Altmarkt 1 34125 Kassel

Ansässigkeitsstaat	Finanzamt	Adresse
Rumänien	Chemnitz-Süd	Paul-Bertz-Straße 1 09120 Chemnitz
Russland	Magdeburg	Tessenowstraße 10 39114 Magdeburg
Schweden	Hamburg-Nord	Borsteler Chaussee 45 22453 Hamburg
Schweiz	Konstanz	Byk-Gulden-Str. 2a 78467 Konstanz
Slowakei	Chemnitz-Süd	Paul-Bertz-Straße 1 09120 Chemnitz
Spanien	Kassel II-Hofgeismar	Altmarkt 1 34125 Kassel
Slowenien	Oranienburg	Heinrich-Grüber-Platz 3 16515 Oranienburg
Tschechische Republik	Chemnitz-Süd	Paul-Bertz-Straße 1 09120 Chemnitz
Türkei	Dortmund-Unna	Trakehnerweg 4 44143 Dortmund
Ukraine	Magdeburg	Tessenowstraße 10 39114 Magdeburg
Ungarn	Zentralfinanzamt Nürnberg	Thomas-Mann-Straße 50 90471 Nürnberg
Vereinigte Staaten von Amerika	Bonn-Innenstadt	Welschnonnenstr. 15 53111 Bonn
Weißrussland	Magdeburg	Tessenowstraße 10 39114 Magdeburg
Übriges Ausland	Neukölln	Thiemannstraße 1 12059 Berlin

Zuständige Finanzämter für ausländische Verleiher
Die Zuständigkeit für ausländische Verleiher (ohne Bauunternehmen) ist in den Ländern bei folgenden Finanzämtern zentralisiert:

Land	Finanzamt	Adresse
Baden-Württemberg	Offenburg	Zeller Straße 1-3 77654 Offenburg
Bayern	München	Finanzamt München Abteilung Körperschaften 80275 München
	Zentralfinanzamt Nürnberg	Thomas-Mann-Straße 50 90471 Nürnberg
Berlin	Körperschaften III	Volkmarstraße 13 12099 Berlin
Brandenburg	Oranienburg	Heinrich-Grüber-Platz 3 16515 Oranienburg
Bremen	Bremen Mitte	Rudolf-Hilferding-Platz 1 28195 Bremen
Hamburg	Hamburg-Nord	Borsteler Chaussee 45 22453 Hamburg
Hessen	Kassel II-Hofgeismar	Altmarkt 1 34125 Kassel

Land	Finanzamt	Adresse
Mecklenburg-Vorpommern	Greifswald	Am Gorzberg Haus 11 17489 Greifswald
Niedersachsen	Bad Bentheim	Heinrich-Böll-Straße 2 48455 Bad Bentheim
Nordrhein-Westfalen	Düsseldorf-Altstadt	Kaiserstraße 52 40479 Düsseldorf
Rheinland-Pfalz	Kaiserslautern	Eisenbahnstraße 56 67655 Kaiserslautern
Saarland	Saarbrücken	Am Stadtgraben 2 - 4 66111 Saarbrücken
Sachsen	Chemnitz-Süd	Paul-Bertz-Straße 1 09120 Chemnitz
Sachsen-Anhalt	Magdeburg	Tessenowstraße 10 39114 Magdeburg
Schleswig-Holstein	Kiel-Nord	Holtenauer Straße 183 24118 Kiel
Thüringen	Mühlhausen	Martinistraße 22 99974 Mühlhausen

§ 41a

§ 41a Anmeldung und Abführung der Lohnsteuer

(1) ¹Der Arbeitgeber hat spätestens am zehnten Tag nach Ablauf eines jeden Lohnsteuer-Anmeldungszeitraums

1. dem Finanzamt, in dessen Bezirk sich die Betriebsstätte (§ 41 Absatz 2) befindet (Betriebsstättenfinanzamt), eine Steuererklärung einzureichen, in der er die Summen der im Lohnsteuer-Anmeldungszeitraum einzubehaltenden und zu übernehmenden Lohnsteuer angibt (Lohnsteuer-Anmeldung),

2. die im Lohnsteuer-Anmeldungszeitraum insgesamt einbehaltene und übernommene Lohnsteuer an das Betriebsstättenfinanzamt abzuführen.

²Die Lohnsteuer-Anmeldung ist nach amtlich vorgeschriebenem Datensatz durch Datenfernübertragung nach Maßgabe der Steuerdaten-Übermittlungsverordnung zu übermitteln. ³Auf Antrag kann das Finanzamt zur Vermeidung unbilliger Härten auf eine elektronische Übermittlung verzichten; in diesem Fall ist die Lohnsteuer-Anmeldung nach amtlich vorgeschriebenem Vordruck abzugeben und vom Arbeitgeber oder von einer zu seiner Vertretung berechtigten Person zu unterschreiben. ⁴Der Arbeitgeber wird von der Verpflichtung zur Abgabe weiterer Lohnsteuer-Anmeldungen befreit, wenn er Arbeitnehmer, für die er Lohnsteuer einzubehalten oder zu übernehmen hat, nicht mehr beschäftigt und das dem Finanzamt mitteilt.

(2) ¹Lohnsteuer-Anmeldungszeitraum ist grundsätzlich der Kalendermonat. ²Lohnsteuer-Anmeldungszeitraum ist das Kalendervierteljahr, wenn die abzuführende Lohnsteuer für das vorangegangene Kalenderjahr mehr als 1 080 Euro, aber nicht mehr als 4 000 Euro betragen hat; Lohnsteuer-Anmeldungszeitraum ist das Kalenderjahr, wenn die abzuführende Lohnsteuer für das vorangegangene Kalenderjahr nicht mehr als 1 080 Euro betragen hat. ³Hat die Betriebsstätte nicht während des ganzen vorangegangenen Kalenderjahres bestanden, so ist die für das vorangegangene Kalenderjahr abzuführende Lohnsteuer für die Feststellung des Lohnsteuer-Anmeldungszeitraums auf einen Jahresbetrag umzurechnen. ⁴Wenn die Betriebsstätte im vorangegangenen Kalenderjahr noch nicht bestanden hat, ist die auf einen Jahresbetrag umgerechnete, für den ersten vollen Kalendermonat nach der Eröffnung der Betriebsstätte abzuführende Lohnsteuer maßgebend.

(3) ¹Die oberste Finanzbehörde des Landes kann bestimmen, dass die Lohnsteuer nicht dem Betriebsstättenfinanzamt, sondern einer anderen öffentlichen Kasse anzumelden und an diese abzuführen ist; die Kasse erhält insoweit die Stellung einer Landesfinanzbehörde. ²Das Betriebsstättenfinanzamt oder die zuständige andere öffentliche Kasse kann anordnen, dass die Lohnsteuer abweichend von dem nach Absatz 1 maßgebenden Zeitpunkt anzumelden und abzuführen ist, wenn die Abführung der Lohnsteuer nicht gesichert erscheint.

(4) ¹Arbeitgeber, die eigene oder gecharterte Handelsschiffe betreiben, dürfen vom Gesamtbetrag der anzumeldenden und abzuführenden Lohnsteuer einen Betrag von 40 Prozent der Lohnsteuer der auf solchen Schiffen in einem zusammenhängenden Arbeitsverhältnis von mehr als 183 Tagen beschäftigten Besatzungsmitglieder abziehen und einbehalten. ²Die Handelsschiffe müssen in einem inländischen Seeschiffsregister eingetragen sein, die deutsche Flagge führen und zur Beförderung von Personen oder Gütern im Verkehr mit oder zwischen ausländischen Häfen, innerhalb eines ausländischen Hafens oder zwischen einem ausländischen Hafen und der Hohen See betrieben werden. ³Die Sätze 1 und 2 sind entsprechend anzuwenden, wenn Seeschiffe im Wirtschaftsjahr überwiegend außerhalb der deutschen Hoheitsgewässer zum Schleppen, Bergen oder zur Aufsuchung von Bodenschätzen oder zur Vermessung von Energielagerstätten unter dem Meeresboden eingesetzt werden. ⁴Ist für den Lohnsteuerabzug die Lohnsteuer nach der Steuerklasse V oder VI zu ermitteln, so bemisst sich der Betrag nach Satz 1 nach der Lohnsteuer der Steuerklasse I.¹⁾

---

1) Die 40%ige Nichtabführung der von Seeleuten zu entrichtenden Lohnsteuer durch die Reedereien (Arbeitgeber) ist gemäß Entscheidung der Europäischen Kommission mit dem EG-Vertrag vereinbar (Bekanntmachung vom 21.12.1998 BStBl. 1999 I S. 828).

§ 41a

LStR

R 41a.1 Lohnsteuer-Anmeldung [1] — *Vordruckmuster Anlage § 041a-01 –*

(1) ¹Der Arbeitgeber ist von der Verpflichtung befreit, eine weitere Lohnsteuer-Anmeldung einzureichen, wenn er dem Betriebsstättenfinanzamt mitteilt, dass er im Lohnsteuer-Anmeldungszeitraum keine Lohnsteuer einzubehalten oder zu übernehmen hat, weil der Arbeitslohn nicht steuerbelastet ist. ²Dies gilt auch, wenn der Arbeitgeber nur Arbeitnehmer beschäftigt, für die er lediglich die Pauschsteuer nach § 40a Abs. 2 EStG an die Deutsche Rentenversicherung Knappschaft-Bahn-See entrichtet.

(2) ¹Für jede Betriebsstätte (→ § 41 Abs. 2 EStG) und für jeden Lohnsteuer-Anmeldungszeitraum ist eine einheitliche Lohnsteuer-Anmeldung einzureichen. ²Die Abgabe mehrerer Lohnsteuer-Anmeldungen für dieselbe Betriebsstätte und denselben Lohnsteuer-Anmeldungszeitraum, etwa getrennt nach den verschiedenen Bereichen der Lohnabrechnung, z. B. gewerbliche Arbeitnehmer, Gehaltsempfänger, Pauschalierungen nach den §§ 37a, 37b, 40 bis 40b EStG, ist nicht zulässig.

(3) Der für den Lohnsteuer-Anmeldungszeitraum maßgebende Betrag der abzuführenden Lohnsteuer (→ § 41a Abs. 2 EStG) ist die Summe der nach § 38 Abs. 3 EStG im Zeitpunkt der Zahlung einbehaltenen und übernommenen Lohnsteuer ohne Kürzung um das ihr entnommene Kindergeld (→ § 72 Abs. 7 EStG).

(4) ¹Das Betriebsstättenfinanzamt hat den rechtzeitigen Eingang der Lohnsteuer-Anmeldung zu überwachen. ²Es kann bei nicht rechtzeitigem Eingang der Lohnsteuer-Anmeldung einen Verspätungszuschlag nach § 152 AO festsetzen oder erforderlichenfalls die Abgabe der Lohnsteuer-Anmeldung mit Zwangsmitteln nach §§ 328 bis 335 AO durchsetzen. ³Wird eine Lohnsteuer-Anmeldung nicht eingereicht, kann das Finanzamt die Lohnsteuer im Schätzungswege ermitteln und den Arbeitgeber durch Steuerbescheid in Anspruch nehmen (→ §§ 162, 167 Abs. 1 AO). ⁴Pauschale Lohnsteuer kann im Schätzungswege ermittelt und in einem Steuerbescheid festgesetzt werden, wenn der Arbeitgeber mit dem Pauschalierungsverfahren einverstanden ist.

(5) ¹Bemessungsgrundlage für den Steuereinbehalt nach § 41a Abs. 4 EStG ist die Lohnsteuer, die auf den für die Tätigkeit an Bord von Schiffen gezahlten Arbeitslohn entfällt, wenn der betreffende Arbeitnehmer mehr als 183 Tage bei dem betreffenden Reeder beschäftigt ist. ²Der Lohnsteuereinbehalt durch den Reeder nach § 41a Abs. 4 EStG gilt für den Kapitän und alle Besatzungsmitglieder – einschließlich des Servicepersonals –, die über ein Seefahrtsbuch verfügen und deren Arbeitgeber er ist. ³Der Lohnsteuereinbehalt kann durch Korrespondent- oder Vertragsreeder nur vorgenommen werden, wenn diese mit der Bereederung des Schiffes in ihrer Eigenschaft als Mitgesellschafter an der Eigentümergesellschaft beauftragt sind. ⁴Bei Vertragsreedern ist dies regelmäßig nicht der Fall. ⁵Bei Korrespondentreedern ist der Lohnsteuereinbehalt nur für die Heuern der Seeleute zulässig, die auf den Schiffen tätig sind, bei denen der Korrespondentreeder auch Miteigentümer ist.

Hinweise

LStH 41a.1 Änderung der Lohnsteuer-Anmeldung durch das Finanzamt

Eine Erhöhung der Lohnsteuer-Entrichtungsschuld ist unter den Voraussetzungen des § 164 Abs. 2 Satz 1 AO auch nach Übermittlung oder Ausschreibung der Lohnsteuerbescheinigung zulässig (→ BFH vom 30.10.2008 – BStBl. 2009 II S. 354).

Anfechtung der Lohnsteuer-Anmeldung durch den Arbeitnehmer

Ein Arbeitnehmer kann die Lohnsteuer-Anmeldung des Arbeitgebers aus eigenem Recht anfechten, soweit sie ihn betrifft (→ BFH vom 20.7.2005 – BStBl. II S. 890).

Elektronische Abgabe der Lohnsteuer-Anmeldung

Die Verpflichtung eines Arbeitgebers, seine Steueranmeldung dem Finanzamt grundsätzlich elektronisch zu übermitteln, ist verfassungsgemäß (→ BFH vom 14.3.2012 – BStBl. II S. 477).

→ Steuerdaten-Übermittlungsverordnung (StDÜV) — *Anhang 35 –*

→ BMF vom 16.11.2011 (BStBl. I S. 1063) — *Anhang 35a –*

---

1) Hinweis: Die Abgabe-Schonfrist für die Lohnsteuer-Anmeldung von bis zu 5 Tagen ist ab 2004 weggefallen (BMF-Schreiben v. 1.4.2003 BStBl. I S. 239). Die Zahlungs-Schonfrist (§ 240 Abs. 3 AO) wurde ab 2004 von 5 auf 3 Tage verkürzt (Artikel 8 StÄndG 2003 vom 15.12.2003 BGBl. I S. 2645, BStBl. I S. 710).

§ 41a

Härtefallregelung

Ein Härtefall liegt vor, wenn dem Arbeitgeber die elektronische Datenübermittlung wirtschaftlich oder persönlich unzumutbar ist. Dies ist z. B. der Fall, wenn ihm nicht zuzumuten ist, die technischen Voraussetzungen für die elektronische Übermittlung einzurichten (→ BFH vom 14.3.2012 – BStBl. II S. 477).

Lohnsteuereinbehalt durch Reeder

Arbeitgeber i. S. d. § 41a Abs. 4 EStG ist der zum Lohnsteuereinbehalt nach § 38 Abs. 3 EStG Verpflichtete. Dies ist regelmäßig der Vertragspartner des Arbeitnehmers aus dem Dienstvertrag (→ BFH vom 13.7.2011 – BStBl. II S. 986).

Schätzungsbescheid

Wenn ein Arbeitgeber die Lohnsteuer trotz gesetzlicher Verpflichtung nicht anmeldet und abführt, kann das Finanzamt sie durch Schätzungsbescheid festsetzen. Die Möglichkeit, einen Haftungsbescheid zu erlassen, steht dem nicht entgegen (→ BFH vom 7.7.2004 – BStBl. II S. 1087).

LStR

R 41a.2 Abführung der Lohnsteuer

[1]Der Arbeitgeber hat die Lohnsteuer in einem Betrag an die Kasse des Betriebsstättenfinanzamts (→ § 41 Abs. 2 EStG) oder an eine von der obersten Finanzbehörde des Landes bestimmte öffentliche Kasse (→ § 41a Abs. 3 EStG) abzuführen. [2]Der Arbeitgeber muss mit der Zahlung angeben oder durch sein Kreditinstitut angeben lassen: die Steuernummer, die Bezeichnung der Steuer und den Lohnsteuer-Anmeldungszeitraum. [3]Eine Stundung der einzubehaltenden oder einbehaltenen Lohnsteuer ist nicht möglich (→ § 222 Satz 3 und 4 AO).

Rechtsprechungsauswahl

BFH v. 13. 11. 2012 VI R 38/11 (BStBl. 2013 II S. 929): Veruntreute Beträge kein Arbeitslohn; Änderung von Steueranmeldungen nach Übermittlung oder Ausschreibung der Lohnsteuerbescheinigung

1. Überweist ein Arbeitnehmer unter eigenmächtiger Überschreitung seiner Befugnisse Beträge, die ihm vertraglich nicht zustehen, auf sein Konto, so liegt darin kein Arbeitslohn i.S. des § 19 EStG.
2. Eine Änderung der Festsetzung der Lohnsteuer-Entrichtungsschuld ist unter den Voraussetzungen des § 164 Abs. 2 Satz 1 AO auch nach Übermittlung oder Ausschreibung der Lohnsteuerbescheinigung (§ 41c Abs. 3 EStG) zulässig.

BFH v. 14. 3. 2012 XI R 33/09 (BStBl II S. 477): Elektronische Abgabe von Umsatzsteuer-Voranmeldungen – Gleichmäßigkeit der Besteuerung und des Steuervollzugs – Verpflichtungsklage auf Erlass eines gebundenen Verwaltungsakts – fehlerfreie Ermessensausübung

1. Die Verpflichtung eines Unternehmers, seine Umsatzsteuer-Voranmeldungen dem Finanzamt grundsätzlich durch Datenfernübertragung elektronisch zu übermitteln, ist verfassungsgemäß.
2. Beantragt der Unternehmer, zur Vermeidung von unbilligen Härten die Umsatzsteuer-Voranmeldungen (weiterhin) nach amtlich vorgeschriebenem Vordruck in Papierform abgeben zu dürfen, muss das Finanzamt diesem Antrag entsprechen, wenn dem Unternehmer die elektronische Datenübermittlung der Umsatzsteuer-Voranmeldungen wirtschaftlich oder persönlich unzumutbar ist.
3. Liegt eine solche wirtschaftliche oder persönliche Unzumutbarkeit nicht vor, verbleibt es bei dem Anspruch des Unternehmers auf ermessensfehlerfreie Entscheidung des Finanzamts über diesen Antrag.
4. Der Unternehmer darf vom Finanzamt hinsichtlich der zur Erfüllung der Erklärungspflicht auf elektronischem Weg erforderlichen Hard- und Software grundsätzlich nicht auf den Internetzugang anderer „Konzerngesellschaften" verwiesen werden.[1)]

BFH v. 13. 7. 2011 VI R 84/10 (BStBl. II S. 986): Lohnsteuerprivileg des Arbeitgebers in der Schifffahrt – Verweildauer von 183 Tagen auf einem Schiff desselben Arbeitgebers – Bestimmung des „Arbeitgebers" und der an einem Heuerverhältnis Beteiligten

1. Arbeitgeber i.S. des § 41a Abs. 4 EStG ist der zum Lohnsteuereinbehalt nach § 38 Abs. 3 EStG Verpflichtete. Dies ist regelmäßig der Vertragspartner des Arbeitnehmers aus dem Dienstvertrag.

---

1) Die Urteilsgrundsätze gelten für die Abgabe von Lohnsteueranmeldungen entsprechend.

§ 41a

2. § 41a Abs. 4 EStG setzt voraus, dass die Arbeitnehmer zusammenhängend 183 Tage auf eigenen oder gecharterten Schiffen des Arbeitgebers tätig sind. Einsatzzeiten auf Schiffen Dritter bleiben hierbei unberücksichtigt.

BFH v. 21. 10. 2009 I R 70/08 (BFH-Webseite): Lohnsteuererstattungsanspruch bei abkommenswidriger Lohnsteuereinbehaltung

1. Ein Arbeitnehmer kann die Lohnsteuer-Anmeldung des Arbeitgebers – soweit sie ihn betrifft – aus eigenem Recht anfechten. Nach dem Eintritt der formellen Bestandskraft der Lohnsteuer-Anmeldung kann der Arbeitnehmer eine Änderung der Anmeldung (§ 164 Abs. 2 AO) begehren.
2. Wird eine Zahlung des Arbeitgebers zu Unrecht dem Lohnsteuerabzug unterworfen, weil die Besteuerung der Zahlung abkommensrechtlich dem Wohnsitzstaat des Arbeitnehmers zugewiesen ist, hat der Arbeitnehmer einen Erstattungsanspruch in analoger Anwendung des § 50d Abs. 1 Satz 2 EStG 2002, der gegen das Betriebsstätten-Finanzamt des Arbeitgebers zu richten ist (Bestätigung der ständigen Rechtsprechung).
3. Eine Erfindervergütung für eine sog. Diensterfindung (§ 9 ArbnErfG) ist grundsätzlich steuerpflichtiger Arbeitslohn (§ 19 EStG 2002) und unterfällt der beschränkten Steuerpflicht gemäß § 49 Abs. 1 Nr. 4 Buchst. a EStG 2002. Dies gilt auch dann, wenn das Arbeitsverhältnis im Augenblick der Zahlung nicht mehr besteht.
4. Da eine Vergütung gemäß § 9 ArbnErfG regelmäßig nicht als konkrete Gegenleistung für eine Arbeitsleistung anzusehen ist, handelt es sich nicht um ein zusätzliches Entgelt „für" eine (frühere) Tätigkeit i.S. des Art. 15 Abs. 1 OECD-MustAbk, so dass eine Besteuerung nur im Ansässigkeitsstaat des (früheren) Arbeitnehmers erfolgt.

BFH v. 11. 11. 2008 VII R 19/08 (BStBl. 2009 II S. 342):
1. Die erforderliche Kausalität zwischen der Pflichtverletzung und dem mit der Haftung geltend gemachten Schaden richtet sich wegen des Schadensersatzcharakters der Haftung nach § 69 AO wie bei zivilrechtlichen Schadensersatzansprüchen nach der Adäquanztheorie.
2. Die erfolgreiche Insolvenzanfechtung einer erst nach Fälligkeit abgeführten Lohnsteuer unterbricht den Kausalverlauf zwischen Pflichtverletzung und Schadenseintritt jedenfalls dann nicht, wenn der Fälligkeitszeitpunkt vor dem Beginn der Anfechtungsfrist lag.
3. Die Pflicht zur Begleichung der Steuerschuld der GmbH im Zeitpunkt ihrer Fälligkeit ist dem Geschäftsführer nach § 34 Abs. 1 AO, § 41a EStG nicht allein zur Vermeidung eines durch eine verspätete Zahlung eintretenden Zinsausfalls auferlegt, sondern soll auch die Erfüllung der Steuerschuld nach den rechtlichen und wirtschaftlichen Gegebenheiten zum Zeitpunkt ihrer Fälligkeit sicherstellen.
4. Der Zurechnungszusammenhang zwischen einer pflichtwidrig verspäteten Lohnsteuerzahlung und dem eingetretenen Schaden (Steuerausfall) ergibt sich daraus, dass dieser Schaden vom Schutzzweck der verletzten Pflicht zur fristgemäßen Lohnsteuerabführung erfasst wird.

BFH v. 30. 10. 2008 VI R 10/05 (BStBl. 2009 II S. 354): Eine Änderung der Festsetzung der Lohnsteuer-Entrichtungsschuld (§§ 155, 167 Abs. 1 Satz 1 AO i.V.m. § 41a Abs. 1 Satz 1 Nr. 1 EStG) ist unter den Voraussetzungen des § 164 Abs. 2 Satz 1 AO auch nach Übermittlung oder Ausschreibung der Lohnsteuerbescheinigung (§ 41c Abs. 3 EStG) zulässig.

BFH v. 23. 9. 2008 VII R 27/07 (BStBl. 2009 II S. 129):
1. Allein der Antrag auf Eröffnung des Insolvenzverfahrens befreit den GmbH-Geschäftsführer nicht von der Haftung wegen Nichtabführung der einbehaltenen Lohnsteuer.
2. Sind im Zeitpunkt der Lohnsteuer-Fälligkeit noch liquide Mittel zur Zahlung der Lohnsteuer vorhanden, besteht die Verpflichtung des Geschäftsführers zu deren Abführung so lange, bis ihm durch Bestellung eines (starken) Insolvenzverwalters oder Eröffnung des Insolvenzverfahrens die Verfügungsbefugnis entzogen wird.
3. Die Haftung ist auch nicht ausgeschlossen, wenn die Nichtzahlung der fälligen Steuern in die dreiwöchige Schonfrist fällt, die dem Geschäftsführer zur Massesicherung ab Feststellung der Zahlungsunfähigkeit gemäß § 64 Abs. 1 Satz 1 GmbHG eingeräumt ist (Fortentwicklung der Senatsrechtsprechung im Hinblick auf die geänderte Rechtsprechung des BGH im Urteil vom 14. Mai 2007 II ZR 48/06, DStR 2007, 1174, HFR 2007, 1242).

BFH v. 6. 3. 2008 VI R 5/05 (BStBl. II S. 597):
1. Die Festsetzungsfrist für einen Lohnsteuer-Haftungsbescheid endet nicht vor Ablauf der Festsetzungsfrist für die Lohnsteuer (§ 191 Abs. 3 Satz 4 1. Halbsatz AO).

Rechtsprechung § 41a

2. Der Beginn der Festsetzungsfrist für die Lohnsteuer richtet sich nach § 170 Abs. 2 Satz 1 Nr. 1 AO.
3. Für den Beginn der die Lohnsteuer betreffenden Festsetzungsfrist ist die Lohnsteuer-Anmeldung (Steueranmeldung) und nicht die Einkommensteuererklärung der betroffenen Arbeitnehmer maßgebend.

BFH v. 7. 2. 2008 VI R 83/04 (BStBl. 2009 II S. 703):
1. Ist im Anschluss an eine Lohnsteueraußenprüfung der Vorbehalt der Nachprüfung für die den Prüfungszeitraum betreffenden Lohnsteueranmeldungen aufgehoben, darf gegenüber dem Arbeitgeber ein neuer Haftungsbescheid nur unter den Voraussetzungen des § 173 Abs. 2 AO ergehen (Bestätigung der Rechtsprechung).
2. Der Beginn der Festsetzungsfrist für die Lohnsteuer richtet sich nach § 170 Abs. 2 Satz 1 Nr. 1 AO.

BFH v. 5. 6. 2007 VII R 65/05 (BStBl. 2008 II S. 273):
1. Werden fällig gewordene Steuerbeträge pflichtwidrig nicht an das FA abgeführt, kann die Kausalität dieser Pflichtverletzung für einen dadurch beim Fiskus entstandenen Vermögensschaden nicht durch nachträglich eingetretene Umstände oder durch die Annahme eines hypothetischen Kausalverlaufs beseitigt werden.
2. Die Frage, ob ein hypothetischer Kausalverlauf bei der haftungsrechtlichen Inanspruchnahme Berücksichtigung finden kann, ist im Rahmen der Schadenszurechnung unter Berücksichtigung des Schutzzwecks von § 69 AO zu beantworten.
3. Die Funktion und der Schutzzweck des in § 69 AO normierten Haftungstatbestandes schließen die Berücksichtigung hypothetischer Kausalverläufe aus. Deshalb entfällt die Haftung eines GmbH-Geschäftsführers nicht dadurch, dass der Steuerausfall unter Annahme einer hypothetischen, auf § 130 Abs. 1 InsO gestützten Anfechtung gedachter Steuerzahlungen durch den Insolvenzverwalter ebenfalls entstanden wäre.

BFH v. 27. 2. 2007 VII R 67/05 (BStBl. 2009 II S. 348):
1. Die steuerrechtlich und die insolvenzrechtlich unterschiedliche Bewertung der Lohnsteuer-Abführungspflicht des Arbeitgebers in insolvenzreifer Zeit kann zu einer Pflichtenkollision führen. Eine solche steht der Haftung des Geschäftsführers wegen Nichtabführung der Lohnsteuer aber jedenfalls dann nicht entgegen, wenn der Insolvenzverwalter die Beträge im gedachten Falle der pflichtgemäßen Zahlung der Lohnsteuer vom FA deshalb nicht herausverlangen kann, weil die Anfechtungsvoraussetzungen nach §§ 129 ff. InsO nicht vorliegen.
2. Die gesellschaftsrechtliche Pflicht des Geschäftsführers zur Sicherung der Masse i.S. des § 64 Abs. 2 GmbHG kann die Verpflichtung zur Vollabführung der Lohnsteuer allenfalls in den drei Wochen suspendieren, die dem Geschäftsführer ab Kenntnis der Überschuldung bzw. Zahlungsunfähigkeit der GmbH nach § 64 Abs. 1 GmbHG eingeräumt sind, um die Sanierungsfähigkeit der GmbH zu prüfen und Sanierungsversuche durchzuführen. Nur in diesem Zeitraum kann das die Haftung nach § 69 AO begründende Verschulden ausgeschlossen sein.

BFH v. 22. 11. 2005 VII R 21/05 (BStBl. 2006 II S. 397): Auch bei Zahlungen, die ein Gesellschafter-Geschäftsführer auf die von der GmbH geschuldeten Löhne aus seinem eigenen Vermögen ohne unmittelbare Berührung der Vermögenssphäre der Gesellschaft und ohne dieser gegenüber dazu verpflichtet zu sein selbst erbringt, hat er dafür zu sorgen, dass die Lohnsteuer einbehalten und an das FA abgeführt wird.

BFH v. 11. 8. 2005 VII B 244/04 (BStBl. 2006 II S. 201): Es bestehen ernstliche Zweifel, ob die Abführung von Lohnsteuern in den letzten drei Monaten vor dem Antrag auf Eröffnung des Insolvenzverfahrens eine nach § 130 Abs. 1 Nr. 1 InsO anfechtbare Rechtshandlung darstellt, oder ob ein sog. Bargeschäft nach § 142 InsO vorliegt, das nur unter den Voraussetzungen des § 133 Abs. 1 InsO angefochten werden kann.

BFH v. 20. 7. 2005 VI R 165/01 (BStBl. II S. 890): Ein Arbeitnehmer kann die Lohnsteuer-Anmeldung des Arbeitgebers aus eigenem Recht anfechten, soweit sie ihn betrifft (Anschluss an das Urteil des BFH vom 12. Oktober 1995 I R 39/95, BFHE 179, 91, BStBl. II 1996, 87).

BFH v. 24. 8. 2004 VII R 50/03 (BStBl. 2005 II S. 127): Eine unzutreffende, jedoch bestandskräftig gewordene Lohnsteueranmeldung muss sich der als Haftungsschuldner in Anspruch genommene Geschäftsführer einer GmbH dann nicht nach § 166 AO 1977 entgegenhalten lassen, wenn er nicht während der gesamten Dauer der Rechtsbehelfsfrist Vertretungsmacht und damit das Recht gehabt hat, namens der GmbH zu handeln.

§ 41a

BFH v. 7. 7. 2004 VI R 171/00 (BStBl. II S. 1087): Wenn ein Arbeitgeber die Lohnsteuer trotz gesetzlicher Verpflichtung nicht anmeldet und abführt, kann das Finanzamt sie durch Schätzungsbescheid festsetzen. Die Möglichkeit, einen Haftungsbescheid zu erlassen, steht nicht entgegen.

§ 41b

§ 41b Abschluss des Lohnsteuerabzugs

(1) ¹Bei Beendigung eines Dienstverhältnisses oder am Ende des Kalenderjahres hat der Arbeitgeber das Lohnkonto des Arbeitnehmers abzuschließen. ²Auf Grund der Eintragungen im Lohnkonto hat der Arbeitgeber spätestens bis zum 28. Februar des Folgejahres nach amtlich vorgeschriebenem Datensatz auf elektronischem Weg nach Maßgabe der Steuerdaten-Übermittlungsverordnung vom 28. Januar 2003 (BGBl. I S. 139), zuletzt geändert durch Artikel 1 der Verordnung vom 26. Juni 2007 (BGBl. I S. 1185), in der jeweils geltenden Fassung, insbesondere folgende Angaben zu übermitteln (elektronische Lohnsteuerbescheinigung):

1. Name, Vorname, Tag der Geburt und Anschrift des Arbeitnehmers, die abgerufenen elektronischen Lohnsteuerabzugsmerkmale oder die auf der entsprechenden Bescheinigung für den Lohnsteuerabzug eingetragenen Lohnsteuerabzugsmerkmale, die Bezeichnung und die Nummer des Finanzamts, an das die Lohnsteuer abgeführt worden ist, sowie die Steuernummer des Arbeitgebers,
2. die Dauer des Dienstverhältnisses während des Kalenderjahres sowie die Anzahl der nach § 41 Absatz 1 Satz 6 vermerkten Großbuchstaben U,
3. die Art und Höhe des gezahlten Arbeitslohns sowie den nach § 41 Absatz 1 Satz 6 vermerkten Großbuchstaben S,
4. die einbehaltene Lohnsteuer, den Solidaritätszuschlag und die Kirchensteuer,
5. das Kurzarbeitergeld, das Schlechtwettergeld, das Winterausfallgeld, den Zuschuss zum Mutterschaftsgeld nach dem Mutterschutzgesetz, die Entschädigungen für Verdienstausfall nach dem Infektionsschutzgesetz vom 20. Juli 2000 (BGBl. I S. 1045), zuletzt geändert durch Artikel 11 § 3 des Gesetzes vom 6. August 2002 (BGBl. I S. 3082), in der jeweils geltenden Fassung, sowie die nach § 3 Nummer 28 steuerfreien Aufstockungsbeträge oder Zuschläge,
6. die auf die Entfernungspauschale anzurechnenden steuerfreien Arbeitgeberleistungen für Fahrten zwischen Wohnung und erster Tätigkeitsstätte sowie Fahrten nach § 9 Absatz 1 Satz 3 Nummer 4a Satz 3,
7. die pauschal besteuerten Arbeitgeberleistungen für Fahrten zwischen Wohnung und erster Tätigkeitsstätte sowie Fahrten nach § 9 Absatz 1 Satz 3 Nummer 4a Satz 3,
8. (weggefallen)
9. für die steuerfreie Sammelbeförderung nach § 3 Nummer 32 den Großbuchstaben F,
10. die nach § 3 Nummer 13 und 16 steuerfrei gezahlten Verpflegungszuschüsse und Vergütungen bei doppelter Haushaltsführung,
11. Beiträge zu den gesetzlichen Rentenversicherungen und an berufsständische Versorgungseinrichtungen, getrennt nach Arbeitgeber- und Arbeitnehmeranteil,
12. die nach § 3 Nummer 62 gezahlten Zuschüsse zur Kranken- und Pflegeversicherung,
13. die Beiträge des Arbeitnehmers zur gesetzlichen Krankenversicherung und zur sozialen Pflegeversicherung,
14. die Beiträge des Arbeitnehmers zur Arbeitslosenversicherung,
15. den nach § 39b Absatz 2 Satz 5 Nummer 3 Buchstabe d berücksichtigten Teilbetrag der Vorsorgepauschale.

³Der Arbeitgeber hat dem Arbeitnehmer einen nach amtlich vorgeschriebenem Muster gefertigten Ausdruck der elektronischen Lohnsteuerbescheinigung mit Angabe der Identifikationsnummer (§ 139b der Abgabenordnung) oder des lohnsteuerlichen Ordnungsmerkmals (Absatz 2) auszuhändigen oder elektronisch bereitzustellen. ⁴Soweit der Arbeitgeber nicht zur elektronischen Übermittlung nach Absatz 1 Satz 2 verpflichtet ist, hat er nach Ablauf des Kalenderjahres oder wenn das Dienstverhältnis vor Ablauf des Kalenderjahres beendet wird, eine Lohnsteuerbescheinigung nach amtlich vorgeschriebenem Muster auszustellen. ⁵Er hat dem Arbeitnehmer diese Bescheinigung auszuhändigen. ⁶Nicht

§ 41b

ausgehändigte Bescheinigungen für den Lohnsteuerabzug mit Lohnsteuerbescheinigungen hat der Arbeitgeber dem Betriebsstättenfinanzamt einzureichen.

(2) ¹Ist dem Arbeitgeber die Identifikationsnummer (§ 139b der Abgabenordnung) des Arbeitnehmers nicht bekannt, hat er für die Datenübermittlung nach Absatz 1 Satz 2 aus dem Namen, Vornamen und Geburtsdatum des Arbeitnehmers ein Ordnungsmerkmal nach amtlich festgelegter Regel für den Arbeitnehmer zu bilden und das Ordnungsmerkmal zu verwenden. ²Er darf das lohnsteuerliche Ordnungsmerkmal nur für die Zuordnung der elektronischen Lohnsteuerbescheinigung oder sonstiger für das Besteuerungsverfahren erforderlicher Daten zu einem bestimmten Steuerpflichtigen und für Zwecke des Besteuerungsverfahrens erheben, bilden, verarbeiten oder verwenden.

(2a) ¹Ordnungswidrig handelt, wer vorsätzlich oder leichtfertig entgegen Absatz 2 Satz 2 das Ordnungsmerkmal verwendet. ²Die Ordnungswidrigkeit kann mit einer Geldbuße bis zu zehntausend Euro geahndet werden.

(3) ¹Ein Arbeitgeber ohne maschinelle Lohnabrechnung, der ausschließlich Arbeitnehmer im Rahmen einer geringfügigen Beschäftigung in seinem Privathaushalt im Sinne des § 8a des Vierten Buches Sozialgesetzbuch beschäftigt und keine elektronische Lohnsteuerbescheinigung erteilt, hat an Stelle der elektronischen Lohnsteuerbescheinigung eine entsprechende Lohnsteuerbescheinigung nach amtlich vorgeschriebenem Muster auszustellen. ²Der Arbeitgeber hat dem Arbeitnehmer die Lohnsteuerbescheinigung auszuhändigen. ³In den übrigen Fällen hat der Arbeitgeber die Lohnsteuerbescheinigung dem Betriebsstättenfinanzamt einzureichen.

(4) Die Absätze 1 bis 3 gelten nicht für Arbeitnehmer, soweit sie Arbeitslohn bezogen haben, der nach den §§ 40 bis 40b pauschal besteuert worden ist.

LStR

R 41b. Abschluss des Lohnsteuerabzugs
Lohnsteuerbescheinigungen

(1) Die Lohnsteuerbescheinigung richtet sich nach § 41b EStG und der im Bundessteuerblatt Teil I bekannt gemachten Datensatzbeschreibung für die elektronische Übermittlung sowie dem entsprechenden Vordruckmuster.

Lohnsteuerbescheinigungen von öffentlichen Kassen

(2) ¹Wird ein Arbeitnehmer, der den Arbeitslohn im Voraus für einen Lohnzahlungszeitraum erhalten hat, während dieser Zeit einer anderen Dienststelle zugewiesen und geht die Zahlung des Arbeitslohns auf die Kasse dieser Dienststelle über, hat die früher zuständige Kasse in der Lohnsteuerbescheinigung (→ Absatz 1) den vollen von ihr gezahlten Arbeitslohn und die davon einbehaltene Lohnsteuer auch dann aufzunehmen, wenn ihr ein Teil des Arbeitslohns von der nunmehr zuständigen Kasse erstattet wird; der Arbeitslohn darf nicht um die Freibeträge für Versorgungsbezüge (→ § 19 Abs. 2 EStG) und den Altersentlastungsbetrag (→ § 24a EStG) gekürzt werden. ²Die nunmehr zuständige Kasse hat den der früher zuständigen Kasse erstatteten Teil des Arbeitslohns nicht in die Lohnsteuerbescheinigung aufzunehmen.

Hinweise

LStH 41b *Ausstellung von elektronischen Lohnsteuerbescheinigungen ab 2015*
Ausstellung von Besonderen Lohnsteuerbescheinigungen durch den Arbeitgeber ohne maschinelle Lohnabrechnung ab 2015

→ *BMF vom 15.9.2014 (BStBl. I S. 1244)*

Bekanntmachung des Musters für den Ausdruck der elektronischen Lohnsteuerbescheinigung 2015

→ *BMF vom 16.9.2014 (BStBl. I S. 1251)*

Berichtigung der Lohnsteuerbescheinigung
- *Der Arbeitnehmer kann nach Übermittlung oder Ausschreibung der Lohnsteuerbescheinigung deren Berichtigung nicht mehr verlangen (→ BFH vom 13.12.2007 – BStBl. 2008 II S. 434).*
- *Zur Berichtigung der Lohnsteuerbescheinigung bei Änderung der Lohnsteuer-Anmeldung zu Gunsten des Arbeitsgebers → § 41c Abs. 3 Satz 4 und 5 EStG.*

Bescheinigung zu Unrecht einbehaltener Lohnsteuer
Wird von steuerfreien Einnahmen aus nichtselbständiger Arbeit (zu Unrecht) Lohnsteuer einbehalten und an ein inländisches Finanzamt abgeführt, so ist auch diese Lohnsteuer in der Lohnsteuerbescheinigung einzutragen und auf die für den VZ festgesetzte Einkommensteuerschuld des Arbeitnehmers anzurechnen (→ BFH vom 23.5.2000 – BStBl. II S. 581).

Finanzrechtsweg
Bei einer Nettolohnvereinbarung ist für Streitigkeiten über die Höhe des in der Lohnsteuerbescheinigung auszuweisenden Bruttoarbeitslohns der Finanzrechtsweg nicht gegeben (→ BFH vom 13.12.2007 – BStBl. 2008 II S. 434).

Unzutreffender Steuerabzug
Ein unzutreffender Lohnsteuerabzug kann durch Einwendungen gegen die Lohnsteuerbescheinigung nicht berichtigt werden (→ BFH vom 13.12.2007 – BStBl. 2008 II S. 434).

Rechtsprechungsauswahl

BFH v. 8. 12. 2011 VI R 18/11 (BStBl. 2012 II S. 291): Keine Steuerfreiheit von pauschal gezahlten Zuschlägen für Sonntagsarbeit, Feiertagsarbeit oder Nachtarbeit – Grundsätzlich kein Verzicht auf Einzelabrechnung

1. Pauschale Zuschläge, die der Arbeitgeber ohne Rücksicht auf die Höhe der tatsächlich erbrachten Sonntagsarbeit, Feiertagsarbeit oder Nachtarbeit an den Arbeitnehmer leistet, sind nur dann nach § 3b EStG begünstigt, wenn sie nach dem übereinstimmenden Willen von Arbeitgeber und Arbeitnehmer als Abschlagszahlungen oder Vorschüsse auf eine spätere Einzelabrechnung gemäß § 41b EStG geleistet werden.
2. Diese Einzelabrechnung zum jährlichen Abschluss des Lohnkontos ist grundsätzlich unverzichtbar.
3. Auf sie kann im Einzelfall nur verzichtet werden, wenn die Arbeitsleistungen fast ausschließlich zur Nachtzeit zu erbringen und die pauschal geleisteten Zuschläge so bemessen sind, dass sie auch unter Einbeziehung von Urlaub und sonstigen Fehlzeiten – aufs Jahr bezogen – die Voraussetzungen der Steuerfreiheit erfüllen.

§ 41c Änderung des Lohnsteuerabzugs

(1) ¹Der Arbeitgeber ist berechtigt, bei der jeweils nächstfolgenden Lohnzahlung bisher erhobene Lohnsteuer zu erstatten oder noch nicht erhobene Lohnsteuer nachträglich einzubehalten,

1. wenn ihm elektronische Lohnsteuerabzugsmerkmale zum Abruf zur Verfügung gestellt werden oder ihm der Arbeitnehmer eine Bescheinigung für den Lohnsteuerabzug mit Eintragungen vorlegt, die auf einen Zeitpunkt vor Abruf der Lohnsteuerabzugsmerkmale oder vor Vorlage der Bescheinigung für den Lohnsteuerabzug zurückwirken, oder

2. wenn er erkennt, dass er die Lohnsteuer bisher nicht vorschriftsmäßig einbehalten hat; dies gilt auch bei rückwirkender Gesetzesänderung.

²In den Fällen des Satzes 1 Nummer 2 ist der Arbeitgeber jedoch verpflichtet, wenn ihm dies wirtschaftlich zumutbar ist.

(2) ¹Die zu erstattende Lohnsteuer ist dem Betrag zu entnehmen, den der Arbeitgeber für seine Arbeitnehmer insgesamt an Lohnsteuer einbehalten oder übernommen hat. ²Wenn die zu erstattende Lohnsteuer aus dem Betrag nicht gedeckt werden kann, der insgesamt an Lohnsteuer einzubehalten oder zu übernehmen ist, wird der Fehlbetrag dem Arbeitgeber auf Antrag vom Betriebsstättenfinanzamt ersetzt.

(3) ¹Nach Ablauf des Kalenderjahres oder, wenn das Dienstverhältnis vor Ablauf des Kalenderjahres endet, nach Beendigung des Dienstverhältnisses ist die Änderung des Lohnsteuerabzugs nur bis zur Übermittlung oder Ausschreibung der Lohnsteuerbescheinigung zulässig. ²Bei Änderung des Lohnsteuerabzugs nach Ablauf des Kalenderjahres ist die nachträglich einzubehaltende Lohnsteuer nach dem Jahresarbeitslohn zu ermitteln. ³Eine Erstattung von Lohnsteuer ist nach Ablauf des Kalenderjahres nur im Wege des Lohnsteuer-Jahresausgleichs nach § 42b zulässig. ⁴Eine Minderung der einzubehaltenden und zu übernehmenden Lohnsteuer (§ 41a Absatz 1 Satz 1 Nummer 1) nach § 164 Absatz 2 Satz 1 der Abgabenordnung ist nach der Übermittlung oder Ausschreibung der Lohnsteuerbescheinigung nur dann zulässig, wenn sich der Arbeitnehmer ohne vertraglichen Anspruch und gegen den Willen des Arbeitgebers Beträge verschafft hat, für die Lohnsteuer einbehalten wurde. ⁵In diesem Fall hat der Arbeitgeber die bereits übermittelte oder ausgestellte Lohnsteuerbescheinigung zu berichtigen und sie als geändert gekennzeichnet an die Finanzverwaltung zu übermitteln; § 41b Absatz 1 gilt entsprechend. ⁶Der Arbeitgeber hat seinen Antrag zu begründen und die Lohnsteuer-Anmeldung (§ 41a Absatz 1 Satz 1) zu berichtigen.

(4) ¹Der Arbeitgeber hat die Fälle, in denen er die Lohnsteuer nach Absatz 1 nicht nachträglich einbehält oder die Lohnsteuer nicht nachträglich einbehalten kann, weil

1. der Arbeitnehmer vom Arbeitgeber Arbeitslohn nicht mehr bezieht oder

2. der Arbeitgeber nach Ablauf des Kalenderjahres bereits die Lohnsteuerbescheinigung übermittelt oder ausgeschrieben hat,

dem Betriebsstättenfinanzamt unverzüglich anzuzeigen. ²Das Finanzamt hat die zu wenig erhobene Lohnsteuer vom Arbeitnehmer nachzufordern, wenn der nachzufordernde Betrag 10 Euro übersteigt. ³§ 42d bleibt unberührt.

LStR

R 41c.1 Änderung des Lohnsteuerabzugs

(1) ¹Unabhängig von der Verpflichtung des Arbeitgebers, nach § 39c Abs. 1 und 2 EStG den Lohnsteuerabzug für vorangegangene Monate zu überprüfen und erforderlichenfalls zu ändern, ist der Arbeitgeber in den in § 41c Abs. 1 EStG bezeichneten Fällen zu einer Änderung des Lohnsteuerabzugs bei der jeweils nächstfolgenden Lohnzahlung berechtigt. ²Die Änderung ist zugunsten oder zuungunsten des Arbeitnehmers zulässig, ohne dass es dabei auf die Höhe der zu erstattenden oder nachträglich einzubehaltenden Steuer ankommt. ³Für die nachträgliche Einbehaltung durch den Arbeitgeber gilt der Mindestbetrag für die Nachforderung durch das Finanzamt (§ 41c Abs. 4 Satz 2 EStG) nicht.

§ 41c

RL 41c.1

(2) ¹Der Arbeitgeber ist zur Änderung des Lohnsteuerabzugs nur berechtigt, soweit die Lohnsteuer von ihm einbehalten worden ist oder einzubehalten war. ²Bei Nettolöhnen (→ R 39b.9) gilt dies für die zu übernehmende Steuer.

(3) ¹Die Änderung des Lohnsteuerabzugs auf Grund rückwirkender Lohnsteuerabzugsmerkmale ist nicht auf die Fälle beschränkt, in denen das Finanzamt die Lohnsteuerabzugsmerkmale mit Wirkung von einem zurückliegenden Zeitpunkt an ändert oder ergänzt. ²Die Änderung des Lohnsteuerabzugs ist ebenso zulässig, wenn der Arbeitgeber wegen fehlender Lohnsteuerabzugsmerkmale den Lohnsteuerabzug gemäß § 39c Abs. 1 Satz 1 oder Abs. 2 Satz 1 EStG vorgenommen hat und dem Arbeitgeber erstmals Lohnsteuerabzugsmerkmale zur Verfügung gestellt werden bzw. der Arbeitnehmer erstmals eine Bescheinigung für den Lohnsteuerabzug vorlegt oder wenn bei Vorauszahlung des Arbeitslohns der Geltungsbeginn der Lohnsteuerabzugsmerkmale in einen bereits abgerechneten Lohnzahlungszeitraum fällt.

(4) ¹Die Änderung des Lohnsteuerabzugs ist, sofern der Arbeitgeber von seiner Berechtigung hierzu Gebrauch macht, bei der nächsten Lohnzahlung vorzunehmen, die dem Abruf von rückwirkenden Lohnsteuerabzugsmerkmalen oder auf die Vorlage einer Bescheinigung für den Lohnsteuerabzug mit den rückwirkenden Eintragungen oder dem Erkennen einer nicht vorschriftsmäßigen Lohnsteuereinbehaltung folgt. ²Der Arbeitgeber darf in Fällen nachträglicher Einbehaltung von Lohnsteuer die Einbehaltung nicht auf mehrere Lohnzahlungen verteilen. ³Die nachträgliche Einbehaltung ist auch insoweit zulässig, als dadurch die Pfändungsfreigrenzen unterschritten werden; wenn die nachträglich einzubehaltende Lohnsteuer den auszuzahlenden Barlohn übersteigt, ist die nachträgliche Einbehaltung in Höhe des auszuzahlenden Barlohns vorzunehmen und dem Finanzamt für den übersteigenden Betrag eine Anzeige nach § 41c Abs. 4 EStG zu erstatten.

(5) ¹Im Falle der Erstattung von Lohnsteuer hat der Arbeitgeber die zu erstattende Lohnsteuer dem Gesamtbetrag der von ihm abzuführenden Lohnsteuer zu entnehmen. ²Als Antrag auf Ersatz eines etwaigen Fehlbetrags reicht es aus, wenn in der Lohnsteuer-Anmeldung der Erstattungsbetrag kenntlich gemacht wird. ³Macht der Arbeitgeber von seiner Berechtigung zur Lohnsteuererstattung nach § 41c Abs. 1 und 2 EStG keinen Gebrauch, kann der Arbeitnehmer die Erstattung beim Finanzamt beantragen.

(6) ¹Nach Ablauf des Kalenderjahres ist eine Änderung des Lohnsteuerabzugs in der Weise vorzunehmen, dass die Jahreslohnsteuer festzustellen und durch Gegenüberstellung mit der insgesamt einbehaltenen Lohnsteuer der nachträglich einzubehaltende oder zu erstattende Steuerbetrag zu ermitteln ist. ²Eine Erstattung darf aber nur im Lohnsteuer-Jahresausgleich unter den Voraussetzungen des § 42b EStG vorgenommen werden. ³Wenn der Arbeitgeber nach § 42b Abs. 1 EStG den Lohnsteuer-Jahresausgleich nicht durchführen darf, ist auch eine Änderung des Lohnsteuerabzugs mit Erstattungsfolge nicht möglich; der Arbeitnehmer kann in diesen Fällen die Erstattung im Rahmen einer Veranlagung zur Einkommensteuer erreichen. ⁴Soweit der Arbeitgeber auf Grund einer Änderung des Lohnsteuerabzugs nach Ablauf des Kalenderjahres nachträglich Lohnsteuer einbehält, handelt es sich um Lohnsteuer des abgelaufenen Kalenderjahres, die zusammen mit der übrigen einbehaltenen Lohnsteuer des abgelaufenen Kalenderjahres in einer Summe in der Lohnsteuerbescheinigung zu übermitteln oder anzugeben ist. ⁵Die nachträglich einbehaltene Lohnsteuer ist für den Anmeldungszeitraum anzugeben und abzuführen, in dem sie einbehalten wurde.

(7) ¹Hat der Arbeitgeber die Lohnsteuerbescheinigung übermittelt oder ausgestellt, ist eine Änderung des Lohnsteuerabzuges nicht mehr möglich. ²Die bloße Korrektur eines zunächst unrichtig übermittelten Datensatzes ist zulässig. ³Die Anzeigeverpflichtung nach § 41c Abs. 4 Satz 1 Nr. 2 EStG bleibt unberührt.

(8) ¹Bei beschränkt Steuerpflichtigen ist auch nach Ablauf des Kalenderjahres eine Änderung des Lohnsteuerabzugs nur für die Lohnzahlungszeiträume vorzunehmen, auf die sich die Änderungen beziehen. ²Eine Änderung mit Erstattungsfolge kann in diesem Falle nur das Finanzamt durchführen.

Hinweise

LStH 41c.1 *Änderung der Festsetzung*

> *Eine Erhöhung der Lohnsteuer-Entrichtungsschuld ist unter den Voraussetzungen des § 164 Abs. 2 Satz 1 AO auch nach Übermittlung oder Ausschreibung der Lohnsteuerbescheinigung zulässig (→ BFH vom 30.10.2008 – BStBl. 2009 II S. 354).*

Erstattungsantrag

> *– Erstattungsansprüche des Arbeitnehmers wegen zu Unrecht einbehaltener Lohnsteuer sind nach Ablauf des Kalenderjahres im Rahmen einer Veranlagung zur Einkommensteuer geltend zu machen. Darüber hinaus ist ein Erstattungsantrag gemäß § 37 AO nicht zulässig*

§ 41c

(→ BFH vom 20.5.1983 – BStBl. II S. 584). Dies gilt auch für zu Unrecht angemeldete und abgeführte Lohnsteuerbeträge, wenn der Lohnsteuerabzug nach § 41c Abs. 3 EStG nicht mehr geändert werden kann (→ BFH vom 17.6.2009 – BStBl. 2010 II S. 72).

– *Wird eine Zahlung des Arbeitgebers zu Unrecht dem Lohnsteuerabzug unterworfen, weil die Besteuerung abkommensrechtlich dem Wohnsitzstaat des Arbeitnehmers zugewiesen ist, hat der Arbeitnehmer eine Veranlagung zur Einkommensteuer zu beantragen (§ 50 Abs. 2 Satz 2 Nr. 4 Buchstabe b i.V.m. Satz 7 EStG). Für die übrigen Arbeitnehmer besteht ein Erstattungsanspruch in analoger Anwendung des § 50d Abs. 1 Satz 2 EStG, der gegen das Betriebsstättenfinanzamt des Arbeitgebers zu richten ist (→ BFH vom 21.10.2009 – BStBl. 2012 II S. 493).*

LStR

R 41c.2 Anzeigepflichten des Arbeitgebers

(1) ¹Der Arbeitgeber hat die Anzeigepflichten nach § 38 Abs. 4, § 41c Abs. 4 EStG unverzüglich zu erfüllen. ²Sobald der Arbeitgeber erkennt, dass der Lohnsteuerabzug in zu geringer Höhe vorgenommen worden ist, hat er dies dem Betriebsstättenfinanzamt anzuzeigen, wenn er die Lohnsteuer nicht nachträglich einbehalten kann oder von seiner Berechtigung hierzu keinen Gebrauch macht; dies gilt auch bei rückwirkender Gesetzesänderung. ³Der Arbeitgeber hat die Anzeige über die zu geringe Einbehaltung der Lohnsteuer ggf. auch für die zurückliegenden vier Kalenderjahre zu erstatten. ⁴Die Anzeigepflicht besteht unabhängig von dem Mindestbetrag (§ 41c Abs. 4 Satz 2 EStG) für die Nachforderung durch das Finanzamt.

(2) ¹Die Anzeige ist schriftlich zu erstatten. ²In ihr sind der Name und die Anschrift des Arbeitnehmers, seine Lohnsteuerabzugsmerkmale nämlich Geburtsdatum und Identifikationsnummer, Steuerklasse/Faktor, Zahl der Kinderfreibeträge, Kirchensteuermerkmal und ggf. ein Freibetrag oder Hinzurechnungsbetrag, sowie der Anzeigegrund und die für die Berechnung einer Lohnsteuer-Nachforderung erforderlichen Mitteilungen über Höhe und Art des Arbeitslohns, z. B. Auszug aus dem Lohnkonto, anzugeben.

(3) ¹Das Betriebsstättenfinanzamt hat die Anzeige an das für die Einkommensbesteuerung des Arbeitnehmers zuständige Finanzamt weiterzuleiten, wenn es zweckmäßig erscheint, die Lohnsteuer-Nachforderung nicht sofort durchzuführen, z. B. weil es wahrscheinlich ist, dass der Arbeitnehmer zur Einkommensteuer veranlagt wird. ²Das ist auch angebracht in Fällen, in denen bei Eingang der Anzeige abzusehen ist, ob sich bei Änderung des Lohnsteuerabzugs nach Ablauf des Kalenderjahres (→ § 41c Abs. 3 Satz 2 EStG) eine Lohnsteuer-Nachforderung ergeben wird.

R 41c.3 Nachforderung von Lohnsteuer

(1) In den Fällen des § 38 Abs. 4 und des § 41c Abs. 4 EStG ist das Betriebsstättenfinanzamt für die Nachforderung dann zuständig, wenn die zu wenig erhobene Lohnsteuer bereits im Laufe des Kalenderjahres nachgefordert werden soll.

(2) ¹Im Falle des § 41c Abs. 4 EStG gilt für die Berechnung der nachzufordernden Lohnsteuer nach Ablauf des Kalenderjahres R 41c.1 Abs. 6 Satz 1 und Abs. 8 Satz 1 entsprechend. ²In anderen Fällen ist die Jahreslohnsteuer wie folgt zu ermitteln:

1		Bruttoarbeitslohn
2	+	ermäßigt besteuerte Entschädigungen und ermäßigt besteuerte Vergütungen für mehrjährige Tätigkeit i.S.d. § 34 EStG
3	=	Jahresarbeitslohn
4	–	Freibeträge für Versorgungsbezüge (§ 19 Abs. 2 EStG)
5	–	Werbungskosten, maßgebender Pauschbetrag für Werbungskosten (§§ 9, 9a EStG)
6	–	Altersentlastungsbetrag (§ 24a EStG)
7	–	Entastungsbetrag für Alleinerziehende (§ 24b EStG)
8	=	Gesamtbetrag der Einkünfte (§ 2 Abs. 3 EStG)
9	–	Sonderausgaben (§§ 10, 10b, 10c, 39b Abs. 2 Satz 5 Nr. 3 EStG)
10	–	außergewöhnliche Belastungen (§§ 33 bis 33b EStG)
11	=	Einkommen (§ 2 Abs. 4 EStG)
12	–	Freibeträge für Kinder (nur für Kinder, für die kein Anspruch auf Kindergeld besteht; § 39a Abs. 1 Nr. 6 EStG)

RL 41c.3 § 41c

13	=	zu versteuerndes Einkommen (§ 2 Abs. 5 EStG)
14	–	Entschädigungen und Vergütungen i.S.d. § 34 EStG (Zeile 2)
15	=	verbleibendes zu versteuerndes Einkommen
16	+	ein Fünftel der Entschädigungen und Vergütungen i.S.d. § 34 EStG (Zeile 2)
17	=	Summe
18	=	Steuerbetrag für die Summe (Zeile 17) laut Grundtarif/Splittingtarif
19	–	Steuerbetrag für das verbleibende zu versteuernde Einkommen (Zeile 15) laut Grundtarif/Splittingtarif
20	=	Unterschiedsbetrag

³Hat der Arbeitnehmer keine Entschädigungen und Vergütungen i.S.d. § 34 EStG bezogen, ist der für das zu versteuernde Einkommen (Zeile 13) nach dem Grundtarif/Splittingtarif ermittelte Steuerbetrag die Jahreslohnsteuer (tarifliche Einkommensteuer – § 32a Abs. 1, 5 EStG). ⁴Hat der Arbeitnehmer Entschädigungen und Vergütungen i.S.d. § 34 EStG bezogen, ist der Steuerbetrag für das verbleibende zu versteuernde Einkommen (Zeile 19) zuzüglich des Fünffachen des Unterschiedsbetrags (Zeile 20) die Jahreslohnsteuer (tarifliche Einkommensteuer – § 32a Abs. 1, 5 EStG).

(3) ¹Will das Finanzamt zu wenig einbehaltene Lohnsteuer vom Arbeitnehmer nachfordern, erlässt es gegen diesen einen Steuerbescheid. ²Nach Ablauf des Kalenderjahres kommt eine Nachforderung von Lohnsteuer oder Einkommensteuer ggf. auch durch erstmalige oder geänderte Veranlagung zur Einkommensteuer in Betracht. ³Die Nachforderung von Lohnsteuer oder Einkommensteuer erfolgt durch erstmalige oder geänderte Veranlagung zur Einkommensteuer, wenn ein Hinzurechnungsbetrag als Lohnsteuerabzugsmerkmal gebildet wurde (→ § 46 Abs. 2 Nr. 2 EStG).

(4) ¹Außer im Falle des § 38 Abs. 4 EStG unterbleibt die Nachforderung, wenn die nachzufordernde Lohnsteuer den Mindestbetrag nach § 41c Abs. 4 Satz 2 EStG nicht übersteigt. ²Bezieht sich die Nachforderung auf mehrere Kalenderjahre, ist für jedes Kalenderjahr gesondert festzustellen, ob der Mindestbetrag überschritten wird. ³Treffen in einem Kalenderjahr mehrere Nachforderungsgründe zusammen, gilt der Mindestbetrag für die insgesamt nachzufordernde Lohnsteuer.

Hinweise

LStH 41c.3 *Einzelfälle*

Das Finanzamt hat die zu wenig einbehaltene Lohnsteuer vom Arbeitnehmer nachzufordern, wenn

– der Barlohn des Arbeitnehmers zur Deckung der Lohnsteuer nicht ausreicht und die Steuer weder aus zurückbehaltenen anderen Bezügen des Arbeitnehmers noch durch einen entsprechenden Barzuschuss des Arbeitnehmers aufgebracht werden kann (→ § 38 Abs. 4 EStG),

– eine Änderung der Lohnsteuerabzugsmerkmale erforderlich war, diese aber unterblieben ist,

– in den Fällen des § 39a Abs. 5 EStG ein Freibetrag rückwirkend herabgesetzt worden ist und der Arbeitgeber die zu wenig erhobene Lohnsteuer nicht nachträglich einbehalten kann,

– die rückwirkende Änderung eines Pauschbetrags für behinderte Menschen und Hinterbliebene (→ § 33b EStG) wegen der bereits erteilten Lohnsteuerbescheinigung nicht zu einer Nacherhebung von Lohnsteuer durch den Arbeitgeber führen kann (→ BFH vom 24.9.1982 – BStBl. 1983 II S. 60),

– der Arbeitgeber dem Finanzamt angezeigt hat, dass er von seiner Berechtigung, Lohnsteuer nachträglich einzubehalten, keinen Gebrauch macht, oder die Lohnsteuer nicht nachträglich einbehalten kann (→ § 41c Abs. 4 EStG),

– der Arbeitnehmer in den Fällen des § 42d Abs. 3 Satz 4 EStG für die nicht vorschriftsmäßig einbehaltene oder angemeldete Lohnsteuer in Anspruch zu nehmen ist; wegen der Wahl der Inanspruchnahme → R 42d.1 Abs. 3 und 4 oder

– die Voraussetzungen der unbeschränkten Einkommensteuerpflicht nach § 1 Abs. 3 EStG nicht vorgelegen haben und es dies bereits bei Erteilung der Bescheinigung hätte bemerken können (→ § 50 Abs. 2 Satz 2 Nr. 2 EStG); auch bei einer fehlerhaft erteilten

Bescheinigung kann das Finanzamt die zu wenig erhobene Lohnsteuer nachfordern (→ BFH vom 23.9.2008 – BStBl. 2009 II S. 666).

Erkenntnisse aus rechtswidriger Außenprüfung
→ BFH vom 9.11.1984 (BStBl. 1985 II S. 191).

Festsetzungsfrist gegenüber dem Arbeitnehmer
Durch eine Anzeige des Arbeitgebers nach § 41c Abs. 4 Satz 1 Nr. 1 EStG wird der Anlauf der Festsetzungsfrist für die Lohnsteuer gegenüber dem Arbeitnehmer gemäß § 170 Abs. 2 Satz 1 Nr. 1 AO gehemmt (→ BFH vom 5.7.2012 – BStBl. 2013 II S. 190).

Freibeträge, rückwirkende Änderung
Wird Lohnsteuer nach Ablauf des Kalenderjahres wegen der rückwirkenden Änderung eines Pauschbetrags für behinderte Menschen und Hinterbliebene (→ § 33b EStG) und einer bereits erteilten Lohnsteuerbescheinigung nachgefordert, bedarf es keiner förmlichen Berichtigung des Freibetrags; es genügt, wenn die Inanspruchnahme des Arbeitnehmers ausdrücklich mit der rückwirkenden Änderung des Freibetrags begründet wird (→ BFH vom 24.9.1982 – BStBl. 1983 II S. 60).

Zuständigkeit
Für die Nachforderung ist im Allgemeinen das für die Einkommensbesteuerung des Arbeitnehmers zuständige Finanzamt zuständig. Ist keine Pflicht- oder Antragsveranlagung nach § 46 Abs. 2 EStG durchzuführen, ist die Nachforderung vom Betriebsstättenfinanzamt vorzunehmen (→ BFH vom 21.2.1992 - BStBl II S. 565); Entsprechendes gilt, wenn zu wenig erhobene Lohnsteuer nach §§ 38 Abs. 4 und 41c Abs. 4 EStG bereits im Laufe des Kalenderjahres nachgefordert werden soll. Für die Nachforderung zu wenig einbehaltener Lohnsteuer von beschränkt einkommensteuerpflichtigen Arbeitnehmern ist stets das Betriebsstättenfinanzamt zuständig (→ BFH vom 20.6.1990 – BStBl. 1992 II S. 43).

Rechtsprechungsauswahl

BFH v. 13. 11. 2012 VI R 38/11 (BStBl. 2013 II S. 929): Veruntreute Beträge kein Arbeitslohn; Änderung von Steueranmeldungen nach Übermittlung oder Ausschreibung der Lohnsteuerbescheinigung

1. Überweist ein Arbeitnehmer unter eigenmächtiger Überschreitung seiner Befugnisse Beträge, die ihm vertraglich nicht zustehen, auf sein Konto, so liegt darin kein Arbeitslohn i.S. des § 19 EStG.
2. Eine Änderung der Festsetzung der Lohnsteuer-Entrichtungsschuld ist unter den Voraussetzungen des § 164 Abs. 2 Satz 1 AO auch nach Übermittlung oder Ausschreibung der Lohnsteuerbescheinigung (§ 41c Abs. 3 EStG) zulässig.

BFH v. 5. 7. 2012 VI R 11/11 (BStBl. 2013 II S. 190): Arbeitslohnqualität von Arbeitgeberleistungen nach der Abtretung von Ansprüchen aus einer Rückdeckungsversicherung an den Arbeitnehmer – Anlaufhemmung gegenüber dem Arbeitnehmer durch Anzeige des Arbeitgebers

1. Tritt ein Arbeitgeber Ansprüche aus einer von ihm mit einem Versicherer abgeschlossenen Rückdeckungsversicherung an den Arbeitnehmer ab und leistet der Arbeitgeber im Anschluss hieran Beiträge an den Versicherer, sind diese Ausgaben Arbeitslohn.
2. Durch eine Anzeige des Arbeitgebers nach § 41c Abs. 4 Satz 1 Nr. 2 EStG wird der Anlauf der Festsetzungsfrist für die Lohnsteuer gegenüber dem Arbeitnehmer gemäß § 170 Abs. 2 Satz 1 Nr. 1 AO gehemmt.

BFH v. 21. 4. 2010 VI R 29/08 (BStBl. II S. 833): Haftung des Arbeitgebers für von einer Angestellten hinterzogenen Lohnsteuer

Der Haftungsausschluss nach § 42d Abs. 2 i.V.m. § 41c Abs. 4 EStG setzt stets eine Korrekturberechtigung i.S. des § 41c Abs. 1 EStG voraus. Daran fehlt es, wenn eine Lohnsteuer-Anmeldung vorsätzlich fehlerhaft abgegeben worden war und dies dem Arbeitgeber zuzurechnen ist (§ 41c Abs. 1 Nr. 2 EStG).

BFH v. 21. 10. 2009 I R 70/08 (BStBl. 2012 II S. 493): Lohnsteuererstattungsanspruch bei abkommenswidriger Lohnsteuereinbehaltung

1. Ein Arbeitnehmer kann die Lohnsteuer-Anmeldung des Arbeitgebers – soweit sie ihn betrifft – aus eigenem Recht anfechten. Nach dem Eintritt der formellen Bestandskraft der Lohnsteuer-Anmeldung kann der Arbeitnehmer eine Änderung der Anmeldung (§ 164 Abs. 2 AO) begehren.
2. Wird eine Zahlung des Arbeitgebers zu Unrecht dem Lohnsteuerabzug unterworfen, weil die Besteuerung der Zahlung abkommensrechtlich dem Wohnsitzstaat des Arbeitnehmers zugewiesen ist,

| Rechtsprechung | §§ 41c–42a |

hat der Arbeitnehmer einen Erstattungsanspruch in analoger Anwendung des § 50d Abs. 1 Satz 2 EStG 2002, der gegen das Betriebsstätten-Finanzamt des Arbeitgebers zu richten ist (Bestätigung der ständigen Rechtsprechung).

3. Eine Erfindervergütung für eine sog. Diensterfindung (§ 9 ArbnErfG) ist grundsätzlich steuerpflichtiger Arbeitslohn (§ 19 EStG 2002) und unterfällt der beschränkten Steuerpflicht gemäß § 49 Abs. 1 Nr. 4 Buchst. a EStG 2002. Dies gilt auch dann, wenn das Arbeitsverhältnis im Augenblick der Zahlung nicht mehr besteht.

4. Da eine Vergütung gemäß § 9 ArbnErfG regelmäßig nicht als konkrete Gegenleistung für eine Arbeitsleistung anzusehen ist, handelt es sich nicht um ein zusätzliches Entgelt „für" eine (frühere) Tätigkeit i.S. des Art. 15 Abs. 1 OECD-MustAbk, so dass eine Besteuerung nur im Ansässigkeitsstaat des (früheren) Arbeitnehmers erfolgt.

BFH v. 17. 6. 2009 VI R 46/07 (BStBl. 2010 II S. 72):

1. § 36 Abs. 2 Satz 2 Nr. 2 EStG verknüpft inhaltlich Steuerfestsetzungs- und Steuererhebungsverfahren. Daher kann auch die Anfechtung eines Einkommensteuerbescheids mit dem Ziel der Anrechnung höherer Lohnsteuerabzugsbeträge zulässig sein.

2. Die vom Arbeitgeber zu Unrecht angemeldeten und an das FA abgeführten Lohnsteuerbeträge sind als Arbeitslohn beim Arbeitnehmer jedenfalls dann steuerlich zu erfassen, wenn der Lohnsteuerabzug nach § 41c Abs. 3 EStG nicht mehr geändert werden kann (Abgrenzung zum BFH-Urteil vom 24. November 1961 VI 88/61 U, BFHE 74, 246, BStBl. III 1962, 93).

BFH v. 30. 10. 2008 VI R 10/05 (BStBl. 2009 II S. 354): Eine Änderung der Festsetzung der Lohnsteuer-Entrichtungsschuld (§§ 155, 167 Abs. 1 Satz 1 AO i.V.m. § 41a Abs. 1 Satz 1 Nr. 1 EStG) ist unter den Voraussetzungen des § 164 Abs. 2 Satz 1 AO auch nach Übermittlung oder Ausschreibung der Lohnsteuerbescheinigung (§ 41c Abs. 3 EStG) zulässig.

BFH v. 28. 2. 2008 VI R 62/06 (BStBl. II S. 595): Reicht ein Steuerpflichtiger vor Ablauf der Festsetzungsfrist eine Berichtigungsanzeige i. S. des § 153 Abs. 1 AO bei einem unzuständigen FA ein, so ist die Anzeige zwar erstattet; zur Berechnung der Ablaufhemmung nach § 171 Abs. 9 AO ist jedoch grundsätzlich auf den Eingang beim zuständigen FA abzustellen.

(Anmerkung: Betrifft Überlassung von Aktien/Aktienoptionen der Muttergesellschaft durch Konzernobergesellschaft, Lohnzufluss zum Zeitpunkt der Erfüllung der Ansprüche aus dem Optionsrecht; zur haftungsbefreienden Anzeige des Arbeitgebers nach § 41c Abs. 4, § 42d Abs. 2 EStG.)

BFH v. 13. 12. 2007 VI R 57/04 (BStBl. 2008 II S. 434):

1. Ist nach einer Nettolohnvereinbarung streitig, in welcher Höhe Bruttoarbeitslohn in der Lohnsteuerbescheinigung hätte berücksichtigt werden müssen, ist der Finanzrechtsweg nicht gegeben.
2. Nach der Übermittlung der Lohnsteuerbescheinigung kann der Arbeitnehmer eine Berichtigung der Lohnsteuerbescheinigung nicht mehr verlangen.
3. Ein unzutreffender Lohnsteuerabzug kann mit Einwendungen gegen die Lohnsteuerbescheinigung nicht mehr rückgängig gemacht werden.

§§ 42 und 42a (weggefallen)

§ 42b

§ 42b Lohnsteuer-Jahresausgleich durch den Arbeitgeber

(1) ¹Der Arbeitgeber ist berechtigt, seinen unbeschränkt einkommensteuerpflichtigen Arbeitnehmern, die während des abgelaufenen Kalenderjahres (Ausgleichsjahr) ständig in einem zu ihm bestehenden Dienstverhältnis gestanden haben, die für das Ausgleichsjahr einbehaltene Lohnsteuer insoweit zu erstatten, als sie die auf den Jahresarbeitslohn entfallende Jahreslohnsteuer übersteigt (Lohnsteuer-Jahresausgleich). ²Er ist zur Durchführung des Lohnsteuer-Jahresausgleichs verpflichtet, wenn er am 31. Dezember des Ausgleichsjahres mindestens zehn Arbeitnehmer beschäftigt. ³Der Arbeitgeber darf den Lohnsteuer-Jahresausgleich nicht durchführen, wenn

1. der Arbeitnehmer es beantragt oder

2. der Arbeitnehmer für das Ausgleichsjahr oder für einen Teil des Ausgleichsjahres nach den Steuerklassen V oder VI zu besteuern war oder

3. der Arbeitnehmer für einen Teil des Ausgleichsjahres nach den Steuerklassen II, III oder IV zu besteuern war oder

3a. bei der Lohnsteuerberechnung ein Freibetrag oder Hinzurechnungsbetrag zu berücksichtigen war oder

3b. das Faktorverfahren angewandt wurde oder

4. der Arbeitnehmer im Ausgleichsjahr Kurzarbeitergeld, Schlechtwettergeld, Winterausfallgeld, Zuschuss zum Mutterschaftsgeld nach dem Mutterschutzgesetz, Zuschuss bei Beschäftigungsverboten für die Zeit vor oder nach einer Entbindung sowie für den Entbindungstag während einer Elternzeit nach beamtenrechtlichen Vorschriften, Entschädigungen für Verdienstausfall nach dem Infektionsschutzgesetz vom 20. Juli 2000 (BGBl. I S. 1045) oder nach § 3 Nummer 28 steuerfreie Aufstockungsbeträge oder Zuschläge bezogen hat oder

4a. die Anzahl der im Lohnkonto oder in der Lohnsteuerbescheinigung eingetragenen Großbuchstaben U mindestens eins beträgt oder

5. für den Arbeitnehmer im Ausgleichsjahr im Rahmen der Vorsorgepauschale jeweils nur zeitweise Beträge nach § 39b Absatz 2 Satz 5 Nummer 3 Buchstabe a bis d oder der Beitragszuschlag nach § 39b Absatz 2 Satz 5 Nummer 3 Buchstabe c berücksichtigt wurden oder sich im Ausgleichsjahr der Zusatzbeitragssatz (§ 39b Absatz 2 Satz 5 Nummer 3 Buchstabe b) geändert hat oder

6. der Arbeitnehmer im Ausgleichsjahr ausländische Einkünfte aus nichtselbständiger Arbeit bezogen hat, die nach einem Abkommen zur Vermeidung der Doppelbesteuerung oder unter Progressionsvorbehalt nach § 34c Absatz 5 von der Lohnsteuer freigestellt waren.

(2) ¹Für den Lohnsteuer-Jahresausgleich hat der Arbeitgeber den Jahresarbeitslohn aus dem zu ihm bestehenden Dienstverhältnis festzustellen. ²Dabei bleiben Bezüge im Sinne des § 34 Absatz 1 und 2 Nummer 2 und 4 außer Ansatz, wenn der Arbeitnehmer nicht jeweils die Einbeziehung in den Lohnsteuer-Jahresausgleich beantragt. ³Vom Jahresarbeitslohn sind der etwa in Betracht kommende Versorgungsfreibetrag und Zuschlag zum Versorgungsfreibetrag und der etwa in Betracht kommende Altersentlastungsbetrag abzuziehen. ⁴Für den so geminderten Jahresarbeitslohn ist die Jahreslohnsteuer nach § 39b Absatz 2 Satz 6 und 7 zu ermitteln nach Maßgabe der Steuerklasse, die für den letzten Lohnzahlungszeitraum des Ausgleichsjahres als elektronisches Lohnsteuerabzugsmerkmal abgerufen oder auf der Bescheinigung für den Lohnsteuerabzug oder etwaigen Mitteilungen über Änderungen zuletzt eingetragen wurde. ⁵Den Betrag, um den die sich hiernach ergebende Jahreslohnsteuer die Lohnsteuer unterschreitet, die von dem zugrunde gelegten Jahresarbeitslohn insgesamt erhoben worden ist, hat der Arbeitgeber dem Arbeitnehmer zu erstatten. ⁶Bei der Ermittlung der insgesamt erhobenen Lohnsteuer ist die Lohnsteuer auszuscheiden, die von den nach Satz 2 außer Ansatz gebliebenen Bezügen einbehalten worden ist.

(3) ¹Der Arbeitgeber darf den Lohnsteuer-Jahresausgleich frühestens bei der Lohnabrechnung für den letzten im Ausgleichsjahr endenden Lohnzahlungszeitraum, spätestens bei der Lohnabrechnung für den letzten Lohnzahlungszeitraum, der im Monat März des dem Ausgleichsjahr folgenden Kalenderjahres endet, durchführen. ²Die zu erstattende Lohnsteuer ist dem Betrag zu entnehmen, den der Arbeitgeber für seine Arbeitnehmer für den Lohnzahlungszeitraum insgesamt an Lohnsteuer erhoben hat. ³§ 41c Absatz 2 Satz 2 ist anzuwenden.

(4) ¹Im Lohnkonto für das Ausgleichsjahr ist die im Lohnsteuer-Jahresausgleich erstattete Lohnsteuer gesondert einzutragen. ²In der Lohnsteuerbescheinigung für das Ausgleichsjahr ist der sich nach Verrechnung der erhobenen Lohnsteuer mit der erstatteten Lohnsteuer ergebende Betrag als erhobene Lohnsteuer einzutragen.

LStR

R 42b. Durchführung des Lohnsteuer-Jahresausgleichs durch den Arbeitgeber

(1) ¹Der Arbeitgeber darf den Lohnsteuer-Jahresausgleich nur für unbeschränkt einkommensteuerpflichtige Arbeitnehmer durchführen,
1. die während des Ausgleichsjahres ständig in einem zu ihm bestehenden Dienstverhältnis gestanden haben,
2. die am 31. Dezember des Ausgleichsjahres in seinen Diensten stehen oder zu diesem Zeitpunkt von ihm Arbeitslohn aus einem früheren Dienstverhältnis beziehen und
3. bei denen kein Ausschlusstatbestand nach § 42b Abs. 1 Satz 3 EStG vorliegt.

²Beginnt oder endet die unbeschränkte Einkommensteuerpflicht im Laufe des Kalenderjahres, darf der Arbeitgeber den Lohnsteuer-Jahresausgleich nicht durchführen.

(2) Beantragt der Arbeitnehmer, Entschädigungen oder Vergütungen für mehrjährige Tätigkeit i.S.d. § 34 EStG in den Lohnsteuer-Jahresausgleich einzubeziehen (→ § 42b Abs. 2 Satz 2 EStG), gehören die Entschädigungen und Vergütungen zum Jahresarbeitslohn, für den die Jahreslohnsteuer zu ermitteln ist.

(3) ¹Bei Arbeitnehmern, für die der Arbeitgeber nach § 42b Abs. 1 EStG einen Lohnsteuer-Jahresausgleich durchführen darf, darf der Arbeitgeber den Jahresausgleich mit der Ermittlung der Lohnsteuer für den letzten im Ausgleichsjahr endenden Lohnzahlungszeitraum zusammenfassen (→ § 42b Abs. 3 Satz 1 EStG). ²Hierbei ist die Jahreslohnsteuer nach § 42b Abs. 2 Satz 1 bis 3 EStG zu ermitteln und der Lohnsteuer, die von dem Jahresarbeitslohn erhoben worden ist, gegenüberzustellen. ³Übersteigt die ermittelte Jahreslohnsteuer die erhobene Lohnsteuer, ist der Unterschiedsbetrag die Lohnsteuer, die für den letzten Lohnzahlungszeitraum des Ausgleichsjahres einzubehalten ist. ⁴Übersteigt die erhobene Lohnsteuer die ermittelte Jahreslohnsteuer, ist der Unterschiedsbetrag dem Arbeitnehmer zu erstatten; § 42b Abs. 3 Satz 2 und 3 sowie Abs. 4 EStG ist hierbei anzuwenden.

Hinweise

LStH 42b *Vorsorgepauschale*

Zum Ausschluss des Lohnsteuer-Jahresausgleichs → § 42b Abs. 1 Satz 3 Nr. 5 EStG und
→ BMF vom 26.11.2013 (BStBl. I S. 1532) — *Anlage § 039b-05* –

§ 42c (weggefallen)

§ 42d

§ 42d Haftung des Arbeitgebers und Haftung bei Arbeitnehmerüberlassung

(1) Der Arbeitgeber haftet

1. für die Lohnsteuer, die er einzubehalten und abzuführen hat,
2. für die Lohnsteuer, die er beim Lohnsteuer-Jahresausgleich zu Unrecht erstattet hat,
3. für die Einkommensteuer (Lohnsteuer), die auf Grund fehlerhafter Angaben im Lohnkonto oder in der Lohnsteuerbescheinigung verkürzt wird,
4. für die Lohnsteuer, die in den Fällen des § 38 Absatz 3a der Dritte zu übernehmen hat.

(2) Der Arbeitgeber haftet nicht, soweit Lohnsteuer nach § 39 Absatz 5 oder § 39a Absatz 5 nachzufordern ist und in den vom Arbeitgeber angezeigten Fällen des § 38 Absatz 4 Satz 2 und 3 und des § 41c Absatz 4.

(3) ¹Soweit die Haftung des Arbeitgebers reicht, sind der Arbeitgeber und der Arbeitnehmer Gesamtschuldner. ²Das Betriebsstättenfinanzamt kann die Steuerschuld oder Haftungsschuld nach pflichtgemäßem Ermessen gegenüber jedem Gesamtschuldner geltend machen. ³Der Arbeitgeber kann auch dann in Anspruch genommen werden, wenn der Arbeitnehmer zur Einkommensteuer veranlagt wird. ⁴Der Arbeitnehmer kann im Rahmen der Gesamtschuldnerschaft nur in Anspruch genommen werden,

1. wenn der Arbeitgeber die Lohnsteuer nicht vorschriftsmäßig vom Arbeitslohn einbehalten hat,
2. wenn der Arbeitnehmer weiß, dass der Arbeitgeber die einbehaltene Lohnsteuer nicht vorschriftsmäßig angemeldet hat. ²Dies gilt nicht, wenn der Arbeitnehmer den Sachverhalt dem Finanzamt unverzüglich mitgeteilt hat.

(4) ¹Für die Inanspruchnahme des Arbeitgebers bedarf es keines Haftungsbescheids und keines Leistungsgebots, soweit der Arbeitgeber

1. die einzubehaltende Lohnsteuer angemeldet hat oder
2. nach Abschluss einer Lohnsteuer-Außenprüfung seine Zahlungsverpflichtung schriftlich anerkennt.

²Satz 1 gilt entsprechend für die Nachforderung zu übernehmender pauschaler Lohnsteuer.

(5) Von der Geltendmachung der Steuernachforderung oder Haftungsforderung ist abzusehen, wenn diese insgesamt 10 Euro nicht übersteigt.

(6) ¹Soweit einem Dritten (Entleiher) Arbeitnehmer im Sinne des § 1 Absatz 1 Satz 1 des Arbeitnehmerüberlassungsgesetzes in der Fassung der Bekanntmachung vom 3. Februar 1995 (BGBl. I S. 158), das zuletzt durch Artikel 26 des Gesetzes vom 20. Dezember 2011 (BGBl. I S. 2854) geändert worden ist zur Arbeitsleistung überlassen werden, haftet er mit Ausnahme der Fälle, in denen eine Arbeitnehmerüberlassung nach § 1 Absatz 3 des Arbeitnehmerüberlassungsgesetzes vorliegt, neben dem Arbeitgeber. ²Der Entleiher haftet nicht, wenn der Überlassung eine Erlaubnis nach § 1 des Arbeitnehmerüberlassungsgesetzes in der jeweils geltenden Fassung zugrunde liegt und soweit er nachweist, dass er den nach § 51 Absatz 1 Nummer 2 Buchstabe d vorgesehenen Mitwirkungspflichten nachgekommen ist. ³Der Entleiher haftet ferner nicht, wenn er über das Vorliegen einer Arbeitnehmerüberlassung ohne Verschulden irrte. ⁴Die Haftung beschränkt sich auf die Lohnsteuer für die Zeit, für die ihm der Arbeitnehmer überlassen worden ist. ⁵Soweit die Haftung des Entleihers reicht, sind der Arbeitgeber, der Entleiher und der Arbeitnehmer Gesamtschuldner. ⁶Der Entleiher darf auf Zahlung nur in Anspruch genommen werden, soweit die Vollstreckung in das inländische bewegliche Vermögen des Arbeitgebers fehlgeschlagen ist oder keinen Erfolg verspricht; § 219 Satz 2 der Abgabenordnung ist entsprechend anzuwenden. ⁷Ist durch die Umstände der Arbeitnehmerüberlassung die Lohnsteuer schwer zu ermitteln, so ist die Haftungsschuld mit 15 Prozent des zwischen Verleiher und Entleiher vereinbarten Entgelts ohne Umsatzsteuer anzunehmen, solange der Entleiher nicht glaubhaft macht, dass die Lohnsteuer, für die er haftet, niedriger ist. ⁸Die Absätze 1 bis 5 sind entsprechend anzuwenden. ⁹Die Zuständigkeit des Finanzamts richtet sich nach dem Ort der Betriebsstätte des Verleihers.

(7) Soweit der Entleiher Arbeitgeber ist, haftet der Verleiher wie ein Entleiher nach Absatz 6.

(8) ¹Das Finanzamt kann hinsichtlich der Lohnsteuer der Leiharbeitnehmer anordnen, dass der Entleiher einen bestimmten Teil des mit dem Verleiher vereinbarten Entgelts einzubehalten und abzuführen hat, wenn dies zur Sicherung des Steueranspruchs notwendig ist; Absatz 6 Satz 4 ist anzuwenden. ²Der Verwaltungsakt kann auch mündlich erlassen werden. ³Die Höhe des einzubehaltenden und abzuführenden Teils des Entgelts bedarf keiner Begründung, wenn der in Absatz 6 Satz 7 genannte Prozentsatz nicht überschritten wird.

(9) ¹Der Arbeitgeber haftet auch dann, wenn ein Dritter nach § 38 Absatz 3a dessen Pflichten trägt. ²In diesen Fällen haftet der Dritte neben dem Arbeitgeber. ³Soweit die Haftung des Dritten reicht, sind der Arbeitgeber, der Dritte und der Arbeitnehmer Gesamtschuldner. ⁴Absatz 3 Satz 2 bis 4 ist anzuwenden; Absatz 4 gilt auch für die Inanspruchnahme des Dritten. ⁵Im Fall des § 38 Absatz 3a Satz 2 beschränkt sich die Haftung des Dritten auf die Lohnsteuer, die für die Zeit zu erheben ist, für die er sich gegenüber dem Arbeitgeber zur Vornahme des Lohnsteuerabzugs verpflichtet hat; der maßgebende Zeitraum endet nicht, bevor der Dritte seinem Betriebsstättenfinanzamt die Beendigung seiner Verpflichtung gegenüber dem Arbeitgeber angezeigt hat. ⁶In den Fällen des § 38 Absatz 3a Satz 7 ist als Haftungsschuld der Betrag zu ermitteln, um den die Lohnsteuer, die für den gesamten Arbeitslohn des Lohnzahlungszeitraums zu berechnen und einzubehalten ist, die insgesamt tatsächlich einbehaltene Lohnsteuer übersteigt. ⁷Betrifft die Haftungsschuld mehrere Arbeitgeber, so ist sie bei fehlerhafter Lohnsteuerberechnung nach dem Verhältnis der Arbeitslöhne und für nachträglich zu erfassende Arbeitslohnbeträge nach dem Verhältnis dieser Beträge auf die Arbeitgeber aufzuteilen. ⁸In den Fällen des § 38 Absatz 3a ist das Betriebsstättenfinanzamt des Dritten für die Geltendmachung der Steuer- oder Haftungsschuld zuständig.

LStR

R 42d.1 Inanspruchnahme des Arbeitgebers

Allgemeines

(1) ¹Der Arbeitnehmer ist – vorbehaltlich § 40 Abs. 3 EStG – Schuldner der Lohnsteuer (§ 38 Abs. 2 EStG); dies gilt auch für den Fall einer Nettolohnvereinbarung (→ R 39b.9). ²Für diese Schuld kann der Arbeitgeber als Haftender in Anspruch genommen werden, soweit seine Haftung reicht (§ 42d Abs. 1 und 2 EStG); die Haftung entfällt auch in den vom Arbeitgeber angezeigten Fällen des § 38 Abs. 4 Satz 3 EStG. ³Dies gilt auch bei Lohnzahlung durch Dritte, soweit der Arbeitgeber zur Einbehaltung der Lohnsteuer verpflichtet ist (§ 38 Abs. 1 Satz 3 EStG), und in den Fällen des § 38 Abs. 3a EStG.

Haftung anderer Personen

(2) ¹Soweit Dritte für Steuerleistungen in Anspruch genommen werden können, z. B. gesetzliche Vertreter juristischer Personen, Vertreter, Bevollmächtigte, Vermögensverwalter, Rechtsnachfolger, haften sie als Gesamtschuldner neben dem Arbeitgeber als weiterem Haftenden und neben dem Arbeitnehmer als Steuerschuldner (§ 44 AO). ²Die Haftung kann sich z. B. aus §§ 69 bis 77 AO ergeben.

Gesamtschuldner

(3) ¹Soweit Arbeitgeber, Arbeitnehmer und ggf. andere Personen Gesamtschuldner sind, schuldet jeder die gesamte Leistung (§ 44 Abs. 1 Satz 2 AO). ²Das Finanzamt muss die Wahl, an welchen Gesamtschuldner es sich halten will, nach pflichtgemäßem Ermessen unter Beachtung der durch Recht und Billigkeit gezogenen Grenzen und unter verständiger Abwägung der Interessen aller Beteiligten treffen.

Ermessensprüfung

(4) ¹Die Haftung des Arbeitgebers ist von einem Verschulden grundsätzlich nicht abhängig. ²Ein geringfügiges Verschulden oder ein schuldloses Verhalten des Arbeitgebers ist aber bei der Frage zu würdigen, ob eine Inanspruchnahme des Arbeitgebers im Rahmen des Ermessens liegt. ³Die Frage, ob der Arbeitgeber vor dem Arbeitnehmer in Anspruch genommen werden darf, hängt wesentlich von den Gesamtumständen des Einzelfalls ab, wobei von dem gesetzgeberischen Zweck des Lohnsteuerverfahrens, durch den Abzug an der Quelle den schnellen Eingang der Lohnsteuer in einem vereinfachten Verfahren sicherzustellen, auszugehen ist. ⁴Die Inanspruchnahme des Arbeitgebers kann ausgeschlossen sein, wenn er den individuellen Lohnsteuerabzug ohne Berücksichtigung von Gesetzesänderungen durchgeführt hat, soweit es ihm in der kurzen Zeit zwischen der Verkündung des Gesetzes

§ 42d

und den folgenden Lohnabrechnungen bei Anwendung eines strengen Maßstabs nicht zumutbar war, die Gesetzesänderungen zu berücksichtigen.

Haftungsbescheid

(5) ¹Wird der Arbeitgeber nach § 42d EStG als Haftungsschuldner in Anspruch genommen, ist, vorbehaltlich § 42d Abs. 4 Nr. 1 und 2 EStG, ein Haftungsbescheid zu erlassen. ²Darin sind die für das Entschließungs- und Auswahlermessen maßgebenden Gründe anzugeben. ³Hat der Arbeitgeber nach Abschluss einer Lohnsteuer-Außenprüfung eine Zahlungsverpflichtung schriftlich anerkannt, steht die Anerkenntniserklärung einer Lohnsteuer-Anmeldung gleich (§ 167 Abs. 1 Satz 3 AO). ⁴Ein Haftungsbescheid lässt die Lohnsteuer-Anmeldungen unberührt.

Nachforderungsbescheid

(6) ¹Wird pauschale Lohnsteuer nacherhoben, die der Arbeitgeber zu übernehmen hat (§ 40 Abs. 3 EStG), ist ein Nachforderungsbescheid (Steuerbescheid) zu erlassen; Absatz 5 Satz 3 und 4 gilt entsprechend. ²Der Nachforderungsbescheid bezieht sich auf bestimmte steuerpflichtige Sachverhalte. ³Die Änderung ist hinsichtlich der ihm zugrunde liegenden Sachverhalte – außer in den Fällen der §§ 172 und 175 AO – wegen der Änderungssperre des § 173 Abs. 2 AO nur bei Steuerhinterziehung oder leichtfertiger Steuerverkürzung möglich.

Zahlungsfrist

(7) Für die durch Haftungsbescheid (→ Absatz 5) oder Nachforderungsbescheid (→ Absatz 6) angeforderten Steuerbeträge ist eine Zahlungsfrist von einem Monat zu setzen.

Hinweise

LStH 42d.1 *Allgemeines zur Arbeitgeberhaftung*

– *Wegen der Einschränkung der Haftung in den Fällen, in denen sich der Arbeitgeber und der Arbeitnehmer über die Zugehörigkeit von Bezügen zum Arbeitslohn und damit auch über die Notwendigkeit der Eintragung der mit diesen Bezügen zusammenhängenden Werbungskosten irrten und irren konnten, → BFH vom 5.11.1971 (BStBl. 1972 II S. 137).*

– *Die Lohnsteuer ist nicht vorschriftsmäßig einbehalten, wenn der Arbeitgeber im Lohnsteuer-Jahresausgleich eine zu hohe Lohnsteuer erstattet (→ BFH vom 24.1.1975 – BStBl. II S. 420).*

– *Wurde beim Arbeitgeber eine Lohnsteuer-Außenprüfung durchgeführt, bewirkt dies nicht zugleich eine Hemmung der Verjährungsfrist in Bezug auf den Steueranspruch gegen den Arbeitnehmer (→ BFH vom 15.12.1989 – BStBl. 1990 II S. 526).*

– *Der Arbeitgeber hat den Arbeitslohn vorschriftsmäßig gekürzt, wenn er die Lohnsteuer entsprechend den Lohnsteuerabzugsmerkmalen berechnet hat und wenn er der Berechnung der Lohnsteuer die für das maßgebende Jahr gültigen Lohnsteuertabellen zugrunde gelegt hat (→ BFH vom 9.3.1990 – BStBl. II S. 608).*

– *Die Lohnsteuer ist dann vorschriftsmäßig einbehalten, wenn in der betreffenden Lohnsteuer-Anmeldung die mit dem Zufluss des Arbeitslohns entstandene Lohnsteuer des Anmeldungszeitraums erfasst wurde. Maßgebend für das Entstehen der Lohnsteuer sind dabei nicht die Kenntnisse und Vorstellungen des Arbeitgebers, sondern die Verwirklichung des Tatbestandes, an den das Gesetz die Besteuerung knüpft (→ BFH vom 4.6.1993 – BStBl. II S. 687).*

– *Bei einer fehlerhaft ausgestellten Lohnsteuerbescheinigung beschränkt sich die Haftung des Arbeitgebers auf die Lohnsteuer, die sich bei der Einkommensteuerveranlagung des Arbeitnehmers ausgewirkt hat (→ BFH vom 22.7.1993 – BStBl. II S. 775).*

– *Führt der Arbeitgeber trotz fehlender Kenntnis der individuellen Lohnsteuerabzugsmerkmale des Arbeitnehmers den Lohnsteuerabzug nicht nach der Steuerklasse VI, sondern nach der Steuerklasse I bis V durch, kann der Arbeitgeber auch nach Ablauf des Kalenderjahres grundsätzlich nach Steuerklasse VI (§ 42d Abs. 1 Nr. 1 EStG) in Haftung genommen werden (→ BFH vom 12.1.2001 – BStBl. 2003 II S. 151).*

– *Die Anzeige des Arbeitgebers nach § 38 Abs. 4 Satz 2 EStG ersetzt die Erfüllung der Einbehaltungspflichten. Bei unterlassener Anzeige hat der Arbeitgeber die Lohnsteuer mit den Haftungsfolgen nicht ordnungsgemäß einbehalten (→ BFH vom 9.10.2002 – BStBl. II S. 884).*

- Hat der Arbeitgeber auf Grund unrichtiger Angaben in den Lohnkonten oder den Lohnsteuerbescheinigungen vorsätzlich Lohnsteuer verkürzt, ist ihm als Steuerstraftäter der Einwand verwehrt, das Finanzamt hätte statt seiner die Arbeitnehmer in Anspruch nehmen müssen (→ BFH vom 12.2.2009 – BStBl. II S. 478).

Ermessensausübung

- Die Grundsätze von Recht und Billigkeit verlangen keine vorrangige Inanspruchnahme des Arbeitnehmers (→ BFH vom 6.5.1959 – BStBl. III S. 292).
- Eine vorrangige Inanspruchnahme des Arbeitgebers vor dem Arbeitnehmer kann unzulässig sein, wenn die Lohnsteuer ebenso schnell und ebenso einfach vom Arbeitnehmer nacherhoben werden kann, weil z.b. der Arbeitnehmer ohnehin zu veranlagen ist (→ BFH vom 30.11.1966 – BStBl. 1967 III S. 331 und vom 12.1.1968 – BStBl. II S. 324); das gilt insbesondere dann, wenn der Arbeitnehmer inzwischen aus dem Betrieb ausgeschieden ist (→ BFH vom 10.1.1964 – BStBl. II S. 213).
- Zur Ermessensprüfung bei geringfügigem Verschulden → BFH vom 21.1.1972 (BStBl. II S. 364).
- Der Inanspruchnahme des Arbeitgebers steht nicht entgegen, dass das Finanzamt über einen längeren Zeitraum von seinen Befugnissen zur Überwachung des Lohnsteuerabzugs und zur Beitreibung der Lohnabzugsbeträge keinen Gebrauch gemacht hat (→ BFH vom 11.8.1978 – BStBl. II S. 683).
- War die Inanspruchnahme des Arbeitgebers nach der Ermessensprüfung unzulässig, so kann er trotzdem in Anspruch genommen werden, wenn der Versuch des Finanzamts, die Lohnsteuer beim Arbeitnehmer nachzuerheben, erfolglos verlaufen ist (→ BFH vom 18.7.1958 – BStBl. III S. 384) und § 173 Abs. 2 AO dem Erlass eines Haftungsbescheids nicht entgegensteht (→ BFH vom 17.2.1995 – BStBl. II S. 555).
- Eine vorsätzliche Steuerstraftat prägt das Auswahlermessen für die Festsetzung der Lohnsteuerhaftungsschuld; eine besondere Begründung der Ermessensentscheidung ist entbehrlich (→ BFH vom 12.2.2009 – BStBl. II S. 478).

Eine Inanspruchnahme des Arbeitgebers kann ausgeschlossen sein, wenn z.B.
- der Arbeitgeber eine bestimmte Methode der Steuerberechnung angewendet und das Finanzamt hiervon Kenntnis erlangt und nicht beanstandet hat oder wenn der Arbeitgeber durch Prüfung und Erörterung einer Rechtsfrage durch das Finanzamt in einer unrichtigen Rechtsauslegung bestärkt wurde (→ BFH vom 20.7.1962 – BStBl. 1963 III S. 23),
- der Arbeitgeber einem entschuldbaren Rechtsirrtum unterlegen ist, weil das Finanzamt eine unklare oder falsche Auskunft gegeben hat (→ BFH vom 24.11.1961 – BStBl. 1962 III S. 37) oder weil er den Angaben in einem Manteltarifvertrag über die Steuerfreiheit vertraut hat (→ BFH vom 18.9.1981 – BStBl. II S. 801),
- der Arbeitgeber den Lohnsteuerabzug entsprechend der von einer Mittelbehörde i. S. v. § 2a FVG in einer Verfügung geäußerten Auffassung durchführt, auch wenn er die Verfügung nicht gekannt hat (→ BFH vom 25.10.1985 – BStBl. 1986 II S. 98); das gilt aber nicht, wenn dem Arbeitgeber bekannt war, dass das für ihn zuständige Betriebsstättenfinanzamt eine andere Auffassung vertritt.
- der Arbeitgeber entsprechend einer Billigkeitsregelung der Finanzbehörden Lohnsteuer materiell unzutreffend einbehält (→ BFH vom 13.6.2013 – BStBl. 2014 II S. 340).

Die Inanspruchnahme des Arbeitgebers ist in aller Regel ermessensfehlerfrei, wenn
- die Einbehaltung der Lohnsteuer in einem rechtlich einfach und eindeutig vorliegenden Fall nur deshalb unterblieben ist, weil der Arbeitgeber sich über seine Verpflichtungen nicht hinreichend unterrichtet hat (→ BFH vom 5.2.1971 – BStBl. II S. 353),
- das Finanzamt auf Grund einer fehlerhaften Unterlassung des Arbeitgebers aus tatsächlichen Gründen nicht in der Lage ist, die Arbeitnehmer als Schuldner der Lohnsteuer heranzuziehen (→ BFH vom 7.12.1984 – BStBl. 1985 II S. 164),
- im Falle einer Nettolohnvereinbarung der Arbeitnehmer nicht weiß, dass der Arbeitgeber die Lohnsteuer nicht angemeldet hat (→ BFH vom 8.11.1985 – BStBl. 1986 II S. 186),
- sie der Vereinfachung dient, weil gleiche oder ähnliche Berechnungsfehler bei einer größeren Zahl von Arbeitnehmern gemacht worden sind (→ BFH vom 16.3.1962 –

BStBl. III S. 282, vom 6.3.1980 – BStBl. II S. 289 und vom 24.1.1992 – BStBl. II S. 696: regelmäßig bei mehr als 40 Arbeitnehmern),

- *die individuelle Ermittlung der Lohnsteuer schwierig ist und der Arbeitgeber bereit ist, die Lohnsteuerschulden seiner Arbeitnehmer endgültig zu tragen und keinen Antrag auf Pauschalierung stellt. In diesen und vergleichbaren Fällen kann die nachzufordernde Lohnsteuer unter Anwendung eines durchschnittlichen Bruttosteuersatzes – gegebenenfalls im Schätzungswege – ermittelt werden (→ BFH vom 7.12.1984 – BStBl. 1985 II S. 170, vom 12.6.1986 – BStBl. II S. 681 und vom 29.10.1993 – BStBl. 1994 II S. 197),*
- *der Arbeitgeber in schwierigen Fällen, in denen bei Anwendung der gebotenen Sorgfalt Zweifel über die Rechtslage kommen müssen, einem Rechtsirrtum unterliegt, weil er von der Möglichkeit der Anrufungsauskunft (§ 42e EStG) keinen Gebrauch gemacht hat (→ BFH vom 18.8.2005 – BStBl. 2006 II S. 30 und vom 29.5.2008 – BStBl. II S. 933).*

Ermessensbegründung

- *Die Ermessensentscheidung des Finanzamts muss im Haftungsbescheid, spätestens aber in der Einspruchsentscheidung begründet werden, andernfalls ist sie im Regelfall fehlerhaft. Dabei müssen die bei der Ausübung des Verwaltungsermessens angestellten Erwägungen – die Abwägung des Für und Wider der Inanspruchnahme des Haftungsschuldners – aus der Entscheidung erkennbar sein. Insbesondere muss zum Ausdruck kommen, warum der Haftungsschuldner anstatt des Steuerschuldners oder an Stelle anderer ebenfalls für die Haftung in Betracht kommender Personen in Anspruch genommen wird (→ BFH vom 8.11.1988 – BStBl. 1989 II S. 219).*
- *Enthält der Haftungsbescheid keine Aufgliederung des Haftungsbetrags auf die Anmeldungszeiträume, so ist er nicht deshalb nichtig (→ BFH vom 22.11.1988 – BStBl. 1989 II S. 220).*
- *Nimmt das Finanzamt sowohl den Arbeitgeber nach § 42d EStG als auch den früheren Gesellschafter-Geschäftsführer u. a. wegen Lohnsteuer-Hinterziehung nach § 71 AO in Haftung, so hat es insoweit eine Ermessensentscheidung nach § 191 Abs. 1 i. V. m. § 5 AO zu treffen und die Ausübung dieses Ermessens regelmäßig zu begründen (→ BFH vom 9.8.2002 – BStBl. 2003 II S. 160).*

Haftung anderer Personen

- *Zur Frage der Pflichtverletzung bei der Abführung von Lohnsteuer durch den Geschäftsführer einer GmbH → BFH vom 20.4.1982 (BStBl. II S. 521).*
- *Zur Frage der Pflichtverletzung des Geschäftsführers bei Zahlung von Arbeitslohn aus dem eigenen Vermögen → BFH vom 22.11.2005 (BStBl. 2006 II S. 397).*
- *Die steuerrechtlich und die insolvenzrechtlich unterschiedliche Bewertung der Lohnsteuer-Abführungspflicht des Arbeitgebers in insolvenzreifer Zeit kann zu einer Pflichtenkollision führen. Eine solche steht der Haftung des Geschäftsführers wegen Nichtabführung der Lohnsteuer aber jedenfalls dann nicht entgegen, wenn der Insolvenzverwalter die Beträge im gedachten Falle der pflichtgemäßen Zahlung der Lohnsteuer vom FA deshalb nicht herausverlangen kann, weil die Anfechtungsvoraussetzungen nach §§ 129 ff. InsO nicht vorliegen (→ BFH vom 27.2.2007 – BStBl. 2009 II S. 348).*
- *Die gesellschaftsrechtliche Pflicht des Geschäftsführers zur Sicherung der Masse i.S.d. § 64 Abs. 2 GmbHG kann die Verpflichtung zur Vollabführung der Lohnsteuer allenfalls in den drei Wochen suspendieren, die dem Geschäftsführer ab Kenntnis der Überschuldung bzw. Zahlungsunfähigkeit der GmbH nach § 64 Abs. 1 GmbHG eingeräumt sind, um die Sanierungsfähigkeit der GmbH zu prüfen und Sanierungsversuche durchzuführen. Nur in diesem Zeitraum kann das die Haftung nach § 69 AO begründende Verschulden ausgeschlossen sein (→ BFH vom 27.2.2007 – BStBl. 2009 II S. 348).*
- *Der Geschäftsführer einer GmbH kann als Haftungsschuldner für die von der GmbH nicht abgeführte Lohnsteuer auch insoweit in Anspruch genommen werden, als die Steuer auf seinen eigenen Arbeitslohn entfällt (→ BFH vom 15.4.1987 – BStBl. 1988 II S. 167).*
- *Zu den Anforderungen an die inhaltliche Bestimmtheit von Lohnsteuerhaftungsbescheiden bei der Haftung von Vertretern → BFH vom 8.3.1988 (BStBl. II S. 480).*
- *Zum Umfang der Haftung bei voller Auszahlung der Nettolöhne → BFH vom 26.7.1988 (BStBl. II S. 859).*

- Durch privatrechtliche Vereinbarungen im Gesellschaftsvertrag kann die Haftung der Gesellschafter einer Gesellschaft bürgerlichen Rechts nicht auf das Gesellschaftsvermögen beschränkt werden (→ BFH vom 27.3.1990 – BStBl. II S. 939).
- Das Auswahlermessen für die Inanspruchnahme eines von zwei jeweils alleinvertretungsberechtigten GmbH-Geschäftsführern als Haftungsschuldner ist in der Regel nicht sachgerecht ausgeübt, wenn das Finanzamt hierfür allein auf die Beteiligungsverhältnisse der Geschäftsführer am Gesellschaftskapital abstellt (→ BFH vom 29.5.1990 – BStBl. II S. 1008).
- Zum Zeitpunkt der Anmeldung und Fälligkeit der einzubehaltenden Lohnsteuer und seine Auswirkung auf die Geschäftsführerhaftung → BFH vom 17.11.1992 (BStBl. 1993 II S. 471).
- Ein ehrenamtlich und unentgeltlich tätiger Vorsitzender eines Vereins, der sich als solcher wirtschaftlich betätigt und zur Erfüllung seiner Zwecke Arbeitnehmer beschäftigt, haftet für die Erfüllung der steuerlichen Verbindlichkeiten des Vereins grundsätzlich nach denselben Grundsätzen wie ein Geschäftsführer einer GmbH (→ BFH vom 23.6.1998 – BStBl. II S. 761).
- Eine unzutreffende, jedoch bestandskräftig gewordene Lohnsteuer-Anmeldung muss sich der als Haftungsschuldner in Anspruch genommene Geschäftsführer einer GmbH dann nicht nach § 166 AO entgegenhalten lassen, wenn er nicht während der gesamten Dauer der Rechtsbehelfsfrist Vertretungsmacht und damit das Recht hatte, namens der GmbH zu handeln (→ BFH vom 24.8.2004 – BStBl. 2005 II S. 127).

Haftungsbefreiende Anzeige
- Die haftungsbefreiende Wirkung der Anzeige nach § 41c Abs. 4 EStG setzt voraus, dass die nicht vorschriftsmäßige Einbehaltung der Lohnsteuer vom Arbeitgeber erkannt worden ist. Weicht der Arbeitgeber von einer erteilten Anrufungsauskunft ab, kann er nicht dadurch einen Haftungsausschluss bewirken, indem er die Abweichung dem Betriebsstättenfinanzamt anzeigt (→ BFH vom 4.6.1993 – BStBl. II S. 687).
- Der Haftungsausschluss nach § 42d Abs. 2 i.V.m. § 41c Abs. 4 EStG setzt stets eine Korrekturberechtigung i.S.d. § 41c Abs. 1 EStG voraus. Daran fehlt es, wenn eine Lohnsteuer-Anmeldung vorsätzlich fehlerhaft abgegeben worden war und dies dem Arbeitgeber zuzurechnen ist (→ BFH vom 21.4.2010 – BStBl. II S. 833).

Haftungsverfahren
- Wurde nach einer ergebnislosen Lohnsteuer-Außenprüfung der Vorbehalt der Nachprüfung aufgehoben, steht einer Änderung der Lohnsteuer-Anmeldung nach § 173 Abs. 1 AO durch Erlass eines Lohnsteuer-Haftungsbescheides die Änderungssperre des § 173 Abs. 2 AO entgegen, es sei denn, es liegt eine Steuerhinterziehung oder eine leichtfertige Steuerverkürzung vor (→ BFH vom 15.5.1992 - BStBl. 1993 II S. 840 und vom 7.2.2008 – BStBl. 2009 II S. 703). Gleiches gilt, wenn nach einer Lohnsteuer-Außenprüfung bereits ein Lohnsteuer-Haftungsbescheid ergangen ist und der Vorbehalt der Nachprüfung für die betreffenden Lohnsteuer-Anmeldungen aufgehoben worden ist (→ BFH vom 15.5.1992 – BStBl. 1993 II S. 829).
- Wird im Anschluss an eine Außenprüfung pauschale Lohnsteuer fälschlicherweise durch einen Haftungsbescheid geltend gemacht, kann mit der Aufhebung des Haftungsbescheides die Unanfechtbarkeit i.S.d. § 171 Abs. 4 Satz 1 AO und damit das Ende der Ablaufhemmung für die Festsetzungsfrist eintreten. Der Eintritt der Festsetzungsverjährung kann nur vermieden werden, wenn der inkorrekte Haftungsbescheid erst dann aufgehoben wird, nachdem zuvor der formell korrekte Nachforderungsbescheid erlassen worden ist (→ BFH vom 6.5.1994 – BStBl. II S. 715).
- Wird vom Arbeitgeber Lohnsteuer in einer Vielzahl von Fällen nachgefordert, so ist die Höhe der Lohnsteuer trotz des damit verbundenen Arbeitsaufwands grundsätzlich individuell zu ermitteln. Etwas anderes gilt dann, wenn entweder die Voraussetzungen des § 162 AO für eine Schätzung der Lohnsteuer vorliegen oder der Arbeitgeber der Berechnung der Haftungsschuld mit einem durchschnittlichen Steuersatz zugestimmt hat (→ BFH vom 17.3.1994 – BStBl. II S. 536).
- Auch die Ansprüche gegenüber dem Haftenden unterliegen der Verjährung (→ § 191 Abs. 3 AO). Die Festsetzungsfrist für einen Lohnsteuer-Haftungsbescheid endet nicht vor Ablauf der Festsetzungsfrist für die Lohnsteuer (§ 191 Abs. 3 Satz 4 1. Halbsatz AO). Der

§ 42d

LStH 42d.1

Beginn der Festsetzungsfrist für die Lohnsteuer richtet sich nach § 170 Abs. 2 Satz 1 Nr. 1 AO. Für den Beginn der die Lohnsteuer betreffenden Festsetzungsfrist ist die Lohnsteuer-Anmeldung (Steueranmeldung) und nicht die Einkommensteuererklärung der betroffenen Arbeitnehmer maßgebend (→ BFH vom 6.3.2008 – BStBl. II S. 597). Bei der Berechnung der für die Lohnsteuer maßgebenden Festsetzungsfrist sind Anlauf- und Ablaufhemmungen nach §§ 170, 171 AO zu berücksichtigen, soweit sie gegenüber dem Arbeitgeber wirken (→ AEAO § 191 Nr. 9).

– Wenn ein Arbeitgeber die Lohnsteuer trotz gesetzlicher Verpflichtung nicht anmeldet und abführt, kann das Finanzamt sie durch Schätzungsbescheid festsetzen. Die Möglichkeit, einen Haftungsbescheid zu erlassen, steht dem nicht entgegen (→ BFH vom 7.7.2004 – BStBl. II S. 1087).

Inanspruchnahme des Arbeitnehmers

– Die Beschränkung der Inanspruchnahme des Arbeitnehmers innerhalb des Lohnsteuerabzugsverfahrens nach § 42d Abs. 3 Satz 4 EStG steht einer uneingeschränkten Inanspruchnahme im Einkommensteuerveranlagungsverfahren nicht entgegen (→ BFH vom 13.1.2011 – BStBl. II S. 479).

– Im Rahmen des Lohnsteuerabzugsverfahrens kann das Wohnsitzfinanzamt die vom Arbeitgeber auf Grund einer (unrichtigen) Anrufungsauskunft nicht einbehaltene und abgeführte Lohnsteuer vom Arbeitnehmer nicht nach § 42d Abs. 3 Satz 4 Nr. 1 EStG nachfordern (→ BFH vom 17.10.2013 – BStBl. 2014 II S. 892).

Nachforderungsverfahren

– Hat der Arbeitgeber Arbeitslohn nach § 40a Abs. 3 EStG pauschal versteuert, obwohl nicht die Voraussetzungen dieser Vorschrift, sondern die des § 40a Abs. 2 EStG erfüllt sind, so kann ein Nachforderungsbescheid nur erlassen werden, wenn sich der Arbeitgeber eindeutig zu einer Pauschalierung nach § 40a Abs. 2 EStG bereit erklärt hat (→ BFH vom 25.5.1984 – BStBl. II S. 569).

– Wird Lohnsteuer für frühere Kalenderjahre nachgefordert, so braucht die Steuerschuld nur nach Kalenderjahren aufgegliedert zu werden (→ BFH vom 18.7.1985 – BStBl. 1986 II S. 152).

– Die Nachforderung pauschaler Lohnsteuer beim Arbeitgeber setzt voraus, dass der Arbeitgeber der Pauschalierung zustimmt (→ BFH vom 20.11.2008 – BStBl. 2009 II S. 374).

Rechtsbehelf gegen den Haftungsbescheid

– Der Arbeitnehmer hat gegen diesen Haftungsbescheid insoweit ein Einspruchsrecht, als er persönlich für die nachgeforderte Lohnsteuer in Anspruch genommen werden kann (→ BFH vom 29.6.1973 – BStBl. II S. 780).

– Wird der Arbeitgeber nach dem Entscheidungssatz des Bescheids als Haftender in Anspruch genommen, so ist der Bescheid unwirksam, wenn nach seiner Begründung pauschale Lohnsteuer nachgefordert wird (→ BFH vom 15.3.1985 – BStBl. II S. 581).

– Wird Lohnsteuer für frühere Kalenderjahre nachgefordert, so braucht der Haftungsbetrag nur nach Kalenderjahren aufgegliedert zu werden (→ BFH vom 18.7.1985 – BStBl. 1986 II S. 152).

– Der Haftungsbetrag ist grundsätzlich auf die einzelnen Arbeitnehmer aufzuschlüsseln; wegen der Ausnahmen → BFH vom 8.11.1985 (BStBl. 1986 II S. 274) und die dort genannten Urteile.

– Werden zu verschiedenen Zeiten und auf Grund unterschiedlicher Tatbestände entstandene Haftungsschulden in einem Haftungsbescheid festgesetzt und ficht der Haftungsschuldner diesen Sammelhaftungsbescheid nur hinsichtlich ganz bestimmter Haftungsfälle an, so erwächst der restliche Teil des Bescheids in Bestandskraft (→ BFH vom 4.7.1986 – BStBl. II S. 921).

– Der Arbeitnehmer kann sich als Steuerschuldner nicht darauf berufen, dass die haftungsweise Inanspruchnahme des Arbeitgebers wegen Nichtbeanstandung seines Vorgehens bei einer vorangegangenen Außenprüfung gegen Treu und Glauben verstoßen könnte (→ BFH vom 27.3.1991 – BStBl. II S. 720).

– In einem allein vom Arbeitnehmer veranlassten Einspruchsverfahren ist der Arbeitgeber hinzuzuziehen (→ § 360 AO).

Zusammengefasster Steuer- und Haftungsbescheid
– Steuerschuld und Haftungsschuld können äußerlich in einer Verfügung verbunden werden (→ BFH vom 16.11.1984 – BStBl. 1985 II S. 266).
– Wird vom Arbeitgeber pauschale Lohnsteuer nacherhoben und wird er zugleich als Haftungsschuldner in Anspruch genommen, so ist die Steuerschuld von der Haftungsschuld zu trennen. Dies kann im Entscheidungssatz des zusammengefassten Steuer- und Haftungsbescheids, in der Begründung dieses Bescheids oder in dem dem Arbeitgeber bereits bekannten oder beigefügten Bericht einer Lohnsteuer-Außenprüfung, auf den zur Begründung Bezug genommen ist, geschehen (→ BFH vom 1.8.1985 – BStBl. II S. 664).

LStR

R 42d.2 Haftung bei Arbeitnehmerüberlassung

Allgemeines

(1) ¹Bei Arbeitnehmerüberlassung ist steuerrechtlich grundsätzlich der Verleiher Arbeitgeber der Leiharbeitnehmer (→ R 19.1 Satz 5). ²Dies gilt für einen ausländischen Verleiher (→ R 38.3 Abs. 1 Satz 2) selbst dann, wenn der Entleiher Arbeitgeber im Sinne eines Doppelbesteuerungsabkommens ist; die Arbeitgebereigenschaft des Entleihers nach einem Doppelbesteuerungsabkommen hat nur Bedeutung für die Zuweisung des Besteuerungsrechts. ³Wird der Entleiher als Haftungsschuldner in Anspruch genommen, ist wegen der unterschiedlichen Voraussetzungen und Folgen stets danach zu unterscheiden, ob er als Arbeitgeber der Leiharbeitnehmer oder als Dritter nach § 42d Abs. 6 EStG neben dem Verleiher als dem Arbeitgeber der Leiharbeitnehmer haftet.

Inanspruchnahme des Entleihers nach § 42d Abs. 6 EStG

(2) ¹Der Entleiher haftet nach § 42d Abs. 6 EStG wie der Verleiher (Arbeitgeber), jedoch beschränkt auf die Lohnsteuer für die Zeit, für die ihm der Leiharbeitnehmer überlassen worden ist. ²Die Haftung des Entleihers richtet sich deshalb nach denselben Grundsätzen wie die Haftung des Arbeitgebers. ³Sie scheidet aus, wenn der Verleiher als Arbeitgeber nicht haften würde. ⁴Die Haftung des Entleihers kommt nur bei gewerbsmäßiger Arbeitnehmerüberlassung nach § 1 des Arbeitnehmerüberlassungsgesetzes (AÜG)¹⁾ in Betracht. ⁵Arbeitnehmerüberlassung liegt nicht vor, wenn das Überlassen von Arbeitnehmern als Nebenleistung zu einer anderen Leistung anzusehen ist, wenn z. B. im Falle der Vermietung von Maschinen und Überlassung des Bedienungspersonals der wirtschaftliche Wert der Vermietung überwiegt. ⁶In den Fällen des § 1 Abs. 1 Satz 3 und Abs. 3 AÜG ist ebenfalls keine Arbeitnehmerüberlassung anzunehmen.

(3) ¹Zur rechtlichen Würdigung eines Sachverhalts mit drittbezogener Tätigkeit als Arbeitnehmerüberlassung und ihre Abgrenzung insbesondere gegenüber einem Werkvertrag ist entscheidend auf das Gesamtbild der Tätigkeit abzustellen. ²Auf die Bezeichnung des Rechtsgeschäfts, z. B. als Werkvertrag, kommt es nicht entscheidend an. ³Auf Arbeitnehmerüberlassung weisen z. B. folgende Merkmale hin:

1. Der Inhaber der Drittfirma (Entleiher) nimmt im Wesentlichen das Weisungsrecht des Arbeitgebers wahr;
2. der mit dem Einsatz des Arbeitnehmers verfolgte Leistungszweck stimmt mit dem Betriebszweck der Drittfirma überein;
3. das zu verwendende Werkzeug wird im Wesentlichen von der Drittfirma gestellt, es sei denn auf Grund von Sicherheitsvorschriften;
4. die mit anderen Vertragstypen, insbesondere Werkvertrag, verbundenen Haftungsrisiken sind ausgeschlossen oder beschränkt worden;
5. die Arbeit des eingesetzten Arbeitnehmers gegenüber dem entsendenden Arbeitgeber wird auf der Grundlage von Zeiteinheiten vergütet.

⁴Bei der Prüfung der Frage, ob Arbeitnehmerüberlassung vorliegt, ist die Auffassung der Bundesagentur für Arbeit zu berücksichtigen. ⁵Eine Inanspruchnahme des Entleihers kommt regelmäßig nicht in Betracht, wenn die Bundesagentur für Arbeit gegenüber dem Entleiher die Auffassung geäußert hat, bei dem verwirklichten Sachverhalt liege Arbeitnehmerüberlassung nicht vor.

(4) ¹Ausnahmen von der Entleiherhaftung enthält § 42d Abs. 6 Satz 2 und 3 EStG. ²Der Überlassung liegt eine Erlaubnis nach § 1 AÜG i.S.d. des § 42d Abs. 6 Satz 2 EStG immer dann zugrunde, wenn der Verleiher eine Erlaubnis nach § 1 AÜG zur Zeit des Verleihs besessen hat oder die Erlaubnis in dieser Zeit nach § 2 Abs. 4 AÜG als fortbestehend gilt, d.h. bis zu 12 Monaten nach Erlöschen der Erlaubnis für die

---
1) Anhang 9.

§ 42d

RL 42d.2

Abwicklung der erlaubt abgeschlossenen Verträge. [3]Der Überlassung liegt jedoch keine Erlaubnis zugrunde, wenn Arbeitnehmer im Rahmen einer wirtschaftlichen Tätigkeit an Betriebe des Baugewerbes für Arbeiten überlassen werden, die üblicherweise von Arbeitern verrichtet werden, weil dies nach § 1b AÜG unzulässig ist und sich die Erlaubnis nach § 1 AÜG auf solchen Verleih nicht erstreckt, es sei denn, die Überlassung erfolgt zwischen Betrieben des Baugewerbes, die von denselben Rahmen- und Sozialkassentarifverträgen oder von der Allgemeinverbindlichkeit erfasst werden. [4]Bei erlaubtem Verleih durch einen inländischen Verleiher haftet der Entleiher nicht. [5]Der Entleiher trägt die Feststellungslast, wenn er sich darauf beruft, dass er über das Vorliegen einer Arbeitnehmerüberlassung ohne Verschulden irrte (§ 42d Abs. 6 Satz 3 EStG). [6]Bei der Inanspruchnahme des Entleihers ist Absatz 3 zu berücksichtigen. [7]Im Bereich unzulässiger Arbeitnehmerüberlassung sind wegen des Verbots in § 1b AÜG strengere Maßstäbe anzulegen, wenn sich der Entleiher darauf beruft, ohne Verschulden einem Irrtum erlegen zu sein. [8]Dies gilt insbesondere, wenn das Überlassungsentgelt deutlich günstiger ist als dasjenige von anderen Anbietern. [9]Ob der Verleiher eine Erlaubnis nach § 1 AÜG hat, muss der Verleiher in dem schriftlichen Überlassungsvertrag nach § 12 Abs. 1 AÜG erklären und kann der Entleiher selbst oder das Finanzamt durch Anfrage bei der Regionaldirektion der Bundesagentur für Arbeit erfahren oder überprüfen.

(5) [1]Die Höhe des Haftungsbetrags ist auf die Lohnsteuer begrenzt, die vom Verleiher ggf. anteilig für die Zeit einzubehalten war, für die der Leiharbeitnehmer dem Entleiher überlassen war. [2]Hat der Verleiher einen Teil der von ihm insgesamt einbehaltenen und angemeldeten Lohnsteuer für den entsprechenden Lohnsteuer-Anmeldungszeitraum gezahlt, wobei er auch die Lohnsteuer des dem Entleiher überlassenen Leiharbeitnehmers berücksichtigt hat, mindert sich der Haftungsbetrag im Verhältnis von angemeldeter zu gezahlter Lohnsteuer.

(6) [1]Der Haftungsbescheid kann gegen den Entleiher ergehen, wenn die Voraussetzungen der Haftung erfüllt sind. [2]Auf Zahlung darf er jedoch erst in Anspruch genommen werden nach einem fehlgeschlagenen Vollstreckungsversuch in das inländische bewegliche Vermögen des Verleihers oder wenn die Vollstreckung keinen Erfolg verspricht (§ 42d Abs. 6 Satz 6 EStG). [3]Eine vorherige Zahlungsaufforderung an den Arbeitnehmer oder ein Vollstreckungsversuch bei diesem ist nicht erforderlich (entsprechende Anwendung des § 219 Satz 2 AO).

Inanspruchnahme des Verleihers nach § 42d Abs. 7 EStG

(7) [1]Nach § 42d Abs. 7 EStG kann der Verleiher, der steuerrechtlich nicht als Arbeitgeber zu behandeln ist, wie ein Entleiher nach § 42d Abs. 6 EStG als Haftender in Anspruch genommen werden. [2]Insoweit kann er erst nach dem Entleiher auf Zahlung in Anspruch genommen werden. [3]Davon zu unterscheiden ist der Erlass des Haftungsbescheids, der vorher ergehen kann. [4]Gegen den Haftungsbescheid kann sich der Verleiher deswegen nicht mit Erfolg darauf berufen, der Entleiher sei auf Grund der tatsächlichen Abwicklung einer unerlaubten Arbeitnehmerüberlassung als Arbeitgeber aller oder eines Teils der überlassenen Leiharbeitnehmer zu behandeln.

Sicherungsverfahren nach § 42d Abs. 8 EStG

(8) [1]Als Sicherungsmaßnahme kann das Finanzamt den Entleiher verpflichten, einen bestimmten Euro-Betrag oder einen als Prozentsatz bestimmten Teil des vereinbarten Überlassungsentgelts einzubehalten und abzuführen. [2]Hat der Entleiher bereits einen Teil der geschuldeten Überlassungsvergütung an den Verleiher geleistet, kann der Sicherungsbetrag mit einem bestimmten Euro-Betrag oder als Prozentsatz bis zur Höhe des Restentgelts festgesetzt werden. [3]Die Sicherungsmaßnahme ist nur anzuordnen in Fällen, in denen eine Haftung in Betracht kommen kann. [4]Dabei darf berücksichtigt werden, dass sie den Entleiher im Ergebnis weniger belasten kann als die nachfolgende Haftung, wenn z. B. einen Rückgriffsanspruch gegen den Verleiher nicht durchsetzen kann.

Haftungsverfahren

(9) Wird der Entleiher oder Verleiher als Haftungsschuldner in Anspruch genommen, ist ein Haftungsbescheid zu erlassen (→ R 42d.1 Abs. 5).

Zuständigkeit

(10) [1]Zuständig für den Haftungsbescheid gegen den Entleiher oder Verleiher ist das Betriebsstättenfinanzamt des Verleihers (§ 42d Abs. 6 Satz 9 EStG). [2]Wird bei einem Entleiher festgestellt, dass seine Inanspruchnahme als Haftungsschuldner nach § 42d Abs. 6 EStG in Betracht kommt, ist das Betriebsstättenfinanzamt des Verleihers einzuschalten. [3]Bei Verleih durch einen ausländischen Verleiher (→ § 38 Abs. 1 Satz 1 Nr. 2 EStG) ist das Betriebsstättenfinanzamt des Entleihers zuständig, wenn dem Finanzamt keine andere Überlassung im Inland bekannt ist, da es zugleich Betriebsstättenfinanzamt des Verleihers nach § 41 Abs. 2 Satz 2 EStG ist. [4]Dies gilt grundsätzlich auch für eine Sicherungsmaßnahme nach § 42d Abs. 8 EStG. [5]Darüber hinaus ist für eine Sicherungsmaßnahme jedes Fi-

RL 442d.2, 2d.3 § 42d

nanzamt zuständig, in dessen Bezirk der Anlass für die Amtshandlung hervortritt, insbesondere bei Gefahr im Verzug (§§ 24, 29 AO).

Hinweise

LStH 42d.2 Abgrenzungsfragen

Zur Abgrenzung zwischen Arbeitnehmerüberlassung und Werk- oder Dienstverträgen bei Einsatz hochqualifizierter Mitarbeiter des Auftragnehmers → BFH vom 18.1.1991 (BStBl. II S. 409).

Arbeitnehmerüberlassung im Baugewerbe

Die Haftung des Entleihers nach § 42d Abs. 6 EStG sowie die Anordnung einer Sicherungsmaßnahme nach § 42d Abs. 8 EStG sind ausgeschlossen, soweit der zum Steuerabzug nach § 48 Abs. 1 EStG verpflichtete Leistungsempfänger den Abzugsbetrag einbehalten und abgeführt hat bzw. dem Leistungsempfänger im Zeitpunkt der Abzugsverpflichtung eine Freistellungsbescheinigung des Leistenden vorliegt, auf deren Rechtmäßigkeit er vertrauen durfte (→ § 48 Abs. 4 Nr. 2, § 48b Abs. 5 EStG).

Arbeitnehmerüberlassung im Konzern

Überlässt eine im Ausland ansässige Kapitalgesellschaft von ihr eingestellte Arbeitnehmer an eine inländische Tochtergesellschaft gegen Erstattung der von ihr gezahlten Lohnkosten, so ist die inländische Tochtergesellschaft nicht Arbeitgeber im lohnsteuerlichen Sinne. Sie haftet daher für nicht einbehaltene Lohnsteuer nur unter den Voraussetzungen des § 42d Abs. 6 EStG (→ BFH vom 24.3.1999 – BStBl. 2000 II S. 41).

Steuerrechtlicher Arbeitgeber

Der Verleiher ist grundsätzlich auch bei unerlaubter Arbeitnehmerüberlassung Arbeitgeber der Leiharbeitnehmer, da § 10 Abs. 1 AÜG, der den Entleiher bei unerlaubter Arbeitnehmerüberlassung als Arbeitgeber der Leiharbeitnehmer bestimmt, steuerrechtlich nicht maßgebend ist. Der Entleiher kann jedoch nach dem Gesamtbild der tatsächlichen Gestaltung der Beziehungen zu den für ihn tätigen Leiharbeitnehmern und zum Verleiher, insbesondere bei Entlohnung der Leiharbeitnehmer, steuerrechtlich Arbeitgeber sein (→ BFH vom 2.4.1982 – BStBl. II S. 502).

Zuständige Finanzämter für ausländische Verleiher

→ H 41.3

LStR

R 42d.3 Haftung bei Lohnssteuerabzug durch einen Dritten

[1]In den Fällen der Lohnzahlung durch Dritte haftet der Dritte in beiden Fallgestaltungen des § 38 Abs. 3a EStG neben dem Arbeitgeber (§ 42d Abs. 9 EStG). [2]Es besteht eine Gesamtschuldnerschaft zwischen Arbeitgeber, dem Dritten und dem Arbeitnehmer. [3]Das Finanzamt muss die Wahl, an welchen Gesamtschuldner es sich halten will, nach pflichtgemäßem Ermessen unter Beachtung der durch Recht und Billigkeit gezogenen Grenzen und unter verständiger Abwägung der Interessen aller Beteiligten treffen. [4]Eine Haftungsinanspruchnahme des Arbeitgebers unterbleibt, wenn beim Arbeitnehmer selbst eine Nachforderung unzulässig ist, weil der Mindestbetrag nach § 42d Abs. 5 EStG nicht überschritten wird. [5]Für die durch Haftungsbescheid angeforderten Steuerbeträge ist eine Zahlungsfrist von einem Monat zu setzen.

Hinweise

LStH 42d.3 Ermessensausübung

Eine Haftung des Arbeitgebers bei einer Lohnsteuerabzugspflicht Dritter kommt nach § 42d Abs. 9 Satz 4 i. V. m. Abs. 3 Satz 4 Nr. 1 EStG nur in Betracht, wenn der Dritte die Lohnsteuer für den Arbeitgeber nicht vorschriftsmäßig vom Arbeitslohn einbehalten hat. An einem derartigen Fehlverhalten fehlt es, wenn beim Lohnsteuerabzug entsprechend einer Lohnsteueranrufungsauskunft oder in Übereinstimmung mit den Vorgaben der zuständigen Finanzbehörden der Länder oder des Bundes verfahren wird (→ BFH vom 20.3.2014 – BStBl. II S. 592).

§ 42d — Rechtsprechung

Rechtsprechungsauswahl

BFH v. 20. 3. 2014 VI R 43/13 (BStBl. II S. 592): Haftung bei Lohnsteuerabzugspflicht Dritter

1. Eine Haftung des Arbeitgebers in Fällen des § 38 Abs. 3a EStG kommt nach § 42d Abs. 9 Satz 4 EStG i.V.m. § 42d Abs. 3 Satz 4 Nr. 1 EStG nur in Betracht, wenn der Dritte die Lohnsteuer für den Arbeitgeber nicht vorschriftsmäßig vom Arbeitslohn einbehalten hat.

2. An einem derartigen Fehlverhalten fehlt es, wenn beim Lohnsteuerabzug entsprechend einer Lohnsteueranrufungsauskunft oder in Übereinstimmung mit den Vorgaben der zuständigen Finanzbehörden der Länder oder des Bundes verfahren wird.

BFH v. 17. 10. 2013 VI R 44/12 (BStBl. 2014 II S. 892): Bindungswirkung einer Lohnsteueranrufungsauskunft auch gegenüber dem Arbeitnehmer – Nachforderungsverfahren als Fortsetzung des Lohnsteuerabzugsverfahrens

1. Erteilt das Betriebsstättenfinanzamt dem Arbeitgeber eine Lohnsteueranrufungsauskunft, sind die Finanzbehörden im Rahmen des Lohnsteuerabzugsverfahrens an diese auch gegenüber dem Arbeitnehmer gebunden.

2. Das FA kann daher die vom Arbeitgeber aufgrund einer (unrichtigen) Anrufungsauskunft nicht einbehaltene und abgeführte Lohnsteuer vom Arbeitnehmer nicht nach § 42d Abs. 3 Satz 4 Nr. 1 EStG nachfordern.

BFH v. 13. 6. 2013 VI R 17/12 (BStBl. 2014 II S. 340): 1 %-Regelung bei Überlassung mehrerer Kfz – Ermessensfehlerhafte Inhaftungnahme des Arbeitgebers

1. Überlässt der Arbeitgeber dem Arbeitnehmer mehr als ein Kfz auch zur privaten Nutzung, so ist der in der Überlassung des Fahrzeugs zur privaten Nutzung liegende geldwerte Vorteil für jedes Fahrzeug nach der 1 %-Regelung zu berechnen.

2. Die Inhaftungnahme des Arbeitgebers nach § 42d Abs. 3 Satz 2 EStG ist regelmäßig ermessensfehlerhaft, wenn der Arbeitgeber entsprechend einer Billigkeitsregelung der Finanzbehörden Lohnsteuer materiell unzutreffend einbehält.

BFH v. 15. 5. 2013 VI R 28/12 (BStBl. 2013 II S. 737): Haftung eines Arbeitgebers für die Einbehaltung und Abführung von Lohnsteuer – Keine Heilung von Ermessensfehlern bei erstmaligen Ermessenserwägungen im Revisionsverfahren

Werden erstmals während des Revisionsverfahrens Ermessenserwägungen angestellt, können diese im Revisionsverfahren nicht mehr berücksichtigt werden.

BFH v. 13. 1. 2011 VI R 61/09 (BStBl. II S. 479): Keine Zurechnung von Kenntnissen der Oberbehörde im Rahmen des § 173 Abs. 1 AO; keine Bindungswirkung der Anrufungsauskunft für das Veranlagungsverfahren

1. Kenntnisse einer weisungsbefugten Oberbehörde über eine dem Veranlagungsfinanzamt bei der Steuerfestsetzung nicht bekannte Tatsache muss sich dieses im Rahmen des § 173 Abs. 1 Nr. 1 AO nicht zurechnen lassen.

2. Der Inhalt einer im Lohnsteuerabzugsverfahren dem Arbeitgeber erteilten Anrufungsauskunft bindet die Wohnsitzfinanzämter bei der Einkommensteuerveranlagung der Arbeitnehmer nicht.

3. Die Beschränkung der Arbeitnehmerhaftung im Lohnsteuerabzugsverfahren nach § 42d Abs. 3 Satz 4 EStG steht der Inanspruchnahme des Arbeitnehmers im Veranlagungsverfahren nicht entgegen.

BFH v. 21. 4. 2010 VI R 29/08 (BStBl. II S. 833): Haftung des Arbeitgebers für von einer Angestellten hinterzogenen Lohnsteuer

Der Haftungsausschluss nach § 42d Abs. 2 i.V.m. § 41c Abs. 4 EStG setzt stets eine Korrekturberechtigung i.S. des § 41c Abs. 1 EStG voraus. Daran fehlt es, wenn eine Lohnsteuer-Anmeldung vorsätzlich fehlerhaft abgegeben worden war und dies dem Arbeitgeber zuzurechnen ist (§ 41c Abs. 1 Nr. 2 EStG).

BFH v. 21. 1. 2010 VI R 52/08 (BStBl. II S. 703): Entscheidungen der Sozialversicherungsträger entfalten im Besteuerungsverfahren Bindungswirkung – Tatbestandswirkung eines Verwaltungsaktes – Arbeitgeberanteil zur Sozialversicherung

Entscheidungen des zuständigen Sozialversicherungsträgers über die Sozialversicherungspflicht eines Arbeitnehmers sind im Besteuerungsverfahren zu beachten, soweit sie nicht offensichtlich rechtswidrig sind (Anschluss an BFH-Urteil vom 6. Juni 2002 VI R 178/97, BFHE 199, 524, BStBl. II 2003, 34).

Rechtsprechung § 42d

BFH v. 21. 1. 2010 VI R 2/08 (BStBl. II S. 639): Übernahme von Steuerberatungskosten ist Arbeitslohn
Die Übernahme von Steuerberatungskosten für die Erstellung von Einkommensteuererklärungen der Arbeitnehmer durch den Arbeitgeber führt bei Vorliegen einer Nettolohnvereinbarung zu Arbeitslohn.

BFH v. 30. 7. 2009 VI R 29/06 (BStBl. 2010 II S. 148):
1. Maßgeblich für den Lohnsteuereinbehalt vom laufenden Arbeitslohn bei einer Nettolohnvereinbarung ist der Arbeitslohn, der vermindert um die übernommenen Lohnabzüge den arbeitsvertraglich vereinbarten Nettobetrag ergibt. Damit ist die steuerliche Ausgangsgröße des Lohnsteuerabzugs auch im Fall der Nettolohnabrede ein Bruttobetrag.
2. Ein Einkommensteuererstattungsanspruch, den der Arbeitnehmer im Rahmen einer Nettolohnvereinbarung seinem Arbeitgeber abgetreten hat, ist deshalb im Rahmen des Lohnsteuereinbehalts nur durch einen Abzug vom laufenden (Brutto)Arbeitslohn und nicht durch eine Verminderung des laufenden Nettolohns zu berücksichtigen.
3. Eine Hochrechnung der Steuererstattung auf einen fiktiven Bruttobetrag ist nicht möglich.

BFH v. 21. 7. 2009 VII R 49/08 (BStBl. 2010 II S. 13): Jedenfalls nach der Rechtslage bis zum Inkrafttreten des Gesetzes zur Vereinfachung des Insolvenzverfahrens vom 13. April 2007 konnte das FA den Insolvenzverwalter über das Vermögen des Geschäftsführers einer GmbH, der nach Eröffnung des Insolvenzverfahrens die von der GmbH geschuldeten Lohnsteuern nicht abgeführt hat, nicht mit Haftungsbescheid in Anspruch nehmen. Die Haftungsschuld war keine Masseverbindlichkeit. Die bloße Duldung der Geschäftsführertätigkeit durch den Insolvenzverwalter erfüllte nicht das Tatbestandsmerkmal des Verwaltens der Insolvenzmasse i.S. des § 55 Abs. 1 Nr. 1 2. Halbsatz InsO.

BFH v. 12. 2. 2009 VI R 40/07 (BStBl. II S. 478):
1. Liegt eine vorsätzlich begangene Steuerstraftat vor, ist das Auswahlermessen des FA insoweit vorgeprägt, als die Haftungsschuld gegen den Steuerstraftäter festzusetzen ist und dass es einer besonderen Begründung dieser Ermessensbetätigung nicht bedarf.
2. Diese Vorprägung des Ermessens gilt insbesondere auch dann, wenn sich mehrere Haftungsschuldner einer Steuerhinterziehung schuldig gemacht haben und deshalb bei der Ausübung des Auswahlermessens grundsätzlich gleichrangig nebeneinander stehen.
3. Der jeweils betroffene Haftungsschuldner kann in diesem Fall nicht beanspruchen, dass das FA bei der Ermessensausübung in einer Weise differenziert, dass andere Haftungsschuldner abgabenrechtlich in Anspruch genommen werden, er selbst hingegen nicht.

BFH v. 20. 11. 2008 VI R 4/06 (BStBl. 2009 II S. 374):
1. Ob die von einem Warenproduzenten im Rahmen des Vertriebs in Warenhäusern beschäftigten Servicekräfte als Arbeitnehmer anzusehen sind, ist anhand einer Vielzahl in Betracht kommender Merkmale nach dem Gesamtbild der Verhältnisse zu beurteilen.
2. Die Nachforderung pauschaler Lohnsteuer beim Arbeitgeber setzt voraus, dass der Arbeitgeber der Pauschalierung zustimmt.

BFH v. 11. 11. 2008 VII R 19/08 (BStBl. 2009 II S. 342):
1. Die erforderliche Kausalität zwischen der Pflichtverletzung und dem mit der Haftung geltend gemachten Schaden richtet sich wegen des Schadensersatzcharakters der Haftung nach § 69 AO wie bei zivilrechtlichen Schadensersatzansprüchen nach der Adäquanztheorie.
2. Die erfolgreiche Insolvenzanfechtung einer erst nach Fälligkeit abgeführten Lohnsteuer unterbricht den Kausalverlauf zwischen Pflichtverletzung und Schadenseintritt jedenfalls dann nicht, wenn der Fälligkeitszeitpunkt vor dem Beginn der Anfechtungsfrist lag.
3. Die Pflicht zur Begleichung der Steuerschuld der GmbH im Zeitpunkt ihrer Fälligkeit ist dem Geschäftsführer nach § 34 Abs. 1 AO, § 41a EStG nicht allein zur Vermeidung eines durch eine verspätete Zahlung eintretenden Zinsausfalls auferlegt, sondern soll auch die Erfüllung der Steuerschuld nach den rechtlichen und wirtschaftlichen Gegebenheiten zum Zeitpunkt ihrer Fälligkeit sicherstellen.
4. Der Zurechnungszusammenhang zwischen einer pflichtwidrig verspäteten Lohnsteuerzahlung und dem eingetretenen Schaden (Steuerausfall) ergibt sich daraus, dass dieser Schaden vom Schutzzweck der verletzten Pflicht zur fristgemäßen Lohnsteuerabführung erfasst wird.

BFH v. 23. 9. 2008 VII R 27/07 (BStBl. 2009 II S. 129):
1. Allein der Antrag auf Eröffnung des Insolvenzverfahrens befreit den GmbH-Geschäftsführer nicht von der Haftung wegen Nichtabführung der einbehaltenen Lohnsteuer.

§ 42d — Rechtsprechung

2. Sind im Zeitpunkt der Lohnsteuer-Fälligkeit noch liquide Mittel zur Zahlung der Lohnsteuer vorhanden, besteht die Verpflichtung des Geschäftsführers zu deren Abführung so lange, bis ihm durch Bestellung eines (starken) Insolvenzverwalters oder Eröffnung des Insolvenzverfahrens die Verfügungsbefugnis entzogen wird.
3. Die Haftung ist auch nicht ausgeschlossen, wenn die Nichtzahlung der fälligen Steuern in die dreiwöchige Schonfrist fällt, die dem Geschäftsführer zur Massesicherung ab Feststellung der Zahlungsunfähigkeit gemäß § 64 Abs. 1 Satz 1 GmbHG eingeräumt ist (Fortentwicklung der Senatsrechtsprechung im Hinblick auf die geänderte Rechtsprechung des BGH im Urteil vom 14. Mai 2007 II ZR 48/06, DStR 2007, 1174, HFR 2007, 1242).

BFH v. 29. 5. 2008 VI R 11/07 (BStBl. II S. 933):
1. Ob Telefoninterviewer als Arbeitnehmer anzusehen sind, ist anhand einer Vielzahl in Betracht kommender Merkmale nach dem Gesamtbild der Verhältnisse zu beurteilen.
2. Ein bei Inanspruchnahme des Arbeitgebers als Lohnsteuer-Haftungsschuldner beachtlicher entschuldbarer Rechtsirrtum des Arbeitgebers liegt regelmäßig nicht vor, wenn dieser die Möglichkeit der Anrufungsauskunft (§ 42e EStG) hat, davon jedoch keinen Gebrauch macht.
3. Auch bei Schätzung der Höhe der Lohnsteuer-Haftungsschuld sind alle Umstände zu berücksichtigen, die für die Schätzung von Bedeutung sind. Ein Verstoß gegen § 162 Abs. 1 Satz 2 AO kann nicht durch pauschale Abschläge auf die Haftungsschuld geheilt werden.

BFH v. 6. 3. 2008 VI R 5/05 (BStBl. II S. 597):
1. Die Festsetzungsfrist für einen Lohnsteuer-Haftungsbescheid endet nicht vor Ablauf der Festsetzungsfrist für die Lohnsteuer (§ 191 Abs. 3 Satz 4 1. Halbsatz AO).
2. Der Beginn der Festsetzungsfrist für die Lohnsteuer richtet sich nach § 170 Abs. 2 Satz 1 Nr. 1 AO.
3. Für den Beginn der die Lohnsteuer betreffenden Festsetzungsfrist ist die Lohnsteuer-Anmeldung (Steueranmeldung) und nicht die Einkommensteuererklärung der betroffenen Arbeitnehmer maßgebend.

BFH v. 28. 2. 2008 VI R 62/06 (BStBl. II S. 595): Reicht ein Steuerpflichtiger vor Ablauf der Festsetzungsfrist eine Berichtigungsanzeige i. S. des § 153 Abs. 1 AO bei einem unzuständigen FA ein, so ist die Anzeige zwar erstattet; zur Berechnung der Ablaufhemmung nach § 171 Abs. 9 AO ist jedoch grundsätzlich auf den Eingang beim zuständigen FA abzustellen.
(Anmerkung: Betrifft Überlassung von Aktien/Aktienoptionen der Muttergesellschaft durch Konzernobergesellschaft, Lohnzufluss zum Zeitpunkt der Erfüllung der Ansprüche aus dem Optionsrecht; zur haftungsbefreienden Anzeige des Arbeitgebers nach § 41c Abs. 4, § 42d Abs. 2 EStG.)

BFH v. 7. 2. 2008 VI R 83/04 (BStBl. 2009 II S. 703):
1. Ist im Anschluss an eine Lohnsteueraußenprüfung der Vorbehalt der Nachprüfung für die den Prüfungszeitraum betreffenden Lohnsteueranmeldungen aufgehoben, darf gegenüber dem Arbeitgeber ein neuer Haftungsbescheid nur unter den Voraussetzungen des § 173 Abs. 2 AO ergehen (Bestätigung der Rechtsprechung).
2. Der Beginn der Festsetzungsfrist für die Lohnsteuer richtet sich nach § 170 Abs. 2 Satz 1 Nr. 1 AO.

BFH v. 13. 12. 2007 VI R 57/04 (BStBl. 2008 II S. 434):
1. Ist nach einer Nettolohnvereinbarung streitig, in welcher Höhe Bruttoarbeitslohn in der Lohnsteuerbescheinigung hätte berücksichtigt werden müssen, ist der Finanzrechtsweg nicht gegeben.
2. Nach der Übermittlung der Lohnsteuerbescheinigung kann der Arbeitnehmer eine Berichtigung der Lohnsteuerbescheinigung nicht mehr verlangen.
3. Ein unzutreffender Lohnsteuerabzug kann mit Einwendungen gegen die Lohnsteuerbescheinigung nicht mehr rückgängig gemacht werden.

BFH v. 13. 9. 2007 VI R 54/03 (BStBl. 2008 II S. 58):
1. Bei Nachentrichtung hinterzogener Arbeitnehmeranteile zur Gesamtsozialversicherung führt die Nachzahlung als solche zum Zufluss eines zusätzlichen geldwerten Vorteils (Fortentwicklung der Rechtsprechung).
2. Bei Vereinbarung sog. Schwarzlöhne kommt der Schutzfunktion der Verschiebung der Beitragslast gemäß § 28g SGB IV grundsätzlich kein Vorrang gegenüber dem objektiv bestehenden Zusammenhang der Nachentrichtung der Arbeitnehmeranteile mit dem Arbeitsverhältnis zu.
3. Dem Lohnzufluss steht nicht entgegen, dass der Arbeitgeber beim Arbeitnehmer gemäß § 28g SGB IV keinen Rückgriff mehr nehmen kann.

Rechtsprechung § 42d

BFH v. 5. 6. 2007 VII R 65/05 (BStBl. 2008 II S. 273):

1. Werden fällig gewordene Steuerbeträge pflichtwidrig nicht an das FA abgeführt, kann die Kausalität dieser Pflichtverletzung für einen dadurch beim Fiskus entstandenen Vermögensschaden nicht durch nachträglich eingetretene Umstände oder durch die Annahme eines hypothetischen Kausalverlaufs beseitigt werden..
2. Die Frage, ob ein hypothetischer Kausalverlauf bei der haftungsrechtlichen Inanspruchnahme Berücksichtigung finden kann, ist im Rahmen der Schadenszurechnung unter Berücksichtigung des Schutzzwecks von § 69 AO zu beantworten.
3. Die Funktion und der Schutzzweck des in § 69 AO normierten Haftungstatbestandes schließen die Berücksichtigung hypothetischer Kausalverläufe aus. Deshalb entfällt die Haftung eines GmbH-Geschäftsführers nicht dadurch, dass der Steuerausfall unter Annahme einer hypothetischen, auf § 130 Abs. 1 InsO gestützten Anfechtung gedachter Steuerzahlungen durch den Insolvenzverwalter ebenfalls entstanden wäre.

BFH v. 27. 2. 2007 VII R 67/05 (BStBl. 2009 II S. 348):

1. Die steuerrechtlich und die insolvenzrechtlich unterschiedliche Bewertung der Lohnsteuer-Abführungspflicht des Arbeitgebers in insolvenzreifer Zeit kann zu einer Pflichtenkollision führen. Eine solche steht der Haftung des Geschäftsführers wegen Nichtabführung der Lohnsteuer aber jedenfalls dann nicht entgegen, wenn der Insolvenzverwalter die Beträge im gedachten Falle der pflichtgemäßen Zahlung der Lohnsteuer vom FA deshalb nicht herausverlangen kann, weil die Anfechtungsvoraussetzungen nach §§ 129 ff. InsO nicht vorliegen.
2. Die gesellschaftsrechtliche Pflicht des Geschäftsführers zur Sicherung der Masse i.S. des § 64 Abs. 2 GmbHG kann die Verpflichtung zur Vollabführung der Lohnsteuer allenfalls in den drei Wochen suspendieren, die dem Geschäftsführer ab Kenntnis der Überschuldung bzw. Zahlungsunfähigkeit der GmbH nach § 64 Abs. 1 GmbHG eingeräumt sind, um die Sanierungsfähigkeit der GmbH zu prüfen und Sanierungsversuche durchzuführen. Nur in diesem Zeitraum kann das die Haftung nach § 69 AO begründende Verschulden ausgeschlossen sein.

§ 42e

§ 42e Anrufungsauskunft

¹Das Betriebsstättenfinanzamt hat auf Anfrage eines Beteiligten darüber Auskunft zu geben, ob und inwieweit im einzelnen Fall die Vorschriften über die Lohnsteuer anzuwenden sind. ²Sind für einen Arbeitgeber mehrere Betriebsstättenfinanzämter zuständig, so erteilt das Finanzamt die Auskunft, in dessen Bezirk sich die Geschäftsleitung (§ 10 der Abgabenordnung) des Arbeitgebers im Inland befindet. ³Ist dieses Finanzamt kein Betriebsstättenfinanzamt, so ist das Finanzamt zuständig, in dessen Bezirk sich die Betriebsstätte mit den meisten Arbeitnehmern befindet. ⁴In den Fällen der Sätze 2 und 3 hat der Arbeitgeber sämtliche Betriebsstättenfinanzämter, das Finanzamt der Geschäftsleitung und erforderlichenfalls die Betriebsstätte mit den meisten Arbeitnehmern anzugeben sowie zu erklären, für welche Betriebsstätten die Auskunft von Bedeutung ist.

LStR

R 42e. Anrufungsauskunft[1)]

(1) ¹Einen Anspruch auf gebührenfreie Auskunft haben sowohl der Arbeitgeber der die Pflichten des Arbeitgebers erfüllende Dritte i.S.d. § 38 Abs. 3a EStG als auch der Arbeitnehmer. ²In beiden Fällen ist das Betriebsstättenfinanzamt für die Erteilung der Auskunft zuständig; bei Anfragen eines Arbeitnehmers soll es jedoch seine Auskunft mit dessen Wohnsitzfinanzamt abstimmen. ³Das Finanzamt soll die Auskunft unter ausdrücklichem Hinweis auf § 42e EStG schriftlich erteilen **und kann sie befristen**; das gilt auch, wenn der Beteiligte die Auskunft nur formlos erbeten hat.

(2) ¹Hat ein Arbeitgeber mehrere Betriebsstätten, hat das zuständige Finanzamt seine Auskunft mit den anderen Betriebsstättenfinanzämtern abzustimmen, soweit es sich um einen Fall von einigem Gewicht handelt und die Auskunft auch für die anderen Betriebsstätten von Bedeutung ist. ²Bei Anrufungsauskünften grundsätzlicher Art informiert das zuständige Finanzamt die übrigen betroffenen Finanzämter.

(3) ¹Sind mehrere Arbeitgeber unter einer einheitlichen Leitung zusammengefasst (Konzernunternehmen), bleiben für den einzelnen Arbeitgeber entsprechend der Regelung des § 42e Satz 1 und 2 EStG das Betriebsstättenfinanzamt bzw. das Finanzamt der Geschäftsleitung für die Erteilung der Anrufungsauskunft zuständig. ²Sofern es sich bei einer Anrufungsauskunft um einen Fall von einigem Gewicht handelt und erkennbar ist, dass die Auskunft auch für andere Arbeitgeber des Konzerns von Bedeutung ist oder bereits Entscheidungen anderer Finanzämter vorliegen, ist insbesondere auf Antrag des Auskunftsersuchenden die zu erteilende Auskunft mit den übrigen betroffenen Finanzämtern abzustimmen. ³Dazu informiert das für die Auskunftserteilung zuständige Finanzamt das Finanzamt der Konzernzentrale. ⁴Dieses koordiniert daraufhin die Abstimmung mit den Finanzämtern der anderen Arbeitgeber des Konzerns, die von der zu erteilenden Auskunft betroffen sind. ⁴Befindet sich die Konzernzentrale im Ausland, koordiniert das Finanzamt die Abstimmung, das als erstes mit der Angelegenheit betraut war.

(4) ¹In Fällen der Lohnzahlung durch Dritte, in denen der Dritte die Pflichten des Arbeitgebers trägt, ist die Anrufungsauskunft bei dem Betriebsstättenfinanzamt des Dritten zu stellen. ²Fasst der Dritte die dem Arbeitnehmer in demselben Lohnzahlungszeitraum aus mehreren Dienstverhältnissen zufließenden Arbeitslöhne zusammen, ist die Anrufungsauskunft bei dem Betriebsstättenfinanzamt des Dritten zu stellen. ³Dabei hat das Betriebsstättenfinanzamt seine Auskunft in Fällen von einigem Gewicht mit den anderen Betriebsstättenfinanzämtern abzustimmen.

Hinweise

LStH 42e Allgemeines

— *Eine dem Arbeitgeber erteilte Anrufungsauskunft stellt nicht nur eine Wissenserklärung (unverbindliche Rechtsauskunft) des Betriebsstättenfinanzamts dar, sondern ist ein feststellender Verwaltungsakt i.S.d. § 118 Satz 1 AO, mit dem sich das Finanzamt selbst bindet. Der Arbeitgeber hat ein Recht auf förmliche Bescheidung seines Antrags und kann eine ihm erteilte Anrufungsauskunft im Klageweg inhaltlich überprüfen lassen (→ BFH vom 30.4.2009 – BStBl. 2010 II S. 996 und vom 2.9.2010 – BStBl. 2011 II S. 233).*

---

1) Hinweis auf BMF-Schreiben vom 29.12.2003 (BStBl. I S. 742) betr. Auskunft mit Bindungswirkung nach Treu und Glauben (verbindliche Auskunft) (Anmerkung: außerhalb des § 42e EStG und der §§ 204 ff. AO).

- → *BMF vom 18.2.2011 (BStBl. I S. 213)*, → *auch zur Aufhebung/Änderung einer erteilten Anrufungsauskunft* – **Anlage § 042e-01** –

Bindungswirkung im Lohnsteuerabzugsverfahren
- Erteilt das Betriebsstättenfinanzamt eine Anrufungsauskunft, sind die Finanzbehörden im Rahmen des Lohnsteuerabzugsverfahrens an diese gegebenüber allen Beteiligten gebunden(→ *BFH vom 17.10.2013 – BStBl. 2014 II S. 892 und vom 20.3.2014 – BStBl. II S. 592*).
- Hat der Arbeitgeber eine Anrufungsauskunft eingeholt und ist er danach verfahren, ist eine Nacherhebung der Lohnsteuer ist auch dann nicht zulässig, wenn der Arbeitgeber nach einer Lohnsteuer-Außenprüfung einer Pauschalierung nach § 40 Abs. 1 Satz 1 Nr. 2 EStG zugestimmt hat (→ *BFH vom 16.11.2005 – BStBl. 2006 II S. 210*).

Keine Bindungswirkung bei der Einkommensteuerveranlagung

Die Bindungswirkung einer Anrufungsauskunft erstreckt sich – unabhängig davon, ob sie dem Arbeitgeber oder dem Arbeitnehmer erteilt wurde – nicht auf das Veranlagungsverfahren. Das Wohnsitzfinanzamt kann daher bei der Einkommensteuerveranlagung einen für den Arbeitnehmer ungünstigeren Rechtsstandpunkt als das Betriebsstättenfinanzamt einnehmen (→BFH vom 9.10.1992 – BStBl. 1993 II S. 166 und vom 17.10.2013 – BStBl. 2014 II S. 892).

Überprüfung durch das Finanzamt

Die Anrufungsauskunft trifft eine Regelung dahin, wie die Finanzbehörde den vom Antragsteller dargestellten Sachverhalt gegenwärtig beurteilt. Das Finanzgericht überprüft die Auskunft sachlich nur daraufhin, ob der Sachverhalt zutreffend erfasst und die rechtliche Beurteilung nicht evident fehlerhaft ist (→ BFH vom 27.2.2014 – BStBl. II S. 894).

Rechtsprechungsauswahl

BFH v. 5. 6. 2014 VI R 90/13 (BFH-Webseite): Anrufungsauskunft: Anspruch nach § 15 Abs. 4 5. VermBG

Die Auskunft nach § 15 Abs. 4 5. VermBG ist ein Verwaltungsakt i.S. von § 118 Satz 1 AO.

Diese Auskunft trifft eine Regelung dahin, wie die Finanzbehörde den vom Antragsteller dargestellten Sachverhalt gegenwärtig beurteilt.

Entsprechend diesem Regelungsgehalt überprüft das FG die Auskunft sachlich nur daraufhin, ob der Sachverhalt zutreffend erfasst und die rechtliche Beurteilung nicht evident fehlerhaft ist.

BFH v. 20. 3. 2014 VI R 43/13 (BStBl. II S. 592): Haftung bei Lohnsteuerabzugspflicht Dritter

1. Eine Haftung des Arbeitgebers in Fällen des § 38 Abs. 3a EStG kommt nach § 42d Abs. 9 Satz 4 EStG i.V.m. § 42f Abs. 3 Satz 4 Nr. 1 EStG nur in Betracht, wenn der Dritte die Lohnsteuer für den Arbeitgeber nicht vorschriftsmäßig vom Arbeitslohn einbehalten hat.
2. An einem derartigen Fehlverhalten fehlt es, wenn beim Lohnsteuerabzug entsprechend einer Lohnsteueranrufungsauskunft oder in Übereinstimmung mit den Vorgaben der zuständigen Finanzbehörden der Länder oder des Bundes verfahren wird.

BFH v. 27. 2. 2014 VI R 23/13 (BStBl. II S. 894): Regelungsgehalt einer Lohnsteueranrufungsauskunft – kein Anspruch auf bestimmten rechtmäßigen Inhalt

1. Die Lohnsteueranrufungsauskunft nach § 42e EStG trifft eine Regelung dahin, wie die Finanzbehörde den vom Antragsteller dargestellten Sachverhalt gegenwärtig beurteilt.
2. Entsprechend diesem Regelungsgehalt überprüft das FG die Auskunft sachlich nur daraufhin, ob der Sachverhalt zutreffend erfasst und die rechtliche Beurteilung nicht evident fehlerhaft ist.

BFH v. 17. 10. 2013 VI R 44/12 (BStBl. 2014 II S. 892): Bindungswirkung einer Lohnsteueranrufungsauskunft auch gegenüber dem Arbeitnehmer – Nachforderungsverfahren als Fortsetzung des Lohnsteuerabzugsverfahrens

1. Erteilt das Betriebsstättenfinanzamt dem Arbeitgeber eine Lohnsteueranrufungsauskunft, sind die Finanzbehörden im Rahmen des Lohnsteuerabzugsverfahrens an diese auch gegenüber dem Arbeitnehmer gebunden.
2. Das FA kann daher die vom Arbeitgeber aufgrund einer (unrichtigen) Anrufungsauskunft nicht einbehaltene und abgeführte Lohnsteuer vom Arbeitnehmer nicht nach § 42d Abs. 3 Satz 4 Nr. 1 EStG nachfordern.

§ 42e

Rechtsprechung

BFH v. 13. 1. 2011 VI R 64/09 (BFH-Webseite): Keine Bindungswirkung der Anrufungsauskunft für das Veranlagungsverfahren – keine Beschränkung des Vorbehalts der Nachprüfung durch Hinweise zu fehlenden Unterlagen – Prinzip der Abschnittsbesteuerung – Lohnsteuerabzugsverfahren als Vorauszahlungsverfahren

1. Der Inhalt einer im Lohnsteuerabzugsverfahren dem Arbeitgeber erteilten Anrufungsauskunft bindet die Wohnsitzfinanzämter bei der Einkommensteuerveranlagung der Arbeitnehmer nicht.
2. Die Beschränkung der Arbeitnehmer-Haftung im Lohnsteuerabzugsverfahren nach § 42d Abs. 3 Satz 4 EStG steht der Inanspruchnahme des Arbeitnehmers im Veranlagungsverfahren nicht entgegen.
3. Der Umfang des Vorbehalts der Nachprüfung ist nicht deswegen eingeschränkt, weil das FA in den Erläuterungen zum Bescheid auf fehlende Unterlagen hinweist.

BFH v. 13. 1. 2011 VI R 61/09 (BStBl. II S. 479): Keine Zurechnung von Kenntnissen der Oberbehörde im Rahmen des § 173 Abs. 1 AO; keine Bindungswirkung der Anrufungsauskunft für das Veranlagungsverfahren

1. Kenntnisse einer weisungsbefugten Oberbehörde über eine dem Veranlagungsfinanzamt bei der Steuerfestsetzung nicht bekannte Tatsache muss sich dieses im Rahmen des § 173 Abs. 1 Nr. 1 AO nicht zurechnen lassen.
2. Der Inhalt einer im Lohnsteuerabzugsverfahren dem Arbeitgeber erteilten Anrufungsauskunft bindet die Wohnsitzfinanzämter bei der Einkommensteuerveranlagung der Arbeitnehmer nicht.
3. Die Beschränkung der Arbeitnehmerhaftung im Lohnsteuerabzugsverfahren nach § 42d Abs. 3 Satz 4 EStG steht der Inanspruchnahme des Arbeitnehmers im Veranlagungsverfahren nicht entgegen.

BFH v. 2. 9. 2010 VI R 3/09 (BStBl. 2011 II S. 233): Aufhebung einer Anrufungsauskunft mit Wirkung für die Zukunft – Rechtsnatur der Anrufungsauskunft

1. Die Aufhebung (Rücknahme, Widerruf) einer dem Arbeitgeber erteilten Anrufungsauskunft (§ 42e EStG) ist ein Verwaltungsakt i.S. von § 118 Satz 1 AO (Anschluss an Senatsentscheidung vom 30. April 2009 VI R 54/07, BFHE 225, 50).
2. Die Finanzbehörde kann eine Anrufungsauskunft mit Wirkung für die Zukunft aufheben oder ändern (§ 207 Abs. 2 AO analog.)*)

*) Hinweis auf BMF-Schreiben vom 18. Februar 2011 IV C 5 -S2388/0-01, 2011/0110501 (BStBl. I S. 213). – **Anlage § 042e-01** –

BFH v. 30. 4. 2009 VI R 54/07 (BStBl. 2010 II S. 996):

1. Eine dem Arbeitgeber erteilte Anrufungsauskunft (§ 42e EStG) stellt nicht nur eine Wissenserklärung (unverbindliche Rechtsauskunft) des Betriebsstätten-FA darüber dar, wie im einzelnen Fall die Vorschriften über die Lohnsteuer anzuwenden sind. Sie ist vielmehr feststellender Verwaltungsakt i.S. des § 118 Satz 1 AO, mit dem sich das FA selbst bindet.
2. Die Vorschrift des § 42e EStG gibt dem Arbeitgeber nicht nur ein Recht auf förmliche Bescheidung seines Antrags. Sie berechtigt ihn auch, eine ihm erteilte Anrufungsauskunft erforderlichenfalls im Klagewege inhaltlich überprüfen zu lassen.

Leitsätze 1 und 2: Änderung der Rechtsprechung

BFH v. 29. 5. 2008 VI R 11/07 (BStBl. II S. 933):

1. Ob Telefoninterviewer als Arbeitnehmer anzusehen sind, ist anhand einer Vielzahl in Betracht kommender Merkmale nach dem Gesamtbild der Verhältnisse zu beurteilen.
2. Ein bei Inanspruchnahme des Arbeitgebers als Lohnsteuer-Haftungsschuldner beachtlicher entschuldbarer Rechtsirrtum des Arbeitgebers liegt regelmäßig nicht vor, wenn dieser die Möglichkeit der Anrufungsauskunft (§ 42e EStG) hat, davon jedoch keinen Gebrauch macht.
3. Auch bei Schätzung der Höhe der Lohnsteuer-Haftungsschuld sind alle Umstände zu berücksichtigen, die für die Schätzung von Bedeutung sind. Ein Verstoß gegen § 162 Abs. 1 Satz 2 AO kann nicht durch pauschale Abschläge auf die Haftungsschuld geheilt werden.

§ 42f Lohnsteuer-Außenprüfung

(1) Für die Außenprüfung der Einbehaltung oder Übernahme und Abführung der Lohnsteuer ist das Betriebsstättenfinanzamt zuständig.

(2) ¹Für die Mitwirkungspflicht des Arbeitgebers bei der Außenprüfung gilt § 200 der Abgabenordnung. ²Darüber hinaus haben die Arbeitnehmer des Arbeitgebers dem mit der Prüfung Beauftragten jede gewünschte Auskunft über Art und Höhe ihrer Einnahmen zu geben und auf Verlangen die etwa in ihrem Besitz befindlichen Bescheinigungen für den Lohnsteuerabzug sowie die Belege über bereits entrichtete Lohnsteuer vorzulegen. ³Dies gilt auch für Personen, bei denen es streitig ist, ob sie Arbeitnehmer des Arbeitgebers sind oder waren.

(3) ¹In den Fällen des § 38 Absatz 3a ist für die Außenprüfung das Betriebsstättenfinanzamt des Dritten zuständig; § 195 Satz 2 der Abgabenordnung bleibt unberührt. ²Die Außenprüfung ist auch beim Arbeitgeber zulässig; dessen Mitwirkungspflichten bleiben neben den Pflichten des Dritten bestehen.

(4) Auf Verlangen des Arbeitgebers können die Außenprüfung und die Prüfungen durch die Träger der Rentenversicherung (§ 28p des Vierten Buches Sozialgesetzbuch) zur gleichen Zeit durchgeführt werden.

LStR

R 42f. Lohnsteuer-Außenprüfung

(1) ¹Für die Lohnsteuer-Außenprüfung gelten die §§ 193 bis 207 AO. ²Die §§ 5 bis 12, 20 bis 24, 29 und 30 Betriebsprüfungsordnung sind mit Ausnahme des § 5 Abs. 4 Satz 2 sinngemäß anzuwenden.[1)]

(2) ¹Der Lohnsteuer-Außenprüfung unterliegen sowohl private als auch öffentlich-rechtliche Arbeitgeber. ²Prüfungen eines öffentlich-rechtlichen Arbeitgebers durch die zuständige Aufsichts- und Rechnungsprüfungsbehörde stehen der Zulässigkeit einer Lohnsteuer- Außenprüfung nicht entgegen.

(3) ¹Die Lohnsteuer-Außenprüfung hat sich hauptsächlich darauf zu erstrecken, ob sämtliche Arbeitnehmer, auch die nicht ständig beschäftigten, erfasst wurden und alle zum Arbeitslohn gehörigen Einnahmen, gleichgültig in welcher Form sie gewährt wurden, dem Steuerabzug unterworfen wurden und ob bei der Berechnung der Lohnsteuer von der richtigen Lohnhöhe ausgegangen wurde. ²Privathaushalte, in denen nur gering entlohnte Hilfen beschäftigt werden, sind in der Regel nicht zu prüfen.

(4) ¹Über das Ergebnis der Außenprüfung ist dem Arbeitgeber ein Prüfungsbericht zu übersenden (→ § 202 Abs. 1 AO). ²Führt die Außenprüfung zu keiner Änderung der Besteuerungsgrundlagen, genügt es, wenn dies dem Arbeitgeber schriftlich mitgeteilt wird (→ § 202 Abs. 1 Satz 3 AO). ³In den Fällen, in denen ein Nachforderungsbescheid oder ein Haftungsbescheid nicht zu erteilen ist (→ § 42d Abs. 4 EStG), kann der Arbeitgeber auf die Übersendung eines Prüfungsberichts verzichten.

(5) Das Recht auf Anrufungsauskunft nach § 42e EStG steht dem Recht auf Erteilung einer verbindlichen Zusage auf Grund einer Außenprüfung nach § 204 AO nicht entgegen.

Hinweise

LStH 42f *Aufhebung des Vorbehalts der Nachprüfung*

→ § 164 Abs. 3 Satz 3 AO.

Digitale LohnSchnittstelle

→ BMF vom 29.6.2011 (BStBl. I S. 675)   – *Anlage § 042f-01* –

Festsetzungsverjährung

Wurde beim Arbeitgeber eine Lohnsteuer-Außenprüfung durchgeführt, bewirkt dies nicht zugleich eine Hemmung der Verjährungsfrist in Bezug auf den Steueranspruch gegen den Arbeitnehmer (→ BFH vom 15.12.1989 – BStBl. 1990 II S. 526).

Rechte und Mitwirkungspflichten des Arbeitgebers

→ BMF vom 24.10.2013 (BStBl. I S. 1264)   – *Anhang 45* –

---

1) Anhang 44; Anhang 45 Hinweise bei der Außenprüfung.

§ 42f — Rechtsprechung

Rechtsprechungsauswahl

BFH v. 28. 9. 2011 VIII R 8/09 (BStBl. 2012 II S. 395): Willkür- und Schikaneverbot bei Erlass einer Prüfungsanordnung – Vorlage- und Auskunftsverlangen als Verwaltungsakt – Anordnung einer Außenprüfung als Ermessensentscheidung

1. Weist der konkrete Einzelfall besondere tatsächliche Umstände auf, die darauf hindeuten, dass das Finanzamt bei Erlass einer Prüfungsanordnung sich möglicherweise von nicht zum Gegenstand der Begründung gewordenen sachfremden Erwägungen hat leiten lassen und der Zweck der Prüfung der steuerlichen Verhältnisse in den Hintergrund getreten ist, kann in dem Übergehen eines hierzu gestellten Beweisantrags der Verfahrensmangel ungenügender Sachaufklärung liegen.
2. Ein Verstoß gegen das Willkür- und Schikaneverbot ist nicht schon deshalb ausgeschlossen, weil die angeordnete Außenprüfung i.S. von § 193 Abs. 1 AO ein in irgendeiner Weise umsetzbares Ergebnis haben könnte.
3. Ein die Außenprüfung vorbereitendes Vorlage- und Auskunftsverlangen kann ein Verwaltungsakt und damit Gegenstand einer zulässigen Anfechtungsklage sein.

BFH v. 16. 6. 2011 IV B 120/10 (BStBl. II S. 855): AdV: Festsetzung von Verzögerungsgeld im Rahmen einer Außenprüfung

Es ist nicht ernstlich zweifelhaft, dass ein Verzögerungsgeld auch verhängt werden kann, wenn ein Steuerpflichtiger einer Aufforderung des Finanzamts zur Erteilung von Auskünften oder zur Vorlage von Unterlagen im Rahmen einer Außenprüfung nicht fristgerecht nachkommt.

Es bestehen indes ernstliche Zweifel, ob eine mehrfache Festsetzung eines Verzögerungsgelds wegen fortdauernder Nichtvorlage derselben Unterlagen zulässig ist.

BFH v. 7. 2. 2008 VI R 83/04 (BStBl. 2009 II S. 703):

1. Ist im Anschluss an eine Lohnsteueraußenprüfung der Vorbehalt der Nachprüfung für die den Prüfungszeitraum betreffenden Lohnsteueranmeldungen aufgehoben, darf gegenüber dem Arbeitgeber ein neuer Haftungsbescheid nur unter den Voraussetzungen des § 173 Abs. 2 AO ergehen (Bestätigung der Rechtsprechung).
2. Der Beginn der Festsetzungsfrist für die Lohnsteuer richtet sich nach § 170 Abs. 2 Satz 1 Nr. 1 AO.

BFH v. 26. 7. 2007 VI R 68/04 (BStBl. 2009 II S. 338):

1. Das für eine Außenprüfung nach § 193 Abs. 2 Nr. 2 AO erforderliche Aufklärungsbedürfnis liegt jedenfalls dann vor, wenn dem Steuerpflichtigen im Prüfungszeitraum aufgrund außerordentlich hoher Einkünfte („Einkunftsmillionär") erhebliche Beträge zu Anlagezwecken zur Verfügung standen und der Steuerpflichtige nur Kapitaleinkünfte in geringer Höhe erklärt sowie keine substantiierten und nachprüfbaren Angaben zur Verwendung der verfügbaren Geldmittel gemacht hat.
2. Die Entscheidung des FA über die Zweckmäßigkeit einer Außenprüfung nach § 193 Abs. 2 Nr. 2 AO ist ermessensfehlerfrei, wenn eine Vielzahl von Belegen zu überprüfen und insoweit mit zahlreichen Rückfragen zu rechnen ist.
3. Die Außenprüfung nach § 193 Abs. 2 Nr. 2 AO kann auch in den Räumen des FA durchgeführt werden. Sie ist insoweit von einer Prüfung an Amtstelle durch Maßnahmen der Einzelermittlung i. S. der §§ 88 ff. AO zu unterscheiden.
4. Die Entscheidung des FA, die Außenprüfung in den eigenen Amtsräumen durchzuführen, ist ermessensfehlerfrei, wenn der Steuerpflichtige weder über Geschäftsräume noch über einen inländischen Wohnsitz verfügt. Eine Wohnung des Steuerpflichtigen im Ausland kann das FA bei der Festlegung des Prüfungsortes unberücksichtigt lassen.

§ 42g Lohnsteuer-Nachschau

(1) Die Lohnsteuer-Nachschau dient der Sicherstellung einer ordnungsgemäßen Einbehaltung und Abführung der Lohnsteuer. Sie ist ein besonderes Verfahren zur zeitnahen Aufklärung steuererheblicher Sachverhalte.

(2) [1]Eine Lohnsteuer-Nachschau findet während der üblichen Geschäfts- und Arbeitszeiten statt. [2]Dazu können die mit der Nachschau Beauftragten ohne vorherige Ankündigung und außerhalb einer Lohnsteuer-Außenprüfung Grundstücke und Räume von Personen, die eine gewerbliche oder berufliche Tätigkeit ausüben, betreten. [3]Wohnräume dürfen gegen den Willen des Inhabers nur zur Verhütung dringender Gefahren für die öffentliche Sicherheit und Ordnung betreten werden.

(3) [1]Die von der Lohnsteuer-Nachschau betroffenen Personen haben dem mit der Nachschau Beauftragten auf Verlangen Lohn- und Gehaltsunterlagen, Aufzeichnungen, Bücher, Geschäftspapiere und andere Urkunden über die der Lohnsteuer-Nachschau unter liegenden Sachverhalte vorzulegen und Auskünfte zu erteilen, soweit dies zur Feststellung einer steuerlichen Erheblichkeit zweckdienlich ist. [2]§ 42f Absatz 2 Satz 2 und 3 gilt sinngemäß.

(4) [1]Wenn die bei der Lohnsteuer-Nachschau getroffenen Feststellungen hierzu Anlass geben, kann ohne vorherige Prüfungsanordnung (§ 196 der Abgabenordnung) zu einer Lohnsteuer-Außenprüfung nach § 42f übergegangen werden. [2]Auf den Übergang zur Außenprüfung wird schriftlich hingewiesen.

(5) Werden anlässlich einer Lohnsteuer-Nachschau Verhältnisse festgestellt, die für die Festsetzung und Erhebung anderer Steuern erheblich sein können, so ist die Auswertung der Feststellungen insoweit zulässig, als ihre Kenntnis für die Besteuerung der in Absatz 2 genannten Personen oder anderer Personen von Bedeutung sein kann.

Hinweise

LStH 42g Allgemeines
→ *BMF vom 16.10.2014 (BStBl. I S. 1408)* — *Anlage § 042g-01* —

3. Steuerabzug vom Kapitalertrag (Kapitalertragsteuer)

§ 43 Kapitalerträge mit Steuerabzug

(1) ¹Bei den folgenden inländischen und in den Fällen der Nummern 6, 7 Buchstabe a und Nummern 8 bis 12 sowie Satz 2 auch ausländischen Kapitalerträgen wird die Einkommensteuer durch Abzug vom Kapitalertrag (Kapitalertragsteuer) erhoben:

1. Kapitalerträgen im Sinne des § 20 Absatz 1 Nummer 1, soweit diese nicht nachfolgend in Nummer 1a gesondert genannt sind, und Kapitalerträgen im Sinne des § 20 Absatz 1 Nummer 2. ²Entsprechendes gilt für Kapitalerträge im Sinne des § 20 Absatz 2 Satz 1 Nummer 2 Buchstabe a und Nummer 2 Satz 2;

1a. Kapitalerträgen im Sinne des § 20 Absatz 1 Nummer 1 aus Aktien und Genussscheinen, die entweder gemäß § 5 des Depotgesetzes zur Sammelverwahrung durch eine Wertpapiersammelbank zugelassen sind und dieser zur Sammelverwahrung im Inland anvertraut wurden, bei denen eine Sonderverwahrung gemäß § 2 Satz 1 des Depotgesetzes erfolgt oder bei denen die Erträge gegen Aushändigung der Dividendenscheine oder sonstigen Erträgnisscheine ausgezahlt oder gutgeschrieben werden;

2. Zinsen aus Teilschuldverschreibungen, bei denen neben der festen Verzinsung ein Recht auf Umtausch in Gesellschaftsanteile (Wandelanleihen) oder eine Zusatzverzinsung, die sich nach der Höhe der Gewinnausschüttung des Schuldners richtet (Gewinnobligationen), eingeräumt ist, und Zinsen aus Genussrechten, die nicht in § 20 Absatz 1 Nummer 1 genannt sind. ²Zu den Gewinnobligationen gehören nicht solche Teilschuldverschreibungen, bei denen der Zinsfuß nur vorübergehend herabgesetzt und gleichzeitig eine von dem jeweiligen Gewinnergebnis des Unternehmens abhängige Zusatzverzinsung bis zur Höhe des ursprünglichen Zinsfußes festgelegt worden ist. ³Zu den Kapitalerträgen im Sinne des Satzes 1 gehören nicht die Bundesbankgenussrechte im Sinne des § 3 Absatz 1 des Gesetzes über die Liquidation der Deutschen Reichsbank und der Deutschen Golddiskontbank in der im Bundesgesetzblatt Teil III, Gliederungsnummer 7620-6, veröffentlichten bereinigten Fassung, das zuletzt durch das Gesetz vom 17. Dezember 1975 (BGBl. I S. 3123) geändert worden ist. ⁴Beim Steuerabzug auf Kapitalerträge sind die für den Steuerabzug nach Nummer 1a geltenden Vorschriften entsprechend anzuwenden, wenn

   a) die Teilschuldverschreibungen und Genussrechte gemäß § 5 des Depotgesetzes zur Sammelverwahrung durch eine Wertpapiersammelbank zugelassen sind und dieser zur Sammelverwahrung im Inland anvertraut wurden,

   b) die Teilschuldverschreibungen und Genussrechte gemäß § 2 Satz 1 des Depotgesetzes gesondert aufbewahrt werden oder

   c) die Erträge der Teilschuldverschreibungen und Genussrechte gegen Aushändigung der Erträgnisscheine ausgezahlt oder gutgeschrieben werden;

3. Kapitalerträgen im Sinne des § 20 Absatz 1 Nummer 4;

4. Kapitalerträgen im Sinne des § 20 Absatz 1 Nummer 6; § 20 Absatz 1 Nummer 6 Satz 1 bis 6 in der am 1. Januar 2008 anzuwendenden Fassung bleiben für Zwecke der Kapitalertragsteuer unberücksichtigt. ²Der Steuerabzug vom Kapitalertrag ist in den Fällen des § 20 Absatz 1 Nummer 6 Satz 4 in der am 31. Dezember 2004 geltenden Fassung nur vorzunehmen, wenn das Versicherungsunternehmen auf Grund einer Mitteilung des Finanzamts weiß oder infolge der Verletzung eigener Anzeigeverpflichtungen nicht weiß, dass die Kapitalerträge nach dieser Vorschrift zu den Einkünften aus Kapitalvermögen gehören;

5. (weggefallen)

6. ausländischen Kapitalerträgen im Sinne der Nummern 1 und 1a;

7. Kapitalerträgen im Sinne des § 20 Absatz 1 Nummer 7, außer bei Kapitalerträgen im Sinne der Nummer 2, wenn

   a) es sich um Zinsen aus Anleihen und Forderungen handelt, die in ein öffentliches Schuldbuch oder in ein ausländisches Register eingetragen oder über die Sammel-

§ 43

urkunden im Sinne des § 9a des Depotgesetzes oder Teilschuldverschreibungen ausgegeben sind;

b) der Schuldner der nicht in Buchstabe a genannten Kapitalerträge ein inländisches Kreditinstitut oder ein inländisches Finanzdienstleistungsinstitut im Sinne des Gesetzes über das Kreditwesen ist. ²Kreditinstitut in diesem Sinne ist auch die Kreditanstalt für Wiederaufbau, eine Bausparkasse, ein Versicherungsunternehmen für Erträge aus Kapitalanlagen, die mit Einlagegeschäften bei Kreditinstituten vergleichbar sind, die Deutsche Postbank AG, die Deutsche Bundesbank bei Geschäften mit jedermann einschließlich ihrer Betriebsangehörigen im Sinne der §§ 22 und 25 des Gesetzes über die Deutsche Bundesbank und eine inländische Zweigstelle oder Zweigniederlassung eines ausländischen Unternehmens im Sinne der §§ 53 und 53b des Gesetzes über das Kreditwesen, nicht aber eine ausländische Zweigstelle eines inländischen Kreditinstituts oder eines inländischen Finanzdienstleistungsinstituts. ³Die inländische Zweigstelle oder Zweigniederlassung gilt an Stelle des ausländischen Unternehmens als Schuldner der Kapitalerträge;

7a. Kapitalerträgen im Sinne des § 20 Absatz 1 Nummer 9;

7b. Kapitalerträgen im Sinne des § 20 Absatz 1 Nummer 10 Buchstabe a;

7c. Kapitalerträgen im Sinne des § 20 Absatz 1 Nummer 10 Buchstabe b;

8. Kapitalerträgen im Sinne des § 20 Absatz 1 Nummer 11;

9. Kapitalerträgen im Sinne des § 20 Absatz 2 Satz 1 Nummer 1 Satz 1 und 2;

10. Kapitalerträgen im Sinne des § 20 Absatz 2 Satz 1 Nummer 2 Buchstabe b und Nummer 7;

11. Kapitalerträgen im Sinne des § 20 Absatz 2 Satz 1 Nummer 3;

12. Kapitalerträgen im Sinne des § 20Absatz 2 Satz 1 Nummer 8.

²Dem Steuerabzug unterliegen auch Kapitalerträge im Sinne des § 20 Absatz 3, die neben den in den Nummern 1 bis 12 bezeichneten Kapitalerträgen oder an deren Stelle gewährt werden. ³Der Steuerabzug ist ungeachtet des § 3 Nummer 40 und des § 8b des Körperschaftsteuergesetzes vorzunehmen. ⁴Für Zwecke des Kapitalertragsteuerabzugs gilt die Übertragung eines von einer auszahlenden Stelle verwahrten oder verwalteten Wirtschaftsguts im Sinne des § 20 Absatz 2 auf einen anderen Gläubiger als Veräußerung des Wirtschaftsguts. ⁵Satz 4 gilt nicht, wenn der Steuerpflichtige der auszahlenden Stelle unter Benennung der in Satz 6 Nummer 4 bis 6 bezeichneten Daten mitteilt, dass es sich um eine unentgeltliche Übertragung handelt. ⁶Die auszahlende Stelle hat in den Fällen des Satzes 5 folgende Daten dem für sie zuständigen Betriebsstättenfinanzamt bis zum 31. Mai des jeweiligen Folgejahres nach amtlich vorgeschriebenem Datensatz auf elektronischem Weg nach Maßgabe der Steuerdaten-Übermittlungsverordnung in der jeweils geltenden Fassung mitzuteilen:

1. Bezeichnung der auszahlenden Stelle,

2. das zuständige Betriebsstättenfinanzamt,

3. das übertragene Wirtschaftsgut, den Übertragungszeitpunkt, den Wert zum Übertragungszeitpunkt und die Anschaffungskosten des Wirtschaftsguts,

4. Name, Geburtsdatum, Anschrift und Identifikationsnummer des Übertragenden,

5. Name, Geburtsdatum, Anschrift und Identifikationsnummer des Empfängers sowie die Bezeichnung des Kreditinstituts, der Nummer des Depots, des Kontos oder des Schuldbuchkontos,

6. soweit bekannt, das persönliche Verhältnis (Verwandtschaftsverhältnis, Ehe, Lebenspartnerschaft) zwischen Übertragendem und Empfänger.

(1a) (weggefallen)

(2) ¹Der Steuerabzug ist außer in den Fällen des Absatzes 1 Satz 1 Nummer 1a und 7c nicht vorzunehmen, wenn Gläubiger und Schuldner der Kapitalerträge (Schuldner) oder die

§ 43

auszahlende Stelle im Zeitpunkt des Zufließens dieselbe Person sind. ²Der Steuerabzug ist außerdem nicht vorzunehmen, wenn in den Fällen des Absatzes 1 Satz 1 Nummer 6, 7 und 8 bis 12 Gläubiger der Kapitalerträge ein inländisches Kreditinstitut oder inländisches Finanzdienstleistungsinstitut nach Absatz 1 Satz 1 Nummer 7 Buchstabe b oder eine inländische Kapitalverwaltungsgesellschaft ist. ³Bei Kapitalerträgen im Sinne des Absatzes 1 Satz 1 Nummer 6 und 8 bis 12 ist ebenfalls kein Steuerabzug vorzunehmen, wenn

1. eine unbeschränkt steuerpflichtige Körperschaft, Personenvereinigung oder Vermögensmasse, die nicht unter Satz 2 oder § 44a Absatz 4 Satz 1 fällt, Gläubigerin der Kapitalerträge ist, oder

2. die Kapitalerträge Betriebseinnahmen eines inländischen Betriebs sind und der Gläubiger der Kapitalerträge dies gegenüber der auszahlenden Stelle nach amtlich vorgeschriebenem Muster erklärt; dies gilt entsprechend für Kapitalerträge aus Options- und Termingeschäften im Sinne des Absatzes 1 Satz 1 Nummer 8 und 11, wenn sie zu den Einkünften aus Vermietung und Verpachtung gehören.

⁴Im Fall des § 1 Absatz 1 Nummer 4 und 5 des Körperschaftsteuergesetzes ist Satz 3 Nummer 1 nur anzuwenden, wenn die Körperschaft, Personenvereinigung oder Vermögensmasse durch eine Bescheinigung des für sie zuständigen Finanzamts ihre Zugehörigkeit zu dieser Gruppe von Steuerpflichtigen nachweist. ⁵Die Bescheinigung ist unter dem Vorbehalt des Widerrufs auszustellen. ⁶Die Fälle des Satzes 3 Nummer 2 hat die auszahlende Stelle gesondert aufzuzeichnen und die Erklärung der Zugehörigkeit der Kapitalerträge zu den Betriebseinnahmen ober zu den Einnahmen aus Vermietung und Verpachtung sechs Jahre aufzubewahren; die Frist beginnt mit dem Schluss des Kalenderjahres, in dem die Freistellung letztmalig berücksichtigt wird. ⁷Die auszahlende Stelle hat in den Fällen des Satzes 3 Nummer 2 daneben die Konto- oder Depotbezeichnung oder die sonstige Kennzeichnung des Geschäftsvorgangs, Vor- und Zunamen des Gläubigers sowie die Identifikationsnummer nach § 139b der Abgabenordnung bzw. bei Personenmehrheit den Firmennamen und die zugehörige Steuernummer nach amtlich vorgeschriebenem Datensatz zu speichern und durch Datenfernübertragung zu übermitteln. ⁸Das Bundesministerium der Finanzen wird den Empfänger der Datenlieferungen sowie den Zeitpunkt der erstmaligen Übermittlung durch ein im Bundessteuerblatt zu veröffentlichendes Schreiben mitteilen.

(3) ¹Kapitalerträge im Sinne des Absatzes 1 Satz 1 Nummer 1 Satz 1 sowie Nummer 1a bis 4 sind inländische, wenn der Schuldner Wohnsitz, Geschäftsleitung oder Sitz im Inland hat; Kapitalerträge im Sinne des Absatzes 1 Satz 1 Nummer 4 sind auch dann inländische, wenn der Schuldner eine Niederlassung im Sinne des § 106, § 110a oder § 110d des Versicherungsaufsichtsgesetzes im Inland hat. ²Kapitalerträge im Sinne des Absatzes 1 Satz 1 Nummer 1 Satz 2 sind inländische, wenn der Schuldner der veräußerten Ansprüche die Voraussetzungen des Satzes 1 erfüllt. ³Kapitalerträge im Sinne des § 20 Absatz 1 Nummer 1 Satz 4 sind inländische, wenn der Emittent der Aktien Geschäftsleitung oder Sitz im Inland hat. ⁴Kapitalerträge im Sinne des Absatzes 1 Satz 1 Nummer 6 sind ausländische, wenn weder die Voraussetzungen nach Satz 1 noch nach Satz 2 vorliegen.

(4) Der Steuerabzug ist auch dann vorzunehmen, wenn die Kapitalerträge beim Gläubiger zu den Einkünften aus Land- und Forstwirtschaft, aus Gewerbebetrieb, aus selbständiger Arbeit oder aus Vermietung und Verpachtung gehören.

(5) ¹Für Kapitalerträge im Sinne des § 20, soweit sie der Kapitalertragsteuer unterlegen haben, ist die Einkommensteuer mit dem Steuerabzug abgegolten; die Abgeltungswirkung des Steuerabzugs tritt nicht ein, wenn der Gläubiger nach § 44 Absatz 1 Satz 8 und 9 und Absatz 5 in Anspruch genommen werden kann. ²Dies gilt nicht in Fällen des § 32d Absatz 2 und für Kapitalerträge, die zu den Einkünften aus Land- und Forstwirtschaft, aus Gewerbebetrieb, aus selbständiger Arbeit oder aus Vermietung und Verpachtung gehören. ³Auf Antrag des Gläubigers werden Kapitalerträge im Sinne des Satzes 1 in die besondere Besteuerung von Kapitalerträgen nach § 32d einbezogen. ⁴Eine vorläufige Festsetzung der Einkommensteuer im Sinne des § 165 Absatz 1 Satz 2 Nummer 2 bis 4 der Abgabenordnung umfasst auch Einkünfte im Sinne des Satzes 1, für die; der Antrag nach Satz 3 nicht gestellt worden ist.

§ 43a

§ 43a Bemessung der Kapitalertragsteuer

(1) ¹Die Kapitalertragsteuer beträgt

1. in den Fällen des § 43 Absatz 1 Satz 1 Nummer 1 bis 4, 6 bis 7a und 8 bis 12 sowie Satz 2:
 25 Prozent des Kapitalertrags;
2. in den Fällen des § 43 Absatz 1 Satz 1 Nummer 7b und 7c:
 15 Prozent des Kapitalertrags.

²Im Fall einer Kirchensteuerpflicht ermäßigt sich die Kapitalertragsteuer um 25 Prozent der auf die Kapitalerträge entfallenden Kirchensteuer. ³§ 32d Absatz 1 Satz 4 und 5 gilt entsprechend.

(2) ¹Dem Steuerabzug unterliegen die vollen Kapitalerträge ohne jeden Abzug. ²In den Fällen des § 43 Absatz 1 Satz 1 Nummer 9 bis 12 bemisst sich der Steuerabzug nach § 20 Absatz 4 und 4a, wenn die Wirtschaftsgüter von der die Kapitalerträge auszahlenden Stelle erworben oder veräußert und seitdem verwahrt oder verwaltet worden sind. ³Überträgt der Steuerpflichtige die Wirtschaftsgüter auf ein anderes Depot, hat die abgebende inländische auszahlende Stelle der übernehmenden inländischen auszahlenden Stelle die Anschaffungsdaten mitzuteilen. ⁴Satz 3 gilt in den Fällen des § 43 Absatz 1 Satz 5 entsprechend. ⁵Handelt es sich bei der abgebenden auszahlenden Stelle um ein Kreditinstitut oder Finanzdienstleistungsinstitut mit Sitz in einem anderen Mitgliedstaat der Europäischen Union, in einem anderen Vertragsstaat des EWR-Abkommens vom 3. Januar 1994 (ABl. EG Nr. L 1 S. 3) in der jeweils geltenden Fassung oder in einem anderen Vertragsstaat nach Artikel 17 Absatz 2 Ziffer i der Richtlinie 2003/48/EG vom 3. Juni 2003 im Bereich der Besteuerung von Zinserträgen (ABl. EU Nr. L 157 S. 38), kann der Steuerpflichtige den Nachweis nur durch eine Bescheinigung des ausländischen Instituts führen; dies gilt entsprechend für eine in diesem Gebiet belegene Zweigstelle eines inländischen Kreditinstituts oder Finanzdienstleistungsinstituts. ⁶In allen anderen Fällen ist ein Nachweis der Anschaffungsdaten nicht zulässig. ⁷Sind die Anschaffungsdaten nicht nachgewiesen, bemisst sich der Steuerabzug nach 30 Prozent der Einnahmen aus der Veräußerung oder Einlösung der Wirtschaftsgüter. ⁸In den Fällen des § 43 Absatz 1 Satz 4 gelten der Börsenpreis zum Zeitpunkt der Übertragung zuzüglich Stückzinsen als Einnahmen aus der Veräußerung und die mit dem Depotübertrag verbundenen Kosten als Veräußerungskosten im Sinne des § 20 Absatz 4 Satz 1. ⁹Zur Ermittlung des Börsenpreises ist der niedrigste am Vortag der Übertragung im regulierten Markt notierte Kurs anzusetzen; liegt am Vortag eine Notierung nicht vor, so werden die Wirtschafsgüter mit dem letzen innerhalb von 30 Tagen vor dem Übertragungstag im regulierten Markt notierten Kurs angesetzt; entsprechendes gilt für Wertpapiere, die im Inland in den Freiverkehr einbezogen sind oder in einem anderen Staat des Europäischen Wirtschaftsraums zum Handel an einem geregelten Markt im Sinne des Artikels 1 Nummer 13 der Richtlinie 93/22/EWG des Rates vom 10. Mai 1993 über Wertpapierdienstleistungen (ABl. EG Nr. L 141 S. 27) zugelassen sind. ¹⁰Liegt ein Börsenpreis nicht vor, bemisst sich die Steuer nach 30 Prozent der Anschaffungskosten. ¹¹Die übernehmende auszahlende Stelle hat als Anschaffungskosten den von der abgebenden Stelle angesetzen Börsenpreis anzusetzen und die bei der Übertragung als Einnahmen aus der Veräußerung angesetzten Stückzinsen nach Absatz 3 zu berücksichtigen. ¹²Satz 9 gilt entsprechend. ¹³Liegt ein Börsenpreis nicht vor, bemisst sich der Steuerabzug nach 30 Prozent der Einnahmen aus der Veräußerung oder Einlösung der Wirtschaftsgüter. ¹⁴Hat die auszahlende Stelle die Wirtschaftsgüter vor dem 1. Januar 1994 erworben oder veräußert und seitdem verwahrt oder verwaltet, kann sie den Steuerabzug nach 30 Prozent der Einnahmen aus der Veräußerung oder Einlösung der Wertpapiere und Kapitalforderungen bemessen. ¹⁵Abweichend von den Sätzen 2 bis 14 bemisst sich der Steuerabzug bei Kapitalerträgen aus nicht für einen marktmäßigen Handel bestimmten schuldbuchfähigen Wertpapieren des Bundes und der Länder oder bei Kapitalerträgen im Sinne des § 43 Absatz 1 Satz 1 Nummer 7 Buchstabe b aus nicht in Inhaber- oder Orderschuldverschreibungen verbrieften Kapitalforderungen nach dem vollen Kapitalertrag ohne jeden Abzug.

§§ 43a, 43b

(3) ¹Die auszahlende Stelle hat ausländische Steuern auf Kapitalerträge nach Maßgabe des § 32d Absatz 5 zu berücksichtigen. ²Sie hat unter Berücksichtigung des § 20 Absatz 6 Satz 4 im Kalenderjahr negative Kapitalerträge einschließlich gezahlter Stückzinsen bis zur Höhe der positiven Kapitalerträge auszugleichen; liegt ein gemeinsamer Freistellungsauftrag im Sinne des § 44a Absatz 2 Satz 1 Nummer 1 in Verbindung mit § 20 Absatz 9 Satz 2 vor, erfolgt ein gemeinsamer Ausgleich. ³Der nicht ausgeglichene Verlust ist auf das nächste Kalenderjahr zu übertragen. ⁴Auf Verlangen des Gläubigers der Kapitalerträge hat sie über die Höhe eines nicht ausgeglichenen Verlusts eine Bescheinigung nach amtlich vorgeschriebenem Muster zu erteilen; der Verlustübertrag entfällt in diesem Fall. ⁵Der unwiderrufliche Antrag auf Erteilung der Bescheinigung muss bis zum 15. Dezember des laufenden Jahres der auszahlenden Stelle zugehen. ⁶Überträgt der Gläubiger der Kapitalerträge seine im Depot befindlichen Wirtschaftsgüter vollständig auf ein anderes Depot, hat die abgebende auszahlende Stelle der übernehmenden auszahlenden Stelle auf Verlangen des Gläubigers der Kapitalerträge die Höhe des nicht ausgeglichenen Verlusts mitzuteilen; eine Bescheinigung nach Satz 4 darf in diesem Fall nicht erteilt werden. ⁷Erfährt die auszahlende Stelle nach Ablauf des Kalenderjahres von der Veränderung einer Bemessungsgrundlage oder einer zu erhebenden Kapitalertragsteuer, hat sie die entsprechende Korrektur erst zum Zeitpunkt ihrer Kenntnisnahme vorzunehmen; § 44 Absatz 5 bleibt unberührt. ⁸Die vorstehenden Sätze gelten nicht in den Fällen des § 20 Absatz 8 und des § 44 Absatz 1 Satz 4 Nummer 1 Buchstabe a Doppelbuchstabe bb sowie bei Körperschaften, Personenvereinigungen oder Vermögensmassen.

(4) ¹Die Absätze 2 und 3 gelten entsprechend für die das Bundesschuldbuch führende Stelle oder eine Landesschuldenverwaltung als auszahlende Stelle. ²Werden die Wertpapiere oder Forderungen von einem Kreditinstitut oder einem Finanzdienstleistungsinstitut mit der Maßgabe der Verwahrung und Verwaltung durch die das Bundesschuldbuch führende Stelle oder eine Landesschuldenverwaltung erworben, hat das Kreditinstitut oder das Finanzdienstleistungsinstitut der das Bundesschuldbuch führenden Stelle oder einer Landesschuldenverwaltung zusammen mit den im Schuldbuch einzutragenden Wertpapieren und Forderungen den Erwerbszeitpunkt und die Anschaffungsdaten sowie in Fällen des Absatzes 2 den Erwerbspreis der für einen marktmäßigen Handel bestimmten schuldbuchfähigen Wertpapiere des Bundes oder der Länder und außerdem mitzuteilen, dass es diese Wertpapiere und Forderungen erworben oder veräußert und seitdem verwahrt oder verwaltet hat.

§ 43b Bemessung der Kapitalertragsteuer bei bestimmten Gesellschaften

(1) ¹Auf Antrag wird die Kapitalertragsteuer für Kapitalerträge im Sinne des § 20 Absatz 1 Nummer 1, die einer Muttergesellschaft, die weder ihren Sitz noch ihre Geschäftsleitung im Inland hat, oder einer in einem anderen Mitgliedstaat der Europäischen Union gelegenen Betriebsstätte dieser Muttergesellschaft, aus Ausschüttungen einer Tochtergesellschaft zufließen, nicht erhoben. ²Satz 1 gilt auch für Ausschüttungen einer Tochtergesellschaft, die einer in einem anderen Mitgliedstaat der Europäischen Union gelegenen Betriebsstätte einer unbeschränkt steuerpflichtigen Muttergesellschaft zufließen. ³Ein Zufluss an die Betriebsstätte liegt nur vor, wenn die Beteiligung an der Tochtergesellschaft tatsächlich zu dem Betriebsvermögen der Betriebsstätte gehört. ⁴Die Sätze 1 bis 3 gelten nicht für Kapitalerträge im Sinne des § 20 Absatz 1 Nummer 1, die anlässlich der Liquidation oder Umwandlung einer Tochtergesellschaft zufließen.

(2) ¹Muttergesellschaft im Sinne des Absatzes 1 ist jede Gesellschaft, die die in der Anlage 2 zu diesem Gesetz bezeichneten Voraussetzungen erfüllt und nach Artikel 3 Absatz 1 Buchstabe a der Richtlinie 2011/96/EU des Rates vom 30. November 2011 über das gemeinsame Steuersystem der Mutter- und Tochtergesellschaften verschiedener Mitgliedstaaten (ABl. L 345 vom 29.12.2011, S. 8), die zuletzt durch die Richtlinie 2013/13/EU (ABl. L 141 vom 28.5.2013, S. 30) geändert worden ist, zum Zeitpunkt der Entstehung der Kapitalertragsteuer gemäß § 44 Absatz 1 Satz 2 nachweislich mindestens zu 10 Prozent unmittelbar am

§§ 43b, 44

Kapital der Tochtergesellschaft (Mindestbeteiligung) beteiligt ist. ²Ist die Mindestbeteiligung zu diesem Zeitpunkt nicht erfüllt, ist der Zeitpunkt des Gewinnverteilungsbeschlusses maßgeblich. ³Tochtergesellschaft im Sinne des Absatzes 1 sowie des Satzes 1 ist jede unbeschränkt steuerpflichtige Gesellschaft, die die in der Anlage 2 zu diesem Gesetz und in Artikel 3 Abs. 1 Buchstabe b der Richtlinie 2011/96 EU bezeichneten Voraussetzungen erfüllt. ⁴Weitere Voraussetzung ist, dass die Beteiligung nachweislich ununterbrochen zwölf Monate besteht. ⁵Wird dieser Beteiligungszeitraum nach dem Zeitpunkt der Entstehung der Kapitalertragsteuer gemäß § 44 Abs. 1 Satz 2 vollendet, ist die einbehaltene und abgeführte Kapitalertragsteuer nach § 50d Abs. 1 zu erstatten; das Freistellungsverfahren nach § 50d Abs. 2 ist ausgeschlossen.

(2a) Betriebsstätte im Sinne der Absätze 1 und 2 ist eine feste Geschäftseinrichtung in einem anderen Mitgliedstaat der Europäischen Union, durch die die Tätigkeit der Muttergesellschaft ganz oder teilweise ausgeübt wird, wenn das Besteuerungsrecht für die Gewinne dieser Geschäftseinrichtung nach dem jeweils geltenden Abkommen zur Vermeidung der Doppelbesteuerung dem Staat, in dem sie gelegen ist, zugewiesen wird und diese Gewinne in diesem Staat der Besteuerung unterliegen.

(3) (weggefallen)

§ 44 Entrichtung der Kapitalertragsteuer

(1) ¹Schuldner der Kapitalertragsteuer ist in den Fällen des § 43 Absatz 1 Satz 1 Nummer 1 bis 7b und 8 bis 12 sowie Satz 2 der Gläubiger der Kapitalerträge. ²Die Kapitalertragsteuer entsteht in dem Zeitpunkt, in dem die Kapitalerträge dem Gläubiger zufließen. ³In diesem Zeitpunkt haben in den Fällen des § 43 Absatz 1 Satz 1 Nummer 1, 2 bis 4 sowie 7a und 7b der Schuldner der Kapitalerträge, jedoch in den Fällen des § 43 Absatz 1 Satz 1 Nummer 1 Satz 2 die für den Verkäufer der Wertpapiere den Verkaufsauftrag ausführende Stelle im Sinne des Satzes 4 Nummer 1, und in den Fällen des § 43 Absatz 1 Satz 1 Nummer 1a, 6, 7 und 8 bis 12 sowie Satz 2 die die Kapitalerträge auszahlende Stelle den Steuerabzug für Rechnung des Gläubigers der Kapitalerträge vorzunehmen. ⁴Die die Kapitalerträge auszahlende Stelle ist

1. in den Fällen des § 43 Absatz 1 Satz 1 Nummer 6, 7 Buchstabe a und Nummer 8 bis 12 sowie Satz 2

    a) das inländische Kreditinstitut oder das inländische Finanzdienstleistungsinstitut im Sinne des § 43 Absatz 1 Satz 1 Nummer 7 Buchstabe b, das inländische Wertpapierhandelsunternehmen oder die inländische Wertpapierhandelsbank,

    aa) das die Teilschuldverschreibungen, die Anteile an einer Sammelschuldbuchforderung, die Wertrechte, die Zinsscheine oder sonstigen Wirtschaftsgüter verwahrt oder verwaltet oder deren Veräußerung durchführt und die Kapitalerträge auszahlt oder gutschreibt oder in den Fällen des § 43 Absatz 1 Satz 1 Nummer 8 und 11 die Kapitalerträge auszahlt oder gutschreibt,

    bb) das die Kapitalerträge gegen Aushändigung der Zinsscheine oder der Teilschuldverschreibungen einem anderen als einem ausländischen Kreditinstitut oder einem ausländischen Finanzdienstleistungsinstitut auszahlt oder gutschreibt;

    b) der Schuldner der Kapitalerträge in den Fällen des § 43 Absatz 1 Satz 1 Nummer 7 Buchstabe a und Nummer 10 unter den Voraussetzungen des Buchstabens a, wenn kein inländisches Kreditinstitut oder kein inländisches Finanzdienstleistungsinstitut die die Kapitalerträge auszahlende Stelle ist;

2. in den Fällen des § 43 Absatz 1 Satz 1 Nummer 7 Buchstabe b das inländische Kreditinstitut oder das inländische Finanzdienstleistungsinstitut, das die Kapitalerträge als Schuldner auszahlt oder gutschreibt;

3. in den Fällen des § 43 Absatz 1 Satz 1 Nummer 1a

§ 44

a) das inländische Kredit- oder Finanzdienstleistungsinstitut im Sinne des § 43 Absatz 1 Satz 1 Nummer 7 Buchstabe b, das inländische Wertpapierhandelsunternehmen oder die inländische Wertpapierhandelsbank, welche die Anteile verwahrt oder verwaltet und die Kapitalerträge auszahlt oder gutschreibt oder die Kapitalerträge gegen Aushändigung der Dividendenscheine auszahlt oder gutschreibt oder die Kapitalerträge an eine ausländische Stelle auszahlt,

b) die Wertpapiersammelbank, der die Anteile zur Sammelverwahrung anvertraut wurden, wenn sie die Kapitalerträge an eine ausländische Stelle auszahlt,

c) der Schuldner der Kapitalerträge, soweit die Wertpapiersammelbank, der die Anteile zur Sammelverwahrung anvertraut wurden, keine Dividendenregulierung vornimmt; die Wertpapiersammetbank hat dem Schuldner der Kapitalerträge den Umfang der Bestände ohne Dividendenregulierung mitzuteilen.

⁵Die innerhalb eines Kalendermonats einbehaltene Steuer ist jeweils bis zum zehnten des folgenden Monats an das Finanzamt abzuführen, das für die Besteuerung

1. des Schuldners der Kapitalerträge,
2. der den Verkaufsauftrag ausführenden Stelle oder
3. der die Kapitalerträge auszahlenden Stelle

nach dem Einkommen zuständig ist; bei Kapitalerträgen im Sinne des § 43 Absatz 1 Satz 1 Nummer 1 ist die einbehaltene Steuer in dem Zeitpunkt abzuführen, in dem die Kapitalerträge dem Gläubiger zufließen. ⁶Dabei ist die Kapitalertragsteuer, die zu demselben Zeitpunkt abzuführen ist, jeweils auf den nächsten vollen Eurobetrag abzurunden. ⁷Wenn Kapitalerträge ganz oder teilweise nicht in Geld bestehen (§ 8 Absatz 2) und der in Geld geleistete Kapitalertrag nicht zur Deckung der Kapitalertragsteuer ausreicht, hat der Gläubiger der Kapitalerträge dem zum Steuerabzug Verpflichteten den Fehlbetrag zur Verfügung zu stellen. ⁸Soweit der Gläubiger seiner Verpflichtung nicht nachkommt, hat der zum Steuerabzug Verpflichtete dies dem für ihn zuständigen Betriebsstättenfinanzamt anzuzeigen. ⁹Das Finanzamt hat die zu wenig erhobene Kapitalertragsteuer vom Gläubiger der Kapitalerträge nachzufordern.

(1a) ¹Werden inländische Aktien über eine ausländische Stelle mit Dividendenberechtigung erworben, aber ohne Dividendenanspruch geliefert und leitet die ausländische Stelle auf die Erträge im Sinne des § 20 Absatz 1 Nummer 1 Satz 4 einen einbehaltenen Steuerbetrag im Sinne des § 43a Absatz 1 Satz 1 Nummer 1 an eine inländische Wertpapiersammelbank weiter, ist diese zur Abführung der einbehaltenen Steuer verpflichtet. ²Bei Kapitalerträgen im Sinne des § 43 Absatz 1 Satz 1 Nummer 1 und 2 gilt Satz 1 entsprechend.

(2) ¹Gewinnanteile (Dividenden) und andere Kapitalerträge im Sinne des § 43 Absatz 1 Satz 1 Nummer 1, deren Ausschüttung von einer Körperschaft beschlossen wird, fließen dem Gläubiger der Kapitalerträge an dem Tag zu (Absatz 1), der im Beschluss als Tag der Auszahlung bestimmt worden ist. ²Ist die Ausschüttung nur festgesetzt, ohne dass über den Zeitpunkt der Auszahlung ein Beschluss gefasst worden ist, so gilt als Zeitpunkt des Zufließens der Tag nach der Beschlussfassung. ³Für Kapitalerträge im Sinne des § 20 Absatz 1 Nummer 1 Satz 4 gelten diese Zuflusszeitpunkte entsprechend.

(3) ¹Ist bei Einnahmen aus der Beteiligung an einem Handelsgewerbe als stiller Gesellschafter in dem Beteiligungsvertrag über den Zeitpunkt der Ausschüttung keine Vereinbarung getroffen, so gilt der Kapitalertrag am Tag nach der Aufstellung der Bilanz oder einer sonstigen Feststellung des Gewinnanteils des stillen Gesellschafters, spätestens jedoch sechs Monate nach Ablauf des Wirtschaftsjahres, für das der Kapitalertrag ausgeschüttet oder gutgeschrieben werden soll, als zugeflossen. ²Bei Zinsen aus partiarischen Darlehen gilt Satz 1 entsprechend.

(4) Haben Gläubiger und Schuldner der Kapitalerträge vor dem Zufließen ausdrücklich Stundung des Kapitalertrags vereinbart, weil der Schuldner vorübergehend zur Zahlung nicht in der Lage ist, so ist der Steuerabzug erst mit Ablauf der Stundungsfrist vorzunehmen.

§ 44

(5) ¹Die Schuldner der Kapitalerträge, die den Verkaufsauftrag ausführenden Stellen oder die die Kapitalerträge auszahlenden Stellen haften für die Kapitalertragsteuer, die sie einzubehalten und abzuführen haben, es sei denn, sie weisen nach, dass sie die ihnen auferlegten Pflichten weder vorsätzlich noch grob fahrlässig verletzt haben. ²Der Gläubiger der Kapitalerträge wird nur in Anspruch genommen,

1. wenn der Schuldner, die den Verkaufsauftrag ausführende Stelle oder die die Kapitalerträge auszahlende Stelle die Kapitalerträge nicht vorschriftsmäßig gekürzt hat,
2. wenn der Gläubiger weiß, dass der Schuldner, die den Verkaufsauftrag ausführende Stelle oder die die Kapitalerträge auszahlende Stelle die einbehaltene Kapitalertragsteuer nicht vorschriftsmäßig abgeführt hat, und dies dem Finanzamt nicht unverzüglich mitteilt oder
3. wenn das die Kapitalerträge auszahlende inländische Kreditinstitut oder das inländische Finanzdienstleistungsinstitut die Kapitalerträge zu Unrecht ohne Abzug der Kapitalertragsteuer ausgezahlt hat.

³Für die Inanspruchnahme des Schuldners der Kapitalerträge, der den Verkaufsauftrag ausführenden Stelle und der die Kapitalerträge auszahlenden Stelle bedarf es keines Haftungsbescheids, soweit der Schuldner, die den Verkaufsauftrag ausführende Stelle oder die die Kapitalerträge auszahlende Stelle die einbehaltene Kapitalertragsteuer richtig angemeldet hat oder soweit sie ihre Zahlungsverpflichtungen gegenüber dem Finanzamt oder dem Prüfungsbeamten des Finanzamts schriftlich anerkennen.

(6) ¹In den Fällen des § 43 Absatz 1 Satz 1 Nummer 7c gilt die juristische Person des öffentlichen Rechts und die von der Körperschaftsteuer befreite Körperschaft, Personenvereinigung oder Vermögensmasse als Gläubiger und der Betrieb gewerblicher Art und der wirtschaftliche Geschäftsbetrieb als Schuldner der Kapitalerträge. ²Die Kapitalertragsteuer entsteht, auch soweit sie auf verdeckte Gewinnausschüttungen entfällt, die im abgelaufenen Wirtschaftsjahr vorgenommen worden sind, im Zeitpunkt der Bilanzerstellung; sie entsteht spätestens acht Monate nach Ablauf des Wirtschaftsjahres; in den Fällen des § 20 Absatz 1 Nummer 10 Buchstabe b Satz 2 am Tag nach der Beschlussfassung über die Verwendung und in den Fällen des § 22 Absatz 4 des Umwandlungssteuergesetzes am Tag nach der Veräußerung. ³Die Kapitalertragsteuer entsteht in den Fällen des § 20 Absatz 1 Nummer 10 Buchstabe b Satz 3 zum Ende des Wirtschaftsjahres. ⁴Die Absätze 1 bis 4 und 5 Satz 2 sind entsprechend anzuwenden. ⁵Der Schuldner der Kapitalerträge haftet für die Kapitalertragsteuer, soweit sie auf verdeckte Gewinnausschüttungen und auf Veräußerungen im Sinne des § 22 Absatz 4 des Umwandlungssteuergesetzes entfällt.

(7) ¹In den Fällen des § 14 Absatz 3 des Körperschaftsteuergesetzes entsteht die Kapitalertragsteuer in dem Zeitpunkt der Feststellung der Handelsbilanz der Organgesellschaft; sie entsteht spätestens acht Monate nach Ablauf des Wirtschaftsjahrs der Organgesellschaft. ²Die entstandene Kapitalertragsteuer ist an dem auf den Entstehungszeitpunkt nachfolgenden Werktag an das Finanzamt abzuführen, das für die Besteuerung der Organgesellschaft nach dem Einkommen zuständig ist. ³Im Übrigen sind die Absätze 1 bis 4 entsprechend anzuwenden.

§ 44a

§ 44a Abstandnahme vom Steuerabzug

(1) ¹Soweit die Kapitalerträge zusammen mit den Kapitalerträgen, für die die Kapitalertragsteuer nach § 44b zu erstatten ist oder nach Absatz 10 kein Steuerabzug vorzunehmen ist, den Sparer-Pauschbetrag nach § 20 Absatz 9 nicht übersteigen, ist ein Steuerabzug nicht vorzunehmen bei Kapitalerträgen im Sinne des

1. § 43 Absatz 1 Satz 1 Nummer 1 und 2 aus Genussrechten oder
2. § 43 Absatz 1 Satz 1 Nummer 1 und 2 aus Anteilen, die von einer Kapitalgesellschaft ihren Arbeitnehmern überlassen worden sind und von ihr, einem von der Kapitalgesellschaft bestellten Treuhänder, einem inländischen Kreditinstitut oder einer inländischen Zweigniederlassung einer der in § 53b Absatz 1 oder 7 des Kreditwesengesetzes genannten Unternehmen verwahrt werden, und
3. § 43 Absatz 1 Satz 1 Nummer 3 bis 7 und 8 bis 12 sowie Satz 2, die einem unbeschränkt einkommensteuerpflichtigen Gläubiger zufließen.

²Den Arbeitnehmern im Sinne des Satzes 1 stehen Arbeitnehmer eines mit der Kapitalgesellschaft verbundenen Unternehmens nach § 15 des Aktiengesetzes sowie frühere Arbeitnehmer der Kapitalgesellschaft oder eines mit ihr verbundenen Unternehmens gleich. ³Den von der Kapitalgesellschaft überlassenen Anteilen stehen Aktien gleich, die den Arbeitnehmern bei einer Kapitalerhöhung auf Grund ihres Bezugsrechts aus den von der Kapitalgesellschaft überlassenen Aktien zugeteilt worden sind oder die den Arbeitnehmern auf Grund einer Kapitalerhöhung aus Gesellschaftsmitteln gehören. ³Bei Kapitalerträgen im Sinne des § 43 Absatz 1 Satz 1 Nummer 1, 2 bis 7 und 8 bis 12 sowie Satz 2, die einem unbeschränkt einkommensteuerpflichtigen Gläubiger zufließen, ist der Steuerabzug nicht vorzunehmen, wenn anzunehmen ist, dass auch für Fälle der Günstigerprüfung nach § 32d Absatz 6 keine Steuer entsteht.

(2) ¹Voraussetzung für die Abstandnahme vom Steuerabzug nach Absatz 1 ist, dass dem nach § 44 Absatz 1 zum Steuerabzug Verpflichteten in den Fällen

1. des Absatzes 1 Satz 1 ein Freistellungsauftrag des Gläubigers der Kapitalerträge nach amtlich vorgeschriebenem Muster oder
2. des Absatzes 1 Satz 4 eine Nichtveranlagungs-Bescheinigung des für den Gläubiger zuständigen Wohnsitzfinanzamts

vorliegt. ²In den Fällen des Satzes 1 Nummer 2 ist die Bescheinigung unter dem Vorbehalt des Widerrufs auszustellen. ³Ihre Geltungsdauer darf höchstens drei Jahre betragen und muss am Schluss eines Kalenderjahres enden. ⁴Fordert das Finanzamt die Bescheinigung zurück oder erkennt der Gläubiger, dass die Voraussetzungen für ihre Erteilung weggefallen sind, so hat er dem Finanzamt die Bescheinigung zurückzugeben.

(2a) ¹Ein Freistellungsauftrag kann nur erteilt werden, wenn der Gläubiger der Kapitalerträge seine Identifikationsnummer (§ 139b der Abgabenordnung) und bei gemeinsamen Freistellungsaufträgen auch die Identifikationsnummer des Ehegatten mitteilt. ²Ein Freistellungsauftrag ist ab dem 1. Januar 2016 unwirksam, wenn der Meldestelle im Sinne des § 45d Absatz 1 Satz 1 keine Identifikationsnummer des Gläubigers der Kapitalerträge und bei gemeinsamen Freistellungsaufträgen auch keine des Ehegatten vorliegen. ³Sofern der Meldestelle im Sinne des § 45d Absatz 1 Satz 1 die Identifikationsnummer nicht bereits bekannt ist, kann sie diese beim Bundeszentralamt für Steuern abfragen. ⁴In der Anfrage dürfen nur die in § 139b Absatz 3 der Abgabenordnung genannten Daten des Gläubigers der Kapitalerträge und bei gemeinsamen Freistellungsaufträgen die des Ehegatten angegeben werden, soweit sie der Meldestelle bekannt sind. ⁵Die Anfrage hat nach amtlich vorgeschriebenem Datensatz durch Datenfernübertragung zu erfolgen. ⁶Im Übrigen ist § 150 Absatz 6 der Abgabenordnung entsprechend anzuwenden. ⁷Das Bundeszentralamt für Steuern teilt der Meldestelle die Identifikationsnummer mit, sofern die übermittelten Daten mit den nach § 139b Absatz 3 der Abgabenordnung beim Bundeszentralamt für Steuern gespeicherten Daten übereinstimmen. ⁸Die Meldestelle darf die Identifikationsnummer nur verwenden, soweit dies zur Erfüllung von steuerlichen Pflichten erforderlich ist.

§ 44a

(3) Der nach § 44 Absatz 1 zum Steuerabzug Verpflichtete hat in seinen Unterlagen das Finanzamt, das die Bescheinigung erteilt hat, den Tag der Ausstellung der Bescheinigung und die in der Bescheinigung angegebene Steuer- und Listennummer zu vermerken sowie die Freistellungsaufträge aufzubewahren.

(4) ¹Ist der Gläubiger

1. eine von der Körperschaftsteuer befreite inländische Körperschaft, Personenvereinigung oder Vermögensmasse oder
2. eine inländische juristische Person des öffentlichen Rechts,

so ist der Steuerabzug bei Kapitalerträgen im Sinne des § 43 Absatz 1 Satz 1 Nummer 4, 6, 7 und 8 bis 12 sowie Satz 2 nicht vorzunehmen. ²Dies gilt auch, wenn es sich bei den Kapitalerträgen um Bezüge im Sinne des § 20 Absatz 1 Nummer 1 und 2 handelt, die der Gläubiger von einer von der Körperschaftsteuer befreiten Körperschaft bezieht. ³Voraussetzung ist, dass der Gläubiger dem Schuldner oder dem die Kapitalerträge auszahlenden inländischen Kreditinstitut oder inländischen Finanzdienstleistungsinstitut durch eine Bescheinigung des für seine Geschäftsleitung oder seinen Sitz zuständigen Finanzamts nachweist, dass er eine Körperschaft, Personenvereinigung oder Vermögensmasse im Sinne des Satzes 1 Nummer 1 oder 2 ist. ⁴Absatz 2 Satz 2 bis 4 und Absatz 3 gelten entsprechend. ⁵Die in Satz 3 bezeichnete Bescheinigung wird nicht erteilt, wenn die Kapitalerträge in den Fällen des Satzes 1 Nummer 1 in einem wirtschaftlichen Geschäftsbetrieb anfallen, für den die Befreiung von der Körperschaftsteuer ausgeschlossen ist, oder wenn sie in den Fällen des Satzes 1 Nummer 2 in einem nicht von der Körperschaftsteuer befreiten Betrieb gewerblicher Art anfallen. ⁶Ein Steuerabzug ist auch nicht vorzunehmen bei Kapitalerträgen im Sinne des § 49 Absatz 1 Nummer 5 Buchstabe c und d, die einem Anleger zufließen, der eine nach den Rechtsvorschriften eines Mitgliedstaates der Europäischen Union oder des Europäischen Wirtschaftsraums gegründete Gesellschaft im Sinne des Artikels 54 des Vertrags über die Arbeitsweise der Europäischen Union oder des Artikels 34 des Abkommens über den Europäischen Wirtschaftsraum mit Sitz und Ort der Geschäftsleitung innerhalb des Hoheitsgebietes eines dieser Staaten ist, und der einer Körperschaft im Sinne des § 5 Absatz 1 Nummer 3 des Körperschaftsteuergesetzes vergleichbar ist; soweit es sich um eine nach den Rechtsvorschriften eines Mitgliedstaates des Europäischen Wirtschaftsraums gegründete Gesellschaft oder eine Gesellschaft mit Ort und Geschäftsleitung in diesem Staat handelt, ist zusätzlich Voraussetzung, dass mit diesem Staat ein Amtshilfeabkommen besteht.

(4a) ¹Absatz 4 ist entsprechend auf Personengesellschaften im Sinne des § 212 Absatz 1 des Fünften Buches Sozialgesetzbuch anzuwenden. ²Dabei tritt die Personengesellschaft an die Stelle des Gläubigers der Kapitalerträge.

(4b) ¹Werden Kapitalerträge im Sinne des § 43 Absatz 1 Satz 1 Nummer 1 von einer Genossenschaft an ihre Mitglieder gezahlt, hat sie den Steuerabzug nicht vorzunehmen, wenn ihr für das jeweilige Mitglied

1. eine Nichtveranlagungs-Bescheinigung nach Absatz 2 Satz 1 Nummer 2,
2. eine Bescheinigung nach Absatz 5 Satz 4,
3. eine Bescheinigung nach Absatz 7 Satz 4 oder
4. eine Bescheinigung nach Absatz 8 Satz 3 vor liegt; in diesen Fällen ist ein Steuereinbehalt in Höhe von drei Fünfteln vorzunehmen.

²Eine Genossenschaft hat keinen Steuerabzug vorzunehmen, wenn ihr ein Freistellungsauftrag erteilt wurde, der auch Kapitalerträge im Sinne des Satzes 1 erfasst, soweit die Kapitalerträge zusammen mit den Kapitalerträgen, für die nach Absatz 1 kein Steuerabzug vorzunehmen ist oder für die die Kapitalertragsteuer nach § 44b zu erstatten ist, den mit dem Freistellungsauftrag beantragten Freibetrag nicht übersteigen. ³Dies gilt auch, wenn die Genossenschaft einen Verlustausgleich nach § 43a Absatz 3 Satz 2 unter Einbeziehung von Kapitalerträgen im Sinne des Satzes 1 durchgeführt hat.

§ 44a

(5) ¹Bei Kapitalerträgen im Sinne des § 43 Absatz 1 Satz 1 Nummer 1, 2, 6, 7 und 8 bis 12 sowie Satz 2, die einem unbeschränkt oder beschränkt einkommensteuerpflichtigen Gläubiger zufließen, ist der Steuerabzug nicht vorzunehmen, wenn die Kapitalerträge Betriebseinnahmen des Gläubigers sind und die Kapitalertragsteuer bei ihm auf Grund der Art seiner Geschäfte auf Dauer höher wäre als die gesamte festzusetzende Einkommensteuer oder Körperschaftsteuer. ²Ist der Gläubiger ein Lebens- oder Krankenversicherungsunternehmen als Organgesellschaft, ist für die Anwendung des Satzes 1 eine bestehende Organschaft im Sinne des § 14 des Körperschaftsteuergesetzes nicht zu berücksichtigen, wenn die beim Organträger anzurechnende Kapitalertragsteuer, einschließlich der Kapitalertragsteuer des Lebens- oder Krankenversicherungsunternehmens, die auf Grund von § 19 Absatz 5 des Körperschaftsteuergesetzes anzurechnen wäre, höher wäre, als die gesamte festzusetzende Körperschaftsteuer. ³Für die Prüfung der Voraussetzung des Satzes 2 ist auf die Verhältnisse der dem Antrag auf Erteilung einer Bescheinigung im Sinne des Satzes 4 vorangehenden drei Veranlagungszeiträume abzustellen. ⁴Die Voraussetzung des Satzes 1 ist durch eine Bescheinigung des für den Gläubiger zuständigen Finanzamts nachzuweisen. ⁵Die Bescheinigung ist unter dem Vorbehalt des Widerrufs auszustellen. ⁶Die Voraussetzung des Satzes 2 ist gegenüber dem für den Gläubiger zuständigen Finanzamt durch eine Bescheinigung des für den Organträger zuständigen Finanzamts nachzuweisen.

(6) ¹Voraussetzung für die Abstandnahme vom Steuerabzug nach den Absätzen 1, 4 und 5 bei Kapitalerträgen im Sinne des § 43 Absatz 1 Satz 1 Nummer 6, 7 und 8 bis 12 sowie Satz 2 ist, dass die Teilschuldverschreibungen, die Anteile an der Sammelschuldbuchforderung, die Wertrechte, die Einlagen und Guthaben oder sonstigen Wirtschaftsgüter im Zeitpunkt des Zufließens der Einnahmen unter dem Namen des Gläubigers der Kapitalerträge bei der die Kapitalerträge auszahlenden Stelle verwahrt oder verwaltet werden. ²Ist dies nicht der Fall, ist die Bescheinigung nach § 45a Absatz 2 durch einen entsprechenden Hinweis zu kennzeichnen. ³Wird bei einem inländischen Kredit- oder Finanzdienstleistungsinstitut im Sinne des § 43 Absatz 1 Satz 1 Nummer 7 Buchstabe b ein Konto oder Depot für eine gemäß § 5 Absatz 1 Nummer 9 des Körperschaftsteuergesetzes befreite Stiftung im Sinne des § 1 Absatz 1 Nummer 5 des Körperschaftsteuergesetzes auf den Namen eines anderen Berechtigten geführt und ist das Konto oder Depot durch einen Zusatz zur Bezeichnung eindeutig sowohl vom übrigen Vermögen des anderen Berechtigten zu unterscheiden als auch steuerlich der Stiftung zuzuordnen, so gilt es für die Anwendung des Absatzes 4, des Absatzes 7, des Absatzes 10 Satz 1 Nummer 3 und des § 44b Absatz 6 in Verbindung mit Absatz 7 als im Namen der Stiftung geführt.

(7) ¹Ist der Gläubiger eine inländische

1. Körperschaft, Personenvereinigung oder Vermögensmasse im Sinne des § 5 Absatz 1 Nummer 9 des Körperschaftsteuergesetzes oder

2. Stiftung des öffentlichen Rechts, die ausschließlich und unmittelbar gemeinnützigen oder mildtätigen Zwecken dient, oder

3. juristische Person des öffentlichen Rechts, die ausschließlich und unmittelbar kirchlichen Zwecken dient,

so ist der Steuerabzug bei Kapitalerträgen im Sinne des § 43 Absatz 1 Satz 1 Nummer 1, 2, 3 und 7a bis 7c nicht vorzunehmen. ²Voraussetzung für die Anwendung des Satzes 1 ist, dass der Gläubiger durch eine Bescheinigung des für seine Geschäftsleitung oder seinen Sitz zuständigen Finanzamts nachweist, dass er eine Körperschaft, Personenvereinigung oder Vermögensmasse nach Satz 1 ist. ⁵Absatz 4 gilt entsprechend.

(8) ¹Ist der Gläubiger

1. eine nach § 5 Absatz 1 mit Ausnahme der Nummer 9 des Körperschaftsteuergesetzes oder nach anderen Gesetzen von der Körperschaftsteuer befreite Körperschaft, Personenvereinigung oder Vermögensmasse oder

2. eine inländische juristische Person des öffentlichen Rechts, die nicht in Absatz 7 bezeichnet ist,

§ 44a

so ist der Steuerabzug bei Kapitalerträgen im Sinne des § 43 Absatz 1 Satz 1 Nummer 1, 2, 3 und 7a nur in Höhe von drei Fünfteln vorzunehmen. ²Voraussetzung für die Anwendung des Satzes 1 ist, dass der Gläubiger durch eine Bescheinigung des für seine Geschäftsleitung oder seinen Sitz zuständigen Finanzamts nachweist, dass er eine Körperschaft, Personenvereinigung oder Vermögensmasse im Sinne des Satzes 1 ist. ³Absatz 4 gilt entsprechend.

(8a) ¹Absatz 8 ist entsprechend auf Personengesellschaften im Sinne des § 212 Absatz 1 des Fünften Buches Sozialgesetzbuch anzuwenden. ²Dabei tritt die Personengesellschaft an die Stelle des Gläubigers der Kapitalerträge.

(9) ¹Ist der Gläubiger der Kapitalerträge im Sinne des § 43 Absatz 1 eine beschränkt steuerpflichtige Körperschaft im Sinne des § 2 Nummer 1 des Körperschaftsteuergesetzes, so werden zwei Fünftel der einbehaltenen und abgeführten Kapitalertragsteuer erstattet. ²§ 50d Absatz 1 Satz 3 bis 11, Absatz 3 und 4 ist entsprechend anzuwenden. ³Der Anspruch auf eine weitergehende Freistellung und Erstattung nach § 50d Absatz 1 in Verbindung mit § 43b oder § 50g oder nach einem Abkommen zur Vermeidung der Doppelbesteuerung bleibt unberührt. ⁴Verfahren nach den vorstehenden Sätzen und nach § 50d Absatz 1 soll das Bundeszentralamt für Steuern verbinden.

(10) ¹Werden Kapitalerträge im Sinne des § 43 Absatz 1 Satz 1 Nummer 1a gezahlt, hat die auszahlende Stelle keinen Steuerabzug vorzunehmen, wenn

1. der auszahlenden Stelle eine Nichtveranlagungs-Bescheinigung nach Absatz 2 Satz 1 Nummer 2 für den Gläubiger vorgelegt wird,

2. der auszahlenden Stelle eine Bescheinigung nach Absatz 5 für den Gläubiger vorgelegt wird,

3. der auszahlenden Stelle eine Bescheinigung nach Absatz 7 Satz 2 für den Gläubiger vorgelegt wird oder

4. der auszahlenden Stelle eine Bescheinigung nach Absatz 8 Satz 2 für den Gläubiger vorgelegt wird; in diesen Fällen ist ein Steuereinbehalt in Höhe von drei Fünfteln vorzunehmen.

²Wird der auszahlenden Stelle ein Freistellungsauftrag erteilt, der auch Kapitalerträge im Sinne des Satzes 1 erfasst, oder führt diese einen Verlustausgleich nach § 43a Absatz 3 Satz 2 unter Einbeziehung von Kapitalerträgen im Sinne des Satzes 1 durch, so hat sie den Steuerabzug nicht vorzunehmen, soweit die Kapitalerträge zusammen mit den Kapitalerträgen, für die nach Absatz 1 kein Steuerabzug vorzunehmen ist oder die Kapitalertragsteuer nach § 44b zu erstatten ist, den mit dem Freistellungsauftrag beantragten Freistellungsbetrag nicht übersteigen. ³Absatz 6 ist entsprechend anzuwenden. ⁴Werden Kapitalerträge im Sinne des § 43 Absatz 1 Satz 1 Nummer 1a von einer auszahlenden Stelle im Sinne des § 44 Absatz 1 Satz 4 Nummer 3 an eine ausländische Stelle ausgezahlt, hat diese auszahlende Stelle über den von ihr vor der Zahlung in das Ausland von diesen Kapitalerträgen vorgenommenen Steuerabzug der letzten inländischen auszahlenden Stelle in der Wertpapierverwahrkette, welche die Kapitalerträge auszahlt oder gutschreibt, auf deren Antrag eine Sammel-Steuerbescheinigung für die Summe der eigenen und der für Kunden verwahrten Aktien nach amtlich vorgeschriebenem Muster[1]) auszustellen. ⁵Der Antrag darf nur für Aktien gestellt werden, die mit Dividendenberechtigung erworben und mit Dividendenanspruch geliefert wurden. ⁶Wird eine solche Sammel-Steuerbescheinigung beantragt, ist die Ausstellung von Einzel-Steuerbescheinigungen oder die Weiterleitung eines Antrags auf Ausstellung einer Einzel-Steuerbescheinigung über den Steuerabzug von denselben Kapitalerträgen ausgeschlossen; die Sammel-Steuerbescheinigung ist als solche zu kennzeichnen. ⁷Auf die ihr ausgestellte Sammel-Steuerbescheinigung wendet die letzte inländische auszahlende Stelle § 44b Absatz 6 mit der Maßgabe an, dass sie von den ihr nach dieser Vorschrift eingeräumten Möglichkeiten Gebrauch zu machen hat.

---

1) Muster Sammel-Steuerbescheinigung gemäß § 44a Absatz 10 Satz 4 EStG siehe BMF-Schreiben vom 29.12.2011 (BStBl. 2012 I S. 45).

§ 44b

§ 44b Erstattung der Kapitalertragsteuer

(1) (weggefallen)

(2) (weggefallen)

(3) (weggefallen)

(4) (weggefallen)

(5) ¹Ist Kapitalertragsteuer einbehalten oder abgeführt worden, obwohl eine Verpflichtung hierzu nicht bestand, oder hat der Gläubiger dem nach § 44 Absatz 1 zum Steuerabzug Verpflichteten die Bescheinigung nach § 43 Absatz 2 Satz 4, den Freistellungsauftrag, die Nichtveranlagungs-Bescheinigung oder die Bescheinigungen nach § 44a Absatz 4 oder 5 erst zu einem Zeitpunkt vorgelegt, zu dem die Kapitalertragsteuer bereits abgeführt war, oder nach diesem Zeitpunkt erst die Erklärung nach § 43 Absatz 2 Satz 3 Nummer 2 abgegeben, ist auf Antrag des nach § 44 Absatz 1 zum Steuerabzug Verpflichteten die Steueranmeldung (§ 45a Absatz 1) insoweit zu ändern; stattdessen kann der zum Steuerabzug Verpflichtete bei der folgenden Steueranmeldung die abzuführende Kapitalertragsteuer entsprechend kürzen. ²Erstattungsberechtigt ist der Antragsteller. ³Solange noch keine Steuerbescheinigung nach § 45a erteilt ist, hat der zum Steuerabzug Verpflichtete das Verfahren nach Satz 1 zu betreiben. ⁴Die vorstehenden Sätze sind in den Fällen des Absatzes 6 nicht anzuwenden.

(6) ¹Werden Kapitalerträge im Sinne des § 43 Absatz 1 Satz 1 Nummer 1 und 2 durch ein inländisches Kredit- oder Finanzdienstleistungsinstitut im Sinne des § 43 Absatz 1 Satz 1 Nummer 7 Buchstabe b, das die Wertpapiere, Wertrechte oder sonstigen Wirtschaftsgüter unter dem Namen des Gläubigers verwahrt oder verwaltet, als Schuldner der Kapitalerträge oder für Rechnung des Schuldners gezahlt, kann das Kredit- oder Finanzdienstleistungsinstitut die einbehaltene und abgeführte Kapitalertragsteuer dem Gläubiger der Kapitalerträge bis zur Ausstellung einer Steuerbescheinigung, längstens bis zum 31. März des auf den Zufluss der Kapitalerträge folgenden Kalenderjahres, unter den folgenden Voraussetzungen erstatten:

1. dem Kredit- oder Finanzdienstleistungsinstitut wird eine Nichtveranlagungs-Bescheinigung nach § 44a Absatz 2 Satz 1 Nummer 2 für den Gläubiger vorgelegt,

2. dem Kredit- oder Finanzdienstleistungsinstitut wird eine Bescheinigung nach § 44a Absatz 5 für den Gläubiger vorgelegt,

3. dem Kredit- oder Finanzdienstleistungsinstitut wird eine Bescheinigung nach § 44a Absatz 7 Satz 2 für den Gläubiger vorgelegt und eine Abstandnahme war nicht möglich oder

4. dem Kredit- oder Finanzdienstleistungsinstitut wird eine Bescheinigung nach § 44a Absatz 8 Satz 2 für den Gläubiger vorgelegt und die teilweise Abstandnahme war nicht möglich; in diesen Fällen darf die Kapitalertragsteuer nur in Höhe von zwei Fünfteln erstattet werden.

²Das erstattende Kredit- oder Finanzdienstleistungsinstitut haftet in sinngemäßer Anwendung des § 44 Absatz 5 für zu Unrecht vorgenommene Erstattungen; für die Zahlungsaufforderung gilt § 219 Satz 2 der Abgabenordnung entsprechend. ³Das Kredit- oder Finanzdienstleistungsinstitut hat die Summe der Erstattungsbeträge in der Steueranmeldung gesondert anzugeben und von der von ihm abzuführenden Kapitalertragsteuer abzusetzen. ⁴Wird dem Kredit- oder Finanzdienstleistungsinstitut ein Freistellungsauftrag erteilt, der auch Kapitalerträge im Sinne des Satzes 1 erfasst, oder führt das Institut einen Verlustausgleich nach § 43a Absatz 3 Satz 2 unter Einbeziehung von Kapitalerträgen im Sinne des Satzes 1 aus, so hat es bis zur Ausstellung der Steuerbescheinigung, längstens bis zum 31. März des auf den Zufluss der Kapitalerträge folgenden Kalenderjahres, die einbehaltene und abgeführte Kapitalertragsteuer auf diese Kapitalerträge zu erstatten; Satz 2 ist entsprechend anzuwenden.

(7) ¹Eine Gesamthandsgemeinschaft kann für ihre Mitglieder im Sinne des § 44a Absatz 7 oder Absatz 8 eine Erstattung der Kapitalertragsteuer bei dem für die gesonderte Fest-

stellung ihrer Einkünfte zuständigen Finanzamt beantragen. ²Die Erstattung ist unter den Voraussetzungen des § 44a Absatz 4, 7 oder Absatz 8 und in dem dort bestimmten Umfang zu gewähren.

§ 45 Ausschluss der Erstattung von Kapitalertragsteuer

¹In den Fällen, in denen die Dividende an einen anderen als an den Anteilseigner ausgezahlt wird, ist die Erstattung von Kapitalertragsteuer an den Zahlungsempfänger ausgeschlossen. ²Satz 1 gilt nicht für den Erwerber eines Dividendenscheins oder sonstigen Anspruchs in den Fällen des § 20 Abs. 2 Satz 1 Nr. 2 Buchstabe a Satz 2. ³In den Fällen des § 20 Absatz 2 Satz 1 Nummer 2 Buchstabe b ist die Erstattung von Kapitalertragsteuer an den Erwerber von Zinsscheinen nach § 37 Absatz 2 der Abgabenordnung ausgeschlossen.

§ 45a Anmeldung und Bescheinigung der Kapitalertragsteuer

(1) ¹Die Anmeldung der einbehaltenen Kapitalertragsteuer ist dem Finanzamt innerhalb der in § 44 Absatz 1 oder Absatz 7 bestimmten Frist nach amtlich vorgeschriebenem Vordruck auf elektronischem Weg nach Maßgabe der Steuerdaten-Übermittlungsverordnung zu übermitteln; die auszahlende Stelle hat die Kapitalertragsteuer auf die Erträge im Sinne des § 43 Absatz 1 Satz 1 Nummer 1a jeweils gesondert für das Land, in dem sich der Ort der Geschäftsleitung des Schuldners der Kapitalerträge befindet, anzugeben. ²Satz 1 gilt entsprechend, wenn ein Steuerabzug nicht oder nicht in voller Höhe vorzunehmen ist. ³Der Grund für die Nichtabführung ist anzugeben. ⁴Auf Antrag kann das Finanzamt zur Vermeidung unbilliger Härten auf eine elektronische Übermittlung verzichten; in diesem Fall ist die Kapitalertragsteuer-Anmeldung von dem Schuldner, der den Verkaufsauftrag ausführenden Stelle, der auszahlenden Stelle oder einer vertretungsberechtigten Person zu unterschreiben.

(2) ¹Folgende Stellen sind verpflichtet, dem Gläubiger der Kapitalerträge auf Verlangen eine Bescheinigung nach amtlich vorgeschriebenem Muster auszustellen, die die nach § 32d erforderlichen Angaben enthält; bei Vorliegen der Voraussetzungen des

1. § 43 Absatz 1 Satz 1 Nummer 1, 2 bis 4, 7a und 7b der Schuldner der Kapitalerträge,
2. § 43 Absatz 1 Salz 1 Nummer 1a, 6, 7 und 8 bis 12 sowie Satz 2 die die Kapitalerträge auszahlende Stelle vorbehaltlich des Absatzes 3 und
3. § 44 Absatz 1a die zur Abführung der Steuer verpflichtete Stelle.

²Die Bescheinigung braucht nicht unterschrieben zu werden, wenn sie in einem maschinellen Verfahren ausgedruckt worden ist und den Aussteller erkennen lässt. ³§ 44a Absatz 6 gilt sinngemäß; über die zu kennzeichnenden Bescheinigungen haben die genannten Institute und Unternehmen Aufzeichnungen zu führen. ⁴Diese müssen einen Hinweis auf den Buchungsbeleg über die Auszahlung an den Empfänger der Bescheinigung enthalten.

(3) ¹Werden Kapitalerträge für Rechnung des Schuldners durch ein inländisches Kreditinstitut oder ein inländisches Finanzdienstleistungsinstitut gezahlt, so hat an Stelle des Schuldners das Kreditinstitut oder das Finanzdienstleistungsinstitut die Bescheinigung zu erteilen, sofern nicht die Voraussetzungen des Absatzes 2 Satz 1 erfüllt sind. ²Satz 1 gilt in den Fällen des § 20 Absatz 1 Nummer 1 Satz 4 entsprechend; der Emittent der Aktien gilt insoweit als Schuldner der Kapitalerträge.

(4) ¹Eine Bescheinigung nach Absatz 2 oder 3 ist auch zu erteilen, wenn in Vertretung des Gläubigers ein Antrag auf Erstattung der Kapitalertragsteuer nach § 44b gestellt worden ist oder gestellt wird. ²Satz 1 gilt entsprechend, wenn nach § 44a Absatz 8 Satz 1 der Steuerabzug nicht in voller Höhe vorgenommen worden ist.

(5) ¹Eine Ersatzbescheinigung darf nur ausgestellt werden, wenn die Urschrift nach den Angaben des Gläubigers abhanden gekommen oder vernichtet ist. ²Die Ersatzbeschei-

§§ 45a, 45b, 45c, 45d

nigung muss als solche gekennzeichnet sein. ³Über die Ausstellung von Ersatzbescheinigungen hat der Aussteller Aufzeichnungen zu führen.

(6) ¹Eine Bescheinigung, die den Absätzen 2 bis 5 nicht entspricht, hat der Aussteller zurückzufordern und durch eine berichtigte Bescheinigung zu ersetzen. ²Die berichtigte Bescheinigung ist als solche zu kennzeichnen. ³Wird die zurückgeforderte Bescheinigung nicht innerhalb eines Monats nach Zusendung der berichtigten Bescheinigung an den Aussteller zurückgegeben, hat der Aussteller das nach seinen Unterlagen für den Empfänger zuständige Finanzamt schriftlich zu benachrichtigen.

(7) ¹Der Aussteller einer Bescheinigung, die den Absätzen 2 bis 5 nicht entspricht, haftet für die auf Grund der Bescheinigung verkürzten Steuern oder zu Unrecht gewährten Steuervorteile. ²Ist die Bescheinigung nach Absatz 3 durch ein inländisches Kreditinstitut oder ein inländisches Finanzdienstleistungsinstitut auszustellen, so haftet der Schuldner auch, wenn er zum Zweck der Bescheinigung unrichtige Angaben macht. ³Der Aussteller haftet nicht
1. in den Fällen des Satzes 2,
2. wenn er die ihm nach Absatz 6 obliegenden Verpflichtungen erfüllt hat.

§ 45b Erstattung von Kapitalertragsteuer auf Grund von Sammelanträgen
(weggefallen)

§ 45c (weggefallen)

§ 45d Mitteilungen an das Bundeszentralamt für Steuern

(1) ¹Wer nach § 44 Absatz 1 dieses Gesetzes und § 7 des Investmentsteuergesetzes zum Steuerabzug verpflichtet ist (Meldestelle), hat dem Bundeszentralamt für Steuern bis zum 1. März des Jahres, das auf das Jahr folgt, in dem die Kapitalerträge den Gläubigern zufließen, folgende Daten zu übermitteln:
1. Vor- und Zuname, Identifikationsnummer (§ 139b der Abgabenordnung) sowie das Geburtsdatum des Gläubigers der Kapitalerträge; bei einem gemeinsamen Freistellungsauftrag sind die Daten beider Ehegatten zu übermitteln,
2. Anschrift des Gläubigers der Kapitalerträge,
3. bei den Kapitalerträgen, für die ein Freistellungsauftrag erteilt worden ist,
   a) die Kapitalerträge, bei denen vom Steuerabzug Abstand genommen worden ist oder bei denen auf Grund des Freistellungsauftrags gemäß § 44b Absatz 6 Satz 4 dieses Gesetzes oder gemäß § 7 Absatz 5 Satz 1 des Investmentsteuergesetzes Kapitalertragsteuer erstattet wurde,
   b) die Kapitalerträge, bei denen die Erstattung von Kapitalertragsteuer beim Bundeszentralamt für Steuern beantragt worden ist,
4. die Kapitalerträge, bei denen auf Grund einer Nichtveranlagungs-Bescheinigung einer natürlichen Person nach § 44a Absatz 2 Satz 1 Nummer 2 vom Steuerabzug Abstand genommen oder eine Erstattung vorgenommen wurde,
5. Name und Anschrift der Meldestelle.

²Die Daten sind nach amtlich vorgeschriebenem Datensatz durch Datenfernübertragung zu übermitteln; im Übrigen ist § 150 Absatz 6 der Abgabenordnung entsprechend anzuwenden.

(2) ¹Das Bundeszentralamt für Steuern darf den Sozialleistungsträgern die Daten nach Absatz 1 mitteilen, soweit dies zur Überprüfung des bei der Sozialleistung zu berück-

sichtigenden Einkommens oder Vermögens erforderlich ist oder der Betroffene zustimmt. ²Für Zwecke des Satzes 1 ist das Bundeszentralamt für Steuern berechtigt, die ihm von den Sozialleistungsträgern übermittelten Daten mit den vorhandenen Daten nach Absatz 1 im Wege des automatisierten Datenabgleichs zu überprüfen und das Ergebnis den Sozialleistungsträgern mitzuteilen.

(3) ¹Ein inländischer Versicherungsvermittler im Sinne des § 59 Absatz 1 des Versicherungsvertragsgesetzes hat bis zum 30. März des Folgejahres das Zustandekommen eines Vertrages im Sinne des § 20 Absatz 1 Nummer 6 zwischen einer im Inland ansässigen Person und einem Versicherungsunternehmen mit Sitz und Geschäftsleitung im Ausland gegenüber dem Bundeszentralamt für Steuern mitzuteilen; dies gilt nicht, wenn das Versicherungsunternehmen eine Niederlassung im Inland hat oder das Versicherungsunternehmen dem Bundeszentralamt für Steuern bis zu diesem Zeitpunkt das Zustandekommen eines Vertrages angezeigt und den Versicherungsvermittler hierüber in Kenntnis gesetzt hat. ²Folgende Daten sind zu übermitteln:

1. Vor- und Zuname sowie Geburtsdatum, Anschrift und Identifikationsnummer des Versicherungsnehmers,
2. Name und Anschrift des Versicherungsunternehmens sowie Vertragsnummer oder sonstige Kennzeichnung des Vertrages,
3. Name und Anschrift des Versicherungsvermittlers, wenn die Mitteilung nicht vom Versicherungsunternehmen übernommen wurde,
4. Laufzeit und garantierte Versicherungssumme oder Beitragssumme für die gesamte Laufzeit,
5. Angabe, ob es sich um einen konventionellen, einen fondsgebundenen oder einen vermögensverwaltenden Versicherungsvertrag handelt.

³Daten sind nach amtlich vorgeschriebenem Datensatz durch Datenfernübertragung zu übermitteln; im Übrigen ist § 150 Absatz 6 der Abgabenordnung entsprechend anzuwenden.

§ 45e Ermächtigung für Zinsinformationsverordnung

¹Die Bundesregierung wird ermächtigt, durch Rechtsverordnung mit Zustimmung des Bundesrates die Richtlinie 2003/48/EG des Rates vom 3. Juni 2003 (ABl. EU Nr. L 157 S. 38) in der jeweils geltenden Fassung im Bereich der Besteuerung von Zinserträgen umzusetzen. ²§ 45d Absatz 1 Satz 2 und Absatz 2 ist entsprechend anzuwenden.

§ 46

4. Veranlagung von Steuerpflichtigen mit steuerabzugspflichtigen Einkünften

§ 46 Veranlagung bei Bezug von Einkünften aus nichtselbständiger Arbeit

(1) (weggefallen)

(2) Besteht das Einkommen ganz oder teilweise aus Einkünften aus nichtselbständiger Arbeit, von denen ein Steuerabzug vorgenommen worden ist, so wird eine Veranlagung nur durchgeführt,

1. wenn die positive Summe der einkommensteuerpflichtigen Einkünfte, die nicht dem Steuerabzug vom Arbeitslohn zu unterwerfen waren, vermindert um die darauf entfallenden Beträge nach § 13 Absatz 3 und § 24a, oder die positive Summe der Einkünfte und Leistungen, die dem Progressionsvorbehalt unterliegen, jeweils mehr als 410 Euro beträgt;

2. wenn der Steuerpflichtige nebeneinander von mehreren Arbeitgebern Arbeitslohn bezogen hat; das gilt nicht, soweit nach § 38 Absatz 3a Satz 7 Arbeitslohn von mehreren Arbeitgebern für den Lohnsteuerabzug zusammengerechnet worden ist;

3. wenn bei einem Steuerpflichtigen die Summe der beim Steuerabzug vom Arbeitslohn nach § 39b Absatz 2 Satz 5 Nummer 3 Buchstabe b bis d berücksichtigten Teilbeträge der Vorsorgepauschale größer ist als die abziehbaren Vorsorgeaufwendungen nach § 10 Absatz 1 Nummer 3 und Nummer 3a in Verbindung mit Absatz 4 und der im Kalenderjahr insgesamt erzielte Arbeitslohn 10 700 Euro übersteigt, oder bei Ehegatten, die die Voraussetzungen des § 26 Absatz 1 erfüllen, der im Kalenderjahr von den Ehegatten insgesamt erzielte Arbeitslohn 20 200 Euro übersteigt;

3a. wenn von Ehegatten, die nach den §§ 26, 26b zusammen zur Einkommensteuer zu veranlagen sind, beide Arbeitslohn bezogen haben und einer für den Veranlagungszeitraum oder einen Teil davon nach der Steuerklasse V oder VI besteuert oder bei Steuerklasse IV der Faktor (§ 39f) eingetragen worden ist;

4. wenn für einen Steuerpflichtigen ein Freibetrag im Sinne des § 39a Absatz 1 Satz 1 Nummer 1 bis 3, 5 oder Nummer 6 ermittelt worden ist und der im Kalenderjahr insgesamt erzielte Arbeitslohn 10 700 Euro übersteigt oder bei Ehegatten, die die Voraussetzungen des § 26 Absatz 1 erfüllen, der im Kalenderjahr von den Ehegatten insgesamt erzielte Arbeitslohn 20 200 Euro übersteigt; dasselbe gilt für einen Steuerpflichtigen, der zum Personenkreis des § 1 Absatz 2 gehört oder für einen beschränkt einkommensteuerpflichtigen Arbeitnehmer, wenn diese Eintragungen auf einer Bescheinigung für den Lohnsteuerabzug (§ 39 Absatz 3 Satz 1) erfolgt sind;

4a. wenn bei einem Elternpaar, bei dem die Voraussetzungen des § 26 Absatz 1 Satz 1 nicht vorliegen,

a) bis c) (weggefallen)

d) im Fall des § 33a Absatz 2 Satz 5 das Elternpaar gemeinsam eine Aufteilung des Abzugsbetrags in einem anderen Verhältnis als je zur Hälfte beantragt oder

e) im Fall des § 33b Absatz 5 Satz 3 das Elternpaar gemeinsam eine Aufteilung des Pauschbetrags für behinderte Menschen oder des Pauschbetrags für Hinterbliebene in einem anderen Verhältnis als je zur Hälfte beantragt.

²Die Veranlagungspflicht besteht für jeden Elternteil, der Einkünfte aus nichtselbständiger Arbeit bezogen hat;

5. wenn bei einem Steuerpflichtigen die Lohnsteuer für einen sonstigen Bezug im Sinne des § 34 Absatz 1 und 2 Nummer 2 und 4 nach § 39b Absatz 3 Satz 9 oder für einen sonstigen Bezug nach § 39c Absatz 3 ermittelt wurde;

5a. wenn der Arbeitgeber die Lohnsteuer von einem sonstigen Bezug berechnet hat und dabei der Arbeitslohn aus früheren Dienstverhältnissen des Kalenderjahres außer Betracht geblieben ist (§ 39b Absatz 3 Satz 2, § 41 Absatz 1 Satz 6, Großbuchstabe S);

6. wenn die Ehe des Arbeitnehmers im Veranlagungszeitraum durch Tod, Scheidung oder Aufhebung aufgelöst worden ist und er oder sein Ehegatte der aufgelösten Ehe im Veranlagungszeitraum wieder geheiratet hat;
7. wenn
   a) für einen unbeschränkt Steuerpflichtigen im Sinne des § 1 Absatz 1 bei der Bildung der Lohnsteuerabzugsmerkmale (§ 39) ein Ehegatte im Sinne des § 1a Absatz 1 Nummer 2 berücksichtigt worden ist oder
   b) für einen Steuerpflichtigen, der zum Personenkreis des § 1 Absatz 3 oder des § 1a gehört, Lohnsteuerabzugsmerkmale nach § 39 Absatz 2 gebildet worden sind; das nach § 39 Absatz 2 Satz 2 bis 4 zuständige Betriebsstättenfinanzamt ist dann auch für die Veranlagung zuständig;
8. [1)] wenn die Veranlagung beantragt wird, insbesondere zur Anrechnung von Lohnsteuer auf die Einkommensteuer. ²Der Antrag ist durch Abgabe einer Einkommensteuererklärung zu stellen.

(3) ¹In den Fällen des Absatzes 2 ist ein Betrag in Höhe der einkommensteuerpflichtigen Einkünfte, von denen der Steuerabzug vom Arbeitslohn nicht vorgenommen worden ist und die nicht nach § 32d Absatz 6 der tariflichen Einkommensteuer unterworfen wurden, vom Einkommen abzuziehen, wenn diese Einkünfte insgesamt nicht mehr als 410 Euro betragen. ²Der Betrag nach Satz 1 vermindert sich um den Altersentlastungsbetrag, soweit dieser den unter Verwendung des nach § 24a Satz 5 maßgebenden Prozentsatzes zu ermittelnden Anteil des Arbeitslohns mit Ausnahme der Versorgungsbezüge im Sinne des § 19 Absatz 2 übersteigt, und um den nach § 13 Absatz 3 zu berücksichtigenden Betrag.

(4) ¹Kommt nach Absatz 2 eine Veranlagung zur Einkommensteuer nicht in Betracht, so gilt die Einkommensteuer, die auf die Einkünfte aus nichtselbständiger Arbeit entfällt, für den Steuerpflichtigen durch den Lohnsteuerabzug als abgegolten, soweit er nicht für zuwenig erhobene Lohnsteuer in Anspruch genommen werden kann. ²§ 42b bleibt unberührt.

(5) Durch Rechtsverordnung kann in den Fällen des Absatzes 2 Nummer 1, in denen die einkommensteuerpflichtigen Einkünfte, von denen der Steuerabzug vom Arbeitslohn nicht vorgenommen worden ist und die nicht nach § 32d Absatz 6 der tariflichen Einkommensteuer unterworfen wurden, den Betrag von 410 Euro übersteigen, die Besteuerung so gemildert werden, dass auf die volle Besteuerung dieser Einkünfte stufenweise übergeleitet wird.

Hinweise

LStH 46 *Auftragsveranlagung*
  → *R 46.2 EStR, H 46.2 EStH*

  Härteausgleich → *H 46.3 EStH*

Rechtsprechungsauswahl

BFH v. 17. 7. 2014 VI R 4/13 (BFH-Webseite): Rückwirkende Anwendung des § 46 Abs. 2 Nr. 1 EStG i.d.F. des JStG 2007; keine Anlaufhemmung bei Antragsveranlagung

1. § 46 Abs. 2 Nr. 1 EStG i.d.F. des JStG 2007 ist auch auf Veranlagungszeiträume vor 2006 anzuwenden.
2. Die in § 52 Abs. 55j Satz 1 EStG i.d.F. des StVereinfG 2011 geregelte rückwirkende Geltungsanordnung der Vorschrift verstößt nicht gegen das rechtsstaatliche Rückwirkungsverbot (Anschluss an Senatsentscheidung vom 17. Januar 2013 VI R 32/12, BFHE 240, 131, BStBl. II 2013, 439).
3. Eine Anlaufhemmung gemäß § 170 Abs. 2 Satz 1 Nr. 1 AO kommt in den Fällen des § 46 Abs. 2 Nr. 8 EStG i.d.F. des JStG 2008 nicht in Betracht (Anschluss an Senatsentscheidung vom 14. April 2011 VI R 53/10, BFHE 233, 311, BStBl. II 2011, 746).

---
1) Zur Anwendung von § 46 Absatz 2 Nummer 8 siehe § 52 Absatz 55j Satz 4 EStG.

§ 46

Rechtsprechung

BFH v. 26. 3. 2013 VI R 22/11 (BStBl. 2013 II S. 631): Antragsveranlagung; Ermittlung der Einkünfte - Einheitliche Auslegung der Begriffe „Summe der Einkünfte" in § 46 Abs. 2 Nr. 1 EStG und § 2 Abs. 3 EStG

Unter der „Summe der Einkünfte" i.S. des § 46 Abs. 2 Nr. 1 EStG ist derjenige Saldo zu verstehen, der nach horizontaler und vertikaler Verrechnung der Einkünfte verbleibt. Versagt das Gesetz – wie in § 23 Abs. 3 Satz 8 EStG im Falle eines Verlustes aus privaten Veräußerungsgeschäften – die Verrechnung eines Verlustes aus einer Einkunftsart mit Gewinnen bzw. Überschüssen aus anderen Einkunftsarten, fließt dieser Verlust nicht in die „Summe der Einkünfte" ein.

BFH v. 18. 10. 2012 VI R 16/11 (BFH-Webseite): Keine Anlaufhemmung bei Antragsveranlagung

Eine Anlaufhemmung gemäß § 170 Abs. 2 Satz 1 Nr. 1 AO kommt in den Fällen des § 46 Abs. 2 Nr. 8 EStG i.d.F. des JStG 2008 nicht in Betracht (Anschluss an Senatsentscheidungen vom 14. April 2011 VI R 53/10, BStBl. II 2011, 746; vom 6. Oktober 2011 VI R 17/11, BFH/NV 2012,551; Abgrenzung zum Senatsbeschluss vom 22. Mai 2006 VI R 46/05, BStBl. II 2006, 820).

BFH v. 28. 3. 2012 VI R 68/10 (BStBl. 2012 II S. 711): Anlaufhemmung bei Abgabe einer die Pflichtveranlagung begründenden Steuererklärung nach dem Ablauf der Festsetzungsfrist.

Die eine Pflichtveranlagung begründende Steuererklärung entfaltet keine anlaufhemmende Wirkung nach § 170 Abs. 2 Satz 1 Nr. 1 AO, wenn diese Steuererklärung erst nach dem Ablauf der Festsetzungsfrist des § 169 Abs. 2 AO abgegeben wird.

BFH v. 9. 2. 2012 VI R 34/11 (BStBl. 2012 II S. 750): Keine Veranlagung nach bestandskräftiger Ablehnung; rückwirkende Anwendung des § 46 Abs. 2 Nr. 1 EStG i.d.F. des JStG 2007; Unvereinbarkeit von § 46 Abs. 2 Nr. 8 EStG a.F. mit dem GG

1. Ist bei Einkünften aus nichtselbständiger Arbeit über einen Antrag auf Veranlagung zur Einkommensteuer bestandskräftig abschlägig entschieden, kommt eine Veranlagung weder nach § 46 Abs. 2 Nr. 1 EStG i.d.F. des JStG 2007 noch gemäß § 46 Abs. 2 Nr. 8 EStG i.d.F. des JStG 2008 in Betracht.
2. Die Änderung des § 46 Abs. 2 Nr. 1 EStG durch das JStG 2007 begründet kein weiteres eigenständiges Antragsrecht des Steuerpflichtigen.
3. Kommt eine Veranlagung des Steuerpflichtigen weder nach § 46 Abs. 2 Nr. 1 EStG i.d.F. des JStG 2007 noch gemäß § 46 Abs. 2 Nr. 8 i.d.F. des JStG 2008 in Betracht, können auch Grundlagenbescheide nicht über die Änderungsnorm des § 175 Abs. 1 Satz 1 Nr. 1 AO zu einer solchen führen.

BFH v. 14. 4. 2011 VI R 53/10 (BStBl. II S. 746): Keine Anlaufhemmung bei Antragsveranlagung

Eine Anlaufhemmung gemäß § 170 Abs. 2 Satz 1 Nr. 1 AO kommt in den Fällen des § 46 Abs. 2 Nr. 8 EStG i. d. F. des JStG 2008 nicht in Betracht. Dies gilt auch bei Anwendung der Übergangsregelung des § 52 Abs. 55j Satz 2 EStG i. d. F. des JStG 2008 (Abgrenzung zur Senatsentscheidung vom 15. Januar 2009 VI R 23/08, BFH/NV 2009, 755).

BFH v. 12. 11. 2009 VI R 1/09 (BStBl. 2010 II S. 406): Fortgeltung der Antragsveranlagung ungeachtet der Antragsfrist

1. Stellt ein ausschließlich Arbeitslohn beziehender Arbeitnehmer den Antrag auf Einkommensteuer-Veranlagung für Veranlagungszeiträume vor 2005 erst nach dem 28. Dezember 2007, ist er – soweit Verjährungsfristen nicht entgegenstehen – gemäß § 46 Abs. 2 Nr. 8 i.V.m. § 52 Abs. 55j EStG i.d.F. vom 20. Dezember 2007 zu veranlagen.
2. Die inzwischen aufgehobene zweijährige Antragsfrist des § 46 Abs. 2 Nr. 8 EStG a.F. gilt insoweit nicht fort.

BFH v. 29. 11. 2006 VI R 14/06 (BStBl. 2007 II S. 129):
1. Beträgt die positive oder die negative Summe der einkommensteuerpflichtigen Einkünfte, die nicht dem Steuerabzug vom Arbeitslohn zu unterwerfen waren, vermindert um die darauf entfallenden Beträge nach § 13 Abs. 3 und § 24a EStG, jeweils mehr als 800 DM (410 €), ist eine Veranlagung nach § 46 Abs. 2 Nr. 1 EStG vom Amts wegen durchzuführen.*)
2. Eine künftige mit Rückwirkung versehene Gesetzesänderung ist kein Rechtsverhältnis, dessen Bestehen oder Nichtbestehen für die Entscheidung des Rechtsstreits vorgreiflich ist (Anschluss an BFH-Urteil vom 17. Mai 1984 IV R 75/30, juris).

*) Hinweis BStBl. II: Änderung des § 46 Abs. 2 Nr. 1 EStG durch das Jahressteuergesetz 2007 (BStBl. I S. 28).

BFH v. 21. 9. 2006 VI R 47/05 (BStBl. 2007 II S. 47): Beträgt die positive oder die negative Summe der einkommensteuerpflichtigen Einkünfte, die nicht dem Steuerabzug vom Arbeitslohn zu unterwerfen

Rechtsprechung §§ 46, 47, 48

waren, vermindert um die darauf entfallenden Beträge nach § 13 Abs. 3 und § 24a EStG, jeweils mehr als 800 DM (410 €), ist eine Veranlagung nach § 46 Abs. 2 Nr. 1 EStG von Amts wegen durchzuführen.*)
*) Hinweis BStBl. II: Änderung des § 46 Abs. 2 Nr. 1 EStG durch das Jahressteuergesetz 2007 (BStBl. I 2007 S. 28).

BFH v. 21. 9. 2006 VI R 52/04 (BStBl. 2007 II S. 45): Beträgt die positive oder die negative Summe der einkommensteuerpflichtigen Einkünfte, die nicht dem Steuerabzug vom Arbeitslohn zu unterwerfen waren, vermindert um die darauf entfallenden Beträge nach § 13 Abs. 3 und § 24a EStG, jeweils mehr als 800 DM (410 €), ist eine Veranlagung nach § 46 Abs. 2 Nr. 1 EStG von Amts wegen durchzuführen.*)
*) Hinweis BStBl. II: Änderung des § 46 Abs. 2 Nr. 1 EStG durch das Jahressteuergesetz 2007 (BStBl. I 2007 S. 28).

BFH v. 21. 9. 2006 VI R 80/04 (BStBl. 2007 II S. 11): Ist ein Ehegatte gemäß § 25 EStG zur Einkommensteuer zu veranlagen und wird auf seinen Antrag eine getrennte Veranlagung durchgeführt, ist auch der andere Ehegatte gemäß § 26 Abs. 2 Satz 1 EStG zwingend getrennt zu veranlagen. Für die Veranlagung des anderen Ehegatten kommt es in einem solchen Fall auf das Vorliegen der Voraussetzungen des § 46 Abs. 2 Nr. 1 bis Nr. 8 EStG nicht mehr an.

§ 47 (weggefallen)

VII. Steuerabzug bei Bauleistungen

§ 48 Steuerabzug

(1) ¹Erbringt jemand im Inland eine Bauleistung (Leistender) an einen Unternehmer im Sinne des § 2 des Umsatzsteuergesetzes oder an eine juristische Person des öffentlichen Rechts (Leistungsempfänger), ist der Leistungsempfänger verpflichtet, von der Gegenleistung einen Steuerabzug in Höhe von 15 Prozent für Rechnung des Leistenden vorzunehmen. ²Vermietet der Leistungsempfänger Wohnungen, so ist Satz 1 nicht auf Bauleistungen für diese Wohnungen anzuwenden, wenn er nicht mehr als zwei Wohnungen vermietet. ³Bauleistungen sind alle Leistungen, die der Herstellung, Instandsetzung, Instandhaltung, Änderung oder Beseitigung von Bauwerken dienen. ⁴Als Leistender gilt auch derjenige, der über eine Leistung abrechnet, ohne sie erbracht zu haben.

(2) ¹Der Steuerabzug muss nicht vorgenommen werden, wenn der Leistende dem Leistungsempfänger eine im Zeitpunkt der Gegenleistung gültige Freistellungsbescheinigung nach § 48b Absatz 1 Satz 1 vorlegt oder die Gegenleistung im laufenden Kalenderjahr den folgenden Betrag voraussichtlich nicht übersteigen wird:

1. 15 000 Euro, wenn der Leistungsempfänger ausschließlich steuerfreie Umsätze nach § 4 Nummer 12 Satz 1 des Umsatzsteuergesetzes ausführt,
2. 5 000 Euro in den übrigen Fällen.

²Für die Ermittlung des Betrags sind die für denselben Leistungsempfänger erbrachten und voraussichtlich zu erbringenden Bauleistungen zusammenzurechnen.

(3) Gegenleistung im Sinne des Absatzes 1 ist das Entgelt zuzüglich Umsatzsteuer.

(4) Wenn der Leistungsempfänger den Steuerabzugsbetrag angemeldet und abgeführt hat,
1. ist § 160 Absatz 1 Satz 1 der Abgabenordnung nicht anzuwenden,
2. sind § 42d Absatz 6 und 8 und § 50a Absatz 7 nicht anzuwenden.

§§ 48a, 48b

§ 48a Verfahren

(1) ¹Der Leistungsempfänger hat bis zum 10. Tag nach Ablauf des Monats, in dem die Gegenleistung im Sinne des § 48 erbracht wird, eine Anmeldung nach amtlich vorgeschriebenem Vordruck abzugeben, in der er den Steuerabzug für den Anmeldungszeitraum selbst zu berechnen hat. ²Der Abzugsbetrag ist am 10. Tag nach Ablauf des Anmeldungszeitraums fällig und an das für den Leistenden zuständige Finanzamt für Rechnung des Leistenden abzuführen. ³Die Anmeldung des Abzugsbetrages steht einer Steueranmeldung gleich.

(2) Der Leistungsempfänger hat mit dem Leistenden unter Angabe

1. des Namens und der Anschrift des Leistenden,
2. des Rechnungsbetrags, des Rechnungsdatums und des Zahlungstags,
3. der Höhe des Steuerabzugs und
4. des Finanzamts, bei dem der Abzugsbetrag angemeldet worden ist,

über den Steuerabzug abzurechnen.

(3) ¹Der Leistungsempfänger haftet für einen nicht oder zu niedrig abgeführten Abzugsbetrag. ²Der Leistungsempfänger haftet nicht, wenn ihm im Zeitpunkt der Gegenleistung eine Freistellungsbescheinigung (§ 48b) vorgelegen hat, auf deren Rechtmäßigkeit er vertrauen konnte. ³Er darf insbesondere dann nicht auf eine Freistellungsbescheinigung vertrauen, wenn diese durch unlautere Mittel oder durch falsche Angaben erwirkt wurde und ihm dies bekannt oder infolge grober Fahrlässigkeit nicht bekannt war. ⁴Den Haftungsbescheid erlässt das für den Leistenden zuständige Finanzamt.

(4) § 50b gilt entsprechend.

§ 48b Freistellungsbescheinigung

(1) ¹Auf Antrag des Leistenden hat das für ihn zuständige Finanzamt, wenn der zu sichernde Steueranspruch nicht gefährdet erscheint und ein inländischer Empfangsbevollmächtigter bestellt ist, eine Bescheinigung nach amtlich vorgeschriebenen Vordruck zu erteilen, die den Leistungsempfänger von der Pflicht zum Steuerabzug befreit. ²Eine Gefährdung kommt insbesondere dann in Betracht, wenn der Leistende

1. Anzeigepflichten nach § 138 der Abgabenordnung nicht erfüllt,
2. seiner Auskunfts- und Mitwirkungspflicht nach § 90 der Abgabenordnung nicht nachkommt,
3. den Nachweis der steuerlichen Ansässigkeit durch Bescheinigung der zuständigen ausländischen Steuerbehörde nicht erbringt.

(2) Eine Bescheinigung soll erteilt werden, wenn der Leistende glaubhaft macht, dass keine zu sichernden Steueransprüche bestehen.

(3) In der Bescheinigung sind anzugeben:

1. Name, Anschrift und Steuernummer des Leistenden,
2. Geltungsdauer der Bescheinigung,
3. Umfang der Freistellung sowie der Leistungsempfänger, wenn sie nur für bestimmte Bauleistungen gilt,
4. das ausstellende Finanzamt.

(4) Wird eine Freistellungsbescheinigung aufgehoben, die nur für bestimmte Bauleistungen gilt, ist dies den betroffenen Leistungsempfängern mitzuteilen.

(5) Wenn eine Freistellungsbescheinigung vorliegt, gilt § 48 Absatz 4 entsprechend.

(6) ¹Das Bundeszentralamt für Steuern erteilt dem Leistungsempfänger im Sinne des § 48 Absatz 1 Satz 1 im Wege einer elektronischen Abfrage Auskunft über die beim Bundeszentralamt für Steuern gespeicherten Freistellungsbescheinigungen. ²Mit dem Antrag auf

die Erteilung einer Freistellungsbescheinigung stimmt der Antragsteller zu, dass seine Daten nach § 48b Absatz 3 beim Bundesamt für Finanzen gespeichert werden und dass über die gespeicherten Daten an die Leistungsempfänger Auskunft gegeben wird.

§ 48c Anrechnung

(1) ¹Soweit der Abzugsbetrag einbehalten und angemeldet worden ist, wird er auf vom Leistenden zu entrichtende Steuern nacheinander wie folgt angerechnet:
1. die nach § 41a Absatz 1 einbehaltene und angemeldete Lohnsteuer,
2. die Vorauszahlungen auf die Einkommen- oder Körperschaftsteuer,
3. die Einkommen- oder Körperschaftsteuer des Besteuerungs- oder Veranlagungszeitraums, in dem die Leistung erbracht worden ist, und
4. die vom Leistenden im Sinne der §§ 48, 48a anzumeldenden und abzuführenden Abzugsbeträge.

²Die Anrechnung nach Satz 1 Nummer 2 kann nur für Vorauszahlungszeiträume innerhalb des Besteuerungs- oder Veranlagungszeitraums erfolgen, in dem die Leistung erbracht worden ist. ³Die Anrechnung nach Satz 1 Nummer 2 darf nicht zu einer Erstattung führen.

(2) ¹Auf Antrag des Leistenden erstattet das nach § 20a Absatz 1 der Abgabenordnung zuständige Finanzamt den Abzugsbetrag. ²Die Erstattung setzt voraus, dass der Leistende nicht zur Abgabe von Lohnsteueranmeldungen verpflichtet ist und eine Veranlagung zur Einkommen- oder Körperschaftsteuer nicht in Betracht kommt oder der Leistende glaubhaft macht, dass im Veranlagungszeitraum keine zu sichernden Steueransprüche entstehen werden. ³Der Antrag ist nach amtlich vorgeschriebenen Muster bis zum Ablauf des zweiten Kalenderjahres zu stellen, das auf das Jahr folgt, in dem der Abzugsbetrag angemeldet worden ist; weitergehende Fristen nach einem Abkommen zur Vermeidung der Doppelbesteuerung bleiben unberührt.

(3) Das Finanzamt kann die Anrechnung ablehnen, soweit der angemeldete Abzugsbetrag nicht abgeführt worden ist und Anlass zu der Annahme besteht, dass ein Missbrauch vorliegt.

§ 48d Besonderheiten im Fall von Doppelbesteuerungsabkommen

(1) ¹Können Einkünfte, die dem Steuerabzug nach § 48 unterliegen, nach einem Abkommen zur Vermeidung der Doppelbesteuerung nicht besteuert werden, so sind die Vorschriften über die Einbehaltung, Abführung und Anmeldung der Steuer durch den Schuldner der Gegenleistung ungeachtet des Abkommens anzuwenden. ²Unberührt bleibt der Anspruch des Gläubigers der Gegenleistung auf Erstattung der einbehaltenen und abgeführten Steuer. ³Der Anspruch ist durch Antrag nach § 48c Absatz 2 geltend zu machen. ⁴Der Gläubiger der Gegenleistung hat durch eine Bestätigung der für ihn zuständigen Steuerbehörde des anderen Staates nachzuweisen, dass er dort ansässig ist. ⁵§ 48b gilt entsprechend. ⁶Der Leistungsempfänger kann sich im Haftungsverfahren nicht auf die Rechte des Gläubigers aus dem Abkommen berufen.

(2) Unbeschadet des § 5 Absatz 1 Nummer 2 des Finanzverwaltungsgesetzes liegt die Zuständigkeit für Entlastungsmaßnahmen nach Absatz 1 bei dem nach 20a der Abgabenordnung zuständigen Finanzamt.

§ 49

VIII. Besteuerung beschränkt Steuerpflichtiger

§ 49 Beschränkt steuerpflichtige Einkünfte

(1) Inländische Einkünfte im Sinne der beschränkten Einkommensteuerpflicht (§ 1 Absatz 4) sind

1. Einkünfte aus einer im Inland betriebenen Land- und Forstwirtschaft (§§ 13, 14);
2. Einkünfte aus Gewerbebetrieb (§§ 15 bis 17),
    a) für den im Inland eine Betriebsstätte unterhalten wird oder ein ständiger Vertreter bestellt ist,
    b) die durch den Betrieb eigener oder gecharterter Seeschiffe oder Luftfahrzeuge aus Beförderungen zwischen inländischen und von inländischen zu ausländischen Häfen erzielt werden, einschließlich der Einkünfte aus anderen mit solchen Beförderungen zusammenhängenden, sich auf das Inland erstreckenden Beförderungsleistungen,
    c) die von einem Unternehmen im Rahmen einer internationalen Betriebsgemeinschaft oder eines Pool-Abkommens, bei denen ein Unternehmen mit Sitz oder Geschäftsleitung im Inland die Beförderung durchführt, aus Beförderungen und Beförderungsleistungen nach Buchstabe b erzielt werden,
    d) die, soweit sie nicht zu den Einkünften im Sinne der Nummern 3 und 4 gehören, durch im Inland ausgeübte oder verwertete künstlerische, sportliche, artistische, unterhaltende oder ähnliche Darbietungen erzielt werden, einschließlich der Einkünfte aus anderen mit diesen Leistungen zusammenhängenden Leistungen, unabhängig davon, wem die Einnahmen zufließen,
    e) die unter den Voraussetzungen des § 17 erzielt werden, wenn es sich um Anteile an einer Kapitalgesellschaft handelt,
       aa) die ihren Sitz oder ihre Geschäftsleitung im Inland hat oder
       bb) bei deren Erwerb auf Grund eines Antrags nach § 13 Absatz 2 oder § 21 Absatz 2 Satz 3 Nummer 2 des Umwandlungssteuergesetzes nicht der gemeine Wert der eingebrachten Anteile angesetzt worden ist oder auf die § 17 Absatz 5 Satz 2 anzuwenden war,
    f) die, soweit sie nicht zu den Einkünften im Sinne des Buchstaben a gehören, durch
       aa) Vermietung und Verpachtung oder
       bb) Veräußerung
       von inländischem unbeweglichen Vermögen, von Sachinbegriffen oder Rechten, die im Inland belegen oder in ein inländisches öffentliches Buch oder Register eingetragen sind oder deren Verwertung in einer inländischen Betriebsstätte oder anderen Einrichtung erfolgt, erzielt werden. ²Als Einkünfte aus Gewerbebetrieb gelten auch die Einkünfte aus Tätigkeiten im Sinne dieses Buchstabens, die von einer Körperschaft im Sinne des § 2 Nummer 1 des Körperschaftsteuergesetzes erzielt werden, die mit einer Kapitalgesellschaft oder sonstigen juristischen Person im Sinne des § 1 Absatz 1 Nummer 1 bis 3 des Körperschaftsteuergesetzes vergleichbar ist, oder
    g) die aus der Verschaffung der Gelegenheit erzielt werden, einen Berufssportler als solchen im Inland vertraglich zu verpflichten; dies gilt nur, wenn die Gesamteinnahmen 10 000 Euro übersteigen.
3. Einkünfte aus selbständiger Arbeit (§ 18), die im Inland ausgeübt oder verwertet wird oder worden ist, oder für die im Inland eine feste Einrichtung oder eine Betriebsstätte unterhalten wird;
4. Einkünfte aus nichtselbständiger Arbeit (§ 19), die
    a) im Inland ausgeübt oder verwertet wird oder worden ist,

§ 49

- b) aus inländischen öffentlichen Kassen einschließlich der Kassen des Bundeseisenbahnvermögens und der Deutschen Bundesbank mit Rücksicht auf ein gegenwärtiges oder früheres Dienstverhältnis gewährt werden, ohne dass ein Zahlungsanspruch gegenüber der inländischen öffentlichen Kasse bestehen muss,
- c) als Vergütung für eine Tätigkeit als Geschäftsführer, Prokurist oder Vorstandsmitglied einer Gesellschaft mit Geschäftsleitung im Inland bezogen werden,
- d) als Entschädigung im Sinne des § 24 Nummer 1 für die Auflösung eines Dienstverhältnisses gezahlt werden, soweit die für die zuvor ausgeübte Tätigkeit bezogenen Einkünfte der inländischen Besteuerung unterlegen haben,
- e) an Bord eines im internationalen Luftverkehr eingesetzten Luftfahrzeugs ausgeübt wird, das von einem Unternehmen mit Geschäftsleitung im Inland betrieben wird;

5. Einkünfte aus Kapitalvermögen im Sinne des
   - a) § 20 Absatz 1 Nummer 1 mit Ausnahme der Erträge aus Investmentanteilen im Sinne des § 2 des Investmentsteuergesetzes, Nummer 2, 4, 6 und 9, wenn der Schuldner Wohnsitz, Geschäftsleitung oder Sitz im Inland hat oder wenn es sich um Fälle des § 44 Absatz 1 Satz 4 Nummer 1 Buchstabe a Doppelbuchstabe bb dieses Gesetzes handelt; dies gilt auch für Erträge aus Wandelanleihen und Gewinnobligationen,
   - b) § 20 Absatz 1 Nummer 1 in Verbindung mit den §§ 2 und 7 des Investmentsteuergesetzes
     - aa) bei Erträgen im Sinne des § 7 Absatz 3 des Investmentsteuergesetzes,
     - bb) bei Erträgen im Sinne des § 7 Absatz 1, 2 und 4 des Investmentsteuergesetzes, wenn es sich um Fälle des § 44 Absatz 1 Satz 4 Nummer 1 Buchstabe a Doppelbuchstabe bb dieses Gesetzes handelt,
   - c) § 20 Absatz 1 Nummer 5 und 7, wenn
     - aa) das Kapitalvermögen durch inländischen Grundbesitz, durch inländische Rechte, die den Vorschriften des bürgerlichen Rechts über Grundstücke unterliegen, oder durch Schiffe, die in ein inländisches Schiffsregister eingetragen sind, unmittelbar oder mittelbar gesichert ist. ²Ausgenommen sind Zinsen aus Anleihen und Forderungen, die in ein öffentliches Schuldbuch eingetragen oder über die Sammelurkunden im Sinne des § 9a des Depotgesetzes oder Teilschuldverschreibungen ausgegeben sind, oder
     - bb) das Kapitalvermögen aus Genussrechten besteht, die nicht in § 20 Absatz 1 Nummer 1 genannt sind,
   - d) § 43 Absatz 1 Satz 1 Nummer 7 Buchstabe a, Nummer 9 und 10 sowie Satz 2, wenn sie von einem Schuldner oder von einem inländischen Kreditinstitut oder einem inländischen Finanzdienstleistungsinstitut im Sinne des § 43 Absatz 1 Satz 1 Nummer 7 Buchstabe b einem anderen als einem ausländischen Kreditinstitut oder einem ausländischen Finanzdienstleistungsinstitut
     - aa) gegen Aushändigung der Zinsscheine ausgezahlt oder gutgeschrieben werden und die Teilschuldverschreibungen nicht von dem Schuldner, dem inländischen Kreditinstitut oder dem inländischen Finanzdienstleistungsinstitut verwahrt werden oder
     - bb) gegen Übergabe der Wertpapiere ausgezahlt oder gutgeschrieben werden und diese vom Kreditinstitut weder verwahrt noch verwaltet werden.

   ²§ 20 Absatz 3 gilt entsprechend;

6. Einkünfte aus Vermietung und Verpachtung (§ 21), soweit sie nicht zu den Einkünften im Sinne der Nummern 1 bis 5 gehören, wenn das unbewegliche Vermögen, die Sachinbegriffe oder Rechte im Inland belegen oder in ein inländisches öffentliches Buch oder Register eingetragen sind oder in einer inländischen Betriebsstätte oder in einer anderen Einrichtung verwertet werden;

7. sonstige Einkünfte im Sinne des § 22 Nummer 1 Satz 3 Buchstabe a, die von den inländischen gesetzlichen Rentenversicherungsträgern, der inländischen landwirtschaftlichen Alterskasse, den inländischen berufsständischen Versorgungseinrichtungen, den inländischen Versicherungsunternehmen oder sonstigen inländischen Zahlstellen gewährt werden; dies gilt entsprechend für Leibrenten und andere Leistungen ausländischer Zahlstellen, wenn die Beiträge, die den Leistungen zugrunde liegen, nach § 10 Absatz 1 Nummer 2 ganz oder teilweise bei der Ermittlung der Sonderausgaben berücksichtigt wurden;
8. sonstige Einkünfte im Sinne des § 22 Nummer 2, soweit es sich um private Veräußerungsgeschäfte handelt, mit
   a) inländischen Grundstücken oder
   b) inländischen Rechten, die den Vorschriften des bürgerlichen Rechts über Grundstücke unterliegen;
8a. sonstige Einkünfte im Sinne des § 22 Nummer 4;
9. sonstige Einkünfte im Sinne des § 22 Nummer 3, auch wenn sie bei Anwendung dieser Vorschrift einer anderen Einkunftsart zuzurechnen wären, soweit es sich um Einkünfte aus inländischen unterhaltenden Darbietungen, aus der Nutzung beweglicher Sachen im Inland oder aus der Überlassung der Nutzung oder des Rechts auf Nutzung von gewerblichen, technischen, wissenschaftlichen und ähnlichen Erfahrungen, Kenntnissen und Fertigkeiten, zum Beispiel Plänen, Mustern und Verfahren, handelt, die im Inland genutzt werden oder worden sind; dies gilt nicht, soweit es sich um steuerpflichtige Einkünfte im Sinne der Nummern 1 bis 8 handelt;
10. sonstige Einkünfte im Sinne des § 22 Nummer 5; dies gilt auch für Leistungen ausländischer Zahlstellen, soweit die Leistungen bei einem unbeschränkt Steuerpflichtigen zu Einkünften nach § 22 Nummer 5 Satz 1 führen würden oder wenn die Beiträge, die den Leistungen zugrunde liegen, nach § 10 Absatz 1 Nummer 2 ganz oder teilweise bei der Ermittlung der Sonderausgaben berücksichtigt wurden.

(2) Im Ausland gegebene Besteuerungsmerkmale bleiben außer Betracht, soweit bei ihrer Berücksichtigung inländische Einkünfte im Sinne des Absatzes 1 nicht angenommen werden könnten.

(3) ¹Bei Schifffahrt- und Luftfahrtunternehmen sind die Einkünfte im Sinne des Absatzes 1 Nummer 2 Buchstabe b mit 5 Prozent der für diese Beförderungsleistungen vereinbarten Entgelte anzusetzen. ²Das gilt auch, wenn solche Einkünfte durch eine inländische Betriebsstätte oder einen inländischen ständigen Vertreter erzielt werden (Absatz 1 Nummer 2 Buchstabe a). ³Das gilt nicht in den Fällen des Absatzes 1 Nummer 2 Buchstabe c oder soweit das deutsche Besteuerungsrecht nach einem Abkommen zur Vermeidung der Doppelbesteuerung ohne Begrenzung des Steuersatzes aufrechterhalten bleibt.

(4) ¹Abweichend von Absatz 1 Nummer 2 sind Einkünfte steuerfrei, die ein beschränkt Steuerpflichtiger mit Wohnsitz oder gewöhnlichem Aufenthalt in einem ausländischen Staat durch den Betrieb eigener oder gecharterter Schiffe oder Luftfahrzeuge aus einem Unternehmen bezieht, dessen Geschäftsleitung sich in dem ausländischen Staat befindet. ²Voraussetzung für die Steuerbefreiung ist, dass dieser ausländische Staat Steuerpflichtigen mit Wohnsitz oder gewöhnlichem Aufenthalt im Geltungsbereich dieses Gesetzes eine entsprechende Steuerbefreiung für derartige Einkünfte gewährt und dass das Bundesministerium für Verkehr, Bau und Stadtentwicklung die Steuerbefreiung nach Satz 1 für verkehrspolitisch unbedenklich erklärt hat.

Rechtsprechungsauswahl

BFH v. 17. 3. 2010 I R 69/08 (BFH-Webseite): Dienstreisen eines Grenzgängers im Ansässigkeitsstaat außerhalb der Grenzzone führen zu Nichtrückkehrtagen

Bei einer Beschäftigung in der Grenzzone während des ganzen Kalenderjahres geht die Grenzgängereigenschaft nach Art. 13 Abs. 5 DBA-Frankreich nur dann verloren, wenn der Arbeitnehmer an mehr als 45 Arbeitstagen (Nichtrückkehrtagen) entweder nicht zum Wohnsitz zurückkehrt oder ganztägig außer-

Rechtsprechung § 49

halb der Grenzzone für seinen Arbeitgeber tätig ist. Dienstreisen außerhalb der Grenzzone führen hierbei auch insoweit zu Nichtrückkehrtagen, als sie im Ansässigkeitsstaat durchgeführt werden (Anschluss an Senatsurteil vom 11. November 2009 I R 84/08, BFHE 227, 410, BFH/NV 2010, 527).

BFH v. 11. 11. 2009 I R 84/08 (BStBl. 2010 II S. 390): Nichtrückkehrtage bei Anwendung der Grenzgängerregelung in Art. 13 Abs. 5 DBA-Frankreich – Lohnsteuernachforderung beim beschränkt steuerpflichtigen Arbeitnehmer

1. Bei einer Beschäftigung in der Grenzzone während des ganzen Kalenderjahres geht die Grenzgängereigenschaft nach Art. 13 Abs. 5 DBA-Frankreich nur dann verloren, wenn der Arbeitnehmer an mehr als 45 Arbeitstagen (Nichtrückkehrtagen) entweder nicht zum Wohnsitz zurückkehrt oder ganztägig außerhalb der Grenzzone für seinen Arbeitgeber tätig ist (Bestätigung des BMF-Schreibens vom 3. April 2006, BStBl. I 2006, 304 Tz. B.2).

2. Eintägige Dienstreisen außerhalb der Grenzzone führen zu Nichtrückkehrtagen, wenn der Arbeitnehmer an diesen Tagen nicht zugleich innerhalb der Grenzzone gearbeitet hat; bloße Transferreisen innerhalb der Grenzzone sind insoweit unbeachtlich (Abgrenzung zum Senatsbeschluss vom 25. November 2002 I B 136/02, BFHE 201, 119, BStBl. II 2005, 375) (Rn. 17) (Rn. 18) (Rn. 19). Dies gilt in gleicher Weise für Rückreisetage bei mehrtägigen Dienstreisen außerhalb der Grenzzone.

3. Hinreisetage bei mehrtägigen Dienstreisen außerhalb der Grenzzone zählen nur dann zu den Nichtrückkehrtagen, wenn der Arbeitnehmer nicht vor der Abreise zwischen seinem Wohnsitz und dem Arbeitsort in der Grenzzone gependelt ist.

4. Entfällt eine mehrtägige Dienstreise außerhalb der Grenzzone auf Wochenenden oder Feiertage, so liegen keine Nichtrückkehrtage vor, wenn die Arbeit an diesen Tagen weder vertraglich vereinbart ist noch vom Arbeitnehmer tatsächlich ausgeübt wird (Bestätigung des BMF-Schreibens vom 3. April 2006, BStBl. I 2006, 304 Tz. B.4); die Reisetätigkeit ist insoweit nicht als Arbeitstätigkeit anzusehen.

5. Krankheitstage während einer mehrtägigen Dienstreise führen nicht zu Nichtrückkehrtagen (Rn.29) (Rn. 30). Ein Nichtrückkehrtag liegt dagegen vor, wenn der Arbeitnehmer während der Dienstreise infolge höherer Gewalt (hier: „Taifunwarnung") daran gehindert ist, seine vertraglich vereinbarte Arbeitsleistung zu erbringen.

BFH v. 21. 10. 2009 I R 70/08 (BStBl. 2012 II S. 493): Lohnsteuererstattungsanspruch bei abkommenswidriger Lohnsteuereinbehaltung

1. Ein Arbeitnehmer kann die Lohnsteuer-Anmeldung des Arbeitgebers – soweit sie ihn betrifft – aus eigenem Recht anfechten. Nach dem Eintritt der formellen Bestandskraft der Lohnsteuer-Anmeldung kann der Arbeitnehmer eine Änderung der Anmeldung (§ 164 Abs. 2 AO) begehren.

2. Wird eine Zahlung des Arbeitgebers zu Unrecht dem Lohnsteuerabzug unterworfen, weil die Besteuerung der Zahlung abkommensrechtlich dem Wohnsitzstaat des Arbeitnehmers zugewiesen ist, hat der Arbeitnehmer einen Erstattungsanspruch in analoger Anwendung des § 50d Abs. 1 Satz 2 EStG 2002, der gegen das Betriebsstätten-Finanzamt des Arbeitgebers zu richten ist (Bestätigung der ständigen Rechtsprechung).

3. Eine Erfindervergütung für eine sog. Diensterfindung (§ 9 ArbnErfG) ist grundsätzlich steuerpflichtiger Arbeitslohn (§ 19 EStG 2002) und unterfällt der beschränkten Steuerpflicht gemäß § 49 Abs. 1 Nr. 4 Buchst. a EStG 2002. Dies gilt auch dann, wenn das Arbeitsverhältnis im Augenblick der Zahlung nicht mehr besteht.

4. Da eine Vergütung gemäß § 9 ArbnErfG regelmäßig nicht als konkrete Gegenleistung für eine Arbeitsleistung anzusehen ist, handelt es sich nicht um ein zusätzliches Entgelt „für" eine (frühere) Tätigkeit i.S. des Art. 15 Abs. 1 OECD-MustAbk, so dass eine Besteuerung nur im Ansässigkeitsstaat des (früheren) Arbeitnehmers erfolgt.

BFH v. 27. 8. 2008 I R 81/07 (BStBl. 2009 II S. 632): Eine Entlassungsabfindung für einen in das Ausland verzogenen Arbeitnehmer, die den Verlust künftigen Arbeitsverdienstes abgelten soll und keinen Zusammenhang (z.B. durch die Bemessung an der Dauer der bisher ausgeübten Tätigkeit) zu einer tatsächlich ausgeübten Tätigkeit im Inland aufweist, zählt nicht zu den beschränkt steuerpflichtigen inländischen Einkünften i.S. des § 49 Abs. 1 Nr. 4 EStG 1997 (Rechtslage vor der Änderung des EStG durch das StÄndG 2003 vom 15. Dezember 2003, BGBl. I 2003, 2645, BStBl. I 2003, 710 ab dem Veranlagungszeitraum 2004).

BFH v. 19. 12. 2007 I R 19/06 (BStBl. 2010 II S. 398):

1. Nicht ausländische Einkünfte i.S. von § 2 Abs. 1 AStG i.V.m. § 34c Abs. 1 EStG sind auch solche aus beschränkter Steuerpflicht i.S. von § 1 Abs. 4 und § 49 EStG.

2. Bei den Einkünften aus Gewerbebetrieb, die ein Berufssportler durch Werbeeinnahmen (z.B. durch das Mitwirken in Werbefilmen, bei Fotoreklamen, Pressekonferenzen oder Autogrammstunden, Überlassung von Namens- und Bildrechten) erzielt, handelt es sich um ausländische Einkünfte i.S. des § 34c Abs. 1 i.V.m. § 34d Nr. 2 Buchst. a EStG, wenn sie durch eine in einem ausländischen Staat belegene Betriebsstätte erzielt werden. Eine solche Betriebsstätte kann der Wohnsitz sein, wenn sich dort der Mittelpunkt der beruflichen Tätigkeit befindet und wenn von diesem aus die geschäftlichen Planungen vorgenommen werden. Der Sportler unterfällt mit den der Betriebsstätte zuzurechnenden Werbeeinkünften auch dann nicht der „erweitert" beschränkten Steuerpflicht nach § 2 AStG, wenn er in einem Land mit niedriger Besteuerung ansässig ist (entgegen BMF-Schreiben vom 2. Dezember 1994, BStBl. I 1995, Sondernummer 1; nunmehr BMF-Schreiben vom 14. Mai 2004, BStBl. I 2004, Sondernummer 1, dort jew. Tz. 2.5.0.1 Nr. 1 Buchst. a).*)

3. Überlässt ein im Ausland ansässiger Berufssportler einem anderen Rechte an seiner Person (Namensrecht, Recht am eigenen Bild), so unterliegen die dafür gezahlten Vergütungen unbeschadet des gewerblichen Charakters der Rechteüberlassung dann der „einfach" beschränkten Steuerpflicht gemäß § 49 Abs. 1 Nr. 6 EStG, wenn es sich um eine bloß passive Nutzungsüberlassung handelt, die im Grundsatz nicht mit aktiven Dienstleistungen verbunden ist (Anschluss und Abgrenzung von dem Senatsurteil vom 28. Januar 2004 I R 73/02, BFHE 205, 174, BStBl. II 2005, 550).

4. § 2 AStG steht gegenüber § 49 EStG im Verhältnis der Spezialität (Bestätigung des Senatsbeschlusses vom 3. November 1982 I R 3/79, BFHE 137, 275, BStBl. II 1983, 259). Im Rahmen der Veranlagung gemäß § 2 Abs. 5 AStG sind deswegen nur solche Einkünfte aus beschränkter Steuerpflicht gemäß § 49 EStG einzubeziehen, die zu veranlagen sind, nicht jedoch Einkünfte, bei denen die darauf entfallende Einkommensteuer im Wege des Steuerabzugs als abgegolten gilt.**)

*) Es wird darauf hingewiesen, dass die Aussage in diesem 2. Leitsatz wegen der Änderung des § 2 AStG durch das JStG 2009 vom 19. Dezember 2008 (BGBl. I S. 2794, BStBl. 2009 I S. 74) nur auf Zeiträume bis einschließlich Veranlagungszeitraum 2008 anzuwenden ist.

**) Hinweis auf BMF-Schreiben vom 7. April 2010 IV B 5 – S 1344/07/10001 – / – 2010/0206974 (BStBl. 2010 I S. 368).

§ 50

§ 50 Sondervorschriften für beschränkt Steuerpflichtige

(1) ¹Beschränkt Steuerpflichtige dürfen Betriebsausgaben (§ 4 Absatz 4 bis 8) oder Werbungskosten (§ 9) nur insoweit abziehen, als sie mit inländischen Einkünften in wirtschaftlichem Zusammenhang stehen. ²§ 32a Absatz 1 ist mit der Maßgabe anzuwenden, dass das zu versteuernde Einkommen um den Grundfreibetrag des § 32a Absatz 1 Satz 2 Nummer 1 erhöht wird; dies gilt bei Einkünften nach § 49 Absatz 1 Nummer 4 nur in Höhe des diese Einkünfte abzüglich der nach Satz 4 abzuziehenden Aufwendungen übersteigenden Teils des Grundfreibetrags. ³Die §§ 10, 10a, 10c, 16 Absatz 4, die §§ 24b, 32, 32a Absatz 6, die §§ 33, 33a, 33b und 35a sind nicht anzuwenden. ⁴Hiervon abweichend sind bei Arbeitnehmern, die Einkünfte aus nichtselbständiger Arbeit im Sinne des § 49 Absatz 1 Nummer 4 beziehen, § 10 Absatz 1 Nummer 2 Buchstabe a, Nummer 3 und Absatz 3 sowie § 10c anzuwenden, soweit die Aufwendungen auf die Zeit entfallen, in der Einkünfte im Sinne des § 49 Absatz 1 Nummer 4 erzielt wurden und die Einkünfte nach § 49 Absatz 1 Nummer 4 nicht übersteigen. ⁵Die Jahres- und Monatsbeträge der Pauschalen nach § 9a Satz 1 Nummer 1 und § 10c ermäßigen sich zeitanteilig, wenn Einkünfte im Sinne des § 49 Absatz 1 Nummer 4 nicht während eines vollen Kalenderjahres oder Kalendermonats zugeflossen sind.

(2) ¹Die Einkommensteuer für Einkünfte, die dem Steuerabzug vom Arbeitslohn oder vom Kapitalertrag oder dem Steuerabzug auf Grund des § 50a unterliegen, gilt bei beschränkt Steuerpflichtigen durch den Steuerabzug als abgegolten. ²Satz 1 gilt nicht

1. für Einkünfte eines inländischen Betriebs;

2. wenn nachträglich festgestellt wird, dass die Voraussetzungen der unbeschränkten Einkommensteuerpflicht im Sinne des § 1 Absatz 2 oder Absatz 3 oder des § 1a nicht vorgelegen haben; § 39 Absatz 7 ist sinngemäß anzuwenden;

3. in Fällen des § 2 Absatz 7 Satz 3;

4. für Einkünfte aus nichtselbständiger Arbeit im Sinne des § 49 Absatz 1 Nummer 4,

    a) wenn als Lohnsteuerabzugsmerkmal ein Freibetrag nach § 39a Absatz 4 gebildet worden ist oder

    b) wenn die Veranlagung zur Einkommensteuer beantragt wird (§ 46 Absatz 2 Nummer 8);

5. für Einkünfte im Sinne des § 50a Absatz 1 Nummer 1, 2 und 4, wenn die Veranlagung zur Einkommensteuer beantragt wird.

³In den Fällen des Satzes 2 Nummer 4 erfolgt die Veranlagung durch das Betriebsstättenfinanzamt, das nach § 39 Absatz 2 Satz 2 oder Satz 4 für die Bildung und die Änderung der Lohnsteuerabzugsmerkmale zuständig ist. ⁴Bei mehreren Betriebsstättenfinanzämtern ist das Betriebsstättenfinanzamt zuständig, in dessen Bezirk der Arbeitnehmer zuletzt beschäftigt war. ⁵Bei Arbeitnehmern mit Steuerklasse VI ist das Betriebsstättenfinanzamt zuständig, in dessen Bezirk der Arbeitnehmer zuletzt unter Anwendung der Steuerklasse I beschäftigt war. ⁶Hat der Arbeitgeber für den Arbeitnehmer keine elektronischen Lohnsteuerabzugsmerkmale (§ 39e Absatz 4 Satz 2) abgerufen und wurde keine Bescheinigung für den Lohnsteuerabzug nach § 39 Absatz 3 Satz 1 oder § 39e Absatz 7 Satz 5 ausgestellt, ist das Betriebsstättenfinanzamt zuständig, in dessen Bezirk der Arbeitnehmer zuletzt beschäftigt war. ⁷Satz 2 Nummer 4 Buchstabe b und Nummer 5 gilt nur für Staatsangehörige eines Mitgliedstaats der Europäischen Union oder eines anderen Staates, auf den das Abkommen über den Europäischen Wirtschaftsraum Anwendung findet, im Hoheitsgebiet eines dieser Staaten ihren Wohnsitz oder gewöhnlichen Aufenthalt haben. ⁸In den Fällen des Satzes 2 Nummer 5 erfolgt die Veranlagung durch das Bundeszentralamt für Steuern.

(3) § 34c Absatz 1 bis 3 ist bei Einkünften aus Land- und Forstwirtschaft, Gewerbebetrieb oder selbständiger Arbeit, für die im Inland ein Betrieb unterhalten wird, entsprechend anzuwenden, soweit darin nicht Einkünfte aus einem ausländischen Staat enthalten sind, mit denen der beschränkt Steuerpflichtige dort in einem der unbeschränkten Steuerpflicht ähnlichen Umfang zu einer Steuer vom Einkommen herangezogen wird.

§ 50 Rechtsprechung

(4) Die obersten Finanzbehörden der Länder oder die von ihnen beauftragten Finanzbehörden können mit Zustimmung des Bundesministeriums der Finanzen die Einkommensteuer bei beschränkt Steuerpflichtigen ganz oder zum Teil erlassen oder in einem Pauschbetrag festsetzen, wenn dies im besonderen öffentlichen Interesse liegt; ein besonderes öffentliches Interesse besteht insbesondere

1. an der inländischen Veranstaltung international bedeutsamer kultureller und sportlicher Ereignisse, um deren Ausrichtung ein internationaler Wettbewerb stattfindet, oder
2. am inländischen Auftritt einer ausländischen Kulturvereinigung, wenn ihr Auftritt wesentlich aus öffentlichen Mitteln gefördert wird. [1)]

Rechtsprechungsauswahl

BFH v. 30. 3. 2011 I R 63/10 (BStBl. II S. 747): Mindeststeuersatz für in den USA ansässige beschränkt Steuerpflichtige

Ein in den USA ansässiger und in Deutschland nur beschränkt steuerpflichtiger amerikanischer Staatsbürger, der in Deutschland Einkünfte aus selbständiger Arbeit bezieht, darf mit diesen Einkünften dem in § 50 Abs. 3 Satz 2 EStG 2002 bestimmten Mindeststeuersatz unterworfen werden.

BFH v. 23. 9. 2008 I R 65/07 (BStBl. 2009 II S. 666): Das FA kann auch dann „nachträglich" i.S. von § 50 Abs. 5 Satz 4 Nr. 1 EStG 1997/§ 50 Abs. 5 Satz 2 Nr. 1 EStG 1997 i.d.F. des StSenkG feststellen, dass die Voraussetzungen der unbeschränkten Einkommensteuerpflicht nach § 1 Abs. 3 EStG 1997 nicht vorgelegen haben, wenn es dies bereits bei Erteilung der Bescheinigung hätte bemerken können. Auch bei einer fehlerhaft erteilten Bescheinigung nach § 39c Abs. 4 EStG 1997 kann das FA die zu wenig erhobene Lohnsteuer nachfordern.

BFH v. 7. 3. 2007 I R 98/05 (BStBl. 2008 II S. 186): Haben ausländische Künstler Einkünfte aus Auftritten im Inland erzielt, so ist die hierdurch ausgelöste Einkommensteuer nicht gemäß § 50 Abs. 7 EStG zu erlassen, wenn die Auftritte im Rahmen eines solistisch besetzten Ensembles erzielt worden sind. Als „solistisch besetztes Ensemble" in diesem Sinne ist eine Formation jedenfalls dann anzusehen, wenn bei den einzelnen Veranstaltungen nicht mehr als fünf Mitglieder auftreten und die ihnen abverlangte künstlerische Gestaltungshöhe mit derjenigen eines Solisten vergleichbar ist.

BFH v. 10. 1. 2007 I R 87/03 (BStBl. 2008 II S. 22):

1. Ein beschränkt Steuerpflichtiger mit Einkünften gemäß § 50a Abs. 4 Satz 1 Nrn. 1 bis 3 EStG 1990 unterliegt im Veranlagungszeitraum 1996 dem Steuerabzug nach § 50a Abs. 4 Satz 3 und 4 EStG 1996 mit seinen Bruttoeinnahmen. Hat der beschränkt Steuerpflichtige jedoch Ausgaben, welche unmittelbar mit der betreffenden wirtschaftlichen Tätigkeit zusammenhängen, aus der die zu versteuernden Einkünfte erzielt worden sind, und werden diese Ausgaben dem Vergütungsschuldner mitgeteilt, so sind die Ausgaben regelmäßig bereits im Rahmen des Abzugsverfahrens zu berücksichtigen. Soweit § 50a Abs. 4 Satz 4 EStG 1990 dies ausschließt, verstößt die Vorschrift gegen Gemeinschaftsrecht (Anschluss an EuGH-Urteil vom 3. Oktober 2006 Rs. C-290/04 „Scorpio", BFH/NV 2007, Beilage 1, 36 [BStBl. 2007 II S. 352]).
2. Wenn und soweit unmittelbar mit der Tätigkeit zusammenhängende Aufwendungen im Abzugsverfahren nicht berücksichtigt worden sind, kann der beschränkt Steuerpflichtige deren Erstattung in unmittelbarer oder analoger Anwendung des § 50 Abs 5 Satz 4 Nr. 3 EStG 1990 (i.d.F. des JStG 1997), ggf auch des § 50d Abs. H Satz 3 EStG 1990 beantragen. Die wahlweise Beantragung eines Veranlagungsverfahrens scheidet aus. Ein solches Wahlrecht ist weder aus Gründen des Verfassungs- noch des Gemeinschaftsrechts geboten.
3. Der Mindeststeuersatz gemäß § 50 Abs. 3 Satz 2 EStG 1990 von 25 v.H. des Einkommens eines gebietsfremden beschränkt Steuerpflichtigen aus selbständiger Arbeit verstößt weder gegen Gemeinschafts- noch gegen Verfassungsrecht, sofern er nicht höher ist als der Steuersatz, der sich für den betroffenen Steuerpflichtigen tatsächlich aus der Anwendung des progressiven Steuertarifs auf die Nettoeinkünfte zuzüglich eines Betrages in Höhe des Grundfreibetrages ergeben würde (Bestätigung des Senatsurteils vom 19. November 2003 I R 34/02, BFHE 204, 449, BStBl. II 2004, S. 773; Anschluss an EuGH-Urteil vom 12. Juni 2003 Rs. C-234/01 „Gerritse", EuGHE I 2003, 5933, BStBl. II 2003, 859).

---

1) Hinweis auf BMF-Schreiben vom 21.1.2010 (BStBl. I S. 49) betr. Steuererlass bei europäischen Vereinswettbewerben, Negativliste zum 31.12.2009.

§ 50a

§ 50a Steuerabzug bei beschränkt Steuerpflichtigen

(1) Die Einkommensteuer wird bei beschränkt Steuerpflichtigen im Wege des Steuerabzugs erhoben

1. bei Einkünften, die durch im Inland ausgeübte künstlerische, sportliche, artistische, unterhaltende oder ähnliche Darbietungen erzielt werden, einschließlich der Einkünfte aus anderen mit diesen Leistungen zusammenhängenden Leistungen, unabhängig davon, wem die Einkünfte zufließen (§ 49 Absatz 1 Nummer 2 bis 4 und 9), es sei denn, es handelt sich um Einkünfte aus nichtselbständiger Arbeit, die bereits dem Steuerabzug vom Arbeitslohn nach § 38 Absatz 1 Satz 1 Nummer 1 unterliegen,

2. bei Einkünften aus der inländischen Verwertung von Darbietungen im Sinne der Nummer 1 (§ 49 Absatz 1 Nummer 2 bis 4 und 6),

3. bei Einkünften, die aus Vergütungen für die Überlassung der Nutzung oder des Rechts auf Nutzung von Rechten, insbesondere von Urheberrechten und gewerblichen Schutzrechten, von gewerblichen, technischen, wissenschaftlichen und ähnlichen Erfahrungen, Kenntnissen und Fertigkeiten, zum Beispiel Plänen, Mustern und Verfahren, herrühren, sowie bei Einkünften, die aus der Verschaffung der Gelegenheit erzielt werden, einen Berufssportler über einen begrenzten Zeitraum vertraglich zu verpflichten (§ 49 Absatz 1 Nummer 2, 3, 6 und 9),

4. bei Einkünften, die Mitgliedern des Aufsichtsrats, Verwaltungsrats, Grubenvorstands oder anderen mit der Überwachung der Geschäftsführung von Körperschaften, Personenvereinigungen und Vermögensmassen im Sinne des § 1 des Körperschaftsteuergesetzes beauftragten Personen sowie von anderen inländischen Personenvereinigungen des privaten und öffentlichen Rechts, bei denen die Gesellschafter nicht als Unternehmer (Mitunternehmer) anzusehen sind, für die Überwachung der Geschäftsführung gewährt werden (§ 49 Absatz 1 Nummer 3).

(2) ¹Der Steuerabzug beträgt 15 Prozent, in den Fällen des Absatzes 1 Nummer 4 beträgt er 30 Prozent der gesamten Einnahmen. ²Vom Schuldner der Vergütung ersetzte oder übernommene Reisekosten gehören nur insoweit zu den Einnahmen, als die Fahrt- und Übernachtungsauslagen die tatsächlichen Kosten und die Vergütungen für Verpflegungsmehraufwand die Pauschbeträge nach § 4 Absatz 5 Satz 1 Nummer 5 übersteigen. ³Bei Einkünften im Sinne des Absatzes 1 Nummer 1 wird ein Steuerabzug nicht erhoben, wenn die Einnahmen je Darbietung 250 Euro nicht übersteigen.

(3) ¹Der Schuldner der Vergütung kann von den Einnahmen in den Fällen des Absatzes 1 Nummer 1, 2 und 4 mit ihnen in unmittelbarem wirtschaftlichem Zusammenhang stehende Betriebsausgaben oder Werbungskosten abziehen, die ihm ein beschränkt Steuerpflichtiger in einer für das Bundeszentralamt für Steuern nachprüfbaren Form nachgewiesen hat oder die vom Schuldner der Vergütung übernommen worden sind. ²Das gilt nur, wenn der beschränkt Steuerpflichtige Staatsangehöriger eines Mitgliedstaats der Europäischen Union oder eines anderen Staates ist, auf den das Abkommen über den Europäischen Wirtschaftsraum Anwendung findet, und im Hoheitsgebiet eines dieser Staaten seinen Wohnsitz oder gewöhnlichen Aufenthalt hat. ³Es gilt entsprechend bei einer beschränkt steuerpflichtigen Körperschaft, Personenvereinigung oder Vermögensmasse im Sinne des § 32 Absatz 4 des Körperschaftsteuergesetzes. ⁴In diesen Fällen beträgt der Steuerabzug von den nach Abzug der Betriebsausgaben oder Werbungskosten verbleibenden Einnahmen (Nettoeinnahmen), wenn

1. Gläubiger der Vergütung eine natürliche Person ist, 30 Prozent,

2. Gläubiger der Vergütung eine Körperschaft, Personenvereinigung oder Vermögensmasse ist, 15 Prozent.

(4) ¹Hat der Gläubiger einer Vergütung seinerseits Steuern für Rechnung eines anderen beschränkt steuerpflichtigen Gläubigers einzubehalten (zweite Stufe), kann er vom Steuerabzug absehen, wenn seine Einnahmen bereits dem Steuerabzug nach Absatz 2 unterlegen haben. ²Wenn der Schuldner der Vergütung auf zweiter Stufe Betriebsausgaben oder Werbungskosten nach Absatz 3 geltend macht, die Veranlagung nach § 50 Absatz 2 Satz 2

§ 50a

Nummer 5 beantragt oder die Erstattung der Abzugsteuer nach § 50d Absatz 1 oder einer anderen Vorschrift beantragt, hat er die sich nach Absatz 2 oder Absatz 3 ergebende Steuer zu diesem Zeitpunkt zu entrichten; Absatz 5 gilt entsprechend.

(5) ¹Die Steuer entsteht in dem Zeitpunkt, in dem die Vergütung dem Gläubiger zufließt. ²In diesem Zeitpunkt hat der Schuldner der Vergütung den Steuerabzug für Rechnung des Gläubigers (Steuerschuldner) vorzunehmen. ³Er hat die innerhalb eines Kalendervierteljahres einbehaltene Steuer jeweils bis zum zehnten des dem Kalendervierteljahr folgenden Monats an das Bundeszentralamt für Steuern abzuführen. ⁴Der Schuldner der Vergütung haftet für die Einbehaltung und Abführung der Steuer. ⁵Der Steuerschuldner kann in Anspruch genommen werden, wenn der Schuldner der Vergütung den Steuerabzug nicht vorschriftsmäßig vorgenommen hat. ⁶Der Schuldner der Vergütung ist verpflichtet, dem Gläubiger auf Verlangen die folgenden Angaben nach amtlich vorgeschriebenem Muster zu bescheinigen:

1. den Namen und die Anschrift des Gläubigers,
2. die Art der Tätigkeit und Höhe der Vergütung in Euro,
3. den Zahlungstag,
4. den Betrag der einbehaltenen und abgeführten Steuer nach Absatz 2 oder Absatz 3.

(6) Die Bundesregierung kann durch Rechtsverordnung mit Zustimmung des Bundesrates bestimmen, dass bei Vergütungen für die Nutzung oder das Recht auf Nutzung von Urheberrechten (Absatz 1 Nummer 3), die nicht unmittelbar an den Gläubiger, sondern an einen Beauftragten geleistet werden, anstelle des Schuldners der Vergütung der Beauftragte die Steuer einzubehalten und abzuführen hat und für die Einbehaltung und Abführung haftet.

(7) ¹Das Finanzamt des Vergütungsgläubigers kann anordnen, dass der Schuldner der Vergütung für Rechnung des Gläubigers (Steuerschuldner) die Einkommensteuer von beschränkt steuerpflichtigen Einkünften, soweit diese nicht bereits dem Steuerabzug unterliegen, im Wege des Steuerabzugs einzubehalten und abzuführen hat, wenn dies zur Sicherung des Steueranspruchs zweckmäßig ist. ²Der Steuerabzug beträgt 25 Prozent der gesamten Einnahmen, bei Körperschaften, Personenvereinigungen oder Vermögensmassen 15 Prozent der gesamten Einnahmen; das Finanzamt kann die Höhe des Steuerabzugs hiervon abweichend an die voraussichtlich geschuldete Steuer anpassen. ³Absatz 5 gilt entsprechend mit der Maßgabe, dass die Steuer bei dem Finanzamt anzumelden und abzuführen ist, das den Steuerabzug angeordnet hat; das Finanzamt kann anordnen, dass die innerhalb eines Monats einbehaltene Steuer jeweils bis zum zehnten des Folgemonats anzumelden und abzuführen ist. ⁴§ 50 Abs. 2 Satz 1 ist nicht anzuwenden.

Rechtsprechungsauswahl

BFH v. 25. 4. 2012 I R 76/10 (BFH-Webseite): Berücksichtigung von Ausgaben beim Steuerabzug gemäß § 50a Abs 4 Nr. 3 EStG

1. Das Steuerabzugsverfahren entspricht für Zahlungen an einen in einem Mitgliedstaat ansässigen Vergütungsgläubiger dann unionsrechtlichen Maßgaben, wenn der Vergütungsschuldner die Bemessungsgrundlage der Abzugsteuer um solche (ihm mitgeteilte) Ausgaben des Vergütungsgläubigers mindern kann, die unmittelbar im Zusammenhang mit den Einnahmen stehen. Zu diesen Ausgaben können auch Lizenzgebühren zählen, die der Vergütungsgläubiger an (inländische) Rechteinhaber weiterleitet.
2. Eine abkommensrechtliche Begrenzung des Quellensteuerabzugs (hier: auf 5 % der Lizenzgebühren) berührt diese Maßgabe (s. zu 1.) nicht.

BFH v. 7. 9. 2011 I B 157/10 (BStBl. 2012 II S. 590): Steuerabzug bei einem in der Schweiz ansässigen Vergütungsgläubiger – Haftung des Vergütungsschuldners – Antragsbefugnis und Beschwer des Vergütungsgläubigers – Unterschiedliche Einkünfte trotz einheitlichem Pauschalhonorar – Aufteilungsschlüssel – Anwendung des Freizügigkeitsabkommens – Umfang der Dienstleistungsfreiheit

1. Ein einheitliches Pauschalhonorar für mehrere von einem beschränkt steuerpflichtigen Vergütungsgläubiger zu erbringende Leistungen kann zu unterschiedlichen Einkünften führen und ist daher aufzuteilen, sofern nicht einer Leistung eine nur untergeordnete Bedeutung zukommt (Bestätigung

Rechtsprechung § **50a**

der Senatsurteile vom 28. Januar 2004 I R 73/02, BFHE 205, 174, BStBl. II 2005, 550, und vom 19. Dezember 2007 I R 19/06, BFHE 220, 160, BStBl. II 2010, 398). Dies gilt auch für Zwecke der Haftung des Vergütungsschuldners (§ 50a Abs. 5 Satz 5 EStG 2002).

2. Nach Art. 16 Abs. 2 des Freizügigkeitsabkommens zwischen der Europäischen Gemeinschaft und ihren Mitgliedstaaten und der Schweiz vom 21. Juni 1999 wird, soweit für die Anwendung des Abkommens Begriffe des Gemeinschaftsrechts herangezogen werden, nur die Rechtsprechung des EuGH vor dem 21. Juni 1999 berücksichtigt. Es ist nicht ernstlich zweifelhaft, dass das Urteil des EuGH vom 3. Oktober 2006 C-290/04 „FKP Scorpio Konzertproduktionen" (Slg. 2006, I-9461) und die sich daraus ergebenden Grundsätze zur Berücksichtigung von unmittelbar mit der erbrachten Dienstleistung zusammenhängenden Betriebsausgaben im Steuerabzugsverfahren dazu nicht gehören.

BFH v. 27. 7. 2011 I R 32/10 (BFH-Webseite): Beschränkte Steuerpflicht der Überlassung von Rechten – Berücksichtigung von (Unter-)Lizenzgebühren als Ausgaben beim Steuerabzug nach § 50a Abs. 4 Satz 1 Nr. 3 EStG 1990/1997

1. Die Zuordnung bestimmter Einkünfte zu einer der in § 49 EStG 1990/1997 genannten Einkunftsarten richtet sich allein nach dem objektiven Erscheinungsbild der jeweiligen (im Inland verwirklichten und aus dem Inland bezogenen) Einkünfte. Das gilt auch für solche Einkunftsarten, die zueinander im Verhältnis der Subsidiarität stehen (vgl. § 21 Abs. 3 EStG 1990/1997; Bestätigung des Senatsurteils vom 28. Januar 2004 I R 73/02, BFHE 205, 174, BStBl. II 2005, 550).

2. Ein beschränkt Steuerpflichtiger mit Einkünften nach § 50a Abs. 4 Satz 1 Nr. 3 EStG 1990/1997 unterliegt in den Anmeldungszeiträumen 1995 bis 1997 dem Steuerabzug nach § 50a Abs. 4 Sätze 5 und 6 EStG 1990/§ 50a Abs. 4 Sätze 3 und 4 EStG 1997 mit seinen Bruttoeinnahmen. Nur wenn der beschränkt Steuerpflichtige Ausgaben hat, welche unmittelbar mit der betreffenden wirtschaftlichen Tätigkeit zusammenhängen, aus der die zu versteuernden Einkünfte erzielt worden sind, und wenn diese Ausgaben dem Vergütungsschuldner mitgeteilt werden, sind sie bereits im Rahmen des Abzugsverfahrens zu berücksichtigen. Soweit § 50a Abs. 4 Sätze 5 und 6 EStG 1990/1997 dies ausschließt, verstößt die Vorschrift gegen Unionsrecht und ist sie deswegen in normerhaltender Weise zu reduzieren (Anschluss an EuGH-Urteil vom 3. Oktober 2006 C-290/04 „Scorpio", Slg. 2006, I-9461; Bestätigung des Senatsurteils vom 24. April 2007 I R 39/04, BFHE 218, 89, BStBl. II 2008, 95).

3. Der erforderliche unmittelbare wirtschaftliche Zusammenhang der mitgeteilten Aufwendungen mit den inländischen Einnahmen ist vom Vergütungsgläubiger in nachvollziehbarer Weise darzulegen.

4. Lizenzgebühren für den Erwerb einer Unterlizenz (hier: für ein Recht zum Aufstellen von Automaten) können im unmittelbaren wirtschaftlichen Zusammenhang mit der nach § 49 Abs. 1 Nr. 6 i.V.m. § 21 Abs. 1 Satz 1 Nr. 3 EStG 1990/1997 beschränkt steuerpflichtigen Verwertung eines Lizenzrechts stehen.

BFH v. 27. 5. 2009 I R 86/07 (BStBl. 2010 II S. 120): Einnahmen eines ausländischen Sportvereins aus einer Transfervereinbarung mit einem inländischen Verein in der Form der sog. Spielerleihe sind keine – eine beschränkte Steuerpflicht auslösenden – Einnahmen aus Vermietung und Verpachtung durch die zeitlich begrenzte Überlassung eines Rechts. Eine Steuerabzugspflicht des inländischen Vereins nach § 50a Abs. 4 Satz 1 Nr. 3 i.V.m. § 49 Abs. 1 Nr. 6 EStG 1990 besteht nicht.*)

*) Hinweis auf BMF-Schreiben vom 7.1.2010 (BStBl. I S. 44) – „bis auf weiteres über den entschiedenen Einzelfall hinaus nicht allgemein anzuwenden" –.

BFH v. 24. 4. 2007 I R 39/04 (BStBl. 2008 II S. 95):

1. Ficht ein Vergütungsschuldner einen gegen ihn gemäß § 50a Abs. 5 EStG 1990 ergangenen Haftungsbescheid an, so ist der Vergütungsgläubiger, auf den sich die Inanspruchnahme aus dem Haftungsbescheid bezieht, zu dem finanzgerichtlichen Verfahren nicht notwendig beizuladen (Bestätigung der ständigen Rechtsprechung).

2. Die Haftung des Vergütungsschuldners gemäß § 50a Abs. 5 EStG 1990 wird nicht dadurch ausgeschlossen, dass das Besteuerungsrecht für die von dem Vergütungsgläubiger erzielten Einkünfte nach Maßgabe des betreffenden Doppelbesteuerungsabkommens dem Ansässigkeitsstaat zusteht und Deutschland daher diese Einkünfte nicht besteuern darf.

3. Ein beschränkt Steuerpflichtiger mit Einkünften gemäß § 50a Abs. 4 Satz 1 Nrn. 1 bis 3 EStG 1990 n. F. unterliegt im Anmeldungszeitraum 1993 dem Steuerabzug nach § 50a Abs. 4 Sätze 3, 5 und 6 EStG 1990 n.F. mit seinen Bruttoeinnahmen. Nur wenn der beschränkt Steuerpflichtige Ausgaben hat, welche unmittelbar mit der betreffenden wirtschaftlichen Tätigkeit zusammenhängen, aus der die zu versteuernden Einkünfte erzielt worden sind, und wenn diese Ausgaben dem Vergütungsschuldner mitgeteilt werden, sind die Ausgaben bereits im Rahmen des Abzugs- bzw. eines ggf.

§ 50a

nachfolgenden Haftungsverfahrens zu berücksichtigen. Soweit § 50a Abs. 4 Satz 5 und 6 EStG 1990 n.F. dies ausschließt, verstößt die Vorschrift gegen Gemeinschaftsrecht und ist sie deswegen in normerhaltender Weise zu reduzieren (Anschluss an EuGH-Urteil vom 3. Oktober 2006 Rs. C-290/04 „Scorpio", IStR 2006, 743).

BFH v. 10.1.2007 I R 87/03 (BStBl. 2008 II S. 22): Berücksichtigung von Ausgaben beim Steuerabzug nach § 50a Abs. 4 EStG – Beschränkt Steuerpflichtiger mit Einkünften nach § 50a Abs. 4 EStG hat keinen Anspruch auf Veranlagung (Leitsätze siehe bei § 50 EStG).

(Hinweis: Mit BVerfG vom 9.2.2010 2 BvR 1178/07 wurde die Verfassungsbeschwerde nicht zur Entscheidung angenommen.)

IX. Sonstige Vorschriften, Bußgeld-, Ermächtigungs- und Schlussvorschriften

§ 50b Prüfungsrecht

¹Die Finanzbehörden sind berechtigt, Verhältnisse, die für die Anrechnung oder Vergütung von Körperschaftsteuer, für die Anrechnung oder Erstattung von Kapitalertragsteuer, für die Nichtvornahme des Steuerabzugs, für die Ausstellung der Jahresbescheinigung nach § 24c oder für die Mitteilungen an das Bundeszentralamt für Steuern nach § 45e von Bedeutung sind oder der Aufklärung bedürfen, bei den am Verfahren Beteiligten zu prüfen. ²Die §§ 193 bis 203 der Abgabenordnung gelten sinngemäß.

§ 50c (weggefallen)

§ 50d Besonderheiten im Fall von Doppelbesteuerungsabkommen und der §§ 43b und 50g

(1) ¹Können Einkünfte, die dem Steuerabzug vom Kapitalertrag oder dem Steuerabzug auf Grund des § 50a unterliegen, nach den §§ 43b, 50g oder nach einem Abkommen zur Vermeidung der Doppelbesteuerung nicht oder nur nach einem niedrigeren Steuersatz besteuert werden, so sind die Vorschriften über die Einbehaltung, Abführung und Anmeldung der Steuer ungeachtet der §§ 43b und 50g sowie des Abkommens anzuwenden. ²Unberührt bleibt der Anspruch des Gläubigers der Kapitalerträge oder Vergütungen auf völlige oder teilweise Erstattung der einbehaltenen und abgeführten oder der auf Grund Haftungsbescheid oder Nachforderungsbescheid entrichteten Steuer. ³Die Erstattung erfolgt auf Antrag des Gläubigers der Kapitalerträge oder Vergütungen auf der Grundlage eines Freistellungsbescheids; der Antrag ist nach amtlich vorgeschriebenem Vordruck bei dem Bundeszentralamt für Steuern zu stellen. ⁴Dem Vordruck ist in den Fällen des § 43 Absatz 1 Satz 1 Nummer 1a eine Bescheinigung nach § 45a Absatz 2 beizufügen. ⁵Der zu erstattende Betrag wird nach Bekanntgabe der Freistellungsbescheids ausgezahlt. ⁶Hat der Gläubiger der Vergütungen im Sinne des § 50a nach § 50a Absatz 5 Steuern für Rechnung beschränkt steuerpflichtiger Gläubiger einzubehalten, kann die Auszahlung des Erstattungsanspruchs davon abhängig gemacht werden, dass er die Zahlung der von ihm einzubehaltenden Steuer nachweist, hierfür Sicherheit leistet oder unwiderruflich die Zustimmung zur Verrechnung seines Erstattungsanspruchs mit seiner Steuerzahlungsschuld erklärt. ⁷Das Bundeszentralamt für Steuern kann zulassen, dass Anträge auf maschinell verwertbaren Datenträgern gestellt werden. ⁸Der Antragsteller hat in den Fällen des § 43 Absatz 1 Satz 1 Nummer 1a zu versichern, dass ihm eine Bescheinigung im Sinne des § 45a Absatz 2 vorliegt oder, soweit er selbst die Kapitalerträge als auszahlende Stelle dem Steuerabzug unterworfen hat, nicht ausgestellt wurde; er hat die Bescheinigung zehn Jahre nach Antragstellung aufzubewahren. ⁹Die Frist für den Antrag auf Erstattung beträgt vier Jahre nach Ablauf des Kalenderjahres, in dem die Kapitalerträge oder Vergütungen bezogen worden sind. ¹⁰Die Frist nach Satz 9 endet nicht vor Ablauf von sechs Monaten nach dem Zeitpunkt der Entrichtung der Steuer. ¹¹Ist der Gläubiger der Kapitalerträge oder Vergütungen eine Person, der die Kapitalerträge oder Vergütungen nach diesem Gesetz oder nach dem Steuerrecht des anderen Vertragsstaats nicht zugerechnet werden, steht der Anspruch auf völlige oder teilweise Erstattung des Steuerabzugs vom Kapitalertrag oder nach § 50a auf Grund eines Abkommens zur Vermeidung der Doppelbesteuerung nur der Person zu, der die Kapitalerträge oder Vergütungen nach den Steuergesetzen des anderen Vertragsstaats als Einkünfte oder Gewinne einer ansässigen Person zugerechnet werden. ¹²Für die Erstattung der Kapitalertragsteuer gilt § 45 entsprechend. ¹³Der Schuldner der Kapitalerträge oder Vergütungen kann sich vorbehaltlich des Absatzes 2 nicht auf die Rechte des Gläubigers aus dem Abkommen berufen.

(1a) ¹Der nach Absatz 1 in Verbindung mit § 50g zu erstattende Betrag ist zu verzinsen. ²Der Zinslauf beginnt zwölf Monate nach Ablauf des Monats, in dem der Antrag auf Erstattung

§ 50d

und alle für die Entscheidung erforderlichen Nachweise vorliegen, frühestens am Tag der Entrichtung der Steuer durch den Schuldner der Kapitalerträge oder Vergütungen. ³Er endet mit Ablauf des Tages, an dem der Freistellungsbescheid wirksam wird. ⁴Wird der Freistellungsbescheid aufgehoben, geändert oder nach § 129 der Abgabenordnung berichtigt, ist eine bisherige Zinsfestsetzung zu ändern. ⁵§ 233a Absatz 5 der Abgabenordnung gilt sinngemäß. ⁶Für die Höhe und Berechnung der Zinsen gilt § 238 der Abgabenordnung. ⁷Auf die Festsetzung der Zinsen ist § 239 der Abgabenordnung sinngemäß anzuwenden. ⁸Die Vorschriften dieses Absatzes sind nicht anzuwenden, wenn der Steuerabzug keine abgeltende Wirkung hat (§ 50 Absatz 2).

(2) ¹In den Fällen der §§ 43b, 50a Absatz 1, § 50g kann der Schuldner der Kapitalerträge oder Vergütungen den Steuerabzug nach Maßgabe von § 43b oder § 50g oder des Abkommens unterlassen oder nach einem niedrigeren Steuersatz vornehmen, wenn das Bundeszentralamt für Steuern dem Gläubiger auf Grund eines vom ihm nach amtlich vorgeschriebenem Vordruck gestellten Antrags bescheinigt, dass die Voraussetzungen dafür vorliegen (Freistellung im Steuerabzugsverfahren); dies gilt auch bei Kapitalerträgen, die einer nach einem Abkommen zur Vermeidung der Doppelbesteuerung im anderen Vertragsstaat ansässigen Kapitalgesellschaft, die am Nennkapital einer unbeschränkt steuerpflichtigen Kapitalgesellschaft im Sinne des § 1 Absatz 1 Nummer 1 des Körperschaftsteuergesetzes zu mindestens einem Zehntel unmittelbar beteiligt ist und im Staat ihrer Ansässigkeit den Steuern vom Einkommen oder Gewinn unterliegt, ohne davon befreit zu sein, von der unbeschränkt steuerpflichtigen Kapitalgesellschaft zufließen. ²Die Freistellung kann unter dem Vorbehalt des Widerrufs erteilt und von Auflagen oder Bedingungen abhängig gemacht werden. ³Sie kann in den Fällen des § 50a Absatz 1 von der Bedingung abhängig gemacht werden, dass die Erfüllung der Verpflichtungen nach § 50a Absatz 5 nachgewiesen werden, unter die Vergütungen an andere beschränkt Steuerpflichtige weitergeleitet werden. ⁴Die Geltungsdauer der Bescheinigung nach Satz 1 beginnt frühestens an dem Tag, an dem der Antrag beim Bundeszentralamt für Steuern eingeht; sie beträgt mindestens ein Jahr und darf drei Jahre nicht überschreiten; der Gläubiger der Kapitalerträge oder der Vergütungen ist verpflichtet, den Wegfall der Voraussetzungen für die Freistellung unverzüglich dem Bundeszentralamt für Steuern mitzuteilen. ⁵Voraussetzung für die Abstandnahme vom Steuerabzug ist, dass dem Schuldner der Kapitalerträge oder Vergütungen die Bescheinigung nach Satz 1 vorliegt. ⁶Über den Antrag ist innerhalb von drei Monaten zu entscheiden. ⁷Die Frist beginnt mit der Vorlage aller für die Entscheidung erforderlichen Nachweise. ⁸Bestehende Anmeldeverpflichtungen bleiben unberührt.

(3)¹⁾ ¹Eine ausländische Gesellschaft hat keinen Anspruch auf völlige oder teilweise Entlastung nach Absatz 1 oder Absatz 2, soweit Personen an ihr beteiligt sind, denen die Erstattung oder Freistellung nicht zustände, wenn sie die Einkünfte unmittelbar erzielten, und die von der ausländischen Gesellschaft im betreffenden Wirtschaftsjahr erzielten Bruttoerträge nicht aus eigener Wirtschaftstätigkeit stammen, sowie

1. in Bezug auf diese Erträge für die Einschaltung der ausländischen Gesellschaft wirtschaftliche oder sonst beachtliche Gründe fehlen oder
2. die ausländische Gesellschaft nicht mit einem für ihren Geschäftszweck angemessen eingerichteten Geschäftsbetrieb am allgemeinen wirtschaftlichen Verkehr teilnimmt.

²Maßgebend sind ausschließlich die Verhältnisse der ausländischen Gesellschaft; organisatorische, wirtschaftliche oder sonst beachtliche Merkmale der Unternehmen, die der ausländischen Gesellschaft nahe stehen (§ 1 Absatz 2 des Außensteuergesetzes), bleiben außer Betracht. ³An einer eigenen Wirtschaftstätigkeit fehlt es, soweit die ausländische Gesellschaft ihre Bruttoerträge aus der Verwaltung von Wirtschaftsgütern erzielt oder ihre wesentlichen Geschäftstätigkeiten auf Dritte überträgt. ⁴Die Feststellungslast für das Vorliegen wirtschaftlicher oder sonst beachtlicher Gründe im Sinne von Satz 1 Nummer 1 sowie des Geschäftsbetriebs im Sinne von Satz 1 Nummer 2 obliegt der ausländischen Gesell-

---

1) Hinweis auf BMF-Schreiben vom 24.1.2012 (BStBl. I S. 171) betr. Entlastungsberechtigung ausländischer Gesellschaften (§ 50d Absatz 3 EStG).

§ 50d

schaft. ⁵Die Sätze 1 bis 3 sind nicht anzuwenden, wenn mit der Hauptgattung der Aktien der ausländischen Gesellschaft ein wesentlicher und regelmäßiger Handel an einer anerkannten Börse stattfindet oder für die ausländische Gesellschaft die Vorschriften des Investmentsteuergesetzes gelten.

(4) ¹Der Gläubiger der Kapitalerträge oder Vergütungen im Sinne des § 50a hat nach amtlich vorgeschriebenem Vordruck durch eine Bestätigung der für ihn zuständigen Steuerbehörde des anderen Staates nachzuweisen, dass er dort ansässig ist oder die Voraussetzungen des § 50g Absatz 3 Nummer 5 Buchstabe c erfüllt sind. ²Das Bundesministerium der Finanzen kann im Einvernehmen mit den obersten Finanzbehörden der Länder erleichterte Verfahren oder vereinfachte Nachweise zulassen.

(5) ¹Abweichend von Absatz 2 kann das Bundeszentralamt für Steuern in den Fällen des § 50a Absatz 1 Nummer 3 den Schuldner der Vergütung auf Antrag allgemein ermächtigen, den Steuerabzug zu unterlassen oder nach einem niedrigeren Steuersatz vorzunehmen (Kontrollmeldeverfahren). ²Die Ermächtigung kann in Fällen geringer steuerlicher Bedeutung erteilt und mit Auflagen verbunden werden. ³Einer Bestätigung nach Absatz 4 Satz 1 bedarf es im Kontrollmeldeverfahren nicht. ⁴Inhalt der Auflage kann die Angabe des Namens, des Wohnortes oder des Ortes des Sitzes oder der Geschäftsleitung des Schuldners und des Gläubigers, der Art der Vergütung, des Bruttobetrags und des Zeitpunkts der Zahlungen sowie des einbehaltenen Steuerbetrags sein. ⁵Mit dem Antrag auf Teilnahme am Kontrollmeldeverfahren gilt die Zustimmung des Gläubigers und des Schuldners zur Weiterleitung der Angaben des Schuldners an den Wohnsitz- oder Sitzstaat des Gläubigers als erteilt. ⁶Die Ermächtigung ist als Beleg aufzubewahren. ⁷Absatz 2 Satz 8 gilt entsprechend.

(6) Soweit Absatz 2 nicht anwendbar ist, gilt Absatz 5 auch für Kapitalerträge im Sinne des § 43 Absatz 1 Satz 1 Nummer 1 und 4, wenn sich im Zeitpunkt der Zahlung des Kapitalertrags der Anspruch auf Besteuerung nach einem niedrigeren Steuersatz ohne nähere Ermittlungen feststellen lässt.

(7) Werden Einkünfte im Sinne des § 49 Absatz 1 Nummer 4 aus einer Kasse einer juristischen Person des öffentlichen Rechts im Sinne der Vorschrift eines Abkommens zur Vermeidung der Doppelbesteuerung über den öffentlichen Dienst gewährt, so ist diese Vorschrift bei Bestehen eines Dienstverhältnisses mit einer anderen Person in der Weise auszulegen, dass die Vergütungen für der erstgenannten Person geleistete Dienste gezahlt werden, wenn sie ganz oder im Wesentlichen aus öffentlichen Mitteln aufgebracht werden.

(8)[1] ¹Sind Einkünfte eines unbeschränkt Steuerpflichtigen aus nichtselbständiger Arbeit (§ 19) nach einem Abkommen zur Vermeidung der Doppelbesteuerung von der Bemessungsgrundlage der deutschen Steuer auszunehmen, wird die Freistellung bei der Veranlagung ungeachtet des Abkommens nur gewährt, soweit der Steuerpflichtige nachweist, dass der Staat, dem nach dem Abkommen das Besteuerungsrecht zusteht, auf dieses Besteuerungsrecht verzichtet hat oder dass die in diesem Staat auf die Einkünfte festgesetzten Steuern entrichtet wurden. ²Wird ein solcher Nachweis erst geführt, nachdem die Einkünfte in eine Veranlagung zur Einkommensteuer einbezogen wurden, ist der Steuerbescheid insoweit zu ändern. ³§ 175 Absatz 1 Satz 2 der Abgabenordnung ist entsprechend anzuwenden.

(9) ¹Sind Einkünfte eines unbeschränkt Steuerpflichtigen nach einem Abkommen zur Vermeidung der Doppelbesteuerung von der Bemessungsgrundlage der deutschen Steuer auszunehmen, so wird die Freistellung der Einkünfte ungeachtet des Abkommens nicht gewährt, wenn

1. der andere Staat die Bestimmungen des Abkommens so anwendet, dass die Einkünfte in diesem Staat von der Besteuerung auszunehmen sind oder nur zu einem durch das Abkommen begrenzten Steuersatz besteuert werden können, oder

2. die Einkünfte in dem anderen Staat nur deshalb nicht steuerpflichtig sind, weil sie von einer Person bezogen werden, die in diesem Staat nicht auf Grund ihres Wohnsitzes,

---

1) Hinweis auf BMF vom 12.11.2014 zur steuerlichen Behandlung des Arbeitslohns nach den Doppelbesteuerungsabkommen, BStBl. I 2014, 1467.

ständigen Aufenthalts, des Ortes ihrer Geschäftsleitung, des Sitzes oder eines ähnlichen Merkmals unbeschränkt steuerpflichtig ist.

²Nummer 2 gilt nicht für Dividenden, die nach einem Abkommen zur Vermeidung der Doppelbesteuerung von der Bemessungsgrundlage der deutschen Steuer auszunehmen sind, es sei denn, die Dividenden sind bei der Ermittlung des Gewinns der ausschüttenden Gesellschaft abgezogen worden. ³Bestimmungen eines Abkommens zur Vermeidung der Doppelbesteuerung, sowie Absatz 8 und § 20 Abs. 2 des Außensteuergesetzes bleiben unberührt, soweit sie jeweils die Freistellung von Einkünften in einem weitergehenden Umfang einschränken.

(10) ¹Sind auf eine Vergütung im Sinne des § 15 Absatz 1 Satz 1 Nummer 2 Satz 1 zweiter Halbsatz und Nummer 3 zweiter Halbsatz die Vorschriften eines Abkommens zur Vermeidung der Doppelbesteuerung anzuwenden und enthält das Abkommen keine solche Vergütungen betreffende ausdrückliche Regelung, gilt die Vergütung für Zwecke der Anwendung des Abkommens zur Vermeidung der Doppelbesteuerung ausschließlich als Teil des Unternehmensgewinns des vergütungsberechtigten Gesellschafters. ²Satz 1 gilt auch für die durch das Sonderbetriebsvermögen veranlassten Erträge und Aufwendungen. ³Die Vergütung des Gesellschafters ist ungeachtet der Vorschriften eines Abkommens zur Vermeidung der Doppelbesteuerung über die Zuordnung von Vermögenswerten zu einer Betriebsstätte derjenigen Betriebsstätte der Gesellschaft zuzurechnen, der die Aufwand für die Vergütung zugrunde liegende Leistung zuzuordnen ist; die in Satz 2 genannten Erträge und Aufwendungen sind der Betriebsstätte zuzurechnen, der die Vergütung zuzuordnen ist. ⁴Die Sätze 1 bis 3 gelten auch in den Fällen des § 15 Absatz 1 Satz 1 Nummer 2 Satz 2 sowie in den Fällen des § 15 Absatz 1 Satz 2 entsprechend. ⁵Sind Einkünfte im Sinne der Sätze 1 bis 4 einer Person zuzurechnen, die nach einem Abkommen zur Vermeidung der Doppelbesteuerung als im anderen Staat ansässig gilt, und weist der Steuerpflichtige nach, dass der andere Staat die Einkünfte besteuert, ohne die darauf entfallende deutsche Steuer anzurechnen, ist die in diesem Staat nachweislich auf diese Einkünfte festgesetzte und gezahlte und um einen entstandenen Ermäßigungsanspruch gekürzte, der deutschen Einkommensteuer entsprechende, anteilige ausländische Steuer bis zur Höhe der anteilig auf diese Einkünfte entfallenden deutschen Einkommensteuer anzurechnen. ⁶Satz 5 gilt nicht, wenn das Abkommen zur Vermeidung der Doppelbesteuerung eine ausdrückliche Regelung für solche Einkünfte enthält. Die Sätze 1 bis 6

1. sind nicht auf Gesellschaften im Sinne des § 15 Absatz 3 Nummer 2 anzuwenden;
2. gelten entsprechend, wenn die Einkünfte zu den Einkünften aus selbständiger Arbeit im Sinne des § 18 gehören; dabei tritt der Artikel über die selbständige Arbeit an die Stelle des Artikels über die Unternehmenseinkünfte, wenn das Abkommen zur Vermeidung der Doppelbesteuerung einen solchen Artikel enthält.

⁷Absatz 9 Satz 1 Nummer 1 bleibt unberührt.

(11) ¹Sind Dividenden beim Zahlungsempfänger nach einem Abkommen zur Vermeidung der Doppelbesteuerung von der Bemessungsgrundlage der deutschen Steuer auszunehmen, wird die Freistellung ungeachtet des Abkommens nur insoweit gewährt, als die Dividenden nach deutschem Steuerrecht nicht einer anderen Person zuzurechnen sind. ²Soweit die Dividenden nach deutschem Steuerrecht einer anderen Person zuzurechnen sind, werden sie bei dieser Person freigestellt, wenn sie bei ihr als Zahlungsempfänger nach Maßgabe des Abkommens freigestellt würden.

Rechtsprechungsauswahl

BFH v. 10. 1. 2012 I R 66/09 (BFH-Webseite): Verfassungswidrigkeit eines sog. Treaty override (§ 50d Abs. 8 EStG 2002/2004)? – Anwendung von Doppelbesteuerungsabkommen in Deutschland in der Form eines Zustimmungsgesetzes

Es wird eine Entscheidung des BVerfG darüber eingeholt, ob § 50d Abs. 8 Satz 1 EStG 2002 i.d.F. des Steueränderungsgesetzes 2003 insoweit gegen Art. 2 Abs. 1 i.V.m. Art. 20 Abs. 3 und Art. 25 sowie Art. 3 Abs. 1 GG verstößt, als hierdurch für die Einkünfte eines unbeschränkt Steuerpflichtigen aus nichtselbständiger Arbeit die völkerrechtlich in einem Abkommen zur Vermeidung der Doppel-

Rechtsprechung § 50d

besteuerung vereinbarte Freistellung der Einkünfte (hier: nach Art. 23 Abs. 1 Buchst. a Satz 1 i.V.m. Art. 15 Abs. 1 DBA-Türkei 1985 i.V.m. dem dazu ergangenen Zustimmungsgesetz vom 27. November 1989) bei der Veranlagung ungeachtet des Abkommens nur gewährt wird, soweit der Steuerpflichtige nachweist, dass der Staat, dem nach dem Abkommen das Besteuerungsrecht zusteht, auf dieses Besteuerungsrecht verzichtet hat oder dass die in diesem Staat auf die Einkünfte festgesetzten Steuern entrichtet wurden.

BFH v. 7. 12. 2011 I R 5/11 (BFH-Webseite): Kein deutsches Besteuerungsrecht für in die USA gezahlte nachträgliche Sondervergütungen einer KG bzw. KGaA.

Die Pension, die der zwischenzeitlich in den USA ansässige ehemalige persönlich haftende geschäftsführende Gesellschafter einer inländischen KG bzw. KGaA für seine frühere Tätigkeit in der KG bzw. KGaA bezieht, kann nach Art. 18 Abs. 1 DBA-USA 1989 a.f. unbeschadet des § 15 Abs. 1 Satz 1 Nrn.2 Satz 1 zweiter Halbsatz und Nr. 3 EStG 1997 nur in den USA besteuert werden. § 50d Abs. 10 i.V.m. § 52 Abs. 59a Satt 8 EStG 2002 i.d.F. des JStG 2009 ändert daran nichts (Bestätigung des Senatsurteils vom 8. September 2010 I R 74/09, BFHE 231, 84, sowie des Senatsbeschlusses vom 8. November 2010 I R 106/09, BFHE 231, 206).

BFH v. 10. 1. 2012 I R 66/09 (BFH-Webseite): Verfassungswidrigkeit eines sog. Treaty override (§ 50d Abs. 8 EStG 2002/2004)? – Anwendung von Doppelbesteuerungsabkommen in Deutschland in der Form eines Zustimmungsgesetzes

Es wird eine Entscheidung des BVerfG darüber eingeholt, ob § 50d Abs. 8 Satz 1 EStG 2002 i.d.F. des Steueränderungsgesetzes 2003 insoweit gegen Art. 2 Abs. 1 i.V.m. Art. 20 Abs. 3 und Art. 25 sowie Art. 3 Abs. 1 GG verstößt, als hierdurch für die Einkünfte eines unbeschränkt Steuerpflichtigen aus nichtselbständiger Arbeit die völkerrechtlich in einem Abkommen zur Vermeidung der Doppelbesteuerung vereinbarte Freistellung der Einkünfte (hier: nach Art. 23 Abs. 1 Buchst. a Satz 1 i.V.m. Art. 15 Abs. 1 DBA-Türkei 1985 i.V.m. dem dazu ergangenen Zustimmungsgesetz vom 27. November 1989) bei der Veranlagung ungeachtet des Abkommens nur gewährt wird, soweit der Steuerpflichtige nachweist, dass der Staat, dem nach dem Abkommen das Besteuerungsrecht zusteht, auf dieses Besteuerungsrecht verzichtet hat oder dass die in diesem Staat auf die Einkünfte festgesetzten Steuern entrichtet wurden.

BFH v. 8. 9. 2010 I R 74/09 (BFH-Webseite): Abkommensrechtliche Behandlung von Lizenzzahlungen als Sondervergütungen nach § 50d Abs. 10 Satz 1 EStG 2002 n.F. – abkommensrechtliche Zurechnung von Betriebsstätten einer Personengesellschaft

Erhält ein in den USA ansässiger Gesellschafter einer deutschen Personengesellschaft Lizenzvergütungen für von ihm der Gesellschaft eingeräumte Rechte, so dürfen diese Vergütungen nach Art. 12 Abs. 1 DBA-USA 1989 a.f. nur in den USA und nicht in Deutschland besteuert werden (Anschluss an Senatsurteil vom 17. Oktober 2007 I R 5/06, BFHE 219, 518, BStBl. II 2009, 356). Die in § 50d Abs. 10 Satz 1 EStG 2002 i.d.F. des JStG 2009 angeordnete Umqualifizierung von Sondervergütungen i.S. von § 15 Abs. 1 Satz 1 Nr. 2 Satz 1 zweiter Halbsatz EStG 1997/2002 in abkommensrechtliche Unternehmensgewinne ändert daran nichts (gegen BMF-Schreiben vom 16. April 2010, BStBl. I 2010, 354, dort Tz. 2.2.1 und 5.1).

BFH v. 21. 10. 2009 I R 70/08 (BFH-Webseite): Lohnsteuererstattungsanspruch bei abkommenswidriger Lohnsteuereinbehaltung

1. Ein Arbeitnehmer kann die Lohnsteuer-Anmeldung des Arbeitgebers – soweit sie ihn betrifft – aus eigenem Recht anfechten. Nach dem Eintritt der formellen Bestandskraft der Lohnsteuer-Anmeldung kann der Arbeitnehmer eine Änderung der Anmeldung (§ 164 Abs. 2 AO) begehren.
2. Wird eine Zahlung des Arbeitgebers zu Unrecht dem Lohnsteuerabzug unterworfen, weil die Besteuerung der Zahlung abkommensrechtlich dem Wohnsitzstaat des Arbeitnehmers zugewiesen ist, hat der Arbeitnehmer einen Erstattungsanspruch in analoger Anwendung des § 50d Abs. 1 Satz 2 EStG 2002, der gegen das Betriebsstätten-Finanzamt des Arbeitgebers zu richten ist (Bestätigung der ständigen Rechtsprechung).
3. Eine Erfindervergütung für eine sog. Diensterfindung (§ 9 ArbnErfG) ist grundsätzlich steuerpflichtiger Arbeitslohn (§ 19 EStG 2002) und unterfällt der beschränkten Steuerpflicht gemäß § 49 Abs. 1 Nr. 4 Buchst. a EStG 2002. Dies gilt auch dann, wenn das Arbeitsverhältnis im Augenblick der Zahlung nicht mehr besteht.
4. Da eine Vergütung gemäß § 9 ArbnErfG regelmäßig nicht als konkrete Gegenleistung für eine Arbeitsleistung anzusehen ist, handelt es sich nicht um ein zusätzliches Entgelt „für" eine (frühere) Tätigkeit i.S. des Art. 15 Abs. 1 OECD-MustAbk, so dass eine Besteuerung nur im Ansässigkeitsstaat des (früheren) Arbeitnehmers erfolgt.

§§ 50e, 50f, 50g

§ 50e Bußgeldvorschriften; Nichtverfolgung von Steuerstraftaten bei geringfügiger Beschäftigung in Privathaushalten

(1) ¹Ordnungswidrig handelt, wer vorsätzlich oder leichtfertig entgegen § 45d Absatz 1 Satz 1, § 45d Absatz 3 Satz 1, der nach § 45e erlassenen Rechtsverordnung oder den unmittelbar geltenden Verträgen mit den in Artikel 17 der Richtlinie 2003/48/EG genannten Staaten und Gebieten eine Mitteilung nicht, nicht richtig, nicht vollständig oder nicht rechtzeitig abgibt. ²Die Ordnungswidrigkeit kann mit eine Geldbuße bis zu fünftausend Euro geahndet werden.

(1a) Verwaltungsbehörde im Sinne des § 36 Absatz 1 Nummer 1 des Gesetzes über Ordnungswidrigkeiten ist in den Fällen des Absatzes 1 Satz 1 das Bundeszentralamt für Steuern.

(2) ¹Liegen die Voraussetzungen des § 40a Absatz 2 vor, werden Steuerstraftaten (§§ 369 bis 376 der Abgabenordnung) als solche nicht verfolgt, wenn der Arbeitgeber in den Fällen des § 8a des Vierten Buches Sozialgesetzbuch entgegen § 41a Absatz 1 Nummer 1, auch in Verbindung mit Absatz 2 und 3 und § 51a, und § 40a Absatz 6 Satz 3 dieses Gesetzes in Verbindung mit § 28a Absatz 7 Satz 1 des Vierten Buches Sozialgesetzbuch für das Arbeitsentgelt die Lohnsteuer-Anmeldung und die Anmeldung der einheitlichen Pauschsteuer nicht oder nicht rechtzeitig durchführt und dadurch Steuern verkürzt oder für sich oder einen anderen nicht gerechtfertigte Steuervorteile erlangt. ²Die Freistellung von der Verfolgung nach Satz 1 gilt auch für den Arbeitnehmer einer in Satz 1 genannten Beschäftigung, der die Finanzbehörde pflichtwidrig über steuerlich erhebliche Tatsachen aus dieser Beschäftigung in Unkenntnis lässt. ³Die Bußgeldvorschriften der §§ 377 bis 384 der Abgabenordnung bleiben mit der Maßgabe anwendbar, dass § 378 der Abgabenordnung auch bei vorsätzlichem Handeln anwendbar ist.

§ 50f Bußgeldvorschriften

(1) Ordnungswidrig handelt, wer vorsätzlich oder leichtfertig

1. entgegen § 22a Absatz 1 Satz 1 und 2 dort genannte Daten nicht, nicht richtig, nicht vollständig oder nicht rechtzeitig übermittelt oder eine Mitteilung nicht, nicht richtig, nicht vollständig oder nicht rechtzeitig macht oder

2. entgegen § 22a Absatz 2 Satz 9 die Identifikationsnummer für andere als die dort genannten Zwecke verwendet.

(2) Die Ordnungswidrigkeit kann in den Fällen des Absatzes 1 Nummer 1 mit einer Geldbuße bis zu fünfzigtausend Euro und in den übrigen Fällen mit einer Geldbuße bis zu zehntausend Euro geahndet werden.

(3) Verwaltungsbehörde im Sinne des § 36 Absatz 1 Nummer 1 des Gesetzes über Ordnungswidrigkeiten ist die zentrale Stelle nach § 81.

§ 50g Entlastung vom Steuerabzug bei Zahlungen von Zinsen und Lizenzgebühren zwischen verbundenen Unternehmen verschiedener Mitgliedstaaten der Europäischen Union

(1) ¹Auf Antrag werden die Kapitalertragsteuer für Zinsen und die Steuer auf Grund des § 50a für Lizenzgebühren, die von einem Unternehmen der Bundesrepublik Deutschland oder einer dort gelegenen Betriebsstätte eines Unternehmens eines anderen Mitgliedstaates der Europäischen Union als Schuldner an ein Unternehmen eines anderen Mitgliedstaates der Europäischen Union oder an eine in einem anderen Mitgliedstaat der Europäischen Union gelegene Betriebsstätte eines Unternehmens eines Mitgliedstaates der Europäischen Union als Gläubiger gezahlt werden, nicht erhoben. ²Erfolgt die Besteuerung durch Veranlagung, werden die Zinsen und Lizenzgebühren bei der Ermittlung der Einkünfte nicht erfasst. ³Voraussetzung für die Anwendung der Sätze 1 und 2 ist, dass der Gläubiger der

§ 50g

Zinsen oder Lizenzgebühren ein mit dem Schuldner verbundenes Unternehmen oder dessen Betriebsstätte ist. ⁴Die Sätze 1 bis 3 sind nicht anzuwenden, wenn die Zinsen oder Lizenzgebühren an eine Betriebsstätte eines Unternehmens eines Mitgliedstaates der Europäischen Union als Gläubiger gezahlt werden, die in einem Staat außerhalb der Europäischen Union oder im Inland gelegen ist und in der die Tätigkeit des Unternehmens ganz oder teilweise ausgeübt wird.

(2) Absatz 1 ist nicht anzuwenden auf die Zahlung von

1. Zinsen,

   a) die nach deutschem Recht als Gewinnausschüttung behandelt werden (§ 20 Absatz 1 Nummer 1 Satz 2) oder

   b) die auf Forderungen beruhen, die einen Anspruch auf Beteiligung am Gewinn des Schuldners begründen;

2. Zinsen oder Lizenzgebühren, die den Betrag übersteigen, den der Schuldner und der Gläubiger ohne besondere Beziehungen, die zwischen den beiden oder einem von ihnen und einem Dritten auf Grund von Absatz 3 Nummer 5 Buchstabe b bestehen, vereinbart hätten.

(3) Für die Anwendung der Absätze 1 und 2 gelten die folgenden Begriffsbestimmungen und Beschränkungen:

1. Der Gläubiger muss der Nutzungsberechtigte sein. ²Nutzungsberechtigter ist

   a) ein Unternehmen, wenn es die Einkünfte im Sinne von § 2 Absatz 1 erzielt;

   b) eine Betriebsstätte, wenn

      aa) die Forderung, das Recht oder der Gebrauch von Informationen, auf Grund derer/dessen Zahlungen von Zinsen oder Lizenzgebühren geleistet werden, tatsächlich zu der Betriebsstätte gehört und

      bb) die Zahlungen der Zinsen oder Lizenzgebühren Einkünfte darstellen, auf Grund derer die Gewinne der Betriebsstätte in dem Mitgliedstaat der Europäischen Union, in dem sie gelegen ist, zu einer der in Nummer 5 Satz 1 Buchstabe a Doppelbuchstabe cc genannten Steuern beziehungsweise im Fall Belgiens dem „impôt des non-résidents/belasting der nietverblijfhouders" beziehungsweise im Fall Spaniens dem „Impuesto sobre Ia Renta de no Residentes" oder zu einer mit diesen Steuern identischen oder weitgehend ähnlichen Steuer herangezogen werden, die nach dem jeweiligen Zeitpunkt des Inkrafttretens der Richtlinie 2003/49/EG des Rates vom 3. Juni 2003 über eine gemeinsame Steuerregelung für Zahlungen von Zinsen und Lizenzgebühren zwischen verbundenen Unternehmen verschiedener Mitgliedstaaten (ABl. L 157 vom 26.6.2003, S. 49), die zuletzt durch die Richtlinie 2013/13/EU (ABl. L 141 vom 28.5.2013, S. 30) geändert worden ist, anstelle der bestehenden Steuern oder ergänzend zu ihnen eingeführt wird.

2. Eine Betriebsstätte gilt nur dann als Schuldner der Zinsen oder Lizenzgebühren, wenn die Zahlung bei der Ermittlung des Gewinns der Betriebsstätte eine steuerlich abzugsfähige Betriebsausgabe ist.

3. Gilt eine Betriebsstätte eines Unternehmens eines Mitgliedstaates der Europäischen Union als Schuldner oder Gläubiger von Zinsen oder Lizenzgebühren, so wird kein anderer Teil des Unternehmens als Schuldner oder Gläubiger der Zinsen oder Lizenzgebühren angesehen.

4. Im Sinne des Absatzes 1 sind

   a) „Zinsen" Einkünfte aus Forderungen jeder Art, auch wenn die Forderungen durch Pfandrechte an Grundstücken gesichert sind, insbesondere Einkünfte aus öffentlichen Anleihen und aus Obligationen einschließlich der damit verbundenen Aufgelder und der Gewinne aus Losanleihen; Zuschläge für verspätete Zahlung und die Rückzahlung von Kapital gelten nicht als Zinsen;

§ 50g

b) „Lizenzgebühren" Vergütungen jeder Art, die für die Nutzung oder für das Recht auf Nutzung von Urheberrechten an literarischen, künstlerischen oder wissenschaftlichen Werken, einschließlich kinematografischer Filme und Software, von Patenten, Marken, Mustern oder Modellen, Plänen, geheimen Formeln oder Verfahren oder für die Mitteilung gewerblicher, kaufmännischer oder wissenschaftlicher Erfahrungen gezahlt werden; Zahlungen für die Nutzung oder das Recht auf Nutzung gewerblicher, kaufmännischer oder wissenschaftlicher Ausrüstungen gelten als Lizenzgebühren.

5. Die Ausdrücke „Unternehmen eines Mitgliedstaates der Europäischen Union", „verbundenes Unternehmen" und „Betriebsstätte" bedeuten:

a) „Unternehmen eines Mitgliedstaates der Europäischen Union" jedes Unternehmen, das

aa) eine der in Anlage 3 Nummer 1 zu diesem Gesetz aufgeführten Rechtsformen aufweist und

bb) nach dem Steuerrecht eines Mitgliedstaates in diesem Mitgliedstaat ansässig ist und nicht nach einem zwischen dem betreffenden Staat und einem Staat außerhalb der Europäischen Union geschlossenen Abkommen zur Vermeidung der Doppelbesteuerung von Einkünften für steuerliche Zwecke als außerhalb der Gemeinschaft ansässig gilt und

cc) einer der in Anlage 3 Nr. 2 zu diesem Gesetz aufgeführten Steuern unterliegt und nicht von ihr befreit ist. Entsprechendes gilt für eine mit diesen Steuern identische oder weitgehend ähnliche Steuer, die nach dem jeweiligen Zeitpunkt des Inkrafttretens der Richtlinie 2003/49/EG des Rates vom 3. Juni 2003 (ABl. L 157 vom 26.6.2003, S. 49), zuletzt geändert durch die Richtlinie 2013/13/EU (ABl. L 141 vom 28.5.2013, S. 30) anstelle der bestehenden Steuern oder ergänzend zu ihnen eingeführt wird.

²Ein Unternehmen ist im Sinne von Doppelbuchstabe bb in einem Mitgliedstaat der Europäischen Union ansässig, wenn es der unbeschränkten Steuerpflicht im Inland oder einer vergleichbaren Besteuerung in einem anderen Mitgliedstaat der Europäischen Union nach dessen Rechtsvorschriften unterliegt.

b) „Verbundenes Unternehmen" jedes Unternehmen, das dadurch mit einem zweiten Unternehmen verbunden ist, dass

aa) das erste Unternehmen unmittelbar mindestens zu 25 Prozent an dem Kapital des zweiten Unternehmens beteiligt ist oder

bb) das zweite Unternehmen unmittelbar mindestens zu 25 Prozent an dem Kapital des ersten Unternehmens beteiligt ist oder

cc) ein drittes Unternehmen unmittelbar mindestens zu 25 Prozent an dem Kapital des ersten Unternehmens und dem Kapital des zweiten Unternehmens beteiligt ist.

²Die Beteiligungen dürfen nur zwischen Unternehmen bestehen, die in einem Mitgliedstaat der Europäischen Union ansässig sind.

c) „Betriebsstätte" eine feste Geschäftseinrichtung in einem Mitgliedstaat der Europäischen Union, in der die Tätigkeit eines Unternehmens eines anderen Mitgliedstaates der Europäischen Union ganz oder teilweise ausgeübt wird.

(4) ¹Die Entlastung nach Absatz 1 ist zu versagen oder zu entziehen, wenn der hauptsächliche Beweggrund oder einer der hauptsächlichen Beweggründe für Geschäftsvorfälle die Steuervermeidung oder der Missbrauch sind. ²§ 50d Absatz 3 bleibt unberührt.

(5) Entlastungen von der Kapitalertragsteuer für Zinsen und der Steuer auf Grund des § 50a nach einem Abkommen zur Vermeidung der Doppelbesteuerung, die weiter gehen als die nach Absatz 1 gewährten, werden durch Absatz 1 nicht eingeschränkt.

(6) ¹Ist im Fall des Absatzes 1 Satz 1 eines der Unternehmen ein Unternehmen der Schweizerischen Eidgenossenschaft oder ist eine in der Schweizerischen Eidgenossenschaft gelegene Betriebsstätte eines Unternehmens eines anderen Mitgliedstaats der Europäischen Union Gläubiger der Zinsen oder Lizenzgebühren, gelten die Absätze 1 bis 5 entsprechend mit der Maßgabe, dass die Schweizerische Eidgenossenschaft insoweit einem Mitgliedstaat der Europäischen Union gleichgestellt ist. ²Absatz 3 Nummer 5 Buchstabe a gilt entsprechend mit der Maßgabe, dass ein Unternehmen der Schweizerischen Eidgenossenschaft jedes Unternehmen ist, das

1. eine der folgenden Rechtsformen aufweist:
   – Aktiengesellschaft/société anonyme/società anonima;
   – Gesellschaft mit beschränkter Haftung/société à responsabilité limitée/ società a responsabilità limitata;
   – Kommanditaktiengesellschaft/société en commandite par actions/società in accomandita per azioni, und
2. nach dem Steuerrecht der Schweizerischen Eidgenossenschaft dort ansässig ist und nicht nach einem zwischen der Schweizerischen Eidgenossenschaft und einem Staat außerhalb der Europäischen Union geschlossenen Abkommen zur Vermeidung der Doppelbesteuerung von Einkünften für steuerliche Zwecke als außerhalb der Gemeinschaft oder der Schweizerischen Eidgenossenschaft ansässig gilt, und
3. unbeschränkt der schweizerischen Körperschaftsteuer unterliegt, ohne von ihr befreit zu sein.

§ 50h Bestätigung für Zwecke der Entlastung von Quellensteuern in einem anderen Mitgliedstaat der Europäischen Union oder der Schweizerischen Eidgenossenschaft

Auf Antrag hat das Finanzamt, das für die Besteuerung eines Unternehmens der Bundesrepublik Deutschland oder einer dort gelegenen Betriebsstätte eines Unternehmens eines anderen Mitgliedstaats der Europäischen Union im Sinne des § 50g Absatz 3 Nummer 5 oder eines Unternehmens der Schweizerischen Eidgenossenschaft im Sinne des § 50g Absatz 6 Satz 2 zuständig ist, für die Entlastung von der Quellensteuer dieses Staats auf Zinsen oder Lizenzgebühren im Sinne des § 50g zu bescheinigen, dass das empfangende Unternehmen steuerlich im Inland ansässig ist oder die Betriebsstätte im Inland gelegen ist.

§ 50i Besteuerung bestimmter Einkünfte und Anwendung von Doppelbesteuerungsabkommen

(1) ¹Sind Wirtschaftsgüter des Betriebsvermögens oder sind Anteile im Sinne des § 17 vor dem 29. Juni 2013 in das Betriebsvermögen einer Personengesellschaft im Sinne des § 15 Absatz 3 übertragen oder überführt worden, und ist eine Besteuerung der stillen Reserven im Zeitpunkt der Übertragung oder Überführung unterblieben, so ist der Gewinn, den ein Steuerpflichtiger, der im Sinne eines Abkommens zur Vermeidung der Doppelbesteuerung im anderen Vertragsstaat ansässig ist, aus der späteren Veräußerung oder Entnahme dieser Wirtschaftsgüter oder Anteile erzielt, ungeachtet entgegenstehender Bestimmungen des Abkommens zur Vermeidung der Doppelbesteuerung zu versteuern. ²Als Übertragung oder Überführung von Anteilen im Sinne des § 17 in das Betriebsvermögen einer Personengesellschaft gilt auch die Gewährung neuer Anteile an eine Personengesellschaft, die bisher auch eine Tätigkeit im Sinne des § 15 Absatz 1 Satz 1 Nummer 1 ausgeübt hat oder gewerbliche Einkünfte im Sinne des 15 Absatz 1 Satz 1 Nummer 2 bezogen hat, im Rahmen der Einbringung eines Betriebs oder Teilbetriebs oder eines Mitunternehmeranteils dieser Personengesellschaft in eine Körperschaft nach § 20 des Umwandlungssteuergesetzes, wenn der Einbringungszeitpunkt vor dem 29. Juni 2013 liegt und die Personengesellschaft nach der Einbringung als Personengesellschaft im Sinne des § 15 Absatz 3 fortbesteht. ³Auch die laufenden Einkünfte aus der Beteiligung an der Personengesellschaft auf die die in Satz 1

genannten Wirtschaftsgüter oder Anteile übertragen oder überführt oder der im Sinne des Satzes 2 neue Anteile gewährt wurden, sind ungeachtet entgegenstehender Bestimmungen des Abkommens zur Vermeidung der Doppelbesteuerung zu versteuern. ⁴Die Sätze 1 und 3 gelten sinngemäß, wenn Wirtschaftsgüter vor dem 29. Juni 2013 Betriebsvermögen eines Einzelunternehmens oder einer Personengesellschaft geworden sind, die deswegen Einkünfte aus Gewerbebetrieb erzielen, weil der Steuerpflichtige sowohl im überlassenden Betrieb als auch im nutzenden Betrieb allein oder zusammen mit anderen Gesellschaftern einen einheitlichen geschäftlichen Betätigungswillen durchsetzen kann und dem nutzenden Betrieb eine wesentliche Betriebsgrundlage zur Nutzung überlässt.

(2) ¹Im Rahmen von Umwandlungen und Einbringungen im Sinne des § 1 des Umwandlungssteuergesetzes sind Sachgesamtheiten, die Wirtschaftsgüter und Anteile im Sinne des Absatzes 1 enthalten, abweichend von den Bestimmungen des Umwandlungssteuergesetzes, stets mit dem gemeinen Wert anzusetzen. ²Ungeachtet des § 6 Absatz 3 und 5 gilt Satz 1 für die Überführung oder Übertragung

1. der Wirtschaftsgüter und Anteile im Sinne des Absatzes 1 aus dem Gesamthandsvermögen der Personengesellschaft im Sinne des Absatzes 1 oder aus dem Sonderbetriebsvermögen eines Mitunternehmers dieser Personengesellschaft oder
2. eines Mitunternehmeranteils an dieser Personengesellschaft

entsprechend. ³Werden die Wirtschaftsgüter oder Anteile im Sinne des Absatzes 1 von der Personengesellschaft für eine Betätigung im Sinne des § 15 Absatz 2 genutzt (Strukturwandel), gilt Satz 1 entsprechend. ⁴Absatz 1 Satz 4 bleibt unberührt.

§ 51 Ermächtigungen

(1) bis (3) siehe aktuelle Fassung vorne.

(4) Das Bundesministerium der Finanzen wird ermächtigt,

1. im Einvernehmen mit den obersten Finanzbehörden der Länder die Vordrucke für
   a) (weggefallen)
   b) die Erklärungen zur Einkommensbesteuerung,
   c) die Anträge nach § 38b Absatz 2, nach § 39a Absatz 2, in dessen Vordrucke der Antrag nach § 39f einzubeziehen ist, die Anträge nach § 39a Absatz 4 sowie die Anträge zu den elektronischen Lohnsteuerabzugsmerkmalen (§ 38b Absatz 3 und § 39e Absatz 6 Satz 7),
   d) die Lohnsteuer-Anmeldung (§ 41a Absatz 1),
   e) die Anmeldung der Kapitalertragsteuer (§ 45a Absatz 1) und den Freistellungsauftrag nach § 44a Absatz 2 Satz 1 Nummer 1,
   f) die Anmeldung des Abzugsbetrags (§ 48a),
   g) die Erteilung der Freistellungsbescheinigung (§ 48b),
   h) die Anmeldung der Abzugsteuer (§ 50a),
   i) die Entlastung von der Kapitalertragsteuer und vom Steuerabzug nach § 50a auf Grund von Abkommen zur Vermeidung der Doppelbesteuerung

   und die Muster der Bescheinigungen für den Lohnsteuerabzug nach § 39 Absatz 3 Satz 1 und § 39e Absatz 7 Satz 5, des Ausdrucks der elektronischen Lohnsteuerbescheinigung (§ 41b Absatz 1), das Muster der Lohnsteuerbescheinigung nach § 41b Absatz 3 Satz 1, der Anträge auf Erteilung einer Bescheinigung für den Lohnsteuerabzug nach § 39 Absatz 3 Satz 1 und § 39e Absatz 7 Satz 1 sowie der in § 45a Absatz 2 und 3 und § 50a Absatz 5 Satz 6 vorgesehenen Bescheinigungen zu bestimmen;

1a. im Einvernehmen mit den obersten Finanzbehörden der Länder auf der Basis der §§ 32a und 39b einen Programmablaufplan für die Herstellung von Lohnsteuertabellen zur manuellen Berechnung der Lohnsteuer aufzustellen und bekannt zu ma-

§§ 51, 51a

chen. ²Der Lohnstufenabstand beträgt bei den Jahrestabellen 36. ³Die in den Tabellenstufen auszuweisende Lohnsteuer ist aus der Obergrenze der Tabellenstufen zu berechnen und muss an der Obergrenze mit der maschinell berechneten Lohnsteuer übereinstimmen. ⁴Die Monats-, Wochen- und Tagestabellen sind aus den Jahrestabellen abzuleiten;¹⁾

1b. im Einvernehmen mit den obersten Finanzbehörden der Länder den Mindestumfang der nach § 5b elektronisch zu übermittelnden Bilanz und Gewinn- und Verlustrechnung zu bestimmen;

1c. durch Rechtsverordnung zur Durchführung dieses Gesetzes mit Zustimmung des Bundesrates Vorschriften über einen von dem vorgesehenen erstmaligen Anwendungszeitpunkt gemäß § 52 Absatz 15a in der Fassung des Artikels 1 des Gesetzes vom 20. Dezember 2008 (BGBl. I S. 2850) abweichenden späteren Anwendungszeitpunkt zu erlassen, wenn bis zum 31. Dezember 2010 erkennbar ist, dass die technischen oder organisatorischen Voraussetzungen für eine Umsetzung der in § 5b Absatz 1 in der Fassung des Artikels 1 des Gesetzes vom 20. Dezember 2008 (BGBl. I S. 2850) vorgesehenen Verpflichtung nicht ausreichen;

2. den Wortlaut dieses Gesetzes und der zu diesem Gesetz erlassenen Rechtsverordnungen in der jeweils geltenden Fassung satzweise numeriert mit neuem Datum und in neuer Paragraphenfolge bekanntzumachen und dabei Unstimmigkeiten im Wortlaut zu beseitigen.

§ 51a Festsetzung und Erhebung von Zuschlagsteuern

(1) Auf die Festsetzung und Erhebung von Steuern, die nach der Einkommensteuer bemessen werden (Zuschlagsteuern), sind die Vorschriften dieses Gesetzes entsprechend anzuwenden.

(2) ¹Bemessungsgrundlage ist die Einkommensteuer, die abweichend von § 2 Absatz 6 unter Berücksichtigung von Freibeträgen nach § 32 Absatz 6 in allen Fällen des § 32 festzusetzen wäre. ²Zur Ermittlung der Einkommensteuer im Sinne des Satzes 1 ist das zu versteuernde Einkommen um die nach § 3 Nummer 40 steuerfreien Beträge zu erhöhen und um die nach § 3c Absatz 2 nicht abziehbaren Beträge zu mindern. ³§ 35 ist bei der Ermittlung der festzusetzenden Einkommensteuer nach Satz 1 nicht anzuwenden.

(2a) ¹Vorbehaltlich des § 40a Absatz 2 in der Fassung des Gesetzes vom 23. Dezember 2002 (BGBl. I S. 4621) ist beim Steuerabzug vom Arbeitslohn Bemessungsgrundlage die Lohnsteuer; beim Steuerabzug vom laufenden Arbeitslohn und beim Jahresausgleich ist die Lohnsteuer maßgebend, die sich ergibt, wenn der nach § 39b Absatz 2 Satz 5 zu versteuernde Jahresbetrag für die Steuerklassen I, II und III um den Kinderfreibetrag von 4 368 Euro sowie den Freibetrag für den Betreuungs- und Erziehungs- oder Ausbildungsbedarf von 2 640 Euro und für die Steuerklasse IV um den Kinderfreibetrag von 2 184 Euro sowie den Freibetrag für den Betreuungs- und Erziehungs- oder Ausbildungsbedarf von 1 320 Euro für jedes Kind vermindert wird, für das eine Kürzung der Freibeträge für Kinder nach § 32 Absatz 6 Satz 4 nicht in Betracht kommt. ²Bei der Anwendung des § 39b für die Ermittlung der Zuschlagsteuern ist als Lohnsteuerabzugsmerkmal gebildete Zahl der Kinderfreibeträge maßgebend. ³Bei Anwendung des § 39f ist beim Steuerabzug vom laufenden Arbeitslohn die Lohnsteuer maßgebend, die sich bei Anwendung des nach § 39f Absatz 1 ermittelten Faktors auf den nach den Sätzen 1 und 2 ermittelten Betrag ergibt.

(2b) Wird die Einkommensteuer nach § 43 Absatz 1 durch Abzug vom Kapitalertrag (Kapitalertragsteuer) erhoben, wird die darauf entfallende Kirchensteuer nach dem Kirchensteuersatz der Religionsgemeinschaft, der der Kirchensteuerpflichtige angehört, als Zuschlag zur Kapitalertragsteuer erhoben.

---

1) Zu § 51 Absatz 4 Nummer 1a Programmablaufpläne für Lohnsteuertabellen Fundstellennachweis Anlage § 039b-01.

§ 51a

(2c) ¹Der zur Vornahme des Steuerabzugs vom Kapitalertrag Verpflichtete (Kirchensteuerabzugsverpflichteter) hat die auf die Kapitalertragsteuer nach Absatz 2b entfallende Kirchensteuer nach folgenden Maßgaben einzubehalten:

1. Das Bundeszentralamt für Steuern speichert unabhängig von und zusätzlich zu den in § 139b Absatz 3 der Abgabenordnung genannten und nach § 39e gespeicherten Daten des Steuerpflichtigen den Kirchensteuersatz der steuererhebenden Religionsgemeinschaft des Kirchensteuerpflichtigen sowie die ortsbezogenen Daten, mit deren Hilfe der Kirchensteuerpflichtige seiner Religionsgemeinschaft zugeordnet werden kann. ²Die Daten werden als automatisiert abrufbares Merkmal für den Kirchensteuerabzug bereitgestellt;

2. sofern dem Kirchensteuerabzugsverpflichteten die Identifikationsnummer des Schuldners der Kapitalertragsteuer nicht bereits bekannt ist, kann er sie beim Bundeszentralamt für Steuern anfragen. ²In der Anfrage dürfen nur die in § 139b Absatz 3 der Abgabenordnung genannten Daten des Schuldners der Kapitalertragsteuer angegeben werden, soweit sie dem Kirchensteuerabzugsverpflichteten bekannt sind. ³Die Anfrage hat nach amtlich vorgeschriebenem Datensatz durch Datenfernübertragung zu erfolgen. ⁴Im Übrigen ist die Steuerdaten-Übermittlungsverordnung entsprechend anzuwenden. ⁵Das Bundeszentralamt für Steuern teilt dem Kirchensteuerabzugsverpflichteten die Identifikationsnummer mit, sofern die übermittelten Daten mit den nach § 139b Absatz 3 der Abgabenordnung beim Bundeszentralamt für Steuern gespeicherten Daten übereinstimmen;

3. ¹⁾ der Kirchensteuerabzugsverpflichtete hat unter Angabe der Identifikationsnummer und des Geburtsdatums des Schuldners der Kapitalertragsteuer einmal jährlich im Zeitraum vom 1. September bis 31. Oktober beim Bundeszentralamt für Steuern anzufragen, ob der Schuldner der Kapitalertragsteuer am 31. August des betreffenden Jahres (Stichtag) kirchensteuerpflichtig ist (Regelabfrage). ²Für Kapitalerträge im Sinne des § 43 Absatz 1 Nummer 4 aus Versicherungsverträgen hat der Kirchensteuerabzugsverpflichtete eine auf den Zuflusszeitpunkt der Kapitalerträge bezogene Abfrage (Anlassabfrage) an das Bundeszentralamt für Steuern zu richten. ³Im Übrigen kann der Kirchensteuerabzugsverpflichtete eine Anlassabfrage bei Begründung einer Geschäftsbeziehung oder auf Veranlassung des Kunden an das Bundeszentralamt für Steuern richten. ⁴Auf die Anfrage hin teilt das Bundeszentralamt für Steuern dem Kirchensteuerabzugsverpflichteten die rechtliche Zugehörigkeit zu einer steuererhebenden Religionsgemeinschaft und den für die Religionsgemeinschaft geltenden Kirchensteuersatz zum Zeitpunkt der Anfrage als automatisiert abrufbares Merkmal nach Nummer 1 mit. ⁵Rechtzeitig vor Regel- oder Anlassabfrage ist der Schuldner der Kapitalertragsteuer vom Kirchensteuerabzugsverpflichteten auf die bevorstehende Datenabfrage sowie das gegenüber dem Bundeszentralamt für Steuern bestehende Widerspruchsrecht, das sich auf die Übermittlung von Daten zur Religionszugehörigkeit bezieht (Absatz 2e Satz 1), schriftlich oder in anderer geeigneter Form hinzuweisen. ⁶Anträge auf das Setzen der Sperrvermerke, die im aktuellen Kalenderjahr für eine Regelabfrage berücksichtigt werden sollen, müssen bis zum 30. Juni beim Bundeszentralamt für Steuern eingegangen sein. ⁷Alle übrigen Sperrvermerke können nur berücksichtigt werden, wenn sie spätestens zwei Monate vor der Abfrage des Kirchensteuerabzugsverpflichteten eingegangen sind. ⁸Dies gilt für den Widerruf entsprechend. ⁹Der Hinweis hat individuell zu erfolgen. ¹⁰Gehört der Schuldner der Kapitalertragsteuer keiner steuererhebenden Religionsgemeinschaft an oder hat er dem Abruf von Daten zur Religionszugehörigkeit widersprochen (Sperrvermerk), so teilt das Bundeszentralamt für Steuern dem Kirchensteuerabzugsverpflichteten zur Religionszugehörigkeit einen neutralen Wert (Nullwert) mit. ¹¹Der Kirchensteuerabzugsverpflichtete hat die vorhandenen Daten zur Religionszugehörigkeit unverzüglich zu löschen, wenn ein Nullwert übermittelt wurde;

---

1) Absatz 2c Nr. 3 ist erstmals auf nach dem 31.12.2014 zufließende Kapitalerträge anzuwenden, § 52a Abs. 18 Satz 2 i.d.F. des AmtshilfeRLUmsG.

§ 51a

4. im Falle einer am Stichtag oder im Zuflusszeitpunkt bestehenden Kirchensteuerpflicht hat der Kirchensteuerabzugsverpflichtete den Kirchensteuerabzug für die steuererhebende Religionsgemeinschaft durchzuführen und den Kirchensteuerbetrag an das für ihn zuständige Finanzamt abzuführen. ²§ 45a Absatz 1 gilt entsprechend; in der Steueranmeldung sind die nach Satz 1 einbehaltenen Kirchensteuerbeträge für jede steuererhebende Religionsgemeinschaft jeweils als Summe anzumelden. ³Die auf Grund der Regelabfrage vom Bundeszentralamt für Steuern bestätigte Kirchensteuerpflicht hat der Kirchensteuerabzugsverpflichtete dem Kirchensteuerabzug des auf den Stichtag folgenden Kalenderjahres zu Grunde zu legen. ⁴Das Ergebnis einer Anlassabfrage wirkt anlassbezogen.

²Die Daten gemäß Nummer 3 sind nach amtlich vorgeschriebenem Datensatz durch Datenfernübertragung zu übermitteln. ³Die Verbindung der Anfrage nach Nummer 2 mit der Anfrage nach Nummer 3 zu einer Anfrage ist zulässig. ⁴Auf Antrag kann das Bundeszentralamt für Steuern zur Vermeidung unbilliger Härten auf eine elektronische Übermittlung verzichten. ⁵§ 44 Absatz 5 ist mit der Maßgabe anzuwenden, dass der Haftungsbescheid von dem für den Kirchensteuerabzugsverpflichteten zuständigen Finanzamt erlassen wird. ⁶§ 45a Absatz 2 ist mit der Maßgabe anzuwenden, dass die steuererhebende Religionsgemeinschaft angegeben wird. ⁷Sind an den Kapitalerträgen ausschließlich Ehegatten beteiligt, wird der Anteil an der Kapitalertragsteuer hälftig ermittelt. ⁸Der Kirchensteuerabzugsverpflichtete darf die von ihm für die Durchführung des Kirchensteuerabzugs erhobenen Daten ausschließlich für diesen Zweck verwenden. ⁹Er hat organisatorisch dafür Sorge zu tragen, dass ein Zugriff auf diese Daten für andere Zwecke gesperrt ist. ¹⁰Für andere Zwecke dürfen der Kirchensteuerabzugsverpflichtete und die beteiligte Finanzbehörde die Daten nur verwenden, soweit der Kirchensteuerpflichtige zustimmt oder dies gesetzlich zugelassen ist.

(2d) ¹Wird die nach Absatz 2b zu erhebende Kirchensteuer nicht nach Absatz 2c als Kirchensteuerabzug vom Kirchensteuerabzugsverpflichteten einbehalten, wird sie nach Ablauf des Kalenderjahres nach dem Kapitalertragsteuerbetrag veranlagt, der sich ergibt, wenn die Steuer nach § 32d Absatz 1 Satz 4 und 5 errechnet wird; wenn Kirchensteuer als Kirchensteuerabzug nach Absatz 2c erhoben wurde, wird eine Veranlagung auf Antrag des Steuerpflichtigen durchgeführt. ²Der Abzugsverpflichtete hat dem Kirchensteuerpflichtigen auf dessen Verlangen hin eine Bescheinigung über die einbehaltene Kapitalertragsteuer zu erteilen. ³Der Kirchensteuerpflichtige hat die erhobene Kapitalertragsteuer zu erklären und die Bescheinigung nach Satz 2 oder nach § 45a Absatz 2 oder 3 vorzulegen.

(2e) ¹Der Schuldner der Kapitalertragsteuer kann unter Angabe seiner Identifikationsnummer nach amtlich vorgeschriebenem Vordruck schriftlich beim Bundeszentralamt für Steuern beantragen, dass der automatisierte Datenabruf seiner rechtlichen Zugehörigkeit zu einer steuererhebenden Religionsgemeinschaft bis auf schriftlichen Widerruf unterbleibt (Sperrvermerk). ²Das Bundeszentralamt für Steuern kann für die Abgabe der Erklärungen nach Satz 1 ein anderes sicheres Verfahren zur Verfügung stellen. ³Der Sperrvermerk verpflichtet den Kirchensteuerpflichtigen für jeden Veranlagungszeitraum, in dem Kapitalertragsteuer einbehalten worden ist, zur Abgabe einer Steuererklärung zum Zwecke der Veranlagung nach Absatz 2d Satz 1. ⁴Das Bundeszentralamt für Steuern übermittelt für jeden Veranlagungszeitraum, in dem der Sperrvermerk abgerufen worden ist, an das Wohnsitzfinanzamt Name und Anschrift des Kirchensteuerabzugsverpflichteten, an den im Fall des Absatzes 2c Nummer 3 auf Grund des Sperrvermerks ein Nullwert im Sinne des Absatzes 2c Satz 1 Nummer 3 Satz 6 mitgeteilt worden ist. ⁵Das Wohnsitzfinanzamt fordert den Kirchensteuerpflichtigen zur Abgabe einer Steuererklärung nach § 149 Absatz 1 Satz 1 und 2 der Abgabenordnung auf.

(3) Ist die Einkommensteuer für Einkünfte, die dem Steuerabzug unterliegen, durch den Steuerabzug abgegolten oder werden solche Einkünfte bei der Veranlagung zur Einkommensteuer oder beim Lohnsteuer-Jahresausgleich nicht erfasst, gilt dies für die Zuschlagsteuer entsprechend.

(4) ¹Die Vorauszahlungen auf Zuschlagsteuern sind gleichzeitig mit den festgesetzten Vorauszahlungen auf die Einkommensteuer zu entrichten; § 37 Absatz 5 ist nicht an-

§§ 51a, 52 — Rechtsprechung

zuwenden. ²Solange ein Bescheid über die Vorauszahlungen auf Zuschlagsteuern nicht erteilt worden ist, sind die Vorauszahlungen ohne besondere Aufforderung nach Maßgabe der für die Zuschlagsteuern geltenden Vorschriften zu entrichten. ³§ 240 Absatz 1 Satz 3 der Abgabenordnung ist insoweit nicht anzuwenden; § 254 Absatz 2 der Abgabenordnung gilt insoweit sinngemäß.

(5) ¹Mit einem Rechtsbehelf gegen die Zuschlagsteuer kann weder die Bemessungsgrundlage noch die Höhe des zu versteuernden Einkommens angegriffen werden. ²Wird die Bemessungsgrundlage geändert, ändert sich die Zuschlagsteuer entsprechend.

(6) Die Absätze 1 bis 5 gelten für die Kirchensteuern nach Maßgabe landesrechtlicher Vorschriften.

Rechtsprechungsauswahl

BFH v. 15. 11. 2011 I R 29/11 (BFH-Webseite): Zuständigkeit für Änderungen von Kirchensteuerfestsetzungen in Nordrhein-Westfalen - Einwendungen gegen die Berechnung der für die Kirchensteuer maßgeblichen „fiktiven" Einkommensteuer nach § 51a Abs. 2 EStG.

Für Änderungen bestandskräftiger Kirchensteuerfestsetzungen in Nordrhein-Westfalen sind die Finanzämter und nicht die kirchlichen Stellen zuständig. Die Finanzämter sind auch zuständig für die Entscheidung über Einsprüche gegen die Ablehnung von Änderungsanträgen des Steuerpflichtigen und sind passiv prozessführungsbefugt in nachfolgenden Klageverfahren.

BFH v. 1. 7. 2009 I R 76/08 (BStBl. 2010 II S. 1061):

1. Die Hinzurechnung von nach dem sog. Halbeinkünfteverfahren steuerfreien Einkünften zur Bemessungsgrundlage der in Baden-Württemberg erhobenen Kirchensteuer gemäß § 5 Abs. 2 KiStG BW i. V. m. § 51a Abs. 2 Satz 2 EStG kann nicht durch Verrechnung mit im betreffenden Veranlagungszeitraum nicht verbrauchten Verlustvorträgen neutralisiert werden.
2. Das Fehlen einer Verrechnungsmöglichkeit verstößt nicht gegen den allgemeinen Gleichheitssatz.

BFH v. 1. 7. 2009 I R 81/08 (BStBl. 2011 II, S. 379):

1. Es ist nicht sachlich unbillig, wenn eine Kirchensteuer auch insoweit erhoben wird, als sie auf der Berücksichtigung von Veräußerungsgewinnen und Übergangsgewinnen beruht.
2. Ist die Bestimmung der Besteuerungsgrundlagen für die Kirchensteuer den Kirchengemeinden übertragen, so ist die einzelne Kirchengemeinde insoweit nicht an die von anderen Kirchengemeinden getroffenen Regelungen gebunden.

BFH v. 11. 2. 2009 X R 51/06 (BStBl. II S. 892): Beantragt der Kläger im Klageverfahren, einen Vorläufigkeitsvermerk zu erweitern, und beantragt er im Revisionsverfahren, die Einkommensteuer herabzusetzen, liegt eine unzulässige Klageänderung i. S. der §§ 67, 123 FGO vor.

Die Reichweite eines Einspruchs gegen einen (mehrere Festsetzungen umfassenden) Sammelbescheid richtet sich nach der Beschwer, die sich aus der Begründung des Einspruchs ergibt (Anschluss an BFH-Urteil vom 8. Mai 2008 VI R 12/05, BFHE 222, 196, BStBl. II 2009, 116).

BFH v. 28. 11. 2007 I R 99/06 (BStBl. 2011 II S. 40): Einwendungen gegen die Berechnung der „fiktiven" Einkommensteuer nach § 51a Abs. 2 EStG als Grundlage für die Festsetzung der in Nordrhein-Westfalen erhobenen Kirchensteuer sind im Rechtsbehelfsverfahren gegen die Festsetzung der Kirchensteuer gegenüber der zuständigen Kirchenbehörde und nicht im Verfahren gegen die Festsetzung der Einkommensteuer gegenüber dem Finanzamt geltend zu machen (gegen Erlass des Finanzministeriums des Landes Nordrhein-Westfalen vom 9. April 2003, EStG-Kartei NW KiSt Nr. 808).

§ 52 Anwendungsvorschriften

(1) ¹Diese Fassung des Gesetzes ist, soweit in den folgenden Absätzen nichts anderes bestimmt ist, erstmals für den Veranlagungszeitraum 2013 anzuwenden. ²Beim Steuerabzug vom Arbeitslohn gilt Satz 1 mit der Maßgabe, dass diese Fassung erstmals auf den laufenden Arbeitslohn anzuwenden ist, der für einen nach dem 31. Dezember 2014 endenden Lohnzahlungszeitraum gezahlt wird, und auf sonstige Bezüge, die nach dem 31. Dezember 2015 zufließen.

Zu den Absätzen 2 bis 50 wird auf die aktuelle Gesetzesfassung vorne verwiesen. Vom Abdruck an dieser Stelle wird aus Gründen der Platzersparnis abgesehen.

§§ 52a, 52b

§ 52a Anwendungsvorschriften zur Einführung einer Abgeltungsteuer auf Kapitalerträge und Veräußerungsgewinne

(weggefallen)

§ 52b Übergangsregelungen bis zur Anwendung der elektronischen Lohnsteuerabzugsmerkmale[1)]

(1) ¹Die Lohnsteuerkarte 2010 und die Bescheinigung für den Lohnsteuerabzug (Absatz 3) gelten mit den eingetragenen Lohnsteuerabzugsmerkmalen auch für den Steuerabzug vom Arbeitslohn ab dem 1. Januar 2011 bis zur erstmaligen Anwendung der elektronischen Lohnsteuerabzugsmerkmale durch den Arbeitgeber (Übergangszeitraum). ²Voraussetzung ist, dass dem Arbeitgeber entweder die Lohnsteuerkarte 2010 oder die Bescheinigung für den Lohnsteuerabzug vorliegt. In diesem Übergangszeitraum hat der Arbeitgeber die Lohnsteuerkarte 2010 und die Bescheinigung für den Lohnsteuerabzug

1. während des Dienstverhältnisses aufzubewahren, er darf sie nicht vernichten;
2. dem Arbeitnehmer zur Vorlage beim Finanzamt vorübergehend zu überlassen sowie
3. nach Beendigung des Dienstverhältnisses innerhalb einer angemessenen Frist herauszugeben.

²Nach Ablauf des auf den Einführungszeitraum (Absatz 5 Satz 2) folgenden Kalenderjahres darf der Arbeitgeber die Lohnsteuerkarte 2010 und die Bescheinigung für den Lohnsteuerabzug vernichten. ³Ist auf der Lohnsteuerkarte 2010 eine Lohnsteuerbescheinigung erteilt und ist die Lohnsteuerkarte an den Arbeitnehmer herausgegeben worden, kann der Arbeitgeber bei fortbestehendem Dienstverhältnis die Lohnsteuerabzugsmerkmale der Lohnsteuerkarte 2010 im Übergangszeitraum weiter anwenden, wenn der Arbeitnehmer schriftlich erklärt, dass die Lohnsteuerabzugsmerkmale der Lohnsteuerkarte 2010 weiterhin zutreffend sind.

(2) ¹Für Eintragungen auf der Lohnsteuerkarte 2010 und in der Bescheinigung für den Lohnsteuerabzug im Übergangszeitraum ist das Finanzamt zuständig. ²Der Arbeitnehmer ist verpflichtet, die Eintragung der Steuerklasse und der Zahl der Kinderfreibeträge auf der Lohnsteuerkarte 2010 und in der Bescheinigung für den Lohnsteuerabzug umgehend durch das Finanzamt ändern zu lassen, wenn die Eintragung von den Verhältnissen zu Beginn des jeweiligen Kalenderjahres im Übergangszeitraum zu seinen Gunsten abweicht. ³Diese Verpflichtung gilt auch in den Fällen, in denen die Steuerklasse II bescheinigt ist und die Voraussetzungen für die Berücksichtigung des Entlastungsbetrags für Alleinerziehende (§ 24b) im Laufe des Kalenderjahres entfallen. ⁴Kommt der Arbeitnehmer seiner Verpflichtung nicht nach, so hat das Finanzamt die Eintragung von Amts wegen zu ändern; der Arbeitnehmer hat die Lohnsteuerkarte 2010 und die Bescheinigung für den Lohnsteuerabzug dem Finanzamt auf Verlangen vorzulegen.

(3) Hat die Gemeinde für den Arbeitnehmer keine Lohnsteuerkarte für das Kalenderjahr 2010 ausgestellt oder ist die Lohnsteuerkarte 2010 verloren gegangen, unbrauchbar geworden oder zerstört worden, hat das Finanzamt im Übergangszeitraum auf Antrag des Arbeitnehmers eine Bescheinigung für den Lohnsteuerabzug nach amtlich vorgeschriebenem Muster (Bescheinigung für den Lohnsteuerabzug) auszustellen. Diese Bescheinigung tritt an die Stelle der Lohnsteuerkarte 2010.

(4) ¹Beginnt ein nach § 1 Absatz 1 unbeschränkt einkommensteuerpflichtiger lediger Arbeitnehmer im Übergangszeitraum ein Ausbildungsdienstverhältnis als erstes Dienstverhältnis, kann der Arbeitgeber auf die Vorlage einer Bescheinigung für den Lohnsteuerabzug verzichten. In diesem Fall hat der Arbeitgeber die Lohnsteuer nach der Steuerklasse I zu ermitteln; der Arbeitnehmer hat dem Arbeitgeber seine Identifikationsnummer sowie den Tag der Geburt und die rechtliche Zugehörigkeit zu einer steuererhebenden Religionsgemeinschaft mitzuteilen und schriftlich zu bestätigen, dass es sich um das erste Dienst-

---

1) Neufassung durch das Amtshilferichtlinienumsetzungsgesetz vom 26. Juni 2013, BGBl. I S. 869; BStBl. I S. 802.

§ 52b

verhältnis handelt. ²Der Arbeitgeber hat die Erklärung des Arbeitnehmers bis zum Ablauf des Kalenderjahres als Beleg zum Lohnkonto aufzubewahren.

(5) ¹Das Bundesministerium der Finanzen hat im Einvernehmen mit den obersten Finanzbehörden der Länder den Zeitpunkt der erstmaligen Anwendung der ELStAM für die Durchführung des Lohnsteuerabzugs ab dem Kalenderjahr 2013 oder einem späteren Anwendungszeitpunkt sowie den Zeitpunkt des erstmaligen Abrufs der ELStAM durch den Arbeitgeber (Starttermin) in einem Schreiben zu bestimmen, das im Bundessteuerblatt zu veröffentlichen ist. ²Darin ist für die Einführung des Verfahrens der elektronischen Lohnsteuerabzugsmerkmale ein Zeitraum zu bestimmen (Einführungszeitraum). ³Der Arbeitgeber oder sein Vertreter (§ 39e Absatz 4 Satz 6) hat im Einführungszeitraum die nach § 39e gebildeten ELStAM abzurufen und für die auf den Abrufzeitpunkt folgende nächste Lohnabrechnung anzuwenden. ⁴Für den Abruf der ELStAM hat sich der Arbeitgeber oder sein Vertreter zu authentifizieren und die Steuernummer der Betriebsstätte oder des Teils des Betriebs des Arbeitgebers, in dem der für die Durchführung des Lohnsteuerabzugs maßgebende Arbeitslohn des Arbeitnehmers ermittelt wird (§ 41 Absatz 2), die Identifikationsnummer und den Tag der Geburt des Arbeitnehmers sowie, ob es sich um das erste oder ein weiteres Dienstverhältnis handelt, mitzuteilen. ⁵Er hat ein erstes Dienstverhältnis mitzuteilen, wenn auf der Lohnsteuerkarte 2010 oder der Bescheinigung für den Lohnsteuerabzug eine der Steuerklassen I bis V (§ 38b Absatz 1 Satz 2 Nummer 1 bis 5) eingetragen ist oder wenn die Lohnsteuerabzugsmerkmale nach Absatz 4 gebildet worden sind. ⁶Ein weiteres Dienstverhältnis (§ 38b Absatz 1 Satz 2 Nummer 6) ist mitzuteilen, wenn die Voraussetzungen des Satzes 5 nicht vorliegen. ⁷Der Arbeitgeber hat die ELStAM in das Lohnkonto zu übernehmen und gemäß der übermittelten zeitlichen Gültigkeitsangabe anzuwenden.

(5a) ¹Nachdem der Arbeitgeber die ELStAM für die Durchführung des Lohnsteuerabzugs angewandt hat, sind die Übergangsregelungen in Absatz 1 Satz 1 und in den Absätzen 2 bis 5 nicht mehr anzuwenden. ²Die Lohnsteuerabzugsmerkmale der vorliegenden Lohnsteuerkarte 2010 und der Bescheinigung für den Lohnsteuerabzug gelten nicht mehr. ³Wenn die nach § 39e Absatz 1 Satz 1 gebildeten Lohnsteuerabzugsmerkmale den tatsächlichen Verhältnissen des Arbeitnehmers nicht entsprechen, hat das Finanzamt auf dessen Antrag eine besondere Bescheinigung für den Lohnsteuerabzug (Besondere Bescheinigung für den Lohnsteuerabzug) mit den Lohnsteuerabzugsmerkmalen des Arbeitnehmers auszustellen sowie etwaige Änderungen einzutragen (§ 39 Absatz 1 Satz 2) und die Abrufberechtigung des Arbeitgebers auszusetzen. ⁴Die Gültigkeit dieser Bescheinigung ist auf längstens zwei Kalenderjahre zu begrenzen. ⁵§ 39e Absatz 5 Satz 1 und Absatz 7 Satz 6 gilt entsprechend. Die Lohnsteuerabzugsmerkmale der Besonderen Bescheinigung für den Lohnsteuerabzug sind für die Durchführung des Lohnsteuerabzugs nur dann für den Arbeitgeber maßgebend, wenn ihm gleichzeitig die Lohnsteuerkarte 2010 vorliegt oder unter den Voraussetzungen des Absatzes 1 Satz 5 vorgelegen hat oder eine Bescheinigung für den Lohnsteuerabzug für das erste Dienstverhältnis des Arbeitnehmers vorliegt. ⁶Abweichend von Absatz 5 Satz 3 und 7 kann der Arbeitgeber nach dem erstmaligen Abruf der ELStAM die Lohnsteuer im Einführungszeitraum längstens für die Dauer von sechs Kalendermonaten weiter nach den Lohnsteuerabzugsmerkmalen der Lohnsteuerkarte 2010, der Bescheinigung für den Lohnsteuerabzug oder den nach Absatz 4 maßgebenden Lohnsteuerabzugsmerkmalen erheben, wenn der Arbeitnehmer zustimmt. ⁷Dies gilt auch, wenn der Arbeitgeber die ELStAM im Einführungszeitraum erstmals angewandt hat.

(6) bis (8) (weggefallen)

(9) Ist der unbeschränkt einkommensteuerpflichtige Arbeitnehmer seinen Verpflichtungen nach Absatz 2 Satz 2 und 3 nicht nachgekommen und kommt eine Veranlagung zur Einkommensteuer nach § 46 Absatz 2 Nummer 1 bis 7 nicht in Betracht, kann das Finanzamt den Arbeitnehmer zur Abgabe einer Einkommensteuererklärung auffordern und eine Veranlagung zur Einkommensteuer durchführen.

Hinweise

LStH 52b Startschreiben
Startschreiben zum erstmaligen Abruf und zur Anwendung der elektronischen Lohnsteuerabzugsmerkmale ab dem Kalenderjahr 2013 → BMF vom 19.12.2012 (BStBl. I S. 1258) unter Berücksichtigung der Änderung durch BMF vom 23.10.2014 (BStBl. I S. 1411).
– Anlage § 039e-03 –

§§ 53, 54, 55

§ 53 Sondervorschrift zur Steuerfreistellung des Existenzminimums eines Kindes in den Veranlagungszeiträumen 1983 bis 1995

[1]In den Veranlagungszeiträumen 1983 bis 1995 sind in Fällen, in denen die Einkommensteuer noch nicht formell bestandskräftig oder hinsichtlich der Höhe der Kinderfreibeträge vorläufig festgesetzt ist, für jedes bei der Festsetzung berücksichtigte Kind folgende Beträge als Existenzminimum des Kindes steuerfrei zu belassen:

1983	3.732 Deutsche Mark,
1984	3.864 Deutsche Mark,
1985	3.924 Deutsche Mark,
1986	4.296 Deutsche Mark,
1987	4.416 Deutsche Mark,
1988	4.572 Deutsche Mark,
1989	4.752 Deutsche Mark,
1990	5.076 Deutsche Mark,
1991	5.388 Deutsche Mark,
1992	5.676 Deutsche Mark,
1993	5.940 Deutsche Mark,
1994	6.096 Deutsche Mark,
1995	6.168 Deutsche Mark.

[2]Im Übrigen ist § 32 in der für den jeweiligen Veranlagungszeitraum geltenden Fassung anzuwenden. [3]Für die Prüfung, ob die nach Satz 1 und 2 gebotene Steuerfreistellung bereits erfolgt ist, ist das dem Steuerpflichtigen im jeweiligen Veranlagungszeitraum zustehende Kindergeld mit dem auf das bisherige zu versteuernde Einkommen des Steuerpflichtigen in demselben Veranlagungszeitraum anzuwendenden Grenzsteuersatz in einen Freibetrag umzurechnen; dies gilt auch dann, soweit das Kindergeld dem Steuerpflichtigen im Wege eines zivilrechtlichen Ausgleichs zusteht. [4]Die Umrechnung des zustehenden Kindergeldes ist entsprechend dem Umfang der bisher abgezogenen Kinderfreibeträge vorzunehmen. [5]Bei einem unbeschränkt einkommensteuerpflichtigen Elternpaar, bei dem die Voraussetzungen des § 26 Absatz 1 Satz 1 nicht vorliegen, ist eine Änderung der bisherigen Inanspruchnahme des Kinderfreibetrags unzulässig. [6]Erreicht die Summe aus dem bei der bisherigen Einkommensteuerfestsetzung abgezogenen Kinderfreibetrag und dem nach Satz 3 und 4 berechneten Freibetrag nicht den nach Satz 1 und 2 für den jeweiligen Veranlagungszeitraum maßgeblichen Betrag, ist der Unterschiedsbetrag vom bisherigen zu versteuernden Einkommen abzuziehen und die Einkommensteuer neu festzusetzen. [7]Im Zweifel hat der Steuerpflichtige die Voraussetzungen durch Vorlage entsprechender Unterlagen nachzuweisen.

§ 54 (weggefallen)

§ 55 Schlussvorschriften
(Sondervorschriften für die Gewinnermittlung nach § 4 oder nach Durchschnittssätzen bei vor dem 1. Juli 1970 angeschafftem Grund und Boden)

(1) [1]Bei Steuerpflichtigen, deren Gewinn für das Wirtschaftsjahr, in das der 30. Juni 1970 fällt, nicht nach § 5 zu ermitteln ist, gilt bei Grund und Boden, der mit Ablauf des 30. Juni 1970 zu ihrem Anlagevermögen gehört hat, als Anschaffungs- oder Herstellungskosten (§ 4 Absatz 3 Satz 4 und § 6 Absatz 1 Nummer 2 Satz 1) das Zweifache des nach den Absätzen 2 bis 4 zu ermittelnden Ausgangsbetrags. [2]Zum Grund und Boden im Sinne des Satzes 1 gehören nicht die mit ihm in Zusammenhang stehenden Wirtschaftsgüter und Nutzungsbefugnisse.

(2) [1]Bei der Ermittlung des Ausgangsbetrags des zum land- und forstwirtschaftlichen Vermögen (§ 33 Absatz 1 Satz 1 Bewertungsgesetz in der Fassung der Bekanntmachung vom

§ 55

10. Dezember 1965 – BGBl. I S. 1861 –, zuletzt geändert durch das Bewertungsänderungsgesetz 1971 vom 27. Juli 1971 – BGBl. I S. 1157) gehörenden Grund und Bodens ist seine Zuordnung zu den Nutzungen und Wirtschaftsgütern (§ 34 Absatz 2 Bewertungsgesetz) am 1. Juli 1970 maßgebend; dabei sind die Hof- und Gebäudeflächen sowie die Hausgärten im Sinne des § 40 Absatz 3 des Bewertungsgesetzes nicht in die einzelne Nutzung einzubeziehen. ²Es sind anzusetzen:

1. bei Flächen, die nach dem Bodenschätzungsgesetz vom 20. Dezember 2007 (BGBl. I S. 3150, 3176) in der jeweils geltenden Fassung zu schätzen sind, für jedes katastermäßig abgegrenzte Flurstück der Betrag in Deutsche Mark, der sich ergibt, wenn die für das Flurstück am 1. Juli 1970 im amtlichen Verzeichnis nach § 2 Absatz 2 der Grundbuchordnung (Liegenschaftskataster) ausgewiesene Ertragsmesszahl vervierfacht wird. ²Abweichend von Satz 1 sind für Flächen der Nutzungsteile

   a) Hopfen, Spargel, Gemüsebau und Obstbau 2,05 Euro je Quadratmeter,
   b) Blumen- und Zierpflanzenbau sowie Baumschulen 2,56 Euro je Quadratmeter

   anzusetzen, wenn der Steuerpflichtige dem Finanzamt gegenüber bis zum 30. Juni 1972 eine Erklärung über die Größe, Lage und Nutzung der betreffenden Flächen abgibt,

2. für Flächen der forstwirtschaftlichen Nutzung je Quadratmeter 0,51 Euro,

3. für Flächen der weinbaulichen Nutzung der Betrag, der sich unter Berücksichtigung der maßgebenden Lagenvergleichszahl (Vergleichszahl der einzelnen Weinbaulage, § 39 Absatz 1 Satz 3 und § 57 Bewertungsgesetz), die für ausbauende Betriebsweise mit Fassweinerzeugung anzusetzen ist, aus der nachstehenden Tabelle ergibt:

Lagenvergleichszahl	Ausgangsbetrag je Quadratmeter in Euro
bis 20	1,28
21 bis 30	1,79
31 bis 40	2,56
41 bis 50	3,58
51 bis 60	4,09
61 bis 70	4,60
71 bis 100	5,11
über 100	6,39

4. für Flächen der sonstigen land- und forstwirtschaftlichen Nutzung, auf die Nummer 1 keine Anwendung findet, je Quadratmeter 0,51 Euro,
5. für Hofflächen, Gebäudeflächen und Hausgärten im Sinne des § 40 Absatz 3 des Bewertungsgesetzes je Quadratmeter 2,56 Euro,
6. für Flächen des Geringstlandes je Quadratmeter 0,13 Euro,
7. für Flächen des Abbaulandes je Quadratmeter 0,26 Euro,
8. für Flächen des Unlandes je Quadratmeter 0,05 Euro.

(3) ¹Lag am 1. Juli 1970 kein Liegenschaftskataster vor, in dem Ertragsmesszahlen ausgewiesen sind, so ist der Ausgangsbetrag in sinngemäßer Anwendung des Absatzes 2 Nummer 1 Satz 1 auf der Grundlage der durchschnittlichen Ertragsmesszahl der landwirtschaftlichen Nutzung eines Betriebs zu ermitteln, die die Grundlage für die Hauptfeststellung des Einheitswerts auf den 1. Januar 1964 bildet. ²Absatz 2 Nummer 1 Satz 2 bleibt unberührt.

(4) Bei nicht zum land- und forstwirtschaftlichen Vermögen gehörenden Grund und Boden ist als Ausgangsbetrag anzusetzen:

1. Für unbebaute Grundstücke der auf den 1. Januar 1964 festgestellte Einheitswert. ²Wird auf den 1. Januar 1964 kein Einheitswert festgestellt oder hat sich der Bestand des Grundstücks nach dem 1. Januar 1964 und vor dem 1. Juli 1970 verändert, so ist der

§§ 55, 56, 57

Wert maßgebend, der sich ergeben würde, wenn das Grundstück nach seinem Bestand vom 1. Juli 1970 und nach den Wertverhältnissen vom 1. Januar 1964 zu bewerten wäre;

2. für bebaute Grundstücke der Wert, der sich nach Nummer 1 ergeben würde, wenn das Grundstück unbebaut wäre.

(5) ¹Weist der Steuerpflichtige nach, daß der Teilwert für Grund und Boden im Sinne des Absatzes 1 am 1. Juli 1970 höher ist als das Zweifache des Ausgangsbetrags, so ist auf Antrag des Steuerpflichtigen der Teilwert als Anschaffungs- oder Herstellungskosten anzusetzen. ²Der Antrag ist bis zum 31. Dezember 1975 bei dem Finanzamt zu stellen, das für die Ermittlung des Gewinns aus dem Betrieb zuständig ist. ³Der Teilwert ist gesondert festzustellen. ⁴Vor dem 1. Januar 1974 braucht diese Feststellung nur zu erfolgen, wenn ein berechtigtes Interesse des Steuerpflichtigen gegeben ist. ⁵Die Vorschriften der Abgabenordnung und der Finanzgerichtsordnung über die gesonderte Feststellung von Besteuerungsgrundlagen gelten entsprechend.

(6) ¹Verluste, die bei der Veräußerung oder Entnahme von Grund und Boden im Sinne des Absatzes 1 entstehen, dürfen bei der Ermittlung des Gewinns in Höhe des Betrags nicht berücksichtigt werden, um den der ausschließlich auf den Grund und Boden entfallende Veräußerungspreis oder der an dessen Stelle tretende Wert nach Abzug der Veräußerungskosten unter dem Zweifachen des Ausgangsbetrags liegt. ²Entsprechendes gilt bei Anwendung des § 6 Absatz 1 Nummer 2 Satz 2.

(7) Grund und Boden, der nach § 4 Absatz 1 Satz 5 des Einkommensteuergesetzes 1969 nicht anzusetzen war, ist wie eine Einlage zu behandeln; er ist dabei mit dem nach Absatz 1 oder 5 maßgebenden Wert anzusetzen.

§ 56 Sondervorschriften für Steuerpflichtige in dem in Artikel 3 des Einigungsvertrages genannten Gebiet

Bei Steuerpflichtigen, die am 31. Dezember 1990 einen Wohnsitz oder ihren gewöhnlichen Aufenthalt in dem in Artikel 3 des Einigungsvertrages genannten Gebiet und im Jahre 1990 keinen Wohnsitz oder gewöhnlichen Aufenthalt im bisherigen Geltungsbereich dieses Gesetzes hatten, gilt Folgendes:

§ 7 Absatz 5 ist auf Gebäude anzuwenden, die in dem Artikel 3 des Einigungsvertrages genannten Gebiet nach dem 31. Dezember 1990 angeschafft oder hergestellt worden sind.

§ 57 Besondere Anwendungsregeln aus Anlass der Herstellung der Einheit Deutschlands

(1) Die §§ 7c, 7f, 7g, 7k und 10e dieses Gesetzes, die §§ 76, 78, 82a und 82f der Einkommensteuer-Durchführungsverordnung sowie die §§ 7 und 12 Absatz 3 des Schutzbaugesetzes sind auf Tatbestände anzuwenden, die in dem in Artikel 3 des Einigungsvertrages genannten Gebiet nach dem 31. Dezember 1990 verwirklicht worden sind.

(2) Die §§ 7b und 7d dieses Gesetzes sowie die §§ 81, 82d, 82g und 82i der Einkommensteuer-Durchführungsverordnung sind nicht auf Tatbestände anzuwenden, die in dem in Artikel 3 des Einigungsvertrages genannten Gebiet verwirklicht worden sind.

(3) Bei der Anwendung des § 7g Absatz 2 Nummer 1 und des § 14a Absatz 1 ist in dem in Artikel 3 des Einigungsvertrages genannten Gebiet anstatt vom maßgebenden Einheitswert des Betriebs der Land- und Forstwirtschaft und den darin ausgewiesenen Werten vom Ersatzwirtschaftswert nach § 125 des Bewertungsgesetzes auszugehen.

(4) ¹§ 10 d Absatz 1 ist mit der Maßgabe anzuwenden, daß der Sonderausgabenabzug erstmals von dem für die zweite Hälfte des Veranlagungszeitraums 1990 ermittelten Gesamtbetrag der Einkünfte vorzunehmen ist. ²§ 10d Absatz 2 und 3 ist auch für Verluste anzuwenden, die in dem in Artikel 3 des Einigungsvertrages genannten Gebiet im Veranlagungszeitraum 1990 entstanden sind.

§§ 57, 58, 59, 60, 61

(5) § 22 Nummer 4 ist auf vergleichbare Bezüge anzuwenden, die auf Grund des Gesetzes über Rechtsverhältnisse der Abgeordneten der Volkskammer der Deutschen Demokratischen Republik vom 31. Mai 1990 (GBl. I Nr. 30 S. 274) gezahlt worden sind.

(6) § 34f Absatz 3 Satz 3 ist erstmals auf die in dem in Artikel 3 des Einigungsvertrages genannten Gebiet für die zweite Hälfte des Veranlagungszeitraums 1990 festgesetzte Einkommensteuer anzuwenden.

§ 58 Weitere Anwendung von Rechtsvorschriften, die vor Herstellung der Einheit Deutschlands in dem in Artikel 3 des Einigungsvertrages genannten Gebiet gegolten haben

(1) Die Vorschriften über Sonderabschreibungen nach § 3 Absatz 1 des Steueränderungsgesetzes vom 6. März 1990 (GBl. I Nr. 17 S. 136) in Verbindung mit § 7 der Durchführungsbestimmung zum Gesetz zur Änderung der Rechtsvorschriften über die Einkommen-, Körperschaft- und Vermögensteuer – Steueränderungsgesetz – vom 16. März 1990 (GBl. I Nr. 21 S. 195) sind auf Wirtschaftsgüter weiter anzuwenden, die nach dem 31. Dezember 1989 und vor dem 1. Januar 1991 in dem in Artikel 3 des Einigungsvertrages genannten Gebiet angeschafft oder hergestellt worden sind.

(2) ¹Rücklagen nach § 3 Absatz 2 des Steueränderungsgesetzes vom 6. März 1990 (GBl. I Nr. 17 S. 136) in Verbindung mit § 8 der Durchführungsbestimmung zum Gesetz zur Änderung der Rechtsvorschriften über die Einkommen-, Körperschaft- und Vermögensteuer – Steueränderungsgesetz – vom 16. März 1990 (GBl. I Nr. 21 S. 195) dürfen, soweit sie zum 31. Dezember 1990 zulässigerweise gebildet worden sind, auch nach diesem Zeitpunkt fortgeführt werden. ²Sie sind spätestens im Veranlagungszeitraum 1995 gewinn- oder sonst einkünfteerhöhend aufzulösen. ³Sind vor dieser Auflösung begünstigte Wirtschaftsgüter angeschafft oder hergestellt worden, sind die in Rücklage eingestellten Beträge von den Anschaffungs- oder Herstellungskosten abzuziehen; die Rücklage ist in Höhe des abgezogenen Betrags im Veranlagungszeitraum der Anschaffung oder Herstellung gewinn- oder sonst einkünfteerhöhend aufzulösen.

(3) Die Vorschrift über den Steuerabzugsbetrag nach § 9 Absatz 1 der Durchführungsbestimmung zum Gesetz zur Änderung der Rechtsvorschriften über die Einkommen-, Körperschaft- und Vermögensteuer – Steueränderungsgesetz – vom 16. März 1990 (GBl. I Nr. 21 S. 195) ist für Steuerpflichtige weiter anzuwenden, die vor dem 1. Januar 1991 in dem in Artikel 3 des Einigungsvertrages genannten Gebiet eine Betriebsstätte begründet haben, wenn sie von dem Tag der Begründung der Betriebsstätte an zwei Jahre lang die Tätigkeit ausüben, die Gegenstand der Betriebsstätte ist.

§§ 59 bis 61 (weggefallen)

X. Kindergeld[1)]

§ 62 Anspruchsberechtigte

(1) ¹Für Kinder im Sinne des § 63 hat Anspruch auf Kindergeld nach diesem Gesetz, wer

1. im Inland einen Wohnsitz oder seinen gewöhnlichen Aufenthalt hat oder
2. ohne Wohnsitz oder gewöhnlichen Aufenthalt im Inland
   a) nach § 1 Absatz 2 unbeschränkt einkommensteuerpflichtig ist oder
   b) nach § 1 Absatz 3 als unbeschränkt einkommensteuerpflichtig behandelt wird.

²Voraussetzung für den Anspruch nach Satz 1 ist, dass der Berechtigte durch die an ihn vergebene Identifikationsnummer (§ 139b der Abgabenordnung) identifiziert wird. ³Die nachträgliche Vergabe der Identifikationsnummer wirkt auf Monate zurück, in denen die Voraussetzungen des Satzes 1 vorliegen.

(2) Ein nicht freizügigkeitsberechtigter Ausländer erhält Kindergeld nur, wenn er

1. eine Niederlassungserlaubnis besitzt,
2. eine Aufenthaltserlaubnis besitzt, die zur Ausübung einer Erwerbstätigkeit berechtigt oder berechtigt hat, es sei denn, die Aufenthaltserlaubnis wurde
   a) nach § 16 oder § 17 des Aufenthaltsgesetzes erteilt,
   b) nach § 18 Absatz 2 des Aufenthaltsgesetzes erteilt und die Zustimmung der Bundesagentur für Arbeit darf nach der Beschäftigungsverordnung nur für einen bestimmten Höchstzeitraum erteilt werden,
   c) nach § 23 Absatz 1 des Aufenthaltsgesetzes wegen eines Krieges in seinem Heimatland oder nach den §§ 23a, 24, 25 Absatz 3 bis 5 des Aufenthaltsgesetzes erteilt
   oder
3. eine in Nummer 2 Buchstabe c genannte Aufenthaltserlaubnis besitzt und
   a) sich seit mindestens drei Jahren rechtmäßig, gestattet oder geduldet im Bundesgebiet aufhält und
   b) im Bundesgebiet berechtigt erwerbstätig ist, laufende Geldleistungen nach dem Dritten Buch Sozialgesetzbuch bezieht oder Elternzeit in Anspruch nimmt.

Rechtsprechungsauswahl

BFH v. 13. 11. 2014 III R 1/13 (BFH-Webseite): Der Anspruch auf Kindergeld nach deutschem Recht für ein im EU-Ausland lebendes Kind ist nach § 65 Abs. 1 Satz 1 Nr. 2 EStG ausgeschlossen, wenn für das Kind ein Anspruch auf ausländische Leistungen besteht. die dem Kindergeld vergleichbar sind, und der Anspruchsteller nicht vom Anwendungsbereich der VO (EWG) Nr. 1408/71 erfasst wird, weil er nicht in einem Sozialversicherungssystem versichert ist.

BFH v. 3. 7. 2014 III R 37/13 (BStBl. 2015 II S. 151): Nach der ab dem Jahr 2012 geltenden Rechtslage ist ein Unterhaltsanspruch, welcher der nicht verheirateten Tochter des Kindergeldberechtigten gegen den Vater ihres Kindes zusteht (§ 1615l BGB), für die Berücksichtigung nach § 32 Abs. 4 Satz 1 Nr. 1 und Nr. 2 EStG ohne Bedeutung.

BFH v. 8. 5. 2014 III R 21/12 (BStBl. 2015 II S. 135): Ein angemietetes Zimmer kann nur dann der Wohnsitz einer natürlichen Person i.S.d. § 62 Abs. 1 Nr. 1 EStG i.V.m. § 8 AO sein, wenn es sich hierbei um eine auf Dauer zum Bewohnen geeignete Räumlichkeit handelt. die der Betreffende – wenn auch in größeren Zeitabständen – mit einer gewissen Regelmäßigkeit tatsächlich zu Wohnzwecken nutzt. Ob diese Voraussetzungen bei einem Gewerbetreibenden vorliegen, lässt sich im Allgemeinen nicht aus der Höhe der im Inland erzielten Einkünfte folgern.

BFH v. 18. 12. 2013 III R 44/12 (BStBl. 2015 II S. 143): Ein deutscher Staatsangehöriger, der mit seiner Familie den Lebensmittelpunkt in Tschechien teilt und dort sozialversicherungspflichtig beschäftigt ist,

---

1) Hinweis auf die Dienstanweisung zum Kindergeld nach dem Einkommensteuergesetz (DA-KG) vom 1.7.2014 (BStBl. I S. 922). Hinweis auf Änderung der Dienstanweisung zur Durchführung des Familienleistungsausgleichs (DA-FamEStG) vom 11.7.2013 (BStBl. I S. 882).

Rechtsprechung § 62

hat Anspruch auf deutsches (Differenz-)Kindergeld, wenn er in Deutschland einen Zweitwohnsitz beibehält.

BFH v. 19. 9. 2013 V R 9/12 (BStBl. 2014 II S. 715): Deutsche Staatsangehörige, die im Inland weder einen Wohnsitz noch einen gewöhnlichen Aufenthalt haben und Arbeitslohn für die Beschäftigung in einer im Drittland (hier: Dominikanische Republik) liegenden Deutschen Botschaft vom Auswärtigen Amt beziehen, haben keinen Anspruch auf inländisches Kindergeld für ihre in ihrem Haushalt lebenden Kinder, wenn sie als sog. Ortskräfte ständig im Ausland ansässig sind und dort der unbeschränkten Steuerpflicht unterliegen.

1. Aus dem Vorliegen einer sachlichen Steuerbefreiung für eine Botschaftstätigkeit in einem Drittland lässt sich nicht auf das – für eine erweiterte unbeschränkte Steuerpflicht nach § 1 Abs. 2 Satz 2 EStG erforderliche – Fehlen einer unbeschränkten Steuerpflicht im Drittland schließen.
2. Ortskräfte einer Deutschen Botschaft im Ausland, die bereits längere Zeit vor der Entsendung in diesem Staat ihren Wohnsitz hatten, gelten als ständig ansässig nach Art. 34 und 37 WÜD und damit grundsätzlich der ausländischen Einkommensteuer unterliegend.
3. Der Annahme einer erweiterten unbeschränkten Steuerpflicht nach § 1 Abs. 2 EStG steht eine nach § 1 Abs. 3 EStG erfolgte Veranlagung nicht entgegen, wenn das FA den für diese Veranlagung nach § 1 Abs. 3 EStG erforderlichen Antrag lediglich unterstellt hat.

BFH v. 12. 9. 2013 III R 32/11 (BFH-Webseite): Wohnen Eltern mit ihren Kindern in Deutschland, arbeiten aber beide in der Schweiz, entfällt der nach den §§ 62 ff. EStG bestehende Kindergeldanspruch des nach dem EStG (vorrangig) Anspruchsberechtigten nicht dadurch, dass er gemäß Art. 13 Abs. 2 Buchst. a der VO (EWG) Nr. 1408/71 nicht den deutschen Rechtsvorschriften unterliegt. Es ist ein Anspruch nach Art. 10 Abs. 1 Buchst. a der VO (EWG) Nr. 574/72 auf die Differenz zwischen dem in der Schweiz gezahlten und einem höheren deutschen Kindergeld gegeben.

BFH v. 8. 8. 2013 VI R 45/12 (BStBl. 2014 II S. 836): Auf türkische Bedienstete einer amtlichen türkischen Vertretung in Deutschland und ihre Angehörigen sind u.a. die Rechtsvorschriften von Deutschland über das Kindergeld für Arbeitnehmer nicht anwendbar, sofern der Bedienstete weiterhin in das türkische Sozialversicherungssystem eingegliedert ist.

BFH v. 8. 8. 2013 VI R 76/12 (BStBl. 2014 II S. 36):
1. Der steuerrechtliche Wohnsitzbegriff stellt auf die tatsächlichen Lebensverhältnisse ab. Völkerrechtliche Vereinbarungen, insbesondere des Konsularrechts, stehen dieser Erkenntnis nicht entgegen.
2. Aus der Erteilung des „Protokollausweises für Ortskräfte" ergibt sich, dass sich der Ausweisinhaber rechtmäßig in Deutschland aufhält und hier eine erlaubte Tätigkeit ausübt. Dieser Ausweis ist formell kein Titel i.S.d. Ausländergesetzes 1990 oder des AufenthG, die durch ihn dokumentierte Freistellung von einem Aufenthaltstitel wirkt aber wie eine ausländerrechtliche Statusentscheidung, die für den Anspruch auf Kindergeld Tatbestandswirkung entfaltet.
3. Das bilateral abgeschlossene Sozialabkommen mit der Türkei regelt die Rechte und Ansprüche nach dem Vorläufigen Europäischen Abkommens (VEA) von türkischen Bediensteten einer in Deutschland belegenen amtlichen Vertretung und ihren Angehörigen genauer und geht diesem deshalb in seinem besonderen Regelungsgehalt – hier dem Verlust der deutschen Kindergeldberechtigung – nach den allgemeinen Auslegungsregeln vor.

1. Ein Kindergeldanspruch wird nach § 63 Abs. 1 Satz 1 Nr. 2 EStG i.V.m. § 2 Abs. 8 EStG i.d.F. des Gesetzes v. 15.7.2013 gewährt, wenn ein eingetragener Lebenspartner in seinen Haushalt die Kinder seines eingetragenen Lebenspartners aufnimmt.
2. Die in § 2 Abs. 8 EStG i.d.F. des Gesetzes vom 15.7.2013 bestimmte Gleichstellung von Lebenspartnern und Lebenspartnerschaften mit Ehegatten und Ehen ist in allen Fällen anzuwenden, in denen das Kindergeld noch nicht bestandskräftig festgesetzt ist. § 52 Abs. 2a EStG i.d.F. des Gesetzes vom 15.7.2013 gilt insoweit entsprechend.

BFH v. 8. 8. 2013 III R 22/12 (BStBl. 2014 II S. 838): Verliert ein nicht freizügigkeitsberechtigter Ausländer einen zum Bezug von Kindergeld berechtigenden Aufenthaltstitel, weil sich sein Aufenthaltsstatus aufgrund seiner Eheschließung mit einer Angehörigen des zivilen Gefolges der NATO-Truppen nunmehr nach dem NATO-Truppenstatut richtet, so ist er dennoch aufgrund einer analogen Anwendung des § 62 Abs. 2 EStG kindergeldberechtigt.

§ 62

Rechtsprechung

1. Dem steht Art. 13 Abs. 1 Satz 1 NATOTrStatZAbk nicht entgegen, wenn aufgrund der sozialversicherungspflichtigen nichtselbständigen Beschäftigung des Ausländers rechtliche Beziehungen zur deutschen Sozialversicherung bestehen, die außerhalb der Eigenschaft als Ehemann einer Angehörigen des zivilen Gefolges der US-Streitkräfte begründet sind.

2. Für die Anspruchsberechtigung nach § 62 Abs. 2 EStG ist der Besitz eines Aufenthaltstitels entscheidend. Der Anspruch auf einen solchen genügt nicht (vgl. BFH-Urteil vom 28.4.2010, III R 1/08, BStBl. II S. 980). Von diesem Grundsatz ist eine Ausnahme zu machen, wenn ein Ausländer nur deshalb einen zum Bezug von Kindergeld berechtigenden Aufenthaltstitel verloren hat, weil er nach seiner Eheschließung nicht mehr dem Ausländerrecht, sondern dem NATOTrStat unterliegt.

BFH v. 18. 7. 2013 III R 9/09 (BStBl. 2014 II S. 802):

1. Behandelt das Finanzamt einen vorübergehend im Inland tätigen Saisonarbeiter, der seinen Familienwohnsitz im EU-Ausland hat, als unbeschränkt steuerpflichtig, hängt die von der Familienkasse und dem Finanzgericht vorzunehmende Prüfung der kindergeldrechtlichen Anspruchsberechtigung von der Art der persönlichen Steuerpflicht ab.

2. Das durch § 62 Abs. 1 Nr. 1 EStG geforderte Vorliegen eines Wohnsitzes oder gewöhnlichen Aufenthalts des Anspruchstellers im Inland haben Familienkasse und Finanzgericht ohne Bindung an die Feststellungen des Finanzamts im Besteuerungsverfahren zu prüfen.

3. Die Anspruchsberechtigung nach § 62 Abs. 1 Nr. 2 Buchst. b EStG setzt voraus, dass das FA den Anspruchsteller aufgrund einer entsprechenden Ausübung seines Antragswahlrechts nach § 1 Abs. 3 EStG als fiktiv unbeschränkt steuerpflichtig behandelt hat. Ergibt sich eine vom FA vorgenommene Behandlung nach § 1 Abs. 3 EStG nicht unmittelbar aus dem Wortlaut des Steuerbescheids selbst, kommt es darauf an, ob der Anspruchsteller nach den ihm im Laufe des Veranlagungsverfahrens bekannt gewordenen Umständen unter Berücksichtigung von Treu und Glauben und mit Rücksicht auf die Verkehrssitte den objektiven Inhalt des Bescheids so verstehen konnte, dass seinem Antrag entsprochen wurde.

BFH v. 18. 7. 2013 III R 59/11 (BStBl. 2014 II S. 843):

1. Ist der persönliche Geltungsbereich der VO (EWG) Nr. 1408/71 eröffnet und unterliegt der Steuerpflichtige, der mit seinen Kindern in Deutschland wohnt, wegen einer in den Niederlanden als Grenzgänger ausgeübten abhängigen Beschäftigung gemäß Art. 13 ff. der VO (EWG) Nr. 1408/71 nicht den deutschen, sondern den niederländischen Rechtsvorschriften, dann wird dadurch der gemäß § 62 Abs. 1 Nr. 1 EStG bestehende Kindergeldanspruch nicht ausgeschlossen. Die sich hieraus ergebende Konkurrenz zwischen dem niederländischen und dem deutschen Anspruch wird durch Art. 10 Abs. 1 Buchst. a der VO (EWG) Nr. 574/72 aufgelöst. In diesem Fall darf der im Wohnmitgliedstaat des betreffenden Kindes bestehende Kindergeldanspruch nicht teilweise ausgesetzt werden, wenn zwar ein Anspruch auf Familienleistungen im Beschäftigungsmitgliedstaat besteht, die Familienleistung dort aber faktisch nicht bezogen wird, weil kein entsprechender Antrag gestellt wurde.

2. Ist der persönliche Geltungsbereich der VO (EWG) Nr. 1408/71 nicht eröffnet, dann ist eine etwaige Anspruchskonkurrenz gemäß § 65 Abs. 1 Satz 1 Nr. 2 EStG aufzulösen.

1. Die Auflösung der Konkurrenz zwischen den Kindergeldansprüchen richtet sich nur dann nach § 65 Abs. 1 Satz 1 Nr. 2 EStG, wenn der persönliche Geltungsbereich der Verordnung (EWG) Nr. 1408/71 nicht eröffnet ist oder – bei Eröffnung des persönlichen Anwendungsbereichs der Verordnung – Deutschland der nicht zuständige Staat ist und die gemeinschaftsrechtlichen Antikumulierungsvorschriften nicht einschlägig sind, weil der gem. Art. 13ff. Verordnung (EWG) Nr. 1408/71 als zuständig bestimmte Beschäftigungsmitgliedstaat und der Wohnmitgliedstaat der Kinder identisch sind.

2. Zu LS 2: In diesem Fall führt schon das bloße Bestehen eines Anspruchs auf ausländische Familienleistungen zum Ausschluss des deutschen Kindergeldes.

BFH v. 11. 7. 2013 VI R 68/11 (BFH-Webseite): Ein nach §§ 62 ff. EStG bestehender Kindergeldanspruch ist entgegen § 65 Abs. 1 Satz 1 Nr. 2 EStG nicht ausgeschlossen, wenn ein Wanderarbeitnehmer in einem nach den gemeinschaftsrechtlichen Verordnungen zur Koordinierung der Systeme der sozialen Sicherheit für die Gewährung von Familienleistungen zuständigen Beschäftigungsmitgliedstaat dem Kindergeld vergleichbare Familienleistungen erhält. Solche Leistungen sind auf den Kindergeldanspruch anzurechnen.

1. Dies folgt aus dem Anwendungsvorrang des Unionsrechts gegenüber dem nationalen Recht.

Rechtsprechung § 62

2. Die Grundsätze des EuGH in den Urteilen vom 20.5.2008 C-352/06 Bosmann und vom 12.6.2012 C-611/10, Hudzinski sowie C-612/10, Wawrzyniak greifen auch für die VO Nr. 883/2004.

BFH v. 16. 5. 2013 III R 8/11 (BStBl. II S. 1040):

1. Ein sich aus § 62 Abs. 1 Nr. 2 Buchst. b EStG ergebender Anspruch auf Kindergeld entfällt nicht dadurch, dass der Anspruchsberechtigte gemäß Art. 13 ff. der VO Nr. 1408/71 nicht den deutschen Rechtsvorschriften, sondern nur den Vorschriften eines anderen Mitgliedstaats der Europäischen Union unterliegt. Für die Anwendbarkeit der deutschen Rechtsvorschriften bedarf es keines zusätzlichen nationalen Anwendungsbefehls.

2. Ist Deutschland nach den Bestimmungen der Art. 13 ff. der VO Nr. 1408/71 der nicht zuständige Mitgliedstaat und auch nicht der Wohnmitgliedstaat des betreffenden Kindes, dann ist die Konkurrenz zu Ansprüchen, die im zuständigen Mitgliedstaat bestehen, nach nationalem Recht zu lösen.

3. Bei der Auslegung der deutschen Konkurrenzvorschrift des § 65 Abs. 1 Satz 1 Nr. 2 EStG sind die Anforderungen des Primärrechts der Union auf dem Gebiet der Freizügigkeit der Arbeitnehmer zu beachten.

1. Zu Leitsatz 1: An der gegenteiligen Auffassung, die der BFH bisher in ständiger Rechtsprechung vertreten hat (z.B. BFH- Urteile vom 13.8.2002, VIII R 61/00, BStBl. II S. 869, und VIII R 97/01, BStBl II S. 869; Senatsurteil vom 24.3.2006, III R 41/05, BStBl. 2008 II S. 369), kann der Senat mit Blick auf die EuGH-Urteile vom 20.5.2008 C-352/06, Bosmann, sowie vom 12.6.2012 C-611/10, C-612/10, Hudzinski und Wawrzyniak, nicht mehr festhalten.

2. Der Anspruch auf Kindergeld nach § 62 Abs. 1 Nr. 2 Buchst. b EStG besteht nur für die Monate, in denen der Steuerpflichtige inländische Einkünfte i.S.d. § 49 EStG erzielt, und nach § 1 Abs. 3 EStG veranlagt worden ist (Anschluss an BFH-Urteil vom 24.10.2012, V R 43/11, BFH-Webseite).

BFH v. 24. 10. 2012 V R 43/11 (BStBl. 2013 II S. 491): Der Anspruch auf Kindergeld nach § 62 Abs. 1 Nr. 2 Buchst. b EStG besteht nur für die Monate, in denen der Steuerpflichtige inländische Einkünfte i.S. d. § 49 EStG erzielt, und nach § 1 Abs. 3 EStG veranlagt worden ist.

Der Kindergeldanspruch nach § 62 Abs. 1 Nr. 1 EStG richtet sich danach, ob die Voraussetzungen für die Gewährung von Kindergeld im jeweiligen Monat vorliegen. Beim Wechsel von der beschränkten zur unbeschränkten Steuerpflicht und umgekehrt kann Kindergeld daher nur vom Beginn des Monats, in dem inländischer Wohnsitz oder gewöhnlicher Aufenthalt begründet wird, bis zum Ablauf des Monats, in dem dieser aufgegeben wird, gewährt werden (vgl. BFH-Urteil v. 20.11.2008 III R 53/05, BFH-Webseite).

BFH v. 27. 9. 2012 III R 55/10 (BStBl. 2014 II S. 473): Ein deutscher Arbeitnehmer türkischer Abstammung, der im Inland beschäftigt ist und auch dort seinen Wohnsitz hat, kann für seine in der Türkei lebenden Kinder kein Kindergeld aufgrund des Abkommens zwischen der Bundesrepublik Deutschland und der Republik Türkei über Soziale Sicherheit beanspruchen.

1. Die deutschen Rechtsvorschriften (hier: § 62 ff. EStG) gelten für deutsche Staatsangehörige, die sich gewöhnlich in Deutschland aufhalten, kraft des Territorialitätsprinzips ohnehin. In Deutschland beschäftigte Arbeitnehmer deutscher Staatsangehörigkeit sind demnach Inländer und müssen, was von Art. 4 Buchst. a SozSichAbk Türkei allein bezweckt wird, nicht einem Inländer bei der Anwendung der deutschen Rechtsvorschriften gleichgestellt werden.

2. Die kindergeldrechtliche Gleichstellung eines in Deutschland lebenden türkischen Arbeitnehmers mit einem inländischen Arbeitnehmer ergibt sich bereits aus Art. 4 Buchst. a SozSichAbk Türkei. Art. 33 Abs. 1 SozSichAbk Türkei stellt sich als Ausnahme vom Territorialitätsprinzip des § 63 Abs. 1 Satz 3 EStG bzw. als Fiktion des Inlandsaufenthalts des Kindes dar.

BFH v. 27. 9. 2012 III R 40/09 (BStBl. 2014 II S. 470): Dem EuGH werden folgende Rechtsfragen zur Vorabentscheidung vorgelegt:

1. Ist Art. 76 Abs. 2 der VO Nr. 1408/71 dahin auszulegen, dass es im Ermessen des zuständigen Trägers des Beschäftigungsmitgliedstaats steht, Art. 76 Abs. 1 der VO Nr. 1408/71 anzuwenden, wenn im Wohnmitgliedstaat der Familienangehörigen kein Antrag auf Leistungsgewährung gestellt wird?

2. Für den Fall, dass die erste Frage bejaht wird: Aufgrund welcher Ermessenserwägungen kann der für Familienleistungen zuständige Träger des Beschäftigungsmitgliedstaats Art. 76 Abs. 1 der VO Nr. 1408/71 anwenden, als ob Leistungen im Wohnmitgliedstaat der Familienangehörigen gewährt würden?

§ 62 Rechtsprechung

3. Für den Fall, dass die erste Frage bejaht wird: Inwieweit unterliegt die Ermessensentscheidung des zuständigen Trägers der gerichtlichen Kontrolle?

BFH v. 24. 5. 2012 III R 14/10 (BStBl. II S. 897): Eine Kindergeldberechtigung nach § 62 Abs. 1 Nr. 2 Buchst. b EStG setzt voraus, dass der Anspruchsteller aufgrund eines entsprechenden Antrags vom zuständigen Finanzamt nach § 1 Abs. 3 EStG als unbeschränkt einkommensteuerpflichtig behandelt wird.

1. Der Umstand, dass das Finanzamt bei der Festsetzung der Einkommensteuer von einem inländischen Wohnsitz ausgegangen ist und deshalb eine unbeschränkte Einkommensteuerpflicht nach § 1 Abs. 1 EStG angenommen hat, entfaltet keine Bindungswirkung für die Kindergeldfestsetzung durch die Familienkasse.

2. Der Steuerpflichtige kann nur dann als unbeschränkt einkommensteuerpflichtig behandelt werden, wenn er den Antrag für einen bestimmten Veranlagungszeitraum bei dem zuständigen Finanzamt gestellt hat. Stellt der Antragsteller in einem Verfahren, das auf Festsetzung des Kindergeldes gerichtet ist, dagegen einen „Antrag nach § 1 Abs. 3 EStG" gegenüber der Familienkasse, wird hierdurch die Rechtsfolge des § 1 Abs. 3 EStG nicht ausgelöst.

3. Die Behandlung des Antragstellers durch die Familienkasse nach § 62 Abs. 1 Nr. 2 Buchst. b EStG kann nicht unabhängig von der Behandlung durch das Finanzamt erfolgen.

BFH v. 4. 8. 2011 III R 62/09 (BStBl. 2012 II S. 732): Kindergeld für eine „Meister-BAföG" beziehende Ausländerin mit Aufenthaltserlaubnis

Ausländer, die über eine Aufenthaltserlaubnis verfügen und nach vorangegangener berechtigter Erwerbstätigkeit für den Besuch der Meisterschule nach dem AFBG gefördert werden, können Kindergeld beanspruchen wie Ausländer, die laufende Geldleistungen nach dem SGB III beziehen.

BFH v. 4. 8. 2011 III R 55/08 (BStBl. 2013 II S. 619): Kindergeld für im Inland selbständig tätige polnische Staatsangehörige – § 100 Abs. 3 FGO im zweiten Rechtsgang nicht anwendbar

1. Der persönliche Geltungsbereich der VO Nr. 1408/71 wird im Rahmen der allgemeinen Vorschriften des Titels I in Art. 2 der VO Nr. 1408/71 festgelegt. Nach ihrem Art. 2 Abs. 1 gilt die Verordnung insbesondere für Arbeitnehmer und Selbständige, für welche die Rechtsvorschriften eines oder mehrerer Mitgliedstaaten gelten oder galten, soweit sie Staatsangehörige eines Mitgliedstaats sind, sowie für deren Familienangehörige und Hinterbliebene.

2. Für die Frage, ob der persönliche Geltungsbereich der VO Nr. 1408/71 eröffnet ist, kommt es nicht darauf an, ob der Arbeitnehmer bzw. Selbständige auch die Voraussetzungen erfüllt, die in ihrem Anhang I Teil I Buchst. D aufgeführt sind. Die in dieser Bestimmung enthaltenen Einschränkungen gelten nur für die Vorschriften des Titels III Kapitel 7 dieser Verordnung.

3. Erforderlich, aber auch ausreichend für die Eröffnung des persönlichen Geltungsbereichs der VO Nr. 1408/71 ist, dass eine Person nach Art. 2 Abs. 1 i.V.m. Art. 1 Buchst. a der VO Nr. 1408/71 in irgendeinem der von ihrem sachlichen Geltungsbereich erfassten Zweige der sozialen Sicherheit in irgendeinem Mitgliedstaat der EU versichert ist.

4. Bescheinigt ein ausländischer Versicherungsträger das Bestehen einer Versicherung, so sind deutsche Behörden und Gerichte an diese Bescheinigung grundsätzlich gebunden. Behauptet der Kläger, die bescheinigte Versicherung bestehe zu Unrecht, obliegt ihm der Nachweis, dass die bestehende Versicherung mit Wirkung für den Streitzeitraum tatsächlich rückabgewickelt wurde.

5. Auf einen Familienangehörigen sind, sofern er nicht selbst Arbeitnehmer bzw. Selbständiger i.S. des Art. 1 Buchst. a der VO Nr. 1408/71 ist, die Art. 13 ff. dieser Verordnung nicht anwendbar.

6. Soweit es nach den Art. 13 ff. der VO Nr. 1408/71 darauf ankommt, in welchem Mitgliedstaat die abhängige Beschäftigung bzw. die selbständige Tätigkeit ausgeübt wird, bestimmt sich dies grundsätzlich nicht danach, in welchem Land die Versicherung besteht, sondern danach, in welchem Mitgliedstaat die Person abhängig beschäftigt ist bzw. eine selbständige Tätigkeit ausübt. Anzuknüpfen ist dabei nur an diejenige(n) Tätigkeit(en), hinsichtlich derer die betreffende Person als Arbeitnehmer bzw. Selbständiger i.S. des Art. 1 Buchst. a der VO Nr. 1408/71 gilt.

BFH v. 27. 1. 2011 III R 45/09 (BStBl. II S. 720): Kindergeld für Ausländer ohne Erwerbsberechtigung

Besitzt ein nicht freizügigkeitsberechtigter Ausländer einen Aufenthaltstitel, der nicht kraft Gesetzes zur Aufnahme einer Erwerbstätigkeit berechtigt, so hat er nur dann unter den weiteren Voraussetzungen des § 62 Abs. 2 Nr. 2 EStG einen Anspruch auf Kindergeld, wenn ihm die Erwerbstätigkeit tatsächlich erlaubt worden ist.

Rechtsprechung § 62

BFH v. 26. 8. 2010 III R 47/09 (BStBl. 2011 II S. 589): Anspruch auf Kindergeld bei einer Aufenthaltserlaubnis nach § 34 Abs. 3 AufenthG

Ein Ausländer mit einer Aufenthaltserlaubnis nach § 34 Abs. 3 AufenthG hat nur dann Anspruch auf Kindergeld, wenn die Ausübung einer Erwerbstätigkeit in dem Aufenthaltstitel ausdrücklich erlaubt wird.

BFH v. 17. 6. 2010 III R 42/09 (BFH-Webseite): Kindergeldanspruch eines türkischen Staatsbürgers nach dem Vorläufigen Europäischen Abkommen über soziale Sicherheit

Ab einem Aufenthalt im Bundesgebiet von sechs Monaten besteht nach dem Vorläufigen Europäischen Abkommen über soziale Sicherheit vom 11. Dezember 1953 für türkische Staatsbürger ein Anspruch auf Kindergeld unter denselben Voraussetzungen wie für einen deutschen Staatsbürger.

BFH v. 28. 4. 2010 III R 1/08 (BStBl. II S. 980): Kindergeld für nicht freizügigkeitsberechtigte Ausländer

Trotz der zu § 1 Abs. 6 BErzGG ergangenen Vorlagebeschlüsse des BSG vom 3. Dezember 2009 B 10 EG 5/08 R, B 10 EG 6/08 R und B 10 EG 7/08 R ist es verfassungsrechtlich unbedenklich, dass der Kindergeldanspruch nicht freizügigkeitsberechtigter Ausländer, die im Besitz bestimmter Aufenthaltstitel sind, nach § 62 Abs. 2 Nr. 2 Buchst. c EStG n.F. von der Integration in den deutschen Arbeitsmarkt abhängt (Festhalten am Senatsurteil vom 22. November 2007 III R 54/02, BFHE 220, 45, BStBl. II 2009, 913).

BFH v. 28. 4. 2010 III R 52/09 (BStBl. II S. 1013): Kindergeld für im Ausland studierende Kinder – Beibehaltung des inländischen Wohnsitzes

Hängt die Kindergeldberechtigung davon ab, dass das im Ausland studierende Kind seinen inländischen Wohnsitz beibehalten hat, und ist dafür die Dauer seiner Aufenthalte im inländischen Elternhaus von Bedeutung, so kommt es nur auf die Unterbrechungen des Auslandsaufenthaltes an. Die Dauer der Inlandsaufenthalte vor dem Beginn oder nach dem Ende des Studiums bleibt dabei außer Betracht.

BFH v. 30. 10. 2008 III R 92/07 (BStBl. 2009 II S. 923): Dem EuGH werden folgende Rechtsfragen zur Vorabentscheidung vorgelegt:

1. Ist die Regelung in Art. 76 Abs. 2 VO Nr. 1408/71 entsprechend auf Art. 10 Buchst. a VO Nr. 574/72 anzuwenden in Fällen, in denen der anspruchsberechtigte Elternteil die ihm im Beschäftigungsland zustehenden Familienleistungen nicht beantragt?
2. Für den Fall, dass Art. 76 Abs. 2 VO Nr. 1408/71 entsprechend anwendbar ist: Aufgrund welcher Ermessenserwägungen kann der für Familienleistungen zuständige Träger des Wohnlandes Art. 10 Buchst. a VO Nr. 574/72 anwenden, als ob Leistungen im Beschäftigungsland gewährt würden? Kann das Ermessen, den Erhalt von Familienleistungen im Beschäftigungsland zu unterstellen, eingeschränkt sein, wenn der Anspruchsberechtigte im Beschäftigungsland die ihm zustehenden Familienleistungen bewusst nicht beantragt, um der Kindergeldberechtigten im Wohnland zu schaden?

BFH v. 17. 4. 2008 III R 36/05 (BStBl. 2009 II S. 921): Der niederländische Unterhaltszuschuss nach der „REGELING TEGEMOETKOMING ONDERHOUDSKOSTEN THUISWONENDE GEHANDICAPTE KINDEREN" vom 20. Dezember 1999 (TOG 2000) ist eine Familienleistung i. S. des Art. 1 Buchst. u, i i. V. m. Art. 4 Abs. 1 Buchst. h VO Nr. 1408/71. Er mindert nach der gemeinschaftsrechtlichen Kollisionsregel des Art. 10 Abs. 1 Buchst. b, i VO Nr. 574/72 den Anspruch auf das deutsche Kindergeld nach § 62 EStG.

BFH v. 17. 4. 2008 III R 16/05 (BStBl. 2009 II S. 918): Ausländer, die vergeblich die Anerkennung als Vertriebene deutscher Volkszugehörigkeit begehren, haben auch für solche Zeiten keinen Anspruch auf Kindergeld nach § 62 Abs. 1 EStG, in denen sie zu Unrecht im Besitz deutscher Ausweispapiere sind.

BFH v. 21. 2. 2008 III R 79/03 (BStBl. 2009 II S. 916): Aus dem früheren Jugoslawien stammende, geringfügig beschäftigte Arbeitnehmer, für die der Arbeitgeber pauschale Sozialversicherungsbeiträge abführt, haben keinen Anspruch auf Kindergeld nach dem Abkommen zwischen der Bundesrepublik Deutschland und der Sozialistischen Föderativen Republik Jugoslawien über Soziale Sicherheit vom 12. Oktober 1968 (BGBl. II 1969, 1438) i. d. F. des Änderungsabkommens vom 30. September 1974 (BGBl. II 1975, 390).

Schwebende Verfahren

EuGH C-378/14 (BFH-Webseite):

1. Ist in einem Fall, in dem eine in einem Mitgliedstaat (Inland) lebende Person Anspruch auf Kindergeld für Kinder hat, die in einem anderen Mitgliedstaat (Ausland) beim anderen, von ihm getrennt

§ 62 Rechtsprechung

lebenden Ehegatten wohnen, Art. 60 Abs. 1 Satz 2 der VO Nr. 987/2009 anzuwenden mit der Folge, dass die Fiktion. wonach bei der Anwendung von Art. 67 und 68 der VO Nr. 883/2004 die Situation der gesamten Familie in einer Weise zu berücksichtigen ist. als würden alle Beteiligten – insbesondere was das Recht zur Erhebung eines Leistungsanspruchs anbelangt – unter die Rechtsvorschriften des betreffenden Mitgliedstaats fallen und dort wohnen, dazu führt, dass der Anspruch auf Kindergeld ausschließlich dem im anderen Mitgliedstaat (Ausland) lebenden Elternteil zusteht, weil das nationale Recht des ersten Mitgliedstaats (Inland) vorsieht, dass bei mehreren Kindergeldberechtigten der Elternteil anspruchsberechtigt ist. der das Kind in seinen Haushalt aufgenommen hat?

2. Für den Fall, dass die erste Frage zu bejahen sein sollte: Ist bei dem unter 1. dargelegten Sachverhalt Art. 60 Abs. 1 Satz 3 der VO Nr. 987/2009 dahin auszulegen. dass dem in einem Mitgliedstaat (Inland) lebenden Elternteil der Anspruch auf Kindergeld nach inländischem Recht zusteht. weil der im anderen Mitgliedstaat (Ausland) lebende andere Elternteil keinen Antrag auf Kindergeld gestellt hat?

3. Für den Fall, dass die zweite Frage bei dem unter 1. dargelegten Sachverhalt dahin zu beantworten sein sollte. dass die unterbliebene Antragstellung des im EU-Ausland lebenden Elternteils zum Übergang des Anspruchs auf Kindergeld auf den im Inland lebenden Elternteil führt: Nach welchem Zeitraum ist davon auszugehen. dass ein im EU-Ausland lebender Elternteil das Recht auf Kindergeld nicht i.S.v. Art. 60 Abs. 1 Satz 3 der VO Nr. 987/2009 „wahrnimmt" mit der Folge, dass es dem im Inland lebenden Elternteil zusteht?

BFH VI R 48/14 (BFH-Webseite): Hat ein in Deutschland wohnender. erwerbstätiger polnischer Staatsangehöriger Anspruch auf (den Differenzbetrag zwischen dem deutschen und dem polnischen) Kindergeld, wenn nicht er. sondern die in Polen lebende Kindesmutter das Kind in ihren Haushalt aufgenommen hat?

BFH III R 29/14 (BFH-Webseite): Entsandter Arbeitnehmer: Kindergeld für in Deutschland als Arbeitnehmer einer polnischen Firma tätigen polnischen Staatsangehörigen. der in Polen sozialversichert ist? Steht das Kindergeld in voller Höhe zu (und nicht nur sog. Differenzkindergeld?)

BFH III R 19/14 (BFH-Webseite): Ist ein nicht freizügigkeitsberechtigter Ausländer bereits im (rechtlichen) Besitz einer Aufenthaltserlaubnis. wenn er einen Anspruch auf Erteilung eines solchen Titels hat oder muss er den entsprechenden Verwaltungsakt „in den Händen halten"?

BFH XI R 7/14 (BFH-Webseite): Hat eine syrische Staatsangehörige mit Erteilung der Aufenthaltserlaubnis nach § 25 Abs. 3 AufenthG Anspruch auf Kindergeld? Sind die Differenzierungskriterien des § 62 Abs. 2 EStG verfassungsgemäß?
Das Verfahren ruht gemäß Beschluss vom 21.5.2014 bis zur Entscheidung des BVerfG in den Verfahren 2 BvL 9-14/14.

BVerfG 2 BvR 2338/13: Kein Kindergeldanspruch aus den Vorschriften des Titels II der VO (EWG) Nr. 1408/71 – Voraussetzungen für eine Kindergeldberechtigung wegen Behandlung als nach § 1 Abs. 3 EStG unbeschränkt Steuerpflichtiger – Selbständigkeit des Verfahrens der Kindergeldfestsetzung gegenüber dem Verfahren der Einkommensteuerfestsetzung

BFH III R 31/13 (BFH-Webseite): Welche Anforderungen sind an die Feststellung der Ursächlichkeit der Behinderung für die Unfähigkeit zum Selbstunterhalt zu stellen? Inwieweit sind hier ein GdB von 100, das Merkzeichen H im Behindertenausweis sowie die Beurteilung auf der Grundlage fiktiver Erwerbstätigkeit von Bedeutung?

BFH XI R 33/12 (BFH-Webseite): Hat der im EU-Ausland in einem gemeinsamen Haushalt mit dem Kind lebende Elternteil gegenüber dem in Deutschland wohnhaften und erwerbstätigen anderen Elternteil einen gemäß § 64 Abs. 2 Satz 1 EStG vorrangigen Anspruch auf Kindergeld?

BFH XI R 18/12 (BFH-Webseite): Handelt es sich bei einer Tätigkeit auf der Grundlage des AsylbLG um eine berechtigte Erwerbstätigkeit i.S.d. § 62 Abs. 2 Nr. 3 Buchst. b EStG?

BFH III R 38/12 (BFH-Webseite): Hat ein bei einem deutschen Arbeitgeber vollzeitbeschäftigter sozialversicherungspflichtiger Arbeitnehmer für seine in Polen lebenden Kinder Anspruch auf Kindergeld?

§ 63 Kinder[1)]

(1) ¹Als Kinder werden berücksichtigt
1. Kinder im Sinne des § 32 Absatz 1,
2. vom Berechtigten in seinen Haushalt aufgenommene Kinder seines Ehegatten,
3. vom Berechtigten in seinen Haushalt aufgenommene Enkel.

²§ 32 Absatz 3 bis 5 gilt entsprechend. ³Voraussetzung für die Berücksichtigung ist die Identifizierung des Kindes durch die an dieses Kind vergebene Identifikationsnummer (§ 139b der Abgabenordnung). ⁴Ist das Kind nicht nach einem Steuergesetz steuerpflichtig (§ 139a Absatz 2 der Abgabenordnung), ist es in anderer geeigneter Weise zu identifizieren. ⁵Die nachträgliche Identifizierung oder nachträgliche Vergabe der Identifikationsnummer wirkt auf Monate zurück, in denen die Voraussetzungen der Sätze 1 bis 4 vorliegen. ⁶Kinder, die weder einen Wohnsitz noch ihren gewöhnlichen Aufenthalt im Inland, in einem Mitgliedstaat der Europäischen Union oder in einem Staat, auf den das Abkommen über den Europäischen Wirtschaftsraum Anwendung findet, haben, werden nicht berücksichtigt, es sei denn, sie leben im Haushalt eines Berechtigten im Sinne des § 62 Absatz 1 Satz 1 Nummer 2 Buchstabe a. ⁷Kinder im Sinne von § 2 Absatz 4 Satz 2 des Bundeskindergeldgesetzes werden nicht berücksichtigt.

(2) Die Bundesregierung wird ermächtigt, durch Rechtsverordnung, die nicht der Zustimmung des Bundesrates bedarf, zu bestimmen, dass einem Berechtigten, der im Inland erwerbstätig ist oder sonst seine hauptsächlichen Einkünfte erzielt, für seine in Absatz 1 Satz 3 erster Halbsatz bezeichneten Kinder Kindergeld ganz oder teilweise zu leisten ist, soweit dies mit Rücksicht auf die durchschnittlichen Lebenshaltungskosten für Kinder in deren Wohnsitzstaat und auf die dort gewährten dem Kindergeld vergleichbaren Leistungen geboten ist.

Rechtsprechungsauswahl

BFH v. 13. 11. 2014 III R 1/13 (BFH-Webseite): Der Anspruch auf Kindergeld nach deutschem Recht für ein im EU-Ausland lebendes Kind ist nach § 65 Abs. 1 Satz 1 Nr. 2 EStG ausgeschlossen, wenn für das Kind ein Anspruch auf ausländische Leistungen besteht, die dem Kindergeld vergleichbar sind, und der Anspruchsteller nicht vom Anwendungsbereich der VO (EWG) Nr. 1408/71 erfasst wird, weil er nicht in einem Sozialversicherungssystem versichert ist.

BFH v. 25. 9. 2014 III R 10/14 (BFH-Webseite):
1. Während eines mehrjährigen Auslandsaufenthalts zum Zwecke einer Berufsausbildung behält ein Kind seinen Wohnsitz in der Wohnung der Eltern im Inland im Regelfall nur dann bei, wenn es diese Wohnung zumindest überwiegend in den ausbildungsfreien Zeiten nutzt.
2. Für die Beibehaltung eines Inlandswohnsitzes im Hause der Eltern bei mehrjährigen Auslandsaufenthalten reichen nur kurze, üblicherweise durch die Eltern-Kind-Beziehung begründete Besuche regelmäßig nicht aus. Dies ist bei lediglich kurzzeitigen Aufenthalten – zwei bis drei Wochen pro Jahr – nach der Lebenserfahrung der Fall.
3. Für die Beibehaltung eines Wohnsitzes sind die tatsächlichen Verhältnisse ohne Rücksicht auf subjektive Momente oder Absichten entscheidend.

BFH v. 19. 9. 2013 V R 9/12 (BStBl. 2014 II S. 715): Deutsche Staatsangehörige, die im Inland weder einen Wohnsitz noch einen gewöhnlichen Aufenthalt haben und Arbeitslohn für die Beschäftigung in einer im Drittland (hier: Dominikanische Republik) liegenden Deutschen Botschaft vom Auswärtigen Amt beziehen, haben keinen Anspruch auf inländisches Kindergeld für ihre in ihrem Haushalt lebenden Kinder, wenn sie als sog. Ortskräfte ständig im Ausland ansässig sind und dort der unbeschränkten Steuerpflicht unterliegen.

BFH v. 17. 10. 2013 III R 22/13 (BStBl. 2014 II S. 257): Die Verheiratung eines Kindes kann dessen Berücksichtigung seit Januar 2012 nicht mehr ausschließen. Da es seitdem auf die Höhe der Einkünfte und Bezüge des Kindes nicht mehr ankommt, ist der sog. Mangelfallrechtsprechung die Grundlage entzogen (gegen DA-FamEStG 2013 Abschn. 31.2.2).

---

1) Hinweis auf Schreiben Bundeszentralamt für Steuern vom 3.9.2013 (BStBl. I S. 1143) betr. Berücksichtigung von verheirateten Kindern und Kindern mit eigenen Kindern ab 2012.

Das Erfordernis einer typischen Unterhaltssituation ist seit dem BFH-Urteil vom 17.6.2010, III R 34/09, BStBl. II S. 982 vollständig entfallen, und nicht nur für die Fallgruppe der vollzeitbeschäftigten Kinder.

BFH v. 5. 9. 2013 XI R 7/12 (BStBl. 2014 II S. 37): Wird ein Kind, das das 25. Lebensjahr noch nicht vollendet hat, innerhalb des viermonatigen Übergangszeitraums des § 32 Abs. 4 Satz 1 Nr. 2 Buchst. b EStG zwischen einem Ausbildungsabschnitt und der Ableistung des gesetzlichen Wehrdienstes nicht bereits am ersten, sondern erst an einem späteren Tag des Monats zum gesetzlichen Wehrdienst einberufen, besteht für diesen Monat grundsätzlich ein Anspruch auf Kindergeld (Abweichung von Abschn. 63.3.2.6 Sätze 1 und 2 DA-FamEStG 2009, BStBl. I S. 1030).

1. Zu der für die Verfassungsmäßigkeit des § 32 Abs. 2 Satz 1 EStG herangezogenen „einheitlichen und umfänglichen Besoldung" des Wehrdienstleistenden zählt neben dem Wehrsold auch die unentgeltliche Gemeinschaftsverpflegung und die unentgeltliche Unterkunft.
2. Das Wehrdienstverhältnis beginnt bei Soldaten, die aufgrund des WPflG zum Wehrdienst einberufen werden, erst mit dem Zeitpunkt, der nach Maßgabe des WPflG für den Diensteintritt festgesetzt wurde.
3. Die Dienstanweisung zur Durchführung des Familienleistungsausgleichs ist eine norminterpretierende Verwaltungsvorschrift, die die Gerichte nicht bindet.

BFH v. 8. 8. 2013 VI R 76/12 (BStBl. 2014 II. S. 36):
1. Ein Kindergeldanspruch wird nach § 63 Abs. 1 Satz 1 Nr. 2 EStG i.V.m. § 2 Abs. 8 EStG i.d.F. des Gesetzes vom 15.7.2013 gewährt, wenn ein eingetragener Lebenspartner in seinen Haushalt die Kinder seines eingetragenen Lebenspartners aufnimmt.
2. Die in § 2 Abs. 8 EStG i.d.F. des Gesetzes vom 15.7.2013 bestimmte Gleichstellung von Lebenspartnern und Lebenspartnerschaften mit Ehegatten und Ehen ist in allen Fällen anzuwenden, in denen das Kindergeld noch nicht bestandskräftig festgesetzt ist. § 52 Abs. 2a EStG i.d.F. des Gesetzes vom 15.7.2013 gilt insoweit entsprechend.

BFH v. 11. 4. 2013 III R 35/11 (BStBl. II S. 1037):
1. Monatlich wiederkehrende Einkünfte und Bezüge, die im Rahmen der nach § 32 Abs. 4 Satz 1 Nr. 3 EStG durchzuführenden – monatsbezogenen – Vergleichsrechnung nach dem Zuflussprinzip des § 11 EStG zu erfassen sind und dem behinderten Kind kurze Zeit vor Beginn oder kurze Zeit nach Beendigung des Kalendermonats, für den sie bestimmt sind, zufließen, sind in dem bestimmungsgemäßen Monat zu erfassen.
2. Als kurze Zeit gilt ein Zeitraum von bis zu zehn Tagen.

1. Zu Leitsatz 2: Allerdings misst der erkennende Senat hierbei dem Erfordernis, dass die Leistung auch während dieser kurzen Zeit – wie sonst bei § 11 Abs. 1 Satz 2 EStG vorausgesetzt – fällig sein muss, keine Bedeutung bei.
2. Eine im Laufe eines Monats zugeflossene Nachzahlung, die zum Wegfall der Unfähigkeit zum Selbstunterhalt führt, wirkt erst in dem auf den Zuflussmonat folgenden Zeitraum kindergeldschädlich (vgl. BFH-Urteil v. 4.11.2003, VIII R 43/02, BStBl. 2010 II S. 1046).
3. Es dürfte im Ergebnis zutreffend sein, dass die an ein behindertes Kind gezahlten – gemäß § 3 Nr. 2b EStG steuerfreien – „Arbeitslosengeld II"-Zahlungen nach §§ 19 ff. SGB II als Bezüge zu qualifizieren sind (vgl. BFH-Urteil v. 26.11.2003, VIII R 32/02, BStBl. 2004 II S. 588; Abschn. 31.2.4.2 Abs. 1 Nr. 5 DA-FamEStG).
4. Es dürfte im Ergebnis ebenfalls zutreffend sein, dass ein Einstiegsgeld nach § 16b SGB II als Bezug zu beurteilen ist (s. auch Abschn. 31.2.4.2 Abs. 1 Nr. 5 DA-FamEStG).

BFH v. 23. 1. 2013 XI R 50/10 (BStBl. II S. 916):
1. Die Durchführung einer Berufsausbildung i.S. von § 32 Abs. 4 Satz 1 Nr. 2 Buchst. a EStG setzt voraus, dass auf die Ausbildung gerichtete Maßnahmen tatsächlich durchgeführt werden.
2. Eine kindergeldschädliche Unterbrechung der Berufsausbildung ist gegeben, wenn ein später rechtskräftig verurteiltes Kind sich in Haft befindet und sich während dieser Zeit von seinem Studium hat beurlauben lassen.

Nach § 70 Abs. 2 EStG ist bei einer Änderung der für den Anspruch auf Kindergeld erheblichen Verhältnisse die Kindergeldfestsetzung mit Wirkung vom Zeitpunkt der Änderung der Verhältnisse aufzuheben oder zu ändern. Die Familienkasse hat insoweit keinen Ermessensspielraum (vgl. BFH-Entscheidungen v. 18.12.1998 VI B 215/98, BStBl. 1999 II S. 231; v. 25.7.2001 VI R 18/99, BStBl. 2002 II S. 81).

Rechtsprechung § 63

BFH v. 9. 6. 2011 III R 28/09 (BStBl. 2012 II S. 213): Kindergeld: Einkünfte und Bezüge eines Kindes in Ausbildung; Ausbildungsbedingter Mehrbedarf eines auswärts untergebrachten Kindes; Ausländische Einkünfte bzw. Bezüge des Kindes

1. Erzielt das Kind durch sein regelmäßiges Ausbildungsverhältnis keine Einkünfte, sind seine Aufwendungen für die vorübergehende, von seiner Wohnung und seiner regelmäßigen Ausbildungsstätte entfernte Ausbildung nicht nach Reisekostengrundsätzen bei der Ermittlung seiner Einkünfte und Bezüge zu berücksichtigen.
2. Miet- und Verpflegungsmehraufwendungen für die auswärtige Unterbringung des Kindes in Ausbildung sind bereits durch den Jahresgrenzbetrag des § 32 Abs. 4 Satz 2 EStG abgegolten.

BFH v. 9. 6. 2011 III R 61/08 (BStBl. 2012 II S. 141): Kindergeld für ein über 27 (bzw. 25) Jahre altes behindertes Kind – Zurückverweisung an das FG

Voraussetzung für die Berücksichtigung eines über 27 (bei Behinderungseintritt nach dem 31. Dezember 2006: 25) Jahre alten behinderten Kindes ist nicht, dass neben der Behinderung auch die dadurch bedingte Unfähigkeit zum Selbstunterhalt bereits vor Vollendung des 27. (bzw. 25.) Lebensjahres vorgelegen hat.

BFH v. 2. 4. 2009 III R 85/08 (BStBl. 2010 II S. 298):

1. Die ernsthafte und nachhaltige Vorbereitung auf eine Wiederholungsprüfung gehört auch dann zur Berufsausbildung, wenn das Ausbildungsverhältnis mit dem Lehrbetrieb nach der nicht bestandenen Abschlussprüfung endet und das Kind keine Berufsschule besucht.
2. Nimmt das Kind an der erstmaligen Wiederholungsprüfung teil und besteht diese, ist in der Regel zu unterstellen, dass sich das Kind ernsthaft und nachhaltig auf diese Prüfung vorbereitet hat.

BFH v. 2. 4. 2009 III R 92/06 (BStBl. 2010 II S. 345):

1. Leistet ein als Betreiber einer sonstigen betreuten Wohnform nach § 34 SGB VIII anerkannter Trägerverein einer Pflegeperson Zahlungen für die Erziehung und Unterbringung eines fremden Kindes, so scheidet die Annahme eines Pflegekindschaftsverhältnisses aus, weil das Kind zu Erwerbszwecken in den Haushalt der Pflegeperson aufgenommen worden ist(§ 32 Abs. 1 Nr. 2 EStG).
2. Die sozialrechtliche Einordnung als sonstige betreute Wohnform hat steuerrechtliche Tatbestandswirkung. Es kommt daher nicht darauf an, ob die Unterbringung des Kindes sozialrechtlich als Vollzeitpflege nach § 33 SGB VIII hätte behandelt werden müssen.

Schwebende Verfahren

EuGH C-378/14 (BFH-Webseite): Vorabentscheidungsersuchen des BFH vom 08.05.2014 zu folgenden Fragen:

1. Ist in einem Fall, in dem eine in einem Mitgliedstaat (Inland) lebende Person Anspruch auf Kindergeld für Kinder hat, die in einem anderen Mitgliedstaat (Ausland) beim anderen, von ihm getrennt lebenden Ehegatten wohnen, Art. 60 Abs. 1 Satz 2 der VO Nr. 987/2009 anzuwenden mit der Folge, dass die Fiktion, wonach bei der Anwendung von Art. 67 und 68 der VO Nr. 883/2004 die Situation der gesamten Familie in einer Weise zu berücksichtigen ist, als würden alle Beteiligten - insbesondere was das Recht zur Erhebung eines Leistungsanspruchs anbelangt - unter die Rechtsvorschriften des betreffenden Mitgliedstaats fallen und dort wohnen, dazu führt, dass der Anspruch auf Kindergeld ausschließlich dem im anderen Mitgliedstaat (Ausland) lebenden Elternteil zusteht, weil das nationale Recht des ersten Mitgliedstaats (Inland) vorsieht, dass bei mehreren Kindergeldberechtigten der Elternteil anspruchsberechtigt ist, der das Kind in seinen Haushalt aufgenommen hat?
2. Für den Fall, dass die erste Frage zu bejahen sein sollte: Ist bei dem unter 1. dargelegten Sachverhalt Art. 60 Abs. 1 Satz 3 der VO Nr. 987/2009 dahin auszulegen, dass dem in einem Mitgliedstaat (Inland) lebenden Elternteil der Anspruch auf Kindergeld nach inländischem Recht zusteht, weil der im anderen Mitgliedstaat (Ausland) lebende andere Elternteil keinen Antrag auf Kindergeld gestellt hat?
3. Für den Fall, dass die zweite Frage bei dem unter 1. dargelegten Sachverhalt dahin zu beantworten sein sollte, dass die unterbliebene Antragstellung des im EU-Ausland lebenden Elternteils zum Übergang des Anspruchs auf Kindergeld auf den im Inland lebenden Elternteil führt: Nach welchem Zeitraum ist davon auszugehen, dass ein im EU-Ausland lebender Elternteil das Recht auf Kindergeld nicht i.S.v. Art. 60 Abs. 1 Satz 3 der VO Nr. 987/2009 "wahrnimmt" mit der Folge, dass es dem im Inland lebenden Elternteil zusteht?

BFH III R 38/14 (BFH-Webseite):

1. Behält ein Kind mit deutscher Staatsangehörigkeit seinen inländischen Wohnsitz bei, wenn es sich zum Zwecke des Studiums für voraussichtlich vier Jahre ins Ausland (Herkunftsland des Klägers)

begibt und sich lediglich einmal jährlich während der ausbildungsfreien Zeit für sechs bis sieben Wochen in der elterlichen Wohnung im Inland aufhält?
2. Können fehlende finanzielle Mittel für Heimreisen des Kindes fehlende Inlandsaufenthalte in den ausbildungsfreien Zeiten kompensieren?
3. Ist aufgrund der Tatsache, dass das Kind im Ausland in einem Studentenwohnheim untergebracht ist und keine Verwandten vorhanden sind, bei denen das Kind wohnen könnte, sowie der Absicht des Kindes, nach Beendigung des Studiums nach Deutschland zurückzukehren, die Beibehaltung des Wohnsitzes im Inland zu bejahen, auch wenn das Kind die ausbildungsfreie Zeit nicht überwiegend in der elterlichen Wohnung im Inland verbringt?

BFH V R 31/14 (BFH-Webseite): Steht dem Kläger für seine sich in Ausbildung befindenden und in Italien bei der Mutter lebenden Kinder Kindergeld zu, da in Italien Kindergeld nur für Kinder bis zur Vollendung des 18. Lebensjahres gezahlt wird?

Das Verfahren ruht gemäß Beschluss vom 19.11.2014 bis zur Entscheidung des EuGH in dem Verfahren III R 17/13 (EuGH C-378/14).

BFH V R 25/14 (BFH-Webseite): Besteht ein Anspruch auf inländisches Kindergeld für ein in Polen beim Kindesvater lebendes Kind und kann die in Deutschland wohnende Mutter die Auszahlung an sie verlangen?

Das Verfahren ruht gemäß Beschluss vom 18.11.2014 bis zur Entscheidung des EuGH in dem Verfahren III R 17/13 (EuGH C-378/14).

BFH V R 2/14 (BFH-Webseite): Hat der Kläger zu Recht für sein minderjähriges in Polen bei der Mutter lebendes Kind Kindergeld bezogen?

BFH VI R 35/13 (BFH-Webseite): Steht dem Kläger in Deutschland für seine in Frankreich bei der Mutter lebende Tochter Kindergeld zu, da in Frankreich Familienleistungen erst ab dem zweiten Kind gewährt werden?

Das Verfahren ist bis zur Entscheidung des EuGH in den Verfahren C-378/14 ausgesetzt.

BFH V R 16/13 (BFH-Webseite): Steht dem Kläger für seinen in England bei der Kindsmutter lebenden, minderjährigen Sohn in Deutschland Kindergeld zu?

Das Verfahren ist bis zur Entscheidung des EuGH in den Verfahren C-378/14 ausgesetzt.

BFH VI R 15/13 (BFH-Webseite): Hat eine in Deutschland wohnende, erwerbstätige polnische Staatsangehörige Anspruch auf Kindergeld, wenn nicht sie, sondern die in Polen lebende Großmutter das Kind in ihren Haushalt aufgenommen hat?
Oder ist die Großmutter gemäß § 64 Abs. 2 Satz 1 EStG i.V.m. Art. 60 Abs. 1 Satz 2 der VO (EG) Nr. 987/2009 vorrangig kindergeldberechtigt?

Das Verfahren ist bis zur Entscheidung des EuGH in dem Verfahren C-378/14 ausgesetzt.

§ 64 Zusammentreffen mehrerer Ansprüche

(1) Für jedes Kind wird nur einem Berechtigten Kindergeld gezahlt.

(2) ¹Bei mehreren Berechtigten wird das Kindergeld demjenigen gezahlt, der das Kind in seinen Haushalt aufgenommen hat. ²Ist ein Kind in den gemeinsamen Haushalt von Eltern, einem Elternteil und dessen Ehegatten, Pflegeeltern oder Großeltern aufgenommen worden, so bestimmen diese untereinander den Berechtigten. ³Wird eine Bestimmung nicht getroffen, so bestimmt das Familiengericht auf Antrag den Berechtigten. ⁴Den Antrag kann stellen, wer ein berechtigtes Interesse an der Zahlung des Kindergeldes hat. ⁵Lebt ein Kind im gemeinsamen Haushalt von Eltern und Großeltern, so wird das Kindergeld vorrangig einem Elternteil gezahlt; es wird an einen Großelternteil gezahlt, wenn der Elternteil gegenüber der zuständigen Stelle auf seinen Vorrang schriftlich verzichtet hat.

(3) ¹Ist das Kind nicht in den Haushalt eines Berechtigten aufgenommen, so erhält das Kindergeld derjenige, der dem Kind eine Unterhaltsrente zahlt. ²Zahlen mehrere Berechtigte dem Kind Unterhaltsrenten, so erhält das Kindergeld derjenige, der dem Kind die höchste Unterhaltsrente zahlt. ³Werden gleich hohe Unterhaltsrenten gezahlt oder zahlt keiner der Berechtigten dem Kind Unterhalt, so bestimmen die Berechtigten untereinander, wer das Kindergeld erhalten soll. ⁴Wird eine Bestimmung nicht getroffen, so gilt Absatz 2 Satz 3 und 4 entsprechend.

Rechtsprechungsauswahl

BFH v. 27. 2. 2014 III R 40/13 (BStBl. II S. 783):

1. Jedem Steuerpflichtigen, der Anspruch auf Kindergeld gemäß § 62 i.V.m § 63 Abs. 1 EStG hat, ist auf Antrag eine Bescheinigung über das für das Kalenderjahr ausgezahlte Kindergeld zu erteilen. Daher kann auch ein sogenannter nachrangig Berechtigter, also ein Berechtigter, dessen Anspruch gegenüber der Anspruchsberechtigung einer anderen Person gemäß § 64 Abs. 2 EStG zurücktritt, die Erteilung einer solchen Bescheinigung verlangen.
2. Das Steuergeheimnis steht der Ausstellung einer Kindergeldbescheinigung für den nachrangig Berechtigten nicht entgegen.

BFH v. 8. 8. 2013 III R 3/13 (BStBl. 2014 II S. 576):

1. Es stellt einen Verstoß gegen die Grundordnung des Verfahrens dar, wenn das FG auf eine gegen die Ablehnung der Abzweigung (§ 74 Abs. 1 EStG) gerichtete Klage die Familienkasse verpflichtet, Kindergeld zugunsten des Kindes festzusetzen.
2. Die nach § 64 Abs. 2 Satz 3, Abs. 3 Satz 4 EStG durch das Familiengericht zu treffende Entscheidung, welcher von mehreren gleichrangigen Kindergeldberechtigten vorrangig bei der Kindergeldfestsetzung zu berücksichtigen ist, entfaltet keine Tatbestandswirkung für das Festsetzungsverfahren der Familienkasse, wenn sie unter Überschreitung des gesetzlichen Entscheidungsrahmens eine nach §§ 62 f. EStG nicht kindergeldberechtigte Person (insbesondere das Kind selbst) zum Berechtigten bestimmt.
3. Die Familienkasse hat an dem Vorrangbestimmungsverfahren des Familiengerichts nach § 64 Abs. 2 Satz 3, Abs. 3 Satz 4 EStG mitzuwirken, indem sie gegenüber dem Familiengericht diejenigen gleichrangig Kindergeldberechtigten benennt, aus denen das Familiengericht den vorrangig Kindergeldberechtigten auszuwählen hat.

Der Grundsatz von Treu und Glauben kann eine Kindergeldberechtigung des Kindes, die das EStG nicht vorsieht, nicht zum Entstehen bringen.

BFH v. 18. 4. 2013 V R 41/11 (BStBl. 2014 II S. 34):

1. Eine einheitliche Grenze der zeitlichen Aufenthaltsdauer, bei deren Unterschreiten eine – annähernd gleichwertige – Haushaltsaufnahme generell zu verneinen wäre, besteht nicht.
2. Es ist eine Frage der tatsächlichen Würdigung des FG, ob die jeweilige Aufenthaltsdauer unter Berücksichtigung der besonderen Umstände des Einzelfalles die Annahme rechtfertigt, dass das Kind seinen Lebensmittelpunkt bei beiden Eltern hat.

1. Die Rechtsprechung des BGH zum Unterhaltsrecht steht dem nicht entgegen. Nach Auffassung des BGH kommt der zeitlichen Komponente der Betreuung für die Beantwortung der Frage, ob ein El-

ternteil die Hauptverantwortung für ein Kind trägt, zwar indizielle Bedeutung zu. Die Beurteilung braucht sich hierauf aber nicht zu beschränken.

2. Ein Kind getrennt lebender Eltern ist in den Haushalt beider Elternteile aufgenommen, wenn es sich bei beiden in annähernd gleichem zeitlichen Umfang aufhält. In diesem Fall ist das Kindergeld demjenigen zu zahlen, den die Eltern untereinander bestimmt haben (§ 64 Abs. 2 Satz 2 EStG analog).

3. Die Bestimmung des Kindergeldberechtigten nach § 64 Abs. 2 Satz 2 EStG stellt eine empfangsbedürftige Willenserklärung dar, die nach Zugang bei den zuständigen Familienkassen rechtsgestaltend den Kindergeldanspruch einer bestimmten natürlichen Person begründet. Ihr kommt daher grundsätzlich keine Rückwirkung zu. Etwas anderes gilt nur, wenn eine Regelung fehlt (vgl. BFH- Urteil v. 19.4.2012 III R 42/10, BStBl. 2013 II S. 21).

BFH v. 19. 4. 2012 III R 42/10 (BStBl. 2013 II S. 21):

1. Die einvernehmliche Änderung der Berechtigtenbestimmung i.S.d. § 64 Abs. 2 Satz 2 EStG kann mit Wirkung für die Vergangenheit nur dann vorgenommen werden, wenn noch keine Kindergeldfestsetzung für das betreffende Kind erfolgt ist.

2. Der durch eine einvernehmlich geänderte Berechtigtenbestimmung herbeigeführte Wechsel in der Anspruchsberechtigung wird erst mit Wirkung ab dem Folgemonat zugunsten des neuen Berechtigten berücksichtigt.

3. Der Senat schließt sich damit der höchstrichterlichen Sozialrechtsprechung an, die zur Regelung in § 3 Abs. 3 des Bundeskindergeldgesetzes a.F. ergangen ist.

4. Die Frage, ob der Widerruf einer Berechtigtenbestimmung mit Wirkung für die Vergangenheit vorgenommen werden kann, ist ebenfalls zu verneinen.

5. Bei der Berechtigtenbestimmung, ihrer Änderung und ihrem Widerruf handelt es sich jeweils um empfangsbedürftige Willenserklärungen, die nach Zugang bei den zuständigen Familienkassen rechtsgestaltend den Kindergeldanspruch einer bestimmten natürlichen Person begründen (bei einvernehmlicher Erstbestimmung oder Änderung) oder beenden (beim Widerruf).

6. Auch eine Entscheidung des Familiengerichts (§ 64 Abs. 2 Satz 3 EStG) würde nur insoweit zurückwirken, als eine Bestimmung des Berechtigten bislang gefehlt hat.

7. Dem Vorrangverzicht gemäß § 64 Abs. 2 Satz 5 EStG und seinem Widerruf kommt keine ex tunc-Wirkung zu.

8. Wenn ein Elternteil als Berechtigter wirksam bestimmt worden ist, steht diesem der Anspruch auf Kindergeld vom Beginn des Monats an zu, in dem die Anspruchsvoraussetzungen erfüllt sind (BFH-Urteil v. 16.12.2003 VIII R 76/99, BFH-Webseite).

9. Ob einem Ereignis ausnahmsweise steuerliche Rückwirkung zukommen kann, hängt nicht davon ab, ob ein Steueranspruch erfüllt wurde und damit erloschen ist. Es kommt ausschließlich auf das einschlägige materielle Recht an (Rn.14).

10. Wird durch einen wirksam erklärten Berechtigtenwechsel eine Situation geschaffen, wonach für einen Monat beide Elternteile kindergeldberechtigt sind, ist diese Konkurrenzsituation nach den Regeln aufzulösen, die der BFH bei einem im Laufe des Monats stattfindenden Haushaltswechsel des Kindes entwickelt hat.

BFH v. 25. 6. 2009 III R 2/07 (BStBl. II S. 968): Ist ein Kind getrennt lebender Eltern auf eigenen Entschluss von dem Haushalt eines Elternteils in den Haushalt des anderen Elternteils umgezogen, kann in der Regel davon ausgegangen werden, dass der andere Elternteil – auch wenn er nicht sorgeberechtigt ist – das Kind i.S. des § 64 Abs. 2 Satz 1 EStG in seinen Haushalt aufgenommen und damit Anspruch auf Auszahlung des Kindergeldes hat, wenn das Kind seit mehr als drei Monaten dort lebt und eine Rückkehr in den Haushalt des sorgeberechtigten Elternteils nicht von vornherein feststeht.

BFH v. 23. 3. 2005 III R 91/03 (BStBl. 2008 II S. 752): Ein Kind getrennt lebender Eltern ist in den Haushalt beider Elternteile aufgenommen, wenn es sich bei beiden in annähernd gleichem zeitlichen Umfang aufhält. In diesem Fall ist das Kindergeld demjenigen zu zahlen, den die Eltern untereinander bestimmt haben. Auch eine vor der Trennung getroffene Bestimmung des Berechtigten bleibt wirksam, bis sie von einem Berechtigten widerrufen wird.

BFH v. 14. 12. 2004 VIII R 106/03 (BStBl. 2008 II S. 762):

1. Es verstößt nicht gegen das GG oder sonstiges Recht,
   – dass das Kindergeld gemäß § 64 Abs. 1 EStG an nur einen Berechtigten zu zahlen ist und

Rechtsprechung § 64

- dass es gemäß § 64 Abs. 2 Satz 1 EStG an denjenigen Berechtigten zu zahlen ist, der das Kind in seinen Haushalt aufgenommen hat (Obhutsprinzip).
2. Der Begriff der Haushaltsaufnahme i. S. des § 64 Abs. 2 Satz 1 EStG ist unter Berücksichtigung seines Zwecks dahin auszulegen, dass ein Kind, welches sich in den Haushalten beider Elternteile in einer Besuchscharakter überschreitenden Weise aufhält, demjenigen Elternteil zuzuordnen ist, in dessen Haushalt es sich überwiegend aufhält und seinen Lebensmittelpunkt hat.

BFH v. 2. 6. 2005 III R 66/04 (BStBl. 2006 II S. 184):
1. Zahlen geschiedene Eltern ihrem Kind, das in einem selbständigen Haushalt lebt, jeweils eine Unterhaltsrente, hat Anspruch auf Kindergeld, wer die höhere Unterhaltsrente leistet. Hat derjenige, der das Kindergeld bisher erhalten hat, den Betrag an das Kind als Unterhalt weitergeleitet, so bleibt das Kindergeld für die Feststellung der höheren Unterhaltsrente außer Betracht.
2. Begehrt der Berechtigte mit der Klage, den die Zahlung von Kindergeld ablehnenden Bescheid der Familienkasse aufzuheben und die Familienkasse zu verpflichten, Kindergeld auf unbestimmte Zeit zu zahlen, handelt es sich um eine Verpflichtungsklage. Ist die Ablehnung des Kindergelds rechtswidrig, ist der Ablehnungsbescheid aufzuheben und die Familienkasse zu verpflichten, über den Kindergeldantrag erneut zu entscheiden.

Schwebende Verfahren

EuGH C-378/14 (BFH-Webseite): Vorabentscheidungsersuchen des BFH vom 08.05.2014 zu folgenden Fragen:
1. Ist in einem Fall, in dem eine in einem Mitgliedstaat (Inland) lebende Person Anspruch auf Kindergeld für Kinder hat, die in einem anderen Mitgliedstaat (Ausland) beim anderen, von ihm getrennt lebenden Ehegatten wohnen, Art. 60 Abs. 1 Satz 2 der VO Nr. 987/2009 anzuwenden mit der Folge, dass die Fiktion, wonach bei der Anwendung von Art. 67 und 68 der VO Nr. 883/2004 die Situation der gesamten Familie in einer Weise zu berücksichtigen ist, als würden alle Beteiligten - insbesondere was das Recht zur Erhebung eines Leistungsanspruchs anbelangt - unter die Rechtsvorschriften des betreffenden Mitgliedstaats fallen und dort wohnen, dazu führt, dass der Anspruch auf Kindergeld ausschließlich dem im anderen Mitgliedstaat (Ausland) lebenden Elternteil zusteht, weil das nationale Recht des ersten Mitgliedstaats (Inland) vorsieht, dass bei mehreren Kindergeldberechtigten der Elternteil anspruchsberechtigt ist, der das Kind in seinen Haushalt aufgenommen hat?
2. Für den Fall, dass die erste Frage zu bejahen sein sollte: Ist bei dem unter 1. dargelegten Sachverhalt Art. 60 Abs. 1 Satz 3 der VO Nr. 987/2009 dahin auszulegen, dass dem in einem Mitgliedstaat (Inland) lebenden Elternteil der Anspruch auf Kindergeld nach inländischem Recht zusteht, weil der im anderen Mitgliedstaat (Ausland) lebende andere Elternteil keinen Antrag auf Kindergeld gestellt hat?
3. Für den Fall, dass die zweite Frage bei dem unter 1. dargelegten Sachverhalt dahin zu beantworten sein sollte, dass die unterbliebene Antragstellung des im EU-Ausland lebenden Elternteils zum Übergang des Anspruchs auf Kindergeld auf den im Inland lebenden Elternteil führt: Nach welchem Zeitraum ist davon auszugehen, dass ein im EU-Ausland lebender Elternteil das Recht auf Kindergeld nicht i.S.v. Art. 60 Abs. 1 Satz 3 der VO Nr. 987/2009 "wahrnimmt" mit der Folge, dass es dem im Inland lebenden Elternteil zusteht?

BFH VI R 81/13 (BFH-Webseite): Hat ein im Inland lebender EU-Ausländer Anspruch auf Kindergeld als nicht vorrangig Kindergeldberechtigter, wenn nicht er, sondern der im EU-Ausland lebende Ehepartner das Kind in seinen Haushalt aufgenommen hat?

BFH VI R 79/14 (BFH-Webseite): Hat ein in Deutschland wohnender Vater Anspruch auf Kindergeld, wenn nicht er, sondern die in Großbritannien lebende Mutter das Kind in ihren Haushalt aufgenommen hat?
Oder ist die Mutter gemäß § 64 Abs. 2 Satz 1 EStG i.V.m. Art. 60 Abs. 1 Satz 2 der VO (EG) Nr. 987/2009 vorrangig kindergeldberechtigt?

BFH VI R 78/14 (BFH-Webseite): Hat ein in Deutschland wohnender Vater Anspruch auf Kindergeld, wenn nicht er, sondern die in Italien lebende Mutter das Kind in ihren Haushalt aufgenommen hat?
Oder ist die Mutter gemäß § 64 Abs. 2 Satz 1 EStG i.V.m. Art. 60 Abs. 1 Satz 2 der VO (EG) Nr. 987/2009 vorrangig kindergeldberechtigt?

BFH III R 57/13 (BFH-Webseite): Bestimmung des Kindergeldberechtigten: Sind von Elternteilen vorgenommene Zahlungen auf rückständigen Unterhalt als Unterhaltsrente anzusehen?

§ 64 Rechtsprechung

BFH VI R 48/14 (BFH-Webseite): Hat ein in Deutschland wohnender, erwerbstätiger polnischer Staatsangehöriger Anspruch auf (den Differenzbetrag zwischen dem deutschen und dem polnischen) Kindergeld, wenn nicht er, sondern die in Polen lebende Kindesmutter das Kind in ihren Haushalt aufgenommen hat?

BFH III 45/13 (BFH-Webseite): Kindergeldanspruch eines Deutschen, dessen minderjährige Tochter in Polen bei der Mutter lebt, aufgrund der Verordnungen (EG) Nr. 883/2004 und 987/2009?
Das Verfahren ist durch Beschluss vom 12.01.2015 bis zur Entscheidung des EuGH im Verfahren C-378/14 ausgesetzt.

BFH XI R 44/13 (BFH-Webseite): Darf die Familienkasse die Festsetzung von Kindergeld an den in Deutschland lebenden Kindesvater ablehnen, weil der in Polen wohnhaften, vom Kindesvater geschiedenen Kindesmutter, in deren Haushalt die gemeinsamen Kinder leben, gemäß § 64 Abs. 2 Satz 1 EStG der vorrangige Kindergeldanspruch zusteht?

BFH V R 40/13 (BFH-Webseite):
1. Hat der Kläger für seinen minderjährigen Sohn, der in Polen bei der Kindsmutter lebt, Anspruch auf Kindergeld?
2. Muss die Kindsmutter in Deutschland dieses Kindergeld gemäß § 64 Abs. 2 EStG geltend machen, weil der Sohn bei ihr im Haushalt lebt?

Das Verfahren ruht gemäß Beschluss vom 23.9.2014 bis zur Entscheidung des EuGH in der Rechtssache C-378/14, Trapkowski (Vorlagebeschluss vom 8.5.2014 III R 17/13, BFH-Webseite).

BFH V R 31/14 (BFH-Webseite): Steht dem Kläger für seine sich in Ausbildung befindenden und in Italien bei der Mutter lebenden Kinder Kindergeld zu, da in Italien Kindergeld nur für Kinder bis zur Vollendung des 18. Lebensjahres gezahlt wird?
Das Verfahren ruht gemäß Beschluss vom 19.11.2014 bis zur Entscheidung des EuGH in dem Verfahren III R 17/13 (EuGH C-378/14).

BFH V R 26/14 (BFH-Webseite): Besteht ein Anspruch auf inländisches Kindergeld für ein in Polen beim Kindesvater lebendes Kind und kann die in Deutschland wohnende Mutter die Auszahlung an sie verlangen?
Das Verfahren ruht gemäß Beschluss vom 18.11.2014 bis zur Entscheidung des EuGH in dem Verfahren III R 17/13 (EuGH C-378/14).

BFH V R 25/14 (BFH-Webseite): Besteht ein Anspruch auf inländisches Kindergeld für ein in Polen beim Kindesvater lebendes Kind und kann die in Deutschland wohnende Mutter die Auszahlung an sie verlangen?
Das Verfahren ruht gemäß Beschluss vom 18.11.2014 bis zur Entscheidung des EuGH in dem Verfahren III R 17/13 (EuGH C-378/14).

BFH VI R 23/14 (BFH-Webseite): Hat ein in Deutschland wohnender, erwerbstätiger italienischer Staatsangehöriger Anspruch auf Kindergeld, wenn nicht er, sondern die in Italien getrennt lebende Ehefrau das Kind in ihren Haushalt aufgenommen hat?
Oder ist die Ehefrau gemäß § 64 Abs. 2 Satz 1 EStG i.V.m. Art. 60 Abs. 1 Satz 2 der VO (EG) Nr. 987/2009 vorrangig kindergeldberechtigt?
Das Verfahren ist durch Beschluss vom 27.10.2014 bis zur Entscheidung des Gerichtshofs der Europäischen Union in dem Verfahren C-378/14 ausgesetzt.

BFH III R 27/13 (BFH-Webseite): Darf die Familienkasse die Festsetzung von Kindergeld für den in Deutschland lebenden Kläger ablehnen, weil der in Polen wohnhaften Kindesmutter, in deren Haushalt das gemeinsame Kind lebt, der vorrangige Kindergeldanspruch zusteht?

BFH III R 16/13 (BFH-Webseite): Kindergeldanspruch eines im Inland wohnhaften und als Beamter nichtselbständig tätigen deutschen Staatsangehörigen bei Aufnahme des Kindes in den Haushalt der in Österreich lebenden, arbeitslosen Mutter?

BFH VI R 12/13 (BFH-Webseite): Hat ein in Deutschland wohnender Vater Anspruch auf Kindergeld, wenn nicht er, sondern die in Tschechien lebende Mutter, die tschechische Staatsangehörige ist, die Kinder in ihren Haushalt aufgenommen hat?
Oder ist die Mutter gemäß § 64 Abs. 2 Satz 1 EStG i.V.m. Art. 60 Abs. 1 Satz 2 der VO (EG) Nr. 987/2009 vorrangig kindergeldberechtigt?

Rechtsprechung § 64

BFH V R 11/13 (BFH-Webseite):
1. Sind beim Zusammentreffen von (Familien-)Leistungen mehrerer Mitgliedstaaten, die aus demselben Grund zu gewähren sind, nämlich durch eine Beschäftigung oder selbständige Erwerbstätigkeit, gemäß Art. 68 Abs. 2 Satz 1, Abs. 1 Buchst. b) i) EG-VO Nr. 883/2004 die Familienleistungen des Mitgliedstaates vorrangig zu gewähren, in dem die Kinder wohnen? Setzt dies ein Bestehen von konkurrierenden Kindergeldansprüchen in zwei EU-Mitgliedstaaten voraus, für die eine Rangfolge zu bestimmen wäre?
2. Muss nach Art. 68 Abs. 2 Satz 3 VO (EG) Nr. 883/2004 der Unterschiedsbetrag für Kinder gewährt werden, die in einem anderen Mitgliedstaat (hier: Polen) wohnen, wenn der entsprechende Leistungsanspruch ausschließlich durch den Wohnort ausgelöst wird?
3. Bezweckt die Regelung des Art. 60 Abs. 1 Satz 2 EG-VO Nr. 988/2009, einen unstreitig bestehenden Kindergeldanspruch dem Anspruchsinhaber bei einer hypothetischen Familienbetrachtung zu versagen?

Können anspruchsberechtigt i.S.d. § 64 Abs. 2 Satz 1 EStG nur solche Personen sein, die selbst die Anspruchsvoraussetzungen gemäß § 62 Abs. 1 EStG erfüllen?

BFH III R 10/13 (BFH-Webseite): Ist die Vorschrift des § 64 Abs. 2 Satz 1 EStG, nach der derjenige Berechtigte den vorrangigen Anspruch auf Kindergeld hat, der das Kind in seinen Haushalt aufgenommen hat, auch auf grenzüberschreitende Sachverhalte anzuwenden, obwohl die Verordnungen (EG) Nr. 1408/71 und Nr. 883/2004 dem entgegenstehen (könnten)? Ist also dem im Inland lebenden Elternteil des Kindes das Kindergeld zu gewähren, obwohl das Kind in einem anderen EU-Mitgliedstaat mit dem anderen Elternteil wohnt? Spielt bei der Beurteilung der o.g. Fragen unter Umständen auch der Familienstand eine Rolle?

BFH XI R 28/12 (BFH-Webseite): Bestimmung des Kindergeldberechtigten für ein in Polen bei der Großmutter lebendes minderjähriges Kind:
Hat eine polnische Staatsangehörige, die in Deutschland lebt, für ihr in Polen bei der Großmutter lebendes minderjähriges Kind, für das die Großmutter keinen Antrag auf Annahme an Kindes Statt gestellt hat und ebenso wie die Kindsmutter keine polnischen Familienleistungen erhält, Anspruch auf deutsches Kindergeld in voller Höhe?

BFH III R 8/13 (BFH-Webseite): Ist die Vorschrift des § 64 Abs. 2 Satz 1 EStG, nach der derjenige Berechtigte den vorrangigen Anspruch auf Kindergeld hat, der das Kind in seinen Haushalt aufgenommen hat, auch auf grenzüberschreitende Sachverhalte anzuwenden, obwohl die Verordnungen (EG) Nr. 1408/71 und Nr. 883/2004 dem entgegenstehen (könnten)? Ist also dem im Inland lebenden Elternteil des Kindes das Kindergeld zu gewähren, obwohl das Kind in einem anderen EU-Mitgliedstaat mit dem anderen Elternteil wohnt? Spielt bei der Beurteilung der o.g. Fragen unter Umständen auch der Familienstand eine Rolle?

BFH XI R 33/12 (BFH-Webseite): Hat der im EU-Ausland in einem gemeinsamen Haushalt mit dem Kind lebende Elternteil gegenüber dem in Deutschland wohnhaften und erwerbstätigen anderen Elternteil einen gemäß § 64 Abs. 2 Satz 1 EStG vorrangigen Anspruch auf Kindergeld?

BFH III R 57/12 (BFH-Webseite): Vorrang der im EU-Ausland lebenden Großeltern nach § 64 Abs. 2 Satz 1 EStG – Kann die Auszahlung von Kindergeld an einen Elternteil mit der Begründung abgelehnt werden, der vorrangige Kindergeldanspruch stehe gemäß § 63 Abs. 1 Satz 1 Nr. 3 EStG den im EU-Ausland wohnhaften Großeltern zu, für die aufgrund der sog. Familienbetrachtung nach Art. 60 Abs. 1 Satz 2 der VO Nr. 987/2009 ein Wohnsitz in Deutschland fingiert wird?

BFH III R 50/12 (BFH-Webseite): Hat ein Vater mit Wohnsitz in Deutschland für sein in Polen im Haushalt der Mutter lebendes Kind Anspruch auf Kindergeld? Oder ist die Kindesmutter gemäß § 64 Abs. 2 Satz 1 EStG i.V.m. Art. 60 Abs. 1 Satz 2 der VO (EG) Nr. 987/2009 vorrangig kindergeldberechtigt?

BFH III R 43/12 (BFH-Webseite): Hat ein Vater mit Wohnsitz in Deutschland für sein in Ungarn im Haushalt der Mutter lebendes Kind Anspruch auf Kindergeld, obwohl die Kindsmutter in Ungarn eine dem Kindergeld vergleichbare Leistung erhält?

§ 65 Andere Leistungen für Kinder

(1) ¹Kindergeld wird nicht für ein Kind gezahlt, für das eine der folgenden Leistungen zu zahlen ist oder bei entsprechender Antragstellung zu zahlen wäre:
1. Kinderzulagen aus der gesetzlichen Unfallversicherung oder Kinderzuschüsse aus den gesetzlichen Rentenversicherungen,
2. Leistungen für Kinder, die im Ausland gewährt werden und dem Kindergeld oder einer der unter Nummer 1 genannten Leistungen vergleichbar sind,[1)]
3. Leistungen für Kinder, die von einer zwischen- oder überstaatlichen Einrichtung gewährt werden und dem Kindergeld vergleichbar sind.

²Soweit es für die Anwendung von Vorschriften dieses Gesetzes auf den Erhalt von Kindergeld ankommt, stehen die Leistungen nach Satz 1 dem Kindergeld gleich. ³Steht ein Berechtigter in einem Versicherungspflichtverhältnis zur Bundesagentur für Arbeit nach § 24 des Dritten Buches Sozialgesetzbuch oder ist er versicherungsfrei nach § 28 Absatz 1 Nr. 1 des Dritten Buches Sozialgesetzbuch oder steht er im Inland in einem öffentlich-rechtlichen Dienst- oder Amtsverhältnis, so wird sein Anspruch auf Kindergeld für ein Kind nicht nach Satz 1 Nummer 3 mit Rücksicht darauf ausgeschlossen, dass sein Ehegatte als Beamter, Ruhestandsbeamter oder sonstiger Bediensteter der Europäischen Union für das Kind Anspruch auf Kinderzulage hat.

(2) Ist in den Fällen des Absatzes 1 Satz 1 Nr. 1 der Bruttobetrag der anderen Leistung niedriger als das Kindergeld nach § 66, wird Kindergeld in Höhe des Unterschiedsbetrages gezahlt, wenn er mindestens 5 Euro beträgt.

Rechtsprechungsauswahl

BFH v. 13. 11. 2014 III R 1/13 (BFH-Webseite): Der Anspruch auf Kindergeld nach deutschem Recht für ein im EU-Ausland lebendes Kind ist nach § 65 Abs. 1 Satz 1 Nr. 2 EStG ausgeschlossen, wenn für das Kind ein Anspruch auf ausländische Leistungen besteht, die dem Kindergeld vergleichbar sind, und der Anspruchsteller nicht vom Anwendungsbereich der VO (EWG) Nr. 1408/71 erfasst wird, weil er nicht in einem Sozialversicherungssystem versichert ist.

BFH v. 8.5.2014 III R 21/12 (BStBl. 2015 II S. 135): Ein angemietetes Zimmer kann nur dann der Wohnsitz einer natürlichen Person i.S.d. § 62 Abs. 1 Nr. 1 EStG i.V.m. § 8 AO sein, wenn es sich hierbei um eine auf Dauer zum Bewohnen geeignete Räumlichkeit handelt, die der Betreffende – wenn auch in größeren Zeitabständen – mit einer gewissen Regelmäßigkeit tatsächlich zu Wohnzwecken nutzt. Ob diese Voraussetzungen bei einem Gewerbetreibenden vorliegen, lässt sich im Allgemeinen nicht aus der Höhe der im Inland erzielten Einkünfte folgern.

BFH v. 12. 9. 2013 III R 32/11 (BFH-Webseite): Wohnen Eltern mit ihren Kindern in Deutschland, arbeiten aber beide in der Schweiz, entfällt der nach den §§ 62 ff. EStG bestehende Kindergeldanspruch des nach dem EStG (vorrangig) Anspruchsberechtigten nicht dadurch, dass er gemäß Art. 13 Abs. 2 Buchst. a der VO (EWG) Nr. 1408/71 nicht den deutschen Rechtsvorschriften unterliegt. Es ist ein Anspruch nach Art. 10 Abs. 1 Buchst. a der VO (EWG) Nr. 574/72 auf die Differenz zwischen dem in der Schweiz gezahlten und einem höheren deutschen Kindergeld gegeben.

BFH v. 13. 6. 2013 III R 63/11 (BStBl. 2014 II S. 711):
1. § 65 Abs. 1 Satz 1 Nr. 2 EStG verpflichtet das FG im Grundsatz, eine eigene Entscheidung darüber zu treffen, ob für ein Kind ein Anspruch auf Gewährung dem Kindergeld vergleichbarer Leistungen nach ausländischem Recht besteht.
2. Bei dieser Prüfung hat es das maßgebende ausländische Recht gemäß § 155 FGO i.V.m. § 293 ZPO von Amts wegen zu ermitteln und festzustellen.
3. Den für die Subsumtion unter das maßgebliche ausländische Recht entscheidungserheblichen Sachverhalt hat das FG unter Beachtung der erweiterten Mitwirkungspflichten des Klägers nach § 76 Abs. 1 Satz 4 FGO i.V.m. § 90 Abs. 2 AO von Amts wegen zu ermitteln und festzustellen.

1. Zu Leitsatz 1: Diese Prüfungspflicht besteht auch bereits für die Familienkasse.

---

1) Hinweis auf die Übersicht der vergleichbaren Leistungen im Sinne des § 65 Abs. 1 Satz 1 Nr. 2 EStG gemäß Schreiben Bundeszentralamt für Steuern vom 21.3.2014 (BStBl. I S. 768).

Rechtsprechung § 65

2. Für die Tatbestandsverwirklichung des § 65 Abs. 1 Satz 1 Nr. 2 EStG ist im Grundsatz ausreichend, dass ein materiell-rechtlicher Anspruch auf die entsprechende Leistung nach ausländischem Recht besteht. Dabei ist unerheblich, ob dieser Anspruch der nach deutschem Recht kindergeldberechtigten Person oder einem Dritten zusteht.
3. Ob aus diesbezüglichen Entscheidungen ausländischer Behörden eine Bindungswirkung resultiert, bedurfte im Streitfall keiner Klärung.
4. Zu Leitsatz 2: Es ist nicht Aufgabe des Antragstellers, die Regelungen über das ausländische Recht (im Einzelnen) darzulegen (entgegen Urteil des FG Münster vom 14.12.2010 1 K 4131/07 Kg).
5. Wie das FG das ausländische Recht ermittelt, steht in seinem pflichtgemäßen Ermessen. Der Umstand, dass das ausländische Recht ggf. sehr komplex ist, kann das FG von seiner Ermittlungspflicht nicht entbinden.
6. Sollte sich im finanzgerichtlichen Verfahren keine – ggf. Bindungswirkung besitzende – negative Entscheidung bzw. Bescheinigung einer ausländischen Behörde über das Nichtbestehen eines Anspruchs auf ausländische Familienleistungen beibringen lassen (z.B. wegen fehlender Antragstellung im Ausland), darf das FG nicht bereits deswegen zu Lasten des Klägers unterstellen, es habe ein Anspruch nach ausländischem Recht bestanden. Insbesondere kann von dem Kläger selbst unter Beachtung seiner erweiterten Mitwirkungspflichten nicht erwartet werden, aus Gründen der Beweisvorsorge stets im Ausland einen Antrag auf Familienleistungen zu stellen.
7. Die vom BFH früher in ständiger Rechtsprechung vertretene unionsrechtliche Sperrwirkung des Art. 13 Abs. 1 Satz 1 der VO Nr. 1408/71, die eine Anwendung der deutschen Kindergeldvorschriften (§§ 62 ff. EStG) ausschließe, besteht gerade nicht (vgl. BFH-Urteil vom 16.5.2013 III R 8/11, BStBl. II S. 1040; EuGH-Rechtsprechung). Dabei ist kein sachlicher Grund dafür ersichtlich, einen Selbständigen - bei eröffnetem persönlichen Geltungsbereich der VO Nr. 1408/71 - anders zu behandeln als einen Arbeitnehmer.

Schwebende Verfahren

BFH VI R 67/13 (BFH-Webseite): Besteht in Höhe des Differenzbetrags zwischen dem deutschen und dem spanischen Kindergeld für die in Spanien bei der Mutter lebenden Kinder ein Zahlungsanspruch, wenn der Kindsvater im Inland und die Kindsmutter in Spanien, ihren jeweiligen Wohnsitzstaaten, beschäftigt bzw. selbständig erwerbstätig sind, weil der inländische Anspruch auf Zahlung des Differenzkindergeldes weder nach § 64 Abs. 1 Satz 2 EStG wegen Zugehörigkeit der Kinder zum Haushalt der Mutter in Spanien noch aufgrund Art. 60 Abs. 1 Satz 2 EGV 987/2009 ausgeschlossen ist und einem Ausschluss des Differenzkindergeldes für im Inland Erwerbstätige (§ 65 Abs. 1 Satz 1 Nr. 2 EStG) die Grundfreiheit der Arbeitnehmerfreizügigkeit nach Art. 45, 48 AEUV entgegen steht?

BFH III R 39/13 (BFH-Webseite): Ist es geboten, dass die Regelung des § 65 Abs. 1 Satz 1 Nr. 2 EStG aufgrund von höherrangigem EU-Recht bei einem im Inland selbständig tätigen polnischen Staatsangehörigen nicht anzuwenden ist und (zumindest) sog. Differenzkindergeld für seine in Polen lebenden Kinder gewährt wird?

BFH III R 29/14 (BFH-Webseite): Entsandter Arbeitnehmer: Kindergeld für Deutschland als Arbeitnehmer einer polnischen Firma tätigen polnischen Staatsangehörigen, der in Polen sozialversichert ist? Steht das Kindergeld in voller Höhe zu (und nicht nur sog. Differenzkindergeld?)

BFH XI R 10/13 (BFH-Webseite): Ist die in Polen gewährte Zulage für Alleinerziehende ihrem Sinn und Zweck nach als Familienleistung i.S.d. Art. 4 VO (EWG) 1408/71 anzusehen und somit bei der Berechnung des Differenzkindergeldes zu berücksichtigen?

BFH III R 2/13 (BFH-Webseite): Ist es geboten, dass die Regelung des § 65 Abs. 1 Satz 1 Nr. 2 EStG aufgrund von höherrangigem EU-Recht bei einer im Inland gemäß § 1 Abs. 3 EStG unbeschränkt steuerpflichtigen polnischen Staatsangehörigen nicht anzuwenden ist und (zumindest) sog. Differenzkindergeld gewährt wird?

BFH III R 4/13 (BFH-Webseite): Inwiefern ist die Familienkasse verpflichtet, in eigener Zuständigkeit zu prüfen, ob bei entsprechender Antragstellung ein Anspruch auf ausländische Familienleistungen besteht?

§ 66 Höhe des Kindergeldes, Zahlungszeitraum

(1) ¹Das Kindergeld beträgt monatlich für erste und zweite Kinder jeweils 184 Euro, für dritte Kinder 190 Euro und für das vierte und jedes weitere Kind jeweils 215 Euro. ²Darüber hinaus wird für jedes Kind, für das im Kalenderjahr 2009 mindestens für einen Kalendermonat ein Anspruch auf Kindergeld besteht, für das Kalenderjahr 2009 ein Einmalbetrag in Höhe von 100 Euro gezahlt.[1)]

(2) Das Kindergeld wird monatlich vom Beginn des Monats an gezahlt, in dem die Anspruchsvoraussetzungen erfüllt sind, bis zum Ende des Monats, in dem die Anspruchsvoraussetzungen wegfallen.

Rechtsprechungsauswahl

BFH v. 13. 11. 2014 III R 1/13 (BFH-Webseite): Der Anspruch auf Kindergeld nach deutschem Recht für ein im EU-Ausland lebendes Kind ist nach § 65 Abs. 1 Satz 1 Nr. 2 EStG ausgeschlossen, wenn für das Kind ein Anspruch auf ausländische Leistungen besteht, die dem Kindergeld vergleichbar sind, und der Anspruchsteller nicht vom Anwendungsbereich der VO (EWG) Nr. 1408/71 erfasst wird, weil er nicht in einem Sozialversicherungssystem versichert ist.

BFH v. 26.6.2014 III R 21/13 (BFH-Webseite): Unterlässt es ein Kindergeldberechtigter, der fortlaufend Kindergeld bezieht, der Familienkasse den Wegfall der Anspruchsvoraussetzungen mitzuteilen und begeht er dadurch eine Steuerordnungswidrigkeit, so kann die Festsetzung des Kindergeldes nachträglich aufgehoben werden. Dabei ist der Ablauf der Festsetzungsfrist nach § 171 Abs. 7 AO bis zum Eintritt der Verfolgungsverjährung, die erst mit der letztmals zu Unrecht erlangten Kindergeldzahlung beginnt, gehemmt.

BFH v. 28. 4. 2010 III R 44/08 (BStBl. 2013 II S. 580): Anspruch des Jugendhilfeträgers auf Erstattung von Kindergeld wegen Jugendhilfeleistungen – Bei mehreren Kindern des Kindergeldberechtigten Aufteilung des Gesamtkindergeldes nach Köpfen – Besonderheiten beim Abkommenskindergeld

1. Wird Kindergeld für mehrere Kinder gewährt, ist der Anspruch auf Erstattung des Kindergeldes wegen der für einzelne Kinder erbrachten Jugendhilfeleistungen entsprechend § 76 Satz 2 Nr. 1 EStG zu ermitteln. Maßgeblich ist der Betrag, der sich bei einer Aufteilung des gesamten Kindergeldes nach der Anzahl der Kinder ergibt, für die Kindergeld gezahlt wird.
2. Bei der Aufteilung des Kindergeldes ist zu trennen zwischen dem Kindergeld nach § 66 EStG und dem Kindergeld nach dem deutsch-türkischen Abkommen. Maßgeblich für die Ermittlung des einzelnen Erstattungsanspruchs ist jeweils nur dasjenige Kindergeld, das nach den gleichen Vorschriften gezahlt wird wie das Kindergeld für das Kind, auf das sich der Erstattungsanspruch bezieht.

BFH v. 24. 3. 2006 III R 41/05 (BStBl. 2008 II S. 369): Wohnen Eltern mit ihren Kindern in Deutschland, arbeiten aber beide in der Schweiz, stehen ihnen Leistungen für ihre Kinder nur nach dem in der Schweiz geltenden Recht zu. Ein Anspruch auf die Differenz zwischen dem in der Schweiz gezahlten und dem höheren Kindergeld nach § 66 EStG besteht nicht.

Schwebende Verfahren

BFH III R 13/14 (BFH-Webseite): Ist bei dem Bezug von doppelt beantragtem Kindergeld die Tat der Steuerhinterziehung mit jeder monatlichen Auszahlung als beendet anzusehen oder erst mit der letzten Auszahlung durch die Familienkasse?

---

1) Zum Einmalbetrag nach § 66 Absatz 1 Satz 2 EStG („Kinderbonus") Hinweis auf Schreiben Bundeszentralamt für Steuern vom 11.3.2009 (BStBl. I S. 488).

§ 67

§ 67 Antrag

¹Das Kindergeld ist bei der zuständigen Familienkasse schriftlich zu beantragen. ²Den Antrag kann außer dem Berechtigten auch stellen, wer ein berechtigtes Interesse an der Leistung des Kindergeldes hat. ³In Fällen des Satzes 2 ist § 62 Absatz 1 Satz 2 bis 3 anzuwenden. ⁴Der Berechtigte ist zu diesem Zweck verpflichtet, demjenigen, der ein berechtigtes Interesse an der Leistung des Kindergeldes hat, seine an ihn vergebene Identifikationsnummer (§ 139b der Abgabenordnung) mitzuteilen. ⁵Kommt der Berechtigte dieser Verpflichtung nicht nach, teilt die zuständige Familienkasse demjenigen, der ein berechtigtes Interesse an der Leistung des Kindergeldes hat, auf seine Anfrage die Identifikationsnummer des Berechtigten mit.

Rechtsprechungsauswahl

BFH v. 17. 12. 2014 XI R 15/12 (BFH-Webseite):
1. Ein Kind, an das die Familienkasse das gegenüber seiner kindergeldberechtigten Mutter festgesetzte Kindergeld gemäß § 74 Abs. 1 Satz 1 EStG ausgezahlt hat, ist befugt, sowohl gegen einen gegenüber ihm ergangenen Rückforderungsbescheid als auch gegen einen in diesem Zusammenhang gegenüber seiner Mutter ergangenen Aufhebungsbescheid zu klagen.
2. Vollendet das Kind das 25. Lebensjahr und erreicht damit eine den Anspruch auf Kindergeld ausschließende Altersgrenze, stellt dies eine die Aufhebung der Festsetzung von Kindergeld rechtfertigende Änderung der Verhältnisse i.S.d. § 70 Abs. 2 EStG dar.

BFH v. 25. 9. 2014 III R 25/13 (BFH-Webseite): Anträge, die bei einer Familienkasse der Bundesagentur für Arbeit anzubringen sind, können auch bei einer Außenstelle derjenigen Agentur für Arbeit angebracht werden, bei der die Familienkasse eingerichtet ist.

BFH v. 26. 6. 2014 III R 6/13 (BStBl. 2015 II S. 149): Erlässt die Familienkasse auf einen zeitlich nicht konkretisierten Kindergeldantrag einen Festsetzungsbescheid, der eine Befristung bis zu einem in der Zukunft liegenden Monat enthält, so hat sie damit über den Antrag in vollem Umfang und nicht nur zum Teil entschieden.

BFH v. 26. 11. 2009 III R 67/07 (BStBl. 2010 II S. 476): Keine erneute Entscheidung über bestandskräftig abgelehntes Kindergeld aufgrund eines Kindergeldantrags des nach § 67 Satz 2 Alternative 2 EStG selbst antragsberechtigten Kindes
Auch wenn ein Kind nach § 67 Satz 2 Alternative 2 EStG berechtigt ist, das Kindergeld selbst zu beantragen, kann es mit einem Antrag auf Kindergeld keine erneute Entscheidung über den vom Kindergeldberechtigten geltend gemachten, bestandskräftig abgelehnten Kindergeldanspruch erreichen.

§ 68 Besondere Mitwirkungspflichten[1]

(1) ¹Wer Kindergeld beantragt oder erhält, hat Änderungen in den Verhältnissen, die für die Leistung erheblich sind oder über die im Zusammenhang mit der Leistung Erklärungen abgegeben worden sind, unverzüglich der zuständigen Familienkasse mitzuteilen. ²Ein Kind, das das 18. Lebensjahr vollendet hat, ist auf Verlangen der Familienkasse verpflichtet, an der Aufklärung des für die Kindergeldzahlung maßgebenden Sachverhalts mitzuwirken; § 101 der Abgabenordnung findet insoweit keine Anwendung.

(2) (weggefallen)

(3) Auf Antrag des Berechtigten erteilt die das Kindergeld auszahlende Stelle eine Bescheinigung über das für das Kalenderjahr ausgezahlte Kindergeld.

(4) Die Familienkassen dürfen den die Bezüge im öffentlichen Dienst anweisenden Stellen Auskunft über den für die jeweilige Kindergeldzahlung maßgebenden Sachverhalt erteilen.

Rechtsprechungsauswahl

BFH v. 26. 6. 2014 III R 21/13 (BFH-Webseite): Unterlässt es ein Kindergeldberechtigter, der fortlaufend Kindergeld bezieht, der Familienkasse den Wegfall der Anspruchsvoraussetzungen mitzuteilen und begeht er dadurch eine Steuerordnungswidrigkeit, so kann die Festsetzung des Kindergeldes nachträglich aufgehoben werden. Dabei ist der Ablauf der Festsetzungsfrist nach § 171 Abs. 7 AO bis zum Eintritt der Verfolgungsverjährung, die erst mit der letztmals zu Unrecht erlangten Kindergeldzahlung beginnt, gehemmt.

BFH v. 27. 2. 2014 III R 40/13 (BStBl. II S. 783):
1. Jedem Steuerpflichtigen, der Anspruch auf Kindergeld gemäß § 62 i.V.m § 63 Abs. 1 EStG hat, ist auf Antrag eine Bescheinigung über das für das Kalenderjahr ausgezahlte Kindergeld zu erteilen. Daher kann auch ein sogenannter nachrangig Berechtigter, also ein Berechtigter, dessen Anspruch gegenüber der Anspruchsberechtigung einer anderen Person gemäß § 64 Abs. 2 EStG zurücktritt, die Erteilung einer solchen Bescheinigung verlangen.
2. Das Steuergeheimnis steht der Ausstellung einer Kindergeldbescheinigung für den nachrangig Berechtigten nicht entgegen.

BFH v. 18. 5. 2006 III R 80/04 (BStBl. 2008 II S. 371): Die Mitteilung über Änderungen in den für das Kindergeld erheblichen Verhältnissen, zu welcher der Kindergeldberechtigte nach § 68 Abs. 1 Satz 1 EStG verpflichtet ist, ist keine „Anzeige" i. S. von § 170 Abs. 2 Satz 1 Nr. 1 AO 1977, die zu einer Anlaufhemmung der Festsetzungsfrist für den Anspruch auf Kindergeld führt.

§ 69 Überprüfung des Fortbestehens von Anspruchsvoraussetzungen durch Meldedaten-Übermittlung

Die Meldebehörden übermitteln in regelmäßigen Abständen den Familienkassen nach Maßgabe einer auf Grund des § 20 Absatz 1 des Melderechtsrahmengesetzes (ab 1.5.2015: „§ 56 Absatz 1 Nummer 2 Bundesmeldegesetz" – Artikel 4 des Gesetzes zur Fortentwicklung des Meldewesens vom 3.5.2013 BGBl. I 1084 – MeldeFortG) zu erlassenden Rechtsverordnung die in § 18 Absatz 1 des Melderechtsrahmengesetzes (ab 1.5.20115: „§ 34 Absatz 1 und 2 des Bundesmeldegesetzes" vgl. MeldeFortG) genannten Daten aller Einwohner, zu deren Person im Melderegister Daten von minderjährigen Kindern gespeichert sind, und dieser Kinder, soweit die Daten nach ihrer Art für die Prüfung der Rechtmäßigkeit des Bezuges von Kindergeld geeignet sind.

---

1) Hinweis auf Schreiben Bundeszentralamt für Steuern vom 7.11.2013 (BStBl. I S. 1361) betr. Folgen fehlender Mitwirkung gemäß § 68 EStG.

§ 70

§ 70 Festsetzung und Zahlung des Kindergeldes

(1) Das Kindergeld nach § 62 wird von den Familienkassen durch Bescheid festgesetzt und ausgezahlt.

(2) ¹Soweit in den Verhältnissen, die für den Anspruch auf Kindergeld erheblich sind, Änderungen eintreten, ist die Festsetzung des Kindergeldes mit Wirkung vom Zeitpunkt der Änderung der Verhältnisse aufzuheben oder zu ändern. ²Ist die Änderung einer Kindergeldfestsetzung nur wegen einer Anhebung der in § 66 Absatz 1 genannten Kindergeldbeträge erforderlich, kann von der Erteilung eines schriftlichen Änderungsbescheides abgesehen werden.

(3) ¹Materielle Fehler der letzten Festsetzung können durch Aufhebung oder Änderung der Festsetzung mit Wirkung ab dem auf die Bekanntgabe der Aufhebung oder Änderung der Festsetzung folgenden Monat beseitigt werden. ²Bei der Aufhebung oder Änderung der Festsetzung nach Satz 1 ist § 176 der Abgabenordnung entsprechend anzuwenden; dies gilt nicht für Monate, die nach der Verkündung der maßgeblichen Entscheidung eines obersten Bundesgerichts beginnen.

(4) (weggefallen)

Rechtsprechungsauswahl

BFH v. 17. 12. 2014 XI R 15/12 (BFH-Webseite):
1. Ein Kind, an das die Familienkasse das gegenüber seiner kindergeldberechtigten Mutter festgesetzte Kindergeld gemäß § 74 Abs. 1 Satz 1 EStG ausgezahlt hat, ist befugt, sowohl gegen einen gegenüber ihm ergangenen Rückforderungsbescheid als auch gegen einen in diesem Zusammenhang gegenüber seiner Mutter ergangenen Aufhebungsbescheid zu klagen.
2. Vollendet das Kind das 25. Lebensjahr und erreicht damit eine den Anspruch auf Kindergeld ausschließende Altersgrenze, stellt dies eine die Aufhebung der Festsetzung von Kindergeld rechtfertigende Änderung der Verhältnisse i.S.d. § 70 Abs. 2 EStG dar.

BFH v. 26. 6. 2014 III R 6/13 (BStBl. 2015 II S. 149): Erlässt die Familienkasse auf einen zeitlich nicht konkretisierten Kindergeldantrag einen Festsetzungsbescheid, der eine Befristung bis zu einem in der Zukunft liegenden Monat enthält, so hat sie damit über den Antrag in vollem Umfang und nicht nur zum Teil entschieden.

BFH v. 26. 6. 2014 III R 21/13 (BFH-Webseite): Unterlässt es ein Kindergeldberechtigter, der fortlaufend Kindergeld bezieht, der Familienkasse den Wegfall der Anspruchsvoraussetzungen mitzuteilen und begeht er dadurch eine Steuerordnungswidrigkeit, so kann die Festsetzung des Kindergeldes nachträglich aufgehoben werden. Dabei ist der Ablauf der Festsetzungsfrist nach § 171 Abs. 7 AO bis zum Eintritt der Verfolgungsverjährung, die erst mit der letztmals zu Unrecht erlangten Kindergeldzahlung beginnt, gehemmt.

BFH v. 11. 12. 2013 XI R 42/11 (BStBl. 2014 II S. 840):
1. Wechselt ein Kindergeldberechtigter seinen Arbeitgeber, geht infolgedessen die sachliche Zuständigkeit für die Festsetzung und Auszahlung des Kindergeldes von der Familienkasse auf einen öffentlich-rechtlichen Arbeitgeber über und zahlt neben diesem auch die Familienkasse das von ihr festgesetzte Kindergeld aus, ist die Familienkasse zur Aufhebung der Kindergeldfestsetzung und Rückforderung des von ihr gezahlten Kindergeldes befugt.
2. In diesen Fällen beginnt die Zahlungsverjährung nicht vor Ablauf des Kalenderjahres, in dem die Aufhebung wirksam geworden ist.

BFH v. 23. 1. 2013 XI R 50/10 (BStBl. II S. 916):
1. Die Durchführung einer Berufsausbildung i.s.v. § 32 Abs. 4 Satz 1 Nr. 2 Buchst. a EStG setzt voraus, dass auf die Ausbildung gerichtete Maßnahmen tatsächlich durchgeführt werden.
2. Eine kindergeldschädliche Unterbrechung der Berufsausbildung ist gegeben, wenn ein später rechtskräftig verurteiltes Kind sich in Haft befindet und sich während dieser Zeit von seinem Studium hat beurlauben lassen.

Nach § 70 Abs. 2 EStG ist bei einer Änderung der für den Anspruch auf Kindergeld erheblichen Verhältnisse die Kindergeldfestsetzung mit Wirkung vom Zeitpunkt der Änderung der Verhältnisse aufzuheben oder zu ändern. Die Familienkasse hat insoweit keinen Ermessensspielraum (vgl. BFH-Entscheidungen v. 18.12.1998 VI B 215/98, BStBl. 1999 II S. 231; v. 25.7.2001 VI R 18/99, BStBl. 2002 II S. 81).

BFH v. 3. 3. 2011 III R 11/08 (BStBl. II S. 722): Rückwirkende Aufhebung einer Kindergeldfestsetzung (§ 70 Abs. 2 EStG)

1. Eine positive Kindergeldfestsetzung hat als Verwaltungsakt mit Dauerwirkung Bindungswirkung für die Zukunft. Sie ist damit zugleich Rechtsgrundlage für die fortlaufende monatliche Zahlung des Kindergeldes (Monatsprinzip). Durch die fortlaufende Zahlung wird daher nicht monatlich eine neue Festsetzung vorgenommen.
2. Ist die Kindergeldfestsetzung zunächst rechtmäßig und wird sie nachträglich unrichtig, weil die Anspruchsvoraussetzungen im Nachhinein entfallen sind (Änderung der Verhältnisse), so ist die Festsetzung ab dem Folgemonat der Änderung, also gegebenenfalls auch rückwirkend, aufzuheben (§ 70 Abs. 2 Satz 1 EStG).

Schwebende Verfahren

BFH III R 14/14 (BFH-Webseite): Zeitliche Wirkung von die Kindergeldfestsetzung ablehnenden Bescheiden? Eigene Entscheidung des FG über in der Revision streitigen Zeitraum zulässig? Auslegung, ob ein Bescheid nach § 1 Abs. 3 EStG ergangen ist, auf Grund ausreichender tatrichterlicher Feststellungen getroffen? Einhaltung der Klagefrist (wegen eventuell unrichtiger Rechtsbehelfsbelehrung) gegeben?

BFH VI R 35/14 (BFH-Webseite): Erstreckt sich die Bestandskraft eines nicht angefochtenen Bescheids, durch den die Gewährung von Kindergeld abgelehnt bzw. aufgehoben wird, in zeitlicher Hinsicht grundsätzlich (nur) bis zum Tag seiner Bekanntgabe oder entsprechend der höchstrichterlichen Rechtsprechung bis zum Ende des Monats seiner Bekanntgabe?

§ 71 (weggefallen)

§ 72

§ 72 Festsetzung und Zahlung des Kindergeldes an Angehörige des öffentlichen Dienstes

(1) ¹Steht Personen, die

1. in einem öffentlich-rechtlichen Dienst-, Amts- oder Ausbildungsverhältnis stehen, mit Ausnahme der Ehrenbeamten, oder
2. Versorgungsbezüge nach beamten- oder soldatenrechtlichen Vorschriften oder Grundsätzen erhalten oder
3. Arbeitnehmer des Bundes, eines Landes, einer Gemeinde, eines Gemeindeverbandes oder einer sonstigen Körperschaft, einer Anstalt oder einer Stiftung des öffentlichen Rechts sind, einschließlich der zu ihrer Berufsausbildung Beschäftigten,

Kindergeld nach Maßgabe dieses Gesetzes zu, wird es von den Körperschaften, Anstalten oder Stiftungen des öffentlichen Rechts festgesetzt und ausgezahlt. ²Die genannten juristischen Personen sind insoweit Familienkasse.

(2) Der Deutschen Post AG, der Deutschen Postbank AG und der Deutschen Telekom AG obliegt die Durchführung dieses Gesetzes für ihre jeweiligen Beamten und Versorgungsempfänger in Anwendung des Absatzes 1.

(3) Absatz 1 gilt nicht für Personen, die ihre Bezüge oder Arbeitsentgelt

1. von einem Dienstherrn oder Arbeitgeber im Bereich der Religionsgesellschaften des öffentlichen Rechts oder
2. von einem Spitzenverband der Freien Wohlfahrtspflege, einem diesem unmittelbar oder mittelbar angeschlossenen Mitgliedsverband oder einer einem solchen Verband angeschlossenen Einrichtung oder Anstalt

erhalten.

(4) Die Absätze 1 und 2 gelten nicht für Personen, die voraussichtlich nicht länger als sechs Monate in den Kreis der in Absatz 1 Satz 1 Nummer 1 bis 3 und Absatz 2 Bezeichneten eintreten.

(5) Obliegt mehreren Rechtsträgern die Zahlung von Bezügen oder Arbeitsentgelt (Absatz 1 Satz 1) gegenüber einem Berechtigten, so ist für die Durchführung dieses Gesetzes zuständig:

1. bei Zusammentreffen von Versorgungsbezügen mit anderen Bezügen oder Arbeitsentgelt der Rechtsträger, dem die Zahlung der anderen Bezüge oder des Arbeitsentgelts obliegt;
2. bei Zusammentreffen mehrerer Versorgungsbezüge der Rechtsträger, dem die Zahlung der neuen Versorgungsbezüge im Sinne der beamtenrechtlichen Ruhensvorschriften obliegt;
3. bei Zusammentreffen von Arbeitsentgelt (Absatz 1 Satz 1 Nummer 3) mit Bezügen aus einem der in Absatz 1 Satz 1 Nummer 1 bezeichneten Rechtsverhältnisse der Rechtsträger, dem die Zahlung dieser Bezüge obliegt;
4. bei Zusammentreffen mehrerer Arbeitsentgelte (Absatz 1 Satz 1 Nummer 3) der Rechtsträger, dem die Zahlung des höheren Arbeitsentgelts obliegt oder – falls die Arbeitsentgelte gleich hoch sind – der Rechtsträger, zu dem das zuerst begründete Arbeitsverhältnis besteht.

(6) ¹Scheidet ein Berechtigter im Laufe eines Monats aus dem Kreis der in Absatz 1 Satz 1 Nummer 1 bis 3 Bezeichneten aus oder tritt er im Laufe eines Monats in diesen Kreis ein, so wird das Kindergeld für diesen Monat von der Stelle gezahlt, die bis zum Ausscheiden oder Eintritt des Berechtigten zuständig war. ²Dies gilt nicht, soweit die Zahlung von Kindergeld für ein Kind in Betracht kommt, das erst nach dem Ausscheiden oder Eintritt bei dem Berechtigten nach § 63 zu berücksichtigen ist. ³Ist in einem Fall des Satzes 1 das Kindergeld bereits für einen folgenden Monat gezahlt worden, so muss der für diesen Monat Berechtigte die Zahlung gegen sich gelten lassen.

(7) ¹In den Abrechnungen der Bezüge und des Arbeitsentgelts ist das Kindergeld gesondert auszuweisen, wenn es zusammen mit den Bezügen oder dem Arbeitsentgelt ausgezahlt wird.

§§ 72, 73, 74 — Rechtsprechung

²Der Rechtsträger hat die Summe des von ihm für alle Berechtigten ausgezahlten Kindergeldes dem Betrag, den er insgesamt an Lohnsteuer einzubehalten hat, zu entnehmen und bei der nächsten Lohnsteuer-Anmeldung gesondert abzusetzen. ³Übersteigt das insgesamt ausgezahlte Kindergeld den Betrag, der insgesamt an Lohnsteuer abzuführen ist, so wird der übersteigende Betrag dem Rechtsträger auf Antrag von dem Finanzamt, an das die Lohnsteuer abzuführen ist, aus den Einnahmen der Lohnsteuer ersetzt.

(8) ¹Abweichend von Absatz 1 Satz 1 werden Kindergeldansprüche auf Grund über- oder zwischenstaatlicher Rechtsvorschriften durch die Familienkassen der Bundesagentur für Arbeit festgesetzt und ausgezahlt. ²Dies gilt auch für Fälle, in denen Kindergeldansprüche sowohl nach Maßgabe diese Gesetzes als auch auf Grund über- oder zwischenstaatlicher Rechtsvorschriften bestehen.

Rechtsprechungsauswahl

BFH v. 11. 12. 2013 XI R 42/11 (BStBl. 2014 II S. 840):
1. Wechselt ein Kindergeldberechtigter seinen Arbeitgeber, geht infolgedessen die sachliche Zuständigkeit für die Festsetzung und Auszahlung des Kindergeldes von der Familienkasse auf einen öffentlich-rechtlichen Arbeitgeber über und zahlt neben diesem auch die Familienkasse das von ihr festgesetzte Kindergeld aus, ist die Familienkasse zur Aufhebung der Kindergeldfestsetzung und Rückforderung des von ihr gezahlten Kindergeldes befugt.
2. In diesen Fällen beginnt die Zahlungsverjährung nicht vor Ablauf des Kalenderjahres, in dem die Aufhebung wirksam geworden ist.

§ 73 (weggefallen)

§ 74 Zahlung des Kindergeldes in Sonderfällen

(1) ¹Das für ein Kind festgesetzte Kindergeld nach § 66 Absatz 1 kann an das Kind ausgezahlt werden, wenn der Kindergeldberechtigte ihm gegenüber seiner gesetzlichen Unterhaltspflicht nicht nachkommt. ²Kindergeld kann an Kinder, die bei der Festsetzung des Kindergeldes berücksichtigt werden, bis zur Höhe des Betrages, der sich bei entsprechender Anwendung des § 76 ergibt, ausgezahlt werden. ³Dies gilt auch, wenn der Kindergeldberechtigte mangels Leistungsfähigkeit nicht unterhaltspflichtig ist oder nur Unterhalt in Höhe eines Betrages zu leisten braucht, der geringer ist als das für die Auszahlung in Betracht kommende Kindergeld. ⁴Die Auszahlung kann auch an die Person oder Stelle erfolgen, die dem Kind Unterhalt gewährt.

(2) Für Erstattungsansprüche der Träger von Sozialleistungen gegen die Familienkasse gelten die §§ 102 bis 109 und 111 bis 113 des Zehnten Buches Sozialgesetzbuch entsprechend.

Rechtsprechungsauswahl

BFH v. 17. 12. 2014 XI R 15/12 (BFH-Webseite):
1. Ein Kind, an das die Familienkasse das gegenüber seiner kindergeldberechtigten Mutter festgesetzte Kindergeld gemäß § 74 Abs. 1 Satz 1 EStG ausgezahlt hat, ist befugt, sowohl gegen einen gegenüber ihm ergangenen Rückforderungsbescheid als auch gegen einen in diesem Zusammenhang gegenüber seiner Mutter ergangenen Aufhebungsbescheid zu klagen.
2. Vollendet das Kind das 25. Lebensjahr und erreicht damit eine den Anspruch auf Kindergeld ausschließende Altersgrenze, stellt dies eine die Aufhebung der Festsetzung von Kindergeld rechtfertigende Änderung der Verhältnisse i.S.d. § 70 Abs. 2 EStG dar.

BFH v. 3. 7. 2014 III R 41/12 (BFH-Webseite):
1. Bei der Entscheidung über die Abzweigung gemäß § 74 Abs. 1 EStG ist im Regelfall die Abzweigung des Unterschiedsbetrags zwischen den regelmäßigen Unterhaltsleistungen und dem Kin-

Rechtsprechung § 74

dergeld ermessensgerecht. Ausnahmsweise kann aber auch eine hiervon abweichende Bestimmung des Abzweigungsbetrags ermessensgerecht sein.

2. Wenn der Kindergeldberechtigte Unterhalt leistet, setzt eine sachgerechte Ermessensentscheidung voraus, dass die vom Kindergeldberechtigten erbrachten Unterhaltsleistungen vollständig erfasst und der Höhe nach beziffert werden.

BFH v. 26. 6. 2014 III R 39/12 (BStBl. 2015 II. S 148): Soweit der Einspruch des Kindes gegen die Ablehnung der beantragten Abzweigung des Kindergelds an sich selbst erfolgreich ist, ist die Regelung über die Erstattung von Kosten im Vorverfahren gemäß § 77 EStG analog anwendbar.

BFH v. 5. 6. 2014 VI R 15/12 (BStBl. 2015 II S. 145):

1. Leistungen nach dem Asylbewerberleistungsgesetz (§ 2 AsylbLG i.V.m. § 28 SGB XII) sind bedarfsabhängige Leistungen für den notwendigen Lebensunterhalt von Asylbewerberinnen und Asylbewerbern sowie ihnen gleichgestellten ausländischen Staatsangehörigen und damit dem Kindergeld gleichartige und nachrangige Leistungen.

2. Hat ein Sozialhilfeträger Leistungen nach dem Asylbewerberleistungsgesetz (§ 2 AsylbLG i.V.m. § 28 SGB XII) für Eltern und Kinder erbracht, die in einem Haushalt zusammenleben und eine Bedarfsgemeinschaft bilden, so steht ihm ein Anspruch auf Erstattung des nachträglich festgesetzten Kindergeldes zu.

BFH v. 17. 10. 2013 III R 23/13 (BFH-Webseite):

1. Ist ein teilstationär in einer Behindertenwerkstatt untergebrachtes behindertes Kind in den Haushalt des Kindergeldberechtigten aufgenommen, scheidet eine im Rahmen der Entscheidung über die Abzweigung (§ 74 Abs. 1 Sätze 1, 3 und 4 EStG) angestellte tatsächliche Vermutung, wonach die Unterhaltsleistungen des Kindergeldberechtigten den in § 66 Abs. 1 EStG vorgesehenen Kindergeldsatz bereits dann erreichen bzw. überschreiten, wenn der Kindergeldberechtigte selbst nicht von Sozialleistungen lebt, aus.

2. Im Rahmen der Ermessensentscheidung über die Abzweigung sind die von dem Kindergeldberechtigten tatsächlich erbrachten Unterhaltsaufwendungen (z.B. Gewährung einer Unterkunft, Kosten für die behinderungsbedingte Begleitung) zu berücksichtigen.

3. Enthält ein Bescheid über die Ablehnung einer Abzweigung keine Bestimmung über das Ende seines Regelungszeitraums, dann trifft er nur eine Regelung bis zur Bekanntgabe der letzten Verwaltungsentscheidung, d.h. bis zur Bekanntgabe des Ablehnungsbescheides oder einer nachfolgenden Einspruchsentscheidung, wenn in dieser über die Abzweigung sachlich entschieden wurde.

BFH v. 18. 4. 2013 V R 48/11 (BStBl. II S. 697): Der Sozialhilfeträger ist grundsätzlich nicht abzweigungsberechtigt, wenn er Leistungen der Grundsicherung nach §§ 41 ff. SGB XII für ein Kind mit Schwerbehinderung zahlt, das im Haushalt des Kindergeldberechtigten untergebracht ist.

1. Bei der Ausübung des Ermessens, ob und in welcher Höhe das Kindergeld an Sozialleistungsträger abzuzweigen ist, sind auch geringe Unterhaltsleistungen der Eltern zu berücksichtigen. Sind die Leistungen mindestens so hoch wie das Kindergeld, ist eine Abzweigung nicht ermessensgerecht (vgl. BFH-Rechtsprechung; DA-FamEStG 2009 zu § 74 EStG als ermessenslenkende Verwaltungsvorschrift).

2. Die Annahme, dass Leistungen der Grundsicherung nach §§ 41 ff. SGB XII zur Nichtberücksichtigung von Unterhaltsleistungen des Kindergeldberechtigten führen, ist im Hinblick auf den zivilrechtlich zu bestimmenden Unterhaltsbegriff des § 74 Abs. 1 EStG nicht zutreffend.

3. Selbst wenn zugunsten des Sozialhilfeträgers davon auszugehen wäre, dass sich aus der Gewährung von Grundsicherungsleistungen nach §§ 41 ff. SGB XII ergibt, dass der Kindergeldberechtigte im Umfang dieser Grundsicherung „mangels Leistungsfähigkeit nicht unterhaltspflichtig" gewesen sein sollte, kommt eine Abzweigung auch nicht in Betracht, soweit der Kindergeldberechtigte trotz dieser Grundsicherungsleistungen eigene Unterhaltsleistungen erbringt, die der Höhe nach mindestens dem Kindergeld entsprechen.

BFH v. 22. 11. 2012 III R 24/11 (BStBl. 2014 II S. 32): Hat ein Sozialleistungsträger wegen der Leistungen nach dem SGB II, die er dem Kind eines Kindergeldberechtigten gewährt hat, keinen Anspruch auf Erstattung von Kindergeld, weil das Kind in einem eigenen Haushalt lebt und das Kindergeld an das Kind weder abgezweigt noch weitergeleitet worden ist, so besteht dennoch ein Erstattungsanspruch, wenn der kindergeldberechtigte Elternteil ebenfalls Sozialleistungen nach dem SGB II bezieht.

(Hinweis: Verfassungsbeschwerde eingelegt; Az. beim BVerfG: 2 BvR 934/13)

§ 74

Rechtsprechung

BFH v. 26. 7. 2012 III R 28/10 (BStBl. 2013 II S. 26): Hat ein Sozialleistungsträger bedarfsabhängige Sozialleistungen für Eltern und minderjährige Kinder erbracht, die in einem Haushalt zusammenleben und eine Bedarfsgemeinschaft bilden, so steht ihm ein Anspruch auf Erstattung des nachträglich festgesetzten Kindergeldes zu. In diesem Falle ist unerheblich, dass es sich bei dem Kindergeld aus sozialrechtlicher Sicht um Einkommen des kindergeldberechtigten Elternteils handelt.

Das Kindergeld nach §§ 62 ff. EStG ist, soweit es der Familienförderung dient, ebenso wie – bis 2004 – die HLU und – seit 2005 – die Grundsicherung für Arbeitsuchende nach dem SGB II dazu bestimmt, die allgemeinen Lebenshaltungskosten zu mindern. Wenn das Kindergeld dem Einkommen des Hilfeempfängers zuzuordnen ist, handelt es sich daher für den jeweiligen Zeitraum um eine mit der Hilfe zum Lebensunterhalt sowie dem Arbeitslosengeld II (§ 19 SGB II) und dem Sozialgeld (§ 28 SGB II) gleichartige Leistung.

BFH v. 19. 4. 2012 III R 85/09 (BStBl. 2013 II S. 19):

1. Begehrt ein Sozialleistungsträger die Auszahlung von zugunsten des Berechtigten festgesetztem Kindergeld und legt er dabei die Anspruchsgrundlage für dieses Begehren nicht eindeutig oder unzutreffend dar, ist im Wege der Auslegung zu ermitteln, ob Abzweigung nach § 74 Abs. 1 Satz 4 EStG oder Erstattung nach § 74 Abs. 2 EStG begehrt wird.

2. Die nach § 102 FGO vorzunehmende gerichtliche Prüfung, ob die Familienkasse bei der Entscheidung über die Abzweigung nach § 74 Abs. 1 Satz 4 EStG ihr Ermessen ordnungsgemäß ausgeübt hat, erstreckt sich auch darauf, ob die Familienkasse ihre Entscheidung auf der Grundlage des einwandfrei und erschöpfend ermittelten Sachverhalts getroffen und dabei die Gesichtspunkte tatsächlicher und rechtlicher Art berücksichtigt hat, die nach Sinn und Zweck des § 74 Abs. 1 Satz 4 EStG maßgeblich sind. Insoweit ist bei einer von dem Sozialleistungsträger behaupteten Unterhaltspflichtverletzung des Kindergeldberechtigten gegenüber seinem behinderten Kind u.a. erforderlich, dass für den konkreten Streitzeitraum die von dem Kindergeldberechtigten getätigten Aufwendungen im Zusammenhang mit dem Grundbedarf und dem behinderungsbedingten Mehrbedarf des Kindes festgestellt und erforderlichenfalls geschätzt werden.

Für den Erstattungsanspruch nach § 104 Abs. 1 Satz 1 SGB X sind die Gleichartigkeit der gewährten Sozialleistungen und die Nachrangigkeit der gewährten Sozialleistungen gegenüber dem von der Familienkasse gewährten Kindergeld erforderlich.

BFH vom 26. 8. 2010 III R 16/08 (BStBl. 2013 II S. 617): Abzweigungsentscheidung bei nachträglicher Erfüllung der Unterhaltspflicht – Überprüfung einer Ermessensentscheidung im Einspruchsverfahren

1. Beantragt das Kind die Auszahlung (Abzweigung) des Kindergeldes an sich, weil der Kindergeldberechtigte keinen laufenden Unterhalt zahlt, ist die Abzweigung an das Kind in der Regel die allein ermessensgerechte Entscheidung.

2. Wird der Kindergeldberechtigte rückwirkend zur Zahlung von Unterhalt an sein Kind verurteilt und beantragt deshalb rückwirkend Kindergeld, ist der rückwirkend gezahlte Unterhalt aber bei der (Ermessens-)Entscheidung über den gleichzeitig gestellten Antrag des Kindes auf Abzweigung zu berücksichtigen.

3. Die Behörde hat eine Ermessensentscheidung im Einspruchsverfahren nicht nur auf Ermessensfehler hin zu überprüfen, sondern bei Änderung der Sach- und Rechtslage im Einspruchsverfahren ggf. eine neue Ermessensentscheidung zu treffen.

BFH v. 26. 8. 2010 III R 21/08 (BStBl. 2013 II S. 583): Keine Abzweigung von bereits ausgezahltem Kindergeld – Keine Möglichkeit der Erfüllung eines erloschenen Anspruchs

Hat die Familienkasse das Kindergeld bereits an einen Elternteil ausgezahlt, so scheidet eine Abzweigung an den Sozialleistungsträger nach § 74 Abs. 1 Satz 4 EStG auch dann aus, wenn der Abzweigungsantrag noch vor der Zahlung gestellt worden ist.

BFH v. 15. 7. 2010 III R 89/09 (BStBl. 2013 II S. 695): Abzweigung des Kindergeldes an den Jugendhilfeträger bei Unterbringung des volljährigen Kindes gegen den Willen des Kindergeldberechtigten in einer betreuten Wohnform

1. Übernimmt der Jugendhilfeträger die Kosten des notwendigen Unterhalts für das – gegen den Willen des Kindergeldberechtigten – in einer betreuten Wohnform lebende volljährige Kind, sind die Voraussetzungen des § 74 Abs. 1 Sätze 1 und 4 EStG für eine Abzweigung des Kindergeldes an den Jugendhilfeträger dem Grunde nach erfüllt, wenn der Kindergeldberechtigte es ablehnt, sich an diesen Kosten zu beteiligen.

Rechtsprechung § 74

2. Bei der Ermessensentscheidung über die Höhe der Abzweigung sind aber andere zum Unterhalt rechnende Aufwendungen des Kindergeldberechtigten für das Kind wie z.B. Schulgeld zu berücksichtigen.

BFH v. 9. 2. 2009 III R 37/07 (BStBl. II S. 928):
1. Entstehen dem Kindergeldberechtigten für sein behindertes volljähriges Kind, das überwiegend auf Kosten des Sozialleistungsträgers vollstationär in einer Pflegeeinrichtung untergebracht ist, Aufwendungen mindestens in Höhe des Kindergeldes, ist das Ermessen der Familienkasse, ob und in welcher Höhe das Kindergeld an den Sozialleistungsträger abzuzweigen ist, eingeschränkt; ermessensgerecht ist allein die Auszahlung des vollen Kindergeldes an den Kindergeldberechtigten (Fortführung des Senatsurteils vom 23. Februar 2006 III R 65/04, BFHE 212, 481, BStBl. II 2008, 753).
2. Bei der Prüfung, ob Aufwendungen in Höhe des Kindergeldes entstanden sind, dürfen keine fiktiven Kosten für die Betreuung des Kindes, sondern nur tatsächlich entstandene Aufwendungen für das Kind berücksichtigt werden.

BFH v. 17. 12. 2008 III R 6/07 (BStBl. 2009 II S. 926): Die Voraussetzungen des § 74 Abs. 1 Satz 4 i. V. m. Satz 1 und 3 EStG für eine Abzweigung des Kindergeldes an den Sozialleistungsträger sind dem Grunde nach auch dann erfüllt, wenn der Kindergeldberechtigte nicht zum Unterhalt seines volljährigen, behinderten Kindes verpflichtet ist, weil es Grundsicherungsleistungen nach §§ 41 ff. SGB XII erhält.

BFH v. 17. 4. 2008 III R 33/05 (BStBl. 2009 II S. 919): Ein Anspruch des Sozialhilfeträgers auf Erstattung von nachträglich festgesetztem Kindergeld setzt voraus, dass das Kindergeld zum Einkommen des Hilfeempfängers gehört, dem der Sozialhilfeträger Sozialhilfeleistungen erbracht hat. Hat der Sozialhilfeträger einem im eigenen Haushalt lebenden Kind Hilfe zum Lebensunterhalt geleistet, hat er in der Regel keinen Anspruch auf Erstattung von nachträglich festgesetztem Kindergeld, weil das Kindergeld zum Einkommen des anspruchsberechtigten Elternteils gehört. Dem Einkommen des Kindes kann das Kindergeld nur zugeordnet werden, wenn es ihm aufgrund einer förmlichen Abzweigung ausgezahlt wird oder ihm zumindest tatsächlich zufließt.

Schwebende Verfahren

BVerfG 2 BvR 934/13: Erstattungsanspruch des Sozialleistungsträgers beim Bezug von Leistungen nach dem SGB II durch den Kindergeldberechtigten.

§ 75 Aufrechnung

(1) Mit Ansprüchen auf Erstattung von Kindergeld kann die Familienkasse gegen Ansprüche auf Kindergeld bis zu deren Hälfte aufrechnen, wenn der Leistungsberechtigte nicht nachweist, dass er dadurch hilfebedürftig im Sinne der Vorschriften des Zwölften Buches Sozialgesetzbuch über die Hilfe zum Lebensunterhalt oder im Sinne der Vorschriften des Zweiten Buches Sozialgesetzbuch über die Leistungen zur Sicherung des Lebensunterhalts wird.

(2) Absatz 1 gilt für die Aufrechnung eines Anspruchs auf Erstattung von Kindergeld gegen einen späteren Kindergeldanspruch eines mit dem Erstattungspflichtigen in Haushaltsgemeinschaft lebenden Berechtigten entsprechend, soweit es sich um laufendes Kindergeld für ein Kind handelt, das bei beiden berücksichtigt werden kann oder konnte.

§ 76 Pfändung

¹Der Anspruch auf Kindergeld kann nur wegen gesetzlicher Unterhaltsansprüche eines Kindes, das bei der Festsetzung des Kindergeldes berücksichtigt wird, gepfändet werden. ²Für die Höhe des pfändbaren Betrages gilt:

1. ¹Gehört das unterhaltsberechtigte Kind zum Kreis der Kinder, für die dem Leistungsberechtigten Kindergeld gezahlt wird, so ist eine Pfändung bis zu dem Betrag möglich, der bei gleichmäßiger Verteilung des Kindergeldes auf jedes dieser Kinder entfällt. ²Ist das Kindergeld durch die Berücksichtigung eines weiteren Kindes erhöht, für das einer dritten Person Kindergeld oder dieser oder dem Leistungsberechtigten eine andere Geldleistung für Kinder zusteht, so bleibt der Erhöhungsbetrag bei der Bestimmung des pfändbaren Betrages des Kindergeldes nach Satz 1 außer Betracht;

2. der Erhöhungsbetrag nach Nummer 1 Satz 2 ist zugunsten jedes bei der Festsetzung des Kindergeldes berücksichtigten unterhaltsberechtigten Kindes zu dem Anteil pfändbar, der sich bei gleichmäßiger Verteilung auf alle Kinder, die bei der Festsetzung des Kindergeldes zugunsten des Leistungsberechtigten berücksichtigt werden, ergibt.

Rechtsprechungsauswahl

BFH v. 28. 4. 2010 III R 44/08 (BStBl. 2013 II S. 580): Anspruch des Jugendhilfeträgers auf Erstattung von Kindergeld wegen Jugendhilfeleistungen – Bei mehreren Kindern des Kindergeldberechtigten Aufteilung des Gesamtkindergeldes nach Köpfen – Besonderheiten beim Abkommenskindergeld

1. Wird Kindergeld für mehrere Kinder gewährt, ist der Anspruch auf Erstattung des Kindergeldes wegen der für einzelne Kinder erbrachten Jugendhilfeleistungen entsprechend § 76 Satz 2 Nr. 1 EStG zu ermitteln. Maßgeblich ist der Betrag, der sich bei einer Aufteilung des gesamten Kindergeldes nach der Anzahl der Kinder ergibt, für die Kindergeld gezahlt wird.

2. Bei der Aufteilung des Kindergeldes ist zu trennen zwischen dem Kindergeld nach § 66 EStG und dem Kindergeld nach dem deutsch-türkischen Abkommen. Maßgeblich für die Ermittlung des einzelnen Erstattungsanspruchs ist jeweils nur dasjenige Kindergeld, das nach den gleichen Vorschriften gezahlt wird wie das Kindergeld für das Kind, auf das sich der Erstattungsanspruch bezieht.

BFH v. 28. 4. 2010 III R 43/08 (BStBl. II S. 1014): Anspruch des Jugendhilfeträgers auf Erstattung von Kindergeld wegen Jugendhilfeleistungen – Erstattung nur in Höhe des durch Kostenbeitrag festgesetzten Betrages – bei mehreren Kindern des Kindergeldberechtigten Aufteilung des Gesamtkindergeldes nach Köpfen – Zweck der Staffelung des Kindergeldes bei mehreren Kindern

1. Der Anspruch des Jugendhilfeträgers auf Erstattung von Kindergeld wegen erbrachter Jugendhilfeleistungen ist begrenzt auf den Betrag, der gegenüber dem Kindergeldberechtigten durch Bescheid als Kostenbeitrag festgesetzt worden ist.

2. Wird Kindergeld für mehrere Kinder gewährt, ist der Erstattungsanspruch entsprechend § 76 Satz 2 Nr. 1 EStG zu ermitteln. Maßgeblich ist der Betrag, der sich bei einer Aufteilung des gesamten Kindergeldes nach der Anzahl der Kinder ergibt, für die Kindergeld gezahlt wird.

§ 76a (weggefallen)

§ 77 Erstattung von Kosten im Vorverfahren

(1) ¹Soweit der Einspruch gegen die Kindergeldfestsetzung erfolgreich ist, hat die Familienkasse demjenigen, der den Einspruch erhoben hat, die zur zweckentsprechenden Rechtsverfolgung oder Rechtsverteidigung notwendigen Aufwendungen zu erstatten. ²Dies gilt auch, wenn der Einspruch nur deshalb keinen Erfolg hat, weil die Verletzung einer Verfahrens- oder Formvorschrift nach § 126 der Abgabenordnung unbeachtlich ist. ³Aufwendungen, die durch das Verschulden eines Erstattungsberechtigten entstanden sind, hat dieser selbst zu tragen; das Verschulden eines Vertreters ist dem Vertretenen zuzurechnen.

(2) Die Gebühren und Auslagen eines Bevollmächtigten oder Beistandes, der nach den Vorschriften des Steuerberatungsgesetzes zur geschäftsmäßigen Hilfeleistung in Steuersachen befugt ist, sind erstattungsfähig, wenn dessen Zuziehung notwendig war.

(3) ¹Die Familienkasse setzt auf Antrag den Betrag der zu erstattenden Aufwendungen fest. ²Die Kostenentscheidung bestimmt auch, ob die Zuziehung eines Bevollmächtigten oder Beistandes im Sinne des Absatzes 2 notwendig war.

Rechtsprechungsauswahl

BFH v. 26. 6. 2014 III R 39/12 (BStBl. 2015 II S. 148): Soweit der Einspruch des Kindes gegen die Ablehnung der beantragten Abzweigung des Kindergelds an sich selbst erfolgreich ist, ist die Regelung über die Erstattung von Kosten im Vorverfahren gemäß § 77 EStG analog anwendbar.

Schwebende Verfahren

BFH III R 31/14 (BFH-Webseite): Sind Aufwendungen für ein Einspruchsverfahren gemäß § 77 EStG für ein Verfahren zu ersetzen, welches einen Abrechnungsbescheid über Kindergeld betraf und sich anderweitig als durch Einspruchsentscheidung erledigt hat?

BFH XI R 24/14 (BFH-Webseite): Ist die Familienkasse verpflichtet, nach § 77 Abs. 1 Satz 1 EStG die Kosten eines erfolgreichen Einspruchs gegen einen Rückforderungsbescheid von im Rahmen einer Abzweigung überzahltem Kindergeld zu übernehmen?

BFH III R 8/14 (BFH-Webseite): Ist gegen eine Kostenentscheidung nach § 77 EStG im Rahmen einer Einspruchsentscheidung die Klage oder der Einspruch das zulässige Rechtsmittel? Schließt § 348 Nr. 1 AO den Einspruch aus?

§ 78 Übergangsregelungen

(1) bis (4) (weggefallen)

(5) ¹Abweichend von § 64 Absatz 2 und 3 steht Berechtigten, die für Dezember 1990 für ihre Kinder Kindergeld in dem in Artikel 3 des Einigungsvertrages genannten Gebiet bezogen haben, das Kindergeld für diese Kinder auch für die folgende Zeit zu, solange sie ihren Wohnsitz oder gewöhnlichen Aufenthalt in diesem Gebiet beibehalten und die Kinder die Voraussetzungen ihrer Berücksichtigung weiterhin erfüllen. ²§ 64 Absatz 2 und 3 ist insoweit erst für die Zeit vom Beginn des Monats an anzuwenden, in dem ein hierauf gerichteter Antrag bei der zuständigen Stelle eingegangen ist; der hiernach Berechtigte muss die nach Satz 1 geleisteten Zahlungen gegen sich gelten lassen.

XI. Altersvorsorgezulage

§ 79 Zulageberechtigte

¹Die in § 10a Absatz 1 genannten Personen haben Anspruch auf eine Altersvorsorgezulage (Zulage). ²Ist nur ein Ehegatte nach Satz 1 begünstigt, so ist auch der andere Ehegatte zulageberechtigt, wenn

1. beide Ehegatten nicht dauernd getrennt leben (§ 26 Absatz 1),
2. beide Ehegatten ihren Wohnsitz oder gewöhnlichen Aufenthalt in einem Mitgliedstaat der Europäischen Union oder einem Staat haben, auf den das Abkommen über den Europäischen Wirtschaftsraum anwendbar ist,
3. ein auf den Namen des anderen Ehegatten laufender Altersvorsorgevertrag besteht,
4. der andere Ehegatte zugunsten des Altersvorsorgevertrags nach Nummer 3 im jeweiligen Beitragsjahr mindestens 60 Euro geleistet hat und
5. die Auszahlungsphase des Altersvorsorgevertrags nach Nummer 3 noch nicht begonnen hat.

³Satz 1 gilt entsprechend für die in § 10a Absatz 6 Satz 1 und 2 genannten Personen, sofern sie unbeschränkt steuerpflichtig sind oder für das Beitragsjahr nach § 1 Absatz 3 als unbeschränkt steuerpflichtig behandelt werden.

Rechtsprechungsauswahl

BFH v. 21. 7. 2009 X R 33/07 (BStBl. II S. 995): Der nur mittelbar zulageberechtigte Ehegatte hat (nur) dann einen Anspruch auf eine Altersvorsorgezulage, wenn er einen Altersvorsorgevertrag abgeschlossen hat. Das Bestehen einer entsprechenden betrieblichen Altersversorgung reicht nicht aus.

§ 80 Anbieter

Anbieter im Sinne dieses Gesetzes sind Anbieter von Altersvorsorgeverträgen gemäß § 1 Absatz 2 des Altersvorsorgeverträge-Zertifizierungsgesetzes sowie die in § 82 Absatz 2 genannten Versorgungseinrichtungen.

§ 81 Zentrale Stelle

Zentrale Stelle im Sinne dieses Gesetzes ist die Deutsche Rentenversicherung Bund.

§ 81a Zuständige Stelle

¹Zuständige Stelle ist bei einem

1. Empfänger von Besoldung nach dem Bundesbesoldungsgesetz oder einem Landesbesoldungsgesetz die die Besoldung anordnende Stelle,
2. Empfänger von Amtsbezügen im Sinne des § 10a Absatz 1 Satz 1 Nummer 2 die die Amtsbezüge anordnende Stelle,
3. versicherungsfrei Beschäftigten sowie bei einem von der Versicherungspflicht befreiten Beschäftigten im Sinne des § 10a Absatz 1 Satz 1 Nummer 3 der die Versorgung gewährleistende Arbeitgeber der rentenversicherungsfreien Beschäftigung,
4. Beamten, Richter, Berufssoldaten und Soldaten auf Zeit im Sinne des § 10a Absatz 1 Satz 1 Nummer 4 der zur Zahlung des Arbeitsentgelts verpflichtete Arbeitgeber und
5. Empfänger einer Versorgung im Sinne des § 10a Absatz 1 Satz 4 die die Versorgung anordnende Stelle.

²Für die in § 10a Absatz 1 Satz 1 Nummer 5 genannten Steuerpflichtigen gilt Satz 1 entsprechend.

§ 82 Altersvorsorgebeiträge

(1) ¹Geförderte Altersvorsorgebeiträge sind im Rahmen des in § 10a Absatz 1 Satz 1 genannten Höchstbetrages

1. Beiträge,
2. Tilgungsleistungen,

die der Zulageberechtigte (§ 79) bis zum Beginn der Auszahlungsphase zugunsten eines auf seinen Namen lautenden Vertrags leistet, der nach § 5 des Altersvorsorgeverträge-Zertifizierungsgesetzes zertifiziert ist (Altersvorsorgevertrag). ²Die Zertifizierung ist Grundlagenbescheid im Sinne des § 171 Absatz 10 der Abgabenordnung. ³Als Tilgungsleistungen gelten auch Beiträge, die vom Zulageberechtigten zugunsten eines auf seinen Namen lautenden Altersvorsorgevertrags im Sinne des § 1 Absatz 1a Satz 1 Nummer 3 des Altersvorsorgeverträge-Zertifizierungsgesetzes erbracht wurden und die zur Tilgung eines im Rahmen des Altersvorsorgevertrags abgeschlossenen Darlehens abgetreten wurden. ⁴Im Fall der Übertragung von gefördertem Altersvorsorgevermögen nach § 1 Absatz 1 Satz 1 Nummer 10 Buchstabe b des Altersvorsorgeverträge-Zertifizierungsgesetzes in einen Altersvorsorgevertrag im Sinne des § 1 Absatz 1a Satz 1 Nummer 3 des Altersvorsorgeverträge-Zertifizierungsgesetzes gelten die Beiträge nach Satz 1 Nummer 1 ab dem Zeitpunkt der Übertragung als Tilgungsleistungen nach Satz 3; eine erneute Förderung nach § 10a oder Abschnitt XI erfolgt insoweit nicht. ⁵Tilgungsleistungen nach den Sätzen 1 und 3 werden nur berücksichtigt, wenn das zugrunde liegende Darlehen für eine nach dem 31. Dezember 2007 vorgenommene wohnungswirtschaftliche Verwendung im Sinne des § 92a Absatz 1 Satz 1 eingesetzt wurde. ⁶Bei einem beruflich bedingten Umzug nach § 92a Absatz 4 gelten

1. im Beitragsjahr des Wegzugs auch die nach dem Wegzug und
2. im Beitragsjahr des Wiedereinzugs auch die vor dem Wiedereinzug

geleisteten Beiträge und Tilgungsleistungen als Altersvorsorgebeiträge nach Satz 1.

(2) ¹Zu den Altersvorsorgebeiträgen gehören auch

a) die aus dem individuell versteuerten Arbeitslohn des Arbeitnehmers geleisteten Beiträge an einen Pensionsfonds, eine Pensionskasse oder eine Direktversicherung zum Aufbau einer kapitalgedeckten betrieblichen Altersversorgung und

b) Beiträge des Arbeitnehmers und des ausgeschiedenen Arbeitnehmers, die dieser im Fall der zunächst durch Entgeltumwandlung (§ 1a des Betriebsrentengesetzes) finanzierten und nach § 3 Nummer 63 oder § 10a und diesem Abschnitt geförderten kapitalgedeckten betrieblichen Altersversorgung nach Maßgabe des § 1a Absatz 4 und § 1b Absatz 5 Satz 1 Nummer 2 des Betriebsrentengesetzes selbst erbringt,

wenn eine Auszahlung der zugesagten Altersversorgungsleistung in Form einer Rente oder eines Auszahlungsplans (§ 1 Absatz 1 Satz 1 Nummer 4 des Altersvorsorgeverträge-Zertifizierungsgesetzes) vorgesehen ist. ²Die §§ 3 und 4 des Betriebsrentengesetzes stehen dem vorbehaltlich des § 93 nicht entgegen.

(3) Zu den Altersvorsorgebeiträgen gehören auch die Beitragsanteile, die zur Absicherung der verminderten Erwerbsfähigkeit des Zulageberechtigten und zur Hinterbliebenenversorgung verwendet werden, wenn in der Leistungsphase die Auszahlung in Form einer Rente erfolgt.

(4) Nicht zu den Altersvorsorgebeiträgen zählen

1. Aufwendungen, die vermögenswirksame Leistungen nach dem Fünften Vermögensbildungsgesetz in der jeweils geltenden Fassung darstellen,
2. prämienbegünstigte Aufwendungen nach dem Wohnungsbau-Prämiengesetz in der Fassung der Bekanntmachung vom 30. Oktober 1997 (BGBl. I S. 2678), zuletzt geändert durch Artikel 5 des Gesetzes vom 29. Juli 2008 (BGBl. I S. 1509), in der jeweils geltenden Fassung,
3. Aufwendungen, die im Rahmen des § 10 als Sonderausgaben geltend gemacht werden,

4. Zahlungen nach § 92a Absatz 2 Satz 4 Nummer 1 und Absatz 3 Satz 9 Nummer 2 oder
5. Übertragungen im Sinne des § 3 Nummer 55 bis 55c.

(5) ¹Der Zulageberechtigte kann für ein abgelaufenes Beitragsjahr bis zum Beitragsjahr 2011 Altersvorsorgebeiträge auf einen auf seinen Namen lautenden Altersvorsorgevertrag leisten, wenn

1. der Anbieter des Altersvorsorgevertrags davon Kenntnis erhält, in welcher Höhe und für welches Beitragsjahr die Altersvorsorgebeiträge berücksichtigt werden sollen,
2. in dem Beitragsjahr, für das die Altersvorsorgebeiträge berücksichtigt werden sollen, ein Altersvorsorgevertrag bestanden hat,
3. im fristgerechten Antrag auf Zulage für dieses Beitragsjahr eine Zulageberechtigung nach § 79 Satz 2 angegeben wurde, aber tatsächlich eine Zulageberechtigung nach § 79 Satz 1 vorliegt,
4. die Zahlung der Altersvorsorgebeiträge für abgelaufene Beitragsjahre bis zum Ablauf von zwei Jahren nach Erteilung der Bescheinigung nach § 92, mit der zuletzt Ermittlungsergebnisse für dieses Beitragsjahr bescheinigt wurden, längstens jedoch bis zum Beginn der Auszahlungsphase des Altersvorsorgevertrages erfolgt und
5. der Zulageberechtigte vom Anbieter in hervorgehobener Weise darüber informiert wurde oder dem Anbieter seine Kenntnis darüber versichert, dass die Leistungen aus diesen Altersvorsorgebeiträgen der vollen nachgelagerten Besteuerung nach § 22 Nummer 5 Satz 1 unterliegen.

²Wurden die Altersvorsorgebeiträge dem Altersvorsorgevertrag gutgeschrieben und sind die Voraussetzungen nach Satz 1 erfüllt, so hat der Anbieter der zentralen Stelle (§ 81) die entsprechenden Daten nach § 89 Absatz 2 Satz 1 für das zurückliegende Beitragsjahr nach einem mit der zentralen Stelle abgestimmten Verfahren mitzuteilen. ³Die Beträge nach Satz 1 gelten für die Ermittlung der zu zahlenden Altersvorsorgezulage nach § 83 als Altersvorsorgebeiträge für das Beitragsjahr, für das sie gezahlt wurden. ⁴Für die Anwendung des § 10a Absatz 1 Satz 1 sowie bei der Ermittlung der dem Steuerpflichtigen zustehenden Zulage im Rahmen des § 2 Absatz 6 und des § 10a sind die nach Satz 1 gezahlten Altersvorsorgebeiträge weder für das Beitragsjahr nach Satz 1 Nummer 2 noch für das Beitragsjahrder Zahlung zu berücksichtigen.

§ 83 Altersvorsorgezulage

In Abhängigkeit von den geleisteten Altersvorsorgebeiträgen wird eine Zulage gezahlt, die sich aus einer Grundzulage (§ 84) und einer Kinderzulage (§ 85) zusammensetzt.

§ 84 Grundzulage

¹Jeder Zulageberechtigte erhält eine Grundzulage; diese beträgt jährlich 154 Euro. ²Für Zulageberechtigte nach § 79 Satz 1, die zu Beginn des Beitragsjahres (§ 88) das 25. Lebensjahr noch nicht vollendet haben, erhöht sich die Grundzulage nach Satz 1 um einmalig 200 Euro. ³Die Erhöhung nach Satz 2 ist für das erste nach dem 31. Dezember 2007 beginnende Beitragsjahr zu gewähren, für das eine Altersvorsorgezulage beantragt wird.

§§ 85, 86

§ 85 Kinderzulage

(1) ¹Die Kinderzulage beträgt für jedes Kind, für das dem Zulageberechtigten Kindergeld ausgezahlt wird, jährlich 185 Euro. ²Für ein nach dem 31. Dezember 2007 geborenes Kind erhöht sich die Kinderzulage nach Satz 1 auf 300 Euro. ³Der Anspruch auf Kinderzulage entfällt für den Veranlagungszeitraum, für den das Kindergeld insgesamt zurückgefordert wird. ⁴Erhalten mehrere Zulageberechtigte für dasselbe Kind Kindergeld, steht die Kinderzulage demjenigen zu, dem für den ersten Anspruchszeitraum (§ 66 Absatz 2) im Kalenderjahr Kindergeld ausgezahlt worden ist.

(2) ¹Bei Eltern, die miteinander verheiratet sind, nicht dauernd getrennt leben (§ 26 Absatz 1) und ihren Wohnsitz oder gewöhnlichen Aufenthalt in einem Mitgliedstaat der Europäischen Union oder einem Staat haben, auf den das Abkommen über den Europäischen Wirtschaftsraum anwendbar ist, wird die Kinderzulage der Mutter zugeordnet, auf Antrag beider Eltern dem Vater. ²Bei Eltern, die miteinander eine Lebenspartnerschaft führen, nicht dauernd getrennt leben (§ 26 Absatz 1) und ihren Wohnsitz oder gewöhnlichen Aufenthalt in einem Mitgliedstaat der Europäischen Union oder einem Staat haben, auf den das EWR-Abkommen anwendbar ist, ist die Kinderzulage dem Lebenspartner zuzuordnen, dem das Kindergeld ausgezahlt wird, auf Antrag beider Eltern dem anderen Lebenspartner. ³Der Antrag kann für ein abgelaufenes Beitragsjahr nicht zurückgenommen werden.

§ 86 Mindesteigenbeitrag

(1) ¹Die Zulage nach den §§ 84 und 85 wird gekürzt, wenn der Zulageberechtigte nicht den Mindesteigenbeitrag leistet. ²Dieser beträgt jährlich 4 Prozent der Summe der in dem dem Kalenderjahr vorangegangenen Kalenderjahr

1. erzielten beitragspflichtigen Einnahmen im Sinne des Sechsten Buches Sozialgesetzbuch,
2. bezogenen Besoldung und Amtsbezüge,
3. in den Fällen des § 10a Absatz 1 Satz 1 Nummer 3 und Nummer 4 erzielten Einnahmen, die beitragspflichtig wären, wenn die Versicherungsfreiheit in der gesetzlichen Rentenversicherung nicht bestehen würde und
4. bezogenen Rente wegen voller Erwerbsminderung oder Erwerbsunfähigkeit oder bezogenen Versorgungsbezüge wegen Dienstunfähigkeit in den Fällen des § 10a Absatz 1 Satz 4,

jedoch nicht mehr als der in § 10a Absatz 1 Satz 1 genannte Höchstbetrag, vermindert um die Zulage nach den §§ 84 und 85; gehört der Ehegatte zum Personenkreis nach § 79 Satz 2, berechnet sich der Mindesteigenbetrag des nach § 79 Satz 1 Begünstigten unter Berücksichtigung der den Ehegatten insgesamt zustehenden Zulagen. ³Auslandsbezogene Bestandteile nach den §§ 52ff. des Bundesbesoldungsgesetzes oder entsprechender Regelungen eines Landesbesoldungsgesetzes bleiben unberücksichtigt. ⁴Als Sockelbetrag sind ab dem Jahr 2005 jährlich 60 Euro zu leisten. ⁵Ist der Sockelbetrag höher als der Mindesteigenbeitrag nach Satz 2, so ist der Sockelbetrag als Mindesteigenbeitrag zu leisten. ⁶Die Kürzung der Zulage ermittelt sich nach dem Verhältnis der Altersvorsorgebeiträge zum Mindesteigenbeitrag.

(2) ¹Ein nach § 79 Satz 2 begünstigter Ehegatte hat Anspruch auf eine ungekürzte Zulage, wenn der zum begünstigten Personenkreis nach § 79 Satz 1 gehörende Ehegatte seinen geförderten Mindesteigenbeitrag unter Berücksichtigung der den Ehegatten insgesamt zustehenden Zulagen erbracht hat. ²Werden bei einer in der gesetzlichen Rentenversicherung pflichtversicherten Person beitragspflichtige Einnahmen zu Grunde gelegt, die höher sind als das tatsächlich erzielte Entgelt oder die Entgeltersatzleistung ist das tatsächlich erzielte Entgelt oder der Zahlbetrag der Entgeltersatzleistung für die Berechnung des Mindesteigenbeitrags zu berücksichtigen.

§§ 86, 87, 88, 89

(3) ¹Für Versicherungspflichtige nach dem Gesetz über die Alterssicherung der Landwirte ist Absatz 1 mit der Maßgabe anzuwenden, dass auch die Einkünfte aus Land- und Forstwirtschaft im Sinne des § 13 des zweiten dem Beitragsjahr vorangegangenen Veranlagungszeitraums als beitragspflichtige Einnahmen des vorangegangenen Kalenderjahres gelten. ²Negative Einkünfte im Sinne des Satzes 1 bleiben unberücksichtigt, wenn weitere nach Absatz 1 oder Absatz 2 zu berücksichtigende Einnahmen erzielt werden.

(4) Wird nach Ablauf des Beitragsjahres festgestellt, dass die Voraussetzungen für die Gewährung einer Kinderzulage nicht vorgelegen haben, ändert sich dadurch die Berechnung des Mindesteigenbeitrags für dieses Beitragsjahr nicht.

(5) Bei den in § 10a Absatz 6 Satz 1 und 2 genannten Personen ist der Summe nach Absatz 1 Satz 2 die Summe folgender Einnahmen und Leistungen aus dem dem Kalenderjahr vorangegangenen Kalenderjahr hinzuzurechnen:

1. die erzielten Einnahmen aus der Tätigkeit, die die Zugehörigkeit zum Personenkreis des § 10a Absatz 6 Satz 1 begründet, und
2. die bezogenen Leistungen im Sinne des § 10a Absatz 6 Satz 2 Nummer 1.

§ 87 Zusammentreffen mehrerer Verträge

(1) ¹Zahlt der nach § 79 Satz 1 Zulageberechtigte Altersvorsorgebeiträge zugunsten mehrerer Verträge, so wird die Zulage nur für zwei dieser Verträge gewährt. ²Der insgesamt nach § 86 zu leistende Mindesteigenbeitrag muss zugunsten dieser Verträge geleistet worden sein. ³Die Zulage ist entsprechend dem Verhältnis der auf diese Verträge geleisteten Beiträge zu verteilen.

(2) ¹Der nach § 79 Satz 2 Zulageberechtigte kann die Zulage für das jeweilige Beitragsjahr nicht auf mehrere Altersvorsorgeverträge verteilen. ²Es ist nur der Altersvorsorgevertrag begünstigt, für den zuerst die Zulage beantragt wird.

§ 88 Entstehung des Anspruchs auf Zulage

Der Anspruch auf die Zulage entsteht mit Ablauf des Kalenderjahres, in dem die Altersvorsorgebeiträge geleistet worden sind (Beitragsjahr).

§ 89 Antrag

(1) ¹Der Zulageberechtigte hat den Antrag auf Zulage nach amtlich vorgeschriebenem Vordruck bis zum Ablauf des zweiten Kalenderjahres, das auf das Beitragsjahr (§ 88) folgt, bei dem Anbieter seines Vertrages einzureichen. ²Hat der Zulageberechtigte im Beitragsjahr Altersvorsorgebeiträge für mehrere Verträge gezahlt, so hat er mit dem Zulageantrag zu bestimmen, auf welche Verträge die Zulage überwiesen werden soll. ³Beantragt der Zulageberechtigte die Zulage für mehr als zwei Verträge, so wird die Zulage nur für die zwei Verträge mit den höchsten Altersvorsorgebeiträgen gewährt. ⁴Sofern eine Zulagenummer (§ 90 Absatz 1 Satz 2) durch die zentrale Stelle (§ 81) oder eine Versicherungsnummer nach § 147 des Sechsten Buches Sozialgesetzbuch für den nach § 79 Satz 2 berechtigten Ehegatten noch nicht vergeben ist, hat dieser über seinen Anbieter eine Zulagenummer bei der zentralen Stelle zu beantragen. ⁵Der Antragsteller ist verpflichtet, dem Anbieter unverzüglich eine Änderung der Verhältnisse mitzuteilen, die zu einer Minderung oder zum Wegfall des Zulageanspruchs führt.

(1a) ¹Der Zulageberechtigte kann den Anbieter seines Vertrages schriftlich bevollmächtigen, für ihn abweichend von Absatz 1 die Zulage für jedes Beitragsjahr zu beantragen. ²Absatz 1 Satz 5 gilt mit Ausnahme der Mitteilung geänderter beitragspflichtiger Einnahmen entsprechend. ³Ein Widerruf der Vollmacht ist bis zum Ablauf des Beitragsjahres, für das der Anbieter keinen Antrag auf Zulage stellen soll, gegenüber dem Anbieter zu erklären.

(2) ¹Der Anbieter ist verpflichtet,

a) die Vertragsdaten,

b) die Versicherungsnummer nach § 147 des Sechsten Buches Sozialgesetzbuch, die Zulagenummer des Zulageberechtigten und dessen Ehegatten oder einen Antrag auf Vergabe einer Zulagenummer eines nach § 79 Satz 2 berechtigten Ehegatten,

c) die vom Zulageberechtigten mitgeteilten Angaben zur Ermittlung des Mindesteigenbeitrags (§ 86),

d) die für die Gewährung der Kinderzulage erforderlichen Daten,

e) die Höhe der geleisteten Altersvorsorgebeiträge und

f) das Vorliegen einer nach Absatz 1a erteilten Vollmacht

als die für die Ermittlung und Überprüfung des Zulageanspruchs und Durchführung des Zulageverfahrens erforderlichen Daten zu erfassen. ²Er hat die Daten der bei ihm im Laufe eines Kalendervierteljahres eingegangenen Anträge bis zum Ende des folgenden Monats nach amtlich vorgeschriebenem Datensatz durch amtlich bestimmte Datenfernübertragung an die zentrale Stelle zu übermitteln. ³Dies gilt auch im Fall des Absatzes 1 Satz 5.

(3) ¹Ist der Anbieter nach Absatz 1a Satz 1 bevollmächtigt worden, hat er der zentralen Stelle die nach Absatz 2 Satz 1 erforderlichen Angaben für jedes Kalenderjahr bis zum Ablauf des auf das Beitragsjahr folgenden Kalenderjahres zu übermitteln. ²Liegt die Bevollmächtigung erst nach dem im Satz 1 genannten Meldetermin vor, hat der Anbieter die Angaben bis zum Ende des folgenden Kalendervierteljahres nach der Bevollmächtigung, spätestens jedoch bis zum Ablauf der in Absatz 1 Satz 1 genannten Antragsfrist, zu übermitteln. ³Absatz 2 Satz 2 und 3 gilt sinngemäß.

§ 90 Verfahren

(1) ¹Die zentrale Stelle ermittelt auf Grund der von ihr erhobenen oder der ihr übermittelten Daten, ob und in welcher Höhe ein Zulageanspruch besteht. ²Soweit der zuständige Träger der Rentenversicherung keine Versicherungsnummer vergeben hat, vergibt die zentrale Stelle zur Erfüllung der ihr nach diesem Abschnitt zugewiesenen Aufgaben eine Zulagenummer. ³Die zentrale Stelle teilt im Falle eines Antrags nach § 10a Absatz 1a der zuständigen Stelle, im Falle eines Antrags nach § 89 Absatz 1 Satz 4 dem Anbieter die Zulagenummer mit; von dort wird sie an den Antragsteller weitergeleitet.

(2) ¹Die zentrale Stelle veranlasst die Auszahlung an den Anbieter zugunsten der Zulageberechtigten durch die zuständige Kasse. ²Ein gesonderter Zulagenbescheid ergeht vorbehaltlich des Absatzes 4 nicht. ³Der Anbieter hat die erhaltenen Zulagen unverzüglich den begünstigten Verträgen gutzuschreiben. ⁴Zulagen, die nach Beginn der Auszahlungsphase für das Altersvorsorgevermögen von der zentralen Stelle an den Anbieter überwiesen werden, können vom Anbieter an den Anleger ausgezahlt werden. ⁵Besteht kein Zulageanspruch, so teilt die zentrale Stelle dies dem Anbieter durch Datensatz mit. ⁶Die zentrale Stelle teilt dem Anbieter die Altersvorsorgebeiträge im Sinne des § 82, auf die § 10a oder dieser Abschnitt angewendet wurde, durch Datensatz mit.

(3) ¹Erkennt die zentrale Stelle nachträglich, dass der Zulageanspruch ganz oder teilweise nicht besteht oder weggefallen ist, so hat sie zu Unrecht gutgeschriebene oder ausgezahlte Zulagen zurückzufordern und dies dem Anbieter durch Datensatz mitzuteilen. ²Bei bestehendem Vertragsverhältnis hat der Anbieter das Konto zu belasten. ³Die ihm im Kalendervierteljahr mitgeteilten Rückforderungsbeträge hat er bis zum zehnten Tag des dem Kalendervierteljahr folgenden Monats in einem Betrag bei der zentralen Stelle anzumelden und an diese abzuführen. ⁴Die Anmeldung nach Satz 3 ist nach amtlich vorgeschriebenem Vordruck abzugeben. ⁵Sie gilt als Steueranmeldung im Sinne der Abgabenordnung.

§§ 90, 91

(4) ¹Eine Festsetzung der Zulage erfolgt nur auf besonderen Antrag des Zulageberechtigten. ²Der Antrag ist schriftlich innerhalb eines Jahres vom Antragsteller an den Anbieter zu richten; die Frist beginnt mit der Erteilung der Bescheinigung nach § 92, die die Ermittlungsergebnisse für das Beitragsjahr enthält, für das eine Festsetzung der Zulage erfolgen soll. ³Der Anbieter leitet den Antrag der zentralen Stelle zur Festsetzung zu. ⁴Er hat dem Antrag eine Stellungnahme und die zur Festsetzung erforderlichen Unterlagen beizufügen. ⁵Die zentrale Stelle teilt die Festsetzung auch dem Anbieter mit. ⁶Im Übrigen gilt Absatz 3 entsprechend.

§ 91 Datenerhebung und Datenabgleich

(1) ¹Für die Berechnung und Überprüfung der Zulage sowie die Überprüfung des Vorliegens der Voraussetzungen des Sonderausgabenabzugs nach § 10a übermitteln die Träger der gesetzlichen Rentenversicherung, die landwirtschaftliche Alterskasse, die Bundesagentur für Arbeit, die Meldebehörden, die Familienkassen und die Finanzämter der zentralen Stelle auf Anforderung die bei ihnen vorhandenen Daten nach § 89 Absatz 2 durch Datenfernübertragung; für Zwecke der Berechnung des Mindesteigenbeitrags für ein Beitragsjahr darf die zentrale Stelle bei den Trägern der gesetzlichen Rentenversicherung und der landwirtschaftlichen Alterskasse die bei ihnen vorhandenen Daten zu den beitragspflichtigen Einnahmen sowie in den Fällen des § 10a Absatz 1 Satz 4 zur Höhe der bezogenen Rente wegen voller Erwerbsminderung oder Erwerbsunfähigkeit erheben, sofern diese nicht vom Anbieter nach § 89 übermittelt worden sind. ²Für Zwecke der Überprüfung nach Satz 1 darf die zentrale Stelle die ihr übermittelten Daten mit den ihr nach § 89 Absatz 2 übermittelten Daten automatisiert abgleichen. ³Führt die Überprüfung zu einer Änderung der ermittelten oder festgesetzten Zulage, ist dies dem Anbieter mitzuteilen. ⁴Ergibt die Überprüfung eine Abweichung von dem in der Steuerfestsetzung berücksichtigten Sonderausgabenabzug nach § 10a oder der gesonderten Feststellung nach § 10a Absatz 4, ist dies dem Finanzamt mitzuteilen; die Steuerfestsetzung oder die gesonderte Feststellung ist insoweit zu ändern.

(2) ¹Die zuständige Stelle hat der zentralen Stelle die Daten nach § 10a Absatz 1 Satz 1 zweiter Halbsatz bis zum 31. März des dem Beitragsjahr folgenden Kalenderjahres durch Datenfernübertragung zu übermitteln. ²Liegt die Einwilligung nach § 10a Absatz 1 Satz 1 zweiter Halbsatz erst nach dem in Satz 1 genannten Meldetermin vor, hat die zuständige Stelle die Daten spätestens bis zum Ende des folgenden Kalendervierteljahres nach Erteilung der Einwilligung nach Maßgabe von Satz 1 zu übermitteln.

§§ 92, 92a

§ 92 Bescheinigung

¹Der Anbieter hat dem Zulageberechtigten jährlich eine Bescheinigung nach amtlich vorgeschriebenem Muster[1]) zu erteilen über

1. die Höhe der im abgelaufenen Beitragsjahr geleisteten Altersvorsorgebeiträge (Beiträge und Tilgungsleistungen),
2. die im abgelaufenen Beitragsjahr getroffenen, aufgehobenen oder geänderten Ermittlungsergebnisse (§ 90),
3. die Summe der bis zum Ende des abgelaufenen Beitragsjahres dem Vertrag gutgeschriebenen Zulagen,
4. die Summe der bis zum Ende des abgelaufenen Beitragsjahres geleisteten Altersvorsorgebeiträge (Beiträge und Tilgungsleistungen),
5. den Stand des Altersvorsorgevermögens,
6. den Stand des Wohnförderkontos (§ 92a Absatz 2 Satz 1) sofern er diesen von der zentralen Stelle mitgeteilt bekommen hat, und
7. die Bestätigung der durch den Anbieter erfolgten Datenübermittlung an die zentrale Stelle im Fall des § 10a Absatz 5 Satz 1.

²Einer jährlichen Bescheinigung bedarf es nicht, wenn zu Satz 1 Nummer 1, 2, 6 und 7 keine Angaben erforderlich sind und sich zu Satz 1 Nummer 3 bis 5 keine Änderungen gegenüber der zuletzt erteilten Bescheinigung ergeben. ³Liegen die Voraussetzungen des Satzes 2 nur hinsichtlich der Angabe nach Satz 1 Nummer 6 nicht vor und wurde die Geschäftsbeziehung im Hinblick auf den jeweiligen Altersvorsorgevertrag zwischen Zulageberechtigtem und Anbieter beendet, weil

1. das angesparte Kapital vollständig aus dem Altersvorsorgevertrag entnommen wurde oder
2. das gewährte Darlehen vollständig getilgt wurde,

bedarf es keiner jährlichen Bescheinigung, wenn der Anbieter dem Zulageberechtigten in einer Bescheinigung im Sinne dieser Vorschrift Folgendes mitteilt: „Das Wohnförderkonto erhöht sich bis zum Beginn der Auszahlungsphase jährlich um 2 Prozent, solange Sie keine Zahlungen zur Minderung des Wohnförderkontos leisten." ⁴Der Anbieter kann dem Zulageberechtigten mit dessen Einverständnis die Bescheinigung auch elektronisch bereitstellen.

§ 92a Verwendung für eine selbst genutzte Wohnung

(1) ¹Der Zulageberechtigte kann das in einem Altersvorsorgevertrag gebildete und nach § 10a oder nach diesem Abschnitt geförderte Kapital in vollem Umfang oder, wenn das verbleibende geförderte Restkapital mindestens 3 000 Euro beträgt, teilweise wie folgt verwenden (Altersvorsorge-Eigenheimbetrag):

1. bis zum Beginn der Auszahlungsphase unmittelbar für die Anschaffung oder Herstellung einer Wohnung oder zur Tilgung eines zu diesem Zweck aufgenommenen Darlehens, wenn das dafür entnommene Kapital mindestens 3 000 Euro beträgt, oder
2. bis zum Beginn der Auszahlungsphase unmittelbar für den Erwerb von Pflicht-Geschäftsanteilen an einer eingetragenen Genossenschaft für die Selbstnutzung einer Genossenschaftswohnung oder zur Tilgung eines zu diesem Zweck aufgenommenen Darlehens, wenn das dafür entnommene Kapital mindestens 3 000 Euro beträgt, oder
3. bis zum Beginn der Auszahlungsphase unmittelbar für die Finanzierung eines Umbaus einer Wohnung, wenn

---

1) Bekanntmachung des Vordruckmusters nach § 92 EStG für Beitragsjahre ab 2012 siehe BMF-Schreiben vom 10.10.2011 (BStBl. I S. 964), auch zur Weiterverwendung des Vordruckmusters gemäß BMF-Schreiben vom 9.1.2009 (BStBl. I S. 46).

§ 92a

   a) das dafür entnommene Kapital
      aa) mindestens 6 000 Euro beträgt und für einen innerhalb eines Zeitraums von drei Jahren nach der Anschaffung oder Herstellung der Wohnung vorgenommenen Umbau verwendet wirrt Ader.
      bb) mindestens 20 000 Euro beträgt,
   b) das dafür entnommene Kapital zu mindestens 50 Prozent auf Maßnahmen entfällt, die die Vorgaben der DIN 18040 Teil 2, Ausgabe September 2011, soweit baustrukturell möglich, erfüllen, und der verbleibende Teil der Kosten der Reduzierung von Barrieren in oder an der Wohnung dient; die zweckgerechte Verwendung ist durch einen Sachverständigen zu bestätigen; und
   c) der Zulageberechtigte oder ein Mitnutzer der Wohnung für die Umbaukosten weder eine Förderung durch Zuschüsse noch eine Steuerermäßigung nach § 35a in Anspruch nimmt oder nehmen wird noch die Berücksichtigung als außergewöhnliche Belastung nach § 33 beantragt hat oder beantragen wird und dies schriftlich bestätigt. ²Diese Bestätigung ist bei der Antragstellung nach § 92b Absatz 1 Satz 1 gegenüber der zentralen Stelle abzugeben. Bei der Inanspruchnahme eines Darlehens im Rahmen eines Altersvorsorgevertrags nach § 1 Absatz 1a des Altersvorsorgeverträge-Zertifizierungsgesetzes hat der Zulageberechtigte die Bestätigung gegenüber seinem Anbieter abzugeben.

²Die DIN 18040 ist im Beuth-Verlag GmbH, Berlin und Köln, erschienen und beim Deutschen Patent- und Markenamt in München archivmäßig gesichert niedergelegt. ³Die technischen Mindestanforderungen für die Reduzierung von Barrieren in oder an der Wohnung nach Satz 1 Nummer 3 Buchstabe b werden durch das Bundesministerium für Verkehr, Bau und Stadtentwicklung im Einvernehmen mit dem Bundesministerium der Finanzen festgelegt und im Bundesbaublatt veröffentlicht. Sachverständige im Sinne dieser Vorschrift sind nach Landesrecht Bauvorlageberechtigte sowie nach § 91 Absatz 1 Nummer 8 der Handwerksordnung öffentlich bestellte und vereidigte Sachverständige, die für ein Sachgebiet bestellt sind, das die Barrierefreiheit und Barrierereduzierung in Wohngebäuden umfasst, und die eine besondere Sachkunde oder ergänzende Fortbildung auf diesem Gebiet nachweisen. Eine nach Satz 1 begünstigte Wohnung ist

1. eine Wohnung in einem eigenen Haus oder
2. eine eigene Eigentumswohnung oder
3. eine Genossenschaftswohnung einer eingetragenen Genossenschaft,

wenn diese Wohnung in einem Mitgliedstaat der Europäischen Union oder in einem Staat, auf den das Abkommen über den Europäischen Wirtschaftsraum (EWR-Abkommen) anwendbar ist, belegen ist und die Hauptwohnung oder den Mittelpunkt der Lebensinteressen des Zulageberechtigten darstellt. ³Einer Wohnung im Sinne des Satzes 5 steht ein eigentumsähnliches oder lebenslanges Dauerwohnrecht nach § 33 des Wohnungseigentumsgesetzes gleich, soweit Vereinbarungen nach § 39 des Wohnungseigentumsgesetzes getroffen werden. ⁴Bei der Ermittlung des Restkapitals nach Satz 1 ist auf den Stand des geförderten Altersvorsorgevermögens zum Ablauf des Tages abzustellen, an dem die zentrale Stelle den Bescheid nach § 92b ausgestellt hat. ⁵Der Altersvorsorge-Ei gen heim betrag gilt nicht als Leistung aus einem Altersvorsorgevertrag, die dem Zulageberechtigten im Zeitpunkt der Auszahlung zufließt.

(2) ¹Der Altersvorsorge-Eigenheimbetrag, die Tilgungsleistungen im Sinne des § 82 Absatz 1 Satz 1 Nummer 2 und die hierfür gewährten Zulagen sind durch die zentrale Stelle in Bezug auf den zugrunde liegenden Altersvorsorgevertrag gesondert zu erfassen (Wohnförderkonto); die zentrale Stelle teilt für jeden Altersvorsorgevertrag, für den sie ein Wohnförderkonto (Altersvorsorgevertrag mit Wohnförderkonto) führt, dem Anbieter jährlich den Stand des Wohnförderkontos nach amtlich vorgeschriebenem Datensatz durch Datenfernübertragung mit. ²Beiträge, die nach § 82 Absatz 1 Satz 3 wie Tilgungsleistungen behandelt wurden, sind im Zeitpunkt der unmittelbaren Darlehenstilgung einschließlich der zur Tilgung eingesetzten Zulagen und Erträge in das Wohnförderkonto

§ 92a

aufzunehmen; zur Tilgung eingesetzte ungeförderte Beiträge einschließlich der darauf entfallenden Erträge fließen dem Zulageberechtigten in diesem Zeitpunkt zu. ³Nach Ablauf eines Beitragsjahres, letztmals für das Beitragsjahr des Beginns der Auszahlungsphase, ist der sich aus dem Wohnförderkonto ergebende Gesamtbetrag um 2 Prozent zu erhöhen. ⁴Das Wohnförderkonto ist zu vermindern um

1. Zahlungen des Zulageberechtigten auf einen auf seinen Namen lautenden zertifizierten Altersvorsorgevertrag nach § 1 Absatz 1 des Altersvorsorgeverträge-Zertifizierungsgesetzes bis zum Beginn der Auszahlungsphase zur Minderung der in das Wohnförderkonto eingestellten Beträge; der Anbieter, bei dem die Einzahlung erfolgt, hat die Einzahlung der zentralen Stelle nach amtlich vorgeschriebenem Datensatz durch Datenfernübertragung mitzuteilen; erfolgt die Einzahlung nicht auf den Altersvorsorgevertrag mit Wohnförderkonto, hat der Zulageberechtigte dem Anbieter, bei dem die Einzahlung erfolgt, die Vertragsdaten des Altersvorsorgevertrags mit Wohnförderkonto mitzuteilen; diese hat der Anbieter der zentralen Stelle zusätzlich mitzuteilen;

2. den Verminderungsbetrag nach Satz 5.

⁵Verminderungsbetrag ist der sich mit Ablauf des Kalenderjahres des Beginns der Auszahlungsphase ergebende Stand des Wohnförderkontos dividiert durch die Anzahl der Jahre bis zur Vollendung des 85. Lebensjahres des Zulageberechtigten; als Beginn der Auszahlungsphase gilt der vom Zulageberechtigten und Anbieter vereinbarte Zeitpunkt, der zwischen der Vollendung des 60. Lebensjahres und des 68. Lebensjahres des Zulageberechtigten liegen muss; ist ein Auszahlungszeitpunkt nicht vereinbart, so gilt die Vollendung des 67. Lebensjahres als Beginn der Auszahlungsphase. ⁶Anstelle einer Verminderung nach Satz 5 kann der Zulageberechtigte jederzeit in der Auszahlungsphase von der zentralen Stelle die Auflösung des Wohnförderkontos verlangen (Auflösungsbetrag). ⁷Der Anbieter hat im Zeitpunkt der unmittelbaren Darlehenstilgung die Beträge nach Satz 2 erster Halbsatz und der Anbieter eines Altersvorsorgevertrags mit Wohnförderkonto hat zu Beginn der Auszahlungsphase den Zeitpunkt des Beginns der Auszahlungsphase der zentralen Stelle nach amtlich vorgeschriebenem Datensatz durch Datenfernübertragung mitzuteilen. ⁸Wird gefördertes Altersvorsorgevermögen nach § 93 Absatz 2 Satz 1 von einem Anbieter auf einen anderen auf den Namen des Zulageberechtigten lautenden Altersvorsorgevertrag vollständig übertragen und hat die zentrale Stelle für den bisherigen Altersvorsorgevertrag ein Wohnförderkonto geführt, so schließt sie das Wohnförderkonto des bisherigen Vertrags und führt es zu dem neuen Altersvorsorgevertrag fort. ⁹Erfolgt eine Zahlung nach Satz 4 Nummer 1 oder nach Absatz 3 Satz 9 Nummer 2 auf einen anderen Altersvorsorgevertrag als auf den Altersvorsorgevertrag mit Wohnförderkonto, schließt die zentrale Stelle das Wohnförderkonto des bisherigen Vertrags und führt es ab dem Zeitpunkt der Einzahlung für den Altersvorsorgevertrag fort, auf den die Einzahlung erfolgt ist. ¹⁰Die zentrale Stelle teilt die Schließung des Wohnförderkontos dem Anbieter des bisherigen Altersvorsorgevertrags mit Wohnförderkonto mit.

(2a) ¹Geht im Rahmen der Regelung von Scheidungsfolgen der Eigentumsanteil des Zulageberechtigten an der Wohnung im Sinne des Absatzes 1 Satz 5 ganz oder teilweise auf den anderen Ehegatten über, geht das Wohnförderkonto in Höhe des Anteils, der dem Verhältnis des übergegangenen Eigentumsanteils zum verbleibenden Eigentumsanteil entspricht, mit allen Rechten und Pflichten auf den anderen Ehegatten über; dabei ist auf das Lebensalter des anderen Ehegatten abzustellen. ²Hat der andere Ehegatte das Lebensalter für den vertraglich vereinbarten Beginn der Auszahlungsphase oder, soweit kein Beginn der Auszahlungsphase vereinbart wurde, das 67. Lebensjahr im Zeitpunkt des Übergangs des Wohnförderkontos bereits überschritten, so gilt als Beginn der Auszahlungsphase der Zeitpunkt des Übergangs des Wohnförderkontos. ³Der Zulageberechtigte hat den Übergang des Eigentumsanteils der zentralen Stelle nachzuweisen. ⁴Dazu hat er die für die Anlage eines Wohnförderkontos erforderlichen Daten des anderen Ehegatten mitzuteilen. ⁵Die Sätze 1 bis 4 gelten entsprechend für Ehegatten, die im Zeitpunkt des Todes des Zulageberechtigten

1. nicht dauernd getrennt gelebt haben (§ 26 Absatz 1) und

§ 92a

2. ihren Wohnsitz oder gewöhnlichen Aufenthalt in einem Mitgliedstaat der Europäischen Union oder einem Staat hatten, auf den das Abkommen über den Europäischen Wirtschaftsraum anwendbar ist.

(3) ¹Nutzt der Zulageberechtigte die Wohnung im Sinne des Absatzes 1 Satz 5, für die ein Altersvorsorge-Eigenheimbetrag verwendet oder für die eine Tilgungsförderung im Sinne des § 82 Absatz 1 in Anspruch genommen worden ist, nicht nur vorübergehend nicht mehr zu eigenen Wohnzwecken, hat er dies dem Anbieter, in der Auszahlungsphase der zentralen Stelle, unter Angabe des Zeitpunkts der Aufgabe der Selbstnutzung mitzuteilen. ²Eine Aufgabe der Selbstnutzung liegt auch vor, soweit der Zulageberechtigte das Eigentum an der Wohnung aufgibt. ³Die Mitteilungspflicht gilt entsprechend für den Rechtsnachfolger der begünstigten Wohnung, wenn der Zulageberechtigte stirbt. ⁴Die Anzeigepflicht entfällt, wenn das Wohnförderkonto vollständig zurückgeführt worden ist, es sei denn, es liegt ein Fall des § 22 Nummer 5 Satz 6 vor. ⁵Im Fall des Satzes 1 gelten die im Wohnförderkonto erfassten Beträge als Leistungen aus einem Altersvorsorgevertrag, die dem Zulageberechtigten nach letztmaliger Erhöhung des Wohnförderkontos nach Absatz 2 Satz 3 zum Ende des Veranlagungszeitraums, in dem die Selbstnutzung aufgegeben wurde, zufließen; das Wohnförderkonto ist aufzulösen (Auflösungsbetrag). ⁶Verstirbt der Zulageberechtigte, ist der Auflösungsbetrag ihm noch zuzurechnen. ⁷Der Anbieter hat der zentralen Stelle den Zeitpunkt der Aufgabe nach amtlich vorgeschriebenem Datensatz durch Datenfernübertragung mitzuteilen. ⁸Wurde im Fall des Satzes 1 eine Tilgungsförderung nach § 82 Absatz 1 Satz 3 in Anspruch genommen und erfolgte keine Einstellung in das Wohnförderkonto nach Absatz 2 Satz 2, sind die Beiträge, die nach § 82 Absatz 1 Satz 3 wie Tilgungsleistungen behandelt wurden, sowie die darauf entfallenden Zulagen und Erträge in ein Wohnförderkonto aufzunehmen und anschließend die weiteren Regelungen dieses Absatzes anzuwenden; Absatz 2 Satz 2 zweiter Halbsatz und Satz 7 gilt entsprechend. ⁹Die Sätze 5 bis 7 sowie § 20 sind nicht anzuwenden, wenn

1. der Zulageberechtigte einen Betrag in Höhe des noch nicht zurückgeführten Betrags im Wohnförderkonto innerhalb von zwei Jahren vor dem Veranlagungszeitraum und von fünf Jahren nach Ablauf des Veranlagungszeitraums, in dem er die Wohnung letztmals zu eigenen Wohnzwecken genutzt hat, für eine weitere Wohnung im Sinne des Absatzes 1 Satz 5 verwendet,

2. der Zulageberechtigte einen Betrag in Höhe des noch nicht zurückgeführten Betrags im Wohnförderkonto innerhalb eines Jahres nach Ablauf des Veranlagungszeitraums, in dem er die Wohnung letztmals zu eigenen Wohnzwecken genutzt hat, auf einen auf seinen Namen lautenden zertifizierten Altersvorsorgevertrag zahlt; Absatz 2 Satz 4 Nummer 1 ist entsprechend anzuwenden,

3. die Ehewohnung auf Grund einer richterlichen Entscheidung nach § 1361b des Bürgerlichen Gesetzbuchs oder nach der Verordnung über die Behandlung der Ehewohnung und des Hausrats dem anderen Ehegatten zugewiesen wird oder

4. der Zulageberechtigte krankheits- oder pflegebedingt die Wohnung nicht mehr bewohnt, sofern er Eigentümer dieser Wohnung bleibt, sie ihm weiterhin zur Selbstnutzung zur Verfügung steht und sie nicht von Dritten, mit Ausnahme seines Ehegatten, genutzt wird.

¹⁰Der Zulageberechtigte hat dem Anbieter, in der Auszahlungsphase der zentralen Stelle, die Reinvestitionsabsicht und den Zeitpunkt der Reinvestition im Rahmen der Mitteilung nach Satz 1 oder die Aufgabe der Reinvestitionsabsicht mitzuteilen; in den Fällen des Absatzes 2a und des Satzes 9 Nummer 3 gelten die Sätze 1 bis 9 entsprechend für den anderen geschiedenen oder überlebenden Ehegatten, wenn er die Wohnung nicht nur vorübergehend nicht mehr zu eigenen Wohnzwecken nutzt. ¹¹Satz 5 ist mit der Maßgabe anzuwenden, dass der Eingang der Mitteilung der aufgegebenen Reinvestitionsabsicht, spätestens jedoch der 1. Januar

1. des sechsten Jahres nach dem Jahr der Aufgabe der Selbstnutzung bei einer Reinvestitionsabsicht nach Satz 9 Nummer 1 oder

2. des zweiten Jahres nach dem Jahr der Aufgabe der Selbstnutzung bei einer Reinvestitionsabsicht nach Satz 9 Nummer 2

als Zeitpunkt der Aufgabe gilt.

(4) ¹Absatz 3 sowie § 20 sind auf Antrag des Steuerpflichtigen nicht anzuwenden, wenn er

1. die Wohnung im Sinne des Absatzes 1 Satz 5 auf Grund eines beruflich bedingten Umzugs für die Dauer der beruflich bedingten Abwesenheit nicht selbst nutzt; wird während dieser Zeit mit einer anderen Person ein Nutzungsrecht für diese Wohnung vereinbart, ist diese Vereinbarung von vorneherein entsprechend zu befristen,
2. beabsichtigt, die Selbstnutzung wieder aufzunehmen und
3. die Selbstnutzung spätestens mit der Vollendung seines 67. Lebensjahres aufnimmt.

²Der Steuerpflichtige hat den Antrag bei der zentralen Stelle zu stellen und dabei die notwendigen Nachweise zu erbringen. ³Die zentrale Stelle erteilt dem Steuerpflichtigen einen Bescheid über die Bewilligung des Antrags und informiert den Anbieter des Altersvorsorgevertrags mit Wohnförderkonto des Zulageberechtigten über die Bewilligung, eine Wiederaufnahme der Selbstnutzung nach einem beruflich bedingten Umzug und den Wegfall der Voraussetzungen nach diesem Absatz; die Information hat nach amtlich vorgeschriebenem Datensatz durch Datenfernübertragung zu erfolgen. ⁴Entfällt eine der in Satz 1 genannten Voraussetzungen, ist Absatz 3 mit der Maßgabe anzuwenden, dass bei einem Wegfall der Voraussetzung nach Satz 1 Nummer 1 als Zeitpunkt der Aufgabe der Zeitpunkt des Wegfalls der Voraussetzung und bei einem Wegfall der Voraussetzung nach Satz 1 Nummer 2 oder Nummer 3 der Eingang der Mitteilung des Steuerpflichtigen nach Absatz 3 als Zeitpunkt der Aufgabe gilt, spätestens jedoch die Vollendung des 67. Lebensjahres des Steuerpflichtigen.

§ 92b Verfahren bei Verwendung für eine selbst genutzte Wohnung

(1) ¹Der Zulageberechtigte hat die Verwendung des Kapitals nach § 92a Absatz 1 Satz 1 spätestens zehn Monate vor dem Beginn der Auszahlungsphase des Alters Vorsorgevertrags im Sinne des § 1 Absatz 1 Nummer 2 des Altersvorsorgeverträge-Zertifizierungsgesetzes bei der zentralen Stelle zu beantragen und dabei die notwendigen Nachweise zu erbringen. ²Er hat zu bestimmen, aus welchen Altersvorsorgeverträgen der Altersvorsorge-Eigenheimbetrag ausgezahlt werden soll. ³Die zentrale Stelle teilt dem Zulageberechtigten durch Bescheid und den Anbietern der in Satz 2 genannten Altersvorsorgeverträge nach amtlich vorgeschriebenem Datensatz durch Datenfernübertragung mit, bis zu welcher Höhe eine wohnungswirtschaftliche Verwendung im Sinne des § 92a Absatz 1 Satz 1 vorliegen kann.

(2) ¹Die Anbieter der in Absatz 1 Satz 2 genannten Altersvorsorgeverträge dürfen den Altersvorsorge-Eigenheimbetrag auszahlen, sobald sie die Mitteilung nach Absatz 1 Satz 3 erhalten haben. ²Sie haben der zentralen Stelle nach amtlich vorgeschriebenem Datensatz durch Datenfernübertragung Folgendes anzuzeigen:

1. den Auszahlungszeitpunkt und den Auszahlungsbetrag,
2. die Summe der bis zum Auszahlungszeitpunkt dem Altersvorsorgevertrag gutgeschriebenen Zulagen,
3. die Summe der bis zum Auszahlungszeitpunkt geleisteten Altersvorsorgebeiträge und
4. den Stand des geförderten Altersvorsorgevermögens im Zeitpunkt der Auszahlung.

(3) ¹Die zentrale Stelle stellt zu Beginn der Auszahlungsphase und in den Fällen des § 92a Absatz 2a und 3 Satz 5 den Stand des Wohnförderkontos, soweit für die Besteuerung erforderlich, den Verminderungsbetrag und den Auflösungsbetrag von Amts wegen gesondert fest. ²Die zentrale Stelle teilt die Feststellung dem Zulageberechtigten, in den Fällen des § 92a Absatz 2a Satz 1 auch dem anderen Ehegatten, durch Bescheid und dem Anbieter nach amtlich vorgeschriebenem Datensatz durch Datenfernübertragung mit. ³Der Anbie-

ter hat auf Anforderung der zentralen Stelle die zur Feststellung erforderlichen Unterlagen vorzulegen. ⁴Auf Antrag des Zulageberechtigten stellt die zentrale Stelle den Stand des Wohnförderkontos gesondert fest. ⁵§ 90 Absatz 4 Satz 2 bis 5 gilt entsprechend.

§ 93 Schädliche Verwendung

(1) ¹Wird gefördertes Altersvorsorgevermögen nicht unter den in § 1 Absatz 1 Satz 1 Nummer 4 und 10 Buchstabe c des Altersvorsorgeverträge-Zertifizierungsgesetzes oder § 1 Absatz 1 Satz 1 Nummer 4, 5 und 10 Buchstabe c des Altersvorsorgeverträge-Zertifizierungsgesetzes in der bis zum 31. Dezember 2004 geltenden Fassung genannten Voraussetzungen an den Zulageberechtigten ausgezahlt (schädliche Verwendung), sind die auf das ausgezahlte geförderte Altersvorsorgevermögen entfallenden Zulagen und die nach § 10a Absatz 4 gesondert festgestellten Beträge (Rückzahlungsbetrag) zurückzuzahlen. ²Dies gilt auch bei einer Auszahlung nach Beginn der Auszahlungsphase (§ 1 Absatz 1 Satz 1 Nummer 2 des Altersvorsorgeverträge-Zertifizierungsgesetzes) und bei Auszahlungen im Falle des Todes des Zulageberechtigten. ³Hat der Zulageberechtigte Zahlungen im Sinne des § 92a Absatz 2 Satz 4 Nummer 1 oder § 92a Absatz 3 Satz 9 Nummer 2 geleistet, dann handelt es sich bei dem hierauf beruhenden Altersvorsorgevermögen um gefördertes Altersvorsorgevermögen im Sinne des Satzes 1; der Rückzahlungsbetrag bestimmt sich insoweit nach der für die in das Wohnförderkonto eingestellten Beträge gewährten Förderung. ⁴Eine Rückzahlungsverpflichtung besteht nicht für den Teil der Zulagen und der Steuermäßigung,

a) der auf nach § 1 Absatz 1 Satz 1 Nummer 2 des Altersvorsorgeverträge-Zertifizierungsgesetzes angespartes gefördertes Altersvorsorgevermögen entfällt, wenn es in Form einer Hinterbliebenenrente an die dort genannten Hinterbliebenen ausgezahlt wird; dies gilt auch für Leistungen im Sinne des § 82 Absatz 3 an Hinterbliebene des Steuerpflichtigen;

b) der den Beitragsanteilen zuzuordnen ist, die für die zusätzliche Absicherung der verminderten Erwerbsfähigkeit und eine zusätzliche Hinterbliebenenabsicherung ohne Kapitalbildung verwendet worden sind;

c) der auf gefördertes Altersvorsorgevermögen entfällt, das im Falle des Todes des Zulageberechtigten auf einen auf den Namen des Ehegatten lautenden Altersvorsorgevertrag übertragen wird, wenn die Ehegatten im Zeitpunkt des Todes des Zulageberechtigten nicht dauernd getrennt gelebt haben (§ 26 Absatz 1) und ihren Wohnsitz oder gewöhnlichen Aufenthalt in einem Mitgliedstaat der Europäischen Union oder einem Staat hatten, auf den das Abkommen über den Europäischen Wirtschaftsraum anwendbar ist;

d) der auf den Altersvorsorge-Eigenheimbetrag entfällt.

(1a) ¹Eine schädliche Verwendung liegt nicht vor, wenn gefördertes Altersvorsorgevermögen auf Grund einer internen Teilung nach § 10 des Versorgungsausgleichsgesetzes oder auf Grund einer externen Teilung nach § 14 des Versorgungsausgleichsgesetzes auf einen zertifizierten Altersvorsorgevertrag oder eine nach § 82 Absatz 2 begünstigte betriebliche Altersversorgung übertragen wird; die auf das übertragene Anrecht entfallende steuerliche Förderung geht mit allen Rechten und Pflichten auf die ausgleichsberechtigte Person über. ²Eine schädliche Verwendung liegt ebenfalls nicht vor, wenn gefördertes Altersvorsorgevermögen auf Grund einer externen Teilung nach § 14 des Versorgungsausgleichsgesetzes auf die Versorgungsausgleichskasse oder die gesetzliche Rentenversicherung übertragen wird; die Rechte und Pflichten der ausgleichspflichtigen Person aus der steuerlichen Förderung des übertragenen Anteils entfallen. ³In den Fällen der Sätze 1 und 2 teilt die zentrale Stelle der ausgleichspflichtigen Person die Höhe der auf die Ehezeit im Sinne des § 3 Absatz 1 des Versorgungsausgleichsgesetzes oder die Lebenspartnerschaftszeit im Sinne des § 20 Absatz 2 des Lebenspartnerschaftsgesetzes entfallenden gesondert festgestellten Beträge nach § 10a Absatz 4 und die ermittelten Zulagen mit. ⁴Die entsprechenden Beträge sind monatsweise zuzuordnen. ⁵Die zentrale Stelle teilt die geänderte Zuordnung der gesondert festgestellten Beträge nach § 10a Absatz 4 sowie der ermittelten Zulagen der ausgleichspflichtigen und in den Fällen des Satzes 1 auch der ausgleichsberechtigten Person durch Feststellungsbescheid mit. ⁶Nach Eintritt der Unanfechtbarkeit dieses Feststellungsbescheids informiert die zentrale Stelle den Anbieter durch einen Datensatz über die geänderte Zuordnung.

(2) ¹Die Übertragung von gefördertem Altersvorsorgevermögen auf einen anderen auf den Namen des Zulageberechtigten lautenden Altersvorsorgevertrag (§ 1 Absatz 1 Satz 1 Nummer 10 Buchstabe b des Altersvorsorgeverträge-Zertifizierungsgesetzes) stellt keine schädliche Verwendung dar. ²Dies gilt sinngemäß in den Fällen des § 4 Absatz 2 und 3 des Betriebsrentengesetzes, wenn das geförderte Altersvorsorgevermögen auf eine der in § 82 Absatz 2 Buchstabe a genannten Einrichtungen der betrieblichen Altersversorgung zum Aufbau einer kapitalgedeckten betrieblichen Altersversorgung übertragen und eine lebenslange Altersversorgung im Sinne des § 1 Absatz 1 Satz 1 Nummer 4 des Altersvorsorgeverträge-Zertifizierungsgesetzes oder § 1 Absatz 1 Satz 1 Nummer 4 und 5 des Altersvorsorgeverträge-Zertifizierungsgesetzes in der bis zum 31. Dezember 2004 geltenden Fassung vorgesehen wird. ³In den übrigen Fällen der Abfindung von Anwartschaften der betrieblichen Altersversorgung gilt dies, soweit das geförderte Altersvorsorgevermögen zu Gunsten eines auf den Namen des Zulageberechtigten lautenden Altersvorsorgevertrages geleistet wird.

(3) ¹Auszahlungen zur Abfindung einer Kleinbetragsrente zu Beginn der Auszahlungsphase gelten nicht als schädliche Verwendung. ²Eine Kleinbetragsrente ist eine Rente, die bei gleichmäßiger Verrentung des gesamten zu Beginn der Auszahlungsphase zur Verfügung stehenden Kapitals eine monatliche Rente ergibt, die 1 Prozent der monatlichen Bezugsgröße nach § 18 des Vierten Buches Sozialgesetzbuch nicht übersteigt. ³Bei der Berechnung dieses Betrags sind alle bei einem Anbieter bestehenden Verträge des Zulageberechtigten insgesamt zu berücksichtigen, auf die nach diesem Abschnitt geförderte Altersvorsorgebeiträge geleistet wurden.

(4) ¹Wird bei einem einheitlichen Vertrag nach § 1 Absatz 1a Satz 1 ¹Nummer 2 zweiter Halbsatz des Altersvorsorgeverträge-Zertifizierungsgesetzes das. Darlehen nicht wohnungswirtschaftlich im Sinne des § 92a Absatz 1 Satz 1 verwendet, liegt zum Zeitpunkt der Darlehensauszahlung eine schädliche Verwendung des geförderten Altersvorsorgevermögens vor, es sei denn, das geförderte Altersvorsorgevermögen wird innerhalb eines Jahres nach Ablauf des Veranlagungszeitraums, in dem das Darlehen ausgezahlt wurde, auf einen anderen zertifizierten Altersvorsorgevertrag übertragen, der auf den Namen des Zulageberechtigten lautet. ²Der Zulageberechtigte hat dem Anbieter die Absicht zur Kapitalübertragung, den Zeitpunkt der Kapitalübertragung bis zum Zeitpunkt der Darlehenauszahlung und die Aufgabe der Absicht zur Kapitalübertragung mitzuteilen. ³Wird die Absicht zur Kapitalübertragung aufgegeben, tritt die schädliche Verwendung zu dem Zeitpunkt ein, zu dem die Mitteilung des Zulageberechtigten hierzu beim Anbieter eingeht, spätestens aber am 1. Januar des zweiten Jahres nach dem Jahr, in dem das Darlehen ausgezahlt wurde.

§ 94 Verfahren bei schädlicher Verwendung

(1) ¹In den Fällen des § 93 Absatz 1 hat der Anbieter der zentralen Stelle vor der Auszahlung des geförderten Altersvorsorgevermögens die schädliche Verwendung nach amtlich vorgeschriebenem Datensatz durch amtlich bestimmte Datenfernübertragung anzuzeigen. ²Die zentrale Stelle ermittelt den Rückzahlungsbetrag und teilt diesen dem Anbieter durch Datensatz mit. ³Der Anbieter hat den Rückzahlungsbetrag einzubehalten, mit der nächsten Anmeldung nach § 90 Absatz 3 anzumelden und an die zentrale Stelle abzuführen. ⁴Der Anbieter hat die einbehaltenen und abgeführten Beträge der zentralen Stelle nach amtlich vorgeschriebenem Datensatz durch amtlich bestimmte Datenfernübertragung mitzuteilen und diese Beträge dem Zulageberechtigten zu bescheinigen. ⁵In den Fällen des § 93 Absatz 3 gilt Satz 1 entsprechend.

(2) ¹Eine Festsetzung des Rückzahlungsbetrags erfolgt durch die zentrale Stelle auf besonderen Antrag des Zulageberechtigten oder sofern die Rückzahlung nach Absatz 1 ganz oder teilweise nicht möglich oder nicht erfolgt ist. ²§ 90 Absatz 4 Satz 2 bis 6 gilt entsprechend; § 90 Absatz 4 Satz 5 gilt nicht, wenn die Geschäftsbeziehung im Hinblick auf den jeweiligen Altersvorsorgevertrag zwischen dem Zulageberechtigten und dem Anbieter beendet wurde. ³Im Rückforderungsbescheid sind auf den Rückzahlungsbetrag die vom Anbieter bereits einbehaltenen und abgeführten Beträge nach Maßgabe der Bescheinigung nach Absatz 1 Satz 4 anzurechnen. ⁴Der Zulageberechtigte hat den verbleibenden Rückzahlungsbetrag innerhalb eines Monats nach Bekanntgabe des Rückforderungsbescheids an die zuständige Kasse zu entrichten. ⁵Die Frist für die Festsetzung des Rückzahlungsbetrags beträgt vier Jahre und beginnt mit Ablauf des Kalenderjahres, in dem die Auszahlung im Sinne des § 93 Absatz 1 erfolgt ist.

§ 95 Sonderfälle der Rückzahlung

(1) Die §§ 93 und 94 gelten entsprechend, wenn

1. sich der Wohnsitz oder gewöhnliche Aufenthalt des Zulageberechtigten außerhalb der Mitgliedstaaten der Europäischen Union und der Staaten befindet, auf die das Abkommen über den Europäischen Wirtschaftsraum (EWR-Abkommen) anwendbar ist, oder wenn der Zulageberechtigte ungeachtet eines Wohnsitzes oder gewöhnlichen Aufenthaltes in einem dieser Staaten nach einem Abkommen zur Vermeidung der Doppelbesteuerung mit einem dritten Staat als außerhalb des Hoheitsgebiets dieser Staaten ansässig gilt, und

2. entweder keine Zulageberechtigung besteht oder der Vertrag in der Auszahlungsphase ist.

(2) ¹Auf Antrag des Zulageberechtigten ist der Rückzahlungsbetrag im Sinne des § 93 Abs. 1 Satz 1 zunächst bis zum Beginn der Auszahlung zu stunden. ²Die Stundung ist zu verlängern, wenn der Rückzahlungsbetrag mit mindestens 15 Prozent der Leistungen aus dem Vertrag getilgt wird. ³Die Stundung endet, wenn das geförderte Altersvorsorgevermögen nicht unter den in § 1 Abs. 1 Satz 1 Nr. 4 des Altersvorsorgeverträge-Zertifizierungsgesetzes genannten Voraussetzungen an den Zulageberechtigten ausgezahlt wird. ⁴Der Stundungsantrag ist über den Anbieter an die zentrale Stelle zu richten. ⁵Die zentrale Stelle teilt ihre Entscheidung auch dem Anbieter mit.

(3) Wurde der Rückzahlungsbetrag nach Absatz 2 gestundet und

1. verlegt der ehemals Zulageberechtigte seinen ausschließlichen Wohnsitz oder gewöhnlichen Aufenthalt in einen Mitgliedstaat der Europäischen Union oder einen Staat, auf den das Abkommen über den Europäischen Wirtschaftsraum (EWR-Abkommen) anwendbar ist, oder

2. wird der ehemals Zulageberechtigte erneut zulageberechtigt,

sind der Rückzahlungsbetrag und die bereits entstandenen Stundungszinsen von der zentralen Stelle zu erlassen.

§ 96 Anwendung der Abgabenordnung, allgemeine Vorschriften

(1) ¹Auf die Zulagen und die Rückzahlungsbeträge sind die für Steuervergütungen geltenden Vorschriften der Abgabenordnung entsprechend anzuwenden. ²Dies gilt nicht für § 163 der Abgabenordnung.

(2) ¹Der Anbieter haftet als Gesamtschuldner neben dem Zulageempfänger für die Zulagen und die nach § 10a Absatz 4 gesondert festgestellten Beträge, die wegen seiner vorsätzlichen oder grob fahrlässigen Pflichtverletzung zu Unrecht gezahlt, nicht einbehalten oder nicht zu-

rückgezahlt worden sind. ²Für die Inanspruchnahme des Anbieters ist die zentrale Stelle zuständig.

(3) Die zentrale Stelle hat auf Anfrage des Anbieters Auskunft über die Anwendung des Abschnitts XI zu geben.

(4) ¹Die zentrale Stelle kann beim Anbieter ermitteln, ob er seine Pflichten erfüllt hat. ²Die §§ 193 bis 203 der Abgabenordnung gelten sinngemäß. ³Auf Verlangen der zentralen Stelle hat der Anbieter ihr Unterlagen, soweit sie im Ausland geführt und aufbewahrt werden, verfügbar zu machen.

(5) Der Anbieter erhält vom Bund oder den Ländern keinen Ersatz für die ihm aus diesem Verfahren entstehenden Kosten.

(6) ¹Der Anbieter darf die im Zulageverfahren bekannt gewordenen Verhältnisse der Beteiligten nur für das Verfahren verwerten. ²Er darf sie ohne Zustimmung der Beteiligten nur offenbaren, soweit dies gesetzlich zugelassen ist.

(7) ¹Für die Zulage gelten die Strafvorschriften des § 370 Absatz 1 bis 4, der §§ 371, 375 Absatz 1 und des § 376 sowie die Bußgeldvorschriften der §§ 378, 379 Absatz 1 und 4 und der §§ 383 und 384 der Abgabenordnung entsprechend. ²Für das Strafverfahren wegen einer Straftat nach Satz 1 sowie der Begünstigung einer Person, die eine solche Tat begangen hat, gelten die §§ 385 bis 408, für das Bußgeldverfahren wegen einer Ordnungswidrigkeit nach Satz 1 die §§ 409 bis 412 der Abgabenordnung entsprechend.

§ 97 Übertragbarkeit

¹Das nach § 10a oder Abschnitt XI geförderte Altersvorsorgevermögen einschließlich seiner Erträge, die geförderten laufenden Altersvorsorgebeiträge und der Anspruch auf die Zulage sind nicht übertragbar. ²§ 93 Absatz 1a und § 4 des Betriebsrentengesetzes bleiben unberührt.

§ 98 Rechtsweg

In öffentlich-rechtlichen Streitigkeiten über die aufgrund des Abschnitts XI ergehenden Verwaltungsakte ist der Finanzrechtsweg gegeben.

§ 99 Ermächtigung

(1) Das Bundesministerium der Finanzen wird ermächtigt, die Vordrucke für die Anträge nach § 89, für die Anmeldung nach § 90 Absatz 3 und für die in den §§ 92 und 94 Absatz 1 Satz 4 vorgesehenen Bescheinigungen und im Einvernehmen mit den obersten Finanzbehörden der Länder den Vordruck für die nach § 22 Nummer 5 Satz 7 vorgesehenen Bescheinigung und den Inhalt und Aufbau der für die Durchführung des Zulageverfahrens zu übermittelnden Datensätze zu bestimmen.[1)]

(2) ¹Das Bundesministerium der Finanzen wird ermächtigt, im Einvernehmen mit dem Bundesministerium für Arbeit und Soziales und dem Bundesministerium des Innern durch Rechtsverordnung[2)] mit Zustimmung des Bundesrates Vorschriften zur Durchführung dieses Gesetzes über das Verfahren für die Ermittlung, Festsetzung, Auszahlung, Rück-

---

1) Hinweis auf BMF-Schreiben vom 13.9.2007 (BStBl. I S. 700) betr. Bestimmung von Inhalt und Aufbau der für die Durchführung des Zulageverfahrens zu übermittelnden Datensätze (§ 99 Absatz 1 EStG): „Der Inhalt und der Aufbau der für die Durchführung des Zulageverfahrens zu übermittelnden Datensätze werden auf der Internetseite des BZSt (www.bzst.de) veröffentlicht."
2) Altersvorsorge-Durchführungsverordnung (AltvDV) – **Anhang 10** –.

§ 99

zahlung und Rückforderung der Zulage sowie die Rückzahlung und Rückforderung der nach § 10a Absatz 4 festgestellten Beträge zu erlassen. ²Hierzu gehören insbesondere

1. Vorschriften über Aufzeichnungs-, Aufbewahrungs-, Bescheinigungs- und Anzeigepflichten des Anbieters,
2. Grundsätze des vorgesehenen Datenaustausches zwischen den Anbietern, der zentralen Stelle, den Trägern der gesetzlichen Rentenversicherung, der Bundesagentur für Arbeit, den Meldebehörden, den Familienkassen, den zuständigen Stellen und den Finanzämtern und
3. Vorschriften über Mitteilungspflichten, die für die Erteilung der Bescheinigungen nach § 22 Nummer 5 Satz 7 und § 92 erforderlich sind.

Anlage 1 (zu § 4d Absatz 1) zum EStG (– Siehe Seite 174 –)

Anlage 2 (zu § 43b) zum EStG (– Siehe Seiten 175 ff. –)

Anlage 3 (zu § 50g) zum EStG (– Siehe Seiten 178 f. –)

Anlage § 001-01/Ländergruppeneinteilung

Berücksichtigung ausländischer Verhältnisse; Ländergruppeneinteilung ab 1. Januar 2014

BMF-Schreiben vom 18. November 2013 IV C 4 – S 2285/07/0005 :013, 2013/1038632 (BStBl. I S. 1462)

Unter Bezugnahme auf das Abstimmungsergebnis mit den obersten Finanzbehörden der Länder ist die Ländergruppeneinteilung ab dem Veranlagungszeitraum 2014 überarbeitet worden. Änderungen sind durch Fettdruck hervorgehoben. Gegenüber der Ländergruppeneinteilung zum 1. Januar 2012 ergeben sich insbesondere folgende Änderungen:

Amerikanisch-Samoa: Neuaufnahme in Gruppe 3,
Äquatorialguinea: von Gruppe 3 nach Gruppe 2,
Aruba: Neuaufnahme in Gruppe 2,
Barbados: von Gruppe 2 nach Gruppe 3,
Bermuda: Neuaufnahme in Gruppe 1,
China: von Gruppe 4 nach Gruppe 3,
Cookinseln: von Gruppe 3 nach Gruppe 2,
Französisch-Polynesien: Neuaufnahme in Gruppe 2,
Griechenland: von Gruppe 1 nach Gruppe 2,
Grönland: Neuaufnahme in Gruppe 2,
Malediven: von Gruppe 4 nach Gruppe 3,
Neukaledonien: Neuaufnahme in Gruppe 1, Peru: von Gruppe 4 nach Gruppe 3,
Puerto Rico: Neuaufnahme in Gruppe 2,
Südsudan: Neuaufnahme in Gruppe 4,
Thailand: von Gruppe 4 nach Gruppe 3,
Tuvalu: von Gruppe 4 nach Gruppe 3,
Ungarn: von Gruppe 2 nach Gruppe 3.

Die Beträge des § 1 Absatz 3 Satz 2, des § 10 Absatz 1 Nummer 5 Satz 3, des § 32 Absatz 6 Satz 4, des § 33a Absatz 1 Satz 6 und Absatz 2 Satz 2 EStG sind ab dem Veranlagungs- zeitraum 2014 wie folgt anzusetzen:

in voller Höhe	mit 3/4	mit 1/2	mit 1/4
Wohnsitzstaat des Steuerpflichtigen bzw. der unterhaltenen Person			
1	2	3	4
Andorra	**Äquatorialguinea**	Algerien	Afghanistan
Australien	**Aruba**	**Amerikanisch-Samoa**	Ägypten
Belgien	Bahamas	Antigua und Barbuda	Albanien
Bermuda	Bahrain	Argentinien	Angola
Brunei Darussalam	**Cookinseln**	Aserbaidschan	Armenien
Dänemark	Estland	**Barbados**	Äthiopien
Finnland	**Französisch-Polynesien**	Bosnien und Herzegowina	Bangladesch
Frankreich	**Griechenland**	Botswana	Belize
Hongkong	**Grönland**	Brasilien	Benin
Insel Man	Korea, Republik	Bulgarien	Bhutan
Irland	Kroatien	Chile	Bolivien, **Plurinationaler Staat**
Island	Malta	**China**	Burkina Faso
Israel	Oman	Costa Rica	Burundi
Italien	Portugal	Dominica	Côte d'Ivoire
Japan	**Puerto Rico**	Dominikanische Republik	Dschibuti
Kaimaninseln	Saudi-Arabien	Gabun	Ecuador
Kanada	Slowakei	Grenada	El Salvador
Kanalinseln	Slowenien	Iran, Islamische Republik	Eritrea
Katar	Taiwan	Jamaika	Fidschi
Kuwait	Trinidad und Tobago	Kasachstan	Gambia
Liechtenstein	Tschechische Republik	Kolumbien	Georgien

Anlage § 001-01/Ländergruppeneinteilung

in voller Höhe	mit 3/4	mit 1/2	mit 1/4
		Wohnsitzstaat des Steuerpflichtigen bzw. der unterhaltenen Person	
1	2	3	4
Luxemburg	Turks- und Caicos-Inseln	Kuba	Ghana
Macau		Lettland	Guatemala
Monaco		Libanon	Guinea
Neukaledonien		Libyen	Guinea-Bissau
Neuseeland		Litauen	Guyana
Niederlande		Malaysia	Haiti
Norwegen		**Malediven**	Honduras
Österreich		Mauritius	Indien
Palästinensische Gebiete		Mazedonien, ehemalige jugoslawische Republik	Indonesien
San Marino		Mexiko	Irak
Schweden		Montenegro	Jemen
Schweiz		Namibia	Jordanien
Singapur		Nauru	Kambodscha
Spanien		Niue	Kamerun
Vereinigte Arabische Emirate		Palau	Kap Verde
Vereinigte Staaten		Panama	Kenia
Vereinigtes Königreich		**Peru**	Kirgisistan
Zypern		Polen	Kiribati
		Rumänien	Komoren
		Russische Föderation	Kongo
		Serbien	Kongo, Demokratische Republik
		Seychellen	Korea, Demokratische Volksrepublik
		St. Kitts und Nevis	Kosovo
		St. Lucia	Laos, Demokratische Volksrepublik
		St. Vincent und die Grenadinen	Lesotho
		Südafrika	Liberia
		Suriname	Madagaskar
		Thailand	Malawi
		Türkei	Mali
		Tuvalu	Marokko
		Ungarn	Marshallinseln
		Uruguay	Mauretanien
		Venezuela, **Bolivarische Republik**	Mikronesien, Föderierte Staaten von
		Weißrussland/Belarus	Moldau, Republik
			Mongolei
			Mosambik
			Myanmar
			Nepal
			Nicaragua
			Niger
			Nigeria
			Pakistan
			Papua Neuguinea
			Paraguay
			Philippinen
			Ruanda
			Salomonen
			Sambia

Anlage § 001-01/Ländergruppeneinteilung

in voller Höhe	mit 3/4	mit 1/2	mit 1/4
	Wohnsitzstaat des Steuerpflichtigen bzw. der unterhaltenen Person		
1	2	3	4
			Samoa
			São Tomé und Principe
			Senegal
			Sierra Leone
			Simbabwe
			Somalia
			Sri Lanka
			Sudan
			Südsudan
			Swasiland
			Syrien, Arabische Republik
			Tadschikistan
			Tansania, Vereinigte Republik
			Timor-Leste
			Togo
			Tonga
			Tschad
			Tunesien
			Turkmenistan
			Uganda
			Ukraine
			Usbekistan
			Vanuatu
			Vietnam
			Zentralafrikanische Republik

Dieses Schreiben ersetzt ab dem Veranlagungszeitraum 2014 das BMF-Schreiben vom 4. Oktober 2011 (BStBl. I 2011 S. 961).

Anlage § 003-02/Ehrenamtliche Tätigkeit § 3 Nr. 26a und b (Zu LStH 3.26a)

Steuerfreie Einnahmen aus ehrenamtlicher Tätigkeit; Anwendungsschreiben zu § 3 Nummer 26a und 26b EStG

BMF-Schreiben vom 21. November 2014 IV C 4 – S 2121/07/0010 :032, 2014/0847902 (BStBl. I S. 1581)

Unter Bezugnahme auf das Ergebnis der Erörterung mit den obersten Finanzbehörden der Länder gilt zur Anwendung der § 3 Nummer 26a und Nummer 26b Einkommensteuergesetz (EStG) in der Fassung des Gesetzes zur Stärkung des Ehrenamtes vom 21. März 2013 (BGBl. I Seite 556) Folgendes:

1. Begünstigte Tätigkeiten i. S. d. § 3 Nummer 26a EStG

§ 3 Nummer 26a EStG sieht im Gegensatz zu § 3 Nummer 26 EStG keine Begrenzung auf bestimmte Tätigkeiten im gemeinnützigen Bereich vor. Begünstigt sind z. B. die Tätigkeiten der Mitglieder des Vorstands, des Kassierers, der Bürokräfte, des Reinigungspersonals, des Platzwartes, des Aufsichtspersonals oder des Schiedsrichters im Amateurbereich. Die Tätigkeit der Amateursportler ist nicht begünstigt. Eine Tätigkeit im Dienst oder Auftrag einer steuerbegünstigten Körperschaft muss für deren ideellen Bereich einschließlich ihrer Zweckbetriebe ausgeübt werden. Tätigkeiten in einem steuerpflichtigen wirtschaftlichen Geschäftsbetrieb und bei der Verwaltung des Vermögens sind nicht begünstigt.

2. Nebenberuflichkeit

Eine Tätigkeit wird nebenberuflich ausgeübt, wenn sie – bezogen auf das Kalenderjahr – nicht mehr als ein Drittel der Arbeitszeit eines vergleichbaren Vollzeiterwerbs in Anspruch nimmt. Es können deshalb auch solche Personen nebenberuflich tätig sein, die im steuerrechtlichen Sinne keinen Hauptberuf ausüben, z. B. Hausfrauen, Vermieter, Studenten, Rentner oder Arbeitslose. Übt ein Steuerpflichtiger mehrere verschiedenartige Tätigkeiten i. S. d. § 3 Nummer 26 oder 26a EStG aus, ist die Nebenberuflichkeit für jede Tätigkeit getrennt zu beurteilen. Mehrere gleichartige Tätigkeiten sind zusammenzufassen, wenn sie sich nach der Verkehrsanschauung als Ausübung eines einheitlichen Hauptberufs darstellen, z. B. Erledigung der Buchführung oder Aufzeichnungen von jeweils weniger als dem dritten Teil des Pensums einer Bürokraft für mehrere gemeinnützige Körperschaften. Eine Tätigkeit wird nicht nebenberuflich ausgeübt, wenn sie als Teil der Haupttätigkeit anzusehen ist. Dies ist auch bei formaler Trennung von haupt- und nebenberuflicher selbständiger oder nichtselbständiger Tätigkeit für denselben Arbeitgeber anzunehmen, wenn beide Tätigkeiten gleichartig sind und die Nebentätigkeit unter ähnlichen organisatorischen Bedingungen wie die Haupttätigkeit ausgeübt wird oder der Steuerpflichtige mit der Nebentätigkeit eine ihm aus seinem Dienstverhältnis faktisch oder rechtlich obliegende Nebenpflicht erfüllt.

3. Auftraggeber/Arbeitgeber

Der Freibetrag wird nur gewährt, wenn die Tätigkeit im Dienst oder im Auftrag einer der in § 3 Nummer 26a EStG genannten Personen erfolgt. Als juristische Personen des öffentlichen Rechts kommen beispielsweise in Betracht Bund, Länder, Gemeinden, Gemeindeverbände, Industrie- und Handelskammern, Handwerkskammern, Rechtsanwaltskammern, Steuerberaterkammern, Wirtschaftsprüferkammern, Ärztekammern, Universitäten oder die Träger der Sozialversicherung. Zu den Einrichtungen i. S. d. § 5 Absatz 1 Nummer 9 des Körperschaftsteuergesetzes (KStG) gehören Körperschaften, Personenvereinigungen, Stiftungen und Vermögensmassen, die nach der Satzung oder dem Stiftungsgeschäft und nach der tatsächlichen Geschäftsführung ausschließlich und unmittelbar gemeinnützige, mildtätige oder kirchliche Zwecke verfolgen. Nicht zu den begünstigten Einrichtungen gehören beispielsweise Berufsverbände (Arbeitgeberverband, Gewerkschaft) oder Parteien. Fehlt es an einem begünstigten Auftraggeber/Arbeitgeber, kann der Freibetrag nicht in Anspruch genommen werden.

4. Förderung gemeinnütziger, mildtätiger und kirchlicher Zwecke

Die Begriffe der gemeinnützigen, mildtätigen und kirchlichen Zwecke ergeben sich aus den §§ 52 bis 54 der Abgabenordnung (AO). Eine Tätigkeit dient auch dann der selbstlosen Förderung begünstigter Zwecke, wenn sie diesen Zwecken nur mittelbar zugute kommt.

Wird die Tätigkeit im Rahmen der Erfüllung der Satzungszwecke einer juristischen Person ausgeübt, die wegen Förderung gemeinnütziger, mildtätiger oder kirchlicher Zwecke steuerbegünstigt ist, ist im Allgemeinen davon auszugehen, dass die Tätigkeit ebenfalls der Förderung dieser steuerbegünstigten Zwecke dient. Dies gilt auch dann, wenn die nebenberufliche Tätigkeit in einem so genannten Zweckbetrieb i. S. d. §§ 65 bis 68 AO ausgeübt wird, z. B. als nebenberuflicher Kartenverkäufer in einem Museum, Theater oder Opernhaus nach § 68 Nummer 7 AO.

Der Förderung begünstigter Zwecke kann auch eine Tätigkeit für eine juristische Person des öffentlichen Rechts dienen, z. B. nebenberufliche Aufsichtstätigkeit in einem Schwimmbad, nebenberuflicher Kirchenvorstand. Dem steht nicht entgegen, dass die Tätigkeit in den Hoheitsbereich der juristischen Person des öffentlichen Rechts fallen kann.

5. Nach § 3 Nummer 12, 26 oder 26b EStG begünstigte Tätigkeiten

Der Freibetrag nach § 3 Nummer 26a EStG kann nicht in Anspruch genommen werden, wenn für die Einnahmen aus derselben Tätigkeit ganz oder teilweise eine Steuerbefreiung nach § 3 Nummer 12 EStG (Aufwandsentschädigungen aus öffentlichen Kassen) gewährt wird oder eine Steuerbefreiung nach § 3 Nummer 26 EStG (sog. Übungsleiterfreibetrag) gewährt wird oder gewährt werden könnte. Die Tätigkeit der Versichertenältesten fällt unter die schlichte Hoheitsverwaltung, so dass die Steuerbefreiungsvorschrift des § 3 Nummer 12 Satz 2 EStG anwendbar ist. Für eine andere Tätigkeit, die neben einer nach § 3 Nummer 12 oder 26 EStG begünstigten Tätigkeit bei einer anderen oder derselben Körperschaft ausgeübt wird, kann die Steuerbefreiung nach § 3 Nummer 26a EStG nur dann in Anspruch genommen werden, wenn die Tätigkeit nebenberuflich ausgeübt wird (s. dazu 2.) und die Tätigkeiten voneinander trennbar sind, gesondert vergütet werden und die dazu getroffenen Vereinbarungen eindeutig sind und durchgeführt werden. Einsatz- und Bereitschaftsdienstzeiten der Rettungssanitäter und Ersthelfer sind als einheitliche Tätigkeit zu behandeln, die insgesamt nach § 3 Nummer 26 EStG begünstigt sein kann und für die deshalb auch nicht teilweise die Steuerbefreiung nach § 3 Nummer 26a EStG gewährt wird.

Aufwandsentschädigungen nach § 1835a BGB an ehrenamtlich tätige Betreuer (§ 1896 Absatz 1 Satz 1, § 1908i Absatz 1 BGB), Vormünder (§ 1773 Absatz 1 Satz 1 BGB) und Pfleger (§§ 1909 ff., 1915 Absatz 1 Satz 1 BGB) fallen ab dem Veranlagungszeitraum 2011 ausschließlich unter die Steuerbefreiung nach § 3 Nummer 26b EStG. Eine Anwendung des § 3 Nummer 26a EStG ist ausgeschlossen (§ 3 Nummer 26a Satz 2 EStG).

6. Verschiedenartige Tätigkeiten

Erzielt der Steuerpflichtige Einnahmen, die teils für eine Tätigkeit, die unter § 3 Nummer 26a EStG fällt, und teils für eine andere Tätigkeit, die nicht unter § 3 Nummer 12, 26 oder 26a EStG fällt, gezahlt werden, ist lediglich für den entsprechenden Anteil nach § 3 Nummer 26a EStG der Freibetrag zu gewähren. Die Steuerfreiheit von Bezügen nach anderen Vorschriften, z. B. nach § 3 Nummer 13, 16 EStG, bleibt unberührt; wenn auf bestimmte Bezüge sowohl § 3 Nummer 26a EStG als auch andere Steuerbefreiungsvorschriften anwendbar sind, sind die Vorschriften in der Reihenfolge anzuwenden, die für den Steuerpflichtigen am günstigsten ist.

7. Höchstbetrag

Der Freibetrag nach § 3 Nummer 26a EStG ist ein Jahresbetrag. Dieser wird auch dann nur einmal gewährt, wenn mehrere begünstigte Tätigkeiten ausgeübt werden. Er ist nicht zeitanteilig aufzuteilen, wenn die begünstigte Tätigkeit lediglich wenige Monate ausgeübt wird.

Die Steuerbefreiung ist auch bei Ehegatten oder Lebenspartnern stets personenbezogen vorzunehmen. Auch bei der Zusammenveranlagung kann der Freibetrag demnach von jedem Ehegatten oder Lebenspartner bis zur Höhe der Einnahmen, höchstens 720 Euro, die er für eine eigene begünstigte Tätigkeit erhält, in Anspruch genommen werden. Eine Übertragung des nicht ausgeschöpften Teils des Freibetrags eines Ehegatten oder Lebenspartners auf höhere Einnahmen des anderen Ehegatten oder Lebenspartners aus der begünstigten nebenberuflichen Tätigkeit ist nicht zulässig.

8. Ehrenamtlicher Vorstand

Die Zahlung von pauschalen Vergütungen für Arbeits- oder Zeitaufwand (Tätigkeitsvergütungen) an den Vorstand ist nur dann zulässig, wenn dies durch bzw. aufgrund einer Satzungsregelung ausdrücklich zugelassen ist (vgl. auch § 27 Absatz 3 Satz 2 BGB in der Fassung des Ehrenamtsstärkungsgesetzes). Ein Verein, der nicht ausdrücklich die Bezahlung des Vorstands regelt und der dennoch Tätigkeitsvergütungen an Mitglieder des Vorstands zahlt, verstößt gegen das Gebot der Selbstlosigkeit. Die regelmäßig in den Satzungen enthaltene Aussage: „Es darf keine Person ... durch unverhältnismäßig hohe Vergütungen begünstigt werden" (vgl. Anlage 1 zu § 60 AO; dort § 4 der Mustersatzung) ist keine satzungsmäßige Zulassung von Tätigkeitsvergütungen an Vorstandsmitglieder. Eine Vergütung ist auch dann anzunehmen, wenn sie nach der Auszahlung an den Verein zurückgespendet oder durch Verzicht auf die Auszahlung eines entstandenen Vergütungsanspruchs an den Verein gespendet wird.

Der Ersatz tatsächlich entstandener Aufwendungen (z. B. Büromaterial, Telefon- und Fahrtkosten) ist auch ohne entsprechende Regelung in der Satzung zulässig. Der Einzelnachweis der Aufwendungen ist nicht erforderlich, wenn pauschale Zahlungen den tatsächlichen Aufwand offensichtlich nicht über-

Anlage § 003-02/Ehrenamtliche Tätigkeit § 3 Nr. 26a und b (Zu LStH 3.26a)

steigen; dies gilt nicht, wenn durch die pauschalen Zahlungen auch Arbeits- oder Zeitaufwand abgedeckt werden soll. Die Zahlungen dürfen nicht unangemessen hoch sein (§ 55 Absatz 1 Nummer 3 AO).

Falls ein gemeinnütziger Verein bis zum 31. Dezember 2010 ohne ausdrückliche Erlaubnis dafür in seiner Satzung bereits Tätigkeitsvergütungen gezahlt hat, sind daraus unter den folgenden Voraussetzungen keine für die Gemeinnützigkeit des Vereins schädlichen Folgerungen zu ziehen:

1. Die Zahlungen dürfen nicht unangemessen hoch gewesen sein (§ 55 Absatz 1 Nummer 3 AO).
2. Die Mitgliederversammlung hat bis zum 31. Dezember 2010 eine Satzungsänderung beschlossen, die Tätigkeitsvergütungen zulässt. An die Stelle einer Satzungsänderung kann ein Beschluss des Vorstands treten, künftig auf Tätigkeitsvergütungen zu verzichten.

9. Werbungskosten- oder Betriebsausgabenabzug

Ein Abzug von Werbungskosten bzw. Betriebsausgaben, die mit den steuerfreien Einnahmen nach § 3 Nummer 26a EStG in einem unmittelbaren wirtschaftlichen Zusammenhang stehen, ist nur dann möglich, wenn die Einnahmen aus der Tätigkeit und gleichzeitig auch die jeweiligen Ausgaben den Freibetrag übersteigen. In Arbeitnehmerfällen ist in jedem Falle der Arbeitnehmer-Pauschbetrag anzusetzen, soweit er nicht bei anderen Dienstverhältnissen verbraucht ist.

Beispiel:

Ein Student, der keine anderen Einnahmen aus nichtselbständiger Arbeit erzielt, arbeitet nebenberuflich im Dienst der Stadt als Tierpfleger bei deren als gemeinnützig anerkanntem Tierheim. Dafür erhält er insgesamt 1.200 Euro im Jahr. Von den Einnahmen sind der Arbeitnehmer-Pauschbetrag von 1.000 Euro (§ 9a Satz 1 Nummer 1 Buchstabe a EStG) und der Freibetrag nach § 3 Nummer 26a EStG bis zur Höhe der verbliebenen Einnahmen (200 Euro) abzuziehen. Die Einkünfte aus der nebenberuflichen Tätigkeit betragen 0 Euro.

10. Freigrenze des § 22 Nummer 3 EStG

Gehören die Einnahmen des Steuerpflichtigen aus seiner nebenberuflichen Tätigkeit zu den sonstigen Einkünften (§ 22 Nummer 3 EStG), sind diese nicht einkommensteuerpflichtig, wenn sie weniger als 256 Euro im Kalenderjahr betragen haben. Der Freibetrag nach § 3 Nummer 26a EStG ist bei der Prüfung ob diese Freigrenze überschritten ist, zu berücksichtigen.

Beispiel:

Ein nebenberuflicher ehrenamtlicher Schiedsrichter im Amateurbereich erhält insgesamt 900 Euro. Nach Abzug des Freibetrags nach § 3 Nummer 26a EStG betragen die Einkünfte 180 Euro. Sie sind nicht einkommensteuerpflichtig, weil sie weniger als 256 Euro im Kalenderjahr betragen haben (§ 22 Nummer 3 Satz 2 EStG).

11. Lohnsteuerverfahren

Beim Lohnsteuerabzug ist eine zeitanteilige Aufteilung des Freibetrags nicht erforderlich. Dies gilt auch dann, wenn feststeht, dass das Dienstverhältnis nicht bis zum Ende des Kalenderjahres besteht. Der Arbeitnehmer hat dem Arbeitgeber jedoch schriftlich zu bestätigen, dass die Steuerbefreiung nach § 3 Nummer 26a EStG nicht bereits in einem anderen Dienst- oder Auftragsverhältnis berücksichtigt worden ist oder berücksichtigt wird. Diese Erklärung ist zum Lohnkonto zu nehmen.

12. Rückspende

Die Rückspende einer steuerfrei ausgezahlten Aufwandsentschädigung oder Vergütung an die steuerbegünstigte Körperschaft ist grundsätzlich zulässig. Für den Spendenabzug sind die Grundsätze des BMF-Schreibens vom 7. Juni 1999 (BStBl. I S. 591) zur Anerkennung sog. Aufwandsspenden an gemeinnützige Vereine zu beachten.

Dieses Schreiben wird im Bundessteuerblatt Teil I veröffentlicht und tritt an die Stelle der Schreiben vom 25. November 2008, BStBl. I Seite 985, und vom 14. Oktober 2009, BStBl. I Seite 1318.

(Zu R 3.64 Abs. 2 LStR) Anlage § 003-03/Kaufkraftzuschläge § 3 Nr. 64

Steuerbefreiung des Kaufkraftausgleichs (§ 3 Nummer 64 EStG); Gesamtübersicht der Kaufkraftzuschläge – Stand 1. Januar 2015 –

BMF-Schreiben vom 19. Januar 2015 – IV C 5 – S 2341/15/10001; DOK: 2015/0022601 (BStBl. I S. 113)

Die Gesamtübersicht über die maßgebenden Kaufkraftzuschläge mit Stand 1. Januar 2015 wird hiermit in der Anlage bekannt gemacht. Die Gesamtübersicht umfasst die Zeiträume ab 1. Januar 2012.

Das BMF-Schreiben vom 13. Januar 2014 – IV C 5 – S 2341/1/10001 –/– 2014/0022607 – (BStBl. I S. 113) sowie die Bekanntmachungen über die Steuerbefreiung des Kaufkraftausgleichs vom 10. April 2014 – IV C 5 – S 2341/11/10001 –/– 2014/0330778 – (BStBl. I S. 800), 11. Juli 2014 – IV C 5 – S 2341/14/10001 –/– 2014/0609550 – (BStBl. I S. 1109) und 13. Oktober 2014 – IV C 5 – S 2341/14/10001 –/– 2014/0887848 – (BStBl. I S. 1343) werden hiermit aufgehoben.

Die Gesamtübersicht über die Kaufkraftzuschläge zum Stand 1. Januar 2015 wird ab sofort auf den Internetseites des Bundesministeriums der Finanzen unter der Rubrik Themen – Steuern – Steuerarten – Lohnsteuer – BMF-Schreiben/Allgemeines zur Verfügung gestellt.

Gesamtübersicht über die Kaufkraftzuschläge zum 1.1.2015 (§ 3 Nr. 64 EStG mit Zeitraum ab 1.1.2012	Dienstort	Datum vor 2012 entspricht letzter Änderung	Kaufkraftzuschlag in Prozent	Gesamtübersicht über die Kaufkraftzuschläge zum 1.1.2015 (§ 3 Nr. 64 EStG mit Zeitraum ab 1.1.2012	Dienstort	Datum vor 2012 entspricht letzter Änderung	Kaufkraftzuschlag in Prozent
Afghanistan		1.1.02	0	Brasilien	– Recife	1.10.14	10
Ägypten		1.1.01	0	Brasilien	– Recife	1.9.14	15
Albanien		1.9.02	0	Brasilien	– Recife	1.7.13	10
Algerien		1.6.01	0	Brasilien	– Recife	1.3.13	15
Angola		1.9.14	30	Brasilien	– Recife	1.2.13	10
Angola		1.8.12	25	Brasilien	– Recife	1.5.10	15
Angola		1.2.10	30	Brasilien	– Rio de Janeiro	1.10.14	10
Argentinien		1.3.02	0	Brasilien	– Rio de Janeiro	1.9.14	15
Armenien		1.9.04	0	Brasilien	– Rio de Janeiro	1.8.14	10
Aserbeidschan		1.12.11	5	Brasilien	– Rio de Janeiro	1.7.14	15
Äquatorialguinea		1.4.12	5	Brasilien	– Rio de Janeiro	1.8.13	10
Äthiopien		1.7.03	0	Brasilien	– Rio de Janeiro	1.2.11	15
Australien		1.4.14	10	Brasilien	– Sao Paulo		s. Rio de Janeiro
Australien		1.2.14	5	Brunei		1.8.02	0
Australien		1.8.13	10	Bulgarien		1.6.95	0
Australien		1.6.13	15	Burkina Faso		1.6.13	5
Australien		1.9.12	20	Burkina Faso		1.4.12	10
Australien		1.8.12	25	Burkina Faso		1.3.12	5
Australien		1.5.12	20	Burkina Faso		1.5.11	10
Australien		1.4.12	15	Burundi		1.5.12	15
Australien		1.1.12	20	Burundi		1.6.11	5
Bahrain		1.7.02	0	Chile		1.9.13	5
Bangladesch		1.4.02	0	Chile		1.1.12	10
Belgien		1.4.09	5	China	– Chengdu	1.11.07	0
Benin		1.4.99	5	China	– Hongkong	1.10.11	5
Bolivien		1.8.01	0	China	– Kanton	1.8.02	0
Bosnien_Herzegowina		1.11.98	0	China	– Peking	1.8.02	0
Botsuana		1.10.90	0	China	– Shanghai	1.2.03	0
Brasilien	– Brasilia	1.10.14	5	Costa Rica		1.7.14	5
Brasilien	– Brasilia	1.9.14	10	Costa Rica		1.4.14	0
Brasilien	– Brasilia	1.8.14	5	Costa Rica		1.10.12	5
Brasilien	– Brasilia	1.7.14	10	Costa Rica		1.3.02	0
Brasilien	– Brasilia	1.8.13	5	Côte d'Ivoire		1.9.14	5
Brasilien	– Brasilia	1.12.11	10	Côte d'Ivoire		1.5.11	10
Brasilien	– Porto Alegre	1.10.14	5	Dänemark		1.11.13	15
Brasilien	– Porto Alegre	1.9.14	10	Dänemark		1.10.13	20
Brasilien	– Porto Alegre	1.8.14	5	Dänemark		1.6.13	15
Brasilien	– Porto Alegre	1.7.14	10	Dänemark		1.5.11	20
Brasilien	– Porto Alegre	1.8.13	5	Dominikanische Republik		1.12.05	0
Brasilien	– Porto Alegre	1.2.11	10	Dschibuti		1.2.14	15

Anlage § 003-03/Kaufkraftzuschläge § 3 Nr. 64 (Zu R 3.64 Abs. 2 LStR)

Gesamtübersicht über die Kaufkraftzuschläge zum 1.1.2015 (§ 3 Nr. 64 EStG mit Zeitraum ab 1.1.2012)	Dienstort	Datum vor 2012 entspricht letzter Änderung	Kaufkraftzuschlag in Prozent
Dschibuti		1.1.14	20
Dschibuti		1.12.13	15
Dschibuti		1.11.13	20
Dschibuti		1.8.13	15
Dschibuti		1.6.13	20
Dschibuti		1.5.13	15
Dschibuti		1.4.13	20
Dschibuti		1.12.12	15
Dschibuti		1.7.12	20
Dschibuti		1.2.12	15
Dschibuti		1.1.12	20
Ecuador		1.8.02	0
El Salvador		1.12.06	0
Eritrea		1.11.08	15
Estland		1.12.96	0
Finnland		1.6.12	10
Finnland		1.5.12	5
Finnland		1.8.11	10
Frankreich		1.10.00	10
Gabun		1.11.13	20
Gabun		1.12.10	15
Georgien		1.2.10	0
Ghana		1.11.13	0
Ghana		1.4.13	5
Ghana		1.5.12	0
Ghana		1.4.12	5
Ghana		1.4.11	0
Griechenland		1.6.12	0
Griechenland		1.4.12	5
Griechenland		1.2.12	0
Griechenland		1.9.11	5
Guatemala		1.8.10	0
Guinea		1.5.12	10
Guinea		1.3.12	5
Guinea		1.2.12	10
Guinea		1.2.09	5
Haiti		1.7.13	10
Haiti		1.4.13	15
Haiti		1.2.13	10
Haiti		1.4.12	15
Haiti		1.3.12	5
Haiti		1.1.12	10
Honduras		1.4.09	0
Indien		1.6.02	0
Indonesien		1.7.02	0
Irak		1.8.01	5
Iran		1.11.98	0
Irland		1.12.09	5
Island		1.11.14	5
Island		1.10.14	10
Island		1.9.14	5
Island		1.6.13	10
Island		1.5.13	15
Island		1.3.13	10
Island		1.12.12	5
Island		1.6.12	10
Island		1.11.11	5
Israel		1.4.10	10
Italien		1.6.14	0
Italien		1.5.14	5
Italien		1.11.13	0
Italien		1.10.13	5
Italien		1.7.13	0
Italien		1.4.13	5
Italien		1.1.13	0
Italien		1.4.96	5
Jamaika		1.10.13	10
Jamaika		1.4.12	15
Jamaika		1.3.12	10
Jamaika		1.1.12	15
Japan		1.6.13	25
Japan		1.2.13	30
Japan		1.12.12	35
Japan		1.6.12	40
Japan		1.5.12	35
Japan		1.4.12	30
Japan		1.10.11	35
Jemen		1.9.02	0
Jordanien		1.3.03	0
Kambodscha		1.12.04	0
Kamerun		1.3.12	5
Kamerun		1.9.08	10
Kanada	– Montreal		s. Ottawa
Kanada	– Ottawa	1.9.14	5
Kanada	– Ottawa	1.8.14	0
Kanada	– Ottawa	1.7.14	5
Kanada	– Ottawa	1.2.14	0
Kanada	– Ottawa	1.6.13	5
Kanada	– Ottawa	1.10.12	10
Kanada	– Ottawa	1.8.12	15
Kanada	– Ottawa	1.1.12	10
Kanada	– Toronto	1.11.14	5
Kanada	– Toronto	1.10.14	10
Kanada	– Toronto	1.11.13	5
Kanada	– Toronto	1.5.13	10
Kanada	– Toronto	1.4.13	15
Kanada	– Toronto	1.12.12	10
Kanada	– Toronto	1.5.12	15
Kanada	– Toronto	1.4.12	10
Kanada	– Toronto	1.3.12	15
Kanada	– Toronto	1.7.10	10
Kanada	– Vancouver	1.10.14	10
Kanada	– Vancouver	1.1.14	5
Kanada	– Vancouver	1.5.13	10
Kanada	– Vancouver	1.4.13	15
Kanada	– Vancouver	1.2.13	10
Kanada	– Vancouver	1.1.12	15
Kasachstan		1.3.09	0
Katar		1.8.02	0
Kap Verde		1.10.11	5
Kenia		1.6.12	5
Kenia		1.3.12	0
Kenia		1.1.12	5
Kirgisistan		1.12.98	0
Kolumbien		1.1.15	0
Kolumbien		1.5.14	5

(Zu R 3.64 Abs. 2 LStR) **Anlage § 003-03/Kaufkraftzuschläge § 3 Nr. 64**

Gesamtübersicht über die Kaufkraftzuschläge zum 1.1.2015 (§ 3 Nr. 64 EStG mit Zeitraum ab 1.1.2012)	Dienstort	Datum vor 2012 entspricht letzter Änderung	Kaufkraftzuschlag in Prozent
	Kolumbien	1.2.14	0
	Kolumbien	1.10.12	5
	Kolumbien	1.7.02	0
	Kongo	1.12.12	15
	Kongo	1.10.12	20
	Kongo, Dem. Rep.	1.6.14	20
	Kongo, Dem. Rep.	1.3.14	15
	Kongo, Dem. Rep.	1.2.14	20
	Kongo, Dem. Rep.	1.10.13	15
	Kongo, Dem. Rep.	1.3.13	20
	Kongo, Dem. Rep.	1.12.12	15
	Kongo, Dem. Rep.	1.6.12	20
	Kongo, Dem. Rep.	1.12.11	15
	Korea	1.9.12	10
	Korea	1.9.11	5
	Korea, Demokratische Volksrepublik	1.6.14	15
	Korea, Demokratische Volksrepublik	1.1.12	10
	Kosovo	1.12.98	0
	Kroatien	1.2.99	0
	Kuba	1.6.14	10
	Kuba	1.5.14	5
	Kuba	1.10.11	10
	Kuwait	1.7.02	0
	Laotische Demokratische Volksrepublik	1.7.02	0
	Lettland	1.1.01	0
	Libanon	1.8.14	5
	Libanon	1.10.13	0
	Libanon	1.3.13	5
	Libanon	1.2.13	0
	Libanon	1.4.12	5
	Libanon	1.7.10	0
	Libyen	1.8.02	0
	Litauen	1.12.98	0
	Luxemburg	1.11.14	0
	Luxemburg	1.9.14	5
	Luxemburg	1.7.14	0
	Luxemburg	1.8.13	5
	Luxemburg	1.7.13	0
	Luxemburg	1.2.13	5
	Luxemburg	1.12.12	0
	Luxemburg	1.8.12	5
	Luxemburg	1.7.12	0
	Luxemburg	1.2.12	5
	Luxemburg	1.12.11	0
	Madagaskar	1.4.08	5
	Malawi	1.7.12	0
	Malawi	1.12.11	5
	Malaysia	1.6.02	0
	Mali	1.12.14	5
	Mali	1.4.11	10
	Malta	1.5.03	0
	Marokko	1.6.02	0
	Mauretanien	1.6.14	0
	Mauretanien	1.12.11	5
	Mazedonien	1.10.92	0
	Mexiko	1.4.03	0
	Moldau	1.9.01	0
	Mongolei	1.8.12	0
	Mongolei	1.12.10	5
	Montenegro	1.5.07	0
	Mosambik	1.3.13	0
	Mosambik	1.8.11	5
	Myanmar	1.4.14	5
	Myanmar	1.3.14	0
	Myanmar	1.4.11	5
	Namibia	1.5.02	0
	Nepal	1.3.01	0
	Neuseeland	1.1.14	10
	Neuseeland	1.12.13	5
	Neuseeland	1.10.13	10
	Neuseeland	1.9.13	5
	Neuseeland	1.6.13	10
	Neuseeland	1.4.13	15
	Neuseeland	1.11.12	10
	Neuseeland	1.10.12	15
	Neuseeland	1.9.12	10
	Neuseeland	1.8.12	15
	Neuseeland	1.1.12	10
	Nicaragua	1.10.03	0
	Niederlande	1.10.83	0
	Niger	1.9.07	10
	Nigeria	1.1.14	10
	Nigeria	1.6.12	25
	Nigeria	1.8.11	20
	Norwegen	1.1.15	20
	Norwegen	1.11.14	25
	Norwegen	1.9.14	30
	Norwegen	1.7.14	25
	Norwegen	1.4.14	30
	Norwegen	1.1.14	25
	Norwegen	1.8.13	30
	Norwegen	1.6.12	35
	Norwegen	1.5.12	20
	Norwegen	1.2.12	25
	Norwegen	1.12.11	20
	Oman	1.8.02	0
	Österreich	1.11.14	0
	Österreich	1.9.14	5
	Österreich	1.7.14	0
	Österreich	1.4.14	5
	Österreich	1.5.13	0
	Österreich	1.4.13	5
	Österreich	1.2.12	0
	Österreich	1.11.99	5
	Pakistan	1.9.95	0
	Palästin. Autonom.		s. Israel
	Panama	1.9.14	5
	Panama	1.10.13	0
	Panama	1.9.13	5
	Panama	1.8.13	0
	Panama	1.6.13	5
	Panama	1.5.13	0
	Panama	1.3.13	5
	Panama	1.11.12	0
	Panama	1.10.12	5

Anlage § 003-03/Kaufkraftzuschläge § 3 Nr. 64   (Zu R 3.64 Abs. 2 LStR)

Gesamtübersicht über die Kaufkraftzuschläge zum 1.1.2015 (§ 3 Nr. 64 EStG mit Zeitraum ab 1.1.2012)	Dienstort	Datum vor 2012 entspricht letzter Änderung	Kaufkraftzuschlag in Prozent
Panama		1.8.04	0
Papua-Neuguinea			s. Australien
Paraguay		1.9.11	0
Peru		1.12.14	0
Peru		1.9.14	5
Peru		1.5.13	0
Peru		1.4.13	5
Peru		1.2.13	0
Peru		1.1.13	5
Peru		1.12.12	0
Peru		1.7.12	5
Peru		1.7.10	0
Philippinen		1.1.98	0
Polen		1.12.99	0
Portugal		1.2.93	0
Ruanda		1.5.10	10
Rumänien		1.1.99	0
Russische Föderation		1.3.04	0
Sambia		1.7.06	0
Saudi_Arabien		1.8.02	0
Schweden		15.14	10
Schweden		1.5.13	15
Schweden		1.3.13	20
Schweden		1.11.12	15
Schweden		1.8.12	20
Schweden		1.10.10	15
Schweiz		1.9.13	25
Schweiz		1.8.13	20
Schweiz		1.1.12	25
Senegal		1.11.13	5
Senegal		1.10.13	10
Senegal		1.11.11	5
Serbien		1.7.92	0
Sierra Leone		1.5.12	10
Sierra Leone		1.11.11	5
Simbabwe		1.5.13	5
Simbabwe		1.4.13	10
Simbabwe		1.11.12	5
Simbabwe		1.6.12	10
Simbabwe		1.9.10	5
Singapur		1.10.12	5
Singapur		1.8.12	10
Singapur		1.6.10	5
Slowakische Republik		1.8.94	0
Slowenien		1.11.91	0
Spanien		1.1.15	0
Spanien		1.4.10	5
Sri Lanka		1.2.95	0
Südafrika		1.9.01	0
Südsudan		1.7.14	20
Südsudan		1.2.14	15
Südsudan		1.1.14	20
Südsudan		1.11.13	15
Sudan		1.7.14	5
Sudan		1.2.14	0
Sudan		1.2.11	5
Syrien		1.2.04	0
Tadschikistan		1.9.04	0
Taiwan		1.8.05	0
Tansania		1.10.12	10
Tansania		1.11.03	0
Thailand		1.11.98	0
Togo		1.9.14	0
Togo		1.9.01	5
Trinidad und Tobago		1.1.12	5
Tschad		1.10.12	15
Tschad		1.10.10	20
Tschechische Republik		1.4.00	0
Tunesien		1.2.01	0
Türkei		1.12.10	0
Turkmenistan		1.3.03	0
Uganda		1.1.14	0
Uganda		1.12.11	5
Ukraine		1.8.02	0
Ungarn		1.7.91	0
Uruguay		1.9.14	10
Uruguay		1.7.14	5
Uruguay		1.6.14	10
Uruguay		1.4.14	5
Uruguay		1.7.13	10
Uruguay		1.3.13	15
Uruguay		1.10.11	10
Usbekistan		1.3.02	0
Venezuela		1.7.14	30
Venezuela		1.4.14	25
Venezuela		1.9.13	20
Venezuela		1.4.13	15
Venezuela		1.6.12	20
Venezuela		1.3.12	15
Venezuela		1.10.11	5
Vereinigte Arabische Emirate		1.8.02	0
Vereinigte Staaten	– Atlanta	1.3.13	0
Vereinigte Staaten	– Atlanta	1.6.12	10
Vereinigte Staaten	– Atlanta	1.2.12	5
Vereinigte Staaten	– Atlanta	1.1.12	10
Vereinigte Staaten	– Boston	1.9.14	5
Vereinigte Staaten	– Boston	1.10.13	0
Vereinigte Staaten	– Boston	1.3.13	5
Vereinigte Staaten	– Boston	1.7.12	10
Vereinigte Staaten	– Boston	1.6.12	15
Vereinigte Staaten	– Boston	1.10.11	5
Vereinigte Staaten	– Chicago	1.3.13	0
Vereinigte Staaten	– Chicago	1.1.12	10
Vereinigte Staaten	– Houston	1.3.13	0
Vereinigte Staaten	– Houston	1.6.12	5
Vereinigte Staaten	– Houston	1.2.12	5
Vereinigte Staaten	– Houston	1.1.12	10
Vereinigte Staaten	– Los Angeles	1.3.13	0
Vereinigte Staaten	– Los Angeles	1.7.12	10
Vereinigte Staaten	– Los Angeles	1.6.12	15
Vereinigte Staaten	– Los Angeles	1.1.12	10
Vereinigte Staaten	– Miami	1.3.13	0
Vereinigte Staaten	– Miami	1.7.12	5
Vereinigte Staaten	– Miami	1.6.12	10
Vereinigte Staaten	– Miami	1.10.11	5
Vereinigte Staaten	– New York	1.4.14	5

(Zu R 3.64 Abs. 2 LStR) **Anlage § 003-03/Kaufkraftzuschläge § 3 Nr. 64**

Gesamtübersicht über die Kaufkraftzuschläge zum 1.1.2015 (§ 3 Nr. 64 EStG mit Zeitraum ab 1.1.2012	Dienstort	Datum vor 2012 entspricht letzter Änderung	Kaufkraftzuschlag in Prozent
Vereinigte Staaten	– New York	1.3.14	0
Vereinigte Staaten	– New York	1.3.13	5
Vereinigte Staaten	– New York	1.7.12	15
Vereinigte Staaten	– New York	1.6.12	20
Vereinigte Staaten	– New York	1.1.12	15
Vereinigte Staaten	– San Francisco	1.10.14	5
Vereinigte Staaten	– San Francisco	1.7.13	0
Vereinigte Staaten	– San Francisco	1.6.13	5
Vereinigte Staaten	– San Francisco	1.5.13	0
Vereinigte Staaten	– San Francisco	1.3.13	5
Vereinigte Staaten	– San Francisco	1.1.12	10
Vereinigte Staaten	– Washington	1.11.14	0
Vereinigte Staaten	– Washington	1.10.14	5
Vereinigte Staaten	– Washington	1.5.13	0
Vereinigte Staaten	– Washington	1.4.13	5
Vereinigte Staaten	– Washington	1.3.13	0
Vereinigte Staaten	– Washington	1.7.12	10
Vereinigte Staaten	– Washington	1.6.12	15
Vereinigte Staaten	– Washington	1.1.12	10
Vereinigtes Königreich		1.12.14	10
Vereinigtes Königreich		1.10.14	15
Vereinigtes Königreich		1.9.13	10
Vereinigtes Königreich		1.7.13	5
Vereinigtes Königreich		1.3.13	10
Vereinigtes Königreich		1.5.12	15
Vereinigtes Königreich		1.10.11	10
Vietnam		1.5.03	0
Weißrussland		1.11.01	0
Zypern		1.8.95	0

Änderungen und Ergänzungen dieser Übersicht werden vierteljährlich im Bundessteuerblatt Teil I veröffentlicht. Der Zuschlag bezieht sich, sofern nicht andere Zuschläge festgesetzt sind, jeweils auf den gesamten konsularischen Amtsbezirk einer Vertretung (R 3.64 Abs.3 LStR 2015). Informationen zu den konsularischen Amtsbezirken der Vertretungen erhalten Sie unter www.auswaertiges-amt.de.

Kaufkraftzuschläge für Zeiträume vor dem 1. Januar 2012 ergeben sich aus folgenden Bekanntmachungen:
- für den Zeitraum 1. Januar 2008 bis 1.Januar 2012: Bekanntmachung vom 9. Januar 2012 – IV C 5 – S 2341/10/10003–/– 2011/1049449 – (BStBl. I S. 123)
- für den Zeitraum 1. Januar 2004 bis 1.Januar 2008: Bekanntmachung vom 10. Januar 2008 – IV C 5 – S 2341/08/0001 –/– 2008/0010594 (BStBl. I 2008 S. 259).
- für den Zeitraum 1. Januar 2000 bis 1. Januar 2004: Bekanntmachung vom 23. Dezember 2003 – IV C 5 – S 2341 – 16/03 – (BStBl. I 2004 S. 45).
- für Zeiträume vor dem 1. Januar 2000: Bekanntmachung vom 27. Dezember 2002 – IV C 5 – S 2341 – 13/02 – (BStBl. I 2003 S. 50).

Anlage § 003-04/Tagegeld EU-Beamte (Zu LStH 3.64)

Steuerliche Behandlung des von Organen der EU gezahlten Tagegeldes für in ihrem Bereich verwendete Beamte

BMF-Schreiben vom 12. April 2006 IV B 3 – S 1311 – 75/06 (BStBl. I S. 340)

Unter Bezugnahme auf das Ergebnis der Erörterungen mit den obersten Finanzbehörden der Länder gilt für die steuerliche Behandlung des von den Organen der EU gezahlten Tagegeldes für in ihrem Geschäftsbereich verwendete Beamtinnen und Beamte Folgendes:

1. Allgemeines

Die EU zahlt an ihren Organen zugewiesene nationale Sachverständige (Beamte) ein Tagegeld (EU-Tagegeld). Darüber hinaus erhält der Beamte während der Zuweisung bei der EU die ihm aus seinem Amt zustehende Besoldung von seiner Herkunftsdienststelle.

2. Steuerliche Behandlung nach nationalem deutschen Recht

Wird der Beamte nach § 123a Abs. 1 Beamtenrechtsrahmengesetz (BRRG) zugewiesen und wird die Zuweisung einer Abordnung i.S.d. § 58 Abs. 1 Satz 2 Bundesbesoldungsgesetz (BBesG) gleich gestellt, erhält der Beamte neben den Inlandsdienstbezügen bei Vorliegen der sonstigen Voraussetzungen von seinem deutschen Dienstherrn (steuerfreie) Auslandsdienstbezüge nach § 52 Abs. 1 BBesG.

Das EU-Tagegeld ist Arbeitslohn, weil es auf Grund des vorübergehenden Dienstverhältnisses mit der EU gezahlt wird. Es bleibt jedoch steuerfrei, soweit es auf steuerfreie Auslandsdienstbezüge angerechnet wird (§ 3 Nr. 64 EStG i.V.m. § 9a Abs. 2 BBesG), siehe auch Nr. 5.

3. Keine Steuerbefreiung nach Art. 13 des Protokolls über die Vorrechte und Befreiungen der Europäischen Gemeinschaft vom 8. April 1965

Die EU ist für die ihr zugewiesenen Beamten zwar auch als Arbeitgeberin i.S.d. Art. 15 Abs. 2 Nr. 2 Doppelbesteuerungsabkommen-Belgien (DBA-Belgien) anzusehen, die betroffenen Personen sind aber trotzdem keine Beamten oder sonstigen Bediensteten der EU. Die vergüteten Tagegelder unterliegen daher nicht Art. 13 des Protokolls über die Vorrechte und Befreiungen der Europäischen Gemeinschaft vom 8. April 1965 und sind daher nicht steuerbefreit.

4. Zuordnung des Besteuerungsrechts nach den DBA

Für die dem Beamten gewährten Inlandsdienstbezüge steht nach den Vorschriften des jeweils einschlägigen DBA über die Bezüge aus öffentlichen Kassen der Vertragsstaaten (z.B. Art. 19 DBA-Belgien, Art. 11 DBA-Luxemburg) Deutschland als Kassenstaat das Besteuerungsrecht zu. Der inländische Dienstherr bleibt weiterhin Arbeitgeber im abkommensrechtlichen Sinne.

Für das EU-Tagegeld ist die Vorschrift über Einkünfte aus nichtselbständiger Arbeit des jeweiligen DBA anzuwenden (z.B. Art. 15 DBA-Belgien, Art. 10 DBA-Luxemburg); die Kassenstaatsklauseln finden keine Anwendung. Danach hat der Staat das Besteuerungsrecht, in dem die nichtselbständige Arbeit ausgeübt wird. Der Ort der Arbeitsausübung befindet sich grundsätzlich dort, wo sich der Arbeitnehmer zur Ausführung seiner Tätigkeit persönlich aufhält. In der Regel steht daher den Tätigkeitsstaaten (z.B. Belgien, Luxemburg) das Besteuerungsrecht zu. Das die EU-Tagegelder zahlende und wirtschaftlich tragende EU-Organ ist während der Tätigkeit des Beamten bei diesem Organ – neben dem inländischen Dienstherrn – (partiell) auch dessen Arbeitgeber im abkommensrechtlichen Sinne (BFH vom 15. März 2000, BStBl. 2002 II S. 238).

Ist der Beamte (weiterhin) in Deutschland ansässig und übt er seine Tätigkeit bei einem Organ der EU (in dem maßgebenden Veranlagungszeitraum) nicht länger als 183 Tage aus, wird das EU-Tagegeld grundsätzlich in Deutschland besteuert. Dies gilt jedoch nicht, wenn das die EU-Tagegelder zahlende und wirtschaftlich tragende Organ der EU seinen Sitz im Tätigkeitsstaat hat und somit i.S.d. DBA ansässig ist.

Beispiel 1:
Zuweisung des Beamten zur Europäischen Kommission, Tätigkeit in Brüssel.
Die EU-Kommission (Arbeitgeberin) hat ihren Sitz in Brüssel; sie ist damit in Belgien ansässig i.S.d. Art. 4 Abs. 1 DBA-Belgien. Das Besteuerungsrecht für das EU-Tagegeld steht somit Belgien zu (Art. 15 Abs. 1 DBA-Belgien).

Beispiel 2:
Zuweisung des Beamten zur Europäischen Kommission, Tätigkeit in Luxemburg.
Die EU-Kommission (Arbeitgeberin) ist in Belgien ansässig, der Beamte ist aber in Luxemburg tätig. Das Besteuerungsrecht für die EU-Tagegelder steht Luxemburg zu, wenn sich der Beamte

(Zu LStH 3.64) **Anlage § 003-04/Tagegeld EU-Beamte**

mehr als 183 Tage in Luxemburg aufhält (Art. 10 Abs. 1 DBA-Luxemburg; die Voraussetzungen des Art. 10 Abs. 2 Nr. 1 DBA-Luxemburg sind nicht erfüllt). Hält sich der Beamte nicht mehr als 183 Tage in Luxemburg auf, steht das Besteuerungsrecht für die EU-Tagegelder Deutschland zu, weil die Arbeitgeberin des Beamten nicht in Luxemburg ansässig ist (Art. 10 Abs. 2 Nr. 2 DBA-Luxemburg). Wird das EU-Tagegeld nach einem DBA von der deutschen Steuer freigestellt, ist gem. § 32b Abs. 1 Nr. 2 und 3 EStG bei unbeschränkter Steuerpflicht der Steuersatz anzuwenden, der sich unter Berücksichtigung des EU-Tagegeldes ergibt (Progressionsvorbehalt). Dies gilt nicht, soweit das EU-Tagegeld gem. § 9a Abs. 2 BBesG auf steuerfreie Auslandsdienstbezüge angerechnet wird (vgl. Nr. 5).

5. Anrechnung des EU-Tagegeldes auf steuerfreie Auslandsdienstbezüge

Steuerfreie Auslandsdienstbezüge und das EU-Tagegeld werden auf Grund der besoldungsrechtlich vorgeschriebenen Anrechnung grundsätzlich nicht in voller Höhe nebeneinander gezahlt (§ 9a Abs. 2 BBesG).

Bei der Besteuerung nach dem Einkommen ist nur der Teil des EU-Tagegeldes zu berücksichtigen, der die steuerfreien Auslandsdienstbezüge, die dem Steuerpflichtigen gezahlt würden, wenn er kein EU-Tagegeld erhalten hätte, übersteigt. Bei der Berechnung dieses Teils des EU-Tagegeldes ist die Höhe der steuerfreien Auslandsdienstbezüge, die dem Steuerpflichtigen ohne Zahlung von EU-Tagegeld zustehen würden, zu ermitteln und von dem insgesamt gezahlten EU-Tagegeld abzuziehen, auch wenn der Steuerpflichtige tatsächlich keine steuerfreien Auslandsdienstbezüge erhält (fiktive Anrechnung).

Beispiel:

Ein Steuerpflichtiger übt während des gesamten Kalenderjahrs eine Tätigkeit als nationaler Sachverständiger (Beamter) bei einem Organ der EU aus. Er erhält hierfür neben seinen Inlandsdienstbezügen ein EU-Tagegeld in Höhe von 3 000 € monatlich. Würde ihm kein EU-Tagegeld gezahlt werden, hätte er steuerfreie Auslandsdienstbezüge in Höhe von insgesamt 2 500 € monatlich erhalten. Der bei der Besteuerung zu berücksichtigende Teil des EU-Tagegeldes berechnet sich wie folgt:

Jahresbetrag des EU-Tagegeldes (12 x 3 000 €)	36 000 €
abzüglich	
Jahresbetrag der steuerfreien Auslandsdienstbezüge, die dem Steuerpflichtigen ohne Zahlung von EU-Tagegeld zustehen würden (12 x 2 500 €)	– 30 000 €
Übersteigender Betrag des EU-Tagegeldes	6 000 €

Bei der Besteuerung nach dem Einkommen ist das EU-Tagegeld in Höhe von 6 000 € zu berücksichtigen.

Die steuerfreien Auslandsdienstbezüge sind geregelt in §§ 52 ff. BBesG in der Fassung der Bekanntmachung vom 6. August 2002 (BGBl. I S. 3020), zuletzt geändert durch Artikel 3 Abs. 10 des Gesetzes vom 7. Juli 2005 (BGBl. I S. 1970) und durch Artikel 2 des Gesetzes vom 22. September 2005 (BGBl. I S. 2809). Bei Zweifelsfragen empfiehlt es sich, die für die Besoldung des Steuerpflichtigen zuständige Dienststelle um Amtshilfe zu bitten.

Dieses Schreiben tritt an die Stelle des BMF-Schreibens vom 12. März 2002 – IV B 6 – S 1300 – 157/01 – (BStBl. I S. 483), welches hiermit aufgehoben wird. Es ist in allen noch offenen Fällen anzuwenden.

Anlage § 003-05/Gewährung von Zusatzleistungen (Zu LStH 3.66)

Gewährung von Zusatzleistungen und Zulässigkeit von Gehaltsumwandlungen; Anwendung der BFH-Urteile vom 19. September 2012 – VI R 54/11 und VI R 55/11 –

BMF-Schreiben vom 22. Mai 2013 IV C 5 – S 2388/11/10001-02; DOK 2013/0461548 (BStBl. I S. 728)

Mit Urteilen vom 19. September 2012 – VI R 54/11 und VI R 55/11 – hat der BFH entschieden, das in bestimmten lohnsteuerlichen Begünstigungsnormen verwendete Tatbestandsmerkmal „zusätzlich zum ohnehin geschuldeten Arbeitslohn" sei nur bei freiwilligen Arbeitgeberleistungen erfüllt. Aus der Sicht des BFH ist der „ohnehin geschuldete Arbeitslohn" der arbeitsrechtlich geschuldete. „Zusätzlich" zum ohnehin geschuldeten Arbeitslohn werden nur freiwillige Leistungen erbracht. Die Urteile sind ergangen zu den Vorschriften § 3 Nummer 33 EStG (Kinderbetreuungsleistungen des Arbeitgebers), § 40 Absatz 2 Satz 1 Nummer 5 EStG (IT-Leistungen des Arbeitgebers) und § 40 Absatz 2 Satz 2 EStG (Fahrtkostenzuschüsse).

Nach bisheriger BFH-Rechtsprechung setzte das Tatbestandsmerkmal „zusätzlich zum ohnehin geschuldeten Arbeitslohn" lediglich voraus, dass die zweckbestimmte Leistung „zu dem Arbeitslohn hinzukommt, den der Arbeitgeber aus anderen Gründen schuldet" (vgl. BFH-Urteil vom 15. Mai 1998 – VI R 127/97 –, BStBl. II Seite 518). Dass die zusätzliche Leistung auf freiwilliger Basis erfolgen muss, hat der BFH bisher nicht gefordert. Mit den eingangs genannten Entscheidungen verschärft der BFH somit die Anforderungen an die lohnsteuerlichen Vergünstigungen.

Die Verwaltung sieht die Zusätzlichkeitsvoraussetzung abweichend von der neuen BFH-Rechtsprechung als erfüllt an, wenn die zweckbestimmte Leistung zu dem Arbeitslohn hinzukommt, den der Arbeitgeber arbeitsrechtlich schuldet (vgl. R 3.33 Absatz 5 Satz 1 LStR 2011). Nur Gehaltsumwandlungen sind danach schädlich.

Im Einvernehmen mit den obersten Finanzbehörden der Länder gilt zum Tatbestandsmerkmal „zusätzlich zum ohnehin geschuldeten Arbeitslohn" abweichend von der neuen BFH-Rechtsprechung und über den Einzelfall hinaus aus Gründen des Vertrauensschutzes und der Kontinuität der Rechtsanwendung weiterhin Folgendes:

Kommt die zweckbestimmte Leistung zu dem Arbeitslohn hinzu, den der Arbeitgeber schuldet, ist das Tatbestandsmerkmal „zusätzlich zum ohnehin geschuldeten Arbeitslohn" auch dann erfüllt, wenn der Arbeitnehmer arbeitsvertraglich oder aufgrund einer anderen arbeits- oder dienstrechtlichen Rechtsgrundlage einen Anspruch auf die zweckbestimmte Leistung hat.

Dieses Schreiben wird im Bundessteuerblatt Teil I veröffentlicht.

(Zu LStH 3.66) **Anlage § 003-06/Übertragung auf Pensionsfonds**

Übertragung von Versorgungsverpflichtungen und Versorgungsanwartschaften auf Pensionsfonds; Anwendung der Regelungen in § 4d Abs. 3 EStG und § 4e Abs. 3 EStG i. V. m. § 3 Nr. 66 EStG

BMF-Schreiben vom 26. Oktober 2006 IV B 2 – S 2144 – 57/06 (BStBl. I S. 709)

Nach § 4e Abs. 3 Satz 1 EStG können auf Antrag die insgesamt erforderlichen Leistungen an einen Pensionsfonds zur teilweisen oder vollständigen Übernahme einer bestehenden Versorgungsverpflichtung oder Versorgungsanwartschaft durch den Pensionsfonds erst in den dem Wirtschaftsjahr der Übertragung folgenden zehn Wirtschaftsjahren gleichmäßig verteilt als Betriebsausgabe abgezogen werden. Werden Versorgungszusagen über eine Unterstützungskasse von einem Pensionsfonds übernommen, ist die Verteilungsregelung mit der Maßgabe anzuwenden, dass die im Zusammenhang mit der Übernahme erforderliche Zuwendung an die Unterstützungskasse erst in den dem Wirtschaftsjahr der Zuwendung folgenden zehn Wirtschaftsjahren gleichmäßig verteilt als Betriebsausgaben abgezogen werden können (§ 4d Abs. 3 EStG). Der Antrag nach § 4d Abs. 3 EStG oder § 4e Abs. 3 EStG führt nach Maßgabe der folgenden Regelungen zur Lohnsteuerfreiheit der entsprechenden Leistungen des Arbeitgebers oder der Unterstützungskasse an den Pensionsfonds (§ 3 Nr. 63, 66 EStG).

Für die Anwendung dieser Regelungen gilt nach Abstimmung mit den obersten Finanzbehörden der Länder Folgendes:

1. **Anwendungsbereich der Regelungen in § 3 Nr. 63 und 66 EStG i. V. m. § 4d Abs. 3 EStG und § 4e Abs. 3 EStG**

   a) Übertragung von Versorgungsverpflichtungen gegenüber Leistungsempfängern und von unverfallbaren Versorgungsanwartschaften ausgeschiedener Versorgungsberechtigter

   Leistungen eines Arbeitgebers oder einer Unterstützungskasse an einen Pensionsfonds zur Übernahme bestehender Versorgungsverpflichtungen gegenüber Leistungsempfängern (laufende Rentenzahlungen) und unverfallbarer Versorgungsanwartschaften ausgeschiedener Versorgungsberechtigter sind insgesamt nach § 3 Nr. 66 EStG steuerfrei, wenn ein Antrag gemäß § 4d Abs. 3 EStG oder § 4e Abs. 3 EStG gestellt wird.   1

   b) Übertragung von Versorgungsanwartschaften aktiver Beschäftigter

   Bei einer entgeltlichen Übertragung von Versorgungsanwartschaften aktiver Beschäftigter kommt die Anwendung von § 3 Nr. 66 EStG nur für Zahlungen an den Pensionsfonds in Betracht, die für die bis zum Zeitpunkt der Übertragung bereits erdienten Versorgungsanwartschaften geleistet werden.   2

   Zahlungen an den Pensionsfonds für zukünftig noch zu erdienende Anwartschaften sind ausschließlich in dem begrenzten Rahmen des § 3 Nr. 63 EStG lohnsteuerfrei.   3

   Die bis zum Zeitpunkt der Übertragung bereits erdienten, entgeltlich übertragenen Versorgungsanwartschaften sind grundsätzlich mit dem steuerlich ausfinanzierbaren Teil, mindestens aber in Höhe des zeitanteilig quotierten Versorgungsanteiles nach § 2 Abs. 1 oder Abs. 5a des Betriebsrentengesetzes (Gesetz zur Verbesserung der betrieblichen Altersversorgung – BetrAVG) zu berücksichtigen.   4

   Soll eine Versorgungsanwartschaft eines Aktiven aus einer Pensionszusage auf einen Pensionsfonds übertragen werden, ergibt sich der erdiente Teil der Anwartschaft als Quotient des Teilwertes gem. § 6a Abs. 3 Satz 2 Nr. 1 EStG zum Barwert der künftigen Pensionsleistungen, jeweils ermittelt auf den Übertragungszeitpunkt.   5

2. **Berücksichtigung der insgesamt erforderlichen Leistungen zur Übernahme von Versorgungsverpflichtungen oder Versorgungsanwartschaften**

   Nach dem Sinn und Zweck der Regelungen in § 4d Abs. 3 EStG und § 4e Abs. 3 EStG können alle Leistungen des Steuerpflichtigen im Sinne der Randnummern 1 und 2 im Zusammenhang mit der Übernahme von Versorgungsverpflichtungen oder Versorgungsanwartschaften durch Pensionsfonds über den Verteilungszeitraum als Betriebsausgaben abgezogen werden. Das gilt auch für nach § 3 Nr. 66 EStG begünstigte Leistungen (Randnummern 1 und 2), die nach dem Wirtschaftsjahr der Übernahme der Versorgungsverpflichtung entstanden sind oder entrichtet werden (z. B. nachträgliche zusätzliche Zuwendungen aufgrund einer nicht hinreichenden Deckung durch den zum Übernahmezeitpunkt geleisteten Einmalbetrag. Der Antrag auf Verteilung kann nur einheitlich für sämtliche Leistungen zur Übernahme einer Versorgungsverpflichtung oder Versorgungsanwartschaft gestellt werden. Wurden die erstmaligen Aufwendungen im vollen Umfang Gewinn mindernd geltend gemacht, ist auch eine Verteilung eventueller Nachschusszahlungen nicht möglich.   6

Anlage § 003-06/Übertragung auf Pensionsfonds (Zu LStH 3.66)

3. Beginn des Verteilungszeitraumes

7 Der zehnjährige Verteilungszeitraum beginnt bei einer Bilanzierung nach § 4 Abs. 1 und § 5 EStG in dem dem Wirtschaftsjahr des Entstehens der Leistungsverpflichtung folgenden Wirtschaftsjahr und bei einer Gewinnermittlung nach § 4 Abs. 3 EStG in dem dem Jahr der Leistung folgenden Wirtschaftsjahr. Das gilt auch für die Verteilung einer möglichen Nachschusszahlung, wobei es unerheblich ist, ob noch innerhalb des ursprünglichen Zehnjahresraumes nach dem Wirtschaftsjahr der Übertragung der Versorgungsverpflichtung oder Versorgungsanwartschaft oder erst zu einem späteren Zeitpunkt die Leistungsverpflichtung entsteht oder die Zahlung geleistet wird.

4. Beispiel

8 Arbeitgeber A passiviert in der steuerlichen Gewinnermittlung zum 31. Dezember 2003 aufgrund einer Direktzusage zulässigerweise eine Pensionsrückstellung nach § 6a EStG in Höhe von 100 000 €. In 2004 wird die Versorgungsanwartschaft von einem Pensionsfonds übernommen. A zahlt hierfür 150 000 € (begünstigt nach § 3 Nr. 66 EStG, vgl. Randnummer 2) und stellt einen Antrag nach § 4e Abs. 3 EStG auf Verteilung der Betriebsausgaben. Im Jahr 2010 leistet A aufgrund einer Deckungslücke einen weiteren unter § 3 Nr. 66 EStG fallenden Einmalbetrag von 30.000 €.

In 2004 ist die Rückstellung nach § 6a EStG Gewinn erhöhend aufzulösen. Da A einen Antrag auf Verteilung der dem Grunde nach sofort abzugsfähigen Betriebsausgaben gestellt hat, mindern in 2004 im Ergebnis nur 100.000 € (= Höhe der aufzulösenden Pensionsrückstellung, § 4e Abs. 3 Satz 3 EStG) den Gewinn. Der verbleibende Betrag von 50.000 € (150.000 € – 100.000 €) ist dem Gewinn 2004 außerbilanziell wieder hinzuzurechnen. In den Jahren 2005 bis 2014 ist der Gewinn um jeweils 1/10 x 50.000 € = 5.000 € außerbilanziell zu vermindern.

Auch die in 2010 geleistete Nachschusszahlung von 30.000 € ist aufgrund des für alle Leistungen im Zusammenhang mit der Übertragung bindenden Antrages nach § 4e Abs. 3 EStG zu verteilen. Demnach erhöht der Betrag von 30.000 € außerbilanziell den Gewinn in 2010. In den Jahren 2011 bis 2020 mindert sich der Gewinn außerbilanziell jährlich um je 1/10 x 30.000 € = 3.000 €. Hätte A die ursprüngliche Zahlung von 150.000 € vollumfänglich in 2004 als Betriebsausgabe geltend gemacht, hätte auch die in 2010 geleistete Nachschusszahlung nicht verteilt werden können.

(Zu LStH 3.39) **Anlage § 003-07/Vermögensbeteiligungen ab 2009**

Behandlung der Überlassung von Vermögensbeteiligungen ab 2009 (§ 3 Nummer 39, § 19a EStG)

BMF-Schreiben vom 8. Dezember 2009 IV C 5 – S 2347/09/10002, 2009/0810442 (BStBl. I S. 1513)

Durch das Gesetz zur steuerlichen Förderung der Mitarbeiterkapitalbeteiligungen (Mitarbeiterkapitalbeteiligungsgesetz) vom 7. März 2009 (BGBl. I S. 451, BStBl. I S. 436) hat die lohnsteuerliche Behandlung der Überlassung von Vermögensbeteiligungen an Arbeitnehmer wesentliche Änderungen erfahren. Unter Bezugnahme auf das Ergebnis einer Erörterung mit den obersten Finanzbehörden der Länder und dem Bundesministerium für Arbeit und Soziales wird zur lohnsteuerlichen Behandlung der Überlassung von Vermögensbeteiligungen ab 2009 wie folgt Stellung genommen:

1. Steuerfreistellung über § 3 Nummer 39 EStG

1.1 Allgemeines (§ 3 Nummer 39 Satz 1 EStG)

1.1.1 Begünstigter Personenkreis

§ 3 Nummer 39 des Einkommensteuergesetzes (EStG) gilt für unbeschränkt und beschränkt einkommensteuerpflichtige Arbeitnehmer (siehe § 1 der Lohnsteuer-Durchführungsverordnung – LStDV –), die in einem gegenwärtigen Dienstverhältnis zum Unternehmen (siehe § 1 Absatz 2 LStDV) stehen. Ein erstes Dienstverhältnis ist nicht Voraussetzung für die Steuerfreistellung.

In einem gegenwärtigen Dienstverhältnis stehen auch Arbeitnehmer, deren Dienstverhältnis ruht (z. B. während der Mutterschutzfristen, der Elternzeit, Zeiten der Ableistung von Wehr- und Zivildienst) oder die sich in der Freistellungsphase einer Altersteilzeitvereinbarung befinden.

Die Überlassung von Vermögensbeteiligungen an frühere Arbeitnehmer des Arbeitgebers ist nur steuerbegünstigt, soweit die unentgeltliche oder verbilligte Vermögensbeteiligung im Rahmen einer Abwicklung des früheren Dienstverhältnisses noch als Arbeitslohn für die tatsächliche Arbeitsleistung überlassen wird. Personen, die ausschließlich Versorgungsbezüge beziehen, stehen nicht mehr in einem gegenwärtigen Dienstverhältnis.

1.1.2 Begünstigte Vermögensbeteiligungen

Die Vermögensbeteiligungen, deren Überlassung nach § 3 Nummer 39 EStG steuerbegünstigt ist, sind in § 3 Nummer 39 Satz 1 EStG i. V. m. § 2 Absatz 1 Nummer 1 Buchstabe a, b und d bis l und Absatz 2 bis 5 des Fünften Vermögensbildungsgesetzes (5. VermBG) abschließend aufgezählt. Auf das BMF-Schreiben vom 9. August 2004 (BStBl. I S. 717), das mit Wirkung ab 2009 durch das BMF-Schreiben vom 16. März 2009 (BStBl. I S. 501) geändert wurde, wird hingewiesen. Aktienoptionen sind keine Vermögensbeteiligungen im Sinne des Fünften Vermögensbildungsgesetzes. – **Anhang 25** –

Es muss sich um Beteiligungen „... am Unternehmen des Arbeitgebers ..." handeln. Unternehmen, die demselben Konzern im Sinne von § 18 des Aktiengesetzes (AktG) angehören, gelten als Arbeitgeber in diesem Sinne (§ 3 Nummer 39 Satz 3 EStG). Der Begriff „Unternehmen des Arbeitgebers" im Sinne des § 3 Nummer 39 Satz 1 EStG umfasst das gesamte Betätigungsfeld des Arbeitgebers im lohnsteuerlichen Sinn; zum Arbeitgeberbegriff in diesem Sinne siehe § 1 Absatz 2 Satz 2 LStDV, R 19.1 der Lohnsteuer-Richtlinien 2008 – LStR 2008 – sowie die entsprechenden Hinweise.

Inländische und ausländische Investmentanteile können nicht steuerbegünstigt überlassen werden, soweit es sich nicht um Anteile an einem Mitarbeiterbeteiligungs-Sondervermögen im Sinne des § 90l InvG handelt (Ausschluss des Buchstabens c des § 2 Absatz 1 Nummer 1 des 5. VermBG). Dies gilt auch dann, wenn das Sondervermögen oder der ausländische Investmentfonds Vermögenswerte des Arbeitgebers beinhaltet (insbesondere Aktien).

Die Beteiligung an einem Mitarbeiterbeteiligungs-Sondervermögen ist bei Erwerb von entsprechenden Anteilen durch den Arbeitgeber für den Arbeitnehmer begünstigt, denn aufgrund der besonderen Ausgestaltung des Mitarbeiterbeteiligungs-Sondervermögens handelt es sich ebenfalls dem Grunde nach um eine Beteiligung „... am Unternehmen des Arbeitgebers ..."; eine Investition des Sondervermögens in das Unternehmen des Arbeitgebers ist hier nicht erforderlich.

Auch der Erwerb von Vermögensbeteiligungen durch eine Bruchteilsgemeinschaft sowie der Erwerb durch eine Gesamthandsgemeinschaft, der jeweils ausschließlich Arbeitnehmer angehören, stellt einen Erwerb im Sinne des § 2 Absatz 1 Nummer 1 des 5. VermBG dar. Dies gilt nicht, wenn die gemeinschaftlich erworbenen Vermögensbeteiligungen den Arbeitnehmern bei wirtschaftlicher Betrachtung nicht zuzurechnen sind (vgl. Tz. 4).

839

Anlage § 003-07/Vermögensbeteiligungen ab 2009 (Zu LStH 3.39)

1.1.3 Überlassung der Vermögensbeteiligung durch einen Dritten

Voraussetzung für die Steuerbegünstigung ist nicht, dass der Arbeitgeber Rechtsinhaber der zu überlassenden Vermögensbeteiligung am Unternehmen des Arbeitgebers ist. Die Steuerbegünstigung gilt deshalb auch für den geldwerten Vorteil, der bei Überlassung der Vermögensbeteiligung durch einen Dritten entsteht, sofern die Überlassung durch das gegenwärtige Dienstverhältnis veranlasst ist. Eine steuerbegünstigte Überlassung von Vermögensbeteiligungen durch Dritte liegt z. B. vor, wenn der Arbeitnehmer die Vermögensbeteiligung unmittelbar erhält

1. von einem Beauftragten des Arbeitgebers, z. B. einem Kreditinstitut oder anderen Unternehmen, oder
2. von einem Unternehmen, das mit dem Unternehmen des Arbeitgebers in einem Konzern (§ 18 AktG) verbunden ist (z. B. Ausgabe von Aktien oder anderen Vermögensbeteiligungen durch eine Konzernobergesellschaft an Arbeitnehmer der Konzernuntergesellschaft oder zwischen anderen Konzerngesellschaften).

Dabei kommt es nicht darauf an, ob der Arbeitgeber in die Überlassung eingeschaltet ist oder ob der Arbeitgeber dem Dritten den Preis der Vermögensbeteiligung oder die durch die Überlassung entstehenden Kosten ganz oder teilweise ersetzt.

1.1.4 Mehrfache Inanspruchnahme

§ 3 Nummer 39 EStG ist auf das Dienstverhältnis bezogen. Steht der Arbeitnehmer im Kalenderjahr nacheinander oder nebeneinander in mehreren Dienstverhältnissen, kann die Steuerbefreiung in jedem Dienstverhältnis in Anspruch genommen werden.

1.1.5 Geldleistungen

Die Steuerbegünstigung gilt nur für den geldwerten Vorteil, den der Arbeitnehmer durch die unentgeltliche oder verbilligte Überlassung der Vermögensbeteiligung erhält. Deshalb sind Geldleistungen des Arbeitgebers an den Arbeitnehmer zur Begründung oder zum Erwerb der Vermögensbeteiligung oder für den Arbeitnehmer vereinbarte vermögenswirksame Leistungen im Sinne des Fünften Vermögensbildungsgesetzes, die zur Begründung oder zum Erwerb der Vermögensbeteiligung angelegt werden, nicht steuerbegünstigt.

1.1.6 Nebenkosten

Die Übernahme der mit der Überlassung von Vermögensbeteiligungen verbundenen Nebenkosten durch den Arbeitgeber, z. B. Notariatsgebühren, Eintrittsgelder im Zusammenhang mit Geschäftsguthaben bei einer Genossenschaft und Kosten für Registereintragungen, ist kein Arbeitslohn. Ebenfalls kein Arbeitslohn sind vom Arbeitgeber übernommene Depotgebühren, die durch die Festlegung der Wertpapiere für die Dauer einer vertraglich vereinbarten Sperrfrist entstehen; dies gilt entsprechend bei der kostenlosen Depotführung durch den Arbeitgeber.

1.2 Einzubeziehende Arbeitnehmer (§ 3 Nummer 39 Satz 2 Buchstabe b EStG)

Nach § 3 Nummer 39 Satz 2 Buchstabe b EStG ist unabhängig von der arbeitsrechtlichen Verpflichtung zur Gleichbehandlung Voraussetzung für die Steuerfreiheit, dass die Beteiligung mindestens allen Arbeitnehmern (§ 1 LStDV) offensteht, die im Zeitpunkt der Bekanntgabe des Angebots ein Jahr oder länger ununterbrochen in einem gegenwärtigen Dienstverhältnis zum Unternehmen des Arbeitgebers stehen (§ 2 LStDV). Einzubeziehen sind danach z. B. auch geringfügig Beschäftigte, Teilzeitkräfte, Auszubildende und weiterbeschäftigte Rentner. Bei einem Entleiher sind Leiharbeitnehmer nicht einzubeziehen. Arbeitnehmer, die kürzer als ein Jahr in einem Dienstverhältnis zum Unternehmen stehen, können einbezogen werden. Bei einem Konzernunternehmen müssen die Beschäftigten der übrigen Konzernunternehmen nicht einbezogen werden.

Es wird nicht beanstandet, wenn aus Vereinfachungsgründen ins Ausland entsandte Arbeitnehmer (sog. Expatriates) nicht einbezogen werden. Entsprechendes gilt für Organe von Körperschaften, für Mandatsträger, für Arbeitnehmer mit einem gekündigten Dienstverhältnis und für Arbeitnehmer, die zwischen dem Zeitpunkt des Angebots und dem Zeitpunkt der Überlassung der Vermögensbeteiligung aus sonstigen Gründen aus dem Unternehmen ausscheiden (z. B. Auslaufen des Arbeitsvertrages).

War ein Arbeitgeber begründet davon ausgegangen, dass ein bestimmter Arbeitnehmer oder eine bestimmte Gruppe von Arbeitnehmern nicht einzubeziehen ist, und stellt sich im Nachhinein etwas anderes heraus, bleibt die Steuerfreiheit der übrigen Arbeitnehmer unberührt.

Beispiel:
Der Arbeitgeber ging davon aus, allen Arbeitnehmern ein Angebot zum verbilligten Erwerb einer Vermögensbeteiligung unterbreitet zu haben. Bei einer nicht einbezogenen Gruppe von Personen

stellte sich jedoch im Rahmen einer Lohnsteuer-Außenprüfung heraus, dass es sich nicht um selbständige Mitarbeiter, sondern um Arbeitnehmer handelt. Die Steuerfreiheit der übrigen Arbeitnehmer bleibt davon unberührt.

Hinsichtlich der Konditionen, zu denen die Vermögensbeteiligungen überlassen werden, kann bei den einzelnen Arbeitnehmern differenziert werden (z. B. bezüglich der Höhe einer Zuzahlung oder der Beteiligungswerte). Dies bedarf aus arbeitsrechtlicher Sicht eines sachlichen Grundes.

1.3 Bewertung (§ 3 Nummer 39 Satz 4 EStG)

Nach § 3 Nummer 39 Satz 4 EStG ist als Wert der Vermögensbeteiligung der gemeine Wert zum Zeitpunkt der Überlassung anzusetzen. Für die Höhe des Wertes wird dabei an die Grundsätze des Bewertungsgesetzes (BewG) angeknüpft und nicht an die üblichen Endpreise am Abgabeort, wie sie nach § 8 Absatz 2 Satz 1 EStG sonst für die nicht in Geld bestehenden Einnahmen im Regelfall anzusetzen sind. § 8 Absatz 2 Satz 9 EStG und R 8.1 Absatz 2 Satz 9 LStR 2008 sind daher nicht anzuwenden.

Für die Bewertung der in § 3 Nummer 39 EStG genannten Vermögensbeteiligungen gilt immer § 3 Nummer 39 Satz 4 EStG als spezielle Bewertungsvorschrift, und zwar auch dann, wenn die Steuerbegünstigung nach § 3 Nummer 39 EStG nicht greift.

Veräußerungssperren mindern den Wert der Vermögensbeteiligung nicht (vgl. BFH-Urteile vom 7. April 1989 – VI R 47/88 –, BStBl. II S. 608 und vom 30. September 2008 – VI R 67/05 –, BStBl. 2009 II S. 282).

Aus Vereinfachungsgründen kann die Ermittlung des Wertes der Vermögensbeteiligung beim einzelnen Arbeitnehmer am Tag der Ausbuchung beim Überlassenden oder dessen Erfüllungsgehilfen erfolgen; es kann auch auf den Vortag der Ausbuchung abgestellt werden. Bei allen begünstigten Arbeitnehmern kann aber auch der durchschnittliche Wert der Vermögensbeteiligungen angesetzt werden, wenn das Zeitfenster der Überlassung nicht mehr als einen Monat beträgt. Dies gilt jeweils im Lohnsteuerabzugs- und Veranlagungsverfahren.

1.4 Ermittlung des steuerfreien geldwerten Vorteils

Der geldwerte Vorteil ergibt sich aus dem Unterschied zwischen dem Wert der Vermögensbeteiligung bei Überlassung und dem Preis, zu dem die Vermögensbeteiligung dem Arbeitnehmer überlassen wird. Der Zeitpunkt der Beschlussfassung über die Überlassung, der Zeitpunkt des Angebots an die Arbeitnehmer und der Zeitpunkt des Abschlusses des obligatorischen Rechtsgeschäfts sind in jedem Fall unmaßgeblich. Bei einer Verbilligung ist es unerheblich, ob der Arbeitgeber einen prozentualen Abschlag auf den Wert der Vermögensbeteiligung oder einen Preisvorteil in Form eines Festbetrags gewährt.

1.5 Pauschalbesteuerung nach § 37b EStG

Nach § 37b Absatz 2 Satz 2 EStG sind sämtliche Vermögensbeteiligungen von der Anwendung des § 37b EStG ausgeschlossen. Steuerpflichtige geldwerte Vorteile aus der Überlassung von Vermögensbeteiligungen (z. B. den steuerfreien Höchstbetrag nach § 3 Nummer 39 Satz 1 EStG übersteigende geldwerte Vorteile und Fälle, in denen die Steuerfreistellung des § 3 Nummer 39 EStG bereits dem Grunde nach nicht greift) sind danach grds. individuell zu besteuern.

1.6 Zuflusszeitpunkt

Der Zuflusszeitpunkt bestimmt sich nach den allgemeinen lohnsteuerlichen Regelungen. Zeitpunkt des Zuflusses ist der Tag der Erfüllung des Anspruchs des Arbeitnehmers auf Verschaffung der wirtschaftlichen Verfügungsmacht über die Vermögensbeteiligung (BFH-Urteil vom 23. Juni 2005 – VI R 10/03 –, BStBl. II S. 770). Bei Aktien ist dies der Zeitpunkt der Einbuchung der Aktien in das Depot des Arbeitnehmers (BFH-Urteil vom 20. November 2008 – VI R 25/05 –, BStBl. 2009 II S. 382). Zu Vereinfachungsregelungen siehe aber unter Tz. 1.3.

Muss der Arbeitnehmer aufgrund der getroffenen Vereinbarung einen höheren Kaufpreis als z. B. den Kurswert der Vermögensbeteiligung zahlen, führt dies nicht zu negativem Arbeitslohn. Entsprechendes gilt für Kursrückgänge nach dem Zuflusszeitpunkt.

2. Erstmalige Anwendung des § 3 Nummer 39 EStG

§ 3 Nummer 39 EStG gilt infolge der Anwendungsregelung in § 52 Absatz 1 EStG erstmals für die Lohnzahlungszeiträume des Jahres 2009 (bei laufendem Arbeitslohn) und für die Zuflusszeitpunkte im Jahr 2009 (bei sonstigen Bezügen).

Hat der Arbeitgeber in der Zeit zwischen dem 1. Januar 2009 und dem 31. März 2009 Vermögensbeteiligungen im Sinne des § 3 Nummer 39 EStG überlassen und sind diese nach dem 1. April 2009 (Inkrafttreten des Mitarbeiterkapitalbeteiligungsgesetzes) steuerlich anders zu behandeln (keine Be-

Anlage § 003-07/Vermögensbeteiligungen ab 2009 (Zu LStH 3.39)

grenzung auf den halben Wert der Beteiligung, neuer Höchstbetrag von 360 €), greift § 41c Absatz 1 Nummer 2 EStG. Der Arbeitgeber kann den Lohnsteuerabzug ändern; er ist dazu verpflichtet, wenn ihm dies wirtschaftlich zumutbar ist (§ 41c Absatz 1 Satz 2 EStG in der Fassung des Gesetzes zur Sicherung von Beschäftigung und Stabilität in Deutschland vom 2. März 2009, BGBl. I S. 416, BStBl. I S. 434). Ändert der Arbeitgeber den Lohnsteuerabzug nicht, kann der Arbeitnehmer beim Finanzamt den höheren Steuerfreibetrag in der Regel bei der Veranlagung zur Einkommensteuer geltend machen.

3. Weiteranwendung des § 19a EStG a. F. über § 52 Absatz 35 EStG

Die Übergangsregelung nach § 52 Absatz 35 Nummer 2 EStG greift auch dann, wenn eine Vereinbarung vor dem 1. April 2009 getroffen wurde, aber die Höhe des geldwerten Vorteils noch ungewiss ist. Dies ist z. B. der Fall, wenn die Höhe der Vermögensbeteiligung und damit die Höhe des geldwerten Vorteils vom Betriebsergebnis abhängig ist.

Die Übergangsregelung des § 52 Absatz 35 Nummer 2 EStG ist betriebsbezogen, nicht personenbezogen. Sie kann auch greifen, wenn das Dienstverhältnis nach dem 31. März 2009 begründet wird.

4. Mitarbeiterbeteiligungsprogramm nach französischem Recht (FCPE)

Nach ständiger Rechtsprechung des BFH (siehe u. a. BFH vom 23. Juni 2005 – VI R 124/99 –, BStBl. II S. 766, zu den Wandelschuldverschreibungen) führt das Innehaben von Ansprüchen oder Rechten ggü. dem Arbeitgeber regelmäßig noch nicht zum Lohnzufluss. Der Zufluss ist grundsätzlich erst mit der Erfüllung des Anspruchs (der Gewinnchance) gegeben. Ein Vorteil ist dem Arbeitnehmer erst dann zugeflossen, wenn die geschuldete Leistung tatsächlich erbracht worden ist, er also wirtschaftlich verfügt oder zumindest verfügen kann.

Unter Berücksichtigung dieser Grundsätze erfolgt bei Mitarbeiterbeteiligungsprogrammen mittels Einschaltung eines Fonds Commun de Placement d'Entreprise (FCPE) nach französischem Recht und in gleich gelagerten Fällen eine Besteuerung des geldwerten Vorteils erst im Zeitpunkt der Auflösung des Programms und Überweisung eines Geldbetrags an den Arbeitnehmer bzw. der Zuwendung anderer Vorteile (z. B. Tausch in Aktien). Dies gilt unabhängig von der Ausgestaltung im Einzelfall. Bis zur Auflösung des Programms fließen dem Arbeitnehmer auch keine Kapitaleinkünfte (Dividenden, Zinsen etc.) zu.

5. Anwendung

Dieses Schreiben ist ab 1. Januar 2009 anzuwenden.

Es steht ab sofort für eine Übergangszeit auf den Internetseiten des Bundesministeriums der Finanzen (http://www.bundesfinanzministerium.de) unter der Rubrik Wirtschaft und Verwaltung – Steuern – Veröffentlichungen zu Steuerarten – Lohnsteuer zur Ansicht und zum Abruf bereit.

(Zu LStH 3.63) **Anlage § 003-08/Arbeitnehmeranteile bAV öffentlicher Dienst**

Steuerliche Behandlung von Finanzierungsanteilen der Arbeitnehmer zur betrieblichen Altersversorgung im öffentlichen Dienst; Umsetzung des BFH-Urteils vom 9. Dezember 2010 - VI R 57/08 - (BStBl. 2011 II S. 978)

BMF-Schreiben vom 25. November 2011 IV C 5 – S 2333/11/10003, 2011/0942959 (BStBl. I S. 1250)

Der BFH hat mit Urteil vom 9. Dezember 2010 - VI R 57/08 – (BStBl. 2011 II S. 978) – entschieden, dass die Finanzierungsanteile der Arbeitnehmer, die in dem Gesamtversicherungsbeitrag des Arbeitgebers an eine kapitalgedeckte Pensionskasse enthalten sind, als Arbeitgeberbeiträge nach § 3 Nummer 63 EStG steuerfrei sind. Für die Qualifizierung einer Zahlung als Beitrag des Arbeitgebers im Sinne des § 3 Nummer 63 EStG ist nur die versicherungsvertragliche Außenverpflichtung maßgeblich. Es kommt nicht darauf an, wer die Versicherungsbeiträge finanziert, d. h., wer durch sie wirtschaftlich belastet wird.

Unter Bezugnahme auf das Ergebnis der Erörterung mit den obersten Finanzbehörden der Länder sind die Grundsätze dieses Urteils allgemein anzuwenden. Dies gilt ebenfalls für die Beiträge im Kapitaldeckungsverfahren, die von einer Pensionskasse neben einer Umlage erhoben werden, wenn eine getrennte Verwaltung und Abrechnung beider Vermögensmassen erfolgt.

Bei der Umsetzung ist Folgendes zu beachten:

Umsetzung ab Kalenderjahr 2012

Gemäß § 3 Nummer 63 Satz 2 EStG kann der Arbeitnehmer nach § 1a Absatz 3 Betriebsrentengesetz (BetrAVG) auf die Steuerfreiheit der Beiträge zugunsten einer Förderung nach § 10a EStG/Abschnitt XI EStG verzichten. Die Regelungen des § 1a BetrAVG, die die Finanzierungsbeteiligung der Arbeitnehmer im Wege der freiwilligen Entgeltumwandlung betreffen, gelten nach § 1 Absatz 2 Nummer 4 2. Halbsatz BetrAVG entsprechend auch für andere Beiträge des Arbeitnehmers aus seinem Arbeitsentgelt zur Finanzierung von Leistungen der betrieblichen Altersversorgung. Insoweit umfasst das Wahlrecht nach § 3 Nummer 63 Satz 2 EStG alle im Gesamtversicherungsbeitrag des Arbeitgebers enthaltenen Finanzierungsanteile der Arbeitnehmer; dabei sind die freiwillige Entgeltumwandlung und die anderen Beiträge des Arbeitnehmers aus seinem Arbeitsentgelt zur Finanzierung von Leistungen der betrieblichen Altersversorgung gleichrangig zu behandeln. Eine individuelle Besteuerung dieser Beitragsteile ist durchzuführen, soweit der Arbeitnehmer dies verlangt.

Rein arbeitgeberfinanzierte Beiträge können weiterhin vorrangig steuerfrei bleiben (siehe auch Rz. 271 des BMF-Schreibens vom 31. März 2010, BStBl. I S. 270 – *Anlage § 010a-01* –). Eine Differenzierung zwischen den verschiedenen Finanzierungsanteilen der Arbeitnehmer (z. B. verpflichtende und freiwillige Finanzierungsanteile) ist nach den Grundsätzen des BFH-Urteils nicht zulässig. Soweit die Höchstbeträge nach § 3 Nummer 63 EStG nicht durch die rein arbeitgeberfinanzierten Beiträge ausgeschöpft worden sind, sind die verbleibenden, auf den verschiedenen Finanzierungsanteilen des Arbeitnehmers beruhenden Beiträge zu berücksichtigen.

Umsetzung im Kalenderjahr 2011

Wurden Finanzierungsanteile der Arbeitnehmer in 2011 individuell versteuert und hat der Arbeitnehmer erklärt, er wolle die Steuerfreiheit in Anspruch nehmen und nicht von seinem Wahlrecht nach § 3 Nummer 63 Satz 2 EStG Gebrauch machen, ist die Versteuerung dieser Arbeitslohnbestandteile im Rahmen des Lohnsteuerabzugs für 2011 rückgängig zu machen, solange die Lohnsteuerbescheinigung für 2011 noch nicht ausgestellt und übermittelt wurde (§ 41c Absatz 3 Satz 1 EStG). Anderenfalls ist eine Korrektur nur noch im Rahmen der Einkommensteuerveranlagung möglich.

Umsetzung für Kalenderjahre 2010 und früher

Die Lohnsteuerbescheinigung für das Kalenderjahr 2010 musste gem. § 41b Absatz 1 Satz 2 EStG spätestens bis zum 28. Februar 2011 ausgestellt und übermittelt werden, so dass eine Korrektur für die Jahre 2010 und früher nur noch im Rahmen der Einkommensteuerveranlagung möglich ist.

In allen noch offenen Fällen von Einkommensteuerfestsetzungen für die Kalenderjahre 2010 und früher, in denen der Arbeitnehmer erklärt, er wolle die Steuerfreiheit in Anspruch nehmen und nicht von seinem Wahlrecht nach § 3 Nummer 63 Satz 2 EStG Gebrauch machen, ist der Bruttoarbeitslohn des einzelnen Arbeitnehmers bei Vorliegen der nachfolgend beschriebenen Bescheinigungen des Arbeitgebers sowie der Versorgungseinrichtung um die nach § 3 Nummer 63 EStG steuerfreien Finanzierungsanteile zu mindern; die Möglichkeit einer Förderung der Beiträge durch Gewährung einer Zulage nach Abschnitt XI EStG bzw. die Berücksichtigung im Rahmen des Sonderausgabenabzugs nach § 10a EStG kommt dann nicht mehr in Betracht.

Anlage § 003-08/Arbeitnehmeranteile bAV öffentlicher Dienst (Zu LStH 3.63)

Zum Zweck der Inanspruchnahme der Steuerfreiheit hat der Arbeitgeber dem Arbeitnehmer die bisher individuell besteuerten Finanzierungsanteile zu bescheinigen sowie der Versorgungseinrichtung sowohl die Änderung der steuerlichen Behandlung gemäß § 5 Absatz 2 LStDV mitzuteilen als auch auf das Erfordernis einer eventuellen Korrektur oder Stornierung des Zulageantrags hinzuweisen.

Hat der Arbeitnehmer keinen Zulageantrag nach § 89 EStG gestellt und die Versorgungseinrichtung des Arbeitgebers auch nicht bevollmächtigt, einen Zulageantrag für ihn zu stellen, hat die Versorgungseinrichtung dem Arbeitnehmer zum Zweck der Inanspruchnahme der Steuerfreiheit eine Bescheinigung auszustellen, dass kein Zulageantrag nach § 89 EStG gestellt wurde.

Sofern der Arbeitnehmer für die Jahre 2010 und früher bereits eine Zulage erhalten oder beantragt hat, hat die Versorgungseinrichtung aufgrund der Mitteilung des Arbeitgebers über die Änderung der steuerlichen Behandlung gemäß § 5 Absatz 2 LStDV eine eventuell erforderliche Korrektur bzw. Stornierung des Zulageantrags zu überwachen. Die Versorgungseinrichtung hat dem Arbeitnehmer zum Zweck der Inanspruchnahme der Steuerfreiheit eine Bescheinigung auszustellen, dass der Arbeitnehmer bereits eine Zulage erhalten oder beantragt hat, die Versorgungseinrichtung jedoch eine Korrektur bzw. Stornierung veranlassen wird, sobald eine Inanspruchnahme der Steuerfreiheit im Einkommensteuerbescheid erfolgt ist. Der Arbeitnehmer hat der Versorgungseinrichtung über die tatsächliche Inanspruchnahme der Steuerfreiheit im Einkommensteuerbescheid unverzüglich zu unterrichten (§ 89 Absatz 1 Satz 5 EStG). Die Versorgungseinrichtung hat in diesem Fall, spätestens jedoch zwölf Monate nach Erteilung der Bescheinigung unabhängig von einer Unterrichtung des Arbeitnehmers, den an die zentrale Stelle (§ 81 EStG) übermittelten Zulageantrag zu korrigieren bzw. stornieren, es sei denn der Arbeitnehmer hat der Versorgungseinrichtung die Ablehnung der Steuerfreiheit nachgewiesen. Die zentrale Stelle hat ggf. zu Unrecht gewährte Zulagen nach § 90 Absatz 3 EStG zurückzufordern. Die Versorgungseinrichtung hat zudem eine ggf. übermittelte Bescheinigung nach § 10a Absatz 5 EStG für das Beitragsjahr 2010 zu korrigieren bzw. zu stornieren. Sollte im Einkommensteuerbescheid keine Inanspruchnahme der Steuerfreiheit erfolgen, hat die Versorgungseinrichtung keinen korrigierten bzw. stornierten Zulageantrag an die zentrale Stelle zu übermitteln.

Im Hinblick auf die möglichen gegenläufigen Konsequenzen bei der Umsetzung des BFH-Urteils (Gewährung der Steuerfreiheit § 3 Nummer 63 EStG einerseits, dafür Verlust der Förderung nach § 10a EStG/Abschnitt XI EStG andererseits) ist eine Korrektur von Amts wegen nicht durchzuführen, sondern nur auf Antrag des Arbeitnehmers.

Die Steuerfreistellung nach § 3 Nummer 56 EStG sowie die Pauschalversteuerung nach § 40b Absätze 1 und 2 EStG von Zuwendungen des Arbeitgebers an eine Pensionskasse zum Aufbau einer nicht kapitalgedeckten Altersversorgung bleiben in diesem Zusammenhang unberührt.

(Zu LStH 19.7) **Anlage § 004-02/Incentive-Reisen**

Ertragsteuerliche Behandlung von Incentive-Reisen

BMF-Schreiben vom 14.Oktober 1996 IV B 2 – S 2143 – 23/96 (BStBl. I S. 1192)

Im Einvernehmen mit den obersten Finanzbehörden der Länder nehme ich zur ertragsteuerlichen Behandlung von Incentive-Reisen bei den Unternehmen, die die Leistungen gewähren, und den Empfängern der Leistungen wie folgt Stellung:

Incentive-Reisen werden von einem Unternehmen gewährt, um Geschäftspartner oder Arbeitnehmer des Betriebs für erbrachte Leistungen zu belohnen und zu Mehr- oder Höchstleistungen zu motivieren. Reiseziel, Unterbringung, Transportmittel und Teilnehmerkreis werden von dem die Reiseleistung gewährenden Unternehmen festgelegt. Der Ablauf der Reise und die einzelnen Veranstaltungen dienen allgemein-touristischen Interessen.

1. Behandlung der Aufwendungen bei dem die Reiseleistung gewährenden Unternehmen:

    a) Aufwendungen für Geschäftspartner

    Wird eine Incentive-Reise mit Geschäftspartnern des Steuerpflichtigen durchgeführt, ist bei der Beurteilung der steuerlichen Abzugsfähigkeit der für die Reise getätigten Aufwendungen danach zu unterscheiden, ob die Reise als Belohnung zusätzlich zum vereinbarten Entgelt oder zur Anknüpfung, Sicherung oder Verbesserung von Geschäftsbeziehungen gewährt wird.

    Wird die Reise in sachlichem und zeitlichem Zusammenhang mit den Leistungen des Empfängers als – zusätzliche – Gegenleistung gewährt, sind die tatsächlich entstandenen Fahrtkosten sowie die Unterbringungskosten in vollem Umfang als Betriebsausgaben abzugsfähig. Nutzt der Unternehmer allerdings ein eigenes Gästehaus, das sich nicht am Ort des Betriebs befindet, dürfen die Aufwendungen für die Unterbringung den Gewinn nicht mindern (§ 4 Abs. 5 Satz 1 Nr. 3 EStG). Die Aufwendungen für die Gewährung von Mahlzeiten sind als Bewirtungskosten in Höhe von 80 v.H. der angemessenen und nachgewiesenen Kosten abzugsfähig (§ 4 Abs. 5 Satz 1 Nr. 2 EStG).

    Wird die Reise mit gegenwärtigen oder zukünftigen Geschäftspartnern durchgeführt, um allgemeine Geschäftsbeziehungen erst anzuknüpfen, zu erhalten oder zu verbessern, handelt es sich um ein Geschenk (§ 4 Abs. 5 Satz 1 Nr. 1 EStG). Fahrt- und Unterbringungskosten dürfen dann den Gewinn nicht mindern (BFH-Urteil vom 23. Juni 1993, BStBl. II S. 806); Aufwendungen für die Bewirtung sind nach § 4 Abs. 5 Satz 1 Nr. 2 EStG zu beurteilen.

    b) Aufwendungen für Arbeitnehmer

    Wird die Reise mit Arbeitnehmern des Betriebs durchgeführt, sind die hierdurch veranlassten Aufwendungen als Betriebsausgaben in voller Höhe berücksichtigungsfähig; die Abzugsbeschränkungen nach § 4 Abs. 5 Satz 1 Nr. 1, 2 und 3 EStG greifen nicht ein.

2. Behandlung der Reise beim Empfänger

    a) Gewährung der Reiseleistungen an Geschäftspartner

    aa) Erfassung als Betriebseinnahmen

    Wendet der Unternehmer einem Geschäftspartner, der in einem Einzelunternehmen betriebliche Einkünfte erzielt, eine Incentive-Reise zu, hat der Empfänger den Wert der Reise im Rahmen seiner steuerlichen Gewinnermittlung als Betriebseinnahme zu erfassen (BFH-Urteile vom 22. Juli 1988, BStBl. II S. 995; vom 20. April 1989, BStBl. II S. 641). Wird der Wert der Incentive-Reise einer Personengesellschaft oder einer Kapitalgesellschaft zugewandt, haben sie in Höhe des Sachwerts der Reise eine Betriebseinnahme anzusetzen. Der Wert einer Reise ist auch dann als Betriebseinnahme anzusetzen, wenn das die Reiseleistungen gewährende Unternehmen die Aufwendungen nicht als Betriebsausgaben abziehen darf (BFH-Urteil vom 26. September 1995, BStBl. II 1996 S. 273).

    bb) Verwendung der erhaltenen Reiseleistungen

    Mit der Teilnahme an der Reise wird eine Entnahme verwirklicht, da mit der Reise regelmäßig allgemein-touristische Interessen befriedigt werden. Dies gilt auch, wenn eine Personengesellschaft die empfangene Reiseleistung an ihre Gesellschafter weiterleitet (BFH-Urteil vom 26. September 1995 a.a.O.). Leitet die Kapitalgesellschaft die erhaltene Reiseleistung an ihre Gesellschafter weiter, so liegt hierin grundsätzlich eine verdeckte Gewinnausschüttung.

Anlage § 004-02/Incentive-Reisen (Zu LStH 19.7)

b) Gewährung der Reiseleistungen an Arbeitnehmer[1]

Wird Arbeitnehmern des Unternehmens eine Incentive-Reise gewährt, liegt steuerpflichtiger Arbeitslohn vor (BFH-Urteil vom 9. März 1990, BStBl. II S. 711), der unter den Voraussetzungen des § 40 Abs. 1 EStG pauschal versteuert werden kann.

c) Wert der Reise

Die Gewährung der Reise ist steuerlich in ihrer Gesamtheit zu beurteilen. Ihr Wert entspricht nach ihren Leistungsmerkmalen und ihrem Erlebniswert regelmäßig einer am Markt angebotenen Gruppenreise, bei der Reiseziel, Reiseprogramm und Reisedauer festgelegt und der Teilnehmerkreis begrenzt sind; deshalb können einzelne Teile der Durchführung und der Organisation aus der Sicht des Empfängers nur im Zusammenhang gesehen werden (vgl. BFH-Beschluss vom 27. November 1978, BStBl. II 1979 S. 213). Bei der Wertermittlung ist weder den tatsächlichen Aufwendungen des zuwendenden Unternehmers noch der subjektiven Vorstellung des Empfängers entscheidende Bedeutung beizumessen (BFH-Urteil vom 22. Juli 1988, a.a.O.); ihr Wert kann daher grundsätzlich nicht aus den Aufwendungen – auch nicht vermindert um einen pauschalen Abschlag bei über das übliche Maß hinausgehenden Aufwendungen – abgeleitet werden. Der Wert der zugewandten Reise ist daher in ihrer Gesamtheit mit dem üblichen Endpreis am Abgabeort anzusetzen (§ 8 Abs. 2 EStG). Er entspricht regelmäßig dem Preis der von Reiseveranstaltern am Markt angebotenen Gruppenreisen mit vergleichbaren Leistungsmerkmalen (z.B. Hotelkategorie, Besichtigungsprogramme); eine Wertminderung wegen des vom zuwendenden Unternehmen festgelegten Reiseziels, des Reiseprogramms, der Reisedauer und des fest umgrenzten Teilnehmerkreises kommt nicht in Betracht. Rabatte, die dem die Leistung gewährenden Unternehmen eingeräumt werden, bleiben für die Bewertung beim Empfänger ebenfalls außer Betracht; gleiches gilt für Preisaufschläge, die das Unternehmen speziell für die Durchführung der Reise aufwenden muss.

d) Aufwendungen des Empfängers der Reiseleistungen

Aufwendungen, die im Zusammenhang mit der Teilnahme an der Reise stehen, darf der Empfänger nicht als Betriebsausgaben oder Werbungskosten abziehen, da die Teilnahme an der Reise durch private Interessen, die nicht nur von untergeordneter Bedeutung ist, veranlasst ist (BFH-Urteil vom 22. Juli 1988 a.a.O.; vgl. auch R 117a EStR). Zur Berücksichtigung von einzelnen Aufwendungen als Betriebsausgaben wird auf H 117a („Einzelaufwendungen") EStH hingewiesen; hinsichtlich des Werbungskostenabzugs wird ergänzend auf Abschnitt 35 LStR verwiesen.

---

1) Hinweis auf BFH-Urteil vom 18.8.2005 VI R 32/03 (BStBl. 2006 II S. 30, s. Rechtsprechung zu § 19 EStG), wonach die Kosten einer vom Arbeitgeber bezahlten Auslandsreise (gemischt veranlasste Sachzuwendung) grundsätzlich aufgeteilt werden können in solche mit und solche ohne Entlohnungscharakter.

(Zu LStH 9.12, 9.14) **Anlage § 004-03/häusliches Arbeitszimmer**

Einkommensteuerliche Behandlung der Aufwendungen für ein häusliches Arbeitszimmer nach § 4 Absatz 5 Satz 1 Nummer 6b, § 9 Absatz 5 und § 10 Absatz 1 Nummer 7 EStG; Neuregelung durch das Jahressteuergesetz 2010 vom 8. Dezember 2010 (BGBl. I S. 1768, BStBl. I S. 1394)

BMF-Schreiben vom 2. März 2011 IV C 6 – S 2145/07/10002, 2011/0150549 (BStBl. I S. 195)

Im Einvernehmen mit den obersten Finanzbehörden der Länder gilt zur einkommensteuerrechtlichen Behandlung der Aufwendungen für ein häusliches Arbeitszimmer nach § 4 Absatz 5 Satz 1 Nummer 6b, § 9 Absatz 5 und § 10 Absatz 1 Nummer 7 EStG in der Fassung des Jahressteuergesetzes 2010 (BGBl. I S. 1768, BStBl. I S. 1394) Folgendes:

I. Grundsatz

Nach § 4 Absatz 5 Satz 1 Nummer 6b Satz 1 und § 9 Absatz 5 Satz 1 EStG dürfen die Aufwendungen für ein häusliches Arbeitszimmer sowie die Kosten der Ausstattung grundsätzlich nicht als Betriebsausgaben oder Werbungskosten abgezogen werden. Bildet das häusliche Arbeitszimmer den Mittelpunkt der gesamten betrieblichen und beruflichen Betätigung, dürfen die Aufwendungen in voller Höhe steuerlich berücksichtigt werden (§ 4 Absatz 5 Satz 1 Nummer 6b Satz 3 2. Halbsatz EStG). Steht für die betriebliche oder berufliche Tätigkeit kein anderer Arbeitsplatz zur Verfügung, sind die Aufwendungen bis zur Höhe von 1 250 Euro je Wirtschaftsjahr oder Kalenderjahr als Betriebsausgaben oder Werbungskosten abziehbar (§ 4 Absatz 5 Satz 1 Nummer 6b Satz 2 und 3 1. Halbsatz EStG). Der Betrag von 1 250 Euro ist kein Pauschbetrag. Es handelt sich um einen objektbezogenen Höchstbetrag, der nicht mehrfach für verschiedene Tätigkeiten oder Personen in Anspruch genommen werden kann, sondern ggf. auf die unterschiedlichen Tätigkeiten oder Personen aufzuteilen ist (vgl. Rdnr. 19 bis 21). 1

II. Anwendungsbereich der gesetzlichen Regelung

Unter die Regelungen des § 4 Absatz 5 Satz 1 Nummer 6b und § 9 Absatz 5 EStG fällt die Nutzung eines häuslichen Arbeitszimmers zur Erzielung von Einkünften aus sämtlichen Einkunftsarten. 2

III. Begriff des häuslichen Arbeitszimmers

Ein häusliches Arbeitszimmer ist ein Raum, der seiner Lage, Funktion und Ausstattung nach in die häusliche Sphäre des Steuerpflichtigen eingebunden ist, vorwiegend der Erledigung gedanklicher, schriftlicher, verwaltungstechnischer oder -organisatorischer Arbeiten dient (→ BFH-Urteile vom 19. September 2002 – VI R 70/01 –, BStBl. II 2003 S. 139 und vom 16. Oktober 2002 – XI R 89/00 –, BStBl. II 2003 S. 185) und ausschließlich oder nahezu ausschließlich zu betrieblichen und/oder beruflichen Zwecken genutzt wird; eine untergeordnete private Mitbenutzung (< 10 %) ist unschädlich. Es muss sich aber nicht zwingend um Arbeiten büromäßiger Art handeln; ein häusliches Arbeitszimmer kann auch bei geistiger, künstlerischer oder schriftstellerischer Betätigung gegeben sein. In die häusliche Sphäre eingebunden ist ein als Arbeitszimmer genutzter Raum regelmäßig dann, wenn er zur privaten Wohnung oder zum Wohnhaus des Steuerpflichtigen gehört. Dies betrifft nicht nur die Wohnräume, sondern ebenso Zubehörräume (→ BFH-Urteile vom 26. Februar 2003 – VI R 130/01 –, BStBl. II 2004 S. 74 und vom 19. September 2002 – VI R 70/01 –, BStBl. II 2003 S. 139). So kann auch ein Raum, z. B. im Keller oder unter dem Dach (Mansarde) des Wohnhauses, in dem der Steuerpflichtige seine Wohnung hat, ein häusliches Arbeitszimmer sein, wenn die Räumlichkeiten aufgrund der unmittelbaren Nähe mit den privaten Wohnräumen des Steuerpflichtigen als gemeinsame Wohneinheit verbunden sind. 3

Dagegen kann es sich bei einem im Keller oder Dachgeschoss eines Mehrfamilienhauses befindlichen Raum, der nicht zur Privatwohnung des Steuerpflichtigen gehört, sondern zusätzlich angemietet wurde, um ein außerhäusliches Arbeitszimmer handeln (→ BFH-Urteile vom 26. Februar 2003 – VI R 160/99 –, BStBl. II S. 515 und vom 18. August 2005 – VI R 39/04 –, BStBl. II 2006 S. 428). Maßgebend ist, ob eine innere häusliche Verbindung des Arbeitszimmers mit der privaten Lebenssphäre des Steuerpflichtigen besteht. Dabei ist das Gesamtbild der Verhältnisse im Einzelfall entscheidend. Für die Anwendung des § 4 Absatz 5 Satz 1 Nummer 6b, des § 9 Absatz 5 und des § 10 Absatz 1 Nummer 7 EStG ist es ohne Bedeutung, ob die Wohnung, zu der das häusliche Arbeitszimmer gehört, gemietet ist oder ob sie sich im Eigentum des Steuerpflichtigen befindet. Auch mehrere Räume können als ein häusliches Arbeitszimmer anzusehen sein; die Abtrennung der Räumlichkeiten vom übrigen Wohnbereich ist erforderlich. 4

Nicht unter die Abzugsbeschränkung des § 4 Absatz 5 Satz 1 Nummer 6b und § 9 Absatz 5 EStG fallen Räume, die ihrer Ausstattung und Funktion nach nicht einem Büro entsprechen (z. B. Betriebsräume, Lagerräume, Ausstellungsräume), selbst wenn diese ihrer Lage nach mit dem Wohnraum des Steuerpflichtigen verbunden und so in dessen häusliche Sphäre eingebunden sind (→ BFH-Urteile vom 5

Anlage § 004-03/häusliches Arbeitszimmer (Zu LStH 9.12, 9.14)

28. August 2003 – IV R 53/01 –, BStBl. II 2004 S. 55 und vom 26. März 2009 – VI R 15/07 –, BStBl. II S. 598).

Beispiele:

a) Ein häusliches Arbeitszimmer liegt in folgenden Fällen regelmäßig vor:
   – häusliches Büro eines selbständigen Handelsvertreters, eines selbständigen Übersetzers oder eines selbständigen Journalisten,
   – bei Anmietung einer unmittelbar angrenzenden oder unmittelbar gegenüberliegenden Zweitwohnung in einem Mehrfamilienhaus (→ BFH-Urteile vom 26. Februar 2003 – VI R 124/01 – und – VI R 125/01 –, BStBl. II 2004 S. 69 und 72),
   – häusliches ausschließlich beruflich genutztes Musikzimmer der freiberuflich tätigen Konzertpianistin, in dem diese Musikunterricht erteilt,
   – Aufwendungen für einen zugleich als Büroarbeitsplatz und als Warenlager betrieblich genutzten Raum unterliegen der Abzugsbeschränkung für das häusliche Arbeitszimmer, wenn der Raum nach dem Gesamtbild der Verhältnisse vor allem aufgrund seiner Ausstattung und Funktion, ein typisches häusliches Büro ist und die Ausstattung und Funktion als Lager dahinter zurücktritt (→ BFH-Urteil vom 22. November 2006 – X R 1/05 –, BStBl. II 2007 S. 304).

b) Kein häusliches Arbeitszimmer, sondern betrieblich genutzte Räume liegen regelmäßig in folgenden Fällen vor:
   – Arzt-, Steuerberater- oder Anwaltspraxis grenzt an das Einfamilienhaus an oder befindet sich im selben Gebäude wie die Privatwohnung, wenn diese Räumlichkeiten für einen intensiven und dauerhaften Publikumsverkehr geöffnet und z. B. bei häuslichen Arztpraxen für Patientenbesuche und -untersuchungen eingerichtet sind (→ BFH-Urteil vom 5. Dezember 2002 – IV R 7/01 –, BStBl. II 2003 S. 463 zu einer Notfallpraxis und Negativabgrenzung im BFH-Urteil vom 23. Januar 2003 – IV R 71/00 –, BStBl. II 2004 S. 43 zur Gutachtertätigkeit einer Ärztin).
   – In einem Geschäftshaus befinden sich neben der Wohnung des Bäckermeisters die Backstube, der Verkaufsraum, ein Aufenthaltsraum für das Verkaufspersonal und das Büro, in dem die Buchhaltungsarbeiten durchgeführt werden. Das Büro ist in diesem Fall aufgrund der Nähe zu den übrigen Betriebsräumen nicht als häusliches Arbeitszimmer zu werten.
   – Im Keller ist ein Arbeitsraum belegen, der – anders als z. B. ein Archiv (→ BFH-Urteil vom 19. September 2002 – VI R 70/01 –, BStBl. II 2003 S. 139) – keine (Teil-)Funktionen erfüllt, die typischerweise einem häuslichen Arbeitszimmer zukommen, z. B. Lager für Waren und Werbematerialien.

IV. Betroffene Aufwendungen

6 Zu den Aufwendungen für ein häusliches Arbeitszimmer gehören insbesondere die anteiligen Aufwendungen für:
   – Miete,
   – Gebäude-AfA, Absetzungen für außergewöhnliche technische oder wirtschaftliche Abnutzung, Sonderabschreibungen,
   – Schuldzinsen für Kredite, die zur Anschaffung, Herstellung oder Reparatur des Gebäudes oder der Eigentumswohnung verwendet worden sind,
   – Wasser- und Energiekosten,
   – Reinigungskosten,
   – Grundsteuer, Müllabfuhrgebühren, Schornsteinfegergebühren, Gebäudeversicherungen,
   – Renovierungskosten,
   – Aufwendungen für die Ausstattung des Zimmers, z. B. Tapeten, Teppiche, Fenstervorhänge, Gardinen und Lampen.

Die Kosten einer Gartenerneuerung können anteilig den Kosten des häuslichen Arbeitszimmers zuzurechnen sein, wenn bei einer Reparatur des Gebäudes Schäden am Garten verursacht worden sind. Den Kosten des Arbeitszimmers zuzurechnen sind allerdings nur diejenigen Aufwendungen, die der Wiederherstellung des ursprünglichen Zustands dienen (→ BFH-Urteil vom 6. Oktober 2004 – VI R 27/01 –, BStBl. II S. 1071).

7 Luxusgegenstände wie z. B. Kunstgegenstände, die vorrangig der Ausschmückung des Arbeitszimmers dienen, gehören zu den nach § 12 Nummer 1 EStG nicht abziehbaren Aufwendungen (→ BFH-Urteil vom 30. Oktober 1990 – VIII R 42/87 –, BStBl II 1991 S. 340).

(Zu LStH 9.12, 9.14) **Anlage § 004-03/häusliches Arbeitszimmer**

Keine Aufwendungen i. S. d. § 4 Absatz 5 Satz 1 Nummer 6b EStG sind die Aufwendungen für Arbeitsmittel (→ BFH-Urteil vom 21. November 1997 – VI R 4/97 –, BStBl. II 1998 S. 351). Diese werden daher von § 4 Absatz 5 Satz 1 Nummer 6b EStG nicht berührt. **8**

V. Mittelpunkt der gesamten betrieblichen und beruflichen Betätigung

Ein häusliches Arbeitszimmer ist der Mittelpunkt der gesamten betrieblichen und beruflichen Betätigung **9** des Steuerpflichtigen, wenn nach Würdigung des Gesamtbildes der Verhältnisse und der Tätigkeitsmerkmale dort diejenigen Handlungen vorgenommen und Leistungen erbracht werden, die für die konkret ausgeübte betriebliche oder berufliche Tätigkeit wesentlich und prägend sind. Der Tätigkeitsmittelpunkt i. S. d. § 4 Absatz 5 Satz 1 Nummer 6b Satz 3 2. Halbsatz EStG bestimmt sich nach dem inhaltlichen (qualitativen) Schwerpunkt der betrieblichen und beruflichen Betätigung des Steuerpflichtigen.

Dem zeitlichen (quantitativen) Umfang der Nutzung des häuslichen Arbeitszimmers kommt im Rahmen **10** dieser Würdigung lediglich eine indizielle Bedeutung zu; das zeitliche Überwiegen der außerhäuslichen Tätigkeit schließt einen unbeschränkten Abzug der Aufwendungen für das häusliche Arbeitszimmer nicht von vornherein aus (→ BFH-Urteile vom 13. November 2002 – VI R 82/01 –, BStBl. II 2004 S. 62, – VI R 104/01 –, BStBl. II 2004 S. 65 und – VI R 28/02 –, BStBl. II 2004 S. 59).

Übt ein Steuerpflichtiger nur eine betriebliche oder berufliche Tätigkeit aus, die in qualitativer Hinsicht **11** gleichwertig sowohl im häuslichen Arbeitszimmer als auch am außerhäuslichen Arbeitsort erbracht wird, so liegt der Mittelpunkt der gesamten beruflichen und betrieblichen Betätigung dann im häuslichen Arbeitzimmer, wenn der Steuerpflichtige mehr als die Hälfte der Arbeitszeit im häuslichen Arbeitszimmer tätig wird (→ BFH-Urteil vom 23. Mai 2006 – VI R 21/03 –, BStBl. II S. 600).

Übt ein Steuerpflichtiger mehrere betriebliche und berufliche Tätigkeiten nebeneinander aus, ist nicht **12** auf eine Einzelbetrachtung der jeweiligen Betätigung abzustellen; vielmehr sind alle Tätigkeiten in ihrer Gesamtheit zu erfassen. Grundsätzlich lassen sich folgende Fallgruppen unterscheiden:

– Bilden bei allen Erwerbstätigkeiten – jeweils – die im häuslichen Arbeitszimmer verrichteten Arbeiten den qualitativen Schwerpunkt, so liegt dort auch der Mittelpunkt der Gesamttätigkeit.

– Bilden hingegen die außerhäuslichen Tätigkeiten – jeweils – den qualitativen Schwerpunkt der Einzeltätigkeiten oder lassen sich diese keinem Schwerpunkt zuordnen, so kann das häusliche Arbeitszimmer auch nicht durch die Summe der darin verrichteten Arbeiten zum Mittelpunkt der Gesamttätigkeit werden.

– Bildet das häusliche Arbeitszimmer schließlich den qualitativen Mittelpunkt lediglich einer Einzeltätigkeit, nicht jedoch im Hinblick auf die übrigen Tätigkeiten, ist regelmäßig davon auszugehen, dass das Arbeitszimmer nicht den Mittelpunkt der Gesamttätigkeit bildet. Der Steuerpflichtige hat jedoch die Möglichkeit, anhand konkreter Umstände des Einzelfalls glaubhaft zu machen oder nachzuweisen, dass die Gesamttätigkeit gleichwohl einem einzelnen qualitativen Schwerpunkt zugeordnet werden kann und dass dieser im häuslichen Arbeitszimmer liegt. Abzustellen ist dabei auf das Gesamtbild der Verhältnisse und auf die Verkehrsanschauung, nicht auf die Vorstellung des betroffenen Steuerpflichtigen (→ BFH-Urteile vom 13. Oktober 2003 – VI R 27/02 –, BStBl. II 2004 S. 771 und vom 16. Dezember 2004 – IV R 19/03 –, BStBl. II 2005 S. 212).

Das häusliche Arbeitszimmer und der Außendienst können nicht gleichermaßen „Mittelpunkt" der be- **13** ruflichen Betätigung eines Steuerpflichtigen i. S. d. § 4 Absatz 5 Satz 1 Nummer 6b Satz 3 2. Halbsatz EStG sein (→ BFH-Urteil vom 21. Februar 2003 – VI R 14/02 –, BStBl. II 2004 S. 68).

Beispiele, in denen das häusliche Arbeitszimmer den Mittelpunkt der gesamten betrieblichen und beruflichen Betätigung bilden kann:

– Bei einem Verkaufsleiter, der zur Überwachung von Mitarbeitern und zur Betreuung von Großkunden auch im Außendienst tätig ist, kann das häusliche Arbeitszimmer Tätigkeitsmittelpunkt sein, wenn er dort die für den Beruf wesentlichen Leistungen (z. B. Organisation der Betriebsabläufe) erbringt (→ BFH-Urteil vom 13. November 2002 – VI R 104/01 –, BStBl. II 2004 S. 65).

– Bei einem Ingenieur, dessen Tätigkeit durch die Erarbeitung theoretischer, komplexer Problemlösungen im häuslichen Arbeitszimmer geprägt ist, kann dieses auch dann der Mittelpunkt der beruflichen Betätigung sein, wenn die Betreuung von Kunden im Außendienst ebenfalls zu seinen Aufgaben gehört (→ BFH-Urteil vom 13. November 2002 – VI R 28/02 –, BStBl. II 2004 S. 59).

– Bei einem Praxis-Konsultant, der ärztliche Praxen in betriebswirtschaftlichen Fragen berät, betreut und unterstützt, kann das häusliche Arbeitszimmer auch dann den Mittelpunkt der gesamten beruflichen Tätigkeit bilden, wenn er einen nicht unerheblichen Teil seiner Arbeitszeit im Außendienst verbringt (→ BFH-Urteil vom 29. April 2003 – VI R 78/02 –, BStBl. II 2004 S. 76).

Anlage § 004-03/häusliches Arbeitszimmer (Zu LStH 9.12, 9.14)

Beispiele, in denen das Arbeitszimmer **nicht** den Mittelpunkt der gesamten betrieblichen und beruflichen Betätigung bildet:

- Bei einem – freien oder angestellten – Handelsvertreter liegt der Tätigkeitsschwerpunkt außerhalb des häuslichen Arbeitszimmers, wenn die Tätigkeit nach dem Gesamtbild der Verhältnisse durch die Arbeit im Außendienst geprägt ist, auch wenn die zu Hause verrichteten Tätigkeiten zur Erfüllung der beruflichen Aufgaben unerlässlich sind (→ BFH-Urteil vom 13. November 2002 – VI R 82/01 –, BStBl. II 2004 S. 62).

- Ein kaufmännischer Angestellter eines Industrieunternehmens ist nebenbei als Mitarbeiter für einen Lohnsteuerhilfeverein selbständig tätig und nutzt für letztere Tätigkeit sein häusliches Arbeitszimmer als „Beratungsstelle", in dem er Steuererklärungen erstellt, Beratungsgespräche führt und Rechtsbehelfe bearbeitet. Für diese Nebentätigkeit ist das Arbeitszimmer zwar der Tätigkeitsmittelpunkt. Aufgrund der erforderlichen Gesamtbetrachtung ist das Arbeitszimmer jedoch nicht Mittelpunkt seiner gesamten betrieblichen und beruflichen Betätigung (→ BFH-Urteil vom 23. September 1999 – VI R 74/98 –, BStBl. II 2000 S. 7).

- Bei einer Ärztin, die Gutachten über die Einstufung der Pflegebedürftigkeit erstellt und dazu ihre Patienten ausschließlich außerhalb des häuslichen Arbeitszimmers untersucht und dort (vor Ort) alle erforderlichen Befunde erhebt, liegt der qualitative Schwerpunkt nicht im häuslichen Arbeitszimmer, in welchem lediglich die Tätigkeit begleitende Aufgaben erledigt werden (→ BFH-Urteil vom 23. Januar 2003 – IV R 71/00 –, BStBl. II 2004 S. 43).

- Bei einem Architekten, der neben der Planung auch mit der Ausführung der Bauwerke (Bauüberwachung) betraut ist, kann diese Gesamttätigkeit keinem konkreten Tätigkeitsschwerpunkt zugeordnet werden. Das häusliche Arbeitszimmer bildet in diesem Fall nicht den Mittelpunkt der gesamten beruflichen und betrieblichen Betätigung (→ BFH-Urteil vom 26. Juni 2003 – IV R 9/03 –, BStBl. II 2004 S. 50).

- Bei Lehrern befindet sich der Mittelpunkt der betrieblichen und beruflichen Betätigung regelmäßig nicht im häuslichen Arbeitszimmer, weil die berufsprägenden Merkmale eines Lehrers im Unterrichten bestehen und diese Leistungen in der Schule o. Ä. erbracht werden (→ BFH-Urteil vom 26. Februar 2003 – VI R 125/01 –, BStBl. II 2004 S. 72). Deshalb sind die Aufwendungen für das häusliche Arbeitszimmer auch dann nicht **in voller Höhe** abziehbar, wenn die überwiegende Arbeitszeit auf die Vor- und Nachbereitung des Unterrichts verwendet und diese Tätigkeit im häuslichen Arbeitszimmer ausgeübt wird.

VI. Für die betriebliche oder berufliche Betätigung steht kein anderer Arbeitsplatz zur Verfügung

14 Anderer Arbeitsplatz i. S. d. § 4 Absatz 5 Satz 1 Nummer 6b Satz 2 EStG ist grundsätzlich jeder Arbeitsplatz, der zur Erledigung büromäßiger Arbeiten geeignet ist (→ BFH-Urteil vom 7. August 2003 – VI R 17/01 –, BStBl. II 2004 S. 78). Weitere Anforderungen an die Beschaffenheit des Arbeitsplatzes werden nicht gestellt; unbeachtlich sind mithin grundsätzlich die konkreten Arbeitsbedingungen und Umstände wie beispielsweise Lärmbelästigung oder Publikumsverkehr (→ BFH-Urteil vom 7. August 2003 – VI R 162/00 –, BStBl. II 2004 S. 83). Voraussetzung ist auch nicht das Vorhandensein eines eigenen, räumlich abgeschlossenen Arbeitsbereichs oder eines individuell zugeordneten Arbeitsplatzes, so dass auch ein Arbeitsplatz in einem Großraumbüro oder in der Schalterhalle einer Bank ein anderer Arbeitsplatz im Sinne der o. g. Vorschrift ist (→ BFH-Urteile vom 7. August 2003 – VI R 17/01 –, BStBl. II 2004 S. 78 und – VI R 162/00 –, BStBl. II 2004 S. 83). Die Ausstattung des häuslichen Arbeitszimmers mit Arbeitsmitteln, die im Betrieb/in dem vom Arbeitgeber zur Verfügung gestellten Raum nicht vorhanden sind, ist ohne Bedeutung. Ob ein anderer Arbeitsplatz vorliegt, ist nach objektiven Gesichtspunkten zu beurteilen. Subjektive Erwägungen des Steuerpflichtigen zur Annehmbarkeit des Arbeitsplatzes sind unbeachtlich.

15 Ein anderer Arbeitsplatz steht dem Steuerpflichtigen dann zur Verfügung, wenn dieser ihn in dem konkret erforderlichen Umfang und in der konkret erforderlichen Art und Weise tatsächlich nutzen kann. Die Erforderlichkeit des häuslichen Arbeitszimmers entfällt nicht bereits dann, wenn dem Steuerpflichtigen irgendein anderer Arbeitsplatz zur Verfügung steht, sondern nur dann, wenn dieser Arbeitsplatz grundsätzlich so beschaffen ist, dass der Steuerpflichtige auf das häusliche Arbeitszimmer nicht angewiesen ist (→ BFH-Urteil vom 7. August 2003 – VI R 17/01 –, BStBl. II 2004 S. 78). Die Beurteilung, ob für die betriebliche oder berufliche Tätigkeit kein anderer Arbeitsplatz zur Verfügung steht, ist jeweils tätigkeitsbezogen vorzunehmen. Ein anderer Arbeitsplatz steht auch dann zur Verfügung, wenn er außerhalb der üblichen Arbeitszeiten, wie z. B. am Wochenende oder in den Ferien, nicht zugänglich ist. Ändern sich die Nutzungsverhältnisse des Arbeitszimmers innerhalb eines Veranlagungszeitraumes, ist auf den Zeitraum der begünstigten Nutzung abzustellen. Werden in einem Arbeitszimmer sowohl Tätigkeiten, für die ein anderer Arbeitsplatz zur Verfügung steht, als auch Tätigkeiten, für die ein anderer Arbeitsplatz nicht zur

Verfügung steht, ausgeübt, so sind die Aufwendungen dem Grunde nach nur zu berücksichtigen, soweit sie auf Tätigkeiten entfallen, für die ein anderer Arbeitsplatz nicht zur Verfügung steht.

Übt ein Steuerpflichtiger mehrere betriebliche oder berufliche Tätigkeiten nebeneinander aus, ist daher für jede Tätigkeit zu prüfen, ob ein anderer Arbeitsplatz zur Verfügung steht. Dabei kommt es nicht darauf an, ob ein für eine Tätigkeit zur Verfügung stehender Arbeitsplatz auch für eine andere Tätigkeit genutzt werden kann (z. B. Firmenarbeitsplatz auch für schriftstellerische Nebentätigkeit), vgl. Rdnr. 20. 16

Geht ein Steuerpflichtiger nur einer betrieblichen oder beruflichen Tätigkeit nach, muss ein vorhandener anderer Arbeitsplatz auch tatsächlich für alle Aufgabenbereiche dieser Erwerbstätigkeit genutzt werden können. Ist ein Steuerpflichtiger auf sein häusliches Arbeitszimmer angewiesen, weil er dort einen nicht unerheblichen Teil seiner betrieblichen oder beruflichen Tätigkeit verrichten muss, ist der andere Arbeitsplatz unschädlich. Es genügt allerdings nicht, wenn er im häuslichen Arbeitszimmer Arbeiten verrichtet, die er grundsätzlich auch an einem anderen Arbeitsplatz verrichten könnte (→ BFH-Urteil vom 7. August 2003 – VI R 17/01 –, BStBl. II 2004 S. 78). 17

Beispiele (kein anderer Arbeitsplatz vorhanden):

– Ein Lehrer hat für seine Unterrichtsvorbereitung in der Schule keinen Schreibtisch. Das jeweilige Klassenzimmer oder das Lehrerzimmer stellt keinen Arbeitsplatz im Sinne der Abzugsbeschränkung dar.

– Ein angestellter oder selbständiger Orchestermusiker hat im Konzertsaal keine Möglichkeit zu üben. Hierfür hat er sich ein häusliches Arbeitszimmer eingerichtet.

– Ein angestellter Krankenhausarzt übt eine freiberufliche Gutachtertätigkeit aus. Dafür steht ihm im Krankenhaus kein Arbeitsplatz zur Verfügung.

Beispiele (vorhandener anderer Arbeitsplatz steht nicht für alle Aufgabenbereiche der Erwerbstätigkeit zur Verfügung)

– Ein EDV-Berater übt außerhalb seiner regulären Arbeitszeit vom häuslichen Arbeitszimmer aus Bereitschaftsdienst aus und kann dafür den Arbeitsplatz bei seinem Arbeitgeber tatsächlich nicht nutzen (→ BFH-Urteil vom 7. August 2003 – VI R 41/98 –, BStBl. II 2004 S. 80).

– Einer Schulleiterin mit einem Unterrichtspensum von 18 Wochenstunden steht im Schulsekretariat ein Schreibtisch nur für die Verwaltungsarbeiten zur Verfügung. Für die Vor- und Nachbereitung des Unterrichts kann dieser Arbeitsplatz nach objektiven Kriterien wie Größe, Ausstattung und Nutzung nicht genutzt werden; diese Arbeiten müssen im häuslichen Arbeitszimmer verrichtet werden (→ BFH-Urteil vom 7. August 2003 – VI R 118/00 –, BStBl. II 2004 S. 82).

– Einem Grundschulleiter, der zu 50 % von der Unterrichtsverpflichtung freigestellt ist, steht für die Verwaltungstätigkeit ein Dienstzimmer von 11 qm zur Verfügung. Das Dienstzimmer bietet keinen ausreichenden Platz für Unterbringung der für die Vor- und Nachbereitung des Unterrichts erforderlichen Gegenstände (→ BFH-Urteil vom 7. August 2003 – VI R 16/01 –, BStBl. II 2004 S. 77).

– Muss ein Bankangestellter in einem nicht unerheblichen Umfang Büroarbeiten auch außerhalb der üblichen Bürozeiten verrichten und steht ihm hierfür sein regulärer Arbeitsplatz nicht zur Verfügung, können die Aufwendungen für ein häusliches Arbeitszimmer grundsätzlich (bis zu einer Höhe von 1 250 €) als Werbungskosten zu berücksichtigen sein (→ BFH-Urteil vom 7. August 2003 – VI R 162/00 –, BStBl. II 2004 S. 83).

Der Steuerpflichtige muss konkret darlegen, dass ein anderer Arbeitsplatz für die jeweilige betriebliche oder berufliche Tätigkeit nicht zur Verfügung steht. Die Art der Tätigkeit kann hierfür Anhaltspunkte bieten. Zusätzliches Indiz kann eine entsprechende Bescheinigung des Arbeitgebers sein. 18

VII. Nutzung des Arbeitszimmers zur Erzielung unterschiedlicher Einkünfte

Übt ein Steuerpflichtiger mehrere betriebliche und berufliche Tätigkeiten nebeneinander aus und bildet das häusliche Arbeitszimmer den Mittelpunkt der gesamten betrieblichen und beruflichen Betätigung, so sind die Aufwendungen für das Arbeitszimmer entsprechend dem Nutzungsumfang den darin ausgeübten Tätigkeiten zuzuordnen. Liegt dabei der Mittelpunkt einzelner Tätigkeiten außerhalb des häuslichen Arbeitszimmers, ist der Abzug der anteiligen Aufwendungen auch für diese Tätigkeiten möglich. 19

Liegt der Mittelpunkt der gesamten betrieblichen und beruflichen Betätigung nicht im häuslichen Arbeitszimmer, steht für einzelne Tätigkeiten jedoch kein anderer Arbeitsplatz zur Verfügung, können die Aufwendungen bis zur Höhe von 1 250 Euro abgezogen werden. Dabei sind die Aufwendungen für das Arbeitszimmer entsprechend dem Nutzungsumfang den darin ausgeübten Tätigkeiten zuzuordnen. Soweit der Kostenabzug für eine oder mehrere Tätigkeiten möglich ist, kann der Steuerpflichtige diese anteilig insgesamt bis zum Höchstbetrag abziehen. Eine Vervielfachung des Höchstbetrages ist aus- 20

Anlage § 004-03/häusliches Arbeitszimmer (Zu LStH 9.12, 9.14)

geschlossen (objektbezogener Höchstbetrag, vgl. BFH-Urteil vom 20. November 2003 – IV R 30/03 –, BStBl. II 2004 S. 775).

Beispiel:

Ein Angestellter nutzt sein Arbeitszimmer zu 40 % für seine nichtselbständige Tätigkeit und zu 60 % für eine unternehmerische Nebentätigkeit. Nur für die Nebentätigkeit steht ihm kein anderer Arbeitsplatz zur Verfügung. An Aufwendungen sind für das Arbeitszimmer insgesamt 2 500 € entstanden. Diese sind nach dem Nutzungsverhältnis aufzuteilen. Auf die nichtselbständige Tätigkeit entfallen 40 % von 2 500 € = 1 000 €, die nicht abgezogen werden können. Auf die Nebentätigkeit entfallen 60 % von 2 500 € = 1 500 €, die bis zu 1 250 € als Betriebsausgaben abgezogen werden können.

VIII. Nutzung des Arbeitszimmers durch mehrere Steuerpflichtige

21 Jeder Nutzende darf die Aufwendungen abziehen, die er getragen hat, wenn die Voraussetzungen des § 4 Absatz 5 Satz 1 Nummer 6b Satz 2 oder 3 EStG in seiner Person vorliegen. Steht allen Nutzenden jeweils dem Grunde nach nur ein Abzug in beschränkter Höhe zu, ist der Höchstbetrag dabei auf den jeweiligen Nutzenden nach seinem Nutzungsanteil aufzuteilen; er ist nicht mehrfach zu gewähren (→ BFH-Urteil vom 20. November 2003 – IV R 30/03 –, BStBl. II 2004 S. 775). Gleiches gilt auch, wenn nur einem Nutzenden ein beschränkter Abzug zusteht (→ BFH-Urteil vom 23. September 2009 – IV R 21/08 –, BStBl. II 2010 S. 337).

Beispiele:

– A und B nutzen gemeinsam ein häusliches Arbeitszimmer jeweils zu 50 %. Die Gesamtaufwendungen betragen 4 000 €. Sowohl A als auch B steht für die im häuslichen Arbeitszimmer ausgeübte betriebliche oder berufliche Tätigkeit kein anderer Arbeitsplatz zur Verfügung. Sie können daher jeweils 625 € (50 % des begrenzten Abzugs) als Betriebsausgaben oder Werbungskosten abziehen.

– A und B nutzen gemeinsam ein häusliches Arbeitszimmer jeweils zu 50 % (zeitlicher Nutzungsanteil). Die Gesamtaufwendungen betragen 4 000 €. Für A bildet das häusliche Arbeitszimmer den Mittelpunkt der gesamten betrieblichen und beruflichen Betätigung; A kann 2 000 € als Betriebsausgaben oder Werbungskosten abziehen. B steht für die im häuslichen Arbeitszimmer ausgeübte betriebliche oder berufliche Tätigkeit kein anderer Arbeitsplatz zur Verfügung und kann daher 625 € (50 % des begrenzten Abzugs) als Betriebsausgaben oder Werbungskosten abziehen.

IX. Nicht ganzjährige Nutzung des häuslichen Arbeitszimmers

22 Ändern sich die Nutzungsverhältnisse innerhalb eines Wirtschafts- oder Kalenderjahres, können nur die auf den Zeitraum, in dem das Arbeitszimmer den Mittelpunkt der gesamten betrieblichen und beruflichen Betätigung bildet, entfallenden Aufwendungen in voller Höhe abgezogen werden. Für den übrigen Zeitraum kommt ein beschränkter Abzug nur in Betracht, wenn für die betriebliche oder berufliche Betätigung kein anderer Arbeitsplatz zur Verfügung steht. Der Höchstbetrag von 1 250 Euro ist auch bei nicht ganzjähriger Nutzung eines häuslichen Arbeitszimmers in voller Höhe zum Abzug zuzulassen.

Beispiele:

– Ein Arbeitnehmer hat im 1. Halbjahr den Mittelpunkt seiner gesamten betrieblichen und beruflichen Tätigkeit in seinem häuslichen Arbeitszimmer. Im 2. Halbjahr übt er die Tätigkeit am Arbeitsplatz bei seinem Arbeitgeber aus. Die Aufwendungen für das Arbeitszimmer, die auf das 1. Halbjahr entfallen, sind in voller Höhe als Werbungskosten abziehbar. Für das 2. Halbjahr kommt ein Abzug nicht in Betracht.

– Ein Arbeitnehmer hat ein häusliches Arbeitszimmer, das er nur nach Feierabend und am Wochenende auch für seine nichtselbständige Tätigkeit nutzt. Seit 15. Juni ist er in diesem Raum auch schriftstellerisch tätig. Aus der schriftstellerischen Tätigkeit erzielt er Einkünfte aus selbständiger Arbeit. Fortan nutzt der Steuerpflichtige sein Arbeitszimmer zu 30 % für die nichtselbständige Tätigkeit und zu 70 % für die schriftstellerische Tätigkeit, wofür ihm kein anderer Arbeitsplatz zur Verfügung steht. Die Gesamtaufwendungen für das Arbeitszimmer betrugen 5 000 €. Davon entfallen auf den Zeitraum ab 15. Juni (6,5/12 =) 2 708 €. Der auf die nichtselbständige Tätigkeit entfallende Kostenanteil ist insgesamt nicht abziehbar. Auf die selbständige Tätigkeit entfallen 70 % von 2 708 € = 1 896 €, die bis zum Höchstbetrag von 1 250 € als Betriebsausgaben abgezogen werden können. Eine zeitanteilige Kürzung des Höchstbetrages ist nicht vorzunehmen.

23 Wird das Arbeitszimmer für eine spätere Nutzung vorbereitet, bei der die Abzugsvoraussetzungen vorliegen, sind die darauf entfallenden Aufwendungen entsprechend zu berücksichtigen (→ BFH-Urteil vom 23. Mai 2006 – VI R 21/03 –, BStBl. II S. 600).

(Zu LStH 9.12, 9.14) **Anlage § 004-03/häusliches Arbeitszimmer**

X. Nutzung eines häuslichen Arbeitszimmers zu Ausbildungszwecken

Nach § 10 Absatz 1 Nummer 7 Satz 4 EStG ist die Regelung des § 4 Absatz 5 Satz 1 Nummer 6b EStG auch für Aufwendungen für ein häusliches Arbeitszimmer anzuwenden, das für die eigene Berufsausbildung genutzt wird. Im Rahmen der Ausbildungskosten können jedoch in jedem Fall Aufwendungen nur bis zu insgesamt 4 000 Euro als Sonderausgaben abgezogen werden (§ 10 Absatz 1 Nummer 7 Satz 1 EStG). Wird das häusliche Arbeitszimmer auch zur Einkunftserzielung genutzt, sind für die Aufteilung der Kosten Rdnr. 19 und 20 entsprechend anzuwenden. 24

XI. Besondere Aufzeichnungspflichten

Nach § 4 Absatz 7 EStG dürfen Aufwendungen für ein häusliches Arbeitszimmer bei der Gewinnermittlung nur berücksichtigt werden, wenn sie besonders aufgezeichnet sind. Es bestehen keine Bedenken, wenn die auf das Arbeitszimmer anteilig entfallenden Finanzierungskosten im Wege der Schätzung ermittelt werden und nach Ablauf des Wirtschafts- oder Kalenderjahres eine Aufzeichnung aufgrund der Jahresabrechnung des Kreditinstitutes erfolgt. Entsprechendes gilt für die verbrauchsabhängigen Kosten wie z. B. Wasser- und Energiekosten. Es ist ausreichend, Abschreibungsbeträge einmal jährlich – zeitnah nach Ablauf des Kalender- oder Wirtschaftsjahres – aufzuzeichnen. 25

XII. Zeitliche Anwendung

Nach § 52 Absatz 12 Satz 9 EStG i. d. F. des Jahressteuergesetzes 2010 ist § 4 Absatz 5 Satz 1 Nummer 6b EStG rückwirkend ab dem Veranlagungszeitraum 2007 anzuwenden. Wird der Gewinn nach einem vom Kalenderjahr abweichenden Wirtschaftsjahr ermittelt, ist die Vorschrift ab 1. Januar 2007 anzuwenden. Für den Teil des Wirtschaftsjahres, der vor dem 1. Januar 2007 liegt, ist § 4 Absatz 5 Satz 1 Nummer 6b EStG in der bis dahin gültigen Fassung maßgebend. 26

Das BMF-Schreiben vom 3. April 2007 (BStBl. I S. 442) wird durch dieses Schreiben ersetzt. Es gilt ab dem Veranlagungszeitraum 2007 und ersetzt ab diesem Veranlagungszeitraum die BMF-Schreiben vom 7. Januar 2004 (BStBl. I S. 143) und vom 14. September 2004 (BStBl. I S. 861). Das BMF-Schreiben zur Vermietung eines Büroraumes an den Arbeitgeber vom 13. Dezember 2005 (BStBl. I 2006 S. 4) bleibt unberührt. *– Anlage § 019-06 –* 27

Dieses Schreiben steht ab sofort für eine Übergangszeit auf den Internetseiten des Bundesministeriums der Finanzen (http://www.bundesfinanzministerium.de) unter der Rubrik Wirtschaft und Verwaltung – Steuern – Veröffentlichungen zu Steuerarten – Einkommensteuer zur Ansicht und zum Abruf bereit.

Anlage § 008-01/Rabatte von Dritten (Zu LStH 8.2, 19.3, 38.4)

Steuerliche Behandlung der Rabatte, die Arbeitnehmern von dritter Seite eingeräumt werden

BMF-Schreiben vom 20. Januar 2015 IV C 5 – S 2360/12/10002, 2014/1134901 (BStBl. I S. 143)

Der BFH hat mit Urteilen vom 18. Oktober 2012 – VI R 64/11 – BStBl. II, S ... und vom 10. April 2014 – VI R 62/11 – BStBl. II, S ... seine Rechtsprechung zur steuerlichen Behandlung der Rabatte, die Arbeitnehmern von dritter Seite eingeräumt werden, weiterentwickelt und konkretisiert.

Im Einvernehmen mit den obersten Finanzbehörden der Länder sind die Urteile unter Beachtung folgender Grundsätze über die entschiedenen Einzelfälle hinaus anzuwenden:

1 Preisvorteile, die Arbeitnehmern von dritter Seite eingeräumt werden, sind Arbeitslohn, wenn sie sich für den Arbeitnehmer als Frucht seiner Arbeit für den Arbeitgeber darstellen und wenn sie im Zusammenhang mit dem Dienstverhältnis stehen. Ein überwiegend eigenwirtschaftliches Interesse des Dritten schließt die Annahme von Arbeitslohn dagegen in der Regel aus. Arbeitslohn liegt auch dann nicht vor, wenn und soweit der Preisvorteil auch fremden Dritten üblicherweise im normalen Geschäftsverkehr eingeräumt wird (z. B. Mengenrabatte).

2 Es spricht dafür, dass Preisvorteile zum Arbeitslohn gehören, wenn der Arbeitgeber an der Verschaffung dieser Preisvorteile aktiv mitgewirkt hat. Eine aktive Mitwirkung des Arbeitgebers in diesem Sinne liegt vor, wenn

   a) aus dem Handeln des Arbeitgebers ein Anspruch des Arbeitnehmers auf den Preisvorteil entstanden ist oder

   b) der Arbeitgeber für den Dritten Verpflichtungen übernommen hat, z. B. Inkassotätigkeit oder Haftung.

3 Einer aktiven Mitwirkung des Arbeitgebers in diesem Sinne steht gleich, wenn

   a) zwischen dem Arbeitgeber und dem Dritten eine enge wirtschaftliche oder tatsächliche Verflechtung oder enge Beziehung sonstiger Art besteht, z. B. Organschaftsverhältnis, oder

   b) dem Arbeitnehmer Preisvorteile von einem Unternehmen eingeräumt werden, dessen Arbeitnehmer ihrerseits Preisvorteile vom Arbeitgeber erhalten.

4 Eine aktive Mitwirkung des Arbeitgebers an der Verschaffung von Preisvorteilen ist nicht anzunehmen, wenn sich seine Beteiligung darauf beschränkt:

   a) Angebote Dritter in seinem Betrieb z. B. am „schwarzen Brett", im betriebseigenen Intranet oder in einem Personalhandbuch bekannt zu machen oder

   b) Angebote Dritter an die Arbeitnehmer seines Betriebs und eventuell damit verbundene Störungen des Betriebsablaufs zu dulden oder

   c) die Betriebszugehörigkeit der Arbeitnehmer zu bescheinigen oder

   d) Räumlichkeiten für Treffen der Arbeitnehmer mit Ansprechpartnern des Dritten zur Verfügung zu stellen.

5 An einer Mitwirkung des Arbeitgebers fehlt es auch dann, wenn bei der Verschaffung von Preisvorteilen allein eine vom Arbeitgeber unabhängige Selbsthilfeeinrichtung der Arbeitnehmer mitwirkt.

6 Die Mitwirkung des Betriebsrats oder Personalrats an der Verschaffung von Preisvorteilen durch Dritte ist für die steuerliche Beurteilung dieser Vorteile dem Arbeitgeber nicht zuzurechnen und führt allein nicht zur Annahme von Arbeitslohn. In den Fällen der Randziffern 2 und 3 wird die Zurechnung von Preisvorteilen zum Arbeitslohn jedoch nicht dadurch ausgeschlossen, dass der Betriebsrat oder Personalrat ebenfalls mitgewirkt hat.

7 Dieses Schreiben ist in allen offenen Fällen anzuwenden und ersetzt das BMF-Schreiben vom 27. September 1993 (BStBl. I 1993, Seite 814), welches hiermit aufgehoben wird.

(Zu LStR 8.1 Absatz 7) **Anlage § 008-02/Mahlzeiten ab 2015**

Lohnsteuerliche Behandlung von unentgeltlichen oder verbilligten Mahlzeiten der Arbeitnehmer ab Kalenderjahr 2015

BMF-Schreiben vom 16. Dezember 2014 – IV C 5 – S 2334/14/10005; 2014/1043099 (BStBl. 2015 I S. 33)

Mahlzeiten, die arbeitstäglich unentgeltlich oder verbilligt an die Arbeitnehmer abgegeben werden, sind mit dem anteiligen amtlichen Sachbezugswert nach der Verordnung über die sozialversicherungsrechtliche Beurteilung von Zuwendungen des Arbeitgebers als Arbeitsentgelt (Sozialversicherungsentgeltverordnung – SvEV) zu bewerten. Dies gilt ab 1. Januar 2014 gemäß § 8 Absatz 2 Satz 8 EStG auch für Mahlzeiten, die dem Arbeitnehmer während einer beruflich veranlassten Auswärtstätigkeit oder im Rahmen einer doppelten Haushaltsführung vom Arbeitgeber oder auf dessen Veranlassung von einem Dritten zur Verfügung gestellt werden, wenn der Preis der Mahlzeit 60 Euro nicht übersteigt. Die Sachbezugswerte ab Kalenderjahr 2015 sind – teilweise – durch die Siebte Verordnung zur Änderung der Sozialversicherungsentgeltverordnung vom 28. November 2014 (BGBl. I Seite 1799) festgesetzt worden. Die Werte für Mahlzeiten wurden nicht angepasst und betragen daher weiterhin

a) für ein Mittag- oder Abendessen 3,00 Euro,
b) für ein Frühstück 1,63 Euro.

Im Übrigen wird auf R 8.1 Absatz 7 und 8 LStR 2015 sowie auf das BMF-Schreiben zur Reform des steuerlichen Reisekostenrechts vom 24. Oktober 2014 (BStBl. I Seite 1412) hingewiesen.

Dieses Schreiben wird im Bundessteuerblatt Teil I veröffentlicht.

(Anmerkung:
Werte für 2014: a) 3,00 Euro b) 1,63 Euro.
Werte für 2013: a) 2,93 Euro b) 1,60 Euro.
Werte für 2012: a) 2,87 Euro b) 1,57 Euro.
Werte für 2011: a) 2,83 Euro b) 1,57 Euro.
Werte für 2010: a) 2,80 Euro b) 1,57 Euro.
Werte für 2009: a) 2,73 Euro b) 1,53 Euro.
Werte für 2007 und 2008: a) 2,67 Euro b) 1,50 Euro.
Werte für 2006: a) 2,64 Euro b) 1,48 Euro.
Werte für 2005: a) 2,61 Euro b) 1,46 Euro.
Werte für 2004: a) 2,58 Euro b) 1,44 Euro.
Werte für 2003: a) 2,55 Euro b) 1,43 Euro.
Werte für 2002: a) 2,51 Euro b) 1,40 Euro.
Werte für 2001: a) 4,82 DM (2,47 Euro) b) 2,70 DM (1,38 Euro).
Werte für 2000: a) 4,77 DM b) 2,67 DM.

Anlage § 008-03/Sachbezugswerte (Zu LStH 8.1 Abs. 4)

1. Steuerliche Behandlung der von Luftfahrtunternehmen gewährten unentgeltlichen oder verbilligten Flüge

Gleich lautende Erlasse der obersten Finanzbehörden der Länder
vom 26. September 2012 (BStBl. I S. 940)

Für die Bewertung der zum Arbeitslohn gehörenden Vorteile aus unentgeltlich oder verbilligt gewährten Flügen gilt Folgendes:

1. Gewähren Luftfahrtunternehmen ihren Arbeitnehmern unentgeltlich oder verbilligt Flüge, die unter gleichen Beförderungsbedingungen auch betriebsfremden Fluggästen angeboten werden, so ist der Wert der Flüge nach § 8 Absatz 3 EStG zu ermitteln, wenn die Lohnsteuer nicht nach § 40 EStG pauschal erhoben wird
2. Die Mitarbeiterflüge sind nach § 8 Absatz 2 EStG mit dem um übliche Preisnachlässe geminderten üblichen Endpreis am Abgabeort zu bewerten
   a) bei Beschränkungen im Reservierungsstatus, wenn das Luftfahrtunternehmen Flüge mit entsprechenden Beschränkungen betriebsfremden Fluggästen nicht anbietet, oder
   b) wenn die Lohnsteuer pauschal erhoben wird.
3. Gewähren Luftfahrtunternehmen Arbeitnehmern anderer Arbeitgeber unentgeltlich oder verbilligt Flüge, so sind diese Flüge ebenfalls nach § 8 Absatz 2 EStG zu bewerten.
4. In den Fällen der Nummern 2 und 3 können die Flüge mit Durchschnittswerten angesetzt werden. Für die Jahre 2013 bis 2015 werden die folgenden Durchschnittswerte nach § 8 Absatz 2 Satz 8 EStG für jeden Flugkilometer festgesetzt.
   a) Wenn keine Beschränkungen im Reservierungsstatus bestehen, ist der Wert des Fluges wie folgt zu berechnen:

bei einem Flug von	Durchschnittswerte in Euro je Flugkilometer (FKM)
1 – 4 000 km	0,04
4 001 – 12 000 km	$0,04 - \dfrac{0,01 \times (FKM - 4\,000)}{8\,000}$
mehr als 12 000 km	0,03

Jeder Flug ist gesondert zu bewerten. Die Zahl der Flugkilometer ist mit dem Wert anzusetzen, der der im Flugschein angegebenen Streckenführung entspricht. Nimmt der Arbeitgeber einen nicht vollständig ausgeflogenen Flugschein zurück, so ist die tatsächlich ausgeflogene Strecke zugrunde zu legen. Bei der Berechnung des Flugkilometerwerts sind die Beträge nur bis zur fünften Dezimalstelle anzusetzen.
Die nach dem IATA-Tarif zulässigen Kinderermäßigungen sind entsprechend anzuwenden.

   b) Bei Beschränkungen im Reservierungsstatus mit dem Vermerk „space available – SA –" auf dem Flugschein beträgt der Wert je Flugkilometer 60 Prozent des nach Buchstabe a ermittelten Werts.
   c) Bei Beschränkungen im Reservierungsstatus ohne Vermerk „space available – SA –" auf dem Flugschein beträgt der Wert je Flugkilometer 80 Prozent des nach Buchstabe a ermittelten Werts.

Der nach den Durchschnittswerten ermittelte Wert des Fluges ist um 15 Prozent zu erhöhen.

Beispiel:
Der Arbeitnehmer erhält einen Freiflug Frankfurt - Palma de Mallorca und zurück. Der Flugschein trägt den Vermerk „SA". Die Flugstrecke beträgt insgesamt 2507 km. Der Wert des Fluges für diesen Flug beträgt 60 Prozent von (0,04 x 2.507) = 60,17 Euro, zu erhöhen um 15 Prozent (= 9,03 Euro) = 69,20 Euro.

5. Mit den Durchschnittswerten nach Nummer 4 können auch Flüge bewertet werden, die der Arbeitnehmer von seinem Arbeitgeber erhalten hat, der kein Luftfahrtunternehmen ist, wenn
   a) der Arbeitgeber diesen Flug von einem Luftfahrtunternehmen erhalten hat und
   b) dieser Flug den unter Nummer 4 Buchstaben b oder c genannten Beschränkungen im Reservierungsstatus unterliegt.
6. Von den Werten nach Nummern 2 bis 5 sind die von den Arbeitnehmern jeweils gezahlten Entgelte abzuziehen. Der Rabattfreibetrag nach § 8 Absatz 3 EStG ist nicht abzuziehen.

(Zu LStH 8.1 Abs. 4) **Anlage § 008-03/Sachbezugswerte**

7. Luftfahrtunternehmen im Sinne der vorstehenden Regelungen sind Unternehmen, denen die Betriebsgenehmigung zur Beförderung von Fluggästen im gewerblichen Luftverkehr nach der Verordnung (EWG) Nr. 2407/92 des Rates vom 23. Juli 1992 (Amtsblatt EG Nr. L 240/1) oder nach entsprechenden Vorschriften anderer Staaten erteilt worden ist.

Dieser Erlass ergeht mit Zustimmung des Bundesministeriums der Finanzen und im Einvernehmen mit den obersten Finanzbehörden der anderen Länder. Er ersetzt den Erlass vom 09. November 2009 (BStBl I S. 1314) für die Jahre 2013 bis 2015 und wird im Bundessteuerblatt Teil I veröffentlicht.

Anlage § 008-03/Sachbezugswerte (Zu LStH 8.1 Abs. 4)

2. Bewertung der Beköstigung im Bereich der Seeschifffahrt (Kauffahrtei) und im Bereich der Fischerei für Zwecke des Steuerabzugs vom Arbeitslohn für die Zeit ab 1. Januar 2014

Gemeinsame Erlasse der obersten Finanzbehörden Bremen, Hamburg, Mecklenburg-Vorpommern, Niedersachsen, Schleswig-Holstein vom 28. Februar 2014 (BStBl. I S. 569)

Bewertung der freien Beköstigung

Der zuständige Ausschuss der Vertreterversammlung der See-Berufsgenossenschaft hat den Wert des Sachbezuges „Beköstigung" für die Zwecke der Sozialversicherung für alle Bereiche in der Seefahrt (Kauffahrtei und Fischerei) mit Wirkung vom 1. Januar 2014 an auf monatlich **228,00 €** festgesetzt.

Für Teilverpflegung in der Kauffahrtei sowie in der Kleinen Hochseefischerei und in der Küstenfischerei gelten die folgenden Werte: Frühstück **48,00 €**, Mittag- und Abendessen jeweils **90,00 €** monatlich.

Der Durchschnittssatz für Beköstigung der Kanalsteurer beträgt ab 1. Januar 2014 weiterhin monatlich **45,00 €**, für halbpartfahrende Kanalsteurer monatlich **22,50 €** und für Kanalsteueranwärter monatlich **24,00 €**.

Diese Sachbezugswerte sind auch dem Steuerabzug vom Arbeitslohn zugrunde zu legen.

Geltung der Sachbezugswerte

Die festgesetzten Sachbezugswerte gelten auch dann, wenn in einem Tarifvertrag, einer Betriebsvereinbarung oder einem Arbeitsvertrag für die Beköstigung auf Seeschiffen höhere oder niedrigere Werte festgesetzt sind.

Die festgesetzten Sachbezugswerte gelten nicht, wenn anstelle der vorgesehenen Sachbezüge die im Tarifvertrag, in der Betriebsvereinbarung oder im Arbeitsvertrag festgesetzten Werte bar ausbezahlt werden. Wird jedoch nur gelegentlich oder vorübergehend bar ausgezahlt (z.B. bei tageweiser auswärtiger Beschäftigung, bei tariflich vorgesehener Umschaufrist, bei Krankheit oder für die Zeit des Urlaubs – auch wenn mehrere Urlaubsansprüche in einem Kalenderjahr zusammenfallen –), so sind die festgesetzten und bekannt gegebenen Sachbezugswerte zugrunde zu legen, wenn mit der Barvergütung der tatsächliche Wert der zustehenden Sachbezüge abgegolten wird und die Barvergütung anstelle der Sachbezüge zusätzlich zu dem bei Gewährung der Sachleistung maßgeblichen Lohn gezahlt wird.

Für die Beurteilung der Frage, ob eine Barvergütung dem Wert der nicht in Anspruch genommenen Beköstigung entspricht, ist zu berücksichtigen, dass der amtliche Sachbezugswert unter den Kosten liegt, die im Inland für eine entsprechende Beköstigung aufzuwenden wären. Ich bitte deshalb, die Auffassung zu vertreten, dass die tariflich vorgesehenen Barvergütungen den tatsächlichen Wert des Sachbezugs nicht übersteigen.

Wird jedoch bei Beendigung des Heuerverhältnisses durch

- Zeitablauf,
- Tod des Besatzungsmitgliedes,
- ordentliche Kündigung,
- außerordentliche Kündigung oder
- beiderseitiges Einvernehmen (Aufhebungsvertrag)

ein Urlaubsanspruch durch Barablösung abgegolten und hierbei auch das Verpflegungsgeld für die abgegoltenen Urlaubstage ausgezahlt, so ist der gesamte Betrag der Ablösung steuerpflichtiger Arbeitslohn, da durch die Beendigung des Dienstverhältnisses vor Antritt des Urlaubs der Arbeitnehmer nicht mehr an den Arbeitgeber gebunden und dieser somit von der Urlaubsverpflichtung befreit ist. Es ist in diesen Fällen steuerlich unbeachtlich, ob der Arbeitnehmer tatsächlich seinen Urlaub antritt oder ein neues Arbeitsverhältnis begründet.

Inkrafttreten

Die neuen Sachbezugswerte gelten bei laufendem Arbeitslohn erstmalig für den Arbeitslohn, der für einen nach dem 31. Dezember 2013 endenden Lohnzahlungszeitraum gezahlt wird, und bei sonstigen, insbesondere einmaligen Bezügen erstmalig für die Bezüge, die dem Arbeitnehmer nach dem 31. Dezember 2013 zufließen.

Hinweis:

Abdruck erfolgt letztmalig. Die Aussagen im vorstehenden Schreiben sind durch das ab 1.1.2014 geltende (neue) steuerliche Reisekostenrecht überholt.

(Zu LStH 8.1 Abs. 4, 8.2) **Anlage § 008-04/Arbeitgeberdarlehen**

Steuerliche Behandlung von Arbeitgeberdarlehen

BMF-Schreiben vom 1. Oktober 2008 IV C 5 – S 2334/07/0009, 2008/0537560 (BStBl. I S. 892)

Im Einvernehmen mit den obersten Finanzbehörden der Länder gilt zur steuerlichen Behandlung von Arbeitgeberdarlehen Folgendes:

1. Anwendungsbereich

Ein Arbeitgeberdarlehen ist die Überlassung von Geld durch den Arbeitgeber oder aufgrund des Dienstverhältnisses durch einen Dritten an den Arbeitnehmer, die auf dem Rechtsgrund eines Darlehensvertrags beruht. 1

Nicht unter den Anwendungsbereich „Arbeitgeberdarlehen" fallen insbesondere Reisekostenvorschüsse, ein vorschüssiger Auslagenersatz, als Arbeitslohn zufließende Lohnabschläge und als Arbeitslohn zufließende Lohnvorschüsse, sofern es sich bei letzteren nur um eine abweichende Vereinbarung über die Bedingungen der Zahlung des Arbeitslohns handelt. Diese Voraussetzung ist beispielsweise bei Gehaltsvorschüssen im öffentlichen Dienst nach den Vorschussrichtlinien des Bundes oder entsprechenden Richtlinien der Länder nicht erfüllt, so dass entsprechende Gehaltsvorschüsse unter den Anwendungsbereich „Arbeitgeberdarlehen" fallen. 2

2. Ermittlung des geldwerten Vorteils

Für die Ermittlung des geldwerten Vorteils aus der Überlassung eines zinslosen oder zinsverbilligten Arbeitgeberdarlehens ist zwischen einer Bewertung nach § 8 Abs. 2 EStG (z. B. Arbeitnehmer eines Einzelhändlers erhält ein zinsverbilligtes Arbeitgeberdarlehen) und einer Bewertung nach § 8 Abs. 3 EStG (z. B. Sparkassenangestellter erhält ein zinsverbilligtes Arbeitgeberdarlehen) zu unterscheiden. Zinsvorteile sind als Sachbezüge zu versteuern, wenn die Summe der noch nicht getilgten Darlehen am Ende des Lohnzahlungszeitraums 2 600 € übersteigt. 3

2.1. Bewertung nach § 8 Abs. 2 EStG

2.1.1. Allgemeine Grundsätze

Der Arbeitnehmer erlangt keinen lohnsteuerlich zu erfassenden Vorteil, wenn der Arbeitgeber ihm ein Darlehen zu einem marktüblichen Zinssatz (Maßstabszinssatz) gewährt (BFH-Urteil vom 4. Mai 2006 – VI R 28/05 –, BStBl. II S. 781). Marktüblich in diesem Sinne ist auch die nachgewiesene günstigste Marktkondition für Darlehen mit vergleichbaren Bedingungen am Abgabeort unter Einbeziehung allgemein zugänglicher Internetangebote (z. B. von Direktbanken). 4

Bei Zinsvorteilen, die nach § 8 Abs. 2 EStG zu bewerten sind, bemisst sich der geldwerte Vorteil nach dem Unterschiedsbetrag zwischen dem Maßstabszinssatz für vergleichbare Darlehen am Abgabeort und dem Zinssatz, der im konkreten Einzelfall vereinbart ist. Vergleichbar in diesem Sinne ist ein Darlehen, das dem Arbeitgeberdarlehen insbesondere hinsichtlich der Kreditart (z. B. Wohnungsbaukredit, Konsumentenkredit/Ratenkredit, Überziehungskredit), der Laufzeit des Darlehens und der Dauer der Zinsfestlegung im Wesentlichen entspricht. Bei Arbeitgeberdarlehen mit Zinsfestlegung ist grundsätzlich für die gesamte Vertragslaufzeit der Maßstabszinssatz bei Vertragsabschluss maßgeblich. Werden nach Ablauf der Zinsfestlegung die Zinskonditionen desselben Darlehensvertrages neu vereinbart (Prolongation), ist der Zinsvorteil neu zu ermitteln. Dabei ist der neu vereinbarte Zinssatz mit dem Maßstabszinssatz im Zeitpunkt der Prolongationsvereinbarung zu vergleichen. Bei Arbeitgeberdarlehen mit variablem Zinssatz ist für die Ermittlung des geldwerten Vorteils im Zeitpunkt der vertraglichen Zinssatzanpassung der neu vereinbarte Zinssatz mit dem jeweils aktuellen Maßstabszinssatz zu vergleichen. Der Arbeitgeber hat die Grundlagen für den ermittelten Zinsvorteil als Belege zum Lohnkonto aufzubewahren. 5

Bei der Feststellung, ob die 44 €-Freigrenze (§ 8 Abs. 2 Satz 9 EStG) überschritten wird, sind geldwerte Vorteile aus der Überlassung eines zinslosen oder zinsverbilligten Arbeitgeberdarlehens vorbehaltlich Rdnr. 3 Satz 2 einzubeziehen. 6

Ein nach Beachtung der Rdnr. 3 Satz 2 und der Rdnr. 6 ermittelter steuerpflichtiger geldwerter Vorteil aus der Überlassung eines zinslosen oder zinsverbilligten Arbeitgeberdarlehens i. S. d. § 8 Abs. 2 EStG kann nach § 37b EStG pauschal besteuert werden (vgl. hierzu BMF-Schreiben vom 29. April 2008, BStBl. I S. 566). 7
– *Anlage § 037b-02* –

Aus Vereinfachungsgründen wird es nicht beanstandet, wenn bei einer Bewertung nach § 8 Abs. 2 EStG für die Feststellung des Maßstabszinssatzes die bei Vertragsabschluss von der Deutschen Bundesbank zuletzt veröffentlichten Effektivzinssätze – also die gewichteten Durchschnittszinssätze – herangezogen werden, die unter http://www.bundesbank.de/statistik/statistik_zinsen_ tabellen.php unter der Rubrik 8

Anlage § 008-04/Arbeitgeberdarlehen (Zu LStH 8.1 Abs. 4, 8.2)

„EWU-Zinsstatistik [Bestände, Neugeschäft]" veröffentlicht sind. Es sind die Effektivzinssätze unter „Neugeschäft" maßgeblich. Von dem sich danach ergebenden Effektivzinssatz kann ein Abschlag von 4 % vorgenommen werden. Aus der Differenz zwischen diesem Maßstabszinssatz und dem Zinssatz, der im konkreten Einzelfall vereinbart ist, sind die Zinsverbilligung und der geldwerte Vorteil zu ermitteln, wobei die Zahlungsweise der Zinsen (z. B. monatlich, jährlich) unmaßgeblich ist. Zwischen den einzelnen Arten von Krediten (z. B. Wohnungsbaukredit, Konsumentenkredit/Ratenkredit, Überziehungskredit) ist zu unterscheiden.

Beispiel:

Ein Arbeitnehmer erhält im Juni 2008 ein Arbeitgeberdarlehen von 16 000 € zu einem Effektivzinssatz von 2 % jährlich (Laufzeit 4 Jahre mit monatlicher Tilgung und monatlicher Fälligkeit der Zinsen). Der bei Vertragsabschluss im Juni 2008 von der Deutschen Bundesbank für Konsumentenkredite mit anfänglicher Zinsbindung von über 1 Jahr bis 5 Jahre veröffentlichte Effektivzinssatz (Erhebungszeitraum April 2008) beträgt 5,68 %.

Nach Abzug eines Abschlags von 4 % ergibt sich ein Maßstabszinssatz von 5,45 %. Die Zinsverbilligung beträgt somit 3,45 % (5,45 % abzüglich 2 %). Danach ergibt sich im Juni 2008 ein geldwerter Vorteil von 46 € (3,45 % von 16 000 € x 1/12). Dieser Vorteil ist – da die 44 €-Freigrenze überschritten ist – lohnsteuerpflichtig. Der geldwerte Vorteil ist jeweils bei Tilgung des Arbeitgeberdarlehens für die Restschuld neu zu ermitteln.

2.1.2. Für Arbeitgeberdarlehen mit Vertragsabschluss vor dem 1. Januar 2008 (Bestandsdarlehen) gilt Folgendes:

2.1.2.1. Ermittlung des geldwerten Vorteils

9 Bei Arbeitgeberdarlehen mit Zinsfestlegung ist der vereinbarte Zinssatz grundsätzlich mit dem Maßstabszinssatz bei Vertragsabschluss (nicht dem Richtlinienzinssatz) zu vergleichen. Im Falle der Prolongation ist der neu vereinbarte Zinssatz mit dem Maßstabszinssatz im Zeitpunkt der Prolongationsvereinbarung zu vergleichen. Der geldwerte Vorteil ist auf dieser Basis für die Restschuld und die verbleibende Vertragslaufzeit des Arbeitgeberdarlehens ab dem Kalenderjahr 2008 zu ermitteln (vgl. Beispiel in Rdnr. 11). Bei Arbeitgeberdarlehen mit variablem Zinssatz ist für die Ermittlung des geldwerten Vorteils im Zeitpunkt der vertraglichen Zinssatzanpassung der neu vereinbarte Zinssatz mit dem jeweils aktuellen Maßstabszinssatz zu vergleichen. Auf den historischen marktüblichen Zinssatz bei Vertragsabschluss ist nicht abzustellen.

2.1.2.2. Vereinfachungsregelung bei Vertragsabschluss ab dem Kalenderjahr 2003

10 Für Bestandsdarlehen mit Vertragsabschluss ab dem Kalenderjahr 2003 kann Rdnr. 8 in allen offenen Fällen angewendet werden.

2.1.2.3. Vereinfachungsregelung bei Vertragsabschluss vor dem Kalenderjahr 2003

11 Für Bestandsdarlehen mit Vertragsabschluss vor dem 1. Januar 2003 kann Rdnr. 8 mit der Maßgabe angewendet werden, dass die frühere Bundesbank-Zinsstatistik „Erhebung über Soll- und Habenzinsen ausgewählter Kredit- und Einlagenarten" herangezogen wird, die unter http://www.bundesbank.de/statistik/statistik_zeitreihen.php unter der Rubrik „Zinsen, Renditen", dort Bundesbank Zinsstatistik, veröffentlicht ist. Zur Einordnung der Arbeitgeberdarlehen wird auf die Gegenüberstellung der Instrumentenkategorien der EWU-Zinsstatistik und der Erhebungspositionen der früheren Bundesbank-Zinsstatistik verwiesen, die unter http://www.bundesbank.de/meldewesen/ mw_bankenstatistik_ewustatistik.php veröffentlicht ist. Es ist die Untergrenze der Streubreite der statistisch erhobenen Zinssätze (ohne Abschlag von 4 %) zugrunde zu legen. Zwischen den einzelnen Arten von Krediten (z. B. Wohnungsbaukredit, Konsumentenkredit/Ratenkredit, Überziehungskredit) ist zu unterscheiden.

Beispiel:

Der Arbeitnehmer hat von seinem Arbeitgeber im Januar 1999 einen unbesicherten Wohnungsbaukredit über 150 000 € zu einem festen Effektivzinssatz von 2 % mit einer Zinsbindung von 10 Jahren erhalten. Der nach der Bundesbank-Zinsstatistik ermittelte Maßstabszinssatz betrug für einen Hypothekarkredit auf Wohngrundstücke bei Vertragsabschluss im Januar 1999 4,91 % (Zeitreihe SU0047) und beträgt für vergleichbare Wohnungsbaukredite an private Haushalte im Januar 2008 5,04 % (Zeitreihe SUD118). Der Richtlinienzinssatz nach R 31 Abs. 8 Satz 3 LStR 1999 betrug im Kalenderjahr 1999 6 %.

Der geldwerte Vorteil ist ab dem Veranlagungszeitraum 2008 mit 2,91 % (Maßstabszinssatz 4,91 %, abzüglich Zinslast des Arbeitnehmers von 2 %) für die Restschuld und die verbleibende Vertragslaufzeit zu ermitteln.

(Zu LStH 8.1 Abs. 4, 8.2) **Anlage § 008-04/Arbeitgeberdarlehen**

2.1.2.4. Ermittlung des geldwerten Vorteils bis einschließlich Kalenderjahr 2007
Es wird nicht beanstandet, wenn der geldwerte Vorteil nach den Regelungen in R 31 Abs. 11 LStR 2005 (vormals R 31 Abs. 8 Satz 3 LStR 1999) – unbeachtlich des BFH-Urteils vom 4. Mai 2006 – VI R 28/05 – (BStBl. II S. 781) – in allen offenen Fällen bis einschließlich Kalenderjahr 2007 ermittelt wird. Sowohl die Grenze von 2 600 € als auch der für das entsprechende Kalenderjahr maßgebliche Richtlinienzinssatz sind anwendbar.   12

2.1.3. Einzelanfragen zur Ermittlung des Maßstabszinssatzes
Einzelanfragen zur Ermittlung des Maßstabszinssatzes für vergleichbare Darlehen am Abgabeort sind bei der Deutschen Bundesbank unter EWU-zinsstatistik@ bundesbank.de möglich.   13

2.2. Bewertung nach § 8 Abs. 3 EStG
Der geldwerte Vorteil aus der Überlassung eines zinslosen oder zinsverbilligten Darlehens ist nach § 8 Abs. 3 EStG zu ermitteln, wenn der Arbeitgeber Darlehen gleicher Art und – mit Ausnahme des Zinssatzes – zu gleichen Konditionen (insbesondere Laufzeit des Darlehens, Dauer der Zinsfestlegung) überwiegend an betriebsfremde Dritte vergibt und der geldwerte Vorteil nicht nach § 40 EStG pauschal besteuert wird.   14

Bei Zinsvorteilen, die nach § 8 Abs. 3 EStG zu bewerten sind, bemisst sich der geldwerte Vorteil nach dem Unterschiedsbetrag zwischen dem im Preisaushang der kontoführenden Zweigstelle des Kreditinstituts oder im Preisverzeichnis des Arbeitgebers, das zur Einsichtnahme bereitgehalten wird, angegebenen um 4 % geminderten Effektivzinssatz, den der Arbeitgeber fremden Letztverbrauchern im allgemeinen Geschäftsverkehr für Darlehen vergleichbarer Kreditart (z. B. Wohnungsbaukredit, Konsumentenkredit) anbietet (Maßstabszinssatz), und dem Zinssatz, der im konkreten Einzelfall vereinbart ist. Bei Arbeitgeberdarlehen mit Zinsfestlegung ist grundsätzlich für die gesamte Vertragslaufzeit der Maßstabszinssatz bei Vertragsabschluss maßgeblich. Im Falle der Prolongation ist der neu vereinbarte Zinssatz mit dem Maßstabszinssatz im Zeitpunkt der Prolongationsvereinbarung zu vergleichen. Bei Arbeitgeberdarlehen mit variablem Zinssatz ist für die Ermittlung des geldwerten Vorteils im Zeitpunkt der vertraglichen Zinssatzanpassung der neu vereinbarte Zinssatz mit dem jeweils aktuellen Maßstabszinssatz zu vergleichen. Der Arbeitgeber hat die Grundlagen für den ermittelten Zinsvorteil als Belege zum Lohnkonto aufzubewahren.   15

Wird der geldwerte Vorteil aus der Überlassung eines zinslosen oder zinsverbilligten Darlehens nach § 40 EStG auf Antrag des Arbeitgebers pauschal versteuert, so ist der Zinsvorteil nach § 8 Abs. 2 EStG zu bewerten (vgl. Tz. 2.1., Rdnr. 4 bis 12), auch wenn der Arbeitgeber Geld darlehensweise überwiegend betriebsfremden Dritten überlässt. Wenn die Voraussetzungen für die Lohnsteuerpauschalierung erfüllt sind, insbesondere ein Pauschalierungsantrag gestellt worden ist, gilt dies auch dann, wenn keine pauschale Lohnsteuer anfällt. Zinsvorteile sind als sonstige Bezüge i. S. d. § 40 Abs. 1 Satz 1 Nr. 1 EStG anzusehen, wenn der maßgebende Verzinsungszeitraum den jeweiligen Lohnzahlungszeitraum überschreitet.   16

Wird der geldwerte Vorteil aus der Überlassung eines zinslosen oder zinsverbilligten Darlehens nur zum Teil pauschal versteuert, weil die Pauschalierungsgrenze des § 40 Abs. 1 Satz 3 EStG überschritten ist, so ist bei der Bewertung des individuell zu versteuernden Zinsvorteils der Teilbetrag des Darlehens außer Ansatz zu lassen, für den die Zinsvorteile unter Anwendung der Tz. 2.1. (Rdnr. 4 bis 12) pauschal versteuert werden.   17

Beispiel:

Ein Kreditinstitut überlässt seinem Arbeitnehmer A am 1. Januar 2008 ein Arbeitgeberdarlehen von 150 000 € zum Effektivzinssatz von 4 % jährlich (Laufzeit 4 Jahre mit jährlicher Tilgung und vierteljährlicher Fälligkeit der Zinsen). Darlehen gleicher Art bietet das Kreditinstitut fremden Kunden im allgemeinen Geschäftsverkehr zu einem Effektivzinssatz von 6,5 % an. Der marktübliche Zinssatz für vergleichbare Darlehen am Abgabeort wurde im Internet bei einer Direktbank mit 6 % ermittelt.

Das Kreditinstitut beantragt die Besteuerung nach § 40 Abs. 1 Satz 1 Nr. 1 EStG. Der geldwerte Vorteil ist insoweit nach § 8 Abs. 2 Satz 1 EStG zu ermitteln. Die nach Tz. 2.1. (Rdnr. 5) ermittelte Zinsverbilligung beträgt 2 % (marktüblicher Zinssatz 6 %, abzüglich Zinslast des Arbeitnehmers von 4 %).

Der geldwerte Vorteil beträgt im Kalenderjahr 2008 3 000 € (2 % von 150 000 €). Mangels anderer pauschal besteuerter Leistungen kann der Zinsvorteil des Arbeitnehmers A bis zum Höchstbetrag von 1 000 € pauschal besteuert werden (Pauschalierungsgrenze). Ein Zinsvorteil von 1 000 € ergibt sich unter Berücksichtigung der nach Tz. 2.1. ermittelten Zinsverbilligung von 2 % für ein Darlehen von 50 000 € (2 % von 50 000 € = 1 000 €). Mithin wird durch die Pauschalbesteuerung nur der Zinsvorteil aus einem Darlehensteilbetrag von 50 000 € abgedeckt. Der Zinsvorteil aus dem restlichen Darlehens-

Anlage § 008-04/Arbeitgeberdarlehen (Zu LStH 8.1 Abs. 4, 8.2)

teilbetrag von 100 000 € ist individuell zu versteuern. Der zu versteuernde Betrag ist wie folgt zu ermitteln:
Nach Abzug eines Abschlags von 4 % (§ 8 Abs. 3 Satz 1 EStG) vom Angebotspreis des Arbeitgebers von 6,5 % ergibt sich ein Maßstabszinssatz von 6,24 %.

100 000 € Darlehen x Maßstabszinssatz 6,24 %	*6 240 €*
./. Zinslast des Arbeitnehmers 100 000 € x 4 %	*4 000 €*
Zinsvorteil	*2 240 €*
./. Rabattfreibetrag (§ 8 Abs. 3 Satz 2 EStG)	*1 080 €*
zu versteuernder geldwerter Vorteil (Jahresbetrag)	*1 160 €*
vierteljährlich der Lohnsteuer zu unterwerfen	*290 €*

Der geldwerte Vorteil ist jeweils bei Tilgung des Arbeitgeberdarlehens für die Restschuld neu zu ermitteln.

3. Zufluss von Arbeitslohn

18 Als Zuflusszeitpunkt ist der Zeitpunkt der Fälligkeit der Zinsen als Nutzungsentgelt für die Überlassung eines zinsverbilligten Darlehens anzusehen (vgl. Beispiel unter Tz. 2.2., Rdnr. 17). Bei der Überlassung eines zinslosen Darlehens ist der Zufluss in dem Zeitpunkt anzunehmen, in dem das Entgelt üblicherweise fällig wäre. Es kann davon ausgegangen werden, dass das Entgelt üblicherweise zusammen mit der Tilgungsrate fällig wäre.

4. Versteuerung in Sonderfällen

4.1. Versteuerung bei fehlender Zahlung von Arbeitslohn

19 Erhält der Arbeitnehmer keinen laufenden Arbeitslohn (z. B. Beurlaubung, Ableistung des Grundwehr-/Zivildienstes, Elternzeit), ist bei Wiederaufnahme der Arbeitslohnzahlung oder nach Ablauf des Kalenderjahres der Gesamtbetrag der im jeweiligen Zeitraum angefallenen geldwerten Vorteile aus einem noch nicht getilgten Arbeitgeberdarlehen nach § 41c EStG zu behandeln.

4.2. Versteuerung bei Ausscheiden aus dem Dienstverhältnis

20 Scheidet der Arbeitnehmer aus dem Dienstverhältnis aus und fallen infolge eines noch nicht getilgten zinslosen oder zinsverbilligten Arbeitgeberdarlehens geldwerte Vorteile aus dem beendeten Dienstverhältnis an, so hat der Arbeitgeber dies dem Betriebsstättenfinanzamt anzuzeigen, wenn die Lohnsteuer nicht nachträglich einbehalten werden kann (§ 41c Abs. 4 Nr. 2 EStG).

5. Anrufungsauskunft

21 Für Sachverhalte zur steuerlichen Behandlung von Arbeitgeberdarlehen kann eine Anrufungsauskunft i. S. d. § 42e EStG eingeholt werden.

6. Zeitliche Anwendung

22 Dieses Schreiben ersetzt das BMF-Schreiben vom 13. Juni 2007, BStBl. I S. 502, und ist in allen offenen Fällen anzuwenden.

Das BMF-Schreiben zur steuerlichen Behandlung von Nutzungsüberlassungen vom 28. April 1995, BStBl. I S. 273, geändert durch BMF-Schreiben vom 21. Juli 2003, BStBl. I S. 391, und das BMF-Schreiben zur Anwendung der 44 €-Freigrenze für Sachbezüge nach § 8 Abs. 2 Satz 9 EStG vom 9. Juli 1997, BStBl. I S. 735, geändert durch BMF-Schreiben vom 13. Juni 2007, BStBl. I S. 502, werden aufgehoben.

Dieses Schreiben steht ab sofort für eine Übergangszeit auf den Internetseiten des Bundesministeriums der Finanzen (http://www.bundesfinanzministerium.de) unter der Rubrik Wirtschaft und Verwaltung – Steuern – Veröffentlichungen zu Steuerarten – Lohnsteuer zur Ansicht und zum Abruf bereit.

(Zu LStH 8.1 Absatz 8, LStH 19.3) **Anlage § 008-05/Zukunftssicherungsleistungen**

Zukunftssicherungsleistungen und 44-Euro-Freigrenze

BMF-Schreiben vom 10. Oktober 2013 IV C 5 – S 2334/13/10001, 2013/0865652 (BStBl. I S. 1301)

Es wurde die Frage aufgeworfen, ob für Beiträge des Arbeitgebers für die Zukunftssicherung des Arbeitnehmers (z. B. private Pflegezusatzversicherung und Krankentagegeldversicherung) die 44-Euro-Freigrenze für Sachbezüge (§ 8 Absatz 2 Satz 9 EStG; ab 2014: § 8 Absatz 2 Satz 11 EStG) anzuwenden ist.

Unter Bezugnahme auf das Ergebnis der Erörterung mit den obersten Finanzbehörden der Länder wird auf Folgendes hingewiesen:

Arbeitslohn sind alle Einnahmen, die dem Arbeitnehmer aus dem Dienstverhältnis zufließen (§ 19 EStG, § 2 Absatz 1 LStDV 1990). Zum Arbeitslohn gehören auch Ausgaben, die ein Arbeitgeber leistet, um einen Arbeitnehmer oder diesem nahestehende Personen für den Fall der Krankheit, des Unfalls, der Invalidität, des Alters oder des Todes abzusichern – Zukunftssicherung – (§ 2 Absatz 2 Nummer 3 Satz 1 LStDV 1990).

Dem Arbeitnehmer fließt Arbeitslohn in Form von Barlohn zu, wenn er Versicherungsnehmer ist und der Arbeitgeber die Beiträge des Arbeitnehmers übernimmt (BFH-Urteile vom 26. November 2002 – VI R 161/01 –, BStBl. 2003 II Seite 331 und vom 13. September 2007 – VI R 26/04 –, BStBl. 2008 II Seite 204).

Anlage § 008-06/Kraftfahrzeugüberlassung (Zu LStH 8.1 Abs. 9)

Steuerliche Behandlung der Überlassung eines betrieblichen Kraftfahrzeugs an Arbeitnehmer

BMF-Schreiben vom 28. Mai 1996 IV B 6 – S 2334 – 173/96 (BStBl. I S. 654)

Die steuerliche Bewertung der Überlassung eines betrieblichen Kraftfahrzeugs an Arbeitnehmer ist in Abschnitt 31 Abs. 7 und 7a LStR 1996[1)] und in Tz. 20 bis 37 des Merkblatts zu den Rechtsänderungen beim Steuerabzug vom Arbeitslohn ab 1. Januar 1996 (BStBl. 1995 I S. 719)[2)] geregelt. Unter Bezugnahme auf das Ergebnis der Besprechung mit den obersten Finanzbehörden der Länder wird zu Zweifelsfragen wie folgt Stellung genommen:

I. Pauschaler Nutzungswert

1. **Listenpreis**[3)]

   Für den pauschalen Nutzungswert ist der inländische Listenpreis des Kraftfahrzeugs im Zeitpunkt seiner Erstzulassung maßgebend. Das gilt auch für reimportierte Fahrzeuge. Soweit das reimportierte Fahrzeug mit zusätzlichen Sonderausstattungen versehen ist, die sich im inländischen Listenpreis nicht niedergeschlagen haben, ist der Wert der Sonderausstattung zusätzlich zu berücksichtigen. Soweit das reimportierte Fahrzeug geringerwertig ausgestattet ist, läßt sich der Wert der „Minderausstattung" durch einen Vergleich mit einem adäquaten inländischen Fahrzeug angemessen berücksichtigen.

2. **Überlassung von mehreren Kraftfahrzeugen**

   Stehen einem Arbeitnehmer gleichzeitig mehrere Kraftfahrzeuge zur Verfügung, so ist für jedes Fahrzeug die private Nutzung mit monatlich 1 v.H. des Listenpreises anzusetzen; dem privaten Nutzungswert kann der Listenpreis des überwiegend genutzten Kraftfahrzeugs zugrunde gelegt werden, wenn die Nutzung der Fahrzeuge durch andere zur Privatsphäre des Arbeitnehmers gehörende Personen so gut wie ausgeschlossen ist. Dem Nutzungswert für Fahrten zwischen Wohnung und Arbeitsstätte ist stets der Listenpreis des überwiegend für diese Fahrten benutzten Kraftfahrzeugs zugrunde zu legen.

3. **Monatsbeträge**

   Die pauschalen Nutzungswerte nach § 8 Abs. 2 Satz 2 und 3 EStG sind mit ihren Monatsbeträgen auch dann anzusetzen, wenn der Arbeitnehmer das ihm überlassene Kraftfahrzeug tatsächlich nur gelegentlich nutzt oder wenn er von seinem Zugriffsrecht auf ein Kraftfahrzeug aus einem Fahrzeugpool nur gelegentlich Gebrauch macht.[4)]

   Die Monatsbeträge brauchen nicht angesetzt zu werden

   a) für volle Kalendermonate, in denen dem Arbeitnehmer kein betriebliches Kraftfahrzeug zur Verfügung steht, oder

   b) wenn dem Arbeitnehmer das Kraftfahrzeug aus besonderem Anlaß oder zu einem besonderen Zweck nur gelegentlich (von Fall zu Fall) für nicht mehr als fünf Kalendertage im Kalendermonat überlassen wird. In diesem Fall ist die Nutzung zu Privatfahrten und zu Fahrten zwischen Wohnung und Arbeitsstätte je Fahrtkilometer mit 0,001 v.H. des inländischen Listenpreises des Kraftfahrzeugs zu bewerten (Einzelbewertung). Zum Nachweis der Fahrstrecke müssen die Kilometerstände festgehalten werden.

4. **Dienstliche Nutzung im Zusammenhang mit Fahrten zwischen Wohnung und Arbeitsstätte**

   Ein geldwerter Vorteil ist für Fahrten zwischen Wohnung und Arbeitsstätte nicht zu erfassen, wenn ein Arbeitnehmer ein Firmenfahrzeug ausschließlich an den Tagen für seine Fahrten zwischen Wohnung und Arbeitsstätte erhält, an denen es erforderlich werden kann, daß er dienstliche Fahrten von der Wohnung aus antritt, z.B. beim Bereitschaftsdienst in Versorgungsunternehmen.

5. **Nutzungsverbot**

   Wird dem Arbeitnehmer ein Kraftfahrzeug mit der Maßgabe zur Verfügung gestellt, es für Privatfahrten und/oder Fahrten zwischen Wohnung und Arbeitsstätte nicht zu nutzen, so kann von dem Ansatz des jeweils in Betracht kommenden pauschalen Wertes nur abgesehen werden, wenn der Arbeitgeber die Einhaltung seines Verbots überwacht oder wenn wegen der besonderen Umstände

---

1) Jetzt → R 8.1 Absatz 9 und 10 LStR.
2) Anlage § 008-07.
3) Jetzt → R 8.1 Absatz 9 Nummer 1 Satz 6 LStR.
4) Hinweis auf LStH 8.1 (9-10) „Fahrzeugpool" und „Nutzung durch mehrere Arbeitnehmer".

(Zu LStH 8.1 Abs. 9) **Anlage § 008-06/Kraftfahrzeugüberlassung**

des Falles die verbotene Nutzung so gut wie ausgeschlossen ist, z.B. wenn der Arbeitnehmer das Fahrzeug nach seiner Arbeitszeit und am Wochenende auf dem Betriebsgelände abstellt und den Schlüssel abgibt.

Das Nutzungsverbot ist durch entsprechende Unterlagen nachzuweisen, die zum Lohnkonto zu nehmen sind. Wird das Verbot allgemein oder aus besonderem Anlaß oder zu besonderem Zweck von Fall zu Fall ausgesetzt, so ist Nummer 3 entsprechend anzuwenden.

6. **Park and ride**

Setzt der Arbeitnehmer ein ihm überlassenes Kraftfahrzeug bei den Fahrten zwischen Wohnung und Arbeitsstätte oder bei Familienheimfahrten nur für eine Teilstrecke ein, weil er regelmäßig die andere Teilstrecke mit öffentlichen Verkehrsmitteln zurücklegt, so ist der Ermittlung des pauschalen Nutzungswerts die gesamte Entfernung zugrunde zu legen. Ein Nutzungswert auf der Grundlage der Entfernung, die mit dem Kraftfahrzeug zurückgelegt worden ist, kommt nur in Betracht, wenn das Kraftfahrzeug vom Arbeitgeber nur für diese Teilstrecke zur Verfügung gestellt worden ist. Nummer 5 ist entsprechend anzuwenden.

7. **Fahrergestellung bei Familienheimfahrten**

Stellt der Arbeitgeber dem Arbeitnehmer für die steuerlich zu erfassenden Familienheimfahrten ein Kraftfahrzeug mit Fahrer zur Verfügung, so ist der Nutzungswert der Fahrten, die unter Inanspruchnahme eines Fahrers durchgeführt worden sind, um 50 v.H. zu erhöhen.

8. **Begrenzung des pauschalen Nutzungswerts**

Der pauschale Nutzungswert nach § 8 Abs. 2 Satz 2, 3 und 5 EStG kann die dem Arbeitgeber für das Fahrzeug insgesamt entstandenen Kosten übersteigen. Wird dies im Einzelfall nachgewiesen, so ist der Nutzungswert höchstens mit dem Betrag der Gesamtkosten des Kraftfahrzeugs anzusetzen, wenn nicht aufgrund des Nachweises der Fahrten durch ein Fahrtenbuch nach § 8 Abs. 2 Satz 4 EStG ein geringerer Wertansatz in Betracht kommt. Der mit dem Betrag der Gesamtkosten anzusetzende Nutzungswert ist um 50 v.H. zu erhöhen, wenn das Kraftfahrzeug mit Fahrer zur Verfügung gestellt worden ist.

II. Individueller Nutzungswert

1. **Elektronisches Fahrtenbuch**

Ein elektronisches Fahrtenbuch ist anzuerkennen, wenn sich daraus dieselben Erkenntnisse wie aus einem manuell geführten Fahrtenbuch gewinnen lassen. Beim Ausdrucken von elektronischen Aufzeichnungen müssen nachträgliche Veränderungen der aufgezeichneten Angaben technisch ausgeschlossen, zumindest aber dokumentiert werden.

2. **Erleichterungen bei der Führung eines Fahrtenbuchs**

Ein Fahrtenbuch soll die Zuordnung von Fahrten zur betrieblichen und beruflichen Sphäre darstellen und ermöglichen. Es muß laufend geführt werden. Bei einer Dienstreise, Einsatzwechseltätigkeit und Fahrtätigkeit müssen die über die Fahrtstrecken hinausgehenden Angaben hinsichtlich Reiseziel, Reiseroute, Reisezweck und aufgesuchte Geschäftspartner die berufliche Veranlassung plausibel erscheinen lassen und ggf. eine stichprobenartige Nachprüfung ermöglichen. Auf einzelne dieser zusätzlichen Angaben kann verzichtet werden, soweit wegen der besonderen Umstände im Einzelfall die erforderliche Aussagekraft und Überprüfungsmöglichkeit nicht beeinträchtigt wird. Bei Kundendienstmonteuren und Handelsvertretern mit täglich wechselnden Auswärtstätigkeiten reicht es aus z. B. aus, wenn sie angeben, welche Kunden sie an welchem Ort aufsuchen. Angaben über die Reiseroute und zu den Entfernungen zwischen den Stationen einer Auswärtstätigkeit sind nur bei größerer Differenz zwischen direkter Entfernung und tatsächlicher Fahrtstrecke erforderlich. Bei sicherheitsgefährdetenPersonen, deren Fahrtroute häufig von sicherheitsmäßigen Gesichtspunkten bestimmt wird, kann auf die Angabe der Reiseroute auch bei größeren Differenzen zwischen der direkten Entfernung und der tatsächlichen Fahrtstrecke verzichtet werden.

3. **Aufwendungen bei sicherheitsgeschützten Fahrzeugen**

Wird der Nutzungswert für ein aus Sicherheitsgründen gepanzertes Kraftfahrzeug nach § 8 Abs. 2 Satz 4 EStG ermittelt, so kann dabei die AfA nach dem Anschaffungspreis des leistungsschwächeren Fahrzeugs zugrunde gelegt werden, das dem Arbeitnehmer zur Verfügung gestellt würde, wenn seine Sicherheit nicht gefährdet wäre. Im Hinblick auf die durch die Panzerung verursachten höheren laufenden Betriebskosten bestehen keine Bedenken, wenn der Nutzungswertermittlung 70 v.H. der tatsächlich festgestellten laufenden Kosten (ohne AfA) zugrunde gelegt werden.

Anlage § 008-06/Kraftfahrzeugüberlassung (Zu LStH 8.1 Abs. 9)

4. Fahrergestellung

Wenn ein Kraftfahrzeug mit Fahrer zur Verfügung gestellt wird, ist der für die Fahrten zwischen Wohnung und Arbeitsstätte insgesamt ermittelte Nutzungswert um 50 v.H. zu erhöhen. Für Privatfahrten erhöht sich der hierfür insgesamt ermittelte Nutzungswert nach Abschnitt 31 Abs. 7a Nr. 2 LStR 1996[1] entsprechend dem Grad der Inanspruchnahme des Fahrers um 50, 40 oder 25 v.H. Bei Familienheimfahrten erhöht sich der auf die einzelne Familienheimfahrt ermittelte Nutzungsvorteil nur dann um 50 v.H., wenn für diese Fahrt ein Fahrer in Anspruch genommen worden ist.

Bei der Feststellung der privat und der dienstlich zurückgelegten Fahrtstrecken sind sog. Leerfahrten, die bei der Überlassung eines Kraftfahrzeugs mit Fahrer durch die An- und Abfahrten des Fahrers auftreten können, den dienstlichen Fahrten zuzurechnen.

III. Lohnsteuerpauschalierung

Ist der Nutzungswert für Familienheimfahrten nach § 8 Abs. 2 Satz 5 EStG zu erfassen, so kommt eine Pauschalbesteuerung nach § 40 Abs. 2 Satz 2 EStG nur für Familienheimfahrten nach Ablauf von zwei Jahren[2] nach Aufnahme der Tätigkeit am neuen Beschäftigungsort und nur bis zur Höhe des Betrags in Betracht, den der Arbeitnehmer als Werbungskosten für Fahrten zwischen Wohnung und Arbeitsstätte geltend machen könnte.

---

[1] Jetzt → R 8.1 Absatz 10 LStR.
[2] Durch Wegfall der Zweijahresfrist bei doppelter Haushaltsführung gegenstandslos.

(Zu LStH 8.1 Abs. 9)　　**Anlage § 008-07/Merkblatt Arbeitgeber 1996**

Merkblatt für den Arbeitgeber zu den Rechtsänderungen beim Steuerabzug vom Arbeitslohn ab 1. Januar 1996 und zur Auszahlung des Kindergeldes ab 1. Januar 1996

(BStBl. 1995 I S. 719)

– Auszug –

A. Änderungen beim Steuerabzug vom Arbeitslohn

...

II. Lohnsteuerliche Erfassung und Bewertung von Sachbezügen

1. Überlassung eines betrieblichen Kraftfahrzeugs zu Privatfahrten

a) Allgemeines[1])

Überläßt der Arbeitgeber oder aufgrund des Dienstverhältnisses ein Dritter dem Arbeitnehmer ein Kraftfahrzeug unentgeltlich zu Privatfahrten, so ist der Nutzungsvorteil dem Arbeitslohn zuzurechnen. Zur privaten Nutzung eines Kraftfahrzeugs gehören alle Fahrten, die einem privaten Zweck dienen, z. B. Fahrten zur Erholung, Fahrten zu Verwandten, Freunden, kulturellen oder sportlichen Veranstaltungen, Einkaufsfahrten, Fahrten zu Gaststättenbesuchen und Mittagsheimfahrten. Nicht zu den privaten Fahrten gehören Fahrten zwischen Wohnung und Arbeitsstätte (vgl. Tz. 28 bis 35) einschließlich der Fahrten, die der Arbeitnehmer aus beruflichen Gründen mehrmals am Tag durchführen muß, und Familienheimfahrten im Rahmen einer doppelten Haushaltsführung (vgl. dazu Tz. 36 und 37). 　20

b) Pauschaler Nutzungswert

Der Arbeitgeber hat grundsätzlich die private Nutzung mit monatlich 1 v.H. des inländischen Listenpreises des Kraftfahrzeugs zu bewerten (§ 8 Abs. 2 Satz 2 i. V. m. § 6 Abs. 1 Nr. 4 Satz 2 EStG). Dies gilt auch dann, wenn der Arbeitgeber das Kraftfahrzeug gebraucht erworben oder geleast hat. Listenpreis ist die auf volle 100 DM abgerundete unverbindliche Preisempfehlung des Herstellers für das genutzte Kraftfahrzeug im Zeitpunkt seiner Erstzulassung zuzüglich der Zuschläge für Sonderausstattungen, einschließlich der Umsatzsteuer; der Wert eines Autotelefons bleibt außer Ansatz. Bei einem Kraftwagen, der aus Sicherheitsgründen gepanzert ist, kann der Listenpreis des leistungsschwächeren Fahrzeugs zugrunde gelegt werden, das dem Arbeitnehmer zur Verfügung gestellt würde, wenn seine Sicherheit nicht gefährdet wäre. Der Monatswert ist auch dann anzusetzen, wenn das Kraftfahrzeug dem Arbeitnehmer im Kalendermonat nur zeitweise zur privaten Nutzung zur Verfügung steht. Werden einem Arbeitnehmer während eines Kalendermonats abwechselnd unterschiedliche Fahrzeuge zur privaten Nutzung überlassen, so ist das Fahrzeug der pauschalen Nutzungswertbesteuerung zugrunde zu legen, das der Arbeitnehmer überwiegend nutzt. Dies gilt auch bei einem Fahrzeugwechsel im Laufe eines Kalendermonats. 　21

c) Individueller Nutzungswert

Anstelle des pauschalen Nutzungswerts kann der Arbeitgeber den Wert der privaten Nutzung des dem Arbeitnehmer überlassenen Kraftfahrzeugs mit dem Anteil der Aufwendungen für das Kraftfahrzeug ansetzen, der auf die privaten Fahrten entfällt. Dies setzt voraus, daß die für das Kraftfahrzeug insgesamt entstehenden Aufwendungen durch Belege und das Verhältnis der privaten zu den übrigen Fahrten durch ein ordnungsgemäßes Fahrtenbuch nachgewiesen werden. Werden dem Arbeitnehmer abwechselnd unterschiedliche Kraftfahrzeuge zur privaten Nutzung überlassen, so müssen für jedes Kraftfahrzeug die insgesamt entstehenden Aufwendungen und das Verhältnis der privaten zu den übrigen Fahrten nachgewiesen werden. Die insgesamt entstehenden Aufwendungen sind als Summe der Nettoaufwendungen zuzüglich Umsatzsteuer und der Absetzungen für Abnutzung zu ermitteln. Den Absetzungen für Abnutzung sind die tatsächlichen Anschaffungs- oder Herstellungskosten (einschließlich der Umsatzsteuer) des einzelnen Kraftfahrzeugs zugrunde zu legen. Ein Durchschnittswert ist nicht zulässig. Es ist auch nicht zulässig, die individuelle Nutzungswertermittlung auf Privatfahrten zu beschränken, wenn das Kraftfahrzeug auch zu Fahrten zwischen Wohnung und Arbeitsstätte genutzt wird. 　22

Ein ordnungsgemäßes Fahrtenbuch setzt voraus, daß die dienstlich und privat zurückgelegten Fahrtstrecken gesondert und laufend eingetragen werden. Für dienstliche Fahrten sind mindestens die folgenden Angaben erforderlich: 　23

– Datum und Kilometerstand zu Beginn und am Ende jeder einzelnen Auswärtstätigkeit (Dienstreise, Einsatzwechseltätigkeit, Fahrtätigkeit),

---

1) Siehe Anlage § 008-06.

Anlage § 008-07/Merkblatt Arbeitgeber 1996 (Zu LStH 8.1 Abs. 9)

- Reiseziel und Reiseroute,
- Reisezweck und aufgesuchte Geschäftspartner.

Für Privatfahrten genügen jeweils Kilometerangaben. Für Fahrten zwischen Wohnung und Arbeitsstätte genügt jeweils ein kurzer Vermerk. Die Führung des Fahrtenbuchs kann nicht auf einen repräsentativen Zeitraum beschränkt werden, selbst wenn die Nutzungsverhältnisse keinen größeren Schwankungen unterliegen. Anstelle des Fahrtenbuchs kann ein Fahrtenschreiber eingesetzt werden, wenn sich daraus dieselben Erkenntnisse gewinnen lassen.

24 Der private Nutzungswert ist der Anteil an den Gesamtkosten des überlassenen Kraftfahrzeugs, der dem Verhältnis der Privatfahrten (vgl. dazu Tz. 20) zur Gesamtfahrtstrecke entspricht. Aus Vereinfachungsgründen kann der Monatswert vorläufig mit einem Zwölftel des Vorjahresbetrags angesetzt werden. Es bestehen auch keine Bedenken, wenn die Privatfahrten je Fahrtkilometer vorläufig mit 0,001 v.H. des inländischen Listenpreises für das Kraftfahrzeug angesetzt werden. Nach Ablauf des Kalenderjahrs oder nach Beendigung des Dienstverhältnisses ist der tatsächlich zu versteuernde Nutzungswert zu ermitteln und eine etwaige Lohnsteuerdifferenz nach Maßgabe der §§ 41c, 42b EStG auszugleichen.

25 Der Arbeitgeber muß in Abstimmung mit dem Arbeitnehmer im vorhinein für jedes Kalenderjahr festlegen, ob die individuelle Nutzungswertermittlung an die Stelle der pauschalen Nutzungswertermittlung treten soll. Das Verfahren darf bei demselben Kraftfahrzeug während des Kalenderjahrs nicht gewechselt werden.

d) Überlassung eines Kraftfahrzeugs mit Fahrer

26 Stellt der Arbeitgeber dem Arbeitnehmer für Privatfahrten ein Kraftfahrzeug mit Fahrer zur Verfügung, so ist der private Nutzungswert des Kraftfahrzugs zu erhöhen

- um 50 v.H., wenn der Fahrer überwiegend in Anspruch genommen wird,
- um 40 v.H., wenn der Arbeitnehmer das Kraftfahrzeug häufig selbst steuert,
- um 25 v.H., wenn der Arbeitnehmer das Kraftfahrzeug weit überwiegend selbst steuert.

Bei einem Kraftwagen, der aus Sicherheitsgründen gepanzert und deshalb zum Selbststeuern nicht geeignet ist, führt die Gestellung des Fahrers nicht zur Erhöhung des privaten Nutzungswerts. Es ist dabei unerheblich, in welcher Gefährdungsstufe der Arbeitnehmer eingeordnet ist.

e) Nutzungsentgelt des Arbeitnehmers

27 Zahlt der Arbeitnehmer unabhängig vom Umfang der tatsächlichen privaten Nutzung des überlassenen Kraftfahrzeugs an den Arbeitgeber ein pauschales Nutzungsentgelt, so mindert dieses im Zahlungsjahr den privaten Nutzungswert. Dasselbe gilt für Zuschüsse des Arbeitnehmers zu den Anschaffungskosten des Kraftfahrzeugs; Zuschußrückzahlungen sind Arbeitslohn, soweit die Zuschüsse den privaten Nutzungswert gemindert haben. Nutzungsentgelte, die nach dem Umfang der privaten Nutzung bemessen werden (z.B. Kilometergeld) können nur auf den individuellen Nutzungswert (Tz. 22 bis 24) angerechnet werden.

2. Überlassung eines betrieblichen Kraftfahrzeugs zu Fahrten zwischen Wohnung und Arbeitsstätte

a) Pauschaler Nutzungswert

28 Kann ein Kraftfahrzeug, das der Arbeitgeber oder aufgrund des Dienstverhältnisses ein Dritter dem Arbeitnehmer unentgeltlich überlassen hat, von dem Arbeitnehmer für Fahrten zwischen Wohnung und Arbeitsstätte genutzt werden, so ist diese Nutzungsmöglichkeit unabhängig von der Nutzung des Fahrzeugs zu Privatfahrten (Tz. 20 bis 24) monatlich mit 0,03 v.H. des inländischen Listenpreises (vgl. dazu Tz. 21) des Kraftfahrzeugs für jeden Kilometer der Entfernung zwischen Wohnung und Arbeitsstätte zu bewerten und dem Arbeitslohn zuzurechnen. Es ist unerheblich, ob und wie oft im Kalendermonat das Kraftfahrzeug tatsächlich zu Fahrten zwischen Wohnung und Arbeitsstätte genutzt wird; der Ansatz des pauschalen Nutzungswerts hängt allein davon ab, daß der Arbeitnehmer das Kraftfahrzeug zu Fahrten zwischen Wohnung und Arbeitsstätte nutzen kann. Der Monatswert ist deshalb auch dann anzusetzen, wenn das Kraftfahrzeug dem Arbeitnehmer im Kalendermonat nur zeitweise zur Verfügung steht. Ein durch Urlaub oder Krankheit bedingter Nutzungsausfall ist im Nutzungswert pauschal berücksichtigt.

29 Fahrten zwischen Wohnung und regelmäßiger Arbeitsstätte im Sinne dieser Regelung liegen nicht vor bei Arbeitnehmern, die eine Einsatzwechseltätigkeit im Sinne des Abschnitts 37 Abs. 6 LStR 1996 ausüben, hinsichtlich der Fahrten zwischen Wohnung und Einsatzstelle, wenn arbeitstäglich mindestens eine Einsatzstelle aufgesucht wird, die mehr als 30 km von der Wohnung entfernt ist und die Dauer der Tätigkeit an dieser Einsatzstelle nicht über drei Monate hinausgeht oder wenn die Tätigkeit im wesentlichen durch den täglichen mehrfachen Ortswechsel geprägt ist; hierzu wird auf Abschnitt 38 Abs. 5

(Zu LStH 8.1 Abs. 9) **Anlage § 008-07/Merkblatt Arbeitgeber 1996**

LStR 1996 und Tz. 2 hingewiesen. Wird ein Kraftfahrzeug ausschließlich zu solchen Fahrten zwischen Wohnung und regelmäßiger Arbeitsstätte überlassen, durch die eine dienstliche Nutzung des Kraftfahrzeugs an der Wohnung begonnen oder beendet werden kann, so sind auch diese Fahrten nicht zu erfassen.

Dem pauschalen Nutzungswert ist die einfache Entfernung zwischen Wohnung und Arbeitsstätte zugrunde zu legen; diese ist auf den nächsten vollen Kilometerbetrag abzurunden. Maßgebend ist die kürzeste benutzbare Straßenverbindung. Der pauschale Nutzungswert ist nicht zu erhöhen, wenn der Arbeitnehmer das Kraftfahrzeug an einem Arbeitstag mehrmals zwischen Wohnung und Arbeitsstätte benutzt. Werden dem Arbeitnehmer abwechselnd unterschiedliche Kraftfahrzeuge zu Fahrten zwischen Wohnung und Arbeitsstätte zur Verfügung gestellt, so ist dem pauschalen Nutzungswert das Kraftfahrzeug zugrunde zu legen, das vom Arbeitnehmer im Kalendermonat überwiegend genutzt wird. 30

Fährt der Arbeitnehmer abwechselnd zu verschiedenen Wohnungen oder zu verschiedenen Arbeitsstätten, ist ein pauschaler Monatswert nach Tz. 28 unter Zugrundelegung der Entfernung zur näher gelegenen Wohnung oder näher gelegenen Arbeitsstätte anzusetzen. Für jede Fahrt von und zu der weiter entfernt liegenden Wohnung oder von und zu der weiter entfernt liegenden Arbeitsstätte ist zusätzlich ein pauschaler Nutzungswert von 0,002 v.H. des inländischen Listenpreises des Kraftfahrzeugs für jeden Kilometer der Entfernung zwischen Wohnung und Arbeitsstätte dem Arbeitslohn zuzurechnen, soweit sie die Entfernung zur nähergelegenen Wohnung übersteigt. 31

Bei Arbeitnehmern, die eine Einsatzwechseltätigkeit im Sinne des Abschnitts 37 Abs. 6 LStR 1996 ausüben und bei denen die Fahrten zeitweise Einsatzstellen betreffen, die nicht mehr als 30 km von der Wohnung entfernt sind oder an denen die Tätigkeit über drei Monate hinaus ausgeübt wird, ist der pauschale Nutzungswert arbeitstäglich mit 0,002 v.H. des inländischen Listenpreises des Kraftfahrzeugs für jeden Kilometer der Entfernung zwischen Wohnung und Arbeitsstätte anzusetzen.

b) Individueller Nutzungswert

Anstelle des pauschalen Nutzungswerts kann der Arbeitgeber den Nutzungswert mit dem Anteil der Aufwendungen für das Kraftfahrzeug ansetzen, der auf die Fahrten zwischen Wohnung und Arbeitsstätte entfällt, wenn die für das Kraftfahrzeug insgesamt entstehenden Aufwendungen durch Belege und das Verhältnis der Fahrten zwischen Wohnung und Arbeitsstätte zu den übrigen Fahrten durch ein ordnungsgemäßes Fahrtenbuch nachgewiesen werden. Hierzu gelten im einzelnen die unter Tz. 22 bis 25 dargestellten Regelungen. Es ist nicht zulässig, die individuelle Nutzungswertermittlung auf Fahrten zwischen Wohnung und Arbeitsstätte zu beschränken, wenn das Fahrzeug auch zu Privatfahrten genutzt wird. 32

c) Fahrergestellung, Nutzungsentgelt, Pauschalbesteuerung

Stellt der Arbeitgeber dem Arbeitnehmer für Fahrten zwischen Wohnung und Arbeitsstätte ein Kraftfahrzeug mit Fahrer zur Verfügung, so ist der jeweilige Nutzungswert des Kraftfahrzeugs für diese Fahrten um 50 v.H. zu erhöhen. Dies gilt nicht für ein aus Sicherheitsgründen gepanzertes Kraftfahrzeug, das zum Selbststeuern nicht geeignet ist und deshalb mit Fahrer zur Verfügung gestellt wird. 33

Zahlt der Arbeitnehmer an den Arbeitgeber ein Entgelt für die Nutzung des Kraftfahrzeugs zu Fahrten zwischen Wohnung und Arbeitsstätte, so mindert dies den Nutzungswert. Es ist in diesem Falle gleichgültig, ob das Nutzungsentgelt pauschal oder entsprechend der tatsächlichen Nutzung des Kraftfahrzeugs bemessen wird. 34

Der steuerpflichtige Wert der Überlassung eines Kraftfahrzeugs zu Fahrten zwischen Wohnung und Arbeitsstätte kann bei behinderten Arbeitnehmern im Sinne des § 9 Abs. 2 EStG in vollem Umfang und bei allen anderen Arbeitnehmern bis zu einem Teilbetrag von 0,70 DM je Entfernungskilometer für jeden Arbeitstag, an dem das Kraftfahrzeug zu Fahrten zwischen Wohnung und Arbeitsstätte benutzt wird, nach § 40 Abs. 2 Satz 2 EStG mit 15 v.H. pauschal der Lohnsteuer unterworfen werden. Dabei hat der Arbeitgeber die pauschale Lohnsteuer zu übernehmen. Aus Vereinfachungsgründen kann der Arbeitgeber unterstellen, daß das Kraftfahrzeug an 15 Arbeitstagen monatlich zu Fahrten zwischen Wohnung und Arbeitsstätte benutzt wird, wenn der Arbeitnehmer nichts anderes nachweist. Zur Möglichkeit der Überwälzung der pauschalen Lohnsteuer auf den Arbeitnehmer wird auf Abschnitt 127 Abs. 8 LStR 1996 hingewiesen. Der pauschal besteuerte Nutzungswert ist in der Lohnsteuerbescheinigung gesondert auszuweisen (vgl. Abschnitt 135 Abs. 3 Nr. 6 LStR 1996). 35

3. Überlassung eines betrieblichen Kraftfahrzeugs zu Familienheimfahrten

Überläßt der Arbeitgeber oder aufgrund des Dienstverhältnisses ein Dritter dem Arbeitnehmer ein Kraftfahrzeug unentgeltlich zu wöchentlichen Familienheimfahrten im Rahmen einer beruflich veranlaßten doppelten Haushaltsführung, so ist insoweit der Nutzungswert nach § 8 Abs. 2 Satz 5 EStG 36

Anlage § 008-07/Merkblatt Arbeitgeber 1996 (Zu LStH 8.1 Abs. 9)

steuerlich nicht zu erfassen, solange die Dauer der Beschäftigung am selben Ort zwei Jahre nicht überschritten hat (zur Zweijahresfrist vgl. Tz. 14 bis 16).

37 Wird das Kraftfahrzeug zu mehr als einer Familienheimfahrt wöchentlich oder nach Ablauf der Zweijahresfrist zu Familienheimfahrten genutzt, so ist für jede Familienheimfahrt ein pauschaler Nutzungswert in Höhe von 0,002 v.H. des inländischen Listenpreises (vgl. dazu Tz. 21) des Kraftfahrzeugs für jeden Kilometer der Entfernung zwischen dem Beschäftigungsort und dem Ort des eigenen Hausstands anzusetzen und dem Arbeitslohn zuzurechnen. Anstelle des pauschalen Nutzungswerts kann der Arbeitgeber den Nutzungswert mit den Aufwendungen für das Kraftfahrzeug ansetzen, die auf die zu erfassenden Fahrten entfallen, wenn die für das Kraftfahrzeug insgesamt entstehenden Aufwendungen durch Belege und das Verhältnis der privaten zu den übrigen Fahrten durch ein ordnungsgemäßes Fahrtenbuch nachgewiesen werden. In diesem Falle sind die zu erfassenden Familienheimfahrten den Privatfahrten zuzurechnen und die Regelungen unter Tz. 22 bis 25 anzuwenden.

4. Abgabe von Mahlzeiten

– Tz. 38 und 39 nicht abgedruckt wegen zeitlicher Überholung –

5. Freigrenze für Sachbezüge ohne amtlichen Sachbezugswert

40 Sachbezüge, für die keine amtlichen Sachbezugswerte festgesetzt sind und die nicht als sog. Belegschaftsrabatte nach § 8 Abs. 3 EStG zu bewerten sind, sind nach § 8 Abs. 2 Satz 1 EStG mit den um übliche Preisnachlässe geminderten üblichen Endpreisen am Abgabeort im Zeitpunkt der Abgabe anzusetzen. Das ist der Preis, der im allgemeinen Geschäftsverkehr von Letztverbrauchern in der Mehrzahl der Verkaufsfälle am Abgabeort für gleichartige Waren oder Dienstleistungen tatsächlich gezahlt wird. Handelt es sich um Waren oder Dienstleistungen, so darf der Arbeitgeber nach Abschnitt 31 Abs. 2 LStR 1996 den üblichen Endpreis aus Vereinfachungsgründen mit 96 v.H. des Endpreises ansetzen, zu dem sie fremden Letztverbrauchern im allgemeinen Geschäftsverkehr angeboten werden. Soweit das Entgelt des Arbeitnehmers den üblichen Endpreis unterschreitet, erhält der Arbeitnehmer einen geldwerten Vorteil, der grundsätzlich dem Arbeitslohn zuzurechnen ist. Nach § 8 Abs. 2 Satz 9 EStG bleiben aber ab 1996 solche Vorteile steuerlich außer Ansatz, wenn sie insgesamt 50 DM im Kalendermonat nicht übersteigen. Diese Freigrenze ist z. B. anwendbar auf die Nutzung von betrieblichen Fernsprecheinrichtungen zu privaten Ferngesprächen und auf Mietvorteile bei der Überlassung von Werkswohnungen, die nicht nach § 3 Nr. 59 EStG steuerfrei sind.

III. Ermittlung der Steuerabzugsbeträge

– Tz. 41-43 nicht abgedruckt wegen zeitlicher Überholung –

IV. Pauschalierung der Lohnsteuer

1. Pauschalierung der Lohnsteuer für Teilzeitbeschäftigte

– Tz. 44 und 45 nicht abgedruckt wegen zeitlicher Überholung/Gesetzesänderung –

2. Pauschalierung der Lohnsteuer bei bestimmten Zukunftssicherungsleistungen

46 Von den Beiträgen für eine Direktversicherung des Arbeitnehmers und von den Zuwendungen an eine Pensionskasse kann die Lohnsteuer nach § 40b EStG weiterhin pauschal erhoben werden. Der Höchstbetrag der pauschal besteuerbaren Zukunftssicherungsleistungen zugunsten eines Arbeitnehmers beträgt ab 1996 3408 DM (bisher 3000 DM) im Kalenderjahr. Der Pauschsteuersatz beträgt ab 1996 20 v. H. (bisher 15 v. H.). Das gilt auch für die Pauschalierung von Beiträgen zu Gruppenunfallversicherungen.

B. Auszahlung des Kindergeldes durch private Arbeitgeber

– Vom Abdruck dieses Abschnitts wird abgesehen, da der private Arbeitgeber für Zeiträume ab 1.1.1999 nicht mehr verpflichtet ist, das Kindergeld auszuzahlen. Auf von ihm auszuzahlendes Kindergeld für Zeiträume vor dem 1.1.1999 sind die bisherigen Regelungen weiter anzuwenden. –

(Zu LStH 8.2)

Anlage § 008-08/Erwerb von Kraftfahrzeugen

Ermittlung des geldwerten Vorteils beim Erwerb von Kraftfahrzeugen vom Arbeitgeber in der Automobilbranche (§ 8 Absatz 3 EStG)

BMF-Schreiben vom 18. Dezember 2009 IV C 5 – S 2334/09/10006, 2009/0830813 (BStBl. 2010 I S. 20)

Im Einvernehmen mit den obersten Finanzbehörden der Länder gilt bei der Ermittlung des geldwerten Vorteils beim Erwerb von Kraftfahrzeugen vom Arbeitgeber in der Automobilbranche Folgendes: Personalrabatte, die Automobilhersteller oder Automobilhändler ihren Arbeitnehmern beim Erwerb von Kraftfahrzeugen gewähren, gehören grundsätzlich als geldwerte Vorteile zum steuerpflichtigen Arbeitslohn. Der steuerlichen Bewertung der Kraftfahrzeuge sind unter den Voraussetzungen des § 8 Absatz 3 EStG (vgl. R 8.2 Absatz 1 LStR 2008) die Endpreise zugrunde zu legen, zu denen der Arbeitgeber die Kraftfahrzeuge anderen Letztverbrauchern im allgemeinen Geschäftsverkehr anbietet. Bietet der Arbeitgeber die Kraftfahrzeuge anderen Letztverbrauchern nicht an, so sind die Endpreise des nächstgelegenen Händlers maßgeblich (R 8.2 Absatz 2 Satz 1 bis 6 LStR 2008).

Endpreis ist nicht der Preis, der mit dem Käufer unter Berücksichtigung individueller Preiszugeständnisse tatsächlich vereinbart wird. Regelmäßig ist vielmehr der Preis maßgebend, der nach der Preisangabenverordnung anzugeben und auszuweisen ist. Dies ist z. B. der sog. Hauspreis, mit dem Kraftfahrzeuge ausgezeichnet werden, die im Verkaufsraum eines Automobilhändlers ausgestellt werden. Wenn kein anderes Preisangebot vorliegt, ist dem Endpreis grundsätzlich die unverbindliche Preisempfehlung (UPE) des Herstellers zugrunde zu legen.

Nach den Gepflogenheiten in der Automobilbranche werden Kraftfahrzeuge im allgemeinen Geschäftsverkehr fremden Letztverbrauchern tatsächlich häufig zu einem Preis angeboten, der unter der UPE des Herstellers liegt. Deshalb kann der tatsächliche Angebotspreis anstelle des empfohlenen Preises angesetzt werden (vgl. BFH-Urteil vom 4. Juni 1993 – BStBl. II S. 687, BFH-Urteil vom 17. Juni 2009 – BStBl. 2010 II S. 67).

Im Hinblick auf die Schwierigkeiten bei der Ermittlung des tatsächlichen Angebotspreises ist es nicht zu beanstanden, wenn als Endpreis im Sinne des § 8 Absatz 3 EStG der Preis angenommen wird, der sich ergibt, wenn 80 Prozent des Preisnachlasses, der durchschnittlich beim Verkauf an fremde Letztverbraucher im allgemeinen Geschäftsverkehr tatsächlich gewährt wird, von dem empfohlenen Preis abgezogen wird. Dabei ist der durchschnittliche Preisnachlass modellbezogen nach den tatsächlichen Verkaufserlösen in den vorangegangenen drei Kalendermonaten zu ermitteln und jeweils der Endpreisfeststellung im Zeitpunkt der Bestellung (Bestellbestätigung) zugrunde zu legen.

Bei der Ermittlung des durchschnittlichen Preisnachlasses sind auch Fahrzeugverkäufe, deren Endpreise inklusive Transport- und Überführungskosten im Einzelfall über der UPE liegen, sowie Fahrzeugverkäufe, die mit überhöhter Inzahlungnahme von Gebrauchtfahrzeugen, Sachzugaben oder anderen indirekten Rabatten einhergehen, einzubeziehen. Neben Barrabatten ist der Wert indirekter Rabatte bei der Ermittlung des durchschnittlichen Preisnachlasses zu berücksichtigen, soweit diese in den Verkaufsunterlagen des Automobilherstellers oder Automobilhändlers nachvollziehbar dokumentiert sind. Fahrzeugverkäufe mit Marktzins unterschreitenden Finanzierungen bleiben bei der Ermittlung des durchschnittlichen Preisnachlasses unberücksichtigt.

Es wird nicht beanstandet, wenn bei neu eingeführten Modellen in den ersten drei Kalendermonaten ein pauschaler Abschlag von 6 Prozent der UPE als durchschnittlicher Preisnachlass angenommen wird. Als neues Modell ist ein neuer Fahrzeugtyp oder eine neue Fahrzeuggeneration anzusehen, nicht dagegen eine sog. Modellpflegemaßnahme ("Facelift"). Es bestehen keine Bedenken, in Zweifelsfällen hierzu auf die ersten Ziffern des im Fahrzeugschein oder in der Zulassungsbescheinigung Teil I verzeichneten Typenschlüssels des Herstellers abzustellen. Wurde ein Modell in der den der Bestellung vorangegangenen drei Kalendermonaten nicht verkauft, ist auf den durchschnittlichen Preisnachlass des letzten Dreimonatszeitraums abzustellen, in dem Verkaufsfälle vorliegen.

Der Arbeitgeber hat die Grundlagen für den ermittelten geldwerten Vorteil als Beleg zum Lohnkonto aufzubewahren.

Dieses Schreiben ersetzt das BMF-Schreiben vom 30. Januar 1996 (BStBl. I S. 114) und ist ab dem 1. Januar 2009 anzuwenden.

Anlage § 008-09/Bewertung von Sachbezügen (Zu LStH 8.2)

Verhältnis von § 8 Absatz 2 und Absatz 3 EStG bei der Bewertung von Sachbezügen; Anwendung der Urteile des BFH vom 26. Juli 2012 – VI R 30/09 – (BStBl. 2013 II Seite 400) und – VI R 27/11 – (BStBl. 2013 II Seite 402)

BMF-Schreiben vom 16. Mai 2013 IV C 5 – S 2334/07/0011, 2013/0356883 (BStBl. I S. 729)

Zu den Urteilen des Bundesfinanzhofs (BFH) vom 26. Juli 2012 – VI R 30/09 – (BStBl. II Seite 400) und – VI R 27/11 – (BStBl. II Seite 402) gilt im Einvernehmen mit den obersten Finanzbehörden der Länder Folgendes:

Die Urteile sind über den jeweils entschiedenen Einzelfall hinaus entsprechend den nachfolgenden Regelungen anzuwenden. Das BMF-Schreiben vom 28. März 2007 (BStBl. I Seite 464) wird aufgehoben.

1. Grundsätze der BFH-Rechtsprechung

1 Der BFH bestätigt in seinen Urteilen vom 26. Juli 2012 – VI R 30/09 – und – VI R 27/11 – die in seiner Entscheidung vom 5. September 2006 – VI R 41/02 – (BStBl. II 2007 Seite 309) vertretene Rechtsauffassung, dass der Arbeitnehmer im Rahmen seiner Einkommensteuerveranlagung den geldwerten Vorteil wahlweise nach § 8 Absatz 2 EStG ohne Bewertungsabschlag und ohne Rabattfreibetrag oder mit diesen Abschlägen auf der Grundlage des Endpreises des Arbeitgebers nach § 8 Absatz 3 EStG bewerten lassen kann.

2 Nach Auffassung des BFH ist bei Anwendung des § 8 Absatz 2 EStG Vergleichspreis grundsätzlich der „günstigste Preis am Markt". Endpreis i. S. d. § 8 Absatz 3 EStG ist nach Auffassung des BFH der am Ende von Verkaufsverhandlungen als letztes Angebot stehende Preis und umfasst deshalb auch Rabatte (Änderung der Rechtsprechung).

2. Zeitliche Anwendung der BFH-Rechtsprechung

3 Die BFH-Rechtsprechung ist sowohl im Lohnsteuerabzugsverfahren als auch im Veranlagungsverfahren in allen offenen Fällen anwendbar (vgl. aber Rdnr. 5 und Rdnr. 11).

3. Materielle Anwendung der BFH-Rechtsprechung

3.1. Endpreis i. S. d. § 8 Absatz 2 Satz 1 EStG

4 Einnahmen, die nicht in Geld bestehen (Wohnung, Kost, Waren, Dienstleistungen und sonstige Sachbezüge), sind mit den um übliche Preisnachlässe geminderten üblichen Endpreisen am Abgabeort anzusetzen (§ 8 Absatz 2 Satz 1 EStG); R 8.1 Absatz 2 Satz 9 LStR 2011 ist anzuwenden. Endpreis in diesem Sinne ist auch der nachgewiesene günstigste Preis einschließlich sämtlicher Nebenkosten, zu dem die konkrete Ware oder Dienstleistung mit vergleichbaren Bedingungen an Endverbraucher ohne individuelle Preisverhandlungen im Zeitpunkt des Zuflusses am Markt angeboten wird; R 8.1 Absatz 2 Satz 9 LStR 2011 ist nicht anzuwenden. Fallen Bestell- und Liefertag auseinander, sind die Verhältnisse am Bestelltag für die Preisfeststellung maßgebend (vgl. R 8.1 Absatz 2 Satz 8 LStR 2011). Markt in diesem Sinne sind alle gewerblichen Anbieter, von denen der Steuerpflichtige die konkrete Ware oder Dienstleistung im Inland unter Einbeziehung allgemein zugänglicher Internetangebote oder auf sonstige Weise gewöhnlich beziehen kann. § 8 Absatz 2 Sätze 2 bis 9 EStG bleiben unberührt.

5 Dem Arbeitgeber bleibt es unbenommen, im Lohnsteuerabzugsverfahren einen um übliche Preisnachlässe geminderten üblichen Endpreis am Abgabeort i. S. d. Rdnr. 4 Satz 1 anzusetzen. Er ist nicht verpflichtet, den günstigsten Preis am Markt i. S. d. Rdnr. 4 Satz 2 zu ermitteln. Der Arbeitnehmer kann im Rahmen seiner Einkommensteuerveranlagung den geldwerten Vorteil mit dem günstigsten Preis am Markt i. S. d. Rdnr. 4 Satz 2 bewerten (vgl. Rdnr. 10).

6 Der Arbeitgeber hat die Grundlagen für den ermittelten und der Lohnversteuerung zu Grunde gelegten Endpreis als Belege zum Lohnkonto aufzubewahren, zu dokumentieren und dem Arbeitnehmer auf Verlangen formlos mitzuteilen.

3.2. Endpreis i. S. d. § 8 Absatz 3 Satz 1 EStG

7 Endpreis i. S. d. § 8 Absatz 3 Satz 1 EStG ist der Preis, zu dem der Arbeitgeber oder der dem Abgabeort nächstansässige Abnehmer die konkrete Ware oder Dienstleistung fremden Letztverbrauchern im allgemeinen Geschäftsverkehr am Ende von Verkaufsverhandlungen durchschnittlich anbietet. Auf diesen Angebotspreis sind der gesetzliche Bewertungsabschlag von 4 Prozent und der gesetzliche Rabattfreibetrag von 1.080 Euro zu berücksichtigen (§ 8 Absatz 3 Satz 2 EStG).

8 Bei der Ermittlung des tatsächlichen Angebotspreises ist es nicht zu beanstanden, wenn als Endpreis i. S. d. § 8 Absatz 3 EStG der Preis angenommen wird, der sich ergibt, wenn der Preisnachlass, der durchschnitt-

lich beim Verkauf an fremde Letztverbraucher im allgemeinen Geschäftsverkehr tatsächlich gewährt wird, von dem empfohlenen Preis abgezogen wird.

Das BMF-Schreiben vom 18. Dezember 2009 (BStBl. I 2010 Seite 20) zur Ermittlung des geldwerten Vorteils beim Erwerb von Kraftfahrzeugen vom Arbeitgeber in der Automobilbranche ist hinsichtlich des bisher zu berücksichtigenden Preisnachlasses in Höhe von 80 Prozent nicht mehr anzuwenden. Es gilt ansonsten unverändert fort.

Der Arbeitgeber hat die Grundlagen für den ermittelten und der Lohnversteuerung zu Grunde gelegten Endpreis als Belege zum Lohnkonto aufzubewahren, zu dokumentieren und dem Arbeitnehmer auf Verlangen formlos mitzuteilen.

3.3. Wahlrecht zwischen den Bewertungsmethoden nach § 8 Absatz 2 und Absatz 3 EStG

Der Arbeitnehmer kann den geldwerten Vorteil im Rahmen seiner Einkommensteuerveranlagung nach § 8 Absatz 2 Satz 1 EStG (vgl. Rdnr. 4) bewerten. Der Arbeitnehmer hat den im Lohnsteuerabzugsverfahren der Besteuerung zu Grunde gelegten Endpreis i. S. d. § 8 Absatz 3 Satz 1 EStG und den Endpreis i. S. d. § 8 Absatz 2 Satz 1 EStG nachzuweisen (z. B. formlose Mitteilung des Arbeitgebers, Ausdruck eines günstigeren inländischen Angebots im Zeitpunkt des Zuflusses).

Dem Arbeitgeber bleibt es unbenommen, im Lohnsteuerabzugsverfahren den geldwerten Vorteil nach § 8 Absatz 3 Satz 1 EStG (vgl. Rdnr. 7) zu bewerten. Er ist nicht verpflichtet, den geldwerten Vorteil nach § 8 Absatz 2 Satz 1 EStG (vgl. Rdnr. 4) zu bewerten.

Beispiel

Ein Möbelhandelsunternehmen übereignet seinem Arbeitnehmer im Januar 2013 eine Schrankwand und im Februar 2013 eine Couch zu einem Preis von je 3.000 Euro. Bestell- und Liefertag fallen nicht auseinander. Der durch Preisauszeichnung angegebene Endpreis beträgt jeweils 5.000 Euro. Das Möbelhandelsunternehmen gewährt auf diese Möbelstücke durchschnittlich 10 Prozent Rabatt. Ein anderes inländisches Möbelhandelsunternehmen bietet diese Couch im Februar 2013 auf seiner Internetseite für 4.000 Euro an. Der Arbeitgeber hat die geldwerten Vorteile nach § 8 Absatz 3 Satz 1 EStG bewertet. Der Arbeitnehmer beantragt im Rahmen seiner Einkommensteuerveranlagung die Bewertung des geldwerten Vorteils für die Couch nach § 8 Absatz 2 Satz 1 EStG und legt einen Ausdruck des günstigeren Angebots vor.

Steuerliche Behandlung im Lohnsteuerabzugsverfahren:

Endpreis i. S. d. § 8 Absatz 3 Satz 1 EStG ist der am Ende von Verkaufsverhandlungen durchschnittlich angebotene Preis des Arbeitgebers in Höhe von jeweils 4.500 Euro (= 5.000 Euro abzgl. durchschnittlichem Rabatt von 10 Prozent). Zur Ermittlung des geldwerten Vorteils aus der Übereignung der Schrankwand ist der Endpreis um 180 Euro (= 4 Prozent) zu kürzen, so dass sich nach Anrechnung des vom Arbeitnehmer gezahlten Entgelts von 3.000 Euro ein Arbeitslohn von 1.320 Euro ergibt. Dieser Arbeitslohn überschreitet den Rabatt-Freibetrag von 1.080 Euro um 240 Euro, so dass dieser Betrag für Januar 2013 zu versteuern ist. Zur Ermittlung des geldwerten Vorteils aus der Übereignung der Couch ist der Endpreis von 4.500 Euro um 180 Euro (= 4 Prozent) zu kürzen, so dass sich nach Anrechnung des vom Arbeitnehmer gezahlten Entgelts von 3.000 Euro ein Arbeitslohn von 1.320 Euro ergibt. Der Rabatt-Freibetrag kommt nicht mehr in Betracht, da er bereits bei der Ermittlung des geldwerten Vorteils aus der Übereignung der Schrankwand berücksichtigt wurde. Daher ist ein Arbeitslohn von 1.320 Euro für Februar 2013 zu versteuern.

Steuerliche Behandlung im Veranlagungsverfahren:

Endpreis i. S. d. § 8 Absatz 2 Satz 1 EStG ist die nachgewiesene günstigste Marktkondition in Höhe von 4.000 Euro. Zur Ermittlung des geldwerten Vorteils aus der Übereignung der Couch ist der Endpreis nicht zu kürzen, so dass sich nach Anrechnung des vom Arbeitnehmer gezahlten Entgelts ein Arbeitslohn von 1.000 Euro (statt bisher 1.320 Euro) ergibt. Die Freigrenze für Sachbezüge nach § 8 Absatz 2 Satz 9 EStG ist überschritten, so dass ein Arbeitslohn von 1.000 Euro zu versteuern ist. Der bisher versteuerte Arbeitslohn (vgl. Zeile 3 des Ausdrucks der elektronischen Lohnsteuerbescheinigung für 2013) ist durch das Finanzamt um 320 Euro zu mindern.

Dieses Schreiben wird im Bundessteuerblatt Teil I veröffentlicht.

Anlage § 008-10/Zinsen (Zu L3tH 19.3, 8.2)

Einkommensteuerliche Behandlung
der Zinsen, auf Einlagen der Arbeitnehmer von Kreditinstituten

BMF-Schreiben vom 2. März 1990 IV B 6 – S 2332 – 23/90 (BStBl. I S. 141)

Unter Bezugnahme auf das Ergebnis der Erörterungen mit den obersten Finanzbehörden der Länder gilt hinsichtlich der einkommensteuerlichen Behandlung der Zinsen auf Einlagen der Arbeitnehmer von Kreditinstituten folgendes:

Soweit die Arbeitnehmer von Kreditinstituten und ihre Angehörigen auf ihre Einlagen beim Arbeitgeber höhere Zinsen erhalten als betriebsfremde Anleger, sind die zusätzlichen Zinsen durch das Dienstverhältnis veranlaßt und dem Lohnsteuerabzug zu unterwerfen. Aus Vereinfachungsgründen ist es jedoch nicht zu beanstanden, wenn der Zusatzzins als Einnahmen aus Kapitalvermögen behandelt wird, sofern der dem Arbeitnehmer und seinen Angehörigen eingeräumte Zinssatz nicht mehr als 1 Prozentpunkt über dem Zinssatz liegt, den die kontoführende Stelle des Arbeitgebers betriebsfremden Anlegern im allgemeinen Geschäftsverkehr anbietet.

Anlage § 008-11/Abschlussgebühr Bausparvertrag

Lohnsteuerliche Behandlung ersparter Abschlussgebühren bei Abschluss eines Bausparvertrages

BMF-Schreiben vom 28. März 1994 IV B 6 – S 2334 – 46/94 (BStBl. I S. 233)

Wenn Bausparkassen gegenüber ihren eigenen Mitarbeitern, gegenüber Arbeitnehmern von anderen Kreditinstituten oder gegenüber Arbeitnehmern von Versicherungsunternehmen und anderen Unternehmen beim Abschluss von Bausparverträgen zunächst auf die übliche Sondereinlage in Höhe von 1 v.H. der Bausparsumme und bei der Inanspruchnahme eines Bauspardarlehens auf die dann fällige Abschlussgebühr verzichten, gilt nach dem Ergebnis der Erörterung mit den obersten Finanzbehörden der Länder Folgendes:

1. Der Verzicht auf die Sondereinlage beim Abschluss eines Bausparvertrags ist lohnsteuerlich ohne Bedeutung.
2. Der Abschluss eines Bausparvertrags ist eine Dienstleistung der Bausparkasse; der durch den Verzicht auf die Abschlussgebühr entstehende geldwerte Vorteil gehört zum Arbeitslohn.
3. Bei eigenen Arbeitnehmern der Bausparkassen handelt es sich um eine Dienstleistung im Sinne des § 8 Abs. 3 EStG.
4. Bei Arbeitnehmern anderer Kreditinstitute, Arbeitnehmern von Versicherungsunternehmen und anderen Unternehmen ist nach dem BMF-Schreiben vom 27. September 1993 – IV B 6 – S 2334 – 152/93 – (BStBl. I S. 814)[1] sowie den entsprechenden Erlassen der obersten Finanzbehörden der Länder zu verfahren.
5. Soweit der Vorteil als Arbeitslohn versteuert wird, ist er der Zahlung einer Abschlussgebühr gleichzustellen und nach Maßgabe des § 10 EStG und des § 2 WoPG als Bausparbeitrag zu behandeln.
6. Wenn vor dem 1. April 1994 zugeflossene Vorteile nicht der Besteuerung unterworfen worden sind, kann es dabei verbleiben, soweit diese Vorteile nicht höher sind als die Vorteile, die nach der bisherigen ländereinheitlichen Regelung (z. B. LSt-Kartei NW, Teil L, § 19 EStG, Fach 2 Nr. 105) steuerfrei belassen worden sind. Lohnsteuer und Einkommensteuer sind insoweit nicht festzusetzen.

---

1) Anlage § 008-01.

Anlage § 008-12/Dienstwagen, Anwendung BFH-Urteile (LStH 8.1 [9-10])

Lohnsteuerliche Behandlung der Überlassung eines betrieblichen Kraftfahrzeugs für Fahrten zwischen Wohnung und regelmäßiger Arbeitsstätte (§ 8 Absatz 2 Satz 3 EStG); Anwendung der Urteile des BFH vom 22. September 2010 – VI R 54/09 – (BStBl. II 2011 S. 354), – VI R 55/09 – (BStBl. II 2011 S. 358) und – VI R 57/09 – (BStBl. II 2011 S. 359)

BMF-Schreiben vom 1. April 2011 IV C 5 - S 2334/08/10010, 2011/0250056 (BStBl. I S. 301)

Zu den Urteilen des Bundesfinanzhofs (BFH) vom 22. September 2010 – VI R 54/09 – (BStBl. II 2011 S. 354), – VI R 55/09 – (BStBl. II 2011 S. 358) und – VI R 57/09 – (BStBl. II 2011 S. 359) sowie zu den Urteilen des BFH vom 4. April 2008 – VI R 85/04 – (BStBl. II S. 887), – VI R 68/05 – (BStBl. II S. 890) und vom 28. August 2008 – VI R 52/07 – (BStBl. II 2009 S. 280) gilt im Einvernehmen mit den obersten Finanzbehörden der Länder Folgendes:

Die Urteile sind über den jeweils entschiedenen Einzelfall hinaus entsprechend den nachfolgenden Regelungen anzuwenden. Die BMF-Schreiben vom 23. Oktober 2008 (BStBl. I S. 961) und vom 12. März 2009 (BStBl. I S. 500) werden aufgehoben.

1. Grundsätze der BFH-Rechtsprechung; BFH-Urteil – VI R 57/09 –

1 Der BFH hat seine Rechtsauffassung bestätigt, dass die Zuschlagsregelung des § 8 Absatz 2 Satz 3 EStG einen Korrekturposten zum Werbungskostenabzug darstellt und daher nur insoweit zur Anwendung kommt, wie der Arbeitnehmer den Dienstwagen tatsächlich für Fahrten zwischen Wohnung und regelmäßiger Arbeitsstätte benutzt hat. Die Zuschlagsregelung des § 8 Absatz 2 Satz 3 EStG habe nicht die Funktion, eine irgendwie geartete zusätzliche private Nutzung des Dienstwagens zu bewerten. Sie bezwecke lediglich einen Ausgleich für abziehbare, tatsächlich aber nicht entstandene Erwerbsaufwendungen.

2 Zur Ermittlung des Zuschlags für Fahrten zwischen Wohnung und regelmäßiger Arbeitsstätte ist nach Auffassung des BFH (Urteil vom 4. April 2008 – VI R 85/04 –, BStBl. II S. 887) eine Einzelbewertung der tatsächlichen Fahrten mit 0,002 % des Listenpreises im Sinne des § 6 Absatz 1 Nummer 4 Satz 2 EStG je Entfernungskilometer vorzunehmen.

2. Zeitliche Anwendung der BFH-Rechtsprechung

2.1 Anwendung der BFH-Rechtsprechung bis einschließlich 2010

3 Die BFH-Rechtsprechung ist für Veranlagungszeiträume bis einschließlich 2010 in allen offenen Fällen im Veranlagungsverfahren anwendbar. Der für Lohnzahlungszeiträume bis einschließlich 2010 vorgenommene Lohnsteuerabzug ist nicht zu ändern.

2.2 Anwendung der BFH-Rechtsprechung ab 2011

4 Die BFH-Rechtsprechung ist im Lohnsteuerabzugsverfahren und im Veranlagungsverfahren anwendbar.

5 Im Lohnsteuerabzugsverfahren ist der Arbeitgeber nicht zur Einzelbewertung der tatsächlichen Fahrten zwischen Wohnung und regelmäßiger Arbeitsstätte (vgl. Rdnr. 2) verpflichtet. Dem Arbeitgeber bleibt es unbenommen, im Lohnsteuerabzugsverfahren nur die kalendermonatliche Ermittlung des Zuschlags mit 0,03 Prozent des Listenpreises für jeden Kilometer der Entfernung zwischen Wohnung und regelmäßiger Arbeitsstätte (0,03 %-Regelung) vorzunehmen, z. B. die Gestellung des betrieblichen Kraftfahrzeugs an die Anwendung der 0,03 %-Regelung zu binden.

6 Der Arbeitgeber muss in Abstimmung mit dem Arbeitnehmer die Anwendung der BFH-Rechtsprechung oder die Anwendung der 0,03 %-Regelung für jedes Kalenderjahr einheitlich für alle diesem überlassenen betrieblichen Kraftfahrzeuge festlegen. Die Methode darf während des Kalenderjahres nicht gewechselt werden; zur Anwendung im Lohnsteuerabzugsverfahren für 2011 vgl. Rdnr. 12. Bei der Veranlagung zur Einkommensteuer ist der Arbeitnehmer nicht an die für die Erhebung der Lohnsteuer gewählte Methode gebunden und kann die Methode einheitlich für alle ihm überlassenen betrieblichen Kraftfahrzeuge für das gesamte Kalenderjahr wechseln.

3. Materielle Anwendung der BFH-Rechtsprechung

7 Grundsätzlich ist die Ermittlung des Zuschlags für die Nutzung eines betrieblichen Kraftfahrzeugs für Fahrten zwischen Wohnung und regelmäßiger Arbeitsstätte kalendermonatlich mit 0,03 Prozent des Listenpreises für jeden Kilometer der Entfernung zwischen Wohnung und regelmäßiger Arbeitsstätte vorzunehmen. Eine Einzelbewertung der tatsächlichen Fahrten zwischen Wohnung und regelmäßiger Arbeitsstätte (vgl. Rdnr. 2) ist nur unter den nachfolgenden Voraussetzungen zulässig.

(LStH 8.1 [9-10]) **Anlage § 008-12/Dienstwagen, Anwendung BFH-Urteile**

3.1 Anwendung der BFH-Rechtsprechung im Lohnsteuerabzugsverfahren

Der Arbeitnehmer hat gegenüber dem Arbeitgeber kalendermonatlich fahrzeugbezogen schriftlich zu erklären, an welchen Tagen (mit Datumsangabe) er das betriebliche Kraftfahrzeug tatsächlich für Fahrten zwischen Wohnung und regelmäßiger Arbeitsstätte genutzt hat; die bloße Angabe der Anzahl der Tage reicht nicht aus. Es sind keine Angaben erforderlich, wie der Arbeitnehmer an den anderen Arbeitstagen zur regelmäßigen Arbeitsstätte gelangt ist. Arbeitstage, an denen der Arbeitnehmer das betriebliche Kraftfahrzeug für Fahrten zwischen Wohnung und regelmäßiger Arbeitsstätte mehrmals benutzt, sind für Zwecke der Einzelbewertung nur einmal zu erfassen. Diese Erklärungen des Arbeitnehmers hat der Arbeitgeber als Belege zum Lohnkonto aufzubewahren. Es ist aus Vereinfachungsgründen nicht zu beanstanden, wenn für den Lohnsteuerabzug jeweils die Erklärung des Vormonats zugrunde gelegt wird. 8

Stehen dem Arbeitnehmer gleichzeitig mehrere betriebliche Kraftfahrzeuge zur Verfügung, ist die Regelung, nach der dem Nutzungswert für Fahrten zwischen Wohnung und regelmäßiger Arbeitsstätte stets der Listenpreis des überwiegend für diese Fahrten benutzten betrieblichen Kraftfahrzeugs zugrunde zu legen ist (BMF-Schreiben vom 28. Mai 1996, BStBl. I S. 654 – *Anlage §008-06* –), für Zwecke der Einzelbewertung nicht anzuwenden. Der Zuschlag für Fahrten zwischen Wohnung und regelmäßiger Arbeitsstätte ist in diesen Fällen entsprechend den Angaben des Arbeitnehmers (vgl. Rdnr. 8) fahrzeugbezogen zu ermitteln. 9

Der Arbeitgeber hat aufgrund der Erklärungen des Arbeitnehmers den Lohnsteuerabzug durchzuführen, sofern der Arbeitnehmer nicht erkennbar unrichtige Angaben macht. Ermittlungspflichten des Arbeitgebers ergeben sich hierdurch nicht. 10

Wird im Lohnsteuerabzugsverfahren eine Einzelbewertung der tatsächlichen Fahrten zwischen Wohnung und regelmäßiger Arbeitsstätte vorgenommen, so hat der Arbeitgeber für alle dem Arbeitnehmer überlassenen betrieblichen Kraftfahrzeuge eine jahresbezogene Begrenzung auf insgesamt 180 Fahrten vorzunehmen. Eine monatliche Begrenzung auf 15 Fahrten ist ausgeschlossen. 11

Beispiel 1:

Arbeitnehmer A kann ein vom Arbeitgeber B überlassenes betriebliches Kraftfahrzeug (Mittelklasse) auch für Fahrten zwischen Wohnung und regelmäßiger Arbeitsstätte nutzen.

B liegen datumsgenaue Erklärungen des A über Fahrten zwischen Wohnung und regelmäßiger Arbeitsstätte für die Monate Januar bis Juni an jeweils 14 Tagen, für die Monate Juli bis November an jeweils 19 Tagen vor. Für den Monat Dezember liegt B eine datumsgenaue Erklärung des A über Fahrten zwischen Wohnung und regelmäßiger Arbeitsstätte an 4 Tagen vor.

In den Monaten Januar bis Juni hat B für Zwecke der Einzelbewertung jeweils 14 Tage zugrunde zu legen, in den Monaten Juli bis November jeweils 19 Tage. Wegen der jahresbezogenen Begrenzung auf 180 Fahrten ist für Zwecke der Einzelbewertung im Dezember nur ein Tag anzusetzen (Anzahl der Fahrten von Januar bis November = 179). Damit ergeben sich für die Einzelbewertung der tatsächlichen Fahrten des A zwischen Wohnung und regelmäßiger Arbeitsstätte je Kalendermonat folgende Prozentsätze:

– Januar bis Juni: 0,028 % (14 Fahrten x 0,002 %)
– Juli bis November: 0,038 % (19 Fahrten x 0,002 %)
– Dezember: 0,002 % (1 Fahrt x 0,002 %).

Beispiel 2:

Wie Beispiel 1. Ab Dezember steht dem A ein anderes betriebliches Kraftfahrzeug (Oberklasse) zur Nutzung zur Verfügung.

Für die Einzelbewertung der tatsächlichen Fahrten des A zwischen Wohnung und regelmäßiger Arbeitsstätte ergeben sich entsprechend der zeitlichen Reihenfolge der tatsächlichen Fahrten zwischen Wohnung und regelmäßiger Arbeitsstätte je Kalendermonat folgende Prozentsätze:

– Januar bis Juni: 0,028 % (14 Fahrten x 0,002 %)
– Juli bis November: 0,038 % (19 Fahrten x 0,002 %) jeweils vom Listenpreis des betrieblichen Kraftfahrzeugs der Mittelklasse,
– Dezember: 0,002 % (1 Fahrt x 0,002 %) vom Listenpreis des betrieblichen Kraftfahrzeugs der Oberklasse.

Hat der Arbeitgeber bisher im Lohnsteuerabzugsverfahren 2011 die 0,03 %-Regelung angewandt, kann er abweichend von Rdnr. 6 Satz 2 während des Kalenderjahres 2011 zur Anwendung der BFH-Rechtsprechung übergehen. Die Methode darf während des Kalenderjahres 2011 nicht erneut gewechselt werden. Die in Rdnr. 11 Satz 1 vorgesehene Begrenzung auf 180 Tage ist für jeden Kalendermonat, in der die 0,03 %-Regelung angewandt wurde, um 15 Tage zu kürzen. 12

Anlage § 008-12/Dienstwagen, Anwendung BFH-Urteile (LStH 8.1 [9-10])

13 Im Falle der Einzelbewertung der tatsächlichen Fahrten zwischen Wohnung und regelmäßiger Arbeitsstätte ist die Lohnsteuerpauschalierung nach § 40 Absatz 2 Satz 2 EStG anhand der vom Arbeitnehmer erklärten Anzahl der Tage vorzunehmen; R 40.2 Absatz 6 Satz 1 Nummer 1 Buchstabe b 2. Halbsatz LStR 2011 ist nicht anzuwenden.

3.2 Anwendung der BFH-Rechtsprechung im Veranlagungsverfahren

14 Um im Veranlagungsverfahren zur Einzelbewertung der tatsächlichen Fahrten zwischen Wohnung und regelmäßiger Arbeitsstätte wechseln zu können, muss der Arbeitnehmer fahrzeugbezogen darlegen, an welchen Tagen (mit Datumsangabe) er das betriebliche Kraftfahrzeug tatsächlich für Fahrten zwischen Wohnung und regelmäßiger Arbeitsstätte genutzt hat. Zudem hat er durch geeignete Belege glaubhaft zu machen, dass und in welcher Höhe der Arbeitgeber den Zuschlag mit 0,03 Prozent des Listenpreises für jeden Kilometer der Entfernung zwischen Wohnung und regelmäßiger Arbeitsstätte ermittelt und versteuert hat (z. B. Gehaltsabrechnung, die die Besteuerung des Zuschlags erkennen lässt; Bescheinigung des Arbeitgebers). Für das Veranlagungsverfahren 2011 gilt Rdnr. 12 entsprechend.

4. Gestellung eines Fahrers für die Fahrten zwischen Wohnung und regelmäßiger Arbeitsstätte; BFH-Urteil – VI R 54/09 –

15 Für Veranlagungszeiträume ab 2001 bleiben die bestehenden Verwaltungsregelungen zur Gestellung eines Fahrers für die Fahrten zwischen Wohnung und regelmäßiger Arbeitsstätte im Hinblick auf die ab 2001 geltende, von den tatsächlichen Aufwendungen grundsätzlich unabhängige Entfernungspauschale unberührt, vgl. R 8.1 (10) LStR 2011.

5. Selbständige Anwendung der Zuschlagsregelung des § 8 Absatz 2 Satz 3 EStG; BFH-Urteil – VI R 54/09 –

16 Der BFH vertritt die Auffassung, die Zuschlagsregelung des § 8 Absatz 2 Satz 3 EStG („wenn und soweit" das Kraftfahrzeug tatsächlich genutzt wird) sei neben der 1 %-Regelung selbständig anzuwenden, wenn das Kraftfahrzeug ausschließlich für Fahrten zwischen Wohnung und regelmäßiger Arbeitsstätte überlassen wird; die Formulierung „auch" in § 8 Absatz 2 Satz 3 EStG stehe dem nicht entgegen. Dieser Auffassung des BFH wird aus Vereinfachungsgründen gefolgt. Die bestehenden Verwaltungsregelungen zum Nutzungsverbot des betrieblichen Kraftfahrzeugs für private Zwecke sind zu beachten (BMF-Schreiben vom 28. Mai 1996, BStBl. I S. 654). *– Anlage §008-06 –*

6. Park and ride; BFH-Urteil – VI R 68/05 –

17 Setzt der Arbeitnehmer ein ihm überlassenes betriebliches Kraftfahrzeug bei den Fahrten zwischen Wohnung und regelmäßiger Arbeitsstätte oder bei Familienheimfahrten nur für eine Teilstrecke ein, so ist der Ermittlung des Zuschlags grundsätzlich die gesamte Entfernung zugrunde zu legen. Es ist nicht zu beanstanden, den Zuschlag auf der Grundlage der Teilstrecke zu ermitteln, die mit dem betrieblichen Kraftfahrzeug tatsächlich zurückgelegt wurde, wenn

a) das Kraftfahrzeug vom Arbeitgeber nur für diese Teilstrecke zur Verfügung gestellt worden ist und der Arbeitgeber die Einhaltung seines Nutzungsverbots überwacht (BMF-Schreiben vom 28. Mai 1996, BStBl. I S. 654) oder *– Anlage §008-06 –*

b) für die restliche Teilstrecke ein Nachweis über die Benutzung eines anderen Verkehrsmittels erbracht wird, z. B. eine auf den Arbeitnehmer ausgestellte Jahres-Bahnfahrkarte vorgelegt wird (BFH-Urteil vom 4. April 2008 – VI R 68/05 –, BStBl. II S. 890).

Dieses Schreiben steht ab sofort für eine Übergangszeit auf den Internetseiten des Bundesministeriums der Finanzen (http://www.bundesfinanzministerium.de) unter der Rubrik Wirtschaft und Verwaltung – Steuern – Veröffentlichungen zu Steuerarten – Lohnsteuer – BMF-Schreiben/Allgemeines zur Ansicht und zum Abruf bereit.

(LStH 8.1 [9-10]) **Anlage § 008-13/Dienstwagen, selbst getragene Aufwendungen**

Lohnsteuerliche Behandlung vom Arbeitnehmer selbst getragener Aufwendungen bei der Überlassung eines betrieblichen Kraftfahrzeugs (§ 8 Absatz 2 Satz 2 ff. EStG); Anwendung von R 8.1 Absatz 9 Nummer 1 Satz 5 LStR 2011 und R 8.1 Absatz 9 Nummer 4 LStR 2011

BMF-Schreiben vom 19. April 2013 IV C 5 – S 2334/11/10004; DOK 2013/0356498 (BStBl. I S. 513)

Im Einvernehmen mit den obersten Finanzbehörden der Länder gilt zur lohnsteuerlichen Behandlung vom Arbeitnehmer selbst getragener Aufwendungen bei der Überlassung eines betrieblichen Kraftfahrzeugs Folgendes:

1. Nutzungsentgelt i. S. v. R 8.1 Absatz 9 Nummer 4 LStR 2011

Zahlt der Arbeitnehmer an den Arbeitgeber oder auf dessen Weisung an einen Dritten zur Erfüllung einer Verpflichtung des Arbeitgebers (abgekürzter Zahlungsweg) für die außerdienstliche Nutzung (Nutzung zu privaten Fahrten, zu Fahrten zwischen Wohnung und regelmäßiger Arbeitsstätte und zu Heimfahrten im Rahmen einer doppelten Haushaltsführung) eines betrieblichen Kraftfahrzeugs ein Nutzungsentgelt, mindert dies den Nutzungswert (R 8.1 Absatz 9 Nummer 4 Satz 1 LStR 2011). 1

Es ist gleichgültig, ob das Nutzungsentgelt pauschal oder entsprechend der tatsächlichen Nutzung des Kraftfahrzeugs bemessen wird (R 8.1 Absatz 9 Nummer 4 Satz 2 LStR 2011). Nutzungsentgelt i. S. v. R 8.1 Absatz 9 Nummer 4 LStR 2011 ist: 2

a) ein arbeitsvertraglich oder aufgrund einer anderen arbeits- oder dienstrechtlichen Rechtsgrundlage vereinbarter nutzungsunabhängiger pauschaler Betrag (z. B. Monatspauschale),

b) ein arbeitsvertraglich oder aufgrund einer anderen arbeits- oder dienstrechtlichen Rechtsgrundlage vereinbarter an den gefahrenen Kilometern ausgerichteter Betrag (z. B. Kilometerpauschale) oder

c) die arbeitsvertraglich oder aufgrund einer anderen arbeits- oder dienstrechtlichen Rechtsgrundlage vom Arbeitnehmer übernommenen Leasingraten.

Die vollständige oder teilweise Übernahme einzelner Kraftfahrzeugkosten (z. B. Treibstoffkosten, Versicherungsbeiträge, Wagenwäsche) durch den Arbeitnehmer ist kein an der tatsächlichen Nutzung bemessenes Nutzungsentgelt i. S. d. Rdnr. 2 (vgl. R 8.1 Absatz 9 Nummer 1 Satz 5 LStR 2011, siehe auch BFH-Urteil vom 18. Oktober 2007, BStBl. 2008 II Seite 198). Dies gilt auch für einzelne Kraftfahrzeugkosten, die zunächst vom Arbeitgeber verauslagt und anschließend dem Arbeitnehmer weiterbelastet werden oder, wenn der Arbeitnehmer zunächst pauschale Abschlagszahlungen leistet, die zu einem späteren Zeitpunkt nach den tatsächlich entstandenen Kraftfahrzeugkosten abgerechnet werden. Ein den Nutzungswert minderndes Nutzungsentgelt muss daher arbeitsvertraglich oder aufgrund einer anderen arbeits- oder dienstrechtlichen Rechtsgrundlage für die Gestellung des betrieblichen Kraftfahrzeugs vereinbart worden sein und darf nicht die Weiterbelastung einzelner Kraftfahrzeugkosten zum Gegenstand haben. Wie der Arbeitgeber das pauschale Nutzungsentgelt kalkuliert, ist dagegen unerheblich. 3

In Höhe des Nutzungsentgelts i. S. d. Rdnr. 2 ist der Arbeitnehmer nicht bereichert und die gesetzlichen Voraussetzungen des § 8 Absatz 1 EStG i. V. m. § 19 Absatz 1 EStG sind nicht erfüllt. Übersteigt das Nutzungsentgelt den Nutzungswert, führt der übersteigende Betrag weder zu negativem Arbeitslohn noch zu Werbungskosten. 4

2. Pauschale Nutzungswertmethode (1 %-Regelung, 0,03 %-Regelung)

Der geldwerte Vorteil aus der Gestellung eines Dienstwagens ist monatlich pauschal mit 1 % des inländischen Listenpreises im Zeitpunkt der Erstzulassung zuzüglich der Kosten für Sonderausstattungen einschließlich der Umsatzsteuer zu bewerten (§ 8 Absatz 2 Satz 2 i. V. m. § 6 Absatz 1 Nummer 4 Satz 2 EStG). Wird der geldwerte Vorteil aus der Nutzung eines betrieblichen Kraftfahrzeugs zu privaten Fahrten typisierend nach der 1 %-Regelung ermittelt, so ist der geldwerte Vorteil grundsätzlich um monatlich 0,03 % des Listenpreises für jeden Kilometer der Entfernung zwischen Wohnung und regelmäßiger Arbeitsstätte zu erhöhen, wenn das Kraftfahrzeug auch für Fahrten zwischen Wohnung und regelmäßiger Arbeitsstätte genutzt werden kann (§ 8 Absatz 2 Satz 3 EStG, im Übrigen vgl. BMF-Schreiben vom 1. April 2011, BStBl I Seite 301). Die Begrenzung des pauschalen Nutzungswerts auf die Gesamtkosten ist zu beachten (vgl. BMF-Schreiben vom 28. Mai 1996, BStBl I Seite 654 Tz. I.8). 5

Beispiele 6

Der Arbeitgeber hat seinem Arbeitnehmer ein betriebliches Kraftfahrzeug auch zur Privatnutzung überlassen und den geldwerten Vorteil aus der Kraftfahrzeuggestellung nach der 1 %-Regelung bewertet.

Anlage § 008-13/Dienstwagen, selbst getragene Aufwendungen (LStH 8.1 [9-10])

Beispiel 1
In der Nutzungsüberlassungsvereinbarung ist geregelt, dass der Arbeitnehmer ein Nutzungsentgelt in Höhe von 0,20 Euro je privat gefahrenen Kilometer zu zahlen hat.

Es handelt sich um ein pauschales Nutzungsentgelt i. S. d. Rdnr. 2. Der pauschale Nutzungswert ist um dieses Nutzungsentgelt zu kürzen.

Beispiel 2
Der Arbeitnehmer kann das Kraftfahrzeug mittels einer Tankkarte des Arbeitgebers betanken. In der Nutzungsüberlassungsvereinbarung ist geregelt, dass der Arbeitnehmer ein Entgelt in Höhe der privat veranlassten Treibstoffkosten zu zahlen hat. Der Arbeitgeber hat den Betrag für den vom Arbeitnehmer anlässlich privater Fahrten verbrauchten Treibstoff ermittelt und vom Gehalt des Folgemonats einbehalten.

Die nachträgliche Kostenübernahme durch den Arbeitnehmer ist kein Nutzungsentgelt i. S. d. Rdnr. 2. Aus den übernommenen Treibstoffkosten wird nicht dadurch ein Nutzungsentgelt, dass der Arbeitnehmer zunächst auf Kosten des Arbeitgebers tanken kann und erst anschließend die Treibstoffkosten ersetzen muss, zur Anwendung siehe Rdnr. 10.

Beispiel 3
In der Nutzungsüberlassungsvereinbarung ist geregelt, dass der Arbeitnehmer ein Entgelt zu zahlen hat, das sich aus einer Monatspauschale in Höhe von 200 Euro und privat veranlassten Treibstoffkosten zusammensetzt.

Es handelt sich nur in Höhe der Monatspauschale um ein Nutzungsentgelt i. S. d. Rdnr. 2.

3. Individuelle Nutzungswertmethode (Fahrtenbuchmethode)

7 Statt des pauschalen Nutzungswerts können die auf die außerdienstlichen Fahrten entfallenden tatsächlichen Aufwendungen als individueller Nutzungswert angesetzt werden. Diese Bewertungsmethode setzt den Nachweis der tatsächlichen Kraftfahrzeugkosten (Gesamtkosten) und die Führung eines ordnungsgemäßen Fahrtenbuchs voraus. Werden auf Grund eines ordnungsgemäß geführten Fahrtenbuchs die außerdienstlichen und die dienstlichen Fahrten nachgewiesen, kann der auf die außerdienstliche Nutzung entfallende Anteil an den Gesamtkosten konkret ermittelt werden (§ 8 Absatz 2 Satz 4 EStG).

8 Bei der Fahrtenbuchmethode fließen vom Arbeitnehmer selbst getragene individuelle Kraftfahrzeugkosten – von vornherein – nicht in die Gesamtkosten ein und erhöhen damit nicht den individuellen Nutzungswert (R 8.1 Absatz 9 Nummer 2 Satz 8, 2. Halbsatz LStR 2011). Zahlt der Arbeitnehmer ein pauschales Nutzungsentgelt i. S. d. Rdnr. 2, ist der individuelle Nutzungswert um diesen Betrag zu kürzen.

9 **Beispiele**
Der Arbeitgeber hat seinem Arbeitnehmer ein betriebliches Kraftfahrzeug auch zur Privatnutzung überlassen und den geldwerten Vorteil aus der Kraftfahrzeuggestellung nach der Fahrtenbuchmethode bewertet.

Beispiel 4
In der Nutzungsüberlassungsvereinbarung ist geregelt, dass der Arbeitnehmer ein Nutzungsentgelt in Höhe von 0,20 Euro je privat gefahrenen Kilometer zu zahlen hat.

Es handelt sich um ein Nutzungsentgelt i. S. d. Rdnr. 2. Der individuelle Nutzungswert ist um dieses Nutzungsentgelt zu kürzen.

Beispiel 5
Der Arbeitnehmer kann das Kraftfahrzeug mittels einer Tankkarte des Arbeitgebers betanken. In der Nutzungsüberlassungsvereinbarung ist geregelt, dass der Arbeitnehmer ein Entgelt in Höhe der privat veranlassten Treibstoffkosten zu zahlen hat. Der Arbeitgeber hat den Betrag für den vom Arbeitnehmer anlässlich privater Fahrten verbrauchten Treibstoff ermittelt und vom Gehalt des Folgemonats einbehalten.

Die vom Arbeitnehmer selbst getragenen Treibstoffkosten fließen nicht in die Gesamtkosten des Kraftfahrzeugs ein. Anhand der (niedrigeren) Gesamtkosten ist der individuelle Nutzungswert zu ermitteln. Es handelt sich aber nicht um ein Nutzungsentgelt i. S. d. Rdnr. 2.

Beispiel 6
Wie Beispiel 5. In der Nutzungsüberlassungsvereinbarung ist geregelt, dass der Arbeitnehmer zudem ein Nutzungsentgelt in Höhe von 0,10 Euro je privat gefahrenen Kilometer zu zahlen hat.

(LStH 8.1 [9-10]) **Anlage § 008-13/Dienstwagen, selbst getragene Aufwendungen**

Die vom Arbeitnehmer selbst getragenen Treibstoffkosten fließen nicht in die Gesamtkosten des Kraftfahrzeugs ein. Anhand der (niedrigeren) Gesamtkosten ist der individuelle Nutzungswert zu ermitteln. Das zusätzlich gezahlte Nutzungsentgelt i. S. d. Rdnr. 2 mindert den individuellen Nutzungswert.

4. Anwendung

Dieses Schreiben ist in allen offenen Fällen anzuwenden. Rdnr. 3 Sätze 2 und 3 sind erstmals auf ab dem 1. Juli 2013 verwirklichte Sachverhalte anzuwenden.

Dieses Schreiben steht ab sofort für eine Übergangszeit auf den Internetseiten des Bundesministeriums der Finanzen (http://www.bundesfinanzministerium.de) unter der Rubrik Themen – Steuern – Steuerarten – Lohnsteuer – BMF-Schreiben/Allgemeines zur Ansicht und zum Abruf bereit.

Anlage § 008-14/Dienstwagen, Gesellschafter-Geschäftsführer (LStH 8.1 [9-10])

Private Kfz-Nutzung durch den Gesellschafter-Geschäftsführer einer Kapitalgesellschaft; Urteile des Bundesfinanzhofs vom 23. Januar 2008 – I R 8/06 – (BStBl 2012 II S. 260), vom 23. April 2009 – VI R 81/06 – (BStBl 2012 II S. 262) und vom 11. Februar 2010 – VI R 43/09 – (BStBl 2012 II S. 266)

BMF-Schreiben vom 3. April 2012 IV C 2 – S 2742/08/10001, 2012/0274530 (BStBl. I S. 478)

Nach dem Ergebnis der Erörterungen mit den obersten Finanzbehörden der Länder gilt zur Anwendung der Urteile des Bundesfinanzhofs vom 23. Januar 2008 – I R 8/06 – (BStBl 2012 II S. 260), vom 23. April 2009 – VI R 81/06 - (BStBl 2012 II S. 262) und vom 11. Februar 2010 – VI R 43/09 – (BStBl 2012 II S. 266) im Hinblick auf die Frage der privaten Nutzung eines betrieblichen Kraftfahrzeugs (Kfz) durch den Gesellschafter-Geschäftsführer einer Kapitalgesellschaft Folgendes:

I. Vorliegen einer verdeckten Gewinnausschüttung (§ 8 Absatz 3 Satz 2 KStG)

1 Nach den BFH-Entscheidungen vom 23. Januar 2008 – I R 8/06 – (a. a. O.) und vom 17. Juli 2008 – I R 83/07 – (BFH/NV 2009 Seite 417) ist nur diejenige Nutzung eines betrieblichen Kfz durch einen Gesellschafter-Geschäftsführer betrieblich veranlasst, welche durch eine fremdübliche Überlassungs- oder Nutzungsvereinbarung abgedeckt wird. Die ohne eine solche Vereinbarung erfolgende oder darüber hinausgehende oder einem ausdrücklichen Verbot widersprechende Nutzung ist hingegen durch das Gesellschaftsverhältnis zumindest mitveranlasst. Sie führt sowohl bei einem beherrschenden als auch bei einem nicht beherrschenden Gesellschafter-Geschäftsführer zu einer verdeckten Gewinnausschüttung (§ 8 Absatz 3 Satz 2 KStG).

2 Eine Überlassungs- oder Nutzungsvereinbarung kann auch durch eine - ggf. vom schriftlichen Anstellungsvertrag abweichende - mündliche oder konkludente Vereinbarung zwischen der Kapitalgesellschaft und dem Gesellschafter-Geschäftsführer erfolgen, wenn entsprechend dieser Vereinbarung tatsächlich verfahren wird (BFH-Urteil vom 24. Januar 1990 - I R 157/86 – BStBl. II Seite 645). Für einen außen stehenden Dritten muss dabei zweifelsfrei zu erkennen sein, dass das Kfz durch die Kapitalgesellschaft auf Grund einer entgeltlichen Vereinbarung mit dem Gesellschafter überlassen wird.

3 Erfolgt die Überlassung im Rahmen eines Arbeitsverhältnisses, muss die tatsächliche Durchführung der Vereinbarung – insbesondere durch zeitnahe Verbuchung des Lohnaufwands und Abführung der Lohnsteuer (und ggf. der Sozialversicherungsbeiträge) - durch die Kapitalgesellschaft nachgewiesen sein. Erfolgt die Überlassung nicht im Rahmen des Arbeitsverhältnisses, sondern im Rahmen eines entgeltlichen Überlassungsvertrags, muss auch hier die Durchführung der Vereinbarung - etwa durch die zeitnahe Belastung des Verrechnungskontos des Gesellschafter-Geschäftsführers - dokumentiert sein.

II. Bewertung der verdeckten Gewinnausschüttung

4 Auf der Ebene der Kapitalgesellschaft ist für die Bemessung der verdeckten Gewinnausschüttung im Zusammenhang mit der privaten Kfz-Nutzung von der erzielbaren Vergütung auszugehen (H 37 KStH 2008 Stichwort „Nutzungsüberlassungen"). Dies steht in Einklang mit den BFH-Urteilen vom 23. Februar 2005 - I R 70/04 - (BStBl II Seite 882) und vom 23. Januar 2008 - I R 8/06 – (a. a. O.), wonach die verdeckte Gewinnausschüttung mit dem gemeinen Wert der Nutzungsüberlassung zu bemessen ist und damit einen angemessenen Gewinnaufschlag einbezieht. Aus Vereinfachungsgründen kann es die Finanzbehörde im Einzelfall zulassen, dass die verdeckte Gewinnausschüttung für die private Nutzung eines betrieblichen Kfz entsprechend § 6 Absatz 1 Nummer 4 Satz 2 EStG mit 1 Prozent des inländischen Listenpreises im Zeitpunkt der Erstzulassung zuzüglich der Kosten für Sonderausstattung einschließlich Umsatzsteuer für jeden Kalendermonat bewertet wird; bei Nutzung des Kfz durch den Gesellschafter-Geschäftsführer auch für Fahrten zwischen Wohnung und Arbeitsstätte erhöht sich dieser Wert um die in § 8 Absatz 2 Satz 3 EStG und für Familienheimfahrten im Rahmen einer doppelten Haushaltsführung um die in § 8 Absatz 2 Satz 5 EStG genannten Beträge.

5 Auf der Ebene des Gesellschafters ist die verdeckte Gewinnausschüttung auch nach Inkrafttreten des § 32a KStG durch das Jahressteuergesetz 2007 vom 13. Dezember 2006 (BStBl 2007 I Seite 28) nach § 8 Absatz 2 Satz 2, 3 und 5 EStG zu bewerten.

III. Anwendung

6 Dieses Schreiben ist in allen offenen Fällen anzuwenden.

Das Schreiben wird im Bundessteuerblatt Teil I veröffentlicht. Es steht ab sofort für eine Übergangszeit auf den Internetseiten des Bundesministeriums der Finanzen unter der Rubrik Wirtschaft und Verwaltung - Steuern - Veröffentlichungen zu Steuerarten – Körperschaftsteuer/Umwandlungssteuerrecht – zur Ansicht und zum Download bereit.

(LStH 8.1 [1-4]) Anlage § 008-15/(Elektro-)Fahrräder

Steuerliche Behandlung der Überlassung von (Elektro-)Fahrrädern
Gleichlautende Erlasse der obersten Finanzbehörden der Länder
vom 23. November 2012 (BStBl. I S. 1224)

Überlässt der Arbeitgeber oder auf Grund des Dienstverhältnisses ein Dritter dem Arbeitnehmer ein Fahrrad zur privaten Nutzung, gilt für die Bewertung dieses zum Arbeitslohn gehörenden geldwerten Vorteils Folgendes:

Nach § 8 Absatz 2 Satz 8 EStG wird hiermit als monatlicher Durchschnittswert der privaten Nutzung (einschließlich Privatfahrten, Fahrten zwischen Wohnung und regelmäßiger Arbeitsstätte und Heimfahrten im Rahmen einer doppelten Haushaltsführung) 1 % der auf volle 100 Euro abgerundeten unverbindlichen Preisempfehlung des Herstellers, Importeurs oder Großhändlers im Zeitpunkt der Inbetriebnahme des Fahrrads einschließlich der Umsatzsteuer festgesetzt. Die Freigrenze für Sachbezüge nach § 8 Absatz 2 Satz 9 EStG ist nicht anzuwenden.

Gehört die Nutzungsüberlassung von Fahrrädern zur Angebotspalette des Arbeitgebers an fremde Dritte (z. B. Fahrradverleihfirmen), ist der geldwerte Vorteil nach § 8 Absatz 3 EStG zu ermitteln, wenn die Lohnsteuer nicht nach § 40 EStG pauschal erhoben wird. Bei Personalrabatten ist der Rabattfreibetrag in Höhe von 1.080 Euro zu berücksichtigen.

Die vorstehenden Regelungen gelten auch für Elektrofahrräder, wenn diese verkehrsrechtlich als Fahrrad einzuordnen (u. a. keine Kennzeichen- und Versicherungspflicht) sind.

Ist ein Elektrofahrrad verkehrsrechtlich als Kraftfahrzeug einzuordnen (z. B. gelten Elektrofahrräder, deren Motor auch Geschwindigkeiten über 25 Kilometer pro Stunde unterstützt, als Kraftfahrzeuge), ist für die Bewertung des geldwerten Vorteils § 8 Absatz 2 Sätze 2 bis 5 i. V. m. § 6 Absatz 1 Nummer 4 Satz 2 EStG anzuwenden.

Dieser Erlass ergeht mit Zustimmung des Bundesministeriums der Finanzen und im Einvernehmen mit den obersten Finanzbehörden der anderen Länder. Er ist erstmals für das Kalenderjahr 2012 anzuwenden und wird im Bundessteuerblatt Teil I veröffentlicht.

Anlage § 008-16 (LStH 8.1 [1-4])

Nutzung eines betrieblichen Kraftfahrzeugs für private Fahrten, Fahrten zwischen Wohnung und Betriebsstätte/erster Tätigkeitsstätte und Familienheimfahrten; Nutzung von Elektro- und Hybridelektrofahrzeugen

BMF-Schreiben vom 5. Juni 2014 IV C 6 – S 2177/13/10002, 2014/0308252 (BStBl. I S. 835)

Durch das AmtshilfeRLUmsG vom 26. Juni 2013 (BGBl. I S. 1809, BStBl. I S. 802) wurde § 6 Absatz 1 Nummer 4 Satz 2 und 3 EStG um Sonderregelungen für Elektrofahrzeuge und extern aufladbare Hybridelektrofahrzeuge ergänzt. Im Einvernehmen mit den obersten Finanzbehörden der Länder gilt Folgendes:

1. Sachlicher Anwendungsbereich

a) Elektrofahrzeug

1 Elektrofahrzeug im Sinne des § 6 Absatz 1 Nummer 4 Satz 2 und 3 EStG ist ein Kraftfahrzeug, das ausschließlich durch einen Elektromotor angetrieben wird, der ganz oder überwiegend aus mechanischen oder elektrochemischen Energiespeichern (z. B. Schwungrad mit Generator oder Batterie) oder aus emissionsfrei betriebenen Energiewandlern (z. B. wasserstoff betriebene Brennstoffzelle[1]) gespeist wird.

Nach dem Verzeichnis des Kraftfahrtbundesamtes zur Systematisierung von Kraftfahrzeugen und ihren Anhängern (Stand: Juni 2012) weisen danach folgende Codierungen im Feld 10 der Zulassungsbescheinigung ein Elektrofahrzeug i. d. S. aus: 0004 und 0015.

b) Hybridelektrofahrzeug

2 Hybridelektrofahrzeug[2] ist ein Hybridfahrzeug, das zum Zwecke des mechanischen Antriebs aus folgenden Quellen im Fahrzeug gespeicherte Energie/Leistung bezieht:

- einem Betriebskraftstoff;
- einer Speichereinrichtung für elektrische Energie/Leistung (z. B. Batterie, Kondensator, Schwungrad mit Generator).

Hybridelektrofahrzeuge im Sinne des § 6 Absatz 1 Nummer 4 Satz 2 und 3 EStG müssen zudem extern aufladbar sein.

Nach dem Verzeichnis des Kraftfahrtbundesamtes zur Systematisierung von Kraftfahrzeugen und ihren Anhängern (Stand: Juni 2012) weisen danach folgende Codierungen im Feld 10 der Zulassungsbescheinigung ein Hybridelektrofahrzeug i. d. S. aus: 0016 bis 0019 und 0025 bis 0031.

2. Pauschale Ermittlung des privaten/pauschalen Nutzungswerts

a) Ermittlung des maßgebenden Listenpreises

3 Die Bemessungsgrundlage für die Ermittlung des Entnahmewerts nach § 6 Absatz 1 Nummer 4 Satz 2 EStG, der nicht abziehbaren Betriebsausgaben nach § 4 Absatz 5 Satz 1 Nummer 6 EStG oder des geldwerten Vorteils nach § 8 Absatz 2 Satz 2, 3 und 5 EStG ist der inländische Listenpreis im Zeitpunkt der Erstzulassung des Kraftfahrzeugs zuzüglich der Kosten für Sonderausstattung einschließlich Umsatzsteuer. Für Kraftfahrzeuge im Sinne der Rdnrn. 1 und 2 ist dieser Listenpreis wegen der darin enthaltenen Kosten für das Batteriesystem pauschal zu mindern; der pauschale Abschlag ist der Höhe nach begrenzt. Der Minderungs- und der Höchstbetrag richten sich nach dem Anschaffungsjahr des Kraftfahrzeugs und können aus nachfolgender Tabelle entnommen werden. Werden Elektro- und Hybridelektrofahrzeuge i. S. der Rdnrn. 1 und 2 gebraucht erworben, richtet sich der Minderungsbetrag nach dem Jahr der Erstzulassung des Kraftfahrzeugs. Der kWh-Wert kann dem Feld 22 der Zulassungsbescheinigung entnommen werden.

---

[1] Für Brennstoffzellenfahrzeuge werden ergänzende Regelungen aufgenommen, sobald diese allgemein marktgängig sind.

[2] Vgl. Richtlinie 2007/46/EG des Europäischen Parlaments und des Rates vom 5. September 2007 zur Schaffung eines Rahmens für die Genehmigung von Kraftfahrzeugen und Kraftfahrzeuganhängern sowie von Systemen, Bauteilen und selbstständigen technischen Einheiten für diese Fahrzeuge (ABl. L263/1 vom 9.10.2007).

Anlage § 008-16

Anschaffungsjahr/Jahr der Erstzulassung	Minderungsbetrag in Euro/kWh der Batteriekapazität	Höchstbetrag in Euro
2013 und früher	500	10.000
2014	450	9.500
2015	400	9.000
2016	350	8.500
2017	300	8.000
2018	250	7.500
2019	200	7.000
2020	150	6.500
2021	100	6.000
2022	50	5.500

Die Abrundung des Listenpreises auf volle Hundert Euro nach Rdnr. 10 des BMF-Schreibens vom 18. November 2009 (BStBl. I S. 1326) und R 8.1 Absatz 9 Nummer 1 Satz 6 LStR ist nach Abzug des Abschlages vorzunehmen. Auf den so ermittelten Wert sind die Prozentsätze nach § 4 Absatz 5 Satz 1 Nummer 6 Satz 3, § 6 Absatz 1 Nummer 4 Satz 2 und § 8 Absatz 2 Satz 3 und 5 EStG anzuwenden.

Beispiel 1:

Der Steuerpflichtige hat in 2013 ein Elektrofahrzeug mit einer Batteriekapazität von 16,3 Kilowattstunden (kWh) erworben. Der Bruttolistenpreis beträgt 45.000 €. Die betriebliche Nutzung beträgt 60 %. Der private Nutzungsanteil nach § 6 Absatz 1 Nummer 4 Satz 2 EStG ermittelt sich wie folgt:

Der Bruttolistenpreis ist um 8.150 € (16,3 kWh x 500 €) zu mindern. Der für die Ermittlung des Entnahmewerts geminderte und auf volle hundert Euro abgerundete Bruttolistenpreis beträgt 36.800 €. Die Nutzungsentnahme nach der 1%-Regelung beträgt 368 € pro Monat.

Beispiel 2:

Der Steuerpflichtige hat in 2013 ein Elektrofahrzeug mit einer Batteriekapazität von 26 Kilowattstunden (kWh) erworben. Der Bruttolistenpreis beträgt 109.150 €. Die betriebliche Nutzung beträgt 60 %. Der private Nutzungsanteil nach § 6 Absatz 1 Nummer 4 Satz 2 EStG ermittelt sich wie folgt:

Der Bruttolistenpreis (109.150 €) ist um 10.000 € (26 kWh x 500 € = 13.000 €, begrenzt auf 10.000 € Höchstbetrag) zu mindern und auf volle Hundert Euro abzurunden. Der für die Ermittlung des Entnahmewerts geminderte Bruttolistenpreis beträgt 99.100 €. Die Nutzungsentnahme beträgt 991 € pro Monat.

Eine Minderung der Bemessungsgrundlage ist nur dann vorzunehmen, wenn der Listenpreis die Kosten des Batteriesystems beinhaltet. Wird das Batteriesystem des Elektro- oder Hybridelektrofahrzeugs nicht zusammen mit dem Kraftfahrzeug angeschafft, sondern ist für dessen Überlassung ein zusätzliches Entgelt, z. B. in Form von Leasingraten, zu entrichten, kommt eine Minderung der Bemessungsgrundlage nicht in Betracht. Die für die Überlassung der Batterie zusätzlich zu entrichtenden Entgelte sind grundsätzlich als Betriebsausgaben abziehbar.

Beispiel 3:

Der Steuerpflichtige hat in 2013 ein Elektrofahrzeug mit einer Batteriekapazität von 16 Kilowattstunden (kWh) erworben. Der Bruttolistenpreis beträgt 25.640 €. Für die Batterie hat der Steuerpflichtige monatlich zusätzlich eine Mietrate von 79 Euro zu zahlen. Die betriebliche Nutzung beträgt 60 %. Der private Nutzungsanteil nach § 6 Absatz 1 Nummer 4 Satz 2 EStG ermittelt sich wie folgt:

Der Bruttolistenpreis (25.640 €) ist nicht zu mindern und wird – auf volle Hundert Euro abgerundet – für die Ermittlung des Entnahmewerts zugrunde gelegt. Die Nutzungsentnahme beträgt 256 € pro Monat.

Aus Vereinfachungsgründen ist es auch zulässig, die Nutzungsentnahme ausgehend vom Listenpreis für das Kraftfahrzeug mit Batteriesystem zu berechnen, wenn das gleiche Kraftfahrzeug am Markt jeweils mit oder ohne Batteriesystem angeschafft werden kann.

Beispiel 4:

Wie Beispiel 3, das Elektrofahrzeug könnte der Steuerpflichtige auch zusammen mit dem Batteriesystem erwerben. Der Bruttolistenpreis betrüge 31.640 €. Der private Nutzungsanteil nach § 6 Absatz 1 Nummer 4 Satz 2 EStG könnte auch wie folgt ermittelt werden:

Anlage § 008-16 (LStH 8.1 [1-4])

Der Bruttolistenpreis (31.640 €) ist um 8.000 € (16 kWh x 500 € = 8.000 €) zu mindern und auf volle Hundert Euro abzurunden. Der für die Ermittlung des Entnahmewerts geminderte Bruttolistenpreis beträgt 23.600 €. Die Nutzungsentnahme beträgt 236 € pro Monat.

b) Begrenzung der pauschalen Wertansätze (sog. Kostendeckelung)

7   Nach den Rdnrn. 18 bis 20 des BMF-Schreibens vom 18. November 2009 (BStBl. I S. 1326) und Tz. I.8 des BMF-Schreibens vom 28. Mai 1996 (BStBl. I S. 654) werden die pauschalen Wertansätze auf die für das genutzte Kraftfahrzeug insgesamt tatsächlich entstandenen Gesamtkosten begrenzt. Zu den Gesamtkosten des Kraftfahrzeugs gehören auch die Absetzungen für Abnutzung. Für den Vergleich des pauschal ermittelten Nutzungswerts/geldwerten Vorteils mit den Gesamtkosten ist die Bemessungsgrundlage für die Absetzungen für Abnutzung um den Abschlag nach Rdnr. 3 zu mindern.

8   Enthalten die Anschaffungskosten für das Elektro- oder Hybridelektrofahrzeug keinen Anteil für das Batteriesystem (Rdnr. 5) und ist für die Überlassung der Batterie ein zusätzliches Entgelt (z. B. Miete oder Leasingrate) zu entrichten, sind die für das genutzte Kraftfahrzeug insgesamt tatsächlich entstandenen Gesamtkosten um dieses zusätzlich entrichtete Entgelt zu mindern. In diesem Fall sind auch weitere Kosten für das Batteriesystem, wie z. B. Reparaturkosten, Wartungspauschalen oder Beiträge für spezielle Batterieversicherungen abzuziehen, wenn sie vom Steuerpflichtigen zusätzlich zu tragen sind.

3. Ermittlung des tatsächlichen privaten/individuellen Nutzungswerts

9   Werden die Entnahme nach § 6 Absatz 1 Nummer 4 Satz 1 oder 3 (betriebliche Nutzung des Kraftfahrzeugs von 10 bis 50 Prozent oder Fahrtenbuchmethode), die nicht abziehbaren Betriebsausgaben nach § 4 Absatz 5 Satz 1 Nummer 6 Satz 3, 2. Halbsatz oder der geldwerte Vorteil nach § 8 Absatz 2 Satz 4 und 5 EStG mit den auf die jeweilige Nutzung entfallenden Aufwendungen bewertet und enthalten die Anschaffungskosten für das Elektro- oder Hybridelektrofahrzeug einen Anteil für das Batteriesystem, ist die Bemessungsgrundlage für die Absetzungen für Abnutzung um die nach § 6 Absatz 1 Nummer 4 Satz 2 EStG in pauschaler Höhe festgelegten Beträge zu mindern.

Beispiel 5:

Der Steuerpflichtige hat im Januar 2013 ein Elektrofahrzeug mit einer Batteriekapazität von 16 Kilowattstunden (kWh) erworben. Der Bruttolistenpreis beträgt 43.000 €; die tatsächlichen Anschaffungskosten 36.000 €. Die betriebliche Nutzung beträgt gemäß ordnungsgemäßem Fahrtenbuch 83 %. Der private Nutzungsanteil nach § 6 Absatz 1 Nummer 4 Satz 3 EStG ermittelt sich wie folgt:

Für die Ermittlung der Gesamtkosten sind die Anschaffungskosten um den pauschal ermittelten Minderungsbetrag i. H. v. 8.000 € (16 kWh x 500 €) zu mindern. Danach sind bei den Gesamtkosten Absetzungen für Abnutzung i. H. v. 4.666,67 € (36.000 € ./. 8.000 € = 28.000 € verteilt auf 6 Jahre) anzusetzen. Daneben sind Aufwendungen für Versicherung (1.000 €) und Strom (890 €) angefallen. Die Summe der geminderten Gesamtaufwendungen beträgt 6.556,67 €. Die Nutzungsentnahme nach der Fahrtenbuchmethode beträgt 1.114,63 € (17 %).

10 Wird die Batterie gemietet oder geleast, sind entsprechend Rdnr. 8 die Gesamtkosten um dieses zusätzlich entrichtete Entgelt zu mindern.

Beispiel 6:

Der Steuerpflichtige hat im Januar 2013 ein Elektrofahrzeug mit einer Batteriekapazität von 16 Kilowattstunden (kWh) erworben. Der Bruttolistenpreis beträgt 32.000 €; die tatsächlichen Anschaffungskosten (netto) 25.600 €. Für die Batterie hat der Steuerpflichtige monatlich zusätzlich eine Mietrate von 79 Euro zu zahlen. Die betriebliche Nutzung beträgt gemäß ordnungsgemäßem Fahrtenbuch 83 %. Der private Nutzungsanteil nach § 6 Absatz 1 Nummer 4 Satz 3 EStG ermittelt sich wie folgt:

Für die Ermittlung der Gesamtkosten sind Absetzungen für Abnutzung i. H. v. 4.266,67 € (25.600 € verteilt auf 6 Jahre) und weitere Aufwendungen für Versicherung (1.000 €) und Strom (890 €) anzusetzen. Die auf die Batteriemiete entfallenden Aufwendungen sind nicht zu berücksichtigen. Die Summe der geminderten Gesamtaufwendungen beträgt 6.156,67 €. Die Nutzungsentnahme nach der Fahrtenbuchmethode beträgt 1.046,63 € (17 %).

11 Miet-/Leasinggebühren für Kraftfahrzeuge im Sinne der Rdnrn. 1 und 2, die die Kosten des Batteriesystems beinhalten, sind aufzuteilen. Die anteilig auf das Batteriesystem entfallenden Miet-/Leasinggebühren mindern die Gesamtkosten (vgl. Rdnr. 10). Es bestehen keine Bedenken, wenn als Aufteilungsmaßstab hierfür das Verhältnis zwischen dem Listenpreis (einschließlich der Kosten für das Batteriesystem) und dem um den Abschlag nach Rdnr. 3 geminderten Listenpreis angesetzt wird.

Beispiel 7:

Der Steuerpflichtige hat im Januar 2013 ein Elektrofahrzeug mit einer Batteriekapazität von 16 Kilowattstunden (kWh) geleast. Der Bruttolistenpreis beträgt 43.000 €; die monatliche Leasingrate 399 Euro.

Die betriebliche Nutzung beträgt gemäß ordnungsgemäßem Fahrtenbuch 83 %. Der private Nutzungsanteil nach § 6 Absatz 1 Nummer 4 Satz 3 EStG ermittelt sich wie folgt:
Für die Ermittlung der Gesamtkosten sind die Leasingraten unter Anwendung des Verhältnisses zwischen Listenpreis und dem um den pauschalen Abschlag geminderten Listenpreis aufzuteilen:
Listenpreis 43.000 €/geminderter Listenpreis 35.000 € entspricht einer Minderung von 18,6 % Leasingraten 399 € x 12 Monate = 4.788 € davon 18,6 % = 890,57 €.
Danach sind bei den Gesamtkosten Leasingaufwendungen i. H. v. 3.897,43 € anzusetzen. Daneben sind Aufwendungen für Versicherung (1.000 €) und Strom (890 €) angefallen. Die Summe der geminderten Gesamtaufwendungen beträgt 5.787,43 €. Die Nutzungsentnahme nach der Fahrtenbuchmethode beträgt 983,86 € (17 %).

4. Anwendungszeitraum

Die Minderung der Bemessungsgrundlage für die Ermittlung der Privatentnahme, der nicht abziehbaren Betriebsausgaben oder des geldwerten Vorteils für die Nutzung eines Elektrooder eines Hybridelektrofahrzeugs ist ab dem 1. Januar 2013 für Elektrofahrzeuge und Hybridelektrofahrzeuge anzuwenden, die vor dem 1. Januar 2023 angeschafft, geleast oder zur Nutzung überlassen werden (§ 52 Absatz 1 und Absatz 16 Satz 11 EStG).

Dieses Schreiben wird im Bundessteuerblatt Teil I veröffentlicht.

Anlage § 008-17 (LStH 8.1 [1-4])

Geldwerter Vorteil für die Gestellung eines Kraftfahrzeugs mit Fahrer; BFH-Urteil vom 15. Mai 2013 – VI R 44/11 – (BStBl. 2014 II Seite 589)

BMF-Schreiben vom 15. Juli 2014 IV C 5 – S 2334/13/10003, 2014/0511844 (BStBl. I S. 1109)

1 Der BFH hat mit Urteil vom 15. Mai 2013 – VI R 44/11 – (BStBl. 2014 II Seite 589) entschieden, dass die arbeitgeberseitige Gestellung eines Fahrers für die Fahrten des Arbeitnehmers zwischen Wohnung und (regelmäßiger) Arbeitsstätte (ab 1. Januar 2014: erster Tätigkeitsstätte) dem Grunde nach zu einem lohnsteuerrechtlich erheblichen Vorteil führt, der grundsätzlich nach dem um übliche Preisnachlässe geminderten üblichen Endpreis am Abgabeort (§ 8 Absatz 2 Satz 1 EStG) zu bemessen ist. Maßstab zur Bewertung dieses Vorteils ist der Wert einer von einem fremden Dritten bezogenen vergleichbaren Dienstleistung, wobei dieser Wert den zeitanteiligen Personalkosten des Arbeitgebers entsprechen kann aber nicht muss.

2 Unter Bezugnahme auf das Ergebnis der Erörterung mit den obersten Finanzbehörden der Länder sind die Grundsätze dieses Urteils im Lohnsteuerabzugsverfahren und im Veranlagungsverfahren zur Einkommensteuer allgemein anzuwenden. Sie gelten sowohl für Privatfahrten, für Fahrten zwischen Wohnung und erster Tätigkeitsstätte oder Fahrten nach § 9 Absatz 1 Satz 3 Nummer 4a Satz 3 EStG als auch für Familienheimfahrten. Sie sind unabhängig davon anzuwenden, ob der Nutzungswert des Fahrzeugs pauschal oder nach der Fahrtenbuchmethode ermittelt wird. Der geldwerte Vorteil aus der Fahrergestellung ist nach R 8.1 Absatz 10 LStR zusätzlich zum Wert nach R 8.1 Absatz 9 Nummer 1 oder 2 LStR als Arbeitslohn zu erfassen.

3 Maßstab zur Bewertung des geldwerten Vorteils aus der arbeitgeberseitigen Gestellung eines Fahrers ist grundsätzlich der Preis für eine von einem fremden Dritten bezogene vergleichbare Dienstleistung (üblicher Endpreis i. S. d. § 8 Absatz 2 Satz 1 EStG). Es bestehen jedoch keine Bedenken, insgesamt einheitlich für das Kalenderjahr für Privatfahrten, für Fahrten zwischen Wohnung und erster Tätigkeitsstätte oder Fahrten nach § 9 Absatz 1 Satz 3 Nummer 4a Satz 3 EStG sowie für Familienheimfahrten als üblichen Endpreis am Abgabeort den Anteil an den tatsächlichen Lohn- und Lohnnebenkosten des Fahrers (d. h. insbesondere: Bruttoarbeitslohn, Arbeitgeberbeiträge zur Sozialversicherung, Verpflegungszuschüsse sowie Kosten beruflicher Fort- und Weiterbildung für den Fahrer) anzusetzen, welcher der Einsatzdauer des Fahrers im Verhältnis zu dessen Gesamtarbeitszeit entspricht. Zur Einsatzdauer des Fahrers gehören auch die Stand- und Wartezeiten des Fahrers, nicht aber die bei der Überlassung eines Kraftfahrzeugs mit Fahrer durch die An- und Abfahrten des Fahrers durchgeführten Leerfahrten und die anfallenden Rüstzeiten; diese sind den dienstlichen Fahrten zuzurechnen.

4 Es ist aus Vereinfachungsgründen nicht zu beanstanden, wenn der geldwerte Vorteil aus einer Fahrergestellung wie folgt ermittelt wird:

1. Stellt der Arbeitgeber dem Arbeitnehmer für Fahrten zwischen Wohnung und erster Tätigkeitsstätte oder Fahrten nach § 9 Absatz 1 Satz 3 Nummer 4a Satz 3 EStG ein Kraftfahrzeug mit Fahrer zur Verfügung, ist der für diese Fahrten nach R 8.1 Absatz 9 Nummer 1 oder 2 LStR bzw. nach Rz. 2 des BMF-Schreibens vom 1. April 2011 (BStBl. I S. 301) durch eine Einzelbewertung der tatsächlichen Fahrten ermittelte Nutzungswert des Kraftfahrzeugs um 50 % zu erhöhen.

   Für die zweite und jede weitere Familienheimfahrt anlässlich einer doppelten Haushaltsführung erhöht sich der auf die einzelne Familienheimfahrt entfallende Nutzungswert nur dann um 50 %, wenn für diese Fahrt ein Fahrer in Anspruch genommen worden ist.

2. Stellt der Arbeitgeber dem Arbeitnehmer für andere Privatfahrten ein Kraftfahrzeug mit Fahrer zur Verfügung, ist der entsprechende private Nutzungswert des Kraftfahrzeugs wie folgt zu erhöhen:

   a) um 50 %, wenn der Fahrer überwiegend in Anspruch genommen wird,

   b) um 40 %, wenn der Arbeitnehmer das Kraftfahrzeug häufig selbst steuert,

   c) um 25 %, wenn der Arbeitnehmer das Kraftfahrzeug weit überwiegend selbst steuert.

3. Wird der pauschal anzusetzende Nutzungswert i. S. d. § 8 Absatz 2 Satz 2, 3 und 5 EStG auf die Gesamtkosten des Kraftfahrzeugs begrenzt, ist der anzusetzende Nutzungswert um 50 % zu erhöhen, wenn das Kraftfahrzeug mit Fahrer zur Verfügung gestellt worden ist.

5 Der Arbeitgeber kann im Lohnsteuerabzugsverfahren den geldwerten Vorteil nach Rz. 3 oder nach Rz. 4 ansetzen. Diese Wahl kann er im Kalenderjahr für Privatfahrten, für Fahrten zwischen Wohnung und erster Tätigkeitsstätte oder Fahrten nach § 9 Absatz 1 Satz 3 Nummer 4a Satz 3 EStG sowie für Familienheimfahrten insgesamt nur einheitlich ausüben. Erfolgt die Bewertung nach Rz. 3, hat der Arbeitgeber die Grundlagen für die Berechnung des geldwerten Vorteils aus der Fahrergestellung zu dokumentieren, als Belege zum Lohnkonto aufzubewahren und dem Arbeitnehmer auf Verlangen formlos mitzuteilen.

(LStH 8.1 [1-4]) **Anlage § 008-17**

Der Arbeitnehmer kann den geldwerten Vorteil aus der Fahrergestellung im Rahmen seiner Einkom-   6
mensteuerveranlagung nach den vorgenannten Grundsätzen abweichend von dem Ansatz des Arbeitgebers bewerten und gegenüber dem Finanzamt nachweisen. Diese Wahl kann er im Kalenderjahr für Privatfahrten, für Fahrten zwischen Wohnung und erster Tätigkeitsstätte oder Fahrten nach § 9 Absatz 1 Satz 3 Nummer 4a Satz 3 EStG sowie für Familienheimfahrten insgesamt nur einheitlich ausüben.

Eine abweichende Bewertung setzt voraus, dass der im Lohnsteuerabzugsverfahren angesetzte Vorteil   7
sowie die Grundlagen für die Berechnung des geldwerten Vorteils nachgewiesen werden (z. B. durch eine formlose Mitteilung des Arbeitgebers).

Dieses Schreiben ist in allen offenen Fällen anzuwenden.   8

Dieses Schreiben wird im Bundessteuerblatt Teil I veröffentlicht. Es steht ab sofort für eine Übergangszeit auf den Internetseiten des Bundesministeriums der Finanzen (http://www.bundesfinanzministerium.de) unter den Rubriken Themen – Steuern – Steuerarten – Lohnsteuer – BMF-Schreiben/Allgemeines zur Einsicht und zum Abruf bereit.

Anlage § 009-01/Dienstreise-Kaskoversicherung (Zu LStH 9.5 Pauschale Kilometersätze)

Dienstreise-Kaskoversicherung des Arbeitgebers
für Kraftfahrzeuge des Arbeitnehmers und steuerfreier Fahrtkostenersatz;
hier: BFH-Urteil vom 27. Juni 1991 – VI R 3/87 –

BMF-Schreiben vom 31. März 1992 IV B 6 – S 2012 – 12/92 (BStBl. I S. 270)

Der Bundesfinanzhof hat in seinem Urteil vom 27. Juni 1991 – VI R 3/87 – (BStBl. 1992 II S. 365) entschieden (2. Leitsatz), dass ein Arbeitgeber, der eine Dienstreise-Kaskoversicherung für ein Kraftfahrzeug des Arbeitnehmers abgeschlossen hat, für Dienstreisen nur einen geminderten Kilometersatz steuerfrei ersetzen kann, wenn der Arbeitnehmer keine eigene Fahrzeug-Vollversicherung abgeschlossen hat.

Unter Bezugnahme auf das Ergebnis der Erörterungen mit den obersten Finanzbehörden der Länder ist der 2. Leitsatz des genannten Urteils über den entschiedenen Einzelfall hinaus nicht anzuwenden. Die allgemeine Anwendung des 2. Leitsatzes würde dem steuerlichen Kilometersatz seinen typisierenden Charakter nehmen, erheblichen zusätzlichen Verwaltungsaufwand verursachen und damit dem Vereinfachungsgedanken der Pauschalregelung zuwiderlaufen.[1]

---

1) Hinweis auf R 9.5 Abs. 2 Satz 3 LStR 2008 und LStH 9.5 (Pauschale Kilometersätze).

(Zu LStR 9.6 Abs. 3, 9.7 Abs. 3) **Anlage § 009-02/Auslandsdienstreisen ab 1.1.2015**

Steuerliche Behandlung von Reisekosten und Reisekostenvergütungen bei betrieblich und beruflich veranlassten Auslandsreisen ab 1. Januar 2015

BMF-Schreiben vom 19. Dezember 2014 IV C 5 – S 2353/08/10006 :005, 2014/1119560
(BStBl. I 2015 S. 34)

1 Anlage

Aufgrund des § 9 Absatz 4a Satz 5 ff. Einkommensteuergesetz (EStG) werden im Einvernehmen mit den obersten Finanzbehörden der Länder die in der anliegenden Übersicht ausgewiesenen Pauschbeträge für Verpflegungsmehraufwendungen und Übernachtungskosten für beruflich und betrieblich veranlasste Auslandsdienstreisen bekannt gemacht (Fettdruck kennzeichnet Änderungen gegenüber der Übersicht ab 1. Januar 2014 – BStBl. 2013 I S. 1467).

Bei eintägigen Reisen in das Ausland ist der entsprechende Pauschbetrag des letzten Tätigkeitsortes im Ausland maßgebend. Bei mehrtägigen Reisen in verschiedenen Staaten gilt für die Ermittlung der Verpflegungspauschalen am An- und Abreisetag sowie an den Zwischentagen (Tagen mit 24 Stunden Abwesenheit) im Hinblick auf § 9 Absatz 4a Satz 5 2. Halbsatz EStG insbesondere Folgendes:

– Bei der Anreise vom Inland in das Ausland oder vom Ausland ins Inland jeweils ohne Tätigwerden ist der entsprechende Pauschbetrag des Ortes maßgebend, der vor 24 Uhr Ortszeit erreicht wird.
– Bei der Abreise vom Ausland ins Inland oder vom Inland ins Ausland ist der entsprechende Pauschbetrag des letzten Tätigkeitsortes maßgebend.
– Für die Zwischentage ist in der Regel der entsprechende Pauschbetrag des Ortes maßgebend, den der Arbeitnehmer vor 24 Uhr Ortszeit erreicht.

Siehe dazu auch Rz. 51 des BMF-Schreibens vom 24. Oktober 2014 BStBl. I S. 1412.

Für die in der Bekanntmachung nicht erfassten Länder ist der für Luxemburg geltende Pauschbetrag maßgebend, für nicht erfasste Übersee- und Außengebiete eines Landes ist der für das Mutterland geltende Pauschbetrag maßgebend.

Die Pauschbeträge für Übernachtungskosten sind ausschließlich in den Fällen der Arbeitgebererstattung anwendbar (R 9.7 Absatz 3 LStR und Rz. 123 des BMF-Schreibens vom 24. Oktober 2014 BStBl. I S. 1412). Für den Werbungskostenabzug sind nur die tatsächlichen Übernachtungskosten maßgebend (R 9.7 Absatz 2 LStR und Rz. 112 des BMF-Schreibens vom 24. Oktober 2014 BStBl. I S. 1412); dies gilt entsprechend für den Betriebsausgabenabzug (R 4.12 Absatz 2 und 3 EStR).

Dieses Schreiben gilt entsprechend für doppelte Haushaltsführungen im Ausland (R 9.11 Absatz 10 Satz 1, Satz 7 Nummer 3 LStR und Rz. 107 ff. des BMF-Schreibens vom 24. Oktober 2014 BStBl. I S. 1412).

Dieses Schreiben wird im Bundessteuerblatt Teil I veröffentlicht. Es steht ab sofort für eine Übergangszeit auf den Internetseiten des Bundesministeriums der Finanzen http://www.bundesfinanzministerium.de unter der Rubrik – Wirtschaft und Verwaltung/Steuern/Veröffentlichung zu Steuerarten/Lohnsteuer – zur Verfügung.

Anlage § 009-02/Auslandsdienstreisen ab 1.1.2015 (Zu LStR 9.6 Abs. 3, 9.7 Abs. 3)

Übersicht über die ab 1. Januar 2015 geltenden Pauschbeträge für
Verpflegungsmehraufwendungen und Übernachtungskosten im Ausland
(Änderungen gegenüber 1. Januar 2014 - BStBl I 2013 Seite 1467 – in Fettdruck)

Land	Pauschbeträge für Verpflegungsmehraufwendungen		Pauschbetrag für Übernachtungskosten
	bei einer Abwesenheitsdauer von mindestens 24 Stunden je Kalendertag	für den An- und Abreisetag sowie bei einer Abwesenheitsdauer von mehr als 8 Stunden je Kalendertag	
	€	€	€
Afghanistan	30	20	95
Ägypten	40	27	113
Äthiopien	**27**	**18**	**86**
Äquatorialguinea	50	33	226
Albanien	23	16	110
Algerien	39	26	190
Andorra	32	21	82
Angola	77	52	265
Antigua und Barbuda	53	36	117
Argentinien	**34**	**23**	**144**
Armenien	**23**	16	**63**
Aserbaidschan	40	27	120
Australien			
– Canberra	58	39	158
– Sydney	59	40	186
– im Übrigen	56	37	133
Bahrain	36	24	70
Bangladesch	30	20	**111**
Barbados	58	39	179
Belgien	41	28	135
Benin	**40**	**27**	**101**
Bolivien	24	16	70
Bosnien und Herzegowina	**18**	**12**	**73**
Botsuana	33	22	105
Brasilien			
– Brasilia	53	36	160
– Rio de Janeiro	47	32	145
– Sao Paulo	53	36	120
– im Übrigen	54	36	110
Brunei	**48**	**32**	**106**

(Zu LStR 9.6 Abs. 3, 9.7 Abs. 3) **Anlage § 009-02/Auslandsdienstreisen ab 1.1.2015**

Land	Pauschbeträge für Verpflegungsmehraufwendungen		Pauschbetrag für Übernachtungskosten
	bei einer Abwesenheitsdauer von mindestens 24 Stunden je Kalendertag	für den An- und Abreisetag sowie bei einer Abwesenheitsdauer von mehr als 8 Stunden je Kalendertag	
	€	€	€
Bulgarien	22	15	**90**
Burkina Faso	**44**	**29**	**84**
Burundi	47	32	98
Chile	40	27	130
China			
– Chengdu	32	21	85
– Hongkong	62	41	170
– Peking	39	26	115
– Shanghai	42	28	140
– im Übrigen	33	22	80
Costa Rica	36	24	69
Côte d'Ivoire	**51**	**34**	**146**
Dänemark	60	40	150
Dominica	40	27	94
Dominikanische Republik	**40**	**27**	**71**
Dschibuti	48	32	160
Ecuador	39	26	55
El Salvador	46	31	75
Eritrea	30	20	58
Estland	27	18	**71**
Fidschi	32	21	57
Finnland	39	26	136
Frankreich			
– Lyon	53	36	83
– Marseille	51	34	86
– Paris[1]	58	39	135
– Straßburg	48	32	89
– im Übrigen	44	29	81
Gabun	**62**	**41**	**278**
Gambia	18	12	70
Georgien	30	20	80

1) Sowie die Departements 92 [Hauts-de-Seine], 93 [Seine-Saint-Denis] und 94 [Val-de-Marne]

Anlage § 009-02/Auslandsdienstreisen ab 1.1.2015 (Zu LStR 9.6 Abs. 3, 9.7 Abs. 3)

Land	Pauschbeträge für Verpflegungsmehraufwendungen		Pauschbetrag für Übernachtungskosten
	bei einer Abwesenheitsdauer von mindestens 24 Stunden je Kalendertag	für den An- und Abreisetag sowie bei einer Abwesenheitsdauer von mehr als 8 Stunden je Kalendertag	
	€	€	€
Ghana	46	31	174
Grenada	51	34	121
Griechenland			
– Athen	57	38	125
– im Übrigen	42	28	132
Guatemala	28	19	96
Guinea	38	25	110
Guinea-Bissau	30	20	60
Guyana	41	28	81
Haiti	50	33	111
Honduras	**44**	**29**	**104**
Indien			
– Chennai	30	20	135
– Kalkutta	33	22	120
– Mumbai	35	24	150
– Neu Delhi	35	24	130
– im Übrigen	30	20	120
Indonesien	**38**	**25**	**130**
Iran	28	19	84
Irland	42	28	90
Island	**47**	**32**	**108**
Israel	59	40	175
Italien			
– Mailand	39	26	156
– Rom	52	35	160
– im Übrigen	34	23	126
Jamaika	54	36	135
Japan			
– Tokio	53	36	153
– im Übrigen	51	34	156
Jemen	24	16	95
Jordanien	36	24	85

(Zu LStR 9.6 Abs. 3, 9.7 Abs. 3) **Anlage § 009-02/Auslandsdienstreisen ab 1.1.2015**

Land	Pauschbeträge für Verpflegungsmehraufwendungen		Pauschbetrag für Übernachtungskosten
	bei einer Abwesenheitsdauer von mindestens 24 Stunden je Kalendertag	für den An- und Abreisetag sowie bei einer Abwesenheitsdauer von mehr als 8 Stunden je Kalendertag	
	€	€	€
Kambodscha	36	24	85
Kamerun	40	27	130
Kanada			
– Ottawa	36	24	105
– Toronto	41	28	135
– Vancouver	36	24	125
– im Übrigen	36	24	100
Kap Verde	30	20	55
Kasachstan	39	26	109
Katar	56	37	170
Kenia	35	24	135
Kirgisistan	**29**	**20**	**91**
Kolumbien	41	28	126
Kongo, Republik	57	38	113
Kongo, Demokratische Republik	60	40	155
Korea, Demokratische Volksrepublik	**39**	**26**	**132**
Korea, Republik	66	44	180
Kosovo	26	17	65
Kroatien	**28**	**19**	**75**
Kuba	50	33	85
Kuwait	42	28	130
Laos	33	22	67
Lesotho	24	16	70
Lettland	**30**	**20**	**80**
Libanon	44	29	120
Libyen	45	30	100
Liechtenstein	47	32	82
Litauen	**24**	**16**	**68**
Luxemburg	47	32	102
Madagaskar	38	25	83
Malawi	39	26	110
Malaysia	36	24	100

Anlage § 009-02/Auslandsdienstreisen ab 1.1.2015 (Zu LStR 9.6 Abs. 3, 9.7 Abs. 3)

Land	Pauschbeträge für Verpflegungsmehraufwendungen		Pauschbetrag für Übernachtungskosten
	bei einer Abwesenheitsdauer von mindestens 24 Stunden je Kalendertag	für den An- und Abreisetag sowie bei einer Abwesenheitsdauer von mehr als 8 Stunden je Kalendertag	
	€	€	€
Malediven	38	25	93
Mali	41	28	122
Malta	45	30	112
Marokko	42	28	105
Marshall Inseln	63	42	70
Mauretanien	48	32	89
Mauritius	48	32	140
Mazedonien	24	16	95
Mexiko	41	28	141
Mikronesien	56	37	74
Moldau, Republik	18	12	100
Monaco	41	28	52
Mongolei	29	20	84
Montenegro	29	20	95
Mosambik	42	28	147
Myanmar	46	31	45
Namibia	23	16	77
Nepal	28	19	86
Neuseeland	47	32	98
Nicaragua	30	20	100
Niederlande	46	31	119
Niger	36	24	70
Nigeria	63	42	255
Norwegen	64	43	182
Österreich	36	24	104
Oman	48	32	120
Pakistan			
– Islamabad	30	20	165
– im Übrigen	27	18	68
Palau	51	34	166
Panama	34	23	101
Papua-Neuguinea	36	24	90

(Zu LStR 9.6 Abs. 3, 9.7 Abs. 3)   **Anlage § 009-02/Auslandsdienstreisen ab 1.1.2015**

Land	Pauschbeträge für Verpflegungsmehraufwendungen		Pauschbetrag für Übernachtungskosten
	bei einer Abwesenheitsdauer von mindestens 24 Stunden je Kalendertag	für den An- und Abreisetag sowie bei einer Abwesenheitsdauer von mehr als 8 Stunden je Kalendertag	
	€	€	€
Paraguay	36	24	61
Peru	30	20	93
Philippinen	30	20	107
Polen			
– Breslau	33	22	92
– Danzig	29	20	77
– Krakau	28	19	88
– Warschau	30	20	105
– im Übrigen	27	18	50
Portugal	36	24	92
Ruanda	36	24	135
Rumänien			
– Bukarest	26	17	100
– im Übrigen	27	18	80
Russische Föderation			
– Moskau	30	20	118
– St. Petersburg	24	16	104
– im Übrigen	21	14	78
Sambia	36	24	95
Samoa	29	20	57
São Tomé – Príncipe	42	28	75
San Marino	41	28	77
Saudi-Arabien			
– Djidda	48	32	80
– Riad	48	32	95
– im Übrigen	47	32	80
Schweden	72	48	165
Schweiz			
– Genf	62	41	174
– im Übrigen	48	32	139
Senegal	47	32	125
Serbien	30	20	90

Anlage § 009-02/Auslandsdienstreisen ab 1.1.2015 (Zu LStR 9.6 Abs. 3, 9.7 Abs. 3)

Land	Pauschbeträge für Verpflegungsmehraufwendungen		Pauschbetrag für Übernachtungskosten
	bei einer Abwesenheitsdauer von mindestens 24 Stunden je Kalendertag	für den An- und Abreisetag sowie bei einer Abwesenheitsdauer von mehr als 8 Stunden je Kalendertag	
	€	€	€
Sierra Leone	39	26	82
Simbabwe	45	30	103
Singapur	53	36	188
Slowakische Republik	24	16	130
Slowenien	30	20	95
Spanien			
– Barcelona	32	21	118
– Kanarische Inseln	32	21	98
– Madrid	41	28	113
– Palma de Mallorca	32	21	110
– im Übrigen	29	20	88
Sri Lanka	40	27	118
St. Kitts und Nevis	45	30	99
St. Lucia	54	36	129
St. Vincent und die Grenadinen	52	35	121
Sudan	**35**	**24**	**115**
Südafrika			
– Kapstadt	38	25	94
– im Übrigen	36	24	72
Südsudan	**53**	**36**	**114**
Suriname	30	20	**108**
Syrien	38	25	140
Tadschikistan	26	17	67
Taiwan	39	26	110
Tansania	40	27	141
Thailand	32	21	120
Togo	**35**	**24**	**108**
Tonga	32	21	36
Trinidad und Tobago	54	36	164
Tschad	47	32	151
Tschechische Republik	24	16	97
Türkei			

(Zu LStR 9.6 Abs. 3, 9.7 Abs. 3)

Anlage § 009-02/Auslandsdienstreisen ab 1.1.2015

Land	Pauschbeträge für Verpflegungsmehraufwendungen		Pauschbetrag für Übernachtungskosten
	bei einer Abwesenheitsdauer von mindestens 24 Stunden je Kalendertag	für den An- und Abreisetag sowie bei einer Abwesenheitsdauer von mehr als 8 Stunden je Kalendertag	
	€	€	€
– Istanbul	35	24	92
– Izmir	42	28	80
– im Übrigen	40	27	78
Tunesien	33	22	80
Turkmenistan	33	22	108
Uganda	35	24	129
Ukraine	36	24	85
Ungarn	30	20	75
Uruguay	44	29	109
Usbekistan	34	23	123
Vatikanstaat	52	35	160
Venezuela	48	32	207
Vereinigte Arabische Emirate	45	30	155
Vereinigte Staaten von Amerika			
– Atlanta	57	38	122
– Boston	48	32	206
– Chicago	48	32	130
– Houston	57	38	136
– Los Angeles	48	32	153
– Miami	57	38	102
– New York City	48	32	215
– San Francisco	48	32	110
– Washington, D. C.	57	38	205
– im Übrigen	48	32	102
Vereinigtes Königreich vonGroßbritannien und Nordirland			
– London	57	38	160
– im Übrigen	42	28	119
Vietnam	38	25	86
Weißrussland	27	18	109
Zentralafrikanische Republik	29	20	52
Zypern	39	26	90

Anlage § 009-03/Unfallversicherungen Arbeitnehmer (Zu LStH 9.8, 19.3, 40b.2)

Einkommen-(lohn-)steuerliche Behandlung von freiwilligen Unfallversicherungen

BMF-Schreiben vom 28. Oktober 2009 IV C 5 – S 2332/09/10004, 2009/0690175 (BStBl. I S. 1275)

Im Einvernehmen mit den obersten Finanzbehörden der Länder gilt für die einkommen-(lohn-)steuerrechtliche Behandlung von freiwilligen Unfallversicherungen Folgendes [1]:

1. Versicherungen des Arbeitnehmers

1.1 Versicherung gegen Berufsunfälle

Aufwendungen des Arbeitnehmers für eine Versicherung ausschließlich gegen Unfälle, die mit der beruflichen Tätigkeit in unmittelbarem Zusammenhang stehen (einschließlich der Unfälle auf dem Weg von und zur regelmäßigen Arbeitsstätte), sind Werbungskosten (§ 9 Absatz 1 Satz 1 EStG).

1.2 Versicherung gegen außerberufliche Unfälle

Aufwendungen des Arbeitnehmers für eine Versicherung gegen außerberufliche Unfälle sind Sonderausgaben (§ 10 **Absatz 1 Nummer 3 Buchstabe a i. V. m. § 10 Absatz 4 und 4a EStG und ab dem Veranlagungszeitraum 2010 § 10 Absatz 1 Nummer 3a i. V. m. Absatz 4 und 4a EStG**).

1.3 Versicherung gegen alle Unfälle

Aufwendungen des Arbeitnehmers für eine Unfallversicherung, die das Unfallrisiko sowohl im beruflichen als auch im außerberuflichen Bereich abdeckt, sind zum einen Teil Werbungskosten und zum anderen Teil Sonderausgaben. Der Gesamtbeitrag einschließlich Versicherungsteuer für beide Risiken ist entsprechend aufzuteilen (vgl. BFH-Urteil vom 22. Juni 1990 – VI R 2/87 –, BStBl. II S. 901). Für die Aufteilung sind die Angaben des Versicherungsunternehmens darüber maßgebend, welcher Anteil des Gesamtbeitrags das berufliche Unfallrisiko abdeckt. Fehlen derartige Angaben, ist der Gesamtbeitrag durch Schätzung aufzuteilen. Es bestehen keine Bedenken, wenn die Anteile auf jeweils 50 % des Gesamtbeitrags geschätzt werden.

1.4 Übernahme der Beiträge durch den Arbeitgeber

Vom Arbeitgeber übernommene Beiträge des Arbeitnehmers sind steuerpflichtiger Arbeitslohn. Das gilt nicht, soweit Beiträge zu Versicherungen gegen berufliche Unfälle und Beiträge zu Versicherungen gegen alle Unfälle (Tz. 1.1 und 1.3) auch das Unfallrisiko bei **Auswärtstätigkeiten (R 9.4 Absatz 2 LStR 2008)** abdecken. **Beiträge zu Unfallversicherungen sind als Reisenebenkosten steuerfrei, soweit sie Unfälle bei einer Auswärtstätigkeit abdecken** (§ 3 Nummer 13 und 16 EStG). Es bestehen keine Bedenken, wenn **aus Vereinfachungsgründen** bei der Aufteilung des auf den beruflichen Bereich entfallenden Beitrags/Beitragsanteils in steuerfreie Reisekosten**erstattungen** und steuerpflichtigen Werbungskostenersatz **(z. B. Unfälle auf Fahrten zwischen Wohnung und regelmäßiger Arbeitsstätte)** der auf steuerfreie Reisekostenerstat**tungen** entfallende Anteil auf 40 % geschätzt wird. Der Beitragsanteil, der als Werbungskostenersatz dem Lohnsteuerabzug zu unterwerfen ist, gehört zu den Werbungskosten des Arbeitnehmers.

2. Versicherungen des Arbeitgebers

2.1 Ausübung der Rechte steht ausschließlich dem Arbeitgeber zu

2.1.1 Kein Arbeitslohn zum Zeitpunkt der Beitragszahlung

Handelt es sich bei vom Arbeitgeber abgeschlossenen Unfallversicherungen seiner Arbeitnehmer um Versicherungen für fremde Rechnung **(§ 179 Absatz 1 Satz 2 i. V. m. §§ 43 bis 48 VVG)**, bei denen die Ausübung der Rechte ausschließlich dem Arbeitgeber zusteht, so stellen die **Beiträge im Zeitpunkt der Zahlung durch den Arbeitgeber** keinen Arbeitslohn dar (BFH-Urteile vom 16. April 1999 – VI R 60/96 –, BStBl. 2000 II S. 406, **sowie – VI R 66/97 –, BStBl. 2000 II S. 408**).

2.1.2 Arbeitslohn zum Zeitpunkt der Leistungsgewährung

Erhält ein Arbeitnehmer Leistungen aus einem entsprechenden Vertrag, führen die bis dahin entrichteten, auf den Versicherungsschutz des Arbeitnehmers entfallenden Beiträge im Zeitpunkt der Auszahlung oder Weiterleitung der Leistung an den Arbeitnehmer zu Arbeitslohn in Form von Barlohn, begrenzt auf die dem Arbeitnehmer ausgezahlte Versicherungsleistung (BFH-Urteil vom 11. Dezember 2008 – VI R 9/05 –, BStBl. 2009 II S. 385);

---

[1] Die Änderungen gegenüber dem BMF-Schreiben vom 17. Juli 2000 – IV C 5 – S 2332 – 67/00 – (BStBl. I S. 1204) sind durch Fettdruck hervorgehoben.

(Zu LStH 9.8, 19.3, 40b.2) **Anlage § 009-03/Unfallversicherungen Arbeitnehmer**

das gilt unabhängig davon, ob der Unfall im beruflichen oder außerberuflichen Bereich eingetreten ist und ob es sich um eine Einzelunfallversicherung oder eine Gruppenunfallversicherung handelt. Bei einer Gruppenunfallversicherung ist der auf den einzelnen Arbeitnehmer entfallende Teil der Beiträge ggf. zu schätzen (BFH-Urteil vom 11. Dezember 2008 – VI R 19/06 –, BFH/NV 2009 S. 905). Bei den im Zuflusszeitpunkt zu besteuernden Beiträgen kann es sich um eine Vergütung für eine mehrjährige Tätigkeit i.S.d. § 34 Absatz 1 i. V. m. Absatz 2 Nummer 4 EStG handeln.

Da sich der Vorteil der Beitragsgewährung nicht auf den konkreten Versicherungsfall, sondern allgemein auf das Bestehen von Versicherungsschutz des Arbeitnehmers bezieht, sind zur Ermittlung des Arbeitslohns alle seit Begründung des Dienstverhältnisses entrichteten Beiträge zu berücksichtigen, unabhängig davon, ob es sich um einen oder mehrere Versicherungsverträge handelt. Das gilt auch dann, wenn die Versicherungsverträge zeitlich befristet abgeschlossen wurden, das Versicherungsunternehmen gewechselt wurde oder der Versicherungsschutz für einen bestimmten Zeitraum des Dienstverhältnisses nicht bestanden hat (zeitliche Unterbrechung des Versicherungsschutzes). Bei einem Wechsel des Arbeitgebers sind ausschließlich die seit Begründung des neuen Dienstverhältnisses entrichteten Beiträge zu berücksichtigen, auch wenn der bisherige Versicherungsvertrag vom neuen Arbeitgeber fortgeführt wird. Das gilt auch, wenn ein Wechsel des Arbeitnehmers innerhalb eines Konzernverbundes zwischen Konzernunternehmen mit einem Arbeitgeberwechsel verbunden ist. Bei einem Betriebsübergang nach § 613a BGB liegt kein neues Dienstverhältnis vor.

Beiträge, die individuell oder pauschal besteuert wurden, sind im Übrigen nicht einzubeziehen.

Aus Vereinfachungsgründen können die auf den Versicherungsschutz des Arbeitnehmers entfallenden Beiträge unter Berücksichtigung der Beschäftigungsdauer auf Basis des zuletzt vor Eintritt des Versicherungsfalls geleisteten Versicherungsbeitrags hochgerechnet werden.

Die bei einer früheren Versicherungsleistung als Arbeitslohn berücksichtigten Beiträge sind bei einer späteren Versicherungsleistung nicht erneut als Arbeitslohn zu erfassen. Bei einer späteren Versicherungsleistung sind zumindest die seit der vorangegangenen Auszahlung einer Versicherungsleistung entrichteten Beiträge zu berücksichtigen (BFH-Urteil vom 11. Dezember 2008 – VI R 3/08 –, BFH/NV 2009 S. 907), allerdings auch in diesem Fall begrenzt auf die ausgezahlte Versicherungsleistung.

Erhält ein Arbeitnehmer die Versicherungsleistungen in mehreren Teilbeträgen oder ratierlich, so fließt dem Arbeitnehmer solange Arbeitslohn in Form von Barlohn zu, bis die Versicherungsleistungen die Summe der auf den Versicherungsschutz des Arbeitnehmers entfallenden Beiträge erreicht haben. Erhält ein Arbeitnehmer die Versicherungsleistungen als Leibrente, so fließt dem Arbeitnehmer solange Arbeitslohn in Form von Barlohn zu, bis der Teil der Versicherungsleistungen, der nicht Ertragsanteil ist (§ 22 Nummer 1 Satz 3 Buchstabe a Doppelbuchstabe bb EStG ggf. i.V.m. § 55 EStDV; siehe auch Tz. 2.1.6), die Summe der auf den Versicherungsschutz des Arbeitnehmers entfallenden Beiträge erreicht hat. Beiträge, die vom Arbeitgeber nach der ersten Auszahlung oder Weiterleitung von Versicherungsleistungen an den Arbeitnehmer gezahlt werden, sind hier aus Vereinfachungsgründen jeweils nicht einzubeziehen; diese Beiträge sind bei einem ggf. später eintretenden Versicherungsfall zu berücksichtigen.

Beispiel:
Nach einem Unfall wird ab dem Jahr 01 eine Versicherungsleistung als Leibrente i.H.v. jährlich 1 000 € ausgezahlt. Der Ertragsanteil beträgt 25 %. An Beiträgen wurden für den Arbeitnehmer in der Vergangenheit insgesamt 2 500 € gezahlt.

Ab dem Jahr 01 sind 250 € (1 000 € x 25 % Ertragsanteil) steuerpflichtig nach § 22 Nummer 1 Satz 3 Buchstabe a Doppelbuchstabe bb EStG.

Darüber hinaus sind in den Jahren 01 bis 03 jeweils ein Betrag von 750 € und im Jahr 04 ein Betrag von 250 € (2 500 € – [3 Jahre x 750 €]) steuerpflichtig nach § 19 EStG. Ab dem Jahr 05 fließt kein steuerpflichtiger Arbeitslohn mehr zu; steuerpflichtig ist dann nur noch die Leibrente mit dem Ertragsanteil von 25 %.

Dem Arbeitnehmer steht bei mehreren Versicherungsleistungen innerhalb verschiedener Veranlagungszeiträume (mehr als ein Versicherungsfall oder bei einem Versicherungsfall, Auszahlung in mehreren Veranlagungszeiträumen) kein Wahlrecht zu, inwieweit die vom

Anlage § 009-03/Unfallversicherungen Arbeitnehmer (Zu LStH 9.8, 19.3, 40b.2)

Arbeitgeber erbrachten Beiträge jeweils als Arbeitslohn erfasst werden sollen. In diesen Fällen ist für den Arbeitslohn im jeweiligen Veranlagungszeitraum gesondert zu prüfen, ob es sich um eine Vergütung für eine mehrjährige Tätigkeit i.S.d. § 34 Absatz 1 i.V.m. Absatz 2 Nummer 4 EStG handelt.

2.1.3 Steuerfreier Reisekostenersatz und lohnsteuerpflichtiger Werbungskostenersatz

Der auf das Risiko beruflicher Unfälle entfallende Anteil der Beiträge ist zum Zeitpunkt der Leistungsgewährung steuerfreier Reisekostenersatz oder steuerpflichtiger Werbungskostenersatz des Arbeitgebers (dem bei der Veranlagung zur Einkommensteuer Werbungskosten in gleicher Höhe gegenüberstehen). Für die Aufteilung und Zuordnung gelten die Regelungen in Tz. 1.1 bis 1.4.

2.1.4 Schadensersatzleistungen

Bei einem im beruflichen Bereich eingetretenen Unfall gehört die Auskehrung des Arbeitgebers nicht zum Arbeitslohn, soweit der Arbeitgeber gesetzlich zur Schadensersatzleistung verpflichtet ist oder soweit der Arbeitgeber einen zivilrechtlichen Schadensersatzanspruch des Arbeitnehmers wegen schuldhafter Verletzung arbeitsvertraglicher Fürsorgepflichten erfüllt (BFH-Urteil vom 20. September 1996 – VI R 57/95 –, BStBl. 1997 II S. 144). **Der gesetzliche Schadensersatzanspruch des Arbeitnehmers aus unfallbedingten Personenschäden im beruflichen Bereich wird regelmäßig durch Leistungen aus der gesetzlichen Unfallversicherung erfüllt; diese Leistungen sind nach § 3 Nummer 1 Buchstabe a EStG steuerfrei.**

Schmerzensgeldrenten nach § 253 Absatz 2 BGB (bis 31. Juli 2002: § 847 BGB), Schadensersatzrenten zum Ausgleich vermehrter Bedürfnisse (§ 843 **Absatz** 1 2. Alternative BGB), Unterhaltsrenten nach § 844 **Absatz 2 BGB** sowie Ersatzansprüche wegen entgangener Dienste nach § 845 BGB sind ebenfalls nicht steuerbar (vgl. BMF-Schreiben vom **15. Juli 2009 – IV C 3 – S 2255/08/10012 –, BStBl. I S. 836).**

2.1.5 Entschädigungen für entgangene oder entgehende Einnahmen

Sind die Versicherungsleistungen ausnahmsweise Entschädigungen für entgangene oder entgehende Einnahmen i. S. d. § 24 Nummer 1 Buchstabe a EStG (z. B. Leistungen wegen einer Körperverletzung, soweit sie den Verdienstausfall ersetzen; siehe H 24.1 EStH 2008), liegen insoweit zusätzliche steuerpflichtige Einkünfte aus nichtselbständiger Arbeit (steuerpflichtiger Arbeitslohn) vor. Wickelt das Versicherungsunternehmen die Auszahlung der Versicherungsleistung unmittelbar mit dem Arbeitnehmer ab, hat der Arbeitgeber Lohnsteuer nur einzubehalten, wenn er weiß oder erkennen kann, dass derartige Zahlungen erbracht wurden (§ 38 Absatz 1 Satz 3 EStG).

Der nach Tz. 2.1.2 zu besteuernde Betrag ist in diesen Fällen anteilig zu mindern.

> **Beispiel:**
> Nach einem Unfall wird eine Versicherungsleistung i. H. v. 10 000 € ausgezahlt. Hiervon sind 8 000 € die Entschädigung für entgangene oder entgehende Einnahmen. An Beiträgen wurden in der Vergangenheit 2 500 € gezahlt.
>
> Die steuerpflichtigen Leistungen i. S. d. § 24 Nummer 1 Buchstabe a EStG betragen 8 000 €. Zusätzlich sind 500 € (= 2 500 € – [2 500 € x 8 000 € : 10 000 €]) entsprechend der Regelungen in Tz. 2.1.2 und 2.1.3 zu besteuern.

2.1.6 Sonstige Einkünfte nach § 22 Nummer 1 EStG

Wiederkehrende Leistungen aus der **entsprechenden** Unfallversicherung können Leibrenten nach § 22 **Nummer** 1 Satz 3 **Buchstabe a Doppelbuchstabe bb** EStG **sein.** Siehe auch Tz. 2.1.2 letzter Absatz.

2.2 Ausübung der Rechte steht unmittelbar dem Arbeitnehmer zu

2.2.1 Arbeitslohn zum Zeitpunkt der Beitragszahlung

Kann der Arbeitnehmer den Versicherungsanspruch **bei einer vom Arbeitgeber abgeschlossenen Unfallversicherung** unmittelbar gegenüber dem Versicherungsunternehmen geltend machen**, sind** die Beiträge **bereits im Zeitpunkt der Zahlung durch den Arbeitgeber** als Zukunftssicherungsleistungen Arbeitslohn **in Form von Barlohn** (§ 19 **Absatz** 1 Satz 1 **Nummer** 1 EStG, § 2 **Absatz** 2 **Nummer 3 Satz 1 LStDV). Davon ist auch dann auszugehen, wenn** zwar der Anspruch durch den Versicherungsnehmer (Arbeitgeber) geltend gemacht werden kann, vertraglich nach den Unfallversicherungsbedingungen jedoch vorgesehen ist, dass der Versicherer die Versicherungsleistung in jedem Fall an die versicherte Person (Arbeitnehmer) auszahlt. Die Ausübung der Rechte steht dagegen nicht unmittelbar dem Ar-

(Zu LStH 9.8, 19.3, 40b.2) **Anlage § 009-03/Unfallversicherungen Arbeitnehmer**

beitnehmer zu, wenn die Versicherungsleistung mit befreiender Wirkung auch an den Arbeitgeber gezahlt werden kann; in diesem Fall kann der Arbeitnehmer die Auskehrung der Versicherungsleistung letztlich nur im Innenverhältnis vom Arbeitgeber verlangen.

Das gilt unabhängig davon, ob es sich um eine Einzelunfallversicherung oder eine Gruppenunfallversicherung handelt; Beiträge zu Gruppenunfallversicherungen sind ggf. nach der Zahl der versicherten Arbeitnehmer auf diese aufzuteilen (§ 2 **Absatz** 2 **Nummer** 3 Satz 3 LStDV). Steuerfrei sind Beiträge oder Beitragsteile, die **bei Auswärtstätigkeiten (R 9.**4 **Absatz 2 LStR 2008)** das Unfallrisiko abdecken und deshalb zu den steuerfreien Reisekosten**erstattungen** gehören. Für die Aufteilung eines auf den beruflichen Bereich entfallenden Gesamtbeitrags in steuerfreie Reisekosten**erstattungen** und steuerpflichtigen Werbungskostenersatz ist die Vereinfachungsregelung in Tz. 1.4 anzuwenden.

2.2.2 Arbeitslohn zum Zeitpunkt der Leistungsgewährung

Leistungen aus einer **entsprechenden** Unfallversicherung **gehören zu den Einkünften aus nichtselbständiger Arbeit (steuerpflichtiger Arbeitslohn)**, soweit sie Entschädigungen für entgangene oder entgehende Einnahmen i. S. d. § 24 **Nummer** 1 **Buchstabe** a EStG darstellen, der Unfall im beruflichen Bereich eingetreten ist und die Beiträge ganz oder teilweise Werbungskosten bzw. steuerfreie Reisenebenkosten**erstattungen** waren.

Der Arbeitgeber hat Lohnsteuer nur einzubehalten, wenn er weiß oder erkennen kann, dass derartige Zahlungen erbracht wurden (§ 38 Absatz 1 Satz 3 EStG). Andernfalls ist der als Entschädigung i. S. d. § 24 **Nummer** 1 **Buchstabe** a EStG steuerpflichtige **Teil des Arbeitslohns, der ggf.** durch Schätzung zu ermitteln **ist**, im Rahmen der Veranlagung des Arbeitnehmers zur Einkommensteuer zu erfassen.

2.2.3 Sonstige Einkünfte nach § 22 Nummer 1 Satz 1 EStG

Tz. 2.1.6 gilt entsprechend.

3. **Arbeitgeber als Versicherer**

Gewährt ein Arbeitgeber als Versicherer Versicherungsschutz, handelt es sich um Sachleistungen. Tz. 2 gilt entsprechend. § 8 Absatz 3 EStG ist zu beachten.

4. **Werbungskosten- oder Sonderausgabenabzug**

Der Arbeitnehmer kann die dem Lohnsteuerabzug unterworfenen Versicherungsbeiträge als Werbungskosten oder als Sonderausgaben geltend machen. Für die **Aufteilung und** Zuordnung gelten die Regelungen in Tz. 1.1 bis 1.3.

5. **Lohnsteuerabzug von Beitragsleistungen**

Soweit die vom Arbeitgeber übernommenen Beiträge (Tz. 1.4) oder die Beiträge zu Versicherungen des Arbeitgebers (Tz. 2) steuerpflichtiger Arbeitslohn sind, sind sie im Zeitpunkt **ihres Zuflusses** dem Lohnsteuerabzug **nach den allgemeinen Regelungen** zu unterwerfen, wenn nicht eine Pauschalbesteuerung nach § 40b **Absatz** 3 EStG **erfolgt. Zu den Voraussetzungen der Lohnsteuerpauschalierung siehe auch R 40b. 2 LStR 2008.**

6. **Betriebliche Altersversorgung**

Die lohnsteuerliche Behandlung von Zusagen auf Leistungen der betrieblichen Altersversorgung nach dem Betriebsrentengesetz bleibt durch dieses Schreiben unberührt. Zu den Einzelheiten vgl. BMF-Schreiben vom 20. Januar 2009 – VI C 3 – S 2496/08/10011 – / – IV C 5 – S 2333/07/0003 – (BStBl. I S. 273).

7. **Anwendungsregelung**

Dieses Schreiben ist in allen noch nicht formell bestandskräftigen Fällen anzuwenden. Das BMF-Schreiben vom 17. Juli 2000 – IV C 5 – S 2332 – 67/00 – (BStBl. I S. 1204) wird hiermit aufgehoben.

Dieses Schreiben steht ab sofort für eine Übergangszeit auf den Internetseiten des Bundesministeriums der Finanzen (http://www.bundesfinanzministerium.de) unter der Rubrik Wirtschaft und Verwaltung – Steuern – Veröffentlichungen zu Steuerarten – Lohnsteuer zur Ansicht und zum Abruf bereit.

Anlage § 009-04/Umzugskosten (Zu LStH 9.1)

Steuerliche Anerkennung von Umzugskosten nach R 9.9 Absatz 2 LStR; Änderung der maßgebenden Beträge für umzugsbedingte Unterrichtskosten und sonstige Umzugsauslagen ab 1. März 2014 und 1. März 2015

BMF-Schreiben vom 6. Oktober 2014 – IV C 5 – S 2353/08/10007 – DOK 2014/0838465
BStBl. 2014 I S. 1342

Im Einvernehmen mit den obersten Finanzbehörden der Länder gilt zur Anwendung der §§ 6 bis 10 des Bundesumzugskostengesetzes (BUKG) für Umzüge ab 1. März 2014 und ab 1. März 2015 jeweils Folgendes:

1. Der Höchstbetrag, der für die Anerkennung umzugsbedingter Unterrichtskosten für ein Kind nach § 9 Absatz 2 BUKG maßgebend ist, beträgt bei Beendigung des Umzugs ab
   - 1. März 2014   1.802 Euro;
   - 1. März 2015   1.841 Euro.

2. Der Pauschbetrag für sonstige Umzugsauslagen nach § 10 Absatz 1 BUKG beträgt:
   a) für Verheiratete, Lebenspartner und Gleichgestellte i. S. d. § 10 Absatz 2 BUKG bei Beendigung des Umzugs
   - ab 1. März 2014   1.429 Euro;
   - ab 1. März 2015   1.460 Euro.

   b) für Ledige, die die Voraussetzungen des § 10 Absatz 2 BUKG nicht erfüllen, bei
   - ab 1. März 2014   715 Euro;
   - ab 1. März 2015   730 Euro.

   Der Pauschbetrag erhöht sich für jede in § 6 Absatz 3 Sätze 2 und 3 BUKG bezeichnete weitere Person mit Ausnahme des Ehegatten oder Lebenspartners:
   - zum 1. März 2014 um   315 Euro;
   - zum 1. März 2015 um   322 Euro.

Das BMF-Schreiben vom 1. Oktober 2012 – IV C 5 – S 2353/08/10007; DOK: 2012/0899967 – (BStBl. 2012 I Seite 942) ist auf Umzüge, die nach dem 28. Februar 2014 beendet werden, nicht mehr anzuwenden.

Dieses Schreiben wird im Bundessteuerblatt Teil I veröffentlicht.

(Zu LStH 9.1) **Anlage § 009-05/Gemischte Aufwendungen**

Steuerliche Beurteilung gemischter Aufwendungen; Beschluss des Großen Senats des BFH vom 21. September 2009 – GrS 1/06 – (BStBl. 2010 II S. 672)

BMF-Schreiben vom 6. Juli 2010 IV C 3 – S 2227/07/10003 :002, 2010/0522213 (BStBl. I S. 614)

Inhaltsverzeichnis

	Rn.
1. Allgemeines	1-3
2. Nicht abziehbare Aufwendungen der Lebensführung	4-7
3. Grundsätze der Aufteilung gemischter Aufwendungen	8-19
a) Durch die Einkunftserzielung (mit-)veranlasste Aufwendungen	10-12
b) Höhe der abziehbaren Aufwendungen	13-16
c) Nicht aufteilbare gemischte Aufwendungen	17-19
4. Anwendungsregelung	20

Der Große Senat des Bundesfinanzhofs hat mit dem o.a. Beschluss entschieden, dass § 12 Nummer 1 Satz 2 EStG kein allgemeines Aufteilungs- und Abzugsverbot für Aufwendungen normiert, die sowohl durch die Einkunftserzielung als auch privat veranlasste Teile enthalten (gemischte Aufwendungen). Unter Bezugnahme auf das Ergebnis der Erörterungen mit den obersten Finanzbehörden der Länder gelten zur steuerlichen Beurteilung gemischter Aufwendungen für alle Einkunftsarten und für die verschiedenen Arten der Gewinnermittlung die folgenden Grundsätze:

1. Allgemeines

Gemischte Aufwendungen eines Steuerpflichtigen können nach Maßgabe der folgenden Ausführungen grundsätzlich in als Betriebsausgaben oder Werbungskosten abziehbare sowie in privat veranlasste und damit nicht abziehbare Teile aufgeteilt werden, soweit nicht gesetzlich etwas anderes geregelt ist oder es sich um Aufwandspositionen handelt, die durch das steuerliche Existenzminimum abgegolten oder als Sonderausgaben oder als außergewöhnliche Belastungen abziehbar sind. 1

Eine Aufteilung der Aufwendungen kommt nur in Betracht, wenn der Steuerpflichtige die betriebliche oder berufliche Veranlassung im Einzelnen umfassend dargelegt und nachgewiesen hat. Bestehen gewichtige Zweifel an einer betrieblichen oder beruflichen (Mit-)Veranlassung der Aufwendungen, so kommt für die Aufwendungen schon aus diesem Grund ein Abzug insgesamt nicht in Betracht. 2

Die Aufteilung gemischt veranlasster Aufwendungen hat nach einem an objektiven Kriterien orientierten Maßstab der Veranlassungsbeiträge zu erfolgen. Ist eine verlässliche Aufteilung nur mit unverhältnismäßigem Aufwand möglich, erfolgt die Aufteilung im Wege der Schätzung. Fehlt es an einer geeigneten Schätzungsgrundlage oder sind die Veranlassungsbeiträge nicht trennbar, gelten die Aufwendungen als insgesamt privat veranlasst. 3

2. Nicht abziehbare Aufwendungen der Lebensführung

Nach § 12 Nummer 1 Satz 1 EStG sind Aufwendungen für den Haushalt des Steuerpflichtigen und für den Unterhalt seiner Familienangehörigen vollständig vom Betriebsausgaben-/Werbungskostenabzug ausgeschlossen und demzufolge nicht in einen abziehbaren und nicht abziehbaren Teil aufzuteilen. Sie sind durch die Vorschriften zur Berücksichtigung des steuerlichen Existenzminimums (Grundfreibetrag, Freibeträge für Kinder) pauschal abgegolten oder als Sonderausgaben oder als außergewöhnliche Belastungen abziehbar. 4

Kosten der Lebensführung in diesem Sinne sind insbesondere Aufwendungen für
– Wohnung,
– Ernährung,
– Kleidung,
– allgemeine Schulausbildung,
– Kindererziehung,
– persönliche Bedürfnisse des täglichen Lebens, z. B. Erhaltung der Gesundheit, Pflege, Hygieneartikel,
– Zeitung,

Anlage § 009-05/Gemischte Aufwendungen (Zu LStH 9.1)

- Rundfunk oder
- Besuch kultureller und sportlicher Veranstaltungen.

5 Vollumfänglich nicht abziehbar und demzufolge nicht aufzuteilen sind ferner Aufwendungen nach § 12 Nummer 1 Satz 2 EStG. Das sind Aufwendungen für die Lebensführung, die zwar der Förderung des Berufs oder der Tätigkeit dienen können, die aber grundsätzlich die wirtschaftliche oder gesellschaftliche Stellung des Steuerpflichtigen mit sich bringt. Hierbei handelt es sich um Aufwendungen, die mit dem persönlichen Ansehen des Steuerpflichtigen in Zusammenhang stehen, d.h. der Pflege der sozialen Verpflichtungen dienen (sog. Repräsentationsaufwendungen).

Ob Aufwendungen Repräsentationsaufwendungen im Sinne des § 12 Nummer 1 Satz 2 EStG oder (zumindest teilweise) Betriebsausgaben/Werbungskosten darstellen, ist stets durch eine Gesamtwürdigung aller Umstände des Einzelfalls festzustellen. Bei Veranstaltungen, die vom Steuerpflichtigen ausgerichtet werden, stellt ein persönlicher Anlass (z. B. Geburtstag, Trauerfeier) regelmäßig ein bedeutendes Indiz für die Annahme nicht abziehbarer Repräsentationsaufwendungen dar. Auch Aufwendungen für gesellschaftliche Veranstaltungen fallen in der Regel unter § 12 Nummer 1 Satz 2 EStG.

6 Aufwendungen nach § 12 Nummer 1 EStG sind selbst im Falle einer betrieblichen/beruflichen Mitveranlassung nicht als Betriebsausgaben/Werbungskosten abziehbar.

7 Aufwendungen im Sinne der Rn. 4 und 5 sind Betriebsausgaben oder Werbungskosten, soweit sie ausschließlich oder nahezu ausschließlich betrieblich/beruflich veranlasst sind (z.B. § 4 Absatz 5 Satz 1 Nummer 6b EStG: Arbeitszimmer; § 9 Absatz 1 Satz 3 Nummer 6 EStG: Arbeitsmittel, typische Berufskleidung) oder ein abgegrenzter betrieblicher/beruflicher Mehraufwand gegeben ist. Die Abzugsbeschränkungen des § 4 Absatz 5 Satz 1 Nummer 5 EStG (Verpflegungsmehraufwendungen) und § 9 Absatz 1 Satz 3 Nummer 5 EStG (Doppelte Haushaltsführung) sind zu beachten.[1)]

3. Grundsätze der Aufteilung gemischter Aufwendungen

8 Gemäß § 4 Absatz 4 EStG (Betriebsausgaben) und § 9 Absatz 1 EStG (Werbungskosten) werden bei der Ermittlung der Einkünfte nur Aufwendungen berücksichtigt, die durch die Einkunftserzielung veranlasst sind. Ein Veranlassungszusammenhang in diesem Sinne besteht, wenn die Aufwendungen mit der Einkunftserzielung objektiv zusammenhängen und ihr subjektiv zu dienen bestimmt sind, d. h., wenn sie in unmittelbarem oder mittelbarem wirtschaftlichen Zusammenhang mit einer der Einkunftsarten des Einkommensteuergesetzes stehen.

9 Aufwendungen, die eindeutig und klar abgrenzbar ausschließlich betrieblich/beruflich oder privat veranlasst sind, sind unmittelbar dem betrieblichen/beruflichen oder privaten Teil der Aufwendungen zuzuordnen.

a) Durch die Einkunftserzielung (mit-)veranlasste Aufwendungen

10 Nicht von § 12 Nummer 1 EStG erfasste Aufwendungen, die nicht eindeutig zugeordnet werden können, aber einen nachgewiesenen abgrenzbaren betrieblichen oder beruflichen Anteil enthalten, sind nach dem jeweiligen Veranlassungsanteil in abziehbare und nicht abziehbare Aufwendungen aufzuteilen.

11 Bei einer untergeordneten betrieblichen/beruflichen Mitveranlassung (< 10 %) sind die Aufwendungen in vollem Umfang nicht als Betriebsausgaben/Werbungskosten abziehbar.

Wird ein Sachverhalt insgesamt als privat veranlasst gewürdigt und werden die Aufwendungen dementsprechend steuerlich nicht berücksichtigt, so können zusätzliche ausschließlich betrieblich/beruflich veranlasste Aufwendungen für sich genommen als Betriebsausgaben oder Werbungskosten abzuziehen sein (vgl. Rn. 9).[2)]

Beispiel 1:

Ein Steuerpflichtiger nimmt während seiner 14-tägigen Urlaubsreise an einem eintägigen Fachseminar teil.

B1 Die Aufwendungen für die Urlaubsreise sind nicht abziehbar. Die Aufwendungen, die unmittelbar mit dem Fachseminar zusammenhängen (Seminargebühren, Fahrtkosten vom Urlaubsort zum Tagungsort, ggf. Pauschbetrag für Verpflegungsmehraufwendungen), sind als Betriebsausgaben/Werbungskosten abziehbar.

12 Bei einer untergeordneten privaten Mitveranlassung (< 10%) sind die Aufwendungen in vollem Umfang als Betriebsausgaben/Werbungskosten abziehbar; die Abzugsbeschränkungen des § 4 Absatz 5 EStG und § 9 Absatz 5 EStG bleiben unberührt.

---

1) Vgl. C. III. 4. a der Entscheidungsgründe des GrS.
2) Vgl. C. III. 3. f der Entscheidungsgründe des GrS.

(Zu LStH 9.1) **Anlage § 009-05/Gemischte Aufwendungen**

Von einer untergeordneten privaten Mitveranlassung der Kosten für die Hin- und Rückreise ist auch dann auszugehen, wenn der Reise ein eindeutiger unmittelbarer betrieblicher/beruflicher Anlass zugrunde liegt (z.B. ein Arbeitnehmer nimmt aufgrund einer Weisung seines Arbeitgebers einen ortsgebundenen Pflichttermin wahr oder ein Nichtarbeitnehmer tätigt einen ortsgebundenen Geschäftsabschluss oder ist Aussteller auf einer auswärtigen Messe), den der Steuerpflichtige mit einem vorangehenden oder nachfolgenden Privataufenthalt verbindet.

b) Höhe der abziehbaren Aufwendungen

Sind die Aufwendungen sowohl durch betriebliche/berufliche als auch private Gründe von jeweils nicht untergeordneter Bedeutung (vgl. Rn. 11 und 12) veranlasst, ist nach Möglichkeit eine Aufteilung der Aufwendungen nach Veranlassungsbeiträgen vorzunehmen (vgl. BFH vom 21. April 2010 – VI R 66/04 –, BStBl. II S. 685; siehe aber Rn. 18). 13

Es ist ein geeigneter, den Verhältnissen im Einzelfall gerecht werdender Aufteilungsmaßstab zu finden. Der Maßstab muss nach objektivierbaren – d.h. nach außen hin erkennbaren und nachvollziehbaren – Kriterien ermittelt und hinsichtlich des ihm zugrunde liegenden Veranlassungsbeitrags dokumentiert werden. 14

Der betrieblich/beruflich und privat veranlasste Teil der Aufwendungen kann beispielsweise nach folgenden Kriterien ermittelt werden: Zeit-, Mengen- oder Flächenanteile sowie Aufteilung nach Köpfen. 15

Beispiel 2:

An der Feier zum 30. Firmenjubiläum des Einzelunternehmens Y nehmen 100 Personen teil (80 Kunden und Geschäftsfreunde und 20 private Gäste des Firmeninhabers). Die Gesamtkosten der Feier betragen 5000 €, auf Essen und Getränke entfallen 4000 €.

B2 Aufgrund der Teilnahme privater Gäste handelt es sich um eine gemischt betrieblich und privat veranlasste Veranstaltung. Zwar liegt der Anlass der Veranstaltung im betrieblichen Bereich (Firmenjubiläum). Die Einladung der privaten Gäste erfolgte allerdings ausschließlich aus privaten Gründen, so dass die Kosten der Verköstigung und Unterhaltung der privaten Gäste als privat veranlasst zu behandeln sind. Sachgerechtes objektivierbares Kriterium für eine Aufteilung ist eine Aufteilung nach Köpfen. 80 Personen nehmen aus betrieblichen Gründen an dem Firmenjubiläum teil, 20 aus privaten Gründen. Damit sind 1000 € (20 % der Gesamtkosten), die anteilig auf die privaten Gäste entfallen, nicht als Betriebsausgaben abziehbar. Von den verbleibenden betrieblich veranlassten Kosten in Höhe von 4000 € sind unter Berücksichtigung des § 4 Absatz 5 Satz 1 Nummer 2 EStG 3040 € (80% von 1000 € + 70 % von 4000 €) als Betriebsausgaben abziehbar.

Beispiel 3:

Ein niedergelassener Arzt besucht einen Fachkongress in London. Er reist Samstagfrüh an. Die Veranstaltung findet ganztägig von Dienstag bis Donnerstag statt. Am Sonntagabend reist er nach Hause zurück.

B3 Da Reisen nach dem Beschluss des Großen Senats des BFH entgegen der bisherigen Rechtsprechung nicht mehr in jedem Fall als Einheit zu betrachten sind, sind die Kosten für zwei Übernachtungen (von Dienstag bis Donnerstag) sowie die Kongressgebühren ausschließlich dem betrieblichen Bereich zuzuordnen und daher vollständig als Betriebsausgaben abziehbar. Die Flugkosten sind gemischt veranlasst und entsprechend den Veranlassungsbeiträgen aufzuteilen. Sachgerechter Aufteilungsmaßstab ist das Verhältnis der betrieblichen und privaten Zeitanteile der Reise (betrieblich veranlasst sind 3/9). Ein Abzug der Verpflegungskosten als Betriebsausgaben ist nur in Höhe der Pauschbeträge für Verpflegungsmehraufwendungen für die betrieblich veranlassten Tage zulässig.

Abwandlung:

Der Arzt fährt nicht als Zuhörer, sondern als Mitveranstalter zu dem Fachkongress.

B4 Die Kosten für die Hin- und Rückreise sind vollständig dem betrieblichen Bereich zuzurechnen und daher nicht aufzuteilen (vgl. Rn. 12).

Bestehen keine Zweifel daran, dass ein nach objektivierbaren Kriterien abgrenzbarer Teil der Aufwendungen betrieblich/beruflich veranlasst ist, bereitet seine Quantifizierung aber Schwierigkeiten, so ist dieser Anteil unter Berücksichtigung aller maßgeblichen Umstände zu schätzen (§ 162 AO). Ist also zweifelsfrei ein betrieblicher/beruflicher Kostenanteil entstanden, kann aber dessen jeweiliger Umfang mangels geeigneter Unterlagen nicht belegt werden, ist wie bisher eine Schätzung geboten. 16

c) Nicht aufteilbare gemischte Aufwendungen

Ein Abzug der Aufwendungen kommt insgesamt nicht in Betracht, wenn die – für sich gesehen jeweils nicht unbedeutenden – betrieblichen/beruflichen und privaten Veranlassungsbeiträge so ineinander 17

Anlage § 009-05/Gemischte Aufwendungen (Zu LStH 9.1)

greifen, dass eine Trennung nicht möglich und eine Grundlage für die Schätzung nicht erkennbar ist. Das ist insbesondere der Fall, wenn es an objektivierbaren Kriterien für eine Aufteilung fehlt.

Beispiel 4:
Ein Steuerberater begehrt die hälftige Anerkennung der Kosten eines Abonnements einer überregionalen Zeitung, die er neben der regionalen Tageszeitung bezieht, als Betriebsausgaben, weil die überregionale Zeitung umfassend auch über die steuerrechtliche Entwicklung informiere.

B5 Die Kosten sind insgesamt nicht als Betriebsausgaben abziehbar. Die betrieblichen und privaten Veranlassungsbeiträge greifen so ineinander, dass eine Trennung nicht möglich ist. Soweit die Zeitung nicht bereits durch das steuerliche Existenzminimum abgegolten ist, fehlt es an einer Aufteilbarkeit der Veranlassungsbeiträge. Denn keine Rubrik oder Seite einer Zeitung kann ausschließlich dem betrieblichen Bereich zugeordnet werden, sondern dient stets auch dem privaten Informationsinteresse. Es fehlt damit an einer Möglichkeit zur Aufteilung nach objektivierbaren Kriterien.

18 Die für Auslandsgruppenreisen aufgestellten Abgrenzungsmerkmale gelten grundsätzlich weiter (BFH vom 27. November 1978, BStBl. 1979 II S. 213; zuletzt BFH vom 21. April 2010 – VI R 5/07 –, BStBl. II S. 687).[1)] Eine Aufteilung der Kosten und damit ein teilweiser Abzug als Betriebsausgaben/ Werbungskosten kommt bei solchen Reisen regelmäßig nur in Betracht, soweit die beruflichen und privaten Veranlassungsbeiträge voneinander abgrenzbar sind (vgl. BFH vom 21. April 2010 – VI R 5/07 –, BStBl. II S. 687).

19 Soweit der BFH bisher die Abziehbarkeit anderer gemischter Aufwendungen mangels objektiver Aufteilungskriterien abgelehnt hat, ist weiterhin von der Nichtabziehbarkeit auszugehen.

Beispiele:

B6 Aufwendungen für Sicherheitsmaßnahmen eines Steuerpflichtigen zum Schutz von Leben, Gesundheit, Freiheit und Vermögen seiner Person (BFH vom 5. April 2006, BStBl. II S. 541),

B7 Aufwendungen eines in Deutschland lebenden Ausländers für das Erlernen der deutschen Sprache (BFH vom 15. März 2007, BStBl. II S. 814),

B8 Aufwendungen einer Landärztin für einen Schutzhund (BFH vom 29. März 1979, BStBl. II S. 512),

B9 Einbürgerungskosten zum Erwerb der deutschen Staatsangehörigkeit (BFH vom 18. Mai 1984, BStBl. II S. 588),

B10 Kosten für den Erwerb eines Führerscheins (BFH vom 8. April 1964, BStBl. III S. 431).

4. Anwendungsregelung

20 Dieses Schreiben ist vorbehaltlich des § 176 Absatz 1 Satz 1 Nummer 3 AO für alle offenen Fälle anzuwenden.

Dieses Schreiben steht ab sofort für eine Übergangszeit auf den Internetseiten des Bundesministeriums der Finanzen (www.bundesfinanzministerium.de) unter der Rubrik Wirtschaft und Verwaltung – Steuern – Veröffentlichungen zu Steuerarten – Einkommensteuer zur Ansicht und zum Abruf bereit.

---

1) Vgl. C. III. 4. e der Entscheidungsgründe des GrS.

(Zu LStR 9.5 Abs. 1, LStH 9.5) **Anlage § 009-06/Steuerliches Reisekostenrecht**

BMF-Schreiben zur Reform des steuerlichen Reisekostenrechts ab 1.1.2014

BMF-Schreiben vom 24. Oktober 2014 IV C 5 – S 2353/14/10002, 2014/0849647 (BStBl. I S. 1412)

Inhalt

I. Vorbemerkung

II. Anwendung der Regelungen bei den Einkünften aus nichtselbständiger Arbeit

1. Erste Tätigkeitsstätte, auswärtige Tätigkeit, weiträumiges Tätigkeitsgebiet, § 9 Absatz 1 Satz 3 Nummer 4a, Absatz 4 EStG

   a) Gesetzliche Definition „erste Tätigkeitsstätte", § 9 Absatz 4 EStG

      aa) Tätigkeitsstätte

      bb) Tätigkeitsstätte des Arbeitgebers bei einem verbundenen Unternehmen oder bei einem Dritten

      cc) Zuordnung mittels dienst- oder arbeitsrechtlicher Festlegung durch den Arbeitgeber 5

      dd) Dauerhafte Zuordnung

      ee) Anwendung der 48-Monatsfrist im Zusammenhang mit der Prüfung der dauerhaften Zuordnung ab 1. Januar 2014

      ff) Quantitative Zuordnungskriterien

      gg) Mehrere Tätigkeitsstätten

      hh) Erste Tätigkeitsstätte bei Vollzeitstudium oder vollzeitigen Bildungsmaßnahmen

   b) Fahrtkosten bei auswärtiger Tätigkeit, Sammelpunkt, weiträumiges Tätigkeitsgebiet, § 9 Absatz 1 Satz 3 Nummer 4a EStG

      aa) Tatsächliche Fahrtkosten und pauschaler Kilometersatz bei auswärtiger Tätigkeit

      bb) „Sammelpunkt"

      cc) Weiträumiges Tätigkeitsgebiet

2. Verpflegungsmehraufwendungen, § 9 Absatz 4a EStG

   a) Vereinfachung bei der Ermittlung der Pauschalen, § 9 Absatz 4a Satz 2 bis 5 EStG

      aa) Eintägige Auswärtstätigkeiten im Inland

      bb) Mehrtägige Auswärtstätigkeiten im Inland

      cc) Auswärtstätigkeiten im Ausland

   b) Dreimonatsfrist, § 9 Absatz 4a Satz 6 EStG

   c) Pauschalbesteuerung nach § 40 Absatz 2 Satz 1 Nummer 4 EStG

3. Vereinfachung der steuerlichen Erfassung der vom Arbeitgeber zur Verfügung gestellten Mahlzeiten während einer auswärtigen Tätigkeit, § 8 Absatz 2 Satz 8 und 9, § 9 Absatz 4a Satz 8 bis 10, § 40 Absatz 2 Nummer 1a EStG

   a) Bewertung und Besteuerungsverzicht bei üblichen Mahlzeiten, § 8 Absatz 2 Satz 8 und 9 EStG

      aa) Voraussetzungen der Mahlzeitengestellung

      bb) Weitere Voraussetzungen der Kürzung

      cc) Ermittlung der Pauschalen bei gemischt veranlassten Veranstaltungen mit Mahlzeitengestellung

   c) Doppelte Haushaltsführung, § 9 Absatz 4a Satz 12 EStG

   d) Bescheinigungspflicht „M"

   e) Neue Pauschalbesteuerungsmöglichkeit üblicher Mahlzeiten, § 40 Absatz 2Satz 1 Nummer 1a EStG

4. Unterkunftskosten, § 9 Absatz 1 Satz 3 Nummer 5 und Nummer 5a EStG

   a) Unterkunftskosten im Rahmen der doppelten Haushaltsführung, § 9 Absatz 1 Satz 3 Nummer 5 EStG

      aa) Vorliegen einer doppelten Haushaltsführung

      bb) Berufliche Veranlassung

      cc) Höhe der Unterkunftskosten

      dd) Steuerfreie Erstattung durch den Arbeitgeber und Werbungskostenabzug

909

Anlage § 009-06/Steuerliches Reisekostenrecht (Zu LStR 9.5 Abs. 1, LStH 9.5)

    b) Unterkunftskosten im Rahmen einer Auswärtstätigkeit, § 9 Absatz 1 Satz 3 Nummer 5a EStG
        aa) Berufliche Veranlassung
        bb) Unterkunftskosten
        cc) Notwendige Mehraufwendungen
        dd) Begrenzte Berücksichtigung von Unterkunftskosten bei einer längerfristigen Auswärtstätigkeit an derselben Tätigkeitsstätte im Inland
        ee) Anwendung der 48-Monatsfrist zur begrenzten Berücksichtigung der Unterkunftskosten bei einer längerfristigen Auswärtstätigkeit im Inland ab 1. Januar 2014
        ff) Steuerfreie Erstattung durch den Arbeitgeber
  5. Reisenebenkosten
  6. Sonstiges
III. Zeitliche Anwendungsregelung

I. Vorbemerkung

1 Mit dem Gesetz zur Änderung und Vereinfachung der Unternehmensbesteuerung und des steuerlichen Reisekostenrechts vom 20. Februar 2013 (BGBl. I S. 285, BStBl. I S. 188) wurden die bisherigen steuerlichen Bestimmungen zum steuerlichen Reisekostenrecht umgestaltet. Unter Bezugnahme auf das Ergebnis der Erörterungen mit den obersten Finanzbehörden der Länder gelten bei der Anwendung der am 1. Januar 2014 in Kraft getretenen gesetzlichen Bestimmungen des Einkommensteuergesetzes zur steuerlichen Beurteilung von Reisekosten der Arbeitnehmer die folgenden Grundsätze:

II. Anwendung der Regelungen bei den Einkünften aus nichtselbständiger Arbeit

1. Erste Tätigkeitsstätte, auswärtige Tätigkeit, weiträumiges Tätigkeitsgebiet, § 9 Absatz 1 Satz 3 Nummer 4a, Absatz 4 EStG

a) Gesetzliche Definition „erste Tätigkeitsstätte", § 9 Absatz 4 EStG

2 Zentraler Punkt der ab 1. Januar 2014 geltenden Neuregelungen ist die gesetzliche Definition der ersten Tätigkeitsstätte, die an die Stelle der regelmäßigen Arbeitsstätte tritt. Der Arbeitnehmer kann je Dienstverhältnis höchstens eine erste Tätigkeitsstätte, ggf. aber auch keine erste, sondern nur auswärtige Tätigkeitsstätten haben (§ 9 Absatz 4 Satz 5 EStG). Die Bestimmung der ersten Tätigkeitsstätte erfolgt vorrangig anhand der dienst- oder arbeitsrechtlichen Festlegungen durch den Arbeitgeber (Rz. 5 ff.). Sind solche nicht vorhanden oder sind die getroffenen Festlegungen nicht eindeutig, werden hilfsweise quantitative Kriterien (Rz. 25 ff.) herangezogen. Voraussetzung ist zudem, dass der Arbeitnehmer in einer der in § 9 Absatz 4 Satz 1 EStG genannten ortsfesten Einrichtungen (Rz. 3 ff.) dauerhaft (Rz. 13 ff.) tätig werden soll. Ein Arbeitnehmer ohne erste Tätigkeitsstätte ist außerhalb seiner Wohnung immer auswärts tätig.

aa) Tätigkeitsstätte

3 Tätigkeitsstätte ist eine von der Wohnung getrennte, ortsfeste betriebliche Einrichtung. Baucontainer, die z. B. auf einer Großbaustelle längerfristig fest mit dem Erdreich verbunden sind und in denen sich z. B. Baubüros, Aufenthaltsräume oder Sanitäreinrichtungen befinden, stellen „ortsfeste" betriebliche Einrichtungen dar. Befinden sich auf einem Betriebs-/Werksgelände mehrere ortsfeste betriebliche Einrichtungen, so handelt es sich dabei nicht um mehrere, sondern nur um eine Tätigkeitsstätte. Fahrzeuge, Flugzeuge, Schiffe oder Tätigkeitsgebiete ohne ortsfeste betriebliche Einrichtungen sind keine Tätigkeitsstätten i. S. d. § 9 Absatz 4 Satz 1 EStG. Das häusliche Arbeitszimmer des Arbeitnehmers ist – wie bisher – keine betriebliche Einrichtung des Arbeitgebers oder eines Dritten und kann daher auch zukünftig keine erste Tätigkeitsstätte sein. Dies gilt auch, wenn der Arbeitgeber vom Arbeitnehmer einen oder mehrere Arbeitsräume anmietet, die der Wohnung des Arbeitnehmers zuzurechnen sind. Auch in diesem Fall handelt es sich bei einem häuslichen Arbeitszimmer um einen Teil der Wohnung des Arbeitnehmers. Zur Abgrenzung, welche Räume der Wohnung des Arbeitnehmers zuzurechnen sind, ist auf das Gesamtbild der Verhältnisse im Einzelfall abzustellen (z. B. unmittelbare Nähe zu den privaten Wohnräumen).

bb) Tätigkeitsstätte des Arbeitgebers bei einem verbundenen Unternehmen oder bei einem Dritten

4 Die Annahme einer Tätigkeitsstätte erfordert nicht, dass es sich um eine ortsfeste betriebliche Einrichtung des lohnsteuerlichen Arbeitgebers handelt. Von der Neuregelung erfasst werden auch Sachverhalte, in denen der Arbeitnehmer statt beim eigenen Arbeitgeber in einer ortsfesten betrieblichen Einrichtung eines der in § 15 AktG genannten Unternehmen oder eines Dritten (z. B. eines Kunden) tätig werden soll. Von einem solchen Tätigwerden kann dann nicht ausgegangen werden, wenn der Arbeitnehmer bei dem

(Zu LStR 9.5 Abs. 1, LStH 9.5) **Anlage § 009-06/Steuerliches Reisekostenrecht**

Dritten oder verbundenen Unternehmen z. B. nur eine Dienstleistung des Dritten in Anspruch nimmt oder einen Einkauf tätigt.

cc) Zuordnung mittels dienst- oder arbeitsrechtlicher Festlegung durch den Arbeitgeber

Eine erste Tätigkeitsstätte liegt vor, wenn der Arbeitnehmer einer solchen Tätigkeitsstätte (§ 9 Absatz 4 Satz 1 EStG) dauerhaft zugeordnet ist. Ist der Arbeitnehmer nur vorübergehend einer Tätigkeitsstätte zugeordnet, begründet er dort keine erste Tätigkeitsstätte (zur Abgrenzung der Merkmale „dauerhaft" und „vorübergehend" vgl. Rz. 13). Die dauerhafte Zuordnung des Arbeitnehmers wird durch die dienst- oder arbeitsrechtlichen Festlegungen sowie die diese ausfüllenden Absprachen oder Weisungen bestimmt (§ 9 Absatz 4 Satz 2 EStG). Das gilt für einzelne Arbeitnehmer oder Arbeitnehmergruppen, unabhängig davon, ob diese schriftlich oder mündlich erteilt worden sind. Die Zuordnung muss sich auf die Tätigkeit des Arbeitnehmers beziehen; dies ergibt sich aus § 9 Absatz 4 Satz 3 EStG, der mit der beispielhaften Aufzählung darüber hinaus das Kriterium der Dauerhaftigkeit beschreibt. 5

Die Zuordnung eines Arbeitnehmers zu einer betrieblichen Einrichtung allein aus tarifrechtlichen, mitbestimmungsrechtlichen oder organisatorischen Gründen (z. B. Personalaktenführung), ohne dass der Arbeitnehmer in dieser Einrichtung tätig werden soll, ist keine Zuordnung i. S. d. § 9 Absatz 4 EStG. Sofern der Arbeitnehmer in einer vom Arbeitgeber festgelegten Tätigkeitsstätte zumindest in ganz geringem Umfang tätig werden soll, z. B. Hilfs- und Nebentätigkeiten (Auftragsbestätigungen, Stundenzettel, Krank- und Urlaubsmeldung abgeben etc.), kann der Arbeitgeber den Arbeitnehmer zu dieser Tätigkeitsstätte zuordnen, selbst wenn für die Zuordnung letztlich tarifrechtliche, mitbestimmungsrechtliche oder organisatorische Gründe ausschlaggebend sind. Auf die Qualität des Tätigwerdens kommt es dabei somit nicht an (anders als bei der Bestimmung anhand der quantitativen Zuordnungskriterien vgl. dazu Rz. 26). Vielmehr können, wie z. B. bei Festlegung einer Dienststelle/Dienststätte, auch Tätigkeiten von untergeordneter Bedeutung (s. o.) ausreichend sein (Vorrang des Dienst- oder Arbeitsrechts). Die Abgabe von Krank- oder Urlaubsmeldungen durch Dritte (z. B. mittels Post, Bote oder Familienangehörige) reicht für eine Zuordnung nicht aus, da ein Tätigwerden auch ein persönliches Erscheinen des Arbeitnehmers voraussetzt. 6

Soll der Arbeitnehmer an mehreren Tätigkeitsstätten tätig werden und ist er einer bestimmten Tätigkeitsstätte dienst- oder arbeitsrechtlich dauerhaft zugeordnet, ist es unerheblich, in welchem Umfang er seine berufliche Tätigkeit an dieser oder an den anderen Tätigkeitsstätten ausüben soll. Auch auf die Regelmäßigkeit des Aufsuchens dieser Tätigkeitsstätten kommt es dann nicht mehr an. 7

Nicht mehr entscheidend ist zudem, ob an der vom Arbeitgeber nach § 9 Absatz 4 Satz 1 EStG festgelegten Tätigkeitsstätte der qualitative Schwerpunkt der Tätigkeit liegt oder liegen soll. Die Rechtsprechung des BFH, die darauf abstellte, ob der zu beurteilenden Arbeitsstätte eine hinreichend zentrale Bedeutung gegenüber weiteren Tätigkeitsorten beizumessen war (vgl. BFH vom 9. Juni 2011, VI R 36/10, BStBl. 2012 II S. 36), welche Tätigkeit an den verschiedenen Arbeitsstätten im Einzelnen ausgeübt wurde und welches konkrete Gewicht dieser Tätigkeit zukam (vgl. BFH vom 9. Juni 2011, VI R 55/10, BStBl. 2012 II S. 38), ist ab 2014 gegenstandslos. 8

Beispiel 1

Der Vertriebsmitarbeiter V für die Region A soll einmal wöchentlich an den Firmensitz nach B fahren, dem er zugeordnet ist. Dort soll er die anfallenden Bürotätigkeiten erledigen und an Dienstbesprechungen teilnehmen. B ist erste Tätigkeitsstätte auf Grund der arbeitsrechtlichen Zuordnung. Dabei ist unerheblich, dass V überwiegend in der Region A und nicht in B tätig werden soll.

Abwandlung

Ordnet der Arbeitgeber den V dem Firmensitz in B nicht oder nicht eindeutig zu, erfolgt die Prüfung, ob eine erste Tätigkeitsstätte vorliegt anhand der quantitativen Kriterien des § 9 Absatz 4 Satz 4 EStG (Rz. 25 ff.). In diesem Fall liegt in B keine erste Tätigkeitsstätte vor.

§ 42 AO ist zu beachten. Insbesondere bei Gesellschafter-Geschäftsführern, Arbeitnehmer-Ehegatten/Lebenspartnern und sonstigen, mitarbeitenden Familienangehörigen ist entscheidend, ob die getroffenen Vereinbarungen einem Fremdvergleich standhalten. 9

Da die dienst- oder arbeitsrechtliche Zuordnungsentscheidung des Arbeitgebers eindeutig sein muss, ist sie vom Arbeitgeber zu dokumentieren. In Betracht kommen hierfür z. B. Regelungen im Arbeitsvertrag, im Tarifvertrag, in Protokollnotizen, dienstrechtlichen Verfügungen, Einsatzplänen, Reiserichtlinien, Reisekostenabrechnungen, der Ansatz eines geldwerten Vorteils für die Nutzung eines Dienstwagens für die Fahrten Wohnung – erste Tätigkeitsstätte oder vom Arbeitgeber als Nachweis seiner Zuordnungsentscheidung vorgelegte Organigramme. Fehlt ein Nachweis oder die Glaubhaftmachung einer eindeutigen Zuordnung, gilt § 9 Absatz 4 Satz 4 EStG. 10

Anlage § 009-06/Steuerliches Reisekostenrecht (Zu LStR 9.5 Abs. 1, LStH 9.5)

11 Ein Organigramm kann gegen den Willen des Arbeitgebers nicht als Nachweis zur Bestimmung einer ersten Tätigkeitsstätte herangezogen werden, wenn der Arbeitgeber tatsächlich keine Zuordnung seines Arbeitnehmers zu einer Tätigkeitsstätte getroffen hat und kein anderer Nachweis über die Zuordnung erbracht wird. In diesen Fällen ist anhand der quantitativen Kriterien nach § 9 Absatz 4 Satz 4 EStG zu prüfen, ob der Arbeitnehmer eine erste Tätigkeitsstätte hat. Indiz für eine dienst- oder arbeitsrechtliche Zuordnungsentscheidung des Arbeitgebers kann auch sein, dass z. B. nach der Reiserichtlinie gerade für Tätigkeiten an dieser Tätigkeitsstätte keine Reisekosten gezahlt werden bzw. die Besteuerung eines geldwerten Vorteils für die Fahrten Wohnung – erste Tätigkeitsstätte bei Dienstwagengestellung erfolgt.

12 § 9 Absatz 4 Satz 1 bis 3 EStG sieht die Möglichkeit einer Zuordnungsentscheidung des Arbeitgebers zu einer bestimmten Tätigkeitsstätte vor.

Der Arbeitgeber kann dienst- oder arbeitsrechtlich daher nicht festlegen, dass der Arbeitnehmer keine erste Tätigkeitsstätte hat (Negativfestlegung). Er kann allerdings (ggf. auch ausdrücklich) darauf verzichten, eine erste Tätigkeitsstätte dienst- oder arbeitsrechtlich festzulegen, oder ausdrücklich erklären, dass organisatorische Zuordnungen keine erste Tätigkeitsstätte begründen sollen. In diesen Fällen erfolgt die Prüfung, ob eine erste Tätigkeitsstätte gegeben ist, anhand der quantitativen Zuordnungskriterien nach § 9 Absatz 4 Satz 4 EStG (Rz. 25 ff.). Der Arbeitgeber kann zudem festlegen, dass sich die Bestimmung der ersten Tätigkeitsstätte nach den quantitativen Zuordnungskriterien des § 9 Absatz 4 Satz 4 EStG richtet. Im Ergebnis ist eine Zuordnungsentscheidung des Arbeitgebers mittels dienst- oder arbeitsrechtlicher Festlegung (Rz. 6 ff.) somit lediglich erforderlich, wenn er die erste Tätigkeitsstätte abweichend von den quantitativen Zuordnungskriterien festlegen will.

Beispiel 2

In Einstellungsbögen bzw. in Arbeitsverträgen ist aufgrund des Nachweisgesetzes und tariflicher Regelungen ein Einstellungs-, Anstellungs- oder Arbeitsort des Arbeitnehmers bestimmt. Hierbei handelt es sich nicht um eine Zuordnung i. S. d. § 9 Absatz 4 EStG, wenn der Arbeitgeber schriftlich auch gegenüber dem Arbeitnehmer bzw. in der Reiserichtlinie des Unternehmens erklärt, dass dadurch keine arbeitsrechtliche Zuordnung zu einer ersten Tätigkeitsstätte erfolgen soll.

dd) Dauerhafte Zuordnung

13 Die Zuordnung durch den Arbeitgeber zu einer Tätigkeitsstätte muss auf Dauer angelegt sein (Prognose). Die typischen Fälle einer dauerhaften Zuordnung sind nach § 9 Absatz 4 Satz 3 EStG die unbefristete Zuordnung des Arbeitnehmers zu einer bestimmten betrieblichen Einrichtung, die Zuordnung für die gesamte Dauer des – befristeten oder unbefristeten – Dienstverhältnisses oder die Zuordnung über einen Zeitraum von 48 Monaten hinaus. Die Zuordnung „bis auf Weiteres" ist eine Zuordnung ohne Befristung und damit dauerhaft. Entscheidend sind dabei allein die Festlegungen des Arbeitgebers und die im Rahmen des Dienstverhältnisses erteilten Weisungen.

Beispiel 3

Der Arbeitnehmer A ist von der Firma Z als technischer Zeichner ausschließlich für ein Projekt befristet eingestellt worden. Das Arbeitsverhältnis von A soll vertragsgemäß nach Ablauf der Befristung enden.

A hat ab dem ersten Tag der Tätigkeit bei Z auf Grund der arbeitsrechtlichen Zuordnung des Arbeitgebers seine erste Tätigkeitsstätte.

14 Für die Beurteilung, ob eine dauerhafte Zuordnung vorliegt, ist die auf die Zukunft gerichtete prognostische Betrachtung (Ex-ante-Betrachtung) maßgebend. Die Änderung einer Zuordnung durch den Arbeitgeber ist mit Wirkung für die Zukunft zu berücksichtigen.

Beispiel 4

Der in H wohnende Arbeitnehmer A ist bis auf Weiteres an drei Tagen in der Woche in einer Filiale seines Arbeitgebers in H und an zwei Tagen in der Woche in einer Filiale seines Arbeitgebers in S tätig. Der Arbeitgeber hatte zunächst die Filiale in S als erste Tätigkeitsstätte festgelegt. Ab 1. Juli 2014 legt er H als erste Tätigkeitsstätte fest.

Bis 30. Juni 2014 hat der Arbeitnehmer in S seine erste Tätigkeitsstätte. Ab 1. Juli 2014 ist die erste Tätigkeitsstätte in H.

Beispiel 5

Der Arbeitnehmer A ist unbefristet beschäftigt. Für einen Zeitraum von 36 Monaten soll er überwiegend in der Filiale X tätig werden. In der Filiale Y soll er nur an Teambesprechungen, Mitarbeiterschulungen und sonstigen Firmenveranstaltungen teilnehmen. Diese finden voraussichtlich einmal pro Monat statt. Der Arbeitgeber hat A der Filiale Y arbeitsrechtlich dauerhaft zugeordnet.

Erste Tätigkeitsstätte ist die Filiale Y, da A dort arbeitsrechtlich dauerhaft zugeordnet ist.

(Zu LStR 9.5 Abs. 1, LStH 9.5) **Anlage § 009-06/Steuerliches Reisekostenrecht**

Abwandlung

Ordnet der Arbeitgeber nicht zu, liegt keine erste Tätigkeitsstätte vor; in der Filiale X soll A nicht dauerhaft tätig werden und in der Filiale Y nicht in dem nach § 9 Absatz 4 Satz 4 EStG (Rz. 25 ff.) erforderlichen quantitativen Umfang.

Eine Änderung der Zuordnung kann auch vorliegen, wenn sich das Berufsbild des Arbeitnehmers aufgrund der Vorgaben des Arbeitgebers dauerhaft ändert, so z. B. wenn ein Außendienstmitarbeiter auf Dauer in den Innendienst wechselt. 15

Beispiel 6

Der Arbeitnehmer A ist von seinem Arbeitgeber unbefristet eingestellt worden, um dauerhaft in der Filiale Y zu arbeiten. In den ersten 36 Monaten seiner Beschäftigung soll A aber zunächst ausschließlich die Filiale X führen. In der Filiale Y soll er während dieser Zeit nicht, auch nicht in ganz geringem Umfang tätig werden.

Die Filiale X ist keine erste Tätigkeitsstätte, da A dort lediglich für 36 Monate und damit nicht dauerhaft tätig werden soll (unabhängig vom quantitativen Umfang der Tätigkeit). Die Filiale Y wird erst nach Ablauf von 36 Monaten erste Tätigkeitsstätte, wenn A dort tätig werden soll.

Weichen die tatsächlichen Verhältnisse durch unvorhersehbare Ereignisse, wie etwa Krankheit, politische Unruhen am Tätigkeitsort, Insolvenz des Kunden o. ä. von der ursprünglichen Festlegung (Prognose) der dauerhaften Zuordnung ab, bleibt die zuvor getroffene Prognoseentscheidung für die Vergangenheit bezüglich des Vorliegens der ersten Tätigkeitsstätte maßgebend. 16

Beispiel 7

Der Kundendienstmonteur K soll an der betrieblichen Einrichtung seines Arbeitgebers in A lediglich in unregelmäßigen Abständen seine Aufträge abholen und abrechnen, Urlaubsanträge abgeben und gelegentlich an Besprechungen teilnehmen (vgl. Rz. 26). K ist der betrieblichen Einrichtung in A nicht arbeitsrechtlich zugeordnet. Seine eigentliche berufliche Tätigkeit soll K ausschließlich bei verschiedenen Kunden ausüben. Auf Grund ungeplanter betrieblicher Abläufe ergibt es sich, dass K über einen Zeitraum von 12 Monaten nun die betriebliche Einrichtung in A arbeitstäglich aufsuchen soll und auch aufsucht, um dort seine Berichte zu verfassen (= Teil seiner eigentlichen beruflichen Tätigkeit).

Auch wenn K für einen Zeitraum von 12 Monaten arbeitstäglich einen Teil seiner beruflichen Tätigkeit in der betrieblichen Einrichtung in A ausüben soll, führt dies mangels Dauerhaftigkeit noch nicht zu einer ersten Tätigkeitsstätte. Die ursprüngliche Prognose sah dies nicht vor und nach der neuen Prognose sollen diese Arbeiten am Betriebssitz in A nur vorübergehend ausgeübt werden.

Wird eine auf höchstens 48 Monate geplante Auswärtstätigkeit des Arbeitnehmers verlängert, kommt es darauf an, ob dieser vom Zeitpunkt der Verlängerungsentscheidung an noch mehr als 48 Monate an der Tätigkeitsstätte eingesetzt werden soll. 17

Beispiel 8

Der unbefristet beschäftigte Arbeitnehmer A wird für eine Projektdauer von voraussichtlich 18 Monaten der betrieblichen Einrichtung in M zugeordnet. Nach 18 Monaten wird die Zuordnung um 36 Monate verlängert.

Obwohl A insgesamt 54 Monate in M tätig wird, hat er dort keine erste Tätigkeitsstätte. Die vom Gesetz vorgegebene Prognose-Betrachtung bedeutet, dass A weder im Zeitpunkt der erstmaligen Zuordnung noch im Zeitpunkt der Verlängerungsentscheidung für mehr als 48 Monate in M eingesetzt werden sollte.

Abwandlung

Die Zuordnung von A wird bereits nach drei Monaten um 36 Monate auf insgesamt 54 Monate verlängert.

Ab dem Zeitpunkt der Verlängerungsentscheidung hat A seine erste Tätigkeitsstätte in M, da er ab diesem Zeitpunkt noch 51 Monate und somit dauerhaft in M tätig werden soll. Das gilt auch, wenn A für diese Tätigkeit neu eingestellt und eine Probezeit vereinbart wurde oder das Projekt planwidrig bereits nach 12 Monaten beendet wird. Die steuerliche Beurteilung der ersten drei Monate als beruflich veranlasste Auswärtstätigkeit bleibt von der Verlängerungsentscheidung unberührt.

Bei einer sog. Kettenabordnung ist keine dauerhafte Zuordnung zu einer Tätigkeitsstätte gegeben, wenn die einzelne Abordnung jeweils einen Zeitraum von höchstens 48 Monaten umfasst. 18

Eine dauerhafte Zuordnung ist gegeben, wenn das Dienstverhältnis auf einen anderen Arbeitgeber ausgelagert wird und der Arbeitnehmer für die gesamte Dauer des neuen Beschäftigungsverhältnisses oder länger als 48 Monate weiterhin an seiner früheren Tätigkeitsstätte des bisherigen Arbeitgebers tätig werden soll (sog. Outsourcing). Die anders lautende Rechtsprechung des BFH (vgl. BFH vom 9. Februar 2012, VI R 22/10, BStBl. II S. 827) ist überholt. Entsprechendes gilt für den Fall, dass ein Leih- 19

Anlage § 009-06/Steuerliches Reisekostenrecht (Zu LStR 9.5 Abs. 1, LStH 9.5)

arbeitnehmer ausnahmsweise dauerhaft (nach § 9 Absatz 4 Satz 3 EStG, wenn er „bis auf Weiteres" also unbefristet, für die gesamte Dauer des Leiharbeitsverhältnisses oder länger als 48 Monate) in einer ortsfesten betrieblichen Einrichtung des Entleihers tätig werden soll (vgl. BFH vom 17. Juni 2010, VI R 35/08, BStBl. II S. 852, der das Vorliegen einer regelmäßigen Arbeitsstätte generell verneint hatte). Auch die Entscheidung des BFH, wonach die betriebliche Einrichtung eines Kunden des Arbeitgebers in der Regel keine regelmäßige Arbeitsstätte sein konnte (vgl. BFH vom 13. Juni 2012, VI R 47/11, BStBl. 2013 II S. 169), ist überholt, sofern der Arbeitnehmer dauerhaft beim Kunden des Arbeitgebers tätig werden soll.

Beispiel 9

Der Arbeitnehmer A ist von der Zeitarbeitsfirma Z als technischer Zeichner ausschließlich für die Überlassung an die Projektentwicklungsfirma P eingestellt worden. Das Arbeitsverhältnis von A endet vertragsgemäß nach Abschluss des aktuellen Projekts bei P.

A hat ab dem ersten Tag der Tätigkeit bei der Projektentwicklungsfirma P seine erste Tätigkeitsstätte, da er seine Tätigkeit bei P für die gesamte Dauer seines Dienstverhältnisses bei Z und damit dort dauerhaft ausüben soll.

Abwandlung

Der Arbeitnehmer A ist von der Zeitarbeitsfirma Z unbefristet als technischer Zeichner eingestellt worden und wird bis auf Weiteres an die Projektentwicklungsfirma P überlassen.

A hat ab dem ersten Tag der Tätigkeit bei der Projektentwicklungsfirma P seine erste Tätigkeitsstätte, da er seine Tätigkeit bei P ohne Befristung und damit dort dauerhaft ausüben soll.

20 Dienststelle/Dienststätte i. S. d. öffentlichen Reisekosten-, Umzugskosten- und Trennungsgeldrechts ist die Stelle, bei der der Arbeitnehmer eingestellt oder zu der er versetzt, abgeordnet, zugeteilt, zugewiesen oder kommandiert worden ist. Jede dieser dienstlichen Maßnahmen führt dazu, dass diese Stelle zur neuen dienstrechtlichen Dienststelle/Dienststätte wird, unabhängig davon, ob die Maßnahme dauerhaft oder nur vorübergehend ist. Für die steuerrechtliche Beurteilung der dauerhaften Zuordnung zu einer bestimmten Tätigkeitsstätte gilt insbesondere Folgendes:

- Versetzung ohne zeitliche Befristung – dauerhafte Zuordnung, es wird eine neue „erste Tätigkeitsstätte" begründet.
- Abordnung ohne zeitliche Befristung – dauerhafte Zuordnung, es wird eine neue „erste Tätigkeitsstätte" begründet.
- Versetzung mit einer zeitlichen Befristung bis zu 48 Monaten – keine dauerhafte Zuordnung, damit keine neue „erste Tätigkeitsstätte".
- Abordnung mit einer zeitlichen Befristung bis zu 48 Monaten, ggf. auch verbunden mit dem Ziel der Versetzung – keine dauerhafte Zuordnung, damit keine neue „erste Tätigkeitsstätte".
- Entsprechendes gilt für abordnungs- oder versetzungsgleiche Maßnahmen (z. B. Kommandierung, Zuteilung, Zuweisung).

21 Bei grenzüberschreitender Arbeitnehmerentsendung zwischen verbundenen Unternehmen liegt beim aufnehmenden Unternehmen eine erste Tätigkeitsstätte dann vor, wenn der Arbeitnehmer im Rahmen eines eigenständigen Arbeitsvertrags mit dem aufnehmenden Unternehmen einer ortsfesten betrieblichen Einrichtung dieses Unternehmens unbefristet zugeordnet ist, die Zuordnung die Dauer des gesamten – befristeten oder unbefristeten – Dienstverhältnisses umfasst oder die Zuordnung über einen Zeitraum von 48 Monaten hinaus reicht (vgl. § 9 Absatz 4 Satz 3 EStG). Die Rechtsprechung des BFH, die darauf abstellte, dass ein Arbeitnehmer, der wiederholt befristet von seinem Arbeitgeber ins Ausland entsandt worden ist, dort keine regelmäßige Arbeitsstätte begründet (vgl. BFH vom 10. April 2014, VI R 11/13, BStBl. 2014 II S. 804), ist im Hinblick auf die gesetzliche Regelung des § 9 Absatz 4 EStG ab 2014 überholt.

Beispiel 10

Der Arbeitnehmer A ist von der ausländischen Muttergesellschaft M für zwei Jahre an die inländische Tochtergesellschaft T entsandt worden. A hat mit T einen eigenständigen Arbeitsvertrag über zwei Jahre abgeschlossen, in dem er der inländischen Hauptniederlassung von T zugeordnet wurde.

A hat bei T seine erste Tätigkeitsstätte.

22 Wird ein Arbeitnehmer bei grenzüberschreitender Arbeitnehmerentsendung zwischen verbundenen Unternehmen ohne Abschluss eines eigenständigen Arbeitsvertrags mit dem aufnehmenden Unternehmen in einer ortsfesten betrieblichen Einrichtung dieses Unternehmens tätig, liegt beim aufnehmenden Unternehmen eine erste Tätigkeitsstätte nur dann vor, wenn der Arbeitnehmer vom entsendenden Unternehmen einer ortsfesten Einrichtung des aufnehmenden Unternehmens unbefristet zugeordnet ist, die

(Zu LStR 9.5 Abs. 1, LStH 9.5) **Anlage § 009-06/Steuerliches Reisekostenrecht**

Zuordnung die Dauer des gesamten – befristeten oder unbefristeten – Dienstverhältnisses umfasst oder die Zuordnung über einen Zeitraum von 48 Monaten hinaus reicht (vgl. § 9 Absatz 4 Satz 3 EStG).

Beispiel 11

Der Arbeitnehmer A ist von der ausländischen Muttergesellschaft M im Rahmen eines unbefristeten Arbeitsvertrags für zwei Jahre an die inländische Tochtergesellschaft T entsandt und für diesen Zeitraum der inländischen Hauptniederlassung von T zugeordnet worden. A hat mit T keinen eigenständigen Arbeitsvertrag abgeschlossen.

A hat bei T keine erste Tätigkeitsstätte, da er der inländischen Hauptniederlassung von T nicht dauerhaft i. S. v. § 9 Absatz 4 Satz 1 i. V. m. Satz 3 EStG zugeordnet worden ist. Er übt für die Dauer seiner zweijährigen Tätigkeit bei T eine beruflich veranlasste Auswärtstätigkeit aus.

Fehlt es bei grenzüberschreitender Arbeitnehmerentsendung zwischen verbundenen Unternehmen an 23 einer dauerhaften Zuordnung des Arbeitnehmers zu einer betrieblichen Einrichtung des aufnehmenden Unternehmens durch dienst- oder arbeitsrechtliche Festlegung oder ist die getroffene Festlegung nicht eindeutig, gelten die quantitativen Zuordnungskriterien des § 9 Absatz 4 Satz 4 EStG (vgl. hierzu die Ausführungen zur Dauerhaftigkeit unter Rz. 13 ff. und zu den quantitativen Kriterien unter Rz. 25 ff.).

ee) Anwendung der 48-Monatsfrist im Zusammenhang mit der Prüfung der dauerhaften Zuordnung ab 1. Januar 2014

Für die Anwendung der im Zusammenhang mit der Prüfung einer dauerhaften Zuordnung gegebenen- 24 falls zu beachtenden 48-Monatsfrist gilt Folgendes:

Für die Frage (Prognose), ob der Arbeitnehmer dauerhaft einer bestimmten Tätigkeitsstätte zugeordnet ist, kommt es maßgeblich auf den jeweiligen Beginn der durch den Arbeitnehmer auszuübenden Tätigkeit an. Dieser ist daher regelmäßig für die Anwendung der 48-Monatsfrist entscheidend, auch wenn er vor dem 1. Januar 2014 liegt. Hat der Arbeitgeber zu Beginn der Tätigkeit keine oder keine eindeutige Prognose getroffen oder eine solche nicht dokumentiert, konnte er diese bis spätestens zum 1. Januar 2014 treffen und dokumentieren.

Beispiel 12

Der Arbeitnehmer A hat seine Tätigkeit am 1. Juli 2010 an der Tätigkeitsstätte des Kunden K seines Arbeitgebers aufgenommen. Er soll dort bis zum 1. März 2014 tätig sein.

Die 48-Monatsfrist beginnt am 1. Juli 2010; der Tätigkeitszeitraum beträgt weniger als 48 Monate. A hat ab 1. Januar 2014 bei dem Kunden K weiterhin keine erste Tätigkeitsstätte.

Abwandlung

A hat seine Tätigkeit am 1. Juli 2010 an einer Tätigkeitsstätte des Kunden K seines Arbeitgebers aufgenommen und soll dort bis zum 31. Dezember 2014 tätig sein.

Die 48-Monatsfrist beginnt am 1. Juli 2010; der Tätigkeitszeitraum beträgt mehr als 48 Monate. Ab 1. Januar 2014 hat Arbeitnehmer A somit bei dem Kunden K seine erste Tätigkeitsstätte.

ff) Quantitative Zuordnungskriterien

Fehlt es an einer dauerhaften Zuordnung des Arbeitnehmers zu einer betrieblichen Einrichtung durch 25 dienst- oder arbeitsrechtliche Festlegung nach den vorstehenden Kriterien (z. B. weil der Arbeitgeber ausdrücklich auf eine Zuordnung verzichtet hat oder ausdrücklich erklärt, dass organisatorische Zuordnungen keine steuerliche Wirkung entfalten sollen) oder ist die getroffene Festlegung nicht eindeutig, ist nach § 9 Absatz 4 Satz 4 EStG von einer ersten Tätigkeitsstätte an der betrieblichen Einrichtung auszugehen, an der der Arbeitnehmer

- typischerweise arbeitstäglich oder
- je Arbeitswoche zwei volle Arbeitstage oder mindestens ein Drittel seiner vereinbarten regelmäßigen Arbeitszeit

dauerhaft (vgl. Rz. 13 ff.) tätig werden soll.

Beispiel 13

Der Arbeitnehmer A ist von seinem Arbeitgeber unbefristet eingestellt worden, um dauerhaft in der Filiale Y zu arbeiten. In den ersten 36 Monaten seiner Tätigkeit arbeitet er an drei Tagen wöchentlich in der Filiale X und zwei volle Tage wöchentlich in der Filiale Y. Der Arbeitgeber hat A für die ersten 36 Monate Filiale X zugeordnet.

In diesen 36 Monaten seiner Tätigkeit hat A in der Filiale X keine erste Tätigkeitsstätte, da er dort nicht dauerhaft zugeordnet ist. Erste Tätigkeitsstätte ist jedoch – auch ohne Zuordnung i. S. d. § 9 Absatz 4 Satz 1 EStG – Filiale Y, da A dort dauerhaft typischerweise an zwei vollen Tagen i. S. d. § 9 Absatz 4 Satz 4 EStG tätig werden soll.

Anlage § 009-06/Steuerliches Reisekostenrecht (Zu LStR 9.5 Abs. 1, LStH 9.5)

Abwandlung

Der Arbeitnehmer A soll in den ersten 36 Monaten seiner Tätigkeit an vier Tagen wöchentlich in der Filiale X und einen vollen Tag wöchentlich in der Filiale Y tätig werden.

In diesen 36 Monaten seiner Tätigkeit hat A in der Filiale X keine erste Tätigkeitsstätte, da er dort nicht dauerhaft tätig werden soll. Erste Tätigkeitsstätte ist auch nicht die Filiale Y, da A dort die quantitativen Kriterien nach § 9 Absatz 4 Satz 4 EStG nicht erfüllt.

26 Dabei muss der Arbeitnehmer an der betrieblichen Einrichtung seine eigentliche berufliche Tätigkeit ausüben. Allein ein regelmäßiges Aufsuchen der betrieblichen Einrichtung, z. B. für kurze Rüstzeiten, zur Berichtsfertigung, zur Vorbereitung der Zustellroute, zur Wartung und Pflege des Fahrzeugs, zur Abholung oder Abgabe von Kundendienstfahrzeugen oder LKWs einschließlich deren Be- und Entladung, zur Abgabe von Auftragsbestätigungen, Stundenzetteln, Krankmeldungen und Urlaubsanträgen führt hier noch nicht zu einer Qualifizierung der betrieblichen Einrichtung als erste Tätigkeitsstätte.

Beispiel 14

Der Kundendienstmonteur K, der von seinem Arbeitgeber keiner betrieblichen Einrichtung dauerhaft zugeordnet ist, sucht den Betrieb seines Arbeitgebers regelmäßig auf, um den Firmenwagen samt Material zu übernehmen, die Auftragsbestätigungen in Empfang zu nehmen und die Stundenzettel vom Vortag abzugeben.

Der K hat keine erste Tätigkeitsstätte. Der Betrieb seines Arbeitgebers wird auch durch das regelmäßige Aufsuchen nicht zur ersten Tätigkeitsstätte, da er seine eigentliche berufliche Tätigkeit an diesem Ort nicht ausübt.

Beispiel 15

Die Fahrer im ÖPV sollen ihr Fahrzeug immer an wechselnden Stellen im Stadtgebiet aufnehmen und in der Regel mindestens einmal wöchentlich die Kassen abrechnen. Die Kassenabrechnung sollen sie in der Geschäftsstelle oder in einem Betriebshof durchführen. Dort werden auch die Personalakten geführt oder sind Krank- und Urlaubsmeldungen abzugeben.

Das bloße Abrechnen der Kassen, die Führung der Personalakten sowie die Verpflichtung zur Abgabe der Krank- und Urlaubsmeldungen führt nicht zu einer ersten Tätigkeitsstätte am Betriebshof oder in der Geschäftsstelle, es sei denn, der Arbeitgeber ordnet die Arbeitnehmer dem Betriebshof oder der Geschäftsstelle arbeitsrechtlich als erste Tätigkeitsstätte zu.

Beispiel 16

Der LKW-Fahrer L soll typischerweise arbeitstäglich den Betriebssitz des Arbeitgebers aufsuchen, um dort das Fahrzeug abzuholen sowie dessen Wartung und Pflege durchzuführen. Allein das Abholen sowie die Wartung und Pflege des Fahrzeugs, als Hilfs- und Nebentätigkeiten, führen nicht zu einer ersten Tätigkeitsstätte am Betriebssitz des Arbeitgebers; allerdings handelt es sich in diesem Fall bei dem Betriebssitz um einen sog. Sammelpunkt (Rz. 37). Etwas anderes gilt nur, wenn der Arbeitgeber den Arbeitnehmer dem Betriebssitz arbeitsrechtlich als erste Tätigkeitsstätte zuordnet (Rz. 12).

27 Auch die in § 9 Absatz 4 Satz 4 EStG aufgeführten zeitlichen (= quantitativen) Kriterien sind anhand einer in die Zukunft gerichteten Prognose zu beurteilen. Weichen die tatsächlichen Verhältnisse durch unvorhersehbare Ereignisse (wie z. B. Krankheit) hiervon ab, bleibt es bei der zuvor getroffenen Prognoseentscheidung bezüglich der ersten Tätigkeitsstätte. Die Prognoseentscheidung ist zu Beginn des Dienstverhältnisses zu treffen. Die auf Grundlage dieser Prognose getroffene Beurteilung bleibt solange bestehen, bis sich die Verhältnisse maßgeblich ändern. Davon ist insbesondere auszugehen, wenn sich das Berufsbild des Arbeitnehmers (Außendienstmitarbeiter wechselt z. B. in den Innendienst) oder die quantitativen Zuordnungskriterien (Arbeitnehmer soll z. B. statt zwei nun drei Filialen betreuen) dauerhaft ändern oder der Arbeitgeber erstmalig eine dienst- oder arbeitsrechtliche Zuordnungsentscheidung trifft.

Beispiel 17

Der Arbeitnehmer A soll seine berufliche Tätigkeit an drei Tagen wöchentlich in einem häuslichen Arbeitszimmer ausüben und an zwei vollen Tagen wöchentlich in der betrieblichen Einrichtung seines Arbeitgebers in D tätig werden.

Das häusliche Arbeitszimmer ist nie erste Tätigkeitsstätte. Erste Tätigkeitsstätte ist hier vielmehr die betriebliche Einrichtung des Arbeitgebers in D, da der Arbeitnehmer dort an zwei vollen Tagen wöchentlich beruflich tätig werden soll.

Beispiel 18

Der Arbeitnehmer A soll seine berufliche Tätigkeit im häuslichen Arbeitszimmer ausüben und zusätzlich jeden Arbeitstag für eine Stunde in der betrieblichen Einrichtung seines Arbeitgebers in D tätig werden.

(Zu LStR 9.5 Abs. 1, LStH 9.5) **Anlage § 009-06/Steuerliches Reisekostenrecht**

Das häusliche Arbeitszimmer ist nie erste Tätigkeitsstätte. Erste Tätigkeitsstätte ist hier vielmehr die betriebliche Einrichtung des Arbeitgebers in D, da der Arbeitnehmer dort typischerweise arbeitstäglich tätig werden soll. In diesem Fall ist es unerheblich, dass dort weniger als 1/3 der gesamten regelmäßigen Arbeitszeit erbracht werden soll.

Beispiel 19

Der Arbeitnehmer A soll seine berufliche Tätigkeit im häuslichen Arbeitszimmer ausüben und zusätzlich jeden Tag in einer anderen betrieblichen Einrichtung seines Arbeitgebers tätig werden. Die Arbeitszeit in den verschiedenen Tätigkeitsstätten beträgt jeweils weniger als 1/3 der gesamten Arbeitszeit des Arbeitnehmers.

Das häusliche Arbeitszimmer ist nie erste Tätigkeitsstätte. Auch an den anderen Tätigkeitsstätten des Arbeitgebers hat der Arbeitnehmer keine erste Tätigkeitsstätte, da er diese Tätigkeitsstätten nicht arbeitstäglich aufsucht und dort jeweils weniger als 1/3 seiner gesamten Arbeitszeit tätig wird.

Beispiel 20

Der Arbeitnehmer A übt seine Tätigkeit nur bei wechselnden Kunden und im häuslichen Arbeitszimmer aus. Er hat keine erste Tätigkeitsstätte.

Zusammenfassung 28

Bei der quantitativen Prüfung kommt es somit allein auf den Umfang der an der Tätigkeitsstätte zu leistenden arbeitsvertraglichen Arbeitszeit (mind. 1/3 der vereinbarten regelmäßigen Arbeitszeit oder zwei volle Arbeitstage wöchentlich oder arbeitstäglich) an. Dies bedeutet:

- Soll der Arbeitnehmer an einer Tätigkeitsstätte zwei volle Arbeitstage je Arbeitswoche oder mindestens 1/3 der vereinbarten regelmäßigen Arbeitszeit tätig werden, dann ist dies die erste Tätigkeitsstätte.
- Entsprechendes gilt, wenn der Arbeitnehmer an einer Tätigkeitsstätte arbeitstäglich und mindestens 1/3 der vereinbarten regelmäßigen Arbeitszeit tätig werden soll.
- Soll der Arbeitnehmer an einer Tätigkeitsstätte arbeitstäglich, aber weniger als 1/3 der vereinbarten regelmäßigen Arbeitszeit tätig werden, dann führt dies nur zu einer erstenTätigkeitsstätte, wenn der Arbeitnehmer dort typischerweise arbeitstäglich seine eigentliche berufliche Tätigkeit und nicht nur Vorbereitungs-, Hilfs- oder Nebentätigkeiten (Rüstzeiten, Abholung oder Abgabe von Kundendienstfahrzeugen oder LKWs einschließlich deren Be- und Entladung, die Abgabe von Auftragsbestätigungen, Stundenzetteln, Krankmeldungen, Urlaubsanträgen oder Ähnlichem) durchführen soll.
- Erfüllen danach mehrere Tätigkeitsstätten die quantitativen Voraussetzungen für eine erste Tätigkeitsstätte, kann der Arbeitgeber bestimmen, welche dieser Tätigkeitsstätten die erste Tätigkeitsstätte ist.
- Fehlt eine solche Bestimmung des Arbeitgebers, wird zugunsten des Arbeitnehmers die Tätigkeitsstätte zugrunde gelegt, die der Wohnung des Arbeitnehmers am nächsten liegt.

gg) Mehrere Tätigkeitsstätten

Der Arbeitnehmer kann je Dienstverhältnis höchstens eine erste Tätigkeitsstätte haben (§ 9 Absatz 4 Satz 5 EStG). Hingegen kann ein Arbeitnehmer mit mehreren Dienstverhältnissen auch mehrere erste Tätigkeitsstätten haben (je Dienstverhältnis jedoch höchstens eine). 29

Erfüllen mehrere Tätigkeitsstätten in einem Dienstverhältnis die quantitativen Kriterien für die Annahme einer ersten Tätigkeitsstätte, kann der Arbeitgeber die erste Tätigkeitsstätte bestimmen (§ 9 Absatz 4 Satz 6 EStG). Dabei muss es sich nicht um die Tätigkeitsstätte handeln, an der der Arbeitnehmer den zeitlich überwiegenden oder qualitativ bedeutsameren Teil seiner beruflichen Tätigkeit ausüben soll. 30

Beispiel 21

Der in H wohnende Filialleiter A ist an drei Tagen in der Woche in einer Filiale seines Arbeitgebers in H und an zwei Tagen in der Woche in einer Filiale seines Arbeitgebers in S tätig. Der Arbeitgeber bestimmt die Filiale in S zur ersten Tätigkeitsstätte.

Durch die Bestimmung seines Arbeitgebers hat der Filialleiter A in der betrieblichen Einrichtung in S seine erste Tätigkeitsstätte. Unerheblich ist, dass er dort lediglich zwei Tage und damit nicht zeitlich überwiegend beruflich tätig ist.

Macht der Arbeitgeber von seinem Bestimmungsrecht nach § 9 Absatz 4 Satz 6 EStG keinen Gebrauch oder ist die Bestimmung nicht eindeutig, ist die der Wohnung des Arbeitnehmers örtlich am nächsten liegende Tätigkeitsstätte die erste Tätigkeitsstätte (§ 9 Absatz 4 Satz 7 EStG). Die Fahrten zu weiter entfernt liegenden Tätigkeitsstätten werden in diesem Fall als Auswärtstätigkeit qualifiziert. 31

Anlage § 009-06/Steuerliches Reisekostenrecht (Zu LStR 9.5 Abs. 1, LStH 9.5)

Beispiel 22

Der in H wohnende Filialleiter A soll typischerweise arbeitstäglich in drei Filialen (X, Y und Z) seines Arbeitgebers tätig werden. Er fährt morgens mit seinem eigenen PKW regelmäßig zur Filiale X, dann zur Filiale Y, von dort zur Filiale Z und von dieser zur Wohnung. Die Filiale in Y liegt der Wohnung am nächsten. Der Arbeitgeber ordnet A arbeitsrechtlich keine Filiale (als erste Tätigkeitsstätte) zu.

Erste Tätigkeitsstätte ist die Filiale Y, da diese der Wohnung des A am nächsten liegt. Die Tätigkeit in X und Z sind beruflich veranlasste Auswärtstätigkeiten. Da A von seiner Wohnung zu einer auswärtigen Tätigkeitsstätte, von dort zur ersten Tätigkeitsstätte und von dort wieder zu einer anderen auswärtigen Tätigkeitsstätte fährt, liegen keine Fahrten zwischen Wohnung und erster Tätigkeitsstätte vor, sondern Fahrten, für die ein steuerfreier Arbeitgeberersatz bzw. Werbungskostenabzug nach Reisekostengrundsätzen in Betracht kommt.

Abwandlung

Wie Beispiel 22, allerdings nutzt der Filialleiter A für die arbeitstäglichen Fahrten einen ihm vom Arbeitgeber überlassenen Dienstwagen; A führt kein Fahrtenbuch, sondern ermittelt den geldwerten Vorteil nach der pauschalen Nutzungswertmethode.

Grundsätzlich ist ein geldwerter Vorteil, für die Möglichkeit den Dienstwagen für Fahrten zwischen Wohnung und erster Tätigkeitsstätte zu nutzen, in Höhe von 0,03 Prozent des Listenpreises je Entfernungskilometer anzusetzen. Weist A mittels Einzelaufzeichnungen die Zahl der tatsächlichen Fahrten zwischen Wohnung und erster Tätigkeitsstätte nach, ist stattdessen für jede Fahrt ein geldwerter Vorteil von 0,002 Prozent des Listenpreises je Entfernungskilometer anzusetzen. Im vorliegenden Fall hat A keine unmittelbaren Fahrten zwischen Wohnung und erster Tätigkeitsstätte; daher ist – bei Nachweis der tatsächlichen Fahrten – insoweit kein geldwerter Vorteil anzusetzen.

Beispiel 23

Die Pflegedienstkraft P hat täglich vier Personen zu betreuen. Alle vier Pflegepersonen sollen von P nach Absprache mit der Pflegedienststelle (Arbeitgeber) bis auf Weiteres arbeitstäglich regelmäßig betreut werden. Der Arbeitgeber hat keine dieser Pflegestellen als erste Tätigkeitsstätte bestimmt.

Erste Tätigkeitsstätte der P ist die ihrer Wohnung am nächsten liegende Pflegestelle.

Abwandlung

Die vier Pflegepersonen sollen von P nach Absprache mit der Pflegedienststelle (Arbeitgeber) zunächst für die Dauer von zwei Jahren arbeitstäglich regelmäßig betreut werden.

Die Pflegedienstkraft hat keine erste Tätigkeitsstätte, da sie an keiner der Pflegestellen dauerhaft tätig werden soll.

hh) Erste Tätigkeitsstätte bei Vollzeitstudium oder vollzeitigen Bildungsmaßnahmen

32 Erste Tätigkeitsstätte ist auch eine Bildungseinrichtung, die außerhalb eines Dienstverhältnisses zum Zwecke eines Vollzeitstudiums oder einer vollzeitigen Bildungsmaßnahme aufgesucht wird (§ 9 Absatz 4 Satz 8 EStG). Durch diese Neuregelung ist die Rechtsprechung des BFH, wonach es sich bei vollzeitig besuchten Bildungseinrichtungen nicht um regelmäßige Arbeitsstätten handelt (vgl. BFH vom 9. Februar 2012, VI R 42/11, BStBl. 2013 II S. 236 und VI R 44/10, BStBl. 2013 II S. 234), überholt.

Ein Studium oder eine Bildungsmaßnahme findet insbesondere dann außerhalb eines Dienstverhältnisses statt, wenn

- diese nicht Gegenstand des Dienstverhältnisses sind, auch wenn sie seitens des Arbeitgebers durch Hingabe von Mitteln, wie z. B. eines Stipendiums, gefördert werden oder
- diese ohne arbeitsvertragliche Verpflichtung absolviert werden und die Beschäftigung lediglich das Studium oder die Bildungsmaßnahme ermöglicht.

Zur Abgrenzung gegenüber einem Studium oder einer Bildungsmaßnahme innerhalb eines Dienstverhältnisses vgl. auch R 9.2 sowie 19.7 LStR 2013.

33 Ein Vollzeitstudium oder eine vollzeitige Bildungsmaßnahme liegt insbesondere vor, wenn der Steuerpflichtige im Rahmen des Studiums oder im Rahmen der Bildungsmaßnahme für einen Beruf ausgebildet wird und daneben entweder keiner Erwerbstätigkeit nachgeht oder während der gesamten Dauer des Studiums oder der Bildungsmaßnahme eine Erwerbstätigkeit mit durchschnittlich bis zu 20 Stunden regelmäßiger wöchentlicher Arbeitszeit oder in Form eines geringfügigen Beschäftigungsverhältnisses i. S. d. §§ 8 und 8a SGB IV ausübt.

34 Dies gilt auch für den Sonderausgabenabzug nach § 10 Absatz 1 Nummer 7 EStG.

b) Fahrtkosten bei auswärtiger Tätigkeit, Sammelpunkt, weiträumiges Tätigkeitsgebiet, § 9 Absatz 1 Satz 3 Nummer 4a EStG

aa) Tatsächliche Fahrtkosten und pauschaler Kilometersatz bei auswärtiger Tätigkeit

Die steuerliche Berücksichtigung der tatsächlichen Fahrtkosten im Zusammenhang mit einer auswärtigen beruflichen Tätigkeit bleibt im Wesentlichen unverändert. 35

Statt der tatsächlichen Aufwendungen kann aus Vereinfachungsgründen typisierend je nach Art des benutzten Verkehrsmittels (z. B. PKW, Motorrad) auch ein pauschaler Kilometersatz (höchste Wegstreckenentschädigung nach dem Bundesreisekostengesetz für das jeweils benutzte Beförderungsmittel: Benutzung eines Kraftwagens, z. B. PKW 0,30 Euro, für jedes andere motorbetriebene Fahrzeug 0,20 Euro) für jeden gefahrenen Kilometer angesetzt werden (§ 9 Absatz 1 Satz 3 Nummer 4a Satz 2 EStG). Eine Prüfung der tatsächlichen Kilometerkosten ist demnach nicht mehr erforderlich, wenn der Arbeitnehmer von dieser gesetzlichen Typisierung Gebrauch macht. Durch diese Neuregelung ist die Rechtsprechung des BFH zur Prüfung der pauschalen Kilometersätze (vgl. BFH vom 25. Oktober 1985, VI R 15/81, BStBl. 1986 II S. 200 sowie vom 26. Juli 1991, VI R 114/88, BStBl. 1992 II S. 105) überholt. 36

bb) „Sammelpunkt"

Liegt keine erste Tätigkeitsstätte (nach Rz. 6 ff. oder Rz. 25 ff.) vor und bestimmt der Arbeitgeber durch dienst- oder arbeitsrechtliche Festlegung, dass der Arbeitnehmer sich dauerhaft (Rz. 13 ff.) typischerweise arbeitstäglich an einem festgelegten Ort, für den die Kriterien für eine erste Tätigkeitsstätte nicht erfüllt sein, einfinden soll, um von dort aus seine unterschiedlichen eigentlichen Einsatzorte aufzusuchen oder von dort seine berufliche Tätigkeit aufzunehmen (z. B. Treffpunkt für einen betrieblichen Sammeltransport, das Busdepot, der Fährhafen), werden die Fahrten des Arbeitnehmers von der Wohnung zu diesem vom Arbeitgeber festgelegten Ort wie Fahrten zu einer ersten Tätigkeitsstätte behandelt; für diese Fahrten dürfen Fahrtkosten nur im Rahmen des § 9 Absatz 1 Satz 3 Nummer 4 und Absatz 2 EStG (Entfernungspauschale) angesetzt werden. 37

Beispiel 24

Bus- oder LKW-Fahrer haben regelmäßig keine erste Tätigkeitsstätte. Lediglich, wenn dauerhaft und typischerweise arbeitstäglich ein vom Arbeitgeber festgelegter Ort aufgesucht werden soll, werden die Fahrten von der Wohnung zu diesem Ort/Sammelpunkt gleich behandelt mit den Fahrten von der Wohnung zu einer ersten Tätigkeitsstätte.

Beispiel 25

Kundendienstmonteure haben ebenfalls in der Regel keine erste Tätigkeitsstätte. Nur dann, wenn dauerhaft und typischerweise arbeitstäglich ein vom Arbeitgeber festgelegter Ort aufgesucht werden soll, werden die Fahrten von der Wohnung zu diesem Ort/Sammelpunkt ebenso behandelt wie die Fahrten von der Wohnung zu einer ersten Tätigkeitsstätte.

Beispiel 26

Seeleute, die auf einem Schiff tätig werden sollen, haben in der Regel keine erste Tätigkeitsstätte, da das Schiff keine ortsfeste betriebliche Einrichtung des Arbeitgebers ist. Soll der Dienstantritt, die Ein- und Ausschiffung aber typischerweise arbeitstäglich von dem gleichen Anleger (wie z. B. einem Fähranleger, Liegeplatz des Seenotrettungskreuzers, Anleger des Fahrgastschiffes) erfolgen, werden die Fahrten zu diesem Ort/Sammelpunkt ebenso behandelt wie die Fahrten von der Wohnung zu einer ersten Tätigkeitsstätte.

Beispiel 27

Angestellte Lotsen haben üblicherweise keine erste Tätigkeitsstätte, wenn sie ihre Tätigkeit typischerweise auf verschiedenen Schiffen ausüben sollen. Fahrten von der Wohnung zu einer vom Arbeitgeber festgelegten Lotsenstation oder Lotsenwechselstation, um von dort zum Einsatz auf ein Schiff verbracht zu werden, werden ebenso behandelt wie die Fahrten von der Wohnung zu einer ersten Tätigkeitsstätte.

Treffen sich mehrere Arbeitnehmer typischerweise arbeitstäglich an einem bestimmten Ort, um von dort aus gemeinsam zu ihren Tätigkeitsstätten zu fahren (privat organisierte Fahrgemeinschaft), liegt kein „Sammelpunkt" nach § 9 Absatz 1 Satz 3 Nummer 4a Satz 3 EStG vor. Es fehlt insoweit an einer dienst- oder arbeitsrechtlichen Festlegung des Arbeitgebers. 38

Auf die Berücksichtigung von Verpflegungspauschalen oder Übernachtungskosten als Werbungskosten oder den steuerfreien Arbeitgeberersatz hierfür hat diese Festlegung hingegen keinen Einfluss, da der Arbeitnehmer weiterhin außerhalb einer ersten Tätigkeitsstätte und somit auswärts beruflich tätig wird. Es wird keine erste Tätigkeitsstätte fingiert, sondern nur die Anwendung der Entfernungspauschale für die Fahrtkosten von der Wohnung zu diesem Ort sowie die Besteuerung eines geldwerten Vorteils bei Dienstwagengestellung durch den Arbeitgeber nach § 8 Absatz 2 Satz 3 und 4 EStG festgelegt und der 39

Anlage § 009-06/Steuerliches Reisekostenrecht (Zu LStR 9.5 Abs. 1, LStH 9.5)

steuerfreie Arbeitgeberersatz für diese Fahrten nach § 3 Nummer 13 oder Nummer 16 EStG ausgeschlossen.

cc) Weiträumiges Tätigkeitsgebiet

40 Soll der Arbeitnehmer auf Grund der Weisungen des Arbeitgebers seine berufliche Tätigkeit typischerweise arbeitstäglich in einem weiträumigen Tätigkeitsgebiet ausüben, findet für die Fahrten von der Wohnung zu diesem Tätigkeitsgebiet ebenfalls die Entfernungspauschale Anwendung.

41 Ein weiträumiges Tätigkeitsgebiet liegt in Abgrenzung zur ersten Tätigkeitsstätte vor, wenn die vertraglich vereinbarte Arbeitsleistung auf einer festgelegten Fläche und nicht innerhalb einer ortsfesten betrieblichen Einrichtung des Arbeitgebers, eines verbundenen Unternehmens (§ 15 AktG) oder bei einem vom Arbeitgeber bestimmten Dritten ausgeübt werden soll. In einem weiträumigen Tätigkeitsgebiet werden in der Regel z. B. Zusteller, Hafenarbeiter und Forstarbeiter tätig.

Hingegen sind z. B. Bezirksleiter und Vertriebsmitarbeiter, die verschiedene Niederlassungen betreuen oder mobile Pflegekräfte, die verschiedene Personen in deren Wohnungen in einem festgelegten Gebiet betreuen, sowie Schornsteinfeger von dieser Regelung nicht betroffen.

42 Wird das weiträumige Tätigkeitsgebiet immer von verschiedenen Zugängen aus betreten oder befahren, ist die Entfernungspauschale aus Vereinfachungsgründen bei diesen Fahrten nur für die kürzeste Entfernung von der Wohnung zum nächstgelegenen Zugang anzuwenden.

43 Für alle Fahrten innerhalb des weiträumigen Tätigkeitsgebietes sowie für die zusätzlichen Kilometer bei den Fahrten von der Wohnung zu einem weiter entfernten Zugang können weiterhin die tatsächlichen Aufwendungen oder der sich am Bundesreisekostengesetz orientierende maßgebliche pauschale Kilometersatz angesetzt werden.

Beispiel 28

Der Forstarbeiter A fährt an 150 Tagen mit dem PKW von seiner Wohnung zu dem 15 km entfernten, nächstgelegenen Zugang des von ihm täglich zu betreuenden Waldgebietes (weiträumiges Tätigkeitsgebiet). An 70 Tagen fährt A von seiner Wohnung über einen weiter entfernt gelegenen Zugang (20 km) in das Waldgebiet.

Die Fahrten von der Wohnung zu dem weiträumigen Tätigkeitsgebiet werden behandelt wie die Fahrten von der Wohnung zu einer ersten Tätigkeitsstätte. A kann somit für diese Fahrten lediglich die Entfernungspauschale in Höhe von 0,30 Euro je Entfernungskilometer (= 15 km x 0,30 Euro) als Werbungskosten ansetzen. Die Fahrten innerhalb des Waldgebietes können mit den tatsächlichen Kosten oder aus Vereinfachungsgründen mit dem pauschalen Kilometersatz in Höhe von 0,30 Euro je tatsächlich gefahrenem Kilometer berücksichtigt werden.

Bei den Fahrten zu dem weiter entfernt gelegenen Zugang werden ebenfalls nur 15 Kilometer mit der Entfernungspauschale (15 km x 0,30 Euro) berücksichtigt. Die jeweils zusätzlichen fünf Kilometer für den tatsächlich längeren Hin- und Rückweg, werden ebenso wie die Fahrten innerhalb des weiträumigen Tätigkeitsgebietes mit den tatsächlichen Kosten oder aus Vereinfachungsgründen mit dem pauschalen Kilometersatz in Höhe von 0,30 Euro je gefahrenem Kilometer berücksichtigt.

Somit sind für 220 Tage jeweils 15 km mit der Entfernungspauschale und die restlichen tatsächlich gefahrenen Kilometer mit den tatsächlichen Kosten oder aus Vereinfachungsgründen mit dem pauschalen Kilometersatz in Höhe von 0,30 Euro anzusetzen.

44 Auf die Berücksichtigung von Verpflegungspauschalen oder Übernachtungskosten als Werbungskosten sowie den steuerfreien Arbeitgeberersatz hat diese Festlegung „tätig werden in einem weiträumigen Tätigkeitsgebiet" – im Gegensatz zum bisherigen sog. „weiträumigen Arbeitsgebiet", welches auch „regelmäßige Arbeitsstätte" sein konnte – keinen Einfluss, da der Arbeitnehmer weiterhin außerhalb einer ersten Tätigkeitsstätte – und damit auswärts – beruflich tätig wird. Es wird nur die Anwendung der Entfernungspauschale für die Fahrtkosten von der Wohnung zum nächstgelegenen Zugang zu dem weiträumigen Tätigkeitsgebiet sowie die Besteuerung eines geldwerten Vorteils bei Dienstwagengestellung durch den Arbeitgeber nach § 8 Absatz 2 Satz 3 und 4 EStG festgelegt und der steuerfreie Arbeitgeberersatz für diese Fahrten nach § 3 Nummer 13 oder Nummer 16 EStG ausgeschlossen.

45 Soll der Arbeitnehmer in mehreren ortsfesten Einrichtungen seines Arbeitgebers, eines verbundenen Unternehmens oder eines Dritten, die innerhalb eines bestimmten Bezirks gelegen sind, beruflich tätig werden, wird er nicht in einem weiträumigen Tätigkeitsgebiet, sondern an verschiedenen, ggf. sogar ständig wechselnden Tätigkeitsstätten tätig.

(Zu LStR 9.5 Abs. 1, LStH 9.5) **Anlage § 009-06/Steuerliches Reisekostenrecht**

2. Verpflegungsmehraufwendungen, § 9 Absatz 4a EStG

a) Vereinfachung bei der Ermittlung der Pauschalen, § 9 Absatz 4a Satz 2 bis 5 EStG

aa) Eintägige Auswärtstätigkeiten im Inland

Für eintägige auswärtige Tätigkeiten ohne Übernachtung kann ab einer Abwesenheit von mehr als acht Stunden von der Wohnung und der ersten Tätigkeitsstätte eine Pauschale von 12 Euro berücksichtigt werden. Dies gilt auch, wenn der Arbeitnehmer seine auswärtige berufliche Tätigkeit über Nacht (also an zwei Kalendertagen) ausübt – somit nicht übernachtet – und dadurch ebenfalls insgesamt mehr als acht Stunden von der Wohnung und der ersten Tätigkeitsstätte abwesend ist. Ist der Arbeitnehmer an einem Kalendertag mehrfach und über Nacht (an zwei Kalendertagen ohne Übernachtung) auswärts tätig, können die Abwesenheitszeiten dieser Tätigkeiten zusammengerechnet und im Fall der Tätigkeit über Nacht für den Kalendertag berücksichtigt werden, an dem der Arbeitnehmer den überwiegenden Teil der insgesamt mehr als 8 Stunden abwesend ist.

Beispiel 29

Der Vertriebsleiter V verlässt um 8.00 Uhr seine Wohnung in B und besucht zuerst bis 12.00 Uhr einen Kunden. Von 12.30 Uhr bis 14.30 Uhr ist er in seinem Büro (erste Tätigkeitsstätte) tätig. Anschließend fährt er von dort zu einer Tagung in C und kehrt um 19.00 Uhr noch einmal für eine Stunde in sein Büro in B zurück.

Es zählen die Zeiten vom Verlassen der Wohnung bis zur Ankunft an der ersten Tätigkeitsstätte (Büro) mittags sowie vom Verlassen der ersten Tätigkeitsstätte (Büro) bis zur Rückkehr dorthin. V war zweimal beruflich auswärts tätig und dabei insgesamt mehr als acht Stunden von seiner Wohnung und seiner ersten Tätigkeitsstätte abwesend. Er erfüllt daher die Voraussetzungen der Verpflegungspauschale für eine eintägige Auswärtstätigkeit (12 Euro).

Beispiel 30

Der Kurierfahrer K ist typischerweise von 20.00 Uhr bis 5.30 Uhr des Folgetags beruflich unterwegs. In dieser Zeit legt er regelmäßig auch eine Lenkpause von 45 Minuten ein.

Seine Wohnung verlässt K um 19.30 Uhr und kehrt um 6.00 Uhr dorthin zurück. Eine erste Tätigkeitsstätte liegt nicht vor.

K ist im Rahmen seiner beruflichen Auswärtstätigkeit (Fahrtätigkeit) über Nacht von seiner Wohnung abwesend. Bei der Lenkpause handelt es sich nicht um eine Übernachtung. Die Abwesenheitszeiten über Nacht können somit zusammengerechnet werden. Sie werden für den zweiten Kalendertag berücksichtigt, an dem A der überwiegende Teil der Zeit abwesend ist. A erfüllt die Voraussetzungen der Verpflegungspauschale für eine eintägige Auswärtstätigkeit (12 Euro).

Abwandlung 1

Die berufliche Fahrtätigkeit des K verteilt sich wie folgt auf die Tage (in Stunden):

Montag	Dienstag	Mittwoch	Donnerstag	Freitag	Samstag
5 4	5 4	5 4	4,5 5	5	4

Im Fall der Zusammenrechnung der Abwesenheitszeiten über Nacht, kann K eine Verpflegungspauschale für eine eintägige Auswärtstätigkeit für folgende Tage beanspruchen: Montag, Dienstag, Mittwoch und Freitag.

Werden stattdessen die an dem jeweiligen Tag geleisteten einzelnen Abwesenheitszeiten zusammengerechnet, dann kann K für Dienstag, Mittwoch, Donnerstag und Freitag eine Verpflegungspauschale von 12 Euro beanspruchen.

Abwandlung 2

Die berufliche Fahrtätigkeit des K verteilt sich wie folgt auf die Tage (in Stunden):

Montag	Dienstag	Mittwoch	Donnerstag	Freitag	Samstag
5 4	5 4	5 4	4,5 4	4	5

Im Fall der Zusammenrechnung der Abwesenheitszeiten über Nacht, kann K eine Verpflegungspauschale für eine eintägige Auswärtstätigkeit für folgende Tage beanspruchen: Montag, Dienstag, Mittwoch, Donnerstag und Samstag.

Anlage § 009-06/Steuerliches Reisekostenrecht (Zu LStR 9.5 Abs. 1, LStH 9.5)

Wären nur die an dem jeweiligen Tag geleisteten einzelnen Abwesenheitszeiten zu berücksichtigen und zusammenzurechnen, könnte K nur für Dienstag, Mittwoch und Donnerstag eine Verpflegungspauschale von 12 Euro beanspruchen.

Dies wird durch die gesetzliche Regelung des § 9 Absatz 4a Satz 3 Nummer 3 2. Halbsatz EStG verhindert, die anstelle der auf den Kalendertag bezogenen Betrachtung ausnahmsweise bei auswärtigen beruflichen Tätigkeiten über Nacht ohne Übernachtung die Zusammenrechnung dieser Zeiten ermöglicht.

Beispiel 31
Der Arbeitnehmer A unternimmt, ohne zu übernachten, eine Dienstreise, die am 5.5. um 17.00 Uhr beginnt und am 6.5. um 7.30 Uhr beendet wird. Am 6.5. unternimmt A nachmittags eine weitere Dienstreise (von 14.00 Uhr bis 23.30 Uhr).

A hat hier die Möglichkeit die Abwesenheitszeiten der ersten Dienstreise über Nacht zusammenzurechnen (= 14 Stunden und 30 Minuten). Bedingt durch die überwiegende Abwesenheit am 6.5. ist die dafür zu berücksichtigende Verpflegungspauschale dann dem 6.5. zuzurechnen.

Alternativ können auch alle ausschließlich am 6.5. geleisteten Abwesenheitszeiten (7 Stunden 30 Minuten zuzüglich 8 Stunden 30 Minuten = 16 Stunden) zusammengerechnet werden. In diesem Fall bleiben die im Rahmen der ersten Dienstreise angefallenen Abwesenheitszeiten unberücksichtigt.

Unabhängig davon, für welche Berechnungsmethode A sich entscheidet, steht ihm lediglich eine Verpflegungspauschale von 12 Euro für den 6.5. zu.

Eine Verpflegungspauschale von 24 Euro kommt nur in Betracht, wenn entweder die gesamte Tätigkeit über Nacht oder die Tätigkeit an dem jeweiligen Kalendertag 24 Stunden erreicht.

Beispiel 32
Der Arbeitnehmer A arbeitet von 8.30 Uhr bis 17.00 Uhr in seinem Büro in B (erste Tätigkeitsstätte), anschließend fährt er zu einem Geschäftstermin in C. Der Termin erstreckt sich bis 0.30 Uhr des Folgetags. A kehrt um 1.30 Uhr in seine Wohnung zurück.

A war wegen beruflicher Tätigkeit mehr als acht Stunden auswärts tätig. Dass sich die Abwesenheit über zwei Kalendertage ohne Übernachtung erstreckt, ist unschädlich. Die Abwesenheiten werden zusammengerechnet und dem ersten Kalendertag zugeordnet, weil an diesem Tag der überwiegende Teil der Abwesenheit stattgefunden hat. A erfüllt die Voraussetzungen der Verpflegungspauschale für eine eintägige Auswärtstätigkeit (12 Euro).

bb) Mehrtägige Auswärtstätigkeiten im Inland

47 Für die Kalendertage, an denen der Arbeitnehmer außerhalb seiner Wohnung und ersten Tätigkeitsstätte beruflich tätig ist (auswärtige berufliche Tätigkeit) und aus diesem Grund 24 Stunden von seiner Wohnung abwesend ist, kann weiterhin eine Pauschale von 24 Euro als Werbungskosten geltend gemacht bzw. vom Arbeitgeber steuerfrei ersetzt werden (Zwischentag).

48 Für den An- und Abreisetag einer mehrtägigen auswärtigen Tätigkeit mit Übernachtung außerhalb der Wohnung kann ohne Prüfung einer Mindestabwesenheitszeit eine Pauschale von jeweils 12 Euro als Werbungskosten berücksichtigt bzw. vom Arbeitgeber steuerfrei ersetzt werden. Insoweit ist es unerheblich, ob der Arbeitnehmer die Reise von der Wohnung, der ersten oder einer anderen Tätigkeitsstätte aus antritt. Eine mehrtägige auswärtige Tätigkeit mit Übernachtung liegt auch dann vor, wenn die berufliche Auswärtstätigkeit über Nacht ausgeübt wird und sich daran eine Übernachtung am Tage sowie eine weitere Tätigkeit über Nacht anschließt. Unerheblich ist auch, ob für die Übernachtung tatsächlich Übernachtungskosten anfallen (so z. B. bei Schlafen im Bus, LKW oder Lok).

Beispiel 33
Der Ingenieur I aus B ist von Montagabend bis Dienstag in M auswärts tätig. An diese Tätigkeit schließt sich am Dienstag gleich die Weiterreise nach H zu einer neuen auswärtigen Tätigkeit an. I fährt von M direkt nach H und kehrt am Mittwochmittag zu seiner Wohnung zurück.

I kann folgende Verpflegungspauschalen beanspruchen: für Montag als Anreisetag und für Mittwoch als Rückreisetag stehen ihm jeweils 12 Euro zu. Da I am Dienstag infolge der Abreise aus M und direkten Anreise nach H 24 Stunden von seiner Wohnung und ersten Tätigkeitsstätte abwesend ist, kann er für diesen Tag eine Pauschale von 24 Euro beanspruchen.

Abwandlung
I sucht am Dienstag kurz seine Wohnung in B auf, um Unterlagen und Kleidung einzupacken und fährt nach einer Stunde weiter nach H.

(Zu LStR 9.5 Abs. 1, LStH 9.5) **Anlage § 009-06/Steuerliches Reisekostenrecht**

In diesem Fall kann I auch für Dienstag als An- und gleichzeitig als Abreisetag nur 12 Euro Verpflegungspauschale beanspruchen. Eine Verpflegungspauschale von 24 Euro kann nur dann beansprucht werden, wenn I infolge seiner beruflichen Auswärtstätigkeit 24 Stunden von seiner Wohnung und ersten Tätigkeitsstätte abwesend ist.

Beispiel 34

Monteur M aus D ist von Montag bis Mittwoch in S auswärts tätig. Eine erste Tätigkeitsstätte besteht nicht. M verlässt am Montag um 10.30 Uhr seine Wohnung in D. M verlässt S am Mittwochabend und erreicht seine Wohnung in D am Donnerstag um 1.45 Uhr.

M steht für Montag (Anreisetag) eine Verpflegungspauschale von 12 Euro zu. Für Dienstag und Mittwoch kann M eine Pauschale von 24 Euro beanspruchen, da er an diesen Tagen 24 Stunden von seiner Wohnung abwesend ist. Für Donnerstag steht ihm eine Pauschale von 12 Euro zu (Abreisetag).

Als Wohnung im vorstehenden Sinn gilt (§ 9 Absatz 4a Satz 4, 2. Halbsatz EStG) 49

- der Hausstand, der den Mittelpunkt der Lebensinteressen des Arbeitnehmers bildet und nicht nur gelegentlich aufgesucht wird oder
- die Zweitwohnung am Ort einer steuerlich anzuerkennenden doppelten Haushaltsführung (insbesondere zu berücksichtigen, wenn der Arbeitnehmer mehrere Wohnungen hat).

Beispiel 35

Wohnung in diesem Sinne kann somit z. B. bei Auszubildenden auch die elterliche Wohnung sein, wenn sich dort noch der Lebensmittelpunkt des Auszubildenden befindet.

Beispiel 36

Übernachtet der Arbeitnehmer aus beruflichem Anlass z. B. im Rahmen einer Auswärtstätigkeit in seinem eigenen Ferienappartement, welches er nur gelegentlich aufsucht, handelt es sich um eine mehrtägige auswärtige Tätigkeit mit Übernachtung, auch wenn für die Übernachtung selbst keine Kosten entstehen.

cc) Auswärtstätigkeiten im Ausland

Für Tätigkeiten im Ausland gibt es nur noch zwei Pauschalen in Höhe von 120 Prozent und 80 Prozent 50 der Auslandstagegelder nach dem Bundesreisekostengesetz unter den gleichen Voraussetzungen wie bei den inländischen Pauschalen. Die entsprechenden Beträge werden durch BMF-Schreiben bekannt gemacht. Im Hinblick auf die bei auswärtigen beruflichen Tätigkeiten im Ausland oftmals über Nacht oder mehrere Tage andauernden An- und Abreisen genügt es für die Qualifizierung als An- und Abreisetag, wenn der Arbeitnehmer unmittelbar nach der Anreise oder vor der Abreise auswärtig übernachtet. Die übrigen Regelungen zu den Besonderheiten bei Auswärtstätigkeiten im Ausland gelten weiter (so z. B. R 9.6 Absatz 3 LStR 2013).

Bei Auswärtstätigkeiten in verschiedenen ausländischen Staaten gilt für die Ermittlung erpflegungs- 51 pauschalen am An- und Abreisetag Folgendes:

- Bei einer Anreise vom Inland ins Ausland oder vom Ausland ins Inland jeweils ohne Tätigwerden ist die Verpflegungspauschale des Ortes maßgebend, der vor 24.00 Uhr erreicht wird.
- Bei einer Abreise vom Ausland ins Inland oder vom Inland ins Ausland ist die Verpflegungspauschale des letzten Tätigkeitsortes maßgebend.

Beispiel 37

Der Arbeitnehmer A reist am Montag um 20.00 Uhr zu einer beruflichen Auswärtstätigkeit von seiner Wohnung in Berlin nach Brüssel. Er erreicht Belgien um 2.00 Uhr. Dienstag ist er den ganzen Tag in Brüssel tätig. Am Mittwoch reist er zu einem weiteren Geschäftstermin um 8.00 Uhr nach Amsterdam. Er erreicht Amsterdam um 14.00 Uhr. Dort ist er bis Donnerstag um 13.00 Uhr tätig und reist anschließend zurück nach Berlin. Er erreicht seine Wohnung am Donnerstag um 22.30 Uhr.

Für Montag ist die inländische Verpflegungspauschale für den Anreisetag maßgebend, da A sich um 24.00 Uhr noch im Inland befindet. Für Dienstag ist die Verpflegungspauschale für Belgien anzuwenden. Für Mittwoch ist die Verpflegungspauschale für die Niederlande zu Grunde zulegen, da sich der Ort, den A vor 24 Uhr Ortszeit zuletzt erreicht hat, in den Niederlanden befindet (§ 9 Absatz 4a Satz 5 EStG). Für Donnerstag ist die Verpflegungspauschale der Niederlande für den Abreisetag maßgeblich, da A noch bis 13.00 Uhr in Amsterdam beruflich tätig war.

Beispiel 38

Der Arbeitnehmer A reist für ein berufliches Projekt am Sonntag um 21.00 Uhr von Paris nach Mannheim. Am Sonntag um 24.00 Uhr befindet sich A noch in Frankreich. A ist in Mannheim von Montag bis

Anlage § 009-06/Steuerliches Reisekostenrecht (Zu LStR 9.5 Abs. 1, LStH 9.5)

Freitag beruflich tätig und verlässt Mannheim am Freitag um 11.00 Uhr. Er erreicht Paris am Freitag um 21.00 Uhr.

Für Sonntag (Anreisetag) ist die Verpflegungspauschale für Frankreich maßgebend. Für Montag bis Freitag ist die jeweils maßgebliche inländische Verpflegungspauschale anzuwenden.

b) Dreimonatsfrist, § 9 Absatz 4a Satz 6 EStG

52 Wie bisher ist der Abzug der Verpflegungsmehraufwendungen auf die ersten drei Monate einer längerfristigen beruflichen Tätigkeit an derselben Tätigkeitsstätte beschränkt (vgl. Rz. 55). Werden im Rahmen einer beruflichen Tätigkeit mehrere ortsfeste betriebliche Einrichtungen innerhalb eines großräumigen Werks- oder Betriebsgeländes aufgesucht, handelt es sich um die Tätigkeit an einer Tätigkeitsstätte. Handelt es sich um einzelne ortsfeste betriebliche Einrichtungen verschiedener Auftraggeber oder Kunden, liegen mehrere Tätigkeitsstätten vor. Dies gilt auch dann, wenn sich die Tätigkeitsstätten in unmittelbarer räumlicher Nähe zueinander befinden.

53 Um die Berechnung der Dreimonatsfrist zu vereinfachen, wird eine rein zeitliche Bemessung der Unterbrechungsregelung eingeführt. Danach führt eine Unterbrechung der beruflichen Tätigkeit an derselben Tätigkeitsstätte zu einem Neubeginn der Dreimonatsfrist, wenn sie mindestens vier Wochen dauert (§ 9 Absatz 4a Satz 7 EStG). Der Grund der Unterbrechung ist unerheblich; es zählt nur noch die Unterbrechungsdauer.

54 Dies gilt auch, wenn die Unterbrechung der beruflichen Tätigkeit schon vor dem 1. Januar 2014 begonnen hat.

Beispiel 39

Der Arbeitnehmer A musste seine Tätigkeit in B wegen einer Krankheit ab dem 15. Dezember 2013 unterbrechen. Er nimmt seine Tätigkeit in B am 20. Januar 2014 wieder auf.

Die berufliche Tätigkeit des A in B wurde für mehr als vier Wochen unterbrochen. A kann somit für weitere drei Monate seiner Tätigkeit in B Verpflegungspauschalen als Werbungskosten geltend machen oder steuerfrei durch den Arbeitgeber ersetzt bekommen.

55 Von einer längerfristigen beruflichen Tätigkeit an derselben Tätigkeitsstätte ist erst dann auszugehen, sobald der Arbeitnehmer an dieser mindestens an drei Tagen in der Woche tätig wird. Die Dreimonatsfrist beginnt daher nicht, solange die auswärtige Tätigkeitsstätte an nicht mehr als zwei Tagen in der Woche aufgesucht wird. Die Prüfung des Unterbrechungszeitraums und des Ablaufs der Dreimonatsfrist erfolgt stets im Nachhinein mit Blick auf die zurückliegende Zeit (Ex-post-Betrachtung).

Beispiel 40

Der Bauarbeiter A soll ab März 2014 arbeitstäglich an der Baustelle in H für 5 Monate tätig werden. Am 1. April 2014 nimmt er dort seine Tätigkeit auf. Ab 20. Mai 2014 wird er nicht nur in H, sondern für einen Tag wöchentlich auch an der Baustelle in B tätig, da dort ein Kollege ausgefallen ist.

Für die Tätigkeit an der Baustelle in H beginnt die Dreimonatsfrist am 1. April 2014 und endet am 30. Juni 2014. Eine vierwöchige Unterbrechung liegt nicht vor (immer nur eintägige Unterbrechung).

Für die Tätigkeit an der Baustelle in B greift die Dreimonatsfrist hingegen nicht, da A dort lediglich einen Tag wöchentlich tätig wird.

Abwandlung

Wie Beispiel 40, allerdings wird A ab 1. April 2014 zwei Tage wöchentlich in H und drei Tage wöchentlich in B tätig. Ab 15. April 2014 muss er für zwei Wochen nach M. Ab 1. Mai 2014 ist er dann bis auf Weiteres drei Tage wöchentlich in H und zwei Tage in B tätig. Für die Tätigkeit an der Baustelle in B beginnt die Dreimonatsfrist am 1. April 2014 und endet am 30. Juni 2014. Eine vierwöchige Unterbrechung liegt nicht vor (lediglich zwei Wochen und dann immer nur dreitägige Unterbrechung).

Für die Tätigkeit an der Baustelle in H beginnt die Dreimonatsfrist hingegen erst am 1. Mai 2014, da A dort erst ab diesem Tag an drei Tagen wöchentlich tätig wird.

Beispiel 41

Der Außendienstmitarbeiter A wohnt in K und hat am Betriebssitz seines Arbeitgebers in S seine erste Tätigkeitsstätte (arbeitsrechtliche Zuordnung durch AG). A sucht arbeitstäglich die Filiale in K gegen 8.00 Uhr auf und bereitet sich dort üblicherweise für ein bis zwei Stunden auf seinen Außendienst vor. Von ca. 10.00 Uhr bis 16.30 Uhr sucht er dann verschiedene Kunden im Großraum K auf. Anschließend fährt er nochmals in die Filiale in K, um Nacharbeiten zu erledigen.

Bei dem arbeitstäglichen Vor- und Nachbereiten der Außendiensttätigkeit in der Filiale in K handelt es sich um eine längerfristige berufliche Auswärtstätigkeit an derselben Tätigkeitsstätte; für die berufliche Tätigkeit an dieser Tätigkeitsstätte können nach Ablauf von drei Monaten daher keine Verpflegungs-

(Zu LStR 9.5 Abs. 1, LStH 9.5) **Anlage § 009-06/Steuerliches Reisekostenrecht**

pauschalen mehr beansprucht werden. Für die restliche eintägige berufliche Auswärtstätigkeit bei den verschiedenen Kunden im Großraum K gilt dies nicht. Die Tätigkeitszeit in der Filiale in K kann für die Ermittlung der erforderlichen Mindestabwesenheitszeit von mehr als 8 Stunden nach Ablauf von 3 Monaten nicht mehr berücksichtigt werden, sondern ist abzuziehen. Ab dem vierten Monat kommt es für die Ermittlung der Abwesenheitszeiten der eintägigen Auswärtstätigkeit daher jeweils auf die Dauer der Abwesenheit von der Wohnung, abzüglich der Tätigkeitszeit(en) in der Filiale in K an.

Bei beruflichen Tätigkeiten auf mobilen, nicht ortsfesten betrieblichen Einrichtungen wie z. B. Fahrzeugen, Flugzeugen, Schiffen findet die Dreimonatsfrist ebenfalls keine Anwendung. Entsprechendes gilt für eine Tätigkeit in einem weiträumigen Tätigkeitsgebiet. 56

Die Regelungen zu den Verpflegungspauschalen sowie die Dreimonatsfrist gelten auch im Rahmen einer doppelten Haushaltsführung (§ 9 Absatz 4a Satz 12 EStG). 57

c) Pauschalbesteuerung nach § 40 Absatz 2 Satz 1 Nummer 4 EStG

Die Lohnsteuer kann mit einem Pauschsteuersatz von 25 Prozent erhoben werden, wenn dem Arbeitnehmer Vergütungen für Verpflegungsmehraufwendungen anlässlich einer Auswärtstätigkeit i. S. v. § 9 Absatz 4a Satz 3 bis 6 EStG gezahlt werden, soweit diese die danach dem Arbeitnehmer zustehenden Verpflegungspauschalen ohne Anwendung der Kürzungsregelung nach § 9 Absatz 4a Satz 8 bis 10 EStG um nicht mehr als 100 Prozent übersteigen. 58

Soweit nach Ablauf der Dreimonatsfrist eine steuerfreie Erstattung von Verpflegungsmehraufwendungen nicht mehr möglich ist, kommt eine Pauschalbesteuerung nach § 40 Absatz 2 Satz 1 Nummer 4 EStG nicht in Betracht. 59

Beispiel 42

Der Arbeitnehmer A erhält während einer ununterbrochenen viermonatigen Auswärtstätigkeit von seinem Arbeitgeber Vergütungen für Verpflegungsmehraufwendungen in Höhe von 48 Euro für jeden vollen Kalendertag. Für An- und Abreisetage reduziert sich diese Vergütung auf 24 Euro pro Tag. Während seiner Auswärtstätigkeit wird dem Arbeitnehmer kostenlos eine Unterkunft vom Arbeitgeber zur Verfügung gestellt.

In den ersten drei Monaten ist die Verpflegungspauschale für die vollen Kalendertage in Höhe von 24 Euro und für die An- und Abreisetage jeweils in Höhe von 12 Euro steuerfrei. Der Mehrbetrag von 24 Euro bzw. 12 Euro kann mit 25 Prozent pauschal versteuert werden. Ab dem vierten Monat sind die vom Arbeitgeber gezahlten Verpflegungsvergütungen von täglich 48 Euro bzw. 24 Euro wegen des Ablaufs der Dreimonatsfrist in voller Höhe als Arbeitslohn individuell zu versteuern.

Für Verpflegungszuschüsse, die im Rahmen einer doppelten Haushaltsführung gezahlt werden (§ 9 Absatz 4a Satz 12 EStG), ist die Pauschalbesteuerung nach § 40 Absatz 2 Satz 1 Nummer 4 EStG – wie bisher – nicht zulässig. 60

3. Vereinfachung der steuerlichen Erfassung der vom Arbeitgeber zur Verfügung gestellten Mahlzeiten während einer auswärtigen Tätigkeit, § 8 Absatz 2 Satz 8 und 9, § 9 Absatz 4a Satz 8 bis 10, § 40 Absatz 2 Nummer 1a EStG

a) Bewertung und Besteuerungsverzicht bei üblichen Mahlzeiten, § 8 Absatz 2 Satz 8 und 9 EStG

Eine vom Arbeitgeber während einer beruflich veranlassten Auswärtstätigkeit zur Verfügung gestellte „übliche" Mahlzeit wird mit dem amtlichen Sachbezugswert nach § 2 SvEV bewertet. Entsprechendes gilt für die im Rahmen einer beruflich veranlassten doppelten Haushaltsführung vom Arbeitgeber zur Verfügung gestellten „üblichen" Mahlzeiten. Als „üblich" gilt eine Mahlzeit, deren Preis 60 Euro nicht übersteigt (§ 8 Absatz 2 Satz 8 EStG). Hierbei sind auch die zur Mahlzeit eingenommenen Getränke einzubeziehen. 61

Mahlzeiten mit einem Preis von über 60 Euro dürfen nicht mit dem amtlichen Sachbezugswert bewertet werden. Bei einer solchen Mahlzeit wird typisierend unterstellt, dass es sich um ein „Belohnungsessen" (R 8.1 Absatz 8 Nummer 3 LStR 2013) handelt. Belohnungsessen sind mit dem tatsächlichen Preis als Arbeitslohn (§ 8 Absatz 2 Satz 1 EStG) anzusetzen. 62

Für die Prüfung der 60 Euro-Grenze kommt es auf den Preis der Mahlzeit (einschließlich Umsatzsteuer) an, den der Dritte dem Arbeitgeber in Rechnung stellt. Zuzahlungen des Arbeitnehmers sind bei der Prüfung der 60 Euro-Grenze nicht zu berücksichtigen. Ist der Preis der Mahlzeit in der Rechnung eines Dritten nicht beziffert, weil die Mahlzeit im Rahmen eines Gesamtpreises z. B. mit einer Fortbildungsveranstaltung berechnet wird, ist nach dem Gesamtbild der Verhältnisse im Einzelfall zu beurteilen, ob es sich um eine „übliche" Beköstigung i. S. d. § 8 Absatz 2 Satz 8 EStG gehandelt hat oder ob ein höherer Wert der Mahlzeit als 60 Euro anzunehmen ist. 63

Anlage § 009-06/Steuerliches Reisekostenrecht (Zu LStR 9.5 Abs. 1, LStH 9.5)

64 Die für eine unmittelbar vom Arbeitgeber abgegebene Mahlzeit maßgeblichen Grundsätze gelten auch, wenn eine Mahlzeit auf Veranlassung des Arbeitgebers von einem Dritten an den Arbeitnehmer abgegeben wird. Die Gestellung einer Mahlzeit ist vom Arbeitgeber veranlasst, wenn er Tag und Ort der Mahlzeitengestellung bestimmt. Das ist insbesondere dann der Fall, wenn

- er die Verpflegungskosten im Hinblick auf die beruflich veranlasste Auswärtstätigkeit des Arbeitnehmers dienst- oder arbeitsrechtlich erstattet und
- die Rechnung auf den Arbeitgeber ausgestellt ist (R 8.1 Absatz 8 Nummer 2 Satz 6 LStR 2013) oder es sich um eine Kleinbetragsrechnung i. S. d. § 14 UStG i. V. m. § 33 UStDV handelt, die im Original beim Arbeitgeber vorliegt oder vorgelegen hat und zu Zwecken der elektronischen Archivierung eingescannt wurde.

65 Zu den vom Arbeitgeber zur Verfügung gestellten Mahlzeiten (Rz. 73 ff.) gehören auch die z. B. im Flugzeug, im Zug oder auf einem Schiff im Zusammenhang mit der Beförderung unentgeltlich angebotenen Mahlzeiten, sofern die Rechnung für das Beförderungsticket auf den Arbeitgeber ausgestellt ist und von diesem dienst- oder arbeitsrechtlich erstattet wird. Die Verpflegung muss dabei nicht offen auf der Rechnung ausgewiesen werden. Lediglich dann, wenn z. B. anhand des gewählten Beförderungstarifs feststeht, dass es sich um eine reine Beförderungsleistung handelt, bei der keine Mahlzeiten unentgeltlich angeboten werden, liegt keine Mahlzeitengestellung vor.

66 Die steuerliche Erfassung einer solchen üblichen Mahlzeit als Arbeitslohn ist ausgeschlossen, wenn der Arbeitnehmer für die betreffende Auswärtstätigkeit dem Grunde nach eine Verpflegungspauschale i. S. d. § 9 Absatz 4a EStG als Werbungskosten geltend machen kann. Auf die Höhe der tatsächlich als Werbungskosten anzusetzenden Verpflegungspauschale kommt es nicht an. Ebenso ist eine mögliche Kürzung des Werbungskostenabzugs nach § 9 Absatz 4a Satz 8 ff. EStG wegen der Gestellung einer Mahlzeit unerheblich.

67 Im Ergebnis unterbleibt die Erfassung der mit dem Sachbezugswert bewerteten Mahlzeit bereits immer dann, wenn der Arbeitnehmer anlässlich einer beruflich veranlassten Auswärtstätigkeit eine Verpflegungspauschale beanspruchen kann, weil er innerhalb der Dreimonatsfrist nach § 9 Absatz 4a Satz 6 EStG nachweislich mehr als acht Stunden von seiner Wohnung und der ersten Tätigkeitsstätte abwesend ist oder eine mehrtägige Auswärtstätigkeit mit Übernachtung vorliegt. Nach Ablauf der Dreimonatsfrist ist die Gestellung einer Mahlzeit grundsätzlich als Arbeitslohn zu erfassen.

Beispiel 43

Der Arbeitnehmer A nimmt auf Veranlassung seines Arbeitgebers an einem zweitägigen Seminar mit Übernachtung teil. Die Hotelrechnung ist auf den Arbeitgeber ausgestellt. Der Arbeitgeber erstattet die vom Arbeitnehmer verauslagten Übernachtungskosten von 100 Euro incl. 20 Euro für ein Frühstück im Rahmen der Reisekostenabrechnung des Arbeitnehmers. Die auf den Arbeitgeber ausgestellte Rechnung des Seminarveranstalters hat der Arbeitgeber unmittelbar bezahlt. Darin enthalten ist für beide Seminartage jeweils ein für derartige Veranstaltungen typisches Mittagessen, dessen Preis in der Rechnung nicht gesondert ausgewiesen ist.

Der Arbeitnehmer A erhält sowohl das Frühstück als auch die beiden Mittagessen auf Veranlassung seines Arbeitgebers. Für den An- und den Abreisetag steht ihm grundsätzlich jeweils eine Verpflegungspauschale i. H. v. 12 Euro zu.

Obgleich der Preis der Mittagessen in der Rechnung des Seminarveranstalters nicht beziffert ist, kann aufgrund der Art und Durchführung der Seminarveranstaltung von einer üblichen Beköstigung ausgegangen werden, deren Preis 60 Euro nicht übersteigt. Die Mahlzeiten sind daher nicht als Arbeitslohn zu erfassen und die Verpflegungspauschale des Arbeitnehmers im Hinblick auf die zur Verfügung gestellten Mahlzeiten nach § 9 Absatz 4a Satz 8 EStG zu kürzen (vgl. Rz. 73 ff.).

68 Eine vom Arbeitgeber oder auf dessen Veranlassung von einem Dritten abgegebene Mahlzeit mit einem höheren Preis als 60 Euro ist stets als Arbeitslohn zu erfassen. Das gilt auch dann, wenn der Preis der Mahlzeit zwar nicht offen in Rechnung gestellt, nach dem Gesamtbild der Umstände aber als unüblich i. S. d. § 8 Absatz 2 Satz 8 EStG anzusehen ist und ein Wert der Mahlzeit von mehr als 60 Euro unterstellt werden kann. Im Zweifel ist der Wert der Mahlzeit zu schätzen. Eine unübliche Mahlzeit ist als Arbeitslohn zu erfassen, unabhängig davon, ob der Arbeitnehmer für die betreffende Auswärtstätigkeit eine Verpflegungspauschale als Werbungskosten geltend machen kann.

Beispiel 44

Der Arbeitnehmer A nimmt im Auftrag seines Arbeitgebers an einer eintägigen Podiumsdiskussion mit anschließender Abendveranstaltung teil. Die auf den Arbeitgeber ausgestellte Rechnung des Veranstalters hat der Arbeitgeber unmittelbar bezahlt. Darin enthalten sind die Kosten für ein Galadinner, das mit 80 Euro separat ausgewiesen ist. Der Arbeitnehmer ist mehr als acht Stunden von seiner Woh-

(Zu LStR 9.5 Abs. 1, LStH 9.5) **Anlage § 009-06/Steuerliches Reisekostenrecht**

nung und seiner ersten Tätigkeitsstätte abwesend. Der Arbeitnehmer erhält das Galadinner vom Veranstalter der Podiumsdiskussion auf Veranlassung seines Arbeitgebers. Angesichts der Kosten von mehr als 60 Euro ist von einem Belohnungsessen auszugehen (unübliche Beköstigung gemäß § 8 Absatz 2 Satz 8 EStG), so dass die dafür berechneten 80 Euro als Arbeitslohn anzusetzen sind. Der Arbeitnehmer kann als Werbungskosten eine ungekürzte Verpflegungspauschale i. H. v. 12 Euro geltend machen.

Der Ansatz einer nach § 8 Absatz 2 Satz 8 EStG mit dem amtlichen Sachbezugswert bewerteten Mahlzeit als Arbeitslohn setzt voraus, dass es sich um eine übliche Mahlzeit handelt und der Arbeitnehmer keine Verpflegungspauschale beanspruchen kann; dies liegt regelmäßig vor, wenn er nicht mehr als acht Stunden außerhalb seiner Wohnung und seiner ersten Tätigkeitsstätte beruflich tätig ist oder die Dreimonatsfrist nach § 9 Absatz 4a Satz 6 EStG überschritten ist. 69

Zahlt der Arbeitnehmer in diesen Fällen ein Entgelt für die erhaltene Mahlzeit, mindert dieses Entgelt den steuerpflichtigen geldwerten Vorteil. Es ist nicht zu beanstanden, wenn der Arbeitgeber ein vereinbartes Entgelt für die Mahlzeit im Rahmen der Lohnabrechnung unmittelbar aus dem Nettoentgelt des Arbeitnehmers entnimmt. Übersteigt das vom Arbeitnehmer gezahlte Entgelt den maßgebenden Sachbezugswert oder entspricht es dem Sachbezugswert, verbleibt kein steuerpflichtiger geldwerter Vorteil. Der den Sachbezugswert übersteigende Betrag darf nicht als Werbungskosten abgezogen werden. 70

Gleiches gilt, wenn der Arbeitnehmer bei der Gestellung einer Mahlzeit auf Veranlassung des Arbeitgebers ein zuvor vereinbartes Entgelt unmittelbar an den Dritten entrichtet. Es muss sich hierbei aber um ein Entgelt des Arbeitnehmers handeln. Wird das vom Dritten in Rechnung gestellte Entgelt zunächst vom Arbeitnehmer verauslagt und diesem anschließend vom Arbeitgeber erstattet, handelt es sich nicht um ein Entgelt des Arbeitnehmers. Das gilt insbesondere für den auf den Arbeitgeber ausgestellten Rechnungsbetrag. 71

Beispiel 45

Der Arbeitnehmer A nimmt auf Veranlassung seines Arbeitgebers an einem zweitägigen Seminar mit Übernachtung teil. Die auf den Arbeitgeber ausgestellte Hotelrechnung von 100 Euro incl. 20 Euro für ein Frühstück wird zunächst vom Arbeitnehmer bezahlt. Der Arbeitgeber erstattet dem Arbeitnehmer die Übernachtungskosten incl. Frühstück im Rahmen der Reisekostenabrechnung.

Im Hinblick auf die Rechnungsstellung und spätere Erstattung der Auslagen durch den Arbeitgeber handelt es sich bei dem in der Hotelrechnung für das Frühstück enthaltenen Kostenanteil nicht um ein Entgelt des Arbeitnehmers. Da es sich bei den zur Verfügung gestellten Mahlzeiten um übliche Mahlzeiten handelt, sind diese nicht als Arbeitslohn zu erfassen; beim Werbungskostenabzug des Arbeitnehmers sind die Verpflegungspauschalen entsprechend zu kürzen (für den zweiten Tag zustehende Verpflegungspauschale um 4,80 Euro).

Beispiel 46

Der Arbeitnehmer A wird für sechs Monate von seinem Arbeitgeber an einen Tochterbetrieb im Inland entsandt. Für die Zeit der Entsendung übernachtet der Arbeitnehmer während der Woche in einem Hotel in der Nähe des Tochterbetriebs. Das Hotel stellt dem Arbeitgeber pro Übernachtung 70 Euro zuzüglich 10 Euro für ein Frühstück in Rechnung, dass der Arbeitnehmer zunächst verauslagt und dann im Rahmen der Reisekostenabrechnung von seinem Arbeitgeber erstattet erhält. Es liegt eine beruflich veranlasste Auswärtstätigkeit vor. Der Arbeitnehmer erhält das Frühstück jeweils auf Veranlassung seines Arbeitgebers.

Für die ersten drei Monate der Auswärtstätigkeit stehen dem Arbeitnehmer arbeitstäglich Verpflegungspauschalen zu. Da es sich bei den zur Verfügung gestellten Mahlzeiten um übliche Mahlzeiten handelt, sind diese nicht als Arbeitslohn zu erfassen und beim Werbungskostenabzug des Arbeitnehmers die Verpflegungspauschalen entsprechend zu kürzen.

Ab dem vierten Monat der Auswärtstätigkeit stehen dem Arbeitnehmer keine Verpflegungspauschalen mehr zu. Das Frühstück ist jeweils mit dem amtlichen Sachbezugswert als Arbeitslohn zu erfassen, der nach § 40 Absatz 2 Satz 1 Nummer 1a EStG pauschal besteuert (vgl. dazu Rz. 93 ff.) werden kann.

Abwandlung

Sachverhalt wie voriges Beispiel. Allerdings zahlt der Arbeitnehmer A für das Frühstück jeweils 3 Euro.

Das vom Arbeitnehmer A für das Frühstück gezahlte Entgelt ist ab dem vierten Monat auf den Sachbezugswert anzurechnen. Da das Entgelt höher ist als der Sachbezugswert, unterbleibt eine Besteuerung als Arbeitslohn. Der den Sachbezugswert übersteigende Betrag darf nicht als Werbungskosten abgezogen werden.

Die Vorteile aus der Teilnahme des Arbeitnehmers an einer geschäftlich veranlassten Bewirtung i. S. d. § 4 Absatz 5 Satz 1 Nummer 2 EStG gehören weiterhin nicht zum Arbeitslohn (R 8.1 Absatz 8 Nummer 1 LStR 2013). Entsprechendes gilt für die im ganz überwiegenden eigenbetrieblichen Interesse des Ar- 72

Anlage § 009-06/Steuerliches Reisekostenrecht (Zu LStR 9.5 Abs. 1, LStH 9.5)

beitgebers abgegebenen Mahlzeiten. Hierzu gehören insbesondere die Teilnahme an einem Arbeitsessen (R 19.6 Absatz 2 Satz 2 LStR 2013) sowie die im Rahmen einer üblichen Betriebsveranstaltung (R 19.5 LStR 2013) abgegebenen Mahlzeiten.

b) Kürzung der Verpflegungspauschalen, § 9 Absatz 4a Satz 8 bis 10 EStG

aa) Voraussetzungen der Mahlzeitengestellung

73 Der Arbeitnehmer kann für die ihm tatsächlich entstandenen Mehraufwendungen für Verpflegung auf Grund einer beruflich veranlassten Auswärtstätigkeit nach der Abwesenheitszeit von seiner Wohnung und seiner ersten Tätigkeitsstätte gestaffelte Verpflegungspauschalen als Werbungskosten ansetzen oder in entsprechender Höhe einen steuerfreien Arbeitgeberersatz erhalten. Das Merkmal „tatsächlich entstandene" Mehraufwendungen bringt dabei zum Ausdruck, dass die Verpflegungspauschalen insoweit nicht mehr zum Ansatz kommen, als der Arbeitnehmer während seiner beruflichen Auswärtstätigkeit durch den Arbeitgeber „verpflegt" wird. Eine Prüfungspflicht hinsichtlich der Höhe der tatsächlich entstandenen Aufwendungen besteht nicht. Wird dem Arbeitnehmer von seinem Arbeitgeber oder auf dessen Veranlassung von einem Dritten eine Mahlzeit zur Verfügung gestellt, wird der Werbungskostenabzug vielmehr tageweise gekürzt, und zwar

- um 20 Prozent für ein Frühstück und
- um jeweils 40 Prozent für ein Mittag- und Abendessen

der für die 24-stündige Abwesenheit geltenden höchsten Verpflegungspauschale. Das entspricht für Auswärtstätigkeiten im Inland einer Kürzung der jeweils zustehenden Verpflegungspauschale um 4,80 Euro für ein Frühstück und jeweils 9,60 Euro für ein Mittag- und Abendessen. Diese typisierende, pauschale Kürzung der Verpflegungspauschale ist tagesbezogen und maximal bis auf 0 Euro vorzunehmen.

74 Auch ein vom Arbeitgeber zur Verfügung gestellter Snack oder Imbiss (z. B. belegte Brötchen, Kuchen, Obst), der während einer auswärtigen Tätigkeit gereicht wird, kann eine Mahlzeit sein, die zur Kürzung der Verpflegungspauschale führt. Eine feste zeitliche Grenze für die Frage, ob ein Frühstück, Mittag- oder Abendessen zur Verfügung gestellt wird, gibt es nicht. Maßstab für die Einordnung ist vielmehr, ob die zur Verfügung gestellte Verpflegung an die Stelle einer der genannten Mahlzeiten tritt, welche üblicherweise zu der entsprechenden Zeit eingenommen wird.

75 Unbeachtlich im Hinblick auf die gesetzlich vorgeschriebene pauschale Kürzung der Verpflegungspauschalen ist, ob die vom Arbeitgeber zur Verfügung gestellte Mahlzeit vom Arbeitnehmer tatsächlich eingenommen wird oder die Aufwendungen für die vom Arbeitgeber gestellte Mahlzeit niedriger sind als der jeweilige pauschale Kürzungsbetrag. Die Kürzung kann nur dann unterbleiben, wenn der Arbeitgeber keine Mahlzeit zur Verfügung stellt, z. B. weil er die entsprechende Mahlzeit abbestellt oder der Arbeitnehmer die Mahlzeit selbst veranlasst und bezahlt.

Beispiel 47

Der Arbeitnehmer A ist von 9.00 Uhr bis 18.00 auswärts bei verschiedenen Kunden beruflich tätig. In der Mittagspause kauft er sich eine Pizza und ein Wasser für 8 Euro.

Da A anlässlich einer eintägigen beruflichen Auswärtstätigkeit mehr als acht Stunden von seiner Wohnung abwesend ist, könnte er eine Verpflegungspauschale von 12 Euro beanspruchen. Würde A die Rechnung für die mittags verzehrte Pizza und das Wasser seinem Arbeitgeber vorlegen und von diesem erstattet bekommen, könnte er wegen der 8 Euro Erstattungsbetrag nur noch eine gekürzte Verpflegungspauschale von 2,40 Euro (12 Euro -9,60 Euro) beanspruchen.

76 Bei der Hingabe von Essensmarken durch den Arbeitgeber im Rahmen einer beruflichen Auswärtstätigkeit des Arbeitnehmers, handelt es sich in der Regel nicht um eine vom Arbeitgeber gestellte Mahlzeit, sondern lediglich um eine Verbilligung der vom Arbeitnehmer selbst veranlassten und bezahlten Mahlzeit.

Beispiel 48

Der Arbeitnehmer A ist auf einer dreitägigen Auswärtstätigkeit. Der Arbeitgeber hat für den Arbeitnehmer in einem Hotel zwei Übernachtungen jeweils mit Frühstück sowie am Zwischentag ein Mittag- und ein Abendessen gebucht und bezahlt. Der Arbeitnehmer A erhält vom Arbeitgeber keine weiteren Reisekostenerstattungen.

Der Arbeitgeber hat keinen geldwerten Vorteil für die Mahlzeiten zu versteuern. Der Arbeitnehmer kann für die Auswärtstätigkeit folgende Verpflegungspauschalen als Werbungskosten geltend machen:

(Zu LStR 9.5 Abs. 1, LStH 9.5)   **Anlage § 009-06/Steuerliches Reisekostenrecht**

Anreisetag:			12,00 Euro
Zwischentag:		24,00 Euro	
Kürzung:	Frühstück	− 4,80 Euro	
	Mittagessen	− 9,60 Euro	
	Abendessen	− 9,60 Euro	
verbleiben für Zwischentag			0,00 Euro
Abreisetag:		12,00 Euro	
Kürzung:	Frühstück	− 4,80 Euro	
verbleiben für den Abreisetag			7,20 Euro
Insgesamt abziehbar			19,20 Euro

Beispiel 49

Der Werbegrafiker W arbeitet von 10.00 Uhr bis 20.00 Uhr in seinem Büro in B (erste Tätigkeitsstätte), anschließend fährt er noch zu einem Geschäftstermin in C. Der Termin erstreckt sich bis 3.00 Uhr des Folgetags. W kehrt um 4.30 Uhr in seine Wohnung zurück. Zu Beginn des Geschäftstermins nimmt W an einem Abendessen teil, welches vom Arbeitgeber des W bestellt und bezahlt wird.

W ist im Rahmen seiner beruflichen Tätigkeit mehr als acht Stunden auswärts tätig. Dass sich diese Abwesenheit über zwei Kalendertage ohne Übernachtung erstreckt, ist unschädlich. Die Abwesenheitszeiten werden zusammengerechnet und dem zweiten Kalendertag zugeordnet, da an diesem Tag der überwiegende Teil der Abwesenheit stattgefunden hat. Die Verpflegungspauschale von 12 Euro für die berufliche Abwesenheit von mehr als acht Stunden über Nacht ist allerdings um 9,60 Euro zu kürzen; dass die Mahlzeit am ersten Tag vom Arbeitgeber gestellt wird und die Verpflegungspauschale dem Folgetag (Tag an dem die Auswärtstätigkeit endet) zuzuordnen ist, ist dabei unbeachtlich; dem Arbeitnehmer wird im Zusammenhang mit der beruflichen Auswärtstätigkeit, für die er die Verpflegungspauschale beanspruchen kann, eine Mahlzeit vom Arbeitgeber gestellt.

bb) Weitere Voraussetzungen der Kürzung

Die Kürzung der Verpflegungspauschalen ist auch dann vorzunehmen, wenn der Arbeitgeber die dem Arbeitnehmer zustehende Reisekostenvergütung lediglich gekürzt ausbezahlt. Nur ein für die Gestellung der Mahlzeit vereinbartes und vom Arbeitnehmer tatsächlich gezahltes Entgelt mindert den Kürzungsbetrag. Es ist hierbei nicht zu beanstanden, wenn der Arbeitgeber das für die Mahlzeit vereinbarte Entgelt im Rahmen eines abgekürzten Zahlungsweges unmittelbar aus dem Nettolohn des Arbeitnehmers entnimmt. Gleiches gilt, wenn der Arbeitgeber das Entgelt im Wege der Verrechnung aus der dem Arbeitnehmer dienst- oder arbeitsrechtlich zustehenden Reisekostenerstattung entnimmt.

Beispiel 50

Der Arbeitnehmer A ist auf einer dreitägigen Auswärtstätigkeit. Der Arbeitgeber hat für den Arbeitnehmer A in einem Hotel zwei Übernachtungen jeweils mit Frühstück sowie am Zwischentag ein Mittag- und ein Abendessen gebucht und bezahlt. Zusätzlich zu diesen Leistungen möchte der Arbeitgeber auch noch eine steuerfreie Reisekostenerstattung zahlen. Für die vom Arbeitgeber veranlassten und bezahlten Mahlzeiten soll jeweils ein Betrag in Höhe des geltenden Sachbezugswertes (2014: Frühstück 1,63 Euro und Mittag-/Abendessen 3,00 Euro) einbehalten werden.

Der Arbeitgeber hat keinen geldwerten Vorteil für die Mahlzeiten zu versteuern. Der Arbeitgeber kann für die Auswärtstätigkeit höchstens noch folgende Beträge zusätzlich für die Verpflegung steuerfrei auszahlen:

Anreisetag:			12,00 Euro
Zwischentag:		24,00 Euro	
Kürzung:	Frühstück	− 4,80 Euro	
	Mittagessen	− 9,60 Euro	
	Abendessen	− 9,60 Euro	
verbleiben für Zwischentag			0,00 Euro
Abreisetag:		12,00 Euro	
Kürzung:	Frühstück	− 4,80 Euro	
verbleiben für den Abreisetag			7,20 Euro
Insgesamt abziehbar			19,20 Euro

Anlage § 009-06/Steuerliches Reisekostenrecht (Zu LStR 9.5 Abs. 1, LStH 9.5)

Zahlt der Arbeitgeber angesichts der Mahlzeitengestellung nur eine (z. B. um die amtlichen Sachbezugswerte für zwei Frühstücke je 1,63 Euro, ein Mittagessen je 3,00 Euro und ein Abendessen je 3,00 Euro zusammen also um 9,26 Euro) gekürzte steuerfreie Reisekostenerstattung von 9,94 Euro an seinen Arbeitnehmer, kann der Arbeitnehmer die Differenz von 9,26 Euro als Werbungskosten geltend machen. In diesem Fall hat der Arbeitnehmer einen arbeitsrechtlichen Anspruch (nur) auf eine gekürzte Reisekostenerstattung.

Anreisetag:		12,00 Euro
Zwischentag:		24,00 Euro
Kürzung:	Frühstück	– 4,80 Euro
	Mittagessen	– 9,60 Euro
	Abendessen	– 9,60 Euro
verbleiben für Zwischentag		0,00 Euro
Abreisetag:		12,00 Euro
Kürzung:	Frühstück	– 4,80 Euro
verbleiben für den Abreisetag		7,20 Euro
Insgesamt Verpflegungspauschalen		19,20 Euro
abzüglich steuerfreie Reisekostenerstattung		– 9,94 Euro
verbleiben als Werbungskosten		9,26 Euro

Nimmt der Arbeitgeber den Einbehalt in Höhe der Sachbezugswerte z. B. von einen Betrag in Höhe der ungekürzten Verpflegungspauschalen (48,00 Euro) vor und zahlt nur eine gekürzte Reisekostenerstattung von 38,74 Euro (48 Euro – 9,26 Euro) an den Arbeitnehmer, können ebenfalls höchstens 19,20 Euro steuerfrei erstattet werden. Der darüber hinausgehende, vom Arbeitgeber ausgezahlte Betrag von 19,54 Euro (= 38,74 Euro – 19,20 Euro) ist pauschal (nach § 40 Absatz 2 Satz 1 Nummer 4 EStG höchstens bis zu 48,00 Euro) oder individuell zu besteuern.

Zahlt der Arbeitgeber eine ungekürzte steuerfreie Reisekostenerstattung von 19,20 Euro, zieht hiervon aber im Wege der Verrechnung ein Entgelt für die gestellten Mahlzeiten in Höhe der amtlichen Sachbezugswerte ab, ist die Kürzung der Verpflegungspauschalen um die verrechneten Entgelte zu kürzen, im Gegenzug aber die ungekürzte steuerfreie Reisekostenerstattung von 19,20 Euro abzuziehen. Zwar erhält der Arbeitnehmer nur 9,94 Euro ausgezahlt, dies ist aber wirtschaftlich die Differenz aus 19,20 Euro steuerfreie Reisekostenerstattung -9,26 Euro Entgelt für die gestellten Mahlzeiten. In diesem Fall hat der Arbeitnehmer einen arbeitsrechtlichen Anspruch auf eine ungekürzte steuerfreie Reisekostenerstattung, die der Arbeitgeber aber im Rahmen der Erfüllung dieses Erstattungsanspruchs mit seinem Anspruch auf das für die Mahlzeiten vereinbarte Entgelt aufrechnet. Die arbeitgeberinterne Verrechnung ändert nicht den wirtschaftlichen Charakter oder die Anspruchsgrundlage der Reisekostenerstattung.

Anreisetag:		12,00 Euro
Zwischentag:		24,00 Euro
Kürzung:	Frühstück	– 3,17 Euro (4,80 – 1,63 Euro)
	Mittagessen	– 6,60 Euro (9,60 – 3,00 Euro)
	Abendessen	– 6,60 Euro (9,60 – 3,00 Euro)
verbleiben für den Zwischentag		7,63 Euro
Abreisetag:		12,00 Euro
Kürzung:	Frühstück	– 3,17 Euro (4,80 – 1,63 Euro)
verbleiben für den Abreisetag		8,83 Euro
Insgesamt Verpflegungspauschalen		28,46 Euro
abzüglich steuerfreie Reisekostenerstattung		– 19,20 Euro
verbleiben als Werbungskosten		9,26 Euro

Zahlt der Arbeitgeber eine ungekürzte Reisekostenerstattung von 48 Euro und zieht hiervon das für die Mahlzeiten vereinbarte Entgelt in Höhe der Sachbezugswerte im Wege der Verrechnung ab (48,00 Euro – 9,26 Euro = 38,74 Euro), ändert dies nichts an der Berechnung der dem Arbeitnehmer steuerlich zustehenden Verpflegungspauschalen. In diesem Fall können ebenfalls 28,46 Euro steuerfrei erstattet werden. Der darüber hinausgehende, dem Arbeitnehmer arbeitsrechtlich zustehende Erstattungsbetrag von 19,54 Euro (= 48,00 Euro - 28,46 Euro) ist pauschal (nach § 40 Absatz 2 Satz 1 Nummer 4 EStG höchstens bis zu 48,00 Euro) oder individuell zu besteuern.

(Zu LStR 9.5 Abs. 1, LStH 9.5) **Anlage § 009-06/Steuerliches Reisekostenrecht**

Abwandlung 1

Wie Beispiel 50 Ausgangsfall, allerdings zahlt der Arbeitnehmer A für das Frühstück je 5 Euro und für das Mittag- und das Abendessen je 7 Euro.

Anreisetag:		12,00 Euro
Zwischentag:	24,00 Euro	
Kürzung:	Frühstück	– 0,00 Euro (4,80 – 5,00 Euro)
	Mittagessen	– 2,60 Euro (9,60 – 7,00 Euro)
	Abendessen	– 2,60 Euro (9,60 – 7,00 Euro)
verbleiben für den Zwischentag		18,80 Euro
Abreisetag:		12,00 Euro
Kürzung:	Frühstück	– 0,00 Euro (4,80 – 5,00 Euro)
verbleiben für den Abreisetag		12,00 Euro
Insgesamt steuerfrei auszahlbar		42,80 Euro

Abwandlung 2

Sachverhalt wie Beispiel 50 Ausgangsfall, allerdings zahlt der Arbeitnehmer für die volle Verpflegung am Zwischentag pauschal 19,00 Euro.

Anreisetag:	12,00 Euro
Zwischentag:	24,00 Euro
Kürzung: Tagesverpflegung (24 Euro – 19 Euro)	– 5,00 Euro
verbleiben für den Zwischentag	19,00 Euro
Abreisetag:	12,00 Euro
Kürzung: Frühstück	– 4,80 Euro
verbleiben für den Abreisetag	7,20 Euro
Insgesamt steuerfrei auszahlbar	38,20 Euro

Beispiel 51

Der Arbeitnehmer ist während einer eintägigen Auswärtstätigkeit von 5.00 bis 22.00 Uhr abwesend. Der Arbeitgeber stellt am Reisetag zwei Mahlzeiten (Mittag- und Abendessen) zur Verfügung. Für eintägige Auswärtstätigkeiten erstattet der Arbeitgeber dem Arbeitnehmer einen Verpflegungsmehraufwand von 30,00 Euro.

Aufgrund der Kürzung der Verpflegungspauschale verbleibt kein steuerfreier Reisekostenersatz für Verpflegungsmehraufwendungen.

Verpflegungspauschale:		12,00 Euro
Kürzung:	Mittagessen	– 9,60 Euro
	Abendessen	– 9,60 Euro
verbleibt Verpflegungspauschale:		0,00 Euro

Die Erstattung des Verpflegungsmehraufwands durch den Arbeitgeber ist in Höhe von 30,00 Euro grundsätzlich steuerpflichtiger Arbeitslohn. Nach § 40 Absatz 2 Satz 1 Nummer 4 EStG kann der Arbeitgeber einen Betrag von 12,00 Euro (100 Prozent des in § 9 Absatz 4a Satz 3 Nummer 2 EStG genannten Betrags) pauschal mit 25 Prozent besteuern. Die verbleibenden 18,00 Euro (30,00 Euro abzüglich 12,00 Euro) sind nach den persönlichen Besteuerungsmerkmalen des Arbeitnehmers individuell zu besteuern.

Zuzahlungen des Arbeitnehmers sind jeweils vom Kürzungsbetrag derjenigen Mahlzeit abzuziehen, für die der Arbeitnehmer das Entgelt zahlt. Übersteigt das vom Arbeitnehmer für die Mahlzeit gezahlte Entgelt den Kürzungsbetrag, entfällt für diese Mahlzeit die Kürzung des Werbungskostenabzugs. Eine Verrechnung etwaiger Überzahlungen des Arbeitnehmers mit Kürzungsbeträgen für andere Mahlzeiten ist nicht zulässig.

Beispiel 52

Der Arbeitnehmer A ist auf einer dreitägigen Auswärtstätigkeit. Der Arbeitgeber hat für den Arbeitnehmer in einem Hotel zwei Übernachtungen jeweils mit Frühstück sowie am Zwischentag ein Mittag- und ein Abendessen gebucht und bezahlt. Der Arbeitnehmer A zahlt für das Mittag- und Abendessen je 10 Euro.

Anlage § 009-06/Steuerliches Reisekostenrecht (Zu LStR 9.5 Abs. 1, LStH 9.5)

Anreisetag:			12,00 Euro
Zwischentag:		24,00 Euro	
Kürzung:	Frühstück	– 4,80 Euro	
	Mittagessen	– 0,00 Euro (9,60 – 10,00 Euro)	
	Abendessen	– 0,00 Euro (9,60 – 10,00 Euro)	
verbleiben für den Zwischentag			19,20 Euro
Abreisetag:		12,00 Euro	
Kürzung:	Frühstück	– 4,80 Euro	
verbleiben für den Abreisetag			7,20 Euro
Insgesamt Verpflegungspauschalen			38,40 Euro

79 Die Kürzung der Verpflegungspauschale ist auch dann vorzunehmen, wenn der Arbeitgeber den amtlichen Sachbezugswert der Mahlzeit pauschal besteuert hat.

Beispiel 53

Der Arbeitnehmer A nimmt an einer eintägigen Fortbildungsveranstaltung teil. Der Arbeitgeber hat für den Arbeitnehmer A auf dieser Fortbildungsveranstaltung ein Mittagessen gebucht und bezahlt. Der Arbeitgeber besteuert das Mittagessen nach § 40 Absatz 2 Satz 1 Nummer 1a EStG pauschal, da er keine Aufzeichnungen über die Abwesenheit des Arbeitnehmers führt. Der Arbeitnehmer A erhält vom Arbeitgeber keine weiteren Reisekostenerstattungen.

Der A kann anhand seiner Bahntickets gegenüber dem Finanzamt nachweisen, dass er für die Fortbildung insgesamt zehn Stunden von seiner Wohnung und seiner ersten Tätigkeitsstätte abwesend war. Er kann für die Fortbildung folgende Verpflegungspauschalen als Werbungskosten abziehen:

eintägige Auswärtstätigkeit:	12,00 Euro
Kürzung: 1x Mittagessen	– 9,60 Euro
verbleiben als Verpflegungspauschale:	2,40 Euro

80 Erhält der Arbeitnehmer steuerfreie Erstattungen für Verpflegung vom Arbeitgeber, ist ein Werbungskostenabzug insoweit ausgeschlossen.

Beispiel 54

Der Arbeitnehmer A ist auf einer dreitägigen Auswärtstätigkeit. Der Arbeitgeber hat für den Arbeitnehmer in einem Hotel zwei Übernachtungen jeweils mit Frühstück sowie am Zwischentag ein Mittag- und ein Abendessen gebucht und bezahlt. Der Arbeitnehmer A erhält von seinem Arbeitgeber zusätzlich zu den zur Verfügung gestellten Mahlzeiten noch eine steuerfreie Reisekostenerstattung für Verpflegungsmehraufwendungen i. H. v. 19,20 Euro.

Der Arbeitgeber muss keinen geldwerten Vorteil für die Mahlzeiten versteuern. Der A kann für die Auswärtstätigkeit keine Verpflegungspauschalen als Werbungskosten geltend machen:

Anreisetag:			12,00 Euro
Zwischentag:		24,00 Euro	
Kürzung:	Frühstück	– 4,80 Euro	
	Mittagessen	– 9,60 Euro	
	Abendessen	– 9,60 Euro	
verbleiben für Zwischentag			0,00 Euro
Abreisetag:		12,00 Euro	
Kürzung:	Frühstück	– 4,80 Euro	
verbleiben für den Abreisetag			7,20 Euro
Insgesamt Verpflegungspauschalen			19,20 Euro
abzüglich steuerfreie Reisekostenerstattung:			– 19,20 Euro
Euro verbleiben als Werbungskosten:			0,00 Euro

81 Die Kürzung der Verpflegungspauschalen ist nach § 9 Absatz 4a Satz 8 EStG immer dann vorzunehmen, wenn dem Arbeitnehmer eine Mahlzeit von seinem Arbeitgeber oder auf dessen Veranlassung von einem Dritten zur Verfügung gestellt wird.

82 Die Kürzung gilt daher auch für die Teilnahme des Arbeitnehmers an einer geschäftlich veranlassten Bewirtung i. S. d. § 4 Absatz 5 Satz 1 Nummer 2 EStG oder an einem außerhalb der ersten Tätigkeits-

stätte gewährten Arbeitsessen (R 19.6 Absatz 2 Satz 2 LStR 2013), wenn der Arbeitgeber oder auf dessen Veranlassung ein Dritter die Mahlzeit zur Verfügung stellt. Es kommt nicht darauf an, ob Vorteile aus der Gestellung derartiger Mahlzeiten zum Arbeitslohn zählen.

Beispiel 55

Unternehmer U trifft sich am Samstagabend mit einigen Vertretern der Zulieferfirma Z in einem Restaurant zum Essen, um mit diesen eine geschäftliche Kooperation zu erörtern. An dem Essen nehmen auch der Vertriebsleiter und der Leiter der Konstruktionsabteilung des U teil. Jeder Teilnehmer erhält ein Menü zum Preis von 55 Euro einschließlich Getränke. Die Mahlzeit am Samstagabend erhalten die Arbeitnehmer des U im Rahmen einer geschäftlich veranlassten Bewirtung; sie gehört nicht zum Arbeitslohn. Sofern bei den Arbeitnehmern des U die Voraussetzungen für eine Verpflegungspauschale erfüllt wären (z. B. weil sie mehr als acht Stunden abwesend waren oder weil sie nach dem Restaurantbesuch auswärtig übernachtet haben), wäre diese um 9,60 Euro zu kürzen.

Für die Arbeitnehmer der Zulieferfirma Z handelt es sich ebenfalls um die Teilnahme an einer geschäftlich veranlassten Bewirtung, die auch für die Arbeitnehmer des Z keinen Arbeitslohn darstellt. Sofern die Arbeitnehmer des Z die Voraussetzungen für eine Verpflegungspauschale erfüllen, ist bei diesen keine Kürzung wegen der gestellten Mahlzeit vorzunehmen. Z selbst hat seinen Arbeitnehmern keine Mahlzeit gestellt. Da U das Essen gestellt hat, um Geschäftsbeziehungen zu Z zu knüpfen, ist das Merkmal: „ein Dritter auf Veranlassung des Arbeitgebers" nicht gegeben.

Nimmt der Arbeitnehmer hingegen an der geschäftlich veranlassten Bewirtung durch einen Dritten oder einem Arbeitsessen eines Dritten teil, fehlt es in aller Regel an einer durch den Arbeitgeber zur Verfügung gestellten Mahlzeit; in diesem Fall sind die Verpflegungspauschalen nicht zu kürzen. 83

Beispiel 56

Der Mitarbeiter einer deutschen Gesellschaft nimmt an einer Vertriebsveranstaltung im Betriebssitz der italienischen Tochtergesellschaft teil (separate Firmierung). Die italienische Gesellschaft trägt sämtliche Kosten der Vertriebsveranstaltung (so z. B. Hotel, Essen, etc.).

Die Verpflegungspauschalen des Arbeitnehmers der deutschen Gesellschaft sind nicht zu kürzen, weil ihm die Mahlzeiten nicht auf Veranlassung seines Arbeitgebers, sondern eines Dritten (der italienischen Tochtergesellschaft) zur Verfügung gestellt werden.

Abwandlung

Die italienische Tochtergesellschaft belastet der deutschen Gesellschaft die Kosten für den Arbeitnehmer weiter.

In diesem Fall ist davon auszugehen, dass die dem Arbeitnehmer gestellten Mahlzeiten auf Veranlassung des Arbeitgebers erfolgen, was zur gesetzlich vorgeschriebenen Kürzung der Verpflegungspauschalen führt.

Da die im Rahmen einer herkömmlichen Betriebsveranstaltung (R 19.5 LStR 2013) abgegebenen Mahlzeiten in aller Regel durch den Arbeitgeber veranlasst sind, gelten für den Sonderfall, dass die Betriebsveranstaltung mit einer beruflichen Auswärtstätigkeit verknüpft ist, die in Rz. 88 dargestellten Grundsätze entsprechend. 84

Die durch eine zusätzlich zur Betriebsveranstaltung veranlasste berufliche Auswärtstätigkeit entstehenden Fahrt- und Übernachtungskosten sowie Verpflegungsmehraufwendungen sind Reisekosten und können als Werbungskosten berücksichtigt oder in entsprechender Höhe als steuerfreier Arbeitgeberersatz erstattet werden. 85

Die dem Arbeitgeber unmittelbar durch die Betriebsveranstaltung entstehenden Fahrt- und Übernachtungskosten sowie Verpflegungsaufwendungen sind nach den für die Betriebsveranstaltung geltenden allgemeinen Grundsätzen steuerlich zu beurteilen.

Die Kürzung der Verpflegungspauschalen unterbleibt insoweit, als Mahlzeiten vom Arbeitgeber zur Verfügung gestellt werden, deren Preis 60 Euro übersteigt und die daher individuell zu versteuern sind. 86

Hat der Arbeitnehmer für die Mahlzeit ein Entgelt entrichtet, wird dieses Entgelt auf den Kürzungsbetrag angerechnet. Es kommt insoweit auf das tatsächlich entrichtete Entgelt an, nicht aber darauf, ob das Entgelt dem tatsächlichen Wert der Mahlzeit entsprochen oder der Arbeitnehmer die Mahlzeit verbilligt erhalten hat. 87

cc) Ermittlung der Pauschalen bei gemischt veranlassten Veranstaltungen mit Mahlzeitengestellung

Bei gemischt veranlassten Reisen sind die entstehenden Kosten grundsätzlich in einen beruflich veranlassten Anteil und einen den Kosten der Lebensführung zuzurechnenden Anteil aufzuteilen (vgl. BFH vom 18. August 2005, VI R 32/03, BStBl. 2006 II S. 30). Dies gilt auch für die entstehenden Ver- 88

Anlage § 009-06/Steuerliches Reisekostenrecht (Zu LStR 9.5 Abs. 1, LStH 9.5)

pflegungsmehraufwendungen. Stellt der Arbeitgeber im Rahmen einer gemischt veranlassten Reise Mahlzeiten zur Verfügung, ist die gesetzlich vorgeschriebene Kürzung der Verpflegungspauschalen erst nach der Ermittlung des beruflich veranlassten Teils der Verpflegungspauschalen vorzunehmen.

Beispiel 57

Der Arbeitnehmer A nimmt an einer einwöchigen vom Arbeitgeber organisierten und finanzierten Reise im Inland teil. Das Programm sieht morgens eine Fortbildungsmaßnahme vor, der Nachmittag steht für touristische Aktivitäten zur Verfügung. Frühstück und Abendessen sind inklusive (Halbpension).

Folgende Auswirkungen ergeben sich durch die gemischte Veranlassung der Reise (bei einer angenommenen Quote von 50 Prozent) auf die steuerliche Berücksichtigung des Verpflegungsmehraufwands:

Die Verpflegungsmehraufwendungen sind – wie die übrigen Reisekosten – nur zu 50 Prozent beruflich veranlasst.

Anreisetag: 12,00 Euro x 50 Prozent =	6,00 Euro
Kürzung:	– 9,60 Euro
verbleibt Verpflegungspauschale	0,00 Euro
5 Zwischentage je 24,00 Euro x 50 Prozent =	je 12,00 Euro
Kürzung je 4,80 Euro und je 9,60 Euro =	je – 14,40 Euro
verbleibt Verpflegungspauschale 5 x 0,00 Euro =	0,00 Euro
Abreisetag: 12,00 Euro x 50 Prozent =	6,00 Euro
Kürzung:	– 4,80 Euro
verbleibt Verpflegungspauschale	1,20 Euro

c) Doppelte Haushaltsführung, § 9 Absatz 4a Satz 12 EStG

89 Die Verpflegungspauschalen gelten auch für eine Übergangszeit von drei Monaten nachdem eine steuerlich anzuerkennende doppelte Haushaltsführung begründet wurde (§ 9 Absatz 4a Satz 12 EStG). Für den Fall der Gestellung von Mahlzeiten durch den Arbeitgeber oder auf dessen Veranlassung von einem Dritten im Rahmen der doppelten Haushaltsführung gelten die vorstehenden Ausführungen unter Rz. 61 bis 87 entsprechend.

Beispiel 58

Der Arbeitnehmer A wird vom Stammsitz seines Arbeitgebers, wo er mit seiner Familie wohnt, an einen 250 Kilometer entfernten Tochterbetrieb im Inland ohne zeitliche Begrenzung umgesetzt. A behält seinen Familienwohnsitz bei und übernachtet während der Woche in einem Hotel in der Nähe des Tochterbetriebs. Das Hotel stellt dem Arbeitgeber pro Übernachtung 50 Euro zuzüglich 10 Euro für ein Frühstück in Rechnung, welche der Arbeitnehmer zunächst verauslagt und dann von seinem Arbeitgeber erstattet erhält.

Es liegt eine doppelte Haushaltsführung vor, da der Tochterbetrieb mit der zeitlich unbegrenzten Zuordnung zur ersten Tätigkeitsstätte des Arbeitnehmers wird. Für die ersten drei Monate der doppelten Haushaltsführung gelten die Regelungen zur Gestellung von Mahlzeiten bei Auswärtstätigkeit entsprechend. Nach Ablauf der Dreimonatsfrist sind dann die Regeln der Gestellung von Mahlzeiten am Ort der ersten Tätigkeitsstätte anzuwenden.

In den ersten drei Monaten der doppelten Haushaltsführung unterbleibt folglich die Erfassung des arbeitstäglichen Frühstücks mit dem amtlichen Sachbezugswert als Arbeitslohn bei gleichzeitiger Kürzung der täglichen Verpflegungspauschalen um jeweils 4,80 Euro.

Nach Ablauf der ersten drei Monate ist für das Frühstück ein geldwerter Vorteil in Höhe des Sachbezugswertes anzusetzen (R 8.1 Absatz 7 Nummer 1 LStR 2013).

d) Bescheinigungspflicht „M"

90 Hat der Arbeitgeber oder auf dessen Veranlassung ein Dritter dem Arbeitnehmer während seiner beruflichen Tätigkeit außerhalb seiner Wohnung und seiner ersten Tätigkeitsstätte oder im Rahmen einer doppelten Haushaltsführung eine mit dem amtlichen Sachbezugswert zu bewertende Mahlzeit zur Verfügung gestellt, muss im Lohnkonto der Großbuchstabe „M" aufgezeichnet und in der elektronischen Lohnsteuerbescheinigung bescheinigt werden. Zur Erläuterung der mit dem Großbuchstaben „M" bescheinigten Mahlzeitengestellungen sind neben den Reisekostenabrechnungen regelmäßig keine weiteren detaillierten Arbeitgeberbescheinigungen auszustellen.

91 Diese Aufzeichnungs- und Bescheinigungspflicht gilt unabhängig von der Anzahl der Mahlzeitengestellungen an den Arbeitnehmer im Kalenderjahr. Es kommt nicht darauf an, ob eine Besteuerung der Mahlzeiten ausgeschlossen ist (§ 8 Absatz 2 Satz 9 EStG) oder die Mahlzeit pauschal nach § 40 Absatz 2

(Zu LStR 9.5 Abs. 1, LStH 9.5) **Anlage § 009-06/Steuerliches Reisekostenrecht**

Satz 1 Nummer 1a EStG oder individuell besteuert wurde. Im Fall der Gewährung von Mahlzeiten, die keinen Arbeitslohn darstellen oder deren Preis 60 Euro übersteigt und die daher nicht mit dem amtlichen Sachbezugswert zu bewerten sind, besteht keine Pflicht im Lohnkonto den Großbuchstaben „M" aufzuzeichnen und zu bescheinigen.

Sofern das Betriebsstättenfinanzamt für die nach § 3 Nummer 13 oder Nummer 16 EStG steuerfrei gezahlten Vergütungen nach § 4 Absatz 3 LStDV eine andere Aufzeichnung als im Lohnkonto zugelassen hat, ist für eine Übergangszeit (bis max. 2015) eine Bescheinigung des Großbuchstabens „M" nicht zwingend erforderlich. 92

e) Neue Pauschalbesteuerungsmöglichkeit üblicher Mahlzeiten, § 40 Absatz 2 Satz 1 Nummer 1a EStG

Nach § 40 Absatz 2 Satz 1 Nummer 1a EStG besteht bei Mahlzeiten die Möglichkeit der pauschalen Besteuerung mit 25 Prozent, wenn 93

- diese dem Arbeitnehmer von seinem Arbeitgeber oder auf dessen Veranlassung von einem Dritten während einer auswärtigen Tätigkeit unentgeltlich oder verbilligt zur Verfügung gestellt werden und
- deren Besteuerung nicht nach § 8 Absatz 2 Satz 9 EStG unterbleibt.

Die Pauschalbesteuerung kommt demnach in Betracht, wenn 94

- der Arbeitnehmer ohne Übernachtung nicht mehr als acht Stunden auswärts tätig ist,
- der Arbeitgeber die Abwesenheitszeit nicht überwacht, nicht kennt oder
- die Dreimonatsfrist nach § 9 Absatz 4a Satz 6 EStG abgelaufen ist.

Beispiel 59

Der Arbeitnehmer A nimmt an einer halbtägigen auswärtigen Seminarveranstaltung teil. Der Arbeitgeber hat für die teilnehmenden Arbeitnehmer neben dem Seminar auch ein Mittagessen gebucht und bezahlt. Der Arbeitgeber besteuert das Mittagessen nach § 40 Absatz 2 Satz 1 Nummer 1a EStG pauschal mit 25 Prozent, weil er keine Aufzeichnungen über die Abwesenheitszeiten der Arbeitnehmer führt.

Voraussetzung ist, dass es sich um übliche Mahlzeiten handelt, die nach § 8 Absatz 2 Satz 8 EStG mit dem Sachbezugswert anzusetzen sind. 95

Nicht nach § 40 Absatz 2 Satz 1 Nummer 1a EStG pauschal besteuerbar sind somit sog. Belohnungsessen mit einem Preis von mehr als 60 Euro. 96

Die Pauschalierungsmöglichkeit greift auch nicht für Mahlzeiten, die im überwiegend eigenbetrieblichen Interesse des Arbeitgebers abgegeben werden (z. B. sog. Arbeitsessen oder bei Beteiligung von Arbeitnehmern an einer geschäftlich veranlassten Bewirtung), da insoweit kein steuerpflichtiger Arbeitslohn vorliegt. 97

Die Pauschalierungsmöglichkeit nach § 40 Absatz 2 Satz 1 Nummer 1a EStG gilt zudem nicht für die Gestellung von Mahlzeiten am Ort der ersten Tätigkeitsstätte im Rahmen einer doppelten Haushaltsführung; hier kommt allerdings eine Pauschalierung nach § 40 Absatz 2 Satz 1 Nummer 1 EStG in Betracht. 98

4. Unterkunftskosten, § 9 Absatz 1 Satz 3 Nummer 5 und Nummer 5a EStG

a) Unterkunftskosten im Rahmen der doppelten Haushaltsführung, § 9 Absatz 1 Satz 3 Nummer 5 EStG

aa) Vorliegen einer doppelten Haushaltsführung

Eine doppelte Haushaltsführung liegt nur vor, wenn der Arbeitnehmer außerhalb des Ortes seiner ersten Tätigkeitsstätte einen eigenen Haushalt unterhält und auch am Ort der ersten Tätigkeitsstätte wohnt. Die Anzahl der Übernachtungen ist dabei weiterhin unerheblich. 99

Das Vorliegen eines eigenen Hausstandes setzt neben dem Innehaben einer Wohnung aus eigenem Recht als Eigentümer oder Mieter bzw. aus gemeinsamen oder abgeleitetem Recht als Ehegatte, Lebenspartner oder Lebensgefährte sowie Mitbewohner gemäß § 9 Absatz 1 Satz 3 Nummer 5 Satz 3 EStG auch eine finanzielle Beteiligung an den Kosten der Lebensführung (laufende Kosten der Haushaltsführung) voraus. Es genügt nicht, wenn der Arbeitnehmer z. B. im Haushalt der Eltern lediglich ein oder mehrere Zimmer unentgeltlich bewohnt oder wenn dem Arbeitnehmer eine Wohnung im Haus der Eltern unentgeltlich zur Nutzung überlassen wird. Die finanzielle Beteiligung an den Kosten der Haushaltsführung ist darzulegen und kann auch bei volljährigen Kindern, die bei ihren Eltern oder einem Elternteil wohnen, nicht generell unterstellt werden. Durch diese Neuregelung ist die anders lautende Rechtsprechung des BFH (z. B. BFH vom 16. Januar 2013, VI R 46/12, BStBl. II S. 627) überholt. Eine finanzielle Beteiligung an den Kosten der Haushaltsführung mit Bagatellbeträgen ist nicht ausreichend. Betragen die 100

Anlage § 009-06/Steuerliches Reisekostenrecht (Zu LStR 9.5 Abs. 1, LStH 9.5)

Barleistungen des Arbeitnehmers mehr als 10 Prozent der monatlich regelmäßig anfallenden laufenden Kosten der Haushaltsführung (z. B. Miete, Mietnebenkosten, Kosten für Lebensmittel und andere Dinge des täglichen Bedarfs) ist von einer finanziellen Beteiligung oberhalb der Bagatellgrenze auszugehen. Liegen die Barleistungen darunter, kann der Arbeitnehmer eine hinreichende finanzielle Beteiligung auch auf andere Art und Weise darlegen. Bei Ehegatten oder Lebenspartnern mit den Steuerklassen III, IV oder V kann eine finanzielle Beteiligung an den Kosten der Haushaltsführung ohne entsprechenden Nachweis unterstellt werden (vgl. auch Rz. 109).

bb) Berufliche Veranlassung

101 Das Beziehen einer Zweitwohnung oder -unterkunft muss aus beruflichen Gründen erforderlich sein. Eine Zweitwohnung oder -unterkunft in der Nähe des Beschäftigungsorts steht einer Zweitwohnung am Ort der ersten Tätigkeitsstätte gleich. Aus Vereinfachungsgründen kann von einer Zweitunterkunft oder -wohnung am Ort der ersten Tätigkeitsstätte davon ausgegangen werden, wenn der Weg von der Zweitunterkunft oder -wohnung zur ersten Tätigkeitsstätte weniger als die Hälfte der Entfernung der kürzesten Straßenverbindung zwischen der Hauptwohnung (Mittelpunkt der Lebensinteressen) und der ersten Tätigkeitsstätte beträgt. Befinden sich der eigene Hausstand und die Zweitwohnung innerhalb desselben Ortes (derselben Stadt oder Gemeinde) kann für die Frage der beruflichen Veranlassung ebenfalls diese Vereinfachungsregelung (Entfernung Zweitwohnung und erste Tätigkeitsstätte im Vergleich zur Entfernung zwischen Hauptwohnung und ersten Tätigkeitsstätte) herangezogen werden.

Beispiel 60

Der Arbeitnehmer A hat seinen eigenen Hausstand in B und in C seine neue erste Tätigkeitsstätte. Die Entfernung von B (Mittelpunkt der Lebensinteressen) nach C beträgt 250 km. Der Arbeitnehmer findet in Z eine günstige Zweitwohnung. Die Entfernung von dieser Zweitwohnung in Z nach C (erste Tätigkeitsstätte) beträgt 70 km.

Auch wenn die Zweitwohnung in Z 70 km von C entfernt liegt, gilt sie noch als Wohnung am Ort der ersten Tätigkeitsstätte, da sie weniger als die Hälfte der Entfernung von der Hauptwohnung in B zur neuen ersten Tätigkeitsstätte in C entfernt liegt (1/2 von 250 km= 125 km).

Abwandlung

Die Entfernung von der Zweitwohnung in Z nach C (erste Tätigkeitsstätte) beträgt 150 Kilometer. In diesem Fall kann nicht mehr ohne Weiteres von einer Zweitwohnung am Ort der ersten Tätigkeitsstätte ausgegangen werden. Die steuerliche Anerkennung richtet sich in diesem Fall nach den von der BFH-Rechtsprechung aufgestellten Grundsätzen (vgl. hierzu grundlegend BFH vom 19. April 2012, VI R 59/11, BStBl. II S. 833).

cc) Höhe der Unterkunftskosten

102 Als Unterkunftskosten für eine doppelte Haushaltsführung im Inland werden die dem Arbeitnehmer tatsächlich entstandenen Aufwendungen für die Nutzung der Wohnung oder Unterkunft höchstens bis zu einem nachgewiesenen Betrag von 1 000 Euro im Monat anerkannt. Die Prüfung der Notwendigkeit und Angemessenheit entfällt; auch auf die Zahl der Wohnungsbenutzer (Angehörige) kommt es nicht an. Durch diese Neuregelung ist die anders lautende Rechtsprechung des BFH (vgl. BFH vom 9. August 2007, VI R 10/06, BStBl. II S. 820) überholt.

103 Steht die Zweitwohnung oder -unterkunft im Eigentum des Arbeitnehmers, sind die tatsächlichen Aufwendungen (z. B. AfA, Schuldzinsen, Reparaturkosten, Nebenkosten) bis zum Höchstbetrag von 1 000 Euro monatlich zu berücksichtigen. Insoweit gelten die Grundsätze der BFH-Rechtsprechung (vgl. BFH vom 3. Dezember 1982, VI R 228/80, BStBl. 1983 II S. 467) weiter.

104 Der Höchstbetrag umfasst sämtliche entstehenden Aufwendungen wie Miete, Betriebskosten, Kosten der laufenden Reinigung und Pflege der Zweitwohnung oder -unterkunft, AfA für notwendige Einrichtungsgegenstände (ohne Arbeitsmittel), Zweitwohnungsteuer, Rundfunkbeitrag, Miet- oder Pachtgebühren für Kfz-Stellplätze, Aufwendungen für Sondernutzung (wie Garten), die vom Arbeitnehmer selbst getragen werden. Wird die Zweitwohnung oder – unterkunft möbliert angemietet, sind die Aufwendungen bis zum Höchstbetrag berücksichtigungsfähig. Auch Aufwendungen für einen separat angemieteten Garagenstellplatz sind in den Höchstbetrag einzubeziehen und können nicht als „sonstige" notwendige Mehraufwendungen zusätzlich berücksichtigt werden. Die anders lautende BFH-Rechtsprechung (vgl. BFH vom 13. November 2012, VI R 50/11, BStBl. 2013 II S. 286) ist überholt. Maklerkosten, die für die Anmietung einer Zweitwohnung oder -unterkunft entstehen, sind als Umzugskosten zusätzlich als Werbungskosten abziehbar (R 9.9 Absatz 2 LStR 2013) oder vom Arbeitgeber steuerfrei erstattbar. Sie sind nicht in die 1 000 Euro-Grenze mit einzubeziehen.

105 Bei der Anwendung des Höchstbetrags ist grundsätzlich § 11 EStG zu beachten. Soweit der monatliche Höchstbetrag von 1 000 Euro nicht ausgeschöpft wird, ist eine Übertragung des nicht ausgeschöpften

(Zu LStR 9.5 Abs. 1, LStH 9.5) **Anlage § 009-06/Steuerliches Reisekostenrecht**

Volumens in andere Monate des Bestehens der doppelten Haushaltsführung im selben Kalenderjahr möglich. Erhält der Arbeitnehmer Erstattungen z. B. für Nebenkosten, mindern diese Erstattungen im Zeitpunkt des Zuflusses die Unterkunftskosten der doppelten Haushaltsführung.

Ein häusliches Arbeitszimmer in der Zweitwohnung am Ort der ersten Tätigkeitsstätte ist bei der Ermittlung der anzuerkennenden Unterkunftskosten wie bisher nicht einzubeziehen; der Abzug der hierauf entfallenden Aufwendungen richtet sich weiterhin nach § 4 Absatz 5 Satz 1 Nummer 6b EStG (vgl. BFH vom 9. August 2007, VI R 23/05, BStBl. 2009 II S. 722).

Der Höchstbetrag nach § 9 Absatz 1 Satz 3 Nummer 5 Satz 4 EStG in Höhe von 1 000 Euro ist ein Monatsbetrag, der nicht auf einen Kalendertag umzurechnen ist und grundsätzlich für jede doppelte Haushaltsführung des Arbeitnehmers gesondert gilt. Beziehen mehrere berufstätige Arbeitnehmer (z. B. beiderseits berufstätige Ehegatten, Lebenspartner, Lebensgefährten, Mitglieder einer Wohngemeinschaft) am gemeinsamen Beschäftigungsort eine gemeinsame Zweitwohnung, handelt es sich jeweils um eine doppelte Haushaltsführung, so dass jeder Arbeitnehmer den Höchstbetrag für die tatsächlich von ihm getragenen Aufwendungen jeweils für sich beanspruchen kann. 106

Beispiel 61

Die beiderseits berufstätigen Ehegatten bewohnen an ihrem Beschäftigungsort in M (jeweils Ort der ersten Tätigkeitsstätte) gemeinsam eine möblierte Unterkunft. Ihren Hausstand sowie ihren Lebensmittelpunkt haben die Eheleute nachweislich im eigenen Einfamilienhaus in B. Die Aufwendungen für die Nutzung der Unterkunft am Beschäftigungsort betragen inklusive sämtlicher Nebenkosten und Abschreibungen für notwendige Einrichtungsgegenstände 1 100 Euro im Monat. Diese werden auf Grund gemeinsamer Verpflichtung von beiden Ehegatten zu gleichen Anteilen gezahlt.

Die tatsächlichen Aufwendungen für die Nutzung der Unterkunft können bei jedem Ehegatten jeweils in Höhe von 550 Euro angesetzt werden.

Beispiel 62

Der Arbeitnehmer A bewohnt am Ort seiner ersten Tätigkeitsstätte in M eine Zweitwohnung. Die Aufwendungen für die Nutzung dieser Unterkunft (Miete, inkl. sämtlicher berücksichtigungsfähiger Nebenkosten und evtl. Abschreibungen für notwendige Einrichtungsgegenstände) betragen bis zum 30. Juni monatlich 990 Euro. Ab 1. Juli wird die Miete um 30 Euro erhöht, so dass ab diesem Zeitpunkt die monatlichen Aufwendungen für die Nutzung der Unterkunft 1 020 Euro betragen.

In den Monaten Januar bis Juni können die Aufwendungen für die Nutzung der Unterkunft in voller Höhe vom Arbeitgeber steuerfrei erstattet bzw. von A als Werbungskosten geltend gemacht werden.

Ab Juli ist grundsätzlich die Beschränkung auf den Höchstbetrag von 1 000 Euro zu beachten. Die den Höchstbetrag übersteigenden Aufwendungen von monatlich 20 Euro können allerdings mit dem noch nicht aufgebrauchten Höchstbetragsvolumen der Monate Januar – Juni (6 x 10 Euro = 60 Euro) verrechnet und insoweit steuerfrei erstattet oder als Werbungskosten geltend gemacht werden .

Bei doppelter Haushaltsführung im Ausland gelten die bisherigen Grundsätze unverändert weiter. Danach sind die Aufwendungen in tatsächlicher Höhe notwendig, soweit sie die ortsübliche Miete für eine nach Lage und Ausstattung durchschnittliche Wohnung am Ort der ersten Tätigkeitsstätte mit einer Wohnfläche bis zu 60 qm nicht überschreiten. 107

dd) Steuerfreie Erstattung durch den Arbeitgeber und Werbungskostenabzug

Für den steuerfreien Arbeitgeberersatz kann der Arbeitgeber bei Arbeitnehmern mit den Steuerklassen III, IV oder V weiterhin ohne Weiteres unterstellen, dass sie einen eigenen Hausstand haben, an dem sie sich auch finanziell beteiligen. Bei anderen Arbeitnehmern darf der Arbeitgeber einen eigenen Hausstand nur dann anerkennen, wenn sie schriftlich erklären, dass sie neben einer Zweitwohnung oder -unterkunft am Beschäftigungsort außerhalb des Beschäftigungsortes einen eigenen Hausstand unterhalten, an dem sie sich auch finanziell beteiligen. Die Kosten der Zweitwohnung oder -unterkunft am Ort der ersten Tätigkeitsstätte im Inland können weiterhin vom Arbeitgeber pauschal steuerfrei erstattet werden (R 9.11 Absatz 10 Satz 7 Nummer 3 LStR 2013). 108

Beim Werbungskostenabzug im Rahmen der Einkommensteuerveranlagung hat der Arbeitnehmer das Vorliegen einer doppelten Haushaltsführung und die finanzielle Beteiligung an der Haushaltsführung am Ort des eigenen Hausstands darzulegen. Kosten der Zweitwohnung oder -unterkunft sind für die Berücksichtigung als Werbungskosten grundsätzlich im Einzelnen nachzuweisen; sie können geschätzt werden, wenn sie dem Grunde nach zweifelsfrei entstanden sind (vgl. BFH vom 12. September 2001, VI R 72/97, BStBl. II S. 775). 109

Anlage § 009-06/Steuerliches Reisekostenrecht (Zu LStR 9.5 Abs. 1, LStH 9.5)

b) Unterkunftskosten im Rahmen einer Auswärtstätigkeit, § 9 Absatz 1 Satz 3 Nummer 5a EStG

110 Als Werbungskosten abzugsfähig sind Unterkunftskosten bei einer Auswärtstätigkeit. Hierbei muss es sich um notwendige Mehraufwendungen eines Arbeitnehmers für beruflich veranlasste Übernachtungen an einer Tätigkeitsstätte handeln, die nicht erste Tätigkeitsstätte ist.

aa) Berufliche Veranlassung

111 Die berufliche Veranlassung ist gegeben, wenn der Arbeitnehmer auf Weisung des Arbeitgebers so gut wie ausschließlich betrieblich bzw. dienstlich unterwegs ist. Dies ist zum Beispiel der Fall, wenn der Arbeitnehmer einen Kunden besucht. Erledigt der Arbeitnehmer im Zusammenhang mit der beruflich veranlassten Auswärtstätigkeit auch in einem mehr als geringfügigen Umfang private Angelegenheiten, sind die beruflich veranlassten von den privat veranlassten Aufwendungen zu trennen (vgl. BFH vom 21. September 2009, GrS 1/06, BStBl. 2010 II S. 672). Ist das nicht – auch nicht durch Schätzung – möglich, gehören die gesamten Aufwendungen zu den nach § 12 EStG nicht abziehbaren Aufwendungen für die Lebensführung.

bb) Unterkunftskosten

112 Unterkunfts- bzw. Übernachtungskosten sind die tatsächlichen Aufwendungen für die persönliche Inanspruchnahme einer Unterkunft zur Übernachtung. Hierzu zählen zum Beispiel Kosten für die Nutzung eines Hotelzimmers, Mietaufwendungen für die Nutzung eines (ggf. möblierten) Zimmers oder einer Wohnung sowie Nebenleistungen (z. B. Kultur- und Tourismusförderabgabe, Kurtaxe/Fremdenverkehrsabgabe, bei Auslandsübernachtungen die besondere Kreditkartengebühr bei Zahlungen in Fremdwährungen). Im Rahmen des Werbungskostenabzugs können lediglich die tatsächlich entstandenen Übernachtungskosten und keine Pauschalen berücksichtigt werden.

113 Kosten für Mahlzeiten gehören zu den Aufwendungen des Arbeitnehmers für die Verpflegung und sind nur nach Maßgabe des § 9 Absatz 4a EStG abziehbar. Wird durch Zahlungsbelege nur ein Gesamtpreis für Unterkunft und Verpflegung nachgewiesen und lässt sich der Preis für die Verpflegung nicht feststellen (z. B. Tagungspauschale), so ist dieser Gesamtpreis zur Ermittlung der Übernachtungskosten zu kürzen. Als Kürzungsbeträge sind dabei

- für Frühstück 20 Prozent,
- für Mittag- und Abendessen jeweils 40 Prozent

der für den Unterkunftsort maßgebenden Verpflegungspauschale bei einer Auswärtstätigkeit mit einer Abwesenheitsdauer von mindestens 24 Stunden anzusetzen.

Beispiel 63

Der Arbeitnehmer A übernachtet während einer zweitägigen inländischen Auswärtstätigkeit im Hotel. Die Rechnung des Hotels ist auf den Namen des Arbeitgebers ausgestellt. Das Hotel rechnet eine Übernachtung mit Frühstück wie folgt ab:

Pauschalarrangement   70 Euro

Der Arbeitgeber hat folgende Möglichkeiten:

Zur Ermittlung der Übernachtungskosten kann der Gesamtpreis um 4,80 Euro (20 Prozent von 24 Euro für die auf das Frühstück entfallenden anteiligen Kosten) gekürzt werden. Der verbleibende Betrag von 65,20 Euro kann vom Arbeitgeber dann als Übernachtungskosten steuerfrei erstattet werden. Für den An- und Abreisetag stehen dem Arbeitnehmer Verpflegungspauschalen von 24 Euro (je 12 Euro für den An- und Abreisetag) zu. Die Verpflegungspauschale für den Abreisetag ist nicht zu kürzen (um 4,80 Euro für das Frühstück), wenn der Arbeitgeber dem Arbeitnehmer lediglich die 65,20 Euro als Übernachtungskosten erstattet. Insgesamt kann der Arbeitgeber somit 89,20 Euro steuerfrei erstatten (65,20 Euro Unterkunft plus 24 Euro Verpflegung).

Erstattet der Arbeitgeber dem Arbeitnehmer hingegen den Gesamtpreis von 70 Euro (also einschließlich Frühstück) sind die Verpflegungspauschalen zu kürzen auf einen Betrag von 19,20 Euro für Verpflegung. Insgesamt kann der Arbeitgeber somit 89,20 Euro steuerfrei erstatten (70 Euro Unterkunft und Frühstück plus 19,20 Euro Verpflegung).

Die Berechnungen führen somit zum gleichen Ergebnis, egal von welchem Betrag der pauschale Einbehalt bzw. die pauschale Kürzung erfolgt.

Abwandlung

Die Rechnung des Hotels ist auf den Namen des Arbeitnehmers ausgestellt.

Auch in diesem Fall kann der Arbeitgeber insgesamt höchstens 89,20 Euro steuerfrei erstatten (65,20 Euro Unterkunft plus 24 Euro Verpflegung).

Beispiel 64

Der Arbeitnehmer A übernachtet während einer zweitägigen Auswärtstätigkeit im Hotel. Die Rechnung ist auf den Namen des Arbeitgebers ausgestellt. Das Hotel rechnet eine Übernachtung mit Frühstück wie folgt ab:

Übernachtung   60 Euro
Frühstück   10 Euro

Die ausgewiesenen Übernachtungskosten von 60 Euro können vom Arbeitgeber steuerfrei erstattet werden. Für den An- und Abreisetag stünden dem Arbeitnehmer zusätzlich auch noch Verpflegungspauschalen von 24 Euro (je 12 Euro für den An- und Abreisetag) zu. Die Verpflegungspauschale für den Abreisetag ist nicht zu kürzen, wenn der Arbeitgeber dem Arbeitnehmer lediglich die 60 Euro Übernachtungskosten erstattet.

Erstattet der Arbeitgeber hingegen auch den Betrag von 10 Euro für das Frühstück, ist die Verpflegungspauschale für den Abreisetag um 4,80 Euro wegen des vom Arbeitgeber zur Verfügung gestellten Frühstücks zu kürzen. Der Arbeitgeber kann dann zusätzlich einen Betrag von 19,20 Euro für Verpflegung steuerfrei erstatten.

Abwandlung

Die Rechnung des Hotels ist auf den Namen des Arbeitnehmers ausgestellt.

In diesem Fall kann der Arbeitgeber insgesamt höchstens 84 Euro steuerfrei erstatten (60 Euro Unterkunft plus 24 Euro Verpflegung).

Werden keine steuerfreien Erstattungen seitens des Arbeitgebers gezahlt, ist der Betrag von 84 Euro als Werbungskosten berücksichtigungsfähig.

cc) Notwendige Mehraufwendungen

Es ist lediglich die berufliche Veranlassung zu prüfen, nicht aber die Angemessenheit der Unterkunft 114 (bestimmte Hotelkategorie oder Größe der Unterkunft). Die Anerkennung von Unterkunftskosten im Rahmen einer auswärtigen beruflichen Tätigkeit erfordert, dass noch eine andere Wohnung besteht, für die dem Arbeitnehmer Aufwendungen entstehen, weil er dort

• seinen Lebensmittelpunkt hat, ohne dass dort jedoch ein eigener Hausstand vorliegen muss, oder
• seinen Lebensmittelpunkt wieder aufnehmen will.

Für die Berücksichtigung von Unterkunftskosten anlässlich einer Auswärtstätigkeit wird somit – anders als bei der doppelten Haushaltsführung – nicht vorausgesetzt, dass der Arbeitnehmer eine Wohnung aus eigenem Recht oder als Mieter innehat und eine finanzielle Beteiligung an den Kosten der Lebensführung leistet. Es genügt, wenn der Arbeitnehmer z. B. im Haushalt der Eltern ein Zimmer bewohnt.

Ist die Unterkunft am auswärtigen Tätigkeitsort die einzige Wohnung/Unterkunft des Arbeitnehmers, 115 liegt kein beruflich veranlasster Mehraufwand vor.

Soweit höhere Übernachtungskosten anfallen, weil der Arbeitnehmer eine Unterkunft gemeinsam mit 116 Personen nutzt, die in keinem Dienstverhältnis zum selben Arbeitgeber stehen, sind nur diejenigen Aufwendungen anzusetzen, die bei alleiniger Nutzung durch den Arbeitnehmer angefallen wären. Nicht abziehbar sind somit Mehrkosten, die aufgrund der Mitnutzung der Übernachtungsmöglichkeit durch eine Begleitperson entstehen, insbesondere wenn die Begleitung privat und nicht beruflich veranlasst ist. Bei Mitnutzung eines Mehrbettzimmers (z. B. Doppelzimmer) können die Aufwendungen angesetzt werden, die bei Inanspruchnahme eines Einzelzimmers im selben Haus entstanden wären.

Bei Nutzung einer Wohnung am auswärtigen Tätigkeitsort zur Übernachtung während einer beruflich 117 veranlassten Auswärtstätigkeit kann im Inland aus Vereinfachungsgründen – entsprechend der Regelungen für Unterkunftskosten bei einer längerfristigen Auswärtstätigkeit von mehr als 48 Monaten – bei Aufwendungen bis zu einem Betrag von 1 000 Euro monatlich von einer ausschließlichen beruflichen Veranlassung ausgegangen werden. Betragen die Aufwendungen im Inland mehr als 1 000 Euro monatlich oder handelt es sich um eine Wohnung im Ausland, können nur die Aufwendungen berücksichtigt werden, die durch die beruflich veranlasste, alleinige Nutzung des Arbeitnehmers verursacht werden; dazu kann die ortsübliche Miete für eine nach Lage und Ausstattung durchschnittliche Wohnung am Ort der auswärtigen Tätigkeitsstätte mit einer Wohnfläche bis zu 60 qm als Vergleichsmaßstab herangezogen werden.

Beispiel 65

Der Arbeitnehmer A wird aus persönlichen Gründen auf einer Auswärtstätigkeit von seiner Ehefrau begleitet. Für die Übernachtung im Doppelzimmer entstehen Kosten von 150 Euro. Ein Einzelzimmer hätte 90 Euro gekostet.

Anlage § 009-06/Steuerliches Reisekostenrecht (Zu LStR 9.5 Abs. 1, LStH 9.5)

Als Werbungskosten abziehbar oder vom Arbeitgeber steuerfrei erstattungsfähig sind 90 Euro.

Abwandlung

Auf einer Auswärtstätigkeit teilt sich der Arbeitnehmer A das Doppelzimmer mit seinem Kollegen B, der ihn aus betrieblichen Gründen begleitet.

Für jeden Arbeitnehmer können (150 Euro: 2 =) 75 Euro als Werbungskosten berücksichtigt oder vom Arbeitgeber steuerfrei erstattet werden.

dd) Begrenzte Berücksichtigung von Unterkunftskosten bei einer längerfristigen Auswärtstätigkeit an derselben Tätigkeitsstätte im Inland

118 Bei einer längerfristigen beruflichen Tätigkeit an derselben Tätigkeitsstätte im Inland, die nicht erste Tätigkeitsstätte ist, können nach Ablauf von 48 Monaten die tatsächlich entstehenden Unterkunftskosten höchstens noch bis zur Höhe von 1 000 Euro im Monat als Werbungskosten abgezogen oder vom Arbeitgeber steuerfrei erstattet werden. Das gilt auch für Hotelübernachtungen.

119 Bei Übernachtungen im Ausland im Rahmen einer längerfristigen Auswärtstätigkeit gelten die bisherigen Grundsätze zur beruflichen Veranlassung und Notwendigkeit der entstandenen Aufwendungen unverändert weiter. Die Höchstgrenze von 1 000 Euro gilt hier nicht.

120 Von einer längerfristigen beruflichen Tätigkeit an derselben Tätigkeitsstätte ist erst dann auszugehen, sobald der Arbeitnehmer an dieser mindestens an drei Tagen in der Woche tätig wird. Die 48-Monatsfrist beginnt daher nicht, solange die auswärtige Tätigkeitsstätte nur an zwei Tagen in der Woche aufgesucht wird. Eine Unterbrechung von weniger als sechs Monaten, z. B. wegen Urlaub, Krankheit, beruflicher Tätigkeit an einer anderen Tätigkeitsstätte führt nicht zu einem Neubeginn der 48-Monatsfrist. Die Prüfung des Unterbrechungszeitraums und des Ablaufs der 48-Monatsfrist erfolgt stets im Nachhinein mit Blick auf die zurückliegende Zeit (Ex-post-Betrachtung).

Beispiel 66

Der Arbeitnehmer A ist seit 1. April 2014 an der sich an seinem Wohnort befindlichen ersten Tätigkeitsstätte in H an zwei Tagen in der Woche tätig. An den anderen drei Tagen betreut er aufgrund arbeitsrechtlicher Festlegungen eine 200 km entfernte Filiale in B. Dort übernachtet er regelmäßig zweimal wöchentlich.

Da der Arbeitnehmer A längerfristig infolge seiner beruflichen Tätigkeit an drei Tagen in der Woche an derselben Tätigkeitsstätte in B, die nicht erste Tätigkeitsstätte ist, tätig wird und dort übernachtet, können die ihm tatsächlich entstehenden Übernachtungskosten nach Ablauf von 48 Monaten nur noch bis zur Höhe von 1 000 Euro monatlich als Werbungskosten geltend gemacht oder steuerfrei erstattet werden.

Abwandlung

Wie Beispiel 66, allerdings muss A ab 15. Juli 2014 für vier Monate nach M. Ab 16. November 2014 ist er dann drei Tage wöchentlich in H und zwei Tage in B.

Für die längerfristige berufliche Auswärtstätigkeit in B beginnt die 48-Monatsfrist am 1. April 2014 und endet voraussichtlich am 31. März 2018. Eine sechsmonatige Unterbrechung liegt noch nicht vor (lediglich vier Monate und dann immer nur dreitägige Unterbrechung).

121 Für die Prüfung der 48-Monatsfrist wird auf den tatsächlich verwirklichten Sachverhalt abgestellt. Erst nach Ablauf von 48 Monaten greift die Begrenzung der Höhe nach auf den Betrag von 1 000 Euro im Monat. Die unbegrenzte Berücksichtigung der entstandenen Aufwendungen in den ersten 48 Monaten bleibt davon unberührt.

ee) Anwendung der 48-Monatsfrist zur begrenzten Berücksichtigung der Unterkunftskosten bei einer längerfristigen Auswärtstätigkeit im Inland ab 1. Januar 2014

122 Maßgeblich für den Beginn der 48-Monatsfrist ist der jeweilige Beginn der längerfristigen beruflichen Tätigkeit an derselben Tätigkeitsstätte im Inland. Dies gilt auch, wenn dieser vor dem 1. Januar 2014 liegt. Aus Vereinfachungsgründen ist es allerdings nicht zu beanstanden, wenn die abziehbaren Übernachtungskosten erst ab dem ersten vollen Kalendermonat, der auf den Monat folgt, in dem die 48-Monatsfrist endet, auf 1 000 Euro begrenzt werden.

Beispiel 67

Der Arbeitnehmer A hat seine Tätigkeit am 15. Juli 2010 an einer auswärtigen Tätigkeitsstätte aufgenommen und soll dort bis zum 31. Dezember 2015 tätig sein.

Die 48-Monatsfrist beginnt am 15. Juli 2010 und endet mit Ablauf des 14. Juli 2014. Nach Ablauf dieser Frist können grundsätzlich Übernachtungskosten nur noch bis zur Höhe von 1 000 Euro monatlich berücksichtigt werden. Aus Vereinfachungsgründen ist es jedoch nicht zu beanstanden, wenn diese Begrenzung der Übernachtungskosten erst ab dem ersten vollen Kalendermonat angewendet wird, der auf den Monat folgt, in dem die 48-Monatsfrist endet. Dies wäre dann ab August 2014.

Abwandlung

Der Arbeitnehmer A wird vom 15. März 2014 bis 3. Oktober 2014 wegen eines personellen Engpasses ausschließlich am Stammsitz der Firma tätig. Ab 4. Oktober 2014 kehrt er zu der vorherigen auswärtigen Tätigkeitsstätte zurück.

Die längerfristige Auswärtstätigkeit wurde länger als sechs Monate unterbrochen. Die Übernachtungskosten können daher ab 4. Oktober 2014 für die nächsten 48 Monate (bis 3. Oktober 2018) grundsätzlich wieder unbeschränkt berücksichtigt werden.

ff) Steuerfreie Erstattung durch den Arbeitgeber

Für jede Übernachtung im Inland darf der Arbeitgeber die nachgewiesenen Übernachtungskosten nach Rz. 112 bis Rz. 121 oder – wie bisher – ohne Einzelnachweis einen Pauschbetrag von 20 Euro steuerfrei erstatten. Bei Übernachtungen im Rahmen einer auswärtigen beruflichen Tätigkeit im Ausland gelten die bisherigen Grundsätze unverändert weiter. 123

5. Reisenebenkosten

Zu den Reisenebenkosten gehören die tatsächlichen Aufwendungen z. B. für: 124

1. Beförderung und Aufbewahrung von Gepäck;
2. Ferngespräche und Schriftverkehr beruflichen Inhalts mit dem Arbeitgeber oder Geschäftspartnern;
3. Straßen- und Parkplatzbenutzung sowie Schadensbeseitigung infolge von Verkehrsunfällen, wenn die jeweils damit verbundenen Fahrtkosten als Reisekosten anzusetzen sind;
4. Verlust von auf der Reise abhanden gekommener oder beschädigter Gegenstände, die der Arbeitnehmer auf der Reise verwenden musste, wenn der Verlust aufgrund einer reisespezifischen Gefährdung eingetreten ist. Berücksichtigt wird der Verlust bis zur Höhe des Wertes, der dem Gegenstand zum Zeitpunkt des Verlustes beigemessen wird.
5. Private Telefongespräche, soweit sie der beruflichen Sphäre zugeordnet werden können (vgl. BFH-Urteil vom 5. Juli 2012, VI R 50/10, BStBl. 2013 II S. 282).

Die Reisenebenkosten sind durch geeignete Unterlagen nachzuweisen bzw. glaubhaft zu machen. Regelmäßig wiederkehrende Reisenebenkosten können zur Vereinfachung über einen repräsentativen Zeitraum von drei Monaten im Einzelnen nachgewiesen werden und dann in der Folgezeit mit dem täglichen Durchschnittsbetrag angesetzt werden. Zur Berücksichtigung von Reisenebenkosten bei LKW-Fahrern, die in ihrer Schlafkabine übernachten, vgl. BMF-Schreiben vom 4. Dezember 2012, BStBl. I S. 1249. 125

Nicht zu den Reisenebenkosten gehören z. B.: 126

1. Kosten für die persönliche Lebensführung wie Tageszeitungen, private Telefongespräche mit Ausnahme der Gespräche i. S. d. Rz. 124 Nr. 5, Massagen, Minibar oder Pay-TV;
2. Ordnungs-, Verwarnungs- und Bußgelder, die auf einer Auswärtstätigkeit verhängt werden;
3. Verlust von Geld oder Schmuck;
4. Anschaffungskosten für Bekleidung, Koffer oder andere Reiseausrüstungsgegenstände, weil sie nur mittelbar mit einer Auswärtstätigkeit zusammenhängen;
5. Essensgutscheine, z. B. in Form von Raststätten- oder Autohof-Wertbons.

Gutscheine i. S. d. Rz. 126 Nummer 5 gehören nicht zu den Reisenebenkosten, da zur Abgeltung der tatsächlich entstandenen, beruflich veranlassten Mehraufwendungen für Verpflegung eine Verpflegungspauschale (§ 9 Absatz 4a EStG) angesetzt werden kann. 127

Beispiel 68

Der LKW-Fahrer L ist im Inland eintägig mehr als acht Stunden beruflich auswärts tätig. Er nimmt ein Mittagessen im Wert von 8,50 Euro in einer Autobahnraststätte ein und bezahlt an der Kasse 6 Euro in bar und den Rest in Wertbons, die er im Zusammenhang mit der vom Arbeitgeber erstatteten Parkplatzgebühr erhalten hat.

Dem LKW-Fahrer L steht eine ungekürzte Verpflegungspauschale von 12 Euro zu.

6. Sonstiges

Zur Ermittlung der steuerfreien Leistungen für Reisekosten dürfen die einzelnen Aufwendungsarten zusammengefasst werden; die Leistungen sind steuerfrei, soweit die Summe der zulässigen steuerfreien Leistungen nicht übersteigen. Hierbei können mehrere Reisen zusammengefasst abgerechnet 128

Anlage § 009-06/Steuerliches Reisekostenrecht (Zu LStR 9.5 Abs. 1, LStH 9.5)

werden. Dies gilt sinngemäß für Umzugskosten und für Mehraufwendungen bei einer doppelten Haushaltsführung (R 3.16 Satz 1 bis 3 ggf. i. V. m. R 3.13 Abs. 1 Satz 3 LStR 2013).

Beispiel 69

Im Rahmen einer längerfristigen beruflichen Auswärtstätigkeit wird ein Monteur für die Dauer von sechs Monaten (110 Arbeitstage) an derselben Tätigkeitsstätte tätig. Die arbeitstägliche Abwesenheit von seiner Wohnung und der ersten Tätigkeitsstätte beträgt jeweils mehr als 8 Stunden. Während der sechs Monate seiner Tätigkeit steht dem Monteur nach Reiserichtlinie des Arbeitgebers ein Tagegeld in Höhe von insgesamt 660 Euro zu (110 Arbeitstage x 6 Euro/Arbeitstag).

Erfolgt eine monatliche Reisekostenabrechnung können die Tagegelder der ersten drei Monate steuerfrei geleistet werden:

Steuerfreie Verpflegungspauschalen: 55 Arbeitsgage x 12 Euro/Arbeitstag = 660 Euro

Gezahltes Tagegeld: 55 Arbeitstage x 6 Euro/Arbeitstag = 330 Euro

Der Arbeitnehmer könnte somit zusätzlich für die ersten drei Monate noch 330 Euro als Werbungskosten geltend machen.

Die Tagegelder der folgenden drei Monate sind steuerpflichtig und der Arbeitnehmer kann keine Werbungskosten mehr geltend machen

Steuerfreie Verpflegungspauschalen: = 0 Euro

Gezahltes Tagegeld: 55 Arbeitstage x 6 Euro/Arbeitstag = 330 Euro

Wird die längerfristige berufliche Auswärtstätigkeit zusammengefasst abgerechnet, können die Tagegelder der gesamten sechs Monate steuerfrei gezahlt werden. Der Arbeitnehmer kann dann keinen Werbungskostenabzug mehr geltend machen.

Steuerfreie Verpflegungspauschalen: 55 Arbeitstage x 12 Euro/Arbeitstag = 660 Euro

Gezahltes Tagegeld: 110 Arbeitstage x 6 Euro/Arbeitstag = 660 Euro

129 In den Fällen, in denen keine steuerfreie Verpflegungspauschale gezahlt werden darf, ist es nicht zu beanstanden, wenn der Arbeitgeber bei einer von ihm zur Verfügung gestellten Mahlzeit eine Verrechnung des anzusetzenden Sachbezugswertes mit steuerfrei zu erstattenden Fahrt-, Unterkunfts- oder Reisenebenkosten vornimmt.

Beispiel 70

Der Arbeitnehmer A nimmt an einem halbtägigen auswärtigen Seminar mit Mittagessen teil und ist 6 Stunden von seiner Wohnung und der ersten Tätigkeitsstätte abwesend. Für die Fahrt zum Seminar nutzt A seinen privaten PKW und könnte für die entstandenen Fahrtkosten eine steuerfreie Erstattung in Höhe von 30 Euro von seinem Arbeitgeber beanspruchen.

Der Arbeitgeber kann die von ihm im Rahmen des Seminars gestellte Mahlzeit mit dem Sachbezugswert individuell oder pauschal mit 25 Prozent versteuern oder von den zu erstattenden 30 Euro abziehen.

III. Zeitliche Anwendungsregelung

130 Dieses Schreiben ist mit Wirkung ab 1. Januar 2014 anzuwenden. Hinsichtlich der Regelungen in Rz. 65 (Mahlzeiten im Flugzeug, Schiff oder Zug) ist es nicht zu beanstanden, wenn diese erst ab 1. Januar 2015 angewendet werden. Das BMF-Schreiben vom 30. September 2013 wird aufgehoben und durch dieses BMF-Schreiben ersetzt.

Das BMF-Schreiben vom 20. August 2001, BStBl. I S. 541, das BMF-Schreiben vom 21. Dezember 2009, BStBl. 2010 I S. 21, das BMF-Schreiben vom 27. September 2011, BStBl. I S. 976 sowie das BMF-Schreiben vom 15. Dezember 2011, BStBl. 2012 I S. 57 werden mit Wirkung ab 1. Januar 2014 aufgehoben.

Dieses Schreiben wird im Bundessteuerblatt Teil I veröffentlicht. Es steht für eine Übergangszeit auf den Internet-Seiten des Bundesministeriums der Finanzen (www.bundesfinanzministerium.de) zur Ansicht und zum Abruf bereit.

(Zu LStH 9.1, 9.10)   **Anlage § 009-07/Entfernungspauschalen**

Entfernungspauschalen;
Gesetz zur Änderung und Vereinfachung der Unternehmensbesteuerung und des steuerlichen Reisekostenrechts vom 20. Februar 2013 (BGBl. Teil I Seite 285)

BMF-Schreiben vom 31. Oktober 2013 IV C 5 – S 2351/09/10002 :002, 2013/0981373 (BStBl. I S. 1376)

Mit dem Gesetz zur Änderung und Vereinfachung der Unternehmensbesteuerung und des steuerlichen Reisekostenrechts vom 20. Februar 2013 (BGBl. I Seite 285, BStBl. I Seite 188) haben sich Änderungen zu den Entfernungspauschalen ergeben, die nachfolgend in Fettdruck dargestellt sind. Das BMF-Schreiben vom 3. Januar 2013 (BStBl. I Seite 215) ist mit Wirkung ab 1. Januar 2014 damit überholt.

Inhaltsübersicht

1. Entfernungspauschale für die Wege zwischen Wohnung und erster Tätigkeitsstätte (§ 9 Absatz 1 Satz 3 Nummer 4 und Absatz 2 EStG) oder für Fahrten nach § 9 Absatz 1 Satz 3 Nummer 4a Satz 3 EStG
    1.1 Allgemeines
    1.2 Höhe der Entfernungspauschale
    1.3 Höchstbetrag von 4 500 Euro
    1.4 Maßgebende Entfernung zwischen Wohnung und erster Tätigkeitsstätte
    1.5 Fahrgemeinschaften
    1.6 Benutzung verschiedener Verkehrsmittel
    1.7 Mehrere Wege an einem Arbeitstag
    1.8 Mehrere Dienstverhältnisse
    1.9 Anrechnung von Arbeitgeberleistungen auf die Entfernungspauschale
2. Entfernungspauschale für Familienheimfahrten bei doppelter Haushaltsführung (§ 9 Absatz 1 Satz 3 Nummer 5 EStG)
3. Behinderte Menschen
4. Abgeltungswirkung der Entfernungspauschalen
5. Pauschalbesteuerung nach § 40 Absatz 2 Satz 2 EStG
    5.1 Allgemeines
    5.2 Höhe der pauschalierbaren Sachbezüge und Zuschüsse
6. Anwendungsregelung

Zur Ermittlung der Entfernungspauschalen wird im Einvernehmen mit den obersten Finanzbehörden der Länder wie folgt Stellung genommen:

1. Entfernungspauschale für die Wege zwischen Wohnung und erster Tätigkeitsstätte (§ 9 Absatz 1 Satz 3 Nummer 4 und Absatz 2 EStG) oder für Fahrten nach § 9 Absatz 1 Satz 3 Nummer 4a Satz 3 EStG

1.1 Allgemeines

Die Entfernungspauschale ist grundsätzlich unabhängig vom Verkehrsmittel zu gewähren. Ihrem Wesen als Pauschale entsprechend kommt es grundsätzlich nicht auf die Höhe der tatsächlichen Aufwendungen an. Unfallkosten können als außergewöhnliche Aufwendungen (§ 9 Absatz 1 Satz 1 EStG) jedoch neben der Entfernungspauschale berücksichtigt werden (siehe Tz. 4).

Auch bei Benutzung öffentlicher Verkehrsmittel wird die Entfernungspauschale angesetzt. Übersteigen die Aufwendungen für die Benutzung öffentlicher Verkehrsmittel den im Kalenderjahr insgesamt als Entfernungspauschale anzusetzenden Betrag, können diese übersteigenden Aufwendungen zusätzlich angesetzt werden (§ 9 Absatz 2 Satz 2 EStG; siehe auch unter Tz. 1.6).

Beispiel 1:

Ein Arbeitnehmer benutzt von Januar bis September (an 165 Arbeitstagen) für die Wege von seiner Wohnung zur 90 km entfernten ersten Tätigkeitsstätte und zurück den eigenen Kraftwagen. Dann verlegt er seinen Wohnsitz. Von der neuen Wohnung aus gelangt er ab Oktober (an 55 Arbeitstagen) zur nunmehr nur noch 5 km entfernten ersten Tätigkeitsstätte mit dem öffentlichen Bus. Hierfür entstehen ihm tatsächlich Kosten in Höhe von (3 x 70 Euro =) 210 Euro.

Anlage § 009-07/Entfernungspauschalen (Zu LStH 9.1, 9.10)

Für die Strecken mit dem eigenen Kraftwagen ergibt sich eine Entfernungspauschale von 165 Arbeitstagen x 90 km x 0,30 Euro = 4 455 Euro. Für die Strecke mit dem Bus errechnet sich eine Entfernungspauschale von 55 Arbeitstagen x 5 km x 0,30 Euro = 83 Euro. Die insgesamt im Kalenderjahr anzusetzende Entfernungspauschale i. H. v. 4 538 Euro (4 455 Euro + 83 Euro) ist anzusetzen, da die tatsächlich angefallenen Aufwendungen für die Nutzung der öffentlichen Verkehrsmittel (210 Euro) diese nicht übersteigen.

Beispiel 2:
Ein Arbeitnehmer benutzt für die Fahrten von der Wohnung zur ersten Tätigkeitsstätte den Bus und die Bahn. Die kürzeste benutzbare Straßenverbindung beträgt 20 km. Die Monatskarte für den Bus kostet 50 Euro und für die Bahn 65 Euro (= 115 Euro).

Für das gesamte Kalenderjahr ergibt sich eine Entfernungspauschale von 220 Tagen x 20 km x 0,30 Euro = 1 320 Euro. Die für die Nutzung von Bus und Bahn im Kalenderjahr angefallenen Aufwendungen betragen 1 380 Euro (12 x 115 Euro). Da die tatsächlich angefallenen Kosten für die Benutzung der öffentlichen Verkehrsmittel die insgesamt im Kalenderjahr anzusetzende Entfernungspauschale übersteigen, kann der übersteigende Betrag zusätzlich angesetzt werden; insgesamt somit 1 380 Euro.

Ausgenommen von der Entfernungspauschale sind Flugstrecken und Strecken mit steuerfreier Sammelbeförderung.

Für Flugstrecken sind die tatsächlichen Aufwendungen anzusetzen (BFH vom 26. März 2009, BStBl. II Seite 724). Bei entgeltlicher Sammelbeförderung durch den Arbeitgeber sind die Aufwendungen des Arbeitnehmers ebenso als Werbungskosten anzusetzen.

Für Fahrten zwischen Wohnung und einem sog. „Sammelpunkt" oder Wohnung und dem nächstgelegenen Zugang eines „weiträumigen Tätigkeitsbereich" gelten die Regelungen der Entfernungspauschale entsprechend. Zu den Voraussetzungen der Anwendung des § 9 Absatz 1 Satz 3 Nummer 4a Satz 3 EStG im Einzelnen sind Rz. 37 bis 45 des BMF-Schreibens zur Reform des steuerlichen Reisekostenrechts vom 30. September 2013, BStBl. I Seite . . ., zu beachten.

1.2 Höhe der Entfernungspauschale
Die Entfernungspauschale beträgt 0,30 Euro für jeden vollen Entfernungskilometer zwischen Wohnung und erster Tätigkeitsstätte. Die Entfernungspauschale gilt bei der Nutzung von Flugzeugen nur für die An- und Abfahrten zu und von Flughäfen.

Die anzusetzende Entfernungspauschale ist wie folgt zu berechnen: Zahl der Arbeitstage x volle Entfernungskilometer x 0,30 Euro.

1.3 Höchstbetrag von 4 500 Euro
Die anzusetzende Entfernungspauschale ist grundsätzlich auf einen Höchstbetrag von 4 500 Euro im Kalenderjahr begrenzt. Die Beschränkung auf 4 500 Euro gilt

- wenn der Weg zwischen Wohnung und erster Tätigkeitsstätte mit einem Motorrad, Motorroller, Moped, Fahrrad oder zu Fuß zurückgelegt wird,
- bei Benutzung eines Kraftwagens für die Teilnehmer an einer Fahrgemeinschaft und zwar für die Tage, an denen der Arbeitnehmer seinen eigenen oder zur Nutzung überlassenen Kraftwagen nicht einsetzt,
- bei Benutzung öffentlicher Verkehrsmittel, soweit im Kalenderjahr insgesamt keine höheren Aufwendungen glaubhaft gemacht oder nachgewiesen werden (§ 9 Absatz 2 Satz 2 EStG).

Bei Benutzung eines eigenen oder zur Nutzung überlassenen Kraftwagens greift die Begrenzung auf 4 500 Euro nicht. Der Arbeitnehmer muss lediglich nachweisen oder glaubhaft machen, dass er die Fahrten zwischen Wohnung und erster Tätigkeitsstätte mit dem eigenen oder ihm zur Nutzung überlassenen Kraftwagen zurückgelegt hat. Ein Nachweis der tatsächlichen Aufwendungen für den Kraftwagen ist für den Ansatz eines höheren Betrages als 4 500 Euro nicht erforderlich.

1.4 Maßgebende Entfernung zwischen Wohnung und erster Tätigkeitsstätte
Für die Bestimmung der Entfernung zwischen Wohnung und erster Tätigkeitsstätte ist die kürzeste Straßenverbindung zwischen Wohnung und erster Tätigkeitsstätte maßgebend. Dabei sind nur volle Kilometer der Entfernung anzusetzen, ein angefangener Kilometer bleibt unberücksichtigt. Die Entfernungsbestimmung richtet sich nach der Straßenverbindung; sie ist unabhängig von dem Verkehrsmittel, das tatsächlich für den Weg zwischen Wohnung und erster Tätigkeitsstätte benutzt wird. Bei Benutzung eines Kraftfahrzeugs kann eine andere als die kürzeste Straßenverbindung zugrunde gelegt werden, wenn diese offensichtlich verkehrsgünstiger ist und vom Arbeitnehmer regelmäßig für die Wege zwischen Wohnung und erster Tätigkeitsstätte benutzt wird. Eine mögliche, aber vom Steuerpflichtigen

nicht tatsächlich benutzte Straßenverbindung kann der Berechnung der Entfernungspauschale nicht zugrunde gelegt werden. Diese Grundsätze gelten auch, wenn der Arbeitnehmer ein öffentliches Verkehrsmittel benutzt, dessen Linienführung direkt über die verkehrsgünstigere Straßenverbindung erfolgt (z. B. öffentlicher Bus). Eine von der kürzesten Straßenverbindung abweichende Strecke ist verkehrsgünstiger, wenn der Arbeitnehmer die erste Tätigkeitsstätte – trotz gelegentlicher Verkehrsstörungen – in der Regel schneller und pünktlicher erreicht (BFH vom 10. Oktober 1975, BStBl. II Seite 852 sowie BFH vom 16. November 2011, VI R 46/10, BStBl. 2012 II Seite 470 und VI R 19/11, BStBl. 2012 II Seite 520). Teilstrecken mit steuerfreier Sammelbeförderung sind nicht in die Entfernungsermittlung einzubeziehen.

Eine Fährverbindung ist sowohl bei der Ermittlung der kürzesten Straßenverbindung als auch bei der Ermittlung der verkehrsgünstigsten Straßenverbindung einzubeziehen, soweit sie zumutbar erscheint und wirtschaftlich sinnvoll ist. Die Fahrtstrecke der Fähre selbst ist dann jedoch nicht Teil der maßgebenden Entfernung. An ihrer Stelle können die tatsächlichen Fährkosten berücksichtigt werden.

Gebühren für die Benutzung eines Straßentunnels oder einer mautpflichtigen Straße dürfen dagegen nicht neben der Entfernungspauschale berücksichtigt werden, weil sie nicht für die Benutzung eines Verkehrsmittels entstehen. Fallen die Hin- und Rückfahrt zur ersten Tätigkeitsstätte auf verschiedene Arbeitstage, so kann aus Vereinfachungsgründen unterstellt werden, dass die Fahrten an einem Arbeitstag durchgeführt wurden; ansonsten ist H 9.10 (Fahrtkosten – bei einfacher Fahrt) LStH 2014 weiter zu beachten.

Beispiel 1:
Ein Arbeitnehmer fährt mit der U-Bahn zur ersten Tätigkeitsstätte. Einschließlich der Fußwege beträgt die zurückgelegte Entfernung 15 km. Die kürzeste Straßenverbindung beträgt 10 km.
Für die Ermittlung der Entfernungspauschale ist eine Entfernung von 10 km anzusetzen.

Beispiel 2:
Ein Arbeitnehmer wohnt an einem Fluss und hat seine erste Tätigkeitsstätte auf der anderen Flussseite. Die Entfernung zwischen Wohnung und ersterTätigkeitsstätte beträgt über die nächstgelegene Brücke 60 km und bei Benutzung einer Autofähre 20 km. Die Fährstrecke beträgt 0,6 km, die Fährkosten betragen 650 Euro jährlich.
Für die Entfernungspauschale ist eine Entfernung von 19 km anzusetzen. Daneben können die Fährkosten berücksichtigt werden (siehe auch Tz. 1.6 Beispiel 4).

1.5 Fahrgemeinschaften

Unabhängig von der Art der Fahrgemeinschaft ist bei jedem Teilnehmer der Fahrgemeinschaft die Entfernungspauschale entsprechend der für ihn maßgebenden Entfernungsstrecke anzusetzen. Umwegstrecken, insbesondere zum Abholen von Mitfahrern, sind jedoch nicht in die Entfernungsermittlung einzubeziehen.

Der Höchstbetrag für die Entfernungspauschale von 4 500 Euro greift auch bei einer wechselseitigen Fahrgemeinschaft, und zwar für die Mitfahrer der Fahrgemeinschaft an den Arbeitstagen, an denen sie ihren Kraftwagen nicht einsetzen.

Bei wechselseitigen Fahrgemeinschaften kann zunächst der Höchstbetrag von 4 500 Euro durch die Wege an den Arbeitstagen ausgeschöpft werden, an denen der Arbeitnehmer mitgenommen wurde. Deshalb ist zunächst die (auf 4 500 Euro begrenzte) anzusetzende Entfernungspauschale für die Tage zu berechnen, an denen der Arbeitnehmer mitgenommen wurde. Anschließend ist die anzusetzende (unbegrenzte) Entfernungspauschale für die Tage zu ermitteln, an denen der Arbeitnehmer seinen eigenen Kraftwagen benutzt hat. Beide Beträge zusammen ergeben die insgesamt anzusetzende Entfernungspauschale.

Beispiel 1:

Bei einer aus drei Arbeitnehmern bestehenden wechselseitigen Fahrgemeinschaft beträgt die Entfernung zwischen Wohnung und erster Tätigkeitsstätte für jeden Arbeitnehmer 100 km. Bei tatsächlichen 210 Arbeitstagen benutzt jeder Arbeitnehmer seinen eigenen Kraftwagen an 70 Tagen für die Fahrten zwischen Wohnung und erster Tätigkeitsstätte.

Die Entfernungspauschale ist für jeden Teilnehmer der Fahrgemeinschaft wie folgt zu ermitteln:

Zunächst ist die Entfernungspauschale für die Fahrten und Tage zu ermitteln, an denen der Arbeitnehmer mitgenommen wurde:

Anlage § 009-07/Entfernungspauschalen (Zu LStH 9.1, 9.10)

140 Arbeitstage x 100 km x 0,30 Euro = 4 200 Euro
(Höchstbetrag von 4 500 Euro ist nicht überschritten).

Anschließend ist die Entfernungspauschale für die Fahrten und Tage zu ermitteln, an denen der Arbeitnehmer seinen eigenen Kraftwagen benutzt hat:

70 Arbeitstage x 100 km x 0,30 Euro = 2 100 Euro

abziehbar (unbegrenzt)

anzusetzende Entfernungspauschale = 6 300 Euro

Setzt bei einer Fahrgemeinschaft nur ein Teilnehmer seinen Kraftwagen ein, kann er die Entfernungspauschale ohne Begrenzung auf den Höchstbetrag von 4 500 Euro für seine Entfernung zwischen Wohnung und erster Tätigkeitsstätte geltend machen; eine Umwegstrecke zum Abholen der Mitfahrer ist nicht in die Entfernungsermittlung einzubeziehen. Bei den Mitfahrern wird gleichfalls die Entfernungspauschale angesetzt, allerdings bei ihnen begrenzt auf den Höchstbetrag von 4 500 Euro.

1.6 Benutzung verschiedener Verkehrsmittel

Arbeitnehmer legen die Wege zwischen Wohnung und erster Tätigkeitsstätte oftmals auf unterschiedliche Weise zurück, d. h. für eine Teilstrecke werden der Kraftwagen und für die weitere Teilstrecke öffentliche Verkehrsmittel benutzt (Park & Ride) oder es werden für einen Teil des Jahres der eigene Kraftwagen und für den anderen Teil öffentliche Verkehrsmittel benutzt. In derartigen Mischfällen ist zunächst die maßgebende Entfernung für die kürzeste Straßenverbindung zu ermitteln (Tz. 1.4). Auf der Grundlage dieser Entfernung ist sodann die anzusetzende Entfernungspauschale für die Fahrten zwischen Wohnung und erster Tätigkeitsstätte zu berechnen.

Die Teilstrecke, die mit dem eigenen Kraftwagen zurückgelegt wird, ist in voller Höhe anzusetzen; für diese Teilstrecke kann Tz. 1.4 zur verkehrsgünstigeren Strecke angewandt werden. Der verbleibende Teil der maßgebenden Entfernung ist die Teilstrecke, die auf öffentliche Verkehrsmittel entfällt. Die anzusetzende Entfernungspauschale ist sodann für die Teilstrecke und Arbeitstage zu ermitteln, an denen der Arbeitnehmer seinen eigenen oder ihm zur Nutzung überlassenen Kraftwagen eingesetzt hat. Anschließend ist die anzusetzende Entfernungspauschale für die Teilstrecke und Arbeitstage zu ermitteln, an denen der Arbeitnehmer öffentliche Verkehrsmittel benutzt. Beide Beträge ergeben die insgesamt anzusetzende Entfernungspauschale, so dass auch in Mischfällen ein höherer Betrag als 4 500 Euro angesetzt werden kann.

Beispiel 1:

Ein Arbeitnehmer fährt an 220 Arbeitstagen im Jahr mit dem eigenen Kraftwagen 30 km zur nächsten Bahnstation und von dort 100 km mit der Bahn zur ersten Tätigkeitsstätte. Die kürzeste maßgebende Entfernung (Straßenverbindung) beträgt 100 km. Die Aufwendungen für die Bahnfahrten betragen (monatlich 180 Euro x 12 =) 2 160 Euro im Jahr.

Von der maßgebenden Entfernung von 100 km entfällt eine Teilstrecke von 30 km auf Fahrten mit dem eigenen Kraftwagen, so dass sich hierfür eine Entfernungspauschale von 220 Arbeitstagen x 30 km x 0,30 Euro = 1 980 Euro ergibt. Für die verbleibende Teilstrecke mit der Bahn von (100 km – 30 km =) 70 km errechnet sich eine Entfernungspauschale von 220 Arbeitstagen x 70 km x 0,30 Euro = 4 620 Euro. Hierfür ist der Höchstbetrag von 4 500 Euro anzusetzen, so dass sich eine insgesamt anzusetzende Entfernungspauschale von 6 480 Euro ergibt. Die tatsächlichen Aufwendungen für die Bahnfahrten in Höhe von 2 160 Euro bleiben unberücksichtigt, weil sie unterhalb der für das Kalenderjahr insgesamt anzusetzenden Entfernungspauschale liegen.

Beispiel 2:

Ein Arbeitnehmer fährt an 220 Arbeitstagen im Jahr mit dem eigenen Kraftwagen 3 km zu einer verkehrsgünstig gelegenen Bahnstation und von dort noch 30 km mit der Bahn zur ersten Tätigkeitsstätte. Die kürzeste maßgebende Straßenverbindung beträgt 25 km. Die Jahreskarte für die Bahn kostet 1 746 Euro.

Für die Teilstrecke mit dem eigenen Kraftwagen von 3 km ergibt sich eine Entfernungspauschale von 220 Arbeitstagen x 3 km x 0,30 Euro = 198 Euro. Für die verbleibende Teilstrecke mit der Bahn von (25 km – 3 km =) 22 km errechnet sich eine Entfernungspauschale von 220 Arbeitstagen x 22 km x 0,30 Euro = 1 452 Euro. Die insgesamt im Kalenderjahr anzusetzende Entfernungspauschale beträgt somit 1 650 Euro. Da die tatsächlichen Aufwendungen für die Bahnfahrten in Höhe von 1 746 Euro höher sind als die für das Kalenderjahr insgesamt anzusetzende Entfernungspauschale, kann zusätzlich der die Entfernungspauschale übersteigende Betrag angesetzt werden; insgesamt also 1 746 Euro.

(Zu LStH 9.1, 9.10) **Anlage § 009-07/Entfernungspauschalen**

Beispiel 3:
Ein Arbeitnehmer fährt im Kalenderjahr die ersten drei Monate mit dem eigenen Kraftwagen und die letzten neun Monate mit öffentlichen Verkehrsmitteln zur 120 km entfernten ersten Tätigkeitsstätte. Die entsprechende Monatskarte kostet 190 Euro.
Die Entfernungspauschale beträgt bei 220 Arbeitstagen: 220 x 120 km x 0,30 Euro = 7 920 Euro. Da jedoch für einen Zeitraum von neun Monaten öffentliche Verkehrsmittel benutzt worden sind, ist hier die Begrenzung auf den Höchstbetrag von 4 500 Euro zu beachten. Die anzusetzende Entfernungspauschale ist deshalb wie folgt zu ermitteln:

165 Arbeitstage x 120 km x 0,30 Euro	= 5 960 Euro
Begrenzt auf den Höchstbetrag von	4 500 Euro
zuzüglich	
55 Arbeitstage x 120 km x 0,30 Euro	= 1 980 Euro
anzusetzende Entfernungspauschale insgesamt	= 6 480 Euro

Die tatsächlichen Kosten für die Benutzung der öffentlichen Verkehrsmittel (9 x 190 Euro = 1 710 Euro) sind niedriger; anzusetzen ist also die Entfernungspauschale in Höhe von 6 480 Euro.

Beispiel 4:
Ein Arbeitnehmer wohnt in Konstanz und hat seine erste Tätigkeitsstätte auf der anderen Seite des Bodensees. Für die Fahrt zur ersten Tätigkeitsstätte benutzt er seinen Kraftwagen und die Fähre von Konstanz nach Meersburg. Die Fahrtstrecke einschließlich der Fährstrecke von 4,2 km beträgt insgesamt 15 km. Die Monatskarte für die Fähre kostet 122,50 Euro. Bei 220 Arbeitstagen im Jahr ergibt sich eine

Entfernungspauschale von: 220 Arbeitstage x 10 km x 0,30 Euro =	660 Euro
zuzüglich	
Fährkosten (12 x 122,50 Euro) =	1 470 Euro
Insgesamt zu berücksichtigen	2 130 Euro

1.7 Mehrere Wege an einem Arbeitstag
Die Entfernungspauschale kann für die Wege zu derselben ersten Tätigkeitsstätte für jeden Arbeitstag nur einmal angesetzt werden.

1.8 Mehrere Dienstverhältnisse
Bei Arbeitnehmern, die in mehreren Dienstverhältnissen stehen und denen Aufwendungen für die Wege zu mehreren auseinander liegenden ersten Tätigkeitsstätten entstehen, ist die Entfernungspauschale für jeden Weg zur ersten Tätigkeitsstätte anzusetzen, wenn der Arbeitnehmer am Tag zwischenzeitlich in die Wohnung zurückkehrt. Die Einschränkung, dass täglich nur eine Fahrt zu berücksichtigen ist, gilt nur für den Fall einer, nicht aber für den Fall mehrerer erster Tätigkeitsstätten. Werden täglich mehrere erste Tätigkeitsstätten ohne Rückkehr zur Wohnung nacheinander angefahren, so ist für die Entfernungsermittlung der Weg zur zuerst aufgesuchten ersten Tätigkeitsstätte als Umwegstrecke zur nächsten ersten Tätigkeitsstätte zu berücksichtigen; die für die Ermittlung der Entfernungspauschale anzusetzende Entfernung darf höchstens die Hälfte der Gesamtstrecke betragen.

Beispiel 1:
Ein Arbeitnehmer fährt an 220 Tagen vormittags von seiner Wohnung A zur ersten Tätigkeitsstätte B, nachmittags weiter zur ersten Tätigkeitsstätte C und abends zur Wohnung in A zurück. Die Entfernungen betragen zwischen A und B 30 km, zwischen B und C 40 km und zwischen C und A 50 km.
Die Gesamtentfernung beträgt 30 + 40 + 50 km = 120 km, die Entfernung zwischen der Wohnung und den beiden ersten Tätigkeitsstätten 30 + 50 km = 80 km. Da dies mehr als die Hälfte der Gesamtentfernung ist, sind (120 km : 2) = 60 km für die Ermittlung der Entfernungspauschale anzusetzen. Die Entfernungspauschale beträgt 3 960 Euro (220 Tage x 60 km x 0,30 Euro).

Beispiel 2:
Ein Arbeitnehmer fährt mit öffentlichen Verkehrsmitteln an 220 Arbeitstagen vormittags von seiner Wohnung A zur ersten Tätigkeitsstätte B, mittags zur Wohnung A, nachmittags zur ersten Tätigkeitsstätte C und abends zur Wohnung A zurück. Die Entfernungen betragen zwischen A und B 30 km und zwischen A und C 40 km. Die Monatskarte für die öffentlichen Verkehrsmittel kostet 300 Euro monatlich.

Anlage § 009-07/Entfernungspauschalen (Zu LStH 9.1, 9.10)

Die Entfernungspauschale beträgt:
220 Tage x 70 km (30 km + 40 km) x 0,30 Euro = 4 620 Euro, höchstens 4 500 Euro. Die tatsächlichen Kosten für die Benutzung der öffentlichen Verkehrsmittel (12 x 300 Euro = 3 600 Euro) übersteigen die im Kalenderjahr insgesamt anzusetzende Entfernungspauschale nicht; anzusetzen ist also die Entfernungspauschale in Höhe von 4 500 Euro.

1.9 Anrechnung von Arbeitgeberleistungen auf die Entfernungspauschale

Jeder Arbeitnehmer erhält die Entfernungspauschale unabhängig von der Höhe seiner Aufwendungen für die Wege zwischen Wohnung und erster Tätigkeitsstätte. Nach § 9 Absatz 1 Satz 3 Nummer 4 EStG gilt dies auch dann, wenn der Arbeitgeber dem Arbeitnehmer ein Kraftfahrzeug für die Wege zwischen Wohnung und erster Tätigkeitsstätte überlässt und diese Arbeitgeberleistung nach § 8 Absatz 3 EStG (Rabattfreibetrag) steuerfrei ist, z. B. wenn ein Mietwagenunternehmen dem Arbeitnehmer einen Mietwagen für die Fahrten zwischen Wohnung und erster Tätigkeitsstätte überlässt.

Die folgenden steuerfreien bzw. pauschal versteuerten Arbeitgeberleistungen sind jedoch auf die anzusetzende und ggf. auf 4 500 Euro begrenzte Entfernungspauschale anzurechnen:

- nach § 8 Absatz 2 Satz 11 EStG (44 Euro-Grenze) steuerfreie Sachbezüge für die Wege zwischen Wohnung und erster Tätigkeitsstätte,
- nach § 8 Absatz 3 EStG steuerfreie Sachbezüge für Fahrten zwischen Wohnung und erster Tätigkeitsstätte bis höchstens 1 080 Euro (Rabattfreibetrag),
- der nach § 40 Absatz 2 Satz 2 EStG pauschal besteuerte Arbeitgeberersatz bis zur Höhe der abziehbaren Entfernungspauschale (siehe Tz. 5).

Die vorgenannten steuerfreien oder pauschal besteuerten Arbeitgeberleistungen sind vom Arbeitgeber zu bescheinigen (§ 41b Absatz 1 Satz 2 Nummer 6 und 7 EStG).

2. Entfernungspauschale für Familienheimfahrten bei doppelter Haushaltsführung (§ 9 Absatz 1 Satz 3 Nummer 5 EStG)

Auf die Entfernungspauschale für Familienheimfahrten bei doppelter Haushaltsführung sind die Tzn. 1.1 und 1.4 entsprechend anzuwenden. Die Begrenzung auf den Höchstbetrag von 4 500 Euro gilt bei Familienheimfahrten nicht. Für Flugstrecken und bei entgeltlicher Sammelbeförderung durch den Arbeitgeber sind die tatsächlichen Aufwendungen des Arbeitnehmers anzusetzen. Arbeitgeberleistungen für Familienheimfahrten, die nach § 3 Nummer 13 oder 16 EStG steuerfrei sind, sind nach § 3c Absatz 1 EStG auf die für die Familienheimfahrten anzusetzende Entfernungspauschale anzurechnen.

3. Behinderte Menschen

Nach § 9 Absatz 2 Satz 3 EStG können behinderte Menschen für die Wege zwischen Wohnung und erster Tätigkeitsstätte an Stelle der Entfernungspauschale die tatsächlichen Aufwendungen ansetzen. Bei Benutzung eines privaten Fahrzeugs können die Fahrtkosten aus Vereinfachungsgründen auch mit den pauschalen Kilometersätzen gemäß § 9 Absatz 1 Satz 3 Nummer 4a EStG angesetzt werden (siehe auch Rz. 36 des BMF-Schreibens zur Reform des steuerlichen Reisekostenrechts vom 30. September 2013, BStBl. I Seite ||||). Bei Benutzung eines eigenen oder zur Nutzung überlassenen Kraftwagens kann danach ohne Einzelnachweis der Kilometersatz von 0,30 Euro je gefahrenen Kilometer angesetzt werden. Unfallkosten, die auf einer Fahrt zwischen Wohnung und erster Tätigkeitsstätte entstanden sind, können neben dem pauschalen Kilometersatz berücksichtigt werden. Werden die Wege zwischen Wohnung und erster Tätigkeitsstätte mit verschiedenen Verkehrsmitteln zurückgelegt, kann das Wahlrecht – Entfernungspauschale oder tatsächliche Kosten – für beide zurückgelegten Teilstrecken – nur einheitlich ausgeübt werden (BFH vom 5. Mai 2009, BStBl. II Seite 729).

Beispiel 1:
Ein behinderter Arbeitnehmer A (Grad der Behinderung von 90) fährt an 220 Arbeitstagen im Jahr mit dem eigenen Kraftwagen 17 km zu einem behindertengerechten Bahnhof und von dort 82 km mit der Bahn zur ersten Tätigkeitsstätte. Die tatsächlichen Bahnkosten betragen 240 Euro im Monat. A wählt das günstigste Ergebnis (für 183 Tage die Entfernungspauschale und für 37 Tage den Ansatz der tatsächlichen Kosten).

a) Ermittlung der Entfernungspauschale

Für die Teilstrecke mit dem eigenen Kraftwagen errechnet sich eine Entfernungspauschale von 183 Arbeitstagen x 17 km x 0,30 Euro = 933,30 Euro

Für die Teilstrecke mit der Bahn errechnet sich eine Entfernungspauschale von 183 Arbeitstagen x 82 km x 0,30 Euro = 4 501,80 Euro, höchstens 4 500 Euro, so dass sich eine insgesamt anzusetzende Entfernungspauschale von 5 434 Euro (4 500 Euro + 934 Euro) ergibt.

b) Ermittlung der tatsächlichen Kosten

Für die Teilstrecke mit dem eigenen Kraftwagen sind

37 Arbeitstage x 17 km x 2 x 0,30 Euro = 377,40 Euro anzusetzen (= tatsächliche Aufwendungen mit pauschalem Kilometersatz)

für die verbleibende Teilstrecke mit der Bahn 484,36 Euro (= 240 Euro x 12 Monate = 2 880 Euro : 220 Tage x 37 Tage),

so dass sich insgesamt also ein Betrag von 862 Euro (377,40 Euro + 484,36 Euro) ergibt.

Insgesamt kann somit ein Betrag von 6 296 Euro (183 Tage Entfernungspauschale und 37 Tage tatsächliche Kosten) abgezogen werden.

Beispiel 2:

Arbeitnehmer A fährt an 220 Arbeitstagen im Jahr mit dem eigenen Kraftwagen 17 km zum Bahnhof und von dort 82 km mit der Bahn zur ersten Tätigkeitsstätte. Die tatsächlichen Bahnkosten betragen 240 Euro im Monat. Mitte des Jahres (110 Arbeitstage) tritt eine Behinderung ein (Grad der Behinderung von 90). A wählt wieder das günstigste Ergebnis (für 183 Tage die Entfernungspauschale und für 37 Tage während des Zeitraums der Behinderung den Ansatz der tatsächlichen Kosten).

a) Ermittlung der Entfernungspauschale

Für die Teilstrecke mit dem eigenen Kraftwagen errechnet sich eine Entfernungspauschale von

183 Arbeitstagen x 17 km x 0,30 Euro = 933,30 Euro

Für die Teilstrecke mit der Bahn errechnet sich eine Entfernungspauschale von 183 Arbeitstagen x 82 km x 0,30 Euro = 4 501,80 Euro, höchstens 4 500 Euro, so dass sich eine insgesamt anzusetzende Entfernungspauschale von 5 434 Euro (4 500 Euro + 934 Euro) ergibt.

b) Ermittlung der tatsächlichen Kosten

Für die Teilstrecke mit dem eigenen Kraftwagen sind

37 Arbeitstage x 17 km x 2 x 0,30 Euro = 377,40 Euro anzusetzen (= tatsächliche Aufwendungen mit pauschalem Kilometersatz)

für die verbleibende Teilstrecke mit der Bahn 484,36 Euro (= 240 Euro x 12 Monate = 2 880 Euro : 220 Tage x 37 Tage),

so dass sich insgesamt also ein Betrag von 862 Euro (377,40 Euro + 484,36 Euro) ergibt.

Insgesamt kann auch in diesem Fall ein Betrag von 6 296 Euro (183 Tage Entfernungspauschale und 37 Tage tatsächliche Kosten) abgezogen werden.

4. Abgeltungswirkung der Entfernungspauschalen

Nach § 9 Absatz 2 Satz 1 EStG sind durch die Entfernungspauschale sämtliche Aufwendungen abgegolten, die durch die Wege zwischen Wohnung und erster Tätigkeitsstätte und Familienheimfahrten entstehen. Dies gilt z. B. auch für Parkgebühren für das Abstellen des Kraftfahrzeugs während der Arbeitszeit, für Finanzierungskosten (siehe auch BFH vom 15. April 2010, BStBl. II Seite 805), Beiträge für Kraftfahrerverbände, Versicherungsbeiträge für einen Insassenunfallschutz, Aufwendungen infolge Diebstahls sowie für die Kosten eines Austauschmotors anlässlich eines Motorschadens auf einer Fahrt zwischen Wohnung und erster Tätigkeitsstätte oder einer Familienheimfahrt. Unfallkosten, die auf einer Fahrt zwischen Wohnung und erster Tätigkeitsstätte oder auf einer zu berücksichtigenden Familienheimfahrt entstehen, sind als außergewöhnliche Aufwendungen im Rahmen der allgemeinen Werbungskosten nach § 9 Absatz 1 Satz 1 EStG weiterhin neben der Entfernungspauschale zu berücksichtigen (siehe Bundestags-Drucksache 16/12099, Seite 6).

5. Pauschalbesteuerung nach § 40 Absatz 2 Satz 2 EStG

5.1 Allgemeines

Der Arbeitgeber kann die Lohnsteuer für Sachbezüge in Form der unentgeltlichen oder verbilligten Beförderung eines Arbeitnehmers zwischen Wohnung und erster Tätigkeitsstätte oder Fahrten nach § 9 Absatz 1 Satz 3 Nummer 4a Satz 3 EStG sowie für zusätzlich zum ohnehin geschuldeten Arbeitslohn gezahlte Zuschüsse zu den Aufwendungen des Arbeitnehmers für Fahrten zwischen Wohnung und erster Tätigkeitsstätte sowie Fahrten nach § 9 Absatz 1 Satz 3 Nummer 4a Satz 3 EStG pauschal mit 15 % erheben, soweit diese den Betrag nicht übersteigen, den der Arbeitnehmer nach § 9 Absatz 1 Satz 3 Nummer 4 und Absatz 2 EStG als Werbungskosten geltend machen kann. Ausschlaggebend für die Höhe des pauschalierbaren Betrags ist demnach der Betrag, den der Arbeitnehmer für die Fahrten zwischen Wohnung und erster Tätigkeitsstätte oder Fahrten nach § 9 Absatz 1 Satz 3 Nummer 4a Satz 3 EStG als Werbungskosten geltend machen kann.

Anlage § 009-07/Entfernungspauschalen (Zu LStH 9.1, 9.10)

5.2 Höhe der pauschalierbaren Sachbezüge und Zuschüsse

Bei ausschließlicher Benutzung eines eigenen oder zur Nutzung überlassenen Kraftwagens ist die Höhe der pauschalierungsfähigen Sachbezüge und Zuschüsse des Arbeitgebers auf die Höhe der nach § 9 Absatz 1 Satz 3 Nummer 4 EStG als Werbungskosten abziehbaren Entfernungspauschale beschränkt, ohne Begrenzung auf den Höchstbetrag von 4 500 Euro. Aus Vereinfachungsgründen kann davon ausgegangen werden, dass monatlich an 15 Arbeitstagen Fahrten zwischen Wohnung und erster Tätigkeitsstätte oder Fahrten nach § 9 Absatz 1 Satz 3 Nummer 4a Satz 3 EStG erfolgen.

Bei ausschließlicher Benutzung eines Motorrads, Motorrollers, Mopeds oder Mofas sind die pauschalierbaren Sachbezüge und Zuschüsse des Arbeitgebers auf die Höhe der nach § 9 Absatz 1 Satz 3 Nummer 4 EStG als Werbungskosten abziehbaren Entfernungspauschale, begrenzt auf den Höchstbetrag von 4 500 Euro, beschränkt. Aus Vereinfachungsgründen kann hier ebenfalls davon ausgegangen werden, dass monatlich an 15 Arbeitstagen Fahrten zwischen Wohnung und erster Tätigkeitsstätte oder Fahrten nach § 9 Absatz 1 Satz 3 Nummer 4a Satz 3 EStG erfolgen.

Bei ausschließlicher Benutzung öffentlicher Verkehrsmittel, bei entgeltlicher Sammelbeförderung, für Flugstrecken sowie bei behinderten Menschen ist eine Pauschalierung der Sachbezüge und Zuschüsse in Höhe der tatsächlichen Aufwendungen des Arbeitnehmers (§ 9 Absatz 1 Satz 3 Nummer 4 und Absatz 2 EStG) für die Fahrten zwischen Wohnung und erster Tätigkeitsstätte oder Fahrten nach § 9 Absatz 1 Satz 3 Nummer 4a Satz 3 EStG zulässig.

Bei der Benutzung verschiedener Verkehrsmittel (insbesondere sog. Park & Ride-Fälle) ist die Höhe der pauschalierbaren Sachbezüge und Zuschüsse des Arbeitgebers auf die Höhe der nach § 9 Absatz 1 Satz 3 Nummer 4 und Absatz 2 EStG als Werbungskosten abziehbaren Entfernungspauschale beschränkt. Eine Pauschalierung in Höhe der tatsächlichen Aufwendungen des Arbeitnehmers für die Nutzung öffentlicher Verkehrsmittel kommt erst dann in Betracht, wenn diese die insgesamt im Kalenderjahr anzusetzende Entfernungspauschale, ggf. begrenzt auf den Höchstbetrag von 4 500 Euro, übersteigen. Aus Vereinfachungsgründen kann auch in diesen Fällen davon ausgegangen werden, dass monatlich an 15 Arbeitstagen Fahrten zwischen Wohnung und erster Tätigkeitsstätte oder Fahrten nach § 9 Absatz 1 Satz 3 Nummer 4a Satz 3 EStG erfolgen.

6. Anwendungsregelung

Dieses Schreiben ist mit Wirkung ab 1. Januar 2014 anzuwenden.

Das BMF-Schreiben zu den Entfernungspauschalen vom 3. Januar 2013 (BStBl. I Seite 215) ist letztmals für den Veranlagungszeitraum 2013 anzuwenden. Beim Steuerabzug vom Arbeitslohn gilt dies mit der Maßgabe, dass die Fassung des BMF-Schreibens vom 3. Januar 2013 letztmals auf den laufenden Arbeitslohn anzuwenden ist, der für einen bis zum 31. Dezember 2013 endenden Lohnzahlungszeitraum gezahlt wird, und auf sonstige Bezüge, die bis zum 31. Dezember 2013 zufließen.

Dieses Schreiben wird im Bundessteuerblatt Teil I veröffentlicht.

(Zu LStH 9.8) **Anlage § 009-11/Reisekosten/Übernachtungspauschalen**

Keine Übernachtungspauschalen bei LKW-Fahrern, die in der Schlafkabine ihres LKW übernachten; vereinfachter Nachweis von Reisenebenkosten; BFH-Urteil vom 28. März 2012 – VI R 48/11 – (BStBl. 2012 II S. 926)

BMF-Schreiben vom 4. Dezember 2012 – IIV C 5 – S 2353/12/10009 2012/1074468 (BStBl. I S. 1249)

Der BFH hat in seinem Urteil vom 28. März 2012 – VI R 48/11 – (BStBl. 2012 II S. 926) entschieden, dass ein Kraftfahrer, der in der Schlafkabine seines LKW übernachtet, die Pauschalen für Übernachtungen bei Auslandsdienstreisen nicht anwenden darf. Liegen Einzelnachweise über die Kosten nicht vor, seien die tatsächlichen Aufwendungen zu schätzen. Im Hinblick auf dieses Urteil ist nach der Erörterung mit den obersten Finanzbehörden der Länder Folgendes zu beachten:

Einem Kraftfahrer, der anlässlich seiner auswärtigen beruflichen Tätigkeit (Fahrtätigkeit) in der Schlafkabine seines LKW übernachtet, entstehen Aufwendungen, die bei anderen Arbeitnehmern mit Übernachtung anlässlich einer beruflichen Auswärtstätigkeit typischerweise in den Übernachtungskosten enthalten sind. Derartige Aufwendungen können als Reisenebenkosten in vereinfachter Weise ermittelt und glaubhaft gemacht werden. Als Reisenebenkosten in diesem Sinne kommen z. B. in Betracht:

– Gebühren für die Benutzung der sanitären Einrichtungen (Toiletten sowie Dusch- oder Waschgelegenheiten) auf Raststätten,
– Aufwendungen für die Reinigung der eigenen Schlafkabine.

Aus Gründen der Vereinfachung ist es ausreichend, wenn der Arbeitnehmer die ihm tatsächlich entstandenen und regelmäßig wiederkehrenden Reisenebenkosten für einen repräsentativen Zeitraum von drei Monaten im Einzelnen durch entsprechende Aufzeichnungen glaubhaft macht. Dabei ist zu beachten, dass bei der Benutzung der sanitären Einrichtungen auf Raststätten nur die tatsächlichen Benutzungsgebühren aufzuzeichnen sind, nicht jedoch die als Wertbons ausgegebenen Beträge.

Hat der Arbeitnehmer diesen Nachweis erbracht, kann der tägliche Durchschnittsbetrag, der sich aus den Rechnungsbeträgen für den repräsentativen Zeitraum ergibt, für den Ansatz von Werbungskosten oder auch für die steuerfreie Erstattung durch den Arbeitgeber (nach Maßgabe der §§ 3 Nummer 13 und 16 EStG) so lange zu Grunde gelegt werden, bis sich die Verhältnisse wesentlich ändern.

Beispiel:

Nachweis durch Belege des Arbeitnehmers:

– Monat Oktober 2012: Aufwendungen gesamt 60 Euro (20 Tage Auswärtstätigkeit)
– Monat November 2012: Aufwendungen gesamt 80 Euro (25 Tage Auswärtstätigkeit)
– Monat Dezember 2012: Aufwendungen gesamt 40 Euro (15 Tage Auswärtstätigkeit)

   Summe der Aufwendungen: 180 Euro: 60 Tage Auswärtstätigkeit = 3 Euro täglicher Durchschnittswert.

Der so ermittelte Wert kann bei LKW-Fahrern, die in ihrer Schlafkabine übernachten, für jeden Tag der Auswärtstätigkeit als Werbungskosten geltend gemacht oder steuerfrei durch den Arbeitgeber erstattet werden.

Dieses Schreiben wird im Bundessteuerblatt Teil I veröffentlicht. Es steht ab sofort für eine Übergangszeit auf den Internetseiten des Bundesministeriums der Finanzen http://www.bundesfinanzministerium.de unter der Rubrik „Themen/Steuern/ Steuerarten/Lohnsteuer/BMF-Schreiben/Allgemeines" zur Ansicht und zum Abruf bereit.

Anlage § 010-01/Vorsorgeaufwendungen und Altersbezüge (Zu LStH 19.8)

Einkommensteuerrechtliche Behandlung von Vorsorgeaufwendungen und Altersbezügen

BMF-Schreiben vom 19.8.2013 – IV C 3 – S 2221/12/10010: 004 (BStBl. I S. 1087) unter Berücksichtigung der Änderungen durch das BMF-Schreiben vom 10.01.2014 – IV C 3 – S 2221/12/10010: 003,2013/1146023 (BStBl. I S. 70)

Zum Sonderausgabenabzug für Beiträge nach § 10 Absatz 1 und zur Besteuerung von Versorgungsbezügen nach § 19 Absatz 2 sowie von Einkünften nach § 22 Nummer 1 Satz 3 Buchstabe a des Einkommensteuergesetzes (EStG) gilt im Einvernehmen mit den obersten Finanzbehörden der Länder Folgendes:

Inhaltsübersicht

Inhalt	Randziffer
A. Abzug von Vorsorgeaufwendungen – § 10 EStG –	1 – 167
I. Sonderausgabenabzug für Beiträge nach § 10 Absatz 1 Nummer 2 EStG	1 – 67
1. Begünstigte Beiträge	1 – 45
a) Beiträge i. S. d. § 10 Absatz 1 Nummer 2 Satz 1 Buchstabe a EStG	1 – 7
aa) Beiträge zu den gesetzlichen Rentenversicherungen	1 – 4
bb) Beiträge zur landwirtschaftlichen Alterskasse	5
cc) Beiträge zu berufsständischen Versorgungseinrichtungen	6 – 7
b) Beiträge i. S. d. § 10 Absatz 1 Nummer 2 Satz 1 Buchstabe b EStG	8 – 44
aa) Allgemeines	8 – 23
bb) Beiträge i. S. d. § 10 Absatz 1 Nummer 2 Satz 1 Buchstabe b Doppelbuchstabe aa EStG (Basisrente-Alter)	24 – 333
cc) Beiträge i. S. d. § 10 Absatz 1 Nummer 2 Satz 1 Buchstabe b Doppelbuchstabe bb EStG i. V. m. § 2 Absatz 1a AltZertG (Basisrente-Erwerbsminderung)	34 – 44
c) Beitragsempfänger	45
2. Ermittlung des Abzugsbetrags nach § 10 Absatz 3 EStG	46 – 67
a) Höchstbetrag	46
b) Kürzung des Höchstbetrags nach § 10 Absatz 3 Satz 3 EStG	47 – 59
aa) Kürzung des Höchstbetrags beim Personenkreis des § 10 Absatz 3 Satz 3 Nummer 1 Buchstabe a EStG	49 – 51
bb) Kürzung des Höchstbetrags beim Personenkreis des § 10 Absatz 3 Satz 3 Nummer 1 Buchstabe b EStG	52 – 55
cc) Kürzung des Höchstbetrags beim Personenkreis des § 10 Absatz 3 Satz 3 Nummer 2 EStG	46 – 59
c) Kürzung des Höchstbetrags bei Ehegatten und Lebenspartnern[1]	60
d) Übergangsregelung (bis 2024)	61
e) Kürzung des Abzugsbetrags bei Arbeitnehmern nach § 10 Absatz 3 Satz 5 EStG	62 – 67
II. Sonderausgabenabzug für sonstige Vorsorgeaufwendungen nach § 10 Absatz 1 Nummer 3 und 3a EStG	68 – 141
1. Allgemeines	68
2. Sonstige Vorsorgeaufwendungen	69 – 98
a) Beiträge zur Basiskrankenversicherung (§ 10 Absatz 1 Nummer 3 Satz 1 Buchstabe a EStG)	69 – 93
aa) Beiträge zur gesetzlichen Krankenversicherung	76 – 85
(1) Allgemeines	76 – 78
(2) Einzelne Personengruppen	79 – 85
(a) Pflichtversicherte Arbeitnehmer	79

---

[1] Der Begriff „Lebenspartner" bezeichnet in diesem BMF-Schreiben Lebenspartner einer eingetragenen Lebenspartnerschaft.

(b) Freiwillig gesetzlich versicherte Arbeitnehmer	80
(c) Freiwillig gesetzlich versicherte Selbständige	81
(d) Pflichtversicherte selbständige Künstler und Publizisten	82
(e) Freiwillig gesetzlich versicherte Künstler und Publizisten	83
(f) Pflichtversicherte Rentner	84
(g) Freiwillig gesetzlich versicherte Rentner	85
bb) Beiträge zur privaten Krankenversicherung	86 – 93
(1) Allgemeines	86 – 89
(2) Einzelne Personengruppen	90 – 93
(a) Privat versicherte Arbeitnehmer	90 – 91
(b) Privat versicherte Künstler und Publizisten	92
(c) Privat versicherte Rentner	93
b) Beiträge zur gesetzlichen Pflegeversicherung (§ 10 Absatz 1 Nummer 3 Satz 1 Buchstabe b EStG)	94
c) Weitere sonstige Vorsorgeaufwendungen (§ 10 Absatz 1 Nummer 3a EStG)	95 – 98
3. Ermittlung Abzugsbetrag	99 – 108
a) Höchstbetrag nach § 10 Absatz 4 EStG	99 – 102
b) Mindestansatz	103
c) Abzugsbetrag bei Ehegatten und Lebenspartnern	104 – 108
aa) Zusammenveranlagung nach § 26b EStG	104
bb) Einzelveranlagung nach § 26a EStG und „Patchwork-Familien"	105 – 108
4. Verfahren	109 – 125
a) Gesetzlich Versicherte	112 – 121
aa) Pflichtversicherte Arbeitnehmer	113
bb) Freiwillig gesetzlich versicherte Arbeitnehmer	114 – 115
cc) Freiwillig gesetzlich versicherte Selbständige	116
dd) Pflichtversicherte selbständige Künstler und Publizisten	117
ee) Freiwillig gesetzlich versicherte Künstler und Publizisten	118
ff) Pflichtversicherte Rentner	119
gg) Pflichtversicherte Empfänger einer Kapitalleistung aus der betrieblichen Altersversorgung	120
hh) Freiwillig gesetzlich versicherte Rentner	121
b) Privat Versicherte	122 – 125
aa) Privat versicherte Arbeitnehmer	122 – 123
bb) Privat versicherte Künstler und Publizisten	124
cc) Privat versicherte Rentner	125
5. Beitragsvorauszahlungen	126 – 141
a) Anwendungsbereich	126
b) Ermittlung der Vergleichsgrößen	127 – 132
aa) Ermittlung des zulässigen Vorauszahlungsvolumens	129 – 131
bb) Summe der geleisteten Beitragsvorauszahlungen	132
c) Rechtsfolge	133 – 141
aa) Allgemein	133 – 136
bb) Vorauszahlungen vs. regelmäßig wiederkehrende Zahlungen	137 – 141
III. Gemeinsame Regelungen	142 – 163
1. Datenübermittlung	142 – 144
2. Einwilligung in die Datenübermittlung	145 – 149
a) Allgemeines	145 – 147

Anlage § 010-01/Vorsorgeaufwendungen und Altersbezüge (Zu LStH 19.8)

	b) Einwilligungsfiktion bei Kranken- und Pflegeversicherungsbeiträgen	148 – 149
	3. Nachweis bei fehlgeschlagener Datenübermittlung	150 – 151
	a) Kranken- und Pflegeversicherungsbeiträge	150
	b) Beiträge zur Basisrente	151
	4. Zufluss- und Abflussprinzip (§ 11 EStG)	152 – 155
	5. Zusammenhang mit steuerfreien Einnahmen	156 – 157
	6. Erstattungsüberhänge	158 – 159
	7. Globalbeiträge	160
	8. Änderungsnorm	161 – 163
IV.	Günstigerprüfung nach § 10 Absatz 4a EStG	164 – 167
B.	**Besteuerung von Versorgungsbezügen – § 19 Absatz 2 EStG**	**168 – 189**
I.	Von internationalen Organisationen gezahlten Pensionen	168
II.	Arbeitnehmer-/Werbungskosten-Pauschbetrag/Zuschlag zum Versorgungsfreibetrag	169
III.	Versorgungsfreibetrag/Zuschlag zum Versorgungsfreibetrag	170 – 188
	1. Allgemeines	170
	2. Berechnung des Versorgungsfreibetrags und des Zuschlags zum Versorgungsfreibetrag	170
	3. Festschreibung des Versorgungsfreibetrags und des Zuschlags zum Versorgungsfreibetrag	170
	4. Neuberechnung des Versorgungsfreibetrags und des Zuschlags zum Versorgungsfreibetrag	170
	5. Zeitanteilige Berücksichtigung des Versorgungsfreibetrags und des Zuschlags zum Versorgungsfreibetrag	170
	6. Mehrere Versorgungsbezüge	170
	7. Hinterbliebenenversorgung	170
	8. Berechnung des Versorgungsfreibetrags im Falle einer Kapitalauszahlung/Abfindung	170
	9. Zusammentreffen von Versorgungsbezügen (§ 19 EStG) und Rentenleistungen (§ 22 EStG)	170
IV.	Aufzeichnungs- und Bescheinigungspflichten	189
C.	**Besteuerung von Einkünften gem. § 22 Nummer 1 Satz 3 Buchstabe a EStG**	**190 – 269**
I.	**Allgemeines**	**190 – 194**
II.	**Leibrenten und andere Leistungen i. S. d. § 22 Nummer 1 Satz 3 Buchstabe a Doppelbuchstabe aa EStG**	**195 – 211**
	1. Leistungen aus den gesetzlichen Rentenversicherungen, aus der landwirtschaftlichen Alterskasse und aus den berufsständischen Versorgungseinrichtungen	195 – 205
	a) Besonderheiten bei Leibrenten und anderen Leistungen aus den gesetzlichen Rentenversicherungen	196 – 199
	b) Besonderheiten bei Leibrenten und anderen Leistungen aus der landwirtschaftlichen Alterskasse	200 – 201
	c) Besonderheiten bei Leibrenten und anderen Leistungen aus den berufsständischen Versorgungseinrichtungen	202 – 205
	2. Leibrenten und andere Leistungen aus Rentenversicherungen i. S. d. § 10 Absatz 1 Nummer 2 Satz 1 Buchstabe b EStG	206 – 211
III.	**Leibrenten und andere Leistungen i. S. d. § 22 Nummer 1 Satz 3 Buchstabe a Doppelbuchstabe bb EStG**	**212 -215**
IV.	**Besonderheiten bei der betrieblichen Altersversorgung**	**216**
V.	**Durchführung der Besteuerung**	**217 – 269**
	1. Leibrenten und andere Leistungen i. S. d. § 22 Nummer 1 Satz 3 Buchstabe a Doppelbuchstabe aa EStG	217 – 235

a) Allgemeines	217
b) Jahresbetrag der Rente	218
c) Bestimmung des Prozentsatzes	219 – 229
aa) Allgemeines	219 – 222
bb) Erhöhung oder Herabsetzung der Rente	223
cc) Besonderheiten bei Folgerenten aus derselben Versicherung	224 – 229
d) Ermittlung des steuerfreien Teils der Rente	230 – 235
aa) Allgemeines	230
bb) Bemessungsgrundlage für die Ermittlung des steuerfreien Teils der Rente	231
cc) Neuberechnung des steuerfreien Teils der Rente	232 – 235
2. Leibrenten und andere Leistungen i. S. d. § 22 Nummer 1 Satz 3 Buchstabe a Doppelbuchstabe bb EStG	236 – 237
3. Öffnungsklausel	238 – 269
a) Allgemeines	238
b) Antrag	239
c) 10-Jahres-Grenze	240
d) Maßgeblicher Höchstbetrag	241
e) Ermittlung der geleisteten Beiträge	242 – 246
f) Nachweis der gezahlten Beiträge	247
g) Ermittlung des auf Beiträgen oberhalb des Betrags des Höchstbetrags beruhenden Teils der Leistung	248 – 250
h) Aufteilung bei Beiträgen an mehr als einen Versorgungsträger	251 – 255
aa) Beiträge an mehr als eine berufsständische Versorgungseinrichtung	252
bb) Beiträge an die gesetzliche Rentenversicherung und an berufsständische Versorgungseinrichtungen	253 – 255
i) Öffnungsklausel bei einmaligen Leistungen	256 – 257
j) Versorgungsausgleich unter Ehegatten oder unter Lebenspartnern	258 – 265
k) Bescheinigung der Leistung nach § 22 Nummer 1 Satz 3 Buchstabe a Doppelbuchstabe bb Satz 2 EStG	266 – 269
D. Besonderheiten beim Versorgungsausgleich	270 – 222
I. Allgemeines	270 – 278
1. Gesetzliche Neuregelung des Versorgungsausgleichs	270 – 275
2. Besteuerungszeitpunkt	276 – 278
II. Interne Teilung (§ 10 VersAusglG)	279 – 282
1. Steuerfreiheit nach § 3 Nummer 55a EStG	279
2. Besteuerung bei der ausgleichsberechtigten Person	280 – 282
III. Externe Teilung (§ 14 VersAusglG)	283 – 287
1. Steuerfreiheit nach § 3 Nummer 55b EStG	283
2. Besteuerung bei der ausgleichsberechtigten Person	284
3. Beispiele	285 – 286
4. Verfahren	287
IV. Neuberechnung des Versorgungsfreibetrags und des Zuschlags zum Versorgungsfreibetrag	288
E. Anwendungsregelung	289 – 290

Anlage § 010-01/Vorsorgeaufwendungen und Altersbezüge (Zu LStH 19.8)

A. Abzug von Altersvorsorgeaufwendungen – § 10 EStG –

I. Sonderausgabenabzug für Beiträge nach § 10 Absatz 1 Nummer 2 EStG

1. Begünstigte Beiträge

a) Beiträge im Sinne des § 10 Absatz 1 Nummer 2 Buchstabe a EStG

aa) Beiträge zu den gesetzlichen Rentenversicherungen

1 Als Beiträge zur gesetzlichen Rentenversicherung sind Beiträge an folgende Träger der gesetzlichen Rentenversicherung zu berücksichtigen:

– Deutsche Rentenversicherung Bund,

– Deutsche Rentenversicherung Knappschaft-Bahn-See,

– Deutsche Rentenversicherung Regionalträger.

2 Die Beiträge können wie folgt erbracht und nachgewiesen werden:

Art der Beitragsleistung	Nachweis durch
Pflichtbeiträge aufgrund einer abhängigen Beschäftigung einschließlich des nach § 3 Nummer 62 EStG steuerfreien Arbeitgeberanteils	Lohnsteuerbescheinigung
Pflichtbeiträge aufgrund einer selbständigen Tätigkeit	Beitragsbescheinigung des Rentenversicherungsträgers oder der Künstlersozialkasse
freiwillige Beiträge	Beitragsbescheinigung des Rentenversicherungsträgers
Nachzahlung von freiwilligen Beiträgen	Beitragsbescheinigung des Rentenversicherungsträgers
freiwillige Zahlung von Beiträgen zum Ausgleich einer Rentenminderung (bei vorzeitiger Inanspruchnahme einer Altersrente) § 187a des Sechsten Buches Sozialgesetzbuch – SGB VI –	Beitragsbescheinigung des Rentenversicherungsträgers
freiwillige Zahlung von Beiträgen zum Auffüllen von Rentenanwartschaften, die durch einen Versorgungsausgleich gemindert worden sind § 187 SGB VI	Besondere Beitragsbescheinigung des Rentenversicherungsträgers
Abfindung von Anwartschaften auf betriebliche Altersversorgung § 187b SGB VI	Besondere Beitragsbescheinigung des Rentenversicherungsträgers

3 Bei selbständigen Künstlern und Publizisten, die nach Maßgabe des Künstlersozialversicherungsgesetzes versicherungspflichtig sind, ist als Beitrag zur gesetzlichen Rentenversicherung der von diesen entrichtete Beitrag an die Künstlersozialkasse zu berücksichtigen. Die Künstlersozialkasse fungiert als Einzugsstelle und nicht als Träger der gesetzlichen Rentenversicherung. Der Beitrag des Versicherungspflichtigen stellt den hälftigen Gesamtbeitrag dar. Der andere Teil wird in der Regel von der Künstlersozialkasse aufgebracht und setzt sich aus der Künstlersozialabgabe und einem Zuschuss des Bundes zusammen. Der von der Künstlersozialkasse gezahlte Beitragsanteil ist bei der Ermittlung der nach § 10 Absatz 1 Nummer 2 EStG zu berücksichtigenden Aufwendungen nicht anzusetzen.

4 Zu den Beiträgen zur gesetzlichen Rentenversicherung gehören auch Beiträge an ausländische gesetzliche Rentenversicherungsträger (vgl. BFH vom 24. Juni 2009, BStBl. II S. 1000). Die Übertragung von Anrechten auf eine zwischen- oder überstaatliche Einrichtung aufgrund eines Abkommens zur Begründung von Anrechten auf Altersversorgung ist steuerfrei nach § 3 Nummer 55e EStG. Das übertragene Vermögen ist nicht als Beitrag nach § 10 Absatz 1 Nummer 2 Satz 1 Buchstabe a EStG zu berücksichtigen. Der Beitrag eines inländischen Arbeitgebers, den dieser an eine ausländische Rentenversicherung zahlt, ist dem Arbeitnehmer zuzurechnen, wenn die Abführung auf vertraglicher und nicht auf gesetzlicher Grundlage erfolgte (BFH vom 18. Mai 2004, BStBl. II S. 1014). Die Anwendung des § 3 Nummer 62 EStG kommt in diesen Fällen nicht in Betracht.

bb) Beiträge zur landwirtschaftlichen Alterskasse

In der Alterssicherung der Landwirte können der Landwirt, sein Ehegatte, sein Lebenspartner oder in bestimmten Fällen mitarbeitende Familienangehörige versichert sein. Beiträge zur landwirtschaftlichen Alterskasse können, soweit sie zum Aufbau einer eigenen Altersversorgung führen, von dem zur Zahlung Verpflichteten als Beiträge i. S. d. § 10 Absatz 1 Nummer 2 Satz 1 Buchstabe a EStG geltend gemacht werden. Werden dem Versicherungspflichtigen aufgrund des Gesetzes zur Alterssicherung der Landwirte Beitragszuschüsse gewährt, mindern diese die nach § 10 Absatz 1 Nummer 2 Satz 1 Buchstabe a EStG anzusetzenden Beiträge.

cc) Beiträge zu berufsständischen Versorgungseinrichtungen

Bei berufsständischen Versorgungseinrichtungen im steuerlichen Sinne handelt es sich um öffentlich-rechtliche Versicherungs- oder Versorgungseinrichtungen für Beschäftigte und selbständig tätige Angehörige der kammerfähigen freien Berufe, die den gesetzlichen Rentenversicherungen vergleichbare Leistungen erbringen. Die Mitgliedschaft in der berufsständischen Versorgungseinrichtung tritt aufgrund einer gesetzlichen Verpflichtung bei Aufnahme der betreffenden Berufstätigkeit ein. Die Mitgliedschaft in einer berufsständischen Versorgungseinrichtung führt in den in § 6 Absatz 1 SGB VI genannten Fallgestaltungen auf Antrag zu einer Befreiung von der gesetzlichen Rentenversicherungspflicht.

Welche berufsständischen Versorgungseinrichtungen diese Voraussetzung erfüllen, wird jeweils durch gesondertes BMF-Schreiben bekannt gegeben.

b) Beiträge i. S. d. § 10 Absatz 1 Nummer 2 Satz 1 Buchstabe b EStG

aa) Allgemeines

Eine Basisrente i. S. d. § 10 Absatz 1 Nummer 2 Satz 1 Buchstabe b EStG i. V. mit dem Altersvorsorgeverträge-Zertifizierungsgesetz – AltZertG – liegt vor, wenn es sich um einen Vertrag

– zum Aufbau einer eigenen kapitalgedeckten Altersversorgung (Basisrente-Alter), ggf. ergänzt um eine Absicherung des Eintritts der verminderten Erwerbsfähigkeit, der Berufsunfähigkeit oder von Hinterbliebenen oder

– zur Absicherung gegen den Eintritt der verminderten Erwerbsfähigkeit im Versicherungsfall (Basisrente-Erwerbsminderung), ggf. verbunden mit einer Absicherung gegen den Eintritt der Berufsunfähigkeit

handelt.

Beiträge i. S. d. § 10 Absatz 1 Nummer 2 Satz 1 Buchstabe b EStG liegen nur vor, wenn es sich um eigene Beiträge des Versicherten handelt. Es muss also Personenidentität zwischen dem Beitragszahler, der versicherten Person und dem Leistungsempfänger bestehen (bei Ehegatten siehe R 10.1 EStR 2012 – dies gilt für Lebenspartner entsprechend). Der Anbieter kann davon ausgehen, dass die zugunsten des Vertrags geleisteten Beiträge der Person zuzurechnen sind, die einen vertraglichen Anspruch auf die Leistung hat. Ihn trifft keine Verpflichtung zur Feststellung der Mittelherkunft. Im Fall einer ergänzenden Hinterbliebenenabsicherung im Rahmen der Basisrente-Alter ist insoweit ein abweichender Leistungs- empfänger zulässig.

Der Vertrag darf nur die Zahlung einer monatlichen, gleich bleibenden oder steigenden, lebenslangen Leibrente vorsehen.

Ein Auszahlungsplan erfüllt dieses Kriterium nicht. Bei einem Auszahlungsplan wird nur ein bestimmtes Kapital über eine gewisse Laufzeit verteilt. Nach Laufzeitende ist das Kapital aufgebraucht, so dass die Zahlungen dann enden. Insoweit ist eine lebenslange Auszahlung nicht gewährleistet. Eine andere Wertung ergibt sich auch nicht durch eine Kombination eines Auszahlungsplans mit einer sich anschließenden Teilkapitalverrentung. Begrifflich ist die „Teilverrentung" zwar eine Leibrente, allerdings wird der Auszahlungsplan durch die Verknüpfung mit einer Rente nicht selbst zu einer Leibrente.

Ein planmäßiges Sinken der Rentenhöhe ist nicht zulässig. Geringfügige Schwankungen in der Rentenhöhe, sofern diese Schwankungen auf in einzelnen Jahren unterschiedlich hohen Überschussanteilen während der Rentenzahlung beruhen, die für die ab Leistungsbeginn garantierten Rentenleistungen gewährt werden, sind unschädlich. Das heißt z. B., bei der Basisrente-Alter darf der auf Basis des zu Beginn der Auszahlungsphase garantierten Kapi- tals zuzüglich der unwiderruflich zugeteilten Überschüsse zu errechnende Rentenbetrag während der gesamten Auszahlungsphase nicht unterschritten werden. Ein Anlageprodukt, bei welchem dem Anleger lediglich eine Rente zugesichert wird, die unter diesen Rentenbetrag sinken kann, erfüllt demnach nicht die an eine Leibrente i. S. d. § 10 Absatz 1 Nummer 2 Satz 1 Buchstabe b Doppelbuchstabe aa EStG zu stellenden steuerlichen Voraussetzungen.

Anlage § 010-01/Vorsorgeaufwendungen und Altersbezüge (Zu LStH 19.8)

13 Eine Auszahlung durch die regelmäßige Gutschrift einer gleich bleibenden oder steigenden Anzahl von Investmentanteilen sowie die Auszahlung von regelmäßigen Raten im Rahmen eines Auszahlungsplans sind keine lebenslange Leibrente i. S. d. § 10 Absatz 1 Nummer 2 Satz 1 Buchstabe b EStG.

14 Damit sichergestellt ist, dass die Voraussetzungen für eine Leibrente i. S. d. § 10 Absatz 1 Nummer 2 Satz 1 Buchstabe b Doppelbuchstabe aa EStG vorliegen, insbesondere dass die Rente während ihrer Laufzeit nicht sinken kann, muss der Vertrag die Verpflichtung des Anbieters enthalten, vor Rentenbeginn die Leibrente auf Grundlage einer anerkannten Sterbetafel zu berechnen und dabei den während der Laufzeit der Rente geltenden Zinsfaktor festzulegen.

15 In der vertraglichen Vereinbarung muss geregelt sein, dass die Ansprüche aus dem Vertrag gem. § 10 Absatz 1 Nummer 2 Satz 1 Buchstabe b Satz 2 EStG folgende weitere Voraussetzungen erfüllen:

16 – Nichtvererblichkeit:

Es darf nach den Vertragsbedingungen nicht zu einer Auszahlung an die Erben kommen; im Todesfall kommt das vorhandene Vermögen der Versichertengemeinschaft bzw. der Gemeinschaft der verbleibenden Vorsorgesparer zugute. Die Nichtvererblichkeit wird z. B. nicht ausgeschlossen durch gesetzlich zugelassene Hinterbliebenenleistungen im Rahmen der ergän- zenden Hinterbliebenenabsicherung (Rz. 26 ff.) bei der Basisrente-Alter und durch Renten- zahlungen für die Zeit bis zum Ablauf des Todesmonats an die Erben.

Eine Rentengarantiezeit – also die Vereinbarung, dass die Rente unabhängig vom Tod der versicherten Person mindestens bis zum Ablauf einer vereinbarten Garantiezeit gezahlt wird – widerspricht der im EStG geforderten Nichtvererblichkeit.

Im Rahmen von Fondsprodukten (Publikumsfonds) kann die Nichtvererblichkeit bei der Basisrente-Alter dadurch sichergestellt werden, dass keine erbrechtlich relevanten Vermögenswerte aufgrund des Basisrentenvertrags beim Steuerpflichtigen vorhanden sind. Diese Voraussetzung kann entweder über eine auflösend bedingte Ausgestaltung des schuldrechtli- chen Leistungsanspruchs („Treuhandlösung") oder im Wege spezieller Sondervermögen erfüllt werden, deren Vertragsbedingungen vorsehen, dass im Falle des Todes des Anlegers dessen Anteile zugunsten des Sondervermögens eingezogen werden („Fondslösung"). Ebenso kann diese Voraussetzung durch eine vertragliche Vereinbarung zwischen dem Anbieter und dem Steuerpflichtigen erfüllt werden, nach der im Falle des Todes des Steuerpflichtigen der Gegenwert seiner Fondsanteile der Sparergemeinschaft zugutekommt („vertragliche Lösung").

Für die bei einem fondsbasierten Basis-/Rürup-Rentenprodukt im Rahmen der „vertraglichen Lösung" anfallenden „Sterblichkeitsgewinne" sowie für den Einzug der Anteile am Sonder- vermögen und die anschließende Verteilung bei der „Treuhandlösung" fällt mit Blick auf die persönlichen Freibeträge der Erwerber keine Erbschaftsteuer an.

17 – Nichtübertragbarkeit:

Der Vertrag darf keine Übertragung der Ansprüche des Leistungsempfängers auf eine andere Person vorsehen z. B. im Wege der Schenkung; die Pfändbarkeit nach den Vorschriften der Zivilprozessordnung (ZPO) steht dem nicht entgegen. Der Vertrag darf zulassen, dass die Ansprüche des Leistungsempfängers aus dem Vertrag unmittelbar auf einen nach § 5a AltZertG zertifizierten Vertrag (vgl. Rz. 23) des Leistungsempfängers bei einem anderen Unternehmen übertragen werden. Dabei ist lediglich die Übertragung innerhalb der jeweiligen Produktgruppe (Basisrente-Alter oder Basisrente-Erwerbsminderung) zulässig. Dieser Vorgang ist steuerfrei nach § 3 Nummer 55d EStG. Das übertragene Vermögen ist nicht als Beitrag nach § 10 Absatz 1 Nummer 2 Satz 1 Buchstabe b EStG zu berücksichtigen. Die Übertragung von Anrechten aus einem Basisrentenvertrag i. S. d. § 10 Absatz 1 Nummer 2 Satz 1 Buchstabe b Doppelbuchstabe aa EStG zur Regelung von Scheidungsfolgen nach dem Versorgungsausgleichsgesetz – VersAusglG – vom 3. April 2009 (BGBl. I S. 700), insbesondere im Rahmen einer internen (§ 10 VersAusglG) oder externen Teilung (§ 14 VersAusglG), ist unschädlich.

18 – Nichtbeleihbarkeit:

Es muss vertraglich ausgeschlossen sein, dass die Ansprüche z. B. sicherungshalber abgetreten oder verpfändet werden können.

19 – Nichtveräußerbarkeit:

Der Vertrag muss so gestaltet sein, dass die Ansprüche nicht an einen Dritten veräußert werden können.

20 – Nichtkapitalisierbarkeit:

Es darf vertraglich kein Recht auf Kapitalisierung des Rentenanspruchs vorgesehen sein mit Ausnahme der Abfindung einer Kleinbetragsrente in Anlehnung an § 93 Absatz 3 Satz 2 und 3 EStG. Die

(Zu LStH 19.8) **Anlage § 010-01/Vorsorgeaufwendungen und Altersbezüge**

Abfindungsmöglichkeit besteht bei einer Altersrente i. S. d. § 10 Absatz 1 Nummer 2 Satz 1 Buchstabe b Doppelbuchstabe aa EStG erst mit dem Beginn der Auszahlungsphase, frühestens mit Vollendung des 62. Lebensjahres des Leistungsempfängers (bei vor dem 1. Januar 2012 abgeschlossenen Verträgen ist grundsätzlich die Vollendung des 60. Lebensjahres maßgebend, vgl. Rz. 24). Bei Renten aus einem Basisrentenvertrag (Basisrente-Alter oder Basisrente-Erwerbsminderung) wegen Berufsunfähigkeit, verminderter Erwerbsfähigkeit und an Hinterbliebene ist die Abfindung einer Kleinbetragsrente schon im Versicherungsfall möglich.

Zu den nach § 10 Absatz 1 Nummer 2 Satz 1 Buchstabe b EStG begünstigten Beiträgen können auch Beiträge an Pensionsfonds, Pensionskassen und Direktversicherungen gehören, die im Rahmen der betrieblichen Altersversorgung erbracht werden (rein arbeitgeberfinanzierte und durch Entgeltumwandlung finanzierte Beiträge sowie Eigenbeiträge), sofern es sich um Beiträge zu einem entsprechend zertifizierten Vertrag handelt (vgl. Rz. 23). Nicht zu berücksichtigen sind steuerfreie Beiträge, pauschal besteuerte Beiträge und Beiträge, die aufgrund einer Altzusage geleistet werden (vgl. Rz. 349 ff., 374 und 376 des BMF-Schreibens vom 24. Juli 2013, BStBl I S. 1022). 21

Werden Beiträge zugunsten von Vorsorgeverträgen geleistet, die u. a. folgende Möglichkeiten vorsehen, liegen keine Beiträge i. S. d. § 10 Absatz 1 Nummer 2 Satz 1 Buchstabe b EStG vor: 22

– Kapitalwahlrecht,
– Anspruch bzw. Optionsrecht auf (Teil-)Auszahlung nach Eintritt des Versorgungsfalls,
– Zahlung eines Sterbegeldes,
– Abfindung einer Rente – Abfindungsansprüche und Beitragsrückerstattungen im Fall einer Kündigung des Vertrags; dies gilt nicht für gesetzliche Abfindungsansprüche (z. B. § 3 Betriebsrentengesetz – BetrAVG) oder die Abfindung einer Kleinbetragsrente (vgl. Rz. 20).

Für die Berücksichtigung von Beiträgen i. S. d. § 10 Absatz 1 Nummer 2 Satz 1 Buchstabe b EStG als Sonderausgaben ist u. a. Voraussetzung, dass 23

– die Beiträge zugunsten eines Vertrags geleistet wurden, der nach § 5a AltZertG zertifiziert ist (Grundlagenbescheid i. S. d. § 171 Absatz 10 AO), und
– der Steuerpflichtige gegenüber dem Anbieter in die Datenübermittlung nach § 10 Absatz 2a EStG eingewilligt hat (vgl. Rz. 145 ff.).

bb) Beiträge i. S. d. § 10 Absatz 1 Nummer 2 Satz 1 Buchstabe b Doppelbuchstabe aa EStG (Basisrente-Alter)

(1) Allgemeines

Die Beiträge zur Basisrente-Alter können als Sonderausgaben berücksichtigt werden, wenn die Laufzeit des Vertrags nach dem 31. Dezember 2004 beginnt (zu Versicherungsverträgen mit einem Beginn der Laufzeit und mindestens einer Beitragsleistung vor dem 1. Januar 2005 vgl. Rz. 96) und der Vertrag eine Leibrente vorsieht, die nicht vor Vollendung des 62. Lebensjahres des Steuerpflichtigen beginnt (bei vor dem 1. Januar 2012 abgeschlossenen Verträgen ist regelmäßig die Vollendung des 60. Lebensjahres maßgebend). 24

Für den Abzug von Beiträgen nach § 10 Absatz 1 Nummer 2 Satz 1 Buchstabe b Doppelbuchstabe aa EStG ist außerdem seit dem VZ 2010 Voraussetzung, dass der Vertrag zertifiziert ist (vgl. Rz. 23). Es reicht für die Berücksichtigung sämtlicher im VZ 2010 und 2011 geleisteter Beiträge i. S. d. § 10 Absatz 1 Nummer 2 Satz 1 Buchstabe b Doppel- buchstabe aa EStG aus, wenn für den Mustervertrag bis zum 31. Dezember 2010 ein Antrag auf Zertifizierung bei der Zertifizierungsstelle eingegangen ist, das Muster daraufhin zertifiziert und der Basisrentenvertrag – falls erforderlich – bis zum 31. Dezember 2011 auf das zer- tifizierte Muster umgestellt worden ist. 25

(2) Ergänzende Absicherung von Berufsunfähigkeit, verminderter Erwerbsfähigkeit und Hinterbliebenen

Zusätzlich können bei der Basisrente-Alter ergänzend der Eintritt der Berufsunfähigkeit, der verminderten Erwerbsfähigkeit oder auch Hinterbliebene abgesichert werden, wenn die Zahlung einer Rente vorgesehen ist. Eine zeitliche Befristung einer Berufsunfähigkeits- oder Erwerbsminderungsrente ist ausschließlich im Hinblick auf die entfallende Versorgungsbe- dürftigkeit (Verbesserung der Gesundheitssituation oder Erreichen der Altersgrenze für den Bezug der Altersrente aus dem entsprechenden Vertrag) nicht zu beanstanden. Ebenso ist es unschädlich, wenn der Vertrag bei Eintritt der Berufsunfähigkeit oder der verminderten Erwerbsfähigkeit anstelle oder ergänzend zu einer Rentenzahlung eine Beitragsfreistellung vorsieht. 26

Anlage § 010-01/Vorsorgeaufwendungen und Altersbezüge (Zu LStH 19.8)

27 Die ergänzende Absicherung des Eintritts der Berufsunfähigkeit, der verminderten Erwerbsfähigkeit und von Hinterbliebenen ist nur dann unschädlich, wenn mehr als 50 % der Beiträge auf die eigene Altersversorgung des Steuerpflichtigen entfallen. Für das Verhältnis der Beitragsanteile zueinander ist regelmäßig auf den konkret vom Steuerpflichtigen zu zahlenden (Gesamt-)Beitrag abzustellen. Dabei dürfen die Überschussanteile aus den entsprechenden Risiken die darauf entfallenden Beiträge mindern.

28 Sieht der Basisrentenvertrag vor, dass der Steuerpflichtige bei Eintritt der Berufsunfähigkeit oder einer verminderten Erwerbsfähigkeit von der Verpflichtung zur Beitragszahlung für diesen Vertrag – vollständig oder teilweise – freigestellt wird, sind die insoweit auf die Absicherung dieses Risikos entfallenden Beitragsanteile der Altersvorsorge zuzuordnen. Das gilt jedoch nur, wenn sie der Finanzierung der vertraglich vereinbarten lebenslangen Leibrente i. S. d. § 10 Absatz 1 Nummer 2 Satz 1 Buchstabe b Doppelbuchstabe aa EStG dienen und aus diesen Beitragsanteilen keine Leistungen wegen Berufsunfähigkeit oder verminderter Erwerbsfähigkeit gezahlt werden, d. h., es wird lediglich der Anspruch auf eine Altersversorgung weiter aufgebaut. Eine Zuordnung zur Altersvorsorge kann jedoch nicht vorgenommen werden, wenn der Steuerpflichtige vertragsgemäß wählen kann, ob er eine Rente wegen Berufsunfähigkeit oder verminderter Erwerbsfähigkeit erhält oder die Beitragsfreistellung in Anspruch nimmt.

29 Sieht der Basisrentenvertrag vor, dass der Steuerpflichtige eine Altersrente und nach seinem Tode der überlebende Ehegatte oder Lebenspartner seinerseits eine lebenslange gleichbleibende oder steigende Leibrente i. S. d. § 10 Absatz 1 Nummer 2 Satz 1 Buchstabe b Doppelbuchstabe aa EStG (insbesondere nicht vor Vollendung seines 62. bzw. 60. Lebensjahres für Verträge, die vor dem 1. Januar 2012 abgeschlossen wurden) erhält, handelt es sich nicht um eine ergänzende Hinterbliebenenabsicherung, sondern insgesamt um eine Altersvorsorge. Der Beitrag ist in diesen Fällen in vollem Umfang der Altersvorsorge zuzurechnen. Erfüllt dagegen die zugesagte Rente für den hinterbliebenen Ehegatten oder Lebenspartner nicht die Voraussetzungen des § 10 Absatz 1 Nummer 2 Satz 1 Buchstabe b Doppelbuchstabe aa EStG (insbesondere im Hinblick auf das Mindestalter für den Beginn der Rentenzahlung), liegt eine ergänzende Hinterbliebenenabsicherung vor. Die Beitragsanteile, die nach versicherungsmathematischen Grundsätzen auf das Risiko der Rentenzahlung an den hinterbliebenen Ehegatten oder Lebenspartner entfallen, sind daher der ergänzenden Hinterbliebenenabsicherung zuzuordnen.

30 Wird die Hinterbliebenenversorgung ausschließlich aus dem bei Tod des Steuerpflichtigen vorhandenen Altersvorsorge-(Rest)kapitals finanziert, handelt es sich bei der Hinterbliebenenabsicherung nicht um eine Risikoabsicherung und der Beitrag ist insoweit der Altersvorsorge zuzurechnen. Das gilt auch, wenn der Steuerpflichtige eine entsprechend gestaltete Absicherung des Ehegatten oder Lebenspartner als besondere Komponente im Rahmen seines (einheitlichen) Basisrentenvertrags hinzu- oder später wieder abwählen kann (z. B. bei Scheidung, Wiederheirat etc.).

31 Sowohl die Altersversorgung als auch die ergänzenden Absicherungen müssen in einem einheitlichen Vertrag geregelt sein. Andernfalls handelt es sich nicht um ergänzende Absicherungen zu einem Basisrentenvertrag, sondern um eigenständige Versicherungen. In diesem Fall sind die Aufwendungen hierfür unter den Voraussetzungen des § 10 Absatz 1 Nummer 3a EStG als sonstige Vorsorgeaufwendungen zu berücksichtigen (Rz. 95 ff.). Erfüllt die Absicherung der verminderten Erwerbsfähigkeit in diesen Fällen die Voraussetzungen des § 10 Absatz 1 Nummer 2 Satz 1 Buchstabe b Doppelbuchstabe bb EStG, ist bei Vorliegen der übrigen Voraussetzungen auch ein Abzug der Aufwendungen nach § 10 Absatz 1 Nummer 2 Satz 1 Buchstabe b EStG möglich.

32 Bei einem Basisrentenvertrag auf Grundlage von Investmentfonds kann der Einschluss einer ergänzenden Absicherung des Eintritts der Berufsunfähigkeit, der verminderten Erwerbsfähigkeit oder einer zusätzlichen Hinterbliebenenrente im Wege eines einheitlichen Vertrags zugunsten Dritter gem. §§ 328 ff. des Bürgerlichen Gesetzbuchs – BGB – erfolgen. Hierbei ist die Kapitalanlagegesellschaft Versicherungsnehmer, während der Steuerpflichtige die versicherte Person ist und den eigentlichen (Renten-)Anspruch gegen das entsprechende Versicherungsunternehmen erhält. Dies wird im Fall der Vereinbarung einer Berufsunfähigkeits- bzw. Erwerbsunfähigkeitsrente in den Vertragsbedingungen durch Abtretung des Bezugsrechts an den Steuerpflichtigen ermöglicht. Im Falle der Vereinbarung einer zusätzlichen Hinterbliebenenrente erfolgt die Abtretung des Bezugsrechts an den privilegierten Hinterbliebenen. Die Kapitalanlagegesellschaft leitet die Beiträge des Steuerpflichtigen, soweit sie für die ergänzende Absicherung bestimmt sind, an den Versicherer weiter.

33 Zu den Hinterbliebenen, die zusätzlich abgesichert werden können, gehören nur der Ehegatte oder der Lebenspartner des Steuerpflichtigen und Kinder i. S. d. § 32 EStG. Der Anspruch auf Waisenrente ist dabei auf den Zeitraum zu begrenzen, in dem das Kind die Voraussetzungen des § 32 EStG erfüllt. Es ist nicht zu beanstanden, wenn die Waisenrente auch für den Zeitraum gezahlt wird, in dem das Kind nur die Voraussetzungen nach § 32 Absatz 4 Satz 1 EStG erfüllt. Für die vor dem 1. Januar 2007 abgeschlossenen Verträge gilt für das Vorliegen einer begünstigten Hinterbliebenenversorgung die Alters-

(Zu LStH 19.8) **Anlage § 010-01/Vorsorgeaufwendungen und Altersbezüge**

grenze des § 32 EStG in der bis zum 31. Dezember 2006 geltenden Fassung (§ 52 Absatz 40 Satz 7 EStG). In diesen Fällen können z. B. Kinder in Berufsausbildung in der Regel bis zur Vollendung des 27. Lebensjahres berücksichtigt werden.

cc) Beiträge i. S. d. § 10 Absatz 1 Nummer 2 Satz 1 Buchstabe b Doppelbuchstabe bb EStG i. V. mit § 2 Absatz 1a AltZertG (Basisrente-Erwerbsminderung)

Beiträge zur Basisrente-Erwerbsminderung können als Sonderausgaben abgezogen werden, wenn diese auf einen nach § 5a AltZertG zertifizierten Vertrag eingezahlt werden (vgl. Rz. 23). Zertifizierungen können auf Antrag des Anbieters erstmalig mit Wirkung zum 1. Januar 2014 erteilt werden. Demnach sind Beiträge zu Basisrentenverträgen-Erwerbsminderung grundsätzlich ab dem VZ 2014 abziehbar. 34

Ein Basisrentenvertrag-Erwerbsminderung muss nach § 2 Absatz 1a Nummer 1 AltZertG zwingend eine Absicherung gegen den Eintritt der teilweisen oder vollen Erwerbsminderung vorsehen. Eine Erwerbsminderung liegt vor, wenn der Versicherungsnehmer voraussichtlich für mindestens zwölf Monate aufgrund von Krankheit, Körperverletzung oder Behinderung nicht in der Lage ist, unter den üblichen Bedingungen des allgemeinen Arbeitsmarktes voll erwerbstätig zu sein. Dabei ist von einer teilweisen Erwerbsminderung auszugehen, wenn der Versicherungsnehmer nicht imstande ist, mindestens sechs Stunden täglich erwerbstätig zu sein. Eine volle Erwerbsminderung liegt dagegen vor, wenn er hierzu nicht mindestens drei Stunden täglich in der Lage ist. Für die Beurteilung, ob eine Beschäftigung unter den üblichen Bedingungen des allgemeinen Arbeitsmarktes möglich und zumutbar ist, kommt es ausschließlich auf die gesundheitlichen Einschränkungen des Versicherten an. Die allgemeine Arbeitsmarktlage ist nicht zu beachten. 35

Neben der Absicherung gegen den Eintritt der verminderten Erwerbsfähigkeit darf ein Basisrentenvertrag-Erwerbsminderung nach § 10 Absatz 1 Nummer 2 Satz 1 Buchstabe b Doppelbuchstabe bb EStG zusätzlich auch die Absicherung gegen den Eintritt der Berufsunfähigkeit enthalten. Es handelt sich in diesen Fällen weiterhin um einen einheitlichen Vertrag. Die verschiedenen Vertragskomponenten können versicherungs- rechtlich sowohl der Haupt- als auch der Zusatzversicherung zugeordnet werden. Tritt der Versicherungsfall (Erwerbsminderung oder ggf. Berufsunfähigkeit) bis zur Vollendung des 67. Lebensjahres ein, hat der Anbieter eine lebenslange gleichbleibende oder steigende Leibrente vorzusehen. 36

Eine zeitliche Befristung der Erwerbsminderungs- oder Berufsunfähigkeitsrente ist ausschließlich für den Fall nicht zu beanstanden, dass die Erwerbsminderung oder Berufsunfähigkeit bis zur Vollendung des 67. Lebensjahres weggefallen ist. Der Wegfall ist medizinisch zu begründen. Ein medizinisch begründeter Wegfall der Berufsunfähigkeit kann – wenn dies vereinbart wurde – auch dann vorliegen, wenn der Versicherungsnehmer eine andere Tätigkeit ausübt oder ausüben kann, die zu übernehmen er aufgrund seiner Ausbildung und Fähigkeiten in der Lage ist und die seiner bisherigen Lebensstellung entspricht. 37

Sofern der Steuerpflichtige bei Eintritt des Versicherungsfalls das 55. Lebensjahr vollendet hat, darf die zugesagte Rente in ihrer Höhe vom Alter des Steuerpflichtigen bei Eintritt des Versicherungsfalls abhängig gemacht werden. Es muss allerdings auch bei Eintritt des Versicherungsfalls zwischen dem 55. und 67. Lebensjahr eine gleichblei- bende oder steigende lebenslange Leibrente (> 0 Euro) gezahlt werden (vgl. aber Rz. 20). 38

Hinsichtlich der Absicherung gegen den Eintritt der Berufsunfähigkeit sind die allgemeinen versicherungsvertraglichen Grundsätze zu erfüllen. Hinsichtlich der Absicherung gegen den Eintritt der verminderten Erwerbsfähigkeit müssen neben den allgemeinen versicherungsvertraglichen Grundsätzen folgende Regelungen nach § 2 Absatz 1a AltZertG im Vertrag vorgesehen werden: 39

– Leistungsumfang: 40

Sieht der Vertrag sowohl eine Absicherung des Eintritts der vollen als auch teilweisen Erwerbsminderung vor, hat der Anbieter bei Eintritt der teilweisen Erwerbsminderung mindestens die Hälfte der versicherten Leistung zu gewähren.

– Leistungsbeginn: 41

Die Leistung ist spätestens ab Beginn des Kalendermonats zu gewähren, der dem Kalendermonat folgt, in dem die teilweise oder volle Erwerbsminderung eingetreten ist. Dies gilt, wenn die Leistung bis zum Ende des 36. Kalendermonats nach Ablauf des Monats des Eintritts der teilweisen oder vollen Erwerbsminderung beantragt wird. Wird der Antrag zu einem späteren Zeitpunkt gestellt, hat der Anbieter spätestens ab Beginn des Kalendermonats zu leisten, der 36 Monate vor dem Monat der Beantragung liegt, frühestens jedoch ab Vertragsbeginn.

Anlage § 010-01/Vorsorgeaufwendungen und Altersbezüge (Zu LStH 19.8)

42 – Beitragsstundung:

Die Beiträge (Beitragsanteile) zur Absicherung des Risikos „verminderte Erwerbsfähigkeit" sind auf Antrag des Steuerpflichtigen ab dem Zeitpunkt der Rentenantragstellung wegen teilweiser oder voller Erwerbsminderung bis zur endgültigen Entscheidung über die Leistungspflicht zinslos und ohne andere Auflagen zu stunden.

43 – Kündigungs- und Abänderungsverzicht:

Verletzt der Steuerpflichtige (Vertragspartner) schuldlos seine Pflicht, ihm bekannte erhebliche Gefahrumstände anzuzeigen, die für den Versicherer hinsichtlich der Entscheidung zum Abschluss des Vertrags entscheidend sein können, hat der Anbieter auf sein Kündigungsrecht nach § 19 Absatz 3 Satz 2 VVG und das Abänderungsrecht nach § 19 Absatz 4 VVG zu verzichten.

44 – Begrenzung der medizinischen Mitwirkungspflicht des Steuerpflichtigen:

Die Verpflichtung des Steuerpflichtigen zur medizinischen Mitwirkung muss nicht nur auf medizinisch indizierte, sondern auch auf zumutbare ärztliche Untersuchungs- und Behandlungsleistungen begrenzt sein. Dies gilt sowohl zur als auch nach der Feststellung der teilweisen oder vollen Erwerbsminderung.

c) Beitragsempfänger

45 Zu den Beitragsempfängern i. S. d. § 10 Absatz 2 Satz 1 Nummer 2 EStG gehören auch Pensionsfonds, die wie Versicherungsunternehmen den aufsichtsrechtlichen Regelungen des Versicherungsaufsichtsgesetzes – VAG – unterliegen und – seit 1. Januar 2006 – Anbieter i. S. d. § 80 EStG. Die Produktvoraussetzungen für das Vorliegen einer Basisrente (§ 10 Absatz 1 Nummer 2 Satz 1 Buchstabe b EStG) werden dadurch nicht erweitert.

2. Ermittlung des Abzugsbetrags nach § 10 Absatz 3 EStG

a) Höchstbetrag

46 Die begünstigten Beiträge sind nach § 10 Absatz 3 EStG bis zu 20.000 € als Sonderausgaben abziehbar. Im Falle der Zusammenveranlagung von Ehegatten oder Lebenspartnern verdoppelt sich der Betrag auf 40.000 €, unabhängig davon, wer von den Ehegatten oder Lebenspartnern die begünstigten Beiträge entrichtet hat.

b) Kürzung des Höchstbetrags nach § 10 Absatz 3 Satz 3 EStG

47 Der Höchstbetrag ist bei einem Steuerpflichtigen, der zum Personenkreis des § 10 Absatz 3 Satz 3 Nummer 1 oder 2 EStG gehört, um den Betrag zu kürzen, der dem Gesamtbeitrag (Arbeitgeber- und Arbeitnehmeranteil) zur allgemeinen Rentenversicherung entspricht. Der Gesamtbeitrag ist dabei anhand der Einnahmen aus der Tätigkeit zu ermitteln, die die Zugehörigkeit zum genannten Personenkreis begründen.

48 Für die Berechnung des Kürzungsbetrags ist auf den zu Beginn des jeweiligen Kalenderjahrs geltenden Beitragssatz in der allgemeinen Rentenversicherung abzustellen.

aa) Kürzung des Höchstbetrags beim Personenkreis des § 10 Absatz 3 Satz 3 Nummer 1 Buchstabe a EStG

49 Zum Personenkreis des § 10 Absatz 3 Satz 3 Nummer 1 Buchstabe a EStG gehören insbesondere
– Beamte, Richter, Berufssoldaten, Soldaten auf Zeit, Amtsträger,
– Arbeitnehmer, die nach § 5 Absatz 1 Satz 1 Nummer 2 und 3 SGB VI oder § 230 SGB VI versicherungsfrei sind (z. B. Beschäftigte bei Trägern der Sozialversicherung, Geistliche der als öffentlich-rechtliche Körperschaften anerkannten Religionsgemeinschaften),
– Arbeitnehmer, die auf Antrag des Arbeitgebers von der gesetzlichen Rentenversicherungspflicht befreit worden sind, z. B. eine Lehrkraft an nicht öffentlichen Schulen, bei der eine Altersversorgung nach beamtenrechtlichen oder entsprechenden kirchenrechtlichen Grundsätzen gewährleistet ist.

50 Der Höchstbetrag nach § 10 Absatz 3 Satz 1 EStG ist um einen fiktiven Gesamtbeitrag zur allgemeinen Rentenversicherung zu kürzen. Bemessungsgrundlage für den Kürzungsbetrag sind die erzielten steuerpflichtigen Einnahmen aus der Tätigkeit, die die Zugehörigkeit zum Personenkreis des § 10 Absatz 3 Satz 3 Nummer 1 Buchstabe a EStG begründen, höchstens bis zum Betrag der Beitragsbemessungsgrenze in der allgemeinen Rentenversicherung.

51 Es ist unerheblich, ob die Zahlungen insgesamt beitragspflichtig gewesen wären, wenn Versicherungspflicht in der gesetzlichen Rentenversicherung bestanden hätte. Aus Vereinfachungsgründen ist einheitlich auf die Beitragsbemessungsgrenze (Ost) in der allgemeinen Rentenversicherung abzustellen.

bb) Kürzung des Höchstbetrags beim Personenkreis des § 10 Absatz 3 Satz 3 Nummer 1 Buchstabe b EStG

Zum Personenkreis des § 10 Absatz 3 Satz 3 Nummer 1 Buchstabe b EStG gehören Arbeitnehmer, die während des ganzen oder eines Teils des Kalenderjahres nicht der gesetzlichen Rentenversicherungspflicht unterliegen und denen eine betriebliche Altersversorgung im Zusammenhang mit einem im betreffenden VZ bestehenden Dienstverhältnis zugesagt worden ist. Hierzu können insbesondere beherrschende Gesellschafter-Geschäftsführer einer GmbH oder Vorstandsmitglieder einer Aktiengesellschaft gehören. Für die Beurteilung der Zugehörigkeit zu diesem Personenkreis sind alle Formen der betrieblichen Altersversorgung zu berücksichtigen. Ohne Bedeutung sind dabei die Art der Finanzierung, die Höhe der Versorgungszusage und die Art des Durchführungswegs. Ebenso ist unerheblich, ob im betreffenden VZ Beiträge erbracht wurden oder die Versorgungsanwartschaft angewachsen ist. 52

Für die Beurteilung, ob eine Kürzung vorzunehmen ist, ist auf das konkrete Dienstverhältnis in dem jeweiligen VZ abzustellen. Nicht einzubeziehen sind Anwartschaftsrechte aus einer im gesamten VZ privat fortgeführten Direktversicherung, bei der der Arbeitnehmer selbst Versicherungsnehmer ist. 53

Für VZ von 2005 bis 2007 wird hinsichtlich der Zugehörigkeit zum Personenkreis des § 10 Absatz 3 Satz 3 Nummer 1 Buchstabe b EStG (bis zum 31. Dezember 2009 war der betroffene Personenkreis in § 10c Absatz 3 Nummer 2 EStG geregelt) danach differenziert, ob das Anwartschaftsrecht ganz oder teilweise ohne eigene Beitragsleistung bzw. durch nach § 3 Nummer 63 EStG steuerfreie Beiträge aufgebaut wurde; siehe hierzu BMF-Schreiben vom 22. Mai. 2007, BStBl. I S. 493. 54

Kommt eine Kürzung des Höchstbetrags nach § 10 Absatz 3 Satz 3 EStG in Betracht, gelten die Rz. 50 und Rz. 51 entsprechend. 55

cc) Kürzung des Höchstbetrags beim Personenkreis des § 10 Absatz 3 Satz 3 Nummer 2 EStG

Zu den Steuerpflichtigen, die Einkünfte i. S. d. § 22 Nummer 4 EStG beziehen, gehören insbesondere 56
– Bundestagsabgeordnete,
– Landtagsabgeordnete,
– Abgeordnete des Europaparlaments.

Nicht zu diesem Personenkreis gehören z. B. 57
– ehrenamtliche Mitglieder kommunaler Vertretungen,
– kommunale Wahlbeamte wie Landräte und Bürgermeister.

Eine Kürzung des Höchstbetrags nach § 10 Absatz 3 Satz 3 Nummer 2 EStG ist jedoch nur vorzunehmen, wenn der Steuerpflichtige zum genannten Personenkreis gehört und ganz oder teilweise ohne eigene Beitragsleistung einen Anspruch auf Altersversorgung nach dem Abgeordnetengesetz, dem Europaabgeordnetengesetz oder entsprechenden Gesetzen der Länder erwirbt. 58

Bemessungsgrundlage für den Kürzungsbetrag sind die Einnahmen i. S. d. § 22 Nummer 4 EStG, soweit sie die Zugehörigkeit zum Personenkreis im Sinne der Rz. 58 begründen, höchstens der Betrag der Beitragsbemessungsgrenze in der allgemeinen Rentenversicherung. Aus Vereinfachungsgründen ist einheitlich auf die Beitragsbemessungsgrenze (Ost) in der allgemeinen Rentenversicherung abzustellen. 59

c) Kürzung des Höchstbetrags bei Ehegatten und Lebenspartnern

Bei Ehegatten ist für jeden Ehegatten gesondert zu prüfen, ob und ggf. in welcher Höhe der gemeinsame Höchstbetrag von 40.000 € zu kürzen ist (Rz. 47 ff.). Dies gilt für Lebenspartner entsprechend. 60

d) Übergangsregelung (bis 2024)

Für den Übergangszeitraum bis 2024 sind die nach Rz. 1 bis 31 und 33 bis 60 zu berücksichtigenden Aufwendungen mit dem sich aus § 10 Absatz 3 Satz 4 und 6 EStG ergebenden Prozentsatz anzusetzen: 61

Jahr	Prozentsatz
2012	74
2013	76
2014	78
2015	80
2016	82
2017	84
2018	86
2019	88

Anlage § 010-01/Vorsorgeaufwendungen und Altersbezüge (Zu LStH 19.8)

Jahr	Prozentsatz
2020	90
2021	92
2022	94
2023	96
2024	98
ab 2025	100

e) Kürzung des Abzugsbetrags bei Arbeitnehmern nach § 10 Absatz 3 Satz 5 EStG

62 Bei Arbeitnehmern, die steuerfreie Arbeitgeberleistungen nach § 3 Nummer 62 EStG oder diesen gleichgestellte steuerfreie Zuschüsse des Arbeitgebers erhalten haben, ist der sich nach Rz. 61 ergebende Abzugsbetrag um diese Beträge zu kürzen (nicht jedoch unter 0 €). Haben beide Ehegatten oder beide Lebenspartner steuerfreie Arbeitgeberleistungen erhalten, ist der Abzugsbetrag um beide Beträge zu kürzen.

Beispiele

63 Bei der Berechnung der Beispiele wurde ein Beitragssatz zur allgemeinen Rentenversicherung (RV) i. H. v. 19,6 % herangezogen.

64 Beispiel 1:

Ein lediger Arbeitnehmer zahlt im Jahr 2012 einen Arbeitnehmeranteil zur allgemeinen Rentenversicherung i. H. v. 4.000 €. Zusätzlich wird ein steuerfreier Arbeitgeberanteil in gleicher Höhe gezahlt. Daneben hat der Arbeitnehmer noch einen Basisrentenvertrag i. S. d. § 10 Absatz 1 Nummer 2 Satz 1 Buchstabe b EStG abgeschlossen und dort Beiträge i. H. v. 3.000 € eingezahlt.

Im Jahr 2012 können Altersvorsorgeaufwendungen i. H. v. 4.140 € als Sonderausgaben nach § 10 Absatz 1 Nummer 2 i. V. m. Absatz 3 EStG abgezogen werden:

Arbeitnehmerbeitrag	4.000 €
Arbeitgeberbeitrag	4.000 €
Leibrentenversicherung	3.000 €
insgesamt	11.000 €
Höchstbetrag	20.000 €
74 % des geringeren Betrages	8.140 €
abzüglich steuerfreier Arbeitgeberanteil	4.000 €
verbleibender Betrag	4.140 €

Zusammen mit dem steuerfreien Arbeitgeberbeitrag werden damit Altersvorsorgeaufwendungen i. H. v. 8.140 € von der Besteuerung freigestellt. Dies entspricht 74 % der insgesamt geleisteten Beiträge.

65 Beispiel 2:

Ein lediger Beamter zahlt 3.000 € in einen begünstigten Basisrentenvertrag i. S. d. § 10 Absatz 1 Nummer 2 Satz 1 Buchstabe b EStG, um zusätzlich zu seinem Pensionsanspruch eine Altersversorgung zu erwerben. Seine Einnahmen aus dem Beamtenverhältnis betragen 40.816 €.

Im Jahr 2012 können Altersvorsorgeaufwendungen i. H. v. 2.220 € als Sonderausgaben abgezogen werden:

Basisrentenvertrag		3.000 €
Höchstbetrag	20.000 €	
abzügl. fiktiver Gesamtbeitrag RV (40.816 € x 19,6 % =)	8.000 €	
gekürzter Höchstbetrag		12.000 €
74 % des geringeren Betrages		2.220 €

Auch bei diesem Steuerpflichtigen werden 74 % der Beiträge von der Besteuerung freigestellt.

66 Beispiel 3:

Die Eheleute A und B zahlen im Jahr 2012 jeweils 8.000 € für einen Basisrentenvertrag i. S. d. § 10 Absatz 1 Nummer 2 Satz 1 Buchstabe b EStG. A ist im Jahr 2012 als selbständiger Steuerberater tätig und zahlt darüber hinaus 15.000 € in die berufsständische Versorgungseinrichtung der Steuerberater, die der gesetzlichen Rentenversicherung vergleichbare Leistungen erbringt. B ist Beamtin ohne eigene Aufwendungen für ihre künftige Pension. Ihre Einnahmen aus dem Beamtenverhältnis betragen 40.816 €.

(Zu LStH 19.8) **Anlage § 010-01/Vorsorgeaufwendungen und Altersbezüge**

Im Jahr 2012 können Altersvorsorgeaufwendungen i. H. v. 22.940 € als Sonderausgaben abgezogen werden:

berufsständische Versorgungseinrichtung	15.000 €	
Basisrentenverträge	16.000 €	
insgesamt		31.000 €
Höchstbetrag	40.000 €	
abzügl. fiktiver Gesamtbeitrag RV (40.816 € x 19,6 % =)	8.000 €	
gekürzter Höchstbetrag		32.000 €
74 % des geringeren Betrages		22.940 €

Die Beiträge nach § 168 Absatz 1 Nummer 1b oder 1c SGB VI(geringfügig versicherungspflichtig Beschäftigte) oder nach § 172 Absatz 3 oder 3a SGB VI(versicherungsfrei geringfügig Beschäftigte) vermindern den abziehbaren Betrag nur, wenn der Steuerpflichtige die Hinzurechnung dieser Beiträge zu den Vorsorgeaufwendungen nach § 10 Absatz 1 Nummer 2 Satz 3 beantragt hat. Dies gilt, obwohl der Arbeitgeberbeitrag nach § 3 Nummer 62 EStG steuerfrei ist. 67

II. Sonderausgabenabzug für sonstige Vorsorgeaufwendungen nach § 10 Absatz 1 Nummer 3 und 3a EStG

1. Allgemeines

Mit dem Gesetz zur verbesserten steuerlichen Berücksichtigung von Vorsorgeaufwendungen (Bürgerentlastungsgesetz Krankenversicherung vom 16. Juli 2009) hat der Gesetzgeber die steuerliche Berücksichtigung von Kranken- und Pflegeversicherungsbeiträgen zum 1. Januar 2010 neu geregelt. Die vom Steuerpflichtigen tatsächlich geleisteten Beiträge für eine Absicherung auf sozialhilfegleichem Versorgungsniveau (Basisabsicherung) zur privaten und gesetzlichen Krankenversicherung und zur gesetzlichen Pflegeversicherung werden in vollem Umfang steuerlich berücksichtigt. Ab dem VZ 2010 ist deshalb innerhalb der sonstigen Vorsorgeaufwendungen zwischen den Basiskrankenversicherungsbeiträgen (Rz. 69 ff.) und den Beiträgen zur gesetzlichen Pflegeversicherung in § 10 Absatz 1 Nummer 3 EStG (Rz. 94) sowie den weiteren sonstigen Vorsorgeaufwendungen in § 10 Absatz 1 Nummer 3a EStG (Rz. 95 ff.) zu unterscheiden. Die Beiträge zur Basisabsicherung können grundsätzlich vom Versicherungsnehmer – in den Fällen des § 10 Absatz 1 Nummer 3 Satz 2 EStG abweichend aber auch vom Unterhaltsverpflichteten – geltend gemacht werden, wenn dieser die eigenen Beiträge eines Kindes, für das ein Anspruch auf einen Kinderfreibetrag oder auf Kindergeld besteht, wirtschaftlich getragen hat. Hierbei kommt es nicht darauf an, ob die Beiträge in Form von Bar- oder Sachunterhaltsleistungen getragen wurden. Die Beiträge können zwischen den Eltern und dem Kind aufgeteilt, im Ergebnis aber nur einmal – entweder bei den Eltern oder beim Kind – als Vorsorgeaufwendungen berücksichtigt werden (Grundsatz der Einmalberücksichtigung). Die Einkünfte und Bezüge des Kindes haben keinen Einfluss auf die Höhe der bei den Eltern zu berücksichtigenden Vorsorgeaufwendungen. Die Berücksichtigung der Kranken- und Pflegeversicherungsbeiträge des Kindes bei der Grenzbetragsprüfung nach § 32 Absatz 4 Satz 2 EStG in der bis zum VZ 2012 geltenden Fassungsteht einer Berücksichtigung der Beiträge zur Basisabsicherung als Sonderausgaben bei den Eltern nicht entgegen. 68

2. Sonstige Vorsorgeaufwendungen

a) Beiträge zur Basiskrankenversicherung (§ 10 Absatz 1 Nummer 3 Satz 1 Buchstabe a EStG)

Begünstigt sind nach § 10 Absatz 1 Nummer 3 Satz 1 Buchstabe a EStG Beiträge zur Krankenversicherung, soweit diese zur Erlangung eines durch das Zwölfte Buch Sozialgesetzbuch – SGB XII – bestimmten sozialhilfegleichen Versorgungsniveaus erforderlich sind (Basiskrankenversicherung): 69

– Für Beiträge zur gesetzlichen Krankenversicherung (GKV) sind dies die nach dem Dritten Titel des Ersten Abschnitts des Achten Kapitels des Fünften Buches Sozialgesetzbuch – SGB V – oder die nach dem Sechsten Abschnitt des Zweiten Gesetzes über die Krankenversicherung der Landwirte festgesetzten Beiträge, ggf. gemindert um 4 % des Beitrags, soweit sich aus diesem ein Anspruch auf Krankengeld oder ein Anspruch auf eine Leistung, die anstelle von Krankengeld gewährt wird, ergeben kann. Bei selbst getragenen Eigenleistungen für Vorsorgeuntersuchungen handelt es sich hingegen nicht um Beiträge zu einer Krankenversicherung und damit auch nicht um Vorsorgeaufwendungen i. S. d. § 10 EStG.

– Für Beiträge zu einer privaten Krankenversicherung (PKV) sind dies die Beitragsanteile, die auf Vertragsleistungen entfallen, die, mit Ausnahme der auf das Krankengeld entfallenden Beitragsanteile, in Art, Umfang und Höhe den Leistungen nach dem Dritten Kapitel des SGB V vergleichbar

Anlage § 010-01/Vorsorgeaufwendungen und Altersbezüge (Zu LStH 19.8)

sind, auf die ein Anspruch besteht. Die aufgrund eines tariflichen Selbstbehalts oder wegen der Wahl einer Beitragsrückerstattung selbst getragenen Krankheitskosten sind keine Beiträge zur Krankenversicherung.

– Bei einer bestehenden Basisabsicherung durch die GKV ist eine zeitgleiche zusätzliche PKV zur Basisabsicherung nicht erforderlich. In diesen Fällen sind bei Pflichtversicherten ausschließlich die Beiträge zur GKV und bei freiwillig Versicherten die höheren Beiträge als Beiträge für eine Basisabsicherung anzusetzen. Aus verwaltungsökonomischen Gründen ist der Sonderausgabenabzug für Beiträge an eine PKV als Basisabsicherung zu gewähren, wenn zeitgleich eine beitragsfreie Familienversicherung in der GKV gegeben ist.

70 Die im einkommensteuerrechtlichen Zusammenhang verwendeten Begriffe Basisabsicherung und Basiskrankenversicherung sind vom Basistarif i. S. d. § 12 Absatz 1a VAG abzugrenzen. Der Basistarif wurde zum 1. Januar 2009 eingeführt und ist ein besonders gestalteter Tarif. Dieser muss grundsätzlich von jedem privaten Krankenversicherungsunternehmen angeboten werden. Die Leistungen des Basistarifs entsprechen den Pflichtleistungen der GKV. Die so genannte Basisabsicherung i. S. d. Einkommensteuerrechts ist jedoch kein spezieller Tarif, sondern die Absicherung der Leistungen auf dem Niveau der GKV (mit Ausnahme des Krankengeldes), die auch in jedem anderen Tarif als dem Basistarif enthalten sein kann. Für die Absicherung solcher Leistungen gezahlte Beitragsanteile können nach § 10 Absatz 1 Nummer 3 Satz 1 Buchstabe a EStG steuerlich geltend gemacht werden.

71 Beitragsrückerstattungen mindern – unabhängig von ihrer Bezeichnung, z. B. als Pauschalleistung, und soweit sie auf die Basisabsicherung entfallen – die nach § 10 Absatz 1 Nummer 3 Satz 1 Buchstabe a EStG abziehbaren Krankenversicherungsbeiträge in dem Jahr, in dem sie zufließen. Die Minderung erfolgt unabhängig davon, ob oder in welcher Höhe sich die Beiträge im Abflussjahr steuerlich ausgewirkt haben. Zur Ermittlung der auf die Basisabsicherung entfallenden Höhe der Beitragsrückerstattung ist der Vertragsstand zugrunde zu legen, der den erstatteten Beitragszahlungen zugrunde lag, unabhängig vom Vertragsstand zum Zuflusszeitpunkt der Beitragsrückerstattung (zu Erstattungsüberhängen vgl. Rz. 158 f.). Aus Vereinfachungsgründen kann auf den Vertragsstand zum 31. Dezember des Beitragsjahres abgestellt werden, welcher der erstatteten Beitragszahlung zugrunde lag.

72 Beitragsrückerstattungen in diesem Sinne sind z. B. auch Prämienzahlungen nach § 53 SGB V und Bonuszahlungen nach § 65a SGB V. Beitragserstattungen für Bonusprogramme sind erstmals zu dem Zeitpunkt zu melden, zu dem der Vorteil dem Grunde nach verfügbar ist. Wird der Vorteil z. B. in Form von Bonuspunkten gewährt, sind diese in Euro umzurechnen und als Beitragsrückerstattung zu melden. Boni für familienversicherte Bonusprogrammteilnehmer sind dem Stammversicherten zuzurechnen. Aus Vereinfachungsgründen kann bei einem Stammversicherten, der für sich und seine im Rahmen seiner Familienversicherung mit abgesicherten Angehörigen Bonuspunkte sammelt, eine Beitragserstattung in dem Jahr gemeldet werden, in dem die Sach- oder Geldprämie an den Versicherten ausgegeben wird.

73 Die Rückzahlung von Beiträgen aus Vorjahren infolge einer rückwirkenden Vertragsänderung ist keine Beitragsrückerstattung. Sie ist vielmehr über eine Datensatzstornierung bzw. -korrektur des betreffenden Jahres zu melden. Gleiches gilt für eine aus diesem Grund gewährte Gutschrift, die mit laufenden Beiträgen verrechnet wird.

74 Bei Vorliegen der übrigen Voraussetzungen sind die Beiträge für eine Absicherung im Krankheitsfall nach § 10 Absatz 1 Nummer 3 Satz 1 Buchstabe a bzw. § 10 Absatz 1 Nummer 3a i. V. m. § 10 Absatz 2 Satz 1 Nummer 2 Buchstabe a EStG an Versicherungsunternehmen, die ihren Sitz oder ihre Geschäftsleitung in einem Mitgliedstaat der Europäischen Union oder einem Vertragsstaat des Abkommens über den Europäischen Wirtschaftsraum haben und das Versicherungsgeschäft im Inland betreiben dürfen, 2 als Sonderausgaben absetzbar. Beiträge für eine Absicherung im Krankheitsfall nach § 10 Absatz 1 Nummer 3 Satz 1 Buchstabe a i. V. m. § 10 Absatz 2 Satz 1 Nummer 2 Buchstabe a EStG an Einrichtungen, die einen anderweitigen Anspruch auf Absicherung im Krankheitsfall i. S. d. § 5 Absatz 1 Nummer 13 SGB V oder eine der Beihilfe oder freien Heilfürsorge vergleichbare Absicherung i. S. d. § 193 Absatz 3 Satz 2 Nummer 2 des Versicherungsvertragsgesetzes – VVG – gewähren, können ebenfalls als Sonderausgaben berücksichtigt werden. Dies gilt entsprechend, wenn ein Steuerpflichtiger, der weder seinen Wohnsitz noch seinen gewöhnlichen Aufenthalt im Inland hat, mit den Beiträgen einen Versicherungsschutz i. S. d. § 10 Absatz 1 Nummer 3 Satz 1 EStG erwirbt. Wird durch eine Bestätigung des jeweiligen Staates oder eine andere geeignete Quelle (z. B. Dachverband der Versicherungen im jeweiligen Land) nachgewiesen, dass es sich beim Empfänger der Beiträge um einen ausländischen Sozialversicherungsträger handelt, sind auch diese Beiträge für eine Absicherung im Krankheitsfall nach § 10 Absatz 1 Nummer 3 Satz 1 Buchstabe a bzw. § 10 Absatz 1 Nummer 3a i. V. m. § 10 Absatz 2 Satz 1 Nummer 2 Buchstabe c EStG als Sonderausgaben abziehbar. 3 Beiträge in ausländischer Währung sind

(Zu LStH 19.8) **Anlage § 010-01/Vorsorgeaufwendungen und Altersbezüge**

nach dem Jahresdurchschnitt der monatlich festgesetzten und im BStBl. I veröffentlichten Umsatzsteuer-Umrechnungskurse zu berechnen. Zur Aufteilung von Globalbeiträgen wird auf Rz. 160 verwiesen.

Keine Beiträge i. S. d. § 10 Absatz 1 Nummer 3 Satz 1 Buchstabe a EStG sind Beiträge zu einer Auslandskrankenversicherung (Reisekrankenversicherung), die zusätzlich zu einem bestehenden Versicherungsschutz in der GKV oder PKV ohne eingehende persönliche Risikoprüfung abgeschlossen wird. 75

aa) Beiträge zur gesetzlichen Krankenversicherung

(1) Allgemeines

Die Beiträge zur GKV sowie die Beiträge zur landwirtschaftlichen Krankenkasse gehören grundsätzlich zu den Beiträgen für eine Basiskrankenversicherung. Hierzu zählt auch ein eventuell von der Krankenkasse erhobener kassenindividueller Zusatzbeitrag i. S. d. § 242 SGB V. Beiträge zu einer über das Leistungsspektrum der gesetzlichen Krankenversicherung hinausgehenden Zusatzversicherung sind jedoch insgesamt nicht der Basisabsicherung i. S. d. § 10 Absatz 1 Nummer 3 Satz 1 EStG zuzurechnen, da sie nicht zur Erlangung des sozialhilfegleichen Versorgungsniveaus erforderlich sind. 76

Nicht der Basisabsicherung zuzurechnen ist hingegen der Beitragsanteil, der der Finanzierung des Krankengeldes dient. Dieser Anteil wird mit einem pauschalen Abschlag i. H. v. 4 % bemessen und von der Finanzverwaltung von den übermittelten Beträgen abgezogen. Der Abschlag ist allerdings nur dann vorzunehmen, wenn sich für den Steuerpflichtigen im Krankheitsfall ein Anspruch auf Krankengeldzahlung oder ein Anspruch auf eine Leistung ergeben kann, die anstelle von Krankengeld gewährt wird. Werden über die GKV auch Leistungen abgesichert, die über die Pflichtleistungen hinausgehen, so sind auch die darauf entfallenden Beitragsanteile nicht der Basisabsicherung zuzurechnen. Hierzu gehören Beiträge für Wahl- und Zusatztarife, die z. B. Leistungen wie Chefarztbehandlung oder Einbettzimmer abdecken. Vom kassenindividuellen Zusatzbeitrag i. S. d. § 242 SGB V ist kein Abschlag vorzunehmen, da sich aus ihm kein unmittelbarer Anspruch auf Krankengeld oder Anspruch auf eine Leistung, die anstelle von Krankengeld gewährt wird, ergibt. 77

Ermittelt sich bei einem freiwillig Versicherten der Beitrag unter Berücksichtigung mehrerer Einkunftsarten nach einem einheitlichen Beitragssatz, ist die Kürzung um 4 % für den gesamten Beitrag vorzunehmen, auch wenn nur ein Teil der Einkünfte bei der Bemessung der Höhe des Krankengeldes berücksichtigt wird. 78

(2) Einzelne Personengruppen

(a) Pflichtversicherte Arbeitnehmer

Der dem pflichtversicherten Arbeitnehmer zuzurechnende GKV-Beitrag ist grundsätzlich von der Finanzverwaltung um 4 % zu mindern. Ist der Finanzverwaltung bekannt, dass sich bei dem Arbeitnehmer im Einzelfall aus den Beiträgen kein Anspruch auf Krankengeld bzw. auf eine Leistung ergeben kann, die anstelle von Krankengeld gewährt wird, ist bei Berücksichtigung des Sonderausgabenabzugs von der Finanzverwaltung keine Minderung i. H. v. 4 % vorzunehmen. 79

(b) Freiwillig gesetzlich versicherte Arbeitnehmer

Bei Arbeitnehmern, bei denen der Arbeitgeber den Gesamtbeitrag des Arbeitnehmers an die GKV abführt (Firmenzahler) oder bei Arbeitnehmern, bei denen der Beitrag an die GKV vom Arbeitnehmer selbst gezahlt wird (Selbstzahler), ist der Beitrag nach Abzug des steuerfreien Arbeitgeberzuschusses (§ 3 Nummer 62 EStG) von der Finanzverwaltung um 4 % zu mindern, wenn sich grundsätzlich ein Anspruch auf Krankengeld oder auf eine Leistung ergeben kann, die anstelle von Krankengeld gewährt wird. Bei freiwillig versicherten Versorgungsempfängern ist der geleistete Beitrag nicht um 4 % zu mindern, wenn sich kein Anspruch auf Krankengeld oder auf eine Leistung anstelle von Krankengeld ergeben kann. 80

(c) Freiwillig gesetzlich versicherte Selbständige

Kann sich aus den geleisteten Beiträgen bei Selbständigen ein Anspruch auf Krankengeld oder ein Anspruch auf eine Leistung ergeben, die anstelle von Krankengeld gewährt wird, ist der Beitrag von der Finanzverwaltung um 4 % zu mindern. 81

(d) Pflichtversicherte selbständige Künstler und Publizisten

Wird von der Künstlersozialkasse an Stelle der steuerfreien Arbeitgeberanteile ein steuerfreier Betrag abgeführt, ist der Beitrag um diesen Betrag zu kürzen. Kann sich aus den Beiträgen ein Anspruch auf Krankengeld oder ein Anspruch auf eine Leistung ergeben, die anstelle von Krankengeld gewährt wird, ist der ggf. um den steuerfreien Betrag gekürzte Beitrag von der Finanzverwaltung um 4 % zu mindern. 82

Anlage § 010-01/Vorsorgeaufwendungen und Altersbezüge (Zu LStH 19.8)

(e) Freiwillig gesetzlich versicherte Künstler und Publizisten

83 Der Beitrag ist um den von der Künstlersozialkasse gewährten steuerfreien Beitragszuschuss zu kürzen. Kann sich aus den Beiträgen ein Anspruch auf Krankengeld oder ein Anspruch auf eine Leistung ergeben, die anstelle von Krankengeld gewährt wird, ist der ggf. um den steuerfreien Zuschuss gekürzte Beitrag von der Finanzverwaltung um 4 % zu mindern.

(f) Pflichtversicherte Rentner

84 Der im Rahmen der Krankenversicherung der Rentner (KVdR) erhobene Beitrag ist nicht um 4 % zu mindern.

(g) Freiwillig gesetzlich versicherte Rentner

85 Der Beitrag ist um einen gewährten steuerfreien Zuschuss zur Krankenversicherung zu kürzen. Bezieht ein freiwillig gesetzlich versicherter Rentner neben der Rente noch andere Einkünfte und kann sich im Zusammenhang mit diesen anderen Einkünften ein Anspruch auf Krankengeld oder ein Anspruch auf eine Leistung ergeben, die anstelle von Krankengeld gewährt wird, ist der ggf. um den von der Rentenversicherung gezahlten steuerfreien Zuschuss gekürzte Beitrag von der Finanzverwaltung um 4 % zu mindern.

bb) Beiträge zur privaten Krankenversicherung

(1) Allgemeines

86 Der Basisabsicherung in einer PKV dienen die jeweiligen Beitragsanteile, mit denen Versicherungsleistungen finanziert werden, die in Art, Umfang und Höhe den Leistungen nach dem Dritten Kapitel des SGB V – also den Pflichtleistungen der GKV – vergleichbar sind und auf die ein Anspruch besteht. Nicht zur Basisabsicherung gehören – wie bei der GKV – Beitragsanteile, die der Finanzierung von Wahlleistungen (z. B. Chefarztbehandlung, Einbettzimmer) i. S. d. § 1 Absatz 1i. V. m. § 2 Absatz 1 KVBEVO (vgl. Rz. 87), des Krankenhaustagegeldes oder des Krankentagegeldes dienen.

87 Sind in einem Versicherungstarif begünstigte und nicht begünstigte Versicherungsleistungen abgesichert, muss der vom Versicherungsnehmer geleistete Beitrag durch das Krankenversicherungsunternehmen aufgeteilt werden. Wie diese Aufteilung in typisierender Weise zu erfolgen hat, wird durch die „Verordnung zur tarifbezogenen Ermittlung der steuerlich berücksichtigungsfähigen Beiträge zum Erwerb eines Krankenversicherungsschutzes i. S. d. § 10 Absatz 1 Nummer 3 Satz 1 Buchstabe a des Einkommensteuergesetzes (Krankenversicherungsbeitragsanteil-Ermittlungsverordnung; KVBEVO)" (BGBl. I 2009, S. 2730) geregelt. Die wesentlichen Grundsätze der Beitragsaufteilung lassen sich wie folgt zusammenfassen:

- Enthält ein Tarif nur Leistungen, mit denen eine Basisabsicherung gewährleistet wird, ist eine tarifbezogene Beitragsaufteilung nicht erforderlich. Der für diesen Tarif geleistete Beitrag ist insgesamt abziehbar. Dies gilt auch für Beiträge zum Basistarif i. S. d. § 12 Absatz 1a VAG. Kann sich im Rahmen des Basistarifs ein Anspruch auf Krankengeld ergeben, ist vom Beitrag ein Abschlag von 4 % vorzunehmen.
- Enthält ein Tarif nur Wahlleistungen, ist eine tarifbezogene Beitragsaufteilung nicht durchzuführen. Der für diesen Tarif geleistete Beitrag ist insgesamt nicht nach § 10 Absatz 1 Nummer 3 EStG abziehbar.
- Enthält ein Tarif sowohl Leistungen, mit denen eine Basisabsicherung gewährleistet wird, als auch solche, die darüber hinausgehen, hat das Krankenversicherungsunternehmen nach den Vorschriften der KVBEVO den nicht nach § 10 Absatz 1 Nummer 3 EStG abziehbaren Beitragsanteil zu ermitteln.
- Enthält ein erstmals nach dem 1. Mai 2009 für das Neugeschäft angebotener Tarif nur in geringerem Umfang Leistungen, mit denen eine Basisabsicherung gewährleistet wird, und ansonsten Leistungen, die diesem Niveau nicht entsprechen, hat das Krankenversicherungsunternehmen vom geleisteten Beitrag einen Abschlag i. H. v. 99 % vorzunehmen. Gleiches gilt, wenn – mit Ausnahme des Basistarifs i. S. d. § 12 Absatz 1a VAG – Krankentagegeld oder Krankenhaustagegeld zusammen mit anderen Leistungen in einem Tarif abgesichert ist.

88 Zahlt der Versicherte für seine Basisabsicherung zunächst einen erhöhten Beitrag, um ab einem bestimmten Alter durch eine entsprechend erhöhte Alterungsrückstellung i. S. d. § 12 Absatz 4a VAG eine zuvor vereinbarte zeitlich unbefristete Beitragsentlastung für seine Basisabsicherung zu erhalten, ist auch der auf die Basisabsicherung entfallende Beitragsanteil für die erhöhte Alterungsrückstellung nach § 10 Absatz 1 Nummer 3 Satz 1 Buchstabe a EStG abziehbar und im Rahmen der für den VZ der Zahlung geleisteten Beiträge zu melden.

(Zu LStH 19.8) **Anlage § 010-01/Vorsorgeaufwendungen und Altersbezüge**

Mit Beiträgen zugunsten einer so genannten Anwartschaftsversicherung erwirbt der Versicherungs- **89**
nehmer den Anspruch, zu einem späteren Zeitpunkt eine private Krankenversicherung zu einem ermäßigten Beitrag zu erhalten. Der Versicherungsnehmer wird dabei hinsichtlich seines der Beitragsbemessung zugrunde gelegten Gesundheitszustands und ggf. auch hinsichtlich der Alterungsrückstellung so gestellt, als sei der Krankenversicherungsvertrag bereits zu einem früheren Zeitpunkt abgeschlossen worden. Übersteigen die Beiträge für eine Anwartschaftsversicherung jährlich nicht einen Betrag i. H. v. 100 €, sind sie aus Billigkeitsgründen insgesamt wie Beiträge zu einer Basiskrankenversicherung zu behandeln. Die den Betrag von 100 € übersteigenden Beiträge für eine Anwartschaftsversicherung sind nur insoweit wie Beiträge zu einer Basiskrankenversicherung zu behandeln, als sie auf die Minderung von Beitragsbestandteilen gerichtet sind, die der Basiskrankenversicherung zuzurechnen sind.

(2) Einzelne Personengruppen

(a) Privat versicherte Arbeitnehmer

Hat ein Arbeitnehmer mit dem Lohn einen steuerfreien Zuschuss für seine Krankenversicherung erhal- **90**
ten, steht dieser insgesamt in unmittelbarem Zusammenhang mit den Vorsorgeaufwendungen i. S. d. § 10 Absatz 1 Nummer 3 EStG (§ 10 Absatz 2 Satz 1 Nummer 1 EStG). Dies gilt auch, wenn der Arbeitnehmer Wahlleistungen abgesichert hat. Der Zuschuss mindert in vollem Umfang die Beiträge zur Basisabsicherung.

Beispiel: **91**

A ist privat krankenversicherter Arbeitnehmer und hat für seine Krankenversicherung einen Beitrag i. H. v. insgesamt 6.000 € jährlich an seine Krankenversicherung zu leisten. Diese Summe setzt sich zusammen aus einem Beitrag i. H. v. 500 € für einen Tarif, der ausschließlich Wahlleistungen abdeckt und einem Beitrag i. H. v. 5.500 € für einen Tarif, der sowohl Leistungen abdeckt, die der Basisabsicherung dienen, als auch darüber hinausgehende Leistungen. Der Beitrag i. H. v. 5.500 € für einen Tarif, der sowohl Leistungen abdeckt, die der Basisabsicherung dienen als auch darüber hinausgehende Leistungen, ist durch das Versicherungsunternehmen nach der KVBEVO aufzuteilen. Nach der Aufteilung ergibt sich für die Absicherung von Leistungen, die der Basisabsicherung dienen, ein Beitragsanteil i. H. v. 4.500 € und für die Absicherung von Leistungen, die nicht der Basisabsicherung dienen, ein Beitragsanteil i. H. v. 1.000 €. Das Versicherungsunternehmen übermittelt einen Beitrag für die Basisabsicherung i. H. v. 4.500 € an die Finanzverwaltung (ZfA). A erhält von seinem Arbeitgeber jährlich einen steuerfreien Zuschuss i. H. v. 3.000 € zu seinem Krankenversicherungsbeitrag.

Der Beitrag i. H. v. 500 € für einen Tarif, der ausschließlich Wahlleistungen abdeckt, ist insgesamt nicht nach § 10 Absatz 1 Nummer 3 EStG zu berücksichtigen. Eine Aufteilung nach der KVBEVO ist insoweit nicht erforderlich. Der Beitrag für die Basisabsicherung i. H. v. 4.500 € wurde der Finanzverwaltung vom Versicherungsunternehmen per Datensatz übermittelt. Dieser wird von der Finanzverwaltung um den vom Arbeitgeber steuerfrei gezahlten Zuschuss i. H. v. 3.000 € vermindert. Es verbleibt danach ein Beitrag i. H. v. 1.500 €, der als sonstige Vorsorgeaufwendungen i. S. d. § 10 Absatz 1 Nummer 3 EStG bei der Ermittlung des entsprechenden Abzugsvolumens zu berücksichtigen ist.

(b) Privat versicherte Künstler und Publizisten

Der Beitrag ist um einen gewährten steuerfreien Zuschuss zur Krankenversicherung zu kürzen. **92**

(c) Privat versicherte Rentner

Der Beitrag ist um einen gewährten steuerfreien Zuschuss zur Krankenversicherung zu kürzen. **93**

b) Beiträge zur gesetzlichen Pflegeversicherung

Begünstigt sind nach § 10 Absatz 1 Nummer 3 Satz 1 Buchstabe b EStG Beiträge zur gesetzlichen **94**
Pflegeversicherung, d. h. zur sozialen Pflegeversicherung und zur privaten Pflege-Pflichtversicherung. Die Beiträge sind nach Abzug des steuerfreien Arbeitgeberzuschusses (§ 3 Nummer 62 EStG) bzw. des an Stelle des steuerfreien Arbeitgeberzuschusses gezahlten Betrags, z. B. von der Künstlersozialkasse, ungekürzt anzusetzen. Für Beiträge zugunsten einer Anwartschaftsversicherung zur Pflegeversicherung gilt Rz. 89 entsprechend.

c) Weitere sonstige Vorsorgeaufwendungen

Begünstigt sind nach § 10 Absatz 1 Nummer 3a EStG Beiträge zu **95**
– gesetzlichen oder privaten Kranken- und Pflegeversicherungen, soweit diese nicht nach § 10 Absatz 1 Nummer 3 EStG zu berücksichtigen sind; hierzu zählen z. B. Beitragsanteile, die auf Wahlleistungen entfallen oder der Finanzierung des Krankengeldes dienen, Beiträge zur freiwilligen privaten Pfle-

Anlage § 010-01/Vorsorgeaufwendungen und Altersbezüge (Zu LStH 19.8)

geversicherung oder Basiskrankenversicherungsbeiträge und Beiträge zur gesetzlichen Pflegeversicherung bei fehlender Einwilligung nach § 10 Absatz 2a EStG,
- Versicherungen gegen Arbeitslosigkeit (gesetzliche Beiträge an die Bundesagentur für Arbeit und Beiträge zu privaten Versicherungen),
- Erwerbs- und Berufsunfähigkeitsversicherungen, die nicht Bestandteil einer Versicherung i. S. d. § 10 Absatz 1 Nummer 2 Satz 1 Buchstabe b EStG sind; dies gilt auch für Beitragsbestandteile einer kapitalbildenden Lebensversicherung i. S. d. § 20 Absatz 1 Nummer 6 EStG, die bei der Ermittlung des steuerpflichtigen Ertrags nicht abgezogen werden dürfen,
- Unfallversicherungen, wenn es sich nicht um eine Unfallversicherung mit garantierter Beitragsrückzahlung handelt, die insgesamt als Rentenversicherung oder Kapitalversicherung behandelt wird,
- Haftpflichtversicherungen,
- Lebensversicherungen, die nur für den Todesfall eine Leistung vorsehen (Risikolebensversicherung).

Auf Rz. 156 wird verwiesen.

96 Beiträge zu nachfolgenden Versicherungen sind ebenfalls nach § 10 Absatz 1 Nummer 3a EStG begünstigt, wenn die Laufzeit dieser Versicherungen vor dem 1. Januar 2005 begonnen hat und mindestens ein Versicherungsbeitrag bis zum 31. Dezember 2004 entrichtet wurde; der Zeitpunkt des Vertragsabschlusses ist insoweit unmaßgeblich:
- Rentenversicherungen ohne Kapitalwahlrecht, die die Voraussetzungen des § 10 Absatz 1 Satz 1 Nummer 2 EStG nicht erfüllen,
- Rentenversicherungen mit Kapitalwahlrecht gegen laufende Beitragsleistungen, wenn das Kapitalwahlrecht nicht vor Ablauf von zwölf Jahren seit Vertragsabschluss ausgeübt werden kann,
- Kapitalversicherungen gegen laufende Beitragsleistungen mit Sparanteil, wenn der Vertrag für die Dauer von mindestens zwölf Jahren abgeschlossen worden ist.

97 Ein Versicherungsbeitrag ist bis zum 31. Dezember 2004 entrichtet, wenn nach § 11 Absatz 2 EStG der Beitrag einem Kalenderjahr vor 2005 zuzuordnen ist. Für Beiträge im Rahmen der betrieblichen Altersversorgung an einen Pensionsfonds, an eine Pensionskasse oder für eine Direktversicherung gilt Rz. 330 des BMF-Schreibens vom 24. Juli 2013.

98 Für die Berücksichtigung von diesen Beiträgen (Rz. 96) gelten außerdem die bisherigen Regelungen des § 10 Absatz 1 Nummer 2 Satz 2 bis 6 und Absatz 2 Satz 2 EStG in der am 31. Dezember 2004 geltenden Fassung.

3. Ermittlung des Abzugsbetrags

a) Höchstbetrag nach § 10 Absatz 4 EStG

99 Vorsorgeaufwendungen i. S. d. § 10 Absatz 1 Nummer 3 und Nummer 3a EStG können (vorbehaltlich der Rz. 103 und der Günstigerprüfung Rz. 164 ff.) grundsätzlich bis zur Höhe von 2.800 € abgezogen werden (z. B. bei Steuerpflichtigen, die Aufwendungen für ihre Krankenversicherung und Krankheitskosten vollständig aus eigenen Mitteln tragen).

100 Bei einem Steuerpflichtigen, der ganz oder teilweise ohne eigene Aufwendungen einen Anspruch auf vollständige oder teilweise Erstattung oder Übernahme von Krankheitskosten hat oder für dessen Krankenversicherung Leistungen i. S. d. § 3 Nummer 9, 14 , 57 oder 62 EStG erbracht werden, vermindert sich der Höchstbetrag auf 1.900 €. Dies gilt auch, wenn die Voraussetzungen nur in einem Teil des Kalenderjahres vorliegen. Ohne Bedeutung ist hierbei, ob aufgrund eines Anspruchs tatsächlich Leistungen erbracht werden, sowie die konkrete Höhe des Anspruchs. Es kommt nur darauf an, dass ganz oder teilweise ohne eigene Aufwendungen ein Anspruch besteht. Ein vom Arbeitgeber im Rahmen einer geringfügigen Beschäftigung erbrachter pauschaler Beitrag zur GKV führt nicht zum Ansatz des verminderten Höchstbetrags.

101 Der Höchstbetrag i. H. v. 1.900 € gilt z. B. für
- Rentner, die aus der gesetzlichen Rentenversicherung nach § 3 Nummer 14 EStG steuerfreie Zuschüsse zu den Krankenversicherungsbeiträgen erhalten,
- Rentner, bei denen der Träger der gesetzlichen Rentenversicherung Beiträge an die GKV zahlt,
- sozialversicherungspflichtige Arbeitnehmer, für die der Arbeitgeber nach § 3 Nummer 62 EStG steuerfreie Beiträge zur Krankenversicherung leistet; das gilt auch dann, wenn der Arbeitslohn aus einer Auslandstätigkeit aufgrund eines Doppelbesteuerungsabkommens – DBA- steuerfrei gestellt wird,
- Besoldungsempfänger oder gleichgestellte Personen, die von ihrem Arbeitgeber nach § 3 Nummer 11 EStG steuerfreie Beihilfen zu Krankheitskosten erhalten,

(Zu LStH 19.8) **Anlage § 010-01/Vorsorgeaufwendungen und Altersbezüge**

– im VZ beihilferechtlich berücksichtigungsfähige Ehegatten oder Lebenspartner (BFH vom 23. Januar 2013, X R 43/09),
– Beamte, die in der GKV freiwillig versichert sind und deshalb keine Beihilfe zu ihren Krankheitskosten – trotz eines grundsätzlichen Anspruchs – erhalten,
– Versorgungsempfänger im öffentlichen Dienst mit Beihilfeanspruch oder gleichgestellte Personen,
– in der GKV ohne eigene Beiträge familienversicherte Angehörige,
– Personen, für die steuerfreie Leistungen der Künstlersozialkasse nach § 3 Nummer 57 EStG erbracht werden.

Der nach § 3 Nummer 62 EStG steuerfreie Arbeitgeberanteil zur gesetzlichen Kranken- und Pflegeversicherung ist bei der Ermittlung des Höchstbetrags nach § 10 Absatz 4 EStG nicht zu berücksichtigen. 102

b) Mindestansatz

Übersteigen die vom Steuerpflichtigen geleisteten Beiträge für die Basisabsicherung (Basiskrankenversicherung – Rz. 69 ff. – und gesetzliche Pflegeversicherung – Rz. 94 –) den Höchstbetrag von 2.800 €/ 1.900 €, sind diese Beiträge für die Basisabsicherung als Sonderausgaben anzusetzen. Eine betragsmäßige Deckelung auf den Höchstbetrag erfolgt in diesen Fällen nicht. Ein zusätzlicher Abzug von Beiträgen nach § 10 Absatz 1 Nummer 3a EStG ist daneben nicht möglich (vorbehaltlich der Günstigerprüfung Rz. 164 ff.). 103

c) Abzugsbetrag bei Ehegatten und Lebenspartnern

aa) Zusammenveranlagung nach § 26b EStG

Bei zusammen veranlagten Ehegatten oder Lebenspartnern ist zunächst für jeden Ehegatten oder Lebenspartner nach dessen persönlichen Verhältnissen der ihm zustehende Höchstbetrag zu bestimmen. Die Summe der beiden Höchstbeträge ist der gemeinsame Höchstbetrag (§ 10 Absatz 4 Satz 3 EStG). Übersteigen die von den Ehegatten oder Lebenspartnern geleisteten Beiträge für die Basisabsicherung (Basiskrankenversicherung – Rz. 69 ff. – und gesetzliche Pflegeversicherung – Rz. 94) in der Summe den gemeinsamen Höchstbetrag, sind diese Beiträge für die Basisabsicherung als Sonderausgaben zu berücksichtigen. Eine betragsmäßige Deckelung auf den gemeinsamen Höchstbetrag erfolgt in diesen Fällen nicht. Ein zusätzlicher Abzug von Beiträgen nach § 10 Absatz 1 Nummer 3a EStG ist daneben nicht möglich (vorbehaltlich der Günstigerprüfung Rz. 164 ff.). 104

bb) Einzelveranlagung nach § 26a EStG und „Patchwork-Familien"

Wird von den Ehegatten oder Lebenspartnern die Einzelveranlagung beantragt, wird der Höchstbetrag sowie der Mindestansatz für jeden Ehegatten oder Lebenspartner gesondert ermittelt. Für die Berechnung des Mindestansatzes ist bei jedem Ehegatten oder Lebenspartner der von ihm als Versicherungsnehmer geleistete Beitrag zur Basisabsicherung anzusetzen. Ist ein Kind Versicherungsnehmer (vgl. Rz. 68), werden die Beiträge zur Kranken- und Pflegeversicherung i. S. d. § 10 Absatz 1 Nummer 3 Satz 2 EStG jedoch von Unterhaltsverpflichteten getragen, sind die Beiträge entsprechend der wirtschaftlichen Tragung von dem jeweiligen unterhaltsverpflichteten Elternteil zu beantragen und anzusetzen (Grundsatz der Einmalberücksichtigung). Innerhalb der Ehe bzw. Lebenspartnerschaft folgt die weitere Zuordnung den Regelungen des § 26a Absatz 2 EStG. 105

einstweilen frei 106

Beispiel 1: 107

Ehemann A ist selbständig tätig und privat versichert. Er leistet als VN für seine Basiskrankenversicherung einen Jahresbeitrag i. H. v. 6.000 € bei Versicherung X. Seine Ehefrau B ist Beamtin und privat versichert bei Versicherung Y. Der von B als VN zu leistende Jahresbeitrag zur Basiskrankenversicherung beträgt 3.500 €. Der gemeinsame Sohn S ist im Vertrag von B mitversichert. Der hierfür zu leistende und von B getragene Jahresbeitrag zur Basiskrankenversicherung beträgt 1.000 €. Die Tochter T (24 Jahre alt) ist in der studentischen Krankenversicherung (KVdS) versichert und zahlt als VN einen Jahresbeitrag zu ihrer Basiskrankenversicherung i. H. v. 2.000 €. A und B erstatten T den von ihr geleisteten Jahresbeitrag im Rahmen ihrer Unterhaltsverpflichtung. Die Eheleute A und B beantragen die Einzelveranlagung, wobei § 26a Absatz 2 Satz 1 EStG Anwendung finden soll.

Der Höchstbetrag für Vorsorgeaufwendungen beträgt für A 2.800 € nach § 10 Absatz 4 Satz 1 EStG, da er seine Krankenversicherung vollständig aus eigenen Mitteln finanziert und auch keine steuerfreien Leistungen zu seinen Krankheitskosten erhält. Für B mindert sich der Höchstbetrag nach § 10 Absatz 4 Satz 2 EStG auf 1.900 €, da B einen Anspruch auf steuerfreie Beihilfen zu ihren Krankheitskosten hat. Dem für jeden Ehegatten gesondert ermittelten Höchstbetrag sind die jeweils von A bzw. von B als VN geleisteten Jahresbeiträge zur Basiskrankenversicherung gegenüberzustellen. Sowohl bei A als auch bei B über-

Anlage § 010-01/Vorsorgeaufwendungen und Altersbezüge (Zu LStH 19.8)

steigen die als VN geleisteten Jahresbeiträge zur Basiskrankenversicherung die Höchstbeträge nach § 10 Absatz 4 EStG. Daher sind jeweils die Beiträge zur Basiskrankenversicherung anzusetzen (Mindestansatz).

A kann den Basiskrankenversicherungsbeitrag i. H. v. 6.000 € geltend machen. B kann in ihrer Veranlagung den von ihr als VN geleisteten Basiskrankenversicherungsbeitrag i. H. v. 3.500 € zuzügl. des von ihr getragenen Basiskrankenversicherungsbeitrags für ihren Sohn S in Höhe 1.000 €, zusammen = 4.500 € ansetzen. Den von A und B an T erstatteten Basiskrankenversicherungsbeitrag i. H. v. 2.000 € können A und B jeweils zu 1.000 € – entsprechend der wirtschaftlichen Tragung – im Rahmen der Sonderausgaben geltend machen.

108 Beispiel 2:

A und B sind miteinander verheiratet. Ehefrau B ist die leibliche Mutter des Kindes K. Der Kindesvater ist C. K ist selbst VN seiner Kranken- und Pflegeversicherung. Im Rahmen ihrer Unterhaltspflicht haben C und B die Beiträge des K wirtschaftlich getragen und zwar C zu 20 % und B zu 80 %. A und B beantragen die Einzelveranlagung nach § 26a EStG, wobei § 26a Absatz 2 Satz 2 EStG Anwendung finden soll.

Entsprechend der Lastentragung werden gem. § 10 Absatz 1 Nummer 3 Satz 2 EStG bei C 20 % und bei B 80 % der jeweils für K getragenen Beiträge für die Absicherung im Krankheitsfall wie eigene Beiträge behandelt. Nach der Verteilungsregelung des § 26a Absatz 2 Satz 2 EStG werden bei A und B sämtliche Sonderausgaben – und damit auch die der B nach § 10 Absatz 1 Nummer 3 Satz 2 EStG zugewiesenen Beiträge des Kindes – jeweils hälftig abgezogen, so dass im Ergebnis A und B jeweils 40 % der Beiträge des K absetzen können. Dass bei A keine Unterhaltsverpflichtung gegenüber K besteht, da es nicht sein leibliches Kind ist, ist für die Verteilung durch § 26a Absatz 2 Satz 2 EStG ohne Belang.

4. Verfahren

109 Die übermittelnden Stellen haben die geleisteten und erstatteten Beiträge i. S. d. § 10 Absatz 1 Nummer 3 EStG sowie die weiteren nach § 10 Absatz 2a Satz 4 Nummer 2 EStG erforderlichen Daten an die Finanzverwaltung zu übermitteln; wegen Einzelheiten vgl. die Ausführungen unter Rz. 142 ff. Der Abzug der steuerfreien Zuschüsse zu den Kranken- und Pflegeversicherungsbeiträgen und die Minderung um 4 % bei den Beiträgen zur GKV, wenn sich ein Anspruch auf Krankengeld oder ein Anspruch auf eine Leistung ergeben kann, die anstelle von Krankengeld gewährt wird, werden von der Finanzverwaltung vorgenommen (im Einzelnen vgl. Rz. 79 ff.). Die Beiträge zu einer PKV werden bereits durch das Versicherungsunternehmen um einen Beitragsanteil, der auf Krankentagegeld entfällt, gemindert, so dass die Finanzverwaltung hier nur noch ggf. gewährte Zuschüsse abziehen muss.

110 Werden Beitragsvorauszahlungen (siehe Rz. 126) geleistet, sind ferner die vertraglich geschuldeten Beiträge zur Basiskranken- und gesetzlichen Pflegeversicherung des Beitragsjahres – bereinigt um Beiträge, die der unbefristeten Beitragsminderung nach Vollendung des 62. Lebensjahres dienen (Rz. 88) – als Bestandteil der Vertrags- bzw. Versicherungsdaten i. S. d. § 10 Absatz 2a Satz 4 EStG in den Datensatz aufzunehmen. Dies gilt nicht, sofern es sich lediglich um eine Vorauszahlung für Januar des Folgejahres handelt. Hierbei ist anzugeben, ob sich aus den Beiträgen ein Anspruch auf Krankengeld oder ein Anspruch auf eine Leistung ergeben kann, die anstelle von Krankengeld gewährt wird. Die Daten dienen der Finanzverwaltung zur Prüfung der sofort abziehbaren Vorauszahlungen nach § 10 Absatz 1 Nummer 3 Satz 4 EStG.

111 Werden steuerfreie Zuschüsse von anderen Stellen als den Mitteilungspflichtigen (§ 22a EStG), den Arbeitgebern oder der Künstlersozialkasse gewährt (z. B. in der Elternzeit), sind diese vom Steuerpflichtigen in der Einkommensteuererklärung anzugeben.

a) Gesetzlich Versicherte

112 Bei Vorliegen einer Familienversicherung i. S. d. § 10 SGB V ist für die mitversicherte Person mangels eigener Beitragsleistung kein Datensatz zu übermitteln.

aa) Pflichtversicherte Arbeitnehmer

113 Der vom Arbeitgeber einbehaltene und abgeführte Arbeitnehmerkranken- und Arbeitnehmerpflegeversicherungsbeitrag zur GKV wird im Rahmen der elektronischen Lohnsteuerbescheinigung an die Finanzverwaltung übermittelt. Erstattet die GKV Beiträge oder erhebt sie vom Versicherten unmittelbar einen kassenindividuellen Zusatzbeitrag i. S. d. § 242 SGB V, sind die jeweiligen Beträge – sofern sie auf die Basisabsicherung entfallen – unmittelbar von der GKV an die Finanzverwaltung (ZfA) zu übermitteln.

(Zu LStH 19.8) **Anlage § 010-01/Vorsorgeaufwendungen und Altersbezüge**

bb) Freiwillig gesetzlich versicherte Arbeitnehmer
Für Arbeitnehmer, bei denen der Arbeitgeber den Gesamtbeitrag des Arbeitnehmers zur Kranken- und Pflegeversicherung an die GKV abführt (Firmenzahler), hat der Arbeitgeber in der elektronischen Lohnsteuerbescheinigung der Finanzverwaltung den abgeführten Beitrag und den geleisteten steuerfreien Arbeitgeberzuschuss (§ 3 Nummer 62 EStG) mitzuteilen. Erstattet die GKV Beiträge oder erhebt sie vom Versicherten unmittelbar einen kassenindividuellen Zusatzbeitrag i. S. d. § 242 SGB V, sind die jeweiligen Beträge – sofern sie auf die Basisabsicherung entfallen – unmittelbar von der GKV an die Finanzverwaltung (ZfA) zu übermitteln. 114

Für Arbeitnehmer, bei denen der Kranken- und Pflegeversicherungsbeitrag an die GKV vom Arbeitnehmer selbst gezahlt wird (Selbstzahler), hat der Arbeitgeber in der elektronischen Lohnsteuerbescheinigung der Finanzverwaltung den geleisteten steuerfreien Arbeitgeberzuschuss (§ 3 Nummer 62 EStG) mitzuteilen. Die vom Arbeitnehmer unmittelbar an die GKV geleisteten oder von der GKV erstatteten Beiträge einschließlich eines kassenindividuellen Zusatzbeitrags i. S. d. § 242 SGB V sind – sofern sie auf die Basisabsicherung entfallen – von der GKV an die Finanzverwaltung (ZfA) zu übermitteln. Kann sich für den Arbeitnehmer aus der GKV ein Anspruch auf Krankengeld bzw. eine Leistung ergeben, die anstelle von Krankengeld gewährt wird, ist dies bei der Übermittlung anzugeben. 115

cc) Freiwillig gesetzlich versicherte Selbständige
Die vom Selbständigen an die GKV geleisteten oder von der GKV erstatteten Beiträge einschließlich eines kassenindividuellen Zusatzbeitrags i. S. d. § 242 SGB V sind – sofern sie auf die Basisabsicherung entfallen – von der GKV an die Finanzverwaltung (ZfA) zu übermitteln. Kann sich für den Selbständigen aus der GKV ein Anspruch auf Krankengeld bzw. eine Leistung ergeben, die anstelle von Krankengeld gewährt wird, ist dies bei der Übermittlung anzugeben. 116

dd) Pflichtversicherte selbständige Künstler und Publizisten
Die Künstlersozialkasse übermittelt die Höhe des eigenen Beitragsanteils des Künstlers oder Publizisten zur gesetzlichen Kranken- und Pflegeversicherung, nicht aber die von der Künstlersozialkasse gezahlten steuerfreien Beitragsanteile an die Finanzverwaltung (ZfA). Kann sich für den Künstler oder Publizisten aus der GKV ein Anspruch auf Krankengeld bzw. eine Leistung ergeben, die anstelle von Krankengeld gewährt wird, ist dies bei der Übermittlung anzugeben. 117

ee) Freiwillig gesetzlich versicherte Künstler und Publizisten
Die vom Künstler oder Publizisten an die GKV geleisteten oder von der GKV erstatteten Beiträge einschließlich eines kassenindividuellen Zusatzbeitrags i. S. d. § 242 SGB V sind – sofern sie auf die Basisabsicherung entfallen – von der GKV an die Finanzverwaltung (ZfA) zu übermitteln. Kann sich für den Künstler oder Publizisten aus der GKV ein Anspruch auf Krankengeld bzw. eine Leistung ergeben, die anstelle von Krankengeld gewährt wird, ist dies bei der Übermittlung anzugeben. Die Künstlersozialkasse übermittelt die Höhe des an den Künstler oder Publizisten steuerfrei gezahlten Beitragszuschusses an die Finanzverwaltung (ZfA). 118

ff) Pflichtversicherte Rentner
Bei den Empfängern einer Rente aus der gesetzlichen Rentenversicherung oder aus einer betrieblichen Altersversorgung wird in der Regel der Kranken- und Pflegeversicherungsbeitrag zur GKV unmittelbar vom Rentenversicherungs-/ Versorgungsträger einbehalten und abgeführt. Die entsprechenden Daten werden zusammen mit der Rentenbezugsmitteilung vom Träger der gesetzlichen Rentenversicherung bzw. vom Versorgungsträger an die Finanzverwaltung (ZfA) übermittelt. Erstattet die GKV Beiträge oder erhebt sie vom Versicherten unmittelbar einen kassenindividuellen Zusatzbeitrag i. S. d. § 242 SGB V, sind die jeweiligen Beträge – sofern sie auf die Basisabsicherung entfallen – unmittelbar von der GKV an die Finanzverwaltung (ZfA) zu übermitteln. 119

gg) Pflichtversicherte Empfänger einer Kapitalleistung aus der betrieblichen Altersversorgung
Die vom Empfänger einer Kapitalleistung aus der betrieblichen Altersversorgung unmittelbar an die GKV geleisteten oder von der GKV erstatteten Kranken- und Pflegeversicherungsbeiträge sind von der GKV an die Finanzverwaltung (ZfA) zu übermitteln. 120

hh) Freiwillig gesetzlich versicherte Rentner
Die vom Empfänger einer Rente unmittelbar an die GKV geleisteten oder von der GKV erstatteten Kranken- und Pflegeversicherungsbeiträge einschließlich eines kassenindividuellen Zusatzbeitrags i. S. d. § 242 SGB V sind – sofern sie auf die Basisabsicherung entfallen – von der GKV an die Finanzverwaltung (ZfA) zu übermitteln. Die Höhe des vom Mitteilungspflichtigen i. S. d. § 22a Absatz 1 EStG (z. B. Träger der gesetzlichen Rentenversicherung) gewährten steuerfreien Zuschusses zu den Kran- 121

Anlage § 010-01/Vorsorgeaufwendungen und Altersbezüge (Zu LStH 19.8)

kenversicherungsbeiträgen ist im Rahmen der Rentenbezugsmitteilung an die Finanzverwaltung (ZfA) zu übermitteln.

b) Privat Versicherte

aa) Privat versicherte Arbeitnehmer

122 Bei privat versicherten Arbeitnehmern übermittelt das Versicherungsunternehmen die Höhe der geleisteten und erstatteten Beiträge zur Basiskrankenversicherung und zur privaten Pflege-Pflichtversicherung an die Finanzverwaltung (ZfA).

123 Bei Arbeitnehmern, denen mit dem Lohn ein steuerfreier Zuschuss gezahlt wird, hat der Arbeitgeber in der elektronischen Lohnsteuerbescheinigung der Finanzverwaltung die Höhe des geleisteten steuerfreien Arbeitgeberzuschusses mitzuteilen.

bb) Privat versicherte Künstler und Publizisten

124 Bei Künstlern und Publizisten, für die von der Künstlersozialkasse ein Zuschuss zur Krankenversicherung abgeführt wird, hat die Künstlersozialkasse die Höhe des Zuschusses der Finanzverwaltung mitzuteilen.

cc) Privat versicherte Rentner

125 Die vom Empfänger einer Rente unmittelbar an die PKV geleisteten oder von der PKV erstatteten Kranken- und Pflegeversicherungsbeiträge sind von der PKV an die Finanzverwaltung (ZfA) zu übermitteln. Der vom Mitteilungspflichtigen i. S. d. § 22a Absatz 1 EStG (z. B. Träger der gesetzlichen Rentenversicherung) gewährte steuerfreie Zuschuss zu den Krankenversicherungsbeiträgen ist im Rahmen der Rentenbezugsmitteilung an die Finanzverwaltung (ZfA) zu übermitteln.

5. Beitragsvorauszahlungen

a) Anwendungsbereich

126 § 10 Absatz 1 Nummer 3 Satz 4 EStG begrenzt ab dem VZ 2011 die innerhalb eines VZ als Sonderausgaben abziehbaren Basiskranken- und gesetzlichen Pflegeversicherungsbeiträge (für das Verfahren vgl. Rz. 109). Die Einhaltung der Regelung wird durch die Finanzverwaltung überprüft. Sie betrifft ausschließlich Beiträge, die für nach Ablauf des Veranlagungszeitraums beginnende Beitragsjahre geleistet werden (Beitragsvorauszahlungen) und enthält eine Einschränkung des Abflussprinzips (§ 11 Absatz 2 Satz 1 EStG). Ausgenommen sind Basiskranken- und gesetzlichen Pflegeversicherungsbeiträge, soweit sie der unbefristeten Beitragsminderung nach Vollendung des 62. Lebensjahres dienen (vgl. Rz. 88). Die Vorschrift gilt für Beiträge zur gesetzlichen und zur privaten Kranken- und Pflegeversicherung gleichermaßen. Für die Beiträge zur Pflegeversicherung und für die Beiträge zur Krankenversicherung sind jeweils getrennte Berechnungen durchzuführen.

b) Ermittlung der Vergleichsgrößen

127 Für die zeitliche Zuordnung der Beiträge sind zwei Vergleichsgrößen zu bilden:
- das Zweieinhalbfache der auf den VZ entfallenden Beiträge (zulässiges Vorauszahlungsvolumen) und
- die Summe der für nach Ablauf des VZ beginnende Beitragsjahre geleisteten Beiträge (Summe der geleisteten Beitragsvorauszahlungen).

128 In den Fällen des § 10 Absatz 1 Nummer 3 Satz 2 und Satz 3 EStG ist für die Ermittlung des zulässigen Vorauszahlungsvolumens und die Summe der geleisteten Beitragsvorauszahlungen auf die Verhältnisse des Versicherungsnehmers abzustellen.

aa) Ermittlung des zulässigen Vorauszahlungsvolumens

129 Zur Ermittlung des zulässigen Vorauszahlungsvolumens sind zunächst die für den VZ vertraglich geschuldeten Beiträge (es kommt nicht auf die tatsächlich gezahlten Beiträge an) zur Basiskrankenversicherung bzw. zur gesetzlichen Pflegeversicherung – jeweils gesondert – festzuhalten. Das Ergebnis ist jeweils mit 2,5 zu multiplizieren. Wird das Versicherungsunternehmen im Laufe eines VZ gewechselt, sind die für den VZ vertraglich geschuldeten Basiskranken- bzw. gesetzlichen Pflegeversicherungsbeiträge sämtlicher betroffener Versicherungsunternehmen einzubeziehen.

130 Sind für den VZ keine eigenen Beiträge geschuldet, weil der Steuerpflichtige z. B. als Kind zuvor in einer Familienversicherung mitversichert war und sein Versicherungsverhältnis erst nach Ablauf des VZ beginnt, beträgt das zulässige Vorauszahlungsvolumen des Kindes 0 Euro. Dagegen erhöht der von den Eltern im laufenden VZ letztmalig für das Kind geleistete Beitrag deren zulässiges Vorauszahlungsvolumen, obwohl insoweit die Beitragsverpflichtung im Folge-VZ nicht mehr besteht.

(Zu LStH 19.8) **Anlage § 010-01/Vorsorgeaufwendungen und Altersbezüge**

Steuerfreie Zuschüsse und Beitragserstattungen bleiben bei der Ermittlung des Zweieinhalbfachen der 131
für den VZ vertraglich geschuldeten Beiträge außer Betracht. Auch die in einem späteren VZ zufließenden Beitragserstattungen oder die dann gewährten steuerfreien Zuschüsse ändern nicht das zulässige Vorauszahlungsvolumen.

bb) Summe der geleisteten Beitragsvorauszahlungen

In die Summe der Beitragsvorauszahlungen sind sämtliche im VZ abgeflossenen Basiskranken- bzw. 132
gesetzlichen Pflegeversicherungsbeiträge – jeweils gesondert – einzubeziehen, die für nach dem VZ
beginnende Beitragsjahre geleistet werden. Nicht in die Summe der geleisteten Beitragsvorauszahlungen
einzubeziehen sind jedoch jene im VZ abgeflossenen Beiträge, die wegen § 11 Absatz 2 Satz 2 EStG erst
im folgenden VZ anzusetzen sind. Diese sind in keinem VZ Beitragsvorauszahlungen (vgl. Beispiele 3
und 4, Rz. 140 f.).

c) Rechtsfolge

aa) Allgemein

§ 10 Absatz 1 Nummer 3 Satz 4 EStG schränkt die Anwendung des für Vorsorgeaufwendungen geltenden 133
Abflussprinzips nach § 11 Absatz 2 Satz 1 EStG insoweit ein, als die betreffenden Beiträge abweichend
vom Jahr der Zahlung in dem VZ anzusetzen sind, für den sie geleistet wurden. Wird bei der
Vorauszahlung von Kranken- und Pflegeversicherungsbeiträgen für mehrere Zeiträume das zulässige
Vorauszahlungsvolumen nicht überschritten, ist grundsätzlich kein Raum für die Anwendung des § 10
Absatz 1 Nummer 3 Satz 4 EStG.

Findet § 10 Absatz 1 Nummer 3 Satz 4 EStG Anwendung, ist der das zulässige Vorauszahlungsvolumen 134
nicht übersteigende Teil der Beitragsvorauszahlungen im VZ des Abflusses abziehbar (§ 11 Absatz 2
Satz 1 EStG); § 11 Absatz 2 Satz 2 EStG bleibt unberührt (vgl. Rz. 137 ff.). Der verbleibende, das zulässige
Vorauszahlungsvolumen übersteigende Teil der Summe der im Veranlagungszeitraum geleisteten
Beitragsvorauszahlungen ist den Zeiträumen, für die die Beitragsvorauszahlungen geleistet wurden,
gemäß ihrer zeitlichen Abfolge zuzuordnen und in dem betreffenden VZ anzusetzen. Vom zulässigen
Vorauszahlungsvolumen sind dabei die Beiträge für jene VZ gedeckt, die zeitlich am nächsten am Kalenderjahr
der Zahlung liegen.

Beispiel 1: 135

Der für das Kalenderjahr 2011 zu leistende Beitrag beträgt 1.000 Euro. Der Steuerpflichtige leistet am
10. Dezember 2011 für die Jahre 2012 bis 2015 jeweils 1.000 Euro im Voraus.

Das zulässige Vorauszahlungsvolumen für 2011 ist mit 2,5 x 1.000 Euro = 2.500 Euro zu bemessen. Die
geleisteten Beitragsvorauszahlungen betragen in der Summe 4 x 1.000 Euro = 4.000 Euro. Die Vorauszahlungen
sind also aufzuteilen und den kommenden VZ chronologisch zuzuordnen. Der in 2011 absetzbare
Teil der Vorauszahlungen in Höhe von 2.500 Euro ist den Jahren 2012, 2013 und zur Hälfte
2014 zuzuordnen. Der verbleibende Betrag i. H. v. 1.500 Euro ist mit 500 Euro in 2014 und mit
1.000 Euro in 2015 anzusetzen.

Für die vom VN vorausbezahlten Beiträge findet die Rechtsfolge des § 10 Absatz 1 Nummer 3 Satz 4 136
EStG in den Fällen des § 10 Absatz 1 Nummer 3 Satz 2 EStG beim unterhaltsverpflichteten Steuerpflichtigen
und in den Fällen des § 10 Absatz 1 Nummer 3 Satz 3 EStG beim Unterhaltsberechtigten
Anwendung.

bb) Vorauszahlungen vs. regelmäßig wiederkehrende Zahlungen

Regelmäßig wiederkehrende Ausgaben, die kurze Zeit vor Beginn oder kurze Zeit nach Beendigung des 137
Kalenderjahres, zu dem sie wirtschaftlich gehören, abgeflossen und fällig geworden sind, werden dem
Kalenderjahr zugeordnet, zu dem sie wirtschaftlich gehören (§ 11 Absatz 2 Satz 2 i. V. m. Absatz 1 Satz 2
EStG). Für im Voraus entrichtete Beiträge bedeutet „kurze Zeit", dass die Zahlung innerhalb des Zeitraums
vom 22. Dezember bis 31. Dezember vorgenommen wird und die Beiträge entsprechend der vertraglichen
Vereinbarung innerhalb des Zeitraums vom 22. Dezember bis 10. Januar fällig werden.

Dies gilt auch für Kranken- und Pflegeversicherungsbeiträge, die kumuliert für mehrere Monate oder 138
Jahre in einer Zahlung geleistet werden. Sind die Voraussetzungen des § 11 Absatz 2 Satz 2 i. V. m. Absatz 1
Satz 2 EStG erfüllt, wird der für das folgende Jahr geleistete Beitrag steuerlich im Folgejahr erfasst.
§ 10 Absatz 1 Nummer 3 Satz 4 EStG hat auf die Anwendung des § 11 Absatz 2 Satz 2 i. V. m. Absatz 1
Satz 2 EStG keine Auswirkung.

Beispiel 2: 139

Am 28. Dezember 2011 leistet der Steuerpflichtige die Beiträge für die Jahre 2012 und 2013 in einer
Zahlung im Voraus. Der regelmäßig zum Jahresende des Vorjahres gezahlte Jahresbeitrag ist für das Jahr

Anlage § 010-01/Vorsorgeaufwendungen und Altersbezüge (Zu LStH 19.8)

2012 am 1. Januar 2012 fällig. Insgesamt überschreitet die Summe der geleisteten Beitragsvorauszahlungen das Zweieinhalbfache der auf den VZ entfallenden Beiträge nicht.

Der in 2011 geleistete Beitrag für das Beitragsjahr 2013 ist im Jahr 2011 anzusetzen. Der Beitrag für das Beitragsjahr 2012 ist nach der Regelung in § 11 Absatz 2 Satz 2 i. V. m. Absatz 1 Satz 2 EStG abweichend vom Zahlungsjahr 2011 im Jahr 2012 zu berücksichtigen. Die in einem Zahlungsvorgang geleisteten Beitragsvorauszahlungen werden also aufgeteilt.

140 **Beispiel 3:**

Am 28. Dezember 2011 leistet der Steuerpflichtige die Beiträge für die Jahre 2012 bis 2015 in einer Zahlung im Voraus. Der regelmäßig zum Jahresende des Vorjahres gezahlte Beitrag ist für das Jahr 2012 am 1. Januar 2012 fällig. Wie in Beispiel 1 beträgt der für das Kalenderjahr 2011 zu leistende Beitrag 1.000 Euro. Die Summe der geleisteten Beitragsvorauszahlungen (3.000 Euro für die Jahre 2013 bis 2015) überschreitet das zulässige Vorauszahlungsvolumen von 2.500 Euro um 500 Euro.

Die Vorauszahlungen sind aufzuteilen und den kommenden VZ chronologisch zuzuordnen. Für den zum Jahreswechsel geleisteten Beitrag für 2012 findet § 11 Absatz 2 Satz 2 i. V. m. Absatz 1 Satz 2 EStG Anwendung, so dass dieser Beitrag im VZ 2012 zu berücksichtigen ist. Bis zur Höhe des zulässigen Vorauszahlungsvolumens in Höhe von 2.500 Euro ist der Beitrag für 2013, 2014 und ein Betrag i. H. v. 500 Euro für das Kalenderjahr 2015 in 2011 anzusetzen. Der das zulässige Vorauszahlungsvolumen überschreitende Betrag von 500 Euro ist gem. § 10 Absatz 1 Nummer 3 Satz 4 EStG im VZ 2015 anzusetzen.

141 **Beispiel 4:**

Der Steuerpflichtige leistet regelmäßig zum Monatsende den für den Folgemonat geschuldeten Beitrag. Am 28. Dezember 2011 leistet er die Beiträge für die Jahre 2012 bis 2017 im Voraus. Der jährlich zu leistende Beitrag beträgt in allen fraglichen Kalenderjahren 1.200 Euro.

Die Summe der geleisteten Beitragsvorauszahlungen (Februar bis Dezember 2012: 1.100 Euro + 2013 bis 2017: 6.000 Euro = 7.100 Euro) überschreitet das zulässige Vorauszahlungsvolumen von 3.000 Euro (= 2,5 x 1.200 Euro) um 4.100 Euro. (Der Beitrag für Januar 2012 wird nicht in die Summe der geleisteten Beitragsvorauszahlungen mit einbezogen, vgl. Rz. 132).

Der Beitrag für Januar 2012 ist nach der Regelung in § 11 Absatz 2 Satz 2 i. V. m. Absatz 1 Satz 2 EStG abweichend vom Zahlungsjahr 2011 im Jahr 2012 zu berücksichtigen. Bis zur Höhe des zulässigen Vorauszahlungsvolumens i. H. v. 3.000 Euro können die Beiträge für Februar 2012 bis Juli 2014 (1.100 Euro für 2012, 1.200 Euro für 2013, 700 Euro für 2014) in 2011 als Sonderausgaben angesetzt werden. Der das zulässige Vorauszahlungsvolumen überschreitende Betrag i. H. v. 4.100 Euro ist aufzuteilen und gem. § 10 Absatz 1 Nummer 3 Satz 4 EStG im jeweiligen Kalenderjahr, für das er gezahlt wurde (2014 bis 2017), zum Abzug zu bringen. In 2014 sind daher 500 Euro, in 2015 bis 2017 jeweils 1.200 Euro als Sonderausgaben anzusetzen.

III. Gemeinsame Regelungen

1. Datenübermittlung

142 Die erforderlichen Daten nach § 10 Absatz 1 Nummer 2 Satz 1 Buchstabe b und Nummer 3 EStG werden von den übermittelnden Stellen bei Vorliegen der Einwilligung nach § 10 Absatz 2a Satz 1 EStG nach amtlich vorgeschriebenem Datensatz durch Datenfernübertragung unter Angabe der steuerlichen Identifikationsnummer (§ 139b AO) und der Vertragsdaten an die zentrale Stelle (§ 81 EStG) übermittelt.

143 In den Fällen des § 10 Absatz 1 Nummer 3 EStG ist eine Datenübermittlung durch die übermittelnden Stellen nicht vorzunehmen, soweit die Daten bereits mit der elektronischen Lohnsteuerbescheinigung oder der Rentenbezugsmitteilung übermittelt werden. Wurden die auf eine Rente entfallenden Beiträge i. S. d. § 10 Absatz 1 Satz 1 Nummer 3 Buchstabe a Satz 1 und 2 und Buchstabe b EStGbereits mit einer elektronischen Lohnsteuerbescheinigung übermittelt, sind diese insoweit nicht in die Rentenbezugsmitteilung nach § 22a Absatz 1 Satz 1 EStG aufzunehmen (vgl. Rz. 97 des BMF-Schreibens vom 7. Dezember 2011, BStBl. I S. 1223).

144 Übermittelnde Stellen sind in den Fällen des

– § 10 Absatz 1 Nummer 2 Satz 1 Buchstabe b EStG der Anbieter,

– § 10 Absatz 1 Nummer 3 EStG das Versicherungsunternehmen, der Träger der gesetzlichen Kranken- und Pflegeversicherung und die Künstlersozialkasse.

2. Einwilligung in die Datenübermittlung

a) Allgemeines

Voraussetzung für den Sonderausgabenabzug nach § 10 Absatz 1 Nummer 2 Satz 1 Buchstabe b und Nummer 3 EStG ist, dass der Steuerpflichtige (VN) gegenüber der übermittelnden Stelle in die Übermittlung der erforderlichen Daten schriftlich einwilligt bzw. nicht widersprochen hat, als die übermittelnde Stelle ihn informierte, dass sie von seinem Einverständnis ausgeht (§ 52 Absatz 24 Satz 2 Nummer 1 EStG). Die Einwilligung in die Übermittlung der Beiträge umfasst auch Beitragsrückerstattungen. 145

Wurde eine Einwilligung erteilt (oder gilt diese nach § 52 Absatz 24 Satz 2 Nummer 1 EStG als erteilt) und wurde diese nicht widerrufen, hat ein zwischenzeitlicher Statuswechsel (z. B. ein privat krankenversicherter Selbständiger nimmt vorübergehend die Tätigkeit als gesetzlich versicherter Arbeitnehmer auf) auf den Sonderausgabenabzug von Basiskranken- und gesetzlichen Pflegeversicherungsbeiträgen keinen Einfluss.

Die Einwilligung muss der übermittelnden Stelle spätestens bis zum Ablauf des zweiten Kalenderjahres vorliegen, das auf das Beitragsjahr folgt. Die Einwilligung gilt auch für die folgenden Beitragsjahre, wenn der Steuerpflichtige sie nicht gegenüber der übermittelnden Stelle schriftlich widerruft. 146

Die übermittelnde Stelle hat die Daten auch dann zu übermitteln, wenn die Einwilligung offenbar verspätet erteilt wurde. Ob die Frist eingehalten wurde, ist vom Finanzamt als materiell-rechtliche Grundlage für den Sonderausgabenabzug zu prüfen. 147

b) Einwilligungsfiktion bei Kranken- und Pflegeversicherungsbeiträgen

Im Lohnsteuerabzugs- und Rentenbezugsmitteilungsverfahren gilt für den Zeitraum der Datenübermittlung im Rahmen dieser Verfahren die Einwilligung für Beiträge zur Basisabsicherung nach § 10 Absatz 1 Nummer 3 EStG (einschließlich Beitragsrückerstattungen) – und ab dem VZ 2011 auch die Einwilligung für Zusatzbeiträge zur Basisabsicherung (§ 10 Absatz 2 Satz 3 i. V. m. § 52 Absatz 24 Satz 4 EStG) – als erteilt. 148

Die Einwilligung gilt auch dann als erteilt, wenn der Steuerpflichtige eine Bescheinigung eines ausländischen Versicherungsunternehmens oder des Trägers einer ausländischen GKV über die Höhe der nach § 10 Absatz 1 Nummer 3 EStG abziehbaren Beiträge im Rahmen der Einkommensteuerveranlagung vorlegt. 149

3. Nachweis bei fehlgeschlagener Datenübermittlung

a) Kranken- und Pflegeversicherungsbeiträge

Werden die erforderlichen Daten aus Gründen, die der Steuerpflichtige nicht zu vertreten hat (z. B. technische Probleme), von der übermittelnden Stelle, einem Mitteilungspflichtigen nach § 22a EStG oder dem Arbeitgeber nicht übermittelt, kann der Steuerpflichtige den Nachweis über die geleisteten und erstatteten Beiträge im Sinne von § 10 Absatz 1 Nummer 3 EStG auch in anderer Weise erbringen. Die übermittelnden Stellen haben die Datenübermittlung gleichwohl unverzüglich nachzuholen. 150

b) Beiträge zur Basisrente

Liegen die in § 10 Absatz 2 Satz 2 EStG genannten Voraussetzungen vor und kann der vorgegebene Übermittlungstermin durch den Anbieter, z. B. wegen technischer Probleme, nicht eingehalten werden, hat er dem Steuerpflichtigen die für den Sonderausgabenabzug erforderlichen Daten nach dem mit BMF-Schreiben vom 18. August 2011 (BStBl. I S. 788) bekannt gegebenen Vordruckmuster grundsätzlich bis zum 31. März des dem Beitragsjahr folgenden Kalenderjahres zu bescheinigen. Die Bescheinigung entbindet den Anbieter nicht von seiner Verpflichtung zur Datenübermittlung. Er hat diese unverzüglich nachzuholen. Bei fristgerechter Datenübermittlung hat der Anbieter keine solche Bescheinigungspflicht, selbst wenn dem Finanzamt im Zeitpunkt der Veranlagung die erforderlichen Daten für den Sonderausgabenabzug (noch) nicht vorliegen. 151

4. Zufluss- und Abflussprinzip (§ 11 EStG)

Regelmäßig wiederkehrende Ausgaben (z. B. Versicherungsbeiträge) sind im Rahmen des Sonderausgabenabzugs grundsätzlich in dem Kalenderjahr anzusetzen, in dem sie geleistet wurden (allgemeines Abflussprinzip des § 11 Absatz 2 Satz 1 EStG). Eine Ausnahme von diesem Grundsatz wird durch § 11 Absatz 2 Satz 2 EStG normiert. Danach sind regelmäßig wiederkehrende Ausgaben, die kurze Zeit (in der Regel in einem Zeitraum von 10 Tagen) vor oder nach Beendigung des Kalenderjahres geleistet werden, abweichend vom Jahr des tatsächlichen Abflusses dem Jahr der wirtschaftlichen Zugehörigkeit zuzuordnen, wenn die Ausgaben kurze Zeit vor oder nach dem Jahreswechsel fällig werden (vgl. H 11 EStH „Kurze Zeit"). 152

Anlage § 010-01/Vorsorgeaufwendungen und Altersbezüge (Zu LStH 19.8)

153 Beispiel 1:
Der am 1. Januar 2012 fällige Beitrag für den Monat Dezember 2011 wird am 10. Januar 2012 geleistet. Grundsätzlich wäre der Beitrag im Kalenderjahr 2012 (Zahlung im Jahr 2012) anzusetzen. Da die laufenden Beitragszahlungen aber regelmäßig wiederkehrend sind und die hier aufgeführte Zahlung innerhalb des Zeitraums vom 22. Dezember bis 10. Januar fällig war und geleistet wurde, ist sie abweichend vom Jahr der Zahlung (2012) dem Jahr der wirtschaftlichen Zugehörigkeit 2011 zuzuordnen.

154 Beispiel 2:
Der am 15. Januar 2012 fällige Beitrag für den Monat Dezember 2011 wird am 5. Januar 2012 geleistet. Da die Fälligkeit des Dezemberbeitrags außerhalb des sog. „10-Tageszeitraums" liegt, ist die Zahlung vom 5. Januar 2012 steuerlich dem Jahr 2012 zuzuordnen.

155 Bei Erstellung der Datensätze haben die übermittelnden Stellen für die zeitliche Zuordnung § 11 EStG zu beachten (vgl. in diesem Zusammenhang auch H 11 (Allgemeines) EStH)

5. Zusammenhang mit steuerfreien Einnahmen

156 Voraussetzung für die Berücksichtigung von Vorsorgeaufwendungen i. S. d. § 10 EStG ist, dass sie nicht in unmittelbarem wirtschaftlichen Zusammenhang mit steuerfreien Einnahmen stehen. Dieser Zusammenhang ist z. B. in folgenden Fällen gegeben:
– Gesetzliche Arbeitnehmeranteile, die auf steuerfreien Arbeitslohn entfallen (z. B. nach dem Auslandstätigkeitserlass, aufgrund eines DBA oder aufgrund des zusätzlichen Höchstbetrags von 1.800 € nach § 3 Nummer 63 Satz 3 EStG)
– Aufwendungen aus Mitteln, die nach ihrer Zweckbestimmung zur Leistung der Vorsorgeaufwendungen dienen:
  – Steuerfreie Zuschüsse zur Krankenversicherung der Rentner, z. B. nach § 106 SGB VI,
  – Steuerfreie Beträge, die Land- und Forstwirte nach dem Gesetz über die Alterssicherung der Landwirte zur Entlastung von Vorsorgeaufwendungen i. S. d.§ 10 Absatz 1 Nummer 2 Satz 1 Buchstabe a EStG erhalten.

Beiträge in unmittelbarem wirtschaftlichen Zusammenhang mit steuerfreiem Arbeitslohn sind nicht als Sonderausgaben abziehbar (BFH vom 18. April 2012, BStBl. II S. 721). Dies gilt nicht, wenn der Arbeitslohn nicht zum Zufluss von Arbeitslohn führt, jedoch beitragspflichtig ist (z. B. Umwandlung zugunsten einer Direktzusage oberhalb von 4 % der Beitragsbemessungsgrenze in der allgemeinen Rentenversicherung; § 115 des Vierten Buches Sozialgesetzbuch – SGB IV –). Die Hinzurechnung des nach § 3 Nummer 62 EStG steuerfreien Arbeitgeberanteils zur gesetzlichen Rentenversicherung oder eines gleichgestellten steuerfreien Zuschusses des Arbeitgebers nach § 10 Absatz 1 Nummer 2 Satz 2 EStG und die Verminderung um denselben nach § 10 Absatz 3 Satz 5 EStG bleiben hiervon unberührt; dies gilt nicht, soweit der steuerfreie Arbeitgeberanteil auf steuerfreien Arbeitslohn entfällt.

157 Beispiel:
Der alleinstehende 57-jährige Steuerpflichtige ist im Juni 2012 arbeitslos geworden und bezieht Arbeitslosengeld in Höhe von 1.150 Euro monatlich. Während des Bezugs des Arbeitslosengelds übernimmt die Bundesagentur für Arbeit seine freiwillig an die gesetzliche Rentenversicherung gezahlten Beiträge in Höhe von 130 Euro und seine Beiträge zur privaten Kranken- und Pflegeversicherung in Höhe von 270 Euro.

Die von der Bundesagentur für Arbeit übernommenen freiwilligen Beiträge zur gesetzlichen Rentenversicherung sowie die Beiträge zur privaten Kranken- und Pflegeversicherung stehen mit dem nach § 3 Nummer 2 EStG steuerfreien Arbeitslosengeld in einem unmittelbaren wirtschaftlichen Zusammenhang. Daher sind diese Beiträge nicht als Sonderausgaben nach § 10 Absatz 1 Nummer 2, 3 und 3a EStGzu berücksichtigen.

6. Erstattungsüberhänge

158 Übersteigen die vom Steuerpflichtigen erhaltenen Erstattungen zzgl. steuerfreier Zuschüsse die im VZ geleisteten Aufwendungen i. S. d. § 10 Absatz 1 Nummer 2 bis 3a EStGsind die Aufwendungen mit Null anzusetzen und es ergibt sich ein Erstattungsüberhang. Dieser ist mit anderen Aufwendungen der jeweiligen Nummer zu verrechnen. In den Fällen des § 10 Absatz 1 Nummer 3 EStG ist der verbleibende Erstattungsüberhang dem gem. § 2 Absatz 3 EStG ermittelten Gesamtbetrag der Einkünfte hinzuzurechnen (vgl. § 10 Absatz 4b Satz 3 EStG, gültig ab VZ 2012).

159 Beispiel:
A ist im Jahr 2012 nichtselbständig tätig und privat krankenversichert. Dafür leistet er insgesamt einen Krankenversicherungsbeitrag in Höhe von 1.500 €. Nach Aufteilung durch die Versicherung ergibt sich

(Zu LStH 19.8) **Anlage § 010-01/Vorsorgeaufwendungen und Altersbezüge**

ein Beitragsanteil in Höhe von 1.200 €, der ausschließlich der Absicherung von Basisleistungen dient, sowie ein Beitragsanteil in Höhe von 300 € für die Absicherung von Wahlleistungen. Außerdem entrichtete er Pflegepflichtversicherungsbeiträge von 300 € und gesetzliche Rentenversicherungsbeiträge von 800 €. Kirchensteuer zahlte er 200 €. Für das Vorjahr erhält er folgende Beitragsrückerstattungen: Krankenversicherung in Höhe von 2.000 € – davon 1.600 € für Basisabsicherung, 500 € für Rentenversicherung. Außerdem erhielt er eine Kirchensteuererstattung in Höhe von 1.500 €.

Die im VZ erhaltenen Erstattungen sind mit den geleisteten Zahlungen wie folgt zu verrechnen:

	Zahlungen im VZ 2012	Erstattungen im VZ 2012	Erstattungs- bzw. Zahlungs- überhang	Verrechnung innerhalb der Nummern (§ 10 Abs. 4b S. 2 EStG)	Hinzurechnung des Er- stattungsüber- hangs zum Ge- samtbetrag der Einkünfte (§ 10 Abs. 4b S. 3 EStG)
Rentenversicherung § 10 Abs. 1 Nr. 2 S. 1 Buchst. a EStG	800 €	500 €	+ 300 €	–	–
Krankenversicherung n. § 10 Abs. 1 Nr. 3 S. 1 Buchst. a EStG	1.200 €	1.600 €	– 400 €	– 400 €	100 €
Gesetzliche Pflegever- sicherung § 10 Abs. 1 Nr. 3 S. 1 Buchst. b EStG	300 €	0 €	+ 300 €	+ 300 €	= – 100 €
Krankenversicherung n. § 10 Abs. 1 Nr. 3a EStG	300 €	400 €	– 100 €	Keine Verrech- nung	Keine Hin- zurechnung
Kirchensteuer § 10 Abs. 1 Nr. 4 EStG	200 €	1.500 €	– 1.300 €	Keine Verrech- nung	1.300 €

Gem. § 10 Absatz 4b Satz 2 EStG ist ein Erstattungsüberhang bei den Sonderausgaben nach § 10 Absatz 1 Nummer 2 bis 3a EStG im Rahmen der jeweiligen Nummer zu verrechnen. Daher ist der Erstattungsüberhang aus den Krankenversicherungsbeiträgen zur Absicherung von Basisleistungen mit den Beiträgen zur gesetzlichen Pflegeversicherung zu verrechnen. Eine Verrechnung des Erstattungsüberhangs aus den Krankenversicherungsbeiträgen für die Absicherung von Wahlleistungen ist mangels anderer Beiträge nach § 10 Absatz 1 Nummer 3a EStG nicht möglich. Für die Kirchensteuer sieht § 10 Absatz 4b Satz 2 EStG keine Verrechnungsmöglichkeit mit Sonderausgaben nach § 10 Absatz 1 Nummer 2 bis 3a EStG vor (BFH vom 21. Juli 2009, BStBl. II 2010 S. 38).

Nach § 10 Absatz 4b Satz 3 EStG ist ein sich aus § 10 Absatz 1 Nummer 3 und 4 EStG ergebender Erstattungsüberhang dem Gesamtbetrag der Einkünfte (§ 2 Absatz 3 EStG) hinzuzurechnen. Deshalb sind die Erstattungsüberhänge aus den Krankenversicherungsbeiträgen zur Absicherung von Basisleistungen und aus der Kirchensteuer dem Gesamtbetrag der Einkünfte hinzuzurechnen. Der Erstattungsüberhang aus den Krankenversicherungsbeiträgen für die Absicherung von Wahlleistungen nach § 10 Absatz 1 Nummer 3a EStG ist dagegen mit den entsprechenden Beiträgen im VZ 2011 zu verrechnen. Der Bescheid für den VZ 2011 ist diesbezüglich nach § 175 Absatz 1 Satz 1 Nummer 2 AO zu ändern.

7. Globalbeiträge

Anders als bei der inländischen gesetzlichen Sozialversicherung gibt es einige ausländische Sozialversicherungen, in denen – bezogen auf die Beitragsleistung – nicht nach den verschiedenen Sozialversicherungszweigen unterschieden und ein einheitlicher Sozialversicherungsbeitrag (Globalbeitrag) erhoben wird. Mit dem Globalbeitrag werden Leistungen u. a. bei Arbeitslosigkeit, Krankheit, Mutterschutz, Invalidität, Alter und Tod finanziert. Wie die vom Steuerpflichtigen geleisteten Globalbeiträge zur Ermittlung der steuerlich berücksichtigungsfähigen Vorsorgeaufwendungen (u. a. Beiträge an einen ausländischen gesetzlichen Rentenversicherungsträger) aufzuteilen sind, wird für jeden VZ durch gesondertes BMF-Schreiben bekannt gegeben:

– für den VZ 2011 und früher: BMF-Schreiben vom 5. Juli 2011, BStBl. I S. 711,
– für den VZ 2012 und teilweise auch für den VZ 2011: BMF-Schreiben vom 26. Januar 2012, BStBl. I S. 169,
– für den VZ 2013: BMF-Schreiben vom 29. Oktober 2012, BStBl. I S. 1013.

Anlage § 010-01/Vorsorgeaufwendungen und Altersbezüge (Zu LStH 19.8)

8. Änderungsnorm

161 Ein Steuerbescheid ist nach § 10 Absatz 2a Satz 8 Nummer 1 EStG zu ändern, soweit Daten i. S. d. § 10 Absatz 2a Satz 4 EStG

– erstmals übermittelt (§ 10 Absatz 2a Satz 4 oder 6 EStG) oder

– zwecks Korrektur erneut übermittelt oder storniert (§ 10 Absatz 2a Satz 7 EStG)

worden sind, diese Daten oder Stornierungen bei der bisherigen Steuerfestsetzung nicht berücksichtigt worden sind und sich durch Berücksichtigung der Daten oder Stornierungen eine Änderung der festgesetzten Steuer ergibt. Dies gilt auch dann, wenn die Daten oder Stornierungen im zu ändernden Einkommensteuerbescheid bereits hätten berücksichtigt werden können. Auf die Kenntnis des Bearbeiters kommt es insoweit nicht an.

162 Ein Steuerbescheid ist nach § 10 Absatz 2a Satz 8 Nummer 2 EStG zu ändern, wenn das Finanzamt feststellt, dass der Steuerpflichtige die Einwilligung in die Datenübermittlung nach § 10 Absatz 2 Satz 2 Nummer 2 oder nach Absatz 2 Satz 3 EStG innerhalb der hierfür maßgeblichen Frist (§ 10 Absatz 2a Satz 1 EStG) nicht erteilt hat. Ohne diese Einwilligung sind die Voraussetzungen für den Sonderausgabenabzug nicht gegeben. Der Steuerbescheid ist zu ändern, soweit ein entsprechender Sonderausgabenabzug berücksichtigt wurde und sich durch die Korrektur eine Änderung der festgesetzten Steuer ergibt.

163 § 10 Absatz 2a Satz 8 EStG ist nicht anwendbar, soweit die Daten der Finanzverwaltung im Rahmen der elektronischen Lohnsteuerbescheinigungen nach § 41b EStG oder der Rentenbezugsmitteilungen nach § 22a EStG übermittelt werden. In diesen Fällen sind die allgemeinen Änderungs- und Berichtigungsvorschriften der AO anzuwenden.

IV. Günstigerprüfung nach § 10 Absatz 4a EStG

164 Die Regelungen zum Abzug von Vorsorgeaufwendungen nach § 10 Absatz 1 Nummer 2, 3 und 3a EStG sind in bestimmten Fällen ungünstiger als nach der für das Kalenderjahr 2004 geltenden Fassung des § 10 Absatz 3 EStG. Zur Vermeidung einer Schlechterstellung wird in diesen Fällen der höhere Betrag berücksichtigt. Die Überprüfung erfolgt von Amts wegen. Einbezogen in die Überprüfung werden nur Vorsorgeaufwendungen, die nach dem ab 2005 geltenden Recht abziehbar sind. Hierzu gehört nicht der nach § 10 Absatz 1 Nummer 2 Satz 2 EStG hinzuzurechnende Betrag (steuerfreier Arbeitgeberanteil zur gesetzlichen Rentenversicherung und ein diesem gleichgestellter steuerfreier Zuschuss des Arbeitgebers).

165 Für die Jahre bis 2019 werden bei der Anwendung des § 10 Absatz 3 EStG in der für das Kalenderjahr 2004 geltenden Fassung die Höchstbeträge für den Vorwegabzug schrittweise gekürzt; Einzelheiten ergeben sich aus der Tabelle zu § 10 Absatz 4a EStG.

166 In die Günstigerprüfung nach § 10 Absatz 4a Satz 1 EStG werden zunächst nur die Vorsorgeaufwendungen ohne die Beiträge nach § 10 Absatz 1 Nummer 2 Satz 1 Buchstabe b EStG einbezogen. Die Beiträge zu einer eigenen kapitalgedeckten Altersversorgung i. S. d. § 10 Absatz 1 Nummer 2 Satz 1 Buchstabe b EStG (siehe Rz. 8 bis 31) werden gesondert, und zwar stets mit dem sich aus § 10 Absatz 3 Satz 4 und 6 EStGergebenden Prozentsatz berücksichtigt. Hierfür erhöhen sich die nach der Günstigerprüfung als Sonderausgaben zu berücksichtigenden Beträge um einen Erhöhungsbetrag (§ 10 Absatz 4a Satz 1 und 3 EStG) für Beiträge nach § 10 Absatz 1 Nummer 2 Satz 1 Buchstabe b EStG. Es ist jedoch im Rahmen der Günstigerprüfung mindestens der Betrag anzusetzen, der sich ergibt, wenn auch die Beiträge nach § 10 Absatz 1 Nummer 2 Satz 1 Buchstabe b EStG in die Günstigerprüfung nach § 10 Absatz 4a Satz 1 EStG einbezogen werden, allerdings ohne Hinzurechnung des Erhöhungsbetrags nach § 10 Absatz 4a Satz 1 und 3 EStG. Der jeweils höhere Betrag (Vorsorgeaufwendungen nach dem seit 2010 geltenden Recht, Vorsorgeaufwendungen nach dem für das Jahr 2004 geltenden Recht zuzügl. Erhöhungsbetrag oder Vorsorgeaufwendungen nach dem für das Jahr 2004 geltenden Recht einschließlich Beiträge nach § 10 Absatz 1 Nummer 2 Satz 1 Buchstabe b EStG) wird dann als Sonderausgaben berücksichtigt.

167 Beispiel:

Die Eheleute A (Gewerbetreibender) und B (Hausfrau) zahlen im Jahr 2012 folgende Versicherungsbeiträge:

Basisrente (§ 10 Absatz 1 Nummer 2 Satz 1 Buchstabe b EStG)	2.000 €
PKV (Basisabsicherung – § 10 Absatz 1 Nummer 3 Satz 1 Buchstabe a EStG)	5.000 €
PKV (Wahlleistungen – § 10 Absatz 1 Nummer 3a EStG)	500 €
Beiträge zur gesetzlichen Pflegeversicherung	500 €
Haftpflichtversicherungen	1.200 €

(Zu LStH 19.8) **Anlage § 010-01/Vorsorgeaufwendungen und Altersbezüge**

Kapitalversicherung (Versicherungsbeginn 1995, Laufzeit 25 Jahre)	3.600 €
Kapitalversicherung (Versicherungsbeginn 2005, Laufzeit 20 Jahre)	2.400 €
Insgesamt	15.200 €

Die Beiträge zu der Kapitalversicherung mit Versicherungsbeginn im Jahr 2005 sind nicht zu berücksichtigen, weil sie nicht die Voraussetzungen des § 10 Absatz 1 Nummer 2 und 3a EStG erfüllen.

Abziehbar nach § 10 Absatz 1 Nummer 2 i. V. m. § 10 Absatz 3 EStG und § 10 Absatz 1 Nummer 3 und 3a i. V. m. § 10 Absatz 4 EStG (abziehbare Vorsorgeaufwendungen nach dem ab 2010 geltenden Recht):

a) Beiträge zur Altersversorgung:	2.000 €	
Höchstbetrag (ungekürzt)	40.000 €	
zu berücksichtigen	2.000 €	
davon 74 %		1.480 €
b) sonstige Vorsorgeaufwendungen:		
PKV (Basisabsicherung – § 10 Absatz 1 Nummer 3 Satz 1 Buchstabe a EStG)	5.000 €	
PKV (Wahlleistungen – § 10 Absatz 1 Nummer 3a EStG)	500 €	
Gesetzliche Pflegepflichtversicherung	500 €	
Haftpflichtversicherungen	1.200 €	
Kapitalversicherung (88 % von 3.600 €)	3.168 €	
Zwischensumme	10.368 €	
Höchstbetrag nach § 10 Absatz 4 EStG:	5.600 €	
Beiträge nach § 10 Absatz 1 Nummer 3 EStG (Basisabsicherung + gesetzliche Pflegeversicherung)	5.500 €	
anzusetzen		5.600 €
c) insgesamt abziehbar		7.080 €

Günstigerprüfung nach § 10 Absatz 4a Satz 1 EStG:
Abziehbare Vorsorgeaufwendungen in der für das Kalenderjahr 2004 geltenden Fassung des § 10 Absatz 3 EStG (ohne Beiträge i. S. d. § 10 Absatz 1 Nummer 2 Satz 1 Buchstabe b EStG) zuzügl. Erhöhungsbetrag nach § 10 Absatz 4a Satz 3 EStG:

a) PKV (Basisabsicherung – § 10 Absatz 1 Nummer 3 Satz 1 Buchstabe a EStG)	5.000 €		
PKV (Wahlleistungen – § 10 Absatz 1 Nummer 3a EStG)	500 €		
Gesetzliche Pflegepflichtversicherung	500 €		
Haftpflichtversicherungen	1.200 €		
Kapitalversicherung	3.168 €		
Summe	10.368 €		
davon abziehbar:			
Vorwegabzug	4.800 €	4.800 €	
verbleibende Aufwendungen	5.568 €		
Grundhöchstbetrag	2.668 €	2.668 €	
verbleibende Aufwendungen	2.900 €		
hälftige Aufwendungen	1.450 €		
hälftiger Höchstbetrag	1.334 €	1.334 €	
Zwischensumme			8.802 €
b) zuzügl. Erhöhungsbetrag nach § 10 Absatz 4a Satz 3 EStG/Basisrente (§ 10 Absatz 1 Nummer 2 Buchstabe b EStG)	2.000 €		
davon 74 %	1.480 €		

Anlage § 010-01/Vorsorgeaufwendungen und Altersbezüge (Zu LStH 19.8)

Erhöhungsbetrag	1.480 €	
c) Abzugsvolumen nach § 10 Absatz 4a Satz 1 EStG somit:	10.282 €	

Ermittlung des Mindestbetrags nach § 10 Absatz 4a Satz 2 EStG:
Nach § 10 Absatz 4a Satz 2 EStG ist bei Anwendung der Günstigerprüfung aber mindestens der Betrag anzusetzen, der sich ergibt, wenn auch die Beiträge zur Basisrente (§ 10 Absatz 1 Nummer 2 Buchstabe b EStG) in die Berechnung des Abzugsvolumens nach dem bis 2004 geltenden Recht einbezogen werden:

a) Basisrente	2.000 €	
PKV (Basisabsicherung – § 10 Absatz 1 Nummer 3 Buchstabe a EStG)	5.000 €	
PKV (Wahlleistungen – § 10 Absatz 1 Nummer 3a EStG)	500 €	
Gesetzliche Pflegepflichtversicherung	500 €	
Haftpflichtversicherungen	1.200 €	
Kapitalversicherung	3.168 €	
Summe	12.368 €	
davon abziehbar:		
Vorwegabzug	4.800 €	4.800 €
verbleibende Aufwendungen	7.568 €	
Grundhöchstbetrag	2.668 €	2.668 €
verbleibende Aufwendungen	4.900 €	
hälftige Aufwendungen	2.450 €	
hälftiger Höchstbetrag	1.334 €	1.334 €
Zwischensumme		8.802 €
b) Mindestabzugsvolumen nach § 10 Absatz 4a Satz 2 EStG		8.802 €
Zusammenstellung:		
Abzugsvolumen nach neuem Recht		7.080 €
Günstigerprüfung nach § 10 Absatz 4a Satz 1 EStG		10.282 €
Mindestabzugsvolumen nach § 10 Absatz 4a Satz 2 EStG		8.802 €

Die Eheleute A können somit für das Jahr 2012 einen Betrag von 10.282 € als Vorsorgeaufwendungen abziehen.

B. Besteuerung von Versorgungsbezügen – § 19 Absatz 2 EStG –

I. Von internationalen Organisationen gezahlte Pensionen

168 Bei von folgenden internationalen Organisationen gezahlten Pensionen einschl. der Zulagen (Steuerausgleichszahlung, Familienzulagen und andere) handelt es sich um Versorgungsbezüge i. S. d. § 19 Absatz 2 EStG:
– Bei von folgenden internationalen Organisationen gezahlten Pensionen Koordinierte Organisationen:
  – Europäische Weltraumorganisation (ESA),
  – Europarat,
  – Nordatlantikvertragsorganisation (NATO),
  – Organisation für wirtschaftliche Zusammenarbeit und Entwicklung (OECD),
  – Westeuropäische Union (WEU),
  – Europäisches Zentrum für mittelfristige Wettervorhersage (EZMV, engl. ECWMF),
– Europäische Agentur für Flugsicherheit (EASA),
– Europäische Kommission (KOM),
– Europäische Organisation zur Sicherung der Luftfahrt (EUROCONTROL),
– Europäische Patentorganisation (EPO),
– Europäische Zentralbank (EZB),
– Europäischer Rechnungshof (EuRH),

(Zu LStH 19.8) **Anlage § 010-01/Vorsorgeaufwendungen und Altersbezüge**

- Europäisches Hochschulinstitut (EHI) und
- Europäisches Patentamt (EPA).

II. Arbeitnehmer-/Werbungskosten-Pauschbetrag/Zuschlag zum Versorgungsfreibetrag

Ab 2005 ist der Arbeitnehmer-Pauschbetrag (§ 9a Satz 1 Nummer 1 Buchstabe a EStG) bei Versorgungsbezügen i. S. d. § 19 Absatz 2 EStG nicht mehr anzuwenden. Stattdessen wird – wie auch bei den Renten – ein Werbungskosten-Pauschbetrag von 102 € berücksichtigt (§ 9a Satz 1 Nummer 1 Buchstabe b EStG). Als Ausgleich für den Wegfall des Arbeitnehmer-Pauschbetrags wird dem Versorgungsfreibetrag ein Zuschlag von zunächst 900 € hinzugerechnet, der für jeden ab 2006 neu in den Ruhestand tretenden Jahrgang abgeschmolzen wird (§ 19 Absatz 2 Satz 3 EStG). Werden neben Versorgungsbezügen i. S. d. § 19 Absatz 2 EStG auch Einnahmen aus nichtselbständiger Arbeit i. S. d. § 19 Absatz 1 EStG bezogen, kommen der Arbeitnehmer-Pauschbetrag und der Werbungskosten-Pauschbetrag nebeneinander zur Anwendung. Bei den Versorgungsbezügen i. S. d. § 19 Absatz 2 EStG ist der Werbungskosten-Pauschbetrag auch dann zu berücksichtigen, wenn bei Einnahmen aus nichtselbständiger Arbeit i. S. d. § 19 Absatz 1 EStG höhere Werbungskosten als der Arbeitnehmer-Pauschbetrag anzusetzen sind. 169

III. Versorgungsfreibetrag/Zuschlag zum Versorgungsfreibetrag

1. Allgemeines

Der maßgebende Prozentsatz für den steuerfreien Teil der Versorgungsbezüge und der Höchstbetrag des Versorgungsfreibetrags sowie der Zuschlag zum Versorgungsfreibetrag bestimmen sich ab 2005 nach dem Jahr des Versorgungsbeginns (§ 19 Absatz 2 Satz 3 EStG). Sie werden für jeden ab 2006 neu in den Ruhestand tretenden Jahrgang abgeschmolzen. 170

2. Berechnung des Versorgungsfreibetrags und des Zuschlags zum Versorgungsfreibetrag

Der Versorgungsfreibetrag und der Zuschlag zum Versorgungsfreibetrag (Freibeträge für Versorgungsbezüge) berechnen sich auf der Grundlage des Versorgungsbezugs für Januar 2005 bei Versorgungsbeginn vor 2005 bzw. des Versorgungsbezugs für den ersten vollen Monat bei Versorgungsbeginn ab 2005; wird der Versorgungsbezug insgesamt nicht für einen vollen Monat gezahlt (z. B. wegen Todes des Versorgungsempfängers), ist der Bezug des Teilmonats auf einen Monatsbetrag hochzurechnen. Bei einer nachträglichen Festsetzung von Versorgungsbezügen ist der Monat maßgebend, für den die Versorgungsbezüge erstmals festgesetzt werden; auf den Zahlungstermin kommt es nicht an. Bei Bezügen und Vorteilen aus früheren Dienstleistungen i. S. d. § 19 Absatz 2 Satz 2 Nummer 2 EStG, die wegen Erreichens einer Altersgrenze gezahlt werden, ist der Monat maßgebend, in dem der Steuerpflichtige das 63. Lebensjahr oder, wenn er schwerbehindert ist, das 60. Lebensjahr vollendet hat, da die Bezüge erst mit Erreichen dieser Altersgrenzen als Versorgungsbezüge gelten. Der maßgebende Monatsbetrag ist jeweils mit zwölf zu vervielfältigen und um Sonderzahlungen zu erhöhen, auf die zu diesem Zeitpunkt (erster voller Monat bzw. Januar 2005) ein Rechtsanspruch besteht (§ 19 Absatz 2 Satz 4 EStG). Die Sonderzahlungen (z. B. Urlaubs- oder Weihnachtsgeld) sind mit dem Betrag anzusetzen, auf den bei einem Bezug von Versorgungsbezügen für das ganze Jahr des Versorgungsbeginns ein Rechtsanspruch besteht. Bei Versorgungsempfängern, die schon vor dem 1. Januar 2005 in Ruhestand gegangen sind, können aus Vereinfachungsgründen die Sonderzahlungen 2004 berücksichtigt werden. 171

3. Festschreibung des Versorgungsfreibetrags und des Zuschlags zum Versorgungsfreibetrag

Der nach Rz. 171 ermittelte Versorgungsfreibetrag und der Zuschlag zum Versorgungsfreibetrag gelten grundsätzlich für die gesamte Laufzeit des Versorgungsbezugs (§ 19 Absatz 2 Satz 8 EStG). 172

4. Neuberechnung des Versorgungsfreibetrags und des Zuschlags zum Versorgungsfreibetrag

Regelmäßige Anpassungen des Versorgungsbezugs (laufender Bezug und Sonderzahlungen) führen nicht zu einer Neuberechnung (§ 19 Absatz 2 Satz 9 EStG). Zu einer Neuberechnung führen nur Änderungen des Versorgungsbezugs, die ihre Ursache in der Anwendung von Anrechnungs-, Ruhens-, Erhöhungs- oder Kürzungsregelungen haben (§ 19 Absatz 2 Satz 10 EStG), z. B. Wegfall, Hinzutreten oder betragsmäßige Änderungen. Dies ist insbesondere der Fall, wenn der Versorgungsempfänger neben seinen Versorgungsbezügen 173

- Erwerbs- oder Erwerbsersatzeinkommen (§ 53 des Beamtenversorgungsgesetzes – BeamtVG –),
- andere Versorgungsbezüge (§ 54 BeamtVG),
- Renten (§ 55 BeamtVG) oder
- Versorgungsbezüge aus zwischenstaatlicher und überstaatlicher Verwendung (§ 56 BeamtVG)

Anlage § 010-01/Vorsorgeaufwendungen und Altersbezüge (Zu LStH 19.8)

erzielt, wenn sich die Voraussetzungen für die Gewährung des Familienzuschlags oder des Unterschiedsbetrags nach § 50 BeamtVG ändern oder wenn ein Witwen- oder Waisengeld nach einer Unterbrechung der Zahlung wieder bewilligt wird (Zur Neuberechnung beim Versorgungsausgleich siehe Rz. 288). Gleiches gilt für entsprechende Leistungen aufgrund landesrechtlicher Beamtenversorgungsgesetze. Ändert sich der anzurechnende Betrag aufgrund einer einmaligen Sonderzahlung und hat dies nur eine einmalige Minderung des Versorgungsbezugs zur Folge, so kann auf eine Neuberechnung verzichtet werden. Auf eine Neuberechnung kann aus Vereinfachungsgründen auch verzichtet werden, wenn der Versorgungsbezug, der bisher Bemessungsgrundlage für den Versorgungsfreibetrag war, vor und nach einer Anpassung aufgrund von Anrechnungs-, Ruhens-, Erhöhungs- und Kürzungsregelungen mindestens 7.500 € jährlich/625 € monatlich beträgt, also die Neuberechnung zu keiner Änderung der Freibeträge für Versorgungsbezüge führen würde.

174 In den Fällen einer Neuberechnung ist der geänderte Versorgungsbezug, ggf. einschließlich zwischenzeitlicher Anpassungen, Bemessungsgrundlage für die Berechnung der Freibeträge für Versorgungsbezüge (§ 19 Absatz 2 Satz 11 EStG).

175 Bezieht ein Steuerpflichtiger zunächst Versorgungsbezüge wegen verminderter Erwerbsfähigkeit, bestimmen sich der Prozentsatz, der Höchstbetrag des Versorgungsfreibetrags und der Zuschlag zum Versorgungsfreibetrag nach dem Jahr des Beginns dieses Versorgungsbezugs. Wird der Versorgungsbezug wegen verminderter Erwerbsfähigkeit mit Vollendung des 63. Lebensjahres des Steuerpflichtigen oder, wenn er schwerbehindert ist, mit Vollendung des 60. Lebensjahres, in einen Versorgungsbezug wegen Erreichens der Altersgrenze umgewandelt, bestimmen sich der Prozentsatz, der Höchstbetrag des Versorgungsfreibetrags und der Zuschlag zum Versorgungsfreibetrag weiterhin nach dem Jahr des Beginns des Versorgungsbezugs wegen verminderter Erwerbsfähigkeit. Da es sich bei der Umwandlung des Versorgungsbezugs nicht um eine regelmäßige Anpassung handelt, ist eine Neuberechnung des Versorgungsfreibetrags erforderlich.

5. Zeitanteilige Berücksichtigung des Versorgungsfreibetrags und des Zuschlags zum Versorgungsfreibetrag

176 Werden Versorgungsbezüge nur für einen Teil des Kalenderjahres gezahlt, so ermäßigen sich der Versorgungsfreibetrag und der Zuschlag zum Versorgungsfreibetrag für jeden vollen Kalendermonat, für den keine Versorgungsbezüge geleistet werden, in diesem Kalenderjahr um ein Zwölftel (§ 19 Absatz 2 Satz 12 EStG). Bei Zahlung mehrerer Versorgungsbezüge erfolgt eine Kürzung nur für Monate, für die keiner der Versorgungsbezüge geleistet wird. Ändern sich der Versorgungsfreibetrag und/oder der Zuschlag zum Versorgungsfreibetrag im Laufe des Kalenderjahrs aufgrund einer Neuberechnung nach Rz. 173 f., sind in diesem Kalenderjahr die höchsten Freibeträge für Versorgungsbezüge maßgebend (§ 19 Absatz 2 Satz 11 2. Halbsatz EStG); eine zeitanteilige Aufteilung ist nicht vorzunehmen. Die Änderung der Freibeträge für Versorgungsbezüge kann im Lohnsteuerabzugsverfahren berücksichtigt werden.

6. Mehrere Versorgungsbezüge

177 Bei mehreren Versorgungsbezügen bestimmen sich der maßgebende Prozentsatz für den steuerfreien Teil der Versorgungsbezüge und der Höchstbetrag des Versorgungsfreibetrags sowie der Zuschlag zum Versorgungsfreibetrag nach dem Beginn des jeweiligen Versorgungsbezugs. Die Summe aus den jeweiligen Freibeträgen für Versorgungsbezüge wird nach § 19 Absatz 2 Satz 6 EStG auf den Höchstbetrag des Versorgungsfreibetrags und den Zuschlag zum Versorgungsfreibetrag nach dem Beginn des ersten Versorgungsbezugs begrenzt. Fällt der maßgebende Beginn mehrerer laufender Versorgungsbezüge in dasselbe Kalenderjahr, können die Bemessungsgrundlagen aller Versorgungsbezüge zusammengerechnet werden, da in diesen Fällen für sie jeweils dieselben Höchstbeträge gelten.

178 Werden mehrere Versorgungsbezüge von unterschiedlichen Arbeitgebern gezahlt, ist die Begrenzung der Freibeträge für Versorgungsbezüge im Lohnsteuerabzugsverfahren nicht anzuwenden; die Gesamtbetrachtung und ggf. die Begrenzung erfolgt im Veranlagungsverfahren. Treffen mehrere Versorgungsbezüge bei demselben Arbeitgeber zusammen, ist die Begrenzung auch im Lohnsteuerabzugsverfahren zu beachten.

179 Beispiel:
Zwei Ehegatten erhalten jeweils eigene Versorgungsbezüge. Der Versorgungsbeginn des einen Ehegatten liegt im Jahr 2008, der des anderen im Jahr 2009. Im Jahr 2013 verstirbt der Ehegatte, der bereits seit 2008 Versorgungsbezüge erhalten hatte. Dem überlebenden Ehegatten werden ab 2013 zusätzlich zu seinen eigenen Versorgungsbezügen i. H. v. monatlich 400 € Hinterbliebenenbezüge i. H. v. monatlich 250 € gezahlt.

(Zu LStH 19.8) **Anlage § 010-01/Vorsorgeaufwendungen und Altersbezüge**

Für die eigenen Versorgungsbezüge des überlebenden Ehegatten berechnen sich die Freibeträge für Versorgungsbezüge nach dem Jahr des Versorgungsbeginns 2009. Der Versorgungsfreibetrag beträgt demnach 33,6 % von 4.800 € (= 400 € Monatsbezug x 12) = 1.613 € (aufgerundet); der Zuschlag zum Versorgungsfreibetrag beträgt 756 €.

Für den Hinterbliebenenbezug sind mit Versorgungsbeginn im Jahr 2013 die Freibeträge für Versorgungsbezüge nach § 19 Absatz 2 Satz 7 EStG unter Zugrundelegung des maßgeblichen Prozentsatzes, des Höchstbetrags und des Zuschlags zum Versorgungsfreibetrag des verstorbenen Ehegatten zu ermitteln (siehe dazu Rz. 180 bis 183). Für die Berechnung sind also die Beträge des maßgebenden Jahres 2008 zugrunde zu legen. Der Versorgungsfreibetrag für die Hinterbliebenenbezüge beträgt demnach 35,2 % von 3.000 € (= 250 € Monatsbezug x 12) = 1.056 €; der Zuschlag zum Versorgungsfreibetrag beträgt 792 €.

Die Summe der Versorgungsfreibeträge ab 2013 beträgt (1.613 € zuzügl. 1.056 €) 2.669 €. Der insgesamt berücksichtigungsfähige Höchstbetrag bestimmt sich nach dem Jahr des Beginns des ersten Versorgungsbezugs (2008: 2.640 €). Da der Höchstbetrag überschritten ist, ist der Versorgungsfreibetrag auf insgesamt 2.640 € zu begrenzen. Auch die Summe der Zuschläge zum Versorgungsfreibetrag (756 € zuzügl. 792 €) 1.548 € ist nach dem maßgebenden Jahr des Versorgungsbeginns (2008) auf insgesamt 792 € zu begrenzen.

7. Hinterbliebenenversorgung

Folgt ein Hinterbliebenenbezug einem Versorgungsbezug, bestimmen sich der Prozentsatz, der Höchstbetrag des Versorgungsfreibetrags und der Zuschlag zum Versorgungsfreibetrag für den Hinterbliebenenbezug nach dem Jahr des Beginns des Versorgungsbezugs des Verstorbenen (§ 19 Absatz 2 Satz 7 EStG). Bei Bezug von Witwen- oder Waisengeld ist für die Berechnung der Freibeträge für Versorgungsbezüge das Jahr des Versorgungsbeginns des Verstorbenen maßgebend, der diesen Versorgungsanspruch zuvor begründete. 180

Beispiel: 181

Im Oktober 2012 verstirbt ein 67-jähriger Ehegatte, der seit dem 63. Lebensjahr Versorgungsbezüge erhalten hat. Der überlebende Ehegatte erhält ab November 2012 Hinterbliebenenbezüge.

Für den verstorbenen Ehegatten sind die Freibeträge für Versorgungsbezüge bereits mit der Pensionsabrechnung für Januar 2008 (35,2 % der voraussichtlichen Versorgungsbezüge 2008, maximal 2.640 € zuzügl. 792 € Zuschlag) festgeschrieben worden. Im Jahr 2012 sind die Freibeträge für Versorgungsbezüge des verstorbenen Ehegatten mit zehn Zwölfteln zu berücksichtigen. Für den überlebenden Ehegatten sind mit der Pensionsabrechnung für November 2012 eigene Freibeträge für Versorgungsbezüge zu ermitteln. Zugrunde gelegt werden dabei die hochgerechneten Hinterbliebenenbezüge (einschl. Sonderzahlungen). Darauf sind nach § 19 Absatz 2 Satz 7 EStG der maßgebliche Prozentsatz, der Höchstbetrag und der Zuschlag zum Versorgungsfreibetrag des verstorbenen Ehegatten (35,2 %, maximal 2.640 € zuzügl. 792 € Zuschlag) anzuwenden. Im Jahr 2012 sind die Freibeträge für Versorgungsbezüge des überlebenden Ehegatten mit zwei Zwölfteln zu berücksichtigen.

Erhält ein Hinterbliebener Sterbegeld, stellt dieses gem. R 19.8 Absatz 1 Nummer 1 und R 19.9 Absatz 3 Nummer 3 LStR ebenfalls einen Versorgungsbezug dar. Für das Sterbegeld gelten zur Berechnung der Freibeträge für Versorgungsbezüge ebenfalls der Prozentsatz, der Höchstbetrag und der Zuschlag zum Versorgungsfreibetrag des Verstorbenen. Das Sterbegeld darf als Leistung aus Anlass des Todes die Berechnung des Versorgungsfreibetrags für etwaige sonstige Hinterbliebenenbezüge nicht beeinflussen und ist daher nicht in deren Berechnungsgrundlage einzubeziehen. Das Sterbegeld ist vielmehr als eigenständiger – zusätzlicher – Versorgungsbezug zu behandeln. Die Zwölftelungsregelung ist für das Sterbegeld nicht anzuwenden. Als Bemessungsgrundlage für die Freibeträge für Versorgungsbezüge ist die Höhe des Sterbegeldes im Kalenderjahr anzusetzen, unabhängig von der Zahlungsweise und Berechnungsart. 182

Beispiel: 183

Im April 2012 verstirbt ein Ehegatte, der zuvor seit 2007 Versorgungsbezüge i. H. v. 1.500 € monatlich erhalten hat. Der überlebende Ehegatte erhält ab Mai 2012 laufende Hinterbliebenenbezüge i. H. v. 1.200 € monatlich. Daneben wird ihm einmalig Sterbegeld i. H. v. zwei Monatsbezügen des verstorbenen Ehegatten, also 3.000 € gezahlt.

Laufender Hinterbliebenenbezug:

Monatsbetrag 1.200 € x 12 = 14.400 €. Auf den hochgerechneten Jahresbetrag werden der für den Verstorbenen maßgebende Prozentsatz und Höchstbetrag des Versorgungsfreibetrags (2007), zuzügl. des Zuschlags von 828 € angewandt. Das bedeutet im vorliegenden Fall 14.400 € x 36,8 % = 5.300 € (aufgerundet), höchstens 2.760 €. Da der laufende Hinterbliebenenbezug nur für acht Monate gezahlt wurde,

Anlage § 010-01/Vorsorgeaufwendungen und Altersbezüge (Zu LStH 19.8)

erhält der überlebende Ehegatte 8/12 dieses Versorgungsfreibetrags, 2.760 € : 12 = 230 € x 8 = 1.840 €. Der Versorgungsfreibetrag für den laufenden Hinterbliebenenbezug beträgt somit 1.840 €, der Zuschlag zum Versorgungsfreibetrag 552 € (8/12 von 828 €).

Sterbegeld:

Gesamtbetrag des Sterbegelds 2 x 1.500 € = 3.000 €. Auf diesen Gesamtbetrag von 3.000 € werden ebenfalls der für den Verstorbenen maßgebende Prozentsatz und Höchstbetrag des Versorgungsfreibetrags (2007), zuzügl. des Zuschlags von 828 € angewandt, 3.000 € x 36,8 % = 1.104 €. Der Versorgungsfreibetrag für das Sterbegeld beträgt 1.104 €, der Zuschlag zum Versorgungsfreibetrag 828 €.

Beide Versorgungsfreibeträge ergeben zusammen einen Betrag von 2.944 €, auf den der insgesamt berücksichtigungsfähige Höchstbetrag nach dem maßgebenden Jahr 2007 anzuwenden ist. Der Versorgungsfreibetrag für den laufenden Hinterbliebenenbezug und das Sterbegeld zusammen beträgt damit 2.760 €. Dazu kommt der Zuschlag zum Versorgungsfreibetrag von insgesamt 828 €.

8. Berechnung des Versorgungsfreibetrags im Falle einer Kapitalauszahlung /Abfindung

184 Wird anstelle eines monatlichen Versorgungsbezugs eine Kapitalauszahlung/Abfindung an den Versorgungsempfänger gezahlt, so handelt es sich um einen sonstigen Bezug. Für die Ermittlung der Freibeträge für Versorgungsbezüge ist das Jahr des Versorgungsbeginns zugrunde zu legen, die Zwölftelungsregelung ist für diesen sonstigen Bezug nicht anzuwenden. Bemessungsgrundlage ist der Betrag der Kapitalauszahlung/Abfindung im Kalenderjahr.

185 Beispiel:

Dem Versorgungsempfänger wird im Jahr 2012 eine Abfindung i. H. v. 10.000 € gezahlt. Der Versorgungsfreibetrag beträgt (28,8 % von 10.000 € = 2.880 €, höchstens) 2.160 €; der Zuschlag zum Versorgungsfreibetrag beträgt 648 €.

186 Bei Zusammentreffen mit laufenden Bezügen darf der Höchstbetrag, der sich nach dem Jahr des Versorgungsbeginns bestimmt, nicht überschritten werden (siehe dazu Beispiele in Rz. 181 und 183 zum Sterbegeld).

187 Die gleichen Grundsätze gelten auch, wenn Versorgungsbezüge in einem späteren Kalenderjahr nachgezahlt oder berichtigt werden.

9. Zusammentreffen von Versorgungsbezügen (§ 19 EStG) und Rentenleistungen (§ 22 EStG)

188 Die Frei- und Pauschbeträge sind für jede Einkunftsart gesondert zu berechnen. Ein Lohnsteuerabzug ist nur für Versorgungsbezüge vorzunehmen.

IV. Aufzeichnungs- und Bescheinigungspflichten

189 Nach § 4 Absatz 1 Nummer 4 LStDV hat der Arbeitgeber im Lohnkonto des Arbeitnehmers in den Fällen des § 19 Absatz 2 EStG die für die zutreffende Berechnung des Versorgungsfreibetrags und des Zuschlags zum Versorgungsfreibetrag erforderlichen Angaben aufzuzeichnen. Aufzuzeichnen sind die Bemessungsgrundlage für den Versorgungsfreibetrag (Jahreswert, Rz. 171), das Jahr des Versorgungsbeginns und die Zahl der Monate (Zahl der Zwölftel), für die Versorgungsbezüge gezahlt werden. Bei mehreren Versorgungsbezügen sind die Angaben für jeden Versorgungsbezug getrennt aufzuzeichnen, soweit die maßgebenden Versorgungsbeginne in unterschiedliche Kalenderjahre fallen (vgl. Rz. 177). Demnach können z. B. alle Versorgungsbezüge mit Versorgungsbeginn bis zum Jahre 2005 zusammengefasst werden. Zu den Bescheinigungspflichten wird auf die jährlichen BMF-Schreiben zu den Lohnsteuerbescheinigungen hingewiesen.

C. Besteuerung von Einkünften gem. § 22 Nummer 1 Satz 3 Buchstabe a EStG

I. Allgemeines

190 Leibrenten und andere Leistungen aus den gesetzlichen Rentenversicherungen, der landwirtschaftlichen Alterskasse, den berufsständischen Versorgungseinrichtungen und aus Leibrentenversicherungen i. S. d. § 10 Absatz 1 Nummer 2 Satz 1 Buchstabe b EStG (vgl. Rz. 8 bis 31) werden innerhalb eines bis in das Jahr 2039 reichenden Übergangszeitraums in die vollständige nachgelagerte Besteuerung überführt (§ 22 Nummer 1 Satz 3 Buchstabe a Doppelbuchstabe aa EStG). Diese Regelung gilt sowohl für Leistungen von inländischen als auch von ausländischen Versorgungsträgern.

191 Eine Nachzahlung aus der gesetzlichen Rentenversicherung, die dem Empfänger nach dem 31. Dezember 2004 zufließt, wird nach § 22 Nummer 1 Satz 3 Buchstabe a Doppelbuchstabe aa EStG mit dem Besteuerungsanteil besteuert, auch wenn sie für einen Zeitraum vor dem 1. Januar 2005 gezahlt wird (BFH vom 13. April 2011 – BStBl. II S. 915). Dies gilt entsprechend für eine Nachzahlung aus der landwirtschaftlichen Alterskasse und den berufsständischen Versorgungseinrichtungen. Es ist zu prüfen, ob § 34 Absatz 1 EStG Anwendung findet. Die Tarifermäßigung ist grundsätzlich auch auf Nach-

(Zu LStH 19.8) **Anlage § 010-01/Vorsorgeaufwendungen und Altersbezüge**

zahlungen von Renten i. S. d. § 22 Nummer 1 EStG anwendbar, soweit diese nicht auf den laufenden VZ entfallen (R 34.4 Absatz 1 EStR 2012).

Ist wegen rückwirkender Zubilligung einer Rente der Anspruch auf eine bisher gewährte Sozialleistung 192 (z. B. auf Krankengeld, Arbeitslosengeld oder Sozialhilfe) ganz oder teilweise weggefallen und steht dem Leistenden deswegen gegenüber dem Rentenversicherungsträger (z. B. nach § 103 des Zehnten Buches Sozialgesetzbuch) ein Erstattungsanspruch zu, sind die bisher gezahlten Sozialleistungen in Höhe dieses Erstattungsanspruchs als Rentenzahlungen anzusehen. Die Rente ist dem Leistungsempfänger insoweit im Zeitpunkt der Zahlung dieser Sozialleistungen zugeflossen. Die Besteuerungsgrundsätze des § 22 Nummer 1 Satz 3 Buchstabe a EStG gelten hierbei entsprechend. Sofern die Sozialleistungen dem Progressionsvorbehalt nach § 32b EStG unterlegen haben, ist dieser rückgängig zu machen, soweit die Beträge zu einer Rente umgewidmet werden (R 32b Absatz 4 EStR).

Bei den übrigen Leibrenten erfolgt die Besteuerung auch weiterhin mit dem Ertragsanteil (§ 22 Num- 193 mer 1 Satz 3 Buchstabe a Doppelbuchstabe bb EStG ggf. i. V. m. § 55 Absatz 2 EStDV; vgl. Rz. 236 und 237), es sei denn, es handelt sich um nach dem 31. Dezember 2004 abgeschlossene Rentenversicherungen, bei denen keine lebenslange Rentenzahlung vereinbart und erbracht wird. In diesen Fällen wird die Besteuerung im Wege der Ermittlung des Unterschiedsbetrags nach § 20 Absatz 1 Nummer 6 EStG vorgenommen. Die Regelungen in § 22 Nummer 5 EStG bleiben unberührt (vgl. insoweit auch BMF-Schreiben vom 24. Juli 2013, BStBl. I S. XXX).

Für Leibrenten und andere Leistungen im Sinne von § 22 Nummer 1 Satz 3 Buchstabe a EStG sind nach § 194 22a EStG Rentenbezugsmitteilungen zu übermitteln. Einzelheiten hierzu sind durch BMF-Schreiben vom 7. Dezember 2011, BStBl. I S. 1223, geregelt.

II. Leibrenten und andere Leistungen i. S. d. § 22 Nummer 1 Satz 3 Buchstabe a Doppelbuchstabe aa EStG

1. Leistungen aus den gesetzlichen Rentenversicherungen, aus der landwirtschaftlichen Alterskasse und aus den berufsständischen Versorgungseinrichtungen

§ 22 Nummer 1 Satz 3 Buchstabe a Doppelbuchstabe aa EStGerfasst alle Leistungen unabhängig davon, 195 ob sie als Rente oder Teilrente (z. B. Altersrente, Erwerbsminderungsrente, Hinterbliebenenrente als Witwen- oder Witwerrente, Waisenrente oder Erziehungsrente) oder als einmalige Leistung (z. B. Sterbegeld oder Abfindung von Kleinbetragsrenten) ausgezahlt werden.

a) Besonderheiten bei Leibrenten und anderen Leistungen aus den gesetzlichen Rentenversicherungen

Zu den Leistungen i. S. d. § 22 Nummer 1 Satz 3 Buchstabe a Doppelbuchstabe aa EStG gehören auch 196 Zusatzleistungen und andere Leistungen wie Zinsen.

§ 22 Nummer 1 Satz 3 Buchstabe a Doppelbuchstabe aa EStG gilt nicht für Einnahmen i. S. d. § 3 EStG 197 wie z. B.

– Leistungen aus der gesetzlichen Unfallversicherung wie z. B. Berufsunfähigkeits- oder Erwerbsminderungsrenten der Berufsgenossenschaft (§ 3 Nummer 1 Buchstabe a EStG),
– Sachleistungen und Kinderzuschüsse (§ 3 Nummer 1 Buchstabe b EStG),
– Übergangsgelder nach dem SGB VI (§ 3 Nummer 1 Buchstabe c EStG),
– den Abfindungsbetrag einer Witwen- oder Witwerrente wegen Wiederheirat des Berechtigten nach § 107 SGB VI (§ 3 Nummer 3 Buchstabe a EStG),
– die Erstattung von Versichertenbeiträgen, in Fällen, in denen das mit der Einbeziehung in die Rentenversicherung verfolgte Ziel eines Rentenanspruchs nicht oder voraussichtlich nicht erreicht oder nicht vollständig erreicht werden kann (§§ 210 und 286d SGB VI), die Erstattung von freiwilligen Beiträgen im Zusammenhang mit Nachzahlungen von Beiträgen in besonderen Fällen (§§ 204, 205 und 207 des SGB VI) sowie die Erstattung der vom Versicherten zu Unrecht geleisteten Beiträge nach § 26 SGB IV (§ 3 Nummer 3 Buchstabe b EStG),
– Ausgleichszahlungen nach § 86 Bundesversorgungsgesetz (§ 3 Nummer 6 EStG),
– Renten, die als Entschädigungsleistungen aufgrund gesetzlicher Vorschriften- insbesondere des Bundesentschädigungsgesetzes – zur Wiedergutmachung nationalsozialistischen Unrechts gewährt werden (§ 3 Nummer 8 EStG),
– Renten wegen Alters und wegen verminderter Erwerbsfähigkeit aus der gesetzlichen Rentenversicherung, die an Verfolgte i. S. d. § 1 des Bundesentschädigungsgesetzes gezahlt werden, wenn rentenrechtliche Zeiten aufgrund der Verfolgung in der Rente enthalten sind. Renten wegen Todes aus der gesetzlichen Rentenversicherung, wenn der verstorbene Versicherte Verfolgter i. S. d. § 1 des

Anlage § 010-01/Vorsorgeaufwendungen und Altersbezüge (Zu LStH 19.8)

Bundesentschädigungsgesetzes war und wenn rentenrechtliche Zeiten aufgrund der Verfolgung in dieser Rente enthalten sind (§ 3 Nummer 8a EStG).

- Zuschüsse zur freiwilligen oder privaten Krankenversicherung (§ 3 Nummer 14 EStG),
- die aufgrund eines Abkommens mit einer zwischen- oder überstaatlichen Einrichtung zur Begründung von Anrechten auf Altersversorgung übertragenen Werte bei einer zwischen- oder überstaatlichen Einrichtung (§ 3 Nummer 55e EStG)
- Leistungen nach den §§ 294 bis 299 SGB VI für Kindererziehung an Mütter der Geburtsjahrgänge vor 1921 (§ 3 Nummer 67 EStG); aus Billigkeitsgründen gehören dazu auch Leistungen nach § 294a Satz 2 SGB VI für Kindererziehung an Mütter der Geburtsjahrgänge vor 1927, die am 18. Mai 1990 ihren gewöhnlichen Aufenthalt im Beitrittsgebiet und am 31. Dezember 1991 keinen eigenen Anspruch auf Rente aus eigener Versicherung hatten.

198 Renten i. S. d. § 9 Anspruchs- und Anwartschaftsüberführungsgesetz – AAÜG – werden zwar von der Deutschen Rentenversicherung Bund ausgezahlt, es handelt sich jedoch nicht um Leistungen aus der gesetzlichen Rentenversicherung. Die Besteuerung erfolgt nach § 22 Nummer 1 Satz 3 Buchstabe a Doppelbuchstabe bb EStG ggf. i. V. m. § 55 Absatz 2 EStDV, soweit die Rente nicht nach § 3 Nummer 6 EStG steuerfrei ist.

199 Die Ruhegehälter, die ehemaligen Bediensteten in internationalen Organisationen gezahlt werden, unterliegen der Besteuerung nach § 22 Nummer 1 Satz 3 Buchstabe a Doppelbuchstabe aa EStG, sofern es sich bei dem Alterssicherungssystem der jeweiligen Organisation um ein System handelt, das mit der inländischen gesetzlichen Rentenversicherung vergleichbar ist. Hierzu gehören z. B.:

- Bank für Internationalen Zahlungsausgleich (BIZ),
- Europäische Investitionsbank (EIB),
- Europäische Organisation für astronomische Forschung in der südlichen Hemisphäre, (ESO),
- Europäische Organisation für die Nutzung meteorologischer Satelliten (EUMETSAT),
- Europäische Organisation für Kernforschung (CERN),
- Europäisches Laboratorium für Molekularbiologie (EMBL),
- Vereinte Nationen (VN).

b) Besonderheiten bei Leibrenten und anderen Leistungen aus der landwirtschaftlichen Alterskasse

200 Die Renten wegen Alters, wegen Erwerbsminderung und wegen Todes nach dem Gesetz über die Alterssicherung der Landwirte – ALG – gehören zu den Leistungen i. S. d. § 22 Nummer 1 Satz 3 Buchstabe a Doppelbuchstabe aa EStG.

201 Steuerfrei sind z. B. Sachleistungen nach dem ALG (§ 3 Nummer 1 Buchstabe b EStG), Geldleistungen nach den §§ 10, 36 bis 39 ALG (§ 3 Nummer 1 Buchstabe c EStG) sowie Beitragserstattungen nach den §§ 75 und 117 ALG (§ 3 Nummer 3 Buchstabe b EStG).

c) Besonderheiten bei Leibrenten und anderen Leistungen aus den berufsständischen Versorgungseinrichtungen

202 Leistungen aus berufsständischen Versorgungseinrichtungen werden nach § 22 Nummer 1 Satz 3 Buchstabe a Doppelbuchstabe aa EStG besteuert, unabhängig davon, ob die Beiträge als Sonderausgaben nach § 10 Absatz 1 Nummer 2 Satz 1 Buchstabe a EStG berücksichtigt wurden. Die Besteuerung erfolgt auch dann nach § 22 Nummer 1 Satz 3 Buchstabe a Doppelbuchstabe aa EStG, wenn die berufsständische Versorgungseinrichtung keine den gesetzlichen Rentenversicherungen vergleichbaren Leistungen erbringt.

203 Unselbständige Bestandteile der Rente (z. B. Kinderzuschüsse) werden zusammen mit der Rente nach § 22 Nummer 1 Satz 3 Buchstabe a Doppelbuchstabe aa EStG besteuert (vgl. BFH vom 13. August 2011, BStBl. II 2012 S. 312).

204 Einmalige Leistungen (z. B. Kapitalauszahlungen, Sterbegeld, Abfindung von Kleinbetragsrenten) unterliegen ebenfalls der Besteuerung nach § 22 Nummer 1 Satz 3 Buchstabe a Doppelbuchstabe aa EStG. Das gilt auch für Kapitalauszahlungen, bei denen die erworbenen Anwartschaften auf Beiträgen beruhen, die vor dem 1. Januar 2005 erbracht worden sind. Es ist zu prüfen, ob unter Berücksichtigung der vom BFH aufgestellten Grundsätze (Urteile vom 23. Oktober 2013 – X R 33/10 und X R 3/12 –) § 34 Absatz 1 EStG Anwendung findet.

205 Entsprechend den Regelungen zur gesetzlichen Rentenversicherung sind ab dem VZ 2007 folgende Leistungen nach § 3 Nummer 3 Buchstabe c EStG i. V. m. § 3 Nummer 3 Buchstabe a und b EStG steuerfrei:

(Zu LStH 19.8) **Anlage § 010-01/Vorsorgeaufwendungen und Altersbezüge**

- Witwen- und Witwerrentenabfindungen (§ 3 Nummer 3 Buchstabe c EStG i. V. m. § 3 Nummer 3 Buchstabe a EStG) bei der ersten Wiederheirat, wenn der Abfindungsbetrag das 60-fache der abzufindenden Monatsrente nicht übersteigt. Übersteigt die Abfindung den genannten Betrag, dann handelt es sich bei der Zahlung insgesamt nicht um eine dem § 3 Nummer 3 Buchstabe a EStG entsprechende Abfindung.

- Beitragserstattungen (§ 3 Nummer 3 Buchstabe c i. V. m. Buchstabe b EStG), wenn nicht mehr als 59 Beitragsmonate und höchstens die Beiträge abzügl. des steuerfreien Arbeitgeberanteils bzw. -zuschusses (§ 3 Nummer 62 EStG) nominal erstattet werden. Werden bis zu 60 % der für den Versicherten geleisteten Beiträge erstattet, handelt es sich aus Vereinfachungsgründen insgesamt um eine steuerfreie Beitragserstattung.

Die Möglichkeit der steuerfreien Erstattung von Beiträgen, die nicht Pflichtbeiträge sind, besteht für den Versicherten insgesamt nur einmal. Eine bestimmte Wartefrist – vgl. § 210 Absatz 2 SGB VI – ist insoweit nicht zu beachten. Damit die berufsständische Versorgungseinrichtung erkennen kann, ob es sich um eine steuerfreie Beitragserstattung oder steuerpflichtige Leistung handelt, hat derjenige, der die Beitragserstattung beantragt, gegenüber der berufsständischen Versorgungseinrichtung zu versichern, dass er eine entsprechende Beitragserstattung bisher noch nicht beantragt hat.

Wird die Erstattung von Pflichtbeiträgen beantragt, ist eine steuerfreie Beitragserstattung erst möglich, wenn nach dem Ausscheiden aus der Versicherungspflicht mindestens 24 Monate vergangen sind und nicht erneut eine Versicherungspflicht eingetreten ist. Unter diesen Voraussetzungen kann eine steuerfreie Beitragserstattung auch mehrmals in Betracht kommen, wenn nach einer Beitragserstattung für den Steuerpflichtigen erneut eine Versicherungspflicht in einer berufsständischen Versorgungseinrichtung begründet wird und diese zu einem späteren Zeitpunkt wieder erlischt. Beantragt der Steuerpflichtige somit aufgrund seines Ausscheidens aus der Versicherungspflicht erneut eine Beitragserstattung, dann handelt es sich nur dann um eine steuerfreie Beitragserstattung, wenn lediglich die geleisteten Pflichtbeiträge erstattet werden. Erfolgt eine darüber hinausgehende Erstattung, handelt es sich insgesamt um eine nach § 22 Nummer 1 Satz 3 Buchstabe a Doppelbuchstabe aa EStG steuerpflichtige Leistung. Damit die berufsständische Versorgungseinrichtung die Leistungen zutreffend zuordnen kann, hat derjenige, der die Beitragserstattung beantragt, in den Fällen des Ausscheidens aus der Versicherungspflicht auch im Falle der Erstattung von Pflichtbeiträgen gegenüber der berufsständischen Versorgungseinrichtung zu erklären, ob er bereits eine Beitragserstattung aus einer berufsständischen Versorgungseinrichtung in Anspruch genommen hat.

Nach § 3 Nummer 3 Buchstabe b EStG sind auch Beitragserstattungen nach den §§ 204, 205, 207, 286d SGB VI, § 26 SGB IV steuerfrei. Liegen die in den Vorschriften genannten Voraussetzungen auch bei der von einer berufsständischen Versorgungseinrichtung durchgeführten Beitragserstattung vor, handelt es sich insoweit um eine steuerfreie Leistung.

2. Leibrenten und andere Leistungen aus Rentenversicherungen i. S. d. § 10 Absatz 1 Nummer 2 Satz 1 Buchstabe b EStG

Leistungen aus Rentenversicherungen i. S. d. § 10 Absatz 1 Nummer 2 Satz 1 Buchstabe b EStG (vgl. Rz. 8 ff.) unterliegen der nachgelagerten Besteuerung gem. § 22 Nummer 1 Satz 3 Buchstabe a Doppelbuchstabe aa EStG. **206**

Die im Jahr 1948 vor der Währungsreform geltenden Höchstbeiträge wurden entsprechend der Umstellung der Renten im Verhältnis 1 : 1 von Reichsmark (RM) in Deutsche Mark (DM) umgerechnet.

Für Renten aus Rentenversicherungen, die nicht den Voraussetzungen des § 10 Absatz 1 Nummer 2 Satz 1 Buchstabe b EStG entsprechen – insbesondere für Renten aus Verträgen i. S. d. § 10 Absatz 1 Nummer 3a EStG – bleibt es bei der Ertragsanteilsbesteuerung (vgl. insoweit Rz. 212 ff.), es sei denn, es handelt sich um nach dem 31. Dezember 2004 abgeschlossene Rentenversicherungen, bei denen keine lebenslange Rentenzahlung vereinbart und erbracht wird. Dann erfolgt die Besteuerung nach § 20 Absatz 1 Nummer 6 EStG im Wege der Ermittlung des Unterschiedsbetrags. Die Regelungen in § 22 Nummer 5 EStG bleiben unberührt (vgl. BMF-Schreiben vom 24. Juli 2013, BStBl. I S. XXX). **207**

Wird ein Rentenversicherungsvertrag mit Versicherungsbeginn nach dem 31. Dezember 2004, der die Voraussetzungen des § 10 Absatz 1 Nummer 2 Satz 1 Buchstabe b EStG nicht erfüllt, in einen zertifizierten Basisrentenvertrag umgewandelt, führt dies zur Beendigung des bestehenden Vertrags – mit den entsprechenden steuerlichen Konsequenzen – und zum Abschluss eines neuen Basisrentenvertrags im Zeitpunkt der Umstellung. Die Beiträge einschließlich des aus dem Altvertrag übertragenen Kapitals können im Rahmen des Sonderausgabenabzugs nach § 10 Absatz 1 Nummer 2 Satz 1 Buchstabe b EStG berücksichtigt werden. Die sich aus dem Basisrentenvertrag ergebenden Leistungen unterliegen insgesamt der Besteuerung nach § 22 Nummer 1 Satz 3 Buchstabe a Doppelbuchstabe aa EStG. **208**

Anlage § 010-01/Vorsorgeaufwendungen und Altersbezüge (Zu LStH 19.8)

209 Wird ein Kapitallebensversicherungsvertrag in einen zertifizierten Basisrentenvertrag umgewandelt, führt auch dies zur Beendigung des bestehenden Vertrags – mit den entsprechenden steuerlichen Konsequenzen – und zum Abschluss eines neuen Basisrentenvertrags im Zeitpunkt der Umstellung. Die Beiträge einschließlich des aus dem Altvertrag übertragenen Kapitals können im Rahmen des Sonderausgabenabzugs nach § 10 Absatz 1 Nummer 2 Satz 1 Buchstabe b EStG berücksichtigt werden. Die sich aus dem Basisrentenvertrag ergebenden Leistungen unterliegen insgesamt der Besteuerung nach § 22 Nummer 1 Satz 3 Buchstabe a Doppelbuchstabe aa EStG.

210 Wird entgegen der ursprünglichen vertraglichen Vereinbarung (vgl. Rz. 9 und 14) ein zertifizierter Basisrentenvertrag in einen Vertrag umgewandelt, der die Voraussetzungen des § 10 Absatz 1 Nummer 2 Satz 1 Buchstabe b EStG nicht erfüllt, ist steuerlich von einem neuen Vertrag auszugehen. Wird dabei die auf den „alten" Vertrag entfallende Versicherungsleistung ganz oder teilweise auf den „neuen" Vertrag angerechnet, fließt die angerechnete Versicherungsleistung dem Versicherungsnehmer zu und unterliegt im Zeitpunkt der Umwandlung des Vertrags der Besteuerung nach § 22 Nummer 1 Satz 3 Buchstabe a Doppelbuchstabe aa EStG. Ist die Umwandlung als Missbrauch von rechtlichen Gestaltungsmöglichkeiten (§ 42 AO) anzusehen, z. B. Umwandlung innerhalb kurzer Zeit nach Vertragsabschluss ohne erkennbaren sachlichen Grund, ist für die vor der Umwandlung geleisteten Beiträge der Sonderausgabenabzug nach § 10 Absatz 1 Nummer 2 Satz 1 Buchstabe b EStG zu versagen oder rückgängig zu machen.

211 Werden Ansprüche des Leistungsempfängers aus einem Versicherungsvertrag mit Versicherungsbeginn nach dem 31. Dezember 2004, der die Voraussetzungen des § 10 Absatz 1 Nummer 2 Satz 1 Buchstabe b EStG erfüllt, unmittelbar auf einen anderen Vertrag des Leistungsempfängers bei einem anderen Unternehmen übertragen, gilt die Versicherungsleistung nicht als dem Leistungsempfänger zugeflossen, wenn der neue Vertrag nach § 5a AltZertG zertifiziert ist. Sie unterliegt daher im Zeitpunkt der Übertragung nicht der Besteuerung (§ 3 Nummer 55d EStG).

III. Leibrenten und andere Leistungen i. S. d. § 22 Nummer 1 Satz 3 Buchstabe a Doppelbuchstabe bb EStG

212 Der Anwendungsbereich des § 22 Nummer 1 Satz 3 Buchstabe a Doppelbuchstabe bb EStG umfasst diejenigen Leibrenten und anderen Leistungen, die nicht bereits unter Doppelbuchstabe aa der Vorschrift (vgl. Rz. 195 ff.) oder § 22 Nummer 5 EStG einzuordnen sind, wie Renten aus

– Rentenversicherungen, die nicht den Voraussetzungen des § 10 Absatz 1 Nummer 2 Satz 1 Buchstabe b EStG entsprechen, weil sie z. B. eine Teilkapitalisierung oder Einmalkapitalauszahlung (Kapitalwahlrecht) oder einen Rentenbeginn vor Vollendung des 62. Lebensjahres vorsehen (bei vor dem 1. Januar 2012 abgeschlossenen Verträgen ist regelmäßig die Vollendung des 60. Lebensjahres maßgebend) oder die Laufzeit der Versicherung vor dem 1. Januar 2005 begonnen hat, oder

– Verträgen i. S. d. § 10 Absatz 1 Nummer 3a EStG.

Bei nach dem 31. Dezember 2004 abgeschlossenen Rentenversicherungen muss eine lebenslange Rentenzahlung vereinbart und erbracht werden.

213 Werden neben einer Grundrente Überschussbeteiligungen in Form einer Bonusrente gezahlt, so ist der gesamte Auszahlungsbetrag mit einem einheitlichen Ertragsanteil der Besteuerung zu unterwerfen. Mit der Überschussbeteiligung in Form einer Bonusrente wird kein neues Rentenrecht begründet (R 22.4 Absatz 1 Satz 2 EStR; BFH vom 22. August 2012, BStBl. II 2013 S. 158). In der Mitteilung nach § 22a EStG (bei Leistungen i. S. d. § 22 Nummer 5 Satz 2 Buchstabe a EStG in der Mitteilung nach § 22 Nummer 5 Satz 7 EStG) ist der Betrag von Grund- und Bonusrente in einer Summe auszuweisen.

214 Dem § 22 Nummer 1 Satz 3 Buchstabe a Doppelbuchstabe bb EStG zuzuordnen sind auch abgekürzte Leibrenten, die nicht unter § 22 Nummer 1 Satz 3 Buchstabe a Doppelbuchstabe aa EStG fallen (z. B. private selbständige Erwerbsminderungsrente, Waisenrente aus einer privaten Versicherung, die die Voraussetzungen des § 10 Absatz 1 Nummer 2 Satz 1 Buchstabe b EStG nicht erfüllt). Dies gilt bei Rentenversicherungen (vgl. Rz. 19 des BMF-Schreibens vom 1. Oktober 2009, BStBl. I S. 1172) nur, wenn sie vor dem 1. Januar 2005 abgeschlossen wurden.

215 Auf Antrag des Steuerpflichtigen sind unter bestimmten Voraussetzungen auch Leibrenten und andere Leistungen i. S. d. § 22 Nummer 1 Satz 3 Buchstabe a Doppelbuchstabe aa EStG nach § 22 Nummer 1 Satz 3 Buchstabe a Doppelbuchstabe bb EStG zu versteuern (sog. Öffnungsklausel). Wegen der Einzelheiten hierzu vgl. die Ausführungen unter Rz. 238 ff.

IV. Besonderheiten bei der betrieblichen Altersversorgung

216 Die Versorgungsleistungen einer Pensionskasse, eines Pensionsfonds oder aus einer Direktversicherung (z. B. Rente, Auszahlungsplan, Teilkapitalauszahlung, Einmalkapitalauszahlung) unterliegen der Besteuerung nach § 22 Nummer 5 EStG. Einzelheiten zur Besteuerung von Leistungen aus der betrieb-

(Zu LStH 19.8)   **Anlage § 010-01/Vorsorgeaufwendungen und Altersbezüge**

lichen Altersversorgung sind im BMF-Schreiben vom 24. Juli 2013, BStBl. I S. XXX, Rz. 369 ff. geregelt.

V. Durchführung der Besteuerung

1. Leibrenten und andere Leistungen i. S. d. § 22 Nummer 1 Satz 3 Buchstabe a Doppelbuchstabe aa EStG

a) Allgemeines

In der Übergangszeit bis zur vollständigen nachgelagerten Besteuerung unterliegt nur ein Teil der Leibrenten und anderen Leistungen der Besteuerung. In Abhängigkeit vom Jahresbetrag der Rente und dem Jahr des Rentenbeginns wird der steuerfreie Teil der Rente ermittelt, der grundsätzlich für die gesamte Laufzeit der Rente gilt. Diese Regelung bewirkt, dass Rentenerhöhungen, die auf einer regelmäßigen Rentenanpassung beruhen, vollständig nachgelagert besteuert werden. 217

b) Jahresbetrag der Rente

Bemessungsgrundlage für die Ermittlung des der Besteuerung unterliegenden Anteils der Rente ist der Jahresbetrag der Rente (§ 22 Nummer 1 Satz 3 Buchstabe a Doppelbuchstabe aa Satz 2 EStG). Jahresbetrag der Rente ist die Summe der im Kalenderjahr zugeflossenen Rentenbeträge einschließlich der bei Auszahlung einbehaltenen eigenen Beitragsanteile zur Kranken- und Pflegeversicherung. Steuerfreie Zuschüsse zu den Krankenversicherungsbeiträgen sind nicht Bestandteil des Jahresbetrags der Rente. Zum Jahresbetrag der Rente gehören auch die im Kalenderjahr zugeflossenen anderen Leistungen. Bei rückwirkender Zubilligung der Rente ist ggf. Rz. 192 dieses Schreibens und Rz. 48 des BMF-Schreibens vom 7. Dezember 2011 (BStBl. I S. 1223) zu beachten. Eine Pfändung der Rente hat keinen Einfluss auf die Höhe des nach § 22 EStG zu berücksichtigenden Jahresbetrags der Rente. Dies gilt auch für Abtretungen. 218

c) Bestimmung des Prozentsatzes

aa) Allgemeines

Der Prozentsatz in der Tabelle in § 22 Nummer 1 Satz 3 Buchstabe a Doppelbuchstabe aa Satz 3 EStG bestimmt sich grundsätzlich nach dem Jahr des Rentenbeginns. 219

Unter Beginn der Rente ist der Zeitpunkt zu verstehen, ab dem die Rente (ggf. nach rückwirkender Zubilligung) tatsächlich bewilligt wird (siehe Rentenbescheid). 220

Wird die bewilligte Rente bis auf 0 € gekürzt, z. B. weil eigene Einkünfte anzurechnen sind, steht dies dem Beginn der Rente nicht entgegen und unterbricht die Laufzeit der Rente nicht. Verzichtet der Rentenberechtigte in Kenntnis der Kürzung der Rente auf die Beantragung, beginnt die Rente jedoch nicht zu laufen, solange sie mangels Beantragung nicht dem Grunde nach bewilligt wird. 221

Fließt eine andere Leistung vor dem Beginn der Leibrente zu, bestimmt sich der Prozentsatz für die Besteuerung der anderen Leistung nach dem Jahr ihres Zuflusses, andernfalls nach dem Jahr des Beginns der Leibrente. 222

bb) Erhöhung oder Herabsetzung der Rente

Soweit Renten i. S. d. § 22 Nummer 1 Satz 3 Buchstabe a Doppelbuchstabe aa EStG später z. B. wegen Anrechnung anderer Einkünfte erhöht oder herabgesetzt werden, ist keine neue Rente anzunehmen. Gleiches gilt, wenn eine Teil-Altersrente in eine volle Altersrente oder eine volle Altersrente in eine Teil-Altersrente umgewandelt wird (§ 42 SGB VI). Für den erhöhten oder verminderten Rentenbetrag bleibt der ursprünglich ermittelte Prozentsatz maßgebend (zur Neuberechnung des Freibetrags vgl. Rz. 232 ff.). 223

cc) Besonderheiten bei Folgerenten aus derselben Versicherung oder demselben Vertrag

Renten aus derselben Versicherung oder demselben Vertrag liegen vor, wenn Renten auf ein und demselben Rentenrecht beruhen. Das ist beispielsweise der Fall, wenn eine Rente wegen voller Erwerbsminderung einer Rente wegen teilweiser Erwerbsminderung folgt oder umgekehrt, bei einer Altersrente, der eine (volle oder teilweise) Erwerbsminderungsrente vorhergig, oder wenn eine kleine Witwen- oder Witwerrente einer großen Witwen- oder Witwerrente folgt und umgekehrt oder eine Altersrente einer Erziehungsrente folgt. Das gilt auch dann, wenn die Rentenempfänger nicht identisch sind wie z. B. bei einer Altersrente mit nachfolgender Witwen- oder Witwerrente oder Waisenrente. Leistungen aus Anrechten, die im Rahmen des Versorgungsausgleichs durch interne Teilung auf die ausgleichsberechtigte Person übertragen wurden oder die zu Lasten der Anrechte der ausgleichspflichtigen Person für die ausgleichsberechtigte Person durch externe Teilung begründet wurden, stellen einen eigenen Rentenanspruch der ausgleichsberechtigten Person dar. Die Rente der ausgleichsberechtigten Person ist daher keine Rente aus der Versicherung oder dem Vertrag der ausgleichspflichtigen Person. 224

Anlage § 010-01/Vorsorgeaufwendungen und Altersbezüge (Zu LStH 19.8)

225 Folgen nach dem 31. Dezember 2004 Renten aus derselben Versicherung oder demselben Vertrag einander nach, wird bei der Ermittlung des Prozentsatzes nicht der tatsächliche Beginn der Folgerente herangezogen. Vielmehr wird ein fiktives Jahr des Rentenbeginns ermittelt, indem vom tatsächlichen Rentenbeginn der Folgerente die Laufzeiten vorhergehender Renten abgezogen werden. Dabei darf der Prozentsatz von 50 % nicht unterschritten werden.

226 Beispiel:
A bezieht von Oktober 2003 bis Dezember 2006 (= 3 Jahre und 3 Monate) eine Erwerbsminderungsrente i. H. v. 1.000 €. Anschließend ist er wieder erwerbstätig. Ab Februar 2013 erhält er seine Altersrente i. H. v. 2.000 €.
In 2003 und 2004 ist die Erwerbsminderungsrente gem. § 55 Absatz 2 EStDV mit einem Ertragsanteil von 4 % zu versteuern, in 2005 und 2006 gem. § 22 Nummer 1 Satz 3 Buchstabe a Doppelbuchstabe aa EStG mit einem Besteuerungsanteil von 50 %. Der der Besteuerung unterliegende Teil für die ab Februar 2013 gewährte Altersrente ermittelt sich wie folgt:

Rentenbeginn der Altersrente	Februar 2013
abzgl. der Laufzeit der Erwerbsminderungsrente (3 Jahre und 3 Monate)	
= fiktiver Rentenbeginn	November 2009
Besteuerungsanteil lt. Tabelle	58 %
Jahresbetrag der Rente in 2013: 11 x 2.000 €	22.000 €
Betragsmäßiger Besteuerungsanteil (58 % von 22.000 €)	12.760 €

227 Renten, die vor dem 1. Januar 2005 geendet haben, werden nicht als vorhergehende Renten berücksichtigt und wirken sich daher auf die Höhe des Prozentsatzes für die Besteuerung der nachfolgenden Rente nicht aus.

228 Abwandlung des Beispiels in Rz. 226:
Die Erwerbsminderungsrente wurde von Oktober 2000 bis Dezember 2004 bezogen.
In diesem Fall folgen nicht nach dem 31. Dezember 2004 mehrere Renten aus derselben Versicherung einander nach mit der Folge, dass für die Ermittlung des Besteuerungsanteils für die Altersrente das Jahr 2013 maßgebend ist und folglich ein Besteuerungsanteil von 66 %.

229 Lebt eine wegen Wiederheirat des Berechtigten weggefallene Witwen- oder Witwerrente wegen Auflösung oder Nichtigerklärung der erneuten Ehe oder der erneuten Lebenspartnerschaft wieder auf (§ 46 Absatz 3 SGB VI), ist bei Wiederaufleben der Witwen- oder Witwerrente für die Ermittlung des Prozentsatzes nach § 22 Nummer 1 Satz 3 Buchstabe a Doppelbuchstabe aa Satz 3 EStG der Rentenbeginn des erstmaligen Bezugs maßgebend.

d) Ermittlung des steuerfreien Teils der Rente

aa) Allgemeines

230 Nach § 22 Nummer 1 Satz 3 Buchstabe a Doppelbuchstabe aa Satz 4 und 5 EStG gilt der steuerfreie Teil der Rente für die gesamte Laufzeit des Rentenbezugs. Der steuerfreie Teil der Rente wird in dem Jahr ermittelt, das dem Jahr des Rentenbeginns folgt. Bei Renten, die vor dem 1. Januar 2005 begonnen haben, ist der steuerfreie Teil der Rente des Jahres 2005 maßgebend.

bb) Bemessungsgrundlage für die Ermittlung des steuerfreien Teils der Rente

231 Bemessungsgrundlage für die Ermittlung des steuerfreien Teils der Rente ist der Jahresbetrag der Rente in dem Jahr, das dem Jahr des Rentenbeginns folgt. Bei Renten mit Rentenbeginn vor dem 1. Januar 2005 ist der Jahresbetrag der Rente des Jahres 2005 maßgebend. Zum Jahresbetrag der Rente vgl. Rz. 218.

cc) Neuberechnung des steuerfreien Teils der Rente

232 Ändert sich der Jahresbetrag der Rente und handelt es sich hierbei nicht um eine regelmäßige Anpassung (z. B. jährliche Rentenerhöhung), ist der steuerfreie Teil der Rente auf Basis des bisher maßgebenden Prozentsatzes mit der veränderten Bemessungsgrundlage neu zu ermitteln. Auch Rentennachzahlungen oder -rückzahlungen sowie der Wegfall des Kinderzuschusses zur Rente aus einer berufsständischen Versorgungseinrichtung können zu einer Neuberechnung des steuerfreien Teils der Rente führen. Ändert sich der Jahresbetrag einer Rente in ausländischer Währung aufgrund von Währungsschwankungen, führt die sich daraus ergebende Änderung des Jahresbetrags der Rente ebenfalls zu einer Neuberechnung des steuerfreien Teils der Rente.

233 Der steuerfreie Teil der Rente ist in dem Verhältnis anzupassen, in dem der veränderte Jahresbetrag der Rente zum Jahresbetrag der Rente steht, der der Ermittlung des bisherigen steuerfreien Teils der Rente

(Zu LStH 19.8) **Anlage § 010-01/Vorsorgeaufwendungen und Altersbezüge**

zugrunde gelegen hat. Regelmäßige Anpassungen des Jahresbetrags der Rente bleiben dabei außer Betracht (§ 22 Nummer 1 Satz 3 Buchstabe a Doppelbuchstabe aa Satz 7 EStG). Die für die Berechnung erforderlichen Angaben ergeben sich aus der Rentenbezugsmitteilung (vgl. BMF-Schreiben vom 7. Dezember 2011 , BStBl. I S. 1223).

Beispiel: 234

R bezieht ab Mai 2010 eine monatliche Witwenrente aus der gesetzlichen Rentenversicherung (keine Folgerente) i. H. v. 1.100 €. Die Rente wird aufgrund regelmäßiger Anpassungen zum 1. Juli 2010, zum 1. Juli 2011, zum 1. Juli 2012 und zum 1. Juli 2013 jeweils um 10 € erhöht. Wegen anderer Einkünfte wird die Rente ab August 2013 auf 830 € gekürzt.

Rentenzeitraum	Monatsbetrag	Betrag im Zahlungszeitraum
1.5.–30.6.2010	1.100,00 €	2.200,00 €
1.7.–31.12.2010	1.110,00 €	6.660,00 €
Jahresrente 2010		8.860,00 €
1.1.–30.6.2011	1.110,00 €	6.660,00 €
1.7.–31.12.2011	1.120,00 €	6.720,00 €
Jahresrente 2011		13.380,00 €
1.1.–30.6.2012	1.120,00 €	6.720,00 €
1.7.–31.12.2012	1.130,00 €	6.780,00 €
Jahresrente 2012		13.500,00 €
1.1.–30.6.2013	1.130,00 €	6.780,00 €
1.7.–31.7.2013	1.140,00 €	1.140,00 €
1.8.–31.12.2013	830,00 €	4.150,00 €
Jahresrente 2013		12.070,00 €

Dem Finanzamt liegen die folgenden Rentenbezugsmitteilungen vor:

Jahr	Leistungsbetrag	Anpassungsbetrag
2010	8.860,00 €	0,00 €
2011	13.380,00 €	0,00 €
2012	13.500,00 €	120,00 €
2013	12.070,00 €	206,00 €

Berechnung des steuerfreien Teils der Rente 2011

Jahresrente 2011	13.380,00 €
– der Besteuerung unterliegender Teil: 60 % von 13.380,00 € =	– 8.028,00 €
= steuerfreier Teil der Rente	5.352,00 €

Neuberechnung des steuerfreien Teils der Rente im Jahr 2013

Jahresrente 2013 ohne regelmäßige Anpassungen (12.070,00 € – 206,00 €) =	11.864,00 €
(11.864,00 €/13.380,00 €) x 5.352,00 € =	4.745,60 €

Ermittlung des der Besteuerung unterliegenden Teils der Rente in Anlehnung an den Wortlaut des § 22 Nummer 1 Satz 3 Buchstabe a Doppelbuchstabe aa Satz 3 bis 7 EStG

Jahr	Besteuerungsanteil der Rente	
2010	60 % von 8.860,00 € =	5.316,00 €
2011	60 % von 13.380,00 € =	8.028,00 €
2012	13.500,00 € – 5.352,00 € =	8.148,00 €
2013	12.070,00 € – 4.745,60 € =	7.324,40 €

Ermittlung des der Besteuerung unterliegenden Teils der Rente in Anlehnung an die Einkommensteuererklärung/die Rentenbezugsmitteilung

Anlage § 010-01/Vorsorgeaufwendungen und Altersbezüge (Zu LStH 19.8)

	2010	2011	2012	2013
Jahresrente lt. Rentenbezugsmitteilung	8.860,00 €	13.380,00 €	13.500,00 €	12.070,00 €
– Anpassungsbetrag lt. Rentenbezugsmitteilung	– 0,00 €	– 0,00 €	– 120,00 €	– 206,00 €
Zwischensumme	8.860,00 €	13.380,00 €	13.380,00 €	11.864,00 €
darauf fester Prozentsatz (hier: 60 %)	5.316,00 €	8.028,00 €	8.028,00 €	7.118,40 €
+ Anpassungsbetrag lt. Rentenbezugsmitteilung	+ 0,00 €	+ 0,00 €	+ 120,00 €	+ 206,00 €
= steuerpflichtig. Anteil der Rente	5.316,00 €	8.028,00 €	8.148,00 €	7.324,40 €

235 Folgerenten i. S. d. § 22 Nummer 1 Satz 3 Buchstabe a Doppelbuchstabe aa Satz 8 EStG (vgl. Rz. 224 ff.) werden für die Berechnung des steuerfreien Teils der Rente (§ 22 Nummer 1 Satz 3 Buchstabe a Doppelbuchstabe aa Satz 3 bis 7 EStG) als eigenständige Renten behandelt. Das gilt nicht, wenn eine wegen Wiederheirat weggefallene Witwen- oder Witwerrente (vgl. Rz. 229) wieder auflebt. In diesem Fall berechnet sich der steuerfreie Teil der Rente nach der ursprünglichen, später weggefallenen Rente (vgl. Rz. 230 und 231).

2. Leibrenten und andere Leistungen i. S. d. § 22 Nummer 1 Satz 3 Buchstabe a Doppelbuchstabe bb EStG

236 Leibrenten i. S. d. § 22 Nummer 1 Satz 3 Buchstabe a Doppelbuchstabe bb EStG(vgl. Rz. 212) unterliegen auch ab dem VZ 2005 nur mit dem Ertragsanteil der Besteuerung. Sie ergeben sich aus der Tabelle in § 22 Nummer 1 Satz 3 Buchstabe a Doppelbuchstabe bb Satz 4 EStG . Die neuen Ertragsanteile gelten sowohl für Renten, deren Rentenbeginn vor dem 1. Januar 2005 liegt, als auch für Renten, die erst nach dem 31. Dezember 2004 zu laufen beginnen.

237 Für abgekürzte Leibrenten (vgl. Rz. 214) – z. B. aus einer privaten selbständigen Erwerbsminderungsversicherung, die nur bis zum 65. Lebensjahr gezahlt wird – bestimmen sich die Ertragsanteile auch weiterhin nach § 55 Absatz 2 EStDV.

3. Öffnungsklausel

a) Allgemeines

238 Durch die Öffnungsklausel in § 22 Nummer 1 Satz 3 Buchstabe a Doppelbuchstabe bb Satz 2 EStG werden auf Antrag des Steuerpflichtigen Teile der Leibrenten oder anderer Leistungen, die anderenfalls der nachgelagerten Besteuerung nach § 22 Nummer 1 Satz 3 Buchstabe a Doppelbuchstabe aa EStGunterliegen würden, nach § 22 Nummer 1 Satz 3 Buchstabe a Doppelbuchstabe bb EStGbesteuert.

b) Antrag

239 Der Antrag ist vom Steuerpflichtigen beim zuständigen Finanzamt in der Regel im Rahmen der Einkommensteuererklärung formlos zu stellen. Der Antrag kann nicht vor Beginn des Leistungsbezugs gestellt werden. Die Öffnungsklausel in § 22 Nummer 1 Satz 3 Buchstabe a Doppelbuchstabe bb Satz 2 EStG ist nicht von Amts wegen anzuwenden.

c) 10-Jahres-Grenze

240 Die Anwendung der Öffnungsklausel setzt voraus, dass bis zum 31. Dezember 2004 für mindestens zehn Jahre Beiträge oberhalb des Betrags des Höchstbeitrags zur gesetzlichen Rentenversicherung gezahlt wurden. Dabei ist jedes Kalenderjahr getrennt zu betrachten. Die Jahre müssen nicht unmittelbar aufeinander folgen. Sind Beiträge grundsätzlich dem Jahr zuzuordnen, in dem sie gezahlt oder für das sie bescheinigt werden. Sofern Beiträge jedoch rentenrechtlich (als Nachzahlung) in einem anderen Jahr wirksam werden, sind diese dem Jahr zuzurechnen, in dem sie rentenrechtlich wirksam werden. Für die Prüfung, ob die 10-Jahres-Grenze erfüllt ist, sind nur Zahlungen zu berücksichtigen, die bis zum 31. Dezember 2004 geleistet wurden (BFH vom 19. Januar 2010 , BStBl. II 2011 S. 567). Sie müssen außerdem „für" Beitragsjahre vor dem 1. Januar 2005 gezahlt worden sein. Der jährliche Höchstbeitrag ist auch dann maßgebend, wenn nur für einen Teil des Jahres Versicherungspflicht bestand oder nicht während des ganzen Jahres Beiträge geleistet wurden (BFH vom 4. Februar 2010 , BStBl. II 2011 S. 579).

d) Maßgeblicher Höchstbeitrag

241 Für die Prüfung, ob Beiträge oberhalb des Betrags des Höchstbeitrags gezahlt wurden, ist grundsätzlich der Höchstbeitrag zur gesetzlichen Rentenversicherung der Angestellten und Arbeiter (West) des Jahres heranzuziehen, dem Beiträge zuzurechnen sind. In den Jahren, in denen im gesamten Kalenderjahr eine Versicherung in der knappschaftlichen Rentenversicherung bestand, ist deren Höchstbeitrag maßgebend. Bis 1949 galten in den gesetzlichen Rentenversicherungen unterschiedliche Höchstbeiträge für

(Zu LStH 19.8) **Anlage § 010-01/Vorsorgeaufwendungen und Altersbezüge**

Arbeiter und Angestellte. Sofern keine Versicherungspflicht in den gesetzlichen Rentenversicherungen bestand, ist stets der Höchstbeitrag für Angestellte in der gesetzlichen Rentenversicherung der Arbeiter und Angestellten zu Grunde zu legen. Höchstbeitrag ist die Summe des Arbeitgeberanteils und des Arbeitnehmeranteils zur jeweiligen gesetzlichen Rentenversicherung. Die maßgeblichen Höchstbeiträge ergeben sich für die Jahre 1927 bis 2004 aus der als Anlage beigefügten Tabelle.

e) Ermittlung der geleisteten Beiträge

Für die Frage, ob in einem Jahr Beiträge oberhalb des Betrags des Höchstbeitrags gezahlt wurden, sind sämtliche Beiträge an gesetzliche Rentenversicherungen, an die landwirtschaftliche Alterskasse und an berufsständische Versorgungseinrichtungen zusammenzurechnen, die dem einzelnen Jahr zuzurechnen sind (Rz. 240). Dabei sind auch Beiträge zu einer ausländischen gesetzlichen Rentenversicherung (vgl. Rz. 4) sowie an Alterssicherungssysteme von internationalen Organisationen, die mit der gesetzlichen Rentenversicherung vergleichbar sind (vgl. Rz. 199), zu berücksichtigen; das gilt unabhängig davon, ob die sich daraus später ergebenden Renteneinkünfte im Inland besteuert werden können. Beiträge zur gesetzlichen Rentenversicherung aufgrund eines Versorgungsausgleichs (§ 187 Absatz 1 Nummer 1 SGB VI), bei vorzeitiger Inanspruchnahme einer Altersrente (§ 187a SGB VI) oder zur Erhöhung der Rentenanwartschaft (§ 187b SGB VI) sind in dem Jahr zu berücksichtigen, in dem sie geleistet wurden. Dies gilt entsprechend für Beitragszahlungen dieser Art an die landwirtschaftliche Alterskasse und an berufsständische Versorgungseinrichtungen. 242

Für die Anwendung der Öffnungsklausel werden nur Beiträge berücksichtigt, die eigene Beitragsleistungen des Steuerpflichtigen enthalten. Bei einer Hinterbliebenenrente ist auf die Beitragsleistung des Verstorbenen abzustellen. Bei der Ermittlung der gezahlten Beiträge kommt es nicht darauf an, ob die Beiträge vom Steuerpflichtigen vollständig oder teilweise selbst getragen wurden. Es ist auch unerheblich, ob es sich um Pflichtbeiträge, freiwillige Beiträge oder Beiträge zur Höherversicherung handelt. 243

Beiträge aufgrund von Nachversicherungen in gesetzliche Rentenversicherungen, an die landwirtschaftliche Alterskasse und an berufsständische Versorgungseinrichtungen sind nicht zu berücksichtigen. Eine Nachversicherung wird durchgeführt, wenn ein Beschäftigungsverhältnis, das unter bestimmten Voraussetzungen nicht der Versicherungspflicht in der gesetzlichen Rentenversicherung oder in einer berufsständischen Versorgungseinrichtung unterlag (z. B. als Beamtenverhältnis), unter Verlust der Versorgungszusage gelöst wird. 244

Zuschüsse zum Beitrag nach § 32 ALG werden bei der Berechnung mit einbezogen. 245

Der jährliche Höchstbeitrag ist auch dann maßgebend, wenn nur für einen Teil des Jahres eine Versicherungspflicht bestand oder nicht während des ganzen Jahres Beiträge geleistet wurden (BFH vom 4. Februar 2010, BStBl. II 2011 S. 579). Ein anteiliger Ansatz des Höchstbeitrags erfolgt nicht. 246

f) Nachweis der gezahlten Beiträge

Der Steuerpflichtige muss einmalig nachweisen, dass er für einen Zeitraum von mindestens zehn Jahren vor dem 1. Januar 2005 Beiträge oberhalb des Betrags des Höchstbeitrags gezahlt hat. Der Nachweis ist durch Bescheinigungen der Versorgungsträger, an die Beiträge geleistet wurden – bzw. von deren Rechtsnachfolgern – zu erbringen. Aus der Bescheinigung muss sich ergeben, dass die Beiträge vor dem 1. Januar 2005 geleistet wurden und welchem Jahr sie zugerechnet wurden. Soweit der Versorgungsträger für Beiträge eine Zahlung vor dem 1. Januar 2005 nicht bescheinigen kann, hat er in der Bescheinigung ausdrücklich darauf hinzuweisen. In diesen Fällen obliegt es dem Steuerpflichtigen, den Zahlungszeitpunkt vor dem 1. Januar 2005 nachzuweisen. Wird der Nachweis nicht geführt, sind diese Beträge, soweit es sich nicht um Pflichtbeiträge handelt, nicht in die Berechnung einzubeziehen. Pflichtbeiträge können in diesen Fällen als in dem Jahr gezahlt, für das sie bescheinigt werden. Beiträge oberhalb des Höchstbeitrags, die nach dem 31. Dezember 2004 geleistet worden sind, bleiben für die Anwendung der Öffnungsklausel auch dann außer Betracht, wenn im Übrigen vor dem 1. Januar 2005 über einen Zeitraum von mindestens zehn Jahren Beiträge oberhalb des Betrags des Höchstbeitrags zur gesetzlichen Rentenversicherung geleistet worden sind. Wurde vom Steuerpflichtigen eine von den Grundsätzen dieses BMF-Schreibens abweichende Bescheinigung vorgelegt, ist als Folge der durch die BFH-Rechtsprechung vom 19. Januar 2010, BStBl. II 2011 S. 567, geänderten Rechtslage bis spätestens für den VZ 2011 eine den Grundsätzen dieses BMF-Schreibens entsprechende neue Beitragsbescheinigung vorzulegen (vgl. auch Rz. 266 ff.). 247

g) Ermittlung des auf Beiträgen oberhalb des Betrags des Höchstbeitrags beruhenden Teils der Leistung

Der Teil der Leibrenten oder anderen Leistungen, der auf Beiträgen oberhalb des Betrags des Höchstbeitrags beruht, ist vom Versorgungsträger nach denselben Grundsätzen zu ermitteln wie in Leistungsfällen, bei denen keine Beiträge oberhalb des Betrags des Höchstbeitrags geleistet wurden. Dieser 248

Anlage § 010-01/Vorsorgeaufwendungen und Altersbezüge (Zu LStH 19.8)

Teil wird bezogen auf jeden einzelnen Rentenanspruch getrennt ermittelt. Dabei sind die insgesamt in den einzelnen Kalenderjahren – ggf. zu verschiedenen Versorgungsträgern – geleisteten Beiträge nach Maßgabe der Rz. 252 bis 254 zu berücksichtigen. Jedes Kalenderjahr ist getrennt zu betrachten. Für jedes Jahr ist der Teil der Leistung, der auf Beiträgen oberhalb des Betrags des Höchstbeitrags beruht, gesondert zu ermitteln. Eine Zusammenrechnung der den einzelnen Jahren zuzurechnenden Beiträge und eine daraus resultierende Durchschnittsbildung sind nicht zulässig. Sofern Beiträge zur gesetzlichen Rentenversicherung oberhalb des Betrags des Höchstbeitrags geleistet werden und in diesen Beiträgen Höherversicherungsbeiträge enthalten sind, sind diese vorrangig als oberhalb des Betrags des Höchstbeitrags geleistet anzusehen. Wurde vom Steuerpflichtigen eine von den Grundsätzen dieses BMF-Schreibens abweichende Bescheinigung vorgelegt, ist bis spätestens für den VZ 2011 eine den Grundsätzen dieses BMF-Schreibens entsprechende neue Beitragsbescheinigung vorzulegen (vgl. auch Rz. 266 ff.).

249 Abweichend hiervon wird bei berufsständischen Versorgungseinrichtungen zugelassen, dass die tatsächlich geleisteten Beiträge und die den Höchstbeitrag übersteigenden Beiträge zum im entsprechenden Jahr maßgebenden Höchstbeitrag ins Verhältnis gesetzt werden. Aus dem Verhältnis der Summen der sich daraus ergebenden Prozentsätze ergibt sich der Prozentsatz für den Teil der Leistung, der auf Beiträge oberhalb des Betrags des Höchstbeitrags entfällt. Für Beitragszahlungen ab dem Jahr 2005 ist für übersteigende Beiträge kein Prozentsatz anzusetzen. Diese Vereinfachungsregelung ist zulässig, wenn
   – alle Mitglieder der einheitlichen Anwendung der Vereinfachungsregelung zugestimmt haben oder
   – die berufsständische Versorgungseinrichtung für das Mitglied den Teil der Leistung, der auf Beiträgen oberhalb des Betrags des Höchstbeitrags zur gesetzlichen Rentenversicherung beruht, nicht nach Rz. 248 ermitteln kann.

250 Beispiel:
Der Versicherte V war in den Jahren 1969 bis 2005 bei einer berufsständischen Versorgungseinrichtung versichert. Die Aufteilung kann wie folgt durchgeführt werden:

Jahr	tatsächlich geleistete Beiträge in DM / €	Höchstbeitrag zur gesetzlichen Rentenversicherung (HB) in DM / €	übersteigende Beiträge in DM / €	tatsächlich geleistete Beiträge in % des HB	übersteigende Beiträge in % des HB
1969	2.321,00 DM	3.264,00 DM	0 DM	71,11 %	0,00 %
1970	3.183,00 DM	3.672,00 DM	0 DM	86,68 %	0,00 %
1971	2.832,00 DM	3.876,00 DM	0 DM	73,07 %	0,00 %
1972	10.320,00 DM	4.284,00 DM	6.036,00 DM	240,90 %	140,90 %
1973	11.520,00 DM	4.968,00 DM	6.552,00 DM	231,88 %	131,88 %
1974	12.600,00 DM	5.400,00 DM	7.200,00 DM	233,33 %	133,33 %
1975	13.632,00 DM	6.048,00 DM	7.584,00 DM	225,40 %	125,40 %
1976	15.024,00 DM	6.696,00 DM	8.328,00 DM	224,37 %	124,37 %
1977	16.344,00 DM	7.344,00 DM	9.000,00 DM	222,55 %	122,55 %
1978	14.400,00 DM	7.992,00 DM	6.408,00 DM	180,18 %	80,18 %
1979	16.830,00 DM	8.640,00 DM	8.190,00 DM	194,79 %	94,79 %
1980	12.510,00 DM	9.072,00 DM	3.438,00 DM	137,90 %	37,90 %
1981	13.500,00 DM	9.768,00 DM	3.732,00 DM	138,21 %	38,21 %
1982	12.420,00 DM	10.152,00 DM	2.268,00 DM	122,34 %	22,34 %
1983	14.670,00 DM	10.900,00 DM	3.770,00 DM	134,59 %	34,59 %
1984	19.440,00 DM	11.544,00 DM	7.896,00 DM	168,40 %	68,40 %
1985	23.400,00 DM	12.306,60 DM	11.093,40 DM	190,14 %	90,14 %
1986	18.360,00 DM	12.902,40 DM	5.457,60 DM	142,30 %	42,30 %
1987	17.730,00 DM	12.790,80 DM	4.939,20 DM	138,62 %	38,62 %
1988	12.510,00 DM	13.464,00 DM	0 DM	92,91 %	0,00 %
1989	14.310,00 DM	13.688,40 DM	621,60 DM	104,54 %	4,54 %
1990	16.740,00 DM	14.137,20 DM	2.602,80 DM	118,41 %	18,41 %

(Zu LStH 19.8) **Anlage § 010-01/Vorsorgeaufwendungen und Altersbezüge**

Jahr	tatsächlich geleistete Beiträge in DM / €	Höchstbeitrag zur gesetzlichen Rentenversicherung (HB) in DM / €	übersteigende Beiträge in DM / €	tatsächlich geleistete Beiträge in % des HB	übersteigende Beiträge in % des HB
1991	18.000,00 DM	14.001,00 DM	3.999,00 DM	128,56 %	28,56 %
1992	16.110,00 DM	14.443,20 DM	1.666,80 DM	111,54 %	11,54 %
1993	16.020,00 DM	15.120,00 DM	900,00 DM	105,95 %	5,95 %
1994	17.280,00 DM	17.510,40 DM	0 DM	98,68 %	0,00 %
1995	16.020,00 DM	17.409,60 DM	0 DM	92,02 %	0,00 %
1996	20.340,00 DM	18.432,00 DM	1.908,00 DM	110,35 %	10,35 %
1997	22.140,00 DM	19.975,20 DM	2.164,80 DM	110,84 %	10,84 %
1998	23.400,00 DM	19.917,60 DM	2.937,60 DM	114,36 %	14,36 %
1999	22.500,00 DM	20.462,40 DM	2.406,00 DM	111,97 %	11,97 %
2000	24.210,00 DM	20.094,00 DM	4.292,40 DM	121,55 %	21,55 %
2001	22.230,00 DM	19.940,40 DM	2.289,60 DM	111,48 %	11,48 %
2002	12.725,00 €	10.314,00 €	2.411,00 €	123,38 %	23,38 %
2003	14.721,80 €	11.934,00 €	2.787,80 €	123,36 %	23,36 %
2004	14.447,00 €	12.051,00 €	2.396,00 €	119,88 %	19,88 %
2005	13.274,50 €	12.168,00 €	0,00 €	109,09 %	0,00 %
			Summe	5.165,63 %	1.542,07 %
			entspricht	100 %	29,85 %

Von den Leistungen unterliegt ein Anteil von 29,85 % der Besteuerung nach § 22 Nummer 1 Satz 3 Buchstabe a Doppelbuchstabe bb EStG.

h) Aufteilung bei Beiträgen an mehr als einen Versorgungsträger

Hat der Steuerpflichtige sowohl Beiträge zu einer inländischen als auch Beiträge zu einer ausländischen gesetzlichen Rentenversicherung geleistet, kann er bestimmen, welcher gesetzlichen Rentenversicherung die Beiträge vorrangig zuzuordnen sind. Weist der Steuerpflichtige im Übrigen die Zahlung von Beiträgen an mehr als einen Versorgungsträger nach, gilt Folgendes: 251

aa) Beiträge an mehr als eine berufsständische Versorgungseinrichtung

Die Beiträge bis zum jeweiligen Höchstbeitrag sind einer vom Steuerpflichtigen zu bestimmenden berufsständischen Versorgungseinrichtung vorrangig zuzuordnen. Die berufsständischen Versorgungseinrichtungen haben entsprechend dieser Zuordnung den Teil der Leistung zu ermitteln, der auf Beiträgen beruht, die jährlich isoliert betrachtet oberhalb des Betrags des Höchstbeitrags zur gesetzlichen Rentenversicherung gezahlt wurden. 252

bb) Beiträge an die gesetzliche Rentenversicherung und an berufsständische Versorgungseinrichtungen

Die Beiträge bis zum jeweiligen Höchstbeitrag sind vorrangig der gesetzlichen Rentenversicherung zuzuordnen (beachte auch Rz. 251). Die berufsständische Versorgungseinrichtung hat den Teil der Leistung zu ermitteln, der auf Beiträgen beruht, die jährlich isoliert betrachtet oberhalb des Betrags des Höchstbeitrags zur gesetzlichen Rentenversicherung gezahlt wurden. Dies gilt für den Träger der gesetzlichen Rentenversicherung entsprechend, wenn die Beiträge zur gesetzlichen Rentenversicherung bereits oberhalb des Höchstbeitrags zur gesetzlichen Rentenversicherung liegen. 253

Beiträge an die landwirtschaftliche Alterskasse sind für die Frage der Anwendung der Öffnungsklausel wie Beiträge zur gesetzlichen Rentenversicherung zu behandeln. Sind Beiträge an die gesetzliche Rentenversicherung und an die landwirtschaftliche Alterskasse geleistet worden, sind die Beiträge bis zum jeweiligen Höchstbeitrag vorrangig der gesetzlichen Rentenversicherung zuzuordnen. 254

Beispiel: 255

Der Steuerpflichtige N hat in den Jahren 1980 bis 1990 folgende Beiträge zur gesetzlichen Rentenversicherung der Arbeiter und Angestellten und an eine berufsständische Versorgungseinrichtung gezahlt. Im Jahr 1981 hat er i. H. v. 22.100 DM Rentenversicherungsbeiträge für die Jahre 1967 bis 1979

Anlage § 010-01/Vorsorgeaufwendungen und Altersbezüge (Zu LStH 19.8)

nachentrichtet, dabei entfielen auf jedes Jahr 1.700 DM. Im Jahr 1982 hat er neben seinem Grundbeitrag von 2.200 DM außerdem einen Höherversicherungsbeitrag nach § 11 Angestelltenversicherungsgesetz in Höhe von 8.000 DM an die gesetzliche Rentenversicherung gezahlt. Er beantragt die Anwendung der Öffnungsklausel.

Jahr	Beiträge zur gesetzlichen Rentenversicherung	Beiträge an die berufsständische Versorgungseinrichtung	Höchstbeitrag zur gesetzlichen Rentenversicherung	übersteigende Beiträge
1	2	3	4	5
1967	1.700,00 DM	–	2.352,00 DM	–
1968	1.700,00 DM	–	2.880,00 DM	–
1969	1.700,00 DM	–	3.264,00 DM	–
1970	1.700,00 DM	–	3.672,00 DM	–
1971	1.700,00 DM	–	3.876,00 DM	–
1972	1.700,00 DM	–	4.284,00 DM	–
1973	1.700,00 DM	–	4.968,00 DM	–
1974	1.700,00 DM	–	5.400,00 DM	–
1975	1.700,00 DM	–	6.048,00 DM	–
1976	1.700,00 DM	–	6.696,00 DM	–
1977	1.700,00 DM	–	7.344,00 DM	–
1978	1.700,00 DM	–	7.992,00 DM	–
1979	1.700,00 DM	–	8.640,00 DM	–
1980	2.000,00 DM	8.000,00 DM	9.072,00 DM	928,00 DM
1981	2.100,00 DM	8.600,00 DM	9.768,00 DM	932,00 DM
1982	10.200,00 DM	8.200,00 DM	10.152,00 DM	8.248,00 DM
1983	2.300,00 DM	9.120,00 DM	10.900,00 DM	520,00 DM
1984	2.400,00 DM	9.500,00 DM	11.544,00 DM	356,00 DM
1985	2.500,00 DM	9.940,00 DM	12.306,60 DM	133,40 DM
1986	2.600,00 DM	10.600,00 DM	12.902,40 DM	297,60 DM
1987	2.700,00 DM	11.300,00 DM	12.790,80 DM	1.209,20 DM
1988	2.800,00 DM	11.800,00 DM	13.464,00 DM	1.136,00 DM
1989	2.900,00 DM	12.400,00 DM	13.688,40 DM	1.611,60 DM
1990	3.000,00 DM	12.400,00 DM	14.137,20 DM	1.262,80 DM

Die Nachzahlung im Jahr 1981 allein führt nicht zur Anwendung der Öffnungsklausel, auch wenn in diesem Jahr Beiträge oberhalb des 1981 geltenden Höchstbeitrags und für einen Zeitraum von mindestens 10 Jahren gezahlt wurden, da die Jahresbeiträge in den Jahren, denen die jeweiligen Nachzahlungen zuzurechnen sind, jeweils nicht oberhalb des Betrags des Höchstbeitrags liegen.

Im Beispielsfall ist die Öffnungsklausel jedoch anzuwenden, da unabhängig von der Nachzahlung in die gesetzliche Rentenversicherung durch die zusätzliche Zahlung von Beiträgen an eine berufsständische Versorgungseinrichtung für einen Zeitraum von mindestens zehn Jahren Beiträge oberhalb des Betrags des Höchstbeitrags zur gesetzlichen Rentenversicherung geleistet wurden (Jahre 1980 bis 1990). Die Öffnungsklausel ist vorrangig auf die Rente aus der berufsständischen Versorgungseinrichtung anzuwenden. Für die Berechnung durch die berufsständische Versorgungseinrichtung, welcher Teil der Rente auf Beiträgen oberhalb des Betrags des Höchstbeitrags beruht, sind die übersteigenden Beiträge (Spalte 5 der Tabelle) – höchstens jedoch die tatsächlich an die berufsständische Versorgungseinrichtung geleisteten Beiträge – heranzuziehen. Es ist ausreichend, wenn die berufsständische Versorgungseinrichtung dem Steuerpflichtigen den prozentualen Anteil der auf die übersteigenden Beiträge entfallenden Leistungen mitteilt. Auf dieser Grundlage hat der Steuerpflichtige selbst in der Auszahlungsphase jährlich den konkreten Anteil der Rente zu ermitteln, der nach § 22 Nummer 1 Satz 3 Buchstabe a Doppelbuchstabe bb EStG der Besteuerung unterliegt.

Eine Besonderheit ergibt sich im Beispielsfall für das Jahr 1982. Aufgrund der Zahlung von Höherversicherungsbeiträgen im Jahr 1982 wurden auch an die gesetzliche Rentenversicherung Beiträge oberhalb des Höchstbetrags zur gesetzlichen Rentenversicherung geleistet. Diese Beiträge sind der gesetzlichen Rentenversicherung zuzuordnen. Die gesetzliche Rentenversicherung hat auf der Grundlage der Entgeltpunkte des Jahres 1982 den Anteil der Rente aus der gesetzlichen Rentenversicherung zu ermitteln, der auf Beiträge oberhalb des Höchstbetrags entfällt. Dabei gelten die fiktiven Entgeltpunkte für die Höherversicherungsbeiträge innerhalb der Rentenversicherung vorrangig als oberhalb des Höchstbetrags zur gesetzlichen Rentenversicherung geleistet. Die Öffnungsklausel ist im Beispielsfall sowohl auf die Rente aus der berufsständischen Versorgungseinrichtung (8.200 DM) als auch auf die Rente aus der gesetzlichen Rentenversicherung (48 DM) anzuwenden.

Die Ermittlung des Teils der Leistung, der auf Beiträgen oberhalb des Betrags des Höchstbetrags zur gesetzlichen Rentenversicherung (Spalte 5 der Tabelle) beruht, erfolgt durch den Versorgungsträger. Hierbei ist nach den Grundsätzen in Rz. 248 bis 250 zu verfahren.

i) Öffnungsklausel bei einmaligen Leistungen

Einmalige Leistungen unterliegen nicht der Besteuerung, soweit auf sie die Öffnungsklausel Anwendung findet. 256

Beispiel: 257

Nach der Bescheinigung der Versicherung beruhen 12 % der Leistungen auf Beiträgen, die oberhalb des Betrags des Höchstbetrags geleistet wurden. Nach dem Tod des Steuerpflichtigen erhält die Witwe W ein einmaliges Sterbegeld und eine monatliche Witwenrente.

Von der Witwenrente unterliegt ein Anteil von 88 % der nachgelagerten Besteuerung nach § 22 Nummer 1 Satz 3 Buchstabe a Doppelbuchstabe aa EStG und ein Anteil von 12 % der Besteuerung mit dem Ertragsanteil nach § 22 Nummer 1 Satz 3 Buchstabe a Doppelbuchstabe bb EStG. Der Ertragsanteil bestimmt sich nach dem Lebensjahr der rentenberechtigten Witwe W bei Beginn der Witwenrente; die Regelung zur Folgerente findet bei der Ertragsanteilsbesteuerung keine Anwendung.

Das Sterbegeld unterliegt zu einem Anteil von 88 % der nachgelagerten Besteuerung nach § 22 Nummer 1 Satz 3 Buchstabe a Doppelbuchstabe aa EStG. 12 % des Sterbegelds unterliegen nicht der Besteuerung.

j) Versorgungsausgleich unter Ehegatten oder unter Lebenspartnern

Anrechte, auf deren Leistungen die Öffnungsklausel anzuwenden ist, können in einen Versorgungsausgleich unter Ehegatten oder Lebenspartnern einbezogen worden sein. Soweit ein solches Anrecht auf die ausgleichsberechtigte Person übertragen bzw. soweit zu Lasten eines solchen Anrechts für die ausgleichsberechtigte Person ein Anrecht begründet wurde (§§ 10, 14 VersAusglG), kann auf Antrag der ausgleichsberechtigten Person auf die darauf beruhenden Leistungen die Öffnungsklausel ebenfalls Anwendung finden. Es besteht insoweit ein Auskunftsanspruch gegen die ausgleichspflichtige Person bzw. den Versorgungsträger (§ 4 VersAusglG). In dem Umfang, wie die ausgleichsberechtigte Person für übertragene oder begründete Anrechte die Öffnungsklausel anwenden kann, entfällt für die ausgleichspflichtige Person die Anwendbarkeit der Öffnungsklausel. Dabei kommt es nicht darauf an, ob die ausgleichsberechtigte Person tatsächlich von der Anwendbarkeit der Öffnungsklausel Gebrauch macht. 258

Die Anwendung der Öffnungsklausel bei der ausgleichsberechtigten Person setzt voraus, dass die ausgleichspflichtige Person bis zum 31. Dezember 2004 für einen Zeitraum von mindestens zehn Jahren Beiträge oberhalb des Betrags des Höchstbetrags zur gesetzlichen Rentenversicherung gezahlt hat (vgl. Rz. 240). Dabei sind sämtliche Beitragszahlungen der ausgleichspflichtigen Person ohne Beschränkung auf die Ehe- bzw. Lebenspartnerschaftszeit heranzuziehen. 259

Bei Ehen bzw. Lebenspartnerschaften, die nach dem 31. Dezember 2004 geschlossen werden, kommt die Öffnungsklausel hinsichtlich der Leistungen an die ausgleichsberechtigte Person, die auf im Wege des Versorgungsausgleichs übertragenen oder begründeten Anrechten beruhen, nicht zur Anwendung, da die während der Ehe- bzw. Lebenspartnerschaftszeit erworbenen Leistungen der ausgleichspflichtigen Person insgesamt nicht auf bis zum 31. Dezember 2004 geleisteten Beiträgen oberhalb des Höchstbetrags beruhen. 260

Erhält die ausgleichsberechtigte Person neben der Leistung, die sich aus dem im Rahmen des Versorgungsausgleichs übertragenen oder begründeten Anrecht ergibt, noch eine auf „eigenen" Beiträgen 261

Anlage § 010-01/Vorsorgeaufwendungen und Altersbezüge (Zu LStH 19.8)

beruhende Leistung, ist das Vorliegen der 10-Jahres-Grenze für diese Leistung gesondert zu prüfen. Die Beitragszahlungen der ausgleichspflichtigen Person sind dabei nicht zu berücksichtigen.

262 Der auf dem im Rahmen des Versorgungsausgleichs übertragenen oder begründeten Anrecht beruhende Teil der Leistung, der auf Beiträgen oberhalb des Betrags des Höchstbetrags zur gesetzlichen Rentenversicherung beruht, ermittelt sich ehe- bzw. lebenspartnerschaftszeitbezogen. Dazu ist der Teil der Leistung, der auf in der Ehe- bzw. Lebenspartnerschaftszeit von der ausgleichspflichtigen Person geleisteten Beiträgen oberhalb des Höchstbetrags beruht, ins Verhältnis zu der insgesamt während der Ehe- bzw. Lebenspartnerschaftszeit erworbenen Leistung der ausgleichspflichtigen Person zu setzen. Als insgesamt während der Ehe- bzw. Lebenspartnerschaftszeit erworbenes Anrecht ist stets der durch das Familiengericht dem Versorgungsausgleich zugrunde gelegte Wert maßgeblich. Abänderungsverfahren nach §§ 225, 226 des Gesetzes über das Verfahren in Familiensachen und in den Angelegenheiten der freiwilligen Gerichtsbarkeit (FamFG) oder § 51 VersAusglG sind zu berücksichtigen. Mit dem sich danach ergebenden prozentualen Anteil unterliegt die sich aus dem im Rahmen des Versorgungsausgleichs übertragenen oder begründeten Anrecht ergebende Leistung an die ausgleichsberechtigte Person der Besteuerung nach § 22 Nummer 1 Satz 3 Buchstabe a Doppelbuchstabe bb EStG. Entsprechend reduziert sich der Teil der Leistung der ausgleichspflichtigen Person, auf den die Öffnungsklausel anwendbar ist. Hierzu ist zunächst bei der ausgleichspflichtigen Person der Betrag der Leistung zu ermitteln, der sich aus allen durch eigene Versicherung erworbenen Anrechten ergibt und auf bis zum 31. Dezember 2004 gezahlten Beiträgen oberhalb des Höchstbetrags zur gesetzlichen Rentenversicherung beruht, wenn kein Versorgungsausgleich durchgeführt worden wäre. Dabei sind auch diejenigen Anrechte, die der ausgleichspflichtigen Person infolge des durchgeführten Versorgungsausgleichs nicht mehr zustehen, weil sie übertragen worden sind bzw. zu ihren Lasten ein Anrecht für die ausgleichsberechtigte Person begründet worden ist, zu berücksichtigen. Von diesem Betrag wird der Betrag der Leistung abgezogen, der auf Anrechten beruht, die auf die ausgleichsberechtigte Person im Rahmen des Versorgungsausgleichs übertragen wurden und für die die ausgleichsberechtigte Person die Öffnungsklausel in Anspruch nehmen kann. Der verbleibende Betrag ist ins Verhältnis zu der der ausgleichspflichtigen Person nach Berücksichtigung des Versorgungsausgleichs tatsächlich verbleibenden Leistung zu setzen. Mit diesem Prozentsatz unterliegt die nach Durchführung des Versorgungsausgleichs verbleibende Leistung der ausgleichspflichtigen Person der Öffnungsklausel nach § 22 Nummer 1 Satz 3 Buchstabe a Doppelbuchstabe bb Satz 2 EStG. Diese Berechnung ist auch dann vorzunehmen, wenn die ausgleichsberechtigte Person die Anwendung der Öffnungsklausel auf das im Versorgungsausgleich übertragene oder begründete Anrecht nicht geltend macht.

263 Die Anwendung der Öffnungsklausel auf im Rahmen des Versorgungsausgleichs übertragene bzw. begründete Anrechte ist unabhängig vom Rentenbeginn der ausgleichspflichtigen Person und unabhängig davon, ob diese für sich selbst die Öffnungsklausel beantragt. Der bei der ausgleichsberechtigten Person nach § 22 Nummer 1 Satz 3 Buchstabe a Doppelbuchstabe aa EStG anzuwendende Prozentsatz (für die Kohortenbesteuerung) bestimmt sich nach dem Jahr ihres Rentenbeginns.

264 Bezieht die ausgleichsberechtigte Person vom gleichen Versorgungsträger neben der Leistung, die auf dem im Rahmen des Versorgungsausgleichs übertragenen oder begründeten Anrecht beruht, eine durch eigene Versicherung erworbene Leistung, ist die Anwendung der Öffnungsklausel und deren Umfang für die Leistung aus eigener Versicherung gesondert zu ermitteln. Die Beitragszahlungen der ausgleichspflichtigen Person sind dabei nicht zu berücksichtigen. Der sich insoweit ergebende Prozentsatz kann von demjenigen abweichen, der auf das von der ausgleichspflichtigen Person auf die ausgleichsberechtigte Person übertragene bzw. begründete Anrecht anzuwenden ist. Wird vom Versorgungsträger eine einheitliche Leistung erbracht, die sich aus der eigenen und dem im Rahmen des Versorgungsausgleichs übertragenen bzw. begründeten Anrecht zusammensetzt, kann vom Versorgungsträger ein sich auf die Gesamtleistung ergebender einheitlicher Prozentsatz ermittelt werden. Dabei sind ggf. weitere Rentenanteile, die auf einem durchgeführten Versorgungsausgleich beruhen und für die die Anwendbarkeit der Öffnungsklausel nicht gegeben ist, mit einem Verhältniswert von 0 einzubringen. Solange für Rentenanteile aus dem Versorgungsausgleich die Anwendbarkeit der Öffnungsklausel und der entsprechende Verhältniswert nicht festgestellt sind, ist stets von einem Wert von 0 auszugehen. Wird kein auf die Gesamtleistung anzuwendender Wert ermittelt, sind die einzelnen Leistungsteile, auf die der/die berechnete/n Verhältniswert/e anzuwenden ist/sind, anzugeben.

265 Beispiel:
Berechnung für die ausgleichsberechtigte Person:
Nach dem Ausscheiden aus dem Erwerbsleben erhält A von einer berufsständischen Versorgungseinrichtung eine Rente i. H. v. monatlich 1.000 €. Diese Rente beruht zu 200 € auf im Rahmen des Versorgungsausgleichs auf A übertragenen Rentenanwartschaften von seiner geschiedenen Ehefrau. Die Voraussetzungen der Öffnungsklausel liegen vor. Nach Ermittlung der berufsständischen Versorgungs-

(Zu LStH 19.8) **Anlage § 010-01/Vorsorgeaufwendungen und Altersbezüge**

einrichtung unterliegen 25 % der übertragenen und 5 % der durch eigene Versicherung erworbenen Rentenanwartschaft des A nach § 22 Nummer 1 Satz 3 Buchstabe a Doppelbuchstabe bb Satz 2 EStG der Ertragsanteilsbesteuerung.

Weist die berufsständische Versorgungseinrichtung die Renten jährlich getrennt aus, sind die jeweiligen Prozentsätze unmittelbar auf die einzelnen Renten anzuwenden.

800 x 12 = 9.600

95 % nach § 22 Nummer 1 Satz 3 Buchstabe a Doppelbuchstabe aa EStG	9.120 €
5 % nach § 22 Nummer 1 Satz 3 Buchstabe a Doppelbuchstabe bb EStG	480 €

200 x 12 = 2.400 €

75 % nach § 22 Nummer 1 Satz 3 Buchstabe a Doppelbuchstabe aa EStG	1.800 €
25 % nach § 22 Nummer 1 Satz 3 Buchstabe a Doppelbuchstabe bb EStG	600 €
Ingesamt zu versteuern	
nach § 22 Nummer 1 Satz 3 Buchstabe a Doppelbuchstabe aa EStG	10.920 €
nach § 22 Nummer 1 Satz 3 Buchstabe a Doppelbuchstabe bb EStG	1.080 €

Weist die berufsständische Versorgungseinrichtung einen einheitlichen Rentenbetrag aus, kann anstelle der Rentenaufteilung auch ein einheitlicher Prozentsatz ermittelt werden.

Der einheitliche Wert für die gesamte Leistung berechnet sich wie folgt:

[(800 x 5 %) + (200 € x 25 %)] / 1.000 € = 9 %

1.000 € x 12 = 12.000 €

91 % nach § 22 Nummer 1 Satz 3 Buchstabe a Doppelbuchstabe aa EStG	10.920 €
9 % nach § 22 Nummer 1 Satz 3 Buchstabe a Doppelbuchstabe bb EStG	1.080 €

9 % der Rente aus der berufsständischen Versorgungseinrichtung unterliegen der Besteuerung nach § 22 Nummer 1 Satz 3 Buchstabe a Doppelbuchstabe bb EStG.

Berechnung für die ausgleichspflichtige Person:

B hat Rentenanwartschaften bei einer berufsständischen Versorgungseinrichtung von insgesamt 1.500 € erworben. Davon wurden im Versorgungsausgleich 200 € auf ihren geschiedenen Ehemann A übertragen. B erfüllt die Voraussetzungen für die Anwendung der Öffnungsklausel. 35 % der gesamten Anwartschaft von 1.500 € beruhen auf bis zum 31. Dezember 2004 gezahlten Beiträgen oberhalb des Höchstbetrags zur gesetzlichen Rentenversicherung. Für die Ehezeit hat der Träger der berufsständischen Versorgungs-einrichtung einen Anteil von 25 % ermittelt.

Der auf die nach Durchführung des Versorgungsausgleichs der B noch zustehende Rente von 1.300 € anwendbare Prozentsatz für die Öffnungsklausel ermittelt sich wie folgt:

Rente der ausgleichspflichtigen Person vor Versorgungsausgleich:

1.500 € x 12 = 18.000 €

Anteilsberechnung für Öffnungsklausel, wenn kein Versorgungsausgleich erfolgt wäre:

35 % von 18.000 € = 6.300 €;

6.300 € der insgesamt von B erworbenen Rentenanwartschaften unterliegen (auf Antrag) der Ertragsanteilsbesteuerung (§ 22 Nummer 1 Satz 3 Buchstabe a Doppelbuchstabe bb EStG), die restlichen 11.700 € sind nach § 22 Nummer 1 Satz 3 Buchstabe a Doppelbuchstabe aa EStG zu versteuern.

Im Versorgungsausgleich übertragene Rentenanwartschaft:

200 € x 12 = 2.400 €

25 % von 2.400 € = 600 €

Von den im Versorgungsausgleich auf den geschiedenen Ehemann A übertragenen Rentenanwartschaften können 600 € mit dem Ertragsanteil besteuert werden.

Verbleibender Betrag der ausgleichspflichtigen Person für die Anteilsberechnung im Rahmen der Öffnungsklausel:

6.300 € – 600 € = 5.700 €

Der für B verbleibende Betrag, der mit dem Ertragsanteil (§ 22 Nummer 1 Satz 3 Buchstabe a Doppelbuchstabe bb EStG) besteuert werden kann, beträgt 5.700 €.

Rente der ausgleichspflichtigen Person nach Versorgungsausgleich:

1.300 € x 12 = 15.600 €

Anlage § 010-01/Vorsorgeaufwendungen und Altersbezüge (Zu LStH 19.8)

Anteilsberechnung bei der ausgleichspflichtigen Person:
5.700 € von 15.600 € = 36,54 %

Dies entspricht 36,54 % der B nach Durchführung des Versorgungsausgleichs zustehenden Rente. Dieser Anteil der Rente ist nach § 22 Nummer 1 Satz 3 Buchstabe a Doppelbuchstabe bb EStG zu versteuern. Für den übrigen Anteil i. H. v. 63,46 % (9.900 € von 15.600 €) ist § 22 Nummer 1 Satz 3 Buchstabe a Doppelbuchstabe aa EStG anzuwenden.

Rechenweg für die Anteilsberechnung (Öffnungsklausel) bei der ausgleichspflichtigen Person in verkürzter Darstellung:

(18.000 € x 35 % – 2.400 € x 25 %) / 15.600 € x 100 = 36,54 %

k) Bescheinigung der Leistung nach § 22 Nummer 1 Satz 3 Buchstabe a Doppelbuchstabe bb Satz 2 EStG

266 Der Versorgungsträger hat dem Steuerpflichtigen auf dessen Verlangen den prozentualen Anteil der Leistung zu bescheinigen, der auf bis zum 31. Dezember 2004 geleisteten Beiträgen beruht, die oberhalb des Betrags des Höchstbeitrags zur gesetzlichen Rentenversicherung gezahlt wurden. Wurde der Prozentsatz für die Anwendung der Öffnungsklausel einmal bescheinigt, ist eine weitere Bescheinigung weder bei einer Neufeststellung der Rente noch für Folgerenten erforderlich. Rz. 269 Satz 4 bleibt hiervon unberührt. Im Fall der Anwendung der Vereinfachungsregelung (Rz. 249) hat der Versorgungsträger die Berechnung – entsprechend dem Beispielsfall in Rz. 250 – darzustellen.

267 Wurden Beiträge an mehr als einen Versorgungsträger gezahlt und ist der Höchstbeitrag – auch unter Berücksichtigung der Zusammenrechnung nach Rz. 242 – nur bei einem Versorgungsträger überschritten, so ist nur von diesem Versorgungsträger eine Bescheinigung zur Aufteilung der Leistung auszustellen. Der dort bescheinigte Prozentsatz ist nur auf die Leistung dieses Versorgungsträgers anzuwenden. Für die Leistungen der übrigen Versorgungsträger kommt die Öffnungsklausel nicht zur Anwendung. Diese unterliegen in vollem Umfang der Besteuerung nach § 22 Nummer 1 Satz 3 Buchstabe a Doppelbuchstabe aa EStG.

268 Stellt die gesetzliche Rentenversicherung fest, dass geleistete Beiträge zur gesetzlichen Rentenversicherung mindestens einem Jahr zugerechnet wurden, für welches die geleisteten Beiträge oberhalb des Betrags des Höchstbeitrags lagen, so stellt sie – unabhängig davon, ob die Voraussetzungen für die Öffnungsklausel erfüllt sind – eine Mitteilung aus, in der bescheinigt wird, welcher Teil der Leistung auf Beiträgen oberhalb des Betrags des Höchstbeitrags beruht. Für die Frage, welchem Jahr die geleisteten Beiträge zuzurechnen sind, ist Rz. 240 zu beachten. In dieser Bescheinigung wird ausdrücklich darauf hingewiesen, über wie viele Jahre der Betrag des Höchstbeitrags überschritten wurde und dass die Öffnungsklausel nur zur Anwendung kommt, wenn bis zum 31. Dezember 2004 für einen Zeitraum von mindestens zehn Jahren Beiträge oberhalb des Betrags des Höchstbeitrags geleistet wurden. Sind die Voraussetzungen der Öffnungsklausel durch Beiträge an weitere Versorgungsträger erfüllt, dient diese Mitteilung der gesetzlichen Rentenversicherung als Bescheinigung zur Aufteilung der Leistung. Der darin mitgeteilte Prozentsatz ist in diesem Fall auf die Leistung der gesetzlichen Rentenversicherung anzuwenden; eine weitere Bescheinigung ist nicht erforderlich.

269 Die endgültige Entscheidung darüber, ob die Öffnungsklausel zur Anwendung kommt, obliegt ausschließlich der Finanzverwaltung und nicht der Rente auszahlenden Stelle. Der Steuerpflichtige muss deshalb die Anwendung der Öffnungsklausel beim Finanzamt und nicht beim Versorgungsträger beantragen. Der Versorgungsträger ermittelt hierfür den Teil der Leistung, der auf Beiträgen oberhalb des Betrags des Höchstbeitrags beruht und bescheinigt diesen. Für VZ ab 2011 kommt die Öffnungsklausel nur dann zur Anwendung, wenn der Steuerpflichtige das Vorliegen der Voraussetzungen (vgl. Rz. 240 und 242) nachweist. Der Versorgungsträger erstellt ihm hierfür auf Antrag eine entsprechende Bescheinigung. Wenn bei einer vorangegangenen Bescheinigung von den Grundsätzen dieses BMF-Schreibens nicht abgewichen wurde, genügt eine Bestätigung des Versorgungsträgers, dass die vorangegangene Bescheinigung den Grundsätzen dieses BMF-Schreibens entspricht.

D. Besonderheiten beim Versorgungsausgleich

I. Allgemeines

1. Gesetzliche Neuregelung des Versorgungsausgleichs

270 Mit dem VersAusglG wurden die Vorschriften zum Versorgungsausgleich grundlegend geändert. Es gilt künftig für alle ausgleichsreifen Anrechte auf Altersversorgung der Grundsatz der internen Teilung, der bisher schon bei der gesetzlichen Rentenversicherung zur Anwendung kam. Bisher wurden alle von den Ehegatten während der Ehe bzw. von den Lebenspartnern während der Lebenspartnerschaftszeit erwor-

(Zu LStH 19.8) **Anlage § 010-01/Vorsorgeaufwendungen und Altersbezüge**

benen Anrechte auf eine Versorgung wegen Alter und Invalidität bewertet und im Wege eines Einmalausgleichs ausgeglichen, vorrangig über die gesetzliche Rentenversicherung.

Das neue VersAusglG sieht dagegen die interne Teilung als Grundsatz des Versorgungsausgleichs auch für alle Systeme der betrieblichen Altersversorgung und privaten Altersvorsorge vor. Hierbei werden die von den Ehegatten oder Lebenspartnern (§ 20 des Lebenspartnerschaftsgesetzes) in den unterschiedlichen Altersversorgungssystemen erworbenen Anrechte zum Zeitpunkt der Scheidung innerhalb des jeweiligen Systems geteilt und für den ausgleichberechtigten Ehegatten oder Lebenspartner eigenständige Versorgungsanrechte geschaffen, die unabhängig von den Versorgungsanrechten des ausgleichspflichtigen Ehegatten oder Lebenspartner im jeweiligen System gesondert weitergeführt werden. 271

Zu einem Ausgleich über ein anderes Versorgungssystem (externe Teilung) kommt es nur noch in den in §§ 14 bis 17 VersAusglGgeregelten Ausnahmefällen. Bei einer externen Teilung entscheidet die ausgleichsberechtigte Person über die Zielversorgung. Sie bestimmt also, in welches Versorgungssystem der Ausgleichswert zu transferieren ist (ggf. Aufstockung einer bestehenden Anwartschaft, ggf. Neubegründung einer Anwartschaft). Dabei darf die Zahlung des Kapitalbetrags an die gewählte Zielversorgung nicht zu nachteiligen steuerlichen Folgen bei der ausgleichspflichtigen Person führen, es sei denn, sie stimmt der Wahl der Zielversorgung zu. 272

Die gesetzliche Rentenversicherung ist Auffang-Zielversorgung, wenn die ausgleichs-berechtigte Person ihr Wahlrecht nicht ausübt und es sich nicht um eine betriebliche Altersversorgung handelt. Bei einer betrieblichen Altersversorgung wird bei fehlender Ausübung des Wahlrechts ein Anspruch in der Versorgungsausgleichskasse begründet. 273

Verbunden ist die externe Teilung mit der Leistung eines Kapitalbetrags in Höhe des Ausgleichswerts, der vom Versorgungsträger der ausgleichspflichtigen Person an den Versorgungsträger der ausgleichsberechtigten Person gezahlt wird (Ausnahme: Externe Teilung von Beamtenversorgungen nach § 16 VersAusglG; hier findet wie nach dem bisherigen Quasi-Splitting zwischen der gesetzlichen Rentenversicherung und dem Träger der Beamtenversorgung ein Erstattungsverfahren im Leistungsfall statt.). 274

Kommt in Einzelfällen weder die interne Teilung noch die externe Teilung in Betracht, etwa weil ein Anrecht zum Zeitpunkt des Versorgungsausgleichs nicht ausgleichsreif ist (§ 19 VersAusglG), z. B. ein Anrecht bei einem ausländischen, zwischenstaatlichen oder überstaatlichen Versorgungsträger oder ein Anrecht i. S. d. Betriebsrentengesetzes, das noch verfallbar ist, kommt es zu Ausgleichsansprüchen nach der Scheidung (§ 20ff. VersAusglG). Zur steuerlichen Behandlung der Ausgleichsansprüche nach der Scheidung vgl. BMF-Schreiben vom 9. April 2010, BStBl. I S. 323. 275

2. Besteuerungszeitpunkte

Bei der steuerlichen Beurteilung des Versorgungsausgleichs ist zwischen dem Zeitpunkt der Teilung eines Anrechts im Versorgungsausgleich durch gerichtliche Entscheidung und dem späteren Zufluss der Leistungen aus den unterschiedlichen Versorgungssystemen zu unterscheiden. 276

Bei der internen Teilung wird die Übertragung der Anrechte auf die ausgleichsberechtigte Person zum Zeitpunkt des Versorgungsausgleichs für beide Ehegatten oder Lebenspartner nach § 3 Nummer 55a EStG steuerfrei gestellt, weil auch bei den im Rahmen eines Versorgungsausgleichs übertragenen Anrechten auf eine Alters- und Invaliditätsversorgung das Prinzip der nachgelagerten Besteuerung eingehalten wird. Die Besteuerung erfolgt erst während der Auszahlungsphase. Die später zufließenden Leistungen gehören dabei bei beiden Ehegatten oder Lebenspartnern zur gleichen Einkunftsart, da die Versorgungsanrechte innerhalb des jeweiligen Systems geteilt wurden. Ein Wechsel des Versorgungssystems und ein damit möglicherweise verbundener Wechsel der Besteuerung weg von der nachgelagerten Besteuerung hat nicht stattgefunden. Lediglich die individuellen Merkmale für die Besteuerung sind bei jedem Ehegatten oder Lebenspartner gesondert zu ermitteln. 277

Bei einer externen Teilung kann dagegen die Übertragung der Anrechte zu einer Besteuerung führen, da sie mit einem Wechsel des Versorgungsträgers und damit regelmäßig mit einem Wechsel des Versorgungssystems verbunden ist. § 3 Nummer 55b Satz 1 EStG stellt deshalb die Leistung des Ausgleichswerts in den Fällen der externen Teilung für beide Ehegatten und Lebenspartner steuerfrei, soweit das Prinzip der nachgelagerten Besteuerung insgesamt eingehalten wird. Soweit die späteren Leistungen bei der ausgleichsberechtigten Person jedoch nicht der nachgelagerten Besteuerung unterliegen werden (z. B. Besteuerung nach § 20 Absatz 1 Nummer 6 EStG oder nach § 22 Nummer 1 Satz 3 Buchstabe a Doppelbuchstabe bb EStG mit dem Ertragsanteil), greift die Steuerbefreiung gem. § 3 Nummer 55b Satz 2 EStG nicht, und die Leistung des Ausgleichswerts ist bereits im Zeitpunkt der Übertragung beim ausgleichspflichtigen Ehegatten oder Lebenspartner zu besteuern. Die Besteuerung der später zufließenden Leistungen erfolgt bei jedem Ehegatten oder Lebenspartner unabhängig davon, zu welchen Einkünften die Leistungen beim jeweils anderen Ehegatten oder Lebenspartner führen, und richtet sich danach, aus welchem Versorgungssystem sie jeweils geleistet werden. 278

Anlage § 010-01/Vorsorgeaufwendungen und Altersbezüge (Zu LStH 19.8)

II. Interne Teilung (§ 10 VersAusglG)

1. Steuerfreiheit des Teilungsvorgangs nach § 3 Nummer 55a EStG

279 § 3 Nummer 55a EStG stellt klar, dass die aufgrund einer internen Teilung durchgeführte Übertragung von Anrechten steuerfrei ist; dies gilt sowohl für die ausgleichspflichtige als auch für die ausgleichsberechtigte Person.

2. Besteuerung bei der ausgleichsberechtigten Person

280 Die Leistungen aus den übertragenen Anrechten gehören bei der ausgleichsberechtigten Person zu den Einkünften, zu denen die Leistungen bei der ausgleichspflichtigen Person gehören würden, wenn die interne Teilung nicht stattgefunden hätte. Die (späteren) Versorgungsleistungen sind daher (weiterhin) Einkünfte aus nichtselbständiger Arbeit (§ 19 EStG) oder aus Kapitalvermögen (§ 20 EStG) oder sonstige Einkünfte (§ 22 EStG). Ausgleichspflichtige und ausgleichsberechtigte Person versteuern beide die ihnen jeweils zufließenden Leistungen.

281 Für die Ermittlung des Versorgungsfreibetrags und des Zuschlags zum Versorgungsfreibetrag nach § 19 Absatz 2 EStG, des Besteuerungsanteils nach § 22 Nummer 1 Satz 3 Buchstabe a Doppelbuchstabe aa EStG sowie des Ertragsanteils nach § 22 Nummer 1 Satz 3 Buchstabe a Doppelbuchstabe bb EStG bei der ausgleichsberechtigten Person ist auf deren Versorgungsbeginn, deren Rentenbeginn bzw. deren Lebensalter abzustellen.

282 Zu Besonderheiten bei der Öffnungsklausel s. Rz. 258 ff.

III. Externe Teilung (§ 14 VersAusglG)

1. Steuerfreiheit nach § 3 Nummer 55b EStG

283 Nach § 3 Nummer 55b Satz 1 EStG ist der aufgrund einer externen Teilung an den Träger der Zielversorgung geleistete Ausgleichswert grundsätzlich steuerfrei, soweit die späteren Leistungen aus den dort begründeten Anrechten zu steuerpflichtigen Einkünften bei der ausgleichsberechtigten Person führen würden. Soweit die Übertragung von Anrechten im Rahmen des Versorgungsausgleichs zu keinen Einkünften i. S. d. EStG führt, bedarf es keiner Steuerfreistellung nach § 3 Nummer 55b EStG. Die Steuerfreiheit nach § 3 Nummer 55b Satz 1 EStG greift gem. § 3 Nummer 55b Satz 2 EStG nicht, soweit Leistungen, die auf dem begründeten Anrecht beruhen, bei der ausgleichsberechtigten Person zu Einkünften nach § 20 Absatz 1 Nummer 6 EStG oder § 22 Nummer 1 Satz 3 Buchstabe a Doppelbuchstabe bb EStG führen würden.

2. Besteuerung bei der ausgleichsberechtigten Person

284 Für die Besteuerung bei der ausgleichsberechtigten Person ist unerheblich, zu welchen Einkünften die Leistungen aus den übertragenen Anrechten bei der ausgleichspflichtigen Person geführt hätten, da mit der externen Teilung ein neues Anrecht begründet wird.

3. Beispiele

285 Beispiel 1:

Im Rahmen einer externen Teilung zahlt das Versicherungsunternehmen X, bei dem der ausgleichspflichtige Ehegatte A eine private Rentenversicherung mit Kapitalwahlrecht abgeschlossen hat, einen Ausgleichswert an das Versicherungsunternehmen Y zugunsten des ausgleichsberechtigten Ehegatten B in eine private Rentenversicherung, die dieser als Zielversorgung gewählt hat.

Der Ausgleichswert ist nicht steuerfrei nach § 3 Nummer 55b Satz 1 EStG, da sich aus der Übertragung keine Einkünfte i. S. d. EStG ergeben (kein Fall des § 20 Absatz 1 Nummer 6 EStG, da es sich weder um einen Erlebensfall noch um einen Rückkauf handelt); mangels Anwendbarkeit von § 3 Nummer 55b Satz 1 EStG kann auch kein Fall des Satzes 2 dieser Vorschrift vorliegen. Bei Ausübung des Kapitalwahlrechts unterliegt die spätere geminderte Kapitalleistung bei A der Besteuerung nach § 20 Absatz 1 Nummer 6 EStG (ggf. keine Besteuerung wegen § 52 Absatz 36 EStG); Rentenleistungen sind bei A steuerpflichtig nach § 22 Nummer 1 Satz 3 Buchstabe a Doppelbuchstabe bb EStG. Die Leistungen werden bei B in gleicher Weise besteuert.

286 Beispiel 2:

Im Rahmen einer externen Teilung zahlt das Versicherungsunternehmen X, bei dem der ausgleichspflichtige Ehegatte A eine Basisrentenversicherung (§ 10 Absatz 1 Nummer 2 Satz 1 Buchstabe b EStG) abgeschlossen hat, mit Zustimmung des A einen Ausgleichswert an das Versicherungsunternehmen Y zugunsten des ausgleichsberechtigten Ehegatten B in eine private Rentenversicherung, die dieser als Zielversorgung gewählt hat.

Der Ausgleichswert ist nicht steuerfrei nach § 3 Nummer 55b Satz 2 EStG, denn die Leistungen, die auf dem begründeten Anrecht beruhen, würden bei der ausgleichsberechtigten Person zu Einkünften nach § 20 Absatz 1 Nummer 6 EStG (bei Ausübung eines Kapitalwahlrechts) oder nach § 22 Nummer 1 Satz 3 Buchstabe a Doppelbuchstabe bb EStG(bei Rentenzahlungen) führen. A hat im Zeitpunkt der Zahlung durch das Versicherungsunternehmen X einen Betrag in Höhe des Ausgleichswerts nach § 22 Nummer 1 Satz 3 Buchstabe a Doppelbuchstabe aa EStGzu versteuern. Die späteren durch den Versorgungsausgleich gekürzten Leistungen unterliegen bei A ebenfalls der Besteuerung nach § 22 Nummer 1 Satz 3 Buchstabe a Doppelbuchstabe aa EStG. Bei Ausübung des Kapitalwahlrechts unterliegt die spätere Kapitalleistung bei B der Besteuerung nach § 20 Absatz 1 Nummer 6 EStG; Rentenleistungen sind bei B steuerpflichtig nach § 22 Nummer 1 Satz 3 Buchstabe a Doppelbuchstabe bb EStG.

4. Verfahren

Der Versorgungsträger der ausgleichspflichtigen Person hat grundsätzlich den Versorgungsträger der ausgleichsberechtigten Person über die für die Besteuerung der Leistungen erforderlichen Grundlagen zu informieren. Andere Mitteilungs-, Informations- und Aufzeichnungspflichten bleiben hiervon unberührt. 287

IV. Neuberechnung des Versorgungsfreibetrags und des Zuschlags zum Versorgungsfreibetrag

Werden im Zeitpunkt der Wirksamkeit der Teilung bereits Versorgungsbezüge bezogen, erfolgt bei der ausgleichspflichtigen Person eine Neuberechnung des Versorgungsfreibetrags und des Zuschlags zum Versorgungsfreibetrag entsprechend § 19 Absatz 2 Satz 10 EStG. Bei der ausgleichsberechtigten Person sind der Versorgungsfreibetrag und der Zuschlag zum Versorgungsfreibetrag erstmals zu berechnen, da es sich um einen neuen Versorgungsbezug handelt. Dabei bestimmen sich der Prozentsatz, der Höchstbetrag des Versorgungsfreibetrags und der Zuschlag zum Versorgungsfreibetrag nach dem Jahr, für das erstmals Anspruch auf den Versorgungsbezug aufgrund der internen oder externen Teilung besteht. 288

E. Anwendungsregelung

Vorbehaltlich besonderer Regelungen in den einzelnen Randziffern ist dieses Schreiben ab dem Zeitpunkt seiner Bekanntgabe im Bundessteuerblatt anzuwenden. 289

Das BMF-Schreiben vom 13. September 2010 – IV C 3 – S 2222/09/10041 / IV C 5 – S 2345/08/0001 (2010/0628045) –, BStBl. I S. 681 wird zum Zeitpunkt der Bekanntgabe dieses Schreibens im Bundessteuerblatt aufgehoben.

Dieses Schreiben steht für eine Übergangszeit auf den Internetseiten des Bundesministeriums der Finanzen (www.bundesfinanzministerium.de) zur Ansicht und zum Abruf bereit.

Anlage § 010-01/Vorsorgeaufwendungen und Altersbezüge (Zu LStH 19.8)

Anlage

Zusammenstellung der Höchstbeiträge in der gesetzlichen Rentenversicherung der Arbeiter und Angestellten und in der knappschaftlichen Rentenversicherung (jeweils Arbeitgeber- und Arbeitnehmeranteil) für die Jahre 1927 bis 2004

Jahr	Gesetzliche Rentenversicherung der Arbeiter und Angestellten		Knappschaftliche Rentenversicherung	
	Arbeiter	Angestellte	Arbeiter	Angestellte
1927	83,43 RM	240,00 RM	383,67 RM	700,00 RM
1928	104,00 RM	280,00 RM	371,25 RM	816,00 RM
1929	104,00 RM	360,00 RM	355,50 RM	901,60 RM
1930	104,00 RM	360,00 RM	327,83 RM	890,40 RM
1931	104,00 RM	360,00 RM	362,48 RM	915,60 RM
1932	104,00 RM	360,00 RM	405,40 RM	940,80 RM
1933	104,00 RM	360,00 RM	405,54 RM	940,80 RM
1934	124,80 RM	300,00 RM	456,00 RM	806,40 RM
1935	124,80 RM	300,00 RM	456,00 RM	806,40 RM
1936	124,80 RM	300,00 RM	456,00 RM	806,40 RM
1937	124,80 RM	300,00 RM	456,00 RM	806,40 RM
1938	136,37 RM	300,00 RM	461,93 RM	1.767,60 RM
1939	140,40 RM	300,00 RM	471,90 RM	1.771,20 RM
1940	140,40 RM	300,00 RM	471,90 RM	1.771,20 RM
1941	140,40 RM	300,00 RM	472,73 RM	1.767,60 RM
1942	171,00 RM	351,60 RM	478,50 RM	1.764,00 RM
1943	201,60 RM	403,20 RM	888,00 RM	1.032,00 RM
1944	201,60 RM	403,20 RM	888,00 RM	1.032,00 RM
1945	201,60 RM	403,20 RM	888,00 RM	1.032,00 RM
1946	201,60 RM	403,20 RM	888,00 RM	1.032,00 RM
1947	201,60 RM	403,20 RM	888,00 RM	1.462,00 RM
1948[1]	201,60 DM	403,20 DM	888,00 DM	1.548,00 DM
1949	504,00 DM	588,00 DM	1.472,50 DM	1.747,50 DM
1950	720,00 DM		1.890,00 DM	
1951	720,00 DM		1.890,00 DM	
1952	780,00 DM		2.160,00 DM	
1953	900,00 DM		2.700,00 DM	
1954	900,00 DM		2.700,00 DM	
1955	967,50 DM		2.700,00 DM	
1956	990,00 DM		2.700,00 DM	
1957	1.215,00 DM		2.770,00 DM	
1958	1.260,00 DM		2.820,00 DM	
1959	1.344,00 DM		2.820,00 DM	
1960	1.428,00 DM		2.820,00 DM	
1961	1.512,00 DM		3.102,00 DM	
1962	1.596,00 DM		3.102,00 DM	
1963	1.680,00 DM		3.384,00 DM	
1964	1.848,00 DM		3.948,00 DM	

1) Die im Jahr 1948 vor der Währungsreform geltenden Höchstbeiträge wurden entsprechend der Umstellung der Renten im Verhältnis 1 : 1 von Reichsmark (RM) in Deutsche Mark (DM) umgerechnet.

(Zu LStH 19.8)

Anlage § 010-01/Vorsorgeaufwendungen und Altersbezüge

Jahr	Gesetzliche Rentenversicherung der Arbeiter und Angestellten		Knappschaftliche Rentenversicherung	
	Arbeiter	Angestellte	Arbeiter	Angestellte
1965	2.016,00 DM		4.230,00 DM	
1966	2.184,00 DM		4.512,00 DM	
1967	2.352,00 DM		4.794,00 DM	
1968	2.880,00 DM		5.358,00 DM	
1969	3.264,00 DM		5.640,00 DM	
1970	3.672,00 DM		5.922,00 DM	
1971	3.876,00 DM		6.486,00 DM	
1972	4.284,00 DM		7.050,00 DM	
1973	4.968,00 DM		7.896,00 DM	
1974	5.400,00 DM		8.742,00 DM	
1975	6.048,00 DM		9.588,00 DM	
1976	6.696,00 DM		10.716,00 DM	
1977	7.344,00 DM		11.844,00 DM	
1978	7.992,00 DM		12.972,00 DM	
1979	8.640,00 DM		13.536,00 DM	
1980	9.072,00 DM		14.382,00 DM	
1981	9.768,00 DM		15.876,00 DM	
1982	10.152,00 DM		16.356,00 DM	
1983	10.900,00 DM		17.324,00 DM	
1984	11.544,00 DM		18.624,00 DM	
1985	12.306,60 DM		19.892,30 DM	
1986	12.902,40 DM		20.658,60 DM	
1987	12.790,80 DM		20.831,40 DM	
1988	13.464,00 DM		21.418,20 DM	
1989	13.688,40 DM		2.005,00 DM	
1990	14.137,20 DM		22.885,20 DM	
1991	14.001,00 DM		22.752,00 DM	
1992	14.443,20 DM		23.637,60 DM	
1993	15.120,00 DM		24.831,00 DM	
1994	17.510,40 DM		28.764,00 DM	
1995	17.409,60 DM		28.454,40 DM	
1996	18.432,00 DM		29.988,00 DM	
1997	19.975,20 DM		32.602,80 DM	
1998	20.462,40 DM		33.248,40 DM	
1999	20.094,00 DM		32.635,20 DM	
2000	19.917,60 DM		32.563,20 DM	
2001	19.940,40 DM		32.613,60 DM	
2002	10.314,00 €		16.916,40 €	
2003	11.934,00 €		19.425,00 €	
2004	12.051,00 €		19.735,80 €	

Anlage § O10-02/Berufsausbildungskosten ab 2004 (Zu LStH 9.2)

Neuregelung der einkommensteuerlichen Behandlung von Berufsausbildungskosten gemäß § 10 Absatz 1 Nummer 7, § 12 Nummer 5 EStG in der Fassung des Gesetzes zur Änderung der Abgabenordnung und weiterer Gesetze vom 21. Juli 2004 (BGBl. I S. 1753, BStBl. I 2005 S. 343) ab 2004 [1)]

BMF-Schreiben vom 22. September 2010 IV C 4 – S 2227/07/10002 :002, 2010/0416045 (BStBl. I S. 721)

Die einkommensteuerliche Behandlung von Berufsausbildungskosten wurde durch das Gesetz zur Änderung der Abgabenordnung und weiterer Gesetze vom 21. Juli 2004 (BGBl. I S. 1753, BStBl. I 2005 S. 343) neu geordnet (Neuordnung). Nach dem Ergebnis der Erörterungen mit den obersten Finanzbehörden der Länder unter Einbeziehung der Rechtsfolgen aus der allgemeinen Anwendung des BFH-Urteils vom 18. Juni 2009 – VI R 14/07 – (BStBl. II 2010 S. 816) und notwendiger redaktioneller Änderungen gelten dazu die nachfolgenden Ausführungen.

Inhaltsübersicht

		Rz
1.	Grundsätze	1–3
2.	Erstmalige Berufsausbildung, Erststudium und Ausbildungsdienstverhältnisse i. S. d. § 12 Nummer 5 EStG	4–28
2.1	Erstmalige Berufsausbildung	4–11
2.2	Erststudium	12–26
2.2.1	Grundsätze	12–17
2.2.2	Einzelfragen	18–26
2.3	Berufsausbildung oder Studium im Rahmen eines Ausbildungsdienstverhältnisses	27–28
3.	Abzug von Aufwendungen für die eigene Berufsausbildung als Sonderausgaben, § 10 Absatz 1 Nummer 7 EStG	29
4.	Anwendungszeitraum	30

1. Grundsätze

1 Aufwendungen für die erstmalige Berufsausbildung oder ein Erststudium stellen nach § 12 Nummer 5 EStG keine Betriebsausgaben oder Werbungskosten dar, es sei denn, die Bildungsmaßnahme findet im Rahmen eines Dienstverhältnisses statt (Ausbildungsdienstverhältnis).

Aufwendungen für die eigene Berufsausbildung, die nicht Betriebsausgaben oder Werbungskosten darstellen, können nach § 10 Absatz 1 Nummer 7 EStG bis zu 4 000 Euro im Kalenderjahr als Sonderausgaben abgezogen werden.

2 Ist einer Berufsausbildung oder einem Studium eine abgeschlossene erstmalige Berufsausbildung oder ein abgeschlossenes Erststudium vorausgegangen (weitere Berufsausbildung oder weiteres Studium), handelt es sich dagegen bei den durch die weitere Berufsausbildung oder das weitere Studium veranlassten Aufwendungen um Betriebsausgaben oder Werbungskosten, wenn ein hinreichend konkreter, objektiv feststellbarer Zusammenhang mit späteren im Inland steuerpflichtigen Einnahmen aus der angestrebten beruflichen Tätigkeit besteht. Entsprechendes gilt für ein Erststudium nach einer abgeschlossenen nichtakademischen Berufsausbildung (BFH vom 18. Juni 2009 – VI R 14/07 –, BStBl. II 2010 S. 816). Die Rechtsprechung des BFH zur Rechtslage vor der Neuordnung ist insoweit weiter anzuwenden, BFH vom 4. Dezember 2002 – VI R 120/01 – (BStBl. II 2003 S. 403); vom 17. Dezember 2002 – VI R 137/01 – (BStBl. II 2003 S. 407); vom 13. Februar 2003 – IV R 44/01 – (BStBl. II 2003 S. 698); vom 29. April 2003 – VI R 86/99 – (BStBl. II 2003 S. 749); vom 27. Mai 2003 – VI R 33/01 – (BStBl. II 2004 S. 884); vom 22. Juli 2003 – VI R 190/97 – (BStBl. II 2004 S. 886); vom 22. Juli 2003 – VI R 137/99 – (BStBl. II 2004 S. 888); vom 22. Juli 2003 – VI R 50/02 – (BStBl. II 2004 S. 889); vom 13. Oktober 2003 – VI R 71/02 – (BStBl. II 2004 S. 890); vom 4. November 2003 – VI R 96/01 – (BStBl. II 2004 S. 891).

3 Unberührt von der Neuordnung bleibt die Behandlung von Aufwendungen für eine berufliche Fort- und Weiterbildung. Sie stellen Betriebsausgaben oder Werbungskosten dar, sofern sie durch den Beruf veranlasst sind, soweit es sich dabei nicht um eine erstmalige Berufsausbildung oder ein Erststudium i. S. d. § 12 Nummer 5 EStG handelt.

---

1) Bestätigt durch rückwirkende Gesetzesänderung ab VZ 2004 § 4 Absatz 9, § 9 Absatz 6, § 12 Nummer 5 EStG i. d. F. BeitrRLUmsG vom 7.12.2011 (BGBl. I S. 2592, BStBl. I S. 1171).

(Zu LStH 9.2) **Anlage § 010-02/Berufsausbildungskosten ab 2004**

2. Erstmalige Berufsausbildung, Erststudium und Ausbildungsdienstverhältnisse i. S. d. § 12 Nummer 5 EStG

2.1 Erstmalige Berufsausbildung

Unter dem Begriff „Berufsausbildung" i. S. d. § 12 Nummer 5 EStG ist eine berufliche Ausbildung unter Ausschluss eines Studiums zu verstehen. 4

Eine Berufsausbildung i. S. d. § 12 Nummer 5 EStG liegt vor, wenn der Steuerpflichtige durch eine berufliche Ausbildungsmaßnahme die notwendigen fachlichen Fertigkeiten und Kenntnisse erwirbt, die zur Aufnahme eines Berufs befähigen. Voraussetzung ist, dass der Beruf durch eine Ausbildung im Rahmen eines öffentlich-rechtlich geordneten Ausbildungsgangs erlernt wird (BFH vom 6. März 1992 – VI R 163/88 –, BStBl. II 1992 S. 661) und der Ausbildungsgang durch eine Prüfung abgeschlossen wird.

Die Auslegung des Begriffs "Berufsausbildung" im Rahmen des § 32 Absatz 4 EStG ist für § 12 Nummer 5 EStG nicht maßgeblich.

Zur Berufsausbildung zählen: 5

- Berufsausbildungsverhältnisse gemäß § 1 Absatz 3, §§ 4 bis 52 Berufsbildungsgesetz (Artikel 1 des Gesetzes zur Reform der beruflichen Bildung [Berufsbildungsreformgesetz – BerBiRefG] vom 23. März 2005, BGBl. I S. 931 zuletzt geändert durch Gesetz vom 5. Februar 2009, BGBl. I S. 160, im Folgenden BBiG), sowie anerkannte Lehr- und Anlernberufe oder vergleichbar geregelte Ausbildungsberufe aus der Zeit vor dem In-Kraft-Treten des BBiG, § 104 BBiG. Der erforderliche Abschluss besteht hierbei in der erfolgreich abgelegten Abschlussprüfung i. S. d. § 37 BBiG. Gleiches gilt, wenn die Abschlussprüfung nach § 43 Absatz 2 BBiG ohne ein Ausbildungsverhältnis auf Grund einer entsprechenden schulischen Ausbildung abgelegt wird, die gemäß den Voraussetzungen des § 43 Absatz 2 BBiG als im Einzelnen gleichwertig anerkannt ist;
- mit Berufsausbildungsverhältnissen vergleichbare betriebliche Ausbildungsgänge außerhalb des Geltungsbereichs des BBiG (zurzeit nach der Schiffsmechaniker-Ausbildungsverordnung vom 12. April 1994, BGBl. I S. 797 in der jeweils geltenden Fassung);
- die Ausbildung auf Grund der bundes- oder landesrechtlichen Ausbildungsregelungen für Berufe im Gesundheits- und Sozialwesen;
- landesrechtlich geregelte Berufsabschlüsse an Berufsfachschulen;
- die Berufsausbildung behinderter Menschen in anerkannten Berufsausbildungsberufen oder auf Grund von Regelungen der zuständigen Stellen in besonderen „Behinderten-Ausbildungsberufen" und
- die Berufsausbildung in einem öffentlich-rechtlichen Dienstverhältnis sowie die Berufsausbildung auf Kauffahrtschiffen, die nach dem Flaggenrechtsgesetz vom 8. Februar 1951 (BGBl. I S. 79) die Bundesflagge führen, soweit es sich nicht um Schiffe der kleinen Hochseefischerei und der Küstenfischerei handelt.

Andere Bildungsmaßnahmen werden einer Berufsausbildung i. S. d. § 12 Nummer 5 EStG gleichgestellt, wenn sie dem Nachweis einer Sachkunde dienen, die Voraussetzung zur Aufnahme einer fest umrissenen beruflichen Betätigung ist. Die Ausbildung muss im Rahmen eines geordneten Ausbildungsgangs erfolgen und durch eine staatliche oder staatlich anerkannte Prüfung abgeschlossen werden. Der erfolgreiche Abschluss der Prüfung muss Voraussetzung für die Aufnahme der beruflichen Betätigung sein. Die Ausbildung und der Abschluss müssen vom Umfang und Qualität der Ausbildungsmaßnahmen und Prüfungen her grundsätzlich mit den Anforderungen, die im Rahmen von Berufsausbildungsmaßnahmen i. S. d. Rz. 5 gestellt werden, vergleichbar sein. 6

Dazu gehört z. B. die Ausbildung zu Berufspiloten auf Grund der JAR-FCL 1 deutsch vom 15. April 2003, Bundesanzeiger 2003 Nummer 80a.

Aufwendungen für den Besuch allgemein bildender Schulen sind Kosten der privaten Lebensführung i. S. d. § 12 Nummer 1 EStG und dürfen daher nicht bei den einzelnen Einkunftsarten abgezogen werden. Der Besuch eines Berufskollegs zum Erwerb der Fachhochschulreife gilt als Besuch einer allgemein bildenden Schule. Dies gilt auch, wenn ein solcher Abschluss, z. B. das Abitur, nach Abschluss einer Berufsausbildung nachgeholt wird (BFH vom 22. Juni 2006 – VI R 5/04 –, BStBl II S. 717). Derartige Aufwendungen können als Sonderausgaben gemäß § 10 Absatz 1 Nummer 7 oder Nummer 9 EStG vom Gesamtbetrag der Einkünfte abgezogen werden. 7

Die Berufsausbildung ist als erstmalige Berufsausbildung anzusehen, wenn ihr keine andere abgeschlossene Berufsausbildung beziehungsweise kein abgeschlossenes berufsqualifizierendes Hochschulstudium vorausgegangen ist. Wird ein Steuerpflichtiger ohne entsprechende Berufsausbildung in einem Beruf tätig und führt er die zugehörige Berufsausbildung nachfolgend durch (nachgeholte Be- 8

Anlage § 010-02/Berufsausbildungskosten ab 2004 (Zu LStH 9.2)

rufsausbildung), handelt es sich dabei um eine erstmalige Berufsausbildung (BFH vom 6. März 1992 – VI R 163/88 –, BStBl. II 1992 S. 661).

9 Diese Grundsätze gelten auch für die Behandlung von Aufwendungen für Anerkennungsjahre und praktische Ausbildungsabschnitte als Bestandteil einer Berufsausbildung. Soweit keine vorherige abgeschlossene Berufsausbildung vorangegangen ist, stellen sie Teil einer ersten Berufsausbildung dar und unterliegen § 12 Nummer 5 EStG. Nach einer vorherigen abgeschlossenen Berufsausbildung oder einem berufsqualifizierenden Studium können Anerkennungsjahre und Praktika einen Bestandteil einer weiteren Berufsausbildung darstellen oder bei einem entsprechenden Veranlassungszusammenhang als Fort- oder Weiterbildung anzusehen sein.

10 Bei einem Wechsel und einer Unterbrechung der erstmaligen Berufsausbildung sind die in Rz. 19 angeführten Grundsätze entsprechend anzuwenden.

11 Inländischen Abschlüssen gleichgestellt sind Berufsausbildungsabschlüsse von Staatsangehörigen eines Mitgliedstaats der Europäischen Union (EU) oder eines Vertragstaats des europäischen Wirtschaftsraums (EWR) oder der Schweiz, die in einem dieser Länder erlangt werden, sofern der Abschluss in mindestens einem dieser Länder unmittelbar den Zugang zu dem entsprechenden Beruf eröffnet. Ferner muss die Tätigkeit, zu denen die erlangte Qualifikation in mindestens einem dieser Länder befähigt, der Tätigkeit, zu der ein entsprechender inländischer Abschluss befähigt, gleichartig sein. Zur Vereinfachung kann in der Regel davon ausgegangen werden, dass eine Gleichartigkeit vorliegt.

2.2 Erststudium

2.2.1 Grundsätze

12 Ein Studium i. S. d. § 12 Nummer 5 EStG liegt dann vor, wenn es sich um ein Studium an einer Hochschule i. S. d. § 1 Hochschulrahmengesetz handelt (Gesetz vom 26. Januar 1976, BGBl. I S. 185 in der Fassung der Bekanntmachung vom 19. Januar 1999, BGBl. I S. 18, zuletzt geändert durch Gesetz vom 12. April 2007, BGBl. I S. 506, im Folgenden HRG). Nach dieser Vorschrift sind Hochschulen die Universitäten, die Pädagogischen Hochschulen, die Kunsthochschulen, die Fachhochschulen und die sonstigen Einrichtungen des Bildungswesens, die nach Landesrecht staatliche Hochschulen sind. Gleichgestellt sind private und kirchliche Bildungseinrichtungen sowie die Hochschulen des Bundes, die nach Landesrecht als Hochschule anerkannt werden, § 70 HRG. Studien können auch als Fernstudien durchgeführt werden, § 13 HRG. Auf die Frage, welche schulischen Abschlüsse oder sonstigen Leistungen den Zugang zum Studium eröffnet haben, kommt es nicht an.

13 Ein Studium stellt dann ein erstmaliges Studium i. S. d. § 12 Nummer 5 EStG dar, wenn es sich um eine Erstausbildung handelt. Es darf ihm kein anderes durch einen berufsqualifizierenden Abschluss beendetes Studium oder keine andere abgeschlossene nichtakademische Berufsausbildung i. S. d. Rz. 4 bis 11 vorangegangen sein (BFH vom 18. Juni 2009 – VI R 14/07 -, BStBl. II 2010 S. 816). Dies gilt auch in den Fällen, in denen während eines Studiums eine Berufsausbildung erst abgeschlossen wird, unabhängig davon, ob die beiden Ausbildungen sich inhaltlich ergänzen. In diesen Fällen ist eine Berücksichtigung der Aufwendungen für das Studium als Werbungskosten/Betriebsausgaben erst – unabhängig vom Zahlungszeitpunkt – ab dem Zeitpunkt des Abschlusses der Berufsausbildung möglich. Davon ausgenommen ist ein Studium, das im Rahmen eines Dienstverhältnisses stattfindet (siehe Rz. 27). Ein Studium wird auf Grund der entsprechenden Prüfungsordnung einer inländischen Hochschule durch eine Hochschulprüfung oder eine staatliche oder kirchliche Prüfung abgeschlossen, §§ 15, 16 HRG.

14 Auf Grund einer berufsqualifizierenden Hochschulprüfung kann ein Hochschulgrad verliehen werden. Hochschulgrade sind die Diplom- und der Magistergrad i. S. d. § 18 HRG. Das Landesrecht kann weitere Grade vorsehen. Ferner können die Hochschulen Studiengänge einrichten, die auf Grund entsprechender berufsqualifizierender Prüfungen zu einem Bachelor- oder Bakkalaureusgrad und einem Master- oder Magistergrad führen, § 19 HRG. Der Magistergrad i. S. d. § 18 HRG setzt anders als der Master- oder Magistergrad i. S. d. des § 19 HRG keinen vorherigen anderen Hochschulabschluss voraus. Zwischenprüfungen stellen keinen Abschluss eines Studiums i. S. d. § 12 Nummer 5 EStG dar.

15 Die von den Hochschulen angebotenen Studiengänge führen in der Regel zu einem berufsqualifizierenden Abschluss, § 10 Absatz 1 Satz 1 HRG. Im Zweifel ist davon auszugehen, dass die entsprechenden Prüfungen berufsqualifizierend sind.

16 Die Ausführungen bei den Berufsausbildungskosten zur Behandlung von Aufwendungen für Anerkennungsjahre und Praktika gelten entsprechend, vgl. Rz. 9.

17 Studien- und Prüfungsleistungen an ausländischen Hochschulen, die zur Führung eines ausländischen akademischen Grades berechtigen, der nach § 20 HRG in Verbindung mit dem Recht des Landes, in dem der Gradinhaber seinen inländischen Wohnsitz oder inländischen gewöhnlichen Aufenthalt hat, anerkannt wird, sowie Studien- und Prüfungsleistungen, die von Staatsangehörigen eines Mitgliedstaats der

(Zu LStH 9.2) **Anlage § 010-02/Berufsausbildungskosten ab 2004**

EU oder von Vertragstaaten des EWR oder der Schweiz an Hochschulen dieser Staaten erbracht werden, sind nach diesen Grundsätzen inländischen Studien- und Prüfungsleistungen gleichzustellen. Der Steuerpflichtige hat die Berechtigung zur Führung des Grades nachzuweisen. Für die Gleichstellung von Studien- und Prüfungsleistungen werden die in der Datenbank "anabin" (www.anabin.de) der Zentralstelle für ausländisches Bildungswesen beim Sekretariat der Kultusministerkonferenz aufgeführten Bewertungsvorschläge zugrunde gelegt.

2.2.2 Einzelfragen

Fachschulen: 18

Die erstmalige Aufnahme eines Studiums nach dem berufsqualifizierenden Abschluss einer Fachschule stellt auch dann ein Erststudium dar, wenn die von der Fachschule vermittelte Bildung und das Studium sich auf ein ähnliches Wissensgebiet beziehen. Die Aufwendungen für ein solches Erststudium können bei Vorliegen der entsprechenden Voraussetzungen als Betriebsausgaben oder Werbungskosten berücksichtigt werden.

Wechsel und Unterbrechung des Studiums: 19

Bei einem Wechsel des Studiums ohne Abschluss des zunächst betriebenen Studiengangs, z. B. von Rechtswissenschaften zu Medizin, stellt das zunächst aufgenommene Jurastudium kein abgeschlossenes Erststudium dar. Bei einer Unterbrechung eines Studiengangs ohne einen berufsqualifizierenden Abschluss und seiner späteren Weiterführung stellt der der Unterbrechung nachfolgende Studienteil kein weiteres Studium dar.

Beispiel:

An einer Universität wird der Studiengang des Maschinenbaustudiums aufgenommen, anschließend unterbrochen und nunmehr eine Ausbildung als Kfz-Mechaniker begonnen, aber ebenfalls nicht abgeschlossen. Danach wird der Studiengang des Maschinenbaustudiums weitergeführt und abgeschlossen. § 12 Nummer 5 EStG ist auf beide Teile des Maschinenbaustudiums anzuwenden. Das gilt unabhängig davon, ob das Maschinenbaustudium an derselben Hochschule fortgeführt oder an einer anderen Hochschule bzw. Fachhochschule aufgenommen und abgeschlossen wird.

Abwandlung:

Wird das begonnene Studium statt dessen, nachdem die Ausbildung zum Kfz-Mechaniker erfolgreich abgeschlossen wurde, weitergeführt und abgeschlossen, ist § 12 Nummer 5 EStG nur auf den ersten Teil des Studiums anzuwenden, da der Fortsetzung des Studiums eine abgeschlossene nichtakademische Berufsausbildung vorausgeht.

Mehrere Studiengänge: 20

Werden zwei (oder ggf. mehrere) Studiengänge parallel studiert, die zu unterschiedlichen Zeiten abgeschlossen werden, stellt der nach dem berufsqualifizierenden Abschluss eines der Studiengänge weiter fortgesetzte andere Studiengang vom Zeitpunkt des Abschlusses an ein weiteres Studium dar.

Aufeinander folgende Abschlüsse unterschiedlicher Hochschultypen: 21

Da die Universitäten, Pädagogischen Hochschulen, Kunsthochschulen, Fachhochschulen sowie weitere entsprechende landesrechtliche Bildungseinrichtungen gleichermaßen Hochschulen i. S. d. § 1 HRG darstellen, stellt ein Studium an einer dieser Bildungseinrichtungen nach einem abgeschlossen Studium an einer anderen dieser Bildungseinrichtungen ein weiteres Studium dar. So handelt es sich bei einem Universitätsstudium nach einem abgeschlossenen Fachhochschulstudium um ein weiteres Studium.

Ergänzungs- und Aufbaustudien: 22

Postgraduale Zusatz-, Ergänzungs- und Aufbaustudien i. S. d. § 12 HRG setzen den Abschluss eines ersten Studiums voraus und stellen daher ein weiteres Studium dar.

Vorbereitungsdienst: 23

Als berufsqualifizierender Studienabschluss gilt auch der Abschluss eines Studiengangs, durch den die fachliche Eignung für einen beruflichen Vorbereitungsdienst oder eine berufliche Einführung vermittelt wird, § 10 Absatz 1 Satz 2 HRG. Dazu zählt beispielhaft der jur. Vorbereitungsdienst (Referendariat). Das erste juristische Staatsexamen stellt daher einen berufsqualifizierenden Abschluss dar.

Bachelor- und Masterstudiengänge: 24

Nach § 19 Absatz 2 HRG stellt der Bachelor- oder Bakkalaureusgrad einer inländischen Hochschule einen berufsqualifizierenden Abschluss dar. Daraus folgt, dass der Abschluss eines Bachelorstudiengangs den Abschluss eines Erststudiums darstellt und ein nachfolgender Studiengang als weiteres Studium anzusehen ist.

Anlage § 010-02/Berufsausbildungskosten ab 2004 (Zu LStH 9.2)

Nach § 19 Absatz 3 HRG kann die Hochschule auf Grund von Prüfungen, mit denen ein weiterer berufsqualifizierender Abschluss erworben wird, einen Master- oder Magistergrad verleihen. Die Hochschule kann einen Studiengang ausschließlich mit dem Abschluss Bachelor anbieten (grundständig). Sie kann einen Studiengang mit dem Abschluss als Bachelor und einem inhaltlich darauf aufbauenden Masterstudiengang vorsehen (konsekutives Masterstudium). Sie kann aber auch ein Masterstudium anbieten, ohne selbst einen entsprechenden Bachelorstudiengang anzubieten (postgraduales Masterstudium).

Ein Masterstudium i. S. d. § 19 HRG kann nicht ohne ein abgeschlossenes Bachelor- oder anderes Studium aufgenommen werden. Es stellt daher ein weiteres Studium dar. Dies gilt auch für den Master of Business Administration (MBA).

Er ermöglicht Studenten verschiedener Fachrichtungen ein anwendungsbezogenes Postgraduiertenstudium in den Wirtschaftswissenschaften.

25 Berufsakademien und andere Ausbildungseinrichtungen:

Nach Landesrecht kann vorgesehen werden, dass bestimmte an Berufsakademien oder anderen Ausbildungseinrichtungen erfolgreich absolvierte Ausbildungsgänge einem abgeschlossenen Studium an einer Fachhochschule gleichwertig sind und die gleichen Berechtigungen verleihen, auch wenn es sich bei diesen Ausbildungseinrichtungen nicht um Hochschulen i. S. d. § 1 HRG handelt. Soweit dies der Fall ist, stellt ein entsprechend abgeschlossenes Studium unter der Voraussetzung, dass ihm kein anderes abgeschlossenes Studium oder keine andere abgeschlossene Berufsausbildung vorangegangen ist, ein Erststudium i. S. d. § 12 Nummer 5 EStG dar.

26 Promotion:

Es ist regelmäßig davon auszugehen, dass dem Promotionsstudium und der Promotion durch die Hochschule selber der Abschluss eines Studiums vorangeht. Aufwendungen für ein Promotionsstudium und die Promotion stellen Betriebsausgaben oder Werbungskosten dar, sofern ein berufsbezogener Veranlassungszusammenhang zu bejahen ist (BFH vom 4. November 2003 – VI R 96/01 –, BStBl. II 2004, 891). Dies gilt auch, wenn das Promotionsstudium bzw. die Promotion im Einzelfall ohne vorhergehenden berufsqualifizierenden Studienabschluss durchgeführt wird.

Eine Promotion stellt keinen berufsqualifizierenden Abschluss eines Studienganges dar.

2.3 Berufsausbildung oder Studium im Rahmen eines Ausbildungsdienstverhältnisses

27 Eine erstmalige Berufsausbildung oder ein Studium findet im Rahmen eines Ausbildungsdienstverhältnisses statt, wenn die Ausbildungsmaßnahme Gegenstand des Dienstverhältnisses ist (vgl. R 9.2 LStR 2008 und H 9.2 „Ausbildungsdienstverhältnis" LStH 2010 sowie die dort angeführte Rechtsprechung des BFH). Die dadurch veranlassten Aufwendungen stellen Werbungskosten dar. Zu den Ausbildungsdienstverhältnissen zählen z. B. die Berufsausbildungsverhältnisse gemäß § 1 Absatz 3, §§ 4 bis 52 BBiG.

28 Dementsprechend liegt kein Ausbildungsdienstverhältnis vor, wenn die Berufsausbildung oder das Studium nicht Gegenstand des Dienstverhältnisses ist, auch wenn die Berufsbildungsmaßnahme oder das Studium seitens des Arbeitgebers durch Hingabe von Mitteln, z. B. eines Stipendiums, gefördert wird.

3. Abzug von Aufwendungen für die eigene Berufsausbildung als Sonderausgaben, § 10 Absatz 1 Nummer 7 EStG

29 Bei der Ermittlung der Aufwendungen gelten die allgemeinen Grundsätze des Einkommensteuergesetzes. Dabei sind die Regelungen in § 4 Absatz 5 Satz 1 Nummer 5 und 6b, § 9 Absatz 1 Satz 3 Nummer 4 und 5 und Absatz 2 EStG zu beachten. Zu den abziehbaren Aufwendungen gehören z. B.

– Lehrgangs-, Schul- oder Studiengebühren, Arbeitsmittel, Fachliteratur,
– Fahrten zwischen Wohnung und Ausbildungsort,
– Mehraufwendungen für Verpflegung,
– Mehraufwendungen wegen auswärtiger Unterbringung. Für den Abzug von Aufwendungen für eine auswärtige Unterbringung ist nicht erforderlich, dass die Voraussetzungen einer doppelten Haushaltsführung vorliegen.

4. Anwendungszeitraum

30 Die Grundsätze dieses Schreibens sind in allen noch offenen Fällen ab dem Veranlagungszeitraum 2004 anzuwenden. Dieses Schreiben ersetzt die BMF-Schreiben vom 4. November 2005 – IV C 8 – S 2227 – 5/05 – (BStBl. I S. 955) und vom 21. Juni 2007 – IV C 4 – S 2227/07/0002 – / – 2007/0137269 – (BStBl. I S. 492).

Anlage § 010-03/Aufteilung Globalbeiträge ausländische SV

Aufteilung der an ausländische Sozialversicherungsträger geleisteten Globalbeiträge zur Berücksichtigung der Vorsorgeaufwendungen im Rahmen des Sonderausgabenabzugs

BMF-Schreiben vom 5. Juli 2011 IV C 3 – S 2221/09/10013 :001, 2011/0532821 (BStBl. I S. 711)[1])

Die Beiträge einer in Deutschland steuerpflichtigen Person zu einer gesetzlichen Sozialversicherung können grundsätzlich als Sonderausgaben bei der Einkommensteuerveranlagung geltend gemacht werden. Zu diesen Beiträgen zählen die Altersvorsorgeaufwendungen i. S. d. § 10 Absatz 1 Nummer 2 Buchstabe a EStG (u. a. Beiträge zur gesetzlichen Rentenversicherung) und die Vorsorgeaufwendungen i. S. d. § 10 Absatz 1 Nummern 3 und 3a EStG (Beiträge zur Basiskranken- und gesetzlichen Pflegeversicherung = Nr. 3/u. a. Beiträge zur Arbeitslosenversicherung = Nr. 3a). Für beschränkt Steuerpflichtige gilt dies jedoch nur, wenn es sich um Arbeitnehmer handelt, die Einkünfte i. S. d. § 49 Absatz 1 Nummer 4 EStG beziehen und soweit die Aufwendungen auf die Zeit entfallen, in der diese Einkünfte bezogen werden. Vorsorgeaufwendungen i. S. d. § 10 Absatz 1 Nummer 3a EStG sind bei beschränkt Steuerpflichtigen generell nicht zu berücksichtigen.

Aufgrund der unterschiedlichen Abzugsvolumina sind Beiträge an die gesetzliche Sozialversicherung aufzuteilen in Beiträge an die gesetzliche Rentenversicherung, an die gesetzliche Kranken- und Pflegeversicherung sowie u. a. in Beiträge an die Arbeitslosenversicherung. Neben den Beiträgen an inländische Sozialversicherungsträger sind auch vergleichbare Zahlungen an ausländische Sozialversicherungsträger begünstigt. Anders als bei der inländischen gesetzlichen Sozialversicherung gibt es einige ausländische Sozialversicherungen, in denen – bezogen auf die Beitragsleistung – nicht nach den verschiedenen Sozialversicherungszweigen unterschieden wird und ein **einheitlicher** Sozialversicherungsbeitrag **(Globalbeitrag)** erhoben wird. Mit dem Globalbeitrag werden Leistungen u. a. bei Arbeitslosigkeit, Krankheit, Mutterschutz, Invalidität, Alter und Tod finanziert. Es wird von der ausländischen Sozialversicherung nicht danach differenziert, welcher Anteil des Beitrags für die Finanzierung der jeweiligen Sozialversicherungsleistungen eingesetzt wird. Für eine zutreffende steuerliche Berücksichtigung ist der an die ausländische gesetzliche Sozialversicherung vom Arbeitnehmer mitgetragene Globalbeitrag auf die einzelnen Versicherungszweige aufzuteilen.

Im Einvernehmen mit den obersten Finanzbehörden der Länder sind für die Aufteilung staatenbezogen die der folgenden Tabelle zu entnehmenden Prozentsätze auf den vom Steuerpflichtigen geleisteten Globalbeitrag anzuwenden.

Vorsorgeaufwendungen nach	Belgien	Irland	Lettland	Malta	Norwegen	Portugal	Spanien	Verein. Königreich (GB)	Zypern
§ 10 Absatz 1 Nummer 2 Buchstabe a EStG	52,93 %	78,66 %	78,98 %	50,25 %	58,19 %	85,41 %	97,07 %	85,41 %	91,25 %
§ 10 Absatz 1 Nummer 3 Buchstabe a und b EStG (ohne Krankengeldanteil)	38,03 %	7,90 %	—	41,16 %	41,81 %	—	—	—	—
§ 10 Absatz 1 Nummer 3a EStG (davon Krankengeldanteil)	9,04 % (1,59 %)	13,44 % (2,37 %)	21,02 % (7,96 %)	8,59 % (1,52 %)	—	14,59 % (2,57 %)	2,93 % (2,93 %)	14,59 % (2,57 %)	8,75 % (2,75 %)
Gesamtaufwand	100,00 %	100,00 %	100,00 %	100,00 %	100,00 %	100,00 %	100,00 %	100,00 %	100,00 %

Eine entsprechende Aufteilung ist auch bei der Ausschreibung von Lohnsteuerbescheinigungen und Besonderen Lohnsteuerbescheinigungen durch den Arbeitgeber ohne maschinelle Lohnabrechnung für das Kalenderjahr 2011 vorzunehmen (s. BMF-Schreiben vom 23. August 2010, BStBl. I S. 665, *– Anlage § 041b-01 Lohnsteuerband 2011* – Abschnitt I Tz. 13 Buchstabe a hinsichtlich der Altersvorsorgeaufwendungen, Buchstabe b hinsichtlich der Zuschüsse zur Kranken- und Pflegeversicherung und Buchstabe e hinsichtlich der Beiträge zur Arbeitslosenversicherung). Zu beachten ist hier, dass Beiträge an ausländische Sozialversicherungsträger für eine Kranken- und Pflegeversicherung nicht zu bescheinigen sind (s. BMF-Schreiben vom 22. Oktober 2010, BStBl. I S. 1254, Tz. 6.3).

Die Tabelle ist für den Veranlagungszeitraum 2011 und die vorangegangenen Veranlagungszeiträume anzuwenden. Sie gilt für den gesamten jeweiligen Veranlagungszeitraum.

Die Aufteilung von Globalbeiträgen, die an Sozialversicherungsträger in Ländern außerhalb Europas geleistet werden, ist im Einzelfall zu prüfen.

---

1) Hinweis auf ergänzendes BMF-Schreiben vom 3.12.2014 (BStBl. I S. 1606) –**Anhang 60** –.

Anlage § 010a-01/Altersvorsorge (Zu LStH 3.55, 3.55a, 3.56, 3.63, 3.65, 3.66, 38.2)

Steuerliche Förderung der privaten Altersvorsorge und betrieblichen Altersversorgung

BMF-Schreiben vom 24. Juli 2013 IV C 3 – S 2015/11/10002, IV C 5 – S 2333/09/10005 (BStBl. I S. 1022) unter Berücksichtigung der Änderungen durch BMF-Schreiben vom 13. Januar 2014 IV C 3 – S 2015/11/10002 :018 – 2014/0007769 (BStBl. I S. 97) und BMF-Schreiben vom 13. März 2014 IV C 3 – S 2015/11/10002 / IV C 5 – 2333/09/10005 – 2014/0381474 (BStBl. I S. 554)

Zur steuerlichen Förderung der privaten Altersvorsorge und betrieblichen Altersversorgung nehme ich im Einvernehmen mit den obersten Finanzbehörden der Länder wie folgt Stellung:
Für die Inanspruchnahme des Sonderausgabenabzugs nach § 10a EStG wird, was die Prüfungskompetenz der Finanzämter betrifft, vorab auf § 10a Abs. 5 Satz 4 EStG hingewiesen, wonach die vom Anbieter mitgeteilten übrigen Voraussetzungen für den Sonderausgabenabzug nach § 10a Abs. 1 bis 3 EStG (z. B. die Zulageberechtigung oder die Art der Zulageberechtigung) im Wege des automatisierten Datenabgleichs nach § 91 EStG durch die zentrale Stelle (Zentrale Zulagenstelle für Altersvermögen – ZfA –) überprüft werden.

Inhalt

		Randziffer
A.	**Private Altersvorsorge** [1]	1-283
I.	Förderung durch Zulage und Sonderausgabenabzug	1-120
1.	Begünstigter Personenkreis	1-25
	a) Allgemeines	1
	b) Unmittelbar begünstigte Personen	2-19
	aa) Pflichtversicherte in der inländischen gesetzlichen Rentenversicherung (§ 10a Abs. 1 Satz 1 Halbsatz 1 EStG) und Pflichtversicherte nach dem Gesetz über die Alterssicherung der Landwirte (§ 10a Abs. 1 Satz 3 EStG)	2-3
	bb) Empfänger von inländischer Besoldung und diesen gleichgestellte Personen (§ 10a Abs. 1 Satz 1 Halbsatz 2 EStG)	4-5
	cc) Pflichtversicherten gleichstehende Personen	6
	dd) Entsendete Pflichtversicherte und Beamte, denen eine Tätigkeit im Ausland zugewiesen wurde	7-8
	ee) Bezieher einer Rente wegen voller Erwerbsminderung oder Erwerbsunfähigkeit oder einer Versorgung wegen Dienstunfähigkeit	9-13
	ff) Bestandsschutz ausländische Alterssicherungssysteme	14-19
	(1) Pflichtversicherte in einer ausländischen gesetzlichen Rentenversicherung	15-16
	(2) Bezieher einer Rente wegen voller Erwerbsminderung oder Erwerbsunfähigkeit oder einer Versorgung wegen Dienstunfähigkeit aus einem ausländischen Alterssicherungssystem	17
	(3) Beschäftigte internationaler Institutionen	18-19
	c) Nicht unmittelbar begünstigte Personen	20
	d) Mittelbar zulageberechtigte Personen	21-25
2.	Altersvorsorgebeiträge (§ 82 EStG)	26-39
	a) Private Altersvorsorgebeiträge	26-34
	b) Beiträge im Rahmen der betrieblichen Altersversorgung	35
	c) Altersvorsorgebeiträge nach Beginn der Auszahlungsphase	36
	d) Beiträge, die über den Mindesteigenbeitrag hinausgehen	37-38
	e) Beiträge von Versicherten in einer ausländischen gesetzlichen Rentenversicherung	39
3.	Zulage	40-86
	a) Grundzulage	40-41

---

[1] Teil A wird nicht abgedruckt.

(Zu LStH 3.55, 3.55a, 3.56, 3.63, 3.65, 3.66, 38.2) **Anlage § 010a-01/Altersvorsorge**

	b) Kinderzulage		42-56
	aa) Allgemeines		42-45
	bb) Kinderzulageberechtigung bei miteinander verheirateten Eltern		46-48
	cc) Kinderzulageberechtigung in anderen Fällen		49-52
	dd) Wechsel des Kindergeldempfängers im Laufe des Beitragsjahres		53-55
	ee) Kindergeldrückforderung		56
	c) Mindesteigenbeitrag		57-86
	aa) Allgemeines		57-64
	bb) Berechnungsgrundlagen		65-79
	(1) Beitragspflichtige Einnahmen		66-69
	(2) Besoldung und Amtsbezüge		70-72
	(3) Land- und Forstwirte		73
	(4) Bezieher einer Rente wegen voller Erwerbsminderung/Erwerbsunfähigkeit oder einer Versorgung wegen Dienstunfähigkeit		74-76
	(5) Elterngeld		77
	(6) Sonderfälle		78-79
	cc) Besonderheiten bei Ehegatten/Lebenspartner		80-84
	dd) Kürzung der Zulage		85-86
4.	Sonderausgabenabzug		87-113
	a) Umfang des Sonderausgabenabzugs bei Ehegatten/Lebenspartnern		94-95
	b) Günstigerprüfung		96-106
	aa) Anrechnung des Zulageanspruchs		99
	bb) Ehegatten/Lebenspartner		100-106
	c) Gesonderte Feststellung der zusätzlichen Steuerermäßigung		107-113
5.	Zusammentreffen mehrerer Verträge		114-120
	a) Altersvorsorgezulage		114-118
	b) Sonderausgabenabzug		119-120
II.	Nachgelagerte Besteuerung nach § 22 Nr. 5 EStG		121-189
1.	Allgemeines		121-125
2.	Abgrenzung der geförderten und der nicht geförderten Beiträge		126-131
	a) Geförderte Beiträge		126-128
	b) Nicht geförderte Beiträge		129-131
3.	Leistungen, die ausschließlich auf geförderten Altersvorsorgebeiträgen beruhen (§ 22 Nr. 5 Satz 1 EStG)		132-133
4.	Leistungen, die zum Teil auf geförderten, zum Teil auf nicht geförderten Altersvorsorgebeiträgen beruhen (§ 22 Nr. 5 Satz 1 und 2 EStG)		134-142
5.	Leistungen, die ausschließlich auf nicht geförderten Altersvorsorgebeiträgen beruhen		143
6.	Vertragswechsel		144-160
	a) Steuerfreiheit nach § 3 Nr. 55c EStG		145-146
	b) Besteuerung beim überlebenden Ehegatten/Lebenspartner		147-148
	c) Übertragung von ungefördertem Altersvorsorgevermögen		149-160
	aa) Ermittlung des nach § 3 Nr. 55c EStG steuerfreien Betrags bei einem vor dem 1. Januar 2005 abgeschlossenen, versicherungsförmigen Altersvorsorgevertrag		150
	bb) Besteuerung im Auszahlungszeitpunkt		151-160
7.	Wohnförderkonto		161-182
8.	Nachträgliche Änderung der Vertragsbedingungen		183-184
9.	Provisionserstattungen bei geförderten Altersvorsorgeverträgen		185

Anlage § 010a-01/Altersvorsorge (Zu LStH 3.55, 3.55a, 3.56, 3.63, 3.65, 3.66, 38.2)

	10. Bonusleistungen bei geförderten Altersvorsorgeverträgen	186
	11. Vorweggenommene Werbungskosten	187
	12. Bescheinigungspflicht des Anbieters	188-189
III.	Schädliche Verwendung von Altersvorsorgevermögen	190-231
	1. Allgemeines	190-206
	2. Auszahlung von gefördertem Altersvorsorgevermögen	207-225
	a) Möglichkeiten der schädlichen Verwendung	207
	b) Folgen der schädlichen Verwendung	208-221
	aa) Rückzahlung der Förderung	208-216
	bb) Besteuerung nach § 22 Nr. 5 Satz 3 EStG	217-221
	c) Übertragung begünstigten Altersvorsorgevermögens auf den überlebenden Ehegatten/Lebenspartner	222-225
	3. Auszahlung von nicht gefördertem Altersvorsorgevermögen	226-227
	4. Sonderfälle der Rückzahlung	228-231
IV.	Altersvorsorge-Eigenheimbetrag und Tilgungsförderung für eine wohnungswirtschaftliche Verwendung	232-260
	1. Allgemeines	232-233
	2. Zulageberechtigter als Entnahmeberechtigter	234
	3. Entnehmbare Beträge	235-240
	4. Begünstigte Verwendung (§ 92a Abs. 1 EStG)	241-247
	a) Unmittelbare Anschaffung oder Herstellung	242-243
	b) Entschuldung	244
	c) Genossenschaftsanteile	245-247
	d) Umbau einer Wohnung	247a-247e
	5. Begünstigte Wohnung	248-252
	6. Anschaffung oder Herstellung	253
	7. Selbstnutzung	254-256
	8. Aufgabe der Selbstnutzung der eigenen Wohnung	257-260
V.	Sonstiges	261-283
	1. Pfändungsschutz (§ 97 EStG)	261-263
	2. Verfahrensfragen	264-283
	a) Zulagenantrag	264-269
	b) Rückforderung von Zulagen	270-272
	c) Festsetzungsfrist	273-279
	d) Bescheinigungs- und Informationspflichten des Anbieters	280-283
B.	**Betriebliche Altersversorgung**	284-399
I.	Allgemeines	284-290
II.	Lohnsteuerliche Behandlung von Zusagen auf Leistungen der betrieblichen Altersversorgung	291-368
	1. Allgemeines	291
	2. Entgeltumwandlung zugunsten betrieblicher Altersversorgung	292-295
	3. Behandlung laufender Zuwendungen des Arbeitgebers und Sonderzahlungen an umlagefinanzierte Pensionskassen (§ 19 Abs. 1 Satz 1 Nr. 3 EStG)	296-300
	4. Steuerfreiheit nach § 3 Nr. 63 EStG	301-320
	a) Steuerfreiheit nach § 3 Nr. 63 Satz 1 und 3 EStG	301-315
	aa) Begünstigter Personenkreis	301-302
	bb) Begünstigte Aufwendungen	303-311

(Zu LStH 3.55, 3.55a, 3.56, 3.63, 3.65, 3.66, 38.2) **Anlage § 010a-01/Altersvorsorge**

	cc)	Begünstigte Auszahlungsformen	312
	dd)	Sonstiges	313-315
b)	Ausschluss der Steuerfreiheit nach § 3 Nr. 63 Satz 2 EStG		316-319
	aa)	Personenkreis	316
	bb)	Höhe und Zeitpunkt der Ausübung des Wahlrechts	317-319
c)	Vervielfältigungsregelung nach § 3 Nr. 63 Satz 4 EStG		320
5.	Steuerfreiheit nach § 3 Nr. 65 und 66 EStG		321-322
6.	Steuerfreiheit nach § 3 Nr. 55 EStG		323-328
7.	Übernahme von Pensionsverpflichtungen gegen Entgelt durch Beitritt eines Dritten in eine Pensionsverpflichtung (Schuldbeitritt) oder Ausgliederung von Pensionsverpflichtungen		329
8.	Förderung durch Sonderausgabenabzug nach § 10a EStG und Zulage nach Abschnitt XI EStG		330-339
9.	Steuerfreiheit nach § 3 Nr. 56 EStG		340-346
	a)	Begünstigter Personenkreis	340
	b)	Begünstigte Aufwendungen	341-346
10.	Anwendung des § 40b EStG in der ab 1. Januar 2005 geltenden Fassung		347-348
11.	Übergangsregelungen § 52 Abs. 6 und 52b EStG zur Anwendung des § 3 Nr. 63 EStG und des § 40b EStG a. F.		349-368
	a)	Abgrenzung von Alt- und Neuzusage	349-358
	b)	Weiteranwendung des § 40b Abs. 1 und 2 EStG a. F.	359-362
	c)	Verhältnis von § 3 Nr. 63 Satz 3 EStG und § 40b Abs. 1 und 2 Satz 1 und 2 EStG a. F.	363-364
	d)	Verhältnis von § 3 Nr. 63 Satz 4 EStG und § 40b Abs. 1 und 2 Satz 3 und 4 EStG a. F.	365
	e)	Keine weitere Anwendung von § 40b Abs. 1 und 2 EStG a. F. auf Neuzusagen	366
	f)	Verhältnis von § 3 Nr. 63 EStG und § 40b EStG a. F., wenn die betriebliche Altersversorgung nebeneinander bei verschiedenen Versorgungseinrichtungen durchgeführt wird	367-368
III.	Steuerliche Behandlung der Versorgungsleistungen		369-390
1.	Allgemeines		369
2.	Direktzusage und Unterstützungskasse		370-371
3.	Direktversicherung, Pensionskasse und Pensionsfonds		372-390
	a)	Leistungen, die ausschließlich auf nicht geförderten Beiträgen beruhen	374-377
	b)	Leistungen, die ausschließlich auf geförderten Beiträgen beruhen	378
	c)	Leistungen, die auf geförderten und nicht geförderten Beiträgen beruhen	379-381
	d)	Sonderzahlungen des Arbeitgebers nach § 19 Abs. 1 Satz 1 Nr. 3 EStG	382
	e)	Bescheinigungspflichten	383
	f)	Sonderregelungen	384-390
		aa) Leistungen aus einem Pensionsfonds aufgrund der Übergangsregelung nach § 52 Abs. 34c EStG	384-385
		bb) Arbeitgeberzahlungen infolge der Anpassungsverpflichtung nach § 16 BetrAVG	386-389
		cc) Beendigung der betrieblichen Altersversorgung	390
IV.	Schädliche Auszahlung von gefördertem Altersvorsorgevermögen		391-399
1.	Allgemeines		391-392
2.	Abfindungen von Anwartschaften, die auf nach § 10a/Abschnitt XI EStG geförderten Beiträgen beruhen		393
3.	Abfindungen von Anwartschaften, die auf steuerfreien und nicht geförderten Beiträgen beruhen		394-395
4.	Portabilität		396-397

Anlage § 010a-01/Altersvorsorge (Zu LStH 3.55, 3.55a, 3.56, 3.63, 3.65, 3.66, 38.2)

5.	Entschädigungsloser Widerruf eines noch verfallbaren Bezugrechts	398-399
C.	**Besonderheiten beim Versorgungsausgleich**	**400-438**
I.	Allgemeines	400-410
1.	Gesetzliche Neuregelung des Versorgungsausgleichs	400-407
2.	Besteuerungszeitpunkte	408-410
II.	Interne Teilung (§ 10 VersAusglG)	411-414
1.	Steuerfreiheit nach § 3 Nr. 55a EStG	411
2.	Besteuerung	411-414
III.	Externe Teilung (§ 14 VersAusglG)	415-421
1.	Steuerfreiheit nach § 3 Nr. 55b EStG	415-416
2.	**Besteuerung bei der ausgleichsberechtigten Person**	**417**
3.	Beispiele	418-420
4.	Verfahren	421
IV.	Steuerunschädliche Übertragung im Sinne des § 93 Abs. 1a EStG	422-435
V.	Leistungen an die ausgleichsberechtigte Person als Arbeitslohn	436-438
D.	**Anwendungsregelung**	**439-440**

B. Betriebliche Altersversorgung

I. Allgemeines

284 Betriebliche Altersversorgung liegt vor, wenn dem Arbeitnehmer aus Anlass seines Arbeitsverhältnisses vom Arbeitgeber Leistungen zur Absicherung mindestens eines biometrischen Risikos (Alter, Tod, Invalidität) zugesagt werden und Ansprüche auf diese Leistungen erst mit dem Eintritt des biologischen Ereignisses fällig werden (§ 1 BetrAVG). Werden mehrere biometrische Risiken abgesichert, ist aus steuerrechtlicher Sicht die gesamte Vereinbarung/ Zusage nur dann als betriebliche Altersversorgung anzuerkennen, wenn für alle Risiken die Vorgaben der Rz. 284 bis 290 beachtet werden. Keine betriebliche Altersversorgung in diesem Sinne liegt vor, wenn vereinbart ist, dass ohne Eintritt eines biometrischen Risikos die Auszahlung an beliebige Dritte (z. B. die Erben) erfolgt. Dies gilt für alle Auszahlungsformen (z. B. lebenslange Rente, Auszahlungsplan mit Restkapitalverrentung, Einmalkapitalauszahlung und ratenweise Auszahlung). Als Durchführungswege der betrieblichen Altersversorgung kommen die Direktzusage (§ 1 Abs. 1 Satz 2 BetrAVG), die Unterstützungskasse (§ 1b Abs. 4 BetrAVG), die Direktversicherung (§ 1b Abs. 2 BetrAVG), die Pensionskasse (§ 1b Abs. 3 BetrAVG) oder der Pensionsfonds (§ 1b Abs. 3 BetrAVG, § 112 VAG) in Betracht.

285 Nicht um betriebliche Altersversorgung handelt es sich, wenn der Arbeitgeber oder eine Versorgungseinrichtung dem nicht bei ihm beschäftigten Ehegatten eines Arbeitnehmers eigene Versorgungsleistungen zur Absicherung seiner biometrischen Risiken (Alter, Tod, Invalidität) verspricht, da hier keine Versorgungszusage aus Anlass eines Arbeitsverhältnisses zwischen dem Arbeitgeber und dem Ehegatten vorliegt (§ 1 BetrAVG).

286 Das biologische Ereignis ist bei der Altersversorgung das altersbedingte Ausscheiden aus dem Erwerbsleben, bei der Hinterbliebenenversorgung der Tod des Arbeitnehmers und bei der Invaliditätsversorgung der Invaliditätseintritt. Als Untergrenze für betriebliche Altersversorgungsleistungen bei altersbedingtem Ausscheiden aus dem Erwerbsleben gilt im Regelfall das 60. Lebensjahr. In Ausnahmefällen können betriebliche Altersversorgungsleistungen auch schon vor dem 60. Lebensjahr gewährt werden, so z. B. bei Berufsgruppen wie Piloten, bei denen schon vor dem 60. Lebensjahr Versorgungsleistungen üblich sind. Ob solche Ausnahmefälle (berufsspezifische Besonderheiten) vorliegen, ergibt sich aus Gesetz, Tarifvertrag oder Betriebsvereinbarung. Erreicht der Arbeitnehmer im Zeitpunkt der Auszahlung das 60. Lebensjahr, hat aber seine berufliche Tätigkeit noch nicht beendet, so ist dies bei den Durchführungswegen Direktversicherung, Pensionskasse und Pensionsfonds unschädlich. Die bilanzielle Behandlung beim Arbeitgeber bei den Durchführungswegen Direktzusage und Unterstützungskasse bleibt davon unberührt. Für Versorgungszusagen, die nach dem 31. Dezember 2011 erteilt werden, tritt an die Stelle des 60. Lebensjahres regelmäßig das 62. Lebensjahr (siehe auch BT-Drucksache 16/3794 vom 12. Dezember 2006, S. 31 unter „IV. Zusätzliche Altersvorsorge" zum RV-Altersgrenzenanpassungsgesetz vom 20. April 2007, BGBl. I 2007 S. 554). Für die Frage, zu welchem Zeitpunkt eine Versorgungszusage erteilt wurde, gelten die Rz. 349 ff. entsprechend. Bei der Invaliditätsversorgung kommt es auf den Invaliditätsgrad nicht an.

(Zu LStH 3.55, 3.55a, 3.56, 3.63, 3.65, 3.66, 38.2) **Anlage § 010a-01/Altersvorsorge**

Eine Hinterbliebenenversorgung im steuerlichen Sinne darf nur Leistungen an die Witwe des Arbeitnehmers oder den Witwer der Arbeitnehmerin, die Kinder im Sinne des § 32 Abs. 3, 4 Satz 1 Nr. 1 bis 3 und Abs. 5 EStG, den früheren Ehegatten oder die Lebensgefährtin/den Lebensgefährten vorsehen. Der Arbeitgeber hat bei Erteilung oder Änderung der Versorgungszusage zu prüfen, ob die Versorgungsvereinbarung insoweit generell diese Voraussetzungen erfüllt; ob im Einzelfall Hinterbliebene in diesem Sinne vorhanden sind, ist letztlich vom Arbeitgeber/Versorgungsträger erst im Zeitpunkt der Auszahlung der Hinterbliebenenleistung zu prüfen. Als Kind kann auch ein im Haushalt des Arbeitnehmers auf Dauer aufgenommenes Kind begünstigt werden, welches in einem Obhuts- und Pflegeverhältnis zu ihm steht und nicht die Voraussetzungen des § 32 EStG zu ihm erfüllt (Pflegekind/Stiefkind und faktisches Stiefkind). Dabei ist es – anders als bei der Gewährung von staatlichen Leistungen – unerheblich, ob noch ein Obhuts- und Pflegeverhältnis zu einem leiblichen Elternteil des Kindes besteht, der ggf. ebenfalls im Haushalt des Arbeitnehmers lebt. Es muss jedoch spätestens zu Beginn der Auszahlungsphase der Hinterbliebenenleistung eine schriftliche Versicherung des Arbeitnehmers vorliegen, in der, neben der geforderten namentlichen Benennung des Pflegekindes/Stiefkindes und faktischen Stiefkindes, bestätigt wird, dass ein entsprechendes Kindschaftsverhältnis besteht. Entsprechendes gilt, wenn ein Enkelkind auf Dauer im Haushalt der Großeltern aufgenommen und versorgt wird. Bei Versorgungszusagen, die vor dem 1. Januar 2007 erteilt wurden, sind für das Vorliegen einer begünstigten Hinterbliebenenversorgung die Altersgrenzen des § 32 EStG in der bis zum 31. Dezember 2006 geltenden Fassung (27. Lebensjahr) maßgebend. Der Begriff des/der Lebensgefährten/in ist als Oberbegriff zu verstehen, der auch die gleichgeschlechtliche Lebenspartnerschaft mit erfasst. Ob eine gleichgeschlechtliche Lebenspartnerschaft eingetragen wurde oder nicht, ist dabei zunächst unerheblich. Für Partner einer eingetragenen Lebenspartnerschaft besteht allerdings die Besonderheit, dass sie einander nach § 5 Lebenspartnerschaftsgesetz zum Unterhalt verpflichtet sind. Insoweit liegt eine mit der zivilrechtlichen Ehe vergleichbare Partnerschaft vor. Handelt es sich dagegen um eine andere Form der nicht ehelichen Lebensgemeinschaft, muss anhand der im BMF-Schreiben vom 25. Juli 2002 (BStBl. I S. 706) genannten Voraussetzungen geprüft werden, ob diese als Hinterbliebenenversorgung anerkannt werden kann. Ausreichend ist dabei regelmäßig, dass spätestens zu Beginn der Auszahlungsphase der Hinterbliebenenleistung eine schriftliche Versicherung des Arbeitnehmers vorliegt, in der neben der geforderten namentlichen Benennung des/der Lebensgefährten/in bestätigt wird, dass eine gemeinsame Haushaltsführung besteht. 287

Die Möglichkeit, andere als die in Rz. 287 genannten Personen als Begünstigte für den Fall des Todes des Arbeitnehmers zu benennen, führt steuerrechtlich dazu, dass es sich nicht mehr um eine Hinterbliebenenversorgung handelt, sondern von einer Vererblichkeit der Anwartschaften auszugehen ist. Gleiches gilt, wenn z. B. bei einer vereinbarten Rentengarantiezeit die Auszahlung auch an andere als die in Rz. 287 genannten Personen möglich ist. Ist die Auszahlung der garantierten Leistungen nach dem Tod des Berechtigten hingegen ausschließlich an Hinterbliebene im engeren Sinne (Rz. 287) möglich, ist eine vereinbarte Rentengarantiezeit ausnahmsweise unschädlich. Ein Wahlrecht des Arbeitnehmers zur Einmal- oder Teilkapitalauszahlung ist in diesem Fall nicht zulässig. Es handelt sich vielmehr nur dann um unschädliche Zahlungen nach dem Tod des Berechtigten, wenn die garantierte Rente in unveränderter Höhe (einschließlich Dynamisierungen) an die versorgungsberechtigten Hinterbliebenen im engeren Sinne weiter gezahlt wird. Dabei ist zu beachten, dass die Zahlungen einerseits durch die garantierte Zeit und andererseits durch das Vorhandensein von entsprechenden Hinterbliebenen begrenzt werden. Die Zusammenfassung von bis zu zwölf Monatsleistungen in einer Auszahlung sowie die gesonderte Auszahlung der zukünftig in der Auszahlungsphase anfallenden Zinsen und Erträge sind dabei unschädlich. Im Fall der(s) Witwe(rs) oder der Lebensgefährtin/des Lebensgefährten wird dabei nicht beanstandet, wenn anstelle der Zahlung der garantierten Rentenleistung in unveränderter Höhe das im Zeitpunkt des Todes des Berechtigten noch vorhandene „Restkapital" ausnahmsweise lebenslang verrentet wird. Die Möglichkeit, ein einmaliges angemessenes Sterbegeld an andere Personen als die in Rz. 287 genannten Hinterbliebenen auszuzahlen, führt nicht zur Versagung der Anerkennung als betriebliche Altersversorgung; bei Auszahlung ist das Sterbegeld gem. § 19 EStG oder § 22 Nr. 5 EStG zu besteuern (vgl. Rz. 369 ff.). Im Fall der Pauschalbesteuerung von Beiträgen für eine Direktversicherung nach § 40b EStG in der am 31. Dezember 2004 geltenden Fassung (§ 40b EStG a. F.) ist es ebenfalls unschädlich, wenn eine beliebige Person als Bezugsberechtigte für den Fall des Todes des Arbeitnehmers benannt wird. 288

Keine betriebliche Altersversorgung liegt vor, wenn zwischen Arbeitnehmer und Arbeitgeber die Vererblichkeit von Anwartschaften vereinbart ist. Auch Vereinbarungen, nach denen Arbeitslohn gutgeschrieben und ohne Abdeckung eines biometrischen Risikos zu einem späteren Zeitpunkt (z. B. bei Ausscheiden aus dem Dienstverhältnis) ggf. mit Wertsteigerung ausgezahlt wird, sind nicht dem Bereich der betrieblichen Altersversorgung zuzuordnen. Gleiches gilt, wenn von vornherein eine Abfindung der 289

Anlage § 010a-01/Altersvorsorge (Zu LStH 3.55, 3.55a, 3.56, 3.63, 3.65, 3.66, 38.2)

Versorgungsanwartschaft, z. B. zu einem bestimmten Zeitpunkt oder bei Vorliegen bestimmter Voraussetzungen, vereinbart ist und dadurch nicht mehr von der Absicherung eines biometrischen Risikos ausgegangen werden kann. Demgegenüber führt allein die Möglichkeit einer Beitragserstattung einschließlich der gutgeschriebenen Erträge bzw. einer entsprechenden Abfindung für den Fall des Ausscheidens aus dem Dienstverhältnis vor Erreichen der gesetzlichen Unverfallbarkeit und/oder für den Fall des Todes vor Ablauf einer arbeitsrechtlich vereinbarten Wartezeit sowie der Abfindung einer Witwenrente/Witwerrente für den Fall der Wiederheirat noch nicht zur Versagung der Anerkennung als betriebliche Altersversorgung. Ebenfalls unschädlich für das Vorliegen von betrieblicher Altersversorgung ist die Abfindung vertraglich unverfallbarer Anwartschaften; dies gilt sowohl bei Beendigung als auch während des bestehenden Arbeitsverhältnisses. Zu den steuerlichen Folgen im Auszahlungsfall siehe Rz. 369 ff.

290 Bei Versorgungszusagen, die vor dem 1. Januar 2005 erteilt wurden (Altzusagen, vgl. Rz. 349 ff.), ist es nicht zu beanstanden, wenn in den Versorgungsordnungen in Abweichung von Rz. 284 ff. die Möglichkeit einer Elternrente oder der Beitragserstattung einschließlich der gutgeschriebenen Erträge an die in Rz. 287 genannten Personen im Fall des Versterbens vor Erreichen der Altersgrenze und in Abweichung von Rz. 312 lediglich für die zugesagte Altersversorgung, nicht aber für die Hinterbliebenen- oder Invaliditätsversorgung die Auszahlung in Form einer Rente oder eines Auszahlungsplans vorgesehen ist. Dagegen sind Versorgungszusagen, die nach dem 31. Dezember 2004 (Neuzusagen, vgl. Rz. 349 ff.) aufgrund von Versorgungsordnungen erteilt werden, die die Voraussetzungen dieses Schreibens nicht erfüllen, aus steuerlicher Sicht nicht mehr als betriebliche Altersversorgung anzuerkennen; eine steuerliche Förderung ist hierfür nicht mehr möglich. Im Fall der nach § 40b EStG a. F. pauschal besteuerten (Alt-)Direktversicherungen gilt nach Rz. 288 weiterhin keine Begrenzung bezüglich des Kreises der Bezugsberechtigten.

II. Lohnsteuerliche Behandlung von Zusagen auf Leistungen der betrieblichen Altersversorgung

1. Allgemeines

291 Der Zeitpunkt des Zuflusses von Arbeitslohn richtet sich bei einer durch Beiträge des Arbeitgebers (einschließlich Entgeltumwandlung oder anderer Finanzierungsanteile des Arbeitnehmers, vgl. Rz. 304) finanzierten betrieblichen Altersversorgung nach dem Durchführungsweg der betrieblichen Altersversorgung (vgl. auch R 40b.1 LStR zur Abgrenzung). Bei der Versorgung über eine Direktversicherung, eine Pensionskasse oder einen Pensionsfonds liegt Zufluss von Arbeitslohn im Zeitpunkt der Zahlung der Beiträge durch den Arbeitgeber an die entsprechende Versorgungseinrichtung vor. Erfolgt die Beitragszahlung durch den Arbeitgeber vor „Versicherungsbeginn", liegt ein Zufluss von Arbeitslohn jedoch erst im Zeitpunkt des „Versicherungsbeginns" vor. Die Einbehaltung der Lohnsteuer richtet sich nach § 38a Abs. 1 und 3 EStG (vgl. auch R 39b.2, 39b.5 und 39b.6 LStR). Bei der Versorgung über eine Direktzusage oder Unterstützungskasse fließt der Arbeitslohn erst im Zeitpunkt der Zahlung der Altersversorgungsleistungen an den Arbeitnehmer zu.

2. Entgeltumwandlung zugunsten betrieblicher Altersversorgung7

292 Um durch Entgeltumwandlung finanzierte betriebliche Altersversorgung handelt es sich, wenn Arbeitgeber und Arbeitnehmer vereinbaren, künftige Arbeitslohnansprüche zugunsten einer betrieblichen Altersversorgung herabzusetzen (Umwandlung in eine wertgleiche Anwartschaft auf Versorgungsleistungen – Entgeltumwandlung – § 1 Abs. 2 Nr. 3 BetrAVG).

Davon zu unterscheiden sind die eigenen Beiträge des Arbeitnehmers, zu deren Leistung er aufgrund einer eigenen vertraglichen Vereinbarung mit der Versorgungseinrichtung originär selbst verpflichtet ist. Diese eigenen Beiträge des Arbeitnehmers zur betrieblichen Altersversorgung werden aus dem bereits zugeflossenen und versteuerten Arbeitsentgelt geleistet (vgl. auch Rz. 304).

293 Eine Herabsetzung von Arbeitslohnansprüchen zugunsten betrieblicher Altersversorgung ist steuerlich als Entgeltumwandlung auch dann anzuerkennen, wenn die in § 1 Abs. 2 Nr. 3 BetrAVG geforderte Wertgleichheit außerhalb versicherungsmathematischer Grundsätze berechnet wird. Entscheidend ist allein, dass die Versorgungsleistung zur Absicherung mindestens eines biometrischen Risikos (Alter, Tod, Invalidität) zugesagt und erst bei Eintritt des biologischen Ereignisses fällig wird.

294 Die Herabsetzung von Arbeitslohn (laufender Arbeitslohn, Einmal- und Sonderzahlungen) zugunsten der betrieblichen Altersversorgung wird aus Vereinfachungsgründen grundsätzlich auch dann als Entgeltumwandlung steuerlich anerkannt, wenn die Gehaltsänderungsvereinbarung bereits erdiente, aber noch nicht fällig gewordene Anteile umfasst. Dies gilt auch, wenn eine Einmal- oder Sonderzahlung einen Zeitraum von mehr als einem Jahr betrifft.

295 Bei einer Herabsetzung laufenden Arbeitslohns zugunsten einer betrieblichen Altersversorgung hindert es die Annahme einer Entgeltumwandlung nicht, wenn der bisherige ungekürzte Arbeitslohn weiterhin

Bemessungsgrundlage für künftige Erhöhungen des Arbeitslohns oder andere Arbeitgeberleistungen (wie z. B. Weihnachtsgeld, Tantieme, Jubiläumszuwendungen, betriebliche Altersversorgung) bleibt, die Gehaltsminderung zeitlich begrenzt oder vereinbart wird, dass der Arbeitnehmer oder der Arbeitgeber sie für künftigen Arbeitslohn einseitig ändern können.

3. Behandlung laufender Zuwendungen des Arbeitgebers und Sonderzahlungen an umlagefinanzierte Pensionskassen (§ 19 Abs. 1 Satz 1 Nr. 3 EStG)

Laufende Zuwendungen sind regelmäßig fortlaufend geleistete Zahlungen des Arbeitgebers für eine betriebliche Altersversorgung an eine Pensionskasse, die nicht im Kapitaldeckungsverfahren, sondern im Umlageverfahren finanziert wird. Hierzu gehören insbesondere Umlagen an die Versorgungsanstalt des Bundes und der Länder – VBL – bzw. an eine kommunale Zusatzversorgungskasse.

Sonderzahlungen des Arbeitgebers sind insbesondere Zahlungen, die an die Stelle der bei regulärem Verlauf zu entrichtenden laufenden Zuwendungen treten oder neben laufenden Beiträgen oder Zuwendungen entrichtet werden und zur Finanzierung des nicht kapitalgedeckten Versorgungssystems dienen. Hierzu gehören beispielsweise Zahlungen, die der Arbeitgeber anlässlich seines Ausscheidens aus einem umlagefinanzierten Versorgungssystem, des Wechsels von einem umlagefinanzierten zu einem anderen umlagefinanzierten Versorgungssystem oder der Zusammenlegung zweier nicht kapitalgedeckter Versorgungssysteme zu leisten hat.

Beispiel zum Wechsel der Zusatzversorgungskasse (ZVK):

Die ZVK A wird auf die ZVK B überführt. Der Umlagesatz der ZVK A betrug bis zur Überführung 6 % vom zusatzversorgungspflichtigen Entgelt. Die ZVK B erhebt nur 4 % vom zusatzversorgungspflichtigen Entgelt. Der Arbeitgeber zahlt nach der Überführung auf die ZVK B für seine Arbeitnehmer zusätzlich zu den 4 % Umlage einen festgelegten Betrag, durch den die Differenz bei der Umlagenhöhe (6 % zu 4 % vom zusatzversorgungspflichtigen Entgelt) ausgeglichen wird.

Bei dem Differenzbetrag, den der Arbeitgeber nach der Überführung auf die ZVK B zusätzlich leisten muss, handelt es sich um eine steuerpflichtige Sonderzahlung gem. § 19 Abs. 1 Satz 1 Nr. 3 Satz 2 Buchstabe b EStG, die mit 15 % gem. § 40b Abs. 4 EStG pauschal zu besteuern ist.

Zu den nicht zu besteuernden Sanierungsgeldern gehören die Sonderzahlungen des Arbeitgebers, die er anlässlich der Umstellung der Finanzierung des Versorgungssystems von der Umlagefinanzierung auf die Kapitaldeckung für die bis zur Umstellung bereits entstandenen Versorgungsverpflichtungen oder -anwartschaften noch zu leisten hat. Gleiches gilt für die Zahlungen, die der Arbeitgeber im Fall der Umstellung auf der Leistungsseite für vor Umstellung bereits entstandenen Versorgungsverpflichtungen und -anwartschaften in das Versorgungssystem leistet. Davon ist z. B. auszugehen, wenn,

– eine deutliche Trennung zwischen bereits entstandenen und neu entstehenden Versorgungsverpflichtungen sowie -anwartschaften sichtbar wird,
– der finanzielle Fehlbedarf zum Zeitpunkt der Umstellung hinsichtlich der bereits entstandenen Versorgungsverpflichtungen sowie -anwartschaften ermittelt wird und
– dieser Betrag ausschließlich vom Arbeitgeber als Zuschuss geleistet wird.

Beispiel zum Sanierungsgeld:

Die ZVK A stellt ihre betriebliche Altersversorgung auf der Finanzierungs- und Leistungsseite um. Bis zur Systemumstellung betrug die Umlage 6,2 % vom zusatzversorgungspflichtigen Entgelt. Nach der Systemumstellung beträgt die Zahlung insgesamt 7,7 % vom zusatzversorgungspflichtigen Entgelt. Davon werden 4 % zugunsten der nun im Kapitaldeckungsverfahren finanzierten Neuanwartschaften und 3,7 % für die weiterhin im Umlageverfahren finanzierten Anwartschaften einschließlich eines Sanierungsgeldes geleistet.

Die Ermittlung des nicht zu besteuernden Sanierungsgeldes erfolgt nach § 19 Abs. 1 Satz 1 Nr. 3 Satz 4 Halbsatz 2 EStG. Ein solches nicht zu besteuerndes Sanierungsgeld liegt nur vor, soweit der bisherige Umlagesatz überstiegen wird.

Zahlungen nach der Systemumstellung insgesamt	7,7 %
Zahlungen vor der Systemumstellung	6,2 %
Nicht zu besteuerndes Sanierungsgeld	1,5 %

Ermittlung der weiterhin nach § 19 Abs. 1 Satz 1 Nr. 3 Satz 1 EStG grundsätzlich zu besteuernden Umlagezahlung:

Anlage § 010a-01/Altersvorsorge (Zu LStH 3.55, 3.55a, 3.56, 3.63, 3.65, 3.66, 38.2)

Nach der Systemumstellung geleistete Zahlung für das Umlageverfahren einschließlich des Sanierungsgeldes	3,7 %
Nicht zu besteuerndes Sanierungsgeld	1,5 %
grundsätzlich zu besteuernde Umlagezahlung	2,2 %

Eine Differenzrechnung nach § 19 Abs. 1 Satz 1 Nr. 3 Satz 4 Halbsatz 2 EStG entfällt, wenn es an laufenden und wiederkehrenden Zahlungen entsprechend dem periodischen Bedarf fehlt, also das zu erbringende Sanierungsgeld als Gesamtfehlbetrag feststeht und lediglich ratierlich getilgt wird.

4. Steuerfreiheit nach § 3 Nr. 63 EStG

a) Steuerfreiheit nach § 3 Nr. 63 Satz 1 und 3 EStG

aa) Begünstigter Personenkreis

301 Zu dem durch § 3 Nr. 63 EStG begünstigten Personenkreis gehören alle Arbeitnehmer (§ 1 LStDV), unabhängig davon, ob sie in der gesetzlichen Rentenversicherung pflichtversichert sind oder nicht (z. B. beherrschende Gesellschafter-Geschäftsführer, geringfügig Beschäftigte, in einem berufsständischen Versorgungswerk Versicherte).

302 Die Steuerfreiheit setzt lediglich ein bestehendes erstes Dienstverhältnis voraus. Diese Voraussetzung kann auch erfüllt sein, wenn es sich um ein geringfügiges Beschäftigungsverhältnis oder eine Aushilfstätigkeit handelt. Die Steuerfreiheit ist jedoch nicht bei Arbeitnehmern zulässig, bei denen der Arbeitgeber den Lohnsteuerabzug nach der Steuerklasse VI vorgenommen hat.

bb) Begünstigte Aufwendungen7

303 Zu den nach § 3 Nr. 63 EStG begünstigten Aufwendungen gehören nur Beiträge an Pensionsfonds, Pensionskassen und Direktversicherungen, die zum Aufbau einer betrieblichen Altersversorgung im Kapitaldeckungsverfahren erhoben werden. Für Umlagen, die vom Arbeitgeber an eine Versorgungseinrichtung entrichtet werden, kommt die Steuerfreiheit nach § 3 Nr. 63 EStG dagegen nicht in Betracht (siehe aber § 3 Nr. 56 EStG, Rz. 340 ff.). Werden sowohl Umlagen als auch Beiträge im Kapitaldeckungsverfahren erhoben, gehören letztere nur dann zu den begünstigten Aufwendungen, wenn eine getrennte Verwaltung und Abrechnung beider Vermögensmassen erfolgt (Trennungsprinzip).

304 Steuerfrei sind nur Beiträge des Arbeitgebers. Das sind diejenigen Beiträge, die vom Arbeitgeber als Versicherungsnehmer selbst geschuldet und an die Versorgungseinrichtung geleistet werden. Dazu gehören

– die Beiträge des Arbeitgebers, die zusätzlich zum ohnehin geschuldeten Arbeitslohn erbracht werden (rein arbeitgeberfinanzierte Beiträge) sowie
– alle im Gesamtversicherungsbeitrag des Arbeitgebers enthaltenen Finanzierungsanteile des Arbeitnehmers (BFH-Urteil vom 9. Dezember 2010 – VI R 57/08 –, BStBl. II 2011 S. 978 und BMF-Schreiben vom 25. November 2011, BStBl. I S. 1250) wie z. B.
  – eine Eigenbeteiligung des Arbeitnehmers oder
  – die mittels Entgeltumwandlung finanzierten Beiträge (vgl. Rz. 292 ff.). Im Fall der Finanzierung der Beiträge durch eine Entgeltumwandlung ist die Beachtung des Mindestbetrags gem. § 1a BetrAVG für die Inanspruchnahme der Steuerfreiheit nicht erforderlich.

Beiträge des Arbeitnehmers, zu deren Leistung er aufgrund einer eigenen vertraglichen Vereinbarung mit der Versorgungseinrichtung originär selbst verpflichtet ist (sog. eigene Beiträge des Arbeitnehmers), sind dagegen vom Anwendungsbereich des § 3 Nr. 63 EStG ausgeschlossen, auch wenn sie vom Arbeitgeber an die Versorgungseinrichtung abgeführt werden.

305 Zur Umsetzung des BFH-Urteils vom 9. Dezember 2010 – VI R 57/08 – (BStBl. II 2011 S. 978) zur steuerlichen Behandlung von Finanzierungsanteilen der Arbeitnehmer zur betrieblichen Altersversorgung im öffentlichen Dienst siehe BMF-Schreiben vom 25. November 2011 (BStBl. I S. 1250).

306 Die Steuerfreiheit nach § 3 Nr. 63 EStG kann nur dann in Anspruch genommen werden, wenn der vom Arbeitgeber zur Finanzierung der zugesagten Versorgungsleistung gezahlte Beitrag nach bestimmten individuellen Kriterien dem einzelnen Arbeitnehmer zugeordnet wird. Allein die Verteilung eines vom Arbeitgeber gezahlten Gesamtbeitrags nach der Anzahl der begünstigten Arbeitnehmer genügt hingegen für die Anwendung des § 3 Nr. 63 EStG nicht. Für die Anwendung des § 3 Nr. 63 EStG ist nicht Voraussetzung, dass sich die Höhe der zugesagten Versorgungsleistung an der Höhe des eingezahlten Beitrags des Arbeitgebers orientiert, da der Arbeitgeber nach § 1 BetrAVG nicht nur eine Beitragszusage mit Mindestleistung oder eine beitragsorientierte Leistungszusage, sondern auch eine Leistungszusage erteilen kann.

(Zu LStH 3.55, 3.55a, 3.56, 3.63, 3.65, 3.66, 38.2) **Anlage § 010a-01/Altersvorsorge**

Maßgeblich für die betragsmäßige Begrenzung der Steuerfreiheit auf 4 % der Beitragsbemessungsgrenze in der allgemeinen Rentenversicherung ist auch bei einer Beschäftigung in den neuen Ländern oder Berlin (Ost) die in dem Kalenderjahr gültige Beitragsbemessungsgrenze (West). Zusätzlich zu diesem Höchstbetrag können Beiträge, die vom Arbeitgeber aufgrund einer nach dem 31. Dezember 2004 erteilten Versorgungszusage (Neuzusage, vgl. Rz. 349 ff.) geleistet werden, bis zur Höhe von 1.800 € steuerfrei bleiben. Dieser zusätzliche Höchstbetrag kann jedoch nicht in Anspruch genommen werden, wenn für den Arbeitnehmer in dem Kalenderjahr Beiträge nach § 40b Abs. 1 und 2 EStG a. F. pauschal besteuert werden (vgl. Rz. 363). Bei den Höchstbeträgen des § 3 Nr. 63 EStG handelt es sich jeweils um Jahresbeträge. Eine zeitanteilige Kürzung der Höchstbeträge ist daher nicht vorzunehmen, wenn das Arbeitsverhältnis nicht während des ganzen Jahres besteht oder nicht für das ganze Jahr Beiträge gezahlt werden. Die Höchstbeträge können erneut in Anspruch genommen werden, wenn der Arbeitnehmer sie in einem vorangegangenen Dienstverhältnis bereits ausgeschöpft hat. Im Fall der Gesamtrechtsnachfolge und des Betriebsübergangs nach § 613a BGB kommt dies dagegen nicht in Betracht. 307

Soweit die Beiträge die Höchstbeträge übersteigen, sind sie individuell zu besteuern. Für die individuell besteuerten Beiträge kann eine Förderung durch Sonderausgabenabzug nach § 10a und Zulage nach Abschnitt XI EStG in Betracht kommen (vgl. Rz. 330 ff.). Zur Übergangsregelung des § 52 Abs. 52b EStG siehe Rz. 359 ff. 308

Bei monatlicher Zahlung der Beiträge bestehen keine Bedenken, wenn die Höchstbeträge in gleichmäßige monatliche Teilbeträge aufgeteilt werden. Stellt der Arbeitgeber vor Ablauf des Kalenderjahres, z. B. bei Beendigung des Dienstverhältnisses fest, dass die Steuerfreiheit im Rahmen der monatlichen Teilbeträge nicht in vollem Umfang ausgeschöpft worden ist oder werden kann, muss eine ggf. vorgenommene Besteuerung der Beiträge rückgängig gemacht (spätester Zeitpunkt hierfür ist die Übermittlung oder Erteilung der Lohnsteuerbescheinigung) oder der monatliche Teilbetrag künftig so geändert werden, dass die Höchstbeträge ausgeschöpft werden. 309

Rein arbeitgeberfinanzierte Beiträge sind steuerfrei, soweit sie die Höchstbeträge (4 % der Beitragsbemessungsgrenze in der allgemeinen Rentenversicherung sowie 1.800 €) nicht übersteigen. Die Höchstbeträge werden zunächst durch diese Beiträge ausgefüllt. Sofern die Höchstbeträge dadurch nicht ausgeschöpft worden sind, sind die verbleibenden, auf den verschiedenen Finanzierungsanteilen des Arbeitnehmers beruhenden Beiträge des Arbeitgebers (vgl. Rz. 304) zu berücksichtigen. Besteht neben einer Altzusage auch eine Neuzusage (s. Rz. 349 ff. und 355), wird der Höchstbetrag des § 3 Nr. 63 Satz 1 EStG (4 % der Beitragsbemessungsgrenze in der allgemeinen Rentenversicherung) zunächst durch alle Beiträge auf Grund der Altzusage ausgeschöpft. Soweit die Steuerfreiheit dadurch nicht voll ausgeschöpft wurde, sind die Beiträge auf Grund der Neuzusage zu berücksichtigen. Somit gilt in diesen Fällen für die Ermittlung des höchstmöglichen steuerfreien Volumens im Kalenderjahr folgendes Schema: 310

Altzusage: rein arbeitgeberfinanzierte Beiträge, sodann auf den verschiedenen Finanzierungsanteilen des Arbeitnehmers beruhende Beiträge

Neuzusage: rein arbeitgeberfinanzierte Beiträge, sodann auf den verschiedenen Finanzierungsanteilen des Arbeitnehmers beruhende Beiträge

Beispiel: 311

Ein Arbeitgeber hat eine Altzusage und daneben eine Neuzusage erteilt. Es werden zur betrieblichen Altersversorgung folgende Beiträge geleistet:

– aufgrund einer Altzusage an eine Pensionskasse
  - rein arbeitgeberfinanzierte Beiträge   600 €
  - Finanzierungsanteile des Arbeitnehmers   1.800 €
    - Eigenbeteiligung des Arbeitnehmers   600 €
    - Entgeltumwandlung   1.200 €
– aufgrund einer Neuzusage für eine Direktversicherung
  - rein arbeitgeberfinanzierte Beiträge   1 200 €
  - Entgeltumwandlung   1.200 €

Insgesamt (Alt- und Neuzusage)   4.800 €

Die Beitragsbemessungsgrenze in der allgemeinen Rentenversicherung 2013 beträgt 69.600 € und der Höchstbetrag nach § 3 Nr. 63 Satz 1 EStG somit 2.784 €. Von der Vereinfachungsregelung nach Rz. 309 wird Gebrauch gemacht.

Für die Anwendung von § 3 Nr. 63 EStG ergibt sich Folgendes:

Anlage § 010a-01/Altersvorsorge (Zu LStH 3.55, 3.55a, 3.56, 3.63, 3.65, 3.66, 38.2)

– Beiträge aufgrund der Altzusage steuerfrei nach § 3 Nr. 63 Satz 1 EStG i. H. v. (600 € + 1.800 €)	2.400 €
– rein arbeitgeberfinanzierte Beiträge aufgrund der Neuzusage steuerfrei nach § 3 Nr. 63 Satz 1 EStG i. H. v. (2.784 € – 2.400 €)	384 €
– verbleibende, rein arbeitgeberfinanzierte Beiträge Neuzusage steuerfrei nach § 3 Nr. 63 Satz 3 EStG i. H. v. (1.200 € – 384 €, aber höchstens 1.800 €)	816 €
– Entgeltumwandlung Beiträge aufgrund der Neuzusage (1.200 €, höchstens noch 1.800 € – 816 €)	984 €
– danach verbleibende Beiträge aufgrund der Neuzusage steuerpflichtig i. H. v. (2.400 € – 384 € – 1.800 €)	216 €

cc) Begünstigte Auszahlungsformen

312 Voraussetzung für die Steuerfreiheit ist, dass die Auszahlung der zugesagten Alters-, Invaliditäts- oder Hinterbliebenenversorgungsleistungen in Form einer lebenslangen Rente oder eines Auszahlungsplans mit anschließender lebenslanger Teilkapitalverrentung (§ 1 Abs. 1 Satz 1 Nr. 4 Buchstabe a AltZertG) vorgesehen ist. Im Hinblick auf die entfallende Versorgungsbedürftigkeit z. B. für den Fall der Vollendung des 25. Lebensjahres der Kinder (siehe auch Rz. 287; bei Versorgungszusagen, die vor dem 1. Januar 2007 erteilt wurden, ist grundsätzlich das 27. Lebensjahr maßgebend), der Wiederheirat der Witwe/des Witwers, dem Ende der Erwerbsminderung durch Wegfall der Voraussetzungen für den Bezug (insbesondere bei Verbesserung der Gesundheitssituation oder Erreichen der Altersgrenze) ist es nicht zu beanstanden, wenn eine Rente oder ein Auszahlungsplan zeitlich befristet ist. Von einer Rente oder einem Auszahlungsplan ist auch noch auszugehen, wenn bis zu 30 % des zu Beginn der Auszahlungsphase zur Verfügung stehenden Kapitals außerhalb der monatlichen Leistungen ausgezahlt werden. Die zu Beginn der Auszahlungsphase zu treffende Entscheidung und Entnahme des Teilkapitalbetrags aus diesem Vertrag (Rz. 203) führt zur Besteuerung nach § 22 Nr. 5 EStG. Allein die Möglichkeit, anstelle dieser Auszahlungsformen eine Einmalkapitalauszahlung (100 % des zu Beginn der Auszahlungsphase zur Verfügung stehenden Kapitals) zu wählen, steht der Steuerfreiheit noch nicht entgegen. Die Möglichkeit, eine Einmalkapitalauszahlung anstelle einer Rente oder eines Auszahlungsplans zu wählen, gilt nicht nur für Altersversorgungsleistungen, sondern auch für Invaliditäts- oder Hinterbliebenenversorgungsleistungen. Entscheidet sich der Arbeitnehmer zugunsten einer Einmalkapitalauszahlung, so sind von diesem Zeitpunkt an die Voraussetzungen des § 3 Nr. 63 EStG nicht mehr erfüllt und die Beitragsleistungen zu besteuern.Erfolgt die Ausübung des Wahlrechts innerhalb des letzten Jahres vor dem altersbedingten Ausscheiden aus dem Erwerbsleben, so ist es aus Vereinfachungsgründen nicht zu beanstanden, wenn die Beitragsleistungen weiterhin nach § 3 Nr. 63 EStG steuerfrei belassen werden. Für die Berechnung der Jahresfrist ist dabei auf das im Zeitpunkt der Ausübung des Wahlrechts vertraglich vorgesehene Ausscheiden aus dem Erwerbsleben (vertraglich vorgesehener Beginn der Altersversorgungsleistung) abzustellen. Da die Auszahlungsphase bei der Hinterbliebenenleistung erst mit dem Zeitpunkt des Todes des ursprünglich Berechtigten beginnt, ist es in diesem Fall aus steuerlicher Sicht nicht zu beanstanden, wenn das Wahlrecht im zeitlichen Zusammenhang mit dem Tod des ursprünglich Berechtigten ausgeübt wird. Bei Auszahlung oder anderweitiger wirtschaftlicher Verfügung ist der Einmalkapitalbetrag gem. § 22 Nr. 5 EStG zu besteuern (siehe dazu Rz. 372 ff.).

dd) Sonstiges

313 Eine Steuerfreiheit der Beiträge kommt nicht in Betracht, soweit es sich hierbei nicht um Arbeitslohn im Rahmen eines Dienstverhältnisses, sondern um eine verdeckte Gewinnausschüttung im Sinne des § 8 Abs. 3 Satz 2 KStG handelt. Die allgemeinen Grundsätze zur Abgrenzung zwischen verdeckter Gewinnausschüttung und Arbeitslohn sind hierbei zu beachten.

314 Bei Beiträgen an ausländische betriebliche Altersversorgungssysteme ist zu entscheiden, ob das ausländische Altersversorgungssystem mit einem Durchführungsweg der betrieblichen Altersversorgung nach dem deutschen Betriebsrentengesetz vergleichbar ist bzw. einem der Durchführungswege als vergleichbar zugeordnet werden kann. Entsprechende Beiträge sind steuerfrei nach § 3 Nr. 63 EStG, wenn

– das ausländische betriebliche Altersversorgungssystem vergleichbar mit dem Pensionsfonds, der Pensionskasse oder der Direktversicherung ist und

– auch die weiteren wesentlichen Kriterien für die steuerliche Anerkennung einer betrieblichen Altersversorgung im Inland erfüllt werden (u. a. Absicherung mindestens eines biometrischen Risikos – vgl. Rz. 284 -, enger Hinterbliebenenbegriff – vgl. Rz. 287 -, keine Vererblichkeit – vgl. Rz. 289 –, begünstigte Auszahlungsformen – vgl. Rz. 312) und

(Zu LStH 3.55, 3.55a, 3.56, 3.63, 3.65, 3.66, 38.2) **Anlage § 010a-01/Altersvorsorge**

– die ausländische Versorgungseinrichtung in vergleichbarer Weise den für inländische Versorgungseinrichtungen maßgeblichen Aufbewahrungs-, Mitteilungs- und Bescheinigungspflichten nach dem Einkommensteuergesetz und der Altersvorsorge-Durchführungsverordnung zur Sicherstellung der Besteuerung der Versorgungsleistungen im Wesentlichen nachkommt.

Unter den Voraussetzungen der Rz. 301 bis 313 sind auch die vom Arbeitgeber zusätzlich zum ohnehin geschuldeten Arbeitslohn erbrachten Beiträge an eine Zusatzversorgungskasse (wie z. B. zur Versorgungsanstalt der deutschen Bühnen – VddB -, zur Versorgungsanstalt der deutschen Kulturorchester – VddKO – oder zum Zusatzversorgungswerk für Arbeitnehmer in der Land- und Forstwirtschaft – ZLF –), die er nach der jeweiligen Satzung der Versorgungseinrichtung als Pflichtbeiträge für die Altersversorgung seiner Arbeitnehmer zusätzlich zu den nach § 3 Nr. 62 EStG steuerfreien Beiträgen zur gesetzlichen Rentenversicherung zu erbringen hat, ebenfalls im Rahmen des § 3 Nr. 63 EStG steuerfrei. Die Steuerfreiheit nach § 3 Nr. 62 Satz 1 EStG kommt für diese Beiträge nicht in Betracht. Die Steuerbefreiung des § 3 Nr. 63 (und auch Nr. 56) EStG ist nicht nur der Höhe, sondern dem Grunde nach vorrangig anzuwenden; die Steuerbefreiung nach § 3 Nr. 62 EStG ist bei Vorliegen von Zukunftssicherungsleistungen im Sinne des § 3 Nr. 62 EStG (und auch Nr. 56) EStG daher auch dann ausgeschlossen, wenn die Höchstbeträge des § 3 Nr. 63 (und Nr. 56) EStG bereits voll ausgeschöpft werden. 315

b) Ausschluss der Steuerfreiheit nach § 3 Nr. 63 Satz 2 EStG

aa) Personenkreis

Auf die Steuerfreiheit können grundsätzlich nur Arbeitnehmer verzichten, die in der gesetzlichen Rentenversicherung pflichtversichert sind (§§ 1a, 17 Abs. 1 Satz 3 BetrAVG). Alle anderen Arbeitnehmer können von dieser Möglichkeit nur dann Gebrauch machen, wenn der Arbeitgeber zustimmt. 316

bb) Höhe und Zeitpunkt der Ausübung des Wahlrechts

Soweit der Arbeitnehmer einen Anspruch auf Entgeltumwandlung nach § 1a BetrAVG hat oder andere Finanzierungsanteile (vgl. Rz. 304) zur betrieblichen Altersversorgung erbringt, ist eine individuelle Besteuerung dieser Beiträge auf Verlangen des Arbeitnehmers durchzuführen; die Beiträge sind dabei gleichrangig zu behandeln. In allen anderen Fällen der Entgeltumwandlung (z. B. Entgeltumwandlungsvereinbarung aus dem Jahr 2001 oder früher) ist die individuelle Besteuerung der Beiträge hingegen nur aufgrund einvernehmlicher Vereinbarung zwischen Arbeitgeber und Arbeitnehmer möglich. Bei rein arbeitgeberfinanzierten Beiträgen kann auf die Steuerfreiheit nicht verzichtet werden (vgl. Rz. 310). 317

Die Ausübung des Wahlrechts nach § 3 Nr. 63 Satz 2 EStG muss bis zu dem Zeitpunkt erfolgen, zu dem die entsprechende Gehaltsänderungsvereinbarung steuerlich noch anzuerkennen ist (vgl. Rz. 294). 318

Eine nachträgliche Änderung der steuerlichen Behandlung der im Wege der Entgeltumwandlung finanzierten Beiträge ist nicht zulässig. 319

c) Vervielfältigungsregelung nach § 3 Nr. 63 Satz 4 EStG

Beiträge an einen Pensionsfonds, eine Pensionskasse oder für eine Direktversicherung, die der Arbeitgeber aus Anlass der Beendigung des Dienstverhältnisses leistet, können im Rahmen des § 3 Nr. 63 Satz 4 EStG steuerfrei belassen werden. Die Höhe der Steuerfreiheit ist dabei begrenzt auf den Betrag, der sich ergibt aus 1.800 € vervielfältigt mit der Anzahl der Kalenderjahre, in denen das Dienstverhältnis des Arbeitnehmers zu dem Arbeitgeber bestanden hat; der vervielfältigte Betrag vermindert sich um die nach § 3 Nr. 63 EStG steuerfreien Beiträge, die der Arbeitgeber in dem Kalenderjahr, in dem das Dienstverhältnis beendet wird, und in den sechs vorangegangenen Jahren erbracht hat. Sowohl bei der Ermittlung der zu vervielfältigenden als auch der zu kürzenden Jahre sind nur die Kalenderjahre ab 2005 zu berücksichtigen. Dies gilt unabhängig davon, wie lange das Dienstverhältnis zu dem Arbeitgeber tatsächlich bestanden hat. Die Vervielfältigungsregelung steht jedem Arbeitnehmer aus demselben Dienstverhältnis insgesamt nur einmal zu. Werden die Beiträge statt als Einmalbeitrag in Teilbeträgen geleistet, sind diese so lange steuerfrei, bis der für den Arbeitnehmer maßgebende Höchstbetrag ausgeschöpft ist. Eine Anwendung der Vervielfältigungsregelung des § 3 Nr. 63 Satz 4 EStG ist nicht möglich, wenn gleichzeitig die Vervielfältigungsregelung des § 40b Abs. 2 Satz 3 und 4 EStG a. F. auf die Beiträge, die der Arbeitgeber aus Anlass der Beendigung des Dienstverhältnisses leistet, angewendet wird (vgl. Rz. 365). Eine Anwendung ist ferner nicht möglich, wenn der Arbeitnehmer bei Beiträgen für eine Direktversicherung auf die Steuerfreiheit der Beiträge zu dieser Direktversicherung zugunsten der Weiteranwendung des § 40b EStG a. F. verzichtet hatte (vgl. Rz. 359 ff.). 320

5. Steuerfreiheit nach § 3 Nr. 65 und 66 EStG

Die sich aus § 3 Nr. 65 Satz 2 bis 4 EStG ergebenden Rechtsfolgen treten auch dann ein, wenn die Auszahlungen unmittelbar vom Träger der Insolvenzsicherung an den Versorgungsberechtigten oder seine 321

1025

Anlage § 010a-01/Altersvorsorge (Zu LStH 3.55, 3.55a, 3.56, 3.63, 3.65, 3.66, 38.2)

Hinterbliebenen vorgenommen werden. In diesem Fall ist der Träger der Insolvenzsicherung Dritter im Sinne des § 3 Nr. 65 Satz 4 EStG und daher zum Lohnsteuereinbehalt verpflichtet.

322 Voraussetzung für die Steuerfreiheit nach § 3 Nr. 66 EStG ist, dass vom Arbeitgeber ein Antrag nach § 4d Abs. 3 EStG oder § 4e Abs. 3 EStG gestellt worden ist. Die Steuerfreiheit nach § 3 Nr. 66 EStG gilt auch dann, wenn beim übertragenden Unternehmen keine Zuwendungen i. S. v. § 4d Abs. 3 EStG oder Leistungen i. S. v. § 4e Abs. 3 EStG im Zusammenhang mit der Übernahme einer Versorgungsverpflichtung durch einen Pensionsfonds anfallen. Bei einer entgeltlichen Übertragung von Versorgungsanwartschaften aktiver Beschäftigter kommt die Anwendung von § 3 Nr. 66 EStG nur für Zahlungen an den Pensionsfonds in Betracht, die für die bis zum Zeitpunkt der Übertragung bereits erdienten Versorgungsanwartschaften geleistet werden (sog. "Past-Service"); Zahlungen an den Pensionsfonds für zukünftig noch zu erdienende Anwartschaften (sog. „Future-Service") sind ausschließlich in dem begrenzten Rahmen des § 3 Nr. 63 EStG lohnsteuerfrei; zu weiteren Einzelheiten, insbesondere zur Abgrenzung von „Past-" und „Future-Service", siehe BMFSchreiben vom 26. Oktober 2006 (BStBl. I S. 709). Erfolgt im Rahmen eines Gesamtplans zunächst eine nach § 3 Nr. 66 EStG begünstigte Übertragung der erdienten Anwartschaften auf einen Pensionsfonds und werden anschließend regelmäßig wiederkehrend (z. B. jährlich) die dann neu erdienten Anwartschaften auf den Pensionsfonds übertragen, sind die weiteren Übertragungen auf den Pensionsfonds nicht nach § 3 Nr. 66 EStG begünstigt, sondern nur im Rahmen des § 3 Nr. 63 EStG steuerfrei. Hinsichtlich des durch die Steuerbefreiungsvorschrift begünstigten Personenkreises vgl. Rz. 301.

6. Steuerfreiheit nach § 3 Nr. 55 EStG

323 Gem. § 4 Abs. 2 Nr. 2 BetrAVG kann nach Beendigung des Arbeitsverhältnisses im Einvernehmen des ehemaligen mit dem neuen Arbeitgeber sowie dem Arbeitnehmer der Wert des vom Arbeitnehmer erworbenen Altersversorgung (Übertragungswert i. S. v. § 4 Abs. 5 BetrAVG) auf den neuen Arbeitgeber übertragen werden, wenn dieser eine wertgleiche Zusage erteilt. § 4 Abs. 3 BetrAVG gibt dem Arbeitnehmer für Versorgungszusagen, die nach dem 31. Dezember 2004 erteilt werden, das Recht, innerhalb eines Jahres nach Beendigung des Arbeitsverhältnisses von seinem ehemaligen Arbeitgeber zu verlangen, dass der Übertragungswert auf den neuen Arbeitgeber übertragen wird, wenn die betriebliche Altersversorgung beim ehemaligen Arbeitgeber über einen Pensionsfonds, eine Pensionskasse oder eine Direktversicherung durchgeführt worden ist und der Übertragungswert die im Zeitpunkt der Übertragung maßgebliche Beitragsbemessungsgrenze in der allgemeinen Rentenversicherung nicht übersteigt.

324 Die Anwendung der Steuerbefreiungsvorschrift des § 3 Nr. 55 EStG setzt aufgrund des Verweises auf die Vorschriften des Betriebsrentengesetzes die Beendigung des bisherigen Dienstverhältnisses und ein anderes Dienstverhältnis voraus. Die Übernahme der Versorgungszusage durch einen Arbeitgeber, bei dem der Arbeitnehmer bereits beschäftigt ist, ist betriebsrentenrechtlich unschädlich und steht daher der Anwendung der Steuerbefreiungsvorschrift nicht entgegen. § 3 Nr. 55 EStG und Rz. 323 gelten entsprechend für Arbeitnehmer, die nicht in der gesetzlichen Rentenversicherung pflichtversichert sind (z. B. beherrschende Gesellschafter-Geschäftsführer oder geringfügig Beschäftigte).

325 Der geleistete Übertragungswert ist nach § 3 Nr. 55 Satz 1 EStG steuerfrei, wenn die betriebliche Altersversorgung sowohl beim ehemaligen Arbeitgeber als auch beim neuen Arbeitgeber über einen Pensionsfonds, eine Pensionskasse oder eine Direktversicherung durchgeführt wird. Es ist nicht Voraussetzung, dass beide Arbeitgeber auch den gleichen Durchführungsweg gewählt haben. Um eine Rückabwicklung der steuerlichen Behandlung der Beitragsleistungen an einen Pensionsfonds, eine Pensionskasse oder eine Direktversicherung vor der Übertragung (Steuerfreiheit nach § 3 Nr. 63, 66 EStG, individuelle Besteuerung, Besteuerung nach § 40b EStG) zu verhindern, bestimmt § 3 Nr. 55 Satz 3 EStG, dass die auf dem Übertragungsbetrag beruhenden Versorgungsleistungen weiterhin zu den Einkünften gehören, zu denen sie gehört hätten, wenn eine Übertragung nach § 4 BetrAVG nicht stattgefunden hätte.

326 Der Übertragungswert ist gem. § 3 Nr. 55 Satz 2 EStG auch steuerfrei, wenn er vom ehemaligen Arbeitgeber oder von einer Unterstützungskasse an den neuen Arbeitgeber oder an eine andere Unterstützungskasse geleistet wird.

327 Die Steuerfreiheit des § 3 Nr. 55 EStG kommt jedoch nicht in Betracht, wenn die betriebliche Altersversorgung beim ehemaligen Arbeitgeber als Direktzusage oder mittels einer Unterstützungskasse ausgestaltet war, während sie beim neuen Arbeitgeber über einen Pensionsfonds, eine Pensionskasse oder eine Direktversicherung abgewickelt wird. Dies gilt auch für den umgekehrten Fall. Ebenso kommt die Steuerfreiheit nach § 3 Nr. 55 EStG bei einem Betriebsübergang nach § 613a BGB nicht in Betracht, da in einem solchen Fall die Regelung des § 4 BetrAVG keine Anwendung findet.

(Zu LStH 3.55, 3.55a, 3.56, 3.63, 3.65, 3.66, 38.2) **Anlage § 010a-01/Altersvorsorge**

Wird die betriebliche Altersversorgung sowohl beim alten als auch beim neuen Arbeitgeber über einen Pensionsfonds, eine Pensionskasse oder eine Direktversicherung abgewickelt, liegt im Fall der Übernahme der Versorgungszusage nach § 4 Abs. 2 Nr. 1 BetrAVG lediglich ein Schuldnerwechsel und damit für den Arbeitnehmer kein lohnsteuerlich relevanter Vorgang vor. Entsprechendes gilt im Fall der Übernahme der Versorgungszusage nach § 4 Abs. 2 Nr. 1 BetrAVG, wenn die betriebliche Altersversorgung sowohl beim alten als auch beim neuen Arbeitgeber über eine Direktzusage oder Unterstützungskasse durchgeführt wird. Zufluss von Arbeitslohn liegt hingegen vor im Fall der Ablösung einer gegenüber einem beherrschenden Gesellschafter-Geschäftsführer erteilten Pensionszusage, bei der nach der Ausübung eines zuvor eingeräumten Wahlrechtes auf Verlangen des Gesellschafter-Geschäftsführers der Ablösungsbetrag zur Übernahme der Pensionsverpflichtung an einen Dritten gezahlt wird (BFH-Urteil vom 12. April 2007 – VI R 6/02 –, BStBl. II S. 581). 328

7. Übernahme von Pensionsverpflichtungen gegen Entgelt durch Beitritt eines Dritten in eine Pensionsverpflichtung (Schuldbeitritt) oder Ausgliederung von Pensionsverpflichtungen

Bei der Übernahme von Pensionsverpflichtungen gegen Entgelt durch Beitritt eines Dritten in eine Pensionsverpflichtung (Schuldbeitritt) oder durch Ausgliederung von Pensionsverpflichtungen – ohne inhaltliche Veränderung der Zusage – handelt es sich weiterhin um eine Direktzusage des Arbeitgebers. Aus lohnsteuerlicher Sicht bleibt es folglich bei den für eine Direktzusage geltenden steuerlichen Regelungen, d. h. es liegen erst bei Auszahlung der Versorgungsleistungen – durch den Dritten bzw. durch die Pensionsgesellschaft anstelle des Arbeitgebers – Einkünfte im Sinne des § 19 EStG vor. Der Lohnsteuerabzug kann in diesem Fall mit Zustimmung des Finanzamts anstelle vom Arbeitgeber auch von dem Dritten bzw. der Pensionsgesellschaft vorgenommen werden (§ 38 Abs. 3a Satz 2 EStG). 329

8. Förderung durch Sonderausgabenabzug nach § 10a EStG und Zulage nach Abschnitt XI EStG

Zahlungen im Rahmen der betrieblichen Altersversorgung an einen Pensionsfonds, eine Pensionskasse oder eine Direktversicherung können als Altersvorsorgebeiträge durch Sonderausgabenabzug nach § 10a EStG und Zulage nach Abschnitt XI EStG gefördert werden (§ 82 Abs. 2 EStG). Die zeitliche Zuordnung der Altersvorsorgebeiträge im Sinne des § 82 Abs. 2 EStG richtet sich grundsätzlich nach den für die Zuordnung des Arbeitslohns geltenden Vorschriften (§ 38a Abs. 3 EStG; R 39b.2, 39b.5 und 39b.6 LStR). 330

Um Beiträge im Rahmen der betrieblichen Altersversorgung handelt es sich nur, wenn die Beiträge für eine vom Arbeitgeber aus Anlass des Arbeitsverhältnisses zugesagte Versorgungsleistung erbracht werden (§ 1 BetrAVG). Dies gilt unabhängig davon, ob die Beiträge 331

– ausschließlich vom Arbeitgeber finanziert werden,
– auf einer Entgeltumwandlung beruhen,
– andere im Gesamtversicherungsbeitrag des Arbeitgebers enthaltene Finanzierungsanteile des Arbeitnehmers sind (BFH-Urteil vom 9. Dezember 2010 – VI R 57/08 –, BStBl. II 2011 S. 978, und BMF-Schreiben vom 25. November 2011, BStBl. I S. 1250) oder
– eigene Beiträge des Arbeitnehmers sind, die er aus seinem bereits zugeflossenen und versteuerten Arbeitsentgelt zur Finanzierung der betrieblichen Altersversorgung leistet.

Im Übrigen sind Rz. 285 ff. zu beachten.

Voraussetzung für die steuerliche Förderung ist neben der individuellen Besteuerung der Beiträge, dass die Auszahlung der zugesagten Altersversorgungsleistung in Form einer lebenslangen Rente oder eines Auszahlungsplans mit anschließender lebenslanger Teilkapitalverrentung (§ 1 Abs. 1 Satz 1 Nr. 4 Buchstabe a AltZertG) vorgesehen ist. Die steuerliche Förderung von Beitragsteilen, die zur Absicherung einer Invaliditäts- oder Hinterbliebenenversorgung verwendet werden, kommt nur dann in Betracht, wenn die Auszahlung in Form einer Rente (§ 1 Abs. 1 Satz 1 Nr. 4 Buchstabe a AltZertG; vgl. Rz. 312) vorgesehen ist. Rente oder Auszahlungsplan in diesem Sinne liegt auch dann vor, wenn bis zu 30 % des zu Beginn der Auszahlungsphase zur Verfügung stehenden Kapitals außerhalb der monatlichen Leistungen ausgezahlt werden. Die zu Beginn der Auszahlungsphase zu treffende Entscheidung und Entnahme des Teilkapitalbetrags aus diesem Vertrag (Rz. 203) führt zur Besteuerung nach § 22 Nr. 5 EStG. Allein die Möglichkeit, anstelle dieser Auszahlungsformen eine Einmalkapitalauszahlung (100 % des zu Beginn der Auszahlungsphase zur Verfügung stehenden Kapitals) zu wählen, steht der Förderung noch nicht entgegen. Die Möglichkeit, eine Einmalkapitalauszahlung anstelle einer Rente oder eines Auszahlungsplans zu wählen, gilt nicht nur für Altersversorgungsleistungen, sondern auch für Invaliditäts- oder Hinterbliebenenversorgungsleistungen. Entscheidet sich der Arbeitnehmer zugunsten einer Einmalkapitalauszahlung, so sind von diesem Zeitpunkt an die Voraussetzungen des § 10a und Abschnitt XI EStG nicht mehr erfüllt und die Beitragsleistungen können nicht mehr gefördert werden. Erfolgt die Ausübung des Wahlrechtes innerhalb des letzten Jahres vor dem altersbedingten Ausscheiden aus dem 332

Anlage § 010a-01/Altersvorsorge (Zu LStH 3.55, 3.55a, 3.56, 3.63, 3.65, 3.66, 38.2)

Erwerbsleben, so ist es aus Vereinfachungsgründen nicht zu beanstanden, wenn die Beitragsleistungen weiterhin nach § 10a/Abschnitt XI EStG gefördert werden. Für die Berechnung der Jahresfrist ist dabei auf das im Zeitpunkt der Ausübung des Wahlrechts vertraglich vorgesehene Ausscheiden aus dem Erwerbsleben (vertraglich vorgesehener Beginn der Altersversorgungsleistung) abzustellen. Da die Auszahlungsphase bei der Hinterbliebenenleistung erst mit dem Zeitpunkt des Todes des ursprünglich Berechtigten beginnt, ist es in diesem Fall aus steuerlicher Sicht nicht zu beanstanden, wenn das Wahlrecht zu diesem Zeitpunkt ausgeübt wird. Bei Auszahlung des Einmalkapitalbetrags handelt es sich um eine schädliche Verwendung im Sinne des § 93 EStG (vgl. Rz. 391 f.), soweit sie auf steuerlich gefördertem Altersvorsorgevermögen beruht. Da es sich bei der Teil- bzw. Einmalkapitalauszahlung nicht um außerordentliche Einkünfte im Sinne des § 34 Abs. 2 EStG (weder eine Entschädigung noch eine Vergütung für eine mehrjährige Tätigkeit) handelt, kommt eine Anwendung der Fünftelungsregelung des § 34 EStG auf diese Zahlungen nicht in Betracht.

333 Die aus bereits zugeflossenem Arbeitslohn des Arbeitnehmers geleisteten Beiträge an einen Pensionsfonds, eine Pensionskasse oder eine Direktversicherung zum Aufbau einer kapitalgedeckten betrieblichen Altersversorgung, bei der eine Auszahlung der zugesagten Altersversorgungsleistung in Form einer Rente oder eines Auszahlungsplans (§ 1 Abs. 1 Satz 1 Nr. 4 AltZertG) vorgesehen ist, zählen auch dann zu den Altersvorsorgebeiträgen im Sinne von § 82 Abs. 2 EStG, wenn der Arbeitslohn aufgrund eines Doppelbesteuerungsabkommens nicht in Deutschland, sondern in einem anderen Land der inländischen individuellen Besteuerung vergleichbar versteuert wird.

334 Beitragsleistungen, die aus nach § 40a EStG pauschal versteuertem Arbeitslohn erbracht werden, gehören nicht zu den Altersvorsorgebeiträgen nach § 82 Abs. 2 Satz 1 Buchstabe a EStG.

335 Altersvorsorgebeiträge im Sinne des § 82 Abs. 2 EStG sind auch die Beiträge des ehemaligen Arbeitnehmers, die dieser im Fall einer zunächst ganz oder teilweise durch Entgeltumwandlung finanzierten und nach § 3 Nr. 63 oder § 10a/Abschnitt XI EStG geförderten betrieblichen Altersversorgung nach der Beendigung des Arbeitsverhältnisses nach Maßgabe des § 1b Abs. 5 Nr. 2 BetrAVG selbst erbringt. Dies gilt entsprechend in den Fällen der Finanzierung durch eigene Beiträge des Arbeitnehmers (vgl. Rz. 304).

336 Die vom Steuerpflichtigen nach Maßgabe des § 1b Abs. 5 Satz 1 Nr. 2 BetrAVG selbst zu erbringenden Beiträge müssen nicht aus individuell versteuertem Arbeitslohn stammen (z. B. Finanzierung aus steuerfreiem Arbeitslosengeld). Gleiches gilt, soweit der Arbeitnehmer trotz eines weiter bestehenden Arbeitsverhältnisses keinen Anspruch auf Arbeitslohn mehr hat und die Beiträge nun selbst erbringt (z. B. während der Schutzfristen des § 3 Abs. 2 und § 6 Abs. 1 des Mutterschutzgesetzes, der Elternzeit, des Bezugs von Krankengeld oder auch § 1a Abs. 4 BetrAVG oder aufgrund einer gesetzlichen Verpflichtung Beiträge zur betrieblichen Altersversorgung entrichtet werden (z. B. nach §§ 14a und 14b des Arbeitsplatzschutzgesetzes).

337 Voraussetzung für die Förderung durch Sonderausgabenabzug nach § 10a EStG und Zulage nach Abschnitt XI EStG ist in den Fällen der Rz. 335 f., dass der Steuerpflichtige zum begünstigten Personenkreis gehört. Die zeitliche Zuordnung dieser Altersvorsorgebeiträge richtet sich grundsätzlich nach § 11 Abs. 2 EStG.

338 Zu den begünstigten Altersvorsorgebeiträgen gehören nur Beiträge, die zum Aufbau einer betrieblichen Altersversorgung im Kapitaldeckungsverfahren erhoben werden. Für Umlagen, die an eine Versorgungseinrichtung gezahlt werden, kommt die Förderung dagegen nicht in Betracht. Werden sowohl Umlagen als auch Beiträge im Kapitaldeckungsverfahren erhoben, gehören letztere nur dann zu den begünstigten Aufwendungen, wenn eine getrennte Verwaltung und Abrechnung beider Vermögensmassen erfolgt (Trennungsprinzip).

339 Die Versorgungseinrichtung hat dem Zulageberechtigten jährlich eine Bescheinigung zu erteilen (§ 92 EStG). Diese Bescheinigung muss u. a. den Stand des Altersvorsorgevermögens ausweisen (§ 92 Nr. 5 EStG). Bei einer Leistungszusage (§ 1 Abs. 1 Satz 2 Halbsatz 2 BetrAVG) und einer beitragsorientierten Leistungszusage (§ 1 Abs. 2 Nr. 1 BetrAVG) kann stattdessen der Barwert der erdienten Anwartschaft bescheinigt werden.

9. Steuerfreiheit nach § 3 Nr. 56 EStG

a) Begünstigter Personenkreis
340 Rz. 301 f. gelten entsprechend.

b) Begünstigte Aufwendungen
341 Zu den nach § 3 Nr. 56 EStG begünstigten Aufwendungen gehören nur laufende Zuwendungen des Arbeitgebers für eine betriebliche Altersversorgung an eine Pensionskasse, die nicht im Kapitaldeckungs-

(Zu LStH 3.55, 3.55a, 3.56, 3.63, 3.65, 3.66, 38.2)   **Anlage § 010a-01/Altersvorsorge**

verfahren, sondern im Umlageverfahren finanziert wird (wie z. B. Umlagen an die Versorgungsanstalt des Bundes und der Länder – VBL – bzw. an eine kommunale oder kirchliche Zusatzversorgungskasse). Soweit diese Zuwendungen nicht nach § 3 Nr. 56 EStG steuerfrei bleiben, können sie individuell oder nach § 40b Abs. 1 und 2 EStG pauschal besteuert werden. Im Übrigen gelten Rz. 305, 306 und 307 Satz 1 und 4 ff., Rz. 309 bis 312 entsprechend. Danach sind z. B. der Arbeitnehmereigenanteil an einer Umlage und die sog. eigenen Beiträge des Arbeitnehmers nicht steuerfrei nach § 3 Nr. 56 EStG.

Werden von der Versorgungseinrichtung sowohl Zuwendungen/Umlagen als auch Beiträge im Kapital- 342
deckungsverfahren erhoben, ist § 3 Nr. 56 EStG auch auf die im Kapitaldeckungsverfahren erhobenen Beiträge anwendbar, wenn eine getrennte Verwaltung und Abrechnung beider Vermögensmassen (Trennungsprinzip, Rz. 303) nicht erfolgt.

Erfolgt eine getrennte Verwaltung und Abrechnung beider Vermögensmassen, ist die Steuerfreiheit nach 343
§ 3 Nr. 63 EStG für die im Kapitaldeckungsverfahren erhobenen Beiträge vorrangig zu berücksichtigen. Dies gilt unabhängig davon, ob diese Beiträge rein arbeitgeberfinanziert sind, auf einer Entgeltumwandlung oder anderen im Gesamtversicherungsbeitrag des Arbeitgebers enthaltenen Finanzierungsanteilen des Arbeitnehmers beruhen. Die nach § 3 Nr. 63 EStG steuerfreien Beträge mindern den Höchstbetrag des § 3 Nr. 56 EStG (§ 3 Nr. 56 Satz 3 EStG). Zuwendungen nach § 3 Nr. 56 EStG sind daher nur steuerfrei, soweit die nach § 3 Nr. 63 EStG steuerfreien Beträge den Höchstbetrag des § 3 Nr. 56 EStG unterschreiten. Eine Minderung nach § 3 Nr. 56 Satz 3 EStG ist immer nur in dem jeweiligen Dienstverhältnis vorzunehmen; die Steuerfreistellung nach § 3 Nr. 56 EStG bleibt somit unberührt, wenn z. B. erst in einem späteren ersten Dienstverhältnis Beiträge nach § 3 Nr. 63 EStG steuerfrei bleiben.

Beispiel: 344

Arbeitgeber A zahlt in 2013 an seine Zusatzversorgungskasse einen Betrag i. H. v.:

– 240 € (12 x 20 €) zugunsten einer getrennt verwalteten und abgerechneten kapitalgedeckten betrieblichen Altersversorgung und

– 1.680 € (12 x 140 €) zugunsten einer umlagefinanzierten betrieblichen Altersversorgung.

Der Beitrag i. H. v. 240 € ist steuerfrei gem. § 3 Nr. 63 EStG, denn der entsprechende Höchstbetrag wird nicht überschritten.

Von der Umlage sind 456 € steuerfrei gem. § 3 Nr. 56 Satz 1 und 3 EStG (grundsätzlich 1.680 €, aber maximal 1 % der Beitragsbemessungsgrenze 2013 in der allgemeinen Rentenversicherung i. H. v. 696 € abzüglich 240 €). Die verbleibende Umlage i. H. v. 1.224 € (1.680 € abzüglich 456 €) ist individuell oder gem. § 40b Abs. 1 und 2 EStG pauschal zu besteuern.

Es bestehen keine Bedenken gegen eine auf das Kalenderjahr bezogene Betrachtung hinsichtlich der 345
gem. § 3 Nr. 56 Satz 3 EStG vorzunehmenden Verrechnung, wenn sowohl nach § 3 Nr. 63 EStG steuerfreie Beiträge als auch nach § 3 Nr. 56 EStG steuerfreie Zuwendungen erbracht werden sollen. Stellt der Arbeitgeber vor Übermittlung der elektronischen Lohnsteuerbescheinigung fest (z. B. wegen einer erst im Laufe des Kalenderjahres vereinbarten nach § 3 Nr. 63 EStG steuerfreien Entgeltumwandlung aus einer Sonderzuwendung), dass die ursprüngliche Betrachtung nicht mehr zutreffend ist, hat er eine Korrektur vorzunehmen.

Beispiel: 346

Arbeitgeber A zahlt ab dem 1. Januar 2013 monatlich an eine Zusatzversorgungskasse 140 € zugunsten einer umlagefinanzierten betrieblichen Altersversorgung; nach § 3 Nr. 63 EStG steuerfreie Beiträge werden nicht entrichtet. Aus dem Dezembergehalt (Gehaltszahlung 15. Dezember 2013) wandelt der Arbeitnehmer einen Betrag i. H. v. 240 € zugunsten einer kapitalgedeckten betrieblichen Altersversorgung um (wobei die Mitteilung an den Arbeitgeber am 5. Dezember 2013 erfolgt).

Der Beitrag i. H. v. 240 € ist vorrangig steuerfrei nach § 3 Nr. 63 EStG.

Von der Umlage wurde bisher ein Betrag i. H. v. 638 € (= 11 x 58 € [1 % der Beitragsbemessungsgrenze 2013 in der allgemeinen Rentenversicherung i. H. v.696 €, verteilt auf 12 Monate]) nach § 3 Nr. 56 EStG steuerfrei belassen.

Im Monat Dezember 2013 ist die steuerliche Behandlung der Umlagezahlung zu korrigieren, denn nur ein Betrag i. H. v. 456 € (696 € abzüglich 240 €) kann steuerfrei gezahlt werden. Ein Betrag i. H. v. 182 € (638 € abzüglich 456 €) ist noch individuell oder pauschal zu besteuern. Der Arbeitgeber kann wahlweise den Lohnsteuerabzug der Monate 01/2013 bis 11/2013 korrigieren oder im Dezember 2013 den Betrag als sonstigen Bezug behandeln. Der Betrag für den Monat Dezember 2013 i. H. v. 140 € ist individuell oder pauschal zu besteuern.

Anlage § 010a-01/Altersvorsorge (Zu LStH 3.55, 3.55a, 3.56, 3.63, 3.65, 3.66, 38.2)

10. Anwendung des § 40b EStG in der ab 1. Januar 2005 geltenden Fassung

347 § 40b EStG erfasst nur noch Zuwendungen des Arbeitgebers für eine betriebliche Altersversorgung an eine Pensionskasse, die nicht im Kapitaldeckungsverfahren, sondern im Umlageverfahren finanziert wird (wie z. B. Umlagen an die Versorgungsanstalt des Bundes und der Länder – VBL – bzw. an eine kommunale oder kirchliche Zusatzversorgungskasse). Werden für den Arbeitnehmer solche Zuwendungen laufend geleistet, bleiben diese ab 1. Januar 2008 zunächst im Rahmen des § 3 Nr. 56 EStG steuerfrei. Die den Rahmen des § 3 Nr. 56 EStG übersteigenden Zuwendungen können dann nach § 40b Abs. 1 und 2 EStG pauschal besteuert werden. Dies gilt unabhängig davon, ob die Zuwendungen aufgrund einer Alt- oder Neuzusage geleistet werden. Lediglich für den Bereich der kapitalgedeckten betrieblichen Altersversorgung wurde die Möglichkeit der Pauschalbesteuerung nach § 40b EStG grundsätzlich zum 1. Januar 2005 aufgehoben. Werden von einer Versorgungseinrichtung sowohl Umlagen als auch Beiträge im Kapitaldeckungsverfahren erhoben, ist dann § 40b EStG auch auf die im Kapitaldeckungsverfahren erhobenen Beiträge anwendbar, wenn eine getrennte Verwaltung und Abrechnung beider Vermögensmassen (Trennungsprinzip, Rz. 303) nicht erfolgt.

348 Zuwendungen des Arbeitgebers im Sinne des § 19 Abs. 1 Satz 1 Nr. 3 Satz 2 EStG an eine Pensionskasse sind in voller Höhe pauschal nach § 40b Abs. 4 EStG i. d. F. des Jahressteuergesetzes 2007 mit 15 % zu besteuern. Dazu gehören z. B. Gegenwertzahlungen nach § 23 Abs. 2 der Satzung der Versorgungsanstalt des Bundes und der Länder – VBL -. Für die Anwendung des § 40b Abs. 4 EStG ist es unerheblich, wenn an die Versorgungseinrichtung keine weiteren laufenden Beiträge oder Zuwendungen geleistet werden.

11. Übergangsregelungen § 52 Abs. 6 und 52b EStG zur Anwendung des § 3 Nr. 63 EStG und des § 40b EStG a. F.

a) Abgrenzung von Alt- und Neuzusage

349 Für die Anwendung von § 3 Nr. 63 Satz 3 EStG sowie § 40b Abs. 1 und 2 EStG a. F. kommt es darauf an, ob die entsprechenden Beiträge aufgrund einer Versorgungszusage geleistet werden, die vor dem 1. Januar 2005 (Altzusage) oder nach dem 31. Dezember 2004 (Neuzusage) erteilt wurde.

350 Für die Frage, zu welchem Zeitpunkt eine Versorgungszusage erstmalig erteilt wurde, ist grundsätzlich die zu einem Rechtsanspruch führende arbeitsrechtliche bzw. betriebsrentenrechtliche Verpflichtungserklärung des Arbeitgebers maßgebend (z. B. Einzelvertrag, Betriebsvereinbarung oder Tarifvertrag). Entscheidend ist danach nicht, wann Mittel an die Versorgungseinrichtung fließen. Bei kollektiven, rein arbeitgeberfinanzierten Versorgungsregelungen ist die Zusage daher in der Regel mit Abschluss der Versorgungsregelung bzw. mit Beginn des Dienstverhältnisses des Arbeitnehmers erteilt. Ist die erste Dotierung durch den Arbeitgeber erst nach Ablauf einer von vornherein arbeitsrechtlich festgelegten Wartezeit vorgesehen, so wird der Zusagezeitpunkt dadurch nicht verändert. Im Fall der ganz oder teilweise durch Entgeltumwandlung finanzierten Zusage gilt diese regelmäßig mit Abschluss der erstmaligen Gehaltsänderungsvereinbarung (vgl. auch Rz. 292 ff.) als erteilt. Liegen zwischen der Gehaltsänderungsvereinbarung und der erstmaligen Herabsetzung des Arbeitslohns mehr als 12 Monate, gilt die Versorgungszusage erst im Zeitpunkt der erstmaligen Herabsetzung als erteilt.

351 Die Änderung einer solchen Versorgungszusage stellt aus steuerrechtlicher Sicht unter dem Grundsatz der Einheit der Versorgung insbesondere dann keine Neuzusage dar, wenn bei ansonsten unveränderter Versorgungszusage:

– die Beiträge und/oder die Leistungen erhöht oder vermindert werden,
– die Finanzierungsform ersetzt oder ergänzt wird (rein arbeitgeberfinanziert, Entgeltumwandlung, andere im Gesamtversicherungsbeitrag des Arbeitgebers enthaltene Finanzierungsanteile des Arbeitnehmers oder eigene Beiträge des Arbeitnehmers, vgl. Rz. 304),
– der Versorgungsträger/Durchführungsweg gewechselt wird,
– die zu Grunde liegende Rechtsgrundlage gewechselt wird (z. B. bisher tarifvertraglich jetzt einzelvertraglich),
– eine befristete Entgeltumwandlung erneut befristet oder unbefristet fortgesetzt wird oder
– in einer vor dem 1. Januar 2012 erteilten Zusage die Untergrenze für betriebliche Altersversorgungsleistungen bei altersbedingtem Ausscheiden aus dem Erwerbsleben um höchstens zwei Jahre bis maximal auf das 67. Lebensjahr erhöht wird. Dabei ist es unerheblich, ob dies zusammen mit einer Verlängerung der Beitragszahlungsdauer erfolgt (vgl. auch Rz. 376).

352 Eine Einordnung als Altzusage bleibt auch im Fall der Übernahme der Zusage (Schuldübernahme) nach § 4 Abs. 2 Nr. 1 BetrAVG durch den neuen Arbeitgeber und bei Betriebsübergang nach § 613a BGB erhalten.

(Zu LStH 3.55, 3.55a, 3.56, 3.63, 3.65, 3.66, 38.2) **Anlage § 010a-01/Altersvorsorge**

Um eine Neuzusage handelt es sich neben den in Rz. 350 aufgeführten Fällen insbesondere 353
- soweit die bereits erteilte Versorgungszusage um zusätzliche biometrische Risiken erweitert wird und dies mit einer Beitragserhöhung verbunden ist,
- im Fall der Übertragung der Zusage beim Arbeitgeberwechsel nach § 4 Abs. 2 Nr. 2 und Abs. 3 BetrAVG.

Werden einzelne Leistungskomponenten der Versorgungszusage im Rahmen einer von vornherein vereinbarten Wahloption verringert, erhöht oder erstmals aufgenommen (z. B. Einbeziehung der Hinterbliebenenabsicherung nach Heirat) und kommt es infolge dessen nicht zu einer Beitragsanpassung, liegt keine Neuzusage, sondern weiterhin eine Altzusage vor. 354

Gleichwohl ist es aus steuerlicher Sicht möglich, mehrere Versorgungszusagen nebeneinander, also neben einer Altzusage auch eine Neuzusage zu erteilen (z. B. „alte" Direktversicherung und „neuer" Pensionsfonds). Dies gilt grundsätzlich unabhängig davon, ob derselbe Durchführungsweg gewählt wird. Wird neben einer für alle Arbeitnehmer tarifvertraglich vereinbarten Pflichtversorgung z. B. erstmalig nach 2004 tarifvertraglich eine Entgeltumwandlung mit ganz eigenen Leistungskomponenten zugelassen, liegt im Falle der Nutzung der Entgeltumwandlung insoweit eine Neuzusage vor. Demgegenüber ist insgesamt von einer Altzusage auszugehen, wenn neben einem „alten" Direktversicherungsvertrag (Abschluss vor 2005) ein „neuer" Direktversicherungsvertrag (Abschluss nach 2004) abgeschlossen wird und die bisher erteilte Versorgungszusage nicht um zusätzliche biometrische Risiken erweitert wird (vgl. Rz. 351, 1. Spiegelstrich). Dies gilt auch, wenn der „neue" Direktversicherungsvertrag bei einer anderen Versicherungsgesellschaft abgeschlossen wird. 355

Wurde vom Arbeitgeber vor dem 1. Januar 2005 eine Versorgungszusage erteilt (Altzusage) und im Rahmen eines Pensionsfonds, einer Pensionskasse oder Direktversicherung durchgeführt, bestehen aus steuerlicher Sicht keine Bedenken, wenn auch nach einer Übertragung auf einen neuen Arbeitgeber unter Anwendung des „Abkommens zur Übertragung zwischen den Durchführungswegen Direktversicherungen, Pensionskassen oder Pensionsfonds bei Arbeitgeberwechsel" oder vergleichbaren Regelungen zur Übertragung von Versicherungen in Pensionskassen oder Pensionsfonds weiterhin von einer Altzusage ausgegangen wird. Dies gilt auch, wenn sich dabei die bisher abgesicherten biometrischen Risiken ändern, ohne dass damit eine Beitragsänderung verbunden ist. Die Höhe des Rechnungszinses spielt dabei für die lohnsteuerliche Beurteilung keine Rolle. Es wird in diesen Fällen nicht beanstandet, wenn die Beiträge für die Direktversicherung oder Pensionskasse vom neuen Arbeitgeber weiter pauschal besteuert werden (§ 52 Abs. 6 und 52b EStG i. V. m. § 40b EStG a. F.). Zu der Frage der Novation und des Zuflusses von Zinsen siehe Rz. 35 des BMF-Schreibens vom 22. August 2002 (BStBl. I S. 827), Rz. 88 ff. des BMF-Schreibens vom 1. Oktober 2009 (BStBl. I S. 1172) und des BMF-Schreibens vom 6. März 2012 (BStBl. I S. 238). 356

Entsprechendes gilt, wenn der (Alt-)Vertrag unmittelbar vom neuen Arbeitgeber fortgeführt wird. Auch insoweit bestehen keine Bedenken, wenn weiterhin von einer Altzusage ausgegangen wird und die Beiträge nach § 40b EStG a. F. pauschal besteuert werden. 357

Wird eine vor dem 1. Januar 2005 abgeschlossene Direktversicherung (Altzusage) oder Versicherung in einer Pensionskasse nach § 2 Abs. 2 oder 3 BetrAVG infolge der Beendigung des Dienstverhältnisses auf den Arbeitnehmer übertragen (versicherungsvertragliche Lösung), dann von diesem zwischenzeitlich privat (z. B. während der Zeit einer Arbeitslosigkeit) und später von einem neuen Arbeitgeber wieder als Direktversicherung oder Pensionskasse fortgeführt, bestehen ebenfalls keine Bedenken, wenn unter Berücksichtigung der übrigen Voraussetzungen bei dem neuen Arbeitgeber weiterhin von einer Altzusage ausgegangen wird. Das bedeutet insbesondere, dass der Versicherungsvertrag trotz der privaten Fortführung und der Übernahme durch den neuen Arbeitgeber – abgesehen von den in Rz. 351 f. genannten Fällen – keine wesentlichen Änderungen erfahren darf. Der Zeitraum der privaten Fortführung sowie die Tatsache, ob in dieser Zeit Beiträge geleistet oder der Vertrag beitragsfrei gestellt wurde, ist insoweit unmaßgeblich. Es wird in diesen Fällen nicht beanstandet, wenn die Beiträge für die Direktversicherung oder Pensionskasse vom neuen Arbeitgeber weiter pauschal besteuert werden (§ 52 Abs. 6 und 52b EStG i. V. m. § 40b EStG a. F.). 358

b) Weiteranwendung des § 40b Abs. 1 und 2 EStG a. F.

Auf Beiträge zugunsten einer kapitalgedeckten betrieblichen Altersversorgung, die aufgrund von Altzusagen geleistet werden, kann § 40b Abs. 1 und 2 EStG a. F. unter folgenden Voraussetzungen weiter angewendet werden: 359

Beiträge für eine Direktversicherung, die die Voraussetzungen des § 3 Nr. 63 EStG nicht erfüllen, können weiterhin vom Arbeitgeber nach § 40b Abs. 1 und 2 EStG a. F. pauschal besteuert werden, ohne dass es hierfür einer Verzichtserklärung des Arbeitnehmers bedarf. 360

1031

Anlage § 010a-01/Altersvorsorge (Zu LStH 3.55, 3.55a, 3.56, 3.63, 3.65, 3.66, 38.2)

361 Beiträge für eine Direktversicherung, die die Voraussetzungen des § 3 Nr. 63 EStG erfüllen, können nur dann nach § 40b Abs. 1 und 2 EStG a. F. pauschal besteuert werden, wenn der Arbeitnehmer zuvor gegenüber dem Arbeitgeber für diese Beiträge auf die Anwendung des § 3 Nr. 63 EStG verzichtet hat; dies gilt auch dann, wenn der Höchstbetrag nach § 3 Nr. 63 Satz 1 EStG bereits durch anderweitige Beitragsleistungen vollständig ausgeschöpft wird. Handelt es sich um rein arbeitgeberfinanzierte Beiträge und wird die Pauschalsteuer nicht auf den Arbeitnehmer abgewälzt, kann von einer solchen Verzichtserklärung bereits dann ausgegangen werden, wenn der Arbeitnehmer der Weiteranwendung des § 40b EStG a. f. bis zum Zeitpunkt der ersten Beitragsleistung in 2005 nicht ausdrücklich widersprochen hat. In allen anderen Fällen ist eine Weiteranwendung des § 40b EStG a. F. möglich, wenn der Arbeitnehmer dem Angebot des Arbeitgebers, die Beiträge weiterhin nach § 40b EStG a. F. pauschal zu versteuern, spätestens bis zum 30. Juni 2005 zugestimmt hat. Erfolgte die Verzichtserklärung erst nach Beitragszahlung, kann § 40b EStG a. F. für diese Beitragszahlung/en nur dann weiter angewendet und die Steuerfreiheit nach § 3 Nr. 63 EStG rückgängig gemacht werden, wenn die Lohnsteuerbescheinigung im Zeitpunkt der Verzichtserklärung noch nicht übermittelt oder ausgeschrieben worden war. Im Fall eines späteren Arbeitgeberwechsels ist in den Fällen des § 4 Abs. 2 Nr. 1 BetrAVG die Weiteranwendung des § 40b EStG a. F. möglich, wenn der Arbeitnehmer dem Angebot des Arbeitgebers, die Beiträge weiterhin nach § 40b EStG a. F. pauschal zu versteuern, spätestens bis zur ersten Beitragsleistung zustimmt.

362 Beiträge an Pensionskassen können nach § 40b EStG a. F. insbesondere dann weiterhin pauschal besteuert werden, wenn die Summe der nach § 3 Nr. 63 EStG steuerfreien Beiträge und der Beiträge, die wegen der Ausübung des Wahlrechts nach § 3 Nr. 63 Satz 2 EStG individuell versteuert werden, 4 % der Beitragsbemessungsgrenze in der allgemeinen Rentenversicherung übersteigt. Wurde im Fall einer Altzusage bisher lediglich § 3 Nr. 63 EStG angewendet und wird der Höchstbetrag von 4 % der Beitragsbemessungsgrenze in der allgemeinen Rentenversicherung erst nach dem 31. Dezember 2004 durch eine Beitragserhöhung überschritten, ist eine Pauschalbesteuerung nach § 40b EStG a. F. für die übersteigenden Beiträge möglich. Der zusätzliche Höchstbetrag von 1.800 € bleibt in diesen Fällen unberücksichtigt, da er nur dann zur Anwendung gelangt, wenn es sich um eine Neuzusage handelt.

c) Verhältnis von § 3 Nr. 63 Satz 3 EStG und § 40b Abs. 1 und 2 Satz 1 und 2 EStG a. F.

363 Der zusätzliche Höchstbetrag von 1.800 € nach § 3 Nr. 63 Satz 3 EStG für eine Neuzusage kann dann nicht in Anspruch genommen werden, wenn die für den Arbeitnehmer aufgrund einer Altzusage geleisteten Beiträge bereits nach § 40b Abs. 1 und 2 Satz 1 und 2 EStG a. F. pauschal besteuert werden. Dies gilt unabhängig von der Höhe der pauschal besteuerten Beiträge und somit auch unabhängig davon, ob der Dotierungsrahmen des § 40b Abs. 2 Satz 1 EStG a. F. (1.752 €) voll ausgeschöpft wird oder nicht. Eine Anwendung des zusätzlichen Höchstbetrags von 1.800 € kommt aber dann in Betracht, wenn z. B. bei einem Beitrag zugunsten der Altzusage statt der Weiteranwendung des § 40b Abs. 1 und Satz 1 und 2 EStG a. F. dieser Beitrag individuell besteuert wird.

364 Werden für den Arbeitnehmer im Rahmen einer umlagefinanzierten betrieblichen Altersversorgung Zuwendungen an eine Pensionskasse geleistet und werden diese – soweit sie nicht nach § 3 Nr. 56 EStG steuerfrei bleiben (vgl. Rz. 340 ff.) – pauschal besteuert, ist § 40b Abs. 1 und 2 EStG anzuwenden. Dies gilt unabhängig davon, ob die umlagefinanzierten Zuwendungen aufgrund einer Alt- oder Neuzusage geleistet werden. Lediglich für den Bereich der kapitalgedeckten betrieblichen Altersversorgung wurde die Möglichkeit der Pauschalbesteuerung nach § 40b EStG grundsätzlich zum 1. Januar 2005 aufgehoben. Werden von einer Versorgungseinrichtung sowohl Umlagen als auch Beiträge im Kapitaldeckungsverfahren erhoben, wird die Inanspruchnahme des zusätzlichen Höchstbetrags von 1.800 € nach § 3 Nr. 63 Satz 3 EStG für getrennt im Kapitaldeckungsverfahren erhobene Beiträge (Rz. 303) somit durch nach § 40b EStG pauschal besteuerte Zuwendungen zugunsten einer umlagefinanzierten betrieblichen Altersversorgung nicht ausgeschlossen.

d) Verhältnis von § 3 Nr. 63 Satz 4 EStG und § 40b Abs. 1 und 2 Satz 3 und 4 EStG a. F.

365 Begünstigte Aufwendungen (Rz. 303 ff.), die der Arbeitgeber aus Anlass der Beendigung des Dienstverhältnisses nach dem 31. Dezember 2004 leistet, können entweder nach § 3 Nr. 63 Satz 4 EStG steuerfrei belassen oder nach § 40b Abs. 2 Satz 3 und 4 EStG a. F. pauschal besteuert werden. Für die Anwendung der Vervielfältigungsregelung des § 3 Nr. 63 Satz 4 EStG kommt es nicht darauf an, ob die Zusage vor oder nach dem 1. Januar 2005 erteilt wurde; sie muss allerdings die Voraussetzungen des § 3 Nr. 63 EStG erfüllen (vgl. insbesondere Rz. 312). Die Anwendung von § 3 Nr. 63 Satz 4 EStG ist allerdings ausgeschlossen, wenn gleichzeitig § 40b Abs. 2 Satz 3 und 4 EStG a. F. auf die Beiträge, die der Arbeitgeber aus Anlass der Beendigung des Dienstverhältnisses leistet, angewendet wird. Eine Anwendung ist ferner nicht möglich, wenn der Arbeitnehmer bei Beiträgen für eine Direktversicherung auf die Steuerfreiheit der Beiträge zu dieser Direktversicherung zugunsten der Weiteranwendung des § 40b EStG a. F. verzichtet hatte (vgl. Rz. 359 ff.). Bei einer Pensionskasse hindert die Pauschalbesteuerung

nach § 40b Abs. 1 und 2 Satz 1 und 2 EStG a. F. die Inanspruchnahme des § 3 Nr. 63 Satz 4 EStG nicht. Für die Anwendung der Vervielfältigungsregelung nach § 40b Abs. 2 Satz 3 und 4 EStG a. F. ist allerdings Voraussetzung, dass die begünstigten Aufwendungen zugunsten einer Altzusage geleistet werden. Da allein die Erhöhung der Beiträge und/oder Leistungen bei einer ansonsten unveränderten Versorgungszusage nach Rz. 351 noch nicht zu einer Neuzusage führt, kann die Vervielfältigungsregelung des § 40b EStG a. F. auch dann genutzt werden, wenn der Arbeitnehmer erst nach dem 1. Januar 2005 aus dem Dienstverhältnis ausscheidet. Die Höhe der begünstigten Beiträge muss dabei nicht bereits bei Erteilung dieser Zusage bestimmt worden sein. Entsprechendes gilt in den Fällen, in denen bei einer Altzusage bisher lediglich § 3 Nr. 63 EStG angewendet wurde und der Höchstbetrag von 4 % der Beitragsbemessungsgrenze in der allgemeinen Rentenversicherung erst durch die Beiträge, die der Arbeitgeber aus Anlass der Beendigung des Dienstverhältnisses nach dem 31. Dezember 2004 leistet, überschritten wird.

e) Keine weitere Anwendung von § 40b Abs. 1 und 2 EStG a. F. auf Neuzusagen

Auf Beiträge, die aufgrund von Neuzusagen geleistet werden, kann § 40b Abs. 1 und 2 EStG a. F. nicht mehr angewendet werden. Die Beiträge bleiben bis zur Höhe von 4 % der Beitragsbemessungsgrenze in der allgemeinen Rentenversicherung zuzüglich 1.800 € grundsätzlich nach § 3 Nr. 63 EStG steuerfrei. 366

f) Verhältnis von § 3 Nr. 63 EStG und § 40b EStG a. F., wenn die betriebliche Altersversorgung nebeneinander bei verschiedenen Versorgungseinrichtungen durchgeführt wird

Leistet der Arbeitgeber nach § 3 Nr. 63 Satz 1 EStG begünstigte Beiträge an verschiedene Versorgungseinrichtungen, kann er § 40b EStG a. F. auf Beiträge an Pensionskassen unabhängig von der zeitlichen Reihenfolge der Beitragszahlung anwenden, wenn die Voraussetzungen für die weitere Anwendung der Pauschalbesteuerung dem Grunde nach vorliegen. Allerdings muss zum Zeitpunkt der Anwendung des § 40b EStG a. F. bereits feststehen oder zumindest konkret beabsichtigt sein, die nach § 3 Nr. 63 Satz 1 EStG steuerfreien Beiträge in voller Höhe zu zahlen. Stellt der Arbeitgeber fest, dass die Steuerfreiheit noch nicht oder nicht in vollem Umfang ausgeschöpft worden ist oder werden kann, muss die Pauschalbesteuerung nach § 40b EStG a. F. – ggf. teilweise – rückgängig gemacht werden; spätester Zeitpunkt hierfür ist die Übermittlung oder Erteilung der Lohnsteuerbescheinigung. 367

Im Jahr der Errichtung kann der Arbeitgeber für einen neu eingerichteten Durchführungsweg die Steuerfreiheit in Anspruch nehmen, wenn er die für den bestehenden Durchführungsweg bereits in Anspruch genommene Steuerfreiheit rückgängig gemacht und die Beiträge nachträglich bis zum Dotierungsrahmen des § 40b EStG a. F. (1.752 €) pauschal besteuert hat. 368

III. Steuerliche Behandlung der Versorgungsleistungen

1. Allgemeines

Die Leistungen aus einer Versorgungszusage des Arbeitgebers können Einkünfte aus nichtselbständiger Arbeit oder sonstige Einkünfte sein oder nicht der Besteuerung unterliegen. 369

2. Direktzusage und Unterstützungskasse

Versorgungsleistungen des Arbeitgebers aufgrund einer Direktzusage und Versorgungsleistungen einer Unterstützungskasse führen zu Einkünften aus nichtselbständiger Arbeit (§ 19 EStG). 370

Werden solche Versorgungsleistungen nicht fortlaufend, sondern in einer Summe gezahlt, handelt es sich um Vergütungen (Arbeitslohn) für mehrjährige Tätigkeiten im Sinne des § 34 Abs. 2 Nr. 4 EStG (vgl. BFH-Urteil vom 12. April 2007, BStBl. II S. 581), die bei Zusammenballung als außerordentliche Einkünfte nach § 34 Abs. 1 EStG zu besteuern sind. Die Gründe für eine Kapitalisierung von Versorgungsbezügen sind dabei unerheblich. Im Fall von Teilkapitalauszahlungen ist dagegen der Tatbestand der Zusammenballung nicht erfüllt; eine Anwendung des § 34 EStG kommt daher für diese Zahlungen nicht in Betracht. 371

3. Direktversicherung, Pensionskasse und Pensionsfonds

Die steuerliche Behandlung der Leistungen aus einer Direktversicherung, Pensionskasse und Pensionsfonds in der Auszahlungsphase erfolgt nach § 22 Nr. 5 EStG (lex specialis, vgl. Rz. 121 ff.). Der Umfang der Besteuerung hängt davon ab, inwieweit die Beiträge in der Ansparphase durch die Steuerfreiheit nach § 3 Nr. 63 EStG (vgl. Rz. 301 ff.), nach § 3 Nr. 66 EStG (vgl. Rz. 322) oder durch Sonderausgabenabzug nach § 10a EStG und Zulage nach Abschnitt XI EStG (vgl. Rz. 330 ff.) gefördert wurden oder die Leistungen auf steuerfreien Zuwendungen nach § 3 Nr. 56 EStG basieren. Dies gilt auch für Leistungen aus einer ergänzenden Absicherung der Invalidität oder von Hinterbliebenen. Dabei ist grundsätzlich von einer einheitlichen Versorgungszusage und somit für den Aufteilungsmaßstab von einer einheitlichen Behandlung der Beitragskomponenten für Alter und Zusatzrisiken auszugehen. Ist 372

Anlage § 010a-01/Altersvorsorge (Zu LStH 3.55, 3.55a, 3.56, 3.63, 3.65, 3.66, 38.2)

nur die Absicherung von Zusatzrisiken Gegenstand einer Versorgungszusage, ist für den Aufteilungsmaßstab auf die gesamte Beitragsphase und nicht allein auf den letzten geleisteten Beitrag abzustellen. Zu den nicht geförderten Beiträgen gehören insbesondere die nach § 40b EStG a. F. pauschal besteuerten sowie die vor dem 1. Januar 2002 erbrachten Beiträge an eine Pensionskasse oder für eine Direktversicherung. Die Besteuerung erfolgt auch dann nach § 22 Nr. 5 EStG, wenn ein Direktversicherungsvertrag ganz oder teilweise privat fortgeführt wird.

373 Im Fall von Teil- bzw. Einmalkapitalauszahlungen handelt es sich nicht um außerordentliche Einkünfte im Sinne des § 34 Abs. 2 EStG. Es liegt weder eine Entschädigung noch eine Vergütung für eine mehrjährige Tätigkeit vor. Daher kommt eine Anwendung der Fünftelungsregelung des § 34 EStG auf diese Zahlungen nicht in Betracht.

a) Leistungen, die ausschließlich auf nicht geförderten Beiträgen beruhen

374 Leistungen aus Altzusagen (vgl. Rz. 349 ff.), die ausschließlich auf nicht geförderten Beiträgen beruhen, sind, wenn es sich um eine lebenslange Rente, eine Berufsunfähigkeits-, Erwerbsminderungs- oder um eine Hinterbliebenenrente handelt, als sonstige Einkünfte gem. § 22 Nr. 5 Satz 2 Buchstabe a i. V. m. § 22 Nr. 1 Satz 3 Buchstabe a Doppelbuchstabe bb EStG mit dem Ertragsanteil zu besteuern.

375 Handelt es sich um Renten im Sinne der Rz. 374 aus Neuzusagen (vgl. Rz. 349 ff.), die die Voraussetzungen des § 10 Abs. 1 Nr. 2 Satz 1 Buchstabe b EStG erfüllen, sind diese als sonstige Einkünfte gem. § 22 Nr. 5 Satz 2 Buchstabe a i. V. m. § 22 Nr. 1 Satz 3 Buchstabe a Doppelbuchstabe aa EStG zu besteuern. Liegen die Voraussetzungen des § 10 Abs. 1 Nr. 2 Satz 1 Buchstabe b EStG nicht vor, erfolgt die Besteuerung gem. § 22 Nr. 5 Satz 2 Buchstabe a i. V. m. § 22 Nr. 1 Satz 3 Buchstabe a Doppelbuchstabe bb EStG mit dem Ertragsanteil.

376 Auf andere als die in Rz. 374 f. genannten Leistungen (z. B. Kapitalauszahlungen, Teilraten aus Auszahlungsplänen, Abfindungen) sind die Regelungen in Rz. 140 entsprechend anzuwenden. Wird bei einem vor dem 1. Januar 2012 abgeschlossenen Vertrag die Untergrenze für betriebliche Altersversorgungsleistungen bis auf das 62. Lebensjahr oder der Zeitpunkt des erstmaligen Bezugs von Altersversorgungsleistungen bei altersbedingtem Ausscheiden aus dem Erwerbsleben auf das 67. Lebensjahr erhöht (vgl. Rz. 286) und dadurch die Laufzeit des Vertrages verlängert, führt dies allein zu keiner nachträglichen Vertragsänderung, wenn die Verlängerung einen Zeitraum von höchstens zwei Jahren umfasst. Eine entsprechende Verlängerung der Beitragszahlungsdauer ist zulässig. Eine Verlängerung der Laufzeit bzw. der Beitragszahlungsdauer infolge der Anhebung der Altersgrenze kann nur einmalig vorgenommen werden.

377 Zu Leistungen aus einer reinen Risikoversicherung vgl. insoweit Rz. 7 des BMF-Schreibens vom 1. Oktober 2009 (BStBl. I S. 1172).

b) Leistungen, die ausschließlich auf geförderten Beiträgen beruhen

378 Leistungen, die ausschließlich auf geförderten Beiträgen beruhen, unterliegen als sonstige Einkünfte nach § 22 Nr. 5 Satz 1 EStG in vollem Umfang der Besteuerung (vgl. auch Rz. 132 f.).

c) Leistungen, die auf geförderten und nicht geförderten Beiträgen beruhen

379 Beruhen die Leistungen sowohl auf geförderten als auch auf nicht geförderten Beiträgen, müssen die Leistungen in der Auszahlungsphase aufgeteilt werden (vgl. Rz. 134 ff.). Für die Frage des Aufteilungsmaßstabs ist das BMF-Schreiben vom 11. November 2004 (BStBl. I S. 1061) unter Berücksichtigung der Änderungen durch das BMF-Schreiben vom 14. März 2012 (BStBl. I S. 311) anzuwenden.

380 Soweit die Leistungen auf geförderten Beiträgen beruhen, unterliegen sie als sonstige Einkünfte nach § 22 Nr. 5 Satz 1 EStG in vollem Umfang der Besteuerung. Dies gilt unabhängig davon, ob sie in Form der Rente oder als Kapitalauszahlung geleistet werden.

381 Soweit die Leistungen auf nicht geförderten Beiträgen beruhen, gelten die Regelungen in Rz. 374 bis 377 entsprechend.

d) Sonderzahlungen des Arbeitgebers nach § 19 Abs. 1 Satz 1 Nr. 3 EStG

382 Sonderzahlungen des Arbeitgebers im Sinne des § 19 Abs. 1 Satz 1 Nr. 3 Satz 2 EStG einschließlich der Zahlungen des Arbeitgebers zur Erfüllung der Solvabilitätsvorschriften nach den §§ 53c und 114 des Versicherungsaufsichtsgesetzes (VAG), der Zahlungen des Arbeitgebers in der Rentenbezugszeit nach § 112 Abs. 1a VAG und der Sanierungsgelder sind bei der Ermittlung des Aufteilungsmaßstabs nicht zu berücksichtigen.

e) Bescheinigungspflicht

Nach § 22 Nr. 5 Satz 7 EStG hat der Anbieter beim erstmaligen Bezug von Leistungen sowie bei Änderung der im Kalenderjahr auszuzahlenden Leistungen dem Steuerpflichtigen nach amtlich vorgeschriebenem Vordruck den Betrag der im abgelaufenen Kalenderjahr zugeflossenen Leistungen zu bescheinigen. In dieser Bescheinigung sind die Leistungen entsprechend den Grundsätzen in Rz. 132 ff. gesondert auszuweisen. 383

f) Sonderregelungen

aa) Leistungen aus einem Pensionsfonds aufgrund der Übergangsregelung nach § 52 Abs. 34c EStG

Haben Arbeitnehmer schon von ihrem Arbeitgeber aufgrund einer Direktzusage oder von einer Unterstützungskasse laufende Versorgungsleistungen erhalten und ist diese Versorgungsverpflichtung nach § 3 Nr. 66 EStG auf einen Pensionsfonds übertragen worden, werden bei den Leistungsempfängern nach § 52 Abs. 34c EStG weiterhin der Arbeitnehmer-Pauschbetrag i. H. v. 1.000 € (§ 9a Satz 1 Nr. 1 Buchstabe a EStG) bzw. der Pauschbetrag für Werbungskosten i. H. v. 102 € nach § 9a Satz 1 Nr. 1 Buchstabe b EStG und der Versorgungsfreibetrag sowie der Zuschlag zum Versorgungsfreibetrag (§ 19 Abs. 2 EStG) berücksichtigt. Dies gilt auch, wenn der Zeitpunkt des erstmaligen Leistungsbezugs und der Zeitpunkt der Übertragung der Versorgungsverpflichtung auf den Pensionsfonds in denselben Monat fallen. Die Leistungen unterliegen unabhängig davon als sonstige Einkünfte nach § 22 Nr. 5 Satz 1 EStG der Besteuerung. Die vorstehenden Ausführungen zur Berücksichtigung des Versorgungsfreibetrags und des Zuschlags zum Versorgungsfreibetrag gelten entsprechend für einen Hinterbliebenenbezug, der auf den Versorgungsbezug folgt. 384

Handelt es sich bereits beim erstmaligen Bezug der Versorgungsleistungen um Versorgungsbezüge im Sinne des § 19 Abs. 2 EStG, wird der Pauschbetrag nach § 9a Satz 1 Nr. 1 Buchstabe b EStG abgezogen; zusätzlich werden der Versorgungsfreibetrag und der Zuschlag zum Versorgungsfreibetrag mit dem für das Jahr des Versorgungsbeginns maßgebenden Vomhundertsatz und Beträgen berücksichtigt. Handelt es sich beim erstmaligen Bezug der Versorgungsleistungen nicht um Versorgungsbezüge im Sinne des § 19 Abs. 2 EStG, weil z. B. keine der Altersgrenzen in § 19 Abs. 2 EStG erreicht sind, ist lediglich der Arbeitnehmer-Pauschbetrag (§ 9a Satz 1 Nr. 1 Buchstabe a EStG) abzuziehen. Wird eine der Altersgrenzen in § 19 Abs. 2 EStG erst zu einem späteren Zeitpunkt erreicht, sind ab diesem Zeitpunkt für dieses Jahr maßgebende Versorgungsfreibetrag und der Zuschlag zum Versorgungsfreibetrag abzuziehen sowie anstelle des Arbeitnehmer-Pauschbetrags der Pauschbetrag nach § 9a Satz 1 Nr. 1 Buchstabe b EStG. Ein Abzug des Versorgungsfreibetrags nach § 19 Abs. 2 EStG in der bis zum 31. Dezember 2004 geltenden Fassung kommt nach dem 31. Dezember 2004 nicht mehr in Betracht. Dies gilt unabhängig vom Zeitpunkt der Übertragung der Versorgungsverpflichtung auf den Pensionsfonds. Folgt ein Hinterbliebenenbezug einem Versorgungsbezug, sind die Rz. 180 ff. des BMF-Schreibens vom 19. August 2013 (BStBl. I S. 1087) entsprechend anzuwenden. 385

bb) Arbeitgeberzahlungen infolge der Anpassungsprüfungspflicht nach § 16 BetrAVG

Leistungen des Arbeitgebers aufgrund der Anpassungsprüfungspflicht nach § 16 Abs. 1 BetrAVG, mit der die Leistungen einer Versorgungseinrichtung ergänzt werden, gehören zu den Einkünften nach § 19 Abs. 1 Satz 1 Nr. 2 EStG. Rz. 385 gilt entsprechend. Als Versorgungsbeginn im Sinne des § 19 Abs. 2 EStG ist der Beginn der Zahlung durch den Arbeitgeber anzusehen. 386

Erhöhen sich die Zahlungen des Arbeitgebers infolge der Anpassungsprüfungspflicht nach § 16 BetrAVG, liegt eine regelmäßige Anpassung vor, die nicht zu einer Neuberechnung des Versorgungsfreibetrags und des Zuschlags zum Versorgungsfreibetrag führen. 387

Ändert sich die Höhe der Arbeitgeberzahlung unabhängig von der Anpassungsprüfungspflicht, gilt Folgendes: Übernimmt die Versorgungseinrichtung die Arbeitgeberzahlung nur zum Teil, ist dies als Anrechnungs-/Ruhensregelung im Sinne des § 19 Abs. 2 Satz 10 EStG anzusehen und führt zu einer Neuberechnung. Gleiches gilt für den Fall, dass die Versorgungseinrichtung die Zahlungen nicht mehr erbringen kann und sich die Arbeitgeberzahlung wieder erhöht. 388

Kann die Versorgungseinrichtung die Arbeitgeberzahlungen zunächst vollständig übernehmen und stellt diese später (z. B. wegen Liquiditätsproblemen) wieder ein, so dass der Arbeitgeber die Zahlungsverpflichtung wieder vollständig erfüllen muss, lebt der Anspruch wieder auf. Dies führt nicht zu einem neuen Versorgungsbeginn, so dass für die (Neu-)Berechnung des Versorgungsfreibetrags und des Zuschlags zum Versorgungsfreibetrag die „alte" Kohorte maßgebend ist. 389

cc) Beendigung einer betrieblichen Altersversorgung

Bei Beendigung einer nach § 3 Nr. 63 EStG geförderten betrieblichen Altersversorgung gilt Folgendes: 390

Anlage § 010a-01/Altersvorsorge (Zu LStH 3.55, 3.55a, 3.56, 3.63, 3.65, 3.66, 38.2)

Liegt eine betriebliche Altersversorgung im Sinne des BetrAVG vor und wird diese lediglich mit Wirkung für die Zukunft beendet, z. B. durch eine Abfindung (ggf. auch in Form der Beitragsrückerstattung), dann handelt es sich bei der Zahlung der Versorgungseinrichtung an den Arbeitnehmer um sonstige Einkünfte im Sinne des § 22 Nr. 5 EStG und nicht um Einkünfte nach § 19 EStG.

Im Fall einer kompletten Rückabwicklung des Vertragsverhältnisses mit Wirkung für die Vergangenheit handelt es sich bei der Zahlung der Versorgungseinrichtung an den Arbeitnehmer um eine Arbeitslohnzahlung im Sinne des § 19 Abs. 1 EStG, die im Zeitpunkt des Zuflusses nach den allgemeinen lohnsteuerlichen Grundsätzen behandelt wird.

Kündigt der Arbeitgeber vorzeitig einen nach § 40b EStG begünstigten Direktversicherungsvertrag und wird der Rückkaufswert im Hinblick auf ein unwiderrufliches bzw. unverfallbares Bezugsrecht an den Arbeitnehmer ausgezahlt, ergeben sich aus diesem Vorgang keine lohnsteuerlichen Konsequenzen.

Im Gegensatz zur rückwirkenden Aufhebung einer Vereinbarung mit der Rechtsfolge, dass der Anspruch auf betriebliche Altersversorgung gänzlich untergeht, bewirkt die Abfindung des Anspruchs lediglich einen Rechtsverlust ab dem Zeitpunkt des Wirksamwerdens der Vereinbarung. Der Pauschalierung nach § 40b EStG a. F. steht die vorzeitige Kündigung durch den Arbeitnehmer entgegen. Eine Kündigung durch den Arbeitgeber ist dagegen unschädlich. Von einer Kündigung durch den Arbeitgeber ist auszugehen, wenn betriebliche Gründe (z. B. Liquiditätsschwierigkeiten) maßgebend waren oder die Kündigung durch den Arbeitgeber auf Wunsch des Arbeitnehmers erfolgt ist. Die Kündigung hat keine Auswirkung auf eine bis zu diesem Zeitpunkt erfolgte Pauschalierung nach § 40b EStG a. F.

IV. Schädliche Auszahlung von gefördertem Altersvorsorgevermögen

1. Allgemeines

391 Wird das nach § 10a/Abschnitt XI EStG steuerlich geförderte Altersvorsorgevermögen an den Arbeitnehmer nicht als Rente oder im Rahmen eines Auszahlungsplans ausgezahlt, handelt es sich grundsätzlich um eine schädliche Verwendung (§ 93 Abs. 1 EStG; Rz. 190 ff.). Im Bereich der betrieblichen Altersversorgung kann eine solche schädliche Verwendung dann gegeben sein, wenn Versorgungsanwartschaften abgefunden oder übertragen werden. Entsprechendes gilt, wenn der Arbeitnehmer im Versorgungsfall ein bestehendes Wahlrecht auf Einmalkapitalauszahlung ausübt (vgl. Rz. 332).

392 Liegt eine schädliche Verwendung von gefördertem Altersvorsorgevermögen vor, gelten Rz. 196 ff. sowie 208 bis 231.

2. Abfindungen von Anwartschaften, die auf nach § 10a/Abschnitt XI EStG geförderten Beiträgen beruhen

393 Im Fall der Abfindung von Anwartschaften der betrieblichen Altersversorgung gem. § 3 BetrAVG handelt es sich gem. § 93 Abs. 2 Satz 3 EStG um keine schädliche Verwendung, soweit das nach § 10a/Abschnitt XI EStG geförderte Altersvorsorgevermögen zugunsten eines auf den Namen des Zulageberechtigten lautenden zertifizierten privaten Altersvorsorgevertrags geleistet wird. Der Begriff der Abfindung umfasst außerdem auch Abfindungen, die in arbeitsrechtlich zulässiger Weise außerhalb des Regelungsbereiches des § 3 BetrAVG erfolgen, wie z. B. den Fall der Abfindung ohne Ausscheiden aus dem Arbeitsverhältnis. Liegen die übrigen Voraussetzungen des § 93 Abs. 2 Satz 3 EStG vor, kann somit auch in anderen Abfindungsfällen als denen des § 3 BetrAVG gefördertes Altersvorsorgevermögen aus der betrieblichen Altersversorgung auf einen zertifizierten privaten Altersvorsorgevertrag übertragen werden, ohne dass eine schädliche Verwendung vorliegt.

3. Abfindungen von Anwartschaften, die auf steuerfreien und nicht geförderten Beiträgen beruhen

394 Wird eine Anwartschaft der betrieblichen Altersversorgung abgefunden, die ganz oder teilweise auf nach § 3 Nr. 63 EStG, § 3 Nr. 66 EStG steuerfreien oder nicht geförderten Beiträgen beruht und zugunsten eines auf den Namen des Steuerpflichtigen lautenden zertifizierten Altersvorsorgevertrags geleistet wird, unterliegt der Abfindungsbetrag im Zeitpunkt der Abfindung nicht der Besteuerung (§ 3 Nr. 55c Satz 2 Buchstabe a EStG; Rz. 145). Die Rz. 146 ff. gelten entsprechend.

395 Wird der Abfindungsbetrag nicht entsprechend der Rz. 394 verwendet, erfolgt eine Besteuerung des Abfindungsbetrags im Zeitpunkt der Abfindung entsprechend den Grundsätzen der Rz. 374 bis 381.

4. Portabilität7

396 Bei einem Wechsel des Arbeitgebers kann der Arbeitnehmer für Versorgungszusagen, die nach dem 31. Dezember 2004 erteilt werden, gem. § 4 Abs. 3 BetrAVG verlangen, dass der bisherige Arbeitgeber den Übertragungswert (§ 4 Abs. 5 BetrAVG) auf eine Versorgungseinrichtung des neuen Arbeitgebers überträgt. Die Übertragung ist gem. § 93 Abs. 2 Satz 2 EStG dann keine schädliche Verwendung, wenn auch nach der Übertragung eine lebenslange Altersversorgung des Arbeitnehmers im Sinne des § 1

Abs. 1 Satz 1 Nr. 4 Buchstabe a AltZertG gewährleistet wird. Dies gilt auch, wenn der alte und neue Arbeitgeber sowie der Arbeitnehmer sich gem. § 4 Abs. 2 Nr. 2 BetrAVG freiwillig auf eine Übertragung der Versorgungsanwartschaften mittels Übertragungswert von einer Versorgungseinrichtung im Sinne des § 82 Abs. 2 EStG auf eine andere Versorgungseinrichtung im Sinne des § 82 Abs. 2 EStG verständigen.

Erfüllt die Versorgungseinrichtung des neuen Arbeitgebers nicht die Voraussetzungen des § 1 Abs. 1 Satz 1 Nr. 4 Buchstabe a AltZertG, gelten Rz. 374 bis 381 entsprechend. 397

5. Entschädigungsloser Widerruf eines noch verfallbaren Bezugsrechts

Hat der Arbeitnehmer für arbeitgeberfinanzierte Beiträge an eine Direktversicherung, eine Pensionskasse oder einen Pensionsfonds die Förderung durch Sonderausgabenabzug nach § 10a EStG und Zulage nach Abschnitt XI EStG erhalten und verliert er vor Eintritt der Unverfallbarkeit sein Bezugsrecht durch einen entschädigungslosen Widerruf des Arbeitgebers, handelt es sich um eine schädliche Verwendung im Sinne des § 93 Abs. 1 EStG. Das Versicherungsunternehmen oder die Pensionskasse hat der ZfA die schädliche Verwendung nach § 94 Abs. 1 EStG anzuzeigen. Die gutgeschriebenen Zulagen sind vom Anbieter einzubehalten. Darüber hinaus hat die ZfA den steuerlichen Vorteil aus dem Sonderausgabenabzug nach § 10a EStG beim Arbeitnehmer nach § 94 Abs. 2 EStG zurückzufordern. Der maßgebliche Zeitpunkt für die Rückforderung der Zulagen und des steuerlichen Vorteils ist der Zeitpunkt, in dem die den Verlust des Bezugsrechts begründenden Willenserklärungen (z. B. Kündigung oder Widerruf) wirksam geworden sind. Im Übrigen gilt R 40b.1 Abs. 13 ff. LStR. 398

Zahlungen, die das Versicherungsunternehmen, die Pensionskasse oder der Pensionsfonds an den Arbeitgeber leistet, weil der Arbeitnehmer für eine arbeitgeberfinanzierte betriebliche Altersversorgung vor Eintritt der Unverfallbarkeit sein Bezugsrecht verloren hat (z. B. bei vorzeitigem Ausscheiden aus dem Dienstverhältnis), stellen Betriebseinnahmen dar. § 43 EStG ff. ist in diesem Fall zu beachten. 399

C. Besonderheiten beim Versorgungsausgleich

I. Allgemeines

1. Gesetzliche Neuregelung des Versorgungsausgleichs

Mit dem VersAusglG vom 3. April 2009 wurden die Vorschriften zum Versorgungsausgleich grundlegend geändert. Es gilt künftig für alle ausgleichsreifen Anrechte auf Altersversorgung der Grundsatz der internen Teilung, der bisher schon bei der gesetzlichen Rentenversicherung zur Anwendung kam. Bisher wurden alle von den Ehegatten während der Ehe erworbenen Anrechte auf eine Versorgung wegen Alter und Invalidität bewertet und im Wege eines Einmalausgleichs ausgeglichen, vorrangig über die gesetzliche Rentenversicherung. 400

Das neue VersAusglG sieht dagegen die interne Teilung als Grundsatz des Versorgungsausgleichs auch für alle Systeme der betrieblichen Altersversorgung und privaten Altersvorsorge vor. Hierbei werden die von den Ehegatten in den unterschiedlichen Altersversorgungssystemen erworbenen Anrechte zum Zeitpunkt der Scheidung innerhalb des jeweiligen Systems geteilt und für den ausgleichsberechtigten Ehegatten eigenständige Versorgungsanrechte geschaffen, die unabhängig von den Versorgungsanrechten des ausgleichspflichtigen Ehegatten im jeweiligen System gesondert weitergeführt werden. 401

Zu einem Ausgleich über ein anderes Versorgungssystem (externe Teilung) kommt es nur noch in den §§ 14 bis 17 VersAusglG geregelten Ausnahmefällen. Bei einer externen Teilung entscheidet die ausgleichsberechtigte Person über die Zielversorgung. Sie bestimmt also, in welches Versorgungssystem der Ausgleichswert zu transferieren ist (ggf. Aufstockung einer bestehenden Anwartschaft, ggf. Neubegründung einer Anwartschaft). Dabei darf die Zahlung des Kapitalbetrags an die gewählte Zielversorgung nicht zu nachteiligen steuerlichen Folgen bei der ausgleichspflichtigen Person führen, es sei denn, sie stimmt der Wahl der Zielversorgung zu. 402

Die gesetzliche Rentenversicherung ist Auffang-Zielversorgung, wenn die ausgleichsberechtigte Person ihr Wahlrecht nicht ausübt und es sich nicht um eine betriebliche Altersversorgung handelt. Bei einer betrieblichen Altersversorgung wird bei fehlender Ausübung des Wahlrechts ein Anspruch in der Versorgungsausgleichskasse begründet. 403

Verbunden ist die externe Teilung mit der Leistung eines Kapitalbetrags in Höhe des Ausgleichswerts, der vom Versorgungsträger der ausgleichspflichtigen Person an den Versorgungsträger der ausgleichsberechtigten Person gezahlt wird. (Ausnahme: Externe Teilung von Beamtenversorgungen nach § 16 VersAusglG; hier findet wie nach dem bisherigen Quasi-Splitting zwischen der gesetzlichen Rentenversicherung und dem Träger der Beamtenversorgung ein Erstattungsverfahren im Leistungsfall statt.) 404

Kommt in Einzelfällen weder die interne Teilung noch die externe Teilung in Betracht, etwa weil ein Anrecht zum Zeitpunkt des Versorgungsausgleichs nicht ausgleichsreif ist (§ 19 VersAusglG), z. B. ein 405

Anlage § 010a-01/Altersvorsorge (Zu LStH 3.55, 3.55a, 3.56, 3.63, 3.65, 3.66, 38.2)

Anrecht bei einem ausländischen, zwischenstaatlichen oder überstaatlichen Versorgungsträger oder ein Anrecht im Sinne des BetrAVG, das noch verfallbar ist, kommt es zu Ausgleichsansprüchen nach der Scheidung (§ 20 ff. VersAusglG). Zur steuerlichen Behandlung der Ausgleichsansprüche nach der Scheidung vgl. BMFSchreiben vom 9. April 2010 (BStBl. I S. 323).

406 Nach § 20 des Lebenspartnerschaftsgesetzes – LPartG – (BGBl. I 2001 S. 266) findet, wenn eine Lebenspartnerschaft aufgehoben wird, in entsprechender Anwendung des VersAusglG mit Ausnahme der §§ 32 bis 38 VersAusglG ein Ausgleich von im In- oder Ausland bestehenden Anrechten (§ 2 Abs. 1 VersAusglG) statt, soweit sie in der Lebenspartnerschaftszeit begründet oder aufrechterhalten worden sind. Schließen die Lebenspartner in einem Lebenspartnerschaftsvertrag (§ 7 LPartG) Vereinbarungen über den Versorgungsausgleich, so sind die §§ 6 bis 8 VersAusglG entsprechend anzuwenden. Die Ausführungen zum VersAusglG gelten dementsprechend auch in diesen Fällen. An die Stelle der Ehezeit nach § 3 Abs. 1 VersAusglG tritt insoweit die Lebenspartnerschaftszeit (§ 20 Abs. 2 LPartG).

407 Von den nachfolgenden Ausführungen unberührt bleiben steuerliche Auswirkungen, die sich in Zusammenhang mit Pensionszusagen ergeben, die durch Körperschaften an ihre Gesellschafter erteilt wurden und die ganz oder teilweise gesellschaftsrechtlich veranlasst sind.

2. Besteuerungszeitpunkte

408 Bei der steuerlichen Beurteilung des Versorgungsausgleichs ist zwischen dem Zeitpunkt der Teilung eines Anrechts im Versorgungsausgleich durch gerichtliche Entscheidung und dem späteren Zufluss der Leistungen aus den unterschiedlichen Versorgungssystemen zu unterscheiden.

409 Bei der internen Teilung wird die Übertragung der Anrechte auf die ausgleichsberechtigte Person zum Zeitpunkt des Versorgungsausgleichs für beide Ehegatten nach § 3 Nr. 55a EStG steuerfrei gestellt, weil auch bei den im Rahmen eines Versorgungsausgleichs übertragenen Anrechten auf eine Alters- und Invaliditätsversorgung das Prinzip der nachgelagerten Besteuerung eingehalten wird. Die Besteuerung erfolgt erst während der Auszahlungsphase. Die später zufließenden Leistungen gehören dabei bei beiden Ehegatten zur gleichen Einkunftsart, da die Versorgungsanrechte innerhalb des jeweiligen Systems geteilt wurden. Ein Wechsel des Versorgungssystems und ein damit möglicherweise verbundener Wechsel der Besteuerung weg von der nachgelagerten Besteuerung hat nicht stattgefunden. Lediglich die individuellen Merkmale für die Besteuerung sind bei jedem Ehegatten gesondert zu ermitteln.

410 Bei einer externen Teilung kann dagegen die Übertragung der Anrechte zu einer Besteuerung führen, da sie mit einem Wechsel des Versorgungsträgers und damit regelmäßig mit einem Wechsel des Versorgungssystems verbunden ist. § 3 Nr. 55b Satz 1 EStG stellt deshalb die Leistung des Ausgleichswerts in den Fällen der externen Teilung für beide Ehegatten steuerfrei, soweit das Prinzip der nachgelagerten Besteuerung insgesamt eingehalten wird. Soweit die späteren Leistungen bei der ausgleichsberechtigten Person jedoch nicht der nachgelagerten Besteuerung unterliegen werden (z. B. Besteuerung nach § 20 Abs. 1 Nr. 6 EStG oder nach § 22 Nr. 1 Satz 3 Buchstabe a Doppelbuchstabe bb EStG mit dem Ertragsanteil), greift die Steuerbefreiung gem. § 3 Nr. 55b Satz 2 EStG nicht, und die Leistung des Ausgleichswerts ist bereits im Zeitpunkt der Übertragung beim ausgleichspflichtigen Ehegatten zu besteuern. Die Besteuerung der später zufließenden Leistungen erfolgt bei jedem Ehegatten unabhängig davon, zu welchen Einkünften die Leistungen beim jeweils anderen Ehegatten führen, und richtet sich danach, aus welchem Versorgungssystem sie jeweils geleistet werden.

II. Interne Teilung (§ 10 VersAusglG)

1. Steuerfreiheit nach § 3 Nr. 55a EStG

411 § 3 Nr. 55a EStG stellt klar, dass die aufgrund einer internen Teilung durchgeführte Übertragung von Anrechten steuerfrei ist; dies gilt sowohl für die ausgleichspflichtige als auch für die ausgleichsberechtigte Person.

2. Besteuerung

412 Die Leistungen aus den übertragenen Anrechten gehören bei der ausgleichsberechtigten Person zu den Einkünften, zu denen die Leistungen bei der ausgleichspflichtigen Person gehören würden, wenn die interne Teilung nicht stattgefunden hätte. Die (späteren) Versorgungsleistungen sind daher (weiterhin) Einkünfte aus nichtselbständiger Arbeit (§ 19 EStG) oder aus Kapitalvermögen (§ 20 EStG) oder sonstige Einkünfte (§ 22 EStG). Ausgleichspflichtige Person und ausgleichsberechtigte Person versteuern beide die ihnen jeweils zufließenden Leistungen. Liegen Einkünfte aus nichtselbständiger Arbeit vor, gilt Rz. 371 auch für die ausgleichberechtigte Person.

413 Für die Ermittlung des Versorgungsfreibetrags und des Zuschlags zum Versorgungsfreibetrag nach § 19 Abs. 2 EStG, des Besteuerungsanteils nach § 22 Nr. 1 Satz 3 Buchstabe a Doppelbuchstabe aa EStG sowie des Ertragsanteils nach § 22 Nr. 1 Satz 3 Buchstabe a Doppelbuchstabe bb EStG bei der aus-

(Zu LStH 3.55, 3.55a, 3.56, 3.63, 3.65, 3.66, 38.2) **Anlage § 010a-01/Altersvorsorge**

gleichsberechtigten Person ist auf deren Versorgungsbeginn, deren Rentenbeginn bzw. deren Lebensalter abzustellen. Die Art einer Versorgungszusage (Alt-/Neuzusage) bei der ausgleichsberechtigten Person entspricht grundsätzlich der Art der Versorgungszusage der ausgleichspflichtigen Person. Dies gilt auch bei einer Änderung des Leistungsspektrums nach § 11 Abs. 1 Nr. 3 VersAusglG. Bei einer Hinterbliebenenversorgung zugunsten von Kindern ändert sich die bisher maßgebende Altersgrenze (Rz. 287) nicht. Die Aufstockung eines zugesagten Sterbegeldes (vgl. Rz. 288) ist möglich. Sofern die Leistungen bei der ausgleichsberechtigten Person nach § 22 Nr. 5 EStG zu besteuern sind, ist für die Besteuerung auf die der ausgleichspflichtigen Person gewährten Förderung abzustellen, soweit diese auf die übertragene Anwartschaft entfällt (vgl. Rz. 124).

Wird das Anrecht aus einem Altersvorsorgevertrag oder einem Direktversicherungsvertrag intern geteilt und somit ein eigenes Anrecht der ausgleichsberechtigten Person begründet, gilt der Altersvorsorge- oder Direktversicherungsvertrag der ausgleichsberechtigten Person insoweit zu dem gleichen Zeitpunkt als abgeschlossen wie derjenige der ausgleichspflichtigen Person (§ 52 Abs. 36 Satz 12 EStG). Dies gilt entsprechend, wenn die Leistungen bei der ausgleichsberechtigten Person nach § 22 Nr. 5 Satz 2 Buchstabe c i. V. m. § 20 Abs. 1 Nr. 6 EStG zu besteuern sind. **414**

III. Externe Teilung (§ 14 VersAusglG)

1. Steuerfreiheit nach § 3 Nr. 55b EStG

Nach § 3 Nr. 55b Satz 1 EStG ist der aufgrund einer externen Teilung an den Träger der Zielversorgung geleistete Ausgleichswert grundsätzlich steuerfrei, soweit die späteren Leistungen aus den dort begründeten Anrechten zu steuerpflichtigen Einkünften bei der ausgleichsberechtigten Person führen würden. Soweit die Übertragung von Anrechten im Rahmen des Versorgungsausgleichs zu keinen Einkünften im Sinne des EStG führt, bedarf es keiner Steuerfreistellung nach § 3 Nr. 55b EStG. Die Steuerfreiheit nach § 3 Nr. 55b Satz 1 EStG greift gemäß § 3 Nr. 55b Satz 2 EStG nicht, soweit Leistungen, die auf dem begründeten Anrecht beruhen, bei der ausgleichsberechtigten Person zu Einkünften nach § 20 Abs. 1 Nr. 6 EStG oder § 22 Nr. 1 Satz 3 Buchstabe a Doppelbuchstabe bb EStG führen würden. **415**

Wird bei der externen Teilung einer betrieblichen Altersversorgung für die ausgleichsberechtigte Person ein Anrecht in einer betrieblichen Altersversorgung begründet, richtet sich die Art der Versorgungszusage (Alt-/Neuzusage) bei der ausgleichsberechtigten Person grundsätzlich nach der Art der Versorgungszusage der ausgleichspflichtigen Person. Dies gilt auch bei einer Änderung des Leistungsspektrums nach § 11 Abs. 1 Satz 2 Nr. 3 VersAusglG. Bei einer Hinterbliebenenversorgung zugunsten von Kindern ändert sich die bisher maßgebende Altersgrenze (Rz. 287) nicht. Die Aufstockung eines zugesagten Sterbegeldes (vgl. Rz. 288) ist möglich. Wird im Rahmen der externen Teilung eine bestehende Versorgungszusage der ausgleichsberechtigten Person aufgestockt, richtet sich die Art der Versorgungszusage nach den Rz. 349 ff. **416**

2. Besteuerung bei der ausgleichsberechtigten Person7

Für die Besteuerung bei der ausgleichsberechtigten Person ist unerheblich, zu welchen Einkünften die Leistungen aus dem übertragenen Anrecht bei der ausgleichspflichtigen Person geführt hätten, da mit der externen Teilung ein neues Anrecht begründet wird. Bei der ausgleichsberechtigten Person unterliegen Leistungen aus Altersvorsorgeverträgen, Pensionsfonds, Pensionskassen oder Direktversicherungen, die auf dem nach § 3 Nr. 55b Satz 1 EStG steuerfrei geleisteten Ausgleichswert beruhen, insoweit in vollem Umfang der nachgelagerten Besteuerung nach § 22 Nr. 5 Satz 1 EStG. **417**

3. Beispiele

Beispiel 1: **418**

Im Rahmen einer externen Teilung zahlt das Versicherungsunternehmen X, bei dem der Arbeitnehmerehegatte A eine betriebliche Altersversorgung über eine Direktversicherung (Kapitalversicherung mit Sparanteil) aufgebaut hat, den vom Familiengericht festgesetzten Ausgleichswert an das Versicherungsunternehmen Y zugunsten von Ehegatte B in einen zertifizierten Altersvorsorgevertrag in Form einer Rentenversicherung. Die Beiträge an das Versicherungsunternehmen X wurden in der Vergangenheit ausschließlich pauschal besteuert (§ 40b Abs. 1 und 2 EStG in der am 31. Dezember 2004 geltenden Fassung i. V. m. § 52 Abs. 52b EStG).

Der Ausgleichswert führt nicht zu steuerbaren Einkünften, da kein Erlebensfall oder Rückkauf vorliegt (§ 22 Nr. 5 Satz 2 Buchstabe b i. V. m. § 20 Abs. 1 Nr. 6 EStG). Der Steuerbefreiung nach § 3 Nr. 55b EStG bedarf es daher nicht. Die spätere durch die externe Teilung gekürzte Kapitalleistung unterliegt bei A der Besteuerung nach § 22 Nr. 5 Satz 2 Buchstabe b i. V. m. § 20 Abs. 1 Nr. 6 EStG (ggf. steuerfrei, wenn die Direktversicherung vor dem 1. Januar 2005 abgeschlossen wurde, § 52 Abs. 36 Satz 5 EStG i. V. m. § 20 Abs. 1 Nr. 6 Satz 2 EStG a. F.). Die Leistungen aus dem zertifizierten Altersvorsorgevertrag, die auf dem

Anlage § 010a-01/Altersvorsorge (Zu LStH 3.55, 3.55a, 3.56, 3.63, 3.65, 3.66, 38.2)

eingezahlten Ausgleichswert beruhen, unterliegen bei B der Besteuerung nach § 22 Nr. 5 Satz 2 EStG (vgl. Rz. 138 bis 143).

419 Beispiel 2:

Im Rahmen einer externen Teilung zahlt ein Versicherungsunternehmen X, bei der der Arbeitnehmerehegatte A eine betriebliche Altersversorgung über eine Direktversicherung (Rentenversicherung) aufgebaut hat, einen Ausgleichswert an das Versicherungsunternehmen Y zugunsten von Ehegatte B in einen zertifizierten Altersvorsorgevertrag. Die Beiträge an das Versicherungsunternehmen X waren steuerfrei (§ 3 Nr. 63 EStG).

Der Ausgleichswert ist steuerfrei nach § 3 Nr. 55b EStG. Die spätere geminderte Leistung unterliegt bei A der Besteuerung nach § 22 Nr. 5 Satz 1 EStG. Die Leistung bei B unterliegt – soweit diese auf dem eingezahlten Ausgleichswert beruht – ebenfalls der Besteuerung nach § 22 Nr. 5 Satz 1 EStG (vgl. Rz. 132 ff.).

420 Beispiel 3:

Im Rahmen einer externen Teilung zahlt der Arbeitgeber des Arbeitnehmerehegatten A mit dessen Zustimmung (§§ 14 Abs. 4 i. V. m. 15 Abs. 3 VersAusglG) den hälftigen Kapitalwert aus einer Direktzusage in einen privaten Rentenversicherungsvertrag mit Kapitalwahlrecht des Ehegatten B ein.

Der Ausgleichswert ist steuerpflichtig, da die späteren Leistungen aus dem Rentenversicherungsvertrag zu lediglich mit dem Ertragsanteil steuerpflichtigen Einkünften beim Ehegatten B führen (§ 3 Nr. 55b Satz 2 EStG). Beim Ausgleichswert handelt es sich um steuerpflichtigen – ggf. nach der Fünftelregelung ermäßigt zu besteuernden – Arbeitslohn des Arbeitnehmerehegatten A.

4. Verfahren

421 Der Versorgungsträger der ausgleichspflichtigen Person hat grundsätzlich den Versorgungsträger der ausgleichsberechtigten Person über die für die Besteuerung der Leistungen erforderlichen Grundlagen zu informieren. Andere Mitteilungs-, Informations- und Aufzeichnungspflichten bleiben hiervon unberührt.

IV. Steuerunschädliche Übertragung im Sinne des § 93 Abs. 1a EStG

422 Eine steuerunschädliche Übertragung im Sinne des § 93 Abs. 1a Satz 1 EStG liegt vor, wenn aufgrund einer Entscheidung des Familiengerichts im Wege der internen Teilung nach § 10 VersAusglG oder externen Teilung nach § 14 VersAusglG während der Ehezeit (§ 3 Abs. 1 VersAusglG) gebildetes gefördertes Altersvorsorgevermögen auf einen zertifizierten Altersvorsorgevertrag oder in eine nach § 82 Abs. 2 EStG begünstigte betriebliche Altersversorgung (einschließlich der Versorgungsausgleichskasse) übertragen wird. Dies ist bei der internen Teilung immer der Fall. Es ist unerheblich, ob die ausgleichsberechtigte Person selbst zulageberechtigt ist. Werden die bei einer internen Teilung entstehenden Kosten mit dem Altersvorsorgevermögen verrechnet (§ 13 VersAusglG), liegt insoweit keine schädliche Verwendung vor. Im Fall der Verrechnung reduziert sich die Beitragszusage (§ 1 Abs. 1 Satz 1 Nr. 3 AltZertG) des Anbieters entsprechend dem Verhältnis von Verrechnungsbetrag zu dem unmittelbar vor der Verrechnung vorhandenen Altersvorsorgekapital.

423 Die Übertragung aufgrund einer internen Teilung nach § 10 VersAusglG oder einer externen Teilung nach § 14 VersAusglG auf einen Altersvorsorgevertrag oder eine nach § 82 Abs. 2 EStG begünstigte betriebliche Altersversorgung (einschließlich Versorgungsausgleichskasse) der ausgleichsberechtigten Person führt nich zu steuerpflichtigen Einnahmen.

424 Beruht das auf die Ehezeit entfallende, aufzuteilende Altersvorsorgevermögen auf geförderten und ungeförderten Beiträgen, ist das zu übertragende Altersvorsorgevermögen entsprechend dem Verhältnis der hierin enthaltenen geförderten und ungeförderten Beiträge aufzuteilen und anteilig zu übertragen.

425 Wird aufgrund einer internen Teilung nach § 10 VersAusglG oder einer externen Teilung nach § 14 VersAusglG ausschließlich ungefördertes Altersvorsorgevermögen übertragen, stellt dies eine mit einer Übertragung im Sinne des § 93 Abs. 1a Satz 1 EStG vergleichbare Übertragung dar. Insoweit gelten die Rz. 427 und 428 entsprechend. Die in § 93 Abs. 1a EStG geregelten Rechtsfolgen und Mitteilungsgründe treten aber nicht ein.

426 Erfolgt jedoch in dem Fall nachträglich eine steuerliche Förderung von Altersvorsorgebeiträgen für ein in der Ehezeit liegendes Beitragsjahr, liegt rückwirkend betrachtet eine Übertragung im Sinne des § 93 Abs. 1a Satz 1 EStG vor, die auch die damit verbundenen weiteren Rechts- und Verfahrensfolgen auslöst. Hinsichtlich der Ermittlung und Auszahlung der nachträglich gewährten Zulage und der Zuordnung der Steuerverstrickung wird auf Rz. 434 verwiesen.

427 Im Fall der Übertragung im Sinne des § 93 Abs. 1a Satz 1 EStG erfolgt die Mitteilung über die Durchführung der Kapitalübertragung nach dem Verfahren gemäß § 11 AltvDV. Bei der internen Teilung ent-

(Zu LStH 3.55, 3.55a, 3.56, 3.63, 3.65, 3.66, 38.2) **Anlage § 010a-01/Altersvorsorge**

fällt der Datenaustausch zwischen den Anbietern nach § 11 Abs. 1 bis 3 AltvDV. Der Anbieter der ausgleichspflichtigen Person teilt der ZfA in seiner Meldung zur Kapitalübertragung (§ 11 Abs. 4 AltvDV) neben dem Prozentsatz des geförderten Altersvorsorgekapitals, das übertragen wird, auch die vom Familiengericht angegebene Ehezeit im Sinne des § 3 Abs. 1 VersAusglG mit.

Zu den Daten, die im Rahmen des Verfahrens gemäß § 11 AltvDV der ZfA mitzuteilen sind, zählen auch die Daten, die von der ZfA benötigt werden, um die gemeldete ausgleichsberechtigte Person eindeutig zu identifizieren und gegebenenfalls für diese eine Zulagennummer zu vergeben bzw. ein Zulagenkonto anlegen zu können. Aus dem Tatbestand, dass die ausgleichsberechtigte Person die Übertragung in eine förderbare Zielversorgung gewählt hat, für die die Verfahrensgrundsätze des Abschnitts XI EStG gelten, leitet sich neben der Antragsfiktion für die Vergabe einer Zulagennummer auch die Berechtigung des Anbieters zur Erhebung der hierfür notwendigen Daten her. 428

Erfolgt die interne Teilung und damit verbunden die Übertragung eines Anrechts im Bereich der betrieblichen Altersversorgung, erlangt die ausgleichsberechtigte Person die versorgungsrechtliche Stellung eines ausgeschiedenen Arbeitnehmers im Sinne des BetrAVG (§ 12 VersAusglG). Damit erlangt sie bei einem Pensionsfonds, einer Pensionskasse oder einer Direktversicherung auch das Recht zur Fortsetzung der betrieblichen Versorgung mit eigenen Beiträgen, die nach § 82 Abs. 2 Buchstabe b EStG zu den Altersvorsorgebeiträgen gehören können, wenn ein Fortsetzungsrecht bei der ausgleichspflichtigen Person für die Versorgung bestanden hätte. Rz. 335 ff. gelten entsprechend. 429

Die ZfA teilt der ausgleichspflichtigen Person den Umfang der auf die Ehezeit entfallenden steuerlichen Förderung nach § 10a/Abschnitt XI EStG mit. Diese Mitteilung beinhaltet die beitragsjahrbezogene Auflistung der ermittelten Zulagen sowie die nach § 10a Abs. 4 EStG gesondert festgestellten Beträge, soweit der ZfA diese bekannt sind, für die innerhalb der Ehezeit liegenden Beitragsjahre. Für die Beitragsjahre, in die der Beginn oder das Ende der Ehezeit fällt, wird die Förderung monatsweise zugeordnet, indem jeweils ein Zwölftel der für das betreffende Beitragsjahr gewährten Förderung den zu der Ehezeit zählenden Monaten zugerechnet wird. Die monatsweise Zuordnung erfolgt unabhängig davon, ob die für diese Beitragsjahre gezahlten Beiträge vor, nach oder während der Ehezeit auf den Altersvorsorgevertrag eingezahlt wurden. Die Mitteilung der Höhe der für den Vertrag insgesamt gewährten Förderung ist kein Verwaltungsakt. 430

Soweit das während der Ehezeit gebildete geförderte Altersvorsorgevermögen im Rahmen des § 93 Abs. 1a Satz 1 EStG übertragen wird, geht die steuerliche Förderung mit allen Rechten und Pflichten auf die ausgleichsberechtigte Person über. Dies hat zur Folge, dass im Fall einer schädlichen Verwendung des geförderten Altersvorsorgevermögens derjenige Ehegatte die Förderung zurückzahlen muss, der über das ihm zugerechnete geförderte Altersvorsorgevermögen schädlich verfügt. Leistungen aus dem geförderten Altersvorsorgevermögen sind beim Leistungsempfänger nachgelagert zu besteuern. Die Feststellung der geänderten Zuordnung der steuerlichen Förderung erfolgt beitragsjahrbezogen durch die ZfA. Sie erteilt sowohl der ausgleichspflichtigen als auch der ausgleichsberechtigten Person einen Feststellungsbescheid über die Zuordnung der nach § 10a Abs. 4 EStG gesondert festgestellten Beträge sowie der ermittelten Zulagen. Einwände gegen diese Bescheide können nur erhoben werden, soweit sie sich gegen die geänderte Zuordnung der steuerlichen Förderung richten. Nach Eintritt der Unanfechtbarkeit dieser Feststellungsbescheide werden auch die Anbieter durch einen Datensatz nach § 90 Abs. 2 Satz 6 EStG von der ZfA über die geänderte Zuordnung informiert. 431

Die ZfA kann die Mitteilung über den Umfang der auf die Ehezeit entfallenden steuerlichen Förderung (§ 93 Abs. 1a Satz 2 EStG, vgl. Rz. 430) und den Feststellungsbescheid über die geänderte Zuordnung der steuerlichen Förderung (§ 93 Abs. 1a Satz 5 EStG, vgl. Rz. 431) an die ausgleichspflichtige Person in einem Schreiben zusammenfassen, sofern deutlich wird, dass ein Einspruch nur zulässig ist, soweit er sich gegen die Zuordnung der steuerlichen Förderung richtet. 432

Bei der Übertragung im Sinne des § 93 Abs. 1a EStG ist das übertragene Altersvorsorgevermögen zunächst als Kapitalbetrag ohne steuerliche Zuordnung zu behandeln. Bei Eingang der Mitteilung der ZfA über die geänderte Zuordnung für die Ehezeit hat der Anbieter diese Zuordnung in die steuerliche Bestandsführung zu übernehmen. In der Zeit von der Übertragung des Altersvorsorgevermögens bis zur Mitteilung der ZfA über die steuerliche Neuzuordnung der Förderung sind Auszahlungen aus dem Vertrag nur insoweit zulässig, als für ggf. zurückzuzahlende Förderungen noch ausreichend Kapital zur Verfügung steht. 433

Stellt die ausgleichspflichtige Person nach der Übertragung im Sinne des § 93 Abs. 1a Satz 1 EStG einen Antrag auf Altersvorsorgezulage für ein Beitragsjahr in der Ehezeit, sind bei der Ermittlung des Zulageanspruchs die gesamten von der ausgleichspflichtigen Person gezahlten Altersvorsorgebeiträge des Beitragsjahres – also auch der übertragene Teil der Altersvorsorgebeiträge – zugrunde zu legen. Die Zulage wird vollständig dem Vertrag der ausgleichspflichtigen Person gutgeschrieben. Die Zuordnung 434

1041

Anlage § 010a-01/Altersvorsorge (Zu LStH 3.55, 3.55a, 3.56, 3.63, 3.65, 3.66, 38.2)

der Steuerverstrickung auf die ausgleichspflichtige und die ausgleichsberechtigte Person erfolgt, als wenn die Zulage bereits vor der Übertragung dem Vertrag gutgeschrieben worden wäre.

435 Werden nach Erteilung der Mitteilung über den Umfang der auf die Ehezeit entfallenden steuerlichen Förderung und der Feststellungsbescheide über die geänderte Zuordnung der steuerlichen Förderung für die Ehezeit Ermittlungsergebnisse getroffen, aufgehoben oder geändert, so hat die ZfA eine geänderte Mitteilung über den Umfang der auf die Ehezeit entfallenden steuerlichen Förderung zu erteilen und die Feststellungsbescheide über die geänderte Zuordnung der steuerlichen Förderung nach § 175 Abs. 1 Satz 1 Nr. 2 AO zu ändern. Dies gilt auch, wenn die ZfA nachträglich eine Mitteilung des Finanzamts über gesondert festgestellte Beträge nach § 10a Abs. 4 EStG für Veranlagungszeiträume in der Ehezeit erhält. Nach Eintritt der Unanfechtbarkeit dieser geänderten Feststellungsbescheide werden auch die Anbieter durch einen Datensatz nach § 90 Abs. 2 Satz 6 EStG von der ZfA über die geänderte Zuordnung informiert.

V. Leistungen an die ausgleichsberechtigte Person als Arbeitslohn

436 Nach § 19 Abs. 1 Satz 1 Nr. 2 EStG sind Leistungen, die die ausgleichsberechtigte Person aufgrund der internen oder externen Teilung später aus einer Direktzusage oder von einer Unterstützungskasse erhält, Einkünfte aus nichtselbständiger Arbeit; Rz. 371 gilt entsprechend. Sie unterliegen der Lohnsteuererhebung nach den allgemeinen Regelungen. Bei der ausgleichspflichtigen Person liegen Einkünfte aus nichtselbständiger Arbeit nur hinsichtlich der durch die Teilung gekürzten Leistungen vor.

437 Sowohl bei der ausgleichspflichtigen Person als auch bei der ausgleichsberechtigten Person werden der Arbeitnehmer-Pauschbetrag (§ 9a Satz 1 Nr. 1 Buchstabe a EStG) oder, soweit die Voraussetzungen dafür jeweils vorliegen, der Pauschbetrag für Werbungskosten (§ 9a Satz 1 Nr. 1 Buchstabe b EStG), der Versorgungsfreibetrag und der Zuschlag zum Versorgungsfreibetrag (§ 19 Abs. 2 EStG) berücksichtigt. Die steuerlichen Abzugsbeträge sind nicht auf die ausgleichspflichtige Person und die ausgleichsberechtigte Person aufzuteilen.

438 Zur Neuberechnung des Versorgungsfreibetrags und des Zuschlags zum Versorgungsfreibetrag vgl. Rz. 413.

D. Anwendungsregelung

439 Teil B dieses Schreibens (Rz. 284 – 399) ist mit Wirkung ab 11. September 2013 anzuwenden. Im Übrigen ist dieses Schreiben mit Wirkung ab 1. Januar 2012 anzuwenden. Abweichend hiervon sind die Rz. 219 und 220 erst ab 1. Januar 2013 anzuwenden. Rz 425 ist ab 1. Juli 2013 anzuwenden. Die Rz. 21, 24, 26, 27, 31, 70, 71, 85, 89, 95, 148, 150, 153, 161 – 164, 167 – 169, 172, 174, 176, 179, 180, 181a, 182, 188 – 190, 194, 203 – 204, 221, 233, 236 – 237a, 239 – 241, 242a – 246, 247a – 247e, 250, 255a, 258 – 260a, 271, 272a, 282 und 406 sind mit Wirkung ab 1. Januar 2014 anzuwenden. Rz. 178 ist ab 13. März 2014 auf alle offenen Fälle anzuwenden.

440 Teil B (Rz. 247 – 355) und Rz. 392 des BMF-Schreibens vom 31. März 2010 – IV C 3 – S 2222/09/10041 / IV C 5 – S 2333/07/0003 – (BStBl. I S. 270) werden mit Wirkung 11. September 2013 aufgehoben. Im Übrigen wird das genannte BMF-Schreiben ab 1. Januar 2012 aufgehoben.

Dieses Schreiben wird im Bundessteuerblatt Teil I veröffentlicht (Zuordnung ESt-Kartei: § 10a EStG). Es steht für eine Übergangszeit auf den Internet-Seiten des Bundesministeriums der Finanzen (www.bundesfinanzministerium.de) zur Ansicht und zum Abruf bereit.

Anlage 1
Pflichtversicherte in der inländischen gesetzlichen Rentenversicherung (§ 10a Abs. 1 Satz 1 Halbsatz 1 EStG) und Pflichtversicherte nach dem Gesetz über die Alterssicherung der Landwirte (§ 10a Abs. 1 Satz 3 EStG) / Nicht begünstigter Personenkreis

A. Pflichtversicherte in der inländischen gesetzlichen Rentenversicherung (§ 10a Abs. 1 Satz 1 Halbsatz 1 EStG)

1. Personen, die gegen Arbeitsentgelt oder zu ihrer Berufsausbildung beschäftigt sind (§ 1 Satz 1 Nr. 1 des Sechsten Buches Sozialgesetzbuch – SGB VI –).

   Hierzu gehören auch geringfügig beschäftigte Personen im Sinne des § 8 Abs. 1 Nr. 1 oder § 8a i. V. m. § 8 Abs. 1 Nr. 1 des Vierten Buches Sozialgesetzbuch (SGB IV), die nicht von der Versicherungspflicht nach § 6 Abs. 1b SGB VI befreit sind.

   Hierzu gehörten bis zum 31. Dezember 2012 ferner geringfügig beschäftigte Personen im Sinne des § 8 Abs. 1 Nr. 1 SGB IV, die auf die Versicherungsfreiheit nach § 5 Abs. 2 Satz 2 SGB VI (i. d. F. bis 31. Dezember 2012) verzichtet und den pauschalen Arbeitgeberbeitrag zur gesetzlichen Rentenversicherung auf den vollen Beitragssatz aufgestockt haben (zum Übergangsrecht siehe Nr. 35 und 42).

(Zu LStH 3.55, 3.55a, 3.56, 3.63, 3.65, 3.66, 38.2) **Anlage § 010a-01/Altersvorsorge**

Auch während des Bezuges von Kurzarbeitergeld nach dem Dritten Buch Sozialgesetzbuch (SGB III) besteht die Versicherungspflicht fort.

Teilnehmer an dualen Studiengängen stehen den Beschäftigten zur Berufsausbildung im Sinne von § 1 Satz 1 Nr. 1 SGB VI gleich (§ 1 Satz 5 SGB VI).

2. Behinderte Menschen, die in anerkannten Werkstätten für behinderte Menschen oder in Blindenwerkstätten im Sinne des § 143 SGB IX oder für diese Einrichtungen in Heimarbeit tätig sind (§ 1 Satz 1 Nr. 2 Buchstabe a SGB VI).
3. Behinderte Menschen, die in Anstalten, Heimen oder gleichartigen Einrichtungen in gewisser Regelmäßigkeit eine Leistung erbringen, die einem Fünftel der Leistung eines voll erwerbsfähigen Beschäftigten in gleichartiger Beschäftigung entspricht; hierzu zählen auch Dienstleistungen für den Träger der Einrichtung (§ 1 Satz 1 Nr. 2 Buchstabe b SGB VI).
4. Personen, die in Einrichtungen der Jugendhilfe oder in Berufsbildungswerken oder ähnlichen Einrichtungen für behinderte Menschen für eine Erwerbstätigkeit befähigt werden sollen; dies gilt auch für Personen während der betrieblichen Qualifizierung im Rahmen der Unterstützten Beschäftigung nach § 38a SGB IX (§ 1 Satz 1 Nr. 3 SGB VI).
5. Auszubildende, die in einer außerbetrieblichen Einrichtung im Rahmen eines Berufsausbildungsvertrags nach dem Berufsbildungsgesetz ausgebildet werden (§ 1 Satz 1 Nr. 3a SGB VI).
6. Mitglieder geistlicher Genossenschaften, Diakonissen und Angehörige ähnlicher Gemeinschaften während ihres Dienstes für die Gemeinschaft und während der Zeit ihrer außerschulischen Ausbildung (§ 1 Satz 1 Nr. 4 SGB VI).
7. Schwestern vom Deutschen Roten Kreuz.
8. Helfer im freiwilligen sozialen Jahr nach dem Jugendfreiwilligendienstgesetz.
9. Helfer im freiwilligen ökologischen Jahr nach dem Jugendfreiwilligendienstgesetz.
10. Helfer im Bundesfreiwilligendienst.
11. Heimarbeiter.
12. Seeleute (Mitglieder der Schiffsbesatzung von Binnenschiffen oder deutschen Seeschiffen).
13. Bezieher von Ausgleichsgeld nach dem Gesetz zur Förderung der Einstellung der landwirtschaftlichen Erwerbstätigkeit.
14. Selbständig tätige Lehrer und Erzieher, die im Zusammenhang mit ihrer selbständigen Tätigkeit keinen versicherungspflichtigen Arbeitnehmer beschäftigen (§ 2 Satz 1 Nr. 1 SGB VI).
15. Pflegepersonen, die in der Kranken-, Wochen-, Säuglings- oder Kinderpflege tätig sind und im Zusammenhang mit ihrer selbständigen Tätigkeit keinen versicherungspflichtigen Arbeitnehmer beschäftigen (§ 2 Satz 1 Nr. 2 SGB VI).
16. Selbständig tätige Hebammen und Entbindungspfleger (§ 2 Satz 1 Nr. 3 SGB VI).
17. Selbständig tätige Seelotsen der Reviere im Sinne des Gesetzes über das Seelotswesen (§ 2 Satz 1 Nr. 4 SGB VI).
18. Selbständige Künstler und Publizisten (§ 2 Satz 1 Nr. 5 SGB VI), wenn sie die künstlerische oder publizistische Tätigkeit erwerbsmäßig und nicht nur vorübergehend ausüben und im Zusammenhang mit der künstlerischen oder publizistischen Tätigkeit nicht mehr als einen Arbeitnehmer beschäftigen, es sei denn, die Beschäftigung erfolgt zur Berufsausbildung oder ist geringfügig im Sinne des § 8 SGB IV.
19. Selbständig tätige Hausgewerbetreibende (§ 2 Satz 1 Nr. 6 SGB VI).
20. Selbständig tätige Küstenschiffer und Küstenfischer, die zur Besatzung ihres Fahrzeuges gehören oder als Küstenfischer ohne Fahrzeug fischen und regelmäßig nicht mehr als vier versicherungspflichtige Arbeitnehmer beschäftigen (§ 2 Satz 1 Nr. 7 SGB VI).
21. Gewerbetreibende, die in die Handwerksrolle eingetragen sind und in ihrer Person die für die Eintragung in die Handwerksrolle erforderlichen Voraussetzungen erfüllen, wobei Handwerksbetriebe im Sinne der §§ 2 und 3 der Handwerksordnung sowie Betriebsfortführungen aufgrund von § 4 der Handwerksordnung außer Betracht bleiben; ist eine Personengesellschaft in die Handwerksrolle eingetragen, gilt als Gewerbetreibender, wer als Gesellschafter in seiner Person die Voraussetzungen für die Eintragung in die Handwerksrolle erfüllt (§ 2 Satz 1 Nr. 8 SGB VI).
22. Personen, die im Zusammenhang mit ihrer selbständigen Tätigkeit regelmäßig keinen versicherungspflichtigen Arbeitnehmer beschäftigen und auf Dauer und im Wesentlichen nur für einen Auftraggeber tätig sind; bei Gesellschaftern gelten als Auftraggeber die Auftraggeber der Gesellschaft (§ 2 Satz 1 Nr. 9 SGB VI).

Anlage § 010a-01/Altersvorsorge (Zu LStH 3.55, 3.55a, 3.56, 3.63, 3.65, 3.66, 38.2)

Versicherungspflichtig sind ferner Personen in der Zeit,

23. für die ihnen Kindererziehungszeiten anzurechnen sind (§ 3 Satz 1 Nr. 1 SGB VI). Versicherungspflicht wegen Kindererziehung besteht für die ersten 36 Kalendermonate nach dem Geburtsmonat des Kindes (§ 56 Abs. 5 SGB VI). Werden innerhalb des 36-Kalendermonatszeitraumes mehrere Kinder erzogen (z. B. bei Mehrlingsgeburten), verlängert sich die Zeit der Versicherung um die Anzahl an Kalendermonaten, in denen gleichzeitig mehrere Kinder erzogen werden. Dies gilt auch für Elternteile, die während der Erziehungszeit Anwartschaften auf Versorgung im Alter nach beamtenrechtlichen Vorschriften oder Grundsätzen oder entsprechenden kirchenrechtlichen Regelungen oder nach den Regelungen einer berufsständischen Versorgungseinrichtung aufgrund der Erziehung erworben haben, die systembezogen nicht gleichwertig berücksichtigt wird wie die Kindererziehung nach dem SGB VI.

24. in der sie einen Pflegebedürftigen im Sinne des § 14 SGB XI nicht erwerbsmäßig wenigstens 14 Stunden wöchentlich in seiner häuslichen Umgebung pflegen, wenn der Pflegebedürftige Anspruch auf Leistungen aus der sozialen oder einer privaten Pflegeversicherung hat; dies gilt ab 1. Januar 2013 auch, wenn die Mindeststundenzahl nur durch die Pflege mehrerer Pflegebedürftiger erreicht wird (nicht erwerbsmäßig tätige Pflegepersonen – § 3 Satz 1 Nr. 1a SGB VI).

25. in der sie aufgrund gesetzlicher Pflicht Wehrdienst oder Zivildienst (längstens bis 31. Dezember 2011) leisten (§ 3 Satz 1 Nr. 2 SGB VI. Der zum 1. Juli 2011 neu eingeführte freiwillige Wehrdienst (für Männer und Frauen) führt zur Versicherungspflicht nach dieser Vorschrift.

26. in der sie sich in einem Wehrdienstverhältnis besonderer Art befinden, wenn sich der Einsatzunfall während einer Zeit ereignet hat, in der Versicherungspflicht als Wehrdienstleistender bestand (§ 3 Satz 1 Nr. 2a SGB VI); die Versicherungspflicht für Einsatzgeschädigte kann frühestens ab 18. Dezember 2007 eintreten.

27. für die sie von einem Leistungsträger Krankengeld (seit 1. August 2012 auch Krankengeld bei Spende von Organen oder Geweben), Verletztengeld, Versorgungskrankengeld, Übergangsgeld oder Arbeitslosengeld beziehen, wenn sie im letzten Jahr vor Beginn der Leistung zuletzt versicherungspflichtig waren; der Zeitraum von einem Jahr verlängert sich um Anrechnungszeiten wegen des Bezugs von Arbeitslosengeld II (§ 3 Satz 1 Nr. 3 SGB VI).

28. für die sie ab 1. August 2012 von einem privaten Krankenversicherungsunternehmen, von einem Beihilfeträger des Bundes, von einem sonstigen öffentlich-rechtlichen Träger von Kosten in Krankheitsfällen auf Bundesebene, von dem Träger der Heilfürsorge im Bereich des Bundes, von dem Träger der truppenärztlichen Versorgung oder von einem öffentlich-rechtlichen Träger von Kosten in Krankheitsfällen auf Landesebene, soweit das Landesrecht dies vorsieht, Leistungen für den Ausfall von Arbeitseinkünften im Zusammenhang mit einer nach den §§ 8 und 8a des Transplantationsgesetzes erfolgenden Spende von Organen oder Geweben beziehen, wenn sie im letzten Jahr vor Beginn dieser Zahlung zuletzt versicherungspflichtig waren; der Zeitraum von einem Jahr verlängert sich um Anrechnungszeiten wegen des Bezugs von Arbeitslosengeld II (§ 3 Satz 1 Nr. 3a SGB VI).

29. für die sie Vorruhestandsgeld beziehen, wenn sie unmittelbar vor Beginn der Leistung versicherungspflichtig waren (§ 3 Satz 1 Nr. 4 SGB VI).

Nach Übergangsrecht im SGB VI bleiben in dieser Beschäftigung oder Tätigkeit weiterhin versicherungspflichtig:

30. Mitglieder des Vorstands einer Aktiengesellschaft, die am 31. Dezember 1991 versicherungspflichtig waren (§ 229 Abs. 1 Satz 1 Nr. 1 SGB VI).

31. Selbständig tätige Lehrer, Erzieher oder Pflegepersonen, die am 31. Dezember 1991 im Zusammenhang mit ihrer selbständigen Tätigkeit keinen Angestellten, aber mindestens einen Arbeiter beschäftigt haben (§ 229 Abs. 1 Satz 1 Nr. 2 SGB VI).

32. Mitglieder des Vorstands einer Aktiengesellschaft, die am 6. November 2003 in einer weiteren Beschäftigung oder selbständigen Tätigkeit nicht versicherungspflichtig waren und die Versicherungspflicht bis zum 31. Dezember 2004 beantragt haben (§ 229 Abs. 1a Satz 2 SGB VI).

33. Personen, die am 28. Juni 2011 aufgrund einer Beschäftigung im Ausland bei einer amtlichen Vertretung des Bundes oder der Länder oder bei deren Leitern, deutschen Mitgliedern oder Bediensteten versicherungspflichtig waren und keine Beendigung der Versicherungspflicht beantragt haben (§ 229 Abs. 1b SGB VI).

34. Handwerker, die am 31. Dezember 2003 versicherungspflichtig waren und in dieser Tätigkeit weiterhin versicherungspflichtig sind (§ 229 Abs. 2a SGB VI).

(Zu LStH 3.55, 3.55a, 3.56, 3.63, 3.65, 3.66, 38.2) **Anlage § 010a-01/Altersvorsorge**

35. Personen, die am 31. Dezember 2012 als Beschäftigte nach § 5 Abs. 2 Satz 2 SGB VI i. d. F. bis 31. Dezember 2012 wegen Verzichts auf die Versicherungsfreiheit in einer geringfügigen Beschäftigung oder mehreren geringfügigen Beschäftigungen versicherungspflichtig waren (§ 229 Abs. 5 Satz 1 SGB VI) und den Arbeitgeberbeitrag i. H. v. 15 % zur Rentenversicherung durch eigene Beiträge aufstocken.
36. nach dem Recht ab 1. April 2003 geringfügig Beschäftigte oder selbständig Tätige, die nach dem bis 31. März 2003 geltenden Recht ohne Verzicht auf die Versicherungsfreiheit (§ 5 Abs. 2 Satz 2 SGB VI i. d. F. bis 31. Dezember 2012) versicherungspflichtig waren, wenn sie nicht die Befreiung von der Versicherungspflicht beantragt haben (§ 229 Abs. 6 SGB VI).
37. Selbständig Tätige, die am 31. Dezember 2012 versicherungspflichtig waren und deren Tätigkeit die Merkmale einer geringfügigen Tätigkeit in der ab dem 1. Januar 2013 geltenden Fassung erfüllt, bleiben in dieser selbständigen Tätigkeit bis zum 31. Dezember 2014 versicherungspflichtig (§ 229 Abs. 7 Satz 2 SGB VI).
38. Personen, die am 31. Dezember 1991 im Beitrittsgebiet als selbständige Tätige versicherungspflichtig waren, und nicht ab 1. Januar 1992 nach §§ 1 bis 3 SGB VI versicherungspflichtig geworden sind, blieben in dieser Tätigkeit versicherungspflichtig, wenn sie keine Beendigung der Versicherungspflicht beantragt haben (§ 229a Abs. 1 SGB VI).
39. Selbständig tätige Landwirte im Beitrittsgebiet, die die Voraussetzungen des § 2 Abs. 1 Nr. 1 des Zweiten Gesetzes über die Krankenversicherung der Landwirte erfüllt haben, in der Krankenversicherung der Landwirte als Unternehmer versichert waren und am 1. Januar 1995 versicherungspflichtig waren, blieben in dieser Tätigkeit versicherungspflichtig (§ 229a Abs. 2 SGB VI).
40. Personen, die am 31. Dezember 1991 als Beschäftigte von Körperschaften, Anstalten oder Stiftungen des öffentlichen Rechts oder ihrer Verbände versicherungspflichtig waren (§ 230 Abs. 2 Nr. 1 SGB VI).
41. Personen, die am 31. Dezember 1991 als satzungsgemäße Mitglieder geistlicher Genossenschaften, Diakonissen oder Angehörige ähnlicher Gemeinschaften versicherungspflichtig waren (§ 230 Abs. 2 Nr. 2 SGB VI).
42. Geringfügig beschäftigte Personen, die am 31. Dezember 2012 nach § 5 Abs. 2 Satz 1 Nr. 1 SGB VI i. d. F. bis zum 31. Dezember 2012 versicherungsfrei waren, nach dem 31. Dezember 2012 auf die Versicherungsfreiheit verzichten (§ 230 Abs. 8 Satz 2 SGB VI) und den Arbeitgeberbeitrag i. H. v. 15 % zur Rentenversicherung durch eigene Beiträge aufstocken.

Auf Antrag sind versicherungspflichtig:

43. Entwicklungshelfer, die Entwicklungsdienst oder Vorbereitungsdienst leisten (§ 4 Abs. 1 Satz 1 Nr. 1 SGB VI).
44. Staatsangehörige der EU, des EWR oder der Schweiz, die für eine begrenzte Zeit im Ausland beschäftigt sind (§ 4 Abs. 1 Satz 1 Nr. 2 SGB VI).
45. Staatsangehörige der EU, des EWR oder der Schweiz, die im Ausland bei einer amtlichen Vertretung des Bundes oder der Länder oder deren Leiter, Mitglied oder Bediensteten beschäftigt sind.
46. Personen, die nicht nur vorübergehend selbständig tätig sind, wenn sie die Versicherungspflicht innerhalb von fünf Jahren nach der Aufnahme der selbständigen Tätigkeit oder dem Ende der Versicherungspflicht aufgrund dieser Tätigkeit beantragen (§ 4 Abs. 2 SGB VI).
47. Personen, die Krankengeld, Verletztengeld, Versorgungskrankengeld, Übergangsgeld oder Arbeitslosengeld oder ab 1. August 2012 Leistungen für den Ausfall von Arbeitseinkünften beziehen, aber nicht nach § 3 Satz 1 Nr. 3 oder 3a SGB VI versicherungspflichtig sind (§ 4 Abs. 3 Satz 1 Nr. 1 SGB VI).
48. Personen, die nur deshalb keinen Anspruch auf Krankengeld haben, weil sie nicht in der gesetzlichen Krankenversicherung versichert sind oder in der gesetzlichen Krankenversicherung ohne Anspruch auf Krankengeld versichert sind, u. a. für die Zeit der Arbeitsunfähigkeit, wenn sie im letzten Jahr vor Beginn der Arbeitsunfähigkeit zuletzt versicherungspflichtig waren, längstens jedoch für 18 Monate (§ 4 Abs. 3 Satz 1 Nr. 2 SGB VI).

B. Pflichtversicherte nach dem Gesetz über die Alterssicherung der Landwirte (§ 10a Abs. 1 Satz 3 EStG)

Hierzu gehören insbesondere
1. versicherungspflichtige Landwirte,
2. versicherungspflichtige Ehegatten/Lebenspartner von Landwirten,

Anlage § 010a-01/Altersvorsorge (Zu LStH 3.55, 3.55a, 3.56, 3.63, 3.65, 3.66, 38.2)

3. versicherungspflichtige mitarbeitende Familienangehörige,
4. ehemalige Landwirte, die nach Übergangsrecht weiterhin unabhängig von einer Tätigkeit als Landwirt oder mitarbeitender Familienangehöriger versicherungspflichtig sind.

C. Nicht begünstigter Personenkreis

Nicht zum Kreis der zulageberechtigten Personen gehören:
1. Freiwillig Versicherte in der gesetzlichen Rentenversicherung (vgl. §§ 7, 232 SGB VI).
2. Von der Versicherungspflicht in der gesetzlichen Rentenversicherung befreite Personen für die Zeit der Befreiung; das sind insbesondere
   a) Angestellte und selbständig Tätige für die Beschäftigung oder selbständige Tätigkeit, wegen der sie aufgrund einer durch Gesetz angeordneten oder auf Gesetz beruhenden Verpflichtung Mitglied einer öffentlich-rechtlichen Versicherungseinrichtung oder Versorgungseinrichtung ihrer Berufsgruppe (berufsständische Versorgungseinrichtung für z. B. Ärzte, Architekten, Rechtsanwälte) und zugleich kraft gesetzlicher Verpflichtung Mitglied einer berufsständischen Kammer sind. Für die Befreiung sind weitere Voraussetzungen zu erfüllen (§ 6 Abs. 1 Satz 1 Nr. 1 SGB VI),
   b) Lehrer und Erzieher an nichtöffentlichen Schulen oder Anstalten (private Ersatzschulen) (§ 6 Abs. 1 Satz 1 Nr. 2 SGB VI, § 231 Abs. 7 und 8 SGB VI),
   c) Gewerbetreibende im Handwerksbetrieb, wenn für sie mindestens 18 Jahre lang Pflichtbeiträge gezahlt worden sind (§ 6 Abs. 1 Satz 1 Nr. 4 SGB VI),
   d) Selbständige mit einem Auftraggeber als sog. Existenzgründer (§ 6 Abs. 1a SGB VI),
   e) Personen, die eine geringfügige Beschäftigung im Sinne des § 8 Abs. 1 Nr. 1 oder § 8a i. V. m. § 8 Abs. 1 Nr. 1 SGB VI ausüben und nach § 6 Abs. 1b SGB VI von der Versicherungspflicht befreit sind,
   f) Personen, die am 31. Dezember 1991 von der Versicherungspflicht befreit waren (§ 231 Abs. 1 SGB VI),
   g) Selbständige mit einem Auftraggeber, die bereits am 31. Dezember 1998 diese Tätigkeit ausübten und weitere Voraussetzungen erfüllen (§ 231 Abs. 5 SGB VI),
   h) Selbständige (z. B. Lehrer, Erzieher, Pflegepersonen), die bereits am 31. Dezember 1998 nach § 2 Satz 1 Nr. 1 bis 3, § 229a Abs. 1 SGB VI versicherungspflichtig waren und weitere Voraussetzungen erfüllen (§ 231 Abs. 6 SGB VI),
   i) unter bestimmten Voraussetzungen deutsche Seeleute, die auf einem Seeschiff beschäftigt sind, das nicht berechtigt ist, die Bundesflagge zu führen (§ 231 Abs. 7 SGB VI i. d. F. bis 31. Dezember 2008),
   j) selbständig Tätige, die am 31. Dezember 1991 im Beitrittsgebiet aufgrund eines Versicherungsvertrages von der Versicherungspflicht befreit waren, es sei denn sie haben bis zum 31. Dezember 1994 erklärt, dass die Befreiung von der Versicherungspflicht enden soll (§ 231a SGB VI).
3. In der gesetzlichen Rentenversicherung versicherungsfreie Personen; das sind insbesondere
   a) geringfügig Beschäftigte, die den Arbeitgeberbeitrag i. H. v. 15 % zur Rentenversicherung nicht durch eigene Beiträge aufstocken (§ 5 Abs. 2 Satz 1 Nr. 1 SGB VI i. V. m. §§ 8 Abs. 1, 8a SGB IV [bis zum 31. Dezember 2012], § 230 Abs. 8 Satz 1 SGB VI [ab 1. Januar 2013]),
   b) selbständig Tätige, die wegen der Geringfügigkeit der Tätigkeit versicherungsfrei sind (§ 5 Abs. 2 Satz 1 Nr. 2 SGB VI i. V. m. § 8 Abs. 3 SGB IV),
   c) Personen, die eine geringfügige nicht erwerbsmäßige Pflegetätigkeit ausüben (§ 5 Abs. 2 Satz 1 Nr. 3 SGB VI),
   d) Personen, die während der Dauer eines Studiums als ordentliche Studierende einer Fachschule oder Hochschule ein Praktikum ableisten, das in ihrer Studienordnung oder Prüfungsordnung vorgeschrieben ist (§ 5 Abs. 3 SGB VI),
   e) Bezieher einer Vollrente wegen Alters (§ 5 Abs. 4 Nr. 1 SGB VI),
   f) Personen, die nach beamtenrechtlichen Vorschriften oder Grundsätzen oder entsprechenden kirchenrechtlichen Regelungen oder einer berufsständischen Versorgungseinrichtung eine Versorgung nach Erreichen einer Altersgrenze beziehen oder die in der Gemeinschaft übliche Versorgung im Alter erhalten (§ 5 Abs. 4 Nr. 2 SGB VI),
   g) Personen, die bis zum Erreichen der Regelaltersgrenze nicht in der gesetzlichen Rentenversicherung versichert waren oder nach Erreichen der Regelaltersgrenze eine Beitragserstattung

(Zu LStH 3.55, 3.55a, 3.56, 3.63, 3.65, 3.66, 38.2) **Anlage § 010a-01/Altersvorsorge**

aus ihrer Versicherung bei der inländischen gesetzlichen Rentenversicherung erhalten haben (§ 5 Abs. 4 Nr. 3 SGB VI),

h) Polizeivollzugsbeamte auf Widerruf, Handwerker, Mitglieder der Pensionskasse deutscher Eisenbahnen und Straßenbahnen sowie Versorgungsbezieher, die am 31. Dezember 1991 versicherungsfrei waren (§ 230 Abs. 1 SGB VI).

4. Ohne Vorliegen von Versicherungspflicht in der gesetzlichen Rentenversicherung

a) nicht versicherungspflichtige selbständig Tätige,

b) selbständig tätige Handwerker, die am 31. Dezember 1991 in ihrer Tätigkeit nicht versicherungspflichtig waren (§ 229 Abs. 2 SGB VI),

c) selbständig Tätige, die am 31. Dezember 2012 nicht versicherungspflichtig waren, weil sie versicherungspflichtige Arbeitnehmer beschäftigt haben, bleiben in dieser Tätigkeit nicht versicherungspflichtig, wenn der beschäftigte Arbeitnehmer nicht geringfügig beschäftigt in der bis zum 31. Dezember 2012 geltenden Fassung ist (§ 229 Abs. 7 Satz 1 SGB VI),

d) Vorstandsmitglieder von Aktiengesellschaften in der Beschäftigung als Vorstand und weiteren Beschäftigungen in Konzernunternehmen (§ 1 Satz 3 [bis zum 28. Juni 2011 Satz 4] SGB VI). Bis zum 31. Dezember 2003 waren Vorstandsmitglieder von Aktiengesellschaften in allen Beschäftigungen, d. h. auch außerhalb des Konzerns nicht versicherungspflichtig. Seit dem 1. Januar 2004 besteht in Nebenbeschäftigungen außerhalb des Konzerns nur dann keine Versicherungspflicht, wenn die Nebenbeschäftigung bereits am 6. November 2003 ausgeübt wurde (§ 229 Abs. 1a Satz 1 SGB VI),

e) Mitglieder des Deutschen Bundestages, der Landtage sowie des Europäischen Parlaments.

Anlage 2
Begünstigter Personenkreis nach § 10a Abs. 1 Satz 1 Halbsatz 2 EStG

1. Empfänger von inländischer Besoldung nach dem Bundesbesoldungsgesetz oder einem entsprechenden Landesbesoldungsgesetz (§ 10a Abs. 1 Satz 1 Halbsatz 2 Nr. 1 EStG), insbesondere:

a) Bundesbeamte, Beamte der Länder, der Gemeinden, der Gemeindeverbände sowie der sonstigen der Aufsicht eines Landes unterstehenden Körperschaften, Anstalten und Stiftungen des öffentlichen Rechts; hierzu gehören nicht die Ehrenbeamten,

b) Richter des Bundes und der Länder; hierzu gehören nicht die ehrenamtlichen Richter,

c) Berufssoldaten und Soldaten auf Zeit.

2. Empfänger von Amtsbezügen aus einem inländischen Amtsverhältnis (§ 10a Abs. 1 Satz 1 Halbsatz 2 Nr. 2 EStG)

In einem öffentlich-rechtlichen Amtsverhältnis stehen z. B. die Mitglieder der Regierung des Bundes oder eines Landes (z. B. § 1 Bundesministergesetz) sowie die Parlamentarischen Staatssekretäre auf Bundes- und Landesebene (z. B. § 1 Abs. 3 des Gesetzes über die Rechtsverhältnisse der Parlamentarischen Staatssekretäre).

3. Sonstige Beschäftigte von Körperschaften, Anstalten oder Stiftungen des öffentlichen Rechts, deren Verbänden einschließlich der Spitzenverbände oder ihrer Arbeitsgemeinschaften (§ 10a Abs. 1 Satz 1 Halbsatz 2 Nr. 3 EStG), wenn ihnen nach beamtenrechtlichen Vorschriften oder Grundsätzen oder entsprechenden kirchenrechtlichen Regelungen Anwartschaft auf Versorgung bei verminderter Erwerbsfähigkeit und im Alter sowie auf Hinterbliebenenversorgung gewährleistet und die Gewährleistung gesichert ist, u. a. rentenversicherungsfreie Kirchenbeamte und Geistliche in öffentlich-rechtlichen Dienstverhältnissen.

4. Satzungsmäßige Mitglieder geistlicher Genossenschaften, Diakonissen oder Angehörige ähnlicher Gemeinschaften (§ 10a Abs. 1 Satz 1 Halbsatz 2 Nr. 3 EStG), wenn ihnen nach den Regeln der Gemeinschaft Anwartschaft auf die in der Gemeinschaft übliche Versorgung bei verminderter Erwerbsfähigkeit und im Alter gewährleistet und die Gewährleistung gesichert ist.

5. Lehrer oder Erzieher, die an nichtöffentlichen Schulen oder Anstalten beschäftigt sind (§ 10a Abs. 1 Satz 1 Halbsatz 2 Nr. 3 EStG), wenn ihnen nach beamtenrechtlichen Vorschriften oder Grundsätzen oder entsprechenden kirchenrechtlichen Regelungen Anwartschaft auf Versorgung bei verminderter Erwerbsfähigkeit und im Alter sowie auf Hinterbliebenenversorgung gewährleistet und die Gewährleistung gesichert ist.

6. Beamte, Richter, Berufssoldaten und Soldaten auf Zeit, die ohne Besoldung beurlaubt sind, für die Zeit einer Beschäftigung, wenn während der Beurlaubung die Gewährleistung einer Versorgungs-

Anlage § 010a-01/Altersvorsorge (Zu LStH 3.55, 3.55a, 3.56, 3.63, 3.65, 3.66, 38.2)

anwartschaft unter den Voraussetzungen des § 5 Abs. 1 Satz 1 SGB VI auf diese Beschäftigung erstreckt wird (§ 10a Abs. 1 Satz 1 Halbsatz 2 Nr. 4 EStG).

7. Steuerpflichtige im Sinne der oben unter Ziffer 1. bis 6. aufgeführten, die beurlaubt sind und deshalb keine Besoldung, Amtsbezüge oder Entgelt erhalten, sofern sie eine Anrechnung von Kindererziehungszeiten nach § 56 SGB VI (d. h. im Sinne der inländischen gesetzlichen Rentenversicherung) in Anspruch nehmen könnten, wenn die Versicherungsfreiheit in der inländischen gesetzlichen Rentenversicherung nicht bestehen würde.

In den Fällen der Nummern 2 bis 5 muss das Versorgungsrecht jedoch die Absenkung des Versorgungsniveaus in entsprechender Anwendung des § 69e Abs. 3 Satz 1 und Abs. 4 des Beamtenversorgungsgesetzes vorsehen.

Anlage § 019-01/verbilligte Reisen Reisebüromitarbeiter

Steuerliche Behandlung unentgeltlicher oder verbilligter Reisen bei Mitarbeitern von Reisebüros und Reiseveranstaltern

BMF-Schreiben vom 14. September 1994 IV B 6 – S 2334 – 115/94 (BStBl. I S. 755)

Nach dem Ergebnis der Besprechung mit den obersten Finanzbehörden der Länder gilt für die lohnsteuerrechtliche Behandlung unentgeltlicher oder verbilligter Reisen der Mitarbeiter von Reisebüros und Reiseveranstaltern Folgendes:

1. Die einem Arbeitnehmer vom Arbeitgeber unentgeltlich oder verbilligt verschaffte Reise gehört nicht zum Arbeitslohn, wenn die Reise im ganz überwiegenden betrieblichen Interesse des Arbeitgebers durchgeführt wird. Ein ganz überwiegendes betriebliches Interesse muss über das normale Interesse des Arbeitgebers, das ihn zur Lohnzahlung veranlasst, deutlich hinausgehen. Dieses Interesse muss so stark sein, daß das Interesse des Arbeitnehmers an der Leistung vernachlässigt werden kann. Für die Teilnahme des Arbeitnehmers an der Reise müssen nachweisbare betriebsfunktionale Gründe bestehen.

2. Als Reisen im ganz überwiegenden betrieblichen Interesse des Arbeitgebers kommen in Betracht
   a) Reisen, denen ein unmittelbarer betrieblicher Anlass zugrunde liegt, z. B. Verhandlungen mit einem Geschäftspartner des Arbeitgebers oder Durchführung eines bestimmten Auftrags wie die Vorbereitung von Reiseveranstaltungen oder von Objektbeschreibungen in Katalogen des Arbeitgebers (Dienstreisen),
   b) Reisen zur beruflichen Fortbildung des Arbeitnehmers (Fachstudienreisen).

3. Bei Reisen im Sinne der Nummer 2 Buchstabe a kann ein ganz überwiegendes betriebliches Interesse des Arbeitgebers nur dann angenommen werden, wenn die folgenden Voraussetzungen nebeneinander erfüllt sind:
   a) Die Reise wird auf Anordnung des Arbeitgebers durchgeführt.
   b) Die Reise ist für den Arbeitnehmer unentgeltlich.
   c) Die Reisetage sind grundsätzlich wie normale Arbeitstage mit beruflicher Tätigkeit ausgefüllt (BFH-Urteil vom 12. April 1979 – BStBl. II S. 513).
   d) Die Reisetage werden auf den Urlaub des Arbeitnehmers nicht angerechnet.

4. Bei Reisen im Sinne der Nummer 2 Buchstabe b kann ein ganz überwiegendes betriebliches Interesse des Arbeitgebers (Abschnitt 74 LStR) nur dann angenommen werden, wenn die folgenden Voraussetzungen nebeneinander erfüllt sind:
   a) Der an der Reise teilnehmende Arbeitnehmer ist im Reisevertrieb oder mit der Reiseprogrammbeschreibung, -gestaltung oder -abwicklung beschäftigt.
   b) Der Arbeitgeber wertet die Teilnahme an der Reise als Arbeitszeit und rechnet jeden vollen Reisetag, der auf einen regelmäßigen Arbeitstag des teilnehmenden Arbeitnehmers entfällt, mit mindestens 6 Stunden auf die vereinbarte regelmäßige Arbeitszeit an.
   c) Der Reise liegt eine feste Programmgestaltung zugrunde, wobei das Programm auf die konkreten beruflichen Qualifikations- und Informationsbedürfnisse der in Buchstabe a genannten Arbeitnehmer zugeschnitten ist. Das Programm muss Fachveranstaltungen mit einer Gesamtdauer von mindestens 6 Stunden arbeitstäglich enthalten. Berufliche Programmpunkte können sein:
      – Kennenlernen der Leistungsträger der gesamten Organisation vor Ort,
      – Vorstellung verschiedener Unterkünfte und Unterkunftsbesichtigungen,
      – länderkundliche Referate, Zielgebietsschulung,
      – ortskundige Führungen,
      – Vorträge von Verkehrsämtern und Ausflugsveranstaltern,
      – eigene Recherchen nach Aufgabenstellung (Fallstudien, Gruppenarbeit),
      – regelmäßige Programmbesprechungen.
   d) Der Arbeitnehmer nimmt grundsätzlich an allen vorgesehenen fachlichen Programmpunkten teil und erstellt ein Protokoll über den Reiseverlauf.
   e) Der Arbeitnehmer nimmt keine Begleitperson mit, es sei denn, dass die Mitnahme einer Begleitperson aus zwingenden betrieblichen Gründen erforderlich ist.

5. Zum Nachweis seines ganz überwiegenden betrieblichen Interesses hat der Arbeitgeber folgende Unterlagen aufzubewahren und auf Verlangen vorzulegen:

Anlage § 019-01/verbilligte Reisen Reisebüromitarbeiter

a) In den Fällen der Nummer 2 Buchstabe a Unterlagen, aus denen sich der Anlass und der Arbeitsauftrag ergeben.

b) In den Fällen der Nummer 2 Buchstabe b
 - die Einladung zur Fachstudienreise,
 - Programmunterlagen,
 - Bestätigungen über die Teilnahme des Arbeitnehmers an den fachlichen Programmpunkten,
 - Protokoll des Arbeitnehmers über den Reiseverlauf,
 - Teilnehmerliste.

6. Leistungen Dritter sind kein Arbeitslohn, wenn sie dem Arbeitnehmer im ganz überwiegenden betrieblichen Interesse des Arbeitgebers zugute kommen, d. h. wenn die in Nummern 2 bis 5 genannten Voraussetzungen erfüllt sind. Andernfalls ist die Frage, ob die Leistung des Dritten Arbeitslohn darstellt und dem Lohnsteuerabzug unterliegt, nach den Grundsätzen des BMF-Schreibens vom 27. September 1993 (BStBl. I S. 814)[1)] zu beurteilen.

7. Schließt sich an eine Reise, die im ganz überwiegenden betrieblichen Interesse des Arbeitgebers liegt, ein privater Reiseaufenthalt an, so gehören die Leistungen für den Anschlussaufenthalt zum Arbeitslohn. Leistungen für die Hin- und Rückfahrt gehören nur in den Fällen der Nummer 2 Buchstabe b und nur dann zum Arbeitslohn, wenn der Anschlussaufenthalt mehr als 10 v.H. der gesamten Reisezeit in Anspruch nimmt. Das Gleiche gilt, wenn der im ganz überwiegenden betrieblichen Interesse liegenden Reise ein privater Reiseaufenthalt vorgeschaltet ist.

---

1) Anlage § 008-01.

(Zu LStH 19.3)

Anlage § 019-02/Sicherheitmaßnahmen

Lohnsteuerliche Behandlung der Aufwendungen des Arbeitgebers für sicherheitsgefährdete Arbeitnehmer; Sicherheitsmaßnahmen

BMF-Schreiben vom 30. Juni 1997 IV B 6 – S 2334 – 148/97 (BStBl. I S. 696)

Es ist gefragt worden, wie die vom Arbeitgeber getragenen oder ersetzten Aufwendungen für Sicherheitsmaßnahmen bei Arbeitnehmern, die aufgrund ihrer beruflichen Position den Angriffen gewaltbereiter politisch motivierter Personen ausgesetzt sind **(Positionsgefährdung)**, lohnsteuerlich zu behandeln sind. Nach dem Ergebnis der Erörterungen mit den obersten Finanzbehörden der Länder gilt Folgendes:

1. Aufwendungen des Arbeitgebers für das ausschließlich mit dem Personenschutz befasste Personal führen nicht zu steuerpflichtigem Arbeitslohn der zu schützenden Person, weil diese Aufwendungen im ganz überwiegenden eigenbetrieblichen Interesse des Arbeitgebers liegen und der Arbeitnehmer durch diese „aufgedrängten" Leistungen nicht bereichert wird.

2. Bei den Aufwendungen des Arbeitgebers für den Einbau von Sicherheitseinrichtungen (Grund- und Spezialschutz) in eine Mietwohnung oder in ein selbstgenutztes Wohneigentum zum Schutze **positionsgefährdeter Arbeitnehmer**, beurteilt sich die Frage, ob diese Aufwendungen steuerpflichtiger Arbeitslohn sind oder im ganz überwiegenden eigenbetrieblichen Interesse des Arbeitgebers liegen, nach dem Maß der Gefährdung des einzelnen Arbeitnehmers. Für die steuerliche Behandlung ist es unerheblich, ob die Sicherheitseinrichtungen in das Eigentum des Arbeitnehmers übergehen oder nicht.

    a) Bei Arbeitnehmern, die durch eine für die Gefährdungsanalyse zuständige Behörde (Sicherheitsbehörde) in die Gefährdungsstufen 1 bis 3 eingeordnet sind, ist davon auszugehen, dass eine Positionsgefährdung vorliegt **(konkrete Positionsgefährdung)**. Für diese Arbeitnehmer ergibt sich durch den Einbau der Sicherheitseinrichtungen grundsätzlich kein steuerpflichtiger Arbeitslohn, weil der Einbau im ganz überwiegenden eigenbetrieblichen Interesse des Arbeitgebers liegt. Bei Arbeitnehmern der Gefährdungsstufe 3 gilt dies allerdings grundsätzlich nur bis zu dem Betrag je Objekt, der vergleichbaren Bundesbediensteten als Höchstbetrag zur Verfügung gestellt wird; dieser beträgt zur Zeit 30 000 DM. Bei höheren Aufwendungen ist von einem ganz überwiegenden eigenbetrieblichen Interesse des Arbeitgebers auszugehen, soweit sie Einrichtungen betreffen, die von der Sicherheitsbehörde empfohlen worden sind.

    b) Bei Arbeitnehmern, für die die Sicherheitsbehörden keine Gefährdungsanalyse erstellen und keine Sicherheitseinrichtungen empfehlen, handelt es sich bei den Aufwendungen grundsätzlich um steuerpflichtigen Arbeitslohn, es sei denn, eine Positionsgefährdung der Arbeitnehmer ist durch eine oberste Bundes- oder Landesbehörde anerkannt worden oder kann anderweitig nachgewiesen oder glaubhaft gemacht werden **(abstrakte Positionsgefährdung)**. In diesem Fall ist bei einem Einbau von Sicherheitseinrichtungen bis zu einem Betrag von 15 000 DM je Objekt von einem ganz überwiegenden eigenbetrieblichen Interesse des Arbeitgebers auszugehen.

    Die in Buchstabe a und b bezeichneten Höchstbeträge gelten auch, wenn die Aufwendungen je Objekt auf verschiedene Veranlagungszeiträume verteilt werden. Die steuerpflichtigen Vorteile fließen dem Arbeitnehmer beim Einbau sofort als Arbeitslohn zu. Eine spätere Änderung der Gefährdungsstufe löst keine steuerlichen Konsequenzen aus (z.B. Erfassung eines Vorteils nach Herabsetzung, kein negativer Arbeitslohn bei Heraufsetzung der Gefährdungsstufe), es sei denn, sie erfolgt noch innerhalb des Jahres, in dem die Sicherheitseinrichtungen eingebaut worden sind. Die dem Arbeitgeber entstehenden Betriebs- und Wartungskosten teilen steuerlich das Schicksal der Einbaukosten. Sie sind gegebenenfalls nur anteilig nach dem Verhältnis des steuerpflichtigen Anteils an den Gesamtkosten steuerpflichtig.

3. Ersetzt der Arbeitgeber dem Arbeitnehmer Aufwendungen für Sicherheitseinrichtungen oder mit diesen Einrichtungen verbundene laufende Betriebs- oder Wartungskosten, ist der Ersatz unter den Voraussetzungen der Nummer 2 ebenfalls kein steuerpflichtiger Arbeitslohn, gegebenenfalls nur anteilig nach dem Verhältnis des nicht steuerpflichtigen Anteils an den Gesamteinbaukosten. Dies gilt allerdings nur dann, wenn die Aufwendungen in zeitlichem Zusammenhang mit dem Einbau bzw. der Zahlung der laufenden Kosten dem Arbeitnehmer ersetzt werden; andernfalls ist der Aufwendungsersatz steuerpflichtiger Arbeitslohn.

4. Nicht vom Arbeitgeber ersetzte Aufwendungen des Arbeitnehmers für Sicherheitseinrichtungen gehören zu den Kosten der Lebensführung und dürfen aufgrund des Aufteilungs- und Abzugsverbots des § 12 Nr. 1 Satz 2 EStG nicht als Werbungskosten bei den Einkünften aus nichtselbständiger Ar-

Anlage § 019-02/Sicherheitmaßnahmen (Zu LStH 19.3)

beit abgezogen werden. Werden Aufwendungen teilweise durch den Arbeitgeber ersetzt, gilt das Abzugsverbot auch für die nicht ersetzten Aufwendungen.

5. Diese Regelung gilt allgemein ab dem 1. Januar 1997. Sie kann zugunsten des Arbeitnehmers in offenen Fällen auch rückwirkend angewandt werden. Abweichende Regelungen sind nicht mehr anzuwenden.

(Zu LStH 19.0) **Anlage § 019-04/Steuerabzug bei Künstlern**

Steuerabzug vom Arbeitslohn bei unbeschränkt einkommensteuer-(lohnsteuer-)pflichtigen Künstlern und verwandten Berufen [1)]

BMF-Schreiben vom 5. Oktober 1990 IV B 6 – S 2332 – 73/90 (BStBl. I S. 638); die Anlage wurde durch BMF-Schreiben vom 9. Juli 2014 IV C 5 – S 2332/0-07 (BStBl. I S. 1103) geändert

Unter Bezugnahme auf das Ergebnis der Erörterung mit den obersten Finanzbehörden der Länder gilt bei Künstlern und verwandten Berufen, soweit sie eine unmittelbare Vertragsbeziehung zum Arbeitgeber/ Auftraggeber begründen, zur Abgrenzung zwischen selbständiger Tätigkeit und nichtselbständiger Arbeit sowie für den Steuerabzug bei Annahme einer nichtselbständigen Arbeit folgendes:

1 Abgrenzung zwischen selbständiger Tätigkeit und nichtselbständiger Arbeit

Für die Annahme einer nichtselbständigen Arbeit sind die in §1 LStDV aufgestellten Merkmale maßgebend. Danach liegt eine nichtselbständige Arbeit vor, wenn die tätige Person in der Betätigung ihres geschäftlichen Willens unter der Leitung eines Arbeitgebers steht oder in den geschäftlichen Organismus des Arbeitgebers eingegliedert und dessen Weisungen zu folgen verpflichtet ist. Dagegen ist nicht Arbeitnehmer, wer Lieferungen und sonstige Leistungen innerhalb der von ihm selbständig ausgeübten gewerblichen und beruflichen Tätigkeit im Inland gegen Entgelt ausführt, soweit es sich um die Entgelte für diese Lieferungen und sonstigen Leistungen handelt. Im übrigen kommt es bei der Abgrenzung zwischen selbständiger Tätigkeit und nichtselbständiger Arbeit nicht so sehr auf die formelle vertragliche Gestaltung, z.B. auf die Bezeichnung als freies Mitarbeiterverhältnis, als vielmehr auf die Durchführung der getroffenen Vereinbarung an (BFH-Urteil vom 29.September 1967 – BStBl. 1968 II S. 84). Dies führt bei künstlerischen und verwandten Berufen im allgemeinen zu folgenden Ergebnissen:

1.1 Tätigkeit bei Theaterunternehmen

1.1.1 Spielzeitverpflichtete Künstler

Künstler und Angehörige von verwandten Berufen, die auf Spielzeit- oder Teilspielzeitvertrag angestellt sind, sind in den Theaterbetrieb eingegliedert und damit nichtselbständig. Dabei spielt es keine Rolle, ob der Künstler gleichzeitig eine Gastspielverpflichtung bei einem anderen Unternehmen eingegangen ist.

1.1.2 Gastspielverpflichtete Künstler

Bei gastspielverpflichteten Künstlern und Angehörigen von verwandten Berufen erstreckt sich der Vertrag in der Regel auf eine bestimmte Anzahl von Aufführungen.

Für die Annahme einer nichtselbständigen Tätigkeit kommt es darauf an, ob das Gastspieltheater während der Dauer des Vertrages im wesentlichen über die Arbeitskraft des Gastkünstlers verfügt (BFH-Urteil vom 24.Mai 1973 – BStBl. II S. 636). Dies hängt von dem Maß der Einbindung in den Theaterbetrieb (nicht in das Ensemble) ab. Ob ein Künstler allein (Solokünstler) oder in einer Gruppe (z.B. Chor) auftritt und welchen künstlerischen Rang er hat, spielt für die Abgrenzung keine entscheidende Rolle. Auch kommt es nicht darauf an, wie das für die Veranlagung des Künstlers zuständige Finanzamt eine vergleichbare Tätigkeit des Künstlers bei Hörfunk und Fernsehen bewertet und ob es hierfür eine entsprechende Bescheinigung erteilt hat. Im einzelnen gilt deshalb:

Gastspielverpflichtete Regisseure, Choreographen, Bühnenbildner und Kostümbildner sind selbständig. Gastspielverpflichtete Dirigenten üben dagegen eine nichtselbständige Tätigkeit aus; sie sind ausnahmsweise selbständig, wenn sie nur für kurze Zeit einspringen. Gastspielverpflichtete Schauspieler, Sänger, Tänzer und andere Künstler sind in den Theaterbetrieb eingegliedert und deshalb nichtselbständig, wenn sie eine Rolle in einer Aufführung übernehmen und gleichzeitig eine Probenverpflichtung zur Einarbeitung in die Rolle oder eine künstlerische Konzeption eingehen. Stell- oder Verständigungsproben reichen nicht aus. Voraussetzung ist außerdem, daß die Probenverpflichtung tatsächlich erfüllt wird. Die Zahl der Aufführungen ist nicht entscheidend.

Aushilfen für Chor und Orchester sind selbständig, wenn sie nur für kurze Zeit einspringen.

Gastspielverpflichtete Künstler einschließlich der Instrumentalsolisten sind selbständig, wenn sie an einer konzertanten Opernaufführung, einem Oratorium, Liederabend oder dergleichen mitwirken.

[1)] Für beschränkt einkommensteuerpflichtige Künstler (Arbeitnehmer) Hinweis auf BMF-Schreiben vom 31.7.2002 (BStBl. I S. 707) ergänzt durch BMF-Schreiben vom 28.3.2013 IV C 5 – S 2332/09/10002 DOK: 2013/0298100 (BStBl. I S. 443), Anlage § 039d-01.

Anlage § 019-04/Steuerabzug bei Künstlern (Zu LStH 19.0)

1.2 Tätigkeit bei Kulturorchestern
Sämtliche gastspielverpflichteten (vgl. Tz. 1.1.2 Abs. 1) Künstler, z. B. Dirigenten, Vokal- und Instrumentalsolisten, sind stets und ohne Rücksicht auf die Art und Anzahl der Aufführungen selbständig. Orchesteraushilfen sind ebenfalls selbständig, wenn sie nur für kurze Zeit einspringen.

1.3 Tätigkeit bei Hörfunk und Fernsehen
Für die neben dem ständigen Personal beschäftigten Künstler und Angehörigen von verwandten Berufen, die in der Regel auf Grund von Honorarverträgen tätig werden und im allgemeinen als freie Mitarbeiter bezeichnet werden, gilt vorbehaltlich der Tz. 1.4 folgendes:

1.3.1 Die freien Mitarbeiter sind grundsätzlich nichtselbständig.

1.3.2 Im allgemeinen sind nur die folgenden Gruppen von freien Mitarbeitern selbständig, soweit sie nur für einzelne Produktionen (z. B. ein Fernsehspiel, eine Unterhaltungssendung oder einen aktuellen Beitrag) tätig werden („Negativkatalog"):

Architekten	Interviewpartner
Arrangeure	Journalisten
Artisten [1]	Kommentatoren
Autoren	Komponisten
Berichterstatter	Korrespondenten
Bildhauer	Kostümbildner
Bühnenbildner	Kunstmaler
Choreographen	Lektoren
Chorleiter [2]	Moderatoren [3]
Darsteller [4]	musikalische Leiter [5]
Dirigenten [6]	Quizmaster
Diskussionsleiter	Realisatoren [7]
Dolmetscher	Regisseure
Fachberater	Schriftsteller
Fotografen	Solisten (Gesang, Musik, Tanz) [8]
Gesprächsteilnehmer	Übersetzer
Grafiker	

1.3.3 Eine von vornherein auf Dauer angelegte Tätigkeit eines freien Mitarbeiters ist nichtselbständig, auch wenn für sie mehrere Honorarverträge abgeschlossen werden.

Beispiele:

a) Ein Journalist reist in das Land X, um in mehreren Beiträgen über kulturelle Ereignisse zu berichten. Eine Rundfunkanstalt verpflichtet sich vor Reiseantritt, diese Beiträge abzunehmen.

Die Tätigkeit ist nichtselbständig, weil sie von vornherein auf Dauer angelegt ist und die Berichte auf Grund einer vorher eingegangenen Gesamtverpflichtung geliefert werden. Dies gilt auch, wenn diese Beiträge einzeln abgerechnet werden.

b) Ein Journalist wird von einer Rundfunkanstalt für kulturpolitische Sendungen um Beiträge gebeten. Die Beiträge liefert er auf Grund von jeweils einzeln abgeschlossenen Vereinbarungen.

Die Tätigkeit ist selbständig, weil sie nicht von vornherein auf Dauer angelegt ist.

1.3.4 Wird der freie Mitarbeiter für denselben Auftraggeber in mehreren zusammenhängenden Leistungsbereichen tätig, von denen der eine als selbständig und der andere als nichtselbständig zu beurteilen ist, ist die gesamte Tätigkeit einheitlich als selbständige oder als nichtselbständige Tä-

---

[1] Die als Gast außerhalb eines Ensembles oder einer Gruppe eine Sololeistung erbringen.
[2] Soweit sie als Gast mitwirken oder Träger des Chores/Klangkörpers oder Arbeitgeber der Mitglieder des Chores/Klangkörpers sind.
[3] Wenn der eigenschöpferische Teil der Leistung überwiegt.
[4] Die als Gast in einer Sendung mit Live-Charakter mitwirken.
[5] Soweit sie als Gast mitwirken oder Träger des Chores/Klangkörpers oder Arbeitgeber der Mitglieder des Chores/Klangkörpers sind.
[6] Soweit sie als Gast mitwirken oder Träger des Chores/Klangkörpers oder Arbeitgeber der Mitglieder des Chores/Klangkörpers sind.
[7] Wenn der eigenschöpferische Teil der Leistung überwiegt.
[8] Die als Gast außerhalb eines Ensembles oder einer Gruppe eine Sololeistung erbringen.

tigkeit zu behandeln. Die Einordnung dieser Mischtätigkeit richtet sich nach der überwiegenden Tätigkeit, die sich aus dem Gesamterscheinungsbild ergibt. Für die Frage des Überwiegens kann auch auf die Höhe des aufgeteilten Honorars abgestellt werden.

1.3.5 Übernimmt ein nichtselbständiger Mitarbeiter für seinen Arbeitgeber zusätzliche Aufgaben, die nicht zu den Nebenpflichten aus seiner Haupttätigkeit gehören, so ist nach den allgemeinen Abgrenzungskriterien zu prüfen, ob die Nebentätigkeit selbständig oder nichtselbständig ausgeübt wird (siehe Abschn. 68 LStR[1]) und BFH-Urteil vom 25. November 1971 – BStBl. 1972 II S. 212).

1.3.6 Gehört ein freier Mitarbeiter nicht zu einer der im Negativkatalog (Tz. 1.3.2) genannten Berufsgruppen, so kann auf Grund besonderer Verhältnisse des Einzelfalls die Tätigkeit gleichwohl selbständig sein. Das Wohnsitzfinanzamt erteilt dem Steuerpflichtigen nach eingehender Prüfung ggf. eine Bescheinigung nach beiliegendem Muster. Die Bescheinigung bezieht sich auf die Tätigkeit des freien Mitarbeiters für einen bestimmten Auftraggeber. Das Finanzamt hat seine Entscheidung grundsätzlich mit dem Betriebsstättenfinanzamt des Auftraggebers abzustimmen.

1.3.7 Gehört ein freier Mitarbeiter zu einer der in Tz. 1.3.2 genannten Berufsgruppen, so kann er auf Grund besonderer Verhältnisse des Einzelfalls gleichwohl nichtselbständig sein.

1.3.8 Aushilfen für Chor und Orchester sind selbständig, wenn sie nur für kurze Zeit einspringen.

1.4 **Tätigkeit bei Film- und Fernsehfilmproduzenten (Eigen- und Auftragsproduktion) einschl. Synchronisierung**

Filmautoren, Filmkomponisten und Fachberater sind im allgemeinen nicht in den Organismus des Unternehmens eingegliedert, so daß ihre Tätigkeit in der Regel selbständig ist. Schauspieler, Regisseure, Kameraleute, Regieassistenten und sonstige Mitarbeiter in der Film- und Fernsehfilmproduktion sind dagegen im allgemeinen nichtselbständig (BFH-Urteil vom 6.Oktober 1971 – BStBl. 1972 II S. 88). Das gilt auch für Mitarbeiter bei der Herstellung von Werbefilmen.[2]

Synchronsprecher sind in der Regel selbständig (BFH-Urteil vom 12.Oktober 1978 – BStBl. 1981 II S. 706). Das gilt nicht nur für Lippensynchronsprecher, sondern auch für Synchronsprecher für besondere Filme (z. B. Kultur-, Lehr- und Werbefilme), bei denen der in eine andere Sprache zu übertragende Begleittext zu sprechen ist. Diese Grundsätze gelten für Synchronregisseure entsprechend.

1.5 **Wiederholungshonorare**

Wiederholungshonorare sind der Einkunftsart zuzuordnen, zu welcher das Ersthonorar gehört hat. Dies gilt auch dann, wenn das Wiederholungshonorar nicht vom Schuldner des Ersthonorars gezahlt wird. Ist das Ersthonorar im Rahmen der Einkünfte aus nichtselbständiger Arbeit zugeflossen und wird das Wiederholungshonorar durch einen Dritten gezahlt, so ist ein Lohnsteuerabzug nicht vorzunehmen.[3]

2 **Steuerabzug vom Arbeitslohn**[4]

2.1 Bei Annahme einer nichtselbständigen Tätigkeit ist der Arbeitgeber zur Einbehaltung und Abführung der Lohnsteuer verpflichtet. Die Höhe der einzubehaltenden Lohnsteuer richtet sich dabei nach der für den jeweiligen Lohnzahlungszeitraum maßgebenden Lohnsteuertabelle.

2.2 Bei täglicher Zahlung des Honorars ist grundsätzlich die Lohnsteuertabelle für tägliche Lohnzahlungen anzuwenden. Stellt sich die tägliche Lohnzahlung lediglich als Abschlagszahlung auf ein für einen längeren Lohnabrechnungszeitraum vereinbartes Honorar dar, so ist der Lohnabrechnungszeitraum als Lohnzahlungszeitraum zu betrachten (§ 39b Abs. 5 EStG). Können die Honorare nicht als Abschlagszahlungen angesehen werden, bestehen keine Bedenken, wenn eines der folgenden Verfahren angewendet wird:

2.2.1 **Erweiterter Lohnzahlungszeitraum**

Der Lohnzahlungszeitraum wird auf die vor der tatsächlichen Beschäftigung liegende Zeit ausgedehnt, soweit dieser Zeitraum nach der auf der Lohnsteuerkarte vermerkten Lohnsteuerbescheinigung nicht schon belegt ist. Dabei gilt jedoch die Einschränkung, daß für je zwei Tage

---

1) Jetzt → R 19.2 LStR.
2) Ausländische Fotomodelle, die zur Produktion von Werbefilmen kurzfristig im Inland tätig sind, können selbständig tätig sein (BFH vom 14.6.2007 VI R 5/06 BStBl. 2009 II S. 931).
3) Hinweis auf BFH vom 6.3.1995 VI R 63/94 (BStBl. II S. 471), danach sind Wiederholungshonorare an Künstler für nochmalige Ausstrahlung von Fernseh- und Hörfunkproduktionen kein Arbeitslohn (sondern regelmäßig Einkünfte aus § 18 EStG)
4) Die nachfolgenden Regelungen gelten grundsätzlich auch im ELStAM-Verfahren.

Anlage § 019-04/Steuerabzug bei Künstlern (Zu LStH 19.0)

der tatsächlichen Beschäftigung nur eine Woche, insgesamt jedoch höchstens ein Monat bescheinigt werden kann.

Beispiel:

a) Beschäftigung vom 26. bis 31.März (6 Tage). Letzte Eintragung auf der Lohnsteuerkarte 2. bis 5. März. Für 6 Tage Beschäftigung Eintragung von 3 Wochen = 21 Tage. Es kommt demnach ein erweiterter Lohnzahlungszeitraum für die Zeit vom 11. bis 31. März (21 Tage) in Betracht.

Würde sich im vorstehenden Beispiel die letzte Eintragung auf der Lohnsteuerkarte statt auf die Zeit vom 2. bis 5.März auf die Zeit vom 15. bis 18. März erstrecken, dann käme als erweiterter Lohnzahlungszeitraum nur die Zeit vom 19. bis 31. März in Betracht.

b) Beschäftigung vom 10. bis 19.März (10 Tage). Letzte Eintragung auf der Lohnsteuerkarte vom 2. bis 7. Februar. Für 10 Tage Beschäftigung Eintragung von 5 Wochen, höchstens jedoch ein Monat. Es kommt demnach ein erweiterter Lohnzahlungszeitraum für die Zeit vom 20. Februar bis 19. März in Betracht.

Würde im vorstehenden Beispiel die Beschäftigung statt vom 10. bis 19. März vom 10. März bis 15.April, also mindestens einen Monat dauern, so kommt die Anwendung des erweiterten Lohnzahlungszeitraums nicht in Betracht.

Ist die Zahl der tatsächlichen Beschäftigungstage nicht durch zwei teilbar und verbleibt demnach ein Rest von einem Tag oder beträgt die tatsächliche Beschäftigungsdauer nur einen Tag, so kann hierfür – im Rahmen des Höchstzeitraums von einem Monat – ebenfalls eine Woche bescheinigt werden.

Beispiel:

Beschäftigung vom 10. bis 12. März (3 Tage). Letzte Eintragung auf der Lohnsteuerkarte 2. bis 7. Februar. Für 3 Tage Beschäftigung Eintragung von 2 Wochen = 14 Tage. Es kommt demnach ein erweiterter Lohnzahlungszeitraum für die Zeit vom 27. Februar bis 12. März (14 Tage) in Betracht.

Würde im vorstehenden Beispiel die Beschäftigung statt vom 10. bis 12. März vom 10. bis 18. März dauern, so würden nach dieser Berechnung zwar 5 Wochen in Betracht kommen. Es kann aber nur höchstens ein Monat als Lohnzahlungszeitraum angesetzt werden, also die Zeit vom 19. Februar bis 18. März.

Bei Eintragung voller Wochen ist die Wochentabelle auf jeweils das auf die Anzahl der Wochen aufgeteilte Honorar, bei Eintragung eines Monats die Monatstabelle anzuwenden.

Beispiel:

Das Honorar für eine Beschäftigung von 5 Tagen beträgt 900 DM. Bei einem erweiterten Lohnzahlungszeitraum von 3 Wochen ist die Wochentabelle jeweils auf ein Drittel des Honorars = 300 DM anzuwenden.

Der Arbeitgeber hat in der Lohnsteuerbescheinigung in die zu bescheinigende Dauer des Dienstverhältnisses auch die Tage einzubeziehen, um die nach vorstehenden Verfahren Lohnzahlungszeiträume erweitert worden sind. Im Lohnkonto hat der Arbeitgeber neben den sonstigen Angaben, zu denen er verpflichtet ist, den Zeitraum der tatsächlichen Beschäftigung, den nach vorstehendem Verfahren erweiterten Lohnzahlungszeitraum sowie den auf der Lohnsteuerkarte vermerkten vorangegangenen Beschäftigungszeitraum sowie Name und Anschrift des früheren Arbeitgebers einzutragen.

Händigt der Arbeitgeber dem Arbeitnehmer die Lohnsteuerkarte vorübergehend aus (§ 39b Abs. 1 Satz 3 EStG), so hat er zuvor auf der Rückseite der Lohnsteuerkarte bereits die für eine spätere Lohnsteuerbescheinigung vorgesehene letzte Spalte (Anschrift und Steuer-Nr. des Arbeitgebers, ggf. Firmenstempel, mit Unterschrift) auszufüllen. Ein anderer Arbeitgeber, dem eine derart gekennzeichnete Lohnsteuerkarte vorgelegt wird, darf diese nicht seiner Lohnsteuerberechnung zugrunde legen; er hat vielmehr der Berechnung der Lohnsteuerbeträge die tatsächliche Zahl der Arbeitstage nach § 39b Abs. 4 EStG[1)] zugrunde zu legen und die Lohnsteuer nach § 39c Abs. 1 EStG zu errechnen.

2.2.2 Verlängerung des Lohnzahlungszeitraums auf einen Monat

Der Arbeitgeber vereinbart mit dem Arbeitnehmer, daß für das in einem Monat anfallende Honorar der Monat als Lohnzahlungszeitraum angesehen wird und die Zahlungen zunächst als Abschlag behandelt werden. Die in dem Monat gezahlten Abschläge werden innerhalb von drei Wochen nach Ablauf des Monats als Monatshonorare abgerechnet. Die Lohnsteuer wird dem Lohnzahlungszeitraum entsprechend nach der Monatstabelle einbehalten. Auf den Zeitpunkt der Leistung des Arbeitnehmers und die Dauer seiner Beschäftigung wird dabei nicht besonders abgestellt.

---

1) Weggefallen.

(Zu LStH 19.0) **Anlage § 019-04/Steuerabzug bei Künstlern**

Dem Lohnsteuerabzug wird die dem Arbeitgeber vorgelegte Lohnsteuerkarte zugrunde gelegt. Voraussetzung für die Anwendung dieses Verfahrens ist, daß die für den Lohnsteuerabzug maßgebende Lohnsteuerkarte für den betreffenden Monat noch keine Eintragung enthält und mindestens für den Monat, in dem das Honorar anfällt, beim Arbeitgeber verbleibt.

Vor der Aushändigung der Lohnsteuerkarte wird die Lohnsteuerbescheinigung (§ 41b Abs. 1 EStG) eingetragen. Diese ist dem Lohnabrechnungszeitraum entsprechend jeweils für abgeschlossene Kalendermonate zu erteilen. Als Dauer des Dienstverhältnisses wird der Zeitraum eingetragen, in dem die Lohnsteuerkarte dem Arbeitgeber vorgelegen hat.

Verlangt ein Arbeitnehmer schon im Laufe des Kalenderjahrs die Aushändigung der Lohnsteuerkarte, weil er nicht mehr für den Arbeitgeber tätig ist oder einen Steuerklassenwechsel (z. B. wegen Verlagerung seiner Haupteinnahmequelle zu einem anderen Arbeitgeber; vgl. Abschn. 114 Abs. 3 Satz 1 LStR)[1)] vornehmen will, wird diese Lohnsteuerkarte noch bis zum Ende des laufenden Lohnabrechnungszeitraums dem Steuerabzug zugrunde gelegt. Kann die Lohnsteuerkarte nach Ablauf des Lohnabrechnungszeitraums infolge einer maschinellen Lohnabrechnung nicht sofort ausgehändigt werden, erhält der neue Arbeitgeber unmittelbar oder über den Arbeitnehmer eine vorläufige Bescheinigung – Zwischenbescheinigung – (§ 41b Abs. 1 Satz 6 EStG)[2)], so daß er ab Beginn des neuen Lohnabrechnungszeitraums (z. B. Monat) die sich daraus ergebende Steuerklasse anwenden kann.

Auf die bei Abschluß des Lohnsteuerabzugs nach § 41b Abs. 1 EStG auszuschreibende Bescheinigung wird besonders hingewiesen.

Enthält die Lohnsteuerkarte für einen Teil des Monats bereits eine Eintragung oder händigt der Arbeitgeber dem Arbeitnehmer die Lohnsteuerkarte vor Ablauf des Monats aus, in dem das Honorar anfällt, so ist der Steuerabzug vom Arbeitslohn für diesen Monat nach den allgemeinen Vorschriften oder nach dem in der nachfolgenden Tz. 2.2.3 zugelassenen Verfahren vorzunehmen. Bei Aushändigung der Lohnsteuerkarte im Laufe des Monats, in dem das Honorar anfällt, ist § 41c EStG zu beachten.

Sofern dem Arbeitgeber eine Lohnsteuerkarte nicht vorliegt, wird nach § 39c Abs. 1 und 2 EStG verfahren.

2.2.3 Permanente Monatsabrechnung

Liegen die Voraussetzungen der Tz. 2.2.2 vor, so kann der Steuerabzug vom Arbeitslohn für die während eines Monats anfallenden Lohnzahlungen nach der Monatstabelle auch in der Weise vorgenommen werden, daß die früheren Lohnzahlungen desselben Monats mit in die Steuerberechnung für den betreffenden Monat einbezogen werden. Dieses Verfahren kann grundsätzlich unabhängig von der auf der Lohnsteuerkarte eingetragenen Steuerklasse angewendet werden. Es gilt also auch bei Vorlage einer Lohnsteuerkarte mit der Steuerklasse VI, nicht hingegen, wenn wegen fehlender Lohnsteuerkarte der Steuerabzug nach der Steuerklasse VI vorzunehmen ist. Die mehrmalige Anwendung der Monatstabelle innerhalb eines Monats ohne Einbeziehung früherer Zahlungen desselben Monats ist auf keinen Fall zulässig.

Beispiel:

Ein Arbeitnehmer, der dem Arbeitgeber eine Lohnsteuerkarte mit der Steuerklasse I vorgelegt hat, erhält am 8. August 1990 für eine eintägige Beschäftigung 400 DM. Die Lohnsteuer hierauf beträgt nach der Monatstabelle 0,– DM.

(Wenn der Arbeitnehmer eine Lohnsteuerkarte mit der Steuerklasse VI vorgelegt hat, beträgt die Lohnsteuer nach der Monatstabelle 75,16 DM.) Erhält der Arbeitnehmer im August 1990 von diesem Arbeitgeber keine weiteren Lohnzahlungen, so beträgt die Lohnsteuer für die am 8. August 1990 gezahlte Vergütung in Höhe von 400 DM nach Steuerklasse I 0,– DM. Erhält der Arbeitnehmer am 13. August 1990 und am 27. August 1990 vom selben Arbeitgeber nochmals jeweils 500 DM, so berechnet der Arbeitgeber die Lohnsteuer für diese Lohnzahlungen wie folgt (in der 2. Spalte ist vergleichsweise die Steuerberechnung bei Vorlage einer Lohnsteuerkarte mit der Steuerklasse VI aufgeführt):

---

1) Weggefallen.
2) Weggefallen.

Anlage § 019-04/Steuerabzug bei Künstlern (Zu LStH 19.0)

		Steuerklasse I	Steuerklasse VI
a) **Lohnzahlung am 13. August 1990:**			
Bis 13. August 1990 bereits gezahlter Arbeitslohn	400 DM		
zuzüglich für den 13. August 1990 zu zahlender Arbeitslohn	500 DM		
insgesamt	900 DM		
Lohnsteuer hierauf nach der Monatstabelle		17,08 DM	177,33 DM
abzüglich: Lohnsteuer, die vom bereits gezahlten Arbeitslohn einbehalten wurde		0,00 DM	75,16 DM
Für die Lohnzahlung am 13. August 1990 einzubehaltende Lohnsteuer		17,08 DM	102,17 DM
b) **Lohnzahlung am 27. August 1990:**		Steuerklasse I	Steuerklasse VI
Bis 27. August 1990 bereits gezahlter Arbeitslohn	900 DM		
zuzüglich für den 27. August 1990 zu zahlender Arbeitslohn	500 DM		
insgesamt	1 400 DM		
Lohnsteuer hierauf nach der Monatstabelle		97,33 DM	303,00 DM
abzüglich: Lohnsteuer, die vom bereits gezahlten Arbeitslohn einbehalten wurde		17,08 DM	177,33 DM
Für die Lohnzahlung am 27. August 1990 einzubehaltende Lohnsteuer		80,25 DM	125,67 DM

Hat der Abeitnehmer dem Arbeitgeber keine Lohnsteuerkarte vorgelegt, so ist für die am 8., 13. und 27. August gezahlten Beträge die Lohnsteuer jeweils nach der Tagestabelle zu ermitteln.

2.2.4 Permanenter Lohnsteuer-Jahresausgleich

Der Steuerabzug vom Arbeitslohn kann unter den in §39b Abs. 2 Satz 7 EStG[1] bzw. in Abschn. 121 Abs. 2 LStR[2] genannten Voraussetzungen auch nach dem voraussichtlichen Jahresarbeitslohn unter Anwendung der Jahreslohnsteuertabelle unabhängig davon vorgenommen werden, welche Steuerklasse auf der Lohnsteuerkarte des Arbeitnehmers eingetragen ist.

Dieses Schreiben tritt an die Stelle der BMF-Schreiben vom 27. Juni 1975 – IV B 6 – S 2365 – 8/75 – (BStBl. I S. 923), vom 20.Juli 1976 – IV B 6 – S 2367 – 22/76 –, vom 22. Juni 1977 – IV B 6 – S 2367 – 10/77 – und vom 23. September 1981 – IV B 6 – S 2367 – 13/81.

---

1) Jetzt § 39b Absatz 2 Satz 12 EStG.
2) Jetzt → R 39b.8 LStR.

(Zu LStH 19.0) **Anlage § 019-04/Steuerabzug bei Künstlern**

Anlage

Finanzamt _____ _____
Steuernummer _____

Bescheinigung

Herrn/Frau _____ geb. am _____
wohnhaft _____
wird bescheinigt, daß er/sie hier unter der Steuernummer _____
zur Einkommensteuer veranlagt wird.
Aufgrund des/der vorgelegten Vertrages/Verträge,
Prod.-Nr. _____ vom _____
der zwischen ihm/ihr und _____

über die Tätigkeit als _____
geschlossen wurde, werden die Honorareinnahmen unter dem Vorbehalt des jederzeitigen Widerrufs als
Einkünfte aus selbständiger Arbeit i.S. des §18 EStG[1)]
Einkünfte aus Gewerbebetrieb i.S. des §15 EStG[1)]
behandelt.

[1)] Nichtzutreffendes bitte streichen.

Im Auftrag

Anlage § 019-06/Vermietung Büroraum (Zu LStH 9.14, 19.3)

Vermietung eines Büroraums an den Arbeitgeber; Anwendung des BFH-Urteils vom 16. September 2004 (BStBl. 2006 II S. 10)

BMF-Schreiben vom 13. Dezember 2005 IV C 3 – S 2253 – 112/05 (BStBl. 2006 I S. 4)

Zur einkommensteuerrechtlichen Behandlung der Vermietung eines Büroraums durch einen Arbeitnehmer an seinen Arbeitgeber, den der Arbeitnehmer als Arbeitszimmer nutzt, hat der Bundesfinanzhof in Fortentwicklung der Urteile vom 19. Oktober 2001 (BStBl. 2002 II S. 300) und vom 20. März 2003 (BStBl. II S. 519) mit Urteil vom 16. September 2004 seine Rechtsprechung weiter präzisiert.

Unter Bezugnahme auf das Ergebnis der Erörterungen mit den obersten Finanzbehörden der Länder sind die Urteilsgrundsätze unter Anlegung eines strengen Maßstabs wie folgt anzuwenden:

Zu den Einkünften aus nichtselbständiger Arbeit zählen nach § 19 Abs. 1 Satz 1 Nr. 1 EStG auch andere Bezüge und Vorteile, die einem Arbeitnehmer für eine Beschäftigung im öffentlichen oder privaten Dienst gewährt werden. Ein Vorteil wird gewährt, wenn er durch das individuelle Dienstverhältnis des Arbeitnehmers veranlasst ist. Hieran fehlt es, wenn der Arbeitgeber dem Arbeitnehmer Vorteile aufgrund einer anderen, neben dem Dienstverhältnis gesondert bestehenden Rechtsbeziehung – beispielsweise einem Mietverhältnis – zuwendet.

Leistet der Arbeitgeber Zahlungen für ein im Haus oder in der Wohnung des Arbeitnehmers gelegenes Büro, das der Arbeitnehmer für die Erbringung seiner Arbeitsleistung nutzt, so ist die Unterscheidung zwischen Arbeitslohn und Einkünften aus Vermietung und Verpachtung danach vorzunehmen, in wessen vorrangigem Interesse die Nutzung des Büros erfolgt.

Dient die Nutzung in erster Linie den Interessen des Arbeitnehmers, ist davon auszugehen, dass die Zahlungen des Arbeitgebers als Gegenleistung für das Zurverfügungstellen der Arbeitskraft des Arbeitnehmers erfolgt sind. Die Einnahmen sind als Arbeitslohn zu erfassen.

Eine für die Zuordnung der Mietzahlungen zu den Einnahmen aus Vermietung und Verpachtung i. S. von § 21 Abs. 1 Nr. 1 EStG erforderliche, neben dem Dienstverhältnis gesondert bestehende Rechtsbeziehung setzt voraus, dass das Arbeitszimmer vorrangig im betrieblichen Interesse des Arbeitgebers genutzt wird und dieses Interesse über die Entlohnung des Arbeitnehmers sowie über die Erbringung der jeweiligen Arbeitsleistung hinaus geht. Die Ausgestaltung der Vereinbarung zwischen Arbeitgeber und Arbeitnehmer als auch die tatsächliche Nutzung des angemieteten Raumes im Haus oder der Wohnung des Arbeitnehmers müssen maßgeblich und objektiv nachvollziehbar von den Bedürfnissen des Arbeitgebers geprägt sein.

Für das Vorliegen eines betrieblichen Interesses sprechen beispielsweise folgende Anhaltspunkte:

– Für den/die Arbeitnehmer sind im Unternehmen keine geeigneten Arbeitszimmer vorhanden; die Versuche des Arbeitgebers, entsprechende Räume von fremden Dritten anzumieten, sind erfolglos geblieben.

– Der Arbeitgeber hat für andere Arbeitnehmer des Betriebs, die über keine für ein Arbeitszimmer geeignete Wohnung verfügen, entsprechende Rechtsbeziehungen mit fremden Dritten, die nicht in einem Dienstverhältnis zu ihm stehen, begründet.

– Es wurde eine ausdrückliche, schriftliche Vereinbarung über die Bedingungen der Nutzung des überlassenen Raumes abgeschlossen.

Allerdings muss der Steuerpflichtige auch in diesen Fällen das vorrangige betriebliche Interesse seines Arbeitgebers nachweisen, ansonsten sind die Zahlungen als Arbeitslohn zu erfassen.

Ein gegen das betriebliche Interesse und damit den Arbeitslohncharakter der Mieteinnahmen sprechendes gewichtiges Indiz liegt vor, wenn der Arbeitnehmer im Betrieb des Arbeitgebers über einen weiteren Arbeitsplatz verfügt und die Nutzung des häuslichen Arbeitszimmers vom Arbeitgeber lediglich gestattet oder geduldet wird. In diesem Fall ist grundsätzlich von einem vorrangigen Interesse des Arbeitnehmers an der Nutzung des häuslichen Arbeitszimmers auszugehen. Zur Widerlegung dieser Annahme muss der Steuerpflichtige das vorrangige Interesse seines Arbeitgebers am zusätzlichen häuslichen Arbeitsplatz, hinter welches das Interesse des Steuerpflichtigen zurücktritt, nachweisen. Ein etwa gleichgewichtiges Interesse von Arbeitgeber und Arbeitnehmer reicht hierfür nicht aus.

Für das Vorliegen eines betrieblichen Interesses kommt es nicht darauf an,

– ob ein entsprechendes Nutzungsverhältnis zu gleichen Bedingungen auch mit einem fremden Dritten hätte begründet werden können,

– ob der vereinbarte Mietzins die Höhe des ortsüblichen Mietzinses unterschreitet, denn das geforderte betriebliche Interesse an der Nutzung des betreffenden Raumes wird durch eine für den Arbeitgeber vorteilhafte Gestaltung der zugrunde liegenden Rechtsbeziehung nicht in Frage gestellt.

(Zu LStH 9.14, 19.3) **Anlage § 019-06/Vermietung Büroraum**

Bei einer auf Dauer angelegten Vermietungstätigkeit ist nach der Rechtsprechung des Bundesfinanzhofs vom Vorliegen der Einkunftserzielungsabsicht auszugehen (vgl. auch BMF-Schreiben vom 8. Oktober 2004 – BStBl. I S. 933). Das gilt auch für die Vermietung eines im Haus oder der Wohnung des Arbeitnehmers gelegenen Büros an den Arbeitgeber. Selbst wenn wegen der Koppelung des Mietvertrags an die Amts- oder Berufszeit des Arbeitnehmers und im Hinblick auf die Höhe des Mietzinses Zweifel am Vorliegen der Einkunftserzielungsabsicht bestehen, steht dies bei vorrangigem betrieblichen Interesse des Arbeitgebers einer Berücksichtigung der Aufwendungen nicht entgegen.

Liegen die Voraussetzungen für die Zuordnung der Mieteinnahmen zu den Einkünften aus Vermietung und Verpachtung vor, sind die das Dienstzimmer betreffenden Aufwendungen in vollem Umfang als Werbungskosten zu berücksichtigen. Sie fallen nicht unter die Abzugsbeschränkung des § 4 Abs. 5 Satz 1 Nr. 6b EStG.

Anlage § 019-09/Familienpflegezeit

(Zu LStH 19.3)

Lohnsteuerliche Behandlung der Familienpflegezeit

BMF-Schreiben vom 23. Mai 2012 IV C 5 – S 1909/11/10005, 2012/0432828 (BStBl. I S. 617)

Mit dem Gesetz zur Vereinbarkeit von Pflege und Beruf vom 6. Dezember 2011 (BGBl. I Seite 2564) wurde u. a. das Gesetz über die Familienpflegezeit (Familienpflegezeitgesetz – FPfZG) beschlossen. Durch das Familienpflegezeitgesetz, mit dem zum 1. Januar 2012 die Familienpflegezeit eingeführt wurde, wird die Vereinbarkeit von Beruf und familiärer Pflege verbessert. Beschäftigte (= lohnsteuerliche Arbeitnehmer), die ihre Arbeitszeit über einen Zeitraum von maximal zwei Jahren auf bis zu 15 Stunden reduzieren, erhalten während der Familienpflegezeit eine Entgeltaufstockung in Höhe der Hälfte der Differenz zwischen dem bisherigen Arbeitsentgelt und dem Arbeitsentgelt, das sich infolge der Reduzierung der Arbeitszeit ergibt (bspw. Entgeltaufstockung auf 75 % des letzten Bruttoeinkommens, wenn ein bisher in Vollzeitbeschäftigter seine Arbeitszeit auf 50 % reduziert). Zum Ausgleich erhalten die Arbeitnehmer später bei voller Arbeitszeit weiterhin nur das reduzierte Gehalt (bspw. Entgelt in Höhe von 75 % des letzten Bruttoeinkommens bei 100 % Arbeitszeit), bis ein Ausgleich des „negativen" Wertguthabens erfolgt ist.

Das Familienpflegezeitgesetz selbst enthält keine steuerlichen Regelungen. Gleichwohl stellen sich lohnsteuerliche Fragen zu den arbeits-/sozialrechtlichen Regelungen.

Unter Bezugnahme auf das Ergebnis einer Erörterung mit den obersten Finanzbehörden wird hierzu wie folgt Stellung genommen:

1. Arbeitszeitverringerung und Entgeltaufstockung während der Familienpflegezeit

Während der Familienpflegezeit liegt Zufluss von Arbeitslohn in Höhe der Summe aus dem verringerten (regulären) Arbeitsentgelt und der Entgeltaufstockung des Arbeitgebers nach § 3 Absatz 1 Nummer 1 Buchstabe b FPfZG vor. Dies gilt auch, soweit die als Entgeltaufstockung ausgezahlten Beträge aus einem Wertguthaben nach dem Vierten Buch Sozialgesetzbuch (SGB IV) entnommen werden und dadurch ein „negatives" Wertguthaben aufgebaut wird (§ 3 Absatz 1 Nummer 1 Buchstabe b Doppelbuchstabe aa FPfZG).

2. Nachpflegephase

Wird in der Nachpflegephase (§ 3 Absatz 1 Nummer 1 Buchstabe c FPfZG) bei voller Arbeitszeit nur das reduzierte Arbeitsentgelt ausgezahlt, um gleichzeitig mit dem anderen Teil des Arbeitsentgelts ein „negatives" Wertguthaben nach SGB IV auszugleichen, liegt Zufluss von Arbeitslohn nur in Höhe des reduzierten Arbeitsentgelts vor. Der Ausgleich des „negativen" Wertguthabens nach SGB IV löst keinen Zufluss von Arbeitslohn und damit auch keine Besteuerung aus.

3. Zinsloses Darlehen an den Arbeitgeber

Das zinslose Darlehen des Bundesamtes für Familie und zivilgesellschaftliche Aufgaben (BAFzA) an den Arbeitgeber (§ 3 Absatz 1 FPfZG), die Rückzahlung durch den Arbeitgeber (§ 6 FPfZG) und der Erlass der Rückzahlungsforderung (§ 8 Absatz 1 FPfZG) führen beim Arbeitnehmer zu keinen lohnsteuerpflichtigen Tatbeständen.

4. Beitragszahlungen zur Familienpflegezeitversicherung

Hat der Arbeitnehmer eine Familienpflegezeitversicherung abgeschlossen (§ 4 Absatz 1 FPfZG) und zahlt er die Versicherungsprämie direkt an das Versicherungsunternehmen, liegen bei ihm Werbungskosten vor (§ 9 Absatz 1 Satz 1 EStG).

Dies gilt auch, wenn das BAFzA die Prämienzahlungen zunächst verauslagt (§ 3 Absatz 3 FPfZG) oder der Arbeitgeber mit den Prämienzahlungen in Vorlage tritt (§ 4 Absatz 3 FPfZG) und der Arbeitnehmer die Versicherungsprämie erstattet. Der Werbungskostenabzug erfolgt im Kalenderjahr der Erstattung durch den Arbeitnehmer. Verrechnet der Arbeitgeber seine Vorleistung mit dem auszuzahlenden Arbeitsentgelt, mindert sich dadurch der steuerpflichtige Arbeitslohn nicht.

Hat der Arbeitgeber die Familienpflegezeitversicherung abgeschlossen bzw. lässt er sich die ihm vom BAFzA belasteten Beträge (§ 3 Absatz 3 i. V. m. § 6 Absatz 1 Satz 2 FPfZG) nicht vom Arbeitnehmer erstatten, ergeben sich aus der Prämientragung durch den Arbeitgeber für den Arbeitnehmer keine steuerlichen Folgen (kein Arbeitslohn, keine Werbungskosten). Es handelt sich insoweit vielmehr um eine Leistung des Arbeitgebers im ganz überwiegend eigenbetrieblichen Interesse.

5. Leistungen der Familienpflegezeitversicherung

Zahlungen aus der Familienpflegezeitversicherung an den Arbeitgeber oder das BAFzA (§ 4 FPfZG) führen beim Arbeitnehmer zu keinem lohnsteuerpflichtigen Tatbestand.

6. Erstattungen des Arbeitnehmers

Zahlungen des Arbeitnehmers an das BAFzA nach § 7 FPfZG, an das BAFzA wegen des Forderungsübergangs nach § 8 Absatz 3 FPfZG oder an den Arbeitgeber bei vorzeitiger Beendigung des Beschäftigungsverhältnisses oder Freistellung von der Arbeitsleistung nach § 9 Absatz 2 und 4 FPfZG führen zu negativem Arbeitslohn.

Der negative Arbeitslohn kann, soweit eine Aufrechnung mit Forderungen des Arbeitnehmers gegenüber dem Arbeitgeber erfolgt, mit dem steuerpflichtigen Arbeitslohn verrechnet werden, so dass nur noch der Differenzbetrag dem Lohnsteuerabzug unterliegt. Andernfalls kann eine Berücksichtigung erst im Rahmen der Veranlagung zur Einkommensteuer (§ 46 EStG) erfolgen.

Hat der Arbeitnehmer darüber hinaus Zahlungen zu leisten (z. B. Bußgeld etc.), ist der außersteuerliche Bereich betroffen, d. h. es ergeben sich daraus keine steuerlichen Konsequenzen.

7. Prämienvorteile durch einen Gruppenversicherungsvertrag

Die Familienpflegezeitversicherung (§ 4 Absatz 1 FPfZG) kann auch als Gruppenversicherungsvertrag, der auf einer rahmenvertraglichen Vereinbarung des Versicherers mit dem Arbeitgeber beruht, ausgestaltet sein. Die bei Gruppenversicherungen (zum Gruppentarif) gegenüber Einzelversicherungen (zum Einzeltarif) entstehenden Prämienvorteile gehören nicht zum Arbeitslohn. Die Prämienunterschiede sind kein Ausfluss aus dem Dienstverhältnis, sondern beruhen auf Versicherungsrecht.

8. Erlöschen des Ausgleichsanspruchs

Unterbleibt der (vollständige) Ausgleich eines negativen Wertkontos, weil der Beschäftigte mit behördlicher Zustimmung gekündigt wurde und der Ausgleichsanspruch mangels Aufrechnungsmöglichkeit erlischt (§ 9 Absatz 2 Satz 3 FPfZG), liegt kein geldwerter Vorteil in Höhe der erloschenen Ausgleichsforderung vor.

Dieses Schreiben wird im Bundessteuerblatt Teil I veröffentlicht und steht ab sofort für eine Übergangszeit auf den Internetseiten des Bundesministeriums der Finanzen http://www.bundesfinanzministerium.de zur Ansicht und zum Abruf bereit.

Anlage § 019-10/Übernahme von Studiengebühren (Zu LStH 19.7)

Lohnsteuerliche Behandlung der Übernahme von Studiengebühren für ein berufsbegleitendes Studium durch den Arbeitgeber

BMF-Schreiben vom 13. April 2012 – IV C 5 – S 2332/07/0001, 2012/0322945 (BStBl. I S. 531)

Im Einvernehmen mit den obersten Finanzbehörden der Länder gilt zur lohnsteuerlichen Behandlung der Übernahme von Studiengebühren für ein berufsbegleitendes Studium durch den Arbeitgeber Folgendes: Grundsätzlich gehören nach § 19 Absatz 1 Satz 1 Nummer 1 in Verbindung mit § 8 Absatz 1 EStG alle Einnahmen in Geld oder Geldeswert, die durch ein individuelles Dienstverhältnis veranlasst sind, zu den Einkünften aus nichtselbständiger Arbeit. Dies gilt – vorbehaltlich der weiteren Ausführungen – auch für vom Arbeitgeber übernommene Studiengebühren für ein berufsbegleitendes Studium des Arbeitnehmers.

1. Ausbildungsdienstverhältnis

Ein berufsbegleitendes Studium findet im Rahmen eines Ausbildungsdienstverhältnisses statt, wenn die Ausbildungsmaßnahme Gegenstand des Dienstverhältnisses ist (vgl. R 9.2 LStR 2011 und H 9.2 „Ausbildungsdienstverhältnis" LStH 2012 sowie die dort angeführte Rechtsprechung des BFH). Voraussetzung ist, dass die Teilnahme an dem berufsbegleitenden Studium zu den Pflichten des Arbeitnehmers aus dem Dienstverhältnis gehört.

Ein berufsbegleitendes Studium findet insbesondere nicht im Rahmen eines Ausbildungsdienstverhältnisses statt, wenn

a) das Studium nicht Gegenstand des Dienstverhältnisses ist, auch wenn das Studium seitens des Arbeitgebers durch Hingabe von Mitteln, z. B. eines Stipendiums, gefördert wird oder

b) Teilzeitbeschäftigte ohne arbeitsvertragliche Verpflichtung ein berufsbegleitendes Studium absolvieren und das Teilzeitarbeitsverhältnis lediglich das Studium ermöglicht.

1.1. Arbeitgeber ist Schuldner der Studiengebühren

Ist der Arbeitgeber im Rahmen eines Ausbildungsdienstverhältnisses Schuldner der Studiengebühren, wird ein ganz überwiegend eigenbetriebliches Interesse des Arbeitgebers unterstellt und steuerrechtlich kein Vorteil mit Arbeitslohncharakter angenommen. So sind auch Studiengebühren kein Arbeitslohn, die der Arbeitgeber bei einer im dualen System durchgeführten Ausbildung aufgrund einer Vereinbarung mit der Bildungseinrichtung als unmittelbarer Schuldner trägt.

1.2. Arbeitnehmer ist Schuldner der Studiengebühren

Ist der Arbeitnehmer im Rahmen eines Ausbildungsdienstverhältnisses Schuldner der Studiengebühren und übernimmt der Arbeitgeber die Studiengebühren, wird ein ganz überwiegend eigenbetriebliches Interesse des Arbeitgebers unterstellt und steuerrechtlich kein Vorteil mit Arbeitslohncharakter angenommen, wenn

a) sich der Arbeitgeber arbeitsvertraglich zur Übernahme der Studiengebühren verpflichtet und

b) der Arbeitgeber die übernommenen Studiengebühren vom Arbeitnehmer arbeitsvertraglich oder aufgrund einer anderen arbeitsrechtlichen Rechtsgrundlage zurückfordern kann, sofern der Arbeitnehmer das ausbildende Unternehmen auf eigenen Wunsch innerhalb von zwei Jahren nach dem Studienabschluss verlässt. Ein ganz überwiegend eigenbetriebliches Interesse des Arbeitgebers kann auch dann angenommen werden, wenn der Arbeitgeber die übernommenen Studiengebühren nach arbeitsrechtlichen Grundsätzen nur zeitanteilig zurückfordern kann. Scheidet der Arbeitnehmer zwar auf eigenen Wunsch aus dem Unternehmen aus, fällt der Grund für das Ausscheiden aus dem Arbeitsverhältnis aber allein in die Verantwortungs- oder Risikosphäre des Arbeitgebers (Beispiele: Der vertraglich zugesagte Arbeitsort entfällt, weil der Arbeitgeber den Standort schließt. Der Arbeitnehmer nimmt das Angebot eines Ausweicharbeitsplatzes nicht an und kündigt.), kann eine vereinbarte Rückzahlungsverpflichtung nach arbeitsrechtlichen Grundsätzen hinfällig sein. In diesen Fällen genügt die Vereinbarung der Rückzahlungsverpflichtung für die Annahme eines überwiegenden eigenbetrieblichen Interesses an der Übernahme der Studiengebühren.

Der Arbeitgeber hat auf der ihm vom Arbeitnehmer zur Kostenübernahme vorgelegten Originalrechnung die Kostenübernahme sowie deren Höhe anzugeben. Eine Ablichtung der insoweit ergänzten Originalrechnung ist als Beleg zum Lohnkonto aufzubewahren.

2. Berufliche Fort- und Weiterbildungsleistung

Ein berufsbegleitendes Studium kann als berufliche Fort- und Weiterbildungsleistung des Arbeitgebers im Sinne der Richtlinie R 19.7 LStR 2011 anzusehen sein, wenn es die Einsatzfähigkeit des Ar-

(Zu LStH 19.7)   **Anlage § 019-10/Übernahme von Studiengebühren**

beitnehmers im Betrieb erhöhen soll. Ist dies der Fall, führt die Übernahme von Studiengebühren für dieses Studium durch den Arbeitgeber nicht zu Arbeitslohn, denn sie wird im ganz überwiegend eigenbetrieblichen Interesse des Arbeitgebers durchgeführt. Die lohnsteuerliche Beurteilung, ob das berufsbegleitende Studium als berufliche Fort- und Weiterbildungsleistung des Arbeitgebers im Sinne der Richtlinie R 19.7 LStR 2011 anzusehen ist, ist nach den konkreten Umständen des Einzelfalls vorzunehmen. Hierbei ist Folgendes zu beachten:

2.1. Schuldner der Studiengebühren

Es kommt für die Annahme eines ganz überwiegend eigenbetrieblichen Interesses des Arbeitgebers nicht darauf an, ob der Arbeitgeber oder der Arbeitnehmer Schuldner der Studiengebühren ist. Ist der Arbeitnehmer Schuldner der Studiengebühren, ist nur insoweit die Annahme eines ganz überwiegend eigenbetrieblichen Interesses des Arbeitgebers möglich, wie der Arbeitgeber vorab die Übernahme der zukünftig entstehenden Studiengebühren schriftlich zugesagt hat (R 19.7 Absatz 1 Satz 3 und 4 LStR 2011). Der Arbeitgeber hat auf der ihm vom Arbeitnehmer zur Kostenübernahme vorgelegten Originalrechnung die Kostenübernahme sowie deren Höhe anzugeben. Eine Ablichtung der insoweit ergänzten Originalrechnung ist als Beleg zum Lohnkonto aufzubewahren.

2.2. Rückforderungsmöglichkeit des Arbeitgebers

Für die Annahme eines ganz überwiegend eigenbetrieblichen Interesses des Arbeitgebers ist es nicht erforderlich, dass der Arbeitgeber die übernommenen Studiengebühren vom Arbeitnehmer arbeitsvertraglich oder aufgrund einer anderen arbeitsrechtlichen Rechtsgrundlage zurückfordern kann.

2.3. Übernahme von Studienkosten durch den Arbeitgeber im Darlehenswege

Bei einer Übernahme von Studienkosten durch den Arbeitgeber im Darlehenswege, bei der marktübliche Vereinbarungen über Verzinsung, Kündigung und Rückzahlung getroffen werden, führt weder die Hingabe noch die Rückzahlung der Mittel zu lohnsteuerlichen Folgerungen.

Ist das Arbeitgeberdarlehen nach den getroffenen Vereinbarungen nur dann tatsächlich zurückzuzahlen, wenn der Arbeitnehmer aus Gründen, die in seiner Person liegen, vor Ablauf des vertraglich festgelegten Zeitraums (in der Regel zwei bis fünf Jahre) aus dem Arbeitsverhältnis ausscheidet oder ist der marktübliche Zinssatz unterschritten, ist zu prüfen, ob im Zeitpunkt der Einräumung des Arbeitgeberdarlehens die Voraussetzungen des R 19.7 LStR 2011 vorliegen. Wird dies bejaht, ist der Verzicht auf die Darlehensrückzahlung oder der Zinsvorteil eine Leistung des Arbeitgebers im ganz überwiegend eigenbetrieblichen Interesse.

Liegen die Voraussetzungen des R 19.7 LStR 2011 nicht vor, stellt der (Teil-)Erlass des Darlehens einen Vorteil mit Arbeitslohncharakter für den Arbeitnehmer dar. Gleiches gilt für einen Zinsvorteil nach Maßgabe des BMF-Schreibens vom 1. Oktober 2008 (BStBl. I Seite 892). Der Arbeitslohn fließt dem Arbeitnehmer bei einem Darlehens(teil-)erlass in dem Zeitpunkt zu, in dem der Arbeitgeber zu erkennen gibt, dass er auf die (Teil-)Rückzahlung des Darlehens verzichtet (BFH-Urteil vom 27. März 1992, BStBl. II Seite 837).

2.4. Prüfschema

Es ist nicht zu beanstanden, wenn die lohnsteuerliche Beurteilung nach folgendem Prüfschema vorgenommen wird:

1. Liegt eine erstmalige Berufsausbildung oder ein Erststudium als Erstausbildung außerhalb eines Ausbildungsdienstverhältnisses im Sinne von § 9 Absatz 6 und § 12 Nummer 5 EStG vor?1

   Wenn ja:

   → Es liegen weder Werbungskosten des Arbeitnehmers noch ein ganz überwiegend eigenbetriebliches Interesse des Arbeitgebers vor. Die Übernahme von Studiengebühren durch den Arbeitgeber führt zu Arbeitslohn.

   Wenn nein:

2. Ist eine berufliche Veranlassung gegeben?

   Wenn nein:

   → Es liegen weder Werbungskosten des Arbeitnehmers noch ein ganz überwiegend eigenbetriebliches Interesse des Arbeitgebers vor. Die Übernahme von Studiengebühren durch den Arbeitgeber führt zu Arbeitslohn.

   Wenn ja:

3. Sind die Voraussetzungen der Richtlinie R 19.7 LStR 2011 (vgl. auch Tz. 2.1. bis 2.3.) erfüllt?

   Wenn nein:

Anlage § 019-10/Übernahme von Studiengebühren (Zu LStH 19.7)

→ Es liegen Werbungskosten des Arbeitnehmers, aber kein ganz überwiegend eigenbetriebliches Interesse des Arbeitgebers vor. Die Übernahme von Studiengebühren durch den Arbeitgeber führt zu Arbeitslohn.

Wenn ja:

→ Es liegt eine Leistung des Arbeitgebers im ganz überwiegend eigenbetrieblichen Interesse vor. Die Übernahme von Studiengebühren durch den Arbeitgeber führt nicht zu Arbeitslohn. Zur Übernahme von weiteren durch die Teilnahme des Arbeitnehmers an dem berufsbegleitenden Studium veranlassten Kosten durch den Arbeitgeber vgl. R 19.7 Absatz 3 LStR 2011.

Dieses Schreiben wird im Bundessteuerblatt Teil I veröffentlicht. Es steht ab sofort für eine Übergangszeit auf den Internetseiten des Bundesministeriums der Finanzen unter der Rubrik Wirtschaft und Verwaltung -Steuern -Veröffentlichungen zu Steuerarten -Lohnsteuer -(http://www.bundesfinanzministerium.de) zur Ansicht und zum Abruf bereit.

(Zu LStH 24b)

Anlage § 024b-01/Entlastungsbetrag für Alleinerziehende

Entlastungsbetrag für Alleinerziehende (§ 24b EStG); Anwendungsschreiben

BMF-Schreiben vom 29. Oktober 2004 IV C 4 – S 2281 – 515/04 (BStBl. I S. 1042)

Unter Bezugnahme auf das Ergebnis der Erörterungen mit den obersten Finanzbehörden der Länder gilt für die Anwendung des § 24b EStG ab dem Veranlagungszeitraum 2004 Folgendes:

I. Allgemeines

Durch Artikel 9 des Haushaltsbegleitgesetzes 2004 vom 29. Dezember 2003 (BGBl. I S. 3076; BStBl. 2004 I S. 120) wurde mit § 24b EStG ein Entlastungsbetrag für Alleinerziehende in Höhe von 1 308 Euro jährlich zum 1. Januar 2004 in das Einkommensteuergesetz eingefügt. Durch das Gesetz zur Änderung der Abgabenordnung und weiterer Gesetze vom 21. Juli 2004 (BGBl. I S. 1753) wurden die Voraussetzungen für die Inanspruchnahme des Entlastungsbetrages für Alleinerziehende rückwirkend ab dem 1. Januar 2004 geändert, im Wesentlichen wurde der Kreis der Berechtigten erweitert.

Ziel des Entlastungsbetrages für Alleinerziehende ist es, die höheren Kosten für die eigene Lebens- bzw. Haushaltsführung der sog. echten Alleinerziehenden abzugelten, die einen gemeinsamen Haushalt nur mit ihren Kindern und keiner anderen erwachsenen Person führen, die tatsächlich oder finanziell zum Haushalt beiträgt.

Der Entlastungsbetrag für Alleinerziehende wird außerhalb des Familienleistungsausgleichs bei der Ermittlung des Gesamtbetrages der Einkünfte durch Abzug von der Summe der Einkünfte und beim Lohnsteuerabzug durch die Steuerklasse II berücksichtigt.

II. Anspruchsberechtigte

Der Entlastungsbetrag für Alleinerziehende wird Steuerpflichtigen gewährt, die
- „allein stehend" sind und
- zu deren Haushalt mindestens ein Kind gehört, für das ihnen ein Freibetrag nach § 32 Abs. 6 EStG oder Kindergeld zusteht.

„Allein stehend" im Sinne des § 24b Abs. 1 EStG sind nach § 24b Abs. 2 EStG Steuerpflichtige, die
- nicht die Voraussetzungen für die Anwendung des Splitting-Verfahrens (§ 26 Abs. 1 EStG) erfüllen oder
- verwitwet sind

und
- keine Haushaltsgemeinschaft mit einer anderen volljährigen Person bilden (Ausnahme siehe unter 3.).

1. Haushaltszugehörigkeit

Ein Kind gehört zum Haushalt des Steuerpflichtigen, wenn es dauerhaft in dessen Wohnung lebt oder mit seiner Einwilligung vorübergehend, z.B. zu Ausbildungszwecken, auswärtig untergebracht ist. Haushaltszugehörigkeit erfordert ferner eine Verantwortung für das materielle (Versorgung, Unterhaltsgewährung) und immaterielle Wohl (Fürsorge, Betreuung) des Kindes. Eine Heimunterbringung ist unschädlich, wenn die Wohnverhältnisse in der Familienwohnung die speziellen Bedürfnisse des Kindes berücksichtigen und es sich im Haushalt des Steuerpflichtigen regelmäßig aufhält (vgl. BFH-Urteil vom 14. November 2001, BStBl. 2002 II S. 244). Ist das Kind nicht in der Wohnung des Steuerpflichtigen gemeldet, trägt der Steuerpflichtige die Beweislast für das Vorliegen der Haushaltszugehörigkeit. Ist das Kind bei mehreren Steuerpflichtigen gemeldet oder gehört es unstreitig zum Haushalt des Steuerpflichtigen ohne bei ihm gemeldet zu sein, ist es aber bei weiteren Steuerpflichtigen gemeldet, steht der Entlastungsbetrag demjenigen Alleinstehenden zu, zu dessen Haushalt das Kind tatsächlich gehört. Dies ist im Regelfall derjenige, der das Kindergeld erhält.[1)]

2. Splitting-Verfahren

Es sind grundsätzlich nur Steuerpflichtige anspruchsberechtigt, die nicht die Voraussetzungen für die Anwendung des Splitting-Verfahrens erfüllen[2)]. Abweichend hiervon können verwitwete Steuerpflichtige nach § 24b Abs. 3 EStG den Entlastungsbetrag für Alleinerziehende erstmals zeitanteilig für den Monat des Todes des Ehegatten beanspruchen. Darüber hinaus, insbesondere in den Fällen der ge-

---

1) Siehe dazu BFH vom 28.4.2010 III R 79/08 (BStBl. 2011 II S. 30), Rechtsprechungsauswahl § 24b EStG.
2) Bestätigt durch BFH vom 19.10.2006 III R 4/05 (BStBl. 2007 II S. 637) und BVerfG vom 22.5.2009 2 BvR 310/07 (BStBl. II S. 884).

Anlage § 024b-01/Entlastungsbetrag für Alleinerziehende (Zu LStH 24b)

trennten oder der besonderen Veranlagung im Jahr der Eheschließung, kommt eine zeitanteilige Berücksichtigung nicht in Betracht.

Im Ergebnis sind nur Steuerpflichtige anspruchsberechtigt, die

- während des gesamten Veranlagungszeitraums nicht verheiratet (ledig, geschieden) sind,
- verheiratet sind, aber seit dem vorangegangenen Veranlagungszeitraum dauernd getrennt leben,
- verwitwet sind

oder

- deren Ehegatte im Ausland lebt und nicht unbeschränkt einkommensteuerpflichtig im Sinne des § 1 Abs. 1 oder 2 EStG oder des § 1a EStG ist.

3. Haushaltsgemeinschaft

Gemäß § 24b Abs. 2 Satz 1 EStG sind Steuerpflichtige nur dann „allein stehend", wenn sie keine Haushaltsgemeinschaft mit einer anderen volljährigen Person bilden.

Der Gewährung des Entlastungsbetrages für Alleinerziehende steht es kraft Gesetzes nicht entgegen, wenn eine andere minderjährige Person in den Haushalt aufgenommen wird oder es sich bei der anderen volljährigen Person um ein leibliches Kind, Adoptiv-, Pflege-, Stief- oder Enkelkind handelt, für das dem Steuerpflichtigen ein Freibetrag für Kinder (§ 32 Abs. 6 EStG) oder Kindergeld zusteht oder das steuerlich nicht berücksichtigt wird, weil es

- den gesetzlichen Grundwehr- oder Zivildienst leistet (§ 32 Abs. 5 Satz 1 Nr. 1 EStG),
- sich an Stelle des gesetzlichen Grundwehrdienstes freiwillig für die Dauer von nicht mehr als drei Jahren zum Wehrdienst verpflichtet hat (§ 32 Abs. 5 Satz 1 Nr. 2 EStG) oder
- eine vom gesetzlichen Grundwehrdienst oder Zivildienst befreiende Tätigkeit als Entwicklungshelfer im Sinne des § 1 Abs. 1 des Entwicklungshelfer-Gesetzes ausübt (§ 32 Abs. 5 Satz 1 Nr. 3 EStG).

§ 24b Abs. 2 Satz 2 EStG enthält neben der gesetzlichen Definition der Haushaltsgemeinschaft auch die widerlegbare Vermutung für das Vorliegen einer Haushaltsgemeinschaft, die an die Meldung der anderen volljährigen Person mit Haupt- oder Nebenwohnsitz in der Wohnung des Steuerpflichtigen anknüpft. Eine nachträgliche Ab- bzw. Ummeldung ist insoweit unerheblich. Die Vermutung gilt jedoch dann nicht, wenn die Gemeinde oder das Finanzamt positive Kenntnis davon hat, dass die tatsächlichen Verhältnisse von den melderechtlichen Verhältnissen zugunsten des Steuerpflichtigen abweichen.

a) Begriff der Haushaltsgemeinschaft

Eine Haushaltsgemeinschaft liegt vor, wenn der Steuerpflichtige und die andere Person in der gemeinsamen Wohnung – im Sinne des § 8 AO – gemeinsam wirtschaften („Wirtschaften aus einem Topf"). Die Annahme einer Haushaltsgemeinschaft setzt hingegen nicht die Meldung der anderen Person in der Wohnung des Steuerpflichtigen voraus.

Eine Haushaltsgemeinschaft setzt ferner nicht voraus, dass nur eine gemeinsame Kasse besteht und die zur Befriedigung jeglichen Lebensbedarfs dienenden Güter nur gemeinsam und aufgrund gemeinsamer Planung angeschafft werden. Es genügt eine mehr oder weniger enge Gemeinschaft mit nahem Beieinanderwohnen, bei der jedes Mitglied der Gemeinschaft tatsächlich oder finanziell seinen Beitrag zur Haushalts- bzw. Lebensführung leistet und an ihr partizipiert (der gemeinsame Verbrauch der Lebensmittel oder Reinigungsmittel, die gemeinsame Nutzung des Kühlschrankes etc.).

Auf die Zahlungswege kommt es dabei nicht an, d.h. es steht der Annahme einer Haushaltsgemeinschaft nicht entgegen, wenn z.B. der Steuerpflichtige die laufenden Kosten des Haushalts ohne Miete trägt und die andere Person dafür vereinbarungsgemäß die volle Miete bezahlt.

Es kommt ferner nicht darauf an, dass der Steuerpflichtige und die andere Person in besonderer Weise materiell (Unterhaltsgewährung) und immateriell (Fürsorge und Betreuung) verbunden sind.

Deshalb wird grundsätzlich bei jeder Art von Wohngemeinschaften vermutet, dass bei Meldung der anderen Person in der Wohnung des Steuerpflichtigen auch eine Haushaltsgemeinschaft vorliegt.

Als Kriterien für eine Haushaltsgemeinschaft können auch der Zweck und die Dauer der Anwesenheit der anderen Person in der Wohnung des Steuerpflichtigen herangezogen werden. So liegt eine Haushaltsgemeinschaft nicht vor bei nur kurzfristiger Anwesenheit in der Wohnung oder nicht nur vorübergehender Abwesenheit von der Wohnung.

Beispiele für nur kurzfristige Anwesenheit:

Zu Besuchszwecken, aus Krankheitsgründen

(Zu LStH 24b) **Anlage § 024b-01/Entlastungsbetrag für Alleinerziehende**

Beispiele für nur vorübergehende Abwesenheit:
Krankenhausaufenthalt, Auslandsreise, Auslandsaufenthalt eines Montagearbeiters, doppelte Haushaltsführung aus beruflichen Gründen bei regelmäßiger Rückkehr in die gemeinsame Wohnung

Beispiele für eine nicht nur vorübergehende Abwesenheit:
Strafvollzug, bei Meldung als vermisst, Auszug aus der gemeinsamen Wohnung, evtl. auch Unterhaltung einer zweiten Wohnung aus privaten Gründen

Haushaltsgemeinschaften sind jedoch insbesondere gegeben bei:
- eheähnlichen Gemeinschaften,
- eingetragenen Lebenspartnerschaften,
- Wohngemeinschaften unter gemeinsamer Wirtschaftsführung mit einer sonstigen volljährigen Person (z.B. mit Studierenden, mit volljährigen Kindern, für die dem Steuerpflichtigen weder Kindergeld noch ein Freibetrag für Kinder zusteht, oder mit anderen Verwandten),
- nicht dauernd getrennt lebenden Ehegatten, bei denen keine Ehegattenbesteuerung in Betracht kommt (z.B. bei deutschen Ehegatten von Angehörigen der NATO-Streitkräfte).

Mit sonstigen volljährigen Personen besteht keine Haushaltsgemeinschaft, wenn sie sich tatsächlich und finanziell nicht an der Haushaltsführung beteiligen.

Die Fähigkeit, sich tatsächlich an der Haushaltsführung zu beteiligen, fehlt bei Personen, bei denen mindestens ein Schweregrad der Pflegebedürftigkeit im Sinne des § 14 SGB XI (Pflegestufe I, II oder III) besteht oder die blind sind.

Die Fähigkeit, sich finanziell an der Haushaltsführung zu beteiligen, fehlt bei Personen, die kein oder nur geringes Vermögen im Sinne des § 33a Abs. 1 Satz 3 EStG besitzen und deren Einkünfte und Bezüge im Sinne des § 32 Abs. 4 Satz 2 bis 4 EStG den dort genannten Betrag nicht übersteigen.

Der Nachweis des gesundheitlichen Merkmals „blind" richtet sich nach § 65 EStDV.

Der Nachweis über den Schweregrad der Pflegebedürftigkeit im Sinne des § 14 SGB XI ist durch Vorlage des Leistungsbescheides des Sozialhilfeträgers bzw. des privaten Pflegeversicherungsunternehmens zu führen.

Bei rückwirkender Feststellung des Merkmals „blind" oder der Pflegebedürftigkeit sind ggf. bestandskräftige Steuerfestsetzungen auch hinsichtlich des Entlastungsbetrages nach § 24b EStG zu ändern.

b) Widerlegbarkeit der Vermutung

Der Steuerpflichtige kann die Vermutung der Haushaltsgemeinschaft bei Meldung der anderen volljährigen Person in seiner Wohnung widerlegen, wenn er glaubhaft darlegt, dass eine Haushaltsgemeinschaft mit der anderen Person nicht vorliegt.

c) Unwiderlegbarkeit der Vermutung

Bei nichtehelichen, aber eheähnlichen Gemeinschaften und eingetragenen Lebenspartnerschaften scheidet wegen des Verbots einer Schlechterstellung von Ehegatten (vgl. BVerfG-Beschluss vom 10. November 1998, BStBl. 1999 II S. 182) die Widerlegbarkeit aus.

Eheähnliche Gemeinschaften – im Sinne einer auf Dauer angelegten Verantwortungs- und Einstehensgemeinschaft – können anhand folgender, aus dem Sozialhilferecht abgeleiteter Indizien festgestellt werden:
- Dauer des Zusammenlebens (z.B. von länger als einem Jahr),
- Versorgung gemeinsamer Kinder im selben Haushalt,
- Versorgung anderer Angehöriger im selben Haushalt,
- der Mietvertrag ist von beiden Partnern unterschrieben und auf Dauer angelegt,
- gemeinsame Kontoführung,
- andere Verfügungsbefugnisse über Einkommen und Vermögen des Partners oder
- andere gemeinsame Verträge, z.B. über Unterhaltspflichten.

Beantragt ein Steuerpflichtiger den Abzug von Unterhaltsleistungen an den Lebenspartner als außergewöhnliche Belastungen nach § 33a Abs. 1 EStG, ist i.d.R. vom Vorliegen einer eheähnlichen Gemeinschaft auszugehen.

Anlage § 032b-01/Übermittlung von Leistungen mit Progressionsvorbehalt

Bekanntgabe des Zeitpunkts der erstmaligen Übermittlung der dem Progressionsvorbehalt unterliegenden Leistungen an die Finanzverwaltung gemäß § 32b Absatz 3 Einkommensteuergesetz (EStG) i. V. m. § 52 Absatz 43a Satz 4 EStG

BMF-Schreiben vom 22. Februar 2011 IV C 5 – S 2295/11/10001, 2011/0055132 (BStBl. I S. 214)

Nach § 32b Absatz 3 EStG haben die Träger der Sozialleistungen im Sinne des § 32b Absatz 1 Nummer 1 EStG die Daten über die im Kalenderjahr gewährten Leistungen sowie die Dauer des Leistungszeitraums für jeden Empfänger bis zum 28. Februar des Folgejahres nach amtlich vorgeschriebenem Datensatz durch amtlich bestimmte Datenfernübertragung zu übermitteln, soweit die Leistungen nicht auf der Lohnsteuerbescheinigung (§ 41b Absatz 1 Satz 2 Nummer 5 EStG) auszuweisen sind; § 41b Absatz 2 EStG und § 22a Absatz 2 EStG gelten entsprechend. Das Bundesministerium der Finanzen kann nach § 52 Absatz 43a Satz 4 EStG abweichend von § 32b Absatz 3 EStG den Zeitpunkt der erstmaligen Übermittlung der Mitteilungen durch ein im Bundessteuerblatt zu veröffentlichendes Schreiben mitteilen.

Im Einvernehmen mit den obersten Finanzbehörden der Länder gebe ich bekannt, dass erstmalig für die im **Kalenderjahr 2011** gewährten Leistungen die Mitteilungen bis zum **28. Februar 2012** zu übermitteln sind.

Davon abweichend übermittelt die Bundesagentur für Arbeit (BA) die von ihr ausgezahlten Leistungen bereits erstmalig zum 28. Februar 2011 für die Kalenderjahre 2009 (Insolvenzgeld und Arbeitslosengeld) und 2010 (alle von der BA erbrachten Arten von Lohnersatzleistungen) im Rahmen eines vorgezogenen Verfahrensbeginns für diesen Leistungsträger (Pilotierung).

Der für die Übersendung der Mitteilung erforderliche amtlich vorgeschriebene Datensatz ist auf den Elster-Internetseiten (http://www.elster.de) nach erfolgter Registrierung im Entwicklerbereich abrufbar.

Zur Weiterleitung der Mitteilungen ist die Angabe des steuerlichen Identifikationsmerkmals (IdNr.) des Leistungsempfängers erforderlich. Für die erstmalige Übermittlung der **Daten für 2011** kann von den Mitteilungspflichtigen **ab 1. Oktober 2011** die IdNr. beim Bundeszentralamt für Steuern (BZSt) abgefragt werden (§ 52 Absatz 43a Satz 6 EStG). Für Leistungszeiträume ab 1. Januar 2012 hat der Leistungsempfänger den Sozialleistungsträgern auf Aufforderung seine IdNr. mitzuteilen. Verläuft die Anfrage erfolglos, kann die IdNr. nach § 22a Absatz 2 EStG beim BZSt abgefragt werden. Dieses Verfahren steht **ab 1. Januar 2012** zur Verfügung (BMF-Schreiben vom 15. Dezember 2010, BStBl. I S. 1499).

Die Ausnahmeregelung für die Bundesagentur für Arbeit bleibt bis dahin bestehen.

Dieses Schreiben steht ab sofort für eine Übergangszeit auf der Homepage des Bundesministeriums der Finanzen (http://www.bundesfinanzministerium.de) zum Download bereit.

Anlage § 032b-02/Übermittlung von Leistungen mit Progressionsvorbehalt

Datenübermittlung der dem Progressionsvorbehalt unterliegenden Leistungen nach § 32b Absatz 3 EStG; Rückwirkende Verrechnung zwischen Trägern der Sozialleistungen

BMF-Schreiben vom 16. Juli 2013 IV C 5 – S 2295/12/10007: 001, 2013/0679038 (BStBl. I S. 922)

Im Einvernehmen mit den obersten Finanzbehörden der Länder gilt im Hinblick auf die Meldung von dem Progressionsvorbehalt unterliegenden Leistungen nach § 32b Absatz 3 EStG in Fällen der rückwirkenden Verrechnung zwischen Trägern der Sozialleistungen Folgendes:

Hat ein Leistungsträger (LT 1) Sozialleistungen erbracht und ist der Anspruch auf diese wegen der rückwirkenden Zubilligung einer anderen Sozialleistung nachträglich ganz oder teilweise entfallen, ist der für die andere Leistung zuständige Leistungsträger (LT 2) grundsätzlich erstattungspflichtig (vgl. § 102 ff. Zehntes Buch Sozialgesetzbuch). Es erfolgt insoweit regelmäßig kein Rückgriff beim Leistungsempfänger, sondern LT 2 erstattet LT 1 die an den Leistungsempfänger gezahlten Beträge. In diesen Fällen ist die ursprünglich von LT 1 gezahlte Sozialleistung in Höhe dieses Erstattungsanspruchs als Sozialleistung des LT 2 zu qualifizieren. Die von LT 2 gewährte Sozialleistung gilt in dieser Höhe im Zeitpunkt der Zahlung der ursprünglichen Leistung als dem Leistungsempfänger zugeflossen (vgl. BFH-Urteil vom 10. Juli 2002 – X R 46/01 –, BStBl. II 2003 Seite 391).

LT 2 hat den Leistungsbetrag und LT 1 hat den Minderungsbetrag (Stornierungsbetrag) jeweils in seiner Mitteilung nach § 32b Absatz 3 Satz 1 EStG für das Jahr zu berücksichtigen, in dem die ursprüngliche Leistung dem Leistungsempfänger zugeflossen ist. Eine zuvor bereits übersandte Mitteilung ist nach amtlich vorgeschriebenem Datensatz durch amtlich bestimmte Datenfernübertragung zu korrigieren. Der Steuerpflichtige ist nach § 32b Absatz 3 Satz 2 EStG zu informieren.

Diese Regelungen gelten für die zur Meldung nach § 32b Absatz 3 EStG verpflichteten Sozialleistungsträger unabhängig davon, ob die andere Sozialleistung auch dem Progressionsvorbehalt unterliegt, die andere Leistung als steuerfreie Sozialleistung nicht dem Progressionsvorbehalt unterliegt oder die andere Sozialleistung als Rente zu besteuern ist (zur entsprechenden Rechtslage bei Renten: vgl. R 32b Absatz 4 EStR 2008; BMF-Schreiben vom 13. September 2010, BStBl. I Seite 681, Rz. 229).

Sofern einzelne Träger der Sozialleistungen diese Rechtslage bei bisher erfolgten elektronischen Meldungen nicht berücksichtigt haben und es ihnen aufgrund technischer Gegebenheiten nicht möglich sein sollte, die für zutreffende elektronische Meldungen erforderlichen Daten für die Jahre vor 2014 zu ermitteln, haben diese dem Steuerpflichtigen auf dessen Bitte hin, Papierbescheinigungen mit den zutreffenden Beträgen auszustellen oder ihm Unterlagen zur Verfügung zu stellen, die es ihm ermöglichen, die korrekten Beträge zu ermitteln. Spätestens für das Jahr 2014 haben die Träger der Sozialleistungen korrekte elektronische Meldungen oder Korrekturmeldungen zu übermitteln.

Anlage § 034-01/Entlassungsentschädigungen (Zu LStH 39b.6)

Zweifelsfragen im Zusammenhang mit der ertragsteuerlichen Behandlung von Entlassungsentschädigungen (§ 34 EStG)

BMF-Schreiben vom 1. November 2013 IV C 4 – S 2290/13/10002, 2013/0929313 (BStBl. I S. 1326)

Unter Bezugnahme auf das Ergebnis der Erörterungen mit den obersten Finanzbehörden der Länder nehme ich zu Fragen im Zusammenhang mit der ertragsteuerlichen Behandlung von Entlassungsentschädigungen wie folgt Stellung:

Inhaltsverzeichnis

	Rz.
I. Allgemeines	1 – 3
II. Lebenslängliche betriebliche Versorgungszusagen	4 – 7
1. Steuerliche Behandlung von Entlassungsentschädigungen bei Verzicht des Arbeitgebers auf die Kürzung einer lebenslänglichen Betriebsrente	5
2. Steuerliche Behandlung von Entlassungsentschädigungen bei vorgezogener lebenslänglicher Betriebsrente	6
3. Steuerliche Behandlung von Entlassungsentschädigungen bei Umwandlung eines (noch) verfallbaren Anspruchs auf lebenslängliche Betriebsrente in einen unverfallbaren Anspruch	7
III. Zusammenballung von Einkünften i. S. d. § 34 EStG	8 – 15
1. Zusammenballung von Einkünften in einem VZ (→ 1. Prüfung)	8
2. Zusammenballung von Einkünften unter Berücksichtigung der wegfallenden Einnahmen (→ 2. Prüfung)	9 – 12
2.1 Zusammenballung i. S. d. § 34 EStG, wenn durch die Entschädigung die bis zum Jahresende wegfallenden Einnahmen überschritten werden	9
2.2 Zusammenballung i. S. d. § 34 EStG, wenn durch die Entschädigung nur ein Betrag bis zur Höhe der bis zum Jahresende wegfallenden Einnahmen abgegolten wird	10 – 12
a) Ermittlung der zu berücksichtigenden Einkünfte (mit Beispielen)	11
b) Anwendung im Lohnsteuerabzugsverfahren	12
3. Zusammmballung von Einkünften bei zusätzlichern Entschädigungsleistungen des Arbeitgebers	13 – 15
a) Zusätzliche Entschädigungsleistungen des Arbeitgebers	13
b) Zusammenballung von Einkünften bei zusätzlichen Entschädigungsleistungen des Arbeitgebers aus Gründen der sozialen Fürsorge in späteren VZ	14
c) Weitere Nutzung der verbilligten Wohnung	15
IV. Planwidriger Zufluss in mehreren VZ/Rückzahlung bereits empfangener Entschädigungen	16 – 19
1. Versehentlich zu niedrige Auszahlung der Entschädigung	18
2. Nachzahlung nach Rechtsstreit	19
V. Vom Arbeitgeber freiwillig übernommene Rentenversicherungsbeiträge i. S. d. § 187a SGB VI	20 – 21
VI. Anwendung	22

I. Allgemeines

1 ¹Scheidet ein Arbeitnehmer auf Veranlassung des Arbeitgebers vorzeitig aus einem Dienstverhältnis aus, so können ihm folgende Leistungen des Arbeitgebers zufließen, die wegen ihrer unterschiedlichen steuerlichen Auswirkung gegeneinander abzugrenzen sind:
- normal zu besteuernder Arbeitslohn nach § 19, ggf. i. V. m. § 24 Nr. 2 EStG,
- steuerbegünstigte Entschädigungen nach § 24 Nr. 1 i. V. m. § 34 Abs. 1 und 2 EStG (→ Rz. 2 bis 3),
- steuerbegünstigte Leistungen für eine mehrjährige Tätigkeit i. S. d. § 34 Abs. 2 Nr. 4 EStG.

²Auch die Modifizierung betrieblicher Renten kann Gegenstand von Auflösungsvereinbarungen sein (→ Rz. 4 bis 7).

(Zu LStH 39b.6) **Anlage § 034-01/Entlassungsentschädigungen**

¹Eine steuerbegünstigte Entschädigung setzt voraus, dass an Stelle der bisher geschuldeten Leistung eine andere tritt. ²Diese andere Leistung muss auf einem anderen, eigenständigen Rechtsgrund beruhen. ³Ein solcher Rechtsgrund wird regelmäßig Bestandteil der Auflösungsvereinbarung sein; er kann aber auch bereits bei Abschluss des Dienstvertrags oder im Verlauf des Dienstverhältnisses für den Fall des vorzeitigen Ausscheidens vereinbart werden. ⁴Eine Leistung in Erfüllung eines bereits vor dem Ausscheiden begründeten Anspruchs des Empfängers ist keine Entschädigung, auch wenn dieser Anspruch in einer der geänderten Situation angepassten Weise erfüllt wird (Modifizierung; siehe z. B. Rz. 4 bis 7). ⁵Der Entschädigungsanspruch darf – auch wenn er bereits früher vereinbart worden ist – erst als Folge einer vorzeitigen Beendigung des Dienstverhältnisses entstehen. ⁶Eine Entschädigung i. S. d. § 24 Nr. 1 Buchstabe a EStG kann auch vorliegen, wenn der Arbeitgeber seinem Arbeitnehmer eine (Teil-)Abfindung zahlt, weil dieser seine Wochenarbeitszeit aufgrund eines Vertrags zur Änderung des Arbeitsvertrags unbefristet reduziert (→ BFH vom 25.08.2009 – BStBl. 2010 II S. 1030). 2

¹Eine Entschädigung i. S. d. § 24 Nr. 1 Buchstabe a EStG, die aus Anlass einer Entlassung aus dem Dienstverhältnis vereinbart wird (Entlassungsentschädigung), setzt den Verlust von Einnahmen voraus, mit denen der Arbeitnehmer rechnen konnte. ²Eine Zahlung des Arbeitgebers, die bereits erdiente Ansprüche abgilt, wie z. B. rückständiger Arbeitslohn, anteiliges Urlaubsgeld, Urlaubsabgeltung, Weihnachtsgeld, Gratifikationen, Tantiemen oder bei rückwirkender Beendigung des Dienstverhältnisses bis zum steuerlich anzuerkennenden Zeitpunkt der Auflösung noch zustehende Gehaltsansprüche, ist keine Entschädigung i. S. d. § 24 Nr. 1 Buchstabe a EStG. ³Das gilt auch für freiwillige Leistungen, wenn sie in gleicher Weise den verbleibenden Arbeitnehmern tatsächlich zugewendet werden. 3

II. Lebenslängliche betriebliche Versorgungszusagen

¹Lebenslängliche Bar- oder Sachleistungen sind als Einkünfte i. S. d. § 24 Nr. 2 EStG zu behandeln (→ BFH vom 28.09.1967 – BStBl. 1968 II S. 76). ²Sie sind keine außerordentlichen Einkünfte i. S. d. § 34 Abs. 2 EStG und damit für eine begünstigte Besteuerung der im Übrigen gezahlten Entlassungsentschädigung i. S. d. § 24 Nr. 1 Buchstabe a EStG unschädlich (siehe die hauptsächlichen Anwendungsfälle in Rz. 5 bis 7). ³Deshalb kommt die begünstigte Besteuerung auch dann in Betracht, wenn dem Arbeitnehmer im Rahmen der Ausscheidensvereinbarung erstmals lebenslang laufende Versorgungsbezüge zugesagt werden. ⁴Auch eine zu diesem Zeitpunkt erstmals eingeräumte lebenslängliche Sachleistung, wie z. B. ein verbilligtes oder unentgeltliches Wohnrecht, ist für die ermäßigte Besteuerung unschädlich. 4

1. Steuerliche Behandlung von Entlassungsentschädigungen bei Verzicht des Arbeitgebers auf die Kürzung einer lebenslänglichen Betriebsrente

Wird bei Beginn der Rente aus der gesetzlichen Rentenversicherung die lebenslängliche Betriebsrente ungekürzt gezahlt, so schließt dies die ermäßigte Besteuerung der Entlassungsentschädigung, die in einem Einmalbetrag gezahlt wird, nicht aus. 5

2. Steuerliche Behandlung von Entlassungsentschädigungen bei vorgezogener lebenslänglicher Betriebsrente

¹Wird im Zusammenhang mit der Auflösung des Dienstverhältnisses neben einer Einmalzahlung eine (vorgezogene) lebenslängliche Betriebsrente bereits vor Beginn der Rente aus der gesetzlichen Rentenversicherung gezahlt, so schließt auch dies die ermäßigte Besteuerung der Entlassungsentschädigung nicht aus. ²Dabei ist es unerheblich, ob die vorgezogene Betriebsrente gekürzt, ungekürzt oder erhöht geleistet wird. ³In diesen Fällen ist die vorgezogene Betriebsrente nach § 24 Nr. 2 EStG zu erfassen. 6

3. Steuerliche Behandlung von Entlassungsentschädigungen bei Umwandlung eines (noch) verfallbaren Anspruchs auf lebenslängliche Betriebsrente in einen unverfallbaren Anspruch

Wird ein (noch) verfallbarer Anspruch auf lebenslängliche Betriebsrente im Zusammenhang mit der Auflösung eines Dienstverhältnisses in einen unverfallbaren Anspruch umgewandelt, so ist die Umwandlung des Anspruchs für die Anwendung des § 34 Abs. 1 EStG auf die Einmalzahlung unschädlich. 7

III. Zusamenballung von Einkünften i. S. d. § 34 EStG

1. Zusammenballung von Einkünften in einem VZ (→ 1. Prüfung)

¹Nach ständiger Rechtsprechung (→ BFH vom 14.08.2001 – BStBl. 2002 II S. 180 m. w. N.) setzt die Anwendung der begünstigten Besteuerung nach § 34 Abs. 1 und 2 EStG u. a. voraus, dass die Entschädigungsleistungen zusammengeballt in einem VZ zufließen. ²Der Zufluss mehrerer Teilbeträge in unterschiedlichen VZ ist deshalb grundsätzlich schädlich (→ BFH vom 03.07.2002 – BStBl. 2004 II S. 447, → 1. Prüfung). ³Dies gilt nicht, soweit es sich um eine im Verhältnis zur Hauptleistung stehende geringfügige Zahlung (maximal 5 % der Hauptleistung) handelt, die in einem anderen VZ zufließt (→ 8

Anlage § 034-01/Entlassungsentschädigungen (Zu LStH 39b.6)

BFH vom 25.08.2009 – BStBl. 2011 II S. 27). [4]Ausnahmsweise können jedoch ergänzende Zusatzleistungen, die Teil der einheitlichen Entschädigung sind und in späteren VZ aus Gründen der sozialen Fürsorge für eine gewisse Übergangszeit gewährt werden, für die Beurteilung der Hauptleistung als einer zusammengeballten Entschädigung unschädlich sein (→ Rz. 13). [5]Pauschalbesteuerte Arbeitgeberleistungen sind bei der Beurteilung des Zuflusses in einem VZ nicht zu berücksichtigen. [6]Bestimmen Arbeitgeber und Arbeitnehmer, dass die fällige Entschädigung erst im Folgejahr zufließen soll, ist dies für die Anwendung von § 34 Abs. 1 und 2 EStG unschädlich. [7]Dabei gelten die Grundsätze von Rz. 8 bis 15 entsprechend (→ BFH vom 11.11.2009 – BStBl. 2010 II S. 46). [8]Ein auf zwei Jahre verteilter Zufluss der Entschädigung ist ausnahmsweise unschädlich, wenn die Zahlung der Entschädigung von vornherein in einer Summe vorgesehen war und nur wegen ihrer ungewöhnlichen Höhe und der besonderen Verhältnisse des Zahlungspflichtigen auf zwei Jahre verteilt wurde oder wenn der Entschädigungsempfänger – bar aller Existenzmittel – dringend auf den baldigen Bezug einer Vorauszahlung angewiesen war (→ BFH vom 02.09.1992 – BStBl. 1993 II S. 831).

2. Zusammenballung von Einkünften unter Berücksichtigung der wegfallenden Einnahmen (→ 2. Prüfung)

2.1. Zusammenballung i. S. d. § 34 EStG, wenn durch die Entschädigung die bis zum Jahresende wegfallenden Einnahmen überschritten werden

9 Übersteigt die anlässlich der Beendigung eines Arbeitsverhältnisses gezahlte Entschädigung die bis zum Ende des VZ entgehenden Einnahmen, die der Arbeitnehmer bei Fortsetzung des Arbeitsverhältnisses bezogen hätte, so ist das Merkmal der Zusammenballung von Einkünften stets erfüllt.

2.2. Zusammenballung i. S. d. § 34 EStG, wenn durch die Entschädigung nur ein Betrag bis zur Höhe der bis zum Jahresende wegfallenden Einnahmen abgegolten wird

10 Übersteigt die anlässlich der Beendigung eines Dienstverhältnisses gezahlte Entschädigung die bis zum Ende des (Zufluss-) VZ entgehenden Einnahmen nicht, ist das Merkmal der Zusammenballung von Einkünften nur erfüllt, wenn der Steuerpflichtige weitere Einnahmen bezieht, die er bei Fortsetzung des Dienstverhältnisses nicht bezogen hätte (→ BFH vom 04.03.1998 – BStBl. II S. 787, → 2. Prüfung).

a) Ermittlung der zu berücksichtigenden Einkünfte (mit Beispielen)

11 [1]Für die Beurteilung der Zusammenballung ist es ohne Bedeutung, ob die Entschädigung für den Einnahmeverlust mehrerer Jahre gewährt werden soll. [2]Entscheidend ist vielmehr, ob es unter Einschluss der Entschädigung infolge der Beendigung des Dienstverhältnisses in dem jeweiligen VZ insgesamt zu einer über die normalen Verhältnisse hinausgehenden Zusammenballung von Einkünften kommt (→ BFH vom 04.03.1998 – BStBl. II S. 787). [3]Dagegen kommt es auf eine konkrete Progressionserhöhung nicht an (→ BFH vom 17.12.1982 – BStBl. 1983 II S. 221, vom 21.03.1996 – BStBl. II S. 416 und vom 04.03.1998 – BStBl. II S. 787). [4]Auch die Zusammenballung mit anderen laufenden Einkünften des Steuerpflichtigen ist keine weitere Voraussetzung für die Anwendung des § 34 Abs. 1 EStG (→ BFH vom 13.11.1953 – BStBl. 1954 III S. 13); dies gilt insbesondere in Fällen, in denen die Entschädigung die bis zum Jahresende entgehenden Einnahmen nur geringfügig übersteigt (→ Rz. 9). [5]Andererseits kommt § 34 Abs. 1 EStG unter dem Gesichtspunkt der Zusammenballung auch dann in Betracht, wenn im Jahr des Zuflusses der Entschädigung weitere Einkünfte erzielt werden, die der Steuerpflichtige nicht bezogen hätte, wenn das Dienstverhältnis ungestört fortgesetzt worden wäre und er dadurch mehr erhält, als er bei normalem Ablauf der Dinge erhalten hätte (→ BFH vom 04.03.1998 – BStBl. II S. 787). [6]Bei der Berechnung der Einkünfte, die der Steuerpflichtige beim Fortbestand des Vertragsverhältnisses im VZ bezogen hätte, ist grundsätzlich auf die Einkünfte des Vorjahres abzustellen (→ BFH vom 04.03.1998 – BStBl. II S. 787), es sei denn, die Einnahmesituation ist in diesem Jahr durch außergewöhnliche Ereignisse geprägt (→ BFH vom 27.01.2010 – BStBl. 2011 II S. 28). [7]Die erforderliche Vergleichsrechnung ist grundsätzlich anhand der jeweiligen Einkünfte des Steuerpflichtigen laut Steuererbescheid/Steuererklärung vorzunehmen (→ Beispiele 1 und 2). [8]Da die außerordentlichen Einkünfte innerhalb einer Einkunftsart in der Summe der Einkünfte eine „besondere Abteilung" bilden (→ BFH vom 29.10.1998 – BStBl. 1999 II S. 588), sind in die Vergleichsrechnung nur Einkünfte einzubeziehen, die in einem Veranlassungszusammenhang mit dem (früheren) Arbeitsverhältnis oder dessen Beendigung bzw. in einem inneren Zusammenhang mit der früheren Tätigkeit stehen, d. h. die dazu bestimmt sind, die Einkünfte aus der früheren Tätigkeit zu ersetzen. [9]Negative Einkünfte aus einer neu aufgenommenen Tätigkeit i. S. d. §§ 13, 15, 18 sowie § 19 EStG (ohne Versorgungsbezüge) sind nie zu berücksichtigen. [10]Dabei ist der Arbeitnehmer-Pauschbetrag vorrangig von den laufenden Einkünften i. S. d. § 19 EStG abzuziehen (→ BFH vom 29.10.1998 – BStBl. 1999 II S. 588). [11]Dem Progressionsvorbehalt unterliegende positive Lohnersatzleistungen und dem § 32b EStG unterliegender Arbeitslohn sind in die Vergleichsrechnung einzubeziehen. [12]Liegen ausschließlich Einkünfte i. S. d. § 19 EStG vor,

(Zu LStH 39b.6) **Anlage § 034-01/Entlassungsentschädigungen**

ist es nicht zu beanstanden, wenn die erforderliche Vergleichsrechnung stattdessen anhand der betreffenden Einnahmen aus nichtselbständiger Arbeit durchgeführt wird. [13]Unbeschadet der Regelungen in Rz. 8 (Zusammenballung von Einkünften in einem VZ) sind bei einer solchen Vergleichsrechnung nach Maßgabe der Einnahmen neben den positiven Lohnersatzleistungen und dem Arbeitslohn, die dem Progressionsvorbehalt nach § 32b EStG unterliegen, auch pauschalbesteuerte Arbeitgeberleistungen einzubeziehen (→ Beispiel 3).

Beispiel 1:

Auflösung des Dienstverhältnisses im Jahr 02. Die Entschädigung im Jahr 02 beträgt 15.000 EUR.

Vergleich:

- Jahr 01

Einkünfte i. S. d. § 19 EStG (50.000 EUR ./. 1.000 EUR)	49.000 EUR
Einkünfte aus den übrigen Einkunftsarten	0 EUR
Summe	49.000 EUR

- Jahr 02

Einnahmen i. S. d. § 19 EStG aus bisherigem Dienstverhältnis	25.000 EUR
Einnahmen i. S. d. § 19 EStG aus neuem Dienstverhältnis	25.000 EUR
abzgl. AN-Pauschbetrag (1.000 EUR)	49.000 EUR
Entschädigung	15.000 EUR
Summe	64.000 EUR

Die Entschädigung (15.000 EUR) übersteigt nicht den Betrag der entgehenden Einnahmen (25.000 EUR). Der Steuerpflichtige hat aber aus dem alten und neuen Dienstverhältnis so hohe Einkünfte, dass es unter Einbeziehung der Entschädigung zu einer die bisherigen Einkünfte übersteigenden Zusammenballung von Einkünften und somit zur Anwendung des § 34 EStG kommt.

Beispiel 2:

Auflösung des Dienstverhältnisses im Jahr 02. Die Entschädigung im Jahr 02 beträgt 20.000 EUR.

Vergleich:

- Jahr 01

Einkünfte i. S. d. § 19 EStG (50.000 EUR ./. 1.000 EUR)	49.000 EUR
Einkünfte aus den übrigen Einkunftsarten	0 EUR
Summe	49.000 EUR

- Jahr 02

Einnahmen i. S. d. § 19 EStG aus bisherigem Dienstverhältnis	20.000 EUR
abzgl. AN-Pauschbetrag (1.000 EUR)	19.000 EUR
Entschädigung	20.000 EUR
tatsächlich bezogenes Arbeitslosengeld	4.800 EUR
Summe	43.800 EUR

Die Entschädigung von 20.000 EUR übersteigt nicht den Betrag der entgehenden Einnahmen (30.000 EUR). Der auf der Basis der Einkünfte vorgenommene Vergleich der aus dem bisherigen Dienstverhältnis im Jahr 02 bezogenen Einkünfte einschließlich der Entschädigung (19.000 EUR + 20.000 EUR + 4.800 EUR = 43.800 EUR) übersteigt nicht die bisherigen Einkünfte des Jahres 01 (49.000 EUR).

Auch bei einem Vergleich nach Maßgabe der Einnahmen aus nichtselbständiger Arbeit übersteigen die im Jahr 02 bezogenen Einnahmen einschließlich der Entschädigung (20.000 EUR + 20.000 EUR + 4.8000 = 44.800 EUR) nicht die Einnahmen des Jahres 01 (50.000 EUR). Eine Zusammenballung der Einkünfte liegt daher nicht vor. Für die Entschädigung kommt eine ermäßigte Besteuerung nach § 34 Abs. 1 und 2 EStG deshalb nicht in Betracht.

Beispiel 3:

Auflösung des Dienstverhältnisses im Jahr 02. Die Entschädigung im Jahr 02 beträgt 25.000 EUR.

Anlage § 034-01/Entlassungsentschädigungen (Zu LStH 39b.6)

Vergleich auf der Basis der Einnahmen:
- Jahr 01
  Einnahmen i. S. d. § 19 EStG — 50.000 EUR
- Jahr 02
  Einnahmen i. S. d. § 19 EStG aus bisherigem Dienstverhältnis — 20.000 EUR
  Entschädigung — 25.000 EUR
  pauschal besteuerte Zukunftssicherungsleistungen ab dem Ausscheiden — 994 EUR
  tatsächlich bezogenes Arbeitslosengeld — 4.800 EUR
  Summe — 50.794 EUR

Die Entschädigung 25.000 EUR übersteigt nicht den Betrag der entgehenden Einnahmen (30.000 EUR).

Der Vergleich nach Maßgabe der Einnahmen aus nichtselbständiger Arbeit ergibt, dass die Einnahmen im Jahr 02 einschließlich der Entschädigung, den pauschal besteuerten Zukunftssicherungsleistungen ab dem Ausscheiden und dem tatsächlich bezogenen Arbeitslosengeld (50.794 EUR) die Einnahmen des Jahres 01 (50.000 EUR) übersteigen. Aufgrund der vorliegenden Zusammenballung kann die Entschädigung nach § 34 Abs. 1 und 2 EStG ermäßigt besteuert werden.

Beispiel 4:

Auflösung des Dienstverhältnisses im März 02 – Einnahmen i. S. d. § 19 EStG bis dahin 17.000 EUR, die Entschädigung beträgt 46.000 EUR. Anschließend Bezug von Arbeitslosengeld (April 02 bis Oktober 02) 9.000 EUR. Gründung eines Gewerbebetriebs im November 02 (Einkünfte: ./.15.000 EUR).

Vergleich:
- Jahr 01
  Einkünfte i. S. d. § 19 EStG (65.000 EUR ./. 1.000 EUR) — 64.000 EUR
  Einkünfte aus den übrigen Einkunftsarten — 0 EUR
  Summe — 64.000 EUR
- Jahr 02
  Einkünfte i. S. d. § 19 EStG aus bisherigem Dienstverhältnis
  (17.000 EUR ./. 1.000 EUR) — 16.000 EUR
  Entschädigung — 46.000 EUR
  tatsächlich bezogenes Arbeitslosengeld — 9.000 EUR
  Summe — 71.000 EUR

Die Entschädigung (46.000 EUR) übersteigt nicht den Betrag der entgehenden Einnahmen (65.000 EUR ./. 17.000 EUR) in Höhe von 48.000 EUR.

Nach dem Vergleich der Einkünfte aus dem früheren Dienstverhältnis des Jahres 01 (64.000 EUR) mit den Einkünften des Jahres 02, die in Zusammenhang mit dem früheren Arbeitsverhältnis (Arbeitslohn und Entschädigung) und dessen Auflösung (Arbeitslosengeld) stehen (71.000 EUR), liegt jedoch eine Zusammenballung von Einkünften im Jahr 02 vor.

Die negativen Einkünfte aus dem neu aufgenommenen Gewerbebetrieb sind nicht zu berücksichtigen.

b) Anwendung im Lohnsteuerabzugsverfahren

12 ¹Im Lohnsteuerabzugsverfahren richtet sich die Anwendung des § 34 EStG nach § 39b Abs. 3 Satz 9 EStG. ²Dabei ist die Regelung nach Rz. 8 und 11 ebenfalls anzuwenden, wobei der Arbeitgeber auch solche Einnahmen (Einkünfte) berücksichtigen darf, die der Arbeitnehmer nach Beendigung des bestehenden Dienstverhältnisses erzielt. ³Der Arbeitnehmer ist in diesem Fall zur Abgabe einer Einkommensteuererklärung verpflichtet (Pflichtveranlagung nach § 46 Abs. 2 Nr. 5 EStG). ⁴Kann der Arbeitgeber die erforderlichen Feststellungen nicht treffen, ist im Lohnsteuerabzugsverfahren die Besteuerung ohne Anwendung des § 39b Abs. 3 Satz 9 EStG durchzuführen. ⁵Die begünstigte Besteuerung erfolgt dann ggf. erst im Veranlagungsverfahren (Antragsveranlagung nach § 46 Abs. 2 Nr. 8 EStG). ⁶Die ermäßigte Besteuerung ist im Lohnsteuerabzugsverfahren nicht anzuwenden, wenn sie zu einer höheren Steuer führt als die Besteuerung als nicht begünstigter sonstiger Bezug (→ BMF-Schreiben vom 10.01.2000 – BStBl. I S. 138).

(Zu LStH 39b.6) **Anlage § 034-01/Entlassungsentschädigungen**

3. Zusammenballung von Einkünften bei zusätzlichen Entschädigungsleistungen des Arbeitgebers

a) Zusätzliche Entschädigungsleistungen des Arbeitgebers

¹Sehen Entlassungsvereinbarungen zusätzliche Leistungen des früheren Arbeitgebers vor, z. B. unentgeltliche Nutzung des Dienstwagens, ohne dass der ausgeschiedene Mitarbeiter noch zu einer Dienstleistung verpflichtet wäre, so kann es sich um eine Entschädigung handeln (→ Rz. 2, 3). ²Eine Entschädigung liegt in diesen Fällen u. a. nicht vor, wenn derartige zusätzliche Leistungen nicht nur bei vorzeitigem Ausscheiden, sondern auch in anderen Fällen, insbesondere bei altersbedingtem Ausscheiden, erbracht werden, z. B. Fortführung von Mietverhältnissen, von Arbeitgeberdarlehen, von Deputatlieferungen und von Sondertarifen, sowie Weitergewährung von Rabatten. ³Lebenslänglich zugesagte Geld- oder Sachleistungen sind stets nach § 24 Nr. 2 EStG zu behandeln. 13

b) Zusammenballung von Einkünften bei zusätzlichen Entschädigungsleistungen des Arbeitgebers aus Gründen der sozialen Fürsorge in späteren VZ

¹Fließt die Gesamtentschädigung (Einmalbetrag zuzüglich zusätzlicher Entschädigungsleistungen) nicht in einem VZ zu, so ist dies für die Anwendung des § 34 EStG grundsätzlich schädlich (→ Rz. 8). ²Werden aber zusätzliche Entschädigungsleistungen, die Teil einer einheitlichen Entschädigung sind, aus Gründen der sozialen Fürsorge für eine gewisse Übergangszeit in späteren VZ gewährt, sind diese für die Beurteilung der Hauptleistung als einer zusammengeballten Entschädigung unschädlich, wenn sie weniger als 50 % der Hauptleistung betragen. ³Die Vergleichsrechnung ist hier durch Einnahmenvergleich vorzunehmen. ⁴Zusatzleistungen aus Gründen der sozialen Fürsorge sind beispielsweise solche Leistungen, die der (frühere) Arbeitgeber seinem (früheren) Arbeitnehmer zur Erleichterung des Arbeitsplatz- oder Berufswechsels oder als Anpassung an eine dauerhafte Berufsaufgabe und Arbeitslosigkeit erbringt. ⁵Sie setzen keine Bedürftigkeit des entlassenen Arbeitnehmers voraus. ⁶Soziale Fürsorge ist allgemein im Sinne der Fürsorge des Arbeitgebers für seinen früheren Arbeitnehmer zu verstehen. ⁷Ob der Arbeitgeber zu der Fürsorge arbeitsrechtlich verpflichtet ist, ist unerheblich. ⁸Derartige ergänzende Zusatzleistungen können beispielsweise die Übernahme von Kosten für eine Outplacement-Beratung (→ BFH vom 14.08.2001 – BStBl. 2002 II S. 180), die befristete Weiterbenutzung des Dienstwagens (→ BFH vom 03.07.2002 – BStBl. 2004 II S. 447), die befristete Übernahme von Versicherungsbeiträgen, die befristete Zahlung von Zuschüssen zum Arbeitslosengeld (→ BFH vom 24.01.2002 – BStBl. 2004 II S. 442), die Zahlung einer Jubiläumszuwendung nach dem Ausscheiden, die der Arbeitnehmer bei Fortsetzung des Arbeitsverhältnisses erhalten hätte (→ BFH vom 14.05.2003 – BStBl. 2004 II S. 451) und Zahlungen zur Verwendung für die Altersversorgung (→ BFH vom 15.10.2003 – BStBl. 2004 II S. 264) sein. ⁹Die aus sozialer Fürsorge erbrachten ergänzenden Zusatzleistungen, die außerhalb des zusammengeballten Zuflusses in späteren VZ erfolgen, fallen nicht unter die Tarifbegünstigung des § 34 Abs. 1 EStG. 14

Beispiel:

Auflösung des Dienstverhältnisses im Jahr 02. Der Arbeitgeber zahlt im Jahr 02 insgesamt 150.000 EUR Entschädigung und gewährt von Juli 02 bis Juni 03 zur Überbrückung der Arbeitslosigkeit einen Zuschuss zum Arbeitslosengeld von monatlich 2.500 EUR. Im Jahr 03 fließen keine weiteren Einkünfte zu.

- Jahr 02

Einnahmen i. S. d. § 19 EStG	50.000 EUR
Entschädigung	150.000 EUR
monatlicher Zuschuss (6 x 2.500 EUR)	15.000 EUR
Entschädigung insgesamt (Hauptleistung)	165.000 EUR

- Jahr 03

monatlicher Zuschuss (6 x 2.500 EUR)	15.000 EUR

Die im Jahr 03 erhaltenen Zahlungen sind zusätzliche Entschädigungsleistungen, die aus sozialer Fürsorge für eine gewisse Übergangszeit gewährt wurden. Sie betragen 15.000 EUR = 9,09 % von 165.000 EUR (Entschädigungshauptleistung) und sind damit unschädlich für die Beurteilung der Hauptleistung als einer zusammengeballten Entschädigung. Die im Jahr 02 erhaltenen Entschädigungsleistungen sind daher nach § 34 EStG ermäßigt zu besteuern. Die im Jahr 03 erhaltenen Zusatzleistungen fallen nicht unter die Tarifbegünstigung des § 34 EStG. Wegen des vorzunehmenden Vergleichs der Einnahmen bleibt der Arbeitnehmer-Pauschbetrag außer Betracht.

Anlage § 034-01/Entlassungsentschädigungen (Zu LStH 39b.6)

c) Weitere Nutzung der verbilligten Wohnung

15 Ist die weitere Nutzung einer Wohnung Bestandteil der Entschädigungsvereinbarung, so ist die Mietverbilligung nur dann für die Zusammenballung von Einkünften schädlich, wenn sie mietrechtlich frei vereinbar und dem Grunde nach geldwerter Vorteil aus dem früheren Dienstverhältnis ist und nicht auf die Lebenszeit des oder der Berechtigten abgeschlossen ist.

IV. Planwidriger Zufluss in mehreren VZ/Rückzahlung bereits empfangener Entschädigungen

16 ¹Die Anwendung der begünstigten Besteuerung nach § 34 Abs. 1 und 2 EStG setzt u. a. voraus, dass die Entschädigungsleistungen zusammengeballt, d. h. in einem VZ zufließen (→ Rz. 9). ²Das Interesse der Vertragsparteien ist daher regelmäßig auf den planmäßigen Zufluss in einem VZ gerichtet. ³Findet in den Fällen der nachstehenden Rz. 19 und 20 ein planwidriger Zufluss in mehreren VZ statt, obwohl die Vereinbarungen eindeutig auf einen einmaligen Zufluss gerichtet waren, ist der Korrekturbetrag eines nachfolgenden VZ (VZ 02) auf Antrag des Steuerpflichtigen in den VZ (VZ 01) zurück zu beziehen, in dem die – grundsätzlich begünstigte – Hauptentschädigung zugeflossen ist. ⁴Stimmt das Finanzamt diesem Antrag zu (§ 163 AO), ist der Steuerbescheid (VZ 01) nach § 175 Abs. 1 Satz 1 Nr. 2 AO zu ändern, wobei die begünstigte Besteuerung auf die gesamte Entschädigungsleistung (Hauptentschädigung zzgl. Korrekturbetrag) anzuwenden ist. ⁵Wird der Antrag nicht gestellt und ist die Steuerfestsetzung für diesen VZ (VZ 02) bereits bestandskräftig, so ist der Bescheid (VZ 01) nach § 175 Abs. 1 Satz 1 Nr. 2 AO zu ändern und die begünstigte Steuerberechnung wegen fehlender Zusammenballung zu versagen.

17 1 Hat der Steuerpflichtige in einem nachfolgenden VZ einen Teil der Entschädigung zurückzuzahlen, so ist die Rückzahlung als Korrektur auch dann im Jahr des Abflusses zu berücksichtigen, wenn die Abfindung im Zuflussjahr begünstigt besteuert worden ist. 2 Eine Lohnrückzahlung ist regelmäßig ein rückwirkendes Ereignis i. S. d. § 175 Abs. 1 Satz 1 Nr. 2 AO, das zur Änderung des Einkommensteuerbescheides des Zuflussjahres berechtigt (→ BFH vom 04.05.2006 – BStBl. II S. 911).

1. Versehentlich zu niedrige Auszahlung der Entschädigung

18 ¹Es kommt vor, dass eine Entschädigung an den ausscheidenden Arbeitnehmer versehentlich – z. B. auf Grund eines Rechenfehlers, nicht jedoch bei unzutreffender rechtlicher Würdigung – im Jahr des Ausscheidens zu niedrig ausgezahlt wird. ²Der Fehler wird im Laufe eines späteren VZ erkannt und der Differenzbetrag ausgezahlt.

2. Nachzahlung nach Rechtsstreit

19 ¹Streiten sich Arbeitgeber und Arbeitnehmer vor Gericht über die Höhe der Entschädigung, zahlt der Arbeitgeber üblicherweise an den Arbeitnehmer im Jahr des Ausscheidens nur den von ihm (Arbeitgeber) für zutreffend gehaltenen Entschädigungsbetrag und leistet ggf. erst Jahre später auf Grund einer gerichtlichen Entscheidung oder eines Vergleichs eine weitere Zahlung. ²Voraussetzung für die Anwendung der Billigkeitsregelung nach Rz. 16 ist in diesen Fällen, dass der ausgeschiedene Arbeitnehmer keinen Ersatzanspruch hinsichtlich einer aus der Nachzahlung resultierenden eventuellen ertragsteuerlichen Mehrbelastung gegenüber dem früheren Arbeitgeber hat.

V. Vom Arbeitgeber freiwillig übernommene Rentenversicherungsbeiträge i. S. d. § 187a SGB VI

20 Die Hälfte der vom Arbeitgeber freiwillig übernommenen Rentenversicherungsbeiträge i. S. d. § 187a SGB VI, durch die Rentenminderungen bei vorzeitiger Inanspruchnahme der Altersrente gemildert oder vermieden werden können, ist steuerfrei nach § 3 Nr. 28 EStG.

21 ¹Die vom Arbeitgeber zusätzlich geleisteten Rentenversicherungsbeiträge nach § 187a SGB VI einschließlich darauf entfallender, ggf. vom Arbeitgeber getragener Steuerabzugsbeträge sind als Teil der Entschädigung i. S. d. § 24 Nr. 1 EStG, die im Zusammenhang mit der Auflösung eines Dienstverhältnisses geleistet wird, zu behandeln. ²Leistet der Arbeitgeber diese Beiträge in Teilbeträgen, ist dies für die Frage der Zusammenballung unbeachtlich. ³Die dem Arbeitnehmer darüber hinaus zugeflossene Entschädigung (Einmalbetrag) kann daher aus Billigkeitsgründen auf Antrag unter den übrigen Voraussetzungen begünstigt besteuert werden.

VI. Anwendung

22 ¹Die vorstehenden Grundsätze sind in allen noch offenen Fällen anzuwenden. ²Dieses Schreiben ersetzt die im Bezug genannten BMF-Schreiben. Dieses Schreiben wird im Bundessteuerblatt Teil I veröffentlicht.

Dieses Schreiben wird im Bundessteuerblatt Teil I veröffentlicht.

(Zu LStR 39d Abs. 2, LStH 39d)   **Anlage § 034c-01/Auslandstätigkeitserlass**

Steuerliche Behandlung von Arbeitnehmereinkünften bei Auslandstätigkeiten (Auslandstätigkeitserlass)

BMF-Schreiben vom 31. Oktober 1983 IV B 6 – S 2293 – 50/83 (BStBl. I S. 470)

Im Einvernehmen mit den obersten Finanzbehörden der Länder gilt auf Grund des §34c Abs. 5 und des § 50 Abs. 7 [1)] EStG Folgendes:

Bei Arbeitnehmern eines inländischen Arbeitgebers (Abschnitt 72 LStR) [2)] wird von der Besteuerung des Arbeitslohns abgesehen, den der Arbeitnehmer auf Grund eines gegenwärtigen Dienstverhältnisses für eine begünstigte Tätigkeit im Ausland erhält.

I. Begünstigte Tätigkeit

Begünstigt ist die Auslandstätigkeit für einen inländischen Lieferanten, Hersteller, Auftragnehmer oder Inhaber ausländischer Mineralaufsuchungs- oder -gewinnungsrechte im Zusammenhang mit

1. der Planung, Errichtung, Einrichtung, Inbetriebnahme, Erweiterung, Instandsetzung, Modernisierung, Überwachung oder Wartung von Fabriken, Bauwerken, ortsgebundenen großen Maschinen oder ähnlichen Anlagen sowie dem Einbau, der Aufstellung oder Instandsetzung sonstiger Wirtschaftsgüter; außerdem ist das Betreiben der Anlagen bis zur Übergabe an den Auftraggeber begünstigt,
2. dem Aufsuchen oder der Gewinnung von Bodenschätzen,
3. der Beratung (Consulting) ausländischer Auftraggeber oder Organisationen im Hinblick auf Vorhaben im Sinne der Nummern 1 oder 2 oder
4. der deutschen öffentlichen Entwicklungshilfe im Rahmen der Technischen oder Finanziellen Zusammenarbeit.

Nicht begünstigt sind die Tätigkeit des Bordpersonals auf Seeschiffen und die Tätigkeit von Leiharbeitnehmern, [3)] für deren Arbeitgeber die Arbeitnehmerüberlassung Unternehmenszweck ist, sowie die finanzielle Beratung mit Ausnahme der Nummer 4. Nicht begünstigt ist ferner das Einholen von Aufträgen (Akquisition), ausgenommen die Beteiligung an Ausschreibungen.

II. Dauer der begünstigten Tätigkeit

Die Auslandstätigkeit muss mindestens drei Monate ununterbrochen in Staaten ausgeübt werden, mit denen kein Abkommen zur Vermeidung der Doppelbesteuerung besteht, in das Einkünfte aus nichtselbständiger Arbeit einbezogen sind.

Sie beginnt mit Antritt der Reise ins Ausland und endet mit der endgültigen Rückkehr ins Inland. Eine vorübergehende Rückkehr ins Inland oder ein kurzer Aufenthalt in einem Staat, mit dem ein Abkommen zur Vermeidung der Doppelbesteuerung besteht, in das Einkünfte aus nichtselbständiger Arbeit einbezogen sind, gelten bis zu einer Gesamtaufenthaltsdauer von zehn vollen Kalendertagen innerhalb der Mindestfrist nicht als Unterbrechung der Auslandstätigkeit, wenn sie zur weiteren Durchführung oder Vorbereitung eines begünstigten Vorhabens notwendig sind. Dies gilt bei längeren Auslandstätigkeiten entsprechend für die jeweils letzten drei Monate.

Eine Unterbrechung der Tätigkeit im Falle eines Urlaubs oder einer Krankheit ist unschädlich, unabhängig davon, wo sich der Arbeitnehmer während der Unterbrechung aufhält. Zeiten der unschädlichen Unterbrechung sind bei der Dreimonatsfrist nicht mitzurechnen.

III. Begünstigter Arbeitslohn

Zum begünstigten Arbeitslohn gehören auch folgende steuerpflichtige Einnahmen, soweit sie für eine begünstigte Auslandstätigkeit gezahlt werden:

1. Zulagen, Prämien oder Zuschüsse des Arbeitgebers für Aufwendungen des Arbeitnehmers, die durch eine begünstigte Auslandstätigkeit veranlasst sind, oder die entsprechende unentgeltliche Ausstattung oder Bereitstellung durch den Arbeitgeber,
2. Weihnachtszuwendungen, Erfolgsprämien oder Tantiemen,
3. Arbeitslohn, der auf den Urlaub – einschließlich eines angemessenen Sonderurlaubs auf Grund einer begünstigten Tätigkeit – entfällt, Urlaubsgeld oder Urlaubsabgeltung,

---

1) Überholt.
2) Jetzt R 38.3 LStR.
3) Die Tätigkeit von Leiharbeitnehmern ist begünstigt bei Tätigkeiten i. S. von Abschnitt I Nrn. 1 bis 4.

Anlage § 034c-01/Auslandstätigkeitserlass (Zu LStR 39d Abs. 2, LStH 39d)

4. Lohnfortzahlung auf Grund einer Erkrankung während einer begünstigten Auslandstätigkeit bis zur Wiederaufnahme dieser oder einer anderen begünstigten Tätigkeit oder bis zur endgültigen Rückkehr ins Inland.

Werden solche Zuwendungen nicht gesondert für die begünstigte Tätigkeit geleistet, so sind sie im Verhältnis der Kalendertage aufzuteilen.

Der begünstigte Arbeitslohn ist steuerfrei im Sinne der §§ 3c, 10 Abs. 2 Nr. 2 EStG und des § 28 Abs. 2 BerlinFG.

IV. Progressionsvorbehalt für unbeschränkt steuerpflichtige Arbeitnehmer

Auf das nach § 32 a Abs. 1 EStG zu versteuernde Einkommen ist der Steuersatz anzuwenden, der sich ergibt, wenn die begünstigten Einkünfte aus nichtselbständiger Arbeit bei der Berechnung der Einkommensteuer einbezogen werden. Bei der Ermittlung der begünstigten Einkünfte ist der Arbeitslohn um die Freibeträge nach § 19 Abs. 3 und 4 EStG und um den Werbungskosten-Pauschbetrag nach § 9a Nr. 1 EStG zu kürzen, soweit sie nicht bei der Ermittlung der Einkünfte aus nicht begünstigter nichtselbständiger Arbeit berücksichtigt worden sind.

V. Nichtanwendung

Diese Regelung gilt nicht, wenn

1. der Arbeitslohn aus inländischen öffentlichen Kassen – einschließlich der Kassen der Deutschen Bundesbahn und der Deutschen Bundesbank – gezahlt wird,
2. die Tätigkeit in einem Staat ausgeübt wird, mit dem ein Abkommen zur Vermeidung der Doppelbesteuerung besteht, in das Einkünfte aus nichtselbständiger Arbeit einbezogen sind; ist ein Abkommen für die Zeit vor seinem Inkrafttreten anzuwenden, so verbleibt es bis zum Zeitpunkt des Inkrafttretens bei den vorstehenden Regelungen, soweit sie für den Arbeitnehmer günstiger sind, oder
3. es sich um eine Tätigkeit in der Deutschen Demokratischen Republik oder Berlin (Ost) handelt.

VI. Verfahrensvorschriften

1. Der Verzicht auf die Besteuerung im Steuerabzugsverfahren (Freistellungsbescheinigung) ist vom Arbeitgeber oder Arbeitnehmer beim Betriebsstättenfinanzamt zu beantragen.[1] Ein Nachweis, dass von dem Arbeitslohn in dem Staat, in dem die Tätigkeit ausgeübt wird, eine der deutschen Lohnsteuer (Einkommensteuer) entsprechende Steuer erhoben wird, ist nicht erforderlich.

Ist glaubhaft gemacht worden, dass die in Abschnitt I und II bezeichneten Voraussetzungen vorliegen, so kann die Freistellungsbescheinigung erteilt werden, solange dem Arbeitgeber eine Änderung des Lohnsteuerabzugs möglich ist (§ 41 c EStG). Außerdem muss sich der Arbeitgeber verpflichten, das folgende Verfahren einzuhalten:

   a) Der begünstigte Arbeitslohn ist im Lohnkonto, auf der Lohnsteuerkarte, der besonderen Lohnsteuerbescheinigung sowie dem Lohnzettel getrennt von dem übrigen Arbeitslohn anzugeben.
   b) Die Freistellungsbescheinigung ist als Beleg zum Lohnkonto des Arbeitnehmers zu nehmen.
   c) Für Arbeitnehmer, die während des Kalenderjahrs begünstigten Arbeitslohn bezogen haben, darf der Arbeitgeber weder die Lohnsteuer nach dem voraussichtlichen Jahresarbeitslohn (sog. permanenter Jahresausgleich) ermitteln noch einen Lohnsteuer-Jahresausgleich durchführen.

Der Arbeitgeber ist bis zur Ausschreibung der Lohnsteuerbescheinigung sowie des Lohnzettels berechtigt, bei der jeweils nächstfolgenden Lohnzahlung bisher noch nicht erhobene Lohnsteuer nachträglich einzubehalten, wenn er erkennt, dass die Voraussetzungen für den Verzicht auf die Besteuerung nicht vorgelegen haben. Macht er von dieser Berechtigung keinen Gebrauch oder kann die Lohnsteuer nicht nachträglich einbehalten werden, so ist er zu einer Anzeige an das Betriebsstättenfinanzamt verpflichtet.

2. Soweit nicht bereits vom Steuerabzug abgesehen worden ist, hat der Arbeitnehmer den Verzicht auf die Besteuerung bei seinem Wohnsitzfinanzamt zu beantragen.

VII. Anwendungszeitraum, Übergangsregelung

Diese Regelung gilt ab 1. Januar 1984. Sie ersetzt die bisher hierzu ergangenen Verwaltungsbestimmungen.

Eine vor dem 1. Januar 1984 geleistete und nach den vorstehenden Bestimmungen begünstigte Tätigkeit ist bei der Dreimonatsfrist mitzurechnen.

---

[1] Bundeseinheitliche Antragsvordrucke beim Finanzamt erhältlich.

(Zu LStH 39a.1) **Anlage § 035a-01/Anwendungsschreiben § 35a**

Anwendungsschreiben zu § 35a EStG; Überarbeitung des BMF-Schreibens vom 15. Februar 2010 (BStBl. I S. 140)

BMF-Schreiben vom 10. Januar 2014 IV C 4 – S 2296-b/07/0003, 2014/0023765 (BStBl. I S. 75)

2 Anlagen

Unter Bezugnahme auf das Ergebnis der Erörterungen mit den obersten Finanzbehörden der Länder gilt für die Anwendung des § 35a EStG Folgendes:

I Haushaltsnahe Beschäftigungsverhältnisse oder Dienstleistungen

1. Haushaltsnahe Beschäftigungsverhältnisse

Der Begriff des haushaltsnahen Beschäftigungsverhältnisses ist gesetzlich nicht definiert. Im Rahmen eines solchen Beschäftigungsverhältnisses werden Tätigkeiten ausgeübt, die einen engen Bezug zum Haushalt haben. Zu diesen Tätigkeiten gehören u. a. die Zubereitung von Mahlzeiten im Haushalt, die Reinigung der Wohnung des Steuerpflichtigen, die Gartenpflege und die Pflege, Versorgung und Betreuung von Kindern sowie von kranken, alten oder pflegebedürftigen Personen. Die Erteilung von Unterricht (z. B. Sprachunterricht), die Vermittlung besonderer Fähigkeiten sowie sportliche und andere Freizeitbetätigungen fallen nicht darunter. 1

2. Geringfügige Beschäftigung im Sinne des § 8a SGB IV

Die Steuerermäßigung nach § 35a Absatz 1 EStG kann der Steuerpflichtige nur beanspruchen, wenn es sich bei dem haushaltsnahen Beschäftigungsverhältnis um eine geringfügige Beschäftigung im Sinne des § 8a SGB IV handelt. Es handelt sich nur dann um ein geringfügiges Beschäftigungsverhältnis im Sinne dieser Vorschrift, wenn der Steuerpflichtige am Haushaltsscheckverfahren teilnimmt und die geringfügige Beschäftigung in seinem inländischen oder in einem anderen Mitgliedstaat der Europäischen Union oder im Europäischen Wirtschaftsraum liegenden Haushalt ausgeübt wird. 2

Wohnungseigentümergemeinschaften und Vermieter können im Rahmen ihrer Vermietertätigkeit nicht am Haushaltsscheckverfahren teilnehmen. Die von ihnen eingegangenen geringfügigen Beschäftigungsverhältnisse sind nicht nach § 35a Absatz 1 EStG begünstigt. Sie fallen unter die haushaltsnahen Dienstleistungen. Zur Berücksichtigung der Aufwendungen siehe Rdnr. 7. 3

3. Beschäftigungsverhältnisse in nicht inländischen Haushalten

Bei einem nicht inländischen Haushalt, der in einem Staat liegt, der der Europäischen Union oder dem Europäischen Wirtschaftsraum angehört, setzt die Inanspruchnahme der Steuerermäßigung nach § 35a Absatz 1 EStG voraus, dass das monatliche Arbeitsentgelt 400 Euro (ab 1. Januar 2013: 450 Euro)[1] nicht übersteigt, die Sozialversicherungsbeiträge ausschließlich von dem Arbeitgeber zu entrichten sind und von ihm auch entrichtet werden. Bei anderen haushaltsnahen Beschäftigungsverhältnissen ist für die Gewährung einer Steuerermäßigung nach § 35a Absatz 2 Satz 1 Alternative 1 EStG Voraussetzung, dass aufgrund des Beschäftigungsverhältnisses Arbeitgeber- und Arbeitnehmerbeiträge an die Sozialversicherung in dem jeweiligen Staat der Europäischen Union oder des Europäischen Wirtschaftsraums entrichtet werden. 4

4. Beschäftigungsverhältnisse mit nahen Angehörigen oder zwischen Partnern einer eingetragenen Lebenspartnerschaft bzw. einer nicht ehelichen Lebensgemeinschaft

Da familienrechtliche Verpflichtungen grundsätzlich nicht Gegenstand eines steuerlich anzuerkennenden Vertrags sein können, sind entsprechende Vereinbarungen zwischen in einem Haushalt zusammenlebenden Ehegatten (§§ 1360, 1356 Absatz 1 BGB) oder zwischen Eltern und in deren Haushalt lebenden Kindern (§ 1619 BGB) nicht begünstigt. Entsprechendes gilt für die Partner einer eingetragenen Lebenspartnerschaft. Auch bei in einem Haushalt zusammenlebenden Partnern einer nicht ehelichen Lebensgemeinschaft oder einer nicht eingetragenen Lebenspartnerschaft kann regelmäßig nicht von einem begünstigten Beschäftigungsverhältnis ausgegangen werden, weil jeder Partner auch seinen eigenen Haushalt führt und es deshalb an dem für Beschäftigungsverhältnisse typischen Über- und Unterordnungsverhältnis fehlt. Ein steuerlich nicht begünstigtes Vertragsverhältnis liegt darüber hinaus auch dann vor, wenn der Vertragspartner eine zwischengeschaltete Person (z. B. GmbH) ist und die Arbeiten im Namen dieser zwischengeschalteten Person von einer im Haushalt lebenden Person ausgeführt werden. Zur haushaltsbezogenen Inanspruchnahme der Steuerermäßigung vgl. Rdnrn. 52 bis 54. 5

---

1) Gesetz zu Änderungen im Bereich der geringfügigen Beschäftigung vom 5. Dezember 2012, BGBl. I Seite 2474.

Anlage § 035a-01/Anwendungsschreiben § 35a

(Zu LStH 39a.1)

6 Haushaltsnahe Beschäftigungsverhältnisse mit Angehörigen, die nicht im Haushalt des Steuerpflichtigen leben (z. B. mit Kindern, die in einem eigenen Haushalt leben), können steuerlich nur anerkannt werden, wenn die Verträge zivilrechtlich wirksam zustande gekommen sind, inhaltlich dem zwischen Fremden Üblichen entsprechen und tatsächlich auch so durchgeführt werden.

5. Haushaltsnahe Dienstleistungen

Grundsatz

7 Unter haushaltsnahen Dienstleistungen im Sinne des § 35a Absatz 2 Satz 1 Alternative 2 EStG werden Leistungen verstanden, die eine hinreichende Nähe zur Haushaltsführung aufweisen oder damit im Zusammenhang stehen. Das sind Tätigkeiten, die gewöhnlich durch Mitglieder des privaten Haushalts oder entsprechend Beschäftigte erledigt werden oder für die eine Dienstleistungsagentur oder ein selbstständiger Dienstleister in Anspruch genommen wird. Zu den haushaltsnahen Dienstleistungen gehören auch geringfügige Beschäftigungsverhältnisse, die durch Wohnungseigentümergemeinschaften und Vermieter im Rahmen ihrerVermietertätigkeit eingegangen werden. Keine haushaltsnahen Dienstleistungen sind solche, die zwar im Haushalt des Steuerpflichtigen ausgeübt werden, jedoch keinen Bezug zur Hauswirtschaft haben (BFH, Urteil vom 1. Februar 2007, BStBl. II Seite 760). Ebenfalls nicht zu den haushaltsnahen Dienstleistungen gehören die handwerklichen Leistungen im Sinne des § 35a Absatz 3 EStG. Keine begünstigte haushaltsnahe Dienstleistung ist die als eigenständige Leistung vergütete Bereitschaft auf Erbringung einer Leistung im Bedarfsfall. Etwas anderes gilt nur dann, wenn der Bereitschaftsdienst Nebenleistung einer ansonsten begünstigten Hauptleistung ist. S. auch Rdnrn. 17 und 29. Eine beispielhafte Aufzählung begünstigter und nicht begünstigter haushaltsnaher Dienstleistungen enthält Anlage 1.

Personenbezogene Dienstleistungen

8 Personenbezogene Dienstleistungen (z. B. Frisör- oder Kosmetikerleistungen) sind keine haushaltsnahen Dienstleistungen, selbst wenn sie im Haushalt des Steuerpflichtigen erbracht werden. Diese Leistungen können jedoch zu den Pflege- und Betreuungsleistungen im Sinne der Rdnr. 10 gehören, wenn sie im Leistungskatalog der Pflegeversicherung aufgeführt sind.

Öffentliches Gelände, Privatgelände, nicht begünstigte Aufwendungen

9 Bei Dienstleistungen, die sowohl auf öffentlichem Gelände als auch auf Privatgelände durchgeführt werden (z. B. Straßen- und Gehwegreinigung, Winterdienst), sind nur Aufwendungen für Dienstleistungen auf Privatgelände begünstigt. Das gilt auch dann, wenn eine konkrete Verpflichtung besteht (z. B. zur Reinigung und Schneeräumung von öffentlichen Gehwegen und Bürgersteigen). Zur betragsoder verhältnismäßigen Aufteilung auf öffentliche Flächen und Privatgelände s. Rdnr. 40. Nicht begünstigt sind Aufwendungen, bei denen die Entsorgung im Vordergrund steht (z. B. Müllabfuhr). Etwas anderes gilt, wenn die Entsorgung als Nebenleistung zur Hauptleistung anzusehen ist. Auch Aufwendungen, bei denen eine Gutachtertätigkeit im Vordergrund steht, sind nicht begünstigt. Das Gleiche gilt für Verwaltergebühren.

Pflege- und Betreuungsleistungen

10 Die Feststellung und der Nachweis einer Pflegebedürftigkeit oder der Bezug von Leistungen der Pflegeversicherung sowie eine Unterscheidung nach Pflegestufen sind nicht erforderlich. Es reicht aus, wenn Dienstleistungen zur Grundpflege, d. h. zur unmittelbaren Pflege am Menschen (Körperpflege, Ernährung und Mobilität) oder zur Betreuung in Anspruch genommen werden. Die Steuerermäßigung steht neben der pflegebedürftigen Person auch anderen Personen zu, wenn diese für Pflege- oder Betreuungsleistungen aufkommen, die in ihrem inländischen oder in einem anderen Mitgliedstaat der Europäischen Union oder im Europäischen Wirtschaftsraum liegenden Haushalt bzw. im Haushalt der gepflegten oder betreuten Person durchgeführt werden. Die Steuerermäßigung ist haushaltsbezogen. Werden z. B. zwei pflegebedürftige Personen in einem Haushalt gepflegt, kann die Steuerermäßigung nur einmal in Anspruch genommen werden.

Aufwendungen für Dienstleistungen, die mit denen einer Hilfe im Haushalt vergleichbar sind

11 Begünstigt sind auch Aufwendungen, die einem Steuerpflichtigen wegen der Unterbringung in einem Heim oder zur dauernden Pflege erwachsen, soweit darin – die allgemeinen Unterbringungskosten übersteigende – Aufwendungen für Dienstleistungen enthalten sind, die mit denen einer Hilfe im Haushalt vergleichbar sind (§ 35a Absatz 2 Satz 2 EStG). In Frage kommen die (anteiligen) Aufwendungen für

– die Reinigung des Zimmers oder des Appartements,
– die Reinigung der Gemeinschaftsflächen,
– das Zubereiten der Mahlzeiten in dem Heim oder an dem Ort der dauernden Pflege,

- das Servieren der Mahlzeiten in dem Heim oder an dem Ort der dauernden Pflege,
- den Wäscheservice, soweit er in dem Heim oder an dem Ort der dauernden Pflege erfolgt.

Siehe auch Rdnr. 14.

Nicht begünstigt sind 12
- Mietzahlungen, wie z. B. die allgemeinen Aufwendungen für die Unterbringung in einem Alten(wohn)heim, einem Pflegeheim oder einem Wohnstift,
- die Aufwendungen für den Hausmeister, den Gärtner sowie sämtliche Handwerkerleistungen.

Nicht mit einer Hilfe im Haushalt vergleichbar sind Pflege- und Betreuungsleistungen (s. Rdnr. 10).

6. Haushalt des Steuerpflichtigen

Voraussetzung

Das haushaltsnahe Beschäftigungsverhältnis, die haushaltsnahe Dienstleistung oder die Handwerkerleistung müssen in einem inländischen oder in einem anderen in der Europäischen Union oder im Europäischen Wirtschaftsraum liegenden Haushalt des Steuerpflichtigen ausgeübt oder erbracht werden. Beschäftigungsverhältnisse oder Dienstleistungen, die ausschließlich Tätigkeiten zum Gegenstand haben, die außerhalb des Haushalts des Steuerpflichtigen ausgeübt oder erbracht werden, sind nicht begünstigt. Die Begleitung von Kindern, kranken, alten oder pflegebedürftigen Personen bei Einkäufen und Arztbesuchen sowie kleine Botengänge usw. sind nur dann begünstigt, wenn sie zu den Nebenpflichten der Haushaltshilfe, des Pflegenden oder Betreuenden im Haushalt gehören. Pflege- und Betreuungsleistungen sind auch begünstigt, wenn die Pflege und Betreuung im Haushalt der gepflegten oder betreuten Person durchgeführt wird. In diesem Fall ist Voraussetzung, dass der Haushalt der gepflegten oder betreuten Person im Inland, in einem anderen Mitgliedstaat der Europäischen Union oder im Europäischen Wirtschaftsraum liegt (§ 35a Absatz 4 EStG). 13

Voraussetzung für die Gewährung einer Steuerermäßigung für Aufwendungen, die mit denen einer Hilfe im Haushalt vergleichbar sind (Rdnr. 11), ist, dass das Heim oder der Ort der dauernden Pflege in der Europäischen Union oder dem Europäischen Wirtschaftsraum liegt (§ 35a Absatz 4 Satz 2 EStG). Das Vorhandensein eines eigenen Haushalts im Heim oder am Ort der dauernden Pflege ist nicht erforderlich. Zum Wohnen in einem eigenständigen und abgeschlossenen Haushalt in einem Alten(wohn)heim, einem Pflegeheim oder einem Wohnstift vgl. Rdnrn. 16, 17 und 29. 14

Zubehörräume und Außenanlagen

Zur Haushaltsführung gehört auch das Bewirtschaften von Zubehörräumen und Außenanlagen. Die Grenzen des Haushalts im Sinne des § 35a EStG werden daher regelmäßig – unabhängig von den Eigentumsverhältnissen – durch die Grundstücksgrenzen abgesteckt. Maßgeblich ist, dass der Steuerpflichtige den ggf. gemeinschaftlichen Besitz über diesen Bereich ausübt und für Dritte dieser Bereich nach der Verkehrsanschauung der (Wohn-) Anlage, in der der Steuerpflichtige seinen Haushalt betreibt, zugeordnet wird. So gehört z. B. auch eine an ein Mietwohngrundstück angrenzende, im Gemeinschaftseigentum derWohnungseigentümer stehende Gartenanlage zum Haushalt der Bewohner, und zwar unabhängig davon, ob der Bewohner diese Gartenanlage als Miteigentümer kraft eigenen Rechts oder als Mieter kraft abgeleiteten Rechts bewirtschaften darf. 15

Wohnen in einem Alten(wohn)heim, einem Pflegeheim oder einem Wohnstift

Eine Inanspruchnahme der Steuerermäßigung nach § 35a Absätze 1 bis 3 EStG ist auch möglich, wenn sich der eigenständige und abgeschlossene Haushalt in einem Heim, wie z. B. einem Altenheim, Altenwohnheim, einem Pflegeheim oder einem Wohnstift befindet. Ein Haushalt in einem Heim ist gegeben, wenn die Räumlichkeiten des Steuerpflichtigen nach ihrer Ausstattung für eine Haushaltsführung geeignet sind (Bad, Küche, Wohn- und Schlafbereich), individuell genutzt werden können (Abschließbarkeit) und eine eigene Wirtschaftsführung des Steuerpflichtigen nachgewiesen oder glaubhaft gemacht wird. 16

Zu den begünstigten haushaltsnahen Dienstleistungen bei einer Heimunterbringung gehören neben den in dem eigenständigen und abgeschlossenen Haushalt des Steuerpflichtigen durchgeführten und individuell abgerechneten Leistungen (z. B. Reinigung des Appartements, Pflege- oder Handwerkerleistungen im Appartement) u. a. die Hausmeisterarbeiten, die Gartenpflege sowie kleinere Reparaturarbeiten, die Dienstleistungen des Haus- und Etagenpersonals sowie die Reinigung der Gemeinschaftsflächen, wie Flure, Treppenhäuser und Gemeinschaftsräume (BFH, Urteil v. 29. Januar 2009, BStBl. 2010 II Seite 166). Aufwendungen für die Zubereitung von Mahlzeiten in der hauseigenen Küche eines Alten(wohn)heims, Pflegeheims oder Wohnstifts und das Servieren der Speisen in dem zur Gemeinschaftsfläche rechnenden Speisesaal sind ebenfalls als haushaltsnahe Dienstleistungen begünstigt. Die Tätigkeit von Haus- und Etagenpersonal, dessen Aufgabe neben der Betreuung des Bewohners noch zusätzlich in 17

Anlage § 035a-01/Anwendungsschreiben § 35a (Zu LStH 39a.1)

der Begleitung des Steuerpflichtigen, dem Empfang von Besuchern und derErledigung kleiner Botengänge besteht, ist grundsätzlich den haushaltsnahen Dienstleistungen zuzurechnen. Zur Anspruchsberechtigung im Einzelnen s. Rdnr. 29. Weitere Fälle eines Haushalts des Steuerpflichtigen

18 Zu dem inländischen oder in einem anderen Mitgliedstaat der Europäischen Union oder imEuropäischen Wirtschaftsraum liegenden Haushalt des Steuerpflichtigen gehört auch eine Wohnung, die der Steuerpflichtige einem bei ihm zu berücksichtigenden Kind (§ 32 EStG) zur unentgeltlichen Nutzung überlässt. Das Gleiche gilt für eine vom Steuerpflichtigen tatsächlich eigen genutzte Zweit-, Wochenend- oder Ferienwohnung sowie eine tatsächlich eigen genutzte geerbte Wohnung. Der Steuerpflichtige kann deshalb für Leistungen, die in diesen Wohnungen durchgeführt werden, bei Vorliegen der sonstigen Voraussetzungen die Steuerermäßigung nach § 35a EStG in Anspruch nehmen; dies gilt auch, wenn die Leistungen für die eigen genutzte geerbte Wohnung noch vom Erblasser in Anspruch genommen und dieRechnungsbeträge vom Erben überwiesen worden sind. Die Steuerermäßigung wird – auch bei Vorhandensein mehrerer Wohnungen – insgesamt nur einmal bis zu den jeweiligenHöchstbeträgen gewährt.

Wohnungswechsel, Umzug

19 Der Begriff „im Haushalt" ist nicht in jedem Fall mit „tatsächlichem Bewohnen" gleichzusetzen. Beabsichtigt der Steuerpflichtige umzuziehen, und hat er für diesen Zweck bereits eine Wohnung oder ein Haus gemietet oder gekauft, gehört auch diese Wohnung oder dieses Haus zu seinem Haushalt, wenn er tatsächlich dorthin umzieht. Hat der Steuerpflichtige seinen Haushalt durch Umzug in eine andere Wohnung oder ein anderes Haus verlegt, gelten Maßnahmen zur Beseitigung der durch die bisherige Haushaltsführung veranlassten Abnutzung (z. B. Renovierungsarbeiten eines ausziehenden Mieters) noch als im Haushalt erbracht. Voraussetzung ist, dass die Maßnahmen in einem engen zeitlichen Zusammenhang zu dem Umzug stehen. Für die Frage, ab wann oder bis wann es sich um einen Haushalt des Steuerpflichtigen handelt, kommt es im Übrigen grundsätzlich auf das wirtschaftliche Eigentum an. Bei einem Mietverhältnis ist deshalb der im Mietvertrag vereinbarte Beginn desMietverhältnisses oder bei Beendigung das Ende der Kündigungsfrist und bei einem Kauf der Übergang von Nutzen und Lasten entscheidend. Ein früherer oder späterer Zeitpunkt für den Ein- oder Auszug ist durch geeignete Unterlagen (z. B. Meldebestätigung der Gemeinde, Bestätigung des Vermieters) nachzuweisen. In Zweifelsfällen kann auf das in der Regel anzufertigende Übergabe-/Übernahmeprotokoll abgestellt werden.

II Inanspruchnahme von Handwerkerleistungen

1. Begünstigte Handwerkerleistung

20 § 35a Absatz 3 EStG gilt für alle handwerklichen Tätigkeiten für Renovierungs-, Erhaltungs- und Modernisierungsmaßnahmen, die in einem inländischen, in der Europäischen Union oder dem Europäischen Wirtschaftsraum liegenden Haushalt des Steuerpflichtigen erbracht werden, unabhängig davon, ob es sich um regelmäßig vorzunehmende Renovierungsarbeiten oder kleine Ausbesserungsarbeiten handelt, die gewöhnlich durch Mitglieder des privaten Haushalts erledigt werden, oder um Erhaltungs- und Modernisierungsmaßnahmen, die im Regelfall nur von Fachkräften durchgeführt werden. Ob es sich bei den Aufwendungen für die einzelne Maßnahme ertragsteuerrechtlich um Erhaltungs- oder Herstellungsaufwand handelt, ist nicht ausschlaggebend. Die sachliche Begrenzung der begünstigten Maßnahme ist vielmehr aus dem Tatbestandsmerkmal „im Haushalt" zu bestimmen. Maßnahmen im Zusammenhang mit neuer Wohn- bzw. Nutzflächenschaffung in einem vorhandenen Haushalt sind begünstigt (BFH, Urteil vom 13. Juli 2011, BStBl. 2012 II Seite 232) vgl. auch Rdnr. 21. Einenachhaltige – Erhöhung des Gebrauchswerts der Immobilie ist kein Kriterium und führt nicht zum Ausschluss der Gewährung der Steuerermäßigung.

2. Nicht begünstigte Handwerkerleistungen

21 Handwerkliche Tätigkeiten im Rahmen einer Neubaumaßnahme sind nicht begünstigt. Als Neubaumaßnahmen gelten alle Maßnahmen, die im Zusammenhang mit der Errichtung eines Haushalts bis zu dessen Fertigstellung (vgl. H 7.4 „Fertigstellung" EStH) anfallen. Rdnr. 19 ist für Dienstleistungen im Zusammenhang mit dem Bezug der Wohnung anwendbar. Eine beispielhafte Aufzählung begünstigter und nicht begünstigter handwerklicher Tätigkeiten enthält Anlage 1.

3. Gutachtertätigkeiten

22 Die Tätigkeit eines Gutachters gehört weder zu den haushaltsnahen Dienstleistungen, noch handelt es sich um eine Handwerkerleistung. Grundsätzlich nicht nach § 35a EStG begünstigt sind daher z. B.

– Mess- oder Überprüfungsarbeiten,
– eine Legionellenprüfung,
– Kontrolle von Aufzügen oder von Blitzschutzanlagen,

- die Feuerstättenschau sowie andere
- technische Prüfdienste.

Das gilt auch, wenn diese Leistungen durch einen Kaminkehrer oder Schornsteinfeger erbracht werden, dessen Schornstein-Kehrarbeiten sowie Reparatur- und Wartungsarbeiten als Handwerkerleistung begünstigt sind; vgl. hierzu auch Rdnr. 58.

4. Beauftragtes Unternehmen

Das beauftragte Unternehmen muss nicht in die Handwerksrolle eingetragen sein; es können auch Kleinunternehmer im Sinne des § 19 Absatz 1 Umsatzsteuergesetz mit der Leistung beauftragt werden. 23

5. Öffentlich geförderte Maßnahmen

Unter einer Maßnahme im Sinne des § 35a Absatz 3 Satz 2 EStG ist die (Einzel-)Maßnahme zu verstehen, für die eine öffentliche Förderung in der Form eines zinsverbilligten Darlehens oder steuerfreier Zuschüsse in Anspruch genommen wird. Wird für diese Maßnahme die öffentliche Förderung bewilligt, schließt dies die Möglichkeit der Inanspruchnahme einer Steuerermäßigung nach § 35a Absatz 3 EStG auch für den Teil der mit dieser Maßnahme verbundenen Aufwendungen aus, die sich – z. B. weil sie den Förderhöchstbetrag übersteigen – im Rahmen der öffentlichen Förderung nicht auswirken. Eine Aufteilung der Aufwendungen für eine öffentlich geförderte (Einzel-)Maßnahme mit dem Ziel, für einen Teil der Aufwendungen die Steuerermäßigung nach § 35a Absatz 3 EStG in Anspruch zu nehmen, ist nicht möglich. 24

Werden im Rahmen von Renovierungs-, Erhaltungs- und Modernisierungsmaßnahmen mehrere (Einzel-)Maßnahmen durchgeführt, von denen einzelne öffentlich gefördert werden, ist die Inanspruchnahme der Steuerermäßigung für (Einzel-)Maßnahmen, die nicht unter diese öffentliche Förderung fallen, möglich. 25

Beispiel 1:

Der Eigentümer E saniert sein Einfamilienhaus. Er lässt von einer Heizungsfirma eine neue energieeffiziente Heizungsanlage einbauen und beantragt dafür öffentliche Fördergelder mit der Folge, dass die Inanspruchnahme der Steuerermäßigung nach § 35a EStG für diese Maßnahme ausgeschlossen ist. Gleichzeitig lässt er an den Außenwänden eine Wärmedämmung anbringen. Hierfür beantragt er keine öffentliche Förderung, sondern macht für die darauf entfallenden Arbeitskosten die ihm für diese Maßnahme auch zu gewährende Steuerermäßigung nach § 35a Absatz 3 EStG geltend.

III Anspruchsberechtigte

1. Arbeitgeber, Auftraggeber, Grundsatz

Der Steuerpflichtige kann die Steuerermäßigung nach § 35a EStG grundsätzlich nur in Anspruch nehmen, wenn er entweder Arbeitgeber des haushaltsnahen Beschäftigungsverhältnisses oder Auftraggeber der haushaltsnahen Dienstleistung oder Handwerkerleistung ist. 26

2. Wohnungseigentümergemeinschaften

Besteht ein Beschäftigungsverhältnis zu einer Wohnungseigentümergemeinschaft (z. B. bei Reinigung und Pflege von Gemeinschaftsräumen) oder ist eine Wohnungseigentümergemeinschaft Auftraggeber der haushaltsnahen Dienstleistung bzw. der handwerklichen Leistung, kommt für den einzelnen Wohnungseigentümer eine Steuerermäßigung in Betracht, wenn in der Jahresabrechnung 27

- die im Kalenderjahr unbar gezahlten Beträge nach den begünstigten haushaltsnahen Beschäftigungsverhältnissen, Dienstleistungen und Handwerkerleistungen jeweils gesondert aufgeführt sind (zur Berücksichtigung von geringfügigen Beschäftigungsverhältnissen – siehe Rdnr. 7),
- der Anteil der steuerbegünstigten Kosten ausgewiesen ist (Arbeits- und Fahrtkosten, siehe auch Rdnr. 39) und

der Anteil des jeweiligen Wohnungseigentümers individuell errechnet wurde. Die Aufwendungen für Dienstleistungen, die sowohl auf öffentlichem Gelände als auch auf Privatgelände durchgeführt werden (vgl. Rdnr. 9), sind entsprechend aufzuteilen (vgl. Rdnr. 40). Hat die Wohnungseigentümergemeinschaft zur Wahrnehmung ihrer Aufgaben und Interessen einen Verwalter bestellt und ergeben sich die Angaben nicht aus der Jahresabrechnung, ist der Nachweis durch eine Bescheinigung des Verwalters über den Anteil des jeweiligen Wohnungseigentümers zu führen. Ein Muster für eine derartige Bescheinigung ist als Anlage 2 beigefügt. Das Datum über die Beschlussfassung der Jahresabrechnung kann formlos bescheinigt oder auf der Bescheinigung vermerkt werden.

Anlage § 035a-01/Anwendungsschreiben § 35a (Zu LStH 39a.1)

3. Mieter/unentgeltliche Nutzer

28 Auch der Mieter einer Wohnung kann die Steuerermäßigung nach § 35a EStG beanspruchen, wenn die von ihm zu zahlenden Nebenkosten Beträge umfassen, die für ein haushaltsnahes Beschäftigungsverhältnis, für haushaltsnahe Dienstleistungen oder für handwerkliche Tätigkeiten geschuldet werden und sein Anteil an den vom Vermieter unbar gezahlten Aufwendungen entweder aus der Jahresabrechnung hervorgeht oder durch eine Bescheinigung (vgl. Rdnr. 27 und Anlage 2) des Vermieters oder seines Verwalters nachgewiesen wird. Das gilt auch für den Fall der unentgeltlichen Überlassung einer Wohnung, wenn der Nutzende die entsprechenden Aufwendungen getragen hat.

4. Wohnen in einem Alten(wohn)heim, einem Pflegeheim oder einem Wohnstift

29 Für Bewohner eines Altenheims, eines Altenwohnheims, eines Pflegeheims oder eines Wohnstiftes (vgl. Rdnrn. 14, 16) gilt nach Abschluss eines sog. Heimvertrages Folgendes: Aufwendungen für Dienstleistungen, die innerhalb des Appartements erbracht werden, wie z. B. die Reinigung des Appartements oder die Pflege und Betreuung des Heimbewohners, sind begünstigt. Aufwendungen für Dienstleistungen, die außerhalb des Appartements erbracht werden, sind im Rahmen der Rdnrn. 11, 14, 16 und 17 begünstigt. Das gilt jeweils auch für die von dem Heimbetreiber pauschal erhobenen Kosten, sofern die damit abgegoltene Dienstleistung gegenüber dem einzelnen Heimbewohner nachweislich tatsächlich erbracht worden ist. Darüber hinausgehende Dienstleistungen fallen grundsätzlich nicht unter die Steuerermäßigungsregelung des § 35a EStG, es sei denn, es wird nachgewiesen, dass die jeweilige haushaltsnahe Dienstleistung im Bedarfsfall von dem Heimbewohner abgerufen worden ist. Das gilt sowohl für Dienstleistungen des Heimbetreibers selbst, ggf. mittels eigenen Personals, als auch für Dienstleistungen eines externen Anbieters. Rdnrn. 27 und 28 gelten sinngemäß. Aufwendungen für die Möglichkeit, bei Bedarf bestimmte Pflege- oder Betreuungsleistungen in Anspruch zu nehmen, sind begünstigt. Aufwendungen für Pflegekostenergänzungsregelungen oder Beiträge an Einrichtungen (z. B. Solidarkassen), durch welche der Heimbewohner ähnlich einer Versicherung Ansprüche erwirbt, in vertraglich definierten Sachverhalten (z. B. bei Eintritt der Pflegebedürftigkeit) eine Kostenfreistellung oder eine Kostenerstattung zu erhalten, sind nicht begünstigt.

5. Arbeitgeber-Pool

30 Schließen sich mehrere Steuerpflichtige als Arbeitgeber für ein haushaltsnahes Beschäftigungsverhältnis zusammen (sog. Arbeitgeber-Pool), kann jeder Steuerpflichtige die Steuerermäßigung für seinen Anteil an den Aufwendungen in Anspruch nehmen, wenn für die an dem Arbeitgeber-Pool Beteiligten eine Abrechnung über die im jeweiligen Haushalt ausgeführten Arbeiten vorliegt. Wird der Gesamtbetrag der Aufwendungen für das Beschäftigungsverhältnis durch ein Pool-Mitglied überwiesen, gelten die Regelungen für Wohnungseigentümer und Mieter (vgl. Rdnrn. 27 und 28) entsprechend.

IV Begünstigte Aufwendungen

1. Ausschluss der Steuerermäßigung bei Betriebsausgaben oder Werbungskosten

31 Die Steuerermäßigung für Aufwendungen ist ausgeschlossen, soweit diese zu den Betriebsausgaben oder Werbungskosten gehören oder wie solche behandelt werden. Gemischte Aufwendungen (z. B. für eine Reinigungskraft, die auch das beruflich genutzte Arbeitszimmer reinigt) sind unter Berücksichtigung des zeitlichen Anteils der zu Betriebsausgaben oder Werbungskosten führenden Tätigkeiten an der Gesamtarbeitszeit sachgerecht aufzuteilen.

2. Ausschluss der Steuerermäßigung bei Berücksichtigung der Aufwendungen als Sonderausgaben oder außergewöhnliche Belastungen; Aufwendungen für Kinderbetreuung

Sonderausgaben, außergewöhnliche Belastungen

32 Eine Steuerermäßigung nach § 35a EStG kommt nur in Betracht, soweit die Aufwendungen nicht vorrangig als Sonderausgaben (z. B. Erhaltungsmaßnahme nach § 10f EStG oder Kinderbetreuungskosten – vgl. Rdnr. 34) oder als außergewöhnliche Belastungen berücksichtigt werden. Für den Teil der Aufwendungen, der durch den Ansatz der zumutbaren Belastung nach § 33 Absatz 3 EStG oder wegen der Gegenrechnung von Pflegegeld oder Pflegetagegeld nicht als außergewöhnliche Belastung berücksichtigt wird, kann der Steuerpflichtige die Steuerermäßigung nach § 35a EStG in Anspruch nehmen. Werden im Rahmen des § 33 EStG Aufwendungen geltend gemacht, die dem Grunde nach sowohl bei § 33 EStG als auch bei § 35a EStG berücksichtigt werden können, ist davon auszugehen, dass die zumutbare Belastung vorrangig auf die nach § 35a EStG begünstigten Aufwendungen entfällt.

Behinderten-Pauschbetrag

33 Nimmt die pflegebedürftige Person einen Behinderten-Pauschbetrag nach § 33b Absatz 1 Satz 1 in Verbindung mit Absatz 3 Satz 2 oder 3 EStG in Anspruch, schließt dies eine Berücksichtigung dieser Pfle-

geaufwendungen nach § 35a EStG bei ihr aus. Das gilt nicht, wenn der einem Kind zustehende Behinderten-Pauschbetrag nach § 33b Absatz 5 EStG auf den Steuerpflichtigen übertragen wird (BFH, Urteil vom 11. Februar 2010, BStBl. II Seite 621) und dieser für Pflege- und Betreuungsaufwendungen des Kindes aufkommt (vgl. Rdnr. 10).

Kinderbetreuungskosten

Fallen Kinderbetreuungskosten dem Grunde nach unter die Regelung des § 10 Absatz 1 Nummer 5 EStG (§ 9c EStG a. F.), kommt ein Abzug nach § 35a EStG nicht in Betracht (§ 35a Absatz 5 Satz 1 EStG). Dies gilt sowohl für den Betrag, der zwei Drittel der Aufwendungen für Dienstleistungen übersteigt, als auch für alle Aufwendungen, die den Höchstbetrag von 4 000 Euro je Kind übersteigen. 34

Au-pair

Bei Aufnahme eines Au-pairs in eine Familie fallen in der Regel neben den Aufwendungen für die Betreuung der Kinder auch Aufwendungen für leichte Hausarbeiten an. Wird der Umfang der Kinderbetreuungskosten nicht nachgewiesen (vgl. Rdnr. 7 des BMF-Schreibens vom 14. März 2012, BStBl. I Seite 307), kann ein Anteil von 50 Prozent der Gesamtaufwendungen im Rahmen der Steuerermäßigung für haushaltsnahe Dienstleistungen nach § 35a Absatz 2 Satz 1 EStG berücksichtigt werden, wenn die übrigen Voraussetzungen des § 35a EStG (insbesondere die Zahlung auf ein Konto des Au-pairs) vorliegen. 35

3. Umfang der begünstigten Aufwendungen

Arbeitsentgelt

Zu den begünstigten Aufwendungen des Steuerpflichtigen nach § 35a Absatz 1 und Absatz 2 Alternative 1 EStG gehört der Bruttoarbeitslohn oder das Arbeitsentgelt (bei Anwendung des Haushaltsscheckverfahrens und geringfügiger Beschäftigung im Sinne des § 8a SGB IV) sowie die vom Steuerpflichtigen getragenen Sozialversicherungsbeiträge, die Lohnsteuer ggf. zuzüglich Solidaritätszuschlag und Kirchensteuer, die Umlagen nach dem Aufwendungsausgleichsgesetz (U 1 und U 2) und die Unfallversicherungsbeiträge, die an den Gemeindeunfallversicherungsverband abzuführen sind. 36

Nachweis des Arbeitsentgelts

Als Nachweis dient bei geringfügigen Beschäftigungsverhältnissen (s. Rdnr. 2), für die das Haushaltsscheckverfahren Anwendung findet, die dem Arbeitgeber von der Einzugstelle (Minijob-Zentrale) zum Jahresende erteilte Bescheinigung nach § 28h Absatz 4 SGB IV. Diese enthält den Zeitraum, für den Beiträge zur Rentenversicherung gezahlt wurden, die Höhe des Arbeitsentgelts sowie die vom Arbeitgeber getragenen Gesamtsozialversicherungsbeiträge und Umlagen. Zusätzlich wird in der Bescheinigung die Höhe der einbehaltenen Pauschsteuer beziffert. 37

Bei sozialversicherungspflichtigen haushaltsnahen Beschäftigungsverhältnissen, für die das allgemeine Beitrags- und Meldeverfahren zur Sozialversicherung gilt und bei denen die Lohnsteuer pauschal oder nach Maßgabe der persönlichen Lohnsteuerabzugsmerkmale erhoben wird, sowie bei geringfügigen Beschäftigungsverhältnissen ohne Haushaltsscheckverfahren gelten die allgemeinen Nachweisregeln für die Steuerermäßigung. 38

Arbeitskosten, Materialkosten

Begünstigt sind generell nur die Arbeitskosten. Das sind die Aufwendungen für die Inanspruchnahme der haushaltsnahen Tätigkeit selbst, für Pflege- und Betreuungsleistungen bzw. für Handwerkerleistungen einschließlich der in Rechnung gestellten Maschinen- und Fahrtkosten. Materialkosten oder sonstige im Zusammenhang mit der Dienstleistung, den Pflege- und Betreuungsleistungen bzw. den Handwerkerleistungen gelieferte Waren bleiben mitAusnahme von Verbrauchsmitteln außer Ansatz. 39

Der Anteil der Arbeitskosten muss grundsätzlich anhand der Angaben in der Rechnung gesondert ermittelt werden können. Auch eine prozentuale Aufteilung des Rechnungsbetrages in Arbeitskosten und Materialkosten durch den Rechnungsaussteller ist zulässig. Bei Wartungsverträgen ist es nicht zu beanstanden, wenn der Anteil der Arbeitskosten, der sich auch pauschal aus einer Mischkalkulation ergeben kann, aus einer Anlage zur Rechnung hervorgeht. Dienstleistungen, die sowohl auf öffentlichem Gelände als auch auf Privatgelände durchgeführt werden (vgl. Rdnr. 9), sind vom Rechnungsaussteller entsprechend aufzuteilen. Zur Aufteilung solcher Aufwendungen bei Wohnungseigentümergemeinschaften genügt eine Jahresbescheinigung des Grundstücksverwalters, die die betrags- oder verhältnismäßige Aufteilung auf öffentliche Flächen und Privatgelände enthält. Entsprechendes gilt für die Nebenkostenabrechnung der Mieter. Abschlagszahlungen können nur berücksichtigt werden, wenn hierfür eine Rechnung vorliegt, welche die Voraussetzungen des § 35a EStG erfüllt (vgl. Rdnr. 49). Ein gesonderter Ausweis der auf die Arbeitskosten entfallenden Mehrwertsteuer ist nicht erforderlich. 40

Anlage § 035a-01/Anwendungsschreiben § 35a (Zu LStH 39a.1)

Versicherungsleistungen

41 Aufwendungen für haushaltsnahe Dienstleistungen oder Handwerkerleistungen, die im Zusammenhang mit Versicherungsschadensfällen entstehen, können nur berücksichtigt werden, soweit sie nicht von der Versicherung erstattet werden. Dabei sind nicht nur erhaltene, sondern auch in späteren Veranlagungszeiträumen zu erwartende Versicherungsleistungen zu berücksichtigen. Das gilt auch für Versicherungsleistungen, die zur medizinischen Rehabilitation erbracht werden, wie z. B. für Haushaltshilfen nach § 10 Absatz 2 Satz 2, § 36 Absatz 1 Satz 2, § 37 Absatz 1 Satz 2, § 39 Absatz 1 Satz 2 des Gesetzes über die Alterssicherung derLandwirte, § 10 des Zweiten Gesetzes über die Krankenversicherung der Landwirte, § 38 Absatz 4 Satz 1 Alternative 2 SGB V, § 54 Absatz 2, § 55 SGB VII, § 54 SGB IX. In solchen Fällen ist nur die Selbstbeteiligung nach § 35a EStG begünstigt.

42 Empfangene Leistungen der Pflegeversicherung des Steuerpflichtigen sowie die Leistungen im Rahmen des Persönlichen Budgets im Sinne des § 17 SGB IX sind anzurechnen, soweit sie ausschließlich und zweckgebunden für Pflege- und Betreuungsleistungen sowie für haushaltsnahe Dienstleistungen im Sinne des § 35a Absatz 2 in Verbindung mit Absatz 5 EStG, die keine Handwerkerleistungen im Sinne des § 35a Absatz 3 EStG sind, gewährt werden. Danach sind Pflegesachleistungen nach § 36 SGB XI und der Kostenersatz für zusätzliche Betreuungsleistungen nach § 45b SGB XI auf die entstandenen Aufwendungen anzurechnen. Leistungen der Pflegeversicherung im Sinne des § 37 SGB XI (sog. Pflegegeld) sind dagegen nicht anzurechnen, weil sie nicht zweckgebunden für professionelle Pflegedienste bestimmt sind, die die Voraussetzungen des § 35a Absatz 5 EStG erfüllen (Ausstellung einer Rechnung, Überweisung auf ein Konto des Empfängers).

Beispiel 2:

Ein pflegebedürftiger Steuerpflichtiger der Pflegestufe II mit dauerhafter erheblicher Einschränkung seiner Alltagskompetenz erhält im Veranlagungszeitraum 2012 in seinem eigenen Haushalt Pflegesachleistungen in der Form einer häuslichen Pflegehilfe sowie zusätzliche Betreuung. Er nimmt dafür einen professionellen Pflegedienst in Anspruch. Die monatlichen Aufwendungen betragen 1.400 €. Die Pflegeversicherung übernimmt die Aufwendungen in Höhe von monatlich 1.100 € (§ 36 Absatz 3 Nummer 2c SGB XI). Darüber hinaus erhält der Steuerpflichtige einen zusätzlichen Kostenersatz nach § 45b SGB XI in Höhe von monatlich 100 €.

Es handelt sich um die Inanspruchnahme von Pflege- und Betreuungsleistungen im Sinne des § 35a Absatz 2 Satz 2 EStG, für die der Steuerpflichtige eine Steuerermäßigung in Anspruch nehmen kann. Die Beträge nach § 36 SGB XI sowie der Kostenersatz nach § 45b SGB XI sind anzurechnen.

Die Steuerermäßigung für die Pflege- und Betreuungsleistungen wird für den Veranlagungszeitraum 2012 wie folgt berechnet:

1.400 € x 12 Monate	16.800 €
− (1.100 € + 100 €) x 12 Monate	− 14.400 €
verbleibende Eigenleistung	2.400 €

Davon 20 % = 480 €. Der Steuerpflichtige kann 480 € als Steuerermäßigungsbetrag in Anspruch nehmen.

Beispiel 3:

Eine pflegebedürftige Steuerpflichtige der Pflegestufe I beantragt anstelle der häuslichen Pflegehilfe (§ 36 SGB XI) ein Pflegegeld nach § 37 SGB XI. Im Veranlagungszeitraum 2012 erhält sie monatlich 235 €. Die Steuerpflichtige nimmt zur Deckung ihres häuslichen Pflege- und Betreuungsbedarfs zusätzlich einzelne Pflegeeinsätze eines professionellen Pflegedienstes in Anspruch. Die Aufwendungen dafür betragen jährlich 1.800 €.

Es handelt sich um die Inanspruchnahme von Pflege- und Betreuungsleistungen im Sinne des § 35a Absatz 2 Satz 2 EStG, für die die Steuerpflichtige eine Steuerermäßigung in Anspruch nehmen kann. Das Pflegegeld ist nicht anzurechnen.

Die Steuerermäßigung für die Pflege- und Betreuungsleistungen wird für den Veranlagungszeitraum 2012 wie folgt berechnet:

20 % von 1.800 € = 360 €. Die Steuerpflichtige kann 360 € als Steuerermäßigungsbetrag in Anspruch nehmen.

Beispiel 4:

Ein pflegebedürftiger Steuerpflichtiger der Pflegestufe II nimmt im Veranlagungszeitraum 2012 die ihm nach § 36 Absatz 3 Nummer 2c SGB XI zustehende Sachleistung nur zur Hälfte in Anspruch (550 € / Monat). Er erhält daneben ein anteiliges Pflegegeld (§ 38 in Verbindung mit § 37 SGB XI) in Höhe von

(Zu LStH 39a.1) **Anlage § 035a-01/Anwendungsschreiben § 35a**

monatlich 220 €. Die durch die Pflegeversicherung im Wege der Sachleistung zur Verfügung gestellten regelmäßigen professionellen Pflegeeinsätze werden durch den Steuerpflichtigen durch gelegentliche zusätzliche Beauftragungen eines Pflegedienstes ergänzt. Die Aufwendungen hierfür betragen jährlich 1.800 Euro; hierfür werden keine Pflegesachleistungen gewährt. Die weiteren Pflege- und Betreuungsdienstleistungen erfolgen durch Freunde des Steuerpflichtigen, von denen eine Person im Rahmen einer geringfügigen Beschäftigung im Sinne des § 8a SGB IV zu einem Monatslohn einschließlich der pauschalen Abgaben in Höhe von 380 € beschäftigt wird. Einen Teil des Pflegegeldes leitet der Steuerpflichtige an die anderen Hilfspersonen weiter.

Die Inanspruchnahme des Pflegedienstes ist nach § 35a Absatz 2 Satz 2 EStG begünstigt. Das Pflegegeld nach § 37 SGB XI ist nicht anzurechnen. Das geringfügige Beschäftigungsverhältnis fällt unter § 35a Absatz 1 EStG.

Die Steuerermäßigung für das geringfügige Beschäftigungsverhältnis wird für den Veranlagungszeitraum 2012 wie folgt berechnet:

380 € x 12 Monate 4.560 €

Davon 20 % = 912 €. Der Steuerpflichtige kann 510 € (= Höchstbetrag) als Steuerermäßigung in Anspruch nehmen.

Die Steuerermäßigung für die zusätzlich zu den Sachleistungen der Pflegeversicherung selbst finanzierten externen Pflegeeinsätze wird für den Veranlagungszeitraum 2012 wie folgt berechnet:

20 % von 1.800 € = 360 €. Der Steuerpflichtige kann (510 € + 360 € =) 870 € als Steuerermäßigungsbetrag in Anspruch nehmen.

Wird die Steuerermäßigung für Pflege- und Betreuungsaufwendungen von einem Angehörigen oder einer anderen Person geltend gemacht, ist Rdnr. 42 entsprechend anzuwenden, wenn das Pflegegeld an diese Person weitergeleitet wird. 43

Beispiel 5:

Eine pflegebedürftige Person der Pflegestufe II nimmt im Veranlagungszeitraum 2012 in ihrem eigenen Haushalt einen professionellen Pflegedienst in Anspruch. Die monatlichen Gesamtaufwendungen hierfür betragen 1.500 €. Durch die Pflegeversicherung werden Pflegesachleistungen nach § 36 Absatz 3 Nummer 2c SGB XI in Höhe von 1.100 € monatlich übernommen. Die darüber hinausgehenden Aufwendungen trägt der Sohn in Höhe von monatlich 400 €.

Es handelt sich um die Inanspruchnahme von Pflege- und Betreuungsleistungen im Sinne des § 35a Absatz 2 Satz 2 EStG, für die der Sohn eine Steuerermäßigung in Anspruch nehmen kann. Die Beträge nach § 36 SGB XI sind anzurechnen.

Die Steuerermäßigung für die Pflege- und Betreuungsleistungen wird für den Veranlagungszeitraum 2012 wie folgt berechnet:

Steuerpflichtiger:

1.500 € x 12 Monate	18.000 €
1.100 € x 12 Monate	13.200 €
Eigenleistung des Sohnes	4.800 €

Davon 20 % = 960 €. Der Sohn kann 960 € als Steuerermäßigungsbetrag in Anspruch nehmen.

Beispiel 6:

Ein pflegebedürftiger Steuerpflichtiger der Pflegestufe II (Schwerbehindertenausweis mit Merkzeichen „H") beantragt anstelle der häuslichen Pflegehilfe (§ 36 SGB XI) ein Pflegegeld nach § 37 SGB XI. Im Veranlagungszeitraum 2012 erhält er monatlich 440 €. Der Steuerpflichtige wird grundsätzlich von seiner Tochter betreut und gepflegt. Er reicht das Pflegegeld an die Tochter weiter. Zu ihrer Unterstützung beauftragt die Tochter gelegentlich zusätzlich einen professionellen Pflegedienst. Die Aufwendungen hierfür haben 2012 insgesamt 1.800 € betragen. Diese Kosten hat die Tochter getragen.

Bei der Beauftragung des Pflegedienstes handelt es sich um die Inanspruchnahme von Pflege- und Betreuungsleistungen im Sinne des § 35a Absatz 2 Satz 2 EStG, für die die Tochter eine Steuerermäßigung in Anspruch nehmen kann. Die an sie weitergeleiteten Beträge nach § 37 SGB XI sind nicht anzurechnen.

Die Steuerermäßigung für die Pflege- und Betreuungsleistungen wird bei der Tochter für den Veranlagungszeitraum 2012 wie folgt berechnet:

20 % von 1.800 € = 360 €. Die Tochter kann 360 € als Steuerermäßigungsbetrag in Anspruch nehmen.

Anlage § 035a-01/Anwendungsschreiben § 35a (Zu LStH 39a.1)

Den Pflege-Pauschbetrag nach § 33b Absatz 6 Satz 1 EStG kann die Tochter nicht in Anspruch nehmen, da sie durch Weiterleitung des Pflegegeldes durch den Vater an sie Einnahmen im Sinne des § 33b Absatz 6 Satz 1 und 2 EStG erhält und sie das Pflegegeld nicht nur treuhänderisch für den Vater verwaltet, um daraus Aufwendungen des Pflegebedürftigen zu bestreiten (vgl. H 33b „Pflege-Pauschbetrag" EStH).

Beispiel 7:
Ein pflegebedürftiges Ehepaar lebt mit seiner Tochter in einem Haushalt. Der Vater hat Pflegestufe II, die Mutter Pflegestufe I. Der Vater wird täglich durch einen professionellen Pflegedienst gepflegt und betreut. Die Aufwendungen wurden 2012 von der Pflegeversicherung als Pflegesachleistung in Höhe von monatlich 1.100 € übernommen (§ 36 Absatz 3 Nummer 2c SGB XI). Die Mutter hat 2012 Pflegegeld nach § 37 SGB XI in Höhe von monatlich 235 € bezogen. Bei ihrer Pflege hilft die Tochter. Sie erhält als Anerkennung das Pflegegeld von der Mutter.

Die monatlichen Aufwendungen für den Pflegedienst des Vaters betragen nach Abzug der Leistungen der Pflegeversicherung 320 €. Zu ihrer Unterstützung beauftragt die Tochter gelegentlich zusätzlich einen Pflegedienst für die Mutter. Die Aufwendungen hierfür haben 2012 insgesamt 1.200 € betragen. Diese Kosten hat die Tochter getragen.

Es handelt sich um die Inanspruchnahme von Pflege- und Betreuungsleistungen im Sinne des § 35a Absatz 2 Satz 2 EStG, für die die Eltern und die Tochter eine Steuerermäßigung in Anspruch nehmen können. Die Beträge nach § 37 SGB XI sind nicht anzurechnen.

Die Steuerermäßigung für die Pflege- und Betreuungsleistungen wird für den Veranlagungszeitraum 2012 wie folgt berechnet:

Eltern: Eigenleistung 320 € x 12 Monate   3.840 €

Davon 20 % = 768 €. Die Eltern können 768 € als Steuerermäßigungsbetrag in Anspruch nehmen.

Tochter: Eigenleistung   1.200 €

Davon 20 % = 240 €. Die Tochter kann 240 € als Steuerermäßigung in Anspruch nehmen.

Zahlungszeitpunkt

44 Für die Inanspruchnahme der Steuerermäßigung ist auf den Veranlagungszeitraum der Zahlung abzustellen (§ 11 Absatz 2 EStG). Bei regelmäßig wiederkehrenden Ausgaben (z. B. nachträgliche monatliche Zahlung oder monatliche Vorauszahlung einer Pflegeleistung), die innerhalb eines Zeitraums von bis zu zehn Tagen nach Beendigung bzw. vor Beginn eines Kalenderjahres fällig und geleistet worden sind, werden die Ausgaben dem Kalenderjahr zugerechnet, zu dem sie wirtschaftlich gehören. Bei geringfügigen Beschäftigungsverhältnissen gehören die Abgaben für das in den Monaten Juli bis Dezember erzielte Arbeitsentgelt, die erst am 15. Januar des Folgejahres fällig werden, noch zu den begünstigten Aufwendungen des Vorjahres.

Dienst- oder Werkswohnung

45 Für vom Arbeitnehmer bewohnte Dienst- oder Werkswohnungen gilt Folgendes: Lässt der Arbeitgeber haushaltsnahe Dienstleistungen oder Handwerkerleistungen von einem (fremden) Dritten durchführen und trägt er hierfür die Aufwendungen, kann der Arbeitnehmer die Steuerermäßigung nach § 35a EStG nur in Anspruch nehmen, wenn er die Aufwendungen – neben dem Mietwert der Wohnung – als Arbeitslohn (Sachbezug) versteuert hat und der Arbeitgeber eine Bescheinigung erteilt hat, aus der eine Aufteilung der Aufwendungen nach haushaltsnahen Dienstleistungen und Handwerkerleistungen, jeweils unterteilt nach Arbeitskosten und Materialkosten, hervorgeht. Zusätzlich muss aus der Bescheinigung hervorgehen, dass die Leistungen durch (fremde) Dritte ausgeführt worden sind und zu welchem Wert sie zusätzlich zum Mietwert der Wohnung als Arbeitslohn versteuert worden sind. Die Steuerermäßigung kann nicht in Anspruch genommen werden, wenn die haushaltsnahen Dienstleistungen oder Handwerkerleistungen durch eigenes Personal des Arbeitgebers durchgeführt worden sind. Auch pauschale Zahlungen des Mieters einer Dienstwohnung an den Vermieter für die Durchführung von Schönheitsreparaturen sind nicht begünstigt, wenn die Zahlungen unabhängig davon erfolgen, ob und ggf. in welcher Höhe der Vermieter tatsächlich Reparaturen an der Wohnung des Mieters in Auftrag gibt (BFH, Urteil vom 5. Juli 2012, BStBl. 2013 II Seite 14).

Altenteilerwohnung

46 Für empfangene Sachleistungen, die ein Altenteiler als wiederkehrende Bezüge versteuert, kann er die Steuerermäßigung für Handwerkerleistungen im Haushalt in Anspruch nehmen, soweit sie auf seinen Haushalt entfallen und in der Person des die Sachleistungen erbringenden Altenteilsverpflichteten alle Voraussetzungen für die Gewährung der Steuerermäßigung vorliegen.

(Zu LStH 39a.1) **Anlage § 035a-01/Anwendungsschreiben § 35a**

Wohnungseigentümer und Mieter

Bei Wohnungseigentümern und Mietern ist erforderlich, dass die auf den einzelnen Wohnungseigen- 47
tümer und Mieter entfallenden Aufwendungen für haushaltsnahe Beschäftigungsverhältnisse und
Dienstleistungen sowie für Handwerkerleistungen entweder in der Jahresabrechnung gesondert aufgeführt oder durch eine Bescheinigung des Verwalters oder Vermieters nachgewiesen sind. Aufwendungen für regelmäßig wiederkehrende Dienstleistungen (wie z. B. Reinigung des Treppenhauses,
Gartenpflege, Hausmeister) werden grundsätzlich anhand der geleisteten Vorauszahlungen im Jahr der
Vorauszahlungen berücksichtigt, einmalige Aufwendungen (wie z. B. Handwerkerrechnungen) dagegen
erst im Jahr der Genehmigung der Jahresabrechnung. Soweit einmalige Aufwendungen durch eine Entnahme aus der Instandhaltungsrücklage finanziert werden, können die Aufwendungen erst im Jahr des
Abflusses aus der Instandhaltungsrücklage oder im Jahr der Genehmigung der Jahresabrechnung, die
den Abfluss aus der Instandhaltungsrücklage beinhaltet, berücksichtigt werden. Wird eine Jahresabrechnung von einer Verwaltungsgesellschaft mit abweichendem Wirtschaftsjahr erstellt, gilt nichts
anderes. Es ist aber auch nicht zu beanstanden, wenn Wohnungseigentümer die gesamten Aufwendungen erst in dem Jahr geltend machen, in dem die Jahresabrechnung im Rahmen der Eigentümerversammlung genehmigt worden ist. Für die zeitliche Berücksichtigung von Nebenkosten bei
Mietern gelten die vorstehenden Ausführungen entsprechend.

Die Entscheidung, die Steuerermäßigung hinsichtlich der Aufwendungen für die regelmäßig wieder- 48
kehrenden Dienstleistungen im Jahr der Vorauszahlung und für die einmaligen Aufwendungen im Jahr
der Beschlussfassung oder für die gesamten Aufwendungen die Steuerermäßigung erst im Jahr der Beschlussfassung in Anspruch zu nehmen, hat jeder einzelne Eigentümer bzw. Mieter im Rahmen seiner
Einkommensteuererklärung zu treffen. Zur Bescheinigung des Datums über die Beschlussfassung s.
Rdnr. 27 und Anlage 2. Hat sich der Wohnungseigentümer bei einer Abrechnung mit einem abweichenden Wirtschaftsjahr dafür entschieden, die gesamten Aufwendungen erst in dem Jahr geltend zu
machen, in dem die Jahresabrechnung im Rahmen der Eigentümerversammlung genehmigt worden ist,
hat das zur Folge, dass hinsichtlich der regelmäßig wiederkehrenden Dienstleistungen die Aufwendungen des abweichenden Wirtschaftsjahres maßgebend sind. Eine davon abweichende andere
zeitanteilige Aufteilung der Aufwendungen ist nicht möglich. Auch für den Fall, dass die Beschlussfassungen über die Jahresabrechnungen für zwei Kalenderjahre in einem Kalenderjahr getroffen werden,
kann die Entscheidung für alle in einem Jahr genehmigten Abrechnungen, die Steuerermäßigung im Jahr
der Vorauszahlung oder in dem der Beschlussfassung in Anspruch zu nehmen, nur einheitlich getroffen
werden.

4. Nachweis

Die Steuerermäßigung ist davon abhängig, dass der Steuerpflichtige für die Aufwendungen eine Rech- 49
nung erhalten hat und die Zahlung auf das Konto des Erbringers der haushaltsnahen Dienstleistung, der
Handwerkerleistung oder der Pflege- oder Betreuungsleistung erfolgt ist (§ 35a Absatz 5 Satz 3 EStG).
Dies gilt auch für Abschlagszahlungen (vgl. Rdnr. 40). Bei Wohnungseigentümern und Mietern müssen
die sich aus Rdnr. 47 ergebenden Nachweise vorhanden sein. Es ist ausreichend, wenn der Steuerpflichtige die Nachweise auf Verlangen des Finanzamtes vorlegen kann.

Zahlungsarten

Die Zahlung auf das Konto des Erbringers der Leistung erfolgt in der Regel durch Überweisung. Beträge, 50
für deren Begleichung ein Dauerauftrag eingerichtet worden ist oder durch eine Einzugsermächtigung abgebucht oder im Wege des Online-Bankings überwiesen wurden, können in Verbindung mit
dem Kontoauszug, der die Abbuchung ausweist, anerkannt werden. Das gilt auch bei Übergabe eines
Verrechnungsschecks oder der Teilnahme am Electronic-Cash-Verfahren oder am elektronischen Lastschriftverfahren. Barzahlungen, Baranzahlungen oder Barteilzahlungen können nicht anerkannt werden
(BFH, Urteil vom 20. November 2008, BStBl. 2009 II Seite 307). Das gilt selbst dann, wenn die Barzahlung von dem Erbringer der haushaltsnahen Dienstleistung, der Pflege- und Betreuungsleistung oder
der Handwerkerleistung tatsächlich ordnungsgemäß verbucht worden ist und der Steuerpflichtige einen
Nachweis über die ordnungsgemäße Verbuchung erhalten hat oder wenn eine Barzahlung durch eine
später veranlasste Zahlung auf das Konto des Erbringers der Leistung ersetzt wird.

Konto eines Dritten

Die Inanspruchnahme der Steuerermäßigung durch den Steuerpflichtigen ist auch möglich, wenn die 51
haushaltsnahe Dienstleistung, Pflege- oder Betreuungsleistung oder die Handwerkerleistung, für die der
Steuerpflichtige eine Rechnung erhalten hat, von dem Konto eines Dritten bezahlt worden ist.

Anlage § 035a-01/Anwendungsschreiben § 35a (Zu LStH 39a.1)

V Haushaltsbezogene Inanspruchnahme der Höchstbeträge

1. Ganzjährig ein gemeinsamer Haushalt

52 Die Höchstbeträge nach § 35a EStG können nur haushaltsbezogen in Anspruch genommen werden (§ 35a Absatz 5 Satz 4 EStG). Leben z. B. zwei Alleinstehende im gesamten Veranlagungszeitraum in einem Haushalt, kann jeder seine tatsächlichen Aufwendungen grundsätzlich nur bis zur Höhe des hälftigen Abzugshöchstbetrages geltend machen. Das gilt auch, wenn beide Arbeitgeber im Rahmen eines haushaltsnahen Beschäftigungsverhältnisses oder Auftraggeber haushaltsnaher Dienstleistungen, von Pflege- und Betreuungsleistungen oder von Handwerkerleistungen sind. Eine andere Aufteilung des Höchstbetrages ist zulässig, wenn beide Steuerpflichtige einvernehmlich eine andere Aufteilung wählen und dies gegenüber dem Finanzamt anzeigen. Das gilt auch für Partner einer eingetragenen Lebenspartnerschaft.

Beispiel 8:

Das Ehepaar A und B beschäftigt eine Haushaltshilfe im Rahmen einer geringfügigen Beschäftigung im Sinne des § 8a SGB IV. Die Aufwendungen im Veranlagungszeitraum 2012 betragen einschließlich Abgaben 2.500 €. Darüber hinaus sind Aufwendungen für die Inanspruchnahme von Handwerkerleistungen in Höhe von 4.000 € (Arbeitskosten einschließlich Fahrtkosten) angefallen. Das Ehepaar wird zusammenveranlagt.

Die Steuerermäßigung nach § 35a EStG wird für den Veranlagungszeitraum 2012 wie folgt berechnet:

20 % von 2.500 € (§ 35a Absatz 1 EStG)	500 €
20 % von 4.000 € (§ 35a Absatz 3 EStG)	800 €
Steuerermäßigung 2012	1.300 €

Für die Steuerermäßigung ist es unerheblich, welcher Ehegatte die Aufwendungen bezahlt hat.

Beispiel 9:

C und D sind allein stehend und leben im gesamten Veranlagungszeitraum 2012 in einem gemeinsamen Haushalt. Sie beschäftigen eine Haushaltshilfe im Rahmen einer geringfügigen Beschäftigung im Sinne des § 8a SGB IV. Dabei tritt D gegenüber der Minijob-Zentrale als Arbeitgeberin auf. Sie bezahlt den Lohn der Haushaltshilfe, und von ihrem Konto werden die Abgaben durch die Minijob-Zentrale abgebucht. Die Aufwendungen im Veranlagungszeitraum 2012 betragen einschließlich Abgaben 2.500 €.

Darüber hinaus sind Aufwendungen für die Inanspruchnahme von Handwerkerleistungen angefallen wie folgt:

Schornsteinfegerkosten (Schornstein-Kehrarbeiten, ggf. einschließlich Reparatur- und Wartungsaufwand)	100 €
Tapezieren und Streichen der Wohnräume (Arbeitskosten einschließlich Fahrtkosten)	2.000 €
Reparatur der Waschmaschine vor Ort (Arbeitskosten einschließlich Fahrtkosten)	200 €
	2.300 €

Das Tapezieren und Streichen der Wohnräume haben C und D je zur Hälfte bezahlt.

Beide sind gegenüber dem Handwerksbetrieb als Auftraggeber aufgetreten.

Die Schornsteinfegerkosten hat C, die Waschmaschinenreparatur hat D bezahlt.

Die Steuerermäßigung nach § 35a EStG wird für den Veranlagungszeitraum 2012 für die jeweilige Einzelveranlagung wie folgt berechnet:

C:	20 % von (1/2 von 2.000 € =) 1.000 € (§ 35a Absatz 3 EStG)	200 €
	20 % von 100 € (§ 35a Absatz 3 EStG)	20 €
	Steuerermäßigung 2012 für C	220 €
D:	20 % von 2.500 € (§ 35a Absatz 1 EStG)	500 €
	20 % von (1/2 von 2.000 € =) 1.000 € (§ 35a Absatz 3 EStG)	200 €
	20 % von 200 € (§ 35a Absatz 3 EStG)	40 €
	Steuerermäßigung 2012 für D	740 €

C und D zeigen die abweichende Aufteilung gegenüber dem Finanzamt an.

(Zu LStH 39a.1) **Anlage § 035a-01/Anwendungsschreiben § 35a**

Beispiel 10:
E und F sind allein stehend und leben im gesamten Veranlagungszeitraum 2012 in einem gemeinsamen Haushalt in einem Haus, das der F gehört. Von Juni bis September wird das Haus aufwendig renoviert. Für den Austausch der Fenster und Türen, das Tapezieren und Streichen der Wände, die Renovierung des Badezimmers und das Austauschen der Küche bezahlen sie an die Handwerker insgesamt 30.000 €. Auf Arbeitskosten einschließlich Fahrtkosten entfallen davon 10.000 €. E und F treten gegenüber den Handwerkern gemeinsam als Auftraggeber auf.

a) E und F teilen sich die Aufwendungen hälftig.

Die Steuerermäßigung nach § 35a EStG wird für den Veranlagungszeitraum 2012 für die jeweilige Einzelveranlagung wie folgt berechnet:

E: 20 % von (1/2 von 10.000 € =) 5.000 € (§ 35a Absatz 3 EStG), = 1.000 €, höchstens
½ von 1.200 € =   600 €

F: Die Steuerermäßigung für F wird ebenso berechnet   600 €

Damit beträgt der haushaltsbezogene in Anspruch genommene Höchstbetrag für die Steuerermäßigung für Handwerkerleistungen 1.200 €. b) E bezahlt 80 %, F bezahlt 20 % der Aufwendungen.

Die Steuerermäßigung nach § 35a EStG wird für den Veranlagungszeitraum 2012 für die jeweilige Einzelveranlagung grundsätzlich wie folgt berechnet:

E: 20 % von (80 % von 10.000 € =) 8.000 € (§ 35a Absatz 3 EStG), = 1.600 €,
höchstens ½ von 1.200 € =   600 €

F: 20 % von (20 % von 10.000 € =) 2.000 € (§ 35a Absatz 3 EStG)   400 €

E und F wählen eine andere Aufteilung des Höchstbetrages, und zwar nach dem Verhältnis, wie sie die Aufwendungen tatsächlich getragen haben. Sie zeigen dies auch gegenüber dem Finanzamt einvernehmlich an.

Die Steuerermäßigung nach § 35a EStG wird für den Veranlagungszeitraum 2012 für die jeweilige Einzelveranlagung wie folgt berechnet:

E: 20 % von (80 % von 10.000 € =) 8.000 € (§ 35a Absatz 3 EStG), = 1.600 €,
höchstens 80 % von 1.200 € =   960 €

F: 20 % von (20 % von 10.000 € =) 2.000 € (§ 35a Absatz 3 EStG), = 400 €,
höchstens 20 % von 1.200 € =   240 €

Damit beträgt der haushaltsbezogene in Anspruch genommene Höchstbetrag für die Steuerermäßigung für Handwerkerleistungen 1.200 €.

c) F bezahlt als Hauseigentümerin die gesamten Aufwendungen.

Die Steuerermäßigung nach § 35a EStG wird für den Veranlagungszeitraum 2012 für die Einzelveranlagung der F grundsätzlich wie folgt berechnet:

20 % von 10.000 € (§ 35a Absatz 3 EStG) = 2.000 €, höchstens ½ von 1.200 €
(= hälftiger Höchstbetrag)   600 €

E und F haben jedoch die Möglichkeit, eine andere Aufteilung des Höchstbetrags zu wählen, und zwar nach dem Verhältnis, wie sie die Aufwendungen tatsächlich getragen haben (also zu 100 % auf F und zu 0 % auf E). Sie zeigen dies auch gegenüber dem Finanzamt einvernehmlich an.

Die Steuerermäßigung nach § 35a EStG wird für den Veranlagungszeitraum 2012 für die Einzelveranlagung der F nunmehr wie folgt berechnet:

20 % von 10.000 € (§ 35a Absatz 3 EStG) = 2.000 €, höchstens   1.200 €

E hat keinen Anspruch auf die Steuerermäßigung, da er keine eigenen Aufwendungen getragen hat.

2. Unterjährige Begründung oder Beendigung eines gemeinsamen Haushalts
Begründen zwei bisher Alleinstehende mit eigenem Haushalt im Lauf des Veranlagungszeitraums einen gemeinsamen Haushalt oder wird der gemeinsame Haushalt zweier Personen während des Veranlagungszeitraums aufgelöst und es werden wieder zwei getrennte Haushalte begründet, kann bei Vorliegen der übrigen Voraussetzungen jeder Steuerpflichtige die vollen Höchstbeträge in diesem Veranlagungszeitraum in Anspruch nehmen. Das gilt unabhängig davon, ob im Veranlagungszeitraum der Begründung oder Auflösung des Haushalts auch die Eheschließung, die Trennung oder die Eheschei-

Anlage § 035a-01/Anwendungsschreiben § 35a (Zu LStH 39a.1)

dung erfolgt. Grundsätzlich kann jeder seine tatsächlichen Aufwendungen im Rahmen des Höchstbetrags geltend machen. Darauf, in welchem der beiden Haushalte in diesem Veranlagungszeitraum die Aufwendungen angefallen sind, kommt es nicht an. Für die Inanspruchnahme des vollen Höchstbetrages pro Person ist maßgebend, dass von der jeweiligen Person zumindest für einen Teil des Veranlagungszeitraums ein alleiniger Haushalt unterhalten worden ist.

Beispiel 11:

G und H begründen im Laufe des Veranlagungszeitraums 2012 einen gemeinsamen Haushalt. Vorher hatten beide jeweils einen eigenen Haushalt. Im Laufe des Jahres sind die folgenden Aufwendungen im Sinne des § 35a EStG angefallen:

Einzelhaushalt des G: Aufwendungen für Renovierungsarbeiten der alten Wohnung im zeitlichen Zusammenhang mit dem Umzug (vgl. Rdnr. 19) in Höhe von 12.000 €. Davon entfallen auf Arbeitskosten einschließlich Fahrtkosten 6.000 €.

Einzelhaushalt der H: Aufwendungen für Renovierungsarbeiten der alten Wohnung im zeitlichen Zusammenhang mit dem Umzug (vgl. Rdnr. 19) in Höhe von 2.500 €. Davon entfallen auf Arbeitskosten einschließlich Fahrtkosten 1.000 €.

Gemeinsamer Haushalt: Handwerkerkosten (Arbeitskosten) für die Montage der neuen Möbel 500 €, für das Verlegen von Elektroanschlüssen 200 €, für den Einbau der neuen Küche 400 €. Für Wohnungsreinigungsarbeiten haben sie ein Dienstleistungsunternehmen beauftragt. Die Aufwendungen betragen (ohne Materialkosten) bis Jahresende 800 €. G und H treten gegenüber den jeweiligen Firmen gemeinsam als Auftraggeber auf. Die Kosten teilen sie sich zu gleichen Teilen.

a) Die Steuerermäßigung nach § 35a EStG wird für den Veranlagungszeitraum 2012 für die jeweilige Einzelveranlagung wie folgt berechnet:

G:	20 % von 6.000 € (§ 35a Absatz 3 EStG)	1.200 €
	20 % von (1/2 von 800 € =) 400 € (§ 35a Absatz 2 EStG)	80 €
		1.280 €

Durch die Handwerkerkosten für den Einzelhaushalt hat G seinen Höchstbetrag nach § 35a Absatz 3 EStG ausgeschöpft. Die weiteren Handwerkerkosten in der neuen Wohnung bleiben bei ihm unberücksichtigt. Eine Übertragung des nicht ausgeschöpften Höchstbetrages von H ist nicht möglich.

H:	20 % von 1.000 € (§ 35a Absatz 3 EStG)	200 €
	20 % von (1/2 von 1.100 € =) 550 € (§ 35a Absatz 3 EStG)	110 €
	20 % von (1/2 von 800 € =) 400 € (§ 35a Absatz 2 EStG)	80 €
		390 €

H kann die durch G nicht nutzbare Steuerermäßigung nicht geltend machen, da sie insoweit nicht die Aufwendungen getragen hat.

b) G und H heiraten im November 2012. Sie beantragen die Zusammenveranlagung.

Die Steuerermäßigung nach § 35a EStG wird für 2012 wie folgt berechnet:

20 % von 800 € (§ 35a Absatz 2 EStG)	160 €
20 % von 6.000 € – Einzelhaushalt des G (§ 35a Absatz 3 EStG)	1.200 €
20 % von 1.000 € – Einzelhaushalt der H (§ 35a Absatz 3 EStG)	200 €
20 % von 1.100 € – gemeinsamer Haushalt (Höchstbetrag für Handwerkerkosten ist bei H noch nicht ausgeschöpft; darauf, wer von beiden die Aufwendungen tatsächlich getragen hat, kommt es nicht an)	220 €
	1.780 €

54 Wird unmittelbar nach Auflösung eines gemeinsamen Haushalts ein gemeinsamer Haushalt mit einer anderen Person begründet, kann derjenige Steuerpflichtige, der ganzjährig in gemeinsamen Haushalten gelebt hat, seine tatsächlichen Aufwendungen nur bis zur Höhe des hälftigen Abzugshöchstbetrages geltend machen. Hat für die andere Person für einen Teil des Veranlagungszeitraums ein alleiniger Haushalt bestanden, ist die Regelung der Rdnr. 53 sinngemäß anzuwenden mit der Folge, dass diese Person den vollen Höchstbetrag beanspruchen kann. Auch in diesen Fällen gilt, dass jeder Steuerpflichtige nur seine tatsächlichen Aufwendungen im Rahmen seines Höchstbetrages geltend machen kann. Etwas anderes gilt nur dann, wenn Steuerpflichtige, die zumindest für einen Teil des Veranla-

(Zu LStH 39a.1) **Anlage § 035a-01/Anwendungsschreiben § 35a**

gungszeitraums zusammen einen Haushalt unterhalten haben, einvernehmlich eine andere Aufteilung des Höchstbetrages wählen und dies gegenüber dem Finanzamt anzeigen. Dabei kann für einen Steuerpflichtigen maximal der volle Höchstbetrag berücksichtigt werden.

Beispiel 12:

K und L leben seit Jahren zusammen, sind aber nicht verheiratet. Im Laufe des Veranlagungszeitraums 2012 zieht K aus der gemeinsamen Wohnung aus und zieht in den Haushalt von M.

Für den Haushalt von K und L sind die folgenden Aufwendungen angefallen:

Haushaltsnahe Dienstleistungen nach § 35a Absatz 2 EStG in Höhe von 800 €, Aufwendungen für Renovierung und Erhaltung des Haushalts in Höhe von 8.000 €. Es handelt sich jeweils um Arbeitskosten. K und L waren beide Auftraggeber und haben sich die Kosten geteilt.

Für den Haushalt von L sind nach dem Auszug von K die folgenden Aufwendungen angefallen:

Haushaltsnahes Beschäftigungsverhältnis nach § 35a Absatz 1 EStG in Höhe von 700 €, Aufwendungen für Renovierung (Arbeitskosten) 900 €.

Für den Haushalt von M sind bis zum Einzug von K die folgenden Aufwendungen angefallen:

Reparaturkosten der Spülmaschine (Arbeitskosten und Fahrtkostenpauschale) in Höhe von 100 €, Schornsteinfegerkosten (Schornstein-Kehrarbeiten einschließlich Reparatur- und Wartungsaufwand) in Höhe von 120 €.

Für den Haushalt von K und M sind die folgenden Aufwendungen angefallen:

Haushaltsnahe Dienstleistungen nach § 35a Absatz 2 EStG in Höhe von 1.000 € (Arbeitskosten). Die Aufwendungen trägt nur M.

Die Steuerermäßigung nach § 35a EStG wird für den Veranlagungszeitraum 2012 für die jeweilige Einzelveranlagung wie folgt berechnet:

K: 20 % von (1/2 von 800 € =) 400 € (§ 35a Absatz 2 EStG)   80 €

20 % von (1/2 von 8.000 € =) 4.000 € (§ 35a Absatz 3 EStG) = 800 €, höchstens ½ von 1.200 €   600 €

Steuerermäßigung 2012 für K   680 €

Durch die Handwerkerkosten für den Haushalt mit L hat K seinen Höchstbetrag nach § 35a Absatz 3 EStG ausgeschöpft.

L: 20 % von (1/2 von 800 € =) 400 € (§ 35a Absatz 2 EStG)   80 €

20 % von (1/2 von 8.000 € =) 4.000 € (§ 35a Absatz 3 EStG)   800 €

20 % von 900 € (§ 35a Absatz 3 EStG)   180 €

(Keine Begrenzung auf den hälftigen Höchstbetrag von 600 €, da L ab dem Auszug von K alleine einen eigenen Haushalt hat.)

20 % von 700 € (§ 35a Absatz 1 EStG)   140 €

Steuerermäßigung 2012 für L   1.200 €

L kann die Aufwendungen in Höhe von 1.000 € für Handwerkerleistungen, die sich bei K nicht als Steuerermäßigung ausgewirkt haben, auch mit dessen Zustimmung nicht geltend machen, da L insoweit die Aufwendungen nicht getragen hat.

M: 20 % von 220 € (§ 35a Absatz 3 EStG)   44 €

20 % von 1.000 € (§ 35a Absatz 2 EStG)   200 €

Steuerermäßigung 2012 für M   244 €

Beispiel 13:

N und O leben seit Jahren zusammen, sind aber nicht verheiratet. Im Laufe des Veranlagungszeitraums 2012 zieht N aus der gemeinsamen Wohnung aus und zieht in den Haushalt von P.

Für den Haushalt von N und O sind die folgenden Aufwendungen angefallen:

Aufwendungen für Renovierung und Erhaltung des Haushalts in Höhe von 5.000 €. Es handelt sich jeweils um Arbeitskosten. N und O waren beide Auftraggeber. Die Kosten wurden zu 80 % von N getragen, 20 % von O.

Für den Haushalt von O sind nach dem Auszug von N die folgenden Aufwendungen angefallen: Aufwendungen für Renovierung (Arbeitskosten) 3.000 €.

Anlage § 035a-01/Anwendungsschreiben § 35a (Zu LStH 39a.1)

a) Die Steuerermäßigung nach § 35a EStG wird für den Veranlagungszeitraum 2012 für die jeweilige Einzelveranlagung wie folgt berechnet:

N:	20 % von (80 % von 5.000 € =) 4.000 € (§ 35a Absatz 3 EStG) = 800 €, höchstens ½ von 1.200 €	600 €
	Durch die Handwerkerkosten hat N seinen Höchstbetrag nach § 35a Absatz 3 EStG ausgeschöpft.	
O:	20 % von (20 % von 5.000 € =) 1.000 € (§ 35a Absatz 3 EStG)	200 €
	20 % von 3.000 € (§ 35a Absatz 3 EStG)	600 €
	Steuerermäßigung 2012 für O	800 €

(Keine Begrenzung auf den hälftigen Höchstbetrag, da O ab dem Auszug von N einen eigenen Haushalt hat. Allerdings beträgt der Höchstbetrag nach § 35a Absatz 3 EStG für O insgesamt 1.200 €. Dieser ist nicht überschritten.)

O kann die durch N nicht nutzbare Steuerermäßigung nicht geltend machen, da sie für ihren Aufwendungsteil die Steuerermäßigung ausgeschöpft hat und darüber hinaus die Aufwendungen nicht getragen hat.

b) N und O wählen eine andere Aufteilung des Höchstbetrages, und zwar nach dem Verhältnis, wie sie die Aufwendungen tatsächlich getragen haben. Sie zeigen dies auch gegenüber dem Finanzamt einvernehmlich an.

Die Steuerermäßigung nach § 35a EStG wird für den Veranlagungszeitraum 2012 für die jeweilige Einzelveranlagung wie folgt berechnet:

N:	20 % von (80 % von 5.000 € =) 4.000 €, höchstens von (80 % von 6.000 € =) 4.800 € (§ 35a Absatz 3 EStG)	800 €
	N kann seine vollen Aufwendungen nach § 35a Absatz 3 EStG geltend machen.	
O:	20 % von (20 % von 5.000 € =) 1.000 € (§ 35a Absatz 3 EStG)	200 €
	20 % von 3.000 € (§ 35a Absatz 3 EStG)	600 €

(Keine Begrenzung auf den hälftigen Höchstbetrag, da O ab dem Auszug von N einen eigenen Haushalt hat. Allerdings reduziert sich der Höchstbetrag nach § 35a Absatz 3 EStG für O um den auf N übertragenen Anteil von (20 % von 1.000 € =) 200 € auf (20 % von 5.000 € =) 1.000 €. Dieser ist nicht überschritten.)   800 €

VI Anrechnungsüberhang

55 Entsteht bei einem Steuerpflichtigen infolge der Inanspruchnahme der Steuerermäßigung nach § 35a EStG ein sog. Anrechnungsüberhang, kann der Steuerpflichtige weder die Festsetzung einer negativen Einkommensteuer in Höhe dieses Anrechnungsüberhangs noch die Feststellung einer rück- oder vortragsfähigen Steuerermäßigung beanspruchen (BFH, Urteil vom 29. Januar 2009, BStBl. II Seite 411).

VII Anwendungsregelung

56 Dieses Schreiben ersetzt das BMF-Schreiben vom 15. Februar 2010 (BStBl. I Seite 140).

57 Rdnrn. 52, 53 und 54 sind in allen noch offenen Fällen ab dem Veranlagungszeitraum 2003 anzuwenden. Rdnrn. 20 und 21 sind in allen noch offenen Fällen ab dem Veranlagungszeitraum 2006 anzuwenden. Rdnrn. 11, 12 und 14 sind in allen noch offenen Fällen ab dem Veranlagungszeitraum 2009 anzuwenden. Rdnrn. 24 und 25 sind in allen noch offenen Fällen ab dem Veranlagungszeitraum 2011 anzuwenden.

58 Aus Vereinfachungsgründen brauchen Schornsteinfegerleistungen bis einschließlich Veranlagungszeitraum 2013 nicht in Schornstein-Kehrarbeiten sowie Reparatur- und Wartungsarbeiten einerseits (als Handwerkerleistungen begünstigt) und Mess- oder Überprüfungsarbeiten sowie Feuerstättenschau andererseits (nicht begünstigt) aufgeteilt zu werden, sondern können als einheitliche begünstigte Handwerkerleistung berücksichtigt werden; vgl. hierzu Rdnr. 22. Ab dem Veranlagungszeitraum 2014 kann für Schornstein-Kehrarbeiten sowie Reparatur- und Wartungsarbeiten des Schornsteinfegers eine Steuerermäßigung nur gewährt werden, wenn sich die erforderlichen Angaben nach Maßgabe der Rdnr. 40 aus der Rechnung ergeben.

Dieses Schreiben wird im Bundessteuerblatt Teil I veröffentlicht.

(Zu LStH 39a.1)   Anlage § 035a-01/Anwendungsschreiben § 35a

Anlage 1

Beispielhafte Aufzählung begünstigter und nicht begünstigter haushaltsnaher Dienstleistungen und Handwerkerleistungen
(zu Rdnrn. 7, 20, 21)

Maßnahme	begünstigt	nicht begünstigt	Haushaltsnahe Dienstleistung	Handwerker- leistung
Abfallmanagement („Vorsortierung")	innerhalb des Grundstücks	alle Maßnahmen außerhalb des Grundstücks	X	
Abflussrohrreinigung	innerhalb des Grundstücks	außerhalb des Grundstücks		X
Ablesedienste und Abrechnung bei Verbrauchszählern (Strom, Gas, Wasser, Heizung usw.)		X		
Abriss eines baufälligen Gebäudes mit anschließendem Neubau		X		
Abwasserentsorgung	Wartung und Reinigung innerhalb des Grundstücks	alle Maßnahmen außerhalb des Grundstücks		X
Anliegerbeitrag		X		
Arbeiten				
1. am Dach	X			X
2. an Bodenbelägen	X			X
3. an der Fassade	X			X
4. an Garagen	X			X
5. an Innen- und Außenwänden	X			X
6. an Zu- und Ableitungen	soweit innerhalb des Grundstücks	alle Maßnahmen außerhalb des Grundstücks		X
Architektenleistung		X		
Asbestsanierung	X			X
Aufstellen eines Baugerüstes	Arbeitskosten	Miete, Material		X
Aufzugnotruf		X		
Außenanlagen, Errichtung von ~, wie z. B. Wege, Zäune	Arbeitskosten für Maßnahmen auf privatem Grundstück	- auf öffentlichem Grundstück oder - im Rahmen einer Neubaumaßnahme (Rdnr.21) - Materialkosten		X

Anlage § 035a-01/Anwendungsschreiben § 35a (Zu LStH 39a.1)

Maßnahme	begünstigt	nicht begünstigt	Haushaltsnahe Dienstleistung	Handwerkerleistung
Austausch oder Modernisierung 1. der Einbauküche 2. von Bodenbelägen (z. B. Teppichboden, Parkett, Fliesen) 3. von Fenstern und Türen	X X X			X X X
Bereitschaft der Erbringung einer ansonsten begünstigten Leistung im Bedarfsfall	als Nebenleistung einer ansonsten begünstigten Hauptleistung	nur Bereitschaft	Abgrenzung im Einzelfall	Abgrenzung im Einzelfall
Brandschadensanierung	soweit nicht Versicherungsleistung	soweit Versicherungsleistung		X
Breitbandkabelnetz	Installation, Wartung und Reparatur innerhalb des Grundstücks	alle Maßnahmen außerhalb des Grundstücks		X
Carport, Terrassenüberdachung	Arbeitskosten	- Materialkosten sowie - Errichtung im Rahmen einer Neubaumaßnahme (Rdnr.21)		X
Chauffeur		X		
Dachgeschossausbau	Arbeitskosten	- Materialkosten sowie - Errichtung im Rahmen einer Neubaumaßnahme (Rdnr.21)		X
Dachrinnenreinigung	X			X
Datenverbindungen	s. Hausanschlüsse	s. Hausanschlüsse		X
Deichabgaben		X		
Dichtheitsprüfung von Abwasseranlagen		X		
Elektroanlagen	Wartung und Reparatur			X
Energiepass		X		
Entsorgungsleistung	als Nebenleistung, (z. B. Bauschutt, Fliesenabfuhr bei Neuverfliesung eines Bades, Grünschnittabfuhr bei Gartenpflege)	als Hauptleistung	Abgrenzung im Einzelfall	Abgrenzung im Einzelfall

(Zu LStH 39a.1) **Anlage § 035a-01/Anwendungsschreiben § 35a**

Maßnahme	begünstigt	nicht begünstigt	Haushaltsnahe Dienstleistung	Handwerkerleistung
Erhaltungsmaßnahmen	Arbeitskosten für Maßnahmen auf privatem Grundstück	- Materialkosten sowie - alle Maßnahmen außerhalb des Grundstücks	Abgrenzung im Einzelfall	Abgrenzung im Einzelfall
Erstellung oder Hilfe bei der Erstellung der Steuererklärung		X		
Fäkalienabfuhr		X		
Fahrstuhlkosten	Wartung und Reparatur	Betriebskosten		X
Fertiggaragen	Arbeitskosten	- Materialkosten sowie - Errichtung im Rahmen einer Neubaumaßnahme (Rdnr.21)		X
Feuerlöscher	Wartung			X
Feuerstättenschau - s. auch Schornsteinfeger		X		
Fitnesstrainer		X		
Friseurleistungen	nur soweit sie zu den Pflege- und Betreuungsleistungen gehören, wenn sie im Leistungskatalog der Pflegeversicherung aufgeführt sind (und der Behinderten-Pauschbetrag nicht geltend gemacht wird; s. Rdnrn. 8, 10, 32, 33)	alle anderen Friseurleistungen	X	
Fußbodenheizung	Wartung, Spülung, Reparatur, nachträglicher Einbau	Materialkosten		X
Gärtner	innerhalb des Grundstücks	alle Maßnahmen außerhalb des Grundstücks	Abgrenzung im Einzelfall	Abgrenzung im Einzelfall
Gartengestaltung	Arbeitskosten	- Materialkosten sowie - erstmalige Anlage im Rahmen einer Neubaumaßnahme (Rdnr. 21)		X

Anlage § 035a-01/Anwendungsschreiben § 35a (Zu LStH 39a.1)

Maßnahme	begünstigt	nicht begünstigt	Haushaltsnahe Dienstleistung	Handwerkerleistung
Gartenpflegearbeiten (z. B. Rasen mähen, Hecken schneiden)	innerhalb des Grundstücks einschließlich Grünschnittentsorgung als Nebenleistung	alle Maßnahmen außerhalb des Grundstücks	X	
Gemeinschaftsmaschinen bei Mietern (z. B. Waschmaschine, Trockner)	Reparatur und Wartung	Miete		X
Gewerbeabfallentsorgung		X		
Graffitibeseitigung	X			X
Gutachtertätigkeiten		X		
Hand- und Fußpflege	nur soweit sie zu den Pflege- und Betreuungsleistungen gehören, wenn sie im Leistungskatalog der Pflegeversicherung aufgeführt sind (und der Behinderten-Pauschbetrag nicht geltend gemacht wird; s. Rdnrn. 8, 10, 32, 33)	alle anderen	X	
Hausanschlüsse	z. B. für den Anschluss von Stromkabeln, für das Fernsehen, für Internet über Kabelfernsehen, Glasfaser oder per Satellitenempfangsanlagen sowie Weiterführung der Anschlüsse, jeweils innerhalb des Grundstücks	- Materialkosten sowie - erstmalige Anschlüsse im Rahmen einer Neubaumaßnahme (Rdnr. 21) und - alle Maßnahmen außerhalb des Grundstücks		X
Hausarbeiten, wie reinigen, Fenster putzen, bügeln usw. (Rdnr. 1)	X		X	
Haushaltsauflösung		X		
Hauslehrer		X		
Hausmeister, Hauswart	X		X	
Hausreinigung	X		X	
Hausschwammbeseitigung	X			X
Hausverwalterkosten oder -gebühren		X		

(Zu LStH 39a.1) **Anlage § 035a-01/Anwendungsschreiben § 35a**

Maßnahme	begünstigt	nicht begünstigt	Haushaltsnahe Dienstleistung	Handwerkerleistung
Heizkosten:				
1. Verbrauch		X		
2. Gerätemiete für Zähler		X		
3. Garantiewartungsgebühren	X			X
4. Heizungswartung und Reparatur	X			X
5. Austausch der Zähler nach dem Eichgesetz	X			X
6. Schornsteinfeger	s. Schornsteinfeger	s. Schornsteinfeger		
7. Kosten des Ablesedienstes		X		
8. Kosten der Abrechnung an sich		X		
Hilfe im Haushalt (Rdnrn. 11, 12, 14) - s. Hausarbeiten				
Insektenschutzgitter	Montage und Reparatur	Material		X
Kamin-Einbau	Arbeitskosten	- Materialkosten sowie - Errichtung im Rahmen einer Neubaumaßnahme (Rdnr.21)		X
Kaminkehrer - s. Schornsteinfeger				
Kellerausbau	Arbeitskosten	- Materialkosten sowie - Errichtung im Rahmen einer Neubaumaßnahme (Rdnr.21)		X
Kellerschachtabdeckungen	Montage und Reparatur	Material		X
Kfz. - s. Reparatur		X		
Kinderbetreuungskosten	soweit sie nicht unter § 10 Absatz 1 Nummer 5 EStG (§ 9c EStG a. F.) fallen und für eine Leistung im Haushalt des Steuerpflichtigen anfallen	im Sinne von § 10 Absatz 1 Nummer 5 EStG (§ 9c EStG a. F.); s. auch Rdnr. 34	X	
Klavierstimmer	X			X

Anlage § 035a-01/Anwendungsschreiben § 35a (Zu LStH 39a.1)

Maßnahme	begünstigt	nicht begünstigt	Haushaltsnahe Dienstleistung	Handwerkerleistung
Kleidungs- und Wäschepflege und -reinigung	im Haushalt des Steuerpflichtigen		X	
Kontrollaufwendungen des TÜV, z. B. für den Fahrstuhl oder den Treppenlift		X		
Kosmetikleistungen	nur soweit sie zu den Pflege- und Betreuungsleistungen gehören, wenn sie im Leistungskatalog der Pflegeversicherung aufgeführt sind (und der Behinderten-Pauschbetrag nicht geltend gemacht wird; s. Rdnrn. 8, 10, 32, 33)	alle anderen	X	
Laubentfernung	auf privatem Grundstück	auf öffentlichem Grundstück	Abgrenzung im Einzelfall	Abgrenzung im Einzelfall
Legionellenprüfung		X		
Leibwächter		X		
Material und sonstige im Zusammenhang mit der Leistung gelieferte Waren einschließlich darauf entfallende Umsatzsteuer		Rdnr. 39 Bsp.: Farbe, Fliesen, Pflastersteine, Mörtel, Sand, Tapeten, Teppichboden und andere Fußbodenbeläge, Waren, Stützstrümpfe usw.		
Mauerwerksanierung	X			X
Miete von Verbrauchszählern (Strom, Gas, Wasser, Heizung usw.)		X		
Modernisierungsmaßnahmen (z. B. Badezimmer, Küche)	innerhalb des Grundstücks	alle Maßnahmen außerhalb des Grundstücks		X
Montageleistung z. B. beim Erwerb neuer Möbel	X			X
Müllabfuhr		X		
Müllentsorgungsanlage (Müllschlucker)	Wartung und Reparatur			X
Müllschränke	Anlieferung und Aufstellen	Material		X

(Zu LStH 39a.1) **Anlage § 035a-01/Anwendungsschreiben § 35a**

Maßnahme	begünstigt	nicht begünstigt	Haushaltsnahe Dienstleistung	Handwerkerleistung
Nebenpflichten der Haushaltshilfe, wie kleine Botengänge oder Begleitung von Kindern, kranken, alten oder pflegebedürftigen Personen bei Einkäufen oder zum Arztbesuch	X		X	
Neubaumaßnahmen		Rdnr. 21		
Notbereitschaft / Notfalldienste	soweit es sich um eine nicht gesondert berechnete Nebenleistung z. B. im Rahmen eines Wartungsvertrages handelt	alle anderen reinen Bereitschaftsdienste	X	
Pflasterarbeiten	innerhalb des Grundstücks	- Materialkosten sowie - alle Maßnahmen außerhalb des Grundstücks		X
Pflegebett		X		
Pflege der Außenanlagen	innerhalb des Grundstücks	alle Maßnahmen außerhalb des Grundstücks	X	
Pilzbekämpfung	X			X
Prüfdienste / Prüfleistung (z. B. bei Aufzügen)		X		
Rechtsberatung		X		
Reinigung	der Wohnung, des Treppenhauses und der Zubehörräume		X	
Reparatur, Wartung und Pflege				
1. von Bodenbelägen (z. B. Teppichboden, Parkett, Fliesen)	X		Pflege	Reparatur und Wartung
2. von Fenstern und Türen (innen und außen)	X		Pflege	Reparatur und Wartung
3. von Gegenständen im Haushalt des Steuerpflichtigen (z. B. Waschmaschine, Geschirrspüler, Herd, Fernseher, Personalcomputer und andere)	soweit es sich um Gegenstände handelt, die in der Hausratversicherung mitversichert werden können	Arbeiten außerhalb des Grundstücks des Steuerpflichtigen	Pflege im Haushalt bzw. auf dem Grundstück des Steuerpflichtigen	Reparatur und Wartung im Haushalt bzw. auf dem Grundstück des Steuerpflichtigen

Anlage § 035a-01/Anwendungsschreiben § 35a (Zu LStH 39a.1)

Maßnahme	begünstigt	nicht begünstigt	Haushaltsnahe Dienstleistung	Handwerkerleistung
4. von Heizungsanlagen, Elektro-, Gas- und Wasserinstallationen	auf dem Grundstück des Steuerpflichtigen	außerhalb des Grundstücks des Steuerpflichtigen		X
5. von Kraftfahrzeugen (einschließlich TÜV-Gebühren)		X		
6. von Wandschränken	X			X
Schadensfeststellung, Ursachenfeststellung (z. B. bei Wasserschaden, Rohrbruch usw.)		X		
Schadstoffsanierung	X			X
Schädlings- und Ungezieferbekämpfung	X		Abgrenzung im Einzelfall	Abgrenzung im Einzelfall
Schornsteinfeger	- Schornstein-Kehrarbeiten - Reparatur- und Wartungsarbeiten (Rdnr. 58)	- Mess- oder Überprüfungsarbeiten - Feuerstättenschau (Rdnr. 22, 58)		X X
Sekretär; hierunter fallen auch Dienstleistungen in Form von Büroarbeiten (z. B. Ablageorganisation, Erledigung von Behördengängen, Stellen von Anträgen bei Versicherungen und Banken usw.)		X		
Sperrmüllabfuhr		X		
Statikerleistung		X		
Straßenreinigung	auf privatem Grundstück	auf öffentlichem Grundstück	X	
Tagesmutter bei Betreuung im Haushalt des Steuerpflichtigen	soweit es sich bei den Aufwendungen nicht um Kinderbetreuungskosten (Rdnr. 34) handelt	Kinderbetreuungskosten (Rdnr. 34)	X	
Taubenabwehr	X		Abgrenzung im Einzelfall	Abgrenzung im Einzelfall
Technische Prüfdienste (z. B. bei Aufzügen)		X		

(Zu LStH 39a.1) **Anlage § 035a-01/Anwendungsschreiben § 35a**

Maßnahme	begünstigt	nicht begünstigt	Haushaltsnahe Dienstleistung	Handwerkerleistung
Terrassenüberdachung	Arbeitskosten	- Materialkosten sowie - Errichtung im Rahmen einer Neubaumaßnahme (Rdnr.21)		X
Tierbetreuungs-, pflege- oder -arztkosten		X		
Trockeneisreinigung	X			X
Trockenlegung von Mauerwerk	Arbeiten mit Maschinen vor Ort	ausschließliche Maschinenanmietung		X
TÜV-Gebühren		X		
Überprüfung von Anlagen (z. B. Gebühr für den Schornsteinfeger oder für die Kontrolle von Blitzschutzanlagen)	s. Schornsteinfeger	TÜV-Gebühren; s. auch Schornsteinfeger		X
Umzäunung, Stützmauer o. ä.	Arbeitskosten für Maßnahmen auf privatem Grundstück	- Materialkosten sowie - Maßnahmen auf öffentlichem Grundstück oder - im Rahmen einer Neubaumaßnahme (Rdnr.21)		X
Umzugsdienstleistungen	für Privatpersonen (Rdnrn. 19, 31)		Abgrenzung im Einzelfall	Abgrenzung im Einzelfall
Verarbeitung von Verbrauchsgütern im Haushalt des Steuerpflichtigen	X		X	
Verbrauchsmittel, wie z. B. Schmier-, Reinigungs- oder Spülmittel sowie Streugut	X		als Nebenleistung (Rdnr. 39) - Abgrenzung im Einzelfall	als Nebenleistung (Rdnr.39) - Abgrenzung im Einzelfall
Verwaltergebühr		X		
Wachdienst	innerhalb des Grundstücks	außerhalb des Grundstücks	X	
Wärmedämmmaßnahmen	X			X
Wartung: 1. Aufzug 2. Heizung und Öltankanlagen (einschließlich Tankreinigung)	X X			X X

Anlage § 035a-01/Anwendungsschreiben § 35a (Zu LStH 39a.1)

Maßnahme	begünstigt	nicht begünstigt	Haushaltsnahe Dienstleistung	Handwerker-leistung
3. Feuerlöscher	X			X
4. CO_2-Warngeräte	X			X
5. Pumpen	X			X
6. Abwasser-Rück-stau-Sicherungen	X			X
Wasserschaden-sanierung	X	soweit Versiche-rungsleistung		X
Wasserversorgung	Wartung und Reparatur			X
Winterdienst	innerhalb des Grundstücks	alle Maßnahmen außerhalb des Grundstücks	X	
Zubereitung von Mahlzeiten im Haushalt des Steuerpflichtigen	X		X	

(Zu LStH 39a.1) **Anlage § 035a-01/Anwendungsschreiben § 35a**

Muster für eine Bescheinigung
(zu Rdnr. 27)   Anlage 2

---   ---
---   ---
---   ---
(Name und Anschrift des Verwalters / Vermieters)   (Name und Anschrift des Eigentümers / Mieters)

Anlage zur Jahresabrechnung für das Jahr / Wirtschaftsjahr ....
Ggf. Datum der Beschlussfassung der Jahresabrechnung: ---------------------------------
In der Jahresabrechnung für das nachfolgende Objekt

(Ort, Straße, Hausnummer und ggf. genaue Lagebezeichnung der Wohnung)

sind Ausgaben im Sinne des § 35a Einkommensteuergesetz (EStG) enthalten, die wie folgt zu verteilen sind:

A) *Aufwendungen für sozialversicherungspflichtige Beschäftigungen* (§ 35a Absatz 2 Satz 1 Alternative 1 EStG)		
Bezeichnung	Gesamtbetrag (in Euro)	Anteil des Miteigentümers / des Mieters

B) *Aufwendungen für die Inanspruchnahme von haushaltsnahen Dienstleistungen* (§ 35a Absatz 2 Satz 1 Alternative 2 EStG)				
Bezeichnung	Gesamtbetrag (in Euro)	nicht zu berücksichtigende Materialkosten (in Euro)	Aufwendungen bzw. Arbeitskosten (Rdnrn. 39, 40) (in Euro)	Anteil des Miteigentümers / des Mieters

C) *Aufwendungen für die Inanspruchnahme von Handwerkerleistungen für Renovierungs-, Erhaltungs- und Modernisierungsmaßnahmen* (§ 35a Absatz 3 EStG)				
Bezeichnung	Gesamtbetrag (in Euro)	nicht zu berücksichtigende Materialkosten (in Euro)	Aufwendungen bzw. Arbeitskosten (Rdnrn. 39, 40) (in Euro)	Anteil des Miteigentümers / des Mieters

---   ---
(Ort und Datum)   (Unterschrift des Verwalters oder Vermieters)

Hinweis: Die Entscheidung darüber, welche Positionen im Rahmen der Einkommensteuererklärung berücksichtigt werden können, obliegt ausschließlich der zuständigen Finanzbehörde.

Anlage § 037b-01/KiSt bei Pauschalierung § 37b (LStH 37b)

Gleich lautende Erlasse der obersten Finanzbehörden der Länder betr. Kirchensteuer bei Pauschalierung der Einkommensteuer nach § 37b EStG [1]

Vom 28. Dezember 2006 (BStBl. 2007 I S. 76) [2]

Steuerpflichtige, die Sachzuwendungen nach Maßgabe des § 37b EStG gewähren, können die darauf entfallende Einkommensteuer mit einem Pauschsteuersatz von 30 % abgeltend erheben.

Die pauschale Einkommensteuer gilt als Lohnsteuer und ist von dem die Sachzuwendung gewährenden Steuerpflichtigen in der Lohnsteuer-Anmeldung anzugeben und an das Betriebsstättenfinanzamt abzuführen. In gleicher Weise ist auch hinsichtlich der zu entrichtenden Kirchensteuer zu verfahren. Bei der Erhebung der Kirchensteuer kann der Steuerpflichtige zwischen einem vereinfachten Verfahren und einem Nachweisverfahren wählen. Diese Wahl kann für jeden Lohnsteuer-Anmeldungszeitraum unterschiedlich getroffen werden. Im Einzelnen gilt Folgendes:

1. Entscheidet sich der Steuerpflichtige für die **Vereinfachungsregelung**, hat er für sämtliche Empfänger von Zuwendungen Kirchensteuer zu entrichten. Dabei ist ein ermäßigter Steuersatz anzuwenden, der in pauschaler Weise dem Umstand Rechnung trägt, dass nicht alle Empfänger Angehörige einer steuererhebenden Religionsgemeinschaft sind.

   Die im vereinfachten Verfahren ermittelten Kirchensteuern sind in der Lohnsteuer-Anmeldung bei Kennzahl 47 gesondert anzugeben. Die Aufteilung auf die steuererhebenden Religionsgemeinschaften wird von der Finanzverwaltung übernommen.

2. a) Macht der Steuerpflichtige Gebrauch von der ihm zustehenden **Nachweismöglichkeit**, dass einzelne Empfänger keiner steuererhebenden Religionsgemeinschaft angehören, kann er hinsichtlich dieser Empfänger von der Entrichtung der auf die pauschale Einkommensteuer entfallenden Kirchensteuer absehen; für die übrigen Empfänger ist der allgemeine Kirchensteuersatz anzuwenden.

   b) Als Nachweis über das Religionsbekenntnis bzw. die Nichtzugehörigkeit zu einer steuererhebenden Religionsgemeinschaft genügt eine Erklärung nach beigefügtem **Muster**. Die Erklärung des Empfängers muss vom Steuerpflichtigen aufbewahrt werden. Bei Arbeitnehmern des Steuerpflichtigen ist die Religionszugehörigkeit anhand des in den Lohnkonten aufzuzeichnenden Religionsbekenntnisses zu ermitteln.

   c) Kann der Steuerpflichtige bei einzelnen Empfängern die Religionszugehörigkeit nicht ermitteln, kann er aus Vereinfachungsgründen die gesamte pauschale Einkommensteuer im Verhältnis der kirchensteuerpflichtigen zu den nicht kirchensteuerpflichtigen Empfängern aufteilen; der auf die kirchensteuerpflichtigen Empfänger entfallende Anteil ist Bemessungsgrundlage für die Anwendung des allgemeinen Kirchensteuersatzes. Die so ermittelte Kirchensteuer ist im Verhältnis der Konfessions- bzw. Religionszugehörigkeit der kirchensteuerpflichtigen Empfänger aufzuteilen.

   Die im Nachweisverfahren ermittelten Kirchensteuern sind in der Lohnsteuer-Anmeldung unter der jeweiligen Kirchensteuer-Kennzahl (z.B. 61, 62) anzugeben.

3. Die Höhe der Kirchensteuersätze ergibt sich sowohl bei Anwendung der Vereinfachungsregelung (Nr. 1) als auch im Nachweisverfahren (Nr. 2) aus den Kirchensteuerbeschlüssen der steuererhebenden Religionsgemeinschaften. Die in den jeweiligen Ländern geltenden Regelungen werden für jedes Kalenderjahr im Bundessteuerblatt Teil I veröffentlicht. **– Anhang 48 –**

4. Dieser Erlass ist erstmals für Sachzuwendungen anzuwenden, die nach dem 31.12.2006 gewährt werden.

---

1) Zur Kirchensteuer bei Pauschalierung der Lohnsteuer nach §§ 40, 40a, 40b EStG Hinweis auf **Anlage § 040-02**.
2) Für Rheinland-Pfalz inhaltsgleicher Erlass vom 29.10.2008 (BStBl. 2009 I S. 332) für nach dem 31.12.2008 gewährte Sachzuwendungen.

(LStH 37b)

Anlage § 037b-01/KiSt bei Pauschalierung § 37b

Muster

Erklärung gegenüber dem Betriebsstättenfinanzamt zur Religionszugehörigkeit für die Erhebung der pauschalen Einkommensteuer nach § 37b Abs. 4 EStG

Finanzamt ....

Steuerpflichtiger:
Name der Firma ....

Anschrift: ....

Empfänger der Zuwendung
Name, Vorname ....

Anschrift: ....

Ich, der vorbezeichnete Empfänger einer Zuwendung, erkläre, dass ich

☐ keiner Religionsgemeinschaft angehöre, die Kirchensteuer erhebt.

☐ der .... angehöre.
(z.B. der Evangelischen oder Katholischen Kirche, Jüdischen Gemeinde etc.)

Ich versichere, die Angaben in dieser Erklärung wahrheitsgemäß nach bestem Wissen und Gewissen gemacht zu haben. Mir ist bekannt, dass die Erklärung als Grundlage für das Besteuerungsverfahren dient.

....
Ort, Datum   Unterschrift des Zuwendungsempfängers

Diese Erklärung ist vom Zuwendenden aufzubewahren.

Anlage § 037b-02/Pauschalierung ESt § 37b (LStH 37b)

Pauschalierung der Einkommensteuer bei Sachzuwendungen nach § 37b EStG

BMF-Schreiben vom 29. April 2008 IV B 2 – S 2297-b/07/0001, 2008/0210802 (BStBl. I S. 566)

Mit dem Jahressteuergesetz 2007 vom 13. Dezember 2006 (BGBl. I 2006 S. 2878, BStBl. I 2007 S. 28) wurde mit § 37b EStG eine Regelung in das Einkommensteuergesetz eingefügt, die es dem zuwendenden Steuerpflichtigen ermöglicht, die Einkommensteuer auf Sachzuwendungen an Arbeitnehmer oder Nichtarbeitnehmer mit einem Steuersatz von 30 Prozent pauschal zu übernehmen und abzuführen. Zur Anwendung dieser Regelung gilt im Einvernehmen mit den obersten Finanzbehörden der Länder Folgendes:

I. Anwendungsbereich des § 37b EStG

1   Zuwendender i. S. d. § 37b EStG kann jede natürliche und juristische Person sein. Macht der Zuwendende von der Wahlmöglichkeit des § 37b EStG Gebrauch, so ist er Steuerpflichtiger i. S. d. § 33 AO. Ausländische Zuwendende und nicht steuerpflichtige juristische Personen des öffentlichen Rechts werden spätestens mit der Anwendung des § 37b EStG zu Steuerpflichtigen i. S. dieser Vorschrift.

2   Zuwendungsempfänger können eigene Arbeitnehmer des Zuwendenden sowie Dritte unabhängig von ihrer Rechtsform (z. B. AGs, GmbHs, Aufsichtsräte, Verwaltungsratsmitglieder, sonstige Organmitglieder von Vereinen und Verbänden, Geschäftspartner, deren Familienangehörige, Arbeitnehmer Dritter) sein.

3   Zuwendungen an eigene Arbeitnehmer sind Sachbezüge i. S. d. § 8 Abs. 2 Satz 1 EStG, für die keine gesetzliche Bewertungsmöglichkeit nach § 8 Abs. 2 Satz 2 bis 8, Abs. 3 und § 19a EStG sowie keine Pauschalierungsmöglichkeit nach § 40 Abs. 2 EStG besteht. Für sonstige Sachbezüge, die nach § 40 Abs. 1 EStG pauschaliert besteuert werden können, kann der Steuerpflichtige auch die Pauschalierung nach § 37b EStG wählen.

II. Wahlrecht zur Anwendung des § 37b EStG

1. Einheitlichkeit der Wahlrechtsausübung

4   Das Wahlrecht zur Anwendung der Pauschalierung der Einkommensteuer ist nach § 37b Abs. 1 Satz 1 EStG einheitlich für alle innerhalb eines Wirtschaftsjahres gewährten Zuwendungen, mit Ausnahme der die Höchstbeträge nach § 37b Abs. 1 Satz 3 EStG übersteigenden Zuwendungen, auszuüben. Dabei ist es zulässig, für Zuwendungen an Dritte (Absatz 1) und an eigene Arbeitnehmer (Absatz 2) § 37b EStG jeweils gesondert anzuwenden. Die Entscheidung zur Anwendung des § 37b EStG kann nicht zurückgenommen werden.

5   Werden Zuwendungen an Arbeitnehmer verbundener Unternehmen i. S. d. §§ 15 ff. AktG oder § 271 HGB vergeben, fallen diese Zuwendungen in den Anwendungsbereich des § 37b Abs. 1 EStG und sind nach § 37b Abs. 1 Satz 2 EStG mindestens mit dem sich aus § 8 Abs. 3 Satz 1 EStG ergebenden Wert zu bemessen (Rabattgewährung an Konzernmitarbeiter). Es wird nicht beanstandet, wenn diese Zuwendungen an Arbeitnehmer verbundener Unternehmen individuell besteuert werden, auch wenn der Zuwendende für die übrigen Zuwendungen § 37b Abs. 1 EStG anwendet. Für die übrigen Zuwendungen ist das Wahlrecht einheitlich auszuüben.

6   Übt ein ausländischer Zuwendender das Wahlrecht zur Anwendung des § 37b EStG aus, sind die Zuwendungen, die unbeschränkt oder beschränkt Einkommen- oder Körperschaftsteuerpflichtigen im Inland gewährt werden, einheitlich zu pauschalieren.

2. Zeitpunkt der Wahlrechtsausübung

7   Die Entscheidung zur Anwendung der Pauschalierung kann für den Anwendungsbereich des § 37b Abs. 1 EStG auch im laufenden Wirtschaftsjahr, spätestens in der letzten Lohnsteuer-Anmeldung des Wirtschaftsjahres der Zuwendung getroffen werden. Eine Berichtigung der vorangegangenen einzelnen Lohnsteuer-Anmeldungen zur zeitgerechten Erfassung ist nicht erforderlich.

8   Für den Anwendungsbereich des § 37b Abs. 2 EStG ist die Entscheidung zur Anwendung der Pauschalierung spätestens bis zu dem für die Übermittlung der elektronischen Lohnsteuerbescheinigung geltenden Termin (§ 41b Abs. 1 Satz 2 EStG, 28. Februar des Folgejahres) zu treffen. Dieser Endtermin gilt auch, wenn ein Arbeitnehmer während des laufenden Kalenderjahres ausscheidet. Ist eine Änderung des Lohnsteuerabzugs gemäß § 41c EStG zum Zeitpunkt der Ausübung des Wahlrechts nicht mehr möglich, so hat der Arbeitgeber dem Arbeitnehmer eine Bescheinigung über die Pauschalierung nach § 37b Abs. 2 EStG auszustellen. Die Korrektur des bereits individuell besteuerten Arbeitslohns kann der Arbeitnehmer dann nur noch im Veranlagungsverfahren begehren.

III. Bemessungsgrundlage

1. Begriffsbestimmung

Besteuerungsgegenstand sind Zuwendungen, die zusätzlich zur ohnehin vereinbarten Leistung oder zum ohnehin geschuldeten Arbeitslohn erbracht werden, die nicht in Geld bestehen und die nicht gesellschaftsrechtlich veranlasst sind. Verdeckte Gewinnausschüttungen (§ 8 Abs. 3 Satz 2 KStG, R 36 KStR) sind von der Pauschalierung nach § 37b EStG ausgenommen. Bei Zuwendungen an Dritte handelt es sich regelmäßig um Geschenke i. S. d. § 4 Abs. 5 Satz 1 Nr. 1 Satz 1 EStG oder Incentives (z. B. Reise oder Sachpreise aufgrund eines ausgeschriebenen Verkaufs- oder Außendienstwettbewerbs). Geschenke in diesem Sinne sind auch Nutzungsüberlassungen. Zuzahlungen des Zuwendungsempfängers ändern nicht den Charakter als Zuwendung; sie mindern lediglich die Bemessungsgrundlage. Zuzahlungen Dritter (z. B. Beteiligung eines anderen Unternehmers an der Durchführung einer Incentive-Reise) mindern die Bemessungsgrundlage hingegen nicht. 9

Sachzuwendungen, deren Anschaffungs- oder Herstellungskosten 10 Euro nicht übersteigen, sind bei der Anwendung des § 37b EStG als Streuwerbeartikel anzusehen und fallen daher nicht in den Anwendungsbereich der Vorschrift. Die Teilnahme an einer geschäftlich veranlassten Bewirtung i. S. d. § 4 Abs. 5 Satz 1 Nr. 2 EStG ist nicht in den Anwendungsbereich des § 37b EStG einzubeziehen (R 4.7 Abs. 3 EStR, R 8.1 Abs. 8 Nr. 1 LStR 2008). 10

Zuwendungen, die ein Arbeitnehmer von einem Dritten erhalten hat, können nicht vom Arbeitgeber, der nach § 38 Abs. 1 Satz 3 EStG zum Lohnsteuerabzug verpflichtet ist, nach § 37b EStG pauschal besteuert werden. Die Pauschalierung nach § 37b EStG kann nur der Zuwendende selbst vornehmen. 11

Gibt ein Steuerpflichtiger eine Zuwendung unmittelbar weiter, die dieser selbst unter Anwendung des § 37b EStG erhalten hat, entfällt eine erneute pauschale Besteuerung nach § 37b EStG, wenn der Steuerpflichtige hierfür keinen Betriebsausgabenabzug vornimmt. 12

In die Bemessungsgrundlage sind alle Zuwendungen einzubeziehen; es kommt nicht darauf an, dass sie beim Empfänger im Rahmen einer Einkunftsart zufließen (zu den Besonderheiten bei Zuwendungen an Arbeitnehmer siehe Rdnr. 3). 13

2. Bewertung der Zuwendungen

Nach § 37b Abs. 1 Satz 2 EStG sind die Zuwendungen mit den Aufwendungen des Steuerpflichtigen einschließlich Umsatzsteuer zu bewerten. Der Bruttobetrag kann aus Vereinfachungsgründen mit dem Faktor 1,19 aus dem Nettobetrag hochgerechnet werden. In die Bemessung sind alle tatsächlich angefallenen Aufwendungen einzubeziehen, der jeweiligen Zuwendung direkt zugeordnet werden können. Soweit diese nicht direkt ermittelt werden können, weil sie Teil einer Gesamtleistung sind, ist der auf die jeweilige Zuwendung entfallende Anteil an den Gesamtaufwendungen anzusetzen, der ggf. im Wege der Schätzung zu ermitteln ist. 14

Die bestehenden Vereinfachungsregelungen, die zur Aufteilung der Gesamtaufwendungen für VIP-Logen in Sportstätten und in ähnlichen Sachverhalten ergangen sind, gelten unverändert (Rdnrn. 14 und 19 des BMF-Schreibens vom 22. August 2005, BStBl. I S. 845 und BMF-Schreiben vom 11. Juli 2006, BStBl. I S. 447). Der danach ermittelte, auf Geschenke entfallende pauschale Anteil stellt die Aufwendungen dar, die in die Bemessungsgrundlage nach § 37b EStG einzubeziehen sind. Die Vereinfachungsregelungen zur Übernahme der Besteuerung (Rdnrn. 16 und 18 des BMF-Schreibens vom 22. August 2005 und entsprechende Verweise im BMF-Schreiben vom 11. Juli 2006) sind ab dem 1. Januar 2007 nicht mehr anzuwenden. *– Anlage § 040-03 –* 15

Besteht die Zuwendung in der Hingabe eines Wirtschaftsgutes des Betriebsvermögens oder in der unentgeltlichen Nutzungsüberlassung und sind dem Zuwendenden keine oder nur unverhältnismäßig geringe Aufwendungen entstanden (z. B. zinsloses Darlehensgewährung), ist als Bemessungsgrundlage für eine Besteuerung nach § 37b EStG der gemeine Wert anzusetzen. 16

3. Wirkungen auf bestehende Regelungen

Sachbezüge, die im ganz überwiegenden eigenbetrieblichen Interesse des Arbeitgebers gewährt werden, sowie steuerfreie Sachbezüge werden von § 37b Abs. 2 EStG nicht erfasst. Im Übrigen gilt Folgendes:

a) Sachbezugsfreigrenze

Wird die Freigrenze des § 8 Abs. 2 Satz 9 EStG in Höhe von 44 Euro nicht überschritten, liegt kein steuerpflichtiger Sachbezug vor. Bei der Prüfung der Freigrenze bleiben die nach § 8 Abs. 2 Satz 1 EStG zu bewertenden Vorteile, die nach §§ 37b und 40 EStG pauschal versteuert werden, außer Ansatz. 17

Anlage § 037b-02/Pauschalierung ESt § 37b (LStH 37b)

b) Mahlzeiten aus besonderem Anlass

18 Mahlzeiten aus besonderem Anlass (R 8.1 Abs. 8 Nr. 2 LStR 2008), die vom oder auf Veranlassung des Steuerpflichtigen anlässlich von Auswärtstätigkeiten an seine Arbeitnehmer abgegeben werden, können nach § 37b EStG pauschal besteuert werden, wenn der Wert der Mahlzeit 40 Euro übersteigt.

c) Aufmerksamkeiten

19 Zuwendungen des Steuerpflichtigen an seine Arbeitnehmer, die als bloße Aufmerksamkeiten (R 19.6 LStR 2008) anzusehen sind und deren jeweiliger Wert 40 Euro nicht übersteigt, gehören nicht zum Arbeitslohn und sind daher nicht in die Pauschalierung nach § 37b EStG einzubeziehen. Bei Überschreitung des Betrags von 40 Euro ist die Anwendung des § 37b EStG möglich.

4. Zeitpunkt der Zuwendung

20 Die Zuwendung ist im Zeitpunkt der Erlangung der wirtschaftlichen Verfügungsmacht zu erfassen. Das ist bei Geschenken der Zeitpunkt der Hingabe (z. B. Eintrittskarte) und bei Nutzungen der Zeitpunkt der Inanspruchnahme (z. B. bei der Einladung zu einer Veranstaltung der Zeitpunkt der Teilnahme). Es ist aber nicht zu beanstanden, wenn die Pauschalierung nach § 37b EStG bereits in dem Wirtschaftsjahr vorgenommen wird, in dem der Aufwand zu berücksichtigen ist.

5. Beträge nach § 37b Abs. 1 Satz 3 EStG

21 Die Beträge des § 37b Abs. 1 Satz 3 EStG in Höhe von 10 000 Euro sind auf die Bruttoaufwendungen anzuwenden. Bei dem Betrag nach § 37b Abs. 1 Satz 3 Nr. 1 EStG handelt es sich um einen Höchstbetrag (z. B. drei Zuwendungen im Wert von jeweils 4 000 Euro, § 37b EStG ist nicht nur für die ersten beiden Zuwendungen anwendbar, sondern auch die Hälfte der Aufwendungen für die dritte Zuwendung muss in die Pauschalbesteuerung einbezogen werden); bei dem Betrag nach § 37b Abs. 1 Satz 3 Nr. 2 EStG handelt es sich um eine Höchstgrenze (z. B. Zuwendung im Wert von 15 000 Euro, § 37b EStG ist auf diese Zuwendung nicht anwendbar). Wird die Höchstgrenze für eine Zuwendung überschritten, ist eine Pauschalierung für andere Zuwendungen an diesen Zuwendungsempfänger im Rahmen des § 37b Abs. 1 Satz 3 Nr. 1 EStG zulässig (z. B. drei Zuwendungen im Wert von 3 000 Euro, 5 000 Euro und 12 000 Euro, die Aufwendungen für die Einzelzuwendung in Höhe von 12 000 Euro können nicht nach § 37b EStG pauschal besteuert werden, in die Pauschalbesteuerung sind indes die Aufwendungen für die beiden anderen Einzelzuwendungen von insgesamt 8 000 Euro einzubeziehen). Bei Zuzahlungen durch den Zuwendungsempfänger mindert sich der Wert der Zuwendung, auf den der Höchstbetrag/die Höchstgrenze anzuwenden ist.

IV. Verhältnis zu anderen Pauschalierungsvorschriften

1. Lohnsteuerpauschalierung mit Nettosteuersatz

22 Zum Zeitpunkt der Ausübung des Wahlrechts nach § 37b Abs. 2 EStG bereits nach § 40 Abs. 1 Satz 1 EStG durchgeführte Pauschalierungen müssen nicht rückgängig gemacht werden. Eine Änderung ist aber in den Grenzen der allgemeinen Regelungen zulässig; § 37b Abs. 2 EStG kann danach angewandt werden. Die Rückabwicklung eines nach § 40 Abs. 1 Satz 1 EStG pauschalierten Zuwendungsfalls muss für alle Arbeitnehmer einheitlich vorgenommen werden, die diese Zuwendung erhalten haben. Nach der Entscheidung zur Anwendung des § 37b EStG ist eine Pauschalierung nach § 40 Abs. 1 Satz 1 EStG für alle Zuwendungen, auf die § 37b EStG anwendbar ist, nicht mehr möglich.

2. Arbeitnehmer verbundener Unternehmen

23 Die Pauschalierung ist für Sachzuwendungen an Arbeitnehmer verbundener Unternehmen i. S. d. §§ 15 ff. AktG oder § 271 HGB zulässig, wenn die Voraussetzungen des § 37b Abs. 1 EStG erfüllt sind.

V. Steuerliche Behandlung beim Zuwendenden

1. Zuwendung

24 Die Aufwendungen für die Zuwendung sind nach allgemeinen steuerlichen Grundsätzen zu beurteilen; sie sind entweder in voller Höhe als Betriebsausgaben abziehbar (Geschenke an eigene Arbeitnehmer und Zuwendungen, die keine Geschenke sind) oder unter der Maßgabe des § 4 Abs. 5 Satz 1 Nr. 1 EStG beschränkt abziehbar. Die übrigen Abzugsbeschränkungen des § 4 Abs. 5 EStG, insbesondere des § 4 Abs. 5 Satz 1 Nr. 10 EStG sind ebenfalls zu beachten.

25 Bei der Prüfung der Freigrenze des § 4 Abs. 5 Satz 1 Nr. 1 Satz 2 EStG ist aus Vereinfachungsgründen allein auf den Betrag der Zuwendung abzustellen. Die übernommene Steuer ist nicht mit einzubeziehen.

2. Pauschalsteuer

26 Die Abziehbarkeit der Pauschalsteuer als Betriebsausgabe richtet sich danach, ob die Aufwendungen für die Zuwendung als Betriebsausgabe abziehbar sind.

VI. Steuerliche Behandlung beim Empfänger

Nach § 37b Abs. 3 Satz 1 EStG bleibt eine pauschal besteuerte Sachzuwendung bei der Ermittlung der Einkünfte des Empfängers außer Ansatz.

Besteht die Zuwendung in der Hingabe eines einzelnen Wirtschaftsgutes, das beim Empfänger Betriebsvermögen wird, gilt sein gemeiner Wert als Anschaffungskosten (§ 6 Abs. 4 EStG). Rdnr. 12 ist zu beachten.

VII. Verfahren zur Pauschalierung der Einkommensteuer

1. Entstehung der Steuer

Für den Zeitpunkt der Entstehung der Steuer ist grundsätzlich der Zeitpunkt des Zuflusses der Zuwendung maßgeblich. Dabei ist nicht auf den Entstehungszeitpunkt der Einkommen- und Körperschaftsteuer beim Zuwendungsempfänger abzustellen.

2. Unterrichtung des Empfängers der Zuwendung

Nach § 37b Abs. 3 Satz 3 EStG hat der Zuwendende den Empfänger der Zuwendung über die Anwendung der Pauschalierung zu unterrichten. Eine besondere Form ist nicht vorgeschrieben.

Arbeitnehmer sind nach § 38 Abs. 4 Satz 3 EStG verpflichtet, ihrem Arbeitgeber die ihnen von Dritten gewährten Bezüge am Ende des Lohnzahlungszeitraumes anzuzeigen. Erhält der Arbeitnehmer erst im Nachhinein eine Mitteilung vom Zuwendenden über die Anwendung des § 37b EStG, kann bei bereits durchgeführter individueller Besteuerung eine Korrektur des Lohnsteuerabzugs vorgenommen werden, wenn die Änderung des Lohnsteuerabzugs beim Arbeitnehmer noch zulässig ist.

3. Aufzeichnungspflichten

Die bestehenden Aufzeichnungspflichten für Geschenke nach § 4 Abs. 5 Satz 1 Nr. 1 EStG bleiben unberührt (§ 4 Abs. 7 EStG, R 4.11 EStR). Besondere Aufzeichnungspflichten für die Ermittlung der Zuwendungen, für die § 37b EStG angewandt wird, bestehen nicht. Aus der Buchführung oder den Aufzeichnungen muss sich ablesen lassen, dass bei Wahlrechtsausübung alle Zuwendungen erfasst wurden und dass die Höchstbeträge nicht überschritten wurden. Nach § 37b EStG pauschal versteuerte Zuwendungen müssen nicht zum Lohnkonto genommen werden (§ 4 Abs. 2 Nr. 8 LStDV i. V. m. § 41 Abs. 1 EStG).

Aus Vereinfachungsgründen kann bei Zuwendungen bis zu einem Wert von jeweils 40 Euro davon ausgegangen werden, dass der Höchstbetrag nach § 37b Abs. 1 Satz 3 Nr. 1 EStG auch beim Zusammenfallen mit weiteren Zuwendungen im Wirtschaftsjahr nicht überschritten wird. Eine Aufzeichnung der Empfänger kann insoweit unterbleiben.

§ 37b EStG kann auch angewendet werden, wenn die Aufwendungen beim Zuwendenden ganz oder teilweise unter das Abzugsverbot des § 160 AO fallen. Fallen mehrere Zuwendungen zusammen, bei denen § 160 AO zum Abzugsverbot der Aufwendungen führt, ist die Summe dieser Aufwendungen den Höchstbeträgen gegenüberzustellen.

4. Örtliche Zuständigkeit

Für ausländische Zuwendende ergeben sich die für die Verwaltung der Lohnsteuer zuständigen Finanzämter aus analoger Anwendung des H 41.3 LStH 2008 (wie ausländische Bauunternehmer).

5. Kirchensteuer

Für die Ermittlung der Kirchensteuer bei Anwendung des § 37b EStG ist in Rheinland-Pfalz nach dem Erlass des rheinland-pfälzischen Finanzministeriums vom 29. Dezember 2006 (BStBl. I 2007 S. 79) und in den übrigen Ländern nach den gleichlautenden Erlassen der obersten Finanzbehörden dieser Länder vom 28. Dezember 2006 (BStBl. I 2007 S. 76) zu verfahren. *– Anlage § 037b-01 –*

6. Anrufungsauskunft

Für Sachverhalte zur Pauschalierung der Einkommensteuer bei Sachzuwendungen nach § 37b EStG kann eine Anrufungsauskunft i. S. d. § 42e EStG eingeholt werden.

VIII. Anwendungszeitpunkt

Nach Artikel 20 Abs. 6 des Jahressteuergesetzes 2007 tritt Artikel 1 Nr. 28 (§ 37b EStG) zum 1. Januar 2007 in Kraft. § 37b EStG ist daher erstmals auf Zuwendungen anzuwenden, die nach dem 31. Dezember 2006 gewährt werden.

Für Wirtschaftsjahre, die vor dem 1. Juli 2008 enden, kann das Wahlrecht zur Anwendung des § 37b EStG für diesen Zeitraum abweichend von Rdnrn. 7 und 8 ausgeübt werden.

Anlage § 038-01/Einführungsschreiben Lohnsteuer (Zu LStH 8.1 (1-4))

Einführungsschreiben Lohnsteuer zum Steueränderungsgesetz 2003 und Haushaltsbegleitgesetz 2004

BMF-Schreiben vom 27. Januar 2004 IV C 5 – S 2000 – 2/04 (BStBl. I S. 173)

Unter Bezugnahme auf das Ergebnis der Abstimmung mit den obersten Finanzbehörden der Länder nehme ich zu Änderungen im Bereich der Lohnsteuer durch das Steueränderungsgesetz 2003 (StÄndG 2003) vom 15.12.2003 (BGBl. I S. 2645, BStBl. I S. 710) und durch das Haushaltsbegleitgesetz 2004 (HBeglG 2004) vom 29.12.2003 (BGBl. I S. 3076, BStBl. 2004 I S. 120) wie folgt Stellung:

I. Betragsmäßige Änderungen

In den folgenden Vorschriften mit lohnsteuerlichem Bezug haben sich die Freibeträge bzw. Freigrenzen oder Steuersätze verändert; es betragen

- die steuerfreien Höchstbeträge für Abfindungen (§ 3 Nr. 9 EStG) 7.200, 9.000 und 11.000 Euro (bisher 8.181, 10.226 und 12.271 Euro),
- der Steuerfreibetrag für Übergangsgelder und Übergangsbeihilfen wegen Entlassung aus einem Dienstverhältnis (§ 3 Nr. 10 EStG) 10.800 Euro (bisher 12.271 Euro),
- der Steuerfreibetrag für Heirats- und Geburtsbeihilfen (§ 3 Nr. 15 EStG) 315 Euro (bisher 358 Euro),
- der Steuerfreibetrag für Sachprämien aus Kundenbindungsprogrammen (§ 3 Nr. 38 EStG) 1.080 Euro (bisher 1.224 Euro),
- die Berechnungsbasis (Grundlohn je Stunde) für die Steuerfreiheit von Zuschlägen für Sonntags-, Feiertags- oder Nachtarbeit (§ 3b Abs. 2 EStG) 50 Euro (bisher unbegrenzt),
- die monatliche Freigrenze für bestimmte Sachbezüge (§ 8 Abs. 2 Satz 9 EStG) 44 Euro (bisher 50 Euro),
- der Steuerfreibetrag für Belegschaftsrabatte (§ 8 Abs. 3 EStG) 1.080 Euro (bisher 1.224 Euro),
- die Entfernungspauschale für Wege zwischen Wohnung und Arbeitsstätte und die Entfernungspauschale bei einer aus beruflichem Anlass begründeten doppelten Haushaltsführung (§ 9 Abs. 1 Satz 3 Nr. 4 und 5 EStG) für jeden vollen Kilometer der Entfernung 0,30 Euro (bisher 0,36 Euro für die ersten 10 Kilometer und 0,40 Euro für jeden weiteren Kilometer bzw. bei Familienheimfahrten 0,40 Euro für jeden vollen Kilometer); dazu auch Tz. II 1. und 2.,
- der Höchstbetrag der Entfernungspauschale für Wege zwischen Wohnung und Arbeitsstätte (§ 9 Abs. 1 Satz 3 Nr. 4 EStG) 4.500 Euro (bisher 5.112 Euro; bei Benutzung eines Kraftwagens wie bisher höhere Entfernungspauschale möglich),
- der Arbeitnehmer-Pauschbetrag (§ 9a Satz 1 Nr. 1 EStG) 920 Euro (bisher 1.044 Euro),
- der Steuerfreibetrag für die unentgeltliche/verbilligte Überlassung von bestimmten Vermögensbeteiligungen (§ 19a Abs.1 EStG) 135 Euro (bisher 154 Euro),
- der maßgebende Steuersatz bei der Pauschalierung der Einkommensteuer bei Prämien aus Kundenbindungsprogrammen (§ 37a Abs. 1 EStG) 2,25 % (bisher 2 %).

In den LStR 2004 genannte Beträge, die hiervon abweichen, da sie auf der Rechtslage vor den Änderungen des EStG durch das StÄndG 2003 und das HBeglG 2004 beruhen, sind ab 2004 nicht mehr anzuwenden.

II. Weitere Änderungen

1. Fahrtkostenzuschüsse, Job-Ticket (§ 3 Nr. 34 EStG)

(Steuerpflicht, Pauschalierungsmöglichkeit, Bescheinigungspflichten)

Die Steuerfreiheit nach § 3 Nr. 34 EStG (Zuschüsse des Arbeitgebers zu den Aufwendungen des Arbeitnehmers für Fahrten zwischen Wohnung und Arbeitsstätte mit öffentlichen Verkehrsmitteln im Linienverkehr, auch entsprechende unentgeltliche oder verbilligte Nutzung und sog. Job-Ticket) ist weggefallen. R 21b LStR ist damit ab 2004 überholt.

Derartige Vorteile sind demnach grundsätzlich steuerpflichtig. Ein geldwerter Vorteil ist nicht anzunehmen, wenn der Arbeitgeber seinen Arbeitnehmern ein sog. Job-Ticket für Fahrten zwischen Wohnung und Arbeitsstätte mit öffentlichen Verkehrsmitteln zu dem mit dem Verkehrsträger vereinbarten Preis eines Job-Tickets überlässt (die Tarifermäßigung des Verkehrsträgers für das Job-Ticket gegenüber dem üblichen Endpreis ist also kein geldwerter Vorteil). Der zu versteuernde geldwerte Vorteil ist der Preis für das Job-Ticket abzüglich Zahlbetrag des Arbeitnehmers.

(Zu LStH 8.1 (1-4)) **Anlage § 038-01/Einführungsschreiben Lohnsteuer**

Überlässt der Arbeitgeber seinen Arbeitnehmern solche Job-Tickets für Fahrten zwischen Wohnung und Arbeitsstätte mit öffentlichen Verkehrsmitteln unentgeltlich oder verbilligt, so kommt die Anwendung von § 8 Abs. 2 Satz 9 EStG in Betracht. Danach bleiben Sachbezüge außer Ansatz, wenn die sich nach Anrechnung der vom Arbeitnehmer gezahlten Entgelte ergebenden Vorteile insgesamt 44 Euro im Kalendermonat nicht übersteigen (monatliche Freigrenze). Bei der Freigrenze sind andere Sachbezüge zu berücksichtigen; liegen solche nicht vor, so scheidet der Anwendung der Vorschrift gleichwohl aus, wenn der geldwerte Vorteil für den Sachbezug Job-Ticket allein 44 Euro überschreitet (dann ist also der gesamte Sachbezug Job-Ticket steuerpflichtig). Gilt das Job-Ticket für einen längeren Zeitraum (z.B. Jahresticket), so fließt der Vorteil insgesamt bei Überlassung des Job-Tickets zu.

Bei Arbeitnehmern eines Verkehrsträgers kann der Vorteil aus der Nutzung der öffentlichen Verkehrsmittel im Rahmen des § 8 Abs. 3 EStG (Rabattfreibetrag) steuerfrei bleiben.

Der Arbeitgeber kann die Lohnsteuer für diese nunmehr steuerpflichtigen – zusätzlich zum ohnehin geschuldeten Arbeitslohn geleisteten – Fahrtkostenzuschüsse für Fahrten zwischen Wohnung und Arbeitsstätte mit öffentlichen Verkehrsmitteln und etwaige geldwerten Vorteile bei Job-Tickets sowie etwaige den Rabattfreibetrag (§ 8 Abs. 3 EStG) übersteigende geldwerte Vorteile nach § 40 Abs. 2 Satz 2 EStG mit 15 % pauschal erheben. Die Regelung in R 127 Abs. 5 Satz 4 LStR, wonach bei Benutzung öffentlicher Verkehrsmittel im Linienverkehr eine Pauschalierung nicht in Betracht kommt, ist durch die Gesetzesänderung überholt. Die Pauschalierung ist auf den Betrag beschränkt, den der Arbeitnehmer als Werbungskosten geltend machen könnte, wenn die Bezüge nicht pauschal besteuert würden (§ 40 Abs. 2 Satz 2 EStG). Da die tatsächlichen Fahrtkosten für öffentliche Verkehrsmittel nach § 9 Abs. 2 Satz 2 EStG grundsätzlich in voller Höhe als Werbungskosten abziehbar sind, können sie in voller Höhe pauschaliert werden. Der Arbeitgeber braucht also die Höhe der Entfernungspauschale nicht zu ermitteln, da für Fahrtkosten öffentlicher Verkehrsmittel die Begrenzung durch die Entfernungspauschale für Fahrten zwischen Wohnung und Arbeitsstätte nach § 9 Abs. 1 Satz 3 Nr. 4 EStG nicht eingreift.

Die etwaigen steuerfreien Sachbezüge (§ 8 Abs. 2 Satz 9 EStG – Job-Ticket – oder § 8 Abs. 3 EStG – Verkehrsträger –) und die etwaigen pauschal besteuerten Arbeitgeberleistungen sind auf die Entfernungspauschale für Wege zwischen Wohnung und Arbeitsstätte anzurechnen (§ 3c EStG – Job-Ticket –, § 9 Abs. 1 Satz 3 Nr. 4 Satz 5 EStG – Verkehrsträger –, § 40 Abs. 2 Satz 3 EStG – pauschal besteuerte Beträge –). Daher sind die etwaigen steuerfreien Bezüge in der Lohnsteuerbescheinigung einzutragen (§ 41b Abs. 1 Nr. 6 EStG), ebenso die pauschal besteuerten Arbeitgeberleistungen (§ 41b Abs. 1 Nr. 7 EStG). Wenn der Arbeitnehmer bei einem Verkehrsträger beschäftigt ist, so ist der Sachbezug mit dem Preis anzusetzen, den ein dritter Arbeitgeber (Nichtverkehrsträger) an den Verkehrsträger (z.B. für ein Job-Ticket) zu entrichten hätte (§ 9 Abs. 1 Satz 3 Nr. 4 Satz 5 zweiter Halbsatz EStG).

2. Entfernungspauschalen (§ 9 Abs. 1 Satz 3 Nr. 4 und 5 EStG) *– Änderung ab 2012 Anlage § 009-07 –*

– Wegen zeitlicher Überholung nicht mehr abgedruckt. –

3. Streichung der Zweijahresfrist bei einer beruflich veranlassten doppelten Haushaltsführung (§ 9 Abs. 1 Satz 3 Nr. 5 EStG)

– Wegen zeitlicher Überholung nicht mehr abgedruckt. –

4. Lohnsteuerklasse II (Entlastungsbetrag für Alleinerziehende, § 24b EStG)

– Wegen zeitlicher Überholung nicht mehr abgedruckt. Hinweis auf BMF-Schreiben Anlage § 024b-01. –

III. Steuerabzugsverfahren

1. Steuerabzugsverpflichtung bei Arbeitnehmerentsendung (§ 38 Abs. 1 Satz 2 EStG)

Zwischen international verbundenen Gesellschaften werden regelmäßig Arbeitnehmer entsandt (s.a. BMF-Schreiben vom 09.11.2001, BStBl. 2001 I S. 796). Hat ein in Deutschland ansässiges Unternehmen einen vom ausländischen Unternehmen beschäftigten Arbeitnehmer aufgenommen (Entsendung vom Ausland in das Inland), so war im Allgemeinen das deutsche Unternehmen nicht zum Lohnsteuerabzug verpflichtet, obgleich das Besteuerungsrecht für die in Deutschland ausgeübte Tätigkeit nach Abkommensrecht regelmäßig Deutschland zusteht. Nunmehr ist bei internationaler Arbeitnehmerentsendung das in Deutschland ansässige aufnehmende Unternehmen, das den Arbeitslohn für die ihm geleistete Arbeit wirtschaftlich trägt, zum Steuerabzug verpflichtet (§ 38 Abs. 1 Satz 2 EStG). Hierfür ist es nicht erforderlich, dass das deutsche Unternehmen den Arbeitslohn im eigenen Namen und für eigene Rechnung auszahlt.

Durch diese Neuregelung kann auch ein deutsches Unternehmen, das lediglich wirtschaftlicher Arbeitgeber i.S.d. Doppelbesteuerungsabkommen, nicht aber arbeitsrechtlicher Arbeitgeber ist, zum Lohn-

Anlage § 038-01/Einführungsschreiben Lohnsteuer

steuerabzug verpflichtet sein. Wirtschaftlicher Arbeitgeber nach Abkommensrecht ist derjenige, der einen Arbeitnehmer in seinen Geschäftsbetrieb integriert, weisungsbefugt ist und die Vergütungen für die ihm geleistete unselbständige Arbeit wirtschaftlich trägt, sei es, dass er die Vergütung unmittelbar dem betreffenden Arbeitnehmer auszahlt oder dass ein anderes Unternehmen für ihn mit der Arbeitsvergütung in Vorlage tritt (BFH vom 21.08.1985, BStBl. 1986 II S. 4; BMF-Schreiben vom 09.11.2001 zu 2.2. „Arbeitgeber", BStBl. 2001 I S. 796). Die Voraussetzung des wirtschaftlichen Tragens ist insbesondere auch dann erfüllt, wenn die von dem anderen Unternehmen gezahlte Arbeitsvergütung dem deutschen Unternehmen weiterbelastet wird.

Als inländischer Arbeitgeber ist das deutsche Unternehmen zur Einbehaltung und Abführung von Lohnsteuer verpflichtet. Die Höhe des Arbeitslohns hat es zu ermitteln.

2. Lohnsteuerabzug bei Lohnzahlungen Dritter (§ 38 Abs. 1 Satz 3 und Abs. 4 EStG)

Dem Lohnsteuerabzug unterliegt auch der im Rahmen des Dienstverhältnisses von einem Dritten gewährte Arbeitslohn, wenn der Arbeitgeber weiß oder erkennen kann, dass derartige Vergütungen erbracht werden. Hiervon wird insbesondere ausgegangen, wenn Arbeitgeber und Dritter verbundene Unternehmen im Sinne von § 15 AktG sind (§ 38 Abs. 1 Satz 3 EStG). Nach langjähriger Verwaltungsauffassung unterliegen Preisvorteile (Rabatte) von dritter Seite dem Lohnsteuerabzug, wenn der Arbeitgeber an der Verschaffung der Preisvorteile mitgewirkt hat (BMF-Schreiben vom 27.09.1993, BStBl. I S. 814)[1]. Die Gesetzesänderung dient im Wesentlichen der gesetzlichen Absicherung der bestehenden Verwaltungspraxis.

Der Arbeitnehmer hat dem Arbeitgeber die von einem Dritten gewährten Bezüge am Ende des jeweiligen Lohnzahlungszeitraums anzugeben (§ 38 Abs. 4 Satz 3 erster Halbsatz EStG). Wenn er der Angabepflicht nicht nachkommt, ist der objektive Tatbestand der Steuerverkürzung (§ 370 AO) erfüllt. Kann der Arbeitgeber erkennen, dass Drittvergütungen i.S.d. § 38 Abs. 1 Satz 3 EStG geleistet werden, ist er gehalten, seine Arbeitnehmer auf die Angabepflicht und die Folgen eines Pflichtverstoßes hinzuweisen.

Macht der Arbeitnehmer keine oder eine erkennbar unrichtige Angabe, hat der Arbeitgeber dies dem Betriebsstättenfinanzamt anzuzeigen (§ 38 Abs. 4 Satz 3 zweiter Halbsatz EStG). Eine solche Mitteilung an das Betriebsstättenfinanzamt hat unverzüglich zu erfolgen, wenn Drittvergütungen vorliegen und der Arbeitgeber bei der (sich aus seiner qualifizierten Mitwirkung oder der Unternehmensverbundenheit abzuleitenden) gebotenen Sorgfalt erkennen kann, dass die Angaben des Arbeitnehmers unzutreffend sind.

3. Lohnsteuerabzug durch einen Dritten (§ 38 Abs. 3a EStG)

3.1. Gesetzliche Verpflichtung bei Erfüllung tarifvertraglicher Geldansprüche (§ 38 Abs. 3a Satz 1, § 39c Abs. 5 EStG)

Ein Dritter, der unmittelbar gegen sich gerichtete tarifvertragliche Arbeitslohnansprüche erfüllt, ist zum Lohnsteuerabzug verpflichtet, wenn es sich um Geldleistungen handelt (§ 38 Abs. 3a Satz 1 EStG). Damit wird für Sonderfälle die Steuerabzugsverpflichtung eingeführt, in denen z.B. ein drittes Unternehmen zentral tarifliche Teilleistungen zahlt, die Arbeitslohn (aus gegenwärtigen oder früheren Dienstverhältnissen bei zahlreichen Arbeitgebern) sind (z.B. Sozialkassen des Baugewerbes). Die Neuregelung sichert die steuerliche Erfassung dieser Arbeitslöhne.

Der Dritte hat die Pflichten des Arbeitgebers. Die Lohnsteuer für sonstige Bezüge kann er mit einem festen Steuersatz von 20 % erheben. Voraussetzung ist, dass der von dem Dritten für den Arbeitnehmer gezahlte Jahresarbeitslohn einschließlich des sonstigen Bezugs 10.000 Euro nicht übersteigt (§ 39c Abs. 5 EStG). Der Dritte meldet die Lohnsteuer bei seinem Betriebsstättenfinanzamt an. Der Dritte hat die Lohnsteuerbescheinigung zu erteilen. In den Fällen des § 39c Abs. 5 EStG kommt es zu einer Pflichtveranlagung des Arbeitnehmers zur Einkommensteuer (§ 46 Abs. 2 Nr. 5 EStG), bei der die Abzugsbeträge angerechnet werden.

3.2. Erfüllung der Arbeitgeberpflichten auf Antrag (§ 38 Abs. 3a Sätze 2 ff. EStG)

Das Finanzamt kann auf (formlosen schriftlichen) Antrag zulassen, dass ein Dritter die Pflichten des Arbeitgebers im eigenen Namen erfüllt (§ 38 Abs. 3a Satz 2 EStG). Die Lohnsteuerabzugsverpflichtung kann damit vom Arbeitgeber auf einen Dritten übertragen werden, wenn der Dritte sich hierzu gegenüber dem Arbeitgeber verpflichtet hat, er den Lohn auszahlt oder er die Arbeitgeberpflichten für von ihm vermittelte Arbeitnehmer übernimmt und die Steuererhebung nicht beeinträchtigt wird (§ 38 Abs. 3a Satz 3 EStG). Voraussetzung für die Übertragung ist, dass das Betriebsstättenfinanzamt des Dritten im Einvernehmen mit dem Betriebsstättenfinanzamt des Ar-

---

1) Anlage § 008-01.

Anlage § 038-01/Einführungsschreiben Lohnsteuer

beitgebers zustimmt. Diese Zustimmung wird nur erteilt, wenn der Dritte für den gesamten Arbeitslohn die Lohnsteuerabzugsverpflichtung übernimmt. Die das Lohnsteuerverfahren betreffenden Vorschriften (z.B. Lohnsteuer-Anmeldung, Lohnsteuerbescheinigung) sind dann auf den Dritten mit der Maßgabe anzuwenden, dass der Dritte an die Stelle des Arbeitgebers tritt (§ 38 Abs. 3a Satz 6 EStG). Die Regelung ermöglicht es, dass der Dritte die Arbeitslöhne zusammenfassen kann (§ 38 Abs. 3a letzter Satz EStG).

Diese Neuregelung dient im wesentlichen dazu, eine gesetzliche Grundlage zu schaffen für die in bestimmten Fällen zum Teil seit langem geübte und den Finanzämtern bekannte Handhabung (z.B. zusammengefasste Lohnabrechnung von Mehrfacharbeitsverhältnissen eines Arbeitnehmers im Konzernverbund, studentische Arbeitsvermittlungen, zentrale Abrechnungsstellen bei den Kirchen, Arbeitnehmern von Wohneigentümergemeinschaften). In solchen bereits praktizierten Fällen der Übernahme der Arbeitgeberpflichten durch einen Dritten ist daher ein (neuer) Antrag nicht erforderlich. Die gesamte Neuregelung, insbesondere die Haftung, ist auch in diesen Altfällen anzuwenden.

Der Dritte haftet in beiden Fallgruppen neben dem Arbeitgeber gemäß § 42d Abs. 9 EStG. Es besteht eine Gesamtschuldnerschaft zwischen Arbeitgeber, dem Dritten und dem Arbeitnehmer. Eine Haftungsinanspruchnahme des Arbeitgebers unterbleibt, wenn beim Arbeitnehmer selbst eine Nachforderung unzulässig ist, weil der Mindestbetrag von 10 Euro nicht überschritten ist (§ 42d Abs. 5 EStG). Für die Lohnsteuer-Außenprüfung ist in Fällen des § 38 Abs. 3a EStG das Betriebsstättenfinanzamt des Dritten zuständig; eine Außenprüfung ist aber auch noch beim Arbeitgeber möglich (§ 42f Abs. 3 EStG).

4. Permanenter Lohnsteuer-Jahresausgleich (§ 39b Abs. 2 Satz 13 EStG)

Nach § 39b Abs. 2 Satz 13 EStG kann zugelassen werden, die Lohnsteuer nach dem voraussichtlichen Jahresarbeitslohn zu ermitteln (sog. permanenter Lohnsteuer-Jahresausgleich durch den Arbeitgeber). Die Zustimmung ist nicht mehr von der Oberfinanzdirektion, sondern vom Betriebsstättenfinanzamt einzuholen. Die Einzelheiten zum Verfahren ergeben sich aus R 121 LStR. *(Jetzt R 39b.8)*

5. Freistellungsbescheinigung für ausländische Verleiher (§ 39b Abs. 6 EStG)

In § 39b Abs. 6 Satz 1 EStG wird nunmehr auf den Arbeitgeber (§ 38 EStG) verwiesen (bisher „inländischen Arbeitgeber"). Das bedeutet, dass das Betriebsstättenfinanzamt jedem zum Lohnsteuerabzug Verpflichteten (wie z.B. einem ausländischen Verleiher) eine Freistellungsbescheinigung erteilen kann, wenn hierfür die Voraussetzungen nach einem Doppelbesteuerungsabkommen vorliegen. Es bestehen keine Bedenken, ggf. auch für Zeiträume vor 2004 dementsprechend zu verfahren.

6. Lohnsteuer-Anmeldung (§ 41a EStG)

Für nach dem 31.12.2004 endende Anmeldungszeiträume hat der Arbeitgeber die Lohnsteuer-Anmeldungen elektronisch zu übermitteln (§ 41a Abs. 1, § 52 Abs. 52b EStG i.d.F. StÄndG 2003). Zur Vermeidung von unbilligen Härtefällen kann das Betriebsstättenfinanzamt auf Antrag die Abgabe in Papierform weiterhin zulassen. Ein Härtefall kann vorliegen, wenn und solange es dem Arbeitgeber nicht zumutbar ist, die technischen Voraussetzungen einzurichten, die für die Übermittlung der elektronischen Lohnsteuer-Anmeldung nach der Steuerdaten-Übermittlungsverordnung vom 28.01.2003 (BGBl. I S. 139, BStBl. I S. 162) erforderlich sind. *– s. auch Anlage § 041a–05 –*

Ab 01.01.2004 entfällt die bisher bei verspäteter Abgabe der Lohnsteuer-Anmeldung eingeräumte Abgabeschonfrist von 5 Tagen (BMF-Schreiben vom 01.04.2003, BStBl. I S. 239, derzeit noch abrufbar unter www.bundesfinanzministerium.de/Aktuelles/BMF-Schreiben).

Für alle Steuern, zurückzuzahlende Steuervergütungen und Haftungsschulden wurde die sog. Zahlungsschonfrist gem. § 240 Abs. 3 Satz 1 AO 1977 von bisher 5 auf nunmehr 3 Tage verkürzt. Danach werden Säumniszuschläge in Höhe von 1 v.H. des rückständigen Betrags erhoben, wenn die Abführung der Steuerabzugsbeträge nicht bis zum Ablauf von 3 Tagen nach Fälligkeit erfolgt. Bei Überweisung oder Einzahlung auf ein Konto des Finanzamts (Finanzkasse) gilt die Zahlung an dem Tag als wirksam geleistet, an dem der Betrag gutgeschrieben wird. Bei erteilter Einzugsermächtigung an das Finanzamt ist die Verkürzung der Zahlungsschonfrist ohne Bedeutung. Die Regelung, dass bei Zahlung durch Übersendung eines Schecks an das Finanzamt die Zahlungsschonfrist nicht gilt, behält weiterhin Gültigkeit, so dass auch zukünftig bei Verwendung dieses Zahlungsmittels sofort Säumniszuschläge anfallen, wenn der Eingang beim Finanzamt erst nach Ablauf des Fälligkeitstages erfolgt.

7. Bescheinigungspflichten (§ 41b EStG)

– Wegen zeitlicher Überholung nur auszugsweise abgedruckt. Hinweis auf BMF-Schreiben
– Anlage § 041b-01 –.

Anlage § 038-01/Einführungsschreiben Lohnsteuer

In der Lohnsteuerbescheinigung gab es bisher Pflichtbescheinigungen und freiwillige Bescheinigungen (wie z. B. Arbeitnehmeranteil am Gesamtsozialversicherungsbeitrag, R 135 Abs. 7 LStR und die entsprechenden Vordrucke). Die Gruppe der freiwilligen Bescheinigungen ist weggefallen und – automationsgerecht – zu Pflichtbescheinigungen geworden (Erweiterung der Aufzählung in § 41b Abs. 1 Satz 2 EStG). R 135 Abs. 7 LStR ist damit durch Gesetzesänderung überholt.

Auf folgende Änderungen wird besonders hingewiesen:

- ...
- die nach § 3 Nrn. 13 und 16 EStG steuerfrei gezahlten Verpflegungszuschüsse und Vergütungen bei doppelter Haushaltsführung (§ 41b Abs. 1 Satz 2 Nr. 10 EStG; nach der Einleitung in § 41b Abs. 1 Satz 2 EStG ist „Auf Grund der Eintragungen im Lohnkonto" zu bescheinigen, so dass eine Bescheinigung nicht zwingend ist, wenn das Betriebsstättenfinanzamt nach § 4 Abs. 2 Nr. 4 Satz 2 LStDV eine andere Aufzeichnung als im Lohnkonto zugelassen hat),
- ...

8. Betrieblicher Lohnsteuer-Jahresausgleich (§ 42b Abs. 1 EStG)

Der Lohnsteuer-Jahresausgleich durch den Arbeitgeber darf nur für unbeschränkt einkommensteuerpflichtige Arbeitnehmer durchgeführt werden, die während des gesamten Ausgleichsjahres in einem Dienstverhältnis gestanden (§ 42b Abs. 1 Satz 1 EStG) und bei Arbeitgeberwechsel dem Arbeitgeber neben der Lohnsteuerkarte auch Lohnsteuerbescheinigungen aus vorangegangenen Dienstverhältnissen vorgelegt haben (§ 42b Abs. 1 Satz 3 EStG). Verzichtet der Arbeitnehmer künftig bei elektronischer Lohnsteuerbescheinigung (Tz. V) auf die Vorlage des Ausdrucks der elektronischen Lohnsteuerbescheinigung, so ist ein betrieblicher Jahresausgleich nicht zulässig.

Der Lohnsteuer-Jahresausgleich durch den Arbeitgeber ist auch nicht mehr zulässig, wenn bei der Lohnsteuerberechnung ein auf der Lohnsteuerkarte eingetragener Freibetrag (§ 39a EStG) zu berücksichtigen war (§ 42b Abs. 1 Satz 4 Nr. 3a EStG); Gleiches gilt wie bisher für den Hinzurechnungsbetrag.

9. Abfindungsentschädigungen als beschränkt steuerpflichtige Einkünfte (§ 49 Abs. 1 Nr. 4 Buchstabe d EStG)

Entlassungsentschädigungen i.S.d. § 24 Nr. 1 EStG an beschränkt einkommensteuerpflichtige Arbeitnehmer sind inländische Einkünfte i.S.d. § 49 EStG, soweit die Einkünfte, die für die zuvor ausgeübte Tätigkeit bezogen werden, der inländischen Besteuerung unterlegen haben (§ 49 Abs. 1 Nr. 4 Buchstabe d EStG). Die Lohnsteuerabzugsverpflichtung hierfür ergibt sich aus § 39d Abs. 3 EStG.

Beispiel:

Das Dienstverhältnis von Arbeitnehmer A (60 Jahre) wird nach einer Beschäftigung (über 20 Jahre) für den Arbeitgeber B in Deutschland zum 01.04.2004 vorzeitig gegen Abfindung aufgelöst. A zieht am 01.03.2004 in die Schweiz um. Am 10.04.2004 erhält er eine Abfindung wegen der Auflösung des Dienstverhältnisses von 36.000 Euro.

Die bisherigen Einkünfte (Arbeitslohn) haben der inländischen Besteuerung unterlegen, so dass die Abfindung als inländische Einkünfte gem. § 49 Abs. 1 Nr. 4d EStG i.H.v. 25.000 Euro (36.000 Euro – 11.000 Euro höchster Freibetrag nach § 3 Nr. 9 EStG) der beschränkten Einkommensteuerpflicht unterliegt. Eine ermäßigte Besteuerung nach § 34 EStG im Lohnsteuerabzugsverfahren kommt nicht in Betracht (§ 39d Abs. 2, § 50 Abs. 1 Sätze 3 und 4 EStG).

Ob der Bundesrepublik Deutschland für die inländischen Einkünfte das Besteuerungsrecht zusteht, ist dann im Weiteren unter Beachtung eines ggf. anzuwendenden Doppelbesteuerungsabkommens zu entscheiden (vgl. auch das BFH-Urteil vom 10.07.1996, BStBl. 1997 II S. 341 und das BMF-Schreiben vom 20.05.1997, BStBl. 1997 I S. 560).

10. Steuerfreistellung ausländischer Einkünfte (§ 50d Abs. 8 EStG)

Nach § 50d Abs. 8 EStG sind Einkünfte eines unbeschränkt Steuerpflichtigen aus nichtselbständiger Arbeit, für die das Besteuerungsrecht nach einem Doppelbesteuerungsabkommen einem anderen Staat zusteht, gleichwohl in Deutschland zu besteuern, soweit der Steuerpflichtige nicht nachweist, dass der (ausländische) Tätigkeitsstaat auf dieses Besteuerungsrecht verzichtet hat oder dass die in diesem Staat auf die Einkünfte festgesetzten Steuern tatsächlich entrichtet wurden. Dies gilt auch dann, wenn nach dem einschlägigen DBA eine Rückfallklausel nicht vorgesehen ist.

Diese Nachweispflicht betrifft das Veranlagungsverfahren; sie ist im Lohnsteuerabzugsverfahren nicht anzuwenden. Das Betriebsstättenfinanzamt kann daher weiterhin auf Antrag des Arbeitnehmers oder des Arbeitgebers eine Freistellungsbescheinigung erteilen (§ 39b Abs. 6 Satz 1 EStG). Das Betriebsstättenfinanzamt soll dann in der Freistellungsbescheinigung auf die Nachweispflicht im Veranlagungsverfahren hinweisen. Hat der Arbeitgeber den Antrag auf Freistellungsbescheinigung gestellt, sollte er

Anlage § 038-01/Einführungsschreiben Lohnsteuer

seinem Arbeitnehmer einen solchen Hinweis auf die Nachweispflicht im Veranlagungsverfahren weitergeben. Einen Einkommensteuerbescheid, in dem solche Einkünfte der deutschen Besteuerung unterworfen wurden, kann zu Gunsten des Steuerpflichtigen geändert werden, sobald dieser die tatsächliche Besteuerung im Ausland nachweist. Dadurch ist sichergestellt, dass eine Doppelbesteuerung vermieden wird. Da § 175 Abs. 1 Satz 2 AO anzuwenden ist, beginnt die Festsetzungsfrist mit Ablauf des Kalenderjahres, in dem das rückwirkende Ereignis (= Zahlung der festgesetzten Steuer im Ausland) eintritt (§ 50d Abs. 8 Satz 3 EStG).

IV. Lohnsteuerberechnung, Programmablaufplan 2004

1. Wegfall der 150 Euro-Grenze (§ 39b Abs. 3 Satz 2 EStG a.F.)

– Wegen zeitlicher Überholung nicht mehr abgedruckt. –

2. Berechnung bei sonstigem Bezug und Arbeitgeberwechsel (§ 39b Abs. 3 Satz 2 EStG), Großbuchstabe S (§ 41 Abs. 1 Satz 7 EStG)

Die Versteuerung des sonstigen Bezugs richtet sich nach dem voraussichtlichen Jahresarbeitslohn (§ 39b Abs. 3 Satz 1 EStG). Bei einem Arbeitgeberwechsel ist der für diese Ermittlung notwendige Arbeitslohn aus einem vorangegangenen Dienstverhältnis bzw. mehreren vorangegangenen Dienstverhältnissen dem neuen Arbeitgeber nicht mehr zwingend bekannt, wenn der Vorarbeitgeber eine elektronische Lohnsteuerbescheinigung übermittelt (vgl. dazu Tz. V) und der Arbeitnehmer dem neuen Arbeitgeber den früheren Arbeitslohn nicht mitteilt. In einem solchen Fall kann der neue Arbeitgeber den Arbeitslohn für die vom Arbeitnehmer anzugebenden früheren Beschäftigungszeiten des laufenden Kalenderjahres mit dem Betrag ansetzen, der sich aus der Hochrechnung des laufenden Arbeitslohns im Monat der Zahlung des sonstigen Bezugs entsprechend der Beschäftigungsdauer bei früheren Arbeitgebern ergibt (§ 39b Abs. 3 Satz 2 EStG; R 119 Abs. 3 Satz 6 LStR i.d.F. LStÄR 2004 vom 08.10.2003, BStBl. I S. 455).

Da diese Hochrechnung zu einer ungenaueren Lohnsteuer für den sonstigen Bezug führen kann, hat der Arbeitgeber bei Anwendung dieser Methode im Lohnkonto den Großbuchstaben S einzutragen (§ 41 Abs. 1 Satz 7 EStG) und auch zu bescheinigen (§ 41b Abs. 1 Satz 2 Nr. 3 EStG). Es kommt zu einer Pflichtveranlagung zur Einkommensteuer (§ 46 Abs. 2 Nr. 5a EStG).

3. Fünftelungsregelung bei negativem Arbeitslohn (§ 39b Abs. 3 Satz 9 EStG)

Bei der Ermittlung der Lohnsteuer für einen begünstigten sonstigen Bezug ist nunmehr § 34 Abs. 1 Satz 3 EStG sinngemäß anzuwenden (§ 39b Abs. 3 Satz 9 zweiter Halbsatz EStG), damit Einkommensteuernachzahlungen vorgebeugt wird. Die Neuregelung betrifft die Sonderfälle, in denen bei Anwendung der Fünftelungsregelung das zu versteuernde Einkommen (= steuerpflichtige Arbeitslohn) negativ ist (z.B. wegen eines Freibetrages auf der Lohnsteuerkarte) und erst durch Hinzurechnung der außerordentlichen Einkünfte (z.B. steuerpflichtiger Teil einer Abfindung) positiv wird.

Diese Gesetzesänderung ist in dem Programmablaufplan 2004 (Tz. IV 4.) noch nicht berücksichtigt. Es ist daher nicht zu beanstanden, wenn der Arbeitgeber mit maschineller Lohnabrechnung bis zur Veröffentlichung einer entsprechenden Ergänzung des Programmablaufplans die Gesetzesänderung nicht berücksichtigt.

4. Programmablaufplan 2004

– Wegen zeitlicher Überholung nicht mehr abgedruckt. –

V. Elektronische Lohnsteuerbescheinigung (§ 41b EStG), Übergangsregelung

– Wegen zeitlicher Überholung nicht mehr abgedruckt. –

– Aktuelle Lohnsteuerbescheinigung siehe Anlage § 041b -01 –

VI. Anwendung

Diese Änderungen sind nach den allgemeinen Regeln beim Steuerabzug vom laufenden Arbeitslohn erstmals für einen nach dem 31.12.2003 endenden Lohnzahlungszeitraum anzuwenden und beim Steuerabzug auf sonstige Bezüge, die nach dem 31.12.2003 zufließen. Handelt es sich danach um Arbeitslohn des Kalenderjahres 2004, sind z.B. bei den Abfindungen und Zuschlägen nach § 3b EStG die neuen Obergrenzen (Tz. I) maßgebend, auch wenn die Abfindung im Jahr 2003 vereinbart oder die zuschlagsbegünstigte Arbeit im Jahr 2003 geleistet wurde (§ 38 Abs. 1 Satz 2 und 3 EStG).

Anlage § 038-02/Zeitwertkonten (LStH 3b, 38.2)

Lohn-/einkommensteuerliche Behandlung sowie Voraussetzungen für die steuerliche Anerkennung von Zeitwertkonten-Modellen

BMF-Schreiben vom 17. Juni 2009 IV C 5 – S 2332/07/0004, 2009/0406609 (BStBl. I S. 1286)

Zur lohn-/einkommensteuerlichen Behandlung von Zeitwertkonten-Modellen sowie den Voraussetzungen für die steuerliche Anerkennung nehme ich im Einvernehmen mit den obersten Finanzbehörden der Länder wie folgt Stellung:

A. Allgemeines zu Zeitwertkonten

I. Steuerlicher Begriff des Zeitwertkontos

Bei Zeitwertkonten vereinbaren Arbeitgeber und Arbeitnehmer, dass der Arbeitnehmer künftig fällig werdenden Arbeitslohn nicht sofort ausbezahlt erhält, sondern dieser Arbeitslohn beim Arbeitgeber nur betragsmäßig erfasst wird, um ihn im Zusammenhang mit einer vollen oder teilweisen Freistellung von der Arbeitsleistung während des noch fortbestehenden Dienstverhältnisses auszuzahlen. In der Zeit der Arbeitsfreistellung ist dabei das angesammelte Guthaben um den Vergütungsanspruch zu vermindern, der dem Arbeitnehmer in der Freistellungsphase gewährt wird. Der steuerliche Begriff des Zeitwertkontos entspricht insoweit dem Begriff der Wertguthabenvereinbarungen im Sinne von § 7b SGB IV (sog. Lebensarbeitszeit- bzw. Arbeitszeitkonto).

Keine Zeitwertkonten in diesem Sinne sind dagegen Vereinbarungen, die das Ziel der flexiblen Gestaltung der werktäglichen oder wöchentlichen Arbeitszeit oder den Ausgleich betrieblicher Produktions- und Arbeitszeitzyklen verfolgen (sog. Flexi- oder Gleitzeitkonten). Diese dienen lediglich zur Ansammlung von Mehr- oder Minderarbeitszeit, die zu einem späteren Zeitpunkt ausgeglichen wird. Bei Flexi- oder Gleitzeitkonten ist der Arbeitslohn mit Auszahlung bzw. anderweitiger Erlangung der wirtschaftlichen Verfügungsmacht des Arbeitnehmers zugeflossen und zu versteuern.

II. Besteuerungszeitpunkt

Weder die Vereinbarung eines Zeitwertkontos noch die Wertgutschrift auf diesem Konto führen zum Zufluss von Arbeitslohn, sofern die getroffene Vereinbarung den nachfolgenden Voraussetzungen entspricht. Erst die Auszahlung des Guthabens während der Freistellung löst Zufluss von Arbeitslohn und damit eine Besteuerung aus.

Die Gutschrift von Arbeitslohn (laufender Arbeitslohn, Einmal- und Sonderzahlungen) zugunsten eines Zeitwertkontos wird aus Vereinfachungsgründen auch dann steuerlich anerkannt, wenn die Gehaltsänderungsvereinbarung bereits erdiente, aber noch nicht fällig gewordene Arbeitslohnteile umfasst. Dies gilt auch, wenn eine Einmal- oder Sonderzahlung einen Zeitraum von mehr als einem Jahr betrifft.

III. Verwendung des Guthabens zugunsten betrieblicher Altersversorgung

Wird das Guthaben des Zeitwertkontos aufgrund einer Vereinbarung zwischen Arbeitgeber und Arbeitnehmer vor Fälligkeit (planmäßige Auszahlung während der Freistellung) ganz oder teilweise zugunsten der betrieblichen Altersversorgung herabgesetzt, ist dies steuerlich als eine Entgeltumwandlung zugunsten der betrieblichen Altersversorgung anzuerkennen. Der Zeitpunkt des Zuflusses dieser zugunsten der betrieblichen Altersversorgung umgewandelten Beträge richtet sich nach dem Durchführungsweg der zugesagten betrieblichen Altersversorgung (vgl. BMF-Schreiben vom 20. Januar 2009, BStBl. I S. 273, Rz.189). – *Jetzt BMF-Schreiben vom 24.7.2013 (BStBl. I S. 1022) mit weiteren Änderungen* – **Aktuell: Anlage § 010a-01 –**.

Bei einem Altersteilzeitarbeitsverhältnis im sog. Blockmodell gilt dies in der Arbeitsphase und der Freistellungsphase entsprechend. Folglich ist auch in der Freistellungsphase steuerlich von einer Entgeltumwandlung auszugehen, wenn vor Fälligkeit (planmäßige Auszahlung) vereinbart wird, das Guthaben des Zeitwertkontos oder den während der Freistellung auszuzahlenden Arbeitslohn zugunsten der betrieblichen Altersversorgung herabzusetzen.

IV. Begünstigter Personenkreis

1. Grundsatz: Arbeitnehmer in einem gegenwärtigen Dienstverhältnis

Ein Zeitwertkonto kann für alle Arbeitnehmer (§ 1 LStDV) im Rahmen eines gegenwärtigen Dienstverhältnisses eingerichtet werden. Dazu gehören auch Arbeitnehmer mit einer geringfügig entlohnten Beschäftigung i. S. d. § 8 bzw. § 8a SGB IV.

Besonderheiten gelten bei befristeten Dienstverhältnissen und bei Arbeitnehmern, die gleichzeitig Organ einer Körperschaft sind.

2. Besonderheiten

a) Befristete Dienstverhältnisse

Bei befristeten Dienstverhältnissen werden Zeitwertkonten steuerlich nur dann anerkannt, wenn die sich während der Beschäftigung ergebenden Guthaben bei normalem Ablauf während der Dauer des befristeten Dienstverhältnisses, d. h. innerhalb der vertraglich vereinbarten Befristung, durch Freistellung ausgeglichen werden.

b) Organe von Körperschaften

Vereinbarungen über die Einrichtung von Zeitwertkonten bei Arbeitnehmern, die zugleich als Organ einer Körperschaft bestellt sind – z. B. bei Mitgliedern des Vorstands einer Aktiengesellschaft oder Geschäftsführern einer GmbH -, sind mit dem Aufgabenbild des Organs einer Körperschaft nicht vereinbar. Infolgedessen führt bereits die Gutschrift des künftig fällig werdenden Arbeitslohns auf dem Zeitwertkonto zum Zufluss von Arbeitslohn.

Die allgemeinen Grundsätze der verdeckten Gewinnausschüttung bleiben unberührt.

Der Erwerb einer Organstellung hat keinen Einfluss auf das bis zu diesem Zeitpunkt aufgebaute Guthaben eines Zeitwertkontos. Nach Erwerb der Organstellung führen alle weiteren Zuführungen zu dem Konto steuerlich zu Zufluss von Arbeitslohn. Nach Beendigung der Organstellung und Fortbestehen des Dienstverhältnisses kann der Arbeitnehmer das Guthaben entsprechend der unter A. I. dargestellten Grundsätze weiter aufbauen oder das aufgebaute Guthaben für Zwecke der Freistellung verwenden.

c) Als Arbeitnehmer beschäftigte beherrschende Anteilseigner

Buchstabe b) gilt entsprechend für Arbeitnehmer, die von der Körperschaft beschäftigt werden, die sie beherrschen.

B. Modellinhalte

I. Aufbau des Zeitwertkontos

In ein Zeitwertkonto können keine weiteren Gutschriften mehr unversteuert eingestellt werden, sobald feststeht, dass die dem Konto zugeführten Beträge nicht mehr durch Freistellung vollständig aufgebraucht werden können.

Bei Zeitwertkontenvereinbarungen, die die Anforderungen des § 7 Absatz 1a Satz 1 Nummer 2 SGB IV hinsichtlich der Angemessenheit der Höhe des während der Freistellung fälligen Arbeitsentgeltes berücksichtigen, wird davon ausgegangen, dass die dem Konto zugeführten Beträge durch Freistellung vollständig aufgebraucht werden können und somit eine solche Prognoseentscheidung regelmäßig entbehrlich ist. Für Zeitwertkonten, die diese Anforderungen nicht berücksichtigen und eine Freistellung für Zeiten, die unmittelbar vor dem Zeitpunkt liegen, zu dem der Beschäftigte eine Rente wegen Alters nach dem SGB VI bezieht oder beziehen könnte, vorsehen, ist hierfür einmal jährlich eine Prognoseentscheidung zu treffen. Für diese Prognoseentscheidung zur einen der ungeminderte Arbeitslohnanspruch (ohne Berücksichtigung der Gehaltsänderungsvereinbarung) und zum anderen der voraussichtliche Zeitraum der maximal noch zu beanspruchenden Freistellung maßgeblich. Der voraussichtliche Zeitraum der Freistellung bestimmt sich dabei grundsätzlich nach der vertraglichen Vereinbarung. Das Ende des voraussichtlichen Freistellungszeitraums kann allerdings nicht über den Zeitpunkt hinausgehen, zu dem der Arbeitnehmer eine Rente wegen Alters nach dem SGB VI spätestens beanspruchen kann (Regelaltersgrenze). Jede weitere Gutschrift auf dem Zeitwertkonto ist dann Einkommensverwendung und damit steuerpflichtiger Zufluss von Arbeitslohn.

Beispiel zur Begrenzung der Zuführung:

Zwischen dem 55-jährigen Arbeitnehmer B und seinem Arbeitgeber wird vereinbart, dass künftig die Hälfte des Arbeitslohns in ein Zeitwertkonto eingestellt wird, das dem Arbeitnehmer während der Freistellungsphase ratierlich ausgezahlt werden soll. Das Arbeitsverhältnis soll planmäßig mit Vollendung des 67. Lebensjahrs (Jahr 12) beendet werden. Der aktuelle Jahresarbeitslohn beträgt 100 000 €. Nach sieben Jahren beträgt das Guthaben 370 000 € (einschließlich Wertzuwächsen). Der Jahresarbeitslohn im Jahr 08 beläuft sich auf 120 000 €. Kann hiervon wieder die Hälfte dem Zeitwertkonto zugeführt werden?

Nach Ablauf des achten Jahres verbleiben für die Freistellungsphase noch vier Jahre. Eine Auffüllung des Zeitwertkontos ist bis zum Betrag von 480 000 € (= ungekürzter Arbeitslohn des laufenden Jahres x Dauer der Freistellungsphase in Jahren) steuerlich unschädlich. Daher können im Jahr 08 weitere 60 000 € dem Zeitwertkonto zugeführt werden (370 000 € + 60 000 € = 430 000 € Stand Guthaben 31. Dezember 08). Sollte im Jahr 09 die Freistellungsphase noch nicht begonnen haben, können keine weiteren Beträge mehr unversteuert in das Zeitwertkonto eingestellt werden

Anlage § 038-02/Zeitwertkonten (LStH 3b, 38.2)

(Prognoserechnung: bei einem Jahresarbeitslohn von 120 000 € für die Freistellungsphase von drei Freistellungsjahren = 360 000 €).

Bei erfolgsabhängiger Vergütung ist dabei neben dem Fixum auch der erfolgsabhängige Vergütungsbestandteil zu berücksichtigen. Es bestehen keine Bedenken, insoweit den Durchschnittsbetrag der letzten fünf Jahre zu Grunde zu legen. Wird die erfolgsabhängige Vergütung noch keine fünf Jahre gewährt oder besteht das Dienstverhältnis noch keine fünf Jahre, ist der Durchschnittsbetrag dieses Zeitraumes zu Grunde zu legen.

Beispiel zu erfolgsabhängigen Vergütungen:

Zwischen dem 55-jährigen Arbeitnehmer C und seinem Arbeitgeber wird Anfang 01 vereinbart, dass künftig die Hälfte des Arbeitslohns in ein Zeitwertkonto eingestellt wird, das dem Arbeitnehmer während der Freistellungsphase ratierlich ausgezahlt werden soll. Das Arbeitsverhältnis soll planmäßig mit Vollendung des 67. Lebensjahrs (Jahr 12) beendet werden. C bezieht im Jahr 01 ein Festgehalt von 100 000 €. Daneben erhält er erfolgsabhängige Vergütungsbestandteile, die ebenfalls hälftig dem Zeitwertkonto zugeführt werden sollen. Nach sieben Jahren beträgt das Guthaben des Zeitwertkontos 520 000 €. Die Fixvergütung beläuft sich im Jahr 08 auf 120 000 €. Die variablen Vergütungsbestandteile im Jahr 08 betragen 80 000 €; in den letzten fünf Jahren standen ihm variable Vergütungen in Höhe von insgesamt 300 000 € zu.

Dem Zeitwertkonto können im achten Jahr (Jahr 08) 100 000 € unversteuert zugeführt werden. Damit beläuft sich das Guthaben des Zeitwertkontos am Ende des Jahres 08 auf 620 000 € und ist – bezogen auf eine mögliche Freistellungsphase von noch vier Jahren – weiterhin geringer als das Vierfache des aktuellen jährlichen Fixgehalts (120 000 €) zuzüglich der durchschnittlichen jährlichen variablen Vergütungen von 60 000 € (300 000 € : 5), die sich somit für einen Freistellungszeitraum von vier Jahren auf 720 000 € belaufen (= 180 000 € x 4 Jahre).

II. Verzinsung der Zeitwertkontenguthaben

Im Rahmen von Zeitwertkonten kann dem Arbeitnehmer auch eine Verzinsung des Guthabens zugesagt sein. Diese kann beispielsweise bestehen in einem festen jährlichen Prozentsatz des angesammelten Guthabens, wobei sich der Prozentsatz auch nach dem Umfang der jährlichen Gehaltsentwicklung richten kann, oder in einem Betrag in Abhängigkeit von der Entwicklung bestimmter am Kapitalmarkt angelegter Vermögenswerte.

Die Zinsen erhöhen das Guthaben des Zeitwertkontos, sind jedoch erst bei tatsächlicher Auszahlung an den Arbeitnehmer als Arbeitslohn zu erfassen.

III. Zuführung von steuerfreiem Arbeitslohn zu Zeitwertkonten

Wird vor der Leistung von steuerlich begünstigtem Arbeitslohn bestimmt, dass ein steuerfreier Zuschlag auf dem Zeitwertkonto eingestellt und getrennt ausgewiesen wird, bleibt die Steuerfreiheit bei Auszahlung in der Freistellungsphase erhalten (R 3b Absatz 8 LStR 2008). Dies gilt jedoch nur für den Zuschlag als solchen, nicht hingegen für eine darauf beruhende etwaige Verzinsung oder Wertsteigerung.

IV. Kein Rechtsanspruch gegenüber einem Dritten

Wird das Guthaben eines Zeitwertkontos auf Grund der Vereinbarung zwischen Arbeitgeber und Arbeitnehmer z. B. als Depotkonto bei einem Kreditinstitut oder Fonds geführt, darf der Arbeitnehmer zur Vermeidung eines Lohnzuflusses keinen unmittelbaren Rechtsanspruch gegenüber dem Dritten haben.

Beauftragt der Arbeitgeber ein externes Vermögensverwaltungsunternehmen mit der Anlage der Guthabenbeträge, findet die Minderung wie auch die Erhöhung des Depots z. B. durch Zinsen und Wertsteigerungen infolge von Kursgewinnen zunächst in der Sphäre des Arbeitgebers statt. Beim Arbeitnehmer sind die durch die Anlage des Guthabens erzielten Vermögensminderungen/-mehrungen – unter Berücksichtigung der Regelung zur Zeitwertkontengarantie unter B. V. – erst bei Auszahlung der Beträge in der Freistellungsphase lohnsteuerlich zu erfassen. Ein Kapitalanlagewahlrecht des Arbeitnehmers ist dann unschädlich.

Beim Erwerb von Ansprüchen des Arbeitnehmers gegenüber einem Dritten im Fall der Eröffnung des Insolvenzverfahrens ist § 3 Nummer 65 Buchstabe c 2. Halbsatz EStG zu beachten.

V. Zeitwertkontengarantie

1. Inhalt der Zeitwertkontengarantie

Zeitwertkonten werden im Hinblick auf die in §§ 7d und 7e SGB IV getroffenen Regelungen steuerlich nur dann anerkannt, wenn die zwischen Arbeitgeber und Arbeitnehmer getroffene Vereinbarung vorsieht, dass zum Zeitpunkt der planmäßigen Inanspruchnahme des Guthabens mindestens ein Rückfluss der dem Zeitwertkonto zugeführten Arbeitslohn-Beträge (Bruttoarbeitslohn im steuerlichen Sinne ohne den Arbeitgeberanteil am Gesamtsozialversicherungsbeitrag) gewährleistet ist (Zeitwertkontengarantie). Im Fall der arbeitsrechtlichen Garantie des Arbeitgebers für die in das Zeitwertkonto für den Arbeitnehmer eingestellten Beträge bestehen keine Bedenken, von der Erfüllung der Zeitwertkontengarantie auszugehen, wenn der Arbeitgeber für diese Verpflichtung insbesondere die Voraussetzungen des Insolvenzschutzes nach § 7e SGB IV entsprechend erfüllt. Dies gilt nicht nur zu Beginn, sondern während der gesamten Auszahlungsphase, unter Abzug der bereits geleisteten Auszahlungen. Wertschwankungen sowie die Minderung des Zeitwertkontos (z. B. durch die Abbuchung von Verwaltungskosten und Depotgebühren) in der Zuführungsphase sind lohnsteuerlich unbeachtlich.

Beispiel zur Zeitwertkontengarantie und Wertschwankungen:

Im Rahmen eines vereinbarten Zeitwertkontos ergibt sich zum Ende des dritten Jahres innerhalb der zehnjährigen Ansparphase ein Guthaben von 10 000 €. Bei jährlichen Zuführungen von 4 000 € ergab sich durch Wertschwankungen sowie die Belastung von Provisionszahlungen und Verwaltungskosten ein geringerer Wert als die Summe der zugeführten Arbeitslohnbeträge.

Die Minderung des Guthabens des Zeitwertkontos ist unschädlich, wenn bis zum Beginn der Auszahlungsphase die Wertminderung durch Wertsteigerungen der Anlage oder durch Erträge aus der Anlage wieder ausgeglichen wird.

Beispiel 1 zur Zeitwertkontengarantie und Verwaltungskosten:

Der Bestand des Zeitwertkontos beträgt zu Beginn der Freistellungsphase 60 000 €, die aus jährlichen Gutschriften von jeweils 5 000 € innerhalb der achtjährigen Aufbauphase sowie Erträgen aus der Anlage und Wertsteigerungen herrühren. Während der Freistellungsphase fallen jährlich Verwaltungskosten in Höhe von 120 € an, die dem Zeitwertkonto belastet werden sollen.

Die Belastung des Zeitwertkontos mit Verwaltungskosten und sonstigen Gebühren ist unschädlich, denn die Summe der bis zu Beginn der Freistellungsphase zugeführten Beträge (= 40 000 €) wird hierdurch nicht unterschritten.

Beispiel 2 zur Zeitwertkontengarantie und Verwaltungskosten:

Der Bestand des Zeitwertkontos beträgt zu Beginn der Auszahlungsphase 40 200 €, die aus jährlichen Zuführungen von jeweils 5 000 € innerhalb der achtjährigen Aufbauphase sowie Erträgen aus der Anlage herrühren, aber auch durch Wertschwankungen in der Vergangenheit beeinflusst wurden. Im Hinblick auf die ertragsschwache Anlage wird eine Beratung in Anspruch genommen, die Kosten von 500 € verursacht. Ferner fallen weitere Verwaltungskosten in Höhe von 180 € an.

Die Belastung des Zeitwertkontos ist nur bis zu einem Betrag von 200 € unschädlich (Summe der zugeführten Arbeitslohnbeträge zu Beginn der Freistellungsphase und als steuerpflichtiger Arbeitslohn während der Freistellung mindestens auszuzahlen 40 000 €). Die restlichen Aufwendungen in Höhe von 480 € (= 500 € + 180 € – 200 €) muss der Arbeitgeber, der für den Erhalt des Zeitwertkontos einzustehen hat, tragen.

2. Zeitwertkontengarantie des Anlageinstituts

Wird das Guthaben eines Zeitwertkontos auf Grund der Vereinbarung zwischen Arbeitgeber und Arbeitnehmer bei einem externen Anlageinstitut (z. B. Kreditinstitut oder Fonds) geführt und liegt keine Zeitwertkontengarantie nach Ziffer 1 vor, muss eine vergleichbare Garantie durch das Anlageinstitut vorliegen.

C. Planwidrige Verwendung der Zeitwertkontenguthaben

I. Auszahlung bei existenzbedrohender Notlage

Die Vereinbarungen zur Bildung von Guthaben auf einem Zeitwertkonto werden steuerlich auch dann noch anerkannt, sofern die Möglichkeit der Auszahlung des Guthabens bei fortbestehendem Beschäftigungsverhältnis neben der Freistellung von der Arbeitsleistung auf Fälle einer existenzbedrohenden Notlage des Arbeitnehmers begrenzt wird.

Wenn entgegen der Vereinbarung ohne existenzbedrohende Notlage des Arbeitnehmers das Guthaben dennoch ganz oder teilweise ausgezahlt wird, ist bei dem einzelnen Arbeitnehmer das gesamte Guthaben – also neben dem ausgezahlten Betrag auch der verbleibende Guthabenbetrag – im Zeitpunkt der planwidrigen Verwendung zu besteuern.

II. Beendigung des Dienstverhältnisses vor oder während der Freistellungsphase

Eine planwidrige Verwendung liegt im Übrigen vor, wenn das Dienstverhältnis vor Beginn oder während der Freistellungsphase beendet wird (z. B. durch Erreichen der Altersgrenze, Tod des Arbeitnehmers, Eintritt der Invalidität, Kündigung) und der Wert des Guthabens an den Arbeitnehmer oder seine Erben ausgezahlt wird. Lohnsteuerlich gelten dann die allgemeinen Grundsätze, d. h. der Einmalbetrag ist in

Anlage § 038-02/Zeitwertkonten (LStH 3b, 38.2)

der Regel als sonstiger Bezug zu besteuern. Wurde das Guthaben über einen Zeitraum von mehr als zwölf Monate hinweg angespart, ist eine tarifermäßigte Besteuerung im Rahmen des § 34 EStG vorzunehmen (Arbeitslohn für mehrjährige Tätigkeit).

III. Planwidrige Weiterbeschäftigung

Der Nichteintritt oder die Verkürzung der Freistellung durch planwidrige Weiterbeschäftigung ist ebenfalls eine planwidrige Verwendung. Eine lohnsteuerliche Erfassung erfolgt in diesen Fällen im Zeitpunkt der Auszahlung des Guthabens.

D. Übertragung des Zeitwertkontenguthabens bei Beendigung der Beschäftigung

Bei Beendigung einer Beschäftigung besteht die Möglichkeit, ein in diesem Beschäftigungsverhältnis aufgebautes Zeitwertkonto zu erhalten und nicht auflösen zu müssen.

Bei der Übertragung des Guthabens auf den neuen Arbeitgeber (§ 7f Absatz 1 Satz 1 Nummer 1 SGB IV) tritt der neue Arbeitgeber an die Stelle des alten Arbeitgebers und übernimmt im Wege der Schuldübernahme die Verpflichtungen aus der Zeitwertkontenvereinbarung. Die Leistungen aus dem Zeitwertkonto durch den neuen Arbeitgeber sind Arbeitslohn, von dem er bei Auszahlung Lohnsteuer einzubehalten hat.

Im Fall der Übertragung des Guthabens auf die Deutsche Rentenversicherung Bund (§ 7f Absatz 1 Satz 1 Nr. 2 SGB IV) wird die Übertragung durch § 3 Nummer 53 EStG steuerfrei gestellt. Ein tatsächlich noch bestehendes Beschäftigungsverhältnis ist hierfür nicht erforderlich. Bei der Auszahlung des Guthabens durch die Deutsche Rentenversicherung Bund handelt es sich um Arbeitslohn, für den die Deutsche Rentenversicherung Bund Lohnsteuer einzubehalten hat (§ 38 Absatz 3 Satz 3 EStG).

E. Bilanzielle Behandlung der Zeitwertkonten

Zur bilanziellen Berücksichtigung von Arbeitszeit-, Zeitwert- und Lebensarbeitszeitkonten wird in einem gesonderten BMF-Schreiben Stellung genommen.

F. Anwendungsregelung

Dieses Schreiben ist mit Wirkung ab 1. Januar 2009 anzuwenden.

I. Übergangsregelung für vor dem 1. Januar 2009 eingerichtete Zeitwertkonten

Bei Zeitwertkonten-Modellen, die vor dem 1. Januar 2009 eingerichtet wurden und ohne die Regelungen zur Zeitwertkontengarantie nach Abschnitt B. V. steuerlich anzuerkennen gewesen wären, sind aus Vertrauensschutzgründen der am 31. Dezember 2008 vorhandene Wertbestand des Zeitwertkontos sowie die Zuführungen vom 1. Januar bis zum 31. Dezember 2009 erst bei Auszahlung zu besteuern. Zuführungen ab dem 1. Januar 2010 führen steuerlich zum Zufluss von Arbeitslohn.

Wird spätestens bis zum 31. Dezember 2009 eine Zeitwertkontengarantie nach Abschnitt B. V. für den am 31. Dezember 2008 vorhandenen Wertbestand des Zeitwertkontos sowie die Zuführungen vom 1. Januar bis zum 31. Dezember 2009 nachträglich vorgesehen, können diese Modelle steuerlich weiter als Zeitwertkonten anerkannt werden, so dass auch die Zuführungen nach dem 31. Dezember 2009 erst bei Auszahlung zu besteuern sind. Abschnitt C. bleibt unberührt.

II. Übergangsregelung für Zeitwertkonten zugunsten von Organen von Körperschaften (Geschäftsführer und Vorstände) und als Arbeitnehmer beschäftigte beherrschende Anteilseigner

Bei Zeitwertkonten-Modellen für Organe von Körperschaften sowie als Arbeitnehmer beschäftigte beherrschende Anteilseigner, die bis zum 31. Januar 2009 eingerichtet wurden und aus Vertrauensschutzgründen steuerlich anzuerkennen gewesen wären, sind alle Zuführungen bis zum 31. Januar 2009 erst bei Auszahlung zu besteuern. Die Übergangsregelung gilt nicht für verdeckte Gewinnausschüttungen. Abschnitt C. bleibt unberührt.

III. Besondere Aufzeichnungen

Als Arbeitslohn zu besteuernde Zuführungen nach F. I. und F. II. sind im Zeitwertkonto gesondert aufzuzeichnen. Eine etwaige Verzinsung (vgl. Abschnitt B. II.) ist entsprechend aufzuteilen; die auf zu besteuernde Zuführungen nach dem Stichtag entfallenden Zinsen fließen dem Arbeitnehmer als Einkünfte aus Kapitalvermögen zu.

Dieses Schreiben steht ab sofort für eine Übergangszeit auf den Internetseiten des Bundesministeriums der Finanzen (http://www.bundesfinanzministerium.de) unter der Rubrik Wirtschaft und Verwaltung – Steuern – Veröffentlichungen zu Steuerarten – Lohnsteuer zur Ansicht und zum Abruf bereit.

Anlage § 038-03/Gesellschafter-Geschäftsführer

Verdeckte Einlage in eine Kapitalgesellschaft und Zufluss von Gehaltsbestandteilen bei einem Gesellschafter-Geschäftsführer einer Kapitalgesellschaft; Urteile des Bundesfinanzhofs vom 3.2.2011 – VI R 4/10 – (BStBl. 2014 II S. 493) und – VI R 66/09 – (BStBl. 2014 II S. 491) sowie vom 15.5.2013 – VI R 24/12 – (BStBl. 2014 II S. 495)

BMF-Schreiben vom 12.5.2014 – IV C 2 – S 2743/12/10001 – 2014/0074863 (BStBl. I S. 860)

Der Bundesfinanzhof hat in den Urteilen vom 3. Februar 2011 – VI R 4/10 – (BStBl. 2014 II S. 493) und – VI R 66/09 – (BStBl. 2014 II S. 491) sowie vom 15. Mai 2013 – VI R 24/12 – (BStBl. II S. 495) zur lohnsteuerlichen Behandlung bestimmter Gehaltsbestandteile eines Gesellschafter-Geschäftsführers einer Kapitalgesellschaft Stellung genommen, die im Anstellungsvertrag vereinbart, tatsächlich aber nicht ausgezahlt wurden.

Nach dem Ergebnis der Erörterungen mit den obersten Finanzbehörden der Länder sind die Entscheidungen vom 3. Februar 2011 (a.a.O.) unter Berücksichtigung der Entscheidung vom 15. Mai 2013 (a.a.O.) auszulegen.

Dem beherrschenden Gesellschafter fließt eine eindeutige und unbestrittene Forderung gegen „seine" Kapitalgesellschaft bereits mit der Fälligkeit zu (BFH-Urteil vom 3. Februar 2011 – VI R 66/09 – m.w. N.). Ob sich der Vorgang in der Bilanz der Kapitalgesellschaft tatsächlich gewinnmindernd ausgewirkt hat, etwa durch die Bildung einer Verbindlichkeit, ist für die Anwendung dieser sog. Zuflussfiktion unerheblich, sofern eine solche Verbindlichkeit nach den Grundsätzen ordnungsgemäßer Buchführung hätte gebildet werden müssen.

Für den Zufluss beim Gesellschafter-Geschäftsführer durch eine verdeckte Einlage in eine Kapitalgesellschaft kommt es darauf an, ob der Gesellschafter-Geschäftsführer vor oder nach Entstehen seines Anspruchs darauf verzichtet hat (H 40 KStH 2008). Maßgeblich dafür ist, inwieweit Passivposten in eine Bilanz der Gesellschaft hätten eingestellt werden müssen, die zum Zeitpunkt des Verzichts erstellt worden wäre (BFH-Urteile vom 15. Mai 2013, a.a.O. und vom 24. Mai 1984 – IR 166/78 –, BStBl. 1984 II S. 747). Auf die tatsächliche Buchung in der Bilanz der Gesellschaft kommt es für die Frage des Zuflusses aufgrund einer verdeckten Einlage nicht an.

Anlage § 038b-01/Steuerklassenwahl (Zu LStR 39.2 Abs. 5)

Merkblatt zur Steuerklassenwahl für das Jahr 2015
bei Ehegatten oder Lebenspartnern, die beide Arbeitnehmer sind

Ehegatten oder Lebenspartner, die beide unbeschränkt steuerpflichtig sind, nicht dauernd getrennt leben und beide Arbeitslohn [1]) beziehen, können bekanntlich für den Lohnsteuerabzug wählen, ob sie beide in die Steuerklasse IV eingeordnet werden wollen oder ob einer von ihnen (der Höherverdienende) nach Steuerklasse III und der andere nach Steuerklasse V besteuert werden will. Die Steuerklassenkombination III/V ist so gestaltet, dass die Summe der Steuerabzugsbeträge beider Ehegatten oder Lebenspartner in etwa der zu erwartenden Jahressteuer entspricht, wenn der in Steuerklasse III eingestufte Ehegatte oder Lebenspartner ca. 60 Prozent, der in Steuerklasse V eingestufte ca. 40 Prozent des gemeinsamen Arbeitseinkommens erzielt. Bei abweichenden Verhältnissen des gemeinsamen Arbeitseinkommens kann es aufgrund des verhältnismäßig niedrigen Lohnsteuerabzugs zu Steuernachzahlungen kommen. Aus diesem Grund besteht bei der Steuerklassenkombination III/V generell die Pflicht zur Abgabe einer Einkommensteuererklärung. Zur Vermeidung von Steuernachzahlungen bleibt es den Ehegatten oder Lebenspartnern daher unbenommen, sich trotzdem für die Steuerklassenkombination IV/IV zu entscheiden, wenn sie den höheren Steuerabzug bei dem Ehegatten oder Lebenspartner mit der Steuerklasse V vermeiden wollen; dann entfällt jedoch für den anderen Ehegatten oder Lebenspartner die günstigere Steuerklasse III. Zudem besteht die Möglichkeit, die Steuerklassenkombination IV/IV mit Faktor zu wählen (siehe „Faktorverfahren").

Um verheirateten oder verpartnerten Arbeitnehmern die Steuerklassenwahl zu erleichtern, haben das Bundesministerium der Finanzen und die obersten Finanzbehörden der Länder die in der Anlage beigefügten Tabellen ausgearbeitet. Aus den Tabellen können die Ehegatten oder Lebenspartner nach der Höhe ihrer monatlichen Arbeitslöhne die Steuerklassenkombination feststellen, bei der sie die geringste Lohnsteuer entrichten müssen. Soweit beim Lohnsteuerabzug Freibeträge zu berücksichtigen sind, sind diese vor Anwendung der jeweils in Betracht kommenden Tabelle vom monatlichen Bruttoarbeitslohn abzuziehen.

Die Tabellen erleichtern lediglich die Wahl der für den Lohnsteuerabzug günstigsten Steuerklassenkombination. Ihre Aussagen sind auch nur in den Fällen genau, in denen die Monatslöhne über das ganze Jahr konstant bleiben. Im Übrigen besagt die im Laufe des Jahres einbehaltene Lohnsteuer noch nichts über die Höhe der Jahressteuerschuld. Die vom Arbeitslohn einbehaltenen Beträge an Lohnsteuer stellen im Regelfall nur Vorauszahlungen auf die endgültige Jahressteuerschuld dar. In welcher Höhe sich nach Ablauf des Jahres Erstattungen oder Nachzahlungen ergeben, lässt sich nicht allgemein sagen; hier kommt es immer auf die Verhältnisse des Einzelfalles an. Das Finanzamt kann Einkommensteuer-Vorauszahlungen festsetzen, wenn damit zu rechnen ist, dass die Jahressteuerschuld die einzubehaltende Lohnsteuer um mindestens 400 Euro im Kalenderjahr übersteigt. Auf die Erläuterungen im „Kleinen Ratgeber für Lohnsteuerzahler 2015", der auf der Internetseite der jeweiligen obersten Finanzbehörde des Landes abgerufen werden kann, wird hingewiesen.

Auswirkungen der Steuerklassenwahl oder des Faktorverfahrens

Bei der Wahl der Steuerklassenkombination oder der Anwendung des Faktorverfahrens sollten die Ehegatten oder Lebenspartner daran denken, dass die Entscheidung auch die Höhe der Entgelt-/Lohnersatzleistungen, wie Arbeitslosengeld I, Unterhaltsgeld, Krankengeld, Versorgungskrankengeld, Verletztengeld, Übergangsgeld, Elterngeld und Mutterschaftsgeld oder die Höhe des Lohnanspruchs bei der Altersteilzeit beeinflussen kann. Eine vor Jahresbeginn getroffene Steuerklassenwahl wird bei der Gewährung von Lohnersatzleistungen von der Agentur für Arbeit grundsätzlich anerkannt. Wechseln Ehegatten oder Lebenspartner im Laufe des Kalenderjahres die Steuerklassen, können sich bei der Zahlung von Entgelt-/Lohnersatzleistungen (z. B. wegen Arbeitslosigkeit eines Ehegatten oder Inanspruchnahme von Altersteilzeit) unerwartete Auswirkungen ergeben. Deshalb sollten Arbeitnehmer, die damit rechnen, in absehbarer Zeit eine Entgelt-/Lohnersatzleistung für sich in Anspruch nehmen zu müssen oder diese bereits beziehen, vor der Neuwahl der Steuerklassenkombination bzw. der Anwendung des Faktorverfahrens zu deren Auswirkung auf die Höhe der Entgelt-/Lohnersatzleistung den zuständigen Sozialleistungsträger bzw. den Arbeitgeber befragen.

Zuständige Behörde für die Anträge

Anträge zum Steuerklassenwechsel oder zur Anwendung des Faktorverfahrens sind an das Finanzamt zu richten, in dessen Bezirk die Ehegatten oder Lebenspartner im Zeitpunkt der Antragstellung ihren Wohnsitz haben. Die Steuerklasse ist eines der für den Lohnsteuerabzug maßgebenden Lohnsteuerabzugsmerkmale. Im Kalenderjahr 2015 gilt die im Kalenderjahr 2014 verwendete Steuerklasse weiter.

---

1) Aktives Beschäftigungsverhältnis, keine Versorgungsbezüge.

(Zu LStR 39.2 Abs. 5) **Anlage § 038b-01/Steuerklassenwahl**

Soll diese Steuerklasse nicht zur Anwendung kommen, kann bis zum Ablauf des Kalenderjahres 2014 eine andere Steuerklasse oder abweichende Steuerklassenkombination beim zuständigen Finanzamt beantragt werden. Weil ein solcher Antrag nicht als Wechsel der Steuerklassen gilt, geht das Recht, einmal jährlich die Steuerklasse zu wechseln, nicht verloren. Für das Faktorverfahren gilt dies entsprechend.

Ein Steuerklassenwechsel oder die Anwendung des Faktorverfahrens im Laufe des Jahres 2015 kann in der Regel nur einmal, und zwar spätestens bis zum 30. November 2015, beim Wohnsitzfinanzamt beantragt werden. Nur in den Fällen, in denen im Laufe des Jahres 2015 ein Ehegatte oder Lebenspartner keinen Arbeitslohn mehr bezieht (z. B. Ausscheiden aus dem Dienstverhältnis), einer der Ehegatten oder Lebenspartner verstorben ist oder sich die Ehegatten oder Lebenspartner auf Dauer getrennt haben, kann das Wohnsitzfinanzamt bis zum 30. November 2015 auch noch ein weiteres Mal einen Steuerklassenwechsel vornehmen. Ein weiterer Steuerklassenwechsel bzw. die Anwendung des Faktorverfahrens ist auch möglich, wenn ein Ehegatte oder Lebenspartner nach vorangegangener Arbeitslosigkeit wieder Arbeitslohn bezieht oder nach einer Elternzeit das Dienstverhältnis wieder aufnimmt.

Der Antrag ist von beiden Ehegatten oder Lebenspartnern gemeinsam mit dem beim Finanzamt erhältlichen Vordruck „Antrag auf Steuerklassenwechsel bei Ehegatten/Lebenspartnern" oder in Verbindung mit der Berücksichtigung eines Freibetrags auf dem amtlichen Vordruck „Antrag auf Lohnsteuer-Ermäßigung" bzw. „Vereinfachter Antrag auf Lohnsteuer-Ermäßigung" zu beantragen. Bei der Wahl des Faktorverfahrens sind zusätzlich die voraussichtlichen Arbeitslöhne des Jahres 2015 aus den ersten Dienstverhältnissen anzugeben.

Steuerklassenwahl

Für die Ermittlung der Lohnsteuer sind zwei Tabellen zur Steuerklassenwahl aufgestellt worden.

- Die Tabelle I ist zu benutzen, wenn der höher verdienende Ehegatte oder Lebenspartner in allen Zweigen sozialversichert ist (z. B. auch bei Pflichtversicherung in der gesetzlichen Rentenversicherung und freiwilliger Versicherung in der gesetzlichen Kranken- und sozialen Pflegeversicherung).
- Die Tabelle II ist zu benutzen, wenn der höher verdienende Ehegatte oder Lebenspartner in keinem Zweig sozialversichert ist und keinen steuerfreien Zuschuss des Arbeitgebers zur Kranken- und Pflegeversicherung erhält (z. B. privat krankenversicherte Beamte).

Ist einer der Ehegatten oder Lebenspartner nicht in allen Zweigen sozialversichert (z. B. rentenversicherungspflichtiger, privat krankenversicherter Arbeitnehmer) oder einer der Ehegatten oder Lebenspartner in keinem Zweig sozialversichert, jedoch zuschussberechtigt (z. B. nicht rentenversicherungspflichtiger, privat krankenversicherter Arbeitnehmer mit steuerfreiem Zuschuss des Arbeitgebers zur Kranken- und Pflegeversicherung), kann die Anwendung der Tabellen zu unzutreffenden Ergebnissen führen. Entsprechendes gilt, wenn der einkommensbezogene Zusatzbeitragssatz eines gesetzlich krankenversicherten Arbeitnehmers vom durchschnittlichen Zusatzbeitragssatz abweicht, bei einem gesetzlich pflegeversicherten Arbeitnehmer ein Beitragszuschlag zu zahlen ist oder der Arbeitnehmer in Sachsen beschäftigt ist (hier höherer Arbeitnehmeranteil zur sozialen Pflegeversicherung). In den meisten Fällen führen diese Besonderheiten jedoch zu keinem anderen Ergebnis.

Beide Tabellen gehen vom monatlichen Arbeitslohn $A^{1)}$ des höher verdienenden Ehegatten oder Lebenspartners aus. Dazu wird jeweils der monatliche Arbeitslohn $B^{1)}$ des geringer verdienenden Ehegatten oder Lebenspartners angegeben, der bei einer Steuerklassenkombination III (für den höher verdienenden Ehegatten oder Lebenspartner) und V (für den geringer verdienenden Ehegatten oder Lebenspartner) grds. nicht überschritten werden darf, wenn der geringste Lohnsteuerabzug erreicht werden soll. Die Spalten 2 und 5 sind maßgebend, wenn der geringer verdienende Ehegatte oder Lebenspartner in allen Zweigen sozialversichert ist; ist der geringer verdienende Ehegatte oder Lebenspartner in keinem Zweig sozialversichert und hat keinen steuerfreien Zuschuss des Arbeitgebers zur Kranken- und Pflegeversicherung erhalten, sind die Spalten 3 und 6 maßgebend. Übersteigt der monatliche Arbeitslohn des geringer verdienenden Ehegatten oder Lebenspartners den nach den Spalten 2, 3 oder 5 und 6 der Tabellen in Betracht kommenden Betrag, führt die Steuerklassenkombination IV/IV für die Ehegatten oder Lebenspartner grds. zu einem geringeren oder zumindest nicht höheren Lohnsteuerabzug als die Steuerklassenkombination III/V.

Beispiele:

1. Ein Arbeitnehmer-Ehepaar, beide in allen Zweigen sozialversichert, bezieht Monatslöhne (nach Abzug etwaiger Freibeträge) von 3.000 € und 1.700 €. Da der Monatslohn des geringer verdienenden Ehegatten den nach dem Monatslohn des höher verdienenden Ehegatten in der Spalte 2 der Tabelle I

---

1) Nach Abzug etwaiger Freibeträge.

Anlage § 038b-01/Steuerklassenwahl (Zu LStR 39.2 Abs. 5)

ausgewiesenen Betrag von 2.150 € nicht übersteigt, führt in diesem Falle die Steuerklassenkombination III/V zur geringsten Lohnsteuer.

Vergleich der Lohnsteuerabzugsbeträge:

a)	Lohnsteuer für 3.000 € nach Steuerklasse III	217,16 €
	für 1.700 € nach Steuerklasse V	341,66 €
	insgesamt also	**558,82 €**
b)	Lohnsteuer für 3.000 € nach Steuerklasse IV	454,66 €
	für 1.700 € nach Steuerklasse IV	139,33 €
	insgesamt also	**593,99 €.**

2. Würde der Monatslohn des geringer verdienenden Ehegatten 2.500 € betragen, so würde die Steuerklassenkombination IV/IV insgesamt zur geringsten Lohnsteuer führen.

Vergleich der Lohnsteuerabzugsbeträge:

a)	Lohnsteuer für 3.000 € nach Steuerklasse III	217,16 €
	für 2.500 Euro nach Steuerklasse V	594,33 €
	insgesamt also	**811,49 €**
b)	Lohnsteuer für 3.000 € nach Steuerklasse IV	454,66 €
	für 2.500 € nach Steuerklasse IV	325,83 €
	insgesamt also	**780,49 €.**

Faktorverfahren

Anstelle der Steuerklassenkombination III/V können Arbeitnehmer-Ehegatten/Lebenspartner auch die Steuerklassenkombination IV/IV mit Faktor wählen. Durch die Steuerklassenkombination IV/IV in Verbindung mit dem vom Finanzamt zu berechnenden und als ELStAM zu bildenden Faktor wird erreicht, dass für jeden Ehegatten/Lebenspartner durch Anwendung der Steuerklasse IV der Grundfreibetrag beim Lohnsteuerabzug berücksichtigt wird und sich die einzubehaltende Lohnsteuer durch Anwendung des Faktors von 0,... (stets kleiner als eins) entsprechend der Wirkung des Splittingverfahrens reduziert. Der Faktor ist ein steuermindernder Multiplikator, der sich bei unterschiedlich hohen Arbeitslöhnen der Ehegatten/Lebenspartner aus der Wirkung des Splittingverfahrens in der Veranlagung errechnet. Der Antrag kann beim Finanzamt formlos oder in Verbindung mit dem förmlichen Antrag auf Berücksichtigung eines Freibetrags gestellt werden. Dabei sind die voraussichtlichen Arbeitslöhne des Jahres 2015 aus den ersten Dienstverhältnissen anzugeben. Das Finanzamt berechnet danach den Faktor mit drei Nachkommastellen ohne Rundung und trägt ihn jeweils zur Steuerklasse IV ein. Der Faktor wird wie folgt berechnet: voraussichtliche Einkommensteuer im Splittingverfahren („Y") geteilt durch die Summe der Lohnsteuer für die Arbeitnehmer-Ehegatten/Lebenspartner gemäß Steuerklasse IV („X"). Ein etwaiger Freibetrag wird hier nicht gesondert berücksichtigt, weil er bereits in die Berechnung der voraussichtlichen Einkommensteuer im Splittingverfahren einfließt. Die Arbeitgeber der Ehegatten oder Lebenspartner ermitteln die Lohnsteuer nach Steuerklasse IV und mindern sie durch Multiplikation mit dem entsprechenden Faktor.

Die Höhe der steuermindernden Wirkung des Splittingverfahrens hängt von der Höhe der Lohnunterschiede ab. Mit dem Faktorverfahren wird der Lohnsteuerabzug der voraussichtlichen Jahressteuerschuld sehr genau angenähert. Damit können höhere Nachzahlungen (und ggf. auch Einkommensteuer-Vorauszahlungen) vermieden werden, die bei der Steuerklassenkombination III/V auftreten können. In solchen Fällen ist die Summe der Lohnsteuer im Faktorverfahren dann folgerichtig höher als bei der Steuerklassenkombination III/V. Grundsätzlich führt die Steuerklassenkombination IV/IV-Faktor zu einer erheblich anderen Verteilung der Lohnsteuer zwischen den Ehegatten oder Lebenspartnern als bei der Steuerklassenkombination III/V. Die Ehegatten oder Lebenspartner sollten daher beim Faktorverfahren ☐ ebenso wie bei der Steuerklassenkombination III/V ☐ daran denken, dass dies die Höhe der Entgelt-/Lohnersatzleistungen oder die Höhe des Lohnanspruchs bei Altersteilzeit beeinflussen kann (s. oben). Das Bundesministerium der Finanzen und die obersten Finanzbehörden der Länder halten auf ihren Internetseiten neben dem Lohnsteuerrechner auch eine Berechnungsmöglichkeit für den Faktor bereit, damit die Arbeitnehmer-Ehegatten/Lebenspartner die steuerlichen Auswirkungen der jeweiligen Steuerklassenkombination prüfen können; siehe diesbezüglich z. B. „www.bmf-steuerrechner.de".

Wie bei der Wahl der Steuerklassenkombination III/V sind die Arbeitnehmer-Ehegatten/Lebenspartner auch bei der Wahl des Faktorverfahrens verpflichtet, eine Einkommensteuererklärung beim Finanzamt einzureichen.

(Zu LStR 39.2 Abs. 5) **Anlage § 038b-01/Steuerklassenwahl**

Beispiel zur Ermittlung und Anwendung des Faktors:
Jährliche Lohnsteuer bei Steuerklassenkombination IV/IV:
Arbeitnehmer-Ehegatte A: für 36.000 € (monatlich 3.000 € x 12) = 5.456 €
Arbeitnehmer-Ehegatte B: für 20.400 € (monatlich 1.700 € x 12) = 1.672 €.
Summe der Lohnsteuer bei Steuerklassenkombination IV/IV (entspricht „X") beträgt 7.128 €.
Die voraussichtliche Einkommensteuer im Splittingverfahren (entspricht „Y") beträgt 6.924 €.
Der Faktor ist Y geteilt durch X, also 6.924 € : 7.128 € = 0,971
(Der Faktor wird mit drei Nachkommastellen berechnet und nur eingetragen, wenn er kleiner als 1 ist).
Jährliche Lohnsteuer bei Steuerklasse IV/IV mit Faktor 0,971:
Arbeitnehmer-Ehegatte A für 36.000 € (5.456 € x 0,971) = 5.297 €
Arbeitnehmer-Ehegatte B für 20.400 € (1.672 € x 0,971) = 1.623 €
Summe der Lohnsteuer bei Steuerklassenkombination IV/IV mit Faktor 0,971 = 6.920 €.
Im Beispielsfall führt die Einkommensteuerveranlagung:
- bei der Steuerklassenkombination III/V
  zu einer Nachzahlung in Höhe von 218 €
  (voraussichtliche Einkommensteuer im Splittingverfahren 6.924 € – Summe Lohnsteuer bei Steuerklassenkombination III/V 6.706 € [2.606 € + 4.100 €]),
- bei der Steuerklassenkombination IV/IV
  zu einer Erstattung in Höhe von 204 €
  (voraussichtliche Einkommensteuer im Splittingverfahren 6.924 € – Summe Lohnsteuer bei Steuerklassenkombination IV/IV 7.128 €),
- bei der Steuerklassenkombination IV/IV-Faktor
  weder zu einer hohen Nachzahlung noch zu einer Erstattung
  (in diesem Fall nur Rundungsdifferenz in Höhe von 4 €; voraussichtliche Einkommensteuer Splittingverfahren 6.924 € - Summe der Lohnsteuer bei Steuerklasse IV/IV mit Faktor 6.920 €).
Die Lohnsteuer ist im Faktorverfahren wesentlich anders verteilt (5.297 € für A und 1.623 € für B) als bei der Steuerklassenkombination III/V (2.606 € für A und 4.100 € für B). Die Lohnsteuerverteilung im Faktorverfahren entspricht der familienrechtlichen Verteilung der Steuerlast im Innenverhältnis der Ehegatten.

Anlage § 038b-01/Steuerklassenwahl (Zu LStR 39.2 Abs. 5)

Tabellen zur Steuerklassenwahl

Wahl der Steuerklassen in 2015

Tabelle I: bei Sozialversicherungspflicht des höher verdienenden Ehegatten oder Lebenspartners

Monatlicher Arbeitslohn A[1] in €	Monatlicher Arbeitslohn B[1] in € bei ... des geringerverdienenden Ehegatten oder Lebenspartners		Monatlicher Arbeitslohn A[1] in €	Monatlicher Arbeitslohn B[1] in € bei ... des geringerverdienenden Ehegatten oder Lebenspartners	
	Sozialversicherungspflicht	Sozialversicherungsfreiheit		Sozialversicherungspflicht	Sozialversicherungsfreiheit
1	2	3	4	5	6
1.250	466	437	3.300	2.361	2.174
1.300	539	504	3.350	2.398	2.204
1.350	622	582	3.400	2.435	2.235
1.400	713	667	3.450	2.469	2.263
1.450	809	757	3.500	2.504	2.294
1.500	908	850	3.550	2.539	2.324
1.550	1.132	1.060	3.600	2.576	2.356
1.600	1.191	1.116	3.650	2.609	2.384
1.650	1.254	1.174	3.700	2.645	2.414
1.700	1.321	1.237	3.750	2.682	2.445
1.750	1.383	1.304	3.800	2.715	2.475
1.800	1.442	1.361	3.850	2.755	2.508
1.850	1.473	1.390	3.900	2.789	2.539
1.900	1.502	1.418	3.950	2.830	2.572
1.950	1.532	1.446	4.000	2.869	2.606
2.000	1.562	1.474	4.050	2.912	2.642
2.050	1.590	1.501	4.100	2.954	2.679
2.100	1.617	1.526	4.150	2.999	2.717
2.150	1.639	1.547	4.200	3.051	2.761
2.200	1.660	1.566	4.250	3.103	2.805
2.250	1.683	1.588	4.300	3.158	2.852
2.300	1.712	1.617	4.350	3.213	2.900
2.350	1.743	1.644	4.400	3.271	2.949
2.400	1.778	1.675	4.450	3.334	3.004
2.450	1.812	1.703	4.500	3.397	3.057
2.500	1.844	1.732	4.550	3.464	3.114
2.550	1.875	1.758	4.600	3.537	3.176
2.600	1.905	1.784	4.650	3.611	3.239
2.650	1.929	1.804	4.700	3.692	3.308
2.700	1.952	1.825	4.750	3.773	3.379
2.750	1.975	1.843	4.800	3.863	3.455
2.800	2.009	1.873	4.850	3.963	3.539
2.850	2.045	1.904	4.900	4.070	3.631
2.900	2.078	1.931	4.950	4.185	3.734
2.950	2.114	1.963	5.000	4.306	3.848
3.000	2.150	1.992	5.050	4.450	3.984
3.050	2.187	2.023	5.100	4.639	4.159
3.100	2.221	2.053	5.150	4.970	4.477
3.150	2.256	2.084	5.200	–	–
3.200	2.291	2.113	5.250	–	–
3.250	2.327	2.142	5.300	–	–

1) Nach Abzug etwaiger Freibeträge.

(Zu LStR 39.2 Abs. 5) **Anlage § 038b-01/Steuerklassenwahl**

Wahl der Steuerklassen in 2015

Tabelle II: bei Sozialversicherungsfreiheit des höher verdienenden Ehegatten oder Lebenspartners

Monatlicher Arbeitslohn A[1] in €	Monatlicher Arbeitslohn B[1] in € bei ... des geringerverdienenden Ehegatten oder Lebenspartners		Monatlicher Arbeitslohn A[1] in €	Monatlicher Arbeitslohn B[1] in € bei ... des geringerverdienenden Ehegatten oder Lebenspartners	
	Sozialversicherungspflicht	Sozialversicherungsfreiheit		Sozialversicherungspflicht	Sozialversicherungsfreiheit
1	2	3	4	5	6
1.250	591	554	3.150	2.743	2.498
1.300	675	632	3.200	2.784	2.533
1.350	770	721	3.250	2.828	2.571
1.400	875	819	3.300	2.872	2.608
1.450	1.117	1.045	3.350	2.916	2.647
1.500	1.179	1.103	3.400	2.966	2.688
1.550	1.244	1.165	3.450	3.015	2.730
1.600	1.314	1.230	3.500	3.066	2.774
1.650	1.382	1.302	3.550	3.119	2.819
1.700	1.441	1.360	3.600	3.175	2.868
1.750	1.480	1.396	3.650	3.232	2.915
1.800	1.518	1.433	3.700	3.292	2.968
1.850	1.557	1.469	3.750	3.355	3.021
1.900	1.596	1.506	3.800	3.422	3.077
1.950	1.634	1.542	3.850	3.491	3.136
2.000	1.672	1.578	3.900	3.565	3.201
2.050	1.734	1.635	3.950	3.643	3.266
2.100	1.804	1.697	4.000	3.726	3.336
2.150	1.867	1.751	4.050	3.814	3.412
2.200	1.934	1.807	4.100	3.911	3.495
2.250	1.991	1.858	4.150	4.016	3.584
2.300	2.049	1.906	4.200	4.129	3.683
2.350	2.101	1.950	4.250	–	3.795
2.400	2.149	1.991	4.300	–	3.924
2.450	2.195	2.032	4.350	–	4.086
2.500	2.238	2.067	4.400	–	4.320
2.550	2.279	2.104	4.450	–	–
2.600	2.318	2.136	4.500	–	–
2.650	2.357	2.168	4.550	–	–
2.700	2.394	2.200	4.600	–	–
2.750	2.432	2.233	4.650	–	–
2.800	2.472	2.266	4.700	–	–
2.850	2.509	2.298	4.750	–	–
2.900	2.548	2.332	4.800	–	–
2.950	2.586	2.364	4.850	–	–
3.000	2.625	2.399	4.900	–	–
3.050	2.664	2.431	4.950	–	–
3.100	2.702	2.463	5.000	–	–

1) Nach Abzug etwaiger Freibeträge.

Anlage § 039b-01/Programmablaufpläne

Programmablaufpläne für den Lohnsteuerabzug 2015

BMF-Schreiben vom 26. November 2014 IV C 5 – S 2361/14/10001, 2014/1050786 (BStBl. I S. 1518)

Im Einvernehmen mit den obersten Finanzbehörden der Länder werden hiermit
- der Programmablaufplan für die maschinelle Berechnung der vom Arbeitslohn einzubehaltenden Lohnsteuer, des Solidaritätszuschlags und der Maßstabsteuer für die Kirchenlohnsteuer für 2015 – Anlage 1 – und
- der Programmablaufplan für die Erstellung von Lohnsteuertabellen für 2015 zur manuellen Berechnung der Lohnsteuer (einschließlich der Berechnung des Solidaritätszuschlags und der Bemessungsgrundlage für die Kirchenlohnsteuer) – Anlage 2 –

bekannt gemacht (§ 39b Absatz 6 und § 51 Absatz 4 Nummer 1a EStG).

Auf die Erläuterungen unter „1. Gesetzliche Grundlagen/Allgemeines" (Anlagen 1 und 2) und „2.4 Einkommensbeszogener Zusatzbeitrag ..." (Anlage 1) wird gesondert hingewiesen.

Dieses Schreiben steht ab sofort für eine Übergangszeit auf den Internetseiten des Bundesministeriums der Finanzen „http://www.bundesfinanzministerium.de" unter der Rubrik „Themen/Steuern/ Steuerarten/Lohnsteuer/Programmablaufplan" zur Ansicht und zum Abruf bereit.

Anlage § 039b-01/Programmablaufpläne

Allgemeine Jahreslohnsteuertabelle 2015 (Prüftabelle) [1] [2]

Jahresbruttolohn (in Euro, Cent)	Tabellenstufe von ... Euro	Tabellenstufe bis ... Euro	I	II	III	IV	V	VI
5.000	4.968,00	5.003,99	0	0	0	0	431	576
7.500	7.488,00	7.523,99	0	0	0	0	722	867
10.000	9.972,00	10.007,99	0	0	0	0	1.009	1.154
12.500	12.492,00	12.527,99	138	0	0	138	1.299	1.599
15.000	14.976,00	15.011,99	503	260	0	503	2.024	2.459
17.500	17.496,00	17.531,99	1.005	704	0	1.005	2.982	3.417
20.000	19.980,00	20.015,99	1.581	1.256	0	1.581	3.967	4.338
22.500	22.500,00	22.535,99	2.153	1.815	118	2.153	4.752	5.114
25.000	24.984,00	25.019,99	2.717	2.366	440	2.717	5.504	5.884
27.500	27.468,00	27.503,99	3.302	2.938	862	3.302	6.294	6.698
30.000	29.988,00	30.023,99	3.915	3.539	1.344	3.915	7.140	7.562
32.500	32.472,00	32.507,99	4.542	4.153	1.872	4.542	8.015	8.450
35.000	34.992,00	35.027,99	5.198	4.796	2.402	5.198	8.918	9.353
37.500	37.476,00	37.511,99	5.865	5.450	2.926	5.865	9.808	10.243
40.000	39.996,00	40.031,99	6.563	6.136	3.466	6.563	10.711	11.146
42.500	42.480,00	42.515,99	7.271	6.832	4.008	7.271	11.601	12.036
45.000	45.000,00	45.035,99	8.012	7.559	4.570	8.012	12.504	12.939
47.500	47.484,00	47.519,99	8.762	8.296	5.134	8.762	13.394	13.829
50.000	49.968,00	50.003,99	9.549	9.071	5.720	9.549	14.303	14.738
52.500	52.488,00	52.523,99	10.439	9.947	6.378	10.439	15.302	15.738
55.000	54.972,00	55.007,99	11.342	10.835	7.036	11.342	16.287	16.722
57.500	57.492,00	57.527,99	12.283	11.762	7.720	12.283	17.286	17.721
60.000	59.976,00	60.011,99	13.236	12.702	8.406	13.236	18.271	18.706
62.500	62.496,00	62.531,99	14.228	13.680	9.114	14.228	19.270	19.705
65.000	64.980,00	65.015,99	15.213	14.664	9.824	15.213	20.255	20.690
67.500	67.500,00	67.535,99	16.212	15.663	10.558	16.212	21.254	21.689
70.000	69.984,00	70.019,99	17.197	16.647	11.294	17.197	22.238	22.673
72.500	72.468,00	72.503,99	18.181	17.632	12.042	18.181	23.223	23.658
75.000	74.988,00	75.023,99	19.238	18.688	12.860	19.238	24.280	24.715
77.500	77.472,00	77.507,99	20.281	19.732	13.680	20.281	25.323	25.758
80.000	79.992,00	80.027,99	21.339	20.790	14.528	21.339	26.381	26.816

Allgemeine Lohnsteuer ist die Lohnsteuer, die für einen Arbeitnehmer zu erheben ist, der in allen Sozialversicherungszweigen versichert ist.

---

[1] Berechnet für die Beitragsbemessungsgrenzen West
[2] Berechnet mit den Merkern KRV und PKV = 0

Anlage § 039b-01/Programmablaufpläne

Besondere Jahreslohnsteuertabelle 2015 (Prüftabelle) [1]

Jahresbruttolohn (in Euro, Cent)	Tabellenstufe von … Euro	bis … Euro	Jahreslohnsteuer 2015 (in Euro) in Steuerklasse					
			I	II	III	IV	V	VI
5.000	4.968,00	5.003,99	0	0	0	0	471	616
7.500	7.488,00	7.523,99	0	0	0	0	781	926
10.000	9.972,00	10.007,99	0	0	0	0	1.087	1.232
12.500	12.492,00	12.527,99	254	46	0	254	1.460	1.895
15.000	14.976,00	15.011,99	676	412	0	676	2.378	2.813
17.500	17.496,00	17.531,99	1.243	927	0	1.243	3.395	3.830
20.000	19.980,00	20.015,99	1.866	1.534	0	1.866	4.368	4.726
22.500	22.500,00	22.535,99	2.526	2.180	312	2.526	5.248	5.622
25.000	24.984,00	25.019,99	3.205	2.844	686	3.205	6.164	6.564
27.500	27.468,00	27.503,99	3.912	3.536	1.168	3.912	7.136	7.558
30.000	29.988,00	30.023,99	4.659	4.268	1.718	4.659	8.179	8.614
32.500	32.472,00	32.507,99	5.423	5.017	2.310	5.423	9.222	9.657
35.000	34.992,00	35.027,99	6.227	5.806	2.932	6.227	10.281	10.716
37.500	37.476,00	37.511,99	7.049	6.613	3.556	7.049	11.324	11.759
40.000	39.996,00	40.031,99	7.910	7.459	4.206	7.910	12.382	12.817
42.500	42.480,00	42.515,99	8.788	8.323	4.860	8.788	13.425	13.861
45.000	45.000,00	45.035,99	9.708	9.227	5.538	9.708	14.484	14.919
47.500	47.484,00	47.519,99	10.643	10.147	6.220	10.643	15.527	15.962
50.000	49.968,00	50.003,99	11.606	11.095	6.916	11.606	16.570	17.006
52.500	52.488,00	52.523,99	12.612	12.086	7.638	12.612	17.629	18.064
55.000	54.972,00	55.007,99	13.632	13.091	8.362	13.632	18.672	19.107
57.500	57.492,00	57.527,99	14.689	14.139	9.112	14.689	19.731	20.166
60.000	59.976,00	60.011,99	15.732	15.183	9.866	15.732	20.774	21.209
62.500	62.496,00	62.531,99	16.790	16.241	10.644	16.790	21.832	22.267
65.000	64.980,00	65.015,99	17.834	17.284	11.426	17.834	22.875	23.311
67.500	67.500,00	67.535,99	18.892	18.343	12.234	18.892	23.934	24.369
70.000	69.984,00	70.019,99	19.935	19.386	13.044	19.935	24.977	25.412
72.500	72.468,00	72.503,99	20.979	20.429	13.868	20.979	26.020	26.456
75.000	74.988,00	75.023,99	22.037	21.488	14.718	22.037	27.079	27.514
77.500	77.472,00	77.507,99	23.080	22.531	15.572	23.080	28.122	28.557
80.000	79.992,00	80.027,99	24.139	23.589	16.450	24.139	29.181	29.616

Besondere Lohnsteuer ist die Lohnsteuer, die für einen Arbeitnehmer zu erheben ist, der in keinem Sozialversicherungszweig versichert und privat kranken- und pflegeversichert ist sowie dem Arbeitgeber keine Basiskranken- und Pflege-Pflichtversicherungsbeiträge mitgeteilt hat.

---

[1] Berechnet mit den Merkern KRV = 2 und PKV = 1

(Zu LStH 39b.10) Anlage § 039b-02/DBA-Übersicht

Stand der Doppelbesteuerungsabkommen und der Doppelbesteuerungsverhandlungen am 1. Januar 2015

BMF vom 19.1.2015 – IV B 2 – S 1301/07/10017-06 (BStBl I S. 128)

Hiermit übersende ich eine Übersicht über den gegenwärtigen Stand der Doppelbesteuerungsabkommen (DBA) und anderer Abkommen im Steuerbereich sowie der Abkommensverhandlungen.

Wie die Übersicht zeigt, werden verschiedene der angeführten Abkommen nach ihrem Inkrafttreten rückwirkend anzuwenden sein. In geeigneten Fällen sind Steuerfestsetzungen vorläufig durchzuführen, wenn ungewiss ist, wann ein unterzeichnetes Abkommen in Kraft treten wird, das sich zugunsten des Steuerschuldners auswirken wird. Umfang und Grund der Vorläufigkeit sind im Bescheid anzugeben. Ob bei vorläufiger Steuerfestsetzung der Inhalt eines unterzeichneten Abkommens bereits berücksichtigt werden soll, ist nach den Gegebenheiten des einzelnen Falles zwischen BMF und Ländern abgestimmt zu entscheiden.

Zur Rechtslage nach dem Zerfall der Sozialistischen Föderativen Republik Jugoslawien (SFRJ) ist auf Folgendes hinzuweisen:

Vereinbarungen über die Fortgeltung des DBA mit der SFRJ vom 26. März 1987 wurden geschlossen mit:

Republik Bosnien und Herzegowina (BGBl. 1992 II S. 1196),

Republik Serbien (Namensänderung; ehem. Bundesrepublik Jugoslawien BGBl. 1997 II S. 961),

Republik Kosovo (BGBl. 2011 II S. 748) und

Montenegro (BGBl. 2011 II S. 745).

Zur Rechtslage nach dem Zerfall der Sowjetunion ist auf Folgendes hinzuweisen:

Vereinbarungen über die Fortgeltung des DBA mit der UdSSR vom 24. November 1981 wurden geschlossen mit:

Republik Armenien (BGBl. 1993 II S. 169),

Republik Moldau (BGBl. 1996 II S. 768),

und

Turkmenistan (Bericht der Botschaft Aschgabat vom 11. August 1999 – Nr. 377/99).

Zur Rechtslage nach der Teilung der Tschechoslowakei ist auf Folgendes hinzuweisen:

Vereinbarungen über die Fortgeltung des DBA mit der Tschechoslowakischen Sozialistischen Republik vom 19. Dezember 1980 wurden mit der Slowakischen Republik und mit der Tschechischen Republik getroffen (BGBl. 1993 II S. 762).

Hongkong wurde mit Wirkung ab 1. Juli 1997 ein besonderer Teil der VR China (Hongkong Special Administrative Region). Das allgemeine Steuerrecht der VR China gilt dort nicht. Damit ist das zwischen der Bundesrepublik Deutschland und der VR China abgeschlossene DBA vom 10. Juni 1985 in Hongkong nicht anwendbar. Eine Einbeziehung Hongkongs in den Geltungsbereich des DBA China ist nicht angestrebt. Vorgenannte Ausführungen zu Hongkong (außer Luftfahrtunternehmen) gelten in entsprechender Weise auch für Macau nach dessen Übergabe am 20. Dezember 1999 an die VR China (Macau Special Administrative Region).

Aufgrund des besonderen völkerrechtlichen Status von Taiwan wurde ein Steuerabkommen nur von den Leitern des Deutschen Instituts in Taipeh und der Taipeh Vertretung in der Bundesrepublik Deutschland unterzeichnet. Das Gesetz vom 2. Oktober 2012 zum diesbezüglichen Abkommen vom 19. und 28. Dezember 2011 zwischen dem Deutschen Institut in Taipeh und der Taipeh Vertretung in der Bundesrepublik Deutschland zur Vermeidung der Doppelbesteuerung und zur Verhinderung der Steuerverkürzung hinsichtlich der Steuern vom Einkommen und vom Vermögen ist veröffentlicht (BGBl. 2012 I S. 2079; BStBl. I 2013 S. 20). Das Abkommen ist am 7. Dezember 2012 in Kraft getreten (BGBl. 2012 I S. 2461; BStBl. I 2013 S. 33) und damit grundsätzlich ab 1. Januar 2013 anzuwenden.

Anlage § 039b-02/DBA-Übersicht (Zu LStH 39b.10)

Stand der Doppelbesteuerungabkommen
1. Januar 2015
I. Geltende Abkommen

Abkommen mit	vom	Fundstelle BGBl. II Jg.	BGBl. II S.	BStBl. I Jg.	BStBl. I S.	Inkrafttreten BGBl. II Jg.	BGBl. II S.	BStBl. I Jg.	BStBl. I S.	Anwendung grundsätzlich ab
1. Abkommen auf dem Gebiet der Steuern vom Einkommen und vom Vermögen										
Ägypten	08.12.87	90	278	90	280	91	1042	92	7	01.01.92
Albanien	06.04.10	11	1186	12	292	12	145	12	305	01.01.12
Algerien	12.11.07	08	1188	09	382	09	136	09	396	01.01.09
Argentinien	13.07.78	79	585	79	326	79	1332	80	51	01.01.76
	16.09.96	98	18	98	187	01	694	01	540	01.01.96
Armenien	24.11.81	83	2	83	90	83	427	83	352	01.01.80
(DBA mit UdSSR, BGBl. 93 II S. 169, gilt fort)										
Aserbaidschan	25.08.04	05	1146	06	291	06	120	06	304	01.01.06
Australien	24.11.72	74	337	74	423	75	216	75	386	01.01.71
Bangladesch[1)]	29.05.90	91	1410	92	34	93	847	93	466	01.01.90
Belarus (Weißrussland)	30.09.05	06	1042	07	276	07	287	07	290	01.01.07
Belgien	11.04.67/	69	17	69	38	69	1465	69	468	01.01.66
	05.11.02	03	1615	05	346	03	1744	05	348	01.01.04
Bolivien	30.09.92	94	1086	94	575	95	907	95	758	01.01.91
Bosnien und Herzegowina	26.03.87	88	744	88	372	88	1179	89	35	01.01.89
(DBA mit SFR Jugoslawien, BGBl. 92 II S. 1196, gilt fort)										
Bulgarien	02.06.87	88	770	88	389	88	1179	89	34	01.01.89
	25.01.10	10	1286	11	543	11	584	11	558	01.01.11
China (o. Hongkong und Macau)	10.06.85	86	446	86	329	86	731	86	339	01.01.85
Costa Rica	13.02.14	14	917							
Côte d'Ivoire	03.07.79	82	153	82	357	82	637	82	628	01.01.82
Dänemark	22.11.95	96	2565	96	1219	97	728	97	624	01.01.97
Ecuador	07.12.82	84	466	84	339	86	781	86	358	01.01.87
Estland	29.11.96	98	547	98	543	99	84	99	269	01.01.94
Finnland	05.07.79	81	1164	82	201	82	577	82	587	01.01.81
Frankreich	21.07.59/	61	397	61	342	61	1659	61	712	01.01.57
	09.06.69/	70	717	70	900	70	1189	70	1072	01.01.68
	28.09.89/	90	770	90	413	91	387	91	93	01.01.90
	20.12.01	02	2370	02	891	03	542	03	383	01.01.02
Georgien	01.06.06/	07	1034	08	482	08	521	08	494	01.01.08
	11.03.14	14	940							01.01.15
Ghana	12.08.04	06	1018	08	467	08	51	08	481	01.01.08
Griechenland	18.04.66	67	852	67	50	68	30	68	296	01.01.64
Indien	19.06.95	96	706	96	599	97	751	97	363	01.01.97
Indonesien	30.10.90	91	1086	91	1001	91	1401	92	186	01.01.92
Iran, Islamische Republik	20.12.68	69	2133	70	768	69	2288	70	777	01.01.70
						70	282			
Irland	17.10.62/	64	266	64	320	64	632	64	366	01.01.59
	25.05.10	11	250	12	14	11	741	12	16	01.01.11
	30.03.11	11	1042	13	471	13	332	13	487	01.01.13

---

1) Gilt nicht für die VSt.

(Zu LStH 39b.10) **Anlage § 039b-02/DBA-Übersicht**

Abkommen mit	vom	Fundstelle BGBl. II Jg.	S.	BStBl. I Jg.	S.	Inkrafttreten BGBl. II Jg.	S.	BStBl. I Jg.	S.	Anwendung grundsätzlich ab
Island	18.03.71	73	357	73	504	73	1567	73	730	01.01.68
Israel	09.07.62/	66	329	66	700	66	767	66	946	01.01.61
	20.07.77	79	181	79	124	79	1031	79	603	01.01.70
Italien	18.10.89	90	742	90	396	93	59	93	172	01.01.93
Jamaika	08.10.74	76	1194	76	407	76	1703	76	632	01.01.73
Japan	22.04.66/	67	871	67	58	67	2028	67	336	01.01.67
	17.04.79/	80	1182	80	649	80	1426	80	772	01.01.77
	17.02.83	84	194	84	216	84	567	84	388	01.01.81
Kanada	19.04.01	02	671	02	505	02	962	02	521	01.01.01
Kasachstan	26.11.97	98	1592	98	1029	99	86	99	269	01.01.96
Kenia	17.05.77	79	606	79	337	80	1357	80	792	01.01.80
Kirgisistan	01.12.05	06	1066	07	233	07	214	07	246	01.01.07
Korea, Republik	10.03.00	02	1630	03	24	02	2855	03	36	01.01.03
Kosovo	26.03.87	88	744	88	372	88	1179	89	35	01.01.89
(DBA mit SFR Jugoslawien gilt fort, BGBl. 2011 II S. 748)										
Kroatien	06.02.06	06	1112	07	246	07	213	07	260	01.01.07
Kuwait	04.12.87/	89	354	89	150	89	637	89	268	01.01.84 –31.12.97
	18.05.99	00	390	00	439	00	1156	00	1383	01.01.98
Lettland	21.02.97	98	330	98	531	98	2630	98	1219	01.01.96
Liberia	25.11.70	73	1285	73	615	75	916	75	943	01.01.70
Liechtenstein	17.11.11	12	1462	13	488	13	332	13	507	01.01.13
Litauen	22.07.97	98	1571	98	1016	98	2962	99	121	01.01.95
Luxemburg	23.08.58/	59	1269	59	1022	60	1532	60	398	01.01.57
	15.06.73/	78	109	78	72	78	1396	79	83	01.01.71
	11.12.09/	10	1150	11	837	11	713	11	837	01.01.10
	23.04.12	12	1403	15	7	14	728	15	21	01.01.14
Malaysia	08.04.77	78	925	78	324	79	288	79	196	01.01.71
	23.02.10	10	1310	11	329	11	464	11	344	01.01.11
Malta	08.03.01/	01	1297	02	76	02	320	02	240	01.01.02
	17.06.10	11	275	11	742	11	640	11	745	01.01.02
Marokko	07.06.72	74	21	74	59	74	1325	74	1009	01.01.74
Mauritius	15.03.78	80	1261	80	667	81	8	81	34	01.01.79
	07.10.11	12	1050	13	388	13	331	13	402	01.01.13
Mazedonien	13.07.06	10	1153	11	313	11	462	11	327	01.01.11
Mexiko	23.02.93	93	1966	93	964	94	617	94	310	01.01.94
	09.07.08	09	746	14	1223	10	62	14	1238	01.01.10
Moldau, Rep.	24.11.81	83	2	83	90	83	427	83	352	01.01.80
(DBA mit UdSSR gilt fort, BGBl. 96 II S. 768)										
Mongolei	22.08.94	95	818	95	607	96	1220	96	1135	01.01.97
Montenegro	26.03.87	88	744	88	372	88	1179	89	35	01.01.89
(DBA mit SFR Jugoslawien gilt fort, BGBl. 11 II S. 745)										
Namibia	02.12.93	94	1262	94	673	95	770	95	687	01.01.93
Neuseeland	20.10.78	80	1222	80	654	80	1485	80	787	01.01.78

Anlage § 039b-02/DBA-Übersicht (Zu LStH 39b.10)

Abkommen mit	vom	Fundstelle BGBl. II Jg.	S.	BStBl. I Jg.	S.	Inkrafttreten BGBl. II Jg.	S.	BStBl. I Jg.	S.	Anwendung grundsätzlich ab
Niederlande	16.06.59/	60	1781	60	381	60	2216	60	626	01.01.56
	13.03.80/	80	1150	80	646	80	1486	80	787	01.01.79
	21.05.91/	91	1428	92	94	92	170	92	382	21.02.92
	04.06.04	04	1653	05	364	05	101	05	368	01.01.05
	12.04.12	12	1414							
Norwegen	04.10.91/	93	970	93	655	93	1895	93	926	01.01.91
	24.06.13	14	906							
Österreich	24.08.00/	02	734	02	584	02	2435	02	958	01.01.03
	29.12.10	11	1209	12	366	12	146	12	369	01.01.11
Pakistan[1]	14.07.94	95	836	95	617	96	467	96	445	01.01.95
Philippinen	22.07.83	84	878	84	544	84	1008	84	612	01.01.85
Polen	14.05.03	04	1304	05	349	05	55	05	363	01.01.05
Portugal	15.07.80	82	129	82	347	82	861	82	763	01.01.83
Rumänien	04.07.01	03	1594	04	273	04	102	04	286	01.01.04
Russische Föderation	29.05.96/	96	2710	96	1490	97	752	97	363	01.01.97
	15.10.07	08	1398	09	831	09	820	09	834	01.01.10
Sambia	30.05.73	75	661	75	688	75	2204	76	7	01.01.71
Schweden	14.07.92	94	686	94	422	95	29	95	88	01.01.95
Schweiz	11.08.71/	72	1021	72	518	73	74	73	61	01.01.72
	30.11.78/	80	751	80	398	80	1281	80	678	01.01.77
	17.10.89/	90	766	90	409	90	1698	91	93	01.01.90
	21.12.92/	93	1886	93	927	94	21	94	110	01.01.94
	12.03.02/	03	67	03	165	03	436	03	329	01.01.02/ 01.01.04
	27.10.10	11	1090	12	512	12	279	12	516	01.01.11/ 01.01.12
Serbien	26.03.87	88	744	88	372	88	1179	89	35	01.01.89
(Namensänderung; ehem. Bundesrepublik Jugoslawien); (DBA mit SFR Jugoslawien gilt fort, BGBl. 97 II S. 961)										
Simbabwe	22.04.88	89	713	89	310	90	244	90	178	01.01.87
Singapur	28.06.04	06	930	07	157	07	24	07	171	01.01.07
Slowakei	19.12.80	82	1022	82	904	83	692	83	486	01.01.84
(DBA mit Tschechoslowakei gilt fort, BGBl. 93 II S. 762)										
Slowenien	03.05.06/	06	1091	07	171	07	213	07	183	01.01.07
	17.05.11	12	154	13	369	13	330	13	372	30.07.12
Spanien	05.12.66	68	9	68	296	68	140	68	544	01.01.68
	03.02.11	12	18	13	349	13	329	13	363	01.01.13
Sri Lanka	13.09.79	81	630	81	610	82	185	82	373	01.01.83
Südafrika	25.01.73	74	1185	74	850	75	440	75	640	01.01.65
Syrien	17.02.10	10	1359	11	345	11	463	11	358	01.01.11
Tadschikistan	27.03.03	04	1034	05	15	04	1565	05	27	01.01.05
Thailand	10.07.67	68	589	68	1046	68	1104	69	18	01.01.67
Trinidad und Tobago	04.04.73	75	679	75	697	77	263	77	192	01.01.72
Tschechien	19.12.80	82	1022	82	904	83	692	83	486	01.01.84
(DBA mit Tschechoslowakei gilt fort, BGBl. 93 II S. 762)										

---

1) Gilt nicht für die VSt.

(Zu LStH 39b.10)

Anlage § 039b-02/DBA-Übersicht

Abkommen mit	vom	Fundstelle BGBl. II Jg.	S.	BStBl. I Jg.	S.	Inkrafttreten BGBl. II Jg.	S.	BStBl. I Jg.	S.	Anwendung grundsätzlich ab
Türkei	16.04.85	89	866	89	471	89	1066	89	482	01.01.90
	19.09.11	12	526	13	373	13	329	13	387	01.01.11
Tunesien	23.12.75	76	1653	76	498	76	1927	77	4	01.01.76
Turkmenistan	24.11.81	83	2	83	90	83	427	83	352	01.01.80
(DBA mit UdSSR gilt fort, Bericht der Botschaft Aschgabat vom 11. August 1999 – Nr. 377/99)										
Ukraine	03.07.95	96	498	96	675	96	2609	96	1421	01.01.97
Ungarn	18.07.77	79	626	79	348	79	1031	79	602	01.01.80
	28.02.11	11	919	12	155	12	47	12	168	01.01.12
Uruguay	05.05.87	88	1060	88	531	90	740	90	365	01.01.91
	09.03.10	11	954	12	350	12	131	12	365	01.01.12
Usbekistan	07.09.99	01	978	01	765	02	269	02	239	01.01.02
Venezuela	08.02.95	96	727	96	611	97	1809	97	938	01.01.97
Vereinigte Arabische Emirate	09.04.95	96	518	96	588	96	1221	96	1135	01.01.92
	04.07.06	07	746	07	724	07	1467	07	726	10.08.06
	01.07.10	11	538	11	942	11	873	11	955	01.01.09
Vereinigtes Königreich	26.11.64/	66	358	66	729	67	828	67	40	01.01.60
	23.03.70	71	45	71	139	71	841	71	340	01.01.69
	30.03.10	10	1333	11	469	11	536	11	485	01.01.11
Vereinigte Staaten	29.08.89/	91	354	91	94	92	235	92	262	01.01.90
	01.06.06	06	1184	08	766	08	117	08	782	01.01.07/ 01.01.08
(Bekanntmachung der Neufassung 04.06.2008)		08	611/ 851	08	783					
Vietnam	16.11.95	96	2622	96	1422	97	752	97	364	01.01.97
Zypern	09.05.74	77	488	77	340	77	1204	77	618	01.01.70
	18.02.11	11	1068	12	222	12	117	12	235	01.01.12

2. Abkommen auf dem Gebiet der Erbschaft- und Schenkungsteuern

Abkommen mit	vom	BGBl. II Jg.	S.	BStBl. I Jg.	S.	BGBl. II Jg.	S.	BStBl. I Jg.	S.	Anwendung ab
Dänemark[1]	22.11.95	96	2565	96	1219	97	728	97	624	01.01.97
Frankreich	12.10.06	07	1402	09	1258	09	596	09	1266	03.04.09
Griechenland	18.11.10/ 01.12.10	12	173[2]	–	–	53	525	53	377	01.01.53
Schweden[1]	14.07.92	94	686	94	422	95	29	95	88	01.01.95
Schweiz	30.11.78	80	594	80	243	80	1341	80	786	28.09.80
Vereinigte Staaten	03.12.80/	82	847	82	765	86	860	86	478	01.01.79
	14.12.98	00	1170	01	110	01	62	01	114	15.12.00
(Bekanntmachung der Neufassung 21.12.2000)		01	65	01	114					

---

1) Die Erbschaftsteuer bzw. Vorschriften zur Rechts- und Amtshilfe sind in den unter I.1. bzw. II.1. aufgeführten Abkommen enthalten.
2) Angabe bezieht sich auf RGBl. bzw. RStBl.

Anlage § 039b-02/DBA-Übersicht (Zu LStH 39b.10)

Abkommen mit	vom	Fundstelle BGBl. II Jg.	S.	BStBl. I Jg.	S.	Inkrafttreten BGBl. II Jg.	S.	BStBl. I Jg.	S.	Anwendung grundsätzlich ab

3. Sonderabkommen betreffend Einkünfte und Vermögen von Schiffahrt (S)- und Luftfahrt (L)-Unternehmen [1]

Abkommen	vom	Jg.	S.	Jg.	S.	Jg.	S.	Jg.	S.	ab
Brasilien (S) (Protokoll)	17.08.50	51	11	–	–	52	604	–	–	10.05.52
Chile (S) (Handelsvertrag)	02.02.51	52	325	–	–	53	128	–	–	08.01.52
Hongkong (L)	08.05.97	98	2064	98	1156	99	26	00	1554	01.01.98
Hongkong (S)	13.01.03	04	34	05	610	05	332	05	613	01.01.98
Insel Man (S)	02.03.09	10	968	11	510	11	534	11	511	01.01.10
Jemen (L)	02.03.05	06	538	06	229	07	214	07	231	01.01.82
Kolumbien (S, L)	10.09.65	67	762	67	24	71	855	71	340	01.01.62
Paraguay (L)	27.01.83	84	644	84	456	85	623	85	222	01.01.79
Saudi-Arabien (L)	08.11.07	08	782	09	866	09	1027	09	869	01.01.67
Venezuela (S, L)	23.11.87	89	373	89	161	89	1065	90	2	01.01.90

4. Abkommen auf dem Gebiet der Rechts- und Amtshilfe und des Informationsaustauschs

Abkommen	vom	Jg.	S.	Jg.	S.	Jg.	S.	Jg.	S.	ab
Andorra	25.11.10	11	1213			12	146			01.01.13
Anguilla	19.03.10	10	1381	12	100	11	948	12	107	01.01.12
Antigua Barbuda	19.10.10	11	1212							01.01.13
Bahamas	09.04.10	11	642			12	63			01.01.12
Belgien [2]	11.04.67	69	17	69	38	69	1465	69	468	01.01.66
Bermuda	03.07.09	12	1306	13	692	13	330	13	702	01.01.13
Britische Jungferninseln	05.10.10	11	895			12	53			01.01.12
Cookinseln	03.04.12	13	665			14	102			01.01.14
Dänemark [2]	22.11.95	96	2565	96	1219	97	728	97	624	01.01.97
Finnland	25.09.35	36	37 [3]	36	94 [3]	54	740	54	404	01.01.36
Frankreich [2]	21.07.59	61	397	61	342	61	1659	61	712	01.01.57
Gibraltar	13.08.09	10	984	11	521	11	535	11	527	01.01.11
Grenada	03.02.11	13	654			13	1649			01.01.14
Guernsey	26.03.09	10	973	11	514	11	535	11	520	01.01.11
Insel Man	02.03.09	10	957	11	504	11	534	11	509	01.01.11
Italien	09.06.38	39	124 [3]	39	377 [3]	56	2154	57	142	23.01.39
Jersey	04.07.08	09	578	10	166	10	38	10	177	01.01.10
Kaimaninseln	27.05.10	11	664	11	841	11	823	11	848	01.01.12
Liechtenstein	02.09.09	10	950	11	286	11	326	11	292	01.01.10
Luxemburg [3]	23.08.58	59	1269	59	1022	60	1532	60	398	01.01.57
Monaco	27.07.10	11	653			12	92			01.01.12

---

1) Siehe auch Bekanntmachungen über die Steuerbefreiungen nach § 49 Abs. 4 EStG (und § 2 Abs. 3 VStG):
Äthiopien L (BStBl. 1962 I S. 536),   Libanon S, L (BStBl. 1959 I S. 198),
Afghanistan L (BStBl. 1964 I S. 411),   Papua-Neuguinea L (BStBl. 1989 I S. 115),
Brasilien S, L (BStBl. 2006 I S. 216),   Seychellen L (BStBl. 1998 I S. 582)
Brunei Darussalem L (BStBl. 2011 I S. 77),   Sudan L (BStBl. 1983 I S. 370) und
Chile L (BStBl. 1977 I S. 350),   Zaire S, L (BStBl. 1990 I S. 178).
Irak S, L (BStBl. 1972 I S. 490),
Jordanien L (BStBl. 1976 I S. 278),
Katar L (BStBl. 2006 I S. 3)

2) Die Erbschaftsteuer bzw. Vorschriften zur Rechts- und Amtshilfe sind in den unter I.1. bzw. II.1. aufgeführten Abkommen enthalten.

3) Angabe bezieht sich auf RGBl. bzw. RStBl.

(Zu LStH 39b.10)

Anlage § 039b-02/DBA-Übersicht

Abkommen mit	vom	Fundstelle BGBl. II Jg.	S.	BStBl. I Jg.	S.	Inkrafttreten BGBl. II Jg.	S.	BStBl. I Jg.	S.	Anwendung grundsätzlich ab
Montserrat	28.10.11	12	1321			14	517			01.01.15
Niederlande	21.05.99	01	2	01	66	01	691	01	539	23.06.01
Norwegen[1]	04.10.91/	93	970	93	655	93	1895	93	926	01.01.91
	24.06.13	14	906							
Österreich	04.10.54	55	833	55	434	55	926	55	743	26.11.55
San Marino	21.06.10	11	908	13	684	13	333	13	691	01.01.12
Schweden[1]	14.07.92	94	686	94	422	95	29	95	88	01.01.95
St. Lucia	07.06.10	11	264	13	760	13	559	13	767	01.01.14
St. Vincent und Grenadinen	29.03.10	11	253	11	777	11	696	11	784	01.01.12
Turks und Caicos Inseln	04.06.10	11	882			12	116			01.01.12
Vereinigte Staaten	31.05.13	13	1362	14	242	14	111	14	264	11.12.13

Änderungen sind durch seitliche Striche gekennzeichnet.

---

[1] Die Erbschaftsteuer bzw. Vorschriften zur Rechts- und Amtshilfe sind in den unter I.1. bzw. II.1. aufgeführten Abkommen enthalten.

Anlage § 039b-02/DBA-Übersicht (Zu LStH 39b.10)

II. Künftige Abkommen und laufende Verhandlungen

Abkommen mit	Art des Abkommens [1]	Sachstand [2]	Geltung für Veranlagungssteuern [3] ab	Geltung für Abzugsteuern [4] ab	Bemerkungen
1. Abkommen auf dem Gebiet der Steuern vom Einkommen und vom Vermögen					
Ägypten	R-A	P: 09.11.2012	KR	KR	
Argentinien	R-A	V:			
Armenien	R-A	P: 01.03.2013	KR	KR	
Australien	R-A	V:			
Belgien	R-A	P: 11.12.2013	KR		
China	R-A	U: 28.03.2014	KR	KR	
Dänemark	R-P	V:			
Ecuador	R-A	P: 19.10.2012	KR	KR	
Finnland	R-A	P: 31.03.2011	KR	KR	
Frankreich	E-P	P: 24.10.2014	KR	KR	
Ghana	R-P	V:			
Griechenland	R-A	P: 02.10.2009	KR	KR	
Hongkong	A	V:			
Indien	R-P	V:			
Indonesien	R-A	V:			
Irland	R-P	U: 03.12.2014	KR	KR	
Island	R-A	P: 12.07.2011	KR	KR	
Israel	R-A	U: 21.08.2014	KR	KR	
Japan	R-A	V:			
Jersey (begrenztes DBA)	A	P: 22.10.2014	29.08.2014		Verlängerung des ausgelaufenen DBA
Jordanien	A	V:			
Kanada	R-P	V:			
Katar	A	V:			
Kirgisistan	R-P	V:			
Kolumbien	A	V:			
Korea, Republik	R-P	V:			
Kroatien	R-P	P: 11.06.2013	KR	KR	
Kuwait	R-P	V:			
Liberia	R-P	V:			
Marokko	R-A	V:			
Mazedonien	R-P	P: 23.12.2013	KR	KR	
Mexiko	R-P	V:			
Namibia	R-P	V:			
Niederlande	R-P	P: 11.07.2014	KR	KR	

1) A: Erstmaliges Abkommen
R-A: Revisionsabkommen als Ersatz eines bestehenden Abkommens
R-P: Revisionsprotokoll zu einem bestehenden Abkommen
E-P: Ergänzungsprotokoll zu einem bestehenden Abkommen

2) V: Verhandlung
P: Paraphierung
U: Unterzeichnung hat stattgefunden, Gesetzgebungs- oder Ratifikationsverfahren noch nicht abgeschlossen

3) Einkommen-, Körperschaft-, Gewerbe- und Vermögensteuer   KR: Keine Rückwirkung vorgesehen

4) Abzugsteuern von Dividenden, Zinsen und Lizenzgebühren   KR: Keine Rückwirkung vorgesehen

(Zu LStH 39b.10)   **Anlage § 039b-02/DBA-Übersicht**

Abkommen mit	Art des Abkommens[1]	Sachstand[2]	Geltung für Veranlagungssteuern[3] ab	Geltung für Abzugsteuern[4] ab	Bemerkungen
Oman	A	U: 15.08.2012	KR	KR	ab 1985 für int. Verkehr
Philippinen	R-A	U: 09.09.2013	KR	KR	
Polen	R-P	P: 06.11.2013	KR	KR	
Portugal	R-A	V:			
Ruanda	A	V:			
Schweden	R-P	V:			
Schweiz	R-A/P	V:			
Serbien	A	V:			
Singapur	R-P	P: 27.09.2012	KR	KR	
Sri Lanka	R-A	P: 24.08.2012	KR	KR	
Südafrika	R-A	U: 09.09.2008	KR	KR	
		V:			
Tadschikistan	R-P	V:			
Thailand	R-A	V:			
Trinidad und Tobago	R-A	V:			
Tunesien	R-A	P: 04.06.2010	KR	KR	
Turkmenistan	A	P: 16.04.2012	KR	KR	
Ukraine	R-P	V:			
Usbekistan	R-P	V:			
Vereinigtes Königreich	R-P	U: 17.03.2014	KR	KR	
Vietnam	R-P	V:			

2. Abkommen auf dem Gebiet der Erbschaft- und Schenkungsteuern

3. Sonderabkommen betreffend Einkünfte und Vermögen von Schiffahrt (S)- und Luftfahrt (L)-Unternehmen

Bahrain	A (L)	P: 08.07.2010	KR	KR	
Brasilien	A (L/S)	V:			
Kamerun	A (L)	P: 18.09.2012	KR	KR	
Panama	A (L/S)	P: 11.12.2013	KR	KR	

4. Abkommen auf dem Gebiet der Amtshilfe und des Informationsaustauschs

Aruba	A	P: 14.09.2009	KR	KR	
Bahrain	A	P: 08.07.2010	KR	KR	
Barbados	A	P: 30.11.2011	KR	KR	
Brasilien	A	V:			
Brunei	A	V:			
Dominica	A	U: 21.09.2010	KR	KR	
Macau	A	V:			

1) A: Erstmaliges Abkommen
   R-A: Revisionsabkommen als Ersatz eines bestehenden Abkommens
   R-P: Revisionsprotokoll zu einem bestehenden Abkommen
   E-P: Ergänzungsprotokoll zu einem bestehenden Abkommen

2) V: Verhandlung
   P: Paraphierung
   U: Unterzeichnung hat stattgefunden, Gesetzgebungs- oder Ratifikationsverfahren noch nicht abgeschlossen

3) Einkommen-, Körperschaft-, Gewerbe- und Vermögensteuer   KR: Keine Rückwirkung vorgesehen

4) Abzugsteuern von Dividenden, Zinsen und Lizenzgebühren   KR: Keine Rückwirkung vorgesehen

Anlage § 039b-02/DBA-Übersicht (Zu LStH 39b.10)

Abkommen mit	Art des Abkommens[1]	Sachstand[2]	Geltung für		Bemerkungen
			Veranlagungssteuern[3] ab	Abzugssteuern[4] ab	
Panama	A	P: 13.05.2013	KR	KR	
St. Kitts und Nevis	A	U: 19.10.2010	KR	KR	

Änderungen sind durch seitliche Striche gekennzeichnet.

1) A: Erstmaliges Abkommen
   R-A: Revisionsabkommen als Ersatz eines bestehenden Abkommens
   R-P: Revisionsprotokoll zu einem bestehenden Abkommen
   E-P: Ergänzungsprotokoll zu einem bestehenden Abkommen
2) V: Verhandlung
   P: Paraphierung
   U: Unterzeichnung hat stattgefunden, Gesetzgebungs- oder Ratifikationsverfahren noch nicht abgeschlossen
3) Einkommen-, Körperschaft-, Gewerbe- und Vermögensteuer   KR: Keine Rückwirkung vorgesehen
4) Abzugsteuern von Dividenden, Zinsen und Lizenzgebühren   KR: Keine Rückwirkung vorgesehen

(Zu LStH 38.3, 39b.10, 39d) **Anlage § 039b-03/Arbeitslohn DBA**

Steuerliche Behandlung des Arbeitslohns nach den Doppelbesteuerungsabkommen

BMF-Schreiben vom 12. November 2014 IV B 2 – S 1300/08/10027 (BStBl. I S. 1467)

Unter Bezugnahme auf das Ergebnis der Erörterungen mit den obersten Finanzbehörden der Länder gilt für die Besteuerung der Einkünfte aus unselbständiger Arbeit nach den DBA Folgendes:

Inhaltsübersicht

1 **Allgemeines**
   1.1 Regelungsbereich eines DBA/des OECD/MA
   1.2 OECD-Musterabkommen
      1.2.1 Bestimmung der Ansässigkeit – Art. 4 OECD-MA
      1.2.2 Vergütungen aus unselbständiger Arbeit
         1.2.2.1 Art. 15 OECD-MA
         1.2.2.2 Grenzgängerregelung
         1.2.2.3 Besondere Regelungen bezüglich der Zuweisung des Besteuerungsrechts
      1.2.3 Vermeidung der Doppelbesteuerung – Art. 23 OECD-MA
      1.2.4 Abgrenzung zu anderen Abkommen und Bestimmungen

2 **Besteuerung im Inland**
   2.1 Steuerpflicht nach dem EStG
   2.2 Progressionsvorbehalt
   2.3 Anwendung des § 50d Abs. 8 EStG
   2.4 Anwendung des § 50d Abs. 9 EStG
   2.5 Abzugsbeschränkungen

3 **Besteuerung im Tätigkeitsstaat – Art. 15 Abs. 1 OECD-MA**

4 **Besteuerung im Ansässigkeitsstaat – Art. 15 Abs. 2 OECD-MA (sog. 183-Tage-Klausel)**
   4.1 Voraussetzungen
   4.2 Aufenthalt bis zu 183 Tagen – Art. 15 Abs. 2 Buchstabe a OECD-MA
      4.2.1 Ermittlung der Aufenthalts-/Ausübungstage
      4.2.2 183-Tage-Frist – Aufenthalt im Tätigkeitsstaat
      4.2.3 183-Tage-Frist – Dauer der Ausübung der unselbständigen Arbeit im Tätigkeitsstaat
      4.2.4 Anwendung der 183-Tage-Frist auf einen 12-Monats-Zeitraum
      4.2.5 Anwendung der 183-Tage-Frist auf das Steuerjahr/Kalenderjahr
      4.2.6 Besonderheiten beim Wechsel des Bezugszeitraums im DBA und Wechsel der Ansässigkeit
   4.3 Zahlung durch einen oder für einen im Tätigkeitsstaat ansässigen Arbeitgeber – Art. 15 Abs. 2 Buchstabe b OECD-MA
      4.3.1 Allgemeines
      4.3.2 Auslandstätigkeit für den zivilrechtlichen Arbeitgeber
      4.3.3 Grenzüberschreitende Arbeitnehmerentsendung zwischen verbundenen Unternehmen
         4.3.3.1 Wirtschaftlicher Arbeitgeber
         4.3.3.2 Vereinfachungsregelung
         4.3.3.3 Entsendendes und aufnehmendes Unternehmen sind Arbeitgeber
         4.3.3.4 Geschäftsführer, Vorstände und Prokuristen
         4.3.3.5 Gestaltungsmissbrauch i. S. des § 42 AO
         4.3.3.6 Arbeitgeber im Rahmen einer Poolvereinbarung
      4.3.4 Gewerbliche Arbeitnehmerüberlassung
         4.3.4.1 Beurteilung einer gewerblichen Arbeitnehmerüberlassung nach Art. 15 Abs. 1 und 2 OECD-MA entsprechenden Vorschriften
         4.3.4.2 Besondere Regelungen in einzelnen DBA
      4.3.5 Gelegentliche Arbeitnehmerüberlassung zwischen fremden Dritten

Anlage § 039b-03/Arbeitslohn DBA (Zu LStH 38.3, 39b.10, 39d)

4.4 Zahlung des Arbeitslohns zu Lasten einer Betriebsstätte des Arbeitgebers im Tätigkeitsstaat – Art. 15 Abs. 2 Buchstabe c OECD-MA

5 Ermittlung des steuerpflichtigen/steuerfreien Arbeitslohns
  5.1 Differenzierung zwischen der Anwendung der 183-Tage-Klausel und der Ermittlung des steuerpflichtigen/steuerfreien Arbeitslohns
  5.2 Grundsätze bei der Ermittlung des steuerpflichtigen/steuerfreien Arbeitslohns
  5.3 Direkte Zuordnung
  5.4 Aufteilung des verbleibenden Arbeitslohns
    5.4.1 Berechnung der tatsächlichen Arbeitstage
    5.4.2 Durchführung der Aufteilung
  5.5 Beispiele für die Aufteilung bestimmter Lohnbestandteile
    5.5.1 Tantiemen und andere Erfolgsvergütungen
    5.5.2 Urlaubsentgelte, Urlaubs- und Weihnachtsgeld
    5.5.3 Nachzahlung für eine frühere aktive Tätigkeit
    5.5.4 Abfindungen und Vergütungen für Diensterfindungen
      5.5.4.1 Grundsätze zur Besteuerung von Abfindungen
      5.5.4.2 Abfindungsbesteuerung in Sonderfällen und bei Vorliegen von
      5.5.4.3 KonsultationsvereinbarungenErfindervergütungen
    5.5.5 Optionsrechte auf den Erwerb von Aktien („Stock Options")
      5.5.5.1 Allgemeines
      5.5.5.2 Zuflusszeitpunkt und Höhe des geldwerten Vorteils nach nationalem Recht
      5.5.5.3 Aufteilung des Besteuerungsrechts des geldwerten Vorteils nach Abkommensrecht
      5.5.5.4 Weitere Aktienvergütungsmodelle
      5.5.5.5 Anwendung im Lohnsteuerabzugsverfahren
    5.5.6 Kaufkraftausgleich, Standortbonus und Sicherung des Wechselkurses
    5.5.7 Entgeltumwandlung zugunsten eines Arbeitszeitkontos
    5.5.8 Steuerausgleichsmechanismen – Hypo-Tax
    5.5.9 Beiträge bzw. Zuschüsse im Rahmen der sozialen Absicherung
    5.5.10 Übernahme von bestimmten Aufwendungen durch den Arbeitgeber

6 Abkommensrechtliche Beurteilung bestimmter Auslandstätigkeiten
  6.1 Organe von Kapitalgesellschaften
  6.2 Sich-zur-Verfügung-Halten
  6.3 Vorruhestandsgelder
  6.4 Konkurrenz- oder Wettbewerbsverbot
  6.5 Altersteilzeit nach dem Blockmodell

7 Besonderheiten bei Berufskraftfahrern
  7.1 Allgemeines
  7.2 Arbeitgeber im Inland
  7.3 Arbeitgeber oder arbeitslohntragende Betriebsstätte im Ausland

8 Personal auf Schiffen und Flugzeugen
  8.1 Allgemeines
  8.2 Beispiele für Abkommen, die von der Regelung des OECD-MA abweichen
    8.2.1 DBA-Liberia/DBA-Trinidad und Tobago
    8.2.2 DBA-Schweiz
    8.2.3 DBA-Griechenland 1966
    8.2.4 DBA-Großbritannien 2010
    8.2.5 DBA-Zypern 2011
    8.2.6 DBA-Insel Man 2009

9 Rückfallklauseln nach DBA

10 Verständigungsvereinbarungen
11 Aufhebung von Verwaltungsanweisungen
12 Erstmalige Anwendung

Abkürzungsverzeichnis

a. a. O.	am angegebenen Ort
Abs.	Absatz/Absätze
AO	Abgabenordnung
Art.	Artikel
BFH	Bundesfinanzhof
BMF	Bundesministerium der Finanzen
BGBl.	Bundesgesetzblatt
BStBl.	Bundessteuerblatt
DBA	Doppelbesteuerungsabkommen
d. h.	das heißt
EStG	Einkommensteuergesetz
EU	Europäische Union
EWR	Europäischer Wirtschaftsraum
ggf.	gegebenenfalls
GmbH	Gesellschaft mit beschränkter Haftung
i. d. F.	in der Fassung
i. d. R.	in der Regel
i. H.	in Höhe
i. H. v.	in Höhe von
i. S.	im Sinne
i. V. m.	in Verbindung mit
LStR	Lohnsteuerrichtlinien
NATO	North Atlantic Treaty Organization (Organisation des Nordatlantikvertrags)
Nr.	Nummer
OECD	Organisation für wirtschaftliche Zusammenarbeit und Entwicklung (Organization for Economic Cooperation and Development)
OECD-MA	OECD-Musterabkommen
OECD-MK	OECD-Musterkommentar
R	Richtlinie
S.	Seite
s.	siehe
sog.	so genannte/so genannten
Tz.	Textziffer/Textziffern
u. a.	unter anderem
UNO	United Nations Organization (Organisation der Vereinten Nationen)
z. B.	zum Beispiel

1 Allgemeines

1.1 Regelungsbereich eines DBA/des OECD-MA

Die DBA enthalten Regelungen für die Zuweisung des Besteuerungsrechts sowie zur Vermeidung einer Doppelbesteuerung im Verhältnis der beiden vertragschließenden Staaten zueinander. Sie begründen selbst keinen Besteuerungsanspruch. Die Abkommen werden durch Protokolle, die Denkschrift, Briefwechsel oder andere Dokumente ergänzt und erläutert. Diese Dokumente sind Bestandteile des Abkommens und in gleicher Weise verbindlich.

Im Nachfolgenden wird die abkommensrechtliche Behandlung der Vergütungen aus unselbständiger Arbeit anhand des OECD-MA dargestellt. Sowohl das OECD-MA als auch der OECD-MK werden vom

Anlage § 039b-03/Arbeitslohn DBA (Zu LStH 38.3, 39b.10, 39d)

Steuerausschuss der OECD laufend weiterentwickelt. Das OECD-MA entfaltet selbst keine rechtliche Bindungswirkung; die von Deutschland abgeschlossenen und rechtlich wirksamen DBA orientieren sich jedoch nach Inhalt und Aufbau am OECD-MA. Im konkreten Einzelfall sind die jeweiligen Vorschriften des anzuwendenden DBA maßgeblich, nicht das OECD-MA. Soweit im Einzelfall Anknüpfungspunkte zu mehreren Staaten bestehen, können verschiedene DBA nebeneinander zu beachten sein (z. B. bei Berufskraftfahrern, s. Tz. 7).

3 Bei der steuerlichen Beurteilung von Vergütungen aus unselbständiger Arbeit sind daher insbesondere die Bestimmungen des nationalen Rechts und die des jeweils einschlägigen DBA zu beachten. Die Regelungen des OECD-MA, als auch des OECD-MK, sind unter Berücksichtigung der nachfolgenden Grundsätze bei der Auslegung zu berücksichtigen.

4 **Beispiel 1: Wohnsitz in Deutschland**

Der Arbeitnehmer ist nur in Deutschland unbeschränkt steuerpflichtig. Er ist in Österreich und Belgien tätig.

Es sind die DBA zwischen Deutschland und dem jeweiligen Tätigkeitsstaat (DBA-Österreich und DBA-Belgien) zu prüfen.

5 **Beispiel 2: kein Wohnsitz in Deutschland**

Der Arbeitnehmer ist nur in Österreich unbeschränkt steuerpflichtig. Er ist in Deutschland und zusätzlich in Belgien tätig. Er erstellt Marktanalysen und erzielt daraus Vergütungen, die insgesamt nach § 1 Abs. 4 EStG i. V. m. § 49 Abs. 1 Nr. 4 Buchstabe a EStG beschränkt steuerpflichtig sind (BFH-Urteil vom 12. November 1986, BStBl. 1987 II S. 379).

Es ist ausschließlich das DBA zwischen Österreich und Deutschland zu prüfen, da nur für dieses DBA eine Abkommensberechtigung nach Art. 4 Abs. 1 i. V. m. Art. 1 DBA-Österreich vorliegt.

Soweit die Vergütungen auf die in Belgien ausgeübte Tätigkeit entfallen, sind sie grundsätzlich nach Art. 15 Abs. 1 Satz 1 DBA-Österreich in Österreich als Ansässigkeitsstaat zu besteuern.

1.2 OECD-Musterabkommen

1.2.1 Bestimmung der Ansässigkeit – Art. 4 OECD-MA

6 Für die Anwendung eines DBA ist der Staat zu bestimmen, in dem der Arbeitnehmer und ggf. der Arbeitgeber entsprechend Art. 1 i. V. m. Art. 4 OECD-MA ansässig sind. Der abkommensrechtliche Begriff der Ansässigkeit entspricht nicht dem im innerstaatlichen Recht verwendeten Begriff der unbeschränkten Steuerpflicht.

7 Während die unbeschränkte Steuerpflicht eine umfassende Steuerpflicht begründet, führt die Ansässigkeit einer Person in einem der Vertragsstaaten zu ihrer Abkommensberechtigung (Art. 1 OECD-MA). Zugleich wird mit der Bestimmung der Ansässigkeit einer Person in einem Vertragsstaat dieser Staat für die Anwendung des Abkommens zum Ansässigkeitsstaat; der andere Vertragsstaat ist Quellenstaat. Eine Person kann zwar in beiden Vertragsstaaten (z. B. aufgrund doppelten Wohnsitzes) unbeschränkt steuerpflichtig sein, dagegen kann sie nur in einem der beiden Vertragsstaaten als ansässig i. S. eines DBA gelten.

8 Eine natürliche Person ist nach Art. 4 Abs. 1 Satz 1 OECD-MA in einem Staat ansässig, wenn sie dort aufgrund ihres Wohnsitzes, ihres ständigen Aufenthalts oder eines anderen ähnlichen Merkmals steuerpflichtig ist (s. Tz. 2.1 zur Steuerpflicht nach dem EStG). Zu berücksichtigen ist jedoch, dass nach Art. 4 Abs. 1 Satz 2 OECD-MA eine Ansässigkeit in einem Staat nicht begründet wird, wenn die Person in diesem Staat nur mit Einkünften aus Quellen in diesem Staat oder mit in diesem Staat gelegenem Vermögen steuerpflichtig ist, die Person nach deutschem Rechtsverständnis dort also nur der beschränkten Steuerpflicht unterliegt. Die Ansässigkeit nach Art. 4 Abs. 1 OECD-MA im Inland setzt damit eine unbeschränkte Steuerpflicht im Inland voraus.

9 Ist die Person nach Art. 4 Abs. 1 Satz 1 OECD-MA in beiden Vertragsstaaten ansässig (sog. doppelte Ansässigkeit), ist nach der in Art. 4 Abs. 2 OECD-MA festgelegten Prüfungsreihenfolge festzustellen, in welchem Vertragsstaat die Person als ansässig gilt. Verfügt die Person nur in einem Staat über eine ständige Wohnstätte, so gilt sie als nur in diesem Staat ansässig. Unter einer ständigen Wohnstätte sind Räumlichkeiten zu verstehen, die nach Art und Einrichtung zum Wohnen geeignet sind, die ständig genutzt werden können und die tatsächlich regelmäßig genutzt werden. Es handelt sich um eine in den allgemeinen Lebensrhythmus der Person einbezogene Anlaufstelle (s. BFH-Urteile vom 23. Oktober 1985, BStBl. 1986 II S. 133, vom 16. Dezember 1998, BStBl. 1999 II S. 207 und vom 5. Juni 2007, BStBl. II S. 812). Verfügt die Person in beiden Staaten über eine ständige Wohnstätte, so gilt sie als nur in dem Staat ansässig, zu dem sie die engeren persönlichen und wirtschaftlichen Beziehungen hat (Mittelpunkt der Lebensinteressen). Dabei sind ihre familiären und gesellschaftlichen Beziehungen, ihre be-

(Zu LStH 38.3, 39b.10, 39d) **Anlage § 039b-03/Arbeitslohn DBA**

rufliche, politische, kulturelle und sonstige Tätigkeit, der Ort ihrer Geschäftstätigkeit, der Ort, von wo aus sie ihr Vermögen verwaltet, und Ähnliches zu berücksichtigen. Die Umstände sind als Ganzes zu prüfen. Lässt sich die Ansässigkeit nach diesen Kriterien nicht bestimmen, sind als Hilfsmerkmale zunächst der gewöhnliche Aufenthalt und danach die Staatsangehörigkeit heranzuziehen. Kann die Ansässigkeit auch nach dem letztgenannten Kriterium nicht bestimmt werden, weil die Person Staatsangehöriger beider Staaten oder keines der Staaten ist, regeln die betreffenden Staaten die Frage in gegenseitigem Einvernehmen nach Art. 25 OECD-MA (s. Tz. 10).

Zu beachten sind die Besonderheiten, die sich durch die speziellen Regelungen in einzelnen DBA (z. B. Art. 4 Abs. 1 Buchstabe b DBA-Vereinigte Arabische Emirate (VAE)) bzw. durch den Rückgriff auf das jeweilige nationale Recht (z. B. China, Südafrika) ergeben können. 10

Beispiel 1: 11

Der Arbeitnehmer begründet während seines Aufenthalts im ausländischen Tätigkeitsstaat einen Wohnsitz. Die Familie ist dem Arbeitnehmer nicht in den Tätigkeitsstaat gefolgt.

Der Mittelpunkt der Lebensinteressen des Arbeitnehmers befindet sich i. d. R. auch während seines Aufenthalts im ausländischen Tätigkeitsstaat weiterhin in dem bisherigen Ansässigkeitsstaat (kein Ansässigkeitswechsel). Insbesondere hat der Arbeitnehmer nach wie vor persönliche Beziehungen zu seiner Familie im bisherigen Ansässigkeitsstaat. Demgegenüber treten die persönlichen Beziehungen, die der Arbeitnehmer im Tätigkeitsstaat unterhält, in aller Regel stark zurück. Zudem verfügt der Arbeitnehmer häufig auch im bisherigen Ansässigkeitsstaat über wirtschaftliche Beziehungen (z. B. Grundbesitz, Kapitalvermögen, Arbeitgeber ist in diesem Staat ansässig), während die wirtschaftlichen Beziehungen zum Tätigkeitsstaat i. d. R. nur vorübergehender Natur sind.

Beispiel 2: 12

Der Arbeitnehmer begründet während seines auf 9 Monate befristeten Aufenthalts im ausländischen Tätigkeitsstaat einen Wohnsitz. Die Wohnung im bisherigen Ansässigkeitsstaat steht ihm und ggf. seiner Familie jederzeit zur Nutzung zur Verfügung. Das Arbeitsverhältnis zum bisherigen Arbeitgeber besteht fort.

a) Der Arbeitnehmer ist alleinstehend.

b) Die Familie ist dem Arbeitnehmer in den Tätigkeitsstaat gefolgt.

Der Mittelpunkt der Lebensinteressen befindet sich – unabhängig vom Familienstand – in aller Regel weiterhin im bisherigen Ansässigkeitsstaat (s. BFH-Urteil vom 23. Oktober 1985, a. a. O.), da bei einem auf kurze Zeit befristeten Aufenthalt im Tätigkeitsstaat und dem Fortbestehen des bisherigen Arbeitsverhältnisses die persönlichen und wirtschaftlichen Beziehungen zum bisherigen Ansässigkeitsstaat zumeist gewichtiger sind als die zum anderen Staat. Dies bedeutet jedoch nicht, dass sich der Mittelpunkt der Lebensinteressen bei einem vorübergehenden Aufenthalt von über einem Jahr zwangsläufig in den anderen Staat verlagern muss. Vielmehr ist stets das Gesamtbild der Verhältnisse zu würdigen.

Beispiel 3: 13

Der Arbeitnehmer begründet während seines mehrjährigen oder unbefristeten Aufenthalts im ausländischen Tätigkeitsstaat einen Wohnsitz. Die Familie ist dem Arbeitnehmer in den Tätigkeitsstaat gefolgt. Die Wohnung im bisherigen Ansässigkeitsstaat steht der Familie jederzeit zur Nutzung zur Verfügung.

Der Mittelpunkt der Lebensinteressen befindet sich in diesem Fall i. d. R. im Tätigkeitsstaat.

1.2.2. Vergütungen aus unselbständiger Arbeit

1.2.2.1 Art. 15 OECD-MA

Nach Art. 15 Abs. 1 OECD-MA können die Vergütungen aus unselbständiger Arbeit nur im Ansässig- 14 keitsstaat des Arbeitnehmers besteuert werden, es sei denn, die Tätigkeit wird im anderen Staat ausgeübt. Wird die unselbständige Arbeit im anderen Staat (Tätigkeitsstaat) ausgeübt, steht grundsätzlich diesem Staat das Besteuerungsrecht für die bezogenen Vergütungen (sog. Arbeitsortprinzip) zu. Die bloße Verwertung stellt keine Tätigkeit i. S. der DBA dar (§ 49 Abs. 1 Nr. 4 Buchstabe a 2. Alternative EStG).

Abweichend hiervon steht unter den Voraussetzungen des Art. 15 Abs. 2 OECD-MA (sog. 183-Tage- 15 Klausel) das Besteuerungsrecht für solche Vergütungen nur dem Ansässigkeitsstaat des Arbeitnehmers zu.

Art. 15 Abs. 3 OECD-MA enthält eine gesonderte Bestimmung für die Besteuerung des Vergütungen des 16 Bordpersonals von Seeschiffen und Luftfahrzeugen im internationalen Verkehr und des Bordpersonals von Schiffen im Binnenverkehr (s. Tz. 4.3.4.2 und Tz. 8).

Anlage § 039b-03/Arbeitslohn DBA (Zu LStH 38.3, 39b.10, 39d)

1.2.2.2 Grenzgängerregelung

17 Grenzgänger sind Arbeitnehmer, die i. d. R. im Grenzbereich des einen Staates arbeiten und täglich zu ihrem Wohnsitz im Grenzbereich des anderen Staates zurückkehren. Das OECD-MA sieht für Grenzgänger keine spezielle Regelung vor. Für diese Arbeitnehmer gelten Besonderheiten nach den DBA mit Frankreich (Art. 13 Abs. 5 – i. d. R. Besteuerung im Wohnsitzstaat), Österreich (Art. 15 Abs. 6 – i. d. R. Besteuerung im Wohnsitzstaat) und der Schweiz (Art. 15a – begrenzte Besteuerung im Tätigkeitsstaat und Wohnsitzbesteuerung mit Anrechnungssystem). Die Grenzgängerregelung im Verhältnis zu Belgien ist zum 1. Januar 2004 weggefallen. Besonderheiten bei Grenzpendlern nach Luxemburg sind in der Verständigungsvereinbarung vom 26. Mai 2011 (KonsVerLUXV vom 9. Juli 2012, BGBl. I S. 1484) geregelt.

1.2.2.3 Besondere Regelungen bezüglich der Zuweisung des Besteuerungsrechts

18 Das OECD-MA bzw. die einzelnen DBA enthalten von Art. 15 OECD-MA abweichende Regelungen für bestimmte Arbeitnehmer, insbesondere für das für die Geschäftsführung eines Unternehmens verantwortliche Personal (s. Tz. 6.1), für Künstler und Sportler (Art. 17 OECD-MA), für Ruhegehaltsempfänger (Art. 18 OECD-MA), für die Arbeitnehmer der Gebietskörperschaften, teilweise auch für weitere öffentlich-rechtliche Körperschaften sowie für Vergütungen, die im Rahmen eines Entwicklungshilfeprogramms eines Vertragsstaates gezahlt werden (Art. 19 OECD-MA), für Studenten, Schüler, Lehrlinge und sonstige Auszubildende (Art. 20 OECD-MA), für Hochschullehrer und Lehrer (z. B. Art. 21 DBA-Italien; Art. 20 Abs. 1 DBA-Österreich; Art. 20 Abs. 1 DBA-USA) sowie für Mitglieder diplomatischer Missionen und konsularischer Vertretungen (Art. 28 OECD-MA).

1.2.3 Vermeidung der Doppelbesteuerung – Art. 23 OECD-MA

19 Deutschland als Ansässigkeitsstaat vermeidet bei Einkünften aus unselbständiger Arbeit die Doppelbesteuerung regelmäßig durch Freistellung der Einkünfte (Anwendung der Freistellungsmethode entsprechend Art. 23 A OECD-MA) unter Berücksichtigung des § 32b Abs. 1 Satz 1 Nr. 3 EStG (Progressionsvorbehalt). Die Steuerfreistellung setzt allerdings i. d. R. die ausländische Besteuerung voraus; diesbezüglich wird auf die Ausführungen zu § 50d Abs. 8 bzw. 9 EStG und zu den Rückfallklauseln in den DBA verwiesen (s. Tz. 2.3, 2.4 und 9).

20 Nach einzelnen DBA-Bestimmungen werden die Einkünfte nicht von der Besteuerung ausgenommen; vielmehr wird die Doppelbesteuerung durch Steueranrechnung nach Maßgabe des § 34c EStG vermieden (Anwendung der Anrechnungsmethode). Dies gilt u. a. für Fälle der gewerbsmäßigen Arbeitnehmerüberlassung (z. B. DBA mit Dänemark, Frankreich, Italien, Norwegen, Polen oder Schweden) oder für Vergütungen des Bordpersonals von Schiffen und Luftfahrzeugen (s. Tz. 8.2). In einigen Fällen sehen DBA die Anrechnungsmethode grundsätzlich vor (z. B. Art. 22 Abs. 1 DBA-VAE; Art. 23 Abs. 1 Buchstabe b Doppelbuchstabe ee DBA-Liechtenstein; Art. 22 Abs. 1 DBA-Zypern; Art. 23 Abs. 2 Buchstabe a DBA-Mauritius). Die vollständige Anrechnung ausländischer Steuern i. S. des § 36 EStG stellt eine seltene Ausnahme dar (z. B. Art. 15a Abs. 3 Buchstabe a DBA-Schweiz, Grenzgängerregelung). Es ist jedoch zu beachten, dass die Doppelbesteuerung stets durch die Freistellungsmethode (mit Progressionsvorbehalt) vermieden wird, wenn im einschlägigen DBA-Artikel dem anderen Staat ein sog. ausschließliches Besteuerungsrecht zugewiesen wird (z. B. Art. 22 Abs. 2 i. V. m. Art. 14 Abs. 4 DBA-Zypern).

21 Eine besondere Regelung enthält Punkt 11 des Schlussprotokolls zu Art. 23 DBA-Belgien i. d. F. des Zusatzabkommens von 2002. Danach rechnet Deutschland die von belgischen Gemeinden erhobene Zusatzsteuer pauschal i. H. v. 8 % der deutschen Steuer an. Die danach verbleibende deutsche Einkommensteuer ist Bemessungsgrundlage für die Kirchensteuer und den Solidaritätszuschlag. Die pauschale Anrechnung erfolgt nur, soweit Belgien als Ansässigkeitsstaat des Arbeitnehmers anzusehen ist und Deutschland als Quellenstaat für die der deutschen Steuer zugrundeliegenden Einkünfte nach Art. 15 DBA-Belgien das Besteuerungsrecht hat und Belgien diese Einkünfte grundsätzlich nach Art. 23 Abs. 2 Nr. 1 DBA-Belgien freistellt.

1.2.4 Abgrenzung zu anderen Abkommen und Bestimmungen

22 Neben den DBA sind weitere zwischenstaatliche Abkommen bzw. Vereinbarungen zu beachten, nach denen u. a. Arbeitnehmer von deutschen Steuern befreit sind (z. B. bei Tätigkeiten für die EU, UNO oder NATO). Eine Zusammenstellung der einzelnen Fundstellen zum 1. Januar 2013 ist dem BMF-Schreiben vom 18. März 2013 (BStBl. I S. 404) zu entnehmen.

23 Nach dem Protokoll über die Vorrechte und Befreiungen der Europäischen Union (Abl. EU C 326, S. 266 – EU-Privilegienprotokoll) unterliegen z. B. Gehälter, Löhne und andere Bezüge, welche die EU ihren eigenen Beamten und sonstigen Bediensteten zahlt, nicht der nationalen Steuer in den EU-Mitgliedstaaten. Soweit Einkünfte aufgrund dessen in Deutschland freizustellen sind, unterliegen sie nicht dem

Progressionsvorbehalt gemäß § 32b Abs. 1 Satz 1 Nr. 4 EStG, weil das EU-Privilegienprotokoll keinen entsprechenden Vorbehalt vorsieht. Vergütungen für eine Tätigkeit bei einem Organ bzw. einer Einrichtung der EU oder im Rahmen eines EU-Projektes, die an Personen gezahlt werden, die keine EU-Beamten oder sonstigen Bediensteten der EU sind (z. B. nationale Sachverständige), fallen i. d. R. nicht unter eine unionsrechtliche Befreiungsvorschrift. Hier ist ggf. die Anwendung eines DBA zu prüfen (s. BMF-Schreiben vom 12. April 2006, BStBl. I S. 340, zur steuerlichen Behandlung des EU-Tagesgeldes).

2 Besteuerung im Inland

2.1 Steuerpflicht nach dem EStG

Steuerliche Sachverhalte mit Auslandsbezug, die nach dem nationalen Recht der Besteuerung im Inland unterliegen, können im Verhältnis zu DBA-Staaten nur besteuert werden, wenn das jeweils anzuwendende DBA das deutsche Besteuerungsrecht nicht ausschließt.

Hat ein Arbeitnehmer einen Wohnsitz oder seinen gewöhnlichen Aufenthalt im Inland, unterliegt er als unbeschränkt Steuerpflichtiger grundsätzlich mit seinem gesamten Welteinkommen der inländischen Besteuerung (§ 1 Abs. 1 i. V. m. § 2 Abs. 1 EStG).

Fehlt es sowohl an einem solchen Wohnsitz als auch an einem gewöhnlichen Aufenthalt, ist ein Arbeitnehmer, der inländische Einkünfte i. S. des § 49 Abs. 1 Nr. 4 EStG erzielt, grundsätzlich nach § 1 Abs. 4 EStG beschränkt einkommensteuerpflichtig. Die Erzielung inländischer Einkünfte nach § 49 Abs. 1 Nr. 4 EStG ist allein vom dort definierten inländischen Anknüpfungspunkt und nicht von einem Mindestaufenthalt im Inland abhängig.

Auf die unbeschränkte Steuerpflicht nach § 1 Abs. 2 und 3 EStG sowie § 1a EStG, wird hingewiesen. Für EU-/EWR-Staatsangehörige mit Wohnsitz in der Schweiz wird auf das BMF-Schreiben vom 16. September 2013, BStBl. I S. 1325, verwiesen.

> **Beispiel:**
> Der in den Niederlanden wohnhafte Arbeitnehmer A ist für den in Aachen ansässigen Arbeitgeber B tätig. A übt seine Tätigkeit zu 60 % in Deutschland und zu 40 % in den Niederlanden aus.
> Soweit A seine Tätigkeit im Inland ausübt, erzielt er inländische Einkünfte i. S. des § 49 Abs. 1 Nr. 4 Buchstabe a EStG. Nur für den auf diese Tätigkeit entfallenden Arbeitslohn besteht eine beschränkte Steuerpflicht nach § 1 Abs. 4 EStG.
> Besteht eine beschränkte Steuerpflicht i. S. des § 1 Abs. 4 EStG, kann der Arbeitnehmer bei Vorliegen bestimmter Voraussetzungen nach § 1 Abs. 3 EStG als unbeschränkt Steuerpflichtiger behandelt werden und ggf. zusätzlich Vergünstigungen gemäß § 1a EStG in Anspruch nehmen.

Besteht während eines Kalenderjahres sowohl unbeschränkte als auch beschränkte Einkommensteuerpflicht, so sind die während der beschränkten Einkommensteuerpflicht erzielten inländischen Einkünfte in eine Veranlagung zur unbeschränkten Einkommensteuerpflicht einzubeziehen (§ 2 Abs. 7 Satz 3 EStG). Die materiell-rechtliche Behandlung bleibt hiervon unberührt.

2.2 Progressionsvorbehalt

Ist nach nationalem Recht zeitweise oder ganzjährig eine unbeschränkte Steuerpflicht gegeben, sind aber die Einkünfte nach einem DBA in Deutschland freizustellen, unterliegen die in Deutschland freigestellten Einkünfte dem Progressionsvorbehalt nach § 32b Abs. 1 Satz 1 Nr. 3 EStG.

Zu beachten ist, dass der ab dem Veranlagungszeitraum 2008 nach § 32b Abs. 1 Satz 2 EStG angeordnete Ausschluss des Progressionsvorbehalts für Fälle des § 32b Abs. 1 Satz 1 Nr. 3 EStG nicht Einkünfte aus unselbständiger Arbeit betrifft und nicht für den Progressionsvorbehalt nach §32b Abs. 1 Satz 1 Nr. 1 EStG gilt.

Bei einer im Veranlagungszeitraum nur zeitweise bestehenden unbeschränkten Steuerpflicht sind die ausländischen Einkünfte, die bereits vom nationalen deutschen Steuerrecht nicht erfasst werden und damit im Veranlagungszeitraum nicht der deutschen Einkommensteuer unterlegen haben, ebenfalls in den Progressionsvorbehalt einzubeziehen (§ 32b Abs. 1 Satz 1 Nr. 2 EStG).

Bei Arbeitnehmern, die im Inland weder einen Wohnsitz noch ihren gewöhnlichen Aufenthalt haben, ist in den Fällen der Veranlagung gemäß § 1 Abs. 3, § 1a und § 50 Abs. 2 Satz 2 Nr. 4 EStG zu beachten, dass nicht der deutschen Einkommensteuer oder dem Steuerabzug unterliegenden Einkünfte grundsätzlich dem Progressionsvorbehalt zu unterwerfen sind (§ 32b Abs. 1 Satz 1 Nr. 5 EStG).

Einkünfte, die nach einem sonstigen zwischenstaatlichen Übereinkommen steuerfrei sind, werden nach § 32b Abs. 1 Satz 1 Nr. 4 EStG in den Progressionsvorbehalt einbezogen, wenn in dem jeweiligen Übereinkommen die Anwendung des Progressionsvorbehalts ausdrücklich zugelassen worden ist.

Anlage § 039b-03/Arbeitslohn DBA (Zu LStH 38.3, 39b.10, 39d)

35 Die Höhe der Einkünfte, die dem Progressionsvorbehalt unterliegen, ist nach deutschem Steuerrecht zu ermitteln (s. BFH-Urteil vom 20. September 2006, BStBl. 2007 II S. 56). Dies bedeutet, dass beispielsweise ausländische Werbungskostenpauschalen oder Steuerbefreiungsvorschriften nicht zu berücksichtigen sind. Die steuerfreien ausländischen Einkünfte aus unselbständiger Arbeit i. S. des § 32b Abs. 1 Satz 1 Nr. 2 bis 5 EStG sind als Überschuss der Einnahmen über die Werbungskosten zu berechnen.

36 Bei der Ermittlung der Einkünfte i. S. des § 32b Abs. 1 Satz 1 Nr. 2 bis 5 EStG
   – ist der Arbeitnehmer-Pauschbetrag abzuziehen, soweit er nicht schon bei der Ermittlung der Einkünfte aus nichtselbständiger Arbeit abgezogen wurde (§ 32b Abs. 2 Satz 1 Nr. 2 Satz 2 Buchstabe a EStG);
   – sind Werbungskosten nur insoweit zu berücksichtigen, als sie zusammen mit den bei der Ermittlung der Einkünfte aus unselbständiger Arbeit abziehbaren Werbungskosten den Arbeitnehmer-Pauschbetrag übersteigen (§ 32b Abs. 2 Satz 1 Nr. 2 Satz 2 Buchstabe b EStG, s. H 32b „Ausländische Einkünfte" – EStH).

37 **Beispiel 1:**

Der inländische steuerpflichtige Arbeitslohn im Kalenderjahr beträgt 20.000 €; die Werbungskosten betragen 500 €. Der nach DBA unter Progressionsvorbehalt steuerfreie Arbeitslohn beträgt 10.000 €; im Zusammenhang mit der Erzielung des steuerfreien Arbeitslohns sind Werbungskosten in Höhe von 400 € tatsächlich angefallen.

Inländischer steuerpflichtiger Arbeitslohn	20.000 €
./. Werbungskosten im Zusammenhang mit steuerpflichtigem Arbeitslohn, mindestens Arbeitnehmer-Pauschbetrag (§ 9a Satz 1 Nr. 1 Buchstabe a EStG)	./. 1.000 €
Steuerpflichtige Einkünfte gemäß § 19 EStG	19.000 €
Ausländische Progressionseinnahmen	10.000 €
./. Gesamtwerbungskosten abzgl. bereits in Anspruch genommener Arbeitnehmer-Pauschbetrag oder abzgl. tatsächliche inländische Werbungskosten, sofern diese höher sind als der Arbeitnehmer-Pauschbetrag	0 €
Maßgebende Progressionseinkünfte (§ 32b Abs. 2 Satz 1 Nr. 2 Satz 2 EStG)	10.000 €

38 **Beispiel 2:**

Sachverhalt wie Beispiel 1, jedoch sind im Zusammenhang mit der Erzielung des steuerfreien Arbeitslohns tatsächlich Werbungskosten in Höhe von 600 € angefallen.

Inländischer steuerpflichtiger Arbeitslohn		20.000 €
./. Werbungskosten im Zusammenhang mit steuerpflichtigem Arbeitslohn, mindestens Arbeitnehmer-Pauschbetrag (§ 9a Satz 1 Nr. 1 Buchstabe a EStG)		./. 1.000 €
Steuerpflichtige Einkünfte gemäß § 19 EStG		19.000 €
Ausländische Progressionseinnahmen		10.000 €
./. Gesamtwerbungskosten	1.100 €	
abzgl. bereits bei den stpfl. Einkünften in Anspruch genommener Arbeitnehmer-Pauschbetrag	./. 1.000 €	
oder abzgl. tatsächlicher inländischer Werbungskosten, sofern diese höher sind als der Arbeitnehmer-Pauschbetrag		100 €
Maßgebende Progressionseinkünfte (§ 32b Abs. 2 Satz 1 Nr. 2 Satz 2 EStG)		9.900 €

2.3 Anwendung des § 50d Abs. 8 EStG

39 Nach § 50d Abs. 8 EStG ist zu beachten, dass die in einem DBA vereinbarte Freistellung der Einkünfte eines unbeschränkt Steuerpflichtigen aus unselbständiger Arbeit nur zu gewähren ist, soweit der Steuerpflichtige nachweist, dass der Staat, dem nach dem DBA das Besteuerungsrecht zusteht, auf dieses Besteuerungsrecht verzichtet hat oder dass die in diesem Staat auf die Einkünfte festgesetzten Steuern entrichtet wurden. Die Anwendung des § 50d Abs. 8 EStG erfordert nicht, dass Deutschland als Ansässigkeitsstaat anzusehen ist.

40 Als ausländische Besteuerungsnachweise gelten ausländische Steuerbescheide mit ausländischen Zahlungsbelegen (über ausländische Steuerzahlungen) sowie auch ausländische Gehaltsabrechnungen (mit Ausweis der abgeführten Quellensteuern).

41 Des Weiteren wird auf die Ausführungen im BMF-Schreiben vom 21. Juli 2005, BStBl. I S. 821, verwiesen.

2.4 Anwendung des § 50d Abs. 9 EStG

Soweit ein DBA nicht bereits eine entsprechende Regelung enthält, sind nach § 50d Abs. 9 Satz 1 Nr. 1 **42** EStG Einkünfte nicht freizustellen, wenn die Nichtbesteuerung oder niedrige Besteuerung im anderen Staat die Folge eines Qualifikationskonfliktes ist. Qualifikationskonflikte haben ihre Ursache in einer nicht übereinstimmenden Anwendung der Vorschriften eines DBA durch die Vertragsstaaten, weil sie

- von unterschiedlichen Sachverhalten ausgehen,
- die Abkommensbestimmungen unterschiedlich auslegen oder
- Abkommensbegriffe, die im DBA nicht definiert sind, nach ihrem nationalen Recht unterschiedlich auslegen (s. Art. 3 Abs. 2 OECD-MA).

Soweit ein DBA nicht bereits eine entsprechende Regelung enthält (vgl. Tz. 9), sind Einkünfte nach **43** § 50d Abs. 9 Satz 1 Nr. 2 EStG nicht von der Besteuerung auszunehmen, wenn die Nichtbesteuerung darauf zurückzuführen ist, dass sich der andere Vertragsstaat an der Ausübung seines DBA-Besteuerungsrechts durch sein innerstaatliches Recht, das diese Einkünfte ganz oder teilweise im Rahmen der beschränkten Steuerpflicht nicht erfasst, gehindert sieht. Als Nichtbesteuerung gilt auch, wenn die Einkünfte nur deshalb im anderen Vertragsstaat besteuert werden, weil der Steuerpflichtige es versäumt, einen Antrag auf Erstattung der erstattungsfähigen Steuer zu stellen.

Auf das BMF-Schreiben vom 12. November 2008, BStBl. I S. 988, und vom 5. Dezember 2012, BStBl. I **44** S. 1248, zur Besteuerung von in Deutschland ansässigem Flugpersonal britischer und irischer Fluggesellschaften wird hingewiesen. § 50d Abs. 9 Satz 1 Nr. 2 EStG greift aber nicht, wenn im anderen DBA-Staat der vorliegende steuerliche Tatbestand auch bei unbeschränkter Steuerpflicht nicht besteuert wird.

§ 50d Abs. 9 EStG kann auch dann zur Besteuerung von Einkünften aus unselbständiger Arbeit führen, **45** wenn die Einkünfte nach § 50d Abs. 8 EStG steuerfrei belassen werden können. Die Regelungen des § 50d Abs. 8 und 9 EStG sind insoweit nebeneinander anzuwenden (§ 50d Abs. 9 Satz 3 EStG i. d. F. des AmtshilfeRLUmsG, BGBl. 2013 I S. 1809).

Beispiel: **46**

K ist in Deutschland ansässig und sowohl bei seinem Arbeitgeber in Deutschland als auch bei einer Schwestergesellschaft in Schweden tätig. Im Jahr 01 hält sich K an 150 Tagen in Schweden auf. Der Arbeitslohn wird vom deutschen Arbeitgeber bezahlt und – soweit er auf die Tätigkeit in Schweden entfällt – der schwedischen Schwestergesellschaft weiterberechnet. Der Steuerberater beantragt die Freistellung des Arbeitslohns, der auf die Tätigkeit in Schweden entfällt, unter Hinweis auf Art. 15 Abs. 2 Buchstabe b DBA-Schweden (wirtschaftlicher Arbeitgeber, s. Tz. 4.3.3.1). Die schwedische Einkommensteuer wird mit 0 € festgesetzt. Der Steuerberater weist nach, dass es in Schweden das Rechtsinstitut des wirtschaftlichen Arbeitgebers i.S. des DBA nicht gibt.

Die Höhe der in Schweden festgesetzten Steuer beträgt 0 €. Der Steuerpflichtige hat somit nachgewiesen, dass die festgesetzte Steuer „entrichtet" wurde (§ 50d Abs. 8 Satz 1 zweite Alternative EStG). Nach § 50d Abs. 9 Satz 1 Nr. 1 EStG kann die Steuerfreistellung in Deutschland dann nicht gewährt werden, wenn der andere Staat (hier: Schweden) die Bestimmungen des DBA so anwendet, dass die Einkünfte in diesem Staat von der Besteuerung auszunehmen sind.

Da die Nichtbesteuerung in Schweden ihre Ursache in einer nicht übereinstimmenden Anwendung von DBA-Bestimmungen hat (Qualifikationskonflikt), entfällt nach § 50d Abs. 9 Satz 1 Nr. 1 EStG die Freistellung des Arbeitslohns.

2.5 Abzugsbeschränkungen

Gemäß § 3c Abs. 1 EStG dürfen Ausgaben, die mit steuerfreien Einnahmen in unmittelbarem wirt- **47** schaftlichen Zusammenhang stehen, nicht als Werbungskosten abgezogen werden. Sind Einkünfte aufgrund eines DBA freizustellen, sind regelmäßig nicht nur die Einnahmen, sondern auch die damit zusammenhängenden Werbungskosten von der Bemessungsgrundlage der deutschen Steuer auszunehmen (s. BFH-Urteil vom 11. Februar 2009, BStBl. 2010 II S. 536). Darunter fallen sowohl laufende Werbungskosten, die durch steuerfreie Auslandseinkünfte veranlasst sind, als auch vorweggenommene Werbungskosten, die sich auf steuerfreie Auslandseinkünfte beziehen (s. BFH-Urteil vom 20. September 2006, BStBl. 2007 II S. 756). Gleiches gilt für nachträgliche Werbungskosten.

Lassen sich die Werbungskosten nicht eindeutig zuordnen, sind diese nach den zu § 3c Abs. 1 EStG **48** entwickelten Kriterien aufzuteilen. Hierbei sind die Werbungskosten den steuerfreien Einkünften in dem Verhältnis zuzuordnen, in dem die steuerfreien Einnahmen zu den gesamten Einnahmen stehen, die der Steuerpflichtige im betreffenden Zeitraum bezogen hat (s. BFH-Urteil vom 26. März 2002, BStBl. II S. 823).

Anlage § 039b-03/Arbeitslohn DBA (Zu LStH 38.3, 39b.10, 39d)

49 Vorsorgeaufwendungen, die mit steuerfreien Einnahmen in unmittelbarem wirtschaftlichen Zusammenhang stehen, sind grundsätzlich nicht als Sonderausgaben abziehbar (s. § 10 Abs. 2 Satz 1 Nr. 1 EStG und das jährliche BMF-Schreiben zur Ausstellung der elektronischen Lohnsteuerbescheinigung); aktuell ist dies das BMF-Schreiben vom 15. September 2014, BStBl. I S. 1244.

3 Besteuerung im Tätigkeitsstaat – Art. 15 Abs. 1 OECD-MA

50 Nach Art. 15 Abs. 1 OECD-MA können die Vergütungen aus unselbständiger Arbeit ausschließlich im Ansässigkeitsstaat des Arbeitnehmers besteuert werden, es sei denn, die Tätigkeit wird im anderen Staat ausgeübt. Wird die unselbständige Arbeit im anderen Staat ausgeübt, steht grundsätzlich diesem Staat (Tätigkeitsstaat) das Besteuerungsrecht für die bezogenen Vergütungen zu.

51 Der Ort der Arbeitsausübung ist grundsätzlich der Ort, an dem sich der Arbeitnehmer zur Ausführung seiner Tätigkeit persönlich aufhält. Unerheblich ist, woher oder wohin die Zahlung des Arbeitslohns geleistet wird oder wo der Arbeitgeber ansässig ist.

4 Besteuerung im Ansässigkeitsstaat – Art. 15 Abs. 2 OECD-MA (sog. 183-Tage-Klausel)

4.1 Voraussetzungen

52 Abweichend von Art. 15 Abs. 1 OECD-MA steht dem Ansässigkeitsstaat des Arbeitnehmers das ausschließliche Besteuerungsrecht für eine nicht in diesem Staat ausgeübte unselbständige Arbeit zu, wenn

– der Arbeitnehmer sich insgesamt nicht länger als 183 Tage innerhalb eines im jeweiligen Abkommen näher beschriebenen Zeitraums im Tätigkeitsstaat aufgehalten oder die Tätigkeit dort ausgeübt hat (s. Tz. 4.2) und

– der Arbeitgeber, der die Vergütungen wirtschaftlich trägt oder hätte tragen müssen, nicht im Tätigkeitsstaat ansässig ist (s. Tz. 4.3) und

– der Arbeitslohn nicht von einer Betriebsstätte oder einer festen Einrichtung, die der Arbeitgeber im Tätigkeitsstaat hat, wirtschaftlich getragen wurde oder zu tragen gewesen wäre (s. Tz. 4.4).

53 Nach dem DBA-Norwegen ist weitere Voraussetzung, dass der Arbeitgeber im selben Staat wie der Arbeitnehmer ansässig ist (Art. 15 Abs. 2 Buchstabe b DBA-Norwegen).

54 Nur wenn alle drei Voraussetzungen zusammen vorliegen, steht dem Ansässigkeitsstaat des Arbeitnehmers das Besteuerungsrecht für Vergütungen, die für eine im Ausland ausgeübte Tätigkeit gezahlt werden, zu. Liegen dagegen nicht sämtliche Voraussetzungen des Art. 15 Abs. 2 OECD-MA zusammen vor, steht nach Art. 15 Abs. 1 OECD-MA dem Tätigkeitsstaat das Besteuerungsrecht für die Einkünfte aus der vom Arbeitnehmer dort ausgeübten unselbständigen Arbeit zu.

55 Steht in einem solchen Fall dem ausländischen Staat das Besteuerungsrecht zu, sind die Vergütungen i. d. R. unter Beachtung einer etwaigen Rückfallklausel im DBA oder des § 50d Abs. 8 bzw. 9 EStG im Inland freizustellen und nur im Rahmen des Progressionsvorbehalts zu berücksichtigen.

56 Ist Deutschland der Tätigkeitsstaat, ist nach den einkommensteuerrechtlichen Vorschriften zu prüfen, ob die Vergütungen des Arbeitnehmers aus seiner im Inland ausgeübten Tätigkeit im Wege der unbeschränkten oder der beschränkten Steuerpflicht der inländischen Besteuerung unterliegen.

4.2 Aufenthalt bis zu 183 Tagen – Art. 15 Abs. 2 Buchstabe a OECD-MA

4.2.1 Ermittlung der Aufenthalts-/Ausübungstage

57 Die in den DBA genannte 183-Tage-Frist bezieht sich häufig auf den Aufenthalt im Tätigkeitsstaat. Nach einigen DBA ist jedoch die Dauer der Ausübung der unselbständigen Arbeit im Tätigkeitsstaat maßgebend.

58 Die genannte 183-Tage-Frist kann sich entweder auf das Steuerjahr oder auf das Kalenderjahr oder auch auf einen Zeitraum von zwölf Monaten beziehen.

4.2.2 183-Tage-Frist – Dauer des Aufenthalts im Tätigkeitsstaat

59 Wird in einem DBA zur Ermittlung der Aufenthalts-/Ausübungstage auf den Aufenthalt im Tätigkeitsstaat abgestellt (z. B. Art. 13 Abs. 4 Nr. 1 DBA-Frankreich; Art. 15 Abs. 2 Buchstabe a DBA-Italien; Art. 15 Abs. 2 Buchstabe a DBA-Österreich), so ist hierbei nicht die Dauer der beruflichen Tätigkeit maßgebend, sondern allein die körperliche Anwesenheit im Tätigkeitsstaat. Es kommt darauf an, ob der Arbeitnehmer an mehr als 183 Tagen im Tätigkeitsstaat anwesend war. Dabei ist auch eine nur kurzfristige Anwesenheit an einem Tag als voller Aufenthaltstag im Tätigkeitsstaat zu berücksichtigen. Es muss sich nicht um einen zusammenhängenden Aufenthalt im Tätigkeitsstaat handeln; mehrere Aufenthalte im selben Tätigkeitsstaat sind zusammenzurechnen.

60 Als volle Tage des Aufenthalts im Tätigkeitsstaat werden u. a. mitgezählt:

(Zu LStH 38.3, 39b.10, 39d) **Anlage § 039b-03/Arbeitslohn DBA**

- der Ankunfts- und Abreisetag,
- alle Tage der Anwesenheit im Tätigkeitsstaat unmittelbar vor, während und unmittelbar nach der Tätigkeit, z. B. Samstage, Sonntage, gesetzliche Feiertage,
- Tage der Anwesenheit im Tätigkeitsstaat während Arbeitsunterbrechungen, z. B. bei Streik, Aussperrung, Ausbleiben von Lieferungen oder Krankheit, es sei denn, die Krankheit steht der Abreise des Arbeitnehmers entgegen und er hätte ohne sie die Voraussetzungen für die Steuerbefreiung im Tätigkeitsstaat erfüllt,
- Urlaubstage, die unmittelbar vor, während und nach oder in einem engen zeitlichen Zusammenhang mit der Tätigkeit im Tätigkeitsstaat verbracht werden (s. Beispiel 3).

Tage, die ausschließlich außerhalb des Tätigkeitsstaats verbracht werden, unabhängig davon, ob aus   61
beruflichen oder privaten Gründen, werden nicht mitgezählt. Auch Tage des Transitin einem Durchreisestaat zählen nicht als Aufenthaltstage für diesen Staat (s. Beispiel 4). Eine Ausnahme hiervon gilt für Berufskraftfahrer (s. Tz. 7.2).

Kehrt der Arbeitnehmer täglich zu seinem Wohnsitz im Ansässigkeitsstaat zurück, so ist er täglich im   62
Tätigkeitsstaat anwesend (s. BFH-Urteil vom 10. Juli 1996, BStBl. 1997 II S. 15).

Zur Ermittlung der Aufenthaltstage nach dem DBA-Frankreich wird auf die Verständigungsver-   63
einbarung mit Frankreich vom 16. Februar 2006 (s. BMF-Schreiben vom 3. April 2006, BStBl. I S. 304; s. KonsVerFRAV vom 20. Dezember 2010 – BStBl. 2011 I S. 104) verwiesen, wonach unter bestimmten Voraussetzungen bei mehrtägigen Dienstreisen grundsätzlich auch Sonn- und Feiertage, Urlaubs- und Krankheitstage sowie kurze Unterbrechungen im Zusammenhang mit Reisen in den Heimatstaat oder in Drittstaaten als Tage des Aufenthalts im Tätigkeitsstaat mitgezählt werden. Bei Arbeitnehmern, die – ohne Grenzgänger i. S. des Art. 13 Abs. 5 DBA-Frankreich zu sein – arbeitstäglich in den Tätigkeitsstaat fahren und nach Erbringung der Arbeitsleistung wieder in den Wohnsitzstaat zurückkehren (sog. Grenzpendler), ist jedoch auf die tatsächlich im anderen Staat verbrachten Tage abzustellen (s. BFH-Urteil vom 12. Oktober 2011, BStBl. II S. 548).

Beispiel 1 – Zu Wochenendheimfahrt: 64

A ist für seinen deutschen Arbeitgeber mehrere Monate lang jeweils von Montag bis Freitag in den Niederlanden tätig. Seine Wochenenden verbringt er bei seiner Familie in Deutschland. Dazu fährt er an jedem Freitag nach Arbeitsende nach Deutschland. Er verlässt Deutschland jeweils am Montagmorgen, um in den Niederlanden seiner Berufstätigkeit nachzugehen.

Die Tage von Montag bis Freitag sind jeweils als volle Anwesenheitstage in den Niederlanden zu berücksichtigen, weil sich A dort zumindest zeitweise aufgehalten hat. Dagegen können die Samstage und Sonntage mangels Aufenthalts in den Niederlanden nicht als Anwesenheitstage i. S. der 183-Tage-Klausel berücksichtigt werden.

Beispiel 2 – Zu Wochenendheimfahrt: 65

Wie Fall 1, jedoch fährt A an jedem Samstagmorgen von den Niederlanden nach Deutschland und an jedem Sonntagabend zurück in die Niederlande.

Bei diesem Sachverhalt sind auch die Samstage und Sonntage als volle Anwesenheitstage in den Niederlanden i. S. der 183-Tage-Klausel zu berücksichtigen, weil sich A an diesen Tagen zumindest zeitweise dort aufgehalten hat.

Beispiel 3 – Berechnung der Urlaubstage: 66

B ist für seinen deutschen Arbeitgeber vom 1. Januar bis 15. Juni in Schweden tätig. Im Anschluss hieran hielt er sich zu Urlaubszwecken bis einschließlich 24. Juni in Deutschland auf. Vom 25. Juni bis 24. Juli verbringt er seinen weiteren Urlaub in Schweden.

Das Besteuerungsrecht für den Arbeitslohn hat Schweden, weil sich B länger als 183 Tage im Kalenderjahr in Schweden aufgehalten hat (Art. 15 DBA-Schweden), denn die Urlaubstage, die B im Anschluss an seine Tätigkeit in Schweden verbringt, stehen in einem engen zeitlichen Zusammenhang mit dieser Tätigkeit und werden daher für die Aufenthaltsdauer berücksichtigt.

Beispiel 4 – Transittage: 67

C (kein Berufskraftfahrer) fährt für seinen deutschen Arbeitgeber an einem Montag mit dem Pkw von Hamburg nach Mailand, um dort eine Montagetätigkeit auszuüben. Er unterbricht seine Fahrt in Österreich, wo er übernachtet. Am folgenden Tag fährt C weiter nach Mailand. Am Freitag fährt C von Mailand über Österreich nach Hamburg zurück.

C durchquert Österreich lediglich für Zwecke des Transits. Zur Berechnung der Aufenthaltstage in Österreich werden daher die Tage, die C auf seiner Fahrt von und nach Mailand in Österreich ver-

Anlage § 039b-03/Arbeitslohn DBA (Zu LStH 38.3, 39b.10, 39d)

bringt, nicht gezählt; damit sind für Italien vier Tage zu zählen, für Österreich ist kein Tag zu berücksichtigen.

4.2.3 183-Tage-Frist – Dauer der Ausübung der unselbständigen Arbeit im Tätigkeitsstaat

68 Wird in einem DBA zur Ermittlung der Aufenthalts-/Ausübungstage auf die Dauer der Ausübung der unselbständigen Arbeit im Tätigkeitsstaat abgestellt (z. B. Art. 15 Abs. 2 Buchstabe a DBA-Dänemark), so ist hierbei jeder Tag zu berücksichtigen, an dem sich der Arbeitnehmer, sei es auch nur für kurze Zeit, in dem anderen Vertragsstaat zur Arbeitsausübung tatsächlich aufgehalten hat.

69 Tage der Anwesenheit im Tätigkeitsstaat, an denen eine Ausübung der beruflichen Tätigkeit ausnahmsweise nicht möglich ist, werden mitgezählt, z. B. bei Streik, Aussperrung, Ausbleiben von Lieferungen oder Krankheit, es sei denn, die Krankheit steht der Abreise des Arbeitnehmers entgegen und er hätte ohne sie die Voraussetzungen für die Steuerbefreiung im Tätigkeitsstaat erfüllt. Abweichend von Tz. 4.2.2 sind alle arbeitsfreien Tage der Anwesenheit im Tätigkeitsstaat vor, während und nach der Tätigkeit, z. B. Samstage, Sonntage, öffentliche Feiertage, Urlaubstage, nicht zu berücksichtigen (s. Beispiel 1).

70 **Beispiel 1 – Wochenendheimfahrten:**

A ist für seinen deutschen Arbeitgeber mehrere Monate lang jeweils von Montag bis Freitag in Dänemark tätig. Seine Wochenenden verbringt er bei seiner Familie in Deutschland. Dazu fährt er an jedem Samstagmorgen von Dänemark nach Deutschland und an jedem Sonntagabend zurück nach Dänemark.

Die Tage von Montag bis Freitag sind jeweils als volle Tage in Dänemark zu berücksichtigen, weil A an diesen Tagen dort seine berufliche Tätigkeit ausgeübt hat. Dagegen können die Samstage und Sonntage mangels Ausübung der Tätigkeit in Dänemark nicht als Tage i. S. der 183-Tage-Klausel berücksichtigt werden.

71 Im Verhältnis zu Belgien (Art. 15 Abs. 2 Nr. 1 DBA-Belgien) gilt die Besonderheit, dass für die Berechnung der 183-Tage-Frist Tage der Arbeitsausübung und übliche Arbeitsunterbrechungen auch dann mitgezählt werden, wenn sie nicht im Tätigkeitsstaat verbracht werden, z. B. Tage wie Samstage, Sonntage, Krankheits- und Urlaubstage, soweit sie auf den Zeitraum der Auslandtätigkeit entfallen (Art. 15 Abs. 2 Nr. 1 DBA-Belgien, s. Beispiel 2).

72 Dies gilt aber nicht für den Anreise- und Abreisetag, wenn an diesen Tagen nicht gearbeitet wird. Insofern handelt es sich nicht um Arbeitsunterbrechungen.

73 **Beispiel 2 – Besonderheiten Belgien:**

B ist für seinen deutschen Arbeitgeber zwei Wochen in Belgien tätig. Hierzu reist B am Sonntag nach Brüssel und nimmt dort am Montag seine Tätigkeit auf. Am folgenden arbeitsfreien Wochenende fährt B am Samstag nach Deutschland und kehrt am Montagmorgen zurück nach Brüssel. Nach Beendigung seiner Tätigkeit am darauf folgenden Freitag kehrt B am Samstag nach Deutschland zurück.

Der Anreisetag sowie der Abreisetag werden nicht als Tage der Arbeitsausübung in Belgien berücksichtigt, weil B an diesen Tagen dort seine berufliche Tätigkeit nicht ausgeübt hat und eine Arbeitsunterbrechung nicht gegeben ist. Die Tage von Montag bis Freitag sind jeweils als Tage der Arbeitsausübung in Belgien zu berücksichtigen, weil B an diesen Tagen dort seine berufliche Tätigkeit ausgeübt hat. Das dazwischen liegende Wochenende wird unabhängig vom Aufenthaltsort als Tage der Arbeitsausübung in Belgien berücksichtigt, weil eine übliche Arbeitsunterbrechung vorliegt. Somit sind für die 183-Tage-Frist 12 Tage zu berücksichtigen.

74 Eine dem DBA-Belgien ähnliche Regelung ist in den Abkommen mit der Elfenbeinküste (Art. 15 Abs. 2 Buchstabe a), Marokko (Art. 15 Abs. 2 Nr. 1) und Tunesien (Art. 15 Abs. 2 Buchstabe a) vereinbart. Diese Abkommen beziehen sich zwar auf die Dauer des Aufenthalts, jedoch werden auch hier gewöhnliche Arbeitsunterbrechungen bei der Berechnung der 183-Tage-Frist berücksichtigt.

4.2.4 Anwendung der 183-Tage-Frist auf einen 12-Monats-Zeitraum

75 Wird in einem DBA zur Ermittlung der Aufenthalts-/Ausübungstage entsprechend dem aktuellen OECD-Standard (Art. 15 Abs. 2 OECD-MA) auf einen „Zeitraum von zwölf Monaten" abgestellt, so sind hierbei alle denkbaren 12-Monats-Zeiträume in Betracht zu ziehen, auch wenn sie sich zum Teil überschneiden. Wenn sich der Arbeitnehmer in einem beliebigen 12-Monats-Zeitraum an mehr als 183 Tagen in dem anderen Vertragsstaat aufhält, steht diesem für die Einkünfte, die auf diese Tage entfallen, das Besteuerungsrecht zu. Mit jedem Aufenthaltstag des Arbeitnehmers in dem anderen Vertragsstaat ergeben sich somit neue zu beachtende 12-Monats-Zeiträume.

(Zu LStH 38.3, 39b.10, 39d) **Anlage § 039b-03/Arbeitslohn DBA**

Ein 12-Monats-Zeitraum wurde z. B. mit folgenden Staaten vereinbart (Stand: 1. Januar 2014): 76

Albanien	(ab 1. Januar 2012),
Algerien	(ab 1. Januar 2009),
Aserbaidschan	(ab 1. Januar 2006),
Bulgarien	(ab 1. Januar 2011),
Belarus (Weißrussland)	(ab 1. Januar 2007),
Georgien	(ab 1. Januar 2008),
Ghana	(ab 1. Januar 2008),
Großbritannien	(ab 1. Januar 2011),
Kanada	(ab 1. Januar 2011),
Kasachstan	(ab 1. Januar 1996),
Kirgisistan	(ab 1. Januar 2007),
Korea	(ab 1. Januar 2003),
Kroatien	(ab 1. Januar 2007),
Liechtenstein	(ab 1. Januar 2013),
Liberia	(ab 1. Januar 1970),
Luxemburg	(ab 1. Januar 2014),
Malaysia	(ab 1. Januar 2011),
Malta	(ab 1. Januar 2002),
Mazedonien	(ab 1. Januar 2011),
Mexiko	(ab 1. Januar 1993),
Norwegen	(ab 1. Januar 1991),
Polen	(ab 1. Januar 2005),
Rumänien	(ab 1. Januar 2004),
Russland	(ab 1. Januar 1997),
Singapur	(ab 1. Januar 2007),
Slowenien	(ab 1. Januar 2007),
Spanien	(ab 1. Januar 2013),
Syrien	(ab 1. Januar 2011),
Tadschikistan	(ab 1. Januar 2005),
Ungarn	(ab 1. Januar 2012),
Uruguay	(ab 1. Januar 2012),
Usbekistan	(ab 1. Januar 2002),
Zypern	(ab 1. Januar 2012).

Beispiel 1: 77
A ist für seinen deutschen Arbeitgeber vom 1. April bis 20. April 01 für 20 Tage, zwischen dem 1. August 01 und dem 31. März 02 für 90 Tage sowie vom 25. April 02 bis zum 31. Juli 02 für 97 Tage in Norwegen tätig.

Für die Vergütungen, die innerhalb des Zeitraums 1. August 01 bis 31. Juli 02 auf Tage entfallen, an denen sich A in Norwegen aufhält, hat Norwegen das Besteuerungsrecht, da sich A innerhalb eines 12-Monats-Zeitraums dort an insgesamt mehr als 183 Tagen (insgesamt 187 Tage) aufgehalten hat. Das Besteuerungsrecht für die Einkünfte, die auf den Zeitraum 1. bis 20. April 01 entfallen, steht dagegen Deutschland zu, da sich A in allen auf diesen Zeitraum bezogenen denkbaren 12-Monats-Zeiträumen an nicht mehr als 183 Tagen in Norwegen aufgehalten hat.

Beispiel 2: 78
B ist für seinen deutschen Arbeitgeber zwischen dem 1. Januar 01 und dem 28. Februar 01 sowie vom 1. Mai 01 bis zum 30. April 02 für jeweils monatlich 20 Tage in Norwegen tätig.

Das Besteuerungsrecht für die Vergütungen, die innerhalb des Zeitraums 1. Mai 01 bis 30. April 02 auf Tage entfallen, an denen sich B in Norwegen aufhält, hat Norwegen, da sich B innerhalb eines 12-Monats-Zeitraums dort an insgesamt mehr als 183 Tagen (insgesamt = 240 Tage) aufgehalten hat. Gleiches gilt für den Zeitraum 1. Januar 01 bis 28. Februar 01, da sich B auch innerhalb des 12-Monats-Zeitraums 1. Januar 01 bis 31. Dezember 01 an insgesamt mehr als 183 Tagen (insgesamt = 200 Tage) in Norwegen aufgehalten hat.

4.2.5 Anwendung der 183-Tage-Frist auf das Steuerjahr/Kalenderjahr
Wird in einem DBA zur Ermittlung der Aufenthalts-/Ausübungstage anstelle eines 12-Monats-Zeit- 79
raums auf das Steuerjahr oder Kalenderjahr abgestellt, so sind die Aufenthalts-/Ausübungstage für jedes Steuer- oder Kalenderjahr gesondert zu ermitteln. Weicht das Steuerjahr des anderen Vertragsstaats vom

Anlage § 039b-03/Arbeitslohn DBA (Zu LStH 38.3, 39b.10, 39d)

Steuerjahr Deutschlands (= Kalenderjahr) ab, ist jeweils das Steuerjahr des Vertragsstaats maßgebend, in dem die Tätigkeit ausgeübt wird.

80 Folgende Vertragsstaaten haben z. B. ein vom Kalenderjahr abweichendes Steuerjahr (Stand: 1. Januar 2014):

Australien	1. Juli bis 30. Juni
Bangladesch	1. Juli bis 30. Juni
Großbritannien	6. April bis 5. April (s. u.)
Indien	1. April bis 31. März
Iran	21. März bis 20. März
Namibia	1. März bis 28./29. Februar
Neuseeland	1. April bis 31. März
Pakistan	1. Juli bis 30. Juni
Sri Lanka	1. April bis 31. März
Südafrika	1. März bis 28./29. Februar

81 In Bezug auf Großbritannien ist zu beachten, dass in Art. 14 Abs. 2 Buchstabe a des DBA-Großbritannien vom 30. März 2010 (gültig ab 1. Januar 2011) nicht mehr auf das Steuerjahr abgestellt wird, sondern auf einen Zeitraum von 12 Monaten (zur Berechnung s. Tz. 4.2.4)

82 **Beispiel 1:**

A ist vom 1. Oktober 01 bis 31. Mai 02 für seinen deutschen Arbeitgeber in Schweden tätig.

Die Aufenthaltstage sind für jedes Kalenderjahr getrennt zu ermitteln. A hält sich weder im Kalenderjahr 01 (92 Tage) noch im Kalenderjahr 02 (151 Tage) länger als 183 Tage in Schweden auf.

83 **Beispiel 2:**

B ist für seinen deutschen Arbeitgeber vom 1. Januar 02 bis 31. Juli 02 in Indien (Steuerjahr 1. April bis 31. März) tätig.

Die Aufenthaltstage sind für jedes Steuerjahr getrennt zu ermitteln. Maßgeblich ist das Steuerjahr des Tätigkeitsstaates. Da das Steuerjahr 01/02 in Indien am 31. März 02 endet, hält sich B weder im Steuerjahr 01/02 (90 Tage) noch im Steuerjahr 02/03 (122 Tage) länger als 183 Tage in Indien auf.

4.2.6 Besonderheiten beim Wechsel des Bezugszeitraums im DBA und Wechsel der Ansässigkeit

84 Bei Umstellung eines DBA vom Steuerjahr auf einen 12-Monats-Zeitraum ist – soweit im DBA nichts anderes vereinbart ist – ab Anwendbarkeit des neuen DBA auch dann ein 12-Monats-Zeitraum zu betrachten, wenn dessen Beginn in den Anwendungszeitraum des alten DBA hineinreicht.

85 **Beispiel 1:**

Ein deutscher Arbeitgeber entsendet einen in Deutschland ansässigen Mitarbeiter A vom 15. November 2010 bis 31. Mai 2011 (insgesamt 198 Tage) nach Großbritannien.

Das DBA-Großbritannien 2010 ist nach Art. 32 Abs. 2 Buchstabe a Doppelbuchstabe bb ab 1. Januar 2011 anzuwenden und enthält als maßgeblichen Bezugszeitraum einen 12-Monats-Zeitraum, der während des bestehenden Steuerjahres (6. April bis 5. April) beginnt bzw. endet. Für den Veranlagungszeitraum 2010 bedeutet das, dass zur Ermittlung der Aufenthaltstage nach Art. XI Abs. 3 DBA-Großbritannien 1964 auf das britische Steuerjahr (6. April 2010 bis 5. April 2011) abzustellen ist. In diesem Zeitraum hielt sich A an 142 Tagen und somit nicht länger als 183 Tage in Großbritannien auf. In 2010 verbleibt somit das Besteuerungsrecht für die in 2010 erhaltenen Einkünfte des A in Deutschland. Für den Veranlagungszeitraum 2011 ist allerdings nach Art. 14 Abs. 2 des DBA-Großbritannien 2010 zu prüfen, ob sich A insgesamt länger als 183 Tage innerhalb eines 12-Monats-Zeitraums, der in 2010 beginnt und im Steuerjahr 2011 endet, in Großbritannien aufgehalten hat. A hat sich 198 Tage in Großbritannien aufgehalten. In 2011 erhält somit Großbritannien das Besteuerungsrecht für die vom 1. Januar 2011 bis 31. Mai 2011 vereinnahmten Einkünfte des A.

86 Seit der Aktualisierung des OECD-MK im Jahr 2008 (s. OECD-MK Punkt 5.1 zu Art. 15 OECD-MA) ist bei der Ermittlung der Aufenthalts-/Ausübungstage ein Wechsel der Ansässigkeit innerhalb der vorgenannten Bezugszeiträume zu beachten. Tage, an denen der Steuerpflichtige im Tätigkeitsstaat ansässig ist, sind bei der Berechnung der 183 Tage nicht zu berücksichtigen.

87 **Beispiel 2: (s. OECD-MK 2010 Punkt 5.1)**

Vom 1. Januar 01 bis 31. Dezember 01 ist A in Polen ansässig. Am 1. Januar 02 wird A von einem in Deutschland ansässigen Arbeitgeber eingestellt und ab diesem Zeitpunkt in Deutschland ansässig. A wird vom 15. bis 31. März 02 von seinem deutschen Arbeitgeber nach Polen entsandt.

(Zu LStH 38.3, 39b.10, 39d) **Anlage § 039b-03/Arbeitslohn DBA**

In diesem Fall hält sich A zwischen dem 1. April 01 und dem 31. März 02 insgesamt 292 Tage in Polen auf. Da er aber zwischen dem 1. April 01 und dem 31. Dezember 01 in Polen ansässig war, kann dieser Zeitraum für die Berechnung der 183 Tage nicht berücksichtigt werden. Das DBA-Polen 2003 (Anwendung ab 01.01.2005) sieht als maßgeblichen Bezugszeitraum für die 183-Tage-Frist den 12-Monats-Zeitraum vor.

A hat sich somit zwischen dem 1. April 01 und 31. März 02 nur 17 Tage (15. März 02 bis 31. März 02) in Polen aufgehalten, ohne zugleich dort ansässig zu sein.

Beispiel 3: (s. OECD-MK 2010 Punkt 5.1) 88

Vom 15. bis 31. Oktober 01 hält sich A, der in Polen ansässig ist, in Deutschland auf, um dort die Erweiterung der Geschäftstätigkeit der X-AG, die in Polen ansässig ist, vorzubereiten. Am 1. Mai 02 zieht A nach Deutschland, wo er ansässig wird und für eine in Deutschland neu gegründete Tochtergesellschaft der X-AG arbeitet.

In diesem Fall hält sich A zwischen dem 15. Oktober 01 und dem 14. Oktober 02 insgesamt 184 Tage in Deutschland auf. Da er aber zwischen dem 1. Mai 02 und dem 14. Oktober 02 in Deutschland ansässig war, wird dieser letztere Zeitraum für die Berechnung der nach Art. 15 Abs. 2 Buchstabe a genannten Zeiträume nicht berücksichtigt.

A hat sich somit zwischen dem 15. Oktober 01 und dem 14. Oktober 02 nur 16 Tage (15. Oktober 01 bis 31. Oktober 01) in Deutschland aufgehalten, ohne zugleich dort ansässig zu sein.

Beispiel 4: 89

Vom 1. Januar 01 bis 30. April 01 war A in Deutschland und vom 1. Mai 01 bis 31. Dezember 01 in den USA ansässig.

Bis zum 30. April 01 war A bei einem deutschen Arbeitgeber beschäftigt. Vom 1. März bis 6. März 01 war A für seinen deutschen Arbeitgeber in den USA tätig. Der deutsche Arbeitgeber hatte in den USA keine Betriebsstätte.

Deutschland hat für den Zeitraum bis zum 30. April 01 das Besteuerungsrecht, weil Deutschland der Ansässigkeitsstaat war, sich A nicht mehr als 183 Tage in den USA aufgehalten hat (der Zeitraum 1. Mai 01 bis 31. Dezember 01 wird insoweit nicht mitgerechnet, weil A in diesem Zeitraum in den USA ansässig war), und der Arbeitslohn nicht von einem US-amerikanischen Arbeitgeber oder einer US-amerikanischen Betriebsstätte getragen wurde.

4.3 Zahlung durch einen oder für einen im Tätigkeitsstaat ansässigen Arbeitgeber – Art. 15 Abs. 2 Buchstabe b OECD-MA –

4.3.1 Allgemeines

Erfolgt die Zahlung durch einen oder für einen im Tätigkeitsstaat ansässigen Arbeitgeber, sind die Voraussetzungen für die Besteuerung im Ansässigkeitsstaat nach Art. 15 Abs. 2 Buchstabe b OECD-MA nicht erfüllt. 90

Die im Ausland ausgeübte unselbständige Tätigkeit eines Arbeitnehmers kann für seinen zivilrechtlichen Arbeitgeber (s. Tz. 4.3.2), für seinen wirtschaftlichen Arbeitgeber im Rahmen einer Arbeitnehmerentsendung zwischen verbundenen Unternehmen (s. Tz. 4.3.3) oder aber für einen nicht verbundenen Unternehmer (s. Tz. 4.3.4 und 4.3.5) erfolgen. 91

Ist eine Personengesellschaft Arbeitgeberin, bestimmt sich deren Ansässigkeit für Zwecke des Art. 15 Abs. 2 Buchstabe b OECD-MA grundsätzlich nach dem Ort der Geschäftsleitung. Entsprechendes gilt für eine Personengesellschaft, die im anderen Staat wie eine Kapitalgesellschaft besteuert wird. 92

Eine Betriebsstätte kommt zivilrechtlich nicht als Arbeitgeberin i. S. des DBA in Betracht (s. BFH-Urteile vom 29. Januar 1986, BStBl. II S. 442 und BStBl. II S. 513), s. aber Tz. 4.4. 93

Beispiel: 94

A ist Arbeitnehmer eines britischen Unternehmens B. Er wohnt seit Jahren in Deutschland und ist bei einer deutschen Betriebsstätte des B in Hamburg beschäftigt. Im Jahr 01 befindet er sich an fünf Arbeitstagen bei Kundenbesuchen in der Schweiz und an fünf Arbeitstagen bei Kundenbesuchen in Norwegen.

Aufenthalt in der Schweiz: Maßgeblich ist das DBA-Schweiz, da A in Deutschland ansässig ist (Art. 1, 4 Abs. 1 DBA-Schweiz) und die „Quelle" der Einkünfte aus unselbständiger Arbeit in dem Staat liegt, in dem die Tätigkeit ausgeübt wird. Nach Art. 15 Abs. 2 DBA-Schweiz hat Deutschland das Besteuerungsrecht, da neben der Erfüllung der weiteren Voraussetzungen dieser Vorschrift A von einem Arbeitgeber entlohnt wird, der nicht in der Schweiz ansässig ist.

Anlage § 039b-03/Arbeitslohn DBA (Zu LStH 38.3, 39b.10, 39d)

Aufenthalt in Norwegen: Maßgeblich ist das DBA-Norwegen. Deutschland hat kein Besteuerungsrecht für die Vergütungen aus der Tätigkeit in Norwegen. Zwar hält sich A nicht länger als 183 Tage in Norwegen auf. Das Besteuerungsrecht steht Deutschland nach Art. 15 Abs. 2 Buchstabe b DBA-Norwegen aber nur dann zu, wenn der Arbeitgeber in dem Staat ansässig ist, in dem auch der Arbeitnehmer ansässig ist. Arbeitgeber ist hier das britische Unternehmen B; die inländische Betriebsstätte kann nicht Arbeitgeber i. S. des DBA sein.

4.3.2 Auslandstätigkeit für den zivilrechtlichen Arbeitgeber

95 Sofern der im Inland ansässige Arbeitnehmer für seinen zivilrechtlichen Arbeitgeber (z. B. im Rahmen einer Lieferung oder Werk-/Dienstleistung) bei einem nicht verbundenen Unternehmen im Ausland tätig ist, ist regelmäßig davon auszugehen, dass der zivilrechtliche Arbeitgeber auch der Arbeitgeber i. S. des DBA ist. Sofern in diesem Fall auch keine Betriebsstätte des Arbeitgebers vorliegt, die die Vergütungen wirtschaftlich trägt, fällt das Besteuerungsrecht erst dann an den Tätigkeitsstaat, wenn die 183-Tage-Frist überschritten ist (s. dazu Art. 15 Abs. 2 Buchstabe a und c OECD-MA).

96 Entsprechendes gilt für einen im Ausland ansässigen Arbeitnehmer, der für seinen zivilrechtlichen Arbeitgeber im Inland tätig ist.

97 **Beispiel: Werkleistungsverpflichtung**

Das ausschließlich in Spanien ansässige Unternehmen S ist spezialisiert auf die Installation von Computeranlagen. Das in Deutschland ansässige, nicht mit S verbundene Unternehmen D hat kürzlich eine neue Computeranlage angeschafft und schließt für die Durchführung der Installation dieser Anlage einen Werkleistungsvertrag mit S ab. X, ein in Spanien ansässiger Angestellter von S, wird für vier Monate an den Firmensitz von D im Inland gesandt, um die vereinbarte Installation durchzuführen. S berechnet D für die Installationsleistungen (einschließlich Reisekosten des X, Gewinnaufschlag etc.) einen pauschalen Betrag. Der Arbeitslohn des X ist dabei lediglich ein nicht gesondert ausgewiesener Preisbestandteil im Rahmen der Preiskalkulation des S.

X wird im Rahmen einer Werkleistungsverpflichtung und nicht im Rahmen einer Arbeitnehmerentsendung des S bei D tätig. Vorausgesetzt, X hält sich nicht mehr als 183 Tage während des betreffenden 12-Monats-Zeitraums in Deutschland auf und S hat in Deutschland keine Betriebsstätte, der die Gehaltszahlungen an X zuzurechnen sind, weist Art. 14 Abs. 2 DBA-Spanien das Besteuerungsrecht für die Vergütungen aus unselbständiger Arbeit Spanien zu.

X ist in Deutschland nach nationalem Recht bereits deshalb beschränkt steuerpflichtig, weil die Tätigkeit in Deutschland ausgeübt wurde (s. § 49 Abs. 1 Nr. 4 Buchstabe a EStG). Da Deutschland für den entsprechenden Arbeitslohn nach Art. 14 Abs. 2 DBA-Spanien kein Besteuerungsrecht hat, ergibt sich für X insoweit keine Einkommensteuer. Der Lohnsteuerabzug für die in Deutschland ausgeübte Tätigkeit kann bereits deshalb unterbleiben, weil in Deutschland kein inländischer Arbeitgeber vorliegt und darüber hinaus auch auf der Abkommensebene Deutschland kein Besteuerungsrecht zusteht. S ist kein in § 38 Abs. 1 Satz 1 Nr. 1 und 2 EStG genannter inländischer abzugspflichtiger Arbeitgeber. Eine Abzugsverpflichtung ergibt sich für Deutschland auch nicht nach § 38 Abs. 1 Satz 2 EStG, weil X im Rahmen einer Werkleistungsverpflichtung tätig wird. Für den Fall, dass S und D verbundene Unternehmen sind, ergibt sich keine abweichende Lösung.

4.3.3 Grenzüberschreitende Arbeitnehmerentsendung zwischen verbundenen Unternehmen

4.3.3.1 Wirtschaftlicher Arbeitgeber

98 Arbeitgeber i. S. des DBA kann nicht nur der zivilrechtliche Arbeitgeber, sondern auch eine andere natürliche oder juristische Person sein, die die Vergütung für die ihr geleistete unselbständige Tätigkeit wirtschaftlich trägt (s. BFH-Urteil vom 23. Februar 2005, BStBl. II S. 547). Entsprechendes gilt für Personengesellschaften (s. Tz. 4.3.1). Wird die unselbständige Tätigkeit eines im Inland ansässigen Arbeitnehmers bei einem im Ausland ansässigen verbundenen Unternehmen (Art. 9 OECD-MA) ausgeübt, ist zu prüfen, welches dieser Unternehmen als Arbeitgeber i. S. des DBA und damit als wirtschaftlicher Arbeitgeber anzusehen ist. Hierbei ist auf den wirtschaftlichen Gehalt und die tatsächliche Durchführung der zugrunde liegenden Vereinbarungen abzustellen. Entsprechendes gilt, wenn ein im Ausland ansässiger Arbeitnehmer bei einem im Inland ansässigen verbundenen Unternehmen (Art. 9 OECD-MA) tätig ist.

99 In den Fällen der Arbeitnehmerentsendung ist der wirtschaftliche Arbeitgeber i. S. des Abkommensrechts auch der zum Lohnsteuerabzug verpflichtete inländische Arbeitgeber i. S. des § 38 Abs. 1 Satz 2 EStG, s. BMF-Schreiben vom 27. Januar 2004, BStBl. I S. 173, Tz. III.1.

100 Die Grundsätze des BMF-Schreibens vom 9. November 2001, BStBl. I S. 796, (Grundsätze für die Prüfung der Einkunftsabgrenzung zwischen international verbundenen Unternehmen in Fällen der Ar-

beitnehmerentsendung – Verwaltungsgrundsätze-Arbeitnehmerentsendung) sind bei der Abgrenzung zu beachten. Einzeln abgrenzbare Leistungen sind gesondert zu betrachten.

Wird der Arbeitnehmer im Rahmen einer Arbeitnehmerentsendung zur Erfüllung einer Lieferungs- oder Werk-/Dienstleistungsverpflichtung des entsendenden Unternehmens bei einem verbundenen Unternehmen tätig und ist sein Arbeitslohn Preisbestandteil der Lieferung oder Werkleistung, ist der zivilrechtliche Arbeitgeber (= entsendendes Unternehmen) auch Arbeitgeber i. S. des DBA. **101**

Dagegen wird das aufnehmende verbundene Unternehmen zum Arbeitgeber im abkommensrechtlichen Sinne (wirtschaftlicher Arbeitgeber), wenn **102**

– der Arbeitnehmer in das aufnehmende Unternehmen eingebunden ist und

– das aufnehmende Unternehmen den Arbeitslohn (infolge seines eigenen betrieblichen Interesses an der Entsendung des Arbeitnehmers) wirtschaftlich trägt oder nach dem Fremdvergleichsgrundsatz hätte tragen müssen. Hierbei ist es unerheblich, ob die Vergütungen unmittelbar dem betreffenden Arbeitnehmer ausgezahlt werden, oder ein anderes Unternehmen mit diesen Arbeitsvergütungen in Vorlage tritt (s. Verwaltungsgrundsätze-Arbeitnehmerentsendung, a. a. O.). Eine „willkürliche" Weiterbelastung des Arbeitslohns führt nicht zur Begründung der Arbeitgebereigenschaft, ebenso wie eine unterbliebene Weiterbelastung die Arbeitgebereigenschaft beim aufnehmenden Unternehmen nicht verhindern kann.

Für die Entscheidung, ob der Arbeitnehmer in das aufnehmende Unternehmen eingebunden ist, ist das Gesamtbild der Verhältnisse maßgebend. Hierbei ist insbesondere zu berücksichtigen, ob **103**

– das aufnehmende Unternehmen die Verantwortung oder das Risiko für die durch die Tätigkeit des Arbeitnehmers erzielten Ergebnisse trägt und

– der Arbeitnehmer den fachlichen Weisungen des aufnehmenden Unternehmens unterworfen ist.

Darüber hinaus kann für die vorgenannte Entscheidung u. a. zu berücksichtigen sein, wer über Art und Umfang der täglichen Arbeit, die Höhe der Bezüge, die Teilnahme an einem etwaigen Erfolgsbonus- und Aktienerwerbsplan des Konzerns oder die Urlaubsgewährung entscheidet, wer die Arbeitsmittel stellt, das Risiko für eine Lohnzahlung im Nichtleistungsfall trägt, das Recht der Entscheidung über Kündigung oder Entlassung hat, oder für die Sozialversicherungsbelange des Arbeitnehmers verantwortlich ist, in wessen Räumlichkeiten die Arbeit erbracht wird, welchen Zeitraum das Tätigwerden im aufnehmenden Unternehmen umfasst, wem gegenüber Abfindungs- und Pensionsansprüche erwachsen und mit wem der Arbeitnehmer Meinungsverschiedenheiten aus dem Arbeitsvertrag auszutragen hat. **104**

Nach diesen Grundsätzen wird z. B. bei Entsendung eines Arbeitnehmers von einer Muttergesellschaft zu ihrer Tochtergesellschaft das aufnehmende Unternehmen nicht zum wirtschaftlichen Arbeitgeber, wenn der Arbeitnehmer nicht in dessen Hierarchie eingebunden ist. In diesem Fall wird der Arbeitnehmer ausschließlich als Vertreter der Muttergesellschaft tätig, während im Verhältnis zur Tochtergesellschaft die für ein Arbeitsverhältnis kennzeichnende Abhängigkeit fehlt. Hier bleibt selbst dann, wenn die Tochtergesellschaft der Muttergesellschaft den Arbeitslohn ersetzt, letztere Arbeitgeberin im abkommensrechtlichen Sinne (s. BFH-Urteil vom 23. Februar 2005, BStBl. II S. 547.). **105**

Zu einem Wechsel der wirtschaftlichen Arbeitgeberstellung bedarf es weder einer förmlichen Änderung des Arbeitsvertrages zwischen dem Arbeitnehmer und dem entsendenden Unternehmen noch ist der Abschluss eines zusätzlichen Arbeitsvertrages zwischen dem Arbeitnehmer und dem aufnehmenden Unternehmen oder eine im Vorhinein getroffene Verrechnungspreisabrede zwischen den betroffenen verbundenen Unternehmen erforderlich (s. BFH-Urteil vom 23. Februar 2005, a. a. O.). **106**

Auf den Sonderfall eines Arbeitnehmers, der im Interesse seines inländischen Arbeitgebers die Funktion als Verwaltungsratsmitglied oder -beirat bei einem ausländischen verbundenen Unternehmen wahrnimmt, wird hingewiesen (s. BFH-Urteil vom 23. Februar 2005, a. a. O.). **107**

In den Fällen der internationalen Arbeitnehmerentsendung ist das in Deutschland ansässige aufnehmende Unternehmen, das den Arbeitslohn für die ihm geleistete Arbeit wirtschaftlich trägt, zum Steuerabzug verpflichtet (§ 38 Abs. 1 Satz 2 EStG). Der wirtschaftliche Arbeitgeberbegriff ist damit auch für Zwecke des Lohnsteuerabzugs zu beachten. Nicht erforderlich ist hierfür, dass das deutsche Unternehmen den Arbeitslohn im eigenen Namen und für eigene Rechnung, beispielsweise aufgrund eigener arbeitsrechtlicher Verpflichtung, auszahlt. Die Lohnsteuerabzugsverpflichtung des inländischen Unternehmens entsteht bereits im Zeitpunkt der Auszahlung des Arbeitslohns an den Arbeitnehmer, sofern es aufgrund einer Vereinbarung mit dem ausländischen, entsendenden Unternehmen mit einer Weiterbelastung rechnen kann (R 38.3 Abs. 5 LStR). **108**

Zum Umfang der Abzugsverpflichtung durch das inländische Unternehmen ist darauf hinzuweisen, dass sämtliche Gehaltsbestandteile für im Inland ausgeübte Tätigkeiten – auch die von anderen konzern- **109**

Anlage § 039b-03/Arbeitslohn DBA (Zu LStH 38.3, 39b.10, 39d)

verbundenen Unternehmen gezahlten Bonuszahlungen oder gewährten Aktienoptionen – grundsätzlich dem inländischen Lohnsteuerabzug unterliegen (§ 38 Abs. 1 Satz 3 EStG).

110 **Beispiel 1 – Entsendung im Interesse des entsendenden verbundenen Unternehmens:**

Das ausschließlich in Spanien ansässige Unternehmen S ist die Muttergesellschaft einer Firmengruppe. Zu dieser Gruppe gehört auch D, ein in Deutschland ansässiges Unternehmen, das Produkte der Gruppe verkauft. S hat eine neue weltweite Marktstrategie für die Produkte der Gruppe entwickelt. Um sicherzustellen, dass diese Strategie von D richtig verstanden und umgesetzt wird, wird X, ein in Spanien ansässiger Angestellter von S, der an der Entwicklung der Marktstrategie mitgearbeitet hat, für vier Monate an den Firmensitz von D gesandt. Das Gehalt von X wird ausschließlich von S getragen.

D ist nicht als wirtschaftlicher Arbeitgeber des X anzusehen, denn S trägt allein die Gehaltsaufwendungen des X. Zudem übt X seine Tätigkeit im alleinigen Interesse von S aus. Eine Eingliederung in die organisatorischen Strukturen des D erfolgt nicht. Das Besteuerungsrecht für die Vergütungen des X wird Spanien zugewiesen (Art. 14 Abs. 2 DBA-Spanien). Deutschland stellt die Vergütungen steuerfrei.

X ist in Deutschland nach nationalem Recht bereits deshalb beschränkt steuerpflichtig, weil die Tätigkeit in Deutschland ausgeübt wurde (s. § 49 Abs. 1 Nr. 4 Buchstabe a EStG). Da Deutschland für den entsprechenden Arbeitslohn nach Art. 14 Abs. 2 DBA-Spanien kein Besteuerungsrecht hat, ergibt sich für X insoweit keine Einkommensteuer.

S und D sind keine inländischen Arbeitgeber i. S. des § 38 Abs. 1 EStG des X und daher auch nicht zum Lohnsteuerabzug verpflichtet.

111 **Beispiel 2: Arbeitnehmerentsendung im Interesse des aufnehmenden Unternehmens**

Ein internationaler Hotelkonzern betreibt durch eine Anzahl von Tochtergesellschaften weltweit Hotels. S, eine in Spanien ansässige Tochtergesellschaft, betreibt in Spanien ein Hotel. D, eine weitere Tochtergesellschaft der Gruppe, betreibt ein Hotel in Deutschland. D benötigt für fünf Monate einen Arbeitnehmer mit spanischen Sprachkenntnissen. Aus diesem Grund wird X, ein in Spanien ansässiger Angestellter der S, zu D entsandt, um während dieser Zeit an der Rezeption im Inland tätig zu sein. X bleibt während dieser Zeit bei S angestellt und wird auch weiterhin von S bezahlt. D übernimmt die Reisekosten von X und bezahlt an S eine Gebühr, die auf dem Gehalt, den Sozialabgaben und weiteren Vergütungen des X für diese Zeit basiert.

Für den Zeitraum der Tätigkeit des X im Inland ist D als wirtschaftlicher Arbeitgeber des X anzusehen. Die Entsendung des X zwischen den international verbundenen Unternehmen erfolgt im Interesse des aufnehmenden Unternehmens D. X ist in dem genannten Zeitraum in den Geschäftsbetrieb des D eingebunden. Zudem trägt D wirtschaftlich die Arbeitsvergütungen. Die Tatbestandsvoraussetzung des Art. 14 Abs. 2 Buchstabe b DBA-Spanien sind damit nicht gegeben. Obwohl X weniger als 183 Tage in Deutschland tätig ist, wird Deutschland gemäß Art. 14 Abs. 1 DBA-Spanien das Besteuerungsrecht für die Vergütungen des X für den genannten Zeitraum zugewiesen.

X ist in Deutschland nach nationalem Recht bereits deshalb beschränkt steuerpflichtig, weil die Tätigkeit in Deutschland ausgeübt wurde (s. § 49 Abs. 1 Nr. 4 Buchstabe a EStG).

D ist inländischer Arbeitgeber i. S. des § 38 Abs. 1 Satz 2 EStG. D zahlt den Arbeitslohn zwar nicht an X aus, trägt ihn aber wirtschaftlich und ist daher zum Lohnsteuerabzug verpflichtet (R 38.3 Abs. 5 LStR). Der Lohnsteuerabzug für X ist durchzuführen.

4.3.3.2 Vereinfachungsregelung

112 Bei einer Arbeitnehmerentsendung zwischen international verbundenen Unternehmen von nicht mehr als drei Monaten (auch jahresübergreifend für sachlich zusammenhängende Tätigkeiten) spricht eine widerlegbare Anscheinsvermutung dafür, dass das aufnehmende Unternehmen mangels Einbindung des Arbeitnehmers nicht als wirtschaftlicher Arbeitgeber anzusehen ist. Die Anscheinsvermutung kann im Einzelfall unter Beachtung der Kriterien in der Tz. 4.3.3.1 entkräftet werden. Die Grundsätze des BMF-Schreibens vom 9. November 2001, BStBl. I S. 796, (Verwaltungsgrundsätze-Arbeitnehmerentsendung) sind zu beachten.

4.3.3.3 Entsendendes und aufnehmendes Unternehmen sind Arbeitgeber

113 Ist ein Arbeitnehmer abwechselnd sowohl für seinen inländischen zivilrechtlichen Arbeitgeber als auch für ein weiteres im Ausland ansässiges verbundenes Unternehmen tätig (z. B. ein Arbeitnehmer einer deutschen Muttergesellschaft wird abgrenzbar in Spanien und/oder in Deutschland sowohl im Interesse der spanischen aufnehmenden Gesellschaft als auch im Interesse der entsendenden deutschen Gesell-

schaft tätig), können abkommensrechtlich beide Unternehmen „Arbeitgeber" des betreffenden Arbeitnehmers sein. Voraussetzung ist, dass nach den vorgenannten Grundsätzen beide Unternehmen für die jeweils anteiligen Vergütungen als Arbeitgeber i. S. des DBA anzusehen sind. Dies kann z. B. der Fall sein, wenn sowohl das entsendende als auch das aufnehmende Unternehmen ein Interesse an der Entsendung haben, weil der Arbeitnehmer Planungs-, Koordinierungs- oder Kontrollfunktionen für das entsendende Unternehmen ausübt (s. Tz. 3.1.1 der Verwaltungsgrundsätze-Arbeitnehmerentsendung, a. a. O.). Die Tätigkeiten für das entsendende und für das aufnehmende Unternehmen sind mit ihrer (zeit-) anteiligen Vergütung jeweils getrennt zu beurteilen. Zunächst spricht eine widerlegbare Vermutung dafür, dass der entsandte Arbeitnehmer mit seiner Tätigkeit beim aufnehmenden Unternehmen in dessen Interesse tätig wird. Anhand von nachvollziehbaren Aufzeichnungen und Beschreibungen über die einzelnen abgrenzbaren Tätigkeiten kann aber dargelegt werden, dass im beschriebenen Umfang die Tätigkeit im Interesse des entsendenden Unternehmens erfolgt und insoweit diesem zuzuordnen ist.

Erhält der Arbeitnehmer seine Vergütungen aus unselbständiger Tätigkeit in vollem Umfang von seinem 114 zivilrechtlichen Arbeitgeber und trägt das im Ausland ansässige verbundene Unternehmen wirtschaftlich die an den Arbeitnehmer gezahlten (zeit-)anteiligen Vergütungen für die in diesem Unternehmen ausgeübte Tätigkeit, indem die (zeit-)anteiligen Vergütungen zwischen den verbundenen Unternehmen verrechnet werden, ist zu prüfen, ob der Betrag dieser (zeit-)anteiligen Vergütungen höher ist, als sie ein anderer Arbeitnehmer unter gleichen oder ähnlichen Bedingungen für diese Tätigkeit in diesem anderen Staat erhalten hätte. Der übersteigende Betrag stellt keine Erstattung von Arbeitslohn dar, sondern ist Ausfluss des Verhältnisses der beiden verbundenen Unternehmen zueinander. Der übersteigende Betrag gehört nicht zum Arbeitslohn für die Auslandstätigkeit. Das Besteuerungsrecht steht insoweit dem Ansässigkeitsstaat des Arbeitnehmers zu.

Beispiel: 115
Ein in Deutschland ansässiger Arbeitnehmer wird vom 15. August 01 bis 31. Dezember 01 (80 Arbeitstage) an eine chinesische Tochtergesellschaft entsandt. Der Arbeitslohn in Höhe von 110.000 € wird weiterhin vom deutschen Unternehmen ausbezahlt. Davon werden (nach Fremdvergleichsgrundsätzen zutreffend) jedoch 80.000 € an die chinesische Tochtergesellschaft weiterbelastet, da der Arbeitnehmer nicht nur im Interesse der aufnehmenden Tochtergesellschaft, sondern auch im Interesse der entsendenden Muttergesellschaft (z. B. Aufsichtsfunktion zur Umsetzung eines von der Muttergesellschaft vorgegebenen Konzeptes) entsendet wird. Der Arbeitnehmer hält sich während des gesamten Zeitraums (80 Arbeitstage) stets im Interesse beider Arbeitgeber an 20 Arbeitstagen in Deutschland und an 60 Arbeitstagen in China auf. Folglich nimmt er zu jeder Zeit in beiden Staaten jeweils Aufgaben sowohl von der deutschen Muttergesellschaft als auch von der chinesischen Tochtergesellschaft wahr.

Nach Art. 15 Abs. 1 DBA-China können Vergütungen nur im Ansässigkeitsstaat besteuert werden, es sei denn die Tätigkeit wird im anderen Vertragsstaat ausgeübt. Wird die Arbeit dort ausgeübt, so können die dafür bezogenen Vergütungen im anderen Staat besteuert werden. Soweit die Voraussetzungen des Art. 15 Abs. 2 DBA-China erfüllt sind, bleibt es jedoch beim ausschließlichen Besteuerungsrecht des Ansässigkeitsstaates.

Behandlung der nicht weiterbelasteten Lohnbestandteile:

Da der Arbeitnehmer auch im Interesse des entsendenden Unternehmens (deutsche Muttergesellschaft) in China tätig war, entfallen die nicht an die chinesische Tochtergesellschaft weiterbelasteten Lohnbestandteile in Höhe von 30.000 € nach Art. 15 Abs. 1 DBA-China auf die in China ausgeübte Tätigkeit. Insoweit liegen die Voraussetzung des Art. 15 Abs. 2 DBA-China vor. Der Arbeitnehmer hat sich im Jahr 01 nicht länger als 183 Tage im Tätigkeitsstaat aufgehalten und die Vergütung wurde in dieser Höhe (zutreffend) nicht von einem im Tätigkeitsstaat ansässigen Arbeitgeber oder einer dort gelegenen Betriebsstätte bezahlt. Das ausschließliche Besteuerungsrecht an diesem Vergütungsbestandteil verbleibt deshalb im Ansässigkeitsstaat Deutschland. Das deutsche Unternehmen kann die entsprechenden Lohnkosten als Betriebsausgaben geltend machen.

Behandlung der weiterbelasteten Lohnbestandteile:

Der übrige Lohnanteil (80.000 €) ist anhand der auf diesen Zeitraum entfallenden tatsächlichen Arbeitstage (80) auf die in Deutschland und die in China ausgeübte Tätigkeit aufzuteilen. Der Arbeitslohn entfällt in Höhe von 80.000 € x 20/80 = 20.000 € auf die im Inland ausgeübte Tätigkeit. Das Besteuerungsrecht steht gemäß Art. 15 Abs. 1 Satz 1 1. Halbsatz DBA-China ausschließlich dem Ansässigkeitsstaat Deutschland zu.

Für den auf die Tätigkeit in China entfallenden Arbeitslohn in Höhe von 80.000 € x 60/80 = 60.000 € hat hingegen China gemäß Art. 15 Abs. 1 Satz 2 DBA-China das Besteuerungsrecht. Insbesondere sind aufgrund der nach Fremdvergleichsgrundsätzen zutreffenden Weiterbelastung der Lohnkosten

Anlage § 039b-03/Arbeitslohn DBA (Zu LStH 38.3, 39b.10, 39d)

an die chinesische Tochtergesellschaft in dieser Höhe die Voraussetzungen des Art. 15 Abs. 2 DBA-China nicht erfüllt. Der Arbeitslohn ist folglich in Höhe von 60.000 € unter Beachtung der nationalen Rückfallklauseln des § 50d Abs. 8 und 9 EStG und des Progressionsvorbehalts von der deutschen Besteuerung auszunehmen (Art. 24 Abs. 2 Buchstabe a DBA-China).

116 **Abwandlung:**

Sachverhalt wie im Beispiel 1, jedoch entfallen die nicht an die Tochtergesellschaft weiterbelasteten Lohnbestandteile i. H. v. 30.000 € lediglich auf die 20 in Deutschland verbrachten Arbeitstage. Gleichwohl führt der Arbeitnehmer während seines Aufenthalts in Deutschland auch Aufgaben im Interesse der chinesischen Tochtergesellschaft aus.

Behandlung der nicht weiterbelasteten Lohnbestandteile:

Die nicht an die chinesische Tochtergesellschaft weiterbelasteten Lohnbestandteile i. H. v. 30.000 € entfallen auf eine ausschließlich in Deutschland ausgeübte Tätigkeit. Damit steht dem Ansässigkeitsstaat Deutschland gemäß Art. 15 Abs. 1 Satz 1 1. Halbsatz DBA-China das ausschließliche Besteuerungsrecht zu.

Behandlung der weiterbelasteten Lohnbestandteile:

Die Behandlung der an die chinesische Tochtergesellschaft nach Fremdvergleichsgrundsätzen zutreffend weiterbelasteten Lohnbestandteile entspricht der Lösung im obigen Beispiel.

4.3.3.4 Geschäftsführer, Vorstände und Prokuristen

117 Wenn lediglich das im Ausland ansässige verbundene Unternehmen den formellen Anstellungsvertrag mit der natürlichen Person schließt und diese im Rahmen eines Managementvertrags an das inländische verbundene Unternehmen überlässt und die natürliche Person in das deutsche Handelsregister einträgt, ist das deutsche aufnehmende Unternehmen dann als wirtschaftlicher Arbeitgeber anzusehen, wenn die Person in das deutsche aufnehmende Unternehmen eingegliedert ist. Die auf diese Tätigkeit entfallenden Vergütungen sind nach den Fremdvergleichsgrundsätzen dem aufnehmenden Unternehmen (als wirtschaftlichem Arbeitgeber) zuzurechnen. Dies gilt allerdings nicht, wenn die o. g. leitende Person zur Erfüllung einer Dienstleistungsverpflichtung des entsendenden Unternehmens bei einem verbundenen Unternehmen tätig wird und sein Arbeitslohn Preisbestandteil der Dienstleistung ist. In diesem Fall wäre zu prüfen, ob durch die Tätigkeit dieser Person eine Betriebsstätte begründet wurde (s. BMF-Schreiben vom 9. November 2001, BStBl. I S. 796, Tz. 2.1).

118 Gleiches gilt in Fällen, in denen für die Tätigkeit als leitende Person beim inländischen verbundenen Unternehmen keine gesonderte Vergütung vereinbart wird oder die Tätigkeit für das deutsche Unternehmen ausdrücklich unentgeltlich erfolgen soll, da der auf die leitende Tätigkeit entfallende Lohnanteil bereits in dem insgesamt im Ausland geschuldeten Arbeitslohn enthalten ist. Das Besteuerungsrecht für den Arbeitslohn, der dem deutschen verbundenen Unternehmen zuzurechnen ist, steht nach den allgemeinen Grundsätzen des Art. 15 OECD-MA Deutschland zu. Soweit die natürliche Person im Ausland ansässig ist, gilt dies nur insoweit, als die Tätigkeit in Deutschland ausgeübt wird.

119 Sondervorschriften in einzelnen DBA zu Geschäftsführern, Vorständen oder anderen leitenden Angestellten wie z. B. Art. 16 DBA-Österreich und Art. 15 Abs. 4 DBA-Schweiz sind jedoch stets vorrangig anzuwenden. In diesen Sonderfällen ist der Ort, an dem die Tätigkeit für das inländische Unternehmen ausgeübt wird, für die Zuteilung des Besteuerungsrechts der Einkünfte aus unselbständiger Arbeit unbeachtlich. Die Sondervorschriften gelten jedoch nur, wenn die Gesellschaft nicht im gleichen Staat ansässig ist wie die vorgenannte leitende Person.

4.3.3.5 Gestaltungsmissbrauch i. S. des § 42 AO

120 Dient eine Arbeitnehmerentsendung ausschließlich oder fast ausschließlich dazu, die deutsche Besteuerung zu vermeiden, ist im Einzelfall zu prüfen, ob ein Missbrauch rechtlicher Gestaltungsmöglichkeiten nach § 42 AO vorliegt.

121 **Beispiel:**

Ein in der Schweiz ansässiger Gesellschafter-Geschäftsführer einer inländischen Kapitalgesellschaft unterlag in der Vergangenheit der inländischen Besteuerung nach Art. 15 Abs. 4 DBA-Schweiz. Die Grenzgängereigenschaft des Art. 15a DBA-Schweiz war bei ihm nicht gegeben. Er legt diese Beteiligung in eine Schweizer AG ein, an der er ebenfalls als Gesellschafter-Geschäftsführer wesentlich beteiligt ist. Dieser Ertrag ist nach Art. 13 Abs. 3 i. V. m. Abs. 4 DBA-Schweiz in Deutschland steuerfrei. Sein inländischer Anstellungsvertrag wird aufgelöst, er wird ab der Umstrukturierung als Arbeitnehmer der neuen Muttergesellschaft im Rahmen eines Managementverleihvertrags für die deutsche Tochtergesellschaft tätig.

Dient die gewählte Gestaltung nur dazu, die Anwendung des Art. 15 Abs. 4 DBA-Schweiz zu vermeiden, ist die Gestaltung ungeachtet der ggf. erfüllten Kriterien der Tz. 4.3.3.1 nach § 42 AO nicht anzuerkennen.

4.3.3.6 Arbeitgeber im Rahmen einer Poolvereinbarung

Schließen sich verbundene Unternehmen zu einem Pool zusammen, handelt es sich steuerlich um eine Innengesellschaft (Verwaltungsgrundsätze-Umlageverträge, s. BMF-Schreiben vom 30. Dezember 1999, BStBl. I S. 1122). Das gegebene zivilrechtliche Arbeitsverhältnis bleibt in diesen Fällen unverändert bestehen. Maßgeblich für die Anwendung des DBA ist dieses Arbeitsverhältnis. 122

Beispiel: 123

Fünf europäische Landesgesellschaften eines international tätigen Maschinenbau-Konzerns schließen sich zusammen, um eine Einsatzgruppe von Technikern zu bilden, die je nach Bedarf in Notfällen für die Landesgesellschaften in den einzelnen Ländern tätig werden sollen. Jede Landesgesellschaft stellt hierfür drei Techniker; die Kosten der Gruppe werden nach einem Umsatzschlüssel auf die Gesellschaften verteilt.

Arbeitgeber i. S. des DBA ist der jeweilige zivilrechtliche Arbeitgeber (die jeweilige Landesgesellschaft) des Technikers.

4.3.4 Gewerbliche Arbeitnehmerüberlassung

Gewerbliche Arbeitnehmerüberlassung liegt bei Unternehmen (Verleiher) vor, die Dritten (Entleiher) gewerbsmäßig Arbeitnehmer (Leiharbeitnehmer) zur Arbeitsleistung überlassen. 124

4.3.4.1 Beurteilung einer gewerblichen Arbeitnehmerüberlassung nach Art. 15 Abs. 1 und 2 OECD-MA entsprechenden Vorschriften

Bei einer grenzüberschreitenden Arbeitnehmerüberlassung nimmt grundsätzlich der Entleiher die wesentlichen Arbeitgeberfunktionen wahr. Der Leiharbeitnehmer ist regelmäßig in den Betrieb des Entleihers eingebunden. Dementsprechend ist (abweichend von Tz. 4.3.3.2) bereits mit Aufnahme der Tätigkeit des Leiharbeitnehmers beim Entleiher i. d. R. dieser als Arbeitgeber i. S. des DBA anzusehen. 125

Bei einer doppel- oder mehrstöckigen gewerblichen Arbeitnehmerüberlassung ist i. d. R. der letzte Entleiher in der Kette als wirtschaftlicher Arbeitgeber nach DBA anzusehen. 126

Nicht selten, z. B. bei nur kurzfristiger Überlassung (s. BFH-Beschluss vom 4. September 2002, BStBl. 2003 II S. 306), können auch wesentliche Arbeitgeberfunktionen beim Verleiher verbleiben. Es ist daher insbesondere anhand folgender Kriterien zu prüfen, ob nach dem Gesamtbild der Verhältnisse der Verleiher oder der Entleiher überwiegend die wesentlichen Arbeitgeberfunktionen wahrnimmt und damit als Arbeitgeber i. S. des DBA (s. auch OECD-MK, Tz. 8.14 zu Art. 15) anzusehen ist. 127

- Wer trägt die Verantwortung oder das Risiko für die durch die Tätigkeit des Arbeitnehmers erzielten Ergebnisse? Hat der Entleiher im Falle von Beanstandungen das Recht, den Arbeitnehmer an den Verleiher zurückzuweisen?
- Wer hat das Recht, dem Arbeitnehmer Weisungen zu erteilen?
- Unter wessen Kontrolle und Verantwortung steht die Einrichtung, in der der Arbeitnehmer seine Tätigkeit ausübt?
- Wer stellt dem Arbeitnehmer im Wesentlichen die Werkzeuge und das Material zur Verfügung?
- Wer bestimmt die Zahl und die Qualifikation der Arbeitnehmer?
- Wer trägt das Lohnkostenrisiko im Falle der Nichtbeschäftigung?

Beispiel 1: Verleih im Inland mit anschließender grenzüberschreitender Lieferungs- oder Werkleistungsverpflichtung 128

Der im Inland ansässige Verleiher überlässt den im Inland ansässigen Arbeitnehmer an ein ebenfalls im Inland ansässiges Unternehmen (Entleiher), das den Arbeitnehmer für nicht mehr als 183 Tage zur Erfüllung einer eigenen Lieferungs- oder Werkleistungsverpflichtung bei einem fremden dritten Unternehmen im Ausland einsetzt.

Das im Ausland ansässige Unternehmen nimmt keinerlei Arbeitgeberfunktionen gegenüber dem Arbeitnehmer wahr und ist damit nicht dessen Arbeitgeber im abkommensrechtlichen Sinne. Wirtschaftlicher Arbeitgeber des Arbeitnehmers ist vielmehr der im Inland ansässige Entleiher.

Das Besteuerungsrecht für die vom Arbeitnehmer im Ausland ausgeübte Tätigkeit richtet sich ausschließlich nach den Art. 15 Abs. 1 und 2 OECD-MA entsprechenden Vorschriften der DBA. Da der Arbeitnehmer nicht mehr als 183 Tage im Ausland eingesetzt ist und der Entleiher dort weder an-

Anlage § 039b-03/Arbeitslohn DBA (Zu LStH 38.3, 39b.10, 39d)

sässig ist, noch eine Betriebsstätte unterhält, steht das Besteuerungsrecht für die Vergütungen aus der Tätigkeit ausschließlich Deutschland zu.

129 Beispiel 2: Verleih im Inland mit anschließender grenzüberschreitender Arbeitnehmerentsendung

Der im Inland ansässige Verleiher überlässt den im Inland ansässigen Arbeitnehmer an ein ebenfalls im Inland ansässiges Unternehmen (Entleiher), das den Arbeitnehmer für nicht mehr als 183 Tage im Ausland bei einem zum Konzern gehörenden Unternehmen einsetzt.

In diesem Fall ist zu prüfen, welche der beiden Konzerngesellschaften als Arbeitgeber im Sinne des DBA anzusehen ist (s. Tz. 4.3.3). Ist der im Inland ansässige Entleiher der wirtschaftliche Arbeitgeber des Leiharbeitnehmers, entspricht die Lösung der im Beispiel 1.

Ist dagegen das im Ausland ansässige Unternehmen als wirtschaftlicher Arbeitgeber anzusehen, sind die Voraussetzungen des Art. 15 Abs. 2 OECD-MA nicht erfüllt und der ausländische Tätigkeitsstaat hat nach Art. 15 Abs. 1 OECD-MA das Besteuerungsrecht.

130 Beispiel 3: Grenzüberschreitender Verleih mit anschließender Lieferungs- oder Werkleistungsverpflichtung im Inland

Der im Inland ansässige Verleiher überlässt den im Inland ansässigen Arbeitnehmer an ein im Ausland ansässiges Unternehmen (Entleiher), das den Arbeitnehmer für nicht mehr als 183 Tage zur Erfüllung einer eigenen Lieferungs- oder Werkleistungsverpflichtung bei einem Unternehmen im Inland einsetzt.

Es liegt eine grenzüberschreitende gewerbliche Arbeitnehmerüberlassung vor, in deren Rahmen der Arbeitnehmer an ein im Ausland ansässiges Unternehmen verliehen wird. Der Entleiher ist auch Arbeitgeber im abkommensrechtlichen Sinne, sofern er die wesentlichen Arbeitgeberfunktionen wahrnimmt. Soweit jedoch der Arbeitnehmer seine unselbständige Arbeit im Inland ausübt, ist der Ansässigkeitsstaat des Arbeitnehmers zugleich dessen Tätigkeitsstaat. Für die auf diese Tätigkeit entfallenden Vergütungen hat Deutschland das ausschließliche Besteuerungsrecht. Allein deshalb, weil der im anderen Vertragsstaat ansässige Entleiher im abkommensrechtlichen Sinne der Arbeitgeber ist und den Arbeitslohn an den Arbeitnehmer zahlt, ist das Besteuerungsrecht nicht dem anderen Vertragsstaat zuzuweisen.

131 Beispiel 4: Grenzüberschreitender Verleih mit anschließender Arbeitnehmerentsendung in das Inland

Der im Inland ansässige Verleiher überlässt den im Inland ansässigen Arbeitnehmer an ein im Ausland ansässiges Unternehmen (Entleiher), das den Arbeitnehmer für nicht mehr als 183 Tage bei einem im Inland ansässigen zum Konzern gehörenden Unternehmen einsetzt.

Soweit der Arbeitnehmer seine unselbständige Arbeit im Inland ausübt, ist der Ansässigkeitsstaat des Arbeitnehmers zugleich dessen Tätigkeitsstaat. Für die auf diese Tätigkeit entfallenden Vergütungen hat Deutschland das ausschließliche Besteuerungsrecht. In diesem Fall ist (abweichend von Beispiel 2) nicht entscheidend, welche der beiden Konzerngesellschaften als Arbeitgeber i. S. des DBA anzusehen ist.

132 Beispiel 5: Grenzüberschreitender Verleih mit anschließender Lieferungs- oder Werkleistungsverpflichtung im gleichen ausländischen Staat

Der im Inland ansässige Verleiher überlässt den im Inland ansässigen Arbeitnehmer an ein im Ausland ansässiges Unternehmen (Entleiher), das den Arbeitnehmer für nicht mehr als 183 Tage zur Erfüllung einer eigenen Lieferungs- oder Werkleistungsverpflichtung bei einem dritten Unternehmen im gleichen ausländischen Staat einsetzt.

Es liegt eine grenzüberschreitende gewerbliche Arbeitnehmerüberlassung vor, in deren Rahmen der Arbeitnehmer an ein im Ausland ansässiges Unternehmen entliehen und auch in diesem ausländischen Staat tätig wird. Der Entleiher ist Arbeitgeber im abkommensrechtlichen Sinne, sofern er die wesentlichen Arbeitgeberfunktionen wahrnimmt. Die Voraussetzungen des Art. 15 Abs. 2 OECD-MA sind nicht erfüllt und der ausländische Tätigkeitsstaat hat nach Art. 15 Abs. 1 OECD-MA das Besteuerungsrecht.

133 Beispiel 6: Grenzüberschreitender Verleih mit anschließender Arbeitnehmerentsendung innerhalb des gleichen ausländischen Staats

Der im Inland ansässige Verleiher überlässt den im Inland ansässigen Arbeitnehmer an ein im Ausland ansässiges Unternehmen (Entleiher), das den Arbeitnehmer für nicht mehr als 183 Tage bei einem im gleichen ausländischen Staat ansässigen zum Konzern gehörenden Unternehmen einsetzt.

(Zu LStH 38.3, 39b.10, 39d) **Anlage § 039b-03/Arbeitslohn DBA**

Die Voraussetzungen des Art. 15 Abs. 2 OECD-MA sind nicht erfüllt und der ausländische Tätigkeitsstaat hat nach Art. 15 Abs. 1 OECD-MA das Besteuerungsrecht für die Vergütungen, die auf diese Tätigkeit entfallen. In diesem Fall ist (abweichend von Beispiel 2) nicht entscheidend, welche der beiden Konzerngesellschaften als Arbeitgeber i. S. des DBA anzusehen ist, da beide im gleichen ausländischen Staat ansässig sind.

Beispiel 7: Grenzüberschreitender Verleih mit anschließender Lieferungs- oder Werkleistungsverpflichtung in einem weiteren ausländischen Staat 134

Der im Inland ansässige Verleiher überlässt den im Inland ansässigen Arbeitnehmer an ein im Staat X ansässiges Unternehmen (Entleiher), das den Arbeitnehmer für nicht mehr als 183 Tage zur Erfüllung einer eigenen Lieferungs- oder Werkleistungsverpflichtung bei einem dritten Unternehmen in einem dritten Staat Y einsetzt.

Es liegt eine grenzüberschreitende gewerbliche Arbeitnehmerüberlassung vor, in deren Rahmen der Arbeitnehmer an das in Staat X ansässige Unternehmen entliehen wird. Der Entleiher ist Arbeitgeber im abkommensrechtlichen Sinne, sofern er die wesentlichen Arbeitgeberfunktionen wahrnimmt. Staat X hat nach Art. 15 Abs. 1 OECD-MA dennoch kein Besteuerungsrecht für die Vergütungen, soweit diese auf die im Staat Y ausgeübte Tätigkeit des Arbeitnehmers entfallen.

Das im Staat Y ansässige Unternehmen nimmt keinerlei Arbeitgeberfunktionen gegenüber dem Arbeitnehmer wahr und ist damit nicht dessen Arbeitgeber im abkommensrechtlichen Sinne. Wenn der Arbeitnehmer weniger als 183 Tage in Staat Y eingesetzt ist und der nicht in Staat Y ansässige Arbeitgeber im abkommensrechtlichen Sinne dort keine Betriebsstätte unterhält, steht das Besteuerungsrecht für die Vergütungen aus der Tätigkeit ausschließlich Deutschland zu.

Beispiel 8: Grenzüberschreitender Verleih mit anschließender Arbeitnehmerentsendung in einen weiteren ausländischen Staat 135

Der im Inland ansässige Verleiher überlässt den im Inland ansässigen Arbeitnehmer an ein im Staat X ansässiges Unternehmen (Entleiher), das den Arbeitnehmer für nicht mehr als 183 Tage bei einem zum Konzern gehörenden, in Staat Y ansässigen Unternehmen einsetzt.

In diesem Fall ist zu prüfen, welche der beiden in ausländischen Staaten ansässigen Konzerngesellschaften als Arbeitgeber i. S. des DBA anzusehen ist (s. Tz. 4.3.3). Ist der im Staat X ansässige Entleiher der wirtschaftliche Arbeitgeber des Leiharbeitnehmers, entspricht die Lösung der im Beispiel 7.

Ist dagegen das im Staat Y ansässige Unternehmen als wirtschaftlicher Arbeitgeber anzusehen, sind die Voraussetzungen des Art. 15 Abs. 2 OECD-MA nicht erfüllt und der ausländische Tätigkeitsstaat Y hat nach Art. 15 Abs. 1 OECD-MA das Besteuerungsrecht.

Beispiel 9: Grenzüberschreitender Verleih mit anschließendem Verleih in einen weiteren ausländischen Staat 136

Der im Inland ansässige gewerbliche Verleiher überlässt den im Inland ansässigen Arbeitnehmer an ein im Staat X ansässiges Unternehmen (Entleiher), das ebenfalls ein gewerblicher Verleiher ist und den Arbeitnehmer für nicht mehr als 183 Tage einem dritten, in Staat Y ansässigen Unternehmen (Entleiher) überlässt.

Es liegt eine grenzüberschreitende gewerbliche Arbeitnehmerüberlassung vor. Als wirtschaftlicher Arbeitgeber im abkommensrechtlichen Sinne ist der letzte, in Staat Y ansässige Entleiher in der Kette anzusehen, sofern er die wesentlichen Arbeitgeberfunktionen wahrnimmt. Die Voraussetzungen des Art. 15 Abs. 2 OECD-MA sind nicht erfüllt und der ausländische Tätigkeitsstaat Y hat nach Art. 15 Abs. 1 OECD-MA das Besteuerungsrecht.

Die vorstehenden Grundsätze zum grenzüberschreitenden Arbeitnehmerverleih sind auch in den Fällen anzuwenden, in denen ein im Inland ansässiger Arbeitnehmer bei einem ausländischen gewerbsmäßigen Arbeitnehmerverleiher beschäftigt ist und dieser den Arbeitnehmer an ein Unternehmen im Ausland verleiht. 137

4.3.4.2 Besondere Regelungen in einzelnen DBA

Einige DBA enthalten zur Vermeidung von Missbrauch in Fällen von grenzüberschreitenden Leiharbeitsverhältnissen besondere Regelungen, nach denen die Anwendung der 183-Tage-Klausel in diesen Fällen ausgeschlossen wird – insbesondere (Stand: 1. Januar 2014): 138

Protokoll Ziffer 5 zu Art. 15 DBA-Albanien,
Art. 15 Abs. 3 DBA-Algerien,
Art. 15 Abs. 3 DBA-Aserbaidschan,
Art. 14 Abs. 3 DBA-Bulgarien,

Anlage § 039b-03/Arbeitslohn DBA (Zu LStH 38.3, 39b.10, 39d)

Art. 15 Abs. 4 DBA-Dänemark,
Art. 15 Abs. 3 DBA-Kasachstan,
Art. 15 Abs. 3 DBA-Korea,
Art. 15 Abs. 3 DBA-Kroatien,
Art. 15 Abs. 3 DBA-Polen,
Art. 15 Abs. 3 DBA-Rumänien,
Art. 15 Abs. 4 DBA-Schweden,
Protokoll Ziffer 4 zum DBA-Slowenien,
Art. 14 Abs. 3 DBA-Tadschikistan,
Art. 14 Abs. 3 DBA-Ungarn,
Art. 14 Abs. 3 DBA-Uruguay,
Art. 14 Abs. 3 DBA-Zypern.

139 In diesen Fällen bleibt es beim Besteuerungsrecht des Tätigkeitsstaates nach den Art. 15 Abs. 1 OECD-MA entsprechenden Vorschriften der DBA, unabhängig davon, wie lange der Arbeitnehmer in diesem Staat tätig ist. Der Ansässigkeitsstaat Deutschland vermeidet die Doppelbesteuerung, die sich durch die Anwendung der oben genannten Regelungen ergibt, grundsätzlich durch Anrechnung der ausländischen Steuer (Stand: 1. Januar 2014):

Art. 23 Abs. 1 Buchstabe b Doppelbuchstabe ee DBA-Albanien,
Art. 23 Abs. 2 Buchstabe b Doppelbuchstabe ee DBA-Algerien,
Art. 23 Abs. 1 Buchstabe b Doppelbuchstabe ee DBA-Aserbaidschan,
Art. 22 Abs. 1 Buchstabe b Doppelbuchstabe ee DBA-Bulgarien,
Art. 24 Abs. 1 Buchstabe b Doppelbuchstabe bb DBA-Dänemark,
Art. 23 Abs. 2 Buchstabe b Doppelbuchstabe ee DBA-Kasachstan,
Art. 23 Abs. 1 Buchstabe b Doppelbuchstabe ee DBA-Korea,
Art. 23 Abs. 1 Buchstabe b Doppelbuchstabe ee DBA-Kroatien,
Art. 24 Abs. 1 Buchstabe b Doppelbuchstabe bb DBA-Polen,
Art. 23 Abs. 2 Buchstabe b Doppelbuchstabe ee DBA-Rumänien,
Art. 23 Abs. 1 Buchstabe b Doppelbuchstabe cc DBA-Schweden,
Art. 23 Abs. 2 Buchstabe b Doppelbuchstabe dd DBA-Slowenien,
Art. 22 Abs. 2 Buchstabe b Doppelbuchstabe dd DBA-Tadschikistan,
Art. 22 Abs. 1 Buchstabe b Doppelbuchstabe cc DBA-Ungarn,
Art. 22 Abs. 1 Buchstabe b Doppelbuchstabe ee DBA-Uruguay,
Art. 22 Abs. 1 DBA-Zypern.

140 Art. 13 Abs. 6 DBA-Frankreich, Protokoll Ziffer 13 zum DBA-Italien und Protokoll Ziffer 5 zum DBA-Norwegen sehen vor, dass im Fall des gewerblichen Arbeitnehmerverleihs beiden Vertragsstaaten das Besteuerungsrecht zusteht. Die Doppelbesteuerung wird hier ebenfalls durch Steueranrechnung vermieden (Art. 20 Abs. 1 Buchstabe c DBA-Frankreich, Protokoll Ziffer 13 zum DBA-Italien, Protokoll Ziffer 5 zum DBA-Norwegen).

141 Art. 15 Abs. 3 DBA-Österreich regelt, dass Art. 15 Abs. 2 Buchstabe b (Arbeitgeber i. S. des DBA) für den Fall der gewerblichen Arbeitnehmerüberlassung dann keine Anwendung findet, wenn sich der Arbeitnehmer nicht länger als 183 Tage im anderen Staat aufhält. Damit wird dem Ansässigkeitsstaat des Arbeitnehmers das Besteuerungsrecht auch dann zugewiesen, wenn der Entleiher seinen Sitz im Tätigkeitsstaat hat und sich der Arbeitnehmer an nicht mehr als 183-Tagen im anderen Staat aufgehalten hat. Die Regelung des DBA wird durch Nr. 6 des Protokolls dahingehend flankiert, dass die 183-Tage-Regelung nur dann nicht zur Anwendung kommt, wenn der Verleiher im anderen Staat eine Betriebsstätte unterhält, die die Vergütungen trägt. Steht nach diesen Regeln Österreich als Tätigkeitsstaat das Besteuerungsrecht zu, vermeidet Deutschland die Doppelbesteuerung durch Anwendung der Freistellungsmethode nach Art. 23 Abs. 1 Buchstabe a DBA-Österreich.

142 Art. 15 Abs. 3 DBA-Polen sieht unter bestimmten Voraussetzungen vor, dass die 183-Tage-Klausel in Fällen internationaler Arbeitnehmerüberlassung nicht gilt und hat den Wechsel auf die Anrechnungsmethode (Art. 24 Abs. 1 Buchstabe b Doppelbuchstabe bb) zur Folge.

143 In folgenden Fällen, in denen es wegen der Anwendung der Anrechnungsmethode im laufenden Kalenderjahr zu einer zeitweiligen Doppelbesteuerung kommen kann, bestehen keine Bedenken, dass aus Billigkeitsgründen entsprechend der Regelung des § 39a Abs. 1 Satz 1 Nr. 5 Buchstabe c EStG das Vierfache der voraussichtlich abzuführenden ausländischen Abzugsteuer als Freibetrag für das Lohnsteuerabzugsverfahren gebildet wird:

– Anwendung des Art. 13 Abs. 6 DBA-Frankreich bzw. vergleichbarer Regelungen in anderen DBA

– Berücksichtigung ausländischer Steuern nach § 34c Abs. 1 EStG, die von Staaten erhoben werden, mit denen kein DBA besteht und der Auslandstätigkeitserlass (BMF-Schreiben vom 31. Oktober 1983, BStBl. I S. 470) nicht anzuwenden ist. Es ist jedoch zu beachten, dass der Auslandstätigkeitserlass grundsätzlich auch bei Arbeitnehmerüberlassungen angewendet werden kann.

Hierzu ist es erforderlich, dass der Leiharbeitnehmer durch geeignete Unterlagen (z. B. Bestätigung des Arbeitgebers) glaubhaft macht, dass der Quellensteuerabzug im anderen Staat bereits vorgenommen wurde oder mit dem Quellensteuerabzug zumindest ernsthaft zu rechnen ist. Bei der Berechnung des Freibetrags dürfen ausländische Steuern eines Nicht-DBA-Staates nur zugrunde gelegt werden, wenn sie der deutschen Einkommensteuer entsprechen (Anhang 12 II EStH). Auf die Veranlagungsverpflichtung nach § 46 Abs. 2 Nr. 4 EStG wird hingewiesen.

4.3.5 Gelegentliche Arbeitnehmerüberlassung zwischen fremden Dritten

Sofern gelegentlich ein Arbeitnehmer bei einem fremden Dritten eingesetzt wird, kann entweder eine Arbeitnehmerüberlassung oder eine Tätigkeit zur Erfüllung einer Lieferungs- oder Werkleistungsverpflichtung vorliegen.

Eine gelegentliche Arbeitnehmerüberlassung liegt grundsätzlich dann vor, wenn der zivilrechtliche Arbeitgeber, dessen Unternehmenszweck nicht die Arbeitnehmerüberlassung ist, mit einem nicht verbundenen Unternehmen vereinbart, den Arbeitnehmer für eine befristete Zeit bei letztgenanntem Unternehmen tätig werden zu lassen und das aufnehmende Unternehmen entweder eine arbeitsrechtliche Vereinbarung (Arbeitsverhältnis) mit dem Arbeitnehmer schließt oder als wirtschaftlicher Arbeitgeber anzusehen ist.

Bezogen auf die vom Entleiher gezahlten Vergütungen ist in diesen Fällen regelmäßig der Entleiher als Arbeitgeber i. S. des DBA anzusehen.

Beispiel: Arbeitnehmerüberlassung zwischen fremden Dritten

S, ein in Spanien ansässiges Unternehmen, und D, ein in Deutschland ansässiges Unternehmen, sind ausschließlich mit der Ausübung technischer Dienstleistungen befasst. Sie sind keine verbundenen Unternehmen i. S. des Art. 9 OECD-MA. D benötigt für eine Übergangszeit die Leistungen eines Spezialisten, um eine Bauleistung im Inland fertig zu stellen und wendet sich deswegen an S. Beide Unternehmen vereinbaren, dass X, ein in Spanien ansässiger Angestellter von S, für die Dauer von vier Monaten für D unter der direkten Aufsicht von dessen erstem Ingenieur arbeiten soll. X bleibt während dieser Zeit formal weiterhin bei S angestellt. D zahlt S einen Betrag, der dem Gehalt, Sozialversicherungsabgaben, Reisekosten und anderen Vergütungen des Technikers für diesen Zeitraum entspricht. Zusätzlich wird ein Aufschlag von 5 % gezahlt. Es wurde vereinbart, dass S von allen Schadensersatzansprüchen, die in dieser Zeit aufgrund der Tätigkeit von X entstehen sollten, befreit ist.

Es liegt eine gelegentliche Arbeitnehmerüberlassung zwischen fremden Unternehmen vor. D ist während des genannten Zeitraums als wirtschaftlicher Arbeitgeber des X anzusehen. Die Tatbestandsvoraussetzungen des Art. 14 Abs. 2 Buchstabe b DBA-Spanien sind damit nicht erfüllt. Gemäß Art. 14 Abs. 1 DBA-Spanien hat somit Deutschland das Besteuerungsrecht für die Vergütungen des X für den genannten Zeitraum. Der Aufschlag in Höhe von 5 % stellt keinen Arbeitslohn des X dar.

X ist in Deutschland nach nationalem Recht bereits deshalb beschränkt steuerpflichtig, weil die Tätigkeit in Deutschland ausgeübt wurde (§ 49 Abs. 1 Nr. 4 Buchstabe a EStG).

D ist inländischer Arbeitgeber i. S. des § 38 Abs. 1 Satz 2 EStG und daher zum Lohnsteuerabzug verpflichtet.

4.4 Zahlung des Arbeitslohns zu Lasten einer Betriebsstätte des Arbeitgebers im Tätigkeitsstaat – Art. 15 Abs. 2 Buchstabe c OECD-MA

Erfolgt die Zahlung zu Lasten einer Betriebsstätte des Arbeitgebers im Tätigkeitsstaat, sind die Voraussetzungen für die alleinige Besteuerung im Ansässigkeitsstaat nach Art. 15 Abs. 2 Buchstabe c OECD-MA nicht erfüllt.

Maßgebend für den Begriff der „Betriebsstätte" ist die Definition in dem jeweiligen Abkommen (Art. 5 OECD-MA). Nach vielen DBA ist z. B. eine Bauausführung oder Montage erst ab einem Zeitraum von mehr als 12 Monaten eine Betriebsstätte (abweichend von § 12 AO, wonach bei einer Dauer von mehr als 6 Monaten eine Betriebsstätte vorliegt).

Der Arbeitslohn wird zu Lasten der Betriebsstätte gezahlt, wenn die Zahlungen wirtschaftlich der Betriebsstätte zuzuordnen sind. Nicht entscheidend ist, wer die Vergütungen auszahlt oder in seiner Teilbuchführung abrechnet. Es kommt nicht darauf an, dass die Vergütungen zunächst von der Betriebsstätte

Anlage § 039b-03/Arbeitslohn DBA (Zu LStH 38.3, 39b.10, 39d)

ausgezahlt und später vom Stammhaus erstattet werden. Ebenso ist es nicht entscheidend, wenn eine zunächst vom Stammhaus ausgezahlte Vergütung später in der Form einer Kostenumlage auf die ausländische Betriebsstätte abgewälzt wird. Entscheidend ist allein, ob und ggf. in welchem Umfang die ausgeübte Tätigkeit des Arbeitnehmers nach dem jeweiligen DBA (s. Art. 7 OECD-MA) der Betriebsstätte zuzuordnen ist und die Vergütung deshalb wirtschaftlich zu Lasten der Betriebsstätte geht (s. BFH-Urteil vom 24. Februar 1988, BStBl. II S. 819).

152 Eine selbständige Tochtergesellschaft (z. B. GmbH) ist grundsätzlich nicht Betriebsstätte der Muttergesellschaft, kann aber ggf. eine Vertreterbetriebsstätte begründen oder selbst Arbeitgeber sein.

153 Im Übrigen wird auf die „Grundsätze der Verwaltung für die Prüfung der Aufteilung der Einkünfte bei Betriebsstätten international tätiger Unternehmen" (Betriebsstätten-Verwaltungsgrundsätze; s. BMF-Schreiben vom 24. Dezember 1999, BStBl. I S. 1076), unter Berücksichtigung der Änderungen durch die BMF-Schreiben vom 20. November 2000, BStBl. I S. 1509, vom 29. September 2004, BStBl. I S. 917, und vom 25. August 2009, BStBl. I S. 888) sowie die „Verwaltungsgrundsätze-Arbeitnehmerentsendung", BMF-Schreiben vom 9. November 2001, BStBl. I S. 796) verwiesen.

154 **Beispiel 1:**

Der in Deutschland ansässige A ist vom 1. Januar 01 bis 31. März 01 bei einer Betriebsstätte seines deutschen Arbeitgebers in Frankreich (nicht innerhalb der Grenzzone nach Art. 13 Abs. 5 DBA-Frankreich) tätig. Der Lohnaufwand ist der Betriebsstätte nach Art. 4 DBA-Frankreich als Betriebsausgabe zuzuordnen.

Das Besteuerungsrecht für den Arbeitslohn steht Frankreich zu. A ist zwar nicht mehr als 183 Tage in Frankreich tätig. Da der Arbeitslohn aber zu Lasten einer französischen Betriebsstätte des Arbeitgebers geht, bleibt das Besteuerungsrecht Deutschland nicht erhalten (Art. 13 Abs. 4 DBA-Frankreich). Frankreich kann als Tätigkeitsstaat den Arbeitslohn besteuern (Art. 13 Abs. 1 DBA-Frankreich). Deutschland stellt die Einkünfte unter Beachtung des § 50d Abs. 8 bzw. 9 EStG und des Progressionsvorbehalts frei (Art. 20 Abs. 1 Buchstabe a DBA-Frankreich).

155 **Beispiel 2:**

Der in Frankreich ansässige B ist bei einer deutschen Betriebsstätte seines französischen Arbeitgebers A (nicht innerhalb der Grenzzone nach Art. 13 Abs. 5 DBA-Frankreich) vom 1. Januar 01 bis 31. März 01 in Deutschland tätig. Der Lohnaufwand ist der Betriebsstätte nach Art. 4 DBA-Frankreich als Betriebsausgabe zuzuordnen.

Das Besteuerungsrecht für den Arbeitslohn hat Deutschland. B ist zwar nicht mehr als 183 Tage in Deutschland tätig, der Arbeitslohn geht aber zu Lasten einer deutschen Betriebsstätte. Deutschland kann daher als Tätigkeitsstaat den Arbeitslohn besteuern (Art. 13 Abs. 1 DBA-Frankreich i. V. m. § 1 Abs. 4 und § 49 Abs. 1 Nr. 4 Buchstabe a EStG).

A ist inländischer Arbeitgeber i. S. des § 38 Abs. 1 Satz 1 Nr. 1 EStG, weil er im Inland über eine Betriebsstätte verfügt, und deshalb zum Lohnsteuerabzug verpflichtet ist.

5 Ermittlung des steuerpflichtigen/steuerfreien Arbeitslohns

5.1 Differenzierung zwischen der Anwendung der 183-Tage-Klausel und der Ermittlung des steuerpflichtigen/steuerfreien Arbeitslohns

156 Nach Art. 15 Abs. 1 OECD-MA können die Vergütungen aus unselbständiger Arbeit ausschließlich im Ansässigkeitsstaat des Arbeitnehmers besteuert werden, es sei denn, die Tätigkeit wird im anderen Staat ausgeübt. Wird die unselbständige Arbeit im anderen Staat ausgeübt, steht auch diesem Staat das Besteuerungsrecht für Vergütungen zu, die für die dort ausgeübte Tätigkeit gezahlt werden (s. Tz. 3). Gemäß Art. 15 Abs. 2 OECD-MA ist zu prüfen, ob trotz der Auslandstätigkeit dem Ansässigkeitsstaat des Arbeitnehmers das ausschließliche Besteuerungsrecht an den Vergütungen aus unselbständiger Arbeit verbleibt (s. Tz. 4). Im Rahmen dieser Prüfung wird u. a. eine Berechnung der nach dem jeweils anzuwendenden DBA maßgeblichen Aufenthalts- oder Ausübungstage im Ausland anhand der 183-Tage-Klausel vorgenommen.

157 Die Ermittlung des steuerpflichtigen/steuerfreien Arbeitslohns erfolgt sodann in einem weiteren gesonderten Schritt.

5.2 Grundsätze bei der Ermittlung des steuerpflichtigen/steuerfreien Arbeitslohns

158 Nach § 90 Abs. 2 AO hat der Steuerpflichtige den Nachweis über die Ausübung der Tätigkeit in dem anderen Staat und deren Zeitdauer durch Vorlage geeigneter Aufzeichnungen (z. B. Stundenprotokolle, Terminkalender, Reisekostenabrechnungen) zu führen.

(Zu LStH 38.3, 39b.10, 39d) **Anlage § 039b-03/Arbeitslohn DBA**

Ist der Arbeitslohn in Deutschland nach einem DBA freizustellen, ist zunächst zu prüfen, inwieweit die 159 Vergütungen unmittelbar der Auslandstätigkeit oder der Inlandstätigkeit zugeordnet werden können (s. Tz. 5.3). Soweit eine unmittelbare Zuordnung nicht möglich ist, ist der verbleibende tätigkeitsbezogene Arbeitslohn aufzuteilen. Die Aufteilung hat bereits der Arbeitgeber im Lohnsteuerabzugsverfahren vorzunehmen; zum Erfordernis der Freistellungsbescheinigung vgl. R 39b.10 LStR. Darüber hinaus hat er den steuerfrei belassenen Arbeitslohn in der Lohnsteuerbescheinigung anzugeben. Das Lohnsteuerabzugsverfahren ist zwar ein Vorauszahlungsverfahren, dessen Besonderheiten und Regelungen nicht in das Veranlagungsverfahren hineinwirken (s. BFH-Urteil vom 13. Januar 2011, BStBl. II S. 479), jedoch ist zu berücksichtigen, dass der Arbeitgeber auch nach Erstellung der Lohnsteuerbescheinigung für die zutreffende Anmeldung und Abführung der Lohnsteuer haftet und verpflichtet ist, etwaige Änderungen nach § 41c Abs.4 EStG anzuzeigen. Das Finanzamt ist nicht gehindert, im Einkommensteuerveranlagungsverfahren die vorgenommene Aufteilung zu überprüfen; es ist nicht an eine fehlerhaft erteilte Freistellungsbescheinigung gebunden (s. BFH-Urteil vom 13. März 1985, BStBl. II S. 500).

5.3 Direkte Zuordnung

Gehaltsbestandteile, die unmittelbar aufgrund einer konkreten inländischen oder ausländischen Arbeitsleistung gewährt werden, sind vorab direkt zuzuordnen. Dies können z. B. Reisekosten, Überstundenvergütungen, Zuschläge für Sonntags-, Feiertags- und Nachtarbeit, Auslandszulagen, die Gestellung einer Wohnung im Tätigkeitsstaat, Kosten für Orientierungsreise, Sprachunterricht, interkulturelle Schulungen, Aufwendungen für Visa oder medizinische Untersuchungen für die Auslandstätigkeit und sonstige Auslagen oder Unterstützungsleistungen für die mitumziehende Familie sein. Daran schließt sich die Würdigung an, ob überhaupt steuerpflichtiger Arbeitslohn vorliegt oder ob nicht Leistungen im ganz überwiegend betrieblichen Interesse bzw. steuerfreie Aufwandserstattungen vorliegen. Der Gesamtarbeitslohn abzüglich der direkt zugeordneten Gehaltsbestandteile ist der verbleibende Arbeitslohn. 160

5.4 Aufteilung des verbleibenden Arbeitslohns

Der nicht direkt zuordenbare, verbleibende Arbeitslohn ist aufzuteilen. Zum verbleibenden Arbeitslohn 161 gehören z. B. neben den laufenden Vergütungen auch Zusatzvergütungen, die auf die nichtselbständige Arbeit des Arbeitnehmers innerhalb des gesamten Berechnungszeitraums entfallen (z. B. Weihnachts- und Urlaubsgeld). Hat sich das vereinbarte Gehalt während des Kalenderjahres verändert, so ist dieser Veränderung Rechnung zu tragen.

Grundlage für die Berechnung des steuerfreien Arbeitslohns ist die Zahl der tatsächlichen Arbeitstage (s. 162 Tz. 5.4.1) innerhalb eines Kalenderjahres. Den tatsächlichen Arbeitstagen ist das für die entsprechende Zeit bezogene und nicht nach Tz. 5.3 direkt zugeordnete Arbeitsentgelt gegenüberzustellen (s. Tz. 5.4.2).

5.4.1 Definition der tatsächlichen Arbeitstage

Die tatsächlichen Arbeitstage sind alle Tage innerhalb eines Kalenderjahres, an denen der Arbeitnehmer 163 seine Tätigkeit tatsächlich ausübt und für die er Arbeitslohn bezieht. Krankheitstage mit oder ohne Lohnfortzahlung, Urlaubstage und Tage des ganztägigen Arbeitszeitausgleichs sind folglich keine Arbeitstage. Dagegen können auch Wochenend- oder Feiertage grundsätzlich als tatsächliche Arbeitstage zu zählen sein, wenn der Arbeitnehmer an diesen Tagen seine Tätigkeit tatsächlich ausübt und diese durch den Arbeitgeber vergütet wird. Eine solche Vergütung liegt auch vor, wenn dem Arbeitnehmer ein entsprechender Arbeitszeitausgleich gewährt wird. Es kommt weder auf die Zahl der Kalendertage (365) noch auf die Anzahl der vertraglich vereinbarten Arbeitstage an.

Beispiel 1 164

Ein Arbeitnehmer (AN) ist grundsätzlich an 250 Werktagen zur Arbeit verpflichtet und verfügt über einen Anspruch auf 30 Urlaubstagen (= vereinbarte Arbeitstage: 220). Die tatsächlichen Tage verändern sich wie folgt:

	220
AN überträgt 10 Urlaubstage vom Vorjahr	− 10
AN überträgt 20 Urlaubstage ins Folgejahr	+ 20
AN ist 30 Tage krank mit Lohnfortzahlung	− 30
AN ist 30 Tage krank ohne Lohnfortzahlung	− 30
Tatsächliche Arbeitstage gesamt	170

Anlage § 039b-03/Arbeitslohn DBA (Zu LStH 38.3, 39b.10, 39d)

165 **Beispiel 2**

C ist laut Arbeitsvertrag von montags bis freitags verpflichtet zu arbeiten. Er macht eine Auslandsdienstreise von Freitag bis Montag, wobei C auch am Samstag und Sonntag für seinen Arbeitgeber tätig ist. Von seinem Arbeitgeber erhält C für Samstag eine Überstundenvergütung und für Sonntag einen ganztägigen Freizeitausgleich, den er bereits am Dienstag in Anspruch nimmt. Außer Dienstag sind alle Tage als Arbeitstage zu zählen, da C an diesen Tagen tatsächlich und entgeltlich gearbeitet hat. An dem Dienstag wurde jedoch tatsächlich keine Tätigkeit ausgeübt.

5.4.2 Durchführung der Aufteilung

166 Das aufzuteilende Arbeitsentgelt (Tz. 5.4) ist in Bezug zu den tatsächlichen Arbeitstagen (Tz. 5.4.1) zu setzen. Daraus ergibt sich ein Arbeitsentgelt pro tatsächlichen Arbeitstag. Das aufzuteilende Arbeitsentgelt pro tatsächlichen Arbeitstag ist mit den tatsächlichen Arbeitstagen zu multiplizieren, an denen der Arbeitnehmer seine Tätigkeit im anderen Staat ausgeübt hat.

167 **Beispiel 1 (Grundfall zur Aufteilung nach tatsächlichen Arbeitstagen)**

A ist vom 1. Januar 01 bis 31. Juli 01 für seinen deutschen Arbeitgeber in Österreich tätig. Die vereinbarten Arbeitstage des A belaufen sich auf 220 Tage. Tatsächlich hat A jedoch in Österreich an 145 Tagen und in Deutschland an 95 Tagen gearbeitet (240 Tage). Der aufzuteilende Arbeitslohn beträgt 120.000 €.

Unter Berücksichtigung der Rückfallklauseln stellt Deutschland Einkünfte i. H. v. 145/240 x 120.000 € = 72.500 € unter Progressionsvorbehalt steuerfrei und unterwirft 95/240 x 120.000 = 47.500 € der deutschen Besteuerung.

168 **Beispiel 2 (zweistufige Ermittlung des steuerfreien Arbeitslohns)**

A ist vom 1. Januar 01 bis 31. Juli 01 für seinen deutschen Arbeitgeber in Japan tätig. Seinen Familienwohnsitz in Deutschland behält er bei. Er erhält im Jahr 01 einen Arbeitslohn einschließlich Weihnachtsgeld und Urlaubsgeld i. H. v. 80.000 €. Für die Tätigkeit in Japan erhält er zusätzlich eine Zulage in Höhe von 30.000 €. A ist im Jahr 01 vertraglich an 200 Tagen zur Arbeit verpflichtet, übt seine Tätigkeit jedoch tatsächlich an 220 Tagen (davon 140 in Japan) aus.

Deutschland hat für den Arbeitslohn, der auf die Tätigkeit in Japan entfällt, kein Besteuerungsrecht, da sich A länger als 183 Tage (210 Tage; hier: Kalenderjahr) im Kalenderjahr 01 in Japan aufgehalten hat (Art. 15, 23 Abs. 1 Buchstabe a DBA-Japan). Der steuerfreie Arbeitslohn berechnet sich wie folgt:

Die Zulage i. H. v. 30.000 € ist der Auslandstätigkeit unmittelbar zuzuordnen und deshalb im Inland steuerfrei. Der übrige Arbeitslohn i. H. v. 80.000 € ist nach den tatsächlichen Arbeitstagen aufzuteilen. Die tatsächlichen Arbeitstage im Jahr 01 sollen hier 220 Tage betragen. Den tatsächlichen Arbeitstagen im Jahr 01 ist das im Jahr 01 aufzuteilende Arbeitsentgelt i. H. v. 80.000 € gegenüberzustellen. Es ergibt sich ein aufzuteilendes Arbeitsentgelt pro tatsächlichem Arbeitstag i. H. v. 363,64 €. Dieses Entgelt ist mit den tatsächlichen Arbeitstagen zu multiplizieren, die auf die Tätigkeit in Japan entfallen, hier 140 Tage. Von den 80.000 € Arbeitslohn sind daher 140 x 363,64 € = 50.910 € im Inland steuerfrei. Der insgesamt steuerfreie Arbeitslohn i. H. v.80.910 € (30.000 € + 50.910 €) ist nach Abzug von Werbungskosten, die in unmittelbarem wirtschaftlichen Zusammenhang mit der Tätigkeit in Japan angefallen sind, freizustellen und nur im Wege des Progressionsvorbehalts zu berücksichtigen (sofern § 50d Abs. 8 oder 9 EStG nicht anzuwenden ist). Der übrige Arbeitslohn i. H. v.29.090 € ist im Inland steuerpflichtig.

169 Dabei ist zu beachten, dass Vergütungen grundsätzlich dem Zeitraum zugeordnet werden müssen, in dem sie erdient bzw. für den sie gezahlt wurden. Aus Vereinfachungsgründen kann bei der Übertragung von Urlaubstagen in ein anderes Kalenderjahr von diesem Grundsatz abgewichen werden. Die Vereinfachungsregelung greift jedoch nicht bei der finanziellen Abgeltung von Urlaubsansprüchen.

170 **Beispiel 3 (wirtschaftliche Zuordnung zum Erdienungszeitraum)**

Der ausschließlich in Deutschland ansässige D übt seine Tätigkeit für einen deutschen Arbeitgeber im Rahmen einer Werkleistungsverpflichtung im Jahr 01 an 30 Tagen bei Kunden in Deutschland und an 200 Tagen bei Kunden in der Schweiz aus. Im Jahr 02 wird er ausschließlich in der Schweiz tätig. Er erhält im Februar 02 eine allgemeine Prämienzahlung für das Jahr 01.

Die Prämienzahlung ist nach den Verhältnissen des Erdienungszeitraums (Jahr 01) aufzuteilen und lediglich zu 200/230 unter Progressionsvorbehalt von der deutschen Besteuerung auszunehmen.

171 **Beispiel 4 (Aufteilung bei Urlaubsübertragung)**

B ist in 01 und 02 für seinen deutschen Arbeitgeber sowohl im Inland als auch in Schweden tätig. Seinen Familienwohnsitz in Deutschland behält er bei. In beiden Jahren hält sich B länger als

(Zu LStH 38.3, 39b.10, 39d) **Anlage § 039b-03/Arbeitslohn DBA**

183 Tage in Schweden auf. Die vereinbarten Arbeitstage des B belaufen sich in den Kalenderjahren 01 und 02 auf jeweils 220 Tage zuzüglich der vertraglichen Urlaubstage von je 30 Tagen. Der Urlaub von 01 und 02 wurde vollständig in 02 genommen. Die tatsächlichen Arbeitstage in 01 betrugen in Schweden 230 Tage, auf das Inland entfielen 20 Arbeitstage. In 02 entfielen 150 tatsächliche Arbeitstage auf Schweden und 40 tatsächliche Arbeitstage auf das Inland. Der aufzuteilende Arbeitslohn beträgt 50.000 € in 01 und 60.000 € in 02.

Deutschland hat für den Arbeitslohn, der auf die Tätigkeit in Schweden entfällt, kein Besteuerungsrecht, da sich B länger als 183 Tage in 01 und 02 in Schweden aufgehalten hat (Art. 15, 23 Abs. 1 Buchstabe a DBA-Schweden). Der steuerfreie Arbeitslohn berechnet sich wie folgt:

Jahr 01: Die tatsächlichen Arbeitstage (250) setzen sich aus den vertraglich vereinbarten Arbeitstagen (220) und aus den in 01 nicht genommenen Urlaubstagen (30) zusammen. Die so ermittelten 250 tatsächlichen Arbeitstage sind dem aufzuteilenden Arbeitsentgelt von 50.000 € gegenüberzustellen. Das aufzuteilende Arbeitsentgelt pro Arbeitstag beträgt 200 €. Dieser Betrag ist mit den Arbeitstagen zu multiplizieren, an denen sich B tatsächlich in Schweden aufgehalten hat. Von den 50.000 € Jahresarbeitslohn sind in 01 daher 46.000 € (230 Tage x 200 €) im Inland unter Beachtung des § 50d Abs. 8 und 9 EStG steuerfrei und nach Abzug von Werbungskosten, die im Zusammenhang mit der in Schweden ausgeübten Tätigkeit angefallen sind, beim Progressionsvorbehalt zu berücksichtigen. Der übrige Arbeitslohn in Höhe von 4.000 € ist im Inland steuerpflichtig.

Jahr 02: Wegen des aus dem Kalenderjahr 01 übertragenen Urlaubs sind nur 190 tatsächliche Arbeitstage angefallen. Aus Vereinfachungsgründen kann die wirtschaftliche Zuordnung des auf den Urlaub des Jahres 01 entfallenden Arbeitslohns verzichtet werden. Bei einem Jahresarbeitslohn von 60.000 € im Kalenderjahr 02 ergibt sich ein Arbeitslohn pro Kalendertag von 315,79 € (60.000/190). Im Kalenderjahr 02 sind danach insgesamt 47.369 € (375,79 x 150 tatsächliche Arbeitstage) im Inland unter Beachtung des § 50d Abs. 8 und 9 EStG steuerfrei und beim Progressionsvorbehalt zu berücksichtigen. Der verbleibende Betrag in Höhe von 12.631 € ist im Inland steuerpflichtig.

Beispiel 5 (finanzielle Abgeltung von Urlaubsansprüchen)

Sachverhalt wie Beispiel 4. Der im Jahr 01 in das Jahr 02 übertragene Urlaub wird jedoch nicht beansprucht, sondern vom Arbeitgeber im Juli 02 mit einer Einmalzahlung i. H. v. 10.000 € abgegolten. Der Arbeitnehmer übte seine Tätigkeit an 150 Arbeitstagen in Schweden und an 70 Arbeitstagen in Deutschland aus.

Jahr 01: Lösung wie in Beispiel 4

Jahr 02: B hat im Jahr 02 tatsächlich an 220 Arbeitstagen seine Tätigkeit ausgeübt. Der Urlaub, der mit der Einmalzahlung abgegolten wurde, ist wirtschaftlich dem Jahr 01 zuzuordnen. Folglich sind für diese Einmalzahlung die Verhältnisse des Jahres 01 entscheidend. Im Jahr 02 ergibt sich deshalb folgender steuerfrei zu stellender Arbeitslohn:

$$60.000 \text{ € x } 150/220 = 40.909 \text{ €}$$
$$+ 10.000 \text{ € x } 230/250 = 9.200 \text{ €}$$
$$\overline{50.109 \text{ €}}$$

Der übrige Arbeitslohn (70.000 € – 50.109 € = 19.891 €) ist der deutschen Besteuerung zu unterwerfen.

Hält sich der Arbeitnehmer an einem Arbeitstag nicht ausschließlich im anderen Staat auf (z. B. an Reisetagen), so ist das Arbeitsentgelt für diesen Arbeitstag zeitanteilig aufzuteilen. Dies muss ggf. im Schätzungswege erfolgen. Hierbei ist die für diesen Tag tatsächliche Arbeitszeit zugrunde zu legen.

Darüber hinaus ist bei der Aufteilung zu berücksichtigen, dass tatsächliche Arbeitszeiten, die in Transitländern verbracht werden, dem Ansässigkeitsstaat zuzuordnen sind. Zu den Besonderheiten bei Berufskraftfahrern s. Tz. 7.

5.5 Beispiele für die Aufteilung bestimmter Lohnbestandteile

5.5.1 Tantiemen und andere Erfolgsvergütungen

Unabhängig vom Zuflusszeitpunkt ist eine zeitraumbezogene Erfolgsvergütung nach den Verhältnissen des Zeitraums zuzuordnen, für den sie gewährt wird (s. BFH-Urteil vom 27. Januar 1972, BStBl. II S. 459) und ggf. unter Beachtung des § 50d Abs. 8 bzw. 9 EStG und des Progressionsvorbehalts von der inländischen Besteuerung freizustellen. Dagegen ist eine projektbezogene Erfolgsvergütung vorab direkt zuzuordnen.

Anlage § 039b-03/Arbeitslohn DBA (Zu LStH 38.3, 39b.10, 39d)

5.5.2 Urlaubsentgelte, Urlaubs- und Weihnachtsgeld

176 Urlaubsentgelt (laufende Vergütung), Urlaubs- und Weihnachtsgeld (Vergütungen die auf den gesamten Berechnungszeitraum entfallen) sind in die Aufteilung einzubeziehen. Dies gilt auch für Bezüge, die für den Verzicht auf den Urlaub gezahlt werden (Urlaubsabgeltung für nicht genommenen Urlaub). Dabei ist der Teil der Urlaubsentgelte im Inland freizustellen, der auf die im Ausland ausgeübte Tätigkeit entfällt (s. Beispiel 5 zu Tz. 5.4.2).

5.5.3 Nachzahlung für eine frühere aktive Tätigkeit

177 Eine einmalige Zahlung (z. B. Jubiläumszahlung), die eine Nachzahlung für eine frühere aktive Tätigkeit darstellt und anteilig auf die Auslands- und Inlandstätigkeit entfällt, ist nach den Grundsätzen in Tz. 5.4 aufzuteilen. Für die Zuweisung des Besteuerungsrechts kommt es nicht darauf an, zu welchem Zeitpunkt und wo die Vergütung bezahlt wird, sondern allein darauf, dass sie dem Arbeitnehmer für eine Auslandstätigkeit gezahlt wird (s. BFH-Urteil vom 5. Februar 1992, BStBl. II S. 660). Eine Nachzahlung für eine frühere aktive Tätigkeit liegt nicht vor, wenn die einmalige Zahlung ganz oder teilweise der Versorgung dient (s. BFH-Urteil vom 5. Februar 1992, a. a. O. und vom 12. Oktober 1978, BStBl. II S. 64).

5.5.4 Abfindungen und Vergütungen für Diensterfindungen

5.5.4.1 Grundsätze zur Besteuerung von Abfindungen

178 Abfindungen, die dem Arbeitnehmer anlässlich seines Ausscheidens aus dem Arbeitsverhältnis gezahlt werden, sind regelmäßig den Vergütungen aus unselbständiger Arbeit i. S. des Art. 15 Abs. 1 OECD-MA zuzuordnen. Unter Abfindungen in diesem Sinne sind Zahlungen zu verstehen, die der Arbeitnehmer als Ausgleich für die mit der Auflösung des Dienstverhältnisses verbundenen Nachteile, insbesondere für den Verlust des Arbeitsplatzes, erhält. Sie stellen jedoch kein zusätzliches Entgelt für die frühere Tätigkeit dar und werden nicht für eine konkrete im In- oder Ausland ausgeübte Tätigkeit gezahlt. Abfindungen sind daher grundsätzlich im Ansässigkeitsstaat des Arbeitnehmers (Art. 15 Abs. 1 Satz 1 erster Halbsatz OECD-MA) zu besteuern (s. BFH-Urteile vom 2. September 2009, BStBl. 2010 II S. 387 und S. 394). Maßgeblich hierfür ist der Zuflusszeitpunkt i. S. des § 11 EStG i. V. m. § 38a Abs. 1 Satz 3 EStG (BFH-Urteil vom 24. Februar 1988, BStBl. II S. 819 und vom 10. Juli 1996, BStBl. 1997 II S. 341).

179 Ein zeitlicher Zusammenhang zwischen dem Zufluss der Abfindung und der Beendigung des Dienstverhältnisses ist nicht erforderlich. Bei einer Zahlung innerhalb eines Zeitraums von fünf Jahren vor Beendigung des Dienstverhältnisses ist zum Beispiel ein sachlicher Zusammenhang mit der Auflösung des Dienstverhältnisses anzunehmen. Ein erhebliches zeitliches Auseinanderfallen der beiden Ereignisse kann jedoch den sachlichen Zusammenhang in Frage stellen.

180 Keine Abfindungen im vorstehenden Sinne stellen Zahlungen zur Abgeltung bereits vertraglich erdienter Ansprüche (z. B. Ausgleichszahlungen für Urlaubs- oder Tantiemeansprüche) dar. Diese sind als nachträglicher Arbeitslohn anzusehen und entsprechend den Aktivbezügen zu behandeln.

181 Hat eine Abfindung hingegen Versorgungscharakter, wird das Besteuerungsrecht nach Art. 18 OECD-MA (Ruhegehälter) zugeordnet. Ob ein solcher Versorgungscharakter vorliegt, richtet sich stets nach dem Grund der Zahlung. Dem zeitlichen Aspekt kann jedoch indizielle Bedeutung zukommen:

182 Abfindungen zur Ablösung eines Pensionsanspruchs, die während eines laufenden Arbeitsverhältnisses oder bei dessen Beendigung gezahlt werden, sind als laufende Vergütungen aus unselbständiger Arbeit nach Art. 15 Abs. 1 OECD-MA zu behandeln und können im Tätigkeitsstaat besteuert werden. Sie können dagegen Versorgungscharakter haben, wenn der Arbeitnehmer höchstens ein Jahr vor dem Eintritt in den gesetzlichen Ruhestand steht. Ein Ruhegehalt kann weiterhin vorliegen, wenn bereits laufende Pensionszahlungen kapitalisiert und in einem Einmalbetrag ausgezahlt werden (BFH-Urteil vom 19. September 1975, BStBl. 1976 II S. 65).

5.5.4.2 Abfindungsbesteuerung in Sonderfällen und beim Vorliegen von Konsultationsvereinbarungen

183 Die steuerliche Behandlung von Abfindungszahlungen kann allerdings von den bislang dargestellten Grundsätzen abweichen, wenn in einem DBA hierzu eine Sonderregelung enthalten ist oder mit dem jeweils betroffenen Vertragsstaat eine Konsultationsvereinbarung bezüglich der Besteuerung von Abfindungen vereinbart wurde oder aus der Besonderheit der Fassung des im Abkommen einschlägigen Artikels eine andere Zuordnung abzuleiten ist (z. B. DBA-Frankreich). Derzeit existieren Konsultationsvereinbarungen mit Belgien, Großbritannien, Luxemburg, den Niederlanden, Österreich und der Schweiz, die sich mit der Besteuerung von Abfindungen befassen.

184 Auf der Grundlage von § 2 Abs. 2 AO wurden durch Rechtsverordnung (Konsultationsvereinbarungsverordnungen – KonsVer) die Konsultationsvereinbarungen mit folgenden Staaten in nationales Recht umgesetzt (Stand: 1. Januar 2014):

(Zu LStH 38.3, 39b.10, 39d) **Anlage § 039b-03/Arbeitslohn DBA**

Belgien (s. KonsVerBELV – BStBl. 2011 I S. 103),
Großbritannien (s. KonsVerGBRV – BStBl. 2012 I S. 862),
Luxemburg (s. KonsVerLUXV – BStBl. 2012 I S. 693),
Niederlande (s. KonsVerNLDV – BStBl. 2011 I S. 142),
Österreich (s. KonsVerAUTV – BStBl. 2011 I S. 144),
Schweiz (s. KonsVerCHEV – BStBl. 2011 I S. 146).

Im Verhältnis zu Belgien, Großbritannien, Luxemburg, den Niederlanden und der Schweiz richtet sich die steuerliche Behandlung von Abfindungen nach dem Charakter der Abfindungszahlung. Während Abfindungen mit Versorgungscharakter als Ruhegehälter im Ansässigkeitsstaat besteuert werden können, steht das Besteuerungsrecht für Abfindungen, bei denen es sich um Lohn- oder Gehaltsnachzahlungen oder andere Vergütungen aus dem früheren Arbeitsverhältnis handelt oder die allgemein für das vorzeitige Ausscheiden aus dem Dienst gewährt werden, dem (früheren) Tätigkeitsstaat zu. 185

Zur Aufteilung des Besteuerungsrechts in den Fällen, in denen der Arbeitnehmer in der Zeit vor dem Ausscheiden aus dem Dienst nicht nur in seinem (früheren) Tätigkeitsstaat, sondern auch in seinem Wohnsitzstaat oder in Drittstaaten tätig war, wird auf die oben genannten Rechtsverordnungen mit Belgien, Großbritannien, Luxemburg, den Niederlanden und der Schweiz verwiesen. 186

Im Verhältnis zu Österreich steht das Besteuerungsrecht für Abfindungen aus Anlass der Beendigung des Arbeitsverhältnisses sowie für Urlaubsentschädigungen ungeachtet von deren Charakter stets dem Staat zu, der auch für die Bezüge aus der aktiven Zeit besteuerungsberechtigt war (s. KonsVerAUTV – BStBl. 2011 I S. 144). 187

Spezielle Regelungen im Verhältnis zu Liechtenstein sind in Nr. 5 des Protokolls zu Art. 14 und 17 des DBA vom 17. November 2011, BGBl. 2012 II S. 1462/BStBl. 2013 I S. 488 enthalten. 188

Unter das DBA-Frankreich fallende Abfindungen, die zur Abgeltung von mit der Auflösung des Dienstverhältnisses verbundenen Nachteilen gezahlt werden, sind aufgrund des besonderen Wortlauts des Art. 13 Abs. 1 DBA-Frankreich (abweichend zu den Art. 15 OECD-MA entsprechenden Regelungen) nicht im Ansässigkeitsstaat, sondern ausschließlich im (ehemaligen) Tätigkeitsstaat zu besteuern (BFH-Urteil vom 24. Juli 2013, BStBl. 2014 II S. 929). 189

5.5.4.3 Erfindervergütungen

Eine Vergütung für eine sog. Diensterfindung i. S. des § 9 des Gesetzes über Arbeitnehmererfindungen (ArbnErfG) unterliegt als Arbeitslohn i. S. des § 19 EStG grundsätzlich der Steuerpflicht nach innerstaatlichem Recht (s. BFH-Urteil vom 21. Oktober 2009, BStBl. 2012 II S. 493). Dies gilt auch dann, wenn das Arbeitsverhältnis im Augenblick der Zahlung nicht mehr besteht (§ 24 Nr. 2 EStG). Bei diesen Vergütungen liegt, ausgehend von der Qualifikation nach innerstaatlichem Recht (s. Art. 3 Abs. 2 OECD-MA), zwar grundsätzlich Arbeitslohn i. S. des Art. 15 OECD-MA vor. Um zusätzliches Entgelt für eine frühere Tätigkeit i. S. des Art. 15 Abs. 1 Satz 2 OECD-MA, für das der Tätigkeitsstaat das Besteuerungsrecht hat, handelt es sich jedoch regelmäßig nicht. 190

Soweit aber die Vergütungen als konkrete Gegenleistung zu einer früheren Arbeitsleistung anzusehen sind, kommt eine Besteuerung im ehemaligen Tätigkeitsstaat in Betracht; ein bloßer Anlasszusammenhang zwischen Zahlung und Tätigkeit reicht hierfür nicht aus. 191

5.5.5 Optionsrechte auf den Erwerb von Aktien („Stock Options")

5.5.5.1 Allgemeines

Das Einräumen von Aktienoptionen ist häufig Bestandteil moderner Vergütungssysteme, wodurch Arbeitnehmer direkt an der Steigerung des Unternehmenswertes („shareholder value") beteiligt und gleichzeitig an den Arbeitgeber gebunden werden sollen. 192

Aktienoptionen im Rahmen eines Dienstverhältnisses liegen vor, wenn ein Arbeitgeber oder eine Konzernobergesellschaft (Optionsgeber) seinen Beschäftigten das Recht einräumt, sich zu einem bestimmten Übernahmepreis an seinem Unternehmen zu beteiligen. Dieses Recht kann zu einem späteren Zeitpunkt durch den Arbeitnehmer ausgeübt und die Beteiligungen damit verbilligt bezogen werden („Stock Options"). Mitunter wird auch das Recht eingeräumt, dass der Arbeitnehmer das Optionsrecht selbst veräußern darf, ohne vorher die Beteiligung am Unternehmen erworben zu haben. 193

Bezüglich des Zeitpunkts der Besteuerung und der Aufteilung des Besteuerungsrechtes existieren aus internationaler Sicht unterschiedliche Rechtsauffassungen. Eingetretene Doppelbesteuerungen können in der Regel nur im Rahmen eines zwischenstaatlichen Verständigungsverfahrens beseitigt werden. 194

Anlage § 039b-03/Arbeitslohn DBA (Zu LStH 38.3, 39b.10, 39d)

5.5.5.2 Zuflusszeitpunkt und Höhe des geldwerten Vorteils nach nationalem Recht

195 Lohneinnahmen, die nicht als laufender Arbeitslohn gezahlt werden (sonstige Bezüge) gelten nach § 38a Abs. 1 Satz 3 EStG als zugeflossen, wenn ein Arbeitnehmer wirtschaftlich über sie verfügen kann. Dies ist regelmäßig der Fall, wenn die verbilligt überlassenen Aktien in das Eigentum des Arbeitnehmers übergegangen sind (Einbuchung der Aktien auf das Depot des Arbeitnehmers). Folglich führt sowohl bei handelbaren als auch bei nicht handelbaren Aktienoptionen grundsätzlich erst die tatsächliche Ausübung („exercise") der Aktienoption zum Zufluss eines geldwerten Vorteils (s. BFH-Urteile vom 24. Januar 2001, BStBl. II S. 509, S. 512 und vom 20. November 2008, BStBl. 2009 II S. 382). Stimmt der Zeitpunkt der Optionsausübung mit dem Zeitpunkt der Gutschrift der Aktien im Depot des Arbeitnehmers nicht überein, fließt der geldwerte Vorteil erst an dem Tag zu, an dem die Aktien in das Depot des Arbeitnehmers eingebucht werden (s. BFH-Urteil vom 20. November 2008, a. a. O. und BMF-Schreiben vom 8. Dezember 2009, BStBl. I S. 1513, Tz 1.6).

196 Werden die Aktienoptionen in der sog. Exercise-and-Sell-Variante (Verkauf der Aktien sofort mit Ausübung des Aktienoptionsrechts) ausgeübt, erfolgt keine Einbuchung in das Depot des Arbeitnehmers. Der Zufluss des geldwerten Vorteils gilt hier bereits grundsätzlich als im Zeitpunkt der Optionsausübung des Aktienoptionsrechts, d. h. konkret am Tag des Zugangs der Ausübungserklärung beim Optionsgeber, bewirkt.

197 Daneben ist ein Zufluss von Arbeitslohn auch dann zu bejahen, wenn das Optionsrecht vor der Ausübung anderweitig verwertet wird, denn der für den Zufluss von Arbeitslohn maßgebliche geldwerte Vorteil, der in dem auf die Aktien gewährten Preisnachlass besteht, wird insoweit durch den Arbeitnehmer realisiert (vgl. BFH-Urteile vom 20. November 2008, a. a. O. und vom 20. Juni 2005, BStBl. II S. 770). Eine solche Verwertung liegt insbesondere vor, wenn der Arbeitnehmer die Aktienoption auf einen Dritten überträgt (BFH vom 18. September 2012, BStBl. 2013 II S. 289).

198 Voraussetzung für den Zufluss von Arbeitslohn bei Aktienoptionen ist eine verbilligte oder unentgeltliche Überlassung der Aktien (geldwerter Vorteil). Der geldwerte Vorteil errechnet sich in der Regel aus der Differenz zwischen dem Kurswert der Aktien am Zuflusszeitpunkt (§ 11 Abs. 1 BewG) und dem vom Arbeitnehmer geleisteten Übernahmepreis bzw. den Erwerbsaufwendungen (s. BFH-Urteile vom 20. November 2008, a. a. O. und vom 24. Januar 2001, a. a. O.). Es ist in diesem Zusammenhang nicht zu beanstanden, wenn von den Vereinfachungsregelungen nach Tz. 1.3 letzter Absatz des BMF-Schreibens vom 8. Dezember 2009, BStBl. I S. 1513, zur lohnsteuerlichen Behandlung der Überlassung von Vermögensbeteiligungen ab 2009 Gebrauch gemacht wird. Veränderungen des Kurswertes der Aktien haben auf die Höhe des geldwerten Vorteils keine Auswirkungen. In Ermangelung eines Kurswerts, z. B. bei nicht handelbaren Aktienoptionen, sind die Aktien am Zuflusstag mit dem gemeinen Wert anzusetzen (§ 11 Abs. 2 BewG).

199 Bei der Ermittlung des geldwerten Vorteils ist die Steuerbefreiung i. H. v. 360 € nach § 3 Nr. 39 EStG zu berücksichtigen, sofern der Arbeitnehmer die verbilligten Aktienoptionen im Rahmen eines gegenwärtigen Dienstverhältnisses erhält. Im Übrigen kommt für steuerpflichtige geldwerte Vorteile aus der Ausübung von Aktienoptionen die Tarifermäßigung des § 34 Abs. 1 EStG i. V. m. § 34 Abs. 2 Nr. 4 EStG in Betracht, wenn es sich um Vergütungen für mehrjährige Tätigkeiten handelt (s. BFH-Urteil vom 24. Januar 2001, a. a. O.). Diese liegen vor, wenn die Laufzeit zwischen Einräumung und Ausübung mehr als 12 Monate betragen hat und das Arbeitsverhältnis nach Einräumung des Optionsrechts mindestens noch 12 Monate fortbestanden hat. Dagegen muss das Arbeitsverhältnis bei Optionsausübung nicht mehr bestehen. Maßgeblich ist alleine die Laufzeit der einzelnen Aktienoptionen von mehr als 12 Monaten bei gleichzeitiger Beschäftigung durch den Arbeitgeber. Unschädlich ist es, wenn ein Arbeitnehmer Aktienoptionen nicht vollständig in einem einzigen Veranlagungszeitraum ausübt (s. BFH-Urteil vom 18. Dezember 2007, BStBl. 2008 II S. 294) oder wiederholt Aktienoptionen eingeräumt und die betreffenden Optionen nicht auf einmal ausgeübt werden.

5.5.5.3 Aufteilung des Besteuerungsrechtes des geldwerten Vorteils nach Abkommensrecht

200 Der geldwerte Vorteil aus der Optionsgewährung ist den Einkünften aus unselbständiger Arbeit nach Art. 15 OECD-MA zuzuordnen. Diejenigen Einkünfte, die der Arbeitnehmer in seiner Eigenschaft als Anteilseigner nach Ausübung des Optionsrechts aus dem Halten der erworbenen Aktien (z. B. Dividenden) oder ihrer späteren Veräußerung erzielt, sind hingegen Art. 10 bzw. 13 OECD-MA zuzuordnen.

201 Für die Aufteilung des Besteuerungsrechts des geldwerten Vorteils ist bei Aktienoptionen grundsätzlich danach zu unterscheiden, ob die Option einen Vergangenheits- oder einen Zukunftsbezug aufweist. Für den zugrunde zu legenden Aufteilungszeitraum empfiehlt es sich regelmäßig danach zu differenzieren, ob Aktienoptionen an einer Wertpapierbörse gehandelt werden können oder nicht (handelbare und nicht handelbare Aktienoptionen). Können Optionsrechte lediglich außerhalb einer Wertpapierbörse gehandelt werden, gelten sie als nicht handelbar.

(Zu LStH 38.3, 39b.10, 39d) **Anlage § 039b-03/Arbeitslohn DBA**

Handelbare Aktienoptionen werden regelmäßig gewährt, um in der Vergangenheit geleistete Tätigkeiten zu honorieren. Unter Umständen können sie jedoch auch mit Blick auf die Zukunft eingeräumt werden (z. B. mit Verfügungsbeschränkungen). Der geldwerte Vorteil ist unabhängig vom Zuflusszeitpunkt nach den Verhältnissen des Zeitraums zuzuordnen, für den er gewährt wird (Erdienungszeitraum). 202

Nicht handelbare Aktienoptionen stellen lediglich die Einräumung einer Chance dar. Der geldwerte Vorteil ist damit bei Zufluss als Vergütung für den ganzen Erdienungszeitraum („vesting period") anzusehen. Der Erdienungszeitraum ist der Zeitraum zwischen der Optionsgewährung („grant") und der erstmalig tatsächlich möglichen Ausübung des Optionsrechts durch den Arbeitnehmer („vesting"). 203

Soweit keine unmittelbare Zuordnung zu der im Inland oder im Ausland ausgeübten Tätigkeit möglich ist, ist das Besteuerungsrecht nach den in der Tz. 5.4 erläuterten Grundsätzen anhand der tatsächlichen Arbeitstage aufzuteilen und zeitanteilig unter Beachtung des § 50d Abs. 8 bzw. 9 EStG und des Progressionsvorbehalts von der inländischen Besteuerung freizustellen: 204

$$\text{steuerfreier geldwerter Vorteil} = \frac{\text{Anzahl der tatsächlichen Arbeitstage im ausländischen Staat}}{\text{Tatsächliche Arbeitstage im gesamten Erdienungszeitraum}}$$

Befindet sich der Arbeitnehmer im Zeitpunkt der Erdienung des Optionsrechts bereits im Ruhestand, ist für die Aufteilung des geldwerten Vorteils nur der Zeitraum von der Gewährung bis zur Beendigung der aktiven Tätigkeit heranzuziehen. Ist das Arbeitsverhältnis vor der Erdienung des Optionsrechts aus anderen Gründen beendet worden (z. B. Auflösung des Arbeitsverhältnisses), ist für die Aufteilung des geldwerten Vorteils der Zeitraum von der Gewährung des Optionsrechts bis zum Ausscheiden des Arbeitnehmers aus dem aktiven Arbeitsverhältnis maßgeblich. Dies gilt nicht, soweit der Arbeitnehmer weiterhin im Konzernverbund (§ 15 AktG) beschäftigt bleibt und daher das Optionsrecht weiterhin erdient wird. In diesem Fall zählt auch die Tätigkeit beim verbundenen Unternehmen zum Erdienungszeitraum. 205

Vorgenannte Ausführungen gelten unbeschadet eines Wechsels der Steuerpflicht des Arbeitnehmers während des genannten Zeitraums. 206

Sofern der Arbeitnehmer jährlich Aktienoptionsrechte erhält, sind die oben genannten Ausführungen für jedes jährlich ausgegebene Optionsrecht zu beachten. 207

Beispiel: 208

Ein in Deutschland beschäftigter Arbeitnehmer hat am 1. Juni 01 („grant") die nicht handelbare Option auf den Erwerb von 1.000 Aktien seines inländischen Arbeitgebers gewährt bekommen. Der Übernahmepreis liegt bei 10 € je Aktie. Ab dem 1. Januar 02 ist der Arbeitnehmer im Rahmen einer Arbeitnehmerentsendung in Italien tätig und dort mit seinen Arbeitseinkünften steuerpflichtig. Seinen deutschen Wohnsitz behält er während der Entsendung bei. Der Zeitpunkt der erstmalig möglichen Optionsausübung ist der 1. Juni 03 („vesting"). Am 1. September 03 übt der Arbeitnehmer die Aktienoption aus. Der Kurswert der Aktie beträgt zu diesem Zeitpunkt 15 €. Die Aktien werden noch am selben Tag auf seinem Depot gutgeschrieben. Der Arbeitnehmer ist hat 220 Tagen im Jahr seine Tätigkeit tatsächlich ausgeübt. Im Erdienungszeitraum („vesting period" 1. Juni 01 bis 1. Juni 03) hält er sich wie folgt auf:

Kalenderjahr	01	02	03
Deutschland	128 Arbeitstage	0	0
Italien	0	220 Arbeitstage	92 Arbeitstage

Gemeiner Wert der Aktien zum Zuflusszeitpunkt:	15.000 €
./. Erwerbsaufwendungen:	10.000 €
= Steuerpflichtiger geldwerter Vorteil:	5.000 € *)

*) = Auf die Berechnung der Freibeträge wird aus Vereinfachungsgründen verzichtet.

Gesamtarbeitstage im Erdienungszeitraum:	440
In Italien verbrachte Arbeitstage im Erdienungszeitraum:	312

Der in Deutschland unter Beachtung von § 50d Abs. 8 EStG unter Progressionsvorbehalt steuerfrei zu stellende geldwerte Vorteil beträgt damit:

$$5.000 \text{ €} \times \frac{312 \text{ Arbeitstage in Italien}}{440 \text{ Tatsächliche Gesamtarbeitstage im Erdienungszeitraum}} = 3.546 \text{ €}$$

Anlage § 039b-03/Arbeitslohn DBA (Zu LStH 38.3, 39b.10, 39d)

5.5.5.4 Weitere Aktienvergütungsmodelle
Virtuelle Aktienoptionen (Stock Appreciation Rights, Phantom Stock Awards)

209 Als virtuelle Variante der Stock Options wird auf die tatsächliche Ausgabe von Aktien verzichtet und die finanziellen Auswirkungen entsprechend nachgebildet. Damit werden Neuemissionen sowie die damit verbundene Verwässerung des Aktienkurses und des Stimmrechts vermieden. Im Unterschied zu realen Aktienoptionsplänen besteht im Fall von virtuellen Aktienoptionen (Stock Appreciation Rights oder Phantom Stock Awards) bei Ausübung also kein Recht auf Lieferung von Aktien, sondern ein Recht auf Auszahlung eines Geldbetrages, der sich aus der Kursentwicklung ergibt. Wirtschaftlich betrachtet, stellen die Vergütungen aus den virtuellen Aktienoptionen ein Entgelt für die in der Vergangenheit geleistete Arbeit dar. Die vorgenannten Ausführungen bezüglich Zufluss und Aufteilung gelten entsprechend.

Aktienoptionsplan mit vorgeschaltetem Wandeldarlehen oder Wandelanleihe (Wandelschuldverschreibung)

210 Bei einem Wandeldarlehen gewährt der Darlehensgeber (hier: Arbeitnehmer) dem Darlehensnehmer (hier: Arbeitgeber) ein Darlehen, das mit einem Wandlungs- bzw. Umtauschrecht auf Aktien des Darlehensnehmers ausgestattet ist.

211 Eine Wandelanleihe (Wandelschuldverschreibung) ist ein von einer Aktiengesellschaft (hier: Arbeitgeber als Emittent) ausgegebenes verzinsliches Wertpapier, das dem Inhaber (hier: Arbeitnehmer) das Recht einräumt, die Anleihe in Aktien des Emittenten umzutauschen.

212 Bei Ausübung des Wandlungsrechtes im Rahmen des Aktienoptionsplans gelten die vorgenannten Ausführungen entsprechend (s. BFH-Urteil vom 23. Juni 2005, BStBl. II S. 770). Der Zufluss des geldwerten Vorteils erfolgt also zu dem Zeitpunkt, in dem der Arbeitnehmer die wirtschaftliche Verfügungsmacht über die Aktien erhält und nicht bereits durch Hingabe des Darlehens.

Verfügungsbeschränkungen (Restrictions) für Aktien und Aktienanwartschaften

213 Im Gegensatz zu Aktienoptionen handelt es sich bei Restricted Stocks oder Restricted Shares um direkte Übertragungen von Aktien, die gewissen Verfügungsbeschränkungen unterliegen (u. a. Ausschluss von Stimm- und Dividendenbezugsrechten sowie Veräußerungsverbot für einen bestimmten Zeitraum). In vielen Fällen erfolgt die Aktienübertragung aber nicht unmittelbar, sondern den Arbeitnehmern wird zunächst in Aussicht gestellt, in einem späteren Jahr unentgeltlich Aktien ihres Arbeitgebers zu erhalten (Aktienanrechte, Stock Awards, Restricted Stock Units). Voraussetzung ist regelmäßig, dass der betreffende Arbeitnehmer zu diesem Stichtag noch bei dem Arbeitgeber (oder bei einem anderen Unternehmen im Konzernverbund) beschäftigt ist. Dabei werden häufig Sammel- oder Sperrdepots für die Mitarbeiter angelegt und eine entsprechende Anzahl an Aktien gutgeschrieben.

214 Sowohl bei direkten Aktienübertragungen als auch bei der Einräumung von Aktienanrechten setzt ein Lohnzufluss die Erlangung von wirtschaftlichem Eigentum beim Arbeitnehmer voraus. Wirtschaftliches Eigentum kann nicht unterstellt werden, wenn umfassende Verfügungsbeschränkungen (z. B. keine Stimm- und Dividendenbezugsrechte in Kombination mit einem Veräußerungsverbot) vereinbart wurden. Deshalb fließt dem Arbeitnehmer der geldwerte Vorteil erst in dem Zeitpunkt zu, in dem die Verfügungsbeschränkungen nicht mehr umfassend sind (z. B. bei Wegfall einzelner Beschränkungen). Dies gilt insbesondere auch, wenn eine Übertragung der Aktien in ihrer Wirksamkeit von der Zustimmung der Gesellschaft abhängig und eine Veräußerung der Aktien für den Arbeitnehmer rechtlich unmöglich ist (vinkulierte Namensaktien, s. BFH-Urteil vom 30. Juni 2011, BStBl. II S. 923). Ein schuldrechtliches Veräußerungsverbot verhindert den Zufluss jedoch nicht, da die Veräußerung (ggf. unter Sanktionierung) rechtlich möglich ist.

215 Dagegen ist auch von wirtschaftlichem Eigentum auszugehen, wenn der Arbeitnehmer aufgrund einer Sperr- bzw. Haltefrist die Aktien lediglich für eine bestimmte Zeit nicht veräußern kann, ihm aber das Stimmrecht und der Dividendenanspruch unabhängig von der Vereinbarung einer Sperrfrist zustehen. Sperr- oder Haltefristen stehen einem Zufluss von Arbeitslohn in diesem Fall nicht entgegen (s. BFH-Urteil vom 30. September 2008, BStBl. 2009 II S. 282). Die Erlangung der wirtschaftlichen Verfügungsmacht erfordert nicht, dass der Arbeitnehmer in der Lage sein muss, den Vorteil sofort durch Veräußerung der Aktien in Bargeld umzuwandeln.

216 Wegen der Zukunftsbezogenheit bei dieser Form der Mitarbeiterbeteiligung wird das Besteuerungsrecht am geldwerten Vorteil auf den Zeitraum zwischen der Einräumung und der Erlangung der wirtschaftlichen Verfügungsmacht (i. d. R. bei Wegfall der Verfügungsbeschränkung) aufgeteilt. Dies entspricht somit dem Erdienungszeitraum.

217 Im Übrigen gelten die vorgenannten Ausführungen entsprechend.

5.5.5.5 Anwendung im Lohnsteuerabzugsverfahren

Die Lohnsteuer entsteht nach § 38 Abs. 2 Satz 2 EStG in dem Zeitpunkt, in dem der Arbeitslohn dem Arbeitnehmer zufließt. Der nach § 38 EStG abzugspflichtige Arbeitgeber hat grundsätzlich auch den geldwerten Vorteil aus der Optionsausübung nach den im Zuflusszeitpunkt gegebenen Verhältnissen der Lohnsteuer zu unterwerfen. Die Verpflichtung zum Lohnsteuerabzug trifft ein inländisches Konzernunternehmen als inländischen Arbeitgeber i. S. des § 38 Abs. 1 EStG nach § 38 Abs. 1 Satz 3 EStG als sog. Arbeitslohn von dritter Seite auch dann, wenn die ausländische Konzernobergesellschaft die Aktienoptionen gewährt. 218

5.5.5.6 Kaufkraftausgleich, Standortbonus und Sicherung des Wechselkurses

Gleicht der Arbeitgeber die, gegenüber dem bisherigen Ansässigkeitsstaat, höheren Lebenshaltungskosten im Tätigkeitsstaat durch Zahlung eines Auslandsverwendungszuschlags/Kaufkraftausgleiches aus und sind die in § 3 Nr. 64 EStG genannten Beträge überschritten, liegt nach nationalem Recht steuerpflichtiger Arbeitslohn vor, der nach den DBA ausschließlich der Tätigkeit im Tätigkeitsstaat zuzuordnen ist. 219

Der Standortbonus ist eine zusätzliche Vergütung, mit der die Bereitschaft eines Arbeitnehmers zu internationalen Einsätzen, insbesondere an schwierigen Standorten mit vom Wohnsitzstaat abweichenden Lebensbedingungen, gewürdigt werden soll. Auch hier handelt es sich nach nationalem Recht um Arbeitslohn, der abkommensrechtlich der Tätigkeit im Tätigkeitsstaat direkt zuzuordnen ist. 220

Wird Arbeitslohn in der Währung des Tätigkeitsstaates ausgezahlt, ist er bei Zufluss nach dem von der Europäischen Zentralbank veröffentlichten monatlichen Euro-Durchschnittsreferenzkurs umzurechnen (s. BFH-Urteil vom 3. Dezember 2009, BStBl. 2010 II S. 698; H 8.1 (1-4) „Ausländische Währung" LStH). Es wird allerdings nicht beanstandet, wenn die in einer ausländischen Währung erhaltenen Lohnzahlungen auf Basis eines jährlichen Umrechnungskurses – ermittelt aus den monatlich veröffentlichten Umsatzsteuerreferenzkursen, abgerundet auf volle 50 Cent – umgerechnet werden. 221

Gleicht der Arbeitgeber Wechselkursschwankungen in gewissen Zeitabständen aus, indem er wechselkursbezogen einen Mehrbetrag ermittelt, den er an den Arbeitnehmer auszahlt oder einen Minderbetrag ermittelt, den er vom Arbeitnehmer zurückfordert, ist dieser Mehr- oder Minderbetrag in demselben Verhältnis aufzuteilen, in dem das wechselkursgesicherte Gehalt auf den Wohnsitzstaat und den Tätigkeitsstaat entfällt. 222

5.5.7 Entgeltumwandlung zugunsten eines Arbeitszeitkontos

Unter den Begriff der Arbeitszeitkonten in diesem Sinne fallen nur sog. Zeitwertkonten (Arbeitsentgeltguthaben). Hierbei vereinbaren Arbeitgeber und Arbeitnehmer, dass künftig fällig werdender Arbeitslohn anstelle einer sofortigen Auszahlung auf einem Zeitwertkonto betragsmäßig erfasst und dem Arbeitnehmer erst im Rahmen einer späteren Freistellung von der weiterhin geschuldeten Arbeitsleistung ausgezahlt wird. Der steuerliche Begriff des Zeitwertkontos entspricht insoweit einer Wertguthabenvereinbarung i. S. des § 7b SGB IV. Die Voraussetzungen für die Anerkennung einer Zeitwertkontenvereinbarung und ihre Besteuerung sind im BMF-Schreiben vom 17. Juni 2009, BStBl. I S. 1286 geregelt. Das gilt auch bei einem im Ausland ansässigen Arbeitnehmer, der mit seinem dortigen Arbeitgeber eine Zeitwertkontenvereinbarung geschlossen hat und vorübergehend im Inland tätig ist. In diesem Fall wird auch im Rahmen der beschränkten Steuerpflicht (s. § 49 Abs. 1 Nr. 4 Buchstabe a EStG) der Zufluss des Arbeitslohns zu einem späteren Zeitpunkt erfasst. 223

Auf Zahlungen aus Zeitwertkonten an den Arbeitnehmer ist Art. 15 OECD-MA anzuwenden. Das Besteuerungsrecht des Ansässigkeitsstaates wird danach nur insoweit durchbrochen, als der Arbeitnehmer im anderen Vertragsstaat tätig wird und hierfür Vergütungen bezieht. Ausgehend von dem engen Veranlassungszusammenhang zwischen Auslandstätigkeit und Vergütungsbezug, hat der Tätigkeitsstaat das Besteuerungsrecht für Auszahlungen aus dem Zeitwertkonto nur insofern, als ihnen eine dort erbrachte Arbeitsleistung zugrunde liegt (Erdienungsprinzip). 224

Beispiel 1: 225

Arbeitgeber und Arbeitnehmer A sind im Inland ansässig und schließen eine Zeitwertkontenvereinbarung. In 01 wird A insgesamt für 120 (Aufenthalts- und Tätigkeits-) Tage in die ausländische Betriebsstätte seines Arbeitgebers im DBA-Staat B entsandt. Den regulären Arbeitslohn trägt die ausländische Betriebsstätte. Vereinbarungsgemäß wird A nur die Hälfte des Arbeitslohns ausgezahlt, der auf die Auslandstätigkeit entfällt. Der restliche Betrag wird seinem Zeitwertkonto gutgeschrieben; weitere Wertgutschriften erfolgen nicht. In 05 nimmt A sein Guthaben in Anspruch und wird für 60 Arbeitstage von der Verpflichtung zur Arbeitsleistung unter Fortzahlung seiner (seit 01 unveränderten) Bezüge in voller Höhe freigestellt.

Anlage § 039b-03/Arbeitslohn DBA (Zu LStH 38.3, 39b.10, 39d)

Dem Staat B steht nach Art. 15 Abs. 1 Satz 2 und Abs. 2 Buchstabe c OECD-MA das Besteuerungsrecht für diejenigen Vergütungen zu, die A für seine Tätigkeit dort bezogen hat. Dies gilt unabhängig davon, ob der Betrag dem Arbeitnehmer im regulären Zahlungsturnus zufließt oder der Zuflusszeitpunkt durch die Gutschrift auf dem Zeitwertkonto wirksam in die Zukunft verlagert wird. Vorliegend steht dem Staat B das Besteuerungsrecht an den Zahlungen aus dem Zeitwertkonto im Jahr 05 zu. Deutschland stellt die Vergütungen unter Progressionsvorbehalt und Beachtung des § 50d Abs. 8 bzw. 9 EStG frei.

226 Das Besteuerungsrecht des Tätigkeitsstaates wird nicht dadurch berührt, dass die Voraussetzungen für die steuerliche Anerkennung der Zeitwertkontenvereinbarung später ganz oder teilweise entfallen (BMF-Schreiben vom 17. Juni 2009, BStBl. I S. 1286 „planwidrige Verwendung"). Andererseits steht dies auch einer Berücksichtigung der Zahlungen im Rahmen des Progressionsvorbehalts zum Zuflusszeitpunkt nicht entgegen.

227 Soweit sich der Wert des Arbeitszeitguthabens aus anderen Gründen als den vereinbarten Lohngutschriften erhöht hat, z. B. infolge einer vom Arbeitgeber zugesagten Verzinsung oder aufgrund der erfolgreichen Anlage des Arbeitsentgeltguthabens am Kapitalmarkt (s. § 7d Abs. 3 SGB IV), stellt dieser Wertzuwachs keine Gegenleistung für die im anderen Staat ausgeübte Tätigkeit dar. Deshalb verbleibt das Besteuerungsrecht beim Ansässigkeitsstaat. Vorgenannte Zinsen erhöhen das Guthaben des Zeitwertkontos und sind bei tatsächlicher Auszahlung an den Arbeitnehmer als Arbeitslohn zu erfassen.

228 Bringt der Arbeitnehmer sowohl nach DBA freigestellten als auch steuerpflichtigen Arbeitslohn in sein Zeitwertkonto ein, gilt im Zeitpunkt der Auszahlung des Arbeitsentgeltguthabens stets der steuerfreie Arbeitslohn als zuerst verwandt. Ist der steuerfreie Arbeitslohn in mehreren Staaten erdient worden, ist er nach den einzelnen Tätigkeitsstaaten aufzuteilen. In diesem Fall gilt bei der Auszahlung des steuerfreien Arbeitslohns aus dem Arbeitsentgeltguthaben der zuerst erdiente steuerfreie Arbeitslohn als zuerst verwandt.

229 **Beispiel 2:**

Arbeitgeber und Arbeitnehmer A sind im Inland ansässig und schließen eine Zeitwertkontenvereinbarung. Im Jahr 01 wird A insgesamt für 40 (Aufenthalts- und Tätigkeits-) Tage in die ausländische Betriebsstätte seines Arbeitgebers im DBA-Staat B entsandt. Seinen Arbeitslohn trägt die ausländische Betriebsstätte. Vereinbarungsgemäß erhält A für die Auslandstätigkeiten einen Lohnzuschlag in Höhe von 50 %. Dieser wird seinem Zeitwertkonto gutgeschrieben. Der reguläre Lohn wird ausgezahlt. Im Jahr 02 führt A seinem Zeitwertkonto im Inland erdiente Wertgutschriften zu, die eine Freistellung von 20 Arbeitstagen unter Fortzahlung der Bezüge in voller Höhe erlauben. Im Jahr 03 wird A zu den gleichen Konditionen wie im Jahr 01 für 40 (Aufenthalts- und Tätigkeits-) Tage in die ausländische Betriebsstätte seines Arbeitgebers im DBA-Staat C entsandt. Im Jahr 05 nimmt A sein gesamtes Zeitwertguthaben in Anspruch und wird für 60 Arbeitstage von der Verpflichtung zur Arbeitsleistung unter Fortzahlung seiner Bezüge in voller Höhe freigestellt.

Die Entgeltzahlung für die ersten 20 Tage der Freistellung von der Arbeitspflicht speisen sich aus dem im Staat B erdienten und unter Beachtung von § 50d Abs. 8 bzw. 9 EStG steuerfreien Arbeitslohn; der unter denselben Bedingungen steuerfreie Arbeitslohn für die folgenden 20 Tage rührt aus der Tätigkeit im Staat C her. Erst in den letzten 20 Tagen kommt das durch die Inlandstätigkeit erdiente steuerpflichtige Arbeitsentgeltguthaben zur Auszahlung.

230 Im vorstehenden Beispiel ist die Versteuerung im Veranlagungsverfahren 05 auch dann nachgewiesen, wenn der Tätigkeitsstaat den auf dem Zeitwertkonto gutgeschriebenen Lohn einer Besteuerung in 01 unterworfen hat und dies belegt wird.

231 Aufgrund der oft langen Zeitspanne zwischen dem Erwerb der Lohnforderung und ihrem Zufluss kommt in diesen Fällen den steuerlichen Nachweispflichten eine besondere Bedeutung zu. Die Feststellungslast trifft im Lohnsteuerabzugsverfahren beide Beteiligten (Arbeitgeber und Arbeitnehmer). § 90 Abs. 2 AO verankert die Verantwortung für die Aufklärung und Beweismittelvorsorge unter den dort genannten Voraussetzungen (s. auch Tz. 5.2). Soweit der Tätigkeitsstaat die Arbeitszeitkontenvereinbarung nicht anerkennt und stattdessen von einem unmittelbaren Zufluss des gutgeschriebenen Arbeitslohns ausgeht, reicht es für Zwecke des § 50d Abs. 8 EStG aus, die steuerliche Erfassung im Tätigkeitsstaat zu diesem Zeitpunkt nachzuweisen.

232 Die vorstehenden Grundsätze finden auf sog. Gleitzeitkonten keine Anwendung, die lediglich der Ansammlung von Mehr- oder Minderarbeitszeit dienen und zu einem späteren Zeitpunkt ausgeglichen werden. Der Zufluss des Arbeitslohns richtet sich nach den allgemeinen Regeln.

5.5.8 Steuerausgleichsmechanismen – Hypo-Tax

Schließt der Arbeitgeber mit dem Arbeitnehmer eine Vereinbarung über den Ausgleich oder Tragung von Steuern des Auslandsaufenthalts, wird bei der Berechnung des Arbeitslohns für Arbeitnehmer im internationalen Einsatz in vielen Fällen eine sog. fiktive bzw. hypothetische Steuer (auch Hypo-Tax) ausgewiesen. Hierbei handelt es sich um eine fiktive Berechnungsgröße, die den auszuzahlenden Arbeitslohn i. d. R. tatsächlich mindert. Im Gegenzug verpflichtet sich der Arbeitgeber regelmäßig, die im Ansässigkeitsstaat oder im Tätigkeitsstaat anfallende Einkommensteuer des Arbeitnehmers zu bezahlen, soweit sie dem Arbeitsverhältnis zuzurechnen ist (sog. Nettolohnvereinbarung). Die Höhe bzw. die Berechnung der Hypo-Tax ist abhängig von der zwischen Arbeitgeber und Arbeitnehmer getroffenen Vereinbarung. Insbesondere in den Fällen der Entsendung von Führungskräften nach Deutschland ist dies regelmäßig eine Nettolohnvereinbarung, wobei die Übernahme der Einkommensteuer im Lohnsteuerabzugsverfahren bereits durch Hochrechnung des Nettolohns auf den Bruttolohn berücksichtigt wird. 233

Soweit vom Arbeitgeber eine Hypo-Tax berücksichtigt wird, fließt kein Arbeitslohn zu. Sie ist – da die entsprechenden Beträge nicht tatsächlich zufließen – auch nicht der Besteuerung zuzuführen. Maßgebend sind die tatsächlich anfallenden und vom Arbeitgeber gezahlten Steuern. 234

Die vom Arbeitgeber tatsächlich gezahlte Einkommensteuer ist in voller Höhe jeweils dem Staat (Ansässigkeits- oder Tätigkeitsstaat) als Arbeitslohn zuzuordnen, in dem sie anfällt. Übernimmt der Arbeitgeber darüber hinaus auch Steuern, die mit anderen Einkunftsquellen in Zusammenhang stehen, ist der hierauf entfallende Betrag abkommensrechtlich nach den allgemeinen Grundsätzen in einen auf die Tätigkeit im Ansässigkeitsstaat und in einen auf die Tätigkeit im Tätigkeitsstaat entfallenden Anteil aufzuteilen. 235

Arbeitgeber-Bescheinigungen über den Einbehalt einer Hypo-Tax stellen keinen Besteuerungsnachweis i. S. des § 50d Abs. 8 EStG dar, da es sich bei der Hypo-Tax nicht um eine tatsächlich entrichtete Steuer handelt. 236

In einem ersten Schritt ist zu prüfen, ob ein inländischer Arbeitgeber (§ 38 Abs. 1 EStG), der zum Lohnsteuerabzug verpflichtet ist, vorhanden ist. Im zweiten Schritt ist zu prüfen, ob eine Netto- oder Bruttolohnvereinbarung besteht. Grundsätzlich ist bei Hypo-Tax-Gestaltungen von einer Nettolohnvereinbarung auszugehen. In diesen Fällen ist der Nettolohn (= Auszahlungsbetrag) auf einen Bruttolohn „hochzurechnen". 237

Sollte kein inländischer Arbeitgeber vorhanden sein und die Zahlung an den Arbeitnehmer in Form einer Nettolohnvereinbarung erfolgen, ist im Rahmen der Einkommensteuerveranlagung, abweichend vom Lohnsteuerabzugsverfahren, nur der Nettolohn zu versteuern (Zuflussprinzip des § 11 EStG). Erst wenn die angefallenen Steuerbeträge später vom ausländischen Arbeitgeber ersetzt werden, ist dieser Betrag erneut der Besteuerung im Rahmen der Einkommensteuerveranlagung zu unterwerfen. 238

Da die tatsächliche Steuerbelastung in diesen Fällen regelmäßig nicht identisch mit der vom Arbeitgeber einbehaltenen Hypo-Tax ist, hat dies nachfolgend dargestellte Auswirkungen auf die steuerliche Behandlung im Inland: 239

Beispiel 1: 240

Ein im DBA-Ausland ansässiger Arbeitnehmer wird von seinem ausländischen Arbeitgeber nach Deutschland entsandt. Der Arbeitnehmer wird für eine im Inland ansässige Betriebsstätte des ausländischen Arbeitgebers tätig oder übernimmt die Funktion eines ständigen Vertreters i. S. des § 13 AO.

Der Arbeitgeber hat ihm für den Entsendungszeitraum unter Berücksichtigung einer fiktiven ausländischen Steuer von 10.000 € einen Nettoarbeitslohn von 45.000 € zugesagt. Das Besteuerungsrecht für den Arbeitslohn in diesem Zeitraum steht Deutschland zu.

Der Nettoarbeitslohn i. H. v. 45.000 € ist in beiden Fällen unter Berücksichtigung der tatsächlichen inländischen Steuerbelastung im Jahr der Zahlung auf einen Bruttoarbeitslohn hochzurechnen.

Abwandlung: 241

Wie Beispiel 1, jedoch existiert kein zum LSt-Abzug verpflichteter inländischer Arbeitgeber i. S. des § 38 Abs. 1 EStG.

Der Nettoarbeitslohn in Höhe von 45.000 € ist im Rahmen der Einkommensteuerveranlagung des Arbeitnehmers in Deutschland anzusetzen. Die sich ergebende deutsche Einkommensteuer, die vom ausländischen Arbeitgeber gezahlt wird, ist im Jahr der Zahlung durch den Arbeitgeber beim Arbeitnehmer als geldwerter Vorteil zu erfassen (s. BFH-Urteil vom 6. Dezember 1991, BStBl. 1992 II S. 441).

Anlage § 039b-03/Arbeitslohn DBA (Zu LStH 38.3, 39b.10, 39d)

242 **Beispiel 2**

Ein im Inland ansässiger Arbeitnehmer wird von seinem inländischen Arbeitgeber zu einer ausländischen Tochtergesellschaft abgeordnet, die auch die Lohnkosten wirtschaftlich trägt. Der Arbeitnehmer behält seinen inländischen Wohnsitz bei. Der Bruttolohn des Arbeitnehmers beträgt monatlich 3.000 €. Der monatliche Nettoarbeitslohn (ohne Berücksichtigung der Sozialversicherungsabzüge) vor Entsendung beträgt 2.421 €. Der Arbeitnehmer soll weiterhin den gleichen Nettobetrag erhalten. Im Ausland sind monatlich 250 € Steuern für den Arbeitslohnbezug des Arbeitnehmers fällig.

Die Lohnabrechnung sieht wie folgt aus:

Bruttoarbeitslohn	3.000 €
ausländische Steuern	– 250 €
Hypo-Tax	– 329 €
Nettoauszahlungsbetrag	2.421 €

Für Zwecke des Progressionsvorbehalts nach § 32b EStG ist der im Ausland erzielte Arbeitslohn wie folgt zu ermitteln:

Nettoauszahlungsbetrag	2.421 €
tatsächliche ausländische Steuern	+ 250 €
Bruttoarbeitslohn	2.671 €

Der Betrag von monatlich 2.671 € ist für Zwecke des Progressionsvorbehalts bei der Ermittlung der deutschen Einkommensteuer anzusetzen. Der Arbeitgeber wird für den Zeitraum der Entsendung um monatlich 329 € entlastet. Die Hypo-Tax ist völlig unbeachtlich.

243 **Abwandlung**

Wie Beispiel 2, jedoch beträgt die monatliche Steuerbelastung 800 €.

Die Lohnabrechnung sieht wie folgt aus:

Bruttoarbeitslohn	3.000 €
ausländische Steuern	– 800 €
Hypo-Tax	– 579 €
Steuerzuschuss (i. H. der ausländischen Steuer)	+ 800 €
Nettoauszahlungsbetrag	2.421 €

Für Zwecke des Progressionsvorbehalts nach § 32b EStG ist der im Ausland erzielte Arbeitslohn wie folgt zu ermitteln:

Nettoauszahlungsbetrag	2.421 €
tatsächliche ausländische Steuern	+ 800 €
Bruttoarbeitslohn	3.221 €

244 Von dem vorstehend dargestellten System zu unterscheiden sind Treuhandmodelle, bei denen die Arbeitnehmer freiwillig Beiträge in ein gemeinsames Treuhandvermögen leisten, ohne dass der Arbeitgeber eine Zuschuss- oder Insolvenzpflicht hat und aus diesem Treuhandvermögen die ausländischen Steuern beglichen werden. In diesen Fällen gelten die in das gemeinsame Treuhandvermögen (sog. Steuertopf) von den Arbeitnehmern eingebrachten Beträge, die aus dem geschuldeten Arbeitslohn finanziert werden, als sog. Einkommensverwendung. Denn der Arbeitnehmer hat mit der Einbringung der Beträge Rechtsansprüche gegenüber einem fremden Dritten (Treuhandvermögen) erworben. Damit führen die eingebrachten Beträge nicht zu einer Minderung des Bruttoarbeitslohnes. Die Aufteilung des ungekürzten Bruttoarbeitslohnes in einen steuerpflichtigen- und steuerfreien Teil erfolgt nach allgemeinen Grundsätzen. Im Gegenzug bewirkt die Finanzierung der anfallenden Steuer im Ausland oder in Deutschland aus dem Treuhandvermögen keinen Zufluss von Arbeitslohn.

5.5.9 Beiträge bzw. Zuschüsse im Rahmen der sozialen Absicherung

245 Ein Arbeitnehmer kann während seiner Auslandstätigkeit ausschließlich dem Sozialversicherungsrecht des Ansässigkeits- oder des Tätigkeitsstaates oder dem Sozialversicherungsrecht beider Staaten unterworfen sein. Hier unterliegt der von einem Arbeitgeber bezogene Arbeitslohn sowohl dem Sozialversicherungsrecht des Ansässigkeitsstaates als auch dem Sozialversicherungsrecht des Tätigkeitsstaates.

(Zu LStH 38.3, 39b.10, 39d) **Anlage § 039b-03/Arbeitslohn DBA**

Dabei kann das jeweilige Sozialversicherungsrecht insbesondere eine verpflichtende Renten-, Arbeitslosen- oder Krankenversicherung, aber auch Wahlrechte und freiwillige Versicherungen umfassen.

Eine Liste aller Länder, mit denen Deutschland Sozialversicherungsabkommen abgeschlossen hat, ist unter www.dvka.de zu finden.

Vom Arbeitgeber geleistete Beiträge bzw. Zuschüsse zu einer Renten-, Arbeitslosen- oder Krankenversicherung stellen regelmäßig Arbeitslohn dar. Das Besteuerungsrecht hierfür ist nach der Prüfung der Steuerbefreiung nach § 3 Nr. 62 EStG dem Wohnsitz- und dem Tätigkeitsstaat nach den DBA ggf. anteilig zuzuordnen, und zwar regelmäßig in dem gleichen Verhältnis, in dem auch der übrige Arbeitslohn aufzuteilen ist. Bei einer Bruttolohnvereinbarung wird der Sozialversicherungsbeitrag „automatisch" zusammen mit den Lohnbestandteilen in einen DBA-rechtlich auf den Heimatstaat entfallenden und in einen DBA-rechtlich auf den Einsatzstaat entfallenden Anteil aufgeteilt.

Beispiel:

Ein im Inland wohnhafter Arbeitnehmer ist im Jahr 01 für seinen Arbeitgeber sowohl im bisherigen Ansässigkeitsstaat als auch im Tätigkeitsstaat tätig. Der auf den bisherigen Ansässigkeitsstaat entfallende Arbeitslohnanteil beträgt brutto 25.000 €. Enthalten sind sowohl direkt als auch nicht direkt zuordenbare Lohnbestandteile. Die Steuer im bisherigen Ansässigkeitsstaat beträgt 5.000 €. Sie wird vom Arbeitgeber nicht übernommen. Der auf den Tätigkeitsstaat entfallende Arbeitslohnanteil beträgt brutto 50.000 €. Enthalten sind auch hier sowohl direkt als auch nicht direkt zuordenbare Lohnbestandteile. Die hierauf entfallende Steuer beläuft sich im Tätigkeitsstaat auf 10.000 €. Sie wird vom Arbeitgeber ebenfalls nicht übernommen. Der Sozialversicherungsbeitrag beträgt – bezogen auf das Gesamtjahr – 15.000 €.

Die Lohnabrechnung sieht wie folgt aus:

Bruttoarbeitslohn bisheriger Ansässigkeitsstaat	25.000 €
Bruttoarbeitslohn Tätigkeitsstaat	50.000 €
abzüglich Steuer bisheriger Ansässigkeitsstaat	5.000 €
abzüglich Steuer Tätigkeitsstaat	10.000 €
abzüglich Sozialversicherungsbeitrag	15.000 € (einheitlich für das gesamte Kalenderjahr)
Nettoauszahlungsbetrag	45.000 €

Der Bruttoarbeitslohn wird DBA-rechtlich zu 1/3 dem bisherigen Ansässigkeitsstaat und zu 2/3 dem Tätigkeitsstaat zugerechnet. In diesem Verhältnis – 1/3 zu 2/3 – wird „automatisch" auch der Sozialversicherungsbeitrag verteilt (bezüglich der Abzugsbeschränkungen von Sonderausgaben im Zusammenhang mit steuerfreien Einkünften, s. Tz. 2.5).

Das gilt unabhängig davon, an welchen Sozialversicherungsträger im bisherigen Ansässigkeits- oder Tätigkeitsstaat die Beiträge bzw. Zuschüsse gezahlt werden. Insbesondere erfolgt keine direkte Zuordnung nach Tz. 5.3 aufgrund des Sitzes eines Sozialversicherungsträgers.

5.5.10 Übernahme von bestimmten Aufwendungen durch den Arbeitgeber

Die Steuerfreiheit bestimmter Einnahmen nach § 3 EStG (hier z. B. Nr. 13 und 16) ist vorrangig zu beachten; einige nach § 3 EStG steuerfreie Einnahmen unterliegen nicht dem Progressionsvorbehalt.

Zahlungen, die der Arbeitgeber im Hinblick auf einen künftigen internationalen Einsatz des Arbeitnehmers aufwendet, stellen insoweit i. d. R. Arbeitslohn dar, der nach Tz. 5.3 abkommensrechtlich direkt dem Tätigkeitsstaat zuzuordnen ist. Dies sind z. B. Kosten:

– für eine Orientierungsreise, um dem Arbeitnehmer einen Einblick in die Lebensbedingungen am Einsatzort zu geben (z. B. für Unterkunft, Mietwagen, Reisekosten oder Verpflegung),
– für Visa sowie Arbeits- oder Aufenthaltsgenehmigungen,
– für Sprachunterricht oder interkulturelles Training in Bezug auf den rechtlichen, kulturellen, sozialen und wirtschaftlichen Rahmen am Einsatzort (Ausnahmen s. R 19.7 Abs. 2 Satz 4 LStR),
– für medizinische Vorsorge oder sonstige Hilfestellungen und Informationen (u. a. Eröffnung von Bankkonten, Wohnraumbeschaffung).

Das gilt auch für:

– Übergangszuschüsse, die der Arbeitgeber als zusätzliche Leistung an bestimmten Einsatzorten zahlt, um höhere Kosten des Arbeitnehmers in der Orientierungsphase auszugleichen oder
– Ausgleichszahlungen des Arbeitgebers für Verluste des Arbeitnehmers aus privaten Veräußerungen im Wohnsitzstaat anlässlich des internationalen Einsatzes.

Anlage § 039b-03/Arbeitslohn DBA (Zu LStH 38.3, 39b.10, 39d)

254 Übernimmt der Arbeitgeber während des Einsatzes Aufwendungen für den Arbeitnehmer im Tätigkeitsstaat (z. B. für die Unterbringung, die Verpflegung, den Umzug oder den Dienstwagen) oder im Wohnsitzstaat (z. B. für die Beibehaltung der bisherigen Wohnung oder deren Aufgabe) oder für Fahrten zwischen beiden Staaten und dies nur in Fällen des internationalen Einsatzes, liegt insoweit i. d. R. Arbeitslohn vor, der nach Tz. 5.3 abkommensrechtlich direkt dem Tätigkeitsstaat zuzuordnen ist. Soweit eine Leistung jedoch nicht auf Fälle des internationalen Einsatzes beschränkt ist und auch dem Wohnsitzstaat nach Tz. 5.3 nicht direkt zugeordnet werden kann, ist eine Aufteilung i. S. der Tz. 5.4 vorzunehmen. Das gilt entsprechend auch für Zuschüsse, die der Arbeitgeber dem Arbeitnehmer zum Ausgleich für dessen Aufwendungen im Zusammenhang mit dem Einsatz zahlt (z. B. Unterstützungsleistungen für den Arbeitnehmer und dessen Familie, Zuschüsse bei Anschaffungen).

255 Die Übernahme von Steuerberatungskosten durch den Arbeitgeber in den Fällen des internationalen Arbeitnehmereinsatzes ist grundsätzlich dergestalt direkt zuzuordnen, dass die Kosten für die Erklärungsabgabe im Heimatstaat ausschließlich der Tätigkeit im Heimatstaat und die Kosten für die Erklärungsabgabe im Einsatzstaat ausschließlich der Tätigkeit im Einsatzstaat zuzurechnen sind. Erfolgt die Übernahme der Steuerberatungskosten jedoch im ausschließlichen wirtschaftlichen Zusammenhang mit der im Inland oder im Ausland ausgeübten Tätigkeit (z. B. aufgrund ausdrücklicher und auf die Dauer der Entsendung beschränkter Vereinbarung im Entsendevertrag), so ist der hieraus resultierende Lohn ausschließlich dieser Tätigkeit zuzuordnen.

256 Stellt der Arbeitgeber dem Arbeitnehmer einen Dienstwagen zur Verfügung, ist der hieraus resultierende geldwerte Vorteil und der für Fahrten zwischen Wohnung und erster Tätigkeitsstätte entstehende geldwerte Vorteil jeweils nach Tz. 5.3 direkt der Tätigkeit im Wohnsitzstaat oder im Tätigkeitsstaat zuzuordnen.

257 Übernimmt der Arbeitgeber Aufwendungen für die Reintegration des Arbeitnehmers in den früheren Wohnsitzstaat (z. B. für die Unterbringung, die Verpflegung, den Rückumzug) und war der zurückliegende Einsatz in dem anderen Staat von vornherein befristet, liegt insoweit i. d. R. Arbeitslohn vor, der nach Tz. 5.3 abkommensrechtlich direkt dem Tätigkeitsstaat zuzuordnen ist. Erfolgte dagegen der Einsatz in dem anderen Staat unbefristet, ist die Rückkehr in den Wohnsitzstaat regelmäßig durch eine neue Tätigkeit im Wohnsitzstaat veranlasst. In diesem Fall sind die Aufwendungen des Arbeitgebers für die Reintegration des Arbeitnehmers in den Wohnsitzstaat ggf. dieser neuen Tätigkeit zuzuordnen.

6 Abkommensrechtliche Beurteilung bestimmter Auslandstätigkeiten
6.1 Organe von Kapitalgesellschaften

258 Bei der Besteuerung der Organe von Kapitalgesellschaften ist zwischen den geschäftsführenden und den überwachenden Organen zu unterscheiden.

259 Die Vergütungen von geschäftsführenden Organen (z. B. Vorstände und Geschäftsführer) von Kapitalgesellschaften fallen regelmäßig in den Anwendungsbereich des Art. 15 OECD-MA. Der Ort der Geschäftsleitung oder der Sitz der Gesellschaft ist für die Aufteilung des Besteuerungsrechts ebenso wenig relevant wie der Ort an dem die Tätigkeit „verwertet" wird, da die Mitglieder der Geschäftsleitung abkommensrechtlich ihre Tätigkeit grundsätzlich an dem Ort ausüben, an dem sie sich persönlich aufhalten (BFH-Urteil vom 5. Oktober 1994, BStBl. 1995 II S. 95). Soweit das nationale Besteuerungsrecht nicht durch diese abkommensrechtliche Regelung beschränkt wird, unterliegen die Löhne innerstaatlich gemäß § 49 Abs. 1 Nr. 4 Buchstabe c EStG auch dann der beschränkten Einkommensteuerpflicht, wenn die geschäftsführenden Organe ihre Aufgaben im Ausland erfüllen.

260 Davon abzugrenzen sind jedoch die überwachenden Organe von Kapitalgesellschaften (z. B. Aufsichts- und Verwaltungsräte). Dabei handelt es sich um Einkünfte aus selbständiger Tätigkeit i. S. des § 18 EStG, die unter den Anwendungsbereich von Art. 16 OECD-MA fallen. Das Besteuerungsrecht wird regelmäßig dem Ansässigkeitsstaat der Kapitalgesellschaft zugewiesen und die Doppelbesteuerung durch die Anrechnungsmethode vermieden. Soweit das nationale Besteuerungsrecht nicht durch die abkommensrechtliche Regelung beschränkt wird, unterliegen die Vergütungen gemäß § 49 Abs. 1 Nr. 3 EStG nur dann der beschränkten Einkommensteuerpflicht, wenn die Tätigkeit im Inland ausgeübt oder verwertet wird oder worden ist oder für die Tätigkeit im Inland eine feste Einrichtung oder eine Betriebsstätte unterhalten wird.

261 Hinsichtlich einiger Staaten ist es üblich, dass bestimmte Organe von Kapitalgesellschaften sowohl geschäftsführende als auch überwachende Aufgaben wahrnehmen (z. B. Schweizer Verwaltungsrat, kanadisches Board of Directors). In diesem Fall sind die Vergütungen unter Beachtung von Fremdüblichkeitsgrundsätzen aufzuteilen (vgl. BFH-Urteil vom 14. März 2011, BStBl. 2013 II S. 73). Soweit die Einnahmen auf die geschäftsführenden Tätigkeiten entfallen, ist das Besteuerungsrecht nach Art. 15 OECD-MA zuzuweisen. Der übrige Teil fällt unter die Anwendung des Art. 16 OECD-MA.

Darüber hinaus sind auch die in einigen DBA enthaltenen Sonderregelungen über Geschäftsführer- 262
vergütungen (z. B. Art. 15 Abs. 4 DBA-Schweiz, Art. 16 Abs. 2 DBA-Dänemark, Art. 16 DBA-Japan,
Art. 16 Abs. 2 DBA-Kasachstan, Art. 16 DBA-Österreich, Art. 16 Abs. 2 DBA-Polen, Art. 16 DBA-
Schweden, s. auch Tz. 1.2.2.3) zu beachten. Abfindungen wegen Auflösung des Arbeitsverhältnisses
unterfallen ebenfalls den vorgenannten Sonderregelungen. So ist beispielsweise für die Besteuerung der
Abfindung an den Geschäftsführer einer japanischen Kapitalgesellschaft Art. 16 DBA-Japan (Sonderregelung Geschäftsführervergütung) anzuwenden. Weiterhin gelten die in Tz. 4.3.3.4 dargestellten
Grundsätze zum Geschäftsführer für oben genannte Organe entsprechend. Nachdem auf den tatsächlichen Geschäftsführer abzustellen ist, endet die Anwendung der in einzelnen DBA enthaltenen Sondervorschriften für Organe von Kapitalgesellschaften bereits dann, wenn die Geschäftsführertätigkeit
nachweislich tatsächlich nicht mehr ausgeübt wird. Ab diesem Zeitpunkt greift der allgemeine Artikel
über unselbständige Arbeit (Art. 15 OECD-MA).

6.2 Sich-zur-Verfügung-Halten

Soweit die Arbeitsleistung in einem Sich-zur-Verfügung-Halten (z. B. Bereitschaftsdienst, Zeiträume der 263
Arbeitsfreistellung im Zusammenhang mit der Beendigung des Dienstverhältnisses) besteht, ohne dass
es zu einer Tätigkeit kommt, wird die Arbeitsleistung dort erbracht, wo sich der Arbeitnehmer während
der Dauer des Sich-zur-Verfügung-Haltens tatsächlich aufhält (s. BFH-Urteil vom 9. September 1970,
BStBl. II S. 867).

6.3 Vorruhestandsgelder

Laufend ausgezahlte Ruhestandsgelder haben immer Versorgungscharakter. Sie sind daher Art. 18 264
OECD-MA zuzuordnen und im Ansässigkeitsstaat zu besteuern.

Erdiente kapitalisierte Vorruhestandsgelder, bei denen ein Versorgungscharakter angenommen werden 265
kann, weil sie kurz (maximal 1 Jahr) vor dem Eintrittsalter in die gesetzliche Rentenversicherung gezahlt
werden, sind Art. 18 OECD-MA zuzuordnen. Das Besteuerungsrecht steht daher dem Ansässigkeitsstaat
zu.

Bei Einmalzahlungen zur Ablösung eines bereits im Arbeitsvertrag vereinbarten Anspruchs auf Vor- 266
ruhestandsgeld, denen kein Versorgungscharakter beigemessen werden kann, weil sie nicht in einem
nahen zeitlichen Zusammenhang vor Erreichen der gesetzlichen Altersgrenze gezahlt werden, handelt es
sich grundsätzlich um Vergütungen aus unselbständiger Arbeit i. S. des Art. 15 Abs. 1 OECD-MA, für
die dem Tätigkeitsstaat das Besteuerungsrecht zusteht. Ein solcher naher zeitlicher Zusammenhang ist
anzunehmen, wenn die Einmalzahlungen innerhalb eines Jahres vor Erreichen des gesetzlichen Ren-
teneintrittsalters geleistet werden. Besondere Umstände für den Eintritt in den Vorruhestand (z. B.
Dienstunfähigkeit) sind dabei zu berücksichtigen.

Ist ein Vorruhestandsgeld dagegen nicht in einem Arbeitsvertrag vereinbart und somit nicht durch eine 267
bestimmte Tätigkeit erdient, sondern wird der Anspruch erst im Zusammenhang mit der Auflösung eines
Dienstverhältnisses begründet, steht das Besteuerungsrecht nach Art. 18 OECD-MA nicht dem Tätigkeitsstaat, sondern dem Ansässigkeitsstaat zu.

6.4. Konkurrenz- oder Wettbewerbsverbot

Vergütungen an den Arbeitnehmer für ein Konkurrenz- oder Wettbewerbsverbot fallen unter Art. 15 268
OECD-MA. Es handelt sich hierbei um Vergütungen, die für eine in die Zukunft gerichtete Verpflichtung
gezahlt werden und nicht der Abgeltung und Abwicklung von Interessen aus dem bisherigen Rechtsverhältnis dienen (s. BFH-Urteil vom 12. Juni 1996, BStBl. II S. 516). Die Arbeitsleistung, das Nicht-
Tätig-Werden, wird in dem Staat erbracht, in dem sich der Arbeitnehmer während der Dauer des Ver-
botes aufhält. Die Fiktion eines Tätigkeitsortes unabhängig von der körperlichen Anwesenheit, beispielsweise in dem Staat, in dem der Steuerpflichtige nicht tätig werden darf, ist nicht möglich (s. BFH-
Urteil vom 5. Oktober 1994, BStBl. 1995 II S. 95). Hält sich der Arbeitnehmer während dieses Zeitraums
in mehreren Staaten auf, ist das Entgelt entsprechend aufzuteilen.

Im Verhältnis zu Österreich werden Zahlungen anlässlich eines im Rahmen der Auflösung des Dienst- 269
verhältnisses verankerten Wettbewerbsverbots (Karenzentschädigung) dem vormaligen Tätigkeitsstaat
in dem Verhältnis zugewiesen, in dem die für die zuvor ausgeübte Tätigkeit bezogene Einkünfte dort
der Besteuerung unterlegen haben (s. § 5 KonsVerAUTV, a. a. O.). Im Verhältnis zur Schweiz sind die
Besonderheiten der Verständigungsvereinbarung zu Abfindungen (s. KonsVerCHEV, a. a. O.) auf Zahlungen im Zusammenhang mit einem bei Auflösung eines Dienstverhältnisses vereinbarten Wettbewerbsverbot sinngemäß anzuwenden.

Anlage § 039b-03/Arbeitslohn DBA (Zu LStH 38.3, 39b.10, 39d)

6.5 Altersteilzeit nach dem Blockmodell

270 Für den Arbeitnehmer besteht im Rahmen des Altersteilzeitgesetzes unter bestimmten Voraussetzungen die Möglichkeit, seine Arbeitszeit zu halbieren. Beim sog. Blockmodell schließt sich dabei an eine Phase der Vollzeitarbeit (Arbeitsphase) eine gleich lange Freistellungsphase an. Das Arbeitsverhältnis besteht bis zum Ende der Freistellungsphase weiter fort. Der Arbeitgeber zahlt dem Arbeitnehmer für die von ihm geleistete Tätigkeit Arbeitslohn.

271 Den Anspruch auf Zahlung des Arbeitslohns während der Freistellungsphase erwirbt der Arbeitnehmer dabei durch seine Tätigkeit in der Arbeitsphase.

272 Der Arbeitslohn in der Arbeits- und in der Freistellungsphase stellt eine Vergütung i. S. des Art. 15 OECD-MA dar. In der Freistellungphase handelt es sich dabei einheitlich um nachträglich gezahlten Arbeitslohn, der in dem Verhältnis aufzuteilen ist, das der Aufteilung der Vergütungen zwischen dem Wohnsitz- und Tätigkeitsstaat in der Arbeitsphase entspricht (s. BFH-Urteil vom 12. Januar 2011, BStBl. II S. 446 zum DBA-Frankreich).

273 Der Arbeitslohn wird durch den sog. Aufstockungsbetrag erhöht. Dabei wird der Aufstockungsbetrag nicht für die im Ausland geleistete Tätigkeit gezahlt, sondern für die Bereitschaft des Mitarbeiters eine Altersteilzeitvereinbarung mit dem Arbeitgeber einzugehen. Diese ist unabhängig von der Auslandstätigkeit des Mitarbeiters vereinbart. Der Wert der Auslandsarbeit des Mitarbeiters wird durch die Zahlung des Aufstockungsbetrags nicht erhöht, da der Arbeitnehmer im Ausland keine anderswertige Tätigkeit erbringt als er ohne Altersteilzeitvereinbarung erbringen würde. Als solche Vergütung fällt der Aufstockungsbetrag als Arbeitslohn nicht in das Besteuerungsrecht des Tätigkeitsstaates, sondern steht ausschließlich dem Ansässigkeitsstaat zu. Ist Deutschland der Ansässigkeitsstaat, ist eine Steuerbefreiung nach § 3 Nr. 28 EStG (s. auch R 3.28 Abs. 3 LStR) zu prüfen.

274 Dies gilt auch für Grenzgänger i. S. des Art. 13 Abs. 5 DBA-Frankreich, des Art. 15 Abs. 6 DBA-Österreich und des Art. 15a DBA-Schweiz, unabhängig davon, dass ein Grenzgänger während der Freistellungsphase nicht mehr regelmäßig über die Grenze pendelt.

275 **Beispiel 1:**

Der inländische Arbeitnehmer A ist für seinen im Inland ansässigen Arbeitgeber B tätig. Zwischen A und B ist für die Jahre 01 und 02 eine Altersteilzeit nach dem Blockmodell vereinbart, d. h. das erste Jahr umfasst die Arbeitsphase und das zweite Jahr die Freistellungsphase. A arbeitet im Jahr 01 an 60 Arbeitstagen in einer Betriebsstätte seines Arbeitgebers in Korea. Der Arbeitslohn wird während dieser Zeit von der Betriebsstätte getragen. Die übrigen 180 Arbeitstage ist A im Inland tätig. Seinen inländischen Wohnsitz behält A bei und auch die Freistellungsphase verbringt A ausschließlich im Inland.

In 01 steht Korea als Tätigkeitsstaat des A das Besteuerungsrecht anteilig für 60/240 der Vergütungen zu, da die Voraussetzung des Art. 15 Abs. 2 Buchstabe c DBA-Korea nicht erfüllt ist. Deutschland stellt die Vergütungen insoweit unter Beachtung des § 50d Abs. 8 bzw. 9 EStG und des Progressionsvorbehalts frei. Für die übrigen 180/240 der Vergütungen steht Deutschland das Besteuerungsrecht zu. Entsprechend dieser Aufteilung in der Arbeitsphase steht das Besteuerungsrecht für die Vergütungen des A in der Freistellungsphase in 02 zu 60/240 Korea und zu 180/240 Deutschland zu. Da der Aufstockungsbetrag nicht für die Tätigkeit in Korea gezahlt wird, verbleibt das Besteuerungsrecht diesbezüglich im Ansässigkeitsstaat Deutschland. Die Steuerfreiheit ist unter Beachtung von § 3 Nr. 28 EStG und R 3.28 Abs. 3 LStR zu prüfen.

276 **Beispiel 2:**

Der in Dänemark ansässige Arbeitnehmer A ist für seinen im Inland ansässigen Arbeitgeber B tätig. Zwischen A und B ist für die Jahre 01 und 02 eine Altersteilzeit nach dem Blockmodell vereinbart, d. h. das erste Jahr umfasst die Arbeitsphase und das zweite Jahr die Freistellungsphase. A arbeitet während der Arbeitsphase ausschließlich in Deutschland.

In 01 steht Deutschland als Tätigkeitsstaat des A das Besteuerungsrecht an den Vergütungen in vollem Umfang zu, da die Voraussetzungen des Art. 15 Abs. 2 Buchstabe a und b DBA-Dänemark nicht erfüllt sind. Dementsprechend steht auch das Besteuerungsrecht für die Vergütungen des A in der Freistellungsphase in 02 nur Deutschland zu. Da der Aufstockungsbetrag nicht für die Tätigkeit in Deutschland gezahlt wird, verbleibt das Besteuerungsrecht diesbezüglich im Ansässigkeitsstaat Dänemark.

277 **Beispiel 3:**

Arbeitnehmer A ist für seinen im Inland ansässigen Arbeitgeber B tätig. Zwischen A und B ist für die Jahre 01 und 02 eine Altersteilzeit nach dem Blockmodell vereinbart, d. h. das erste Jahr umfasst die

(Zu LStH 38.3, 39b.10, 39d) **Anlage § 039b-03/Arbeitslohn DBA**

Arbeitsphase und das zweite Jahr die Freistellungsphase. Im Jahr 01 hat A seinen Wohnsitz in Deutschland und arbeitet auch ausschließlich im Inland. Anfang 02 zieht A nach Spanien.

In 01 unterliegt A im Inland der unbeschränkten Steuerpflicht; ein DBA ist nicht zu beachten. In 02 unterliegt A mit den Vergütungen für die ehemals in Deutschland geleistete Tätigkeit in der Freistellungsphase der beschränkten Steuerpflicht in Deutschland, weil insoweit inländische Einkünfte i. S. des § 49 Abs. 1 Nr. 4 Buchstabe a EStG vorliegen. Nach Art. 14 Abs. 1 DBA-Spanien steht für diese Vergütungen ausschließlich Deutschland das Besteuerungsrecht zu, da die Tätigkeit in der Arbeitsphase in Deutschland ausgeübt wurde. Da der Aufstockungsbetrag nicht für eine Tätigkeit im In- oder Ausland gezahlt wird unterliegt er im Jahr 01(Aktivphase) der Besteuerung im Ansässigkeitsstaat Deutschland und im Jahr 02 (Freistellungsphase) der Besteuerung im Ansässigkeitsstaat Spanien.

7 Besonderheiten bei Berufskraftfahrern

7.1 Allgemeines

Berufskraftfahrer halten sich während der Arbeitsausübung in oder bei ihrem Fahrzeug auf (s. BFH-Urteil vom 31. März 2004, BStBl. II S. 936). Das Fahrzeug ist daher ihr Ort der Arbeitsausübung. Der Ort der Arbeitsausübung des Berufskraftfahrers bestimmt sich nach dem jeweiligen Aufenthalts- oder Fortbewegungsort des Fahrzeugs. Zu den Berufskraftfahrern i. S. dieses Schreibens zählen auch Auslieferungsfahrer, nicht aber Reisevertreter. Fahrten zwischen der Wohnung und dem Standort des Fahrzeugs gehören nicht zur beruflichen Tätigkeit des Berufskraftfahrers i. S. der DBA. 278

7.2 Arbeitgeber im Inland

Der Berufskraftfahrer und der Arbeitgeber sind im Inland ansässig und der Arbeitslohn wird nicht von einer ausländischen Betriebsstätte getragen. 279

Soweit die Vergütungen aus unselbständiger Arbeit auf Tätigkeiten des Berufskraftfahrers in Deutschland entfallen, ist der Anwendungsbereich der DBA nicht betroffen. Diese Vergütungen unterliegen der inländischen unbeschränkten Einkommensteuerpflicht. 280

Soweit der Berufskraftfahrer seine Tätigkeit in einem anderen Staat ausübt, ist anhand der 183-Tage-Klausel zu prüfen, welchem der beiden Vertragsstaaten das Besteuerungsrecht für die auf das Ausland entfallenden Einkünfte zusteht. 281

Die Berechnung der 183-Tage-Frist ist dabei für jeden Vertragsstaat gesondert durchzuführen. In Abweichung von den Regelungen in Tz. 4.2.2 führt die von einem Berufskraftfahrer ausgeübte Fahrtätigkeit dazu, dass auch Anwesenheitstage der Durchreise in einem Staat bei der Ermittlung der 183-Tage-Frist als volle Tage der Anwesenheit in diesem Staat zu berücksichtigen sind. Durchquert der Fahrer an einem Tag mehrere Staaten, so zählt dieser Tag für Zwecke der Ermittlung der 183-Tage-Frist in jedem dieser Staaten als voller Anwesenheitstag. 282

Für die Zuordnung des Arbeitslohns gelten die Ausführungen der Tz. 5.2 bis 5.5 entsprechend. 283

Beispiel: 284

Der in München wohnhafte Berufskraftfahrer A nimmt seine Fahrt morgens in München auf, und fährt über Österreich nach Italien. Von dort kehrt er am selben Tage über die Schweiz nach München zurück.

Bei Berufskraftfahrern sind auch Tage der Durchreise als volle Anwesenheitstage im jeweiligen Staat zu berücksichtigen. Für die Ermittlung der 183-Tage-Frist ist damit für Österreich, Italien und die Schweiz jeweils ein Tag zu zählen.

7.3 Arbeitgeber oder arbeitslohntragende Betriebsstätte im Ausland

In den Fällen, in denen der Berufskraftfahrer in Deutschland, sein Arbeitgeber aber in dem anderen Vertragsstaat ansässig ist, steht Deutschland das Besteuerungsrecht für die Vergütungen des Berufskraftfahrers aus unselbständiger Arbeit zu, soweit die Vergütungen auf Tätigkeiten des Berufskraftfahrers im Inland entfallen. 285

Soweit der Berufskraftfahrer seine Tätigkeit in dem Staat ausübt, in dem der Arbeitgeber ansässig ist, ist die Anwendung des Art. 15 Abs. 2 OECD-MA ausgeschlossen, da die Voraussetzungen des Art. 15 Abs. 2 Buchstabe b OECD-MA nicht vorliegen. Mit jedem Tätigwerden des Berufskraftfahrers im Ansässigkeitsstaat des Arbeitgebers steht diesem als Tätigkeitsstaat das Besteuerungsrecht insoweit zu (Art. 15 Abs. 1 OECD-MA). 286

Übt der Berufskraftfahrer seine Tätigkeit in einem Drittstaat aus, d. h. weder in Deutschland noch in dem Staat, in dem der Arbeitgeber ansässig ist, steht das Besteuerungsrecht für die auf den Drittstaat entfallenden Arbeitsvergütungen im Verhältnis zum Ansässigkeitsstaat des Arbeitgebers Deutschland als 287

Anlage § 039b-03/Arbeitslohn DBA (Zu LStH 38.3, 39b.10, 39d)

Ansässigkeitsstaat des Berufskraftfahrers zu. Besteht mit dem jeweiligen Drittstaat ein DBA, ist im Verhältnis zu diesem Staat nach diesem DBA zu prüfen, welchem Staat das Besteuerungsrecht zusteht. Soweit die Tätigkeit im jeweiligen Drittstaat an nicht mehr als 183 Tagen ausgeübt wird, verbleibt das Besteuerungsrecht regelmäßig bei Deutschland.

288 Die vorgenannten Ausführungen gelten entsprechend für die Fälle, in denen der Arbeitgeber in Deutschland oder in einem Drittstaat ansässig ist, die Arbeitsvergütungen aber von einer Betriebsstätte im Tätigkeitsstaat getragen werden (s. Tz. 4.4).

289 Auf die Verständigungsvereinbarungen mit Luxemburg (s. KonsVerLUXV, a. a. O.) und der Schweiz vom 9./16. Juni 2011, BStBl. I S.621, wird hingewiesen.

290 **Beispiel:**

A, ansässig im Inland, ist für seinen in Österreich ansässigen Arbeitgeber als Berufskraftfahrer tätig. Im Jahr 01 war A das ganze Jahr über im Inland tätig. Lediglich zwei Arbeitstage hat A in Österreich und zwei Arbeitstage in Italien verbracht. A ist kein Grenzgänger i. S. von Art. 15 Abs. 6 DBA-Österreich.

Deutschland hat als Ansässigkeitsstaat des A das Besteuerungsrecht für die Vergütungen, die auf die Arbeitstage entfallen, an denen A seine Tätigkeit in Deutschland ausgeübt hat (Art. 15 Abs. 1 DBA-Österreich). Zudem hat Deutschland das Besteuerungsrecht für die Vergütungen, die auf die in Italien verbrachten Arbeitstage entfallen, da sich A nicht mehr als 183 Tage in Italien aufgehalten hat (Art. 15 Abs. 2 DBA-Italien). Dagegen wird Österreich das Besteuerungsrecht für die Vergütungen zugewiesen, die auf die Tage entfallen, an denen A in Österreich seine Tätigkeit ausgeübt hat (Art. 15 Abs. 1 Satz 2, Abs. 2 Buchstabe b DBA-Österreich). Insoweit stellt Deutschland die Einkünfte unter Beachtung des § 50d Abs. 8 bzw. 9 EStG und des Progressionsvorbehaltes frei (Art. 23 Abs. 1 Buchstabe a DBA-Österreich).

8 Personal auf Schiffen und Flugzeugen

8.1 Allgemeines

291 Die DBA enthalten für die steuerliche Behandlung der Einkünfte des Bordpersonals von Seeschiffen und Luftfahrzeugen im internationalen Verkehr sowie des Bordpersonals von Binnenschiffen häufig gesonderte Bestimmungen. Diese orientieren sich i. d. R. an Art. 15 Abs. 3 OECD-MA. Einzelne Sonderregelungen knüpfen dagegen an Tatbestände an, die von Art. 15 Abs. 3 OECD-MA abweichen oder sehen anstelle der Freistellungsmethode die Anrechnungsmethode vor (z. B. DBA mit Griechenland, der Schweiz und Österreich). Soweit die DBA keine Sonderregelung enthalten, sind die allgemeinen Bestimmungen entsprechend Art. 15 Abs. 1 und 2 OECD-MA anzuwenden (z. B. DBA mit Liberia und Trinidad und Tobago). Mit einigen Staaten bestehen darüber hinaus Sonderabkommen betreffend die Einkünfte von Schiff- und Luftfahrtunternehmen, die auch Bestimmungen für die Vergütungen des Bordpersonals enthalten können (z. B. Abkommen mit der Insel Man und Saudi-Arabien).

292 Soweit die Regelungen dem Art. 15 Abs. 3 OECD-MA entsprechen, können Vergütungen für unselbständige Arbeit, die an Bord eines Seeschiffes oder Luftfahrzeuges, das im internationalen Verkehr betrieben wird, oder an Bord eines Binnenschiffes ausgeübt wird, in dem Vertragsstaat besteuert werden, in dem sich der Ort der tatsächlichen Geschäftsleitung des die Schifffahrt oder Luftfahrt betreibenden Unternehmens i. S. des Art. 8 OECD-MA befindet. Die Vorschrift folgt der Regelung für Unternehmensgewinne aus Schiffen und Luftfahrzeugen; insbesondere kann der Vertragsstaat die Vergütungen an das Bordpersonal besteuern, bei dem sie die Bemessungsgrundlage für die Gewinnbesteuerung mindern.

293 In Fällen der Vercharterung eines vollständig ausgerüsteten und bemannten Schiffes können sowohl der Vercharterer (unabhängig von der Nutzung durch den Charterer) als auch der Charterer Gewinne aus Beförderungsleistungen i. S. des Art. 8 OECD-MA erzielen. Auch hier ist ggf. der Vertragsstaat zur Besteuerung der Vergütungen an die Besatzungsmitglieder nach Art. 15 Abs. 3 OECD-MA berechtigt, in dem der Ort der Geschäftsleitung desjenigen Unternehmens liegt, dessen Gewinne durch die Lohnzahlung gemindert werden. Vorstehendes gilt nicht für den Vercharterer, der das Schiff leer vermietet (sog. Bare-Boat-Charter).

294 Die Anwendung der Art. 15 Abs. 3 OECD-MA entsprechenden Bestimmungen setzt außerdem voraus, dass das maßgebliche Unternehmen i. S. des Art. 8 OECD-MA zugleich abkommensrechtlicher Arbeitgeber des Besatzungsmitglieds ist. Dabei kann Arbeitgeber i. S. des Abkommens nicht nur der zivilrechtliche Arbeitgeber, sondern auch eine dritte Person sein. Dies ist im Einzelfall unter Berücksichtigung des wirtschaftlichen Gehalts und der tatsächlichen Durchführung der zugrunde liegenden Vereinbarungen zu prüfen; die Kriterien gemäß Tz. 4.3.3.1 gelten entsprechend. In den Fällen der Einschaltung von Shipmanagement- und Crewingunternehmen ist zu prüfen, ob die Voraussetzungen des

(Zu LStH 38.3, 39b.10, 39d) **Anlage § 039b-03/Arbeitslohn DBA**

Art. 15 Abs. 3 OECD-MA vorliegen (BFH-Urteile vom 10. November 1993, BStBl. 1994 II S. 218 und vom 11. Februar 1997, BStBl. II S. 432).

8.2 Beispiele für Abkommen, die von der Regelung des OECD-MA abweichen

8.2.1 DBA-Liberia/DBA-Trinidad und Tobago

Das DBA-Liberia enthält keine besondere Regelung für Vergütungen des Bordpersonals von Schiffen 295 oder Luftfahrzeugen, daher sind die allgemeinen Regelungen des Art. 15 Abs. 1 und 2 DBA-Liberia anzuwenden. Demnach gilt Folgendes:

Gemäß Art. 15 Abs. 1 DBA-Liberia steht das Besteuerungsrecht dem Ansässigkeitsstaat zu, es sei denn, 296 die Tätigkeit wird im anderen Vertragsstaat ausgeübt. Soweit in Deutschland ansässige Besatzungsmitglieder ihre Tätigkeit auf einem Schiff unter liberianischer Flagge ausüben und sich das Schiff im Hoheitsgebiet von Liberia oder auf hoher See aufhält, ist Liberia als Tätigkeitsstaat anzusehen. Nach Seerecht wird eine Tätigkeit in internationalen Gewässern dem Staat zugeordnet, dessen Flagge das Schiff trägt. Hält sich das Schiff dagegen im Hoheitsgebiet Deutschlands auf, steht das Besteuerungsrecht für die darauf entfallenden Einkünfte Deutschland zu, weil insoweit der Ansässigkeitsstaat des Arbeitnehmers zugleich dessen Tätigkeitsstaat ist. Hält sich das Schiff in den Hoheitsgewässern von Drittstaaten auf, ist zu prüfen, ob das deutsche Besteuerungsrecht aufgrund eines DBA zugunsten eines dritten Staates beschränkt wird.

Für den Teil der Einkünfte, für den Art. 15 Abs. 1 DBA-Liberia dem Tätigkeitsstaat Liberia das Be- 297 steuerungsrecht zuweist, fällt nach Art. 15 Abs. 2 DBA-Liberia nur dann das Besteuerungsrecht an Deutschland zurück, wenn die dort genannten Voraussetzungen gleichzeitig erfüllt sind. Dabei sind bei der Berechnung der Aufenthaltstage i. S. des Art. 15 Abs. 2 Buchstabe a DBA-Liberia auch solche Tage als volle Tage in Liberia mitzuzählen, in denen sich das Schiff nur zeitweise im Hoheitsgebiet von Liberia oder auf hoher See aufhält.

Die Ermittlung des steuerpflichtigen bzw. steuerfreien Arbeitslohns erfolgt in einem weiteren Schritt 298 gemäß Tz. 5; soweit Vergütungen nicht direkt zugeordnet werden können, sind sie nach Tz. 5.4 aufzuteilen. Hält sich der Arbeitnehmer an einem Arbeitstag nicht vollständig im Hoheitsgebiet von Liberia oder auf hoher See auf, sind nach Tz. 5.4 die Vergütungen im Wege der Schätzung zeitanteilig zuzuordnen.

Die vorstehenden Ausführungen gelten sinngemäß für die Anwendung des DBA-Trinidad und Tobago. 299

Bei einer Tätigkeit auf einem unter liberianischer Flagge fahrenden Schiff ist zu beachten, dass Liberia 300 von seinem ihm zustehenden Besteuerungsrecht keinen Gebrauch macht.

Die Rückfallklausel des § 50d Abs. 8 EStG kommt demnach nicht zur Anwendung. Die Tz. 3.3 des 301 BMF-Schreibens vom 21. Juli 2005, a. a. O. (Bescheinigung von Liberia und Arbeitgeberbescheinigung) ist hierbei zu beachten. Eine Anwendung des § 50d Abs. 9 Satz 1 Nr. 2 EStG kommt ebenfalls nicht in Betracht, weil Seeleute, die in Liberia unbeschränkt steuerpflichtig sind, dort auch nicht besteuert werden.

8.2.2 DBA-Schweiz

Art. 15 Abs. 3 Satz 1 DBA-Schweiz regelt die Besteuerung der Vergütungen des Bordpersonals ent- 302 sprechend Art. 15 Abs. 3 OECD-MA. Art. 15 Abs. 3 Satz 2 DBA-Schweiz enthält zudem eine Rückfallklausel zugunsten des Ansässigkeitsstaates. Können nach Art. 15 Abs. 3 Satz 1 DBA-Schweiz die Vergütungen eines in Deutschland ansässigen Besatzungsmitglieds in der Schweiz besteuert werden, sind diese Vergütungen nur nach Art. 24 Abs. 1 Nr. 1 Buchstabe d i. V. m. Art. 15 Abs. 3 DBA-Schweiz von der deutschen Besteuerung auszunehmen, soweit sie auf eine Tätigkeit entfallen, die tatsächlich in der Schweiz ausgeübt wurde (s. BFH-Urteil vom 22. Oktober 2003, BStBl. 2004 II S. 704). In den Fällen, in denen die Arbeit tatsächlich nicht in der Schweiz ausgeübt wurde, wird nach Art. 24 Abs. 1 Nr. 2 DBA-Schweiz die Doppelbesteuerung durch Anrechnung der anteiligen schweizerischen Quellensteuer vermieden. Eine Arbeitsortfiktion in der Schweiz wie bei den sog. leitenden Angestellten im Sinne des Art. 15 Abs. 4 DBA-Schweiz kommt nicht in Betracht (s. BFH-Urteil vom 10. Januar 2012, BFH/NV S. 1138).

Besonderheiten ergeben sich bei der Besteuerung des Bordpersonals von im internationalen Verkehr 303 eingesetzten Luftfahrzeugen in den Jahren 2012 bis 2016 (s. BMF-Schreiben vom 23. Juli 2012, BStBl. I S. 863).

8.2.3 DBA-Griechenland 1966

Art. XI Abs. 5 DBA-Griechenland enthält eine spezielle Regelung für Vergütungen des Bordpersonals 304 von Seeschiffen, die von Art. 15 Abs. 3 OECD-MA abweicht. Entscheidend ist hier, wo sich der Registerhafen des jeweiligen Schiffes befindet. Ist Deutschland der Ansässigkeitsstaat, wird die Doppel-

Anlage § 039b-03/Arbeitslohn DBA (Zu LStH 38.3, 39b.10, 39d)

besteuerung nach Art. XVII Abs. 2 Nr. 2 Buchstabe a Doppelbuchstabe dd DBA-Griechenland durch die Anrechnungsmethode vermieden.

8.2.4 DBA-Großbritannien 2010

305 Nach Art. 14 Abs. 3 DBA-Großbritannien 2010 können Vergütungen, die eine Person für eine an Bord eines im internationalen Verkehr betriebenen Seeschiffs oder Luftfahrzeugs ausgeübte unselbständige Arbeit bezieht, nur im Ansässigkeitsstaat dieses Besatzungsmitglieds besteuert werden. Soweit Großbritannien als Ansässigkeitsstaat die Vergütungen besteuern kann, ist die Regelung des Art. 24 DBA-Großbritannien (sog. „Remittance-base"-Klausel; s. Tz. 9) zu beachten.

8.2.5 DBA-Zypern 2011

306 Der Wortlaut des Art. 14 Abs. 4 DBA-Zypern 2011 entspricht im Wesentlichen dem Text des Art. 15 Abs. 3 OECD-MA und beinhaltet nach dem OECD-MK auch den wirtschaftlichen Arbeitgeber. Folgerichtig kann Arbeitgeber i. S. dieses Abkommens nicht nur der zivilrechtliche Arbeitgeber, sondern auch eine dritte Person sein. Dies ist im Einzelfall zu prüfen; die Kriterien gemäß Tz. 4.3.3.1 gelten entsprechend. Insbesondere kann der abkommensrechtliche Arbeitgeber das Unternehmen sein, auf dessen Schiff das Besatzungsmitglied tätig wird, wenn dieses Unternehmen die wesentlichen Arbeitgeberfunktionen wahrnimmt. Die Nr. 4 des Protokolls zu Art. 14 Abs. 4 DBA-Zypern schließt die Anwendung des wirtschaftlichen Arbeitgeberbegriffs nicht aus.

8.2.6 DBA-Insel Man 2009

307 Nach Art. 3 Abs. 4 Satz 1 DBA-Insel Man können Vergütungen für eine unselbständige Arbeit an Bord eines im internationalen Verkehr betriebenen Schiffes in der Vertragspartei besteuert werden, in der sich der Ort der Geschäftsleitung des Unternehmens befindet, das die Schifffahrt betreibt (vgl. auch Art. 2 Abs. 1 Buchstaben e und j DBA-Insel Man).

308 Gemäß Art. 3 Abs. 4 Satz 2 DBA-Insel Man können die Vergütungen jedoch auch in der Vertragspartei besteuert werden, in der das Besatzungsmitglied ansässig ist, von dem die Vergütungen bezogen werden. Eine Doppelbesteuerung wird nach Art. 3 Abs. 4 Satz 3 DBA-Insel Man in diesem Fall durch die Vertragspartei, in der das Besatzungsmitglied ansässig ist, durch Anrechnung der nach Art. 3 Abs. 4 Satz 1 DBA-Insel Man erhobenen Steuer vermieden.

9 Rückfallklauseln nach DBA

309 Um zu vermeiden, dass Vergütungen in keinem der beiden Vertragsstaaten einer Besteuerung unterliegen, enthalten einige Abkommen Klauseln, die gewährleisten sollen, dass Einkünfte nicht doppelt unbesteuert bleiben. Diese Klauseln sind in den Abkommen unterschiedlich ausgestaltet; überwiegend handelt es sich um sog. Subject-to-tax-Klauseln, Remittance-base-Klauseln oder um Switch-over-Klauseln. Nähere Ausführungen dazu enthält das BMF-Schreiben vom 20. Juni 2013, BStBl. I S. 980.

10 Verständigungsvereinbarungen

310 Verständigungsvereinbarungen i. S. des Art. 25 Abs. 1 OECD-MA und Konsultationsvereinbarungen i. S. des Art. 25 Abs. 3 OECD-MA zwischen den zuständigen Behörden der Vertragsstaaten sowie Verordnungen zur Umsetzung von Konsultationsvereinbarungen i. S. des § 2 Abs. 2 AO werden durch die vorstehenden Regelungen nicht berührt.

311 Sofern sich bei der Anwendung der oben genannten Grundsätze eine Doppelbesteuerung ergibt, bleibt es dem Abkommensberechtigten vorbehalten, die Einleitung eines Verständigungsverfahrens zu beantragen (s. BMF-Schreiben vom 13. Juli 2006, BStBl. I S. 461).

11 Aufhebung von Verwaltungsanweisungen

312 Das BMF-Schreiben vom 14. September 2006, BStBl. I S. 532, wird aufgehoben und durch dieses Schreiben ersetzt.

12 Erstmalige Anwendung

313 Die vorstehenden Regelungen sind ab 1. Januar 2015 anzuwenden.

314 Auf Antrag des Steuerpflichtigen können die vorstehenden Regelungen in allen offenen Fällen angewendet werden.

315 Dieses Schreiben wird im Bundessteuerblatt Teil I veröffentlicht.

Anlage § 039b-04/Gastlehrkräfte

Besteuerung von Gastlehrkräften nach den Doppelbesteuerungsabkommen (DBA)

BMF-Schreiben vom 10. Januar 1994 IV C 5 – S 1300 – 196/93 (BStBl. I S. 14)

Unter Bezugnahme auf das Ergebnis der Erörterungen mit den obersten Finanzbehörden der Länder gilt für die Besteuerung der Gastlehrkräfte nach den Doppelbesteuerungsabkommen (DBA) folgendes:

1. Die DBA erhalten unterschiedliche Regelungen zur Befreiung von Lehrtätigkeitsvergütungen bei Gastlehrkräften. Die Befreiung von der deutschen Steuer kann davon abhängen, daß der Gastlehrer im Entsendestaat im Sinne des DBA ansässig bleibt oder daß er zumindest unmittelbar vor Aufnahme der Tätigkeit dort ansässig war. Nach einigen Abkommen setzt die Steuerfreiheit voraus, daß die Vergütungen aus Quellen außerhalb des Tätigkeitsstaats stammen. Die Besonderheiten des jeweiligen Abkommens sind zu beachten. Wird die Lehrkraft aus öffentlichen Kassen des ausländischen Entsendestaats besoldet, sind die Bestimmungen des Abkommens über Zahlungen aus öffentlichen Kassen anzuwenden.

2. Nach mehreren DBA sind die Lehrkräfte aus dem jeweiligen Partnerstaat mit ihren Einkünften aus der Lehrtätigkeit in Deutschland von der deutschen Einkommensteuer befreit, wenn sie sich hier vorübergehend für höchstens zwei Jahre zu Unterrichtszwecken aufhalten (z.B. Artikel XIII DBA-Großbritannien). Bei längerem Aufenthalt tritt für in den ersten beiden Aufenthaltsjahren erzielte Einkünfte aus Lehrtätigkeit auch dann keine Steuerbefreiung ein (wie bisher schon im Verhältnis zu Großbritannien), wenn ursprünglich eine kürzere Verweildauer geplant war und der Aufenthalt später verlängert wurde; es ist auf die objektiv feststellbare Verweildauer abzustellen (BFH-Urteil vom 22. Juli 1987, BStBl. II S. 842).

   Liegt ein Zeitraum von mehr als 6 Monaten zwischen zwei Aufenthalten, so gelten die Aufenthalte nicht als zusammenhängend. Beträgt der Zeitraum weniger als 6 Monate, so gilt der Aufenthalt als nicht unterbrochen, es sei denn, aus den Umständen des Einzelfalls ergibt sich, daß die beiden Aufenthalte völlig unabhängig voneinander sind.

   Ist nach einem Doppelbesteuerungsabkommen die Steuerbefreiung von einem Antrag abhängig, darf der Lohnsteuerabzug nur dann unterbleiben, wenn das Betriebsstättenfinanzamt bescheinigt, daß der Arbeitslohn nicht der deutschen Lohnsteuer unterliegt (vgl. BFH-Urteil vom 10. Mai 1989 – BStBl. II S. 755). Ist die Steuerbefreiung nach einem Doppelbesteuerungsabkommen antragsunabhängig, hat das Betriebsstättenfinanzamt gleichwohl auf Antrag eine Freistellungsbescheinigung zu erteilen. Wird nach einem Doppelbesteuerungsabkommen zulässigerweise kein Antrag gestellt, kann die Überprüfung der für die Lohnsteuerbefreiung maßgebenden 2-Jahres-Frist im Rahmen einer Lohnsteuer-Außenprüfung und unter Umständen die Inanspruchnahme des Arbeitgebers als Haftungsschuldner in Frage kommen.

   Ist zweifelhaft, ob es bei einer ursprünglich vorgesehenen längstens zweijährigen Aufenthaltsdauer bleibt, können Freistellungsbescheinigungen unter dem Vorbehalt der Nachprüfung (§ 164 AO) erteilt werden und Steuerfestsetzungen nach § 165 AO insoweit vorläufig erfolgen oder ausgesetzt werden.

3. Unabhängig von dem in Nummer 2 dargestellten Grundsatz kann im Einzelfall nach Maßgabe der allgemeinen Vorschriften eine Billigkeitsmaßnahme in Betracht kommen, z.B. bei Verlängerung des Aufenthalts einer Gastlehrkraft im Falle einer Schwangerschaft. Ebenso kann in Fällen, in denen der vorübergehende Aufenthalt der Gastlehrkraft durch Heirat mit einem hier Ansässigen und Begründung des Familienwohnsitzes im Inland beendet wird, von einer Nachversteuerung der bis zum Zeitpunkt der Eheschließung bezogenen Bezüge abgesehen werden, sofern die bis dahin ausgeübte Gastlehrtätigkeit den Zeitraum von höchstens zwei Jahren nicht überschreitet.

4. Lehranstalten im Sinne dieser Regelungen können neben Universitäten, Schulen und anderen Lehranstalten des jeweiligen Staates auch private Institute sein. Voraussetzung ist, daß sie nach Struktur und Zielsetzung mit öffentlichen Lehranstalten, gleich welchen Typs, vergleichbar sind. Insbesondere müssen sie einen ständigen Lehrkörper besitzen, der nach einem festen Lehrplan Unterricht mit einem genau umrissenen Ziel erteilt, das auch von vergleichbaren öffentlichen Lehranstalten verfolgt wird. Das Vorliegen dieser Voraussetzungen kann im allgemeinen bei privaten Lehranstalten unterstellt werden, soweit ihnen Umsatzsteuerfreiheit nach § 4 Nr. 21 Buchstabe a oder b UStG gewährt wird. Nicht erfüllt werden diese Voraussetzungen z.B. von Fernkursveranstaltern und anderen Einrichtungen, bei denen nur ein sehr loses Verhältnis zwischen Lehranstalt und Schülern besteht oder bei denen die Lehrkräfte ihre Tätigkeit in der Hauptsache nebenberuflich ausüben.

   Forschungsinstitutionen mit mehreren Instituten können nicht in ihrer Gesamtheit als Lehranstalt im Sinne der Doppelbesteuerungsabkommen anerkannt werden. Eine Anerkennung ist nur für die ein-

Anlage § 039b-04/Gastlehrkräfte (Zu LStH 39b.10)

zelnen Institute möglich, sofern diese die Voraussetzungen hierfür nachweisen oder sich durch Bescheinigungen der zuständigen Kultusministerien als Lehranstalten ausweisen.

5. Als Lehrer ist jede Person anzusehen, die an einer Lehranstalt eine Lehrtätigkeit hauptberuflich ausübt. Ein besonderer Nachweis der Qualifikation ist nicht zu fordern.

6. Soweit aufgrund der Nummer 2 für die ersten beiden Aufenthaltsjahre keine Steuerfreiheit eintritt, ist das BFH-Urteil vom 22. Juli 1987 (BStBl. II S. 842) für Veranlagungszeiträume vor 1988 in noch offenen Fällen nicht über den entschiedenen Einzelfall hinaus anzuwenden.

7. Dieses Schreiben tritt an die Stelle meiner Schreiben vom

  8. April 1953 – IV – S 2227 – 14/53 –

  4. September 1975 – IV C 5 – S 1300 – 343/75 –

  5. April 1976 – IV C 5 – S 1301 Gr Br – 43/76 –

  15. Juli 1980 – IV C 5 – S 1300 – 242/80 –

  23. August 1985 – IV C 6 – S 1301 SAf – 6/85 – und

  18. August 1986 – IV C 5 – S 1301 GB – 35/86 –.

(Zu LStH 39b.7, 42b) **Anlage § 039b-05/Vorsorgepauschale in Lohnsteuerabzugsverfahren**

Vorsorgepauschale im Lohnsteuerabzugsverfahren (§ 39b Absatz 2 Satz 5 Nummer 3 und Absatz 4 EStG)

BMF-Schreiben vom 26. November 2013 IV C 5 – S 2367/13/10001, 2013/1078676 (BStBl. I S. 1532)

Im Einvernehmen mit den obersten Finanzbehörden der Länder gilt hinsichtlich der Vorsorgepauschale im Lohnsteuerabzugsverfahren (§ 39b Absatz 2 Satz 5 Nummer 3 und Absatz 4 EStG) Folgendes:

1. Allgemeines

Eine Vorsorgepauschale wird ausschließlich im Lohnsteuerabzugsverfahren berücksichtigt (§ 39b Absatz 2 Satz 5 Nummer 3 und Absatz 4 EStG). Über die Vorsorgepauschale hinaus werden im Lohnsteuerabzugsverfahren keine weiteren Vorsorgeaufwendungen berücksichtigt. Eine Vorsorgepauschale wird grundsätzlich in allen Steuerklassen berücksichtigt.

Bemessungsgrundlage für die Berechnung der Vorsorgepauschale (§ 39b Absatz 2 Satz 5 Nummer 3 EStG)

Die beim Lohnsteuerabzug zu berücksichtigende Vorsorgepauschale setzt sich aus folgenden Teilbeträgen zusammen:

- Teilbetrag für die Rentenversicherung (§ 39b Absatz 2 Satz 5 Nummer 3 Buchstabe a EStG),
- Teilbetrag für die gesetzliche Kranken- und soziale Pflegeversicherung (§ 39b Absatz 2 Satz 5 Nummer 3 Buchstabe b und c EStG) und
- Teilbetrag für die private Basiskranken- und Pflege-Pflichtversicherung (§ 39b Absatz 2 Satz 5 Nummer 3 Buchstabe d EStG).

Ob die Voraussetzungen für den Ansatz der einzelnen Teilbeträge vorliegen, ist jeweils gesondert zu prüfen; hierfür ist immer der Versicherungsstatus am Ende des jeweiligen Lohnzahlungszeitraums maßgebend und das Dienstverhältnis nicht auf Teilmonate aufzuteilen. Die Teilbeträge sind getrennt zu berechnen; die auf volle Euro aufgerundete Summe der Teilbeträge ergibt die anzusetzende Vorsorgepauschale.

Bemessungsgrundlage für die Berechnung der Teilbeträge für die Rentenversicherung und die gesetzliche Kranken- und soziale Pflegeversicherung ist der Arbeitslohn. Entschädigungen i. S. d. § 24 Nummer 1 EStG sind nicht als Arbeitslohnbestandteil zu berücksichtigen (§ 39b Absatz 2 Satz 5 Nummer 3 zweiter Teilsatz EStG); aus Vereinfachungsgründen ist es aber nicht zu beanstanden, wenn regulär zu besteuernde Entschädigungen bei der Bemessungsgrundlage für die Berechnung der Vorsorgepauschale berücksichtigt werden. Steuerfreier Arbeitslohn gehört ebenfalls nicht zur Bemessungsgrundlage für die Berechnung der entsprechenden Teilbeträge (BFH-Urteil vom 18. März 1983, BStBl. II Seite 475). Dies gilt auch bei der Mindestvorsorgepauschale für die Kranken- und Pflegeversicherung (§ 39b Absatz 2 Satz 5 Nummer 3 dritter Teilsatz EStG, Tz. 7).

Der Arbeitslohn ist für die Berechnung der Vorsorgepauschale und der Mindestvorsorgepauschale (Tz. 7) nicht um den Versorgungsfreibetrag (§ 19 Absatz 2 EStG) und den Altersentlastungsbetrag (§ 24a EStG) zu vermindern.

Die jeweilige Beitragsbemessungsgrenze ist bei allen Teilbeträgen der Vorsorgepauschale zu beachten. Bei den Rentenversicherungsbeiträgen gilt – abhängig vom Beschäftigungsort i. S. d. § 9 SGB IV – die allgemeine Beitragsbemessungsgrenze (BBG West) und die Beitragsbemessungsgrenze Ost (BBG Ost). Dies gilt auch bei einer Versicherung in der knappschaftlichen Rentenversicherung; deren besondere Beitragsbemessungsgrenze ist nicht maßgeblich. In Fällen, in denen die Verpflichtung besteht, Beiträge zur Alterssicherung an ausländische Sozialversicherungsträger abzuführen (Tz. 3), bestimmt sich die maßgebliche Beitragsbemessungsgrenze nach dem Ort der lohnsteuerlichen Betriebsstätte des Arbeitgebers (§ 41 Absatz 2 EStG). Die Gleitzone in der Sozialversicherung (Arbeitslöhne von 450,01 Euro bis 850 Euro) ist steuerlich unbeachtlich. Ebenfalls unbeachtlich ist die Verminderung der Beitragsbemessungsgrenzen beim Zusammentreffen mehrerer Versicherungsverhältnisse (§ 22 Absatz 2 SGB IV).

Die Bemessungsgrundlage für die Ermittlung der Vorsorgepauschale (Arbeitslohn) und für die Berechnung der Sozialabgaben (Arbeitsentgelt) kann unterschiedlich sein. Für die Berechnung der Vorsorgepauschale ist das sozialversicherungspflichtige Arbeitsentgelt nicht maßgeblich.

Beispiel:

Ein Arbeitnehmer mit einem Jahresarbeitslohn von 60 000 Euro wandelt im Jahr 2014 einen Betrag von 4 000 Euro bei einer Beitragsbemessungsgrenze in der allgemeinen Rentenversicherung von 71 400 Euro zugunsten einer betrieblichen Altersversorgung im Durchführungsweg Direktzusage um.

Anlage § 039b-05/Vorsorgepauschale in Lohnsteuerabzugsverfahren (Zu LStH 39b.7, 42b)

Bemessungsgrundlage für die Berechnung des Teilbetrags der Vorsorgepauschale für die Rentenversicherung ist der steuerpflichtige Arbeitslohn i. H. v. 56 000 Euro. Das sozialversicherungspflichtige Arbeitsentgelt beträgt hingegen 57 144 Euro, weil 4 % der Beitragsbemessungsgrenze (2 856 Euro) nicht als Arbeitsentgelt i. S. d. Sozialversicherung gelten (§ 14 Absatz 1 SGB IV).

3. Teilbetrag für die Rentenversicherung (§ 39b Absatz 2 Satz 5 Nummer 3 Buchstabe a und Absatz 4 EStG)

Auf Grundlage des steuerlichen Arbeitslohns wird unabhängig von der Berechnung der tatsächlich abzuführenden Rentenversicherungsbeiträge typisierend ein Arbeitnehmeranteil für die Rentenversicherung eines pflichtversicherten Arbeitnehmers berechnet, wenn der Arbeitnehmer in der gesetzlichen Rentenversicherung pflichtversichert und ein Arbeitnehmeranteil zu entrichten ist. Das gilt auch bei der Versicherung in einer berufsständischen Versorgungseinrichtung bei Befreiung von der gesetzlichen Rentenversicherung (§ 6 Absatz 1 Nummer 1 SGB VI). Das Steuerrecht folgt insoweit der sozialversicherungsrechtlichen Beurteilung, so dass der Arbeitgeber hinsichtlich der maßgeblichen Vorsorgepauschale keinen zusätzlichen Ermittlungsaufwand anstellen muss, sondern auf die ihm insoweit bekannten Tatsachen bei der Abführung der Rentenversicherungsbeiträge – bezogen auf das jeweilige Dienstverhältnis – zurückgreifen kann.

Der Teilbetrag der Vorsorgepauschale für die Rentenversicherung gilt daher bezogen auf das jeweilige Dienstverhältnis beispielsweise nicht bei

- Beamten,
- beherrschenden Gesellschafter-Geschäftsführern einer GmbH,
- Vorstandsmitgliedern von Aktiengesellschaften (§ 1 Satz 3 SGB VI),
- weiterbeschäftigten Beziehern einer Vollrente wegen Alters oder vergleichbaren Pensionsempfängern, selbst wenn gemäß § 172 Absatz 1 SGB VI ein Arbeitgeberanteil zur gesetzlichen Rentenversicherung zu entrichten ist,
- Arbeitnehmern, die von ihrem Arbeitgeber nur Versorgungsbezüge i. S. d. § 19 Absatz 2 Satz 2 Nummer 2 EStG erhalten (Werkspensionäre),
- geringfügig beschäftigten Arbeitnehmern, bei denen die Lohnsteuer nach den individuellen Lohnsteuerabzugsmerkmalen erhoben wird und für die nur der pauschale Arbeitgeberbeitrag zur gesetzlichen Rentenversicherung entrichtet wird (Übergangsregelung und Befreiung von der Rentenversicherungspflicht),
- nach § 8 Absatz 1 Nummer 2 SGB IV geringfügig beschäftigten Arbeitnehmern (versicherungsfreie kurzfristige Beschäftigung), bei denen die Lohnsteuer nach den individuellen Lohnsteuerabzugsmerkmalen erhoben wird,
- anderen Arbeitnehmern, die nicht in der gesetzlichen Rentenversicherung pflichtversichert sind und deshalb auch keinen Arbeitnehmerbeitrag zur gesetzlichen Rentenversicherung zu leisten haben (z. B. als Praktikanten oder aus anderen Gründen),
- Arbeitnehmern, wenn der Arbeitgeber nach § 20 Absatz 3 Satz 1 SGB IV den Gesamtsozialversicherungsbeitrag allein trägt (u. a. Auszubildende mit einem Arbeitsentgelt von bis zu monatlich 325 Euro).

Bei Befreiung von der Versicherungspflicht in der gesetzlichen Rentenversicherung auf eigenen Antrag aufgrund einer der in R 3.62 Absatz 3 LStR genannten Vorschriften ist der Teilbetrag für die Rentenversicherung nur in den Fällen des § 3 Nummer 62 Satz 2 Buchstabe b (gesetzliche Rentenversicherung) und c (berufsständische Versorgungseinrichtung) EStG, nicht jedoch in den Fällen des § 3 Nummer 62 Satz 2 Buchstabe a EStG (Lebensversicherung) anzusetzen.

In Fällen, in denen die Verpflichtung besteht, Beiträge zur Alterssicherung an einen ausländischen Sozialversicherungsträger abzuführen, hat der Arbeitgeber bei der Berechnung der Vorsorgepauschale einen Teilbetrag für die Rentenversicherung nur zu berücksichtigen, wenn der abzuführende Beitrag – zumindest teilweise – einen Arbeitnehmeranteil enthält und dem Grunde nach zu einem Sonderausgabenabzug führen kann (§ 10 Absatz 1 Nummer 2 Buchstabe a EStG). Es ist nicht erforderlich, dass die Bundesrepublik Deutschland über das Gemeinschaftsrecht der Europäischen Union mit dem anderen Staat auf dem Gebiet der Sozialversicherung verbunden oder dass ein Sozialversicherungsabkommen mit dem anderen Staat geschlossen worden ist. Besteht Sozialversicherungspflicht im Inland und parallel im Ausland, bleiben im Lohnsteuerabzugsverfahren die Beiträge an den ausländischen Sozialversicherungsträger unberücksichtigt.

(Zu LStH 39b.7, 42b) **Anlage § 039b-05/Vorsorgepauschale in Lohnsteuerabzugsverfahren**

4. Teilbetrag für die gesetzliche Krankenversicherung (§ 39b Absatz 2 Satz 5 Nummer 3 Buchstabe b EStG)

Auf Grundlage des steuerlichen Arbeitslohns wird unabhängig von der Berechnung der tatsächlich abzuführenden Krankenversicherungsbeiträge typisierend ein Arbeitnehmeranteil für die Krankenversicherung eines pflichtversicherten Arbeitnehmers berechnet, wenn der Arbeitnehmer in der gesetzlichen Krankenversicherung pflichtversichert oder freiwillig versichert ist (z. B. bei höher verdienenden Arbeitnehmern). Der typisierte Arbeitnehmeranteil ist auch anzusetzen bei in der gesetzlichen Krankenversicherung versicherten Arbeitnehmern, die die anfallenden Krankenversicherungsbeiträge in voller Höhe allein tragen müssen (z. B. freiwillig versicherte Beamte, Empfänger von Versorgungsbezügen). Der entsprechende Teilbetrag ist jedoch nur zu berücksichtigen, wenn der Arbeitnehmer Beiträge zur inländischen gesetzlichen Krankenversicherung leistet; andernfalls ist für Kranken- und Pflegeversicherungsbeiträge immer die Mindestvorsorgepauschale (Tz. 7) anzusetzen. Besteht Sozialversicherungspflicht im Inland und parallel im Ausland, bleiben im Lohnsteuerabzugsverfahren die Beiträge an den ausländischen Sozialversicherungsträger unberücksichtigt. Den Arbeitnehmeranteil für die Versicherung in der gesetzlichen Krankenversicherung darf der Arbeitgeber nur ansetzen, wenn er von einer entsprechenden Versicherung Kenntnis hat (z. B. bei Zahlung eines steuerfreien Zuschusses oder nach Vorlage eines geeigneten Nachweises durch den Arbeitnehmer).

Beispiel:

Lediglich der Beihilfestelle, nicht jedoch der Besoldungsstelle ist bekannt, dass ein Beamter freiwillig gesetzlich krankenversichert ist.

Die Besoldungsstelle berücksichtigt beim Lohnsteuerabzug die Mindestvorsorgepauschale (Tz. 7).

Für geringfügig beschäftigte Arbeitnehmer (geringfügig entlohnte Beschäftigung sowie kurzfristige Beschäftigung), bei denen die Lohnsteuer nach den individuellen Lohnsteuerabzugsmerkmalen erhoben wird, ist kein Teilbetrag für die gesetzliche Krankenversicherung anzusetzen, wenn kein Arbeitnehmeranteil für die Krankenversicherung zu entrichten ist. Entsprechendes gilt für andere Arbeitnehmer, wenn kein Arbeitnehmeranteil zu entrichten ist; dies ist regelmäßig bei Schülern und Studenten der Fall. In den entsprechenden Fällen ist in den Lohnsteuerberechnungsprogrammen (siehe z. B. Bekanntmachung des BMF vom 20. Februar 2013, betreffend den geänderten Programmablaufplan für die maschinelle Berechnung der vom Arbeitslohn einzubehaltenden Lohnsteuer etc. für 2013, BStBl. I Seite 221) unter dem Eingangsparameter „PKV" der Wert „1" einzugeben. Zum Ansatz der Mindestvorsorgepauschale vergleiche Tz. 7.

5. Teilbetrag für die soziale Pflegeversicherung (§ 39b Absatz 2 Satz 5 Nummer 3 Buchstabe c EStG)

Der Teilbetrag für die soziale Pflegeversicherung wird bei Arbeitnehmern angesetzt, die in der inländischen sozialen Pflegeversicherung versichert sind. Der Teilbetrag ist unter Berücksichtigung des Grundsatzes „Pflegeversicherung folgt Krankenversicherung" auch dann anzusetzen, wenn der Arbeitnehmer gesetzlich krankenversichert, jedoch privat pflegeversichert ist. Besteht Sozialversicherungspflicht im Inland und parallel im Ausland, bleiben im Lohnsteuerabzugsverfahren die Beiträge an den ausländischen Sozialversicherungsträger unberücksichtigt.

Länderspezifische Besonderheiten bei den Beitragssätzen sind zu berücksichtigen (höherer Arbeitnehmeranteil in Sachsen [zzt. 1,525 % statt 1,025 %]).

Der Beitragszuschlag für Arbeitnehmer ohne Kinder ist ebenfalls zu berücksichtigen (§ 55 Absatz 3 SGB XI [zzt. 0,25 %]).

6. Teilbetrag für die private Basiskranken- und Pflege-Pflichtversicherung (§ 39b Absatz 2 Satz 5 Nummer 3 Buchstabe d EStG)

Der Teilbetrag für die private Basiskranken- und Pflege-Pflichtversicherung wird bei Arbeitnehmern angesetzt, die nicht in der gesetzlichen Krankenversicherung und sozialen Pflegeversicherung versichert sind (z. B. privat versicherte Beamte, beherrschende Gesellschafter-Geschäftsführer und höher verdienende Arbeitnehmer).

In den Steuerklassen I bis V können die dem Arbeitgeber mitgeteilten privaten Basiskranken- und Pflege-Pflichtversicherungsbeiträge berücksichtigt werden (Tz. 6.1 und 6.2). Hiervon ist ein – unabhängig vom tatsächlich zu zahlenden Zuschuss – typisierend berechneter Arbeitgeberzuschuss abzuziehen, wenn der Arbeitgeber nach § 3 Nummer 62 EStG steuerfreie Zuschüsse zu einer privaten Kranken- und Pflegeversicherung des Arbeitnehmers zu leisten hat. Die Beitragsbemessungsgrenze und landesspezifische Besonderheiten bei der Verteilung des Beitragssatzes für die Pflegeversicherung auf Arbeitgeber und Arbeitnehmer (niedrigerer Arbeitgeberanteil in Sachsen [zzt. 0,525 % statt 1,025 %]) sind zu beachten.

Anlage § 039b-05/Vorsorgepauschale in Lohnsteuerabzugsverfahren (Zu LStH 39b.7, 42b)

6.1 Mitteilung der privaten Basiskranken- und Pflege-Pflichtversicherungsbeiträge durch den Arbeitnehmer

Es ist die Mindestvorsorgepauschale (Tz. 7) zu berücksichtigen, wenn der Arbeitnehmer dem Arbeitgeber die abziehbaren privaten Basiskranken- und Pflege-Pflichtversicherungsbeiträge nicht mitteilt (Beitragsbescheinigung des Versicherungsunternehmens). Die mitgeteilten Beiträge sind maßgebend, wenn sie höher sind als die Mindestvorsorgepauschale. Beitragsbescheinigungen ausländischer Versicherungsunternehmen darf der Arbeitgeber nicht berücksichtigen. Gesetzlich versicherte Arbeitnehmer können im Lohnsteuerabzugsverfahren keine Beiträge für eine private Basiskranken- und Pflege-Pflichtversicherung nachweisen; dies gilt auch hinsichtlich der Beiträge eines privat versicherten Ehegatten oder Lebenspartners des Arbeitnehmers (siehe unten).

Die mitgeteilten Beiträge privat versicherter Arbeitnehmer hat der Arbeitgeber im Rahmen des Lohnsteuerabzugs zu berücksichtigen. Einbezogen werden können Beiträge für die eigene private Basiskranken- und Pflege-Pflichtversicherung des Arbeitnehmers einschließlich der entsprechenden Beiträge für den mitversicherten, nicht dauernd getrennt lebenden, unbeschränkt einkommensteuerpflichtigen Ehegatten oder Lebenspartner und für mitversicherte Kinder, für die der Arbeitnehmer einen Anspruch auf einen Freibetrag für Kinder (§ 32 Absatz 6 EStG) oder auf Kindergeld hat. Über diesen Weg sind auch private Versicherungsbeiträge eines selbst versicherten, nicht dauernd getrennt lebenden, unbeschränkt einkommensteuerpflichtigen Ehegatten oder Lebenspartners des Arbeitnehmers zu berücksichtigen, sofern dieser keine Einkünfte i. S. d. § 2 Absatz 1 Nummer 1 bis 4 EStG (Einkünfte aus Land- und Forstwirtschaft, Gewerbebetrieb, selbständiger Arbeit und nichtselbständiger Arbeit) erzielt. Der Arbeitgeber hat nicht zu prüfen, ob die Voraussetzungen für die Berücksichtigung der Versicherungsbeiträge des selbst versicherten Ehegatten oder Lebenspartners bei der Vorsorgepauschale des Arbeitnehmers erfüllt sind. Eine ggf. erforderliche Korrektur bleibt einer Pflichtveranlagung (§ 46 Absatz 2 Nummer 3 EStG, Tz. 9) vorbehalten. Versicherungsbeiträge selbst versicherter Kinder sind nicht zu berücksichtigen.

Der Arbeitgeber kann die Beitragsbescheinigung oder die geänderte Beitragsbescheinigung entsprechend ihrer zeitlichen Gültigkeit beim Lohnsteuerabzug – auch rückwirkend – berücksichtigen. Bereits abgerechnete Lohnabrechnungszeiträume müssen nicht nachträglich geändert werden. Dies gilt nicht nur, wenn die Beiträge einer geänderten Beitragsbescheinigung rückwirkend höher sind, sondern auch im Falle niedrigerer Beiträge. Im Hinblick auf die Bescheinigungspflicht des Arbeitgebers nach § 41b Absatz 1 Satz 2 Nummer 15 EStG und die ggf. bestehende Veranlagungspflicht nach § 46 Absatz 2 Nummer 3 EStG (Tz. 9) ist keine Anzeige i. S. d. § 41c Absatz 4 EStG erforderlich.

Der Arbeitnehmer hat folgende Beitragsbescheinigungen des Versicherungsunternehmens im Rahmen des Lohnsteuerabzugs zu berücksichtigen:

- eine bis zum 31. März des Kalenderjahres vorgelegte Beitragsbescheinigung über die voraussichtlichen privaten Basiskranken- und Pflege-Pflichtversicherungsbeiträge des Vorjahres,

- eine Beitragsbescheinigung über die voraussichtlichen privaten Basiskranken- und Pflege-Pflichtversicherungsbeiträge des laufenden Kalenderjahres oder

- eine Beitragsbescheinigung über die nach § 10 Absatz 2a Satz 4 Nummer 2 EStG übermittelten Daten für das Vorjahr.

Eine dem Arbeitgeber vorliegende Beitragsbescheinigung ist auch im Rahmen des Lohnsteuerabzugs der Folgejahre (weiter) zu berücksichtigen, wenn keine neue Beitragsbescheinigung vorgelegt wird.

Sind die als Sonderausgaben abziehbaren privaten Kranken- und Pflege-Pflichtversicherungsbeiträge höher als die im Lohnsteuerabzugsverfahren berücksichtigten Beiträge, kann der Arbeitnehmer die tatsächlich gezahlten Beiträge bei der Veranlagung zur Einkommensteuer geltend machen. Sind die Beiträge niedriger, kommt eine Pflichtveranlagung in Betracht, wenn die entsprechenden Arbeitslohngrenzen überschritten werden (§ 46 Absatz 2 Nummer 3 EStG, Tz. 9).

6.2 Mitteilung der privaten Basiskranken- und Pflege-Pflichtversicherungsbeiträge mittels ELStAM (§ 39 Absatz 4 Nummer 4 i. V. m. § 52 Absatz 50g EStG)

Im Rahmen des ELStAM-Verfahrens (Elektronische LohnSteuerAbzugsMerkmale) wird das Mitteilungsverfahren (Tz. 6.1) abgelöst durch eine elektronische Bereitstellung der privaten Basiskranken- und Pflege-Pflichtversicherungsbeiträge (§ 39 Absatz 4 Nummer 4 EStG). Der Verfahrenseinsatz wird durch BMF-Schreiben mitgeteilt (§ 52 Absatz 50g EStG).

(Zu LStH 39b.7, 42b) **Anlage § 039b-05/Vorsorgepauschale in Lohnsteuerabzugsverfahren**

6.3 Bescheinigung der Beiträge des Arbeitnehmers zur gesetzlichen Krankenversicherung und zur sozialen Pflegeversicherung (§ 41b Absatz 1 Satz 2 Nummer 13 EStG)

Unter Nummer 25 und 26 der Lohnsteuerbescheinigung (siehe z. B. BMF-Schreiben 28. August 2013, BStBl. I Seite 1132) sind Beiträge des Arbeitnehmers zur inländischen gesetzlichen Krankenversicherung und zur inländischen sozialen Pflegeversicherung zu bescheinigen. Beiträge an ausländische Sozialversicherungsträger sind nicht zu bescheinigen.

7. Mindestvorsorgepauschale für Kranken- und Pflegeversicherungsbeiträge (§ 39b Absatz 2 Satz 5 Nummer 3 dritter Teilsatz EStG)

Die Mindestvorsorgepauschale (§ 39b Absatz 2 Satz 5 Nummer 3 dritter Teilsatz EStG) in Höhe von 12 % des Arbeitslohns mit einem Höchstbetrag von jährlich 1 900 Euro (in Steuerklasse III 3 000 Euro) ist anzusetzen, wenn sie höher ist als die Summe der Teilbeträge für die gesetzliche Krankenversicherung (Tz. 4) und die soziale Pflegeversicherung (Tz. 5) oder die private Basiskranken- und Pflege-Pflichtversicherung (Tz. 6). Die Mindestvorsorgepauschale ist auch dann anzusetzen, wenn für den entsprechenden Arbeitslohn kein Arbeitnehmeranteil zur inländischen gesetzlichen Kranken- und sozialen Pflegeversicherung zu entrichten ist (z. B. bei geringfügig beschäftigten Arbeitnehmern, deren Arbeitslohn nicht nach § 40a EStG pauschaliert wird, und bei Arbeitnehmern, die Beiträge zu einer ausländischen Kranken- und Pflegeversicherung leisten). Die Mindestvorsorgepauschale ist in allen Steuerklassen zu berücksichtigen.

Neben der Mindestvorsorgepauschale wird der Teilbetrag der Vorsorgepauschale für die Rentenversicherung berücksichtigt, wenn eine Pflichtversicherung in der gesetzlichen Rentenversicherung oder wegen der Versicherung in einer berufsständischen Versorgungseinrichtung eine Befreiung von der gesetzlichen Rentenversicherungspflicht vorliegt (Tz. 3).

8. Lohnsteuer-Jahresausgleich durch den Arbeitgeber (§ 42b Absatz 1 Satz 3 Nummer 5 und § 39b Absatz 2 Satz 12 EStG)

Über die in § 42b Absatz 1 Satz 3 Nummer 5 EStG genannten Ausschlusstatbestände hinaus ist ein Lohnsteuer-Jahresausgleich durch den Arbeitgeber auch dann ausgeschlossen, wenn – bezogen auf den Teilbetrag der Vorsorgepauschale für die Rentenversicherung – der Arbeitnehmer innerhalb des Kalenderjahres nicht durchgängig zum Anwendungsbereich nur einer Beitragsbemessungsgrenze (West oder Ost) gehörte oder wenn – bezogen auf den Teilbetrag der Vorsorgepauschale für die Rentenversicherung oder die gesetzliche Kranken- und soziale Pflegeversicherung – innerhalb des Kalenderjahres nicht durchgängig ein Beitragssatz anzuwenden war. Für den permanenten Lohnsteuer-Jahresausgleich (§ 39b Absatz 2 Satz 12 EStG) gilt dies entsprechend.

9. Pflichtveranlagungstatbestand (§ 46 Absatz 2 Nummer 3 EStG)

Es besteht eine Pflicht zur Veranlagung zur Einkommensteuer, wenn bei einem Steuerpflichtigen die Summe der beim Lohnsteuerabzug berücksichtigten Teilbeträge der Vorsorgepauschale für die gesetzliche und private Kranken- und Pflegeversicherung höher ist als die bei der Veranlagung als Sonderausgaben abziehbaren Vorsorgeaufwendungen nach § 10 Absatz 1 Nummer 3 und 3a in Verbindung mit Absatz 4 EStG und die entsprechenden Arbeitslohngrenzen überschritten werden.

Dies gilt auch, wenn die beim Lohnsteuerabzug berücksichtigte Mindestvorsorgepauschale (Tz. 7) höher ist als die bei der Veranlagung zur Einkommensteuer als Sonderausgaben abziehbaren Vorsorgeaufwendungen.

10. Lohnsteuertabellen zur manuellen Berechnung der Lohnsteuer (§ 51 Absatz 4 Nummer 1a EStG)

Aus Vereinfachungsgründen wird bei der Erstellung der Lohnsteuertabellen – bezogen auf die Berücksichtigung der Vorsorgepauschale – der Beitragszuschlag für Kinderlose (§ 55 Absatz 3 SGB XI) nicht berücksichtigt (siehe z. B. Bekanntmachung des BMF vom 20. Februar 2013, betreffend den geänderten Programmablaufplan für die Erstellung von Lohnsteuertabellen für 2013, BStBl. I Seite 221). Die länderspezifische Besonderheit bei der sozialen Pflegeversicherung (Tz. 5, höherer Arbeitnehmeranteil in Sachsen [zzt. 1,525 % statt 1,025 %]) ist jedoch bei der Erstellung von Lohnsteuertabellen zu beachten. Es bestehen keine Bedenken, wenn die Lohnsteuer mittels einer Lohnsteuertabelle berechnet wird, die die Besonderheit nicht berücksichtigt, wenn der Arbeitnehmer einer entsprechenden Lohnsteuerberechnung nicht widerspricht.

Bei geringfügig beschäftigten Arbeitnehmern (geringfügig entlohnte Beschäftigung sowie kurzfristige Beschäftigung), bei denen die Lohnsteuer nach den individuellen Lohnsteuerabzugsmerkmalen erhoben wird und der Arbeitnehmer keinen eigenen Beitrag zur Rentenversicherung und Kranken-/Pflege-

Anlage § 039b-05/Vorsorgepauschale in Lohnsteuerabzugsverfahren (Zu LStH 39b.7, 42b)

versicherung zahlt, ist die Lohnsteuer mit der „Besonderen Lohnsteuertabelle" zu berechnen (siehe z.B. Bekanntmachung des BMF vom 20. Februar 2013, a. a. O.).

11. Pauschalierung der Lohnsteuer in besonderen Fällen (§ 40 Absatz 1 EStG)

Bei der Berechnung des durchschnittlichen Steuersatzes kann aus Vereinfachungsgründen davon ausgegangen werden, dass die betroffenen Arbeitnehmer in allen Zweigen der Sozialversicherung versichert sind und keinen Beitragszuschlag für Kinderlose (§ 55 Absatz 3 SGB XI) leisten. Die individuellen Verhältnisse aufgrund des Faktorverfahrens nach § 39f EStG bleiben unberücksichtigt.

12. Anwendungsregelung

Die Regelungen dieses Schreibens sind spätestens ab Veröffentlichung im Bundessteuerblatt Teil I zu beachten.

Das BMF-Schreiben vom 22. Oktober 2010 – IV C 5 – S 2367/09/10002, DOK 2010/0801807 – (BStBl. I Seite 1254) wird hiermit aufgehoben.

Dieses Schreiben wird im Bundessteuerblatt Teil I veröffentlicht.

(Zu LStH 39d) **Anlage § 039d-01/beschränkt einkommensteuerpflichtige Künstler**

Besteuerung der Einkünfte aus nichtselbständiger Arbeit bei beschränkt einkommensteuerpflichtigen Künstlern [1)]

BMF-Schreiben vom 31. Juli 2002 IV C 5 – S 2369 – 5/02 (BStBl. I S. 707)

Unter Bezugnahme auf das Ergebnis der Erörterung mit den obersten Finanzbehörden der Länder gilt für die Besteuerung der Einkünfte aus nichtselbständiger Arbeit bei beschränkt einkommensteuerpflichtigen Künstlern Folgendes:

1. **Abgrenzung der nichtselbständigen Arbeit**

    Für die Abgrenzung zwischen selbständiger Tätigkeit und nichtselbständiger Tätigkeit bei beschränkter Einkommensteuerpflicht sind die Regelungen maßgebend, die für unbeschränkt einkommensteuerpflichtige Künstler in Tz. 1, insbesondere in Tz. 1.1.2, des BMF-Schreibens vom 5. Oktober 1990 (BStBl. I S. 638) getroffen worden sind. *– Anlage § 019-04 –*

2. **Steuerabzug vom Arbeitslohn**

    2.1 Verpflichtung zum Lohnsteuerabzug

    Die Einkünfte der beschränkt einkommensteuerpflichtigen Künstler aus nichtselbständiger Arbeit unterliegen ab 1996 nicht mehr der Abzugssteuer nach § 50a Abs. 4 EStG, sondern der Lohnsteuer, wenn der Arbeitgeber ein inländischer Arbeitgeber im Sinne des § 38 Abs. 1 Satz 1 Nr. 1 EStG ist, der den Lohnsteuerabzug durchzuführen hat.

    2.2 Freistellung vom Lohnsteuerabzug

    Der Lohnsteuerabzug darf nur dann unterbleiben, wenn der Arbeitslohn nach den Vorschriften eines Doppelbesteuerungsabkommens von der deutschen Lohnsteuer freizustellen ist. Dies ist vielfach für künstlerische Tätigkeiten im Rahmen eines Kulturaustausches vorgesehen. Das Betriebsstättenfinanzamt hat auf Antrag des Arbeitnehmers oder des Arbeitgebers (im Namen des Arbeitnehmers) eine entsprechende Freistellungsbescheinigung nach R 123 LStR zu erteilen (§ 39b Abs. 6 in Verbindung mit § 39d Abs. 3 Satz 4 EStG).

3. **Erhebung der Lohnsteuer nach den Regelvorschriften**

    3.1 Bescheinigung des Betriebsstättenfinanzamts

    Zur Durchführung des Lohnsteuerabzugs hat das Betriebsstättenfinanzamt auf Antrag des Arbeitnehmers oder des Arbeitgebers (im Namen des Arbeitnehmers) eine Bescheinigung über die maßgebende Steuerklasse und den vom Arbeitslohn ggf. abzuziehenden Freibetrag zu erteilen (§ 39d Abs. 1 Satz 3 und Abs. 2 EStG). Dabei kommt ein Freibetrag nur in Betracht, soweit die Werbungskosten, die im wirtschaftlichen Zusammenhang mit der im Inland ausgeübten künstlerischen Tätigkeit stehen, den zeitanteiligen Arbeitnehmer-Pauschbetrag (§ 9a Satz 1 Nr. 1 EStG) und die abziehbaren Ausgaben für steuerbegünstigte Zwecke im Sinne des § 10b EStG den zeitanteiligen Sonderausgaben-Pauschbetrag (§ 10c Abs. 1 EStG) übersteigen (§ 50 Abs. 1 Satz 6 EStG). *– Jetzt § 50 Absatz 1 Satz 5 EStG –*

    Der Zeitanteil des Arbeitnehmer-Pauschbetrags und des Sonderausgaben-Pauschbetrags bestimmt sich nach der (voraussichtlichen) Dauer des jeweiligen Dienstverhältnisses. Dabei ist der Beginn des Dienstverhältnisses besonders anzugeben. Auf Antrag kann der Beginn des Dienstverhältnisses zurückdatiert werden, soweit glaubhaft gemacht ist, dass der Künstler in der Zwischenzeit nicht bereits für einen anderen inländischen Arbeitgeber als Arbeitnehmer beschäftigt war. Dabei gilt jedoch die Einschränkung, dass für je zwei Tage der tatsächlichen Beschäftigungsdauer nur eine Zurückdatierung um eine Woche, insgesamt jedoch höchstens um einen Monat zulässig ist. Tz. 2.2.1 des BMF-Schreibens vom 5. Oktober 1990 (BStBl. I S. 638) ist sinngemäß anzuwenden.

    Der ermittelte Freibetrag ist durch Aufteilung in Monatsbeträge, erforderlichenfalls auch in Wochen- und Tagesbeträge, ebenfalls auf die (voraussichtliche) Dauer des Dienstverhältnisses zu verteilen; auf Antrag des Künstlers kann nach R 125 Abs. 8 LStR auch die restliche Dauer des Dienstverhältnisses zu Grunde gelegt werden.

    Die Bescheinigung ist vom Arbeitgeber als Beleg zum Lohnkonto aufzubewahren (§ 39d Abs. 3 Satz 2 EStG). Für Künstler, die bei mehreren inländischen Arbeitgebern beschäftigt werden, sind entsprechend viele Bescheinigungen zu erteilen; R 125 Abs. 7 Satz 2 LStR ist zu beachten.

    3.2 Ermittlung der Lohnsteuer

    Der Arbeitgeber hat die Lohnsteuer nach Maßgabe des § 39b Abs. 2 bis 6 und § 39c Abs. 1 und 2 in Verbindung mit § 39d Abs. 3 Satz 4 EStG zu ermitteln. Der Ermittlung ist der steuerpflichtige Ar-

---

[1)] Die nachfolgenden Regeln gelten grundsätzlich auch im ELStAM-Verfahren.

Anlage § 039d-01/beschränkt einkommensteuerpflichtige Künstler (Zu LStH 39d)

beitslohn und die Vorsorgepauschale nach § 10c Abs. 2 EStG zu Grunde zu legen. Zum steuerpflichtigen Arbeitslohn gehören nicht die steuerfreien Bezüge im Sinne des § 3 EStG, insbesondere die steuerfreien Reisekostenvergütungen nach § 3 Nr. 13 und 16 EStG.

Bei täglicher Lohnzahlung ist nach den Regelungen des § 39b Abs. 2 Sätze 5 bis 12 EStG zu verfahren. Stellt sich die tägliche Lohnzahlung lediglich als Abschlagszahlung dar, kann der Lohnabrechnungszeitraum als Lohnzahlungszeitraum behandelt werden (§ 39b Abs. 5 in Verbindung mit § 39d Abs. 3 Satz 4 EStG). Auf Lohnzahlungen, die nicht als Abschlagszahlungen angesehen werden können, kann der Arbeitgeber eines der Verfahren im Sinne der Tz. 2.2.1 bis 2.2.3 des BMF-Schreibens vom 5. Oktober 1990 (BStBl. I S. 638) anwenden. Dabei tritt anstelle des Zeitraumes, der nach der Lohnsteuerbescheinigung nicht belegt ist, der Zeitraum, um den der Beginn des Dienstverhältnisses vom Betriebsstättenfinanzamt nach Tz. 3.1 dieses Schreibens zurückdatiert worden ist. *– Anlage § 019-04 –*

3.3 Lohnsteuerbescheinigung

Eine Lohnsteuerbescheinigung ist vom Arbeitgeber nur auf besonderen Antrag des Künstlers zu erteilen (§ 39d Abs. 3 Satz 5 EStG). Sie ist erforderlich, wenn der Künstler Staatsangehöriger eines Mitgliedstaates der Europäischen Union oder von Island, Liechtenstein oder Norwegen ist, in einem dieser Staaten ansässig ist und eine Veranlagung zur Einkommensteuer beantragen will (vgl. § 50 Abs. 5 Satz 2 Nr. 2 EStG). *– Jetzt § 50 Absatz 2 EStG –*

4. Pauschale Erhebung der Lohnsteuer

4.1 Vereinfachungsmaßnahme

Wegen der besonderen Schwierigkeiten, die mit der Anwendung der Regelvorschriften nach Tz. 3.1 und 3.2 zur steuerlichen Erfassung der Einkünfte bei nur kurzfristig beschäftigten Künstlern verbunden sind, wird zugelassen, dass die Lohnsteuer nach Maßgabe folgender Regelungen pauschal erhoben wird. Der Arbeitgeber hat jedoch die Regelvorschriften anzuwenden, wenn der Arbeitnehmer dies verlangt.

4.2 Pauschal zu besteuernder Personenkreis

Der inländische Arbeitgeber kann die Lohnsteuer pauschal erheben bei beschränkt einkommensteuerpflichtigen Künstlern, die

– als gastspielverpflichtete Künstler bei Theaterbetrieben,
– als freie Mitarbeiter für den Hör- oder Fernsehfunk oder
– als Mitarbeiter in der Film- und Fernsehproduktion

nach Tz. 1.1.2, Tz. 1.3.1 (Tz. 1.3.7) bzw. Tz. 1.4 des BMF-Schreibens vom 5. Oktober 1990 (BStBl. I S. 638) nichtselbständig tätig sind und von dem Arbeitgeber nur kurzfristig, höchstens für sechs zusammenhängende Monate, beschäftigt werden. *– Anlage § 019-04 –*

4.3 Höhe der pauschalen Lohnsteuer

Die pauschale Lohnsteuer bemisst sich nach den gesamten Einnahmen des Künstlers einschließlich der Beträge im Sinne des § 3 Nr. 13 und 16 EStG. Abzüge, z.B. für Werbungskosten, Sonderausgaben und Steuern, sind nicht zulässig. Die pauschale Lohnsteuer beträgt 30 v.H. (ab 2003: 25 v. H.) der Einnahmen, wenn der Künstler die Lohnsteuer trägt. Übernimmt der Arbeitgeber die Lohnsteuer und den Solidaritätszuschlag von 5,5 v.H. der Lohnsteuer, so beträgt die pauschale Lohnsteuer 43,89 v.H. (ab 2003: 33,95 v.H.) der Einnahmen; sie beträgt 30,50 v.H. (ab 2003: 25,35 v.H.) der Einnahmen, wenn der Arbeitgeber nur den Solidaritätszuschlag übernimmt. Der Solidaritätszuschlag beträgt zusätzlich jeweils 5,5 v.H. der Lohnsteuer.

4.4 Lohnsteuerbescheinigung

Die Verpflichtung des Arbeitgebers, auf Verlangen des Künstlers eine Lohnsteuerbescheinigung zu erteilen (§ 39d Abs. 3 Satz 5 EStG), wird durch die pauschale Lohnsteuererhebung nicht berührt. Dasselbe gilt für das Veranlagungswahlrecht bestimmter Staatsangehöriger nach § 50 Abs. 5 Satz 2 Nr. 2 EStG *(Jetzt § 50 Absatz 2 EStG)*. In die Lohnsteuerbescheinigung sind aber die Einnahmen im Sinne des § 3 Nr. 13 und 16 EStG nicht einzubeziehen. Die pauschale Lohnsteuer ist nach § 36 Abs. 2 Satz 2 Nr. 2 EStG auf die veranlagte Einkommensteuer anzurechnen.

Dieses Schreiben tritt an die Stelle der BMF-Schreiben vom 15. Januar 1996 (BStBl. I S. 55) und vom 3. März 1998 (BStBl. I S. 261).

(Zu LStH 39d) **Anlage § 039d-01/beschränkt einkommensteuerpflichtige Künstler**

Besteuerung der Einkünfte aus nichtselbständiger Arbeit bei beschränkt einkommensteuerpflichtigen Künstlern; Pauschsteuersatz für in Deutschland kurzfristig abhängig Beschäftigte ausländische Künstler

BMF-Schreiben vom 28. März 2013 IV C 5 – S 2332/09/10002 2013/0298100 (BStBl. I Seite 443)

Unter Bezugnahme auf das Ergebnis der Erörterung mit den obersten Finanzbehörden der Länder wird die Tz. 4.3 des BMF-Schreibens vom 31. Juli 2002 – IV C 5 – S 2369 – 5/02 – (BStBl. I Seite 707) wie folgt gefasst:

„**4.3 Höhe der pauschalen Lohnsteuer**

Die pauschale Lohnsteuer bemisst sich nach den gesamten Einnahmen des Künstlers einschließlich der Beträge im Sinne des § 3 Nr. 13 und 16 EStG. Abzüge, z. B. für Werbungskosten, Sonderausgaben und Steuern, sind nicht zulässig. Die pauschale Lohnsteuer beträgt 20 % der Einnahmen, wenn der Künstler die Lohnsteuer trägt. Übernimmt der Arbeitgeber die Lohnsteuer und den Solidaritätszuschlag von 5,5 % der Lohnsteuer, so beträgt die Lohnsteuer 25,35 % der Einnahmen; sie beträgt 20,22 % der Einnahmen, wenn der Arbeitgeber nur den Solidaritätszuschlag übernimmt. Der Solidaritätszuschlag beträgt zusätzlich jeweils 5,5% der Lohnsteuer."

Tz. 4.3 in der Fassung dieses BMF-Schreibens ist erstmals anzuwenden für Einnahmen, die nach dem 30. Juni 2013 zufließen.

Dieses Schreiben wird im Bundessteuerblatt Teil I veröffentlicht. Es steht ab sofort für eine Übergangszeit auf den Internetseiten des Bundesministeriums der Finanzen zur Ansicht und zum Abruf bereit.

Anlage § 039e-01/ELStAM (Zu LStH 39e)

Elektronische Lohnsteuerabzugsmerkmale (ELStAM); Lohnsteuerabzug ab dem Kalenderjahr 2013 im Verfahren der elektronischen Lohnsteuerabzugsmerkmale

I a) BMF-Schreiben vom 7.8.2013 IV C 5 – S 2363/13/10003, 2013/0755076 (BStBl. I S. 951)

Im Einvernehmen mit den obersten Finanzbehörden der Länder gilt für den Lohnsteuerabzug ab dem Kalenderjahr 2013 im Verfahren der elektronischen Lohnsteuerabzugsmerkmale Folgendes:

Inhaltsverzeichnis		Randziffer
I.	Verfahren der elektronischen Lohnsteuerabzugsmerkmale	1-4
II.	Bildung und Inhalt der ELStAM	5-32
	1. ELStAM-Verfahren ab 2013	5-6
	2. Lohnsteuerabzugsmerkmale	7-8
	3. Bildung und Änderung der (elektronischen) Lohnsteuerabzugsmerkmale	9-12
	4. Zuständigkeit	13
	5. Steuerklassenbildung bei Ehegatten/Lebenspartnern	14-26
	6. Berücksichtigung von Kindern	27-32
III.	Durchführung des Lohnsteuerabzugs	33-108
	1. Elektronisches Verfahren	33-38
	2. Arbeitgeberpflichten	39-58
	3. Arbeitgeberwechsel	59-63
	4. Weiteres Dienstverhältnis	64-67
	5. Pflichten des Arbeitnehmers	68-74
	6. Rechte des Arbeitnehmers	75-85
	7. Im Inland nicht meldepflichtige Arbeitnehmer	86-92
	8. Durchführung des Lohnsteuerabzugs ohne ELStAM	93-103
	9. ELStAM bei verschiedenen Lohnarten	104-106
	10. Schutzvorschriften für die (elektronischen) Lohnsteuerabzugsmerkmale	107-108
IV.	Verfahrensrecht	109-112
V.	Härtefallregelung	113-122
VI.	Betrieblicher Lohnsteuer-Jahresausgleich (§ 42b EStG)	123
VII.	Lohnsteuerermäßigungsverfahren ab 2013	124-128
VIII.	Sonstiges	129-133

I. Verfahren der elektronischen Lohnsteuerabzugsmerkmale

1 Mit Wirkung ab dem 1. Januar 2012 sind die lohnsteuerlichen Verfahrensregelungen für das neue Verfahren der elektronischen Lohnsteuerabzugsmerkmale (ELStAM) in Kraft getreten. Als Einsatztermin für das Verfahren der elektronischen Lohnsteuerabzugsmerkmale (ELStAM-Verfahren) wurde der 1. November 2012 festgelegt (BMF-Schreiben vom 19. Dezember 2012 – IV C 5 – S 2363/07/0002-03, DOK 2012/1170782 –, BStBl. I Seite 1258, ELStAM-Startschreiben). Ab diesem Zeitpunkt stellt die Finanzverwaltung den Arbeitgebern die ELStAM für die Arbeitnehmer maschinell verwertbar zum Abruf zur Verfügung. Technische Informationen zum Verfahrensstart stehen unter https://www.elster.de/arbeitg_elstam.php zur Verfügung.

2 Im ELStAM-Verfahren ist allein die Finanzverwaltung für die Bildung der Lohnsteuerabzugsmerkmale und deren Bereitstellung für den Abruf durch den Arbeitgeber zuständig. Die steuerlichen Rechte und Pflichten der Arbeitgeber und Arbeitnehmer werden beibehalten. Es ist nicht vorgesehen und auch nicht erforderlich, dass der Arbeitnehmer sich vor Aufnahme einer Beschäftigung bzw. Beginn eines Dienstverhältnisses beim Finanzamt anmeldet oder einen Antrag zur Bildung der ELStAM stellt.

3 Ab dem Kalenderjahr 2013 ist der Arbeitgeber verpflichtet, den Arbeitnehmer bei Aufnahme des Dienstverhältnisses bei der Finanzverwaltung anzumelden und zugleich die ELStAM anzufordern. Diese Verpflichtung besteht auch, wenn das Finanzamt einen Härtefallantrag auf Nichtteilnahme am ELStAM-Verfahren (vgl. Rz. 113 bis 118, § 39e Absatz 7 EStG) abgelehnt hat. Hat das Finanzamt hingegen dem Antrag des Arbeitgebers auf Anwendung der Härtefallregelung zugestimmt, ist er von der

(Zu LStH 39e) **Anlage § 039e-01/ELStAM**

Verpflichtung zur Anwendung des ELStAM-Verfahrens befreit. Die Anforderung von ELStAM ist nur für im Betrieb beschäftigte Arbeitnehmer zulässig.

Nach dem Abruf sind die ELStAM in das Lohnkonto des Arbeitnehmers zu übernehmen und entsprechend deren Gültigkeit für die Dauer des Dienstverhältnisses für den Lohnsteuerabzug anzuwenden. Etwaige Änderungen stellt die Finanzverwaltung dem Arbeitgeber monatlich zum Abruf bereit. Der Arbeitgeber soll dem Arbeitnehmer die Anwendung des ELStAM-Verfahrens zeitnah mitteilen. Wird das Dienstverhältnis beendet, hat der Arbeitgeber das Beschäftigungsende (Datum) der Finanzverwaltung unverzüglich auf elektronischem Weg nach amtlich vorgeschriebenem Datensatz mitzuteilen.

II. Bildung und Inhalt der ELStAM

1. ELStAM-Verfahren ab 2013

Gemäß dem ELStAM-Startschreiben vom 19. Dezember 2012, a. a. O., hat der Arbeitgeber die ELStAM der Arbeitnehmer ab dem 1. Januar 2013 anzuwenden. Das Kalenderjahr 2013 ist als Einführungszeitraum (§ 52b Absatz 5 Satz 2 EStG) bestimmt worden.

Soweit ein Arbeitgeber für die Durchführung des Lohnsteuerabzugs Lohnsteuerabzugsmerkmale benötigt, werden sie auf Veranlassung des Arbeitnehmers gebildet (§ 39 Absatz 1 Satz 1 EStG). Die Bildung der ELStAM erfolgt grundsätzlich automatisiert durch die Finanzverwaltung (Bundeszentralamt für Steuern, § 39e Absatz 1 Satz 1 EStG). Soweit das Finanzamt auf Antrag des Arbeitnehmers Lohnsteuerabzugsmerkmale nach § 39 Absatz 1 und 2 EStG bildet (z. B. Freibeträge nach § 39a EStG oder Steuerklassen nach antragsgebundenem Steuerklassenwechsel), teilt es diese dem Bundeszentralamt für Steuern zum Zweck der Bereitstellung für den automatisierten Abruf durch den Arbeitgeber mit.

2. Lohnsteuerabzugsmerkmale

Als Lohnsteuerabzugsmerkmale kommen in Betracht (§ 39 Absatz 4 EStG):

1. Steuerklasse (§ 38b Absatz 1 EStG) und Faktor (§ 39f EStG),
2. Zahl der Kinderfreibeträge bei den Steuerklassen I bis IV (§ 38b Absatz 2 EStG),
3. Freibetrag und Hinzurechnungsbetrag (§ 39a EStG),
4. Höhe der Beiträge für eine private Krankenversicherung und für eine private Pflege-Pflichtversicherung (§ 39b Absatz 2 Satz 5 Nummer 3 Buchstabe d EStG) für die Dauer von zwölf Monaten,
5. Mitteilung, dass der von einem Arbeitgeber gezahlte Arbeitslohn nach einem Abkommen zur Vermeidung der Doppelbesteuerung von der Lohnsteuer freizustellen ist,
6. die für den Kirchensteuerabzug erforderlichen Merkmale (§ 34e Absatz 3 Satz 1 EStG).

Die unter Nummer 4 und 5 aufgeführten Lohnsteuerabzugsmerkmale sollen erst in einer weiteren programmtechnischen Ausbaustufe des Verfahrens als ELStAM berücksichtigt werden (§ 52 Absatz 50g und Absatz 51b EStG). Gleiches gilt für die Möglichkeit, einen Freibetrag und Hinzurechnungsbetrag für die Dauer von zwei Kalenderjahren zu bilden (§ 39a Absatz 1 Satz 3 und § 52 Absatz 50h EStG). Zur vereinfachten Berücksichtigung der Beiträge für eine private Krankenversicherung und für eine private Pflege-Pflichtversicherung wird auf das BMF-Schreiben vom 22. Oktober 2010, BStBl. I Seite 1254, Tz. 6.1, verwiesen.

3. Bildung und Änderung der (elektronischen) Lohnsteuerabzugsmerkmale

Für die (erstmalige) Bildung der (elektronischen) Lohnsteuerabzugsmerkmale stehen zwei Möglichkeiten zur Verfügung:

1. Im Regelfall erfolgt die erstmalige Bildung der ELStAM zu Beginn eines Dienstverhältnisses aufgrund der Anmeldung des Arbeitnehmers durch seinen Arbeitgeber bei der Finanzverwaltung mit dem Ziel, die ELStAM des Arbeitnehmers abzurufen (§ 39e Absatz 4 Satz 2 EStG).
2. Soweit Lohnsteuerabzugsmerkmale nicht automatisiert gebildet werden oder davon abweichend zu bilden sind (z. B. Freibeträge nach § 39a EStG oder Steuerklassen nach antragsgebundenem Steuerklassenwechsel), erfolgt die Bildung der Lohnsteuerabzugsmerkmale auf Antrag des Arbeitnehmers durch das Finanzamt (§ 39 Absatz 1 und 2 EStG).

Lohnsteuerabzugsmerkmale werden sowohl für ein erstes als auch für jedes weitere Dienstverhältnis gebildet (§ 39 Absatz 1 Satz 1 EStG). Auf Antrag des Arbeitnehmers teilt ihm das Finanzamt – auch im Hinblick auf ein zukünftiges Dienstverhältnis – seine (elektronischen) Lohnsteuerabzugsmerkmale mit (§ 39e Absatz 6 Satz 4 EStG).

Grundlage für die Bildung der Lohnsteuerabzugsmerkmale sind die von den Meldebehörden mitgeteilten melderechtlichen Daten (§ 39e Absatz 2 Satz 1 und 2 EStG), wobei die Finanzverwaltung

Anlage § 039e-01/ELStAM (Zu LStH 39e)

grundsätzlich an diese melderechtlichen Daten gebunden ist (§ 39 Absatz 1 Satz 3 EStG). Änderungen der melderechtlichen Daten sind von den Meldebehörden dem Bundeszentralamt für Steuern tagesaktuell mitzuteilen und in dessen Datenbank für die elektronischen Lohnsteuerabzugsmerkmale (ELStAM-Datenbank) zu speichern. Dies ermöglicht der Finanzverwaltung, z. B. künftig die Steuerklassen bei Änderung des Familienstands automatisch zu bilden und zu ändern. Auslöser hierfür sind jeweils die Mitteilungen der Meldebehörden. Bei der automatischen Änderung kann es eventuell zu zeitlichen Verzögerungen kommen, die das Finanzamt nicht beeinflussen kann.

12 In begründeten Ausnahmefällen hat das Finanzamt rechtliche Prüfungen zu melderechtlichen Merkmalen vorzunehmen und bei abweichenden Feststellungen selbst eine Entscheidung über die zutreffende Besteuerung zu treffen. Trifft das Finanzamt in diesen Einzelfällen eine von den gespeicherten melderechtlichen Daten abweichende Entscheidung für die Besteuerung, werden die Lohnsteuerabzugsmerkmale nicht auf Basis der ELStAM-Datenbank gebildet. Das Finanzamt stellt in diesen Fällen eine jahresbezogene Bescheinigung für den Lohnsteuerabzug aus, anhand derer der Arbeitgeber den Lohnsteuerabzug durchzuführen hat (§ 39 Absatz 1 Satz 2 EStG). Der Abruf der ELStAM wird zugleich für den Gültigkeitszeitraum der Bescheinigung allgemein gesperrt; vgl. im Übrigen Rz. 33 bis 38. Für Änderungen im Melderegister bleiben weiterhin allein die Meldebehörden zuständig.

4. Zuständigkeit

13 Die Zuständigkeit für die Bildung der Lohnsteuerabzugsmerkmale für nach § 1 Absatz 1 EStG unbeschränkt einkommensteuerpflichtige Arbeitnehmer richtet sich nach den Vorschriften der AO. Zuständiges Finanzamt ist in der Regel das Wohnsitzfinanzamt. Abweichend hiervon kann dies nach Zuständigkeitsverordnungen der Länder auch das für die Veranlagung zur Einkommensteuer zuständige Finanzamt sein (z. B. durch Zentralisierungsmaßnahmen in Großstädten).

5. Steuerklassenbildung bei Ehegatten/Lebenspartnern

14 Ändert sich der Familienstand eines Arbeitnehmers, z. B. durch Eheschließung, Tod des Ehegatten oder Scheidung, übermitteln die nach Landesrecht für das Meldewesen zuständigen Behörden (Meldebehörden) die melderechtlichen Änderungen des Familienstands automatisch an die Finanzverwaltung.

Eheschließung

15 Heiraten Arbeitnehmer, teilen die zuständigen Meldebehörden der Finanzverwaltung den Familienstand „verheiratet", das Datum der Eheschließung und die Identifikationsnummer des Ehegatten mit. Dadurch werden beide Ehegatten programmgesteuert in die Steuerklasse IV eingereiht, wenn sie unbeschränkt einkommensteuerpflichtig sind und nicht dauernd getrennt leben (§ 39e Absatz 3 Satz 3 Nummer 2 EStG). Die Steuerklasse IV wird mit Wirkung vom Tag der Eheschließung zu vergeben. Nach dem derzeitigen Stand der Programmierung wird bei Eheschließungen ab dem Kalenderjahr 2012 ohne Ausnahme automatisiert die Steuerklasse IV gebildet (§ 52 Absatz 52 EStG). Für eine spätere programmtechnische Ausbaustufe des neuen Verfahrens ist auch die Möglichkeit der automatisierten Zuteilung der Steuerklasse III bei Heirat vorgesehen (§ 39e Absatz 3 Satz 3 Nummer 1 EStG).

16 Soll die automatisch gebildete Steuerklassenkombination aus Sicht des Arbeitnehmers nicht zur Anwendung kommen, kann eine abweichende Steuerklassenkombination beim zuständigen Finanzamt beantragt werden (§ 39 Absatz 6 Satz 3 EStG; Vordruck „Antrag auf Steuerklassenwechsel bei Ehegatten/Lebenspartnern"). Diese Änderungen werden – abweichend von den übrigen Fällen des Steuerklassenwechsels – ab dem Zeitpunkt der Eheschließung wirksam. Ein solcher Antrag gilt nicht als Änderung der Steuerklassen im Sinne des § 39 Absatz 6 Satz 3 EStG. Das Recht, einmal jährlich die Steuerklasse zu wechseln, bleibt davon unberührt (§ 39 Absatz 6 Satz 4 EStG). Ebenso gilt eine Änderung der Steuerklassen bei Wiederaufnahme der ehelichen Gemeinschaft nicht als Steuerklassenwechsel. Gleiches gilt, wenn die automatisch gebildete Steuerklasse nicht erst zum Tag der Eheschließung, sondern bereits ab dem 1. des Heiratsmonats vergeben werden soll (§ 39 Absatz 6 Satz 2 EStG).

17 Ehegatten, die beide in einem Dienstverhältnis stehen, können darüber hinaus wie bisher einmalig im Laufe des Kalenderjahres beim Finanzamt eine Änderung der Steuerklassen beantragen (Steuerklassenwechsel, Vordruck „Antrag auf Steuerklassenwechsel bei Ehegatten/Lebenspartnern"). Für eine Berücksichtigung der Änderung im laufenden Kalenderjahr ist der Antrag spätestens bis zum 30. November zu stellen (§ 39 Absatz 6 Satz 6 EStG). Die beantragten Steuerklassen werden mit Wirkung vom Beginn des Kalendermonats, der auf die Antragstellung folgt, gewährt (§ 39 Absatz 6 Satz 5 EStG).

Scheidung

18 Wird die Ehe durch Scheidung aufgelöst, übermittelt die Meldebehörde den geänderten melderechtlichen Familienstand sowie das Datum der Scheidung der Ehe an die Finanzverwaltung. Zu Beginn des darauf folgenden Kalenderjahres wird für diese Arbeitnehmer automatisch die Steuerklasse I gebildet.

(Zu LStH 39e) **Anlage § 039e-01/ELStAM**

Davon unberührt bleibt die Anzeigepflicht des Arbeitnehmers bei Beginn eines dauernden Getrenntlebens. Zur Änderung der Steuerklassen im Scheidungsjahr vgl. R 39.2 Absatz 2 und Absatz 5 LStR 2013.

Auf die Möglichkeit eines zusätzlichen Steuerklassenwechsels nach R 39.2 Absatz 5 Satz 5 LStR 2013 wird hingewiesen (Vordruck „Antrag auf Steuerklassenwechsel bei Ehegatten/Lebenspartnern"). Entsprechendes gilt bei der Aufhebung einer Ehe. **19**

Tod

Verstirbt ein Ehegatte, wird die Steuerklasse des überlebenden Ehegatten ab dem ersten des auf den Todestag folgenden Monats automatisch in Steuerklasse III geändert. Etwas anderes gilt nur, sofern die Voraussetzungen für die Anwendung dieser Steuerklasse im Zeitpunkt des Todes nicht vorgelegen haben. Ab Beginn des zweiten Kalenderjahres nach dem Tod des Ehegatten wird programmgesteuert die Steuerklasse I gebildet. **20**

Auslandssachverhalte

Gibt ein Ehegatte den inländischen Wohnsitz bzw. gewöhnlichen Aufenthalt auf, wird der Abruf der ELStAM des ins Ausland verzogenen Ehegatten gesperrt. In der Folge erhält der im Inland verbleibende Ehegatte ab dem Beginn des Folgejahres automatisiert die Steuerklasse I zugeteilt. Erfüllt der im Inland verbleibende unbeschränkt einkommensteuerpflichtige Ehegatte die Voraussetzungen des § 1a Absatz 1 Nummer 2 EStG, kann dieser auf Antrag in die Steuerklasse III eingereiht werden (Vordruck „Anträge zu den elektronischen Lohnsteuerabzugsmerkmalen – ELStAM -", vgl. Rz. 88 bis 90 und 92). Zu den Pflichten des Arbeitnehmers beim Wechsel der Steuerpflicht vgl. Rz. 73. **21**

Die erneute Begründung eines inländischen Wohnsitzes bzw. gewöhnlichen Aufenthalts nach einem Auslandsaufenthalt führt bei Ehegatten ab Beginn dieses Monats automatisch zur Einreihung in die Steuerklasse IV. **22**

Dauerndes Getrenntleben

Leben Ehegatten dauernd getrennt, haben sie dies dem zuständigen Wohnsitzfinanzamt (vgl. Rz. 13) unverzüglich anzuzeigen (Vordruck „Erklärung zum dauernden Getrenntleben"). Dadurch wird – ungeachtet eines etwaigen Steuerklassenwechsels im Trennungsjahr – ab Beginn des darauf folgenden Jahres automatisch die Steuerklasse I gebildet. **23**

Lebenspartnerschaften

Mit dem Gesetz zur Änderung des Einkommensteuergesetzes in Umsetzung der Entscheidung des Bundesverfassungsgerichtes vom 7. Mai 2013 (BGBl. I Seite 2397) sind die Regelungen des EStG zu Ehegatten und Ehen auch auf Lebenspartner und Lebenspartnerschaften anzuwenden (§ 2 Absatz 8 EStG). Damit sind die gesetzlichen Rechte und Pflichten von Ehegatten für den Lohnsteuerabzug auch für Lebenspartner einer Lebenspartnerschaft einschlägig. Dies gilt insbesondere bei Begründung und Auflösung einer Lebenspartnerschaft, im Todesfall eines Lebenspartners, bei Verlegung des inländischen Wohnsitzes bzw. gewöhnlichen Aufenthalts in das Ausland sowie bei dauerndem Getrenntleben. **24**

Derzeit ist die programmgesteuerte Bildung der für Ehegatten möglichen Steuerklassenkombinationen für Lebenspartner technisch noch nicht umgesetzt, so dass insoweit eine Teilnahme am ELStAM-Verfahren für eine Übergangszeit ausgeschlossen ist. Die Berücksichtigung der für Ehegatten möglichen Steuerklassenkombinationen beim Lohnsteuerabzug durch den Arbeitgeber setzt in diesen Fällen einen Antrag beim zuständigen Wohnsitzfinanzamt (vgl. Rz. 13) voraus. Nach Prüfung stellt das Wohnsitzfinanzamt nach § 39 Absatz 1 Satz 2 EStG eine Bescheinigung für den Lohnsteuerabzug aus, die der Arbeitnehmer seinem Arbeitgeber für die Durchführung des Lohnsteuerabzugs vorzulegen hat. Der Arbeitgeberabruf für die ELStAM ist entsprechend zu sperren. **25**

Anlage § 039e-01/ELStAM (Zu LStH 39e)

26 Zu weiteren Einzelheiten wird auf Tz. V. 2 des BMF-Schreibens zum erstmaligen Abruf der elektronischen Lohnsteuerabzugsmerkmale durch den Arbeitgeber und mit Anwendungsgrundsätzen für den Einführungszeitraum vom 25. Juli 2013 – IV C 5 – S 2363/13/10003, DOK 2013/0634146 – (BStBl. I Seite 943) verwiesen.[1)]

6. Berücksichtigung von Kindern
Lohnsteuerabzugsmerkmal

27 Kinderfreibetragszähler werden als Lohnsteuerabzugsmerkmal ab Beginn des Jahres der Geburt des Kindes bis zum Ablauf des Jahres, in dem die Voraussetzungen für die Berücksichtigung des Kindes nach § 32 Absatz 1, 2, 4 und 5 EStG entfallen, berücksichtigt (Jahresprinzip).

28 Bei minderjährigen Kindern im Sinne des § 32 Absatz 1 Nummer 1 EStG werden in den Steuerklassen I bis IV die Kinderfreibetragszähler bei beiden Elternteilen entsprechend der Regelungen in § 38b Absatz 2 EStG automatisch berücksichtigt, sofern Eltern und Kind in derselben Gemeinde wohnen.

29 Minderjährige Kinder, die nicht in der Wohnung des Arbeitnehmers gemeldet sind, wurden bisher nur dann im Lohnsteuerabzugsverfahren berücksichtigt, wenn für dieses Kind eine steuerliche Lebensbescheinigung vorgelegt wurde. Diese Nachweisverpflichtung ist bereits ab dem Kalenderjahr 2011 entfallen. Die Bildung der Kinderfreibetragszähler setzt in diesen Fällen einen einmaligen Antrag voraus (Vordruck „Antrag auf Lohnsteuer-Ermäßigung" bzw. „Vereinfachter Antrag auf Lohnsteuer-Ermäßigung"). Dabei ist der Nachweis beim Finanzamt durch Vorlage einer Geburtsurkunde des Kindes zu führen.

30 Kommt ein Elternteil seinen Unterhaltsverpflichtungen im Wesentlichen nicht nach oder ist er mangels Leistungsfähigkeit nicht unterhaltspflichtig (sog. Mangelunterhaltsfälle), ist eine Übertragung des Kinderfreibetrags auf den anderen Elternteil im Lohnsteuerabzugsverfahren ab dem Kalenderjahr 2012 nur noch dann möglich, wenn der Antragsteller keinen Unterhaltsvorschuss erhalten hat. Insoweit ist R 39.2 Absatz 9 LStR 2013 nicht mehr anzuwenden. Ein Antrag auf Übertragung kann auch im Rahmen einer Veranlagung zur Einkommensteuer gestellt werden.

Mehrjährige Berücksichtigung in den Antragsfällen nach § 38b Absatz 2 Satz 2 EStG

31 Ab dem Kalenderjahr 2012 ist auch in den Antragsfällen nach § 38b Absatz 2 Satz 2 EStG die mehrjährige Berücksichtigung von Kindern im Lohnsteuerabzugsverfahren möglich, wenn nach den tatsächlichen Verhältnissen zu erwarten ist, dass die Voraussetzungen bestehen bleiben (§ 38b Absatz 2 Satz 3 EStG). Eine mehrjährige Berücksichtigung kommt z. B. in den folgenden Fällen in Betracht:

1. Pflegekinder in den Fällen des § 32 Absatz 1 Nummer 2 EStG,
2. Kinder unter 18 Jahren, wenn der Wohnsitz/gewöhnliche Aufenthalt des anderen Elternteils nicht ermittelbar oder der Vater des Kindes amtlich nicht feststellbar ist,
3. Kinder nach Vollendung des 18. Lebensjahres, die die Voraussetzungen des § 32 Absatz 4 EStG erfüllen. Bei Kindern, die sich in Berufsausbildung im Sinne des § 32 Absatz 4 Nummer 2 Buchstabe a

---

1) Tz. V. 2 des BMF-Schreibens vom 25.7.2013 (BStBl. I S. 943) lautet auszugsweise wie folgt:
Lebenspartnerschaften
Derzeit übermitteln die Meldebehörden lediglich die Information an die Finanzverwaltung, dass es sich bei dem Arbeitnehmer um einen Lebenspartner handelt. Neben dem Merkmal der Lebenspartnerschaft wird die Identifikationsnummer des anderen Lebenspartners derzeit noch nicht mitgeteilt. Daher ist eine programmgesteuerte Bildung der für Ehegatten möglichen Steuerklassenkombinationen für Lebenspartner im ELStAM-Verfahren noch nicht möglich.
Die Berücksichtigung der für Ehegatten möglichen Steuerklassen und Steuerklassenkombinationen beim Lohnsteuerabzug durch den Arbeitgeber setzt in diesen Fällen einen Antrag beim zuständigen Wohnsitzfinanzamt voraus. Da diese Lohnsteuerabzugsmerkmale noch nicht automatisiert gebildet werden können, stellt das Finanzamt nach § 52b Absatz 5a Satz 3 EStG (Jetzt: § 39 Absatz 1 Satz 2 und 3 EStG) (vgl. Tz. 111. 2) eine Besondere Bescheinigung für den Lohnsteuerabzug (Jetzt: Bescheinigung für den Lohnsteuerabzug) aus, die der Arbeitnehmer seinem Arbeitgeber im Arbeitgeber für die Durchführung des Lohnsteuerabzugs vorzulegen hat. Der Arbeitgeberabruf für die ELStAM ist entsprechend zu sperren.
Nach der technischen Umsetzung der programmgesteuerten Bildung von Steuerklassenkombinationen für Lebenspartnerschaften gelten die für Ehegatten zu beachtenden Regelungen entsprechend. Sollen die automatisch gebildeten Steuerklassen aus Sicht der Lebenspartner nicht zur Anwendung kommen, kann eine abweichende Steuerklassenkombination beim zuständigen Finanzamt beantragt werden; Vordruck „Antrag auf Steuerklassenwechsel bei Ehegatten/Lebenspartnern"). Ein solcher Antrag gilt nicht als Änderung der Steuerklassen im Sinne des § 39 Absatz 6 Satz 3 EStG. Das Recht, einmal jährlich die Steuerklasse zu wechseln, bleibt davon unberührt (§ 39 Absatz 6 Satz 4 EStG). Ebenso gilt eine Änderung der Steuerklassen bei Wiederaufnahme der Lebenspartnerschaft nicht als Steuerklassenwechsel.
Leben die Lebenspartner dauernd getrennt, haben sie dies dem Finanzamt unverzüglich anzuzeigen (Vordruck „Erklärung zum dauernden Getrenntleben"). Dadurch wird – ungeachtet eines etwaigen Steuerklassenwechsels im Trennungsjahr – ab Beginn des darauf folgenden Jahres die Steuerklasse I gebildet.

(Zu LStH 39e) **Anlage § 039e-01/ELStAM**

EStG befinden, kann sich die mehrjährige Berücksichtigung bei einem Ausbildungsdienstverhältnis, z. B. aus dem Ausbildungsvertrag, ergeben; bei einem Erststudium kann für die mehrjährige Berücksichtigung grundsätzlich die Regelstudienzeit im Sinne der §§ 11, 19 HRG zugrunde gelegt werden.

Der Antrag nach § 38b Absatz 2 Satz 2 EStG kann nur nach amtlich vorgeschriebenem Vordruck gestellt werden (§ 38b Absatz 2 Satz 5 EStG); hierfür stehen die Vordrucke „Antrag auf Lohnsteuer-Ermäßigung" bzw. „Vereinfachter Antrag auf Lohnsteuer-Ermäßigung" zur Verfügung. 32

III. Durchführung des Lohnsteuerabzugs
1. Elektronisches Verfahren
Regelverfahren

Mit dem ELStAM-Startschreiben vom 19. Dezember 2012, a. a. O., wurde als Starttermin für das ELStAM-Verfahren der 1. November 2012 mit Wirkung ab dem 1. Januar 2013 festgelegt. Ab diesem Zeitpunkt ist der Lohnsteuerabzug grundsätzlich nach den ELStAM durchzuführen (Regelverfahren). Dazu stellt die Finanzverwaltung dem Arbeitgeber die Lohnsteuerabzugsmerkmale unentgeltlich zum elektronischen Abruf bereit (§ 39e Absatz 3 Satz 1 EStG). Die Finanzverwaltung bildet für Arbeitnehmer als Grundlage für den Lohnsteuerabzug die Steuerklasse, die Zahl der Kinderfreibetragszähler für die Steuerklassen I bis IV sowie die Merkmale für den Kirchensteuerabzug automatisch als ELStAM. Auf Antrag des Arbeitnehmers werden auch Freibeträge und Hinzurechnungsbeträge nach § 39a EStG oder ein Faktor nach § 39f EStG berücksichtigt. Zu der geplanten technischen Erweiterung (Ausbaustufe) vgl. Rz. 8. 33

Verfahren bei unzutreffenden ELStAM

Stellt die Finanzverwaltung dem Arbeitgeber unzutreffende ELStAM bereit, kann der Arbeitnehmer deren Berichtigung beim Finanzamt beantragen (§ 39 Absatz 1 Satz 2 und Absatz 2 EStG, vgl. Rz. 9 bis 13). In Betracht kommen neben unzutreffenden melderechtlichen Merkmalen insbesondere ELStAM, die aus technischen Gründen nicht zeitnah berichtigt werden können. 34

Um bei unzutreffenden ELStAM den zutreffenden Lohnsteuerabzug vornehmen zu können, stellt das Finanzamt im laufenden Verfahren auf Antrag des Arbeitnehmers eine Bescheinigung für den Lohnsteuerabzug (§ 39 Absatz 1 Satz 2 EStG) für die Dauer eines Kalenderjahres aus und sperrt in der Regel gleichzeitig den Arbeitgeberabruf (Vollsperrung). Durch diese Sperrung erhält der Arbeitgeber für den Arbeitnehmer keine sog. Änderungslisten mehr. Legt der Arbeitnehmer dem Arbeitgeber die Bescheinigung für den Lohnsteuerabzug vor, sind die darauf eingetragenen Lohnsteuerabzugsmerkmale maßgebend. Folglich hat sie der Arbeitgeber in das Lohnkonto des Arbeitnehmers zu übernehmen, dem Lohnsteuerabzug zugrunde zu legen und die Regelung in § 39e Absatz 6 Satz 8 EStG (Lohnsteuerabzug nach Steuerklasse VI) nicht anzuwenden. 35

Hebt das Finanzamt die Sperre nach einer Korrektur der (fehlerhaften) Daten auf, werden dem Arbeitgeber die zutreffenden ELStAM in einer sog. Änderungsliste zum Abruf bereitgestellt. Mit dem erneuten Abruf der ELStAM durch den Arbeitgeber verliert die Bescheinigung für den Lohnsteuerabzug ihre Gültigkeit; sie ist nicht an das Finanzamt zurückzugeben. Der Arbeitgeber darf sie nach Ablauf des Kalenderjahres vernichten. 36

Ist eine Korrektur unzutreffender ELStAM durch das Finanzamt für zurückliegende Lohnzahlungszeiträume erforderlich, stellt das Finanzamt auf Antrag des Arbeitnehmers eine befristete Bescheinigung für den Lohnsteuerabzug aus (§ 39 Absatz 1 Satz 2 EStG). Dies gilt insbesondere für Änderungen von ELStAM im Einspruchsverfahren oder bei verzögert übermittelten bzw. weiterverarbeiteten Daten der Meldebehörden. In der befristeten Bescheinigung werden die anzuwendenden Lohnsteuerabzugsmerkmale für im Kalenderjahr zurückliegende Monate ausgewiesen (befristet bis zum Monatsende vor Bereitstellung der zutreffenden ELStAM). Weil diese Lohnsteuerabzugsmerkmale nur für die Vergangenheit anzuwenden sind, wird der Arbeitgeberabruf für die ELStAM nicht gesperrt. 37

Hat das Finanzamt im Einführungszeitraum (§ 52b Absatz 5 Satz 2 EStG) aufgrund abweichender Meldedaten eine Besondere Bescheinigung für den Lohnsteuerabzug nach § 52b Absatz 5a Satz 3 EStG ausgestellt, sind die Grundsätze der Tz. III. 2 des BMF-Schreibens zum erstmaligen Abruf der elektronischen Lohnsteuerabzugsmerkmale durch den Arbeitgeber und mit Anwendungsgrundsätzen für den Einführungszeitraum vom 25. Juli 2013, a. a. O., zu beachten. 38

2. Arbeitgeberpflichten
Anmeldung durch den Arbeitgeber bzw. Dritten

Zum Abruf der ELStAM hat sich der Arbeitgeber bei der Finanzverwaltung über das ElsterOnline-Portal zu registrieren und seine Wirtschafts-Identifikationsnummer anzugeben (§ 39e Absatz 4 Satz 3 EStG). 39

Anlage § 039e-01/ELStAM (Zu LStH 39e)

40 Beauftragt der Arbeitgeber einen Dritten mit der Durchführung des Lohnsteuerabzugs, hat sich der Dritte für den Datenabruf zu registrieren und zusätzlich seine Wirtschafts-Identifikationsnummer mitzuteilen (§ 39e Absatz 4 Satz 6 EStG). In diesem Fall ist der Arbeitgeber nicht zur Registrierung im ElsterOnline-Portal verpflichtet.

41 Da die Wirtschafts-Identifikationsnummer noch nicht zur Verfügung steht, erfolgt die erforderliche Anmeldung mit der Steuernummer der lohnsteuerlichen Betriebsstätte oder des Teilbetriebs, in dem der für die Durchführung des Lohnsteuerabzugs maßgebende Arbeitslohn des Arbeitnehmers ermittelt wird (§ 39e Absatz 9 EStG).

42 Der Arbeitgeber bzw. ein in seinem Auftrag tätiger Dritter hat das für die Authentifizierung erforderliche elektronische Zertifikat einmalig im ElsterOnline-Portal (www.elsteronline.de) zu beantragen. Ohne Authentifizierung sind eine Anmeldung der Arbeitnehmer und ein Abruf von ELStAM nicht möglich. Einzelheiten zur Authentifizierung, zur Anmeldung und Abmeldung des Arbeitnehmers sowie für den Abruf der ELStAM sind im Internet unter https://www.elster.de/arbeitg_home.php einseh- und abrufbar. Es wird die Verwendung der Zertifikatsart „Nicht-persönliches Zertifikat (Organisationszertifikat)" empfohlen. Diese wird unternehmensbezogen ausgestellt und bietet die Möglichkeit, mehrere Zertifikate zu beantragen. Verfügt der Arbeitgeber bzw. der in seinem Auftrag tätige Dritte bereits über ein entsprechendes Zertifikat (z. B. zur Übermittlung der Lohnsteuerbescheinigung), ist ein erneuter Antrag zum Erwerb eines elektronischen Zertifikats grundsätzlich nicht erforderlich. Abrufberechtigt sind zudem nur Personen bzw. Unternehmen, die der Finanzverwaltung als Arbeitgeber oder berechtigter Dritter bekannt sind. Zu den Schutzvorschriften für die ELStAM vgl. unter Rz. 107 und 108.

43 Ist ein Dritter mit der Datenübermittlung beauftragt, ist eine zusammengefasste Übermittlung von Daten zur Anmeldung und Abmeldung sowie für den Abruf der ELStAM von Arbeitnehmern mehrerer Arbeitgeber zulässig.

Mitteilung der Steuernummer an den Arbeitnehmer

44 Möchte der Arbeitnehmer eine Negativ- oder Positivliste (vgl. Rz. 75 bis 79) beim Finanzamt einrichten, hat der Arbeitgeber dem Arbeitnehmer die Steuernummer der Betriebsstätte oder des Teilbetriebs, in dem der für die Durchführung des Lohnsteuerabzugs maßgebende Arbeitslohn ermittelt wird, mitzuteilen (§ 39e Absatz 6 Satz 6 Nummer 1 Satz 2 und Absatz 9 EStG). Der Arbeitnehmer hat für die Verwendung dieser Steuernummer die Schutzvorschriften für die ELStAM entsprechend zu beachten (§ 39e Absatz 6 Satz 6 Nummer 1 Satz 3 EStG, vgl. Rz. 107 und 108).

Abruf der ELStAM

45 Die Teilnahme am neuen Verfahren setzt voraus, dass der Arbeitgeber den Arbeitnehmer bei der Finanzverwaltung per Datenfernübertragung einmalig anmeldet und dadurch dessen ELStAM anfordert. Dies muss zum Start des Verfahrens für sämtliche Beschäftigte und im laufenden Verfahren nur für neu eingestellte Arbeitnehmer erfolgen. Mit der Anmeldebestätigung werden dem Arbeitgeber die ELStAM des Arbeitnehmers zur Verfügung gestellt. Die erstmals gebildeten ELStAM sind nach dem Starttermin für die dann jeweils nächstfolgende Lohnabrechnung abzurufen, in das Lohnkonto zu übernehmen und gemäß der zeitlichen Gültigkeitsangabe anzuwenden (§ 52b Absatz 5 Satz 3 und 7 EStG, § 39e Absatz 4 Satz 2 EStG).

46 Für die Anforderung von ELStAM hat der Arbeitgeber folgende Daten des Arbeitnehmers mitzuteilen (§ 39e Absatz 4 Satz 3 EStG):
1. Identifikationsnummer,
2. Tag der Geburt,
3. Tag des Beginns des Dienstverhältnisses,
4. ob es sich um ein erstes oder weiteres Dienstverhältnis handelt,
5. etwaige Angaben, ob und in welcher Höhe ein nach § 39a Absatz 1 Satz 1 Nummer 7 EStG festgestellter Freibetrag abgerufen werden soll.

47 Macht der Arbeitgeber zu 4. keine Angaben, wird programmgesteuert ein weiteres Beschäftigungsverhältnis unterstellt (Steuerklasse VI).

48 In der Anmeldung des Arbeitnehmers hat der Arbeitgeber zudem den Zeitpunkt anzugeben, ab dem er die für den Lohnsteuerabzug erforderlichen ELStAM anzuwenden hat („Referenzdatum Arbeitgeber"; sog. refDatumAG). Dies wird regelmäßig der Beginn des Dienstverhältnisses sein. Für einen davor liegenden Zeitraum ist die Anforderung von ELStAM nicht zulässig. Folglich legt dieses Datum den Zeitpunkt fest, ab dem ELStAM gebildet (und im Anschluss daran zum Abruf bereitgestellt) werden sollen. Nach der erfolgreichen Anmeldung des Arbeitnehmers werden die ELStAM für einen vor dem in der Anmeldung genannten Referenzdatum liegenden Zeitraum dem Arbeitgeber nicht übermittelt.

(Zu LStH 39e) Anlage § 039e-01/ELStAM

Das Referenzdatum Arbeitgeber darf nicht liegen: 49
- vor dem Start des ELStAM-Verfahrens (1. Januar 2013),
- vor dem Beginn des Dienstverhältnisses,
- nach dem Tag der elektronischen Anmeldung des Arbeitnehmers,
- vor dem 1. Januar des laufenden Jahres, wenn der Arbeitnehmer nach Ablauf des Monats Februar des laufenden Jahres elektronisch angemeldet wird,
- vor dem Vorjahresbeginn, wenn der Arbeitnehmer vor dem 1. März des laufenden Jahres elektronisch angemeldet wird.

Für Anmeldungen, die vor dem 1. Januar 2013 bei der Finanzverwaltung eingegangen sind, war als Referenzdatum Arbeitgeber stets der 1. Januar 2013 anzugeben.

Soweit die ELStAM-Anfrage des Arbeitgebers im Kalenderjahr 2013 trotz zutreffender Angaben in den 50 Feldern „Beschäftigungsbeginn" und „Referenzdatum Arbeitgeber" von der Finanzverwaltung abgewiesen wird, darf der Arbeitgeber den Lohnsteuerabzug nach den ihm in Papierform vorliegenden Lohnsteuerabzugsmerkmalen des Arbeitnehmers bis zu zwei Monate nach dem Einsatz der Programmversion, mit der dieser Fehler behoben wird, längstens für den letzten Lohnzahlungszeitraum im Kalenderjahr 2013, durchführen. Weitere verfahrenserleichternde Regelungen zur Durchführung des Lohnsteuerabzugs werden vorübergehend im Internet unter http://www.bundesfinanzministerium.de/Content/DE/Downloads/BMF_Schreiben/Steuerarten/Lohnsteuer/2013-04-25-Abweisung-ELStAM-Anfrage-Arbeitgeber.pdf?_blob=publicationFile&v=1 und https://w.elster.de/arbeitg_elstam.php bereitgestellt.

Laufendes Abrufverfahren

Der Arbeitgeber ist verpflichtet, die ELStAM monatlich abzufragen und abzurufen (§ 39e Absatz 5 51 Satz 3 EStG). Da sich die Lohnsteuerabzugsmerkmale der Arbeitnehmer in einer Vielzahl von Fällen nicht in jedem Monat ändern, hat die Finanzverwaltung einen Mitteilungsservice eingerichtet. Zur Nutzung dieses Mitteilungsverfahrens kann der Arbeitgeber im ElsterOnline-Portal beantragen, per E-Mail Informationen über die Bereitstellung von Änderungen zu erhalten. Erfährt der Arbeitgeber durch diesen E-Mail-Mitteilungsservice, dass sich für einen Lohnzahlungszeitraum keine Änderungen bei den ELStAM seiner Arbeitnehmer ergeben haben, ist er für diesen Zeitraum von der Verpflichtung zum Abruf befreit. Wird ihm dagegen mitgeteilt, dass neue bzw. geänderte ELStAM zum Abruf bereitstehen, bleibt er zum Abruf verpflichtet. [1)]

Legt der Arbeitnehmer eine Bescheinigung des Finanzamts zur Korrektur des Lohnsteuerabzugs zu- 52 rückliegender Lohnzahlungszeiträume vor (vgl. Rz. 35 und 37), ist eine Änderung des Lohnsteuerabzugs nach Maßgabe des § 41c Absatz 1 Satz 1 Nummer 1 EStG möglich.

Gültigkeit der ELStAM, Beendigung des Dienstverhältnisses

Nach § 39e Absatz 5 Satz 1 EStG sind die abgerufenen ELStAM gemäß der zeitlichen Gültigkeitsangabe 53 vom Arbeitgeber für die Durchführung des Lohnsteuerabzugs des Arbeitnehmers anzuwenden, bis

1. ihm die Finanzverwaltung geänderte ELStAM zum Abruf bereitstellt oder
2. der Arbeitgeber der Finanzverwaltung die Beendigung des Dienstverhältnisses mitteilt.

Der Arbeitgeber hat der Finanzverwaltung die Beendigung des Dienstverhältnisses unverzüglich mit- 54 zuteilen (§ 39e Absatz 4 Satz 5 EStG). Hierzu übermittelt der Arbeitgeber oder der von ihm beauftragte Dritte die Daten des abzumeldenden Arbeitnehmers (Identifikationsnummer, Geburtsdatum, Datum der Beendigung des Dienstverhältnisses und refDatumAG) auf elektronischem Weg nach amtlich vorgeschriebenem Datensatz. Vgl. im Übrigen Rz. 60.

Nach dem Tod eines Arbeitnehmers wird ein Abruf der ELStAM automatisch allgemein gesperrt. Ver- 55 sucht der Arbeitgeber, ELStAM abzurufen, erhält er lediglich die Rückmeldung, dass ein Abruf nicht möglich ist; ein Rückschluss auf den Grund (Tod des Arbeitnehmers) ist nicht möglich.

Bei Lohnzahlungen an Erben oder Hinterbliebene des verstorbenen Arbeitnehmers sind diese durch den 56 Arbeitgeber als Arbeitnehmer anzumelden, damit die Finanzverwaltung ELStAM bilden und zum Abruf bereitstellen kann.

Lohnzahlungen nach Beendigung des Dienstverhältnisses

Zahlt der Arbeitgeber nach Beendigung des Dienstverhältnisses laufenden Arbeitslohn (R 39b.2 Ab- 57 satz 1 LStR 2013), sind der Besteuerung die ELStAM zum Ende des Lohnzahlungszeitraums zugrunde

---
1) Der Arbeitgeber erfährt (seit März 2014) durch den E-Mail-Mitteilungsservice, dass sich für einen Lohnzahlungszeitraum Änderungen bei den ELStAM seiner Arbeitnehmer ergeben haben, sodass er zum Abruf verpflichtet ist.

Anlage § 039e-01/ELStAM (Zu LStH 39e)

zu legen, für den die Nachzahlung erfolgt. Eine erneute Anmeldung des Arbeitnehmers bei der Finanzverwaltung ist insoweit nicht erforderlich.

58 Handelt es sich dagegen um sonstige Bezüge (R 39b.2 Absatz 2 LStR 2013), sind für die Besteuerung die ELStAM zum Ende des Lohnzahlungszeitraums des Zuflusses des sonstigen Bezugs maßgebend. Der Arbeitgeber muss daher den Arbeitnehmer erneut bei der Finanzverwaltung anmelden. Unterlässt der Arbeitgeber in diesem Fall die Anmeldung, obwohl ihm die hierzu erforderlichen Angaben des Arbeitnehmers vorliegen und der Anmeldung keine technischen Hinderungsgründe gemäß § 39c Absatz 1 Satz 2 EStG entgegenstehen, ist der Steuerabzug nach der Steuerklasse VI vorzunehmen.

3. Arbeitgeberwechsel

59 In Fällen des Arbeitgeberwechsels ist der (bisherige) erste Arbeitgeber verpflichtet, die Beendigung des Dienstverhältnisses der Finanzverwaltung unverzüglich anzuzeigen und den Arbeitnehmer bei der Finanzverwaltung zeitnah elektronisch abzumelden (§ 39e Absatz 4 Satz 5 EStG, vgl. Rz. 54). Der neue erste Arbeitgeber hat sich bei der Finanzverwaltung als erster Arbeitgeber (Hauptarbeitgeber) anzumelden und die ELStAM des Arbeitnehmers abzurufen (vgl. Rz. 45 bis 50).

60 Bei der Abmeldung ist zu berücksichtigen, dass die aktuellen ELStAM des Arbeitnehmers dem Arbeitgeber ab dem ersten bis zum fünften Werktag des Folgemonats zum Abruf bereitgestellt werden. Erfolgt die Abmeldung des Arbeitnehmers vor dem fünften Werktag des Folgemonats, kann der Arbeitgeber die aktuellen ELStAM des Arbeitnehmers für den Monat der Beendigung des Dienstverhältnisses ggf. nicht abrufen.

61 Erfolgt nach einem Arbeitgeberwechsel die Anmeldung des Arbeitnehmers durch den neuen (aktuellen) Hauptarbeitgeber, bevor der vorherige Hauptarbeitgeber die Abmeldung vorgenommen hat, gilt Folgendes:

– Der aktuelle Hauptarbeitgeber erhält die für das erste Dienstverhältnis gültigen ELStAM rückwirkend ab dem Beginn des Dienstverhältnisses. Der bisherige Hauptarbeitgeber erhält mit Gültigkeit ab diesem Tag die ELStAM für Steuerklasse VI.

– Erfolgt die Anmeldung des Arbeitnehmers zu einem Zeitpunkt, der mehr als sechs Wochen nach Beginn des Dienstverhältnisses liegt, erhält der aktuelle Hauptarbeitgeber die für das erste Dienstverhältnis gültigen ELStAM ab dem Tag der Anmeldung. Der bisherige Hauptarbeitgeber erhält mit Gültigkeit ab diesem Tag die ELStAM für Steuerklasse VI.

62 **Beispiel 1 (Anmeldung innerhalb der 6-Wochen-Frist):**

Arbeitnehmer A ist mit Steuerklasse III bei Arbeitgeber ALT beschäftigt. A wechselt zum 20. Juni 2013 zum Arbeitgeber NEU. Während Arbeitgeber NEU das Beschäftigungsverhältnis am 10. Juli 2013 als Hauptarbeitgeber mit Beschäftigungsbeginn 20. Juni 2013 anmeldet, unterbleibt eine Abmeldung durch den bisherigen Arbeitgeber ALT.

Arbeitgeber NEU

NEU erhält in der Anmeldebestätigungsliste zur Anmeldung vom 10. Juli 2013 die ELStAM rückwirkend auf den Tag des Beginns der Beschäftigung (Gültigkeit ab 20. Juni 2013) mit der Steuerklasse III.

Arbeitgeber ALT

ALT erhält mit dem nächsten Abruf (Anfang August 2013) ELStAM mit der Steuerklasse VI mit Gültigkeit ab Beginn der Beschäftigung bei Arbeitgeber NEU (20. Juni 2013). In der Zeit ab dem 20. Juni 2013 gezahlter Restlohn ist nach Steuerklasse VI zu besteuern.

Hinweis: Hat Arbeitgeber ALT den Arbeitnehmer bis Ende des Monats Juli 2013 abgemeldet, werden ihm für A keine ELStAM mehr zum Abruf bereitgestellt.

63 **Beispiel 2 (Anmeldung außerhalb der 6-Wochen-Frist):**

Arbeitnehmer B ist mit Steuerklasse III beim Arbeitgeber ALT beschäftigt. B wechselt zum 20. Juni 2013 zum Arbeitgeber NEU. NEU meldet das Beschäftigungsverhältnis am 20. August 2013 als Hauptarbeitgeber mit Beschäftigungsbeginn 20. Juni 2013 an, eine Abmeldung durch den bisherigen Arbeitgeber ALT unterbleibt.

Arbeitgeber NEU

NEU erhält für B erstmalig ELStAM mit der Steuerklasse III mit Gültigkeit ab dem Tag der Anmeldung (20. August 2013). Zuvor gezahlter Lohn ist mit Steuerklasse VI zu besteuern.

Arbeitgeber ALT

ALT erhält mit dem nächsten Abruf (Anfang September 2013) ELStAM mit der Steuerklasse VI mit Gültigkeit ab dem 20. August 2013.

Hinweis: Hat Arbeitgeber ALT den Arbeitnehmer bis Ende des Monats August 2013 abgemeldet, werden ihm für B keine ELStAM mehr zum Abruf bereitgestellt.

4. Weiteres Dienstverhältnis

Beginn eines weiteren Dienstverhältnisses

Beginnt der Arbeitnehmer ein neues Dienstverhältnis und bezieht er nebeneinander von mehreren Arbeitgebern Arbeitslohn, hat er zu entscheiden, welches das erste und welches das weitere Dienstverhältnis ist. Soll der Arbeitslohn des neuen Dienstverhältnisses nach der Steuerklasse VI besteuert werden, hat der Arbeitnehmer dem Arbeitgeber neben der Identifikationsnummer und dem Tag der Geburt mitzuteilen, dass es sich um ein weiteres Dienstverhältnis handelt (vgl. Rz. 68 und 69). Zur Berücksichtigung eines nach § 39a Absatz 1 Satz 1 Nummer 7 EStG festgestellten Freibetrags vgl. Rz. 127. Soll der Arbeitslohn des neuen Dienstverhältnisses nach den Merkmalen des ersten Dienstverhältnisses besteuert werden, hat der Arbeitnehmer dem Arbeitgeber mitzuteilen, dass es sich um das erste Dienstverhältnis handelt. 64

Nachdem der Arbeitgeber des neuen Dienstverhältnisses den Arbeitnehmer bei der Finanzverwaltung angemeldet hat, bildet die Finanzverwaltung die zutreffenden Steuerklassen automatisch und stellt sie dem jeweiligen Arbeitgeber zum Abruf bereit. Dem Arbeitgeber des weiteren Dienstverhältnisses werden als ELStAM die Steuerklasse VI und ggf. die rechtliche Zugehörigkeit zu einer steuererhebenden Religionsgemeinschaft sowie ein Freibetrag nach § 39a Absatz 1 Satz 1 Nummer 7 EStG zum Abruf bereitgestellt. Wird das neue Dienstverhältnis als erstes Dienstverhältnis angemeldet, stellt die Finanzverwaltung dem Arbeitgeber die ELStAM nach Rz. 6, 9 und 10 und dem anderen Arbeitgeber die Steuerklasse VI zum Abruf bereit. 65

Die für das neue Dienstverhältnis gültigen ELStAM werden grundsätzlich rückwirkend ab dem Beginn des Dienstverhältnisses (vgl. Rz. 59, 61 bis 63) gebildet. 66

Wechsel des ersten Dienstverhältnisses

Bezieht der Arbeitnehmer nebeneinander von mehreren Arbeitgebern Arbeitslohn, kann er auch während des Kalenderjahres einen neuen ersten Arbeitgeber bestimmen. Hierfür ist dem neuen Hauptarbeitgeber mitzuteilen, dass es sich nun um das erste Dienstverhältnis handelt. Dem weiteren Arbeitgeber ist mitzuteilen, dass es sich nun um das weitere Dienstverhältnis handelt und ggf. ob und in welcher Höhe ein nach § 39a Absatz 1 Satz 1 Nummer 7 EStG festgestellter Freibetrag (vgl. Rz. 127) abgerufen werden soll. Ein solcher Wechsel darf frühestens mit Wirkung vom Beginn des Kalendermonats an erfolgen, in dem der Arbeitnehmer das erste Dienstverhältnis neu bestimmt. 67

5. Pflichten des Arbeitnehmers

Gegenüber dem Arbeitgeber

Zum Zweck des Abrufs der ELStAM hat der Arbeitnehmer jedem Arbeitgeber bei Eintritt in das Dienstverhältnis Folgendes mitzuteilen (§ 39e Absatz 4 Satz 1 EStG): 68

1. die Identifikationsnummer sowie den Tag der Geburt,
2. ob es sich um das erste oder ein weiteres Dienstverhältnis handelt (vgl. Rz. 64),
3. ggf. ob und in welcher Höhe ein nach § 39a Absatz 1 Satz 1 Nummer 7 EStG festgestellter Freibetrag abgerufen werden soll (vgl. Rz. 127).

Soll in einem zweiten oder weiteren Dienstverhältnis ein Freibetrag nach § 39a Absatz 1 Satz 1 Nummer 1 bis 6 EStG abgerufen werden, wird auf die Erläuterung unter Rz. 125 und 126 verwiesen. 69

Gegenüber der Finanzverwaltung

Die Steuerklasse und die Zahl der Kinderfreibeträge für minderjährige Kinder werden im neuen Verfahren in der Regel automatisch geändert. Auslöser hierfür sind Mitteilungen der Meldebehörden über den geänderten Familienstand bzw. die Geburt oder den Tod eines Kindes. In diesen Fällen ist der Arbeitnehmer nicht zu einer Mitteilung an das Finanzamt verpflichtet (§ 39 Absatz 5 Satz 3 EStG i. V. m. § 39e Absatz 2 Satz 2 EStG). 70

Ändern sich die persönlichen Verhältnisse des Arbeitnehmers und treten die Voraussetzungen zur Einreihung in eine für ihn ungünstigere Steuerklasse oder für eine geringere Zahl der Kinderfreibeträge ein, ist er in den Fällen, in denen die Änderungen nicht durch geänderte Meldedaten automatisch angestoßen werden, verpflichtet, dies dem Finanzamt mitzuteilen und die Steuerklasse sowie die Zahl der Kinderfreibeträge umgehend ändern zu lassen (§ 39 Absatz 5 Satz 1 EStG). Dies gilt insbesondere bei dauernder Trennung der Ehegatten bzw. Lebenspartner oder wenn die Voraussetzungen für die Berücksichtigung des Entlastungsbetrags für Alleinerziehende und somit für die Anwendung der Steuerklasse II entfallen. 71

Anlage § 039e-01/ELStAM (Zu LStH 39e)

72 Ferner besteht eine Mitteilungspflicht des Arbeitnehmers gegenüber dem Finanzamt, wenn ihm bekannt wird, dass die ELStAM zu seinen Gunsten von den nach § 39 EStG zu bildenden Lohnsteuerabzugsmerkmalen abweichen (§ 39e Absatz 6 Satz 5 EStG), z. B. wenn der Arbeitgeber abgerufene ELStAM irrtümlich nicht dem zutreffenden Arbeitnehmer zugeordnet hat.

73 Wird ein unbeschränkt einkommensteuerpflichtiger Arbeitnehmer beschränkt einkommensteuerpflichtig, z. B. weil er ins grenznahe Ausland verzieht und seinen Arbeitsplatz im Inland beibehält, hat er dies seinem Wohnsitzfinanzamt (vgl. Rz. 13) ebenfalls unverzüglich mitzuteilen (§ 39 Absatz 7 Satz 1 EStG). Als Folge hat das Finanzamt die Lohnsteuerabzugsmerkmale vom Zeitpunkt des Eintritts der beschränkten Einkommensteuerpflicht an zu ändern (Sperrung des Abrufs der ELStAM). Auf Antrag wird das Betriebsstättenfinanzamt des Arbeitgebers für den Arbeitnehmer eine Bescheinigung für den Lohnsteuerabzug ausstellen (vgl. Rz. 86 bis 88) und ihn ggf. in die Steuerklasse I einreihen.

74 Zu den Folgerungen aufgrund fehlender oder unzutreffender Angaben vgl. Rz. 93 bis 98 und 101.

6. Rechte des Arbeitnehmers

Abrufsperren und Abrufberechtigungen

75 Im neuen Verfahren kann der Arbeitnehmer einen oder mehrere zum Abruf von ELStAM berechtigte(n) Arbeitgeber benennen (Abrufberechtigung, „Positivliste") oder bestimmte Arbeitgeber von der Abrufberechtigung ausschließen (Abrufsperre, „Negativliste"; § 39e Absatz 6 Satz 6 Nummer 1 EStG). Zudem gibt es die Möglichkeit, sämtliche Arbeitgeber vom Abruf auszuschließen („Vollsperrung"; § 39e Absatz 6 Satz 6 Nummer 2 EStG). Eine Abrufberechtigung oder eine Sperrung ist dem Finanzamt mit dem Vordruck „Anträge zu den elektronischen Lohnsteuerabzugsmerkmalen – ELStAM -" mitzuteilen. Eine Verpflichtung zur Erteilung einer Abrufberechtigung der ELStAM oder deren Sperrung besteht nicht.

76 Abrufberechtigungen und Abrufsperren gelten lediglich mit Wirkung für die Zukunft, eine rückwirkende Berücksichtigung ist nicht möglich. Sie gelten, bis der Arbeitnehmer erklärt, die Abrufberechtigung zu erteilen oder die Sperrung aufzuheben.

77 Die Erteilung einer Abrufberechtigung oder Sperrung eines Arbeitgebers zum Abruf der ELStAM setzt die Angabe der Steuernummer der Betriebsstätte oder des Teilbetriebs des Arbeitgebers, in dem der für die Durchführung des Lohnsteuerabzugs maßgebende Arbeitslohn ermittelt wird, voraus. Zu den sich hieraus ergebenden Arbeitgeberpflichten vgl. Rz. 44. Für die Verwendung der Steuernummer des Arbeitgebers gelten die Regelungen zu den Schutzvorschriften für die ELStAM entsprechend (vgl. Rz. 107 und 108).

Positivliste

78 Hat der Arbeitnehmer bei seinem Wohnsitzfinanzamt (vgl. Rz. 13) eine Positivliste eingereicht, werden darin nicht genannte Arbeitgeber für den Abruf von ELStAM des Antragstellers gesperrt. Wird im Falle eines Arbeitgeberwechsels der neue Arbeitgeber nicht in eine bereits vorhandene Positivliste aufgenommen, ist ein Abruf der ELStAM durch den neuen Arbeitgeber nicht möglich. Bei fehlender Abrufberechtigung ist der Arbeitgeber zur Anwendung der Steuerklasse VI verpflichtet (§ 39e Absatz 6 Satz 8 EStG). Die Aufnahme von Arbeitgebern in die Positivliste setzt kein bestehendes Arbeitsverhältnis voraus.

Negativliste

79 Hat der Arbeitnehmer bei seinem Wohnsitzfinanzamt (vgl. Rz. 13) eine Negativliste eingereicht, können die darin genannten Arbeitgeber die ELStAM des Antragstellers nicht abrufen. Kommt es gleichwohl zu einem Arbeitsverhältnis und einer Lohnzahlung eines dieser Arbeitgeber, hat er aufgrund der fehlenden Abrufberechtigung die Steuerklasse VI anzuwenden (§ 39e Absatz 6 Satz 8 EStG).

Vollsperrung

80 Hat der Arbeitnehmer bei seinem Wohnsitzfinanzamt (vgl. Rz. 13) beantragt, die Bildung oder Bereitstellung der ELStAM allgemein sperren zu lassen, ist ein Abruf nicht möglich. Aufgrund der fehlenden Abrufberechtigung hat der Arbeitgeber die Steuerklasse VI anzuwenden (§ 39e Absatz 6 Satz 8 EStG). Die Sperrung bleibt solange bestehen, bis der Arbeitnehmer die Bildung oder Bereitstellung der ELStAM allgemein freischalten lässt.

Auskunft über die eigenen ELStAM

81 Der Arbeitnehmer kann beim zuständigen Wohnsitzfinanzamt (vgl. Rz. 13) auf Antrag Auskunft über die für ihn gebildeten ELStAM sowie über die durch den Arbeitgeber in den letzten 24 Monaten erfolgten Abrufe der ELStAM erhalten (§ 39e Absatz 6 Satz 4 EStG; vgl. Vordruck „Anträge zu den elektronischen Lohnsteuerabzugsmerkmalen – ELStAM -").

(Zu LStH 39e) **Anlage § 039e-01/ELStAM**

Dem Arbeitnehmer ist es darüber hinaus möglich, seine ELStAM über das ElsterOnline-Portal (www. 82
elsteronline.de/eportal) einzusehen. Dazu ist eine kostenfreie Registrierung unter Verwendung der
Identifikationsnummer im ElsterOnline-Portal notwendig.

Ungünstigere Lohnsteuerabzugsmerkmale
Nach § 38b Absatz 3 EStG haben unbeschränkt einkommensteuerpflichtige Arbeitnehmer die Mög- 83
lichkeit, beim Wohnsitzfinanzamt (vgl. Rz. 13) die Berücksichtigung ungünstigerer Lohnsteuerabzugsmerkmale zu beantragen (eine ungünstigere Steuerklasse, eine geringere Anzahl von Kindern; ebenso ist die Rücknahme eines Antrags auf Berücksichtigung des Pauschbetrags für behinderte Menschen möglich); s. Vordruck „Anträge zu den elektronischen Lohnsteuerabzugsmerkmalen – ELStAM –". Von ungünstigeren Besteuerungsmerkmalen ist stets auszugehen, wenn die vom Arbeitnehmer gewählten Lohnsteuerabzugsmerkmale zu einem höheren Lohnsteuerabzug (inkl. Solidaritätszuschlag und ggf. Kirchensteuer) führen oder wenn statt der Steuerklasse IV die Steuerklasse I gewählt wird.

Ein solcher Antrag ist z. B. bei Arbeitnehmern denkbar, die dem Arbeitgeber ihren aktuellen Familien- 84
stand nicht mitteilen möchten. Um zu vermeiden, dass dem Arbeitgeber z. B. nach einer Eheschließung bzw. Begründung einer Lebenspartnerschaft die nunmehr für verheiratete bzw. verpartnerte Arbeitnehmer in Betracht kommende Steuerklasse III, IV oder V mitgeteilt wird, kann der Arbeitnehmer beantragen, stattdessen die Steuerklasse I beizubehalten.

Um das Ziel der Nichtoffenbarung von geänderten Besteuerungsmerkmalen zu erreichen, kann ein sol- 85
cher Antrag bereits vor dem maßgebenden Ereignis beim Wohnsitzfinanzamt (vgl. Rz. 13) gestellt werden.

7. Im Inland nicht meldepflichtige Arbeitnehmer
Für im Inland nicht meldepflichtige Personen (nach § 1 Absatz 2 EStG erweitert unbeschränkt einkom- 86
mensteuerpflichtige Arbeitnehmer, nach § 1 Absatz 3 EStG auf Antrag wie unbeschränkt einkommensteuerpflichtig zu behandelnde Arbeitnehmer, nach § 1 Absatz 4 EStG beschränkt einkommensteuerpflichtige Arbeitnehmer), wird die steuerliche Identifikationsnummer nicht auf Grund von Mitteilungen der Meldebehörden zugeteilt. Die Teilnahme dieser Arbeitnehmer am neuen Verfahren ist in einer späteren programmtechnischen Ausbaustufe vorgesehen. Dies gilt auch dann, wenn für diesen Arbeitnehmerkreis auf Anforderung des Finanzamts oder aus anderen Gründen (z. B. früherer Wohnsitz im Inland) steuerliche Identifikationsnummern vorliegen.

In diesen Fällen hat das Betriebsstättenfinanzamt des Arbeitgebers derzeit noch auf Antrag Papier- 87
bescheinigungen für den Lohnsteuerabzug auszustellen (Vordrucke „Antrag auf Erteilung einer Bescheinigung für den Lohnsteuerabzug für das Kalenderjahr 201 bei erweiterter unbeschränkter Einkommensteuerpflicht und für übrige Bezieher von Arbeitslohn aus inländischen öffentlichen Kassen", „Antrag auf Erteilung einer Bescheinigung für den Lohnsteuerabzug für das Kalenderjahr 201 für beschränkt einkommensteuerpflichtige Arbeitnehmer"). Legt ein Arbeitnehmer eine dieser Bescheinigungen für den Lohnsteuerabzug vor, entfällt die Verpflichtung und Berechtigung des Arbeitgebers zum Abruf der ELStAM nach § 39e Absatz 4 Satz 2 und Absatz 5 Satz 3 EStG.

Der Antrag nach § 39 Absatz 3 Satz 1 EStG ist grundsätzlich vom Arbeitnehmer zu stellen. Die Be- 88
scheinigung der Steuerklasse I kann auch der Arbeitgeber beantragen (§ 39 Absatz 3 Satz 3 EStG), wenn er den Antrag im Namen des Arbeitnehmers stellt. Weitere Lohnsteuerabzugsmerkmale, etwa die Zahl der Kinderfreibeträge oder ein Freibetrag nach § 39a EStG, können nur auf Antrag des Arbeitnehmers gebildet werden (§ 39 Absatz 3 Satz 1 EStG).

Der Arbeitgeber hat die in der jahresbezogenen Bescheinigung für den Lohnsteuerabzug ausgewiesenen 89
Lohnsteuerabzugsmerkmale in das Lohnkonto des Arbeitnehmers zu übernehmen, diese Bescheinigung als Beleg zum Lohnkonto zu nehmen und während des Dienstverhältnisses, längstens bis zum Ablauf des jeweiligen Kalenderjahres, aufzubewahren (§ 39 Absatz 3 Satz 4 EStG). Bei Beendigung des Arbeitsverhältnisses vor Ablauf des Kalenderjahres hat er dem Arbeitnehmer diese Bescheinigung für den Lohnsteuerabzug auszuhändigen.

Ist die Ausstellung einer solchen Bescheinigung nicht beantragt oder legt der Arbeitnehmer sie nicht 90
innerhalb von sechs Wochen nach Beginn des Dienstverhältnisses vor, hat der Arbeitgeber die Lohnsteuer nach der Steuerklasse VI zu ermitteln (§ 39c Absatz 2 Satz 2 EStG).

In den Lohnsteuerbescheinigungen dieser Arbeitnehmer ist anstelle der Identifikationsnummer das 91
lohnsteuerliche Ordnungsmerkmal (§ 41b Absatz 2 Satz 1 und 2 EStG, sog. eTIN = elektronische Transfer-Identifikations-Nummer) auszuweisen.

Hinsichtlich der Schutzvorschriften für die Lohnsteuerabzugsmerkmale gelten die Regelungen zu den 92
ELStAM unter Rz. 107 und 108 entsprechend.

Anlage § 039e-01/ELStAM (Zu LStH 39e)

8. Durchführung des Lohnsteuerabzugs ohne ELStAM

Fehlende Lohnsteuerabzugsmerkmale

93 Bei fehlenden Lohnsteuerabzugsmerkmalen hat der Arbeitgeber die Lohnsteuererhebung nach der Steuerklasse VI durchzuführen. Dies kommt insbesondere dann in Betracht, wenn der Arbeitnehmer
  – bei Beginn des Dienstverhältnisses seinem Arbeitgeber die zum Abruf der ELStAM erforderliche steuerliche Identifikationsnummer und das Geburtsdatum schuldhaft nicht mitteilt (§ 39e Absatz 4 Satz 1 EStG),
  – eine Übermittlung der ELStAM an den Arbeitgeber gesperrt hat (§ 39e Absatz 6 Satz 6 Nummer 1 EStG) oder
  – beim Wohnsitzfinanzamt (vgl. Rz. 13) die Bildung oder Bereitstellung der ELStAM allgemein sperren lassen hat (§ 39e Absatz 6 Satz 6 Nummer 2 EStG).

94 Abweichend hiervon hat der Arbeitgeber in den folgenden Fällen für die Lohnsteuerberechnung – längstens für die Dauer von drei Kalendermonaten – die voraussichtlichen Lohnsteuerabzugsmerkmale im Sinne des § 38b EStG zu Grunde zu legen (§ 39c Absatz 1 Satz 2 EStG), wenn
  1. ein Abruf der ELStAM wegen technischer Störungen nicht möglich ist oder
  2. der Arbeitnehmer die fehlende Mitteilung über die ihm zuzuteilende Identifikationsnummer nicht zu vertreten hat.

95 Als Störungen in diesem Sinne kommen technische Schwierigkeiten bei Anforderung und Abruf, Bereitstellung oder Übermittlung der ELStAM in Betracht oder eine verzögerte Ausstellung der Bescheinigung für den Lohnsteuerabzug durch das Finanzamt.

96 Aufgrund dieser Ausnahmeregelungen kann der Arbeitgeber den Lohnsteuerabzug für die Dauer von längstens drei Monaten nach den ihm bekannten persönlichen Besteuerungsmerkmalen des Arbeitnehmers durchführen (Steuerklasse, Kinderzähler und Religionszugehörigkeit). Erhält der Arbeitgeber die (elektronischen) Lohnsteuerabzugsmerkmale vor Ablauf der drei Monate, hat er in den Fällen des § 39c Absatz 1 Satz 2 EStG die Lohnsteuerermittlungen für die vorangegangenen Kalendermonate zu überprüfen und erforderlichenfalls zu ändern (§ 39c Absatz 1 Satz 4 EStG).

97 Hat der Arbeitnehmer nach Ablauf der drei Monate die Identifikationsnummer sowie den Tag seiner Geburt nicht mitgeteilt und ersatzweise die Bescheinigung für den Lohnsteuerabzug nicht vorgelegt, so ist rückwirkend die Besteuerung nach der Steuerklasse VI durchzuführen und die Lohnsteuerermittlungen für die ersten drei Monate zu korrigieren. Erhält der Arbeitgeber in diesen Fällen die ELStAM oder ersatzweise die Bescheinigung für den Lohnsteuerabzug nach Ablauf der 3-Monatsfrist, ist eine Änderung des Lohnsteuerabzugs nur nach Maßgabe des § 41c Absatz 1 Satz 1 Nummer 1 EStG möglich.

Unbeschränkt einkommensteuerpflichtige Arbeitnehmer ohne steuerliche Identifikationsnummer

98 Ist einem nach § 1 Absatz 1 EStG unbeschränkt einkommensteuerpflichtigen Arbeitnehmer (noch) keine Identifikationsnummer (§§ 139a, 139b AO) zugeteilt worden, können ELStAM weder automatisiert gebildet, noch vom Arbeitgeber abgerufen werden. In diesen Fällen ersetzt eine dem Arbeitgeber vorzulegende Bescheinigung für den Lohnsteuerabzug mit den anzuwendenden Lohnsteuerabzugsmerkmalen die ELStAM. Der Arbeitnehmer hat eine solche Bescheinigung für den Lohnsteuerabzug beim Wohnsitzfinanzamt (vgl. Rz. 13) formlos oder mit dem „Antrag auf Ausstellung einer Bescheinigung für den Lohnsteuerabzug" zu beantragen und dem Arbeitgeber vorzulegen (§ 39e Absatz 8 Satz 1 und 4 EStG).

99 Das Wohnsitzfinanzamt (vgl. Rz. 13) hat diese Bescheinigung für die Dauer eines Kalenderjahres auszustellen. Legt der Arbeitnehmer eine entsprechende Bescheinigung für den Lohnsteuerabzug vor, entfällt die Verpflichtung und Berechtigung des Arbeitgebers zum Abruf der ELStAM (§ 39e Absatz 8 Satz 2 EStG).

100 Der Arbeitgeber hat diese jahresbezogene Bescheinigung für den Lohnsteuerabzug als Beleg zum Lohnkonto zu nehmen und während des Dienstverhältnisses, längstens bis zum Ablauf des jeweiligen Kalenderjahres, aufzubewahren. Bei Beendigung des Arbeitsverhältnisses vor Ablauf des Kalenderjahres hat er dem Arbeitnehmer diese Bescheinigung auszuhändigen.

101 Hat der Arbeitnehmer die Ausstellung einer solchen Bescheinigung für den Lohnsteuerabzug nicht beantragt oder legt er sie nicht innerhalb von sechs Wochen nach Beginn des Dienstverhältnisses vor, hat der Arbeitgeber die Lohnsteuer nach der Steuerklasse VI zu ermitteln.

102 Erhält der Arbeitnehmer seine Identifikationsnummer zugeteilt, hat er sie dem Arbeitgeber mitzuteilen (§ 39e Absatz 4 Satz 1 EStG). Mit dieser Angabe und dem (bereits vorliegenden) Geburtsdatum ist der Arbeitgeber berechtigt, die ELStAM des Arbeitnehmers abzurufen. Die vorliegende Bescheinigung für den Lohnsteuerabzug hindert den Arbeitgeber nicht, im laufenden Kalenderjahr zum elektronischen

Verfahren zu wechseln, um so die ELStAM des Arbeitnehmers abrufen zu können. Die Bescheinigung für den Lohnsteuerabzug ist weder an das ausstellende Finanzamt, noch an den Arbeitnehmer herauszugeben.

Hinsichtlich der Pflichten des Arbeitgebers zur Übertragung der Lohnsteuerabzugsmerkmale in das Lohnkonto, Aufbewahrung und Herausgabe der Bescheinigung für den Lohnsteuerabzug, Verwendung des lohnsteuerlichen Ordnungsmerkmals nach § 41b Absatz 2 Satz 1 und 2 EStG sowie der Schutzvorschriften für die Lohnsteuerabzugsmerkmale gelten die Regelungen unter Rz. 89, 91, 107 und 108 entsprechend.

9. ELStAM bei verschiedenen Lohnarten

Auch wenn der Arbeitgeber verschiedenartige Bezüge zahlt, sind diese aufgrund des Grundsatzes eines einheitlichen Dienstverhältnisses zu einem Arbeitgeber zusammenzurechnen. In den folgenden Fällen handelt es sich um ein einheitliches Dienstverhältnis, so dass die Lohnsteuer für die Bezüge einheitlich und nach denselben ELStAM zu erheben ist. Der Abruf von ELStAM für ein zweites Dienstverhältnis des Arbeitnehmers durch denselben Arbeitgeber ist nicht möglich.

Beispiele für die Zahlung verschiedenartiger Bezüge:

– Ein Arbeitnehmer erhält vom Arbeitgeber neben einer Betriebsrente noch Arbeitslohn für ein aktives Dienstverhältnis; die Lohnsteuer wird nicht pauschal erhoben.

– Ein Arbeitnehmer erhält vom Arbeitgeber Hinterbliebenenbezüge und eigene Versorgungsbezüge oder Arbeitslohn für ein aktives Dienstverhältnis.

– Ein Arbeitnehmer ist in Elternzeit und arbeitet gleichwohl beim selben Arbeitgeber weiter.

Zu der im Einführungszeitraum 2013 und im Kalenderjahr 2014 möglichen abweichenden Behandlung als Bezüge aus unterschiedlichen Dienstverhältnissen (Nichtbeanstandungsregelung) vgl. Tz. III. 5 des BMF-Schreibens zum erstmaligen Abruf der elektronischen Lohnsteuerabzugsmerkmale durch den Arbeitgeber und mit Anwendungsgrundsätzen für den Einführungszeitraum vom 25. Juli 2013, a. a. O.[1]

10. Schutzvorschriften für die (elektronischen) Lohnsteuerabzugsmerkmale

Nur die Personen, denen der Arbeitnehmer die Berechtigung erteilt hat (Arbeitgeber oder beauftragte Dritte), sind befugt, ELStAM abzurufen und zu verwenden (§ 39e Absatz 4 Satz 2 und 6 EStG). ELStAM sind nur für den Lohnsteuerabzug bestimmt (§ 39e Absatz 4 Satz 7 und Absatz 5 Satz 1 EStG). Folglich dürfen grundsätzlich weder der Arbeitgeber, noch der mit der Durchführung des Lohnsteuerabzugs beauftragte Dritte abgerufene ELStAM bzw. Lohnsteuerabzugsmerkmale offenbaren. Dies gilt nicht, soweit eine Weitergabe von (elektronischen) Lohnsteuerabzugsmerkmalen gesetzlich zugelassen ist oder der Arbeitnehmer einer anderen Verwendung zustimmt (§ 39 Absatz 8 Satz 2 EStG).

Vorsätzliche oder leichtfertige Zuwiderhandlungen stellen eine Ordnungswidrigkeit dar und können mit einer Geldbuße bis zu zehntausend Euro geahndet werden (§ 39 Absatz 9 i. V. m. § 39e Absatz 4 Satz 7 EStG).

IV. Verfahrensrecht

Sowohl die erstmalige Bildung der (elektronischen) Lohnsteuerabzugsmerkmale als auch deren spätere Änderungen sind – wie die Eintragungen auf der Lohnsteuerkarte im bisherigen Verfahren – eine gesonderte Feststellung von Besteuerungsgrundlagen im Sinne von § 179 Absatz 1 AO, die unter dem Vorbehalt der Nachprüfung steht (§ 39 Absatz 1 Satz 4 EStG). Eine solche Feststellung ist ein anfechtbarer Verwaltungsakt, dessen Vollziehung gemäß § 361 AO ausgesetzt werden kann. Da die Bildung der ELStAM unter dem Vorbehalt der Nachprüfung steht, hat der Arbeitnehmer daneben auch die Möglichkeit, eine Änderung nach § 164 Absatz 2 Satz 2 AO zu beantragen.

Um als Verwaltungsakt erkennbar und anfechtbar zu sein, müssen die Bildung der (elektronischen) Lohnsteuerabzugsmerkmale und deren Änderungen dem Arbeitnehmer bekannt gegeben werden (§ 39 Absatz 1 Satz 5 EStG). Gemäß § 119 Absatz 2 AO kann dies schriftlich, elektronisch, mündlich oder in anderer Weise erfolgen. Üblicherweise hat der Arbeitgeber die ELStAM als Grundlage für die Lohnsteuerermittlung in der Lohn- und Gehaltsabrechnung auszuweisen (§ 39e Absatz 5 Satz 2 und Absatz 6 EStG). In diesen Fällen werden sie mit Aushändigung der Lohnabrechnung an den Arbeitnehmer bekannt gegeben (§ 39e Absatz 6 Satz 3 EStG). Wird die Lohnabrechnung elektronisch bereitgestellt, ist das Bereitstellungsdatum maßgebend (§ 39e Absatz 6 Satz 3 EStG).

---

1) Die Nichtbeanstandungsregelung wurde verlängert. Diese Verlängerung gilt für die Lohnsteuererhebung auf den laufenden Arbeitslohn für Lohnzahlungszeiträume, die vor dem 1.1.2016 enden, und für die Lohnsteuererhebung auf sonstige Bezüge, die vor dem 1.1.2016 zufließen → BMF vom 23.10.2014 (BStBl. I S. 1411).

Anlage § 039e-01/ELStAM (Zu LStH 39e)

111 Diesen Formen der Bekanntgabe ist keine Rechtsbehelfsbelehrung beizufügen (§ 39e Absatz 6 Satz 2 EStG). Dies führt dazu, dass ein Einspruch gegen die gebildeten ELStAM innerhalb eines Jahres ab Bekanntgabe des Verwaltungsaktes eingelegt werden kann (§ 356 Absatz 2 AO).

112 Erteilt das Finanzamt auf Antrag des Arbeitnehmers einen Bescheid über die Berücksichtigung von Lohnsteuerabzugsmerkmalen (§ 39 Absatz 1 Satz 8 EStG), ist diesem eine Rechtsbehelfsbelehrung beizufügen. Das Finanzamt ist zudem zur schriftlichen Erteilung eines Bescheids mit einer Belehrung über den zulässigen Rechtsbehelf verpflichtet, wenn dem Antrag des Arbeitnehmers auf Bildung oder Änderung der Lohnsteuerabzugsmerkmale (regelmäßig im Rahmen eines Antrags auf Lohnsteuer-Ermäßigung) nicht oder nicht in vollem Umfang entsprochen wird (§ 39 Absatz 1 Satz 8 EStG).

V. Härtefallregelung

Allgemeines

113 Sind Arbeitgeber nicht in der Lage und ist es ihnen nicht zumutbar, die ELStAM der Arbeitnehmer elektronisch abzurufen, wird ein Ersatzverfahren angeboten (§ 39e Absatz 7 EStG). Auf Antrag des Arbeitgebers kann das Betriebsstättenfinanzamt zur Vermeidung unbilliger Härten die Nichtteilnahme am neuen Abrufverfahren (ELStAM-Verfahren) zulassen (§ 39e Absatz 7 Satz 1 EStG). Die Teilnahme am Härtefallverfahren ist kalenderjährlich unter Darlegung der Gründe neu zu beantragen (§ 39e Absatz 7 Satz 4 EStG), ggf. rückwirkend bis zum Beginn des Kalenderjahres der Antragstellung.

114 Eine unbillige Härte liegt insbesondere bei einem Arbeitgeber vor, für den die technischen Möglichkeiten der Kommunikation über das Internet wirtschaftlich oder persönlich unzumutbar ist (§ 150 Absatz 8 AO ist entsprechend anzuwenden).

115 Dem Antrag ist stets stattzugeben, wenn der Arbeitgeber ohne maschinelle Lohnabrechnung ausschließlich Arbeitnehmer im Rahmen einer geringfügigen Beschäftigung in seinem Privathaushalt im Sinne des § 8a Viertes Buch Sozialgesetzbuch bzw. § 276a Sechstes Buch Sozialgesetzbuch beschäftigt und wenn er die Lohnsteuer vom Arbeitslohn/-entgelt nicht pauschal erhebt (§ 39e Absatz 7 Satz 2 EStG).

116 Auch nach einer Genehmigung zur Nichtteilnahme an diesem Verfahren kann der Arbeitgeber jederzeit ohne gesonderte Mitteilung zum elektronischen Abrufverfahren wechseln.

Antragstellung

117 Der Antrag ist nach amtlich vorgeschriebenem Vordruck zu stellen (Vordruck „Antrag des Arbeitgebers auf Nichtteilnahme am Abrufverfahren der elektronischen Lohnsteuerabzugsmerkmale (ELStAM) für 201_") und muss folgende Angaben beinhalten:

1. Steuernummer der lohnsteuerlichen Betriebsstätte,
2. Verzeichnis der beschäftigten Arbeitnehmer,
3. Identifikationsnummer und Geburtsdatum der einzelnen Beschäftigten,
4. Angaben darüber, ob es sich um ein erstes (Hauptarbeitgeber) oder weiteres Dienstverhältnis (Steuerklasse VI) handelt und
5. bei einem weiteren Dienstverhältnis ggf. den nach § 39a Absatz 1 Satz 1 Nummer 7 EStG zu berücksichtigenden Betrag.

Verfahren/Bescheinigung der Lohnsteuerabzugsmerkmale

118 Gibt das Betriebsstättenfinanzamt dem Antrag statt, wird dem Arbeitgeber eine arbeitgeberbezogene Bescheinigung zur Durchführung des Lohnsteuerabzugs erteilt, welche die für das jeweilige Kalenderjahr gültigen Lohnsteuerabzugsmerkmale der einzelnen Arbeitnehmer enthält. Im Fall der Änderung von Lohnsteuerabzugsmerkmalen wird dem Arbeitgeber automatisch eine geänderte Bescheinigung für den Lohnsteuerabzug übersandt. Diese Bescheinigungen sind nur für den beantragenden Arbeitgeber bestimmt und dürfen von einem weiteren Arbeitgeber nicht als Grundlage für den Lohnsteuerabzug herangezogen werden.

Pflichten des Arbeitgebers

119 Für die Lohnsteuererhebung gelten in diesen Fällen die Regelungen des Abrufverfahrens für die ELStAM entsprechend. Insbesondere haben auch die wegen der Inanspruchnahme der Härtefallregelung nicht am elektronischen Verfahren teilnehmenden Arbeitgeber die Lohnsteuerabzugsmerkmale der Arbeitnehmer in deren Lohnabrechnung auszuweisen. Auch hier gelten die Lohnsteuerabzugsmerkmale gegenüber dem Arbeitnehmer als bekannt gegeben, sobald der Arbeitgeber dem Arbeitnehmer die Lohnabrechnung mit den ausgewiesenen Lohnsteuerabzugsmerkmalen aushändigt. Im Übrigen sind für

(Zu LStH 39e) **Anlage § 039e-01/ELStAM**

die in der Bescheinigung ausgewiesenen Lohnsteuerabzugsmerkmale die Schutzvorschriften für die ELStAM entsprechend zu beachten (vgl. Rz. 107 und 108).

Der Arbeitgeber hat die Bescheinigung für den Lohnsteuerabzug sowie evtl. Änderungsmitteilungen als Beleg zum Lohnkonto zu nehmen und sie während der Beschäftigung, längstens bis zum Ablauf des maßgebenden Kalenderjahres, aufzubewahren. Zur Erteilung der Lohnsteuerbescheinigung (§ 41b EStG) hat der Arbeitgeber die Besondere Lohnsteuerbescheinigung zu verwenden. 120

Beginnt ein Arbeitnehmer im laufenden Kalenderjahr ein Dienstverhältnis, ist der Arbeitgeber zur Mitteilung an das Betriebsstättenfinanzamt verpflichtet (vgl. Rz. 3). Für die Ausstellung und Entgegennahme der Bescheinigung zur Durchführung des Lohnsteuerabzugs gelten Rz. 117 bis 120 entsprechend. 121

Bei Ausscheiden eines Arbeitnehmers aus dem Dienstverhältnis ist dem Betriebsstättenfinanzamt unverzüglich das Datum der Beendigung schriftlich anzuzeigen (§ 39e Absatz 7 Satz 8 EStG). 122

VI. Betrieblicher Lohnsteuer-Jahresausgleich (§ 42b EStG)

Nach einem Arbeitgeberwechsel im laufenden Kalenderjahr sind dem neuen Arbeitgeber – anders als im bisherigen Verfahren – regelmäßig nur die ELStAM des aktuellen Dienstverhältnisses bekannt. Deshalb hat der Arbeitgeber als weitere Voraussetzung für die Durchführung eines Lohnsteuer-Jahresausgleichs zu beachten, dass der Arbeitnehmer durchgängig das gesamte Kalenderjahr bei ihm beschäftigt war. Im Rahmen des Lohnsteuer-Jahresausgleichs ist die Jahreslohnsteuer nach der Steuerklasse zu ermitteln, die für den letzten Lohnzahlungszeitraum des Ausgleichsjahres als ELStAM abgerufen oder in einer Bescheinigung für den Lohnsteuerabzug ausgewiesen worden ist. 123

VII. Lohnsteuerermäßigungsverfahren ab 2013

Gültigkeit der Lohnsteuerabzugsmerkmale

Im Gegensatz zu den nach § 38b EStG zu bildenden Lohnsteuerabzugsmerkmalen wird im neuen Verfahren für die nach § 39a EStG zu bildenden persönlichen Freibeträge zunächst die jahresbezogene Betrachtungsweise fortgesetzt. Folglich ist die Geltungsdauer des Freibetrags, der beim Lohnsteuerabzug insgesamt zu berücksichtigen und abzuziehen ist, sowie eines Hinzurechnungsbetrags derzeit weiterhin auf ein Jahr begrenzt (§ 52 Absatz 50h EStG). Wie bisher sind hiervon die Pauschbeträge für behinderte Menschen und Hinterbliebene ausgenommen. 124

Start- und Endtermin für das Lohnsteuerermäßigungsverfahren

Der an den früheren Versand der Lohnsteuerkarten durch die Gemeinden (frühestens ab dem 20. September) gebundene Starttermin für das Lohnsteuerermäßigungsverfahren besteht nicht mehr. Nach § 39a Absatz 2 Satz 2 EStG beginnt die Frist für die Antragstellung im neuen Verfahren am 1. Oktober eines jeden Jahres. Sie endet weiterhin am 30. November des Kalenderjahres, in dem der Freibetrag gilt. Werden Anträge auf Lohnsteuer-Ermäßigung entgegen der gesetzlichen Vorgabe bereits vor dem 1. Oktober des Vorjahres gestellt, hat das Finanzamt diese Anträge nicht aus formalen Gründen abzulehnen. Diese Anträge sind mit Start des Lohnsteuerermäßigungsverfahrens zu bearbeiten. 125

Soll ein Freibetrag nach § 39a Absatz 1 Satz 1 Nummer 1 bis 6 EStG auf mehrere Dienstverhältnisse aufgeteilt werden, ist ein Antrag beim Finanzamt erforderlich. In diesen Fällen ordnet das Finanzamt die Freibeträge den einzelnen Dienstverhältnissen für den Abruf als ELStAM zu. Der Arbeitnehmer hat dem Arbeitgeber weder Angaben zur Anwendung des Freibetrags noch dessen Höhe mitzuteilen. 126

Aufteilung Hinzurechnungsbetrag/Freibetrag

Im neuen Verfahren kann der Arbeitnehmer entscheiden, ob bzw. in welcher Höhe der Arbeitgeber einen nach § 39a Absatz 1 Satz 1 Nummer 7 EStG beantragten und vom Finanzamt ermittelten Freibetrag abrufen soll. Allein für eine solche Verteilung auf die einzelnen Dienstverhältnisse ist ein Antrag beim Finanzamt nicht erforderlich. Diese Wahlmöglichkeit ist für zweite und weitere Dienstverhältnisse insbesondere für Fälle eines Arbeitgeberwechsels, nach Beendigung eines Dienstverhältnisses sowie bei in größeren Zeiträumen schwankenden Arbeitslöhnen gedacht. 127

Der Arbeitgeber hat den vom Arbeitnehmer genannten Betrag im Rahmen einer üblichen Anmeldung des Arbeitnehmers bzw. Anfrage von ELStAM an die Finanzverwaltung zu übermitteln. Nach Prüfung des übermittelten Betrags stellt die Finanzverwaltung dem Arbeitgeber den tatsächlich zu berücksichtigenden Freibetrag als ELStAM zum Abruf bereit. Nur dieser Freibetrag ist für den Arbeitgeber maßgebend und für den Lohnsteuerabzug anzuwenden sowie in der üblichen Lohn- und Gehaltsabrechnung des Arbeitnehmers als ELStAM auszuweisen. 128

Anlage § 039e-01/ELStAM (Zu LStH 39e)

VIII. Sonstiges

Aufzeichnung im Lohnkonto

129 Der Arbeitgeber hat die im elektronischen Verfahren abgerufenen ELStAM in das Lohnkonto zu übernehmen (§ 41 Absatz 1 Satz 2 EStG). Gleiches gilt für die im Rahmen der Härtefallregelung (vgl. Rz. 118 und 120) in der vom Finanzamt ausgestellten Bescheinigung ausgewiesenen (Lohnsteuerabzugs-) Merkmale und für die in der nach § 39e Absatz 8 EStG ausgestellten Bescheinigungen für den Lohnsteuerabzug ausgewiesenen (Lohnsteuerabzugs-) Merkmale.

Lohnsteuerbescheinigung

130 Im elektronischen Verfahren ist der Finanzverwaltung der für die Zerlegung der Lohnsteuer erforderliche amtliche Gemeindeschlüssel bekannt. Aus diesem Grunde entfällt insoweit die Übermittlungsverpflichtung des Arbeitgebers in der elektronischen Lohnsteuerbescheinigung.

Korrektur des Lohnsteuerabzugs

131 Nach § 41c Absatz 1 Satz 1 Nummer 1 EStG ist der Arbeitgeber berechtigt, bei der jeweils nächsten Lohnzahlung bisher erhobene Lohnsteuer zu erstatten bzw. noch nicht erhobene Lohnsteuer nachträglich einzubehalten. Das gilt im neuen Verfahren auch dann, wenn ihm ELStAM zum Abruf zur Verfügung gestellt werden oder ihm der Arbeitnehmer eine Bescheinigung für den Lohnsteuerabzug mit Eintragungen vorlegt, die auf einen Zeitpunkt vor Abruf der Lohnsteuerabzugsmerkmale oder vor Vorlage der Bescheinigung für den Lohnsteuerabzug zurückwirken. Bereitstellung von Steuererklärungen und Vordrucken

132 Die im neuen Verfahren der ELStAM erforderlichen bundeseinheitlich abgestimmten Erklärungen und Vordrucke werden von den Finanzbehörden des Bundes und der Länder zur Verfügung gestellt. Die seitens des Bundesministeriums der Finanzen bereitgestellten Erklärungen und Vordrucke stehen im Internet in einer Formulardatenbank unter der Internetadresse https://www.formulare-bfinv.de in der Rubrik Formularcenter/Formularkatalog/Steuerformulare/Lohnsteuer als ausfüllbare Formulare bereit.

Anwendungszeitraum

133 Dieses Schreiben ist für Lohnzahlungszeiträume ab dem Kalenderjahr 2013 bzw. für ab 2013 zugeflossene sonstige Bezüge anzuwenden, soweit der Arbeitgeber im Einführungszeitraum nicht nach den Regelungen des § 52b EStG und dem BMF-Schreiben zum erstmaligen Abruf der elektronischen Lohnsteuerabzugsmerkmale durch den Arbeitgeber und mit Anwendungsgrundsätzen für den Einführungszeitraum vom 25. Juli 2013, a. a. O., verfährt.

(Zu LStH 39e) **Anlage § 039e-01/ELStAM**

Lohnsteuerabzug im Verfahren der elektronischen Lohnsteuerabzugsmerkmale; ELStAM bei verschiedenen Lohnarten

b) BMF-Schreiben vom 23. Oktober 2014 IV C 5 – S 2363/13/10003; 2014/0839244 (BStBl. I S. 1411)

In den BMF-Schreiben vom 7. August 2013, BStBl. I 2013 Seite 951, Rz. 104-106, sowie vom 25. Juli 2013, BStBl. I 2013 Seite 943, Tz. III. 5, wird aus Vereinfachungsgründen auf die Möglichkeit einer besonderen Lohnsteuererhebung bei verschiedenartigen Bezügen hingewiesen (Nichtbeanstandungsregelung). Diese Regelung gilt bisher nur für die Kalenderjahre 2013 und 2014.

Nach dem Ergebnis der Erörterungen mit den obersten Finanzbehörden der Länder wird diese Nichtbeanstandungsregelung aus Billigkeitsgründen für das Kalenderjahr 2015 verlängert. Folglich kann der Arbeitgeber solche Bezüge weiterhin wie Bezüge aus unterschiedlichen Dienstverhältnissen behandeln und die abgerufenen ELStAM nur für einen der gezahlten Bezüge anwenden. Für den anderen Bezug ist die Steuerklasse VI ohne weiteren Abruf von ELStAM zu Grunde zu legen. Wird für einen Versorgungsbezug die Lohnsteuer nach der Steuerklasse VI erhoben, ist § 39b Absatz 2 Satz 5 Nummer 1 EStG zu berücksichtigen, wonach kein Zuschlag zum Versorgungsfreibetrag anzusetzen ist. Die Lohnsteuerbescheinigung ist jeweils für den getrennt abgerechneten Bezug auszustellen und an die Finanzverwaltung zu übermitteln. Im Übrigen wird auf die o. g. Regelungen in den BMF-Schreiben vom 7. August 2013 und vom 25. Juli 2013 verwiesen.

Diese Verlängerung gilt für die Lohnsteuererhebung auf den laufenden Arbeitslohn für Lohnzahlungszeiträume, die vor dem 1. Januar 2016 enden, und für die Lohnsteuererhebung auf sonstige Bezüge, die vor dem 1. Januar 2016 zufließen.

Dieses Schreiben steht ab sofort für eine Übergangszeit auf den Internetseiten des Bundesministeriums der Finanzen (http://www.bundesfinanzministerium.de) unter der Rubrik Themen – Steuern – Steuerarten – Lohnsteuer – BMF-Schreiben/Allgemeines zur Ansicht und zum Abruf bereit.

Anlage § 040-01/Geringf. Beschäftigung, Steuerentlastungsges. 1999/2000/2002 (Zu LStH 39b.6, 40.2, 40a.1, 40b.1)

Gesetz zur Neuregelung der geringfügigen Beschäftigungsverhältnisse und Steuerentlastungsgesetz 1999/2000/2002; Anwendung von Vorschriften zum Lohnsteuerabzugsverfahren

BMF-Schreiben vom 10. Januar 2000 IV C 5 – S 2330 – 2/00 (BStBl. I S. 138)

Unter Bezugnahme auf das Ergebnis der Erörterung mit den obersten Finanzbehörden der Länder nehme ich zu Fragen der Anwendung von Vorschriften des Lohnsteuerabzugsverfahrens, die durch das Gesetz zur Neuregelung der geringfügigen Beschäftigungsverhältnisse vom 24. März 1999 (BGBl. I S. 388; BStBl. I S. 302) und das Steuerentlastungsgesetz 1999/2000/2002 vom 24. März 1999 (BGBl. I S. 402; BStBl. I S. 304) geändert worden sind, wie folgt Stellung:

Gesetz zur Neuregelung der geringfügigen Beschäftigungsverhältnisse

– zeitlich überholt –

Steuerentlastungsgesetz 1999/2000/2002

1. **Abwälzung von pauschaler Lohnsteuer und Annexsteuern auf Arbeitnehmer**

    Nach § 40 Abs. 3 Satz 2 EStG in der Fassung des Steuerentlastungsgesetzes 1999/2000/2002 gilt die auf den Arbeitnehmer abgewälzte pauschale Lohnsteuer als zugeflossener Arbeitslohn; sie darf die Bemessungsgrundlage nicht mindern. Dies entspricht dem in § 12 Nr. 3 EStG zum Ausdruck kommenden allgemeinen Grundsatz, dass Personensteuern nur abzugsfähig sind, wenn sie die Voraussetzungen als Betriebsausgaben oder Werbungskosten erfüllen oder ihre steuermindernde Berücksichtigung ausdrücklich zugelassen ist. Die Neuregelung gilt aufgrund von Verweisungen auch für §§ 40a und 40b EStG.

    a) Abwälzung von Lohnsteuer

    Im Fall der Abwälzung bleibt zwar der Arbeitgeber Schuldner der pauschalen Lohnsteuer, im wirtschaftlichen Ergebnis wird sie jedoch vom Arbeitnehmer getragen. Die Verlagerung der Belastung darf weder zu einer Minderung des individuell nach den Merkmalen der Lohnsteuerkarte zu versteuernden Arbeitslohns noch zu einer Minderung der Bemessungsgrundlage für die pauschale Lohnsteuer führen. Eine Abwälzung kann sich beispielsweise aus dem Arbeitsvertrag selbst, aus einer Zusatzvereinbarung zum Arbeitsvertrag ergeben oder aus dem wirtschaftlichen Ergebnis einer Gehaltsumwandlung oder Gehaltsänderungsvereinbarung. Das ist der Fall, wenn die pauschale Lohnsteuer als Abzugsbetrag in der Gehaltsabrechnung ausgewiesen wird. Dies gilt auch, wenn zur Abwälzung zwar in arbeitsrechtlich zulässiger Weise eine Gehaltsminderung vereinbart wird, der bisherige ungekürzte Arbeitslohn aber weiterhin für die Bemessung künftiger Erhöhungen des Arbeitslohns oder anderer Arbeitgeberleistungen (z. B. Weihnachtsgeld, Tantieme, Jubiläumszuwendungen) maßgebend bleibt. Eine Abwälzung der pauschalen Lohnsteuer ist hingegen nicht anzunehmen, wenn eine Gehaltsänderungsvereinbarung zu einer Neufestsetzung künftigen Arbeitslohns führt, aus der alle rechtlichen und wirtschaftlichen Folgerungen gezogen werden, also insbesondere der geminderte Arbeitslohn Bemessungsgrundlage für künftige Erhöhungen des Arbeitslohns oder andere Arbeitgeberleistungen wird. Dies gilt auch dann, wenn die Gehaltsminderung in Höhe der Pauschalsteuer vereinbart wird.

    b) Abwälzung von Annexsteuern (Kirchensteuer, Solidaritätszuschlag)

    Für im Zusammenhang mit der Pauschalierung der Lohnsteuer ebenfalls pauschal erhobene und auf den Arbeitnehmer abgewälzte Annexsteuern (Kirchensteuer, Solidaritätszuschlag) gelten die Ausführungen unter Buchstabe a entsprechend. Daher ist auch hinsichtlich der abgewälzten Annexsteuern von zugeflossenem Arbeitslohn auszugehen, der die Bemessungsgrundlage für die Lohnsteuer nicht mindert.

    c) Übergangsregelung

    – zeitlich überholt –

2. **Anwendung der Fünftelungsregelung nach § 39b Abs. 3 Satz 9 EStG bei außerordentlichen Einkünften nach § 34 Abs. 2 Nr. 4 EStG im Lohnsteuerabzugsverfahren**

    Die Lohnsteuer für Vergütungen für mehrjährige Tätigkeiten[1] (Arbeitnehmer- oder Firmenjubiläum) ist nach § 39b Abs. 3 Satz 9 EStG ab 1. Januar 1999 nach der Fünftelungsmethode zu ermä-

---

[1] BFH v. 14. 10. 2004 VI R 46/99 (BStBl. 2005 II S. 289): „Mehrjährig" i. S. des § 34 Abs. 3 EStG a. F. (jetzt: § 34 Abs. 2 Nr. 4 EStG) ist eine Tätigkeit, die sich über zwei Veranlagungszeiträume erstreckt, auch dann, wenn sie einen Zeitraum von weniger als zwölf Monaten umfasst.

ßigen, wenn eine Zusammenballung im Sinne von § 34 Abs. 1 EStG vorliegt (zur Zusammenballung vgl. BMF-Schreiben vom 18. Dezember 1998 – BStBl. I S. 1512)[1]. Im Lohnsteuerabzugsverfahren ist die begünstigte Besteuerung nicht antragsgebunden und daher vom Arbeitgeber – bei Zusammenballung – grundsätzlich anzuwenden. Dies kann im Einzelfall, insbesondere bei niedrigen Beträgen zu einer höheren Lohnsteuer führen als die Besteuerung als sonstiger Bezug. Da die Lohnsteuer nach dem Wortlaut des Gesetzes zu ermäßigen ist, darf in diesen Fällen die Fünftelungsregelung nicht angewendet werden. Der Arbeitgeber hat daher eine Vergleichsrechnung durchzuführen (Günstigerprüfung) und die Fünftelungsregelung nur anzuwenden, wenn sie zu einer niedrigeren Lohnsteuer führt als die Besteuerung als nicht begünstigter sonstiger Bezug. Die Aufzeichnung und Angabe in der Lohnsteuerbescheinigung folgen anschließend der tatsächlichen Behandlung.

Die für die Anwendung der begünstigten Besteuerung erforderliche Zusammenballung kann der Arbeitgeber im Lohnsteuerabzugsverfahren unterstellen, wenn die Jubiläumszuwendung an einen Arbeitnehmer bezahlt wird, der voraussichtlich bis Ende des Kalenderjahres nicht aus dem Dienstverhältnis ausscheidet.

---

1) Aktuelles Schreiben Anlage § 034-01.

Anlage § 040-02/KiSt bei LSt-Pauschalierung (Zu LStH 40.1, 40.2, 40a.1, 40b.1)

Gleich lautende Erlasse der obersten Finanzbehörden der Länder betr. Kirchensteuer bei Pauschalierung der Lohnsteuer[1]

Vom 23. Oktober 2012 (BStBl. I S. 1083)

In den Fällen der Pauschalierung der Lohnsteuer nach Maßgabe der §§ 40, 40a Abs. 1, 2a und 3 und 40b EStG kann der Arbeitgeber bei der Erhebung der Kirchensteuer zwischen einem vereinfachten Verfahren und einem Nachweisverfahren wählen. Diese Wahl kann der Arbeitgeber sowohl für jeden Lohnsteuer-Anmeldungszeitraum als auch für die jeweils angewandte Pauschalierungsvorschrift und darüber hinaus für die in den einzelnen Rechtsvorschriften aufgeführten Pauschalierungstatbestände unterschiedlich treffen. Im Einzelnen gilt Folgendes:

1. Entscheidet sich der Arbeitgeber für die **Vereinfachungsregelung**, hat er in allen Fällen der Pauschalierung der Lohnsteuer für sämtliche Arbeitnehmer Kirchensteuer zu entrichten. Dabei ist ein ermäßigter Steuersatz anzuwenden, der in pauschaler Weise dem Umstand Rechnung trägt, dass nicht alle Arbeitnehmer Angehörige einer steuererhebenden Religionsgemeinschaft sind.

   Die im vereinfachten Verfahren ermittelten Kirchensteuern sind in der Lohnsteuer-Anmeldung bei Kennzahl 47 gesondert anzugeben. Die Aufteilung auf die steuererhebenden Religionsgemeinschaften wird von der Finanzverwaltung übernommen.

2. a) Macht der Arbeitgeber Gebrauch von der ihm zustehenden **Nachweismöglichkeit**, dass einzelne Arbeitnehmer keiner steuererhebenden Religionsgemeinschaft angehören, kann er hinsichtlich dieser Arbeitnehmer von der Entrichtung der auf die pauschale Lohnsteuer entfallenden Kirchensteuer absehen; für die übrigen Arbeitnehmer gilt der allgemeine Kirchensteuersatz.

   b) Als Beleg für die Nichtzugehörigkeit zu einer steuererhebenden Religionsgemeinschaft dienen in den Fällen des § 40 und § 40b EStG grundsätzlich die vom Arbeitgeber beim Bundeszentralamt für Steuern abgerufenen elektronischen Lohnsteuerabzugsmerkmale (ELStAM) oder ein Vermerk des Arbeitgebers, dass der Arbeitnehmer seine Nichtzugehörigkeit zu einer steuererhebenden Religionsgemeinschaft mit der vom Finanzamt ersatzweise ausgestellten Bescheinigung für den Lohnsteuerabzug nachgewiesen hat. Liegen dem Arbeitgeber diese amtlichen Nachweise nicht vor, bedarf es zumindest einer schriftlichen Erklärung des Arbeitnehmers nach beigefügtem Muster; in den Fällen des § 40a Abs.1, 2a und 3 EStG genügt als Nachweis eine Erklärung nach beigefügtem **Muster**.

   Der Nachweis über die fehlende Kirchensteuerpflicht des Arbeitnehmers muss vom Arbeitgeber als Beleg zum Lohnkonto aufbewahrt werden.

   c) Die auf die kirchensteuerpflichtigen Arbeitnehmer entfallende pauschale Lohnsteuer hat der Arbeitgeber anhand des in den Lohnkonten aufzuzeichnenden Religionsbekenntnisses zu ermitteln; führt der Arbeitgeber ein Sammelkonto (§ 4 Abs. 2 Nr. 8 Satz 2 LStDV) oder in den Fällen des § 40a EStG entsprechende Aufzeichnungen, hat er dort das Religionsbekenntnis des betroffenen Arbeitnehmer anzugeben.

   Kann der Arbeitgeber die auf den einzelnen kirchensteuerpflichtigen Arbeitnehmer entfallende pauschale Lohnsteuer nicht ermitteln, kann er aus Vereinfachungsgründen die gesamte pauschale Lohnsteuer im Verhältnis der kirchensteuerpflichtigen zu den nicht kirchensteuerpflichtigen Arbeitnehmern aufteilen; der auf die kirchensteuerpflichtigen Arbeitnehmer entfallende Anteil ist Bemessungsgrundlage für die Anwendung des allgemeinen Kirchensteuersatzes. Die so ermittelte Kirchensteuer ist im Verhältnis der Konfessions- bzw. Religionszugehörigkeit der kirchensteuerpflichtigen Arbeitnehmer aufzuteilen.

   Die im Nachweisverfahren ermittelten Kirchensteuern sind in der Lohnsteuer-Anmeldung unter der jeweiligen Kirchensteuer-Kennzahl (z.B. 61, 62) anzugeben.

3. Die Höhe der Kirchensteuersätze ergibt sich sowohl bei Anwendung der Vereinfachungsregelung (Nr. 1) als auch im Nachweisverfahren (Nr. 2) aus den Kirchensteuerbeschlüssen der steuererhebenden Religionsgemeinschaften. Die in den jeweiligen Ländern geltenden Regelungen werden für jedes Kalenderjahr im Bundessteuerblatt Teil I veröffentlicht.   **– Anhang 48 –**

4. Dieser Erlass ist erstmals anzuwenden
   - bei laufendem Arbeitslohn, der für einen nach dem 31. Dezember 2012endenden Lohnzahlungszeitraum gezahlt wird und
   - bei sonstigen Bezügen, die nach dem 31. Dezember 2012 zufließen.

---

[1] Hinweis: Zur Kirchensteuer bei Pauschalierung der Einkommensteuer nach § 37b EStG Hinweis auf **Anlage § 037b-01**.

Er ersetzt den Erlass vom 17. November 2006 (BStBl. I S. 716). Solange der Arbeitgeber das ELStAM-Verfahren noch nicht anwendet, ist nach dem ERlass vom 17. November 2006 zu verfahren.

Anlage § 040-02/KiSt bei LSt-Pauschalierung (Zu LStH 40.1, 40.2, 40a.1, 40b.1)

Anlage

Muster

Erklärung gegenüber dem Betriebsstättenfinanzamt zur Religionszugehörigkeit für die Erhebung der pauschalen Lohnsteuer nach § 40a Abs. 1, 2a und 3 EStG

Finanzamt ....

Arbeitgeber:
Name der Firma ....

Anschrift: ....

Arbeitnehmer:
Name, Vorname ....

Anschrift: ....

Ich, der vorbezeichnete Arbeitnehmer erkläre, dass ich

☐ bereits zu Beginn meiner Beschäftigung bei dem obengenannten Arbeitgeber

☐ seit dem ....

keiner Religionsgemeinschaft angehöre, die Kirchensteuer erhebt.

Ich versichere, die Angaben in dieser Erklärung wahrheitsgemäß nach bestem Wissen und Gewissen gemacht zu haben und werde den Eintritt in eine steuererhebende Religionsgemeinschaft dem Arbeitgeber unverzüglich anzeigen. Mir ist bekannt, dass die Erklärung als Grundlage für das Besteuerungsverfahren dient und meinen Arbeitgeber berechtigt, von der Entrichtung von Kirchensteuer auf den Arbeitslohn abzusehen.

....
Ort, Datum   Unterschrift des Arbeitnehmers

Diese und jede weitere Erklärung über den Beitritt zu einer steuererhebenden Religionsgemeinschaft sind vom Arbeitgeber zum Lohnkonto zu nehmen.

(Zitiert in Anlage § 037b-02)

Anlage § 040-03/VIP-Logen in Sportstätten

Ertragsteuerliche Behandlung von Aufwendungen für VIP-Logen in Sportstätten

BMF-Schreiben vom 22. August 2005 IV B 2 – S 2144 – 41/05 (BStBl. I S. 845)

Unter Aufwendungen für VIP-Logen in Sportstätten werden solche Aufwendungen eines Steuerpflichtigen verstanden, die dieser für bestimmte sportliche Veranstaltungen trägt und für die er vom Empfänger dieser Leistung bestimmte Gegenleistungen mit Werbecharakter für die „gesponserte" Veranstaltung erhält. Neben den üblichen Werbeleistungen (z.B. Werbung über Lautsprecheransagen, auf Videowänden, in Vereinsmagazinen) werden dem sponsernden Unternehmer auch Eintrittskarten für VIP-Logen überlassen, die nicht nur zum Besuch der Veranstaltung berechtigen, sondern auch die Möglichkeit der Bewirtung des Steuerpflichtigen und Dritter (z.b. Geschäftsfreunde, Arbeitnehmer) beinhalten. Regelmäßig werden diese Maßnahmen in einem Gesamtpaket vereinbart, wofür dem Sponsor ein Gesamtbetrag in Rechnung gestellt wird.

Im Einvernehmen mit den obersten Finanzbehörden der Länder gilt zur ertragsteuerlichen Behandlung der Aufwendungen für VIP-Logen in Sportstätten Folgendes:

Aufwendungen im Zusammenhang mit VIP-Logen in Sportstätten können betrieblich veranlasst (Ausnahme Rdnr. 11) und in der steuerlichen Gewinnermittlung entsprechend der Art der Aufwendungen einzeln zu berücksichtigen sein. Dabei sind die allgemeinen Regelungen des § 4 Abs. 4 und 5 EStG in Verbindung mit dem zum Sponsoring ergangenen BMF-Schreiben vom 18. Februar 1998 (BStBl. I S. 212) zu beachten. Bei den Aufwendungen sind zu unterscheiden: 1

1. Aufwendungen für Werbeleistungen

Die in den vertraglich abgeschlossenen Gesamtpaketen neben den Eintrittskarten, der Bewirtung, den Raumkosten u.ä. erfassten Aufwendungen für Werbeleistungen sind grundsätzlich als Betriebsausgaben gemäß § 4 Abs. 4 EStG abziehbar. 2

2. Aufwendungen für eine besondere Raumnutzung

Wird im Einzelfall glaubhaft gemacht, dass auf der Grundlage einer vertraglichen Vereinbarung Räumlichkeiten in der Sportstätte für betriebliche Veranstaltungen (z.B. Konferenzen, Besprechungen mit Geschäftspartnern) außerhalb der Tage, an denen Sportereignisse stattfinden, genutzt werden, stellen die angemessenen, auf diese Raumnutzung entfallenden Aufwendungen ebenfalls abziehbare Betriebsausgaben dar (vgl. Rdnr. 19). 3

3. Aufwendungen für VIP-Maßnahmen gegenüber Geschäftsfreunden

a) Geschenke

Wendet der Steuerpflichtige seinen Geschäftsfreunden unentgeltlich Leistungen zu (beispielsweise Eintrittskarten), um geschäftliche Kontakte vorzubereiten und zu begünstigen oder um sich geschäftsfördernd präsentieren zu können, kann es sich um Geschenke i. S. von § 4 Abs. 5 Satz 1 Nr. 1 EStG handeln, die nur abziehbar sind, wenn die Anschaffungs- oder Herstellungskosten der dem Empfänger im Wirtschaftsjahr zugewendeten Gegenstände insgesamt 35 Euro nicht übersteigen. Der Geschenkbegriff des § 4 Abs. 5 Satz 1 Nr. 1 EStG entspricht demjenigen der bürgerlich-rechtlichen Schenkung. 4

Erfolgt die Zuwendung dagegen als Gegenleistung für eine bestimmte in engem sachlichen oder sonstigem unmittelbaren Zusammenhang stehende Leistung des Empfängers, fehlt es an der für ein Geschenk notwendigen unentgeltlichen Zuwendung. Die Aufwendungen sind dann grundsätzlich unbeschränkt als Betriebsausgaben abziehbar. 5

b) Bewirtung

Aufwendungen für die Bewirtung von Geschäftsfreunden aus geschäftlichem Anlass sind gemäß § 4 Abs. 5 Satz 1 Nr. 2 EStG unter den dort genannten Voraussetzungen beschränkt abziehbar. 6

c) Behandlung beim Empfänger

Bei den Empfängern der Geschenke ist der geldwerte Vorteil wegen der betrieblichen Veranlassung als Betriebseinnahme zu versteuern, und zwar auch dann, wenn für den Zuwendenden das Abzugsverbot des § 4 Abs. 5 Satz 1 Nr. 1 EStG gilt (BFH-Urteil vom 26. September 1995, BStBl. 1996 II S. 273). Der Vorteil aus einer Bewirtung i. S. des § 4 Abs. 5 Satz 1 Nr. 2 EStG ist dagegen aus Vereinfachungsgründen beim bewirteten Steuerpflichtigen nicht als Betriebseinnahme zu erfassen (R 18 Abs. 3 EStR 2003). 7

Anlage § 040-03/VIP-Logen in Sportstätten (Zitiert in Anlage § 037b-02)

4. Aufwendungen für VIP-Maßnahmen zugunsten von Arbeitnehmern

a) Geschenke

8 Aufwendungen für Geschenke an Arbeitnehmer des Steuerpflichtigen sind vom Abzugsverbot des § 4 Abs. 5 Satz 1 Nr. 1 EStG ausgeschlossen und somit in voller Höhe als Betriebsausgaben abziehbar.

b) Bewirtung

9 Bewirtungen, die der Steuerpflichtige seinen Arbeitnehmern gewährt, gelten als betrieblich veranlasst und unterliegen mithin nicht der Abzugsbeschränkung des § 4 Abs. 5 Satz 1 Nr. 2 EStG. Zu unterscheiden hiervon ist die Bewirtung aus geschäftlichem Anlass, an der Arbeitnehmer des Steuerpflichtigen lediglich teilnehmen (Beispiel: Der Unternehmer lädt anlässlich eines Geschäftsabschlusses die Geschäftspartner und seine leitenden Angestellten ein). Hier greift § 4 Abs. 5 Satz 1 Nr. 2 EStG auch für den Teil der Aufwendungen, der auf den an der Bewirtung teilnehmenden Arbeitnehmer entfällt.

c) Behandlung beim Empfänger

10 Die Zuwendung stellt für den Arbeitnehmer einen zum steuerpflichtigen Arbeitslohn gehörenden geldwerten Vorteil dar, wenn der für die Annahme von Arbeitslohn erforderliche Zusammenhang mit dem Dienstverhältnis gegeben ist (§ 8 Abs. 1 i.V.m. § 19 Abs. 1 Satz 1 Nr. 1 EStG und § 2 Abs. 1 LStDV). Der geldwerte Vorteil ist grundsätzlich nach § 8 Abs. 2 Satz 1 EStG zu bewerten. Die Freigrenze für Sachbezüge i.H.v. 44 Euro im Kalendermonat (§ 8 Abs. 2 Satz 9 EStG) und R 31 Abs. 2 Satz 9 LStR 2005 sind zu beachten.

Nicht zum steuerpflichtigen Arbeitslohn gehören insbesondere Zuwendungen, die der Arbeitgeber im ganz überwiegenden betrieblichen Interesse erbringt. Dies sind auch Zuwendungen im Rahmen einer üblichen Betriebsveranstaltung (vgl. R 72 LStR 2005) oder Zuwendungen aus geschäftlichem Anlass (Beispiel: Der Unternehmer lädt anlässlich eines Geschäftsabschlusses die Geschäftspartner und seine leitenden Angestellten ein, vgl. R 31 Abs. 8 Nr. 1 LStR 2005).

5. Privat veranlasste Aufwendungen für VIP-Maßnahmen

11 Ist die Leistung des Unternehmers privat veranlasst, handelt es sich gemäß § 12 Nr. 1 EStG in vollem Umfang um nicht abziehbare Kosten der privaten Lebensführung; bei Kapitalgesellschaften können verdeckte Gewinnausschüttungen vorliegen. Eine private Veranlassung ist u.a. dann gegeben, wenn der Steuerpflichtige die Eintrittskarten an Dritte überlässt, um damit gesellschaftlichen Konventionen zu entsprechen, z.B. aus Anlass eines persönlichen Jubiläums (vgl. BFH-Urteil vom 12. Dezember 1991, BStBl. 1992 II S. 524; BFH-Urteil vom 29. März 1994, BStBl. II S. 843).

6. Nachweispflichten

12 Der Betriebsausgabenabzug für Aufwendungen im Rahmen von VIP-Maßnahmen ist zu versagen, wenn keine Nachweise dafür vorgelegt worden sind, welchem konkreten Zweck der getätigte Aufwand diente, d.h. welchem Personenkreis aus welcher Veranlassung die Leistung zugewendet wurde.

13 Dagegen ist der Betriebsausgabenabzug nicht bereits aus dem Grunde zu versagen, dass der Nutzungsvertrag keine Aufgliederung des vereinbarten Nutzungsentgelts einerseits und der Einräumung der sonstigen werblichen Möglichkeiten andererseits zulässt. Soweit die vertraglichen Vereinbarungen keine Aufschlüsselung des Pauschalpreises in die einzelnen Arten der Ausgaben enthalten, führt dies nicht zu einem generellen Abzugsverbot. Vielmehr ist im Wege der sachgerechten Schätzung mittels Fremdvergleichs unter Mitwirkung des Unternehmers zu ermitteln, in welchem Umfang die Kosten auf die Eintrittskarten, auf die Bewirtung, auf die Werbung und/oder auf eine besondere Raumnutzung entfallen. Das vereinbarte Gesamtentgelt ist hierbei einzelfallbezogen unter Würdigung der Gesamtumstände nach dem Verhältnis der ermittelten Teilwerte für die Einzelleistungen aufzuteilen. Im Rahmen der Einzelfallprüfung ist ggf. auch eine Kürzung der ausgewiesenen Werbekosten vorzunehmen, wenn diese im Fremdvergleich unangemessen hoch ausfallen.

7. Vereinfachungsregelungen

a) Pauschale Aufteilung des Gesamtbetrages für VIP-Logen in Sportstätten [1)]

14 Aus Vereinfachungsgründen ist es nicht zu beanstanden, wenn bei betrieblich veranlassten Aufwendungen der für das Gesamtpaket (Werbeleistungen, Bewirtung, Eintrittskarten usw.) vereinbarte Gesamtbetrag wie folgt pauschal aufgeteilt wird:
- Anteil für die Werbung: 40 v.H. des Gesamtbetrages.

---

1) Zur Weitergeltung von Randnummer 14 siehe BMF-Schreiben vom 29.4.2008 (BStBl. I S. 566) – *Anlage § 037b-02* – (Randnummer 15).

Anlage § 040-03/VIP-Logen in Sportstätten

Dieser Werbeaufwand, der in erster Linie auf die Besucher der Sportstätte ausgerichtet ist, ist in vollem Umfang als Betriebsausgabe abziehbar.
- Anteil für die Bewirtung: 30 v.H. des Gesamtbetrages.
Dieser Anteil ist gemäß § 4 Abs. 5 Satz 1 Nr. 2 EStG mit dem abziehbaren v.H.-Satz als Betriebsausgabe zu berücksichtigen.
- Anteil für Geschenke: 30 v.H. des Gesamtbetrages.

Sofern nicht eine andere Zuordnung nachgewiesen wird, ist davon auszugehen, dass diese Aufwendungen je zur Hälfte auf Geschäftsfreunde (Rdnr. 15, 16) und auf eigene Arbeitnehmer (Rdnr. 17, 18) entfallen.

b) Geschenke an Geschäftsfreunde (z.B. andere Unternehmer und deren Arbeitnehmer)

Da diese Aufwendungen regelmäßig den Betrag von 35 Euro pro Empfänger und Wirtschaftsjahr übersteigen, sind sie gemäß § 4 Abs. 5 Satz 1 Nr. 1 EStG nicht als Betriebsausgabe abziehbar. **15**

Bei den Empfängern der Zuwendungen ist dieser geldwerte Vorteil grundsätzlich als Betriebseinnahme/ Arbeitslohn zu versteuern. Auf eine Benennung der Empfänger und die steuerliche Erfassung des geldwerten Vorteils bei den Empfängern kann jedoch verzichtet werden, wenn zur Abgeltung dieser Besteuerung 60 v.H. des auf Geschäftsfreunde entfallenden Anteils am Gesamtbetrag i. S. der Rdnr. 14 zusätzlich der Besteuerung beim Zuwendenden unterworfen werden. [1] **16**

c) Geschenke an eigene Arbeitnehmer

Soweit die Aufwendungen auf Geschenke an eigene Arbeitnehmer entfallen, sind sie in voller Höhe als Betriebsausgabe abziehbar. Zur steuerlichen Behandlung dieser Zuwendungen bei den eigenen Arbeitnehmern vgl. Rdnr. 10. **17**

Bei Anwendung der Vereinfachungsregelung i. S. der Rdnr. 14 kann der Steuerpflichtige (Arbeitgeber) die Lohnsteuer für diese Zuwendungen mit einem Pauschsteuersatz in Höhe von 30 v.H. des auf eigene Arbeitnehmer entfallenden Anteils am Gesamtbetrag i. S. der Rdnr. 14 übernehmen. Die Höhe dieses Pauschsteuersatzes berücksichtigt typisierend, dass der Arbeitgeber die Zuwendungen an einen Teil seiner Arbeitnehmer im ganz überwiegenden betrieblichen Interesse erbringt (vgl. Rdnr. 10). § 40 Abs. 3 EStG gilt entsprechend. [2] **18**

d) Pauschale Aufteilung bei besonderer Raumnutzung

In Fällen der Rdnr. 3, in denen die besondere Raumnutzung mindestens einmal wöchentlich stattfindet, kann der auf diese Raumnutzung entfallende Anteil vorab pauschal mit 15 v.H. des Gesamtbetrages ermittelt und als Betriebsausgabe abgezogen werden. Für die weitere Aufteilung nach Rdnr. 14 ist in diesen Fällen von dem um den Raumnutzungsanteil gekürzten Gesamtbetrag auszugehen. [3] **19**

8. Zeitliche Anwendung

Die vorstehenden Regelungen sind in allen offenen Fällen anzuwenden. **20**
Die Regelungen des BMF-Schreibens vom 18. Februar 1998 (BStBl. I S. 212) bleiben unberührt.

Ertragsteuerliche Behandlung von Aufwendungen für VIP-Logen in Sportstätten; Anwendung der Vereinfachungsregelungen auf ähnliche Sachverhalte

BMF-Schreiben vom 11. Juli 2006 IV B 2 – S 2144 – 53/06 (BStBl. I S. 447)

Mit Schreiben vom 22. August 2005 (BStBl. I S. 845) hat das BMF zur ertragsteuerlichen Behandlung von Aufwendungen für VIP-Logen in Sportstätten Stellung genommen. Zur Anwendung der Vereinfachungsregelungen (Rdnrn. 14 ff.) vertrete ich im Einvernehmen mit den obersten Finanzbehörden der Länder folgende Auffassung:

1. Nachweis der betrieblichen Veranlassung

Nach Rdnr. 16 des o.g. BMF-Schreibens ist die Benennung der Empfänger der Zuwendung nicht erforderlich. Der Nachweis der betrieblichen Veranlassung der Aufwendungen kann dadurch erfolgen,

---

1) Randnummer 16 ist ab 1.1.2007 nicht mehr anzuwenden, siehe BMF-Schreiben vom 29.4.2008 (BStBl. I S. 566) – *Anlage § 037b-02* – (Randnummer 15).
2) Randnummer 18 ist ab 1.1.2007 nicht mehr anzuwenden, siehe BMF-Schreiben vom 29.4.2008 (BStBl. I S. 566) – *Anlage § 037b-02* – (Randnummer 15).
3) Zur Weitergeltung von Randnummer 19 siehe BMF-Schreiben vom 29.4.2008 (BStBl. I S. 566) – *Anlage § 037b-02* – (Randnummer 15).

Anlage § 040-03/VIP-Logen in Sportstätten (Zitiert in Anlage § 037b-02)

dass z.B. die Einladung der Teilnehmer, aus der sich die betriebliche/geschäftliche Veranlassung ergibt, zu den Buchungsunterlagen genommen wird. Im Zweifelsfall sollte zum Nachweis der betrieblichen/ geschäftlichen Veranlassung auch eine Liste der Teilnehmer zu den Unterlagen genommen werden.

2. Geltung der gesetzlichen Aufzeichnungspflichten

Für die anteiligen Aufwendungen für die Bewirtung i.S.d. Rdnr. 14 müssen die Aufzeichnungen nach § 4 Abs. 5 Satz 1 Nr. 2 Satz 2 EStG nicht geführt werden.

3. Anwendung der pauschalen Aufteilung

Für Fälle, in denen im Gesamtbetrag der Aufwendungen nur die Leistungen Werbung und Eintrittskarten enthalten sind und für die Bewirtung eine Einzelabrechnung vorliegt (z.B. bei Vertrag mit externem Caterer), ist die Vereinfachungsregelung im Hinblick auf die Pauschalaufteilung 40:30:30 nicht anwendbar. Es ist für den Werbeanteil und den Ticketanteil ein anderer angemessener Aufteilungsmaßstab i.S. einer sachgerechten Schätzung zu finden. Der Bewirtungsanteil steht – soweit er angemessen ist – fest. Dessen Abziehbarkeit richtet sich nach den allgemeinen steuerlichen Regelungen des § 4 Abs. 5 Satz 1 Nr. 2 EStG. Die Versteuerung zugunsten des Geschäftsfreundes – anderer Unternehmer und dessen Arbeitnehmer – (Rdnr. 16 des BMF-Schreibens) oder eine Pauschalbesteuerung für die eigenen Arbeitnehmer (Rdnr. 18 des BMF-Schreibens) auf Ebene des Zuwendenden im Hinblick auf den angemessenen Geschenkanteil kommt jedoch in Betracht.

4. Anwendung der Regelungen bei sog. „Business-Seats"

Für sog. Business-Seats, bei denen im Gesamtbetrag der Aufwendungen nur die Leistungen Eintrittskarten und Rahmenprogramm (steuerlich zu beurteilen als Zuwendung) und Bewirtung enthalten sind, ist, soweit für diese ein Gesamtbetrag vereinbart wurde, dieser sachgerecht aufzuteilen (ggf. pauschale Aufteilung entsprechend Rdnr. 14 mit 50 v.H. für Geschenke und 50 v.H. für Bewirtung). Die Vereinfachungsregelungen der Rdnrn. 16 und 18 können angewandt werden.

Weist der Steuerpflichtige nach, dass im Rahmen der vertraglich vereinbarten Gesamtleistungen auch Werbeleistungen erbracht werden, die die Voraussetzungen des BMF-Schreibens vom 18. Februar 1998 (BStBl. I S. 212) erfüllen, kann für die Aufteilung des Gesamtbetrages der Aufteilungsmaßstab der Rdnr. 14 des BMF-Schreibens vom 22. August 2005 (a.a.O) angewendet werden. Der Anteil für Werbung i.H.v. 40 v.H. ist dann als Betriebsausgabe zu berücksichtigen.

5. Andere Veranstaltungen in Sportstätten

Soweit eine andere, z.B. kulturelle Veranstaltung in einer Sportstätte stattfindet, können die getroffenen Regelungen angewendet werden, sofern die Einzelfallprüfung einen gleichartigen Sachverhalt ergibt.

6. Veranstaltungen außerhalb von Sportstätten

Soweit außerhalb einer Sportstätte in einem Gesamtpaket Leistungen angeboten werden, die Eintritt, Bewirtung und Werbung enthalten (z.B. Operngala) ist eine pauschale Aufteilung möglich. Der Aufteilungsmaßstab muss sich an den Umständen des Einzelfalls orientieren. Die Übernahme der Besteuerung für die Zuwendung an Geschäftsfreunde und die eigenen Arbeitnehmer i.S.d. Vereinfachungsregelungen des BMF-Schreibens vom 22. August 2005 (a.a.O) ist möglich.

7. Abweichende Aufteilung der Gesamtaufwendungen

Die Vereinfachungsregelungen (Übernahme der Besteuerung) gemäß Rdnrn. 16 und 18 sind auch in den Fällen anwendbar, in denen nachgewiesen wird, dass eine von Rdnr. 14 abweichende andere Aufteilung der Gesamtaufwendungen im Einzelfall angemessen ist.

Anlage § 041a-01/Vordruck Lohnsteuer-Anmeldung 2015

Bekanntmachung des Musters für die Lohnsteuer-Anmeldung 2015

BMF-Schreiben vom 29. August 2014 IV C 5 – S 2533/14/10003, 2014/0723688 (BStBl. I S. 1239)

2 Anlagen

Das Vordruckmuster der Lohnsteuer-Anmeldung für Lohnsteuer-Anmeldungszeiträume ab Januar 2015 ist gemäß § 51 Absatz 4 Nummer 1 Buchstabe d des Einkommensteuergesetzes bestimmt worden. Das Vordruckmuster und die „Übersicht über die länderunterschiedlichen Werte in der Lohnsteuer-Anmeldung 2015" werden hiermit bekannt gemacht. Das Vordruckmuster ist auch für die Gestaltung der Vordrucke maßgebend, die mit Hilfe automatischer Einrichtungen ausgefüllt werden (vgl. BMF-Schreiben vom 3. April 2012, BStBl. I S. 522).

Anlage § 041a-01/Vordruck Lohnsteuer-Anmeldung 2015

- Bitte weiße Felder ausfüllen oder ☒ ankreuzen und Hinweise auf der Rückseite beachten -

2015

Zeile		
1	Fallart	Steuernummer	Unterfallart
2	11		62

30 Eingangsstempel oder -datum

Lohnsteuer-Anmeldung 2015

Anmeldungszeitraum

bei **monatlicher** Abgabe bitte ankreuzen:

15 01	Jan.	15 07	Juli
15 02	Feb.	15 08	Aug.
15 03	März	15 09	Sept.
15 04	April	15 10	Okt.
15 05	Mai	15 11	Nov.
15 06	Juni	15 12	Dez.

bei **vierteljährlicher** Abgabe bitte ankreuzen:

15 41	I. Kalendervierteljahr
15 42	II. Kalendervierteljahr
15 43	III. Kalendervierteljahr
15 44	IV. Kalendervierteljahr

bei **jährlicher** Abgabe bitte ankreuzen

| 15 19 | Kalenderjahr |

Finanzamt

Arbeitgeber - Anschrift der Betriebsstätte - Telefonnummer - E-Mail

Zeile		EUR	Ct
14	Berichtigte Anmeldung (falls ja, bitte eine „1" eintragen)........	10	
15	Zahl der Arbeitnehmer (einschl. Aushilfs- und Teilzeitkräfte)...............	86	
17	Summe der einzubehaltenden Lohnsteuer [1)2)]	42	
18	Summe der pauschalen Lohnsteuer - ohne § 37b EStG - [1)]	41	
19	Summe der pauschalen Lohnsteuer nach § 37b EStG [1)]	44	
20	abzüglich an Arbeitnehmer ausgezahltes Kindergeld	43	
21	abzüglich Kürzungsbetrag für Besatzungsmitglieder von Handelsschiffen	33	
22	Verbleiben [1)]	48	
23	Solidaritätszuschlag [1)2)]	49	
24	pauschale Kirchensteuer im vereinfachten Verfahren	47	
25	Evangelische Kirchensteuer [1)2)]	61	
26	Römisch-Katholische Kirchensteuer [1)2)]	62	
32	Gesamtbetrag [1)] 1) Negativen Beträgen ist ein **Minuszeichen** voranzustellen. 2) Nach Abzug der im Lohnsteuer-Jahresausgleich erstatteten Beträge	83	

33 Ein Erstattungsbetrag wird auf das dem Finanzamt benannte Konto überwiesen, soweit der Betrag nicht mit Steuerschulden verrechnet wird.

34 Verrechnung des Erstattungsbetrags erwünscht/Erstattungsbetrag ist abgetreten (falls ja, bitte eine „1" eintragen) **29**

35 Geben Sie bitte die Verrechnungswünsche auf einem besonderen Blatt oder auf dem Finanzamt erhältlichen Vordruck „Verrechnungsantrag" an.

36 Das SEPA-Lastschriftmandat wird ausnahmsweise (z.B. wegen Verrechnungswünschen) für diesen Anmeldungszeitraum **widerrufen** (falls ja, bitte eine „1" eintragen) **26**

37 Ein ggf. verbleibender Restbetrag ist gesondert zu entrichten.

Hinweis nach den Vorschriften der Datenschutzgesetze:
Die mit der Steueranmeldung angeforderten Daten werden auf Grund der §§ 149, 150 der Abgabenordnung und des § 41a des Einkommensteuergesetzes erhoben.
Die Angabe der Telefonnummer und der E-Mail-Adresse ist freiwillig.

Datum, Unterschrift

Vom Finanzamt auszufüllen

Bearbeitungshinweis
1. Die aufgeführten Daten sind mit Hilfe des geprüften und genehmigten Programms sowie ggf. unter Berücksichtigung der gespeicherten Daten maschinell zu verarbeiten.
2. Die weitere Bearbeitung richtet sich nach den Ergebnissen der maschinellen Verarbeitung.

| 11 | | 19 | |
| | | 12 | |

Kontrollzahl und/oder Datenerfassungsvermerk

Datum, Namenszeichen/Unterschrift

6.14 - **LStA** - Lohnsteuer-Anmeldung 2015 -

Anlage § 041a-01/Vordruck Lohnsteuer-Anmeldung 2015

Hinweise für den Arbeitgeber

Datenübermittlung oder Steueranmeldung auf Papier?

1. Bitte beachten Sie, dass die Lohnsteuer-Anmeldung nach amtlich vorgeschriebenem Datensatz durch Datenfernübertragung nach Maßgabe der Steuerdaten-Übermittlungsverordnung zu übermitteln ist. Für die elektronische authentifizierte Übermittlung, die gesetzlich vorgeschrieben ist, benötigen Sie ein Zertifikat. Dieses erhalten Sie nach kostenloser Registrierung auf der Internetseite www.elsteronline.de/eportal/. Bitte beachten Sie, dass die Registrierung bis zu zwei Wochen dauern kann. Unter www.elster.de/elster_soft_nw.php finden Sie Programme zur elektronischen Übermittlung. Auf Antrag kann das Finanzamt zur Vermeidung von unbilligen Härten auf eine elektronische Übermittlung verzichten; in diesem Fall haben Sie oder eine zu Ihrer Vertretung berechtigte Person die Lohnsteuer-Anmeldung nach amtlich vorgeschriebenem Vordruck abzugeben und zu unterschreiben.

Abführung der Steuerabzugsbeträge

2. Tragen Sie bitte die Summe der einzubehaltenden Steuerabzugsbeträge (§§ 39b und 39c EStG) in Zeile 17 ein. Die Summe der mit festen oder besonderen Pauschsteuersätzen erhobenen Lohnsteuer nach den §§ 37a, 40 bis 40b EStG tragen Sie bitte in Zeile 18 ein. Nicht einzubeziehen ist die an die Deutsche Rentenversicherung Knappschaft-Bahn-See abzuführende 2 %-ige Pauschsteuer für geringfügig Beschäftigte i.S.d. § 8 Abs. 1 Nr. 1 und § 8a SGB IV. In Zeile 19 tragen Sie bitte gesondert die pauschale Lohnsteuer nach § 37b EStG ein. Vergessen Sie bitte nicht, auf den Zahlungsabschnitt die Steuernummer, den Zeitraum, in dem die Beträge einbehalten worden sind, und je gesondert den Gesamtbetrag der Lohnsteuer, des Solidaritätszuschlags zur Lohnsteuer und der Kirchensteuer anzugeben oder durch Ihre Bank oder Sparkasse angeben zu lassen.

   Sollten Sie mehr Lohnsteuer erstatten, als Sie einzubehalten haben (z.B. wegen einer Neuberechnung der Lohnsteuer für bereits abgelaufene Lohnzahlungszeiträume desselben Kalenderjahres), kennzeichnen Sie bitte den Betrag mit einem deutlichen Minuszeichen. Der Erstattungsantrag ist durch Übermittlung oder Abgabe der Anmeldung gestellt.

3. Reichen die Ihnen zur Verfügung stehenden Mittel zur Zahlung des vollen vereinbarten Arbeitslohns nicht aus, so ist die Lohnsteuer von dem tatsächlich zur Auszahlung gelangenden niedrigeren Betrag zu berechnen und einzubehalten.

4. Eine Eintragung in Zeile 20 (ausgezahltes Kindergeld) kommt grundsätzlich nur bei Arbeitgebern des öffentlichen Rechts in Betracht.

   Arbeitgeber, die eigene oder gecharterte Handelsschiffe betreiben, dürfen einen Betrag von 40 % der Lohnsteuer der auf solchen Schiffen in einem zusammenhängenden Arbeitsverhältnis von mehr als 183 Tagen beschäftigten Besatzungsmitglieder abziehen. Dieser Betrag ist in Zeile 21 einzutragen.

5. Haben Sie in den Fällen der Lohnsteuerpauschalierung nach §§ 37a, 37b, 40 bis 40b EStG die Kirchensteuer im vereinfachten Verfahren mit einem ermäßigten Steuersatz ermittelt, tragen Sie bitte diese (pauschale) Kirchensteuer in einer Summe in Zeile 24 ein. Die Aufteilung der pauschalen Kirchensteuer auf die steuererhebenden Religionsgemeinschaften wird von der Finanzverwaltung übernommen.

6. Abführungszeitpunkt ist
   a) spätestens der zehnte Tag nach Ablauf eines jeden Kalendermonats, wenn die abzuführende Lohnsteuer für das vorangegangene Kalenderjahr mehr als 4.000 € betragen hat,
   b) spätestens der zehnte Tag nach Ablauf eines jeden Kalendervierteljahres, wenn die abzuführende Lohnsteuer für das vorangegangene Kalenderjahr mehr als 1.080 €, aber nicht mehr als 4.000 € betragen hat,
   c) spätestens der zehnte Tag nach Ablauf eines jeden Kalenderjahres, wenn die abzuführende Lohnsteuer für das vorangegangene Kalenderjahr nicht mehr als 1.080 € betragen hat.

   Hat Ihr Betrieb nicht während des ganzen vorangegangenen Kalenderjahres bestanden, so ist die für das vorangegangene Kalenderjahr abzuführende Lohnsteuer für die Feststellung des Lohnsteuer-Anmeldungszeitraums auf einen Jahresbetrag umzurechnen.

   Hat Ihr Betrieb im vorangegangenen Kalenderjahr noch nicht bestanden, so ist die auf einen Jahresbetrag umgerechnete, für den ersten vollen Kalendermonat nach der Eröffnung des Betriebs abzuführende Lohnsteuer maßgebend.

7. Im Falle nicht rechtzeitiger Abführung der Steuerabzugsbeträge ist ein Säumniszuschlag zu entrichten. Der Säumniszuschlag beträgt 1 % des auf 50 € abgerundeten rückständigen Steuerbetrages (ohne Kirchensteuer) für jeden angefangenen Monat der Säumnis.

8. Verbleibende Beträge von insgesamt weniger als 1 € werden weder erhoben noch erstattet, weil dadurch unverhältnismäßige Kosten entstehen.

Anmeldung der Steuerabzugsbeträge

9. Übermitteln oder übersenden Sie bitte unabhängig davon, ob die Lohnsteuer einzubehalten hatten oder ob die einbehaltenen Steuerabzugsbeträge an das Finanzamt abgeführt worden sind, dem Finanzamt der Betriebsstätte spätestens bis zum Abführungszeitpunkt (siehe oben Nummer 6) eine Lohnsteuer-Anmeldung nach amtlich vorgeschriebenem Datensatz oder Vordruck.

   Sie sind aber künftig von der Verpflichtung zur Übermittlung oder Abgabe weiterer Lohnsteuer-Anmeldungen befreit, wenn Sie Ihrem Betriebsstättenfinanzamt mitteilen, dass Sie keine Lohnsteuer einzubehalten oder zu übernehmen haben. Gleiches gilt, wenn Sie nur Arbeitnehmer beschäftigen, für die Sie lediglich die 2 %-ige Pauschsteuer an die Deutsche Rentenversicherung Knappschaft-Bahn-See abzuführen haben.

10. Trifft Ihre Anmeldung nicht rechtzeitig ein, so kann das Finanzamt zur Lohnsteuer einen **Verspätungszuschlag** bis zu 10 % des anzumeldenden Betrages festsetzen.

11. Um Rückfragen des Finanzamts zu vermeiden, geben Sie bitte in Zeile 15 stets die Zahl der Arbeitnehmer – einschließlich Aushilfs- und Teilzeitkräfte, zu denen auch die an die Deutsche Rentenversicherung Knappschaft-Bahn-See gemeldeten geringfügig Beschäftigten i.S.d. § 8 Abs. 1 Nr. 1 und § 8a SGB IV gehören – an.

Berichtigung von Lohnsteuer-Anmeldungen

12. Wenn Sie feststellen, dass eine bereits eingereichte Lohnsteuer-Anmeldung fehlerhaft oder unvollständig ist, so ist für den betreffenden Anmeldungszeitraum eine berichtigte Lohnsteuer-Anmeldung zu übermitteln oder einzureichen. Dabei sind Eintragungen auch in den Zeilen vorzunehmen, in denen sich keine Änderungen ergeben haben. Es ist nicht zulässig, nur Einzel- oder Differenzbeträge nachzumelden. Für die Berichtigung mehrerer Anmeldungszeiträume sind jeweils gesonderte berichtigte Lohnsteuer-Anmeldungen einzureichen. Den Berichtigungsgrund teilen Sie bitte Ihrem Finanzamt gesondert mit.

Anlage § 041a-01/Vordruck Lohnsteuer-Anmeldung 2015

Übersicht über länderunterschiedliche Werte in der Lohnsteuer-Anmeldung 2015

Land	Zeilen-Nr.	Bedeutung	Kennzahl
Baden-Württemberg	25	Evangelische Kirchensteuer – ev (fr/lt/rf) [1) 2)]	61
	26	Römisch-Katholische Kirchensteuer - rk [1) 2)]	62
	27	Kirchensteuer der Israelitischen Religionsgemeinschaft Baden - ib [1) 2)]	78
	28	Kirchensteuer der Freireligiösen Landesgemeinde Baden - fb [1) 2)]	67
	29	Kirchensteuer der Israelitischen Religionsgemeinschaft Württembergs - iw [1) 2)]	73
	30	Altkatholische Kirchensteuer - ak [1) 2)]	63
Bayern	25	Evangelische Kirchensteuer - ev (lt/rf/fr) [1) 2)]	61
	26	Römisch-Katholische Kirchensteuer - rk [1) 2)]	62
	27	Israelitische Bekenntnissteuer - is [1) 2)]	64
	28	Altkatholische Kirchensteuer - ak [1) 2)]	63
Berlin	25	Evangelische Kirchensteuer - ev [1) 2)]	61
	26	Römisch-Katholische Kirchensteuer - rk [1) 2)]	62
	27	Altkatholische Kirchensteuer - ak [1) 2)]	63
Brandenburg	25	Evangelische Kirchensteuer - ev (lt/rf/fr) [1) 2)]	61
	26	Römisch-Katholische Kirchensteuer - rk [1) 2)]	62
	27	Israelitische / Jüdische Kultussteuer - is/jh/jd [1) 2)]	64
	28	Freireligiöse Gemeinde Mainz - fm [1) 2)]	65
	29	Israelitische Kultussteuer der kultussteuerberechtigten Gemeinden Hessen - il [1) 2)]	74
	30	Altkatholische Kirchensteuer - ak [1) 2)]	63
Bremen	25	Evangelische Kirchensteuer – ev (ev/rf/lt/fr) [1) 2)]	61
	26	Römisch-Katholische Kirchensteuer - rk [1) 2)]	62
	27	Beiträge zur Arbeitnehmerkammer	68
Hamburg	27	Jüdische Kultussteuer - jh [1) 2)]	64
	28	Altkatholische Kirchensteuer - ak [1) 2)]	63
Hessen	25	Evangelische Kirchensteuer - ev (lt/rf/fr) [1) 2)]	61
	26	Römisch-Katholische Kirchensteuer - rk [1) 2)]	62
	27	Freireligiöse Gemeinde Offenbach/M. - fs [1) 2)]	66
	28	Freireligiöse Gemeinde Mainz - fm [1) 2)]	65
	29	Israelitische Kultussteuer Frankfurt - is [1) 2)]	64
	30	Israelitische Kultussteuer der kultussteuerberechtigten Gemeinden - il [1) 2)]	74
	31	Altkatholische Kirchensteuer - ak [1) 2)]	63
Niedersachsen	25	Evangelische Kirchensteuer – ev (lt/rf/fr) [1) 2) 3)]	61
	26	Römisch-Katholische Kirchensteuer - rk [1) 2) 3)]	62
	27	Altkatholische Kirchensteuer - ak [1) 2) 3)]	63
Nordrhein-Westfalen	25	Evangelische Kirchensteuer - ev [1) 2)]	61
	26	Römisch-Katholische Kirchensteuer - rk [1) 2)]	62
	27	Jüdische Kultussteuer - jd [1) 2)]	64
	28	Altkatholische Kirchensteuer - ak [1) 2)]	63
Rheinland-Pfalz	25	Evangelische Kirchensteuer - ev [1) 2)]	61
	26	Römisch-Katholische Kirchensteuer - rk [1) 2)]	62
	27	Jüdische Kultussteuer - is [1) 2)]	64
	28	Freireligiöse Landesgemeinde Pfalz - fg [1) 2)]	68
	29	Freireligiöse Gemeinde Mainz - fm [1) 2)]	65
	30	Freie Religionsgemeinschaft Alzey - fa [1) 2)]	72
	31	Altkatholische Kirchensteuer - ak [1) 2)]	63
Saarland	25	Evangelische Kirchensteuer ev (ev/rf/lt/fr) [1) 2)]	61
	26	Römisch-Katholische Kirchensteuer - rk [1) 2)]	62
	27	Israelitische Kultussteuer - issl [1) 2)]	64
	28	Altkatholische Kirchensteuer - ak [1) 2)]	63
	29	Beiträge zur Arbeitskammer	70
Schleswig-Holstein	27	Jüdische Kultussteuer - ih [1) 2)]	64
	28	Altkatholische Kirchensteuer - ak [1) 2)]	63

1) Negativen Beträgen ist ein **Minuszeichen** voranzustellen
2) Nach Abzug der im Lohnsteuer-Jahresausgleich erstatteten Beträge
3) Kann auf volle Cent zugunsten des Arbeitgebers gerundet werden

(Zu LStH 41a.1) Anlage § 041a-05

Verpflichtung zur Abgabe von Umsatzsteuer-Voranmeldungen und Lohnsteuer-Anmeldungen auf elektronischem Weg (§ 18 Abs. 1 Satz 1 UStG und § 41a Abs. 1 EStG) ab 1. Januar 2005

BMF-Schreiben vom 29. November 2004 $\frac{\text{IV A 6} - \text{S 7340} - 37/04}{\text{IV C 5} - \text{S 2377} - 24/04}$ (BStBl. I S. 1135)

Durch das Steueränderungsgesetz 2003 vom 15. Dezember 2003 (BGBl. I S. 2645, BStBl. I S. 710) werden § 18 Abs. 1 Satz 1 UStG und § 41a Abs. 1 EStG geändert. Danach hat der Unternehmer bzw. der Arbeitgeber nach Ablauf jedes Voranmeldungs- bzw. Anmeldungszeitraums eine Umsatzsteuer-Voranmeldung bzw. Lohnsteuer-Anmeldung nach amtlich vorgeschriebenem Vordruck auf elektronischem Weg nach Maßgabe der Steuerdaten-Übermittlungsverordnung zu übermitteln; auf Antrag kann das Finanzamt zur Vermeidung von unbilligen Härten auf eine elektronische Übermittlung verzichten. Die Änderungen treten am 1. Januar 2005 in Kraft und gelten für Voranmeldungs- bzw. Anmeldungszeiträume, die nach dem 31. Dezember 2004 enden.

Unter Bezugnahme auf das Ergebnis der Erörterung mit den obersten Finanzbehörden der Länder gilt hierzu Folgendes:

(1) Für Voranmeldungs- bzw. Anmeldungszeiträume, die nach dem 31. Dezember 2004 enden, sind Umsatzsteuer-Voranmeldungen und Lohnsteuer-Anmeldungen grundsätzlich auf elektronischem Weg nach Maßgabe der Steuerdaten-Übermittlungsverordnung (StDÜV)[1] vom 28. Januar 2003 (BGBl. I S. 139, BStBl. I S. 162) zu übermitteln. Dafür stellt die Steuerverwaltung das kostenlose Programm ElsterFormular (www.elsterformular.de) zur Verfügung.

(2) Zur Vermeidung unbilliger Härten kann das zuständige Finanzamt auf Antrag zulassen, dass die Umsatzsteuer-Voranmeldung und die Lohnsteuer-Anmeldung in herkömmlicher Form – auf Papier oder per Telefax – abgegeben werden. Dem Antrag ist insbesondere dann zuzustimmen, wenn dem Unternehmer bzw. Arbeitgeber die Schaffung der technischen Voraussetzungen, die für die Übermittlung nach der StDÜV erforderlich sind (vgl. BMF-Schreiben vom 5. Februar 2003, BStBl. I S. 160)[2], nicht zuzumuten ist.

(3) Aus Vereinfachungsgründen ist es für bis zum 31. März 2005 endende Voranmeldungs- bzw. Anmeldungszeiträume nicht zu beanstanden, wenn die Abgabe der Umsatzsteuer-Voranmeldung bzw. der Lohnsteuer-Anmeldung in herkömmlicher Form als entsprechender Antrag des Unternehmers bzw. Arbeitgebers angesehen wird. Eine förmliche Zustimmung des Finanzamts ist nicht erforderlich.

---

1) Anhang 35.
2) Ersetzt durch BMF-Schreiben vom 15.1.2007 (BStBl. I S. 95), dieses wiederum ersetzt durch BMF-Schreiben vom 16.11.2011 (BStBl. I S. 1063), **Anhang 35a**.

Anlage § 041b-01/Lohnsteuerbescheinigungen 2015 (Zu LStH 41b)

Ausstellung von elektronischen Lohnsteuerbescheinigungen ab 2015
Ausstellung von Besonderen Lohnsteuerbescheinigungen durch den Arbeitgeber ohne maschinelle Lohnabrechnung für Kalenderjahre ab 2015

BMF-Schreiben vom 15. September 2014 IV C 5 – S 2378/14/10001, 2014/0269664 (BStBl. I S. 1244)

Im Einvernehmen mit den obersten Finanzbehörden der Länder wird auf Folgendes hingewiesen:

Die Arbeitgeber sind grundsätzlich verpflichtet, der Finanzverwaltung bis zum 28. Februar des Folgejahres eine elektronische Lohnsteuerbescheinigung zu übermitteln (§ 41b Absatz 1 Satz 2 des Einkommensteuergesetzes – EStG –). Die Datenübermittlung ist nach amtlich vorgeschriebenem Datensatz nach Maßgabe der Steuerdaten-Übermittlungsverordnung authentifiziert vorzunehmen. Das für die Authentifizierung erforderliche Zertifikat muss vom Datenübermittler einmalig im ElsterOnline-Portal (www.elsteronline.de) beantragt werden. Ohne Authentifizierung ist eine elektronische Übermittlung der Lohnsteuerbescheinigung nicht möglich. Einzelheiten zum amtlich vorgeschriebenen Datensatz sind unter www.elster.de abrufbar.

Davon abweichend können Arbeitgeber ohne maschinelle Lohnabrechnung, die ausschließlich Arbeitnehmer im Rahmen einer geringfügigen Beschäftigung in ihren Privathaushalten im Sinne des § 8a SGB IV beschäftigen, anstelle der elektronischen Lohnsteuerbescheinigung eine entsprechende manuelle Lohnsteuerbescheinigung (Besondere Lohnsteuerbescheinigungen) erteilen.

Für die elektronische Lohnsteuerbescheinigung und die Ausschreibung von Besonderen Lohnsteuerbescheinigungen sind § 41b EStG sowie die Anordnungen in R 41b der Lohnsteuer-Richtlinien (LStR) maßgebend. Lohnsteuerbescheinigungen sind hiernach sowohl für unbeschränkt als auch für beschränkt einkommensteuerpflichtige Arbeitnehmer zu erstellen.

Für Arbeitnehmer, für die der Arbeitgeber die Lohnsteuer ausschließlich nach den §§ 40 bis 40b EStG pauschal erhoben hat, ist keine Lohnsteuerbescheinigung zu erstellen.

I. Ausstellung von elektronischen Lohnsteuerbescheinigungen ab 2015

Dem Arbeitnehmer ist ein nach amtlich vorgeschriebenem Muster gefertigter Ausdruck der elektronischen Lohnsteuerbescheinigung mit Angabe der Identifikationsnummer (IdNr.) auszuhändigen oder elektronisch bereitzustellen (§ 41b Absatz 1 Satz 3 EStG). Sofern für den Arbeitnehmer keine IdNr. vergeben wurde oder der Arbeitnehmer diese dem Arbeitgeber nicht mitgeteilt hat, ist weiter die elektronische Übermittlung der Lohnsteuerbescheinigung mit der eTIN (= elektronische Transfer-Identifikations-Nummer) zulässig.

Das Muster des Ausdrucks der elektronischen Lohnsteuerbescheinigung wird jährlich im Bundessteuerblatt Teil I gesondert bekannt gemacht. Außerdem gilt Folgendes:

1. Es sind die abgerufenen elektronischen Lohnsteuerabzugsmerkmale (ELStAM) oder die auf der entsprechenden Bescheinigung für den Lohnsteuerabzug eingetragenen Lohnsteuerabzugsmerkmale zu bescheinigen. Die hierfür im amtlichen Muster des Ausdrucks vorgesehene Anzahl der Eintragungszeilen ist variabel.

    Ein amtlicher Gemeindeschlüssel (AGS) ist seit 2012 nicht mehr anzugeben.

2. Unter Nummer 2 des Ausdrucks sind in dem dafür vorgesehenen Feld die nachfolgenden Großbuchstaben zu bescheinigen:

    „S" ist einzutragen, wenn die Lohnsteuer von einem sonstigen Bezug im ersten Dienstverhältnis berechnet wurde und dabei der Arbeitslohn aus früheren Dienstverhältnissen des Kalenderjahres außer Betracht geblieben ist.

    „M" ist grundsätzlich einzutragen, wenn dem Arbeitnehmer anlässlich oder während einer beruflichen Auswärtstätigkeit oder im Rahmen einer beruflichen doppelten Haushaltsführung vom Arbeitgeber oder auf dessen Veranlassung von einem Dritten eine nach § 8 Absatz 2 Satz 8 EStG mit dem amtlichen Sachbezugswert zu bewertende Mahlzeit zur Verfügung gestellt wurde. Die Eintragung hat unabhängig davon zu erfolgen, ob die Besteuerung der Mahlzeit nach § 8 Absatz 2 Satz 9 EStG unterbleibt, der Arbeitgeber die Mahlzeit individuell oder nach § 40 Absatz 2 Satz 1 Nummer 1a EStG pauschal besteuert hat.

    Im Übrigen sind für die Bescheinigung des Großbuchstaben „M" auch die Ausführungen im BMF-Schreiben zur Reform des steuerlichen Reisekostenrechts ab 1. Januar 2014 vom 30. September 2013 (BStBl. I Seite 1279) zu beachten.

(Zu LStH 41b) **Anlage § 041b-01/Lohnsteuerbescheinigungen 2015**

„F" ist einzutragen, wenn eine steuerfreie Sammelbeförderung eines Arbeitnehmers zwischen Wohnung und erster Tätigkeitsstätte sowie bei Fahrten nach § 9 Absatz 1 Satz 3 Nummer 4a Satz 3 EStG nach § 3 Nummer 32 EStG erfolgte.

3. Unter Nummer 3 des Ausdrucks ist der Gesamtbetrag des steuerpflichtigen Bruttoarbeitslohns – einschließlich des Werts der Sachbezüge – zu bescheinigen, den der Arbeitnehmer aus dem Dienstverhältnis im Kalenderjahr bezogen hat. Bruttoarbeitslohn ist die Summe aus dem laufenden Arbeitslohn, der für Lohnzahlungszeiträume gezahlt worden ist, die im Kalenderjahr geendet haben, und den sonstigen Bezügen, die dem Arbeitnehmer im Kalenderjahr zugeflossen sind. Netto gezahlter Arbeitslohn ist mit dem hochgerechneten Bruttobetrag anzusetzen. Zum Bruttoarbeitslohn rechnen auch die laufend und einmalig gezahlten Versorgungsbezüge einschließlich Sterbegelder und Abfindungen/Kapitalauszahlungen solcher Ansprüche (Nummer 8 und Nummer 32 des Ausdrucks). Versorgungsbezüge für mehrere Jahre, die ermäßigt besteuert wurden, sind ausschließlich in Nummer 9 zu bescheinigen. Der Bruttoarbeitslohn darf nicht um die Freibeträge für Versorgungsbezüge (§ 19 Absatz 2 EStG) und den Altersentlastungsbetrag (§ 24a EStG) gekürzt werden. Andere Freibeträge sind gleichfalls nicht abzuziehen und Hinzurechnungsbeträge nicht hinzuzurechnen. Arbeitslöhne im Sinne des § 8 Absatz 3 EStG sind um den Rabatt-Freibetrag nach § 8 Absatz 3 Satz 2 EStG zu kürzen.

Hat der Arbeitgeber steuerpflichtigen Arbeitslohn zurückgefordert, ist unter Nummer 3 bei fortbestehendem Dienstverhältnis nur der gekürzte steuerpflichtige Bruttoarbeitslohn zu bescheinigen. Dies gilt auch für zurückgeforderten Arbeitslohn, der im Zuflussjahr ermäßigt besteuert worden ist. Ergibt die Verrechnung von ausgezahltem und zurückgefordertem Arbeitslohn einen negativen Betrag, so ist dieser Betrag mit einem Minuszeichen zu versehen.

Nicht zum steuerpflichtigen Bruttoarbeitslohn gehören steuerfreie Bezüge, z. B. steuerfreie Zuschläge für Sonntags-, Feiertags- und Nachtarbeit, steuerfreie Umzugskostenvergütungen, steuerfreier Reisekostenersatz, steuerfreier Auslagenersatz, die nach§ 3 Nummer 56 und 63 EStG steuerfreien Beiträge des Arbeitgebers an einen Pensionsfonds, eine Pensionskasse oder für eine Direktversicherung sowie Bezüge, für die dieLohnsteuer nach §§ 37b, 40 bis 40b EStG pauschal erhoben wurde. Nicht unter Nummer 3, sondern gesondert zu bescheinigen sind insbesondere ermäßigt besteuerte Entschädigungen, ermäßigt besteuerter Arbeitslohn für mehrere Kalenderjahre sowie die auf Grund eines Doppelbesteuerungsabkommens oder des Auslandstätigkeitserlasses von der Lohnsteuer freigestellten Bezüge.

4. Unter Nummer 4 bis 6 des Ausdrucks sind die Lohnsteuer, der Solidaritätszuschlag und die Kirchensteuer zu bescheinigen, die der Arbeitgeber vom bescheinigten Bruttoarbeitslohn einbehalten hat. Wurden Lohnsteuer, Solidaritätszuschlag oderKirchensteuer nicht einbehalten, ist das jeweilige Eintragungsfeld durch einen waagerechten Strich auszufüllen.

5. Bei konfessionsverschiedenen Ehen / konfessionsverschiedenen Lebenspartnerschaften(z. B. ein Ehegatte / Lebenspartner ev, der andere rk) ist sowohl bei Haupt- als auch bei Nebenarbeitsverhältnissen der auf den Ehegatten / Lebenspartner entfallende Teil der Kirchensteuer unter Nummer 7 oder Nummer 14 des Ausdrucks anzugeben (Halbteilung der Kirchensteuer nach den Kirchensteuergesetzen der Länder). DieseHalbteilung der Kirchensteuer kommt in Bayern, Bremen und Niedersachsen nicht in Betracht. Deshalb ist in diesen Ländern die einbehaltene Kirchensteuer immer nur unterNummer 6 oder Nummer 13 einzutragen.

6. Unter Nummer 8 des Ausdrucks sind die in Nummer 3 enthaltenen Versorgungsbezüge nach § 19 Absatz 2 EStG (z. B. auch regelmäßige Anpassungen von Versorgungsbezügen nach § 19 Absatz 2 Satz 9 EStG) einzutragen.

Werden einem Versorgungsempfänger zusätzlich zum laufenden Versorgungsbezug weitere Zuwendungen und geldwerte Vorteile (z. B. steuerpflichtige Fahrtkostenzuschüsse, Freifahrtberechtigungen, Kontoführungsgebühren) gewährt, zählen diese ebenfalls zu den unter Nummer 8 zu bescheinigenden Versorgungsbezügen.

7. Im Lohnsteuerabzugsverfahren ermäßigt besteuerte Entschädigungen (z. B. Abfindungen) und ermäßigt besteuerter Arbeitslohn für mehrere Kalenderjahre (z. B. Jubiläumszuwendungen) sind in einer Summe unter Nummer 10 des Ausdrucks gesondert zu bescheinigen.

Entschädigungen und Arbeitslohn für mehrere Kalenderjahre, die nicht ermäßigt besteuert wurden, können unter Nummer 19 eingetragen werden; diese Beträge müssen in dem unter Nummer 3 bescheinigten Bruttoarbeitslohn enthalten sein.

Gesondert zu bescheinigen sind unter Nummer 11 bis 14 des Ausdrucks die Lohnsteuer, der Solidaritätszuschlag und die Kirchensteuer, die der Arbeitgeber von ermäßigt besteuerten Ver-

Anlage § 041b-01/Lohnsteuerbescheinigungen 2015 (Zu LStH 41b)

sorgungsbezügen für mehrere Kalenderjahre, Entschädigungen und Vergütungen für eine mehrjährige Tätigkeit im Sinne des § 34 EStG einbehalten hat.

8. Das Kurzarbeitergeld einschließlich Saison-Kurzarbeitergeld, der Zuschuss zum Mutterschaftsgeld, der Zuschuss bei Beschäftigungsverbot für die Zeit vor oder nach einer Entbindung sowie für den Entbindungstag während der Elternzeit nach beamtenrechtlichen Vorschriften, die Verdienstausfallentschädigung nach dem Infektionsschutzgesetz, Aufstockungsbeträge und Altersteilzeitzuschläge sind in einer Summe unter Nummer 15 des Ausdrucks zu bescheinigen. Hat der Arbeitgeber Kurzarbeitergeld zurückgefordert, sind nur die so gekürzten Beträge zu bescheinigen. Ergibt die Verrechnung von ausgezahlten und zurückgeforderten Beträgen einen negativen Betrag, so ist dieser Betrag mit einem Minuszeichen zu bescheinigen. Wurde vom Arbeitgeber in Fällen des § 47b Absatz 4 SGB V Krankengeld in Höhe des Kurzarbeitergeldes gezahlt, ist dieses nicht unter Nummer 15 des Ausdrucks anzugeben.

9. Unter Nummer 16 a) des Ausdrucks ist der nach Doppelbesteuerungsabkommen und unter Nummer 16 b) der nach dem Auslandstätigkeitserlass steuerfreie Arbeitslohn auszuweisen.

10. Unter Nummer 17 des Ausdrucks sind die steuerfreien Sachbezüge für Fahrten zwischen Wohnung und erster Tätigkeitsstätte (§ 8 Absatz 2 Satz 11 EStG – Job-Ticket – oder § 8 Absatz 3 EStG – Verkehrsträger -) betragsmäßig zu bescheinigen.

Bei steuerfreier Sammelbeförderung nach § 3 Nummer 32 EStG ist der Großbuchstabe „F" unter Nummer 2 des Ausdrucks einzutragen; vgl. Textziffer II. 2 des BMF-Schreibens vom 27. Januar 2004 (BStBl. I Seite 173).

11. Unter Nummer 18 des Ausdrucks sind pauschal besteuerte Arbeitgeberleistungen für Fahrten zwischen Wohnung und erster Tätigkeitsstätte zu bescheinigen.

12. Unter Nummer 20 des Ausdrucks sind die nach § 3 Nummer 13 oder 16 EStG steuerfrei gezahlten Vergütungen für Verpflegung bei beruflich veranlassten Auswärtstätigkeiten zu bescheinigen.

Sofern das Betriebsstättenfinanzamt nach § 4 Absatz 2 Nummer 4 Satz 2 LStDV für steuerfreie Vergütung für Verpflegung eine andere Aufzeichnung als im Lohnkonto zugelassen hat, ist eine Bescheinigung dieser Beträge nicht zwingend erforderlich.

Steuerfreie Vergütungen bei doppelter Haushaltsführung sind unter Nummer 21 des Ausdrucks zu bescheinigen.

13. Bei der Bescheinigung von Zukunftssicherungsleistungen ist Folgendes zu beachten:

a) Beiträge und Zuschüsse zur Alterssicherung

Der Arbeitgeberanteil der Beiträge zu den gesetzlichen Rentenversicherungen und der Arbeitgeberzuschuss an berufsständische Versorgungseinrichtungen, die den gesetzlichen Rentenversicherungen vergleichbare Leistungen erbringen (vgl. BMF-Schreiben vom 8. Juli 2014, BStBl. I Seite 1098), ist getrennt unter Nummer 22 a) und b) des Ausdrucks auszuweisen, der entsprechende Arbeitnehmeranteil unter Nummer 23 a) und b). Gleiches gilt für Beiträge zur Alterssicherung, wenn darin zumindest teilweise ein Arbeitnehmeranteil enthalten ist, die auf Grund einer nach ausländischen Gesetzen bestehenden Verpflichtung an ausländische Sozialversicherungsträger, die den inländischen Sozialversicherungsträgern vergleichbar sind, geleistet werden. Beiträge zur Alterssicherung an ausländische Versicherungsunternehmen sind nicht zu bescheinigen.

Werden von ausländischen Sozialversicherungsträgern Globalbeiträge erhoben, ist eine Aufteilung vorzunehmen. In diesen Fällen ist unter Nummer 22 a) und Nummer 23 a) der auf die Rentenversicherung entfallende Teilbetrag zu bescheinigen. Die für die Aufteilung maßgebenden staatenbezogenen Prozentsätze werden für jeden Veranlagungszeitraum durch ein gesondertes BMF-Schreiben bekannt gegeben.

In Fällen, in denen der Arbeitgeber die Beiträge unmittelbar an eine berufsständische Versorgungseinrichtung abführt (sog. Firmenzahler), ist der Arbeitgeberzuschuss unter Nummer 22 b) und der Arbeitnehmeranteil unter Nummer 23 b) zu bescheinigen.

Führt der Arbeitnehmer den gesamten Beitrag selbst an die berufsständische Versorgungseinrichtung ab (sog. Selbstzahler) und zahlt der Arbeitgeber dem Arbeitnehmer hierfür einen zweckgebundenen Zuschuss, ist unter Nummer 22 b) der Zuschuss zu bescheinigen. Eine Eintragung unter Nummer 23 b) ist in diesen Fällen nicht vorzunehmen.

Unter Nummer 22 a) und Nummer 23 a) sind auch Beiträge zur umlagefinanzierten Hüttenknappschaftlichen Zusatzversicherung im Saarland zu bescheinigen. Das Gleiche gilt für Rentenversicherungsbeiträge bei geringfügiger Beschäftigung, wenn die Lohnsteuer nicht pauschal erhoben wurde (der Arbeitgeberbeitrag in Höhe von 15 % oder 5 % und der Arbeitnehmer-

Anlage § 041b-01/Lohnsteuerbescheinigungen 2015

beitrag). Dies gilt für den Arbeitgeberbeitrag auch dann, wenn kein Arbeitnehmeranteil zur Rentenversicherung gezahlt wurde.

Arbeitgeberbeiträge zur gesetzlichen Rentenversicherung für Beschäftigte nach § 172 Absatz 1 SGB VI (z. B. bei weiterbeschäftigten Rentnern) gehören nicht zum steuerpflichtigen Arbeitslohn; sie sind nicht als steuerfreie Arbeitgeberanteile im Sinne des § 3 Nummer 62 EStG unter Nummer 22 a) zu bescheinigen. Dies gilt auch, wenn dieser Arbeitnehmerkreis geringfügig beschäftigt ist (§ 172 Absatz 3 und 3a SGB VI).

Arbeitgeberbeiträge zur Rentenversicherung und an berufsständische Versorgungseinrichtungen, die im Zusammenhang mit nach § 3 Nummer 2 EStG steuerfreiem Kurzarbeitergeld stehen, sind ebenfalls nicht zu bescheinigen.

Zahlt der Arbeitgeber steuerfreie Beiträge zur gesetzlichen Rentenversicherung im Sinne des § 3 Nummer 28 EStG (z. B. bei Altersteilzeit), können diese nicht als Sonderausgaben berücksichtigt werden und sind daher nicht in der Bescheinigung anzugeben. Werden darüber hinaus steuerpflichtige Beiträge zum Ausschluss einer Minderung der Altersrente gezahlt, sind diese an die gesetzliche Rentenversicherung abgeführten Beiträge als Sonderausgaben abziehbar und deshalb unter Nummer 23 a) zu bescheinigen.

b) Zuschüsse zur Kranken- und Pflegeversicherung

Steuerfreie Zuschüsse des Arbeitgebers zur gesetzlichen Krankenversicherung bei freiwillig in der gesetzlichen Krankenversicherung versicherten Arbeitnehmern, soweit der Arbeitgeber zur Zuschussleistung gesetzlich verpflichtet ist, sind unter Nummer 24 a) des Ausdrucks einzutragen. Entsprechende Zuschüsse zu privaten Krankenversicherungen sind unter Nummer 24 b) zu bescheinigen. Unter Nummer 24 c) sind steuerfreie Zuschüsse des Arbeitgebers zu gesetzlichen Pflegeversicherungen (soziale Pflegeversicherung und private Pflege-Pflichtversicherung) einzutragen. Bei freiwillig in der gesetzlichen Krankenversicherung versicherten oder privat versicherten Arbeitnehmern, die Kurzarbeitergeld beziehen, sind unter Nummer 24 a) bis c) die gesamten vom Arbeitgeber gewährten Zuschüsse zu bescheinigen.

Zu bescheinigen sind auch Zuschüsse des Arbeitgebers zur Kranken- und Pflegeversicherung bei ausländischen Versicherungsunternehmen und bei ausländischen Sozialversicherungsträgern. Nicht einzutragen ist der Arbeitgeberanteil zur gesetzlichen Kranken- und sozialen Pflegeversicherung bei pflichtversicherten Arbeitnehmern.

c) Beiträge zur gesetzlichen Kranken- und sozialen Pflegeversicherung

Der Arbeitnehmerbeitrag zur inländischen gesetzlichen Krankenversicherung bei pflichtversicherten Arbeitnehmern ist unter Nummer 25 einzutragen. Es sind die an die Krankenkasse abgeführten Beiträge zu bescheinigen, d. h. ggf. mit Beitragsanteilen für Krankengeld.

Die Beiträge des Arbeitnehmers zur inländischen sozialen Pflegeversicherung sind unter Nummer 26 des Ausdrucks zu bescheinigen.

Bei freiwillig in der gesetzlichen Krankenversicherung versicherten Arbeitnehmern ist unter Nummer 25 und 26 der gesamte Beitrag zu bescheinigen, wenn der Arbeitgeber die Beiträge an die Krankenkasse abführt (sog. Firmenzahler). Dies gilt auch in den Fällen des Bezugs von Kurzarbeitergeld. Arbeitgeberzuschüsse sind nicht von den Arbeitnehmerbeiträgen abzuziehen, sondern gesondert unter Nummer 24 zu bescheinigen.

In Fällen, in denen der freiwillig in der gesetzlichen Krankenversicherung versicherte Arbeitnehmer und nicht der Arbeitgeber die Beiträge an die Krankenkasse abführt (sog. Selbstzahler), sind unter Nummer 25 und 26 keine Eintragungen vorzunehmen. Dies gilt auch in den Fällen des Bezugs von Kurzarbeitergeld. Arbeitgeberzuschüsse sind unabhängig davon ungekürzt unter Nummer 24 zu bescheinigen.

Die vom Arbeitnehmer allein zu tragenden Beiträge aus Versorgungsbezügen an die gesetzliche Kranken- und soziale Pflegeversicherung sind ebenfalls unter Nummer 25 und Nummer 26 zu bescheinigen. Dies gilt für pflichtversicherte Arbeitnehmer und für freiwillig in der gesetzlichen Krankenversicherung versicherte Arbeitnehmer, wenn der Arbeitgeber die Beiträge an die Krankenkasse abführt (sog. Firmenzahler).

Beiträge zur Kranken- und Pflegeversicherung an ausländische Sozialversicherungsträger sind nicht zu bescheinigen.

d) Beiträge zur Arbeitslosenversicherung

Arbeitnehmerbeiträge zur Arbeitslosenversicherung sind unter Nummer 27 des Ausdrucks zu bescheinigen; dies gilt auch bei Beitragszahlungen an ausländische Sozialversicherungsträger.

Anlage § 041b-01/Lohnsteuerbescheinigungen 2015 (Zu LStH 41b)

e) Bescheinigung bei steuerfreiem oder pauschal besteuertem Arbeitslohn

Unter Nummer 22 bis 27 des Ausdrucks dürfen keine Beiträge bescheinigt werden, die mit steuerfreiem Arbeitslohn in unmittelbarem wirtschaftlichen Zusammenhang stehen, z. B. Arbeitslohn, der nach dem Auslandstätigkeitserlass oder auf Grund eines Doppelbesteuerungsabkommens steuerfrei ist. Somit sind die auf den nach § 3 Nummer 63 Satz 3 EStG steuerfreien Arbeitslohn (zusätzlicher Höchstbetrag von 1.800 €; vgl. Rz. 156 des BMF-Schreibens vom 19. August 2013, BStBl. I Seite 1087, geändert durch das BMF-Schreiben vom 10. Januar 2014, BStBl. I Seite 70) oder auf den im Zusammenhang mit nach § 3 Nummer 56 EStG steuerfreiem Arbeitslohn stehenden Hinzurechnungsbetrag nach § 1 Absatz 1 Satz 3 und 4 SvEV entfallenden, nicht als Sonderausgaben abziehbaren Beiträge nicht zu bescheinigen. Gleiches gilt in den Fällen, in denen Beiträge oder Zuschüsse des Arbeitgebers nicht nach § 3 Nummer 62 EStG, sondern nach einer anderen Vorschrift steuerfrei sind. Bei Pflichtversicherungen sind die gesetzlichen Arbeitgeber- und Arbeitnehmeranteile, die auf steuerfreien Arbeitslohn entfallen, nicht zu bescheinigen. Die auf steuerfreien Arbeitslohn entfallenden Zuschüsse und Beiträge für freiwillig in der gesetzlichen Kranken-/ sozialen Pflegeversicherung Versicherte und privat Kranken-/ Pflegeversicherte sind hingegen unter Nummer 24 bis 26 in voller Höhe zu bescheinigen.

Im Fall der beitragspflichtigen Umwandlung von Arbeitslohn zugunsten einer Direktzusage oberhalb von 4 % der Beitragsbemessungsgrenze in der allgemeinen Rentenversicherung sind die Beiträge unter Nummer 22 bis 27 des Ausdrucks zu bescheinigen (§ 14 Absatz 1 Satz 2 SGB IV).

Werden bei einem sozialversicherungspflichtigen Arbeitnehmer Beiträge von pauschal besteuertem Arbeitslohn (z. B. nach § 37b Absatz 2, § 40b EStG ggf. i. V. m. § 1 Absatz 1 Satz 3 und 4 SvEV) erhoben, sind diese unter Nummer 22 bis 27 des Ausdrucks zu bescheinigen.

Bei steuerfreien und steuerpflichtigen Arbeitslohnteilen im Lohnzahlungszeitraum ist nur der Anteil der Sozialversicherungsbeiträge zu bescheinigen, der sich nach dem Verhältnis des steuerpflichtigen Arbeitslohns zum gesamten Arbeitslohn des Lohnzahlungszeitraums (höchstens maßgebende Beitragsbemessungsgrenze) ergibt. Hierbei sind steuerpflichtige Arbeitslohnanteile, die nicht der Sozialversicherungspflicht unterliegen (z. B. Entlassungsabfindungen), nicht in die Verhältnisrechnung einzubeziehen. Erreicht der steuerpflichtige Arbeitslohn im Lohnzahlungszeitraum die für die Beitragsberechnung maßgebende Beitragsbemessungsgrenze, sind die Sozialversicherungsbeiträge des Lohnzahlungszeitraums folglich insgesamt dem steuerpflichtigen Arbeitslohn zuzuordnen und in vollem Umfang zu bescheinigen.

Werden Sozialversicherungsbeiträge erstattet, sind unter Nummer 22 bis 27 nur die gekürzten Beiträge zu bescheinigen.

f) Teilbeträge der Vorsorgepauschale für die private Basis-Kranken- und private Pflege-Pflichtversicherung

Unter Nummer 28 des Ausdrucks ist der tatsächlich im Lohnsteuerabzugsverfahren berücksichtigte Teilbetrag der Vorsorgepauschale nach § 39b Absatz 2 Satz 5 Nummer 3 Buchstabe d EStG (Beiträge zur privaten Basis-Krankenversicherung und privaten Pflege-Pflichtversicherung) zu bescheinigen (z. B. bei Arbeitnehmern ohne Arbeitgeberzuschuss mit einem nachgewiesenen Monatsbeitrag von 500 €, Beschäftigungsdauer drei Monate, Bescheinigung 1.500 €). Wurde beim Lohnsteuerabzug die Mindestvorsorgepauschale berücksichtigt (ggf. auch nur in einzelnen Lohnzahlungszeiträumen), ist auch diese zu bescheinigen (z. B. Ansatz der Mindestvorsorgepauschale für zwei Monate, Bescheinigung von 2/12 der Mindestvorsorgepauschale).

Bei geringfügig Beschäftigten, bei denen die Lohnsteuer nach den Lohnsteuerabzugsmerkmalen des Arbeitnehmers erhoben wird und kein Arbeitnehmeranteil für die Krankenversicherung zu entrichten ist, ist an Stelle des Teilbetrags für die gesetzliche Krankenversicherung die Mindestvorsorgepauschale anzusetzen und unter Nummer 28 des Ausdrucks zu bescheinigen. Entsprechendes gilt für andere Arbeitnehmer, z. B. Praktikanten, Schüler, Studenten. Siehe auch Programmablaufplan für den Lohnsteuerabzug zu „VKVLZZ" und „VKVSONST". Ist der berechnete Betrag negativ, ist der Wert mit einem deutlichen Minuszeichen zu versehen. Beiträge zur Kranken- und Pflegeversicherung an ausländische Versicherungsunternehmen sind nicht zu bescheinigen.

Werden vom Arbeitnehmer Beiträge zur privaten Krankenversicherung und Pflege-Pflichtversicherung nachgewiesen, wird jedoch kein Arbeitslohn gezahlt, ist keine Lohnsteuerbescheinigung auszustellen.

(Zu LStH 41b) **Anlage § 041b-01/Lohnsteuerbescheinigungen 2015**

14. Für die Ermittlung des bei Versorgungsbezügen nach § 19 Absatz 2 EStG zu berücksichtigenden Versorgungsfreibetrags sowie des Zuschlags zum Versorgungsfreibetrag (Freibeträge für Versorgungsbezüge) sind die Bemessungsgrundlage des Versorgungsfreibetrags, das Jahr des Versorgungsbeginns und bei unterjähriger Zahlung von Versorgungsbezügen der erste und letzte Monat, für den Versorgungsbezüge gezahlt werden, maßgebend.

Folgt ein Hinterbliebenenbezug einem Versorgungsbezug, bestimmen sich der Prozentsatz, der Höchstbetrag des Versorgungsfreibetrags und der Zuschlag zum Versorgungsfreibetrag für den Hinterbliebenenbezug nach dem Jahr des Beginns des Versorgungsbezugs des Verstorbenen (§ 19 Absatz 2 Satz 7 EStG). Unabhängig davon ist bei erstmaliger Zahlung dieses Hinterbliebenenbezugs im laufenden Kalenderjahr unter Nummer 31 des Ausdrucks eine unterjährige Zahlung zu bescheinigen.

Sterbegelder und Kapitalauszahlungen/Abfindungen von Versorgungsbezügen sowie Nachzahlungen von Versorgungsbezügen, die sich ganz oder teilweise auf vorangegangene Kalenderjahre beziehen, sind als eigenständige zusätzliche Versorgungsbezüge zu behandeln. Für diese Bezüge sind die Höhe des gezahlten Bruttobetrags im Kalenderjahr und das maßgebende Kalenderjahr des Versorgungsbeginns anzugeben. In diesen Fällen sind die maßgebenden Freibeträge für Versorgungsbezüge in voller Höhe und nicht zeitanteilig zu berücksichtigen (Rz. 184 bis 187 des BMF-Schreibens vom 19. August 2013, geändert durch das BMF-Schreiben vom 10. Januar 2014, a. a. O.).

Der Arbeitgeber ist verpflichtet, die für die Berechnung der Freibeträge für Versorgungsbezüge erforderlichen Angaben für jeden Versorgungsbezug gesondert im Lohnkonto aufzuzeichnen (§ 4 Absatz 1 Nummer 4 LStDV i. V. m. Rz. 189 des BMF-Schreibens vom 19. August 2013, geändert durch das BMF-Schreiben vom 10. Januar 2014, a. a. O.). Die hiernach im Lohnkonto aufgezeichneten Angaben zu Versorgungsbezügen sind in den Ausdruck wie folgt zu übernehmen (§ 41b Absatz 1 Satz 2 EStG):

a) Versorgungsbezug, der laufenden Arbeitslohn darstellt

Unter Nummer 29 des Ausdrucks ist die nach § 19 Absatz 2 Sätze 4 bis 11 EStG ermittelte Bemessungsgrundlage für den Versorgungsfreibetrag (das Zwölffache des Versorgungsbezugs für den ersten vollen Monat zuzüglich voraussichtlicher Sonderzahlungen) einzutragen. In die Bemessungsgrundlage sind auch zusätzlich zu den laufenden Versorgungsbezügen gewährte weitere Zuwendungen und geldwerte Vorteile (z. B. steuerpflichtige Fahrtkostenzuschüsse, Freifahrtberechtigungen, Kontoführungsgebühren) einzubeziehen.

Unter Nummer 30 ist das maßgebende Kalenderjahr des Versorgungsbeginns (vierstellig) zu bescheinigen.

Unter Nummer 31 ist nur bei unterjähriger Zahlung eines laufenden Versorgungsbezugs der erste und letzte Monat (zweistellig mit Bindestrich, z. B. „02 – 12" oder „01 – 08"), für den Versorgungsbezüge gezahlt wurden, einzutragen. Dies gilt auch bei unterjährigem Wechsel des Versorgungsträgers.

b) Versorgungsbezug, der einen sonstigen Bezug darstellt

Sterbegelder, Kapitalauszahlungen/Abfindungen von Versorgungsbezügen und die als sonstige Bezüge zu behandelnden Nachzahlungen von Versorgungsbezügen, die in Nummer 3 und Nummer 8 des Ausdrucks enthalten sind, sind unter Nummer 32 gesondert zu bescheinigen.

Nach § 34 EStG ermäßigt zu besteuernde Versorgungsbezüge für mehrere Kalenderjahre sind dagegen nur unter Nummer 9 des Ausdrucks zu bescheinigen. Zusätzlich ist zu den in Nummer 9 oder Nummer 32 bescheinigten Versorgungsbezügen jeweils unter Nummer 30 des Ausdrucks das Kalenderjahr des Versorgungsbeginns anzugeben.

c) Mehrere Versorgungsbezüge

Fällt der maßgebende Beginn mehrerer laufender Versorgungsbezüge in dasselbe Kalenderjahr (Nummer 30 des Ausdrucks), kann der Arbeitgeber unter Nummer 29 des Ausdrucks die zusammengerechneten Bemessungsgrundlagen dieser Versorgungsbezüge in einem Betrag bescheinigen (Rz. 177 des BMF-Schreibens vom 19. August 2013, geändert durch das BMF-Schreiben vom 10. Januar 2014, a. a. O.). In diesem Fall sind auch die unter Nummer 8 zu bescheinigenden Versorgungsbezüge zusammenzufassen.

Bei mehreren als sonstige Bezüge gezahlten Versorgungsbezügen mit maßgebendem Versorgungsbeginn in demselben Kalenderjahr können die Nummer 8 und/oder Nummer 9 sowie Nummer 30 und Nummer 32 zusammengefasst werden. Gleiches gilt, wenn der Versorgungs-

Anlage § 041b-01/Lohnsteuerbescheinigungen 2015 (Zu LStH 41b)

beginn laufender Versorgungsbezüge und als sonstige Bezüge gezahlter Versorgungsbezüge in dasselbe Kalenderjahr fällt.

Bei mehreren laufenden Versorgungsbezügen und als sonstige Bezüge gezahlten Versorgungsbezügen mit unterschiedlichen Versorgungsbeginnen nach § 19 Absatz 2 Satz 3 EStG sind die Angaben zu Nummer 8 und/oder Nummer 9 sowie Nummer 29 bis 32 jeweils getrennt zu bescheinigen (Rz. 177 des BMF-Schreibens vom 19. August 2013, geändert durch das BMF-Schreiben vom 10. Januar 2014, a. a. O.).

15. Unter Nummer 33 des Ausdrucks ist die Summe des vom Arbeitgeber an Angehörige des öffentlichen Dienstes im Kalenderjahr ausgezahlten Kindergeldes zu bescheinigen, wenn es zusammen mit den Bezügen oder dem Arbeitsentgelt ausgezahlt wird (§ 72 Absatz 7 Satz 1 EStG).

16. In der letzten Zeile des Ausdrucks ist stets das Finanzamt, an das die Lohnsteuer abgeführt wurde, und dessen vierstellige Nummer einzutragen. Bei Finanzamtsaußenstellen mit eigener Nummer ist diese Nummer einzutragen.

In den nicht amtlich belegten Zeilen des Ausdrucks sind freiwillig vom Arbeitgeber übermittelte Daten zu bescheinigen, z. B.

- „Arbeitnehmerbeitrag zur Winterbeschäftigungs-Umlage",
- bei Arbeitgeberbeiträgen zur Zusatzversorgung, die nach den Lohnsteuerabzugsmerkmalen versteuert wurden: „Steuerpflichtiger Arbeitgeberbeitrag zur Zusatzversorgung",
- „Arbeitnehmerbeitrag/-anteil zur Zusatzversorgung",
- bei Fahrten zwischen Wohnung und erster Tätigkeitsstätte: „Anzahl der Arbeitstage",
- bei steuerfreiem Fahrtkostenersatz für beruflich veranlasste Auswärtstätigkeiten: „Steuerfreie Fahrtkosten bei beruflich veranlasster Auswärtstätigkeit",
- „Versorgungsbezüge für mehrere Kalenderjahre, die nicht ermäßigt besteuert wurden – in 3. und 8. enthalten".

Außerdem sind weitere, nicht der Finanzverwaltung übermittelte Angaben zulässig (betriebsinterne, für den Arbeitnehmer bestimmte Informationen); dies ist entsprechend zu kennzeichnen.

Die Anschrift des Arbeitnehmers kann im Ausdruck – abweichend von der im Datensatz elektronisch übermittelten Adresse – so gestaltet sein, dass sie den Gegebenheiten des Unternehmens entspricht (z. B. Übermittlung durch Hauspost, Auslandszustellung).

Eintragungsfelder (Tabellen) mit zeitraumbezogenen Angaben (Historie) können variabel – je nach Füllungsgrad – ausgedruckt werden. Es ist darauf zu achten, dass die IdNr./eTIN bei Benutzung von Fensterbriefumhüllungen im Adressfeld nicht sichtbar ist.

Neben der Anschrift des Arbeitgebers ist die Steuernummer seiner lohnsteuerlichen Betriebsstätte anzugeben. Hat ein Dritter für den Arbeitgeber die lohnsteuerlichen Pflichten übernommen (§ 38 Absatz 3a EStG), ist die Anschrift und Steuernummer des Dritten anzugeben.

Damit gewährleistet ist, dass die Daten der elektronischen Lohnsteuerbescheinigung(en) der Finanzverwaltung vollständig zur Verfügung stehen, muss nach der elektronischen Übermittlung das Verarbeitungsprotokoll abgerufen werden. Im Ausdruck der elektronischen Lohnsteuerbescheinigung ist als Transferticket die elektronisch vergebene Quittungsnummer des Verarbeitungsprotokolls anzugeben, soweit dies technisch möglich ist.

Eine Korrektur der elektronisch an das Finanzamt übermittelten Lohnsteuerbescheinigung ist zulässig, wenn es sich um eine bloße Berichtigung eines zunächst unrichtig übermittelten Datensatzes handelt (R 41c.1 Absatz 7 LStR). Die erneute Übermittlung kann nur dann als Korrektur erkannt werden, wenn das vorher verwendete steuerliche (Ordnungs-)Merkmal unverändert beibehalten wird (z. B. auch eTIN).

Stellen Nachzahlungen laufenden Arbeitslohn dar, sind diese für die Berechnung der Lohnsteuer den Lohnzahlungszeiträumen zuzurechnen, für die sie geleistet werden (R 39b.5 Absatz 4 Satz 1 LStR). Wird eine solche Nachzahlung nach Beendigung des Dienstverhältnisses im selben Kalenderjahr für Lohnzahlungszeiträume bis zur Beendigung des Dienstverhältnisses geleistet, ist die bereits erteilte und übermittelte Lohnsteuerbescheinigung zu korrigieren. Sonstige Bezüge, die nach Beendigung des Dienstverhältnisses oder in folgenden Kalenderjahren gezahlt werden, sind gesondert zu bescheinigen; als Dauer des Dienstverhältnisses ist in diesen Fällen der Monat der Zahlung anzugeben.

II. Ausstellung von Besonderen Lohnsteuerbescheinigungen durch den Arbeitgeber ohne maschinelle Lohnabrechnung ab 2015

Die unter I. Nummer 1 bis 16 aufgeführten Regelungen für den Ausdruck der elektronischen Lohnsteuerbescheinigung gelten für die Ausschreibung von Besonderen Lohnsteuerbescheinigungen ab 2015 entsprechend. Eine Besondere Lohnsteuerbescheinigung kann von Arbeitgebern ausgestellt werden, für die das Betriebsstättenfinanzamt zugelassen hat, dass diese nicht am elektronischen Abrufverfahren teilnehmen (§§ 39e Absatz 7, 41b Absatz 1 Sätze 4 bis 6 EStG). Dies gilt insbesondere für Arbeitgeber ohne maschinelle Lohnabrechnung, die ausschließlich Arbeitnehmer im Rahmen einer geringfügigen Beschäftigung nach § 8a SGB IV im Privathaushalt beschäftigen und die Lohnsteuerbescheinigung nicht elektronisch an die Finanzverwaltung übermitteln.

Der Vordruck wird dem Arbeitgeber auf Anforderung kostenlos vom Finanzamt zur Verfügung gestellt.

Dieses Schreiben wird im Bundessteuerblatt Teil I veröffentlicht und steht ab sofort für eine Übergangsfrist auf den Internetseiten des Bundesministeriums der Finanzen unter http://www.bundesfinanzministerium.de unter der Rubrik „Themen – Steuern – Steuerarten – Lohnsteuer" zur Verfügung.

Anlage § 041b-02/Lohnsteuerbescheinigungen 2015 (Zu LStH 41b)

Bekanntmachung des Musters für den Ausdruck der elektronischen Lohnsteuerbescheinigung 2015

BMF-Schreiben vom 15. September 2014 IV C 5 – S 2378/14/10001 (BStBl. I S. 1244)

1 Anlage

Gemäß § 51 Absatz 4 Nummer 1 des Einkommensteuergesetzes ist das Bundesministerium der Finanzen ermächtigt, das Muster für den Ausdruck der elektronischen Lohnsteuerbescheinigung zu bestimmen. Im Einvernehmen mit den obersten Finanzbehörden der Länder wird hiermit das Muster für den Ausdruck der elektronischen Lohnsteuerbescheinigung für das Kalenderjahr 2015 bekannt gemacht (siehe Anlage).

Der Ausdruck hat das Format DIN A 4.

Der Ausdruck der elektronischen Lohnsteuerbescheinigung kann vom amtlichen Muster abweichen, wenn er sämtliche Angaben in gleicher Reihenfolge enthält und in Format und Aufbau dem bekannt gemachten Musters entspricht.

Bei der Ausstellung des Ausdrucks der elektronischen Lohnsteuerbescheinigung sind die Vorgaben im BMF-Schreiben vom 15. September 2014 (BStBl. I S. 1244), zu beachten.

(Zu LStH 41b)

Anlage § 041b-02/Lohnsteuerbescheinigungen 2015

Anlage

Ausdruck der elektronischen Lohnsteuerbescheinigung für 2015
Nachstehende Daten wurden maschinell an die Finanzverwaltung übertragen.

		vom - bis
1.	Dauer des Dienstverhältnisses	
2.	Zeiträume ohne Anspruch auf Arbeitslohn	Anzahl „U"
	Großbuchstaben (S, M, F)	

		EUR	Ct
3.	Bruttoarbeitslohn einschl. Sachbezüge ohne 9. und 10.		
4.	Einbehaltene Lohnsteuer von 3.		
5.	Einbehaltener Solidaritätszuschlag von 3.		
6.	Einbehaltene Kirchensteuer des Arbeitnehmers von 3.		
7.	Einbehaltene Kirchensteuer des Ehegatten von 3. (nur bei konfessionsverschiedener Ehe)		
8.	In 3. enthaltene Versorgungsbezüge		
9.	Ermäßigt besteuerte Versorgungsbezüge für mehrere Kalenderjahre		
10.	Ermäßigt besteuerter Arbeitslohn für mehrere Kalenderjahre (ohne 9.) und ermäßigt besteuerte Entschädigungen		
11.	Einbehaltene Lohnsteuer von 9. und 10.		
12.	Einbehaltener Solidaritätszuschlag von 9. und 10.		
13.	Einbehaltene Kirchensteuer des Arbeitnehmers von 9. und 10.		
14.	Einbehaltene Kirchensteuer des Ehegatten von 9. und 10. (nur bei konfessionsverschiedener Ehe)		
15.	Kurzarbeitergeld, Zuschuss zum Mutterschaftsgeld, Verdienstausfallentschädigung (Infektionsschutzgesetz), Aufstockungsbetrag und Altersteilzeitzuschlag		
16. Steuerfreier Arbeitslohn nach	a) Doppelbesteuerungsabkommen (DBA)		
	b) Auslandstätigkeitserlass		
17.	Steuerfreie Arbeitgeberleistungen für Fahrten zwischen Wohnung und erster Tätigkeitsstätte		
18.	Pauschal besteuerte Arbeitgeberleistungen für Fahrten zwischen Wohnung und erster Tätigkeitsstätte		
19.	Steuerpflichtige Entschädigungen und Arbeitslohn für mehrere Kalenderjahre, die nicht ermäßigt besteuert wurden - in 3. enthalten		
20.	Steuerfreie Verpflegungszuschüsse bei Auswärtstätigkeit		
21.	Steuerfreie Arbeitgeberleistungen bei doppelter Haushaltsführung		
22. Arbeitgeberanteil/-zuschuss	a) zur gesetzlichen Rentenversicherung		
	b) an berufsständische Versorgungseinrichtungen		
23. Arbeitnehmeranteil	a) zur gesetzlichen Rentenversicherung		
	b) an berufsständische Versorgungseinrichtungen		
24. Steuerfreie Arbeitgeberzuschüsse	a) zur gesetzlichen Krankenversicherung		
	b) zur privaten Krankenversicherung		
	c) zur gesetzlichen Pflegeversicherung		
25.	Arbeitnehmerbeiträge zur gesetzlichen Krankenversicherung		
26.	Arbeitnehmerbeiträge zur sozialen Pflegeversicherung		
27.	Arbeitnehmerbeiträge zur Arbeitslosenversicherung		
28.	Beiträge zur privaten Kranken- und Pflege-Pflichtversicherung oder Mindestvorsorgepauschale		
29.	Bemessungsgrundlage für den Versorgungsfreibetrag zu 8.		
30.	Maßgebendes Kalenderjahr des Versorgungsbeginns zu 8. und/oder 9.		
31.	Zu 8. bei unterjähriger Zahlung: Erster und letzter Monat, für den Versorgungsbezüge gezahlt wurden		
32.	Sterbegeld, Kapitalauszahlungen/Abfindungen und Nachzahlungen von Versorgungsbezügen - in 3. und 8. enthalten		
33.	Ausgezahltes Kindergeld		-
Finanzamt, an das die Lohnsteuer abgeführt wurde (Name und vierstellige Nr.)			

Datum:

eTIN:

Identifikationsnummer:

Personalnummer:

Geburtsdatum:

Transferticket:

Dem Lohnsteuerabzug wurden zugrunde gelegt:

Steuerklasse/Faktor	gültig ab

Zahl der Kinderfreibeträge	gültig ab

Steuerfreier Jahresbetrag	gültig ab

Jahreshinzurechnungsbetrag	gültig ab

Kirchensteuermerkmale	gültig ab

Anschrift und Steuernummer des Arbeitgebers:

Anlage § 042e-01/Anrufungsauskunft als Verwaltungsakt

Anrufungsauskunft als feststellender Verwaltungsakt; Anwendung der BFH-Urteile vom 30. April 2009 – VI R 54/07 – (BStBl. II 2010 S. 996) und vom 2. September 2010 – VI R 3/09 – (BStBl. II 2011 S. 233)

BMF-Schreiben vom 18. Februar 2011 IV C 5 – S 2388/0-01, 2011/0110501 (BStBl. I S. 213)

Mit Urteilen vom 30. April 2009 – VI R 54/07 – (BStBl. II 2010 S. 996) und vom 2. September 2010 - VI R 3/09 – (BStBl. II 2011 S. 233) hat der BFH unter Abänderung seiner bisherigen Rechtsprechung entschieden, dass die Erteilung und die Aufhebung (Rücknahme, Widerruf) einer Anrufungsauskunft nach § 42e Einkommensteuergesetz (EStG) nicht nur Wissenserklärungen (unverbindliche Rechtsauskünfte) des Betriebsstättenfinanzamts darstellen, sondern vielmehr feststellende Verwaltungsakte im Sinne des § 118 Satz 1 Abgabenordnung (AO) sind.

Zu den Urteilen gilt im Einvernehmen mit den obersten Finanzbehörden der Länder Folgendes:

Die Rechtsgrundsätze der Urteile sind über die entschiedenen Einzelfälle hinaus anzuwenden.

Für die Anrufungsauskunft nach § 42e EStG gelten die Regelungen in §§ 118 ff. AO unmittelbar, und zwar insbesondere:

– die Anforderungen an Bestimmtheit und Form gemäß § 119 AO,
– die Regelungen über mögliche Nebenbestimmungen gemäß § 120 AO,
– die Regelungen über die Bekanntgabe gemäß § 122 AO,
– die Regelungen über die Berichtigung offenbarer Unrichtigkeiten gemäß § 129 AO.

Die Anrufungsauskunft kann darüber hinaus mit Wirkung für die Zukunft aufgehoben oder geändert werden; § 207 Absatz 2 AO ist sinngemäß anzuwenden. Hierbei handelt es sich um eine Ermessensentscheidung, die zu begründen ist (vgl. BFH vom 2. September 2010 – VI R 3/09 –, BStBl. II 2011 S. 233). Im Falle einer zeitlichen Befristung der Anrufungsauskunft (vgl. R 42e Absatz 1 Satz 3 Lohnsteuerrichtlinie [LStR]) endet die Wirksamkeit des Verwaltungsaktes durch Zeitablauf (§ 124 Absatz 2 AO). Außerdem tritt eine Anrufungsauskunft außer Kraft, wenn die Rechtsvorschriften, auf denen die Entscheidung beruht, geändert werden (analoge Anwendung des § 207 Absatz 1 AO). Die Anweisungen im Anwendungserlass zu § 207 AO sind sinngemäß anzuwenden.

Die Anrufungsauskunft soll grundsätzlich schriftlich erteilt werden; wird eine Anrufungsauskunft abgelehnt oder abweichend vom Antrag erteilt, hat die Auskunft oder die Ablehnung der Erteilung schriftlich zu erfolgen.

Mögliche Antragsteller (Beteiligte im Sinne von § 42e Satz 1 EStG) sind der Arbeitgeber, der die Pflichten des Arbeitgebers erfüllende Dritte im Sinne von § 38 Absatz 3a EStG und der Arbeitnehmer. Auch als feststellender Verwaltungsakt wirkt die Anrufungsauskunft nur gegenüber demjenigen, der sie beantragt hat. Das Betriebsstättenfinanzamt ist daher durch eine vom Arbeitgeber beantragte und ihm erteilte Anrufungsauskunft nicht gehindert, gegenüber dem Arbeitnehmer einen für ihn ungünstigeren Rechtsstandpunkt einzunehmen (BFH vom 28. August 1991, BStBl. 1992 II S. 107).

Das Wohnsitzfinanzamt ist bei der Einkommensteuerfestsetzung gegenüber dem Arbeitnehmer nicht an die Anrufungsauskunft des Betriebsstättenfinanzamts gebunden (BFH vom 9. Oktober 1992, BStBl. 1993 II S. 166).

Die Regelungen über das außergerichtliche Rechtsbehelfsverfahren (§§ 347 ff. AO) sind anzuwenden. Im Falle der Ablehnung einer Anrufungsauskunft nach § 42e EStG kommt eine Aussetzung der Vollziehung allerdings nicht in Betracht, da es sich nicht um einen vollziehbaren Verwaltungsakt handelt. Das Gleiche gilt bei einer Aufhebung oder Änderung einer Anrufungsauskunft (Nummer 2.3.2 des Anwendungserlasses zu § 361 AO).

Dieses Schreiben steht ab sofort für eine Übergangszeit auf den Internetseiten des Bundesministeriums der Finanzen (http://www.bundesfinanzministerium.de) unter der Rubrik Wirtschaft und Verwaltung – Steuern – Veröffentlichungen zu Steuerarten – Lohnsteuer – BMF-Schreiben/Allgemeines zur Ansicht und zum Abruf bereit.

Anlage § 042f-01/Digitale LohnSchnittstelle (DLS)

Empfehlung zur Anwendung eines einheitlichen Standarddatensatzes als Schnittstelle für die Lohnsteuer-Außenprüfung; Digitale LohnSchnittstelle (DLS)

BMF-Schreiben vom 29. Juni 2011 IV C 5 – S 2386/07/0005, 2011/0501455 (BStBl. I S. 675)

Seit dem 1. Januar 2002 hat die Finanzverwaltung das Recht, im Rahmen von Außenprüfungen die mit Hilfe eines Datenverarbeitungssystems erstellte Buchführung durch Datenzugriff zu prüfen [§ 147 Absatz 6 Abgabenordnung (AO)]. Das Datenzugriffsrecht erstreckt sich auf alle steuerrelevanten Daten (z. B. Lohnbuchhaltung, Finanzbuchhaltung, Anlagenbuchhaltung usw.). Eine wesentliche Form der Umsetzung ist die Überlassung von Datenträgern an Außenprüfer zur Auswertung auf den Notebooks der Prüfer. Die Finanzverwaltung empfiehlt hierzu den GDPdU-Beschreibungsstandard. Die Struktur und die Bezeichnung der steuerrelevanten Daten sind innerhalb dieses Standards nicht definiert.

In Deutschland werden von den Arbeitgebern zurzeit ca. 260 verschiedene Lohnabrechnungsprogramme eingesetzt. Jedes Programm ist anders aufgebaut und strukturiert, so dass auch die Dateien und Felder mit den steuerlich relevanten Daten entsprechend unterschiedlich aufgebaut, bezeichnet, formatiert und verknüpft sind.

Um
- Zweifelsfragen und Unklarheiten zu den Inhalten von elektronischen Dateien und Datenfeldern,
- technische Schwierigkeiten beim Aufbereiten der elektronischen Daten sowie
- Datennachforderungen durch den Außenprüfer (auf weiteren Datenträgern)

zu vermeiden, hat die Finanzverwaltung die „Digitale LohnSchnittstelle" (DLS) erarbeitet und beschrieben.

Die DLS ist eine Schnittstellenbeschreibung für den Export von Daten aus dem Lohnbuchhaltungssystem des Arbeitgebers zur Übergabe an den Lohnsteuer-Außenprüfer. Sie soll dabei eine einheitliche Strukturierung und Bezeichnung der Dateien und Datenfelder gemäß den Anforderungen der GDPdU unabhängig von dem beim Arbeitgeber eingesetzten Lohnabrechnungsprogramm sicherstellen.

Im Einvernehmen mit den obersten Finanzbehörden der Länder wird empfohlen, diese einheitliche Schnittstellenbeschreibung möglichst in den Lohnabrechnungsprogrammen vorzusehen und bereitzuhalten.

Mit dieser einheitlichen Schnittstellenbeschreibung soll zum einen erreicht werden, dass die nach § 41 Einkommensteuergesetz (EStG) und § 4 Lohnsteuer-Durchführungsverordnung (LStDV) im Lohnkonto aufzuzeichnenden Angaben in den dem Lohnsteuer-Außenprüfer überlassenen Daten enthalten sind. Zum anderen sollen die Voraussetzungen dafür geschaffen werden, die elektronischen Daten innerhalb kurzer Zeit zu erhalten und mittels der von der Finanzverwaltung eingesetzten Prüfsoftware auszuwerten.

Dies führt zu
- einer wesentlichen Vereinfachung des technischen Prozesses der Datenbereitstellung durch den Arbeitgeber,
- einer Vermeidung inhaltlicher Fehldeutungen von elektronischen Datei- und Feldinhalten,
- einer Verringerung der personellen Kapazitäten zur Betreuung der Datenbereitstellung,
- einer Zeit- und Kostenersparnis auf beiden Seiten und
- einem einheitlichen logischen Datenbestand in den Datenverarbeitungssystemen (auf den zu überlassenden Datenträgern).

Die DLS stellt jedoch im Rahmen der digitalen Zugriffsmöglichkeit keine abschließende Definition und Aufzählung der steuerrelevanten Daten dar, sondern liefert eine Datensatzbeschreibung für den Kernbereich der Lohndaten, die für die weitaus überwiegende Mehrzahl der Prüfungen als ausreichend angesehen werden können. Das Datenzugriffsrecht nach § 147 Absatz 6 Satz 2 AO auf darüber hinausgehende prüfungsrelevante steuerliche Daten bleibt hiervon unberührt.

Für die Bereitstellung der Daten wird der GDPdU-Beschreibungsstandard empfohlen.

Die jeweils aktuelle Version der DLS mit weitergehenden Informationen steht auf den Internetseiten des Bundeszentralamtes für Steuern (www.bzst.bund.de) ab dem 1. Juli 2011 zum Download bereit.

Anlage § 042f-02/Datenzugriff

Grundsätze zum Datenzugriff und zur Prüfbarkeit digitaler Unterlagen (GDPdU)

BMF-Schreiben vom 16. Juli 2001 IV D 2 – S 0316 – 136/01 (BStBl. I S. 415)

Unter Bezugnahme auf das Ergebnis der Erörterungen mit den obersten Finanzbehörden der Länder gilt für die Anwendung der Regelungen zum Datenzugriff und zur Prüfbarkeit digitaler Unterlagen (§ 146 Abs. 5, § 147 Abs. 2, 5, 6, § 200 Abs. 1 AO und § 14 Abs. 4 UStG) Folgendes:

I. Datenzugriff

Nach § 147 Abs. 6 AO ist der Finanzbehörde das Recht eingeräumt, die mit Hilfe eines Datenverarbeitungssystems erstellte Buchführung des Steuerpflichtigen durch Datenzugriff zu prüfen. Diese neue Prüfungsmethode tritt neben die Möglichkeit der herkömmlichen Prüfung. Das Recht auf Datenzugriff steht der Finanzbehörde nur im Rahmen steuerlicher Außenprüfungen zu. Durch die Regelungen zum Datenzugriff wird der sachliche Umfang der Außenprüfung (§ 194 AO) nicht erweitert; er wird durch die Prüfungsanordnung (§ 196 AO, § 5 BpO) bestimmt. Gegenstand der Prüfung sind wie bisher nur die nach § 147 Abs. 1 AO aufbewahrungspflichtigen Unterlagen. Es ist jedoch erforderlich, die Prüfungsmethoden den modernen Buchführungstechniken anzupassen. Dies gilt um so mehr, als in zunehmendem Maße der Geschäftsverkehr papierlos abgewickelt wird und ab dem 1. Januar 2002 der Vorsteuerabzug aus elektronischen Abrechnungen mit qualifizierter elektronischer Signatur und Anbieter-Akkreditierung nach dem Signaturgesetz möglich ist.

Die Einführung dieser neuen Prüfungsmethode ermöglicht zugleich rationellere und zeitnähere Außenprüfungen.

1. **Umfang und Ausübung des Rechts auf Datenzugriff nach § 147 Abs. 6 AO**

   Das Recht auf Datenzugriff beschränkt sich ausschließlich auf Daten, die für die Besteuerung von Bedeutung sind (steuerlich relevante Daten).

   Die Daten der Finanzbuchhaltung, der Anlagenbuchhaltung und der Lohnbuchhaltung sind danach für den Datenzugriff zur Verfügung zu halten.

   Soweit sich auch in anderen Bereichen des Datenverarbeitungssystems steuerlich relevante Daten befinden, sind sie durch den Steuerpflichtigen nach Maßgabe seiner steuerlichen Aufzeichnungs- und Aufbewahrungspflichten zu qualifizieren und für den Datenzugriff in geeigneter Weise vorzuhalten.

   Bei unzutreffender Qualifizierung von Daten kann die Finanzbehörde im Rahmen ihres pflichtgemäßen Ermessens verlangen, dass der Steuerpflichtige den Datenzugriff auf diese steuerlich relevanten Daten nachträglich ermöglicht. Das allgemeine Auskunftsrecht des Prüfers (§§ 88, 199 Abs.1 AO) und die Mitwirkungspflichten des Steuerpflichtigen (§§ 90, 200 AO) bleiben unberührt.

   Bei der Ausübung des Rechts auf Datenzugriff stehen der Finanzbehörde nach dem Gesetz drei Möglichkeiten zur Verfügung. Die Entscheidung, von welcher Möglichkeit des Datenzugriffs die Finanzbehörde Gebrauch macht, steht in ihrem pflichtgemäßen Ermessen; falls erforderlich, kann sie auch mehrere Möglichkeiten in Anspruch nehmen:

   a) Sie hat das Recht, selbst unmittelbar auf das Datenverarbeitungssystem dergestalt zuzugreifen, dass sie in Form des Nur-Lesezugriffs Einsicht in die gespeicherten Daten nimmt und die vom Steuerpflichtigen oder von einem beauftragten Dritten eingesetzte Hard- und Software zur Prüfung der gespeicherten Daten einschließlich der Stammdaten und Verknüpfungen (Daten) nutzt (unmittelbarer Datenzugriff). Dabei darf sie nur mit Hilfe dieser Hard- und Software auf die elektronisch gespeicherten Daten zugreifen. Dies schließt eine Fernabfrage (Online-Zugriff) auf das Datenverarbeitungssystem des Steuerpflichtigen durch die Finanzbehörde aus.

   Der Nur-Lesezugriff umfasst das Lesen, Filtern und Sortieren der Daten gegebenenfalls unter Nutzung der im Datenverarbeitungssystem vorhandenen Auswertungsmöglichkeiten.

   b) Sie kann vom Steuerpflichtigen auch verlangen, dass er an ihrer Stelle die Daten nach ihren Vorgaben maschinell auswertet oder von einem beauftragten Dritten maschinell auswerten lässt, um den Nur-Lesezugriff durchführen zu können (mittelbarer Datenzugriff). Es kann nur eine maschinelle Auswertung unter Verwendung der im Datenverarbeitungssystem des Steuerpflichtigen oder des beauftragten Dritten vorhandenen Auswertungsmöglichkeiten verlangt werden.

   c) Sie kann ferner verlangen, dass ihr die gespeicherten Unterlagen auf einem maschinell verwertbaren Datenträger zur Auswertung überlassen werden (Datenträgerüberlassung). Der zur Auswertung überlassene Datenträger ist spätestens nach Bestandskraft der aufgrund der Außenprüfung ergangenen Bescheide an den Steuerpflichtigen zurückzugeben oder zu löschen.

Anlage § 042f-02/Datenzugriff

2. Umfang der Mitwirkungspflicht nach §§ 147 Abs. 6 und 200 Abs. 1 Satz 2 AO

Der Steuerpflichtige hat die Finanzbehörde bei Ausübung ihres Rechts auf Datenzugriff zu unterstützen (§ 200 Abs. 1 AO). Im Einzelnen gilt folgendes:

a) Beim unmittelbaren Datenzugriff (Abschnitt I Nr. 1 Buchstabe a) hat der Steuerpflichtige dem Prüfer die für den Datenzugriff erforderlichen Hilfsmittel zur Verfügung zu stellen und ihn für den Nur-Lesezugriff in das DV-System einzuweisen. Die Zugangsberechtigung muss so ausgestaltet sein, dass dem Prüfer dieser Zugriff auf alle steuerlich relevanten Daten eingeräumt wird. Sie umfasst u.a. auch die Nutzung der im DV-System vorhandenen Auswertungsprogramme. Enthalten elektronisch gespeicherte Datenbestände andere, z.B. steuerlich nicht relevante personenbezogene oder dem Berufsgeheimnis (§ 102 AO) unterliegende Daten, so obliegt es dem Steuerpflichtigen oder dem von ihm beauftragten Dritten, durch geeignete Zugriffsbeschränkungen sicherzustellen, dass der Prüfer nur auf steuerlich relevante Daten des Steuerpflichtigen zugreifen kann. Die Zugangsberechtigung hat auch die Nutzung der im DV-System vorhandenen Auswertungsprogramme zu umfassen.

Das Datenverarbeitungssystem muss die Unveränderbarkeit des Datenbestandes gewährleisten (§ 146 Abs. 4 AO; Abschnitt V des BMF-Schreibens zu den Grundsätzen ordnungsmäßiger DV-gestützter Buchführungssysteme (GoBS) vom 7. November 1995, BStBl. I S. 738). Eine Veränderung des Datenbestandes und des Datenverarbeitungssystems durch die Finanzbehörde ist somit ausgeschlossen.

b) Beim mittelbaren Datenzugriff (Abschnitt I Nr. 1 Buchstabe b) gehört zur Mithilfe des Steuerpflichtigen beim Nur-Lesezugriff (Abschnitt I Nr. 1 Buchstabe a Abs. 2) neben der Zurverfügungstellung von Hard- und Software die Unterstützung durch mit dem Datenverarbeitungssystem vertraute Personen. Der Umfang der zumutbaren Mithilfe richtet sich nach den betrieblichen Begebenheiten des Unternehmens. Hierfür können z.B. seine Größe oder Mitarbeiterzahl Anhaltspunkte sein.

c) Bei der Datenträgerüberlassung (Abschnitt I Nr. 1 Buchstabe c) sind der Finanzbehörde mit den gespeicherten Unterlagen und Aufzeichnungen alle zur Auswertung der Daten notwendigen Informationen (z.B. über die Dateistruktur, die Datenfelder sowie interne und externe Verknüpfungen) in maschinell auswertbarer Form zur Verfügung zu stellen. Dies gilt auch in den Fällen, in denen sich die Daten bei Dritten befinden.

3. Grundsatz der Verhältnismäßigkeit

Die Finanzbehörde hat bei Anwendung der Regelungen zum Datenzugriff den Grundsatz der Verhältnismäßigkeit zu beachten. Dies bedeutet u.a.:

a) Bei **vor dem 1. Januar 2002** archivierten Daten kann sie beim unmittelbaren Datenzugriff (Abschnitt I Nr. 1 Buchstabe a Abs. 1) und beim mittelbaren Datenzugriff (Abschnitt I Nr. 1 Buchstabe b) nicht verlangen, dass diese Daten für Zwecke ihrer maschinellen Auswertung (§ 147 Abs. 2 Nr. 2 AO i.V. mit § 147 Abs. 6 AO) nochmals in das Datenverarbeitungssystem eingespeist (reaktiviert) werden, wenn dies mit unverhältnismäßigem Aufwand für den Steuerpflichtigen verbunden wäre. Dies kommt z.B. in Betracht bei fehlender Speicherkapazität, nochmaliger Erfassung der Daten, Archivierung der Daten außerhalb des aktuellen Datenverarbeitungssystems, Wechsel des Hard- oder Software-Systems. Müssen hiernach die Daten nicht reaktiviert werden, braucht der Steuerpflichtige auch nicht die für eine maschinelle Auswertung der betreffenden Daten erforderliche Hard- und Software zur Verfügung zu halten, wenn sie nicht mehr im Einsatz ist. Dies gilt auch, wenn die Aufbewahrungsfrist (§ 147 Abs. 3 AO) noch nicht abgelaufen ist.

Diese für die maschinelle Auswertbarkeit der Daten erforderliche technische, organisatorische und zeitliche Einschränkung bezieht sich nicht auf die Pflicht des Steuerpflichtigen zur Lesbarmachung der Daten (§ 147 Abs. 2 Nr. 2 AO, § 147 Abs. 5 AO). Die Lesbarmachung muss während der ganzen Aufbewahrungsfrist sichergestellt sein.

b) Bei **nach dem 31. Dezember 2001** archivierten Daten ist beim unmittelbaren Datenzugriff (Abschnitt I Nr. 1 Buchstabe a Abs. 1) und beim mittelbaren Datenzugriff (Abschnitt I Nr. 1 Buchstabe b) die maschinelle Auswertbarkeit (§ 147 Abs. 2 Nr. 2 und Abs. 6 AO) in Form des Nur-Lesezugriffs (Abschnitt I Nr. 1 Buchstabe a Abs. 2) sicherzustellen. Im Falle eines Systemwechsels ist es nicht erforderlich, die ursprüngliche Hard- und Software vorzuhalten, wenn die maschinelle Auswertbarkeit auch für die nach dem 31. Dezember 2001, aber vor dem Systemwechsel archivierten Daten durch das neue oder ein anderes System gewährleistet ist.

Anlage § 042f-02/Datenzugriff

c) Für die Datenträgerüberlassung (Abschnitt I Nr. 1 Buchstabe c) kann die Finanzbehörde nicht verlangen, **vor dem 1. Januar 2002** auf nicht maschinell auswertbaren Datenträgern (z.B. Mikrofilm) archivierte Daten auf maschinell auswertbare Datenträger aufzuzeichnen.

II. Prüfbarkeit digitaler Unterlagen

1. Elektronische Abrechnungen im Sinne des § 14 Abs. 4 Satz 2 UStG

Die qualifizierte elektronische Signatur mit Anbieter-Akkreditierung nach § 15 Abs. 1 des Signaturgesetzes ist Bestandteil der elektronischen Abrechnung[1]. Der Originalzustand des übermittelten ggf. noch verschlüsselten Dokuments muss jederzeit überprüfbar sein. Dies setzt neben den Anforderungen nach Abschnitt VIII Buchstabe b) Nr. 2 der GoBS (a.a.O.) insbesondere voraus, dass

– vor einer weiteren Verarbeitung der elektronischen Abrechnung die qualifizierte elektronische Signatur im Hinblick auf die Integrität der Daten und die Signaturberechtigung geprüft werden und das Ergebnis dokumentiert wird;

– die Speicherung der elektronischen Abrechnung auf einem Datenträger erfolgt, der Änderungen nicht mehr zulässt. Bei einer temporären Speicherung auf einem änderbaren Datenträger muss das DV-System sicherstellen, dass Änderungen nicht möglich sind;

– bei Umwandlung (Konvertierung) der elektronischen Abrechnung in ein unternehmenseigenes Format (sog. Inhouse-Format) beide Versionen archiviert und nach den GoBS mit demselben Index verwaltet werden sowie die konvertierte Version als solche gekennzeichnet wird;

– der Signaturprüfschlüssel aufbewahrt wird;

– bei Einsatz von Kryptographietechniken die verschlüsselte und die entschlüsselte Abrechnung sowie der Schlüssel zur Entschlüsselung der elektronischen Abrechnung aufbewahrt wird;

– der Eingang der elektronischen Abrechnung, ihre Archivierung und ggf. Konvertierung sowie die weitere Verarbeitung protokolliert werden;

– die Übertragungs-, Archivierungs- und Konvertierungssysteme den Anforderungen der GoBS, insbesondere an die Dokumentation, an das interne Kontrollsystem, an das Sicherungskonzept sowie an die Aufbewahrung entsprechen;

– das qualifizierte Zertifikat des Empfängers aufbewahrt wird.

2. Sonstige aufbewahrungspflichtige Unterlagen

– Bei sonstigen aufbewahrungspflichtigen Unterlagen i.S.d. § 147 Abs. 1 AO, die digitalisiert sind und nicht in Papierform übermittelt werden, muss das dabei angewendete Verfahren den GoBS entsprechen.

– Der Originalzustand der übermittelten ggf. noch verschlüsselten Daten muss erkennbar sein (§ 146 Abs. 4 AO). Die Speicherung hat auf einem Datenträger zu erfolgen, der Änderungen nicht mehr zulässt. Bei einer temporären Speicherung auf einem änderbaren Datenträger muss das Datenverarbeitungssystem sicherstellen, dass Änderungen nicht möglich sind.

– Bei Einsatz von Kryptographietechniken sind die verschlüsselte und die entschlüsselte Unterlage aufzubewahren.

– Bei Umwandlung (Konvertierung) der sonstigen aufbewahrungspflichtigen Unterlagen in ein unternehmenseigenes Format (sog. Inhouse-Format) sind beide Versionen zu archivieren und nach den GoBS mit demselben Index zu verwalten sowie die konvertierte Version als solche zu kennzeichnen.

– Wenn Signaturprüfschlüssel oder kryptographische Verfahren verwendet werden, sind die verwendeten Schlüssel aufzubewahren.

– Bei sonstigen aufbewahrungspflichtigen Unterlagen sind der Eingang, ihre Archivierung und ggf. Konvertierung sowie die weitere Verarbeitung zu protokollieren.

III. Archivierung digitaler Unterlagen

1. Originär digitale Unterlagen nach § 146 Abs. 5 AO sind auf maschinell verwertbaren Datenträgern zu archivieren. Originär digitale Unterlagen sind die in das Datenverarbeitungssystem in elektronischer Form eingehenden und die im Datenverarbeitungssystem erzeugten Daten; ein maschinell verwertbarer Datenträger ist ein maschinell lesbarer und auswertbarer Datenträger. Die originär digitalen Unterlagen dürfen nicht ausschließlich in ausgedruckter Form oder auf Mikrofilm aufbewahrt werden. Somit reicht die Aufzeichnung im COM-Verfahren (Computer-Output-Microfilm) nicht

---

1) Anpassung des § 14 Abs. 4 Satz 2 UStG 1999 an das Signaturgesetz vom 16. Mai 2001 (BGBl. I S. 876) ist im Entwurf eines Steueränderungsgesetzes 2001 vorgesehen.

Anlage § 042f-02/Datenzugriff

mehr aus. Diese Einschränkung gilt nicht, wenn die vor der Übertragung auf Mikrofilm vorhandenen Daten vorgehalten werden, die eine maschinelle Auswertbarkeit durch das Datenverarbeitungssystem gewährleisten. Nicht ausreichend ist auch die ausschließliche Archivierung in maschinell nicht auswertbaren Formaten (z.B. pdf-Datei).

Eine Pflicht zur Archivierung einer Unterlage i.S. des § 147 Abs. 1 AO in maschinell auswertbarer Form (§ 147 Abs. 2 Nr. 2 AO) besteht nicht, wenn diese Unterlage zwar DV-gestützt erstellt wurde, sie aber nicht zur Weiterverarbeitung in einem DV-gestützten Buchführungssystem geeignet ist (z.b. Textdokumente).

2. Originär in Papierform angefallene Unterlagen, z.B. Eingangsrechnungen, können weiterhin mikroverfilmt werden.

3. Kann im Falle eines abweichenden Wirtschaftsjahrs die Archivierung ab 1. Januar 2002 nachweisbar aus technischen Gründen nicht auf einem maschinell auswertbaren Datenträger (§ 147 Abs. 2 Nr. 2 AO) erfolgen, wird dies nicht beanstandet, wenn der Steuerpflichtige bis spätestens zu Beginn des anschließenden abweichenden Wirtschaftsjahrs den Archivierungspflichten gemäß § 147 Abs. 2 Nr. 2 AO nachkommt.

IV. Anwendung

1. Die Regelungen zum Datenzugriff (Abschnitt I) sind bei steuerlichen Außenprüfungen anzuwenden, die nach dem 31. Dezember 2001 beginnen.

2. Die Regelungen zur Prüfbarkeit digitaler Unterlagen (Abschnitt II) gelten

   a) für elektronische Abrechnungen mit Inkrafttreten des § 14 Abs. 4 Satz 2 UStG (1. Januar 2002) und

   b) für sonstige aufbewahrungspflichtige Unterlagen, die nach dem 31. Dezember 2001 erstellt werden.

Im Übrigen bleiben die Regelungen des BMF-Schreibens zu den Grundsätzen ordnungsmäßiger DV-gestützter Buchführungssysteme (GoBS) vom 7. November 1995 (BStBl. I S. 738) unberührt.

Dieses Schreiben steht ab sofort für eine Übergangszeit auf den Internetseiten des Bundesfinanzministeriums der Finanzen **(http:/www.bundesfinanzministerium.de)** zur Ansicht und zum Download bereit.

Anlage § 042g-01/Lohnsteuer-Nachschau (Zu LStH 42g)

Lohnsteuer-Nachschau

BMF-Schreiben vom 16. Oktober 2014 IV C 5 – S 2386/09/10002 :001; 2014/0890135

1   Mit § 42g EStG ist durch das Amtshilferichtlinie-Umsetzungsgesetz vom 26. Juni 2013 (BGBl. I Seite 1809) eine Regelung zur Lohnsteuer-Nachschau neu in das EStG eingefügt worden. Die Vorschrift ist zum 30. Juni 2013 in Kraft getreten. Im Einvernehmen mit den obersten Finanzbehörden der Länder gilt zur Anwendung der Vorschrift Folgendes:

1. Allgemeines

2   Die Lohnsteuer-Nachschau ist ein besonderes Verfahren zur zeitnahen Aufklärung möglicher steuererheblicher Sachverhalte. Steuererheblich sind Sachverhalte, die eine Lohnsteuerpflicht begründen oder zu einer Änderung der Höhe der Lohnsteuer oder der Zuschlagsteuern führen können. Das für die Lohnsteuer-Nachschau zuständige Finanzamt kann das Finanzamt, in dessen Bezirk der steuererhebliche Sachverhalt verwirklicht wird, mit der Nachschau beauftragen. Die Lohnsteuer-Nachschau ist keine Außenprüfung i. S. d. §§ 193 ff. AO. Die Vorschriften für eine Außenprüfung sind nicht anwendbar, insbesondere gelten die §§ 146 Absatz 2b, 147 Absatz 6, 201, 202 AO und § 42d Absatz 4 Satz 1 Nummer 2 EStG nicht. Es bedarf weder einer Prüfungsanordnung i. S. d. § 196 AO noch einer Schlussbesprechung oder eines Prüfungsberichts. Im Anschluss an eine Lohnsteuer-Nachschau ist ein Antrag auf verbindliche Zusage (§ 204 AO) nicht zulässig.

2. Zweck der Lohnsteuer-Nachschau

3   Die Lohnsteuer-Nachschau dient der Sicherstellung einer ordnungsgemäßen Einbehaltung und Abführung der Lohnsteuer, des Solidaritätszuschlags, der Kirchenlohnsteuer oder von Pflichtbeiträgen zu einer Arbeits- oder Arbeitnehmerkammer. Ziel der Lohnsteuer-Nachschau ist es, einen Eindruck von den räumlichen Verhältnissen, dem tatsächlich eingesetzten Personal und dem üblichen Geschäftsbetrieb zu gewinnen.

4   Eine Lohnsteuer-Nachschau kommt insbesondere in Betracht:
- bei Beteiligung an Einsätzen der Finanzkontrolle Schwarzarbeit,
- zur Feststellung der Arbeitgeber- oder Arbeitnehmereigenschaft,
- zur Feststellung der Anzahl der insgesamt beschäftigten Arbeitnehmer,
- bei Aufnahme eines neuen Betriebs,
- zur Feststellung, ob der Arbeitgeber eine lohnsteuerliche Betriebsstätte unterhält,
- zur Feststellung, ob eine Person selbständig oder als Arbeitnehmer tätig ist,
- zur Prüfung der steuerlichen Behandlung von sog. Minijobs (vgl. § 8 Absatz 1 und 2 SGB IV), ausgenommen Beschäftigungen in Privathaushalten,
- zur Prüfung des Abrufs und der Anwendung der elektronischen Lohnsteuerabzugsmerkmale (ELStAM) und
- zur Prüfung der Anwendung von Pauschalierungsvorschriften, z. B. § 37b Absatz 2 EStG.

5   Nicht Gegenstand der Lohnsteuer-Nachschau sind:
- Ermittlungen der individuellen steuerlichen Verhältnisse der Arbeitnehmer, soweit sie für den Lohnsteuer-Abzug nicht von Bedeutung sind,
- die Erfüllung der Pflichten des Arbeitgebers nach dem Fünften Vermögensbildungsgesetz und
- Beschäftigungen in Privathaushalten.

3. Durchführung der Lohnsteuer-Nachschau

6   Die Lohnsteuer-Nachschau muss nicht angekündigt werden (§ 42g Absatz 2 Satz 2 EStG). Die Anordnung der Nachschau erfolgt in der Regel mündlich und zu Beginn der Lohnsteuer-Nachschau. Dem Arbeitgeber soll zu Beginn der Lohnsteuer-Nachschau der Vordruck „Durchführung einer Lohnsteuer-Nachschau"[1)] übergeben werden. Der mit der Lohnsteuer-Nachschau beauftragte Amtsträger hat sich auszuweisen.

7   Zum Zweck der Lohnsteuer-Nachschau können die mit der Lohnsteuer-Nachschau beauftragten Amtsträger Grundstücke und Räume von Personen, die eine gewerbliche oder berufliche Tätigkeit ausüben, betreten (§ 42g Absatz 2 Satz 2 EStG). Die Grundstücke und Räume müssen nicht im Eigentum der gewerblich oder beruflich tätigen Person stehen. Die Lohnsteuer-Nachschau kann sich auch auf gemietete

---

1) Bundeseinheitlicher Vordruck.

(Zu LStH 42g) **Anlage § 042g-01/Lohnsteuer-Nachschau**

oder gepachtete Grundstücke und Räume sowie auf andere Orte, an denen steuererhebliche Sachverhalte verwirklicht werden (z. B. Baustellen), erstrecken.

Wohnräume dürfen gegen den Willen des Inhabers nur zur Verhütung dringender Gefahren für die öffentliche Sicherheit und Ordnung betreten werden (§ 42g Absatz 2 Satz 3 EStG). 8

Häusliche Arbeitszimmer oder Büros, die innerhalb einer ansonsten privat genutzten Wohnung belegen sind, dürfen auch dann betreten bzw. besichtigt werden, wenn sie nur durch die ausschließlich privat genutzten Wohnräume erreichbar sind. 9

Ein Betreten der Grundstücke und Räume ist während der üblichen Geschäfts- und Arbeitszeiten zulässig. Die Nachschau kann auch außerhalb der Geschäftszeiten vorgenommen werden, wenn dort Arbeitnehmer anzutreffen sind. 10

Das Betreten muss dazu dienen, Sachverhalte festzustellen oder zu überprüfen, die für den Steuerabzug vom Arbeitslohn erheblich sein können. Ein Durchsuchungsrecht gewährt die Lohnsteuer-Nachschau nicht. Das bloße Betreten oder Besichtigen von Geschäftsräumen, Betriebsräumen oder Grundstücken ist noch kein Durchsuchen. 11

4. Mitwirkungspflicht

Der Arbeitgeber hat dem mit der Lohnsteuer-Nachschau beauftragten Amtsträger auf Verlangen Lohn- und Gehaltsunterlagen, Aufzeichnungen, Bücher, Geschäftspapiere und andere Urkunden vorzulegen und Auskünfte zu erteilen, soweit dies zur Feststellung steuerlich erheblicher Sachverhalte zweckdienlich ist (§ 42g Absatz 3 Satz 1 EStG). 12

Darüber hinaus haben die Arbeitnehmer dem mit der Lohnsteuer-Nachschau beauftragten Amtsträger jede gewünschte Auskunft über Art und Höhe ihrer Einnahmen zu geben und auf Verlangen in ihrem Besitz befindliche Bescheinigungen über den Lohnsteuerabzug sowie Belege über bereits entrichtete Lohnsteuer vorzulegen (§ 42g Absatz 3 Satz 2 i. V. m. § 42f Absatz 2 Satz 2 EStG). Diese Pflichten gelten auch für Personen, bei denen es streitig ist, ob sie Arbeitnehmer sind oder waren. Die Auskunftspflicht erstreckt sich auf alle Fragen, die für die Beurteilung von Bedeutung sind, ob und in welcher Höhe eine Pflicht zum Abzug von Lohnsteuer und Zuschlagsteuern besteht. 13

5. Recht auf Datenzugriff

Der mit der Lohnsteuer-Nachschau beauftragte Amtsträger darf nur dann auf elektronische Daten des Arbeitgebers zugreifen, wenn der Arbeitgeber zustimmt. Stimmt der Arbeitgeber dem Datenzugriff nicht zu, kann der mit der Lohnsteuer-Nachschau beauftragte Amtsträger verlangen, dass ihm die erforderlichen Unterlagen in Papierform vorgelegt werden. Sollten diese nur in elektronischer Form existieren, kann er verlangen, dass diese unverzüglich ausgedruckt werden (vgl. § 147 Absatz 5 zweiter Halbsatz AO). 14

6. Übergang zu einer Lohnsteuer-Außenprüfung

Geben die bei der Lohnsteuer-Nachschau getroffenen Feststellungen hierzu Anlass, kann ohne vorherige Prüfungsanordnung (§ 196 AO) zu einer Lohnsteuer-Außenprüfung nach § 42f EStG übergegangen werden (§ 42g Absatz 4 Satz 1 EStG). Auf den Übergang zur Außenprüfung ist schriftlich hinzuweisen (§ 42g Absatz 4 Satz 2 EStG). Die allgemeinen Grundsätze über den notwendigen Inhalt von Prüfungsanordnungen gelten entsprechend. Insbesondere sind der Prüfungszeitraum und der Prüfungsumfang festzulegen. Der Beginn einer Lohnsteuer-Außenprüfung nach erfolgter Lohnsteuer-Nachschau ist unter Angabe von Datum und Uhrzeit aktenkundig zu machen. Für die Durchführung der nachfolgenden Lohnsteuer-Außenprüfung gelten die §§ 199 ff. AO. Die Entscheidung zum Übergang zu einer Lohnsteuer-Außenprüfung ist eine Ermessensentscheidung der Finanzbehörde (§ 5 AO). 15

Der Übergang zu einer Lohnsteuer-Außenprüfung nach § 42f EStG kann insbesondere angezeigt sein: 16
– wenn bei der Lohnsteuer-Nachschau erhebliche Fehler beim Steuerabzug vom Arbeitslohn festgestellt wurden,
– wenn der für die Besteuerung maßgebliche Sachverhalt im Rahmen der Lohnsteuer-Nachschau nicht abschließend geprüft werden kann und weitere Ermittlungen erforderlich sind,
– wenn der Arbeitgeber seinen Mitwirkungspflichten im Rahmen der Lohnsteuer-Nachschau nicht nachkommt oder
– wenn die Ermittlung von Sachverhalten aufgrund des fehlenden Datenzugriffs nicht oder nur erschwert möglich ist.

7. Auswertungsmöglichkeiten

Der Arbeitgeber kann aufgrund der im Rahmen der Lohnsteuer-Nachschau gewonnenen Erkenntnisse durch Lohnsteuer-Nachforderungsbescheid oder Lohnsteuer-Haftungsbescheid in Anspruch genommen 17

Anlage § 042g-01/Lohnsteuer-Nachschau (Zu LStH 42g)

werden. Die Lohnsteuer-Nachschau kann auch zu einer nachträglichen oder geänderten Lohnsteuer-Anmeldung führen. Soll auf Grund der Lohnsteuer-Nachschau der Arbeitgeber in Haftung genommen oder bei ihm Lohnsteuer nachgefordert werden, ist ihm rechtliches Gehör zu gewähren (§ 91 AO).

18 Ebenso kann der jeweilige Arbeitnehmer im Rahmen der allgemeinen gesetzlichen Regelungen in Anspruch genommen werden (§ 42d Absatz 3 EStG). Erkenntnisse der Lohnsteuer-Nachschau können auch im Veranlagungsverfahren des Arbeitnehmers berücksichtigt werden.

19 Feststellungen, die während einer Lohnsteuer-Nachschau getroffen werden und die für die Festsetzung und Erhebung anderer Steuern des Betroffenen oder anderer Personen erheblich sein können, können ausgewertet werden (§ 42g Absatz 5 EStG). Zu diesem Zweck können Kontrollmitteilungen erstellt werden.

8. Rechtsfolgen

20 Der Beginn der Lohnsteuer-Nachschau hemmt nicht den Ablauf der Festsetzungsfrist nach § 171 Absatz 4 AO. Die Änderungssperre des § 173 Absatz 2 AO findet keine Anwendung. Soweit eine Steuer gemäß § 164 AO unter dem Vorbehalt der Nachprüfung festgesetzt worden ist, muss dieser nach Durchführung der Lohnsteuer-Nachschau nicht aufgehoben werden.

9. Zwangsmittel

21 Im Rahmen einer Lohnsteuer-Nachschau erlassene Verwaltungsakte sind grundsätzlich mit Zwangsmitteln (§§ 328 ff. AO) durchsetzbar. Ein Verwaltungsakt liegt dann vor, wenn der mit der Lohnsteuer-Nachschau beauftragte Amtsträger Maßnahmen ergreift, die den Steuerpflichtigen zu einem bestimmten Tun, Dulden oder Unterlassen verpflichten sollen. Ein Verwaltungsakt liegt insbesondere vor, wenn der Amtsträger den Steuerpflichtigen auffordert,

– das Betreten der nicht öffentlich zugänglichen Geschäftsräume zu dulden,
– Aufzeichnungen, Bücher, Geschäftspapiere und andere lohnsteuerlich relevante Urkunden vorzulegen oder
– Auskunft zu erteilen.

10. Rechtsbehelf

22 Gegen schlichtes Verwaltungshandeln (z. B. Betreten von Grundstücken und Räumen zur Durchführung einer Lohnsteuer-Nachschau) ist kein Einspruch gegeben. Im Rahmen der Lohnsteuer-Nachschau ergangene Verwaltungsakte (vgl. Rz. 21) können gemäß § 347 AO mit Einspruch angefochten werden. Der Amtsträger ist berechtigt und verpflichtet, den Einspruch entgegenzunehmen. Der Einspruch hat keine aufschiebende Wirkung und hindert daher nicht die Durchführung der Lohnsteuer-Nachschau, es sei denn, die Vollziehung des angefochtenen Verwaltungsakts wurde ausgesetzt (§ 361 AO, § 69 FGO). Mit Beendigung der Lohnsteuer-Nachschau sind oder werden Einspruch und Anfechtungsklage gegen die Anordnung der Lohnsteuer-Nachschau unzulässig; insoweit kommt lediglich eine Fortsetzungs-Feststellungsklage (§ 100 Absatz 1 Satz 4 FGO) in Betracht. Wurden die Ergebnisse der Lohnsteuer-Nachschau in einem Steuer- oder Haftungsbescheid berücksichtigt, muss auch dieser Bescheid angefochten werden, um ein steuerliches Verwertungsverbot zu erlangen.

23 Für die Anfechtung der Mitteilung des Übergangs zur Außenprüfung (§ 42g Absatz 4 EStG) gelten die Grundsätze für die Anfechtung einer Prüfungsanordnung entsprechend (vgl. AEAO zu § 196).

Dieses Schreiben wird im Bundessteuerblatt Teil I veröffentlicht.

Lohnsteuer-Durchführungsverordnung (LStDV 1990)

Neufassung vom 10. Oktober 1989 (BGBl. I S. 1848, BStBl. I S. 405)[1)]

§ 1
Arbeitnehmer, Arbeitgeber

(1) ¹Arbeitnehmer sind Personen, die in öffentlichem oder privatem Dienst angestellt oder beschäftigt sind oder waren und die aus diesem Dienstverhältnis oder einem früheren Dienstverhältnis Arbeitslohn beziehen. ²Arbeitnehmer sind auch die Rechtsnachfolger dieser Personen, soweit sie Arbeitslohn aus dem früheren Dienstverhältnis ihres Rechtsvorgängers beziehen.

(2) ¹Ein Dienstverhältnis (Absatz 1) liegt vor, wenn der Angestellte (Beschäftigte) dem Arbeitgeber (öffentliche Körperschaft, Unternehmer, Haushaltsvorstand) seine Arbeitskraft schuldet. ²Dies ist der Fall, wenn die tätige Person in der Betätigung ihres geschäftlichen Willens unter der Leitung des Arbeitgebers steht oder im geschäftlichen Organismus des Arbeitgebers dessen Weisungen zu folgen verpflichtet ist.

(3) Arbeitnehmer ist nicht, wer Lieferungen und sonstige Leistungen innerhalb der von ihm selbständig ausgeübten gewerblichen oder beruflichen Tätigkeit im Inland gegen Entgelt ausführt, soweit es sich um die Entgelte für diese Lieferungen und sonstigen Leistungen handelt.

§ 2
Arbeitslohn

(1) ¹Arbeitslohn sind alle Einnahmen, die dem Arbeitnehmer aus dem Dienstverhältnis zufließen. ²Es ist unerheblich, unter welcher Bezeichnung oder in welcher Form die Einnahmen gewährt werden.

(2) Zum Arbeitslohn gehören auch

1. Einnahmen im Hinblick auf ein künftiges Dienstverhältnis;
2. Einnahmen aus einem früheren Dienstverhältnis, unabhängig davon, ob sie dem zunächst Bezugsberechtigten oder seinem Rechtsnachfolger zufließen. ²Bezüge, die ganz oder teilweise auf früheren Beitragsleistungen des Bezugsberechtigten oder seines Rechtsvorgängers beruhen, gehören nicht zum Arbeitslohn, es sei denn, dass die Beitragsleistungen Werbungskosten gewesen sind;
3. Ausgaben, die ein Arbeitgeber leistet, um einen Arbeitnehmer oder diesem nahestehende Personen für den Fall der Krankheit, des Unfalls, der Invalidität, des Alters oder des Todes abzusichern (Zukunftssicherung). ²Voraussetzung ist, dass der Arbeitnehmer der Zukunftssicherung ausdrücklich oder stillschweigend zustimmt. ³Ist bei einer Zukunftssicherung für mehrere Arbeitnehmer oder diesen nahestehende Personen in Form einer Gruppenversicherung oder Pauschalversicherung der für den einzelnen Arbeitnehmer geleistete Teil der Ausgaben nicht in anderer Weise zu ermitteln, so sind die Ausgaben nach der Zahl der gesicherten Arbeitnehmer auf diese aufzuteilen. ⁴Nicht zum Arbeitslohn gehören Ausgaben, die nur dazu dienen, dem Arbeitgeber die Mittel zur Leistung einer dem Arbeitnehmer zugesagten Versorgung zu verschaffen;
4. Entschädigungen, die dem Arbeitnehmer oder seinem Rechtsnachfolger als Ersatz für entgangenen oder entgehenden Arbeitslohn oder für die Aufgabe oder Nichtausübung einer Tätigkeit gewährt werden;
5. besondere Zuwendungen, die auf Grund des Dienstverhältnisses oder eines früheren Dienstverhältnisses gewährt werden, zum Beispiel Zuschüsse im Krankheitsfall;
6. besondere Entlohnungen für Dienste, die über die regelmäßige Arbeitszeit hinaus geleistet werden, wie Entlohnung für Überstunden, Überschichten, Sonntagsarbeit;
7. Lohnzuschläge, die wegen der Besonderheit der Arbeit gewährt werden;
8. Entschädigungen für Nebenämter und Nebenbeschäftigungen im Rahmen eines Dienstverhältnisses.

§ 3
(weggefallen)

---

1) Unter Berücksichtigung der Änderungen zuletzt durch Artikel 27 des Gesetzes zur Anpassung des nationalen Steuerrechts an den Beitritt Kroatiens zur EU und zur Änderung weiterer steuerlicher Vorschriften vom 25.7.2014 (BGBl. I 2014 S. 1266 1294; BStBl. I 2014 S. 1126).

Anhang 1/LStDV

§ 4
Lohnkonto

(1) Der Arbeitgeber hat im Lohnkonto des Arbeitnehmers Folgendes aufzuzeichnen:
1. den Vornamen, den Familiennamen, den Tag der Geburt, den Wohnort, die Wohnung sowie die in einer vom Finanzamt ausgestellten Bescheinigung für den Lohnsteuerabzug eingetragenen allgemeinen Besteuerungsmerkmale. ²Ändern sich im Laufe des Jahres die in einer Bescheinigung für den Lohnsteuerabzug eingetragenen allgemeinen Besteuerungsmerkmale, so ist auch der Zeitpunkt anzugeben, von dem an die Änderungen gelten;
2. den Jahresfreibetrag oder den Jahreshinzurechnungsbetrag sowie den Monatsbetrag, Wochenbetrag oder Tagesbetrag, der in einer vom Finanzamt ausgestellten Bescheinigung für den Lohnsteuerabzug eingetragen ist, und den Zeitraum, für den die Eintragungen gelten;
3. bei einem Arbeitnehmer, der dem Arbeitgeber eine Bescheinigung nach § 39b Abs. 6 des Einkommensteuergesetzes in der am 31. Dezember 2010 geltenden Fassung (Freistellungsbescheinigung) vorgelegt hat, einen Hinweis darauf, dass eine Bescheinigung vorliegt, den Zeitraum, für den die Lohnsteuerbefreiung gilt, das Finanzamt, das die Bescheinigung ausgestellt hat, und den Tag der Ausstellung.
4. in den Fällen des § 19 Abs. 2 des Einkommensteuergesetzes die für die zutreffende Berechnung des Versorgungsfreibetrags und des Zuschlags zum Versorgungsfreibetrag erforderlichen Angaben.

(2) Bei jeder Lohnabrechnung ist im Lohnkonto Folgendes aufzuzeichnen:
1. der Tag der Lohnzahlung und der Lohnzahlungszeitraum;
2. in den Fällen des § 41 Absatz 1 Satz 5 des Einkommensteuergesetzes jeweils der Großbuchstabe U;
3. der Arbeitslohn, getrennt nach Barlohn und Sachbezügen, und die davon einbehaltene Lohnsteuer. ²Dabei sind die Sachbezüge einzeln zu bezeichnen und – unter Angabe des Abgabetags oder bei laufenden Sachbezügen des Abgabezeitraums, des Abgabeorts und des Entgelts – mit dem nach § 8 Abs. 2 oder 3 des Einkommensteuergesetzes maßgebenden und um das Entgelt geminderten Wert zu erfassen. ³Sachbezüge im Sinne des § 8 Abs. 3 des Einkommensteuergesetzes und Versorgungsbezüge sind jeweils als solche kenntlich zu machen und ohne Kürzung um Freibeträge nach § 8 Abs. 3 oder § 19 Abs. 2 des Einkommensteuergesetzes einzutragen. ⁴Trägt der Arbeitgeber im Falle der Nettolohnzahlung die auf den Arbeitslohn entfallende Steuer selbst, ist in jedem Fall der Bruttoarbeitslohn einzutragen, die nach den Nummern 4 bis 8 gesondert aufzuzeichnenden Beträge sind nicht mitzuzählen;
4. steuerfreie Bezüge mit Ausnahme der Vorteile im Sinne des § 3 Nr. 45 des Einkommensteuergesetzes und der Trinkgelder. ²Das Betriebsstättenfinanzamt kann zulassen, dass auch andere nach § 3 des Einkommensteuergesetzes steuerfreie Bezüge nicht angegeben werden, wenn es sich um Fälle von geringer Bedeutung handelt oder wenn die Möglichkeit zur Nachprüfung in anderer Weise sichergestellt ist;
5. Bezüge, die nach einem Abkommen zur Vermeidung der Doppelbesteuerung oder unter Progressionsvorbehalt nach § 34c Abs. 5 des Einkommensteuergesetzes von der Lohnsteuer freigestellt sind;
6. außerordentliche Einkünfte im Sinne des § 34 Abs. 1 und 2 Nr. 2 und 4 des Einkommensteuergesetzes und die davon nach §39b Abs. 3 Satz 9 des Einkommensteuergesetzes einbehaltene Lohnsteuer;
7. (weggefallen)
8. Bezüge, die nach den §§ 40 bis 40b des Einkommensteuergesetzes pauschal besteuert worden sind, und die darauf entfallende Lohnsteuer. ²Lassen sich in den Fällen des § 40 Absatz 1 Satz 1 Nummer 2 und Absatz 2 des Einkommensteuergesetzes die auf den einzelnen Arbeitnehmer entfallenden Beträge nicht ohne weiteres ermitteln, so sind sie in einem Sammelkonto anzuschreiben. ³Das Sammelkonto muss die folgenden Angaben enthalten: Tag der Zahlung, Zahl der bedachten Arbeitnehmer, Summe der insgesamt gezahlten Bezüge, Höhe der Lohnsteuer sowie Hinweise auf die als Belege zum Sammelkonto aufzubewahrenden Unterlagen, insbesondere Zahlungsnachweise, Bestätigung des Finanzamts über die Zulassung der Lohnsteuerpauschalierung. ⁴In den Fällen des § 40a des Einkommensteuergesetzes genügt es, wenn der Arbeitgeber Aufzeichnungen führt, aus denen sich für die einzelnen Arbeitnehmer Name und Anschrift, Dauer der Beschäftigung, Tag der Zahlung, Höhe des Arbeitslohns und in den Fällen des § 40a Abs. 3 des Einkommensteuergesetzes auch die Art der Beschäftigung ergeben. ⁵Sind in den Fällen der Sätze 3 und 4 Bezüge nicht mit dem ermäßigten Kirchensteuersatz besteuert worden, so ist zusätzlich der fehlende Kirchensteuerabzug aufzuzeichnen und auf die als Beleg aufzubewahrende Unterlage hinzuweisen, aus der hervorgeht,

dass der Arbeitnehmer keiner Relegionsgemeinschaft angehört, für die die Kirchensteuer von Finanzbehörden erhoben wird.

(3) ¹Das Betriebsstättenfinanzamt kann bei Arbeitgebern, die für die Lohnabrechnung ein maschinelles Verfahren anwenden, Ausnahmen von den Vorschriften der Absätze 1 und 2 zulassen, wenn die Möglichkeit zur Nachprüfung in anderer Weise sichergestellt ist. ²Das Betriebsstättenfinanzamt soll zulassen, dass Sachbezüge im Sinne des § 8 Abs. 2 Satz 11[1)] und Abs. 3 des Einkommensteuergesetzes für solche Arbeitnehmer nicht aufzuzeichnen sind, für die durch betriebliche Regelungen und entsprechende Überwachungsmaßnahmen gewährleistet ist, dass die in § 8 Abs. 2 Satz 11[1)] oder Abs. 3 des Einkommensteuergesetzes genannten Beträge nicht überschritten werden.

(4) ¹In den Fällen des § 38 Abs. 3a des Einkommensteuergesetzes ist ein Lohnkonto von Dritten zu führen. ²In den Fällen des § 38 Abs. 3a Satz 2 ist der Arbeitgeber anzugeben und auch der Arbeitslohn einzutragen, der nicht vom Dritten, sondern vom Arbeitgeber selbst gezahlt wird. ³In den Fällen des § 38 Abs. 3a Satz 7 ist der Arbeitslohn für jedes Dienstverhältnis gesondert aufzuzeichnen.

§ 5
Besondere Aufzeichnungs- und Mitteilungspflichten im Rahmen der betrieblichen Altersversorgung

(1) Der Arbeitgeber hat bei Durchführung einer kapitalgedeckten betrieblichen Altersversorgung über einen Pensionsfonds, eine Pensionskasse oder eine Direktversicherung ergänzend zu den in § 4 Abs. 2 Nr. 4 und 8 angeführten Aufzeichnungspflichten gesondert je Versorgungszusage und Arbeitnehmer Folgendes aufzuzeichnen:

1. bei Inanspruchnahme der Steuerbefreiung nach § 3 Nr. 63 Satz 3 des Einkommensteuergesetzes den Zeitpunkt der Erteilung, den Zeitpunkt der Übertragung nach dem „Abkommen zur Übertragung von Direktversicherungen oder Versicherungen in eine Pensionskasse bei Arbeitgeberwechsel" oder nach vergleichbaren Regelungen zur Übertragung von Versicherungen in Pensionskassen oder Pensionsfonds, bei der Änderung einer vor dem 1. Januar 2005 erteilten Versorgungszusage alle Änderungen der Zusage nach dem 31. Dezember 2004;

2. bei Anwendung des § 40b des Einkommensteuergesetz in der am 31. Dezember 2004 geltenden Fassung den Inhalt der am 31. Dezember 2004 bestehenden Versorgungszusagen, sowie im Fall des § 52 Abs. 4 Satz 10 des Einkommensteuergesetzes die erforderliche Verzichtserklärung und bei der Übernahme einer Versorgungszusage nach § 4 Abs. 2 Nr. 1 des Betriebsrentengesetzes vom 19. Dezember 1974 (BGBl. I S. 3610), das zuletzt durch Artikel 2 des Gesetzes vom 29. August 2005 (BGBl. I S. 2546) geändert worden ist, in der jeweils geltenden Fassung oder bei einer Übertragung nach dem „Abkommen zur Übertragung von Direktversicherungen oder Versicherungen in eine Pensionskasse bei Arbeitgeberwechsel" oder nach vergleichbaren Regelungen zur Übertragung von Versicherungen in Pensionskassen oder Pensionsfonds im Falle einer vor dem 1. Januar 2005 erteilten Versorgungszusage zusätzlich die Erklärung des ehemaligen Arbeitgebers, dass diese Versorgungszusage vor dem 1. Januar 2005 erteilt und dass diese bis zur Übernahme nicht als Versorgungszusage im Sinne des § 3 Nr. 63 Satz 3 des Einkommensteuergesetzes behandelt wurde.

(2) ¹Der Arbeitgeber hat der Versorgungseinrichtung (Pensionsfonds, Pensionskasse, Direktversicherung), die für ihn die betriebliche Altersversorgung durchführt, spätestens zwei Monate nach Ablauf des Kalenderjahres oder nach Beendigung des Dienstverhältnisses im Laufe des Kalenderjahres gesondert je Versorgungszusage die für den einzelnen Arbeitnehmer geleisteten und

1. nach § 3 Nr. 56 und 63 des Einkommensteuergesetzes steuerfrei belassen,
2. nach § 40b des Einkommensteuergesetzes in der am 31. Dezember 2004 geltenden Fassung pauschal besteuerten oder
3. individuell besteuerten

Beiträge mitzuteilen. ²Ferner hat der Arbeitgeber oder die Unterstützungskasse die nach § 3 Nr. 66 des Einkommensteuergesetzes steuerfrei belassenen Leistungen mitzuteilen. ³Die Mitteilungspflicht des Arbeitgebers oder der Unterstützungskasse kann durch einen Auftragnehmer wahrgenommen werden.

(3) ¹Eine Mitteilung nach Absatz 2 kann unterbleiben, wenn die Versorgungseinrichtung die steuerliche Behandlung der für den einzelnen Arbeitnehmer im Kalenderjahr geleisteten Beiträge bereits kennt solche aus den bei ihr vorhandenen Daten feststellen kann, und dieser Umstand dem Arbeitgeber mitgeteilt worden ist. ²Unterbleibt die Mitteilung des Arbeitgebers, ohne dass ihm eine entsprechende Mitteilung der Versorgungseinrichtung vorliegt, so hat die Versorgungseinrichtung davon auszugehen, dass es sich insgesamt bis zu den in § 3 Nr. 56 oder 63 des Einkommensteuergesetzes genannten Höchstbeträgen um

---

1) Art. 5 des Gesetzes zur Änderung und Vereinfachung der Unternehmensbesteuerung und des steuerlichen Reisekostenrechts vom 20.02.2013 (BGBl. I S. 285).

Anhang 1/LStDV

steuerbegünstigte Beiträge handelt, die in der Auszahlungsphase als Leistungen im Sinne von § 22 Nr. 5 Satz 1 des Einkommensteuergesetzes zu besteuern sind.

§ 6

(weggefallen) (betraf Aufzeichnungs- und Anzeigepflichten bei Überlassung von Vermögensbeteiligungen)

§ 7

(weggefallen) (betraf Nachversteuerung bei schädlicher Verfügung über Vermögensbeteiligungen)

§ 8
Anwendungszeitraum

(1) Die Vorschriften dieser Verordnung in der Fassung des Artikels 2 des Gesetzes vom 13. Dezember 2006 (BGBl. I S. 2878) sind erstmals anzuwenden auf laufenden Arbeitslohn, der für einen nach dem 31. Dezember 2006 endenden Lohnzahlungszeitraum gezahlt wird, und auf sonstige Bezüge, die nach dem 31. Dezember 2006 zufließen.

(2) ¹§ 6 Abs. 3 und 4 sowie § 7 in der am 31. Dezember 2001 geltenden Fassung sind weiter anzuwenden im Falle einer schädlichen Verfügung vor dem 1. Januar 2002. ²Die Nachversteuerung nach § 7 Abs. 1 Satz 1 unterbleibt, wenn der nachzufordernde Betrag 10 Euro nicht übersteigt.

§ 9
(weggefallen)

Anhang 2/EStDV

Einkommensteuer-Durchführungsverordnung 2000
(EStDV 2000)
Neufassung vom 10. Mai 2000 (BGBl. I S. 717, BStBl. I S. 595)[1]

– Auszug –

§ 1
Anwendung auf Ehegatten und Lebenspartner

Die Regelungen dieser Verordnung zu Ehegatten und Ehen sind auch auf Lebenspartner und Lebenspartnerschaften anzuwenden.

§§ 2-3
(weggefallen)

Zu § 3 des Gesetzes
§ 4
Steuerfreie Einnahmen

Die Vorschriften der Lohnsteuer-Durchführungsverordnung über die Steuerpflicht oder die Steuerfreiheit von Einnahmen aus nichtselbständiger Arbeit sind bei der Veranlagung anzuwenden.

Zu § 10 des Gesetzes
§ 29
Anzeigepflichten bei Versicherungsverträgen

[1]Bei Versicherungen, deren Laufzeit vor dem 1. Januar 2005 begonnen hat, hat der Sicherungsnehmer nach amtlich vorgeschriebenem Muster dem für die Veranlagung des Versicherungsnehmers nach dem Einkommen zuständigen Finanzamt, bei einem Versicherungsnehmer, der im Inland weder einen Wohnsitz noch seinen gewöhnlichen Aufenthalt hat, dem für die Veranlagung des Sicherungsnehmers zuständigen Finanzamt (§§ 19, 20 der Abgabenordnung) unverzüglich die Fälle anzuzeigen, in denen Ansprüche aus Versicherungsverträgen zur Tilgung oder Sicherung von Darlehen eingesetzt werden. [2]Satz 1 gilt entsprechend für das Versicherungsunternehmen, wenn der Sicherungsnehmer Wohnsitz, Sitz oder Geschäftsleitung im Ausland hat. [3]Werden Ansprüche aus Versicherungsverträgen von Personen, die im Inland einen Wohnsitz oder ihren gewöhnlichen Aufenthalt haben (§ 1 Abs. 1 des Gesetzes), zur Tilgung oder Sicherung von Darlehen eingesetzt, sind die Sätze 1 und 2 anzuwenden, wenn die Darlehen den Betrag von 25 565 Euro übersteigen. [4]Der Steuerpflichtige hat dem für seine Veranlagung zuständigen Finanzamt (§ 19 der Abgabenordnung) die Abtretung und die Beleihung unverzüglich anzuzeigen.

§ 30
Nachversteuerung bei Versicherungsverträgen

[1]Eine Nachversteuerung ist durchzuführen, wenn der Sonderausgabenabzug von Beiträgen nach § 10 Abs. 1 Nr. 3 Buchstabe b des Gesetzes zu versagen ist. [2]Zu diesem Zweck ist die Steuer zu berechnen, die festzusetzen gewesen wäre, wenn der Steuerpflichtige die Beiträge nicht geleistet hätte. [3]Der Unterschied zwischen dieser und der festgesetzten Steuer ist als Nachsteuer zu erheben.

Zu § 10b des Gesetzes
§§ 48 und 49 (weggefallen)[2]

§ 50
Zuwendungsnachweis

(1) Zuwendungen im Sinne der §§ 10b und 34g des Gesetzes dürfen nur abgezogen werden, wenn sie durch eine Zuwendungsbestätigung nachgewiesen werden, die der Empfänger unter Berücksichtigung des § 63 Absatz 5 der Abgabenordnung nach amtlich vorgeschriebenem Vordruck ausgestellt hat. Dies

---

1) Unter Berücksichtigung der Änderungen zuletzt durch Artikel 2 Steuervereinfachungsgesetz 2011 vom 1.1.2011 (BGBl. I S. 2131, BStBl. I S. 986) und Art. 3 des Ehrenamtsstärkungsgesetzes vom 21. März 2013 BGBl. I S. 556 und die Verordnung zur Übertragung der Zuständigkeit nach §§ 50 und 50a EStG vom 24. Juni 2013 BGBl. I S. 1679 sowie Art 24 des KroatienAnpG vom 25.7.2014 BGBl. I 2014, S. 1266.
2) §§ 48 und 49 sowie Anlage 1 (zu § 48 Abs. 2) wurden durch Gesetz vom 10.10.2007 (BGBl. I S. 2332, BStBl. I S. 815) mit Wirkung ab VZ 2007 aufgehoben.

Anhang 2/EStDV

gilt nicht für Zuwendungen an nicht im Inland ansässige Zuwendungsempfänger nach § 10b Abs. 1 Satz 2 Nummer 1 und 3 des Gesetzes.

(1a) [1]Der Zuwendende kann den Zuwendungsempfänger bevollmächtigen, die Zuwendungsbestätigung der Finanzbehörde nach amtlich vorgeschriebenem Datensatz durch Datenfernübertragung nach Maßgabe der Steuerdaten-Übermittlungsverordnung zu übermitteln. [2]Der Zuwendende hat dem Zuwendungsempfänger zu diesem Zweck seine Identifikationsnummer (§ 139b der Abgabenordnung) mitzuteilen. [3]Die Vollmacht kann nur mit Wirkung für die Zukunft widerrufen werden. [4]Der Datensatz ist bis zum 28. Februar des Jahres, das auf das Jahr folgt, in dem die Zuwendung geleistet worden ist, an die Finanzbehörde zu übermitteln. [5]Der Zuwendungsempfänger hat dem Zuwendenden die nach Satz 1 übermittelten Daten elektronisch oder auf dessen Wunsch als Ausdruck zur Verfügung zu stellen; in beiden Fällen ist darauf hinzuweisen, dass die Daten der Finanzbehörde übermittelt worden sind.

(2) [1]Als Nachweis genügt der Bareinzahlungsbeleg oder die Buchungsbestätigung eines Kreditinstituts, wenn

1. die Zuwendung zur Hilfe in Katastrophenfällen:
   a) innerhalb eines Zeitraums, den die obersten Finanzbehörden der Länder im Benehmen mit dem Bundesministerium der Finanzen bestimmen, auf ein für den Katastrophenfall eingerichtetes Sonderkonto einer inländischen juristischen Person des öffentlichen Rechts, einer inländischen öffentlichen Dienststelle oder eines inländischen amtlich anerkannten Verbandes der freien Wohlfahrtspflege einschließlich seiner Mitgliedsorganisationen eingezahlt worden ist oder
   b) bis zur Einrichtung des Sonderkontos auf ein anderes Konto der genannten Zuwendungsempfänger geleistet wird. [2]Wird die Zuwendung über ein als Treuhandkonto geführtes Konto eines Dritten auf eines der genannten Sonderkonten geleistet, genügt als Nachweis der Bareinzahlungsbeleg oder die Buchungsbestätigung des Kreditinstituts des Zuwendenden zusammen mit einer Kopie des Barzahlungsbelegs oder der Buchungsbestätigung des Kreditinstituts des Dritten;

2. die Zuwendung 200 Euro nicht übersteigt und
   a) der Empfänger eine inländische juristische Person des öffentlichen Rechts oder eine inländische öffentliche Dienststelle ist oder
   b) der Empfänger eine Körperschaft, Personenvereinigung oder Vermögensmasse im Sinne des § 5 Abs. 1 Nr. 9 des Körperschaftsteuergesetzes ist, wenn der steuerbegünstigte Zweck, für den die Zuwendung verwendet wird, und die Angaben über die Freistellung des Empfängers von der Körperschaftsteuer auf einem von ihm hergestellten Beleg aufgedruckt sind und darauf angegeben ist, ob es sich bei der Zuwendung um eine Spende oder einen Mitgliedsbeitrag handelt oder
   c) der Empfänger eine politische Partei im Sinne des § 2 des Parteiengesetzes ist und bei Spenden der Verwendungszweck auf dem vom Empfänger hergestellten Beleg aufgedruckt ist.

[2]Aus der Buchungsbestätigung müssen Name und Kontonummer oder ein sonstiges Identifizierungsmerkmal des Auftraggebers und Empfängers, der Betrag, der Buchungstag sowie die tatsächliche Durchführung der Zahlung ersichtlich sein. [3]In den Fällen des Satzes 1 Nummer 2 Buchstabe b hat der Zuwendende zusätzlich den vom Zuwendungsempfänger hergestellten Beleg vorzulegen.

(2a) Bei Zuwendungen zur Hilfe in Katastrophenfällen innerhalb eines Zeitraums, den die obersten Finanzbehörden der Länder im Benehmen mit dem Bundesministerium der Finanzen bestimmen, die über ein Konto eines Dritten an eine inländische juristische Person des öffentlichen Rechts, eine inländische öffentliche Dienststelle oder eine nach § 5 Absatz 1 Nummer 9 des Körperschaftsteuergesetzes steuerbefreite Körperschaft, Personenvereinigung oder Vermögensmasse geleistet werden, genügt als Nachweis die auf den jeweiligen Spender ausgestellte Zuwendungsbestätigung des Zuwendungsempfängers, wenn das Konto des Dritten als Treuhandkonto geführt wurde, die Spenden von dort an den Zuwendungsempfänger weitergeleitet wurden und diesem eine Liste mit den einzelnen Spendern und ihrem jeweiligen Anteil an der Spendensumme übergeben wurde.

(3) Als Nachweis für die Zahlung von Mitgliedsbeiträgen an politische Parteien im Sinne des § 2 des Parteiengesetzes genügt die Vorlage von Bareinzahlungsbelegen, Buchungsbestätigungen oder Beitragsquittungen.

(4) [1]Eine in § 5 Abs. 1 Nr. 9 des Körperschaftsteuergesetzes bezeichnete Körperschaft, Personenvereinigung oder Vermögensmasse hat die Vereinnahmung der Zuwendung und ihre zweckentsprechende Verwendung ordnungsgemäß aufzuzeichnen und ein Doppel der Zuwendungsbestätigung aufzubewahren. [2]Bei Sachzuwendungen und beim Verzicht auf die Erstattung von Aufwand müssen sich aus den Aufzeichnungen auch die Grundlagen für den vom Empfänger bestätigten Wert der Zuwendung ergeben.

Zu § 25 des Gesetzes
§ 56
Steuererklärungspflicht

¹Unbeschränkt Steuerpflichtige haben eine jährliche Einkommensteuererklärung für das abgelaufene Kalenderjahr (Veranlagungszeitraum) in den folgenden Fällen abzugeben:
1. Ehegatten, bei denen im Veranlagungszeitraum die Voraussetzungen des § 26 Abs. 1 des Gesetzes vorgelegen haben und von denen keiner die Einzelveranlagung nach § 26a des Gesetzes wählt,
   a) wenn keiner der Ehegatten Einkünfte aus nichtselbständiger Arbeit, von denen ein Steuerabzug vorgenommen worden ist, bezogen und der Gesamtbetrag der Einkünfte mehr als das Zweifache des Grundfreibetrages nach § 32a Absatz 1 Satz 2 Nummer 1 des Gesetzes in der jeweils geltenden Fassung betragen hat,
   b) wenn mindestens einer der Ehegatten Einkünfte aus nichtselbständiger Arbeit, von denen ein Steuerabzug vorgenommen worden ist, bezogen hat und eine Veranlagung nach § 46 Abs. 2 Nr. 1 bis 7 des Gesetzes in Betracht kommt;
2. Personen, bei denen im Veranlagungszeitraum die Voraussetzungen des § 26 Abs. 1 des Gesetzes nicht vorgelegen haben,
   a) wenn der Gesamtbetrag der Einkünfte den Grundfreibetrag nach § 32a Absatz 1 Satz 2 Nummer 1 des Gesetzes in der jeweils geltenden Fassung überstiegen hat und darin keine Einkünfte aus nichtselbständiger Arbeit, von denen ein Steuerabzug vorgenommen worden ist, enthalten sind,
   b) wenn in dem Gesamtbetrag der Einkünfte Einkünfte aus nichtselbständiger Arbeit, von denen ein Steuerabzug vorgenommen worden ist, enthalten sind und eine Veranlagung nach § 46 Abs. 2 Nr. 1 bis 6 und 7 Buchstabe b des Gesetzes in Betracht kommt.

²Eine Steuererklärung ist außerdem abzugeben, wenn zum Schluss des vorangegangenen Veranlagungszeitraums ein verbleibender Verlustabzug festgestellt worden ist.

Zu den §§ 26a und 26b des Gesetzes
§ 61
Antrag auf hälftige Verteilung von Abzugsbeträgen im Fall des § 26a des Gesetzes

Können die Ehegatten den Antrag nach § 26a Absatz 2 des Gesetzes nicht gemeinsam stellen, weil einer der Ehegatten dazu aus zwingenden Gründen nicht in der Lage ist, kann das Finanzamt den Antrag des anderen Ehegatten als genügend ansehen.

Zu § 33 des Gesetzes
§ 64
Nachweis von Krankheitskosten

(1)[1)] Den Nachweis der Zwangsläufigkeit von Aufwendungen im Krankheitsfall hat der Steuerpflichtige zu erbringen:
1. durch eine Verordnung eines Arztes oder Heilpraktikers für Arznei-, Heil- und Hilfsmittel (§§ 2, 23, 31 bis 33 des Fünften Buches Sozialgesetzbuch);
2. durch ein amtsärztliches Gutachten oder eine ärztliche Bescheinigung eines Medizinischen Dienstes der Krankenversicherung (§ 275 des Fünften Buches Sozialgesetzbuch) für
   a) eine Bade- oder Heilkur; bei einer Vorsorgekur ist auch die Gefahr einer durch die Kur abzuwendenden Krankheit, bei einer Klimakur der medizinisch angezeigte Kurort und die voraussichtliche Kurdauer zu bescheinigen,
   b) eine psychotherapeutische Behandlung; die Fortführung einer Behandlung nach Ablauf der Bezuschussung durch die Krankenversicherung steht einem Behandlungsbeginn gleich,
   c) eine medizinisch erforderliche auswärtige Unterbringung eines an Legasthenie oder einer anderen Behinderung leidenden Kindes des Steuerpflichtigen,
   d) die Notwendigkeit der Betreuung des Steuerpflichtigen durch eine Begleitperson, sofern sich diese nicht bereits aus dem Nachweis der Behinderung nach § 65 Absatz 1 Nummer 1 ergibt,
   e) medizinische Hilfsmittel, die als allgemeine Gebrauchsgegenstände des täglichen Lebens im Sinne von § 33 Absatz 1 des Fünften Buches Sozialgesetzbuch anzusehen sind,

---
1) § 64 Absatz1 ist in allen noch nicht bestandskräftigen Fällen anzuwenden (§ 84 Absatz 3f EStDV).

f) wissenschaftlich nicht anerkannte Behandlungsmethoden, wie z. B. Frisch- und Trockenzellenbehandlungen, Sauerstoff-, Chelat- und Eigenbluttherapie.

²Der nach Satz 1 zu erbringende Nachweis muss vor Beginn der Heilmaßnahme oder dem Erwerb des medizinischen Hilfsmittels ausgestellt worden sein;

3. durch eine Bescheinigung des behandelnden Krankenhausarztes für Besuchsfahrten zu einem für längere Zeit in einem Krankenhaus liegenden Ehegatten oder Kind des Steuerpflichtigen, in dem bestätigt wird, dass der Besuch des Steuerpflichtigen zur Heilung oder Linderung einer Krankheit entscheidend beitragen kann.

(2) Die zuständigen Gesundheitsbehörden haben auf Verlangen des Steuerpflichtigen die für steuerliche Zwecke erforderlichen Gesundheitszeugnisse, Gutachten oder Bescheinigungen auszustellen.

Zu § 33b des Gesetzes

§ 65

Nachweis der Behinderung

(1) Den Nachweis einer Behinderung hat der Steuerpflichtige zu erbringen:

1. bei einer Behinderung, deren Grad auf mindestens 50 festgestellt ist, durch Vorlage eines Ausweises nach dem Neunten Buch Sozialgesetzbuch oder eines Bescheides der nach § 69 Absatz 1 des Neunten Buches Sozialgestzbuch zuständigen Behörde,
2. bei einer Behinderung, deren Grad auf weniger als 50, aber mindestens 25 festgestellt ist,
    a) durch eine Bescheinigung der nach § 69 Absatz 1 des Neunten Buches Sozialgesetzbuch zuständigen Behörde auf Grund eines Feststellungsbescheids nach § 69 Absatz 1 des Neunten Buches Sozialgesetzbuch, die eine Äußerung darüber enthält, ob die Behinderung zu einer dauernden Einbuße der körperlichen Beweglichkeit geführt hat oder auf einer typischen Berufskrankheit beruht, oder,
    b) wenn ihm wegen seiner Behinderung nach den gesetzlichen Vorschriften Renten oder andere laufende Bezüge zustehen, durch den Rentenbescheid oder den die anderen laufenden Bezüge nachweisenden Bescheid.

(2) ¹Die gesundheitlichen Merkmale „blind" und „hilflos" hat der Steuerpflichtige durch einen Ausweis nach dem Neunten Buch Sozialgesetzbuch, der mit den Merkzeichen „Bl" oder „H" gekennzeichnet ist, oder durch einen Bescheid der nach § 69 Absatz 1 des Neunten Buches Sozialgesetzbuch zuständigen Behörde, der die entsprechenden Feststellungen enthält, nachzuweisen. ²Dem Merkzeichen „H" steht die Einstufung als Schwerstpflegebedürftiger in Pflegestufe III nach dem Elften Buch Sozialgesetzbuch, dem Zwölften Buch Sozialgesetzbuch oder diesen entsprechenden gesetzlichen Bestimmungen gleich; dies ist durch Vorlage des entsprechenden Bescheides nachzuweisen.

(3) Der Steuerpflichtige hat die Unterlagen nach den Absätzen 1 und 2 zusammen mit seiner Steuererklärung oder seinem Antrag auf Lohnsteuerermäßigung der Finanzbehörde vorzulegen.

(4) ¹Ist der behinderte Mensch verstorben und kann sein Rechtsnachfolger die Unterlagen nach den Absätzen 1 und 2 nicht vorlegen, so genügt zum Nachweis eine gutachtliche Stellungnahme der nach § 69 Absatz 1 des Neunten Buches Sozialgesetzbuch zuständigen Behörde. ²Diese Stellungnahme hat die Finanzbehörde einzuholen.

Zu § 34c des Gesetzes

§ 68b

Nachweis über die Höhe der ausländischen Einkünfte und Steuern

¹Der Steuerpflichtige hat den Nachweis über die Höhe der ausländischen Einkünfte und über die Festsetzung und Zahlung der ausländischen Steuern durch Vorlage entsprechender Urkunden (z. B. Steuerbescheid, Quittung über die Zahlung) zu führen. ²Sind diese Urkunden in einer fremden Sprache abgefasst, so kann eine beglaubigte Übersetzung in die deutsche Sprache verlangt werden.

Zu § 46 des Gesetzes

§ 70

Ausgleich von Härten in bestimmten Fällen

¹Betragen in den Fällen des § 46 Absatz 2 Nummer 1 bis 7 des Gesetzes die einkommensteuerpflichtigen Einkünfte, von denen der Steuerabzug vom Arbeitslohn nicht vorgenommen worden ist und die nicht nach § 32d Absatz 6 des Gesetzes der tariflichen Einkommensteuer unterworfen wurden, insgesamt mehr als 410 Euro, so ist vom Einkommen der Betrag abzuziehen, um den die bezeichneten Einkünfte,

vermindert um den auf sie entfallenden Altersentlastungsbetrag (§ 24a des Gesetzes) und den nach § 13 Absatz 3 des Gesetzes zu berücksichtigenden Betrag, niedriger als 820 Euro sind (Härteausgleichsbetrag). ²Der Härteausgleichsbetrag darf nicht höher sein als die nach Satz 1 verminderten Einkünfte.

Zu § 50a des Gesetzes

§ 73a

Begriffsbestimmungen

(1) Inländisch im Sinne des § 50a Abs. 1 Nr. 4 des Gesetzes sind solche Personenvereinigungen, die ihre Geschäftsleitung oder ihren Sitz im Geltungsbereich des Gesetzes haben.

(2) Urheberrechte im Sinne des § 50a Abs. 1 Nr. 3 des Gesetzes sind Rechte, die nach Maßgabe des Urheberrechtsgesetzes vom 9. September 1965 (BGBl. I S. 1273), zuletzt geändert durch das Gesetz vom 7. Dezember 2008 (BGBl. I S. 2349), in der jeweils geltenden Fassung geschützt sind.

(3) Gewerbliche Schutzrechte im Sinne des § 50a Abs. 1 Nr. 3 des Gesetzes sind Rechte, die nach Maßgabe des Geschmacksmustergesetzes vom 12. März 2004 (BGBl. I S. 390), zuletzt geändert durch Artikel 7 des Gesetzes vom 7. Juli 2008 (BGBl. I S. 1191), des Patentgesetzes in der Fassung der Bekanntmachung vom 16. Dezember 1980 (BGBl. 1981 I S. 1), zuletzt geändert durch Artikel 2 des Gesetzes vom 7. Juli 2008 (BGBl. I S. 1191), des Gebrauchsmustergesetzes in der Fassung der Bekanntmachung vom 28. August 1986 (BGBl. I S. 1455), zuletzt geändert durch Artikel 3 des Gesetzes vom 7. Juli 2008 (BGBl. I S. 1191) und des Markengesetzes vom 25. Oktober 1994 (BGBl. I S. 3082; 1995 I S. 156), zuletzt geändert durch Artikel 4 des Gesetzes vom 7. Juli 2008 (BGBl. I S. 1191), in der jeweils geltenden Fassung geschützt sind.

§ 73b

(weggefallen)

§ 73c

Zeitpunkt des Zufließens im Sinne des § 50a Abs. 5 Satz 1 des Gesetzes

Die Vergütungen im Sinne des § 50a Abs. 1 des Gesetzes fließen dem Gläubiger zu

1. im Fall der Zahlung, Verrechnung oder Gutschrift:
bei Zahlung, Verrechnung oder Gutschrift;
2. im Fall der Hinausschiebung der Zahlung wegen vorübergehender Zahlungsunfähigkeit des Schuldners:
bei Zahlung, Verrechnung oder Gutschrift;
3. im Fall der Gewährung von Vorschüssen:
bei Zahlung, Verrechnung oder Gutschrift der Vorschüsse.

§ 73d

Aufzeichnungen, Aufbewahrungspflichten, Steueraufsicht

(1) ¹Der Schuldner der Vergütungen im Sinne des § 50a Abs. 1 des Gesetzes (Schuldner) hat besondere Aufzeichnungen zu führen. ²Aus den Aufzeichnungen müssen ersichtlich sein:

1. Name und Wohnung des beschränkt steuerpflichtigen Gläubigers (Steuerschuldners),
2. Höhe der Vergütungen in Euro,
3. Höhe und Art der von der Bemessungsgrundlage des Steuerabzugs abgezogenen Betriebsausgaben oder Werbungskosten,
4. Tag, an dem die Vergütungen dem Steuerschuldner zugeflossen sind,
5. Höhe und Zeitpunkt der Abführung der einbehaltenen Steuer.

³Er hat in Fällen des § 50a Abs. 3 des Gesetzes die von der Bemessungsgrundlage des Steuerabzugs abgezogenen Betriebsausgaben oder Werbungskosten und die Staatsangehörigkeit des beschränkt steuerpflichtigen Gläubigers in einer für das Bundeszentralamt für Steuern nachprüfbaren Form zu dokumentieren.

(2) Bei der Veranlagung des Schuldners zur Einkommensteuer (Körperschaftsteuer) und bei Außenprüfungen, die bei dem Schuldner vorgenommen werden, ist auch zu prüfen, ob die Steuern ordnungsmäßig einbehalten und abgeführt worden sind.

§ 73e
Einbehaltung, Abführung und Anmeldung der Steuer von Vergütungen im Sinne des § 50a Abs. 1 und 7 des Gesetzes (§ 50a Abs. 5 des Gesetzes)

¹Der Schuldner hat die innerhalb eines Kalendervierteljahrs einbehaltene Steuer von Vergütungen im Sinne des § 50a Absatz 1 des Gesetzes unter der Bezeichnung „Steuerabzug von Vergütungen im Sinne des § 50a Absatz 1 des Einkommensteuergesetzes" jeweils bis zum zehnten des dem Kalendervierteljahr folgenden Monats an das Bundeszentralamt für Steuern abzuführen. ²Bis zum gleichen Zeitpunkt hat der Schuldner dem Bundeszentralamt für Steuern eine Steueranmeldung über den Gläubiger, die Höhe der Vergütungen im Sinne des § 50a Absatz 1 des Gesetzes, die Höhe und Art der von der Bemessungsgrundlage des Steuerabzugs abgezogenen Betriebsausgaben oder Werbungskosten und die Höhe des Steuerabzugs zu übersenden. ³Satz 2 gilt entsprechend, wenn ein Steuerabzug auf Grund der Vorschrift des § 50a Abs. 2 Satz 3 oder Abs. 4 Satz 1 des Gesetzes nicht vorzunehmen ist oder auf Grund eines Abkommens zur Vermeidung der Doppelbesteuerung nicht oder nicht in voller Höhe vorzunehmen ist. ⁴Die Steueranmeldung ist nach amtlich vorgeschriebenem Vordruck auf elektronischem Weg zu übermitteln nach Maßgabe der Steuerdaten-Übermittlungsverordnung vom 28. Januar 2003 (BGBl. I S. 139), geändert durch die Verordnung vom 20. Dezember 2006 (BGBl. I S. 3380), in der jeweils geltenden Fassung. ⁵Auf Antrag kann das Bundeszentralamt für Steuern zur Vermeidung unbilliger Härten auf eine elektronische Übermittlung verzichten; in diesem Fall ist die Steueranmeldung vom Schuldner oder von einem zu seiner Vertretung Berechtigten zu unterschreiben. ⁶Ist es zweifelhaft, ob der Gläubiger beschränkt oder unbeschränkt steuerpflichtig ist, so darf der Schuldner die Einbehaltung der Steuer nur dann unterlassen, wenn der Gläubiger durch eine Bescheinigung des nach den abgabenrechtlichen Vorschriften für die Besteuerung seines Einkommens zuständigen Finanzamts nachweist, dass er unbeschränkt steuerpflichtig ist. ⁷Die Sätze 1, 2, 4 und 5 gelten entsprechend für die Steuer nach § 50a Abs. 7 des Gesetzes mit der Maßgabe, dass

1. die Steuer an das Finanzamt abzuführen und bei dem Finanzamt anzumelden ist, das den Steuerabzug angeordnet hat, und
2. bei entsprechender Anordnung die innerhalb eines Monats einbehaltene Steuer jeweils bis zum zehnten des Folgemonats anzumelden und abzuführen ist.

§ 73f
Steuerabzug in den Fällen des § 50a Abs. 6 des Gesetzes

¹Der Schuldner der Vergütungen für die Nutzung oder das Recht auf Nutzung von Urheberrechten im Sinne des § 50a Abs. 1 Nr. 3 des Gesetzes braucht den Steuerabzug nicht vorzunehmen, wenn er diese Vergütungen auf Grund eines Übereinkommens nicht an den beschränkt steuerpflichtigen Gläubiger (Steuerschuldner), sondern an die Gesellschaft für musikalische Aufführungs- und mechanische Vervielfältigungsrechte (Gema) oder an einen anderen Rechtsträger abführt und die obersten Finanzbehörden der Länder mit Zustimmung des Bundesministeriums der Finanzen einwilligen, dass dieser andere Rechtsträger an die Stelle des Schuldners tritt. ²In diesem Fall hat die Gema oder der andere Rechtsträger den Steuerabzug vorzunehmen; § 50a Abs. 5 des Gesetzes sowie die §§ 73d und 73e gelten entsprechend.

§ 73g
Haftungsbescheid

(1) Ist die Steuer nicht ordnungsmäßig einbehalten oder abgeführt, so hat das Bundeszentralamt für Steuern oder das zuständige Finanzamt die Steuer von dem Schuldner, in den Fällen des § 73f von dem dort bezeichneten Rechtsträger, durch Haftungsbescheid oder von dem Steuerschuldner durch Steuerbescheid anzufordern.

(2) Der Zustellung des Haftungsbescheids an den Schuldner bedarf es nicht, wenn der Schuldner die einbehaltene Steuer dem Bundeszentralamt für Steuern oder dem Finanzamt ordnungsmäßig angemeldet hat (§ 73e) oder wenn er vor dem Bundeszentralamt für Steuern oder dem Finanzamt oder einem Prüfungsbeamten des Bundeszentralamts für Steuern oder des Finanzamts seine Verpflichtung zur Zahlung der Steuer schriftlich anerkannt hat.

Schlussvorschriften

§ 84
Anwendungsvorschriften

(1) Die vorstehende Fassung dieser Verordnung ist, soweit in den folgenden Absätzen nichts anderes bestimmt ist, erstmals für den Veranlagungszeitraum 2012 anzuwenden.

(1a) § 1 in der Fassung des Artikels 2 des Gesetzes vom 18. Juli 2014 (BGBl. I S. 1042) ist in allen Fällen anzuwenden, in denen die Einkommensteuer noch nicht bestandsfähig festgesetzt ist.

(3) § 29 Abs. 3 bis 6, §§ 31 und 32 sind in der vor dem 1. Januar 1996 geltenden Fassung für vor diesem Zeitpunkt an Bausparkassen geleistete Beiträge letztmals für den Veranlagungszeitraum 2005 anzuwenden.

(3a) § 51 in der Fassung des Artikels 2 des Gesetzes vom 1. November 2011 (BGBl. I S. 2131) ist erstmals für das Wirtschaftsjahr anzuwenden, das nach dem 31. Dezember 2011 beginnt.

(3b) ¹§ 54 Abs. 1 Satz 2 in der Fassung des Artikels 1a des Gesetzes vom 20. Dezember 2007 (BGBl. I S. 3150) ist erstmals für Vorgänge nach dem 31. Dezember 2007 anzuwenden. ²§ 54 Abs. 4 in der Fassung des Artikels 2 des Gesetzes vom 7. Dezember 2006 (BGBl. I S. 2782) ist erstmals auf Verfügungen über Anteile an Kapitalgesellschaften anzuwenden, die nach dem 31. Dezember 2006 beurkundet werden.

(3c) § 56 in der Fassung des Artikels 10 des Gesetzes vom 29. Dezember 2003 (BGBl. I S. 3076) ist erstmals für den Veranlagungszeitraum 2004 anzuwenden.

(3f) § 64 Absatz 1 in der Fassung des Artikels 2 des Gesetzes vom 1. November 2011 (BGBl. I S. 2131) ist in allen Fällen anzuwenden, in denen die Einkommensteuer noch nicht bestandskräftig festgesetzt ist.

(3g) § 70 in der Fassung des Artikels 24 des Gesetzes vom 25. Juli 2014 (BGBl. I s. 1266) ist erstmals ab dem Veranlagungszeitraum 2014 anzuwenden.

(3h) ¹Die §§ 73a, 73c, 73d Abs. 1 sowie die §§ 73e und 73f Satz 1 in der Fassung des Artikels 2 des Gesetzes vom 19. Dezember 2008 (BGBl. I S. 2794) sind erstmals auf Vergütungen anzuwenden, die nach dem 31. Dezember 2008 zufließen. ²Abweichend von Satz 1 ist § 73e Satz 4 und 5 in der Fassung des Artikels 2 des Gesetzes vom 19. Dezember 2008 (BGBl. I S. 2794) erstmals auf Vergütungen anzuwenden, die nach dem 31. Dezember 2009 zufließen. ³§ 73e Satz 4 in der Fassung der Bekanntmachung vom 10. Mai 2000 (BGBl. I S. 717) ist letztmals auf Vergütungen anzuwenden, die vor dem 1. Januar 2010 zufließen. ⁴§ 73d Absatz 1 Satz 3, § 73e Satz 1, 2 und 5 sowie § 73g Absatz 1 und 2 in der Fassung des Artikels 9 des Gesetzes vom 10. August 2009 (BGBl. I S. 2702) sind erstmals auf Vergütungen anzuwenden, die nach dem 31. Dezember 2013 zufließen. ⁵§ 73e Satz 7 in der am 31. Juli 2014 geltenden Fassung ist erstmals auf Vergütungen anzuwenden, für die der Steuerabzug nach dem 31. Dezember 2014 angeordnet worden ist.

(11) § 56 Satz 1 Nummer 1, die §§ 61 und 62d in der Fassung des Artikels 2 des Gesetzes vom 1. November 2011 (BGBl. I S. 2131) sind erstmals für den Veranlagungszeitraum 2013 anzuwenden.

Anhang 3/SvEV

Verordnung über die sozialversicherungsrechtliche Beurteilung von Zuwendungen des Arbeitgebers als Arbeitsentgelt (Sozialversicherungsentgeltverordnung – SvEV)

Vom 21. Dezember 2006 (BGBl. I S. 3385, BStBl. I S. 782)[1]

§ 1
Dem sozialversicherungspflichtigen Arbeitsentgelt nicht zuzurechnende Zuwendungen

(1) ¹Dem Arbeitsentgelt sind nicht zuzurechnen:
1. einmalige Einnahmen, laufende Zulagen, Zuschläge, Zuschüsse sowie ähnliche Einnahmen, die zusätzlich zu Löhnen oder Gehältern gewährt werden, soweit sie lohnsteuerfrei sind; dies gilt nicht für Sonntags-, Feiertags- und Nachtarbeitszuschläge, soweit das Entgelt, auf dem sie berechnet werden, mehr als 25 Euro für jede Stunde beträgt,[2]
2. sonstige Bezüge nach § 40 Abs. 1 Satz 1 Nr. 1 des Einkommensteuergesetzes, die nicht einmalig gezahltes Arbeitsentgelt nach § 23a des Vierten Buches Sozialgesetzbuch sind,
3. Einnahmen nach § 40 Abs. 2 des Einkommensteuergesetzes,
4. Beiträge nach § 40b des Einkommensteuergesetzes in der am 31. Dezember 2004 geltenden Fassung, die zusätzlich zu Löhnen und Gehältern gewährt werden; dies gilt auch für darin enthaltene Beiträge, die aus einer Entgeltumwandlung (§ 1 Abs. 2 Nr. 3 des Betriebsrentengesetzes) stammen,
4a. Zuwendungen nach § 3 Nr. 56 und § 40b des Einkommensteuergesetzes, die zusätzlich zu Löhnen und Gehältern gewährt werden und für die Satz 3 und 4 nichts Abweichendes bestimmen,
5. Beträge nach § 10 des Entgeltfortzahlungsgesetzes,
6. Zuschüsse zum Mutterschaftsgeld nach § 14 des Mutterschutzgesetzes,
7. in den Fällen des § 3 Abs. 3 der vom Arbeitgeber insoweit übernommene Teil des Gesamtsozialversicherungsbeitrags,
8. Zuschüsse des Arbeitgebers zum Kurzarbeitergeld und Saison-Kurzarbeitergeld, soweit sie zusammen mit dem Kurzarbeitergeld 80 Prozent des Unterschiedsbetrages zwischen dem Sollentgelt und dem Ist-Entgelt nach § 179 (ab 1.4.2012 § 106)[3] des Dritten Buches Sozialgesetzbuch nicht übersteigen,
9. steuerfreie Zuwendungen an Pensionskassen, Pensionsfonds oder Direktversicherungen nach § 3 Nr. 63 Satz 1 und 2 des Einkommensteuergesetzes im Kalenderjahr bis zur Höhe von insgesamt 4 Prozent der Beitragsbemessungsgrenze in der allgemeinen Rentenversicherung; dies gilt auch für darin enthaltene Beträge, die aus einer Entgeltumwandlung (§ 1 Abs. 2 Nr. 3 des Betriebsrentengesetzes) stammen,
10. Leistungen eines Arbeitgebers oder einer Unterstützungskasse an einen Pensionsfonds zur Übernahme bestehender Versorgungsverpflichtungen oder Versorgungsanwartschaften durch den Pensionsfonds, soweit diese nach § 3 Nr. 66 des Einkommensteuergesetzes steuerfrei sind,
11. steuerlich nicht belastete Zuwendungen des Beschäftigten zugunsten von durch Naturkatastrophen im Inland Geschädigten aus Arbeitsentgelt einschließlich Wertguthaben,
12. Sanierungsgelder der Arbeitgeber zur Deckung eines finanziellen Fehlbetrages an die Einrichtungen, für die Satz 3 gilt,
13. Sachprämien nach § 37a des Einkommensteuergesetzes,
14. Zuwendungen nach § 37b Abs. 1 des Einkommensteuergesetzes, soweit die Zuwendungen an Arbeitnehmer eines Dritten erbracht werden und diese Arbeitnehmer nicht Arbeitnehmer eines mit dem Zuwendenden verbundenen Unternehmens sind,
15. vom Arbeitgeber getragene oder übernommene Studiengebühren für ein Studium des Beschäftigten, soweit sie steuerrechtlich kein Arbeitslohn sind.

²Die in Satz 1 Nr. 2 bis 4 genannten Einnahmen, Beiträge und Zuwendungen sind nicht dem Arbeitsentgelt zuzurechnen, soweit der Arbeitgeber die Lohnsteuer mit einem Pauschsteuersatz erheben kann und er die Lohnsteuer nicht nach den Vorschriften des § 39b oder § 39c des Einkommensteuergesetzes erhebt. ³Die Summe der in Satz 1 Nr. 4a genannten Zuwendungen nach § 3 Nr. 56 und § 40b des Ein-

---

[1] Unter Berücksichtigung der Änderungen zuletzt durch Siebte Verordnung zur Änderung der Sozialversicherungsentgeltverordnung vom 28.11.2014 (BGBl. I S. 1799).
[2] § 1 Abs. 1 Nr. 1 zweiter Halbsatz SvEV gilt inhaltlich seit 1.7.2006 (§ 1 Satz 2 ArEV in der Fassung Artikel 9, 14 Abs. 2 Haushaltsbegleitgesetz vom 29.6.2006 BGBl. I S. 1402, BStBl. I S. 410).
[3] Inkrafttreten der Änderung in § 1 Absatz 1 Nummer 8 gemäß Artikel 48, 51 Absatz 1 Gesetz vom 20.12.2011 (BGBl. I S. 2854).

kommensteuergesetzes, höchstens jedoch monatlich 100 Euro, sind bis zur Höhe von 2,5 Prozent des für ihre Bemessung maßgebenden Entgelts dem Arbeitsentgelt zuzurechnen, wenn die Versorgungsregelung mindestens bis zum 31. Dezember 2000 vor der Anwendung etwaiger Nettobegrenzungsregelungen eine allgemein erreichbare Gesamtversorgung von mindestens 75 Prozent des gesamtversorgungsfähigen Entgelts und nach dem Eintritt des Versorgungsfalles eine Anpassung nach Maßgabe der Entwicklung der Arbeitsentgelte im Bereich der entsprechenden Versorgungsregelung oder gesetzlicher Versorgungsbezüge vorsieht; die dem Arbeitsentgelt zuzurechnenden Beiträge und Zuwendungen vermindern sich um monatlich 13,30 Euro. ⁴Satz 3 gilt mit der Maßgabe, dass die Zuwendungen nach § 3 Nr. 56 und § 40b des Einkommensteuergesetzes dem Arbeitsentgelt insoweit zugerechnet werden, als sie in der Summe monatlich 100 Euro übersteigen.

(2) In der gesetzlichen Unfallversicherung und in der Seefahrt sind auch lohnsteuerfreie Zuschläge für Sonntags-, Feiertags- und Nachtarbeit dem Arbeitsentgelt zuzurechnen; dies gilt in der Unfallversicherung nicht für Erwerbseinkommen, das bei einer Hinterbliebenenrente zu berücksichtigen ist.

§ 2
Verpflegung, Unterkunft und Wohnung als Sachbezug

(1) ¹Der Wert der als Sachbezug zur Verfügung gestellten Verpflegung wird auf monatlich 229 Euro festgesetzt. ²Dieser Wert setzt sich zusammen aus dem Wert für

1. Frühstück von 49 Euro,
2. Mittagessen von 90 Euro und
3. Abendessen von 90 Euro.

(2) ¹Für Verpflegung, die nicht nur dem Beschäftigten, sondern auch seinen nicht bei demselben Arbeitgeber beschäftigten Familienangehörigen zur Verfügung gestellt wird, erhöhen sich die nach Absatz 1 anzusetzenden Werte je Familienangehörigen,

1. der das 18. Lebensjahr vollendet hat, um 100 Prozent,
2. der das 14., aber noch nicht das 18. Lebensjahr vollendet hat, um 80 Prozent,
3. der das 7., aber noch nicht das 14. Lebensjahr vollendet hat, um 40 Prozent und
4. der das 7. Lebensjahr noch nicht vollendet hat, um 30 Prozent.

²Bei der Berechnung des Wertes ist das Lebensalter des Familienangehörigen im ersten Entgeltabrechnungszeitraum des Kalenderjahres maßgebend. ³Sind Ehegatten bei demselben Arbeitgeber beschäftigt, sind die Erhöhungswerte nach Satz 1 für Verpflegung der Kinder beiden Ehegatten je zur Hälfte zuzurechnen.

(3) ¹Der Wert einer als Sachbezug zur Verfügung gestellten Unterkunft wird auf monatlich 223 Euro festgesetzt. ²Der Wert der Unterkunft nach Satz 1 vermindert sich

1. bei Aufnahme des Beschäftigten in den Haushalt des Arbeitgebers oder bei Unterbringung in einer Gemeinschaftsunterkunft um 15 Prozent,
2. für Jugendliche bis zur Vollendung des 18. Lebensjahres und Auszubildende um 15 Prozent und
2. bei der Belegung
   a) mit zwei Beschäftigten um 40 Prozent,
   b) mit drei Beschäftigten um 50 Prozent und
   c) mit mehr als drei Beschäftigten um 60 Prozent.

³Ist es nach Lage des einzelnen Falles unbillig, den Wert einer Unterkunft nach Satz 1 zu bestimmen, kann die Unterkunft mit dem ortsüblichen Mietpreis bewertet werden; Absatz 4 Satz 2 gilt entsprechend.

(4) ¹Für eine als Sachbezug zur Verfügung gestellte Wohnung ist als Wert der ortsübliche Mietpreis unter Berücksichtigung der sich aus der Lage der Wohnung zum Betrieb ergebenden Beeinträchtigungen anzusetzen. ²Ist im Einzelfall die Feststellung des ortsüblichen Mietpreises mit außergewöhnlichen Schwierigkeiten verbunden, kann die Wohnung mit 3,92 Euro je Quadratmeter monatlich, bei einfacher Ausstattung (ohne Sammelheizung oder ohne Bad oder Dusche) mit 3,20 Euro je Quadratmeter monatlich bewertet werden. ³Bestehen gesetzliche Mietpreisbeschränkungen, sind die durch diese Beschränkungen festgelegten Mietpreise als Werte anzusetzen. ⁴Dies gilt auch für die vertraglichen Mietpreisbeschränkungen im sozialen Wohnungsbau, die nach den jeweiligen Förderrichtlinien des Landes für den betreffenden Förderjahrgang sowie für die mit Wohnungsfürsorgemitteln aus öffentlichen Haushalten geförderten Wohnungen vorgesehen sind. ⁵Für Energie, Wasser und sonstige Nebenkosten ist der übliche Preis am Abgabeort anzusetzen.

(5) Werden Verpflegung, Unterkunft oder Wohnung verbilligt als Sachbezug zur Verfügung gestellt, ist der Unterschiedsbetrag zwischen dem vereinbarten Preis und dem Wert, der sich bei freiem Bezug nach den Absätzen 1 bis 4 ergeben würde, dem Arbeitsentgelt zuzurechnen.

(6) [1]Bei der Berechnung des Wertes für kürzere Zeiträume als einen Monat ist für jeden Tag ein Dreißigstel der Werte nach den Absätzen 1 bis 5 zugrunde zu legen. [2]Die Prozentsätze der Absätze 2 und 3 sind auf den Tageswert nach Satz 1 anzuwenden. [3]Die Berechnungen werden jeweils auf 2 Dezimalstellen durchgeführt; die zweite Dezimalstelle wird um 1 erhöht, wenn sich in der dritten Dezimalstelle eine der Zahlen 5 bis 9 ergibt.

§ 3
Sonstige Sachbezüge

(1) [1]Werden Sachbezüge, die nicht von § 2 erfasst werden, unentgeltlich zur Verfügung gestellt, ist als Wert für diese Sachbezüge der um übliche Preisnachlässe geminderte übliche Endpreis am Abgabeort anzusetzen. [2]Sind auf Grund des § 8 Abs. 2 Satz 8 des Einkommensteuergesetzes Durchschnittswerte festgesetzt worden, sind diese Werte maßgebend. [3]Findet § 8 Abs. 2 Satz 2, 3, 4 oder 5 oder Abs. 3 Satz 1 des Einkommensteuergesetzes Anwendung, sind die dort genannten Werte maßgebend. [4]§ 8 Abs. 2 Satz 9 des Einkommensteuergesetzes gilt entsprechend.

(2) Werden Sachbezüge, die nicht von § 2 erfasst werden, verbilligt zur Verfügung gestellt, ist als Wert für diese Sachbezüge der Unterschiedsbetrag zwischen dem vereinbarten Preis und dem Wert, der sich bei freiem Bezug nach Absatz 1 ergeben würde, dem Arbeitsentgelt zuzurechnen.

(3) [1]Waren und Dienstleistungen, die vom Arbeitgeber nicht überwiegend für den Bedarf seiner Arbeitnehmer hergestellt, vertrieben oder erbracht werden und die nach § 40 Abs. 1 Satz 1 Nr. 1 des Einkommensteuergesetzes pauschal versteuert werden, können mit dem Durchschnittsbetrag der pauschal versteuerten Waren und Dienstleistungen angesetzt werden; dabei kann der Durchschnittsbetrag des Vorjahres angesetzt werden. [2]Besteht das Beschäftigungsverhältnis nur während eines Teils des Kalenderjahres, ist für jeden Tag des Beschäftigungsverhältnisses der dreihundertsechzigste Teil des Durchschnittswertes nach Satz 1 anzusetzen. [3]Satz 1 gilt nur, wenn der Arbeitgeber den von dem Beschäftigten zu tragenden Teil des Gesamtsozialversicherungsbeitrags übernimmt. [4]Die Sätze 1 bis 3 gelten entsprechend für Sachzuwendungen im Wert von nicht mehr als 80 Euro, die der Arbeitnehmer für Verbesserungsvorschläge sowie für Leistungen in der Unfallverhütung und im Arbeitsschutz erhält. [5]Die mit einem Durchschnittswert angesetzten Sachbezüge, die in einem Kalenderjahr gewährt werden, sind insgesamt dem letzten Entgeltabrechnungszeitraum in diesem Kalenderjahr zuzuordnen.

§ 4
(weggefallen) [1)]

---

1) § 4 SvEV ist gemäß Artikel 2, 4 Abs. 2 der Verordnung vom 21.12.2006 (BGBl. I S. 3385, BStBl. I S. 782) ab 1.1.2009 aufgehoben.

Solidaritätszuschlaggesetz 1995

Neufassung vom 15. Oktober 2002 (BGBl. I S. 4130, BStBl. I S. 1154)[1)]

§ 1
Erhebung eines Solidaritätszuschlags

(1) Zur Einkommensteuer und zur Körperschaftsteuer wird ein Solidaritätszuschlag als Ergänzungsabgabe erhoben.

(2) Auf die Festsetzung und Erhebung des Solidaritätszuschlags sind die Vorschriften des Einkommensteuergesetzes und des Körperschaftsteuergesetzes entsprechend anzuwenden.

(3) Ist die Einkommen- oder Körperschaftsteuer für Einkünfte, die dem Steuerabzug unterliegen, durch den Steuerabzug abgegolten oder werden solche Einkünfte bei der Veranlagung zur Einkommen- oder Körperschaftsteuer oder beim Lohnsteuer-Jahresausgleich nicht erfasst, gilt dies für den Solidaritätszuschlag entsprechend.

(4) [1]Die Vorauszahlungen auf den Solidaritätszuschlag sind gleichzeitig mit den festgesetzten Vorauszahlungen auf die Einkommensteuer oder Körperschaftsteuer zu entrichten; § 37 Abs. 5 des Einkommensteuergesetzes ist nicht anzuwenden. [2]Solange ein Bescheid über die Vorauszahlungen auf den Solidaritätszuschlag nicht erteilt worden ist, sind die Vorauszahlungen ohne besondere Aufforderung nach Maßgabe der für den Solidaritätszuschlag geltenden Vorschriften zu entrichten. [3]§ 240 Abs. 1 Satz 3 der Abgabenordnung ist insoweit nicht anzuwenden; § 254 Abs. 2 der Abgabenordnung gilt insoweit sinngemäß.

(5) [1]Mit einem Rechtsbehelf gegen den Solidaritätszuschlag kann weder die Bemessungsgrundlage noch die Höhe des zu versteuernden Einkommens angegriffen werden. [2]Wird die Bemessungsgrundlage geändert, ändert sich der Solidaritätszuschlag entsprechend.

§ 2
Abgabepflicht

Abgabepflichtig sind
1. natürliche Personen, die nach § 1 des Einkommensteuergesetzes einkommensteuerpflichtig sind,
2. natürliche Personen, die nach § 2 des Außensteuergesetzes erweitert beschränkt steuerpflichtig sind,
3. Körperschaften, Personenvereinigungen und Vermögensmassen, die nach § 1 oder § 2 des Körperschaftsteuergesetzes körperschaftsteuerpflichtig sind.

§ 3
Bemessungsgrundlage und zeitliche Anwendung

(1) Der Solidaritätszuschlag bemisst sich vorbehaltlich der Absätze 2 bis 5,
1. soweit eine Veranlagung zur Einkommensteuer oder Körperschaftsteuer vorzunehmen ist:

    nach der nach Absatz 2 berechneten Einkommensteuer oder der festgesetzten Körperschaftsteuer für Veranlagungszeiträume ab 1998, vermindert um die anzurechnende oder vergütete Körperschaftsteuer, wenn ein positiver Betrag verbleibt;
2. soweit Vorauszahlungen zur Einkommensteuer oder Körperschaftsteuer zu leisten sind:

    nach den Vorauszahlungen auf die Steuer für Veranlagungszeiträume ab 2002;
3. soweit Lohnsteuer zu erheben ist:

    nach der nach Absatz 2a berechneten Lohnsteuer für
    a) laufenden Arbeitslohn, der für einen nach dem 31. Dezember 1997 endenden Lohnzahlungszeitraum gezahlt wird,
    b) sonstige Bezüge, die nach dem 31. Dezember 1997 zufließen;
4. soweit ein Lohnsteuer-Jahresausgleich durchzuführen ist, nach der nach Absatz 2a sich ergebenden Jahreslohnsteuer für Ausgleichsjahre ab 1998;
5. soweit Kapitalertragsteuer oder Zinsabschlag zu erheben ist außer in den Fällen des § 43b des Einkommensteuergesetzes:

    nach der ab 1. Januar 1998 zu erhebenden Kapitalertragsteuer oder dem ab diesem Zeitpunkt zu erhebenden Zinsabschlag;

---

1) Unter Berücksichtigung der Änderungen zuletzt durch Artikel 6 Betreibungsrichtlinie-Umsetzungsgesetz vom 7.12.2011 (BGBl. I S. 2592, BStBl. I S.1171).

6. soweit bei beschränkt Steuerpflichtigen ein Steuerabzugsbetrag nach § 50a des Einkommensteuergesetzes zu erheben ist:

nach dem ab 1. Januar 1998 zu erhebenden Steuerabzugsbetrag.

(2) Bei der Veranlagung zur Einkommensteuer ist Bemessungsgrundlage für den Solidaritätszuschlag die Einkommensteuer, die abweichend von § 2 Abs. 6 des Einkommensteuergesetzes unter Berücksichtigung von Freibeträgen nach § 32 Abs. 6 des Einkommensteuergesetzes in allen Fällen des § 32 des Einkommensteuergesetzes festzusetzen wäre.

(2a) [1]Vorbehaltlich des § 40a Abs. 2 des Einkommensteuergesetzes in der Fassung des Gesetzes vom 23. Dezember 2002 (BGBl. I S. 4621) ist beim Steuerabzug vom Arbeitslohn Bemessungsgrundlage die Lohnsteuer; beim Steuerabzug vom laufenden Arbeitslohn und beim Jahresausgleich ist die Lohnsteuer maßgebend, die sich ergibt, wenn der nach § 39b Abs. 2 Satz 5 des Einkommensteuergesetzes zu versteuernde Jahresbetrag für die Steuerklassen I, II und III im Sinne des § 38b des Einkommensteuergesetzes um den Kinderfreibetrag von 4 368 Euro sowie den Freibetrag für den Betreuungs- und Erziehungs- oder Ausbildungsbedarf von 2 640 Euro und für die Steuerklasse IV im Sinne des § 38b des Einkommensteuergesetzes um den Kinderfreibetrag von 2 184 Euro sowie den Freibetrag für den Betreuungs- und Erziehungs- oder Ausbildungsbedarf von 1 320 Euro für jedes Kind vermindert wird, für das eine Kürzung der Freibeträge für Kinder nach § 32 Abs. 6 Satz 4 des Einkommensteuergesetzes nicht in Betracht kommt. [2]Bei der Anwendung des § 39b des Einkommensteuergesetzes für die Ermittlung des Solidaritätszuschlages ist die als Lohnsteuerabzugsmerkmal gebildete Zahl der Kinderfreibeträge maßgebend. [3]Bei Anwendung des § 39f des Einkommensteuergesetzes ist beim Steuerabzug vom laufenden Arbeitslohn die Lohnsteuer maßgebend, die sich bei Anwendung des nach § 39f Abs. 1 des Einkommensteuergesetzes ermittelten Faktors auf den nach den Sätzen 1 und 2 ermittelten Betrag ergibt.

(3) [1]Der Solidaritätszuschlag ist von einkommensteuerpflichtigen Personen nur zu erheben, wenn die Bemessungsgrundlage nach Absatz 1 Nummer 1 und 2, vermindert um die Einkommensteuer nach § 32d Absatz 3 und 4 des Einkommensteuergesetzes,

1. in den Fällen des § 32a Absatz 5 und 6 des Einkommensteuergesetzes 1 944 Euro,
2. in anderen Fällen 972 Euro

übersteigt. [2]Auf die Einkommensteuer nach § 32d Absatz 3 und 4 des Einkommensteuergesetzes ist der Solidaritätszuschlag ungeachtet des Satzes 1 zu erheben.

(4) [1]Beim Abzug vom laufenden Arbeitslohn ist der Solidaritätszuschlag nur zu erheben, wenn die Bemessungsgrundlage im jeweiligen Lohnzahlungszeitraum

1. bei monatlicher Lohnzahlung
    a) in der Steuerklasse III mehr als 162 Euro und
    b) in den Steuerklassen I, II, IV bis VI mehr als 81 Euro,
2. bei wöchentlicher Lohnzahlung
    a) in der Steuerklasse III mehr als 37,80 Euro und
    b) in den Steuerklassen I, II, IV bis VI mehr als 18,90 Euro,
3. bei täglicher Lohnzahlung
    a) in der Steuerklasse III mehr als 5,40 Euro und
    b) in den Steuerklassen I, II, IV bis VI mehr als 2,70 Euro

beträgt. [2]§ 39b Abs. 4 des Einkommensteuergesetzes ist sinngemäß anzuwenden.

(5) Beim Lohnsteuer-Jahresausgleich ist der Solidaritätszuschlag nur zu ermitteln, wenn die Bemessungsgrundlage in Steuerklasse III mehr als 1 944 Euro und in den Steuerklassen I, II oder IV mehr als 972 Euro beträgt.

§ 4
Zuschlagsatz

[1]Der Solidaritätszuschlag beträgt 5,5 Prozent der Bemessungsgrundlage. [2]Er beträgt nicht mehr als 20 Prozent des Unterschiedsbetrages zwischen der Bemessungsgrundlage, vermindert um die Einkommensteuer nach § 32d Absatz 3 und 4 des Einkommensteuergesetzes, und der nach § 3 Absatz 3 bis 5 jeweils maßgebenden Freigrenze. [3]Bruchteile eines Cents bleiben außer Ansatz. [4]Der Solidaritätszuschlag auf die Einkommensteuer nach § 32d Absatz 3 und 4 des Einkommensteuergesetzes beträgt ungeachtet des Satzes 2 5,5 Prozent.

§ 5
Doppelbesteuerungsabkommen
Werden auf Grund eines Abkommens zur Vermeidung der Doppelbesteuerung im Geltungsbereich dieses Gesetzes erhobene Steuern vom Einkommen ermäßigt, so ist diese Ermäßigung zuerst auf den Solidaritätszuschlag zu beziehen.

§ 6
Anwendungsvorschrift
(1) § 2 in der Fassung des Gesetzes vom 18. Dezember 1995 (BGBl. I S. 1959) ist ab dem Veranlagungszeitraum 1995 anzuwenden.

(2) Das Gesetz in der Fassung des Gesetzes vom 11. Oktober 1995 (BGBl. I S. 1250) ist erstmals für den Veranlagungszeitraum 1996 anzuwenden.

(3) Das Gesetz in der Fassung des Gesetzes vom 21. November 1997 (BGBl. I S. 2743) ist erstmals für den Veranlagungszeitraum 1998 anzuwenden.

(4) Das Gesetz in der Fassung des Gesetzes vom 23. Oktober 2000 (BGBl. S. 1433) ist erstmals für den Veranlagungszeitraum 2001 anzuwenden.

(5) Das Gesetz in der Fassung des Gesetzes vom 21. Dezember 2000 (BGBl. S. 1978) ist erstmals für den Veranlagungszeitraum 2001 anzuwenden.

(6) Das Solidaritätszuschlaggesetz 1995 in der Fassung des Artikels 6 des Gesetzes vom 19. Dezember 2000 (BGBl. I S. 1790) ist erstmals für den Veranlagungszeitraum 2002 anzuwenden.

(7) § 1 Abs. 2a in der Fassung des Gesetzes zur Regelung der Bemessungsgrundlage für Zuschlagsteuern vom 21. Dezember 2000 (BGBl. I S. 1978, 1979) ist letztmals für den Veranlagungszeitraum 2001 anzuwenden.

(8) § 3 Abs. 2a in der Fassung des Gesetzes zur Regelung der Bemessungsgrundlage für Zuschlagsteuern vom 21. Dezember 2000 (BGBl. I S. 1978, 1979) ist erstmals für den Veranlagungszeitraum 2002 anzuwenden.

(9) § 3 in der Fassung des Artikels 7 des Gesetzes vom 20. Dezember 2007 (BGBl. I S. 3150) ist erstmals für den Veranlagungszeitraum 2008 anzuwenden.

(10) § 3 in der Fassung des Artikels 5 des Gesetzes vom 22. Dezember 2008 (BGBl. I S. 2955) ist erstmals für den Veranlagungszeitraum 2009 anzuwenden.

(11) § 3 in der Fassung des Artikels 9 des Gesetzes vom 22. Dezember 2009 (BGBl. I S. 3950) ist erstmals für den Veranlagungszeitraum 2010 anzuwenden.

(12) ¹§ 3 Absatz 3 und § 4 in der Fassung des Artikels 31 des Gesetzes vom 8. Dezember 2010 (BGBl. I S. 1768) sind erstmals für den Veranlagungszeitraum 2011 anzuwenden. ²Abweichend von Satz 1 sind § 3 Absatz 3 und § 4 in der Fassung des Artikels 31 des Gesetzes vom 8. Dezember 2010 (BGBl. I S. 1768) auch für die Veranlagungszeiträume 2009 und 2010 anzuwenden, soweit sich dies zu Gunsten des Steuerpflichtigen auswirkt.

(13) § 3 Absatz 2a Satz 2 in der Fassung des Artikels 6 des Gesetzes vom 7. Dezember 2011 (BGBl. I S. 2592) ist erstmals für den Veranlagungszeitraum 2012 anzuwenden."

Rechtsprechungsauswahl
BFH v. 10. 8. 2011 I R 39/10 (BStBl. 2012 II S. 603):
Verfassungswidrigkeit des § 3 SolZG 1995 n.F. in Bezug auf das Körperschaftsteuerguthaben – Auszahlung eines Solidaritätszuschlagguthabens – Gleiche Zuteilung steuerlicher Lasten – Gestaltungsspielraum des Gesetzgebers bei Änderung bereits bestehender Übergangsvorschriften – Vertrauensschutz - Verfassungsgerichtliche Prüfung einer Rechtslage bei Zusammenwirken mehrerer Normen.
Es wird die Entscheidung des BVerfG darüber eingeholt, ob § 3 SolZG 1995 n.F. insoweit mit dem Grundgesetz vereinbar ist, als Auszahlungen des Körperschaftsteuerguthabens gemäß § 37 Abs. 5 KStG 2002 i.d.F. des SEStEG die Bemessungsgrundlage zum Solidaritätszuschlag nicht mindern und § 3 SolZG 1995 n.F. oder eine andere Vorschrift auch nicht die Festsetzung eines Anspruchs auf ein Solidaritätszuschlagguthaben anordnet.

BFH v. 21. 7. 2011 II R 52/10 (BStBl. 2012 II S. 43):
Verfassungsmäßigkeit des Solidaritätszuschlags – Gesetzgebungshoheit für Ergänzungsabgabe – allgemeiner Gleichheitssatz – Eigentumsgarantie – Vertrauensschutz – Befristung
Die Erhebung des Solidaritätszuschlags zur Körperschaftsteuer für 2007 ist verfassungsgemäß.

BFH v. 27. 1. 2011 III R 90/07 (BStBl. II S. 543):
Änderung einer bestandskräftigen Festsetzung des Solidaritätszuschlags aufgrund nachträglicher Festsetzung und/oder Zahlung von Kindergeld
1. Einwendungen gegen die Berechnung der modifizierten Einkommensteuer nach § 3 Abs. 2 SolZG sind im Rechtsbehelfsverfahren gegen die abgelehnte Änderung der Festsetzung des Solidaritätszuschlags und nicht im Verfahren gegen die abgelehnte Änderung der Einkommensteuerfestsetzung geltend zu machen.
2. Die nachträgliche Festsetzung von Kindergeld führt zu keiner Änderung des bestandskräftig festgesetzten Solidaritätszuschlags nach § 175 Abs. 1 Satz 1 Nr. 1 AO.
3. Die Festsetzung und/oder Zahlung von Kindergeld sind keine Merkmale des Tatbestands von § 3 Abs. 2 SolZG i. V. m. § 32 EStG. Dem nachträglichen Eintreten dieser Umstände kommt daher keine Rückwirkung i. S. des § 175 Abs. 1 Satz 1 Nr. 2 AO für die Festsetzung des Solidaritätszuschlags zu.

BFH v. 28. 6. 2006 VII B 324/05 (BStBl. II S. 692):
1. Es bestehen keine Zweifel an der Verfassungsmäßigkeit des SolZG 1995 vom 23. Juni 1993 in der für den Veranlagungszeitraum 2002 geltenden Fassung.
2. Die Frage, ob eine Ergänzungsabgabe i. S. des Art. 106 Abs. 1 Nr. 6 GG nur befristet erhoben werden darf, ist bereits (im verneinenden Sinn) durch die Rechtsprechung des BVerfG geklärt.

BFH v. 1. 3. 2002 VI R 171/98 (BStBl. II S. 440): Wird Lohnsteuer mit einem Pauschsteuersatz erhoben, ist die pauschale Lohnsteuer Bemessungsgrundlage für den Solidaritätszuschlag.

Anhang 7/Merkblatt SolZ ab 1995

Merkblatt zum Solidaritätszuschlag im Lohnsteuer-Abzugsverfahren ab 1995

BMF-Schreiben vom 20. September 1994 IV B 6 – S 2450 – 6/94 (BStBl. I S. 757)[1)]

Das nachstehende Merkblatt wird hiermit im Einvernehmen mit den obersten Finanzbehörden der Länder bekanntgegeben.

Merkblatt zum Solidaritätszuschlag im Lohnsteuer-Abzugsverfahren ab 1995

1 Erhebung des Solidaritätszuschlags

1.1 Zeitraum und Bemessungsgrundlage

Der Solidaritätszuschlag ist

– vom laufenden Arbeitslohn zu erheben, der für einen nach dem 31. Dezember 1994 endenden Lohnzahlungszeitraum gezahlt wird und

– von sonstigen Bezügen zu erheben, die nach dem 31. Dezember 1994 zufließen.

Bemessungsgrundlage des Solidaritätszuschlags ist die jeweilige Lohnsteuer.

1.2 Höhe des Solidaritätszuschlags

Der Solidaritätszuschlag ist für den Steuerabzug vom laufenden Arbeitslohn, für den Steuerabzug von sonstigen Bezügen und für die Steuerpauschalierung nach den §§ 40 bis 40b EStG jeweils gesondert zu ermitteln.

1.2.1 Für den Steuerabzug vom **laufenden Arbeitslohn** ist der Solidaritätszuschlag bei monatlicher Lohnzahlung aus der Tabelle in Anlage 1, bei wöchentlicher Lohnzahlung aus der Tabelle in Anlage 2 und bei täglicher Lohnzahlung aus der Tabelle in Anlage 3 zu ermitteln. Bei höheren als in den Tabellen ausgewiesenen Lohnsteuerbeträgen ist der Solidaritätszuschlag mit 7,5 v.H.[2)] der Lohnsteuer zu berechnen.

1.2.2 Bei von monatlichen, wöchentlichen oder täglichen Lohnzahlungszeiträumen **abweichenden Lohnzahlungszeiträumen** ist die Lohnsteuer nach § 39b Abs. 4 EStG unter Anwendung der Wochen- oder Tageslohnsteuertabelle zu ermitteln. Für den Wochen- oder Tageslohnsteuerbetrag ist der Solidaritätszuschlag aus den Tabellen in Anlagen 2 oder 3 zu ermitteln bzw. entsprechend Tz. 1.2.1 Satz 2 zu berechnen. Der sich ergebende Betrag ist mit der Zahl der in den abweichenden Lohnzahlungszeitraum fallenden Wochen oder Kalendertage zu vervielfältigen.

1.2.3 Für den Steuerabzug von **sonstigen Bezügen** und für die Steuerpauschalierung ist der Solidaritätszuschlag stets mit 7,5 v.H.[3)] der entsprechenden Lohnsteuer zu berechnen.

1.3
Übernimmt der Arbeitgeber in den Fällen einer **Nettolohnvereinbarung** auch den Solidaritätszuschlag, so ist die Lohnsteuer nach dem Bruttoarbeitslohn zu berechnen, der nach Kürzung um die Lohnabzüge einschließlich des Solidaritätszuschlags den ausgezahlten Nettolohnbetrag ergibt. Übernimmt der Arbeitgeber den Solidaritätszuschlag nicht, so bleibt dieser bei der Berechnung des Bruttoarbeitslohns außer Betracht. Der Nettolohn ist um den Solidaritätszuschlag zu mindern.

1.4
Wird die Lohnsteuer nach dem voraussichtlichen Jahresarbeitslohn des Arbeitnehmers unter Anwendung der Jahreslohnsteuertabelle berechnet (**permanenter Lohnsteuer-Jahresausgleich** – § 39b Abs. 2 letzter Satz EStG, Abschnitt 121 Abs. 2 LStR[4)]), so ist der Solidaritätszuschlag entsprechend den für die Lohnsteuer geltenden Regeln aus der Tabelle in Anlage 4 zu ermitteln. Bei höheren Jahreslohnsteuerbeträgen ist der Solidaritätszuschlag mit 7,5 v.H.[5)] der Jahreslohnsteuer zu berechnen.

1.5
Bruchteile eines Pfennigs, die sich bei der Berechnung des Solidaritätszuschlags nach Tz. 1.2.1, 1.2.2, 1.2.3 und 1.4 ergeben, bleiben jeweils außer Betracht.

1.6
Wird die Lohnsteuer infolge **rückwirkender Änderungen von Besteuerungsmerkmalen** (z. B. rückwirkende Änderung der Zahl der Kinderfreibeträge) neu ermittelt, so ist auch der Solidaritätszuschlag neu zu ermitteln; in diesen Fällen ist ein etwa zuviel einbehaltener Solidaritätszuschlag dem Arbeitnehmer zu erstatten; ein etwa zuwenig einbehaltener Solidaritätszuschlag ist

---

1) Ab 2004 erstellt das BMF keine Tabellen für die Erhebung des Solidaritätszuschlags im Lohnsteuer-Abzugsverfahren. Der Solidaritätszuschlag ergibt sich aus der Berechnung nach dem Programmablaufplan (Fundstellennachweis Anlage § 039b-01).
2) Ab 1998 5,5 %.
3) Ab 1998 5,5 %.
4) Jetzt R 39b.8LStR
5) Ab 1998 5,5 %.

Anhang 7/Merkblatt SolZ ab 1995

nachzuerheben. Das gilt auch bei nachträglicher Eintragung von Freibeträgen auf der Lohnsteuerkarte.

2 **Behandlung des Solidaritätszuschlags im Lohnsteuer-Jahresausgleich durch den Arbeitgeber**

2.1 Wenn der Arbeitgeber für den Arbeitnehmer einen Lohnsteuer-Jahresausgleich durchführt, ist auch für den Solidaritätszuschlag ein Jahresausgleich durchzuführen.

2.2 Der Jahresbetrag des Solidaritätszuschlags ergibt sich aus der Tabelle in Anlage 4. Bei höheren als in der Tabelle ausgewiesenen Jahreslohnsteuerbeträgen ist der Solidaritätszuschlag mit 7,5 v.H. [1] der Jahreslohnsteuer zu berechnen. Tz. 1.5 ist anzuwenden.

2.3 Übersteigt die Summe der einbehaltenen Zuschlagsbeträge den Jahresbetrag des Solidaritätszuschlags, so ist der Unterschiedsbetrag dem Arbeitnehmer vom Arbeitgeber zu erstatten. Übersteigt der Jahresbetrag des Solidaritätszuschlags die Summe der einbehaltenen Zuschlagsbeträge, so kommt eine nachträgliche Einbehaltung des Unterschiedsbetrags durch den Arbeitgeber nur nach Maßgabe des § 41c EStG in Betracht.

3 **Verhältnis des Solidaritätszuschlags zur Kirchensteuer**

Der Solidaritätszuschlag bezieht sich nur auf die Lohnsteuer, nicht auf die Kirchensteuer. Die Kirchensteuer bemißt sich nach der Lohnsteuer ohne den Solidaritätszuschlag.

4 **Aufzeichnung, Anmeldung und Bescheinigung des Solidaritätszuschlags**

Der Solidaritätszuschlag ist im Lohnkonto (§ 41 EStG), in der Lohnsteuer-Anmeldung (§ 41a EStG) und in der Lohnsteuerbescheinigung (z.B. auf der Lohnsteuerkarte – § 41b EStG) gesondert neben der Lohnsteuer und Kirchensteuer einzutragen.

5 **Maschinelle Berechnung des Solidaritätszuschlags**

Es wird auf den Programmablaufplan zur maschinellen Berechnung der vom laufenden Arbeitslohn einzubehaltenden Lohnsteuer hingewiesen, der mit BMF-Schreiben vom 18. August 1994 im Bundessteuerblatt Teil I S. 713 veröffentlicht worden ist.

---

1) Ab 1998 5,5 %.

Gesetz zur Verbesserung der betrieblichen Altersversorgung (Betriebsrentengesetz – BetrAVG)

Vom 19. Dezember 1974 (BGBl. I S. 3610, BStBl. 1975 I S. 22)[1]

– Auszug –

Erster Teil
Arbeitsrechtliche Vorschriften
Erster Abschnitt
Durchführung der betrieblichen Altersversorgung

§ 1
Zusage des Arbeitgebers auf betriebliche Altersversorgung

(1) [1]Werden einem Arbeitnehmer Leistungen der Alters-, Invaliditäts- oder Hinterbliebenenversorgung aus Anlass seines Arbeitsverhältnisses vom Arbeitgeber zugesagt (betriebliche Altersversorgung), gelten die Vorschriften dieses Gesetzes. [2]Die Durchführung der betrieblichen Altersversorgung kann unmittelbar über den Arbeitgeber oder über einen der in § 1b Abs. 2 bis 4 genannten Versorgungsträger erfolgen. [3]Der Arbeitgeber steht für die Erfüllung der von ihm zugesagten Leistungen auch dann ein, wenn die Durchführung nicht unmittelbar über ihn erfolgt.

(2) Betriebliche Altersversorgung liegt auch vor, wenn

1. der Arbeitgeber sich verpflichtet, bestimmte Beiträge in eine Anwartschaft auf Alters-, Invaliditäts- oder Hinterbliebenenversorgung umzuwandeln (beitragsorientierte Leistungszusage),
2. der Arbeitgeber sich verpflichtet, Beiträge zur Finanzierung von Leistungen der betrieblichen Altersversorgung an einen Pensionsfonds, eine Pensionskasse oder eine Direktversicherung zu zahlen und für Leistungen zur Altersversorgung das planmäßig zuzurechnende Versorgungskapital auf der Grundlage der gezahlten Beiträge (Beiträge und die daraus erzielten Erträge), mindestens die Summe der zugesagten Beiträge, soweit sie nicht rechnungsmäßig für einen biometrischen Risikoausgleich verbraucht wurden, hierfür zur Verfügung zu stellen (Beitragszusage mit Mindestleistung),
3. künftige Entgeltansprüche in eine wertgleiche Anwartschaft auf Versorgungsleistungen umgewandelt werden (Entgeltumwandlung) oder
4. der Arbeitnehmer Beiträge aus seinem Arbeitsentgelt zur Finanzierung von Leistungen der betrieblichen Altersversorgung an einen Pensionsfonds, eine Pensionskasse oder eine Direktversicherung leistet und die Zusage des Arbeitgebers auch die Leistungen aus diesen Beiträgen umfasst; die Regelung für Entgeltumwandlung sind hierbei entsprechend anzuwenden, soweit die zugesagten Leistungen aus diesen Beiträgen im Wege der Kapitaldeckung finanziert werden.[2]

§ 1a
Anspruch auf betriebliche Altersversorgung durch Entgeltumwandlung

(1) [1]Der Arbeitnehmer kann vom Arbeitgeber verlangen, dass von seinen künftigen Entgeltansprüchen bis zu 4 vom Hundert der jeweiligen Beitragsbemessungsgrenze in der allgemeinen Rentenversicherung durch Entgeltumwandlung für seine betriebliche Altersversorgung verwendet werden. [2]Die Durchführung des Anspruchs des Arbeitnehmers wird durch Vereinbarung geregelt. [3]Ist der Arbeitgeber zu einer Durchführung über einen Pensionsfonds oder eine Pensionskasse (§ 1b Abs. 3) bereit, ist die betriebliche Altersversorgung dort durchzuführen; andernfalls kann der Arbeitnehmer verlangen, dass der Arbeitgeber für ihn eine Direktversicherung (§ 1b Abs. 2) abschließt. [4]Soweit der Anspruch geltend gemacht wird, muss der Arbeitnehmer jährlich einen Betrag in Höhe von mindestens einem Hundertsechzigstel der Bezugsgröße nach § 18 Abs. 1 des Vierten Buches Sozialgesetzbuch für seine betriebliche Altersversorgung verwenden. [5]Soweit der Arbeitnehmer Teile seines regelmäßigen Entgelts für betriebliche Altersversorgung verwendet, kann der Arbeitgeber verlangen, dass während eines laufenden Kalenderjahres gleich bleibende monatliche Beträge verwendet werden.

(2) Soweit eine durch Entgeltumwandlung finanzierte betriebliche Altersversorgung besteht, ist der Anspruch des Arbeitnehmers auf Entgeltumwandlung ausgeschlossen.

(3) Soweit der Arbeitnehmer einen Anspruch auf Entgeltumwandlung für betriebliche Altersversorgung nach Absatz 1 hat, kann er verlangen, dass die Voraussetzungen für eine Förderung nach den §§ 10a, 82

---

1) Unter Berücksichtigung der Änderungen zuletzt durch Artikel 3 des Gesetzes vom 23.6.2014 (BGBl. I S. 787).
2) Zur Anwendung von § 1 Abs. 2 Nr. 4 zweiter Halbsatz siehe § 30e Abs. 1 und 2.

Anhang 8/BetrAVG

Abs. 2 des Einkommensteuergesetzes erfüllt werden, wenn die betriebliche Altersversorgung über einen Pensionsfonds, eine Pensionskasse oder eine Direktversicherung durchgeführt wird.

(4) [1]Falls der Arbeitnehmer bei fortbestehendem Arbeitverhältnis kein Entgelt erhält, hat er das Recht, die Versicherung oder Versorgung mit eigenen Beiträgen fortzusetzen. [2]Der Arbeitgeber steht auch für die Leistungen aus diesen Beiträgen ein. [3]Die Regelungen über Entgeltumwandlung gelten entsprechend.

§ 1b
Unverfallbarkeit und Durchführung der betrieblichen Altersversorgung

(1) [1]Einem Arbeitnehmer, dem Leistungen aus der betrieblichen Altersversorgung zugesagt worden sind, bleibt die Anwartschaft erhalten, wenn das Arbeitsverhältnis vor Eintritt des Versorgungsfalls, jedoch nach Vollendung des 25. Lebensjahres endet und die Versorgungszusage zu diesem Zeitpunkt mindestens fünf Jahre bestanden hat (unverfallbare Anwartschaft). [2]Ein Arbeitnehmer behält seine Anwartschaft auch dann, wenn er aufgrund einer Vorruhestandsregelung ausscheidet und ohne das vorherige Ausscheiden die Wartezeit und die sonstigen Voraussetzungen für den Bezug von Leistungen der betrieblichen Altersversorgung hätte erfüllen können. [3]Eine Änderung der Versorgungszusage oder die Übernahme durch eine andere Person unterbricht nicht den Ablauf der Fristen nach Satz 1. [4]Der Verpflichtung aus einer Versorgungszusage stehen Versorgungsverpflichtungen gleich, die auf betrieblicher Übung oder dem Grundsatz der Gleichbehandlung beruhen. [5]Der Ablauf einer vorgesehenen Wartezeit wird durch die Beendigung des Arbeitsverhältnisses nach Erfüllung der Voraussetzungen der Sätze 1 und 2 nicht berührt. [6]Wechselt ein Arbeitnehmer vom Geltungsbereich dieses Gesetzes in einen anderen Mitgliedstaat der Europäischen Union, bleibt die Anwartschaft in gleichem Umfange wie für Personen erhalten, die auch nach Beendigung eines Arbeitsverhältnisses innerhalb des Geltungsbereichs dieses Gesetzes verbleiben.[1)]

(2) [1]Wird für die betriebliche Altersversorgung eine Lebensversicherung auf das Leben des Arbeitnehmers durch den Arbeitgeber abgeschlossen und sind der Arbeitnehmer oder seine Hinterbliebenen hinsichtlich der Leistungen des Versicherers ganz oder teilweise bezugsberechtigt (Direktversicherung), so ist der Arbeitgeber verpflichtet, wegen Beendigung des Arbeitsverhältnisses nach Erfüllung der in Absatz 1 Satz 1 und 2 genannten Voraussetzungen das Bezugsrecht nicht mehr zu widerrufen. [2]Eine Vereinbarung, nach der das Bezugsrecht durch die Beendigung des Arbeitsverhältnisses nach Erfüllung der in Absatz 1 Satz 1 und 2 genannten Voraussetzungen auflösend bedingt ist, ist unwirksam. [3]Hat der Arbeitgeber die Ansprüche aus dem Versicherungsvertrag abgetreten oder beliehen, so ist er verpflichtet, den Arbeitnehmer, dessen Arbeitsverhältnis nach Erfüllung der in Absatz 1 Satz 1 und 2 genannten Voraussetzungen geendet hat, bei Eintritt des Versicherungsfalles so zu stellen, als ob die Abtretung oder Beleihung nicht erfolgt wäre. [4]Als Zeitpunkt der Erteilung der Versorgungszusage im Sinne des Absatzes 1 gilt der Versicherungsbeginn, frühestens jedoch der Beginn der Betriebszugehörigkeit.

(3) [1]Wird die betriebliche Altersversorgung von einer rechtsfähigen Versorgungseinrichtung durchgeführt, die dem Arbeitnehmer oder seinen Hinterbliebenen auf ihre Leistungen einen Rechtsanspruch gewährt (Pensionskasse und Pensionsfonds), so gilt Absatz 1 entsprechend. [2]Als Zeitpunkt der Erteilung der Versorgungszusage im Sinne des Absatzes 1 gilt der Versicherungsbeginn, frühestens jedoch der Beginn der Betriebszugehörigkeit.

(4) [1]Wird die betriebliche Altersversorgung von einer rechtsfähigen Versorgungseinrichtung durchgeführt, die auf ihre Leistungen keinen Rechtsanspruch gewährt (Unterstützungskasse), so sind die nach Erfüllung der in Absatz 1 Satz 1 und 2 genannten Voraussetzungen und vor Eintritt des Versorgungsfalles aus dem Unternehmen ausgeschiedenen Arbeitnehmer und ihre Hinterbliebenen den bis zum Eintritt des Versorgungsfalles dem Unternehmen angehörenden Arbeitnehmern und deren Hinterbliebenen gleichgestellt. [2]Die Versorgungszusage gilt in dem Zeitpunkt als erteilt im Sinne des Absatzes 1, von dem an der Arbeitnehmer zum Kreis der Begünstigten der Unterstützungskasse gehört.

(5) [1]Soweit betriebliche Altersversorgung durch Entgeltumwandlung erfolgt, behält der Arbeitnehmer seine Anwartschaft, wenn sein Arbeitsverhältnis vor Eintritt des Versorgungsfalles endet; in den Fällen der Absätze 2 und 3

1. dürfen die Überschussanteile nur zur Verbesserung der Leistung verwendet,
2. muss dem ausgeschiedenen Arbeitnehmer das Recht zur Fortsetzung der Versicherung oder Versorgung mit eigenen Beiträgen eingeräumt und
3. muss das Recht zur Verpfändung, Abtretung oder Beleihung durch den Arbeitgeber ausgeschlossen werden.

---

1) Zur Anwendung von § 1b Abs. 1 siehe § 30f des Gesetzes.

²Im Fall einer Direktversicherung ist dem Arbeitnehmer darüber hinaus mit Beginn der Entgeltumwandlung ein unwiderrufliches Bezugsrecht einzuräumen.

§ 2
Höhe der unverfallbaren Anwartschaft

(1) ¹Bei Eintritt des Versorgungsfalles wegen Erreichens der Altersgrenze, wegen Invalidität oder Tod haben ein vorher ausgeschiedener Arbeitnehmer, dessen Anwartschaft nach § 1b fortbesteht, und seine Hinterbliebenen einen Anspruch mindestens in Höhe des Teiles der ohne das vorherige Ausscheiden zustehenden Leistung, der dem Verhältnis der Dauer der Betriebszugehörigkeit zu der Zeit vom Beginn der Betriebszugehörigkeit bis zum Erreichen der Regelaltersgrenze in der gesetzlichen Rentenversicherung entspricht; an die Stelle des Erreichens der Regelaltersgrenze tritt ein früherer Zeitpunkt, wenn dieser in der Versorgungsregelung als feste Altersgrenze vorgesehen ist, spätestens zu dem Zeitpunkt der Vollendung des 65. Lebensjahres, falls der Arbeitnehmer ausscheidet und gleichzeitig eine Altersrente aus der gesetzlichen Rentenversicherung für besonders langjährig Versicherte in Anspruch nimmt. ²Der Mindestanspruch auf Leistungen wegen Invalidität oder Tod vor Erreichen der Altersgrenze ist jedoch nicht höher als der Betrag, den der Arbeitnehmer oder seine Hinterbliebenen erhalten hätten, wenn im Zeitpunkt des Ausscheidens der Versorgungsfall eingetreten wäre und die sonstigen Leistungsvoraussetzungen erfüllt gewesen wären.

(2) ¹Ist bei einer Direktversicherung der Arbeitnehmer nach Erfüllung der Voraussetzungen des § 1b Abs. 1 und 5 vor Eintritt des Versorgungsfalles ausgeschieden, so gilt Absatz 1 mit der Maßgabe, dass sich der vom Arbeitgeber zu finanzierende Teilanspruch nach Absatz 1, soweit er über die von dem Versicherer nach dem Versicherungsvertrag auf Grund der Beiträge des Arbeitgebers zu erbringende Versicherungsleistung hinausgeht, gegen den Arbeitgeber richtet. ²An die Stelle der Ansprüche nach Satz 1 tritt auf Verlangen des Arbeitgebers die von dem Versicherer auf Grund des Versicherungsvertrages zu erbringende Versicherungsleistung, wenn

1. spätestens nach 3 Monaten seit dem Ausscheiden des Arbeitnehmers das Bezugsrecht unwiderruflich ist und eine Abtretung oder Beleihung des Rechts aus dem Versicherungsvertrag durch den Arbeitgeber und Beitragsrückstände nicht vorhanden sind,
2. vom Beginn der Versicherung, frühestens jedoch vom Beginn der Betriebszugehörigkeit an, nach dem Versicherungsvertrag die Überschussanteile nur zur Verbesserung der Versicherungsleistung zu verwenden sind und
3. der ausgeschiedene Arbeitnehmer nach dem Versicherungsvertrag das Recht zur Fortsetzung der Versicherung mit eigenen Beiträgen hat.

³Der Arbeitgeber kann sein Verlangen nach Satz 2 nur innerhalb von 3 Monaten seit dem Ausscheiden des Arbeitnehmers diesem und dem Versicherer mitteilen. ⁴Der ausgeschiedene Arbeitnehmer darf die Ansprüche aus dem Versicherungsvertrag in Höhe des durch Beitragszahlungen des Arbeitgebers gebildeten geschäftsplanmäßigen Deckungskapitals oder, soweit die Berechnung des Deckungskapitals nicht zum Geschäftsplan gehört, das nach § 169 Abs. 3 und 4 des Versicherungsvertragsgesetzes berechneten Wertes weder abtreten noch beleihen. ⁵In dieser Höhe darf der Rückkaufswert auf Grund einer Kündigung des Versicherungsvertrages nicht in Anspruch genommen werden; im Falle einer Kündigung wird die Versicherung in eine prämienfreie Versicherung umgewandelt. ⁶§ 169 Abs. 1 des Versicherungsvertragsgesetzes findet insoweit keine Anwendung. ⁷Eine Abfindung des Anspruchs nach § 3 ist weiterhin möglich.

(3) ¹Für Pensionskassen gilt Absatz 1 mit der Maßgabe, dass sich der vom Arbeitgeber zu finanzierende Teilanspruch nach Absatz 1, soweit er über die von der Pensionskasse nach dem aufsichtsbehördlich genehmigten Geschäftsplan, soweit eine aufsichtsbehördliche Genehmigung nicht vorgeschrieben ist, nach den allgemeinen Versicherungsbedingungen und den fachlichen Geschäftsunterlagen im Sinne des § 5 Abs. 3 Nr. 2 Halbsatz 2 des Versicherungsaufsichtsgesetzes (Geschäftsunterlagen) auf Grund der Beiträge des Arbeitgebers zu erbringende Leistung hinausgeht, gegen den Arbeitgeber richtet. ²An die Stelle der Ansprüche nach Satz 1 tritt auf Verlangen des Arbeitgebers die von der Pensionskasse auf Grund des Geschäftsplanes oder der Geschäftsunterlagen zu erbringende Leistung, wenn nach dem aufsichtsbehördlich genehmigten Geschäftsplan oder den Geschäftsunterlagen

1. vom Beginn der Versicherung, frühestens jedoch vom Beginn der Betriebszugehörigkeit an, Überschussanteile, die auf Grund des Finanzierungsverfahrens regelmäßig entstehen, nur zur Verbesserung der Versicherungsleistung zu verwenden sind oder die Steigerung der Versorgungsanwartschaften des Arbeitnehmers der Entwicklung seines Arbeitsentgeltes, soweit es unter den jeweiligen Beitragsbemessungsgrenzen der gesetzlichen Rentenversicherungen liegt, entspricht und
2. der ausgeschiedene Arbeitnehmer das Recht zur Fortsetzung der Versicherung mit eigenen Beiträgen hat.

³Absatz 2 Satz 3 bis 7 gilt entsprechend.

(3a) Für Pensionsfonds gilt Absatz 1 mit der Maßgabe, dass sich der vom Arbeitgeber zu finanzierende Teilanspruch, soweit er über die vom Pensionsfonds auf der Grundlage der nach dem geltenden Pensionsplan im Sinne des § 112 Abs. 1 Satz 2 in Verbindung mit § 113 Abs. 2 Nr. 5 des Versicherungsaufsichtsgesetzes berechnete Deckungsrückstellung hinausgeht, gegen den Arbeitgeber richtet.

(4) Eine Unterstützungskasse hat bei Eintritt des Versorgungsfalles einem vorzeitig ausgeschiedenen Arbeitnehmer, der nach § 1b Abs. 4 gleichgestellt ist, und seinen Hinterbliebenen mindestens den nach Absatz 1 berechneten Teil der Versorgung zu gewähren.

(5) ¹Bei der Berechnung des Teilanspruchs nach Absatz 1 bleiben Veränderungen der Versorgungsregelung und der Bemessungsgrundlagen für die Leistung der betrieblichen Altersversorgung, soweit sie nach dem Ausscheiden des Arbeitnehmers eintreten, außer Betracht; dies gilt auch für die Bemessungsgrundlagen anderer Versorgungsbezüge, die bei der Berechnung der Leistung der betrieblichen Altersversorgung zu berücksichtigen sind. ²Ist eine Rente der gesetzlichen Rentenversicherung zu berücksichtigen, so kann das bei der Berechnung von Pensionsrückstellungen allgemein zulässige Verfahren zugrunde gelegt werden, wenn nicht der ausgeschiedene Arbeitnehmer die Anzahl der im Zeitpunkt des Ausscheidens erreichten Entgeltpunkte nachweist; bei Pensionskassen sind der aufsichtsbehördlich genehmigte Geschäftsplan oder die Geschäftsunterlagen maßgebend. ³Bei Pensionsfonds sind der Pensionsplan und die sonstigen Geschäftsunterlagen maßgebend. ⁴Versorgungsanwartschaften, die der Arbeitnehmer nach seinem Ausscheiden erwirbt, dürfen zu keiner Kürzung des Teilanspruchs nach Absatz 1 führen.

(5a) Bei einer unverfallbaren Anwartschaft aus Entgeltumwandlung tritt an die Stelle der Ansprüche nach Absatz 1, 3a oder 4 die vom Zeitpunkt der Zusage auf betriebliche Altersversorgung bis zum Ausscheiden des Arbeitnehmers erreichte Anwartschaft auf Leistungen aus den bis dahin umgewandelten Entgeltbestandteilen; dies gilt entsprechend für eine unverfallbare Anwartschaft aus Beiträgen im Rahmen einer beitragsorientierten Leistungszusage.¹⁾

(5b) An die Stelle der Ansprüche nach den Absätzen 2, 3, 3a und 5a tritt bei einer Beitragszusage mit Mindestleistung das dem Arbeitnehmer planmäßig zuzurechnende Versorgungskapital auf der Grundlage der bis zu seinem Ausscheiden geleisteten Beiträge (Beiträge und die bis zum Eintritt des Versorgungsfalls erzielten Erträge), mindestens die Summe der bis dahin zugesagten Beiträge, soweit sie nicht rechnungsmäßig für einen biometrischen Risikoausgleich verbraucht wurden.

(6) (weggefallen)

§ 3
Abfindung²⁾

(1) Unverfallbare Anwartschaften im Falle der Beendigung des Arbeitsverhältnisses und laufende Leistungen dürfen nur unter den Voraussetzungen der folgenden Absätze abgefunden werden.

(2) ¹Der Arbeitgeber kann eine Anwartschaft ohne Zustimmung des Arbeitnehmers abfinden, wenn der Monatsbetrag der aus der Anwartschaft resultierenden laufenden Leistung bei Erreichen der vorgesehenen Altersgrenze 1 vom Hundert, bei Kapitalleistungen zwölf Zehntel der monatlichen Bezugsgröße nach § 18 des Vierten Buches Sozialgesetzbuch nicht übersteigen würde. ²Dies gilt entsprechend für die Abfindung einer laufenden Leistung ³Die Abfindung ist unzulässig, wenn der Arbeitnehmer von seinem Recht auf Übertragung der Anwartschaft Gebrauch macht.

(3) Die Anwartschaft ist auf Verlangen des Arbeitnehmers abzufinden, wenn die Beiträge zur gesetzlichen Rentenversicherung erstattet worden sind.

(4) Der Teil der Anwartschaft, der während eines Insolvenzverfahrens erdient worden ist, kann ohne Zustimmung des Arbeitnehmers abgefunden werden, wenn die Betriebstätigkeit vollständig eingestellt und das Unternehmen liquidiert wird.

(5) Für die Berechnung des Abfindungsbetrages gilt § 4 Abs. 5 entsprechend.

(6) Die Abfindung ist gesondert auszuweisen und einmalig zu zahlen.

§ 4
Übertragung

(1) Unverfallbare Anwartschaften und laufende Leistungen dürfen nur unter den Voraussetzungen der folgenden Absätze übertragen werden.

(2) Nach Beendigung des Arbeitsverhältnisses kann im Einvernehmen des ehemaligen mit dem neuen Arbeitgeber sowie dem Arbeitnehmer

---

1) Zur Anwendung von § 2 Abs. 5a siehe § 30g Abs. 1 des Gesetzes.
2) Zur Anwendung von § 3 siehe § 30g Abs. 2 des Gesetzes.

1. die Zusage vom neuen Arbeitgeber übernommen werden oder
2. der Wert der vom Arbeitnehmer erworbenen unverfallbaren Anwartschaft auf betriebliche Altersversorgung (Übertragungswert) auf den neuen Arbeitgeber übertragen werden, wenn dieser eine wertgleiche Zusage erteilt; für die neue Anwartschaft gelten gelten die Regelungen über Entgeltumwandlung entsprechend.

(3) ¹Der Arbeitnehmer kann innerhalb eines Jahres nach Beendigung des Arbeitsverhältnisses von seinem ehemaligen Arbeitgeber verlangen, dass der Übertragungswert auf den neuen Arbeitgeber übertragen wird, wenn

1. die betriebliche Altersversorgung über einen Pensionsfonds, eine Pensionskasse oder eine Direktversicherung durchgeführt worden ist und
2. der Übertragungswert die Beitragsbemessungsgrenze in der allgemeinen Rentenversicherung nicht übersteigt.

²Der Anspruch richtet sich gegen den Versorgungsträger, wenn der ehemalige Arbeitgeber die versicherungsförmige Lösung nach § 2 Abs. 2 oder 3 gewählt hat oder soweit der Arbeitnehmer die Versicherung oder Versorgung mit eigenen Beiträgen fortgeführt hat. ³Der neue Arbeitgeber ist verpflichtet, eine dem Übertragungswert wertgleiche Zusage zu erteilen und über einen Pensionsfonds, eine Pensionskasse oder eine Direktversicherung durchzuführen. ⁴Für die neue Anwartschaft gelten die Regelungen über Entgeltumwandlung entsprechend. ¹⁾

(4) ¹Wird die Betriebstätigkeit eingestellt und das Unternehmen liquidiert, kann eine Zusage von einer Pensionskasse oder einem Unternehmen der Lebensversicherung ohne Zustimmung des Arbeitnehmers oder Versorgungsempfängers übernommen werden, wenn sichergestellt ist, dass die Überschussanteile ab Rentenbeginn entsprechend § 16 Abs. 3 Nr. 2 verwendet werden. ²§ 2 Abs. 2 Satz 4 bis 6 gilt entsprechend.

(5) ¹Der Übertragungswert entspricht bei einer unmittelbar über den Arbeitgeber oder über eine Unterstützungskasse durchgeführten betrieblichen Altersversorgung dem Barwert der nach § 2 bemessenen künftigen Versorgungsleistung im Zeitpunkt der Übertragung; bei der Berechnung des Barwerts sind die Rechnungsgrundlagen sowie die anerkannten Regeln der Versicherungsmathematik maßgebend. ²Soweit die betriebliche Altersversorgung über einen Pensionsfonds, eine Pensionskasse oder eine Direktversicherung durchgeführt worden ist, entspricht der Übertragungswert dem gebildeten Kapital im Zeitpunkt der Übertragung.

(6) Mit der vollständigen Übertragung des Übertragungswerts erlischt die Zusage des ehemaligen Arbeitgebers.

§ 4a

Auskunftsanspruch

(1) Der Arbeitgeber oder der Versorgungsträger hat dem Arbeitnehmer bei einem berechtigten Interesse auf dessen Verlangen schriftlich mitzuteilen,

1. in welcher Höhe aus der bisher erworbenen unverfallbaren Anwartschaft bei Erreichen der in der Versorgungsregelung vorgesehenen Altersgrenze ein Anspruch auf Altersversorgung besteht und
2. wie hoch bei einer Übertragung der Anwartschaft nach § 4 Abs. 3 der Übertragungswert ist.

(2) Der neue Arbeitgeber oder der Versorgungsträger hat dem Arbeitnehmer auf dessen Verlangen schriftlich mitzuteilen, in welcher Höhe aus dem Übertragungswert ein Anspruch auf Altersversorgung und ob eine Invaliditäts- oder Hinterbliebenenversorgung bestehen würde.

Zweiter Abschnitt

Auszehrungsverbot

§ 5

Auszehrung und Anrechnung

(1) Die bei Eintritt des Versorgungsfalles festgesetzten Leistungen der betrieblichen Altersversorgung dürfen nicht mehr dadurch gemindert oder entzogen werden, dass Beträge, um die sich andere Versorgungsbezüge nach diesem Zeitpunkt durch Anpassung an die wirtschaftliche Entwicklung erhöhen, angerechnet oder bei der Begrenzung der Gesamtversorgung auf einen Höchstbetrag berücksichtigt werden.

---

1) Zur Anwendung von § 4 Abs. 3 siehe § 30b des Gesetzes.

(2) ¹Leistungen der betrieblichen Altersversorgung dürfen durch Anrechnung oder Berücksichtigung anderer Versorgungsbezüge, soweit sie auf eigenen Beiträgen des Versorgungsempfängers beruhen, nicht gekürzt werden. ²Dies gilt nicht für Renten aus den gesetzlichen Rentenversicherungen, soweit sie auf Pflichtbeiträgen beruhen, sowie für sonstige Versorgungsbezüge, die mindestens zur Hälfte auf Beiträgen oder Zuschüssen des Arbeitgebers beruhen.

Dritter Abschnitt

Altersgrenze

§ 6

Vorzeitige Altersleistung

¹Einem Arbeitnehmer, der die Altersrente aus der gesetzlichen Rentenversicherung als Vollrente in Anspruch nimmt, sind auf sein Verlangen nach Erfüllung der Wartezeit und sonstiger Leistungsvoraussetzungen Leistungen der betrieblichen Altersversorgung zu gewähren. ²Fällt die Altersrente aus der gesetzlichen Rentenversicherung wieder weg oder wird sie auf einen Teilbetrag beschränkt, so können auch die Leistungen der betrieblichen Altersversorgung eingestellt werden. ³Der ausgeschiedene Arbeitnehmer ist verpflichtet, die Aufnahme oder Ausübung einer Beschäftigung oder Erwerbstätigkeit, die zu einem Wegfall oder zu einer Beschränkung der Altersrente aus der gesetzlichen Rentenversicherung führt, dem Arbeitgeber oder sonstigen Versorgungsträger unverzüglich anzuzeigen.

Vierter Abschnitt

Insolvenzsicherung

§ 7

Umfang des Versicherungsschutzes

(1) ¹Versorgungsempfänger, deren Ansprüche aus einer unmittelbaren Versorgungszusage des Arbeitgebers nicht erfüllt werden, weil über das Vermögen des Arbeitgebers oder über seinen Nachlass das Insolvenzverfahren eröffnet worden ist, und ihre Hinterbliebenen haben gegen den Träger der Insolvenzsicherung einen Anspruch in Höhe der Leistung, die der Arbeitgeber aufgrund der Versorgungszusage zu erbringen hätte, wenn das Insolvenzverfahren nicht eröffnet worden wäre. ²Satz 1 gilt entsprechend,
1. wenn Leistungen aus einer Direktversicherung aufgrund der in § 1b Abs. 2 Satz 3 genannten Tatbestände nicht gezahlt werden und der Arbeitgeber seiner Verpflichtung nach § 1b Abs. 2 Satz 3 wegen der Eröffnung des Insolvenzverfahrens nicht nachkommt,
2. wenn eine Unterstützungskasse oder ein Pensionsfonds die nach ihrer Versorgungsregelung vorgesehene Versorgung nicht erbringt, weil über das Vermögen oder den Nachlass eines Arbeitgebers, der der Unterstützungskasse oder dem Pensionsfonds Zuwendungen leistet (Trägerunternehmen), das Insolvenzverfahren eröffnet worden ist.

³§ 14 des Versicherungsvertragsgesetzes findet entsprechende Anwendung. ⁴Der Eröffnung des Insolvenzverfahrens stehen bei der Anwendung der Sätze 1 bis 3 gleich
1. die Abweisung des Antrags auf Eröffnung des Insolvenzverfahrens mangels Masse,
2. der außergerichtliche Vergleich (Stundungs-, Quoten- oder Liquidationsvergleich) des Arbeitgebers mit seinen Gläubigern zur Abwendung eines Insolvenzverfahrens, wenn ihm der Träger der Insolvenzsicherung zustimmt,
3. die vollständige Beendigung der Betriebstätigkeit im Geltungsbereich dieses Gesetzes, wenn ein Antrag auf Eröffnung des Insolvenzverfahrens nicht gestellt worden ist und ein Insolvenzverfahren offensichtlich mangels Masse nicht in Betracht kommt.

(1a) ¹Der Anspruch gegen den Träger der Insolvenzsicherung entsteht mit dem Beginn des Kalendermonats, der auf den Eintritt des Sicherungsfalles folgt. ²Der Anspruch endet mit Ablauf des Sterbemonats des Begünstigten, soweit in der Versorgungszusage des Arbeitgebers nicht etwas anderes bestimmt ist. ³In den Fällen des Absatzes 1 Satz 1 und 4 Nr. 1 und 3 umfasst der Anspruch auch rückständige Versorgungsleistungen, soweit diese bis zu zwölf Monaten vor Entstehen der Leistungspflicht des Trägers der Insolvenzsicherung entstanden sind.

(2) ¹Personen, die bei Eröffnung des Insolvenzverfahrens oder bei Eintritt der nach Absatz 1 Satz 4 gleichstehenden Voraussetzungen (Sicherungsfall) eine nach § 1b unverfallbare Versorgungsanwartschaft haben, und ihre Hinterbliebenen haben bei Eintritt des Versorgungsfalls einen Anspruch gegen den Träger der Insolvenzsicherung, wenn die Anwartschaft beruht
1. auf einer unmittelbaren Versorgungszusage des Arbeitgebers oder

2. auf einer Direktversicherung und der Arbeitnehmer hinsichtlich der Leistungen des Versicherers widerruflich bezugsberechtigt ist oder die Leistungen aufgrund der in § 1b Abs. 2 Satz 3 genannten Tatbestände nicht gezahlt werden und der Arbeitgeber seiner Verpflichtung aus § 1b Abs. 2 Satz 3 wegen der Eröffnung des Insolvenzverfahrens nicht nachkommt.

[2]Satz 1 gilt entsprechend für Personen, die zum Kreis der Begünstigten einer Unterstützungskasse oder eines Pensionsfonds gehören, wenn der Sicherungsfall bei einem Trägerunternehmen eingetreten ist. [3]Die Höhe des Anspruchs richtet sich nach der Höhe der Leistungen gemäß § 2 Abs. 1, 2 Satz 2 und Abs. 5, bei Unterstützungskassen nach dem Teil der nach der Versorgungsregelung vorgesehenen Versorgung, der dem Verhältnis der Dauer der Betriebszugehörigkeit zu der Zeit vom Beginn der Betriebszugehörigkeit bis zum Erreichen der in der Versorgungsregelung vorgesehenen festen Altersgrenze entspricht, es sei denn, § 2 Abs. 5a ist anwendbar. [4]Für die Berechnung der Höhe des Anspruchs nach Satz 3 wird die Betriebszugehörigkeit bis zum Eintritt des Sicherungsfalles berücksichtigt. [5]Bei Pensionsfonds mit Leistungszusagen gelten für die Höhe des Anspruchs die Bestimmungen für unmittelbare Versorgungszusagen entsprechend, bei Beitragszusagen mit Mindestleistung gilt für die Höhe des Anspruchs § 2 Abs. 5b.

(3) [1]Ein Anspruch auf laufende Leistungen gegen den Träger der Insolvenzsicherung beträgt im Monat höchstens das Dreifache der im Zeitpunkt der ersten Fälligkeit maßgebenden monatlichen Bezugsgröße gemäß § 18 des Vierten Buches Sozialgesetzbuch. [2]Satz 1 gilt entsprechend bei einem Anspruch auf Kapitalleistungen mit der Maßgabe, daß zehn vom Hundert der Leistung als Jahresbetrag einer laufenden Leistung anzusetzen sind.

(4) [1]Ein Anspruch auf Leistungen gegen den Träger der Insolvenzsicherung vermindert sich in dem Umfange, in dem der Arbeitgeber oder sonstige Träger der Versorgung die Leistungen der betrieblichen Altersversorgung erbringt. [2]Wird im Insolvenzverfahren ein Insolvenzplan bestätigt, vermindert sich der Anspruch auf Leistungen gegen den Träger der Insolvenzsicherung insoweit, als nach dem Insolvenzplan der Arbeitgeber oder sonstige Träger der Versorgung einen Teil der Leistungen selbst zu erbringen hat. [3]Sieht der Insolvenzplan vor, dass der Arbeitgeber oder sonstige Träger der Versorgung die Leistung der betrieblichen Altersversorgung von einem bestimmten Zeitpunkt an selbst zu erbringen hat, entfällt der Anspruch auf Leistungen gegen den Träger der Insolvenzsicherung von diesem Zeitpunkt an. [4]Die Sätze 2 und 3 sind für den außergerichtlichen Vergleich nach Absatz 1 Satz 4 Nr. 2 entsprechend anzuwenden. [5]Im Insolvenzplan soll vorgesehen werden, dass bei einer nachhaltigen Besserung der wirtschaftlichen Lage des Arbeitgebers die vom Träger der Insolvenzsicherung zu erbringenden Leistungen ganz oder zum Teil vom Arbeitgeber oder sonstigen Träger der Versorgung übernommen werden.

(5) [1]Ein Anspruch gegen den Träger der Insolvenzsicherung besteht nicht, soweit nach den Umständen des Falles die Annahme gerechtfertigt ist, dass es der alleinige oder überwiegende Zweck der Versorgungszusage oder ihrer Verbesserung oder der für die Direktversicherung in § 1b Abs. 2 Satz 3 genannten Tatbestände gewesen ist, den Träger der Insolvenzsicherung in Anspruch zu nehmen. [2]Diese Annahme ist insbesondere dann gerechtfertigt, wenn bei Erteilung oder Verbesserung der Versorgungszusage wegen der wirtschaftlichen Lage des Arbeitgebers zu erwarten war, dass die Zusage nicht erfüllt werde. [3]Ein Anspruch auf Leistungen gegen den Träger der Insolvenzsicherung besteht bei Zusagen und Verbesserungen von Zusagen, die in den beiden letzten Jahren vor dem Eintritt des Sicherungsfalls erfolgt sind, nur

1. für ab dem 1. Januar 2002 gegebene Zusagen, soweit bei Entgeltumwandlung Beträge von bis zu 4 vom Hundert der Beitragsbemessungsgrenze in der allgemeinen Rentenversicherung für eine betriebliche Altersversorgung verwendet werden oder
2. für im Rahmen von Übertragungen gegebene Zusagen, soweit der Übertragungswert die Beitragsbemessungsgrenze in der allgemeinen Rentenversicherung nicht übersteigt.

(6) Ist der Sicherungsfall durch kriegerische Ereignisse, innere Unruhen, Naturkatastrophen oder Kernenergie verursacht worden, kann der Träger der Insolvenzsicherung mit Zustimmung der Bundesanstalt für Finanzdienstleistungsaufsicht die Leistungen nach billigem Ermessen abweichend von den Absätzen 1 bis 5 festsetzen.

§ 8
Übertragung der Leistungspflicht und Abfindung

(1) Ein Anspruch gegen den Träger der Insolvenzsicherung auf Leistungen nach § 7 besteht nicht, wenn eine Pensionskasse oder ein Unternehmen der Lebensversicherung sich dem Träger der Insolvenzsicherung gegenüber verpflichtet, diese Leistungen zu erbringen, und die nach § 7 Berechtigten ein unmittelbares Recht erwerben, die Leistungen zu fordern.

(1a) ¹Der Träger der Insolvenzsicherung hat die gegen ihn gerichteten Ansprüche auf den Pensionsfonds, dessen Trägerunternehmen die Eintrittspflicht nach § 7 ausgelöst hat, im Sinne von Absatz 1 zu übertragen, wenn die Bundesanstalt für Finanzdienstleistungsaufsicht hierzu die Genehmigung erteilt. ²Die Genehmigung kann nur erteilt werden, wenn durch Auflagen der Bundesanstalt für Finanzdienstleistungsaufsicht die dauernde Erfüllbarkeit der Leistungen aus dem Pensionsplan sichergestellt werden kann. ³Die Genehmigung der Bundesanstalt für Finanzdienstleistungsaufsicht kann der Pensionsfonds nur innerhalb von drei Monaten nach Eintritt des Sicherungsfalles beantragen.

(2) ¹Der Träger der Insolvenzsicherung kann eine Anwartschaft ohne Zustimmung des Arbeitnehmers abfinden, wenn der Monatsbetrag der aus der Anwartschaft resultierenden laufenden Leistung bei Erreichen der vorgesehenen Altersgrenze 1 vom Hundert, bei Kapitalleistungen zwölf Zehntel der monatlichen Bezugsgröße nach § 18 des Vierten Buches Sozialgesetzbuch nicht übersteigen würde oder wenn dem Arbeitnehmer die Beiträge zur gesetzlichen Rentenversicherung erstattet worden sind. ²Dies gilt entsprechend für die Abfindung einer laufenden Leistung ³Die Abfindung ist darüber hinaus möglich, wenn sie an ein Unternehmen der Lebensversicherung gezahlt wird, bei dem der Versorgungsberechtigte im Rahmen einer Direktversicherung versichert ist. ⁴§ 2 Abs. 2 Satz 4 bis 6 und § 3 Abs. 5 gelten entsprechend.

§ 9

Mitteilungspflicht; Forderungs- und Vermögensübergang

(1) ¹Der Träger der Insolvenzsicherung teilt dem Berechtigten die ihm nach § 7 oder § 8 zustehenden Ansprüche oder Anwartschaften schriftlich mit. ²Unterbleibt die Mitteilung, so ist der Anspruch oder die Anwartschaft spätestens ein Jahr nach dem Sicherungsfall bei dem Träger der Insolvenzsicherung anzumelden; erfolgt die Anmeldung später, so beginnen die Leistungen frühestens mit dem Ersten des Monats der Anmeldung, es sei denn, dass der Beschäftigte an der rechtzeitigen Anmeldung ohne sein Verschulden verhindert war.

(2) ¹Ansprüche oder Anwartschaften des Berechtigten gegen den Arbeitgeber auf Leistungen der betrieblichen Altersversorgung, die den Anspruch gegen den Träger der Insolvenzsicherung begründen, gehen im Falle eines Insolvenzverfahrens mit dessen Eröffnung, in den übrigen Sicherungsfällen dann auf den Träger der Insolvenzsicherung über, wenn dieser nach Absatz 1 Satz 1 dem Berechtigten die ihm zustehenden Ansprüche oder Anwartschaften mitteilt. ²Der Übergang kann nicht zum Nachteil des Berechtigten geltend gemacht werden. ³Die mit der Eröffnung des Insolvenzverfahrens übergegangenen Anwartschaften werden im Insolvenzverfahren als unbedingte Forderungen nach § 45 der Insolvenzordnung geltend gemacht.

(3) ¹Ist der Träger der Insolvenzsicherung zu Leistungen verpflichtet, die ohne den Eintritt des Sicherungsfalles eine Unterstützungskasse erbringen würde, geht deren Vermögen einschließlich der Verbindlichkeiten auf ihn über; die Haftung für die Verbindlichkeiten beschränkt sich auf das übergegangene Vermögen. ²Wenn die übergegangenen Vermögenswerte den Barwert der Ansprüche und Anwartschaften gegen den Träger der Insolvenzsicherung übersteigen, hat dieser den übersteigenden Teil entsprechend der Satzung der Unterstützungskasse zu verwenden. ³Bei einer Unterstützungskasse mit mehreren Trägerunternehmen hat der Träger der Insolvenzsicherung einen Anspruch gegen die Unterstützungskasse auf einen Betrag, der dem Teil des Vermögens der Kasse entspricht, der auf das Unternehmen entfällt, bei dem der Sicherungsfall eingetreten ist. ⁴Die Sätze 1 bis 3 gelten nicht, wenn der Sicherungsfall auf den in § 7 Abs. 1 Satz 4 Nr. 2 genannten Gründen beruht, es sei denn, dass das Trägerunternehmen seine Betriebstätigkeit nach Eintritt des Sicherungsfalls nicht fortsetzt und aufgelöst wird (Liquidationsvergleich).

(3a) Absatz 3 findet entsprechende Anwendung auf einen Pensionsfonds, wenn die Bundesanstalt für Finanzdienstleistungsaufsicht die Genehmigung für die Übertragung der Leistungspflicht durch den Träger der Insolvenzsicherung nach § 8 Abs. 1a nicht erteilt.

(4) ¹In einem Insolvenzplan, der die Fortführung des Unternehmens oder eines Betriebes vorsieht, kann für den Träger der Insolvenzsicherung eine besondere Gruppe gebildet werden. ²Sofern im Insolvenzplan nichts anderes vorgesehen ist, kann der Träger der Insolvenzsicherung, wenn innerhalb von drei Jahren nach der Aufhebung des Insolvenzverfahrens ein Antrag auf Eröffnung eines neuen Insolvenzverfahrens über das Vermögen des Arbeitgebers gestellt wird, in diesem Verfahren als Insolvenzgläubiger Erstattung der von ihm erbrachten Leistungen verlangen.

(5) Dem Träger der Insolvenzsicherung steht gegen den Beschluss, durch den das Insolvenzverfahren eröffnet wird, die sofortige Beschwerde zu.

§ 10
Beitragspflicht und Beitragsbemessung

(1) Die Mittel für die Durchführung der Insolvenzsicherung werden auf Grund öffentlich-rechtlicher Verpflichtung durch Beiträge aller Arbeitgeber aufgebracht, die Leistungen der betrieblichen Altersversorgung unmittelbar zugesagt haben oder eine betriebliche Altersversorgung über eine Unterstützungskasse, eine Direktversicherung der in § 7 Abs. 1 Satz 2 und Absatz 2 Satz 1 Nr. 2 bezeichneten Art oder einen Pensionsfonds durchführen.

(2) ¹Die Beiträge müssen den Barwert der im laufenden Kalenderjahr entstehenden Ansprüche auf Leistungen der Insolvenzsicherung decken zuzüglich eines Betrages für die aufgrund eingetretener Insolvenzen zu sichernden Anwartschaften, der sich aus dem Unterschied der Barwerte dieser Anwartschaften am Ende des Kalenderjahres und am Ende des Vorjahres bemisst. ²Der Rechnungszinsfuß bei der Berechnung des Barwerts der Ansprüche auf Leistungen der Insolvenzsicherung bestimmt sich nach § 65 des Versicherungsaufsichtsgesetzes; soweit keine Übertragung nach § 8 Abs. 1 stattfindet, ist der Rechnungszinsfuß bei der Berechnung des Barwerts der Anwartschaften um ein Drittel höher. ³Darüber hinaus müssen die Beiträge die im gleichen Zeitraum entstehenden Verwaltungskosten und sonstigen Kosten, die mit der Gewährung der Leistungen zusammenhängen, und die Zuführung zu einem von der Bundesanstalt für Finanzdienstleistungsaufsicht festgesetzten Ausgleichsfonds decken; § 37 des Versicherungsaufsichtsgesetzes bleibt unberührt. ⁴Auf die am Ende des Kalenderjahres fälligen Beiträge können Vorschüsse erhoben werden. ⁵Sind die nach den Sätzen 1 bis 3 erforderlichen Beiträge höher als im vorangegangenen Kalenderjahr, so kann der Unterschiedsbetrag auf das laufende und die folgenden vier Kalenderjahre verteilt werden. ⁶In Jahren, in denen sich außergewöhnlich hohe Beiträge ergeben würden, kann zu deren Ermäßigung der Ausgleichsfonds in einem von der Bundesanstalt für Finanzdienstleistungsaufsicht zu genehmigenden Umfang herangezogen werden.

(3) Die nach Absatz 2 erforderlichen Beiträge werden auf die Arbeitgeber nach Maßgabe der nachfolgenden Beträge umgelegt, soweit sie sich auf die laufenden Versorgungsleistungen und die nach § 1b unverfallbaren Versorgungsanwartschaften beziehen (Beitragsbemessungsgrundlage); diese Beträge sind festzustellen auf den Schluss des Wirtschaftsjahres des Arbeitgebers, das im abgelaufenen Kalenderjahr geendet hat:

1. Bei Arbeitgebern, die Leistungen der betrieblichen Altersversorgung unmittelbar zugesagt haben, ist Beitragsbemessungsgrundlage der Teilwert der Pensionsverpflichtung (§ 6a Abs. 3 des Einkommensteuergesetzes).

2. ¹Bei Arbeitgebern, die eine betriebliche Altersversorgung über eine Direktversicherung mit widerruflichem Bezugsrecht durchführen, ist Beitragsbemessungsgrundlage das geschäftsplanmäßige Deckungskapital oder, soweit die Berechnung des Deckungskapitals nicht zum Geschäftsplan gehört, die Deckungsrückstellung. ²Für Versicherungen, bei denen der Versicherungsfall bereits eingetreten ist, und für Versicherungsanwartschaften, für die ein unwiderrufliches Bezugsrecht eingeräumt ist, ist das Deckungskapital oder die Deckungsrückstellung nur insoweit zu berücksichtigen, als die Versicherungen abgetreten oder beliehen sind.

3. Bei Arbeitgebern, die eine betriebliche Altersversorgung über eine Unterstützungskasse durchführen, ist Beitragsbemessungsgrundlage das Deckungskapital für die laufenden Leistungen (§ 4d Abs. 1 Nr. 1 Buchstabe a des Einkommensteuergesetzes) zuzüglich des Zwanzigfachen der nach § 4d Abs. 1 Nr. 1 Buchstabe b Satz 1 des Einkommensteuergesetzes errechneten jährlichen Zuwendungen für Leistungsanwärter im Sinne von § 4d Abs. 1 Nr. 1 Buchstabe b Satz 2 des Einkommensteuergesetzes.

4. Bei Arbeitgebern, soweit sie betriebliche Altersversorgung über einen Pensionsfonds durchführen, ist Beitragsbemessungsgrundlage 20 vom Hundert des entsprechend Nummer 1 ermittelten Betrages.

(4) ¹Aus den Beitragsbescheiden des Trägers der Insolvenzsicherung findet die Zwangsvollstreckung in entsprechender Anwendung der Vorschriften der Zivilprozeßordnung statt. ²Die vollstreckbare Ausfertigung erteilt der Träger der Insolvenzsicherung.

§ 10a
Säumniszuschläge; Zinsen; Verjährung

(1) Für Beiträge, die wegen Verstoßes des Arbeitgebers gegen die Meldepflicht erst nach Fälligkeit erhoben werden, kann der Träger der Insolvenzsicherung für jeden angefangenen Monat vom Zeitpunkt der Fälligkeit an einen Säumniszuschlag in Höhe von bis zu eins vom Hundert der nacherhobenen Beiträge erheben.

Anhang 8/BetrAVG

(2) ¹Für festgesetzte Beiträge und Vorschüsse, die der Arbeitgeber nach Fälligkeit zahlt, erhebt der Träger der Insolvenzsicherung für jeden Monat Verzugszinsen in Höhe von 0,5 vom Hundert der rückständigen Beiträge. ²Angefangene Monate bleiben außer Ansatz.

(3) ¹Vom Träger der Insolvenzsicherung zu erstattende Beiträge werden vom Tage der Fälligkeit oder bei Feststellung des Erstattungsanspruchs durch gerichtliche Entscheidung vom Tage der Rechtshängigkeit an für jeden Monat mit 0,5 vom Hundert verzinst. ²Angefangene Monate bleiben außer Ansatz.

(4) ¹Ansprüche auf Zahlung der Beiträge zur Insolvenzsicherung gemäß § 10 sowie Erstattungsansprüche nach Zahlung nicht geschuldeter Beiträge zur Insolvenzsicherung verjähren in sechs Jahren. ²Die Verjährungsfrist beginnt mit Ablauf des Kalenderjahres, in dem die Beitragspflicht entstanden oder der Erstattungsanspruch fällig geworden ist. ³Auf die Verjährung sind die Vorschriften des Bürgerlichen Gesetzbuchs anzuwenden.

§ 11
Melde-, Auskunfts- und Mitteilungspflichten

(1) ¹Der Arbeitgeber hat dem Träger der Insolvenzsicherung eine betriebliche Altersversorgung nach § 1b Abs. 1 bis 4 für seine Arbeitnehmer innerhalb von 3 Monaten nach Erteilung der unmittelbaren Versorgungszusage, dem Abschluss einer Direktversicherung oder der Errichtung einer Unterstützungskasse oder eines Pensionsfonds mitzuteilen. ²Der Arbeitgeber, der sonstige Träger der Versorgung, der Insolvenzverwalter und die nach § 7 Berechtigten sind verpflichtet, dem Träger der Insolvenzsicherung alle Auskünfte zu erteilen, die zur Durchführung der Vorschriften dieses Abschnittes erforderlich sind, sowie Unterlagen vorzulegen, aus denen die erforderlichen Angaben ersichtlich sind.

(2) ¹Ein beitragspflichtiger Arbeitgeber hat dem Träger der Insolvenzsicherung spätestens bis zum 30. September eines jeden Kalenderjahres die Höhe des nach § 10 Abs. 3 für die Bemessung des Beitrages maßgebenden Betrages bei unmittelbaren Versorgungszusagen und Pensionsfonds auf Grund eines versicherungsmathematischen Gutachtens, bei Direktversicherungen auf Grund einer Bescheinigung des Versicherers und bei Unterstützungskassen auf Grund einer nachprüfbaren Berechnung mitzuteilen. ²Der Arbeitgeber hat die in Satz 1 bezeichneten Unterlagen mindestens 6 Jahre aufzubewahren.

(3) ¹Der Insolvenzverwalter hat dem Träger der Insolvenzsicherung die Eröffnung des Insolvenzverfahrens, Namen und Anschriften der Versorgungsempfänger und die Höhe ihrer Versorgung nach § 7 unverzüglich mitzuteilen. ²Er hat zugleich Namen und Anschriften der Personen, die bei Eröffnung des Insolvenzverfahrens eine nach § 1 unverfallbare Versorgungsanwartschaft haben, sowie die Höhe ihrer Anwartschaft nach § 7 mitzuteilen.

(4) Der Arbeitgeber, der sonstige Träger der Versorgung und die nach § 7 Berechtigten sind verpflichtet, dem Insolvenzverwalter Auskünfte über alle Tatsachen zu erteilen, auf die sich die Mitteilungspflicht nach Absatz 3 bezieht.

(5) In den Fällen, in denen ein Insolvenzverfahren nicht eröffnet wird (§ 7 Abs. 1 Satz 4) oder nach § 207 der Insolvenzordnung eingestellt worden ist, sind die Pflichten des Insolvenzverwalters nach Absatz 3 vom Arbeitgeber oder dem sonstigen Träger der Versorgung zu erfüllen.

(6) Kammern und andere Zusammenschlüsse von Unternehmen oder anderen selbständigen Berufstätigen, die als Körperschaften des öffentlichen Rechts errichtet sind, ferner Verbände und andere Zusammenschlüsse, denen Unternehmer oder andere selbständige Berufstätige kraft Gesetzes angehören oder anzugehören haben, haben den Träger der Insolvenzsicherung bei der Ermittlung der nach § 10 beitragspflichtigen Arbeitgeber zu unterstützen.

(7) Die nach den Absätzen 1 bis 3 und 5 zu Mitteilungen und Auskünften und die nach Absatz 6 zur Unterstützung Verpflichteten haben die vom Träger der Insolvenzsicherung vorgesehenen Vordrucke zu verwenden.

(8) ¹Zur Sicherung der vollständigen Erfassung der nach § 10 beitragspflichtigen Arbeitgeber können die Finanzämter dem Träger der Insolvenzsicherung mitteilen, welche Arbeitgeber für die Beitragspflicht in Betracht kommen. ²Die Bundesregierung wird ermächtigt, durch Rechtsverordnung mit Zustimmung des Bundesrates das Nähere zu bestimmen und Einzelheiten des Verfahrens zu regeln.

§ 12
Ordnungswidrigkeiten

(1) Ordnungswidrig handelt, wer vorsätzlich oder fahrlässig
  1. entgegen § 11 Abs. 1 Satz 1, Abs. 2 Satz 1, Abs. 3 oder Abs. 5 eine Mitteilung nicht, nicht richtig, nicht vollständig oder nicht rechtzeitig vornimmt,
  2. entgegen § 11 Abs. 1 Satz 2 oder Abs. 4 eine Auskunft nicht, nicht richtig, nicht vollständig oder nicht rechtzeitig erteilt oder

3. entgegen § 11 Abs. 1 Satz 2 Unterlagen nicht, nicht richtig, nicht vollständig oder nicht rechtzeitig vorlegt oder entgegen § 11 Abs. 2 Satz 2 Unterlagen nicht aufbewahrt.

(2) Die Ordnungswidrigkeit kann mit einer Geldbuße bis zu zweitausendfünfhundert Euro geahndet werden.

(3) Verwaltungsbehörde im Sinne des § 36 Abs. 1 Nr. 1 des Gesetzes über Ordnungswidrigkeiten ist die Bundesanstalt für Finanzdienstleistungsaufsicht.

§ 13
(weggefallen)

§ 14
Träger der Insolvenzsicherung

(1) [1]Träger der Insolvenzsicherung ist der Pensions-Sicherungs-Verein Versicherungsverein auf Gegenseitigkeit. [2]Er ist zugleich Träger der Insolvenzsicherung von Versorgungszusagen Luxemburger Unternehmen nach Maßgabe des Abkommens vom 22. September 2000[1]) zwischen der Bundesrepublik Deutschland und dem Großherzogtum Luxemburg über Zusammenarbeit im Bereich der Insolvenzsicherung betrieblicher Altersversorgung. [3]Er unterliegt der Aufsicht durch die Bundesanstalt für Finanzdienstleistungsaufsicht. [4]Die Vorschriften des Versicherungsaufsichtsgesetzes gelten, soweit dieses Gesetz nichts anderes bestimmt.

(2) [1]Der Bundesminister für Arbeit und Sozialordnung weist durch Rechtsverordnung mit Zustimmung des Bundesrates die Stellung des Trägers der Insolvenzsicherung der Kreditanstalt für Wiederaufbau zu, bei der ein Fonds zur Insolvenzsicherung der betrieblichen Altersversorgung gebildet wird, wenn

1. bis zum 31. Dezember 1974 nicht nachgewiesen worden ist, dass der in Absatz 1 genannte Träger die Erlaubnis der Aufsichtsbehörde zum Geschäftsbetrieb erhalten hat,
2. der in Absatz 1 genannte Träger aufgelöst worden ist oder
3. die Aufsichtsbehörde den Geschäftsbetrieb des in Absatz 1 genannten Trägers untersagt oder die Erlaubnis zum Geschäftsbetrieb widerruft.

[2]In den Fällen der Nummern 2 und 3 geht das Vermögen des in Absatz 1 genannten Trägers einschließlich der Verbindlichkeiten auf die Kreditanstalt für Wiederaufbau über, die es dem Fonds zur Insolvenzsicherung der betrieblichen Altersversorgung zuweist.

(3) [1]Wird die Insolvenzsicherung von der Kreditanstalt für Wiederaufbau durchgeführt, gelten die Vorschriften dieses Abschnittes mit folgenden Abweichungen:

1. In § 7 Abs. 6 entfällt die Zustimmung der Bundesanstalt für Finanzdienstleistungsaufsicht.
2. § 10 Abs. 2 findet keine Anwendung. [2]Die von der Kreditanstalt für Wiederaufbau zu erhebenden Beiträge müssen den Bedarf für die laufenden Leistungen der Insolvenzsicherung im laufenden Kalenderjahr und die im gleichen Zeitraum entstehenden Verwaltungskosten und sonstigen Kosten, die mit der Gewährung der Leistungen zusammenhängen, decken. [3]Bei einer Zuweisung nach Absatz 2 Nr. 1 beträgt der Beitrag für die ersten drei Jahre mindestens 0,1 vom Hundert der Beitragsbemessungsgrundlage gemäß § 10 Abs. 3; der nicht benötigte Teil dieses Beitragsaufkommens wird einer Betriebsmittelreserve zugeführt. [4]Bei einer Zuweisung nach Absatz 2 Nr. 2 oder 3 wird in den ersten drei Jahren zu dem Beitrag nach Nummer 2 Satz 2 ein Zuschlag von 0,08 vom Hundert der Beitragsbemessungsgrundlage gemäß § 10 Abs. 3 zur Bildung einer Betriebsmittelreserve erhoben. [5]Auf die Beiträge können Vorschüsse erhoben werden.
3. In § 12 Abs. 3 tritt an die Stelle der Bundesanstalt für Finanzdienstleistungsaufsicht die Kreditanstalt für Wiederaufbau.

[2]Die Kreditanstalt für Wiederaufbau verwaltet den Fonds im eigenen Namen. [3]Für Verbindlichkeiten des Fonds haftet sie nur mit dem Vermögen des Fonds. [4]Dieser haftet nicht für die sonstigen Verbindlichkeiten der Bank. [5]§ 11 Abs. 1 des Gesetzes über die Kreditanstalt für Wiederaufbau in der Fassung der Bekanntmachung vom 23. Juni 1969 (BGBl. I S. 573), das zuletzt durch Artikel 14 des Gesetzes vom 21. Juni 2002 (BGBl. I S. 2010) geändert worden ist, ist in der jeweils geltenden Fassung auch für den Fonds anzuwenden.

§ 15
Verschwiegenheitspflicht

[1]Personen, die bei dem Träger der Insolvenzsicherung beschäftigt oder für ihn tätig sind, dürfen fremde Geheimnisse, insbesondere Betriebs- oder Geschäftsgeheimnisse, nicht unbefugt offenbaren oder verwerten. [2]Sie sind nach dem Gesetz über die förmliche Verpflichtung nichtbeamteter Personen vom

---
1) Abkommen ist veröffentlicht mit Gesetz vom 10.12.2001 (BGBl. II S. 1258).

2. März 1974 (Bundesgesetzbl. I S. 469, 547) von der Bundesanstalt für Finanzdienstleistungsaufsicht auf die gewissenhafte Erfüllung ihrer Obliegenheiten zu verpflichten.

Fünfter Abschnitt

Anpassung

§ 16

Anpassungsprüfungspflicht

(1) Der Arbeitgeber hat alle drei Jahre eine Anpassung der laufenden Leistungen der betrieblichen Altersversorgung zu prüfen und hierüber nach billigem Ermessen zu entscheiden; dabei sind insbesondere die Belange des Versorgungsempfängers und die wirtschaftliche Lage des Arbeitgebers zu berücksichtigen.

(2) Die Verpflichtung nach Absatz 1 gilt als erfüllt, wenn die Anpassung nicht geringer ist als der Anstieg

1. des Verbraucherpreisindexes für Deutschland oder[1])
2. der Nettolöhne vergleichbarer Arbeitnehmergruppen des Unternehmens

im Prüfungszeitraum.

(3) Die Verpflichtung nach Absatz 1 entfällt, wenn

1. der Arbeitgeber sich verpflichtet, die laufenden Leistungen jährlich um wenigstens eins vom Hundert anzupassen,[2])
2. die betriebliche Altersversorgung über eine Direktversicherung im Sinne des § 1b Abs. 2 oder über eine Pensionskasse im Sinne des § 1b Abs. 3 durchgeführt wird, ab Rentenbeginn sämtliche auf den Rentenbestand entfallende Überschussanteile zur Erhöhung der laufenden Leistungen verwendet werden und zur Berechnung der garantierten Leistung der nach § 65 Abs. 1 Nr. 1 Buchstabe a des Versicherungsaufsichtsgesetzes festgesetzte Höchstzinssatz zur Berechnung der Deckungsrückstellung nicht überschritten wird oder
3. eine Beitragszusage mit Mindestleistung erteilt wurde; Absatz 5 findet insoweit keine Anwendung.

(4) ¹Sind laufende Leistungen nach Absatz 1 nicht oder nicht in vollem Umfang anzupassen (zu Recht unterbliebene Anpassung), ist der Arbeitgeber nicht verpflichtet, die Anpassung zu einem späteren Zeitpunkt nachzuholen. ²Eine Anpassung gilt als zu Recht unterblieben, wenn der Arbeitgeber dem Versorgungsempfänger die wirtschaftliche Lage des Unternehmens schriftlich dargelegt, der Versorgungsempfänger nicht binnen drei Kalendermonaten nach Zugang der Mitteilung schriftlich widersprochen hat und er auf die Rechtsfolgen eines nicht fristgemäßen Widerspruchs hingewiesen wurde.[3])

(5) Soweit betriebliche Altersversorgung durch Entgeltumwandlung finanziert wird, ist der Arbeitgeber verpflichtet, die Leistungen mindestens entsprechend Absatz 3 Nr. 1 anzupassen oder im Falle der Durchführung über eine Direktversicherung oder eine Pensionskasse sämtliche Überschussanteile entsprechend Absatz 3 Nr. 2 zu verwenden.

(6) Eine Verpflichtung zur Anpassung besteht nicht für monatliche Raten im Rahmen eines Auszahlungsplans sowie für Renten ab Vollendung des 85. Lebensjahres im Anschluss an einen Auszahlungsplan.

Sechster Abschnitt

Geltungsbereich

§ 17

Persönlicher Geltungsbereich und Tariföffnungsklausel

(1) ¹Arbeitnehmer im Sinne der §§ 1 bis 16 sind Arbeiter und Angestellte einschließlich der zu ihrer Berufsausbildung Beschäftigten; ein Berufsausbildungsverhältnis steht einem Arbeitsverhältnis gleich. ²Die §§ 1 bis 16 gelten entsprechend für Personen, die nicht Arbeitnehmer sind, wenn ihnen Leistungen der Alters-, Invaliditäts- oder Hinterbliebenenversorgung aus Anlass ihrer Tätigkeit für ein Unternehmen zugesagt worden sind. ³Arbeitnehmer im Sinne von § 1a Abs. 1 sind nur Personen nach den Sätzen 1 und 2, soweit sie aufgrund der Beschäftigung oder Tätigkeit bei dem Arbeitgeber, gegen den sich der Anspruch nach § 1a richten würde, in der gesetzlichen Rentenversicherung pflichtversichert sind.

(2) Die §§ 7 bis 15 gelten nicht für den Bund, die Länder, die Gemeinden sowie die Körperschaften, Stiftungen und Anstalten des öffentlichen Rechts, bei denen das Insolvenzverfahren nicht zulässig ist,

---

1) Zur Anwendung von § 16 Abs. 2 Nr. 1 vor 2003 siehe § 30c Abs. 4.
2) Zur Anwendung von Absatz 3 Nr. 1 siehe § 30c Abs. 1.
3) Zur Anwendung von Absatz 4 siehe § 30c Abs. 2.

und solche juristische Personen des öffentlichen Rechts, bei denen der Bund, ein Land oder eine Gemeinde kraft Gesetzes die Zahlungsfähigkeit sichert.

(3) ¹Von den §§ 1a, 2 bis 5, 16, 18a Satz 1, §§ 27 und 28 kann in Tarifverträgen abgewichen werden. ²Die abweichenden Bestimmungen haben zwischen nichttarifgebundenen Arbeitgebern und Arbeitnehmern Geltung, wenn zwischen diesen die Anwendung der einschlägigen tariflichen Regelung vereinbart ist. ³Im Übrigen kann von den Bestimmungen dieses Gesetzes nicht zuungunsten des Arbeitnehmers abgewichen werden.

(4) Gesetzliche Regelungen über Leistungen der betrieblichen Altersversorgung werden unbeschadet des § 18 durch die §§ 1 bis 16 und 26 bis 30 nicht berührt.

(5) Soweit Entgeltansprüche auf einem Tarifvertrag beruhen, kann für diese eine Entgeltumwandlung nur vorgenommen werden, soweit dies durch Tarifvertrag vorgesehen oder durch Tarifvertrag zugelassen ist.[1)]

§ 18
Sonderregelungen für den öffentlichen Dienst[2)]

(1) Für Personen, die

1. bei der Versorgungsanstalt des Bundes und der Länder (VBL) oder einer kommunalen oder kirchlichen Zusatzversorgungseinrichtung pflichtversichert sind, oder
2. bei einer anderen Zusatzversorgungseinrichtung pflichtversichert sind, die mit einer der Zusatzversorgungseinrichtungen nach Nummer 1 ein Überleitungsabkommen abgeschlossen hat oder aufgrund satzungsrechtlicher Vorschriften der Zusatzversorgungseinrichtungen nach Nummer 1 ein solches Abkommen abschließen kann, oder
3. unter das Gesetz über die zusätzliche Alters- und Hinterbliebenenversorgung für Angestellte und Arbeiter der Freien und Hansestadt Hamburg (Erstes Ruhegeldgesetz – 1. RGG), das Gesetz zur Neuregelung der zusätzlichen Alters- und Hinterbliebenenversorgung für Angestellte und Arbeiter der Freien und Hansestadt Hamburg (Zweites Ruhegeldgesetz – 2. RGG) oder unter das Bremische Ruhelohngesetz in ihren jeweiligen Fassungen fallen oder auf die diese Gesetze sonst Anwendung finden,

gelten die §§ 2, 5, 16, 27 und 28 nicht, soweit sich aus den nachfolgenden Regelungen nichts Abweichendes ergibt; § 4 gilt nicht, wenn die Anwartschaft oder die laufende Leistung ganz oder teilweise umlage- oder haushaltsfinanziert ist.

(2) Bei Eintritt des Versorgungsfalles erhalten die in Absatz 1 Nr. 1 und 2 bezeichneten Personen, deren Anwartschaft nach § 1b fortbesteht und deren Arbeitsverhältnis vor Eintritt des Versorgungsfalles geendet hat, von der Zusatzversorgungseinrichtung eine Zusatzrente nach folgenden Maßgaben:

1. ¹Der monatliche Betrag der Zusatzrente beträgt für jedes Jahr der aufgrund des Arbeitsverhältnisses bestehenden Pflichtversicherung bei einer Zusatzversorgungseinrichtung 2,25 vom Hundert, höchstens jedoch 100 vom Hundert der Leistung, die bei dem höchstmöglichen Versorgungssatz zugestanden hätte (Voll-Leistung). ²Für die Berechnung der Voll-Leistung

    a) ist der Versicherungsfall der Regelaltersrente maßgebend,
    b) ist das Arbeitsentgelt maßgebend, das nach der Versorgungsregelung für die Leistungsbemessung maßgebend wäre, wenn im Zeitpunkt des Ausscheidens der Versicherungsfall im Sinne der Versorgungsregelung eingetreten wäre,
    c) finden § 2 Abs. 5 Satz 1 und § 2 Abs. 6 entsprechend Anwendung,
    d) ist im Rahmen einer Gesamtversorgung der im Falle einer Teilzeitbeschäftigung oder Beurlaubung nach der Versorgungsregelung für die gesamte Dauer des Arbeitsverhältnisses maßgebliche Beschäftigungsquotient nach der Versorgungsregelung als Beschäftigungsquotient auch für die übrige Zeit maßgebend,
    e) finden die Vorschriften der Versorgungsregelung über eine Mindestleistung keine Anwendung und
    f) ist eine anzurechnende Grundversorgung nach dem bei der Berechnung von Pensionsrückstellungen für die Berücksichtigung von Renten aus der gesetzlichen Rentenversicherung allgemein zulässigen Verfahren zu ermitteln. ²Hierbei ist das Arbeitsentgelt nach Buchstabe b zugrunde zu legen und – soweit während der Pflichtversicherung Teilzeitbeschäftigung bestand – diese nach Maßgabe der Versorgungsregelung zu berücksichtigen.

---

1) Zur Anwendung von § 17 Abs. 5 siehe § 30h des Gesetzes.
2) Übergangsregelung zu § 18 siehe § 30d.

2. Die Zusatzrente vermindert sich um 0,3 vom Hundert für jeden vollen Kalendermonat, den der Versorgungsfall vor Vollendung des 65. Lebensjahres eintritt, höchstens jedoch um den in der Versorgungsregelung für die Voll-Leistung vorgesehenen Vomhundertsatz.
3. Übersteigt die Summe der Vomhundertsätze nach Nummer 1 aus unterschiedlichen Arbeitsverhältnissen 100, sind die einzelnen Leistungen im gleichen Verhältnis zu kürzen.
4. Die Zusatzrente muss monatlich mindestens den Betrag erreichen, der sich aufgrund des Arbeitsverhältnisses nach der Versorgungsregelung als Versicherungsrente aus den jeweils maßgeblichen Vomhundertsätzen der zusatzversorgungspflichtigen Entgelte oder der gezahlten Beiträge und Erhöhungsbeträge ergibt.
5. [1]Die Vorschriften der Versorgungsregelung über das Erlöschen, das Ruhen und die Nichtleistung der Versorgungsrente gelten entsprechend. [2]Soweit die Versorgungsregelung eine Mindestleistung in Ruhensfällen vorsieht, gilt dies nur, wenn die Mindestleistung der Leistung im Sinne der Nummer 4 entspricht.
6. [1]Verstirbt die in Absatz 1 genannte Person, erhält eine Witwe oder ein Witwer 60 vom Hundert, eine Witwe oder ein Witwer im Sinne des § 46 Abs. 1 des Sechsten Buches Sozialgesetzbuch 42 vom Hundert, eine Halbwaise 12 vom Hundert und eine Vollwaise 20 vom Hundert der unter Berücksichtigung der in diesem Absatz genannten Maßgaben zu berechnenden Zusatzrente; die §§ 46, 48, 103 bis 105 des Sechsten Buches Sozialgesetzbuch sind entsprechend anzuwenden. [2]Die Leistungen an mehrere Hinterbliebene dürfen den Betrag der Zusatzrente nicht übersteigen; gegebenenfalls sind die Leistungen im gleichen Verhältnis zu kürzen.
7. Versorgungsfall ist der Versicherungsfall im Sinne der Versorgungsregelung.

(3) Personen, auf die bis zur Beendigung ihres Arbeitsverhältnisses die Regelungen des Ersten Ruhegeldgesetzes, des Zweiten Ruhegeldgesetzes oder des Bremischen Ruhelohngesetzes in ihren jeweiligen Fassungen Anwendung gefunden haben, haben Anspruch gegenüber ihrem ehemaligen Arbeitgeber auf Leistungen in sinngemäßer Anwendung des Absatzes 2 mit Ausnahme von Absatz 2 Nr. 3 und 4 sowie Nr. 5 Satz 2; bei Anwendung des Zweiten Ruhegeldgesetzes bestimmt sich der monatliche Betrag der Zusatzrente abweichend von Absatz 2 nach der nach dem Zweiten Ruhegeldgesetz maßgebenden Berechnungsweise.

(4) Die Leistungen nach den Absätzen 2 und 3 werden, mit Ausnahme der Leistungen nach Absatz 2 Nr. 4, jährlich zum 1. Juli um 1 vom Hundert erhöht, soweit in diesem Jahr eine allgemeine Erhöhung der Versorgungsrenten erfolgt.

(5) Besteht bei Eintritt des Versorgungsfalles neben dem Anspruch auf Zusatzrente oder auf die in Absatz 3 oder Absatz 7 bezeichneten Leistungen auch Anspruch auf eine Versorgungsrente oder Versicherungsrente der in Absatz 1 Satz 1 Nr. 1 und 2 bezeichneten Zusatzversorgungseinrichtungen oder Anspruch auf entsprechende Versorgungsleistungen der Versorgungsanstalt der deutschen Kulturorchester oder der Versorgungsanstalt der deutschen Bühnen oder nach den Regeln des Ersten Ruhegeldgesetzes, des Zweiten Ruhegeldgesetzes oder des Bremischen Ruhelohngesetzes, in deren Berechnung auch die der Zusatzrente zugrunde liegenden Zeiten berücksichtigt sind, ist nur die im Zahlbetrag höhere Rente zu leisten.

(6) Eine Anwartschaft auf Zusatzrente nach Absatz 2 oder auf Leistungen nach Absatz 3 kann bei Übertritt der antwartschaftsberechtigten Person in ein Versorgungssystem einer überstaatlichen Einrichtung in das Versorgungssystem dieser Einrichtung übertragen werden, wenn ein entsprechendes Abkommen zwischen der Zusatzversorgungseinrichtung oder der Freien und Hansestadt Hamburg oder der Freien Hansestadt Bremen und der überstaatlichen Einrichtung besteht.

(7) [1]Für Personen, die bei der Versorgungsanstalt der Kulturorchester oder Versorgungsanstalt der deutschen Bühnen pflichtversichert sind, gelten die §§ 2 bis 5, 16, 27 und 28 nicht. [2]Bei Eintritt des Versorgungsfalles treten an die Stelle der Zusatzrente und der Leistungen an Hinterbliebene nach Absatz 2 und an die Stelle der Regelung in Absatz 4 die satzungsgemäß vorgesehenen Leistungen; Absatz 2 Nr. 5 findet entsprechend Anwendung. [3]Die Höhe der Leistungen kann nach dem Ausscheiden aus dem Beschäftigungsverhältnis nicht mehr geändert werden. [4]Als pflichtversichert gelten auch die freiwillig Versicherten der Versorgungsanstalt der deutschen Kulturorchester und der Versorgungsanstalt der deutschen Bühnen.

(8) Gegen Entscheidungen der Zusatzversorgungseinrichtungen über Ansprüche nach diesem Gesetz ist der Rechtsweg gegeben, der für Versicherte der Einrichtung gilt.

(9) Bei Personen, die aus einem Arbeitsverhältnis ausscheiden, in dem sie nach § 5 Abs. 1 Satz 1 Nr. 2 des Sechsten Buches Sozialgesetzbuch versicherungsfrei waren, dürfen die Ansprüche nach § 2 Abs. 1 Satz 1 und 2 nicht hinter dem Rentenanspruch zurückbleiben, der sich ergeben hätte, wenn der Arbeitnehmer

für die Zeit der versicherungsfreien Beschäftigung in der gesetzlichen Rentenversicherung nachversichert worden wäre; die Vergleichsberechnung ist im Versorgungsfall aufgrund einer Auskunft der Deutschen Rentenversicherung Bund vorzunehmen.

§ 18a
Verjährung

¹Der Anspruch auf Leistungen aus der betrieblichen Altersversorgung verjährt in 30 Jahren. ²Ansprüche auf regelmäßig wiederkehrende Leistungen unterliegen der regelmäßigen Verjährungsfrist nach den Vorschriften des Bürgerlichen Gesetzbuchs.

§ 30a

(1) ¹Männlichen Arbeitnehmern,
1. die vor dem 1. Januar 1952 geboren sind,
2. die das 60. Lebensjahr vollendet haben,
3. die nach Vollendung des 40. Lebensjahres mehr als 10 Jahre Pflichtbeiträge für eine in der gesetzlichen Rentenversicherung versicherte Beschäftigung oder Tätigkeit nach den Vorschriften des Sechsten Buches Sozialgesetzbuch haben,
4. die die Wartezeit von 15 Jahren in der gesetzlichen Rentenversicherung erfüllt haben und
5. deren Arbeitsentgelt oder Arbeitseinkommen die Hinzuverdienstgrenze nach § 34 Abs. 3 Nr. 1 des Sechsten Buches Sozialgesetzbuch nicht überschreitet,

sind auf deren Verlangen nach Erfüllung der Wartezeit und sonstiger Leistungsvoraussetzungen der Versorgungsregelung für nach dem 17. Mai 1990 zurückgelegte Beschäftigungszeiten Leistungen der betrieblichen Altersversorgung zu gewähren. ²§ 6 Satz 3 gilt entsprechend.

(2) Haben der Arbeitnehmer oder seine anspruchsberechtigten Angehörigen vor dem 17. Mai 1990 gegen die Versagung der Leistungen der betrieblichen Altersversorgung Rechtsmittel eingelegt, ist Absatz 1 für Beschäftigungszeiten nach dem 8. April 1976 anzuwenden.

(3) Die Vorschriften des Bürgerlichen Gesetzbuchs über die Verjährung von Ansprüchen aus dem Arbeitsverhältnis bleiben unberührt.

§ 30b

§ 4 Abs. 3 gilt nur für Zusagen, die nach dem 31. Dezember 2004 erteilt wurden.

§ 30c

(1) § 16 Abs. 3 Nr. 1 gilt nur für laufende Leistungen, die auf Zusagen beruhen, die nach dem 31. Dezember 1998 erteilt werden.

(2) § 16 Abs. 4 gilt für vor dem 1. Januar 1999 zu Recht unterbliebene Anpassungen.

(3) § 16 Abs. 5 gilt nur für laufende Leistungen, die auf Zusagen beruhen, die nach dem 31. Dezember 2000 erteilt werden.

(4) Für die Erfüllung der Anpassungsprüfungspflicht für Zeiträume vor dem 1. Januar 2003 gilt § 16 Abs. 2 Nr. 1 mit der Maßgabe, dass an die Stelle des Verbraucherpreisindexes für Deutschland der Preisindex für die Lebenshaltung von 4-Personen-Haushalten von Arbeitern und Angestellten mit mittlerem Einkommen tritt.

§ 30d
Übergangsregelung zu § 18

(1) ¹Ist der Versorgungsfall vor dem 1. Januar 2001 eingetreten oder ist der Arbeitnehmer vor dem 1. Januar 2001 aus dem Beschäftigungsverhältnis bei einem öffentlichen Arbeitgeber ausgeschieden und der Versorgungsfall nach dem 31. Dezember 2000 eingetreten, sind für die Berechnung der Voll-Leistung die Regelungen der Zusatzversorgungseinrichtungen nach § 18 Abs. 1 Satz 1 Nr. 1 und 2 oder die Gesetze im Sinne des § 18 Abs. 1 Satz 1 Nr. 3 sowie die weiteren Berechnungsfaktoren jeweils in der am 31. Dezember 2000 geltenden Fassung maßgebend; § 18 Abs. 2 Nr. 1 Buchstabe b bleibt unberührt. ²Die Steuerklasse III/O ist zugrunde zu legen. ³Ist der Versorgungsfall vor dem 1. Januar 2001 eingetreten, besteht der Anspruch auf Zusatzrente mindestens in der Höhe, wie er sich aus § 18 in der Fassung vom 16. Dezember 1997 (BGBl. I S. 2998) ergibt.

(2) Die Anwendung des § 18 ist in den Fällen des Absatzes 1 ausgeschlossen, soweit eine Versorgungsrente der in § 18 Abs. 1 Satz 1 Nr. 1 und 2 bezeichneten Zusatzversorgungseinrichtungen oder eine entsprechende Leistung aufgrund der Regelungen des Ersten Ruhegeldgesetzes, des Zweiten Ruhegeld-

gesetzes oder des Bremischen Ruhelohngesetzes bezogen wird, oder eine Versicherungsrente abgefunden wurde.

(3) ¹Für Arbeitnehmer im Sinne des § 18 Abs. 1 Satz 1 Nr. 4, 5 und 6 in der bis zum 31. Dezember 1998 geltenden Fassung, für die bis zum 31. Dezember 1998 ein Anspruch auf Nachversicherung nach § 18 Abs. 6 entstanden ist, gilt Absatz 1 Satz 1 für die aufgrund der Nachversicherung zu ermittelnde Voll-Leistung entsprechend mit der Maßgabe, dass sich der nach § 2 zu ermittelnde Anspruch gegen den ehemaligen Arbeitgeber richtet. ²Für den nach § 2 zu ermittelnden Anspruch gilt § 18 Abs. 2 Nr. 1 Buchstabe b entsprechend; für die übrigen Bemessungsfaktoren ist auf die Rechtslage am 31. Dezember 2000 abzustellen. ³Leistungen der gesetzlichen Rentenversicherung, die auf einer Nachversicherung wegen Ausscheidens aus einem Dienstordnungsverhältnis beruhen, und Leistungen, die die zuständige Versorgungseinrichtung aufgrund von Nachversicherungen im Sinne des § 18 Abs. 6 in der am 31. Dezember 1998 geltenden Fassung gewährt, werden auf den Anspruch nach § 2 angerechnet. ⁴Hat das Arbeitsverhältnis im Sinne des § 18 Abs. 9 bereits am 31. Dezember 1998 bestanden, ist in die Vergleichsberechnung nach § 18 Abs. 9 auch die Zusatzrente nach § 18 in der bis zum 31. Dezember 1998 geltenden Fassung einzubeziehen.

§ 30e

(1) § 1 Abs. 2 Nr. 4 zweiter Halbsatz gilt für Zusagen, die nach dem 31. Dezember 2002 erteilt werden.

(2) ¹§ 1 Abs. 2 Nr. 4 zweiter Halbsatz findet auf Pensionskassen, deren Leistungen der betrieblichen Altersversorgung durch Beiträge der Arbeitnehmer und Arbeitgeber gemeinsam finanziert und die als beitragsorientierte Leistungszusage oder als Leistungszusage durchgeführt werden, mit der Maßgabe Anwendung, dass dem ausgeschiedenen Arbeitnehmer das Recht zur Fortführung mit eigenen Beiträgen nicht eingeräumt werden und eine Überschussverwendung gemäß § 1b Abs. 5 Nr. 1 nicht erfolgen muss. ²Wird dem ausgeschiedenen Arbeitnehmer ein Recht zur Fortführung nicht eingeräumt, gilt für die Höhe der unverfallbaren Anwartschaft § 2 Abs. 5a entsprechend. ³Für die Anpassung laufender Leistungen gelten die Regelungen nach § 16 Abs. 1 bis 4. ⁴Die Regelung in Absatz 1 bleibt unberührt.

§ 30f

(1) ¹Wenn Leistungen der betrieblichen Altersversorgung vor dem 1. Januar 2001 zugesagt worden sind, ist § 1b Abs. 1 mit der Maßgabe anzuwenden, dass die Anwartschaft erhalten bleibt, wenn das Arbeitsverhältnis vor Eintritt des Versorgungsfalles, jedoch nach Vollendung des 35. Lebensjahres endet und die Versorgungszusage zu diesem Zeitpunkt

1. mindestens zehn Jahre oder
2. bei mindestens zwölfjähriger Betriebszugehörigkeit mindestens drei Jahre

bestanden hat; in diesen Fällen bleibt die Anwartschaft auch erhalten, wenn die Zusage ab dem 1. Januar 2001 fünf Jahre bestanden hat und bei Beendigung des Arbeitsverhältnisses das 30. Lebensjahr vollendet ist. ²§ 1b Abs. 5 findet für Anwartschaften aus diesen Zusagen keine Anwendung.

(2) Wenn Leistungen der betrieblichen Altersversorgung vor dem 1. Januar 2009 und nach dem 31. Dezember 2000 zugesagt worden sind, ist § 1b Abs. 1 Satz 1 mit der Maßgabe anzuwenden, dass die Anwartschaft erhalten bleibt, wenn das Arbeitsverhältnis vor Eintritt des Versorgungsfalls, jedoch nach Vollendung des 30. Lebensjahres endet und die Versorgungszusage zu diesem Zeitpunkt fünf Jahre bestanden hat; in diesen Fällen bleibt die Anwartschaft auch erhalten, wenn die Zusage ab dem 1. Januar 2009 fünf Jahre bestanden hat und bei Beendigung des Arbeitsverhältnisses das 25. Lebensjahr vollendet ist.

§ 30g

(1) ¹§ 2 Abs. 5a gilt nur für Anwartschaften, die auf Zusagen beruhen, die nach dem 31. Dezember 2000 erteilt worden sind. ²Im Einvernehmen zwischen Arbeitgeber und Arbeitnehmer kann § 2 Abs. 5a auch auf Anwartschaften angewendet werden, die auf Zusagen beruhen, die vor dem 1. Januar 2001 erteilt worden sind.

(2) § 3 findet keine Anwendung auf laufende Leistungen, die vor dem 1. Januar 2005 erstmals gezahlt worden sind.

§ 30h

§ 17 Abs. 5 gilt für Entgeltumwandlungen, die auf Zusagen beruhen, die nach dem 29. Juni 2001 erteilt werden.

§ 30i

(1) ¹Der Barwert der bis zum 31. Dezember 2005 aufgrund eingetretener Insolvenzen zu sichernden Anwartschaften wird einmalig auf die beitragspflichtigen Arbeitgeber entsprechend § 10 Abs. 3 umge-

legt und vom Träger der Insolvenzsicherung nach Maßgabe der Beträge zum Schluss des Wirtschaftsjahres, das im Jahr 2004 geendet hat, erhoben. ²Der Rechnungszinsfuß bei der Berechnung des Barwerts beträgt 3,67 vom Hundert.

(2) ¹Der Betrag ist in 15 gleichen Raten fällig. ²Die erste Rate wird am 31. März 2007 fällig, die weiteren zum 31. März der folgenden Kalenderjahre. ³Bei vorfälliger Zahlung erfolgt eine Diskontierung der einzelnen Jahresraten mit dem zum Zeitpunkt der Zahlung um ein Drittel erhöhten Rechnungszinsfuß nach § 65 des Versicherungsaufsichtsgesetzes, wobei nur volle Monate berücksichtigt werden.

(3) Der abgezinste Gesamtbetrag ist gemäß Absatz 2 am 31. März 2007 fällig, wenn die sich ergebende Jahresrate nicht höher als 50 Euro ist.

(4) Insolvenzbedingte Zahlungsausfälle von ausstehenden Raten werden im Jahr der Insolvenz in die erforderlichen jährlichen Beiträge gemäß § 10 Abs. 2 eingerechnet.

§ 31

Auf Sicherungsfälle, die vor dem 1. Januar 1999 eingetreten sind, ist dieses Gesetz in der bis zu diesem Zeitpunkt geltenden Fassung anzuwenden.

Anhang 9/AÜG

Gesetz zur Regelung der Arbeitnehmerüberlassung
(Arbeitnehmerüberlassungsgesetz – AÜG)

In der Neufassung vom 3. Februar 1995 (BGBl. I S. 158)[1)]

§ 1
Erlaubnispflicht

(1) ¹Arbeitgeber, die als Verleiher Dritten (Entleihern) Arbeitnehmer (Leiharbeitnehmer) im Rahmen ihrer wirtschaftlichen Tätigkeit zur Arbeitsleistung überlassen wollen, bedürfen der Erlaubnis. ²Die Überlassung von Arbeitnehmern an Entleiher erfolgt vorübergehend. ³Die Abordnung von Arbeitnehmern zu einer zur Herstellung eines Werkes gebildeten Arbeitsgemeinschaft ist keine Arbeitnehmerüberlassung, wenn der Arbeitgeber Mitglied der Arbeitsgemeinschaft ist, für alle Mitglieder der Arbeitsgemeinschaft Tarifverträge desselben Wirtschaftszweiges gelten und alle Mitglieder auf Grund des Arbeitsgemeinschaftsvertrages zur selbständigen Erbringung von Vertragsleistungen verpflichtet sind. ⁴Für einen Arbeitgeber mit Geschäftssitz in einem anderen Mitgliedstaat des Europäischen Wirtschaftsraumes ist die Abordnung von Arbeitnehmern zu einer zur Herstellung eines Werkes gebildeten Arbeitsgemeinschaft auch dann keine Arbeitnehmerüberlassung, wenn für ihn deutsche Tarifverträge desselben Wirtschaftszweiges wie für die anderen Mitglieder der Arbeitsgemeinschaft nicht gelten, er aber die übrigen Voraussetzungen des Satzes 2 erfüllt.

(2) Werden Arbeitnehmer Dritten zur Arbeitsleistung überlassen und übernimmt der Überlassende nicht die üblichen Arbeitgeberpflichten oder das Arbeitgeberrisiko (§ 3 Abs. 1 Nr. 1 bis 3), so wird vermutet, dass der Überlassende Arbeitsvermittlung betreibt.

(3) Dieses Gesetz ist mit Ausnahme des § 1b Satz 1, des § 16 Abs. 1 Nr. 1b und Abs. 2 bis 5 sowie der §§ 17 und 18 nicht anzuwenden auf die Arbeitnehmerüberlassung

1. zwischen Arbeitgebern desselben Wirtschaftszweiges zur Vermeidung von Kurzarbeit oder Entlassungen, wenn ein für den Entleiher und Verleiher geltender Tarifvertrag dies vorsieht,
2. zwischen Konzernunternehmen im Sinne des § 18 des Aktiengesetzes, wenn der Arbeitnehmer nicht zum Zweck der Überlassung eingestellt und beschäftigt wird,
2a. zwischen Arbeitgebern, wenn die Überlassung nur gelegentlich erfolgt und der Arbeitnehmer nicht zum Zweck der Überlassung eingestellt und beschäftigt wird, oder
3. in das Ausland, wenn der Leiharbeitnehmer in ein auf der Grundlage zwischenstaatlicher Vereinbarungen begründetes deutsch-ausländisches Gemeinschaftsunternehmen verliehen wird, an dem der Verleiher beteiligt ist.

§ 1a
Anzeige der Überlassung

(1) Keiner Erlaubnis bedarf ein Arbeitgeber mit weniger als 50 Beschäftigten, der zur Vermeidung von Kurzarbeit oder Entlassungen an einen Arbeitgeber einen Arbeitnehmer, der nicht zum Zweck der Überlassung eingestellt und beschäftigt wird, bis zur Dauer von zwölf Monaten überlässt, wenn er die Überlassung vorher schriftlich der Bundesagentur für Arbeit angezeigt hat.

(2) In der Anzeige sind anzugeben
1. Vor- und Familiennamen, Wohnort und Wohnung, Tag und Ort der Geburt des Leiharbeitnehmers,
2. Art der vom Leiharbeitnehmer zu leistenden Tätigkeit und etwaige Pflicht zur auswärtigen Leistung,
3. Beginn und Dauer der Überlassung,
4. Firma und Anschrift des Entleihers.

§ 1b
Einschränkungen im Baugewerbe

¹Arbeitnehmerüberlassung nach § 1 in Betriebe des Baugewerbes für Arbeiten, die üblicherweise von Arbeitern verrichtet werden, ist unzulässig. ²Sie ist gestattet
a) zwischen Betrieben des Baugewerbes und anderen Betrieben, wenn diese Betriebe erfassende, für allgemeinverbindlich erklärte Tarifverträge dies bestimmen,
b) zwischen Betrieben des Baugewerbes, wenn der verleihende Betrieb nachweislich seit mindestens drei Jahren von denselben Rahmen- und Sozialkassentarifverträgen oder von deren Allgemeinverbindlichkeit erfasst wird.

---

1) Unter Berücksichtigung der Änderungen zuletzt durch Artikel 7 des Gesetzes zur Stärkung der Tarifautonomie vom 11.8.2014 (BGBl. I S. 1348).

³Abweichend von Satz 2 ist für Betriebe des Baugewerbes mit Geschäftssitz in einem anderen Mitgliedstaat des Europäischen Wirtschaftsraumes Arbeitnehmerüberlassung auch gestattet, wenn die ausländischen Betriebe nicht von deutschen Rahmen- und Sozialkassentarifverträgen oder für allgemeinverbindlich erklärten Tarifverträgen erfasst werden, sie aber nachweislich seit mindestens drei Jahren überwiegend Tätigkeiten ausüben, die unter den Geltungsbereich derselben Rahmen- und Sozialkassentarifverträge fallen, von denen der Betrieb des Entleihers erfasst wird.

§ 2
Erteilung und Erlöschen der Erlaubnis

(1) Die Erlaubnis wird auf schriftlichen Antrag erteilt.

(2) ¹Die Erlaubnis kann unter Bedingungen erteilt und mit Auflagen verbunden werden, um sicherzustellen, daß keine Tatsachen eintreten, die nach § 3 die Versagung der Erlaubnis rechtfertigen. ²Die Aufnahme, Änderung oder Ergänzung von Auflagen sind auch nach Erteilung der Erlaubnis zulässig.

(3) Die Erlaubnis kann unter dem Vorbehalt des Widerrufs erteilt werden, wenn eine abschließende Beurteilung des Antrags noch nicht möglich ist.

(4) ¹Die Erlaubnis ist auf ein Jahr zu befristen. ²Der Antrag auf Verlängerung der Erlaubnis ist spätestens drei Monate vor Ablauf des Jahres zu stellen. ³Die Erlaubnis verlängert sich um ein weiteres Jahr, wenn die Erlaubnisbehörde die Verlängerung nicht vor Ablauf des Jahres ablehnt. ⁴Im Falle der Ablehnung gilt die Erlaubnis für die Abwicklung der nach § 1 erlaubt abgeschlossenen Verträge als fortbestehend, jedoch nicht länger als zwölf Monate.

(5) ¹Die Erlaubnis kann unbefristet erteilt werden, wenn der Verleiher drei aufeinanderfolgende Jahre lang nach § 1 erlaubt tätig war. ²Sie erlischt, wenn der Verleiher von der Erlaubnis drei Jahre lang keinen Gebrauch gemacht hat.

§ 2a
Kosten

(1) Für die Bearbeitung von Anträgen auf Erteilung und Verlängerung der Erlaubnis werden vom Antragsteller Kosten (Gebühren und Auslagen) erhoben.

(2) ¹Die Bundesregierung wird ermächtigt, durch Rechtsverordnung die gebührenpflichtigen Tatbestände näher zu bestimmen und dabei feste Sätze und Rahmensätze vorzusehen. ²Die Gebühr darf im Einzelfall 2500 Euro nicht überschreiten.

§ 3
Versagung

(1) Die Erlaubnis oder ihre Verlängerung ist zu versagen, wenn Tatsachen die Annahme rechtfertigen, dass der Antragsteller

1. die für die Ausübung der Tätigkeit nach § 1 erforderliche Zuverlässigkeit nicht besitzt, insbesondere weil er die Vorschriften des Sozialversicherungsrechts, über die Einbehaltung und Abführung der Lohnsteuer, über die Arbeitsvermittlung, über die Anwerbung im Ausland oder über die Ausländerbeschäftigung, die Vorschriften des Arbeitsschutzrechts oder die arbeitsrechtlichen Pflichten nicht einhält;
2. nach der Gestaltung seiner Betriebsorganisation nicht in der Lage ist, die üblichen Arbeitgeberpflichten ordnungsgemäß zu erfüllen;
3. ¹dem Leiharbeitnehmer für die Zeit der Überlassung an einen Entleiher die im Betrieb dieses Entleihers für einen vergleichbaren Arbeitnehmer des Entleihers geltenden wesentlichen Arbeitsbedingungen einschließlich des Arbeitsentgelts nicht gewährt. ²Ein Tarifvertrag kann abweichende Regelungen zulassen, soweit er nicht die in einer Rechtsverordnung nach § 3a Absatz 2 festgesetzten Mindeststundenentgelte unterschreitet. ³Im Geltungsbereich eines solchen Tarifvertrages können nicht tarifgebundene Arbeitgeber und Arbeitnehmer die Anwendung der tariflichen Regelungen vereinbaren. ⁴Eine abweichende tarifliche Regelung gilt nicht für Leiharbeitnehmer, die in den letzten sechs Monaten vor der Überlassung an den Entleiher aus einem Arbeitsverhältnis bei diesem oder einem Arbeitgeber, der mit dem Entleiher einen Konzern im Sinne des § 18 des Aktiengesetzes bildet, ausgeschieden sind.

(2) Die Erlaubnis oder ihre Verlängerung ist ferner zu versagen, wenn für die Ausübung der Tätigkeit nach § 1 Betriebe, Betriebsteile oder Nebenbetriebe vorgesehen sind, die nicht in einem Mitgliedstaat der Europäischen Wirtschaftsgemeinschaft oder einem anderen Vertragsstaat des Abkommens über den Europäischen Wirtschaftsraum liegen.

Anhang 9/AÜG

(3) Die Erlaubnis kann versagt werden, wenn der Antragsteller nicht Deutscher im Sinne des Artikels 116 des Grundgesetzes ist oder wenn eine Gesellschaft oder juristische Person den Antrag stellt, die entweder nicht nach deutschem Recht gegründet ist oder die weder ihren satzungsmäßigen Sitz noch ihre Hauptverwaltung noch ihre Hauptniederlassung im Geltungsbereich dieses Gesetzes hat.

(4) ¹Staatsangehörige der Mitgliedstaaten der Europäischen Wirtschaftsgemeinschaft oder eines anderen Vertragsstaates des Abkommens über den Europäischen Wirtschaftsraum erhalten die Erlaubnis unter den gleichen Voraussetzungen wie deutsche Staatsangehörige. ²Den Staatsangehörigen dieser Staaten stehen gleich Gesellschaften und juristische Personen, die nach den Rechtsvorschriften dieser Staaten gegründet sind und ihren satzungsmäßen Sitz, ihre Hauptverwaltung oder ihre Hauptniederlassung innerhalb dieser Staaten haben. ³Soweit diese Gesellschaften oder juristischen Personen zwar ihren satzungsmäßigen Sitz, jedoch weder ihre Hauptverwaltung noch ihre Hauptniederlassung innerhalb dieser Staaten haben, gilt Satz 2 nur, wenn ihre Tätigkeit in tatsächlicher und dauerhafter Verbindung mit der Wirtschaft eines Mitgliedstaates oder eines Vertragsstaates des Abkommens über den Europäischen Wirtschaftsraum steht.

(5) ¹Staatsangehörige anderer als der in Absatz 4 genannten Staaten, die sich aufgrund eines internationalen Abkommens im Geltungsbereich dieses Gesetzes niederlassen und hierbei sowie bei ihrer Geschäftstätigkeit nicht weniger günstig behandelt werden dürfen als deutsche Staatsangehörige, erhalten die Erlaubnis unter den gleichen Voraussetzungen wie deutsche Staatsangehörige. ²Den Staatsangehörigen nach Satz 1 stehen gleich Gesellschaften, die nach den Rechtsvorschriften des anderen Staates gegründet sind.

§ 3a
Lohnsteueruntergrenze

(1) ¹Gewerkschaften und Vereinigungen von Arbeitgebern, die zumindest auch für ihre jeweiligen in der Arbeitnehmerüberlassung tätigen Mitglieder zuständig sind (vorschlagsberechtigte Tarifvertragsparteien) und bundesweit tarifliche Mindeststundenentgelte im Bereich der Arbeitnehmerüberlassung miteinander vereinbart haben, können dem Bundesministerium für Arbeit und Soziales gemeinsam vorschlagen, diese als Lohnuntergrenze in einer Rechtsverordnung verbindlich festzusetzen; die Mindeststundenentgelte können nach dem jeweiligen Beschäftigungsort differenzieren und auch Regelungen zur Fälligkeit entsprechender Ansprüche einschließlich hierzu vereinbarter Ausnahmen und deren Voraussetzungen umfassen.. ²Der Vorschlag muss für Verleihzeiten und verleihfreie Zeiten einheitliche Mindeststundenentgelte sowie eine Laufzeit enthalten. ³Der Vorschlag ist schriftlich zu begründen.

(2) ¹Das Bundesministerium für Arbeit und Soziales kann, wenn aber im öffentlichen Interesse geboten erscheint, in einer Rechtsverordnung ohne Zustimmung des Bundesrates bestimmen, dass die vorgeschlagenen tariflichen Mindeststundenentgelte nach Absatz 1 als verbindliche Lohnuntergrenze auf alle in den Geltungsbereich der Verordnung fallenden Arbeitgeber sowie Leiharbeitnehmer Anwendung findet. ²Der Verordnungsgeber kann den Vorschlag nur inhaltlich unverändert in die Rechtsverordnung übernehmen.

(3) ¹Der Verordnungsgeber hat bei seiner Entscheidung nach Absatz 2 im Rahmen einer Gesamtabwägung neben den Zielen dieses Gesetzes zu prüfen, ob eine Rechtsverordnung nach Absatz 2 insbesondere geeignet ist, die finanzielle Stabilität der sozialen Sicherungssysteme zu gewährleisten. ²Der Verordnungsgeber hat zu berücksichtigen

1. die bestehenden bundesweiten Tarifverträge in der Arbeitnehmerüberlassung und
2. die Repräsentativität der vorschlagenden Tarifvertragsparteien.

(4) ¹Liegen mehrere Vorschläge nach Absatz 1 vor, hat der Verordnungsgeber bei seiner Entscheidung nach Absatz 2 im Rahmen der nach Absatz 3 erforderlichen Gesamtabwägung die Repräsentativität der vorschlagenden Tarifvertragsparteien besonders zu berücksichtigen. ²Bei der Feststellung der Repräsentativität ist vorrangig abzustellen auf

1. die Zahl der jeweils in den Geltungsbereich einer Rechtsverordnung nach Absatz 2 fallenden Arbeitnehmer, die bei Mitgliedern der vorschlagenden Arbeitgebervereinigung beschäftigt sind;
2. die Zahl der jeweils in den Geltungsbereich einer Rechtsverordnung nach Absatz 2 fallenden Mitglieder der vorschlagenden Gewerkschaften.

(5) ¹Vor Erlass ist ein Entwurf der Rechtsverordnung im Bundesanzeiger bekannt zu machen. ²Das Bundesministerium für Arbeit und Soziales gibt Verleihern und Leiharbeitnehmern sowie den Gewerkschaften und Vereinigungen von Arbeitgebern, die im Geltungsbereich der Rechtsverordnung zumindest teilweise tarifzuständig sind, Gelegenheit zur schriftlichen Stellungnahme innerhalb von drei Wochen ab dem Tag der Bekanntmachung des Entwurfs der Rechtsverordnung im Bundesanzeiger. ³Nach Ablauf

der Stellungnahmefrist wird der in § 5 Absatz 1 Satz 1 des Tarifvertragsgesetzes genannte Ausschuss mit dem Vorschlag befasst.

(6) ¹Nach Absatz 1 vorschlagsberechtigte Tarifvertragsparteien können gemeinsam die Änderung einer nach Absatz 2 erlassenen Rechtsverordnung vorschlagen. ²Die Absätze 1 bis 5 finden entsprechend Anwendung.

§ 4
Rücknahme

(1) ¹Eine rechtswidrige Erlaubnis kann mit Wirkung für die Zukunft zurückgenommen werden. ²§ 2 Abs. 4 Satz 4 gilt entsprechend.

(2) ¹Die Erlaubnisbehörde hat dem Verleiher auf Antrag den Vermögensnachteil auszugleichen, den dieser dadurch erleidet, dass er auf den Bestand der Erlaubnis vertraut hat, soweit sein Vertrauen unter Abwägung mit dem öffentlichen Interesse schutzwürdig ist. ²Auf Vertrauen kann sich der Verleiher nicht berufen, wenn er

1. die Erlaubnis durch arglistige Täuschung, Drohung oder durch eine strafbare Handlung erwirkt hat;
2. die Erlaubnis durch Angaben erwirkt hat, die in wesentlicher Beziehung unrichtig oder unvollständig waren, oder
3. die Rechtswidrigkeit der Erlaubnis kannte oder infolge grober Fahrlässigkeit nicht kannte.

³Der Vermögensnachteil ist jedoch nicht über den Betrag des Interesses hinaus zu ersetzen das der Verleiher an dem Bestand der Erlaubnis hat. ⁴Der auszugleichende Vermögensnachteil wird durch die Erlaubnisbehörde festgesetzt. ⁵Der Anspruch kann nur innerhalb eines Jahres geltend gemacht werden; die Frist beginnt, sobald die Erlaubnisbehörde den Verleiher auf sie hingewiesen hat.

(3) Die Rücknahme ist nur innerhalb eines Jahres seit dem Zeitpunkt zulässig, in dem die Erlaubnisbehörde von den Tatsachen Kenntnis erhalten hat, die die Rücknahme der Erlaubnis rechtfertigen.

§ 5
Widerruf

(1) Die Erlaubnis kann mit Wirkung für die Zukunft widerrufen werden, wenn

1. der Widerruf bei ihrer Erteilung nach § 2 Abs. 3 vorbehalten worden ist;
2. der Verleiher eine Auflage nach § 2 nicht innerhalb einer ihm gesetzten Frist erfüllt hat;
3. die Erlaubnisbehörde aufgrund nachträglich eingetretener Tatsachen berechtigt wäre, die Erlaubnis zu versagen, oder
4. die Erlaubnisbehörde aufgrund einer geänderten Rechtslage berechtigt wäre, die Erlaubnis zu versagen; § 4 Abs. 2 gilt entsprechend.

(2) ¹Die Erlaubnis wird mit dem Wirksamwerden des Widerrufs unwirksam. ²§ 2 Abs. 4 Satz 4 gilt entsprechend.

(3) Der Widerruf ist unzulässig, wenn eine Erlaubnis gleichen Inhalts erneut erteilt werden müsste.

(4) Der Widerruf ist nur innerhalb eines Jahres seit dem Zeitpunkt zulässig, in dem die Erlaubnisbehörde von den Tatsachen Kenntnis erhalten hat, die den Widerruf der Erlaubnis rechtfertigen.

§ 6
Verwaltungszwang

Werden Leiharbeitnehmer von einem Verleiher ohne die erforderliche Erlaubnis überlassen, so hat die Erlaubnisbehörde dem Verleiher dies zu untersagen und das weitere Überlassen nach den Vorschriften des Verwaltungsvollstreckungsgesetzes zu verhindern.

§ 7
Anzeigen und Auskünfte

(1) ¹Der Verleiher hat der Erlaubnisbehörde nach Erteilung der Erlaubnis unaufgefordert die Verlegung, Schließung und Errichtung von Betrieben, Betriebsteilen oder Nebenbetrieben vorher anzuzeigen, soweit diese die Ausübung der Arbeitnehmerüberlassung zum Gegenstand haben. ²Wenn die Erlaubnis Personengesamtheiten, Personengesellschaften oder juristischen Personen erteilt ist und nach ihrer Erteilung eine andere Person zur Geschäftsführung oder Vertretung nach Gesetz, Satzung oder Gesellschaftsvertrag berufen wird, ist auch dies unaufgefordert anzuzeigen.

(2) ¹Der Verleiher hat der Erlaubnisbehörde auf Verlangen die Auskünfte zu erteilen, die zur Durchführung des Gesetzes erforderlich sind. ²Die Auskünfte sind wahrheitsgemäß, vollständig, fristgemäß und unentgeltlich zu erteilen. ³Auf Verlangen der Erlaubnisbehörde hat der Verleiher die geschäftlichen

Anhang 9/AÜG

Unterlagen vorzulegen, aus denen sich die Richtigkeit seiner Angaben ergibt, oder seine Angaben auf sonstige Weise glaubhaft zu machen. ⁴Der Verleiher hat seine Geschäftsunterlagen drei Jahre lang aufzubewahren.

(3) ¹In begründeten Einzelfällen sind die von der Erlaubnisbehörde beauftragten Personen befugt, Grundstücke und Geschäftsräume des Verleihers zu betreten und dort Prüfungen vorzunehmen. ²Der Verleiher hat die Maßnahmen nach Satz 1 zu dulden. ³Das Grundrecht der Unverletzlichkeit der Wohnung (Artikel 13 des Grundgesetzes) wird insoweit eingeschränkt.

(4) ¹Durchsuchungen können nur auf Anordnung des Richters bei dem Amtsgericht, in dessen Bezirk die Durchsuchung erfolgen soll, vorgenommen werden. ²Auf die Anfechtung dieser Anordnung finden die §§ 304 bis 310 der Strafprozeßordnung entsprechende Anwendung. ³Bei Gefahr im Verzuge können die von der Erlaubnisbehörde beauftragten Personen während der Geschäftszeit die erforderlichen Durchsuchungen ohne richterliche Anordnung vornehmen. ⁴An Ort und Stelle ist eine Niederschrift über die Durchsuchung und ihr wesentliches Ergebnis aufzunehmen, aus der sich, falls keine richterliche Anordnung ergangen ist, auch die Tatsachen ergeben, die zur Annahme einer Gefahr im Verzuge geführt haben.

(5) Der Verleiher kann die Auskunft auf solche Fragen verweigern, deren Beantwortung ihn selbst oder einen der in § 383 Abs. 1 Nr. 1 bis 3 der Zivilprozeßordnung bezeichneten Angehörigen der Gefahr strafgerichtlicher Verfolgung oder eines Verfahrens nach dem Gesetz über Ordnungswidrigkeiten aussetzen würde.

§ 8
Statistische Meldungen

(1) ¹Der Verleiher hat der Erlaubnisbehörde halbjährlich statistische Meldungen über

1. die Zahl der überlassenen Leiharbeitnehmer getrennt nach Geschlecht, nach der Staatsangehörigkeit, nach Berufsgruppen und nach der Art der vor der Begründung des Vertragsverhältnisses zum Verleiher ausgeübten Beschäftigung,
2. die Zahl der Überlassungsfälle, gegliedert nach Wirtschaftsgruppen,
3. die Zahl der Entleiher, denen er Leiharbeitnehmer überlassen hat, gegliedert nach Wirtschaftsgruppen,
4. die Zahl und die Dauer der Arbeitsverhältnisse, die er mit jedem überlassenen Leiharbeitnehmer eingegangen ist,
5. die Zahl der Beschäftigungstage jedes überlassenen Leiharbeitnehmers, gegliedert nach Überlassungsfällen,

zu erstatten. ²Die Erlaubnisbehörde kann die Meldepflicht nach Satz 1 einschränken.

(2) Die Meldungen sind für das erste Kalenderhalbjahr bis zum 1. September des laufenden Jahres, für das zweite Kalenderhalbjahr bis zum 1. März des folgenden Jahres zu erstatten.

(3) ¹Die Erlaubnisbehörde gibt zur Durchführung des Absatzes 1 Erhebungsvordrucke aus. ²Die Meldungen sind auf diesen Vordrucken zu erstatten. ³Die Richtigkeit der Angaben ist durch Unterschrift zu bestätigen.

(4) ¹Einzelangaben nach Absatz 1 sind von der Erlaubnisbehörde geheimzuhalten. ²Die §§ 93, 97, 105 Abs. 1, § 111 Abs. 5 in Verbindung mit § 105 Abs. 1 sowie § 116 Abs. 1 der Abgabenordnung gelten nicht. ³Dies gilt nicht, soweit die Finanzbehörden die Kenntnisse für die Durchführung eines Verfahrens wegen einer Steuerstraftat sowie eines damit zusammenhängenden Besteuerungsverfahrens benötigen, an deren Verfolgung ein zwingendes öffentliches Interesse besteht, oder soweit es sich um vorsätzlich falsche Angaben des Auskunftspflichtigen oder der für ihn tätigen Personen handelt. ⁴Veröffentlichungen von Ergebnissen auf Grund von Meldungen nach Absatz 1 dürfen keine Einzelangaben enthalten. ⁵Eine Zusammenfassung von Angaben mehrerer Auskunftspflichtiger ist keine Einzelangabe im Sinne dieses Absatzes.

§ 9
Unwirksamkeit

Unwirksam sind:

1. Verträge zwischen Verleihern und Entleihern sowie zwischen Verleihern und Leiharbeitnehmern, wenn der Verleiher nicht die nach § 1 erforderliche Erlaubnis hat,
2. Vereinbarungen, die für den Leiharbeitnehmer für die Zeit der Überlassung an einen Entleiher schlechtere als die im Betrieb des Entleihers für einen vergleichbaren Arbeitnehmer des Entleihers geltenden wesentlichen Arbeitsbedingungen einschließlich des Arbeitsentgelts vorsehen; ein Tarifvertrag kann abweichende Regelungen zulassen, soweit er nicht die in einer Rechtsverordnung nach § 3a Absatz 2 festgesetzten Mindeststundenentgelte unterschreitet; im Geltungsbereich eines sol-

chen Tarifvertrages können nicht tarifgebundene Arbeitgeber und Arbeitnehmer die Anwendung der tariflichen Regelungen vereinbaren; eine abweichende tarifliche Regelung gilt nicht für Leiharbeitnehmer, die in den letzten sechs Monaten vor der Überlassung an den Entleiher aus einem Arbeitsverhältnis bei diesem oder einem Arbeitgeber, der mit dem Entleiher einen Konzern im Sinne des § 18 des Aktiengesetzes bildet, ausgeschieden sind,

2a. Vereinbarungen, die den Zugang des Leiharbeitnehmers zu den Gemeinschaftseinrichtungen oder -diensten im Unternehmen des Entleihers entgegen § 13b beschränken,

3. Vereinbarungen, die dem Entleiher untersagen, den Leiharbeitnehmer zu einem Zeitpunkt einzustellen, in dem dessen Arbeitsverhältnis zum Verleiher nicht mehr besteht; dies schließt die Vereinbarung einer angemessenen Vergütung zwischen Verleiher und Entleiher für die nach vorangegangenem Verleih oder mittels vorangegangenem Verleih erfolgte Vermittlung nicht aus,

4. Vereinbarungen, die dem Leiharbeitnehmer untersagen, mit dem Entleiher zu einem Zeitpunkt, in dem das Arbeitsverhältnis zwischen Verleiher und Leiharbeitnehmer nicht mehr besteht, ein Arbeitsverhältnis einzugehen,

5. Vereinbarungen, nach denen der Leiharbeitnehmer eine Vermittlungsvergütung an den Verleiher zu zahlen hat.

§ 10
Rechtsfolgen bei Unwirksamkeit, Pflichten des Arbeitgebers zur Gewährung von Arbeitsbedingungen

(1) ¹Ist der Vertrag zwischen einem Verleiher und einem Leiharbeitnehmer nach § 9 Nr. 1 unwirksam, so gilt ein Arbeitsverhältnis zwischen Entleiher und Leiharbeitnehmer zu dem zwischen dem Entleiher und dem Verleiher für den Beginn der Tätigkeit vorgesehenen Zeitpunkt als zustande gekommen; tritt die Unwirksamkeit erst nach Aufnahme der Tätigkeit beim Entleiher ein, so gilt das Arbeitsverhältnis zwischen Entleiher und Leiharbeitnehmer mit dem Eintritt der Unwirksamkeit als zustande gekommen. ²Das Arbeitsverhältnis nach Satz 1 gilt als befristet, wenn die Tätigkeit des Leiharbeitnehmers bei dem Entleiher nur befristet vorgesehen war und ein die Befristung des Arbeitsverhältnisses sachlich rechtfertigender Grund vorliegt. ³Für das Arbeitsverhältnis nach Satz 1 gilt die zwischen dem Verleiher und dem Entleiher vorgesehene Arbeitszeit als vereinbart. ⁴Im Übrigen bestimmen sich Inhalt und Dauer dieses Arbeitsverhältnisses nach den für den Betrieb des Entleihers geltenden Vorschriften und sonstigen Regelungen; sind solche nicht vorhanden, gelten diejenigen vergleichbarer Betriebe. ⁵Der Leiharbeitnehmer hat gegen den Entleiher mindestens Anspruch auf das mit dem Verleiher vereinbarte Arbeitsentgelt.

(2) ¹Der Leiharbeitnehmer kann im Falle der Unwirksamkeit seines Vertrages mit dem Verleiher nach § 9 Nr. 1 von diesem Ersatz des Schadens verlangen, den er dadurch erleidet, dass er auf die Gültigkeit des Vertrages vertraut. ²Die Ersatzpflicht tritt nicht ein, wenn der Leiharbeitnehmer den Grund der Unwirksamkeit kannte.

(3) ¹Zahlt der Verleiher das vereinbarte Arbeitsentgelt oder Teile des Arbeitsentgelts an den Leiharbeitnehmer, obwohl der Vertrag nach § 9 Nr. 1 unwirksam ist, so hat er auch sonstige Teile des Arbeitsentgelts, die bei einem wirksamen Arbeitsvertrag für den Leiharbeitnehmer an einen anderen zu zahlen wären, an den anderen zu zahlen. ²Hinsichtlich dieser Zahlungspflicht gilt der Verleiher neben dem Entleiher als Arbeitgeber; beide haften insoweit als Gesamtschuldner.

(4) ¹Der Verleiher ist verpflichtet, dem Leiharbeitnehmer für die Zeit der Überlassung an den Entleiher die im Betrieb des Entleihers für einen vergleichbaren Arbeitnehmer des Entleihers geltenden wesentlichen Arbeitsbedingungen einschließlich des Arbeitsentgelts zu gewähren. ²Soweit ein auf das Arbeitsverhältnis anzuwendender Tarifvertrag abweichende Regelungen trifft (§ 3 Absatz 1 Nummer 3, § 9 Nummer 2), hat der Verleiher dem Leiharbeitnehmer die nach diesem Tarifvertrag geschuldeten Arbeitsbedingungen zu gewähren. ³Soweit ein solcher Tarifvertrag die in einer Rechtsverordnung nach § 3a Absatz 2 festgesetzten Mindeststundenentgelte unterschreitet, hat der Verleiher dem Leiharbeitnehmer für jede Arbeitsstunde das im Betrieb des Entleihers für einen vergleichbaren Arbeitnehmer des Entleihers für eine Arbeitsstunde zu zahlende Arbeitsentgelt zu gewähren. ⁴Im Falle der Unwirksamkeit der Vereinbarung zwischen Verleiher und Leiharbeitnehmer nach § 9 Nummer 2 hat der Verleiher dem Leiharbeitnehmer die im Betrieb des Entleihers für einen vergleichbaren Arbeitnehmer des Entleihers geltenden wesentlichen Arbeitsbedingungen einschließlich des Arbeitsentgelts zu gewähren.

(5) Der Verleiher ist verpflichtet, dem Leiharbeitnehmer mindestens das in einer Rechtsverordnung nach § 3a Absatz 2 für die Zeit der Überlassung und für Zeiten ohne Überlassung festgesetzte Mindeststundenentgelt zu zahlen.

§ 11
Sonstige Vorschriften über das Leiharbeitsverhältnis

(1) ¹Der Nachweis der wesentlichen Vertragsbedingungen des Leiharbeitsverhältnisses richtet sich nach den Bestimmungen des Nachweisgesetzes. ²Zusätzlich zu den in § 2 Abs. 1 des Nachweisgesetzes genannten Angaben sind in die Niederschrift aufzunehmen:
1. Firma und Anschrift des Verleihers, die Erlaubnisbehörde sowie Ort und Datum der Erteilung der Erlaubnis nach § 1.
2. Art und Höhe der Leistungen für Zeiten, in denen der Leiharbeitnehmer nicht verliehen ist.

(2) ¹Der Verleiher ist ferner verpflichtet, dem Leiharbeitnehmer bei Vertragsschluss ein Merkblatt der Erlaubnisbehörde über den wesentlichen Inhalt dieses Gesetzes auszuhändigen. ²Nichtdeutsche Leiharbeitnehmer erhalten das Merkblatt und den Nachweis nach Absatz 1 auf Verlangen in ihrer Muttersprache. ³Die Kosten des Merkblatts trägt der Verleiher.

(3) ¹Der Verleiher hat den Leiharbeitnehmer unverzüglich über den Zeitpunkt des Wegfalls der Erlaubnis zu unterrichten. ²In den Fällen der Nichtverlängerung (§ 2 Abs. 4 Satz 3), der Rücknahme (§ 4) oder des Widerrufs (§ 5) hat er ihn ferner auf das voraussichtliche Ende der Abwicklung (§ 2 Abs. 4 Satz 4) und die gesetzliche Abwicklungsfrist (§ 2 Abs. 4 Satz 4 letzter Halbsatz) hinzuweisen.

(4) ¹§ 622 Abs. 5 Nr. 1 des Bürgerlichen Gesetzbuchs ist nicht auf Arbeitsverhältnisse zwischen Verleihern und Leiharbeitnehmern anzuwenden. ²Das Recht des Leiharbeitnehmers auf Vergütung bei Annahmeverzug des Verleihers (§ 615 Satz 1 des Bürgerlichen Gesetzbuchs) kann nicht durch Vertrag aufgehoben oder beschränkt werden; § 615 Satz 2 des Bürgerlichen Gesetzbuchs bleibt unberührt. ³Das Recht des Leiharbeitnehmers auf Vergütung kann durch Vereinbarung von Kurzarbeit für die Zeit aufgehoben werden, für die dem Leiharbeitnehmer Kurzarbeitergeld nach dem Dritten Buch Sozialgesetzbuch gezahlt wird; eine solche Vereinbarung kann das Recht des Leiharbeitnehmers auf Vergütung bis längstens zum 31. Dezember 2011 ausschließen.

(5) ¹Der Leiharbeitnehmer ist nicht verpflichtet, bei einem Entleiher tätig zu sein, soweit dieser durch einen Arbeitskampf unmittelbar betroffen ist. ²In den Fällen eines Arbeitskampfes nach Satz 1 hat der Verleiher den Leiharbeitnehmer auf das Recht, die Arbeitsleistung zu verweigern, hinzuweisen.

(6) ¹Die Tätigkeit des Leiharbeitnehmers bei dem Entleiher unterliegt den für den Betrieb des Entleihers geltenden öffentlich-rechtlichen Vorschriften des Arbeitsschutzrechts; die hieraus sich ergebenden Pflichten für den Arbeitgeber obliegen dem Entleiher unbeschadet der Pflichten des Verleihers. ²Insbesondere hat der Entleiher den Leiharbeitnehmer vor Beginn der Beschäftigung und bei Veränderungen in seinem Arbeitsbereich über Gefahren für Sicherheit und Gesundheit, denen er bei der Arbeit ausgesetzt sein kann, sowie über die Maßnahmen und Einrichtungen zur Abwendung dieser Gefahren zu unterrichten. ³Der Entleiher hat den Leiharbeitnehmer zusätzlich über die Notwendigkeit besonderer Qualifikationen oder beruflicher Fähigkeiten oder einer besonderen ärztlichen Überwachung sowie über erhöhte besondere Gefahren des Arbeitsplatzes zu unterrichten.

(7) Hat der Leiharbeitnehmer während der Dauer der Tätigkeit bei dem Entleiher eine Erfindung oder einen technischen Verbesserungsvorschlag gemacht, so gilt der Entleiher als Arbeitgeber im Sinne des Gesetzes über Arbeitnehmererfindungen.

§ 12
Rechtsbeziehungen zwischen Verleiher und Entleiher

(1) ¹Der Vertrag zwischen dem Verleiher und dem Entleiher bedarf der Schriftform. ²In der Urkunde hat der Verleiher zu erklären, ob er die Erlaubnis nach § 1 besitzt. ³Der Entleiher hat in der Urkunde anzugeben, welche besonderen Merkmale die für den Leiharbeitnehmer vorgesehene Tätigkeit hat und welche berufliche Qualifikation dafür erforderlich ist sowie welche im Betrieb des Entleihers für einen vergleichbaren Arbeitnehmer des Entleihers wesentlichen Arbeitsbedingungen einschließlich des Arbeitsentgelts gelten; Letzteres gilt nicht, soweit die Voraussetzungen der in § 3 Abs. 1 Nr. 3 und § 9 Nr. 2 genannten Ausnahme vorliegen.

(2) ¹Der Verleiher hat den Entleiher unverzüglich über den Zeitpunkt des Wegfalls der Erlaubnis zu unterrichten. ²In den Fällen der Nichtverlängerung (§ 2 Abs. 4 Satz 3), der Rücknahme (§ 4) oder des Widerrufs (§ 5) hat er ihn ferner auf das voraussichtliche Ende der Abwicklung (§ 2 Abs. 4 Satz 4) und die gesetzliche Abwicklungsfrist (§ 2 Abs. 4 Satz 4 letzter Halbsatz) hinzuweisen.

§ 13
Auskunftsanspruch des Leiharbeitnehmers

Der Leiharbeitnehmer kann im Falle der Überlassung von seinem Entleiher Auskunft über die im Betrieb des Entleihers für einen vergleichbaren Arbeitnehmer des Entleihers geltenden wesentlichen Arbeitsbedingungen einschließlich des Arbeitsentgelts verlangen; dies gilt nicht, soweit die Voraussetzungen der in § 3 Abs. 1 Nr. 3 und § 9 Nr. 2 genannten Ausnahme vorliegen.

§ 13a
Informationspflicht des Entleihers über freie Arbeitsplätze

¹Der Entleiher hat den Leiharbeitnehmer über Arbeitsplätze des Entleihers, die besetzt werden sollen, zu informieren. ²Die Information kann durch allgemeine Bekanntgabe an geeigneter, dem Leiharbeitnehmer zugänglicher Stelle im Betrieb und Unternehmen des Entleihers erfolgen.

§ 13b
Zugang des Leiharbeitnehmers zu Gemeinschaftseinrichtungen oder -diensten

¹Der Entleiher hat dem Leiharbeitnehmer Zugang zu den Gemeinschaftseinrichtungen oder -diensten im Unternehmen unter den gleichen Bedingungen zu gewähren wie vergleichbaren Arbeitnehmern in dem Betrieb, in dem der Leiharbeitnehmer seine Arbeitsleistung erbringt, es sei denn, eine unterschiedliche Behandlung ist aus sachlichen Gründen gerechtfertigt. ²Gemeinschaftseinrichtungen oder -dienste im Sinne des Satzes 1 sind insbesondere Kinderbetreuungseinrichtungen, Gemeinschaftsverpflegung und Beförderungsmittel.

§ 14
Mitwirkungs- und Mitbestimmungsrechte

(1) Leiharbeitnehmer bleiben auch während der Zeit ihrer Arbeitsleistung bei einem Entleiher Angehörige des entsendenden Betriebs des Verleihers.

(2) ¹Leiharbeitnehmer sind bei der Wahl der Arbeitnehmervertreter in den Aufsichtsrat im Entleiherunternehmen und bei der Wahl der betriebsverfassungsrechtlichen Arbeitnehmervertretungen im Entleiherbetrieb nicht wählbar. ²Sie sind berechtigt, die Sprechstunden dieser Arbeitnehmervertretungen aufzusuchen und an den Betriebs- und Jugendversammlungen im Entleiherbetrieb teilzunehmen. ³Die §§ 81, 82 Abs. 1 und die §§ 84 bis 86 des Betriebsverfassungsgesetzes gelten im Entleiherbetrieb auch in bezug auf die dort tätigen Leiharbeitnehmer.

(3) ¹Vor der Übernahme eines Leiharbeitnehmers zur Arbeitsleistung ist der Betriebsrat des Entleiherbetriebs nach § 99 des Betriebsverfassungsgesetzes zu beteiligen. ²Dabei hat der Entleiher dem Betriebsrat auch die schriftliche Erklärung des Verleihers nach § 12 Abs. 1 Satz 2 vorzulegen. ³Er ist ferner verpflichtet, Mitteilungen des Verleihers nach § 12 Abs. 2 unverzüglich dem Betriebsrat bekanntzugeben.

(4) Die Absätze 1 und 2 Satz 1 und 2 sowie Absatz 3 gelten für die Anwendung des Bundespersonalvertretungsgesetzes sinngemäß.

§ 15
Ausländische Leiharbeitnehmer ohne Genehmigung

(1) Wer als Verleiher einen Ausländer, der einen erforderlichen Aufenthaltstitel nach § 4 Abs. 3 des Aufenthaltsgesetzes, eine Aufenthaltsgestattung oder eine Duldung, die zur Ausübung der Beschäftigung berechtigen, oder eine Genehmigung nach § 284 Abs. 1 des Dritten Buches Sozialgesetzbuch nicht besitzt, entgegen § 1 einem Dritten ohne Erlaubnis überlässt, wird mit Freiheitsstrafe bis zu drei Jahren oder mit Geldstrafe bestraft.

(2) ¹In besonders schweren Fällen ist die Strafe Freiheitsstrafe von sechs Monaten bis zu fünf Jahren. ²Ein besonders schwerer Fall liegt in der Regel vor, wenn der Täter gewerbsmäßig oder aus grobem Eigennutz handelt.

§ 15a
Entleih von Ausländern ohne Genehmigung

(1) ¹Wer als Entleiher einen ihm überlassenen Ausländer, der einen erforderlichen Aufenthaltstitel nach § 4 Abs. 3 des Aufenthaltsgesetzes, eine Aufenthaltsgestattung oder eine Duldung, die zur Ausübung der Beschäftigung berechtigen, oder eine Genehmigung nach § 284 Abs. 1 des Dritten Buches Sozialgesetzbuch nicht besitzt, zu Arbeitsbedingungen des Leiharbeitsverhältnisses tätig werden lässt, die in einem auffälligen Missverhältnis zu den Arbeitsbedingungen deutscher Leiharbeitnehmer stehen, die die gleiche oder eine vergleichbare Tätigkeit ausüben, wird mit Freiheitsstrafe bis zu drei Jahren oder mit Geldstrafe bestraft. ²In besonders schweren Fällen ist die Strafe Freiheitsstrafe von sechs Monaten bis zu fünf Jahren; ein besonders schwerer Fall liegt in der Regel vor, wenn der Täter gewerbsmäßig oder aus grobem Eigennutz handelt.

(2) ¹Wer als Entleiher

Anhang 9/AÜG

1. gleichzeitig mehr als fünf Ausländer, die einen erforderlichen Aufenthaltstitel nach § 4 Abs. 3 des Aufenthaltsgesetzes, eine Aufenthaltsgestattung oder eine Duldung, die zur Ausübung der Beschäftigung berechtigen, oder eine Genehmigung nach § 284 Abs. 1 des Dritten Buches Sozialgesetzbuch nicht besitzen, tätig werden lässt oder
2. eine in § 16 Abs. 1 Nr. 2 bezeichnete vorsätzliche Zuwiderhandlung beharrlich wiederholt, wird mit Freiheitsstrafe bis zu einem Jahr oder mit Geldstrafe bestraft. ²Handelt der Täter aus grobem Eigennutz, ist die Strafe Freiheitsstrafe bis zu drei Jahren oder Geldstrafe.

§ 16
Ordnungswidrigkeiten

(1) Ordnungswidrig handelt, wer vorsätzlich oder fahrlässig
1. entgegen § 1 einen Leiharbeitnehmer einem Dritten ohne Erlaubnis überlässt,
1a. einen ihm von einem Verleiher ohne Erlaubnis überlassenen Leiharbeitnehmer tätig werden lässt,
1b. entgegen § 1b Satz 1 Arbeitnehmer überlässt oder tätig werden lässt,
2. einen ihm überlassenen ausländischen Leiharbeitnehmer, der einen erforderlichen Aufenthaltstitel nach § 4 Abs. 3 des Aufenthaltsgesetzes, eine Aufenthaltsgestattung oder eine Duldung, die zur Ausübung der Beschäftigung berechtigen, oder eine Genehmigung nach § 284 Abs. 1 des Dritten Buches Sozialgesetzbuch nicht besitzt, tätig werden lässt,
2a. eine Anzeige nach § 1a nicht richtig, nicht vollständig oder nicht rechtzeitig erstattet,
3. einer Auflage nach § 2 Abs. 2 nicht, nicht richtig, nicht vollständig oder nicht rechtzeitig nachkommt,
4. eine Anzeige nach § 7 Abs. 1 nicht, nicht richtig, nicht vollständig oder nicht rechtzeitig erstattet,
5. eine Auskunft nach § 7 Abs. 2 Satz 1 nicht, nicht richtig, nicht vollständig oder nicht rechtzeitig erteilt,
6. seiner Aufbewahrungspflicht nach § 7 Abs. 2 Satz 4 nicht nachkommt,
6a. entgegen § 7 Abs. 3 Satz 2 eine dort genannte Maßnahme nicht duldet,
7. eine statistische Meldung nach § 8 Abs. 1 nicht, nicht richtig, nicht vollständig oder nicht rechtzeitig erteilt,
7a. entgegen § 10 Absatz 4 eine Arbeitsbedingung nicht gewährt,
7b. entgegen § 10 Absatz 5 in Verbindung mit einer Rechtsverordnung nach § 3a Absatz 2 Satz 1 das dort genannte Mindeststundenentgelt nicht oder nicht rechtzeitig zahlt,
8. einer Pflicht nach § 11 Abs. 1 oder Abs. 2 nicht nachkommt,
9. entgegen § 13a Satz 1 den Leiharbeitnehmer nicht, nicht richtig oder nicht vollständig informiert,
10. entgegen § 13b Satz 1 Zugang nicht gewährt,
11. entgegen § 17a in Verbindung mit § 5 Absatz 1 Satz 1 des Schwarzarbeitsbekämpfungsgesetzes eine Prüfung nicht duldet oder bei dieser Prüfung nicht mitwirkt,
12. entgegen § 17a in Verbindung mit § 5 Absatz 1 Satz 2 des Schwarzarbeitsbekämpfungsgesetzes das Betreten eines Grundstücks oder Geschäftsraums nicht duldet,
13. entgegen § 17a in Verbindung mit § 5 Absatz 3 Satz 1 des Schwarzarbeitsbekämpfungsgesetzes Daten nicht, nicht richtig, nicht vollständig, nicht in der vorgeschriebenen Weise oder nicht rechtzeitig übermittelt,
14. entgegen § 17b Absatz 1 Satz 1 eine Anmeldung nicht, nicht richtig, nicht vollständig, nicht in der vorgeschriebenen Weise oder nicht rechtzeitig zuleitet,
15. entgegen § 17b Absatz 1 Satz 2 eine Änderungsmeldung nicht, nicht richtig, nicht vollständig, nicht in der vorgeschriebenen Weise oder nicht rechtzeitig macht,
16. entgegen § 17b Absatz 2 eine Versicherung nicht beifügt,
17. entgegen § 17c Absatz 1 eine Aufzeichnung nicht, nicht richtig, nicht vollständig oder nicht rechtzeitig erstellt oder nicht oder nicht mindestens zwei Jahre aufbewahrt oder
18. entgegen § 17c Absatz 2 eine Unterlage nicht, nicht richtig, nicht vollständig oder nicht in der vorgeschriebenen Weise bereithält.

(2) Die Ordnungswidrigkeit nach Absatz 1 Nummer 1 bis 1b, 6 und 11 bis 18 kann mit einer Geldbuße bis zu dreißigtausend Euro, die Ordnungswidrigkeit nach Absatz 1 Nummer 2, 7a und 7b mit einer Geldbuße bis zu fünfhunderttausend Euro, die Ordnungswidrigkeit nach Absatz 1 Nummer 2a, 3, 9 und 10 mit einer Geldbuße bis zu zweitausendfünfhundert Euro, die Ordnungswidrigkeit nach Absatz 1 Nummer 4, 5, 6a, 7 und 8 mit einer Geldbuße bis zu tausend Euro geahndet werden.

Anhang 9/AÜG

(3) Verwaltungsbehörden im Sinne des § 36 Abs. 1 Nr. 1 des Gesetzes über Ordnungswidrigkeiten sind für die Ordnungswidrigkeiten nach Absatz 1 Nummer 1 bis 2a, 7b sowie 11 bis 18 die Behörden der Zollverwaltung, für die Ordnungswidrigkeiten nach Absatz 1 Nummer 3 bis 7a sowie 8 bis 10 die Bundesagentur für Arbeit.

(4) § 66 des Zehnten Buches Sozialgesetzbuch gilt entsprechend.

(5) ¹Die Geldbußen fließen in die Kasse der zuständigen Verwaltungsbehörde. ²Sie trägt abweichend von § 105 Abs. 2 des Gesetzes über Ordnungswidrigkeiten die notwendigen Auslagen und ist auch ersatzpflichtig im Sinne des § 110 Abs. 4 des Gesetzes über Ordnungswidrigkeiten.

§ 17
Durchführung

(1) ¹Die Bundesagentur für Arbeit führt dieses Gesetz nach fachlichen Weisungen des Bundesministeriums für Arbeit und Soziales durch. ²Verwaltungskosten werden nicht erstattet.

(2) Die Prüfung der Arbeitsbedingungen nach § 10 Absatz 5 obliegt zudem den Behörden der Zollverwaltung nach Maßgabe der §§ 17a bis 18a.

§ 17a
Befugnisse der Behörden der Zollverwaltung

Die §§ 2, 3 bis 6 und 14 bis 20, 22, 23 des Schwarzarbeitsbekämpfungsgesetzes sind entsprechend anzuwenden mit der Maßgabe, dass die dort genannten Behörden auch Einsicht in Arbeitsverträge, Niederschriften nach § 2 des Nachweisgesetzes und andere Geschäftsunterlagen nehmen können, die mittelbar oder unmittelbar Auskunft über die Einhaltung der Arbeitsbedingungen nach § 10 Absatz 5 geben.

§ 17b
Meldepflicht

(1) ¹Überlässt ein Verleiher mit Sitz im Ausland einen Leiharbeitnehmer zur Arbeitsleistung einem Entleiher, hat der Entleiher, sofern eine Rechtsverordnung nach § 3a auf das Arbeitsverhältnis Anwendung findet, vor Beginn jeder Überlassung der zuständigen Behörde der Zollverwaltung eine schriftliche Anmeldung in deutscher Sprache mit folgenden Angaben zuzuleiten:
1. Familienname, Vornamen und Geburtsdatum des überlassenen Leiharbeitnehmers,
2. Beginn und Dauer der Überlassung,
3. Ort der Beschäftigung,
4. Ort im Inland, an dem die nach § 17c erforderlichen Unterlagen bereitgehalten werden,
5. Familienname, Vornamen und Anschrift in Deutschland eines oder einer Zustellungsbevollmächtigten des Verleihers,
6. Branche, in die die Leiharbeitnehmer überlassen werden sollen, und
7. Familienname, Vornamen oder Firma sowie Anschrift des Verleihers.

²Änderungen bezüglich dieser Angaben hat der Entleiher unverzüglich zu melden.

(2) Der Entleiher hat der Anmeldung eine Versicherung des Verleihers beizufügen, dass dieser seine Verpflichtungen nach § 10 Absatz 5 einhält.

(3) Das Bundesministerium der Finanzen kann durch Rechtsverordnung im Einvernehmen mit dem Bundesministerium für Arbeit und Soziales ohne Zustimmung des Bundesrates bestimmen,
1. dass, auf welche Weise und unter welchen technischen und organisatorischen Voraussetzungen eine Anmeldung, Änderungsmeldung und Versicherung abweichend von den Absätzen 1 und 2 elektronisch übermittelt werden kann,
2. unter welchen Voraussetzungen eine Änderungsmeldung ausnahmsweise entfallen kann und
3. wie das Meldeverfahren vereinfacht oder abgewandelt werden kann.

(4) Das Bundesministerium der Finanzen kann durch Rechtsverordnung ohne Zustimmung des Bundesrates die zuständige Behörde nach Absatz 1 Satz 1 bestimmen.

§ 17c
Erstellen und Bereithalten von Dokumenten

(1) Sofern eine Rechtsverordnung nach § 3a auf ein Arbeitsverhältnis Anwendung findet, ist der Entleiher verpflichtet, Beginn, Ende und Dauer der täglichen Arbeitszeit des Leiharbeitnehmers spätestens bis zum Ablauf des siebten auf den Tag der Arbeitsleistung folgenden Kalendertages aufzuzeichnen und

Anhang 9/AÜG

diese Aufzeichnungen mindestens zwei Jahre beginnend ab dem für die Aufzeichnung maßgeblichen Zeitpunkt aufzubewahren.

(2) ¹Jeder Verleiher ist verpflichtet, die für die Kontrolle der Einhaltung einer Rechtsverordnung nach § 3a erforderlichen Unterlagen im Inland für die gesamte Dauer der tatsächlichen Beschäftigung des Leiharbeitnehmers im Geltungsbereich dieses Gesetzes, insgesamt jedoch nicht länger als zwei Jahre, in deutscher Sprache bereitzuhalten. ²Auf Verlangen der Prüfbehörde sind die Unterlagen auch am Ort der Beschäftigung bereitzuhalten.

§ 18
Zusammenarbeit mit anderen Behörden

(1) Zur Verfolgung und Ahndung der Ordnungswidrigkeiten nach § 16 arbeiten die Bundesagentur für Arbeit und die Behörden der Zollverwaltung insbesondere mit folgenden Behörden zusammen:

1. den Trägern der Krankenversicherung als Einzugsstellen für die Sozialversicherungsbeiträge,
2. den in § 71 des Aufenthaltsgesetzes genannten Behörden,
3. den Finanzbehörden,
4. den nach Landesrecht für die Verfolgung und Ahndung von Ordnungswidrigkeiten nach dem Schwarzarbeitsbekämpfungsgesetz zuständigen Behörden,
5. den Trägern der Unfallversicherung,
6. den für den Arbeitsschutz zuständigen Landesbehörden,
7. den Rentenversicherungsträgern,
8. den Trägern der Sozialhilfe.

(2) Ergeben sich für die Bundesagentur für Arbeit oder die Behörden der Zollverwaltung bei der Durchführung dieses Gesetzes im Einzelfall konkrete Anhaltspunkte für

1. Verstöße gegen das Schwarzarbeitsbekämpfungsgesetz,
2. eine Beschäftigung oder Tätigkeit von Ausländern ohne erforderlichen Aufenthaltstitel nach § 4 Abs. 3 des Aufenthaltsgesetzes, eine Aufenthaltsgestattung oder eine Duldung, die zur Ausübung der Beschäftigung berechtigen, oder eine Genehmigung nach § 284 Abs. 1 des Dritten Buches Sozialgesetzbuch,
3. Verstöße gegen die Mitwirkungspflicht nach § 60 Abs. 1 Satz 1 Nr. 2 des Ersten Buches Sozialgesetzbuch gegenüber einer Dienststelle der Bundesagentur für Arbeit, einem Träger der gesetzlichen Kranken-, Pflege-, Unfall- oder Rentenversicherung oder einem Träger der Sozialhilfe oder gegen die Meldepflicht nach § 8a des Asylbewerberleistungsgesetzes,
4. Verstöße gegen die Vorschriften des Vierten und Siebten Buches Sozialgesetzbuch über die Verpflichtung zur Zahlung von Sozialversicherungsbeiträgen, soweit sie im Zusammenhang mit den in den Nummern 1 bis 3 genannten Verstößen sowie mit Arbeitnehmerüberlassung entgegen § 1 stehen,
5. Verstöße gegen die Steuergesetze,
6. Verstöße gegen das Aufenthaltsgesetz,

unterrichten sie die für die Verfolgung und Ahndung zuständigen Behörden, die Träger der Sozialhilfe sowie die Behörden nach § 71 des Aufenthaltsgesetzes.

(3) ¹In Strafsachen, die Straftaten nach den §§ 15 und 15a zum Gegenstand haben, sind der Bundesagentur für Arbeit und den Behörden der Zollverwaltung zur Verfolgung von Ordnungswidrigkeiten

1. bei Einleitung des Strafverfahrens die Personendaten des Beschuldigten, der Straftatbestand, die Tatzeit und der Tatort,
2. im Falle der Erhebung der öffentlichen Klage die das Verfahren abschließende Entscheidung mit Begründung

zu übermitteln. ²Ist mit der in Nummer 2 genannten Entscheidung ein Rechtsmittel verworfen worden oder wird darin auf die angefochtene Entscheidung Bezug genommen, so ist auch die angefochtene Entscheidung zu übermitteln. ³Die Übermittlung veranlasst die Strafvollstreckungs- oder die Strafverfolgungsbehörde. ⁴Eine Verwendung

1. der Daten der Arbeitnehmer für Maßnahmen zu ihren Gunsten,
2. der Daten des Arbeitgebers zur Besetzung seiner offenen Arbeitsplätze, die im Zusammenhang mit dem Strafverfahren bekanntgeworden sind,
3. der in den Nummern 1 und 2 genannten Daten für Entscheidungen über die Einstellung oder Rückforderung von Leistungen der Bundesagentur für Arbeit

ist zulässig.

(4) (weggefallen)

(5) Die Behörden der Zollverwaltung unterrichten die zuständigen örtlichen Landesfinanzbehörden über den Inhalt von Meldungen nach § 17b.

(6) ¹Die Behörden der Zollverwaltung und die übrigen in § 2 des Schwarzarbeitsbekämpfungsgesetzes genannten Behörden dürfen nach Maßgabe der jeweils einschlägigen datenschutzrechtlichen Bestimmungen auch mit Behörden anderer Vertragsstaaten des Abkommens über den Europäischen Wirtschaftsraum zusammenarbeiten, die dem § 17 Absatz 2 entsprechende Aufgaben durchführen oder für die Bekämpfung illegaler Beschäftigung zuständig sind oder Auskünfte geben können, ob ein Arbeitgeber seine Verpflichtungen nach § 10 Absatz 5 erfüllt. ²Die Regelungen über die internationale Rechtshilfe in Strafsachen bleiben hiervon unberührt.

§ 18a
Ersatzzustellung an den Verleiher

Für die Ersatzzustellung an den Verleiher auf Grund von Maßnahmen nach diesem Gesetz gilt der im Inland gelegene Ort der konkreten Beschäftigung des Leiharbeitnehmers sowie das vom Verleiher eingesetzte Fahrzeug als Geschäftsraum im Sinne des § 5 Absatz 2 Satz 2 Nummer 1 des Verwaltungszustellungsgesetzes in Verbindung mit § 178 Absatz 1 Nummer 2 der Zivilprozessordnung.

§ 19
Übergangsvorschrift

§ 3 Absatz 1 Nummer 3 Satz 4 und § 9 Nummer 2 letzter Halbsatz finden keine Anwendung auf Leiharbeitsverhältnisse, die vor dem 15. Dezember 2010 begründet worden sind.

Anhang 10/Altervorsorge-Durchführungsverordnung (AltvDV)

Verordnung zur Durchführung der steuerlichen Vorschriften des Einkommensteuergesetzes zur Altersvorsorge und zum Rentenbezugsmitteilungsverfahren sowie zum weiteren Datenaustausch mit der zentralen Stelle (Altersvorsorge-Durchführungsverordnung – AltvDV)

Neufassung vom 28.2.2005 (BGBl. I S. 487, BStBl. I S. 452)[1)]

Abschnitt 1
Grundsätze der Datenübermittlung

§ 1
Datensätze

(1) Eine Übermittlung von Daten nach

1. § 10 Absatz 2a und 4b, den §§ 10a, 22a oder Abschnitt XI des Einkommensteuergesetzes,
2. § 32b Absatz 3 des Einkommensteuergesetzes, soweit auf § 22a des Einkommensteuergesetzes verwiesen wird, oder
3. dieser Verordnung

sowie eine nach diesen Vorschriften bestehende Anzeige- und Mitteilungspflicht zwischen den am Verfahren Beteiligten erfolgen in Form eines amtlich vorgeschriebenen Datensatzes.

(2) ¹Absatz 1 gilt nicht für

1. Mitteilungen an den Zulageberechtigten,
2. Mitteilungen des Zulageberechtigten nach den §§ 10a oder Abschnitt XI des Einkommensteuergesetzes,
3. Anzeigen nach den §§ 5 und 13 oder
4. Mitteilungen nach den §§ 6, 10 Absatz 2 Satz 2 und § 11 Absatz 1 und 3.

²Wird die Mitteilung nach § 11 Abs. 1 und 3 über die zentrale Stelle übermittelt, ist Absatz 1 anzuwenden. ³Die Mitteilung des Anbieters an den Zulageberechtigten nach § 90 Abs. 1 Satz 3 des Einkommensteuergesetzes kann mit der Bescheinigung nach § 92 des Einkommensteuergesetzes erfolgen.

§ 2
Technisches Übermittlungsformat

(1) Die Datensätze sind im XML-Format zu übermitteln.

(2) ¹Der codierte Zeichensatz für eine nach den §§ 10a oder Abschnitt XI des Einkommensteuergesetzes oder nach einer im Abschnitt 2 dieser Verordnung vorzunehmenden Datenübermittlung hat den Anforderungen der DIN 66303, Ausgabe Juni 2000, zu entsprechen. ²Der Zeichensatz ist gemäß der Vorgabe der zentralen Stelle an den jeweiligen Stand der Technik anzupassen.

(3) ¹Der codierte Zeichensatz für eine Datenübermittlung nach

1. § 10 Absatz 2a oder § 22a des Einkommensteuergesetzes,
2. § 32b Absatz 3 des Einkommensteuergesetzes, soweit auf § 22a des Einkommensteuergesetzes verwiesen wird, oder
3. den Abschnitten 3 und 4 dieser Verordnung

hat den Anforderungen der ISO/IEC 8859-15, Ausgabe März 1999, zu entsprechen. ²Absatz 2 Satz 2 gilt entsprechend.

§ 2a
DIN- und ISO/IEC-Normen

DIN- und ISO/IEC-Normen, auf die in dieser Verordnung verwiesen wird, sind im Beuth-Verlag GmbH, Berlin und Köln, erschienen und beim Deutschen Patent- und Markenamt in München archivmäßig gesichert niedergelegt.

§ 3
Verfahren der Datenübermittlung, Schnittstellen

(1) Die Übermittlung der Datensätze hat durch Datenfernübertragung zu erfolgen.

---

1) Unter Berücksichtigung der Änderungen zuletzt durch Artikel 25 des Gesetzes vom 25.7.2014 (BGBl. I S. 1266, BStBl. I S. 1126).

Anhang 10/Altervorsorge-Durchführungsverordnung (AltvDV)

(1a) ¹Bei der elektronischen Übermittlung sind die für den jeweiligen Besteuerungszeitraum oder -zeitpunkt bestimmten Schnittstellen ordnungsgemäß zu bedienen. ²Die für die Datenübermittlung erforderlichen Schnittstellen und die dazugehörige Dokumentation werden über das Internet in einem geschützten Bereich der zentralen Stelle zur Verfügung gestellt.

(2) ¹Werden Mängel festgestellt, die eine ordnungsgemäße Übernahme der Daten beeinträchtigen, kann die Übernahme der Daten abgelehnt werden. ²Der Absender ist über die Mängel zu unterrichten.

(3) Die technischen Einrichtungen für die Datenübermittlung stellt jede übermittelnde Stelle für ihren Bereich bereit.

§ 4
Übermittlung durch Datenfernübertragung

(1) ¹Bei der Datenfernübertragung sind dem jeweiligen Stand der Technik entsprechende Maßnahmen zur Sicherstellung von Datenschutz und Datensicherheit zu treffen, die insbesondere die Vertraulichkeit und Unversehrtheit der Daten sowie die Authentifizierung der übermittelnden und empfangenden Stelle gewährleisten. ²Bei der Nutzung allgemein zugänglicher Netze sind Verschlüsselungsverfahren zu verwenden. ³Die zentrale Stelle bestimmt das einzusetzende Verschlüsselungsverfahren, das dem jeweiligen Stand der Technik entsprechen muss.

(2) ¹Die zentrale Stelle bestimmt den zu nutzenden Übertragungsweg. ²Hierbei soll der Übertragungsweg zugelassen werden, der von den an der Datenübermittlung Beteiligten gewünscht wird.

(3) ¹Die erforderlichen Daten können unter den Voraussetzungen des § 11 des Bundesdatenschutzgesetzes oder der vergleichbaren Vorschriften der Landesdatenschutzgesetze durch einen Auftragnehmer der übermittelnden Stelle an die zentrale Stelle übertragen werden. ²Geeignet ist ein Auftragnehmer, der die Anforderungen an den Datenschutz und die Datensicherheit gemäß dieser Verordnung erfüllt.

(4) Der nach Absatz 3 mit der Datenfernübertragung beauftragte Auftragnehmer gilt als Empfangsbevollmächtigter für Mitteilungen der zentralen Stelle an den Auftraggeber, solange dieser nicht widerspricht.

§ 5
Identifikation der am Verfahren Beteiligten

(1) Der Anbieter, die zuständige Stelle und die Familienkassen haben der zentralen Stelle auf Anforderung anzuzeigen:

1. die Kundenart,
2. den Namen und die Anschrift,
3. soweit erforderlich die E-Mail-Adresse,
4. die Telefon- und soweit vorhanden die Telefaxnummer,
5. die Betriebsnummer und
6. die Art der Verbindung.

(2) ¹Der Anbieter hat zusätzlich zu den in Absatz 1 aufgeführten Angaben eine Zertifizierungsnummer sowie die Bankverbindung, über welche die Zulagenzahlungen abgewickelt werden sollen, anzuzeigen. ²Hat der Anbieter ausschließlich Daten nach § 10 Absatz 2a des Einkommensteuergesetzes zu übermitteln, ist die Angabe der Bankverbindung nicht erforderlich.

(2a) Die Familienkassen haben zusätzlich zu den in Absatz 1 aufgeführten Angaben eine von ihnen im Außenverhältnis gegenüber dem Kindergeldempfänger verwendete Kurzbezeichnung der Familienkasse anzuzeigen.

(3) ¹Im Fall der Beauftragung eines Auftragnehmers (§ 4 Abs. 3) hat der Auftraggeber der zentralen Stelle auch die in Absatz 1 genannten Daten des Auftragnehmers anzuzeigen. ²Eine Mandanten- oder Institutionsnummer des Beteiligten beim Auftragnehmer ist ebenfalls anzuzeigen.

(4) Die am Verfahren Beteiligten (übermittelnde Stellen und ihre Auftragnehmer) erhalten von der zentralen Stelle eine Kundennummer und ein Passwort, die den Zugriff auf den geschützten Bereich des Internets der zentralen Stelle ermöglichen.

(5) Jede Änderung der in den Absätzen 1 bis 3 genannten Daten ist der zentralen Stelle von dem am Verfahren Beteiligten unter Angabe der Kundennummer (Absatz 4) unverzüglich anzuzeigen.

(6) Die Absätze 1 und 3 bis 5 gelten für übermittelnde Stellen im Sinne des § 10 Absatz 2a des Einkommensteuergesetzes, für Mitteilungspflichtige (§ 22a Absatz 1 Satz 1 des Einkommensteuergesetzes) und für Träger der Sozialleistungen (§ 32b Absatz 3 des Einkommensteuergesetzes) entsprechend. Die Teilnahme der Arbeitgeber am maschinellen Anfrageverfahren der Identifikationsnummer (§ 139b der

Anhang 10/Altervorsorge-Durchführungsverordnung (AltvDV)

Abgabenordnung) nach § 41b Absatz 2 des Einkommensteuergesetzes setzt voraus, dass diese bereits durch die Finanzverwaltung authentifiziert wurden; eine weitere Identifikation bei der zentralen Stelle findet nicht statt.

Abschnitt 2
Vorschriften zur Altersvorsorge nach § 10a oder Abschnitt XI des Einkommensteuergesetzes
Unterabschnitt 1
Mitteilungs- und Anzeigepflichten

§ 6
Mitteilungspflichten des Arbeitgebers

(1) ¹Der Arbeitgeber hat der Versorgungseinrichtung (Pensionsfonds, Pensionskasse, Direktversicherung), die für ihn die betriebliche Altersversorgung durchführt, spätestens zwei Monate nach Ablauf des Kalenderjahres oder nach Beendigung des Dienstverhältnisses im Laufe des Kalenderjahres gesondert je Versorgungszusage mitzuteilen, in welcher Höhe die für den einzelnen Arbeitnehmer geleisteten Beiträge individuell besteuert wurden. ²Die Mitteilungspflicht des Arbeitgebers kann durch einen Auftragnehmer wahrgenommen werden.

(2) Eine Mitteilung nach Absatz 1 kann unterbleiben, wenn die Versorgungseinrichtung dem Arbeitgeber mitgeteilt hat, dass
1. sie die Höhe der individuell besteuerten Beiträge bereits kennt oder aus den bei ihr vorhandenen Daten feststellen kann oder
2. eine Förderung nach § 10a oder Abschnitt XI des Einkommensteuergesetzes nicht möglich ist.

(3) Der Arbeitnehmer kann gegenüber der Versorgungseinrichtung für die individuell besteuerten Beiträge insgesamt auf die Förderung nach § 10a oder Abschnitt XI des Einkommensteuergesetzes verzichten; der Verzicht kann für die Zukunft widerrufen werden.

(4) Soweit eine Mitteilung nach Absatz 1 unterblieben ist und die Voraussetzungen des Absatzes 2 Nr. 1 nicht vorliegen oder der Arbeitnehmer nach Absatz 3 verzichtet hat, hat die Versorgungseinrichtung davon auszugehen, dass es sich nicht um Altersvorsorgebeiträge im Sinne des § 82 Abs. 2 des Einkommensteuergesetzes handelt.

§ 7
Besondere Mitteilungspflichten der zuständigen Stelle

(1) ¹Beantragt ein Steuerpflichtiger, der zu dem in § 10a Abs. 1 Satz 1 zweiter Halbsatz des Einkommensteuergesetzes bezeichneten Personenkreis gehört, über die für ihn zuständige Stelle (§ 81a des Einkommensteuergesetzes) eine Zulagenummer (§ 10a Abs. 1a des Einkommensteuergesetzes), übermittelt die zuständige Stelle die Angaben des Steuerpflichtigen an die zentrale Stelle. ²Für Empfänger einer Versorgung im Sinne des § 10a Abs. 1 Satz 4 des Einkommensteuergesetzes gilt Satz 1 entsprechend.

(2) ¹Hat der Steuerpflichtige die nach § 10a Abs. 1 Satz 1 zweiter Halbsatz des Einkommensteuergesetzes erforderliche Einwilligung erteilt, hat die zuständige Stelle die Zugehörigkeit des Steuerpflichtigen zum begünstigten Personenkreis für das Beitragsjahr zu bestätigen und die für die Ermittlung des Mindesteigenbeitrags und für die Gewährung der Kinderzulage erforderlichen Daten an die zentrale Stelle zu übermitteln. ²Sind für ein Beitragsjahr oder für das vorangegangene Kalenderjahr mehrere zuständige Stellen nach § 91 Abs. 2 des Einkommensteuergesetzes zur Meldung der Daten nach § 10a Abs. 1 Satz 1 zweiter Halbsatz des Einkommensteuergesetzes verpflichtet, meldet jede zuständige Stelle die Daten für den Zeitraum, für den jeweils das Beschäftigungs-, Amts- oder Dienstverhältnis bestand und auf den sich jeweils die zu übermittelnden Daten beziehen. ³Gehört der Steuerpflichtige im Beitragsjahr nicht mehr zum berechtigten Personenkreis im Sinne des § 10a Abs. 1 Satz 1 zweiter Halbsatz des Einkommensteuergesetzes oder ist er nicht mehr Empfänger einer Versorgung im Sinne des § 10a Abs. 1 Satz 4 des Einkommensteuergesetzes oder hat er im Beitragsjahr erstmalig einen Altersvorsorgevertrag (§ 82 Abs. 1 des Einkommensteuergesetzes) abgeschlossen, hat die zuständige Stelle die für die Ermittlung des Mindesteigenbeitrags erforderlichen Daten an die zentrale Stelle zu übermitteln, wenn ihr eine Einwilligung des Steuerpflichtigen vorliegt. ⁴Sind die zuständige Stelle und die Familienkasse verschiedenen juristischen Personen zugeordnet, entfällt die Meldung der kinderbezogenen Daten nach Satz 1. ⁵In den anderen Fällen kann eine Übermittlung der Kinderdaten durch die zuständige Stelle entfallen, wenn sichergestellt ist, dass die Familienkasse die für die Gewährung der Kinderzulage

Anhang 10/Altersvorsorge-Durchführungsverordnung (AltvDV)

erforderlichen Daten an die zentrale Stelle übermittelt oder ein Datenabgleich (§ 91 Abs. 1 Satz 1 erster Halbsatz des Einkommensteuergesetzes) erfolgt.

(3) Hat die zuständige Stelle die für die Gewährung der Kinderzulage erforderlichen Daten an die zentrale Stelle übermittelt (§ 91 Abs. 2 des Einkommensteuergesetzes) und wird für diesen gemeldeten Zeitraum das Kindergeld insgesamt zurückgefordert, hat die zuständige Stelle dies der zentralen Stelle bis zum 31. März des Kalenderjahres, das dem Kalenderjahr der Rückforderung folgt, mitzuteilen.

§ 8
(weggefallen)

§ 9
Besondere Mitteilungspflicht der Familienkasse

Hat die zuständige Familienkasse der zentralen Stelle die Daten für die Gewährung der Kinderzulage übermittelt und wird für diesen gemeldeten Zeitraum das Kindergeld insgesamt zurückgefordert, hat die Familienkasse dies der zentralen Stelle unverzüglich mitzuteilen.

§ 10
Besondere Mitteilungspflichten des Anbieters

(1) ¹Der Anbieter hat die vom Antragsteller im Zulageantrag anzugebenden Daten sowie die Mitteilungen nach § 89 Abs. 1 Satz 5 des Einkommensteuergesetzes zu erfassen und an die zentrale Stelle zu übermitteln. ²Erfolgt eine Datenübermittlung nach § 89 Abs. 3 des Einkommensteuergesetzes, gilt Satz 1 entsprechend.

(2) ¹Der Anbieter hat einen ihm bekannt gewordenen Tatbestand des § 95 Absatz 1 des Einkommensteuergesetzes der zentralen Stelle mitzuteilen. ²Wenn dem Anbieter ausschließlich eine Anschrift des Zulageberechtigten außerhalb der Mitgliedstaaten der Europäischen Union und der Staaten, auf die das Abkommen über den Europäischen Wirtschaftsraum anwendbar ist, bekannt ist, teilt er dies der zentralen Stelle mit.

(3) Der Anbieter hat der zentralen Stelle die Zahlung des nach § 90 Abs. 3 Satz 3 des Einkommensteuergesetzes abzuführenden Rückforderungsbetrages und des nach § 94 Abs. 1 Satz 3 des Einkommensteuergesetzes abzuführenden Rückzahlungsbetrages, jeweils bezogen auf den Zulageberechtigten, sowie die Zahlung von ihm geschuldeter Verspätungs- oder Säumniszuschläge mitzuteilen.

§ 11
Anbieterwechsel

(1) ¹Im Fall der Übertragung von Altersvorsorgevermögen nach § 1 Abs. 1 Satz 1 Nr. 10 Buchstabe b des Altersvorsorgeverträge-Zertifizierungsgesetzes sowie in den Fällen des § 93 Abs. 1 Satz 4 Buchstabe c, Abs. 1a Satz 1 oder Abs. 2 Satz 2 und 3 des Einkommensteuergesetzes hat der Anbieter des bisherigen Vertrags dem Anbieter des neuen Vertrags die in § 92 des Einkommensteuergesetzes genannten Daten einschließlich der auf den Zeitpunkt der Übertragung fortgeschriebenen Beträge im Sinne des § 19 Abs. 1 und 2 mitzuteilen. ²Dies gilt auch bei einer Übertragung von ausschließlich ungefördertem Altersvorsorgevermögen, die mit einer Übertragung nach § 93 Absatz 1a Satz 1 des Einkommensteuergesetzes vergleichbar ist. ³Bei der Übermittlung hat er die bisherige Vertragsnummer, die Zertifizierungsnummer und die Anbieternummer anzugeben. ⁴Der Anbieter des bisherigen Vertrags kann die Mitteilung nach Satz 1 über die zentrale Stelle dem Anbieter des neuen Vertrags übermitteln. ⁵Die zentrale Stelle leitet die Mitteilung ohne inhaltliche Prüfung an den Anbieter des neuen Vertrags. ⁶Der Anbieter des bisherigen Vertrags hat den Anbieter des neuen Vertrags über eine Abweisung eines Datensatzes nach § 12 Abs. 1 Satz 3 oder 4 unverzüglich zu unterrichten.

(2) Wird das Altersvorsorgevermögen im laufenden Beitragsjahr vollständig auf einen neuen Anbieter übertragen, ist dieser Anbieter zur Ausstellung der Bescheinigung nach § 92 des Einkommensteuergesetzes sowie zur Übermittlung der Daten nach § 10a Abs. 5 des Einkommensteuergesetzes an die zentrale Stelle für das gesamte Beitragsjahr verpflichtet.

(3) ¹Bei Übertragungen von Altersvorsorgevermögen nach Absatz 1 Satz 1 oder Satz 2 haben der Anbieter des bisherigen Vertrags sowie der Anbieter des neuen Vertrags die Übertragung der zentralen Stelle mitzuteilen. ²Bei einer Übertragung von gefördertem Altersvorsorgevermögen nach § 82 Absatz 1 Satz 4 des Einkommensteuergesetzes hat der Anbieter des neuen Vertrags dies der zentralen Stelle ergänzend mitzuteilen. ³Bei einer Übertragung von Altersvorsorgevermögen nach § 93 Absatz 1a Satz 2 des Einkommensteuergesetzes oder bei einer Übertragung von ausschließlich ungefördertem Altersvorsorgevermögen, die mit einer Übertragung nach § 93 Absatz 1 a Satz 2 des Einkommensteuergesetzes vergleichbar ist, hat der Anbieter des bisherigen Vertrags die Übertragung der zentralen Stelle mit-

Anhang 10/Altervorsorge-Durchführungsverordnung (AltvDV)

zuteilen. [4]Bei einer Übertragung nach § 93 Absatz 1a Satz 1 oder Satz 2 des Einkommensteuergesetzes oder bei einer Übertragung von ausschließlich ungefördertem Altersvorsorgevermögen, die mit einer Übertragung nach § 93 Absatz 1 a Satz 1 oder Satz 2 des Einkommensteuergesetzes vergleichbar ist, hat der Anbieter des bisherigen Vertrags der zentralen Stelle außerdem die vom Familiengericht angegebene Ehezeit mitzuteilen.

(4) [1]Wird Altersvorsorgevermögen auf Grund vertraglicher Vereinbarung nur teilweise auf einen anderen Vertrag übertragen, gehen Zulagen, Beitrage und Erträge anteilig auf den neuen Vertrag über. [2]Die Absätze 1 und 3 gelten entsprechend.

(5) [1]Wird Altersvorsorgevermögen auf Grund vertraglicher Vereinbarung nur teilweise auf einen anderen Vertrag übertragen, gehen Zulagen, Beiträge und Erträge anteilig auf den neuen Vertrag über. [2]Die Absätze 1 und 4 gelten entsprechend.

§ 12
Besondere Mitteilungspflichten der zentralen Stelle gegenüber dem Anbieter

(1) [1]Die zentrale Stelle hat dem Anbieter das Ermittlungsergebnis (§ 90 Abs. 1 Satz 1 des Einkommensteuergesetzes) mitzuteilen. [2]Die Mitteilung steht unter dem Vorbehalt der Nachprüfung (§ 164 der Abgabenordnung). [3]Das Ermittlungsergebnis kann auch durch Abweisung des nach § 89 Abs. 2 des Einkommensteuergesetzes übermittelten Datensatzes, der um eine in dem vom Bundesministerium der Finanzen veröffentlichten Fehlerkatalog besonders gekennzeichnete Fehlermeldung ergänzt wird, übermittelt werden. [4]Ist der Datensatz nach § 89 Abs. 2 des Einkommensteuergesetzes auf Grund von unzureichenden oder fehlerhaften Angaben des Zulageberechtigten abgewiesen sowie um eine Fehlermeldung ergänzt worden und werden die Angaben innerhalb der Antragsfrist des § 89 Abs. 1 Satz 1 des Einkommensteuergesetzes von dem Zulageberechtigten an den Anbieter nicht nachgereicht, gilt auch diese Abweisung des Datensatzes als Übermittlung des Ermittlungsergebnisses.

(2) [1]Die zentrale Stelle hat dem Anbieter die Auszahlung der Zulage nach § 90 Abs. 2 Satz 1 des Einkommensteuergesetzes und § 15, jeweils bezogen auf den Zulageberechtigten, mitzuteilen. [2]Mit Zugang der Mitteilung nach Satz 1 entfällt der Vorbehalt der Nachprüfung der Mitteilung nach Absatz 1 Satz 2. [3]Die zentrale Stelle kann eine Mahnung (§ 259 der Abgabenordnung) nach amtlich vorgeschriebenem Datensatz an den Anbieter übermitteln.

(3) Wird der Rückzahlungsbetrag nach § 95 Abs. 3 Satz 1 des Einkommensteuergesetzes erlassen, hat die zentrale Stelle dies dem Anbieter mitzuteilen.

§ 13
Anzeigepflichten des Zulageberechtigten

(1) (weggefallen)

(2) Liegt ein Tatbestand des § 95 Absatz 1 des Einkommensteuergesetzes vor, hat der Zulageberechtigte dies dem Anbieter auch dann anzuzeigen, wenn aus dem Vertrag bereits Leistungen bezogen werden.

Unterabschnitt 2

Ermittlung, Festsetzung, Auszahlung, Rückforderung und Rückzahlung der Zulagen

§ 14
Nachweis der Rentenversicherungspflicht und der Höhe der maßgebenden Einnahmen

(1) [1]Weichen die Angaben des Zulageberechtigten zur Rentenversicherungspflicht oder zu den beitragspflichtigen Einnahmen oder zu der bezogenen Rente wegen voller Erwerbsminderung oder Erwerbsunfähigkeit im Sinne des Sechsten Buches Sozialgesetzbuch – Gesetzliche Rentenversicherung – in der Fassung der Bekanntmachung vom 19. Februar 2002 (BGBl. I S. 754, 1404, 3384), zuletzt geändert durch Artikel 5 des Gesetzes vom 23. Juli 2002 (BGBl. I S. 2787), in der jeweils geltenden Fassung von den nach § 91 Abs. 1 Satz 1 des Einkommensteuergesetzes übermittelten Angaben des zuständigen Sozialversicherungsträgers ab, sind für den Nachweis der Rentenversicherungspflicht oder die Berechnung des Mindesteigenbeitrags die Angaben des zuständigen Sozialversicherungsträgers maßgebend. [2]Für die von der landwirtschaftlichen Alterskasse übermittelten Angaben gilt Satz 1 entsprechend. [3]Wird abweichend vom tatsächlich erzielten Entgelt oder vom Zahlbetrag der Entgeltersatzleistung ein höherer Betrag als beitragspflichtige Einnahmen im Sinne des § 86 Abs. 1 Satz 2 Nr. 1 des Einkommensteuergesetzes berücksichtigt und stimmen der vom Zulageberechtigten angegebene und der bei dem zuständigen Sozialversicherungsträger ermittelte Zeitraum überein, ist Satz 1 insoweit nicht anzuwenden. [4]Im Festsetzungsverfahren ist dem Zulageberechtigten Gelegenheit zu geben, eine Klärung mit dem Sozialversicherungsträger herbeizuführen.

Anhang 10/Altersvorsorge-Durchführungsverordnung (AltvDV)

(2) Liegt der zentralen Stelle eine Bestätigung der zuständigen Stelle über die Zugehörigkeit des Zulageberechtigten zu dem in § 10a Abs. 1 Satz 1 Nr. 1 bis 5 und Satz 4 des Einkommensteuergesetzes genannten Personenkreis vor, gilt Absatz 1 entsprechend.

§ 15
Auszahlung der Zulage

¹Die Zulagen werden jeweils am 15. der Monate Februar, Mai, August und November eines Jahres zur Zahlung angewiesen. ²Zum jeweiligen Auszahlungstermin werden angewiesen:

a) Zulagen, die bis zum Ablauf des dem Auszahlungstermin vorangegangenen Kalendervierteljahres über den Anbieter beantragt worden sind und von der zentralen Stelle bis zum Ablauf des dem Auszahlungstermin vorangehenden Kalendermonats ermittelt wurden,

b) Erhöhungen von Zulagen, die bis zum Ablauf des dem Auszahlungstermin vorangehenden Kalendervierteljahres ermittelt oder festgesetzt wurden.

§ 16
Kleinbetragsgrenze für Rückforderungen gegenüber dem Zulageberechtigten

Ein Rückzahlungsbetrag nach § 94 Abs. 2 des Einkommensteuergesetzes, der nicht über den Anbieter zurückgefordert werden kann, wird nur festgesetzt, wenn die Rückforderung mindestens 10 Euro beträgt.

§ 17
Vollstreckung von Bescheiden über Forderungen der zentralen Stelle

¹Bescheide über Forderungen der zentralen Stelle werden von den Hauptzollämtern vollstreckt. ²Zuständig ist das Hauptzollamt, in dessen Vollstreckungsbezirk der Schuldner oder die Schuldnerin einen Wohnsitz oder gewöhnlichen Aufenthalt hat. ³Mangelt es an einem Wohnsitz oder gewöhnlichen Aufenthalt im Inland, ist das Hauptzollamt Potsdam zuständig. ⁴Über die Niederschlagung (§ 261 der Abgabenordnung) entscheidet die zentrale Stelle.

Unterabschnitt 3

Bescheinigungs-, Aufzeichnungs- und Aufbewahrungspflichten

§ 18
Erteilung der Anbieterbescheinigungen

(1) Werden Bescheinigungen nach § 22 Nr. 5 Satz 7, § 92 oder § 94 Abs. 1 Satz 4 des Einkommensteuergesetzes mit Hilfe automatischer Einrichtungen erstellt, können Unterschrift und Namenswiedergabe des Anbieters oder des Vertretungsberechtigten fehlen.

(2) ¹Wird die Bescheinigung nach § 92 oder § 94 Abs. 1 Satz 4 des Einkommensteuergesetzes durch die Post übermittelt, ist das Datum der Aufgabe zur Post auf der Bescheinigung anzugeben. ²Für die Berechnung der Frist nach § 90 Abs. 4 Satz 2 des Einkommensteuergesetzes ist § 122 Abs. 2 und 2a der Abgabenordnung sinngemäß anzuwenden.

§ 19
Aufzeichnungs- und Aufbewahrungspflichten

(1) ¹Der Anbieter nach § 1 Abs. 2 des Altersvorsorgeverträge-Zertifizierungsgesetzes hat für jedes Kalenderjahr Aufzeichnungen zu führen über

1. Name und Anschrift des Anlegers,
2. Vertragsnummer und Vertragsdatum,
3. Altersvorsorgebeiträge, auf die § 10a oder Abschnitt XI des Einkommensteuergesetzes angewendet wurde,
4. dem Vertrag gutgeschriebene Zulagen,
5. dem Vertrag insgesamt gutgeschriebene Erträge,
6. Beiträge, auf die § 10a oder Abschnitt XI des Einkommensteuergesetzes nicht angewendet wurde,
7. Beiträge und Zulagen, die zur Absicherung der verminderten Erwerbsfähigkeit verwendet wurden,
8. Beiträge und Zulagen, die zur Hinterbliebenenabsicherung im Sinne des § 1 Abs. 1 Satz 1 Nr. 2 des Altersvorsorgeverträge-Zertifizierungsgesetzes oder § 1 Abs. 1 Satz 1 Nr. 6 des Altersvorsorgeverträge-Zertifizierungsgesetzes in der bis zum 31. Dezember 2004 geltenden Fassung verwendet wurden, und

Anhang 10/Altersvorsorge-Durchführungsverordnung (AltvDV)

9. die im Wohnförderkonto (§ 92a Abs. 2 Satz 1 des Einkommensteuergesetzes) zu berücksichtigenden Beträge.

²Werden zugunsten des Altersvorsorgevertrags auch nicht geförderte Beiträge geleistet, sind die Erträge anteilig den geförderten und den nicht geförderten Beiträgen zuzuordnen und entsprechend aufzuzeichnen. ³Die auf den 31. Dezember des jeweiligen Kalenderjahres fortgeschriebenen Beträge sind gesondert aufzuzeichnen.

(2) ¹Für einen Anbieter nach § 80 zweite Alternative des Einkommensteuergesetzes gilt Absatz 1 sinngemäß. ²Darüber hinaus hat er Aufzeichnungen zu führen über

1. Beiträge, auf die § 3 Nr. 63 des Einkommensteuergesetzes angewendet wurde; hierzu gehören auch die Beiträge im Sinne des § 5 Abs. 3 Satz 2 der Lohnsteuer-Durchführungsverordnung,
2. Beiträge, auf die § 40b des Einkommensteuergesetzes in der am 31. Dezember 2004 geltenden Fassung angewendet wurde, und
3. Leistungen, auf die § 3 Nr. 66 des Einkommensteuergesetzes angewendet wurde.

(3) ¹Für die Aufbewahrung der Aufzeichnungen nach den Absätzen 1 und 2, der Mitteilungen nach § 5 Abs. 2 der Lohnsteuer-Durchführungsverordnung und des Antrags auf Altersvorsorgezulage oder der einer Antragstellung nach § 89 Abs. 3 des Einkommensteuergesetzes zugrunde liegenden Unterlagen gilt § 147 Abs. 3 der Abgabenordnung entsprechend. ²Die Unterlagen sind spätestens am Ende des zehnten Kalenderjahres zu löschen oder zu vernichten, das auf die Mitteilung nach § 22 Nr. 5 Satz 7 des Einkommensteuergesetzes folgt. ³Satz 2 gilt nicht, soweit die Löschung oder Vernichtung schutzwürdige Interessen des Anlegers oder die Wahrnehmung von Aufgaben oder berechtigten Interessen des Anbieters beeinträchtigen würde.

(3a) Unterlagen über die Auszahlung des Altersvorsorge-Eigenheimbetrages im Sinne des § 92a Absatz 1 Satz 1 des Einkommensteuergesetzes sowie Unterlagen, die eine wohnungswirtschaftliche Verwendung im Sinne des § 92a Absatz 1 Satz 1 des Einkommensteuergesetzes nach dem 31. Dezember 2007 eines Darlehens im Sinne des § 1 Absatz 1a des Altersvorsorgeverträge-Zertifizierungsgesetzes nachweisen, sind für die Dauer von zehn Jahren nach der Auflösung oder der Schließung des für den Altersvorsorgevertrag geführten Wohnförderkontos (§ 92a Absatz 2 Satz 1 des. Einkommensteuergesetzes) aufzubewahren.

(4) ¹Nach Absatz 3 Satz 1 und Absatz 3a aufzubewahrende schriftliche Unterlagen können als Wiedergabe auf einem Bild- oder anderen dauerhaften Datenträger aufbewahrt werden, wenn sichergestellt ist, dass

1. die Wiedergabe während der Dauer der Aufbewahrungsfrist verfügbar bleibt und innerhalb angemessener Zeit lesbar gemacht werden kann und
2. die lesbar gemachte Wiedergabe mit der schriftlichen Unterlage bildlich und inhaltlich übereinstimmt.

²Das Vorliegen der Voraussetzung nach Satz 1 Nr. 2 ist vor der Vernichtung der schriftlichen Unterlage zu dokumentieren.

(5) Sonstige Vorschriften über Aufzeichnungs- und Aufbewahrungspflichten bleiben unberührt.

(6) Der Anbieter hat der zentralen Stelle auf Anforderung den Inhalt der Aufzeichnungen mitzuteilen und die für die Überprüfung der Zulage erforderlichen Unterlagen zur Verfügung zu stellen.

Abschnitt 3

Vorschriften zu Rentenbezugsmitteilungen

§ 20

Aufzeichnungs- und Aufbewahrungspflichten

¹Der Mitteilungspflichtige hat die übermittelten Daten aufzuzeichnen und die zugrunde liegenden Unterlagen für die Dauer von sechs Jahren nach dem Ende des Jahres, für das die Übermittlung erfolgt ist, geordnet aufzubewahren. ²§ 19 Abs. 4 bis 6 gilt entsprechend.

§ 21

Erprobung des Verfahrens

(1) Die zentrale Stelle kann bei den Mitteilungspflichtigen Daten nach § 22a Abs. 1 Satz 1 des Einkommensteuergesetzes erheben zum Zweck der Erprobung

1. des Verfahrens der Datenübermittlung von den Mitteilungspflichtigen an die zentrale Stelle,
2. der bei der zentralen Stelle einzusetzenden Programme,

3. der Weiterleitung an die Finanzverwaltung und
4. der Weiterverarbeitung der Daten in der Finanzverwaltung.

(2) Das Bundeszentralamt für Steuern kann bei den Mitteilungspflichtigen Daten nach § 22a Abs. 2 Satz 3 des Einkommensteuergesetzes in Verbindung mit § 139b Abs. 3 der Abgabenordnung erheben zum Zweck der Erprobung

1. des Verfahrens der Datenübermittlung von den Mitteilungspflichtigen an das Bundeszentralamt für Steuern,
2. des Verfahrens der Datenübermittlung von dem Bundeszentralamt für Steuern an die Mitteilungspflichtigen,
3. der vom Bundeszentralamt für Steuern und der zentralen Stelle einzusetzenden Programme, mit denen den Mitteilungspflichtigen die Daten zur Verfügung gestellt werden.

(3) Die Datenübermittlung erfolgt durch Datenfernübertragung; § 4 Abs. 1 gilt entsprechend.

(4) [1]Die Daten dürfen nur für die in den Absätzen 1 und 2 genannten Zwecke verwendet werden. [2]Sie sind unmittelbar nach Beendigung der Erprobung, spätestens am 31. Dezember 2009, zu löschen.

Abschnitt 4

Vorschriften zum weiteren Datenaustausch mit der zentralen Stelle

§ 22

Aufzeichnungs- und Aufbewahrungspflichten

[1]Soweit nicht bereits eine Aufzeichnungs- und Aufbewahrungspflicht nach § 19 oder § 20 dieser Verordnung besteht, hat die übermittelnde Stelle die übermittelten Daten aufzuzeichnen und die zugrunde liegenden Unterlagen für die Dauer von sechs Jahren nach dem Ende des Jahres, in dem die Übermittlung erfolgt ist, geordnet aufzubewahren. [2]§ 19 Absatz 4 bis 6 gilt entsprechend.

§ 23

Erprobung des Verfahrens

§ 21 Absatz 1 dieser Verordnung gilt für die Erprobung des Verfahrens nach § 10 Absatz 2a des Einkommensteuergesetzes entsprechend mit der Maßgabe, dass die zentrale Stelle bei den übermittelnden Stellen die Daten nach § 10 Absatz 2a des Einkommensteuergesetzes erheben kann.

Anhang 11/Altersteilzeitgesetz

Altersteilzeitgesetz
Vom 23. Juli 1996 (BGBl. I S. 1078)[1)]

§ 1
Grundsatz

(1) Durch Altersteilzeitarbeit soll älteren Arbeitnehmern ein gleitender Übergang vom Erwerbsleben in die Altersrente ermöglicht werden.

(2) Die Bundesagentur für Arbeit (Bundesagentur) fördert durch Leistungen nach diesem Gesetz die Teilzeitarbeit älterer Arbeitnehmer, die ihre Arbeitszeit ab Vollendung des 55. Lebensjahres spätestens ab 31. Dezember 2009 vermindern und damit die Einstellung eines sonst arbeitslosen Arbeitnehmers ermöglichen.

(3) [1]Altersteilzeit im Sinne dieses Gesetzes liegt unabhängig von einer Förderung durch die Bundesagentur auch vor bei einer Teilzeitarbeit älterer Arbeitnehmer, die ihre Arbeitszeit ab Vollendung des 55. Lebensjahres nach dem 31. Dezember 2009 vermindern. [2]Für die Anwendung des § 3 Nr. 28 des Einkommensteuergesetzes kommt es nicht darauf an, dass die Altersteilzeit vor dem 1. Januar 2010 begonnen wurde und durch die Bundesagentur nach § 4 gefördert wird.

§ 2
Begünstigter Personenkreis

(1) Leistungen werden für Arbeitnehmer gewährt, die

1. das 55.Lebensjahr vollendet haben,
2. nach dem 14. Februar 1996 auf Grund einer Vereinbarung mit ihrem Arbeitgeber, die sich zumindest auf die Zeit erstrecken muss, bis eine Rente wegen Alters beansprucht werden kann, ihre Arbeitszeit auf die Hälfte der bisherigen wöchentlichen Arbeitszeit vermindert haben, und versicherungspflichtig beschäftigt im Sinne des Dritten Buches Sozialgesetzbuch sind (Altersteilzeitarbeit) und
3. innerhalb der letzten fünf Jahre vor Beginn der Altersteilzeitarbeit mindestens 1 080 Kalendertage in einer versicherungspflichtigen Beschäftigung nach dem Dritten Buch Sozialgesetzbuch oder nach den Vorschriften eines Mitgliedstaates der Europäischen Union, eines Vertragsstaates des Abkommens über den Europäischen Wirtschaftsraum oder der Schweiz gestanden haben. [2]Zeiten mit Anspruch auf Arbeitslosengeld oder Arbeitslosenhilfe, Zeiten des Bezuges von Arbeitslosengeld II sowie Zeiten, in denen Versicherungspflicht nach § 26 Abs. 2 des Dritten Buches Sozialgesetzbuch bestand, stehen der versicherungspflichtigen Beschäftigung gleich. [3]*§ 427 Abs. 3 des Dritten Buches Sozialgesetzbuch gilt entsprechend.*[2)]

(2) [1]Sieht die Vereinbarung über die Altersteilzeitarbeit unterschiedliche wöchentliche Arbeitszeiten oder eine unterschiedliche Verteilung der wöchentlichen Arbeitszeit vor, ist die Voraussetzung nach Absatz 1 Nr. 2 auch erfüllt, wenn

1. die wöchentliche Arbeitszeit im Durchschnitt eines Zeitraums von bis zu drei Jahren oder bei Regelung in einem Tarifvertrag, auf Grund eines Tarifvertrages in einer Betriebsvereinbarung oder in einer Regelung der Kirchen und der öffentlich-rechtlichen Religionsgesellschaften im Durchschnitt eines Zeitraums von bis zu sechs Jahren die Hälfte der bisherigen wöchentlichen Arbeitszeit nicht überschreitet und der Arbeitnehmer versicherungspflichtig beschäftigt im Sinne des Dritten Buches Sozialgesetzbuch ist und
2. das Arbeitsentgelt für die Altersteilzeitarbeit sowie der Aufstockungsbetrag nach § 3 Abs. 1 Nr. 1 Buchstabe a fortlaufend gezahlt werden.

[2]Im Geltungsbereich eines Tarifvertrages nach Satz 1 Nr. 1 kann die tarifvertragliche Regelung im Betrieb eines nicht tarifgebundenen Arbeitgebers durch Betriebsvereinbarung oder, wenn ein Betriebsrat nicht besteht, durch schriftliche Vereinbarung zwischen dem Arbeitgeber und dem Arbeitnehmer übernommen werden. [3]Können auf Grund eines solchen Tarifvertrages abweichende Regelungen in einer Betriebsvereinbarung getroffen werden, kann auch in Betrieben eines nicht tarifgebundenen Arbeitgebers davon Gebrauch gemacht werden. [4]Satz 1 Nr. 1, 2. Alternative gilt entsprechend. [5]In einem Bereich, in dem tarifvertragliche Regelungen zur Verteilung der Arbeitszeit nicht getroffen sind oder üblicherweise nicht getroffen werden, kann eine Regelung im Sinne des Satzes 1 Nr. 1, 2. Alternative auch

---

1) Unter Berücksichtigung der Änderungen zuletzt durch Artikel 6 des Gesetzes vom 10.12.2014 (BGBl. I S. 2082).
2) § 2 Absatz 1 Nummer 3 Satz 3 wird aufgehoben mit Wirkung ab 1. 4. 2012 (Artikel 27, 51 Absatz 1 Gesetz vom 20.12.2011 BGBl. I S. 2854).

durch Betriebsvereinbarung oder, wenn ein Betriebsrat nicht besteht, durch schriftliche Vereinbarung zwischen Arbeitgeber und Arbeitnehmer getroffen werden.

(3) ¹Sieht die Vereinbarung über die Altersteilzeitarbeit unterschiedliche wöchentliche Arbeitszeiten oder eine unterschiedliche Verteilung der wöchentlichen Arbeitszeit über einen Zeitraum von mehr als sechs Jahren vor, ist die Voraussetzung nach Absatz 1 Nr. 2 auch erfüllt, wenn die wöchentliche Arbeitszeit im Durchschnitt eines Zeitraums von sechs Jahren, der innerhalb des Gesamtzeitraums der vereinbarten Altersteilzeitarbeit liegt, die Hälfte der bisherigen wöchentlichen Arbeitszeit nicht überschreitet, der Arbeitnehmer versicherungspflichtig beschäftigt im Sinne des Dritten Buches Sozialgesetzbuch ist und die weiteren Voraussetzungen des Absatzes 2 vorliegen. ²Die Leistungen nach § 3 Abs. 1 Nr. 1 sind nur in dem in Satz 1 genannten Zeitraum von sechs Jahren zu erbringen.

§ 3
Anspruchsvoraussetzungen

(1) Der Anspruch auf die Leistungen nach § 4 setzt voraus, dass

1. der Arbeitgeber auf Grund eines Tarifvertrages, einer Regelung der Kirchen und der öffentlich-rechtlichen Religionsgesellschaften, einer Betriebsvereinbarung oder einer Vereinbarung mit dem Arbeitnehmer
   a) das Regelarbeitsentgelt für die Altersteilzeitarbeit um mindestens 20 vom Hundert aufgestockt hat, wobei die Aufstockung auch weitere Entgeltbestandteile umfassen kann, und
   b) für den Arbeitnehmer zusätzlich Beiträge zur gesetzlichen Rentenversicherung mindestens in Höhe des Beitrags entrichtet hat, der auf 80 vom Hundert des Regelarbeitsentgelts für die Altersteilzeitarbeit, begrenzt auf den Unterschiedsbetrag zwischen 90 vom Hundert der monatlichen Beitragsbemessungsgrenze und dem Regelarbeitsentgelt, entfällt, höchstens bis zur Beitragsbemessungsgrenze, sowie

2. der Arbeitgeber aus Anlass des Übergangs des Arbeitnehmers in die Altersteilzeitarbeit
   a) einen bei einer Agentur für Arbeit arbeitslos gemeldeten Arbeitnehmer, einen Bezieher von Arbeitslosengeld II oder einen Arbeitnehmer nach Abschluss der Ausbildung auf dem freigemachten oder auf einem in diesem Zusammenhang durch Umsetzung freigewordenen Arbeitsplatz versicherungspflichtig im Sinne des Dritten Buches Sozialgesetzbuch beschäftigt; bei Arbeitgebern, die in der Regel nicht mehr als 50 Arbeitnehmer beschäftigen, wird unwiderleglich vermutet, dass der Arbeitnehmer auf dem freigemachten oder auf einem in diesem Zusammenhang durch Umsetzung frei gewordenen Arbeitsplatz beschäftigt wird, oder
   b) einen Auszubildenden versicherungspflichtig im Sinne des Dritten Buches Sozialgesetzbuch beschäftigt, wenn der Arbeitgeber in der Regel nicht mehr als 50 Arbeitnehmer beschäftigt
   und

3. die freie Entscheidung des Arbeitgebers bei einer über fünf vom Hundert der Arbeitnehmer des Betriebes hinausgehenden Inanspruchnahme sichergestellt ist oder eine Ausgleichskasse der Arbeitgeber oder eine gemeinsame Einrichtung der Tarifvertragsparteien besteht, wobei beide Voraussetzungen in Tarifverträgen verbunden werden können.

(1a) Die Voraussetzungen des Absatzes 1 Nr. 1 Buchstabe a sind auch erfüllt, wenn Bestandteile des Arbeitsentgelts, die für den Zeitraum der vereinbarten Altersteilzeitarbeit nicht vermindert worden sind, bei der Aufstockung außer Betracht bleiben.

(2) Für die Zahlung der Beiträge nach Absatz 1 Nr. 1 Buchstabe b gelten die Bestimmungen des Sechsten Buches Sozialgesetzbuch über die Beitragszahlung aus dem Arbeitsentgelt.

(3) Hat der in Altersteilzeitarbeit beschäftigte Arbeitnehmer die Arbeitsleistung oder Teile der Arbeitsleistung im voraus erbracht, so ist die Voraussetzung nach Absatz 1 Nr. 2 bei Arbeitszeiten nach § 2 Abs. 2 und 3 erfüllt, wenn die Beschäftigung eines bei einer Agentur für Arbeit arbeitslos gemeldeten Arbeitnehmers oder eines Arbeitnehmers nach Abschluss der Ausbildung auf dem freigemachten oder durch Umsetzung freigewordenen Arbeitsplatz erst nach Erbringung der Arbeitsleistung erfolgt.

§ 4
Leistungen

(1) Die Bundesagentur erstattet dem Arbeitgeber für längstens sechs Jahre

1. den Aufstockungsbetrag nach § 3 Abs. 1 Nr. 1 Buchstabe a in Höhe von 20 vom Hundert des für die Altersteilzeitarbeit gezahlten Regelarbeitsentgelts und
2. den Betrag, der nach § 3 Abs. 1 Nr. 1 Buchstabe b in Höhe des Beitrags geleistet worden ist, der auf den Betrag entfällt, der sich aus 80 vom Hundert des Regelarbeitsentgelts für die Altersteilzeitarbeit

ergibt, jedoch höchstens des auf den Unterschiedsbetrag zwischen 90 vom Hundert der monatlichen Beitragsbemessungsgrenze und dem Regelarbeitsentgelt entfallenden Beitrags.

(2) [1]Bei Arbeitnehmern, die nach § 6 Abs. 1 Satz 1 Nr. 1 oder § 231 Abs. 1 und 2 des Sechsten Buches Sozialgesetzbuch von der Versicherungspflicht befreit sind, werden Leistungen nach Absatz 1 auch erbracht, wenn die Voraussetzung des § 3 Abs. 1 Nr. 1 Buchstabe b nicht erfüllt ist. [2]Dem Betrag nach Absatz 1 Nr. 2 stehen in diesem Fall vergleichbare Aufwendungen des Arbeitgebers bis zur Höhe des Beitrags gleich, den die Bundesagentur nach Absatz 1 Nr. 2 zu tragen hätte, wenn der Arbeitnehmer nicht von der Versicherungspflicht befreit wäre.

§ 5
Erlöschen und Ruhen des Anspruchs

(1) Der Anspruch auf die Leistungen nach § 4 erlischt
1. mit Ablauf des Kalendermonats, in dem der Arbeitnehmer die Altersteilzeitarbeit beendet hat,
2. mit Ablauf des Kalendermonats vor dem Kalendermonat, für den der Arbeitnehmer eine Rente wegen Alters oder, wenn er von der Versicherungspflicht in der gesetzlichen Rentenversicherung befreit ist, das 65. Lebensjahr vollendet hat oder eine der Rente vergleichbare Leistung einer Versicherungs- oder Versorgungseinrichtung oder eines Versicherungsunternehmens beanspruchen kann; dies gilt nicht für Renten, die vor dem für den Versicherten maßgebenden Rentenalter in Anspruch genommen werden können oder
3. mit Beginn des Kalendermonats, für den der Arbeitnehmer eine Rente wegen Alters, eine Knappschaftsausgleichsleistung, eine ähnliche Leistung öffentlich-rechtlicher Art oder, wenn er von der Versicherungspflicht in der gesetzlichen Rentenversicherung befreit ist, eine vergleichbare Leistung einer Versicherungs- oder Versorgungseinrichtung oder eines Versicherungsunternehmens bezieht.

(2) [1]Der Anspruch auf die Leistungen besteht nicht, solange der Arbeitgeber auf dem freigemachten oder durch Umsetzung freigewordenen Arbeitsplatz keinen Arbeitnehmer mehr beschäftigt, der bei Beginn der Beschäftigung die Voraussetzungen des § 3 Abs. 1 Nr. 2 erfüllt hat. [2]Dies gilt nicht, wenn der Arbeitsplatz mit einem Arbeitnehmer, der diese Voraussetzungen erfüllt, innerhalb von drei Monaten erneut wiederbesetzt wird oder der Arbeitgeber insgesamt für vier Jahre die Leistungen erhalten hat.

(3) [1]Der Anspruch auf die Leistungen ruht während der Zeit, in der der Arbeitnehmer neben seiner Altersteilzeitarbeit Beschäftigungen oder selbständige Tätigkeiten ausübt, die die Geringfügigkeitsgrenze des § 8 des Vierten Buches Sozialgesetzbuch überschreiten oder auf Grund solcher Beschäftigungen eine Entgeltersatzleistung erhält. [2]Der Anspruch auf die Leistungen erlischt, wenn er mindestens 150 Kalendertage geruht hat. [3]Mehrere Ruhenszeiträume sind zusammenzurechnen. [4]Beschäftigungen oder selbständige Tätigkeiten bleiben unberücksichtigt, soweit der altersteilzeitarbeitende Arbeitnehmer sie bereits innerhalb der letzten fünf Jahre vor Beginn der Altersteilzeitarbeit ständig ausgeübt hat.

(4) [1]Der Anspruch auf die Leistungen ruht während der Zeit, in der der Arbeitnehmer über die Altersteilzeitarbeit hinaus Mehrarbeit leistet, die den Umfang der Geringfügigkeitsgrenze des § 8 des Vierten Buches Sozialgesetzbuch überschreitet. [2]Absatz 3 Satz 2 und 3 gilt entsprechend.

(5) § 48 Abs. 1 Nr. 3 des Zehnten Buches Sozialgesetzbuch findet keine Anwendung.

§ 6
Begriffsbestimmungen

(1) [1]Das Regelarbeitsentgelt für die Altersteilzeitarbeit im Sinne dieses Gesetzes ist das auf einen Monat entfallende vom Arbeitgeber regelmäßig zu zahlende sozialversicherungspflichtige Arbeitsentgelt, soweit es die Beitragsbemessungsgrenze des Dritten Buches Sozialgesetzbuch nicht überschreitet. [2]Entgeltbestandteile, die nicht laufend gezahlt werden, sind nicht berücksichtigungsfähig.

(2) [1]Als bisherige wöchentliche Arbeitszeit ist die wöchentliche Arbeitszeit zugrunde zu legen, die mit dem Arbeitnehmer vor dem Übergang in die Altersteilzeitarbeit vereinbart war. [2]Zugrunde zu legen ist höchstens die Arbeitszeit, die im Durchschnitt der letzten 24 Monate vor dem Übergang in die Altersteilzeitarbeit vereinbart war. [3]Die ermittelte durchschnittliche Arbeitszeit kann auf die nächste volle Stunde gerundet werden.

(3) (weggefallen)

§ 7
Berechnungsvorschriften

(1) [1]Ein Arbeitgeber beschäftigt in der Regel nicht mehr als 50 Arbeitnehmer, wenn er in dem Kalenderjahr, das demjenigen, für das die Feststellung zu treffen ist, vorausgegangen ist, für einen Zeitraum

von mindestens acht Kalendermonaten nicht mehr als 50 Arbeitnehmer beschäftigt hat. ²Hat das Unternehmen nicht während des ganzen nach Satz 1 maßgebenden Kalenderjahrs bestanden, so beschäftigt der Arbeitgeber in der Regel nicht mehr als 50 Arbeitnehmer, wenn er während des Zeitraums des Bestehens des Unternehmens in der überwiegenden Zahl der Kalendermonate nicht mehr als 50 Arbeitnehmer beschäftigt hat. ³Ist das Unternehmen im Laufe des Kalenderjahrs errichtet worden, in dem die Feststellung nach Satz 1 zu treffen ist, so beschäftigt der Arbeitgeber in der Regel nicht mehr als 50 Arbeitnehmer, wenn nach der Art des Unternehmens anzunehmen ist, dass die Zahl der beschäftigten Arbeitnehmer während der überwiegenden Kalendermonate dieses Kalenderjahrs 50 nicht überschreiten wird.

(2) ¹Für die Berechnung der Zahl der Arbeitnehmer nach § 3 Abs. 1 Nr. 3 ist der Durchschnitt der letzten zwölf Kalendermonate vor dem Beginn der Altersteilzeitarbeit des Arbeitnehmers maßgebend. ²Hat ein Betrieb noch nicht zwölf Monate bestanden, ist der Durchschnitt der Kalendermonate während des Zeitraums des Bestehens des Betriebes maßgebend.

(3) ¹Bei der Feststellung der Zahl der beschäftigten Arbeitnehmer nach Absatz 1 und 2 bleiben schwerbehinderte Menschen und Gleichgestellte im Sinne des Neunten Buches Sozialgesetzbuch sowie Auszubildende außer Ansatz. ²Teilzeitbeschäftigte Arbeitnehmer mit einer regelmäßigen wöchentlichen Arbeitszeit von nicht mehr als 20 Stunden sind mit 0,5 und mit einer regelmäßigen wöchentlichen Arbeitszeit von nicht mehr als 30 Stunden mit 0,75 zu berücksichtigen.

(4) Bei der Ermittlung der Zahl der in Altersteilzeitarbeit beschäftigten Arbeitnehmer nach § 3 Abs. 1 Nr. 3 sind schwerbehinderte Menschen und Gleichgestellte im Sinne des Neunten Buches Sozialgesetzbuch zu berücksichtigen.

§ 8
Arbeitsrechtliche Regelungen

(1) Die Möglichkeit eines Arbeitnehmers zur Inanspruchnahme von Altersteilzeitarbeit gilt nicht als eine die Kündigung des Arbeitsverhältnisses durch den Arbeitgeber begründende Tatsache im Sinne des § 1 Abs. 2 Satz 1 des Kündigungsschutzgesetzes; sie kann auch nicht bei der sozialen Auswahl nach § 1 Abs. 3 Satz 1 des Kündigungsschutzgesetzes zum Nachteil des Arbeitnehmers berücksichtigt werden.

(2) ¹Die Verpflichtung des Arbeitgebers zur Zahlung von Leistungen nach § 3 Abs. 1 Nr. 1 kann nicht für den Fall ausgeschlossen werden, dass der Anspruch des Arbeitgebers auf die Leistungen nach § 4 nicht besteht, weil die Voraussetzung des § 3 Abs. 1 Nr. 2 nicht vorliegt. ²Das Gleiche gilt für den Fall, dass der Arbeitgeber die Leistungen nur deshalb nicht erhält, weil er den Antrag nach § 12 nicht, nicht richtig, nicht vollständig oder nicht rechtzeitig gestellt hat oder seinen Mitwirkungspflichten nicht nachgekommen ist, ohne dass dafür eine Verletzung der Mitwirkungspflichten des Arbeitnehmers ursächlich war.

(3) Eine Vereinbarung zwischen Arbeitnehmer und Arbeitgeber über die Altersteilzeitarbeit, die die Beendigung des Arbeitsverhältnisses ohne Kündigung zu einem Zeitpunkt vorsieht, in dem der Arbeitnehmer Anspruch auf eine Rente wegen Alters hat, ist zulässig.

§ 8a
Insolvenzsicherung

(1) ¹Führt eine Vereinbarung über die Altersteilzeitarbeit im Sinne von § 2 Abs. 2 zum Aufbau eines Wertguthabens, das den Betrag des Dreifachen des Regelarbeitsentgelts nach § 6 Abs. 1 einschließlich des darauf entfallenden Arbeitgeberanteils am Gesamtsozialversicherungsbeitrag übersteigt, ist der Arbeitgeber verpflichtet, das Wertguthaben einschließlich des darauf entfallenden Arbeitgeberanteils am Gesamtsozialversicherungsbeitrag mit der ersten Gutschrift in geeigneter Weise gegen das Risiko seiner Zahlungsunfähigkeit abzusichern; § 7e des Vierten Buches Sozialgesetzbuch findet keine Anwendung. ²Bilanzielle Rückstellungen sowie zwischen Konzernunternehmen (§ 18 des Aktiengesetzes) begründete Einstandspflichten, insbesondere Bürgschaften, Patronatserklärungen oder Schuldbeitritte, gelten nicht als geeignete Sicherungsmittel im Sinne des Satzes 1.

(2) Bei der Ermittlung der Höhe des zu sichernden Wertguthabens ist eine Anrechnung der Leistungen nach § 3 Abs. 1 Nr. 1 Buchstabe a und b und § 4 Abs. 2 sowie der Zahlungen des Arbeitgebers zur Übernahme der Beiträge im Sinne des § 187a des Sechsten Buches Sozialgesetzbuch unzulässig.

(3) ¹Der Arbeitgeber hat dem Arbeitnehmer die zur Sicherung des Wertguthabens ergriffenen Maßnahmen mit der ersten Gutschrift und danach alle sechs Monate in Textform nachzuweisen. ²Die Betriebsparteien können eine andere gleichwertige Art und Form des Nachweises vereinbaren; Absatz 4 bleibt hiervon unberührt.

(4) ¹Kommt der Arbeitgeber seiner Verpflichtung nach Absatz 3 nicht nach oder sind die nachgewiesenen Maßnahmen nicht geeignet und weist er auf schriftliche Aufforderung des Arbeitnehmers nicht innerhalb eines Monats eine geeignete Insolvenzsicherung des bestehenden Wertguthabens in Textform nach, kann der Arbeitnehmer verlangen, dass Sicherheit in Höhe des bestehenden Wertguthabens geleistet wird. ²Die Sicherheitsleistung kann nur erfolgen durch Stellung eines tauglichen Bürgen oder Hinterlegung von Geld oder solchen Wertpapieren, die nach § 234 Abs. 1 und 3 des Bürgerlichen Gesetzbuchs zur Sicherheitsleistung geeignet sind. ³Die Vorschriften der §§ 233, 234 Abs. 2, §§ 235 und 239 des Bürgerlichen Gesetzbuchs sind entsprechend anzuwenden.

(5) Vereinbarungen über den Insolvenzschutz, die zum Nachteil des in Altersteilzeitarbeit beschäftigten Arbeitnehmers von den Bestimmungen dieser Vorschrift abweichen, sind unwirksam.

(6) Die Absätze 1 bis 5 finden keine Anwendung gegenüber dem Bund, den Ländern, den Gemeinden, Körperschaften, Stiftungen und Anstalten des öffentlichen Rechts, über deren Vermögen die Eröffnung eines Insolvenzverfahrens nicht zulässig ist, sowie solchen juristischen Personen des öffentlichen Rechts, bei denen der Bund, ein Land oder eine Gemeinde kraft Gesetzes die Zahlungsfähigkeit sichert.

§ 9
Ausgleichskassen, gemeinsame Einrichtungen

(1) Werden die Leistungen nach § 3 Abs. 1 Nr. 1 auf Grund eines Tarifvertrages von einer Ausgleichskasse der Arbeitgeber erbracht oder dem Arbeitgeber erstattet, gewährt die Bundesagentur auf Antrag der Tarifvertragsparteien die Leistungen nach § 4 der Ausgleichskasse.

(2) Für gemeinsame Einrichtungen der Tarifvertragsparteien gilt Absatz 1 entsprechend.

§ 10
Soziale Sicherung des Arbeitnehmers

(1) ¹Beansprucht ein Arbeitnehmer, der Altersteilzeitarbeit (§ 2) geleistet hat und für den der Arbeitgeber Leistungen nach § 3 Abs. 1 Nr. 1 erbracht hat, Arbeitslosengeld oder Arbeitslosenhilfe, erhöht sich das Bemessungsentgelt, das sich nach den Vorschriften des Dritten Buches Sozialgesetzbuch ergibt, bis zu dem Betrag, der als Bemessungsgrundlage zugrunde zu legen wäre, wenn der Arbeitnehmer seine Arbeitszeit nicht im Rahmen der Altersteilzeitarbeit vermindert hätte. ²Kann der Arbeitnehmer eine Rente wegen Alters in Anspruch nehmen, ist von dem Tage an, an dem die Rente erstmals beansprucht werden kann, das Bemessungsentgelt maßgebend, das ohne die Erhöhung nach Satz 1 zugrunde zu legen gewesen wäre. ³Änderungsbescheide werden mit dem Tag wirksam, an dem die Altersrente erstmals beansprucht werden konnte.

(2) ¹Bezieht ein Arbeitnehmer, für den die Bundesagentur Leistungen nach § 4 erbracht hat, Krankengeld, Versorgungskrankengeld, Verletztengeld oder Übergangsgeld und liegt der Bemessung dieser Leistungen ausschließlich die Altersteilzeit zugrunde oder bezieht der Arbeitnehmer Krankentagegeld von einem privaten Krankenversicherungsunternehmen, erbringt die Bundesagentur anstelle des Arbeitgebers die Leistungen nach § 3 Abs. 1 Nr. 1 in Höhe der Erstattungsleistungen nach § 4. ²Satz 1 gilt soweit und solange nicht, als Leistungen nach § 3 Abs. 1 Nr. 1 vom Arbeitgeber erbracht werden. ³Durch die Leistungen darf der Höchstförderzeitraum nach § 4 Abs. 1 nicht überschritten werden. ⁴§ 5 Abs. 1 gilt entsprechend.

(3) Absatz 2 gilt entsprechend für Arbeitnehmer, die nur wegen Inanspruchnahme der Altersteilzeit nach § 2 Abs. 1 Nr. 1 und 2 des Zweiten Gesetzes über die Krankenversicherung der Landwirte versicherungspflichtig in der Krankenversicherung der Landwirte sind, soweit und solange ihnen Krankengeld gezahlt worden wäre, falls sie nicht Mitglied der landwirtschaftlichen Krankenkasse geworden wären.

(4) Bezieht der Arbeitnehmer Kurzarbeitergeld, gilt für die Berechnung der Leistungen des § 3 Abs. 1 Nr. 1 und des § 4 das Entgelt für die vereinbarte Arbeitszeit als Arbeitsentgelt für die Altersteilzeitarbeit.

(5) ¹Sind für den Arbeitnehmer Aufstockungsleistungen nach § 3 Abs. 1 Nr. 1 Buchstabe a und b gezahlt worden, gilt in den Fällen der nicht zweckentsprechenden Verwendung von Wertguthaben für die Berechnung der Beiträge zur gesetzlichen Rentenversicherung der Unterschiedsbetrag zwischen dem Betrag, den der Arbeitgeber der Berechnung der Beiträge nach § 3 Abs. 1 Nr. 1 Buchstabe b zugrunde gelegt hat, und dem Doppelten des Regelarbeitsentgelts bis zum Zeitpunkt der nicht zweckentsprechenden Verwendung, höchstens bis zur Beitragsbemessungsgrenze, als beitragspflichtige Einnahme aus dem Wertguthaben; für die Beiträge zur Krankenversicherung, Pflegeversicherung oder nach dem Recht der Arbeitsförderung gilt § 23b Abs. 2 bis 3 des Vierten Buches Sozialgesetzbuch. ²Im Falle der Zahlungsunfähigkeit des Arbeitgebers gilt Satz 1 entsprechend, soweit Beiträge gezahlt werden.

§ 11
Mitwirkungspflichten des Arbeitnehmers

(1) ¹Der Arbeitnehmer hat Änderungen der ihn betreffenden Verhältnisse, die für die Leistungen nach § 4 erheblich sind, dem Arbeitgeber unverzüglich mitzuteilen. ²Werden im Fall des § 9 die Leistungen von der Ausgleichskasse der Arbeitgeber oder der gemeinsamen Einrichtung der Tarifvertragsparteien erbracht, hat der Arbeitnehmer Änderungen nach Satz 1 diesen gegenüber unverzüglich mitzuteilen.

(2) ¹Der Arbeitnehmer hat der Bundesagentur die dem Arbeitgeber zu Unrecht gezahlten Leistungen zu erstatten, wenn der Arbeitnehmer die unrechtmäßige Zahlung dadurch bewirkt hat, dass er vorsätzlich oder grob fahrlässig

1. Angaben gemacht hat, die unrichtig oder unvollständig sind, oder
2. der Mitteilungspflicht nach Absatz 1 nicht nachgekommen ist.

²Die zu erstattende Leistung ist durch schriftlichen Verwaltungsakt festzusetzen. ³Eine Erstattung durch den Arbeitgeber kommt insoweit nicht in Betracht.

§ 12
Verfahren

(1) ¹Die Agentur für Arbeit entscheidet auf schriftlichen Antrag des Arbeitgebers, ob die Voraussetzungen für die Erbringung von Leistungen nach § 4 vorliegen. ²Der Antrag wirkt vom Zeitpunkt des Vorliegens der Anspruchsvoraussetzungen, wenn er innerhalb von drei Monaten nach deren Vorliegen gestellt wird, andernfalls wirkt er vom Beginn des Monats der Antragstellung. ³In den Fällen des § 3 Abs. 3 kann die Agentur für Arbeit auch vorab entscheiden, ob die Voraussetzungen des § 2 vorliegen. ⁴Mit dem Antrag sind die Namen, Anschriften und Versicherungsnummern der Arbeitnehmer mitzuteilen, für die Leistungen beantragt werden. ⁵Zuständig ist die Agentur für Arbeit, in deren Bezirk der Betrieb liegt, in dem der Arbeitnehmer beschäftigt ist. ⁶Die Bundesagentur erklärt eine andere Agentur für Arbeit für zuständig, wenn der Arbeitgeber dafür ein berechtigtes Interesse glaubhaft macht.

(2) ¹Die Höhe der Leistungen nach § 4 wird zu Beginn des Erstattungsverfahrens in monatlichen Festbeträgen für die gesamte Förderdauer festgelegt. ²Die monatlichen Festbeträge werden nur angepasst, wenn sich das berücksichtigungsfähige Regelarbeitsentgelt um mindestens 10 Euro verringert. ³Leistungen nach § 4 werden auf Antrag erbracht und nachträglich jeweils für den Kalendermonat ausgezahlt, in dem die Anspruchsvoraussetzungen vorgelegen haben. ⁴Leistungen nach § 10 Abs. 2 werden auf Antrag des Arbeitnehmers oder, im Falle einer Leistungserbringung des Arbeitgebers an den Arbeitnehmer gemäß § 10 Abs. 2 Satz 2, auf Antrag des Arbeitgebers monatlich nachträglich ausgezahlt.

(3) ¹In den Fällen des § 3 Abs. 3 werden dem Arbeitgeber die Leistungen nach Absatz 1 erst von dem Zeitpunkt an ausgezahlt, in dem der Arbeitgeber auf dem freigemachten oder durch Umsetzung freigewordenen Arbeitsplatz einen Arbeitnehmer beschäftigt, der bei Beginn der Beschäftigung die Voraussetzungen des § 3 Abs. 1 Nr. 2 erfüllt hat. ²Endet die Altersteilzeitarbeit in den Fällen des § 3 Abs. 3 vorzeitig, erbringt die Agentur für Arbeit dem Arbeitgeber die Leistungen für zurückliegende Zeiträume nach Satz 3, solange die Voraussetzungen des § 3 Abs. 1 Nr. 2 erfüllt sind und soweit dem Arbeitgeber entsprechende Aufwendungen für Aufstockungsleistungen nach § 3 Abs. 1 Nr. 1 und § 4 Abs. 2 verblieben sind. ³Die Leistungen für zurückliegende Zeiten werden zusammen mit den laufenden Leistungen jeweils in monatlichen Teilbeträgen ausgezahlt. ⁴Die Höhe der Leistungen für zurückliegende Zeiten bestimmt sich nach der Höhe der laufenden Leistungen.

(4) ¹Über die Erbringung von Leistungen kann die Agentur für Arbeit vorläufig entscheiden, wenn die Voraussetzungen für den Anspruch mit hinreichender Wahrscheinlichkeit vorliegen und zu ihrer Feststellung voraussichtlich längere Zeit erforderlich ist. ²Aufgrund der vorläufigen Entscheidung erbrachte Leistungen sind auf die zustehende Leistung anzurechnen. ³Sie sind zu erstatten, soweit mit der abschließenden Entscheidung ein Anspruch nicht oder nur in geringer Höhe zuerkannt wird.

§ 13
Auskünfte und Prüfung

¹Die §§ 315 und 319[1)] des Dritten Buches und das Zweite Kapitel des Zehnten Buches Sozialgesetzbuch gelten entsprechend. ²§ 2 Abs. 1 Nr. 3 des Schwarzarbeitsbekämpfungsgesetzes bleibt unberührt.

---

1) Änderung in „§§ 315, 319 und 320a" ab 1.1.2012 (Artikel 4 und 11 Abs. 2 ELENA-Verfahrensgesetz vom 28.3.2009 BGBl. I S. 634) ist aufgehoben (Artikel 3 Gesetz vom 23.11.2011 BGBl. I S. 2298).

§ 14
Bußgeldvorschriften

(1) Ordnungswidrig handelt, wer vorsätzlich oder fahrlässig
1. entgegen § 11 Abs. 1 oder als Arbeitgeber entgegen § 60 Abs. 1 Nr. 2 des Ersten Buches Sozialgesetzbuch eine Mitteilung nicht, nicht richtig, nicht vollständig oder nicht rechtzeitig macht,
2. entgegen § 13 Satz 1 in Verbindung mit § 315 Abs. 1, 2 Satz 1, Abs. 3 oder 5 Satz 1 und 2 des Dritten Buches Sozialgesetzbuch eine Auskunft nicht, nicht richtig, nicht vollständig oder nicht rechtzeitig erteilt,
3. entgegen § 13 Satz 1 in Verbindung mit § 319 Abs. 1 Satz 1 des Dritten Buches Sozialgesetzbuch Einsicht oder Zutritt nicht gewährt oder
4. entgegen § 13 Satz 1 in Verbindung mit § 319 Abs. 2 Satz 1 des Dritten Buches Sozialgesetzbuch Daten nicht, nicht richtig, nicht vollständig, nicht in der vorgeschriebenen Weise oder nicht rechtzeitig zur Verfügung stellt.

(2) Die Ordnungswidrigkeit kann in den Fällen des Absatzes 1 Nr. 4 mit einer Geldbuße bis zu dreißigtausend Euro, in den übrigen Fällen mit einer Geldbuße bis zu tausend Euro geahndet werden.

(3) Verwaltungsbehörden im Sinne des § 36 Abs. 1 Nr. 1 des Gesetzes über Ordnungswidrigkeiten sind die Agenturen für Arbeit.

(4) [1]Die Geldbußen fließen in die Kasse der Bundesagentur. [2]§ 66 des Zehnten Buches Sozialgesetzbuch gilt entsprechend.

(5) Die notwendigen Auslagen trägt abweichend von § 105 Abs. 2 des Gesetzes über Ordnungswidrigkeiten die Bundesagentur; diese ist auch ersatzpflichtig im Sinne des § 110 Abs. 4 des Gesetzes über Ordnungswidrigkeiten.

§ 15
Verordnungsermächtigung

[1]Das Bundesministerium für Arbeit und Soziales kann durch Rechtsverordnung die Mindestnettobeträge nach § 3 Abs. 1 Nr. 1 Buchstabe a in der bis zum 30. Juni 2004 gültigen Fassung bestimmen. [2]Die Vorschriften zum Leistungsentgelt des Dritten Buches Sozialgesetzbuch gelten entsprechend. [3]Das bisherige Arbeitsentgelt im Sinne des § 6 Abs. 1 in der bis zum 30. Juni 2004 gültigen Fassung ist auf den nächsten durch fünf teilbaren Euro-Betrag zu runden. [4]Der Kalendermonat ist mit 30 Tagen anzusetzen.

§ 15a
Übergangsregelung nach dem Gesetz zur Reform der Arbeitsförderung

Haben die Voraussetzungen für die Erbringung von Leistungen nach § 4 vor dem 1. April 1997 vorgelegen, erbringt die Bundesagentur die Leistungen nach § 4 auch dann, wenn die Voraussetzungen des § 2 Abs. 1 Nr. 2 und Abs. 2 Nr. 1 in der bis zum 31. März 1997 geltenden Fassung vorliegen.

§ 15b
Übergangsregelung nach dem Gesetz zur Reform der gesetzlichen Rentenversicherung

Abweichend von § 5 Abs. 1 Nr. 2 erlischt der Anspruch auf die Leistungen nach § 4 nicht, wenn mit der Altersteilzeit vor dem 1. Juli 1998 begonnen worden ist und Anspruch auf eine ungeminderte Rente wegen Alters besteht, weil 45 Jahre mit Pflichtbeiträgen für eine versicherte Beschäftigung oder Tätigkeit vorliegen.

§ 15c
Übergangsregelung nach dem Gesetz zur Fortentwicklung der Altersteilzeit

Ist eine Vereinbarung über Altersteilzeitarbeit vor dem 1. Januar 2000 abgeschlossen worden, erbringt die Bundesagentur die Leistungen nach § 4 auch dann, wenn die Voraussetzungen des § 2 Abs. 1 Nr. 2 und 3 in der bis zum 1. Januar 2000 geltenden Fassung vorliegen.

§ 15d
Übergangsregelung zum Zweiten Gesetz zur Fortentwicklung der Altersteilzeit

[1]Ist eine Vereinbarung über Altersteilzeitarbeit vor dem 1. Juli 2000 abgeschlossen worden, gelten § 5 Abs. 2 Satz 2 und § 6 Abs. 2 Satz 2 in der bis zum 1. Juli 2000 geltenden Fassung. [2]Sollen bei einer Vereinbarung nach Satz 1 Leistungen nach § 4 für einen Zeitraum von länger als fünf Jahren beansprucht werden, gilt § 5 Abs. 2 Satz 2 in der ab dem 1. Juli 2000 geltenden Fassung.

§ 15e
Übergangsregelung nach dem Gesetz zur Reform der Renten wegen verminderter Erwerbsfähigkeit

Abweichend von § 5 Abs. 1 Nr. 2 erlischt der Anspruch auf die Leistungen nach § 4 nicht, wenn mit der Altersteilzeit vor dem 17. November 2000 begonnen worden ist und Anspruch auf eine ungeminderter Rente wegen Alters besteht, weil die Voraussetzungen nach § 236a Satz 5 Nr. 1 des Sechsten Buches Sozialgesetzbuch vorliegen.

§ 15f
Übergangsregelung nach dem Zweiten Gesetz für moderne Dienstleistungen am Arbeitsmarkt

Wurde mit der Altersteilzeit vor dem 1. April 2003 begonnen, gelten Arbeitnehmer, die bis zu diesem Zeitpunkt in einer versicherungspflichtigen Beschäftigung nach dem Dritten Buch Sozialgesetzbuch gestanden haben, auch nach dem 1. April 2003 als versicherungspflichtig beschäftigt, wenn sie die bis zum 31. März 2003 geltenden Voraussetzungen für das Vorliegen einer versicherungspflichtigen Beschäftigung weiterhin erfüllen.

§ 15g
Übergangsregelung zum Dritten Gesetz für moderne Dienstleistungen am Arbeitsmarkt

[1]Wurde mit der Altersteilzeitarbeit vor dem 1. Juli 2004 begonnen, sind die Vorschriften in der bis zum 30. Juni 2004 geltenden Fassung mit Ausnahme des § 15 weiterhin anzuwenden. [2]Auf Antrag des Arbeitgebers erbringt die Bundesagentur abweichend von Satz 1 Leistungen nach § 4 in der ab dem 1. Juli 2004 geltenden Fassung, wenn die hierfür ab dem 1. Juli 2004 maßgebenden Voraussetzungen erfüllt sind.

§ 15h
Übergangsregelung zum Gesetz über Leistungsverbesserungen in der gesetzlichen Rentenversicherung

Abweichend von § 5 Absatz 1 Nummer 2 erlischt der Anspruch auf die Leistungen nach § 4 nicht, wenn mit der Altersteilzeit vor dem 1. Januar 2010 begonnen worden ist und die Voraussetzungen für einen Anspruch auf eine Rente für besonders langjährig Versicherte nach § 236b des Sechsten Buches Sozialgesetzbuch erfüllt sind.

§ 15i
Übergangsregelung zum Gesetz zu Änderungen im Bereich der geringfügigen Beschäftigung

Wurde mit der Altersteilzeit vor dem 1. Januar 2013 begonnen, gelten Arbeitnehmerinnen und Arbeitnehmer, die bis zu diesem Zeitpunkt in einer versicherungspflichtigen Beschäftigung nach dem Dritten Buch Sozialgesetzbuch gestanden haben, auch nach dem 31. Dezember 2012 als versicherungspflichtig beschäftigt, wenn sie die bis zum 31. Dezember 2012 geltenden Voraussetzungen für das Vorliegen einer versicherungspflichtigen Beschäftigung weiterhin erfüllen.

§ 16
Befristung der Förderungsfähigkeit

Für die Zeit ab dem 1. Januar 2010 sind Leistungen nach § 4 nur noch zu erbringen, wenn die Voraussetzungen des § 2 erstmals vor diesem Zeitpunkt vorgelegen haben.

Gesetz über Teilarbeitszeit und befristete Arbeitsverträge (Teilzeit- und Befristungsgesetz – TzBfG)

Vom 21. Dezember 2000 (BGBl. I S. 1966)[1)]

Erster Abschnitt
Allgemeine Vorschriften

§ 1
Zielsetzung

Ziel des Gesetzes ist, Teilzeitarbeit zu fördern, die Voraussetzungen für die Zulässigkeit befristeter Arbeitsverträge festzulegen und die Diskriminierung von teilzeitbeschäftigten und befristet beschäftigten Arbeitnehmern zu verhindern.

§ 2
Begriff des teilzeitbeschäftigten Arbeitnehmers

(1) Teilzeitbeschäftigt ist ein Arbeitnehmer, dessen regelmäßige Wochenarbeitszeit kürzer ist als die eines vergleichbaren vollzeitbeschäftigten Arbeitnehmers. Ist eine regelmäßige Wochenarbeitszeit nicht vereinbart, so ist ein Arbeitnehmer teilzeitbeschäftigt, wenn seine regelmäßige Arbeitszeit im Durchschnitt eines bis zu einem Jahr reichenden Beschäftigungszeitraums unter der eines vergleichbaren vollzeitbeschäftigten Arbeitnehmers liegt. Vergleichbar ist ein vollzeitbeschäftigter Arbeitnehmer des Betriebes mit derselben Art des Arbeitsverhältnisses und der gleichen oder einer ähnlichen Tätigkeit. Gibt es im Betrieb keinen vergleichbaren vollzeitbeschäftigten Arbeitnehmer, so ist der vergleichbare vollzeitbeschäftigte Arbeitnehmer auf Grund des anwendbaren Tarifvertrages zu bestimmen; in allen anderen Fällen ist darauf abzustellen, wer im jeweiligen Wirtschaftszweig üblicherweise als vergleichbarer vollzeitbeschäftigter Arbeitnehmer anzusehen ist.

(2) Teilzeitbeschäftigt ist auch ein Arbeitnehmer, der eine geringfügige Beschäftigung nach § 8 Abs. 1 Nr. 1 des Vierten Buches Sozialgesetzbuch ausübt.

§ 3
Begriff des befristet beschäftigten Arbeitnehmers

(1) Befristet beschäftigt ist ein Arbeitnehmer mit einem auf bestimmte Zeit geschlossenen Arbeitsvertrag. Ein auf bestimmte Zeit geschlossener Arbeitsvertrag (befristeter Arbeitsvertrag) liegt vor, wenn seine Dauer kalendermäßig bestimmt ist (kalendermäßig befristeter Arbeitsvertrag) oder sich aus Art, Zweck oder Beschaffenheit der Arbeitsleistung ergibt (zweckbefristeter Arbeitsvertrag).

(2) Vergleichbar ist ein unbefristet beschäftigter Arbeitnehmer des Betriebes mit der gleichen oder einer ähnlichen Tätigkeit. Gibt es im Betrieb keinen vergleichbaren unbefristet beschäftigten Arbeitnehmer, so ist der vergleichbare unbefristet beschäftigte Arbeitnehmer auf Grund des anwendbaren Tarifvertrages zu bestimmen; in allen anderen Fällen ist darauf abzustellen, wer im jeweiligen Wirtschaftszweig üblicherweise als vergleichbarer unbefristet beschäftigter Arbeitnehmer anzusehen ist.

§ 4
Verbot der Diskriminierung

(1) Ein teilzeitbeschäftigter Arbeitnehmer darf wegen der Teilzeitarbeit nicht schlechter behandelt werden als ein vergleichbarer vollzeitbeschäftigter Arbeitnehmer, es sei denn, dass sachliche Gründe eine unterschiedliche Behandlung rechtfertigen. Einem teilzeitbeschäftigten Arbeitnehmer ist Arbeitsentgelt oder eine andere teilbare geldwerte Leistung mindestens in dem Umfang zu gewähren, der dem Anteil seiner Arbeitszeit an der Arbeitszeit eines vergleichbaren vollzeitbeschäftigten Arbeitnehmers entspricht.

(2) Ein befristet beschäftigter Arbeitnehmer darf wegen der Befristung des Arbeitsvertrages nicht schlechter behandelt werden als ein vergleichbarer unbefristet beschäftigter Arbeitnehmer, es sei denn, dass sachliche Gründe eine unterschiedliche Behandlung rechtfertigen. Einem befristet beschäftigten Arbeitnehmer ist Arbeitsentgelt oder eine andere teilbare geldwerte Leistung, die für einen bestimmten Bemessungszeitraum gewährt wird, mindestens in dem Umfang zu gewähren, der dem Anteil seiner Beschäftigungsdauer am Bemessungszeitraum entspricht. Sind bestimmte Beschäftigungsbedingungen von der Dauer des Bestehens des Arbeitsverhältnisses in demselben Betrieb oder Unternehmen abhängig, so sind für befristet beschäftigte Arbeitnehmer dieselben Zeiten zu berücksichtigen wie für un-

---

1) Unter Berücksichtigung der Änderungen zuletzt durch Artikel 23 des Gesetzes vom 20.12.2011 (BGBl. I S. 2854).

befristet beschäftigte Arbeitnehmer, es sei denn, dass eine unterschiedliche Berücksichtigung aus sachlichen Gründen gerechtfertigt ist.

§ 5
Benachteiligungsverbot

Der Arbeitgeber darf einen Arbeitnehmer nicht wegen der Inanspruchnahme von Rechten nach diesem Gesetz benachteiligen.

Zweiter Abschnitt.

Teilzeitarbeit

§ 6
Förderung von Teilzeitarbeit

Der Arbeitgeber hat den Arbeitnehmern, auch in leitenden Positionen, Teilzeitarbeit nach Maßgabe dieses Gesetzes zu ermöglichen.

§ 7
Ausschreibung; Information über freie Arbeitsplätze

(1) Der Arbeitgeber hat einen Arbeitsplatz, den er öffentlich oder innerhalb des Betriebes ausschreibt, auch als Teilzeitarbeitsplatz auszuschreiben, wenn sich der Arbeitsplatz hierfür eignet.

(2) Der Arbeitgeber hat einen Arbeitnehmer, der ihm den Wunsch nach einer Veränderung von Dauer und Lage seiner vertraglich vereinbarten Arbeitszeit angezeigt hat, über entsprechende Arbeitsplätze zu informieren, die im Betrieb oder Unternehmen besetzt werden sollen.

(3) Der Arbeitgeber hat die Arbeitnehmervertretung über Teilzeitarbeit im Betrieb und Unternehmen zu informieren, insbesondere über vorhandene oder geplante Teilzeitarbeitsplätze und über die Umwandlung von Teilzeitarbeitsplätzen in Vollzeitarbeitsplätze oder umgekehrt. Der Arbeitnehmervertretung sind auf Verlangen die erforderlichen Unterlagen zur Verfügung zu stellen; § 92 des Betriebsverfassungsgesetzes bleibt unberührt.

§ 8
Verringerung der Arbeitszeit

(1) Ein Arbeitnehmer, dessen Arbeitsverhältnis länger als sechs Monate bestanden hat, kann verlangen, dass seine vertraglich vereinbarte Arbeitszeit verringert wird.

(2) Der Arbeitnehmer muss die Verringerung seiner Arbeitszeit und den Umfang der Verringerung spätestens drei Monate vor deren Beginn geltend machen. Er soll dabei die gewünschte Verteilung der Arbeitszeit angeben.

(3) Der Arbeitgeber hat mit dem Arbeitnehmer die gewünschte Verringerung der Arbeitszeit mit dem Ziel zu erörtern, zu einer Vereinbarung zu gelangen. Er hat mit dem Arbeitnehmer Einvernehmen über die von ihm festzulegende Verteilung der Arbeitszeit zu erzielen.

(4) Der Arbeitgeber hat der Verringerung der Arbeitszeit zuzustimmen und ihre Verteilung entsprechend den Wünschen des Arbeitnehmers festzulegen, soweit betriebliche Gründe nicht entgegenstehen. Ein betrieblicher Grund liegt insbesondere vor, wenn die Verringerung der Arbeitszeit die Organisation, den Arbeitsablauf oder die Sicherheit im Betrieb wesentlich beeinträchtigt oder unverhältnismäßige Kosten verursacht. Die Ablehnungsgründe können durch Tarifvertrag festgelegt werden. Im Geltungsbereich eines solchen Tarifvertrages können nicht tarifgebundene Arbeitgeber und Arbeitnehmer die Anwendung der tariflichen Regelungen über die Ablehnungsgründe vereinbaren.

(5) Die Entscheidung über die Verringerung der Arbeitszeit und ihre Verteilung hat der Arbeitgeber dem Arbeitnehmer spätestens einen Monat vor dem gewünschten Beginn der Verringerung schriftlich mitzuteilen. Haben sich Arbeitgeber und Arbeitnehmer nicht nach Absatz 3 Satz 1 über die Verringerung der Arbeitszeit geeinigt und hat der Arbeitgeber die Arbeitszeitverringerung nicht spätestens einen Monat vor deren gewünschtem Beginn schriftlich abgelehnt, verringert sich die Arbeitszeit in dem vom Arbeitnehmer gewünschten Umfang. Haben Arbeitgeber und Arbeitnehmer über die Verteilung der Arbeitszeit kein Einvernehmen nach Absatz 3 Satz 2 erzielt und hat der Arbeitgeber nicht spätestens einen Monat vor dem gewünschten Beginn der Arbeitszeitverringerung die gewünschte Verteilung der Arbeitszeit schriftlich abgelehnt, gilt die Verteilung der Arbeitszeit entsprechend den Wünschen des Arbeitnehmers als festgelegt. Der Arbeitgeber kann die nach Satz 3 oder Absatz 3 Satz 2 festgelegte Verteilung der Arbeitszeit wieder ändern, wenn das betriebliche Interesse daran das Interesse des Arbeitnehmers an der Beibehaltung erheblich überwiegt und der Arbeitgeber die Änderung spätestens einen Monat vorher angekündigt hat.

Anhang 12/Teilzeit- und Befristungsgesetz

(6) Der Arbeitnehmer kann eine erneute Verringerung der Arbeitszeit frühestens nach Ablauf von zwei Jahren verlangen, nachdem der Arbeitgeber einer Verringerung zugestimmt oder sie berechtigt abgelehnt hat.

(7) Für den Anspruch auf Verringerung der Arbeitszeit gilt die Voraussetzung, dass der Arbeitgeber, unabhängig von der Anzahl der Personen in Berufsbildung, in der Regel mehr als 15 Arbeitnehmer beschäftigt.

§ 9
Verlängerung der Arbeitszeit

Der Arbeitgeber hat einen teilzeitbeschäftigten Arbeitnehmer, der ihm den Wunsch nach einer Verlängerung seiner vertraglich vereinbarten Arbeitszeit angezeigt hat, bei der Besetzung eines entsprechenden freien Arbeitsplatzes bei gleicher Eignung bevorzugt zu berücksichtigen, es sei denn, dass dringende betriebliche Gründe oder Arbeitszeitwünsche anderer teilzeitbeschäftigter Arbeitnehmer entgegenstehen.

§ 10
Aus- und Weiterbildung

Der Arbeitgeber hat Sorge zu tragen, dass auch teilzeitbeschäftigte Arbeitnehmer an Aus- und Weiterbildungsmaßnahmen zur Förderung der beruflichen Entwicklung und Mobilität teilnehmen können, es sei denn, dass dringende betriebliche Gründe oder Aus- und Weiterbildungswünsche anderer teilzeit- oder vollzeitbeschäftigter Arbeitnehmer entgegenstehen.

§ 11
Kündigungsverbot

Die Kündigung eines Arbeitsverhältnisses wegen der Weigerung eines Arbeitnehmers, von einem Vollzeit- in ein Teilzeitarbeitsverhältnis oder umgekehrt zu wechseln, ist unwirksam. Das Recht zur Kündigung des Arbeitsverhältnisses aus anderen Gründen bleibt unberührt.

§ 12
Arbeit auf Abruf

(1) Arbeitgeber und Arbeitnehmer können vereinbaren, dass der Arbeitnehmer seine Arbeitsleistung entsprechend dem Arbeitsanfall zu erbringen hat (Arbeit auf Abruf). Die Vereinbarung muss eine bestimmte Dauer der wöchentlichen und täglichen Arbeitszeit festlegen. Wenn die Dauer der wöchentlichen Arbeitszeit nicht festgelegt ist, gilt eine Arbeitszeit von zehn Stunden als vereinbart. Wenn die Dauer der täglichen Arbeitszeit nicht festgelegt ist, hat der Arbeitgeber die Arbeitsleistung des Arbeitnehmers jeweils für mindestens drei aufeinander folgende Stunden in Anspruch zu nehmen.

(2) Der Arbeitnehmer ist nur zur Arbeitsleistung verpflichtet, wenn der Arbeitgeber ihm die Lage seiner Arbeitszeit jeweils mindestens vier Tage im Voraus mitteilt.

(3) Durch Tarifvertrag kann von den Absätzen 1 und 2 auch zuungunsten des Arbeitnehmers abgewichen werden, wenn der Tarifvertrag Regelungen über die tägliche und wöchentliche Arbeitszeit und die Vorankündigungsfrist vorsieht. Im Geltungsbereich eines solchen Tarifvertrages können nicht tarifgebundene Arbeitgeber und Arbeitnehmer die Anwendung der tariflichen Regelungen über die Arbeit auf Abruf vereinbaren.

§ 13
Arbeitsplatzteilung

(1) Arbeitgeber und Arbeitnehmer können vereinbaren, dass mehrere Arbeitnehmer sich die Arbeitszeit an einem Arbeitsplatz teilen (Arbeitsplatzteilung). Ist einer dieser Arbeitnehmer an der Arbeitsleistung verhindert, sind die anderen Arbeitnehmer zur Vertretung verpflichtet, wenn sie der Vertretung im Einzelfall zugestimmt haben. Eine Pflicht zur Vertretung besteht auch, wenn der Arbeitsvertrag bei Vorliegen dringender betrieblicher Gründe eine Vertretung vorsieht und diese im Einzelfall zumutbar ist.

(2) Scheidet ein Arbeitnehmer aus der Arbeitsplatzteilung aus, so ist die darauf gestützte Kündigung des Arbeitsverhältnisses eines anderen in die Arbeitsplatzteilung einbezogenen Arbeitnehmers durch den Arbeitgeber unwirksam. Das Recht zur Änderungskündigung aus diesem Anlass und zur Kündigung des Arbeitsverhältnisses aus anderen Gründen bleibt unberührt.

(3) Die Absätze 1 und 2 sind entsprechend anzuwenden, wenn sich Gruppen von Arbeitnehmern auf bestimmten Arbeitsplätzen in festgelegten Zeitabschnitten abwechseln, ohne dass eine Arbeitsplatzteilung im Sinne des Absatzes 1 vorliegt.

(4) Durch Tarifvertrag kann von den Absätzen 1 und 3 auch zuungunsten des Arbeitnehmers abgewichen werden, wenn der Tarifvertrag Regelungen über die Vertretung der Arbeitnehmer enthält. Im Geltungsbereich eines solchen Tarifvertrages können nicht tarifgebundene Arbeitgeber und Arbeitnehmer die Anwendung der tariflichen Regelungen über die Arbeitsplatzteilung vereinbaren.

Dritter Abschnitt
Befristete Arbeitsverträge

§ 14
Zulässigkeit der Befristung

(1) ¹Die Befristung eines Arbeitsvertrages ist zulässig, wenn sie durch einen sachlichen Grund gerechtfertigt ist. ²Ein sachlicher Grund liegt insbesondere vor, wenn

1. der betriebliche Bedarf an der Arbeitsleistung nur vorübergehend besteht,
2. die Befristung im Anschluss an eine Ausbildung oder ein Studium erfolgt, um den Übergang des Arbeitnehmers in eine Anschlussbeschäftigung zu erleichtern,
3. der Arbeitnehmer zur Vertretung eines anderen Arbeitnehmers beschäftigt wird,
4. die Eigenart der Arbeitsleistung die Befristung rechtfertigt,
5. die Befristung zur Erprobung erfolgt,
6. in der Person des Arbeitnehmers liegende Gründe die Befristung rechtfertigen,
7. der Arbeitnehmer aus Haushaltsmitteln vergütet wird, die haushaltsrechtlich für eine befristete Beschäftigung bestimmt sind, und er entsprechend beschäftigt wird oder
8. die Befristung auf einem gerichtlichen Vergleich beruht.

(2) ¹Die kalendermäßige Befristung eines Arbeitsvertrages ohne Vorliegen eines sachlichen Grundes ist bis zur Dauer von zwei Jahren zulässig; bis zu dieser Gesamtdauer von zwei Jahren ist auch die höchstens dreimalige Verlängerung eines kalendermäßig befristeten Arbeitsvertrages zulässig. ²Eine Befristung nach Satz 1 ist nicht zulässig, wenn mit demselben Arbeitgeber bereits zuvor ein befristetes oder unbefristetes Arbeitsverhältnis bestanden hat. ³Durch Tarifvertrag kann die Anzahl der Verlängerungen oder die Höchstdauer der Befristung abweichend von Satz 1 festgelegt werden. ⁴Im Geltungsbereich eines solchen Tarifvertrages können nicht tarifgebundene Arbeitgeber und Arbeitnehmer die Anwendung der tariflichen Regelungen vereinbaren.

(2a) ¹In den ersten vier Jahren nach der Gründung eines Unternehmens ist die kalendermäßige Befristung eines Arbeitsvertrages ohne Vorliegen eines sachlichen Grundes bis zur Dauer von vier Jahren zulässig; bis zu dieser Gesamtdauer von vier Jahren ist auch die mehrfache Verlängerung eines kalendermäßig befristeten Arbeitsvertrages zulässig. ²Dies gilt nicht für Neugründungen im Zusammenhang mit der rechtlichen Umstrukturierung von Unternehmen und Konzernen. ³Maßgebend für den Zeitpunkt der Gründung des Unternehmens ist die Aufnahme einer Erwerbstätigkeit, die nach § 138 der Abgabenordnung der Gemeinde oder dem Finanzamt mitzuteilen ist. ⁴Auf die Befristung eines Arbeitsvertrages nach Satz 1 findet Absatz 2 Satz 2 bis 4 entsprechende Anwendung.

(3) ¹Die kalendermäßige Befristung eines Arbeitsvertrages ohne Vorliegen eines sachlichen Grundes ist bis zu einer Dauer von fünf Jahren zulässig, wenn der Arbeitnehmer bei Beginn des befristeteten Arbeitsverhältnisses das 52. Lebensjahr vollendet hat und unmittelbar vor Beginn des befristeten Arbeitsverhältnisses mindestens vier Monate beschäftigungslos im Sinne des *§ 119 Abs. 1 Nr. 1* **§ 138 Absatz 1 Nummer 1**¹⁾ des Dritten Buches Sozialgesetzbuch gewesen ist, Transferkurzarbeitergeld bezogen oder an einer öffentlich geförderten Beschäftigungsmaßnahme nach dem Zweiten oder Dritten Buch Sozialgesetzbuch teilgenommen hat. ²Bis zu der Gesamtdauer von fünf Jahren ist auch die mehrfache Verlängerung des Arbeitsvertrages zulässig.

(4) Die Befristung eines Arbeitsvertrages bedarf zu ihrer Wirksamkeit der Schriftform.

§ 15
Ende des befristeten Arbeitsvertrages

(1) Ein kalendermäßig befristeter Arbeitsvertrag endet mit Ablauf der vereinbarten Zeit.

(2) Ein zweckbefristeter Arbeitsvertrag endet mit Erreichen des Zwecks, frühestens jedoch zwei Wochen nach Zugang der schriftlichen Unterrichtung des Arbeitnehmers durch den Arbeitgeber über den Zeitpunkt der Zweckerreichung.

---

1) Die *fettkursive* Änderung in § 14 Absatz 3 Satz 1 ist mit Wirkung ab 1. 4. 2012 (Artikel 27, 51 Absatz 1 Gesetz vom 20. 12. 2011 BGBl. I S. 2854) in Kraft getreten.

Anhang 12/Teilzeit- und Befristungsgesetz

(3) Ein befristetes Arbeitsverhältnis unterliegt nur dann der ordentlichen Kündigung, wenn dies einzelvertraglich oder im anwendbaren Tarifvertrag vereinbart ist.

(4) Ist das Arbeitsverhältnis für die Lebenszeit einer Person oder für längere Zeit als fünf Jahre eingegangen, so kann es von dem Arbeitnehmer nach Ablauf von fünf Jahren gekündigt werden. Die Kündigungsfrist beträgt sechs Monate.

(5) Wird das Arbeitsverhältnis nach Ablauf der Zeit, für die es eingegangen ist, oder nach Zweckerreichung mit Wissen des Arbeitgebers fortgesetzt, so gilt es als auf unbestimmte Zeit verlängert, wenn der Arbeitgeber nicht unverzüglich widerspricht oder dem Arbeitnehmer die Zweckerreichung nicht unverzüglich mitteilt.

§ 16
Folgen unwirksamer Befristung

Ist die Befristung rechtsunwirksam, so gilt der befristete Arbeitsvertrag als auf unbestimmte Zeit geschlossen; er kann vom Arbeitgeber frühestens zum vereinbarten Ende ordentlich gekündigt werden, sofern nicht nach § 15 Abs. 3 die ordentliche Kündigung zu einem früheren Zeitpunkt möglich ist. Ist die Befristung nur wegen des Mangels der Schriftform unwirksam, kann der Arbeitsvertrag auch vor dem vereinbarten Ende ordentlich gekündigt werden.

§ 17
Anrufung des Arbeitsgerichts

Will der Arbeitnehmer geltend machen, dass die Befristung eines Arbeitsvertrages rechtsunwirksam ist, so muss er innerhalb von drei Wochen nach dem vereinbarten Ende des befristeten Arbeitsvertrages Klage beim Arbeitsgericht auf Feststellung erheben, dass das Arbeitsverhältnis auf Grund der Befristung nicht beendet ist. Die §§ 5 bis 7 des Kündigungsschutzgesetzes gelten entsprechend. Wird das Arbeitsverhältnis nach dem vereinbarten Ende fortgesetzt, so beginnt die Frist nach Satz 1 mit dem Zugang der schriftlichen Erklärung des Arbeitgebers, dass das Arbeitsverhältnis auf Grund der Befristung beendet sei.

§ 18
Information über unbefristete Arbeitsplätze

Der Arbeitgeber hat die befristet beschäftigten Arbeitnehmer über entsprechende unbefristete Arbeitsplätze zu informieren, die besetzt werden sollen. Die Information kann durch allgemeine Bekanntgabe an geeigneter, den Arbeitnehmern zugänglicher Stelle im Betrieb und Unternehmen erfolgen.

§ 19
Aus- und Weiterbildung

Der Arbeitgeber hat Sorge zu tragen, dass auch befristet beschäftigte Arbeitnehmer an angemessenen Aus- und Weiterbildungsmaßnahmen zur Förderung der beruflichen Entwicklung und Mobilität teilnehmen können, es sei denn, dass dringende betriebliche Gründe oder Aus- und Weiterbildungswünsche anderer Arbeitnehmer entgegenstehen.

§ 20
Information der Arbeitnehmervertretung

Der Arbeitgeber hat die Arbeitnehmervertretung über die Anzahl der befristet beschäftigten Arbeitnehmer und ihren Anteil an der Gesamtbelegschaft des Betriebes und des Unternehmens zu informieren.

§ 21
Auflösend bedingte Arbeitsverträge

Wird der Arbeitsvertrag unter einer auflösenden Bedingung geschlossen, gelten § 4 Abs. 2, § 5, § 14 Abs. 1 und 4, § 15 Abs. 2, 3 und 5 sowie die §§ 16 bis 20 entsprechend.

Vierter Abschnitt.

Gemeinsame Vorschriften

§ 22
Abweichende Vereinbarungen

(1) Außer in den Fällen des § 12 Abs. 3, § 13 Abs. 4 und § 14 Abs. 2 Satz 3 und 4 kann von den Vorschriften dieses Gesetzes nicht zuungunsten des Arbeitnehmers abgewichen werden.

(2) Enthält ein Tarifvertrag für den öffentlichen Dienst Bestimmungen im Sinne des § 8 Abs. 4 Satz 3 und 4, § 12 Abs. 3, § 13 Abs. 4, § 14 Abs. 2 Satz 3 und 4 oder § 15 Abs. 3, so gelten diese Bestimmungen auch zwischen nicht tarifgebundenen Arbeitgebern und Arbeitnehmern außerhalb des öffentlichen Dienstes, wenn die Anwendung der für den öffentlichen Dienst geltenden tarifvertraglichen Bestimmungen zwischen ihnen vereinbart ist und die Arbeitgeber die Kosten des Betriebes überwiegend mit Zuwendungen im Sinne des Haushaltsrechts decken.

§ 23
Besondere gesetzliche Regelungen

Besondere Regelungen über Teilzeitarbeit und über die Befristung von Arbeitsverträgen nach anderen gesetzlichen Vorschriften bleiben unberührt.

Gesetz über die Umzugskostenvergütung für die Bundesbeamten, Richter im Bundesdienst und Soldaten (Bundesumzugskostengesetz – BUKG)

Neufassung vom 11. Dezember 1990 (BGBl. I S. 2682; Auszug im BStBl. 1991 I S. 154)[1])

§ 1
Anwendungsbereich

(1) ¹Dieses Gesetz regelt Art und Umfang der Erstattung von Auslagen aus Anlass der in den §§ 3 und 4 bezeichneten Umzüge und der in § 12 genannten Maßnahmen. ²Berechtigte sind:
1. Bundesbeamte und in den Bundesdienst abgeordnete Beamte,
2. Richter im Bundesdienst und in den Bundesdienst abgeordnete Richter,
3. Berufssoldaten und Soldaten auf Zeit,
4. Beamte und Richter (Nummern 1 und 2) und Berufssoldaten im Ruhestand,
5. frühere Beamte und Richter (Nummern 1 und 2) und Berufssoldaten, die wegen Dienstunfähigkeit oder Erreichens der Altersgrenze entlassen worden sind,
6. Hinterbliebene der in den Nummern 1 bis 5 bezeichneten Personen.

(2) Hinterbliebene sind der Ehegatte, Lebenspartner, Verwandte bis zum vierten Grade, Verschwägerte bis zum zweiten Grade, Pflegekinder und Pflegeeltern, wenn diese Personen zur Zeit des Todes zur häuslichen Gemeinschaft des Verstorbenen gehört haben.

(3) Eine häusliche Gemeinschaft im Sinne dieses Gesetzes setzt ein Zusammenleben in gemeinsamer Wohnung oder in enger Betreuungsgemeinschaft in demselben Hause voraus.

§ 2
Anspruch auf Umzugskostenvergütung

(1) ¹Voraussetzung für den Anspruch auf Umzugskostenvergütung ist die schriftliche oder elektronische Zusage. ²Sie soll gleichzeitig mit der den Umzug veranlassenden Maßnahme erteilt werden. ³In den Fällen des § 4 Abs. 3 muß die Umzugskostenvergütung vor dem Umzug zugesagt werden.

(2) ¹Die Umzugskostenvergütung wird nach Beendigung des Umzuges gewährt. ²Sie ist innerhalb einer Ausschlußfrist von einem Jahr bei der Beschäftigungsbehörde, in den Fällen des § 4 Abs. 3 bei der letzten Beschäftigungsbehörde, schriftlich oder elektronisch zu beantragen. ³Die Frist beginnt mit dem Tage nach Beendigung des Umzuges, in den Fällen des § 11 Abs. 3 Satz 1 mit der Bekanntgabe des Widerrufs.

(3) ¹Umzugskostenvergütung wird nicht gewährt, wenn nicht innerhalb von fünf Jahren nach Wirksamwerden der Zusage der Umzugskostenvergütung umgezogen wird. ²Die oberste Dienstbehörde kann diese Frist in besonders begründeten Ausnahmefällen um längstens zwei Jahre verlängern. ³§ 4 Abs. 3 Satz 2 bleibt unberührt.

§ 3
Zusage der Umzugskostenvergütung

(1) Die Umzugskostenvergütung ist zuzusagen für Umzüge
1. aus Anlass der Versetzung aus dienstlichen Gründen an einen anderen Ort als den bisherigen Dienstort, es sei denn, dass
    a) mit einer baldigen weiteren Versetzung an einen anderen Dienstort zu rechnen ist,
    b) der Umzug aus besonderen Gründen nicht durchgeführt werden soll,
    c) die Wohnung auf einer üblicherweise befahrenen Strecke weniger als 30 Kilometer von der neuen Dienststätte entfernt ist oder im neuen Dienstort liegt (Einzugsgebiet) oder
    d) der Berechtigte auf die Zusage der Umzugskostenvergütung unwiderruflich verzichtet und dienstliche Gründe den Umzug nicht erfordern,
2. auf Anweisung des Dienstvorgesetzten, die Wohnung innerhalb bestimmter Entfernung von der Dienststelle zu nehmen oder eine Dienstwohnung zu beziehen,
3. aus Anlass der Räumung einer Dienstwohnung auf dienstliche Weisung,
4. aus Anlass der Aufhebung einer Versetzung nach einem Umzug mit Zusage der Umzugskostenvergütung.

---

1) Unter Berücksichtigung der Änderungen zuletzt durch Artikel 15 Absatz 42 des Gesetzes vom 5.2.2009 (BGBl. I S. 160).

(2) Absatz 1 Nr. 1 gilt entsprechend für Umzüge aus Anlass
1. der Verlegung der Beschäftigungsbehörde,
2. der nicht nur vorübergehenden Zuteilung aus dienstlichen Gründen zu einem anderen Teil der Beschäftigungsbehörde,
3. der Übertragung eines anderen Richteramtes nach § 32 Abs. 2 des Deutschen Richtergesetzes oder eines weiteren Richteramtes nach § 27 Abs. 2 des vorgenannten Gesetzes.

§ 4
Zusage der Umzugskostenvergütung in besonderen Fällen

(1) Die Umzugskostenvergütung kann in entsprechender Anwendung des § 3 Abs. 1 Nr. 1 zugesagt werden für Umzüge aus Anlass
1. der Einstellung,
2. der Abordnung oder Kommandierung,
3. der vorübergehenden Zuteilung aus dienstlichen Gründen zu einem anderen Teil der Beschäftigungsbehörde,
4. der vorübergehenden dienstlichen Tätigkeit bei einer anderen Stelle als einer Dienststelle.

(2) Die Umzugskostenvergütung kann ferner zugesagt werden für Umzüge aus Anlass
1. der Aufhebung oder Beendigung einer Maßnahme nach Absatz 1 Nr. 2 bis 4 nach einem Umzug mit Zusage der Umzugskostenvergütung,
2. der Räumung einer bundeseigenen oder im Besetzungsrecht des Bundes stehenden Mietwohnung, wenn sie auf Veranlassung der obersten Dienstbehörde oder der von ihr ermächtigten Behörde im dienstlichen Interesse geräumt werden soll,
3. einer Versetzung oder eines Wohnungswechsels wegen des Gesundheitszustandes des Berechtigten, des mit ihm in häuslicher Gemeinschaft lebenden Ehegatten oder Lebenspartners oder der mit ihm in häuslicher Gemeinschaft lebenden, beim Familienzuschlag nach dem Bundesbesoldungsgesetz berücksichtigungsfähigen Kinder, wobei die Notwendigkeit des Umzuges amts- oder vertrauensärztlich bescheinigt sein muß,
4. eines Wohnungswechsels, der notwendig ist, weil die Wohnung wegen der Zunahme der Zahl der zur häuslichen Gemeinschaft gehörenden, beim Familienzuschlag nach dem Bundesbesoldungsgesetz berücksichtigungsfähigen Kinder unzureichend geworden ist. ²Unzureichend ist eine Wohnung, wenn die Zimmerzahl der bisherigen Wohnung um mindestens zwei hinter der zustehenden Zimmerzahl zurückbleibt. ³Dabei darf für jede vor und nach dem Umzug zur häuslichen Gemeinschaft des Berechtigten gehörende Person (§ 6 Abs. 3 Satz 2 und 3) nur ein Zimmer zugebilligt werden.

(3) ¹Die Umzugskostenvergütung kann ferner für Umzüge aus Anlass der Beendigung des Dienstverhältnisses Berechtigten nach § 1 Abs.1 Satz 2 Nr. 4 bis 6 zugesagt werden, wenn
1. ein Verbleiben an Grenzorten, kleineren abgelegenen Plätzen oder Inselorten nicht zumutbar ist oder
2. in den vorausgegangenen zehn Jahren mindestens ein Umzug mit Zusage der Umzugskostenvergütung an einen anderen Ort durchgeführt wurde.

²Die Umzugskostenvergütung wird nur gewährt, wenn innerhalb von zwei Jahren nach Beendigung des Dienstverhältnisses umgezogen wird. ³Sie wird nicht gewährt, wenn das Dienstverhältnis aus Disziplinargründen oder zur Aufnahme einer anderen Tätigkeit beendet wurde.

(4) Der Abordnung nach Absatz 1 Nr. 2 stehen die Zuweisung nach § 29 des Bundesbeamtengesetzes oder nach § 20 des Beamtenstatusgesetzes gleich.

§ 5
Umzugskostenvergütung

(1) Die Umzugskostenvergütung umfasst
1. Beförderungsauslagen (§ 6),
2. Reisekosten (§ 7),
3. Mietentschädigung (§ 8),
4. andere Auslagen (§ 9),
5. Pauschvergütung für sonstige Umzugsauslagen (§ 10),
6. Auslagen nach § 11.

Anhang 15/BUKG

(2) Zuwendungen, die für denselben Umzug von einer anderen Dienst- oder Beschäftigungsstelle gewährt werden, sind auf die Umzugskostenvergütung insoweit anzurechnen, als für denselben Zweck Umzugskostenvergütung nach diesem Gesetz gewährt wird.

(3) ¹Die aufgrund einer Zusage nach § 4 Abs. 1 Nr. 1 oder Abs. 2 Nr. 3 oder 4 gewährte Umzugskostenvergütung ist zurückzuzahlen, wenn der Berechtigte vor Ablauf von zwei Jahren nach Beendigung des Umzuges aus einem von ihm zu vertretenden Grunde aus dem Bundesdienst ausscheidet. ²Die oberste Dienstbehörde kann hiervon Ausnahmen zulassen, wenn der Berechtigte unmittelbar in ein Dienst- oder Beschäftigungsverhältnis zu einem anderen öffentlich-rechtlichen Dienstherrn im Geltungsbereich dieses Gesetzes oder zu einer in § 40 Abs. 6 Satz 2 und 3 des Bundesbesoldungsgesetzes bezeichneten Einrichtung übertritt.

§ 6
Beförderungsauslagen

(1) ¹Die notwendigen Auslagen für das Befördern des Umzugsgutes von der bisherigen zur neuen Wohnung werden erstattet. ²Liegt die neue Wohnung im Ausland, so werden in den Fällen des § 3 Abs. 1 Nr. 3, § 4 Abs. 2 Nr. 2 und Abs. 3 Satz 1 die Beförderungsauslagen bis zum inländischen Grenzort erstattet.

(2) Auslagen für das Befördern von Umzugsgut, das sich außerhalb der bisherigen Wohnung befindet, werden höchstens insoweit erstattet, als sie beim Befördern mit dem übrigen Umzugsgut erstattungsfähig wären.

(3) ¹Umzugsgut sind die Wohnungseinrichtung und in angemessenem Umfang andere bewegliche Gegenstände und Haustiere, die sich am Tage vor dem Einladen des Umzugsgutes im Eigentum, Besitz oder Gebrauch des Berechtigten oder anderer Personen befinden, die mit ihm in häuslicher Gemeinschaft leben. ²Andere Personen im Sinne des Satzes 1 sind der Ehegatte, der Lebenspartner sowie die ledigen Kinder, Stief- und Pflegekinder. ³Es gehören ferner dazu die nicht ledigen in Satz 2 genannten Kinder und Verwandte bis zum vierten Grade, Verschwägerte bis zum zweiten Grade und Pflegeeltern, wenn der Berechtigte diesen Personen aus gesetzlicher oder sittlicher Verpflichtung nicht nur vorübergehend Unterkunft und Unterhalt gewährt, sowie Hausangestellte und solche Personen, deren Hilfe der Berechtigte aus beruflichen oder gesundheitlichen Gründen nicht nur vorübergehend bedarf.

§ 7
Reisekosten

(1) ¹Die Auslagen für die Reise des Berechtigten und der zur häuslichen Gemeinschaft gehörenden Personen (§ 6 Abs. 3 Satz 2 und 3) von der bisherigen zur neuen Wohnung werden wie bei Dienstreisen des Berechtigten erstattet, in den Fällen des § 4 Abs. 3 Satz 1 Nr. 1 wie sie bei Dienstreisen im letzten Dienstverhältnis zu erstatten wären. ²Tagegeld wird vom Tage des Einladens des Umzugsgutes an bis zum Tage des Ausladens mit der Maßgabe gewährt, dass auch diese beiden Tage als volle Reisetage gelten. ³Übernachtungsgeld wird für den Tag des Ausladens des Umzugsgutes nur gewährt, wenn eine Übernachtung außerhalb der neuen Wohnung notwendig gewesen ist.

(2) ¹Absatz 1 Satz 1 gilt entsprechend für zwei Reisen einer Person oder eine Reise von zwei Personen zum Suchen und Besichtigen einer Wohnung mit der Maßgabe, dass die Fahrkosten bis zur Höhe der billigsten Fahrkarte der allgemein niedrigsten Klasse eines regelmäßig verkehrenden Beförderungsmittels erstattet werden. ²Tage- und Übernachtungsgeld wird je Reise für höchstens zwei Reise- und zwei Aufenthaltstage gewährt.

(3) ¹Für eine Reise des Berechtigten zur bisherigen Wohnung zur Vorbereitung und Durchführung des Umzuges werden Fahrkosten gemäß Absatz 2 Satz 1 erstattet. ²Die Fahrkosten einer anderen Person für eine solche Reise werden im gleichen Umfang erstattet, wenn sich zur Zeit des Umzuges am bisherigen Wohnort weder der Berechtigte noch eine andere Person (§ 6 Abs. 3 Satz 2 und 3) befunden hat, der die Vorbereitung und Durchführung des Umzuges zuzumuten war. ³Wird der Umzug vor dem Wirksamwerden einer Maßnahme nach den §§ 3, 4 Abs. 1 durchgeführt, so werden die Fahrkosten für die Rückreise von der neuen Wohnung zum Dienstort, in den Fällen des § 4 Abs. 1 Nr. 1 zur bisherigen Wohnung, gemäß Absatz 2 Satz 1 erstattet.

(4) § 6 Abs. 1 Satz 2 gilt entsprechend.

§ 8
Mietentschädigung

(1) ¹Miete für die bisherige Wohnung wird bis zu dem Zeitpunkt, zu dem das Mietverhältnis frühestens gelöst werden konnte, längstens jedoch für sechs Monate, erstattet, wenn für dieselbe Zeit Miete für die neue Wohnung gezahlt werden musste. ²Ferner werden die notwendigen Auslagen für das Weiterver-

mieten der Wohnung innerhalb der Vertragsdauer bis zur Höhe der Miete für einen Monat erstattet. ³Die Sätze 1 und 2 gelten auch für die Miete einer Garage.

(2) ¹Miete für die neue Wohnung, die nach Lage des Wohnungsmarktes für eine Zeit gezahlt werden mußte, während der die Wohnung noch nicht benutzt werden konnte, wird längstens für drei Monate erstattet, wenn für dieselbe Zeit Miete für die bisherige Wohnung gezahlt werden musste. ²Entsprechendes gilt für die Miete einer Garage.

(3) ¹Die bisherige Wohnung im eigenen Haus oder die Eigentumswohnung steht der Mietwohnung gleich mit der Maßgabe, dass die Mietentschädigung längstens für ein Jahr gezahlt wird. ²Die oberste Dienstbehörde kann diese Frist in besonders begründeten Ausnahmefällen um längstens sechs Monate verlängern. ³An die Stelle der Miete tritt der ortsübliche Mietwert der Wohnung. ⁴Entsprechendes gilt für die eigene Garage. Für die neue Wohnung im eigenen Haus oder die neue Eigentumswohnung wird Mietentschädigung nicht gewährt.

(4) Miete nach den Absätzen 1 bis 3 wird nicht für eine Zeit erstattet, in der die Wohnung oder die Garage ganz oder teilweise anderweitig vermietet oder benutzt worden ist.

§ 9
Andere Auslagen

(1) Die notwendigen ortsüblichen Maklergebühren für die Vermittlung einer Mietwohnung und einer Garage oder die entsprechenden Auslagen bis zu dieser Höhe für eine eigene Wohnung werden erstattet.

(2) Die Auslagen für einen durch den Umzug bedingten zusätzlichen Unterricht der Kinder des Berechtigten (§ 6 Abs.3 Satz 2) werden bis zu vierzig vom Hundert des im Zeitpunkt der Beendigung des Umzuges maßgebenden Endgrundgehaltes der Besoldungsgruppe A12 des Bundesbesoldungsgesetzes für jedes Kind erstattet, und zwar bis zu fünfzig vom Hundert dieses Betrages voll und darüber hinaus zu drei Vierteln.[1)]

(3) ¹Die Auslagen für einen Kochherd werden bis zu einem Betrag von 450 Deutsche Mark[2)] erstattet, wenn seine Beschaffung beim Bezug der neuen Wohnung notwendig ist. ²Sofern die neue Wohnung eine Mietwohnung ist, werden unter den gleichen Voraussetzungen auch die Auslagen für Öfen bis zu einem Betrag von 320 Deutsche Mark[3)] für jedes Zimmer erstattet.

§ 10
Pauschvergütung für sonstige Umzugsauslagen

(1) ¹Berechtigte, die am Tage vor dem Einladen des Umzugsgutes eine Wohnung hatten und nach dem Umzug wieder eingerichtet haben, erhalten eine Pauschvergütung für sonstige Umzugsauslagen. ²Sie beträgt für verheiratete oder in einer Lebenspartnerschaft lebende Angehörige der Besoldungsgruppen B 3 bis B 11, C 4 sowie R 3 bis R 10 28,6, der Besoldungsgruppen B 1 und B 2, A 13 bis A 16, C 1 bis C 3 sowie R 1 und R 2 24,1, der Besoldungsgruppen A 9 sowie A 12 21,4 sowie der Besoldungsgruppen A 1 bis A 8 20,2 Prozent des Endgrundgehaltes der Besoldungsgruppe A 13 nach Anlage IV des Bundesbesoldungsgesetzes. ³Ledige erhalten 50 Prozent des Betrages nach Satz 2. ⁴Die Beträge nach den Sätzen 2 und 3 erhöhen sich für jede in § 6 Abs. 3 Satz 2 und 3 bezeichnete Person mit Ausnahme des Ehegatten oder Lebenspartners um 6,3 Prozent des Endgrundgehaltes der Besoldungsgruppe A 13 nach Anlage IV des Bundesbesoldungsgesetzes, wenn sie auch nach dem Umzug mit dem Umziehenden in häuslicher Gemeinschaft lebt.[1)]

(2) ¹Dem Verheirateten stehen gleich der Verwitwete und der Geschiedene sowie derjenige, dessen Ehe aufgehoben oder für nichtig erklärt ist, ferner der Ledige, der auch in der neuen Wohnung Verwandten bis zum vierten Grade, Verschwägerten bis zum zweiten Grade, Pflegekindern oder Pflegeeltern aus gesetzlicher oder sittlicher Verpflichtung nicht nur vorübergehend Unterkunft und Unterhalt gewährt, sowie der Ledige, der auch in der neuen Wohnung eine andere Person aufgenommen hat, deren Hilfe er aus beruflichen oder gesundheitlichen Gründen nicht nur vorübergehend bedarf. ²Dem in einer Lebenspartnerschaft Lebenden stehen gleich derjenige, der seinen Lebenspartner überlebt hat, und derjenige, dessen Lebenspartnerschaft aufgehoben wurde.

(3) ¹Eine Wohnung im Sinne des Absatzes 1 besteht aus einer geschlossenen Einheit von mehreren Räumen, in der ein Haushalt geführt werden kann, darunter stets eine Küche oder ein Raum mit Kochgelegenheit. ²Zu einer Wohnung gehören außerdem Wasserversorgung, Ausguss und Toilette.

---

1) S. hierzu BMF-Schreiben Anlage § 009-04.
2) BMI-Schreiben vom 6.6.2001 (GMBl. S. 415): 230,08 Euro.
3) BMI-Schreiben vom 6.6.2001 (GMBl. S. 415): 163,61 Euro.

(4) ¹Sind die Voraussetzungen des Absatzes 1 Satz 1 nicht gegeben, so beträgt die Pauschvergütung bei Verheirateten 30 vom Hundert, bei Ledigen 20 vom Hundert des Betrages nach Absatz 1 Satz 2 oder 3. ²Die volle Pauschvergütung wird gewährt, wenn das Umzugsgut aus Anlass einer vorangegangenen Auslandsverwendung untergestellt war.

(5) In den Fällen des § 11 Abs.3 werden die nachgewiesenen notwendigen Auslagen bis zur Höhe der Pauschvergütung erstattet.

(6) Ist innerhalb von fünf Jahren ein Umzug mit Zusage der Umzugskostenvergütung nach den §§ 3, 4 Abs. 1 Nr. 2 bis 4 oder Abs. 2 Nr. 1 vorausgegangen, so wird ein Häufigkeitszuschlag in Höhe von 50 vom Hundert der Pauschvergütung nach Absatz 1 gewährt, wenn beim vorausgegangenen und beim abzurechnenden Umzug die Voraussetzungen des Absatzes 1 Satz 1 vorgelegen haben.

(7) Stehen für denselben Umzug mehrere Pauschvergütungen zu, wird nur eine davon gewährt; sind die Pauschvergütungen unterschiedlich hoch, so wird die höhere gewährt.

§ 11
Umzugskostenvergütung in Sonderfällen

(1) ¹Ein Beamter mit Wohnung im Sinne des § 10 Abs. 3, dem Umzugskostenvergütung für einen Umzug nach § 3 Abs. 1 Nr. 1, 3 oder 4, § 4 Abs. 1 Nr. 1 bis 4, Abs. 2 Nr. 1 zugesagt ist, kann für den Umzug in eine vorläufige Wohnung Umzugskostenvergütung erhalten, wenn die zuständige Behörde diese Wohnung vorher schriftlich oder elektronisch als vorläufige Wohnung anerkannt hat. ²Bis zum Umzug in die endgültige Wohnung darf eine Wohnung nur einmal als vorläufige Wohnung anerkannt werden.

(2) ¹In den Fällen des § 4 Abs. 2 Nr. 3 und 4 werden höchstens die Beförderungsauslagen (§ 6) und die Reisekosten (§ 7) erstattet, die bei einem Umzug über eine Entfernung von fünfundzwanzig Kilometern entstanden wären. ²Im Falle des § 4 Abs. 3 Satz 1 Nr. 2 werden nur die Beförderungsauslagen (§ 6) erstattet. ³Satz 2 gilt auch für das Befördern des Umzugsgutes des Ehegatten oder Lebenspartners, wenn der Berechtigte innerhalb von sechs Monaten nach dem Tag geheiratet oder die Lebenspartnerschaft begründet hat, an dem die Umzugskostenvergütung nach § 3 Abs. 1 Nr. 1 oder 2 oder Abs. 2 oder § 4 Abs. 1 oder Abs. 2 Nr. 1 zugesagt worden ist.

(3) ¹Wird die Zusage der Umzugskostenvergütung aus von dem Berechtigten nicht zu vertretenden Gründen widerrufen, so werden die durch die Vorbereitung des Umzuges entstandenen notwendigen, nach diesem Gesetz erstattungsfähigen Auslagen erstattet. ²Muss in diesem Fall ein anderer Umzug durchgeführt werden, so wird dafür Umzugskostenvergütung gewährt; Satz 1 bleibt unberührt. ³Die Sätze 1 und 2 gelten entsprechend, wenn die Zusage der Umzugskostenvergütung zurückgenommen, anderweitig aufgehoben wird oder sich auf andere Weise erledigt.

§ 12
Trennungsgeld

(1) Trennungsgeld wird gewährt
1. in den Fällen des § 3 Abs. 1 Nr.1, 3 und 4 sowie Abs. 2, ausgenommen bei Vorliegen der Voraussetzungen des § 3 Abs. 1 Nr. 1 Buchstaben c und d,
2. in den Fällen des § 4 Abs.1 Nr. 2 bis 4 und Abs. 2 Nr. 1 oder 3, soweit der Berechtigte an einen anderen Ort als den bisherigen Dienstort versetzt wird, und
3. bei der Einstellung mit Zusage der Umzugskostenvergütung

für die dem Berechtigten durch die getrennte Haushaltsführung, das Beibehalten der Wohnung oder der Unterkunft am bisherigen Wohnort oder das Unterstellen des zur Führung eines Haushalts notwendigen Teils der Wohnungseinrichtung entstehenden notwendigen Auslagen unter Berücksichtigung der häuslichen Ersparnis.

(2) ¹Ist dem Berechtigten die Umzugskostenvergütung zugesagt worden, so darf Trennungsgeld nur gewährt werden, wenn er uneingeschränkt umzugswillig ist und nachweislich wegen Wohnungsmangels am neuen Dienstort einschließlich des Einzugsgebietes (§ 3 Abs. 1 Nr. 1 Buchstabe c) nicht umziehen kann. ²Diese Voraussetzungen müssen seit dem Tage erfüllt sein, an dem die Umzugskostenvergütung zugesagt worden oder, falls für den Berechtigten günstiger, die Maßnahme wirksam geworden oder die Dienstwohnung geräumt worden ist.

(3) ¹Nach Wegfall des Wohnungsmangels darf Trennungsgeld nur weitergewährt werden, wenn und solange dem Umzug des umzugswilligen Berechtigten einer der folgenden Hinderungsgründe entgegensteht:
1. Vorübergehende schwere Erkrankung des Berechtigten oder eines seiner Familienangehörigen (§ 6 Abs. 3 Satz 2 und 3) bis zur Dauer von einem Jahr;

2. Beschäftigungsverbote für die Berechtigte oder eine Familienangehörige (§ 6 Abs. 3 Satz 2 und 3) für die Zeit vor oder nach einer Entbindung nach mutterschutzrechtlichen Vorschriften;
3. Schul- oder Berufsausbildung eines Kindes (§ 6 Abs. 3 Satz 2 und 3) bis zum Ende des Schul- oder Ausbildungsjahres. ²Befindet sich das Kind in der Jahrgangsstufe 12 einer Schule, so verlängert sich die Gewährung des Trennungsgeldes bis zum Ende des folgenden Schuljahres; befindet sich das Kind im vorletzten Ausbildungsjahr eines Berufsausbildungsverhältnisses, so velängert sich die Gewährung des Trennungsgeldes bis zum Ende des folgenden Ausbildungsjahres;
4. Schul- oder Berufsausbildung eines schwerbehinderten Kindes (§ 6 Abs. 3 Satz 2 und 3). ²Trennungsgeld wird bis zur Beendigung der Ausbildung gewährt, solange diese am neuen Dienst- oder Wohnort oder in erreichbarer Entfernung davon wegen der Behinderung nicht fortgesetzt werden kann;
5. Akute lebensbedrohende Erkrankung eines Elternteiles des Berechtigten, seines Ehegatten oder Lebenspartners, wenn dieser in hohem Maße Hilfe des Ehegatten, Lebenspartners oder Familienangehörigen des Berechtigten erhält;
6. Schul- oder erste Berufsausbildung des Ehegatten oder Lebenspartners in entsprechender Anwendung der Nummer 3.

²Trennungsgeld darf auch gewährt werden, wenn zum Zeitpunkt des Wirksamwerdens der dienstlichen Maßnahme kein Wohnungsmangel, aber einer dieser Hinderungsgründe vorliegt. ³Liegt bei Wegfall des Hinderungsgrundes ein neuer Hinderungsgrund vor, kann mit Zustimmung der obersten Dienstbehörde Trennungsgeld bis zu längstens einem Jahr weiterbewilligt werden. ⁴Nach Wegfall des Hinderungsgrundes darf Trennungsgeld auch bei erneutem Wohnungsmangel nicht gewährt werden.

(4) ¹Der Bundesminister des Innern wird ermächtigt, durch Rechtsverordnung Vorschriften über die Gewährung des Trennungsgeldes zu erlassen. ²Dabei kann bestimmt werden, dass Trennungsgeld auch bei der Einstellung ohne Zusage der Umzugskostenvergütung gewährt wird und dass in den Fällen des § 3 Abs. 1 Nr. 1 Buchstabe d der Berechtigte für längstens ein Jahr Reisebeihilfen für Heimfahrten erhält.

(5) (weggefallen)

§ 13
Auslandsumzüge

(1) Auslandsumzüge sind Umzüge zwischen Inland und Ausland sowie im Ausland.

(2) ¹Als Auslandsumzüge gelten nicht die Umzüge
1. der im Grenzverkehr tätigen Beamten, und zwar auch dann nicht, wenn sie im Anschluss an die Tätigkeit im Grenzverkehr in das Inland oder in den Fällen des § 3 Abs. 1 Nr. 3, § 4 Abs. 2 Nr. 2 bis 4, Abs. 3 Satz 1 im Ausland umziehen,
2. in das Ausland in den Fällen des § 3 Abs. 1 Nr. 3, § 4 Abs. 2 Nr. 2 bis 4, Abs. 3 Satz 1,
3. in das Inland in den Fällen des § 3 Abs. 1 Nr. 2 und 3,
4. aus Anlass einer Einstellung, Versetzung, Abordnung oder Kommandierung und der in § 3 Abs. 2, § 4 Abs. 1 Nr. 3, Abs. 2 Nr. 2 bis 4 bezeichneten Maßnahmen im Inland einschließlich ihrer Aufhebung, wenn die bisherige oder die neue Wohnung im Ausland liegt.

²In den Fällen des Satzes 1 Nr. 2 bis 4 wird für die Umzugsreise (§ 7 Abs. 1) Tage- und Übernachtungsgeld nur für die notwendige Reisedauer gewährt; § 7 Abs. 2 und 3 findet keine Anwendung.

§ 14
Sondervorschriften für Auslandsumzüge

(1) ¹Der Bundesminister des Auswärtigen wird ermächtigt, im Einvernehmen mit dem Bundesminister des Innern, dem Bundesminister der Verteidigung und dem Bundesminister der Finanzen für Auslandsumzüge durch Rechtsverordnungen nähere Vorschriften über die notwendige Umzugskostenvergütung (Auslandsumzugskostenverordnung, Absatz 2) sowie das notwendige Trennungsgeld (Auslandstrennungsgeldverordnung, Absatz 3) zu erlassen, soweit die besonderen Bedürfnisse des Auslandsdienstes und die besonderen Verhältnisse im Ausland es erfordern. ²Soweit aufgrund dieser Ermächtigung keine Sonderregelungen ergangen sind, finden auch auf Auslandsumzüge die §§ 6 bis 12 Anwendung.

(2) In der Auslandsumzugskostenverordnung sind insbesondere zu regeln:
1. Erstattung der Auslagen für Umzugsvorbereitungen einschließlich Wohnungsbesichtigungsreisen,
2. Erstattung der Beförderungsauslagen,
3. Berücksichtigung bis zu 50 vom Hundert der eingesparten Beförderungsauslagen für zurückgelassene Personenkraftfahrzeuge,

Anhang 15/BUKG

4. Erstattung der Auslagen für die Umzugsreise des Berechtigten und der zu seiner häuslichen Gemeinschaft gehörenden Personen,
5. Gewährung von Beihilfen zu den Fahrkosten von Personen, die mit der Reise in die häusliche Gemeinschaft aufgenommen werden, und zu den Kosten des Beförderns des Heiratsgutes an den Auslandsdienstort, wenn der Anspruchsberechtigte nach seinem Umzug in das Ausland heiratet,
6. Gewährung von Beihilfen zu den Fahrkosten sowie zu den Kosten der Beförderung des anteiligen Umzugsgutes eines Mitglieds der häuslichen Gemeinschaft, wenn es sich vom Berechtigten während seines Auslandsdienstes auf Dauer trennt, bis zur Höhe der Kosten für eine Rückkehr an den letzten Dienstort im Inland,
7. Gewährung der Mietentschädigung,
8. Gewährung der Pauschvergütung für sonstige Umzugsauslagen und Aufwand,
9. Erstattung der nachgewiesenen sonstigen Umzugsauslagen,
10. Erstattung der Lagerkosten oder der Auslagen für das Unterstellen zurückgelassenen Umzugsgutes,
11. Berücksichtigung bis zu 50 vom Hundert der eingesparten Lagerkosten für zurückgelassenes Umzugsgut,
12. Erstattung der Kosten für das Beibehalten der Wohnung im Inland in den Fällen des Absatzes 5,
13. Erstattung der Auslagen für umzugsbedingten zusätzlichen Unterricht,
14. Erstattung der Mietvertragsabschluss-, Gutachter-, Makler- oder vergleichbarer Kosten für die eigene Wohnung,
15. Beiträge zum Beschaffen oder Instandsetzen von Wohnungen,
16. Beiträge zum Beschaffen technischer Geräte und Einrichtungen, die aufgrund der örtlichen Gegebenheiten notwendig sind,
17. Beitrag zum Beschaffen klimabedingter Kleidung,
18. Ausstattungsbeitrag bei Auslandsverwendung,
19. Einrichtungsbeitrag für Leiter von Auslandsvertretungen und funktionell selbständigen Delegationen, die von Botschaftern geleitet werden, sowie für ständige Vertreter und Leiter von Außenstellen von Auslandsvertretungen,
20. Erstattung der Auslagen für die Rückführung von Personen und Umzugsgut aus Sicherheitsgründen,
21. Erstattung der Auslagen für Umzüge in besonderen Fällen,
22. Erstattung der Auslagen für Umzüge in eine vorläufige Wohnung,
23. Erstattung der Umzugsauslagen beim Ausscheiden aus dem Dienst im Ausland.

(3) In der Auslandstrennungsgeldverordnung sind insbesondere zu regeln:

1. Entschädigung für getrennte Haushaltsführung,
2. Entschädigung für getrennte Haushaltsführung aus zwingenden persönlichen Gründen,
3. Entschädigung bei täglicher Rückkehr zum Wohnort,
4. Mietersatz,
5. Gewährung von Trennungsgeld, wenn keine Auslandsdienstbezüge gewährt werden,
6. Gewährung von Trennungsgeld im Einzelfall aus Sicherheitsgründen oder wegen anderer außergewöhnlicher Verhältnisse im Ausland (Trennungsgeld in Krisenfällen),
7. Gewährung von Reisebeihilfen für Heimfahrten für je drei Monate, in besonderen Fällen für je zwei Monate der Trennung. ²Dies gilt auch für längstens ein Jahr, wenn der Berechtigte auf die Zusage der Umzugskostenvergütung unwiderruflich verzichtet und dienstliche Gründe den Umzug nicht erfordern.

(4) Abweichend von § 2 Abs. 2 Satz 1 entsteht der Anspruch auf die Pauschvergütung, den Beitrag zum Beschaffen klimabedingter Kleidung, den Ausstattungsbeitrag und den Einrichtungsbeitrag zu dem Zeitpunkt, an dem die Umzugskostenvergütung nach § 3 oder § 4 zugesagt wird.

(5) Abweichend von den §§ 3 und 4 kann die Umzugskostenvergütung auch in Teilen zugesagt werden, wenn dienstliche Gründe es erfordern.

(6) ¹Abweichend von § 2 Abs. 2 Satz 2 beträgt die Ausschlussfrist bei Auslandsumzügen zwei Jahre. ²Wird in den Fällen des Absatzes 2 Nr. 16 die Beitragsfähigkeit erst nach Beendigung des Umzuges anerkannt, beginnt die Ausschlussfrist mit der Anerkennung. ³In den Fällen des Absatzes 2 Nr. 5 und 6 beginnt sie mit dem Eintreffen am beziehungsweise der Abreise vom Dienstort. ⁴Bei laufenden Zah-

lungen muss die erste Zahlung innerhalb der Frist geleistet werden. ⁵Auf einen vor Fristablauf gestellten Antrag können in besonderen Fällen auch später geleistete Zahlungen berücksichtigt werden.

(7) Die oberste Dienstbehörde kann die Umzugskostenvergütung allgemein oder im Einzelfall ermäßigen, soweit besondere Verhältnisse es rechtfertigen.

§ 15
Dienstortbestimmung, Verwaltungsvorschriften

(1) Die oberste Dienstbehörde wird ermächtigt, im Einvernehmen mit dem Bundesminister des Innern benachbarte Gemeinden zu einem Dienstort zu bestimmen, wenn sich Liegenschaften derselben Dienststelle über das Gebiet mehrerer Gemeinden erstrecken.

(2) Die allgemeinen Verwaltungsvorschriften zu diesem Gesetz erläßt der Bundesminister des Innern im Einvernehmen mit dem Bundesminister der Justiz und dem Bundesminister der Verteidigung.

§ 16
Übergangsvorschrift

Ist ein Mietbeitrag vor der Verkündung dieses Gesetzes bewilligt worden, wird er nach bisherigem Recht weiter gewährt.

Anhang 16/AUV

Verordnung
über die Umzugskostenvergütung bei Auslandsumzügen
(Auslandsumzugskostenverordnung – AUV)

Neufassung vom 26. November 2012 (BGBl. I S. 2349)

Auf Grund des § 14 Absatz 1 des Bundesumzugskostengesetzes in der Fassung der Bekanntmachung vom 11. Dezember 1990 (BGBl. I S. 2682) und des § 82 Absatz 3 des Bundesbeamtengesetzes vom 5. Februar 2009 (BGBl. I S. 160) verordnet das Auswärtige Amt im Einvernehmen mit dem Bundesministerium des Innern, dem Bundesministerium der Verteidigung und dem Bundesministerium der Finanzen:

§ 1
Allgemeines

Diese Verordnung regelt die bei Auslandsumzügen erforderlichen Abweichungen von den allgemein für Beamtinnen und Beamte des Bundes geltenden Vorschriften über die Umzugskostenvergütung.

§ 2
Begriffsbestimmungen

(1) Berücksichtigungsfähige Personen sind:
1. die Ehegattin oder der Ehegatte der berechtigten Person,
2. die Lebenspartnerin oder der Lebenspartner der berechtigten Person,
3. Kinder der berechtigten Person oder der berücksichtigungsfähigen Person nach Nummer 1 oder Nummer 2, die beim Auslandszuschlag berücksichtigungsfähig sind oder spätestens 40 Wochen nach dem Einladen des Umzugsguts geboren worden sind,
4. der gemeinsam mit der berechtigten Person sorgeberechtigte Elternteil eines eigenen Kindes der berechtigten Person,
5. pflegebedürftige Eltern der berechtigten Person oder der berücksichtigungsfähigen Person nach Nummer 1 oder Nummer 2 (mindestens Pflegestufe I nach § 15 des Elften Buches Sozialgesetzbuch); alle weiteren Maßnahmen, die der Gesundheitszustand dieser Personen erfordert, sind im Rahmen der Umzugskosten nicht berücksichtigungsfähig, sowie
6. im Einzelfall weitere Personen, die nach § 6 Absatz 3 des Bundesumzugskostengesetzes berücksichtigungsfähig sind, soweit ihre Berücksichtigung im Einzelfall nach pflichtgemäßem Ermessen geboten ist, insbesondere, weil die berechtigte Person ihnen aufgrund gesetzlicher oder sittlicher Verpflichtung nicht nur vorübergehend Unterkunft und Unterhalt gewährt,

soweit sie nach dem Umzug zur häuslichen Gemeinschaft der berechtigten Person gehören. Die Personen nach Satz 1 Nummer 3, 4 und 6 sind nur berücksichtigungsfähig, wenn sie auch vor dem Umzug zur häuslichen Gemeinschaft der berechtigten Person gehören.

(2) Eine eigene Wohnung ist eine Wohnung, deren Eigentümerin oder Eigentümer oder Hauptmieterin oder Hauptmieter die berechtigte Person oder eine berücksichtigungsfähige Person ist.

§ 3
Antrag und Anzeigepflicht

(1) Die Ausschlussfrist für die Beantragung der Umzugskostenvergütung nach § 14 Absatz 6 Satz 1 des Bundesumzugskostengesetzes beginnt mit Beendigung des Umzugs.

(2) Die berechtigte Person hat jede Änderung der tatsächlichen Verhältnisse, die die Höhe der Umzugskostenvergütung beeinflussen kann, unverzüglich anzuzeigen. Entsprechendes gilt für Rabatte, Geld- und Sachzuwendungen sowie für unentgeltliche Leistungen. Leistungen von dritter Seite sind anzurechnen.

§ 4
Bemessung der Umzugskostenvergütung, berücksichtigungsfähige Kosten

(1) Die Bemessung der Umzugskostenvergütung richtet sich nach den persönlichen Verhältnissen der berechtigten Person am Tag des Dienstantritts am neuen Dienstort. Bei Umzügen aus dem Ausland ins Inland und bei Umzügen aus Anlass der Beendigung des Beamtenverhältnisses (§ 28) sind die persönlichen Verhältnisse an dem Tag, für den zuletzt Auslandsdienstbezüge gewährt worden sind, maßgeblich.

(2) Wenn bei einem Umzug aus dem Ausland ins Inland die berechtigte Person den Wohnort so wählt, dass sie in der ordnungsgemäßen Wahrnehmung ihrer Dienstgeschäfte beeinträchtigt ist, werden höchstens die Umzugskosten erstattet, die bei einem Umzug an den neuen Dienstort entstanden wären; Maklerkosten werden nicht erstattet; Mietentschädigung wird nicht gewährt. Wird ein Umzug ins Ausland oder im Ausland an einen anderen Ort als den neuen Dienstort oder dessen Einzugsgebiet durchgeführt, werden keine Umzugskosten erstattet.

(3) Wird eine eigene Wohnung nicht innerhalb eines Jahres nach dem Dienstantritt der berechtigten Person am neuen Dienstort bezogen, kann eine solche Wohnung im Rahmen der Umzugskostenvergütung nicht berücksichtigt werden. In den Fällen des § 28 Absatz 1 und 2 tritt der Tag nach dem Eintritt des maßgeblichen Ereignisses an die Stelle des Tages des Dienstantritts. Wird die Umzugskostenvergütung erst nach dem Dienstantritt zugesagt, tritt der Tag des Zugangs der Zusage an die Stelle des Tages des Dienstantritts. Ist die Wohnung wegen Wohnungsmangels oder aus anderen von der obersten Dienstbehörde als zwingend anerkannten Gründen erst nach Ablauf eines Jahres bezogen worden, kann sie berücksichtigt werden, wenn die berechtigte Person den Antrag auf Fristverlängerung vor Ablauf der Jahresfrist stellt.

(4) Leistungen nach den §§ 18 bis 21, die vor dem Umzug gewährt werden, stehen unter dem Vorbehalt, dass zu viel erhaltene Beträge zurückgefordert werden können, wenn der Umzug anders als zunächst geplant durchgeführt wird.

(5) Kosten werden nur berücksichtigt, soweit sie notwendig und nachgewiesen sind.

§ 5
Umzugsgut

(1) Die Auslagen für die Beförderung des Umzugsguts (Beförderungsauslagen) von der bisherigen zur neuen Wohnung werden erstattet.

(2) Zu den Beförderungsauslagen gehören auch:
1. die Kosten für das Ein- und Auspacken des Umzugsguts, die Montage und Installation der üblichen Haushaltsgeräte, das Zwischenlagern (§ 9) und die Transportversicherung sowie
2. Gebühren und Abgaben, die bei der Beförderung des Umzugsguts anfallen.

(3) Wird das Umzugsgut getrennt befördert, ohne dass die oberste Dienstbehörde die Gründe dafür vorher als zwingend anerkannt hat, werden höchstens die Beförderungsauslagen erstattet, die bei nicht getrennter Beförderung entstanden wären.

(4) Bei Umzügen im oder ins Ausland gehören zum Umzugsgut auch Einrichtungsgegenstände und Personenkraftfahrzeuge, für die die berechtigte Person innerhalb von drei Monaten nach dem Bezug der neuen Wohnung den Lieferauftrag erteilt hat; Absatz 3 gilt entsprechend.

(5) Hat die berechtigte Person nach einer Auslandsverwendung mit ausgestatteter Dienstwohnung bei einem folgenden Umzug im Ausland mit Zusage der Umzugskostenvergütung den Lieferauftrag für Einrichtungsgegenstände innerhalb der in Absatz 4 genannten Frist erteilt, um mit diesen Einrichtungsgegenständen eine nicht ausgestattete Wohnung beziehen zu können, werden die Beförderungsauslagen erstattet.

§ 6
Umzugsvolumen

(1) Der berechtigten Person werden Beförderungsauslagen für ein Umzugsvolumen von bis zu 100 Kubikmetern erstattet. Zieht eine berücksichtigungsfähige Person mit um, werden die Auslagen für die Beförderung weiterer 30 Kubikmeter erstattet; für jede weitere mitumziehende berücksichtigungsfähige Person werden die Auslagen für die Beförderung weiterer 10 Kubikmeter erstattet.

(2) Bei Leiterinnen und Leitern von Auslandsvertretungen kann die oberste Dienstbehörde in Einzelfällen der Erstattung der Auslagen für die Beförderung weiterer 50 Kubikmeter zustimmen. Dies gilt im Geschäftsbereich des Bundesministeriums der Verteidigung nach näherer Bestimmung durch die oberste Dienstbehörde auch für sonstige Berechtigte in vergleichbaren Dienststellungen.

(3) Wird der berechtigten Person eine voll oder teilweise ausgestattete Dienstwohnung zugewiesen, kann die oberste Dienstbehörde die Volumengrenzen nach Absatz 1 herabsetzen.

(4) Der Dienstherr kann eine amtliche Vermessung des Umzugsguts veranlassen.

Anhang 16/AUV

§ 7
Personenkraftfahrzeuge

(1) Die Kosten der Beförderung eines Personenkraftfahrzeugs werden erstattet.

(2) Kosten der Beförderung eines zweiten Personenkraftfahrzeugs mit bis zu 1,8 Litern Hubraum und einem Volumen von höchstens 11 Kubikmetern werden nur erstattet, wenn zum Haushalt am neuen Dienstort mindestens eine berücksichtigungsfähige Person gehört. Innerhalb Europas werden nur die Kosten der Selbstüberführung eines zweiten Personenkraftfahrzeugs bis zur Höhe der Beförderungsauslagen nach dem Bundesreisekostengesetz erstattet; die Kosten der Beförderung eines zweiten Personenkraftfahrzeugs nach Island, Malta, in die Russische Föderation, die Türkei, die Ukraine, nach Weißrussland und Zypern werden jedoch nach Satz 1 erstattet.

(3) Personenkraftfahrzeuge, die beim Umzug berücksichtigt werden, werden nicht in die Berechnung des Umzugsvolumens einbezogen.

(4) Bei einem Umzug im Ausland kann die oberste Dienstbehörde Auslagen für die Beförderung des am bisherigen Dienstort genutzten Personenkraftfahrzeugs nach Deutschland und für die Beförderung eines Fahrzeugs aus Deutschland zum neuen Dienstort erstatten, wenn bezüglich des bisher genutzten Fahrzeugs sowohl die Einfuhr am neuen Dienstort als auch der Verkauf am bisherigen Dienstort verboten sind.

§ 8
Tiere

Beförderungsauslagen für bis zu zwei Haustiere werden erstattet, soweit diese üblicherweise in der Wohnung gehalten werden. Kosten für Transportbehältnisse, Tierheime, Quarantäne und andere Nebenkosten werden nicht erstattet.

§ 9
Zwischenlagern von Umzugsgut

(1) Auslagen für das Zwischenlagern einschließlich der Lagerversicherung sind nur erstattungsfähig, wenn die berechtigte Person den Grund für das Zwischenlagern nicht zu vertreten hat oder wenn die berechtigte Person vorübergehend keine angemessene Leerraumwohnung am neuen Dienstort beziehen kann.

(2) Diese Auslagen werden für die Zeit vom Tag des Einladens des Umzugsguts bis zum Tag des Ausladens des Umzugsguts in der endgültigen Wohnung erstattet.

§ 10
Lagern von Umzugsgut

(1) Zieht die berechtigte Person in eine ganz oder teilweise ausgestattete Dienstwohnung, werden ihr die Auslagen für das Verpacken, Versichern und Lagern des Umzugsguts erstattet, das nicht in die neue Wohnung mitgenommen wird. Daneben werden die notwendigen Auslagen für die Beförderung zum Lagerort erstattet, höchstens jedoch bis zur Höhe der Auslagen für die Beförderung bis zum Sitz der obersten Dienstbehörde (erster Dienstsitz) oder bis zu einem anderen Ort im Inland mit unentgeltlicher Lagermöglichkeit. Bezüglich des berücksichtigungsfähigen Volumens sind Absatz 6 Satz 2 und § 6 Absatz 1 entsprechend anzuwenden.

(2) Wird das nach Absatz 1 eingelagerte Umzugsgut bei einem folgenden Umzug wieder hinzugezogen und ist für diesen Umzug Umzugskostenvergütung zugesagt, werden die Beförderungsauslagen erstattet.

(3) Die Absätze 1 und 2 gelten entsprechend, wenn

1. die Mitnahme des Umzugsguts an den neuen Dienstort aus besonderen Gründen, insbesondere aus klimatischen oder Sicherheitsgründen, nicht zumutbar ist oder
2. während der Dauer der Verwendung an diesem Ort keine Möglichkeit besteht, eine Leerraumwohnung zu mieten, in der das Umzugsgut untergebracht werden kann.

(4) Absatz 1 gilt entsprechend, wenn die berechtigte Person bei einem Umzug ins Ausland einen Teil des Umzugsguts nicht mitnehmen möchte. Kosten für das Lagern werden nur für die Zeit bis zur nächsten Inlandsverwendung übernommen. Kosten für das Hinzuziehen des Lagerguts während einer Auslandsverwendung werden nicht übernommen.

(5) Ist die Verwendung im Inland von vornherein voraussichtlich auf weniger als ein Jahr beschränkt, können Kosten für das Lagern des Umzugsguts erstattet werden.

(6) Kann bei einem Umzug ins Ausland aufgrund der Beschränkung des Umzugsvolumens nach § 6 ein Teil des Umzugsguts nicht mitgeführt werden, gilt Absatz 4 entsprechend. Kosten für das Lagern des Umzugsguts, das die Volumengrenzen nach § 6 Absatz 1 übersteigt, können nur für ein Volumen von bis zu 20 Kubikmetern für die berechtigte Person und von 10 Kubikmetern für jede mitumziehende berücksichtigungsfähige Person erstattet werden. Insgesamt können bei Übersteigen der Volumengrenzen nach § 6 Absatz 1 Kosten für das Lagern von bis zu 50 Kubikmetern Umzugsgut erstattet werden.

§ 11
Wohnungsbesichtigungsreise, Umzugsabwicklungsreise

(1) Die Auslagen für eine gemeinsame Reise der berechtigten Person und einer berücksichtigungsfähigen Person nach § 2 Absatz 1 Satz 1 Nummer 1, 2 oder 4 vom bisherigen an den neuen Dienstort zur Wohnungssuche (Wohnungsbesichtigungsreise) oder für eine Reise einer dieser Personen vom neuen zum bisherigen Dienstort zur Vorbereitung und Durchführung des Umzugs (Umzugsabwicklungsreise) werden mit der Maßgabe erstattet, dass gezahlt werden:
1. die Kosten der billigsten Fahrkarte für ein regelmäßig verkehrendes Beförderungsmittel und
2. Tage- und Übernachtungsgeld wie bei Dienstreisen der berechtigten Person für höchstens vier Aufenthaltstage sowie für die notwendigen Reisetage.

(2) Mehreren berechtigten Personen, denen jeweils eine eigene Umzugskostenvergütung zugesagt wurde und die am neuen Dienstort eine gemeinsame Wohnung suchen, stehen die Ansprüche nach Absatz 1 nur für eine gemeinsame Reise zu.

(3) Auslagen für eine Wohnungsbesichtigungsreise zu einer Dienstwohnung werden nicht erstattet.

§ 12
Umzugsreise

(1) Die Auslagen für die Umzugsreise vom bisherigen zum neuen Dienstort werden unter Berücksichtigung der notwendigen Reisedauer nach Maßgabe der folgenden Absätze erstattet.

(2) Die Auslagen für die Umzugsreise der berechtigten Person und der berücksichtigungsfähigen Personen werden wie bei Dienstreisen erstattet. Für die Berechnung des Tagesgelds gelten die Abreise- und Ankunftstage als volle Reisetage.

(3) Die Reisekosten für einen dienstlich angeordneten Umweg der berechtigten Person werden auch für die berücksichtigungsfähigen Personen erstattet, wenn sie mit der berechtigten Person gemeinsam reisen und ihr Verbleib am bisherigen Dienstort unzumutbar ist oder Mietzuschuss nach § 54 des Bundesbesoldungsgesetzes eingespart wird.

(4) Für eine angestellte Betreuungsperson werden die Kosten der billigsten Fahrkarte für ein regelmäßig verkehrendes Beförderungsmittel erstattet, wenn die berechtigte Person betreuungsbedürftig ist oder zum Haushalt der berechtigten Person am neuen Dienstort eine berücksichtigungsfähige Person gehört, die minderjährig, schwerbehindert oder pflegebedürftig (mindestens Pflegestufe I nach § 15 des Elften Buches Sozialgesetzbuch) ist; der Antrag muss spätestens drei Monate nach dem Bezug der neuen Wohnung gestellt werden. Für eine angestellte Betreuungsperson, die im Ausland aus wichtigem Grund aus dem Arbeitsverhältnis ausscheidet, können Fahrtkosten bis zur Höhe der Kosten der billigsten Fahrkarte für ein regelmäßig verkehrendes Beförderungsmittel zum Sitz der obersten Bundesbehörde erstattet werden, auch wenn die Fahrtkosten nach Ablauf der Frist nach § 3 Absatz 1 entstanden sind; der Antrag muss innerhalb von sechs Monaten nach dem Ausscheiden gestellt werden. Für eine Ersatzperson können Fahrtkosten erstattet werden, wenn zum Zeitpunkt ihrer Ankunft die Voraussetzungen nach Satz 1 erfüllt sind; der Erstattungsantrag muss innerhalb von drei Monaten nach Ausscheiden der vorherigen Betreuungsperson, für die Reisekosten erstattet worden sind, gestellt werden.

(5) Verbindet eine berechtigte oder eine berücksichtigungsfähige Person die Umzugsreise mit Urlaub, werden die Auslagen für die Reise zum neuen Dienstort abweichend von § 13 des Bundesreisekostengesetzes bis zu der Höhe erstattet, bis zu der sie erstattet würden, wenn die Umzugsreise unmittelbar vom bisherigen zum neuen Dienstort erfolgt wäre.

(6) Wird die berechtigte Person im Anschluss an einen Heimaturlaub an einen anderen Dienstort versetzt oder abgeordnet, erhält sie für die Reise vom bisherigen Dienstort zum Sitz der für sie zuständigen Dienststelle im Inland (Heimaturlaubsreise) und für die Reise von dort zum neuen Dienstort Reisekostenvergütung wie bei einer Umzugsreise. Dabei werden im anzuwendenden Kostenrahmen die fiktiven Fahrtkosten der Heimaturlaubsreise berücksichtigt, der Anspruch auf Fahrtkostenzuschuss nach der Heimaturlaubsverordnung entfällt. Die Auslagen für die Versicherung des Reisegepäcks werden für

die Dauer des Heimaturlaubs erstattet, höchstens jedoch für die Zeit von der Abreise vom bisherigen Dienstort bis zur Ankunft am neuen Dienstort.

(7) Für die berücksichtigungsfähigen Personen gilt Absatz 6 entsprechend.

§ 13
Reisegepäck

(1) Die Auslagen für die Beförderung unbegleiteten Reisegepäcks anlässlich der Umzugsreise vom bisherigen zum neuen Dienstort werden erstattet bis zu einem Gewicht des Reisegepäcks von 200 Kilogramm. Die Obergrenze erhöht sich

1. um 100 Kilogramm für die mitumziehende berücksichtigungsfähige Person nach § 2 Absatz 1 Satz 1 Nummer 1 oder Nummer 2,
2. um 50 Kilogramm für jede mitumziehende berücksichtigungsfähige Person nach § 2 Absatz 1 Satz 1 Nummer 3 bis 6 und in den Fällen des § 12 Absatz 4 für die angestellte Betreuungsperson oder Ersatzkraft.

(2) Bei Flugreisen werden die Auslagen für die Beförderung unbegleiteten Luftgepäcks nach Maßgabe des Absatzes 1 erstattet. Auslagen für die Beförderung begleiteten Luftgepäcks werden bis zu 50 Prozent der Gewichtsgrenzen nach Absatz 1 erstattet, wenn

1. es aus Sicherheitsgründen notwendig ist, das Gepäck als begleitetes Luftgepäck mitzuführen, oder nicht gewährleistet ist, dass das Gepäck in einem zumutbaren Zeitraum ausgelöst werden kann, und
2. die oberste Dienstbehörde vor der Aufgabe des Gepäcks der Erstattung zugestimmt hat.

§ 14
Vorübergehende Unterkunft

(1) Auslagen für eine vorübergehende Unterkunft am bisherigen und am neuen Dienstort werden für die Zeit vom Tag des Einladens des Umzugsguts bis zum Tag nach dem Ausladen des Umzugsguts in der endgültigen Wohnung auf Antrag erstattet, soweit sie 25 Prozent der Bezüge übersteigen, die für die Berechnung des Mietzuschusses nach § 54 des Bundesbesoldungsgesetzes maßgeblich sind. Bei Umzügen mit Umzugskostenvergütung nach § 26 gilt Satz 1 für die Zeit vom Tag nach Beendigung der Hinreise bis zum Tag vor Antritt der Rückreise.

(2) Zum Ausgleich des Mehraufwands für die Verpflegung der berechtigten Person und der berücksichtigungsfähigen Personen während des in Absatz 1 genannten Zeitraums wird ohne Vorlage von Einzelnachweisen ein Zuschuss gezahlt. Der Zuschuss beträgt für die ersten 14 Tage des Aufenthalts

1. am ausländischen Wohn- oder Dienstort 75 Prozent des Auslandstagegelds nach § 3 der Auslandsreisekostenverordnung,
2. am inländischen Wohn- oder Dienstort 75 Prozent des Inlandstagegelds nach § 6 Absatz 1 des Bundesreisekostengesetzes.

Vom 15. Tag an wird der Zuschuss auf 50 Prozent des Auslands- oder Inlandstagegelds gesenkt.

(3) Ist die Unterkunft mit einer Kochgelegenheit ausgestattet, werden 50 Prozent der Beträge nach Absatz 2 Satz 2 und 3 gezahlt. Handelt es sich um eine Wohnung mit ausgestatteter Küche oder halten sich die in Absatz 2 Satz 1 genannten Personen bei Verwandten oder Bekannten auf, wird kein Zuschuss gezahlt. Werden nach Absatz 1 Kosten für eine Unterkunft übernommen, in denen Kosten für ein Frühstück enthalten sind, ist der Mehraufwand für Verpflegung um 20 Prozent zu kürzen.

(4) Die Zahlungen nach den Absätzen 1 bis 3 werden nicht für die Tage geleistet, an denen die berechtigte Person

1. Heimaturlaub hat,
2. Urlaub an einem anderen als dem bisherigen oder neuen Wohn- oder Dienstort verbringt oder
3. Auslandstrennungsgeld oder vergleichbare Leistungen erhält.

§ 15
Mietentschädigung

(1) Muss für dieselbe Zeit sowohl für die bisherige als auch für die neue eigene Wohnung der berechtigten Person Miete gezahlt werden, wird die Miete für die bisherige Wohnung bis zu dem Zeitpunkt erstattet, zu dem das Mietverhältnis frühestens gelöst werden kann, höchstens jedoch für drei Monate für eine Wohnung im Inland und für neun Monate für eine Wohnung im Ausland (Mietentschädigung). Die oberste Dienstbehörde kann die Frist für eine Wohnung im Ausland um höchstens ein Jahr verlängern, wenn dies wegen der ortsüblichen Verhältnisse erforderlich ist. Ausgaben für das Weitervermieten der

Wohnung innerhalb der Vertragsdauer und für Maßnahmen, durch die Mietentschädigung eingespart wird, werden erstattet. Die Sätze 1 bis 3 gelten entsprechend für die Miete für eine Garage.

(2) Abweichend von § 8 Absatz 4 des Bundesumzugskostengesetzes wird Mietentschädigung auch nicht gewährt

1. für eine Zeit, für die die berechtigte Person Auslandstrennungsgeld oder vergleichbare Leistungen erhält,
2. für eine Wohnung oder Garage, für die Mietzuschuss (§ 54 des Bundesbesoldungsgesetzes) gewährt wird.

(3) Muss die berechtigte Person aufgrund der Lage des Wohnungsmarktes eine Wohnung am neuen Dienstort oder in dessen Einzugsgebiet mieten, die sie noch nicht nutzen kann, und muss für dieselbe Zeit für die bisherige eigene Wohnung der berechtigten Person oder für eine vorübergehende Unterkunft am neuen Dienstort Miete gezahlt werden, wird die Miete für die endgültige Wohnung höchstens für drei Monate erstattet. Wenn die im oder ins Ausland versetzte berechtigte Person eine Wohnung nach Satz 1 schon vor Dienstantritt nutzt und noch keine Auslandsdienstbezüge für den neuen Dienstort erhält, kann mit Zustimmung der obersten Dienstbehörde ein Zuschuss gewährt werden, für dessen Höhe § 54 Absatz 1 des Bundesbesoldungsgesetzes entsprechend gilt.

(4) Zu der Miete für die bisherige Wohnung im Ausland kann auch ohne Anmietung einer neuen Wohnung ein Zuschuss für die Zeit gewährt werden, für die die berechtigte Person weder Auslandstrennungsgeld noch vergleichbare Leistungen erhält. Für die Höhe des Zuschusses gilt § 54 Absatz 1 des Bundesbesoldungsgesetzes entsprechend.

(5) Die oberste Dienstbehörde kann einer berechtigten Person, die im Ausland aus dem Dienst ausgeschieden ist, einen Mietzuschuss nach Absatz 1 bis zur frühesten Kündigungsmöglichkeit, höchstens drei Monate, auch dann bewilligen, wenn sie die Wohnung noch nutzt und keine neue Wohnung gemietet hat. Für die Höhe des Zuschusses gilt § 54 des Bundesbesoldungsgesetzes entsprechend.

(6) Die bisherige Wohnung im eigenen Haus oder die Eigentumswohnung steht der Mietwohnung in Bezug auf Mietentschädigung gleich, sofern eine Vermietung nicht möglich ist; in diesem Fall wird die Mietentschädigung längstens für ein Jahr gezahlt. An die Stelle der Miete tritt der ortsübliche Mietwert der Wohnung. Entsprechendes gilt für die eigene Garage. Für die neue Wohnung im eigenen Haus oder die neue Eigentumswohnung wird keine Mietentschädigung gewährt.

§ 16
Wohnungsbeschaffungskosten

(1) Gutachterkosten, Maklerkosten, ortsübliche Mietvertragsabschlussgebühren, Kosten für Garantieerklärungen und Bürgschaften sowie vergleichbare Kosten, die beim Auszug aus der Wohnung am ausländischen Dienstort oder bei der Beschaffung einer neuen angemessenen Wohnung am ausländischen Dienstort anfallen, werden erstattet.

(2) Wird dem Vermieter einer Wohnung am neuen ausländischen Dienstort eine Kaution geleistet, wird ein unverzinslicher Gehaltsvorschuss bis zum Dreifachen der Mieteigenbelastung der berechtigten Person gewährt, die sich bei entsprechender Anwendung des § 54 des Bundesbesoldungsgesetzes ergibt. Der Vorschuss ist in höchstens 20 gleichen Monatsraten zurückzuzahlen. Die Raten werden von den Dienstbezügen der berechtigten Person einbehalten. Bei vorzeitiger Versetzung oder Beendigung des Dienstverhältnisses ist der Rest des Vorschusses in einer Summe zurückzuzahlen. Soweit die ortsübliche Kaution den Gehaltsvorschuss übersteigt, wird sie erstattet.

(3) Rückzahlungsansprüche gegenüber der Vermieterin oder dem Vermieter sind an den Dienstherrn abzutreten. Soweit die Kaution von der Vermieterin oder vom Vermieter berechtigterweise in Anspruch genommen wird, ist die berechtigte Person zur Rückzahlung des Erstattungsbetrags an den Dienstherrn verpflichtet.

(4) Bei Umzügen aus dem Ausland ins Inland ist § 9 Absatz 1 des Bundesumzugskostengesetzes anzuwenden.

(5) Soweit die Verhältnisse im Zusammenhang mit dem Bezug oder dem Auszug aus einer Wohnung am Auslandsdienstort von im Ausland typischen Verhältnissen abweichen und dies zu einer außergewöhnlichen, von der berechtigten Person nicht zu vertretenden Härte führt, kann die oberste Dienstbehörde eine Leistung zur Milderung der Härte gewähren. Die Entscheidung ist besonders zu begründen und zu dokumentieren.

§ 17
Technische Geräte

(1) Müssen beim Bezug der neuen Wohnung aufgrund der örtlichen Verhältnisse Klimageräte oder Notstromerzeuger beschafft werden, werden die Auslagen für das Beschaffen und den Einbau dieser Geräte sowie die Kosten für die bauliche Herrichtung der betreffenden Räume erstattet.

(2) Die berechtigte Person hat die Geräte auf ihre Kosten regelmäßig zu warten.

(3) Beim Auszug hat die berechtigte Person die Geräte dem Dienstherrn zur Verfügung zu stellen oder den nach Absatz 1 erstatteten Betrag zurückzuzahlen.

§ 18
Umzugspauschale

(1) Eine berechtigte Person, die eine eigene Wohnung einrichtet, erhält für sich und die berücksichtigungsfähigen Personen eine Pauschale für sonstige Umzugskosten (Umzugspauschale), die sich aus Teilbeträgen nach den folgenden Absätzen zusammensetzt.

(2) Bei einem Auslandsumzug innerhalb der Europäischen Union erhält die berechtigte Person einen Betrag in Höhe von 20 Prozent des Grundgehalts der Stufe 8 der Besoldungsgruppe A 13. Für berücksichtigungsfähige Personen erhält die berechtigte Person zusätzlich folgende Beträge:

1. für eine Person nach § 2 Absatz 1 Satz 1 Nummer 1 oder Nummer 2 einen Betrag in Höhe von 19 Prozent des Grundgehalts der Stufe 8 der Besoldungsgruppe A 13,
2. für eine Person nach § 2 Absatz 1 Satz 1 Nummer 4 bis 6 einen Betrag in Höhe von 7 Prozent des Grundgehalts der Stufe 8 der Besoldungsgruppe A 13,
3. für ein Kind nach § 2 Absatz 1 Satz 1 Nummer 3 einen Betrag in Höhe von 10 Prozent des Grundgehalts der Stufe 8 der Besoldungsgruppe A 13,
4. für ein Kind nach § 2 Absatz 1 Satz 1 Nummer 3, für das ein Auslandszuschlag gezahlt wird, das aber nicht mitumzieht, einen Betrag in Höhe von 10 Prozent des Grundgehalts der Stufe 8 der Besoldungsgruppe A 13,
5. ür ein Kind nach § 2 Absatz 1 Satz 1 Nummer 3, für das ein Auslandszuschlag gezahlt wird, das aber im Inland bleibt, einen Betrag in Höhe von 7 Prozent des Grundgehalts der Stufe 8 der Besoldungsgruppe A 13.

(3) Bei einem Umzug außerhalb der Europäischen Union, aus einem Mitgliedstaat der Europäischen Union in einen Staat außerhalb der Europäischen Union oder aus einem Staat außerhalb der Europäischen Union in einen Mitgliedstaat der Europäischen Union erhält die berechtigte Person einen Betrag in Höhe von 21 Prozent des Grundgehalts der Stufe 8 der Besoldungsgruppe A 13. Für berücksichtigungsfähige Personen erhält die berechtigte Person zusätzlich folgende Beträge:

1. für eine Person nach § 2 Absatz 1 Satz 1 Nummer 1 oder Nummer 2 einen Betrag in Höhe von 21 Prozent des Grundgehalts der Stufe 8 der Besoldungsgruppe A 13,
2. für eine Person nach § 2 Absatz 1 Satz 1 Nummer 4 bis 6 einen Betrag in Höhe von 10,5 Prozent des Grundgehalts der Stufe 8 der Besoldungsgruppe A 13,
3. für ein Kind nach § 2 Absatz 1 Satz 1 Nummer 3 einen Betrag in Höhe von 14 Prozent des Grundgehalts der Stufe 8 der Besoldungsgruppe A 13,
4. für ein Kind nach § 2 Absatz 1 Satz 1 Nummer 3, für das ein Auslandszuschlag gezahlt wird, das aber nicht mitumzieht, einen Betrag in Höhe von 14 Prozent des Grundgehalts der Stufe 8 der Besoldungsgruppe A 13,
5. für ein Kind nach § 2 Absatz 1 Satz 1 Nummer 3, für das ein Auslandszuschlag gezahlt wird, das aber im Inland bleibt, einen Betrag in Höhe von 7 Prozent des Grundgehalts der Stufe 8 der Besoldungsgruppe A 13.

(4) Bei einem Umzug aus einem anderen Mitgliedstaat der Europäischen Union ins Inland erhält die berechtigte Person 80 Prozent der Beträge nach Absatz 2, bei einem Umzug aus einem Staat außerhalb der Europäischen Union ins Inland erhält die berechtigte Person 80 Prozent der Beträge nach Absatz 3.

(5) Bei einem Umzug am Wohnort oder in dessen Einzugsgebiet nach § 23 erhält die berechtigte Person 60 Prozent der Beträge nach den Absätzen 2 und 3.

(6) Eine berechtigte Person, die keine Wohnung einrichtet oder eine ausgestattete Wohnung bezieht, erhält 25 Prozent der Beträge nach den Absätzen 2 und 3 für sich und die Person nach § 2 Absatz 1 Satz 1 Nummer 1 oder Nummer 2. Ist nur ein Teil der Privaträume ausgestattet, wird der Betrag nach Satz 1 verhältnismäßig erhöht.

(7) Ist innerhalb der letzten fünf Jahre ein Umzug mit Zusage der Umzugskostenvergütung nach § 3 oder § 4 Absatz 1 Nummer 2 bis 4 oder Absatz 2 des Bundesumzugskostengesetzes an einen anderen Wohnort durchgeführt worden und ist auch bei diesem Umzug eine eigene Wohnung für die Berechnung der pauschalen Vergütung berücksichtigt worden, wird ein Zuschlag in Höhe von 50 Prozent der Beträge nach den Absätzen 2 bis 6 gezahlt.

(8) Besteht am neuen Wohnort eine andere Netzspannung oder Netzfrequenz als am bisherigen Wohnort und ist die neue Wohnung nicht mit einer der bisherigen Wohnung entsprechenden Stromversorgung oder nicht mit den notwendigen elektrischen Geräten ausgestattet, wird ein Zuschlag in Höhe von 13 Prozent des Grundgehalts der Stufe 8 der Besoldungsgruppe A 13 gewährt. Besteht am neuen Wohnort eine andere Fernsehnorm als am bisherigen Wohnort, wird ein weiterer Zuschlag in Höhe von 10 Prozent des Grundgehalts der Stufe 8 der Besoldungsgruppe A 13 gewährt.

(9) Berechtigten Personen, die jeweils eine eigene Zusage der Umzugskostenvergütung erhalten haben und die eine gemeinsame Wohnung beziehen, wird insgesamt nur eine Umzugspauschale gewährt. In diesem Fall gilt eine der beiden Personen als berücksichtigungsfähige Person nach § 2 Absatz 1 Nummer 1 oder Nummer 2. Sind die Pauschalen der berechtigten Personen unterschiedlich hoch, wird die höhere gezahlt.

§ 19
Ausstattungspauschale

(1) Bei der ersten Verwendung im Ausland erhält die verheiratete oder in einer Lebenspartnerschaft lebende berechtigte Person eine Ausstattungspauschale in Höhe von 70 Prozent des Grundgehalts der Stufe 8 der Besoldungsgruppe A 13, zuzüglich des Grundgehalts der Stufe 8 der jeweiligen Besoldungsgruppe, mindestens der Besoldungsgruppe A 5, höchstens der Besoldungsgruppe B 3. Eine berechtigte Person, die weder verheiratet ist noch in einer Lebenspartnerschaft lebt, und die berechtigte Person, deren Ehegattin oder Ehegatte oder Lebenspartnerin oder Lebenspartner nicht an den neuen Dienstort umzieht, erhält 90 Prozent des sich nach Satz 1 ergebenden Betrages. Für jedes Kind, für das ihr Auslandskinderzuschlag zusteht, erhält die berechtigte Person einen Betrag in Höhe von 14 Prozent des Grundgehalts der Stufe 8 der Besoldungsgruppe A 13. Soweit die oberste Dienstbehörde besondere Verpflichtungen der dienstlichen Repräsentation anerkennt, erhöht sich die Ausstattungspauschale nach Satz 1 oder Satz 2 um 30 Prozent; dies gilt nicht für Empfängerinnen oder Empfänger einer Einrichtungspauschale nach § 20.

(2) Die berechtigte Person, die am neuen Dienstort keine Wohnung einrichtet oder eine ausgestattete Wohnung bezieht, erhält eine Ausstattungspauschale in Höhe von 50 Prozent der Beträge nach Absatz 1. Ist nur ein Teil der Privaträume einer Dienstwohnung ausgestattet, wird die Ausstattungspauschale nach Satz 1 verhältnismäßig erhöht.

(3) Bei einer weiteren Verwendung im Ausland wird eine Ausstattungspauschale gezahlt, wenn die berechtigte Person

1. innerhalb der letzten drei Jahre vor der neuen Verwendung nicht oder nur vorübergehend Dienstbezüge im Ausland oder entsprechende von einer zwischen- oder überstaatlichen Organisation gezahlte Bezüge erhalten hat,
2. bei vorausgegangenen Umzügen innerhalb der letzten drei Jahre keine Ausstattungspauschale aufgrund des § 14 Absatz 7 des Bundesumzugskostengesetzes erhalten hat oder
3. bei vorausgegangenen Umzügen innerhalb der letzten drei Jahre eine verminderte Ausstattungspauschale aufgrund des § 14 Absatz 7 des Bundesumzugskostengesetzes oder nach § 26 Absatz 1 Nummer 9 oder Absatz 5 dieser Verordnung erhalten hat; in diesem Fall sind die Beträge anzurechnen, die bei den vorausgegangenen Umzügen gezahlt worden sind.

(4) Berechtigte Personen, denen bereits anlässlich einer Verwendung in einem Mitgliedstaat der Europäischen Union eine Ausstattungspauschale gewährt wurde, erhalten bei einem erneuten Umzug in einen Mitgliedstaat der Europäischen Union keine weitere Ausstattungspauschale.

(5) Berechtigte Personen, die eine Gemeinschaftsunterkunft beziehen, erhalten keine Ausstattungspauschale.

(6) § 18 Absatz 9 gilt entsprechend.

§ 20
Einrichtungspauschale

(1) Bei der Bestellung zur Leiterin oder zum Leiter einer Auslandsvertretung erhält die berechtigte Person, die eine ausgestattete Dienstwohnung bezieht oder eine möblierte Wohnung mietet, eine Einrichtungspauschale in Höhe von 140 Prozent des Grundgehalts der Stufe 1 ihrer jeweiligen Besoldungs-

Anhang 16/AUV

gruppe. Berechtigte Personen, die einer Besoldungsgruppe der Bundesbesoldungsordnung B angehören, erhalten eine Einrichtungspauschale in Höhe von 120 Prozent des jeweiligen Grundgehalts. Für zusätzliche Einrichtungsgegenstände im Zusammenhang mit der Anwesenheit der Ehegattin oder des Ehegatten oder der Lebenspartnerin oder des Lebenspartners am Dienstort erhöht sich die Einrichtungspauschale um 10 Prozent.

(2) Bezieht die berechtigte Person eine Leerraumwohnung, erhöht sich die Pauschale nach Absatz 1 für die Einrichtung der Empfangsräume und der privaten Wohn- und Esszimmer jeweils um 50 Prozent. Ist die Wohnung teilweise ausgestattet, verringert sich der Prozentsatz verhältnismäßig.

(3) Die ständige Vertreterin oder der ständige Vertreter der Leiterin oder des Leiters einer Auslandsvertretung sowie die Leiterin oder der Leiter einer Außenstelle einer Auslandsvertretung erhalten bei ihrer Bestellung eine Einrichtungspauschale in Höhe von 50 Prozent der Pauschale nach Absatz 1. Bezieht die berechtigte Person eine Leerraumwohnung, erhält sie 75 Prozent der Pauschale nach Absatz 1. Absatz 2 Satz 2 gilt entsprechend.

(4) Früher gezahlte Einrichtungspauschalen sind anzurechnen. Übersteigen diese 80 Prozent der neuen Einrichtungspauschale, wird eine Einrichtungspauschale in Höhe von 20 Prozent gezahlt.

(5) Einer berechtigten Person, die während einer Auslandsverwendung zur Leiterin oder zum Leiter einer Auslandsvertretung bestellt wird, wird die Einrichtungspauschale nur gezahlt, wenn ihr aus Anlass der Bestellung die Umzugskostenvergütung zugesagt worden ist.

(6) Eine berechtigte Person, deren neuer Dienstort in einem Mitgliedstaat der Europäischen Union liegt, ist verpflichtet, die zweckentsprechende Verwendung der Einrichtungspauschale, die aus Anlass des Umzugs an diesen Dienstort gewährt worden ist, der obersten Dienstbehörde auf Verlangen nachzuweisen. Die dafür erforderlichen Belege sind für die Dauer des Verbleibs an diesem Dienstort aufzubewahren und der obersten Dienstbehörde auf Verlangen vorzulegen.

(7) § 18 Absatz 9 gilt entsprechend.

(8) Das Bundesministerium der Verteidigung kann bestimmen, dass die Absätze 1 bis 7 in seinem Geschäftsbereich auch für sonstige berechtigte Personen in vergleichbaren Dienststellungen gelten.

§ 21
Pauschale für klimagerechte Kleidung

(1) Bei der ersten Verwendung an einem Auslandsdienstort mit einem Klima, das vom mitteleuropäischen Klima erheblich abweicht, wird eine Pauschale für das Beschaffen klimagerechter Kleidung gezahlt, die sich aus folgenden Teilbeträgen zusammensetzt:
1. an einem Dienstort mit extrem niedrigen Temperaturen
   a) für die berechtigte Person und die berücksichtigungsfähige Person nach § 2 Absatz 1 Satz 1 Nummer 1 oder Nummer 2 jeweils 30 Prozent des Grundgehalts der Stufe 8 der Besoldungsgruppe A 13,
   b) für jedes mitumziehende berücksichtigungsfähige Kind 15 Prozent des Grundgehalts der Stufe 8 der Besoldungsgruppe A 13,
2. an einem Dienstort mit extrem hohen Temperaturen für die berechtigte Person und die berücksichtigungsfähige Person nach § 2 Absatz 1 Satz 1 Nummer 1 oder Nummer 2 jeweils 15 Prozent des Grundgehalts der Stufe 8 der Besoldungsgruppe A 13.

Wird klimagerechte Kleidung von Amts wegen bereitgestellt, ist die Pauschale um 25 Prozent zu kürzen.

(2) Das Auswärtige Amt stellt im Einvernehmen mit dem Bundesministerium der Verteidigung durch Allgemeinverfügung die Auslandsdienstorte fest, deren Klima vom mitteleuropäischen Klima erheblich abweicht.

(3) Bei einer weiteren Verwendung an einem Auslandsdienstort nach Absatz 1 wird eine weitere Pauschale gezahlt, wenn
1. die berechtigte Person innerhalb der letzten drei Jahre vor der neuen Verwendung nicht an einem solchen Dienstort Auslandsdienstbezüge oder entsprechende von einer zwischen- oder überstaatlichen Organisation gezahlte Bezüge erhalten hat,
2. am neuen Dienstort Klimaverhältnisse herrschen, die denen am vorigen Dienstort entgegengesetzt sind, oder
3. die berechtigte Person bei den vorausgegangenen Umzügen innerhalb der letzten drei Jahre eine ermäßigte Pauschale aufgrund des § 26 Absatz 1 Nummer 10 oder Absatz 5 Nummer 3 erhalten hat und beim neuen Umzug keine Gründe für eine Ermäßigung vorliegen; in diesem Fall ist die bei den vorausgegangenen Umzügen gezahlte Pauschale anzurechnen.

Anhang 16/AUV

(4) Gibt es am Dienstort während der Verwendung sowohl Zeiträume mit extrem niedrigen als auch Zeiträume mit extrem hohen Temperaturen, wird sowohl der Teilbetrag für Dienstorte mit extrem niedrigen Temperaturen als auch der Teilbetrag für Dienstorte mit extrem hohen Temperaturen gewährt.

(5) Ergeht die Feststellung nach Absatz 2 erst nach dem Dienstantritt der berechtigten Person, beginnt die Ausschlussfrist nach § 3 Absatz 1 für den Antrag auf Gewährung der Pauschale für das Beschaffen klimagerechter Kleidung mit der Feststellung der erheblichen Abweichung vom mitteleuropäischen Klima nach Absatz 2, sofern die berechtigte Person zum Zeitpunkt der Antragstellung noch für diesen Dienstort Auslandsdienstbezüge erhält.

(6) § 18 Absatz 9 gilt entsprechend.

§ 22
Zusätzlicher Unterricht

(1) Benötigt ein berücksichtigungsfähiges Kind aufgrund des Umzugs zusätzlichen Unterricht, werden die Unterrichtskosten für höchstens ein Jahr zu 90 Prozent erstattet. Die Frist beginnt spätestens ein Jahr nach Beendigung des Umzugs des Kindes.

(2) Insgesamt wird für jedes berücksichtigungsfähige Kind höchstens ein Betrag in Höhe des zum Zeitpunkt der Beendigung des Umzugs maßgeblichen Grundgehalts der Stufe 1 der Besoldungsgruppe A 14 erstattet. Mit Zustimmung der obersten Dienstbehörde können höhere Kosten erstattet werden, wenn die Anwendung des Satzes 1 für eine berechtigte Person mit häufigen Auslandsverwendungen eine unzumutbare Härte bedeuten würde.

§ 23
Umzug am ausländischen Dienstort

(1) Für einen Umzug am ausländischen Dienstort kann Umzugskostenvergütung zugesagt werden, wenn die Gesundheit oder die Sicherheit der berechtigten Person oder der berücksichtigungsfähigen Personen erheblich gefährdet sind oder wenn ein Umzug aus anderen zwingenden Gründen, die sich aus dem Auslandsdienst und den besonderen Verhältnissen im Ausland ergeben, erforderlich ist. In diesen Fällen werden neben den Beförderungsauslagen nach § 5 Absatz 1 bis 3 auch die Auslagen für Wohnungsbeschaffungskosten nach § 16 sowie die Umzugspauschale nach § 18 Absatz 5 gezahlt. Soweit erforderlich, können auch Auslagen nach § 17 erstattet werden.

(2) Bei Umzügen nach Absatz 1 aus gesundheitlichen Gründen kann die Umzugskostenvergütung nur zugesagt werden, wenn die Notwendigkeit amts- oder vertrauensärztlich bescheinigt worden ist.

(3) Die Umzugskostenvergütung ist so rechtzeitig zu beantragen, dass über sie vor Beginn des geplanten Umzugs entschieden werden kann.

(4) Die berechtigte Person, der die Umzugskostenvergütung für einen Umzug nach § 3 Absatz 1 Nummer 1, 3 oder Nummer 4, nach § 4 Absatz 1 Nummer 2 bis 4 des Bundesumzugskostengesetzes oder in den Fällen des § 28 Absatz 1 und 2 dieser Verordnung zugesagt worden ist, erhält für den Umzug in eine vorläufige Wohnung Umzugskostenvergütung, wenn der Dienstherr die neue Wohnung vorher schriftlich als vorläufige Wohnung anerkannt hat.

§ 24
Umzugsbeihilfe

(1) Wenn einer berechtigten Person mit Dienstbezügen die Umzugskostenvergütung zugesagt worden ist und sie nach dem Dienstantritt am neuen ausländischen Dienstort heiratet oder eine Lebenspartnerschaft begründet, können ihr für die Umzugsreise ihrer Ehegattin oder ihres Ehegatten oder ihrer Lebenspartnerin oder ihres Lebenspartners und der zu deren oder dessen häuslicher Gemeinschaft gehörenden minderjährigen Kinder, die durch die Reise in die häusliche Gemeinschaft der berechtigten Person aufgenommen werden, die notwendigen Fahrtkosten erstattet werden. Fahrtkosten werden nur erstattet bis zur Höhe der Kosten der billigsten Fahrkarte für ein regelmäßig verkehrendes Beförderungsmittel für eine Reise vom Wohnort der Ehegattin oder des Ehegatten oder der Lebenspartnerin oder des Lebenspartners zum Dienstort der berechtigten Person, höchstens jedoch für eine solche Reise vom letzten inländischen Dienstort der berechtigten Person an deren neuen ausländischen Dienstort. Die notwendigen Auslagen für das Befördern des Umzugsguts der Ehegattin oder des Ehegatten oder der Lebenspartnerin oder des Lebenspartners und des Umzugsguts ihrer oder seiner Kinder an den ausländischen Dienstort können bis zur Höhe der Auslagen erstattet werden, die entstanden wären, wenn das Umzugsgut vom letzten inländischen an den ausländischen Dienstort befördert worden wäre. § 6 Absatz 1 und § 10 Absatz 6 sind entsprechend anzuwenden.

Anhang 16/AUV

(2) Bei dauerhafter Trennung im Ausland und bei Beendigung der Beurlaubung der berücksichtigungsfähigen Person nach § 2 Absatz 1 Satz 1 Nummer 1 oder Nummer 2 nach § 24 Absatz 2 des Gesetzes über den Auswärtigen Dienst auf Betreiben des Dienstherrn der berücksichtigungsfähigen Person ist Absatz 1 entsprechend anzuwenden, wenn die berücksichtigungsfähige Person bis zur Trennung zur häuslichen Gemeinschaft der berechtigten Person gehört hat. Die Auslagen werden für die Reise und die Beförderungskosten vom ausländischen Wohnort zum neuen Wohnort entsprechend erstattet, höchstens jedoch bis zur Höhe der Kosten für eine Rückkehr an den letzten inländischen Dienstort der berechtigten Person. Mehrkosten für das getrennte Versenden von Umzugsgut (§ 5 Absatz 3) werden nicht erstattet, wenn die berechtigte Person innerhalb von drei Monaten ins Inland versetzt wird.

(3) Die Absätze 1 und 2 gelten entsprechend für minderjährige Kinder, die erstmals zu dem in einem anderen Staat lebenden anderen Elternteil übersiedeln, sowie einmalig für Kinder der berechtigten Person, für die ein Anspruch auf Kindergeld besteht, bis längstens drei Monate nach Wegfall des Anspruchs für einen Umzug vom Inland ins Ausland oder im Ausland.

(4) Absatz 2 gilt entsprechend für berücksichtigungsfähige Kinder bei

1. Rückkehr ins Inland innerhalb von 18 Monaten nach Abschluss der Schulausbildung am ausländischen Dienstort,
2. Rückkehr ins Inland zur Fortsetzung der Schulausbildung, sofern es am Dienstort keine geeignete Schule gibt, oder
3. erstmaliger Aufnahme einer Berufsausbildung oder eines Studiums im Ausland innerhalb von 18 Monaten nach Abschluss der Schulausbildung am ausländischen Dienstort bis zur Höhe der Kosten für eine Rückkehr an den letzten inländischen Dienstort.

§ 25
Widerruf der Zusage der Umzugskostenvergütung

(1) Die Zusage der Umzugskostenvergütung kann ganz oder teilweise widerrufen werden, wenn

1. mit einer baldigen weiteren Versetzung an einen anderen Dienstort zu rechnen ist,
2. der Umzug aus besonderen Gründen nicht durchgeführt werden soll oder
3. die berechtigte Person stirbt, bevor sie an den neuen Dienstort umgezogen ist.

(2) Die Zusage der Umzugskostenvergütung gilt als ganz widerrufen, wenn vor dem Bezug der neuen Wohnung die Umzugskostenvergütung für einen anderen Umzug zugesagt worden ist.

(3) Wird die Zusage der Umzugskostenvergütung ganz oder teilweise widerrufen, hat die berechtigte Person

1. die Pauschalen nach den §§ 18 bis 21 zurückzuzahlen, soweit sie bis zur Bekanntgabe des Widerrufs nicht bestimmungsgemäß verbraucht worden sind;
2. alle Möglichkeiten zur Vermeidung von Kosten für Umzugsvorbereitungen zu nutzen.

Andere notwendige Auslagen, die der berechtigten Person im Zusammenhang mit dem erwarteten Umzug entstanden sind, und Schäden, die als unmittelbare Folge des Widerrufs entstanden sind, können erstattet werden.

(4) Wird innerhalb von sechs Monaten nach dem Widerruf der Zusage die Umzugskostenvergütung für einen Umzug an einen anderen Ort zugesagt, werden die Pauschalen nach den §§ 18 bis 21, die die berechtigte Person aufgrund der ersten Zusage erhalten hat, auf die Beträge angerechnet, die ihr aufgrund der neuen Zusage gewährt werden. Die Anrechnung unterbleibt, soweit die berechtigte Person die Pauschalen bis zur Bekanntgabe des Widerrufs der ersten Zusage bestimmungsgemäß verbraucht hat und die daraus beschafften Gegenstände am neuen Dienstort nicht verwendbar sind.

(5) Wird die Zusage der Umzugskostenvergütung aus Gründen widerrufen, die die berechtigte Person zu vertreten hat, hat sie abweichend von den Absätzen 3 und 4 die schon erhaltene Umzugskostenvergütung insoweit zurückzuzahlen, als die Zusage widerrufen worden ist.

(6) Bei Rücknahme, Aufhebung oder Erledigung der Zusage der Umzugskostenvergütung auf andere Weise gelten die Absätze 3 bis 5 entsprechend.

§ 26
Umzugskostenvergütung bei einer Auslandsverwendung von bis zu zwei Jahren

(1) Soweit von vornherein feststeht, dass die berechtigte Person für nicht mehr als zwei Jahre ins Ausland oder im Ausland versetzt, abgeordnet oder abkommandiert wird, wird für den Hin- und Rückumzug Umzugskostenvergütung höchstens in folgendem Umfang gewährt:

1. Erstattung der Auslagen für die Umzugsreise nach § 12,

2. Erstattung der Auslagen für die Beförderung von Reisegepäck nach § 13,
3. Erstattung der Auslagen für eine vorübergehende Unterkunft nach § 14,
4. Erstattung der Beförderungsauslagen für bis zu 200 Kilogramm Umzugsgut für die berechtigte Person und jede mitumziehende berücksichtigungsfähige Person,
5. Erstattung der notwendigen Auslagen für das Beibehalten der bisherigen Wohnung im Inland, und zwar in voller Höhe, wenn diese aufgrund der dienstlichen Maßnahme nicht bewohnt wird, im Übrigen anteilig entsprechend der Zahl der Personen, die die Wohnung aufgrund der dienstlichen Maßnahme nicht mehr nutzen, oder Erstattung der notwendigen Auslagen für das Lagern des Umzugsguts,
6. Erstattung der notwendigen Garagenmiete für ein am bisherigen Dienst- oder Wohnort zurückgelassenes Personenkraftfahrzeug, sofern weder das Fahrzeug noch die Garage anderweitig genutzt wird,
7. Mietentschädigung nach § 15,
8. Erstattung der Wohnungsbeschaffungskosten nach § 16,
9. 40 Prozent der Umzugspauschale nach § 18 sowie 40 Prozent der Ausstattungspauschale nach § 19,
10. die Pauschale für klimagerechte Kleidung nach § 21; für jede mitumziehende berücksichtigungsfähige Person 40 Prozent dieser Pauschale.

(2) Leistungen nach Absatz 1 Nummer 5 und 6 werden nicht für Tage gewährt, für die die berechtigte Person Auslandstrennungsgeld oder vergleichbare Leistungen erhält. Leistungen nach Absatz 1 Nummer 9 und 10 werden für den Hin- und Rückumzug nur einmal gewährt.

(3) Anstelle der Erstattung der Auslagen nach Absatz 1 Nummer 5 können für die Beförderung des Umzugsguts an den ausländischen Dienstort Auslagen bis zur Höhe der Kosten erstattet werden, die durch eine Einlagerung im Inland entstanden wären, höchstens jedoch bis zur Höhe der Kosten für das Beibehalten der bisherigen Wohnung. Kann das Umzugsgut an einem anderen Ort im Inland unentgeltlich gelagert werden, können anstelle der Erstattung der Auslagen nach Absatz 1 Nummer 5 die Beförderungsauslagen nach § 10 Absatz 1 erstattet werden.

(4) Die oberste Dienstbehörde kann im Einzelfall aus dienstlichen Gründen
1. die Umzugskostenvergütung erweitern,
2. insbesondere aus Gründen der Sicherheit oder aus fiskalischen Gründen die Zusage der Umzugskostenvergütung auf die berechtigte Person beschränken.

(5) Bei einer Auslandsverwendung mit einer vorgesehenen Dauer von bis zu acht Monaten wird Umzugskostenvergütung nur gewährt, wenn Auslandsdienstbezüge (§ 52 des Bundesbesoldungsgesetzes) gezahlt werden. Die Absätze 1 bis 4 gelten in diesem Fall mit folgenden Maßgaben:
1. für die berechtigte Person und jede berücksichtigungsfähige Person, die an der Umzugsreise teilnimmt, werden die Auslagen für die Beförderung von bis zu 100 Kilogramm Umzugsgut erstattet;
2. 20 Prozent der Umzugspauschale nach § 18 sowie 10 Prozent der Ausstattungspauschale nach § 19 werden gezahlt,
3. für die berechtigte Person werden 50 Prozent und für jede mitumziehende berücksichtigungsfähige Person werden 20 Prozent der Pauschale für klimagerechte Kleidung nach § 21 gezahlt.

(6) Dauert die Auslandsverwendung nach Absatz 5 länger als ursprünglich vorgesehen, kann die Umzugskostenvergütung gezahlt werden, die für die längere Verwendungsdauer zusteht. In diesem Fall beginnt die Ausschlussfrist nach § 3 Absatz 1 für die Zahlung der zusätzlichen Umzugskostenvergütung an dem Tag, an dem der berechtigten Person die Verlängerung ihrer Verwendung bekannt gegeben wird.

§ 27
Rückführung aus Gefährdungsgründen

(1) Sind an einem ausländischen Dienstort Leben oder Gesundheit der berechtigten Person oder der zu ihrer häuslichen Gemeinschaft gehörenden berücksichtigungsfähigen Personen und von Betreuungspersonen, für die Kosten nach § 12 Absatz 4 erstattet wurden, erheblich gefährdet, kann die oberste Dienstbehörde Umzugskostenvergütung für die Rückführung oder den Umzug der berechtigten Person oder der zu ihrer häuslichen Gemeinschaft gehörenden berücksichtigungsfähigen Personen und der Betreuungspersonen sowie von Umzugsgut zusagen.

(2) Ist an einem ausländischen Dienstort das Eigentum der berechtigten Person oder der zu ihr häuslichen Gemeinschaft gehörenden berücksichtigungsfähigen Personen erheblich gefährdet, kann die oberste Dienstbehörde Umzugskostenvergütung für die Rückführung von Umzugsgut zusagen.

(3) Die Zusage kann für eine Rückführung oder einen Umzug ins Inland oder im Ausland erteilt werden. Die Umzugskostenvergütung darf jedoch nur in dem Umfang zugesagt werden, wie es den Umständen nach notwendig ist. Die Sätze 1 und 2 gelten entsprechend für die Rückkehr zum Dienstort.

(4) Die oberste Dienstbehörde bestimmt im Einzelfall, in welchem Umfang Umzugskosten erstattet werden, wenn wegen erheblicher Gefährdung des Lebens, der Gesundheit oder des Eigentums oder wegen anderer außergewöhnlicher Verhältnisse im Ausland andere als die im Bundesumzugskostengesetz vorgesehenen dienstlichen Maßnahmen erforderlich sind. Dabei berücksichtigt sie die nach § 12 Absatz 8 der Auslandstrennungsgeldverordnung getroffenen Regelungen. Werden für einen Dienstort, an dem sich eine Auslandsvertretung befindet, Maßnahmen nach Satz 1 erforderlich, bestimmt das Auswärtige Amt den Umfang der Umzugskostenvergütung für alle an diesem Dienstort tätigen und von der Maßnahme betroffenen berechtigten Personen.

(5) Die berechtigte Person erhält eine pauschale Vergütung nach § 18 Absatz 6, wenn außer dem Reisegepäck Teile des Hausrats zurückgeführt werden müssen und sich die Zusage der Umzugskostenvergütung hierauf erstreckt.

§ 28
Umzug bei Beendigung des Beamtenverhältnisses

(1) Einer berechtigten Person mit Dienstort im Ausland, die in den Ruhestand tritt oder deren Beamtenverhältnis auf Zeit endet, ist Umzugskostenvergütung für einen Umzug an einen Ort ihrer Wahl im Inland zuzusagen. Umzugskostenvergütung wird nur gezahlt, wenn der Umzug spätestens zwei Jahre nach der Beendigung des Beamtenverhältnisses durchgeführt wird. Die oberste Dienstbehörde kann diese Frist in Ausnahmefällen um ein Jahr verlängern.

(2) Absatz 1 gilt nach dem Tod einer berechtigten Person, deren letzter Dienstort im Ausland liegt, entsprechend für berücksichtigungsfähige Personen, die am Todestag der berechtigten Person zu deren häuslicher Gemeinschaft gehört haben. Gibt es keine solchen berücksichtigungsfähigen Personen oder ziehen diese berücksichtigungsfähigen Personen nicht ins Inland um, können den Erbinnen und Erben die notwendigen Auslagen für das Befördern beweglicher Nachlassgegenstände an einen Ort im Inland sowie sonstige berücksichtigungsfähige Auslagen, die durch den Umzug nachweislich entstanden sind, erstattet werden, wenn die Auslagen innerhalb der in Absatz 1 genannten Frist entstanden sind. Für angestellte Betreuungspersonen gilt § 12 Absatz 4 entsprechend.

(3) Soweit in den Fällen der Absätze 1 und 2 Satz 1 Umzüge im Ausland durchgeführt werden, können die notwendigen Umzugsauslagen erstattet werden, höchstens jedoch in dem Umfang, in dem Auslagen bei einem Umzug an den Sitz der obersten Dienstbehörde entstanden wären. Wird später, jedoch noch innerhalb der Frist nach Absatz 1, ein Umzug ins Inland durchgeführt, ist der nach Satz 1 erstattete Betrag auf die nach Absatz 1 oder Absatz 2 zustehende Umzugskostenvergütung anzurechnen.

(4) Endet das Beamtenverhältnis einer berechtigten Person mit Dienstort im Ausland aus einem von ihr zu vertretenden Grund und zieht diese Person spätestens sechs Monate danach ins Inland um, können ihr und den berücksichtigungsfähigen Personen für diesen Umzug die Beförderungsauslagen und Fahrtkosten bis zur Höhe der Kosten der billigsten Fahrkarte für ein regelmäßig verkehrendes Beförderungsmittel erstattet werden, höchstens jedoch die Beförderungsauslagen und Fahrtkosten, die durch einen Umzug an den Sitz der obersten Dienstbehörde entstanden wären.

§ 29
Übergangsregelungen

(1) Die Kosten für die Beförderung und die Einlagerung von Umzugsgut werden der berechtigten Person, die bereits vor Inkrafttreten dieser Verordnung über höheres Umzugsvolumen verfügt als nach dieser Verordnung berücksichtigt werden kann, bis zum nächsten Umzug ins Inland mit Zusage der Umzugskostenvergütung nach § 3 Absatz 1 Nummer 1 des Bundesumzugskostengesetzes in dem Umfang erstattet, in dem sie vor Inkrafttreten dieser Verordnung erstattungsfähig waren. Reisekosten für Hausangestellte, deren Kosten für die Reise zum bisherigen Dienstort im Rahmen der Auslandsumzugskostenverordnung vor Inkrafttreten dieser Verordnung erstattet wurden, können beim nächsten Umzug mit Zusage der Umzugskostenvergütung nach § 3 Absatz 1 Nummer 1 des Bundesumzugskostengesetzes im Rahmen der Kosten einer Reise ins Inland geltend gemacht werden.

(2) Hat die berechtigte Person den Dienst am neuen Dienstort infolge einer Maßnahme, für die Umzugskostenvergütung zugesagt worden ist, nach dem 30. Juni 2010, aber vor dem Inkrafttreten dieser Verordnung angetreten, bemisst sich die Höhe des Ausstattungs- und des Einrichtungsbeitrags nach den §§ 12 und 13 der Auslandsumzugskostenverordnung in der am 30. Juni 2010 geltenden Fassung und dem Bundesbesoldungsgesetz.

§ 30
Inkrafttreten, Außerkrafttreten

Diese Verordnung tritt am 1. Dezember 2012 in Kraft. Gleichzeitig tritt die Auslandsumzugskostenverordnung in der Fassung der Bekanntmachung vom 25. November 2003 (BGBl. I S. 2360), die zuletzt durch Artikel 15 Absatz 44 des Gesetzes vom 5. Februar 2009 (BGBl. I S. 160) geändert worden ist, außer Kraft.

Anhang 19/BKGG

Bundeskindergeldgesetz (BKGG)

Neufassung vom 28. Januar 2009 (BGBl. I S. 142)[1)]

Erster Abschnitt
Leistungen

§ 1
Anspruchsberechtigte

(1) Kindergeld nach diesem Gesetz für seine Kinder erhält, wer nach § 1 Absatz 1 und 2 des Einkommensteuergesetzes nicht unbeschränkt steuerpflichtig ist und auch nicht nach § 1 Absatz 3 des Einkommensteuergesetzes als unbeschränkt steuerpflichtig behandelt wird und

1. in einem Versicherungspflichtverhältnis zur Bundesagentur für Arbeit nach dem Dritten Buch Sozialgesetzbuch steht oder versicherungsfrei nach § 28 Absatz 1 Nummer 1 des Dritten Buches Sozialgesetzbuch ist oder
2. als Entwicklungshelfer Unterhaltsleistungen im Sinne des § 4 Absatz 1 Nummer 1 des Entwicklungshelfer-Gesetzes erhält oder als Missionar der Missionswerke und -gesellschaften, die Mitglieder oder Vereinbarungspartner des Evangelischen Missionswerkes Hamburg, der Arbeitsgemeinschaft Evangelikaler Missionen e.V., des Deutschen Katholischen Missionsrates oder der Arbeitsgemeinschaft pfingstlich-charismatischer Missionen sind, tätig ist oder
3. eine nach § 123a des Beamtenrechtsrahmengesetzes oder § 29 des Bundesbeamtengesetzes oder § 20 des Beamtenstatusgesetzes bei einer Einrichtung außerhalb Deutschlands zugewiesene Tätigkeit ausübt oder
4. als Ehegatte oder Lebenspartner eines Mitglieds der Truppe oder des zivilen Gefolges eines NATO-Mitgliedstaates die Staatsangehörigkeit eines EU/EWR-Mitgliedstaates besitzt und in Deutschland seinen Wohnsitz oder gewöhnlichen Aufenthalt hat.

(2) [1]Kindergeld für sich selbst erhält, wer

1. in Deutschland einen Wohnsitz oder seinen gewöhnlichen Aufenthalt hat,
2. Vollwaise ist oder den Aufenthalt seiner Eltern nicht kennt und
3. nicht bei einer anderen Person als Kind zu berücksichtigen ist.

[2]§ 2 Absatz 2 und 3 sowie die §§ 4 und 5 sind entsprechend anzuwenden. [3]Im Fall des § 2 Absatz 2 Satz 1 Nummer 3 wird Kindergeld längstens bis zur Vollendung des 25. Lebensjahres gewährt.

(3) Ein nicht freizügigkeitsberechtigter Ausländer erhält Kindergeld nur, wenn er

1. eine Niederlassungserlaubnis besitzt,
2. eine Aufenthaltserlaubnis besitzt, die zur Ausübung einer Erwerbstätigkeit berechtigt oder berechtigt hat, es sei denn, die Aufenthaltserlaubnis wurde
   a) nach § 16 oder § 17 des Aufenthaltsgesetzes erteilt,
   b) nach § 18 Absatz 2 des Aufenthaltsgesetzes erteilt und die Zustimmung der Bundesagentur für Arbeit darf nach der Beschäftigungsverordnung nur für einen bestimmten Höchstzeitraum erteilt werden,
   c) nach § 23 Absatz 1 des Aufenthaltsgesetzes wegen eines Krieges in seinem Heimatland oder nach den §§ 23a, 24, 25 Absatz 3 bis 5 des Aufenthaltsgesetzes erteilt
   oder
3. eine in Nummer 2 Buchstabe c genannte Aufenthaltserlaubnis besitzt und
   a) sich seit mindestens drei Jahren rechtmäßig, gestattet oder geduldet im Bundesgebiet aufhält und
   b) im Bundesgebiet berechtigt erwerbstätig ist, laufende Geldleistungen nach dem Dritten Buch Sozialgesetzbuch bezieht oder Elternzeit in Anspruch nimmt.

§ 2
Kinder

(1) Als Kinder werden auch berücksichtigt

1. vom Berechtigten in seinen Haushalt aufgenommene Kinder seines Ehegatten oder Lebenspartners,

---

[1)] Unter Berücksichtigung der Änderungen zuletzt durch Artikel 21 des Gesetzes vom 25.7.2014 (BGBl. I S. 1266, BStBl. I S. 1126).

Anhang 19/BKGG

2. Pflegekinder (Personen, mit denen der Berechtigte durch ein familienähnliches, auf längere Dauer berechnetes Band verbunden ist, sofern er sie nicht zu Erwerbszwecken in seinen Haushalt aufgenommen hat und das Obhuts- und Pflegeverhältnis zu den Eltern nicht mehr besteht),
3. vom Berechtigten in seinen Haushalt aufgenommene Enkel.

(2) ¹Ein Kind, das das 18. Lebensjahr vollendet hat, wird berücksichtigt, wenn es
1. noch nicht das 21. Lebensjahr vollendet hat, nicht in einem Beschäftigungsverhältnis steht und bei einer Agentur für Arbeit im Inland als Arbeitsuchender gemeldet ist oder
2. noch nicht das 25. Lebensjahr vollendet hat und
   a) für einen Beruf ausgebildet wird oder
   b) sich in einer Übergangszeit von höchstens vier Monaten befindet, die zwischen zwei Ausbildungsabschnitten oder zwischen einem Ausbildungsabschnitt und der Ableistung des gesetzlichen Wehr- oder Zivildienstes, einer vom Wehr- oder Zivildienst befreienden Tätigkeit als Entwicklungshelfer oder als Dienstleistender im Ausland nach § 14b Zivildienstgesetz oder der Ableistung eines freiwilligen Dienstes im Sinne des Buchstaben d liegt, oder
   c) eine Berufsausbildung mangels Ausbildungsplatzes nicht beginnen oder fortsetzen kann oder
   d) ein freiwilliges soziales Jahr oder ein freiwilliges ökologisches Jahr im Sinne des Jugendfreiwilligendienstegesetzes oder einen Freiwilligendienst im Sinne der Verordnung (EU) Nr. 1288/2013 des Europäischen Parlaments und des Rates vom 11. Dezember 2013 zur Einrichtung von „Erasmus+", dem Programm der Union für allgemeine und berufliche Bildung, Jugend und Sport, und zur Aufhebung der Beschlüsse Nr. 1719/2006/EG, Nr. 1720/2006/EG und Nr. 1298/2008/EG (ABl. L 347 vom 20.12.2013, S. 50) oder einen anderen Dienst im Ausland im Sinne von § 5 des Bundesfreiwilligendienstgesetzes oder einen entwicklungspolitischen Freiwilligendienst „weltwärts" im Sinne der Richtlinie des Bundesministeriums für wirtschaftliche Zusammenarbeit und Entwicklung vom 1. August 2007 (BAnz. 2008 S. 1297) oder einen Freiwilligendienst aller Generationen im Sinne von § 2 Absatz 1a des Siebten Buches Sozialgesetzbuch oder einen Internationalen Jugendfreiwilligendienst im Sinne der Richtlinie des Bundesministeriums für Familie, Senioren, Frauen und Jugend vom 20. Dezember 2010 (GMBl S. 1778) oder einen Bundesfreiwilligendienst im Sinne des Bundesfreiwilligendienstgesetzes leistet oder
3. wegen körperlicher, geistiger oder seelischer Behinderung außerstande ist, sich selbst zu unterhalten; Voraussetzung ist, dass die Behinderung vor Vollendung des 25. Lebensjahres eingetreten ist.

²Nach Abschluss einer erstmaligen Berufsausbildung oder eines Erststudiums wird ein Kind in den Fällen des Satzes 1 Nummer 2 nur berücksichtigt, wenn das Kind keiner Erwerbstätigkeit nachgeht. ³Eine Erwerbstätigkeit mit bis zu 20 Stunden regelmäßiger wöchentlicher Arbeitszeit, ein Ausbildungsdienstverhältnis oder ein geringfügiges Beschäftigungsverhältnis im Sinne der §§ 8 und 8a des Vierten Buches Sozialgesetzbuch sind unschädlich.

(3) ¹In den Fällen des Absatzes 2 Satz 1 Nummer 1 oder Nummer 2 Buchstabe a und b wird ein Kind, das
1. den gesetzlichen Grundwehrdienst oder Zivildienst geleistet hat oder
2. sich an Stelle des gesetzlichen Grundwehrdienstes freiwillig für die Dauer von nicht mehr als drei Jahren zum Wehrdienst verpflichtet hat oder
3. eine vom gesetzlichen Grundwehrdienst oder Zivildienst befreiende Tätigkeit als Entwicklungshelfer im Sinne des § 1 Absatz 1 des Entwicklungshelfer-Gesetzes ausgeübt hat,

für einen der Dauer dieser Dienste oder der Tätigkeit entsprechenden Zeitraum, höchstens für die Dauer des inländischen gesetzlichen Grundwehrdienstes, bei anerkannten Kriegsdienstverweigerern für die Dauer des inländischen gesetzlichen Zivildienstes über das 21. oder 25. Lebensjahr hinaus berücksichtigt. ²Wird der gesetzliche Grundwehrdienst oder Zivildienst in einem Mitgliedstaat der Europäischen Union oder einem Staat, auf den das Abkommen über den Europäischen Wirtschaftsraum Anwendung findet, geleistet, so ist die Dauer dieses Dienstes maßgebend. ³Absatz 2 Satz 2 und 3 gilt entsprechend.

(4) ¹Kinder, für die einer anderen Person nach dem Einkommensteuergesetz Kindergeld oder ein Kinderfreibetrag zusteht, werden nicht berücksichtigt. ²Dies gilt nicht für Kinder, die in den Haushalt des Anspruchsberechtigten nach § 1 aufgenommen sind oder für die dieser die höhere Unterhaltsrente zahlt, wenn sie weder in seinen Haushalt, noch in den Haushalt eines nach § 62 Einkommensteuergesetz Anspruchsberechtigten aufgenommen sind.

(5) ¹Kinder, die weder einen Wohnsitz noch ihren gewöhnlichen Aufenthalt in Deutschland haben, werden nicht berücksichtigt. ²Dies gilt nicht gegenüber Berechtigten nach § 1 Absatz 1 Nummer 2 und 3, wenn sie die Kinder in ihren Haushalt aufgenommen haben.

Anhang 19/BKGG

(6) Die Bundesregierung wird ermächtigt, durch Rechtsverordnung, die nicht der Zustimmung des Bundesrates bedarf, zu bestimmen, daß einem Berechtigten, der in Deutschland erwerbstätig ist oder sonst seine hauptsächlichen Einkünfte erzielt, für seine in Absatz 5 Satz 1 bezeichneten Kinder Kindergeld ganz oder teilweise zu leisten ist, soweit dies mit Rücksicht auf die durchschnittlichen Lebenshaltungskosten für Kinder in deren Wohnland und auf die dort gewährten dem Kindergeld vergleichbaren Leistungen geboten ist.

§ 3
Zusammentreffen mehrerer Ansprüche

(1) Für jedes Kind werden nur einer Person Kindergeld, Kinderzuschlag und Leistungen für Bildung und Teilhabe gewährt.

(2) ¹Erfüllen für ein Kind mehrere Personen die Anspruchsvoraussetzungen, so werden das Kindergeld, der Kinderzuschlag und die Leistungen für Bildung und Teilhabe derjenigen Person gewährt, die das Kind in ihren Haushalt aufgenommen hat. ²Ist ein Kind in den gemeinsamen Haushalt von Eltern, von einem Elternteil und dessen Ehegatten oder Lebenspartner, von Pflegeeltern oder Großeltern aufgenommen worden, bestimmen diese untereinander den Berechtigten. ³Wird eine Bestimmung nicht getroffen, bestimmt das Familiengericht auf Antrag den Berechtigten. ⁴Antragsberechtigt ist, wer ein berechtigtes Interesse an der Leistung des Kindergeldes hat. ⁵Lebt ein Kind im gemeinsamen Haushalt von Eltern und Großeltern, werden das Kindergeld, der Kinderzuschlag und die Leistungen für Bildung und Teilhabe vorrangig einem Elternteil gewährt; sie werden an einen Großelternteil gewährt, wenn der Elternteil gegenüber der zuständigen Stelle auf seinen Vorrang schriftlich verzichtet hat.

(3) ¹Ist das Kind nicht in den Haushalt einer der Personen aufgenommen, die die Anspruchsvoraussetzungen erfüllen, wird das Kindergeld derjenigen Person gewährt, die dem Kind eine Unterhaltsrente zahlt. ²Zahlen mehrere anspruchsberechtigte Personen dem Kind Unterhaltsrenten, wird das Kindergeld derjenigen Person gewährt, die dem Kind laufend die höchste Unterhaltsrente zahlt. ³Werden gleich hohe Unterhaltsrenten gezahlt oder zahlt keiner der Berechtigten dem Kind Unterhalt, so bestimmen die Berechtigten untereinander, wer das Kindergeld erhalten soll. ⁴Wird eine Bestimmung nicht getroffen, so gilt Absatz 2 Satz 3 und 4 entsprechend.

§ 4
Andere Leistungen für Kinder

(1) ¹Kindergeld wird nicht für ein Kind gewährt, für das eine der folgenden Leistungen zu zahlen ist oder bei entsprechender Antragstellung zu zahlen wäre:

1. Kinderzulagen aus der gesetzlichen Unfallversicherung oder Kinderzuschüsse aus den gesetzlichen Rentenversicherungen,
2. Leistungen für Kinder, die außerhalb Deutschlands gewährt werden und dem Kindergeld oder einer der unter Nummer 1 genannten Leistungen vergleichbar sind,
3. Leistungen für Kinder, die von einer zwischen- oder überstaatlichen Einrichtung gewährt werden und dem Kindergeld vergleichbar sind.

²Steht ein Berechtigter in einem Versicherungspflichtverhältnis zur Bundesagentur für Arbeit nach dem Dritten Buch Sozialgesetzbuch oder ist er versicherungsfrei nach § 28 Absatz 1 Nummer 1 des Dritten Buches Sozialgesetzbuch oder steht er in Deutschland in einem öffentlich-rechtlichen Dienst- oder Amtsverhältnis, so wird sein Anspruch auf Kindergeld für ein Kind nicht nach Satz 1 Nummer 3 mit Rücksicht darauf ausgeschlossen, dass sein Ehegatte oder Lebenspartner als Beamter, Ruhestandsbeamter oder sonstiger Bediensteter der Europäischen Gemeinschaften für das Kind Anspruch auf Kinderzulage hat.

(2) ¹Ist in den Fällen des Absatzes 1 Satz 1 Nummer 1 der Bruttobetrag der anderen Leistungen niedriger als das Kindergeld nach § 6, wird Kindergeld in Höhe des Unterschiedsbetrages gezahlt. ²Ein Unterschiedsbetrag unter 5 Euro wird nicht geleistet.

§ 5
Beginn und Ende des Anspruchs

(1) Das Kindergeld, der Kinderzuschlag und die Leistungen für Bildung und Teilhabe werden vom Beginn des Monats an gewährt, in dem die Anspruchsvoraussetzungen erfüllt sind; sie werden bis zum Ende des Monats gewährt, in dem die Anspruchsvoraussetzungen wegfallen.

(2) Abweichend von Absatz 1 wird in den Fällen des § 6a Absatz 1 Nummer 4 Satz 3 Kinderzuschlag erst ab dem Monat, der auf den Monat der Antragstellung folgt, gewährt, wenn Leistungen nach dem Zweiten

Buch Sozialgesetzbuch für den Monat, in dem der Antrag auf Kinderzuschlag gestellt worden ist, bereits erbracht worden sind.

§ 6
Höhe des Kindergeldes

(1) Das Kindergeld beträgt monatlich für erste und zweite Kinder jeweils 184 Euro, für dritte Kinder 190 Euro und für das vierte und jedes weitere Kind jeweils 215 Euro.

(2) In den Fällen des § 1 Absatz 2 beträgt das Kindergeld 184 Euro monatlich.

(3) Für jedes Kind, für das im Kalenderjahr 2009 mindestens für einen Kalendermonat ein Anspruch auf Kindergeld besteht, wird für das Kalenderjahr 2009 ein Einmalbetrag in Höhe von 100 Euro gezahlt.

§ 6a
Kinderzuschlag

(1) Personen erhalten nach diesem Gesetz für in ihrem Haushalt lebende unverheiratete oder nicht verpartnerte Kinder, die noch nicht das 25. Lebensjahr vollendet haben, einen Kinderzuschlag, wenn
1. sie für diese Kinder nach diesem Gesetz oder nach dem X. Abschnitt des Einkommensteuergesetzes Anspruch auf Kindergeld oder Anspruch auf andere Leistungen im Sinne von § 4 haben,
2. sie mit Ausnahme des Wohngeldes und des Kindergeldes über Einkommen im Sinne des § 11 Absatz 1 Satz 1 des Zweiten Buches Sozialgesetzbuch in Höhe von 900 Euro oder, wenn sie alleinerziehend sind, in Höhe von 600 Euro verfügen, wobei Beträge nach § 11b des Zweiten Buches Sozialgesetzbuch nicht abzusetzen sind,
3. sie mit Ausnahme des Wohngeldes über Einkommen oder Vermögen im Sinne der §§ 11 bis 12 des Zweiten Buches Sozialgesetzbuch verfügen, das höchstens dem nach Absatz 4 Satz 1 für sie maßgebenden Betrag zuzüglich dem Gesamtkinderzuschlag nach Absatz 2 entspricht, und
4. durch den Kinderzuschlag Hilfebedürftigkeit nach § 9 des Zweiten Buches Sozialgesetzbuch vermieden wird. ²Bei der Prüfung, ob Hilfebedürftigkeit vermieden wird, bleiben die Bedarfe nach § 28 des Zweiten Buches Sozialgesetzbuch außer Betracht. ³Das Gleiche gilt für Mehrbedarfe nach den §§ 21 und 23 Nummer 2 bis 4 des Zweiten Buches Sozialgesetzbuch, wenn kein Mitglied der Bedarfsgemeinschaft Leistungen nach dem Zweiten oder Zwölften Buch Sozialgesetzbuch beantragt hat oder erhält oder alle Mitglieder der Bedarfsgemeinschaft für den Zeitraum, für den Kinderzuschlag beantragt wird, auf die Inanspruchnahme von Leistungen nach dem Zweiten oder Zwölften Buch Sozialgesetzbuch verzichten. ⁴In diesem Fall ist § 46 Absatz 2 des Ersten Buches Sozialgesetzbuch nicht anzuwenden. ⁵Der Verzicht kann auch gegenüber der Familienkasse erklärt werden; diese unterrichtet den für den Wohnort des Berechtigten zuständigen Träger der Grundsicherung für Arbeitsuchende über den Verzicht.

(2) ¹Der Kinderzuschlag beträgt für jedes zu berücksichtigende Kind jeweils bis zu 140 Euro monatlich. ²Die Summe der Kinderzuschläge bildet den Gesamtkinderzuschlag. ³Er soll jeweils für sechs Monate bewilligt werden. ⁴Kinderzuschlag wird nicht für Zeiten vor der Antragstellung erbracht. ⁵§ 28 des Zehnten Buches Sozialgesetzbuch gilt mit der Maßgabe, dass der Antrag unverzüglich nach Ablauf des Monats, in dem die Ablehnung oder Erstattung der anderen Leistungen bindend geworden ist, nachzuholen ist.

(3) ¹Der Kinderzuschlag mindert sich um das nach den §§ 11 bis 12 des Zweiten Buches Sozialgesetzbuch mit Ausnahme des Wohngeldes zu berücksichtigende Einkommen und Vermögen des Kindes. ²Hierbei bleibt das Kindergeld außer Betracht. ³Ein Anspruch auf Zahlung des Kinderzuschlags für ein Kind besteht nicht für Zeiträume, in denen zumutbare Anstrengungen unterlassen wurden, Einkommen des Kindes zu erzielen.

(4) ¹Der Kinderzuschlag wird, soweit die Voraussetzungen des Absatzes 3 nicht vorliegen, in voller Höhe gewährt, wenn das nach den §§ 11 bis 12 des Zweiten Buches Sozialgesetzbuch mit Ausnahme des Wohngeldes zu berücksichtigende elterliche Einkommen oder Vermögen einen Betrag in Höhe der bei der Berechnung des Arbeitslosengeldes II oder des Sozialgeldes zu berücksichtigenden elterlichen Bedarfe nicht übersteigt. ²Dazu sind die Bedarfe für Unterkunft und Heizung in dem Verhältnis aufzuteilen, das sich aus den im jeweils letzten Bericht der Bundesregierung über die Höhe des Existenzminimums von Erwachsenen und Kindern festgestellten entsprechenden Bedarfen für Alleinstehende, Ehepaare, Lebenspartnerschaften und Kinder ergibt. ³Der Kinderzuschlag wird außer in den in Absatz 3 genannten Fällen auch dann stufenweise gemindert, wenn das nach den §§ 11 bis 12 des Zweiten Buches Sozialgesetzbuch mit Ausnahme des Wohngeldes zu berücksichtigende elterliche Einkommen oder Vermögen den in Satz 1 genannten jeweils maßgebenden Betrag übersteigt. ⁴Als elterliches Einkommen oder Vermögen gilt dabei dasjenige der Mitglieder der Bedarfsgemeinschaft mit Ausnahme des Einkommens und

Vermögens der in dem Haushalt lebenden Kinder. ⁵Soweit das zu berücksichtigende elterliche Einkommen nicht nur aus Erwerbseinkünften besteht, ist davon auszugehen, dass die Überschreitung des in Satz 1 genannten jeweils maßgebenden Betrages durch die Erwerbseinkünfte verursacht wird, wenn nicht die Summe der anderen Einkommensteile oder des Vermögens für sich genommen diesen maßgebenden Betrag übersteigt. ⁶Für je 10 Euro, um die monatlichen Erwerbseinkünfte den maßgebenden Betrag übersteigen, wird der Kinderzuschlag um 5 Euro monatlich gemindert. ⁷Anderes Einkommen sowie Vermögen mindern den Kinderzuschlag in voller Höhe. ⁸Kommt die Minderung des für mehrere Kinder zu zahlenden Kinderzuschlags in Betracht, wird sie beim Gesamtkinderzuschlag vorgenommen.

(4a) (weggefallen)

(5) ¹Ein Anspruch auf Kinderzuschlag entfällt, wenn der Berechtigte erklärt, ihn für einen bestimmten Zeitraum wegen eines damit verbundenen Verlustes von anderen höheren Ansprüchen nicht geltend machen zu wollen. ²In diesen Fällen unterrichtet die Familienkasse den für den Wohnort des Berechtigten zuständigen Träger der Grundsicherung für Arbeitsuchende über die Erklärung. ³Die Erklärung nach Satz 1 kann mit Wirkung für die Zukunft widerrufen werden.

§ 6b
Leistungen für Bildung und Teilhabe

(1) ¹Personen erhalten Leistungen für Bildung und Teilhabe für ein Kind, wenn sie für dieses Kind nach diesem Gesetz oder nach dem X. Abschnitt des Einkommensteuergesetzes Anspruch auf Kindergeld oder Anspruch auf andere Leistungen im Sinne von § 4 haben und wenn

1. das Kind mit ihnen in einem Haushalt lebt und sie für ein Kind Kinderzuschlag nach § 6a beziehen oder
2. im Falle der Bewilligung von Wohngeld sie und das Kind, für das sie Kindergeld beziehen, zu berücksichtigende Haushaltsmitglieder sind.

²Satz 1 gilt entsprechend, wenn das Kind, nicht jedoch die berechtigte Person zu berücksichtigendes Haushaltsmitglied im Sinne von Satz 1 Nummer 2 ist und die berechtigte Person Leistungen nach dem Zweiten oder Zwölften Buch Sozialgesetzbuch bezieht. ³Wird das Kindergeld nach § 74 Absatz 1 des Einkommensteuergesetzes oder nach § 48 Absatz 1 des Ersten Buches Sozialgesetzbuch ausgezahlt, stehen die Leistungen für Bildung und Teilhabe dem Kind oder der Person zu, die dem Kind Unterhalt gewährt.

(2) ¹Die Leistungen für Bildung und Teilhabe entsprechen den Leistungen zur Deckung der Bedarfe nach § 28 Absatz 2 bis 7 des Zweiten Buches Sozialgesetzbuch. ²§ 28 Absatz 1 Satz 2 des Zweiten Buches Sozialgesetzbuch gilt entsprechend. ³Für die Bemessung der Leistungen für die Schülerbeförderung nach § 28 Absatz 4 des Zweiten Buches Sozialgesetzbuch sind die erforderlichen tatsächlichen Aufwendungen zu berücksichtigen, soweit sie nicht von Dritten übernommen werden und den Leistungsberechtigten nicht zugemutet werden kann, die Aufwendungen aus eigenen Mitteln zu bestreiten. ⁴Als zumutbare Eigenleistung gilt in der Regel ein Betrag in Höhe von 5 Euro monatlich. ⁵Für die gemeinschaftliche Mittagsverpflegung nach § 28 Absatz 6 des Zweiten Buches Sozialgesetzbuch wird zur Ermittlung der Mehraufwendungen für jedes Mittagessen ein Beitrag in Höhe des in § 9 des Regelbedarfsermittlungsgesetzes festgelegten Eigenanteils berücksichtigt. ⁶Die Leistungen nach Satz 1 gelten nicht als Einkommen oder Vermögen im Sinne dieses Gesetzes. ⁷§ 19 Absatz 3 des Zweiten Buches Sozialgesetzbuch findet keine Anwendung.

(2a) Ansprüche auf Leistungen für Bildung und Teilhabe verjähren in zwölf Monaten nach Ablauf des Kalendermonats, in dem sie entstanden sind.

(3) Für die Erbringung der Leistungen für Bildung und Teilhabe gelten die §§ 29, 30 und 40 Absatz 3 des Zweiten Buches Sozialgesetzbuch entsprechend.

Zweiter Abschnitt

Organisation und Verfahren

§ 7
Zuständigkeit

(1) Die Bundesagentur für Arbeit (Bundesagentur) führt dieses Gesetz nach fachlichen Weisungen des Bundesministeriums für Familie, Senioren, Frauen und Jugend durch.
(2) Die Bundesagentur führt bei der Durchführung dieses Gesetzes die Bezeichnung „Familienkasse".
(3) Abweichend von Absatz 1 führen die Länder § 6b als eigene Angelegenheit aus.

§ 7a
Datenübermittlung

Die Träger der Leistungen nach § 6b und die Träger der Grundsicherung für Arbeitsuchende teilen sich alle Tatsachen mit, die für die Erbringung und Abrechnung der Leistungen nach § 6b dieses Gesetzes und § 28 des Zweiten Buches Sozialgesetzbuch erforderlich sind.

§ 8
Aufbringung der Mittel

(1) Die Aufwendungen der Bundesagentur für die Durchführung dieses Gesetzes trägt der Bund.

(2) Der Bund stellt der Bundesagentur nach Bedarf die Mittel bereit, die sie für die Zahlung des Kindergeldes benötigt.

(3) Der Bund erstattet die Verwaltungskosten, die der Bundesagentur aus der Durchführung dieses Gesetzes entstehen, in einem Pauschbetrag, der zwischen der Bundesregierung und der Bundesagentur vereinbart wird.

(4) Abweichend von den Absätzen 1 bis 3 tragen die Länder die Ausgaben für die Leistungen nach § 6b und ihre Durchführung.

§ 9
Antrag

(1) [1]Das Kindergeld und der Kinderzuschlag sind schriftlich zu beantragen. [2]Der Antrag soll bei der nach § 13 zuständigen Familienkasse gestellt werden. [3]Den Antrag kann außer dem Berechtigten auch stellen, wer ein berechtigtes Interesse an der Leistung des Kindergeldes hat.

(2) [1]Vollendet ein Kind das 18. Lebensjahr, so wird für den Anspruch auf Kindergeld es nur dann weiterhin berücksichtigt, wenn der oder die Berechtigte anzeigt, dass die Voraussetzungen des § 2 Absatz 2 vorliegen. [2]Absatz 1 gilt entsprechend.

(3) [1]Die Leistungen für Bildung und Teilhabe sind bei der zuständigen Stelle schriftlich zu beantragen. [2]Absatz 1 Satz 3 gilt entsprechend.

§ 10
Auskunftspflicht

(1) [1]§ 60 Absatz 1 des Ersten Buches Sozialgesetzbuch gilt auch für die bei dem Antragsteller oder Berechtigten berücksichtigten Kinder, für den nicht dauernd getrennt lebenden Ehegatten des Antragstellers oder Berechtigten und für die sonstigen Personen, bei denen die bezeichneten Kinder berücksichtigt werden. [2]§ 60 Absatz 4 des Zweiten Buches Sozialgesetzbuch gilt entsprechend.

(2) Soweit es zur Durchführung der §§ 2 und 6a erforderlich ist, hat der jeweilige Arbeitgeber der in diesen Vorschriften bezeichneten Personen auf Verlangen der zuständigen Stelle eine Bescheinigung über den Arbeitslohn, die einbehaltenen Steuern und Sozialabgaben auszustellen.

(3) Die Familienkassen können den nach Absatz 2 Verpflichteten eine angemessene Frist zur Erfüllung der Pflicht setzen.

§ 11
Gewährung des Kindergeldes und des Kinderzuschlags

(1) Das Kindergeld und der Kinderzuschlag werden monatlich gewährt.

(2) Auszuzahlende Beträge sind auf Euro abzurunden, und zwar unter 50 Cent nach unten, sonst nach oben.

(3) § 45 Absatz 3 des Zehnten Buches Sozialgesetzbuch findet keine Anwendung.

(4) Ein rechtswidriger nicht begünstigender Verwaltungsakt ist abweichend von § 44 Absatz 1 des Zehnten Buches Sozialgesetzbuch für die Zukunft zurückzunehmen; er kann ganz oder teilweise auch für die Vergangenheit zurückgenommen werden.

§ 12
Aufrechnung

§ 51 des Ersten Buches Sozialgesetzbuch gilt für die Aufrechnung eines Anspruchs auf Erstattung von Kindergeld oder Kinderzuschlag gegen einen späteren Anspruch auf Kindergeld oder Kinderzuschlag eines oder einer mit dem Erstattungspflichtigen in Haushaltsgemeinschaft lebenden Berechtigten entsprechend, soweit es sich um laufendes Kindergeld oder laufenden Kinderzuschlag für ein Kind handelt, das bei beiden berücksichtigt werden kann oder konnte.

Anhang 19/BKGG

§ 13
Zuständige Stelle

(1) ¹Für die Entgegennahme des Antrags und die Entscheidungen über den Anspruch ist die Familienkasse (§ 7 Absatz 2) zuständig, in deren Bezirk der Berechtigte seinen Wohnsitz hat. ²Hat der Berechtigte keinen Wohnsitz im Geltungsbereich dieses Gesetzes, ist die Familienkasse zuständig, in deren Bezirk er seinen gewöhnlichen Aufenthalt hat. ³Hat der Berechtigte im Geltungsbereich dieses Gesetzes weder einen Wohnsitz noch einen gewöhnlichen Aufenthalt, ist die Familienkasse zuständig, in deren Bezirk er erwerbstätig ist. ⁴In den übrigen Fällen ist die Familienkasse Nürnberg zuständig.

(2) Die Entscheidungen über den Anspruch trifft die Leitung der Familienkasse.

(3) Der Vorstand der Bundesagentur kann für bestimmte Bezirke oder Gruppen von Berechtigten die Entscheidungen über den Anspruch auf Kindergeld einer anderen Familienkasse übertragen.

(4) Für die Leistungen nach § 6b bestimmen abweichend von den Absätzen 1 und 2 die Landesregierungen oder die von ihnen beauftragten Stellen die für die Durchführung zuständigen Behörden.

§ 14
Bescheid

¹Wird der Antrag auf Kindergeld, Kinderzuschlag oder Leistungen für Bildung und Teilhabe abgelehnt, ist ein schriftlicher Bescheid zu erteilen. ²Das Gleiche gilt, wenn das Kindergeld, Kinderzuschlag oder Leistungen für Bildung und Teilhabe entzogen werden.

§ 15
Rechtsweg

Für Streitigkeiten nach diesem Gesetz sind die Gerichte der Sozialgerichtsbarkeit zuständig.

Dritter Abschnitt

Bußgeldvorschriften

§ 16
Ordnungswidrigkeiten

(1) Ordnungswidrig handelt, wer vorsätzlich oder leichtfertig

1. entgegen § 60 Absatz 1 Satz 1 Nummer 1 oder 3 des Ersten Buches Sozialgesetzbuch in Verbindung mit § 10 Absatz 1 auf Verlangen nicht die leistungserheblichen Tatsachen angibt oder Beweisurkunden vorlegt,
2. entgegen § 60 Absatz 1 Satz 1 Nummer 2 des Ersten Buches Sozialgesetzbuch eine Änderung in den Verhältnissen, die für einen Anspruch auf Kindergeld, Kinderzuschlag oder Leistungen für Bildung und Teilhabe erheblich ist, nicht, nicht richtig, nicht vollständig oder nicht rechtzeitig mitteilt oder
3. entgegen § 10 Absatz 2 oder 3 auf Verlangen eine Bescheinigung nicht, nicht richtig, nicht vollständig oder nicht rechtzeitig ausstellt.

(2) Die Ordnungswidrigkeit kann mit einer Geldbuße geahndet werden.

(3) § 66 des Zehnten Buches Sozialgesetzbuch gilt entsprechend.

(4) Verwaltungsbehörden im Sinne des § 36 Absatz 1 Nummer 1 des Gesetzes über Ordnungswidrigkeiten sind die nach § 409 der Abgabenordnung bei Steuerordnungswidrigkeiten wegen des Kindergeldes nach dem X. Abschnitt des Einkommensteuergesetzes zuständigen Verwaltungsbehörden.

Vierter Abschnitt

Übergangs- und Schlussvorschriften

§ 17
Recht der Europäischen Gemeinschaft

¹Soweit in diesem Gesetz Ansprüche Deutschen vorbehalten sind, haben Angehörige der anderen Mitgliedstaaten der Europäischen Union, Flüchtlinge und Staatenlose nach Maßgabe des Vertrages zur Gründung der Europäischen Gemeinschaft und der auf seiner Grundlage erlassenen Verordnungen die gleichen Rechte. ²Auch im Übrigen bleiben die Bestimmungen der genannten Verordnungen unberührt.

… Anhang 19/BKGG

§ 18
Anwendung des Sozialgesetzbuches

Soweit dieses Gesetz keine ausdrückliche Regelung trifft, ist bei der Ausführung das Sozialgesetzbuch anzuwenden.

§ 19
Übergangsvorschriften

(1) Ist für die Nachzahlung und Rückforderung von Kindergeld und Zuschlag zum Kindergeld für Berechtigte mit geringem Einkommen der Anspruch eines Jahres vor 1996 maßgeblich, finden die §§ 10, 11 und 11a in der bis zum 31. Dezember 1995 geltenden Fassung Anwendung.

(2) Verfahren, die am 1. Januar 1996 anhängig sind, werden nach den Vorschriften des Sozialgesetzbuches und des Bundeskindergeldgesetzes in der bis zum 31. Dezember 1995 geltenden Fassung zu Ende geführt, soweit in § 78 des Einkommensteuergesetzes nichts anderes bestimmt ist.

§ 20
Anwendungsvorschrift

(1) [1]§ 1 Absatz 3 in der am 19. Dezember 2006 geltenden Fassung ist in Fällen, in denen eine Entscheidung über den Anspruch auf Kindergeld für Monate in dem Zeitraum zwischen dem 1. Januar 1994 und dem 18. Dezember 2006 noch nicht bestandskräftig geworden ist, anzuwenden, wenn dies für den Antragsteller günstiger ist. [2]In diesem Fall werden die Aufenthaltsgenehmigungen nach dem Ausländergesetz den Aufenthaltstiteln nach dem Aufenthaltsgesetz entsprechend den Fortgeltungsregelungen in § 101 des Aufenthaltsgesetzes gleichgestellt.

(2) § 5 Absatz 2 des Bundeskindergeldgesetzes in der Fassung der Bekanntmachung vom 23. Januar 1997 (BGBl. I S. 46) ist erstmals für das Kalenderjahr 1997 anzuwenden, so dass Kindergeld auf einen nach dem 31. Dezember 1997 gestellten Antrag rückwirkend längstens bis einschließlich Juli 1997 gezahlt werden kann.

(3) In Fällen, in denen die Entscheidung über die Höhe des Kindergeldanspruchs für Monate in dem Zeitraum zwischen dem 1. Januar 1994 und dem 31. Dezember 1995 noch nicht bestandskräftig geworden ist, ist statt des § 3 Absatz 3 Satz 1 dieses Gesetzes in der Fassung des Ersten Gesetzes zur Umsetzung des Spar-, Konsolidierungs- und Wachstumsprogramms vom 21. Dezember 1993 (BGBl. I S. 2353) § 3 Absatz 2 Satz 1 und 2 dieses Gesetzes in der am 23. Dezember 2003 geltenden Fassung anzuwenden.

(4) [1]§ 1 Absatz 2 Satz 3 und § 2 Absatz 2 und 3 in der Fassung des Artikels 3 des Gesetzes vom 19. Juli 2006 (BGBl. I S. 1652) sind für Kinder, die im Kalenderjahr 2006 das 24. Lebensjahr vollendeten, mit der Maßgabe anzuwenden, dass jeweils an die Stelle der Angabe „25. Lebensjahres" die Angabe „26. Lebensjahres" und an die Stelle der Angabe „25. Lebensjahr" die Angabe „26. Lebensjahr" tritt; für Kinder, die im Kalenderjahr 2006 das 25. oder 26. Lebensjahr vollendeten, sind § 1 Absatz 2 Satz 3 und § 2 Abs. 2 und 3 weiterhin in der bis zum 31. Dezember 2006 geltenden Fassung anzuwenden. [2]§ 1 Absatz 2 Satz 3 und § 2 Absatz 2 und 3 in der Fassung des Artikels 3 des Gesetzes vom 19. Juli 2006 (BGBl. I S. 1652) sind erstmals für Kinder anzuwenden, die im Kalenderjahr 2007 wegen einer vor Vollendung des 25. Lebensjahres eingetretenen körperlichen, geistigen oder seelischen Behinderung außerstande sind, sich selbst zu unterhalten; für Kinder, die wegen einer vor dem 1. Januar 2007 in der Zeit ab der Vollendung des 25. Lebensjahres und vor Vollendung des 27. Lebensjahres eingetretenen körperlichen, geistigen oder seelischen Behinderung außerstande sind, sich selbst zu unterhalten, ist § 2 Absatz 2 Satz 1 Nummer 3 weiterhin in der bis zum 31. Dezember 2006 geltenden Fassung anzuwenden. [3]§ 2 Absatz 3 Satz 1 in der Fassung des Artikels 3 des Gesetzes vom 19. Juli 2006 (BGBl. I S. 1652) ist für Kinder, die im Kalenderjahr 2006 das 24. Lebensjahr vollendeten, mit der Maßgabe anzuwenden, dass an die Stelle der Angabe „über das 21. oder 25. Lebensjahr hinaus" die Angabe „über das 21. oder 26. Lebensjahr hinaus" tritt; für Kinder, die im Kalenderjahr 2006 das 25., 26. oder 27. Lebensjahr vollendeten, ist § 2 Absatz 3 Satz 1 weiterhin in der bis zum 31. Dezember 2006 geltenden Fassung anzuwenden.

(5) [1]§ 2 Absatz 2 Satz 1 Nummer 2 Buchstabe d in der Fassung des Artikels 2 Absatz 8 Buchstabe a Doppelbuchstabe aa des Gesetzes vom 16. Mai 2008 (BGBl. I S. 842) ist auf Freiwilligendienste im Sinne des Beschlusses Nummer 1719/2006/EG des Europäischen Parlaments und des Rates vom 15. November 2006 zur Einführung des Programms „Jugend in Aktion" (ABl. EU Nr. L 327 S. 30), die vor dem 1. Januar 2014 begonnen wurden, in der Zeit vom 1. Januar 2007 bis zum 31. Dezember 2013 und auf Freiwilligendienste „weltwärts" im Sinne der Richtlinie des Bundesministeriums für wirtschaftliche Zusammenarbeit und Entwicklung vom 1. August 2007 (BAnz. 2008 S. 1297) ab dem 1. Januar 2008 anzuwenden. [2]Die Regelungen des § 2 Absatz 2 Satz 1 Nummer 2 Buchstabe d in der bis zum 31. Mai 2008 geltenden Fassung sind bezogen auf die Ableistung eines freiwilligen sozialen Jahres

Anhang 19/BKGG

im Sinne des Gesetzes zur Förderung eines freiwilligen sozialen Jahres oder eines freiwilligen ökologischen Jahres im Sinne des Gesetzes zur Förderung eines freiwilligen ökologischen Jahres auch über den 31. Mai 2008 hinaus anzuwenden, soweit die vorstehend genannten freiwilligen Jahre vor dem 1. Juni 2008 vereinbart oder begonnen wurden und über den 31. Mai 2008 hinausgehen und die Beteiligten nicht die Anwendung der Vorschriften des Jugendfreiwilligendienstegesetzes vereinbaren. ³§ 2 Absatz 2 Satz 1 Nummer 2 Buchstabe d in der Fassung des Artikels 13 des Gesetzes vom 16. Juli 2009 (BGBl. I S. 1959) ist auf einen Freiwilligendienst aller Generationen im Sinne von § 2 Absatz 1a des Siebten Buches Sozialgesetzbuch ab dem 1. Januar 2009 anzuwenden. ⁴§ 2 Absatz 2 Satz 1 Nummer 2 Buchstabe d in der Fassung des Artikels 9 des Gesetzes vom 7. Dezember 2011 (BGBl. I S. 2592) ist auf einen Internationalen Jugendfreiwilligendienst ab dem 1. Januar 2011 und auf einen Bundesfreiwilligendienst ab dem 3. Mai 2011 anzuwenden. ⁵§ 2 Absatz 2 Satz 1 Nummer 2 Buchstabe d in der am 31. Juli 2014 geltenden Fassung ist auf Freiwilligendienste im Sinne der Verordnung (EU) Nr. 1288/2013 des Europäischen Parlaments und des Rates vom 11. Dezember 2013 zur Einrichtung von „Erasmus+", dem Programm der Union für allgemeine und berufliche Bildung, Jugend und Sport, und zur Aufhebung der Beschlüsse Nr. 1719/2006/EG, Nr. 1720/2006/EG und Nr. 1298/2008/EG (ABl. L 347 vom 20.12.2013, S. 50), die ab dem 1. Januar 2014 begonnen wurden, ab dem 1. Januar 2014 anzuwenden.

(5a) § 2 Absatz 2 Satz 2 in der Fassung des Artikels 13 des Gesetzes vom 16. Juli 2009 (BGBl. I S. 1959) ist ab dem 1. Januar 2010 anzuwenden.

(6) § 2 Absatz 2 Satz 4 in der Fassung des Artikels 2 Absatz 8 des Gesetzes vom 16. Mai 2008 (BGBl. I S. 842) ist erstmals ab dem 1. Januar 2009 anzuwenden.

(7) § 6a Absatz 1 Nummer 2 in der am 30. September 2008 geltenden Fassung ist in Fällen, in denen zu diesem Zeitpunkt Kinderzuschlag bezogen wurde, so lange weiter anzuwenden, wie dies für den Antragsteller günstiger ist und der Bezug des Kinderzuschlags nicht unterbrochen wurde.

(8) ¹Abweichend von § 9 Absatz 3 können die Leistungen nach § 6b vom 1. Januar bis 31. Mai 2011 bei der nach § 13 Absatz 1 zuständigen Familienkasse beantragt werden. ²Die Familienkasse, bei der die leistungsberechtigte Person den Antrag stellt, leitet den Antrag an die nach § 13 Absatz 4 bestimmte Stelle weiter. ³§ 77 Absatz 7 und 11 Satz 4 des Zweiten Buches Sozialgesetzbuch gilt entsprechend. ⁴§ 77 Absatz 9 und 11 Satz 1 bis 3 des Zweiten Buches Sozialgesetzbuch gilt mit der Maßgabe, dass die abweichende Leistungserbringung bis zum 31. Mai 2011 erfolgt; dabei bleibt § 77 Absatz 8 des Zweiten Buches Sozialgesetzbuch außer Betracht. ⁵Leistungen für mehrtägige Klassenfahrten nach § 6b Absatz 2 Satz 1 in Verbindung mit § 28 Absatz 2 Satz 1 Nummer 2 des Zweiten Buches Sozialgesetzbuch werden für den Zeitraum vom 1. Januar bis zum 31. Mai 2011 durch Geldleistung erbracht.

(9) § 2 Absatz 3 ist letztmals bis zum 31. Dezember 2018 anzuwenden; Voraussetzung ist in diesen Fällen, dass das Kind den Dienst oder die Tätigkeit vor dem 1. Juli 2011 angetreten hat.

§ 21
Sondervorschrift zur Steuerfreistellung des Existenzminimums eines Kindes in den Veranlagungszeiträumen 1983 bis 1995 durch Kindergeld

¹In Fällen, in denen die Entscheidung über die Höhe des Kindergeldanspruchs für Monate in dem Zeitraum zwischen dem 1. Januar 1983 und dem 31. Dezember 1995 noch nicht bestandkräftig geworden ist, kommt eine von dem in den §§ 10 und 11 in der jeweils geltenden Fassung abweichende Bewilligung von Kindergeld nur in Betracht, wenn die Einkommensteuer formell bestandskräftig und hinsichtlich der Höhe der Kinderfreibeträge nicht vorläufig festgesetzt sowie das Existenzminimum des Kindes nicht unter der Maßgabe des § 53 des Einkommensteuergesetzes steuerfrei belassen worden ist. ²Dies ist vom Kindergeldberechtigten durch eine Bescheinigung des zuständigen Finanzamtes nachzuweisen. ³Nach Vorlage dieser Bescheinigung hat die Familienkasse den vom Finanzamt ermittelten Unterschiedsbetrag zwischen der festgesetzten Einkommensteuer und der Einkommensteuer, die nach § 53 Satz 6 des Einkommensteuergesetzes festzusetzen gewesen wäre, wenn die Voraussetzungen nach § 53 Satz 1 und 2 des Einkommensteuergesetzes vorgelegen hätten, als zusätzliches Kindergeld zu zahlen.

§ 22
Bericht der Bundesregierung

Die Bundesregierung legt dem Deutschen Bundestag bis zum 31. Dezember 2006 einen Bericht über die Auswirkungen des § 6a (Kinderzuschlag) sowie über die gegebenenfalls notwendige Weiterentwicklung dieser Vorschrift vor.

Anhang 23/5. VermBG

Fünftes Gesetz zur Förderung der Vermögensbildung der Arbeitnehmer
(Fünftes Vermögensbildungsgesetz – 5. VermBG)

Neufassung vom 4. März 1994 (BGBl. I S. 406, BStBl. I S. 237)[1)]

§ 1
Persönlicher Geltungsbereich

(1) Die Vermögensbildung der Arbeitnehmer durch vereinbarte vermögenswirksame Leistungen der Arbeitgeber wird nach den Vorschriften dieses Gesetzes gefördert.

(2) ¹Arbeitnehmer im Sinne dieses Gesetzes sind Arbeiter und Angestellte einschließlich der zu ihrer Berufsausbildung Beschäftigten. ²Als Arbeitnehmer gelten auch die in Heimarbeit Beschäftigten.

(3) Die Vorschriften dieses Gesetzes gelten nicht
1. für vermögenswirksame Leistungen juristischer Personen an Mitglieder des Organs, das zur gesetzlichen Vertretung der juristischen Person berufen ist,
2. für vermögenswirksame Leistungen von Personengesamtheiten an die durch Gesetz, Satzung oder Gesellschaftsvertrag zur Vertretung der Personengesamtheit berufenen Personen.

(4) Für Beamte, Richter, Berufssoldaten und Soldaten auf Zeit gelten die nachstehenden Vorschriften dieses Gesetzes entsprechend.

§ 2
Vermögenswirksame Leistungen, Anlageformen

(1) Vermögenswirksame Leistungen sind Geldleistungen, die der Arbeitgeber für den Arbeitnehmer anlegt
1. als Sparbeiträge des Arbeitnehmers auf Grund eines Sparvertrags über Wertpapiere oder andere Vermögensbeteiligungen (§ 4)
    a) zum Erwerb von Aktien, die vom Arbeitgeber ausgegeben werden oder an einer deutschen Börse zum regulierten Markt zugelassen oder in den Freiverkehr einbezogen sind,
    b) zum Erwerb von Wandelschuldverschreibungen, die vom Arbeitgeber ausgegeben werden oder an einer deutschen Börse zum regulierten Markt zugelassen oder in den Freiverkehr einbezogen sind, sowie von Gewinnschuldverschreibungen, die vom Arbeitgeber ausgegeben werden, zum Erwerb von Namensschuldverschreibungen des Arbeitgebers jedoch nur dann, wenn auf dessen Kosten die Ansprüche des Arbeitnehmers aus der Schuldverschreibung durch ein Kreditinstitut verbürgt oder durch ein Versicherungsunternehmen privatrechtlich gesichert sind und das Kreditinstitut oder Versicherungsunternehmen im Geltungsbereich dieses Gesetzes zum Geschäftsbetrieb befugt ist,
    c) zum Erwerb von Anteilen an OGAW-Sondervermögen sowie an als Sondervermögen aufgelegten offenen Publikums-AIF nach den §§ 218 und 219 des Kapitalanlagegesetzbuchs sowie von Anteilen an EU-Investmentvermögen und offenen ausländischen AIF, die nach dem Kapitalanlagegesetzbuch vertrieben werden dürfen, wenn nach dem Jahresbericht für das vorletzte Geschäftsjahr, das dem Kalenderjahr des Abschlusses des Vertrags im Sinne des § 4 oder des § 5 vorausgeht, der Wert der Aktien in diesem Investmentvermögen 60 Prozent des Werts dieses Investmentvermögens nicht unterschreitet; für neu aufgelegte Investmentvermögen ist für das erste und zweite Geschäftsjahr der erste Jahresbericht oder der erste Halbjahresbericht nach Auflegung des Investmentvermögens maßgebend.
    d) (weggefallen)
    e) (weggefallen)
    f) zum Erwerb von Genussscheinen, die vom Arbeitgeber als Wertpapiere ausgegeben werden oder an einer deutschen Börse zum regulierten Markt zugelassen oder in den Freiverkehr einbezogen sind und von Unternehmen mit Sitz und Geschäftsleitung im Geltungsbereich dieses Gesetzes, die keine Kreditinstitute sind, ausgegeben werden, wenn mit den Genussscheinen das Recht am Gewinn eines Unternehmens verbunden ist und der Arbeitnehmer nicht als Mitunternehmer im Sinne des § 15 Abs. 1 Satz 1 Nr. 2 des Einkommensteuergesetzes anzusehen ist,
    g) zur Begründung oder zum Erwerb eines Geschäftsguthabens bei einer Genossenschaft mit Sitz und Geschäftsleitung im Geltungsbereich dieses Gesetzes; ist die Genossenschaft nicht der Arbeitgeber, so setzt die Anlage vermögenswirksamer Leistungen voraus, dass die Genossenschaft

---

1) Unter Berücksichtigung der Änderungen zuletzt durch Artikel 18 AIFM-Steuer-Anpassungsgesetz vom 18.12.2013 (BGBl. I S. 4318, BStBl. 2014 I S. 2).

entweder ein Kreditinstitut oder eine Bau- oder Wohnungsgenossenschaft im Sinne des § 2 Abs. 1 Nr. 2 des Wohnungsbau-Prämiengesetzes ist, die zum Zeitpunkt der Begründung oder des Erwerbs des Geschäftsguthabens seit mindestens drei Jahren im Genossenschaftsregister ohne wesentliche Änderung ihres Unternehmensgegenstandes eingetragen und nicht aufgelöst ist oder Sitz und Geschäftsleitung in dem in Artikel 3 des Einigungsvertrages genannten Gebiet hat und dort entweder am 1. Juli 1990 als Arbeiterwohnungsbaugenossenschaft, Gemeinnützige Wohnungsbaugenossenschaft oder sonstige Wohnungsbaugenossenschaft bestanden oder einen nicht unwesentlichen Teil von Wohnungen aus dem Bestand einer solchen Bau- oder Wohnungsgenossenschaft erworben hat,

- h) zur Übernahme einer Stammeinlage oder zum Erwerb eines Geschäftsanteils an einer Gesellschaft mit beschränkter Haftung mit Sitz und Geschäftsleitung im Geltungsbereich dieses Gesetzes, wenn die Gesellschaft das Unternehmen des Arbeitgebers ist,
- i) zur Begründung oder zum Erwerb einer Beteiligung als stiller Gesellschafter im Sinne des § 230 des Handelsgesetzbuchs am Unternehmen des Arbeitgebers mit Sitz und Geschäftsleitung im Geltungsbereich dieses Gesetzes, wenn der Arbeitnehmer nicht als Mitunternehmer im Sinne des § 15 Abs. 1 Nr. 2 des Einkommensteuergesetzes anzusehen ist,
- k) zur Begründung oder zum Erwerb einer Darlehensforderung gegen den Arbeitgeber, wenn auf dessen Kosten die Ansprüche des Arbeitnehmers aus dem Darlehensvertrag durch ein Kreditinstitut verbürgt oder durch ein Versicherungsunternehmen privatrechtlich gesichert sind und das Kreditinstitut oder Versicherungsunternehmen im Geltungsbereich dieses Gesetzes zum Geschäftsbetrieb befugt ist,
- l) zur Begründung oder zum Erwerb eines Genußrechts am Unternehmen des Arbeitgebers mit Sitz und Geschäftsleitung im Geltungsbereich dieses Gesetzes, wenn damit das Recht am Gewinn dieses Unternehmens verbunden ist, der Arbeitnehmer nicht als Mitunternehmer im Sinne des § 15 Abs. 1 Nr. 2 des Einkommensteuergesetzes anzusehen ist und über das Genussrecht kein Genussschein im Sinne des Buchstaben f ausgegeben wird,

2. als Aufwendungen des Arbeitnehmers auf Grund eines Wertpapier-Kaufvertrags (§ 5),
3. als Aufwendungen des Arbeitnehmers auf Grund eines Beteiligungs-Vertrags (§ 6) oder eines Beteiligungs-Kaufvertrags (§ 7),
4. als Aufwendungen des Arbeitnehmers nach den Vorschriften des Wohnungsbau-Prämiengesetzes; die Voraussetzungen für die Gewährung einer Prämie nach dem Wohnungsbau-Prämiengesetz brauchen nicht vorzuliegen; die Anlage vermögenswirksamer Leistungen als Aufwendungen nach § 2 Abs. 1 Nr. 2 des Wohnungsbau-Prämiengesetzes für den ersten Erwerb von Anteilen an Bau- und Wohnungsgenossenschaften setzt voraus, dass die Voraussetzungen der Nummer 1 Buchstabe g zweiter Halbsatz erfüllt sind,
5. als Aufwendungen des Arbeitnehmers

   a) zum Bau, zum Erwerb, zum Ausbau oder zur Erweiterung eines im Inland belegenen Wohngebäudes oder einer im Inland belegenen Eigentumswohnung,

   b) zum Erwerb eines Dauerwohnrechts im Sinne des Wohnungseigentumsgesetzes an einer im Inland belegenen Wohnung,

   c) zum Erwerb eines im Inland belegenen Grundstücks zum Zwecke des Wohnungsbaus oder

   d) zur Erfüllung von Verpflichtungen, die im Zusammenhang mit den in den Buchstaben a bis c bezeichneten Vorhaben eingegangen worden sind,

   sofern der Anlage nicht ein von einem Dritten vorgefertigtes Konzept zu Grunde liegt, bei dem der Arbeitnehmer vermögenswirksame Leistungen zusammen mit mehr als 15 anderen Arbeitnehmern anlegen kann; die Förderung der Aufwendungen nach den Buchstaben a bis c setzt voraus, dass sie unmittelbar für die dort bezeichneten Vorhaben verwendet werden,

6. als Sparbeiträge des Arbeitnehmers auf Grund eines Sparvertrags (§ 8),
7. als Beiträge des Arbeitnehmers auf Grund eines Kapitalversicherungsvertrags (§ 9),
8. als Aufwendungen des Arbeitnehmers, der nach § 18 Abs. 2 oder 3 die Mitgliedschaft in einer Genossenschaft oder Gesellschaft mit beschränkter Haftung gekündigt hat, zur Erfüllung von Verpflichtungen aus der Mitgliedschaft, die nach dem 31. Dezember 1994 fortbestehen oder entstehen.

(2) [1]Aktien, Wandelschuldverschreibungen, Gewinnschuldverschreibungen oder Genussscheine eines Unternehmens, das im Sinne des § 18 Abs. 1 des Aktiengesetzes als herrschendes Unternehmen mit dem Unternehmen des Arbeitgebers verbunden ist, stehen Aktien, Wandelschuldverschreibungen, Gewinnschuldverschreibungen oder Genussscheine im Sinne des Absatzes 1 Nr. 1 Buchstabe a, b oder f gleich.

Anhang 23/5. VermBG

die vom Arbeitgeber ausgegeben werden. ²Ein Geschäftsguthaben bei einer Genossenschaft mit Sitz und Geschäftsleitung im Geltungsbereich dieses Gesetzes, die im Sinne des § 18 Abs. 1 des Aktiengesetzes als herrschendes Unternehmen mit dem Unternehmen des Arbeitgebers verbunden ist, steht einem Geschäftsguthaben im Sinne des Absatzes 1 Nr. 1 Buchstabe g bei einer Genossenschaft, die das Unternehmen des Arbeitgebers ist, gleich. ³Eine Stammeinlage oder ein Geschäftsanteil an einer Gesellschaft mit beschränkter Haftung mit Sitz und Geschäftsleitung im Geltungsbereich dieses Gesetzes, die im Sinne des § 18 Abs. 1 des Aktiengesetzes als herrschendes Unternehmen mit dem Unternehmen des Arbeitgebers verbunden ist, stehen einer Stammeinlage oder einem Geschäftsanteil im Sinne des Absatzes 1 Nr. 1 Buchstabe h an einer Gesellschaft, die das Unternehmen des Arbeitgebers ist, gleich. ⁴Eine Beteiligung als stiller Gesellschafter an einem Unternehmen mit Sitz und Geschäftsleitung im Geltungsbereich dieses Gesetzes, das im Sinne des § 18 Abs. 1 des Aktiengesetzes als herrschendes Unternehmen mit dem Unternehmen des Arbeitgebers verbunden ist oder das auf Grund eines Vertrags mit dem Arbeitgeber an dessen Unternehmen gesellschaftsrechtlich beteiligt ist, steht einer Beteiligung als stiller Gesellschafter im Sinne des Absatzes 1 Nr. 1 Buchstabe i gleich. ⁵Eine Darlehensforderung gegen ein Unternehmen mit Sitz und Geschäftsleitung im Geltungsbereich dieses Gesetzes, das im Sinne des § 18 Abs. 1 des Aktiengesetzes als herrschendes Unternehmen mit dem Unternehmen des Arbeitgebers verbunden ist, oder ein Genussrecht an einem solchen Unternehmen stehen einer Darlehensforderung oder einem Genussrecht im Sinne des Absatzes 1 Nr. 1 Buchstabe k oder l gleich.

(3) Die Anlage vermögenswirksamer Leistungen in Gewinnschuldverschreibungen im Sinne des Absatzes 1 Nr. 1 Buchstabe b und des Absatzes 2 Satz 1, in denen neben der gewinnabhängigen Verzinsung eine gewinnunabhängige Mindestverzinsung zugesagt ist, setzt voraus, dass

1. der Aussteller in der Gewinnschuldverschreibung erklärt, die gewinnunabhängige Mindestverzinsung werde in der Regel die Hälfte der Gesamtverzinsung nicht überschreiten, oder
2. die gewinnunabhängige Mindestverzinsung zum Zeitpunkt der Ausgabe der Gewinnschuldverschreibung die Hälfte der Emissionsrendite festverzinslicher Wertpapiere nicht überschreitet, die in den Monatsberichten der Deutschen Bundesbank für den viertletzten Kalendermonat ausgewiesen wird, der dem Kalendermonat der Ausgabe vorausgeht.

(4) Die Anlage vermögenswirksamer Leistungen in Genussscheinen und Genussrechten im Sinne des Absatzes 1 Nr. 1 Buchstaben f und l und des Absatzes 2 Satz 1 und 5 setzt voraus, dass eine Rückzahlung zum Nennwert nicht zugesagt ist; ist neben dem Recht am Gewinn eine gewinnunabhängige Mindestverzinsung zugesagt, gilt Absatz 3 entsprechend.

(5) Der Anlage vermögenswirksamer Leistungen nach Absatz 1 Nr. 1 Buchstaben f, i bis l, Absatz 2 Satz 1, 4 und 5 sowie Absatz 4 in einer Genossenschaft mit Sitz und Geschäftsleitung im Geltungsbereich dieses Gesetzes stehen § 19 und eine Festsetzung durch Satzung gemäß § 20 des Genossenschaftsgesetzes nicht entgegen.

(5a) ¹Der Arbeitgeber hat vor der Anlage vermögenswirksamer Leistungen im eigenen Unternehmen in Zusammenarbeit mit dem Arbeitnehmer Vorkehrungen zu treffen, die der Absicherung der angelegten vermögenswirksamen Leistungen bei einer während der Dauer der Sperrfrist eintretenden Zahlungsunfähigkeit des Arbeitgebers dienen. ²Das Bundesministerium für Arbeit und Sozialordnung berichtet den gesetzgebenden Körperschaften bis zum 30. Juni 2002 über die nach Satz 1 getroffenen Vorkehrungen.

(6) ¹Vermögenswirksame Leistungen sind steuerpflichtige Einnahmen im Sinne des Einkommensteuergesetzes und Einkommen, Verdienst oder Entgelt (Arbeitsentgelt) im Sinne der Sozialversicherung und des Dritten Buches Sozialgesetzbuch. ²Reicht der nach Abzug der vermögenswirksamen Leistung verbleibende Arbeitslohn zur Deckung der einzubehaltenden Steuern, Sozialversicherungsbeiträge und Beiträge zur Bundesagentur für Arbeit nicht aus, so hat der Arbeitnehmer dem Arbeitgeber den zur Deckung erforderlichen Betrag zu zahlen.

(7) ¹Vermögenswirksame Leistungen sind arbeitsrechtlich Bestandteil des Lohns oder Gehalts. ²Der Anspruch auf die vermögenswirksame Leistung ist nicht übertragbar.

§ 3
Vermögenswirksame Leistungen für Angehörige, Überweisung durch den Arbeitgeber, Kennzeichnungs-, Bestätigungs- und Mitteilungspflichten

(1) ¹Vermögenswirksame Leistungen können auch angelegt werden

1. zugunsten des nicht dauernd getrennt lebenden Ehegatten oder Lebenspartners des Arbeitnehmers,
2. zugunsten der in § 32 Abs. 1 des Einkommensteuergesetzes bezeichneten Kinder, die zu Beginn des maßgebenden Kalenderjahrs das 17. Lebensjahr noch nicht vollendet hatten oder die in diesem Kalenderjahr lebend geboren wurden oder

Anhang 23/5. VermBG

3. zugunsten der Eltern oder eines Elternteils des Arbeitnehmers, wenn der Arbeitnehmer als Kind die Voraussetzungen der Nummer 2 erfüllt.

²Dies gilt nicht für die Anlage vermögenswirksamer Leistungen auf Grund von Verträgen nach den §§ 5 bis 7.

(2) ¹Der Arbeitgeber hat die vermögenswirksamen Leistungen für den Arbeitnehmer unmittelbar an das Unternehmen oder Institut zu überweisen, bei dem sie angelegt werden sollen. ²Er hat dabei gegenüber dem Unternehmen oder Institut die vermögenswirksamen Leistungen zu kennzeichnen. ³Das Unternehmen oder Institut hat die nach § 2 Abs. 1 Nr. 1 bis 5, Abs. 2 bis 4 angelegten vermögenswirksamen Leistungen und die Art ihrer Anlage zu kennzeichnen. ⁴Kann eine vermögenswirksame Leistung nicht oder nicht mehr die Voraussetzungen des § 2 Abs. 1 bis 4 erfüllen, so hat das Unternehmen oder Institut dies dem Arbeitgeber unverzüglich schriftlich mitzuteilen. ⁵Die Sätze 1 bis 4 gelten nicht für die Anlage vermögenswirksamer Leistungen auf Grund von Verträgen nach den §§ 5, 6 Abs. 1 und § 7 Abs. 1 mit dem Arbeitgeber.

(3) ¹Für eine vom Arbeitnehmer gewählte Anlage nach § 2 Abs. 1 Nr. 5 hat der Arbeitgeber auf Verlangen des Arbeitnehmers die vermögenswirksamen Leistungen an den Arbeitnehmer zu überweisen, wenn dieser dem Arbeitgeber eine schriftliche Bestätigung eines Gläubigers vorgelegt hat, dass die Anlage bei ihm die Voraussetzungen des § 2 Abs. 1 Nr. 5 erfüllt; Absatz 2 gilt in diesem Falle nicht. ²Der Arbeitgeber hat die Richtigkeit der Bestätigung nicht zu prüfen.

§ 4
Sparvertrag über Wertpapiere oder andere Vermögensbeteiligungen

(1) Ein Sparvertrag über Wertpapiere oder andere Vermögensbeteiligungen im Sinne des § 2 Abs. 1 Nr. 1 ist ein Sparvertrag mit einem Kreditinstitut oder einer Kapitalverwaltungsgesellschaft, in dem sich der Arbeitnehmer verpflichtet, als Sparbeiträge zum Erwerb von Wertpapieren im Sinne des § 2 Abs. 1 Nr. 1 Buchstaben a bis f, Abs. 2 Satz 1, Abs. 3 und 4 oder zur Begründung oder zum Erwerb von Rechten im Sinne des § 2 Abs. 1 Nr. 1 Buchstabe g bis l, Abs. 2 Satz 2 bis 5 und Abs. 4 einmalig oder für die Dauer von sechs Jahren seit Vertragsabschluss laufend vermögenswirksame Leistungen einzahlen zu lassen oder andere Beträge einzuzahlen.

(2) ¹Die Förderung der auf Grund eine Vertrags nach Absatz 1 angelegten vermögenswirksamen Leistungen setzt voraus, dass

1. die Leistungen eines Kalenderjahrs, vorbehaltlich des Absatzes 3, spätestens bis zum Ablauf des folgenden Kalenderjahrs zum Erwerb der Wertpapiere oder zur Begründung oder zum Erwerb der Rechte verwendet und bis zur Verwendung festgelegt werden und
2. die mit den Leistungen erworbenen Wertpapiere unverzüglich nach ihrem Erwerb bis zum Ablauf einer Frist von sieben Jahren (Sperrfrist) festgelegt werden und über die Wertpapiere oder die mit den Leistungen begründeten oder erworbenen Rechte bis zum Ablauf der Sperrfrist nicht durch Rückzahlung, Abtretung, Beleihung oder in anderer Weise verfügt wird.

²Die Sperrfrist gilt für alle auf Grund des Vertrags angelegten vermögenswirksamen Leistungen und beginnt am 1. Januar des Kalenderjahrs, in dem der Vertrag abgeschlossen worden ist. ³Als Zeitpunkt des Vertragsabschlusses gilt der Tag, an dem die vermögenswirksame Leistung, bei Verträgen über laufende Einzahlungen die erste vermögenswirksame Leistung, beim Kreditinstitut oder bei der Kapitalverwaltungsgesellschaft eingeht.

(3) Vermögenswirksame Leistungen, die nicht bis zum Ablauf der Frist nach Absatz 2 Nr. 1 verwendet worden sind, gelten als rechtzeitig verwendet, wenn sie am Ende eines Kalenderjahrs insgesamt 150 Euro nicht übersteigen und bis zum Ablauf der Sperrfrist nach Absatz 2 verwendet oder festgelegt werden.

(4) Eine vorzeitige Verfügung ist abweichend von Absatz 2 unschädlich, wenn

1. der Arbeitnehmer oder sein von ihm nicht dauernd getrennt lebender Ehegatte oder Lebenspartner nach Vertragsabschluss gestorben oder völlig erwerbsunfähig geworden ist,
2. der Arbeitnehmer nach Vertragsabschluss, aber vor der vorzeitigen Verfügung geheiratet oder eine Lebenspartnerschaft begründet hat und im Zeitpunkt der vorzeitigen Verfügung mindestens zwei Jahre seit Beginn der Sperrfrist vergangen sind,
3. der Arbeitnehmer nach Vertragsabschluss arbeitslos geworden ist und die Arbeitslosigkeit mindestens ein Jahr lang ununterbrochen bestanden hat und im Zeitpunkt der vorzeitigen Verfügung noch besteht,
4. der Arbeitnehmer den Erlös innerhalb der folgenden drei Monate unmittelbar für die eigene Weiterbildung oder für die seines von ihm nicht dauernd getrennt lebenden Ehegatten oder Lebenspartners

einsetzt und die Maßnahme außerhalb des Betriebes, dem er oder der Ehegatte oder der Lebenspartner angehört, durchgeführt wird und Kenntnisse und Fertigkeiten vermittelt werden, die dem beruflichen Fortkommen dienen und über arbeitsplatzbezogene Anpassungsfortbildungen hinausgehen; für vermögenswirksame Leistungen, die der Arbeitgeber für den Arbeitnehmer nach § 2 Abs. 1 Nr. 1 Buchstabe a, b, f bis l angelegt hat und die Rechte am Unternehmen des Arbeitgebers begründen, gilt dies nur bei Zustimmung des Arbeitgebers; bei nach § 2 Abs. 2 gleichgestellten Anlagen gilt dies nur bei Zustimmung des Unternehmens, das im Sinne des § 18 Abs. 1 des Aktiengesetzes als herrschendes Unternehmen mit dem Unternehmen des Arbeitgebers verbunden ist,

5. der Arbeitnehmer nach Vertragsabschluss unter Aufgabe der nichtselbständigen Arbeit eine Erwerbstätigkeit, die nach § 138 Abs. 1 der Abgabenordnung der Gemeinde mitzuteilen ist, aufgenommen hat oder

6. festgelegte Wertpapiere veräußert werden und der Erlös bis zum Ablauf des Kalendermonats, der dem Kalendermonat der Veräußerung folgt, zum Erwerb von in Absatz 1 bezeichneten Wertpapieren wiederverwendet wird; der bis zum Ablauf des der Veräußerung folgenden Kalendermonats nicht wiederverwendete Erlös gilt als rechtzeitig wiederverwendet, wenn er am Ende eines Kalendermonats insgesamt 150 Euro nicht übersteigt.

(5) Unschädlich ist auch, wenn in die Rechte und Pflichten des Kreditinstituts oder der Kapitalverwaltungsgesellschaft aus dem Sparvertrag an seine Stelle ein anderes Kreditinstitut oder eine andere Kapitalverwaltungsgesellschaft während der Laufzeit des Vertrags durch Rechtsgeschäft eintritt.

(6) ¹Werden auf einen Vertrag über laufend einzuzahlende vermögenswirksame Leistungen oder andere Beträge in einem Kalenderjahr, das dem Kalenderjahr des Vertragsabschlusses folgt, weder vermögenswirksame Leistungen noch andere Beträge eingezahlt, so ist der Vertrag unterbrochen und kann nicht fortgeführt werden. ²Das gleiche gilt, wenn mindestens alle Einzahlungen eines Kalenderjahrs zurückgezahlt oder die Rückzahlungsansprüche aus dem Vertrag abgetreten oder beliehen werden.

§ 5
Wertpapier-Kaufvertrag

(1) Ein Wertpapier-Kaufvertrag im Sinne des § 2 Abs. 1 Nr. 2 ist ein Kaufvertrag zwischen dem Arbeitnehmer und dem Arbeitgeber zum Erwerb von Wertpapieren im Sinne des § 2 Abs. 1 Nr. 1 Buchstaben a bis f, Abs. 2 Satz 1, Abs. 3 und 4 durch den Arbeitnehmer mit der Vereinbarung, den vom Arbeitnehmer geschuldeten Kaufpreis mit vermögenswirksamen Leistungen zu verrechnen oder mit anderen Beträgen zu zahlen.

(2) Die Förderung der auf Grund eines Vertrags nach Absatz 1 angelegten vermögenswirksamen Leistungen setzt voraus, dass

1. mit den Leistungen eines Kalenderjahrs spätestens bis zum Ablauf des folgenden Kalenderjahrs die Wertpapiere erworben werden und

2. die mit den Leistungen erworbenen Wertpapiere unverzüglich nach ihrem Erwerb bis zum Ablauf einer Frist von sechs Jahren (Sperrfrist) festgelegt werden und über die Wertpapiere bis zum Ablauf der Sperrfrist nicht durch Rückzahlung, Abtretung, Beleihung oder in anderer Weise verfügt wird; die Sperrfrist beginnt am 1. Januar des Kalenderjahrs, in dem das Wertpapier erworben worden ist; § 4 Abs. 4 Nr. 1 bis 5 gilt entsprechend.

§ 6
Beteiligungs-Vertrag

(1) Ein Beteiligungs-Vertrag im Sinne des § 2 Abs. 1 Nr. 3 ist ein Vertrag zwischen dem Arbeitnehmer und dem Arbeitgeber über die Begründung von Rechten im Sinne des § 2 Abs. 1 Nr. 1 Buchstaben g bis l und Abs. 4 für den Arbeitnehmer am Unternehmen des Arbeitgebers mit der Vereinbarung, die vom Arbeitnehmer für die Begründung geschuldete Geldsumme mit vermögenswirksamen Leistungen zu verrechnen oder mit anderen Beträgen zu zahlen.

(2) Ein Beteiligungs-Vertrag im Sinne des § 2 Abs. 1 Nr. 3 ist auch ein Vertrag zwischen dem Arbeitnehmer und

1. einem Unternehmen, das nach § 2 Abs. 2 Satz 2 bis 5 mit dem Unternehmen des Arbeitgebers verbunden oder nach § 2 Abs. 2 Satz 4 an diesem Unternehmen beteiligt ist, über die Begründung von Rechten im Sinne des § 2 Abs. 1 Nr. 1 Buchstabe g bis l, Abs. 2 Satz 2 bis 5 und Abs. 4 für den Arbeitnehmer an diesem Unternehmen oder

2. einer Genossenschaft mit Sitz und Geschäftsleitung im Geltungsbereich dieses Gesetzes, die ein Kreditinstitut oder eine Bau- oder Wohnungsgenossenschaft ist, die die Voraussetzungen des § 2

Abs. 1 Nr. 1 Buchstabe g zweiter Halbsatz erfüllt, über die Begründung eines Geschäftsguthabens für den Arbeitnehmer bei dieser Genossenschaft

mit der Vereinbarung, die vom Arbeitnehmer für die Begründung der Rechte oder des Geschäftsguthabens geschuldete Geldsumme mit vermögenswirksamen Leistungen zahlen zu lassen oder mit anderen Beträgen zu zahlen.

(3) Die Förderung der auf Grund eines Vertrags nach Absatz 1 oder 2 angelegten vermögenswirksamen Leistungen setzt voraus, dass

1. mit den Leistungen eines Kalenderjahrs spätestens bis zum Ablauf des folgenden Kalenderjahrs die Rechte begründet werden und
2. über die mit den Leistungen begründeten Rechte bis zum Ablauf einer Frist von sechs Jahren (Sperrfrist) nicht durch Rückzahlung, Abtretung, Beleihung oder in anderer Weise verfügt wird; die Sperrfrist beginnt am 1. Januar des Kalenderjahrs, in dem das Recht begründet worden ist; § 4 Abs. 4 Nr. 1 bis 5 gilt entsprechend.

§ 7
Beteiligungs-Kaufvertrag

(1) Ein Beteiligungs-Kaufvertrag im Sinne des § 2 Abs. 1 Nr. 3 ist ein Kaufvertrag zwischen dem Arbeitnehmer und dem Arbeitgeber zum Erwerb von Rechten im Sinne des § 2 Abs. 1 Nr. 1 Buchstabe g bis l, Abs. 2 Satz 2 bis 5 und Abs. 4 durch den Arbeitnehmer mit der Vereinbarung, den vom Arbeitnehmer geschuldeten Kaufpreis mit vermögenswirksamen Leistungen zu verrechnen oder mit anderen Beträgen zu zahlen.

(2) Ein Beteiligungs-Kaufvertrag im Sinne des § 2 Abs. 1 Nr. 3 ist auch ein Kaufvertrag zwischen dem Arbeitnehmer und einer Gesellschaft mit beschränkter Haftung, die nach § 2 Abs. 2 Satz 3 mit dem Unternehmen des Arbeitgebers verbunden ist, zum Erwerb eines Geschäftsanteils im Sinne des § 2 Abs. 1 Nr. 1 Buchstabe h an dieser Gesellschaft durch den Arbeitnehmer mit der Vereinbarung, den vom Arbeitnehmer geschuldeten Kaufpreis mit vermögenswirksamen Leistungen zahlen zu lassen oder mit anderen Beträgen zu zahlen.

(3) Für die Förderung der auf Grund eines Vertrags nach Absatz 1 oder 2 angelegten vermögenswirksamen Leistungen gilt § 6 Abs. 3 entsprechend.

§ 8
Sparvertrag

(1) Ein Sparvertrag im Sinne des § 2 Abs. 1 Nr. 6 ist ein Sparvertrag zwischen dem Arbeitnehmer und einem Kreditinstitut, in dem die in den Absätzen 2 bis 5 bezeichneten Vereinbarungen, mindestens aber die in den Absätzen 2 und 3 bezeichneten Vereinbarungen, getroffen sind.

(2) ¹Der Arbeitnehmer ist verpflichtet,

1. einmalig oder für die Dauer von sechs Jahren seit Vertragsabschluss laufend, mindestens aber einmal im Kalenderjahr, als Sparbeiträge vermögenswirksame Leistungen einzahlen zu lassen oder andere Beträge einzuzahlen und
2. bis zum Ablauf einer Frist von sieben Jahren (Sperrfrist) die eingezahlten vermögenswirksamen Leistungen bei dem Kreditinstitut festzulegen und die Rückzahlungsansprüche aus dem Vertrag weder abzutreten noch zu beleihen.

²Der Zeitpunkt des Vertragsabschlusses und der Beginn der Sperrfrist bestimmen sich nach den Regelungen des § 4 Abs. 2 Satz 2 und 3.

(3) Der Arbeitnehmer ist abweichend von der in Absatz 2 Satz 1 Nr. 2 bezeichneten Vereinbarung zu vorzeitiger Verfügung berechtigt, wenn eine der in § 4 Abs 4 Nr. 1 bis 5 bezeichneten Voraussetzungen erfüllt ist.

(4) ¹Der Arbeitnehmer ist abweichend von der in Absatz 2 Satz 1 Nr. 2 bezeichneten Vereinbarung auch berechtigt, vor Ablauf der Sperrfrist mit eingezahlten vermögenswirksamen Leistungen zu erwerben

1. Wertpapiere im Sinne des § 2 Abs. 1 Nr. 1 Buchstaben a bis f, Abs. 2 Satz 1, Abs. 3 und 4,
2. Schuldverschreibungen, die vom Bund, von den Ländern, von den Gemeinden, von anderen Körperschaften des öffentlichen Rechts, vom Arbeitgeber, von einem im Sinne des § 18 Abs. 1 des Aktiengesetzes als herrschendes Unternehmen mit dem Unternehmen des Arbeitgebers verbundenen Unternehmen oder von einem Kreditinstitut mit Sitz und Geschäftsleitung im Geltungsbereich dieses Gesetzes ausgegeben werden, Namensschuldverschreibungen des Arbeitgebers jedoch nur dann, wenn auf dessen Kosten die Ansprüche des Arbeitnehmers aus der Schuldverschreibung durch ein Kreditinstitut verbürgt oder durch ein Versicherungsunternehmen privatrechtlich gesichert sind und

das Kreditinstitut oder Versicherungsunternehmen im Geltungsbereich dieses Gesetzes zum Geschäftsbetrieb befugt ist,

3. Genussscheine, die von einem Kreditinstitut mit Sitz und Geschäftsleitung im Geltungsbereich dieses Gesetzes, das nicht der Arbeitgeber ist, als Wertpapiere ausgegeben werden, wenn mit den Genussscheinen das Recht am Gewinn des Kreditinstituts verbunden ist, der Arbeitnehmer nicht als Mitunternehmer im Sinne des § 15 Abs. 1 Nr. 2 des Einkommensteuergesetzes anzusehen ist und die Voraussetzungen des § 2 Abs. 4 erfüllt sind,

4. Anleiheforderungen, die in ein Schuldbuch des Bundes oder eines Landes eingetragen werden,

5. Anteile an einem Sondervermögen, die von Kapitalverwaltungsgesellschaften im Sinne des Kapitalanlagegesetzbuchs ausgegeben werden und nicht unter § 2 Abs. 1 Nr. 1 Buchstabe c fallen oder

6. Anteile an offenen EU-Investmentvermögen und ausländischen AIF, die nach dem Kapitalanlagegesetzbuch vertrieben werden dürfen.

²Der Arbeitnehmer ist verpflichtet, bis zum Ablauf der Sperrfrist die nach Satz 1 erworbenen Wertpapiere bei dem Kreditinstitut, mit dem der Sparvertrag abgeschlossen ist, festzulegen und über die Wertpapiere nicht zu verfügen; diese Verpflichtung besteht nicht, wenn eine der in § 4 Abs. 4 Nr. 1 bis 5 bezeichneten Voraussetzungen erfüllt ist.

(5) ¹Der Arbeitnehmer ist abweichend von der in Absatz 2 Satz 1 Nummer 2 bezeichneten Vereinbarung auch berechtigt, vor Ablauf der Sperrfrist die Überweisung eingezahlter vermögenswirksamer Leistungen auf einen von ihm oder seinem nicht dauernd getrennt lebenden Ehegatten oder Lebenspartner abgeschlossenen Bausparvertrag zu verlangen, wenn weder mit der Auszahlung der Bausparsumme begonnen worden ist noch die überwiesenen Beträge vor Ablauf der Sperrfrist ganz oder zum Teil zurückgezahlt noch Ansprüche aus dem Bausparvertrag abgetreten oder beliehen werden oder wenn eine solche vorzeitige Verfügung nach § 2 Absatz 3 Satz 2 Nummer 1 und 2 des Wohnungsbau-Prämiengesetzes in der Fassung der Bekanntmachung vom 30. Oktober 1997 (BGBl. I S. 2678), das zuletzt durch Artikel 7 des Gesetzes vom 5. April 2011 (BGBl. I S. 554) geändert worden ist, in der jeweils geltenden Fassung unschädlich ist. ²Satz 1 gilt für vor dem 1. Januar 2009 und nach dem 31. Dezember 2008 abgeschlossene Bausparverträge.

§ 9
Kapitalversicherungsvertrag

(1) Ein Kapitalversicherungsvertrag im Sinne des § 2 Abs. 1 Nr. 7 ist ein Vertrag über eine Kapitalversicherung auf den Erlebens- und Todesfall gegen laufenden Beitrag, der für die Dauer von mindestens zwölf Jahren und mit den in den Absätzen 2 bis 5 bezeichneten Vereinbarungen zwischen dem Arbeitnehmer und einem Versicherungsunternehmen abgeschlossen ist, das im Geltungsbereich dieses Gesetzes zum Geschäftsbetrieb befugt ist.

(2) Der Arbeitnehmer ist verpflichtet, als Versicherungsbeiträge vermögenswirksame Leistungen einzahlen zu lassen oder andere Beträge einzuzahlen.

(3) Die Versicherungsbeiträge enthalten keine Anteile für Zusatzleistungen wie für Unfall, Invalidität oder Krankheit.

(4) Der Versicherungsvertrag sieht vor, dass bereits ab Vertragsbeginn ein nicht kürzbarer Anteil von mindestens 50 Prozent des gezahlten Beitrags als Rückkaufswert (§ 169 des Versicherungsvertragsgesetzes) erstattet oder der Berechnung der prämienfreien Versicherungsleistung (§ 165 des Versicherungsvertragsgesetzes) zugrunde gelegt wird.

(5) Die Gewinnanteile werden verwendet

1. zur Erhöhung der Versicherungsleistung oder

2. auf Verlangen des Arbeitnehmers zur Verrechnung mit fälligen Beiträgen, wenn er nach Vertragsabschluss arbeitslos geworden ist und die Arbeitslosigkeit mindestens ein Jahr lang ununterbrochen bestanden hat und im Zeitpunkt der Verrechnung noch besteht.

§ 10
Vereinbarung zusätzlicher vermögenswirksamer Leistungen

(1) Vermögenswirksame Leistungen können in Verträgen mit Arbeitnehmern, in Betriebsvereinbarungen, in Tarifverträgen oder in bindenden Festsetzungen (§ 19 Heimarbeitsgesetz) vereinbart werden.

(2) bis (4) (weggefallen)

Anhang 23/5. VermBG

(5) Der Arbeitgeber kann auf tarifvertraglich vereinbarte vermögenswirksame Leistungen die betrieblichen Sozialleistungen anrechnen, die dem Arbeitnehmer in dem Kalenderjahr bisher schon als vermögenswirksame Leistungen erbracht worden sind.

§ 11
Vermögenswirksame Anlage von Teilen des Arbeitslohns

(1) Der Arbeitgeber hat auf schriftliches Verlangen des Arbeitnehmers einen Vertrag über die vermögenswirksame Anlage von Teilen des Arbeitslohns abzuschließen.

(2) Auch vermögenswirksam angelegte Teile des Arbeitslohns sind vermögenswirksame Leistungen im Sinne dieses Gesetzes.

(3) ^{1}Zum Abschluss eines Vertrags nach Absatz 1, wonach die Lohnteile nicht zusammen mit anderen vermögenswirksamen Leistungen für den Arbeitnehmer angelegt und überwiesen werden sollen, ist der Arbeitgeber nur dann verpflichtet, wenn der Arbeitnehmer die Anlage von Teilen des Arbeitslohns in monatlichen der Höhe nach gleichbleibenden Beträgen von mindestens 13 Euro oder in vierteljährlichen der Höhe nach gleichbleibenden Beträgen von mindestens 39 Euro oder nur einmal im Kalenderjahr in Höhe eines Betrags von mindestens 39 Euro verlangt. ^{2}Der Arbeitnehmer kann bei der Anlage in monatlichen Beträgen während des Kalenderjahrs die Art der vermögenswirksamen Anlage und das Unternehmen oder Institut, bei dem sie erfolgen soll, nur mit Zustimmung des Arbeitgebers wechseln.

(4) ^{1}Der Arbeitgeber kann einen Termin im Kalenderjahr bestimmen, zu dem die Arbeitnehmer des Betriebs oder Betriebsteils die einmalige Anlage von Teilen des Arbeitslohns nach Absatz 3 verlangen können. ^{2}Die Bestimmung dieses Termins unterliegt der Mitbestimmung des Betriebsrats oder der zuständigen Personalvertretung; das für die Mitbestimmung in sozialen Angelegenheiten vorgeschriebene Verfahren ist einzuhalten. ^{3}Der nach Satz 1 bestimmte Termin ist den Arbeitnehmern in jedem Kalenderjahr erneut in geeigneter Form bekanntzugeben. ^{4}Zu einem anderen als dem nach Satz 1 bestimmten Termin kann der Arbeitnehmer eine einmalige Anlage nach Absatz 3 nur verlangen

1. von Teilen des Arbeitslohns, den er im letzten Lohnzahlungszeitraum des Kalenderjahres erzielt, oder
2. von Teilen besonderer Zuwendungen, die im Zusammenhang mit dem Weihnachtsfest oder Jahresende gezahlt werden.

(5) ^{1}Der Arbeitnehmer kann jeweils einmal im Kalenderjahr von dem Arbeitgeber schriftlich verlangen, dass der Vertrag über die vermögenswirksame Anlage von Teilen des Arbeitslohns aufgehoben, eingeschränkt oder erweitert wird. ^{2}Im Fall der Aufhebung ist der Arbeitgeber nicht verpflichtet, in demselben Kalenderjahr einen neuen Vertrag über die vermögenswirksame Anlage von Teilen des Arbeitslohns abzuschließen.

(6) In Tarifverträgen oder Betriebsvereinbarungen kann von den Absätzen 3 bis 5 abgewichen werden.

§ 12
Freie Wahl der Anlage

^{1}Vermögenswirksame Leistungen werden nur dann nach den Vorschriften dieses Gesetzes gefördert, wenn der Arbeitnehmer die Art der vermögenswirksamen Anlage und das Unternehmen oder Institut, bei dem sie erfolgen soll, frei wählen kann. ^{2}Einer Förderung steht jedoch nicht entgegen, dass durch Tarifvertrag die Anlage auf die Formen des § 2 Abs. 1 Nr. 1 bis 5, Abs. 2 bis 4 beschränkt wird. ^{3}Eine Anlage im Unternehmen des Arbeitgebers nach § 2 Abs. 1 Nr. 1 Buchstaben g bis l und Abs. 4 ist nur mit Zustimmung des Arbeitgebers zulässig.

§ 13
Anspruch auf Arbeitnehmer-Sparzulage

(1) ^{1}Der Arbeitnehmer hat Anspruch auf eine Arbeitnehmer-Sparzulage nach Absatz 2, wenn er gegenüber dem Unternehmen, dem Institut oder dem in § 3 Absatz 3 genannten Gläubiger in die Datenübermittlung nach Maßgabe des § 15 Absatz 1 Satz 2 und 3 eingewilligt hat und sein Einkommen folgende Grenzen nicht übersteigt:

1. bei nach § 2 Abs. 1 Nr. 1 bis 3, Abs. 2 bis 4 angelegten vermögenswirksamen Leistungen die Einkommensgrenze von 20 000 Euro oder bei einer Zusammenveranlagung von Ehegatten nach § 26b des Einkommensteuergesetzes von 40 000 Euro oder
2. bei nach § 2 Abs. 1 Nr. 4 und 5 angelegten vermögenswirksamen Leistungen die Einkommensgrenze von 17 900 Euro oder bei einer Zusammenveranlagung von Ehegatten nach § 26b des Einkommensteuergesetzes von 35 800 Euro.

²Maßgeblich ist das zu versteuernde Einkommen nach § 2 Absatz 5 des Einkommensteuergesetzes in dem Kalenderjahr, in dem die vermögenswirksamen Leistungen angelegt worden sind.

(2) Die Arbeitnehmer-Sparzulage beträgt 20 Prozent der nach § 2 Absatz 1 Nummer 1 bis 3, Absatz 2 bis 4 angelegten vermögenswirksamen Leistungen, soweit sie 400 Euro im Kalenderjahr nicht übersteigen, und 9 Prozent der nach § 2 Absatz 1 Nummer 4 und 5 angelegten vermögenswirksamen Leistungen, soweit sie 470 Euro im Kalenderjahr nicht übersteigen.[1]

(3) ¹Die Arbeitnehmer-Sparzulage gilt weder als steuerpflichtige Einnahme im Sinne des Einkommensteuergesetzes noch als Einkommen, Verdienst oder Entgelt (Arbeitsentgelt) im Sinne der Sozialversicherung und des Dritten Buches Sozialgesetzbuch; sie gilt arbeitsrechtlich nicht als Bestandteil des Lohns oder Gehalts. ²Der Anspruch auf Arbeitnehmer-Sparzulage ist nicht übertragbar.

(4) Der Anspruch auf Arbeitnehmer-Sparzulage entsteht mit Ablauf des Kalenderjahrs, in dem die vermögenswirksamen Leistungen angelegt worden sind.

(5) ¹Der Anspruch auf Arbeitnehmer-Sparzulage entfällt rückwirkend, soweit die in den §§ 4 bis 7 genannten Fristen oder bei einer Anlage nach § 2 Abs. 1 Nr. 4 die in § 2 Abs. 1 Nr. 3 und 4 und Abs. 3 Satz 1 des Wohnungsbau-Prämiengesetzes vorgesehenen Voraussetzungen nicht eingehalten werden. ²Satz 1 gilt für vor dem 1. Januar 2009 und nach dem 31. Dezember 2008 abgeschlossene Bausparverträge. ³Der Anspruch entfällt nicht, wenn die Sperrfrist nicht eingehalten wird, weil

1. der Arbeitnehmer das Umtausch- oder Abfindungsangebot eines Wertpapier-Emittenten angenommen hat oder Wertpapiere dem Aussteller nach Auslosung oder Kündigung durch den Aussteller zur Einlösung vorgelegt worden sind,
2. die mit den vermögenswirksamen Leistungen erworbenen oder begründeten Wertpapiere oder Rechte im Sinne des § 2 Abs. 1 Nr. 1, Abs. 2 bis 4 ohne Mitwirkung des Arbeitnehmers wertlos geworden sind oder
3. der Arbeitnehmer über nach § 2 Abs. 1 Nr. 4 angelegte vermögenswirksame Leistungen nach Maßgabe des § 4 Abs. 4 Nr. 4 in Höhe von mindestens 30 Euro verfügt.

§ 14
Festsetzung der Arbeitnehmer-Sparzulage, Anwendung der Abgabenordnung, Verordnungsermächtigung, Rechtsweg

(1) ¹Die Verwaltung der Arbeitnehmer-Sparzulage obliegt den Finanzämtern. ²Die Arbeitnehmer-Sparzulage wird aus den Einnahmen an Lohnsteuer gezahlt.

(2) ¹Auf die Arbeitnehmer-Sparzulage sind die für Steuervergütungen geltenden Vorschriften der Abgabenordnung entsprechend anzuwenden. ²Dies gilt nicht für § 163 der Abgabenordnung.

(3) ¹Für die Arbeitnehmer-Sparzulage gelten die Strafvorschriften des § 370 Abs. 1 bis 4, der §§ 371, 375 Abs. 1 und des § 376 sowie die Bußgeldvorschriften der §§ 378, 379 Abs. 1 und 4 und der §§ 383 und 384 der Abgabenordnung entsprechend. ²Für das Strafverfahren wegen einer Straftat nach Satz 1 sowie der Begünstigung einer Person, die eine solche Tat begangen hat, gelten die §§ 385 bis 408, für das Bußgeldverfahren wegen einer Ordnungswidrigkeit nach Satz 1 die §§ 409 bis 412 der Abgabenordnung entsprechend.

(4) ¹Die Arbeitnehmer-Sparzulage wird auf Antrag durch das für die Besteuerung des Arbeitnehmers nach dem Einkommen zuständige Finanzamt festgesetzt. ²Der Arbeitnehmer hat den Antrag nach amtlich vorgeschriebenem Vordruck[2] zu stellen. ³Die Arbeitnehmer-Sparzulage wird fällig

a) mit Ablauf der für die Anlageform vorgeschriebenen Sperrfrist nach diesem Gesetz,
b) mit Ablauf der im Wohnungsbau-Prämiengesetz oder in der Verordnung zur Durchführung des Wohnungsbau-Prämiengesetzes genannten Sperr- und Rückzahlungsfristen. ²Bei Bausparverträgen gelten die in § 2 Abs. 3 Satz 1 des Wohnungsbau-Prämiengesetzes genannten Sperr- und Rückzahlungsfristen und zwar unabhängig davon, ob der Vertrag vor dem 1. Januar 2009 oder nach dem 31. Dezember 2008 abgeschlossen worden ist,
c) mit Zuteilung des Bausparvertrags oder
d) in den Fällen unschädlicher Verfügung.

(5) ¹Ein Bescheid über die Ablehnung der Festsetzung einer Arbeitnehmer-Sparzulage ist aufzuheben und die Arbeitnehmer-Sparzulage ist nachträglich festzusetzen, wenn der Einkommensteuerbescheid nach Ergehen des Ablehnungsbescheides geändert wird und dadurch erstmals festgestellt wird, dass die

---

1) Änderungen § 13 Absatz 2 durch das Haushaltsbegleitgesetz 2004 bestätigt durch Artikel 6 Gesetz vom 5.4.2011 (BGBl. I S. 554, BStBl. I S. 310).
2) Ankreuzfeld auf Mantelbogen ESt i.V.m. Anlage VL (Anhang 26).

Einkommensgrenzen des § 13 Absatz 1 unterschritten sind. ²Die Frist für die Festsetzung der Arbeitnehmer-Sparzulage endet in diesem Fall nicht vor Ablauf eines Jahres nach Bekanntgabe des geänderten Steuerbescheides. ³Satz 2 gilt entsprechend, wenn der geänderten Einkommensteuerfestsetzung kein Bescheid über die Ablehnung der Festsetzung einer Arbeitnehmer-Sparzulage vorangegangen ist.

(6) Besteht für Aufwendungen, die vermögenswirksame Leistungen darstellen, ein Anspruch auf Arbeitnehmer-Sparzulage und hat der Arbeitnehmer hierfür abweichend von § 1 Satz 2 Nummer 1 des Wohnungsbau-Prämiengesetzes eine Wohnungsbauprämie beantragt, endet die Frist für die Festsetzung der Arbeitnehmer-Sparzulage nicht vor Ablauf eines Jahres nach Bekanntgabe der Mitteilung über die Änderung des Prämienanspruchs.

(7) ¹Die Bundesregierung wird ermächtigt, durch Rechtsverordnung mit Zustimmung des Bundesrates das Verfahren bei der Festsetzung und der Auszahlung der Arbeitnehmer-Sparzulage näher zu regeln, soweit dies zur Vereinfachung des Verfahrens erforderlich ist. ²Dabei kann auch bestimmt werden, daß der Arbeitgeber, das Unternehmen, das Institut oder der in § 3 Abs. 3 genannte Gläubiger bei der Antragstellung mitwirkt und ihnen die Arbeitnehmer-Sparzulage zugunsten des Arbeitnehmers überwiesen wird.

(8) In öffentlich-rechtlichen Streitigkeiten über die auf Grund dieses Gesetzes ergehenden Verwaltungsakte der Finanzbehörden ist der Finanzrechtsweg gegeben.

§ 15
Elektronische Vermögensbildungsbescheinigung, Verordnungsermächtigungen, Haftung, Anrufungsauskunft, Außenprüfung

(1) ¹Das Unternehmen, das Institut oder der in § 3 Absatz 3 genannte Gläubiger hat spätestens bis zum 28. Februar des der Anlage der vermögenswirksamen Leistungen folgenden Kalenderjahres nach amtlich vorgeschriebenem Datensatz durch Datenfernübertragung nach Maßgabe der Steuerdaten-Übermittlungsverordnung im Rahmen einer elektronischen Vermögensbildungsbescheinigung folgende Daten zu übermitteln, wenn der Arbeitnehmer gegenüber dem Mitteilungspflichtigen in die Datenübermittlung eingewilligt hat:

1. Name, Vorname, Geburtsdatum, Anschrift und Identifikationsnummer (§ 139b der Abgabenordnung) des Arbeitnehmers,
2. den jeweiligen Jahresbetrag der nach § 2 Abs. 1 Nr. 1 bis 5, Abs. 2 bis 4 angelegten vermögenswirksamen Leistungen sowie die Art ihrer Anlage,
3. das Kalenderjahr, dem diese vermögenswirksamen Leistungen zuzuordnen sind und
4. entweder das Ende der für die Anlageform vorgeschriebenen Sperrfrist nach diesem Gesetz oder bei einer Anlage nach § 2 Abs. 1 Nr. 4 das Ende der im Wohnungsbau-Prämiengesetz oder in der Verordnung zur Durchführung des Wohnungsbau-Prämiengesetzes genannten Sperr- und Rückzahlungsfristen. ²Bei Bausparverträgen sind die in § 2 Abs. 3 Satz 1 des Wohnungsbau-Prämiengesetzes genannten Sperr- und Rückzahlungsfristen zu bescheinigen unabhängig davon, ob der Vertrag vor dem 1. Januar 2009 oder nach dem 31. Dezember 2008 abgeschlossen worden ist.

²Die Einwilligung nach Satz 1 ist spätestens bis zum Ablauf des zweiten Kalenderjahres, das auf das Kalenderjahr der Anlage der vermögenswirksamen Leistungen folgt, zu erteilen. ³Dabei hat der Arbeitnehmer dem Mitteilungspflichtigen die Identifikationsnummer mitzuteilen. ⁴Die Einwilligung gilt als erteilt, wenn die übermittelnde Stelle den Arbeitnehmer schriftlich darüber informiert, dass vom Vorliegen einer Einwilligung ausgegangen wird und die Daten übermittelt werden, wenn der Arbeitnehmer dem nicht innerhalb einer Frist von vier Wochen nach Erhalt dieser schriftlichen Information schriftlich widerspricht. ⁵Die Einwilligung gilt auch für die folgenden Kalenderjahre, es sei denn, der Arbeitnehmer widerruft diese schriftlich gegenüber der übermittelnden Stelle. ⁶Der Widerruf muss der übermittelnden Stelle vor Beginn des Kalenderjahres, für das die Einwilligung erstmals nicht mehr gelten soll, vorliegen. ⁷Die übermittelnde Stelle hat den Arbeitnehmer über den Inhalt der Datenübermittlung nach Satz 1 zu unterrichten. ⁸Wird die Einwilligung nach Ablauf des Kalenderjahres der Anlage der vermögenswirksamen Leistungen, jedoch innerhalb der in Satz 2 genannten Frist abgegeben, sind die Daten bis zum Ende des folgenden Kalendervierteljahres zu übermitteln.

(2) Die Bundesregierung wird ermächtigt, durch Rechtsverordnung mit Zustimmung des Bundesrates weitere Vorschriften zu erlassen über

1. Aufzeichnungs- und Mitteilungspflichten des Arbeitgebers und des Unternehmens oder Instituts, bei dem die vermögenswirksamen Leistungen angelegt sind, und

2. die Festlegung von Wertpapieren und die Art der Festlegung, soweit dies erforderlich ist, damit nicht die Arbeitnehmer-Sparzulage zu Unrecht gezahlt, versagt, nicht zurückgefordert oder nicht einbehalten wird.

(3) Haben der Arbeitgeber, das Unternehmen, das Institut oder der in § 3 Abs. 3 genannte Gläubiger ihre Pflichten nach diesem Gesetz oder nach einer auf Grund dieses Gesetzes erlassenen Rechtsverordnung verletzt, so haften sie für die Arbeitnehmer-Sparzulage, die wegen ihrer Pflichtverletzung zu Unrecht gezahlt, nicht zurückgefordert oder nicht einbehalten worden ist.

(4) Das Finanzamt, das für die Besteuerung der in Absatz 3 Genannten zuständig ist, hat auf deren Anfrage Auskunft darüber zu erteilen, wie im einzelnen Fall die Vorschriften über vermögenswirksame Leistungen anzuwenden sind, die nach § 2 Abs. 1 Nr. 1 bis 5, Abs. 2 bis 4 angelegt werden.

(5) [1]Das für die Lohnsteuer-Außenprüfung zuständige Finanzamt kann bei den in Absatz 3 Genannten eine Außenprüfung durchführen, um festzustellen, ob sie ihre Pflichten nach diesem Gesetz oder nach einer auf Grund dieses Gesetzes erlassenen Rechtsverordnung, soweit diese mit der Anlage vermögenswirksamer Leistungen nach § 2 Abs. 1 Nr. 1 bis 5, Abs. 2 bis 4 zusammenhängen, erfüllt haben. [2]Die §§ 195 bis 202 der Abgabenordnung gelten entsprechend.

§ 16
Berlin-Klausel (gegenstandslos)

§ 17
Anwendungsvorschriften

(1) Die vorstehenden Vorschriften dieses Gesetzes gelten vorbehaltlich der nachfolgenden Absätze für vermögenswirksame Leistungen, die nach dem 31. Dezember 1993 angelegt werden.

(2) Für vermögenswirksame Leistungen, die vor dem 1. Januar 1994 angelegt werden, gilt, soweit Absatz 5 nichts anderes bestimmt, § 17 des Fünften Vermögensbildungsgesetzes in der Fassung der Bekanntmachung vom 19. Januar 1989 (BGBl. I S. 137) – Fünftes Vermögensbildungsgesetz 1989 –, unter Berücksichtigung der Änderung durch Artikel 2 Nr. 1 des Gesetzes vom 13. Dezember 1990 (BGBl. I S. 2749).

(3) Für vermögenswirksame Leistungen, die im Jahr 1994 angelegt werden auf Grund eines vor dem 1. Januar 1994 abgeschlossenen Vertrags

1. nach § 4 Abs. 1 oder § 5 Abs. 1 des Fünften Vermögensbildungsgesetzes 1989 zum Erwerb von Aktien oder Wandelschuldverschreibungen, die keine Aktien oder Wandelschuldverschreibungen im Sinne des vorstehenden § 2 Abs. 1 Nr. 1 Buchstabe a oder b, Abs. 2 Satz 1 sind, oder
2. nach § 6 Abs. 2 des Fünften Vermögensbildungsgesetzes 1989 über die Begründung eines Geschäftsguthabens bei einer Genossenschaft, die keine Genossenschaft im Sinne des vorstehenden § 2 Abs. 1 Nr. 1 Buchstabe g, Abs. 2 Satz 2 ist, oder
3. nach § 6 Abs. 2 oder § 7 Abs. 2 des Fünften Vermögensbildungsgesetzes 1989 über die Übernahme einer Stammeinlage oder zum Erwerb eines Geschäftsanteils an einer Gesellschaft mit beschränkter Haftung, die keine Gesellschaft im Sinne des vorstehenden § 2 Abs. 1 Nr. 1 Buchstabe h, Abs. 2 Satz 3 ist,

gelten statt der vorstehenden §§ 2, 4, 6 und 7 die §§ 2, 4, 6 und 7 des Fünften Vermögensbildungsgesetzes 1989.

(4) Für vermögenswirksame Leistungen, die nach dem 31. Dezember 1993 auf Grund eines Vertrags im Sinne des § 17 Abs. 5 Satz 1 des Fünften Vermögensbildungsgesetzes 1989 angelegt werden, gilt § 17 Abs. 5 und 6 des Fünften Vermögensbildungsgesetzes 1989.

(5) [1]Für vermögenswirksame Leistungen, die vor dem 1. Januar 1994 auf Grund eines Vertrags im Sinne des Absatzes 3 angelegt worden sind, gelten § 4 Abs. 2 bis 5, § 5 Abs. 2, § 6 Abs. 3 und § 7 Abs. 3 des Fünften Vermögensbildungsgesetzes 1989 über Fristen für die Verwendung vermögenswirksamer Leistungen und über Sperrfristen nach dem 31. Dezember 1993 nicht mehr. [2]Für vermögenswirksame Leistungen, die vor dem 1. Januar 1990 auf Grund eines Vertrags im Sinne des § 17 Abs. 2 des Fünften Vermögensbildungsgesetzes 1989 über die Begründung einer oder mehrerer Beteiligungen als stiller Gesellschafter angelegt worden sind, gilt § 7 Abs. 3 des Fünften Vermögensbildungsgesetzes in der Fassung der Bekanntmachung vom 19. Februar 1987 (BGBl. I S. 630) über die Sperrfrist nach dem 31. Dezember 1993 nicht mehr.

(6) Für vermögenswirksame Leistungen, die vor dem 1. Januar 1999 angelegt worden sind, gilt § 13 Abs. 1 und 2 dieses Gesetzes in der Fassung der Bekanntmachung vom 4. März 1994 (BGBl. I S. 406).

(7) § 13 Abs. 1 Satz 1 und Abs. 2 in der Fassung des Artikels 2 des Gesetzes vom 7.3.2009 (BGBl. I S. 451) ist erstmals für vermögenswirksame Leistungen anzuwenden, die nach dem 31. Dezember 2008 angelegt werden.

(8) § 8 Abs. 5, § 13 Abs. 5 Satz 1 und 2, § 14 Abs. 4 Satz 4 Buchstabe b und § 15 Abs. 1 Nr. 3 in der Fassung des Artikels 7 des Gesetzes vom 29. Juli 2008 (BGBl. I S. 1509) sind erstmals für vermögenswirksame Leistungen anzuwenden, die nach dem 31. Dezember 2008 angelegt werden.

(9) § 4 Abs. 4 Nr. 4 und § 13 Abs. 5 Satz 3 Nr. 3 in der Fassung des Artikels 1 des Gesetzes vom 8. Dezember 2008 (BGBl. I S. 2373) ist erstmals bei Verfügungen nach dem 31. Dezember 2008 anzuwenden.

(10) § 14 Absatz 4 Satz 2 in der Fassung des Artikels 12 des Gesetzes vom 16. Juli 2009 (BGBl. I S. 1959) ist erstmals für vermögenswirksame Leistungen anzuwenden, die nach dem 31. Dezember 2006 angelegt werden, und in Fällen, in denen am 22. Juli 2009 über einen Antrag auf Arbeitnehmer-Sparzulage noch nicht bestandskräftig entschieden ist.

(11) § 13 Absatz 1 Satz 2 in der Fassung des Artikels 10 des Gesetzes vom 8. Dezember 2010 (BGBl. I S. 1768) ist erstmals für vermögenswirksame Leistungen anzuwenden, die nach dem 31. Dezember 2008 angelegt werden.

(12) § 2 Absatz 1 Nummer 5 in der Fassung des Artikels 13 des Gesetzes vom 7. Dezember 2011 (BGBl. I S. 2592) ist erstmals für vermögenswirksame Leistungen anzuwenden, die nach dem 31. Dezember 2011 angelegt werden.

(13) [1]§ 3 Absatz 1 Satz 1 Nummer 1 in der Fassung des Artikels 18 des Gesetzes vom 26. Juni 2013 (BGBl. I S. 1809) ist erstmals für vermögenswirksame Leistungen anzuwenden, die nach dem 31. Dezember 2012 angelegt werden. [2]§ 4 Absatz 4 Nummer 1, 2 und 4 sowie § 8 Absatz 5 Satz 1 in der Fassung des Artikels 18 des Gesetzes vom 26. Juni 2013 (BGBl. I S. 1809) sind erstmals bei Verfügungen nach dem 31. Dezember 2012 anzuwenden.

(14) [1]Das Bundesministerium der Finanzen teilt den Zeitpunkt der erstmaligen Anwendung der §§ 13 und 14 Absatz 4 sowie des § 15 in der Fassung des Artikels 18 des Gesetzes vom 26. Juni 2013 (BGBl. I S. 1809) durch ein im Bundessteuerblatt zu veröffentlichendes Schreiben mit. [2]Bis zu diesem Zeitpunkt sind die §§ 13 und 14 Absatz 4 sowie der § 15 in der Fassung des Artikels 13 des Gesetzes vom 7. Dezember 2011 (BGBl. I S. 2592) weiter anzuwenden.

(15) [1]§ 2 Absatz 1 Nummer 1 in der Fassung des Artikels 5 des Gesetzes vom 18. Dezember 2013 (BGBl. I S. 4318) ist erstmals für vermögenswirksame Leistungen anzuwenden, die nach dem 31. Dezember 2013 angelegt werden. [2]§ 4 Absatz 4 Nummer 4 in der Fassung des Artikels 5 des Gesetzes vom 18. Dezember 2013 (BGBl. I S. 4318) ist erstmals bei Verfügungen nach dem 31. Dezember 2013 anzuwenden.

§ 18
Kündigung eines vor 1994 abgeschlossenen Anlagevertrags und der Mitgliedschaft in einer Genossenschaft oder Gesellschaft mit beschränkter Haftung

(1) Hat sich der Arbeitnehmer in einem Vertrag im Sinne des § 17 Abs. 3 verpflichtet, auch nach dem 31. Dezember 1994 vermögenswirksame Leistungen überweisen zu lassen oder andere Beträge zu zahlen, so kann er den Vertrag bis zum 30. September 1994 auf den 31. Dezember 1994 mit der Wirkung schriftlich kündigen, dass auf Grund dieses Vertrags vermögenswirksame Leistungen oder andere Beträge nach dem 31. Dezember 1994 nicht mehr zu zahlen sind.

(2) [1]Ist der Arbeitnehmer im Zusammenhang mit dem Abschluss eines Vertrags im Sinne des § 17 Abs. 3 Nr. 2 Mitglied in einer Genossenschaft geworden, so kann er die Mitgliedschaft bis zum 30. September 1994 auf den 31. Dezember 1994 mit der Wirkung schriftlich kündigen, dass nach diesem Zeitpunkt die Verpflichtung, Einzahlungen auf einen Geschäftsanteil zu leisten und ein Eintrittsgeld zu zahlen, entfällt. [2]Weitergehende Rechte des Arbeitnehmers nach dem Statut der Genossenschaft bleiben unberührt. [3]Der ausgeschiedene Arbeitnehmer kann die Auszahlung des Auseinandersetzungsguthabens, die Genossenschaft kann die Zahlung eines den ausgeschiedenen Arbeitnehmer treffenden Anteils an einem Fehlbetrag zum 1. Januar 1998 verlangen.

(3) [1]Ist der Arbeitnehmer im Zusammenhang mit dem Abschluss eines Vertrags im Sinne des § 17 Abs. 3 Nr. 3 Gesellschafter einer Gesellschaft mit beschränkter Haftung geworden, so kann er die Mitgliedschaft bis zum 30. September 1994 auf den 31. Dezember 1994 schriftlich kündigen. [2]Weitergehende Rechte des Arbeitnehmers nach dem Gesellschaftsvertrag bleiben unberührt. [3]Der zum Austritt berechtigte Arbeitnehmer kann von der Gesellschaft als Abfindung den Verkehrswert seines Geschäftsanteils verlangen; maßgebend ist der Verkehrswert im Zeitpunkt des Zugangs der Kündigungserklärung. [4]Der Arbeitnehmer kann die Abfindung nur verlangen, wenn die Gesellschaft sie ohne Verstoß gegen § 30 Abs. 1 des Gesetzes betreffend die Gesellschaften mit beschränkter Haftung zahlen

Anhang 23/5. VermBG

kann. [5]Hat die Gesellschaft die Abfindung bezahlt, so stehen dem Abeitnehmer aus seinem Geschäftsanteil keine Rechte mehr zu. [6]Kann die Gesellschaft bis zum 31. Dezember 1996 die Abfindung nicht gemäß Satz 4 zahlen, so ist sie auf Antrag des zum Austritt berechtigten Arbeitnehmers aufzulösen. [7]§ 61 Abs. 1, Abs. 2 Satz 1 und Abs. 3 des Gesetzes betreffend die Gesellschaften mit beschränkter Haftung gilt im übrigen entsprechend.

(4) Werden auf Grund der Kündigung nach Absatz 1, 2 oder 3 Leistungen nicht erbracht, so hat der Arbeitnehmer dies nicht zu vertreten.

(5) [1]Hat der Arbeitnehmer nach Absatz 1 einen Vertrag im Sinne des § 17 Abs. 3 Nr. 2 oder nach Absatz 2 die Mitgliedschaft in einer Genossenschaft gekündigt, so gelten beide Kündigungen als erklärt, wenn der Arbeitnehmer dies nicht ausdrücklich ausgeschlossen hat. [2]Entsprechendes gilt, wenn der Arbeitnehmer nach Absatz 1 einen Vertrag im Sinne des § 17 Abs. 3 Nr. 3 oder nach Absatz 3 die Mitgliedschaft in einer Gesellschaft mit beschränkter Haftung gekündigt hat.

(6) Macht der Arbeitnehmer von seinem Kündigungsrecht nach Absatz 1 keinen Gebrauch, so gilt die Verpflichtung, vermögenswirksame Leistungen überweisen zu lassen, nach dem 31. Dezember 1994 als Verpflichtung, andere Beträge in entsprechender Höhe zu zahlen.

Anhang 24/VermBDV 1994

Verordnung zur Durchführung des Fünften Vermögensbildungsgesetzes (VermBDV 1994)

Vom 20. Dezember 1994 (BGBl. I S. 3904, BStBl. 1995 I S. 67)[1]

Auf Grund des § 14 Abs. 5 und des § 15 Abs. 2 des Fünften Vermögensbildungsgesetzes in der Fassung der Bekanntmachung vom 4. März 1994 (BGBl. I S. 406) verordnet die Bundesregierung und auf Grund des § 156 Abs. 1 der Abgabenordnung vom 16. März 1976 (BGBl. I S. 613), der durch Artikel 26 des Gesetzes vom 21. Dezember 1993 (BGBl. I S. 2310) geändert worden ist, verordnet das Bundesministerium der Finanzen:

§ 1
Verfahren

Auf das Verfahren bei der Festsetzung, Auszahlung und Rückzahlung der Arbeitnehmer-Sparzulage sind neben den in § 14 Abs. 2 des Gesetzes bezeichneten Vorschriften die für die Einkommensteuer und Lohnsteuer geltenden Regelungen sinngemäß anzuwenden, soweit sich aus den nachstehenden Vorschriften nichts anderes ergibt.

§ 2
Mitteilungspflichten des Arbeitgebers, des Kreditinstituts oder des Unternehmens

(1) Der Arbeitgeber hat bei Überweisung vermögenswirksamer Leistungen im Dezember und Januar eines Kalenderjahres dem Kreditinstitut oder dem Unternehmen, bei dem die vermögenswirksamen Leistungen angelegt werden, das Kalenderjahr mitzuteilen, dem die vermögenswirksamen Leistungen zuzuordnen sind.

(2) [1]Werden bei einer Anlage nach § 2 Abs. 1 Nr. 4 des Gesetzes oder § 17 Abs. 5 Satz 1 Nr. 1 des Fünften Vermögensbildungsgesetzes in der Fassung der Bekanntmachung vom 19. Januar 1989 (BGBl. I S. 137)

1. Wohnbau-Sparverträge in Baufinanzierungs-Verträge umgewandelt (§ 12 Abs. 1 Nr. 2 der Verordnung zur Durchführung des Wohnungsbau-Prämiengesetzes in der Fassung der Bekanntmachung vom 29. Juni 1994, BGBl. I S. 1446),

2. Baufinanzierungs-Verträge in Wohnbau-Sparverträge umgewandelt (§ 18 Abs. 1 Nr. 2 der Verordnung zur Durchführung des Wohnungsbau-Prämiengesetzes in der Fassung der Bekanntmachung vom 29. Juni 1994, BGBl. I S. 1446) oder

3. Sparbeiträge auf einen von dem Arbeitnehmer oder seinem Ehegatten oder Lebenspartner abgeschlossenen Bausparvertrag überwiesen (§ 4 Abs. 3 Nr. 7 des Fünften Vermögensbildungsgesetzes in der Fassung der Bekanntmachung vom 19. Februar 1987, BGBl. I S. 630),

so hat das Kreditinstitut oder Unternehmen, bei dem die vermögenswirksamen Leistungen angelegt worden sind, dem neuen Kreditinstitut oder Unternehmen den Betrag der vermögenswirksamen Leistungen, das Kalenderjahr, dem sie zuzuordnen sind, das Ende der Sperrfrist, seinen Institutsschlüssel gemäß § 5 Absatz 1 und die bisherige Vertragsnummer des Arbeitnehmers unverzüglich schriftlich mitzuteilen. [2]Das neue Kreditinstitut oder Unternehmen hat die Angaben aufzuzeichnen.

(3) [1]Das Kreditinstitut oder die Kapitalanlagegesellschaft, bei dem vermögenswirksame Leistungen auf Grund eines Vertrags im Sinne des § 4 des Gesetzes angelegt werden, hat

1. dem Arbeitgeber, der mit den vermögenswirksamen Leistungen erworbene Wertpapiere verwahrt oder an dessen Unternehmen eine nichtverbriefte Vermögensbeteiligung im Sinne des § 2 Abs. 1 Nr. 1 Buchstabe g bis l des Gesetzes mit den vermögenswirksamen Leistungen begründet oder erworben wird, oder

2. dem Unternehmen, an dem eine nichtverbriefte Vermögensbeteiligung im Sinne des § 2 Abs. 1 Nr. 1 Buchstabe g bis l des Gesetzes mit den vermögenswirksamen Leistungen begründet oder erworben wird,

das Ende der für die vermögenswirksamen Leistungen geltenden Sperrfrist unverzüglich schriftlich mitzuteilen. [2]Wenn über die verbrieften oder nichtverbrieften Vermögensbeteiligungen vor Ablauf der Sperrfrist verfügt worden ist, hat dies der Arbeitgeber oder das Unternehmen dem Kreditinstitut oder der Kapitalanlagegesellschaft unverzüglich mitzuteilen.

(4) [1]Der Arbeitgeber, bei dem vermögenswirksame Leistungen auf Grund eines Vertrags im Sinne des § 5 des Gesetzes angelegt werden, hat dem vom Arbeitnehmer benannten Kreditinstitut, das die erworbenen Wertpapiere verwahrt, oder der vom Arbeitnehmer benannten Kapitalanlagegesellschaft, die die erworbenen Wertpapiere verwahrt, das Ende der für die vermögenswirksamen Leistungen geltenden

---

[1] Unter Berücksichtigung der Änderungen zuletzt durch Artikel 14 des Gesetzes zur Anpassung steuerlicher Regelungen an die Rechtsprechung des BVerfG vom 18. Juli 2014 (BGBl. I S. 1042, BStBl. I S. 1062).

Sperrfrist unverzüglich schriftlich mitzuteilen. ²Wenn über die Wertpapiere vor Ablauf der Sperrfrist verfügt worden ist, hat dies das Kreditinstitut oder die Kapitalanlagegesellschaft dem Arbeitgeber unverzüglich mitzuteilen.

§ 3
Aufzeichnungspflichten des Beteiligungsunternehmens

(1) ¹Das Unternehmen, an dem eine nichtverbriefte Vermögensbeteiligung im Sinne des § 2 Abs. 1 Nr. 1 Buchstabe g bis l des Gesetzes auf Grund eines Vertrags im Sinne des § 6 Abs. 2 oder des § 7 Abs. 2 des Gesetzes mit vermögenswirksamen Leistungen begründet oder erworben wird, hat den Betrag der vermögenswirksamen Leistungen und das Kalenderjahr, dem sie zuzuordnen sind, sowie das Ende der Sperrfrist aufzuzeichnen. ²Bei Verträgen im Sinne des § 4 des Gesetzes genügt die Aufzeichnung des Endes der Sperrfrist.

(2) Zu den Aufzeichnungen nach Absatz 1 Satz 1 ist auch der Arbeitgeber verpflichtet, an dessen Unternehmen eine nichtverbriefte Vermögensbeteiligung im Sinne des § 2 Abs. 1 Nr. 1 Buchstabe b bis l des Gesetzes auf Grund eines Vertrags im Sinne des § 6 Abs. 1 oder des § 7 Abs. 1 des Gesetzes mit vermögenswirksamen Leistungen begründet oder erworben wird.

§ 4
Festlegung von Wertpapieren

(1) Wertpapiere, die auf Grund eines Vertrags im Sinne des § 4 des Gesetzes mit vermögenswirksamen Leistungen erworben werden, sind auf den Namen des Arbeitnehmers dadurch festzulegen, dass sie für die Dauer der Sperrfrist wie folgt in Verwahrung gegeben werden:

1. ¹Erwirbt der Arbeitnehmer Einzelurkunden, so müssen diese in das Depot bei dem Kreditinstitut oder der Kapitalanlagegesellschaft gegeben werden, mit dem er den Sparvertrag abgeschlossen hat. ²Das Kreditinstitut oder die Kapitalanlagegesellschaft muss in den Depotbüchern einen Sperrvermerk für die Dauer der Sperrfrist anbringen. ³Bei Drittverwahrung genügt ein Sperrvermerk im Kundenkonto beim erstverwahrenden Kreditinstitut oder bei der erstverwahrenden Kapitalanlagegesellschaft.

2. Erwirbt der Arbeitnehmer Anteile an einem Sammelbestand von Wertpapieren oder werden Wertpapiere bei einer Wertpapiersammelbank in Sammelverwahrung gegeben, so muss das Kreditinstitut oder die Kapitalanlagegesellschaft einen Sperrvermerk in das Depotkonto eintragen.

(2) ¹Wertpapier nach Absatz 1 Satz 1

1. die eine Vermögensbeteiligung an Unternehmen des Arbeitgebers oder eine gleichgestellte Vermögensbeteiligung (§ 2 Abs. 2 Satz 1 des Gesetzes) verbriefen oder

2. die der Arbeitnehmer vom Arbeitgeber erwirbt,

können auch vom Arbeitgeber verwahrt werden. ²Der Arbeitgeber hat die Verwahrung sowie das Ende der Sperrfrist aufzuzeichnen.

(3) ¹Wertpapiere, die auf Grund eines Vertrags im Sinne des § 5 des Gesetzes erworben werden, sind festzulegen durch Verwahrung

1. beim Arbeitgeber oder

2. im Auftrag des Arbeitgebers bei einem Dritten oder

3. bei einem vom Arbeitnehmer benannten inländischen Kreditinstitut oder bei einer vom Arbeitnehmer benannten inländischen Kapitalanlagegesellschaft.

²In den Fällen der Nummern 1 und 2 hat der Arbeitgeber die Verwahrung, den Betrag der vermögenswirksamen Leistungen, das Kalenderjahr, dem sie zuzuordnen sind, und das Ende der Sperrfrist aufzuzeichnen. ³Im Falle der Nummer 3 hat das Kreditinstitut oder die Kapitalanlagegesellschaft das Ende der Sperrfrist aufzuzeichnen.

(4) Bei einer Verwahrung durch ein Kreditinstitut oder eine Kapitalanlagegesellschaft hat der Arbeitnehmer innerhalb von drei Monaten nach dem Erwerb der Wertpapiere dem Arbeitgeber eine Bescheinigung des Kreditinstituts oder der Kapitalanlagegesellschaft darüber vorzulegen, daß die Wertpapiere entsprechend Absatz 1 in Verwahrung genommen worden sind.

§ 5
Elektronische Vermögensbildungsbescheinigung

(1) ¹Das Kreditinstitut, das Unternehmen oder der Arbeitgeber, bei dem vermögenswirksame Leistungen nach § 2 Abs. 1 Nr. 1 bis 4, Abs. 2 bis 4 des Gesetzes oder nach § 17 Abs. 5 Satz 1 des Fünften Vermögensbildungsgesetzes in der am 19. Januar 1989 geltenden Fassung (BGBl. I S. 137) angelegt werden, hat in der elektronischen Vermögensbildungsbescheinigung seinen Institutsschlüssel und die Ver-

tragsnummer des Arbeitnehmers anzugeben; dies gilt nicht für Anlagen nach § 2 Abs. 1 Nr. 4 des Gesetzes in Verbindung mit § 2 Abs. 1 Nr. 2 des Wohnungsbau-Prämiengesetzes. ²Der Institutsschlüssel ist bei der Zentralstelle der Länder[1] anzufordern. ³Bei der Anforderung sind anzugeben

1. Name und Anschrift des anfordernden Kreditinstituts, Unternehmens oder Arbeitgebers,
2. Bankverbindung für die Überweisung der Arbeitnehmer-Sparzulagen,
3. Lieferanschrift für die Übersendung von Datenträgern.

⁴Die Vertragsnummer darf keine Sonderzeichen enthalten.

(2) Der Arbeitgeber oder das Unternehmen, bei dem vermögenswirksame Leistungen nach § 2 Abs. 1 Nr. 2 und 3, Abs. 2 bis 4 des Gesetzes angelegt werden, hat in der elektronischen Vermögensbildungsbescheinigung, die noch nicht zum Erwerb von Wertpapieren oder zur Begründung von Rechten verwendet worden sind, als Ende der Sperrfrist den 31. Dezember des sechsten Kalenderjahres nach dem Kalenderjahr anzugeben, dem die vermögenswirksamen Leistungen zuzuordnen sind.

(3) ¹In der elektronischen Vermögensbildungsbescheinigung, die nach § 2 Abs. 1 Nr. 1 oder 4 des Gesetzes oder nach § 17 Abs. 5 Satz 1 des Fünften Vermögensbildungsgesetzes in der am 19. Januar 1989 geltenden Fassung (BGBl. I S. 137) bei Kreditinstituten, Kapitalanlagegesellschaften oder Versicherungsunternehmen angelegt worden sind, ist bei einer unschädlichen vorzeitigen Verfügung als Ende der Sperrfrist der Zeitpunkt dieser Verfügung anzugeben. ²Dies gilt bei Zuteilung eines Bausparvertrags entsprechend.

(4) Bei einer schädlichen vorzeitigen Verfügung über vermögenswirksame Leistungen, die nach § 2 Abs. 1 Nr. 1 oder 4 des Gesetzes oder nach § 17 Abs. 5 Satz 1 des Fünften Vermögensbildungsgesetzes in der am 19. Januar 1989 geltenden Fassung (BGBl. I S. 137) bei Kreditinstituten, Kapitalanlagegesellschaften oder Versicherungsunternehmen angelegt worden sind, darf eine elektronischen Vermögensbildungsbescheinigung nicht erteilt werden.

§ 6
Festsetzung der Arbeitnehmer-Sparzulage, Mitteilungspflichten der Finanzämter

(1) ¹Die Festsetzung der Arbeitnehmer-Sparzulage ist regelmäßig mit der Einkommensteuererklärung[2] zu beantragen. ²Die festzusetzende Arbeitnehmer-Sparzulage ist auf den nächsten vollen Euro-Betrag aufzurunden. ³Sind für den Arbeitnehmer die vermögenswirksamen Leistungen eines Kalenderjahres auf mehr als einem der in § 2 Abs. 1 Nr. 1 bis 5 des Gesetzes und der in § 17 Abs. 5 Satz 1 des Fünften Vermögensbildungsgesetzes in der am 19. Januar 1989 geltenden Fassung (BGBl. I S. 137) bezeichneten Anlageverträge angelegt worden, so gilt die Aufrundung für jeden Vertrag.

(2) ¹Festgesetzte, noch nicht fällige Arbeitnehmer-Sparzulagen sind der Zentralstelle der Länder zur Aufzeichnung der für ihre Auszahlung notwendigen Daten mitzuteilen. ²Das gilt auch für die Änderung festgesetzter Arbeitnehmer-Sparzulagen sowie in den Fällen, in denen festgesetzte Arbeitnehmer-Sparzulagen nach Auswertung einer Anzeige über die teilweise schädliche vorzeitige Verfügung (§ 8 Abs. 4 Satz 2) unberührt bleiben.[3]

(3) Werden bei einer Anlage nach § 2 Abs. 1 Nr. 1 bis 4, Abs. 2 bis 4 des Gesetzes oder nach § 17 Abs. 5 Satz 1 des Fünften Vermögensbildungsgesetzes in der am 19. Januar 1989 geltenden Fassung (BGBl. I S. 137) vor Ablauf der Sperrfrist teilweise Beträge zurückgezahlt, Ansprüche aus dem Vertrag abgetreten oder beliehen, die Bauspar- oder Versicherungssumme ausgezahlt, die Festlegung aufgehoben oder Spitzenbeträge nach § 4 Abs. 3 des Gesetzes oder des § 5 Abs. 3 des Fünften Vermögensbildungsgesetzes in der am 19. Februar 1987 geltenden Fassung (BGBl. I S. 630) von mehr als 150 Euro nicht rechtzeitig verwendet, so gelten für die Festsetzung oder Neufestsetzung der Arbeitnehmer-Sparzulage die Beträge in folgender Reihenfolge als zurückgezahlt:

1. Beträge, die keine vermögenswirksamen Leistungen sind,
2. vermögenswirksame Leistungen, für die keine Arbeitnehmer-Sparzulage festgesetzt worden ist,

---

1) **Anschrift:** Senatsverwaltung für Finanzen, Sonnenallee 223a, 12059 Berlin
2) Ankreuzfeld auf Mantelbogen ESt i.V.m. Anlage VL (Anhang 26).
3) Hinweis auf Buchungsordnung für die Finanzämter (BuchO) vom 10.4.1996 (BStBl. I S. 386):
„§ 25 Arbeitnehmer-Sparzulage
(1) Für die Festsetzung einer Arbeitnehmer-Sparzulage gelten die Vorschriften über die Festsetzung von V-Steuern entsprechend.
(2) Festgesetzte, noch nicht fällige Arbeitnehmer-Sparzulagen sind unbeschadet des Ausdrucks im Steuerbescheid der Zentralstelle der Länder (§ 6 Abs. 2 VermBDV) zur Aufzeichnung der für ihre spätere Auszahlung notwendigen Daten mitzuteilen. Dazu teilen die Landesfinanzbehörden der Zentralstelle die festgesetzten Zulagen und das Ende der Sperrfrist auf maschinell lesbaren Datenträgern mit. Eine Anweisung zur Sollstellung unterbleibt."

3. vermögenswirksame Leistungen, für die eine Arbeitnehmer-Sparzulage festgesetzt worden ist.

(4) ¹In den Fällen des § 4 Abs. 4 Nr. 6 des Gesetzes oder des § 5 Abs. 4 des Fünften Vermögensbildungsgesetzes in der am 19. Februar 1987 geltenden Fassung (BGBl. I S. 630) gilt für die Festsetzung oder Neufestsetzung der Arbeitnehmer-Sparzulage der nicht wiederverwendete Erlös, wenn er 150 Euro übersteigt, in folgender Reihenfolge als zurückgezahlt:

1. Beträge, die keine vermögenswirksamen Leistungen sind,
2. vermögenswirksame Leistungen, für die keine Arbeitnehmer-Sparzulage festgesetzt worden ist,
3. vermögenswirksame Leistungen, für die eine Arbeitnehmer-Sparzulage festgesetzt worden ist.

²Maßgebend sind die bis zum Ablauf des Kalenderjahres, das dem Kalenderjahr der Veräußerung vorangeht, angelegten Beträge.

§ 7
Auszahlung der Arbeitnehmer-Sparzulage

(1) Die festgesetzte Arbeitnehmer-Sparzulage ist vom Finanzamt an den Arbeitnehmer auszuzahlen

1. bei einer Anlage nach § 2 Abs. 1 Nr. 4 des Gesetzes in Verbindung mit § 2 Abs. 1 Nr. 2 des Wohnungsbau-Prämiengesetzes sowie bei einer Anlage nach § 2 Abs. 1 Nr. 5 des Gesetzes;
2. bei einer Anlage nach § 2 Abs. 1 Nr. 1 bis 4, Abs. 2 bis 4 des Gesetzes oder nach § 17 Abs. 5 Satz 1 des Gesetzes in der am 1. Januar 1989 geltenden Fassung, wenn im Zeitpunkt der Bekanntgabe des Bescheids über die Festsetzung der Arbeitnehmer-Sparzulage die für die Anlageform vorgeschriebene Sperrfrist oder die im Wohnungsbau-Prämiengesetz oder in der Verordnung zur Durchführung des Wohnungsbau-Prämiengesetzes in der Fassung der Bekanntmachung vom 29. Juni 1994 (BGBl. I S. 1446) genannten Sperr- und Rückzahlungsfristen abgelaufen sind. ²Bei Bausparverträgen gelten die in § 2 Abs. 3 Satz 1 des Wohnungsbau-Prämiengesetzes genannten Sperr- und Rückzahlungsfristen unabhängig davon, ob der Vertrag vor dem 1. Januar 2009 oder nach dem 31. Dezember 2008 abgeschlossen worden ist;
3. in den Fällen des § 5 Abs. 3;
4. bei einer Anlage nach § 2 Abs. 1 Nr. 2 und 3 des Gesetzes, wenn eine unschädliche vorzeitige Verfügung vorliegt.

(2) ¹Die bei der Zentralstelle der Länder aufgezeichneten Arbeitnehmer-Sparzulagen für Anlagen nach § 2 Abs. 1 Nr. 1 bis 4, Abs. 2 bis 4 des Gesetzes oder nach § 17 Abs. 5 Satz 1 des Fünften Vermögensbildungsgesetzes in der am 19. Januar 1989 geltenden Fassung (BGBl. I S. 137) sind dem Kreditinstitut, dem Unternehmen oder dem Arbeitgeber, bei dem die vermögenswirksamen Leistungen angelegt worden sind, zugunsten des Arbeitnehmers zu überweisen. ²Die Überweisung ist in den Fällen des § 14 Abs. 4 Satz 4 Buchstabe c und d des Gesetzes bis zum Ende des Kalendermonats vorzunehmen, der auf den Kalendermonat folgt, in dem die Zuteilung oder die unschädliche vorzeitige Verfügung angezeigt worden ist.

§ 8
Anzeigepflichten des Kreditinstituts, des Unternehmens oder des Arbeitgebers

(1) Der Zentralstelle der Länder ist anzuzeigen,

1. von dem Kreditinstitut, der Kapitalanlagegesellschaft oder dem Versicherungsunternehmen, das bei ihm nach § 2 Abs. 1 Nr. 1 oder 4 des Gesetzes oder § 17 Abs. 5 Satz 1 des Fünften Vermögensbildungsgesetzes in der am 19. Januar 1989 geltenden Fassung (BGBl. I S. 137) angelegte vermögenswirksame Leistungen nach § 15 Abs. 1 des Gesetzes bescheinigt hat, wenn vor Ablauf der Sperrfrist

   a) vermögenswirksame Leistungen zurückgezahlt werden,
   b) über Ansprüche aus einem Vertrag im Sinne des § 4 des Gesetzes, einem Bausparvertrag oder einem Vertrag nach § 17 Abs. 5 Satz 1 des Fünften Vermögensbildungsgesetzes in der am 19. Januar 1989 geltenden Fassung (BGBl. I S. 137) durch Rückzahlung, Abtretung, Beleihung oder in anderer Weise verfügt wird,
   c) die Festlegung erworbener Wertpapiere aufgehoben oder über solche Wertpapiere verfügt wird,
   d) der Bausparvertrag zugeteilt oder die Bausparsumme ausgezahlt wird oder
   e) die Versicherungssumme ausgezahlt oder der Versicherungsvertrag in einen Vertrag umgewandelt wird, der die Voraussetzungen des in § 17 Abs. 5 Satz 1 Nr. 3 des Fünften Vermögensbildungsgesetzes in der am 19. Januar 1989 geltenden Fassung (BGBl. I S. 137) bezeichneten Vertrags nicht erfüllt;

2. von dem Kreditinstitut oder der Kapitalanlagegesellschaft, bei dem vermögenswirksame Leistungen nach § 4 des Gesetzes oder § 17 Abs. 5 Satz 1 Nr. 2 des Fünften Vermögensbildungsgesetzes in der am 19. Januar 1989 geltenden Fassung (BGBl. I S. 137) angelegt worden sind, wenn Spitzenbeträge nach § 4 Abs. 3 oder Abs. 4 Nr. 6 des Gesetzes oder § 5 Abs. 3 oder 4 des Fünften Vermögensbildungsgesetzes in der am 19. Februar 1987 geltenden Fassung (BGBl. I S. 630) von mehr als 150 Euro nicht rechtzeitig verwendet oder wiederverwendet worden sind;
3. von dem Kreditinstitut oder der Kapitalanlagegesellschaft, dem nach § 2 Abs. 3 Satz 2 mitgeteilt worden ist, dass über verbriefte oder nichtverbriefte Vermögensbeteiligungen vor Ablauf der Sperrfrist verfügt worden ist;
4. von dem Unternehmen oder Arbeitgeber, bei dem eine nichtverbriefte Vermögensbeteiligung nach § 2 Abs. 1 Nr. 1 Buchstabe g bis l des Gesetzes auf Grund eines Vertrags nach § 6 oder § 7 des Gesetzes mit vermögenswirksamen Leistungen begründet oder erworben worden ist, wenn vor Ablauf der Sperrfrist über die Vermögensbeteiligung verfügt wird oder wenn der Arbeitnehmer die Vermögensbeteiligung nicht bis zum Ablauf des Kalenderjahres erhalten hat, das auf das Kalenderjahr der vermögenswirksamen Leistungen folgt;
5. von dem Arbeitgeber, der Wertpapiere nach § 4 Abs. 3 Satz 1 Nr. 1 oder 2 verwahrt oder bei einem Dritten verwahren lässt, wenn vor Ablauf der Sperrfrist die Festlegung von Wertpapieren aufgehoben oder über Wertpapiere verfügt wird oder wenn bei einer Verwahrung nach § 4 Abs. 3 Satz 1 Nr. 3 der Arbeitnehmer die Verwahrungsbescheinigung nach § 4 Abs. 4 nicht rechtzeitig vorlegt;
6. von dem Arbeitgeber, bei dem vermögenswirksame Leistungen auf Grund eines Vertrags im Sinne des § 5 des Gesetzes angelegt werden, wenn ihm die Mitteilung des Kreditinstituts oder der Kapitalanlagegesellschaft nach § 2 Abs. 4 Satz 2 zugegangen ist oder wenn der Arbeitnehmer mit den vermögenswirksamen Leistungen eines Kalenderjahres nicht bis zum Ablauf des folgenden Kalenderjahres die Wertpapiere erworben hat.

(2) ¹Das Kreditinstitut, die Kapitalanlagegesellschaft oder das Versicherungsunternehmen hat in den Anzeigen nach Absatz 1 Nr. 1 bis 3 zu kennzeichnen, ob eine unschädliche, vollständig schädliche oder teilweise schädliche vorzeitige Verfügung vorliegt. ²Der Betrag, über den schädlich vorzeitig verfügt worden ist, sowie die in den einzelnen Kalenderjahren jeweils angelegten vermögenswirksamen Leistungen sind nur in Anzeigen über teilweise schädliche vorzeitige Verfügungen anzugeben.

(3) Die Anzeigen nach Absatz 1 sind nach amtlich vorgeschriebenem Vordruck oder nach amtlich vorgeschriebenem Datensatz durch Datenfernübertragung für die innerhalb eines Kalendermonats bekannt gewordenen vorzeitigen Verfügungen der Zentralstelle der Länder jeweils spätestens bis zum 15. Tag des folgenden Kalendermonats zuzuleiten.[1)]

(4) ¹Sind bei der Zentralstelle der Länder Arbeitnehmer-Sparzulagen für Fälle aufgezeichnet,
1. die nach Absatz 1 Nr. 4 bis 6 angezeigt werden oder
2. die nach Absatz 1 Nr. 1 bis 3 angezeigt werden, wenn die Anzeigen als vollständig oder teilweise schädliche vorzeitige Verfügung gekennzeichnet sind,

so hat die Zentralstelle die Auszahlung der aufgezeichneten Arbeitnehmer-Sparzulagen zu sperren. ²Die Zentralstelle hat die Anzeigen um ihre Aufzeichnungen zu ergänzen und zur Auswertung dem Finanzamt zu übermitteln, das nach Kenntnis der Zentralstelle zuletzt eine Arbeitnehmer-Sparzulage für den Arbeitnehmer festgesetzt hat.

§ 9

Rückforderung der Arbeitnehmer-Sparzulage durch das Finanzamt

¹Das für die Besteuerung des Arbeitnehmers nach dem Einkommen zuständige Finanzamt (§ 19 der Abgabenordnung) hat eine zu Unrecht gezahlte Arbeitnehmer-Sparzulage vom Arbeitnehmer zurückzufordern. ²Die Rückforderung unterbleibt, wenn der zurückzufordernde Betrag fünf Euro nicht übersteigt.

§ 10

Anwendungszeitraum

¹§ 8 dieser Verordnung ist auf vermögenswirksame Leistungen, über die nach dem 31. Dezember 1994 vorzeitig verfügt worden ist, anzuwenden. ²Im Übrigen ist diese Verordnung auf vermögenswirksame Leistungen, die nach dem 31. Dezember 1993 angelegt werden, anzuwenden.

---

1) S. BMF-Schreiben vom 16.8.2011 (BStBl. I S. 801) betr. Bekanntmachung der Vordruckmuster ab 1.1.2012 für Anzeigen nach § 8 Abs. 1 Nr. 1 bis 3 VermBDV 1994 (VermB 12) und nach § 8 Abs. 1 Nr. 4 bis 6 VermBDV 1994 (VermB 13) und der Datensatzbeschreibung für die Zuleitung durch Datenfernübertragung.

§ 11
Inkrafttreten, weiter anzuwendende Vorschriften

(1) [1]Diese Verordnung in der Fassung des Artikels 14 des Gesetzes vom 20. Dezember 2008 (BGBl. I S. 2850) ist ab 1. Januar 2009 anzuwenden. [2]Das Bundesministerium der Finanzen teilt den Zeitpunkt der erstmaligen Anwendung von § 2 Absatz 2 Satz 1, der §§ 5 und 7 Absatz 1 Nummer 3 in der Fassung des Artikels 19 des Gesetzes vom 26. Juni 2013 (BGBl. I S. 1809) durch ein im Bundessteuerblatt zu veröffentlichendes Schreiben mit. [3]Bis zu diesem Zeitpunkt sind § 2 Absatz 2 Satz 1, die §§ 5 und 7 Absatz 1 Nummer 3 in der Fassung des Artikels 14 des Gesetzes vom 20. Dezember 2008 (BGBl. I S. 2850) weiter anzuwenden.

(2) [1]Die Verordnung zur Durchführung des Fünften Vermögensbildungsgesetzes vom 4. Dezember 1991 (BGBl. I S. 2156), geändert durch Artikel 4 des Gesetzes vom 21. Dezember 1993 (BGBl. I S. 2310), tritt am Tage nach der Verkündung dieser Verordnung außer Kraft. [2]Sie ist auf vermögenswirksame Leistungen, die vor dem 1. Januar 1994 angelegt worden sind, weiter anzuwenden; § 7 ist auch auf vermögenswirksame Leistungen, über die vor dem 1. Januar 1995 vorzeitig verfügt worden ist, weiter anzuwenden. [3]Im Übrigen ist die Verordnung zur Durchführung des Fünften Vermögensbildungsgesetzes vom 4. Dezember 1991 auf vermögenswirksame Leistungen, die nach dem 31. Dezember 1993 angelegt worden sind, nicht mehr anzuwenden.

Anhang 25/Anwendung 5. VermBG (Zu LStH 19a)

Anwendung des Fünften Vermögensbildungsgesetzes

BMF-Schreiben vom 23. Juli 2014 IV C 5 – S 2430 – 14/0002 (BStBl. I S. 1175)

Inhaltsverzeichnis

1. Persönlicher Geltungsbereich (§ 1 des 5. VermBG)
2. Begriff der vermögenswirksamen Leistungen, Überweisung (§ 2, § 3 Absatz 2 und 3 des 5. VermBG)
3. Zeitliche Zuordnung der vermögenswirksamen Leistungen (§ 2 Absatz 6 des 5. VermBG)
4. Vermögensbeteiligungen (§ 2 Absatz 1 Nummer 1 des 5. VermBG)
5. Anlagen auf Grund von Sparverträgen über Wertpapiere oder andere Vermögensbeteiligungen (§ 2 Absatz 1 Nummer 1, § 4 des 5. VermBG)
6. Anlagen auf Grund von Wertpapier-Kaufverträgen (§ 2 Absatz 1 Nummer 2, § 5 des 5. VermBG)
7. Anlagen auf Grund von Beteiligungs-Verträgen und Beteiligungs-Kaufverträgen (§ 2 Absatz 1 Nummer 3, §§ 6 und 7 des 5. VermBG)
8. Insolvenzschutz (§ 2 Absatz 5a des 5. VermBG)
9. Anlagen nach dem Wohnungsbau-Prämiengesetz (§ 2 Absatz 1 Nummer 4 des 5. VermBG)
10. Anlagen für den Bau, den Erwerb, den Ausbau, die Erweiterung oder die Entschuldung eines Wohngebäudes usw. (§ 2 Absatz 1 Nummer 5 des 5. VermBG)
11. Anlagen auf Grund von Verträgen des Ehegatten oder Lebenspartners, der Kinder oder der Eltern (§ 3 Absatz 1 des 5. VermBG)
12. Vereinbarung der vermögenswirksamen Leistungen, freie Wahl der Anlage (§§ 10, 11, 12 des 5. VermBG)
13. Kennzeichnungs- und Mitteilungspflichten (§ 3 Absatz 2 des 5. VermBG, § 2 Absatz 1 VermBDV 1994)
14. Bescheinigung vermögenswirksamer Leistungen (§ 15 Absatz 1 des 5. VermBG in der Fassung des Beitreibungsrichtlinie-Umsetzungsgesetzes vom 7. Dezember 2011, BGBl. I Seite 2592, § 5 VermBDV 1994 in der Fassung des Steuerbürokratieabbaugesetzes vom 20. Dezember 2008, BGBl. I Seite 2850)
15. Festsetzung der Arbeitnehmer-Sparzulage (§§ 13, 14 des 5. VermBG, § 6 Absatz 1 VermBDV 1994)
16. Höhe der Arbeitnehmer-Sparzulage (§ 13 Absatz 2 des 5. VermBG)
17. Auszahlung der Arbeitnehmer-Sparzulage (§ 14 Absatz 4 und 7 des 5. VermBG, § 7 VermBDV 1994 in der Fassung des Steuerbürokratieabbaugesetzes vom 20. Dezember 2008, BGBl. I Seite 2850)
18. Wegfall der Zulagebegünstigung (§ 13 Absatz 5 Satz 1 des 5. VermBG)
19. Zulageunschädliche Verfügungen (§ 4 Absatz 4 des 5. VermBG)
20. Nachweis einer zulageunschädlichen Verfügung (§ 4 Absatz 4 des 5. VermBG, § 8 VermBDV 1994)
21. Anzeigepflichten (§ 8 VermBDV 1994)
22. Änderung der Festsetzung, Rückforderung von Arbeitnehmer-Sparzulagen (§ 13 Absatz 5 des 5. VermBG, § 6 Absatz 2 und 3, § 8 Absatz 4, § 9 VermBDV 1994)
23. Außenprüfung (§ 15 Absatz 5 des 5. VermBG)
24. Anwendungsregelungen

Unter Bezugnahme auf das Ergebnis der Erörterungen mit den obersten Finanzbehörden der Länder und mit dem Bundesministerium für Wirtschaft und Energie wird zur Anwendung des Fünften Vermögensbildungsgesetzes in der Fassung der Bekanntmachung vom 4. März 1994 (BGBl. I Seite 406, BStBl. I Seite 237) – 5. VermBG – unter Berücksichtigung der jüngeren gesetzlichen Änderungen durch

- das Gesetz zur Umsetzung der Amtshilferichtlinie sowie zur Änderung steuerlicher Vorschriften (Amtshilferichtlinie-Umsetzungsgesetz – AmtshilfeRLUmsG) vom 26. Juni 2013 (BGBl. I Seite 1809, BStBl. I Seite 802) und
- das Gesetz zur Anpassung des Investmentsteuergesetzes und anderer Gesetze an das AIFM-Umsetzungsgesetz (AIFM-Steuer-Anpassungsgesetz – AIFM-StAnpG) vom 18. Dezember 2013 (BGBl. I Seite 4318, BStBl. 2014 I Seite 2)

wie folgt Stellung genommen: [1)]

1. Persönlicher Geltungsbereich (§ 1 des 5. VermBG)

(1) Das 5. VermBG gilt für unbeschränkt und beschränkt einkommensteuerpflichtige Arbeitnehmer im arbeitsrechtlichen Sinne (Angestellte, Arbeiter) und Auszubildende, deren Arbeitsverhältnis oder Ausbildungsverhältnis deutschem Arbeitsrecht unterliegt (§ 1 Absatz 1, Absatz 2 Satz 1 des 5. VermBG). Das 5. VermBG gilt auch für in Heimarbeit Beschäftigte (§ 1 Absatz 2 Satz 2 des 5. VermBG) und für Beamte, Richter, Berufssoldaten und Soldaten auf Zeit (§ 1 Absatz 4 des 5. VermBG). Soldaten auf Zeit, für die das 5. VermBG gilt, sind auch Bezieher von Ausbildungsgeld, das nach § 30 Absatz 2 des Soldatengesetzes während des Studiums gezahlt wird.

(2) Das 5. VermBG gilt für die in Absatz 1 Satz 1 bezeichneten Arbeitnehmer, z. B. auch dann, wenn sie

1. ihren Wohnsitz im Ausland haben und als entsandte Kräfte oder deutsche Ortskräfte an Auslandsvertretungen der Bundesrepublik beschäftigt sind,

2. ausländische Arbeitnehmer sind und als Grenzgänger in der Bundesrepublik arbeiten,

3. Kommanditisten oder stille Gesellschafter eines Unternehmens sind und mit der Kommanditgesellschaft oder dem Unternehmen einen Arbeitsvertrag abgeschlossen haben, der sie in eine abhängige Stellung zu der Gesellschaft oder dem Unternehmen bringt und sie deren Weisungsrecht unterstellt,

4. freiwillig Wehrdienstleistende sind und in einem ruhenden Arbeitsverhältnis stehen (§ 1 Absatz 1 des Arbeitsplatzschutzgesetzes), aus dem sie noch Arbeitslohn erhalten,

5. behinderte Menschen im Arbeitsbereich anerkannter Werkstätten für behinderte Menschen sind und zu den Werkstätten in einem arbeitnehmerähnlichen Rechtsverhältnis stehen (§ 138 Absatz 1 SGB IX),

6. kurzfristig Beschäftigte, Aushilfskräfte in der Land- und Forstwirtschaft und geringfügig entlohnte Beschäftigte sind, deren Arbeitslohn nach § 40a EStG pauschal versteuert wird.

(3) Im Zweifel ist eine Person Arbeitnehmer im arbeitsrechtlichen Sinne, wenn sie Arbeitslohn im steuerlichen Sinne aus einem gegenwärtigen Dienstverhältnis bezieht. Gleiches gilt für einen Gesellschafter, wenn für ihn Sozialversicherungspflicht besteht.

(4) Das 5. VermBG wird darüber hinaus angewendet auf

1. Arbeitnehmer, die als Grenzgänger im benachbarten Ausland nach ausländischem Arbeitsrecht beschäftigt sind, aber ihren ständigen Wohnsitz und den Mittelpunkt ihrer Lebensinteressen im Inland haben (vgl. auch Abschnitt 2 Absatz 3),

2. Personen, die aus dem Arbeitsverhältnis ausgeschieden sind, aber im Rahmen seiner Abwicklung noch Entgelt für geleistete Arbeit erhalten.

(5) Das 5. VermBG gilt vorbehaltlich der Sätze 3 und 4 nicht für Mitglieder des zur gesetzlichen Vertretung berufenen Organs einer juristischen Person und durch Gesetz, Satzung oder Gesellschaftsvertrag zur Vertretung einer Personengesamtheit berufene Personen (§ 1 Absatz 3 des 5. VermBG), weil sie in dieser Eigenschaft nicht Arbeitnehmer im arbeitsrechtlichen Sinne sind. Zu diesen Organmitgliedern oder Vertretern einer Personengesamtheit gehören insbesondere Vorstandsmitglieder von Aktiengesellschaften, rechtsfähigen oder nichtrechtsfähigen Vereinen, Stiftungen, Versicherungsvereinen auf Gegenseitigkeit und Genossenschaften sowie Geschäftsführer von Gesellschaften mit beschränkter Haftung und von Orts- und Innungskrankenkassen (vgl. BFH-Urteil vom 15. Oktober 1976, BStBl. 1977 II Seite 53). Für die bezeichneten Organmitglieder einer juristischen Person und Vertreter einer Personengesamtheit gilt das 5. VermBG jedoch dann, wenn sie mit einem Dritten einen Arbeitsvertrag abgeschlossen haben und deshalb Arbeitnehmer im Sinne des Absatzes 1 Satz 1 sind, oder wenn sie zu den in § 1 Absatz 4 des 5. VermBG bezeichneten Personen gehören (Absatz 1 Satz 2, Absatz 8). Für Vorstandsmitglieder einer Genossenschaft gilt das 5. VermBG darüber hinaus dann, wenn sie mit der Genossenschaft selbst einen Arbeitsvertrag abgeschlossen haben und wenn die Stellung und Tätigkeit auf Grund des Arbeitsverhältnisses von der Stellung und Tätigkeit als Vorstandsmitglied klar abgrenzbar ist und das Arbeitsverhältnis unabhängig von der Vorstandstätigkeit begründet wurde. Eine solche unterscheidbare und trennbare Doppelstellung als Vorstandsmitglied und Arbeitnehmer der Genossenschaft liegt z. B. dann vor, wenn eine vor der Berufung in den Vorstand ausgeübte Tätigkeit als Arbeitnehmer der Genossenschaft danach unverändert fortgesetzt wird, wenn diese Tätigkeit wie bisher bezahlt, die

---

1) Die Änderungen des BMF-Schreibens vom 9. August 2004 (BStBl. I Seite 717), das durch die BMF-Schreiben vom 16. März 2009 (BStBl. I Seite 501), vom 4. Februar 2010 (BStBl. I Seite 195) und vom 2. Dezember 2011 (BStBl. I Seite 1252) geändert wurde, sind durch Fettdruck hervorgehoben. Die redaktionelle Anpassung von Verweisen (z. B. „Absatz" statt „Abs." und „5. VermBG" statt „VermBG") ist nicht gesondert kenntlich gemacht.

Anhang 25/Anwendung 5. VermBG (Zu LStH 19a)

hinzugekommene Vorstandstätigkeit dagegen unentgeltlich geleistet wird, und wenn beide Tätigkeiten sich deutlich voneinander unterscheiden.

(6) Das 5. VermBG gilt außerdem z. B. nicht für folgende Personen, weil sie nicht Arbeitnehmer im arbeitsrechtlichen Sinne sind:

1. freiwillig Wehrdienstleistende, wenn sie nicht in einem ruhenden Arbeitsverhältnis stehen (vgl. auch Absatz 2 Nummer 4),
2. Bezieher von Renten aus den gesetzlichen Rentenversicherungen und Empfänger von arbeitsrechtlichen Versorgungsbezügen einschließlich Vorruhestandsbezügen, wenn sie nicht weiter in einem Arbeitsverhältnis stehen,
3. Personen, die ein freiwilliges soziales Jahr oder ein freiwilliges ökologisches Jahr im Sinne des Jugendfreiwilligendienstegesetzes oder einen Freiwilligendienst im Sinne der Verordnung (EU) Nummer 1288/2013 des Europäischen Parlaments und des Rates vom 11. Dezember 2013 zur Einrichtung von „Erasmus+", dem Programm der Union für allgemeine und berufliche Bildung, Jugend und Sport (ABl. EU Nummer L 347 Seite 50) oder einen anderen Dienst im Ausland im Sinne von § 5 des Bundesfreiwilligendienstegesetzes oder einen entwicklungspolitischen Freiwilligendienst „weltwärts" im Sinne der Richtlinie des Bundesministeriums für wirtschaftliche Zusammenarbeit und Entwicklung vom 1. August 2007 (BAnz. 2008 Seite 1297) oder einen Freiwilligendienst aller Generationen im Sinne des § 2 Absatz 1a des Siebten Buches Sozialgesetzbuch oder einen Internationalen Jugendfreiwilligendienst im Sinne der Richtlinie des Bundesministeriums für Familie, Senioren, Frauen und Jugend vom 20. Dezember 2010 (GMBl Seite 1778) oder den Bundesfreiwilligendienst im Sinne des Bundesfreiwilligendienstegesetzes leisten,
4. Entwicklungshelfer im Sinne des Entwicklungshelfer-Gesetzes.

Das 5. VermBG gilt auch nicht für Bedienstete internationaler Organisationen, deren Arbeitsverhältnis nicht deutschem Arbeitsrecht unterliegt.

(7) In Heimarbeit Beschäftigte, für die das 5. VermBG gilt (Absatz 1 Satz 2), sind Heimarbeiter und Hausgewerbetreibende (§ 1 Absatz 1 Heimarbeitsgesetz – HAG). Heimarbeiter sind Personen, die in selbst gewählter Arbeitsstätte (eigener Wohnung oder selbst gewählter Betriebsstätte) allein oder mit Familienangehörigen im Auftrag von Gewerbetreibenden oder Zwischenmeistern erwerbsmäßig arbeiten, jedoch die Verwertung der Arbeitsergebnisse den unmittelbar oder mittelbar auftraggebenden Gewerbetreibenden überlassen (§ 2 Absatz 1 HAG). Hausgewerbetreibende sind Personen, die in eigener Arbeitsstätte (eigener Wohnung oder Betriebsstätte) mit nicht mehr als zwei fremden Hilfskräften oder Heimarbeitern im Auftrag von Gewerbetreibenden oder Zwischenmeistern Waren herstellen, bearbeiten oder verpacken, wobei sie selbst wesentlich am Stück mitarbeiten, jedoch die Verwertung der Arbeitsergebnisse dem unmittelbar auftraggebenden Gewerbetreibenden überlassen; unschädlich ist es, wenn Hausgewerbetreibende vorübergehend, d. h. in nur unbedeutendem Umfang, unmittelbar für den Absatzmarkt arbeiten (§ 2 Absatz 2 HAG). Das 5. VermBG gilt nicht für die den in Heimarbeit Beschäftigten gemäß § 1 Absatz 2 HAG Gleichgestellten.

(8) Das 5. VermBG gilt nicht für

1. sog. Ehrenbeamte (z. B. ehrenamtliche Bürgermeister), weil sie keine beamtenrechtliche Besoldung beziehen,
2. Empfänger beamtenrechtlicher Versorgungsbezüge,
3. entpflichtete Hochschullehrer, wenn sie nach Landesrecht nicht weiter Beamte im beamtenrechtlichen Sinne sind.

2. Begriff der vermögenswirksamen Leistungen, Überweisung (§ 2, § 3 Absatz 2 und 3 des 5. VermBG)

(1) Vermögenswirksame Leistungen sind Geldleistungen, die der Arbeitgeber für den Arbeitnehmer in einer der in § 2 Absatz 1 des 5. VermBG genannten Anlageformen anlegt; der Arbeitgeber hat für den Arbeitnehmer grundsätzlich unmittelbar an das Unternehmen, das Institut oder den Gläubiger zu leisten, bei dem nach Wahl des Arbeitnehmers (Abschnitt 12 Absatz 6) die vermögenswirksame Anlage erfolgen soll. Ausnahmen bestehen nach Absatz 3 dieses Abschnitts und in folgenden Fällen:

1. Bei einer Anlage nach § 2 Absatz 1 Nummer 2 und 3 des 5. VermBG in Beteiligungen auf Grund von Verträgen mit dem Arbeitgeber werden die vermögenswirksamen Leistungen verrechnet (Abschnitt 6 Absatz 1 und 2, Abschnitt 7 Absatz 2).
2. Bei einer Anlage nach § 2 Absatz 1 Nummer 5 des 5. VermBG für den Wohnungsbau (Abschnitt 10) können die vermögenswirksamen Leistungen auch unmittelbar an den Arbeitnehmer zur Weiterleitung an den Gläubiger gezahlt werden.

(Zu LStH 19a) **Anhang 25/Anwendung 5. VermBG**

Im Übrigen kann nur Arbeitslohn vermögenswirksam angelegt werden, der dem Arbeitnehmer noch nicht zugeflossen ist; die nachträgliche Umwandlung von zugeflossenem Arbeitslohn in vermögenswirksame Leistungen nach § 11 des 5. VermBG (Abschnitt 12 Absatz 2 und 3) ist nur im Fall des Absatzes 3 möglich. Geldwerte Vorteile aus der verbilligten Überlassung von Vermögensbeteiligungen sind keine vermögenswirksamen Leistungen.

(2) Vermögenswirksame Leistungen liegen auch insoweit vor, als Anspruch auf Arbeitnehmer-Sparzulage nicht besteht, weil z. B.

1. auf Grund eines Sparvertrags oder Kapitalversicherungsvertrags (§ 2 Absatz 1 Nummer 6 und 7, § 13 Absatz 2 des 5. VermBG) angelegt wird,
2. die zulagebegünstigten Höchstbeträge von 400 Euro bzw. 470 Euro überschritten sind (§ 13 Absatz 2 des 5. VermBG)

oder

3. die Einkommensgrenze überschritten ist (§ 13 Absatz 1 des 5. VermBG).

(3) Für den Grenzgänger (Abschnitt 1 Absatz 4 Nummer 1) kann der ausländische Arbeitgeber vermögenswirksame Leistungen auch dadurch anlegen, dass er eine andere Person mit der Überweisung oder Einzahlung in seinem Namen und für seine Rechnung beauftragt. Geht dies aus dem Überweisungsauftrag oder dem Einzahlungsbeleg eindeutig hervor, bestehen keine Bedenken, wenn es sich bei der beauftragten Person um den Begünstigten selbst handelt. Lehnt es der ausländische Arbeitgeber ab, mit dem bei ihm beschäftigten Grenzgänger einen Vertrag nach § 11 Absatz 1 des 5. VermBG abzuschließen, so kann statt des Arbeitgebers ein inländisches Kreditinstitut oder eine Kapitalverwaltungsgesellschaft mit dem Arbeitnehmer die vermögenswirksame Anlage von Lohnteilen vereinbaren. Voraussetzung ist, dass der ausländische Arbeitgeber den Arbeitslohn auf ein Konto des Arbeitnehmers bei dem Kreditinstitut überweist und dieses sodann die vermögenswirksam anzulegenden Beträge zu Lasten dieses Kontos unmittelbar an das Unternehmen, das Institut oder den Gläubiger leistet; wird der Vertrag mit der Kapitalverwaltungsgesellschaft abgeschlossen, gilt dies sinngemäß. Diese Regelungen gelten auch für Arbeitnehmer, die bei diplomatischen und konsularischen Vertretungen ausländischer Staaten im Inland beschäftigt sind, wenn das Arbeitsverhältnis deutschem Arbeitsrecht unterliegt.

(4) Der Anspruch des Arbeitnehmers auf vermögenswirksame Leistungen ist bis zum Betrag von 870 Euro im Kalenderjahr unabhängig von der Anlageart nicht übertragbar und damit auch nicht pfändbar und nicht verpfändbar (§ 2 Absatz 7 Satz 2 des 5. VermBG, § 851 Absatz 1 ZPO, § 1274 Absatz 2 BGB). Dies gilt auch, soweit der Arbeitgeber die vermögenswirksamen Leistungen aus dem Arbeitslohn anzulegen hat (§ 11 des 5. VermBG) und unabhängig davon, ob und wieweit die vermögenswirksamen Leistungen zulagebegünstigt sind.

(5) Aufwendungen, die vermögenswirksame Leistungen darstellen, zählen nicht zu den Altersvorsorgebeiträgen (§ 82 Absatz 4 Nummer 1 EStG). Auf eine Förderung mittels einer Arbeitnehmer-Sparzulage kommt es nicht an.

3. Zeitliche Zuordnung der vermögenswirksamen Leistungen (§ 2 Absatz 6 des 5. VermBG)

(1) Vermögenswirksame Leistungen sind Arbeitslohn (§ 2 Absatz 6 des 5. VermBG). Die zeitliche Zuordnung vermögenswirksamer Leistungen richtet sich nach den für die Zuordnung des Arbeitslohns geltenden Vorschriften (vgl. § 38a Absatz 1 Satz 2 und 3 EStG, R 39b.5 und 39b.6 LStR). Für die Zurechnung vermögenswirksamer Leistungen zum abgelaufenen Kalenderjahr kommt es auf den Zeitpunkt des Eingangs beim Anlageinstitut nicht an (vgl. Abschnitt 13 Absatz 1).

(2) Die zeitliche Zuordnung vermögenswirksamer Leistungen ist auf den Beginn der Sperrfrist ohne Einfluss. Die Sperrfrist für auf Sparverträge über Wertpapiere oder andere Vermögensbeteiligungen (§ 4 des 5. VermBG) angelegte vermögenswirksame Leistungen beginnt stets am 1. Januar des Kalenderjahrs, in dem die einmalige oder die erste laufende vermögenswirksame Leistung beim Kreditinstitut oder bei der Kapitalverwaltungsgesellschaft eingeht.

4. Vermögensbeteiligungen (§ 2 Absatz 1 Nummer 1 des 5. VermBG)

(1) Die Vermögensbeteiligungen, deren Begründung oder Erwerb nach dem 5. VermBG mit der Arbeitnehmer-Sparzulage begünstigt ist, sind in § 2 Absatz 1 Nummer 1 i. V. m. Absatz 2 bis 4 des 5. VermBG abschließend aufgezählt. Danach können sowohl Vermögensbeteiligungen am Unternehmen des Arbeitgebers (betriebliche Beteiligungen) als auch Vermögensbeteiligungen an anderen Unternehmen (außerbetriebliche Beteiligungen) begründet oder erworben werden. Eine Vermögensbeteiligung kann jedoch nur begründet oder erworben werden, wenn ihre Laufzeit nicht vor der für die gewählte Anlage geltenden Sperrfrist endet.

(2) Aktien und Wandelschuldverschreibungen sind Vermögensbeteiligungen, wenn sie

Anhang 25/Anwendung 5. VermBG (Zu LStH 19a)

1. vom inländischen oder ausländischen Arbeitgeber oder von einem Unternehmen, das als herrschendes Unternehmen mit dem Unternehmen des Arbeitgebers verbunden ist (§ 18 Absatz 1 des Aktiengesetzes – AktG –) ausgegeben werden oder einbezogen sind.
2. an einer deutschen Börse zum regulierten Markt zugelassen oder in den Freiverkehr einbezogen sind.

(3) Eine Gewinnschuldverschreibung ist ein Wertpapier, das auf Inhaber, Namen oder an Order lautet und in dem die Leistung einer bestimmten Geldsumme – im Regelfall die Einlösung zum Nennwert – versprochen wird. Ob die Einlösung nach Fristablauf, Kündigung oder Rückgabe vorgesehen ist, ist dabei ohne Bedeutung. Unerheblich ist ebenfalls, ob neben Geldsummenansprüchen Geldwertansprüche verbrieft sind; so liegt z. B. eine Gewinnschuldverschreibung auch vor, wenn die Einlösung zum Kurs einer entsprechenden Aktie, mindestens jedoch zu einer bestimmten Geldsumme vereinbart ist. Voraussetzung ist in allen Fällen, dass neben einer bestimmten Geldsumme eine Verzinsung zugesagt ist, die mit dem Gewinn zusammenhängt. Auf die Bezeichnung als Zins kommt es dabei nicht an. Neben dem gewinnabhängigen Zins kann ein fester Zins zugesagt bzw. ein gewinnunabhängiger Mindestzins vereinbart sein. Gewinnschuldverschreibungen sind Vermögensbeteiligungen, wenn sie vom inländischen oder ausländischen Arbeitgeber oder von einem Unternehmen ausgegeben werden, das als herrschendes Unternehmen mit dem Unternehmen des Arbeitgebers verbunden ist (§ 18 Absatz 1 AktG). Sofern in solchen Gewinnschuldverschreibungen eine gewinnunabhängige Mindestverzinsung zugesagt ist, muss eine der in § 2 Absatz 3 des 5. VermBG geforderten Voraussetzungen erfüllt sein; die Mindestverzinsung im Sinne des § 2 Absatz 3 Nummer 2 des 5. VermBG bestimmt sich nach dem Ausgabepreis, nicht nach dem Nennwert oder Tageskurs der Gewinnschuldverschreibung.

(4) Wandel- und Gewinnschuldverschreibungen, die Namensschuldverschreibungen des Arbeitgebers sind, sind Vermögensbeteiligungen, wenn die Ansprüche des Arbeitnehmers aus der Schuldverschreibung auf Kosten des Arbeitgebers durch ein inländisches Kreditinstitut verbürgt oder durch ein inländisches Versicherungsunternehmen privatrechtlich gesichert sind; ein Wechsel des Bürgen oder des Versicherungsunternehmens während der für die gewählte Anlage geltenden Sperrfrist ist zulässig, wenn der neue Bürge oder das neue Versicherungsunternehmen die bisher entstandenen Verpflichtungen übernimmt. Durch den Eintritt des Sicherungsfalls wird die für die gewählte Anlage geltende Sperrfrist nicht berührt. Die Sicherung ist nicht erforderlich, wenn der Arbeitgeber ein inländisches Kreditinstitut ist.

(5) Anteile an OGAW-Sondervermögen sowie an als Sondervermögen aufgelegten offenen Publikums-AIF nach den §§ 218 und 219 des Kapitalanlagegesetzbuchs sowie Anteile an offenen EU-Investmentvermögen und offenen ausländischen AIF, die nach dem Kapitalanlagegesetzbuch vertrieben werden dürfen (§ 2 Absatz 1 Nummer 1 Buchstabe c des 5. VermBG), bleiben Vermögensbeteiligungen bei Änderung der im maßgebenden Jahresbericht oder im ersten Jahres- oder Halbjahresbericht nach Auflegung des Investmentvermögens festgestellten Zusammensetzung des Investmentvermögens, die während der Laufzeit eines Vertrags nach § 4 des 5. VermBG über den Erwerb von entsprechenden Anteilen mit laufenden vermögenswirksamen Leistungen eintreten kann.

(6) Ein Genussschein ist ein Wertpapier, wenn er ein Genussrecht verbrieft und auf Inhaber, Namen oder an Order lautet. Ein Genussschein kann grundsätzlich von Unternehmen jeder Rechtsform ausgegeben werden. Genussrechte können alle Vermögensrechte sein, wie sie typischerweise Aktionären zustehen. Sie unterscheiden sich von Mitgliedschaftsrechten durch das Fehlen der Kontroll- und Verwaltungsrechte. Genussscheine sind Vermögensbeteiligungen, wenn sie

1. vom inländischen oder ausländischen Arbeitgeber oder von einem Unternehmen, das als herrschendes Unternehmen mit dem Unternehmen des Arbeitgebers verbunden ist (§ 18 Absatz 1 AktG), ausgegeben werden oder
2. von einem inländischen Unternehmen, das kein Kreditinstitut ist, ausgegeben werden und an einer deutschen Börse zum regulierten Markt zugelassen oder in den Freiverkehr einbezogen sind.

Voraussetzung ist stets, dass mit dem Genussrecht das Recht am Gewinn des Unternehmens verbunden ist. Die Zusage eines gewinnunabhängigen Mindest- bzw. Festzinses steht damit grundsätzlich nicht im Einklang. Ein gewinnunabhängiger Mindest- oder Festzins ist z. B. dann nicht zugesagt, wenn die Zinszahlung ausdrücklich von einem ausreichenden Gewinn abhängig gemacht ist oder das Genussrechtskapital am Verlust teilnimmt (vgl. § 10 Absatz 5 Gesetz über das Kreditwesen). Sofern eine gewinnunabhängige Mindestverzinsung zugesagt ist, muss eine der in § 2 Absatz 4 i. V. m. Absatz 3 des 5. VermBG geforderten Voraussetzungen erfüllt sein. Die Mindestverzinsung im Sinne des § 2 Absatz 3 Nummer 2 des 5. VermBG bestimmt sich nach dem Ausgabepreis, nicht nach dem Nennwert oder Tageskurs des Genussscheins. Sind neben dem Recht am Gewinn eines Unternehmens andere Rechte vereinbart, die ebenfalls typische Vermögensrechte eines Aktionärs sein können (z. B. Bezugsrechte), steht

(Zu LStH 19a) **Anhang 25/Anwendung 5. VermBG**

das der Annahme eines Genussrechts nicht entgegen. Voraussetzung ist außerdem, dass Rückzahlung zum Nennwert nicht zugesagt ist. Diese Voraussetzung ist z. B. in folgenden Fällen erfüllt:
1. Ausschluss der Rückzahlbarkeit (Unkündbarkeit, keine Rücknahme des Genussscheins);
2. Rückzahlbarkeit bei Kündigung, bei Rückgabe oder nach Fristablauf, wenn sich der Rückzahlungsanspruch nach der Wertentwicklung eines Unternehmens richtet (z. B. unmittelbar auf einen Anteil am Liquidationserlös gerichtet ist oder sich nach dem Börsenkurs einer entsprechenden Aktie des Unternehmens richtet);
3. Rückzahlbarkeit bei Kündigung, bei Rückgabe oder nach Fristablauf, wenn eine Beteiligung am Verlust vereinbart ist (das ist auch dann der Fall, wenn im Verlustfalle weniger als der Nennwert zurückgezahlt wird);
4. Rückzahlbarkeit bei Kündigung, bei Rückgabe oder nach Fristablauf, wenn eine Rückzahlung nur aus dem Gewinn erfolgen darf.

Ist Rückzahlung zum Nennwert zugesagt, kann es sich um eine Gewinnschuldverschreibung handeln (Absatz 3).

(7) Beteiligungen an einer Genossenschaft durch Begründung oder Erwerb eines Geschäftsguthabens sind Vermögensbeteiligungen, wenn die Genossenschaft
1. der inländische Arbeitgeber oder ein inländisches Unternehmen ist, das als herrschendes Unternehmen mit dem inländischen Unternehmen des Arbeitgebers verbunden ist (§ 18 Absatz 1 AktG), oder
2. ein inländisches Kreditinstitut oder ein Post-, Spar- oder Darlehensverein ist oder
3. eine Bau- oder Wohnungsgenossenschaft im Sinne des § 2 Absatz 1 Nummer 2 des Wohnungsbau-Prämiengesetzes (WoPG) ist, welche die in § 2 Absatz 1 Nummer 1 Buchstabe g des 5. VermBG geforderten Voraussetzungen erfüllt.

Die Begründung oder der Erwerb eines Geschäftsguthabens bei einer Genossenschaft setzt voraus, dass der Arbeitnehmer bereits Mitglied der Genossenschaft ist oder vereinbart ist, dass er von der Genossenschaft als Mitglied aufgenommen wird. Zur Begründung von Geschäftsguthaben bei einer Genossenschaft werden auch die vermögenswirksamen Leistungen angelegt, die als Anzahlungen oder als Einzahlungen auf den Geschäftsanteil des Arbeitnehmers geleistet werden, nachdem das Geschäftsguthaben durch Verlust gemindert oder den Geschäftsanteil durch Beschluss der Generalversammlung erhöht worden ist. Ist die Sperrfrist nicht eingehalten, gehören Aufwendungen für den ersten Erwerb von Anteilen an Bau- und Wohnungsgenossenschaften (§ 2 Absatz 1 Nummer 2 WoPG) zu den Anlagen nach § 2 Absatz 1 Nummer 4 des 5. VermBG (Abschnitt 9 Absatz 3).

(8) Beteiligungen an einer Gesellschaft mit beschränkter Haftung (GmbH) durch Übernahme einer Stammeinlage oder Erwerb eines Geschäftsanteils sind Vermögensbeteiligungen, wenn die GmbH der inländische Arbeitgeber oder ein inländisches Unternehmen ist, das als herrschendes Unternehmen mit dem inländischen Unternehmen des Arbeitgebers verbunden ist (§ 18 Absatz 1 AktG). Zur Übernahme einer Stammeinlage bei einer GmbH durch den Arbeitnehmer können vermögenswirksame Leistungen
1. bei Errichtung der GmbH auf Grund des mit dem Arbeitnehmer abgeschlossenen Gesellschaftsvertrags oder
2. bei Erhöhung des Stammkapitals der GmbH auf Grund einer Übernahmeerklärung des Arbeitnehmers (§ 55 Absatz 1 GmbH-Gesetz)

nach den Vorschriften des § 6 des 5. VermBG über den Beteiligungsvertrag angelegt werden. Zum Erwerb eines Geschäftsanteils an einer GmbH durch den Arbeitnehmer können vermögenswirksame Leistungen auf Grund eines Abtretungsvertrags des Arbeitnehmers mit der arbeitgebenden GmbH oder dem genannten verbundenen Unternehmen, nach den Vorschriften des § 7 des 5. VermBG über den Beteiligungs-Kaufvertrag (Abschnitt 7) angelegt werden. Nach den Vorschriften des § 4 des 5. VermBG angelegte vermögenswirksame Leistungen können zur Übernahme einer Stammeinlage auf Grund eines Gesellschaftsvertrags oder einer Übernahmeerklärung des Arbeitnehmers und zum Erwerb eines Geschäftsanteils auf Grund eines Abtretungsvertrags verwendet werden (§ 4 Absatz 2 Satz 1 Nummer 1 des 5. VermBG). Zur Übernahme einer Stammeinlage können vermögenswirksame Leistungen bereits dann angelegt oder verwendet werden, wenn der Gesellschaftsvertrag abgeschlossen oder die Übernahme der Stammeinlage erklärt, aber die Gesellschaft oder die Erhöhung des Stammkapitals noch nicht in das Handelsregister eingetragen worden ist. Unterbleibt die Eintragung, so sind Abschnitt 18 Absatz 1 Nummer 3 und § 8 Absatz 1 Nummer 4 der Verordnung zur Durchführung des Fünften Vermögensbildungsgesetzes (VermBDV 1994) zu beachten.

(9) Stille Beteiligungen an einem Unternehmen sind Vermögensbeteiligungen, wenn dieses

1. der inländische Arbeitgeber oder ein inländisches Unternehmen ist, das als herrschendes Unternehmen mit dem inländischen Unternehmen des Arbeitgebers verbunden ist (§ 18 Absatz 1 AktG), oder
2. ein inländisches Unternehmen ist, das auf Grund eines Vertrags mit dem Arbeitgeber an dessen inländischem Unternehmen gesellschaftsrechtlich beteiligt ist (indirekte betriebliche stille Beteiligung über eine so genannte Mitarbeiterbeteiligungsgesellschaft).

Als Vermögensbeteiligungen sind auch stille Beteiligungen an einem inländischen Unternehmen anzusehen, das auf Grund eines Vertrags mit einem anderen inländischen Unternehmen an diesem gesellschaftsrechtlich beteiligt ist, wenn dieses als herrschendes Unternehmen mit dem inländischen Unternehmen des Arbeitgebers verbunden ist (§ 18 Absatz 1 AktG). Die stille Beteiligung muss die im Handelsgesetzbuch für sie vorgeschriebenen Voraussetzungen erfüllen. Die stille Beteiligung an einem Unternehmen ist danach unabhängig von dessen Rechtsform möglich, wenn das Unternehmen ein Handelsgewerbe betreibt, oder wenn das Unternehmen z. B. wegen seiner Rechtsform oder wegen seiner Eintragung im Handelsregister als Unternehmen gilt, das ein Handelsgewerbe betreibt. An einer Gesellschaft, die kein Handelsgewerbe betreibt, aber – zu Unrecht – als Kommanditgesellschaft im Handelsregister eingetragen ist, kann eine stille Beteiligung begründet werden, wenn die eingetragene Gesellschaft ein Gewerbe betreibt. Ob diese Voraussetzung erfüllt ist, ist jeweils unter Berücksichtigung der Umstände des Einzelfalls ausschließlich nach handelsrechtlichen Grundsätzen festzustellen. Für die Abgrenzung einer stillen Beteiligung von einem partiarischen Darlehen kommt es darauf an, ob die Vertragspartner einen gemeinsamen Zweck verfolgen (vgl. BFH-Urteil vom 21. Juni 1983, BStBl. II Seite 563). Indiz für die Verfolgung eines gemeinsamen Zwecks kann die ausdrückliche Vereinbarung von Kontrollrechten des Arbeitnehmers sein. Fehlt es an einem gemeinsamen Zweck der Vertragspartner, liegt ein partiarisches Darlehen vor (Absatz 10).

(10) Darlehensforderungen sind Vermögensbeteiligungen, wenn
1. sie Forderungen gegen den Arbeitgeber oder gegen ein inländisches Unternehmen sind, das als herrschendes Unternehmen mit dem Unternehmen des Arbeitgebers verbunden ist (§ 18 Absatz 1 AktG) und
2. die Ansprüche des Arbeitnehmers aus dem Darlehensvertrag gesichert sind. Absatz 4 gilt entsprechend.

(11) Genussrechte an einem Unternehmen, über die keine Genussscheine mit Wertpapiercharakter ausgegeben werden, sind Vermögensbeteiligungen, wenn
1. das Unternehmen der inländische Arbeitgeber oder ein inländisches Unternehmen ist, das als herrschendes Unternehmen mit dem inländischen Unternehmen des Arbeitgebers verbunden ist (§ 18 Absatz 1 AktG), und
2. die Voraussetzungen des Absatzes 6 erfüllt sind.

Ist Rückzahlung zum Nennwert vereinbart, kann es sich um ein partiarisches Darlehen handeln (Absatz 10).

(12) Mit vermögenswirksamen Leistungen können auch Nebenkosten der Begründung oder des Erwerbs einer Vermögensbeteiligung beglichen werden. Nebenkosten sind z. B. Provisionen, Notariatsgebühren, Eintrittsgelder im Zusammenhang mit Geschäftsguthaben bei einer Genossenschaft, Aufgelder im Zusammenhang mit Stammeinlagen bei einer GmbH und Kosten für Registereintragungen. Keine Nebenkosten in diesem Sinne sind z .B. Stückzinsen und Verwaltungskosten wie z. B. Depot- oder Kontoführungsgebühren.

5. Anlagen auf Grund von Sparverträgen über Wertpapiere oder andere Vermögensbeteiligungen (§ 2 Absatz 1 Nummer 1, § 4 des 5. VermBG)

(1) Sparverträge über Wertpapiere oder andere Vermögensbeteiligungen (Abschnitt 4) können mit inländischen Kreditinstituten, Kapitalverwaltungsgesellschaften und Kreditinstituten oder Verwaltungsgesellschaften im Sinne der Richtlinie 2009/65/EG in anderen EU-Mitgliedstaaten abgeschlossen werden. Die Verträge brauchen die Voraussetzungen des § 21 Absatz 4 der Kreditinstituts-Rechnungslegungsverordnung nicht zu erfüllen, d. h., es können auch ohne Ausfertigung eines Sparbuchs mit jeder Einzahlung unmittelbar wertpapiermäßig verbriefte Vermögensbeteiligungen erworben werden. Die Verträge können auf den Erwerb oder die Begründung bestimmter Vermögensbeteiligungen beschränkt sein (z. B. auf den Erwerb von Aktien eines bezeichneten Unternehmens). Die Beschränkung kann geändert oder aufgehoben werden.

(2) Ein Vertrag über eine einmalige Einzahlung ist ein Vertrag über eine einzige, der Höhe nach bestimmte Einzahlung. Ein Vertrag über laufende Einzahlungen liegt vor, wenn auf diesen Vertrag für die Dauer von sechs Jahren seit Vertragsabschluss mindestens einmal in jedem Kalenderjahr Beträge eingezahlt werden sollen; die einzuzahlenden Beträge brauchen der Höhe nach nicht bestimmt zu sein. Als

(Zu LStH 19a) **Anhang 25/Anwendung 5. VermBG**

Zeitpunkt des Vertragsabschlusses gilt der Tag, an dem die vermögenswirksame Leistung, bei Verträgen über laufende Einzahlungen die erste vermögenswirksame Leistung, beim Kreditinstitut oder bei der Kapitalverwaltungsgesellschaft eingeht. Aus Vereinfachungsgründen bestehen keine Bedenken dagegen, Einzahlungen auf einen Sparvertrag über laufende Einzahlungen noch bis zum letzten Tag des Kalendermonats zuzulassen, in dem die Frist von sechs Jahren endet.

(3) Die siebenjährige Sperrfrist gilt einheitlich für Verträge über die einmalige oder laufende Anlage vermögenswirksamer Leistungen. Sie beginnt am 1. Januar des Kalenderjahrs, in dem die vermögenswirksame Leistung, bei Verträgen über laufende Einzahlungen die erste vermögenswirksame Leistung beim Kreditinstitut oder bei der Kapitalverwaltungsgesellschaft eingeht. Die Einzahlung anderer Beträge ist auf den Beginn der Sperrfrist ohne Einfluss.

Beispiel:

Der Arbeitnehmer unterschreibt den Sparvertrag über laufende Einzahlungen am 29. Juli 2014. Die erste vermögenswirksame Leistung geht am 20. August 2014 bei der Kapitalverwaltungsgesellschaft ein. Der Sparvertrag gilt am 20. August 2014 als abgeschlossen, so dass die sechsjährige Einzahlungsfrist am 19. August 2020 endet. Auf Grund der Vereinfachungsregelung ist die letzte Einzahlung aber auch noch am 31. August 2020 möglich. Die siebenjährige Sperrfrist endet am 31. Dezember 2020.

(4) Der Vertrag über die laufende Anlage vermögenswirksamer Leistungen ist unterbrochen, wenn in einem Kalenderjahr, das dem Kalenderjahr des Vertragsabschlusses folgt, weder vermögenswirksame Leistungen noch andere Beträge eingezahlt werden; dabei liegt z. B. eine Einzahlung anderer Beträge auch dann vor, wenn Zinsen für eingezahlte Beträge gutgeschrieben bleiben.

Beispiele:

A. Der Arbeitnehmer unterschreibt den Sparvertrag über laufende Einzahlungen am 30. September 2014. Die erste vermögenswirksame Leistung geht am 4. November 2014, weitere vermögenswirksame Leistungen gehen bis einschließlich März 2015 bei der Kapitalverwaltungsgesellschaft ein. Ab 1. April 2015 werden keine Beträge mehr eingezahlt, weil der Arbeitnehmer arbeitslos geworden ist. Die gutgeschriebenen Zinsen und die gutgeschriebenen Erträge aus Vermögensbeteiligungen hat sich der Arbeitnehmer auszahlen lassen. Am 2. November 2016 werden erneut vermögenswirksame Leistungen eingezahlt. Der Vertrag ist nicht unterbrochen, weil in den Kalenderjahren 2015 und 2016 vermögenswirksame Leistungen angelegt worden sind.

B. Der Arbeitnehmer unterschreibt den Sparvertrag über laufende Einzahlungen am 30. September 2014. Die erste vermögenswirksame Leistung geht am 4. November 2014 bei der Kapitalverwaltungsgesellschaft ein. Ab 1. Januar 2015 werden keine Beträge mehr eingezahlt, weil der Arbeitnehmer arbeitslos geworden ist. Die gutgeschriebenen Zinsen und die gutgeschriebenen Erträge aus Vermögensbeteiligungen hat sich der Arbeitnehmer auszahlen lassen. Ab 1. Februar 2016 werden erneut vermögenswirksame Leistungen eingezahlt. Der Vertrag ist unterbrochen, weil im Kalenderjahr 2015 keine Einzahlungen vorliegen.

(5) Nach einer Unterbrechung können auf den Sparvertrag keine vermögenswirksamen Leistungen mehr angelegt werden.

(6) Endet für vermögenswirksame Leistungen die Verwendungsfrist (§ 4 Absatz 2 Nummer 1 des 5. VermBG) mit oder nach Ablauf der Sperrfrist, so werden sie auch dann gefördert, wenn keine Vermögensbeteiligungen erworben werden.

(7) Die Festlegung erworbener Wertpapiere und die Aufzeichnungspflichten bei ihrer Verwahrung durch den Arbeitgeber sind in § 4 Absatz 1 und 2 VermBDV 1994 geregelt. Die Mitteilungspflichten des Kreditinstituts oder der Kapitalverwaltungsgesellschaft und des Arbeitgebers bei Verwahrung der erworbenen Wertpapiere durch den Arbeitgeber sind in § 2 Absatz 3 VermBDV 1994 geregelt.

(8) Die erworbenen Wertpapiere können vor Ablauf der Sperrfrist zulagenunschädlich gegen andere verbriefte Vermögensbeteiligungen ausgetauscht werden (§ 4 Absatz 4 Nummer 6 des 5. VermBG). Dieser Austausch ist nur möglich, wenn die Wertpapiere beim Kredit institut oder bei der Kapitalverwaltungsgesellschaft verwahrt werden. Der Erlös aus der Veräußerung einschließlich etwaiger Kursgewinne ist bis zum Ablauf des folgenden Kalendermonats zum Erwerb der für den Rest der Sperrfrist festzulegenden anderen Wertpapiere zu verwenden. Dabei übrig bleibende vermögenswirksame Leistungen bleiben gefördert, wenn sie 150 Euro nicht übersteigen; aus mehreren Veräußerungsvorgängen übrig bleibende vermögenswirksame Leistungen sind zusammenzurechnen. Wird die 150-Euro-Grenze überschritten, wird die Förderung der nicht wieder verwendeten vermögenswirksamen Leistungen rückgängig gemacht, weil in dieser Höhe eine schädliche Verfügung vorliegt. Sind zum Erwerb von Wertpapieren neben vermögenswirksamen Leistungen auch andere Beträge verwendet wor-

Anhang 25/Anwendung 5. VermBG (Zu LStH 19a)

den, so gelten beim Austausch von Wertpapieren zuerst die anderen Beträge als übrig bleibend; diese Beträge bleiben bei der Ermittlung der 150-Euro-Grenze außer Ansatz.

6. Anlagen auf Grund von Wertpapier-Kaufverträgen (§ 2 Absatz 1 Nummer 2, § 5 des 5. VermBG)

(1) Auf Grund eines Wertpapier-Kaufvertrags mit dem inländischen Arbeitgeber werden vermögenswirksame Leistungen durch Verrechnung mit dem Kaufpreis zum Erwerb von Wertpapieren (§ 2 Absatz 1 Nummer 1 Buchstaben a bis c und f des 5. VermBG) angelegt. Der Kaufpreis kann mit vermögenswirksamen Leistungen entrichtet werden durch

- einmalige Verrechnung als Vorauszahlung oder nachträgliche Zahlung,
- laufende Verrechnung als Anzahlungen oder Abzahlungen.

(2) Ist der Kaufpreis durch einmalige Verrechnung vorausgezahlt oder durch laufende Verrechnung angezahlt worden, so hat der Arbeitgeber ein Anzahlungskonto zu führen.

(3) Die Festlegung erworbener Wertpapiere und die Aufzeichnungspflichten bei ihrer Verwahrung sind in § 4 Absatz 3 VermBDV 1994 geregelt. Die Mitteilungspflichten des Arbeitgebers und des Kreditinstituts oder der Kapitalverwaltungsgesellschaft bei Verwahrung der erworbenen Wertpapiere durch ein vom Arbeitnehmer benanntes Kreditinstitut oder eine vom Arbeitnehmer benannte Kapitalverwaltungsgesellschaft sind in § 2 Absatz 4 VermBDV 1994 geregelt. Der sparzulagenunschädliche Austausch von Wertpapieren (Abschnitt 5 Absatz 8) ist nicht möglich, wenn diese auf Grund eines Wertpapier-Kaufvertrags erworben worden sind.

7. Anlagen auf Grund von Beteiligungs-Verträgen und Beteiligungs-Kaufverträgen (§ 2 Absatz 1 Nummer 3, §§ 6 und 7 des 5. VermBG)

(1) Beteiligungs-Verträge (§ 6 des 5. VermBG) unterscheiden sich von Beteiligungs-Kaufverträgen (§ 7 des 5. VermBG) hauptsächlich dadurch, dass Beteiligungs-Verträge nicht verbriefte Vermögensbeteiligungen erstmals begründen, während auf Grund von Beteiligungs-Kaufverträgen bereits bestehende nicht verbriefte Vermögensbeteiligungen erworben werden.

(2) Auf Grund eines Beteiligungs-Vertrags nach § 6 Absatz 1 des 5. VermBG und auf Grund eines Beteiligungs-Kaufvertrags nach § 7 Absatz 1 des 5. VermBG zwischen dem Arbeitnehmer und dem inländischen Arbeitgeber können vermögenswirksame Leistungen in nicht verbrieften betrieblichen Vermögensbeteiligungen angelegt werden. Auf Grund eines Beteiligungs-Kaufvertrags nach § 7 Absatz 1 des 5. VermBG können außerdem insbesondere außerbetriebliche Vermögensbeteiligungen in Form von Geschäftsguthaben bei inländischen Kredit-, Bau- oder Wohnungsbaugenossenschaften sowie stille Beteiligungen an sog. Mitarbeiterbeteiligungsgesellschaften (Abschnitt 4 Absatz 9) erworben werden. Die vermögenswirksamen Leistungen sind zu verrechnen (Abschnitt 6 Absatz 1 und 2).

(3) Ein Beteiligungs-Vertrag nach § 6 Absatz 2 des 5. VermBG kann vom Arbeitnehmer mit einem Unternehmen, das mit dem Unternehmen des Arbeitgebers verbunden ist, mit einer sog. Mitarbeiterbeteiligungsgesellschaft oder mit einer Kredit-, Bau- oder Wohnungsgenossenschaft zur Begründung nicht verbriefter Vermögensbeteiligungen an dem vertragschließenden Unternehmen abgeschlossen werden. Ein Beteiligungs-Kaufvertrag nach § 7 Absatz 2 des 5. VermBG kann vom Arbeitnehmer mit der GmbH, die mit dem Unternehmen des Arbeitgebers verbunden ist, zum Erwerb von Geschäftsanteilen an der vertragschließenden GmbH abgeschlossen werden. Die vermögenswirksamen Leistungen sind vom Arbeitgeber zu überweisen; die einmalige Überweisung als Voraus- oder nachträgliche Zahlung sowie laufende Überweisungen als An- oder Abzahlungen sind zulässig. So kann in einem Beteiligungs-Vertrag nach § 6 Absatz 2 des 5. VermBG vereinbart sein, dass der Arbeitnehmer an eine Genossenschaft vermögenswirksame Leistungen laufend als Anzahlungen zum Zwecke der Begründung von Geschäftsguthaben vom Arbeitgeber überweisen lässt, damit die Genossenschaft für den Arbeitnehmer die Einzahlungen erbringt, die zu leisten sind, sobald der Genossenschaft beigetreten ist und die Geschäftsanteile übernommen hat.

(4) Ist die für die Begründung der Vermögensbeteiligung geschuldete Geldsumme (§ 6 Absatz 1 und 2 des 5. VermBG) oder der Kaufpreis (§ 7 Absatz 1 und 2 des 5. VermBG) durch einmalige vermögenswirksame Leistung vorausgezahlt oder durch laufende vermögenswirksame Leistungen angezahlt worden, so hat der Arbeitgeber oder das Unternehmen ein Anzahlungskonto zu führen.

(5) Die Aufzeichnungspflichten während der Dauer der Sperrfrist (§ 6 Absatz 3 Nummer 2, § 7 Absatz 3 des 5. VermBG) sind in § 3 VermBDV 1994 geregelt.

8. Insolvenzschutz (§ 2 Absatz 5a des 5. VermBG)

(1) Der Arbeitgeber hat vor der Anlage vermögenswirksamer Leistungen im eigenen Unternehmen in Zusammenarbeit mit dem Arbeitnehmer Vorkehrungen zu treffen, die der Absicherung der angelegten

vermögenswirksamen Leistungen bei einer während der Dauer der Sperrfrist eintretenden Zahlungsunfähigkeit des Arbeitgebers dienen (§ 2 Absatz 5a Satz 1 des 5. VermBG). Diese Vorkehrungen des Arbeitgebers gegen Insolvenz sind nicht Voraussetzung für den Anspruch des Arbeitnehmers auf die Arbeitnehmer-Sparzulage. Die Regelung betrifft alle im Fünften Vermögensbildungsgesetz zugelassenen Formen von Kapitalbeteiligungen der Arbeitnehmer am arbeitgebenden Unternehmen mit Ausnahme von Darlehen (§ 2 Absatz 1 Nummer 1 Buchstabe k des 5. VermBG) und Namensschuldverschreibungen (§ 2 Absatz 1 Nummer 1 Buchstabe b des 5. VermBG), für die bereits die Absicherung durch eine Versicherung oder Bankbürgschaft als Voraussetzung für die Anlage vermögenswirksamer Leistungen und damit für einen möglichen Anspruch auf Arbeitnehmer-Sparzulage vorgeschrieben ist.

(2) Zum Bericht des Bundesministeriums für Arbeit und Sozialordnung über die Vorkehrungen zur Insolvenzsicherung vermögenswirksamer Leistungen beim Erwerb von Mitarbeiter-Kapitalbeteiligungen (§ 2 Absatz 5a Satz 2 des 5. VermBG) siehe Bundestags-Drucksache 14/9731 vom 28. Juni 2002.

9. Anlagen nach dem Wohnungsbau-Prämiengesetz (§ 2 Absatz 1 Nummer 4 des 5. VermBG)

(1) Als Aufwendungen des Arbeitnehmers nach dem WoPG können vermögenswirksame Leistungen auf Grund von Verträgen angelegt werden, die nach den Vorschriften des WoPG abgeschlossen worden sind. Bei der Anlage vermögenswirksamer Leistungen nach § 2 Absatz 1 Nummer 2 WoPG als Aufwendungen für den ersten Erwerb von Anteilen an Bau- und Wohnungsgenossenschaften müssen jedoch die Voraussetzungen des § 2 Absatz 1 Nummer 1 Buchstabe g zweiter Halbsatz des 5. VermBG erfüllt sein. Eine Anlage nach dem WoPG liegt auch dann vor, wenn der Arbeitnehmer unbeschränkt einkommensteuerpflichtig nach § 1 Absatz 3 EStG ist und die Voraussetzungen des § 1 Absatz 2 Satz 1 Nummer 1 und 2 EStG nicht erfüllt oder beschränkt einkommensteuerpflichtig ist (§ 1 Absatz 4 EStG) oder wenn das Einkommen des Arbeitnehmers die Einkommensgrenze (§ 2a WoPG) überschritten hat.

(2) Beiträge an Bausparkassen zur Erlangung von Baudarlehen setzen den Abschluss eines Bausparvertrags mit einer Bausparkasse voraus (§ 2 Absatz 1 Nummer 1 WoPG). Bausparkassen sind Kreditinstitute im Sinne des § 1 Absatz 1 des Gesetzes über Bausparkassen.

(3) Vermögenswirksame Leistungen können als Aufwendungen für den ersten Erwerb von Anteilen an Bau- und Wohnungsgenossenschaften erbracht werden (§ 2 Absatz 1 Nummer 2 WoPG). Wegen der Zuordnung zu einer Anlage nach § 2 Absatz 1 Nummer 1 Buchstabe g des 5. VermBG und den Wegfall dieser Zulagenbegünstigung vgl. Abschnitt 4 Absatz 7 und Abschnitt 18 Absatz 1 Nummer 3.

(4) Wohnbau-Sparverträge im Sinne des WoPG sind Sparverträge mit einem Kreditinstitut oder einem am 31. Dezember 1989 als gemeinnützig anerkannten Wohnungsunternehmen oder einem am 31. Dezember 1989 als Organ der staatlichen Wohnungspolitik anerkannten Unternehmen, wenn diese Unternehmen eigene Spareinrichtungen unterhalten, auf die die Vorschriften des Gesetzes über das Kreditwesen anzuwenden sind. Die eingezahlten Sparbeiträge und die Prämien müssen zum Bau oder Erwerb selbst genutzten Wohneigentums oder zum Erwerb eines eigentumsähnlichen Dauerwohnrechts verwendet werden; die Wohnbau-Sparverträge müssen auf die Dauer von drei bis sechs Jahren als allgemeine Sparverträge oder als Sparverträge mit festgelegten Sparraten abgeschlossen werden (§ 2 Absatz 1 Nummer 3 WoPG).

(5) Baufinanzierungsverträge im Sinne des WoPG sind Verträge mit einem Wohnungs- und Siedlungsunternehmen oder einem am 31. Dezember 1989 anerkannten Organ der staatlichen Wohnungspolitik, die nach der Art von Sparverträgen mit festgelegten Sparraten auf die Dauer von drei bis acht Jahren mit dem Zweck einer Kapitalansammlung abgeschlossen werden; Voraussetzung ist, dass die eingezahlten Beiträge und die Prämien zum Bau oder Erwerb selbst genutzten Wohneigentums oder zum Erwerb eines eigentumsähnlichen Dauerwohnrechts verwendet werden (§ 2 Absatz 1 Nummer 4 WoPG). Baufinanzierungsverträge unterscheiden sich von den Wohnbau-Sparverträgen mit festgelegten Sparraten (Absatz 4) dadurch, dass außer den Verpflichtungen des Arbeitnehmers auch die Verpflichtungen des Unternehmens zur Erbringung der vertraglichen Leistungen von vornherein festgelegt sein müssen (vgl. BFH-Urteil vom 17. März 1972, BStBl. II Seite 601).

10. Anlagen für den Bau, den Erwerb, den Ausbau, die Erweiterung oder die Entschuldung eines Wohngebäudes usw. (§ 2 Absatz 1 Nummer 5 des 5. VermBG)

Bei einer Anlage unmittelbar für den Bau, den Erwerb, den Ausbau, die Erweiterung oder die Entschuldung eines im Inland belegenen Wohngebäudes usw. gilt Folgendes:

1. Wohngebäude sind Gebäude, soweit sie Wohnzwecken dienen.
2. Für die Anlage ist Voraussetzung, dass der Arbeitnehmer entweder Alleineigentümer oder Miteigentümer des Wohngebäudes usw. ist; mindestens muss jedoch eine Auflassungsvormerkung zu seinen Gunsten im Grundbuch eingetragen sein. Keine Anlage in diesem Sinne liegt vor, sofern der Anlage ein von einem Dritten vorgefertigtes Konzept zu Grunde liegt, bei dem der Arbeitnehmer

Anhang 25/Anwendung 5. VermBG (Zu LStH 19a)

vermögenswirksame Leistungen zusammen mit mehr als 15 anderen Arbeitnehmern anlegen kann (§ 2 Absatz 1 Nummer 5 des 5. VermBG).

3. Eine Anlage liegt u. a. vor, wenn es sich bei den Aufwendungen um Anschaffungskosten, Herstellungskosten und Erhaltungsaufwendungen bei Instandsetzung und Modernisierung handelt (vgl. BMF-Schreiben vom 18. Juli 2003, BStBl. I Seite 386).

4. Als Aufwendungen für den Bau, den Erwerb, den Ausbau, die Erweiterung oder die Entschuldung eines Wohngebäudes usw. können die vermögenswirksamen Leistungen nur erbracht werden, soweit im Zeitpunkt ihres Zuflusses die Schuld des Arbeitnehmers, für den die Leistungen erbracht werden, nicht bereits getilgt ist.

5. Sparleistungen an Treuhand- und Immobilienspargesellschaften sind keine Aufwendungen für den Bau, den Erwerb, den Ausbau, die Erweiterung oder die Entschuldung eines Wohngebäudes usw.

11. Anlagen auf Grund von Verträgen des Ehegatten oder Lebenspartners, der Kinder oder der Eltern (§ 3 Absatz 1 des 5. VermBG)

(1) Der Arbeitnehmer kann vermögenswirksame Leistungen auch auf Grund von Sparverträgen über Wertpapiere oder andere Vermögensbeteiligungen (Abschnitt 5), auf Grund von Verträgen nach den Vorschriften des WoPG (Abschnitt 9), auf Grund von Sparverträgen (§ 8 des 5. VermBG) und auf Grund von Kapitalversicherungsverträgen (§ 9 des 5. VermBG) anlegen lassen, die von seinem Ehegatten oder Lebenspartner abgeschlossen worden sind, mit dem der Arbeitnehmer die Zusammenveranlagung zur Einkommensteuer wählen kann (§ 26 Absatz 1 Satz 1 EStG). Das gilt auch, wenn die genannten Verträge von Kindern des Arbeitnehmers (§ 32 Absatz 1 EStG) abgeschlossen worden sind, solange die Kinder zu Beginn des Kalenderjahrs der vermögenswirksamen Leistung das 17. Lebensjahr noch nicht vollendet haben. Hat der Arbeitnehmer zu Beginn des Kalenderjahrs der vermögenswirksamen Leistungen das 17. Lebensjahr noch nicht vollendet, so können vermögenswirksame Leistungen auch auf die genannten Verträge angelegt werden, die von seinen Eltern oder einem Elternteil abgeschlossen worden sind. Die vom Arbeitnehmer zugunsten des Ehegatten oder Lebenspartners, der Kinder oder der Eltern auf deren Sparverträge über Wertpapiere oder andere Vermögensbeteiligungen angelegten vermögenswirksamen Leistungen sind vom Vertragsinhaber vertragsgemäß zu verwenden; der Vertragsinhaber kann mit diesen Leistungen auch betriebliche Vermögensbeteiligungen erwerben (z.B. Gewinnschuldverschreibungen oder Genussscheine seines Arbeitgebers). Eine Abtretung der Ansprüche aus den genannten Verträgen an den Arbeitnehmer steht der Anlage seiner vermögenswirksamen Leistungen auf diese Verträge nicht entgegen.

(2) Absatz 1 gilt entsprechend bei Anlagen für den Bau, den Erwerb, den Ausbau, die Erweiterung oder die Entschuldung eines Wohngebäudes usw. (Abschnitt 10), wenn die in Absatz 1 genannten Personen Alleineigentümer oder Miteigentümer des Wohngebäudes usw. sind oder zu ihren Gunsten eine Auflassungsvormerkung im Grundbuch eingetragen ist (Abschnitt 10 Nummer 2).

(3) Die Absätze 1 und 2 gelten auch bei steuerlich anerkannten Dienstverhältnissen zwischen Ehegatten oder Lebenspartnern (vgl. R 4.8 Absatz 1 EStR, H 4.8 – Arbeitsverhältnisse zwischen Ehegatten – EStH).

(4) Vermögenswirksame Leistungen können auch auf Gemeinschaftskonten/-depots angelegt werden. Abschnitt 14 Absatz 3 und Abschnitt 19 Absatz 1 Satz 3 sind zu beachten.

12. Vereinbarung der vermögenswirksamen Leistungen, freie Wahl der Anlage (§§ 10, 11, 12 des 5. VermBG)

(1) Vermögenswirksame Leistungen, die zusätzlich zum sonstigen Arbeitslohn zu erbringen sind, können in Verträgen mit Arbeitnehmern, in Betriebsvereinbarungen, in Tarifverträgen sowie in bindenden Festsetzungen nach dem Heimarbeitsgesetz vereinbart werden (§ 10 des 5. VermBG); für Beamte, Richter, Berufssoldaten und Soldaten auf Zeit werden zusätzliche vermögenswirksame Leistungen auf Grund eines Gesetzes erbracht.

(2) Die vermögenswirksame Anlage von Teilen des Arbeitslohns (Absatz 3) wird in einem Vertrag vereinbart, den der Arbeitgeber auf schriftlichen Antrag des Arbeitnehmers mit diesem abschließen muss (§ 11 Absatz 1 des 5. VermBG; bezüglich der Grenzgänger vgl. Abschnitt 2 Absatz 3). Macht ein Tarifvertrag den Anspruch auf zusätzliche vermögenswirksame Leistungen davon abhängig, dass der Arbeitnehmer als Eigenleistung auch Teile des Arbeitslohns vermögenswirksam anlegt, so ist für die vermögenswirksame Anlage ein schriftlicher Antrag des Arbeitnehmers nicht erforderlich. Der Arbeitgeber muss auf Verlangen des Arbeitnehmers die vermögenswirksame Anlage von Lohnteilen auch dann vereinbaren, wenn der Arbeitnehmer für diese Anlage eine der nicht zulagebegünstigten Anlageformen (Abschnitt 2 Absatz 2 Nummer 1) wählt. Der Arbeitgeber muss dem Verlangen des Arbeitnehmers aber insoweit nicht folgen, als die anzulegenden Lohnteile für sich oder zusammen mit anderen vermögens-

wirksamen Leistungen den Betrag von 870 Euro im Kalenderjahr übersteigen. Soweit der Arbeitgeber zur Anlage von Lohnteilen nicht verpflichtet ist, kann er sich freiwillig bereit erklären, die vom Arbeitnehmer verlangte Anlage von Lohnteilen zu vereinbaren.

(3) Vermögenswirksam angelegt werden können nur Teile des Arbeitslohns, der zu den Einkünften aus nichtselbständiger Arbeit nach § 19 EStG gehört (Arbeitslohn im steuerlichen Sinne) und der dem Arbeitnehmer noch nicht zugeflossen ist; die nachträgliche Umwandlung von zugeflossenem Arbeitslohn in vermögenswirksame Leistungen ist nur im Fall der Grenzgänger (Abschnitt 2 Absatz 3) möglich. Auch pauschal besteuerter oder steuerfreier Arbeitslohn kann vermögenswirksam angelegt werden, also z. B. Teile

1. des pauschal besteuerten Arbeitslohns von kurzfristig Beschäftigten, Aushilfskräften in der Land- und Forstwirtschaft und geringfügig entlohnten Beschäftigten (§ 40a EStG),
2. der pauschal besteuerten sonstigen Bezüge (§ 40 Absatz 1 EStG),
3. des steuerfreien Zuschusses zum Mutterschaftsgeld (§ 3 Nummer 1 Buchstabe d EStG). Kein Arbeitslohn in diesem Sinne sind z. B. die steuerfreien Lohnersatzleistungen (wie Wintergeld – Mehraufwands-Wintergeld, Zuschuss-Wintergeld -, Insolvenzgeld, Mutterschaftsgeld), der Ersatz von Aufwendungen des Arbeitnehmers, die Arbeitnehmer-Sparzulage und die Vergütungen, die ein Kommanditist für seine Tätigkeit im Dienst der Kommanditgesellschaft erhält; diese Bezüge können deshalb nicht vermögenswirksam angelegt werden.

(4) Bei einem minderjährigen Arbeitnehmer, den sein gesetzlicher Vertreter zum Abschluss des Arbeitsvertrags ermächtigt hat, ist im Allgemeinen davon auszugehen, dass er ohne ausdrückliche Zustimmung des Vertreters Verträge mit dem Arbeitgeber über vermögenswirksame Leistungen abschließen kann; denn ein solcher Arbeitnehmer ist für alle das Arbeitsverhältnis der betreffenden Rechtsgeschäfte unbeschränkt geschäftsfähig, wenn die Ermächtigung keine Einschränkungen enthält.

(5) Der Arbeitnehmer hat dem Arbeitgeber mitzuteilen, in welcher Anlageform und bei welchem Unternehmen, Institut oder Gläubiger vermögenswirksame Leistungen nach seiner Wahl (Absatz 6) angelegt werden sollen; er hat dabei anzugeben, wann und in welcher Höhe er die Anlage verlangt, und den Anlagevertrag – z. B. durch dessen Konto- oder Vertragsnummer – näher zu bezeichnen.

(6) Die Zulagebegünstigung vermögenswirksamer Leistungen (§ 13 des 5. VermBG) setzt voraus, dass der Arbeitnehmer frei wählen kann, in welcher der Anlageformen und bei welchem Unternehmen, Institut oder Gläubiger (§ 3 Absatz 3 Satz 1 des 5. VermBG) der Arbeitgeber die vermögenswirksamen Leistungen anlegen soll (§ 12 Satz 1 des 5. VermBG). Die Wahlfreiheit steht jedoch nicht entgegen, wenn durch Tarifvertrag die Anlage auf die Formen des § 2 Absatz 1 Nummer 1 bis 5, Absatz 2 bis 4 beschränkt wird (§ 12 Satz 2 des 5. VermBG). Der Arbeitnehmer kann aber eine Vermögensbeteiligung am Unternehmen des Arbeitgebers in einer der in § 2 Absatz 1 Nummer 1 Buchstabe g bis l und Absatz 4 des 5. VermBG bezeichneten Formen (Abschnitt 4) nur dann begründen oder erwerben, wenn der Arbeitgeber zustimmt (§ 12 Satz 3 des 5. VermBG). Deshalb verstößt es nicht gegen § 12 des 5. VermBG, wenn ein Arbeitgeber nur bestimmten Arbeitnehmern oder Arbeitnehmergruppen die Möglichkeit einräumt, mit ihren vermögenswirksamen Leistungen Vermögensbeteiligungen am Unternehmen des Arbeitgebers im Sinne des § 2 Absatz 1 Nummer 1 Buchstabe g bis l und Absatz 4 des 5. VermBG – z. B. Darlehensforderungen oder stille Beteiligungen – zu begründen.

(7) Der Arbeitnehmer kann verlangen, dass die für ihn zu erbringenden vermögenswirksamen Leistungen auf verschiedene Anlageformen verteilt werden, oder dass die Anlageform gewechselt wird, wenn er daran ein berechtigtes Interesse hat, das gegenüber dem Interesse des Arbeitgebers an möglichst geringem Verwaltungsaufwand überwiegt. An der Verteilung auf verschiedene Anlageformen oder am Wechsel der Anlageform kann der Arbeitnehmer z. B. dann ein berechtigtes Interesse haben, wenn er dadurch die Förderung voll ausschöpfen möchte. Für den Wechsel der Anlageform bei vermögenswirksamer Anlage von Lohnteilen (Absatz 2) ist § 11 Absatz 5 des 5. VermBG zu beachten.

13. Kennzeichnungs- und Mitteilungspflichten (§ 3 Absatz 2 des 5. VermBG, § 2 Absatz 1 VermBDV 1994)

(1) Bei Überweisung der vermögenswirksam anzulegenden Beträge an das Unternehmen, Institut oder den Gläubiger (Abschnitt 2 Absatz 1) hat der Arbeitgeber die Beträge als vermögenswirksame Leistung besonders kenntlich zu machen und den Namen des Arbeitnehmers sowie dessen Konto- oder Vertragsnummer anzugeben. Zusätzlich ist bei Überweisungen im Dezember und Januar anzugeben, welchem Kalenderjahr die überwiesenen Beträge zuzuordnen sind (vgl. Abschnitt 3 Absatz 1).

(2) Geht bei dem Unternehmen, dem Institut oder dem Gläubiger ein vom Arbeitgeber als vermögenswirksame Leistung gekennzeichneter Betrag ein und kann dieser nicht nach den Vorschriften des 5.

Anhang 25/Anwendung 5. VermBG (Zu LStH 19a)

VermBG angelegt werden (z. B. weil ein Anlagevertrag im Sinne des 5. VermBG nicht besteht oder bereits erfüllt ist oder weil bei einem Bausparvertrag die Bausparsumme ausgezahlt worden ist), so ist das Unternehmen, das Institut oder der Gläubiger verpflichtet, dies dem Arbeitgeber unverzüglich schriftlich mitzuteilen; nach Eingang einer solchen Mitteilung darf der Arbeitgeber für den Arbeitnehmer keine vermögenswirksame Leistungen mehr überweisen.

14. Bescheinigung vermögenswirksamer Leistungen (§ 15 Absatz 1 des 5. VermBG in der Fassung des Beitreibungsrichtlinie-Umsetzungsgesetzes vom 7. Dezember 2011, BGBl. I Seite 2592, § 5 VermBDV 1994 in der Fassung des Steuerbürokratieabbaugesetzes vom 20. Dezember 2008, BGBl. I Seite 2850)

(1) Bis zur Einführung der elektronischen Vermögensbildungsbescheinigung, deren erstmalige Anwendung zu einem späteren Zeitpunkt durch ein im Bundessteuerblatt zu veröffentlichendes BMF-Schreiben mitgeteilt wird (§ 17 Absatz 14 des 5. VermBG, § 11 Absatz 1 Satz 2 und 3 VermBDV 1994), gilt weiter Folgendes:

(2) Das Kreditinstitut, die Kapitalverwaltungsgesellschaft, die Bausparkasse, das Unternehmen, der Arbeitgeber oder der Gläubiger, mit dem der Arbeitnehmer den Anlagevertrag abgeschlossen hat, hat die vermögenswirksamen Leistungen zu bescheinigen, die im Kalenderjahr angelegt worden sind (§ 15 Absatz 1 des 5. VermBG in der Fassung des Beitreibungsrichtlinie-Umsetzungsgesetzes vom 7. Dezember 2011, BGBl. I Seite 2592, § 5 VermBDV 1994 in der Fassung des Steuerbürokratieabbaugesetzes vom 20. Dezember 2008, BGBl. I Seite 2850). Für vermögenswirksame Leistungen, die auf nicht zulagebegünstigte Anlagearten angelegt worden sind, ist die Ausstellung einer Bescheinigung nicht zulässig. Außerdem darf eine Bescheinigung nicht mehr erteilt werden, wenn über sämtliche vermögenswirksame Leistungen schädlich verfügt worden ist, die nach § 2 Absatz 1 Nummer 1 oder 4 des 5. VermBG (Abschnitte 5 und 9) angelegt worden sind (§ 5 Absatz 5 VermBDV 1994 in der Fassung des Steuerbürokratieabbaugesetzes vom 20. Dezember 2008, BGBl. I Seite 2850).

(3) Die Bescheinigung ist auf den Arbeitnehmer auszustellen, für den der Arbeitgeber die vermögenswirksamen Leistungen erbracht hat. Das gilt auch dann, wenn die vermögenswirksamen Leistungen zugunsten des Ehegatten oder Lebenspartners, der Kinder, der Eltern oder eines Elternteils angelegt worden sind (§ 3 Absatz 1 des 5. VermBG), wenn mehrere Personen Vertragsinhaber sind (Gemeinschaftsvertrag) oder die vermögenswirksamen Leistungen auf Gemeinschaftskonten/-depots angelegt wurden (vgl. Abschnitt 11 Absatz 4).

(4) Für die Bescheinigung ist der amtlich vorgeschriebene Vordruck zu verwenden; das für das jeweilige Kalenderjahr geltende Vordruckmuster wird im Bundessteuerblatt Teil I bekannt gemacht. Im Einzelnen gilt Folgendes:

1. Der „Institutsschlüssel für die Arbeitnehmer-Sparzulage" wird von der Zentralstelle für Arbeitnehmer-Sparzulage und Wohnungsbauprämie beim Technischen Finanzamt Berlin – ZPS ZANS –, Klosterstraße 59, 10179 Berlin vergeben (§ 5 Absatz 2 Satz 2 und 3 VermBDV 1994 in der Fassung des Steuerbürokratieabbaugesetzes vom 20. Dezember 2008, BGBl. I Seite 2850). Er ist bei Anlagearten erforderlich, die einer Sperrfrist unterliegen. Sperrfristen gelten nicht bei Anlagen zum Wohnungsbau (Abschnitt 10) und bei Anlagen für den ersten Erwerb von Anteilen an Bau- und Wohnungsgenossenschaften gemäß § 2 Absatz 1 Nummer 4 des 5. VermBG (Abschnitt 9 Absatz 3). In der Bescheinigung kann auf die Angabe dieses Institutsschlüssels nur dann verzichtet werden, wenn im Zeitpunkt der Ausstellung die für die Anlageart geltende Sperrfrist abgelaufen ist.

2. Die Vertragsnummer darf höchstens 14-stellig sein und keine Sonderzeichen enthalten. Es ist nicht zulässig, für mehrere Arbeitnehmer dieselbe Vertragsnummer zu verwenden. Werden vermögenswirksame Leistungen auf von Dritten abgeschlossene Verträge oder auf Gemeinschaftsverträge angelegt (Absatz 2), so sind die vermögenswirksamen Leistungen jedes Arbeitnehmers unter einer eigenen Vertragsnummer zu bescheinigen; eine gemeinsame Vertragsnummer ist nur bei Ehegatten oder Lebenspartnern zulässig.

3. Der „Institutsschlüssel für die Arbeitnehmer-Sparzulage", die Vertragsnummer und die Sperrfrist (vgl. Nummer 4) bilden den Ordnungsbegriff für das automatisierte Festsetzungs und Auszahlungsverfahren der Arbeitnehmer-Sparzulage. Das automatisierte Verfahren setzt voraus, dass Inhalt und Darstellung der Vertragsnummer bei der Bescheinigung vermögenswirksamer Leistungen sowie bei der Anzeige über eine vorzeitige Verfügung (durch Datensatz oder Vordruck, vgl. Abschnitt 21 Absatz 1) übereinstimmen. Der Ordnungsbegriff ist für die gesamte Laufzeit des begünstigten Vertrages unabänderbar. Dies gilt auch, wenn der Vertrag einem anderen Anlageinstitut übertragen wird.

4. Das Ende der für die vermögenswirksamen Leistungen geltenden Sperrfrist (vgl. Nummer 1) ist stets anzugeben. Bei der Bescheinigung vermögenswirksamer Leistungen, die auf Verträge nach §§ 5 bis 7 des 5. VermBG angelegt und noch nicht für Vermögensbeteiligungen verwendet worden sind, ist als

Ende der Sperrfrist der 31. Dezember des sechsten Kalenderjahrs nach dem Kalenderjahr der vermögenswirksamen Anlage anzugeben (§ 5 Absatz 3 VermBDV 1994 in der Fassung des Steuerbürokratieabbaugesetzes vom 20. Dezember 2008, BGBl. I Seite 2850). Ist über vermögenswirksame Leistungen unschädlich vorzeitig verfügt worden, die nach § 2 Absatz 1 Nummer 1 oder 4 des 5. VermBG angelegt worden sind, so ist in der Bescheinigung als Ende der Sperrfrist der Zeitpunkt dieser Verfügung anzugeben (§ 5 Absatz 4 VermBDV 1994 in der Fassung des Steuerbürokratieabbaugesetzes vom 20. Dezember 2008, BGBl. I Seite 2850); das gilt auch für die Bescheinigung der vermögenswirksamen Leistungen, die weiter auf den Anlagevertrag angelegt werden (Abschnitt 17 Absatz 5). Entsprechendes gilt bei Zuteilung eines Bausparvertrags.

(5) Sind vermögenswirksame Leistungen für die Anlage zum Wohnungsbau an den Arbeitnehmer ausgezahlt worden (Abschnitt 2 Absatz 1 Nummer 2), hat der Gläubiger die Bescheinigung auszustellen, wenn der Arbeitnehmer schriftlich erklärt, in welcher Höhe vermögenswirksame Leistungen zum Wohnungsbau verwendet worden sind.

(6) Die Bescheinigung ist grundsätzlich erst nach Ablauf des Kalenderjahrs zu erteilen, in dem die vermögenswirksamen Leistungen angelegt worden sind. Davon abweichend können die vermögenswirksamen Leistungen bereits im laufenden Kalenderjahr bescheinigt werden, wenn

1. bei Anlageverträgen nach § 2 Absatz 1 Nummer 1 des 5. VermBG die Einzahlungsfrist abgelaufen ist (Abschnitt 5 Absatz 2),
2. auf Anlageverträge nach §§ 5, 6 und 7 des 5. VermBG keine vermögenswirksamen Leistungen mehr angelegt werden können,
3. Anlageverträge nach § 2 Absatz 1 Nummer 1 oder 4 des 5. VermBG mit Kreditinstituten, Kapitalverwaltungsgesellschaften, Bausparkassen oder Versicherungsunternehmen im Falle einer unschädlichen vorzeitigen Verfügung aufgehoben werden.

(7) In der Bescheinigung sind die angelegten vermögenswirksamen Leistungen auf den nächsten vollen Euro aufzurunden.

15. Festsetzung der Arbeitnehmer-Sparzulage (§§ 13, 14 des 5. VermBG, § 6 Absatz 1 VermBDV 1994)

(1) Der Antrag auf Festsetzung der Arbeitnehmer-Sparzulage ist regelmäßig mit der Einkommensteuererklärung zu stellen. Für den Antrag auf Festsetzung der Arbeitnehmer-Sparzulage ist auch dann der Vordruck für die Einkommensteuererklärung zu verwenden, wenn der Arbeitnehmer keinen Antrag auf Veranlagung zur Einkommensteuer stellt und auch nicht zur Einkommensteuer zu veranlagen ist, z. B. weil er nur pauschal besteuerten Arbeitslohn bezogen hat.

(2) Die Arbeitnehmer-Sparzulage kann auch dann erst nach Ablauf des Kalenderjahrs, in dem die vermögenswirksamen Leistungen angelegt worden sind (§ 13 Absatz 4 des 5. VermBG), festgesetzt werden, wenn der Antrag schon vorher gestellt ist.

(3) Zuständig ist das Finanzamt, in dessen Bezirk der Arbeitnehmer im Zeitpunkt der Antragstellung seinen Wohnsitz oder gewöhnlichen Aufenthalt hat. Bei Wegfall der unbeschränkten Einkommensteuerpflicht im Laufe eines Kalenderjahrs ist das Finanzamt zuständig, in dessen Bezirk der Arbeitnehmer seinen Wohnsitz oder gewöhnlichen Aufenthalt hatte. Hat der Arbeitnehmer im Inland weder einen Wohnsitz noch seinen gewöhnlichen Aufenthalt, so tritt an die Stelle des Wohnsitzfinanzamts das Betriebsstättenfinanzamt des Arbeitgebers.

(4) Übersteigen die für den Arbeitnehmer erbrachten vermögenswirksamen Leistungen die geförderten Höchstbeträge und sind die Leistungen auf mehrere Anlagearten aufgeteilt worden, kann der Arbeitnehmer durch Vorlage nur einzelner Bescheinigungen (Abschnitt 14) die vermögenswirksamen Leistungen bestimmen, die mit Arbeitnehmer-Sparzulage begünstigt werden sollen. Legt der Arbeitnehmer sämtliche Bescheinigungen vor, begünstigt das Finanzamt die vermögenswirksamen Leistungen in einer Reihenfolge, die im Regelfall für den Arbeitnehmer günstig ist.

(5) Für die Anwendung der Einkommensgrenze von 35 800/40 000 Euro für Ehegatten oder Lebenspartner ist allein maßgeblich, ob tatsächlich eine Zusammenveranlagung durchgeführt wird. Aus diesem Grunde ist die 35 800/40 000-Euro-Grenze auch bei der Zusammenveranlagung des überlebenden Ehegatten oder Lebenspartners mit dem verstorbenen Ehegatten oder Lebenspartner im Todesjahr des Ehegatten oder Lebenspartners anzuwenden. Von dem auf das Todesjahr folgenden Kalenderjahr an gilt die 17 900/20 000-Euro-Grenze (BFH-Urteil vom 14. Mai 1976, BStBl. II Seite 546). Haben Ehegatten oder Lebenspartner die Einzelveranlagung gewählt, ist für jeden Ehegatten oder Lebenspartner gesondert zu prüfen, ob das von ihm zu versteuernde Einkommen die Einkommensgrenze von 17 900/20 000 Euro überschreitet. Die für einen Lebenspartner bereits vor Inkrafttreten des Amtshilferichtlinie-Umsetzungsgesetzes vom 26. Juni 2013 (BGBl. I Seite 1809) festgesetzte Arbeitnehmer-Sparzulage ver-

Anhang 25/Anwendung 5. VermBG (Zu LStH 19a)

gangener Jahre bleibt auch dann unangetastet, wenn eine rückwirkend durchgeführte Zusammenveranlagung mit einem Lebenspartner für das betreffende Sparjahr zusammen genommen zur Überschreitung der Einkommensgrenze führt. Bei der Ermittlung des zu versteuernden Einkommens sind auch in den Fällen, in denen es auf Grund der Vorschriften zum Familienleistungsausgleich (§ 31 EStG) beim auszuzahlenden Kindergeld verbleibt, stets die in Betracht kommenden Freibeträge für Kinder (§ 32 EStG) abzuziehen (§ 2 Absatz 5 Satz 2 EStG); dabei sind stets die Freibeträge für das gesamte Sparjahr zugrunde zu legen.

(6) Die Einkommensgrenzen des § 13 Absatz 1 des 5. VermBG gelten nicht für beschränkt einkommensteuerpflichtige Arbeitnehmer, die nicht zur Einkommensteuer veranlagt werden, da bei diesem Personenkreis ein zu versteuerndes Einkommen im Sinne des § 2 Absatz 5 EStG nicht festgestellt wird; diesen Arbeitnehmern steht deshalb die Arbeitnehmer-Sparzulage ohne Rücksicht auf die Höhe ihres Einkommens zu.

(7) Anträge auf Festsetzung einer Arbeitnehmer-Sparzulage können bis zum Ablauf der – grundsätzlich vierjährigen – Festsetzungsfrist nach § 169 AO wirksam gestellt werden.

(8) Ein Bescheid über die Ablehnung der Festsetzung einer Arbeitnehmer-Sparzulage wegen Überschreitens der Einkommensgrenze ist aufzuheben, wenn der Einkommensteuerbescheid nach Ergehen des Ablehnungsbescheids zur Arbeitnehmer-Sparzulage geändert und dadurch erstmals festgestellt wird, dass die Einkommensgrenze unterschritten ist (§ 14 Absatz 5 Satz 1 des 5. VermBG). Die Arbeitnehmer-Sparzulage wird dann vom Finanzamt nachträglich festgesetzt. Die Frist für die Festsetzung der Arbeitnehmer-Sparzulage endet in diesem Fall nicht vor Ablauf eines Jahres nach Bekanntgabe des geänderten Steuerbescheids (§ 14 Absatz 5 Satz 2 des 5. VermBG). Die Nachholung der Festsetzung der Arbeitnehmer-Sparzulage wird von Amts wegen (grundsätzlich verbunden mit der Änderung der Einkommensteuerfestsetzung) vorgenommen. Ein erneuter Antrag des Arbeitnehmers auf Festsetzung der Arbeitnehmer-Sparzulage ist daher nicht erforderlich.

Beispiel:

Der Arbeitgeber überweist für den ledigen Arbeitnehmer in 2014 vermögenswirksame Leistungen in Höhe von 400 Euro auf einen VL-Investmentsparplan. Der Arbeitnehmer stellt in 2015 mit seiner Einkommensteuererklärung einen Antrag auf Festsetzung der Arbeitnehmer-Sparzulage und fügt die entsprechende Anlage VL bei. Das vom Finanzamt in 2015 für den Veranlagungszeitraum 2014 berechnete zu versteuernde Einkommen beträgt 20 500 Euro. Das Finanzamt lehnt die Festsetzung der beantragten Arbeitnehmer-Sparzulage ab, da das zu versteuernde Einkommen die maßgebliche Einkommensgrenze von 20 000 Euro überschreitet.

Nach einem Einspruch gegen die Festsetzung der Einkommensteuer und einem anschließenden Verfahren vor dem Finanzgericht berücksichtigt das Finanzamt Ende Februar 2019 für den Veranlagungszeitraum 2014 in einem Abhilfebescheid weitere Werbungskosten. Das zu versteuernde Einkommen des Veranlagungszeitraums 2014 mindert sich auf 19 700 Euro.

Nunmehr erfolgt ohne weiteres Zutun des Arbeitnehmers durch das Finanzamt in 2019 eine erstmalige Festsetzung der Arbeitnehmer-Sparzulage für 2014 in Höhe von 80 Euro (400 Euro x 20 %), denn die maßgebliche Einkommensgrenze von 20 000 Euro wird nicht mehr überschritten. Diese Festsetzung ist bis Ende Februar 2020 möglich, da der Ablauf der Festsetzungsfrist für die Arbeitnehmer-Sparzulage 2014 bis dahin gehemmt ist.

Ist der geänderten Einkommensteuerfestsetzung kein Bescheid über die Ablehnung der Festsetzung einer Arbeitnehmer-Sparzulage vorangegangen, weil der Arbeitnehmer wegen der Überschreitung der Einkommensgrenze keine Arbeitnehmer-Sparzulage beantragt hat, kann bis zum Ablauf der entsprechend verlängerten Festsetzungsfrist nachträglich die Arbeitnehmer-Sparzulage beantragt und festgesetzt werden; eine Nachholung der Festsetzung der Arbeitnehmer-Sparzulage von Amts wegen ist in diesen Fällen nicht möglich. Stand jedoch schon vor Ergehen des geänderten Einkommensteuerbescheids fest, dass die Einkommensgrenzen nicht überschritten wurden, verlängert sich die Festsetzungsfrist nicht; in diesen Fällen kann nur innerhalb der regulären Festsetzungsfrist von vier Jahren ein Antrag auf Festsetzung der Arbeitnehmer-Sparzulage gestellt werden.

(9) In Fällen, in denen für vermögenswirksame Leistungen ein Anspruch auf Arbeitnehmer-Sparzulage besteht, aber der Arbeitnehmer dennoch eine Wohnungsbauprämie beantragt hat, endet die Frist für die Festsetzung der Arbeitnehmer-Sparzulage nicht vor Ablauf eines Jahres nach Bekanntgabe der Mitteilung über die Änderung des Prämienanspruchs (§ 14 Absatz 6 des 5. VermBG).

(10) Die Arbeitnehmer-Sparzulage ist für jeden Anlagevertrag auf volle Euro aufzurunden. Das Finanzamt soll die Entscheidung über die Arbeitnehmer-Sparzulage mit dem Einkommensteuerbescheid verbinden.

(Zu LStH 19a) **Anhang 25/Anwendung 5. VermBG**

16. Höhe der Arbeitnehmer-Sparzulage (§ 13 Absatz 2 des 5. VermBG)

(1) Die Arbeitnehmer-Sparzulage beträgt 20 % für vermögenswirksame Leistungen von höchstens 400 Euro, die in Vermögensbeteiligungen (Abschnitt 4) angelegt werden, d. h. auf

1. Sparverträge über Wertpapiere oder andere Vermögensbeteiligungen (§ 4 des 5. VermBG; Abschnitt 5),
2. Wertpapier-Kaufverträge (§ 5 des 5. VermBG; Abschnitt 6),
3. Beteiligungs-Verträge (§ 6 des 5. VermBG; Abschnitt 7) und
4. Beteiligungs-Kaufverträge (§ 7 des 5. VermBG; Abschnitt 7).

(2) Die Arbeitnehmer-Sparzulage beträgt 9 % für vermögenswirksame Leistungen von höchstens 470 Euro, die angelegt werden

1. nach dem Wohnungsbau-Prämiengesetz (§ 2 Absatz 1 Nummer 4 des 5. VermBG; Abschnitt 9) und
2. für den Bau, den Erwerb, den Ausbau, die Erweiterung oder die Entschuldung eines Wohngebäudes usw. (§ 2 Absatz 1 Nummer 5 des 5. VermBG; Abschnitt 10).

(3) Die beiden Zulagen (Absatz 1 und 2) können nebeneinander in Anspruch genommen werden. Insgesamt werden also vermögenswirksame Leistungen bis 870 Euro jährlich mit der Arbeitnehmer-Sparzulage begünstigt. Die Förderung gilt im Übrigen auch für Verträge, die vor 1999 abgeschlossen worden sind.

(4) Die höchstmögliche Arbeitnehmer-Sparzulage kann nur erhalten, wer sowohl in Vermögensbeteiligungen als auch in Bausparen bzw. in Anlagen für den Wohnungsbau anlegt. Dies bedingt zwei Anlageverträge. Da nur Zahlungen durch den Arbeitgeber mit Zulage begünstigt sind (Abschnitt 2), muss dieser zwei Verträge bedienen.

17. Auszahlung der Arbeitnehmer-Sparzulage (§ 14 Absatz 4 und 7 des 5. VermBG, § 7 VermBDV 1994 in der Fassung des Steuerbürokratieabbaugesetzes vom 20. Dezember 2008, BGBl. I Seite 2850)

(1) Die festgesetzten Arbeitnehmer-Sparzulagen werden regelmäßig erst mit Ablauf der für die vermögenswirksamen Leistungen geltenden Sperrfrist an das Kreditinstitut, die Kapitalverwaltungsgesellschaft, die Bausparkasse, das Unternehmen oder den Arbeitgeber überwiesen, mit denen der Anlagevertrag abgeschlossen worden ist (§ 7 Absatz 2 VermBDV 1994). Die ZPS ZANS erstellt über jeden auszuzahlenden (= je Kalenderjahr festgesetzten) Betrag einen Datensatz, der der zuständigen Landesfinanzbehörde zugeleitet wird, die die Auszahlung veranlasst. Der Verwendungszweck der Überweisung an das Anlageinstitut enthält für die Zuordnung zum begünstigten Vertrag den Institutsschlüssel des Anlageinstituts und die Vertragsnummer des begünstigten Vertrages.

(2) Die Anlageinstitute haben die überwiesenen Arbeitnehmer-Sparzulagen an die Arbeitnehmer auszuzahlen. Im Innenverhältnis zwischen Anlageinstitut und Arbeitnehmer kann vereinbart werden, dass die an das Anlageinstitut überwiesenen Arbeitnehmer-Sparzulagen in einer der in § 2 Absatz 1 des 5. VermBG genannten Anlageformen angelegt werden. Ist dem Anlageinstitut in Einzelfällen die Auszahlung der Arbeitnehmer-Sparzulage an den Arbeitnehmer nicht möglich, z.B. weil der Wohnort nicht ermittelt werden konnte, hat das Anlageinstitut diese Arbeitnehmer-Sparzulage der Finanzbehörde zu überweisen, von der sie die Arbeitnehmer-Sparzulage erhalten hat; dabei sind die im Verwendungszweck des Auszahlungsdatensatzes für den Begünstigten enthaltenen Angaben vollständig mitzuteilen.

(3) Die festgesetzten Arbeitnehmer-Sparzulagen werden in folgenden Fällen vom Finanzamt unmittelbar an den Arbeitnehmer ausgezahlt (§ 7 Absatz 1 VermBDV 1994 in der Fassung des Steuerbürokratieabbaugesetzes vom 20. Dezember 2008, BGBl. I Seite 2850):

1. bei Anlagen zum Wohnungsbau (Abschnitt 10) und bei Anlagen für den ersten Erwerb von Anteilen an Bau- und Wohnungsgenossenschaften gemäß § 2 Absatz 1 Nummer 4 des 5. VermBG (Abschnitt 9 Absatz 3),
2. wenn die für die vermögenswirksamen Leistungen geltende Sperrfrist im Zeitpunkt der Bekanntgabe des Bescheids über die Festsetzung der Arbeitnehmer-Sparzulage abgelaufen ist,
3. wenn über die angelegten vermögenswirksamen Leistungen unschädlich vorzeitig verfügt oder der Bausparvertrag zugeteilt worden ist (Abschnitt 14 Absatz 4 Nummer 4).

(4) Wenn Arbeitnehmer-Sparzulagen für vermögenswirksame Leistungen, über die unschädlich vorzeitig verfügt worden sind, bei der ZPS ZANS aufgezeichnet sind, wird die Arbeitnehmer-Sparzulage an die Anlageinstitute ausgezahlt (Absatz 1). Abweichend davon ist die Arbeitnehmer-Sparzulage für vermögenswirksame Leistungen, die auf Anlageverträge nach §§ 5 bis 7 des 5. VermBG angelegt worden sind, vom Finanzamt unmittelbar an den Arbeitnehmer auszuzahlen.

1389

Anhang 25/Anwendung 5. VermBG (Zu LStH 19a)

(5) Ist über angelegte vermögenswirksame Leistungen unschädlich vorzeitig verfügt worden, so endet für diesen Anlagevertrag die Sperrfrist im Zeitpunkt dieser Verfügung (Abschnitt 14 Absatz 3 Nummer 4). Deshalb sind Arbeitnehmer-Sparzulagen für vermögenswirksame Leistungen, die weiter auf diesen Anlagevertrag angelegt werden, vom Finanzamt unmittelbar an den Arbeitnehmer auszuzahlen.

(6) Ergeben sich Nachfragen hinsichtlich der Auszahlung der Arbeitnehmer-Sparzulage, sind diese nicht an die ZPS ZANS, sondern an die zuständigen Stellen in den Ländern zu richten. Arbeitnehmer können die zuständige Stelle bei ihrem Wohnsitzfinanzamt erfragen.

18. Wegfall der Zulagebegünstigung (§ 13 Absatz 5 Satz 1 des 5. VermBG)

(1) Die Zulagebegünstigung für vermögenswirksame Leistungen entfällt vorbehaltlich des Absatzes 2 und des Abschnitts 19 rückwirkend,

1. soweit bei Anlagen auf Grund von Sparverträgen über Wertpapiere oder andere Vermögensbeteiligungen (Abschnitt 5) vor Ablauf der siebenjährigen Sperrfrist zulagebegünstigte vermögenswirksame Leistungen zurückgezahlt werden, die Festlegung unterblieben ist oder aufgehoben wird oder über die Vermögensbeteiligungen verfügt wird. Die Zulagebegünstigung entfällt auch für Spitzenbeträge, wenn diese 150 Euro übersteigen (§ 4 Absatz 3 des 5. VermBG). Die Förderung entfällt ebenfalls für Beträge, die beim zulageunschädlichen Austausch von Wertpapieren übrig bleiben, wenn die 150-Euro-Grenze überschritten wird (Abschnitt 5 Absatz 8),

2. wenn bei Anlagen auf Grund von Wertpapier-Kaufverträgen (Abschnitt 6) die Wertpapiere, mit deren Kaufpreis die vermögenswirksamen Leistungen eines Kalenderjahrs verrechnet worden sind, nicht spätestens bis zum Ablauf des folgenden Kalenderjahrs erworben werden oder wenn die Festlegung unterblieben ist oder soweit vor Ablauf der sechsjährigen Sperrfrist die Festlegung aufgehoben wird oder über die Wertpapiere verfügt wird,

3. wenn bei Anlagen auf Grund von Beteiligungs-Verträgen oder Beteiligungs-Kaufverträgen (Abschnitt 7) der Arbeitnehmer die nicht verbrieften Vermögensbeteiligungen, für deren Begründung oder Erwerb die vermögenswirksamen Leistungen eines Kalenderjahrs verrechnet oder überwiesen worden sind, nicht spätestens bis zum Ablauf des folgenden Kalenderjahrs erhält oder soweit vor Ablauf der sechsjährigen Sperrfrist über die Rechte verfügt wird. Handelt es sich um Aufwendungen für den ersten Erwerb von Anteilen an Bau- und Wohnungsgenossenschaften, so verringert sich bei Verletzung der Sperrfrist die Zulagebegünstigung von 20 % auf 9 % entsprechend § 2 Absatz 1 Nummer 4 i. V. m. § 13 Absatz 2 des 5. VermBG und Abschnitt 16 Absatz 2 Nummer 1 (vgl. Abschnitt 22 Absatz 1 Nummer 1),

4. soweit bei Anlagen nach dem WoPG (Abschnitt 9)

   a) Bausparkassenbeiträge vor Ablauf von sieben Jahren seit Vertragsabschluss zurückgezahlt, die Bausparsumme ausgezahlt oder Ansprüche aus dem Bausparvertrag abgetreten oder beliehen werden; dies gilt unabhängig von den Regelungen im WoPG für vor dem 1. Januar 2009 und nach dem 31. Dezember 2008 abgeschlossene Bausparverträge,

   b) Beiträge auf Grund von Wohnbau-Sparverträgen vor Ablauf der jeweiligen Festlegungsfrist zurückgezahlt (§ 9 WoPDV) oder nach Ablauf der jeweiligen Festlegungsfrist nicht zweckentsprechend verwendet werden (§ 10 WoPDV),

   c) Beiträge auf Grund von Baufinanzierungsverträgen zurückgezahlt (§ 15 Absatz 4 WoPDV) oder nicht fristgerecht zweckentsprechend verwendet werden (§ 16 WoPDV).

Im Übrigen liegt in der Kündigung eines Vertrags noch keine sparzulageschädliche Verfügung, sondern erst in der Rückzahlung von Beträgen; deshalb bleibt eine Rücknahme der Kündigung vor Rückzahlung von Beträgen ohne Auswirkung auf festgesetzte Arbeitnehmer-Sparzulage (vgl. BFH-Urteil vom 13. Dezember 1989, BStBl. 1990 II Seite 220). Im Gegensatz dazu stellt eine Abtretung auch dann eine sparzulageschädliche Verfügung dar, wenn sie später zurückgenommen wird.

(2) Abweichend von Absatz 1 bleibt die Zulagebegünstigung für vermögenswirksame Leistungen bei Verletzung der Sperrfrist in den Fällen des § 13 Absatz 5 Satz 3 des 5. VermBG erhalten. Nach § 13 Absatz 5 Satz 3 Nummer 1 des 5. VermBG ist nicht Voraussetzung, dass ggf. die neuen Wertpapiere oder die erhaltenen Beträge für den Rest der Sperrfrist festgelegt werden. Wertlosigkeit im Sinne des § 13 Absatz 5 Satz 3 Nummer 2 des 5. VermBG ist anzunehmen, wenn der Arbeitnehmer höchstens 33 % der angelegten vermögenswirksamen Leistungen zurückerhält. Übersteigen die zurückgezahlten Beträge die 33 %-Grenze, so bleibt die Zulagebegünstigung der vermögenswirksamen Leistungen nur dann erhalten, wenn der Arbeitnehmer die erhaltenen Beträge oder damit erworbene oder andere Vermögensbeteiligungen im Sinne des § 2 Absatz 1 Nummer 1 des 5. VermBG bei einem Kreditinstitut oder bei einer Kapitalverwaltungsgesellschaft für den Rest der Sperrfrist festlegt.

(Zu LStH 19a) **Anhang 25/Anwendung 5. VermBG**

(3) Sind mit vermögenswirksamen Leistungen, die auf Grund von Sparverträgen über Wertpapiere oder andere Vermögensbeteiligungen angelegt worden sind, Anteile an neu aufgelegten OGAW-Sondervermögen sowie an als Sondervermögen aufgelegten offenen Publikums-AIF nach den §§ 218 und 219 des Kapitalanlagegesetzbuchs sowie Anteile an offenen EU-Investmentvermögen und offenen ausländischen AIF, die nach dem Kapitalanlagegesetzbuch vertrieben werden dürfen (§ 2 Absatz 1 Nummer 1 Buchstabe c des 5. VermBG), erworben worden (Abschnitt 4 Absatz 5) und ergibt sich aus dem ersten Jahres- oder Halbjahresbericht, dass die angenommenen Verhältnisse nicht vorgelegen haben, so entfällt für die vermögenswirksamen Leistungen die Zulagebegünstigung.

19. Zulageunschädliche Verfügungen (§ 4 Absatz 4 des 5. VermBG)

(1) Bei Anlagen zulagebegünstigter vermögenswirksamer Leistungen auf Grund von

- Sparverträgen über Wertpapiere oder andere Vermögensbeteiligungen (Abschnitt 5),
- Wertpapier-Kaufverträgen (Abschnitt 6),
- Beteiligungs-Verträgen oder Beteiligungs-Kaufverträgen (Abschnitt 7)

ist Arbeitnehmer-Sparzulage trotz Verletzung der Sperrfristen oder der in Abschnitt 5 Absatz 6, Abschnitt 18 Absatz 1 Nummer 2 und 3 bezeichneten Fristen in den Fällen des § 4 Absatz 4 des 5. VermBG nicht zurückzufordern. Dabei gilt Folgendes:

1. Völlige Erwerbsunfähigkeit im Sinne des § 4 Absatz 4 Nummer 1 des 5. VermBG liegt vor bei einem Grad der Behinderung von mindestens 95.
2. Arbeitslos im Sinne des § 4 Absatz 4 Nummer 3 des 5. VermBG sind Personen, die Arbeitslosengeld (§ 136 Drittes Buch Sozialgesetzbuch – SGB III), Arbeitslosengeld II (§ 19 SGB II) oder Arbeitslosenbeihilfe für ehemalige Soldaten auf Zeit (§ 86a Soldatenversorgungsgesetz) beziehen oder ohne Bezug dieser Leistungen arbeitslos gemeldet sind. Als arbeitslos anzusehen sind auch
   a) Personen, die als Arbeitslose im Sinne des Satzes 1 erkranken oder eine Kur antreten, für die Dauer der Erkrankung oder der Kur,
   b) Frauen, die zu Beginn der Schutzfristen nach § 3 Absatz 2, § 6 Absatz 1 des Mutterschutzgesetzes arbeitslos im Sinne des Satzes 1 waren oder als arbeitslos im Sinne des Buchstaben a anzusehen waren, für die Dauer dieser Schutzfristen und der folgenden Monate, für die bei Bestehen eines Arbeitsverhältnisses Elternzeit nach dem Bundeselterngeld- und Elternzeitgesetz hätte beansprucht werden können,
   c) Personen, die an einer nach §§ 81 bis 87 SGB III geförderten beruflichen Weiterbildung oder die an einer z.B. nach §§ 112 bis 129 SGB III geförderten beruflichen Weiterbildung im Rahmen der Förderung der Teilhabe behinderter Menschen am Arbeitsleben teilnehmen, wenn sie ohne die Teilnahme an der Maßnahme arbeitslos wären.
   d) Personen, die nach Auslaufen der Zahlung von Krankengeld durch die Krankenkasse wegen Zeitablaufs (sog. Aussteuerung) Arbeitslosengeld beziehen. Die Jahresfrist in § 4 Absatz 4 Nummer 3 des 5. VermBG für die andauernde Arbeitslosigkeit beginnt jedoch erst, wenn die Zahlung von Krankengeld vor Bezug von Arbeitslosengeld ausgelaufen ist, d. h. die Zeit des Krankengeldbezugs zählt nicht mit.

Sind die vermögenswirksamen Leistungen auf Grund eines Vertrags, dessen Inhaber oder Mitinhaber ein Kind, die Eltern oder ein Elternteil des Arbeitnehmers ist (§ 3 Absatz 1 Nummer 2 und 3 des 5. VermBG), oder auf Gemeinschaftskonten/-depots (Abschnitt 11 Absatz 4) angelegt worden, so muss die zulageunschädliche Verfügungsmöglichkeit in der Person des Arbeitnehmers gegeben sein; die zulageunschädliche Verfügungsmöglichkeit ist ohne zeitliche Befristung auf die Leistung des Arbeitnehmers beschränkt. Ist der Ehegatte oder Lebenspartner des Arbeitnehmers Inhaber oder Mitinhaber des Anlagevertrags (§ 3 Absatz 1 Nummer 1 des 5. VermBG), wirkt die zulageunschädliche Verfügung für beide Ehegatten oder Lebenspartner.

(2) Werden bei Anlagen nach dem WoPG (Abschnitt 9) Sperrfristen verletzt, so ist in den Fällen des § 4 Absatz 4 Nummer 1 und 3 des 5. VermBG (vgl. Absatz 1 Nummer 1 und 2) Arbeitnehmer-Sparzulage nicht zurückzufordern; dies gilt in den Fällen des § 4 Absatz 4 Nummer 4 des 5. VermBG entsprechend, wenn der Arbeitnehmer über nach dem WoPG angelegte vermögenswirksame Leistungen in Höhe von mindestens 30 Euro verfügt. Außerdem ist bei der Anlage vermögenswirksamer Leistungen auf Grund von Bausparverträgen Arbeitnehmer-Sparzulage nicht zurückzufordern,

1. wenn bei vorzeitiger Auszahlung der Bausparsumme oder bei vorzeitiger Beleihung von Ansprüchen aus dem Bausparvertrag der Arbeitnehmer die empfangenen Beträge unverzüglich und unmittelbar zu wohnwirtschaftlichen Zwecken (vgl. Abschnitt 10) verwendet oder

Anhang 25/Anwendung 5. VermBG (Zu LStH 19a)

2. wenn bei vorzeitiger Abtretung der Erwerber die Bausparsumme oder die auf Grund einer Beleihung empfangenen Beträge unverzüglich und unmittelbar zu wohnwirtschaftlichen Zwecken für den Arbeitnehmer oder dessen Angehörige (§ 15 AO) verwendet,
3. wenn ein Bausparvertrag vor Ablauf der Festlegungsfrist gekündigt oder aufgelöst wird, der nach Verrechnung geleisteter Bausparbeiträge mit der Abschlussgebühr kein Guthaben ausweist; bei Bausparverträgen, die ein Guthaben ausweisen, entfällt die Zulagebegünstigung nur für die tatsächlich zurückgezahlten Bausparbeiträge.

Außerdem ist zulageunschädlich, wenn bei Anlagen auf Grund von Wohnbau-Sparverträgen und Baufinanzierungsverträgen die Vertragsinhalte und die Vertragspartner des Arbeitnehmers gegeneinander ausgetauscht werden (§§ 12, 18 WoPDV). Im Übrigen muss die zulageunschädliche Verfügungsmöglichkeit stets in der Person des Vertragsinhabers gegeben sein; sind Angehörige des Arbeitnehmers Inhaber oder Mitinhaber des Vertrags, gilt Absatz 1 Satz 3 und 4 entsprechend.

20. Nachweis einer zulageunschädlichen Verfügung (§ 4 Absatz 4 des 5. VermBG, § 8 VermBDV 1994)

Die zulageunschädliche Verfügung (Abschnitt 19) ist dem Kreditinstitut, der Kapitalverwaltungsgesellschaft oder dem Versicherungsunternehmen (§ 8 Absatz 2 VermBDV 1994) oder dem Finanzamt (nur bei einer Anlage im Sinne des § 8 Absatz 1 Nummer 4 bis 6 VermBDV 1994) vom Arbeitnehmer (im Todesfall von seinen Erben) wie folgt nachzuweisen:

1. Im Fall der Eheschließung durch Vorlage der Eheurkunde,
2. im Fall der Begründung einer Lebenspartnerschaft durch Vorlage der Lebenspartnerschaftsurkunde,
3. im Fall des Todes durch Vorlage der Sterbeurkunde oder des Erbscheins,
4. im Fall der völligen Erwerbsunfähigkeit (d.h. eines Grades der Behinderung von mindestens 95) durch Vorlage eines Ausweises nach § 69 Absatz 5 SGB IX oder eines Feststellungsbescheids nach § 69 Absatz 1 SGB IX oder eines vergleichbaren Bescheids nach § 69 Absatz 2 SGB IX; die Vorlage des Rentenbescheids eines Trägers der gesetzlichen Rentenversicherung der Angestellten und Arbeiter genügt nicht (vgl. BFH-Urteil vom 25. April 1968, BStBl. II Seite 606),
5. im Fall der Arbeitslosigkeit des Arbeitnehmers durch Vorlage von Unterlagen über folgende Zahlungen:

    a) Arbeitslosengeld (§ 136 SGB III) oder

    b) Arbeitslosengeld II (§ 19 SGB II) oder

    c) Arbeitslosenbeihilfe für ehemalige Soldaten auf Zeit im Sinne des Soldatenversorgungsgesetzes oder

    d) Krankengeld, Verletztengeld oder Übergangsgeld nach § 47b SGB V, § 47 SGB VII, Versorgungskrankengeld und Übergangsgeld nach §§ 16, 26 Bundesversorgungsgesetz oder nach dem Sozialgesetzbuch oder

    e) Elterngeld oder

    f) Übergangsgeld z. B. nach § 119 SGB III im Falle der Weiterbildung im Rahmen der beruflichen Rehabilitation.

    Werden solche Zahlungen nicht geleistet, so sind

    – Zeiten der Arbeitslosigkeit durch eine entsprechende Bescheinigung der zuständigen Dienststelle der Bundesagentur für Arbeit (in der Regel: Agentur für Arbeit) nachzuweisen,

    – Zeiten der Erkrankung oder der Kur, die als Zeiten der Arbeitslosigkeit anzusehen sind, durch eine Bescheinigung des Kostenträgers oder der Anstalt, in der die Unterbringung erfolgt, oder durch eine ärztliche Bescheinigung nachzuweisen,

    – die Zeit der Schutzfristen, die als Zeit der Arbeitslosigkeit anzusehen ist, durch das Zeugnis eines Arztes oder einer Hebamme nachzuweisen und die als Zeit der Arbeitslosigkeit anzusehende Zeit, für die bei Bestehen eines Arbeitsverhältnisses Elternzeit hätte beansprucht werden können, glaubhaft zu machen,

6. im Fall der Aufnahme einer selbständigen Erwerbstätigkeit durch Vorlage von Unterlagen über die Auflösung des Arbeitsverhältnisses und die Mitteilung an die Gemeinde nach § 138 Absatz 1 AO,
7. im Fall der Weiterbildung durch Vorlage einer von einer Beratungsstelle im Sinne der Richtlinie zur Förderung von Prämiengutscheinen und Beratungsleistungen im Rahmen des Bundesprogramms „Bildungsprämie" (BAnz AT 22.05.2014 B2) ausgestellten und von einem Weiterbildungsanbieter ergänzten Bescheinigung (Informationen unter www.bildungspraemie.info).

(Zu LStH 19a) Anhang 25/Anwendung 5. VermBG

21. Anzeigepflichten (§ 8 VermBDV 1994)

(1) Wird über vermögenswirksame Leistungen vorzeitig verfügt, ist dies der ZPS ZANS anzuzeigen. Für die Anzeige ist der amtlich vorgeschriebene Datensatz zu verwenden. Für eine geringe Anzahl von Mitteilungen ist die Datenübermittlung auf amtlich vorgeschriebenem Vordruck möglich. Die Bekanntgabe der Vordruckmuster und der Datensatzbeschreibung erfolgte letztmals am 16. August 2011 im Bundessteuerblatt Teil I Seite 801. Die Anzeigen von Kreditinstituten, Kapitalverwaltungsgesellschaften, Bausparkassen und Versicherungsunternehmen sind als unschädliche oder schädliche Verfügungen zu kennzeichnen (§ 8 Absatz 1 bis 3 VermBDV 1994).

(2) Sind auf den Anlagevertrag auch andere Beträge gutgeschrieben, die keine vermögenswirksamen Leistungen sind (z.B. Zinsen, eigene Einzahlungen des Arbeitnehmers), so ist in der Anzeige bei einer teilweise schädlichen vorzeitigen Verfügung als vermögenswirksame Leistung nur der Betrag anzugeben, der die anderen Beträge übersteigt (§ 6 Absatz 3 Nummer 1 und Absatz 4 Nummer 1 VermBDV 1994).

22. Änderung der Festsetzung, Rückforderung von Arbeitnehmer-Sparzulagen (§ 13 Absatz 5 des 5. VermBG, § 6 Absatz 2 und 3, § 8 Absatz 4, § 9 VermBDV 1994)

(1) Der Bescheid über die Festsetzung der Arbeitnehmer-Sparzulage ist zu ändern, wenn

1. bei Anlage vermögenswirksamer Leistungen auf Verträge nach §§ 5 bis 7 des 5. VermBG angezeigt worden ist, dass Sperr-, Verwendungs- oder Vorlagefristen verletzt worden sind (§ 8 Absatz 1 Nummer 4 bis 6 VermBDV 1994) oder sich die Förderung in den Fällen des Abschnitt 18 Absatz 1 Nummer 3 Satz 2 verringert,

2. bei Anlage vermögenswirksamer Leistungen nach § 2 Absatz 1 Nummer 1 und 4 des 5. VermBG eine teilweise schädliche Verfügung angezeigt worden ist (§ 8 Absatz 1 Nummer 1 bis 3 und Absatz 2 VermBDV 1994) und das Finanzamt die Verfügung über vermögenswirksame Leistungen festgestellt hat, für die Arbeitnehmer-Sparzulagen festgesetzt worden sind (§ 6 Absatz 3 und 4 VermBDV 1994),

3. die Einkommensgrenze des § 13 Absatz 1 des 5. VermBG durch nachträgliche Änderung des zu versteuernden Einkommens über- oder unterschritten wird,

4. das Finanzamt davon Kenntnis erhält, z.B. durch eine Außenprüfung, dass eine vermögenswirksame Anlage nicht vorlag.

Bei einer teilweise schädlichen Verfügung (Nr. 2) und einer Förderung mit einem ab 2009 angehobenen Fördersatz ist davon auszugehen, dass über die geringer geförderten vermögenswirksamen Leistungen vorrangig schädlich verfügt wurde.

Beispiel:

Ein Arbeitnehmer hat am 1. April 2008 mit einer Kapitalverwaltungsgesellschaft einen Anlagevertrag nach § 4 des 5. VermBG abgeschlossen, auf den in den Kalenderjahren 2008 bis 2013 jeweils 400 Euro (insgesamt 2 400 Euro) vermögenswirksame Leistungen angelegt worden sind. Zusätzlich wurden Anteile aus Ausschüttungen im Wert von 100 Euro gutgeschrieben. Im Kalenderjahr 2014 verkauft der Arbeitnehmer Wertpapiere, für die er vermögenswirksame Leistungen in Höhe von durchschnittlich 2 200 Euro aufgewendet hat.

Die Kapitalverwaltungsgesellschaft zeigt an, dass über vermögenswirksame Leistungen in Höhe von 2 100 Euro (2 200 Euro vermögenswirksame Leistungen abzüglich 100 Euro aus Ausschüttungen, vgl. Abschnitt 21 Absatz 2) schädlich verfügt worden ist. Das Finanzamt stellt fest, dass für die vermögenswirksamen Leistungen des Kalenderjahrs 2012 keine Arbeitnehmer-Sparzulage festgesetzt worden ist, weil die Einkommensgrenze überschritten war. Nach Abzug dieser vermögenswirksamen Leistungen verbleibt ein Betrag von 1 700 Euro (2 100 Euro abzüglich 400 Euro), für den zu Unrecht eine Arbeitnehmer-Sparzulage gewährt worden ist. Die Festsetzung der Arbeitnehmer-Sparzulage ist deshalb um 332 Euro (400 Euro [Jahr 2008] x 18 % zzgl. 1 200 Euro [Jahre 2009 bis 2011] x 20 % zzgl. 100 Euro [Jahr 2013] x 20 %) zu mindern.

(2) Das Finanzamt hat zu Unrecht bereits ausgezahlte Arbeitnehmer-Sparzulagen vom Arbeitnehmer zurückzufordern. Das gilt auch für Arbeitnehmer-Sparzulagen, die das Finanzamt wegen Ablaufs der Sperrfrist an den Arbeitnehmer ausgezahlt hat und dem Finanzamt erst nachträglich eine schädliche Verfügung über die vermögenswirksamen Leistungen bekannt wird.

23. Außenprüfung (§ 15 Absatz 5 des 5. VermBG)

Nach § 15 Absatz 5 des 5. VermBG ist eine Außenprüfung bei dem Unternehmen oder Institut zulässig, bei dem die vermögenswirksamen Leistungen angelegt sind. Die Außenprüfung kann sich auf die Einhaltung sämtlicher Pflichten erstrecken, die sich aus dem 5. VermBG und der VermBDV 1994 ergeben, z. B. die Erfüllung von Anzeigepflichten.

Anhang 25/Anwendung 5. VermBG (Zu LStH 19a)

24. Anwendungsregelungen

Dieses BMF-Schreiben ersetzt das BMF-Schreiben vom 9. August 2004 (BStBl. I Seite 717) unter Berücksichtigung der Änderungen durch die BMF-Schreiben vom 16. März 2009 (BStBl. I Seite 501), vom 4. Februar 2010 (BStBl. I Seite 195) und vom 2. Dezember 2011 (BStBl. I Seite 1252). Die genannten BMF-Schreiben werden hiermit aufgehoben.

Dieses Schreiben wird im Bundessteuerblatt Teil I veröffentlicht.

Anhang 26/Bescheinigung vermögenswirksame Leistungen 2014

Bekanntmachung des Vordruckmusters
für die Bescheinigung der 2014 angelegten vermögenswirksamen Leistungen

BMF-Schreiben vom 23. Juli 2014 IV C 5 – S 2430/14/10002 (BStBl. I S. 1175)

1 Anlage

Das Vordruckmuster für die Bescheinigung der 2014 angelegten vermögenswirksamen Leistungen (Anlage VL 2014) wird hiermit in der Anlage bekannt gemacht (§ 15 Absatz 1 des Fünften Vermögensbildungsgesetz, § 5 der Verordnung zur Durchführung des Fünften Vermögensbildungsgesetz).

Der Vordruck hat das Format DIN A 4.

Der Vordruck kann auch maschinell hergestellt werden. Im Interesse einer korrekten Erfassung (maschinelle Beleglesung) muss der maschinell hergestellte Vordruck sämtliche Angaben in gleicher Anordnung enthalten und in Format, Aufbau, Druckbild und Wortlaut dem bekannt gemachten Vordruck entsprechen. Insbesondere darf ein maschinell hergestellter Vordruck bezüglich folgender Punkte nicht vom amtlichen Muster abweichen:

– keine Hinterlegung in Farbe oder Grauwerten,
– keine Kammboxen und keine Erläuterungstexte in den Datenfeldern,
– Schriftgrößen,
– keine Serifenschriften,
– keine zusätzlichen Inhalte wie Erläuterungstexte und Informationen des Anlageinstituts, Unternehmens, Empfängers.

Wird der Vordruck maschinell ausgefüllt, dürfen für die Eintragungen in den Datenfeldern ebenfalls keine Serifenschriften verwendet werden. Diese Eintragungen sind in Schriftgröße 12 pt vorzunehmen. Eine kleinere Schrift darf nur verwendet werden, wenn anderenfalls der für die Eintragung zur Verfügung stehende Platz nicht ausreichen würde.

Maschinell erstellte Bescheinigungen brauchen nicht handschriftlich unterschrieben zu werden.

Beim Ausfüllen der Anlage VL 2013 sind die Vorgaben im BMF-Schreiben vom 23. Juli 2014 (BStBl. I S. 1175) zu beachten.

Anhang 26/Bescheinigung vermögenswirksame Leistungen 2014

vom Arbeitnehmer auszufüllen ▶

Name, Vorname	Steuernummer / Identifikationsnummer	**2014**

	99	1 5
Anlage VL	9	
Wichtiger Hinweis:	87	

Diese Bescheinigung benötigen Sie, wenn Sie eine Arbeitnehmer-Sparzulage nach dem Fünften Vermögensbildungsgesetz (5. VermBG) beantragen wollen. In diesem Fall reichen Sie bitte diese Bescheinigung zu Ihrer Einkommensteuererklärung / zu Ihrem Antrag auf Arbeitnehmer-Sparzulage ein.

Bescheinigung vermögenswirksamer Leistungen für 2014
(§ 15 Abs. 1 des 5. VermBG, § 5 VermBDV 1994)

Arbeitnehmer (Name, Vorname)   geboren am

Straße, Hausnummer

Postleitzahl, Wohnort

		1. Vertrag		2. Vertrag
Art der Anlage *)	0		0	
Institutsschlüssel für die Arbeitnehmer-Sparzulage	1		1	
Vertragsnummer	2		2	
Vermögenswirksame Leistungen (auf volle Euro aufgerundet)	3		3	
Ende der Sperrfrist (Format: TT.MM.JJJJ)	4		4	
Anlageinstitut, Unternehmen, Empfänger				

*) Bitte zutreffende Kennzahl eintragen.

1 = Sparvertrag über Wertpapiere oder andere Vermögensbeteiligungen (§ 4 des 5. VermBG)
2 = Wertpapier-Kaufvertrag (§ 5 des 5. VermBG)
3 = Beteiligungs-Vertrag oder Beteiligungs-Kaufvertrag (§§ 6, 7 des 5. VermBG)
4 = Bausparvertrag (§ 2 Abs. 1 Nr. 4 des 5. VermBG)
8 = Wohnungsbau (§ 2 Abs. 1 Nr. 5 des 5. VermBG) oder Anlagen nach § 2 Abs. 1 Nr. 4 des 5. VermBG in Verbindung mit § 2 Abs. 1 Nr. 2 des Wohnungsbau-Prämiengesetzes

(Datum)   (Unterschrift des Anlageinstituts, Unternehmens, Empfängers)

Anlage VL - August 2014

Anhang 28/WoPG

Wohnungsbau-Prämiengesetz
(WoPG 1996)

Neufassung vom 30. Oktober 1997 (BGBl. I S. 2678, BStBl. I S. 1050)[1)]

§ 1
Prämienberechtigte

[1]Unbeschränkt einkommensteuerpflichtige Personen im Sinne des § 1 Abs. 1 oder 2 oder Abs. 3 in Verbindung mit Abs. 2 Satz 1 Nr. 1 und 2 des Einkommensteuergesetzes, die das 16. Lebensjahr vollendet haben oder Vollwaisen sind, können für Aufwendungen zur Förderung des Wohnungsbaus eine Prämie erhalten. [2]Voraussetzung ist, dass

1. die Aufwendungen nicht vermögenswirksame Leistungen darstellen, für die Anspruch auf Arbeitnehmer-Sparzulage nach § 13 des Fünften Vermögensbildungsgesetzes besteht, und
2. das maßgebende Einkommen des Prämienberechtigten die Einkommensgrenze (§ 2a) nicht überschritten hat.

§ 2
Prämienbegünstigte Aufwendungen

(1) Als Aufwendungen zur Förderung des Wohnungsbaus im Sinne des § 1 gelten

1. Beiträge an Bausparkassen zur Erlangung von Baudarlehen, soweit die an dieselbe Bausparkasse geleisteten Beiträge im Sparjahr (§ 4 Abs. 1) mindestens 50 Euro betragen. [2]Voraussetzung ist, dass die Bausparkasse ihren Sitz oder ihre Geschäftsleitung in einem Mitgliedstaat der Europäischen Union hat und ihr die Erlaubnis zum Geschäftsbetrieb im Gebiet der Europäischen Union erteilt ist. [3]Bausparkassen sind Kreditinstitute, deren Geschäftsbetrieb darauf gerichtet ist, Bauspareinlagen entgegenzunehmen und aus den angesammelten Beträgen den Bausparern nach einem auf gleichmäßige Zuteilungsfolge gerichteten Verfahren Baudarlehen für wohnungswirtschaftliche Maßnahmen zu gewähren. [4]Werden Beiträge an Bausparkassen zugunsten eines zertifizierten Altersvorsorgevertrages zur Erlangung eines Bauspardarlehens in einem Sparjahr (§ 4 Abs. 1) vom Anbieter den Altersvorsorgebeiträgen nach § 82 des Einkommensteuergesetzes zugeordnet, handelt es sich bei allen Beiträgen zu diesem Vertrag innerhalb dieses Sparjahres bis zu den in § 10a Abs. 1 des Einkommensteuergesetzes genannten Höchstbeträgen um Altersvorsorgebeiträge und nicht um prämienbegünstigte Aufwendungen im Sinne der Absätze 2 und 3;
2. Aufwendungen für den ersten Erwerb von Anteilen an Bau- und Wohnungsgenossenschaften;
3. Beiträge auf Grund von Sparverträgen, die auf die Dauer von drei bis sechs Jahren als allgemeine Sparverträge oder als Sparverträge mit festgelegten Sparraten mit einem Kreditinstitut abgeschlossen werden, wenn die eingezahlten Sparbeiträge und die Prämien zum Bau oder Erwerb selbst genutzten Wohneigentums oder zum Erwerb eines eigentumsähnlichen Dauerwohnrechts verwendet werden;
4. Beiträge auf Grund von Verträgen, die mit Wohnungs- und Siedlungsunternehmen nach der Art von Sparverträgen mit festgelegten Sparraten auf die Dauer von drei bis acht Jahren mit dem Zweck einer Kapitalansammlung abgeschlossen werden, wenn die eingezahlten Beiträge und die Prämien zum Bau oder Erwerb selbst genutzten Wohneigentums oder zum Erwerb eines eigentumsähnlichen Dauerwohnrechts verwendet werden. [2]Den Verträgen mit Wohnungs- und Siedlungsunternehmen stehen Verträge mit den am 31. Dezember 1989 als Organe der staatlichen Wohnungspolitik anerkannten Unternehmen gleich, soweit sie die Voraussetzungen nach Satz 1 erfüllen.

(2) [1]Für die Prämienbegünstigung der in Absatz 1 Nr. 1 bezeichneten Aufwendungen ist Voraussetzung, dass

1. bei Auszahlung der Bausparsumme oder bei Beleihung der Ansprüche aus dem Vertrag der Bausparer die empfangenen Beträge unverzüglich und unmittelbar zum Wohnungsbau verwendet oder
2. im Fall der Abtretung der Erwerber die Bausparsumme oder die auf Grund einer Beleihung empfangenen Beträge unverzüglich und unmittelbar zum Wohnungsbau für die abtretende Person oder deren Angehörige im Sinne des § 15 der Abgabenordnung verwendet.

[2]Unschädlich ist jedoch eine Verfügung ohne Verwendung zum Wohnungsbau, die frühestens sieben Jahre nach dem Vertragsabschluss erfolgt, wenn der Bausparer bei Vertragsabschluss das 25. Lebensjahr noch nicht vollendet hatte. [3]Die Prämienbegünstigung ist in diesen Fällen auf die Berücksichtigung der

---

1) Unter Berücksichtigung der Änderungen zuletzt durch Artikel 9 Gesetz vom 18.7.2014 (BGBl. I S. 1042, BStBl. I S. 1062).

Anhang 28/WoPG

in Absatz 1 Nr. 1 bezeichneten Aufwendungen der letzten sieben Sparjahre bis zu der Verfügung beschränkt. [4]Jeder Bausparer kann nur einmal über einen vor Vollendung des 25. Lebensjahres abgeschlossenen Bausparvertrag ohne wohnungswirtschaftliche Verwendung prämienunschädlich verfügen. [5]Unschädlich ist auch eine Verfügung ohne Verwendung zum Wohnungsbau, wenn der Bausparer oder sein von ihm nicht dauernd getrennt lebender Ehegatte nach Vertragsabschluss gestorben oder völlig erwerbsunfähig geworden ist oder der Bausparer nach Vertragsabschluss arbeitslos geworden ist und die Arbeitslosigkeit mindestens ein Jahr lang ununterbrochen bestanden hat und im Zeitpunkt der Verfügung noch besteht. [6]Die Prämienbegünstigung ist in diesen Fällen auf die Berücksichtigung der in Absatz 1 Nr. 1 bezeichneten Aufwendungen der letzten sieben Sparjahre bis zum Eintritt des Ereignisses beschränkt. [7]Die Vereinbarung über die Erhöhung der Bausparsumme ist als selbständiger Vertrag zu behandeln. [8]Als Wohnungsbau im Sinne der Nummern 1 und 2 gelten auch bauliche Maßnahmen des Mieters zur Modernisierung seiner Wohnung. [9]Dies gilt ebenfalls für den ersten Erwerb von Anteilen an Bau- und Wohnungsgenossenschaften im Sinne des Absatzes 1 Nr. 2 und den Erwerb von Rechten zur dauernden Selbstnutzung von Wohnraum in Alten-, Altenpflege- und Behinderteneinrichtungen oder -anlagen. [10]Die Unschädlichkeit setzt weiter voraus, dass die empfangenen Beträge nicht zum Wohnungsbau im Ausland eingesetzt werden, sofern nichts anderes bestimmt ist.

(3) [1]Für vor dem 1. Januar 2009 abgeschlossene Verträge, für die bis zum 31. Dezember 2008 mindestens ein Beitrag in Höhe der Regelsparrate entrichtet wurde, ist Voraussetzung für die Prämienbegünstigung der in Absatz 1 Nr. 1 bezeichneten Aufwendungen, dass vor Ablauf von sieben Jahren seit Vertragsabschluss weder die Bausparsumme ganz oder zum Teil ausgezahlt noch geleistete Beiträge ganz oder zum Teil zurückgezahlt oder Ansprüche aus dem Bausparvertrag abgetreten oder beliehen werden. [2]Unschädlich ist jedoch die vorzeitige Verfügung, wenn

1. die Bausparsumme ausgezahlt oder die Ansprüche aus dem Vertrag beliehen werden und der Bausparer die empfangenen Beträge unverzüglich und unmittelbar zum Wohnungsbau verwendet,
2. im Fall der Abtretung der Erwerber die Bausparsumme oder die auf Grund einer Beleihung empfangenen Beträge unverzüglich und unmittelbar zum Wohnungsbau für die abtretende Person oder deren Angehörige im Sinne des § 15 der Abgabenordnung verwendet,
3. der Bausparer oder sein von ihm nicht dauernd getrennt lebender Ehegatte nach Vertragsabschluss gestorben oder völlig erwerbsunfähig geworden ist oder
4. der Bausparer nach Vertragsabschluss arbeitslos geworden ist und die Arbeitslosigkeit mindestens ein Jahr lang ununterbrochen bestanden hat und im Zeitpunkt der vorzeitigen Verfügung noch besteht.

[3]Absatz 2 Satz 7 bis 10 gilt sinngemäß.

§ 2a
Einkommensgrenze

[1]Die Einkommensgrenze beträgt 25 600 Euro, bei Ehegatten (§ 3 Abs. 3) 51 200 Euro. [2]Maßgebend ist das zu versteuernde Einkommen (§ 2 Absatz 5 des Einkommensteuergesetzes) des Sparjahrs (§ 4 Abs. 1). [3]Bei Ehegatten ist das zu versteuernde Einkommen maßgebend, das sich bei einer Zusammenveranlagung nach § 26b des Einkommensteuergesetzes ergeben hat oder, falls eine Veranlagung nicht durchgeführt worden ist, ergeben würde.

§ 2b
(weggefallen)

§ 3
Höhe der Prämie

(1) [1]Die Prämie bemisst sich nach den im Sparjahr (§ 4 Abs. 1) geleisteten prämienbegünstigten Aufwendungen. [2]Sie beträgt 8,8 Prozent der Aufwendungen.[1)2)]

(2) [1]Die Aufwendungen des Prämienberechtigten sind je Kalenderjahr bis zu einem Höchstbetrag von 512 Euro, bei Ehegatten (Absatz 3) zusammen bis zu 1 024 Euro prämienbegünstigt. [2]Die Höchstbeträge stehen den Prämienberechtigten gemeinsam zu (Höchstbetragsgemeinschaft).

(3) [1]Ehegatten im Sinne dieses Gesetzes sind Personen, welche nach § 26b des Einkommensteuergesetzes zusammen veranlagt werden oder die, falls eine Veranlagung zur Einkommensteuer nicht durch-

---

1) § 3 Abs. 1 ist in dieser Fassung erstmals für das Sparjahr 2004 anzuwenden (§ 10 Abs. 1 Satz 1 WoPG; zuvor Prämie 10 %).
2) Änderung in § 3 Absatz 1 Satz 2 durch das Haushaltsbegleitgesetz 2004 bestätigt durch Artikel 7 Gesetz vom 5.4.2011 (BGBl. I S. 554, BStBl. I S. 310).

geführt wird, die Voraussetzungen des § 26 Absatz 1 Satz 1 des Einkommensteuergesetzes erfüllen. ²Die Regelungen dieses Gesetzes zu Ehegatten sind auch auf Lebenspartner anzuwenden, wenn in Verbindung mit § 2 Absatz 8 des Einkommensteuergesetzes die Voraussetzungen des Satzes 1 erfüllt sind.

§ 4
Prämienverfahren allgemein

(1) ¹Der Anspruch auf Prämie entsteht mit Ablauf des Sparjahrs. ²Sparjahr ist das Kalenderjahr, in dem die prämienbegünstigten Aufwendungen geleistet worden sind.

(2) ¹Die Prämie ist nach amtlich vorgeschriebenem Vordruck bis zum Ablauf des zweiten Kalenderjahrs, das auf das Sparjahr (Absatz 1) folgt, bei dem Unternehmen zu beantragen, an das die prämienbegünstigten Aufwendungen geleistet worden sind. ²Der Antragsteller hat zu erklären, für welche Aufwendungen er die Prämie beansprucht, wenn bei mehreren Verträgen die Summe der Aufwendungen den Höchstbetrag (§ 3 Abs. 2) überschreitet; Ehegatten (§ 3 Abs. 3) haben dies einheitlich zu erklären. ³Der Antragsteller ist verpflichtet, dem Unternehmen unverzüglich eine Änderung der Verhältnisse mitzuteilen, die zu einer Minderung oder zum Wegfall des Prämienanspruchs führen.

(3) ¹Überschreiten bei mehreren Verträgen die insgesamt ermittelten oder festgesetzten Prämien die für das Sparjahr höchstens zulässige Prämie (§ 3), ist die Summe der Prämien hierauf zu begrenzen. ²Dabei ist die Prämie vorrangig für Aufwendungen auf Verträge mit dem jeweils älteren Vertragsdatum zu belassen. ³Insoweit ist eine abweichende Erklärung des Prämienberechtigten oder seines Ehegatten unbeachtlich.

(4) Ein Rückforderungsanspruch erlischt, wenn er nicht bis zum Ablauf des vierten Kalenderjahrs geltend gemacht worden ist, das auf das Kalenderjahr folgt, in dem der Prämienberechtigte die Prämie verwendet hat (§ 5).

(5) ¹Das Unternehmen darf die im Prämienverfahren bekanntgewordenen Verhältnisse der Beteiligten nur für das Verfahren verwerten. ²Es darf sie ohne Zustimmung der Beteiligten nur offenbaren, soweit dies gesetzlich zugelassen ist.

§ 4a
Prämienverfahren im Fall des § 2 Abs. 1 Nr. 1

(1) ¹Bei Aufwendungen im Sinne des § 2 Abs. 1 Nr. 1 hat die Bausparkasse auf Grund des Antrags zu ermitteln, ob und in welcher Höhe ein Prämienanspruch nach Maßgabe dieses Gesetzes oder nach einer auf Grund dieses Gesetzes erlassenen Rechtsverordnung besteht. ²Dabei hat sie alle Verträge mit dem Prämienberechtigten und seinem Ehegatten (§ 3 Abs. 3) zu berücksichtigen. ³Die Bausparkasse hat dem Antragsteller das Ermittlungsergebnis spätestens im nächsten Kontoauszug mitzuteilen.

(2) ¹Die Bausparkasse hat die im Kalendermonat ermittelten Prämien (Absatz 1 Satz 1) im folgenden Kalendermonat in einem Betrag zur Auszahlung anzumelden, wenn die Voraussetzungen für die Prämienbegünstigung nach § 2 Abs. 2 nachgewiesen sind. ²In den Fällen des § 2 Abs. 3 darf die Prämie nicht vor Ablauf des Kalendermonats angemeldet werden, in dem

a) der Bausparvertrag zugeteilt,

b) die in § 2 Abs. 3 Satz 1 genannte Frist überschritten oder

c) unschädlich im Sinne des § 2 Abs. 3 Satz 2 verfügt

worden ist. ³Die Anmeldung ist nach amtlich vorgeschriebenem Vordruck (Wohnungsbauprämien-Anmeldung) bei dem für die Besteuerung der Bausparkasse nach dem Einkommen zuständigen Finanzamt (§ 20 der Abgabenordnung) abzugeben. ⁴Hierbei hat die Bausparkasse zu bestätigen, dass die Voraussetzungen für die Auszahlung des angemeldeten Prämienbetrags vorliegen. ⁵Die Wohnungsbauprämien-Anmeldung gilt als Steueranmeldung im Sinne der Abgabenordnung. ⁶Das Finanzamt veranlasst die Auszahlung an die Bausparkasse zugunsten der Prämienberechtigten durch die zuständige Bundeskasse. ⁷Die Bausparkasse hat die erhaltenen Prämien unverzüglich dem Prämienberechtigten gutzuschreiben oder auszuzahlen.

(3) ¹Die Bausparkasse hat die für die Überprüfung des Prämienanspruchs erforderlichen Daten innerhalb von vier Monaten nach Ablauf der Antragsfrist für das Sparjahr (§ 4 Abs. 2 Satz 1) nach amtlich vorgeschriebenem Datensatz durch Datenfernübertragung an die Zentralstelle der Länder zu übermitteln. ²Besteht der Prämienanspruch nicht oder in anderer Höhe, so teilt die Zentralstelle dies der Bausparkasse durch einen Datensatz mit.

(4) ¹Erkennt die Bausparkasse oder wird ihr mitgeteilt, dass der Prämienanspruch ganz oder teilweise nicht besteht oder weggefallen ist, so hat sie das bisherige Ermittlungsergebnis aufzuheben oder zu ändern; zu Unrecht gutgeschriebene oder ausgezahlte Prämien hat sie zurückzufordern. ²Absatz 1 Satz 3 gilt entsprechend. ³Bei fortbestehendem Vertragsverhältnis kann sie das Konto belasten. ⁴Die Bausparkasse hat geleistete Rückforderungsbeträge in der Wohnungsbauprämien-Anmeldung des nach-

folgenden Monats abzusetzen. ⁵Kann die Bausparkasse zu Unrecht gutgeschriebene oder ausgezahlte Prämien nicht belasten oder kommt der Prämienempfänger ihrer Zahlungsaufforderung nicht nach, so hat sie hierüber unverzüglich das für die Besteuerung nach dem Einkommen des Prämienberechtigten zuständige Finanzamt (Wohnsitzfinanzamt nach § 19 der Abgabenordnung) zu unterrichten. ⁶In diesen Fällen erlässt das Wohnsitzfinanzamt einen Rückforderungsbescheid.

(5) ¹Eine Festsetzung der Prämie erfolgt nur auf besonderen Antrag des Prämienberechtigten. ²Der Antrag ist schriftlich innerhalb eines Jahres nach Bekanntwerden des Ermittlungsergebnisses der Bausparkasse vom Antragsteller unter Angabe seines Wohnsitzfinanzamts an die Bausparkasse zu richten. ³Die Bausparkasse leitet den Antrag diesem Finanzamt zur Entscheidung zu. ⁴Dem Antrag hat sie eine Stellungnahme und die zur Entscheidung erforderlichen Unterlagen beizufügen. ⁵Das Finanzamt teilt seine Entscheidung auch der Bausparkasse mit.

(6) ¹Die Bausparkasse haftet als Gesamtschuldner neben dem Prämienempfänger für die Prämie, die wegen ihrer Pflichtverletzung zu Unrecht gezahlt, nicht einbehalten oder nicht zurückgefordert wird. ²Die Bausparkasse haftet nicht, wenn sie ohne Verschulden darüber irrte, dass die Prämie zu zahlen war. ³Für die Inanspruchnahme der Bausparkasse ist das in Absatz 2 Satz 3 bestimmte Finanzamt zuständig. ⁴Für die Inanspruchnahme des Prämienempfängers ist das Wohnsitzfinanzamt zuständig.

(7) Das nach Absatz 2 Satz 3 zuständige Finanzamt hat auf Anfrage der Bausparkasse Auskunft über die Anwendung dieses Gesetzes zu geben.

(8) ¹Das nach Absatz 2 Satz 3 zuständige Finanzamt kann bei der Bausparkasse ermitteln, ob sie ihre Pflichten nach diesem Gesetz oder nach einer auf Grund dieses Gesetzes erlassenen Rechtsverordnung erfüllt hat. ²Die §§ 193 bis 203 der Abgabenordnung gelten sinngemäß. ³Die Unterlagen über das Prämienverfahren sind im Geltungsbereich dieses Gesetzes zu führen und aufzubewahren.

(9) Die Bausparkasse erhält vom Bund oder den Ländern keinen Ersatz für die ihr aus dem Prämienverfahren entstehenden Kosten.

§ 4b
Prämienverfahren in den Fällen des § 2 Abs. 1 Nr. 2 bis 4

(1) Bei Aufwendungen im Sinne des § 2 Abs. 1 Nr. 2 bis 4 hat das Unternehmen den Antrag an das Wohnsitzfinanzamt des Prämienberechtigten weiterzuleiten.[1)]

(2) ¹Wird dem Antrag entsprochen, veranlasst das Finanzamt die Auszahlung der Prämie an das Unternehmen zugunsten des Prämienberechtigten durch die zuständige Bundeskasse. ²Einen Bescheid über die Festsetzung der Prämie erteilt das Finanzamt nur auf besonderen Antrag des Prämienberechtigten. ³Wird nachträglich festgestellt, dass die Voraussetzungen für die Prämie nicht vorliegen oder die Prämie aus anderen Gründen ganz oder teilweise zu Unrecht gezahlt worden ist, so hat das Finanzamt die Prämienfestsetzung aufzuheben oder zu ändern und die Prämie, soweit sie zu Unrecht gezahlt worden ist, zurückzufordern. ⁴Sind zu diesem Zeitpunkt die prämienbegünstigten Aufwendungen durch das Unternehmen noch nicht ausgezahlt, so darf die Auszahlung nicht vorgenommen werden, bevor die Prämien an das Finanzamt zurückgezahlt sind.

§ 5
Verwendung der Prämie

(1) (weggefallen)

(2) ¹Die Prämien für die in § 2 Abs. 1 Nr. 1, 3 und 4 bezeichneten Aufwendungen sind vorbehaltlich des § 2 Abs. 2 Satz 2 bis 6 sowie Abs. 3 Satz 2 zusammen mit den prämienbegünstigten Aufwendungen zu dem vertragsmäßigen Zweck zu verwenden. ²Geschieht das nicht, so hat das Unternehmen in den Fällen des § 4b dem Finanzamt unverzüglich Mitteilung zu machen.

(3) Über Prämien, die für Aufwendungen nach § 2 Abs. 1 Nr. 2 ausgezahlt werden, kann der Prämienberechtigte verfügen, wenn das Geschäftsguthaben beim Ausscheiden des Prämienberechtigten aus der Genossenschaft ausgezahlt wird.

§ 6
Steuerliche Behandlung der Prämie

Die Prämien gehören nicht zu den Einkünften im Sinne des Einkommensteuergesetzes.

---

1) S. BMF-Schreiben vom 26.11.2001 (BStBl. I S. 893) betr. Bekanntmachung des Vordruckmusters für die Sammelliste für Wohnungsbauprämien.

§ 7
Aufbringung der Mittel

Der Bund stellt die Beträge für die Prämien den Ländern in voller Höhe gesondert zur Verfügung.

§ 8
Anwendung der Abgabenordnung und der Finanzgerichtsordnung

(1) ¹Auf die Wohnungsbauprämie sind die für Steuervergütungen geltenden Vorschriften der Abgabenordnung entsprechend anzuwenden. ²Dies gilt nicht für § 108 Abs. 3 der Abgabenordnung hinsichtlich der in § 2 genannten Fristen sowie für die §§ 109 und 163 der Abgabenordnung.

(2) ¹Für die Wohnungsbauprämie gelten die Strafvorschriften des § 370 Abs. 1 bis 4, der §§ 371, 375 Abs. 1 und des § 376 sowie die Bußgeldvorschriften der §§ 378, 379 Abs. 1, 4 und der §§ 383 und 384 der Abgabenordnung entsprechend. ²Für das Strafverfahren wegen einer Straftat nach Satz 1 sowie der Begünstigung einer Person, die eine solche Tat begangen hat, gelten die §§ 385 bis 408, für das Bußgeldverfahren wegen einer Ordnungswidrigkeit nach Satz 1 die §§ 409 bis 412 der Abgabenordnung entsprechend.

(3) In öffentlich-rechtlichen Streitigkeiten über die auf Grund dieses Gesetzes ergehenden Verwaltungsakte der Finanzbehörden ist der Finanzrechtsweg gegeben.

(4) Besteuerungsgrundlagen für die Berechnung des nach § 2a maßgebenden Einkommens, die der Veranlagung zur Einkommensteuer zugrunde gelegen haben, können der Höhe nach nicht durch einen Rechtsbehelf gegen die Prämie angegriffen werden.

§ 9
Ermächtigungen

(1) Die Bundesregierung wird ermächtigt, durch Rechtsverordnung mit Zustimmung des Bundesrates Vorschriften zur Durchführung dieses Gesetzes zu erlassen über

1. (weggefallen)
2. die Bestimmung der Genossenschaften, die zu den Bau- und Wohnungsgenossenschaften gehören (§ 2 Abs. 1 Nr. 2);
3. den Inhalt der in § 2 Abs. 1 Nr. 3 bezeichneten Sparverträge, die Berechnung der Rückzahlungsfristen, die Folgen vorzeitiger Rückzahlung von Sparbeträgen und die Verpflichtungen der Kreditinstitute; die Vorschriften sind den in den §§ 18 bis 29 der Einkommensteuer-Durchführungsverordnung 1953 enthaltenen Vorschriften mit der Maßgabe anzupassen, dass eine Frist bestimmt werden kann, innerhalb der die Prämien zusammen mit den prämienbegünstigten Aufwendungen zu dem vertragsmäßigen Zweck zu verwenden sind;
4. den Inhalt der in § 2 Abs. 1 Nr. 4 bezeichneten Verträge und die Verwendung der auf Grund solcher Verträge angesammelten Beträge; dabei kann der vertragsmäßige Zweck auf den Bau durch das Unternehmen oder auf den Erwerb von dem Unternehmen, mit dem der Vertrag abgeschlossen worden ist, beschränkt und eine Frist von mindestens drei Jahren bestimmt werden, innerhalb der die Prämien zusammen mit den prämienbegünstigten Aufwendungen zu dem vertragsmäßigen Zweck zu verwenden sind. ²Die Prämienbegünstigung kann auf Verträge über Gebäude beschränkt werden, die nach dem 31. Dezember 1949 fertiggestellt worden sind. ³Für die Fälle des Erwerbs kann bestimmt werden, dass der angesammelte Betrag und die Prämien nur zur Leistung des in bar zu zahlenden Kaufpreises verwendet werden dürfen;
5. die Ermittlung, Festsetzung, Auszahlung oder Rückzahlung der Prämie, wenn Besteuerungsgrundlagen für die Berechnung des nach § 2a maßgebenden Einkommens, die der Veranlagung zur Einkommensteuer zugrunde gelegen haben, geändert werden oder wenn für Aufwendungen, die vermögenswirksame Leistungen darstellen, Arbeitnehmer-Sparzulagen zurückgezahlt oder nachträglich festgesetzt oder ausgezahlt werden;
6. das Verfahren für die Ermittlung, Festsetzung, Auszahlung und Rückforderung der Prämie. ²Hierzu gehören insbesondere Vorschriften über Aufzeichnungs-, Aufbewahrungs-, Bescheinigungs- und Anzeigepflichten des Unternehmens, bei dem die prämienbegünstigten Aufwendungen angelegt worden sind.

(2) Das Bundesministerium der Finanzen wird ermächtigt, den Wortlaut des Wohnungsbau-Prämiengesetzes und der hierzu erlassenen Durchführungsverordnung in der jeweils geltenden Fassung mit neuem Datum, unter neuer Überschrift und in neuer Paragraphenfolge bekanntzumachen und dabei Unstimmigkeiten des Wortlauts zu beseitigen.

(3) Das Bundesministerium der Finanzen wird ermächtigt, im Einvernehmen mit den obersten Finanzbehörden der Länder

a) den in § 4 Abs. 2 Satz 1 und den in § 4a Abs. 2 Satz 3 vorgeschriebenen Vordruck und
b) die in § 4a Abs. 3 vorgeschriebenen Datensätze
zu bestimmen.

§ 10
Schlussvorschriften

(1) [1]Dieses Gesetz in der Fassung des Artikels 5 des Gesetzes vom 29. Juli 2008 (BGBl. I S. 1509) ist vorbehaltlich Satz 2 erstmals für das Sparjahr 2009 anzuwenden. [2]§ 2 Abs. 1 Nr. 1 Satz 4 in der Fassung des Artikels 11 des Gesetzes vom 8. Dezember 2010 (BGBl. I S. 1768) ist erstmals für das Sparjahr 2008 anzuwenden. [3]Bei Aufwendungen im Sinne des § 2 Abs. 1 Nr. 1 ist die Prämie für Sparjahre vor 1996 nach § 4 in der Fassung des Artikels 7 des Gesetzes vom 15. Dezember 1995 (BGBl. I S. 1783) festzusetzen. [4]§ 4 Abs. 4 in der Fassung des Artikels 29 des Gesetzes vom 20. Dezember 2001 (BGBl. I S. 3794) ist erstmals bei nicht vertragsgemäßer Verwendung nach dem 31. Dezember 1998 anzuwenden. [5]§ 4a Abs. 3 Satz 1 und § 9 Abs. 3 Buchstabe b in der Fassung des Artikels 13 des Gesetzes vom 20. Dezember 2008 (BGBl. I S. 2850) sind erstmals für Datenlieferungen nach dem 31. Dezember 2008 anzuwenden.

(2) [1]Beiträge an Bausparkassen (§ 2 Abs. 1 Nr. 1), für die in den Kalenderjahren 1991 bis 1993 die Zusatzförderung nach § 10 Abs. 6 dieses Gesetzes in der Fassung der Bekanntmachung vom 30. Juli 1992 (BGBl. I S. 1405) in Anspruch genommen worden ist, müssen ausdrücklich zur Verwendung für den Wohnungsbau in dem in Artikel 3 des Einigungsvertrags genannten Gebiet bestimmt sein. [2]Eine Verfügung, die § 2 Abs. 3 entspricht, nicht aber dem besonderen vertraglichen Zweck, ist hinsichtlich der Zusatzprämie und des zusätzlichen Höchstbetrages schädlich. [3]Schädlich ist auch die Verwendung für Ferien- und Wochenendwohnungen, die in einem entsprechend ausgewiesenen Sondergebiet liegen oder die sich auf Grund ihrer Bauweise nicht zum dauernden Bewohnen eignen.

Verordnung zur Durchführung des Wohnungsbau-Prämiengesetzes (WoPDV 1996)

Neufassung vom 30. Oktober 1997 (BGBl. I S. 2684, BStBl. I S. 1055)[1)]

1. Beiträge an Bausparkassen zur Erlangung von Baudarlehen

§ 1
(weggefallen)

§ 1a
Aufzeichnungs- und Aufbewahrungspflichten

(1) Die Bausparkasse hat Aufzeichnungen zu führen über
1. den Namen und die Anschrift des Bausparers sowie des Abtretenden und des Abtretungsempfängers der Ansprüche aus einem Bausparvertrag,
2. die Vertragsnummer und das Vertragsdatum des Bausparvertrags,
3. die prämienbegünstigten Aufwendungen je Sparjahr,
4. die ermittelte oder festgesetzte Prämie je Sparjahr,
5. die ausgezahlte Prämie je Sparjahr,
6. den Anlass der Anmeldung in den Fällen des § 4a Abs. 2 Satz 2 des Gesetzes,
7. den nach § 4a Abs. 3 Satz 2 des Gesetzes mitgeteilten Prämienanspruch,
8. das Finanzamt, das im Falle des § 4a Abs. 5 des Gesetzes festgesetzt hat.

(2) Die Bausparkasse hat Unterlagen zu den Aufzeichnungen zu nehmen, aus denen sich der Inhalt des Bausparvertrags und die zweckentsprechende Verwendung oder eine unschädliche Verfügung über die Bausparsumme ergeben.

(3) [1]Der Antrag auf Wohnungsbauprämie und die sonstigen Unterlagen sind geordnet zu sammeln und nach Ende des Sparjahrs zehn Jahre lang aufzubewahren. [2]Die Bausparkasse kann die Unterlagen durch Bildträger oder andere Speichermedien ersetzen.

(4) Sonstige Vorschriften über Aufzeichnungspflichten bleiben unberührt.

(5) Die Bausparkasse hat dem Finanzamt auf Anforderung den Inhalt der Aufzeichnungen mitzuteilen und die für die Festsetzung der Prämie erforderlichen Unterlagen auszuhändigen.

§ 1b
Übertragung von Bausparverträgen auf eine andere Bausparkasse

[1]Werden Bausparverträge auf eine andere Bausparkasse übertragen und verpflichtet sich diese gegenüber dem Bausparer und der Bausparkasse, mit der der Vertrag abgeschlossen worden ist, in die Rechte und Pflichten aus dem Vertrag einzutreten, so gilt die Übertragung nicht als Rückzahlung. [2]Das Bausparguthaben muss von der übertragenden Bausparkasse unmittelbar an die übernehmende Bausparkasse überwiesen werden.

§ 2
Wegfall des Prämienanspruchs und Rückzahlung der Prämien

(1) [1]Der Prämienanspruch entfällt, soweit bei Bausparverträgen
1. prämienschädlich verfügt wird, oder
2. die für die Zusatzförderung nach § 10 Abs. 2 des Gesetzes erforderlichen Voraussetzungen nicht erfüllt werden.

[2]Bereits ausgezahlte Prämien sind an die Bausparkasse oder an das zuständige Finanzamt zurückzuzahlen. [3]Bei einer Teilrückzahlung von Beiträgen kann der Bausparer bestimmen, welche Beiträge als zurückgezahlt gelten sollen. [4]Das gilt auch, wenn die Bausparsumme zum Teil ausgezahlt oder die ausgezahlte Bausparsumme teilweise schädlich verwendet wird oder Ansprüche aus dem Vertrag zum Teil abgetreten oder beliehen werden.

(2) [1]Absatz 1 ist nicht anzuwenden, wenn unschädlich nach § 2 Abs. 2 Satz 2 bis 6 sowie Abs. 3 Satz 2 und 3 des Gesetzes verfügt worden ist. [2]Beabsichtigt im Fall des § 2 Abs. 2 Satz 1 Nr. 2 oder Abs. 3 Satz 2 Nr. 2 des Gesetzes der Abtretungsempfänger im Zeitpunkt der Abtretung der Ansprüche aus dem Bausparvertrag eine unverzügliche und unmittelbare Verwendung zum Wohnungsbau für den Abtretenden

---

1) Unter Berücksichtigung der Änderungen zuletzt durch Artikel 6 EigRentG vom 29.7.2008 (BGBl. I S. 1509, BStBl. I S. 818).

oder dessen Angehörige (§ 15 der Abgabenordnung), so ist die Prämie dem Abtretenden auszuzahlen oder die Rückforderung bereits ausgezahlter Prämien auszusetzen, wenn der Abtretende eine Erklärung des Abtretungsempfängers über die Verwendungsabsicht beibringt.

2. Bau- und Wohnungsgenossenschaften

§ 3

Bau- und Wohnungsgenossenschaften im Sinne des § 2 Abs. 1 Nr. 2 des Gesetzes sind Genossenschaften, deren Zweck auf den Bau und die Finanzierung sowie die Verwaltung oder Veräußerung von Wohnungen oder auf die wohnungswirtschaftliche Betreuung gerichtet ist.

3. Wohnbau-Sparverträge

§ 4
Allgemeine Sparverträge

(1) ¹Allgemeine Sparverträge im Sinne des § 2 Abs. 1 Nr. 3 des Gesetzes sind Verträge mit
1. einem Kreditinstitut oder
2. einem am 31. Dezember 1989 als gemeinnützig anerkannten Wohnungsunternehmen oder einem am 31. Dezember 1989 als Organ der staatlichen Wohnungspolitik anerkannten Unternehmen, wenn diese Unternehmen eigene Spareinrichtungen unterhalten, auf die die Vorschriften des Gesetzes über das Kreditwesen anzuwenden sind,

in denen der Prämienberechtigte sich verpflichtet, die eingezahlten Sparbeiträge auf drei bis sechs Jahre festzulegen und die eingezahlten Sparbeiträge sowie die Prämien zu dem in § 2 Abs. 1 Nr. 3 des Gesetzes bezeichneten Zweck zu verwenden. ²Die Verträge können zugunsten dritter Personen abgeschlossen werden.

(2) ¹Die Verlängerung der Festlegung um jeweils ein Jahr oder um mehrere Jahre bis zu einer Gesamtdauer der Festlegung von sechs Jahren kann zwischen dem Prämienberechtigten und dem Unternehmen vereinbart werden. ²Die Vereinbarung über die Verlängerung ist vor Ablauf der Festlegungsfrist zu treffen.

§ 5
Rückzahlungsfrist bei allgemeinen Sparverträgen

¹Die Sparbeiträge dürfen erst nach Ablauf der vereinbarten Festlegungsfrist (§ 4) zurückgezahlt werden. ²Die Festlegungsfrist beginnt am 1. Januar, wenn der Vertrag vor dem 1. Juli, und am 1. Juli, wenn der Vertrag nach dem 30. Juni des betreffenden Kalenderjahrs abgeschlossen worden ist.

§ 6
Sparverträge mit festgelegten Sparraten

(1) ¹Sparverträge mit festgelegten Sparraten im Sinne des § 2 Abs. 1 Nr. 3 des Gesetzes sind Verträge mit einem der in § 4 Abs. 1 bezeichneten Unternehmen, in denen sich der Prämienberechtigte verpflichtet, für drei bis sechs Jahre laufend, jedoch mindestens vierteljährlich, der Höhe nach gleichbleibende Sparraten einzuzahlen und die eingezahlten Sparbeiträge sowie die Prämien zu dem in § 2 Abs. 1 Nr. 3 des Gesetzes bezeichneten Zweck zu verwenden. ²Die Verträge können zugunsten dritter Personen abgeschlossen werden.

(2) ¹Die Verlängerung der Einzahlungsverpflichtung um jeweils ein Jahr oder um mehrere Jahre bis zu einer Gesamtdauer der Einzahlungen von sechs Jahren kann zwischen dem Prämienberechtigten und dem Unternehmen vereinbart werden. ²Die Vereinbarung über die Verlängerung ist spätestens im Zeitpunkt der letzten nach dem Vertrag zu leistenden Einzahlung zu treffen.

(3) Den in Absatz 1 bezeichneten Einzahlungen werden gleichgestellt
1. zusätzliche Einzahlungen, soweit sie in einem Kalenderjahr nicht höher sind als der Jahresbetrag der in Absatz 1 bezeichneten Einzahlungen, sowie
2. zusätzliche Einzahlungen, die vermögenswirksame Leistungen darstellen, bis zur Höhe des nach dem Fünften Vermögensbildungsgesetz geförderten Betrags.

§ 7
Rückzahlungsfrist bei Sparverträgen mit festgelegten Sparraten

Die auf Grund eines Sparvertrags mit festgelegten Sparraten eingezahlten Sparbeiträge dürfen ein Jahr nach dem Tag der letzten Einzahlung, jedoch nicht vor Ablauf eines Jahres nach dem letzten regelmäßigen Fälligkeitstag, zurückgezahlt werden.

§ 8
Unterbrechung von Sparverträgen mit festgelegten Sparraten

(1) ¹Sparraten, die nicht rechtzeitig geleistet worden sind, können innerhalb eines halben Jahres nach ihrer Fälligkeit, spätestens bis zum 15. Januar des folgenden Kalenderjahrs, nachgeholt werden; die im folgenden Kalenderjahr nachgeholten Sparraten gelten als Einzahlungen des Kalenderjahrs der Fälligkeit. ²Innerhalb des letzten halben Jahres vor Ablauf der Festlegungsfrist ist eine Nachholung ausgeschlossen.

(2) ¹Der Vertrag ist in vollem Umfang unterbrochen, wenn eine Sparrate nicht spätestens vor Ablauf der in Absatz 1 bezeichneten Nachholfrist eingezahlt worden ist oder wenn Einzahlungen zurückgezahlt werden; das Gleiche gilt, wenn Ansprüche aus dem Vertrag abgetreten werden, es sei denn, der Abtretungsempfänger ist ein Angehöriger (§ 15 der Abgabenordnung) oder die im Vertrag bezeichnete andere Person. ²Der Vertrag ist teilweise unterbrochen, wenn eine Sparrate in geringerer als der vereinbarten Höhe geleistet und der Unterschiedsbetrag nicht innerhalb der in Absatz 1 bezeichneten Frist nachgeholt worden ist.

(3) ¹Ist der Vertrag in vollem Umfang unterbrochen (Absatz 2 Satz 1), so sind spätere Einzahlungen nicht mehr prämienbegünstigt. ²Liegt eine teilweise Unterbrechung (Absatz 2 Satz 2) vor, so sind spätere Einzahlungen nur in Höhe des Teils der Sparraten prämienbegünstigt, der ununterbrochen in gleichbleibender Höhe geleistet worden ist. ³Dieser Betrag ist auch maßgebend für die zusätzlichen Einzahlungen, die nach § 6 Abs. 3 Nr. 1 erbracht werden können.

§ 9
Vorzeitige Rückzahlung

¹Soweit vor Ablauf der in den §§ 5 und 7 bezeichneten Fristen, außer in den Fällen des §12, Sparbeiträge im Sinne des § 4 oder des § 6 zurückgezahlt werden, werden Prämien nicht ausgezahlt; bereits ausgezahlte Prämien sind an das Finanzamt zurückzuzahlen. ²Das gilt nicht, wenn der Prämienberechtigte oder die im Vertrag bezeichnete andere Person stirbt oder nach Vertragsabschluss völlig erwerbsunfähig wird.

§ 10
Verwendung der Sparbeiträge

(1) ¹Die auf Grund eines allgemeinen Sparvertrags (§ 4) oder eines Sparvertrags mit festgelegten Sparraten (§ 6) eingezahlten Beträge sind von dem Prämienberechtigten oder der im Vertrag bezeichneten anderen Person zusammen mit den Prämien innerhalb eines Jahres nach der Rückzahlung der Sparbeiträge, spätestens aber innerhalb von vier Jahren nach dem Zeitpunkt, in dem die eingezahlten Sparbeiträge frühestens zurückgezahlt werden dürfen, zu dem in § 2 Abs. 1 Nr. 3 des Gesetzes bezeichneten Zweck zu verwenden. ²§ 9 Satz 2 findet Anwendung.

(2) Eine Verwendung zu dem in § 2 Abs. 1 Nr. 3 des Gesetzes bezeichneten Zweck ist gegeben, wenn die eingezahlten Beträge verwendet werden

1. zum Bau selbst genutzten Wohneigentums für den Prämienberechtigten, die in dem Vertrag bezeichnete andere Person oder die in §15 der Abgabenordnung bezeichneten Angehörigen dieser Personen,
2. zum Erwerb selbst genutzten Wohneigentums oder eines eigentumsähnlichen Dauerwohnrechts durch den Prämienberechtigten, die in dem Vertrag bezeichnete andere Person oder die in § 15 der Abgabenordnung bezeichneten Angehörigen dieser Personen.

§ 11
Anzeigepflicht

¹Die in § 4 Abs. 1 bezeichneten Unternehmen haben, außer im Fall des Todes des Prämienberechtigten oder der in dem Vertrag bezeichneten anderen Person, dem für ihre Veranlagung oder dem für die Veranlagung des Prämienberechtigten zuständigen Finanzamt unverzüglich die Fälle mitzuteilen, in denen

1. Sparbeiträge vor Ablauf der in den §§ 5 und 7 bezeichneten Fristen zurückgezahlt werden,
2. Sparbeiträge und Prämien nicht oder nicht innerhalb der Fristen des § 10 zu dem dort bezeichneten Zweck verwendet werden,
3. Sparverträge auf ein anderes Unternehmen übertragen oder in Verträge mit Wohnungs- und Siedlungsunternehmen oder mit am 31. Dezember 1989 anerkannten Organen der staatlichen Wohnungspolitik umgewandelt werden (§ 12 Abs. 1).

²Die Anzeige kann auch von der Niederlassung eines Unternehmens an das Finanzamt gerichtet werden, in dessen Bezirk sich die Niederlassung befindet.

§ 12
Übertragung und Umwandlung von Sparverträgen

(1) Prämien werden auch ausgezahlt und bereits ausgezahlte Prämien werden nicht zurückgefordert, wenn

1. allgemeine Sparverträge (§ 4) und Sparverträge mit festgelegten Sparraten (§ 6) während ihrer Laufzeit unter Übertragung der bisherigen Einzahlungen und der Prämien auf ein anderes Unternehmen übertragen werden und sich dieses gegenüber dem Prämienberechtigten und dem Unternehmen, mit dem der Vertrag abgeschlossen worden ist, verpflichtet, in die Rechte und Pflichten aus dem Vertrag einzutreten,
2. Sparverträge mit festgelegten Sparraten während ihrer Laufzeit unter Übertragung der bisherigen Einzahlungen und der Prämien in Verträge mit Wohnungs- und Siedlungsunternehmen oder mit am 31. Dezember 1989 anerkannten Organen der staatlichen Wohnungspolitik im Sinne des § 13 umgewandelt werden.

(2) ¹In Fällen der Übertragung (Absatz 1 Nr. 1) gelten die §§ 4 bis 11 weiter mit der Maßgabe, dass die bisherigen Einzahlungen als Einzahlungen auf Grund des Vertrags mit dem Unternehmen, auf das der Vertrag übertragen worden ist, behandelt werden. ²In Fällen der Umwandlung (Absatz 1 Nr. 2) gelten die §§ 15 bis 17 mit der Maßgabe, dass die bisherigen Einzahlungen als Einzahlungen auf Grund des Vertrags mit dem Wohnungs- oder Siedlungsunternehmen oder mit dem am 31. Dezember 1989 anerkannten Organ der staatlichen Wohnungspolitik behandelt werden.

4. Verträge mit Wohnungs- und Siedlungsunternehmen und Organen der staatlichen Wohnungspolitik (Baufinanzierungsverträge)

§ 13
Inhalt der Verträge

(1) ¹Verträge im Sinne des § 2 Abs. 1 Nr. 4 des Gesetzes sind Verträge mit einem Wohnungs- oder Siedlungsunternehmen (§ 14) oder einem am 31. Dezember 1989 anerkannten Organ der staatlichen Wohnungspolitik (§ 2 Abs. 1 Nr. 4 Satz 2 des Gesetzes), in denen sich der Prämienberechtigte verpflichtet,

1. einen bestimmten Kapitalbetrag in der Weise anzusammeln, dass er für drei bis acht Jahre laufend, jedoch mindestens vierteljährlich, der Höhe nach gleichbleibende Sparraten bei dem Wohnungs- oder Siedlungsunternehmen oder dem am 31. Dezember 1989 anerkannten Organ der staatlichen Wohnungspolitik einzahlt, und
2. den angesammelten Betrag und die Prämien zu dem in § 2 Abs. 1 Nr. 4 des Gesetzes bezeichneten Zweck zu verwenden (§ 16),

und in denen sich das Wohnungs- oder Siedlungsunternehmen oder das am 31. Dezember 1989 anerkannte Organ der staatlichen Wohnungspolitik verpflichtet, die nach dem Vertrag vorgesehene Leistung (§ 16) zu erbringen. ²§ 6 Abs. 2 gilt entsprechend. ³Die Verträge können zugunsten dritter Personen abgeschlossen werden.

(2) Den in Absatz 1 bezeichneten Einzahlungen werden gleichgestellt

1. zusätzliche Einzahlungen, soweit sie in einem Kalenderjahr nicht höher sind als der Jahresbetrag der in Absatz 1 bezeichneten Einzahlungen, sowie
2. zusätzliche Einzahlungen, die vermögenswirksame Leistungen darstellen, bis zur Höhe des nach dem Fünften Vermögensbildungsgesetz geförderten Betrags.

§ 14
Wohnungs- und Siedlungsunternehmen

Wohnungs- und Siedlungsunternehmen im Sinne des § 13 sind

1. am 31. Dezember 1989 als gemeinnützig anerkannte Wohnungsunternehmen,
2. gemeinnützige Siedlungsunternehmen,
3. Unternehmen, die vor Aufhebung des Reichsheimstättengesetzes zur Ausgabe von Heimstätten zugelassen waren,
4. andere Wohnungs- und Siedlungsunternehmen, wenn sie die folgenden Voraussetzungen erfüllen:
   a) Das Unternehmen muss im Handelsregister oder im Genossenschaftsregister eingetragen sein;
   b) der Zweck des Unternehmens muss ausschließlich oder weit überwiegend auf den Bau und die Verwaltung oder Übereignung von Wohnungen oder die wohnungswirtschaftliche Betreuung gerichtet sein. ²Die tatsächliche Geschäftsführung muss dem entsprechen;

c) das Unternehmen muss sich einer regelmäßigen und außerordentlichen Überprüfung seiner wirtschaftlichen Lage und seines Geschäftsgebarens, insbesondere der Verwendung der gesparten Beträge, durch einen wohnungswirtschaftlichen Verband, zu dessen satzungsmäßigem Zweck eine solche Prüfung gehört, unterworfen haben. ²Soweit das Unternehmen oder seine Gesellschafter an anderen Unternehmen gleicher Art beteiligt sind, muss sich die Überprüfung zugleich auf diese erstrecken.

§ 15
Unterbrechung und Rückzahlung der Einzahlungen

(1) ¹Sparraten, die nicht rechtzeitig geleistet worden sind, können innerhalb eines halben Jahres nach ihrer Fälligkeit, spätestens bis zum 15. Januar des folgenden Kalenderjahrs, nachgeholt werden; die im folgenden Kalenderjahr nachgeholten Sparraten gelten als Einzahlungen des Kalenderjahrs der Fälligkeit. ²Innerhalb des letzten halben Jahrs vor Ablauf der Festlegungsfrist ist eine Nachholung ausgeschlossen.

(2) ¹Der Vertrag ist in vollem Umfang unterbrochen, wenn eine Sparrate nicht spätestens vor Ablauf der in Absatz 1 bezeichneten Nachholfrist eingezahlt worden ist oder wenn Einzahlungen zurückgezahlt werden; das Gleiche gilt, wenn Ansprüche aus dem Vertrag abgetreten werden, es sei denn, der Abtretungsempfänger ist ein Angehöriger (§ 15 Abgabenordnung) oder die im Vertrag bezeichnete andere Person. ²Der Vertrag ist teilweise unterbrochen, wenn eine Sparrate in geringerer als der vereinbarten Höhe geleistet und der Unterschiedsbetrag nicht innerhalb der in Absatz 1 bezeichneten Frist nachgeholt worden ist.

(3) ¹Ist der Vertrag in vollem Umfang unterbrochen (Absatz 2 Satz 1), so sind spätere Einzahlungen nicht mehr prämienbegünstigt. ²Liegt eine teilweise Unterbrechung (Absatz 2 Satz 2) vor, so sind spätere Einzahlungen nur in Höhe des Teils der Sparraten prämienbegünstigt, der ununterbrochen in gleichbleibender Höhe geleistet worden ist. ³Dieser Betrag ist auch maßgebend für die zusätzlichen Einzahlungen, die nach § 13 Abs. 2 Nr. 1 erbracht werden können.

(4) ¹Soweit eingezahlte Beiträge, außer in den Fällen des § 18, zurückgezahlt werden, werden Prämien nicht ausgezahlt; bereits ausgezahlte Prämien sind an das Finanzamt zurückzuzahlen. Das gilt nicht, wenn der Prämienberechtigte oder die im Vertrag bezeichnete andere Person stirbt oder nach Vertragsabschluß völlig erwerbsunfähig wird.

§ 16
Verwendung der angesammelten Beträge

(1) ¹Der angesammelte Betrag ist zusammen mit den Prämien innerhalb von fünf Jahren nach dem Zeitpunkt, in dem nach dem Vertrag die letzte Zahlung zu leisten ist, von dem Prämienberechtigten oder der im Vertrag bezeichneten anderen Person zu dem in §2 Abs. 1 Nr. 4 des Gesetzes bezeichneten Zweck zu verwenden. ²§ 15 Abs. 4 Satz 2 findet Anwendung.

(2) Eine Verwendung zu dem in § 2 Abs. 1 Nr. 4 des Gesetzes bezeichneten Zweck ist gegeben, wenn der angesammelte Betrag und die Prämien verwendet werden

1. zum Bau selbst genutzten Wohneigentums für den Prämienberechtigten, die in dem Vertrag bezeichnete andere Person oder die in § 15 der Abgabenordnung bezeichneten Angehörigen dieser Person durch das Wohnungs- und Siedlungsunternehmen oder das am 31. Dezember 1989 anerkannte Organ der staatlichen Wohnungspolitik oder

2. zum Erwerb selbst genutzten Wohneigentums oder eines eigentumsähnlichen Dauerwohnrechts durch den Prämienberechtigten, die in dem Vertrag bezeichnete andere Person oder die in § 15 der Abgabenordnung bezeichneten Angehörigen dieser Personen; dabei muss es sich um einen Erwerb von dem Wohnungs- und Siedlungsunternehmen oder dem am 31. Dezember 1989 anerkannten Organ der staatlichen Wohnungspolitik und um selbst genutztes Wohneigentum handeln, das nach dem 31. Dezember 1949 errichtet worden ist.

(3) Bei einer Verwendung im Sinne des Absatzes 2 Nr. 2 dürfen der angesammelte Betrag und die Prämien nur zur Leistung des bar zu zahlenden Teils des Kaufpreises verwendet werden.

§ 17
Anzeigepflicht

¹Das Wohnungs- oder Siedlungsunternehmen oder das am 31. Dezember 1989 anerkannte Organ der staatlichen Wohnungspolitik hat, außer im Fall des Todes des Prämienberechtigten oder der in dem Vertrag bezeichneten anderen Person, dem für seine Veranlagung oder dem für die Veranlagung des Prämienberechtigten zuständigen Finanzamt unverzüglich die Fälle mitzuteilen, in denen

1. angesammelte Beträge zurückgezahlt werden (§ 15),
2. angesammelte Beträge und Prämien nicht oder nicht innerhalb der Frist des § 16 zu dem in § 2 Abs. 1 Nr. 4 des Gesetzes bezeichneten Zweck verwendet werden,
3. Verträge auf ein anderes Wohnungs- oder Siedlungsunternehmen oder ein anderes am 31. Dezember 1989 anerkanntes Organ der staatlichen Wohnungspolitik übertragen oder in Sparverträge mit festgelegten Sparraten im Sinne des § 6 umgewandelt werden (§ 18 Abs. 1).

²Die Anzeige kann auch von der Niederlassung eines Wohnungs- oder Siedlungsunternehmens oder eines am 31. Dezember 1989 anerkannten Organs der staatlichen Wohnungspolitik an das Finanzamt gerichtet werden, in dessen Bezirk sich die Niederlassung befindet.

§ 18
Übertragung und Umwandlung von Verträgen mit Wohnungs- und Siedlungsunternehmen und Organen der staatlichen Wohnungspolitik

(1) Prämien werden auch ausgezahlt und bereits ausgezahlte Prämien werden nicht zurückgefordert, wenn Verträge mit Wohnungs- und Siedlungsunternehmen oder am 31. Dezember 1989 anerkannten Organen der staatlichen Wohnungspolitik (§ 13) während ihrer Laufzeit unter Übertragung der bisherigen Einzahlungen und der Prämien

1. auf ein anderes Wohnungs- oder Siedlungsunternehmen oder ein anderes am 31. Dezember 1989 anerkanntes Organ der staatlichen Wohnungspolitik übertragen werden und sich dieses gegenüber dem Prämienberechtigten und dem Unternehmen, mit dem der Vertrag abgeschlossen worden ist, verpflichtet, in die Rechte und Pflichten aus dem Vertrag einzutreten,
2. in einen Sparvertrag mit festgelegten Sparraten im Sinne des § 6 umgewandelt werden.

(2) § 12 Abs. 2 ist entsprechend anzuwenden.

5. Änderung der Voraussetzungen für den Prämienanspruch in besonderen Fällen

§ 19
Änderung des zu versteuernden Einkommens

(1) Wird im Besteuerungsverfahren die Entscheidung über die Höhe des zu versteuernden Einkommens nachträglich in der Weise geändert, dass dadurch

1. die Einkommensgrenze (§ 2a des Gesetzes) unterschritten wird, so kann der Prämienberechtigte die Prämie innerhalb eines Jahres nach Bekanntgabe der Änderung erstmalig oder erneut beantragen;
2. die Einkommensgrenze überschritten wird, so ist die Prämie neu zu ermitteln oder festzusetzen; ausgezahlte Prämien sind zurückzufordern.

(2) Besteht oder entsteht für Aufwendungen, die vermögenswirksame Leistungen darstellen,

1. kein Anspruch auf Arbeitnehmer-Sparzulage und liegen dennoch die Voraussetzungen für den Prämienanspruch vor, so kann der Prämienberechtigte die Prämie innerhalb eines Jahres nach Bekanntgabe des Bescheids über die Arbeitnehmer-Sparzulage erstmalig oder erneut beantragen;
2. nachträglich ein Anspruch auf Arbeitnehmer-Sparzulage und entfällt damit der Prämienanspruch, so ist die Prämie neu zu ermitteln oder festzusetzen; ausgezahlte Prämien sind zurückzufordern.

6. Anwendungszeitraum

§ 20
Anwendungsvorschrift

Diese Verordnung in der Fassung des Artikels 6 des Gesetzes vom 29. Juli 2008 (BGBl. I S. 1509) ist erstmals für das Sparjahr 2009 anzuwenden.

Anhang 30/WoPR 2002

Allgemeinen Verwaltungsvorschrift zur Ausführung des Wohnungsbau-Prämiengesetzes

Vom 22. Oktober 2002 (BStBl. I S. 1044)

Nach Artikel 85 Abs. 2 des Grundgesetzes wird die folgende allgemeine Verwaltungsvorschrift zur Ausführung des Wohnungsbau-Prämiengesetzes erlassen:

Wohnungsbau-Prämienrichtlinien 2002 – WoPR 2002 –

Einführung [1])

¹Die Wohnungsbau-Prämienrichtlinien *2002* (WoPR *2002*) enthalten im Interesse einer einheitlichen Anwendung des Wohnungsbau-Prämienrechts Weisungen zur Auslegung des Wohnungsbau-Prämiengesetzes 1996 (WoPG 1996) in der Fassung der Bekanntmachung vom 30. Oktober 1997 (BGBl. I S. 2678), *zuletzt geändert durch Artikel 13 des Gesetzes vom 23. Juli 2002 (BGBl. I S. 2715)*, und seiner Durchführungsverordnung (WoPDV 1996) in der Fassung der Bekanntmachung vom 30. Oktober 1997 (BGBl. I S. 2684), *zuletzt geändert durch Artikel 14 des Gesetzes vom 23. Juli 2002 (BGBl. I S. 2715)*, und behandeln Zweifelsfragen und Auslegungsfragen von allgemeiner Bedeutung. ²Die Wohnungsbau-Prämienrichtlinien 2002 sind auf die prämienbegünstigten Aufwendungen für Sparjahre anzuwenden, die nach dem 31. Dezember 2001 begonnen haben. ³Vor den Wohnungsbau-Prämienrichtlinien 2002 ergangene sonstige Verwaltungsanweisungen zum Wohnungsbauprämienrecht sind nicht mehr anzuwenden.

Zu § 1 und § 2a des Gesetzes

1. Begünstigter Personenkreis

(1) ¹Eine Prämie erhalten natürliche Personen,
- die unbeschränkt einkommensteuerpflichtig im Sinne des § 1 Abs. 1 oder 2 Einkommensteuergesetz (EStG) sind oder nach § 1 Abs. 3 EStG auf Antrag als unbeschränkt einkommensteuerpflichtig zu behandeln sind und dabei in einem Dienstverhältnis zu einer inländischen juristischen Person des öffentlichen Rechts stehen und dafür Arbeitslohn aus einer inländischen öffentlichen Kasse beziehen,
- spätestens am Ende des Sparjahrs das 16. Lebensjahr vollendet haben oder Vollwaisen sind und
- Aufwendungen zur Förderung des Wohnungsbaus gemacht haben (§ 1 WoPG).

²Es ist unschädlich, wenn der Prämienberechtigte nicht während des gesamten Sparjahrs unbeschränkt einkommensteuerpflichtig ist oder als unbeschränkt einkommensteuerpflichtig behandelt wird. ³Die Voraussetzungen der Prämienberechtigung müssen in der Person des Vertragsinhabers gegeben sein; dies gilt auch, wenn der Vertrag einen Dritten begünstigt (Abschnitt 3 Abs. 3 Satz 1).

(2) ¹Zusammenschlüsse natürlicher Personen, die als solche nicht einkommensteuerpflichtig sind – z.B. nichtrechtsfähige Vereine, Erbengemeinschaften, Personengesellschaften –, sind nicht prämienberechtigt; *Partner einer eingetragenen Lebenspartnerschaft*[2]) *und Partner einer nichtehelichen Lebensgemeinschaft gelten als Alleinstehende.* ²Jedoch ist der einzelne Beteiligte nach Maßgabe seiner persönlichen Verhältnisse mit den ihm nachweislich zuzurechnenden Aufwendungen prämienberechtigt sein (BFH vom 10.2.1961 – BStBl. III S. 224). *³Für die Zuordnung der aufgrund eines Vertrags zur Förderung des Wohnungsbaus geleisteten prämienbegünstigten Aufwendungen auf die einzelnen Beteiligten ist auf das bei Vertragsabschluss im Innenverhältnis festgelegte Verhältnis abzustellen. ⁴Bei Partnern einer eingetragenen Lebenspartnerschaft*[3]) *und Partnern einer nichtehelichen Lebensgemeinschaft kann – soweit nicht ausdrücklich etwas anderes bestimmt ist – von einer hälftigen Zurechnung ausgegangen werden.*

(3) Wegen des Begriffs „Aufwendungen zur Förderung des Wohnungsbaus" vgl. Abschnitte 3 bis 8.

2. Einkommensgrenzen

(1) ¹Für die Prämienberechtigung sind die Einkommensverhältnisse des Sparjahrs maßgebend. ²Die Einkommensgrenze beträgt für Alleinstehende (Abschnitt 10 Abs. 2) *25 600 Euro* und für Ehegatten[4]) (Abschnitt 10 Abs. 3) *51 200 Euro.* ³Bei der Ermittlung des zu versteuernden Einkommens *sind* für jedes Kind im Sinne des § 32 EStG *die* jeweils in Betracht kommenden *Freibeträge nach § 32 Abs. 6 EStG* zu berücksichtigen (§ 2 Abs. 5 EStG); dabei *sind* stets *die Freibeträge* für das gesamte Sparjahr zugrunde zu legen. *⁴Im Übrigen erhöht sich das zu versteuernde Einkommen um die nach § 3 Nr. 40 EStG* steu-

---

1) Änderungen und Ergänzungen gegenüber den Wohnungsbau-Prämienrichtlinien 1996 sind durch *Fett-Kursiv-Druck* hervorgehoben.
2) Zur eingetragenen Lebenspartnerschaft siehe nun § 3 Abs. 3 Satz 2 WoPG.
3) Zur eingetragenen Lebenspartnerschaft siehe nun § 3 Abs. 3 Satz 2 WoPG.
4) Entsprechendes gilt für Lebenspartner (§ 3 Abs. 3 Satz 2 WoPG).

erfreien Beträge und mindert sich um die nach § 3c Abs. 2 EStG nicht abziehbaren Beträge (§ 2 Abs. 5a EStG).

(2) Zu den Folgen einer nachträglichen Änderung des zu versteuernden Einkommens wird auf § 19 Abs. 1 WoPDV, Abschnitt 11 Abs. 2 Satz 1, Abschnitt 12 Abs. 4, Abschnitt 13 Abs. 5 Satz 1 Nr. 3 hingewiesen.

Zu § 2 und § 5 des Gesetzes

3. Prämienbegünstigte Aufwendungen (Allgemeines)

(1) [1]Die prämienbegünstigten Aufwendungen ergeben sich abschließend aus § 2 Abs. 1 WoPG. [2]Aufwendungen, die vermögenswirksame Leistungen darstellen, sind nur prämienbegünstigt, soweit kein Anspruch auf Arbeitnehmer-Sparzulage nach § 13 des 5. Vermögensbildungsgesetzes (5.VermBG) besteht (§ 1 Nr. 1 WoPG). [3]Bei Änderungen des Anspruchs auf Arbeitnehmer-Sparzulage ist § 19 Abs. 2 WoPDV zu beachten. [4]Die Wohnungsbauprämie gehört nicht zu den prämienbegünstigten Aufwendungen. [5]Von dem Unternehmen gutgeschriebene Zinsen abzüglich etwaiger Steuern, z. B. des Zinsabschlags, können als prämienbegünstigte Aufwendungen verwendet werden. [6]Beiträge an dieselbe Bausparkasse, die nach Abzug des Betrags, für den Anspruch auf Arbeitnehmer-Sparzulage besteht, im Sparjahr weniger als 50 Euro betragen, sind keine prämienbegünstigten Aufwendungen (§ 2 Abs. 1 Nr. 1 WoPG).

(2) [1]Rückwirkende Vertragsvereinbarungen sind nicht anzuerkennen. [2]Die Vereinbarung über die Erhöhung der Bausparsumme ist als selbständiger Vertrag (Zusatzvertrag) zu behandeln (BFH vom 7.3.1975 – BStBl. II S. 532)*; eine aus Anlass der Umstellung auf den Euro vorgenommene Aufrundung der Bausparsumme auf den nächsten glatten durch 1 000 Euro teilbaren Betrag stellt keine Vertragserhöhung in diesem Sinne dar.* [3]Werden Bausparverträge zusammengelegt, wird die Bausparsumme herabgesetzt oder der Vertrag geteilt, so liegt lediglich eine Änderung des bisherigen Vertrags vor, die das Abschlussdatum nicht berührt.

(3) [1]Der Prämienberechtigte kann prämienbegünstigte Aufwendungen im Sinne des § 2 Abs. 1 Nr. 1, 3 und 4 WoPG auch zu Gunsten Dritter erbringen. [2]Soweit die angesammelten Beträge als Voraussetzung für die Prämie zu dem vertragsmäßigen Zweck verwendet werden müssen, tritt der Begünstigte an die Stelle des Prämienberechtigten. [3]Stirbt der Prämienberechtigte vor dem Ende der Einzahlungsdauer, so kann der Vertrag von seinem Rechtsnachfolger fortgesetzt werden. [4]Das gilt auch, wenn der Vertrag im Wege einer Erbauseinandersetzung auf einen Miterben übertragen worden ist (BFH vom 15.6.1973 – BStBl. II S. 737). [5]Die am Ende des Todesjahres gutgeschriebenen Zinsen gehören zu den Bausparbeiträgen des Rechtsnachfolgers. [6]Für die Prämienbegünstigung der Aufwendungen, die vom Fortsetzenden erbracht werden, kommt es allein auf dessen persönliche Verhältnisse an.

(4)[1)] [1]Haben Ehegatten einen Vertrag gemeinsam abgeschlossen, so kommt es in bestimmten Fällen – z. B. bei vorzeitiger Verfügung wegen Arbeitslosigkeit oder bei Ehegatten, die als Alleinstehende zu behandeln sind (Abschnitt 10 Abs. 2), oder bei Fortsetzung des Vertrags nach Scheidung der Ehe – darauf an, welcher der Ehegatten die Aufwendungen geleistet hat. [2]Für diese Feststellung kann den Angaben der Ehegatten im Allgemeinen gefolgt werden, es sei denn, dass sich aus den Unterlagen, wie es z. B. bei vermögenswirksamen Leistungen der Fall sein kann, etwas anderes ergibt.

4. Beiträge an Bausparkassen zur Erlangung eines Baudarlehens

(1) [1]Baudarlehen sind Darlehen, die bestimmt sind

1. zum Bau, zum Erwerb oder zu einer – gemessen am Verkehrswert nicht unerheblichen – Verbesserung

    a) eines Wohngebäudes,

    b) eines anderen Gebäudes, soweit es Wohnzwecken dient, oder

    c) einer Eigentumswohnung;

2. zur Ausstattung eines Wohngebäudes mit Einbaumöbeln, zur Einrichtung oder zum Einbau von Heizungsanlagen *sowie für Maßnahmen zur Wärmedämmung und zur Nutzung erneuerbarer Energien (Energie aus Biomasse, Geothermie, solarer Strahlung, Wasser- und Windkraft).* [2]Voraussetzung ist, dass die Einrichtungen wesentliche Bestandteile eines Gebäudes sind oder ein Nebengebäude oder eine Außenanlage (§ 89 Bewertungsgesetz; Abschnitt 45 der Richtlinien für die Bewertung des Grundvermögens) darstellen;

3. zum Erwerb eines eigentumsähnlichen Dauerwohnrechts (zur Definition vgl. Abschnitt 6 Abs. 4 Satz 2);

---

1) Entsprechendes gilt für Lebenspartner (§ 3 Abs. 3 Satz 2 WoPG).

4. zum Erwerb von Rechten zur dauernden Selbstnutzung von Wohnraum in Alten-, Altenpflege- und Behinderteneinrichtungen oder -anlagen;
5. zur Beteiligung an der Finanzierung des Baues oder Erwerbs eines Gebäudes gegen Überlassung einer Wohnung;
6. zum Erwerb von Bauland, das der Bausparer in der Absicht erwirbt, ein Wohngebäude darauf zu errichten. ²Soll das zu errichtende Gebäude nur zum Teil Wohnzwecken dienen, so ist der Erwerb nur für den Teil des Baulandes begünstigt, der Wohnzwecken dienen soll. ³Auf die Baureife des Grundstücks kommt es nicht an;
7. zum Erwerb eines Grundstücks, auf dem der Bausparer als Erbbauberechtigter bereits ein Wohngebäude errichtet hat. ²Nummer 6 Satz 2 gilt entsprechend;
8. zur Durchführung baulicher Maßnahmen des Mieters oder anderer nutzungsberechtigter Personen zur Modernisierung ihrer Wohnung;
9. zum ersten Erwerb von Anteilen an Bau- oder Wohnungsgenossenschaften (Abschnitt 5);
10. zur völligen oder teilweisen Ablösung von Verpflichtungen, z. B. von Hypotheken, die im Zusammenhang mit den in Nummer 1 bis 9 bezeichneten Vorhaben eingegangen worden sind, oder von Erbbauzinsreallasten. ²Das gilt auch dann, wenn der Bausparer bereits mit Hilfe fremden Kapitals gebaut hat. ³Nicht als Ablösung von Verpflichtungen gilt die Zahlung von laufenden Tilgungs- und Zinsbeträgen, von aufgelaufenen Tilgungs- und Zinsbeträgen (sog. Nachtilgung) und von vorausgezahlten Tilgungs- und Zinsraten (sog. Voraustilgung). ⁴Eine unschädliche Verwendung des Bausparguthabens zur Ablösung von Verbindlichkeiten, die im Zusammenhang mit dem Erwerb eines Wohngebäudes eingegangen worden sind, liegt nur vor, soweit es sich um Verpflichtungen gegenüber Dritten handelt, nicht aber bei der Verpflichtung mehrerer Erwerber untereinander (BFH vom 29.11.1973 – BStBl. 1974 II S. 126).

²Die Bausparsumme (Bausparguthaben und Baudarlehen) muss grundsätzlich für ein Objekt im Inland verwendet werden; begünstigt sind auch Ferien- oder Wochenendwohnungen. ³Ausnahmen gelten für Bauvorhaben von Bediensteten der Europäischen Union an ihrem ausländischen Wohnsitz, von dem aus sie ihrer Amtstätigkeit nachgehen (BFH vom 1.3.1974 – BStBl. II S. 374).

(2) ¹Als Bausparbeiträge sind die Beiträge, die bis zur vollen oder teilweisen Auszahlung der Bausparsumme entrichtet wurden, zu berücksichtigen, höchstens aber bis zum Erreichen der vereinbarten Bausparsumme; auf den Zeitpunkt der Zuteilung kommt es nicht an (BFH vom 25.7.1958 – BStBl. III S. 368). ²Neben den vertraglich vereinbarten Beiträgen gehören dazu u.a.

– Abschlussgebühren, auch wenn sie zunächst auf einem Sonderkonto gutgeschrieben worden sind,
– freiwillige Beiträge,
– gutgeschriebene Zinsen, die zur Beitragszahlung verwendet werden,
– Umschreibegebühren,
– Zinsen für ein Bausparguthaben, das aus einem Auffüllungskredit entstanden ist (BFH vom 5.5.1972 – BStBl. II S. 732).

³Keine Bausparbeiträge sind Tilgungsbeträge, Bereitstellungszinsen, Darlehenszinsen, Verwaltungskostenbeiträge und Zuteilungsgebühren. ⁴Hat der Bausparer vor der Zuteilung des Baudarlehens einen Zwischenkredit erhalten, sind die Beiträge, die er bis zur Auszahlung der Bausparsumme entrichtet, prämienbegünstigt. ⁵Hat der Bausparer jedoch den Zwischenkredit unter Beleihung von Ansprüchen aus einem Bausparvertrag vor Ablauf der Sperrfrist erhalten, so gilt dies nur, wenn er den Zwischenkredit unverzüglich und unmittelbar zu begünstigten Zwecken verwendet. ⁶Werden Bausparbeiträge vor Ablauf des Sparjahrs, für das sie geleistet wurden, zurückgezahlt, so gelten sie als nicht geleistet.

5. Aufwendungen für den ersten Erwerb von Anteilen an Bau- und Wohnungsgenossenschaften

(1) ¹Bau- und Wohnungsgenossenschaften *im Sinne von* § 2 Abs. 1 Nr. 2 WoPG, § 3 WoPDV müssen eingetragene Genossenschaften im Sinne des § 1 des Genossenschaftsgesetzes (GenG) sein. ²Aufwendungen für den Erwerb von Mitgliedschaftsrechten an Personenvereinigungen anderer Rechtsform, z. B. an Vereinen, sind nicht prämienbegünstigt (BFH vom 23.1.1959 – BStBl. III S. 145).

(2) ¹Aufwendungen für den ersten Erwerb von Anteilen an Bau- und Wohnungsgenossenschaften sind alle Einzahlungen des Prämienberechtigten auf seinen Geschäftsanteil. ²Erster Erwerb ist jeder unmittelbare Erwerb von der Genossenschaft. ³Ein Genosse kann mehrere Anteile an der Genossenschaft prämienbegünstigt erwerben; die Geschäftsanteile müssen nicht gleichzeitig erworben werden. ⁴Prämienbegünstigt sind hiernach z. B. auch Einzahlungen auf den Geschäftsanteil, die geleistet werden, nachdem das Geschäftsguthaben durch Verlustabschreibung gemindert oder der Geschäftsanteil durch Beschluss der Generalversammlung erhöht worden ist. ⁵Darüber hinaus gehören zu den Aufwendungen

für den ersten Erwerb die Eintrittsgelder. [6]Zahlungen, die an den ausscheidenden Genossen für die Übernahme seines Geschäftsguthabens geleistet werden, sind keine Aufwendungen für den ersten Erwerb von Anteilen an Bau- und Wohnungsgenossenschaften.

6. Beiträge auf Grund von Wohnbau-Sparverträgen und auf Grund von Baufinanzierungsverträgen (Allgemeines)

(1) [1]Bei Sparverträgen mit festgelegten Sparraten (§ 2 Abs. 1 Nr. 3 und 4 WoPG) kann der Prämienberechtigte die im laufenden Kalenderjahr fällig werdenden Sparraten im Voraus einzahlen. [2]Die vorausgezahlten Sparraten werden jedoch erst im Zeitpunkt der Fälligkeit Sparbeiträge im Sinne des Gesetzes. [3]Werden vorausgezahlte Sparraten vor Eintritt ihrer vertraglichen Fälligkeit wieder zurückgezahlt, so gelten sie als nicht geleistet. [4]Übersteigen im Kalenderjahr die Einzahlungen des Prämienberechtigten die Summe der auf dieses Kalenderjahr entfallenden Sparraten, so können sie als zusätzliche Einzahlungen im Rahmen des § 6 Abs. 3 WoPDV prämienbegünstigt sein.

(2) [1]Voraussetzung für die Festsetzung und Auszahlung einer Prämie ist, dass die Sparbeiträge vor Ablauf der Festlegungsfrist nicht zurückgezahlt werden (§§ 9, 15 Abs. 4 WoPDV). [2]Auch bei einer Unterbrechung (§ 8 Abs. 2, § 15 Abs. 2 WoPDV) bleibt die ursprüngliche Festlegungsfrist bestehen.

(3) [1]Der vertragsmäßige Zweck ist erfüllt, wenn die Beiträge und Prämien innerhalb der Verwendungsfrist (§ 10 Abs. 1, § 16 Abs. 1 WoPDV) zu den gesetzmäßigen Zwecken verwendet werden. [2]Eine Rückzahlung vor Ablauf der Festlegungsfrist (§§ 5, 7 WoPDV) oder vor dem Zeitpunkt, in dem nach dem Vertrag die letzte Zahlung zu leisten ist, ist auch dann prämienschädlich, wenn die Beiträge zu dem vertragsmäßigen Zweck verwendet werden.

(4) [1]*Der Begriff selbst genutztes Wohneigentum ergibt sich aus § 17 Abs. 2 Wohnraumförderungsgesetz.* [2]Ein Dauerwohnrecht (§ 31 Wohnungseigentumsgesetz) ist als eigentumsähnlich anzusehen, wenn der Dauerwohnberechtigte in seinen Rechten und Pflichten einem Wohnungseigentümer wirtschaftlich gleichgestellt ist (BFH vom 11.9.1964 – BStBl. 1965 III S. 8) und der Dauerwohnberechtigte auf Grund des Dauerwohnrechtsvertrags bei einem Heimfall des Dauerwohnrechts eine angemessene Entschädigung erhält. [3]Entspricht der Dauerwohnrechtsvertrag dem Mustervertrag über die Bestellung eines eigentumsähnlichen Dauerwohnrechts (Bundesbaublatt 1956 S. 615), so kann ohne weitere Prüfung anerkannt werden, dass der Dauerwohnberechtigte wirtschaftlich einem Wohnungseigentümer gleichsteht.

7. Besonderheiten bei Wohnbau-Sparverträgen

(1) [1]Eine vertragsmäßige Verwendung liegt auch *in einer Beseitigung von Schäden an Gebäuden von selbst genutztem Wohneigentum unter wesentlichem Bauaufwand, durch die die Gebäude auf Dauer zu Wohnzwecken nutzbar gemacht werden.* [2]Der Erwerb von Bauland kann bereits als Baumaßnahme angesehen werden, wenn er in zeitlichem Zusammenhang mit dem Bau *von Wohnraum im eigenen Haus* steht. [3]Das ist stets anzunehmen, wenn mit dem Bau spätestens innerhalb eines Jahres nach dem Grundstückserwerb begonnen wird (BFH vom 28.7.1972 – BStBl. II S. 923). [4]Mit dem Bau kann schon vor Beginn der Frist begonnen werden, die nach § 10 Abs. 1 WoPDV für die Verwendung der Mittel maßgebend ist, jedoch dürfen auch in diesen Fällen die Sparbeiträge und die Prämien erst nach Ablauf der Sperrfrist (§§ 5, 7 WoPDV) für die Bauvorhaben verwendet werden. [5]Der Verwendung zum Bau wird die Ablösung von Verbindlichkeiten gleichgestellt, die im Zusammenhang mit dem Bauvorhaben entstanden sind. [6]Voraussetzung ist, dass das *selbst genutzte Wohneigentum* bei Abschluss des Wohnbau-Sparvertrags noch nicht fertig gestellt oder noch nicht wiederhergestellt war (vgl. das vorgenannte BFH-Urteil).

(2) [1]Eine Verwendung zum Erwerb *selbst genutzten Wohneigentums* oder eines eigentumsähnlichen Dauerwohnrechts liegt auch vor, wenn die Sparbeiträge und Prämien zur Tilgung von Verbindlichkeiten, die im Zusammenhang mit dem Erwerb entstanden sind, verwendet werden. [2]Voraussetzung ist, dass das *selbst genutzte Wohneigentum,* erst nach Abschluss des Wohnbau-Sparvertrags erworben worden ist (BFH vom 31.1.1964 – BStBl. III S. 258).

8. Besonderheiten bei Baufinanzierungsverträgen

(1) Bei Verträgen mit Wohnungs- und Siedlungsunternehmen oder Organen der staatlichen Wohnungspolitik (Baufinanzierungsverträge – § 2 Abs. 1 Nr. 4 WoPG, § 13 WoPDV) muss neben den Verpflichtungen des Prämienberechtigten auch die Verpflichtung des Unternehmens, die vertraglichen Leistungen zu erbringen (§ 16 WoPDV), von vornherein festgelegt sein (BFH vom 17.3.1972 – BStBl. II S. 601).

(2) [1]Das Bauvorhaben (*selbst genutztes Wohneigentum*) muss von dem Wohnungs- und Siedlungsunternehmen oder von dem am 31.12.1989 anerkannten Organ der staatlichen Wohnungspolitik für Rechnung des Prämienberechtigten, der in dem Vertrag bezeichneten anderen Person oder des in § 15

Abgabenordnung (AO) bezeichneten Angehörigen dieser Person durchgeführt, technisch und wirtschaftlich im Wesentlichen betreut werden. ²Begünstigt ist danach sowohl der Trägerbau als auch der Betreuungsbau, nicht aber der Bau ohne Einschaltung des Unternehmens (BFH vom 8.3.1967 – BStBl. III S. 353 und vom 13.7.1967 – BStBl. III S. 590). ³Mit dem Bau kann schon vor Beginn der Verwendungsfrist (§ 16 Abs. 1 WoPDV) begonnen werden, jedoch dürfen der angesammelte Betrag und die dafür gewährten Prämien erst nach Ablauf der Ansammlungsfrist (§ 13 Abs. 1 WoPDV) für das Bauvorhaben verwendet werden. ⁴Abschnitt 7 Abs. 1 Satz *5 und 6* wird angewendet.

(3) ¹Beim Erwerb *selbst genutzten Wohneigentums* oder eines eigentumsähnlichen Dauerwohnrechts muss der Prämienberechtigte, die im Vertrag bezeichnete andere Person oder der in § 15 AO bezeichnete Angehörige dieser Person das Eigenheim usw. von dem Wohnungs- und Siedlungsunternehmen oder von dem am 31.12.1989 anerkannten Organ der staatlichen Wohnungspolitik erwerben. ²Der angesammelte Betrag und die dafür gewährten Prämien dürfen nur zur Leistung des bar zu zahlenden Teils des Kaufpreises verwendet werden (§ 16 Abs. 3 WoPDV). ³Auf den Zeitpunkt des Erwerbs kommt es dabei nicht an.

9. Bindung der prämienbegünstigten Aufwendungen und Prämien

(1) ¹Der Prämienberechtigte muss bei Bausparverträgen, Wohnbau-Sparverträgen und Baufinanzierungsverträgen (§ 2 Abs. 1 Nr. 1, 3 und 4 WoPG) die prämienbegünstigten Aufwendungen und die Prämien zu dem vertragsmäßigen Zweck verwenden (§ 5 Abs. 2 WoPG, Abschnitte 4 Abs. 1 und 6 Abs. 3). ²Diese Bindung an den vertragsmäßigen Zweck endet bei Bausparverträgen mit Ablauf der Sperrfrist; für Bausparbeiträge, für die eine Zusatzförderung in Anspruch genommen worden ist, besteht weiterhin eine unbefristete Zweckbindung (§ 10 Abs. 2 WoPG). ³Bei Wohnbau-Sparverträgen und Baufinanzierungsverträgen besteht eine unbefristete Zweckbindung. ⁴Bei Bausparverträgen kann bei Tod oder völliger Erwerbsunfähigkeit (§ 2 Abs. 2 Satz 2 Nr. 3 WoPG) *und bei* länger andauernder Arbeitslosigkeit (§ 2 Abs. 2 Satz 2 Nr. 4 WoPG) über die prämienbegünstigten Aufwendungen und Prämien unschädlich verfügt werden; gleiches gilt für Wohnbau-Sparverträge und Baufinanzierungsverträge.

(2) ¹Die Prämien für Aufwendungen zum ersten Erwerb von Anteilen an Bau- und Wohnungsgenossenschaften (§ 2 Abs. 1 Nr. 2 WoPG) bleiben bei der Genossenschaft gebunden, bis das Geschäftsguthaben anlässlich des Ausscheidens des Prämienberechtigten ausgezahlt wird (§ 5 Abs. 3 WoPG). ²Dabei ist es ohne Bedeutung, ob die Prämie zur Auffüllung des Geschäftsguthabens gedient hat oder ob sie anderweitig gutgeschrieben worden ist, weil z.B. das Geschäftsguthaben bereits die Höhe des Geschäftsanteils erreicht hat. ³Kündigt der Prämienberechtigte einzelne Geschäftsanteile, ohne aus der Genossenschaft auszuscheiden (§ 67b GenG), so kann in entsprechender Anwendung des § 5 Abs. 3 WoPG die Prämie insoweit ausgezahlt werden, als sie für die Aufwendungen zum Erwerb des gekündigten Geschäftsanteils gezahlt worden ist. ⁴Entsprechendes gilt, wenn im Falle der Verschmelzung von Genossenschaften ein Überhangbetrag nach § 87 Abs. 2 des Umwandlungsgesetzes an den Genossen ausgezahlt wird.

(3) ¹Wird die Bausparsumme nach Zuteilung, aber vor Ablauf der Sperrfrist ausgezahlt, ist dies grundsätzlich prämienschädlich (§ 2 Abs. 2 Satz 1 WoPG), es sei denn, die empfangenen Beträge werden unverzüglich und unmittelbar zum Wohnungsbau für den Prämienberechtigten oder dessen Angehörige (§ 15 AO) verwendet. ²Wird das Bausparguthaben vor Zuteilung der Bausparsumme ausgezahlt, z. B. nach Kündigung des Bausparvertrags, so handelt es sich um eine Rückzahlung von Beiträgen, die vor Ablauf der Sperrfrist auch dann schädlich ist, wenn die Beiträge zum Wohnungsbau verwendet werden (BFH vom 4.6.1975 – BStBl. II S. 757). ³Wird dabei die Abschlussgebühr einbehalten, liegt lediglich eine Teilrückzahlung vor. ⁴Die einbehaltene Abschlussgebühr bleibt begünstigt; eine Rückforderung der Prämie unterbleibt insoweit. ⁵Hat der Prämienberechtigte Bausparbeiträge geleistet, die sich nicht als prämienbegünstigte Aufwendungen im Sinne des Wohnungsbau-Prämiengesetzes ausgewirkt haben, so sind die zurückgezahlten Beträge zunächst mit den Beiträgen zu verrechnen, die ohne Auswirkung geblieben sind (§ 2 Abs. 1 Satz 3 WoPDV).

(4) ¹Werden Ansprüche aus dem Bausparvertrag beliehen, ist dies grundsätzlich prämienschädlich (§ 2 Abs. 2 Satz 1 WoPG). ²Ansprüche sind beliehen, wenn sie sicherungshalber abgetreten oder verpfändet sind und die zu sichernde Schuld entstanden ist. ³Wird der Bausparvertrag zur Stellung einer Kaution beliehen, ist auf den Zeitpunkt abzustellen, zu dem die durch die Kaution zu sichernde Verbindlichkeit entsteht. ⁴Die Beleihung ist prämienunschädlich, wenn die auf Grund der Beleihung empfangenen Beträge unverzüglich und unmittelbar zum Wohnungsbau für den Prämienberechtigten oder dessen Angehörige (§ 15 AO) verwendet werden (BFH vom 15.6.1973 – BStBl. II S. 719 und vom 11.10.1989 – BFHE 158, 491). ⁵Die Pfändung des Bausparguthabens im Wege der Zwangsvollstreckung ist – im Gegensatz zur Verpfändung des Bausparguthabens – keine Beleihung. ⁶Die Pfändung ist erst dann und nur insoweit prämienschädlich, als das Bausparguthaben vor Ablauf der Sperrfrist an den Pfändungsgläubiger ausgezahlt oder zu seinen Gunsten verrechnet wird. ⁷Soweit die Prämien gepfändet werden,

führt die Verwertung vor Ablauf der Sperrfrist zum Wegfall des Prämienanspruchs, weil auch die Prämien zu dem vertragsmäßigen Zweck verwendet werden müssen (§ 5 Abs. 2 WoPG). ⁸Bei Wohnbau-Sparverträgen und Baufinanzierungsverträgen ist die Beleihung der Ansprüche aus diesen Verträgen stets prämienunschädlich.

(5) ¹Werden Ansprüche aus dem Bausparvertrag abgetreten, ist dies grundsätzlich prämienschädlich (§ 2 Abs. 2 Satz 1 WoPG). ²Bei einer sicherungshalben Abtretung gilt Absatz 4. ³Die Abtretung ist prämienunschädlich, wenn der Abtretungsempfänger die Mittel unverzüglich nach Auszahlung und unmittelbar zum Wohnungsbau für den Abtretenden oder dessen Angehörige (§ 15 AO) verwendet (§ 2 Abs. 2 WoPDV, BFH vom 17.10.1980 – BStBl. 1981 II S. 141). ⁴Verwendet der Abtretungsempfänger nach Ablauf der Sperrfrist die Bausparmittel nicht zu begünstigten Zwecken, bleiben die von ihm geleisteten Bausparbeiträge prämienbegünstigt; der Prämienanspruch für Aufwendungen des Abtretenden entfällt dagegen. ⁵Bei Wohnbau-Sparverträgen und Baufinanzierungsverträgen ist die Abtretung der Ansprüche aus diesen Verträgen wegen der Zweckbindung ebenfalls prämienschädlich, es sei denn, der Abtretungsempfänger ist ein Angehöriger (§ 15 AO) oder die im Vertrag bezeichnete andere Person (§ 8 Abs. 2, § 15 Abs. 2 WoPDV). ⁶Eine Abtretung unter Ehegatten ist stets prämienunschädlich.

(6) ¹Eine unverzügliche Verwendung zum Wohnungsbau liegt grundsätzlich nur dann vor, wenn innerhalb von zwölf Monaten, nachdem über die Mittel verfügt werden kann, mit dem Wohnungsbau begonnen wird (BFH vom 29.11.1973 – BStBl. 1974 II S. 227). ²Eine vorzeitige Auszahlung der Bausparsumme oder der auf Grund einer Beleihung empfangenen Beträge ist auch dann unschädlich, wenn das beabsichtigte Vorhaben aus Gründen scheitert, die der Bausparer nicht zu vertreten hat und er die empfangenen Mittel wieder zurückzahlt (BFH vom 29.11.1973 – BStBl. 1974 II S. 202). ³Eine unmittelbare Verwendung zum Wohnungsbau liegt vor, wenn direkt durch die Hingabe der empfangenen Beträge Rechte an einem begünstigten Objekt erworben werden. ⁴Dies ist z.B. bei dem Erwerb von Immobilienzertifikaten der Fall, wenn der Bausparer wirtschaftlicher Eigentümer der durch den Immobilienfonds angeschafften oder hergestellten Objekte wird, die von ihm für den Erwerb aufgewendeten Mittel unverzüglich und unmittelbar zu den begünstigten Zwecken verwendet werden und der Fonds in Form einer bürgerlich-rechtlichen Gemeinschaft als Bruchteilsgemeinschaft geführt wird (§§ 741 ff. BGB). ⁵Eine unmittelbare Verwendung zum Wohnungsbau liegt dagegen nicht vor, wenn Bausparmittel zur Beteiligung an einer juristischen Person oder Personengesellschaft eingesetzt werden, die diese Mittel ihrerseits zum Wohnungsbau verwendet, weil der Bausparer primär einen Anteil an einer Gesellschaft und nicht an einem Grundstück erwirbt (BFH vom 6.5.1977 – BStBl. II S. 633). ⁶Eine unmittelbare Verwendung zum Wohnungsbau liegt auch dann vor, wenn der Bausparer Beträge, die er unter Beleihung von Ansprüchen aus dem Bausparvertrag erlangt hat, zur Auffüllung seines Bausparguthabens verwendet, um eine schnellere Zuteilung zu erreichen (BFH vom 22.3.1968 – BStBl. II S. 404). ⁷Bei Ehegatten im Sinne des § 26 Abs. 1 EStG ist es unerheblich, ob der Bausparer oder sein Ehegatte vorzeitig empfangene Beträge zum Wohnungsbau verwenden. ⁸Die Vorfinanzierung einer begünstigten Baumaßnahme mit Eigenmitteln ist vom Zuteilungstermin an unschädlich, es sei denn, die Bausparsumme wird anschließend in einen Betrieb des Bausparers eingelegt (BFH vom 29.11.1973 – BStBl. 1974 II S. 126).

(7) ¹Ist die ausgezahlte Bausparsumme (Absatz 3) höher als die zum Wohnungsbau verwandten Beträge, so ist zunächst das Verhältnis der zum Wohnungsbau verwandten Beträge zur ausgezahlten Bausparsumme festzustellen (BFH vom 27.11.1964 – BStBl. 1965 III S. 214). ²Für den Teilbetrag der insgesamt geleisteten Bausparbeiträge, der dem zum Wohnungsbau verwandten Anteil entspricht, bleibt die Prämienbegünstigung erhalten.

Beispiel:

Der Prämienberechtigte hat einen Bausparvertrag über 50 000 *Euro* abgeschlossen. Die eingezahlten Beiträge von insgesamt 20 000 *Euro* waren in voller Höhe prämienbegünstigt. Die volle Bausparsumme wird vor Ablauf der Sperrfrist ausgezahlt. Der Prämienberechtigte verwendet sie unverzüglich und unmittelbar zum Bau eines Gebäudes, das nur zum Teil Wohnzwecken dient. Die Baukosten betragen insgesamt 200 000 *Euro*. Davon entfallen 40 000 *Euro* auf den Teil des Gebäudes, der Wohnzwecken dient.

Zwischen dem für den Wohnungsbau verwendeten Teil der Bausparsumme und der gesamten Bausparsumme besteht somit ein Verhältnis von 40 000 *Euro* : 50 000 *Euro* = 4/5 = 80 v. H. Von den geleisteten Bausparbeiträgen in Höhe von 20 000 *Euro* bleiben demnach 80 v. H. = 16 000 *Euro* prämienbegünstigt.

³Eine entsprechende Aufteilung ist auch in den Fällen der Beleihung (Absatz 4) und der Abtretung (Absatz 5) vorzunehmen.

(8) ¹Bei Bausparverträgen, Wohnbau-Sparverträgen und Baufinanzierungsverträgen ist die vorzeitige Auszahlung, Rückzahlung, Abtretung oder Beleihung unschädlich:
1. bei Tod des Prämienberechtigten oder seines Ehegatten (§ 2 Abs. 2 Satz 2 Nr. 3 WoPG). ²Dabei kann über die Beiträge vorzeitig verfügt werden, die der Prämienberechtigte vor seinem Tod oder dem Tod seines Ehegatten geleistet hat. ³Das gilt auch dann, wenn der Vertrag nach dem Todesfall fortgesetzt worden ist (BFH vom 15.6.1973 – BStBl. II S. 737). ⁴Nach einer Verfügung ist der Vertrag jedoch unterbrochen und kann nicht weiter fortgesetzt werden;
2. bei völliger Erwerbsunfähigkeit des Prämienberechtigten oder seines Ehegatten (§ 2 Abs. 2 Satz 2 Nr. 3 WoPG). ²Völlige Erwerbsunfähigkeit in diesem Sinne liegt vor bei *einer vollen Erwerbsminderung im Sinne des § 43 Abs. 2 des Sechsten Buches Sozialgesetzbuch (SGB VI) oder bei* einem Grad der Behinderung von mindestens 95. ³Liegen die Voraussetzungen für die unschädliche Verfügung vor, so kann der Prämienberechtigte hiervon zu einem beliebigen Zeitpunkt Gebrauch machen. ⁴Das gilt für alle vor der Verfügung geleisteten Beiträge;
3. bei Arbeitslosigkeit des Prämienberechtigten (§ 2 Abs. 2 Satz 2 Nr. 4 WoPG); arbeitslos im Sinne *dieser Richtlinien* sind Personen, die Arbeitslosengeld (§ 117 Drittes Buch Sozialgesetzbuch – SGB III), Arbeitslosenhilfe (§ 190 SGB III), Arbeitslosenbeihilfe *oder Arbeitslosenhilfe* für ehemalige Soldaten auf Zeit (§ 86a Soldatenversorgungsgesetz) beziehen oder ohne Bezug dieser Leistungen *beim Arbeitsamt* arbeitslos gemeldet sind. ²Als arbeitslos anzusehen sind *im Sinne dieser Richtlinien* auch
   a) Personen, die als Arbeitslose im Sinne des Satzes 1 erkranken oder *Leistungen zur medizinischen Rehabilitation erhalten,* für die Dauer der Erkrankung oder der *Leistungen zur medizinischen Rehabilitation,*
   b) Frauen, die zu Beginn der Schutzfristen nach § 3 Abs. 2, § 6 Abs. 1 des Mutterschutzgesetzes arbeitslos im Sinne des Satzes 1 waren oder als arbeitslos im Sinne des Buchstaben a anzusehen waren, für die Dauer dieser Schutzfristen und der folgenden Monate, für die bei Bestehen eines Arbeitsverhältnisses Erziehungsurlaub nach dem Bundeserziehungsgeldgesetz hätte beansprucht werden können,
   c) Personen, die an einer nach §§ 77 bis 96 SGB III geförderten beruflichen Weiterbildung oder die an einer z. B. nach §§ 97 bis 115 SGB III geförderten beruflichen Weiterbildung im Rahmen der Förderung der *Teilhabe behinderter Menschen am Arbeitsleben teilnehmen,* wenn sie ohne die Teilnahme an der Maßnahme *bzw. ohne die Leistungen* arbeitslos wären.

²Bei Verträgen zu Gunsten Dritter (Abschnitt 3 Abs. 3) ist es aus Billigkeitsgründen prämienunschädlich, wenn der Begünstigte stirbt und die Beträge vorzeitig an seine Erben oder Vermächtnisnehmer gezahlt werden oder wenn der Begünstigte völlig erwerbsunfähig wird und die Beträge vorzeitig an ihn gezahlt werden.

(9) Die unschädliche Verfügung ist nachzuweisen:
1. bei Tod durch Vorlage der Sterbeurkunde oder des Erbscheins;
2. bei völliger Erwerbsunfähigkeit
   a) *aufgrund einer vollen Erwerbsminderung im Sinne des § 43 Abs. 2 SGB VI durch Vorlage des Rentenbescheids eines Trägers der gesetzlichen Rentenversicherung. ²Besteht kein Anspruch auf Rente wegen voller Erwerbsminderung im Sinne des § 43 Abs. 2 SGB VI kann der Nachweis in anderer Form geführt werden,*
   b) *bei einem Grad der Behinderung von mindestens 95* durch Vorlage eines Ausweises nach § 69 *Abs. 5 des Neunten Buches Sozialgesetzbuch (SGB IX)* oder eines Feststellungsbescheids nach *§ 69 Abs. 1 SGB IX* oder eines vergleichbaren Bescheids nach *§ 69 Abs. 2 SGB IX;* die Vorlage des Rentenbescheids eines Trägers der gesetzlichen Rentenversicherung der Angestellten und Arbeiter genügt nicht (BFH vom 25.4.1968 – BStBl. II S. 606);
3. bei Arbeitslosigkeit durch Vorlage von Unterlagen über folgende Zahlungen:
   a) Arbeitslosengeld (§ 117 SGB III),
   b) Arbeitslosenhilfe (§ 190 SGB III),
   c) Arbeitslosenbeihilfe *und Arbeitslosenhilfe* für ehemalige Soldaten auf Zeit im Sinne des Soldatenversorgungsgesetzes,
   d) Krankengeld nach § 47b des Fünften Buches Sozialgesetzbuch, *Versorgungskrankengeld nach* den §§ 16 und 16a Abs. 1, § 16b Abs. 5 Buchstabe c des Bundesversorgungsgesetzes, Verletztengeld *nach § 47 Abs. 2 des Siebten Buches Sozialgesetzbuch* oder Übergangsgeld *nach § 21 Abs. 4 SGB VI,*

e) Erziehungsgeld oder

f) Unterhaltsgeld nach § 153 SGB III bei *Teilnahme an beruflichen Weiterbildungsmaßnahmen oder Anschlussunterhaltsgeld nach § 156 SGB III im Anschluss an abgeschlossene berufliche Weiterbildungsmaßnahmen* oder Übergangsgeld *nach § 45 Abs. 2 SGB IX im Rahmen der Leistungen zur Teilhabe am Arbeitsleben.*

²Werden solche Zahlungen nicht geleistet, so sind

- Zeiten der Arbeitslosigkeit *im Sinne dieser Richtlinien* durch eine entsprechende Bescheinigung der zuständigen Dienststelle der Bundesanstalt für Arbeit (in der Regel: Arbeitsamt) nachzuweisen,
- Zeiten der Erkrankung oder der *Leistungen zur medizinischen Rehabilitation,* die als Zeiten der Arbeitslosigkeit anzusehen sind, durch eine Bescheinigung des Kostenträgers oder der Anstalt, in der die Unterbringung erfolgt, oder durch eine ärztliche Bescheinigung nachzuweisen,
- die Zeit der Schutzfristen, die als Zeit der Arbeitslosigkeit anzusehen ist, durch das Zeugnis eines Arztes oder einer Hebamme nachzuweisen und die als Zeit der Arbeitslosigkeit anzusehende Zeit, für die bei Bestehen eines Arbeitsverhältnisses Erziehungsurlaub hätte beansprucht werden können, glaubhaft zu machen.

Zu § 3 des Gesetzes

10. Höhe der Prämie

(1) ¹Bei einem Alleinstehenden (Absatz 2) sind Aufwendungen bis zu einem Höchstbetrag von *512 Euro* prämienbegünstigt. ²Ehegatten (Absatz 3) steht ein gemeinsamer Höchstbetrag von *1 024 Euro* zu (Höchstbetragsgemeinschaft); ihre Aufwendungen sind zusammenzurechnen.

(2) Alleinstehende Personen im Sinne des WoPG sind Ledige, Verwitwete, Geschiedene, *Partner einer eingetragenen Lebenspartnerschaft*[1]) *und Partner einer nichtehelichen Lebensgemeinschaft* sowie Ehegatten, bei denen die Voraussetzungen des Absatzes 3 nicht erfüllt sind.

(3)[2]) ¹Ehegatten im Sinne des WoPG sind Personen, die mindestens während eines Teils des Sparjahrs (§ 4 Abs. 1 WoPG) miteinander verheiratet waren, nicht dauernd getrennt gelebt haben, unbeschränkt einkommensteuerpflichtig (§ 1 Satz 1 WoPG) waren und die für das Sparjahr nicht die getrennte oder besondere Veranlagung zur Einkommensteuer gewählt haben (§ 3 Abs. 3 WoPG). ²Als unbeschränkt einkommensteuerpflichtig im Sinne des Satzes 1 gilt auch der Ehegatte eines nach § 1 Satz 1 WoPG Prämienberechtigten *(Abschnitt 1 Abs. 1),* der auf Antrag nach § 1a Abs. 1 Nr. 2 EStG als unbeschränkt einkommensteuerpflichtig behandelt wird. ³Auf R 174 EStR wird hingewiesen.

(4) Bei der Berechnung der Prämie ist für jeden Vertrag die Summe der im Kalenderjahr geleisteten Aufwendungen auf volle Euro aufzurunden.

Zu § 4 des Gesetzes

11. Antrag auf Wohnungsbauprämie

(1) ¹Der Antrag auf Wohnungsbauprämie ist nach amtlich vorgeschriebenem Vordruck bis zum Ablauf des zweiten Kalenderjahrs, das auf das Sparjahr folgt, an das Unternehmen zu richten, an das die prämienbegünstigten Aufwendungen geleistet worden sind. ²Ehegatten (Abschnitt 10 Abs. 3) müssen einen gemeinsamen Antrag abgeben. ³Beansprucht der Prämienberechtigte Prämien für Aufwendungen, die er an verschiedene Unternehmen geleistet hat, so ist an jedes dieser Unternehmen ein Antrag zu richten; dabei ist in jedem Antrag anzugeben, inwieweit für andere Aufwendungen Prämien beantragt worden sind. ⁴Ist ein Bausparvertrag, Wohnbau-Sparvertrag oder Baufinanzierungsvertrag vor der Antragstellung auf ein anderes Unternehmen übertragen worden (§§ 1b, 12 Abs. 1 und § 18 Abs. 1 WoPDV), so ist der Antrag an dieses Unternehmen zu richten. ⁵Das Unternehmen hat auf dem Antrag die Höhe der Aufwendungen zu bescheinigen, die der Prämienberechtigte geleistet hat. ⁶Die zeitliche Zuordnung vermögenswirksamer Leistungen richtet sich nach den für die Zuordnung von Arbeitslohn geltenden Vorschriften.

(2) ¹Wird auf Grund eines geänderten Einkommensteuerbescheids die Einkommensgrenze (§ 2a WoPG) unterschritten, kann der Prämienberechtigte innerhalb eines Jahres nach Bekanntgabe der Änderung die Prämie erstmalig oder erneut beantragen (§ 19 Abs. 1 Nr. 1 WoPDV). ²Besteht für Aufwendungen, die vermögenswirksame Leistungen darstellen, kein Anspruch auf Arbeitnehmer-Sparzulage und liegen die Voraussetzungen für den Anspruch auf Wohnungsbauprämie vor, kann der Prämienberechtigte im Antrag auf Wohnungsbauprämie verlangen, die vermögenswirksamen Leistungen in die prämienbegünstigten Aufwendungen einzubeziehen, oder er kann einen Prämienantrag innerhalb eines Jahres nach

---

1) Zur eingetragenen Lebenspartnerschaft siehe nun § 3 Abs. 3 Satz 2 WoPG.
2) Entsprechendes gilt für Lebenspartner (§ 3 Abs. 3 Satz 2 WoPG).

Bekanntgabe des Bescheids über die Arbeitnehmer-Sparzulage stellen (§ 19 Abs. 2 Nr. 1 WoPDV). ³Nimmt der Prämienberechtigte das besondere Antragsrecht nach Satz 1 oder 2 in Anspruch, hat er dem Unternehmen das Vorliegen der Antragsvoraussetzungen formlos zu versichern.

Zu § 4a des Gesetzes
12. Prämienverfahren im Fall des § 2 Abs. 1 Nr. 1WoPG

(1)¹Die Bausparkasse ermittelt nach Ablauf des Sparjahrs auf Grund der Angaben im Antrag des Prämienberechtigten die Höhe der Prämie und teilt das Ergebnis dem Prämienberechtigten mit. ²Fehlende oder unschlüssige Angaben im Antrag lässt die Bausparkasse vom Prämienberechtigten ergänzen. ³Hat der Prämienberechtigte mehrere Verträge bei derselben Bausparkasse und ist seine nach § 4 Abs. 2 Satz 2 WoPG abgegebene Erklärung nicht eindeutig, so kann die Bausparkasse die Prämie vorrangig den Verträgen mit dem älteren Vertragsdatum zuordnen.

(2) ¹Die Bausparkasse fordert fällige Prämien mit der Wohnungsbauprämien-Anmeldung bei dem Finanzamt an, das für ihre Besteuerung nach dem Einkommen zuständig ist (§ 20 AO, Geschäftsleitungsfinanzamt). ²Prämien sind fällig, wenn

– der Bausparvertrag zugeteilt worden ist,
– die Sperrfrist abgelaufen ist (§ 2 Abs. 2 Satz 1 WoPG) oder
– über Ansprüche aus dem Vertrag unschädlich verfügt worden ist (§ 2 Abs. 2 Satz 2 WoPG).

³Die Bausparkasse hat die erhaltenen Prämien unverzüglich dem Prämienberechtigten gutzuschreiben oder auszuzahlen. ⁴Gepfändete Prämien (Abschnitt 9 Abs. 4 Satz 7), die nach Ablauf der Sperrfrist oder nach unschädlicher Verfügung verwertet werden, hat die Bausparkasse als Drittschuldner an den Pfändungsgläubiger auszuzahlen.

(3) ¹Bei der nach § 4a Abs. 3 WoPG vorgeschriebenen Datenübermittlung hat die Bausparkasse auch die Datensätze für Prämienanträge zu berücksichtigen, die auf Grund der besonderen Antragsfristen des § 19 WoPDV (Abschnitt 11 Abs. 2) nach Ablauf der allgemeinen Antragsfrist des § 4 Abs. 2 Satz 1 WoPG bis zum Zeitpunkt der Datenträgererstellung eingegangen sind. ²Die nach diesem Zeitpunkt eingehenden Prämienanträge *sowie Prämienanträge, die zwar vor diesem Zeitpunkt eingegangen sind, bei denen aber erst danach eine Wohnungsbauprämie ermittelt werden konnte,* sind nicht nachzumelden. ³*Die Prämienermittlung für diese Fälle ist von den Bausparkassen gesondert festzuhalten.*

(4) ¹Erfährt die Bausparkasse durch eigene Erkenntnis oder durch Mitteilung von anderer Seite, dass die Prämienberechtigte unzutreffend ist, muss sie das bisherige Ermittlungsergebnis ändern und den Prämienberechtigten entsprechend unterrichten. ²Eine Prämienfestsetzung des Wohnsitzfinanzamts (Absatz 7) bindet die Bausparkasse; gegebenenfalls hat die Bausparkasse eine Änderung der Prämienfestsetzung beim Wohnsitzfinanzamt anzuregen. ³Sind unzutreffend ermittelte Prämien bereits angemeldet worden (Absatz 2), so hat die Bausparkasse diese vom Prämienberechtigten zurückzufordern; hierzu kann sie auch das betreffende Vertragskonto belasten. ⁴Soweit die Rückforderung auf diesem Weg nicht möglich ist, gilt Abschnitt 13 Abs. 6 entsprechend. ⁵Die auf Grund der Rückforderung empfangenen Beträge sind in der Wohnungsbauprämien-Anmeldung des Folgemonats abzusetzen. ⁶Bleibt die Rückforderung erfolglos, muss die Bausparkasse unverzüglich das Wohnsitzfinanzamt des Prämienberechtigten (§ 19 AO) unterrichten.

(5) ¹Der Prämienberechtigte hat Einwände gegen das Ermittlungsergebnis gegenüber der Bausparkasse geltend zu machen. ²Kann die Bausparkasse nicht abhelfen, hat sie schriftliche Eingaben dem Wohnsitzfinanzamt des Prämienberechtigten zuzuleiten. ³Die schriftliche Eingabe ist in diesem Fall als Antrag auf Festsetzung der Prämie im Sinne des § 4a Abs. 5 WoPG zu werten. ⁴Hat die Bausparkasse das Ermittlungsergebnis auf Grund einer Mitteilung der Zentralstelle der Länder nach § 4a Abs. 3 Satz 2 WoPG geändert, so kann sie Einwendungen des Prämienberechtigten hiergegen nicht selbst abhelfen.

(6) ¹Das Geschäftsleitungsfinanzamt (Absatz 2) veranlasst die Auszahlung der angemeldeten Prämien. ²Daneben ist es dafür zuständig,

– auf Anfrage der Bausparkasse Auskunft zum Prämienverfahren zu geben (§ 4a Abs. 7 WoPG),
– bei der Bausparkasse Außenprüfungen durchzuführen (§ 4a Abs. 8 WoPG),
– die Bausparkasse erforderlichenfalls als Haftungsschuldner in Anspruch zu nehmen (§ 4a Abs. 6 WoPG).

(7) Das Wohnsitzfinanzamt des Prämienberechtigten ist dafür zuständig,

– auf Antrag einen Bescheid über die Festsetzung der Prämie zu erlassen (§ 4a Abs. 5 WoPG),
– Prämien zurückzufordern, soweit entsprechende Versuche der Bausparkasse fehlgeschlagen sind (§ 4a Abs. 4 WoPG),

- Rechtsbehelfsverfahren im Zusammenhang mit Prämienfestsetzungen und Rückforderungen zu führen,
- *über einen vom Prämienberechtigten gestellten Antrag auf Wiedereinsetzung in den vorigen Stand (§ 110 AO) zu entscheiden, wenn der Prämienberechtigte den Antrag auf Wohnungsbauprämie verspätet gestellt hat.* ²*Das Finanzamt hat der Bausparkasse die Entscheidung über den Antrag auf Wiedereinsetzung mitzuteilen.*

Zu § 4b des Gesetzes

13. Prämienverfahren in den Fällen des § 2 Abs. 1 Nr. 2 bis 4 WoPG

(1) ¹Das Unternehmen leitet den Prämienantrag an das Wohnsitzfinanzamt des Prämienberechtigten weiter (§ 4b Abs. 1 WoPG). ²Zur Vereinfachung des Verfahrens können die Unternehmen die Anträge listenmäßig zusammenfassen (Sammellisten) und die Listen in zweifacher Ausfertigung beim Finanzamt einreichen.

(2) ¹Über den Antrag auf Wohnungsbauprämie kann das Finanzamt stets erst nach Ablauf des Sparjahrs entscheiden, in dem die Aufwendungen geleistet worden sind (§ 4 Abs. 1 WoPG). ²Das gilt auch, wenn über die Aufwendungen bereits vor Ablauf dieses Sparjahrs prämienunschädlich verfügt worden ist.

(3) ¹Das Finanzamt unterrichtet das Unternehmen von der Entscheidung über den Prämienantrag und teilt die Höhe der festgesetzten und an das Unternehmen auszuzahlenden Prämie mit. ²Es ist Sache des Unternehmens, den Prämienberechtigten von der Entscheidung über seinen Prämienantrag zu unterrichten. ³Einen förmlichen Bescheid erteilt das Finanzamt dem Prämienberechtigten von Amts wegen, wenn es den Antrag in vollem Umfang ablehnt; in allen anderen Fällen geschieht dies nur auf Antrag des Prämienberechtigten (§ 4b Abs. 2 WoPG). ⁴Der Antrag kann beim Finanzamt bis zum Eintritt der Unanfechtbarkeit der Prämienfestsetzung gestellt werden (vgl. Abschnitt 15 Abs. 2).

(4) Das Finanzamt hat die Prämie unmittelbar nach ihrer Festsetzung zugunsten des Prämienberechtigten über die zuständige Bundeskasse zur Auszahlung an das Unternehmen anzuweisen.

(5) ¹Das Finanzamt hat Prämien vom Prämienberechtigten zurückzufordern, wenn

1. die Voraussetzungen für die Prämienfestsetzung von vornherein nicht vorgelegen haben (§ 4b Abs. 2 Satz 3 WoPG), z. B. wenn eine spätere Überprüfung der Einkommensgrenzen ergibt, dass die Einkommensgrenzen bereits im Zeitpunkt der Prämienfestsetzung überschritten waren;
2. die Voraussetzungen für die Prämienfestsetzung nachträglich weggefallen sind (§ 4b Abs. 2 Satz 3 WoPG);
3. infolge einer Änderung der Besteuerungsgrundlagen die maßgebende Einkommensgrenze überschritten wird (§ 19 Abs. 1 Nr. 2 WoPDV);
4. sich für Aufwendungen nachträglich ein Anspruch auf Arbeitnehmer-Sparzulage nach dem 5. VermBG ergibt und der Prämienanspruch insoweit entfällt (§ 19 Abs. 2 Nr. 2 WoPDV).

²Wegen der Festsetzungsverjährung vgl. Abschnitt 15 Abs. 3.

(6) ¹Die Prämien werden nur zurückgefordert, wenn die Rückforderung mindestens **10 Euro** beträgt (§ 5 KBV). ²Für diese Grenze ist allein der Gesamtbetrag des Rückforderungsbescheids maßgebend. ³Ob der jeweilige Rückforderungsbescheid einen oder mehrere Verträge oder ein oder mehrere Kalenderjahre berührt, ist dabei unerheblich.

(7) ¹Über die Rückforderung ist stets ein förmlicher Bescheid mit Rechtsbehelfsbelehrung zu erteilen. ²Die Rückzahlungsverpflichtung des Prämienberechtigten ist dem Unternehmen mitzuteilen. ³Ist das Guthaben dem Prämienberechtigten noch nicht ausgezahlt worden, so ist vom Unternehmen ein Betrag in Höhe der Rückzahlungsforderung und etwa zu erwartender Nebenforderungen bis zur Erfüllung aller Forderungen zurückzubehalten.

Zu § 5 des Gesetzes

14. Prüfung der Verwendung zu dem vertragsmäßigen Zweck, Anzeigepflichten des Unternehmens

(1) ¹Das Unternehmen hat die Verwendung der prämienbegünstigten Aufwendungen und der Prämien zu dem vertragsmäßigen Zweck vor der Auszahlung zu prüfen. ²Die Art der Prüfung bleibt dem pflichtgemäßen Ermessen des Unternehmens überlassen. ³Es wird sich in der Regel nicht mit der bloßen Erklärung des Prämienberechtigten über die beabsichtigte Verwendung dieser Mittel begnügen können, sondern muss aus vorgelegten Unterlagen die Überzeugung gewinnen, dass eine vertragsmäßige Verwendung zu erwarten ist. ⁴Ist vor der Auszahlung eine abschließende Beurteilung nicht möglich, so muss sich das Unternehmen die Verwendung der prämienbegünstigten Aufwendungen und der Prämien nach der Auszahlung nachweisen lassen.

(2) ¹Erkennt das Unternehmen in den Fällen des § 4b WoPG nach abschließender Prüfung, dass die prämienbegünstigten Aufwendungen nicht vertragsmäßig verwendet werden, oder hat es Bedenken, ob eine vertragsmäßige Verwendung gewährleistet ist, so muss es dies dem Finanzamt unverzüglich mitteilen. ²Sind die prämienbegünstigten Aufwendungen und die Prämien noch nicht ausgezahlt, so hat das Unternehmen die Prämien zurückzuhalten.

(3) ¹Das Finanzamt prüft auf Grund der Mitteilung, ob eine Verwendung zu dem vertragsmäßigen Zweck gegeben ist. ²Ist eine Verwendung zu dem vertragsmäßigen Zweck gegeben, so genügt eine formlose Benachrichtigung des Unternehmens, dass gegen die Auszahlung keine Bedenken bestehen. ³Andernfalls ändert das Finanzamt die Prämienfestsetzung und fordert Prämien vom Prämienberechtigten zurück (Abschnitt 13 Abs. 5).

(4) Wegen der Anzeigepflichten der Unternehmen wird im übrigen auf § 4a Abs. 4 Satz 5 WoPG und die §§ 11, 17 WoPDV hingewiesen.

Zu § 8 des Gesetzes

15. Festsetzungsverjährung, Unanfechtbarkeit

(1) ¹Der Anspruch auf Wohnungsbauprämie unterliegt der Festsetzungsverjährung (§ 8 Abs. 1 WoPG in Verbindung mit § 155 Abs. 4, §§ 169 bis 171 AO). ²Die Festsetzungsfrist beträgt vier Jahre (§ 169 Abs. 2 Nr. 2 AO). ³Sie beginnt mit Ablauf des Kalenderjahrs, in dem die Aufwendungen erbracht worden sind. *⁴Beantragt der Prämienberechtigte in den Fällen des § 19 Abs. 1 Nr. 1 und Abs. 2 Nr. 1 WoPDV erstmals oder erneut die Prämie, tritt insoweit eine Ablaufhemmung der Festsetzungsfrist nach § 171 Abs. 3 AO ein. ⁵Wird dieser Antrag nach Ablauf der regulären Festsetzungsfrist, aber noch innerhalb der Jahresfrist gemäß § 19 Abs. 1 Nr. 1 und Abs. 2 Nr. 1 WoPDV gestellt, gilt § 171 Abs. 3a Satz 1 zweiter Halbsatz AO entsprechend. ⁶Die Festsetzungsfrist läuft nicht ab, bevor über den Antrag unanfechtbar entschieden worden ist.*

(2) ¹In den Fällen des § 4b WoPG wird die Entscheidung über den Prämienantrag, solange ein förmlicher Bescheid nicht erteilt wird (Abschnitt 13 Abs. 3), mit der Übersendung der Mitteilung über die Gutschrift der Prämie, z. B. Kontoauszug, durch das Unternehmen an den Prämienberechtigten bekanntgegeben. ²Sofern kein Rechtsbehelf eingelegt worden ist, wird die Prämienfestsetzung mit Ablauf eines Monats nach ihrer Bekanntgabe (§ 355 Abs. 1 AO) unanfechtbar. ³Bis zum Eintritt der Unanfechtbarkeit, im Rechtsbehelfsverfahren spätestens im Verfahren vor dem Finanzgericht (BFH vom 27.3.1958 – BStBl. III S. 227 und vom 1.2.1966 – BStBl. III S. 321), kann der Prämienberechtigte nachträglich alle Tatsachen vorbringen, die für die Höhe der Prämie maßgebend sind, er kann innerhalb des prämienbegünstigten Höchstbetrages eine anderweitige Aufteilung der Prämie beantragen (§ 4 Abs. 2 Satz 2 WoPG) oder seinen Prämienantrag ganz oder zum Teil zurücknehmen.

(3) ¹Sind Prämien ausgezahlt worden, obwohl die Voraussetzungen von vornherein nicht vorgelegen haben oder nachträglich entfallen sind, so erlischt nach § 4 Abs. 4 WoPG ein etwaiger Rückforderungsanspruch, wenn er nicht bis zum Ablauf des vierten Kalenderjahrs geltend gemacht worden ist, das auf das Kalenderjahr folgt, in dem der Prämienberechtigte die Prämie verwendet hat (Abschnitt 13 Abs. 5 Satz 1 Nr. 1 und 2). ²Diese Regelung geht den Vorschriften der Abgabenordnung über die Festsetzungsverjährung vor. ³Wird die maßgebliche Einkommensgrenze infolge einer Änderung der Besteuerungsgrundlagen überschritten (Abschnitt 13 Abs. 5 Satz 1 Nr. 3) oder entfällt der Prämienanspruch, weil sich nachträglich ein Anspruch auf Arbeitnehmer-Sparzulage ergeben hat (Abschnitt 13 Abs. 5 Satz 1 Nr. 4), so beginnt nach § 175 Abs. 1 Satz 2 AO die Festsetzungsfrist für den Rückforderungsanspruch mit Ablauf des Kalenderjahrs, in dem das prämienschädliche Ereignis eingetreten ist.

Anhang 31/Anträge Wohnungsbauprämie 2014

Bekanntmachung der Vordruckmuster
für den Antrag auf Wohnungsbauprämie für 2014

BMF-Schreiben vom 20. Oktober 2014 IV C 5 – S 1961/13/10002 (BStBl. I S. 1442)

2 Anlagen

Nach § 4 Absatz 2 Wohnungsbau-Prämiengesetz[1] vom 30. Oktober 1997 (BGBl. I S. 2678) ist der Antrag auf Wohnungsbauprämie **nach amtlich vorgeschriebenem Vordruck** zu erstellen. Die Vordruckmuster für 2014 mit Erläuterungen werden hiermit bekannt gemacht.

Die Vordrucke können auch maschinell hergestellt werden, wenn sie sämtliche Angaben in der gleichen Reihenfolge enthalten. Abweichende Formate sind zulässig; die Erklärung zu den Einkommensverhältnissen kann hervorgehoben oder auf sie auffallend hingewiesen werden. Maschinell erstellte Anträge für Aufwendungen i. S. d. § 2 Absatz 1 Nummer 2 bis 4 WoPG brauchen nicht handschriftlich von dem Unternehmen unterschrieben zu werden.

---

1) Anhang 28

Anhang 31/Anträge Wohnungsbauprämie 2014

Anlage 1

An (Bausparkasse)

Eingangsstempel der Bausparkasse

(Anschrift des/der Prämienberechtigten)

Antrag auf Wohnungsbauprämie 2014
für Bausparbeiträge (§ 2 Abs. 1 Nr. 1 WoPG)

Abgabe eines Antrags je Bausparkasse spätestens bis zum 31. Dezember 2016

Zutreffendes bitte ankreuzen ☒ oder ausfüllen
Die in einen Kreis gesetzten Zahlen verweisen auf die **Erläuterungen**.

Steuernummer ①

Identifikationsnummer Prämienberechtigte(r) | Identifikationsnummer Ehegatte/Lebenspartner *

I. Angaben zur Person ②

Prämienberechtigte(r) (Familienname, Vorname) | Geburtsdatum

Ehegatte/Lebenspartner * (Familienname, Vorname) | Geburtsdatum

Wohnsitz des/der Prämienberechtigten bei Antragstellung (Straße, Hausnummer, Postleitzahl, Ort) | Telefonnummer

Für das Sparjahr 2014 besteht Anspruch auf Wohnungsbauprämie als ☐ Alleinstehende(r) ② ☐ Ehegatten/Lebenspartner * ②

II. Aufwendungen, für die eine Prämie beantragt wird

Für vermögenswirksame Leistungen, für die Anspruch auf Arbeitnehmer-Sparzulage besteht, wird keine Prämie gewährt. ③
Bei Beiträgen an Bausparkassen zur Erlangung von Baudarlehen kann eine Prämie nur gewährt werden, wenn die an dieselbe Bausparkasse geleisteten Beiträge (ohne vermögenswirksame Leistungen, für die Anspruch auf Arbeitnehmer-Sparzulage besteht) mindestens 50 Euro betragen haben.
Werden Beiträge zugunsten eines zertifizierten Altersvorsorgevertrages den Altersvorsorgebeiträgen zugeordnet, handelt es sich bei allen Beiträgen zu diesem Vertrag bis zu den in § 10a Abs. 1 des Einkommensteuergesetzes genannten Höchstbeträgen um keine prämienbegünstigte Aufwendungen.

Vertragsnummer	Abschlussdatum Monat/Jahr	Aufwendungen 2014 (ohne vermögenswirksame Leistungen) lt. Kontoauszug (auf volle Euro aufgerundet) mit Anspruch auf Prämienauszahlung ④	Prämienvormerkung ④	Bei Überschreitung des Höchstbetrags Prämiengewährung für ⑤	nachrichtlich: vermögenswirksame Leistungen
1	2	3	4	5	6

Die nachfolgenden Angaben sind für die Ermittlung der Prämie erforderlich.

☐ Ich (wir) beantrage(n) die **Einbeziehung der vermögenswirksamen Leistungen** in die prämienbegünstigten Aufwendungen durch die Bausparkasse, weil das maßgebende zu versteuernde Einkommen über 17.900 Euro (Alleinstehende) bzw. 35.800 Euro (Ehegatten/Lebenspartner *) liegt und deshalb **kein Anspruch auf Arbeitnehmer-Sparzulage** besteht. **Bitte unbedingt Erläuterung ③ beachten.**

Für das Sparjahr 2014 habe(n) ich (wir) bereits eine Wohnungsbauprämie bei einer (einem) anderen Bausparkasse (Unternehmen) beantragt, aber den prämienbegünstigten Höchstbetrag (512/1.024 Euro) noch nicht voll ausgeschöpft ⑥:
☐ nein ☐ ja. Ich (wir) habe(n) bereits Aufwendungen in Höhe von _____ Euro geltend gemacht.

III. Einkommensverhältnisse

Eine Wohnungsbauprämie kann für 2014 nur gewährt werden, wenn das maßgebende zu versteuernde Einkommen dieses Sparjahres bestimmte Grenzen nicht übersteigt.

Ich (wir) erkläre(n), dass ich (wir) nach meinen (unseren) Einkommensverhältnissen Anspruch auf Wohnungsbauprämie für 2014 habe(n), weil mein (unser) maßgebendes zu versteuerndes Einkommen nicht mehr als 25.600/51.200 Euro beträgt. ⑦

Ich stimme dem Prämienantrag als Ehegatte/Lebenspartner * oder als gesetzlicher Vertreter zu. ⑧

Datum | Prämienberechtigte(r) | Ehegatte/Lebenspartner * | gesetzl. Vertreter/in

Unterschrift – ggf. auch des Ehegatten/Lebenspartners * nicht vergessen!
Die Angaben in diesem Antrag werden nach §§ 4, 4a des Wohnungsbau-Prämiengesetzes erhoben.

* nach dem Lebenspartnerschaftsgesetz (LPartG)

Anhang 31/Anträge Wohnungsbauprämie 2014

Erläuterungen
zum Antrag auf Wohnungsbauprämie für das Kalenderjahr 2014
(Die in einen Kreis gesetzten Zahlen beziehen sich auf die entsprechenden Zahlen im Antragsvordruck.)
Der Antrag muss spätestens bis zum 31. Dezember 2016 bei der Bausparkasse abgegeben werden, an die die Aufwendungen geleistet worden sind.

① Sofern Sie zur Einkommensteuer veranlagt werden, geben Sie bitte die Steuernummer an, unter der die Veranlagung zur Einkommensteuer durchgeführt wird. Bitte geben Sie auch Ihre Identifikationsnummer und ggf. die Ihres Ehegatten / Lebenspartners nach dem LPartG an.

② Prämienberechtigt für 2014 sind alle unbeschränkt einkommensteuerpflichtigen Personen, die vor dem 2. 1.1999 geboren oder Vollwaisen sind. Unbeschränkt einkommensteuerpflichtig sind natürliche Personen, die in der Bundesrepublik Deutschland ansässig sind (Wohnsitz oder gewöhnlicher Aufenthalt), oder die im Ausland ansässig sind und zu einer inländischen juristischen Person des öffentlichen Rechts in einem Dienstverhältnis stehen und dafür Arbeitslohn aus einer inländischen öffentlichen Kasse beziehen.
Alleinstehende sind alle Personen, die 2014 nicht verheiratet / verpartnert waren, und Ehegatten / Lebenspartner nach dem LPartG, die keine Höchstbetragsgemeinschaft bilden.
Ehegatten / Lebenspartnern nach dem LPartG steht ein gemeinsamer Höchstbetrag zu (Höchstbetragsgemeinschaft), wenn sie beide mindestens während eines Teils des Kalenderjahres 2014 miteinander verheiratet / verpartnert waren und nicht dauernd getrennt gelebt haben, unbeschränkt einkommensteuerpflichtig waren und sie nicht die Einzelveranlagung zur Einkommensteuer wählen. Sie gelten als zusammenveranlagte Ehegatten / Lebenspartner nach dem LPartG, auch wenn keine Veranlagung durchgeführt worden ist. Ehegatten / Lebenspartner nach dem LPartG, die keine Höchstbetragsgemeinschaft bilden, gelten als Alleinstehende.

③ Bausparbeiträge, die vermögenswirksame Leistungen sind, werden vorrangig durch Gewährung einer Arbeitnehmer-Sparzulage gefördert. Eine Einbeziehung vermögenswirksamer Leistungen in die prämienbegünstigten Aufwendungen kommt deshalb nur in Betracht, wenn Sie keinen Anspruch auf Arbeitnehmer-Sparzulage haben. Ein Anspruch auf Arbeitnehmer-Sparzulage besteht, wenn das maßgebende zu versteuernde Einkommen unter Berücksichtigung der Freibeträge für Kinder ② nicht mehr als 17.900 Euro bei Alleinstehenden ② bzw. 35.800 Euro bei zusammenveranlagten Ehegatten / Lebenspartnern nach dem LPartG ② beträgt. Sind diese Einkommensgrenzen überschritten, können Sie im Rahmen der prämienbegünstigten Höchstbeträge (512 / 1.024 Euro) ⑥ für diese vermögenswirksamen Leistungen Wohnungsbauprämie beanspruchen.

④ Die Wohnungsbauprämie wird regelmäßig nur ermittelt und vorgemerkt.
Die Auszahlung der angesammelten Wohnungsbauprämien an die Bausparkasse – zugunsten Ihres Bausparvertrags – erfolgt grundsätzlich erst bei wohnungswirtschaftlicher Verwendung des Bausparvertrags. Für Bausparbeiträge, die auf wohnungswirtschaftliche Verwendung des Bausparvertrags geleistet worden sind, wird die Wohnungsbauprämie bereits nach Bearbeitung des Prämienantrags an die Bausparkasse – zugunsten Ihres Bausparvertrags – ausgezahlt.
Für Bausparverträge, die bis zum 1. 1. 2009 abgeschlossen wurden und für die bis zum 31.12.2008 mindestens ein Beitrag in Höhe der Regelsparrate entrichtet wurde, erfolgt die Auszahlung der Wohnungsbauprämie an die Bausparkasse – zugunsten Ihres Bausparvertrags –, wenn der Bausparvertrag zugeteilt, die Bausparsumme nach 7 Jahren seit Abschluss des Bausparvertrags überschritten oder unschädlich über den Bausparvertrag verfügt worden ist. Für Bausparbeiträge, die auf bereits zugeteilte Bausparverträge bzw. erst nach Ablauf der Festlegungsfrist von 7 Jahren seit Abschluss des Bausparvertrags geleistet worden sind, wird die Wohnungsbauprämie bereits nach Bearbeitung des Prämienantrags an die Bausparkasse – zugunsten Ihres Bausparvertrags – ausgezahlt.

⑤ Haben Sie mehrere Verträge, aufgrund derer prämienbegünstigte Aufwendungen im Sinne des Wohnungsbau-Prämiengesetzes geleistet werden und überschreiten Ihre Beiträge den Höchstbetrag ⑥, müssen Sie erklären, für welche Beiträge Sie die Prämie erhalten wollen. Für die im Antrag unter II. aufgeführten Aufwendungen können Sie eine Prämie allerdings nur insoweit beanspruchen, als Sie oder Ihr Ehegatte / Lebenspartner nach dem LPartG den Höchstbetrag noch nicht anderweitig ausgeschöpft haben, z. B. durch bereits bei anderen Bausparkassen oder einem anderen Unternehmen geltend gemachte Aufwendungen. Tragen Sie deshalb bitte den Betrag, für die Sie die Prämie beanspruchen, bis zu dem Ihnen höchstens noch zustehenden Betrag, in die dafür unter II. vorgesehene Spalte 5 ein.

⑥ Bausparbeiträge und andere Aufwendungen im Sinne des Wohnungsbau-Prämiengesetzes sind insgesamt nur bis zu einem Höchstbetrag von 512 Euro bei Alleinstehenden ② bzw. 1.024 Euro bei zusammenveranlagten Ehegatten / Lebenspartnern nach dem LPartG ② prämienbegünstigt.

⑦ Eine Wohnungsbauprämie für das Jahr 2014 kann nur gewährt werden, wenn das zu versteuernde Einkommen des Jahres 2014 die Einkommensgrenze nicht überschritten hat. Deswegen kann eine Wohnungsbauprämie nur gewährt werden, wenn Sie eine entsprechende Erklärung abgeben. Die maßgebliche Einkommensgrenze für Alleinstehende ② beträgt 25.600 Euro, für zusammenveranlagte Ehegatten / Lebenspartner nach dem LPartG ② 51.200 Euro. Haben Ehegatten / Lebenspartner nach dem LPartG für 2014 die Einzelveranlagung gewählt, gilt für jeden die Einkommensgrenze von 25.600 Euro. Für die Ermittlung des für das Wohnungsbau-Prämiengesetz maßgebenden zu versteuernden Einkommens sind für die steuerlich zu berücksichtigenden Kinder stets die Freibeträge für Kinder für das gesamte Sparjahr abzuziehen. Dies gilt auch, wenn im Einkommensteuerveranlagung nicht die Freibeträge für Kinder berücksichtigt wurden, weil Sie Anspruch auf Kindergeld haben. Der Kinderfreibetrag beträgt in der Regel für Alleinstehende ② 2.184 Euro und für zusammenveranlagte Ehegatten / Lebenspartner nach dem LPartG ② 4.368 Euro; der Freibetrag für den Betreuungs- und Erziehungs- oder Ausbildungsbedarf des Kindes beträgt in der Regel für Alleinstehende ② 1.320 Euro und für zusammenveranlagte Ehegatten / Lebenspartner nach dem LPartG ② 2.640 Euro. Soweit in Ihrem Einkommensteuerbescheid schon die Freibeträge für Kinder berücksichtigt wurden, dürfen diese nicht nochmals abgezogen werden. Ihr zu versteuerndes Einkommen können Sie aus Ihrem Einkommensteuerbescheid für 2014 entnehmen. Sollte dieser Bescheid noch nicht vorliegen, können Sie anhand der folgenden Erläuterungen eine überschlägige Prüfung selbst vornehmen.
Die Prämiengewährung für 2014 muss nicht ausgeschlossen sein, wenn der Bruttoarbeitslohn nicht mehr als 25.600 / 51.200 Euro betragen hat. Der nachstehenden Tabelle können Sie entnehmen, bis zu welchem in 2014 bezogenen Bruttoarbeitslohn Ihnen eine Wohnungsbauprämie gewährt werden kann.

Familienstand Zahl der Kinder	Bruttoarbeitslohn 2014 in Euro (unter Berücksichtigung der Arbeitnehmer zustehenden Pausch- und Freibeträge und unter der Voraussetzung, dass keine anderen Einkünfte vorliegen)	
Alleinstehende	Personenkreis A*	Personenkreis B*
a) ohne Kinder	31.132	28.538
b) mit Kindern	Elternteil, dem das Kinder zugeordnet werden, andere Elternteil leistet Unterhalt	Elternteil, dem die Kinder nicht zugeordnet werden, leistet aber Unterhalt
	Personenkreis A* / Personenkreis B*	Personenkreis A* / Personenkreis B*
1 Kind	36.649 / 33.348	35.124 / 32.040
2 Kinder	40.732 / 36.852	39.208 / 35.544
3 Kinder	44.815 / 40.356	43.291 / 39.048
Zusammenveranlagte Ehegatten/Lebenspartner (ein Arbeitnehmer)	Personenkreis A*	Personenkreis B*
a) ohne Kinder	59.867	55.272
b) mit 1 Kind	67.158	62.280
c) mit 2 Kindern	74.391	69.288
d) mit 3 Kindern	81.399	76.296
Zusammenveranlagte Ehegatten/Lebenspartner (zwei Arbeitnehmer)	Personenkreis A*	Personenkreis B*
a) ohne Kinder	62.263	57.072
b) mit 1 Kind	70.248	64.080
c) mit 2 Kindern	78.415	71.088
d) mit 3 Kindern	85.582	78.096

* Unter den Personenkreis A fallen rentenversicherungspflichtige Arbeitnehmer, unter den Personenkreis B nicht rentenversicherungspflichtige Arbeitnehmer, z. B. Beamte, Richter, Personen mit eigenem Aufwendungen zur Kranken- und Pflegeversicherung von 1.900 Euro / 3.800 Euro pro Jahr (bei alleinverdienenden Ehegatten / Lebenspartnern nach dem LPartG 3.000 Euro).

Die in der Tabelle angegebenen Beträge können sich außerdem im Einzelfall noch erhöhen, wenn höhere Werbungskosten und Sonderausgaben als die Pauschbeträge oder andere Abzüge (z. B. Versorgungs-Freibetrag, außergewöhnliche Belastungen) zu berücksichtigen sind oder wenn der Sparer mehr als 3 Kinder hat.
Die angegebenen Beträge können sich allerdings auch verringern, wenn Sie noch weitere Einkünfte haben, bzw. in der gesetzlichen Rentenversicherung die Beitragsbemessungsgrenze Ost anzuwenden ist.
Weitere Einkünfte sind z. B. Einkünfte aus Land- und Forstwirtschaft, aus Gewerbebetrieb, aus selbständiger Arbeit, aus Vermietung und Verpachtung sowie die sonstigen Einkünfte nach § 22 Einkommensteuergesetz (EStG), insbesondere der der Besteuerung unterliegende Teil der Renten aus der gesetzlichen Rentenversicherung. Einkünfte aus Kapitalvermögen, die der abgeltenden Kapitalertragsteuer nach § 43 Absatz 5 EStG (sog. Abgeltungsteuer) bzw. dem gesonderten Steuertarif nach § 32d Absatz 1 Satz 1 EStG unterliegen, bleiben dabei unberücksichtigt.

⑧ Der Antrag auf Wohnungsbauprämie ist vom Prämienberechtigten eigenhändig zu unterschreiben. Bei Ehegatten / Lebenspartnern nach dem LPartG, die eine Höchstbetragsgemeinschaft ② bilden, muss jeder Ehegatte / Lebenspartner nach dem LPartG den Antrag unterschreiben. Bei minderjährigen Prämienberechtigten ist auch die Unterschrift des gesetzlichen Vertreters erforderlich.

Anhang 31/Anträge Wohnungsbauprämie 2014

Anlage 2

An (Unternehmen)

Eingangsstempel des Unternehmens

(Anschrift des/der Prämienberechtigten)

Antrag auf Wohnungsbauprämie 2014
für Aufwendungen i.S.d. § 2 Abs. 1 Nr. 2–4 WoPG

Abgabe eines Antrags je Unternehmen spätestens bis zum 31. Dezember 2016

Zutreffendes bitte ankreuzen ☒ oder ausfüllen
Die in einen Kreis gesetzten Zahlen verweisen auf die **Erläuterungen**.

Steuernummer

Zuständiges Finanzamt ①

Identifikationsnummer Prämienberechtigte(r)	Identifikationsnummer Ehegatte/Lebenspartner*

I. Angaben zur Person ②

Prämienberechtigte(r) (Familienname, Vorname, ggf. Geburtsname)	Geburtsdatum
Ehegatte/Lebenspartner* (Familienname, Vorname, ggf. Geburtsname)	Geburtsdatum
Wohnsitz des/der Prämienberechtigten bei Antragstellung (Straße, Hausnummer, Postleitzahl, Ort)	Telefonnummer

Weiterer Wohnsitz des/der Prämienberechtigten und/oder abweichender Wohnsitz des Ehegatten/des Lebenspartners* bei Antragstellung

Familienstand	verheiratet/verpartnert seit	verwitwet seit	geschieden/ausgetragen seit	dauernd getrennt lebend seit	Finanzamt, bei dem zuletzt eine Wohnungsbauprämie beantragt wurde
☐ ledig					

II. Aufwendungen, für die eine Prämie beantragt wird

Für vermögenswirksame Leistungen, für die Anspruch auf Arbeitnehmer-Sparzulage besteht, wird keine Prämie gewährt. ③

Vertragsnummer	Abschlussdatum Monat/Jahr	Aufwendungen 2014 (ohne vermögenswirksame Leistungen) auf volle Euro aufgerundet	Bei Überschreitung des Höchstbetrags Prämiengewährung für ④	nachträglich: vermögenswirksame Leistungen	**Nicht vom Sparer auszufüllen!** Eintragungen des Unternehmens
1	2	3	4	5	Wir bestätigen die Richtigkeit der nebenstehenden Angaben
					(Unterschrift)

☐ Ich (wir) beantrage(n) die **Einbeziehung der vermögenswirksamen Leistungen** in die prämienbegünstigten Aufwendungen durch das Unternehmen, weil aufgrund des maßgebenden zu versteuernden Einkommens (s. Rückseite IV.) **kein Anspruch auf Arbeitnehmer-Sparzulage** besteht. Bitte unbedingt Erläuterung ③ beachten.

Vor Ausfüllen des Antrages beachten Sie bitte die Erläuterungen

---

Eintragungen des Finanzamtes

1. Es wird eine Prämie von _____ Euro festgesetzt. Die Prämie ist auszuzahlen.
2. ☐ Über die Ablehnung/Teilablehnung ist ein Bescheid zu erteilen: erl. _____ (Tag, Namensz.)
3. Eintragung in Sammelliste Nr. _____ (Tag, Namensz.)
4. Zu den _____ Akten.

(Sachgebietsleiter/in) (Datum) (Bearbeiter/in) (Datum)

1423

Anhang 31/Anträge Wohnungsbauprämie 2014

III. Einkommensverhältnisse

Eine Wohnungsbauprämie kann für 2014 nur gewährt werden, wenn das zu versteuernde Einkommen (ggf. unter Berücksichtigung von Freibeträgen für Kinder) dieses Jahres bestimmte Grenzen nicht übersteigt. ⑤
Die nachfolgenden Angaben sind für die Prüfung des Prämienanspruchs erforderlich.

Vermerke des Finanzamts

1. ☐ Ein Einkommensteuerbescheid ist für 2014 vom | Finanzamt, Steuernummer |
erteilt worden. Danach beträgt das maßgebende zu versteuernde Einkommen des Kalenderjahres 2014

bei Alleinstehenden oder bei Ehegatten/Lebens-
partnern *, die die Einzelveranlagung zur
Einkommensteuer gewählt haben: ②   ☐ mehr als   ☐ nicht mehr als   25.600 Euro

bei Zusammenveranlagung: ②   ☐ mehr als   ☐ nicht mehr als   51.200 Euro

2. (Nur ausfüllen, wenn 1. nicht zutrifft) ⑥
Eine Einkommensteuererklärung für 2014

☐ ist abgegeben. ☐ wird noch abgegeben.   ☐ wird nicht abgegeben.

Für eine zügige Bearbeitung sind vollständige Angaben zu a. oder b. erforderlich.

a. ☐ Ein Einkommensteuerbescheid ist für 2013
vom | Finanzamt, Steuernummer | erteilt worden. Danach beträgt das zu
versteuernde Einkommen des Kalenderjahres 2013

bei Alleinstehenden: ☐ mehr als   ☐ nicht mehr als   23.300 Euro
bei Zusammenveranlagung: ☐ mehr als   ☐ nicht mehr als   46.600 Euro

Hat sich Ihr Einkommen in 2014 gegenüber 2013 um mehr als 10% erhöht?   ☐ Ja   ☐ Nein
(weiter bei Abschnitt IV.)

b. ☐ Eine Einkommensteuererklärung für 2013

☐ ist abgegeben. ☐ wird noch abgegeben.   ☐ wird nicht abgegeben.

Einkünfte 2014:   Bruttoarbeitslohn:
_____ Euro
weitere Einkünfte: ⑦   Art und Höhe   _____ Euro

IV. Einbeziehung der vermögenswirksamen Leistungen ③
(Ausfüllen, wenn unter II. für die vermögenswirksamen Leistungen Wohnungsbauprämie beantragt wird)
Das nach III. 1. oder III. 2. zugrunde zu legende zu versteuernde Einkommen beträgt

bei Alleinstehenden: ☐ mehr als 17.900 Euro,
bei Zusammenveranlagung: ☐ mehr als 35.800 Euro

V. Weitere Aufwendungen im Sinne des Wohnungsbau-Prämiengesetzes ⑧

Hinweis: Keine Eintragung erforderlich, soweit die weiteren Aufwendungen vermögenswirksame Leistungen sind, für die Anspruch auf Arbeitnehmer-Sparzulage besteht. Falls Sie oder Ihr mit Ihnen zusammenveranlagter Ehegatte/Lebenspartner * im Kalenderjahr 2014 noch andere prämienbegünstigte Aufwendungen im Sinne des Wohnungsbau-Prämiengesetzes geleistet haben (z.B. Bausparbeiträge), machen Sie dazu bitte die folgenden Angaben:

Für das Sparjahr 2014 habe(n) ich (wir) bereits eine Wohnungsbauprämie bei einem (einer) anderen Unternehmen (Bausparkasse) beantragt, aber den prämienbegünstigten Höchstbetrag (512/1.024 Euro) noch nicht voll ausgeschöpft:

☐ nein   ☐ ja. Ich (wir) habe(n) bereits Aufwendungen in Höhe von _____ Euro geltend gemacht.

Ich stimme dem Prämienantrag als Ehegatte/Lebenspartner * oder als gesetzlicher Vertreter zu. ⑨

_____ _____ _____ _____
Datum   Prämienberechtigte(r) Unterschrift –   Ehegatte/Lebenspartner *   gesetzl. Vertreter/in
ggf. auch des Ehegatten/Lebenspartners * – nicht vergessen!

Unterschrift nicht vergessen

Die Angaben in diesem Antrag werden nach § 88 der Abgabenordnung in Verbindung mit § 8 des Wohnungsbau-Prämiengesetzes erhoben.

* nach dem Lebenspartnerschaftsgesetz (LPartG)

Anhang 31/Anträge Wohnungsbauprämie 2014

Erläuterungen
zum Antrag auf Wohnungsbauprämie für das Kalenderjahr 2014
(Die in einen Kreis gesetzten Zahlen beziehen sich auf die entsprechenden Zahlen im Antragsvordruck.)
Der Antrag muss spätestens bis zum 31. Dezember 2016 bei dem Unternehmen abgegeben werden, an das die Aufwendungen geleistet worden sind.

① **Zuständiges Finanzamt** ist für Sie das im Zeitpunkt der Antragstellung für Ihre Veranlagung zur Einkommensteuer zuständige Finanzamt. Bitte geben Sie dieses Finanzamt auch dann an, wenn Sie keine Einkommensteuererklärung abgeben. Geben Sie bitte auch Ihre **Identifikationsnummer** und ggf. die Ihres Ehegatten / Lebenspartners nach dem LPartG an.

② **Prämienberechtigt** für 2014 sind alle unbeschränkt einkommensteuerpflichtigen Personen, die vor dem 2.1.1999 geboren oder Vollwaisen sind. Unbeschränkt einkommensteuerpflichtig sind natürliche Personen, die in der Bundesrepublik Deutschland ansässig sind (Wohnsitz oder gewöhnlicher Aufenthalt), oder die im Ausland ansässig sind und zu einer inländischen juristischen Person des öffentlichen Rechts in einem Dienstverhältnis stehen und dafür Arbeitslohn aus einer inländischen öffentlichen Kasse beziehen.
Alleinstehende sind alle Personen, die im Jahr 2014 nicht verheiratet / verpartnert waren, und Ehegatten / Lebenspartner nach dem LPartG, die keine Höchstbetragsgemeinschaft bilden.
Ehegatten/Lebenspartnern nach dem LPartG steht ein gemeinsamer Höchstbetrag zu (Höchstbetragsgemeinschaft), wenn sie beide mindestens während eines Teils des Kalenderjahres 2014 miteinander verheiratet / verpartnert waren, nicht dauernd getrennt gelebt haben, unbeschränkt einkommensteuerpflichtig waren und sie nicht die Einzelveranlagung zur Einkommensteuer wählen. Sie gelten als zusammenveranlagte Ehegatten, auch wenn keine Veranlagung durchgeführt worden ist. Ehegatten / Lebenspartner nach dem LPartG, die keine Höchstbetragsgemeinschaft bilden, gelten als Alleinstehende.

③ Aufwendungen, die vermögenswirksame Leistungen sind, werden vorrangig durch Gewährung einer Arbeitnehmer-Sparzulage gefördert. Eine Einbeziehung vermögenswirksamer Leistungen in die prämienbegünstigten Aufwendungen kommt deshalb nur in Betracht, wenn Sie keinen Anspruch auf Arbeitnehmer-Sparzulage haben. Ein Anspruch auf Arbeitnehmer-Sparzulage besteht, wenn das maßgebende zu versteuernde Einkommen unter Berücksichtigung der Freibeträge für Kinder ③ nicht mehr als 17.900 Euro bei Alleinstehenden ② bzw. 35.800 Euro bei zusammenveranlagten Ehegatten/Lebenspartnern nach dem LPartG ② beträgt. Überschreiten Sie die Einkommensgrenzen, so können Sie im Rahmen der prämienbegünstigten Höchstbeträge (512/1.024 Euro) ④ für diese vermögenswirksamen Leistungen Wohnungsbauprämie beanspruchen.

④ Haben Sie mehrere Verträge, aufgrund derer prämienbegünstigte Aufwendungen im Sinne des Wohnungsbau-Prämiengesetzes geleistet werden und überschreiten Ihre Beiträge den Höchstbetrag ④, müssen Sie erklären, für welche Beiträge Sie die Prämie erhalten wollen. Für die im Antrag unter II. aufgeführten Aufwendungen können Sie eine Prämie allerdings nur insoweit beanspruchen, als Sie oder Ihr Ehegatte / Lebenspartner nach dem LPartG den Höchstbetrag noch nicht anderweitig ausgeschöpft haben, z. B. durch bereits bei anderen Unternehmen oder einer Bausparkasse geltend gemachte Aufwendungen. Tragen Sie deshalb bitte die Beträge, für die Sie die Prämie beanspruchen, bis zu dem Ihnen höchstens noch zustehenden Betrag, in die dafür unter II. Vorgesehene Spalte 4 ein.

⑤ Eine Wohnungsbauprämie für das Jahr 2014 kann nur gewährt werden, wenn das zu versteuernde Einkommen des Jahres 2014 die Einkommensgrenze nicht überschritten hat. Die maßgebliche Einkommensgrenze für Alleinstehende ② beträgt 25.600 Euro, für zusammenveranlagte Ehegatten/Lebenspartner nach dem LPartG ② 51.200 Euro. Haben Ehegatten / Lebenspartner nach dem LPartG für 2014 die Einzelveranlagung gewählt, gilt für jeden die Einkommensgrenze von 25.600 Euro. Für die Ermittlung des für die Wohnungsbau-Prämiengesetz maßgebenden zu versteuernden Einkommens sind für die steuerlich zu berücksichtigenden Kinder stets die Freibeträge für Kinder für das gesamte Sparjahr abzuziehen. Dies gilt auch, wenn bei ihrer Einkommensteuerveranlagung nicht die Freibeträge für Kinder berücksichtigt wurden, weil Sie Anspruch auf Kindergeld haben. Der Kinderfreibetrag beträgt in der Regel für Alleinstehende ② 2.184 Euro und für zusammenveranlagte Ehegatten/Lebenspartner nach dem LPartG ② 4.368 Euro; der Freibetrag für den Betreuungs- und Erziehungs- oder Ausbildungsbedarf des Kindes beträgt in der Regel für Alleinstehende ② 1.320 Euro und für zusammenveranlagte Ehegatten/Lebenspartner nach dem LPartG ② 2.640 Euro. Soweit in Ihrem Einkommensteuerbescheid schon die Freibeträge für Kinder berücksichtigt sind, dürfen diese nicht nochmals abgezogen werden. Ihr zu versteuerndes Einkommen können Sie aus Ihrem Einkommensteuerbescheid für 2014 entnehmen. Sollte dieser Bescheid noch nicht vorliegen, können Sie anhand der folgenden Erläuterungen eine überschlägige Prüfung selbst vornehmen.

Die Prämiengewährung für 2014 muss nicht ausgeschlossen sein, wenn der Bruttoarbeitslohn bei Arbeitnehmern in 2014 mehr als 25.600 / 51.200 Euro betragen hat. Der nachstehenden Tabelle können Sie entnehmen, bis zu welchem in 2014 bezogenen Bruttoarbeitslohn Ihnen eine Wohnungsbauprämie gewährt werden kann.

Familienstand Zahl der Kinder	Bruttoarbeitslohn 2014 in Euro (unter Berücksichtigung der dem Arbeitnehmer zustehenden Pausch- und Freibeträge und unter der Voraussetzung, dass keine anderen Einkünfte vorliegen)	
Alleinstehende	Personenkreis A*	Personenkreis B *
a) ohne Kind	31.132	28.536
b) mit Kindern	Elternteil, dem die Kinder zugeordnet werden; der andere Elternteil leistet Unterhalt	Elternteil, dem die Kinder nicht zugeordnet werden; der aber Unterhalt leistet
	Personenkreis A* Personenkreis B*	Personenkreis A* Personenkreis B*
1 Kind	36.849 33.348	35.124 32.040
2 Kinder	40.732 36.852	39.208 35.544
3 Kinder	44.815 40.356	43.291 39.048
Zusammenveranlagte Ehegatten/Lebenspartner (ein Arbeitnehmer)		
	Personenkreis A*	Personenkreis B *
a) ohne Kinder	59.887	55.272
b) mit 1 Kind	67.158	62.280
c) mit 2 Kindern	74.391	69.288
d) mit 3 Kindern	81.399	76.296
Zusammenveranlagte Ehegatten/Lebenspartner (zwei Arbeitnehmer)		
	Personenkreis A*	Personenkreis B *
a) ohne Kinder	62.263	57.072
b) mit 1 Kind	70.248	64.080
c) mit 2 Kindern	78.415	71.068
d) mit 3 Kindern	86.582	78.096

* Unter den Personenkreis A fallen rentenversicherungspflichtige Arbeitnehmer, z. B. Beamte, Richter, Berufssoldaten mit eigenen Aufwendungen zur Kranken- und Pflegepflichtversicherung von 1.800 Euro / 3.800 Euro pro Jahr (bei alleinverdienenden Ehegatten / Lebenspartnern nach LPartG 3.000 Euro).

Die in der Tabelle angegebenen Beträge können sich außerdem im Einzelfall noch erhöhen, wenn höhere Werbungskosten und Sonderausgaben als die Pauschbeträge oder andere Abzüge (z.B. Versorgungs-Freibetrag, außergewöhnliche Belastungen) zu berücksichtigen sind oder wenn der Sparer mehr als 3 Kinder hat.
Die angegebenen Beträge können sich allerdings auch verringern, wenn Sie noch weitere Einkünfte haben, bzw. in der sich zum gesetzlichen Rentenversicherung die Beitragsbemessungsgrenze Ost anzuwenden ist.

⑥ Falls Sie zum Zeitpunkt der Antragstellung noch keinen Einkommensteuerbescheid erhalten haben, machen Sie bitte die zusätzlichen Angaben zu Ihren Einkommensverhältnissen. Hierdurch wird gewährleistet, dass das Finanzamt Ihren Antrag ohne weitere Rückfragen bearbeiten kann.

⑦ Weitere Einkünfte sind z. B. Einkünfte aus Land- und Forstwirtschaft, aus Gewerbebetrieb, aus selbständiger Arbeit, aus Vermietung und Verpachtung sowie die sonstigen Einkünfte nach § 22 Einkommensteuergesetz (EStG), insbesondere der der Besteuerung unterliegende Teil der Renten aus den gesetzlichen Rentenversicherungen. Einkünfte aus Kapitalvermögen, die der abgeltenden Kapitalertragsteuer nach § 43 Absatz 5 EStG (sog. Abgeltungsteuer) bzw. dem gesonderten Steuertarif nach § 32d Absatz 1 Satz 1 EStG unterliegen, bleiben dabei unberücksichtigt.

⑧ Bausparbeiträge und andere Aufwendungen im Sinne des Wohnungsbau-Prämiengesetzes sind **insgesamt** nur bis zu einem Höchstbetrag von 512 Euro bei Alleinstehenden ② bzw. 1.024 Euro bei zusammenveranlagten Ehegatten/Lebenspartnern nach dem LPartG ② prämienbegünstigt. Für die im Antrag unter II. aufgeführten Aufwendungen besteht ein Prämienanspruch nur, soweit Sie die genannten Höchstbeträge noch nicht ausgeschöpft haben.

⑨ Der Antrag auf Wohnungsbauprämie ist vom Prämienberechtigten eigenhändig zu unterschreiben. Bei Ehegatten/Lebenspartnern nach dem LPartG, die eine Höchstbetragsgemeinschaft ② bilden, muss jeder Ehegatte / Lebenspartner nach dem LPartG den Antrag unterschreiben. Bei minderjährigen Prämienberechtigten ist auch die Unterschrift des gesetzlichen Vertreters erforderlich.

Anhang 35/StDÜV

Verordnung über die elektronische Übermittlung von für das Besteuerungsverfahren erforderlichen Daten (Steuerdaten-Übermittlungsverordnung – StDÜV)[1]

Vom 28. Januar 2003 (BGBl. I S. 139, BStBl. I S. 162)[2]

Auf Grund

- des § 150 Abs. 6 Satz 1 und 3 Nr. 1 bis 3, 5 und 6, des § 87a Abs. 6 Satz 1 in Verbindung mit § 150 Abs. 6 Satz 3 Nr. 2 der Abgabenordnung in der Fassung der Bekanntmachung vom 1. Oktober 2002 (BGBl. I S. 3866),
- des § 45d Abs. 1 Satz 3 des Einkommensteuergesetzes 2002 in der Fassung der Bekanntmachung vom 19. Oktober 2002 (BGBl. I S. 4210) in Verbindung mit § 150 Abs. 6 Satz 3 Nr. 2 der Abgabenordnung sowie
- des § 18a Abs. 9 Satz 1 und 2 Nr. 1 bis 5 des Umsatzsteuergesetzes 1999 in der Fassung der Bekanntmachung vom 9. Juni 1999 (BGBl. I S. 1270)

verordnet das Bundesministerium der Finanzen:

§ 1
Allgemeines

(1) ¹Diese Verordnung gilt für die Übermittlung von für das Besteuerungsverfahren erforderlichen Daten mit Ausnahme solcher Daten, die für die Festsetzung von Verbrauchsteuern bestimmt sind, durch Datenfernübertragung (elektronische Übermittlung) an die Finanzverwaltung. ²Mit der elektronischen Übermittlung können Dritte beauftragt werden.

(2) ¹Das Bundesministerium der Finanzen bestimmt in Abstimmung mit den obersten Finanzbehörden der Länder Art und Einschränkungen der elektronischen Übermittlung von Daten nach Absatz 1 Satz 1 durch ein im Bundessteuerblatt zu veröffentlichendes Schreiben. ²In diesem Rahmen bestimmte Anforderungen an die Sicherheit der elektronischen Übermittlung sind im Benehmen mit dem Bundesamt für Sicherheit in der Informationstechnik festzulegen. ³Einer Abstimmung mit den obersten Finanzbehörden der Länder bedarf es nicht, soweit ausschließlich die Übermittlung von Daten an Bundesfinanzbehörden betroffen ist.

(3) Bei der elektronischen Übermittlung sind dem jeweiligen Stand der Technik entsprechende Verfahren einzusetzen, die die Authentizität, Vertraulichkeit und Integrität der Daten gewährleisten; im Falle der Nutzung allgemein zugänglicher Netze sind Verschlüsselungsverfahren anzuwenden.

(4) Die in dieser Verordnung genannten Pflichten der Programmhersteller sind ausschließlich öffentlich-rechtlicher Art.

§ 2
Schnittstellen

¹Bei der elektronischen Übermittlung sind die hierfür aufgrund des § 1 Abs. 2 für den jeweiligen Besteuerungszeitraum oder -zeitpunkt bestimmten Schnittstellen ordnungsgemäß zu bedienen. ²Die für die Übermittlung benötigten Schnittstellen werden über das Internet zur Verfügung gestellt.

§ 3
Anforderungen an die Programme

(1) Programme, die für die Verarbeitung von für das Besteuerungsverfahren erforderlichen Daten bestimmt sind, müssen im Rahmen des in der Programmbeschreibung angegebenen Programmumfangs die richtige und vollständige Verarbeitung der für das Besteuerungsverfahren erforderlichen Daten gewährleisten.

(2) Auf den Programmumfang sowie auf Fallgestaltungen, in denen eine richtige und vollständige Erhebung, Verarbeitung und Übermittlung ausnahmsweise nicht möglich ist (Ausschlussfälle), ist in der Programmbeschreibung an hervorgehobener Stelle hinzuweisen.

---

1) Die Verpflichtungen aus der Richtlinie 98/34/EG des Europäischen Parlaments und des Rates vom 22. Juni 1998 über ein Informationsverfahren auf dem Gebiet der Normen und technischen Vorschriften und der Vorschriften für die Dienste der Informationsgesellschaft (ABl. EG Nr. L 204 S. 37), geändert durch die Richtlinie 98/48/EG des Europäischen Parlaments und des Rates vom 20. Juli 1998 (ABl. EG Nr. L 217 S. 18), sind beachtet worden.

2) Unter Berücksichtigung der Änderungen zuletzt durch Artikel 6 Steuervereinfachungsgesetz 2011 vom 1.11.2011 (BGBl. I S. 2131, BStBl. I S. 986).

Anhang 35/StDÜV

§ 4
Prüfung der Programme

(1) ¹Programme, die für die Verarbeitung von für das Besteuerungsverfahren erforderlichen Daten bestimmt sind, sind vom Hersteller vor der ersten Nutzung und nach jeder Änderung daraufhin zu prüfen, ob sie die Anforderungen nach § 3 Abs. 1 erfüllen. ²Hierbei sind ein Protokoll über den letzten durchgeführten Testlauf und eine Programmauflistung zu erstellen, die fünf Jahre aufzubewahren sind. ³Die Aufbewahrungsfrist nach Satz 2 beginnt mit Ablauf des Kalenderjahres der erstmaligen Nutzung zur Datenübermittlung. ⁴Elektronische, magnetische und optische Speicherverfahren, die eine jederzeitige Wiederherstellung der eingesetzten Programmversion in Papierform ermöglichen, sind der Programmauflistung gleichgestellt. ⁵Die Finanzbehörden sind befugt, die für die Erfassung, Verarbeitung oder elektronische Übermittlung der Daten bestimmten Programme und Dokumentationen zu überprüfen. ⁶§ 200 der Abgabenordnung in der Fassung der Bekanntmachung vom 1. Oktober 2002 (BGBl. I S. 3866) in der jeweils geltenden Fassung gilt entsprechend. ⁷Der Hersteller oder Vertreiber eines fehlerhaften Programms ist unverzüglich zur Nachbesserung oder Ablösung aufzufordern. ⁸Soweit eine unverzügliche Nachbesserung bzw. Ablösung nicht erfolgt, sind die Finanzbehörden berechtigt, Programme des Herstellers von der elektronischen Übermittlung nach § 1 technisch auszuschließen. ⁹Die Finanzbehörden sind nicht verpflichtet, die Programme zu prüfen.

(2) Sind Programme nach Absatz 1 zum allgemeinen Vertrieb vorgesehen, hat der Hersteller den Finanzbehörden auf Verlangen Muster zum Zwecke der Prüfung kostenfrei zur Verfügung zu stellen.

§ 5
Haftung

(1) ¹Der Hersteller von Programmen, die für die Verarbeitung von für das Besteuerungsverfahren erforderlichen Daten bestimmt sind, haftet, soweit die Daten infolge einer Verletzung einer Pflicht nach dieser Verordnung unrichtig oder unvollständig verarbeitet und dadurch Steuern verkürzt oder zu Unrecht steuerliche Vorteile erlangt werden. ²Die Haftung entfällt, soweit der Hersteller nachweist, dass die Pflichtverletzung nicht auf grober Fahrlässigkeit oder Vorsatz beruht.

(2) ¹Wer Programme nach Absatz 1 zur elektronischen Übermittlung im Auftrag (§ 1 Abs. 1 Satz 2) einsetzt, haftet, soweit aufgrund unrichtiger oder unvollständiger Übermittlung Steuern verkürzt oder zu Unrecht steuerliche Vorteile erlangt werden. ²Die Haftung entfällt, soweit er nachweist, dass die unrichtige oder unvollständige Übermittlung der Daten nicht auf grober Fahrlässigkeit oder Vorsatz beruht.

(3) Die Absätze 1 und 2 gelten nicht für Zusammenfassende Meldungen im Sinne von § 18a Abs. 1 des Umsatzsteuergesetzes.

§ 6
Authentifizierung, Datenübermittlung im Auftrag

(1) ¹Bei der elektronischen Übermittlung ist ein sicheres Verfahren zu verwenden, das den Datenübermittler authentifiziert und die Vertraulichkeit und Integrität des elektronisch übermittelten Datensatzes gewährleistet (§ 150 Absatz 6 der Abgabenordnung). *²Zur weiteren Erleichterung der elektronischen Übermittlung kann auf die Authentifizierung des Datenübermittlers verzichtet werden bei*

1. *Lohnsteuer-Anmeldungen nach § 41a des Einkommensteuergesetzes,*
2. *Steueranmeldungen nach § 18 Absatz 1 bis 2a und 4a des Umsatzsteuergesetzes,*
3. *Anträgen auf Dauerfristverlängerung und Anmeldungen der Sondervorauszahlung nach § 18 Absatz 6 des Umsatzsteuergesetzes in Verbindung mit den §§ 46 bis 48 der Umsatzsteuer-Durchführungsverordnung sowie*
4. *Zusammenfassenden Meldungen nach § 18a des Umsatzsteuergesetzes.* [1)]

(2) ¹Im Falle der Übermittlung im Auftrag (§ 1 Abs. 1 Satz 2) hat der Dritte die Daten dem Auftraggeber unverzüglich in leicht nachprüfbarer Form zur Überprüfung zur Verfügung zu stellen. ²Der Auftraggeber hat die Daten unverzüglich zu überprüfen.

§ 7
Rentenbezugsmitteilungen

Für das Rentenbezugsmitteilungsverfahren nach § 22a, auch in Verbindung mit § 52 Abs. 38a, des Einkommensteuergesetzes findet ausschließlich die Altersvorsorge-Durchführungsverordnung in der Fassung der Bekanntmachung vom 28. Februar 2005 (BGBl. I S. 487), die zuletzt durch Artikel 1 der Verordnung vom 8. Januar 2009 (BGBl. I S. 31) geändert worden ist, in der jeweils geltenden Fassung Anwendung.

---

1) § 6 Absatz 1 Satz 2 i. d. F. Steuervereinfachungsgesetz 2011 wird mit Wirkung ab 1. 1. 2013 aufgehoben (Artikel 6 Nummer 2, Artikel 18 Absatz 4 Steuervereinfachungsgesetz 2011 vom 1.11.2011 BGBl. I S. 2131, BStBl. I S. 986).

Anhang 35a/BMF-Schreiben zu StDÜV, StDAV

Automation in der Steuerverwaltung;
Steuerdaten-Übermittlungsverordnung – StDÜV –
Steuerdaten-Abrufverordnung – StDAV –

BMF-Schreiben vom 16. November 2011 IV A 7 – O 2200/09/10009 :001, 2011/0877760
(BStBl. I S. 1063)

Aufgrund § 1 Absatz 2 der Steuerdaten-Übermittlungsverordnung – StDÜV – vom 28. Januar 2003 (BGBl. I S. 139), die zuletzt durch das Steuervereinfachungsgesetz 2011 vom 1. November 2011 (BGBl. I S. 2131) geändert worden ist, § 8 der Steuerdaten-Abrufverordnung – StDAV – vom 13. Oktober 2005 (BGBl. I S. 3021) und unter Bezugnahme auf das Ergebnis der Erörterungen mit den obersten Finanzbehörden der Länder (AO II/2011 zu TOP 10; AutomSt/O II/2011 zu TOP O 5) werden die folgenden Regelungen getroffen.

1. Anwendungsbereich

Die Steuerdaten-Übermittlungsverordnung (StDÜV) bzw. die Steuerdaten-Abrufverordnung (StDAV) regeln die elektronische Übermittlung steuerlich erheblicher Daten an die Finanzverwaltung bzw. den Abruf steuerlich erheblicher Daten von der Finanzverwaltung.

Nicht geregelt werden

- die Übermittlung steuerlich erheblicher Daten an Dritte (z. B. Zahlungsverkehrsdaten an Banken) bzw. der Abruf solcher Daten **durch die Finanzverwaltung**,
- die **verwaltungsübergreifende Übermittlung** steuerlich erheblicher Daten (Datenübermittlungen zwischen der Finanzverwaltung und anderen Verwaltungen, z. B. Datenübermittlungen nach dem Steuerstatistikgesetz),
- die **finanzverwaltungsinterne Übermittlung** (Datenübermittlungen zwischen den Finanzverwaltungen des Bundes und der Länder bzw. der Länder untereinander) und
- sonstige **explizit ausgenommene Übermittlungen** (insbesondere die Übermittlung von Rentenbezugsmitteilungen an die Zentrale Stelle für Altersvermögen [ZfA] sowie die Übermittlung von Verbrauchsteuerdaten).

2. Zugänge und Authentifizierung des Datenübermittlers

(1) Die elektronische Übermittlung von für das automatisierte Besteuerungsverfahren erforderlichen Daten ist nur zulässig, soweit die Finanzverwaltung hierfür einen Zugang eröffnet hat (§ 87a Absatz 1 Satz 1 Abgabenordnung [AO]). Ein Zugang wird eröffnet, soweit Art, Umfang und Organisation des Einsatzes automatischer Einrichtungen in den Finanzverwaltungen des Bundes und der Länder die elektronische Datenübermittlung ermöglichen. Eine aktuelle Übersicht der eröffneten Zugänge ist als Anlage beigefügt und wird im Internet unter http://www.eSteuer.de veröffentlicht.

(2) Bei der elektronischen Übermittlung ist ein sicheres Verfahren zu verwenden, das den Datenübermittler authentifiziert und die Vertraulichkeit und Integrität des elektronisch übermittelten Datensatzes gewährleistet (§ 150 Absatz 6 Satz 3 AO). Die Authentifizierung erfolgt grundsätzlich elektronisch. Wird für die Übermittlung der elektronischen Steuererklärung ein Zugang ohne elektronische Authentifizierung genutzt, ist für die Übermittlung und den Ausdruck der elektronisch übermittelten Daten (komprimierter Vordruck) das von der Finanzverwaltung erstellte Softwarepaket (ERiC) zu verwenden. Der Steuerpflichtige hat auf dem komprimierten Vordruck zu versichern, dass er die Daten überprüft und nach der elektronischen Übermittlung keine Änderungen vorgenommen hat. Der komprimierte Vordruck ist zu unterschreiben und dem zuständigen Finanzamt einzureichen. Eine Authentifizierung des Datenübermittlers ist zwingend, soweit ein freier (nicht authentifizierter) Zugang nicht eröffnet ist.

3. Bereitstellung von Schnittstellen

Aus Sicherheitsgründen werden die für den jeweiligen Besteuerungszeitraum oder -zeitpunkt bestimmten und zur elektronischen Datenübermittlung benötigten Daten- und Programmschnittstellen sowie die dazugehörige Dokumentation in einem geschützten Bereich des Internets bereitgestellt. Der Zugang wird Personen, die eine Herstellung von Programmen zur Datenübermittlung nach § 1 StDÜV beabsichtigen, auf Antrag gewährt. Informationen hierzu stehen unter http://www.eSteuer.de zur Verfügung. Der Antrag auf Zugang ist abzulehnen, wenn berechtigte Zweifel bestehen, dass Programme zur Datenübermittlung nach § 1 StDÜV hergestellt werden sollen.

Anhang 35a/BMF-Schreiben zu StDÜV, StDAV

4. Ordnungsgemäße Bedienung der Schnittstellen

Die für die Datenübermittlung nach § 1 Absatz 2 StDÜV für den jeweiligen Besteuerungszeitraum oder -zeitpunkt bestimmten Schnittstellen sind ordnungsgemäß zu bedienen. Eine ordnungsgemäße Bedienung der Schnittstellen ist bei

a) Fehlern im Datei- oder Schnittstellenaufbau oder in der Datendarstellung,

b) Verstößen gegen technische Festlegungen

nicht gegeben. In diesen Fällen gilt die elektronische Übermittlung als nicht erfolgt.

5. Datenübermittlung im Auftrag

(1) Im Fall der Übermittlung im Auftrag hat der Dritte (Datenübermittler) die Daten dem Auftraggeber unverzüglich in leicht nachprüfbarer Form zur Überprüfung zur Verfügung zu stellen. Der Auftraggeber hat die Daten unverzüglich zu überprüfen (§ 6 Absatz 2 StDÜV) und gegebenenfalls zu berichten.

(2) Der Dritte (Datenübermittler) kann die Erfüllung dieser Verpflichtung sowohl durch eigene Aufzeichnungen als auch durch einen vom Auftraggeber unterschriebenen Ausdruck der elektronisch übermittelten Daten nachweisen. Nach den Grundsätzen des Beweises des ersten Anscheins ist davon auszugehen, dass eine von einer Person oder Gesellschaft im Sinne der §§ 3 und 4 des Steuerberatungsgesetzes (StBerG) übermittelte Steuererklärung tatsächlich von dem betreffenden Steuerpflichtigen genehmigt worden ist.

6. Zugang elektronisch übermittelter Steuererklärungen

Elektronisch übermittelte Steuererklärungen gelten an dem Tag als zugegangen, an dem die für den Empfang bestimmte Einrichtung die elektronisch übermittelten Daten in bearbeitbarer Weise aufgezeichnet hat (§ 87a Absatz 1 Satz 2 AO). In den Fällen der Tz. 2 Absatz 2 Satz 3 gilt die elektronische Steuererklärung erst mit Eingang des unterschriebenen komprimierten Vordrucks als zugegangen, da eine Bearbeitung der Daten durch die Finanzbehörden erst ab diesem Zeitpunkt möglich ist.

7. Elektronischer Abruf von Bescheiddaten

Der elektronische Abruf von Bescheiddaten ersetzt nicht die Bekanntgabe des Steuerbescheides. Auf die elektronische Bereitstellung von Bescheiddaten wird im Steuerbescheid hingewiesen. Für diesen Fall sichert die Finanzverwaltung zu, dass die elektronisch bereitgestellten Daten mit dem bekannt gegebenen Bescheid übereinstimmen. Wird ein Einspruch nur deshalb verspätet eingelegt, weil im Vertrauen auf diese Zusicherung oder in Erwartung einer mit der elektronisch übermittelten Steuererklärung beantragten Bescheiddatenbereitstellung eine Überprüfung des Steuerbescheids innerhalb der Einspruchsfrist unterblieb, ist unter analoger Anwendung des § 126 Absatz 3 AO eine Wiedereinsetzung in den vorigen Stand möglich.

8. Schlussbestimmungen

Dieses Schreiben ersetzt die BMF-Schreiben vom 15. Januar 2007 (BStBl. I S. 95) und vom 14. Dezember 1999 (BStBl. I S. 1055).

Es wird auf den Internetseiten des Bundesfinanzministeriums (http://www. bundesfinanzministerium. de) zum Download bereitgestellt.

Anhang 35a/BMF-Schreiben zu StDÜV, StDAV

A. Übersicht der von den Finanzverwaltungen der Länder eröffneten Zugänge
(Stand 1. Januar 2012)[1]

Anlage

	authentisierter Zugang		freier Zugang	Bemerkungen
	mit elektronischem Zertifikat	mit komprimierter Steuererklärung		
Einkommensteuer				
– Jahreserklärung	bundesweit	bundesweit	–	Nur unbeschränkt Steuerpflichtige
– Feststellungserklärung	bundesweit	–	–	bis 10 Beteiligte
Steuerabzug bei beschränkt Steuerpflichtigen nach § 50a EStG	bundesweit	–	–	
Körperschaftsteuer				
– Jahreserklärung	bundesweit	–	–	
Lohnsteuer				
– Anmeldung	bundesweit	–	bundesweit	Der freie Zugang wird zum 31. Dezember 2012 geschlossen.
– Bescheinigung	bundesweit	–	–	
Umsatzsteuer				
– Jahreserklärung	bundesweit	bundesweit	–	
– Voranmeldungen	bundesweit	–	bundesweit	Der freie Zugang wird zum 31. Dezember 2012 geschlossen.
Anmeldung von Sondervorauszahlungen	bundesweit	–	bundesweit	Der freie Zugang wird zum 31. Dezember 2012 geschlossen.
Antrag auf Dauerfristverlängerung	bundesweit	–	bundesweit	Der freie Zugang wird zum 31. Dezember 2012 geschlossen.
Gewerbesteuer				
– Jahreserklärung	bundesweit	bundesweit	–	
– Erklärung zur Zerlegung des Messbetrages	bundesweit	bundesweit	–	
– Hebenummern	Niedersachsen	–	–	Besonderer Zugang nur für Gemeinden
Kapitalertragsteuer				
– Anmeldungen nach dem EStG	bundesweit	–	–	
– Anmeldungen nach dem InvStG	bundesweit	–	–	
Bilanzen sowie Gewinn- und Verlustrechnungen	bundesweit	–	–	
Erbschaftsteuer				
– Sterbefallanzeigen	Bayern, Nordrhein-Westfalen	–	–	Besonderer Zugang nur für Gemeinden
Kraftfahrzeugsteuer				Besonderer Zugang nur für Gemeinden
– Anmeldeliste	Niedersachsen, Saarland, Sachsen-Anhalt, Schleswig-Holstein	–	–	Besonderer Zugang nur für Gemeinden

---

[1] Eine aktuelle Fassung dieser Übersicht wird unter http://www.eSteuer.de im Internet veröffentlicht.

Anhang 35a/BMF-Schreiben zu StDÜV, StDAV

	authentisierter Zugang		freier Zugang	Bemerkungen
	mit elektronischem Zertifikat	mit komprimierter Steuererklärung		
– Zulassungsdaten	Bayern, Brandenburg, Niedersachsen, Nordrhein-Westfalen, Saarland, Sachsen, Sachsen-Anhalt, Schleswig-Holstein, Thüringen	–	–	Besonderer Zugang nur für Gemeinden
Mitteilungen nach der Mitteilungsverordnung	Nordrhein-Westfalen	–	–	
Insolvenzgeld	–	–	–	Besonderer Zugang nur für die Bundesagentur für Arbeit
Einnahmenüberschussrechnung	bundesweit	bundesweit	–	
Antrag auf Begünstigung des nicht entnommenen Gewinns nach § 34a EStG	bundesweit	bundesweit	–	
Steuerkontoabfrage				
– mit Steuernummer	bundesweit	–	–	
– mit Identifikationsnummer	Hessen	–	–	

B. Übersicht der von der Bundesfinanzverwaltung eröffneten Zugänge
(Stand 1. Januar 2012)[1]

	authentisierter Zugang		freier Zugang	Bemerkungen
	mit elektronischem Zertifikat	mit komprimierter Steuererklärung		
Mitteilungen nach § 45d EStG	Ja	–	–	
Mitteilungen nach der Zinsinformationsverordnung	Ja	–	–	
Sammelanträge	Ja	–	–	
Umsatzsteuer				
– Zusammenfassende Meldungen	Ja	–	Ja	Der freie Zugang wird zum 31. Dezember 2012 geschlossen.
– Vergütungsanträge	Ja	–	–	
– Meldung nach der Fahrzeuglieferungs-Meldepflichtverordnung	Ja	–	–	

---

[1] Eine aktuelle Fassung der Zugänge wird unter http://www.eSteuer.de im Internet veröffentlicht.

Steuerberatungsgesetz (StBerG)
Vom 4. November 1975 (BGBl. I S. 2735, BStBl. I S. 1082)[1]

– Auszug –

Erster Teil Erster Abschnitt: Vorschriften über die Hilfeleistung in Steuersachen

§ 2
Geschäftsmäßige Hilfeleistung

Die Hilfeleistung in Steuersachen darf geschäftsmäßig nur von Personen und Vereinigungen ausgeübt werden, die hierzu befugt sind. Dies gilt ohne Unterschied für hauptberufliche, nebenberufliche, entgeltliche oder unentgeltliche Tätigkeit.

§ 3
Befugnis zu unbeschränkter Hilfeleistung in Steuersachen

Zur geschäftsmäßigen Hilfeleistung in Steuersachen sind befugt:
1. Steuerberater, Steuerbevollmächtigte, Rechtsanwälte, niedergelassene europäische Rechtsanwälte, Wirtschaftsprüfer und vereidigte Buchprüfer,
2. Partnerschaftsgesellschaften, deren Partner ausschließlich die in Nummer 1 genannten Personen sind,
3. Steuerberatungsgesellschaften, Rechtsanwaltsgesellschaften, Wirtschaftsprüfungsgesellschaften und Buchprüfungsgesellschaften.

§ 4
Befugnis zu beschränkter Hilfeleistung in Steuersachen

Zur geschäftsmäßigen Hilfeleistung in Steuersachen sind ferner befugt:

...

10. Arbeitgeber, soweit sie für ihre Arbeitnehmer Hilfe bei lohnsteuerlichen Sachverhalten oder bei Sachverhalten des Familienleistungsausgleichs im Sinne des Einkommensteuergesetzes leisten,
11. [1]Lohnsteuerhilfevereine[2], soweit sie für ihre Mitglieder Hilfe in Steuersachen leisten, wenn diese
    a) Einkünfte aus nichtselbständiger Arbeit, sonstige Einkünfte aus wiederkehrenden Bezügen (§ 22 Nr. 1 des Einkommensteuergesetzes), Einkünfte aus Unterhaltsleistungen (§ 22 Nr. 1a des Einkommensteuergesetzes) oder Einkünfte aus Leistungen nach § 22 Nr. 5 des Einkommensteuergesetzes erzielen,
    b) keine Einkünfte aus Land- und Forstwirtschaft, aus Gewerbebetrieb oder aus selbständiger Arbeit erzielen oder umsatzsteuerpflichtige Umsätze ausführen, es sei denn, die den Einkünften zugrunde liegenden Einnahmen sind nach § 3 Nr. 12, 26 oder 26a des Einkommensteuergesetzes in voller Höhe steuerfrei, und
    c) Einnahmen aus anderen Einkunftsarten haben, die insgesamt die Höhe von dreizehntausend Euro, im Falle der Zusammenveranlagung von sechsundzwanzigtausend Euro, nicht übersteigen und im Veranlagungsverfahren zu erklären sind oder auf Grund eines Antrags des Steuerpflichtigen erklärt werden. [2]An die Stelle der Einnahmen tritt in Fällen des § 20 Absatz 2 des Einkommensteuergesetzes der Gewinn im Sinne des § 20 Absatz 4 des Einkommensteuergesetzes und in den Fällen des § 23 Absatz 1 des Einkommensteuergesetzes der Gewinn im Sinne des § 23 Absatz 3 Satz 1 des Einkommensteuergesetzes; Verluste bleiben unberücksichtigt.

    [2]Die Befugnis erstreckt sich nur auf die Hilfeleistung bei der Einkommensteuer und ihren Zuschlagsteuern. [3]Soweit zulässig, berechtigt sie auch zur Hilfeleistung bei der Eigenheimzulage und der Investitionszulage nach den §§ 3 bis 4 des Investitionszulagengesetzes 1999, bei mit Kinderbetreuungskosten im Sinne von § 10 Abs. 1 Nr. 5 des Einkommensteuergesetzes sowie bei mit haushaltsnahen Beschäftigungsverhältnissen im Sinne des § 35a des Einkommensteuergesetzes zusammenhängenden Arbeitgeberaufgaben sowie zur Hilfe bei Sachverhalten des Familienleistungsausgleichs im Sinne des Einkommensteuergesetzes und der sonstigen Zulagen und Prämien, auf die die Vorschriften der Abgabenordnung anzuwenden sind. [4]Mitglieder, die arbeitslos geworden sind, dürfen weiterhin beraten werden.

---

1) Unter Berücksichtigung der Änderungen zuletzt durch Artikel 20 Gesetz vom 25.7.2014 (BGBl. I S. 1266).
2) Zu den Beratungsbefugnissen siehe die gleich lautenden Ländererlasse vom 15.1.2010 (BStBl. I S. 66), Anhang 39.

12. inländische Kapitalanlagegesellschaften sowie Personen, Gesellschaften und andere Gesamthandsgemeinschaften, soweit sie in Vertretung der Gläubiger von Kapitalerträgen Sammelanträge auf Erstattung von Kapitalertragsteuer nach § 45b des Einkommensteuergesetzes stellen,

12a. ausländische Kreditinstitute, soweit sie in Vertretung der Gläubiger von Kapitalerträgen Anträge auf Erstattung von Kapitalertragsteuer nach § 50d des Einkommensteuergesetzes stellen,

...

14. diejenigen, die Verträge im Sinne des § 2 Abs. 1 Wohnungsbau-Prämiengesetz schließen oder vermitteln, soweit sie bei der Ausfüllung von Anträgen auf Wohnungsbauprämie Hilfe leisten,

15. Stellen, die durch Landesrecht als geeignet im Sinne des § 305 Abs. 1 Nr. 1 der Insolvenzordnung anerkannt sind, im Rahmen ihres Aufgabenbereichs,

16. a) diejenigen, die Verträge im Sinne des § 1 Abs. 1 und 1a des Altersvorsorgeverträge-Zertifizierungsgesetzes schließen oder vermitteln,

    b) die in § 82 Abs. 2 Satz 1 Buchstabe a des Einkommensteuergesetzes genannten Versorgungseinrichtungen,

    soweit sie im Rahmen des Vertragsabschlusses, der Durchführung des Vertrages oder der Antragstellung nach § 89 des Einkommensteuergesetzes Hilfe leisten.

§ 5
Verbot der unbefugten Hilfeleistung in Steuersachen, Missbrauch von Berufsbezeichnungen

(1) Andere als die in den §§ 3, 3a und 4 bezeichneten Personen und Vereinigungen dürfen nicht geschäftsmäßig Hilfe in Steuersachen leisten, insbesondere nicht geschäftsmäßig Rat in Steuersachen erteilen. Die in § 4 bezeichneten Personen und Vereinigungen dürfen nur im Rahmen ihrer Befugnis geschäftsmäßig Hilfe in Steuersachen leisten.

(2) Werden den Finanzbehörden oder den Steuerberaterkammern Tatsachen bekannt, die den Verdacht begründen, dass eine Person oder Vereinigung entgegen Absatz 1 geschäftsmäßig Hilfe in Steuersachen leistet, so haben sie diese Tatsachen der für das Bußgeldverfahren zuständigen Stelle mitteilen.

(3) Die Finanzbehörden oder die Steuerberaterkammern haben der für das Strafverfahren, das Bußgeldverfahren oder ein berufsaufsichtliches Verfahren zuständigen Stelle ihnen bekannte Tatsachen mitzuteilen, die den Verdacht begründen, dass

1. Personen, die geschäftsmäßig Hilfe in Steuersachen leisten, entgegen § 132a Absatz 1 Nummer 2 des Strafgesetzbuches die Berufsbezeichnungen „Steuerberater", „Steuerbevollmächtigter", „Rechtsanwalt", „Wirtschaftsprüfer" oder „vereidigter Buchprüfer" führen,

2. Vereinigungen, die geschäftsmäßig Hilfe in Steuersachen leisten, entgegen § 161 dieses Gesetzes unbefugt die Bezeichnungen „Steuerberatungsgesellschaft", „Lohnsteuerhilfeverein", „Landwirtschaftliche Buchstelle" oder unbefugt den Zusatz „und Partner", „Partnerschaft" (§ 2 Absatz 1 Satz 1 des Partnerschaftsgesellschaftsgesetzes), „mit beschränkter Berufshaftung" oder jeweilige Abkürzungen (§ 8 Absatz 4 des Partnerschaftsgesellschaftsgesetzes) oder entgegen § 133 der Wirtschaftsprüferordnung die Bezeichnungen „Wirtschaftsprüfungsgesellschaft" oder „Buchprüfungsgesellschaft" führen.

§ 83 dieses Gesetzes und § 30 der Abgabenordnung stehen den Mitteilungen nicht entgegen.

§ 6
Ausnahmen vom Verbot der unbefugten Hilfeleistung in Steuersachen

Das Verbot des § 5 gilt nicht für

1. .....

2. die unentgeltliche Hilfeleistung in Steuersachen für Angehörige im Sinne des § 15 Abgabeordnung,

3. .....

4. das Buchen laufender Geschäftsvorfälle, die laufende Lohnabrechnung und das Fertigen der Lohnsteuer-Anmeldungen, soweit diese Tätigkeiten verantwortlich durch Personen erbracht werden, die nach Bestehen der Abschlußprüfung in einem kaufmännischen Ausbildungsberuf oder nach Erwerb einer gleichwertigen Vorbildung mindestens drei Jahre auf dem Gebiet des Buchhaltungswesens in einem Umfang von mindestens 16 Wochenstunden praktisch tätig gewesen sind.

Zweiter Abschnitt: Lohnsteuerhilfevereine

§ 13
Zweck und Tätigkeitsbereich

(1) Lohnsteuerhilfevereine sind Selbsthilfeeinrichtungen von Arbeitnehmern zur Hilfeleistung in Steuersachen im Rahmen der Befugnis nach § 4 Nr. 11 für ihre Mitglieder.

(2) Lohnsteuerhilfevereine bedürfen für ihre Tätigkeit der Anerkennung.

§ 14
Voraussetzungen für die Anerkennung, Aufnahme der Tätigkeit

(1) Ein rechtsfähiger Verein kann als Lohnsteuerhilfeverein anerkannt werden, wenn nach der Satzung

1. seine Aufgabe ausschließlich die Hilfeleistung in Steuersachen im Rahmen der Befugnis nach § 4 Nr. 11 für seine Mitglieder ist;
2. der Sitz und die Geschäftsleitung des Vereins sich in demselben Berzik der Aufsichtsbehörde befinden;
3. der Name des Vereins keinen Bestandteil mit besonderem Werbecharakter enthält;
4. eine sachgemäße Ausübung der Hilfeleistung in Steuersachen im Rahmen der Befugnis nach § 4 Nr. 11 sichergestellt ist;
5. für die Hilfeleistung in Steuersachen im Rahmen der Befugnis nach § 4 Nr. 11 neben dem Mitgliedsbeitrag kein besonderes Entgelt erhoben wird;[1)]
6. die Anwendung der Vorschriften des § 27 Abs. 1 und 3 sowie der §§ 32 und 33 des Bürgerlichen Gesetzbuches nicht ausgeschlossen ist;
7. Verträge des Vereins mit Mitgliedern des Vorstands oder deren Angehörigen der Zustimmung oder Genehmigung der Mitgliederversammlung bedürfen;
8. innerhalb von drei Monaten nach Bekanntgabe des wesentlichen Inhalts der Prüfungsfeststellungen an die Mitglieder (§ 22 Abs. 7 Nr. 2) eine Mitgliederversammlung stattfinden muss, in der insbesondere eine Aussprache über das Ergebnis der Geschäftsprüfung durchzuführen und über die Entlastung des Vorstandes wegen seiner Geschäftsführung während des geprüften Geschäftsjahres zu befinden ist.

An die Stelle der Mitgliederversammlung kann eine Vertreterversammlung treten, sofern durch sie eine ausreichende Wahrnehmung der Interessen der Mitglieder gewährleistet ist. Die Vorschriften über Mitgliederversammlungen gelten für Vertreterversammlungen sinngemäß.

(2) Die Anerkennung darf nur ausgesprochen werden, wenn das Bestehen einer Versicherung gegen die sich aus der Hilfeleistung in Steuersachen im Rahmen der Befugnis nach § 4 Nr. 11 ergebenden Haftpflichtgefahren (§ 25 Abs. 2) nachgewiesen wird.

(3) Die Hilfeleistung in Steuersachen im Rahmen der Befugnis nach § 4 Nr. 11 darf erst nach der Anerkennung als Lohnsteuerhilfeverein aufgenommen werden.

§ 15
Anerkennungsbehörde, Satzung

(1) Für die Entscheidung über den Antrag auf Anerkennung als Lohnsteuerhilfeverein ist die Aufsichtsbehörde zuständig, in deren Bezirk der Verein seinen Sitz hat.

(2) Dem Antrag auf Anerkennung als Lohnsteuerhilfeverein ist eine öffentlich beglaubigte Abschrift der Satzung beizufügen.

(3) Der Lohnsteuerhilfeverein hat jede Satzungsänderung der für den Sitz des Vereins zuständigen Aufsichtsbehörde innerhalb eines Monats nach der Beschlussfassung anzuzeigen. Der Änderungsanzeige ist eine öffentlich beglaubigte Abschrift der jeweiligen Urkunde beizufügen.

§ 16
Gebühren für die Anerkennung

Für die Bearbeitung des Antrags auf Anerkennung als Lohnsteuerhilfeverein hat der Verein eine Gebühr von dreihundert Euro an die Aufsichtsbehörde zu zahlen.

---

1) Zur Erhebung von Mitgliedsbeiträgen durch Lohnsteuerhilfevereine siehe gleich lautende Erlasse der Länder vom 10.11.2011 (BStBl. I S. 1086).

§ 17
Urkunde

Über die Anerkennung als Lohnsteuerhilfeverein stellt die Aufsichtsbehörde eine Urkunde aus.

§ 18
Bezeichnung „Lohnsteuerhilfeverein"

Der Verein ist verpflichtet, die Bezeichnung „Lohnsteuerhilfeverein" in den Namen des Vereins aufzunehmen.

§ 19
Erlöschen der Anerkennung

(1) Die Anerkennung erlischt durch
1. Auflösung des Vereins;
2. Verzicht auf die Anerkennung;
3. Verlust der Rechtsfähigkeit.

(2) Der Verzicht ist schriftlich gegenüber der Aufsichtsbehörde zu erklären.

§ 20
Rücknahme und Widerruf der Anerkennung

(1) Die Aufsichtsbehörde hat die Anerkennung zurückzunehmen, wenn sich nach der Anerkennung ergibt, daß sie hätte versagt werden müssen.

(2) Die Aufsichtsbehörde hat die Anerkennung zu widerrufen,
1. wenn die Voraussetzungen für die Anerkennung als Lohnsteuerhilfeverein nachträglich fortfallen, es sei denn, dass der Verein innerhalb einer angemessenen, von der Aufsichtsbehörde zu bestimmenden Frist den dem Gesetz entsprechenden Zustand herbeiführt;
2. wenn die tatsächliche Geschäftsführung des Lohnsteuerhilfevereins nicht mit den in § 14 bezeichneten Anforderungen an die Satzung übereinstimmt;
3. wenn eine sachgemäße Ausübung der Hilfeleistung in Steuersachen im Rahmen der Befugnis nach § 4 Nr. 11 oder eine ordnungsgemäße Geschäftsführung nicht gewährleistet ist; eine ordnungsgemäße Geschäftsführung liegt insbesondere nicht vor, wenn
   a) gegen Pflichten nach diesem Gesetz in nachhaltiger Weise verstoßen wurde oder
   b) der Lohnsteuerhilfeverein in Vermögensverfall geraten ist; ein Vermögensverfall wird vermutet, wenn ein Insolvenzverfahren über das Vermögen des Lohnsteuerhilfevereins eröffnet oder der Lohnsteuerhilfeverein in das vom Vollstreckungsgericht zu führende Schuldnerverzeichnis (§ 26 Abs. 2 der Insolvenzordnung; § 882b der Zivilprozessordnung) eingetragen ist.

(3) Vor der Rücknahme oder dem Widerruf ist der Lohnsteuerhilfeverein zu hören.

§ 21
Aufzeichnungspflicht

(1) Der Lohnsteuerhilfeverein hat sämtliche Einnahmen und Ausgaben fortlaufend und vollständig aufzuzeichnen. Die Aufzeichnungen sind unverzüglich und in deutscher Sprache vorzunehmen.

(2) Für einzelne Mitglieder des Lohnsteuerhilfevereins empfangene Beträge sind vom Vereinsvermögen getrennt zu erfassen und gesondert zu verwalten.

(3) Der Lohnsteuerhilfeverein hat bei Beginn seiner Tätigkeit und am Ende eines jeden Geschäftsjahres auf Grund einer für diesen Zeitpunkt vorgenommenen Bestandsaufnahme seine Vermögenswerte und Schulden aufzuzeichnen und in einer Vermögensübersicht zusammenzustellen.

(4) Die Belege und sonstigen Unterlagen sind geordnet zu sammeln und sechs Jahre aufzubewahren. Die Aufzeichnungen der Einnahmen und Ausgaben und die Vermögensübersichten sind zehn Jahre aufzubewahren. Im Übrigen gelten für die Aufbewahrung der Belege, sonstigen Unterlagen, Aufzeichnungen und Vermögensübersichten die Vorschriften des Handelsgesetzbuches über die Aufbewahrung von Bilanzen, Inventaren, Belegen und sonstigen Unterlagen entsprechend.

(5) Sonstige Vorschriften über Aufzeichnungs- und Buchführungspflichten bleiben unberührt.

§ 22
Geschäftsprüfung

(1) Der Lohnsteuerhilfeverein hat die Vollständigkeit und Richtigkeit der Aufzeichnungen und der Vermögensübersicht (§ 21 Abs. 1 bis 3) sowie die Übereinstimmung der tatsächlichen Geschäftsführung mit den satzungsmäßigen Aufgaben des Lohnsteuerhilfevereins jährlich innerhalb von sechs Monaten nach Beendigung des Geschäftsjahres durch einen oder mehrere Geschäftsprüfer prüfen zu lassen.

(2) Zu Geschäftsprüfern können nur bestellt werden
1. Personen und Gesellschaften, die nach § 3 zu unbeschränkter Hilfeleistung in Steuersachen befugt sind,
2. Prüfungsverbände, zu deren satzungsmäßigem Zweck die regelmäßige oder außerordentliche Prüfung der Mitglieder gehört, wenn mindestens ein gesetzlicher Vertreter des Verbandes Steuerberater, Steuerbevollmächtigter, Rechtsanwalt, niedergelassener europäischer Rechtsanwalt, Wirtschaftsprüfer oder vereidigter Buchprüfer ist.

(3) Als Geschäftsprüfer dürfen keine Personen tätig sein, bei denen die Besorgnis der Befangenheit besteht, insbesondere weil sie Vorstandsmitglied, besonderer Vertreter oder Angestellter des zu prüfenden Lohnsteuerhilfevereins sind.

(4) Den Geschäftsprüfern ist Einsicht in die Bücher und Aufzeichnungen sowie den Schriftwechsel des Vereins zu gewähren und eine Untersuchung des Kassenbestandes und der Bestände an sonstigen Vermögenswerten zu gestatten. Ihnen sind alle Aufklärungen und Nachweise zu geben, die für die Durchführung einer sorgfältigen Prüfung notwendig sind.

(5) Die Geschäftsprüfer sind zu gewissenhafter und unparteiischer Prüfung und zur Verschwiegenheit verpflichtet. Sie dürfen Geschäftsgeheimnisse, die sie bei der Wahrnehmung ihrer Obliegenheiten erfahren haben, nicht unbefugt verwerten. Wer seine Obliegenheiten vorsätzlich oder grob fahrlässig verletzt, haftet dem Lohnsteuerhilfeverein für den daraus entstehenden Schaden. Mehrere Personen haften als Gesamtschuldner.

(6) Die Geschäftsprüfer haben über das Ergebnis der Prüfung dem Vorstand des Lohnsteuerhilfevereins unverzüglich schriftlich zu berichten.

(7) Der Lohnsteuerhilfeverein hat
1. innerhalb eines Monats nach Erhalt des Prüfungsberichts spätestens jedoch neun Monate nach Beendigung des Geschäftsjahres eine Abschrift hiervon der zuständigen Aufsichtsbehörde zuzuleiten;
2. innerhalb von sechs Monaten nach Erhalt des Prüfungsberichts den wesentlichen Inhalt der Prüfungsfeststellungen den Mitgliedern schriftlich bekanntzugeben.

§ 23
Ausübung der Hilfeleistung in Steuersachen im Rahmen der Befugnis nach § 4 Nr. 11, Beratungsstellen

(1) Die Hilfeleistung in Steuersachen im Rahmen der Befugnis nach § 4 Nr. 11, darf nur durch Personen ausgeübt werden, die einer Beratungsstelle angehören. Für jede Beratungsstelle ist ein Leiter zu bestellen. Er darf gleichzeitig nur eine weitere Beratungsstelle leiten.

(2) Der Lohnsteuerhilfeverein muss in dem Bezirk der Aufsichtsbehörde, in dem er seinen Sitz hat, mindestens eine Beratungsstelle unterhalten. Die Unterhaltung von Beratungsstellen in Bezirken anderer Aufsichtsbehörden ist zulässig.

(3) Der Lohnsteuerhilfeverein darf zum Leiter einer Beratungsstelle nur Personen bestellen, die
1. zu dem in § 3 Nr. 1 bezeichneten Personenkreis gehören oder
2. eine Abschlussprüfung in einem kaufmännischen Ausbildungsberuf bestanden haben oder eine andere gleichwertige Vorbildung besitzen und nach Abschluss der Ausbildung drei Jahre in einem Umfang von mindestens 16 Wochenstunden auf dem Gebiet der von den Bundes- oder Landesbehörden verwalteten Steuern praktisch tätig gewesen sind oder
3. mindestens drei Jahre auf den für die Beratungsbefugnis nach § 4 Nr. 11 einschlägigen Gebieten des Einkommensteuerrechts in einem Umfang von mindestens 16 Wochenstunden praktisch tätig gewesen sind; auf die mindestens dreijährige Tätigkeit können Ausbildungszeiten nicht angerechnet werden.

Zum Leiter einer Beratungsstelle darf nicht bestellt werden, wer sich so verhalten hat, dass die Besorgnis begründet ist, er werde die Pflichten des Lohnsteuerhilfevereins nicht erfüllen.

(4) Der Lohnsteuerhilfeverein hat der für den Sitz der Beratungsstelle zuständigen Aufsichtsbehörde mitzuteilen

1. die Eröffnung oder Schließung einer Beratungsstelle;
2. die Bestellung oder Abberufung des Leiters einer Beratungsstelle;
3. die Personen, deren sich der Verein bei der Hilfeleistung in Steuersachen im Rahmen der Befugnis nach § 4 Nr. 11 bedient.

(5) Der Mitteilung über die Bestellung des Leiters einer Beratungsstelle ist ein Nachweis darüber beizufügen, dass die Voraussetzungen des Absatzes 3 erfüllt sind.

(6) Eine Beratungsstelle darf ihre Tätigkeit nur ausüben, wenn sie und der Beratungsstellenleiter nach Überprüfung der in Absatz 3 genannten Voraussetzungen bei der zuständigen Aufsichtsbehörde (§ 27 Abs. 2) im Verzeichnis der Lohnsteuerhilfevereine eingetragen sind.

§ 24
Abwicklung der schwebenden Steuersachen im Rahmen der Befugnis nach § 4 Nr. 11

(1) Ist die Anerkennung als Lohnsteuerhilfeverein erloschen, zurückgenommen oder widerrufen worden, so kann die Aufsichtsbehörde auf Antrag erlauben, dass der Verein einen Beauftragten zur Abwicklung der schwebenden Steuersachen im Rahmen der Befugnis nach § 4 Nr. 11 bestellt.

(2) Zum Beauftragten darf nur bestellt werden, wer die in § 23 Abs. 3 bezeichneten Voraussetzungen erfüllt.

(3) Die Erlaubnis nach Absatz 1 darf längstens für die Dauer von sechs Monaten erteilt werden; sie kann jederzeit widerrufen werden.

(4) § 70 Abs. 2 und 3 gilt sinngemäß.

§ 25
Haftungsausschluss, Haftpflichtversicherung

(1) Bei der Hilfeleistung in Steuersachen im Rahmen der Befugnis nach § 4 Nr. 11 für die Mitglieder kann die Haftung des Vereins für das Verschulden seiner Organe und Angestellten nicht ausgeschlossen werden.

(2) Die Lohnsteuerhilfevereine müssen gegen die sich aus der Hilfeleistung in Steuersachen im Rahmen der Befugnis nach § 4 Nr. 11 ergebenden Haftpflichtgefahren angemessen versichert sein. Zuständige Stelle im Sinne des § 117 Abs. 2 des Versicherungsvertragsgesetzes ist die Aufsichtsbehörde.

(3) (weggefallen).

§ 26
Allgemeine Pflichten der Lohnsteuerhilfevereine

(1) Die Hilfeleistung in Steuersachen im Rahmen der Befugnis nach § 4 Nr. 11 ist sachgemäß, gewissenhaft, verschwiegen und unter Beachtung der Regelungen zur Werbung (§ 8) auszuüben.

(2) Die Ausübung einer anderen wirtschaftlichen Tätigkeit in Verbindung mit der Hilfeleistung in Steuersachen im Rahmen der Befugnis nach § 4 Nr. 11 ist nicht zulässig.

(3) Alle Personen, deren sich der Verein bei der Hilfeleistung in Steuersachen im Rahmen der Befugnis nach § 4 Nr. 11 bedient, sind zur Einhaltung der in den Absätzen 1 und 2 bezeichneten Pflichten anzuhalten.

(4) Die Handakten über die Hilfeleistungen in Steuersachen im Rahmen der Befugnis nach § 4 Nr. 11 sind auf die Dauer von zehn Jahren nach Abschluss der Tätigkeit des Vereins in der Steuersache des Mitglieds aufzubewahren. § 66 ist sinngemäß anzuwenden.

§ 27
Aufsichtsbehörde

(1) Aufsichtsbehörde ist die Oberfinanzdirektion oder die durch die Landesregierung bestimmte Landesfinanzbehörde. Sie führt die Aufsicht über die Lohnsteuerhilfevereine, die ihren Sitz im Bezirk der Aufsichtsbehörde haben.

(2) Der Aufsicht durch die Aufsichtsbehörde unterliegen auch alle im Bezirk der Aufsichtsbehörde bestehenden Beratungsstellen. Die im Wege der Aufsicht getroffenen Feststellungen sind der für den Sitz des Lohnsteuerhilfevereins zuständigen Aufsichtsbehörde mitzuteilen.

(3) Die Finanzbehörden teilen der zuständigen Aufsichtsbehörde die ihnen bekannten Tatsachen mit, die den Verdacht begründen, dass ein Lohnsteuerhilfeverein gegen Vorschriften dieses Gesetzes verstoßen hat.

§ 28
Pflicht zum Erscheinen vor der Aufsichtsbehörde, Befugnisse der Aufsichtsbehörde

(1) Die Mitglieder des Vorstandes eines Lohnsteuerhilfevereins und die Personen, deren sich der Verein bei der Hilfeleistung in Steuersachen im Rahmen der Befugnis nach § 4 Nr. 11 bedient, haben auf Verlangen vor der Aufsichtsbehörde zu erscheinen, Auskunft zu geben sowie Handakten und Geschäftsunterlagen vorzulegen.

(2) Die mit der Aufsicht betrauten Amtsträger sind berechtigt, die Geschäftsräume der Lohnsteuerhilfevereine und der in Absatz 1 bezeichneten Personen während der Geschäfts- und Arbeitszeiten zu betreten, um Prüfungen vorzunehmen oder sonst Feststellungen zu treffen, die zur Ausübung der Aufsicht für erforderlich gehalten werden.

(3) Ist für eine Beratungsstelle ein Leiter nicht vorhanden oder erfüllt die zum Leiter bestellte Person nicht die in § 23 Abs. 3 bezeichneten Voraussetzungen oder ist in einer Beratungsstelle die Einhaltung der in § 26 bezeichneten Pflichten nicht gewährleistet, so kann die Aufsichtsbehörde die Schließung dieser Beratungsstelle anordnen.

§ 29
Teilnahme der Aufsichtsbehörde an Mitgliederversammlungen

(1) Von bevorstehenden Mitgliederversammlungen ist die Aufsichtsbehörde spätestens zwei Wochen vorher zu unterrichten.

(2) Die Aufsichtsbehörde ist berechtigt, zur Teilnahme an der Mitgliederversammlung Vertreter zu entsenden.

§ 30
Verzeichnis der Lohnsteuerhilfevereine

(1) Die Aufsichtsbehörden führen ein Verzeichnis über
1. die Lohnsteuerhilfevereine, die im Bezirk der Aufsichtsbehörde ihren Sitz haben;
2. die im Bezirk der Aufsichtsbehörde bestehenden Beratungsstellen.

(2) Die Einsicht in das Verzeichnis ist jedem gestattet, der ein berechtigtes Interesse darlegt.

§ 31
Durchführungsbestimmungen zu den Vorschriften über die Lohnsteuerhilfevereine

(1) Das Bundesministerium der Finanzen wird ermächtigt, durch Rechtsverordnung mit Zustimmung des Bundesrates Bestimmungen zu erlassen – Anhang 37 –
1. über das Verfahren bei der Anerkennung als Lohnsteuerhilfeverein,
2. über Einrichtung und Führung des Verzeichnisses nach § 30 Abs. 1 sowie über die sich auf die Eintragung beziehenden Meldepflichten der Lohnsteuerhilfevereine,
3. über die Verfahren bei der Eröffnung und Schließung von Beratungsstellen und bei der Bestellung von Beratungsstellenleitern;
4. über die zur Bestellung eines Beratungsstellenleiters erforderlichen Erklärungen und Nachweise;
5. über den Abschluss und die Aufrechterhaltung der Haftpflichtversicherung, den Inhalt, den Umfang und die Ausschlüsse des Versicherungsvertrages sowie über die Höhe der Mindestdeckungssummen.

(2) Die Landesregierungen werden ermächtigt, die den Oberfinanzdirektionen nach dem Zweiten Abschnitt des Ersten Teils zugewiesenen Aufgaben auf eine andere Landesfinanzbehörde zu übertragen. Diese Aufgaben können durch Vereinbarung auch auf eine Landesfinanzbehörde eines anderen Landes übertragen werden. Die Landesregierungen können die Ermächtigung durch Rechtsverordnung auf die jeweils für die Finanzverwaltung zuständige oberste Landesbehörde übertragen.

Dritter Teil (Ordnungswidrigkeiten)

§ 159
Zwangsmittel
Die Anwendung von Zwangsmitteln richtet sich nach der Abgabenordnung.

§ 160
Unbefugte Hilfeleistung in Steuersachen

(1) Ordnungswidrig handelt, wer entgegen § 5 Abs. 1 oder entgegen einer vollziehbaren Untersagung nach § 7 geschäftsmäßig Hilfe in Steuersachen leistet.

(2) Die Ordnungswidrigkeit kann mit einer Geldbuße bis zu fünftausend Euro geahndet werden.

§ 161
Schutz der Bezeichnungen „Steuerberatungsgesellschaft", „Lohnsteuerhilfeverein" und „Landwirtschaftliche Buchstelle"

(1) Ordnungswidrig handelt, wer unbefugt die Bezeichnung „Steuerberatungsgesellschaft", „Lohnsteuerhilfeverein", „Landwirtschaftliche Buchstelle" oder eine einer solchen zum Verwechseln ähnliche Bezeichnung benutzt.

(2) Die Ordnungswidrigkeit kann mit einer Geldbuße bis zu fünftausend Euro geahndet werden.

§ 162
Verletzung der den Lohnsteuerhilfevereinen obliegenden Pflichten

(1) Ordnungswidrig handelt, wer
1. entgegen § 14 Abs. 1 Nr. 8 eine Mitgliederversammlung oder eine Vertreterversammlung nicht durchführt,
2. entgegen § 15 Abs. 3 eine Satzungsänderung der zuständigen Aufsichtsbehörde nicht oder nicht rechtzeitig anzeigt,
3. entgegen § 22 Abs. 1 die jährliche Geschäftsprüfung nicht oder nicht rechtzeitig durchführen lässt,
4. entgegen § 22 Abs. 7 Nr. 1 die Abschrift des Berichts über die Geschäftsprüfung der zuständigen Aufsichtsbehörde nicht oder nicht rechtzeitig zuleitet,
5. entgegen § 22 Abs. 7 Nr. 2 den Mitgliedern des Lohnsteuerhilfevereins den wesentlichen Inhalt der Prüfungsfeststellungen nicht oder nicht rechtzeitig bekanntgibt,
6. entgegen § 23 Abs. 3 Satz 1 zur Leitung einer Beratungsstelle eine Person bestellt, die nicht die dort bezeichneten Voraussetzungen erfüllt,
7. entgegen § 23 Abs. 4 der zuständigen Aufsichtsbehörde die Eröffnung oder Schließung einer Beratungsstelle, die Bestellung oder Abberufung des Leiters einer Beratungsstelle oder die Personen, deren sich der Verein bei der Hilfeleistung in Steuersachen im Rahmen der Befugnis nach § 4 Nr. 11 bedient, nicht mitteilt oder
8. entgegen § 25 Abs. 2 Satz 1 nicht angemessen versichert ist oder
9. entgegen § 29 Abs. 1 die Aufsichtsbehörde nicht oder nicht rechtzeitig von Mitgliederversammlungen oder Vertreterversammlungen unterrichtet.

(2) Die Ordnungswidrigkeit nach Absatz 1 Nr. 1, 3 bis 6 und 8 kann mit einer Geldbuße bis zu fünftausend Euro, die Ordnungswidrigkeit nach Absatz 1 Nr. 2, 7 und 9 mit einer Geldbuße bis zu eintausend Euro geahndet werden.

§ 163
Pflichtverletzung von Personen, deren sich der Verein bei der Hilfeleistung in Steuersachen im Rahmen der Befugnis nach § 4 Nr. 11 bedient

(1) Ordnungswidrig handelt, wer entgegen § 26 Abs. 2 in Verbindung mit der Hilfeleistung in Steuersachen im Rahmen der Befugnis nach § 4 Nr. 11 eine andere wirtschaftliche Tätigkeit ausübt.

(2) Die Ordnungswidrigkeit kann mit einer Geldbuße bis zu fünfundzwanzigtausend Euro geahndet werden.

§ 164
Verfahren

(1) Die Durchführung des Verwaltungsverfahrens in öffentlich-rechtlichen und berufsrechtlichen Angelegenheiten, die durch den Ersten Teil, den Zweiten und Sechsten Abschnitt des Zweiten Teils und den Ersten Abschnitt des Dritten Teils dieses Gesetzes geregelt werden, richtet sich nach der Abgabenordnung.

(2) Im Falle der Rücknahme oder des Widerrufs der Anerkennung als Lohnsteuerhilfeverein (§ 20), der Anordnung der Schließung einer Beratungsstelle (§ 28 Abs. 3), der Bestellung als Steuerberater oder Steuerbevollmächtigter (§ 46) oder Anerkennung als Steuerberatungsgesellschaft (§ 55) gelten § 361 Abs. 4 der Abgabenordnung und § 69 Abs. 5 der Finanzgerichtsordnung entsprechend. Daneben kann die Ausübung der Hilfeleistung in Steuersachen mit sofortiger Wirkung untersagt werden, wenn es das öffentliche Interesse erfordert.

Verordnung zur Durchführung der Vorschriften über die Lohnsteuerhilfevereine (DVLStHV)

Vom 15. Juli 1975 (BGBl. I S. 1906)[1)]

Auf Grund des § 31 des Steuerberatungsgesetzes vom 16. August 1961 (Bundesgesetzbl. I S. 1301) in der Fassung des Dritten Gesetzes zur Änderung des Steuerberatungsgesetzes vom 24. Juni 1975 (Bundesgesetzbl. I S. 1509) wird mit Zustimmung des Bundesrates verordnet:

Erster Teil
Anerkennung als Lohnsteuerhilfeverein

§ 1
Antrag

Der Antrag auf Anerkennung als Lohnsteuerhilfeverein ist schriftlich bei der zuständigen Aufsichtsbehörde einzureichen, in deren Bezirk der Verein seinen Sitz und seine Geschäftsleitung hat.

§ 2
Nachweise

Dem Antrag auf Anerkennung als Lohnsteuerhilfeverein sind neben der öffentlich beglaubigten Abschrift der Satzung (§ 15 Abs. 2 des Gesetzes) beizufügen

1. der Nachweis über den Erwerb der Rechtsfähigkeit,
2. eine Liste mit den Namen und den Anschriften der Mitglieder des Vorstands,
3. der Nachweis über das Bestehen einer Versicherung gegen die sich aus der Hilfeleistung in Steuersachen im Rahmen der Befugnis nach § 4 Nr. 11 des Steuerberatungsgesetzes ergebenden Haftpflichtgefahren,
4. ein Verzeichnis der Beratungsstellen, deren Eröffnung im Bezirk der für die Anerkennung zuständigen Aufsichtsbehörde (§ 1) beabsichtigt ist, sowie die nach den §§ 4a und 4b erforderlichen Mitteilungen nebst Erklärungen und Nachweisen,
5. eine Abschrift der nicht in der Satzung enthaltenen Regelungen über die Erhebung von Beiträgen.

§ 3
Anerkennungsurkunde

Die Anerkennungsurkunde (§ 17 des Gesetzes) enthält

1. die Bezeichnung der anerkennenden Behörde,
2. Ort und Datum der Anerkennung,
3. Namen und Sitz des Vereins,
4. die Anerkennung als Lohnsteuerhilfeverein,
5. Dienstsiegel und
6. Unterschrift.

§ 4
Ablehnung der Anerkennung

Über eine Ablehnung des Antrags auf Anerkennung als Lohnsteuerhilfeverein ist ein schriftlicher Bescheid zu erteilen.

Zweiter Teil
Beratungsstellen, Beratungsstellenleiter

§ 4a
Eröffnung einer Beratungsstelle

Die Mitteilung über die Eröffnung einer Beratungsstelle (§ 23 Abs. 4 Nr. 1 des Gesetzes) muss folgende Angaben enthalten:

1. Anschrift der Beratungsstelle,

---

1) Unter Berücksichtigung der Änderungen zuletzt durch Artikel 14 OGAW-IV-UmsG vom 22.6.2011 (BGBl. I S. 1126).

2. ob und gegebenenfalls welche räumlichen, personellen und organisatorischen Verflechtungen mit anderen wirtschaftlichen Unternehmen bestehen.

§ 4b
Bestellung eines Beratungsstellenleiters

(1) Die Mitteilung über die Bestellung des Leiters einer Beratungsstelle (§ 23 Abs. 4 Nr. 2 des Gesetzes) muß die Anschrift der übernommenen Beratungsstelle sowie folgende Angaben über den Beratungsstellenleiter enthalten:
1. Name, Anschrift und Beruf,
2. ob und gegebenenfalls bei welchem Lohnsteuerhilfeverein er bereits früher Hilfe in Steuersachen im Rahmen der Befugnis nach § 4 Nr. 11 des Steuerberatungsgesetzes geleistet hat,
3. ob und gegebenenfalls welche andere Beratungsstelle eines Lohnsteuerhilfevereins er weiterhin leitet.

(2) Der Mitteilung nach Absatz 1 sind beizufügen:
1. Bescheinigungen über die bisherige berufliche Tätigkeit, insbesondere mit Angaben über Art und Umfang der Tätigkeit, als Nachweis darüber, dass die Voraussetzungen des § 23 Abs. 3 Satz 1 des Gesetzes erfüllt sind,
2. eine Erklärung des Beratungsstellenleiters,
    a) dass er sich in geordneten wirtschaftlichen Verhältnissen befindet,
    b) ob er innerhalb der letzten zwölf Monate strafgerichtlich verurteilt worden ist und ob gegen ihn ein gerichtliches Strafverfahren oder ein Ermittlungsverfahren anhängig ist; entsprechendes gilt für berufsgerichtliche Verfahren sowie für Bußgeldverfahren nach der Abgabenordnung und dem Steuerberatungsgesetz,
    c) dass er bei der Meldebehörde die Erteilung eines Führungszeugnisses zur Vorlage bei der zuständigen Behörde beantragt hat.

Dritter Teil

Verzeichnis der Lohnsteuerhilfevereine

§ 5
Eintragung

In das Verzeichnis der Lohnsteuerhilfevereine sind einzutragen
1. Lohnsteuerhilfevereine, die im Bezirk der Aufsichtsbehörde ihren Sitz und ihre Geschäftsleitung haben, und zwar
    a) der Name, der Sitz und die Anschrift der Geschäftsleitung des Vereins,
    b) der Tag der Anerkennung als Lohnsteuerhilfeverein und die Aufsichtsbehörde, die die Anerkennung ausgesprochen hat,
    c) die Namen und die Anschriften der Mitglieder des Vorstands,
    d) sämtliche Beratungsstellen des Vereins
    sowie alle Veränderungen zu den Buchstaben a, c und d;
2. im Aufsichtsbehörde bestehende Beratungsstellen, und zwar
    a) der Name, der Sitz und die Anschrift der Geschäftsleitung des Vereins,
    b) die Anschrift der Beratungsstelle,
    c) der Name und die Anschrift des Leiters der Beratungsstelle
    sowie alle Veränderungen zu den Buchstaben a bis c.

§ 5a
Ablehnung der Eintragung

Wird die Eintragung einer Beratungsstelle oder eines Beratungsstellenleiters in das Verzeichnis der Lohnsteuerhilfevereine abgelehnt, gilt § 4 entsprechend.

§ 6
Löschung

Im Verzeichnis der Lohnsteuerhilfevereine sind zu löschen
1. Lohnsteuerhilfevereine,

a) wenn die Anerkennung als Lohnsteuerhilfeverein erloschen oder unanfechtbar zurückgenommen oder widerrufen ist,
b) wenn der Sitz und die Geschäftsleitung aus dem Bezirk der Aufsichtsbehörde verlegt wird;
2. Beratungsstellen, wenn die Beratungsstelle geschlossen ist.

§ 7
Meldepflichten

Die Vertretungsberechtigten des Vereins haben der das Verzeichnis führenden Aufsichtsbehörde die für die Eintragung oder Löschung nach § 5 Nr. 1 Buchstaben a und c, Nr. 2, § 6 Nr. 1 Buchstabe b und Nr. 2 erforderlichen Angaben innerhalb von zwei Wochen nach Eintritt des Ereignisses, das eine Eintragung oder Löschung notwendig macht, mitzuteilen. Mitteilungen nach § 23 Abs. 4 des Gesetzes gelten gleichzeitig als Mitteilungen im Sinne dieser Vorschrift.

§ 8
Mitteilung über Eintragung und Löschung

(1) Die das Verzeichnis führende Behörde hat dem Verein Eintragungen, die für das Tätigwerden einer Beratungsstelle Voraussetzung sind (§ 23 Abs. 6 des Gesetzes), mitzuteilen. Hat der Verein seinen Sitz und seine Geschäftsleitung im Bezirk einer anderen Aufsichtsbehörde, so sind auch dieser Mitteilungen zu übersenden.

(2) Wird der Verein im Verzeichnis gelöscht, so ist dies allen Aufsichtsbehörden, in deren Verzeichnissen Beratungsstellen des Vereins eingetragen sind, sowie dem zuständigen Registergericht mitzuteilen.

Vierter Teil

Haftpflichtversicherung

§ 9[1)]
Versicherungspflicht

(1) Lohnsteuerhilfevereine sind verpflichtet, sich gegen die aus ihrer Tätigkeit (§ 4 Nummer 11 des Gesetzes) ergebenden Haftpflichtgefahren für Vermögensschäden zu versichern und die Versicherung während der Dauer ihrer Anerkennung aufrechtzuerhalten. Der Versicherungsschutz muss sich auch auf solche Vermögensschäden erstrecken, für die der Versicherungsnehmer nach § 278 oder § 831 des Bürgerlichen Gesetzbuchs einzustehen hat.

(2) Die Versicherung muss bei einem im Inland zum Geschäftsbetrieb befugten Versicherungsunternehmen zu den nach Maßgabe des Versicherungsaufsichtsgesetzes eingereichten allgemeinen Versicherungsbedingungen genommen werden.

§ 10
Mindestversicherungssumme

(1) Die Mindestversicherungssumme muss für den einzelnen Versicherungsfall 50 000 Euro betragen.

(2) Eine Selbstbeteiligung von bis zu 300 Euro ist zulässig. Die Selbstbeteiligung ist auszuschließen für den Fall, dass bei Geltendmachung des Schadens durch einen Dritten die Anerkennung als Lohnsteuerhilfeverein erloschen ist.

(3) Wird eine Jahreshöchstleistung für alle im Versicherungsjahr verursachten Schäden vereinbart, muss sie mindestens 200 000 Euro betragen.

§ 11
Sonstige Inhalte des Versicherungsvertrags

(1) Der Versicherungsvertrag muss vorsehen, dass Versicherungsschutz für jede einzelne, während der Geltung des Versicherungsvertrags begangene Pflichtverletzung besteht, die gesetzliche Haftpflichtansprüche privatrechtlichen Inhalts zur Folge haben könnte.

(2) Im Versicherungsvertrag ist der Versicherer zu verpflichten, der zuständigen Aufsichtsbehörde den Beginn und die Beendigung oder Kündigung des Versicherungsvertrags sowie jede Änderung des Versicherungsvertrags, die den vorgeschriebenen Versicherungsschutz beeinträchtigt, unverzüglich mitzuteilen. Die Aufsichtsbehörde (§ 27 des Gesetzes) erteilt Dritten zur Geltendmachung von Schadensersatzansprüchen auf Antrag Auskunft über den Namen und die Adresse der Berufshaftpflichtversicherung

---
1) § 9 ist mit Wirkung vom 1. 1. 2011 in Kraft getreten (Artikel 14, 15 Absatz 3 OGAW-IV-UmsG vom 22. Juni 2011 (BGBl. I S. 1126).

des Lohnsteuerhilfevereins sowie die Versicherungsnummer, soweit der Lohnsteuerhilfeverein kein überwiegendes schutzwürdiges Interesse an der Nichterteilung der Auskunft hat.

(3) Der Versicherungsvertrag kann vorsehen, dass die Versicherungssumme den Höchstbetrag der dem Versicherer in jedem einzelnen Schadensfall obliegenden Leistung darstellt, und zwar mit der Maßgabe, dass nur eine einmalige Leistung der Versicherungssumme in Frage kommt

1. gegenüber mehreren entschädigungspflichtigen Personen, auf welche sich der Versicherungsschutz erstreckt,
2. bezüglich eines aus mehreren Verstößen stammenden einheitlichen Schadens,
3. bezüglich sämtlicher Folgen eines Verstoßes. Dabei gilt mehrfaches, auf gleicher oder gleichartiger Fehlerquelle beruhendes Tun oder Unterlassen als einheitlicher Verstoß, wenn die betreffenden Angelegenheiten miteinander in rechtlichem oder wirtschaftlichem Zusammenhang stehen. In diesem Fall kann die Leistung des Versicherers auf das Fünffache der Mindestversicherungssumme begrenzt werden.

§ 12
Ausschlüsse

Von der Versicherung kann die Haftung ausgeschlossen werden für

1. Ersatzansprüche wegen wissentlicher Pflichtverletzung und
2. Ersatzansprüche wegen Schäden, die durch fehlerhafte Kassenführung, durch Verstöße beim Zahlungsakt oder durch Veruntreuung durch das Personal des Versicherungsnehmers entstehen.

§ 13
Nachweis des Versicherungsabschlusses vor der Anerkennung

Der Lohnsteuerhilfeverein, der die Anerkennung beantragt, muss der anerkennenden Aufsichtsbehörde (§ 27 des Gesetzes) den Abschluss einer dieser Verordnung entsprechenden Berufshaftpflichtversicherung durch eine Bestätigung des Versicherers nachweisen oder eine entsprechende vorläufige Deckungszusage vorlegen, in der sich der Versicherer verpflichtet, den Widerruf der Deckungszusage unverzüglich der zuständigen Aufsichtsbehörde mitzuteilen. Bei Vorlage einer vorläufigen Deckungszusage ist nach der Anerkennung der zuständigen Aufsichtsbehörde unverzüglich der Abschluss der Berufshaftpflichtversicherung durch eine Bestätigung des Versicherers oder eine beglaubigte Abschrift des Versicherungsscheins nachzuweisen.

§ 14
Anzeige von Veränderungen

(1) Die Beendigung oder Kündigung des Versicherungsvertrags, jede Änderung des Versicherungsvertrags, die den nach dieser Verordnung vorgeschriebenen Versicherungsschutz beeinträchtigt, der Wechsel des Versicherers und der Widerruf einer vorläufigen Deckungszusage sind der gemäß § 25 Absatz 2 des Gesetzes zuständigen Aufsichtsbehörde von dem Versicherungspflichtigen unverzüglich anzuzeigen.

(2) Die zuständige Aufsichtsbehörde ist berechtigt, Auskünfte über den Beginn und über die in Absatz 1 aufgeführten Veränderungen des Versicherungsvertrags beim Versicherer einzuholen.

Rechtsprechungsauswahl

BFH v. 26. 10. 2010 VII R 23/09 (BStBl. 2011 II S. 188): Grenzen der Vereinsautonomie bei der Gestaltung der Beitragsordnung eines Lohnsteuerhilfevereins

1. Eine proportionale Staffelung der Mitgliedsbeiträge eines Lohnsteuerhilfevereins bei Jahreseinnahmen eines Mitglieds von mehr als 50 000 € macht aus den Beiträgen keine Entgelte und ist daher nicht unzulässig.
2. Ein Lohnsteuerhilfeverein kann von der Aufsichtsbehörde nicht verpflichtet werden, in die Beitragsordnung aufzunehmen, dass bei der Beitragsbemessung die dem Verein im Zeitpunkt der Fälligkeit des Beitrags bekannten Verhältnisse des Mitglieds zugrunde gelegt werden.
3. Es ist nicht unzulässig, in der Beitragsordnung vorzusehen, dass bei neuen Mitgliedern, welche für zwei Jahre Hilfe bei ihrer Steuererklärung erwarten, für die Berechnung des Mitgliedsbeitrags die Einnahmen aus beiden Jahren zusammengerechnet werden.

BFH v. 26. 10. 2010 VII R 23/09 (BStBl. 2011 II S. 188): Grenzen der Vereinsautonomie bei der Gestaltung der Beitragsordnung eines Lohnsteuerhilfevereins

1. Eine proportionale Staffelung der Mitgliedsbeiträge eines Lohnsteuerhilfevereins bei Jahreseinnahmen eines Mitglieds von mehr als 50.000 € macht aus den Beiträgen keine Entgelte und ist daher nicht unzulässig.
2. Ein Lohnsteuerhilfeverein kann von der Aufsichtsbehörde nicht verpflichtet werden, in die Beitragsordnung aufzunehmen, dass bei der Beitragsbemessung die dem Verein im Zeitpunkt der Fälligkeit des Beitrags bekannten Verhältnisse des Mitglieds zugrunde gelegt werden.
3. Es ist nicht unzulässig, in der Beitragsordnung vorzusehen, dass bei neuen Mitgliedern, welche für zwei Jahre Hilfe bei ihrer Steuererklärung erwarten, für die Berechnung des Mitgliedsbeitrags die Einnahmen aus beiden Jahren zusammengerechnet werden.

BFH v. 24. 8. 2010 VII R 49/09 (BStBl. 2011 II S. 185): Entgeltlicher Erwerb eines Mitgliederstammes rechtfertigt nicht ohne weiteres die Rücknahme der Anerkennung eines Lohnsteuerhilfevereins

Eine Vereinbarung, durch die ein Lohnsteuerhilfeverein von einem anderen Verein, der seine Tätigkeit einstellen will, dessen Mitgliederstamm „erwirbt", widerspricht nicht generell Zweck und Wesen eines Lohnsteuerhilfevereins und rechtfertigt deshalb nicht ohne weiteres die Rücknahme der Anerkennung des Vereins.

Anhang 39/Lohnsteuerhilfevereine Beratungsbefugnis

Umfang der Beratungsbefugnis der Lohnsteuerhilfevereine

Gleich lautende Erlasse der obersten Finanzbehörden der Länder vom 15. Januar 2010 (BStBl. I S. 66)

I. Allgemeines

Die Befugnis der Lohnsteuerhilfevereine zur Hilfeleistung in Steuersachen ist in § 4 Nr. 11 des Steuerberatungsgesetzes (StBerG) geregelt.

Lohnsteuerhilfevereine sind Selbsthilfeeinrichtungen von Arbeitnehmern und demgemäß nur zur Hilfeleistung in Steuersachen für ihre Mitglieder befugt (§ 13 Abs. 1 StBerG). Die Hilfeleistung darf nur unter den in § 4 Nr. 11 StBerG genannten Voraussetzungen erfolgen. Sie schließt die Vertretung vor dem Finanzgericht ein, erstreckt sich jedoch nicht auf die Vertretung vor dem Bundesfinanzhof. Im Zusammenhang mit einer befugtermaßen erbrachten Hilfeleistung in Steuersachen ist auch eine Annexberatung in nichtsteuerlichen Rechtsgebieten als Nebenleistung i.S.d. § 5 Abs. 1 des Gesetzes über außergerichtliche Rechtsdienstleistungen (Rechtsdienstleistungsgesetz – RDG) vom 12. Dezember 2007 (BGBl. I S. 2840) zulässig.

Lohnsteuerhilfevereine dürfen für ihre Mitglieder nur geschäftsmäßig Hilfe in Steuersachen leisten, wenn diese Einkünfte aus nichtselbständiger Arbeit, sonstige Einkünfte aus wiederkehrenden Bezügen (§ 22 Nr. 1 des Einkommensteuergesetzes - EStG), Einkünfte aus Unterhaltsleistungen (§ 22 Nr. 1a EStG) oder Einkünfte aus Leistungen nach § 22 Nr. 5 EStG erzielen (§ 4 Nr. 11 Satz 1 Buchstabe a StBerG).

Die Hilfeleistung ist auch zulässig, wenn die Mitglieder (zusätzlich zu den vorgenannten Einkünften) **Einnahmen** – nicht Einkünfte – aus anderen Einkunftsarten i. S. d. § 4 Nr. 11 Satz 1 Buchstabe c StBerG haben, die insgesamt die Höhe von 13 000 Euro, im Falle der Zusammenveranlagung von 26 000 Euro, nicht übersteigen. Bei der Ermittlung der vorgenannten Betragsgrenzen sind auch solche Einnahmen einzubeziehen, die im Rahmen einer gesonderten und einheitlichen Feststellung von Überschusseinkünften zu berücksichtigen sind. Dabei ist unbeachtlich, ob der Lohnsteuerhilfeverein für das Feststellungsverfahren eine Befugnis zur Hilfeleistung in Steuersachen hat (vgl. Abschnitt II). Einnahmen aus Einkünften, die im Veranlagungsverfahren nicht zu erklären sind und auch nicht auf Grund eines Antrags des Steuerpflichtigen erklärt werden, sind bei der Ermittlung der Betragsgrenze nicht einzubeziehen (vgl. Abschnitt IV, Beispiel 6).

Die Hilfeleistung in Steuersachen wird unzulässig, wenn

- Einkünfte aus Land- und Forstwirtschaft, aus Gewerbebetrieb oder aus selbständiger Arbeit erzielt oder umsatzsteuerpflichtige Umsätze ausgeführt werden (§ 4 Nr. 11 Satz 1 Buchstabe b StBerG), es sei denn, die den Einkünften zugrunde liegenden Einnahmen sind nach § 3 Nr. 12, 26 oder 26a EStG in voller Höhe steuerfrei, oder
- die Einnahmen aus anderen Einkunftsarten i.S.d. § 4 Nr. 11 Satz 1 Buchstabe c StBerG die dort genannten Betragsgrenzen übersteigen.
- § 4 Nr. 11 Satz 1 Buchstabe c StBerG stellt grundsätzlich auf den Einnahmebegriff des § 8 Abs. 1 EStG ab; in den Fällen des § 20 Abs. 2 EStG und § 22 Nr. 2, § 23 EStG ist der sich nach § 20 Abs. 4 EStG bzw. § 23 Abs. 3 EStG ergebende Betrag maßgebend.

Dem Lohnsteuerhilfeverein ist in diesen Fällen die Hilfeleistung in Steuersachen nicht nur für diese (schädlichen) Einkünfte und Einnahmen, sondern insgesamt nicht gestattet.

Die Befugnis zur Hilfeleistung in Steuersachen kann in diesen Fällen auch nicht teilweise dadurch begründet werden, dass für die Gewinneinkünfte oder umsatzsteuerpflichtigen Umsätze zusätzlich ein Steuerberater tätig wird oder der Arbeitnehmer diese Einkünfte selbst ermittelt und erklärt (Verbot der Mandatsteilung, vgl. BFH-Urteil vom 28. Februar 1989, BStBl. II S. 384).

Die Befugnis zur Hilfeleistung in Steuersachen erstreckt sich nur auf die Hilfeleistung bei der Einkommensteuer und ihren Zuschlagsteuern. Somit sind Lohnsteuerhilfevereine nicht zur Hilfeleistung beim Steuerabzug von Vergütungen für im Inland erbrachte Bauleistungen (§§ 48 ff. EStG) und in Fällen der Steuerschuldnerschaft des Leistungsempfängers nach § 13b des Umsatzsteuergesetzes (UStG) befugt.

Sind die Voraussetzungen des § 4 Nr. 11 Satz 1 StBerG erfüllt, so umfasst die Befugnis zur Hilfeleistung in Steuersachen

- die allgemeine Beratung bei den in § 4 Nr. 11 Satz 1 Buchstabe a und c StBerG genannten Einkünften und Einnahmen,
- die Hilfeleistung bei der Eintragung von Freibeträgen oder sonstigen Angaben auf der Lohnsteuerkarte,

Anhang 39/Lohnsteuerhilfevereine Beratungsbefugnis

- die Hilfeleistung bei der Erstellung der Einkommensteuererklärung einschließlich der erforderlichen Anlagen und
- die Hilfeleistung bei Anträgen zur Freistellung oder Anrechnung von Körperschaftsteuer und Kapitalertragsteuer.

Soweit die Hilfeleistung in Steuersachen nach § 4 Nr. 11 Satz 1 StBerG zulässig ist, berechtigt sie gemäß § 4 Nr. 11 Satz 3 StBerG auch zur Hilfeleistung bei

- der Eigenheimzulage nach dem Eigenheimzulagengesetz (EigZulG),
- der Investitionszulage nach den §§ 3 und 4 des Investitionszulagengesetzes 1999,
- mit Kinderbetreuungskosten i. S. von § 9 Abs. 5, § 9c Abs. 2 und 3 EStG sowie mit haushaltsnahen Beschäftigungsverhältnissen i.S.d. § 35a EStG zusammenhängenden Arbeitgeberaufgaben (vgl. Abschnitt IV, Beispiel 2).
- Sachverhalten des Familienleistungsausgleichs im Sinne des Einkommensteuergesetzes,
- sonstigen Zulagen und Prämien, auf die die Vorschriften der Abgabenordnung (AO) anzuwenden sind, z.B. der Altersvorsorgezulage nach Abschnitt XI des Einkommensteuergesetzes.

Mitglieder, die arbeitslos geworden sind, dürfen weiterhin beraten werden.

II. Besonderheiten der Hilfeleistung im Feststellungsverfahren

- In Feststellungsverfahren i. S. d. §§ 179 ff. AO hinsichtlich Gewinneinkünften sind Lohnsteuerhilfevereine nicht zur Hilfeleistung in Steuersachen befugt. Der Lohnsteuerhilfeverein darf die Gewinneinkünfte auch nicht ungeprüft in die Einkommensteuererklärung übernehmen (§ 4 Nr. 11 Satz 1 Buchstabe b StBerG).
- Bei der gesonderten und einheitlichen Feststellung von Überschusseinkünften und mit ihnen im Zusammenhang stehenden anderen Besteuerungsgrundlagen, der steuererheblichen Sachumstände nach § 180 Abs. 5 AO sowie des Abzugsbetrags nach § 10e EStG ist die Hilfeleistung in Steuersachen nur zulässig, wenn alle Beteiligten Mitglieder des Hilfe leistenden Lohnsteuerhilfevereins sind und jeder Beteiligte die Voraussetzungen des § 4 Nr. 11 Satz 1 StBerG erfüllt.

  Ist dies nicht der Fall, ist die Befugnis des Lohnsteuerhilfevereins zur Hilfeleistung im Feststellungsverfahren gegenüber sämtlichen Beteiligten ausgeschlossen. Der Lohnsteuerhilfeverein darf jedoch den gesondert und einheitlich festgestellten Überschuss bzw. Abzugsbetrag der Beteiligten, gegenüber denen die Hilfeleistung (außerhalb des Feststellungsverfahrens) zulässig ist, nachrichtlich in deren Einkommensteuererklärung übernehmen.
- In Feststellungsverfahren i. S. d. §§ 179 ff. AO hinsichtlich der Bemessungsgrundlagen für die Eigenheimzulage nach dem Eigenheimzulagengesetz ist ein Lohnsteuerhilfeverein zur Hilfeleistung in Steuersachen nur dann befugt, wenn alle Anspruchsberechtigten Mitglieder dieses Lohnsteuerhilfevereins sind und jeder Anspruchsberechtigte die Voraussetzungen des § 4 Nr. 11 Satz 1 StBerG erfüllt.

  Ist dies nicht der Fall, darf der Lohnsteuerhilfeverein lediglich den gesondert und einheitlich festgestellten Betrag der Anspruchsberechtigten, gegenüber denen die Hilfeleistung (außerhalb des Feststellungsverfahrens) zulässig ist, nachrichtlich in deren Eigenheimzulageantrag übernehmen.

III. Besonderheiten der Hilfeleistung beim Verlustabzug nach § 10d EStG

Liegen die Voraussetzungen des § 4 Nr. 11 Satz 1 StBerG vor, so umfasst die Befugnis zur Hilfeleistung in Steuersachen auch die Übernahme des verbleibenden Verlustabzugs nach § 10d EStG, selbst wenn er aus den in § 4 Nr. 11 Satz 1 Buchstabe b StBerG genannten Einkünften resultiert. Gleiches gilt für die Befugnis zur Hilfeleistung bei der Verteilung des Verlustabzugs.

IV. Beispiele

Einkünfte aus anderen Einkunftsarten

Beispiel 1: Der Arbeitnehmer hat im Kalenderjahr Arbeitslohn bezogen. Daneben hat er für eine schriftstellerische Tätigkeit ein Honorar von 300 Euro (ohne Umsatzsteuer) erhalten.

Stellungnahme: Der Lohnsteuerhilfeverein ist gegenüber diesem Arbeitnehmer ungeachtet der Höhe der Einkünfte aus selbständiger Arbeit insgesamt nicht zur Hilfeleistung in Steuersachen befugt. Der Lohnsteuerhilfeverein darf diese und andere Gewinneinkünfte (z. B. gewerbliche Einkünfte als atypisch stiller Gesellschafter) auch nicht ungeprüft in die Einkommensteuererklärung übernehmen (§ 4 Nr. 11 Satz 1 Buchstabe b StBerG).

Arbeitnehmerbereich

Beispiel 2: Ein Arbeitnehmer beschäftigt eine Hausangestellte, die für ihre Tätigkeit einen Bruttoarbeitslohn von monatlich 400 Euro erhält. Die Hausangestellte wird mit Reinigungsarbeiten und der

Anhang 39/Lohnsteuerhilfevereine Beratungsbefugnis

Beaufsichtigung der Kinder beauftragt. Der Arbeitnehmer bittet den Lohnsteuerhilfeverein, ihm bei der Lohnsteuer-Anmeldung zu helfen.

Stellungnahme: Die Arbeitgeberaufgaben stehen im Zusammenhang mit einem haushaltsnahen Beschäftigungsverhältnis i. S. d. § 35a EStG und mit Kinderbetreuungskosten i. S. von § 9 Abs. 5, § 9c Abs. 2 und 3 EStG. Der Lohnsteuerhilfeverein ist deshalb befugt, dem Mitglied Hilfe bei der Lohnsteuer-Anmeldung für die Hausangestellte zu leisten.

Beispiel 3: Ein Arbeitnehmer lässt in die von ihm vermietete Wohnung von einem in den Niederlanden ansässigen Unternehmer neue Fenster einbauen. Der Arbeitnehmer bittet seinen Lohnsteuerhilfeverein, ihm bei der Umsatzsteuer-Voranmeldung zu helfen.

Stellungnahme: Der Lohnsteuerhilfeverein darf nicht tätig werden. Die Befugnis zur Hilfeleistung erstreckt sich nur auf die Einkommensteuer und ihre Zuschlagsteuern, nicht jedoch auf die Umsatzsteuer.

Beispiel 4: Ein Arbeitnehmer, der drei Eigentumswohnungen geerbt hat, lässt diese zum Zwecke späterer Vermietung für 18 000 Euro renovieren (Erhaltungsaufwendungen). Der Leistende legt keine Freistellungsbescheinigung nach § 48b EStG vor. Der Arbeitnehmer bittet den Lohnsteuerhilfeverein, ihm bei der Anmeldung des einzubehaltenden Steuerabzugs zu helfen.

Stellungnahme: Der Lohnsteuerhilfeverein darf nicht tätig werden. Die Befugnis zur Hilfeleistung in Steuersachen erstreckt sich nur auf die Einkommensteuer des jeweiligen Mitglieds. Die Vornahme des Steuerabzugs und die Abführung des Abzugsbetrags erfolgen hingegen für Rechnung des Leistenden.

Verlustabzug nach § 10d EStG

Beispiel 5: Die Eheleute beziehen beide Arbeitslöhne. Aus einer früheren Tätigkeit aus Gewerbebetrieb haben sie einen verbleibenden Verlustvortrag nach § 10d EStG, der gesondert festgestellt wurde.

Stellungnahme: Der vom Finanzamt gesondert festgestellte Verlustvortrag darf in die Einkommensteuererklärung übernommen werden, obwohl er aus Einkünften aus Gewerbebetrieb resultiert.

Einnahmegrenze

Beispiel 6: Die Eheleute sind beide Arbeitnehmer und Mitglieder des Lohnsteuerhilfevereins. Neben ihrem Arbeitslohn haben sie im Kalenderjahr Zinseinnahmen von je 1 500 Euro bezogen. Außerdem sind sie Eigentümer eines Mietwohngrundstücks, das ihnen je zur Hälfte gehört. Die hieraus erwirtschafteten Mieteinnahmen betragen insgesamt 25 000 Euro. Gewinneinkünfte wurden nicht erzielt.

Stellungnahme: Der Lohnsteuerhilfeverein ist insgesamt nicht zur Hilfeleistung in Steuersachen befugt, da die Einnahmen aus dem Mietwohngrundstück (25 000 Euro) zusammen mit den Einnahmen aus Kapitalvermögen (2 x 1 500 Euro ohne Berücksichtigung der Freibeträge nach § 20 Abs. 4 EStG) die Betragsgrenze des § 4 Nr. 11 Satz 1 Buchstabe c StBerG (26 000 Euro) übersteigen. Soweit ab dem Veranlagungszeitraum 2009 die Einkünfte aus Kapitalvermögen nach § 32d Abs. 1 EStG besteuert werden (Abgeltungsteuer) und im Veranlagungsverfahren weder zu erklären sind noch auf Grund eines Antrags des Steuerpflichtigen erklärt werden (§ 32d Abs. 3 bis 6 EStG), sind die Einnahmen aus Kapitalvermögen bei Prüfung der Betragsgrenze des § 4 Nr. 11 Satz 1 Buchstabe c StBerG nicht einzubeziehen. In diesem Fall wäre im vorliegenden Beispiel die Betragsgrenze nicht überschritten.

Feststellungsverfahren

Beispiel 7: Wie Beispiel 6, jedoch sind die Arbeitnehmer nicht verheiratet und die Einnahmen aus dem Mietwohngrundstück betragen 5 000 Euro.

Stellungnahme: Die Einkünfte aus Vermietung und Verpachtung sind gesondert und einheitlich festzustellen (§ 180 Abs. 1 Nr. 2 Buchstabe a AO). Der Lohnsteuerhilfeverein ist zur Hilfeleistung bei der gesonderten und einheitlichen Feststellung der Vermietungseinkünfte und der Erstellung der Einkommensteuererklärungen befugt, da alle Beteiligten Mitglieder des Lohnsteuerhilfevereins sind, jeder Beteiligte die Voraussetzungen des § 4 Nr. 11 Satz 1 StBerG erfüllt und die Betragsgrenze des § 4 Nr. 11 Satz 1 Buchstabe c StBerG nicht überschritten wird.

Beispiel 8: Wie Beispiel 7, jedoch sind die Arbeitnehmer Mitglieder unterschiedlicher Lohnsteuerhilfevereine.

Stellungnahme: Die Einkünfte aus Vermietung und Verpachtung sind gesondert und einheitlich festzustellen (§ 180 Abs. 1 Nr. 2 Buchstabe a AO). Der Lohnsteuerhilfeverein ist nicht zur Hilfeleistung bei der gesonderten und einheitlichen Feststellung der Vermietungseinkünfte befugt, da die Beteiligten Mitglieder verschiedener Lohnsteuerhilfevereine sind.

Anhang 39/Lohnsteuerhilfevereine Beratungsbefugnis

Der Lohnsteuerhilfeverein darf jedoch den gesondert und einheitlich festgestellten Überschuss seines Mitglieds, gegenüber dem die Hilfeleistung zulässig ist, nachrichtlich in dessen Einkommensteuererklärung übernehmen, da die anteiligen Einnahmen aus Vermietung und Verpachtung (2 500 Euro) und die Einnahmen aus Kapitalvermögen (1 500 Euro) die Betragsgrenze des § 4 Nr. 11 Satz 1 Buchstabe c StBerG i. H. v. 13 000 Euro nicht übersteigen.

Diese Erlasse treten an die Stelle der gleich lautenden Erlasse der obersten Finanzbehörden der Länder vom 27. Oktober 2008 (BStBl. I S. 963).

(Zu LStR 42f Abs. 1) Anhang 44/BpO 2000

Allgemeine Verwaltungsvorschrift für die Betriebsprüfung
– Betriebsprüfungsordnung – BpO 2000 –

Vom 15. März 2000 (BStBl. I S. 368)[1)]

– A u s z u g –

§ 1
Anwendungsbereich der Betriebsprüfungsordnung

(1) Diese Verwaltungsvorschrift gilt für Außenprüfungen der Landesfinanzbehörden und des Bundeszentralamtes für Steuern.

(2) Für besondere Außenprüfungen der Landesfinanzbehörden und des Bundeszentralamtes für Steuern (z. B. Lohnsteueraußenprüfung und Umsatzsteuersonderprüfung) sind die §§ 5 bis 12, 20 bis 24, 29 und 30 mit Ausnahme des § 5 Abs. 4 Satz 2 sinngemäß anzuwenden.

§ 5
Anordnung der Außenprüfung

(1) Die für die Besteuerung zuständige Finanzbehörde ordnet die Außenprüfung an. Die Befugnis zur Anordnung kann auch der beauftragten Finanzbehörde übertragen werden.

(2) Die Prüfungsanordnung hat die Rechtsgrundlagen der Außenprüfung, die zu prüfenden Steuerarten, Steuervergütungen, Prämien, Zulagen, gegebenenfalls zu prüfende bestimmte Sachverhalte sowie den Prüfungszeitraum zu enthalten. Ihr sind Hinweise auf die wesentlichen Rechte und Pflichten des Steuerpflichtigen bei der Außenprüfung beizufügen. Die Mitteilung über den voraussichtlichen Beginn und die Festlegung des Ortes der Außenprüfung kann mit der Prüfungsanordnung verbunden werden. Handelt es sich um eine abgekürzte Außenprüfung nach § 203 AO, ist die Prüfungsanordnung um diese Rechtsgrundlage zu ergänzen. Soll der Umfang einer Außenprüfung nachträglich erweitert werden, ist eine ergänzende Prüfungsanordnung zu erlassen.

(3) Der Name des Betriebsprüfers, eines Betriebsprüfungshelfers und andere prüfungsleitende Bestimmungen können in die Prüfungsanordnung aufgenommen werden.

(4) Die Prüfungsanordnung und die Mitteilungen nach den Absätzen 2 und 3 sind dem Steuerpflichtigen angemessene Zeit vor Beginn der Prüfung bekanntzugeben, wenn der Prüfungszweck dadurch nicht gefährdet wird. In der Regel sind bei Großbetrieben 4 Wochen und in anderen Fällen 2 Wochen angemessen.

(5) Wird beantragt, den Prüfungsbeginn zu verlegen, können als wichtige Gründe zum Beispiel Erkrankung des Steuerpflichtigen, seines steuerlichen Beraters oder eines für Auskünfte maßgeblichen Betriebsangehörigen, beträchtliche Betriebsstörungen durch Umbau oder höhere Gewalt anerkannt werden. Dem Antrag des Steuerpflichtigen kann auch unter Auflage, zum Beispiel Erledigung von Vorbereitungsarbeiten für die Prüfung, stattgegeben werden.

(6) Werden die steuerlichen Verhältnisse von Gesellschaftern und Mitgliedern sowie von Mitgliedern der Überwachungsorgane in die Außenprüfung einbezogen, so ist für jeden Beteiligten eine Prüfungsanordnung unter Beachtung der Voraussetzungen des § 193 AO zu erteilen.

§ 6
Ort der Außenprüfung

Die Außenprüfung ist in den Geschäftsräumen des Steuerpflichtigen durchzuführen. Ist ein geeigneter Geschäftsraum nachweislich nicht vorhanden und kann die Außenprüfung nicht in den Wohnräumen des Steuerpflichtigen stattfinden, ist an Amtsstelle zu prüfen (§ 200 Abs. 2 AO). Ein anderer Prüfungsort kommt nur ausnahmsweise in Betracht.

§ 7
Prüfungsgrundsätze

Die Außenprüfung ist auf das Wesentliche abzustellen. Ihre Dauer ist auf das notwendige Maß zu beschränken. Sie hat sich in erster Linie auf solche Sachverhalte zu erstrecken, die zu endgültigen Steuerausfällen oder Steuererstattungen oder -vergütungen oder zu nicht unbedeutenden Gewinnverlagerungen führen können.

---

1) Unter Berücksichtigung der Änderung durch Artikel 2 der Allgemeinen Verwaltungsvorschrift zur Anpassung an den Euro vom 11.12.2001 (BStBl. I S. 984) und Artikel 1 der Allgemeinen Verwaltungsvorschrift vom 20.7.2011 (BStBl. I S. 710).

Anhang 44/BpO 2000 (Zu LStR 42f Abs. 1)

§ 8
Mitwirkungspflichten

(1) Der Steuerpflichtige ist zu Beginn der Prüfung darauf hinzuweisen, dass er Auskunftspersonen benennen kann. Ihre Namen sind aktenkundig zu machen. Die Auskunfts- und sonstigen Mitwirkungspflichten des Steuerpflichtigen erlöschen nicht mit der Benennung von Auskunftspersonen.

(2) Der Betriebsprüfer darf im Rahmen seiner Ermittlungsbefugnisse unter den Voraussetzungen des § 200 Abs. 1 Sätze 3 und 4 AO auch Betriebsangehörige um Auskunft ersuchen, die nicht als Auskunftspersonen benannt worden sind.

(3) Die Vorlage von Büchern, Aufzeichnungen, Geschäftspapieren und anderen Unterlagen, die nicht unmittelbar den Prüfungszeitraum betreffen, kann ohne Erweiterung des Prüfungszeitraums verlangt werden, wenn dies zur Feststellung von Sachverhalten des Prüfungszeitraums für erforderlich gehalten wird.

§ 9
Kontrollmitteilungen

Feststellungen, die nach § 194 Abs. 3 AO für die Besteuerung anderer Steuerpflichtiger ausgewertet werden können, sollen der zuständigen Finanzbehörde mitgeteilt werden. Kontrollmaterial über Auslandsbeziehungen ist auch dem Bundeszentralamt für Steuern zur Auswertung zu übersenden.

§ 10
Verdacht einer Steuerstraftat oder -ordnungswidrigkeit

(1) Ergeben sich während einer Außenprüfung zureichende tatsächliche Anhaltspunkte für eine Straftat (§ 152 Abs. 2 StPO), deren Ermittlung der Finanzbehörde obliegt, so ist die für die Bearbeitung dieser Straftat zuständige Stelle unverzüglich zu unterrichten. Dies gilt auch, wenn lediglich die Möglichkeit besteht, dass ein Strafverfahren durchgeführt werden muss. Richtet sich der Verdacht gegen den Steuerpflichtigen, dürfen hinsichtlich des Sachverhalts, auf den sich der Verdacht bezieht, die Ermittlungen (§ 194 AO) bei ihm erst fortgesetzt werden, wenn ihm die Einleitung des Strafverfahrens mitgeteilt worden ist. Der Steuerpflichtige ist dabei, soweit die Feststellungen auch für Zwecke des Strafverfahrens verwendet werden können, darüber zu belehren, dass seine Mitwirkung im Besteuerungsverfahren nicht mehr erzwungen werden kann (§ 393 Abs. 1 AO). Die Belehrung ist unter Angabe von Datum und Uhrzeit aktenkundig zu machen und auf Verlangen schriftlich zu bestätigen (§ 397 Abs. 2 AO).

(2) Absatz 1 gilt beim Verdacht einer Ordnungswidrigkeit sinngemäß.

§ 11
Schlussbesprechung

(1) Findet eine Schlussbesprechung statt, so sind die Besprechungspunkte und der Termin der Schlussbesprechung dem Steuerpflichtigen angemessene Zeit vor der Besprechung bekannt zu geben. Diese Bekanntgabe bedarf nicht der Schriftform.

(2) Hinweise nach § 201 Abs. 2 AO sind aktenkundig zu machen.

§ 12
Prüfungsbericht und Auswertung der Prüfungsfeststellungen

(1) Wenn zu einem Sachverhalt mit einem Rechtsbehelf oder mit einem Antrag auf verbindliche Zusage zu rechnen ist, soll der Sachverhalt umfassend im Prüfungsbericht dargestellt werden.

(2) Ist bei der Auswertung des Prüfungsberichts oder im Rechtsbehelfsverfahren beabsichtigt, von den Feststellungen der Außenprüfung abzuweichen, so ist der Betriebsprüfungsstelle Gelegenheit zur Stellungnahme zu geben. Dies gilt auch für die Erörterung des Sach- und Rechtsstandes gemäß § 364a AO. Bei wesentlichen Abweichungen zuungunsten des Steuerpflichtigen soll auch diesem Gelegenheit gegeben werden, sich hierzu zu äußern.

(3) In dem durch die Prüfungsanordnung vorgegebenen Rahmen muss die Außenprüfung entweder durch Steuerfestsetzung oder durch Mitteilung über eine ergebnislose Prüfung abgeschlossen werden.

(Zu LStR 42f Abs. 1) **Anhang 44/BpO 2000**

§ 20[1]
Art der Mitwirkung

(1) Das Bundeszentralamt für Steuern wirkt an Außenprüfungen der Landesfinanzbehörden durch Prüfungstätigkeit und Beteiligung an Besprechungen mit.

(2) Art und Umfang der Mitwirkung werden jeweils von den beteiligten Behörden im gegenseitigen Einvernehmen festgelegt.

(3) Die Landesfinanzbehörde bestimmt den für den Ablauf der Außenprüfung verantwortlichen Prüfer.

§ 21
Auswahl der Betriebe und Unterrichtung über die vorgesehene Mitwirkung

(1) Die Landesfinanzbehörden stellen dem Bundeszentralamt für Steuern die Prüfungsgeschäftspläne für Großbetriebe spätestens 10 Tage vor dem Beginn des Zeitraums, für den sie aufgestellt worden sind, zur Verfügung. Betriebe, bei deren Prüfung eine Mitwirkung des Bundeszentralamtes für Steuern von den Landesfinanzbehörden für zweckmäßig gehalten wird, sollen kenntlich gemacht werden. Das Bundeszentralamt für Steuern teilt den Landesfinanzbehörden unverzüglich die Betriebe mit, an deren Prüfung es mitwirken will.

(2) Sobald die Landesfinanzbehörde den Prüfungsbeginn mitgeteilt hat, wird sie vom Bundeszentralamt für Steuern über die vorgesehene Mitwirkung unterrichtet.

§ 22
Mitwirkung durch Prüfungstätigkeit

(1) Wirkt das Bundeszentralamt für Steuern durch Prüfungstätigkeit mit, so hat der Bundesbetriebsprüfer regelmäßig in sich geschlossene Prüfungsfelder zu übernehmen und diesen Teil des Prüfungsberichts zu entwerfen. Der Prüfungsstoff wird im gegenseitigen Einvernehmen auf die beteiligten Betriebsprüfer aufgeteilt.

(2) Hat das Bundeszentralamt für Steuern an einer Außenprüfung mitgewirkt, so erhält es eine Ausfertigung des Prüfungsberichts.

§ 23
(weggefallen)

§ 24
Verfahren bei Meinungsverschiedenheiten zwischen dem Bundeszentralamt für Steuern und der Landesfinanzbehörde

Soweit Meinungsverschiedenheiten, die sich bei der Mitwirkung an Außenprüfungen zwischen dem Bundeszentralamt für Steuern und der Landesfinanzbehörde ergeben, von den Beteiligten nicht ausgeräumt werden können, ist den obersten Finanzbehörden des Bundes und des Landes zu berichten und die Entscheidung abzuwarten.

---

1) Hinweis auf § 19 Finanzverwaltungsgesetz in der Fassung der Bekanntmachung vom 4. April 2006 (BGBl. I S. 846, 1202), zuletzt geändert durch Artikel 6 Nummer 2 des Gesetzes vom 10. August 2009 (BGBl. I S. 2702, BStBl. 866):
„§ 19 Mitwirkung des Bundeszentralamts für Steuern an Außenprüfungen
(1) Das Bundeszentralamt für Steuern ist zur Mitwirkung an Außenprüfungen berechtigt, die durch Landesfinanzbehörden durchgeführt werden. Es kann verlangen, dass bestimmte von ihm namhaft gemachte Betriebe zu einem bestimmten Zeitpunkt geprüft werden.
(2) Das Bundeszentralamt für Steuern bestimmt Art und Umfang seiner Mitwirkung. Die Landesfinanzbehörden machen dem Bundeszentralamt für Steuern auf Anforderung alle den Prüfungsfall betreffenden Unterlagen zugänglich und erteilen die erforderlichen Auskünfte.
(3) Im Einvernehmen mit den zuständigen Landesfinanzbehörden kann das Bundeszentralamt für Steuern im Auftrag des zuständigen Finanzamtes Außenprüfungen durchführen. Das gilt insbesondere bei Prüfungen von Auslandsbeziehungen und bei Prüfungen, die sich über das Gebiet eines Landes hinaus erstrecken.
(4) Ist bei der Auswertung des Prüfungsberichts oder im Rechtsbehelfsverfahren beabsichtigt, von den Feststellungen des Bundeszentralamts für Steuern abzuweichen, so ist hierüber Einvernehmen mit dem Bundeszentralamt für Steuern zu erzielen. Dies gilt auch für die in diesen Fällen zu erteilenden verbindlichen Zusagen nach § 204 der Abgabenordnung. Wird kein Einvernehmen erzielt, kann die Frage dem Bundesministerium der Finanzen zur Entscheidung vorgelegt werden.
(5) Das Bundeszentralamt für Steuern kann verlangen, dass bestimmte von ihm namhaft gemachte Steuerpflichtige, die nach § 193 der Abgabenordnung der Außenprüfung unterliegen, geprüft werden und Regelungen zur Durchführung und zu Inhalten der Außenprüfung dieser Steuerpflichtigen festlegen. Es wirkt in diesen Fällen an der jeweiligen Außenprüfung mit. Dies gilt insbesondere in Fällen, in denen die Gleichmäßigkeit der Rechtsanwendung in mehreren Betrieben sicherzustellen ist, sowie in den Fällen des Absatzes 3 Satz 2."

§ 29
Prüferausweis

Für Sachgebietsleiter für Betriebsprüfung und Betriebsprüfer ist jeweils ein Ausweis auszustellen. Der Ausweis hat zu enthalten:
1. die Bezeichnung der ausstellenden Landesfinanzverwaltung oder der ausstellenden Finanzbehörde
2. das Lichtbild des Inhabers
3. den Vor- und Familiennamen
4. die laufende Nummer
5. die Gültigkeitsdauer und
6. die Befugnisse des Inhabers.

§ 30
Prüferbesprechungen

Die Sachgebietsleiter für Betriebsprüfung sollen mit den Prüfern ihrer Sachgebiete, die zuständigen Finanzbehörden mit den Sachgebietsleitern für Betriebsprüfung oder mit den Betriebsprüfern ihrer Oberfinanzbezirke regelmäßig Zweifelsfragen aus der Prüfungstätigkeit erörtern, sie über neuere Rechtsprechung und neueres Schrifttum unterrichten sowie Richtlinien und Anregungen für ihre Arbeit geben.

§ 31
Fach-(Branchen-)Prüferbesprechungen

(1) Für die Fach-(Branchen-)Prüfer sind nach Bedarf Besprechungen durchzuführen. Hierbei sollen die Branchenerfahrungen ausgetauscht und verglichen, zweckmäßige Prüfungsmethoden, Kennzahlen und Formblätter für das prüfungstechnische Vorgehen entwickelt und gemeinsame Richtlinien erarbeitet werden.

(2) Dem Bundeszentralamt für Steuern ist Gelegenheit zu geben, an Fachprüferbesprechungen, die von den zuständigen vorgesetzten Finanzbehörden (§ 38) durchgeführt werden, teilzunehmen.

(Zu LStH 42f) **Anhang 45/Hinweise Außenprüfung**

Hinweise auf die wesentlichen Rechte und Mitwirkungspflichten des Steuerpflichtigen bei der Außenprüfung (§ 5 Abs. 2 Satz 2 BpO)

BMF-Schreiben vom 24. Oktober 2013 IV A 4 – S 0403/13/10001 (BStBl. I S. 1264)

Unter Bezugnahme auf das Ergebnis der Erörterungen mit den obersten Finanzbehörden der Länder sind der Prüfungsanordnung (§ 196 AO) für Außenprüfungen, die nach dem 31. Dezember 2001 beginnen, die anliegenden Hinweise beizufügen. Dieses Schreiben tritt an die Stelle des BMF-Schreibens vom 20. Juli 2001 IV D 2 – S 0403 – 3/01 (BStBl. I S. 502).

Ihre wesentlichen Rechte und Mitwirkungspflichten bei der Außenprüfung

Die Außenprüfung soll dazu beitragen, dass die Steuergesetze gerecht und gleichmäßig angewendet werden; deshalb ist auch zu Ihren Gunsten zu prüfen (§ 199 Abs. 1 Abgabenordnung – AO –).

Beginn der Außenprüfung

Wenn Sie wichtige Gründe gegen den vorgesehenen Zeitpunkt der Prüfung haben, können Sie beantragen, dass ihr Beginn hinausgeschoben wird (§ 197 Abs. 2 AO). Wollen Sie wegen der Prüfungsanordnung Rückfragen stellen, wenden Sie sich bitte an die prüfende Stelle und geben Sie hierbei den Namen des Prüfers an. Über den Prüfungsbeginn sollten Sie ggf. Ihren Steuerberater unterrichten.

Der Prüfer wird sich bei Erscheinen unter Vorlage seines Dienstausweises bei Ihnen vorstellen (§ 198 AO).

Die Außenprüfung beginnt grundsätzlich in dem Zeitpunkt, in dem der Prüfer nach Bekanntgabe der Prüfungsanordnung konkrete Ermittlungshandlungen vornimmt. Bei einer Datenträgerüberlassung beginnt die Außenprüfung spätestens mit der Auswertung der Daten (AEAO zu § 198).

Ablauf der Außenprüfung

Haben Sie bitte Verständnis dafür, dass Sie für einen reibungslosen Ablauf der Prüfung zur Mitwirkung verpflichtet sind. Aus diesem Grunde sollten Sie Ihren nachstehenden Mitwirkungspflichten unverzüglich nachkommen. Sie können darüber hinaus auch sachkundige Auskunftspersonen benennen.

Stellen Sie dem Prüfer zur Durchführung der Außenprüfung bitte einen geeigneten Raum oder Arbeitsplatz sowie die erforderlichen Hilfsmittel unentgeltlich zur Verfügung (§ 200 Abs. 2 AO).

Legen Sie ihm bitte Ihre Aufzeichnungen, Bücher, Geschäftspapiere und die sonstigen Unterlagen vor, die er benötigt, erteilen Sie ihm die erbetenen Auskünfte, erläutern Sie ggf. die Aufzeichnungen und unterstützen Sie ihn beim Datenzugriff (§ 200 Abs. 1 AO).

Werden die Unterlagen in Form der Wiedergabe auf einem Bildträger oder auf anderen Datenträgern aufbewahrt, kann der Prüfer verlangen, dass Sie auf Ihre Kosten diejenigen Hilfsmittel zur Verfügung stellen, die zur Lesbarmachung erforderlich sind, bzw. dass Sie auf Ihre Kosten die Unterlagen unverzüglich ganz oder teilweise ausdrucken oder ohne Hilfsmittel lesbare Reproduktionen beibringen (§ 147 Abs. 5 AO).

Sind Unterlagen und sonstige Aufzeichnungen mit Hilfe eines DV-Systems erstellt worden, hat der Prüfer das Recht, Einsicht in die gespeicherten Daten zu nehmen und das DV-System zur Prüfung dieser Unterlagen zu nutzen (unmittelbarer Datenzugriff). Dazu kann er verlangen, dass Sie ihm die dafür erforderlichen Geräte und sonstigen Hilfsmittel zur Verfügung stellen. Dies umfasst unter Umständen die Einweisung in das DV-System und die Bereitstellung von fachkundigem Personal zur Auswertung der Daten. Auf Anforderung sind dem Prüfer die Daten auf maschinell auswertbaren Datenträgern zur Verfügung zu stellen (Datenträgerüberlassung) oder nach seinen Vorgaben maschinell auszuwerten (mittelbarer Datenzugriff); § 147 Abs. 6 AO.

Über alle Feststellungen von Bedeutung wird Sie der Prüfer während der Außenprüfung unterrichten, es sei denn, Zweck und Ablauf der Prüfung werden dadurch beeinträchtigt (§ 199 Abs. 2 AO).

Ergebnis der Außenprüfung

Wenn sich die Besteuerungsgrundlagen durch die Prüfung ändern, haben Sie das Recht auf eine Schlussbesprechung. Sie erhalten dabei Gelegenheit, einzelne Prüfungsfeststellungen nochmals zusammenfassend zu erörtern (§ 201 AO).

Über das Ergebnis der Außenprüfung ergeht bei Änderung der Besteuerungsgrundlagen ein schriftlicher Prüfungsbericht, der Ihnen auf Antrag vor seiner Auswertung übersandt wird. Zu diesem Bericht können Sie Stellung nehmen (§ 202 AO).

Rechtsbehelfe können Sie allerdings nicht gegen den Prüfungsbericht, sondern nur gegen die aufgrund der Außenprüfung ergehenden Steuerbescheide einlegen.

Anhang 45/Hinweise Außenprüfung (Zu LStH 42f)

Wird bei Ihnen eine abgekürzte Außenprüfung (§ 203 AO) durchgeführt, findet keine Schlussbesprechung statt. Die steuerlich erheblichen Prüfungsfeststellungen werden Ihnen in diesem Fall spätestens mit den Steuer-/Feststellungsbescheiden schriftlich mitgeteilt.

Ablauf der Außenprüfung beim Verdacht einer Steuerstraftat oder einer Steuerordnungswidrigkeit

Ergibt sich während der Außenprüfung der Verdacht einer Steuerstraftat oder einer Steuerordnungswidrigkeit gegen Sie, so dürfen hinsichtlich des Sachverhalts, auf den sich der Verdacht bezieht, die Ermittlungen bei Ihnen erst fortgesetzt werden, wenn Ihnen die Einleitung eines Steuerstraf- oder Bußgeldverfahrens mitgeteilt worden ist (vgl. § 397 AO). Soweit die Prüfungsfeststellungen auch für Zwecke eines Steuerstraf- oder Bußgeldverfahrens verwendet werden können, darf Ihre Mitwirkung bei der Aufklärung der Sachverhalte nicht erzwungen werden (§ 393 Abs. 1 Satz 2 AO). Wirken Sie bei der Aufklärung der Sachverhalte nicht mit (vgl. §§ 90, 93 Abs. 1, 200 Abs. 1 AO), können daraus allerdings im Besteuerungsverfahren für Sie nachteilige Folgerungen gezogen werden; ggf. sind die Besteuerungsgrundlagen zu schätzen, wenn eine zutreffende Ermittlung des Sachverhalts deswegen nicht möglich ist (§ 162 AO).

Anhang 48/Kirchensteuer

Fundstellennachweis der Kirchensteuern[1]

1. **Baden-Württemberg**

   Bekanntmachung über die Kirchensteuerbeschlüsse im Land Baden-Württemberg für das Kalenderjahr **2014** vom 16.5.2014 (BStBl. I S. 858)

   (Hinweis: im Lohnsteuerverfahren 8 % für alle erhebungsberechtigten Religionsgemeinschaften mit Mindestbeträgen; 8 % auch in den Fällen der Pauschalierung der Lohnsteuer, jedoch 6,0 % bei Anwendung der Vereinfachungsregelung nach Nummer 1 der Ländererlasse vom 23.10.2012 (BStBl. I S. 1083) – Anlage § 040-02 – und vom 28.12.2006 (BStBl. 2007 I S. 76) – Anlage § 037b-01 –; gestaffeltes Kirchgeld in glaubensverschiedener Ehe bei der Evangelischen Landeskirche in Baden und Württemberg, hierbei Vergleichsrechnung mit KiSt, Festsetzung des höheren Betrags; Erhebung bei Kirchensteuermerkmale „ib" oder „iw" auch, wenn sich die Betriebsstätte außerhalb des Kirchengebiets, jedoch in Baden-Württemberg befindet.)

2. **Bayern**

   Bekanntmachung der Kirchensteuerbeschlüsse im Freistaat Bayern für die Steuerjahre (Kalenderjahre) **ab 2009** vom 22.12.2008 (BStBl. 2009 I S. 366)

   (Hinweis: jeweils 8 v. H. für römisch-katholische, evangelische, alt-katholische Kirchensteuer und israelitische Bekenntnissteuer als Zuschlag zur ESt/LSt/Kapitalertragsteuer; keine Mindestbeträge; keine Kappung; bei Pauschalierung der Lohnsteuer 7 %, jedoch keine KiSt, wenn der Arbeitgeber für einzelne Arbeitnehmer Nichtzugehörigkeit zu einer umlageerhebenden Gemeinschaft nachweist, für die übrigen Arbeitnehmer dann 8 %, Aufteilung der gesondert angemeldeten pauschalen KiSt durch die Finanzverwaltung, soweit der Arbeitgeber nicht durch Individualisierung jeweils zugeordnet hatte; gestaffeltes Kirchgeld in glaubensverschiedener Ehe bei der Evangelisch-Lutherischen Kirche.)

3. **Berlin**

   Bekanntmachung der Kirchensteuerbeschlüsse **ab** dem Kalenderjahr **2009** vom 10.7.2009 (BStBl. I S. 751)

   (Hinweis: jeweils 9 v. H. evangelische, römisch-katholische und alt-katholische Kirchensteuer, höchstens 3 v. H. des zu versteuernden Einkommens; gestaffeltes Kirchgeld in glaubensverschiedener Ehe; bei Pauschalierung nach §§ 37b, 40, 40a, 40b EStG pauschale Lohnkirchensteuer 5 v. H., jedoch 9 v. H., wenn der Arbeitgeber nachweist, dass einzelne Arbeitnehmer keiner kirchensteuererhebenden Körperschaft angehören; Aufteilung der pauschalen KiSt durch die Finanzverwaltung im Verhältnis 69,97 % : 29,97 % : 0,06 % für Evangelische und Römisch-Katholische Kirche und Alt-Katholische Kirche.)

4. **Brandenburg**

   Bekanntmachung über die Kirchensteuerbeschlüsse für das Kalenderjahr **2014** vom 13.3.2014 (BStBl. I S. 568).

   (Hinweis: im Lohnsteuerverfahren jeweils 9 %; bei Pauschalierung der Lohnsteuer nach §§ 37a, 37b, 40, 40a Abs. 1, 2a und 3 und § 40b EStG 5 % bei Anwendung der Vereinfachungsregelung nach Nummer 1 der Ländererlasse vom 23.10.2012 (BStBl. I S. 1083) – Anlage § 040-02 – und vom 28.12.2006 (BStBl. 2007 I S. 76) – Anlage § 037b-01 –.)

5. **Bremen**

   Bekanntmachung über die Kirchensteuerbeschlüsse für das Steuerjahr (Kalenderjahr) **2011** vom 7.2.2011 (BStBl. I S. 211)

   (Hinweis: jeweils 9 v. H. römisch-katholische und evangelische Kirchensteuer, höchstens 3,5 v. H. des zu versteuernden Einkommens; bei Pauschalierung der Lohnsteuer nach §§ 40, 40a Abs. 1, 2a und 3, § 40b 7 v. H., bei Pauschalierung nach § 37b EStG; wegen Einzelheiten Hinweis auf Ländererlasse vom 23.10.2012 (BStBl. I S. 1083) – Anlage § 040-02 – und vom 28.11.2006 (BStBl. 2007 I S. 76) – Anlage § 037b-01 –; kein Mindestbetrag; gestaffeltes besonderes evangelisches und katholisches Kirchgeld in glaubensverschiedener Ehe im Rahmen der Einkommensteuerveranlagung, nicht bei Lohnsteuerabzug.)

6. **Hamburg**

   Kirchensteuerbeschlüsse in der Freien und Hansestadt Hamburg für die Kalenderjahre **2009** und **ab 2010** vom 15.7.2009 (BStBl. I S. 1302)

---

[1] Zur Kirchensteuer bei Pauschalierung der Lohnsteuer siehe Anlage § 040-02 und bei Pauschalierung der Einkommensteuer nach § 37b EStG siehe Anlage § 037b-01.

Anhang 48/Kirchensteuer

(Hinweis: jeweils 9 v. H. evangelisch-lutherische, römisch-katholische und ab 1.1.2010 altkatholische KiSt sowie Kultussteuer der Jüdischen Gemeinde Hamburg, höchstens 3 % des zu versteuernden Einkommens; Mindestkirchensteuer, wenn ESt/LSt festgesetzt wird; gestaffeltes Kirchgeld in glaubensverschiedener Ehe bzw. Gemeindegeld der Jüdischen Gemeinde Hamburg; bei Pauschalierung der Lohnsteuer 4 %, jedoch 9 % wenn der Arbeitgeber die Nichtzugehörigkeit einzelner Arbeitnehmer zu einer kirchensteuererhebenden Körperschaft nachweist; pauschalierte KiSt von 4 % wird von der Finanzverwaltung im Verhältnis 70 : 29,5 : 0,5 auf evangelisch-lutherisch, römisch-katholisch und Jüdische Gemeinde Hamburg aufgeteilt.)

7. **Hessen**

Bekanntmachung über die Kirchensteuererhebung im Land Hessen ab dem Kalenderjahr **2005** vom 5.9.2005 (BStBl. I S. 874), Evangelische Kirche in Hessen und Nassau für **2008** und weiter bis zur Neubestimmung vom 22.11.2007 (BStBl. 2008 I S. 279).

(Hinweis: 9 % einheitlich als Zuschlag zur ESt/LSt; auch in Fällen der Pauschalierung der Lohnsteuer, jedoch 7 % bei Anwendung der Vereinfachungsregelung nach Nummer 1 der gleich lautenden Ländererlasse vom 23.10.2012 (BStBl. I S. 1083) – Anlage § 040-02 – und vom 28.12.2006 (BStBl. 2007 I S. 76) – Anlage § 037b-01 –; besonderes gestaffeltes Kirchgeld in glaubensverschiedener Ehe; Mindestbetrag, jedoch nicht, wenn nach § 51a EStG keine LSt/ESt anfällt; auf Antrag bei der zuständigen Kirchenbehörde Ermäßigung der Kirchensteuer, wenn sie mehr als 4 % bzw. 3,75 % bzw. 3,5 % des zu versteuernden Einkommens beträgt.)

8. **Mecklenburg-Vorpommern**

Bekanntmachung über die Kirchensteuerbeschlüsse im Land Mecklenburg-Vorpommern **ab** dem Kalenderjahr **2014** vom 22.11.2013 (BStBl. 2014 I S. 61)

(Hinweis: einheitlich 9 % für Evangelisch-Lutherische Kirche in Norddeutschland, Evangelisch-reformierte Kirche, Pommersche Evangelische Kirche, katholische Kirche – bei dieser Kappung auf 3 % des zu versteuernden Einkommens –; gestaffeltes Kirchgeld in glaubensverschiedener Ehe, Vergleichsberechnung mit KiSt, der höhere Betrag ist festzusetzen; Mindestbetrag; pauschale Lohnkirchensteuer 5 %, jedoch 9 % wenn der Arbeitgeber die Nichtzugehörigkeit einzelner Arbeitnehmer zu einer kirchensteuererhebenden Körperschaft nachweist; pauschalierte KiSt ist im Verhältnis 90 : 10 auf evangelisch und römisch-katholisch aufzuteilen, falls nicht durch Individualisierung jeweils zugeordnet.)

9. **Niedersachsen**

Bekanntmachung über die Kirchensteuerbeschlüsse für das Steuerjahr (Kalenderjahr) **2014** vom 18.3.2014 (BStBl. S. 793)

(Hinweis: jeweils 9 % evangelische, römisch-katholische und alt-katholische Kirchensteuer, höchstens 3,5 % des zu versteuernden Einkommens bzw. des auf das zu versteuernde Einkommen umzurechnenden Arbeitslohns, von dem Lohnsteuer berechnet wird; für niedersächsischen Teil der Nordelbischen Evangelisch-Lutherischen Kirche jedoch höchstens 3 % des zu versteuernden Einkommens bzw. des umzurechnenden Arbeitslohns, für den in Niedersachsen gelegenen Teil der Erzdiazöse Paderborn höchstens 4 %; Mindestbeträge bei Lohnsteuereinbehalt; besonderes gestaffeltes Kirchgeld bei evangelischen und katholischen Religionsgemeinschaften, wenn Ehegatte des Kirchensteuerpflichtigen keiner kirchensteuererhebenden Religionsgemeinschaft angehört, Vergleichsberechnung mit KiSt, Festsetzung des höheren Betrags; bei Pauschalierung der Lohnsteuer 9 % und 0 % bei Nichtkirchenzugehörigkeit, jedoch 6 % bei Anwendung der Nummer 1 der koordinierten Ländererlasse vom 23.10.2012 (BStBl. I S. 1083 – Anlage § 040-02 –); desgleichen bei Pauschalierung der ESt nach § 37b EStG, vgl. gleich lautende Ländererlasse vom 28.12.2006 (BStBl. 2007 I S. 76) – Anlage § 037b-01 –.)

10. **Nordrhein-Westfalen**

Bekanntmachung der Kirchensteuerbeschlüsse für das Steuerjahr (Kalenderjahr) **2014** vom 7.7.2014 (BStBl. I S. 1194)

(Hinweis: jeweils 9 v.H. römisch-katholische, evangelische, alt-katholische Kirchensteuer und jüdische Kultussteuer; auch in den Fällen der Pauschalierung der Lohnsteuer, jedoch 7 v.H. bei Anwendung der Vereinfachungsregelung nach Nummer 1 der gleich lautenden Ländererlasse vom 23.10.2012 (BStBl. I S. 1083) – Anlage § 040-02 – und vom 28.12.2006 (BStBl. 2007 I S. 76) – Anlage § 037b-01 –; besonderes gestaffeltes Kirchgeld für Evangelische Landeskirchen, wenn Ehegatte nicht kirchensteuerpflichtig ist.)

Anhang 48/Kirchensteuer

11. **Rheinland-Pfalz**

    Bekanntmachung über die Kirchensteuerbeschlüsse für das Kalenderjahr **2014** vom 31.3.2014 (BStBl. I S. 797)

    (Hinweis: im Lohnsteuerverfahren jeweils 9 v.H. römisch-katholische, evangelische, alt-katholische Kirchensteuer, Kultussteuer der Jüdischen Kulturgemeinde Koblenz, Bad Kreuznach und Religionsgemeinschaftsteuer der Freien Religionsgemeinschaft Alzey, der Freireligiösen Landesgemeinde Pfalz, der Freireligiösen Gemeinde Mainz; auch bei Pauschalierung der Lohnsteuer gemäß §§ 37a, 37b, 40, 40a Absätze 1, 2a und 3 und § 40b EStG, jedoch 7 v.H. bei Anwendung der Vereinfachungsregelung nach Nummer 1 des Erlasses vom 23.10.2012 BStBl. I S. 1083 – Anlage § 040-02 – und vom 29.10.2008 BStBl. 2009 I S. 332 – Anlage § 037b-01 –; gestaffeltes besonderes Kirchgeld bei bestimmten Kirchen, wenn Ehegatte nicht kirchensteuerpflichtig ist, hierauf Anrechnung von entrichteten Beiträgen.)

12. **Saarland**

    Generelle Anerkennung der Kirchensteuerbeschlüsse für das Steuerjahr **2003** der Evangelischen Kirche im Rheinland vom 13.9.2002 (BStBl. I S. 1042); Kirchensteuerordnung der Pfälzischen Landeskirche im Bereich des Saarlandes vom 22.5.2002 (BStBl. I S. 1043 – Tabelle besonderes Kirchgeld ab 2002 –); Kirchensteuerordnung Diözese Trier (saarländischer Gebietsteil) vom 17.12.2001 (BStBl. 2002 I S. 599); Diözesan-Kirchensteuerbeschlüsse für **2003** Trier vom 28.10.2002 (BStBl. 2003 I S. 90) und Speyer vom 29.10.2002 (BStBl. 2003 I S. 91)

    (Hinweis: 9 % Kirchensteuer, auch in den Fällen der Pauschalierung der Lohnsteuer, jedoch 7 % bei Anwendung der Vereinfachungsregelung nach Nummer 1 der gleichlautenden Ländererlasse vom 19.5.1999 (BStBl. I S. 509) und vom 8.5.2000 (BStBl. I S. 612) – Anlage § 040-02 –; gestaffeltes Kirchgeld; besonderes gestaffeltes Kirchgeld, wenn Ehegatte keiner steuerberechtigten Kirche angehört.)

13. **Sachsen**

    Bekanntmachung über die Kirchensteuerbeschlüsse im Freistaat Sachsen für das Kalenderjahr **2014** vom 20.3.2014 (BStBl. I S. 795)

    (Hinweis: jeweils 9 % bei den steuerberechtigten evangelischen und römisch-katholischen Kirchen, höchstens 3,5 % des zu versteuernden Einkommens; keine Kappung der KiSt als Zuschlag zur Lohnsteuer oder als Zuschlag zur Kapitalertragsteuer; Mindestbetrag für evangelische Landeskirchensteuer; gestaffeltes besonderes Kirchgeld bei glaubensverschiedener Ehe, hierbei Vergleichsrechnung mit KiSt, Festsetzung des höheren Betrags; pauschalierte Kirchenlohnsteuer im vereinfachten Verfahren 5 % bei §§ 40, 40a Abs. 1, 2a und 3 und § 40b; bei Nachweis Nichtzugehörigkeit einzelner Arbeitnehmer zu einer kirchensteuererhebenden Körperschaft 0 %, für die übrigen Arbeitnehmer 9 %; Entsprechendes gilt für die Pauschalierung der ESt nach § 37b EStG; die im Nachweisverfahren ermittelte pauschale KiSt ist im Verhältnis der kirchensteuerpflichtigen Arbeitnehmer auf „römisch-katholisch" und „evangelisch" aufzuteilen, falls Zuordnung nicht möglich.)

14. **Sachsen-Anhalt**

    Bekanntmachung über die Kirchensteuerbeschlüsse in Sachsen-Anhalt **ab** dem Kalenderjahr **2004** vom 20.9.2004 (BStBl. I S. 944)

    (Hinweis: evangelische und römisch-katholische Kirchensteuer einheitlich 9 v. H., höchstens 3,5 v. H. des zu versteuernden Einkommens; Mindestbetrag bei evangelischer KiSt, wenn LSt/ESt zu entrichten ist; gestaffeltes Kirchgeld bei glaubensverschiedener Ehe; bei Pauschalierung der LSt 5 v. H., bei Nachweis der Nichtzugehörigkeit einzelner Arbeitnehmer zu einer kirchensteuerserhebenden Körperschaft für die übrigen Arbeitnehmer 9 %; Aufteilung der pauschalen Lohnkirchensteuer 73 : 27 auf evangelisch und römisch-katholisch, soweit nicht durch Individualisierung zugeordnet.)

15. **Schleswig-Holstein**

    Bekanntmachung über die Kirchensteuerbeschlüsse in Schleswig-Holstein für das Kalenderjahr **2014** vom 14.2.2014 (BStBl. I S. 267)

    (Hinweis: im Lohnsteuerverfahren evangelische, alt-katholische und römisch-katholische Kirchensteuer sowie jüdische Kultussteuer Hamburg 9 v. H.; bei pauschalierter Lohnsteuer 6 v. H. oder 9 v. H., wenn die Nichtzugehörigkeit einzelner Arbeitnehmer zu einer kirchensteuererhebenden Körperschaft nachgewiesen wird; Mindestkirchensteuer, Mindestkirchensteuer-Befreiung im Steuerabzugsverfahren; Kappung bei 3 v. H. des zu versteuernden Einkommens; gestaffeltes Kirchgeld in glaubensverschiedener Ehe; Aufteilung pauschaler KiSt 85 : 15 auf die Konfessionen evangelisch und römisch-katholisch, soweit Arbeitgeber die KiSt nicht durch Individualisierung der jeweils steuerberechtigten Kirche zuordnet.)

16. **Thüringen**
   Bekanntmachung über die Kirchensteuerbeschlüsse im Freistaat Thüringen für das Kalenderjahr **2014** vom 18.3.2014 (BStBl. 2014 I S. 794)
   (Hinweis: jeweils 9 v. H. evangelische und römisch-katholische Kirchensteuer, höchstens 3,5 v. H. des zu versteuernden Einkommens; keine Kappung der KiSt als Zuschlag zur Lohnsteuer oder als Zuschlag zur Kapitalertragsteuer; Mindestbetrag bei evangelischer Kirchensteuer, wenn ESt/LSt zu entrichten ist; besonderes Kirchgeld in glaubensverschiedener Ehe, hierbei Vergleichsrechnung mit KiSt, Festsetzung des höheren Betrags; bei Pauschalierung der Lohnsteuer nach §§ 40, 40a Abs. 1, 2a und 3, § 40b EStG 5 v.H.; falls Nichtzugehörigkeit zu einer kirchensteuererhebenden Körperschaft nachgewiesen wird insoweit 0 v. H., dann für die übrigen Arbeitnehmer 9 v. H.; pauschalierte KiSt von 5 % wird im Verhältnis 72 % : 28 % auf Konfessionen evangelisch und katholisch aufgeteilt; für KiSt bei Pauschalierung der ESt nach § 37b gilt dies sinngemäß.)

Anhang 51/SV-Rechengrößenverordnung 2015

Verordnung über maßgebende Rechengrößen der Sozialversicherung für 2015 (Sozialversicherungs-Rechengrößenverordnung 2015)

Vom 1. Dezember 2014 (BGBl. I S. 1957)

– Auszug –

§ 1
Durchschnittsentgelt in der Rentenversicherung

(1) Das Durchschnittsentgelt für das Jahr 2013 beträgt 33 659 Euro.
(2) Das vorläufige Durchschnittsentgelt für das Jahr 2015 beträgt 34 999 Euro.
(3) Die Anlage 1 zum Sechsten Buch Sozialgesetzbuch wird entsprechend ergänzt.

§ 2
Bezugsgröße in der Sozialversicherung

(1) Die Bezugsgröße im Sinne des § 18 Absatz 1 des Vierten Buches Sozialgesetzbuch beträgt im Jahr 2015 jährlich 34 020 Euro und monatlich 2 835 Euro.
(2) Die Bezugsgröße (Ost) im Sinne des § 18 Absatz 2 des Vierten Buches Sozialgesetzbuch beträgt im Jahr 2015 jährlich 28 980 Euro und monatlich 2 415 Euro.

§ 3
Beitragsbemessungsgrenzen in der Rentenversicherung

(1) Die Beitragsbemessungsgrenzen betragen im Jahr 2015
1. in der allgemeinen Rentenversicherung jährlich 72 600 Euro und monatlich 6 050 Euro,
2. in der knappschaftlichen Rentenversicherung jährlich 89 400 Euro und monatlich 7 450 Euro.

Die Anlage 2 zum Sechsten Buch Sozialgesetzbuch wird für den Zeitraum „1. 1. 2015 – 31. 12. 2015" um die Jahresbeträge ergänzt.

(2) Die Beitragsbemessungsgrenzen (Ost) betragen im Jahr 2015
1. in der allgemeinen Rentenversicherung jährlich 62 400 Euro und monatlich 5 200 Euro,
2. in der knappschaftlichen Rentenversicherung jährlich 76 200 Euro und monatlich 6 350 Euro.

Die Anlage 2a zum Sechsten Buch Sozialgesetzbuch wird für den Zeitraum „1. 1. 2015 – 31. 12. 2015" um die Jahresbeträge ergänzt.

§ 4
Jahresarbeitsentgeltgrenze in der Krankenversicherung

(1) Die Jahresarbeitsentgeltgrenze nach § 6 Absatz 6 des Fünften Buches Sozialgesetzbuch für das Jahr 2015 beträgt 54 900 Euro. *(Versicherungspflichtgrenze)*
(2) Die Jahresarbeitsentgeltgrenze nach § 6 Absatz 7 des Fünften Buches Sozialgesetzbuch für das Jahr 2015 beträgt 49 500 Euro. *(Beitragsbemessungsgrenze)*

§ 6
Inkrafttreten

Diese Verordnung tritt am 1. Januar 2015 in Kraft.

Anhang 55/Vorläufige Steuerfestsetzung

a) Vorläufige Steuerfestsetzung im Hinblick auf anhängige Musterverfahren (§ 165 Abs. 1 AO); Ruhenlassen von außergerichtlichen Rechtsbehelfsverfahren (§ 363 Abs. 2 AO); Aussetzung der Vollziehung (§ 361 AO, § 69 Abs. 2 FGO)

BMF-Schreiben vom 16. Mai 2011 IV A 3 – S 0338/07/10010, 2011/0314156 (BStBl. I S. 464)

Wegen der großen Zahl von Rechtsbehelfen, die im Hinblick auf anhängige Musterverfahren eingelegt werden, gilt unter Bezugnahme auf das Ergebnis der Erörterung mit den obersten Finanzbehörden der Länder im Interesse der betroffenen Bürger und eines reibungslosen Verfahrensablaufs Folgendes:

I. Vorläufige Steuerfestsetzungen

1. Erstmalige Steuerfestsetzungen

Erstmalige Steuerfestsetzungen sind hinsichtlich der in der Anlage zu diesem BMF-Schreiben aufgeführten Punkte nach § 165 Abs. 1 Satz 2 Nr. 3 AO vorläufig durchzuführen. In die Bescheide ist folgender Erläuterungstext aufzunehmen:

„Die Festsetzung der Einkommensteuer ist gemäß § 165 Abs. 1 Satz 2 Nr. 3 AO vorläufig hinsichtlich

...

Die Vorläufigkeitserklärung erfasst sowohl die Frage, ob die angeführten gesetzlichen Vorschriften mit höherrangigem Recht vereinbar sind, als auch den Fall, dass das Bundesverfassungsgericht oder der Bundesfinanzhof die streitige verfassungsrechtliche Frage durch verfassungskonforme Auslegung der angeführten gesetzlichen Vorschriften entscheidet (BFH-Urteil vom 30. September 2010 – III R 39/08 –, BStBl. 2011 II S. 11). Die Vorläufigkeitserklärung erfolgt lediglich aus verfahrenstechnischen Gründen. Sie ist nicht dahin zu verstehen, dass die im Vorläufigkeitsvermerk angeführten gesetzlichen Vorschriften als verfassungswidrig oder als gegen Unionsrecht verstoßend angesehen werden. Soweit die Vorläufigkeitserklärung die Frage der Verfassungsmäßigkeit einer Norm betrifft, ist sie außerdem nicht dahingehend zu verstehen, dass die Finanzverwaltung es für möglich hält, das Bundesverfassungsgericht oder der Bundesfinanzhof könne die im Vorläufigkeitsvermerk angeführte Rechtsnorm gegen ihren Wortlaut auslegen.

Die Festsetzung der Einkommensteuer ist ferner gemäß § 165 Abs. 1 Satz 2 Nr. 4 AO vorläufig hinsichtlich

...

Sollte aufgrund einer diesbezüglichen Entscheidung des Gerichtshofs der Europäischen Union, des Bundesverfassungsgerichts oder des Bundesfinanzhofs diese Steuerfestsetzung aufzuheben oder zu ändern sein, wird die Aufhebung oder Änderung von Amts wegen vorgenommen; ein Einspruch ist daher insoweit nicht erforderlich."

2. Geänderte oder berichtigte Steuerfestsetzungen

Bei Änderungen oder Berichtigungen von Steuerfestsetzungen ist wie folgt zu verfahren:

a) Werden Steuerfestsetzungen nach **§ 164 Abs. 2 AO** geändert oder wird der Vorbehalt der Nachprüfung nach **§ 164 Abs. 3 AO** aufgehoben, sind die Steuerfestsetzungen in demselben Umfang wie erstmalige Steuerfestsetzungen vorläufig vorzunehmen. In die Bescheide ist unter Berücksichtigung der aktuellen Anlage zu diesem BMF-Schreiben derselbe Erläuterungstext wie bei erstmaligen Steuerfestsetzungen aufzunehmen.

b) Werden Steuerfestsetzungen nach anderen Vorschriften (einschließlich des § 165 Abs. 2 Satz 2 AO) **zugunsten** der **Steuerpflichtigen** geändert oder berichtigt, sind die den jeweils letzten vorangegangenen Steuerfestsetzungen beigefügten Vorläufigkeitsvermerke zu wiederholen, soweit die Voraussetzungen des § 165 AO für eine vorläufige Steuerfestsetzung noch erfüllt sind. Soweit dies nicht mehr der Fall ist, sind die Steuerfestsetzungen endgültig durchzuführen.

c) Werden Steuerfestsetzungen nach anderen Vorschriften (einschließlich des § 165 Abs. 2 Satz 2 AO) **zuungunsten** der **Steuerpflichtigen** geändert oder berichtigt, sind die den jeweils letzten vorangegangenen Steuerfestsetzungen beigefügten Vorläufigkeitsvermerke zu wiederholen, soweit die Voraussetzungen des § 165 AO für eine vorläufige Steuerfestsetzung noch erfüllt sind. Soweit dies nicht mehr der Fall ist, sind die Steuerfestsetzungen endgültig durchzuführen. Soweit aufgrund der aktuellen Anlage zu diesem BMF-Schreiben weitere Vorläufigkeitsvermerke in Betracht kommen, sind diese den Bescheiden nur beizufügen, soweit die Änderung reicht.

In die Bescheide ist folgender Erläuterungstext aufzunehmen:

„Die Festsetzung der Einkommensteuer ist gemäß § 165 Abs. 1 Satz 2 Nr. 3 AO vorläufig hinsichtlich

...

Die Vorläufigkeitserklärung erfasst sowohl die Frage, ob die angeführten gesetzlichen Vorschriften mit höherrangigem Recht vereinbar sind, als auch den Fall, dass das Bundesverfassungsgericht oder der Bundesfinanzhof die streitige verfassungsrechtliche Frage durch verfassungskonforme Auslegung der angeführten gesetzlichen Vorschriften entscheidet (BFH-Urteil vom 30. September 2010 – III R 39/08 –, BStBl. 2011 II S. 11). Die Vorläufigkeitserklärung erfolgt lediglich aus verfahrenstechnischen Gründen. Sie ist nicht dahin zu verstehen, dass die im Vorläufigkeitsvermerk angeführten gesetzlichen Vorschriften als verfassungswidrig oder als gegen Unionsrecht verstoßend angesehen werden. Soweit die Vorläufigkeitserklärung die Frage der Verfassungsmäßigkeit einer Norm betrifft, ist sie außerdem nicht dahingehend zu verstehen, dass die Finanzverwaltung es für möglich hält, das Bundesverfassungsgericht oder der Bundesfinanzhof könne die im Vorläufigkeitsvermerk angeführte Rechtsnorm gegen ihren Wortlaut auslegen.

Die Festsetzung der Einkommensteuer ist ferner gemäß § 165 Abs. 1 Satz 2 Nr. 4 AO vorläufig hinsichtlich

...

Soweit diese Festsetzung gegenüber der vorangegangenen in weiteren Punkten vorläufig ist, erstreckt sich der Vorläufigkeitsvermerk nur auf den betragsmäßigen Umfang der Änderung der Steuerfestsetzung.Sollte aufgrund einer diesbezüglichen Entscheidung des Gerichtshofs der Europäischen Union, des Bundesverfassungsgerichts oder des Bundesfinanzhofs diese Steuerfestsetzung aufzuheben oder zu ändern sein, wird die Aufhebung oder Änderung von Amts wegen vorgenommen; ein Einspruch ist daher insoweit nicht erforderlich."

d) Werden bisher vorläufig durchgeführte Steuerfestsetzungen nach Beseitigung der Ungewissheit **ohne eine betragsmäßige Änderung** gemäß **§ 165 Abs. 2 Satz 2 AO** für **endgültig** erklärt, sind die den jeweils letzten vorangegangenen Steuerfestsetzungen beigefügten übrigen Vorläufigkeitsvermerke zu wiederholen, soweit die Voraussetzungen des § 165 AO für eine vorläufige Steuerfestsetzung noch erfüllt sind.

II. Einspruchsfälle

In Fällen eines zulässigen Einspruchs ist wie folgt zu verfahren:

1. Wird mit einem Einspruch geltend gemacht, der Vorläufigkeitsvermerk berücksichtige nicht die aktuelle Anlage zu diesem BMF-Schreiben, und ist dieser Einwand begründet, ist dem Einspruch insoweit durch eine Erweiterung des Vorläufigkeitsvermerks abzuhelfen. Ist Gegenstand des Einspruchsverfahrens ein Änderungsbescheid, sind die Regelungen in Abschnitt I Nr. 2 zu beachten. Mit der Erweiterung des Vorläufigkeitsvermerks ist das Einspruchsverfahren erledigt, falls nicht auch andere Einwendungen gegen die Steuerfestsetzung erhoben werden. Dies gilt entsprechend bei einem rechtzeitig gestellten Antrag auf schlichte Änderung (§ 172 Abs. 1 Satz 1 Nr. 2 Buchstabe a AO).Wird der Einspruch auch wegen anderer, vom Vorläufigkeitsvermerk nicht erfasster Fragen erhoben, wird ein den Vorläufigkeitsvermerk erweiternder Bescheid Gegenstand des anhängig bleibenden Einspruchsverfahrens (§ 365 Abs. 3 AO).

2. Wird gegen eine nach Abschnitt I vorläufig durchgeführte Steuerfestsetzung Einspruch eingelegt und betrifft die vom Einspruchsführer vorgetragene Begründung Fragen, die vom Vorläufigkeitsvermerk erfasst sind, ist der Einspruch insoweit zurückzuweisen. Ein Ruhenlassen des Einspruchsverfahrens kommt insoweit nicht in Betracht, es sei denn, dass nach Abschnitt IV dieses BMF-Schreibens die Vollziehung auszusetzen ist.

3. Spätestens in der (Teil-)Einspruchsentscheidung ist die Steuerfestsetzung im Umfang der aktuellen Anlage zu diesem BMF-Schreiben für vorläufig zu erklären. Ist Gegenstand des Einspruchsverfahrens ein Änderungsbescheid, sind die Regelungen in Abschnitt I Nr. 2 zu beachten.

III. Rechtshängige Fälle

In Fällen, in denen Verfahren bei einem Finanzgericht oder beim Bundesfinanzhof anhängig sind, sind rechtzeitig vor der Entscheidung des Gerichts die Steuerfestsetzungen hinsichtlich der in der aktuellen Anlage zu diesem BMF-Schreiben aufgeführten Punkte vorläufig vorzunehmen (§ 172 Abs. 1 Satz 1 Nr. 2 Buchstabe a in Verbindung mit § 132 AO). Dies gilt nicht, wenn die Klage oder das Rechtsmittel (Revision, Nichtzulassungsbeschwerde) unzulässig ist oder die Klage sich gegen eine Einspruchsentscheidung richtet, die den Einspruch als unzulässig verworfen hat. Ist Gegenstand des gerichtlichen Verfahrens ein Änderungsbescheid, sind die Regelungen in Abschnitt I Nr. 2 zu beachten. Die hinsichtlich des Vorläufigkeitsvermerks geänderte Steuerfestsetzung wird nach § 68 FGO Gegenstand des gerichtlichen Verfahrens.

Anhang 55/Vorläufige Steuerfestsetzung

IV. Aussetzung der Vollziehung

In den Fällen der Anlage zu diesem BMF-Schreiben kommt eine Aussetzung der Vollziehung nur in Betracht, soweit die Finanzbehörden hierzu durch BMF-Schreiben oder gleich lautende Erlasse der obersten Finanzbehörden der Länder angewiesen worden sind.

V. Anwendung

Dieses Schreiben tritt an die Stelle des BMF-Schreibens vom 1. April 2009 (BStBl. I S. 510), das durch BMF-Schreiben vom 23. November 2009 (BStBl. I S. 1319) geändert und dessen Anlage zuletzt durch BMF-Schreiben vom 11. Mai 2011 (BStBl. I S. 462) neu gefasst worden ist.

Dieses Schreiben steht ab sofort für eine Übergangszeit auf den Internetseiten des Bundesministeriums der Finanzen (www.bundesfinanzministerium.de) unter der Rubrik Wirtschaft und Verwaltung – Steuern – Veröffentlichungen zu Steuerarten – Abgabenordnung – BMF-Schreiben/Allgemeines bereit.

Anlage[1)]

Festsetzungen der Einkommensteuer sind hinsichtlich folgender Punkte gemäß § 165 Absatz 1 Satz 2 Nummer 3 AO im Hinblick auf die Verfassungsmäßigkeit und verfassungskonforme Auslegung der Norm vorläufig vorzunehmen:

1. Nichtabziehbarkeit der Gewerbesteuer und der darauf entfallenden Nebenleistungen als Betriebsausgaben (§ 4 Absatz 5b EStG)
2. a) Beschränkte Abziehbarkeit von Vorsorgeaufwendungen (§ 10 Absatz 3, 4, 4a EStG)
   – für die Veranlagungszeiträume 2005 bis 2009 –
2. b) Beschränkte Abziehbarkeit von sonstigen Vorsorgeaufwendungen im Sinne des § 10 Absatz 1 Nummer 3a EStG
   – für Veranlagungszeiträume ab 2010 –
3. Nichtabziehbarkeit von Beiträgen zu Rentenversicherungen als vorweggenommene Werbungskosten bei den Einkünften im Sinne des § 22 Nummer 1 Satz 3 Buchstabe a EStG für Veranlagungszeiträume ab 2005
4. Besteuerung der Einkünfte aus Leibrenten im Sinne des § 22 Nummer 1 Satz 3 Buchstabe a Doppelbuchstabe aa EStG für Veranlagungszeiträume ab 2005
5. Höhe der kindbezogenen Freibeträge nach § 32 Absatz 6 Sätze 1 und 2 EStG
6. Höhe des Grundfreibetrags (§ 32a Absatz 1 Satz 2 Nummer 1 EStG)
7. Berücksichtigung von Beiträgen zu Versicherungen gegen Arbeitslosigkeit im Rahmen eines negativen Progressionsvorbehalts (§ 32b EStG)
8. Abzug einer zumutbaren Belastung (§ 33 Absatz 3 EStG) bei der Berücksichtigung von Aufwendungen für Krankheit oder Pflege als außergewöhnliche Belastung.

Der Vorläufigkeitsvermerk gemäß Nummer 1 ist im Rahmen der verfahrensrechtlichen Möglichkeiten folgenden Bescheiden beizufügen: Sämtlichen Einkommensteuerbescheiden für Veranlagungszeiträume ab 2008, die Einkünfte aus Gewerbebetrieb erfassen, sämtlichen Körperschaftsteuerbescheiden für Veranlagungszeiträume ab 2008 sowie sämtlichen Bescheiden über die gesonderte (und ggf. einheitliche) Feststellung von Einkünften, soweit diese Bescheide Feststellungszeiträume ab 2008 betreffen und für die Gesellschaft oder Gemeinschaft ein Gewerbesteuermessbetrag festgesetzt wurde.

Der Vorläufigkeitsvermerk gemäß Nummer 2 Buchstabe b ist in Fällen unbeschränkter Steuerpflicht im Rahmen der verfahrensrechtlichen Möglichkeiten sämtlichen Einkommensteuerfestsetzungen für Veranlagungszeiträume ab 2010 beizufügen.

Der Vorläufigkeitsvermerk gemäß Nummer 3 ist im Rahmen der verfahrensrechtlichen Möglichkeiten sämtlichen Einkommensteuerfestsetzungen für Veranlagungszeiträume ab 2005 beizufügen. In die Bescheide ist zusätzlich folgender Erläuterungstext aufzunehmen: „Der Vorläufigkeitsvermerk hinsichtlich der Nichtabziehbarkeit von Beiträgen zu Rentenversicherungen als vorweggenommene Werbungskosten stützt sich auch auf § 165 Absatz 1 Satz 2 Nummer 4 AO und umfasst deshalb auch die Frage einer eventuellen einfachgesetzlich begründeten steuerlichen Berücksichtigung."

Der Vorläufigkeitsvermerk gemäß Nummer 4 erfasst sämtliche Leibrentenarten im Sinne des § 22 Nummer 1 Satz 3 Buchstabe a Doppelbuchstabe aa EStG.

Der Vorläufigkeitsvermerk gemäß Nummer 5 ist im Rahmen der verfahrensrechtlichen Möglichkeiten sämtlichen Einkommensteuerfestsetzungen für Veranlagungszeiträume ab 2001 mit einer Prüfung der Steuerfreistellung nach § 31 EStG beizufügen.

---

1) Neufassung gemäß BMF-Schreiben vom 11.12.2014 (BStBl. 2014 I S. 1571).

Anhang 55/Vorläufige Steuerfestsetzung, häusliches Arbeitszimmer

Der Vorläufigkeitsvermerk gemäß Nummer 6 ist im Rahmen der verfahrensrechtlichen Möglichkeiten sämtlichen Einkommensteuerfestsetzungen für Veranlagungszeiträume ab 2001 beizufügen.

Der Vorläufigkeitsvermerk gemäß Nummer 7 ist im Rahmen der verfahrensrechtlichen Möglichkeiten sämtlichen Einkommensteuerfestsetzungen beizufügen, die Einkünfte aus nichtselbständiger Arbeit erfassen.

Der Vorläufigkeitsvermerk gemäß Nummer 8 ist in Fällen unbeschränkter Steuerpflicht im Rahmen der verfahrensrechtlichen Möglichkeiten sämtlichen Einkommensteuerfestsetzungen beizufügen.

Außerdem sind im Rahmen der verfahrensrechtlichen Möglichkeiten sämtliche Einkommen steuerfestsetzungen für Veranlagungszeiträume ab 2010 hinsichtlich der Anrechnung der gesamten steuerfreien Zuschüsse zu einer Kranken- oder Pflegeversicherung auf Beiträge zu einer privaten Basiskrankenversicherung oder Pflege-Pflichtversicherung (§ 10 Absatz 2 Satz 1 Nr. 1 zweiter Halbsatz EStG) gemäß § 165 Absatz 1 Satz 2 Nr. 4 AO vorläufig vor zunehmen, falls steuerfreie Zuschüsse zur Kranken- oder Pflegeversicherung gewährt worden sind.

Ferner sind im Rahmen der verfahrensrechtlichen Möglichkeiten sämtliche Festsetzungen des Solidaritätszuschlags für die Veranlagungszeiträume ab 2005 hinsichtlich der Verfassungsmäßigkeit des Solidaritätszuschlaggesetzes 1995 vorläufig gemäß § 165 Absatz 1 Satz 2 Nummer 3 AO vorzunehmen.

b) Vorläufige Steuerfestsetzung (§ 165 Absatz 1 AO) im Hinblick auf anhängige Musterverfahren;
Verfassungsmäßigkeit der beschränkten Abziehbarkeit von Kinderbetreuungskosten

BMF-Schreiben vom 11.12.2014 – IV A 3 – S 0338/07/10010, 2014/098216 (BStBl. I S. 1571)

Die 2. Kammer des Zweiten Senats des Bundesverfassungsgerichts hat mit Beschluss vom 7. Mai 2014 – 2 BvR 2454/12 – die gegen das Urteil des Bundesfinanzhofs vom 5. Juli 2012 – III R 80/09 – (BStBl. II S. 816) gerichtete Verfassungsbeschwerde nicht zur Entscheidung angenommen. Ferner hat der Bundesfinanzhof mit weiteren Urteilen vom 9. Februar 2012 – III R 67/09 – (BStBl. II S. 567) und vom 14. November 2013 – III R 18/13 – (BStBl. 2014 II S. 383) die Verfassungsmäßigkeit der Regelungen zur Abziehbarkeit von Kinderbetreuungskosten bestätigt. Unter Bezugnahme auf das Ergebnis der Erörterung mit den obersten Finanzbehörden der Länder gilt daher Folgendes:

Nummer 2 (Beschränkte Abziehbarkeit von Kinderbetreuungskosten) der Anlage zum BMFSchreiben vom 16. Mai 2011 (BStBl. I S. 464), die zuletzt durch BMF-Schreiben vom 10. Juni 2014 (BStBl. I S. 831) neu gefasst worden ist, wird mit sofortiger Wirkung gestrichen. Wegen der Zurückweisung von Einsprüchen und außerhalb eines Einspruchs- oder Klageverfahrens gestellten Anträgen auf Aufhebung oder Änderung einer Steuerfestsetzung oder Feststellung. Zur vorläufigen Festsetzung der Einkommensteuer hinsichtlich der Berechnung des Höchstbetrags für die Anrechnung ausländischer Steuer auf die deutsche Einkommensteuer nach § 34c Absatz 1 Satz 2 EStG in Fällen eines Anrechnungsüberhangs wird auf das BMF Schreiben vom 30. September 2013 (BStBl. I S. 1612) verwiesen.

Dieses Schreiben wird im Bundessteuerblatt Teil I veröffentlicht. Es steht ab sofort für eine Übergangszeit auf den Internetseiten des Bundesministeriums der Finanzen (http://www.bundesfinanzministerium.de) unter der Rubrik Themen – Steuern – Weitere Steuerthemen – Abgabenordnung – BMF-Schreiben I Allgemeines zum Download bereit.

Anhang 56/ErbStR 2011 (Zu LStH 19a)

Allgemeine Verwaltungsvorschrift zur Anwendung des Erbschaftsteuer- und Schenkungsteuerrechts (Erbschaftsteuer-Richtlinien 2011 – ErbStR 2011)

Vom 19. Dezember 2011
(Sondernummer 1/2011 BStBl. I)

– Auszug –

R B 12.1
Kapitalforderungen und Schulden

(1) Besondere Umstände, die eine **vom Nennwert abweichende Bewertung** rechtfertigen, liegen vor,
1. wenn die Kapitalforderungen oder Schulden unverzinslich sind und ihre Laufzeit im Besteuerungszeitpunkt mehr als ein Jahr beträgt;
2. wenn die Kapitalforderungen oder Schulden niedrig verzinst oder hoch verzinst sind und die Kündbarkeit für längere Zeit ausgeschlossen ist;
3. wenn zweifelhaft ist, ob eine Kapitalforderung in vollem Umfang durchsetzbar ist.

(2) ¹Eine **niedrig verzinsliche Kapitalforderung** oder Schuld, die unter dem Nennwert anzusetzen ist, kann angenommen werden, wenn die Verzinsung unter 3 v. H. liegt und die Kündbarkeit am Veranlagungsstichtag für längere Zeit, d. h. für mindestens vier Jahre, eingeschränkt oder ausgeschlossen ist. ²Stehen einer unverzinslichen oder niedrig verzinslichen Kapitalforderung an Stelle der Zinsen oder neben den Zinsen andere wirtschaftliche Vorteile gegenüber, kommt eine Bewertung unter dem Nennwert nicht in Betracht, dies gilt entsprechend, wenn einer unverzinslichen oder niedrig verzinslichen Kapitalschuld an Stelle der Zinsen oder neben den Zinsen andere wirtschaftliche Nachteile gegenüberstehen. ³Eine **hoch verzinsliche Kapitalforderung** oder Schuld, die über dem Nennwert anzusetzen ist, kann im Allgemeinen angenommen werden, wenn die Verzinsung über 9 Prozent liegt und die Rückzahlung am Besteuerungsstichtag noch für mindestens vier Jahre ausgeschlossen ist; Satz 2 gilt entsprechend.

(3) ¹Ist zweifelhaft, ob oder inwieweit eine **Kapitalforderung durchsetzbar** ist, kann sie dem Grad der Zweifelhaftigkeit entsprechend mit einem niedrigeren Schätzwert anzusetzen sein. ²Das gilt insbesondere beim Ansatz verjährter Kapitalforderungen. ³Schwierigkeiten in der Beurteilung der Rechtslage sind kein besonderer Umstand, der einen Abschlag rechtfertigt.

(4) Nicht zum Betriebsvermögen gehörende **Steuererstattungsansprüche** und **Steuervergütungsansprüche** sowie entsprechende Schulden (z. B. Einkommensteuerschulden) sind als Kapitalforderungen oder Schulden zu bewerten.

(5) Kapitalforderungen und Schulden, die auf **ausländische Währungen** lauten, sind mit dem am Besteuerungszeitpunkt maßgebenden Umrechnungskurs zu bewerten.

Übersicht über Zahlen zur Lohnsteuer 2015

Fundstelle – Inhalt	2015
§ 3 Nr. 11 EStG, R 3.11 LStR	
Beihilfen und Unterstützungen in Notfällen steuerfrei bis	600
§ 3 Nr. 26 EStG	
Einnahmen aus nebenberuflichen Tätigkeiten steuerfrei bis	2.400
§ 3 Nr. 26a EStG	
Einnahmen aus ehrenamtlichen Tätigkeiten steuerfrei bis	720
§ 3 Nr. 30 u. 50 EStG, R 9.13 LStR	
Heimarbeitszuschläge (steuerfrei in % des Grundlohns)	10 %
§ 3 Nr. 34 EStG	
Freibetrag für Gesundheitsförderung	500
§ 3 Nr. 38 EStG	
Sachprämien aus Kundenbindungsprogrammen steuerfrei bis	1.080
§ 3 Nr. 39 EStG	
Freibetrag für Vermögensbeteiligungen	360
§ 3 Nr. 56 EStG	
Höchstbetrag für Beiträge aus dem ersten Dienstverhältnis an eine nicht kapitalgedeckte Pensionskasse steuerfrei bis jährlich 2 % der Beitragsbemessungsgrenze (West) von 71.400 Euro	1.452
§ 3 Nr. 63 EStG	
• Höchstbetrag für Beiträge aus dem ersten Dienstverhältnis an Pensionsfonds, Pensionskassen oder für Direktversicherungen steuerfrei bis jährlich 4 % der Beitragsbemessungsgrenze (West) von 72.600 Euro	2.904
• Erhöhungsbetrag bei Versorgungszusagen nach dem 31.12.2004	1.800
§ 3b EStG	
Sonntags-, Feiertags- oder Nachtzuschläge (steuerfrei in % des Grundlohns, höchstens von 50 Euro)	
• Nachtarbeit	25 %
• Nachtarbeit von 0 Uhr bis 4 Uhr (wenn Arbeit vor 0 Uhr aufgenommen)	40 %
• Sonntagsarbeit	50 %
• Feiertage + Silvester ab 14 Uhr	125 %
• Weihnachten, Heiligabend ab 14 Uhr und 1. Mai	150 %
§ 8 Abs. 2 Satz 11 EStG	
Freigrenze für Sachbezüge monatlich	44
§ 8 Abs. 2 EStG, SvEV	
Sachbezüge	
• Unterkunft (monatlich)	223
• Mahlzeiten (täglich)	
– Frühstück	1,63
– Mittagessen/Abendessen	3,00

Fundstelle – Inhalt	2015
Reisekosten bei Auswärtstätigkeiten	
• Fahrtkosten (§ 9 Abs. 1 Satz 3 Nr. 4a EStG) je Kilometer (pauschal) bei Benutzung eines:	
– Kraftwagens	0,30
– anderen motorbetriebenen Fahrzeugs	0,20
• Verpflegungsmehraufwendungen (§ 9 Abs. 4a EStG)	
Inland:	
– Abwesenheit 24 Stunden	24
– An- und Abreisetag mit Übernachtung	12
– Abwesenheit eintägig und mehr als 8 Stunden	12
– Abwesenheit unter 8 Stunden	–
• Übernachtungskosten (§ 9 Abs. 1 S. 3 Nr. 5a EStG)	
– Pauschale (nur Arbeitgeberersatz)	20
• Auswärtstätigkeiten im Ausland	
– BMF vom 19.12.2014 (BStBl I S. 1467)	
§ 9 Abs. 1 Satz 3 Nr. 4 EStG	
Verkehrsmittelunabhängige Entfernungspauschale für Wege zwischen Wohnung und regelmäßiger Arbeitsstätte	
• je Entfernungs-km	0,30
• Höchstbetrag (dieser gilt nicht bei Nutzung eines PKW, bei tatsächlichen ÖPV-Kosten über 4.500 € p. a. sowie für behinderte Menschen i. S. v. § 9 Abs. 2 EStG)	4.500
§ 9 Abs. 1 Satz 3 Nr. 5 EStG	
Doppelte Haushaltsführung	
• Fahrtkosten (Pkw)	
– erste und letzte Fahrt je Kilometer	0,30
– eine Heimfahrt wöchentlich je Entfernungs-km (Entfernungspauschale)	0,30
• Verpflegungsmehraufwendungen	
– 1. bis 3. Monat	12/24
– ab 4. Monat	–
• Übernachtungskosten	
Inland tatsächliche Aufwendungen max	1.000 mtl
Pauschale (nur Arbeitgeberersatz)	
– 1. bis 3. Monat	20
– ab 4. Monat	5
§ 9a Nr. 1 EStG	
• Arbeitnehmer-Pauschbetrag	1.000
• für Versorgungsempfänger	102
§ 10 Abs. 1 Nr. 5 EStG	
Kinderbetreuungskosten	
• $^2/_3$ der Aufwendungen, höchstens	4.000
• Altersgrenze (Ausnahme: behinderte Kinder)	14
§ 19 EStG, R 19.3 Abs. 1 Nr. 4 LStR	
Fehlgeldentschädigungen steuerfrei bis	16
§ 19 EStG, R 19.3 Abs. 2 Nr. 3 LStR	
Diensteinführung, Verabschiedung usw.; Freigrenze für Sachleistungen je teilnehmender Person einschl. USt	110

Übersicht über Zahlen zur Lohnsteuer 2015

Fundstelle – Inhalt	2015
§ 19 EStG, R 19.5 Abs. 4 LStR	
Betriebsveranstaltungen	
Freibetrag je Arbeitnehmer einschl. USt	110
§ 19 EStG, R 19.6 Abs. 1 und 2 LStR	
Freigrenze für	
• Aufmerksamkeiten (Sachzuwendungen)	60
• Arbeitsessen	60
§ 19 Abs. 2 EStG (>Tabelle in § 19 EStG)	
Versorgungsbeginn in 2015	
• Prozentsatz	24,0 %
• Versorgungsfreibetrag[1])	1.800
• Zuschlag zum Versorgungsfreibetrag[1])	540
§ 19a EStG a. F.	
Freibetrag für Vermögensbeteiligungen nach Übergangsregelung	135
§ 24a EStG (>Tabelle in § 24a EStG)	
2013 ist Kalenderjahr nach Vollendung des 64. Lebensjahres	
• Prozentsatz	24,0 %
• Höchstbetrag	1.140
§ 24b EStG	
Entlastungsbetrag für Alleinerziehende[1])	1.308
§§ 37a, 37b EStG, § 39c Abs. 5 EStG, § 40 Abs. 2 EStG, § 40a EStG, § 40b EStG, § 40b EStG a. F.	
Lohnsteuer-Pauschalierungssatz für	
• Kundenbindungsprogramme	2,25 %
• Sachzuwendungen bis 10.000 Euro	30 %
• Auszahlung tarifvertraglicher Ansprüche durch Dritte (keine Abgeltungswirkung) bei sonstigen Bezügen bis 10.000 Euro	20 %
• Kantinenmahlzeiten	25 %
• Betriebsveranstaltungen	25 %
• Erholungsbeihilfen	25 %
• Verpflegungszuschüsse	25 %
• PC-Schenkung und Internet-Zuschüsse	25 %
• Fahrtkostenzuschüsse	15 %
• Kurzfristig Beschäftigte	25 %
• Mini-Job	
– mit pauschaler Rentenversicherung	2 %
– ohne pauschale Rentenversicherung	20 %
• Aushilfskräfte in der Land- und Forstwirtschaft	5 %
• nicht kapitalgedeckte Pensionskassen	20 %
• kapitalgedeckte Pensionskassen und Direktversicherungen bei Versorgungszusage vor dem 1.1.2005	20 %
• Unfallversicherungen	20 %
• Sonderzahlungen in der betrieblichen Altersversorgung	15 %
§ 40 Abs. 1 EStG	
Pauschalierung von sonstigen Bezügen je Arbeitnehmer höchstens	1.000
§ 40 Abs. 2 Nr. 3 EStG	
Höchstbetrag für die Pauschalierung von Erholungsbeihilfen	
• für den Arbeitnehmer	156
• für den Ehegatten	104
• je Kind	52

Fundstelle – Inhalt	2015
§ 40 Abs. 2 Satz 2 EStG	
Pauschalierung von Fahrtkostenzuschüssen bei Fahrten zwischen Wohnung und regelmäßiger Arbeitsstätte je Entfernungs-km (Ausnahme: behinderte Menschen im Sinne von § 9 Abs. 2 EStG)	0,30
§ 40a Abs. 1 EStG	
Pauschalierung bei kurzfristig Beschäftigten	
• Dauer der Beschäftigung	18 Tage
• Arbeitslohn je Kalendertag (Ausnahme: unvorhergesehener Zeitpunkt)	62
• Stundenlohngrenze	12
§ 40a Abs. 3 EStG	
Pauschalierung bei Aushilfskräften in der Land- und Forstwirtschaft	
• Dauer der Beschäftigung (im Kalenderjahr)	180 Tage
• Unschädlichkeitsgrenze (in % der Gesamtbeschäftigungsdauer)	25 %
• Stundenlohngrenze	12
§ 40b Abs. 2 EStG, § 40b Abs. 2 EStG a. F.	
Pauschalierung bei nicht kapitalgedeckten Pensionskassen sowie bei kapitalgedeckten Pensionskassen und Direktversicherungen bei Versorgungszusage vor dem 1.1.2005	
• Höchstbetrag im Kalenderjahr je Arbeitnehmer	1.752
• Durchschnittsberechnung möglich bis zu (je Arbeitnehmer)	2.148
§ 40b Abs. 3 EStG	
Pauschalierung bei Unfallversicherungen Höchstbetrag im Kalenderjahr je Arbeitnehmer	62
§ 41a Abs. 2 EStG	
Anmeldungszeitraum	
• Kalenderjahr, wenn Lohnsteuer des Vorjahres bis zu	1.080
• Vierteljahr, wenn Lohnsteuer des Vorjahres bis zu	4.000
• Monat, wenn Lohnsteuer des Vorjahres über	4.000
§ 4 SolZG	
Zuschlagssatz	5,5 %
§ 13 VermBG	
• Einkommensgrenze (zu versteuerndes Einkommen) bei Vermögensbeteiligungen	
– Alleinstehende	20.000
– Verheiratete	40.000
• Einkommensgrenze (zu versteuerndes Einkommen) bei Bausparverträgen u. ä., Aufwendungen zum Wohnungsbau	
– Alleinstehende	17.900
– Verheiratete	35.800
• Bemessungsgrundlage höchstens	
– Vermögensbeteiligungen	400
– Bausparverträge u. ä., Aufwendungen zum Wohnungsbau	470
• Höhe der Arbeitnehmer-Sparzulage (in % der Bemessungsgrundlage)	
– Vermögensbeteiligungen	20 %
– Bausparverträge u. ä., Aufwendungen zum Wohnungsbau	9 %

[1]) anteilig $^{1}/_{12}$ für jeden Monat.

Anhang 60/Aufteilung Sozialversicherungsbeitrag, Ergänzung Anlage § 010-03

Vorsorgeaufwendungen, Aufteilung eines einheitlichen Sozialversicherungsbeitrags (Globalbeitrag); Anpassung der Aufteilungsmaßstäbe für den Veranlagungszeitraum 2015

BMF-Schreiben vom 3. Dezember 2014 IV C 3 – S 2221/09/10013 :001, 2014/1076894 (BStBl. I S. 1606)

Im Einvernehmen mit den obersten Finanzbehörden der Länder sind zur Ermittlung der steuerlich berücksichtigungsfähigen Vorsorgeaufwendungen die vom Steuerpflichtigen geleisteten einheitlichen Sozialversicherungsbeiträge (Globalbeiträge) staatenbezogen wie folgt aufzuteilen: [1]

Vorsorgeaufwendungen nach	Belgien	Irland	Lettland	Malta	Norwegen
§ 10 Absatz 1 Nummer 2 Buchstabe a EStG	49,48 %	77,24 %	83,22 %	47,03 %	54,60 %
§ 10 Absatz 1 Nummer 3 Satz 1 Buchstabe a und b EStG (ohne Krankengeldanteil)	41,15 %	8,13 %	–	44,06 %	45,40 %
§ 10 Absatz 1 Nummer 3a EStG (Anteil vom Globalbeitrag für Krankengeld)	9,37 % (1,56 %)	14,63 % (2,44 %)	13,35 % (7,22 %)	8,91 % (1,49 %)	–
Gesamtaufwand	100,00 %	100,00 %	96,57 % (3,43 % sonstige nicht Abziehbare)	100,00 %	100,00 %
Für Höchstbetragsberechnung gemäß § 10 Absatz 3 EStG anzusetzender Arbeitgeberanteil	93,77 %	82,07 %	186,97 %	47,03 %	93,89 %

Vorsorgeaufwendungen nach	Portugal	Spanien	Verein. Königreich (GB)	Zypern
§ 10 Absatz 1 Nummer 2 Buchstabe a EStG	84,08 %	96,94 %	84,07 %	82,65 %
§ 10 Absatz 1 Nummer 3 Satz 1 Buchstabe a und b EStG (ohne Krankengeldanteil)	–	–	–	–
§ 10 Absatz 1 Nummer 3a EStG (Anteil vom Globalbeitrag für Krankengeld)	15,92 % (2,65 %)	3,06 % (3,06 %)	15,93 % (2,66 %)	17,35 % (2,61 %)
Gesamtaufwand	100,00 %	100,00 %	100,00 %	100,00 %
Für Höchstbetragsberechnung gemäß § 10 Absatz 3 EStG anzusetzender Arbeitgeberanteil	177,71 %	486,76 %	96,68 %	82,65 %

Anwendungsbeispiel:

Der ledige Arbeitnehmer A leistet für das Jahr 2015 in Belgien einen Globalbeitrag i. H. v. 1 000 Euro.

Lösung:

A kann an Vorsorgeaufwendungen geltend machen:

- Altersvorsorgeaufwendungen i. S. d. § 10 Absatz 1 Nummer 2 Buchstabe a EStG i. H. v. 494,80 Euro (= 49,48 % von 1 000 Euro),
- Beiträge zur Basiskranken- und gesetzlichen Pflegeversicherung i. S. d. § 10 Absatz 1 Nummer 3 Satz 1 Buchstabe a und Buchstabe b EStG i. H. v. 411,50 Euro (= 41,15 % von 1 000 Euro),

---

1) Angaben in Prozent des vom Arbeitnehmer geleisteten Globalbeitrags.

Anhang 60/Aufteilung Sozialversicherungsbeitrag, Ergänzung Anlage § 010-03

– Beiträge für sonstige Vorsorgeaufwendungen i. S. d. § 10 Absatz 1 Nummer 3a EStG i. H. v. 93,70 Euro (= 9,37 % von 1 000 Euro, darin enthalten 15,60 Euro = 1,56 % von 1 000 Euro für Krankengeld und 78,10 Euro = 7,81 % von 1 000 Euro für die weiteren sonstigen Vorsorgeaufwendungen).

Im Rahmen der Höchstbetragsberechnung gemäß § 10 Absatz 3 EStG ist ein Arbeitgeberanteil i. H. v. 937,70 Euro (= 93,77 % von 1 000 Euro) anzusetzen.

Eine entsprechende Aufteilung ist hinsichtlich der Altersvorsorgeaufwendungen auch bei der Ausstellung von Lohnsteuerbescheinigungen und Besonderen Lohnsteuerbescheinigungen durch den Arbeitgeber ab 2015 vorzunehmen (s. Abschnitt I Tz. 13 Buchstabe a des BMF-Schreibens vom 15. September 2014, BStBl. I Seite 1244).

Die Tabellen sind für den Veranlagungszeitraum 2015 anzuwenden. Sie gelten für den gesamten Veranlagungszeitraum.

Die Aufteilung von Globalbeiträgen, die an Sozialversicherungsträger in Ländern außerhalb Europas geleistet werden, ist nach den Umständen des Einzelfalls vorzunehmen.

Stichwortverzeichnis

A

Abfindungen
- Kapitabfindung aufgrund der Beamtengesetze, Steuerfreiheit § 3 Nr. 3
- Steuerbefreiung bei Auflösung des Dienstverhältnisses § 3 Nr. 9 a.F.

Abfindungsrente
- nach dem BeamtVG als Versorgungsbezug LStR 19.8 (1) Nr. 1

Abfluss
- von Ausgaben § 11

Abführung
- der LSt § 41a, LStR 41a.2

Abgabeort
- Bewertung der Sachbezüge § 8 (2) 1

Abgeltungssteuer
- auf Kapitalerträge Einführungsvorschriften § 52a

Abgrenzung
- der nichtselbständigen Arbeit von der selbständigen Arbeit LStH 19.0
- der Werbungskosten von den Kosten der Lebensführung LStH 9.1 (1), LStR 9.1 (2)

Abnutzungsentschädigung
- Dienstkleidung Bundeswehr etc., Steuerfreiheit § 3 Nr. 4
- Steuerfreiheit der - für Dienstkleidung Bundeswehr etc. LStR 3.4
- Steuerfreiheit für Werkzeuggeld § 3 Nr. 30, LStR 3.30

Abrufverfahren
- ELStAM § 39e (4)

Abschlagszahlung
- Begriff LStR 39b.5 (5)
- pauschale - bei steuerfreien Zuschlägen LStR 3b (7)
- und Lohnabrechnungszeitraum § 39b (5), LStR 39b.5 (5)

Abschluss
- des Lohnsteuerabzugs § 41b

Abschlussgebühren
- ersparte - Anl. § 008-11

Absetzungen
- erhöhte - für Wohngebäude § 10e, § 7b
- Ermittlung des Kfz-Kilometersatzes LStH 9.5, LStH 8.1 (9) Nr. 2 S. 8
- fiktive - bei Arbeitsmitteln LStH 9.12
- für Abnutzung als Werbungskosten § 9 (1) Nr. 7, LStR 9.12
- für außergewöhnliche technische Abnutzung bei Kfz-Kilometersatz LStH 9.5
- für Substanzverringerung § 9 (1) Nr. 7

Abtretung
- von Ansprüchen aus Versicherungsverträgen LStR 40b.1 (3 und 6)

Abwälzung
- pauschaler Lohnsteuer auf Arbeitnehmer § 40 (3) 2, LStH 40.2, LStH 40a.1, LStH 40b.1

Änderung
- des Lohnsteuerabzugs § 41c, LStR 41c.1

Änderung der Lohnsteuerkarte LStR 39.2

Änderungssperre
- nach Außenprüfung LStR 42d.1 (6)

AfA
- siehe Absetzungen

Aktienoptionen
- Zuflusszeitpunkt LStH 38.2

Alleinerziehende
- BMF-Schreiben Anl. § 024b-01
- Entlastungsbetrag § 24b
- Freibetrag bei Verwitweten § 39a (1) Nr. 8
- Steuerklasse II § 38b (1) 2 Nr. 2

Altersbezüge
- BMF-Schreiben Anl. § 010-01

Altersentlastungsbetrag EStR 24a
- Begriff § 24a
- Berücksichtigung beim Gesamtbetrag der Einkünfte § 2 (3)
- Berücksichtigung beim Lohnsteuerabzug LStR 39b.4

Altersteilzeitgesetz Anh. 11
- Lohnsteuerbescheinigung der Aufstockungsbeträge nach dem - § 41b (1) 2 Nr. 5
- Steuerfreiheit von Leistungen nach dem - § 3 Nr. 28, LStR 3.28

Altersübergangsgeld
- Progressionsvorbehalt § 32b (1) Nr. 1

Altersversorgung
- siehe betriebliche Altersversorgung

Altersvorsorgeaufwendungen
- BMF-Schreiben Anl. § 010-01

Altersvorsorgebeiträge
- Begriff § 10a, § 82

Altersvorsorge-Durchführungsverordnung Anh. 10

Altersvorsorgevermögen § 22 Nr. 5, § 92 Nr. 5, § 93 ff.
- Übertragung, Steuerfreiheit § 3 Nr. 55c

Altersvorsorgeverträge
- Altersvorsorgezulage § 79 ff.
- Begriff § 82 (1) 1
- Bescheinigung § 92
- Besteuerung der Leistungen § 22 Nr. 5
- Eigenheimbetrag § 92a (1), § 92b
- Sonderausgaben § 10a
- Zertifizierungsgesetz § 22 Nr. 5, § 82 (1)
- zusätzliche - § 10a

Altersvorsorgezulage § 79 ff., § 83
- Anmeldung § 90 (3)
- Grundlage § 84
- Günstigerprüfung § 10a (2)
- Kinderzulage § 85

- Mindesteigenbeitrag § 86
- Rückzahlungsbetrag § 93 (1) 1
- schädliche Verwendung § 93, § 94

Amateursportler
- als Arbeitnehmer LStH 19.0

Annehmlichkeiten
- siehe Aufmerksamkeiten

Anrufungsauskunft § 42e, LStR 42e
- Bindungswirkungen LStH 42e
- BMF-Schreiben - feststellender Verwaltungsakt Anl. § 042e-01
- Lohnzahlung durch Dritte LStR 42e (4)

Antragsfrist
- bei Veranlagung § 46 (2) Nr. 8
- für Freibetrag beim Lohnsteuerabzug § 39a (2)
- für Freibetrag beim Lohnsteuerabzug bei beschränkt Steuerpflichtigen § 39a (4) 2

Antragsgrenze
- im Ermäßigungsverfahren § 39a (2) 4, LStR 39a.1 (4)

Antragsveranlagung § 46 (2) Nr. 8

Anzeigepflicht
- des Arbeitgebers bei Drittlohn § 38 (4) 3, LStR 38.4 (2)
- des Arbeitgebers bei nachträglicher Änderung der LSt § 41c (4), LStR 41c.2
- des Arbeitgebers bei nicht ausreichendem Barlohn § 38 (4) 2, LStR 41c.2 (1)
- des Arbeitnehmers bei Drittlohn § 38 (4) 3, LStR 38.4 (2)
- des Arbeitnehmers im Ermäßigungsverfahren (1990 weggefallen)

Arbeinehmerentsendung
- inländischer Arbeitgeber LStR 19.1 S. 4

Arbeitgeber
- Anzeigepflichten LStR 41c.2
- Begriff LStDV § 1 (2) zu § 19, LStR 19.1
- Beispiele LStH 19.1
- Einbehaltungspflicht § 38 (3)
- inländische Betriebsstätten ausländischer Unternehmer LStR 39d (1) 5
- inländischer -, Begriff § 38 (1)
- Übernahme der -pflichten durch Dritte § 38 (3a), LStDV 4 (4) zu § 41

Arbeitgeber/Auftraggeber
- bei nebenberuflicher Tätigkeit LStR 3.26 (3)

Arbeitgeberdarlehen
- BMF-Schreiben Anl. § 008-04

Arbeitgeberersatz
- bei Auswärtstätigkeit LStR 3.13 (1)
- bei doppelter Haushaltsführung LStR 3.16 S.3, LStR 9.11 (10)
- bei Übernachtungskosten LStR 9.7 (3)
- Konkurrenzregelung Verpflegungsmehraufwendungen LStR 9.6 (2)
- Reisenebenkosten LStR 9.8
- von Fahrtkosten LStR 9.5 (2)
- von Reisekosten § 3 Nr. 13, § 3 Nr. 16, LStR 3.13, LStR 3.16

- von Umzugskosten § 3 Nr. 13, § 3 Nr. 16, LStR 3.13, LStR 3.16, LStR 9.9 (3)

Arbeitnehmer
- Begriff LStDV § 1 (1) zu § 19, LStH 19.0
- Erben und Hinterbliebene als - LStR 19.9

Arbeitnehmeranteile
- Bescheinigung Sozialversicherung § 41b (1) 2 Nr. 11-14
- Übernahme durch Arbeitgeber und Nettolohnberechnung LStR 39b.9 (1) 4
- zur Rentenversicherung als Sonderausgaben § 10 (1) Nr. 2

Arbeitnehmerentsendung
- Einbehaltungspflicht des Arbeitgebers LStR 38.3 (5)
- Lohnsteuerabzug § 38 (1) 2

Arbeitnehmererfindungen
- Zahlung als sonstiger Bezug LStR 39b.2 (8)

Arbeitnehmerjubiläum
- Ehrung eines Jubilars LStR 19.5 (2) 5
- Jubilarfeiern LStR 19.5 (2) Nr. 3
- übliche Sachleistungen und Arbeitslohn LStR 19.3 (2) Nr. 3

Arbeitnehmer-Pauschbetrag § 9a
- und tarifbegünstigter Arbeitslohn LStH 34

Arbeitnehmer-Sparzulagen
- Höhe der - Anh. 23 (§ 13)
- Steuerbefreiung nach dem 5. VermBG Anh. 23 (§ 13)

Arbeitnehmerüberlassung
- Arbeitgeber bei - LStR 19.1 S. 5
- Betriebsstätte bei - § 41 (2), LStR 41.3
- Haftung bei - § 42d (6), LStR 42d.2
- Sicherungsmaßnahme bei - § 42d (8), LStR 42d.2 (8)
- Steuerabzugsverpflichtung für ausländischen Verleiher § 38 (1), § 38 (1)
- Unzulässigkeit der - im Baugewerbe Anh. 9 (§ 1b)

Arbeitnehmerüberlassungsgesetz Anh. 9

Arbeitsentgeltverordnung
- Sozialversicherungsentgeltverordnung Anh. 3

Arbeitsessen
- als Aufmerksamkeit und Arbeitslohn LStR 19.6 (2)
- keine Betriebsveranstaltung LStR 19.5 (2) 6

Arbeitsförderungsgesetz
- Steuerbefreiung von Leistungen nach dem - § 3 Nr. 2

Arbeitsgebiet
- weiträumiges - LStH 9.4

Arbeitskleidung
- als Werbungskosten § 9 (1) Nr. 6
- Steuerbefreiung bei Überlassung von § 3 Nr. 31, LStR 3.31

Arbeitslohn
- Abschlagszahlung siehe dort
- an Erben LStR 19.9
- Angabe im Lohnkonto § 41 (1) 3, LStDV § 4 (2) Nr. 3 zu § 41

- Aufzeichnungen für Zeiträume ohne -
§ 41 (1) 5, LStDV § 4 (2) Nr. 2 zu § 41,
LStDV § 4 (2) Nr. 2 zu § 41, LStR 41.2
- Begriff und Beispiele LStDV § 2 zu § 19,
LStR 19.3
- Bescheinigung von - § 41b (1) 2 Nr.3
- durch Dritte § 38 (1) 2, LStR 38.4
- Entstehung der LSt § 38 (2)
- laufender - § 39b (2), LStR 39b.2 (1),
LStR 39b.5
- Steuerabzug vom - § 38, LStR 38.1
- Zufluss von - § 11 (1) 4, § 38a (1), LStR 38.2
- zusätzlich geschuldeter - LStR 3.33 (5)

Arbeitslohnspende LStR 38.1 Fußnote

Arbeitslosenbeihilfe
- Progressionsvorbehalt § 32b (1) Nr. 1
- Steuerfreiheit der - § 3 Nr. 2a

Arbeitslosengeld
- Progressionsvorbehalt § 32b (1) Nr. 1
- Steuerfreiheit von - § 3 Nr. 2, LStR 3.2
- vorweggenommene Werbungskosten LStH 9.1

Arbeitslosenhilfe
- Progressionsvorbehalt § 32b (1) Nr. 1
- Steuerfreiheit von - § 3 Nr. 2, § 3 Nr. 2a

Arbeitslosigkeit
- Progressionsvorbehalt bei Lohnersatz-
leistungen § 32b (1) Nr. 1
- Steuerklassenwechsel LStR 39.2 (5)

Arbeitsmittel
- als Werbungskosten § 9 (1) Nr. 6, LStR 9.12

Arbeitsstätte
- Begriff der regelmäßigen - LStR 9.4 (3)
- ständig wechselnde Tätigkeitsstätten
LStR 9.4 (2)
- Wege zwischen Wohnung und - § 9 (1) Nr. 4,
§ 9 (2), LStH 9.10

Arbeitsverhältnis
- siehe Dienstverhältnis

Arbeitsverträge
- zwischen Ehegatten EStR 4.8, LStH 19.0

Arbeitszimmer § 4 (5) Nr. 6b, LStH 9.14
- BMF-Schreiben Anl. § 004-03

Artisten
- beschränkte Steuerpflicht und besonderer Steuerabzug § 50a (1) Nr. 1, LStR 39d (3)

Arzneimittel
- als außergewöhnliche Belastung EStR 33.4

Aufbewahrungszeitraum
- Lohnkonto § 41 (1) 9

Auflösung
- des Dienstverhältnisses und Änderung des
Lohnsteuerabzugs § 41c (3)

Aufmerksamkeiten
- aus besonderem Anlass steuerfrei LStR 19.6 (1)
- Begriff LStR 19.6 (1) 1

Aufrundung
- Anrechnung Steuerabzugsbeträge auf ESt
§ 36 (3)

Aufstockungsbeträge
- Begrenzung auf Nettoarbeitslohn, Beispiele
LStH 3.28
- Progressionsvorbehalt § 32b (1) Nr. 1
- Steuerfreiheit § 3 Nr. 28, LStR 3.28

Aufwandsentschädigung
- aus öffentlichen Kassen § 3 Nr. 12, LStR 3.12
- ehrenamtlich tätiger Personen LStR 3.12 (3),
LStR 3.12 (5)
- für nebenberufliche Tätigkeit LStR 3.26
- steuerfreie Einnahmen für nebenberufliche Tätigkeit § 3 Nr. 26
- Übertragung Monatsbeträge LStH 3.12

Aufzeichnungserleichterungen
- bei Lohnsteuer-Pauschalierung § 41 (1) 6,
LStDV § 4 (2) Nr. 8 zu § 41

Aufzeichnungspflichten
- bei betrieblicher Altersversorgung Anh. 2 (§ 5)
- bei vermögenswirksamen Leistungen
Anh. 24 (§ 3)
- beim Lohnsteuerabzug § 41 (1),
LStDV § 4 zu § 41
- im Lohnkonto § 41 (1) 3, LStDV § 4 zu § 41
- Religionsgemeinschaften LStR 41.1 (4)
- Zeiträume ohne Arbeitslohn „U" § 41 (1) 5,
LStDV § 4 (2) Nr. 2 zu § 41, LStR 41.2

Aus- und Fortbildung LStR 9.2

Ausbilder
- steuerfreie Aufwandsentschädigung LStR 3.26
- steuerfreie Einnahmen § 3 Nr. 26

Ausbildung
- als Sonderausgaben § 10 (1) Nr. 7
- Berufsausbildung als Sonderausgaben
EStR 10.9
- eines Kindes § 32 (4)
- Erstausbildung nicht abzugsfähig § 12 Nr. 5,
§ 4 (9), § 9 (6)
- Freibetrag EStR 33a.2
- Freibetrag Kind § 33a (2)
- Kosten der Berufs- als Sonderausgaben
LStR 9.2 (1)
- Kosten der Fort- und Weiterbildung als Wer-
bungskosten LStR 9.2

Ausbildungsbeihilfen
- Steuerbefreiung § 3 Nr. 11, § 3 Nr. 44

Ausbildungsdienstverhältnis LStR 9.2 (1) 3
- Beispiele LStH 9.2

Ausbildungsfreibeträge § 33a (2), EStR 33a.2
- Aufteilung auf mehrere Steuerpflichtige
§ 33a (2) 3

Ausbildungsplatz
- Berücksichtigung von Kindern ohne - § 32 (4),
EStR 32.7

Ausgaben
- für steuerbegünstigte Zwecke § 10b
- nicht abziehbare § 12
- regelmäßig wiederkehrende - § 11 (2) 2
- Zeitpunkt der Absetzung von - § 11 (2)

Ausgleichsjahr § 42b (1)
Ausgleichsleistungen
– nach dem Lastenausgleichsgesetz steuerfrei § 3 Nr. 7
Aushilfskräfte
– in der Land- und Forstwirtschaft § 40a (3), LStR 40a.1 (6)
– Pauschalierung der LSt für - § 40a
Aushilfstätigkeit
– Abgrenzung von Haupttätigkeit und selbständiger Arbeit LStH 19.2
– und Pauschalierung der LSt § 40a
Auskünfte
– im Lohnsteuerverfahren § 42e, LStR 42e
– verbindliche Zusage LStR 42f (5)
Ausländische Betriebsstätte
– bei Verwertungstatbestand LStR 39d (1)
Ausländischer Verleiher
– Betriebsstättenfinanzamt § 41 (2), LStH 41.3, LStR 41.3
– Verpflichtung zum Steuerabzug § 38 (1), LStR 38.3 (1)
Auslagenersatz
– Begriff § 3 Nr. 50, LStR 3.50 (1) 1
– Steuerbefreiung § 3 Nr. 50, LStR 3.50
Ausland
– Arbeitslohn bei DBA Anl. § 039b-03
– Auslandstagegelder bei Auswärtstätigkeit LStR 9.6 (3) 1
– Auswärtstätigkeiten im -, Reisekosten Anl. § 009-02
– Kaufkraftzuschläge Anl. § 003-03
– Ländergruppeneinteilung Anl. § 001-01
Auslandsbedienstete
– Bewertung Dienstwohnung LStR 8.1 (6) 10
– Kaufkraftzuschläge Anl. § 003-03
– Kaufkraftzuschlag § 3 Nr. 64, LStR 3.64
– Wohnungsgestellung LStH 3.64
Auslandsdienstreisen
– Ländergruppeneinteilung Anl. § 009-02
– Reisekostenersatz LStR 9.7, LStR 3.13, LStR 3.16
– Übernachtungskosten LStR 9.7 (2), LStR 9.7 (3)
– Übernachtungskosten bei - Anl. § 009-02
– Verpflegungsmehraufwendungen LStR 9.6 (3)
– Verpflegungsmehraufwendungen bei - Anl. § 009-02
Auslandskinder § 33a (2) 2
– Kinderfreibetrag § 32 (6) 4
Auslandstätigkeit
– unentgeltliche Wohnung LStR 8.1 (6) 10
Auslandstätigkeitserlass Anl. § 034c-01
– Verzicht auf Nachweis der ausländischen Besteuerung LStR 39d (2)

Auslandstagegeld Anl. § 009-02, LStR 9.6 (3) 1
Auslandsübernachtungsgeld Anl. § 009-02, LStR 9.7 (3)
Auslandsumzüge LStH 9.9, LStR 9.9 (2) 1
Auslandsumzugskostenverordnung Anh. 16
Auslösungen
– Steuerfreiheit von LStR 3.13, LStR 3.16
Außenprüfung
– siehe Lohnsteuer-Außenprüfung
Außergewöhnliche Belastungen
– Ausbildungsfreibeträge § 33a (2), EStR 33a.2
– Behinderte, Hinterbliebene und Pflegepersonen § 33b
– Freibetrag bei Ehegatten LStR 39a.3 (3)
– Freibetrag für - § 39a (1) Nr. 3, 4, LStR 39a.1 (7)
– Krankheit und Tod EStR 33.4
– Ländergruppeneinteilung Anl. § 001-01
– Pflegebedürftigkeit EStR 33.3
– Privatschulbesuch EStR 33.4
– Steuerermäßigung für - § 33, § 33a
– Unterhalt/Berufsausbildung EStR 33a.1
– Wiederbeschaffung existentiell notwendiger Gegenstände EStR 33.2
– zeitanteilige Ermäßigung § 33a (3), EStR 33a.4
– zumutbare Belastung § 33 (3)
Außerordentliche Einkünfte
– Vergütungen für mehrjährige Tätigkeiten § 34 (2) Nr. 4, EStR 34.4, LStR 39b.6 (4)
Außersteuerliche Rechtsnormen
– Anknüpfen an ESt-Begriffe § 2 (5a), § 2 (5b)
Ausstattungsbeitrag
– bei Auslandsumzügen LStH 9.9
– BMF-Schreiben Anl. § 009-04
Auswärtige Tätigkeitsstätte
– siehe doppelte Haushaltsführung
– und Dreimonatszeitraum LStR 9.6 (4)
Auswärtige Unterbringung
– bei Berufsausbildung § 10 (1) Nr. 7
– von Kindern in der Ausbildung § 33a (2), EStR 33a.2
Auswärtstätigkeit
– Aus- und Fortbildung LStR 9.2 (2), (3)
– Begriff LStR 9.4
– im Ausland, Reisekosten Anl. § 009-02
– regelmäßige Arbeitsstätte BMF-Schreiben Anl. § 009-10
– Steuerfreiheit LStR 3.13, LStR 3.16
– vorübergehende - LStH 9.4, LStH 9.4, LStR 9.4 (3) S. 7
Auszahlung
– von Sachbezügen LStR 8.1 (4) 4
Authentifizierung
– bei elektronischer Übermittlung Anh. 35 (§ 6)
– BMF-Schreiben zu StDÜV und StDAV Anh. 35a (Tz. 2)

B

Badekuren
– als außergewöhnliche Belastung EStR 33.4

Barlohn
– nicht ausreichender - § 38 (4)
Barlohnkürzung
– bei Zukunftssicherungsleistungen LStH 40b.1, LStR 40b.1 (5)
Barzuschüsse
– des Arbeitgebers an Kantine oder Gaststätte LStR 8.1 (7) Nr. 2
Basisgrundlohn
– bei Zuschlägen LStR 3b (2) Nr. 2 Buchst. a
Baukindergeld § 34f (2)
Bauleistungen
– Freistellungsbescheinigung § 48b
– Steuerabzug § 48 ff.
Bausparbeiträge
– siehe Bausparkassen
Bausparkassen
– ersparte Abschlussgebühren Anl. § 008-11
Beamte
– Kürzung bei Vorsorgeaufwendungen § 10 (3-4)
Befristungsgesetz Anh. 12
Begleitpersonal
– siehe Fahrtätigkeit
Behinderte
– als Freibetrag § 39a (1) Nr. 4, LStR 39a.3 (4)
– Art und Grad der Behinderung § 33b (2), § 33b (3)
– Aufwendungen wegen Pflegebedürftigkeit als außergewöhnliche Belastung EStR 33.3
– Kraftfahrzeugkosten als Werbungskosten § 9 (2), LStR 9.10 (3)
– Nachweis der Behinderung EStDV § 65 (1) zu § 33b
– Pauschbeträge für - § 33b (3)
– Pflege-Pauschbetrag § 33b (6)
– Übertragung des Pauschbetrags für Kinder § 33b (5)
Behinderten-Pauschbetrag § 33b (1)
Beifahrer
– siehe Fahrtätigkeit
Beihilfe, steuerpflichtige
– Erholungs- LStH 3.11
Beihilfen, steuerfreie
– aus öffentlichen Mitteln für Erziehung, Ausbildung, Forschung, Wissenschaft oder Kunst § 3 Nr. 11, § 3 Nr. 44
– in besonderen Notfällen LStR 3.11 (2) 5
– wegen Hilfsbedürftigkeit LStR 3.11
Beiträge
– zu Berufsständen als Werbungskosten § 9 (1) Nr. 3
– zu Parteien als Sonderausgaben § 10b (2)
– zu Versicherungen als Sonderausgaben § 10 (1) Nr. 2, 3, 3a, § 10 (2)
Belegschaftsrabatte
– siehe Rabattgewährung
Belgien
– Grenzgänger, Abfindungen LStH 39d
Beratungsleistungen
– für Arbeitnehmer LStR 19.3 (2) Nr. 5

Bergbau
– Steuerfreiheit öffentlicher Leistungen § 3 Nr. 60
Berufsausbildung § 10 (1) Nr. 7, EStR 10.9, LStR 9.2
– Aufwendungen für Ehegatten als Sonderausgaben § 10 (1) Nr. 7 S. 2
– Aufwendungen für Kind als außergewöhnliche Belastung § 33a (2)
– des Steuerpflichtigen als Sonderausgaben LStR 9.2 (1)
– Erstausbildung nicht abzugsfähig § 12 Nr. 5, § 4 (9), § 9 (6)
– Kinder in - EStR 32.11, EStR 32.5
– Sonderausgaben bei Aufwendungen für Steuerpflichtigen § 10 (1) Nr. 7
– Unterbrechung bei Kindern § 32 (5), EStR 32.5
Berufsausbildungskosten
– BMF-Schreiben Anl. § 010-02
– erstmalige Berufsausbildung LStH 9.2
Berufskleidung
– als Werbungskosten § 9 (1) Nr. 6, LStH 9.12, LStR 9.1 (2) Nr. 1
– Barablösung von - § 3 Nr. 31, LStR 3.31 (2)
– Überlassung typischer - § 3 Nr. 31, LStR 3.31
Berufskraftfahrer
– Auswärtstätigkeit LStR 9.4 (2) 2
Berufskrankheit
– Behinderten-Pauschbeträge § 33b (2)
Berufssportler
– beschränkte Steuerpflicht und besonderer Steuerabzug § 50a (1) Nr. 1
– Lohnsteuerabzug für beschränkt steuerpflichtige - LStR 39d (3)
Berufsstände
– Aufwendungen für Veranstaltungen als Lebensführungskosten LStR 9.3 (1)
– Aufwendungen für Veranstaltungen als Werbungskosten LStR 9.3 (2)
– Beiträge als Werbungskosten § 9 (1) Nr. 3
Berufsunfähigkeitsversicherung LStR 40b.1 (2) 8
Berufsverbände
– siehe Berufsstände
Bescheinigung für den Lohnsteuerabzug
– Aushändigung an den Arbeitnehmer § 41b (1) 5
– Ausstellung der - § 39 (3)
– Einreichung an das Betriebsstättenfinanzamt § 41b (1) 6
– keine Identifikationsnummer zugeteilt § 39e (8)
– Lohnsteuerbescheinigung auf der - § 41b (1) 4
Beschränkt Steuerpflichtige
– Änderung LSt-Abzug LStR 41c.1 (8)
– Arbeitnehmer und LStabzug § 39b (1)
– Freibetrag als Lohnsteuerabzugsmerkmal § 39a (4)
– Sondervorschriften für - Arbeitnehmer § 50 (1), § 50 (2)
– Steuerabzug bei künstlerischen Darbietungen § 50a (1) Nr. 1

- Steuerabzug für - Künstler, Berufssportler, Schriftsteller, Journalisten oder Bildberichterstatter Anl. § 039d-01, LStR 39d (3)

Beschränkt steuerpflichtige Einkünfte
- aus nichtselbständiger Arbeit § 49
- Verwertungstatbestand § 49 (1) Nr. 4, LStR 39d (1)

Beschränkte Steuerpflicht
- siehe Steuerpflicht

Besuchsfahrten
- als außergewöhnliche Belastung EStR 33.4

BetrAVG Anh. 8

Betreuer
- Aufwandsentschädigung für nebenberufliche Tätigkeit LStR 3.26
- steuerfreie Einnahmen § 3 Nr. 26

Betreuungs- und Erziehungs- oder Ausbildungsbedarf
- Freibetrag für Kind § 32 (6) 1

Betriebliche Altersversorgung
- Aufzeichnungs- und Mitteilungspflichten Anh. 2 (§ 5)
- BMF-Schreiben Anl. § 010a-01
- BMF-Schreiben Finanzierungsanteile Arbeitnehmer öffentlicher Dienst Anl. § 003-08
- BMF-Schreiben Übernahme Rentenversicherungsbeiträge für - Anl. § 019-08
- Geburtstag Arbeitnehmer LStR 19.3 (2) Nr. 4
- Insolvenzsicherung § 3 Nr. 65, LStR 3.65
- Pflichtpauschalierung § 40b (4)
- Qualifizierung als Arbeitslohn § 3 Nr. 65, LStR 3.65 (3)
- Sonderzahlungen Steuerpflicht § 19 (1) 1 Nr. 3
- Steuerfreiheit § 3 Nr. 63
- Steuerfreiheit nicht kapitalgedeckte - § 3 Nr. 56
- Steuerfreiheit Sanierungsgelder § 19 (1) 1 Nr. 3
- Übertragung auf Pensionsfonds, BMF-Schreiben Anl. § 003-06
- Übertragung der - § 3 Nr. 55

Betriebsfeier
- siehe Betriebsveranstaltung

Betriebsprüfungsordnung Anh. 44

Betriebsstätte
- ausländische Betriebsstätte eines inländischen Arbeitgebers LStR 39d (1)
- Bauausführungen im Inland LStR 38.3 (4)
- bei Steuerabzugsverpflichtung LStR 38.3 (2)
- lohnsteuerlicher Begriff § 41 (2), LStR 41.3

Betriebsstättenfinanzamt
- Abführung der LSt an - § 41a (1), LStR 41a.2
- Anrufungsauskunft vom - § 42e
- Begriff § 41a (1)
- bei ausländischem Verleiher § 41 (2), LStH 41.3, LStR 41.3
- Geltendmachung der Haftungsschuld und Steuerschuld durch - § 42d (3)
- LSt-Anmeldung beim - § 41a (1), LStR 41a.1 (2)
- LSt-Außenprüfung durch - § 42f (1)
- Nachforderung von LSt LStR 41c.3 (1)

Betriebsveranstaltung
- Aufzeichnungserleichterungen im Lohnkonto LStDV § 4 (2) Nr. 8 zu § 41
- Barzuwendungen LStR 19.5 (5) Nr. 2
- Begriff LStR 19.5 (2)
- Bewertung von Mahlzeiten LStH 19.5
- Geschenke anlässlich - LStR 19.5 (4) Nr. 4
- Pauschalierung der LSt § 40, LStR 40.2 (1)
- Sachzuwendungen LStR 19.5 (4) Nr. 1

Bewirtung
- keine Kürzung der Reisekosten bei unentgeltlicher Verpflegung LStR 9.6 (1) 3
- von Geschäftsfreunden durch Arbeitnehmer, Auslagenersatz § 3 Nr. 50, LStR 3.50

Bildberichterstatter
- Lohnsteuerabzug für beschränkt steuerpflichtige - LStR 39d (3)

Bildschirmbrille
- spezielle Sehhilfe LStR 19.3 (2) Nr. 2

Bildungsaufwendungen
- siehe Ausbildung, Berufsausbildung, Fortbildungskosten, Schulbesuch, Weiterbildung

Blinde
- Nachweis EStDV § 65 (2) zu § 33b
- Pauschbetrag für - § 33b (3) 3

Blockmodell
- Störfall bei Altersteilzeit LStR 3.28 (2)
- zeitversetzte Auszahlung steuerfreier Zuschläge LStR 3b (8)

Brauereigewerbe
- Haustrunk LStR 8.2 (1) 3

Büroraum
- Vermietung an Arbeitgeber Anl. § 019-06

Bundeseisenbahnvermögen
- beschränkte Steuerpflicht für Arbeitslohn § 49 (1) Nr. 4

Bundesentschädigungsgesetz
- Steuerfreiheit von Renten § 3 Nr. 8a

Bundeskindergeldgesetz Anh. 19

Bundesumzugskostengesetz Anh. 15
- BMF-Schreiben zum - Anl. § 009-04

Bundesversorgungsgesetz
- Steuerfreiheit von Leistungen nach dem - LStR 3.6 (1)

D

Datenabgleich
- Altersvorsorgezulage § 91

Datenzugriff
- Grundsätze zum Anl. § 042f-02

Dauernd erwerbsunfähig
- Berücksichtigung von -en Kindern § 32 (4), EStR 32.9

Dauernd getrennt lebende Ehegatten
- Lohnsteuerklasse für - § 38b (1) 2 Nr. 1

Dauernde Lasten
- Abzug als Sonderausgaben § 10 (1) Nr. 1a

Deputate
- Rabattfreibetrag LStR 8.2 (1) 3

Deutsche Bundesbahn
- siehe Bundeseisenbahnvermögen

Deutsche Bundesbank
- beschränkte Steuerpflicht für Arbeitslohn § 49 (1) Nr. 4

Deutschkurs
- Kosten der Lebensführung LStH 9.2

Diätverpflegung
- keine außergewöhnliche Belastung § 33 (2) 3

Diebstahlsicherungssystem LStR 8.1 (9) Nr. 1

Diensteinführung
- übliche Sachleistungen und Arbeitslohn LStR 19.3 (2) Nr. 3

Dienstfahrt
- siehe Dienstreise

Dienstfernsprecher
- Überlassung als Arbeitslohn LStH 19.3

Dienstgang
- (1996 weggefallen) siehe Dienstreise

Dienstkleidung
- bei Bundeswehr, Bundesgrenzschutz und Polizei § 3 Nr. 4
- Dienstkleidung, Steuerfreiheit LStR 3.4
- siehe Berufskleidung
- Steuerfreiheit einer Abnutzungsentschädigung § 3 Nr. 4, § 3 Nr. 4 Buchst. b
- Überlassung von - kein Arbeitslohn § 3 Nr. 31, LStR 3.31

Dienstreise
- Reisekostensätze Ausland Anl. § 009-02, LStR 9.6 (3) 1
- Reisekostensätze Inland § 4 (5) Nr. 5 S. 2
- siehe auch Reisekosten

Dienstreise-Kaskoversicherung
- BMF-Schreiben Anl. § 009-01
- und pauschale Kilometersätze LStH 9.5

Dienstverhältnis
- Arbeitslohn aus früherem - LStDV § 1 (1) 2 zu § 19
- Arbeitslohn im Hinblick auf zukünftiges - LStDV § 2 (2) Nr. 1 zu § 19
- Auflösung § 41c (3)
- Begriff LStDV § 1 (2) zu § 19
- Einnahmen aus - LStDV § 2 zu § 19
- Erhebung ESt durch Steuerabzug § 38 (1)
- vorweggenommene Werbungskosten bei künftigem - LStH 9.1
- zwischen Ehegatten EStR 4.8, LStH 19.0

Dienstwagen
- BMF-Schreiben zu Aufwendungen des Arbeitnehmers Anl. § 008-14
- BMF-Schreiben zu BFH-Urteilen Anl. § 008-12
- vom Arbeitnehmer selbst getragene Aufwendungen Anl. § 008-13
- Zuzahlungen Arbeitnehmer zu Anschaffungskosten LStR 8.1 (9) Nr. 4

Dienstwohnung
- im Ausland, Bewertung LStR 8.1 (6) 10
- im Ausland, Wohnungsgestellung LStR 3.64

- Sachbezugswert für Unterkunft LStR 8.1 (5)

Digitale Lohnschnittstelle
- BMF-Schreiben Anl. § 042f-01

Digitale Unterlagen
- Datenzugriff Anl. § 042f-02

Diplomaten
- Steuerbefreiung ausländischer § 3 Nr. 29
- Steuerbefreiung sonstiger ausländischer Bediensteter bei - § 3 Nr. 29
- unbeschränkte Steuerpflicht deutscher - § 1 (2)

Direktversicherung
- Begriff LStR 40b.1 (1)
- bei Ehegatten-Arbeitsverhältnis LStH 40b.1
- bei Gewinnermittlung § 4b
- Gehaltsumwandlung LStR 40b.1 (5)
- Pauschalierung der LSt für - LStR 40b.1

Doppelbesteuerung
- Vermeidung der - § 39 (4) Nr. 5, LStR 39d (2)

Doppelbesteuerungsabkommen
- Anwendung des Progressionsvorbehalts § 32b (1) Nr. 3
- Anwendung von - LStR 39b.10
- Arbeitslohn bei - Anl. § 039b-03
- Auslandstätigkeitserlass bei - ausgeschlossen Anl. § 034c-01 (V.2.)
- Befreiung von beschränkt Steuerpflichtigen LStR 39d (2)
- Berücksichtigung ausländischer Steuern bei - § 34c
- Freistellung, Lohnsteuerabzugsmerkmal § 39 (4) Nr. 5
- Freistellungsbescheinigung zum Lohnkonto LStR 39b.10 S. 4
- Gastlehrkräfte Anl. § 039b-04
- Grenzgänger Schweiz, Belgien LStH 39d
- Übersicht über - Anl. § 039b-02

Doppelte Haushaltsführung
- - Ausland Anl. § 009-02
- Aufwendungen als Werbungskosten § 9 (1) Nr. 5, LStR 9.11 (10)
- Begriff § 9 (1) Nr. 5 S. 2
- eigener Hausstand LStR 9.11 (3)
- Einführungsschreiben Lohnsteuer Anl. § 038-01
- Familienheimfahrt LStR 9.11 (6)
- im Ausland LStR 9.11 (10) 7 Nr. 3
- notwendige Aufwendungen für Zweitwohnung LStH 9.11 (5-10), LStR 9.11 (8)
- Vergütungen für Kosten - LStR 3.13 (1), LStR 3.16 S. 3, LStR 9.11 (10)
- Verpflegungsmehraufwendungen LStR 9.11 (7)
- Wegverlegung Lebensmittelpunkt LStR 9.11 (2)

Dreimonatsfrist
- bei Auswärtstätigkeit LStR 9.6 (4)
- bei Verpflegungsmehraufwendungen LStH 9.6 (4)
- im Auslandstätigkeitserlass Anl. § 034c-01 (II.)
- Verpflegungspauschalen § 4 (5) Nr. 5 S. 5 f.

- Vervielfältigung der Pauschalierungsgrenze LStR 40b.1 (11)

Dritte
- Außenprüfung § 42f (3)
- Beihilfen LStH 3.11
- Haftung Arbeitgeber / Dritte § 42d (9), LStR 42d.3
- Lohnkonto LStDV § 4 (4) zu § 41
- Lohnsteuerabzug § 38 (3a), LStR 38.5
- Lohnsteuerabzug für sonstigen Bezug § 39c, LStR 39c (5)
- Lohnzahlung durch - LStR 38.4
- Rabatte durch - Anl. § 008-01
- Steuerabzug bei Arbeitslohn durch - § 38 (1) 2
- Unterstützungen LStR 3.11 (2) 2

Durchlaufende Gelder
- Begriff und Abgrenzung § 3 Nr. 50, LStR 3.50
- Steuerfreiheit § 3 Nr. 50

Durchschnittlicher Steuersatz
- bei Pauschalierung der LSt in besonderen Fällen § 40 (1), LStR 40.1 (3)
- halber - bei Veräußerungsgewinnen § 34 (3)

Durchschnittsberechnung
- bei pauschalierten Zukunftssicherungsleistungen LStH 40b.1, LStR 40b.1 (9)

Durchschnittslohn
- bei Pauschalierung der LSt für Teilzeitbeschäftigte § 40a (1), § 40a (4)

DVLStHV Anh. 37

E

Ehegatten
- Altersentlastungsbetrag bei Zusammenveranlagung von - § 24a
- Ausgaben für Zukunftssicherung (Direktversicherungen) bei Arbeitsverträgen zwischen - LStH 40b.1
- besondere Veranlagung für VZ der Eheschließung § 26c
- Dienstverhältnis zwischen - EStR 4.8, LStH 19.0
- Freibeträge bei - LStR 39a.3
- getrennte Veranlagung von - § 26a
- nicht dauernd getrennt lebend § 38b (1), EStR 26
- Steuerklassenwechsel § 39 (6), LStR 39.2 (5)
- Veranlagung von - § 26, § 46 (2)
- Zusammenveranlagung von - § 26b

Ehrenamtliche Tätigkeit
- Anwendungsschreiben zu § 3 Nr. 26a Anl. § 003-02
- für Berufsverband LStH 9.3
- nebenberufliche LStR 3.26
- Steuerbefreiung § 3.26a

Ehrensold
- als Versorgungsbezüge LStR 19.8 (1)

Eigener Hausstand
- bei doppelter Haushaltsführung LStR 9.11 (3)

Einbehaltungspflicht
- des Arbeitgebers LStR 38.3

Einbuße der körperlichen Beweglichkeit
- Behinderten-Pauschbetrag § 33b (2)

Einfamilienhaus
- erhöhte Absetzungen und Freibetrag § 39a (1) Nr. 5

Einführungsschreiben Lohnsteuer
Anl. § 038-01

Einheitliche Pauschsteuer
- geringfügig Beschäftigte § 40a (2), § 40a (6), LStR 40a.2

Einigungsvertrag
- Sondervorschriften § 56

Einkleidungsbeihilfen
- Steuerfreiheit § 3 Nr. 4 Buchst. b
- Steuerfreiheit von - § 3 Nr. 4 Buchst. b

Einkommensteuer
- Abgeltung durch Lohnsteuerabzug § 46 (4), § 50 (2) 1
- Abzug vom Arbeitslohn § 38 (1)
- Anknüpfen an ESt-Begriffe § 2 (5a), § 2 (5b)
- Anrechnung ausländischer - § 34c
- Durchführungsverordnung Anh. 2
- Ermittlung der - § 2 (5) 1, § 32a
- Jahressteuer § 2 (7) 1
- Kindergeld/Kinderfreibetrag § 31
- Pauschalierung bei Sachzuwendungen § 37b
- Pauschalisierung durch Dritte § 37a

Einkommensteuerveranlagung
- besondere - § 26c
- getrennte - bei Ehegatten § 26a
- keine Bindung an Anrufungsauskunft LStH 42e
- von Arbeitnehmern § 46 (2)
- von Ehegatten § 26
- Zusammenveranlagung § 26b

Einkünfte
- aus nichtselbständiger Arbeit § 19 (1)
- aus selbständiger Arbeit § 18
- Begriff § 2 (2)
- beschränkt steuerpflichtige - aus nichtselbständiger Arbeit § 49 (1) Nr. 4, LStR 39d (3)
- Gesamtbetrag der - § 2 (3)

Einnahmen
- Begriff § 8 (1)
- steuerfreie - § 3
- Verbot des Abzugs von Vorsorgeaufwendungen bei steuerfreien - § 10 (2) Nr. 1
- Verbot des Abzugs von Werbungskosten bei steuerfreien - § 3c
- Zufluss von - § 11 (1)
- Zufluss von Lohn § 11 (1) 4, § 38a (1), LStR 38.2

Einsatzwechseltätigkeit
- Auswärtstätigkeit LStR 9.4 (2) 2
- siehe ständig wechselnde Tätigkeitsstätte

Einspruch
- Einspruchsrecht des Arbeitnehmers gegen Haftungsbescheid LStH 42d.1
- Hinzuziehung des Arbeitgebers bei Einspruch des Arbeitnehmers LStH 42d.1

Einzelveranlagung
– von Ehegatten § 26a
Einzelzimmer
– Übernachtungskosten LStR 9.7 (1)
Elektro-Fahrräder Anl. § 008-15, LStH 8.1
Elektronische Lohnsteuerabzugsmerkmale
§ 39e
– siehe ELStAM
– siehe Lohnsteuerabzugsmerkmale
– Übergangsregelungen § 52b
Elektronische Lohnsteuer-Anmeldung
§ 41a (1) 2, LStH 41a.1
– BMF-Schreiben, Übergangsregelung LStH 41a.1
Elektronische Lohnsteuerbescheinigung § 41b
– BMF-Schreiben, Vordruckmuster Anl. § 041b-01
ELStAM § 39e, § 52b
– Abrufverfahren § 39e (4)
– Anwendung durch Arbeitgeber § 39e (5)
– Ausnahme vom Abrufverfahren § 39e (7)
– BMF-Schreiben zur Einführung Anl. § 039e-01
– Sperrung/Freischaltung § 39e (6) 6
Emeritenbezüge
– als steuerbegünstigte Versorgungsbezüge LStH 19.8
Endpreis am Abgabeort
– Bewertung bei Sachbezügen § 8 (2) 1
Entfernungspauschale
– Abgeltungswirkung § 9 (2) 1
– bei Behinderten tatsächliche Aufwendungen § 9 (2) 3
– Bescheinigung anzurechnender steuerfreier Arbeitgeberleistungen § 41b (1) 1 Nr. 6
– BMF-Schreiben ab 2007 Anl. § 009-07
– Familienheimfahrten doppelte Haushaltsführung § 9 (1) Nr. 5 S. 4
– höhere Aufwendungen öffentliche Verkehrsmittel § 9 (2) 2
– Lohnsteuerbescheinigung anzurechnender Arbeitgeberleistungen § 41b (1) 2 Nr. 6
Entgeltbescheinigung
– Bescheinigung bestimmter Lohnersatzleistungen § 32b (3)
Entlassungsabfindungen
– Fünftelungsregelung § 39b (3) 9
Entlassungsentschädigungen Anl. § 034-01
Entlastungsbetrag für Alleinerziehende § 24b, LStR 24b
– BMF-Schreiben Anl. § 024b-01
– Steuerklasse II § 38b (1) 2 Nr. 3
Entleiher
– Haftung bei Arbeitnehmerüberlassung § 42d (6), LStR 42d.2
– Sicherungsmaßnahme bei Arbeitnehmerüberlassung § 42d (8), LStR 42d.2(8)
Entschädigungen
– Abgeltung nicht gewährten Urlaubs steuerpflichtig LStR 19.3 (1) Nr. 2

– als Ersatz für entgangene oder entgehende Einnahmen § 24 Nr. 1
– als sonstiger Bezug LStR 39b.2 (2)
– aus öffentlichen Kassen siehe Aufwandsentschädigungen
– bei Auflösung des Dienstverhältnisses siehe Entlassungsabfindungen
– ermäßigte Besteuerung § 39b (3) 9
– ermäßigter Steuersatz § 34
– für die Aufgabe oder Nichtausübung einer Tätigkeit § 24 Nr. 1
– pauschal für Fehlgeld LStR 19.3 (1) Nr. 4
Entstehung
– der LSt § 38 (2)
Entwicklungshelfer
– Berücksichtigung als Kind § 32 (5)
– Steuerfreiheit der Leistungen § 3 Nr. 61
Erben
– Arbeitslohn an - LStR 19.9
ErbStR Anh. 56
Erfindervergütungen
– als sonstiger Bezug LStR 39b.2 (2)
Erhebung
– der LSt mit Pauschsteuersatz § 40, § 40a, § 40b
– der LSt vom Arbeitslohn § 38 (1)
Erholungsbeihilfen
– als Unterstützungen LStH 3.11
– Pauschsteuersatz bei - § 40 (2) 1, LStR 40.2 (1)
Ermäßigungsverfahren § 39a
Erschwerniszuschläge
– als steuerpflichtiger Arbeitslohn LStR 19.3 (1) Nr. 1
Erstausbildung
– nicht abzugsfähige Ausgaben § 12 Nr. 5, § 4 (9), § 9 (6)
Ertragsanteil
– von Renten § 22 Nr. 1
Erweiterte unbeschränkte Einkommensteuerpflicht § 1 (3), § 1a
Erwerbsunfähigkeit
– Berücksichtigung als Kind § 32 (4), EStR 32.9
– siehe Behinderte
Erzieher
– steuerfreie Einnahmen § 3 Nr. 26
– Steuerfreiheit für nebenberufliche Tätigkeiten als - LStR 3.26
Erziehungsgeld
– Steuerbefreiung § 3 Nr. 67
Essenmarken LStR 8.1 (7) Nr. 4
EStDV Anh. 2
EU/EWR-Fälle
– Steuerklasse LStH 38b
EU-Beamte
– Tagegeld, BMF-Schreiben Anl. § 003-04
Existenzminimum
– Grundfreibetrag § 32a (1)
– Sondervorschrift Kinder VZ 1983-1995 § 53

F

Fachbücher
– als Werbungskosten LStH 9.12
Fachkongresse
– Studienreisen und - LStH 9.2, LStR 9.2
Fachliteratur
– siehe Fachbücher
Fachschulen
– nebenberufliche Lehrtätigkeit LStR 19.2
Fachverbände
– Ausgaben bei Veranstaltungen von - LStR 9.3
Fachzeitschriften
– siehe Fachbücher
Fahrergestellung Anl. § 008-17, LStR 8.1 (10)
Fahrgelderstattung
– Steuerfreiheit bei Reisekosten LStR 9.5 (2)
Fahrgemeinschaften LStH 9.10
Fahrrad
– Kilometersatz LStH 9.5
Fahrtätigkeit
– als Auswärtstätigkeit LStR 9.4 (2) 2
Fahrten zwischen Wohnung und Arbeitsstätte
– Arbeitgebervergütungen als Arbeitslohn LStR 19.3 (3) Nr. 2
– Aufwendungen für - § 9 (1) Nr. 4, § 9 (2), LStR 9.10
– Begrenzung des Abzugs für - bei Gewinneinkünften § 4 (5a)
– bei Behinderten § 9 (2) 3, LStR 9.10 (3)
– bei Fahrgemeinschaften LStR 9.10
– bei mehreren Wohnungen § 9 (1) Nr. 4 S. 6, LStR 9.10 (1) 3
– BMF-Schreiben mehrere Tätigkeitsstätten Anl. § 009-09
– Gestellung eines Kraftfahrzeugs § 8 (2) 3, LStR 8.1 (9)
– Gestellung eines Kraftwagens mit Fahrer LStR 8.1 (10)
– Lohnsteuerbescheinigung § 41b (1) 2 Nr. 6, § 41b (1) 2 Nr. 7
– Nutzungsvergütung des Arbeitnehmers bei gestelltem Kraftwagen LStR 8.1 (9) Nr. 4
– Pauschalierung der Arbeitgeberleistung § 40 (2) 2, LStR 40.2 (6)
– Sammelbeförderung von Arbeitnehmern steuerfrei § 3 Nr. 32, LStR 3.32
– Unfallschäden LStH 9.10
Fahrtenbuch
– ordnungsgemäßes LStH 8.1 (9-10), LStR 8.1 (9) Nr. 2
Fahrtenschreiber LStR 8.1 (9) Nr. 25.6
Fahrtkosten
– als Reisekosten LStR 9.5
– für Wege zwischen Wohnung und Arbeitsstätte LStR 9.10
Fahrtkostenzuschüsse
– Pauschalierung der LSt LStH 40.2, LStR 40.2 (6)
Faktorverfahren
– anstelle Steuerklassenkombination III/V § 39f

– Ausschluss LStJA § 42b (1) 3 Nr. 3b
– Steuerklassenwahl Anl. § 038b-01
Familienhausstand
– siehe eigener Hausstand, Wohnung
Familienheimfahrten
– Begriff § 9 (1) Nr. 5 S. 3
– bei doppelter Haushaltsführung LStR 9.11 (6)
– wahlweise Telefonkosten LStR 9.11 (6-10)
Familienleistungsausgleich § 31
– Kinderfreibetrag/Kindergeld bei ESt § 31
Familienpflegezeit Anl. § 019-09, LStH 19.3
Familienstand
– nicht dauernd getrennt lebend § 38b (1), EStR 26
Fehlgeldentschädigung
– Steuerfreiheit von 16 Euro pauschaler - LStR 19.3 (1) Nr. 4
Fehlzeiten
– siehe Nichtbeschäftigungszeiten
Feiertagsarbeit
– an Heiligabend und Silvester § 3b (1) Nr. 3, § 3b (1) Nr. 4
– Steuerfreiheit der Zuschläge § 3b (1) Nr. 3
Festsetzungsverjährung
– und Lohnsteueraussenprüfung LStH 42f
Festzusetzende Einkommensteuer
– Ermittlung der - § 2 (6) 1
Fiktive AfA
– bei Arbeitsmitteln LStH 9.12
Finanzamt
– siehe Betriebstättenfinanzamt, Zuständigkeit
Finanzamtsnummer
– in LStbescheinigung § 41b (1) 1
Förderung der Vermögensbildung
– Überlassung von Vermögensbeteiligungen § 19a, § 3 Nr. 39
– Vermögensbildungsgesetz Anh. 23
– Wohnungsbau-Prämiengesetz Anh. 28
Forstwirtschaft
– Pauschalierung der LSt für Aushilfskräfte § 40a (3), LStR 40a.1 (6)
Fortbildungskosten
– Abzug als Werbungskosten LStR 19.7 (2) 7 und (3)
– als Werbungskosten LStH 9.2
Fortbildungsleistungen
– des Arbeitgebers LStR 19.7
Freiberufliche Tätigkeit
– siehe selbständige Arbeit
Freibetrag
– Ausschluss LStJA § 42b (1) 3 Nr. 3a
– für Betreuungs- und Erziehungs- oder Ausbildungsbedarf des Kindes § 32 (6) 1
– für weiteres Dienstverhältnis § 39a (1) Nr. 7, LStR 39a.1 (8)
– und Hinzurechnungsbetrag LStR 39a.1 (8)
Freibetrag beim Lohnsteuerabzug § 39a
– Änderung, Beispiele LStH 39a.1
– Verfahren LStR 39a.1

Geringfügig entlohnte Beschäftigte
– Bemessungsgrundlage für einheitliche Pauschsteuer LStR 40a.2
– einheitliche Pauschsteuer § 40a (2), § 40a (6), LStR 40a.2, LStR 40a.2

Geschäftsreise
– siehe Dienstreise

Geschenke
– bei besonderen Anlässen LStR 19.3 (2) Nr. 4
– bei Betriebsveranstaltungen LStR 19.5 (4) Nr.4
– siehe Arbeitnehmerjubiläum, Betriebsveranstaltungen, Gelegenheitsgeschenke

Geschiedene
– Änderung der Steuerklasse LStR 39.2 (2)
– Lohnsteuerklasse § 38b (1) 2 Nr. 1

Gesellschafter-Geschäftsführer Anl. § 008-14, LStH 8.1

Gesetzesänderungen
– BMF-Schreiben zu - 1996 Anl. § 008-07

Gesetzlich unterhaltsberechtigte Personen
– Zuwendungen an - § 12 Nr. 2

Gestellung von Kraftwagen
– als Sachbezug § 8 (2), LStR 8.1 (9)
– an Gesellschafter-Geschäftsführer Anl. § 008-14
– BMF-Schreiben zu Aufwendungen des Arbeitnehmers Anl. § 008-14
– BMF-Schreiben zu BFH-Urteilen Anl. § 008-12
– mit Fahrer LStR 8.1 (10)
– Nutzungsvergütungen des Arbeitnehmers LStR 8.1 (9) Nr. 4
– Zuzahlungen Arbeitnehmer zu Anschaffungskosten LStR 8.1 (9) Nr. 4

Gesundheitsförderung
– betriebliche, Steuerfreiheit § 3 Nr. 34

Getränke
– als Aufmerksamkeit LStR 19.6

Getrennte Veranlagung § 26a

Gewöhnlicher Aufenthalt
– Steuerabzugspflicht § 38 (1)
– Steuerpflicht § 1 (1)

Globalbeiträge
– BMF-Schreiben Aufteilung ausländische Sozialversicherung Anl. § 010-03

Grad der Behinderung
– bei Behinderten-Pauschbeträgen § 33b (3)
– bei Werbungskosten § 9 (2) 3
– Nachweis EStDV § 65 (1) zu § 33b

Grenzgänger
– Schweiz, Belgien LStH 39d

Grenzpendler
– Ermäßigungsverfahren, Steuerklasse LStH 39c
– öffentlicher Dienst LStH 39c
– Steuerklassen LStH 39c

Großbuchstabe „S"
– Aufzeichnungspflicht § 41 (1) 6
– Lohnsteuerbescheinigung § 41b (1) 2 Nr. 3

Großbuchstabe „U"
– Aufzeichnung bei Unterbrechung Lohnanspruch § 41 (1) 5, LStDV § 4 (2) Nr. 2 zu § 41, LStR 41.2
– kein LStJA § 42b (1) 3 Nr. 4a
– Lohnsteuerbescheinigung § 41b (1) 2 Nr. 2

Grundfreibetrag § 32a (1)

Grundlohn
– bei Altersteilzeit LStR 3b (2) Nr. 5
– bei steuerfreien Zuschlägen LStR 3b (2)
– Höchstbetrag § 3b (2) 1
– Höchstbetrag SvEV Anh. 3 § 1 (1) 1 Nr. 1

Grundlohnzusätze
– bei steuerfreien Zuschlägen LStR 3b (2) Nr. 2 Buchst. b

Grundsteuern
– als Werbungskosten § 9 (1) Nr. 2

Gruppenunfallversicherung
– Lohnsteuerpauschalierung § 40b (3), LStR 40b.2

Günstigerprüfung
– Altersvorsorgezulage / Sonderausgaben § 10a (2)
– Kindergeld / Kinderfreibetrag § 31

Gutschein
– Sachbezug LStR 8.1 (1) 7
– Zufluss LStR 38.2 (3)

H

Härteausgleich
– (§ 70 EStDV) Anh. 2
– bei der Veranlagung von Arbeitnehmern § 46 (3), LStH 46

Häusliches Arbeitszimmer
– siehe Arbeitszimmer

Haftpflichtversicherung
– Abzug als Sonderausgabe § 10 (1) Nr. 3a, EStR 10.5

Haftung
– anderer Personen LStH 42d.1
– anderer Personen neben dem Arbeitgeber LStR 42d.1 (2)
– Arbeitgeber § 42d (1), LStR 42d.1
– Dritter / Arbeitgeber § 42d (9)
– Entleiher bei Arbeitnehmerüberlassung § 42d (6), LStR 42d.2
– Ermessensprüfung LStR 42d.1 (4), LStR 42d.2 (4)
– haftungsbefreiende Anzeige § 41c (4)
– Inanspruchnahme des Arbeitgebers ohne Haftungsbescheid und Leistungsgebot § 42d (4)
– Inanspruchnahme eines Gesamtschuldners LStR 42d.1 (3)
– Lohnsteuerabzug durch Dritten LStR 42d.3
– Verleiher bei Arbeitnehmerüberlassung § 42d (7), LStR 42d.2 (7)
– zusammengefasster Steuer- und Haftungsbescheid LStH 42d.1

Freibetrag/Freibeträge
- Änderung von -n LStR 39a.1 (10)
- Altersentlastungsbetrag siehe dort
- Antrag auf - als Lohnsteuerabzugsmerkmal
  § 39a
- Antragsfrist § 39a (2)
- Antragsfrist beschränkt Steuerpflichtige
  § 39a (4) 2
- Antragsgrenze § 39a (2) 4, LStR 39a.1 (4)
- Aufteilung bei Ehegatten § 39a (3),
  LStR 39a.3 (5)
- Ausbildung § 33a (2), EStR 33a.2
- bei außergewöhnlichen Belastungen § 33a
- bei Behinderten § 33b (1)
- betriebliche Gesundheitsförderung § 3 Nr. 34
- Kinder § 32 (6)
- Kundenbindungsprogramm § 3 Nr. 38
- Nachforderung von LSt bei unzutreffendem -
  § 39a (5)
- Rabatt- § 8 (3) 2, LStR 8.2 (2) 10
- Sparer-Pauschbetrag § 20 (9)
- Versorgungsfreibetrag siehe dort

Freie Berufe
- siehe selbständige Arbeit

Freie Getränke und Genussmittel LStR 19.6, LStR 8.2 (1) 3

Freie Kost und Wohnung
- Bewertung der Sachbezüge LStR 8.1 (4), LStR 8.1 (5)
- sonstige Festsetzungen Anl. § 008-02, Anl. § 008-03
- Sozialversicherungsentgeltverordnung Anh. 3

Freie Unterkunft
- bei doppelter Haushaltsführung
  LStR 9.11 (10) 7
- Bewertung bei Auslandstätigkeit
  LStR 8.1 (6) 10
- in werkseigenen Gebäuden LStR 8.1 (6) 7

Freie Wohnung
- Bewertung bei Auslandstätigkeit
  LStR 8.1 (6) 10

Freiflüge
- Sachbezugswerte Anl. § 008-03

Freigrenze
- Sachbezüge § 8 (2) 9, LStR 8.1 (3)
- Zukunftssicherungsleistungen Anl. § 008-05

Freistellungsbescheinigung
- bei Auslandstätigkeitserlass
  Anl. § 034c-01 (VI.)
- bei Bauleistungen § 48b
- bei Doppelbesteuerungsabkommen
  LStR 39b.10

Freitabakwaren
- Rabattbegünstigung LStR 8.2 (1) 3

Freiwillige Krankenversicherung
- Steuerfreiheit von Zuschüssen des Arbeitgebers
  LStR 3.62 (2)

Freiwillige Zuwendungen
- als nicht abzugsfähige Ausgaben § 12 Nr. 2

Freiwilliges soziales Jahr
- Berücksichtigung von Kindern § 32 (4)

Freizigaretten/Freizigarren
- siehe Freitabakwaren

Fremdwährung
- kein Sachbezug LStR 8.1 (1) 6

Fünftelungsregelung
- bei außerordentlichen Einkünften § 34, § 39b (3) 9

Fünftes VermBG Anh. 23 ff.

G

Gastlehrkräfte
- Besteuerung der - nach DBA Anl. § 039b-04

Gefahrenzuschläge
- als steuerpflichtiger Arbeitslohn
  LStR 19.3 (1) Nr.1

Geh- und Stehbehinderung
- Kilometersatz bei Fahrten zwischen Wohnung und Arbeitsstätte § 9 (2) 3, LStR 9.10 (3)

Gehaltsumwandlung
- siehe Umwandlung von Arbeitslohn

Gehaltsverzicht
- und Verwendungsauflage LStH 38.2

Geldwerter Vorteil
- Abgrenzung von Aufmerksamkeiten
  LStR 19.6 (1) 2
- bei Dienstleistungen LStR 8.2
- bei Warenüberlassung LStR 8.2
- Bewertung der Sachbezüge LStR 8.1
- Gestellung eines Fahrers LStR 8.1 (10)
- Incentivreisen Anl. § 004-02, LStH 19.7
- Kraftfahrzeugerwerb vom Arbeitgeber
  Anl. § 008-08
- Kraftfahrzeugüberlassung Anl. § 008-06
- Rabatte durch Dritte Anl. § 008-01
- siehe auch freie Getränke und Genussmittel, freie Kost und Wohnung, freie Unterkunft, Freiflüge, Freitabakwaren
- Überlassung eines Kraftfahrzeugs § 8 (2) 2, LStR 8.1 (9)

Gelegenheitsarbeit
- als nichtselbständige Tätigkeit LStH 19.0
- Pauschalierung für Teilzeitbeschäftigte § 40a

Gelegenheitsgeschenke
- siehe Aufmerksamkeiten
- Steuerpflicht LStH 19.6

Gelegentliche Beschäftigung
- Begriff LStR 40a.1 (2)
- Pauschalierung der LSt bei kurzfristiger Beschäftigung § 40a (1)

Gemeinschaftsunterkunft LStR 8.1 (5) 3

Gemischte Aufwendungen
- BMF-Schreiben zur steuerlichen Beurteilung
  Anl. § 009-05

Genussmittel
- als Aufmerksamkeit LStR 19.6

Geringfügig Beschäftigte
- Pauschalierung § 40a (2), § 40a (2a)

Halbteilung
- Aufteilung der Ausbildungsfreibeträge § 33a (2) 4

Handwerksmeister
- nebenberufliche Lehrtätigkeit als selbständige Tätigkeit LStH 19.2

Hausgehilfin
- Dienstverhältnis mit - LStDV § 1 (2) zu § 19
- siehe Hilfe im Haushalt

Haushalt
- als nicht abziehbare Ausgaben § 12 Nr. 1

Haushaltsersparnis
- bei Heimunterbringung EStR 33.3 (2)
- bei Kuren als außergewöhnliche Belastung EStR 33.4

Haushaltshilfe
- siehe Hilfe im Haushalt

Haushaltsnahe Beschäftigungsverhältnisse
- BMF-Schreiben Anl. § 035a-01
- Steuerermäßigung § 35a

Haushaltsnahe Dienstleistungen § 35a

Haushaltsscheck
- SGB IV Anh. 53

Haushaltsvorstand
- als Arbeitgeber LStDV § 1 (2) zu § 19

Hausrat
- Wiederbeschaffung als außergewöhnliche Belastung EStR 33.2

Hausstand
- eigener LStR 9.11 (3)

Haustrunk
- im Brauereigewerbe, Rabattbegünstigung LStR 8.2 (1) 3

Heilfürsorge
- Steuerfreiheit für Soldaten und Zivildienstleistende § 3 Nr. 5

Heiligabend
- Feiertagszuschläge § 3b (1) Nr. 4

Heilkuren
- als außergewöhnliche Belastung EStR 33.4

Heilmittel EStR 33.4

Heilpraktiker
- Verordnung auch durch - EStR 33.4

Heimarbeiterzuschläge
- Steuerfreiheit LStR 9.13

Heimunterbringung
- Freibetrag bei - als außergewöhnliche Belastung EStR 33.3
- wegen Pflegebedürftigkeit EStR 33.3

Hilfe im Haushalt
- Pflege-Pauschbetrag § 33b (6)

Hilflosigkeit
- Nachweis EStDV § 65 (2) zu § 33b
- Pflege-Pauschbetrag § 33b (6)

Hilfsbedürftigkeit
- steuerfreie Beihilfen und Unterstützungen LStR 3.11

Hinterbliebene
- als Freibetrag § 39a (1) Nr. 4
- Arbeitslohnzahlung an - LStR 19.9
- Bezüge der -n als Versorgungsbezüge § 19 (2)
- Pauschbetrag für - § 33b (4)
- Pauschbetragsübertragung bei Nichtinanspruchnahme durch Kind § 33b (5)
- Versorgungsfreibetrag § 19 (2)

Hinterbliebenen-Pauschbetrag § 33b (4)

Hinzurechnungsbetrag
- auf der LSt-Karte § 39a (1) Nr. 7
- Ausgleich für Freibetrag LStR 39a.1 (8)
- Ausschluss LStJA § 42b (1) 3 Nr. 3a
- Veranlagung LStR 41c.3 (4) 3
- zeitliche Verteilung § 39a (2) 9

Höchstbetrag/Höchstbeträge
- Arbeitnehmer-Sparzulage nach dem 5. VermBG Anh. 23 (§ 13)
- außergewöhnliche Belastungen § 33a, Anl. § 001-01
- Spendenabzug § 10b (1), § 10b (2)
- Verpflegungsmehraufwand als Werbungskosten § 4 (5) Nr. 5 S. 2, § 9 (5)
- Vorsorgeaufwendungen § 10 (3-4)
- Vorwegabzug § 10 (4a)
- Wohnungsbauprämie Anh. 28 (§ 3)

Höchstbetragsgemeinschaft
- im WoPG Anh. 28 (§ 3)

I

Identifikationsnummer
- Datenübermittlung mit - § 41b (2)
- in elektronischen Lohnsteuerabzugsmerkmalen § 39e (2) und (4)
- in Rentenbezugsmitteilung § 22a

Incentiv-Reisen
- BMF-Schreiben Anl. § 004-02
- geldwerter Vorteil LStH 19.7

Infektionsschutzgesetz § 3 Nr. 25, § 32b (1) Nr. 1e, § 41 (1) 4
- Ausschluss LStJA § 42b (1) 3 Nr. 4
- Lohnsteuerbescheinigung § 41b (1) 2 Nr. 5

Inland
- Begriff § 1 (1) 2
- bei beschränkt steuerpflichtigen Einkünften § 49 (1), LStR 39d (1)
- bei Sonderausgaben § 10 (2) Nr. 2

Insolvenzgeld
- elektronische Übermittlung § 32b (3)
- Progressionsvorbehalt § 32b (1) Nr. 1 Buchst. a
- Steuerfreiheit LStR 3.2 (2)

Insolvenzsicherung
- Ausgaben zur Zukunftssicherung des Arbeitnehmers LStR 3.65 (2) 2
- Steuerbefreiung der Beiträge des Trägers der - § 3 Nr. 65, LStR 3.65
- Versorgungsleistungen als Arbeitslohn LStR 3.65 (3) 3

Internet
- Pauschalierung der LSt LStR 40.2 (5)
- verbilligte Übereignung § 40 (2) 1 Nr. 5
- Zuschüsse Arbeitgeber § 40 (2) 1 Nr. 5

1481

J

Jahresarbeitslohn
- Begriff § 38a (1)
- Bemessungsgrundlage für Jahreslohnsteuer § 38a (1)
- Berechnung bei sonstigen Bezügen § 39b (3), LStH 39b.6, LStR 39b.6 (2)
- voraussichtlicher - beim permanenten Lohnsteuer-Jahresausgleich § 39b (2) 12, LStR 39b.8

Jahresausgleich
- siehe Lohnsteuer-Jahresausgleich

Jahresbescheinigung
- Kapitalerträge § 24c
- Veräußerungsgewinne § 24c

Jahresfreibetrag
- Umrechnung, Änderung LStR 39a.1 (9 und 10)

Jahreshinzurechnungsbetrag
LStR 39a.1 (9 und 10)

Jahreslohnsteuer
- Bemessung der - § 38a (2)
- Ermittlung bei LSt-Nachforderungen LStR 41c.3 (2)

Jahreswagen
- als Sachbezug Anl. § 008-08, LStH 8.2

Job-Ticket
- Steuerfreiheit (2004 weggefallen) § 3 Nr. 34 a.F.

Journalisten
- Lohnsteuerabzug bei beschränkt steuerpflichtigen - LStR 39d (3)

Jubiläumszuwendungen
- als sonstiger Bezug LStR 39b.2 (2)

Jubilarfeiern
- Betriebsveranstaltung LStR 19.5 (2) Nr. 3
- Ehrung eines Jubilars LStR 19.5 (2) 5

K

Kantinenessen
- Ermittlung des geldwerten Vorteils LStR 8.1 (7) Nr. 5
- Sachbezugswerte von - Anl. § 008-02

Kapitalabfindungen
- aufgrund der Beamten-/Pensionsgesetze § 3 Nr. 3

Kapitaleinkünfte § 20, § 43

Kapitalvermögen
- gesonderter Steuertarif § 32d

Kapitalversicherungen
- als Sonderausgaben § 10 (1) Nr. 2
- Pauschalierung der LSt bei - LStR 40b.1 (2)

Kassen- und Zähldienst
- pauschale Fehlgeldentschädigung LStR 19.3 (1) Nr. 4

Kaufkraftausgleich
- Dienstwohnung bei Auslandsbediensteten LStH 3.64, LStR 8.1 (6) 10
- Gesamtübersicht Kaufkraftzuschläge Anl. § 003-03

- Steuerbefreiung § 3 Nr. 64, Anl. § 003-03, LStR 3.64

Kaufkraftzuschlag
- siehe Kaufkraftausgleich

Kilometer-Pauschbeträge
- siehe Entfernungspauschale

Kilometersätze
- bei Mitnahme eines weiteren Arbeitnehmers LStH 9.5
- Entfernungspauschale für Familienheimfahrten § 9 (1) Nr. 5 S. 4
- Entfernungspauschale für Wege zwischen Wohnung und Arbeitsstätte § 9 (1) Nr. 4, § 9 (2)
- erhöhte - bei Fahrten zwischen Wohnung und Arbeitsstätte LStR 9.10 (3)
- erhöhte - für Behinderte § 9 (2) 3
- Ermittlung der tatsächlichen Kosten und repräsentativer - LStH 9.5, LStR 9.5 (1) 4
- Gestellung eines Kraftfahrzeugs § 8 (2), LStR 8.1 (9) Nr. 1
- pauschale - Anl. § 009-06, LStH 9.5
- Pauschbeträge für Familienheimfahrten mit Kraftfahrzeug LStR 9.11 (6)
- steuerfreier Ersatz von Reisekosten durch privaten Arbeitgeber § 3 Nr. 16, LStR 3.16, LStR 9.5 (2)
- Steuerfreiheit als Reisekostenvergütung aus öffentlichen Kassen § 3 Nr. 13, LStR 3.13

Kinder
- dauernde Erwerbsunfähigkeit § 32 (4), EStR 32.9
- Aufwendungen für auswärtige Unterbringung EStR 33a.2
- Ausbildungsfreibeträge § 33a (2), EStR 33a.2
- Begriff § 32 (1)
- bei der zumutbaren Belastung § 33 (3)
- Einkünfte und Bezüge EStR 32.10
- Entlastungsbetrag für Alleinerziehende § 24b
- Familienleistungsausgleich § 31
- fehlender Ausbildungsplatz § 32 (4), EStR 32.7
- Freibetrag für Betreuungs- und Erziehungs- oder Ausbildungsbedarf § 32 (6) 1
- im Grundwehrdienst § 32 (5)
- im sozialen Jahr § 32 (4)
- in Berufsausbildung EStR 32.5
- Lohnsteuerabzugsmerkmale § 39 (4)
- Pauschbetrag für behinderte - § 33b (5)
- Sondervorschrift VZ 1983-1995 § 53

Kinderbeihilfen
- Steuerpflicht § 3 Nr. 11 S. 2

Kinderbetreuungskosten § 10 (1) Nr. 5
- Ausnahme bei Freibetragsberechnung LStR 39a.1 (6) 3

Kindererziehungszuschlag
- Steuerfreiheit § 3 Nr. 67

Kinderfreibetrag § 31
- Begriff § 32 (6) 1
- bei Zuschlagsteuern § 51a (2a)
- geringere Zahl als Lohnsteuerabzugsmerkmal § 38b (3)

- Lohnsteuerabzugsmerkmal § 39 (4)
- ökologisches Jahr § 32 (4)
- Übertragung § 32 (6), EStR 32.13

Kindergarten
- steuerfreie Arbeitgeberleistung § 3 Nr. 33, LStR 3.33

Kindergeld § 62 ff.
- als Steuervergütung § 31
- Arbeitgebermerkblatt Anl. § 008-07
- bei ESt-Vorauszahlung § 37 (3) 12
- Gesetz Anh. 19
- Günstigerprüfung Kinderfreibetrag § 31
- Höhe § 66
- öffentlicher Dienst § 72
- Zahlung durch private Arbeitgeber (1999 weggefallen) § 73

Kinderzahl
- siehe Kinderfreibetrag

Kinderzuschlag
- Steuerpflicht § 3 Nr. 11 S. 2

Kinderzuschüsse
- aus einer gesetzlichen Rentenversicherung § 3 Nr. 1 Buchst. b

Kirchensteuer
- Abzug als Sonderausgabe § 10 (1) Nr. 4, EStR 10.7
- bei der Nettolohnberechnung LStR 39b.9 (1) 4
- Bescheinigung der Religionsgemeinschaft LStH 39.1
- Fundstellennachweis Anh. 48
- Lohnsteuerbescheinigung § 41b (1) 2 Nr.4
- pauschale - bei Pauschalierung für Teilzeitbeschäftigte LStH 40a.1
- Pauschalierung bei § 37b EStG Anl. § 037b-01
- vom Arbeitgeber übernommene nachgeforderte - als Arbeitslohn LStH 19.3

Kleidung
- als Kosten der Lebensführung LStR 9.1 (2)
- Dienstkleidung, Steuerfreiheit § 3 Nr. 4
- klimabedingte - bei Auslandsumzügen LStH 9.9 (2) 1
- siehe auch Berufskleidung
- Steuerfreiheit von Dienst- LStR 3.4
- typische Berufskleidung als Werbungskosten § 9 (1) Nr. 6, LStR 9.1 (2) Nr. 1
- Wiederbeschaffung als außergewöhnliche Belastung EStR 33.2

Kleinbetragsgrenze
- siehe Nachforderung von LSt

Klimabedingte Bekleidung
- bei Auslandsumzügen LStH 9.9 (2) 1

Körperbehinderte
- siehe Behinderte

Kongresse
- siehe Fachkongresse

Konkurrenzregelungen
- Verpflegungsmehraufwendungen LStR 9.6 (2)

Kontoführungsgebühr
- Vergütung als Arbeitslohn LStR 19.3 (3) Nr. 1

Kontoführungsgebühren
- Aufteilung der - LStH 9.1

Konzernunternehmen
- Anrufungsauskunft LStR 42e (3)

Kraftfahrzeug
- Behinderte siehe dort
- Erwerb vom Arbeitgeber Anl. § 008-08
- Fahrergestellung Anl. § 008-17
- Gestellung eines Fahrers LStR 8.1 (10)
- Gestellung von - § 8 (2), LStR 8.1 (9)
- Nutzung von Elektro- und Hybridfahrzeugen Anl. § 008-16
- Überlassung vom Arbeitgeber Anl. § 008-06

Kraftfahrzeug-Haftpflichtversicherung
- als Sonderausgabe EStR 10.5

Kraftfahrzeugkosten
- siehe Kilometersätze, Kredit

Krankenversicherung
- Beiträge als Sonderausgaben § 10 (1) Nr. 3, 3a
- Steuerfreiheit von Arbeitgeberausgaben § 3 Nr. 62, LStR 3.62 (1)
- Steuerfreiheit von Leistungen aus der - § 3 Nr. 1 Buchst. a
- Zuschüsse des Arbeitgebers LStR 3.62 (2)

Krankheitskosten
- als außergewöhnliche Belastung EStR 33.4

Kredit
- Zinsen für Kfz bei Kilometersatz LStH 9.5

Kreditinstitute
- Personalrabatt an Arbeitnehmer der - Anl. § 008-10 (b)
- Zinsen an Arbeitnehmer der - Anl. § 008-10 (a)

Kriegsbeschädigte
- Steuerfreiheit von Bezügen der -n § 3 Nr. 6, LStR 3.6

Kriegshinterbliebene § 3 Nr. 6, LStR 3.6

Künftiges Dienstverhältnis
- vorweggenommene Werbungskosten LStH 9.1

Künstler
- beschränkt steuerpflichtige - Anl. § 039d-01
- beschränkte Steuerpflicht und besonderer Steuerabzug § 50a (1) Nr. 1
- Lohnsteuerabzug für beschränkt steuerpflichtige - LStR 39d (3)
- unbeschränkt steuerpflichtige - Anl. § 019-04

Kundenbindungsprogramm
- Freibetrag für Sachprämien § 3 Nr. 38
- Pauschalierung der ESt durch Dritte § 37a

Kuren
- als außergewöhnliche Belastung EStR 33.4

Kurzarbeitergeld
- LSt-Bescheinigung § 41b (1) 2 Nr.5
- Progressionsvorbehalt § 32b (1) Nr. 1
- Steuerfreiheit von - § 3 Nr. 2

Kurzfristige Beschäftigung
- Aufzeichnungspflichten bei Pauschalierung LStDV § 4 (2) Nr. 8 zu § 41, LStH 40a.1
- Aushilfskräfte in der Land- und Forstwirtschaft LStR 40a.1 (6)
- Begriff § 40a (1) 2

1483

- Gelegenheitsarbeiter als Arbeitnehmer LStH 19.0
- Pauschalierung der LSt für - § 40a (1)

L

Ländergruppeneinteilung Anl. § 001-01
- bei Auslandsdienstreisen Anl. § 009-02, LStR 9.6 (3)
- bei Auslandsreisen LStR 9.11 (7)

Landwirtschaft
- Pauschalierung der LSt für Aushilfskräfte § 40a (3), LStR 40a.1 (6)

Lebensführung
- Abgrenzung zu Werbungskosten LStR 9.1 (2)
- nicht abziehbare Ausgaben § 12 Nr. 1

Lebensmittelpunkt
- maßgebliche Wohnung LStR 9.10 (1)

Leerfahrten
- grundsätzlich nicht abziehbar LStH 9.10
- von Behinderten bei Fahrten zwischen Wohnung und Arbeitsstätte LStR 9.10 (3)

Lehrgang
- Ausgaben für - LStR 9.3 (2)

Lehrgangsausgaben
- berufliche Bildungsmaßnahme LStR 19.7 (2)

Lehrtätigkeit
- nebenberuflich als selbständige oder nichtselbständige Tätigkeit LStR 19.2
- steuerfreie Aufwandsentschädigungen für nebenberufliche - LStR 3.26

Leiharbeit
- siehe Arbeitnehmerüberlassung

Leiharbeitnehmer LStR 19.1 S. 5

Leistungsnachweis
- Bescheinigung bestimmter Lohnersatzleistungen § 32b (3)

Listenpreis
- Bemessungsgrundlage private Kfz-Nutzung § 8 (2) 2, 3
- Kraftfahrzeug LStR 8.1 (9) Nr. 15.6

Lohnabrechnung
- bei Nettolohn LStR 39b.9
- Einbehaltung der LSt vom laufenden Arbeitslohn LStR 39b.5
- Einbehaltung der LSt von sonstigen Bezügen LStR 39b.6
- Eintragungspflicht Lohnkonto § 41 (1)
- Ermittlung der LSt nach voraussichtlichem Jahresarbeitslohn (permanenter Lohnsteuer-Jahresausgleich) LStR 39b.8
- maschinelle - siehe dort

Lohnabrechnungszeitraum
- Abschlagszahlungen und - LStR 39b.5 (5)
- Begriff § 39b (5)

Lohnabzug 2012
- Allgemeines LStH 39.1

Lohnersatzleistungen
- BMF-Schreiben Übermittlung bei - mit Progressionsvorbehalt Anl. § 032b-01

- Progressionsvorbehalt auf bestimmte - § 32b (1) Nr. 1
- Steuerfreiheit von - § 3 Nr. 2, LStR 3.2

Lohnkonto
- Angaben im - § 41 (1), LStDV § 4 zu § 41
- Aufbewahrung des -s § 41 (1) 9
- Aufzeichnungserleichterungen bei Lohnsteuerpauschalierung LStDV § 4 (2) Nr. 8 zu § 41, LStR 41.1 (1)
- Aufzeichnungspflichten bei Lohnsteuerpauschalierung LStH 40a.1
- Ausnahmen für -führung bei maschineller Lohnabrechnung LStDV § 4 (3) zu § 41, LStR 41.1 (2)
- Dritter LStDV § 4 (4) zu § 41
- Führung für jeden Arbeitnehmer § 41 (1) 1
- Reisekostenbelege zum - LStR 9.5 (2) 2
- Sammelkonto bei festen Pauschsteuersätzen LStDV § 4 (2) Nr. 8 zu § 41

Lohnsteuer
- Abführung, Anmeldung § 41a, LStR 41a.1, LStR 41a.2
- Abgeltung der ESt bei beschränkt Steuerpflichtigen § 50 (2) 1
- Anrufungsauskunft § 42e
- Aufzeichnungserleichterungen bei Pauschalierung LStDV § 4 (2) Nr. 8 zu § 41, LStR 41.1
- Aufzeichnungspflichten bei Pauschalierung LStH 40a.1
- Berechnung bei Nettolohnvereinbarung LStR 39b.9
- Bescheinigung § 41b (1) 2, LStR 41b
- Einbehalt für Reeder § 41a (4)
- Eintragung im Lohnkonto § 41 (1) 3
- Erhebung der - § 38
- Ermittlung nach dem voraussichtlichen Jahresarbeitslohn LStR 39b.8
- Haftung siehe dort
- Höhe der - § 38a
- Nachforderung siehe dort
- Pauschalierung der - siehe dort
- Schätzung LStR 41a.1 (4)
- Schuldner § 38 (2) 1, § 40 (3)
- Verpflichtung zur Einbehaltung der - § 38 (3), LStR 38.3
- Zuständigkeit siehe dort

Lohnsteuerabzug
- Abgeltung der ESt § 46 (4)
- Abgeltung der ESt bei beschränkt Steuerpflichtigen § 50 (2) 1
- Abschluss des -s § 41b
- Änderung LStR 41c.1
- Änderung des -s § 41c
- Arbeitnehmerentsendung § 38 (1) 2
- Aufzeichnungspflichten § 41
- Bescheinigung für den - § 39 (3)
- BMF-Schreiben Anl. § 039e-01
- durch Dritte für sonstigen Bezug § 39c, LStR 39c (5)
- durch Dritten § 38 (3a), LStR 38.5

- für beschränkt einkommensteuerpflichtige Arbeitnehmer § 39b (1)
- für unbeschränkt einkommensteuerpflichtige Arbeitnehmer § 39b (1)
- nach Steuerklassen § 38b (1)
- nicht ausreichender Barlohn § 38 (4)
- ohne Lohnsteuerabzugsmerkmale § 39c
- Pfändungsfreigrenze bei geändertem - LStR 41c.1 (4)
- rückwirkende Gesetzesänderung § 41c (1) Nr. 2, LStR 41c.2 (1)
- Verpflichtung zum - § 38 (3), LStR 38.1, LStR 38.3

Lohnsteuerabzugsmerkmale § 039 (4)
- Änderung § 39 (5-7), LStR 39.2
- als gesonderte Feststellung einer Bemessungsgrundlage § 39 (1)
- beschränkte Steuerpflicht im Laufe des Jahres § 39 (7)
- BMF-Schreiben Anl. § 039-01, Anl. § 039e-01, Anl. § 039e-02, Anl. § 039e-03, Anl. § 039e-04
- Einbehaltung LSt ohne - § 39c
- Freistellungsmitteilung aufgrund Doppelbesteuerungsabkommen § 39 (4) Nr. 5
- für beschränkt und unbeschränkt steuerpflichtige Arbeitnehmer § 39 (1)
- geringere Kinderzahl § 38b (3)
- unzulässige Verwendung, Geldbuße § 39 (9)
- Zeitpunkt von Änderungen § 39 (6)
- zulässige Verwendung § 39 (8)
- Zuständigkeit § 39 (2)

Lohnsteuer-Anmeldung Anl. § 041a-01
- Befreiung von weiterer - LStR 41a.1 (1)
- BMF-Schreiben Grundsätze Verwendung Vordrucke Anl. § 041a-02
- BMF-Schreiben zur elektronischen - Anl. § 041a-05, LStH 41a.1
- Einbehalt für Reeder § 41a (4)
- elektronische § 41a (1) 2, LStR 41a.1
- Schätzung LStR 41a.1 (4)
- Verpflichtung und Frist zur Abgabe der - § 41a (1)
- zuständiges Finanzamt § 41a (1), LStR 41a.1 (2)
- Zwangsmittel zur Abgabe der - LStR 41a.1 (4)

Lohnsteuer-Anmeldungszeitraum
- Bestimmung des -s § 41a (2), LStR 41a.1 (3)

Lohnsteuer-Außenprüfung
- Anerkennung der Zahlungsverpflichtung nach - § 42d (1)
- BMF-Schreiben Digitale Lohnschnittstelle Anl. § 042f-01
- Datenzugriff Anl. § 042f-02
- Dritte / Arbeitgeber § 42f (3)
- Hinweise zur - Anh. 45
- Mitwirkungspflichten des Arbeitgebers § 42f (2)
- Pauschalierung der LSt § 40 (1)
- verbindliche Zusage nach - LStR 42f (5)
- Zuständigkeit § 42f (1)

Lohnsteuerbescheinigung
- Änderung des Lohnsteuerabzugs bis zur Ausschreibung § 41c (3)
- Aushändigung an Arbeitnehmer oder Einreichun an Betriebsstättenfinanzamt § 41b (1) 4 - 6
- Begriff „elektronische -" § 41b (1) 2
- Bescheinigung Inhalt LStR 41b (1)
- BMF-Schreiben Anl. § 041b-02
- BMF-Schreiben, Vordruckmuster Anl. § 041b-01
- Fahrten zwischen Wohnung und Arbeitsstätte § 41b (1) 2 Nr. 6
- Finanzamtsnummer § 41b (1) 1
- Inhalt § 41b (1) 2
- von öffentlichen Kassen LStR 41b (2)
- Zuschüsse für Fahrten zwischen Wohnung und Arbeitsstätte § 41b (1) 2 Nr. 7

Lohnsteuer-DV Anh. 1

Lohnsteuereinbehalt
- für Reeder § 41a (4), LStR 41a.1 (5)

Lohnsteuerermäßigung
- siehe Freibetrag beim Lohnsteuerabzug

Lohnsteuererstattung
- durch Arbeitgeber oder FA LStR 41c.1 (5 und 8)

Lohnsteuerhilfevereine
- Verordnung über - Anh. 37

Lohnsteuer-Jahresausgleich § 42b
- Ausgleichsjahr § 42b (1)
- Ausschluss bei Freibetrag und Hinzurechnungsbetrag § 42b (1) 3 Nr. 3a
- Ausschluss bei Vorsorgepauschale § 42b (1) 3 Nr. 5
- Durchführung LStR 42b

Lohnsteuerkarte
- Aushändigung an den Arbeitnehmer LStR 39b.1

Lohnsteuerklassen
- siehe Steuerklasse/Steuerklassen

Lohnsteuerliches Ordnungsmerkmal
- für elektronische LStBescheinigung § 41b (2)

Lohnsteuerpauschalierung
- siehe Pauschalierung der Lohnsteuer

Lohnsteuer-Richtlinien
- Anwendung der Lohnsteuer- LStR Einführung zu § 1

Lohnsteuertabellen
- Programmablaufplan § 39b (6), § 51 (4) Nr. 1a

Lohnverwendungsabrede LStH 38.2

Lohnzahlungen
- Abschlagszahlung LStR 39b.5 (5)
- Aufzeichnungspflichten bei - § 41 (1) 3
- durch Dritte LStR 38.4
- Lohnsteuerabzug bei Beihilfen von Dritten LStH 3.11
- Lohnsteuerabzug bei Lohnzahlung durch Dritte § 38 (1)
- Steuerabzug § 38 (3)
- Zufluss bei sonstigen Bezügen § 38a (1) 3

1485

- Zufluss laufender Arbeitslohn § 38a (1) 2, LStR 38.2

Lohnzahlungszeitraum
- Begriff LStR 39b.5 (2)
- Behandlung des Lohnabrechnungszeitraums als
  - bei Abschlagszahlungen § 39b (5)
- Behandlung Lohnabrechnungszeitraum bei Abschlagszahlungen LStR 39b.5 (5)
- Feststellung für den Lohnsteuerabzug § 39b (2)
- Zufluss des Arbeitslohns § 38a (1)

Luxemburg
- Abfindungen, Arbeitslosengeld LStH 39d

M

Mahlzeiten
- Bewertung bei Betriebsveranstaltungen LStH 19.5
- Sachbezugswerte bei - LStR 8.1 (7) Nr. 1
- Sachbezugswerte von - Anl. § 008-02
- unentgeltliche oder verbilligte im Betrieb LStR 8.1 (7)
- Verpflegungsmehraufwendungen bei unentgeltlichen - LStR 9.6 (1) 3

Maschinelle Lohnabrechnung
- Ausnahmen von den Angaben im Lohnkonto LStDV § 4 (3) zu § 41
- elektronische Lohnsteuerbescheinigung § 41b
- Programmablaufpläne Anl. § 039b-01

Maßstabsteuer
- siehe Zuschlagsteuern

Medikamente
- als außergewöhnliche Belastung EStR 33.4

Mehrarbeitszuschläge
- Zusammentreffen mit Zuschlägen für Sonntags-, Feiertags- oder Nachtarbeit LStR 3b (5)

Mehrere Tätigkeitsstätten
- BMF-Schreiben regelmäßige Arbeitsstätte Anl. § 009-09

Mehrjährige Tätigkeit
- steuerliche Behandlung der Entlohnung für - § 34, EStR 34.4, LStH 39b.6

Merkblatt
- Rechtsänderungen 1996 Anl. § 008-07
- Solidaritätszuschlag Anh. 7

Metergelder
- Lohnsteuerabzug für - LStH 38.4

Mietvorteile
- steuerfreie LStR 3.59

Minderung der Erwerbsfähigkeit
- siehe Grad der Behinderung

Mindesttodesfallschutz LStR 40b.1 (2)

Mindestvorsorgepauschale
- ab 2010 § 39b (2) S. 5 Nr. 3 letzter Halbsatz
- BMF-Schreiben Anl. § 039b-05

Mischzuschlag
- Begriff LStR 3b (5) 1
- steuerliche Behandlung LStR 3b (5) 4

Mitarbeiterbeteiligung
- siehe Vermögensbeteiligungen

Mitarbeiterflüge Anl. § 008-03

Mitgliedsbeiträge
- zu Berufsverbänden als Werbungskosten § 9 (1) Nr. 3

Mitnahme
- siehe Fahrgemeinschaften
- von Arbeitnehmern im eigenen Kraftfahrzeug LStH 9.5

Mittagessen
- siehe Mahlzeiten

Mitteilungspflicht
- Arbeitnehmer über Bezüge von Dritten § 38 (4) 3
- bei betrieblicher Altersversorgung Anh. 2 (§ 5)

Mittelpunkt der Lebensinteressen
- maßgebliche Wohnung LStR 9.10 (1)

Mofa
- Kilometersatz für - LStH 9.5

Moped LStH 9.5

Musiker
- künstlerische Nebentätigkeit von Orchester- LStH 19.2
- nebenberuflich tätige - bei Gastwirt LStH 19.2

Musterverfahren
- vorläufige Steuerfestsetzung Anh. 55

Mutterschutzgesetz
- Steuerfreiheit von Mutterschaftszuwendungen § 3 Nr. 1 Buchst. d

N

Nacherhebung
- von LSt siehe Nachforderung

Nachforderung
- Arbeitnehmer Kleinbetragsgrenze § 41c (4) 2
- Ermittlung der Jahreslohnsteuer LStR 41c.3 (2)
- Kleinbetragsgrenze Arbeitnehmer- § 39 (5), (7)
- Kleinbetragsgrenze bei Nachforderung vom Arbeitnehmer LStR 41c.3 (5)
- vom Arbeitnehmer LStR 41c.3
- vom Arbeitnehmer bei nachträglicher Änderung der LSt § 41c (4)
- vom Arbeitnehmer bei nicht ausreichendem Barlohn § 38 (4)
- vom Arbeitnehmer bei nicht vorschriftsmäßiger Einbehaltung und Anmeldung durch Arbeitgeber § 42d (3)
- vom Arbeitnehmer bei Wegfall der unbeschränkten Steuerpflicht § 39 (7)
- vom Arbeitnehmer wegen unterbliebener Änderung Steuerklasse, Familienstand, Zahl der Kinder § 39 (5)
- vom Arbeitnehmer wegen unzutreffenden Freibetrags § 39a (5)
- Zuständigkeit § 42d (3), LStH 41c.3, LStR 41c.3 (2)

Nachforderungsbescheid
- an den Arbeitgeber bei Nacherhebung pauschaler LSt LStR 42d.1 (6)
- zusammengefasster Steuer- und Haftungsbescheid LStH 42d.1

Nachforderungsverfahren
- bei Nachforderung von LSt vom Arbeitgeber LStH 42d.1
- bei Nachforderung von LSt vom Arbeitnehmer LStR 41c.3 (4) 3

Nachgelagerte Besteuerung
- Leistungen aus steuerfrei gebildetem Altersvorsorgevermögen § 22 Nr. 5

Nachtarbeit
- Steuerfreiheit der Zuschläge § 3b (1) Nr. 1, § 3b (3)

Nachzahlung
- von Arbeitslohn als laufender Arbeitslohn LStR 39b.2 (1)
- von Arbeitslohn als sonstiger Bezug LStR 39b.2 (2)
- von LSt siehe Nachforderung
- Zufluss des Arbeitslohns § 38a (1)

NATO-Bedienstete
- Ruhegehaltsbezüge LStH 19.8

Navigationsgerät LStR 8.1 (9) Nr. 1

Nebenberufliche Tätigkeiten
- Steuerfreiheit bis 2100 Euro § 3 Nr. 26
- Steuerfreiheit bis 500 Euro § 3 Nr. 26a

Nebentätigkeit
- Abgrenzung von Haupttätigkeit und selbständiger Arbeit LStR 19.2
- steuerfreie Einnahmen § 3 Nr. 26
- Steuerfreiheit von Aufwandsentschädigungen für -en LStR 3.26
- Vermittlungsprovisionen als Arbeitslohn LStR 19.4

Negativbescheinigung
- Nachweis Nichtbezug Lohnersatzleistungen EStR 32b

Negative Einkünfte
- Freibetrag für - LStH 39a.2

Negativliste
- bei ELStAM § 39e (6) 6

Nettolohn
- bei Altersteilzeit LStH 3.28, LStR 3.28
- Berechnung der LSt bei -vereinbarung LStR 39b.9

Nichtbeschäftigungszeiten
- Nachweis - bei Progressionsvorbehalt für Lohnersatzleistungen EStR 32b

Nichtselbständige Arbeit
- Arbeitnehmer- und Arbeitgeberbegriff LStDV § 1 zu § 19
- Arbeitnehmer-Pauschbetrag § 9a
- Arbeitslohnbegriff LStDV § 2 zu § 19, LStR 19.3
- beschränkt steuerpflichtige Einkünfte § 49 (1) Nr. 4, LStR 39d
- Einkünfte aus - § 19 (1)
- Erhebung ESt durch Steuerabzug § 38
- Neben- und Aushilfstätigkeit LStR 19.2
- Sachbezüge siehe dort
- Veranlagung § 46
- Vermittlungsprovisionen LStR 19.4

- Vermögensbeteiligungen an Arbeitnehmer § 19a, § 3 Nr. 39

Nichtvorlage
- der Bescheinigung nach § 39d EStG LStR 39d (5)

Niederlande
- Abfindungen LStH 39d

Nutzungsanteil
- beruflicher - allgemein LStR 9.1 (2) Nr.2

Nutzungsdauer
- für PKW und Kombifahrzeuge LStH 9.5
- Verteilung von Anschaffungskosten für Arbeitsmittel LStR 9.12

Nutzungsvergütungen
- des Arbeitnehmers für gestellten Kraftwagen LStR 8.1 (9) Nr. 4

O

Öffentliche Haushalte
- Zuschüsse und Zinsvorteile LStR 3.58

Öffentliche Kasse
- Lohnsteuerbescheinigung LStR 41b (4)

Öffentliche Kassen
- Aufwandsentschädigungen § 3 Nr. 12, LStR 3.12
- Begriff LStH 3.11
- Beihilfen LStH 3.11
- Reisekostenvergütungen § 3 Nr. 13, LStR 3.13
- Umzugskostenvergütungen § 3 Nr. 13, LStR 3.13

Öffentliche Mittel
- siehe öffentliche Kasse

Öffentlicher Dienst
- steuerfreie Überlassung von Dienstkleidung LStR 3.4

Ökologisches Jahr
- Kinderfreibetrag § 32 (4)

Örtliche Zuständigkeit
- des Betriebsstättenfinanzamts für Lohnsteuer-Anmeldung § 41a (1), LStR 41a.1 (2)
- siehe auch Zuständigkeit

Österreich
- Abfindungen LStH 39d

Opfergrenze
- bei außergewöhnlichen Belastungen EStR 33a.1 (3)

Ordnungsmerkmal
- für elektronische LStBescheinigung § 41b (2)

Ordnungswidrigkeit
- unzulässie Verwendung Lohnsteuerabzugsmerkmale § 39 (9)

Ortsüblicher Mietpreis
- bei Werkswohnungen LStR 8.1 (6)
- in Sozialversicherungsentgeltverordnung Anh. 3 (§ 3 Abs. 1)

P

Parkgebühren
- nicht abziehbar bei Fahrten von der Wohnung zur Arbeitsstätte LStH 9.10

- Reisenebenkosten   LStR 9.8 (1) Nr. 3
Parteien
- Freibetrag beim LStabzug   LStR 39a.1 (4)
- Steuerermäßigung für Spenden   § 34g
- Zuwendungen an politische - als Sonderausgaben   § 10b (2)

Pauschalbesteuerung
- Fahrtkostenzuschüsse   Anl. § 009-07
- fehlerhafte -   LStH 40a.1, LStH 40b.1
- Wechsel zur Regelbesteuerung   LStH 40a.2

Pauschale Kilometersätze   Anl. § 009-06, LStH 9.5

Pauschalentschädigung
- für gelegentliche ehrenamtliche Tätigkeit   LStR 3.12 (5)

Pauschaler Auslagenersatz   LStR 3.50 (2)

Pauschalierung
- der Est   Anl. § 037b-02
- der ESt bei Sachzuwendungen   § 37b
- der ESt durch Dritte   § 37a
- der KiSt bei Sachzuwendungen   Anl. § 037b-01

Pauschalierung der Lohnsteuer
- Abwälzung auf Arbeitnehmer   § 40 (3) 2, LStH 40.2
- auf Antrag   § 40 (1)
- Aufzeichnungserleichterungen bei - LStDV § 4 (2) Nr. 8 zu § 41, LStR 41.1 (1)
- Aufzeichnungspflichten bei -   LStR 40a.1
- bei bestimmten Zukunftssicherungsleistungen   § 40b, LStR 40b.1
- bei Betriebsveranstaltungen   § 40 (2) 1 Nr. 2, LStR 40.2 (1)
- bei Direktversicherung   LStR 40b.1 (1)
- bei Erholungsbeihilfen   § 40 (2) 1 Nr. 3, LStR 40.2 (1)
- bei Nacherhebung von LSt   § 40 (1)
- bei Reisekosten   LStH 40.2, LStR 40.2 (4)
- bei sonstigen Bezügen   § 40 (1)
- bei Teilzeitbeschäftigten   § 40a (2), § 40a (2a)
- bei Verpflegungsmehraufwand   § 40 (2) 1 Nr. 4, LStR 40.2 (1)
- bei Zuwendungen an Pensionskasse   § 40b (1), LStR 40b.1 (2)
- Berechnung Nettosteuersatz   LStH 40.1, LStR 40.1 (3)
- Entstehung der Steuerschuldnerschaft   LStH 40.1
- mit besonderen Pauschsteuersätzen   § 40 (1), LStR 40.1
- mit festem Pauschsteuersatz   § 40 (2), § 40a, § 40b, LStR 40.2
- Personalcomputer, Internet   § 40 (2) 1 Nr. 5
- VIP-Logen in Sportstätten   Anl. § 040-03

Pauschalierungsantrag
- Befugnis für -   LStH 40.1
- Bindung   LStH 40.1

Pauschalierungsgrenze
- bei bestimmten Zukunftssicherungsleistungen   LStR 40b.1 (8)
- bei sonstigen Bezügen   § 40 (1), LStR 40.1 (2)

- bei Teilzeitbeschäftigten   § 40a, LStR 40a.1 (5)
- bei Verpflegungsmehraufwand   § 40 (2) 1 Nr. 4

Pauschalzahlungen
- bei Sonntags-, Feiertags- oder Nachtarbeit   LStR 3b (7)

Pauschbeträge/Pauschsätze
- Arbeitnehmer-Pauschbetrag   § 9a
- Auslandstagegeld   Anl. § 009-02, LStR 9.6 (3) 1
- Auslandsübernachtungsgeld   Anl. § 009-02
- Auslandsübernachtungsgelder   LStR 9.7 (3)
- Behinderte   § 33b (1), EStR 33b
- Hinterbliebene   § 33b (4)
- Pflegepersonen   § 33b (6)
- Schiffsreisen   LStR 9.6 (3) 4 Nr. 2
- siehe Kilometersätze
- siehe Verpflegungsmehraufwendungen
- Umzugskosten   LStR 9.9 (2)

Pauschsteuersatz
- siehe Pauschalierung der Lohnsteuer

Pensionärstreffen
- Betriebsveranstaltung   LStR 19.5 (2) Nr. 2

Pensionen
- siehe Versorgungsbezüge

Pensionsfonds
- Beiträge an -   § 4a
- Steuerfreiheit von Arbeitgeberbeiträgen   § 3 Nr. 63
- Übernahme bestehender Vorsorgungsverpflichtungen   § 3 Nr. 66
- Übertragung von Versorgungsverpflichtungen, BMF-Schreiben   Anl. § 003-06

Pensionskassen
- Begriff   LStR 40b.1 (4)
- Pauschalierung der LSt bei Zuwendungen an -   § 40b (1), LStR 40b.1 (2)
- Steuerfreiheit von Arbeitgeberbeiträgen   § 3 Nr. 63

Permanenter Lohnsteuer-Jahresausgleich   LStR 39b.8

Personalcomputer
- Pauschalierung der LSt   LStR 40.2 (5)
- private Nutzung betrieblicher -   § 3 Nr. 45
- steuerfreie Nutzung betrieblicher -   LStH 3.45
- verbilligte Übereignung   § 40 (2) 1 Nr. 5

Personalrabatte
- siehe Rabattgewährung

Pfändungsfreigrenze
- bei geändertem Lohnsteuerabzug   LStR 41c.1 (4)

Pflegegeld
- Steuerfreiheit   § 3 Nr. 36

Pflegeheim
- Unterbringung in - als außergewöhnliche Belastung   EStR 33.7

Pflegekinder
- Kindbegriff   § 32 (1), EStR 32.3

Pflege-Pauschbetrag   § 33b (6)

Pflegeversicherung
- Sonderausgaben   § 10 (1) Nr. 3, 3a
- Steuerfreiheit   § 3 Nr. 1 Buchst. a

Pflichtpauschalierung
– Sonderzahlungen betriebliche Altersversorgung § 40b (4)
Pflichtveranlagung
– bei Freibetrag § 46 (2) Nr. 4
PKW
– siehe Kraftfahrzeug, Kilometersätze
Positivliste
– bei ELStAM § 39e (6) 6
Prämien
– Wohnungsbau- siehe dort
Preisnachlass/-vorteil
– siehe Rabattgewährung, geldwerter Vorteil
Private Altersvorsorge
– BMF-Schreiben Anl. § 010a-01
Privatschulbesuch
– eines Kindes als außergewöhnliche Belastung EStR 33.4 (2)
Programmablaufpläne § 39b (6), § 39f (4), § 51 (4) Nr. 1a, Anl. § 039b-01
Progressionsvorbehalt
– bei Doppelbesteuerungsabkommen § 32b (1) Nr. 3
– bei Lohnersatzleistungen § 32b (1) Nr. 1
– BMF-Schreiben Übermittlung von Leistungen mit - Anl. § 032b-01, Anl. § 032b-01, Anl. § 032b-02
– im Auslandstätigkeitserlass Anl. § 034c-01 (IV.)
– rückwirkender Wegfall von Lohnersatzleistungen EStR 32b
Promotion
– siehe Doktorprüfung
Provisionen
– im Bankgewerbe und bei Versicherungsgesellschaften als Arbeitslohn LStR 19.4
Prüfungstätigkeit
– nebenberufliche - als Ausübung eines freien Berufs LStH 19.2
– steuerfreie Einnahmen LStH 3.26

Q

Qualifikationsmaßnahmen
– für ausscheidende Arbeitnehmer LStR 19.7 (2) 5

R

Rabatt-Freibetrag
– bei Sachbezügen § 8 (3) 2, LStR 8.2 (2) 10
Rabattgewährung
– durch Dritte Anl. § 008-01
– Jahreswagen Anl. § 008-08, LStH 8.2
– Personalrabatte bei Kreditinstituten Anl. § 008-10 (b)
– Reisebüro siehe dort
– verbilligte Getränke und Genussmittel LStR 8.2 (1) 2
– verbilligte Mahlzeiten LStR 8.1 (7) Nr. 1 S. 2
– Waren und Dienstleistungen § 8 (3), LStR 8.2

Realsplitting § 10 (1) Nr. 1a
Rechtsbehelf
– des Arbeitnehmers gegen LSt-Haftungsbescheid LStH 42d.1
Reeder
– LSt Einbehalt § 41a (4)
– LStEinbehalt LStR 41a.1 (5)
Regelbesteuerung
– Wechsel zur Pauschalbesteuerung LStH 40a.2
Regelmäßige Arbeitsstätte LStH 9.4, LStH 9.4, LStR 9.4 (3)
– bei Aus- und Fortbildung LStH 9.2
– Wege Wohnung - § 9 (1) Nr. 4, § 9 (2)
Regressverzicht
– durch den Arbeitgeber bei Lohnsteuernachforderung LStH 19.3
Reisebüro
– verbilligte Reisen an Mitarbeiter Anl. § 019-01
Reisekosten
– Abzug als Werbungskosten LStR 9.4, LStR 9.4 (1)
– Begriff LStR 9.4 (1)
– Berufskraftfahrer LStR 9.4 (2)
– BMF-Schreiben Einbehaltung von Tagegeldern Anl. § 008-05
– Kilometersätze für Kraftfahrzeuge und Fahrrad LStR 9.5 (1) 5
– Pauschbeträge für Inlandsübernachtungen bei Arbeitgeberersatz LStR 9.7 (3) 1
– Reform ab 2014 Anl. § 009-06
– Reisenebenkosten LStR 9.8
– Steuerfreiheit von -vergütungen LStH 9.6
– Steuerfreiheit von -vergütungen aus öffentlichen Kassen § 3 Nr. 13, LStR 3.13
– Steuerfreiheit von -vergütungen in der Privatwirtschaft § 3 Nr. 16, LStR 3.16
– Umfang LStR 9.4 (1)
– Verpflegungsmehraufwand LStR 9.6
Reisenebenkosten
– als Werbungskosten LStR 9.8
Religionsgemeinschaft
– Aufzeichnung der - LStR 41.1 (4)
– Kirchensteuer als Sonderausgaben EStR 10.7
– siehe Kirchensteuer
Renten
– Abzug als Sonderausgaben § 10 (1) Nr. 1a
– Abzug als Werbungskosten § 9 (1) Nr. 1
– als sonstige Einkünfte § 22 Nr. 1
Rentenbescheid
– Nachweis der Behinderung EStDV § 65 (1) zu § 33b
Rentenbezugsmitteilung § 22a
Rentenversicherungen
– als Direktversicherung LStR 40b.1 (2)
– Beiträge als Sonderausgaben § 10 (1) Nr. 2
– BMF-Schreiben Übernahme Beiträge - für betriebliche Altersversorgung Anl. § 019-08
– Steuerfreiheit der Arbeitgeberanteile § 3 Nr. 62
– Steuerfreiheit der Arbeitgeberanteile zu - LStR 3.62 (1)

1489

- Steuerfreiheit von Kapitalabfindungen § 3 Nr. 3
- Steuerfreiheit von Sachleistungen und Kinderzuschüssen § 3 Nr. 1 Buchst. b

Repräsentationsaufwendungen
- Kosten der Lebensführung und berufliche Veranlassung § 12 Nr. 1, LStR 9.1 (2)

Restaurantschecks LStR 8.1 (7) Nr. 4

Risikoversicherung
- als Direktversicherung LStR 40b.1 (2)

Rückfallklausel LStH 39b.10

Rückwirkende Änderungen
- und Änderung des LStabzugs § 41c (1)

Rückwirkende Gesetzesänderung
- Änderung LSt-Abzug § 41c (1) Nr. 2, LStR 41c.2 (1)

Rückzahlung
- Arbeitnehmer-Sparzulage Anh. 23 (§ 13)
- Arbeitslohn LStH 11
- pauschalbesteuerungsfähiger Leistungen LStR 40b.1 (13)
- Wohnungsbauprämie Anh. 29 (§ 2)

Ruhegeld, Ruhegehalt
- siehe Versorgungsbezüge

S

Sachbezüge
- als Werbungskosten LStR 9.1 (4) 2
- Aufmerksamkeiten LStR 19.6
- Aufzeichnungserleichterungen LStDV § 4 (3) zu § 41, LStR 41.1 (3)
- Barabgeltung der - LStR 8.1 (4) 4
- Begriff § 8 (2) 1
- Bewertung § 8 (2), LStR 8.2 (2)
- Bewertung der - LStR 8.1
- Deputate in der Land- und Forstwirtschaft LStR 8.2 (1) 3
- Einzelbewertung LStR 8.1 (2)
- Freigrenze LStR 8.1 (3)
- Fremdwährung kein - LStR 8.1 (1) 6
- Gestellung von Kraftwagen § 8 (2), LStR 8.1 (9)
- Getränke und Genussmittel im Betrieb als Aufmerksamkeiten LStR 19.6
- Gewährung von Getränken und Genußmitteln zum häuslichen Verbrauch LStR 8.2 (1)
- Gewährung von Mahlzeiten LStR 8.1 (7)
- Sachbezugswerte für Kost und Wohnung Anh. 3 (§ 2), LStR 8.1 (5)
- sonstige Festsetzungen Anl. § 008-03
- Überlassung von Arbeitskleidung steuerfrei § 3 Nr. 31, LStR 3.31
- unentgeltliche Wohnung bei Auslandstätigkeit LStR 8.1 (6) 10
- unentgeltliche Wohnung bei doppelter Haushaltsführung LStR 9.11 (10) 7
- Wahlrecht LStH 8.2
- Waren und Dienstleistungen § 8 (3), LStR 8.2

Sachbezugsverordnung
- Sozialversicherungsentgeltverordnung Anh. 3

Sachbezugswert
- siehe Sachbezüge

Sachleistungen
- bei Arbeitnehmerjubiläum LStR 19.3 (2) Nr. 3
- bei Diensteinführung LStR 19.3 (2) Nr. 3

Sachprämien
- Freibetrag bei Kundenbindungsprogramm § 3 Nr. 38
- Pauschalierung ESt durch Dritte § 37a

Sachspenden
- siehe Spenden

Sachzuwendungen
- Ausscheiden aus Betrieb LStR 19.3 (2) Nr. 3
- bei Betriebsveranstaltungen LStR 19.5 (4)
- Ehrung eines Jubilars LStR 19.5 (2) 5
- Pauschalierung der ESt bei - § 37b
- siehe Sachbezüge, Rabattgewährung
- Steuerfreiheit als Aufmerksamkeiten LStR 19.6

Sammelbeförderung
- Ausnahme bei Entfernungspauschale § 9 (1) Nr. 4 S. 3
- Steuerfreiheit der - von Arbeitnehmern § 3 Nr. 32, LStR 3.32

Sammelkonto
- bei pauschalierter LSt LStDV § 4 (2) Nr. 8 zu § 41

Sanierungsgelder
- Steuerfreiheit § 19 (1) 1 Nr. 3

Sanitätshelfer
- als Arbeitnehmer LStH 19.0

Schadensbeseitigung
- für existentiell notwendige Gegenstände als außergewöhnliche Belastung EStR 33.2

Schadensersatzleistungen
- des Arbeitgebers und Arbeitslohn LStH 19.3

Schätzung
- der LSt bei Entleiherhaftung § 42d (6) 7
- der LSt bei nicht rechtzeitigem Eingang der Lohnsteuer-Anmeldung LStR 41a.1 (4)

Schiffsreisen
- Auslandsdienstreise LStR 9.6 (3) 4 Nr. 2

Schmutzzulagen
- Steuerpflicht LStR 19.3 (1) Nr.1

Schriftsteller
- Lohnsteuerabzug für beschränkt steuerpflichtige - LStR 39d (2)

Schulbesuch
- eines behinderten Kindes als außergewöhnliche Belastung EStR 33.4 (2)
- Freibetrag Kind EStR 33a.2
- Schulgeld für Kind als Sonderausgabe § 10 (1) Nr. 9, EStR 10.10
- zur Berufsausbildung als Sonderausgabe § 10 (1) Nr. 7

Schuldzinsen
- als Werbungskosten § 9 (1) Nr. 1
- bei Ermittlung des Kilometersatzes LStH 9.5

Schulgeld
- siehe Schulbesuch

Schwarzarbeiter
- als Arbeitnehmer des Auftraggebers LStH 19.0

Schweiz
- Grenzgänger, Abfindungen, Transportgewerbe LStH 39d

Schwerbehinderte
- siehe Behinderte

Seeleute
- Sachbezugswerte Kost Anl. § 008-03 (Nr. 2)

Seeschiffe
- LSt Einbehalt für Arbeitgeber § 41a (4), LStR 41a.1 (5)

Selbständige Arbeit
- Abgrenzung von nichtselbständiger Tätigkeit LStH 19.0
- Begriff § 18 (1)

Sicherheitsmaßnahmen
- für sicherheitsgefährdete Arbeitnehmer Anl. § 019-02

Sicherungsmaßnahmen
- bei Arbeitnehmerüberlassung § 42d (8), LStR 42d.2 (8)

Silvester
- Feiertagszuschläge § 3b (1) Nr. 3

Soldatenversorgungsgesetz
- Bezüge nach dem - LStR 3.6 (1)

Solidaritätszuschlag
- bei Nettolohnbesteuerung LStR 39b.9 (2)
- LSt-Bescheinigung § 41b (1) 2 Nr.4

Solidaritätszuschlaggesetz 1995 Anh. 6
- Merkblatt Anh. 7

Sonderausgaben
- Begriff § 10 (1)
- Berufsausbildung EStR 10.9
- Berufsausbildung/Weiterbildung in einem nicht ausgeübten Beruf § 10 (1) Nr. 7
- Freibetrag für - LStR 39a.1 (4)
- Höchstbeträge für Spenden § 10b (1), § 10b (2)
- Höchstbeträge für Vorsorgeaufwendungen § 10 (3-4)
- Kinderbetreuungskosten § 10 (1) Nr. 5
- Kirchensteuern EStR 10.7
- Pauschbetrag § 10c (1)
- Schulgeld für Kind § 10 (1) Nr. 9, EStR 10.10
- Spendenabzug § 10b
- Verbot des Zusammenhangs mit steuerfreien Einnahmen § 10 (2) Nr. 1
- von Ehegatten bei Freibetragseintragung LStR 39a.3 (2)
- Vorwegabzug § 10 (4a)
- Wohneigentumsförderung § 10e
- zusätzliche Altersvorsorge § 10a

Sonderausgaben-Pauschbetrag § 10c (1)

Sonntagsarbeit
- Steuerfreiheit der Zuschläge § 3b (1) Nr. 2

Sonstige Bezüge
- Begriff § 38 (1)
- Beispiele für - LStR 39b.2 (2)
- Berechnung der LSt bei Entlohnung für mehrjährige Tätigkeit LStH 39b.6

- Einbehaltung der LSt § 39b (3), LStR 39b.6
- Lohnsteuerabzug durch Dritten § 39c, LStR 39c (5)
- nach Beendigung des Dienstverhältnisses LStR 39b.6 (3)
- Pauschalierung der LSt § 40 (1), LStR 40.1 (3)

Sonstige Einkünfte § 22

Sozialer Wohnungsbau
- steuerfreie Mietvorteile § 3 Nr. 59, LStR 3.59
- Steuerfreiheit § 3 Nr. 58, LStR 3.58

Soziales Jahr
- Berücksichtigung von Kindern § 32 (4)

Sozialgesetzbuch III Anh. 52
- Leistungen nach dem - LStR 3.2
- Steuerbefreiung von Leistungen § 3 Nr. 2

Sozialgesetzbuch IV Anh. 53

Sozialgesetzbuch VI Anh. 54

Sozialversicherung
- BMF-Schreiben Aufteilung Globalbeiträge ausländische - Anl. § 010-03
- gesetzlichen Pflichtbeiträgen gleichgestellte Leistungen LStR 3.62 (3)
- Nettolohnberechnung bei Übernahme durch den Arbeitgeber LStR 39b.9 (1) 4
- Sachbezugswerte der - für Besteuerung maßgebend LStR 8.1 (4)
- Sachbezugswerte für Besteuerung maßgebend § 8 (2) 6, § 8 (2) 7
- Steuerfreiheit der gesetzlichen Arbeitgeberanteile § 3 Nr. 62, LStR 3.62 (1)
- Steuerfreiheit von Leistungen aus der - § 3 Nr. 1

Sozialversicherungsentgeltverordnung Anh. 3

Sozialversicherungs-Rechengrößenverordnung Anh. 51

Sparer-Pauschbetrag
- bei Einkünften aus Kapitalvermögen § 20 (4)

Spenden
- Abzug als Sonderausgaben § 10b
- an politische Parteien § 10b (2)
- Freibetrag bei Ehegatten LStR 39a.3 (2)
- Freibetrag für - § 39a (1) Nr.2, LStR 39a.1 (4)
- Höchstbeträge § 10b (1), § 10b (2)
- Sachspenden Wertermittlung § 10b (3)
- Sonderausgaben-Pauschbetrag § 10c (1)
- Steuerermäßigung für Parteispenden § 34g

Splitting-Verfahren § 32a (5)

Sportler
- siehe Berufssportler

Sportverein
- als Arbeitgeber LStH 19.1

Staatspolitische Zwecke
- siehe Parteien

Ständig wechselnde Tätigkeitsstätten
- Auswärtstätigkeit LStR 9.4 (2)
- Begriff § 4 (5) Nr. 5 S. 3
- Verpflegungsmehraufwendungen LStH 9.6

Ständiger Vertreter
- inländischer Arbeitgeber § 38 (1), LStR 38.3 (3)

Stehbehinderung
- Kilometersatz bei Fahrten zwischen Wohnung und Arbeitsstätte § 9 (2) 3, LStR 9.10 (3)

Sterbegeld
- als Versorgungsbezug LStR 19.8 (1) Nr. 1

Steuerabzug
- bei Bauleistungen § 48 ff.
- bei künstlerischen u.a. Darbietungen § 50a (1) Nr. 1
- bei Künstlern Anl. § 019-04, Anl. § 039d-01
- besonderer - für beschränkt steuerpflichtige Künstler, Berufssportler, Schriftsteller, Journalisten und Bildberichterstatter LStR 39d (3)
- siehe Lohnsteuerabzug

Steuerabzugsbeträge
- Anrechnung auf die ESt § 36 (2)
- Aufrundung der anzurechnenden - § 36 (3)
- siehe Lohnsteuer, Lohnsteuerabzug, Lohnkonto, Lohnsteuer-Anmeldung, Lohnsteuerbescheinigung

Steuerabzugpflichtige Einkünfte
- Arbeitslohn vom ausländischen Verleiher § 38 (1) Nr. 2, LStR 38.3 (1)
- Arbeitslohn vom inländischen Arbeitgeber § 38 (1) Nr. 1
- Lohnzahlung durch Dritte § 38 (1), LStR 38.4
- Veranlagung bei zusätzlichen anderen Einkünften § 46 (2)

Steuerbefreiung
- siehe steuerfreie Einnahmen

Steuerbegünstigte Zwecke
- als Sonderausgaben § 10b

Steuerbegünstigte Einkünfte
- siehe steuerermäßigte Einkünfte

Steuerbegünstigte Zwecke
- siehe Spenden

Steuerberatungsgesetz Anh. 36

Steuerbescheid
- bei Nachforderung pauschaler LSt vom Arbeitgeber LStR 42d.1 (6)
- bei Nachforderung von LSt vom Arbeitnehmer LStR 41c.3 (4) 3
- Zahlungsfrist bei Nachforderung LStR 42d.1 (7)
- zusammengefasster Steuer- und Haftungsbescheid LStH 42d.1

Steuerbescheinigung
- siehe Lohnsteuerbescheinigung

Steuerdaten-Übermittlungsverordnung Anh. 35
- BMF-Schreiben zu StDÜV und StDAV Anh. 35a

Steuererklärung
- Veranlagung bei Einkünften aus nichtselbständiger Arbeit § 46

Steuerermäßigte Einkünfte
- Arbeitslohn für mehrjährige Tätigkeit siehe mehrjährige Tätigkeit
- siehe Entlassungsabfindungen

Steuerermäßigungen § 34c
- haushaltsnahe Beschäftigungsverhältnisse/ Dienstleistungen § 35a

Steuerfreie Bezüge
- siehe steuerfreie Einnahmen

Steuerfreie Einnahmen § 3, § 3b
- Eintragung im Lohnkonto § 41 (1) 3, LStDV § 4 (2) Nr. 4 zu § 41
- kein Abzug von Vorsorgeaufwendungen im Zusammenhang mit - § 10 (2) Nr. 1
- kein Werbungskostenabzug für Ausgaben im Zusammenhang mit - § 3c
- siehe Auslandstätigkeitserlass, Doppelbesteuerungsabkommen

Steuerklasse/Steuerklassen
- Änderungen und Ergänzungen LStR 39.2
- Antragsverfahren für Bescheinigung nach § 39 EStG LStR 39d (5)
- Anwendung Steuerklasse VI ohne Lohnsteuerabzugsmerkmale § 39c
- bei beschränkt steuerpflichtigen Arbeitnehmern § 38b (1) 2 Nr. 1b
- bei unbeschränkt steuerpflichtigen Arbeitnehmern § 38b (1)
- Bescheinigung § 39 (3)
- EU/EWR-Fälle LStH 38b
- geringere Kinderfreibetragszahl § 38b (3)
- Steuerklasse VI für weiteres Dienstverhältnis § 38b (1) 2 Nr. 6

Steuerklassenänderung
- Änderung des LStabzugs § 41c (1), LStR 41c.1 (3)
- Nachforderung von LSt bei unterbliebener - § 39 (5), LStH 41c.3
- Verpflichtung bei Abweichung zugunsten des Arbeitnehmers § 39 (5)

Steuerklassenberichtigung
- siehe Steuerklassenänderung

Steuerklassenwahl
- Faktorverfahren Anl. § 038b-01
- Tabellen Anl. § 038b-01

Steuerklassenwechsel
- bei Ehegatten § 39 (6), LStR 39.2 (5)

Steuerpflicht
- Ausnahmen von der deutschen Besteuerung LStH 39b.10, LStR 39b.10
- Befreiung von der beschränkten - LStR 39d (2)
- bei künstlerischen u.a. Darbietungen § 50a (1) Nr. 1
- beschränkte § 49
- beschränkte § 1 (4)
- beschränkte bei Künstler, Berufssportler, Schriftsteller, Journalisten, Bildberichterstatter und Artisten LStR 39d (3)
- beschränkte Steuerpflicht im Laufe des Jahres § 39 (7)
- LStabzug bei beschränkt steuerpflichtigen Arbeitnehmern § 39b (1)
- LStabzug bei unbeschränkt steuerpflichtigen Arbeitnehmern § 39b (1)

- unbeschränkte - § 1 (1) 1
Steuerpflichtiger Arbeitslohn
- Beispiele LStDV § 2 zu § 19, LStH 19.3
- siehe geldwerte Vorteile, Sachbezüge

Steuersätze
- bei außerordentlichen Einkünften § 39b (3) 9
- siehe mehrjährige Tätigkeit, Pauschalierung der Lohnsteuer, Progressionsvorbehalt

Steuerstundungsmodelle § 15b

Steuerübernahme
- bei LStnachforderung als steuerpflichtiger Arbeitslohn LStH 19.3
- bei pauschaler LSt § 40 (3)
- bei pauschaler LSt als geldwerter Vorteil (Nettosteuersatz) § 40 (1)
- Entstehung pauschaler LSt (Nettosteuersatz) LStH 40.1
- Nettolohnberechnung bei Übernahme durch den Arbeitgeber LStR 39b.9
- Zuflus bei Regressverzicht LStH 19.3

Stiftung
- Steuerfreiheit von Bezügen § 3 Nr. 11
- Zuwendungen an - § 10b (1a)

Stillegungsvergütung
- im Bergbau § 3 Nr. 60

Stipendien
- aus öffentlichen Mitteln, Steuerfreiheit § 3 Nr. 11, § 3 Nr. 44

Störfall
- bei Altersteilzeit LStR 3.28

Strafverteidigungskosten
- als Werbungskosten LStH 9.1

Studienbeihilfen
- siehe Stipendien

Studienreisen
- und Fachkongresse LStH 9.2, LStR 9.2

Studium
- Ausbildungsdienstverhältnis LStH 9.2

Stundenlohnhöchstgrenze
- bei LStpauschalierung § 40a (4)
- bei steuerfreien Zuschlägen § 3b (1) 2, LStR 3b (2) Nr.3

T

Tabak
- bei Betriebsveranstaltungen LStR 19.5 (4)
- Rabattbegünstigung LStR 8.2 (1) 3

Tabellen
- siehe Programmablaufpläne

Tätigkeit
- Aushilfstätigkeit siehe dort
- Entschädigung für Nichtausübung einer - § 24 Nr. 1
- im Ausland Anl. § 034c-01
- mehrjährige - siehe dort
- Nebentätigkeit siehe dort
- nichtselbständige - § 19

Tätigkeitsstätte
- Dreimonatsfrist bei Auswärtstätigkeit LStR 9.6 (4)
- siehe (regelmäßige) Arbeitsstätte

Tagegeld
- Ausland LStR 9.6 (3) 1
- Auslands- Anl. § 009-02
- BMF-Schreiben Einbehaltung von - Anl. § 008-05
- Schiffsreisen LStR 9.6 (3) 4 Nr. 2
- siehe Verpflegungsmehraufwendungen

Tagegeld EU-Beamte
- BMF-Schreiben Anl. § 003-04

Tantiemen
- als Arbeitslohn § 19 (1) Nr. 1
- als sonstige Bezüge LStR 39b.2 (2)

Tarif
- Einkommensteuer- § 32a

Tarifbegrenzung
- bei Gewinneinkünften § 32c

Tarifvertrag
- Sachbezugswerte LStR 8.1 (4) 3
- über vermögenswirksame Leistungen Anh. 23 (§ 10)

Teilzeit- und Befristungsgesetz Anh. 12

Teilzeitbeschäftigte
- Aufzeichnungspflichten bei Lohnsteuerpauschalierung LStDV § 4 (2) Nr. 8 zu § 41, LStH 40a.1, LStR 41.1 (1)
- Aushilfskräfte in der Land- und Forstwirtschaft § 40a (3), LStR 40a.1 (6)
- Bemessungsgrundlage bei Lohnsteuerpauschalierung LStR 40a.1 (4)
- Pauschalierung der LSt § 40a
- Pauschalierungsgrenzen § 40a (4), LStR 40a.1 (5)

Telefon
- Arbeitgeberersatz LStH 19.3

Telekommunikationsaufwendungen
- als Werbungskosten LStR 9.1 (5)
- pauschaler Auslagenersatz LStH 3.50

Telekommunikationsgeräte
- private Nutzung betrieblicher - § 3 Nr. 45
- steuerfreie Nutzung betrieblicher- LStH 3.45

Trainingsmaßnahmen
- für ausscheidende Arbeitnehmer LStR 19.7 (2) 5

Trinkgelder
- Eintragung im Lohnkonto LStDV § 4 (2) Nr. 4 zu § 41
- Steuerfreiheit § 3 Nr. 51
- steuerpflichtiger Arbeitslohn bei Rechtsanspruch LStR 19.3 (1) Nr. 5

Typische Berufskleidung
- Behinderten-Pauschbeträge § 33b (2)
- Steuerbefreiung § 3 Nr. 31, LStR 3.31

U

Übergangsbeihilfen
- Steuerbefreiung bei Entlassung § 3 Nr. 10 a.F.

Übergangsgebührnisse LStH 3.10
Übergangsgeld
- keine steuerbegünstigten Versorgungsbezüge LStR 19.8 (2)
- Steuerbefreiung bei Entlassung § 3 Nr. 10 a.F.

Übergangsregelungen
- Einführung ELStAM § 52b
- Lohnsteuerabzug 2011 Anl. § 039e-01

Übergangsversorgung
- als steuerbegünstigte Versorgungsbezüge LStR 19.8 (1) Nr. 2

Überlassung
- siehe unentgeltliche -

Übernachtungskosten
- Ausland Anl. § 009-02, LStR 9.7 (2), LStR 9.7 (3)
- Auslandsübernachtungsgeld Anl. § 009-02
- Begriff LStR 9.7 (1) 1
- bei doppelter Haushaltsführung LStR 9.11 (8)
- Erstattung Arbeitgeber LStR 9.7 (3)
- Fahrtätigkeit LStR 9.7 (3) 7
- grundsätzlich nachzuweisen LStH 9.7
- Kürzung für Verpflegung LStR 9.7 (1) 4
- Pauschbeträge bei Auslandsdienstreisen (Auslandsübernachtungsgeld) LStR 9.7 (3) 2
- Pauschbeträge für steuerfreien Arbeitgeberersatz bei doppelter Haushaltsführung LStR 9.11 (10) 7
- Pauschbeträge für steuerfreien Arbeitgeberersatz bei Inlandsreisen LStR 9.7 (3) 1
- Schiffsreisen LStR 9.7 (3) 8
- Übernachtungspauschalen bei LKW-Fahrern Anl. § 009-11, LStR 9.7
- Werbungskostenabzug LStR 9.7 (2)

Übernahme der Lohnsteuer
- bei pauschaler LSt § 40 (3)
- Entstehung pauschaler LSt (Nettosteuersatz) LStH 40.1
- Nettolohnberechnung LStR 39b.9
- Nettosteuersatz § 40 (1)
- Regressverzicht bei Lohnsteuernachforderung LStH 19.3

Übernahme von Studiengebühren
Anl. § 019-10, LStR 19.7

Überschuss
- Einnahmen über Werbungskosten § 2 (2) Nr. 2

Übersicht
- über DBA Anl. § 039b-02
- Zahlen Lohnsteuer Anh. 59

Übertragung
- Kinderfreibetrag § 32 (6), EStR 32.13

Überwälzung
- pauschaler Lohnsteuer auf Arbeitnehmer § 40 (3) 2

Übungsleiter
- Abgrenzung Einkunftsart LStR 19.2
- Aufwandsentschädigungen für nebenberufliche Tätigkeiten LStR 3.26
- steuerfreie Einnahmen § 3 Nr. 26

Umwandlung von Arbeitslohn
- bei Fahrtkostenzuschuss § 40 (2) 2
- bei Kindergartenleistung LStR 3.33 (5)
- bei Vermögensbeteiligungen LStR 19a (4)
- bei Zukunftssicherungsleistungen LStR 40b.1 (5)

Umwegfahrten LStH 9.10

Umzugskosten
- Auslandsumzüge Anh. 16, LStH 9.9, LStR 9.9 (2) 1
- Bundesumzugskostengesetz Anh. 15
- Inlandsumzüge Anl. § 009-04, LStR 9.9
- Rückumzug ins Ausland LStH 9.9
- Steuerfreiheit von -vergütungen aus öffentlichen Kassen § 3 Nr. 13, LStR 3.13
- Steuerfreiheit von -vergütungen privater Arbeitgeber § 3 Nr. 16, LStR 3.16, LStR 9.9 (3)

Umzugskostenvergütung
- siehe Umzugskosten

Unbeschränkte Einkommensteuerpflicht
- siehe Steuerpflicht

Unentgeltliche Überlassung
- Arbeitskleidung § 3 Nr. 31, LStR 3.31
- Aufmerksamkeiten LStR 19.6
- Getränke und Genussmittel LStR 19.6, LStR 8.2 (1) 3
- Kraftfahrzeug § 8 (2), LStR 8.1 (9)
- Mahlzeiten Anl. § 008-02, LStR 8.1 (7 und 8)
- Reisen an Mitarbeiter von Reisebüros Anl. § 019-01
- Sachzuwendungen bei Betriebsveranstaltungen LStR 19.5 (4)
- Unterkunft oder Wohnung Anh. 3 (§ 2)
- Vermögensbeteiligungen an Arbeitnehmer § 19a, § 3 Nr. 39
- von Waren LStR 8.2

Unfallfürsorgeleistungen
- Steuerfreiheit, BeamtVG LStR 3.6 (2)

Unfallschaden
- am eigenen Fahrzeug bei Fahrten zwischen Wohnung und Arbeitsstätte LStH 9.10
- am eigenen Kraftfahrzeug auf Dienstfahrten LStH 9.5
- eigene Schadensersatzleistung LStH 9.10

Unfallversicherung
- als Sonderausgabe § 10 (1) Nr. 3a
- als Zukunftssicherungsleistung des Arbeitgebers § 40b (3), LStR 40b.1 (2) 7
- Arbeitnehmer Anl. § 009-03
- Steuerfreiheit von Leistungen aus der gesetzlichen - § 3 Nr. 1 Buchst. a

Unglücksfälle
- Steuerfreiheit von Unterstützung privater Arbeitgeber LStR 3.11 (2)

Unterbringung
- auswärtige - zur eigenen Berufsausbildung und Sonderausgabenabzug § 10 (1) Nr. 7

Unterbringungskosten
- für (behinderten) Steuerpflichtigen in Pflegeheim als außergewöhnliche Belastung EStR 33.3
- siehe Übernachtungskosten

Unterhaltsaufwendungen
- als außergewöhnliche Belastung § 33a (1)
- an geschiedenen oder dauernd getrennt lebende Ehegatten als Sonderausgaben § 10 (1) Nr. 1
- an Personen im Ausland § 33a (1) 6
- Aufteilung des Freibetrags § 33a (1) 7, § 33a (3), EStR 33a.4
- Opfergrenze EStR 33a.1 (3)

Unterhaltsbedürftigkeit
- bei Personen im Ausland, Ländergruppeneinteilung § 33a (1) 6, Anl. § 001-01
- Opfergrenze EStR 33a.1 (3)

Unterhaltsgeld
- nach SGB III, AFG steuerfrei § 3 Nr. 2

Unterhaltsleistungen
- siehe Unterhaltsaufwendungen

Unterhaltssicherungsgesetz
- Steuerfreiheit der Leistungen § 3 Nr. 48

Unterkunft
- Sachbezugswerte Anh. 3 (§ 2 Abs. 3)
- Sachbezugswerte für - LStR 8.1 (5)

Unterstützung(en)
- an Arbeitnehmer aus öffentlichen Mitteln wegen Hilfsbedürftigkeit steuerfrei § 3 Nr. 11, LStR 3.11 (1)
- von Personen als außergewöhnliche Belastung siehe Unterhaltsaufwendungen
- von privaten Arbeitgebern LStR 3.11 (2)

Unterstützungskasse
- Leistungen an Pensionsfonds § 3 Nr. 66
- Leistungen steuerfrei LStR 3.11 (2) 2
- Leistungen steuerpflichtiger Arbeitslohn LStH 19.3
- Zuwendungen an - § 4d

Unwetterschäden
- als außergewöhnliche Belastung EStR 33.2

Urlaubsabgeltung
- als sonstiger Bezug LStR 39b.2 (2)
- als steuerpflichtiger Arbeitslohn LStR 19.3 (1) Nr. 2

Urlaubsgelder
- als sonstige Bezüge LStR 39b.2 (2)

V

Verabschiedung
- Sachleistungen bei - LStR 19.3 (2) Nr. 3

Veranlagung
- Anrufungsauskunft und - LStH 42e
- Antrags- bei Arbeitnehmern § 46 (2) Nr. 8
- Frist für Antrags- § 46 (2) Nr. 8
- Pflicht- bei Freibetrag § 46 (2) Nr. 4
- von Arbeitnehmern § 46

Verausgabung § 11

Verbilligte Überlassung
- siehe unentgeltliche Überlassung

Verdienstausfall
- steuerfreie Aufwandsentschädigung und - § 3 Nr. 12 S. 2, LStR 3.12 (2)

Vereinbarungen von Ehegatten
- bei getrennter Veranlagung § 26a (2)

Vereinnahmung
- allgemein § 11
- von Arbeitslohn LStR 38.2

Verfassungsmäßigkeit
- Musterverfahren Anh. 55

Verheiratete
- siehe Ehegatten

Verkehrsunfall
- siehe Unfallschaden

Verleiher
- Arbeitgeber der Leiharbeitnehmer LStR 19.1 S. 5
- ausländischer - § 38 (1)
- Betriebsstätte bei ausländischem - § 41 (2), LStR 41.3
- Haftung bei Arbeitnehmerüberlassung § 42d (7), LStR 42d.2 (7)
- zuständige Finanzämter für ausländische - LStH 41.3

Verlustabzug § 10d

Verluste
- Freibetrag für - § 39a (1) Nr. 5, LStR 39a.2

Verlustrücktrag
- siehe Verlustabzug

VermBDV, VermBG Anh. 23 ff.

Vermeidung von Härten
- bei der Arbeitnehmerveranlagung § 46 (3)

Vermietung und Verpachtung
- Einkünfte aus - § 21
- Freibetrag bei negativen Einkünften LStR 39a.2
- Freibetrag bei Verlust aus - § 39a (1) Nr. 5

Vermittlungsprovisionen
- im Bankgewerbe und bei Versicherungsgesellschaften als Arbeitslohn LStR 19.4

Vermögensbeteiligungen
- ab 2009 BMF-Schreiben Anl. § 003-07
- Bewertung § 19a (2), LStR 19a
- Ermittlung des steuerfreien geldwerten Vorteils LStH 19a, LStR 19a (10)
- steuerbegünstigte Überlassung an Arbeitnehmer § 19a (1), LStH 19a, LStR 19a
- Steuerfreiheit § 3 Nr. 39, LStH 3.39
- Umwandlung von Arbeitslohn LStR 19a (4)

Vermögensbildung
- BMF-Schreiben zum 5. VermBG Anh. 25
- VermBDV Anh. 24
- Vermögensbildungsgesetz Anh. 23

vermögenswirksame Leistungen
- Arbeitnehmer-Sparzulage siehe dort
- Begriff Anh. 23 (§ 2)
- in Tarifverträgen Anh. 23 (§ 10)
- siehe Vermögensbeteiligungen
- Vordruckmuster Bescheinigung Anh. 26

Verpflegungsaufwendungen
- Kosten der Lebensführung   LStR 9.1 (2) Nr. 4

Verpflegungsmehraufwendungen
- als Reisekosten   LStR 9.6
- Anrechnung von Verpflegungszuschüssen   LStH 9.6
- Auslandstagegelder   Anl. § 009-02, LStR 9.6 (3) 1
- Begrenzung durch Bundesreisekostengesetz   § 4 (5) Nr. 5 S. 4
- bei Dienstreisen im Inland (Pauschbeträge)   § 4 (5) Nr. 5 S. 2, § 9 (5)
- bei doppelter Haushaltsführung   LStR 9.11 (7)
- bei Fortbildungsveranstaltungen   LStR 9.2 (2)
- bei Kuren als außergewöhnliche Belastung   EStR 33.4 (3)
- Flugreisen   LStR 9.6 (3) 4 Nr. 1
- Konkurrenzregelung   LStR 9.6 (2)
- Pauschalierung   § 40 (2) 1 Nr. 4
- Schiffsreisen   LStR 9.6 (3) 4 Nr. 2
- Steuerfreiheit der Erstattung durch den Arbeitgeber   LStH 9.6
- Steuerfreiheit der Vergütungen aus öffentlichen Kassen   § 3 Nr. 13, LStR 3.13
- Steuerfreiheit der Vergütungen von privaten Arbeitgebern   § 3 Nr. 16, LStR 3.16, LStR 9.11 (10)

Verpflegungszuschüsse
- Anrechnung bei den Werbungskosten   LStH 9.6
- doppelte Haushaltsführung   LStR 9.11 (10)
- Mahlzeiten   LStR 8.1 (7 und 8)

Versäumnis
- verspätete Abgabe der Lohnsteuer-Anmeldung   LStR 41a.1 (4)

Versicherungsbeiträge
- Abzug als Sonderausgaben   § 10 (1) Nr. 2, 3, 3a
- Allgemeines zum Abzug als Vorsorgeaufwendungen   § 10 (2)
- des Arbeitgebers für Direktversicherung der Arbeitnehmer   § 40b, LStR 40b.1
- Höchstbeträge für Vorsorgeaufwendungen   § 10 (3-4)
- Zukunftssicherungsleistungen   LStR 3.62

Versicherungsgesellschaften
- Vermittlungsprovision als Arbeitslohn   LStR 19.4

Versicherungsunternehmen
- Voraussetzungen für Sonderausgabenabzug   § 10 (2) Nr. 2

Versorgungsausgleich
- externe Teilung, Steuerfreiheit   § 3 Nr. 55b, LStH 3.55b
- interne Teilung, Steuerfreiheit   § 3 Nr. 55a, LStH 3.55a

Versorgungsbezüge
- als Einkünfte aus nichtselbständiger Arbeit   § 19 (2), LStR 19.8
- als sonstige Bezüge   LStR 39b.3 (1)
- Begriff   § 19 (2)
- Beispiele steuerbegünstigter -   LStR 19.8 (1)

- Pauschbetrag für Werbungskosten   § 9a Satz 1 Nr. 1

Versorgungsfreibetrag
- Begriff und Höhe   § 19 (2)
- bei sonstigen Bezügen   LStR 39b.3 (1)
- Bemessungsgrundlage   § 19 (2) 4
- Lohnsteuerbescheinigung   LStR 41b (4)
- Zuschlag zum -   § 19 (2)

Versorgungsverpflichtungen
- Übertragung auf Pensionsfonds, BMF-Schreiben   Anl. § 003-06

Verspätungszuschlag
- bei Lohnsteuer-Anmeldung   LStR 41a.1 (4)

Vertreter
- ständiger Vertreter als inländischer Arbeitgeber   § 38 (1), LStR 38.3 (3)

Verwendungsauflage   LStH 38.2

Verwertung
- nichtselbständige Arbeit im Inland und LStabzug   § 49 (1) Nr. 4, LStR 39d (1)

Verwitwete
- Lohnsteuerklasse   § 38b (1)
- Splitting-Verfahren   § 32a (6)

Videorecorder
- Nachweis beruflicher Nutzung   LStH 9.12

VIP-Logen
- BMF-Schreiben   Anl. § 040-03

Vorauszahlung
- Abschlagszahlung siehe dort
- Arbeitslohn als laufender Arbeitslohn   LStR 39b.2 (1)
- Arbeitslohn als sonstiger Bezug   LStR 39b.2 (2)
- Zufluss des Arbeitslohns   § 38a (1), LStR 38.2

Vordruckmuster
- BMF-Schreiben Grundsätze Verwendung   Anl. § 041a-02
- Lohnsteuerbescheinigungen   Anl. § 041b-01
- vermögenswirksame Leistungen   Anh. 26
- Wohnungsbauprämie   Anh. 31

Vorläufige Steuerfestsetzung
- Musterverfahren   Anh. 55

Vorruhestandsgeld
- Progressionsvorbehalt   § 32b (1) Nr. 1

Vorsorgeaufwendungen
- Allgemeines zum Abzug   § 10 (2)
- Begriff   § 10 (2)
- Beiträge zu Versicherungen   § 10 (2)
- BMF-Schreiben   Anl. § 010-01
- Günstigerprüfung   § 10 (4a)
- Höchstbeträge   § 10 (3-4)
- kein Freibetrag für -   LStR 39a.1 (6)
- Verbot des Zusammenhangs mit steuerfreien Einnahmen   § 10 (2) Nr. 1
- Vorwegabzug   § 10 (4a)

Vorsorgepauschale
- ab 2010 BMF-Schreiben   Anl. § 039b-05
- Ausschluss LStJA   § 42b (1) 3 Nr. 5
- beim Lohnsteuerabzug   § 39b (2) 5 Nr. 3, LStH 39b.7

Vorsorgeuntersuchung
- für Arbeitnehmer aus betrieblichen Gründen LStH 19.3

Vorstandskasino
- Sachbezugswertermittlung LStR 8.1 (7) Nr. 5 S. 3

Vorwegabzug § 10 (4a)

Vorweggenommene Werbungskosten LStH 9.1

W

Wählervereinigungen
- Steuerermäßigung für Spenden an unabhängige - § 34g

Wahlrecht
- bei doppelter Haushaltsführung LStH 9.11 (5-10), LStR 9.11 (10) 6, LStR 9.11 (5)
- Bewertung Sachbezug Anl. § 008-09, LStH 8.2

Waisengelder
- Arbeitslohn/steuerbegünstigte Versorgungsbezüge § 19

Waren
- Bewertung von Sachbezügen § 8 (2), § 8 (3), LStR 8.1, LStR 8.2 (2), LStR 8.2 (2)
- Gewährung von Getränken und Genussmitteln LStR 19.6, LStR 8.2 (1) 3
- unentgeltliche oder verbilligte Überlassung LStR 8.2 (1)

Warengutscheine LStH 8.1 (1-4)

Wartegelder
- als Arbeitslohn § 19 (1) Nr. 2

Wege zwischen Wohnung und regelmäßiger Arbeitsstätte § 9 (1) Nr. 4, § 9 (2)
- BMF-Schreiben zu Entfernungspauschalen Anl. § 009-07
- siehe auch Fahrten

Wehrdienst
- Berücksichtigung von Kindern § 32 (5)

Wehrdienstbeschädigte
- Steuerfreiheit der Bezüge aus öffentlichen Mitteln § 3 Nr. 6, LStR 3.6

Wehrmacht LStR 3.6 (2)

Wehrsold
- Steuerfreiheit der Bezüge § 3 Nr. 5, LStR 3.5

Weihnachtszuwendungen
- als sonstiger Bezug LStR 39b.2 (2)

Weiterbildung
- von Kindern siehe Ausbildung, Berufsausbildung

Weiterbildungsleistungen
- des Arbeitgebers LStR 19.7

Weiträumiges Arbeitsgebiet
- Begriff LStH 9.4
- regelmäßige Arbeitsstätte LStH 9.4

Werbungskosten
- Allgemeines LStR 9.1 (1)
- Arbeitsmittel LStR 9.12
- Arbeitszimmer LStH 9.14
- Ausgaben im Zusammenhang mit Berufsverbänden LStR 9.3

- Begriff § 9 (1) 1, LStR 9.1 (1) 1
- doppelte Haushaltsführung LStR 9.11
- Freibeträge bei Ehegatten LStR 39a.3 (1)
- Freibetrag für - § 39a (1) Nr. 1, LStR 39a.1 (4)
- Gemischte Aufwendungen Anl. § 009-05
- Heimarbeiterzuschläge LStR 9.13
- Kinderbetreuungskosten § 9 (5)
- Pauschbeträge § 9a
- Reisekosten LStR 9.4
- Sondervorschriften für beschränkt Steuerpflichtige § 50 (1)
- Steuerfreiheit von Auslagenersatz § 3 Nr. 50, LStR 3.50
- Steuerfreiheit von Reisekosten- und Umzugskostenvergütungen § 3 Nr. 13, § 3 Nr. 16, LStR 3.13, LStR 3.16
- Steuerfreiheit von Reisenebenkosten LStR 9.8 (3)
- Steuerfreiheit von Umzugskostenvergütungen LStR 9.9 (3), LStR 9.9 (3)
- Umzugskosten LStR 9.9
- vorweggenommene - LStH 9.1
- Wege zwischen Wohnung und Arbeitsstätte LStR 9.10

Werbungskosten-Pauschbetrag
- Arbeitnehmer-Pauschbetrag § 9a
- Versorgungsbezüge § 9a Satz 1 Nr. 1

Werkstattwagen LStH 8.1 (9-10)

Werkswohnung
- Bewertung LStR 8.1 (6)
- im Ausland, Bewertung LStR 8.1 (6) 10
- Sachbezugswert für Wohnung/Unterkunft Anh. 3 (§ 2), LStR 8.1 (5)

Werkzeuge
- Werbungskosten § 9 (1) Nr. 6

Werkzeuggeld
- Steuerbefreiung § 3 Nr. 30, LStR 3.30

Wertguthaben
- Auszahlung Deutsche Rentenversicherung Bund, Arbeitgeberpflichten § 38 (3) 3

Wertminderung
- siehe Absetzungen

Wertpapiere
- vermögenswirksame Leistung Anh. 23 (§§ 4, 5)

Wiederbeschaffung
- existentiell notwendiger Gegenstände als außergewöhnliche Belastung EStR 33.2

Wiederkehrende Bezüge
- sonstige Einkünfte § 22 Nr. 1

Winterausfallgeld
- Lohnsteuerbescheinigung § 41b (1) Nr. 5

Wintergeld
- Steuerfreiheit LStR 3.2 (3)

Wirksamkeit
- Änderungen der Lohnsteuerabzugsmerkmale LStR 39.2 (11)
- von Änderungen der Lohnsteuerabzugsmerkmale § 39 (6)

1497

Wirtschaftsgut
- Absetzungen für Abnutzung als Werbungskosten § 9 (1) Nr. 7
- Absetzungen für Abnutzung eines -s als Werbungskosten LStH 9.12
- Aufwendungen für Arbeitsmittel als Werbungskosten § 9 (1) Nr. 6, LStR 9.12
- Trennung des beruflichen Anteils LStH 9.12

Wirtschafts-Identifikationsnummer
- Anwendung bei ELStAM § 39e (9)

Witwengeld
- Arbeitslohn/steuerbegünstigte Versorgungsbezüge § 19

Wohneigentum
- siehe Wohngebäude

Wohngebäude
- Aufwendungen für - als vermögenswirksame Leistung Anh. 23 (§ 2 Abs. 1 Nr. 5)
- Einkünfte aus Vermietung und Verpachtung § 21
- erhöhte Absetzung für Abnutzung nach EStG § 10e, § 7b
- Freibetrag Lohnsteuerabzugsmerkmal § 39a (1) Nr. 5
- Steuerermäßigung für eigengenutztes - § 34f

Wohngeld
- Steuerfreiheit § 3 Nr. 58

Wohnsitz
- inländischer Arbeitgeber § 38 (1)
- unbeschränkte Steuerpflicht bei - im Inland § 1 (1) 1

Wohnsitzfinanzamt
- keine Bindung an Anrufungsauskunft LStH 42e
- siehe örtliche Zuständigkeit, Zuständigkeit

Wohnung
- als Einnahme/Arbeitslohn § 8 (2)
- als Lebensführungskosten § 12 Nr. 1, LStR 9.1 (2)
- am auswärtigen Beschäftigungsort siehe doppelte Haushaltsführung
- Bewertung LStR 8.1 (6)
- Bewertung Sachbezug Anh. 3 (§ 2 Abs. 4)
- Fahrten zur Arbeitsstätte LStH 9.10
- im Ausland LStR 8.1 (6) 10
- mehrere -en und Fahrten an einem Arbeitstag LStH 9.10
- Wege zur Arbeitsstätte LStR 9.10
- Wegverlegung vom Beschäftigungsort LStR § 009-09

Wohnungsbauprämie
- Einkommensgrenze Anh. 28 (§ 2a)
- Gesetz Anh. 28
- Höchstbeträge Anh. 28 (§ 3)
- Richtlinien Anh. 30
- Rückzahlung Anh. 29 (§ 2)
- Steuerfreiheit Anh. 28 (§ 6)
- Verordnung Anh. 29
- Vordruckmuster Anh. 31

Wohnungsüberlassung
- steuerfreie Mietvorteile § 3 Nr. 59, LStR 3.59

Z

Zählgelder
- pauschale Fehlgeldentschädigung LStR 19.3 (1) Nr. 4

Zahl der Kinderfreibeträge § 38b

Zahlungsfrist
- bei Haftungsbescheid und Nachforderungsbescheid LStR 42d.1 (7)

Zeitanteilige Ermäßigung
- bei außergewöhnlichen Belastungen § 33a (3), EStR 33a.4

Zeiträume ohne Arbeitslohn
- Aufzeichnung "U" § 41 (1) 5, LStDV § 4 (2) Nr. 2 zu § 41, LStR 41.2

Zeitschriften
- siehe Fachbücher

Zeitverlust
- bei Aufwandsentschädigung LStR 3.12 (2) 2

Zeitversetzte Auszahlung
- von steuerfreien Zuschüssen LStR 3b (8)

Zentrale Stelle
- Altersvorsorgezulage § 81

Zigaretten, Zigarren
- siehe Freitabakwaren

Zinsen
- an Arbeitnehmer von Kreditinstituten Anl. § 008-10 (a)
- Einkünfte aus Kapitalvermögen § 20
- Sparer-Freibetrag § 20 (4)

Zinsersparnisse
- bei Arbeitgeberdarlehen Anl. § 008-04

Zinsinformationsverordnung § 45e

Zivildienst
- Berücksichtigung von Kindern § 32 (5)
- Steuerfreiheit von Bezügen § 3 Nr. 5, LStR 3.5

Zivildienstbeschädigte
- Steuerfreiheit der Bezüge aus öffentlichen Mitteln § 3 Nr. 6, LStR 3.6

Zufluss
- Entstehung der Lohnsteuer § 38 (2) 2
- Regressverzicht des Arbeitgebers bei Lohnsteuernachforderung LStH 19.3
- von Arbeitslohn § 38a (1), LStR 38.2
- von Einnahmen § 11 (1)

Zukunftssicherung, -sleistungen LStR 3.62
- Begriff LStDV § 2 (2) Nr. 3 zu § 19
- Fehler bei der Pauschbesteuerung LStH 40b.1
- Pauschalierung der LSt bei bestimmten - § 40b, LStR 40b.1
- Rückdeckung des Arbeitgebers kein Arbeitslohn LStDV § 2 (2) Nr. 3 S. 4 zu § 19
- Rückzahlung LStR 40b.1 (13)
- Steuerfreiheit der gesetzlichen - § 3 Nr. 62, LStR 3.62 (1)
- und 44 € Freigrenze Anl. § 008-05

Zulagen
- Schmutzzulagen steuerpflichtig LStR 19.3 (1) Nr. 1

Zumutbare Belastung
- Abzug bei außergewöhnlichen Belastungen § 33 (3)

Zusätzliche Altersvorsorge § 10a

Zusätzliche Arbeitgeberleistungen LStR 3.33 (5)
- Abgrenzung zur Gehaltsumwandlung Anl. § 003-05

Zusätzliche Fahrten
- siehe Zwischenheim- und Leerfahrten

Zusätzlicher Sonderausgaben-Höchstbetrag
- siehe Vorwegabzug

Zusage
- verbindliche nach Lohnsteuer-Außenprüfung LStR 42f (5)

Zusammenveranlagung
- Splitting-Verfahren bei - § 32a (6)
- von Ehegatten § 26b

Zusatzversorgungskassen
- siehe betriebliche Altersversorgung

Zuschlag zum Versorgungsfreibetrag § 19 (2)

Zuschlag/Zuschläge
- für Erschwernisse wie Hitze, Wasser, Gefahr, Schmutz steuerpflichtig LStR 19.3 (1) Nr.1
- Grundlohn bei Altersteilzeit LStR 3b (2) Nr. 5
- Mehrarbeit LStR 3b (5)
- Misch- LStR 3b (5)
- Pauschalen bei Sonntags-, Feiertags- und Nachtarbeitszuschlägen LStR 3b (7)
- Steuerfreiheit für Sonntags-, Feiertags- und Nachtarbeitszuschläge § 3b
- zeitversetzte Auszahlung LStR 3b (8)

Zuschlagsteuern
- Festsetzung und Erhebung § 51a
- Solidaritätszuschlag 1995 Anh. 6

Zuschüsse
- zur Internetnutzung § 40 (2) 1 Nr. 5, LStR 40.2. (5)

Zuständigkeit
- Anmeldung und Abführung der LSt § 41a (1), LStR 41a.1 (2)
- Anrufungsauskunft § 42e, LStR 42e (1)
- Ausstellung der Lohnsteuerkarte § 39 (2)
- Finanzämter für ausländische Verleiher LStH 41.3
- Freibetrag/Hinzurechnungsbetrag § 39a (1) und (4)
- Haftung des Arbeitgebers § 42d (3)
- Haftung des Entleihers § 42d (6) 9, LStR 42d.2 (10)
- Lohnsteuerabzugsmerkmale § 39
- Lohnsteuer-Außenprüfung § 42f (1)
- Lohnsteuernachforderung vom Arbeitnehmer LStR 41c.3, LStR 41c.3 (2)
- Pauschalierungszulassung § 40 (1)

Zuwendungen
- an Pensionskassen § 4c
- an politische Parteien § 10b (2)
- an Stiftungen § 10b (1a)
- an Unterstützungskassen § 4d

Zuzahlungen Arbeitnehmer
- zu Dienstwagen LStH 8.1 (9-10)

Zwangsläufigkeit
- bei außergewöhnlichen Belastungen § 33 (2)

Zwangsmittel
- zur Abgabe der Lohnsteuer-Anmeldung LStR 41a.1 (4)

Zweitwohnung
- bei doppelter Haushaltsführung LStH 9.11 (1-4), LStR 9.11 (4), LStR 9.11 (8)

– Notizen –

– Notizen –

– Notizen –

– Notizen –

– Notizen –

– Notizen –

– Notizen –

– Notizen –

– Notizen –

IDW Textausgaben – handlich – aktuell – rechtssicher

IDW (Hrsg.)
Wirtschaftsgesetze
IDW Textausgabe
31., aktualisierte Auflage,
März 2015, 2.308 Seiten, Hardcover, mit Online-Zugang unter www.idw-verlag.de/wirtschaftsgesetze
€ 43,00
ISBN 978-3-8021-1991-0
https://shop.idw-verlag.de/11544

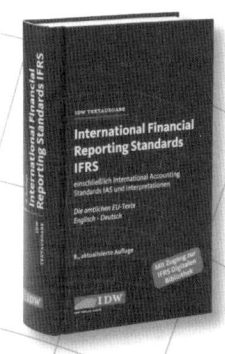

IDW (Hrsg.)
International Financial Reporting Standards IFRS
IDW Textausgabe, 8., aktualisierte Auflage,
November 2014, 2.108 Seiten, mit Online-Zugang zur IFRS Digitalen Bibliothek
€ 79,00
ISBN 978-3-8021-1988-0
https://shop.idw-verlag.de/11541

IDW (Hrsg.)
International Standards on Auditing (ISAs)
IDW Textausgabe Englisch – Deutsch
2011, 1.127 Seiten, mit Online-Zugang
€ 99,00
ISBN 978-3-8021-1822-7
https://shop.idw-verlag.de/11215

Verpassen Sie keine Neuerscheinungen aus dem IDW Verlag!
Jetzt kostenfrei zum neuen Newsletter anmelden:
www.idw-verlag.de/newsletter

Bestellen Sie jetzt unter www.idw-verlag.de
Tel. 0211 4561-222 • **Fax** 0211 4561-206 • **E-Mail** kundenservice@idw-verlag.de
IDW Verlag GmbH • Postfach 320580 • 40420 Düsseldorf

Ihre Steuerfachbücher aus dem IDW Verlag

Steuer-Paket 2014
Ertragsteuern und Umsatzsteuer
- Einkommensteuer 2014
- Körperschaftsteuer 2014
- Umsatzsteuer 2014
- Gewerbesteuer 2014

Energie- und Stromsteuergesetz 2014
- Kompakte Darstellung der wichtigsten energierechtlichen Normen
- Verknüpfung von Energie- und Stromsteuerrecht und EEG
- System. Zusammenstellung von Gesetzen, Verordnungen, Anweisungen und Urteilen

4 Bände inkl. Online-Zugang
ISBN 978-3-8021-1992-7
€ 119,00 bis zum 30.06.2015, danach € 149,00

ISBN 978-3-8021-2002-2
ca. 1.500 Seiten, Hardcover
€ 89,00

Lohnsteuer 2015
- Einkommensteuergesetz
- LSt-Durchführungsverordnung
- LSt-Richtlinien und -Hinweise
- Anlagen
- Rechtsprechung
- Nebengesetze

Bewertung des Grundvermögens 2015
- Bewertungsgesetz
- Richtlinien
- Grundsteuergesetz
- Grundsteuerrichtlinien
- Anlagen
- Rechtsprechung

ISBN 978-3-8021-1997-2
ca. 1.500 Seiten, Hardcover
€ 44,00 bis zum 30.06.2015, danach € 49,00

ISBN 978-3-8021-2001-5
1.024 Seiten, Hardcover
€ 49,00 bis zum 30.06.2015, danach € 55,00

Bestellen Sie jetzt unter www.idw-verlag.de
Tel. 0211 4561-222 • Fax 0211 4561-206 • **E-Mail** kundenservice@idw-verlag.de
IDW Verlag GmbH • Postfach 320580 • 40420 Düsseldorf